GÜNTER SCHÖN

Weltmünzkatalog

20. Jahrhundert

GÜNTER SCHÖN

Weltmünzkatalog

20. Jahrhundert

24. revidierte und erweiterte Auflage

1992/93

BATTENBERG

24. vollständig überarbeitete und erweiterte Neuauflage 1992

CIP-Titelaufnahme der Deutschen Bibliothek

Schön, Günter:
Weltmünzkatalog 20. Jahrhundert : 1992, 93/Günter Schön. – 24., rev. u. erw. Aufl. – Augsburg : Battenberg, 1992.

ISBN 3-89441-063-9

BATTENBERG VERLAG AUGSBURG

Gesamtherstellung: Presse-Druck Augsburg

Printed in Germany
ISBN 3-89441-063-9

Der Schön-Weltmünzkatalog konnte auch in der vorliegenden vierundzwanzigsten Auflage wieder vollständig überarbeitet werden. Dies war nur möglich durch die überaus freundliche Aufnahme dieses aktuellen Nachschlagewerkes bei den Sammlern, Münzhändlern und Institutionen, für deren Hinweise und Anregungen Verlag und Autor herzlich danken.

Besonderer Dank für wertvolle Mitarbeit gebührt:

Peter Adam, Delitzsch
Bjarne Ahlström, Stockholm
Stephen Album, Santa Rosa, California
Dr. Walter Alexander-Katz, Lissabon
Ernst Balke, Frankfurt
Roland Becker, Avellino
Richard Benson, Davenport
Zoltán Bérczy, Debrecen
Dr. Francisca Bernheimer, München
Ernest Blazon, Ljubljana
Fred J. Borgmann, Iola, Wisconsin
Dr. Lore Börner, Berlin
Emile Bourgey, Paris
Dr. Pierantonio Braggio, Verona
Daniel Brandt, Grimma
Willi Bredow, Wittenberg
Dr. Klaus Brehme, Weilheim
Tim J. Browder, San Marino, California
Patrice Cahart, Paris
Colin R. Bruce II, Iola, Wisconsin
Cristian Ciuplea, Münster
Dr. Bruno Collin, Paris
Egon Conti Rossini, Brissago
Adam Czopko, Warschau
J. B. Desai, Ahmedabad
Klaas Dijkhuizen, Schoorl
Jürgen Döbereiner, München
Holger Dombrowski, München
Graham Patrick Dyer, Llantrisant
James F. Elmen, Santa Rosa, California
Rainer Erdmann, Fulda
Dieter Faßbender, Bonn
Gerd Fechter, München
Güvendik Fişekçioğlu, Istanbul
Klaus Fleischmann, Luanda
Günther Frank, Nürnberg
Arthur L. Friedberg, Clifton, New Jersey
Willy Fuchs, Frankfurt am Main
Victor Gadoury, Monte Carlo
Dieter Gorny, München
Thomas Gradl, Nürnberg
Horst Greger, München
D. A. Grischin, Odessa
Horst Grothe, Berlin
Ing. Ivo Halačka, Brünn
P. Hanson, Buckhurst Hill
Armin Haug, Vaihingen
Pierre P. L. Heischbourg, Luxemburg
Hans W. Hercher, Umkirch
Larry C. van Huss, Madison, Tennessee
Octavian Illiescu, Bukarest
Dr. Achim Ising, Heubach
Kurt Jaeger †, Korntal
Dr. Jørgen Steen Jensen, Kopenhagen
Reinhold Jordan, Schweinfurt
Karel Junek, Preßburg
Michael Kaplan, Germiston
Dr. Athanas Kefsisoff, Madrid
Georg Klammt, Hamburg
Anima Klement, Bad Kissingen
Jean Koetz, Frejus
Fritz Rudolf Künker, Osnabrück
Dennis A. Kurir, Longwood, Florida
Raymond Lloyd, London
Rajesh Kumar Lodha, Singapur
Rudi F. Lotter, Bad Homburg
Jani Luštrek, Komenda
Manfred Luze, Garbsen
Wolfgang Maier, Geesthacht
Ranko Mandić, Beograd
Morade Mazouni, Pirmasens
Brian P. McCaffrey, San Diego, California
Reinhold Meckel, Erkrath
Erich Modes, München
Harald Möller, Espenau
Erich Mozelt, Wien
Dr. Ottfried Neubecker, Stuttgart
Jürgen Neumann, Pirna
Paul Neumann, Potts Point
Peter A. Neunert, Frankfurt
Nikolai Pantev, Sofia
Mario Perhinschi, Bukarest
Mike Peters, Rockford, Illinois
Andreas G. Pitsillides, Nikosia
Derek C. Pobjoy, Sutton
Richard H. Ponterio, San Diego, California
Miguel Angel Pratt Mayans, Asunción
Romain Probst, Luxemburg
Dennis G. Rainey, Long Beach, California
Nicholas G. Rhodes, Hythe
Theodor Rieger, Köln
Ralf Ring, Jena
Prof. Dr. Günther Röblitz, Leipzig
E. D. J. van Roekel, Bussum
Walther Rogge, Köln
Bjørn R. Rønning, Oslo
Jörg Sachse, Wokuhl
John Scheiner, Ingolstadt
Karla W. Schenk-Behrens, Essen
Otto Schenzinger, Augsburg

Wolfgang Schian, Buchbach
Hans Schlumberger, Stuttgart
Hartmut Schoenawa, Werlaburgdorf
Lothar Schoenawa, Werlaburgdorf
Gerhard Schön, München
Eugen Schrag, Würzburg
Jacques Schulman, Amsterdam
Laurens L. F. Schulman, Bussum
Peter N. Schulten, Köln
Dr. Wolfgang Schuster, Wien
Helmut Schweikert, Maisons-Alfort
Dr. Gregor Schwirtz, Jena
Scott Semans, Seattle, Washington
Heinz Senger, Berlin
Peter Siemer, Hamburg
Harald Siewert, Bochum
Evžen Skńouřil, Liberec
Dr. I. G. Spasskij, Leningrad
Robert L. Steinberg, Boca Raton, Florida
Jürgen Stransky, Halle
António Miguel Trigueiros, Lissabon
David Vice, Birmingham
Peter van Vliet, Amsterdam
Robert M. F. Vogeleer, Brüssel
Ingemar Wallin, Stockholm
Waltraud Waßmann, Wedemark
Roland Weber, Radeberg
Max A. Wehr, Neusäß
Günter Weiner, Wangen
Martin Winter, Duisburg
Dr. Marino Zanotti, San Marino
Anton Frhr. v. Ziegésar, Frankfurt
Abbasia Mint House, Kairo
Artia Foreign Trade Corporation, Prag
Azienda Autonoma di Stato Filatelica e Numismatica, San Marino
Baden-Württembergische Bank, Stuttgart
Banco Central de Costa Rica, San José
Banco Central del Uruguay, Montevideo
Bank Markazi Jomhouri Islami Iran, Teheran
Bank of Jamaica, Kingston
Banque du Maroc, Rabat
Bayerisches Hauptmünzamt, München
Berliner Münzauktionen, Berlin
Bermuda Monetary Authority, Hamilton
Bundesministerium der Finanzen, Bonn
Central Bank of Cyprus, Nikosia
Central Bank of Malta, Valetta
Central Bank of Oman, Ruwi
Central Bank of Solomon Islands, Honiara
City Mint Münzhandelsgesellschaft mbH, München
Coin World, Sidney, Ohio
Den Kongelige Mynt, Kongsberg
Deutsche Bundesbank, Frankfurt am Main
Deutsche Handelsbank, Berlin
Dresdner Bank AG, Numismatischer Handel, Frankfurt
Egyptian Coins Center, Kairo
Eidgenössische Münzstätte, Bern
Emporium Hamburg
Empresa Cubana de Acuñaciones, La Habana

Food and Agriculture Organization of the United Nations, Rom
Franklin Mint, Franklin Center, Pennsylvania
Hamburgische Münze, Hamburg
Hemus, Sofia
Imprensa Nacional – Casa da Moeda, E. P., Lissabon
Institut Monetaire Luxembourgeois, Luxemburg
Israel Government Coins and Medals Corporation Ltd., Jerusalem
Istituto Poligrafico e Zecca dello Stato, Rom
Landesbanki Islands, Reykjavik
Letcher & Associates, Lancaster, California
Magyar Nemzeti Bank, Budapest
Manfra, Tordella & Brookes Banking Corp., New York
Mint Bureau, Ministry of Finance, Osaka
Monetarium SKA Zürich
Money-Trend, Rorschach
Monnaie de Paris
Monnaie Royale de Belgique, Brüssel
Münzenauktionsges. m. b. H., Wien
Münze Österreich AG, Wien
Münzhandelsgesellschaft mbH Deutsche Münze, Braunschweig
Münz Zentrum, Köln
Narodowy Bank Polski, Warschau
National Coin Investments, Santa Monica
Numismatic Section, Treasury, Nuku'alofa
Numiversal Macco, Pirmasens
PandaAmerica, Torrance, California
Paramount Internationale Münzgesellschaft mbH, Karlsruhe
Pobjoy Mint Ltd., Sutton
H. D. Rauch Ges. m.b.H., Wien
'sRijks Munt, Utrecht
Royal Australian Mint, Canberra, A. C. T.
Royal Canadian Mint, Ottawa, Ontario und Winnipeg, Manitoba
Royal Mint, Llantrisant
Royal Mint Coin Club, Cardiff
Sedlabanki Islands, Reykjavik
Singapore Mint Pte. Ltd., Singapur
Sotheby's, London
Spink Modern Collections Ltd., Croydon, Surrey
Staatliche Münzsammlung, München
Staatliche Museen zu Berlin, Münzkabinett
States Treasury, Jersey
Sudan Mint Co. Ltd., Khartum
Suid-Afrikaanse Munt, Pretoria
Tempelhofer Münzenhaus, Berlin
The Gold Institute, Washington, D. C.
The Royal Decorations & Coin Division, Bangkok
The Silver Institute, Washington, D. C.
Ufficio Filatelico e Numismatico, Vatikanstadt
United States Mint, Philadelphia, Pennsylvania
Valcambi s. a., Balerna
Vegueria Episcopal, Andorra la Vella
Vereinigte Deutsche Metallwerke AG, Werdohl
World Coin News, Iola, Wisconsin
World Proof Numismatic Association, Pittsburgh, Pennsylvania

Inhaltsverzeichnis

E

F

Einführung in den Schön-Katalog

Gliederung des Kataloges

Der »Weltmünzkatalog 20. Jahrhundert« erfaßt und bewertet alle Münzausgaben der Welt, alphabetisch nach Ausgabeländern geordnet, wobei abhängige Gebiete im Anschluß an die betreffenden Staaten mit eigener Numerierung zu finden sind. Unter Deutschland sind, nach Zeitabschnitten gegliedert, alle Gebiete aufgeführt, die seit der Reichsgründung am 18. Januar 1871 mit eigenen Geprägen hervorgetreten sind.

Der Katalog ist chronologisch-systematisch gegliedert. Dabei werden die Münzen innerhalb der gleichen Serie vom niedrigsten bis zum höchsten Nennwert und die Serien in der Reihenfolge ihrer Ausgabe aufgeführt.

Einige Münzausgaben verschiedener Länder werden mitunter als nicht sammelwürdige »Pseudomünzen« bezeichnet, da sie im Ausgabeland nie umgelaufen sind und oft der Metallwert den Nennwert übersteigt. Die Aufnahme einer Münze in den Katalog besagt nichts über ihr Wesen als tatsächliches Umlaufgeld. Es ist darauf hinzuweisen, daß die meisten »Pseudomünzen« vom Ausgabeland als gesetzliche Zahlungsmittel deklariert werden und somit Münzen im eigentlichen Sinne sind. Prägungen, die nur Medaillencharakter tragen, sind als solche gekennzeichnet.

Seit einigen Jahren geben mehrere Staaten hauptsächlich für den nordamerikanischen Markt Edelmetallbarren in Münzform heraus, die nur teilweise, mit Nennwerten versehen, gesetzliche Zahlungsmittel sind. Diese Stücke werden im Katalog unter den Bezeichnungen »Anlegermünzen« (bei Feingehalten unter 995) und »Barrenmünzen« (bei Feingehalten ab 995) aufgeführt.

Trotz hohem Arbeitsaufwand und größtmöglicher Genauigkeit kann dieser Katalog keinen Anspruch auf absolute Vollständigkeit erheben. Für Hinweise zur Verbesserung des Kataloges und für Abbildungsvorlagen ist der Autor stets dankbar. Zuschriften sind erbeten an:

Günter Schön
Postfach 71 09 08
D-8000 München 71.

Abbildungen und Bildbeschreibungen

Die einzelnen Münzen sind in Originalgröße abgebildet und dem jeweiligen Text vorangestellt. Nur wenn sich aus technischen Gründen eine andere Handhabung anbot, sind bei den Abbildungen die Katalog-Nummern hinzugefügt worden. Es muß darauf aufmerksam gemacht werden, daß Katalogbilder wohl zur Bestimmung dienen können, aber nie als Vergleichsmaterial zu Prüfungszwecken. Bildbeschreibungen, die sich bei Gedenkmünzen geradezu anbieten, wurden zur Bereicherung des Katalogtextes eingefügt. Die Beschreibungen sind, von wenigen Ausnahmen abgesehen, katalogmäßig kurz gehalten.

Abkürzungen und Erläuterungen der Münzwerkstoffe

(Ac) Acmonital: Stahl 81,75%, Chrom 18,25 %; *Fe-Cr*

(Al) Aluminium, lat. alumen, teilweise mit Kupfer 0,05–2,5%, Zink 0–8%, Magnesium oder Mangan legiert; *Al, Al-Cu, Al-Zn-Cu, Al-Mg(-Mn)*

(Al-Mg) Aluminium-Magnesium, »Magnalium«: Aluminium 95–99%, Magnesium 1–5%, teilweise noch Mangan in Spuren; *Al-Mg(-Mn)*

(Al-Bro) Aluminium-Bronze: Kupfer 90–95%, Aluminium 5–10%, teilweise noch Mangan in Spuren; *Cu-Al(-Mn)*

(Al-N-Bro) Aluminium-Nickelbronze: Kupfer 92%, Aluminium 6%, Nickel 2% (Finnland: Kupfer 93%, Aluminium 5%, Nickel 2%; Frankreich [nur 10 Francs 1974–1988]: Kupfer 92%, Nickel 6%, Aluminium 2%); *Cu-Al-Ni, Cu-Ni-Al*

(Antimon) lat. stibium (China, Republik/Kweichow); *Sb*

(Bi) Billon: Legierung mit Silbergehalt unter 50%, *Cu-Ag, Cu-Ag-Ni (-Zn)*

(Blei) lat. plumbum; *Pb.*

(Bro) Bronze:
(1) Kupfer 94–98%, Zink 0–5%, Zinn 0–5 %, in der Regel folgende Legierungen »Münzbronze 1«: Kupfer 97%, Zink 2,5%, Zinn 0,5%; »Münzbronze 4«: Kupfer 95%, Zinn 4%, Zink 1%; »Münzbronze 2«: Kupfer 95%, Zink 3 %, Zinn 2% (Portugal und Kolumbien); *Cu-Sn(-Zn)*
(2) Kupfer 97%, Zink 2,5%, Nickel 0,5% (Insel Man, Mauritius), Kupfer 97%, Nickel 2,5%, Zink 0,5% (Malawi); *Cu-Zn-Ni*

(Bronzital) = Aluminium-Nickelbronze

(E) (ungehärtetes) Eisen, lat. ferrum; *Fe*

(Fiber) Kunststoff (Japan)

(G) Gold, lat. aurum, in Legierungen mit Kupfer (Rotgold), Silber (Grüngold), Kupfer und Silber (Gelbgold), Nickel, Neusilber oder Palladium (Weißgold); *Au, Au-Cu, Au-Ag, Au-Ag-Cu, Au-Ni, Au-Cu-Ni-Zn, Au-Pd*

(Italma) Aluminium 96,2%, Magnesium 3,5%, Mangan 0,3%; *Al-Mg-Mn*

(K) Kupfer, lat. cuprum; *Cu*

(K-N) Kupfernickel: Kupfer 75–84%, Nickel 16–25%, in der Regel: Kupfer 75%, Nickel 25%; *Cu-Ni*

(K-S-Mn) Kupfer 56%, Silber 35%, Mangan 9% (Vereinigte Staaten von Amerika); *Cu-Ag-Mn*

(Me) Messing: Kupfer 60–95%, Zink 5–40%; *Cu-Zn*

(Mg) Magnesium; *Mg*

(N) Nickel; *Ni*
(N-Bro) Nickelbronze:
(1) Kupfer 90–95%, Nickel 5–10% (Kolumbien, Deutsche Demokratische Republik); *Cu-Ni*
(2) Kupfer 95%, Zinn 4%, Nickel 1% (Saudi-Arabien); *Cu-Sn-Ni*
(N-Me) Nickelmessing: Kupfer 79%, Zink 20%, Nickel 1% (Jugoslawien: Kupfer 75%, Zink 21%, Nickel 4%; Norwegen: Kupfer 81%, Zink 10%, Nickel 9%; Taiwan: Kupfer 65%, Zink 34%, Nickel 1%); *Cu-Zn-Ni*
(Neusilber) Alpaka, Argentan, German Silver, Nikkel Silver: Kupfer 50–70%, Nickel 10–26 %, Zink 15–40%, teilweise noch Blei oder Mangan (Portugal und Kolonien: Kupfer 61%, Zink 20%, Nickel 19%); *Cu-Ni-Zn*
(Palladium) Palladium, teilweise mit Ruthenium legiert (Bermuda, China, Frankreich, Insel Man, Rußland, Tonga); *Pd, Pd-Ru*
(Porzellan) Porzellan in rötlichbrauner Farbe (Japan)
(Pt) Platin; *Pt*
(S) Silber, lat. argentum, in Legierungen mit Kupfer, seltener auch mit Nickel und Zink oder Gold, bei geringerem Feingehalt in der Regel mit Feinsilberoberfläche durch Weißsieden; *Ag, Ag-Cu, Ag-Ni, Ag-Cu-Ni(-Zn), Ag-Au(-Cu)*
(St) ferritischer (rostfreier) Stahl (wird von jedem handelsüblichen Magneten deutlich angezogen); *Fe-Cr*
(St austenitisch) austenitischer (rostfreier) Stahl (wird allenfalls von Sintermagneten und auch dann nur sehr schwach angezogen)
Als Kernmaterial für Plattierungen wird ferritischer oder austenitischer Stahl ohne Chromanteil verwendet; *Fe*
(Virenium) Nickel, plattiert mit Kupfer 81%, Zink 10 %, Nickel 9% (Insel Man); *Cu-Zn-Ni (Magnimat M)*
(Vulcan-Fiber) Kunststoff in roter oder brauner Farbe (Mandschukuo)
(Zink) Zink; *Zn*
(Zinn) lat. stannum (Thailand: mit Kupfer 10% legiert); *Sn, Sn-Cu*
(a, b) Münze kommt sowohl in Metall a als auch in Metall b vor (Legierungsvarianten)
(a / b) Bimetallmünze: Ring aus Metall a, Zentrum aus Metall b

Abkürzungen im Katalogtext

[ ] = Münzstätte: die in eckigen Klammern angegebene Bezeichnung erscheint *nicht* auf der Münze
ä.Ä. = äthiopische Ära
Abb. = Abbildung
Anm. = Anmerkung
B.E. = Bangkok-Ära
BP,[BP] = Budapest
C.B. = Cooch-Behar-Ära
CHI, [CHI] = Valcambi s. a.
[CM] = China Mint
CFA-Franc = (1) »Franc de la Communauté Financière Africaine«, Geldzeichen der Westafrikanischen Währungsunion (siehe Westafrikanische Staaten)
(2) »Franc de la Coopération Financière en Afrique Centrale«, Geldzeichen der Zoll- und Wirtschaftsunion von Zentralafrika (siehe Zentralafrikanische Staaten)
CFP-Franc = ursprünglich »Franc des Colonies Françaises du Pacifique«, noch heute Währungssymbol für die französischen Überseeterritorien im Pazifik
Ex. = Exemplare (Auflagenhöhe)
Fam. = Familie
FAO = »Food and Agriculture Organization«, Welternährungsrat der Vereinten Nationen
FM,[FM] = Franklin Mint
g = Gramm (Rauhgewicht, wenn nicht anders angegeben)
gen. = genannt
H = The Mint, Birmingham (Ralph Heaton & Sons)
HF, [HF] = Huguenin Frères
Jh. = Jahrhundert
JP = John Pinches, London
K, KN = King's Norton Metal Co.
M = Feld und Relief mattiert (Herstellungsart bei ST oder PP)
mm = Millimeter
[MM] = Malta Mint, o. Msz.
Mmz. = Münzmeisterzeichen
Msz. = Münzstättenzeichen
Mzst. = Münzstätte
Mzz. = Münzzeichen
N = Normalprägung, prägefrisch
n.H. = nach Hidschra-Zeitrechnung
n.l. = nach links (vom Betrachter aus gesehen)
n.M. = nach Malabar-Zeitrechnung
n.r. = nach rechts (vom Betrachter aus gesehen)
Nr., Nrn. = Nummer(n)
n.S. = nach Samvat-Zeitrechnung
n.Saka = nach Saka-Zeitrechnung
n.S.–H. = nach Sonnen-Hidschra-Zeitrechnung (Hidschri shamsi)
n.T. = nach Tripurabda-Zeitrechnung
o.J. = ohne Jahreszahl (undatiert)

P = Feld poliert, Relief mattiert (Herstellungsart bei PP)
PL = Prooflike (Herstellungsart)
PM,[PM] = Pobjoy Mint
PP = polierte Platte (Herstellungsart)
[RAM] = Royal Australian Mint, Canberra, o. Msz.
[RCM] = Royal Canadian Mint, Ottawa, Hull und Winnipeg, o. Msz.
[RM] = Royal Mint, London und Llantrisant
Rs. = Rückseite (Revers)
S = schön (Erhaltungsgrad)
sm,[sm] = Singapore Mint
sp. = species
SS = sehr schön (Erhaltungsgrad)
ST = Stempelglanz (Erhaltungsgrad/ Herstellungsart)
U = Feld und Relief glänzend/spiegelnd (Herstellungsart bei ST oder PP)
Var. = Variante(n)
Vs. = Vorderseite (Avers)
VZ = vorzüglich (Erhaltungsgrad)
z.D. = zyklische Datierung (chinesischer Kalender)
Ø = Durchmesser

n.H. 1395/1975 = *beide Jahreszahlen erscheinen auf der Münze*

n.H. 1395 (1975) = *die Münze trägt nur das Jahr 1395*

1975 [76] = *die Münze trägt das Jahr 1975 und zusätzlich die Zahl 76 in einem Stern (Spanien), Kreis (Äquatorialguinea) oder im Feld (Portugal, Azoren)*

Erhaltungsgrade

Gering erhalten = fair (engl.) = très bien conservé (franz.) = discreto (ital.) = zeer goed (niederl.) = bien conservada (span):
Eine durch den jahrelangen Umlauf stark abgenutzte Münze mit Kratzern und kleinen Beschädigungen. Gehört nicht in eine gepflegte Sammlung moderner Münzen.

S Schön = fine (engl.) = beau (franz.) = bello (ital.) = fraai (niederl.) = bien conservada (span.):
Eine durch längeren Umlauf beträchtlich abgenützte Kursmünze mit erkennbaren Reliefkonturen. Unterste Grenze einer sammelwürdigen Münze des 20. Jahrhunderts.

SS Sehr schön = very fine (engl.) = très beau (franz.) = bellissimo (ital.) = zeer fraai (niederl.) = muy bien conservada (span.):
Nicht übermäßige Spuren des Umlaufs und normale Abnützungserscheinungen an den höchsten Stellen des Reliefs und der Legenden.

VZ Vorzüglich = extremely fine (engl.) = superbe (franz.) = splendido (ital.) = prachtig (niederl.) = extraordinariamente bien conservada (span.):
Geringe Abnützungsspuren an den höchsten Stellen des Reliefs. Jede Einzelheit ist deutlich sichtbar.

ST »Stempelglanz« oder prägefrisch oder bankfrisch oder handgehoben = uncirculated (engl.) = fleur de coin (franz.) = fior di conio (ital.):
Ohne jegliche Umlaufspuren:
(1) bankfrisch oder prägefrisch
Bei Automatenprägungen von Umlaufmünzen können durch den Ausstoß der Münzen nach der Prägung in bereitstehende Behälter und durch gemeinsamen Transport in Säcken geringfügige Kratzer und Schleifstellen entstehen.
(2) handgehoben
Für den Verkauf an Sammler bestimmte Münzen (Gedenkprägungen, auch Umlaufserien, meist in besonderer Verpackung), die keinerlei Beschädigungen aufweisen dürfen.

Erstabschlag
Die ersten 50 bis 250 Abschläge eines neuen Stempels wurden hauptsächlich in der ersten Hälfte des Jahrhunderts oftmals (gegen Aufpreis) an Sammler abgegeben. Erstabschläge, insbesondere von B.U. = Prägungen, können wie PP erscheinen.

N prägefrische Normalprägung für den Umlauf (im Gegensatz zu den Sammlerausführungen)

U brilliant uncirculated (B.U.)
Bei dieser Sammlerausführung handelt es sich oftmals um eine besondere Herstellungsart, bei der die Stücke teilweise zweimal geprägt werden. Relief und Feld erscheinen in der Regel glänzend.

M mattiert
Prägungen der Franklin Mint wurden (in der Regel vor 1975) teilweise auch in einer mattierten Ausführung als Specimens oder auch für den Umlauf angefertigt.
Die *Bewertung* in der Preisspalte **ST** bezieht sich bei Umlaufmünzen und Gedenkmünzen, die überwiegend über die Bankschalter abgegeben werden, auf die übliche Erhaltung »bankfrisch«. Sammlerausführungen dieser Stücke liegen im Preis etwas höher. Für *nordamerikanische Münzen* sind die feinen Abstufungen zwischen der fast prägefrischen Münze und dem absolut makellosen Stück mit höchster Detailschärfe das entscheidende Kriterium der Bewertung. Für Spitzenqualität vervielfacht sich oft der Preis im Vergleich zur fast prägefrischen Münze. Damit verbunden ist die Bestimmung des Erhaltungsgrades durch hierauf spezialisierte Verbände und Firmen, die diese Münzen (certified coins) dann in transparente Kunststoffrahmen (slabs) versiegeln. Die Preise in der Spalte **ST** gelten in diesem Katalog auch hier für lose Stücke in üblicher prägefrischer Erhaltung.
Bei Münzen, hauptsächlich den modernen Gedenkprägungen, die in der Normalversion nur in Sammlerausführung (in der Regel B.U.) vorkommen, gilt der Preis in der Spalte **ST** für diese Erhaltung.
Weisen solche Stücke auch nur geringfügige Kratzer auf, so sind Preisabschläge erforderlich.

PL Prooflike, auch »Diamond Finish«.
Hierbei handelt es sich um eine Version, die zwischen B.U. und Spiegelglanz (s.u.) schwanken kann. Meist leicht mattiertes Relief auf glänzendem Grund. Im Erscheinungsbild ähnlich PP, erfüllt aber nicht die hohen Qualitätskriterien von PP.

PP »Polierte Platte« oder »Spiegelglanz« = Proof (engl.) = flan bruni (franz.) = fondo specchio (ital.) = proefslag (niederl.) = flor de cuño (span.):
Hierbei handelt es sich nicht um einen Erhaltungsgrad, sondern immer um eine besondere Herstellungsart. Die Münzplättchen dafür werden in manueller Arbeit eigens ausgesucht, auch besonders bearbeitet und dürfen keine Unebenheiten aufweisen. Stücke in Polierter Platte werden einzeln in der Regel zwei- bis viermal mit polierten Stempeln geprägt. Einzelne Teile des Münzbildes, die auf dem Stempel mit Sandstrahl bearbeitet wurden, heben sich auf der Prägung mattiert vom spiegelnden Feld ab (Frosted Proof, Cameo Proof, **P**), ansonsten erscheinen Relief und Feld spiegelnd (Bright Proof, Unfrosted Proof, **U**).In seltenen Fällen ist die gesamte Oberfläche mattiert (Matte Proof, **M**).
Stücke in Spiegelglanz oder Polierter Platte sind gegen Berühren mit den Fingern und Bereiben zu schützen. Derartige Beeinträchtigungen sind mit erheblichen Preisabschlägen verbunden.
Kratzer, auch feinste Reibespuren (hairlines) und sonstige Beschädigungen von PP-Stücken sind mit den entsprechenden Erhaltungsgraden zu bezeichnen (z. B. vorzüglich aus PP).

Katalogpreise

Der Preis einer Münze wird von der Beliebtheit, Seltenheit, Erhaltung und teilweise vom Edelmetallpreis bestimmt. Die Bewertungen im vorliegenden Katalog geben die durchschnittlichen Verkaufspreise des Münzhandels an. Bei einem möglichen Verkauf von Sammlungsstücken an Händler muß eine gewisse Handelsspanne in Abzug gebracht werden, deren Höhe sich nach dem angebotenen Objekt und nach dem Bedarf des einzelnen Händlers richtet. Bei häufigen Münzen der unteren Preisklasse ist der Preisabschlag beim Verkauf oft besonders groß.
Die Preisangaben erfolgten in zwei Spalten für die jeweils angegebenen Erhaltungen. Für bessere Erhaltungen sind Aufschläge gerechtfertigt, während bei mäßig erhaltenen Stücken teils nicht unbeträchtliche Abschläge erforderlich sind.
In einzelnen Fällen wurden bei Umlaufmünzen auch Preise für Sätze in polierter Platte angegeben. Aufgrund der heutigen Ausgabepolitik muß der Preis für

Stücke in polierter Platte nicht unbedingt über dem der normalen Prägung liegen.
Notierungen in Kursivdruck unterliegen besonders starken Schwankungen.
Konnte für eine Münze kein Preis ermittelt werden (bei selten angebotenen Stücken, aber teilweise auch bei Neuerscheinungen), so wurde das Zeichen »–,–« gesetzt. Die betreffende Münze muß deshalb nicht notwendig teuer sein.
Grundsätzlich haben sich bei allen qualitativen Münzen Wertsteigerungen ergeben, die hinter keiner vergleichbaren Kapitalanlage zurückstehen. Natürlich sind außergewöhnliche Steigerungen einzelner Stücke nicht als Maßstab anzusehen. Münzen sollten nicht als Spekulationsware betrachtet werden, sondern als künstlerisch, technisch, geschichtlich und geld- wie wirtschaftsgeschichtlich interessante Zeitdokumente und Sammlungsstücke von hohem Kultur- und Freizeitwert.

Prägezahlen

In der Regel wurden Prägezahlen nur dann angegeben, wenn die Auflage unter 10000 Exemplaren liegt. Falls ein Teil der Auflage wieder eingeschmolzen wurde, ist, soweit bekannt, die Zahl der verbliebenen Stücke vermerkt.

YEOMAN- und JAEGER-Nummern

Um der Praxis zahlreicher Münzhändler und Sammler entgegenzukommen, wurde dem Weltmünzkatalog eine Konkordanz der YEOMAN-Nummern beigefügt. Diese YEOMAN-Nummern stehen aus Zweckmäßigkeitsgründen unmittelbar nach den jeweiligen laufenden Nummern des Weltmünzkataloges. Beim Deutschland-Teil stehen die JAEGER-Nummern in Klammern.

Ajman Adschman Ajman

Fläche: 260 km²; 5000 Einwohner (1971).
Das Scheichtum Adschman gehörte zu den sieben Vertragsstaaten (Trucial States) im Befriedeten Oman (Piratenküste). Zu Adschman gehört staatsrechtlich noch das Gebiet von Manama. Seit 2. Dezember 1971 ist Adschman Mitgliedsstaat der »Vereinigten Arabischen Emirate« (UAE). In der Zeit der folgend beschriebenen Ausgaben war der Katar- und Dubai-Riyal gesetzliches Zahlungsmittel. Ein Währungsgesetz vom 11. Oktober 1969 blieb auf dem Papier und war Grundlage zur Ausgabe einer eigenen Adschman-Riyal-Prägung. Hauptstadt: Adschman.

100 Dirhams = 1 Adschman-Riyal

Münzstätten

Wien (Nrn. 1–9), Argor (Nrn. 10–13), Valcambi (Nrn. 14–37)

Raschid III. bin Humaid an-Na'imi 1928–1981

ST PP

1 (1) 1 Riyal (S) n. H. 1389/1969. Gekreuzte Flaggen und Dschambiyas, darunter Arabisches Sandhuhn (Ammoperdix hayi – Phasianidae). Rs. Wertangabe und Landesbezeichnung. 640er Silber, 3,9 g *20,– 35,–*

2 (2) 2 Riyals (S) n. H. 1389/1969. Typ wie Nr. 1. 835er Silber, 6,5 g *30,– 50,–*

3 (3) 5 Riyals (S) n. H. 1389/1969. Typ wie Nr. 1. 835er Silber, 15 g *50,– 90,–*

Nrn. 1–3, polierte Platte (1200 Ex.) 175,–

4 (25) 7½ Riyals (S) n. H. 1389/1970. Raschid III. bin Humaid an–Na'imi. Rs. Frauenfisch (Albula vulpes – Albulidae), stilisiert. 925er Silber, 23 g (5000 Ex.) *180,– 250,–*

ST PP

5 (27) 7½ Riyals (S) n. H. 1389/1970. Rs. Berberfalke (Falco peregrinoides – Falconidae) (5000 Ex.) *180,– 250,–*

6 (28) 7½ Riyals (S) n. H. 1389/1970. Rs. Gazelle (Gazella sp. – Bovidae) (5000 Ex.) *180,– 250,–*

Nrn. 4–6, polierte Platte (650 Ex.) *750,–*

A 7 100 Dirhams (K-N) 1970. Staatsemblem, Wertangabe. Rs. Taube. Versuchsprägung! *600,–*

7 1 Riyal (S) n. H. 1390/1970. Typ wie Nr. 1, jedoch zusätzliche neuarabische Jahreszahl *40,–*

8 2 Riyals (S) n. H. 1390/1970. Typ wie Nr. 7 *60,–*

9 5 Riyals (S) n. H. 1390/1970. Typ wie Nr. 7 *100,–*

Zum Tode von Gamal Abd el Nasser (4)

10 (4) 5 Riyals (S) n. H. 1390/1970. Gamal Abd el Nasser (1918–1970), Präsident der Vereinigten Arabischen Republik 1958–1970, Kopfbild vor Sphinx und den Pyramiden von Giseh. Rs. Staatsemblem, Wertangabe. 835er Silber, 15 g (5000 Ex.) *120,–*

11 (5) 7½ Riyals (S) n. H. 1390/1970. Typ wie Nr. 10. 835er Silber, 22,5 g (6000 Ex.) *150,–*

		ST	PP
12 (6)	25 Riyals (G) n. H. 1390/1970. Typ wie Nr. 10. 900er Gold, 5,175 g (1100 Ex.)		300,–
13 (7)	50 Riyals (G) n. H. 1390/1970. Typ wie Nr. 10. 900er Gold, 10,35 g (700 Ex.)		600,–

100. Geburtstag von Vladimir Iljič Lenin (2)

14 (29) 10 Riyals (S) o. J. (1970). Staatsemblem. Rs. Vladimir Iljič Lenin (1870–1924), Kopfbild, darunter Inschrift. 925er Silber, 30 g:
a) –,–
b) mit Inschrift »PROOF« 300,–

15 (30) 100 Riyals (G) o. J. (1970). Rs. Kopfbild Lenins, darüber bogige Inschrift. 900er Gold, 20,7 g (1000 Ex.) 1100,–

Männer des Friedens (16)

16 (15) 5 Riyals (S) o. J. (1970). Dag Hjalmar Agne Carl Hammarskjöld (1905–1961), Generalsekretär der Vereinten Nationen 1953–1961. Rs. Wertangabe. 925er Silber, 15 g 240,–

17 (10) 5 Riyals (S) o. J. (1970). Mahatma Gandhi (1869–1948), Verfechter des gewaltlosen Widerstandes 240,–

18 (8) 5 Riyals (S) o. J. (1970). Martin Luther King jr. (1929–1968), Bürgerrechtler 240,–

19 (9) 5 Riyals (S) o. J. (1970). George Catlett Marshall (1880–1959), Außenminister der Vereinigten Staaten 240,–

20 (13) 5 Riyals (S) o. J. (1970). Bertrand Arthur Russell (1872–1970), britischer Mathematiker und Philosoph 240,–

21 (12) 5 Riyals (S) o. J. (1970). Albert Schweitzer (1875–1965), Philosoph, Arzt und Musiker 240,–

		PP
22 (11)	5 Riyals (S) o. J. (1970). Jan Palac, tschechoslowakischer Gegner des sowjetischen Truppeneinmarsches 1968	240,–
23 (14)	5 Riyals (S) o. J. (1970). Albert John Luthuli (1899–1967), Häuptling vom Stamm der Zulu, südafrikanischer Friedens-Nobelpreisträger 1960	240,–
24 (23)	25 Riyals (G) o. J. (1970). Typ wie Nr. 16. 900er Gold, 5,175 g	300,–
25 (18)	25 Riyals (G) o. J. (1970). Typ wie Nr. 17	300,–
26 (16)	25 Riyals (G) o. J. (1970). Typ wie Nr. 18	300,–
27 (17)	25 Riyals (G) o. J. (1970). Typ wie Nr. 19	300,–
28 (21)	25 Riyals (G) o. J. (1970). Typ wie Nr. 20	300,–
29 (20)	25 Riyals (G) o. J. (1970). Typ wie Nr. 21	300,–
30 (19)	25 Riyals (G) o. J. (1970). Typ wie Nr. 22	300,–
31 (22)	25 Riyals (G) o. J. (1970). Typ wie Nr. 23	300,–

Arbeit der FAO (2)

32 (24) 5 Riyals (S) n. H. 1390/1970. Staatsemblem, Wertangabe. Rs. Von zwei Händen gehaltene Ähren 300,–

33 (26) 75 Riyals (G) n. H. 1390/1970. Staatsemblem, Porträt des Scheichs, Wertangabe. Rs. Fisch. 900er Gold, 15,525 g 900,–

Nrn. 32 und 33 werden von der FAO nicht anerkannt.

Zum Schutz von Venedig (4)

34 (31) 5 Riyals (S) o. J. (1971). Staatsemblem, Porträt des Scheichs, Wertangabe. Rs. Stilisiertes Stoßeisen einer Gondel und Rialtobrücke, Wertangabe 300,–

35 (32) 25 Riyals (G) o. J. (1971). Rs. Männer mit Glocke 350,–

36 (33) 50 Riyals (G) o. J. (1971). Rs. Pferdeskulpturen 600,–

37 (34) 100 Riyals (G) o. J. (1971). Rs. Ca' d'Oro, Palazzo Giustinian und andere Bauwerke am Canal Grande 1200,–

Afar- und Issagebiet

French Territory of the Afars and Issas

Territoire Français des Afars et des Issas

Fläche: 22000 km²; 125000 Einwohner (1977).
Am 19. März 1967 wurde auf Grund einer Volksabstimmung die Umbenennung von Französisch-Somaliland in Französisches Afar- und Issagebiet vorgenommen, und zwar erfolgte die Namensgebung nach der dort dominierenden Bevölkerung der Afar (Danakil) und der Issa. Eine erneute Volksabstimmung brachte diesem Gebiet am 27. Juni 1977 die Unabhängigkeit unter dem Namen Dschibuti. Hauptstadt Dschibuti.

Frühere Ausgaben siehe unter *Französisch-Somaliland.*

100 Centimes = 1 Dschibuti-Franc

Nr.		VZ	ST
1 (1)	1 Franc (Al) 1969, 1971, 1975. Marianne (Type Bazor). Rs. Leierantilope (Damaliscus lunatus – Bovidae), Wertangabe	1,–	3,–
2 (2)	2 Francs (Al) 1968, 1975. Typ wie Nr. 1:		
	1968	*25,–*	*50,–*
	1975 (180000 Ex.)	*15,–*	*30,–*
3 (3)	5 Francs (Al) 1968, 1975. Typ wie Nr. 1	1,–	3,–
4 (4)	10 Francs (Al-N-Bro) 1969, 1970, 1975. Rs. Arabische Dhau vor Passagierschiff, Wertangabe	1,50	4,–
5 (5)	20 Francs (Al-N-Bro) 1968, 1975. Typ wie Nr. 4	2,–	5,–

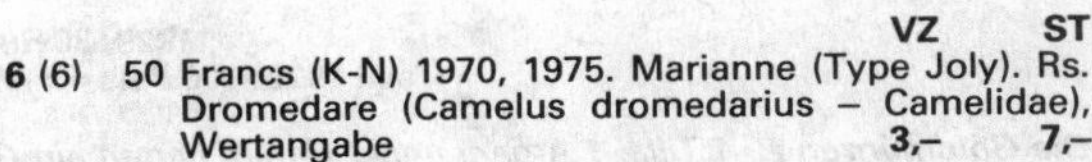

Nr.		VZ	ST
6 (6)	50 Francs (K-N) 1970, 1975. Marianne (Type Joly). Rs. Dromedare (Camelus dromedarius – Camelidae), Wertangabe	3,–	7,–

Nr.		VZ	ST
7 (7)	100 Francs (K-N) 1970, 1975. Typ wie Nr. 6	5,–	10,–

Weitere Ausgaben siehe unter *Dschibuti.*

Afghanistan

Afghanistan

Afghanistan

Fläche: 657 000 km²; 17 600 000 Einwohner. Emirat: seit 1919 unabhängig, seit 1926 konstitutionelles Königreich; seit 17. Juli 1973 Republik; am 27. April 1978 wurde die Demokratische Republik ausgerufen. Hauptstadt: Kabul.

10 Dinars = 1 Paisa, 5 Paisa = 1 Schahi, 10 Paisa = 1 Senar, 20 Paisa = 1 Abbasi, 30 Paisa = 1 Qiran, 60 Paisa = 1 Rupie Kabuli, 30 Rupien = 1 Tilla;

1929: 30 Rupien = 1 Habibi;
seit 1926: 100 Puls = 1 Afghani, 20 Afghani = 1 Amani

Die Goldmünzen zu 1 Tilla, 1 Amani und 1 Habibi hatten ein Gewicht von 1 Musqual = 4,6 g. Seit 1933 hat ein Tilla nur noch 4 g Gewicht. Mit der Währungsumstellung auf Afghani wurde auch das Gewichtssystem auf Gramm (Grami) umgestellt. Goldmünzen sind nicht im Umlauf und werden an keiner afghanischen Bank gehandelt.

Habibullah Khan 1901–1919
(n. H. 1319–1337)

SS VZ

1 (15) 1 Abbasi (S) n. H. 1320 (1902). Tughra und Jahreszahl im Kranz, oben Stern. Rs. Staatswappen: Moschee, flankiert von schrägwärts gestellten Flaggen, darunter gekreuzte Säbel, das Ganze von Ährenkranz umrahmt; Ø 16 mm **50,– 120,–**

2 (16) 1 Qiran (S) n. H. 1320–1325 (1902–1907). Typ wie Nr. 1; Ø 19 mm:
a) n. H. 1320, 1325 (Jahreszahl unter der Tughra) **30,– 60,–**
b) n. H. 1321 (Jahreszahl oben rechts neben der Tughra) **30,– 60,–**

A3 1 Rupie (S) n. H. 1319 (1901). Typ wie Nr. 1. Ø 25 mm **50,– 120,–**

3 (17) 1 Rupie (S) n. H. 1319–1321, 1325 (1901–1903, 1907). Typ wie Nr. 1, jedoch Stern und »Afghanistan« über Tughra. Ø 25 mm **25,– 50,–**

4 (18) 5 Rupien (S) n. H. 1319 (1901). Typ wie Nr. 1. Ø 46 mm:
a) n. H. 1319 (Jahreszahl unter der Tughra geteilt) **160,– 300,–**
b) n. H. 1319 (Jahreszahl links unter der Tughra) **160,– 300,–**

A5 1 Tilla (G) n. H. 1319 (1901). Typ wie Nr. 1. 900er Gold, 4,6 g, Ø 21 mm **350,– 600,–**

5 (19) 1 Tilla (G) n. H. 1319, 1320 (1901, 1902). Typ wie Nr. 3. Ø 21 mm **350,– 600,–**

6 (20) 1 Paisa (Me) n. H. 1329 (1911). Inschrift im Kreis. Rs. Staatswappen. Ø 20 mm **25,– 60,–**

7 (21) 1 Senar (S) n. H. 1325, 1326, 1328, 1329 (1907–1911). Inschrift im Kranz, darüber Stern, unten geteilte Jahreszahl. Rs. Staatswappen im Kranz, darüber »Afghanistan«. Ø 13 mm **20,– 45,–**

8 (22) 1 Abbasi (S) n. H. 1324, 1328 (1906, 1910). Typ wie Nr. 7. Ø 17 mm **30,– 60,–**

9 (23) 1 Qiran (S) n. H. 1323, 1324, 1326–1329 (1905–1911). Typ wie Nr. 7. Ø 19 mm **20,– 40,–**

SS VZ

10 (24) 1 Rupie (S) n. H. 1321, 1322, 1324–1329 (1903–1911). Typ wie Nr. 7. Ø 25 mm **30,– 60,–**

A10 1 Rupie (S) n. H. 1328 (1910). Typ wie Nr. 7, jedoch große Moschee ohne »Afghanistan«. Ø 25 mm **40,– 85,–**

11 (25) 5 Rupien (S) n. H. 1322–1324, 1326–1329 (1904–1911). Typ wie Nr. 7. Ø 45 mm **130,– 260,–**

A11 1 Tilla (G) n. H. 1325 (1907). Typ wie Nr. 7. Ø 21 mm *1400,– 2000,–*

		SS	VZ
12 (26)	1 Paisa (K) n. H. 1329–1337 (1911–1919). Inschrift. Rs. Staatswappen im Achteck:		
	a) Ø 21 mm, n. H. 1329, 1331, 1332, 1334	12,–	25,–
	b) Ø 19 mm, n. H. 1336, 1337	12,–	25,–
13 (27)	1 Senar (S) n. H. 1329–1331, 1333, 1335, 1337 (1911–1919). Inschrift. Rs. Staatswappen im Achteck. Ø 13 mm	20,–	40,–
14 (28)	1 Abbasi (S) n. H. 1329, 1330, 1333–1335, 1337 (1911–1919). Inschrift im Kranz, darüber Stern. Rs. Staatswappen im Achteck, im Kranz, Ø 17 mm	22,–	40,–
15 (29)	1 Qiran (S) n. H. 1329, 1333–1335, 1337 (1911–1919). Typ wie Nr. 14. Ø 20 mm	12,–	22,–
16 (30)	1 Rupie (S) n. H. 1329–1335, 1337 (1911–1919). Typ wie Nr. 14. Ø 25 mm	30,–	60,–
17 (31)	1 Tilla (G) n. H. 1335–1337 (1917–1919). Inschrift im Kranz, darüber Stern. Rs. Staatswappen im Achteck, im Kranz, darüber Stern. Ø 21 mm:		
	n. H. 1335	*500,–*	*750,–*
	n. H. 1336, 1337	350,–	600,–
A17	1 Tilla (G) n. H. 1336 (1918). Typ wie Nr. 17, jedoch anstelle der gekreuzten Säbel ein Davidstern. Ø 21 mm	*500,–*	*750,–*

Amanullah Khan 1919–1929
(n. H. 1337, n. S.-H. 1298–1307)

		SS	VZ
18 (32)	1 Paisa (K) n. H. 1337 (1919). Inschrift im Kranz. Rs. Staatswappen im Achteck. Ø 20 mm	20,–	40,–
19 (34)	1 Schahi (K) n. H. 1337 (1919). Inschrift, von Sternen umgeben. Rs. Staatswappen im Achteck, von Sternen umgeben. Ø 25 mm	45,–	100,–
20 (35)	1 Senar (K) n. H. 1337 (1919). Typ wie Nr. 19. Ø 29,5 mm	30,–	60,–
21 (36)	3 Schahi (K) n. H. 1337 (1919). Typ wie Nr. 19. Ø 33 mm	18,–	40,–
22 (39)	½ Rupie (S) n. H. 1337 (1919). Inschrift im Kranz, darüber Stern. Rs. Staatswappen im Achteck, im Kranz. Ø 20 mm	18,–	30,–
A22	½ Rupie (S) n. H. 1337 (1919). Typ wie Nr. 22, jedoch al-Ghasi anstelle des Sternes. Ø 25 mm	*500,–*	*800,–*
23 (40)	1 Rupie (S) n. H. 1337 (1919). Typ wie Nr. 22. Ø 25 mm	40,–	60,–
24 (41)	1 Tilla (G) n. H. 1337 (1919). Stern oben, Inschrift und Jahreszahl darunter, alles von Blätterkranz umgeben. Rs. Moschee, darunter gekreuzte Säbel, Strahlenkranz, umgeben von Blätterkranz, oben Stern. 900er Gold, 4,6 g, Ø 21 mm	350,–	600,–

		SS	VZ
A24	1 Tilla (G) n. H. 1337 (1919). Typ wie Nr. 24, jedoch anstelle der gekreuzten Säbel ein Davidstern; Ø 21 mm	*500,–*	*750,–*

		SS	VZ
B24	4 Tilla (G) n. H. 1337 (1919). Typ wie Nr. A24, jedoch Vs. geänderte Inschrift und Rs. zusätzliche Inschrift »Afghanistan«. 900er Gold, 18,53 g. Ø 32 mm	*2500,–*	*4000,–*

Durch ein Dekret wurde im Jahre 1920 die Zeitrechnung nach der Sonnen-Hidschra-Zählung (Hidschri Schamsi) eingeführt, die bis 1929 verwendet wurde. Einige Münzen tragen den Vermerk »Schamsi«.

		SS	VZ
A25	1 Paisa (K) n. S.-H. 1298 (1920). Typ wie Nr. 18. Ø 20 mm	20,–	40,–
25 (33)	1 Paisa (K) n. S.-H. 1299–1303 (1921–1925). Typ wie Nr. 19. Ø 20 mm	15,–	30,–
26 (36)	3 Schahi (K) n. S.-H. 1298–1300 (1920–1922). Typ wie Nr. 21. Ø 33 mm:		
	a) Vs. Schamsi, n. S.-H. 1298	20,–	35,–
	b) Vs. Schamsi, Rs. al-Ghasi, n. S.-H. 1298	20,–	35,–
	c) Vs. ohne Schamsi, Rs. al-Ghasi, n. S.-H. 1298–1300	20,–	35,–
A26	3 Schahi (K) n. S.-H. 1298–1300 (1920–1922). Typ wie Nr. B26, jedoch Staatswappen im Siebeneck:		
	a) Vs. Schamsi, n. S.-H. 1298	20,–	35,–
	b) Vs. ohne Schamsi, n. S.-H. 1299, 1300	20,–	35,–
27	1 Abbasi (S) n. S.-H. 1298 (1920). Inschrift im Kranz, darüber al-Ghasi. Rs. Staatswappen im Achteck, im Kranz. Ø 20 mm. Lokalausgabe	–,–	–,–
28	1 Abbasi (S) n. S.-H. 1298, 1299 (1920, 1921). Typ wie Nr. 19:		
	a) (Y37) Ø 20 mm, n. S.-H. 1298	150,–	300,–
	b) (Y38) Ø 25 mm, n. S.-H. 1299	50,–	100,–
29 (39)	½ Rupie (S) n. S.-H. 1298–1300 (1920–1922). Typ wie Nr. 22. Ø 20 mm:		
	a) Vs. mit Schamsi, oben Stern, n. S.-H. 1298	15,–	30,–
	b) Vs. mit Schamsi, oben al-Ghasi, n. S.-H. 1298	90,–	150,–
	c) Vs. ohne Schamsi, n. S.-H. 1299, 1300	15,–	30,–
30 (40)	1 Rupie (S) n. S.-H. 1298, 1299 (1920, 1921). Typ wie Nr. A 22. Ø 25 mm	30,–	55,–

		SS	VZ
31 (42)	2 Tilla (G) n. S.-H. 1298 (1920). Typ wie Nr. 24, jedoch Vs. oben Schrift, Rs. Wertzahl 2. 900er Gold, 9,2 g. Ø 23 mm	350,–	600,–
32 (43)	3 Schahi (K) n. S.-H. 1300, 1301, 1303 (1922–1925). Tughra, von Sternen umgeben. Rs. Staatswappen im Siebeneck, von Sternen umgeben. Ø 33 mm	12,–	25,–
33 (44)	1 Abbasi (K) n. S.-H. 1299–1303 (1921–1925). Typ wie Nr. 32. Ø 25 mm	10,–	20,–
34 (45)	½ Rupie (S) n. S.-H. 1300–1303 (1922–1925). Tughra im Kranz, darüber Stern. Rs. Staatswappen im Siebeneck, im Kranz. Ø 20 mm	15,–	30,–
35 (46)	1 Rupie (S) n. S.-H. 1299–1303 (1921–1925). Typ wie Nr. 34. Ø 27 mm	40,–	65,–
36 (47)	2½ Rupien (S) n. S.-H. 1298–1303 (1920–1925). Typ wie Nr. 34. Ø 34 mm	60,–	110,–
37 (48)	½ Amani (G) n. S.-H. 1299 (1921). Typ wie Nr. 34, jedoch Schrift anstelle des Sternes. 900er Gold, 2,3 g, Ø 16 mm	180,–	250,–

SS VZ

38 (49) 1 Amani (G) n. S.-H. 1299 (1921). Tughra, darunter Jahreszahl, alles von Blätterkranz umgeben, oben Wertzahl 1. Rs. oben Amani, darunter Moschee und gekreuzte Säbel, in ovalem Strahlenkranz, alles von Blätterkranz umgeben. 900er Gold, 4,6 g, Ø 22,5 mm **200,– 350,–**

39 (50) 2 Amani (G) n. S.-H. 1299–1303 (1921–1925). Typ wie Nr. 38. 900er Gold, 9,2 g, Ø 24 mm **450,– 700,–**

40 (51) 5 Amani (G) n. S.-H. 1299 (1921). Oben Wert, Tughra und Jahreszahl darunter, alles von Blätterkranz umgeben. Rs. oben Amani, Moschee, darunter gekreuzte Säbel, in ovalem Strahlenkranz, von Blätterkranz umgeben. 900er Gold, 23 g, Ø 33,5 mm *2500,– 4000,–*

A 40 5 Amani (G) n. S.-H. 1299 (1921). Typ wie Nr. 40, jedoch anstelle der Ziffer 5 ein Stern. Rs. anstelle von Amani eine 5. Ø 33,5 mm *2500,– 4000,–*

WÄHRUNGSREFORM 1926: 11 Rupien = 10 Afghani

NEUE WÄHRUNG: 100 Puls = 1 Afghani,
20 Afghani = 1 Amani

41 (52) 2 Puls (K) n. S.-H. 1304, 1305 (1926, 1927). Tughra im Kreis, das Ganze im Kranz. Rs. Wert im Kreis, das Ganze im Kranz. Ø 18 mm **6,– 15,–**

42 (53) 5 Puls (K) n. S.-H. 1304, 1305 (1926, 1927). Typ wie Nr. 41. Ø 22 mm **6,– 15,–**

43 (54) 10 Puls (K) n. S.-H. 1304–1306 (1926–1928). Typ wie Nr. 41. Ø 24 mm **8,– 16,–**

44 (55) 20 Puls (S) n. S.-H. 1304 (1926), auch o. J. Typ wie Nr. 41. Ø 19 mm *150,– 280,–*

45 (56) ½ Afghani (S) Jahr 7/n. S.-H. 1304–9/1306 (1926–1928). Oben Wert, darunter Tughra, Jahreszahl, alles von Blätterkranz umgeben. Rs. Große Moschee ohne Strahlenkranz, Regierungsjahr, alles von Blätterkranz umgeben. 500er Silber, 5 g, Ø 25 mm **12,– 25,–**

46 (57) 1 Afghani (S) Jahr 7/n. S.-H. 1304, 8/1305, 9/1305, 9/1306 (1926–1928). Typ wie Nr. 45. 900er Silber, 10 g, Ø 29 mm **15,– 30,–**

47 (58) 2½ Afghani (S) Jahr 8/n. S.-H. 1305, 9/1306 (1927, 1928). Typ wie Nr. 45. 900er Silber, 25 g, Ø 38 mm **50,– 100,–**

48 (59) ½ Amani (G) Jahr 7/n. S.-H. 1304–9/1306 (1926–1928). Typ wie Nr. 45. 900er Gold, 2,3 g, Ø 18 mm **150,– 250,–**

SS VZ

49 (60) 1 Amani (G) Jahr 7/n. S.-H. 1304–9/1306 (1926–1928). Typ wie Nr. 45. 900er Gold, 4,6 g, Ø 23 mm **200,– 300,–**

50 (61) 2½ Amani (G) Jahr 9/n. S.-H. 1306 (1928). Typ wie Nr. 45. 900er Gold, 11,5 g, Ø 29 mm *1200,– 2000,–*

A 50 (56) ½ Afghani (S) Jahr 10/n. S.-H. 1307 (1929). Typ wie Nr. 45, jedoch Jahreszahl unter der Moschee. Ø 25 mm **15,– 30,–**

B 50 (57) 1 Afghani (S) Jahr 10/n. S.-H. 1307 (1929). Typ wie Nr. A 50. Ø 29 mm **–,– –,–**

Habibullah Ghazi (Baccha-i-Saqao) 1929
(n. H. 1347–1348)

NEUE WÄHRUNG: 30 Paisa = 1 Qiran, 2 Qiran = 1 Rupie Kabuli, 30 Rupien = 1 Habibi

51 (62) 20 Paisa (K, Me) n. H. 1347 (1929). Wert in Paschtu, von zwei Sternen flankiert, Legende und Jahreszahl im Blätterkranz. Rs. Wert in Dari, von zwei Sternen flankiert. Moschee im Strahlenkranz, Predigtkanzel links. Ø 25 mm *25,– 60,–*

52 (63) 1 Qiran (S) n. H. 1347 (1929). Oben Stern, Legende, waagerecht angeordnet, darunter Jahreszahl, alles von Blätterkranz umgeben. Rs. 1 Qiran, Moschee im Strahlenkranz, darunter Jahreszahl. Ø 21 mm **25,– 40,–**

53 (64) 1 Rupie (S) n. H. 1347 (1929). Typ wie Nr. 52. Ø 25 mm **45,– 75,–**

54 (65) 1 Habibi = 30 Rupien (G) n. H. 1347 (1929). Wert 30 Rupien, Legende, darunter Jahreszahl, umgeben von Blätterkranz. Rs. 1 Habibi, darunter Moschee im Strahlenkranz, Kanzel links. 4,6 g, Ø 21 mm **500,– 800,–**

A54 1 Habibi (G) n. H. 1347 (1929). Typ wie Nr. 54, jedoch ein Stern anstelle des Wertes »30 Rupien«. 4,6 g, Ø 21 mm **500,– 800,–**

55 (66) 10 Paisa (K) n. H. 1348 (1929). Wert in Paschtu, von zwei Sternen flankiert. Legende teilweise kreisförmig angeordnet, und Jahreszahl von Blätterkranz umgeben. Rs. Wert in Dari, von zwei Sternen flankiert. Moschee im Strahlenkranz, Predigtkanzel links. Ø 22 mm *40,– 80,–*

56 (67) 1 Qiran (S) n. H. 1348 (1929). Typ wie Nr. 52, jedoch Legende teilweise kreisförmig angeordnet. Ø 21 mm **60,– 110,–**

57 (68) 1 Rupie (S) n. H. 1347 (1929). Typ wie Nr. 56. Ø 26 mm **180,– 280,–**

Mohammed Nadir Schah 1929–1933
(n. H. 1348–1350, n. S.-H. 1310–1312)

NEUE WÄHRUNG: 100 Puls = 1 Afghani, 20 Afghani = 1 Amani

SS VZ

58 (69) 1 Pul (K) n. H. 1349 (1930). Inschrift, von Sternen umgeben. Rs. Wert im Kreis, das Ganze von Sternen umgeben. Ø 15 mm 3,– 6,–

A 58 1 Pul (K) n. H. 1349 (1930). Typ wie Nr. 59. Ø 15 mm 200,– 400,–

59 (70) 2 Puls (K) n. H. 1348 (1929). Tughra und Jahreszahl im Kreis, das Ganze im Kranz. Rs. Wert im Kreis, das Ganze im Kreis. Ø 18 mm 5,– 10,–

60 (71) 5 Puls (K) n. H. 1349, 1350 (1930, 1931). Typ wie Nr. 59. Ø 22 mm 7,– 12,–

61 (72) 10 Puls (K) n. H. 1348, 1349 (1929, 1930). Typ wie Nr. 59. Ø 25 mm 8,– 15,–

62 (73) 20 Puls (K) n. H. 1348, 1349 (1929, 1930). Typ wie Nr. 59. Ø 25 mm 9,– 18,–

63 (74) 25 Puls (K) n. H. 1349 (1930). Typ wie Nr. 59. Ø 25 mm 9,– 18,–

64 (75) ½ Afghani (S) Jahr 1/n. H. 1348–3/1350 (1929–1931). Tughra, Name und Titel im Blätterkranz, darüber Wert. Rs. Moschee und Jahreszahl im Blätterkranz. 500er Silber, 5 g, Ø 24 mm 12,– 25,–

65 (76) 1 Afghani (S) Jahr 1/n. H. 1348–3/1350 (1929–1931). Typ wie Nr. 64, Wertzahl 1 in Klammern. 900er Silber, 10 g, Ø 30 mm 25,– 55,–

66 (78) 20 Afghani (G) Jahr 1/n. H. 1348–3/1350 (1929–1931). Typ wie Nr. 64, Wertzahl 20 in Klammern. 900er Gold, 4,6 g, Ø 21,8 mm:

n. H. 1348 *350,– 600,–*

2/n. H. 1349, 3/1350 280,– 450,–

Seit 1931 wird die Jahreszahl in der Sonnen-Hidschra-Zeitrechnung angegeben.

67 (80) 2 Puls (Me) n. S.-H. 1311–1314 (1932–1935). Inschrift im gepunkteten Kreis, im Kranz. Rs. Wert im gepunkteten Kreis, im Kranz, Ø 18 mm 6,– 12,–

68 (81) 5 Puls (Me) n. S.-H. 1311–1314 (1932–1935). Typ wie Nr. 67. Ø 21 mm 7,– 15,–

69 (82) 10 Puls (Me) n. S.-H. 1311–1314 (1932–1935). Typ wie Nr. 67. Ø 23 mm 7,– 15,–

Nrn. 67–69 wurden auch unter Mohammed Sahir Schah geprägt.

70 (83) ½ Afghani (S) n. S.-H. 1310–1312 (1931–1933). Inschrift »Mohammed/Nadir Schah« im Perlkreis, darüber »Afghanistan«, im Kranz. Rs. Staatswappen im Kranz, oben »Kabul«. Ø 24 mm 12,– 25,–

71 (84) 1 Afghani (S) n. S.-H. 1310, 1311 (1931, 1932). Typ wie Nr. 70. Ø 27 mm 150,– 300,–

Mohammed Sahir Schah 1933–1973
(n. S.-H. 1312–1352)

SS VZ

72 (85) 25 Puls (K, Me) n. S.-H. 1312-1316 (1933–1937). Inschrift im gepunkteten Kreis, im Kranz. Rs. Wert im gepunkteten Kreis, im Kranz. Ø 24,5 mm 10,– 20,–

73 (86) 50 Puls = 1 Qiran (S) n. S.-H. 1312–1314 (1933–1935). Legende im Perlkreis (60 Perlen), von Ährenkranz umgeben; darüber das Wort Afghanistan. Rs. Wert 1 Qiran, Staatswappen, darunter Jahreszahl, das Ganze im Ährenkranz. 500er Silber, 5 g, Ø 24 mm. 12,– 18,–

A73 50 Puls = 1 Qiran (S) n. S.-H. 1315, 1316 (1936, 1937). Typ wie Nr. 73, jedoch Perlkreis mit 40 Perlen. Ø 24 mm 9,– 15,–

VZ ST

74 (87) 6 Grami = 1½ Tilla (G) n. S.-H. 1313 (1934). Typ wie Nr. 75, jedoch ohne Wertangabe. 900er Gold, 6 g, Ø 22,2 mm 750,– 1200,–

75 (88) 4 Grami = 1 Tilla (G) n. S.-H. 1315, 1317 (1936, 1938). Legende im Perlkreis, von Ähren umgeben, darüber das Wort Afghanistan. Rs. Wert 4 Grami, darunter Staatswappen und Jahreszahl. 900er Gold, 4 g, Ø 19 mm 400,– 600,–

76 (89) 8 Grami = 2 Tilla (G) n. S.-H. 1314, 1315, 1317 (1935, 1936, 1938). Typ wie Nr. 75, jedoch Wert 8 Grami. 900er Gold, 8 g, Ø 22,2 mm 900,– 1400,–

77 (90) 2 Puls (Bro) n. S.-H. 1316 (1937). Staatswappen im Kranz. Rs. Wert im Kreis, im Kranz. Ø 15 mm 2,– 4,–

78 (91) 3 Puls (Bro) n. S.-H. 1316 (1937). Typ wie Nr. 77. Ø 16 mm 3,– 6,–

79 (92) 5 Puls (Bro) n. S.-H. 1316 (1937). Typ wie Nr. 77. Ø 17 mm 2,– 5,–

80 (93) 10 Puls (K-N) n. S.-H. 1316 (1937). Typ wie Nr. 77. Ø 18 mm 2,– 5,–

81 (94) 25 Puls (K-N) n. S.-H. 1316 (1937). Staatswappen im Kranz. Rs. Inschrift im Kreis, das Ganze von Umschrift umgeben. Ø 20 mm 2,– 5,–

82 (95) 25 Puls (Bro) n. S.-H. 1330–1332 (1951–1953). Typ ähnlich wie Nr. 81. Ø 20 mm 3,– 6,–

83 (96) 50 Puls (Bro) n. S.-H. 1330 (1951). Staatswappen im Kranz. Rs. Wert im Kreis, das Ganze mit Umschrift. Ø 22 mm 2,– 3,–

84 (95a) 25 Puls (St, N plattiert) n. S.-H. 1331–1334 (9152–1955). Typ wie Nr. 82. Ø 20 mm 2,– 4,–

		VZ	ST
85 (97)	50 Puls (St, N plattiert) n. S.-H. 1331 (1952). Staatswappen im Kranz. Rs. Wert in Buchstaben im Kreis, das Ganze mit Umschrift. Ø 22 mm	2,–	5,–
86 (96a)	50 Puls (St, N plattiert) n. S.-H. 1331–1334 (1952–1955). Typ wie Nr. 83. Ø 22 mm	2,–	4,–
87 (95b)	25 Puls (Al) n. S.-H. 1331. Typ wie Nr. 82	10,–	25,–

Nr. 87 wurde 1970 auf Schrötlingen von Nr. 88 geprägt.

88 (98)	2 Afghani (Al) n. S.-H. 1337 (1958). Staatswappen im Perlkreis, das Ganze von Umschrift und drei Sternen umgeben. Rs. Wert im Perlkreis, das Ganze von sechs Sternen und Jahreszahl umgeben. Ø 23 mm	4,–	7,–
89 (99)	5 Afghani (Al) n. S.-H. 1337 (1958). Staatswappen im Perlkreis, das Ganze von sechs Sternen und Wert umgeben. Rs. Tughra im Perlkreis, das Ganze von sechs Sternen und Jahreszahl umgeben. Ø 25 mm	6,–	10,–
90	10 Afghani (Al) n. S.-H. 1336 (1957). Staatswappen, von sechs Sternen und Jahreszahl umgeben. Rs. Tughra im Perlkreis, darunter Wert, links und rechts je drei Sterne. Ø 31 mm	–,–	–,–

		PP
A91 (A102)	4 Grami = 1 Tilla (G) n. S.-H. 1339/n. H. 1380 (1960). Dünnabschlag von Nr. 91. 900er Gold, 4 g, Ø 22,2 mm	*600,–*

91 (B102)	8 Grami = 2 Tilla (G) n. S.-H. 1339/n. H. 1380 (1960). Name des Königs in Tughraform, daneben rechts Gottesanrufung, unten: »De Afghanistan Padshahi Dawlat« (Königlich Afghanische Regierung). Rs. oben »8 Grami«, unten »Kabul«, links 1339, rechts 1380, in der Mitte aus der Moschee des Staatswappens und aus mythologischen Tieren (Adler des Zoroaster und Stier des Mithras) gebildetes Emblem über gekreuzten Weizenähren. 900er Gold, 8 g, Ø 22,2 mm (200 Ex.)	1250,–

		VZ	ST
92 (100)	1 Afghani (St. N plattiert) n. S.-H. 1340 (1961). Drei Ähren, Jahreszahl. Rs. Wert, von Sternen umgeben	1,–	2,–

		VZ	ST
93 (101)	2 Afghani (St, N plattiert) n. S.-H. 1340 (1961). Oben Inschrift »Afghanistan«, in der Mitte der fabelhafte Adler vor der Sonne, der dem sagenhaften ersten König Yamma eine goldene Krone auf das Haupt gesetzt haben soll, unten Jahreszahl 1340. Rs. Wertziffer unter dem Wort »zwei« und über dem Wort »Afghani« zwischen einer Weizenähre und drei Sternen	1,–	2,–

94 (102)	5 Afghani (St, N plattiert) n. S.-H. 1340/n. H. 1381 (1961). König Mohammed Sahir Schah (*1914), in Uniform zwischen den Jahreszahlen 1340 und 1381, darüber die Legende »Mohammed Sahir-Sternchen-Afghanistans-Sternchen-König«. Rs. Wertziffer unter dem Wort »fünf« und über dem Wort »Afghani« zwischen zwei Weizenähren	2,–	4,–

Republik Afghanistan

95 (103)	25 Puls (St, Me plattiert) n. S.-H. 1352 (1973). Staatswappen der Republik, am 17. 7. 1973 eingeführt. Rs. Wertangabe, Umschrift, Sterne [RM]	6,–	10,–
96 (104)	50 Puls (St, K plattiert) n. S.-H. 1352 (1973). Typ wie Nr. 95 [RM]	8,–	18,–
97 (105)	5 Afghani (St, N plattiert) n. S.-H. 1352 (1973). Rs. Wertangabe zwischen zwei Weizenähren [RM]	10,–	20,–

Rettet die Tierwelt (3)

		ST	PP
98 (106)	250 Afghani (S) 1978. Staatswappen. Rs. Schneeleopard (Uncia uncia–Felidae):		
	a) 925er Silber, 28,28 g (4387 Ex.)		90,–
	b) 500er Silber, 25,31 g (4370 Ex.)	75,–	
99 (107)	500 Afghani (S) 1978. Rs. Reiher:		
	a) 925er Silber, 35 g (4218 Ex.)		180,–
	b) 500er Silber, 31,65 g (4374 Ex.)	150,–	

100 (108)	10 000 Afghani (G) 1978. Rs. Marco-Polo-Schaf. 900er Gold, 33,437 g (875 Ex.)	1200,–	*1600,–*

Demokratische Republik Afghanistan 1978–1989
Democratic Republic of Afghanistan

		VZ	ST
101 (109)	25 Puls (Al-Bro) n. S.-H. 1357 (1978). Staatswappen (Schriftzug »Khalq«, Paschtu für »Massen«, im Weizenkranz), am 19. Oktober 1978 eingeführt, unten »April 1978«. Rs. Wertangabe, Umschrift, Sterne	2,–	4,–
102 (110)	50 Puls (Al-Bro) n. S.-H. 1357 (1978). Typ wie Nr. 101	2,–	4,–
103 (111)	1 Afghani (K-N) n. S.-H. 1357 (1978). Typ wie Nr. 101	*18,–*	*30,–*
104 (A112)	2 Afghani (K-N) n. S.-H. 1357 (1978). Typ wie Nr. 101	*18,–*	*30,–*
105 (112)	5 Afghani (K-N) n. S.-H. 1357 (1978). Typ wie Nr. 101	6,–	10,–

		VZ	ST
106 (115)	25 Puls (Al-Bro) n. S.-H. 1359 (1980). Staatswappen, 1980 eingeführt. Rs. Wertangabe, Umschrift, Sterne	1,–	2,–
107 (116)	50 Puls (Al-Bro) n. S.-H. 1359 (1980). Typ wie Nr. 106	1,–	2,–
108 (117)	1 Afghani (K-N) n. S.-H. 1359 (1980). Typ wie Nr. 106	1,50	3,–
109 (118)	2 Afghani (K-N) n. S.-H. 1359 (1980). Typ wie Nr. 106	2,–	4,–
110 (119)	5 Afghani (K-N) n. S.-H. 1359 (1980). Typ wie Nr. 106	3,–	6,–

Welternährungstag 1981 (2)

		PP
111 (113)	5 Afghani (Me) n. S.-H. 1360 (1981). Staatswappen. Rs. FAO-Emblem [LMD] (15000 Ex.)	8,–

		PP
112 (114)	500 Afghanis (S) 1981. Typ ähnlich wie Nr. 111. 900er Silber, 9,06 g [LMD] (12000 Ex.)	35,–

100 Jahre Automobil

		ST
113 (120)	500 Afghanis (S) 1986. Staatswappen. Rs. Ferrari Testarossa. 999er Silber, 12 g (2000 Ex.)	60,–

Naturschutz

114 (122)	500 Afghanis (S) 1986. Rs. Leopard auf Felsen. 999er Silber, 12 g (5000 Ex.)	85,–

XIII. Fußball-Weltmeisterschaft 1986 in Mexiko

115	500 Afghanis (S) 1986. Rs. Zwei Fußballspieler hinter Tornetz. 999er Silber, 16 g (5000 Ex.)	85,–

25 Jahre World Wildlife Fund

116 (123)	50 Afghanis (K-N) 1987. Rs. Leopard auf Felsen, WWF-Emblem (28000 Ex.)	10,–

XXIV. Olympische Sommerspiele 1988 in Seoul

117	500 Afghanis (S) 1987. Rs. Volleyball. 999er Silber, 12 g (10000 Ex.)	75,–

XV. Olympische Winterspiele 1988 in Calgary

118 (121)	500 Afghanis (S) 1988. Rs. Eistänzerpaar. 999er Silber, 12 g (10000 Ex.)	75,–

VIII. Fußball-Europameisterschaft 1988 in Deutschland

119	500 Afghanis (S) 1988. Rs. Fußballspieler. 999er Silber, 12 g (5000 Ex.)	75,–

XIV. Fußball-Weltmeisterschaft 1990 in Italien

PP

120 500 Afghanis (S) 1989. Rs. Zwei Fußballspieler vor Tribüne. 999er Silber, 16 g 85,–

XVI. Olympische Winterspiele 1992 in Albertville

121 500 Afghanis (S) 1989. Staatswappen. Rs. Viererbob. 999er Silber, 16 g (10000 Ex.):
a) kleine dicke Schrift auf Wappenseite (Abb.) 120,–
b) größere dünne Schrift auf Wappenseite 85,–

XXV. Olympische Sommerspiele 1992 in Barcelona

PP

122 500 Afghanis (S) 1989. Rs. Hockey. 999er Silber, 16 g (10000 Ex.):
a) kleine dicke Schrift auf Wappenseite 120,–
b) größere dünne Schrift auf Wappenseite 85,–

XV. Fußball-Weltmeisterschaft 1994 in den Vereinigten Staaten von Amerika

ST

123 500 Afghanis (S) 1991. Rs. Zwei Spieler. 999er Silber, 12 g [Habana] 60,–

Republik Afghanistan seit 1989
Republic of Afghanistan

124 10 Afghanis (Me) 1989

XIV. Fußball-Weltmeisterschaft 1990 in Italien und XV. Fußball-Weltmeisterschaft 1994 in den Vereinigten Staaten von Amerika

PP

125 100 Afghanis (K-N) 1990. Emblem der Staatsbank, Landesname »Republik Afghanistan«. Rs. Adler mit Fußball, Landkarten von Italien und den Vereinigten Staaten von Amerika [Leningrad] (10000 Ex.) 20,–

Frühere Ausgaben siehe Weltmünzkatalog 19. Jahrhundert.

Egypt — Ägypten — Égypte

Misr

Fläche: 1 000 000 km² (davon ca. 60 000 km² in Asien); 45 000 000 Einwohner. Seit 8. Juli 1867 türkisches Vizekönigreich. Am 18. Dezember 1914 wurde Ägypten britisches Protektorat, jedoch bereits am 15. März 1922 wurde dieses Land als unabhängiges Königreich von Großbritannien anerkannt. König Faruk I. mußte am 26. Juli 1952 abdanken. Am 18. Juni 1953 wurde die Republik ausgerufen. Seit 1. März 1958 nannte sich Ägypten Vereinigte Arabische Republik. Diese amtliche Bezeichnung wurde auch nach dem Ausscheiden Syriens (1961) aus dem Staatsverband beibehalten bis 1971. Seitdem: Arabische Republik Ägypten, die sich als Teil einer »Föderation arabischer Republiken« betrachtet (im Hinblick auf mögliche neue Zusammenschlüsse). Hauptstadt: Kairo (El-Qahira, »Die Siegreiche«).

4 Para = 1 'Ashar al-Qirsh (1/10 Piaster), 40 Para = 1 Qirsh (Piaster);
Seit 1916: 1000 Millièmes = 100 Piaster (Qirsh) = 1 Ägyptisches Pfund (Dschinia, Guinea)

Al-Mamlakat al-Misriya

Abdul Hamid II. 1876–1909

Die Datierung erfolgt durch das Jahr der Thronbesteigung n. H. 1293 und das Regierungsjahr.

SS VZ

1 (12) 1 Para = 1/40 Qirsh (Bro) Jahr 10, 12, 18–20, 24, 26, 27, 29, 31–33, 35 (1884–1909). Tughra, Regierungsjahr. Rs. Inschrift »Sarb fi Misr« (Prägung von Ägypten) zwischen zwei Sternen, darunter Wertangabe »Raba' min 'Ashar al-Qirsh«, unten »sanat«, Jahr der Thronbesteigung 6,– 30,–

2 (13) 2 Para = 1/20 Qirsh (Bro) Jahr 10, 12, 18–21, 24, 26, 27, 29, 31–33, 35 (1884–1909). Typ wie Nr. 1, Wertangabe »Nisf min 'Ashar al-Qirsh« 8,– 25,–

3 (14) 1 'Ashar al-Qirsh (K-N) Jahr 10, 12, 18–25, 27–33, 35 (1884–1909). Tughra und Regierungsjahr im Kranz. Rs. Wertzahl 1 und Jahr der Thronbesteigung im Schriftkreis 5,– 25,–

4 (15) 2 'Ashar al-Qirsh (K-N) Jahr 10, 12, 20, 21, 24, 25, 27–31, 33, 35 (1884–1909). Typ wie Nr. 3 8,– 25,–

5 (16) 5 'Ashar al-Qirsh (K-N) Jahr 10, 11, 13, 20, 21, 23–25, 27, 29, 30, 33 (1884–1907). Typ wie Nr. 3 10,– 28,–

6 (17) 1 Qirsh (K-N) Jahr 22, 23, 25, 27, 29, 30, 33 (1896–1907). Tughra und Wertangabe »1 sh« im Kranz. Rs. Regierungsjahr, Inschrift »Sarb fi Misr« und Jahr der Thronbesteigung, von Sternen umgeben 15,– 40,–

7 (18) 1 Qirsh (S) Jahr 10, 17, 27, 29, 33 (1884–1907). Tughra, Sterne und Wertangabe »1 sh« auf Zweigen. Rs. Drei Sterne, Regierungsjahr, Inschrift »Sarb fi Misr« und Jahr der Thronbesteigung im Kranz. 833⅓er Silber, 1,4 g 15,– 40,–

8 (19) 2 Qirsh (S) Jahr 10, 11, 17, 19, 20, 24, 27, 29, 30, 31, 33 (1884–1907). Typ wie Nr. 7. 833⅓er Silber, 2,8 g 20,– 55,–

9 (20) 5 Qirsh (S) Jahr 10, 11, 15–17, 20–22, 24, 27, 29–33 (1884–1907). Typ wie Nr. 7. 833⅓er Silber, 7 g 30,– 70,–

10 (21) 10 Qirsh (S) Jahr 10, 11, 15–17, 20–22, 24, 27, 29–33 (1884–1907). Typ wie Nr. 7. 833⅓er Silber, 14 g 45,– 110,–

11 (22) 20 Qirsh (S) Jahr 10, 11, 15–17, 20–22, 24, 27, 29–33 (1884–1907). Typ wie Nr. 7. 833⅓er Silber, 28 g 120,– 260,–

12 (A 22a) 5 Qirsh (G) Jahr 15, 16, 18, 24, 26, 34 (1889–1908). Tughra, rechts »Al Ghasi«, unten Wertangabe »5 sh«. Rs. Regierungsjahr, Inschrift »Sarb fi Misr«, Jahr der Thronbesteigung. 875er Gold, 0,42 g 120,– 180,–

SS VZ

A12 (B 22) 10 Qirsh (G) Jahr 17, 18, 23, 34 (1891–1908). Typ wie Nr. 12. 875er Gold, 0,85 g 150,– 250,–

Mohammed V. 1909–1915

Die Datierung erfolgt durch das Jahr der Thronbesteigung n. H. 1327 und das Regierungsjahr.

13 (23) 1 Para = 1/40 Qirsh (Bro) Jahr 2–4, 6 (1910–1914). Typ wie Nr. 1, jedoch neue Tughra 10,– 22,–

14 (24) 2 Para = 1/20 Qirsh (Bro) Jahr 2–4, 6 (1910–1914). Typ wie Nr. 13 10,– 20,–

15 (25) 1 'Ashar al-Qirsh (K-N), Jahr 2–4, 6 (1910–1914). Typ wie Nr. 3, jedoch neue Tughra 10,– 20,–

16 (26) 2 'Ashar al-Qirsh (K-N) Jahr 2–4, 6 (1910–1914). Typ wie Nr. 15 15,– 30,–

17 (27) 5 'Ashar al-Qirsh (K-N) Jahr 2–4, 6 (1910–1914). Typ wie Nr. 15 10,– 20,–

18 (28) 1 Qirsh (K-N) Jahr 2–4, 6 (1910–1914). Typ wie Nr. 6, jedoch neue Tughra 25,– 50,–

19 (29) 1 Qirsh (S) Jahr 2, 3 (1910, 1911). Typ wie Nr. 7, jedoch neue Tughra 25,– 55,–

20 (30) 2 Qirsh (S) Jahr 2, 3 (1910, 1911). Typ wie Nr. 19 70,– 150,–

21 (31) 5 Qirsh (S) Jahr 2–4, 6 (1910–1914). Typ wie Nr. 19 30,– 65,–

22 (32) 10 Qirsh (S) Jahr 2–4, 6 (1910–1914). Typ wie Nr. 19:
Jahr 2–4 70,– 170,–
Jahr 6 30,– 100,–

23 (33) 20 Qirsh (S) Jahr 2–4, 6 (1910–1914). Typ wie Nr. 19 150,– 300,–

Britisches Protektorat 1914–1922

NEUE WÄHRUNG:

1000 Millièmes = 100 Piaster = 1 Ägyptisches Pfund

Hussein Kamil 1915–1917

24 (34) ½ Millième (Bro) 1916, 1917. Inschrift. Rs. Wert, Jahreszahlen:
1916 (Existenz?) –,–
1917 25,– 50,–

25 (35) 1 Millième (K-N) 1917. Inschrift. Rs. Wert, Jahreszahl (mit Loch) 15,– 30,–

26 (36) 2 Millièmes (K-N) 1916, 1917. Typ wie Nr. 25 (mit Loch) 10,– 35,–

27 (37) 5 Millièmes (K-N) 1916, 1917. Inschrift, Jahreszahlen. Rs. Wert (mit Loch) 10,– 25,–

Nr.			SS	VZ
28 (38)	10	Millièmes (K-N) 1916, 1917. Typ wie Nr. 27 (mit Loch)	10,–	25,–
29 (39)	2	Piastres (S) 1916, 1917. Inschrift im Kranz. Rs. Wertangabe im Kranz. 833⅓er Silber, 2,8 g:		
		a) 1916, 1917 (mit Innenkreis)	15,–	40,–
		b) 1917 (ohne Innenkreis)	15,–	40,–
30 (40)	5	Piastres (S) 1916, 1917. Typ wie Nr. 29. 833⅓er Silber, 7 g:		
		a) 1916, 1917 (mit Innenkreis)	25,–	50,–
		b) 1917 (ohne Innenkreis)	25,–	50,–
31 (41)	10	Piastres (S) 1916, 1917. Typ wie Nr. 29. 833⅓er Silber, 14 g:		
		a) 1916, 1917 (mit Innenkreis)	50,–	150,–
		b) 1917 (ohne Innenkreis)	50,–	150,–

Nr.			SS	VZ
32 (42)	20	Piastres (S) 1916, 1917. Typ wie Nr. 29. 833⅓er Silber, 28 g:		
		a) 1916, 1917 (mit Innenkreis) (Abb.)	100,–	230,–
		b) 1917 (ohne Innenkreis)	100,–	230,–

Nr.			SS	VZ
33 (43)	100	Piastres (G) 1916. Typ wie Nr. 29. 875er Gold, 8,5 g	320,–	400,–

Fuad I. 1917–1936

Nr.			SS	VZ
34 (44)	2	Piastres (S) 1920. Inschrift. Rs. Wertangabe	260,–	750,–
35 (45)	5	Piastres (S) 1920. Typ wie Nr. 34	220,–	500,–
36 (46)	10	Piastres (S) 1920. Typ wie Nr. 34	180,–	400,–
A 36 (A 42)	20	Piastres (S) 1920. Typ wie Nr. 34 (2 Ex. bekannt)		–,–

Königreich 1922–1952

Nr.			SS	VZ
37 (47)	½	Millième (Bro) 1924. Fuad I. (1868–1936), Brustbild nach rechts. Rs. Wert mit Umschrift	12,–	30,–
38 (48)	1	Millième (Bro) 1924. Typ wie Nr. 37	20,–	45,–
39 (49)	2	Millièmes (K-N) 1924. Typ wie Nr. 37	15,–	40,–
40 (50)	5	Millièmes (K-N) 1924. Typ wie Nr. 37	18,–	50,–
41 (51)	10	Millièmes (K-N) 1924. Typ wie Nr. 37	20,–	60,–
42 (52)	2	Piaster (S) 1923. Rs. Inschrift im Kreis. 833⅓er Silber, 2,8 g	25,–	60,–
43 (53)	5	Piaster (S) 1923. Typ wie Nr. 42. 833⅓er Silber, 7 g	30,–	90,–

Nr.			SS	VZ
44 (54)	10	Piaster (S) 1923. Typ wie Nr. 42. 833⅓er Silber, 14 g	60,–	160,–
45 (55)	20	Piaster (S) 1923. Typ wie Nr. 42. 833⅓er Silber, 28 g	160,–	300,–
46 (56)	20	Piaster (G) 1923. Rs. Inschrift. 875er Gold, 1,7 g	130,–	200,–
47 (57)	50	Piaster (G) 1923. Typ wie Nr. 46. 875er Gold, 4,25 g	250,–	320,–

Nr.			SS	VZ
48 (58)	100	Piaster (G) 1922. Rs. Inschrift im Kreis, von Sternen umgeben. 875er Gold, 8,5 g	400,–	500,–

Nr.			SS	VZ
49 (59)	500	Piaster (G) 1922. Typ wie Nr. 48. 875er Gold, 42,5 g	2800,–	3700,–

Nrn. 48 und 49 in Rotgold und Weißgold vorkommend.

Nr.			SS	VZ
50 (60)	½	Millième (Bro) 1929, 1932. Fuad I. in Uniform, Brustbild nach links. Rs. Wert mit Umschrift	20,–	45,–
51 (61)	1	Millième (Bro) 1929, 1932, 1933, 1935. Typ wie Nr. 50	10,–	35,–
52 (62)	2	Millièmes (K-N) 1929. Typ wie Nr. 50	10,–	30,–

SS VZ

53 (63) 2½ Millièmes (K-N) 1933. Typ wie Nr. 50 (achteckig) [Heaton] **10,– 22,–**
54 (64) 5 Millièmes (K-N) 1929, 1933, 1935. Typ wie Nr. 50 **7,– 20,–**
55 (65) 10 Millièmes (K-N) 1929, 1933, 1935. Typ wie Nr. 50 **10,– 35,–**
56 (66) 2 Piaster (S) 1929. Rs. Inschrift im Kreis **12,– 25,–**
57 (67) 5 Piaster (S) 1929, 1933. Typ wie Nr. 56 **30,– 70,–**
58 (68) 10 Piaster (S) 1929, 1933. Typ wie Nr. 56 **65,– 120,–**
59 (69) 20 Piaster (S) 1929, 1933. Typ wie Nr. 56 **185,– 350,–**
60 (70) 20 Piaster (G) 1929, 1930. Rs. Inschrift **150,– 250,–**
61 (71) 50 Piaster (G) 1929, 1930. Typ wie Nr. 60 **240,– 320,–**

62 (72) 100 Piaster (G) 1929, 1930. Rs. Inschrift im Kreis, von Sternen umgeben **330,– 450,–**
63 (73) 500 Piaster (G) 1929, 1930, 1932. Typ wie Nr. 62 **3000,– 4000,–**

Faruk I. 1936–1952

64 (74) ½ Millième (Bro) 1938. Faruk I. (1920–1965), Brustbild nach links. Rs. Wertangabe **10,– 28,–**
65 (75) 1 Millième (Bro) 1938, 1945, 1947, 1950. Typ wie Nr. 64 **10,– 28,–**

66 (79) 1 Millième (K-N) 1938 (mit Loch) **10,– 28,–**
67 (80) 2 Millièmes (K-N) 1938. Faruk I. Rs. Wertangabe **7,– 18,–**
68 (81) 5 Millièmes (K-N) 1938, 1941. Typ wie Nr. 67:
a) Kupfer 75%, Nickel 25%, 1938, 1941 **7,– 18,–**
b) Kupfer 80%, Nickel 20%, 1941 **7,– 18,–**

69 (82) 10 Millièmes (K-N) 1938, 1941. Typ wie Nr. 67:
a) Kupfer 75%, Nickel 25%, 1938, 1941 **8,– 18,–**
b) Kupfer 80%, Nickel 20%, 1941 **8,– 18,–**

SS VZ

70 (83) 2 Piaster (S) 1937, 1939, 1942. Rs. Inschrift im Ornamentkreis. 833⅓er Silber, 2,8 g [RM]:
1937, 1942 **15,– 30,–**
1939 **30,– 60,–**

Nr. 70 von 1942 in Platin vorkommend (Y83a, Fuchs 1).

71 (84) 5 Piaster (S) 1937, 1939. Typ wie Nr. 70. 833⅓er Silber, 7 g [RM] **25,– 45,–**
72 (85) 10 Piaster (S) 1937, 1939. Typ wie Nr. 70. 833⅓er Silber, 14 g [RM] **30,– 60,–**
73 (86) 20 Piaster (S) 1937, 1939. Typ wie Nr. 70. 833⅓er Silber, 28 g [RM] **150,– 250,–**

Nrn. 70–73 von 1937, polierte Platte 4500,–

Zur Vermählung von König Faruk mit Farida (4)

74 (88) 20 Piaster (G) 1938. Rs. Inschrift im Kreis, von Ornamenten umgeben **160,– 280,–**
75 (89) 50 Piaster (G) 1938. Typ wie Nr. 74 **300,– 380,–**

76 (90) 1 £ (G) 1938. Typ wie Nr. 74 **320,– 400,–**
77 (91) 5 £ (G) 1938. Typ wie Nr. 74 **1700,– 2200,–**

Nrn. 74–77, polierte Platte 5600,–

78 (77) 5 Millièmes (Bro) 1938, 1943. Typ wie Nr. 67 (Wellenschnitt) **6,– 25,–**

79 (78) 10 Millièmes (Bro) 1938, 1943. Typ wie Nr. 67 (Wellenschnitt) **6,– 25,–**

Nrn. 78 und 79 wurden ab 1942 geprägt.

80 (87) 2 Piaster (S) 1944. Typ wie Nr. 70. 500er Silber, 2,8 g (sechseckig) **8,– 18,–**

Dschamhuriyat Misr

Republik Ägypten 1953–1958

81 (92) 1 Millième (Al-Bro) 1954–1958. Kopf der Sphinx des Chephren, 4. Dynastie (um 2520–2494 v. Chr.), in Gizeh bei Kairo. Rs. Wert:
a) kleine Sphinx, 1373/1954 *100,– 200,–*
1374/1954, 1375/1955 *10,– 20,–*
1374/1955, 1375/1956 **4,– 10,–**
b) große Sphinx, 1375/1956 **25,– 60,–**
1376/1957 **8,– 20,–**
1377/1958 **2,– 6,–**

Nr.		SS	VZ
82 (93)	5 Millièmes (Al-Bro) 1954–1958. Typ wie Nr. 81;		
	a) kleine Sphinx (Abb.), 1373/1954	*90,–*	*190,–*
	1374/1954, 1375/1956	**30,–**	**75,–**
	1374/1955	*180,–*	*300,–*
	b) große Sphinx, 1376/1957, 1377/1958	**9,–**	**20,–**
	1377/1957	*100,–*	*250,–*
83 (94)	10 Millièmes (Al-Bro) 1954–1958. Typ wie Nr. 81:		
	a) kleine Sphinx, 1373/1954	*90,–*	*170,–*
	1374/1954	*50,–*	*90,–*
	1374/1955	**20,–**	**40,–**
	b) große Sphinx, 1374/1955	*100,–*	*250,–*
	1375/1956	*20,–*	*45,–*
	1376/1957	**12,–**	*30,–*
	1377/1958	**3,–**	**8,–**

Nr.		SS	VZ
84 (95)	5 Piaster (S) 1956, 1957. Sphinx von Gizeh. Rs. Geflügelte Sonne vom Amon-Ra-Tempel in Karnak und Wert. 720er Silber, 3,5 g:		
	1375/1956, 1376/1957	**10,–**	**20,–**
	1376/1956	**18,–**	**40,–**
85 (96)	10 Piaster (S) 1955–1957. Typ wie Nr. 84:		
	a) 625er Silber, 7 g, 1374/1955	*20,–*	*40,–*
	b) 720er Silber, 7 g, 1375/1956	*15,–*	*30,–*
	1376/1957	**10,–**	**20,–**
86 (97)	20 Piaster (S) n. H. 1375/1956. Typ wie Nr. 84. 720er Silber, 14 g	**20,–**	**40,–**

3. Jahrestag der Revolution (2)

Nr.		VZ	ST
87 (103)	1 £ (G) n. H. 1374/1955. Pharao Ramses II., 19. Dynastie (um 1290–1224 v. Chr.), im Streitwagen. Rs. Geflügelte Sonne und Inschrift. Gelbgold, 875 fein, 8,5 g	**320,–**	**450,–**
88 (104)	5 £ (G) n. H. 1374/1955. Typ wie Nr. 87. Gelbgold, 875 fein, 42,5 g	**1600,–**	**2000,–**

In gleicher Zeichnung: Nrn. 92 und 93.

Abzug der britischen Truppen am 18. 6. 1956

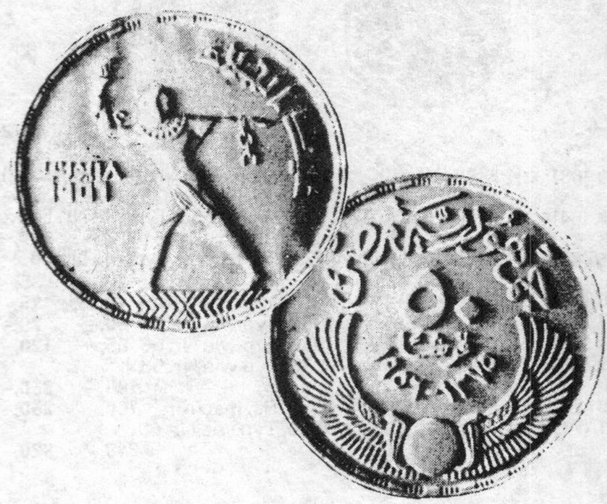

Nr.		SS	VZ
89 (99)	50 Piaster (S) n. H. 1375/1956. Pharao mit Freiheitsfakkel und gesprengten Ketten. Rs. Geflügelte Sonne und Wert. 900er Silber, 28 g	**32,–**	**60,–**

Nationalisierung des Suez-Kanals am 26. Juli 1956

Nr.		SS	VZ
90 (98)	25 Piaster (S) n. H. 1375/1956. Gebäude der Suez-Kanal-Gesellschaft in Port Sa'id. Rs. Geflügelte Sonne und Wert. 720er Silber, 17,5 g	**30,–**	**50,–**

Zur Eröffnung der Nationalversammlung

Nr.		SS	VZ
91 (102)	25 Piaster (S) n. H. 1376/1957. Parlamentsgebäude in Kairo. 720er Silber, 17,5 g	**30,–**	**50,–**

In ähnlicher Zeichnung: Nrn. 106, 294–297.

5. Jahrestag der Revolution (2)

Nr.		VZ	ST
92 (103)	1 £ (G) n. H. 1377/1957. Typ wie Nr. 87. Rotgold, 875 fein, 8,5 g	**400,–**	**600,–**
93 (104)	5 £ (G) n. H. 1377/1957. Typ wie Nr. 87. Rotgold, 875 fein, 42,5 g	**1800,–**	**2400,–**

Dschamhuriyat al-'Arabiyat al-Mutahida

Vereinigte Arabische Republik 1958–1971

Zur Gründung der Vereinigten Arabischen Republik

		VZ	ST
94 (106)	1/2 £ (G) n. H. 1377/1958. Pharao Ramses II. im Streitwagen. Rs. Geflügelte Sonne und Inschrift. 875er Gold, 4,25 g	**350,–**	**500,–**

		S	SS
A94 (B113)	10 Millièmes (Al-Bro) n. H. 1377/1958. Adler des Salah ad-Din Yusuf ibn Ayyud (1138–1193) mit zwei Sternen im Brustschild, Staatswappen 1958–1971. Rs. Wert, ohne »Misr«	*150,–*	*300,–*

B94 (A113)	10 Millièmes (Al-Bro) n. H. 1377/1958. Staatsemblem. Rs. Wert, darüber Schriftzug »Misr« mit Vokalzeichen	*120,–*	*220,–*

1. Industrie- und Landwirtschaftsmesse in Kairo 1958

		VZ	ST
95 (105)	20 Millièmes (Al-Bro) n. H. 1378/1958. Zahnrad, Landwirtschaftsprodukte. Rs. Wert	**15,–**	**40,–**

1. Jahrestag der Vereinigten Arabischen Republik

96 (107)	10 Piaster (S) n. H. 1378/1959. Wappenadler. Rs. Wert. 720er Silber, 7 g	**40,–**	**80,–**

Baubeginn des Assuan-Hochstaudammes (2)

		VZ	ST
97 (108)	1 £ (G) n. H. 1379/1960. Zeichnung des projektierten Assuan-Hochstaudammes Sadd el-Ali, Landwirtschaftsprodukte, aufgehende Sonne. Rs. Geflügelte Sonne und Inschrift. 875er Gold, 8,5 g	**300,–**	**450,–**
98 (109)	5 £ (G) n. H. 1379/1960. Typ wie Nr. 97. 875er Gold, 42,5 g (5000 Ex.)	**1600,–**	**2000,–**

		SS	VZ
99 (111)	1 Millième (Al-Bro) n. H. 1380/1960, 1386/1966. Wappenadler. Rs. Wert, darüber Schriftzug »Misr«	**–,30**	**1,–**
100 (112)	2 Millièmes (Al-Bro) n. H. 1381/1962, 1386/1966. Typ wie Nr. 99	**1,–**	**3,–**
101 (113)	5 Millièmes (Al-Bro) n. H. 1380/1960, 1386/1966. Typ wie Nr. 99	**2,–**	**4,–**
102 (A113)	10 Millièmes (Al-Bro) n. H. 1380/1960, 1386/1966. Typ wie Nr. 99	**2,–**	**5,–**
103 (114)	5 Piaster (S) n. H. 1380/1960, 1386/1966. Typ wie Nr. 99. 720er Silber, 3,5 g	**10,–**	**22,–**

103P	5 *Piaster (Al-Bro) n.H. 1382/1962. Rs. Wert »Khamsat Qurush« in Buchstaben, darüber »Misr«, unten Verzierung. Ø 27 mm. Versuchsprägung! (18 Ex.)*		*–,–*
104 (115)	10 Piaster (S) n. H. 1380/1960, 1386/1966. Typ wie Nr. 99. 720er Silber, 7 g	**13,–**	**25,–**
105 (116)	20 Piaster (S) n. H. 1380/1960, 1386/1966. Typ wie Nr. 99. 720er Silber, 14 g	**25,–**	**60,–**

Nrn. 99–105 von 1966, nur polierte Platte 170,–

3 Jahre Nationalversammlung

106 (110)	25 Piaster (S) n. H. 1380/1960. Parlamentsgebäude in Kairo. 720er Silber, 17,5 g	**25,–**	**55,–**

Zur Fertigstellung des 1. Bauabschnittes des Assuan-Hochstaudammes Sadd el-Ali (6)

		ST	PP
107 (117)	5 Piaster (S) n. H. 1384/1964. Hochstaudamm Sadd el-Ali, Hochspannungsmasten, aufgehende Sonne. Rs. Wert. 720er Silber, 2,5 g	**8,–**	**30,–**

108 (118) 10 Piaster (S) n. H. 1384/1964. Typ wie Nr. 107. 720er Silber, 5 g 20,– 45,–

109 (119) 25 Piaster (S) n. H. 1384/1964. Typ wie Nr. 107. 720er Silber, 10 g 25,– 95,–

		ST	PP
110 (120)	50 Piaster (S) n. H. 1384/1964. Typ wie Nr. 107. 720er Silber, 20 g	50,–	160,–
111 (121)	5 £ (G) n. H. 1384/1964. Typ wie Nr. 107. 875er Gold, 26 g	1400,–	
112 (122)	10 £ (G) n. H. 1384/1964. Typ wie Nr. 107. 875er Gold, 52 g (2000 Ex.)	2600,–	
		VZ	**ST**
113 (113a)	5 Millièmes (Al) n. H. 1386/1967. Typ wie Nr. 99	3,–	10,–
114 (A113a)	10 Millièmes (Al) n. H. 1386/1967. Typ wie Nr. 99	4,–	12,–
115 (123)	5 Piaster (K-N) n. H. 1387/1967. Wappenadler. Rs. Wert auf Verzierung	2,–	8,–
116 (124)	10 Piaster (K-N) n. H. 1387/1967. Typ wie Nr. 115	5,–	16,–

Einweihung der Kraftstation des Assuan-Hochstaudammes Sadd el-Ali

117 (126) 1 £ (S) n. H. 1387/1968. Ansicht der Kraftstation. Rs. Inschrift und Jahreszahlen in Arabisch. 720er Silber, 24.6 g 35,– 50,–

Internationale Industriemesse in Kairo

118 (125) 5 Piaster (K-N) n. H. 1388/1968. Erdglobus und Gedenkinschrift in Arabisch. Rs. Wert 3,– 5,–

1400. Jahrestag des Koran

VZ ST

119 (127) 5 £ (G) n. H. 1388/1968. Der aufgeschlagene Koran, das heilige Buch des Islam, vor aufgehender Sonne; Erdglobus zwischen Arabesken. 875er Gold, 26 g (10000 Ex.) 1200,–

Für den FAO-Münz-Plan

120P *10 Piaster (K-N) n. H. 1388/1968. Landwirtschaftsszene nach altägyptischer Reliefdarstellung. Rs. Wert, Jahr, Umschrift. Versuchsprägung!* –,– –,–

Internationale Landwirtschaftsmesse in Kairo 1969

121 (129) 10 Piaster (K-N) n. H. 1389/1969. Ähre über stilisiertem Globus und das Wort CAIRO, rechts Umschrift. Rs. Wertangabe von Schriftkreis umgeben 4,– 6,–

50 Jahre Internationale Arbeitsorganisation (ILO)

122 (131) 5 Piaster (K-N) n. H. 1389/1969. Zwei Schraubenschlüssel haltende Hände (Emblem der ILO). Rs. Wertangabe 4,– 7,–

1000 Jahre Al-Azhar-Moschee in Kairo (2)

123 (130) 1 £ (S) 1970. Ansicht der Al-Azhar-Moschee, 970–972 (n. H. 359–361) vollendet, älteste Universität der islamischen Welt. Rs. Wertangabe, Landesname in kufischer Schrift, Jahreszahlen 1970/1972 und 1359/1361 (1940/1942). 720er Silber, 24,85 g 35,– 50,–

124 (A131) 5 £ (G) 1970. Typ wie Nr. 123. 875er Gold, 26 g 1200,–

In ähnlicher Zeichnung: Nrn. 252–255

Internationale Kairo-Messe 1970

			VZ	ST
125 (133)	10	Piaster (K-N) n. H. 1390/1970. Emblem. Rs. Wertangabe	4,–	7,–

50 Jahre Bank Misr

			VZ	ST
126 (132)	10	Piaster (K-N) n. H. 1390/1970. Sonne über Bankgebäude. Rs. Emblem und Wertangabe	4,–	7,–

Zum Tode von Gamal Abd el Nasser (5)

			VZ	ST
127 (134)	25	Piaster (S) n. H. 1390/1970. Gamal Abd el Nasser (1918–1970), Präsident der Vereinigten Arabischen Republik 1958–1970, Kopfbild n. r. Rs. Arabische Schrift und Jahreszahlen. 720er Silber, 6,25 g	10,–	15,–
128 (135)	50	Piaster (S) n. H. 1390/1970. Typ wie Nr. 127. 720er Silber, 12,5 g	20,–	30,–

			VZ	ST
129 (136)	1	£ (S) n. H. 1390/1970. Typ wie Nr. 127. 720er Silber, 25 g	25,–	35,–

			VZ	ST
130 (137)	1	£ (G) n. H. 1390/1970. Typ ähnlich wie Nr. 127. 875er Gold, 8 g (10 000 Ex.)		350,–
131 (138)	5	£ (G) n. H. 1390/1970. Typ wie Nr. 130. 875er Gold, 26 g (3000 Ex.)		1200,–

Für den FAO-Münz-Plan
und zum 18. Jahrestag der Agrarreform
vom 9. September 1952

			VZ	ST
132 (128)	10	Piaster (K-N) 1970. Typ wie Nr. 120 P, jedoch über der altägyptischen Reliefdarstellung der Wappenadler	8,–	15,–

Internationale Kairo-Messe 1971

			VZ	ST
133 (133a)	10	Piaster (K-N) n. H. 1391/1971. Typ ähnlich wie Nr. 125	5,–	8,–

Dschamhuriyat Misr al-'Arabiya

Arabische Republik Ägypten seit 1971/72

			VZ	ST
134 (157)	1	Millième (Al) n. H. 1392/1972. Falke von Kuraisch mit leerem Brustschild, auf Schriftband »Föderation Arabischer Republiken«, unten »Arabische Republik Ägypten«, Staatswappen seit 1. 1. 1972. Rs. Wertangabe, Landesname »Arabische Republik Ägypten«	1,–	2,–
135 (141a)	5	Millièmes (Al) n. H. 1392/1972, 1393/1973. Typ wie Nr. 134. Randschrift: dreimal »Dsch«, »M«, »'Ain« (Dschamhuriyat Misr al-'Arabiya):		
		1392/1972	1,–	2,–
		1393/1973 (Fehlprägung)	–,–	–,–
136 (142a)	10	Millièmes (Al) n. H. 1392/1972. Typ wie Nr. 134:		
		a) Randschrift »Dsch«, »M«, »'Ain«	2,–	4,–
		b) Randschrift »Dsch«, »'Ain«, »M« (Fehlprägung)	*40,–*	*80,–*
137 (158)	5	Piaster (K-N) n. H. 1392/1972, 1396/1976. Rs. Wertangabe und Landesname auf Verzierung:		
		1392/1972	2,–	4,–
		1396/1976 (Fehlprägung)	SS	*40,–*
138 (159)	10	Piaster (K-N) n. H. 1392/1972. Typ wie Nr. 137	3,–	5,–

In ähnlicher Zeichnung: Nrn. 148, 149, 229, 230

25 Jahre UNICEF

			VZ	ST
139 (139)	5	Piaster (K-N) n. H. 1392/1972. Mutter und Kind vor Globus im Halbkranz, fehlerhafte Inschrift UNICFE. Rs. Landesname, Wertangabe	4,–	8,–

Internationale Kairo-Messe 1972

			VZ	ST
140 (140)	10	Piaster (K-N) n. H. 1392/1972. Emblem der Kairo-Messe. Rs. Landesname, Wertangabe	3,–	6,–

Zur Fertigstellung des Hochstaudammes Sadd el-Ali am 15. Januar 1971 und für den FAO-Münz-Plan (2)

			VZ	ST
141 (144)	5	Millièmes (Al) n. H. 1392/1972, 1393/1973. Hochstaudamm Sadd el-Ali zwischen Weizenähren:		
		1392/1972 (Fehlprägung)	*80,–*	*120,–*
		1393/1973	–,50	1,–
142 (145)	1	£ (S) n. H. 1393/1973. Typ wie Nr. 141. 720er Silber, 24.6 g	45,–	90,–

Internationale Kairo-Messe 1973

143 (143) 5 Piaster (K-N) n. H. 1393/1973. Emblem der Kairo-Messe. Rs. Landesname, Wertangabe — 2,50 — 4,–

75 Jahre Bank of Egypt (4)

144 (146) 5 Piaster (K-N) n. H. 1393/1973. Bankgebäude und Globus. Rs. Landesname in kufischer Schrift, Wertangabe — 3,– — 5,–

145 (147) 25 Piaster (S) n. H. 1393/1973. Typ wie Nr. 144. 720er Silber, 6,25 g — 20,– — 40,–

146 (148) 1 £ (G) n. H. 1393/1973. Typ wie Nr. 144. 875er Gold, 8 g (7000 Ex.) — 400,–

147 (149) 5 £ (G) n. H. 1393/1973. Typ wie Nr. 144. 875er Gold, 26 g (1000 Ex.) — 1200,–

148 (141) 5 Millièmes (Al-Bro) n. H. 1393/1973, 1396/1976. Typ wie Nr. 134 — 1,– — 2,–

			VZ	ST
149 (142)	10	Millièmes (Al-Bro) n. H. 1393/1973, 1396/1976. Typ wie Nr. 134:		
		1393/1973	2,–	3,–
		1396/1976 (Fehlprägung)	*30,–*	*50,–*

1. Jahrestag des ägyptisch-israelischen Krieges (Yom Kippur) vom Oktober 1973 (Vierter Nahostkrieg) und zur Überquerung des Suez-Kanals (4)

150 (150) 5 Piaster (K-N) n. H. 1394/1974. Soldat, Lorbeerzweig. Rs. Wertangabe, Jahreszahlen — 1,50 — 2,50

			VZ	ST
151 (151)	10	Piaster (K-N) n. H. 1394/1974. Typ wie Nr. 150	2,–	4,–
152 (152)	1	£ (S) n. H. 1394/1974. Typ wie Nr. 150. 720er Silber, 15 g	20,–	30,–
153 (A152)	5	£ (G) n. H. 1394/1974. Typ wie Nr. 150. 875er Gold, 26 g (1000 Ex.)		1200,–

Internationales Jahr der Frau 1975 und FAO-Münz-Plan (2)

154 (153)	5	Millièmes (Al-Bro) n. H. 1393/1973, 1395/1975. Büste der Nofretete n. r. Rs. Landesname, Wertangabe:		
		1393/1973 (Fehlprägung)	*50,–*	*80,–*
		1395/1975	–,50	1,–

155 (155) 5 Piaster (K-N) n. H. 1395/1975. Typ wie Nr. 154 — 2,– — 3,–

Für den FAO-Münz-Plan (2)

156 (154) 10 Millièmes (Me) n. H. 1395/1975. Altägyptische Familie — –,50 — 1,–

157 (156) 10 Piaster (K-N) n. H. 1395/1975. Typ wie Nr. 156 — 2,50 — 4,–

Kairo-Messe 1976

	VZ	ST
158 (162) 5 Piaster (K-N) n. H. 1396/1976. Stilisiertes Schiff mit Segel (Emblem der Kairo-Messe 1976). Rs. Wertangabe, Jahreszahl	1,–	2,–

Für den FAO-Münz-Plan (2)

159 (160) 10 Millièmes (Me) n. H. 1396/1976. Osiris-Statue –,50 1,–

160 (161) 1 £ (S) n. H. 1396/1976. Typ wie Nr. 159 22,– 35,–

3. Eröffnung des Suez-Kanals am 5. 6. 1975 (3)

161 (163) 10 Piaster (K-N) n. H. 1392/1972, 1396/1976. Bug eines Schiffes, im Hintergrund Sonne über Gebäude der Suez-Kanal-Gesellschaft in Port Sa'id:
1392/1972 (Fehlprägung) *40,–* *80,–*
1396/1976 3,– 4,–

Nr. 161 von 1972 kommt in zwei Varianten (breite und schmale Schrift auf der Wertseite) vor.

162 (164) 1 £ (S) n. H. 1396/1976. Typ wie Nr. 161 20,– 30,–

163 (165) 5 £ (G) n. H. 1396/1976. Typ wie Nr. 161 (2000 Ex.) 1400,–

1. Todestag König Feisals von Saudi-Arabien (3)

164 (166) 1 £ (S) n. H. 1396/1976. Feisal Ibn Abd al-Aziz as-Sa'ud (1906–1975), König von Saudi-Arabien 1964–1975 20,– 30,–

	VZ	ST
165 (167) 1 £ (G) n. H. 1396/1976. Typ wie Nr. 164 (8000 Ex.)		400,–
166 (168) 5 £ (G) n. H. 1396/1976. Typ wie Nr. 164 (2500 Ex.)		1400,–

1. Todestag der Sängerin Umm Kalsum (3)

167 (169) 1 £ (S) n. H. 1396/1976. Umm Kalsum (1898–1975), eigentlich Fatma Al-Zahraa Ibrahim, Sängerin, bekannt als »Stern des Ostens« 20,– 30,–

168 (170) 1 £ (G) n. H. 1396/1976. Typ wie Nr. 167 (5000 Ex.) 400,–

169 (171) 5 £ (G) n. H. 1396/1976. Typ wie Nr. 167 (1000 Ex.) 1400,–

50 Jahre Textilindustrie in Al-Mehalla al-Kobra

170 (184) 5 Piaster (K-N) n. H. 1397/1977. Ägypterin der Pharaonenzeit mit Spindel 2,– 4,–

Für den FAO-Münz-Plan (2)

171 (179) 5 Millièmes (Me) n. H. 1397/1977. Altägyptische Landwirtschaftsszene, Wohnhäuser und internationales Emblem für Obdach 1,– 2,–

172 (181) 5 Piaster (K-N) n. H. 1397/1977. Typ wie Nr. 171:
a) enge Randriffelung 2,– 3,–
b) weite Randriffelung 2,– 3,–

Auf die Machtübernahme durch Präsident Sadat am 15. Mai 1971 und auf das Ende seiner ersten sechsjährigen Präsidentschaftsperiode (5)

		VZ	ST
173 (172)	5 Millièmes (Al-Bro) n. H. 1397/1977, 1399/1979. Kopf einer ägyptischen Gottheit:		
	1397/1977	–,70	1,20
	1399/1979	6,–	10,–
174 (173)	10 Millièmes (Al-Bro) n. H. 1397/1977, 1399/1979. Typ wie Nr. 173:		
	1397/1977	1,–	2,–
	1399/1979	4,–	7,–
175 (174)	5 Piaster (K-N) n. H. 1397/1977, 1399/1979. Typ wie Nr. 173:		
	1397/1977	3,–	5,–
	1399/1979	2,–	4,–
176 (175)	10 Piaster (K-N) n. H. 1397/1977, 1399/1979. Typ wie Nr. 173:		
	1397/1977	1,80	2,60
	1399/1979	4,–	7,–
		ST	PP
177 (176)	1 £ (S) n. H. 1397/1977, 1399/1979. Typ wie Nr. 173:		
	1397/1977	45,–	
	1399/1979	25,–	120,–

Für den FAO-Münz-Plan
Ägyptische Berufe – 1. Ausgabe (3)

		VZ	ST
178 (180)	10 Millièmes (Me) n. H. 1397/1977. Darstellung altägyptischer Berufe, pharaonische Kunst	1,–	2,–
179 (182)	10 Piaster (K-N) n. H. 1397/1977. Typ wie Nr. 178	2,–	4,–
180 (183)	1 £ (S) n. H. 1397/1977. Typ wie Nr. 178	20,–	30,–

20 Jahre Arabische Wirtschaftseinheit (3)

		VZ	ST
181 (177)	10 Piaster (K-N) n. H. 1397/1977. Sich reichende Hände	2,–	4,–
182 (178)	1 £ (S) n. H. 1397/1977. Typ wie Nr. 181	22,–	30,–
183 (178a)	1 £ (G) n. H. 1397/1977. Typ wie Nr. 181 (5000 Ex.)		450,–

Zur Friedens-Initiative von Präsident Sadat (4)

		PP
184	5 £ (S) 1977. Brustbild des ägyptischen Präsidenten, der Felsendom von Jerusalem, Olivenzweig, Umschrift »Präsident Sadat, Held in Krieg und Frieden«. Rs. Landesname in kufischer Schrift, Wertangabe. 925er Silber, 25 g	–,–
185	10 £ (S) 1977. Typ wie Nr. 184. 925er Silber, 50 g	–,–
186	50 £ (G) 1977. Typ wie Nr. 184. 916⅔er Gold, 15 g	–,–
187	100 £ (G) 1977. Typ wie Nr. 184. 916⅔er Gold, 30 g	–,–

50 Jahre Portland-Zement-Gesellschaft (2)

		VZ	ST
188 (187)	5 Piaster (K-N) n. H. 1398/1978. Industriegelände	1,50	2,–
189 (188)	1 £ (S) n. H. 1398/1978. Typ wie Nr. 188	20,–	30,–

Internationale Kairo-Messe 1978

190 (185)	10 Piaster (K-N) n. H. 1398/1978. Emblem	2,–	3,–

25 Jahre 'Ain-Shams Universität

191 (186)	1 £ (S) n. H. 1398/1978. Von zwei Falken flankierter Obelisk	20,–	30,–

Für den FAO-Münz-Plan (3)

192 (189)	10 Millièmes (Al-Bro) n. H. 1398/1978. Assistentin bei mikroskopischer Untersuchung; Ähre, Maiskolben	1,–	2,–
193 (190)	5 Piaster (K-N) n. H. 1398/1978. Typ wie Nr. 192	2,–	3,–

194 (191)	1 £ (S) n. H. 1398/1978. Typ wie Nr. 192	22,–	30,–

25 Jahre Münzstätte Kairo (2)

195 (192)	10 Piaster (K-N) n. H. 1399/1979. Gebäude der Abbasia-Prägeanstalt, Jahreszahlen 1954–1979, darüber Emblem, unten bogige Inschrift. Rs. Wertangabe, Jahreszahl	2,–	3,–

		ST	PP
196 (193)	1 £ (S) n. H. 1399/1979. Typ wie Nr. 195	30,–	100,–

Internationales Jahr des Kindes 1979 – 1. Ausgabe und FAO-Münz-Plan (3)

		VZ	ST
197 (194)	10 Millièmes (Al-Bro) n. H. 1399/1979. Rs. Göttliche Mutter, den Gott Horus säugend, Früchte des Landes, Inschrift »Nahrung und Gesundheit«	–,60	1,–
198 (195)	5 Piaster (K-N) n. H. 1399/1979. Typ wie Nr. 197	1,50	2,–

		ST	PP
199 (196)	1 £ (S) n. H. 1399/1979. Typ wie Nr. 197	30,–	120,–

Nationaler Erziehungstag (2)

		VZ	ST
200 (197)	10 Piaster (K-N) n. H. 1399/1979. Klassenraum mit Unterrichtungsszenen	2,–	3,–

		ST	PP
201 (198)	1 £ (S) n. H. 1399/1979. Typ wie Nr. 200	30,–	100,–

100 Jahre Ägyptische Landbank (3)

202 (199)	1 £ (S) n. H. 1399/1979. Sitzender Schreiber vor landwirtschaftlichen Arbeitsszenen. Rs. Kufische Inschrift im Ornamentkreis. 720er Silber, 15 g	30,–	100,–
203 (200)	1 £ (G) n. H. 1399/1979. Typ wie Nr. 202. 875er Gold, 8 g (5000 Ex.)	*400,–*	*1000,–*
204 (201)	5 £ (G) n. H. 1399/1979. Typ wie Nr. 202. 875er Gold, 26 g (2000 Ex.)	*1600,–*	*1800,–*

Auf die Vollendung des 14. Jahrhunderts der Hidschra-Zeitrechnung (3)

		ST	PP
205 (202)	1 £ (S) n. H. 1400/1979. Zwei Vögel im Nest	30,–	100,–
206 (203)	1 £ (G) n. H. 1400/1979. Typ wie Nr. 205 (4000 Ex.)	*400,–*	*700,–*
207 (204)	5 £ (G) n. H. 1400/1979. Typ wie Nr. 205 (2000 Ex.)		*1600,–*

Fortschritt für die Landfrauen und FAO-Münz-Plan (3)

		VZ	ST
208 (222)	10 Millièmes (Al-Bro) n. H. 1400/1980. Mädchen vom Lande	1,–	2,–

209 (223)	10 Piaster (K-N) n. H. 1400/1980. Typ wie Nr. 208	2,–	4,–

		ST	PP
210 (224)	1 £ (S) n. H. 1400/1980. Typ wie Nr. 208	30,–	100,–

Friedensvertrag mit Israel am 26. März 1979 (5)

		VZ	ST
211 (217)	10 Piaster (K-N) n. H. 1400/1980. Präsident Anwar es-Sadat (1918–1981), unterzeichnende Hand mit Friedenstaube kombiniert	2,–	4,–

		ST	PP
212 (218)	1 £ (S) n. H. 1400/1980. Typ wie Nr. 211. 720er Silber, 15 g	35,–	100,–
213 (219)	1 £ (G) n. H. 1400/1980. Typ wie Nr. 211. 875er Gold, 8 g (10000 Ex.)	*400,–*	*700,–*
214 (220)	5 £ (G) n. H. 1400/1980. Typ wie Nr. 211. 875er Gold, 26 g (2500 Ex.)	*1600,–*	*2000,–*
215 (221)	10 £ (G) n. H. 1400/1980. Typ wie Nr. 211. 875er Gold, 40 g (1000 Ex.)	*3000,–*	*3200,–*

Ärztetag und Einweihung des Qasr-el-'Aini-Hospitals (4)

			VZ	ST
216	(213)	10 Piaster (K-N) n. H. 1400/1980. Imhotep, Heilkundiger und Baumeister um 2800 v. Chr.	2,–	4,–
			ST	PP
217	(214)	1 £ (S) n. H. 1400/1980. Typ wie Nr. 216	30,–	100,–
218	(215)	1 £ (G) n. H. 1400/1980. Typ wie Nr. 216 (5000 Ex.)	400,–	
219	(216)	5 £ (G) n. H. 1400/1980. Typ wie Nr. 216 (1000 Ex.)	1400,–	

Handwerk in Ägypten
Ägyptische Berufe – 2. Ausgabe (3)

			VZ	ST
220	(210)	5 Piaster (K-N) n. H. 1400/1980. Darstellung verschiedener handwerklicher Tätigkeiten, Datum »25. März 1975«	1,80	3,–
			ST	PP
221	(211)	1 £ (S) n. H. 1400/1980. Typ wie Nr. 220	30,–	100,–
222	(212)	1 £ (G) n. H. 1400/1980. Typ wie Nr. 220	–,–	

Auf die Machtübernahme
von Präsident Sadat am 15. Mai 1971 (4)

			VZ	ST
223	(206)	10 Millièmes (Al-Bro) n. H. 1400/1980. Hand Sadats mit Friedenszweig (100 000 Ex.)	8,–	12,–
224	(207)	5 Piaster (K-N) n. H. 1400/1980. Typ wie Nr. 223	3,–	5,–
225	(208)	10 Piaster (K-N) n. H. 1400/1980, 1401/1981. Typ wie Nr. 223:		
		1400/1980	3,–	5,–
		1401/1981	6,–	10,–

			ST	PP
226	(209)	1 £ (S) n. H. 1400/1980. Typ wie Nr. 223	30,–	100,–

Rechtsfakultät der Universität Kairo (2)

			ST	PP
227	(225)	1 £ (S) n. H. 1400/1980. Waage der Gerechtigkeit und Buch vor Kuppel	30,–	100,–
228	(226)	1 £ (G) n. H. 1400/1980. Typ wie Nr. 227 (2000 Ex.)	400,–	700,–

			VZ	ST
229	(239)	2 Piaster (Al-Bro) n. H. 1400/1980. Typ wie Nr. 137, »Qirshan« über Wertzahl	2,–	4,–
230	(245)	20 Piaster (K-N) n. H. 1400/1980. Typ wie Nr. 137	3,–	5,–

Welternährungstag 1981

			ST	PP
231	(231)	1 £ (S) n. H. 1401/1981. Landwirtschaftliche Szene aus der Pharaonenzeit und Habi, der Gott des Nils	32,–	120,–

Tag der Wissenschaft (2)

			VZ	ST
232	(227)	10 Piaster (K-N) n. H. 1401/1981. Radioteleskop und Erdölbohrtürme, von Sonne beschienen, Zweige mit Zahnradsegment. Rs. Gottheit Thoth, Wertangabe	2,–	4,–

			ST	PP
233	(228)	1 £ (S) n. H. 1401/1981. Typ wie Nr. 232	30,–	100,–

5. Jahrestag der 3. Eröffnung des Suez-Kanals (3)

			ST	PP
234	(233)	1 £ (S) n. H. 1401/1981. Schiffe, stilisierter Kanal, Landkarte	30,–	100,–
235	(246)	1 £ (G) n. H. 1401/1981. Typ wie Nr. 234 (5000 Ex.)	500,–	
236	(247)	5 £ (G) n. H. 1401/1981. Typ wie Nr. 234 (1000 Ex.)	1400,–	*2400,–*

25. Jahrestag der Nationalisierung des Suez-Kanals (3)

			ST	PP
237	(240)	1 £ (S) n. H. 1401/1981. Antikes ägyptisches Handelsschiff	30,–	100,–
238	(241)	1 £ (G) n. H. 1401/1981. Typ wie Nr. 237 (3000 Ex.)	500,–	
239	(256)	5 £ (G) n. H. 1401/1981. Typ wie Nr. 237 (1000 Ex.)	1400,–	

Für den FAO-Münz-Plan

			ST	PP
240	(244)	1 £ (S) n. H. 1401/1981. Arbeit am Webstuhl, altägyptische Darstellung, Motto »Arbeit und Brot für alle«	30,–	

Internationales Jahr des Kindes 1979 – 2. Ausgabe

			ST	PP
241	(229)	5 £ (S) n. H. 1401/1981. Drei Kinder, um Weltkugel tanzend [CHI]:		
		a) 925er Silber, 24 g (9945 Ex.)		*200,–*
		b) Piéfort, 925er Silber, 48 g (96 Ex.)		*1750,–*

25 Jahre Industrieministerium (3)

			ST	PP
242	(235)	1 £ (S) n. H. 1402/1981. Bohrturm, Zahnrad, Fabrikgelände	30,–	100,–
243	(248)	5 £ (G) n. H. 1402/1981. Typ wie Nr. 242 (1500 Ex.)	1400,–	
244	(255)	10 £ (G) n. H. 1402/1981. Typ wie Nr. 242 (1000 Ex.)	2200,–	

25 Jahre Allgemeine Ägyptische Handelsunion (2)

			VZ	ST
245	(237)	10 Piaster (K-N) n. H. 1402/1981. Emblem der »Egyptian Trade Union Federation«	2,–	4,–

			ST	PP
246	(238)	1 £ (S) n. H. 1402/1981. Typ wie Nr. 245	30,–	100,–

Nr. 247 fällt aus.

100. Jahrestag der Ahmed-'Arabi-Revolution (3)

			ST	PP
248	(242)	1 £ (S) n. H. 1402/1981. Ahmed 'Arabi (1839–1911) zu Pferde vor revolutionärer Volksgruppe	30,–	*150,–*
249	(243)	1 £ (G) n. H. 1402/1981. Typ wie Nr. 248 (3000 Ex.)	400,–	
250	(254)	5 £ (G) n. H. 1402/1981. Typ wie Nr. 248 (1000 Ex.)	1400,–	

50. Jahrestag der nationalen Fluggesellschaft »Egypt Air«

ST PP

251 (250) 1 £ (S) n. H. 1402/1982. Adler über Globus, stilisiert 32,–

1000 Jahre Al-Azhar-Universität in Kairo (4)

252 (251) 1 £ (S) n. H. 1402/1982. Ansicht der Moschee und Universität Al-Azhar Asch-Scharif vor aufgehender Sonne, wie Nr. 123 32,– *120,–*

253 (257) 1 £ (G) n. H. 1402/1982. Typ wie Nr. 252. 875er Gold, 8 g (2000 Ex.) 500,–

254 (258) 5 £ (G) n. H. 1402/1982. Typ wie Nr. 252. 875er Gold, 26 g (1500 Ex.) 1400,–

255 (259) 10 £ (G) n. H. 1402/1982. Typ wie Nr. 252. 875er Gold, 40 g (1322 Ex.) 2000,–

50jähriges Bestehen des größten ägyptischen Warenhauses (2)

VZ ST

256 10 Piaster (K-N) n. H. 1402/1982. Emblem der »Egyptian Sales Products Company« 6,– 10,–

ST PP

257 (253) 1 £ (S) n. H. 1402/1982. Typ wie Nr. 256 *60,–* *150,–*

Wiedererlangung der Halbinsel Sinai am 25. April 1982 (2)

ST PP

258 (263) 1 £ (S) n. H. 1402/1982. Friedenstaube über Karte der Halbinsel Sinai 32,– *120,–*

Nr. 259 fällt aus.

260 5 £ (G) n. H. 1402/1982. Typ wie Nr. 258. 875er Gold, 26 g (200 Ex.) –,–

Nr. 261 fällt aus.

50 Jahre ägyptische Luftwaffe (3)

262 (252) 1 £ (S) n. H. 1403/1982. Fliegender Adler im Kranz, oben Staatswappen 32,– *120,–*

263 (260) 1 £ (G) n. H. 1403/1982. Typ wie Nr. 262 (2000 Ex.) 500,–

264 (261) 5 £ (G) n. H. 1403/1982. Typ wie Nr. 262 (1000 Ex.) 1400,–

Pharaonische Kunst – 1. Ausgabe

265 (262) 100 £ (G) 1983. Königin Nofretete (reg. um 1372–1350 v. Chr.), Büste n. r. Rs. Landesname in kufischer Schrift. 900er Gold, 17,15 g, FM *2000,–*

50. Todestag der Dichter A. Shawki und I. Hafez

266 (264) 1 £ (S) n. H. 1403/1983. Ahmed Shawki (1868–1932) und Ibrahim Hafez (1872–1932), »Dichter des Nils« 30,–

75 Jahre Universität Kairo

		ST	PP
267	5 £ (S) n. H. 1404/1983. Universitätsgebäude und Emblem mit Thoth, dem Gott der Weisheit. 720er Silber, 17,5 g	50,–	

		VZ	ST
268	1 Piaster (Al-Bro) n. H. 1404/1984. Pyramiden der Könige Cheops, Chefren und Mykerinos in Gizeh. Rs. Landesname in Tughraform, Wertangabe, Jahreszahlen:		
	a) rechts 1404, links 1984	–,80	1,50
	b) rechts 1984, links 1404 (Abb.)	–,80	1,50

269	2 Piaster (Al-Bro) n. H. 1404/1984. Typ wie Nr. 268:		
	a) rechts 1404, links 1984 (Abb.)	1,–	2,–
	b) rechts 1984, links 1404	1,–	2,–
270	5 Piaster (Al-Bro) n. H. 1404/1984. Typ wie Nr. 268:		
	a) rechts 1404, links 1984	2,–	3,–
	b) rechts 1984, links 1404	2,–	3,–

A270	5 Piaster (Al-Bro) n. H. 1404/1984. Pyramiden in Gizeh. Rs. Tughra, große Wertziffer, bogige Jahreszahlen	2,–	3,–

Nr. A270 wurde 1988 ausgegeben

271	10 Piaster (K-N) n. H. 1404/1984. Mohammed-Ali-oder Alabastermoschee, 1824–1857 erbaut, in der Saladin-Zitadelle, Kairo. Rs. Landesname in kufischer Schrift, Wertangabe	4,–	6,–
272	20 Piaster (K-N) n. H. 1404/1984. Typ wie Nr. 271	5,–	8,–
273	50 Piaster ( )	–,–	–,–
274	1 £ ( )	–,–	–,–

50 Jahre Ägyptische Versicherungsgesellschaft

		ST	PP
275 (265)	1 £ (S) n. H. 1404/1984. Emblem der »Misr Insurance Company«. 720er Silber, 15 g	30,–	

75 Jahre Kunstakademie Kairo

276	1 £ (S) n. H. 1404/1984. Emblem der Kunstakademie. Rs. Landesname und Wertangabe in kufischer Schrift:		
	a) [Kairo]	32,–	
	b) [Stuttgart] (1988 geprägt) (75 Ex.)		*250,–*

50 Jahre Akademie für die arabische Sprache

277	5 £ (S) n. H. 1404/1984. Globus auf Buch im Kreis von Sternen. 720er Silber, 17,5 g	50,–	–,–

50 Jahre Erdölfördergesellschaft

278	5 £ (S) n. H. 1404/1984. Emblem aus drei Ringen und einer Fackel	50,–	–,–

50. Todestag von M. Mokhtar

279	5 £ (S) n. H. 1404/1984. Mahmoud Mokhtar (1891–1934), Maler und Bildhauer	50,–	–,–

XXIII. Olympische Sommerspiele in Los Angeles 1984

280	5 £ (S) n. H. 1404/1984. Sportler, pharaonische Kunst. Rs. Landesname in kufischer Schrift, Fackel, olympische Ringe	50,–	–,–

Pharaonische Kunst – 2. Ausgabe

281	100 £ (G) 1984. Königin Kleopatra VII. (reg. 69–30 v. Chr.), Büste n. l. Rs. Landesname in kufischer Schrift. 900er Gold, 17,15 g, FM (2121 Ex.)		*2000,–*

50 Jahre ägyptischer Rundfunk (3)

282	1 £ (G) n. H. 1404/1984. Rundfunkgebäude, Sendeturm. Rs. Landesname in kufischer Schrift, darüber Wertangabe »Dschinia« und »wahid« in zwei Kreisen. 875er Gold, 8 g (2000 Ex.)	–,–	
283	5 £ (S) n. H. 1404/1984. Typ wie Nr. 282. 720er Silber, 17,5 g	50,–	–,–
A283	5 £ (G) n. H. 1404/1984. Typ wie Nr. 282. 875er Gold, 26 g (500 Ex.)	1200,–	

75 Jahre Genossenschaften

284	5 £ (S) n. H. 1404/1984. Symbole und Inschrift in Wabenmuster	50,–	–,–

Schätze der Pharaonen (6)

		ST	PP
285	5 £ (S) 1984. Wappenfalke. Rs. Felsentempel von Abu Simbel, 19. Dynastie. 999er Silber, 15 g		–,–
286	5 £ (S) 1984. Rs. Ramseseum, Totentempel von Ramses II. in Theben		–,–
287	5 £ (S) 1984. Rs. Pyramiden in Gizeh		–,–
A287	50 £ (G) 1984. Rs. Tempel in Luxor, erbaut unter Amenhotep III. 900er Gold, 6 g		–,–
B287	50 £ (G) 1984. Rs. Horus-Tempel in Edfu		–,–
C287	50 £ (G) 1984. Rs. Amon-Ra-Tempel in Karnak		–,–

Nrn. 285–C287 sollen nicht geprägt worden sein.

100 Jahre Moharram-Druckerei (2)

288 5 £ (S) n. H. 1405/1985. Zwei Bücher und arabische Initiale »M« (Emblem der 1885 in Alexandria gegründeten Druckerei) **48,–** –,–

289 5 £ (G) n. H. 1405/1985. Typ wie Nr. 288. 875er Gold, 26 g (8 Ex.) –,–

Pharaonische Kunst – 3. Ausgabe

290 100 £ (G) 1985. Der goldene Falke aus dem Grab des Königs Tutanchamun. Rs. Landesname in kufischer Schrift. 900er Gold, 17,15 g, FM (1800 Ex.) *1800,–*

25 Jahre Nationales Planungsinstitut (3)

291 10 Piaster (K-N) n. H. 1405/1985. Emblem des Planungsinstituts, Wachstumskurve, Zahnrad. Rs. Landesname in kufischer Schrift, darüber Wertangabe in zwei Kreisen **5,–**

292 1 £ (G) n. H. 1405/1985. Typ wie Nr. 291 (200 Ex.) **450,–**

293 5 £ (S) n. H. 1405/1985. Typ wie Nr. 291 **40,–** –,–

60. Jahrestag der Einweihung des Parlamentsgebäudes (4)

294 10 Piaster (K-N) n. H. 1405/1985. Parlamentsgebäude in Kairo, Jahreszahlen »1924–1984«. Rs. Landesname in kufischer Schrift, darüber Wertangabe in zwei Kreisen, Jahreszahlen **4,–**

295 1 £ (G) n. H. 1405/1985. Typ wie Nr. 294 (1000 Ex.) **450,–**

296 5 £ (S) n. H. 1405/1985. Typ wie Nr. 294 **40,–** –,–

297 5 £ (G) n. H. 1405/1985. Typ wie Nr. 294 (500 Ex.) **1200,–**

25 Jahre Internationales Kairo-Stadion (3)

298 1 £ (G) n. H. 1405/1985. Ansicht der Sportanlage in der Nasser-Stadt. Rs. Olympische Ringe, Feuer, kufische Inschrift (300 Ex.) **450,–**

299 5 £ (S) n. H. 1405/1985. Typ wie Nr. 298 **40,–** –,–

300 5 £ (G) n. H. 1405/1985. Typ wie Nr. 298 (200 Ex.) **1200,–**

25 Jahre Fernsehen in Ägypten (3)

301 1 £ (G) n. H. 1405/1985. Sendegebäude. Rs. Landesname in kufischer Schrift, darüber Wertangabe in zwei Kreisen (150 Ex.) **450,–**

302 5 £ (S) n. H. 1405/1985. Typ wie Nr. 301 (5000 Ex.) **40,–** –,–

303 5 £ (G) n. H. 1405/1985. Typ wie Nr. 301 (100 Ex.) **1400,–**

25 Jahre Internationaler Flughafen Kairo (3)

304 20 Piaster (K-N) n. H. 1405/1985. Zwei stilisierte Kraniche. Rs. Landesname in kufischer Schrift, darüber Wertangabe in zwei Kreisen, Jahreszahlen **8,–**

305 1 £ (G) n. H. 1405/1985. Typ wie Nr. 304 (200 Ex.) –,–

		ST	PP
306	5 £ (S) n. H. 1405/1985. Typ wie Nr. 304	40,–	–,–

Handelstag (2)

307 1 £ (G) n. H. 1405/1985. Segelschiff, pharaonische Darstellung und Emblem **450,–**

308 5 £ (S) n. H. 1405/1985. Typ wie Nr. 307 (1000 Ex.) **38,–** **85,–**

25 Jahre Fakultät für Wirtschafts- und Politwissenschaften an der Universität Kairo (2)

309 1 £ (G) n. H. 1405/1985. Emblem aus Wachstumskurve, Zahnradsegment und Ähren (250 Ex.) **450,–**

310 5 £ (S) n. H. 1405/1985. Typ wie Nr. 309 (8000 Ex.) **40,–** –,–

Ägyptischer Tag in Japan

311 5 £ (S) n. H. 1405/1985. Goldene Totenmaske des Tutanchamun, die im Rahmen einer Ausstellung 1984/1985 auch in Japan gezeigt wurde (4000 Ex.) **40,–** –,–

XV. Konferenz der Internationalen Architektenvereinigung (UIA) 1985 in Kairo

312 5 £ (S) n. H. 1405/1985. Stufenpyramide bei Sakkara *(PP: 300 Ex.)* **40,–** *150,–*

4. Konferenz über Leben und Werk des Propheten Mohammed (Mohammed's Sunna und Sira) 1985 in Kairo (4)

313 1 £ (G) n. H. 1406/1985. Globus, Minarett der Al-Azhar-Moschee, Inschrift. Rs. Moschee von Medina (800 Ex.) **450,–**

314 5 £ (S) n. H. 1406/1985. Typ wie Nr. 313 (1000 Ex.) **40,–** –,–

		ST	PP
315	5 £ (G) n. H. 1406/1985. Typ wie Nr. 313 (400 Ex.)	1200,–	
316	10 £ (G) n. H. 1406/1985. Typ wie Nr. 313 (300 Ex.)	–,–	

Ägyptische Berufe – 3. Ausgabe
1. Internationale Konferenz für Berufe (2)

317 20 Piaster (S) n. H. 1406/1985. Ägyptische Handwerksdarstellungen **7,–**
318 5 £ (S) n. H. 1406/1985. Typ wie Nr. 317 **40,–**

ST PP

Pharaonische Kunst – 4. Ausgabe

319 100 £ (G) 1986. Goldene Totenmaske des Tutanchamun (vgl. Nr. 311). Rs. Landesname in kufischer Schrift. 900er Gold, 17,15 g, FM *1800,–*

25 Jahre Zentralbank (2)

320 1 £ (G) n. H. 1406/1986. Erwachende Sphinx, Statue des Bildhauers Mahmoud Mokhtar, Symbol für die Expansion der Wirtschaft und des Bankensystems (100 Ex.) **480,–**
321 5 £ (S) n. H. 1406/1986. Typ wie Nr. 320 **40,–** –,–

75 Jahre Wirtschaftswissenschaftliche Fakultät der Universität Kairo (2)

322 1 £ (G) n. H. 1406/1986. Pharaonische Handelsdarstellungen (200 Ex.) **480,–**
323 5 £ (S) n. H. 1406/1986. Typ wie Nr. 322 **40,–** –,–

Zum Gewinn der XV. Fußballmeisterschaft afrikanischer Nationen in Kairo durch Ägypten

324 5 £ (S) n. H. 1406/1986. Zwei Spieler, Karte Afrikas und Amulett aus der Pharaonenzeit als Symbol für Glück und die Gottheit Hathor. Rs. Fußball, Landesname in kufischer Schrift **50,–**

XIII. Fußball-Weltmeisterschaft 1986 in Mexiko (2)

PL PP

325 5 £ (S) n. H. 1406/1986. Ägyptische und mexikanische Pyramiden, Fußball in der Mitte (PL: 5000 Ex., PP: 1500 Ex.) **60,–** **80,–**
326 50 £ (G) n. H. 1406/1986. Typ wie Nr. 325. 900er Gold, 8,5 g (max. 500 Ex.) –,– –,–

Nr. 326 wurde bisher nicht geprägt.

50 Jahre Gesundheitsministerium

ST PP

327 5 £ (S) n. H. 1406/1986. Arzt und Emblem *(PP: 300 Ex.)* **40,–** *150,–*

Ka'aba in Mekka (3)

ST PP

328 5 £ (S) n. H. 1406/1986. Ka'aba. 720er Silber, 17,5 g [Stuttgart] **42,–** **60,–**
329 50 £ (G) n. H. 1406/1986. Typ wie Nr. 328. 875er Gold, 8,5 g [Stuttgart] **480,–**
330 100 £ (G) n. H. 1406/1986. Typ wie Nr. 328. 875er Gold, 17 g [Stuttgart] **950,–**

Tag der Kriegsveteranen (2)

331 20 Piaster (K-N) n. H. 1406/1986. Emblem der ägyptischen Armee **4,–**
332 5 £ (S) n. H. 1406/1986. Typ wie Nr. 331 **40,–**

100 Jahre Erdölförderung in Ägypten (2)

333 1 £ (G) n. H. 1406/1986. Erdölbohrturm im Ölfeld von Gamasa (800 Ex.) **400,–**
334 5 £ (S) n. H. 1406/1986. Typ wie Nr. 333 **38,–**

50 Jahre Nationaltheater (2)

335 1 £ (G) n. H. 1406/1986. Gebäude des Nationaltheaters, zwei Masken. Rs. Geöffneter Vorhang, Landesname (250 Ex.) **400,–**
336 5 £ (S) n. H. 1406/1986. Typ wie Nr. 335 **40,–**

Restaurierung des Parlamentsgebäudes (3)

337 1 £ (G) n. H. 1406/1986. Arbeiter auf der Kuppel des Parlamentsgebäudes (400 Ex.) **400,–**
338 5 £ (S) n. H. 1406/1986. Typ wie Nr. 337 **35,–** –,–
339 5 £ (G) n. H. 1406/1986. Typ wie Nr. 337 (300 Ex.) –,–

30 Jahre Ägyptische Kernenergieorganisation

340 5 £ (S) n. H. 1406/1986. Pharaonische Darstellung und Atommodell mit Ewigkeitsschlange **35,–**

40 Jahre Ägyptisches Ingenieurssyndikat und Ingenieurstag am 11. Oktober 1986 (2)

341 1 £ (G) n. H. 1407/1986. Emblem des Syndikats (400 Ex.) **400,–**
342 5 £ (S) n. H. 1407/1986. Typ wie Nr. 341 **35,–**

11. Allgemeine Volks- und Gebäudezählung in Ägypten im November 1986 (3)

343 20 Piaster (K-N) n. H. 1407/1986. Stilisierte Personen und Bauwerke **4,–**
344 1 £ (G) n. H. 1407/1986. Typ wie Nr. 343 (200 Ex.) **400,–**
345 5 £ (S) n. H. 1407/1986. Typ wie Nr. 343 **35,–**

30 Jahre Industrieministerium

346 5 £ (S) n. H. 1407/1986. Zahl 30, mit Zahnrad kombiniert **35,–**

Pharaonische Kunst – 5. Ausgabe

347 100 £ (G) 1987. Goldener Widder. 900er Gold, 17,15 g, FM *1800,–*

		ST	PP

Tag der Tiermedizin am 22. September 1986

348 5 £ (S) n. H. 1407/1987. Bauer mit Rind als pharaonische Darstellung, Emblem 35,–

75 Jahre Ägyptische Erdölgesellschaft (1911–1986)

349 5 £ (S) n. H. 1407/1987. Drei Pyramiden mit Flamme und Schriftzug »Misr«, Emblem der »Misr Oil Company« 35,–

Ägyptisches Parlamentsmuseum (3)

350 1 £ (G) n. H. 1407/1987. Parlamentsmuseumsgebäude, Staatswappen, königliche Kutsche, Feder und Pergamentbögen (400 Ex.) 400,–
351 5 £ (S) n. H. 1407/1987. Typ wie Nr. 350 35,– –,–
352 5 £ (G) n. H. 1407/1987. Typ wie Nr. 350 (300 Ex.) –,–

Aufführung der Oper »Aida« in Luxor 2.–12. 5. 1987 (2)

353 5 £ (S) 1987. Königin Nofretete mit Musikern vor Obelisk und der Fassade des Tempels in Luxor. 720er Silber, 17,5 g 60,–
354 50 £ (G) 1987. Typ wie Nr. 353. 900er Gold, 8 g (300 Ex.) *600,–*

30 Jahre Fakultät der Schönen Künste an der Universität Kairo

355 5 £ (S) n. H. 1407/1987. Rs. Osirisauge und Inschrift 35,–

Ägyptische Investitionsbehörde (3)

356 20 Piaster (K-N) n. H. 1407/1987. Landesname in Tughraform. Rs. Emblem, Motto »Investition für eine bessere Zukunft« (250 000 Ex.) 5,–
357 1 £ (G) n. H. 1407/1987. Typ wie Nr. 356 (600 Ex.) 400,–

358 5 £ (S) n. H. 1407/1987. Typ wie Nr. 356 (8000 Ex.) 35,–

25 Jahre Heluan-Dieselmotoren-Gesellschaft

359 5 £ (S) n. H. 1408/1987. Rs. Emblem (8000 Ex.) 35,–

		ST	PP

Eröffnung der Greater Cairo Regional Metro von Heluan bis Station »Mubarak« am 26. September 1987 (3)

A360 1 £ (G) u. H. 1408/1987. Landesname, Wertangabe, Signet der Metro-Gesellschaft. Rs. Zug der Untergrundbahn, darüber Gedenkinschrift, von Schriftkreis umgeben, Metro-Signet (500 Ex.) 400,–
360 5 £ (S) n. H. 1408/1987. Typ wie Nr. A360 35,–
B360 5 £ (G) n. H. 1408/1987. Typ wie Nr. A360 (200 Ex.) –,–

Tag der Polizei am 25. Januar 1988 (3)

361 20 Piaster (K-N) n. H. 1408/1988. Abzeichen der ägyptischen Polizei, die am 25. Januar 1952 die Stadt Ismailia gegen britische Truppen verteidigte 6,–
362 1 £ (G) n. H. 1408/1988. Typ wie Nr. 361 (500 Ex.) 400,–
363 5 £ (S) n. H. 1408/1988. Typ wie Nr. 361 35,–

XV. Olympische Winterspiele 1988 in Calgary (2)

364 5 £ (S) n. H. 1408/1988. Skispringer und Eiskunstläuferin. 900er Silber, 17,5 g [Stuttgart] 60,– *140,–*
365 50 £ (G) n. H. 1408/1988. Typ wie Nr. 364. 900er Gold, 8,5 g [Stuttgart] (200 Ex.) –,– –,–

XXIV. Olympische Sommerspiele in Seoul 1988 (4)

366 367

366 5 £ (S) n. H. 1408/1988. Statue von Ramses II. vor Globus mit Sportdarstellungen, von Lotosornamenten umgeben. 900er Silber, 17,5 g [Stuttgart] 60,– *140,–*
367 5 £ (S) n. H. 1408/1988. Sportler der Pharaonenzeit, Krokodil und Flußpferd als Symbol für Schwimmen und Tauchen [Stuttgart] 60,– *140,–*
368 50 £ (G) n. H. 1408/1988. Typ wie Nr. 366. 900er Gold, 8,5 g [Stuttgart] (400 Ex.) –,– –,–
369 50 £ (G) n. H. 1408/1988. Typ wie Nr. 367 [Stuttgart] (400 Ex.) –,– –,–

Pharaonische Kunst – 6. Ausgabe

370 100 £ (G) 1988. Pharao Ramses III. im Streitwagen. 900er Gold, 17,15 g, FM *2000,–*

50 Jahre Fakultät für Luftwaffe

		ST	PP
371	5 £ (S) n. H. 1408/1988. Emblem. Rs. Landesname und Flugzeug. 720er Silber, 17,5 g	35,–	

Eröffnung des neuen Opernhauses in Kairo (4)

372 20 Piaster (K-N) n. H. 1409/1988. Ansicht des nach dem Brand von 1971 wiedererrichteten Opernhauses, oben Inschrift »Kultur und Bildungszentrum«, unten »Ägyptisches Opernhaus« (250 000 Ex.) 6,–

373 1 £ (G) n. H. 1409/1988. Typ wie Nr. 372 (1500 Ex.) 400,–

374 5 £ (S) n. H. 1409/1988. Typ wie Nr. 372 (30 000 Ex.) 35,–

375 5 £ (G) n. H. 1409/1988. Typ wie Nr. 372 (200 Ex.) 1200,–

Verleihung des Nobelpreises für Literatur 1988 an Nadschîb Mahfûz (2)

376 1 £ (G) n. H. 1409/1988. Rs. Nadschîb Mahfûz (*1911), Schriftsteller, Literatur-Nobelpreisträger (1000 Ex.) –,–

377 5 £ (S) n. H. 1409/1988. Typ wie Nr. 376 (15 000 Ex.) 35,–

Vertrag über die Wiedererlangung von Taba vom 22. November 1988 (3)

		ST	PP
378	1 £ (G) n. H. 1409/1988. Landesname in kufischer Schrift. Rs. »Taba Misriya« in Pyramidenform über Karte der Halbinsel Sinai im Kranz (500 Ex.)		–,–
379	5 £ (S) n. H. 1409/1988. Typ wie Nr. 378 (10 000 Ex.)		–,–
380	5 £ (G) n. H. 1409/1988. Typ wie Nr. 378 (200 Ex.)		–,–

Nrn. 378–380 werden nicht geprägt.

75 Jahre Landwirtschaftsministerium

381 5 £ (S) n. H. 1409/1988. Landesname in Tughraform. Rs. Traktor und Bewässerungsanlage, von landwirtschaftlichen Erzeugnissen umgeben (5000 Ex.) 35,–

2. Bauabschnitt der Greater Cairo Regional Metro von Station »Mubarak« bis El Marq

382 20 Piaster (K-N) n. H. 1409/1989. Typ wie Nr. A360, jedoch geänderte Inschrift über dem Zug 6,–

1. Arabische Olympische Festtage in Kairo 24.–27. 5. 1989 (2)

383 1 £ (G) n. H. 1409/1989. Wertangabe, Landesname. Rs. Hand mit olympischen Ringen und Karte der arabischen Welt (300 Ex.) 400,–

384 5 £ (S) n. H. 1409/1989. Typ wie Nr. 383 (8000 Ex.) 35,–

100 Jahre Interparlamentarische Union (IPU) in Genf (2)

		ST	PP
385	1 £ (G) n. H. 1409/1989. Landesname in kufischer Schrift. Rs. Kuppel des Parlamentsgebäudes in Kairo, Weltkugel, IPU-Emblem (200 Ex.)		400,–

386 5 £ (S) n. H. 1409/1989. Typ wie Nr. 385 (5000 Ex.) 35,–

Pharaonische Kunst – 7. Ausgabe

387 100 £ (G) 1989. Rs. Bronzefigur einer Katze als Inkarnation der Göttin Bast, 26. Dynastie (664-525 v. Chr.), auf Postament. 900er Gold, 17,15 g, FM *1700,–*

25 Jahre Nationales Forschungszentrum (3)

388 1 £ (G) n. H. 1409/1989. Rs. Gottheit Thoth und Gegenstände der modernen Forschung (250 Ex.) –,–

389 5 £ (S) n. H. 1409/1989. Typ wie Nr. 388 (5000 Ex.) 35,–

390 5 £ (G) n. H. 1409/1989. Typ wie Nr. 388 (200 Ex.) –,–

40 Jahre Ägyptische Werbegesellschaft und 2. Arabische Konferenz über Kommunikation und Werbung »Advista Arabia« am 14. Mai 1989 in Kairo

391 5 £ (S) n. H. 1409/1989. Rs. Emblem der »Societé Egyptienne de Publicité« (5000 Ex.) 35,–

25 Jahre Nationale Krankenversicherung (2)

392 20 Piaster (K-N) n. H. 1409/1989. Landesname, Wertangabe, Rs. Halbmond und menschliche Figuren auf Landkarte von Ägypten 5,–

393 5 £ (S) n.H. 1409/1989. Typ wie Nr. 392 35,–

Gedenkstätte für die Gefallenen im Yom-Kippur-Krieg vom Oktober 1973 (2)

		ST	PP
394	10 Piaster (K-N) n. H. 1410/1989. Landesname in Tughraform. Rs. Soldat mit Fahne vor dem »Panorama«-Rundbau (250 000 Ex.)	4,–	
395	20 Piaster (K-N) n. H. 1410/1989. Typ wie Nr. 394 (250 000 Ex.)	5,–	

100 Jahre Fakultät für Landwirtschaft der Universität Kairo in Gizeh (2)

396 1 £ (G) n. H. 1410/1989. Wert zwischen Ähren, Landesname. Rs. Emblem der Fakultät für Landwirtschaft und pharaonische Darstellung vor der Kuppel des Universitätsgebäudes (200 Ex.) 400,–

397 5 £ (S) n. H. 1410/1989. Typ wie Nr. 396 (4000 Ex.) 35,–

2. Exportförderungsprogramm

398 5 £ (S) n. H. 1410/1989. Landesname in Tughraform, Gedenkinschrift. Rs. Symbolische Darstellung 35,–

XIV. Fußball-Weltmeisterschaft 1990 in Italien (6)

		ST	PP
399	5 £ (S) n. H. 1410/1990. Rs. Göttinnen Isis und Nephthys vor Pyramide mit Fußball. 900er Silber, 17,5 g	150,–	85,–
400	5 £ (S) n. H. 1410/1990. Rs. Spieler am Ball	140,–	85,–
401	50 £ (G) n. H. 1410/1990. Typ wie Nr. 399. 900er Gold, 8,5 g		–,–
402	50 £ (G) n. H. 1410/1990. Typ wie Nr. 400		–,–
403	100 £ (G) n. H. 1410/1990. Typ wie Nr. 399. 900er Gold, 17 g		–,–
404	100 £ (G) n. H. 1410/1990. Typ wie Nr. 400		–,–

13. Konferenz der Afrikanischen Parlamentarischen Union (2)

A405 1 £ (G) n. H. 1410/1990. Landesname in Tughraform, dreisprachige Gedenkumschrift. Rs. Lorbeerzweig und Parlamentsgebäude auf Karte Afrikas 400,–

405 5 £ (S) n. H. 1410/1990. Typ wie Nr. A405 35,–

5 Jahre Nationaler Rat für Familienplanung

406 5 £ (S) n. H. 1410/1990. Landesname in Tughraform, Wertangabe. Rs. Vier stilisierte vierköpfige Familien, arabische Inschrift »National Council of Population« 35,–

Ägyptischer Bauunternehmerverband

		ST	PP
407	5 £ (S) n. H. 1410/1990. Landesname in Tughraform, Wertangabe. Rs. Emblem des Verbandes (1000 Ex.)	35,–	

100 Jahre Sportclub Alexandria

		ST	PP
408	5 £ (S) n. H. 1411/1990. Landesname, Wertangabe. Rs. Emblem, von Sportpiktogrammen umgeben (5000 Ex.)	35,–	

Pharaonische Kunst – 8. Ausgabe

		ST	PP
409	100 £ (G) 1990. Rs. Sphinx in Gizeh. 900er Gold, 17,15 g, FM		*1600,–*

119 Jahre Fakultät Dar el-'Eloum für klassische Arabistik der Universität Kairo

		ST	PP
410	5 £ (S) n. H. 1411/1990. Landesname, Wertangabe. Rs. Emblem der Fakultät (5000 Ex.)	35,–	

15. Jahreskonferenz der Direktoren der Islamischen Entwicklungsbank

		ST	PP
411	5 £ (S) n. H. 1411/1991. Landesname in Tughraform, Gedenkinschrift. Rs. Symbolische Darstellung	35,–	

5. Allafrikanische Sportspiele 1991 in Kairo (2)

		ST	PP
412	1 £ (G) 1991. Landesname, mit Fackel kombiniert. Rs. Emblem aus zwei Halbmonden und Pyramide über olympischen Ringen	–,–	
413	5 £ (S) 1991. Typ wie Nr. 412 (3000 Ex.)	60,–	

XXV. Olympische Sommerspiele 1992 in Barcelona (24)

		ST	PP
414	5 £ (S) n. H. 1412/1992. Rs. Fechten. 900er Silber, 17,5 g	–,–	–,–
415	5 £ (S) n. H. 1412/1992. Rs. Ringen	–,–	–,–
416	5 £ (S) n. H. 1412/1992. Rs. Bogenschießen	–,–	–,–
417	5 £ (S) n. H. 1412/1992. Rs. Weitsprung	–,–	–,–
418	5 £ (S) n. H. 1412/1992. Rs. Schwimmen	–,–	–,–
419	5 £ (S) n. H. 1412/1992. Rs. Handball	–,–	–,–
420	5 £ (S) n. H. 1412/1992. Rs. Hockey	–,–	–,–
421	5 £ (S) n. H. 1412/1992. Rs. Fußball	–,–	–,–
422	50 £ (G) n. H. 1412/1992	–,–	–,–
423	50 £ (G) n. H. 1412/1992	–,–	–,–
424	50 £ (G) n. H. 1412/1992	–,–	–,–
425	50 £ (G) n. H. 1412/1992	–,–	–,–
426	50 £ (G) n. H. 1412/1992	–,–	–,–
427	50 £ (G) n. H. 1412/1992	–,–	–,–
428	50 £ (G) n. H. 1412/1992	–,–	–,–
429	50 £ (G) n. H. 1412/1992	–,–	–,–
430	100 £ (G) n. H. 1412/1992	–,–	–,–
431	100 £ (G) n. H. 1412/1992	–,–	–,–
432	100 £ (G) n. H. 1412/1992	–,–	–,–
433	100 £ (G) n. H. 1412/1992	–,–	–,–
434	100 £ (G) n. H. 1412/1992	–,–	–,–
435	100 £ (G) n. H. 1412/1992	–,–	–,–
436	100 £ (G) n. H. 1412/1992	–,–	–,–
437	100 £ (G) n. H. 1412/1992	–,–	–,–

Frühere Ausgaben siehe Weltmünzkatalog 19. Jahrhundert.

Åland: Die völkerrechtlich zu Finnland gehörenden Åland-Inseln besitzen keine eigenen Münzen; siehe dazu Finnland, Nr. 81.

Albania **Albanie**

Albanien

Shqipni – Shqipëri

Fläche: 28 748 km²; 3 000 000 Einwohner.
Nach langen Kämpfen unter Führung des Nationalhelden Fürst Skanderbeg kam Albanien im 15. Jh. unter türkische Herrschaft. Seine Unabhängigkeit erhielt das Land erst am 28. November 1912 zurück. Da Albanien von den kriegführenden Mächten besetzt war, konnte ein unabhängiges politisches Leben erst nach dem Ersten Weltkrieg beginnen. Im Jahre 1925 errichtete Amet Zogu als Präsident eine Diktatur und ließ sich am 1. September 1928 als Zogu I. zum König ausrufen. Nach der militärischen Besetzung durch Italien im April 1939 wurde Albanien dem italienischen Staat in Personalunion angeschlossen. Nach dem erfolgreich geführten Befreiungskrieg gegen die italienische Herrschaft, seit 1943 gegen die deutsche Besetzung, wurde am 24. Mai 1944 der neue Volksstaat mit einer provisorischen Regierung unter Enver Hodscha gegründet, die vom 29. November 1944 an die Kontrolle über das gesamte Land ausüben konnte. Am 11. Januar 1946 wurde die Volksrepublik ausgerufen. Seit 1991 ist das Land eine Republik. Hauptstadt: Tirana.

100 Qindar Leku = 1 Lek, 5 Lek = 100 Qindar Ari = 1 Frank (Frang, Franco, Frank Ar, Frang Ar, Franco Oro);
von 1947 bis 1964 nur Lekë;
seit 1964: 100 Qindarka (Singular: Qindar) = 1 Lek (Plural: Lekë)

Shqipni

Republik

SS VZ

1 (1) 5 Qindar Leku (Bro) 1926. Löwenkopf. Rs. Wert über Eichenblättern 120,– 300,–

2 (2) 10 Qindar Leku (Bro) 1926. Adlerkopf nach rechts. Rs. Wert zwischen Olivenzweigen (Olea europaea – Oleaceae) 80,– 260,–

3 (3) ¼ Leku (N) 1926, 1927. Löwe (Panthera leo – Felidae). Rs. Eichenzweig über Wert:
1926 18,– 40,–
1927 16,– 30,–

4 (4) ½ Lek (N) 1926. Doppeladler. Rs. Herkules im Kampf mit dem Nemëischen Löwen 18,– 34,–

5 (5) 1 Lek (N) 1926–1931. Kopf Alexanders des Großen. Rs. Reiter:
1926 15,– 40,–
1927 30,– 55,–
1930 15,– 38,–
1931 22,– 42,–

SS VZ

6 (6) 1 Frank Ar (S) 1927, 1928. Behelmter Merkurkopf. Rs. Bug einer Galeere. 835er Silber, 5 g:
1927 240,– 500,–
1928 320,– 600,–

7 (7) 2 Franka (S) 1926–1928. Adler. Rs. Sämann. 835er Silber, 10 g:
1926 350,– 550,–
1927 420,– 600,–
1928 360,– 550,–

8 (8) 5 Franka (S) 1926. Amet Zogu (1895–1961), Staatspräsident und Diktator seit 1925, König 1928–1939. Rs. Pflügender Bauer. 900er Silber, 25 g:
a) Halsabschnitt mit Stern 750,– 850,–
b) Halsabschnitt ohne Stern 700,– 900,–

Der Jahrgang 1927 V von Nr. 8 kommt nur als Essai mit Wertangabe FR.A. 5 vor.

		SS	VZ
9 (9)	10 Franka Ari (G) 1927. Zogu. Rs. Doppeladler. 900er Gold, 3,2258 g	**380,–**	**520,–**
10 (10)	20 Franka Ari (G) 1926, 1927. Typ wie Nr. 9. 900er Gold, 6,4516 g:		
	1926	**550,–**	**650,–**
	1927 (6000 Ex.)	**550,–**	**650,–**

11 (12)	20 Franka Ari (G) 1926, 1927. Fürst Skanderbeg, eigentlich Gjergi Kastriota (um 1405–1468), Nationalheld. Rs. Markuslöwe:		
	a) mit Rutenbündel (Fascio), 1926 (ca. 10 Ex. bekannt)		**–,–**
	b) ohne Rutenbündel, 1926	**550,–**	**750,–**
	1927	**600,–**	**800,–**

12 (11)	100 Franka (G) 1926. Zogu. Rs. Biga, nach dem Vorbild makedonischer Münzen unter Philipp II., Landesnamen »Shqipni/Albania«, Wertangabe in Franka. 900er Gold, 32,25g:		
	a) Halsabschnitt ohne Stern	**2400,–**	**3000,–**
	b) mit einem Stern	**2500,–**	**3200,–**
	c) mit zwei Sternen	**2600,–**	**3400,–**

A 12 (11a)	100 Franka Ari (G) 1927. Rs. Biga, wie Nr. 12, Landesnamen »Albania · Shqipni«, Wertangabe in Franka Ari:		
	a) Halsabschnitt ohne Stern	**2500,–**	**3000,–**
	b) mit einem Stern	**2600,–**	**3200,–**
	c) mit zwei Sternen	**2800,–**	**3400,–**

Königreich

Zogu I. 1928–1939

		SS	VZ
13 (13)	½ Lek (N) 1930, 1931. Staatswappen, am 8. 8. 1929 eingeführt. Rs. Herkules im Kampf mit dem Nemëischen Löwen, wie Nr. 4	**12,–**	**24,–**
14 (14)	1 Qindar Ar (Bro) 1935. Doppeladler. Rs. Wert	**25,–**	**50,–**
15 (15)	2 Qindar Ar (Bro) 1935. Doppeladler. Rs. Wert	**40,–**	**90,–**

16 (16)	1 Frang Ar (S) 1935, 1937. Zogu I. (1895–1961). Rs. Staatswappen. 835er Silber, 5 g:		
	1935	**40,–**	**85,–**
	1937	**50,–**	**100,–**
17 (17)	2 Franga Ar (S) 1935. Typ wie Nr. 16. 835er Silber, 10 g	**65,–**	**120,–**

25. Jahrestag der Unabhängigkeit (4)

18 (18)	1 Frang Ar (S) 1937. Zogu I. Rs. Staatswappen mit Zweckinschrift und Jahreszahlen 28. November 1912–1937. 835er Silber, 5 g	**110,–**	**180,–**
19 (19)	2 Franga Ar (S) 1937. Typ wie Nr. 18. 835er Silber, 10 g	**120,–**	**190,–**
20 (20)	20 Franga (G) 1937. Typ wie Nr. 18. 900er Gold, 6,4561 g	**800,–**	**1000,–**
21 (21)	100 Franga (G) 1937. Typ wie Nr. 18. 900er Gold, 32,258 g	**5000,–**	**6500,–**

Zur Hochzeit von König Zogu I. mit Gräfin Geraldine Appónyi am 27. April 1938 (2)

22 (22)	20 Franga (G) 1938. Zogu I. Rs. Staatswappen mit Zweckinschrift und Datum 27. April 1938. 900er Gold, 6,4516 g	**800,–**	**1000,–**
23 (23)	100 Franga (G) 1938. Typ wie Nr. 22. 900er Gold, 32,258 g	**4000,–**	**5500,–**

10. Regierungsjubiläum von König Zogu I. (3)

24 (24)	20 Franga (G) 1938. Zogu I. Rs. Staatswappen mit Zweckinschrift und Jahreszahlen 1. September 1928–1938. 900er Gold, 6,4516 g	**850,–**	**1100,–**

			SS	VZ
25 (25)	50	Franga (G) 1938. Typ wie Nr. 24. 900er Gold, 16,129 g (1969 geprägt)	**3000,–**	**4500,–**
26 (26)	100	Franga (G) 1938. Typ wie Nr. 24. 900er Gold, 32,258 g	**4500,–**	**5800,–**

Viktor Emanuel III. 1939–1943

WÄHRUNGSUMSTELLUNG: 1 Lek = 1 Lira

27 (27) 0,05 Lek (Al-Bro) 1940, 1941. Viktor Emanuel III. (1869–1947), König von Italien 1900–1946, Kaiser von Äthiopien 1936–1941. König von Albanien 1939–1943. Rs. Eichenzweig über Wert [Rom], R:
1940 **20,– 45,–**
1941 **120,– 220,–**

28 (28) 0,10 Lek (Al-Bro) 1940, 1941. Viktor Emanuel III. Rs. Olivenzweig (Olea europaea – Oleaceae) über Wert [Rom], R:
1940 **25,– 50,–**
1941 **75,– 160,–**

29 (29) 0,20 Lek 1939–1941. Viktor Emanuel III., behelmtes Brustbild n. r. Rs. Doppeladler, flankiert von Liktorenbündeln [Rom], R:
a) (St austenitisch) 1939 **6,– 14,–**
b) St ferritisch) 1939–1941 **6,– 14,–**

30 (30) 0,50 Lek 1939–1941. Viktor Emanuel III., behelmtes Brustbild n. l. Rs. Doppeladler, flankiert von Liktorenbündeln [Rom], R:
a) (St austenitisch) 1939 **8,– 15,–**
b) (St ferritisch) 1939–1941 **8,– 15,–**

31 (31) 1 Lek 1939–1941. Typ wie Nr. 29 [Rom], R:
a) (St austenitisch) 1939 **9,– 16,–**
b) (St ferritisch):
1939 **9,– 16,–**
1940, 1941 **200,– 400,–**

32 (32) 2 Lek 1939–1941. Typ wie Nr. 30 [Rom], R:
a) (St austenitisch) 1939 **11,– 20,–**
b) (St ferritisch):
1939 **11,– 20,–**
1940, 1941 **–,– –,–**

Nrn. 29a–32a wurden auf Schrötlingen mit schwankendem Nikkelanteil in der Legierung geprägt und daher von Magneten unterschiedlich schwach angezogen. Nrn. 29b–32b bestehen aus der endgültigen Version des Werkstoffes »Acmonital« ohne Nickelanteil, der auf Magneten deutlich anspricht.

33 (33) 5 Lek (S) 1939. Viktor Emanuel III., Kopf n. l. Rs. Doppeladler, flankiert von Liktorenbündeln. 835er Silber, 5 g **35,– 75,–**

34 (34) 10 Lek (S) 1939. Viktor Emanuel III., Kopf n. r. Rs. Doppeladler, flankiert von Liktorenbündeln. 835er Silber, 10 g **120,– 200,–**

Sozialistische Volksrepublik Albanien seit 1946

Republika Popullore Socialiste e Shqipërise

VZ ST

35 (35) ½ Leku (Zink) 1947, 1957. Staatsemblem der Volksrepublik, von Landesnamen und Sternen umgeben. Rs. Wert, von Sternen umgeben [Belgrad] **2,– 4,–**

36 (36) 1 Lek (Zink) 1947, 1957. Typ wie Nr. 35 [Belgrad] **3,– 6,–**

37 (37) 2 Lekë (Zink) 1947, 1957. Typ wie Nr. 35 [Belgrad] **3,– 6,–**

38 (38) 5 Lekë (Zink) 1947, 1957. Typ wie Nr. 35 [Belgrad] **4,– 8,–**

NEUE WÄHRUNG: 100 Qindarka = 1 Lek

39 (39) 5 Qindarka (Al) 1964. Staatsemblem, von Landesnamen, Sternen und Jahreszahl umgeben. Rs. Wertangabe zwischen Ähren, darüber fünf Sterne [CM] **1,– 2,–**

40 (40) 10 Qindarka (Al) 1964. Typ wie Nr. 39 [CM] **1,– 2,–**

41 (41) 20 Qindarka (Al) 1964. Typ wie Nr. 39 [CM] **2,– 4,–**

42 (42) 50 Qindarka (Al) 1964. Typ wie Nr. 39 [CM] **3,– 6,–**

43 (43) 1 Lek (Al) 1964. Typ wie Nr. 39 [CM] **4,– 8,–**

500. Todestag von Fürst Skanderbeg (8)

PP

44 (49) 5 Lekë (S) 1968–1970. Staatswappen, Wertangabe. Rs. Helm mit Ziegenbockspitze, Wappen der Familie Skanderbeg (Kastriota) vor gekreuzten Schwertern. 999er Silber, 16,66 g *70,–*

45 (50) 10 Lekë (S) 1968–1970. Rs. Skanderbeg-Reiterstandbild in Tirana. 999er Silber, 33,33 g *120,–*

46 (52) 20 Lekë (G) 1968–1970. Rs. Helm mit Ziegenbockspitze, Eichenlaubkranz und Schwert des Fürsten. 900er Gold, 3,95 g:
a) 1968–1970, Gelbgold, enge Randriffelung *175,–*
b) 1968, Rotgold, weite Randriffelung (ca. 24 Ex.) *750,–*

47 (51) 25 Lekë (S) 1968–1970. Rs. Säbeltänzer vor Bergmassiv. 999er Silber, 83,33 g *350,–*

PP

48 (53) 50 Lekë (G) 1968–1970. Rs. Argirocastrum. 900er Gold, 9,87 g *400,–*

49 (54) 100 Lekë (G) 1968–1970. Rs. Weinlese. 900er Gold, 19,75 g *800,–*

50 (55) 200 Lekë (G) 1968–1970. Rs. Butrinto (Buthrotum), Epirus: Apollokopf der sog. »Göttin von Butrinto« vor Odeontheater. Das Münzbild weist auf die grekorömische Zeit zurück. Im einstigen Augusta Buthrotum (alban. Butrinti, ital. Butrinto) setzten wahrscheinlich schon die Römer einer kopflosen griechischen Marmorstatue, vermutlich einer Göttin, den Kopf eines Jünglings auf. Deshalb wird das archäologische Fundstück als Apollokopf der Göttin von Butrinto bezeichnet, heute im Muzeum Arkeologjik, Tirana. 900er Gold, 39,5 g *1500,–*

51 (56) 500 Lekë (G) 1968–1970. Rs. Fürst Skanderbeg, eigentlich Gjergi Kastriota (um 1405–1468), Nationalheld. 900er Gold, 98,74 g *4000,–*

25. Jahrestag der Befreiung (5)

		VZ	ST
52 (44)	5 Qindarka (Al) 1969. Staatsemblem, darunter Jahreszahlen 1944–1969. Rs. Wertangabe zwischen Ähren, darüber fünf Sterne [CM]	–,75	2,–
53 (45)	10 Qindarka (Al) 1969. Typ wie Nr. 52 [CM]	1,–	2,–
54 (46)	20 Qindarka (Al) 1969. Typ wie Nr. 52 [CM]	1,–	3,–

55 (47)	50 Qindarka (Al) 1969. Rs. Bewaffnete mit Fackel, darunter Wertangabe [CM]	3,–	6,–
56 (48)	1 Lek (Al) 1969. Rs. Kampfszene, darunter Wertangabe [CM]	5,–	9,–

2600 Jahre Hafenstadt Durrës/Durazzo (Epidamnos) (4)

ST PP

57 (57) 5 Lekë (K-N) 1987. Staatswappen. Rs. Segelschiff »Polarce«, 17 Jh., vor Hafenfestung [BP] (50 000 Ex.) 6,–

58 5 Lekë (G) 1987. Typ wie Nr. 57. 900er Gold, 50 g [BP] (5 Ex.) *3800,–*

59 (58) 50 Lekë (S) 1987. Typ wie Nr. 57. 925er Silber, 168,15 g [BP] (15 000 Ex.) **240,–**

60 (59) 100 Lekë (G) 1987. Typ wie Nr. 57. 900er Gold, 6,45 g [BP] (5000 Ex.) **380,–**

Nrn. 57, 59 und 60 kommen auch von 1986 mit Inschrift »Essai« vor (je 5 Ex.).

40 Jahre Eisenbahn in Albanien (4)

61 5 Lekë (K-N) 1988. Dieselzug im Tunnel. Rs. Dampfzug im Tunnel (ohne Loch) [BP] (20 000 Ex.) 6,–

Abb. verkleinert

62 50 Lekë (S) 1988. Typ wie Nr. 61 [BP]:
a) 925er Silber, 168,15 g (mit Loch) (7500 Ex.) **320,–**
b) Piéfort, 925er Silber, 336,3 g (ohne Loch) (250 Ex.) **700,–**

63 100 Lekë (G) 1988. Typ wie Nr. 61. 900er Gold, 6,45 g (ohne Loch) [BP] (2000 Ex.) **420,–**

64 7500 Lekë (G) 1988. Typ wie Nr. 61. 900er Gold, 483,75 g (mit Loch) [BP] (50 Ex.) –,–

Nrn. 61–64 auch mit Inschriften »Prova/Essai« vorkommend (je 5 Ex.).

		VZ	ST
65	5 Qindarka (Al)	–,–	–,–

		VZ	ST
66	10 Qindarka (Al) 1988. Staatswappen, Landesname »Shqipëri«. Rs. Wertangabe zwischen Ähren	–,80	1,50

		VZ	ST
67	20 Qindarka (Al) 1988. Typ wie Nr. 66	1,–	2,–
68	50 Qindarka (Al)	–,–	–,–
69	1 Lek (Al-Bro) 1988. Staatswappen, Landesname »Republika Popullore Socialiste e Shqipërise«. Rs. Wertangabe zwischen Ähren		8,–

45. Jahrestag der Befreiung

		VZ	ST
70	2 Lekë (K-N) 1989. Rs. Bewaffneter		16,–

XXV. Olympische Sommerspiele 1992 in Barcelona
1. Ausgabe (4)

71 10 Lekë (S) 1990, 1991. Staatswappen, Landesname, Wertangabe. Rs. Springreiter nach links in erhabener Darstellung, albanische Inschrift. 925er Silber, 52,5 g [BP]:
1990 (5 Ex.) — 3500,–
1991 (980 Ex.) — **160,–**

72 10 Lekë (S) 1990, 1991. Meerjungfrau mit olympischer Fackel an der Küste vor Leuchtturm und Segelschiff, Landesname, Wertangabe. Rs. Springreiter, wie Nr. 71, nach rechts in vertiefter Darstellung. 925er Silber, 52,5 g [BP]:
1990 (5 Ex.) — 3500,–
1991 (980 Ex.) — **160,–**

Die beiden Teilmünzen Nrn. 71 und 72 passen auf den Springreiterseiten ineinander.

		VZ	ST
73	10 Lekë (G) 1990. Typ wie Nr. 71 (2 Ex.)		–,–
74	10 Lekë (G) 1990. Typ wie Nr. 72 (2 Ex.)		–,–

Republik Albanien seit 1991

Republika e Shqipërise

XXV. Olympische Sommerspiele 1992 in Barcelona
2. Ausgabe

		VZ	ST
75	10 Lekë (S) 1992. Staatswappen. Rs. Zwei Boxkämpfer. 925er Silber, 28,28 g [BP] (max. 20 000 Ex.)		75,–

Alderney | # Alderney | **Aurigny**

Fläche: 8 km²; 1700 Einwohner (1972).
Die nördlichste der vor der französischen Küste liegenden, zur Ballei Guernsey gehörenden Kanalinseln. Hauptort: Saint Anne.

100 Pence = 1 Pfund Sterling (£)

Elisabeth II. seit 1952

Zum königlichen Besuch am 24. Mai 1989 (2)

		ST	PP
1	2 £ 1989. Elisabeth II. (nach R. D. Maklouf). Rs. Staatswappen, von Grasnelken (Armeria maritima – Plumbaginaceae) umgeben:		
	a) (S) 925 fein, 28,28 g (5000 Ex.)		80,–
	b) (S) Piéfort, 925 fein, 56,56 g (500 Ex.)		*180,–*
	c) (K-N)	12,–	
2	2 £ (G) 1989. Typ wie Nr. 1. 916⅔er Gold, 47,54 g (100 Ex.)		*2200,–*

90. Geburtstag der Königinmutter Elisabeth (2)

		ST	PP
3	2 £ 1990. Rs. Porträt der Königinmutter auf Rosen:		
	a) (S) 925 fein, 28,28 g (5000 Ex.)		80,–
	b) (S) Piéfort, 925 fein, 56,56 g (500 Ex.)		180,–
	c) (K-N)	12,–	
4	2 £ (G) 1990. Typ wie Nr. 3. 916⅔er Gold, 47,54 g (90 Ex.)		*2000,–*

40. Jahrestag der Thronbesteigung von Königin Elisabeth II. (4)

		ST	PP
5	2 Pfund. 1992. Rs. »Mora«, Schiff von Wilhelm dem Eroberer, Hosenbandorden:		
	a) (S) 925er Silber, 28,28 g (3 Ex.)		-,-
	b) (S) Piéfort, 925er Silber, 56,56 g (3 Ex.)		-,-
	c) (K-N) (3 Ex.)	-,-	
6	2 Pfund (G) 1992. Typ wie Nr. 5. 916⅔er Gold, 47,54 g (3 Ex.)		-,-
7	2 Pfund 1992. Rs. »Mora«, Schiff von Wilhelm dem Eroberer, Monogramm EIIR im Lorbeerkranz:		
	a) (S) 925er Silber, 28,28 g		-,-
	b) (S) Piéfort, 925er Silber, 56,56 g		-,-
	c) (K-N)	-,-	
8	2 Pfund (G) 1992. Typ wie Nr. 7. 916⅔er Gold, 47,54 g		-,-

Algeria | **Algerien** | **Algérie**

Algerien

Al Dschasa'ir

Fläche: 2 382 000 km²; 25 000 000 Einwohner (1990).
Im Altertum bildete das heutige Algerien die römische Provinz Numidia und Mauretania Caesariensis. Im 5. Jh. zum Vandalenreich gehörend und Ende des 7. Jh. von den Arabern erobert. Die von türkischen Janitscharen Algiers gewählten Deis beherrschten das Land, bis die Franzosen 1830 Algier eroberten. Der von Abd el-Kader in den Jahren von 1832 bis 1847 geführte Aufstand zur Befreiung Algeriens blieb ohne Erfolg. Später französische Départements und seit 1. Juni 1962 unabhängige Republik, Volksrepublik seit 15. September 1963. Hauptstadt: Algier (Alger).

100 Centimes = 1 Franc
seit 1. April 1964: 100 Centimes = 1 Algerischer Dinar

		SS	VZ
1 (1)	20 Francs (K-N) 1949, 1956. Marianne, Sinnbild der Republik Frankreich. Rs. Wertangabe und Jahreszahl zwischen Ähren [Paris]:		
	1949	**6,–**	**15,–**
	1956	**10,–**	**25,–**

2 (2)	50 Francs (K-N) 1949. Typ wie Nr. 1 [Paris]	**7,–**	**20,–**
3 (3)	100 Francs (K-N) 1950, 1952. Typ wie Nr. 1 [Paris]:		
	1950	**12,–**	**32,–**
	1952	**15,–**	**40,–**

Demokratische Volksrepublik Algerien seit 1962
Adsch-Dschamhuriyat adsch-Dschsa'iriyat al-Dimuqradiyat asch-Schabiya

NEUE WÄHRUNG: 100 Centimes = 1 Algerischer Dinar

4 (4)	1 Centime (Al) 1964. Staatswappen, Landesname. Rs. Wertangabe in Verzierung [Heaton]	**–,20**	**–,40**
5 (5)	2 Centimes (Al) 1964. Typ wie Nr. 4 [Heaton]	**–,30**	**–,50**
6 (6)	5 Centimes (Al) 1964. Typ wie Nr. 4 [Heaton]	**–,60**	**1,–**
7 (7)	10 Centimes (N-Me) 1964. Rs. Wertangabe im Ornamentkreis	**1,–**	**2,–**
8 (8)	20 Centimes (N-Me) 1964. Typ wie Nr. 7	**2,–**	**6,–**
9 (9)	50 Centimes (N-Me) 1964. Typ wie Nr. 7	**2,–**	**4,–**

		SS	VZ
10 (10)	1 Dinar (K-N) 1964. Staatswappen. Rs. Wertangabe, Landesname [Heaton]	**3,–**	**7,–**

Für den 1. Vierjahresplan 1970/73 und für den FAO-Münz-Plan

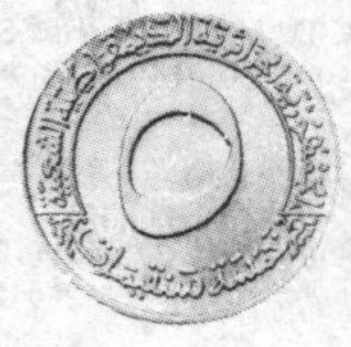

		VZ	ST
11 (11)	5 Centimes (Al) 1970. Altarabische Wertziffer, Wertangabe in Buchstaben, Landesname. Rs. Jahreszahlen, von Zahnradsegment sowie Olivenzweig und Weizenähre umgeben [Kremnitz]	**–,50**	**1,–**

12 (16)	50 Centimes (N-Me) 1971, 1973. Rs. Symbole für Aufbau, Bildung und Fortschritt. Rs. Wertangabe, Landesname	**2,–**	**6,–**

Zur Agrar-Revolution 1972
und für den FAO-Münz-Plan (2)

		VZ	ST
13 (13)	20 Centimes (N-Me) 1972. Wertangabe, Landesname. Rs. Füllhorn mit Früchten des Landes, Jahreszahl [Kremnitz]	1,–	2,–

a

b

14 (14) 1 Dinar (K-N) 1972. Rs. Trecker zwischen Zweigen, darüber sich reichende Hände, Jahreszahl:
a) [Kremnitz] Schriftzeile »Dinar wahid« auf Mitte zwischen Wertzahl und Innenkreis 3,– 7,–
b) [Stuttgart] Schriftzeile berührt Innenkreis 2,– 5,–

10. Jahrestag der Unabhängigkeit und FAO-Münz-Plan

15 (15) 5 Dinars 1972. Rs. Ähre vor Erdölbohrturm zwischen zehn Sternen, Jahreszahlen [Paris]:
a) (S) 750 fein, 12 g, Mzz. Eule 22,– 35,–
b) (N) Mzz. Eule 15,– 25,–
c) (N) Mzz. Delphin (geprägt ab 1974) 15,– 25,–

Für den 2. Vierjahresplan 1974/1977
und für den FAO-Münz-Plan

16 (12) 5 Centimes (Al) 1974. Typ wie Nr. 11, jedoch neuarabische Wertzahl [Kremnitz] –,30 –,60

20. Jahrestag des Beginns des Befreiungskrieges
vom 1. 11. 1954

		VZ	ST
17 (17)	5 Dinars (N) 1974. Wertangabe zwischen Rosetten, Landesname. Rs. Aufständischer der Nationalen Befreiungsfront (FLN) [Paris]	15,–	25,–

Für den FAO-Münz-Plan

18 (19) 20 Centimes (N-Me) 1975. Wertangabe, Landesname. Rs. Widderkopf, Jahreszahl:
a) ohne Rosette über Wertzahl (Abb.) 1,50 2,50
b) Rosette über Wertzahl 20 (ausgegeben 1985) 1,– 2,–

30. Jahrestag der Nationalen Befreiungsfront (FLN) (8. 5. 1945)

19 (18) 50 Centimes (N-Me) o. J. (1975). Rs. Inschrift 2,50 4,50

		ST	PP
20 (20)	10 Dinars (Al-N-Bro) 1979, 1981. Arabische Inschrift »Algerische Zentralbank« im Kreis, Arabeskendekor. Rs. Wertangabe und Jahreszahl im Kreis, Arabeskendekor (zehneckig):		
	a) [RM] 1979	20,–	
	b) [Paris] 1981 (40 000 000 Ex.)	20,–	
20E	*Essai 1981 [Paris] (2670 Ex.)*	*40,–*	
21	10 Dinars (S) 1979. Typ wie Nr. 20. 925er Silber, 14,6 g [RM] (1000 Ex.)	–,–	
22	10 Dinars (G) 1979. Typ wie Nr. 20. 900er Gold, 24,5 g [RM] (100 Ex.)		–,–

Für den 1. Fünfjahresplan 1980/1984

		VZ	ST
23	5 Centimes (Al) o. J. (1980). Wertziffer, Wertangabe in Buchstaben, Landesname. Rs. Arabische Inschrift »Der dritte Plan«, von Zahnradsegment sowie Olivenzweig und Weizenähre umgeben	15,–	25,–

1400 Jahre Hegira

24 (21) 50 Centimes (N-Me) n. H. 1400/1980. Wertangabe, Landesname. Rs. Moschee von Medina, Kaaba, Ziffer 15. arabische Initiale H — 2,– 4,–

20. Jahrestag der Unabhängigkeit

25 (22) 1 Dinar (K-N) o. J. (1982). Rs. Aufgehende Sonne, Gedenkinschrift, von zwanzig Händen umgeben [Stuttgart] — 3,– 5,–

26 10 Centimes (Al) 1984. Rs. Palme [Kremnitz] — 15,– 25,–

30. Jahrestag des Beginns des Befreiungskrieges

		VZ	ST
27	5 Dinars (K-N) 1984. Wertangabe, Name der Zentralbank. »Al-Bank al-Markazi adsch-Dschasa'iriya«. Rs. Emblem des 5. Kongresses der Nationalen Befreiungsfront (FLN) [RCM]	20,–	26,–

Für den 2. Fünfjahresplan 1985/1989 und für den FAO-Münz-Plan

28 5 Centimes (Al) 1985. Typ wie Nr. 16 — –,40 –,80

Für den FAO-Münz-Plan

29 20 Centimes (N-Me) 1987. Wertangabe, Name der Zentralbank. Rs. Widderkopf, Jahreszahl [Paris] (60 000 200 Ex.) — 6,– 10,–

25. Jahrestag der Unabhängigkeit

30 1 Dinar (K-N) 1987. Wertangabe, Name der Zentralbank. Rs. Denkmal des Unbekannten Soldaten, Algier — 2,50 5,–

25 Jahre Verfassung

31 50 Centimes (N-Me) 1988. Wertangabe, Name der Zentralbank. Rs. Inschrift [Paris] (40 000 200 Ex.) — 6,– 10,–

Frühere Ausgaben siehe Weltmünzkatalog 19. Jahrhundert.

American Samoa — Amerikanisch-Samoa — Samoa d'Amérique

Fläche: 197 km²; 30000 Einwohner.
Polynesische Inselgruppe im Pazifischen Ozean mit den Inseln Tutuila, Tau, der Manuagruppe u. a. Die Samoa-Inseln wurden 1722 von Holländern entdeckt und 1899 zwischen Deutschland und den USA aufgeteilt. Der ehemals deutsche Anteil ist seit 1962 als Westsamoa unabhängig. Hauptstadt: Pago Pago.

100 Cents = 1 US-Dollar

Nach Feststellung US-amerikanischer Behörden sind die folgenden Prägungen kein gesetzliches Zahlungsmittel, auch nicht auf Amerikanisch-Samoa.

28. Regatta um den »America's Cup« 1988 in San Diego (5)

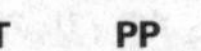

		ST	PP
1	1 Dollar (Bro) 1988. America's Cup. Rs. Hochseesegler (2000 Ex.)		25,–
A1	1 Dollar (Bro) 1988. Rs. Hochseesegler, Tauwerk in der Umschrift	20,–	

2 5 Dollars (S) 1988. 999er Silber, 31,1 g (1000 Ex.) **70,–**

(Abb. verkleinert)

3 25 Dollars (S) 1988. 999er Silber, 155,5 g, Riffelrand (100 Ex.) *300,–*

		PP
4	50 Dollars (G) 1988. Staatssiegel. Rs. America's Cup. 999er Gold, 7,77 g (100 Ex.)	*600,–*
5	100 Dollars (G) 1988. Rs. Katamaran »Stars and Stripes« (USA) beim Überholen der Rennyacht »New Zealand« (Neuseeland), als Sieger jedoch später zugunsten Neuseelands disqualifiziert. 999er Gold, 31,1 g (50 Ex.)	*1800,–*

XXIV. Olympische Sommerspiele 1988 in Seoul (5)

		PP
6	5 Dollars (S) 1988. Emblem des Nationalen Olympischen Komitees. Rs. Olympiastadion in Seoul. 999er Silber, 31,1 g (1000 Ex.)	70,–
7	25 Dollars (S) 1988. Typ wie Nr. 6. 999er Silber, 155,5 g, Rand glatt (100 Ex.)	*350,–*
8	25 Dollars (S) 1988. Gouverneur A. P. Luthali. Rs. Olympiastadion in Seoul, Wertangabe »25 Dollars«. 999er Silber, 155,5 g, Rand glatt (100 Ex.)	–,–
9	25 Dollars (S) 1988. Gouverneur A. P. Luthali. Rs. Olympiastadion in Seoul, Wertangabe »Twenty five Dollars«. 999er Silber, Riffelrand, 155,5 g	–,–

10	100 Dollars (G) 1988. Staatssiegel. Rs. Olympiastadion in Seoul. 999er Gold, 31,1 g (50 Ex.)	*2000,–*

Andorra — Andorra — Andorre

Fläche: 453 km²; 50 000 Einwohner (1991).
Das Fürstentum Andorra in den Pyrenäen steht nach den Verträgen (Pareatges) von 1278 und 1288 unter der gemeinsamen Schutzherrschaft (Co-Principat) des nordspanischen Bischofs von Urgel und des jeweiligen Präsidenten der Französischen Republik als Rechtsnachfolger der Grafen von Foix. Hauptstadt: Andorra la Vella.

100 Cèntims = 1 Pesseta (spanische Peseta); seit 1983: 100 Cèntims (Céntimos, Centimes) = 1 Diner (Dinero, Denario), 100 Diners = 1 Sobirana d'or (Soberana d'oro, Souverain d'or, Sovereign)

Währungsparität seit 1983: 1 Diner = 100 spanische Pesetas (Pessetes), seit 3. Januar 1986: 1 Diner = 125 spanische Pesetas, seit Januar 1990: 1 Diner = 135 spanische Pesetas. Daneben sind französische Francs und spanische Pesetas gesetzliches Zahlungsmittel.

Talschaft Andorra
Valls de Andorra
Les Vallées d' Andorre

Nrn. M1–M22 sind von privater Seite ausgegebene Medaillen, sogenannte »Hans-Schulman-Ausgaben«, mit fiktiven Nennwerten.

Nr. M4 wurde 1962, die übrigen Prägungen dieser Serie 1965 in Auftrag gegeben.

PP

***M1** (1) 25 Diners (S) 1960. Staatswappen, Landesname. Rs. Hüftbild Karls des Großen (742–814). 900er Silber, 14 g [München] (1350 Ex.)* 150,–

***M2** 25 Diners (G) 1960. Typ wie Nr. M1. 900er Gold, 17,5 g (8 Ex.)* –,–

***M3** 25 Diners (Pt) 1960. Typ wie Nr. M1. 999er Platin, 15,5 g (3 Ex.)* –,–

PP

***M4** (2) 50 Diners (S) 1960. Typ wie Nr. 1. 900er Silber, 28 g (3100 Ex.)* 100,-

***M5** (3) 25 Diners (S) 1963. Staatswappen. Rs. Brustbild von J. Benlloch (1864–1926), Bischof von Urgel. 900er Silber, 14 g (1350 Ex.)* 150,–

***M6** 25 Diners (G) 1963. Typ wir Nr. M5. 900er Gold, 17,5 g (8 Ex.)* –,–

***M7** 25 Diners (Pt) 1963. Typ wie Nr. M5. 999er Platin, 15,5 g (3 Ex.)* –,–

***M8** (4) 50 Diners (S) 1963. Typ wie Nr. M5. 900er Silber, 28 g (3350 Ex.)* 100,–

***M9** 50 Diners (G) 1963. Typ wie Nr. M5. 900er Gold, 35 g (8 Ex.)* –,–

***M10** 50 Diners (Pt) 1963. Typ wie Nr. M5. 999er Platin, 31,2 g (3 Ex.)* –,–

***M11** (5) 25 Diners (S) 1964. Rs. Napoleon I. (1769–1821), Kaiser von Frankreich. 999er Silber, 14 g (2350 Ex.)* 150,–

***M12** 25 Diners (G) 1964. Typ wie Nr. M11 (8 Ex.)* –,–

***M13** 25 Diners (Pt) 1964. Typ wie Nr. M11 (3 Ex.)* –,–

***M14** (6) 50 Diners (S) 1964. Typ wie Nr. M11. 999er Silber, 28 g (5150 Ex.)* 100,–

***M15** 50 Diners (G) 1964. Typ wie Nr. M11 (8 Ex.)* –,–

***M16** 50 Diners (Pt) 1964. Typ wie Nr. M11 (3 Ex.)* –,–

***M17** (7) 25 Diners (S) 1965. Staatswappen, Landesname. Rs. Parlamentsgebäude aus dem Jahr 1580. 999er Silber, 14 g (1350 Ex.)* 150,–

***M18** 25 Diners (G) 1965. Typ wie Nr. M17 (8 Ex.)* –,–

***M19** 25 Diners (Pt) 1965. Typ wie Nr. M17 (3 Ex.)* –,–

***M20** (8) 50 Diners (S) 1965. Typ wie Nr. M17. 999er Silber, 28 g (3150 Ex.)* 100,–

***M21** 50 Diners (G) 1965. Typ wie Nr. M17 (8 Ex.)* –,–

***M22** 50 Diners (Pt) 1965. Typ wie Nr. M17 (3 Ex.)* –,–

Ausgaben der Vegueria Episcopal

Joan Martí i Alanís seit 1971

1 1 Escut (S) 1977. Hl. Ermengard, Bischof von Urgel 1010–1035, thronend, lateinische Titelumschrift. Rs. Staatswappen im Achtpaß. 925er Silber, 25 g [SJ] (4000 Ex.) –,–

2 1 Sobirana d'or (G) 1977. Typ wie Nr. 1. 999,9er Gold, 8 g [SJ] (1000 Ex.) –,–

700. Jahrestag des 1. Vertrages von 1278 (2)

		ST
3	1 Sobirana d'or (G) 1978. Joan Martí i Alanis, Bischof von Urgel, Brustbild n. l., lateinische Titelumschrift. Rs. Gekröntes Staatswappen. 918er Gold, 8 g [SJ] (1745 Ex.)	–,–
4	1 Sobirana d'or (G) 1978. Typ wie Nr. 3, katalanische Titelumschrift (1745 Ex.)	–,–
5	1 Sobirana d'or (G) 1979. Brustbild des Bischofs n. r., lateinische Titelumschrift. Rs. Familienwappen und Staatswappen unter Kardinalshut, lateinisches Motto »In Charitate Unitas«. 918er Gold, 8 g [SJ] (1500 Ex.)	–,–
6	1 Sobirana d'or (G) 1979. Typ wie Nr. 5, katalanische Inschriften, Motto »La Unitat en la Caritat« (1500 Ex.)	–,–
7	1 Sobirana d'argent (S) 1980. Brustbild des Bischofs n. l., lateinische Titelumschrift. Rs. Rundes Staatswappen, Motto »Virtus Unita Fortior«. 925er Silber, 12,5 g [SJ] (2000 Ex.)	**100,–**

8	1 Sobirana d'or (G) 1980. Typ wie Nr. 7. 918er Gold, 8 g [SJ] (1500 Ex.)	–,–
9	1 Sobirana d'argent (S) 1980. Typ wie Nr. 7, katalanische Titelumschrift (2500 Ex.)	**100,–**
10	1 Sobirana d'or (G) 1980. Typ wie Nr. 9 (1500 Ex.)	–,–

10. Jahrestag des Episcopats (3)

11	1 Escut (S) 1981. Mitriertes Familienwappen, lateinische Titelumschrift. Rs. Gekröntes Staatswappen. 999er Silber, 25 g [SJ] (2500 Ex.)	–,–

12	1 Sobirana d'or (G) 1981. Typ wie Nr. 11. 918er Gold, 8 g [SJ] (1500 Ex.)	–,–
13	1 Sobirana d'or (G) 1981. Typ wie Nr. 11, katalanische Titelumschrift (1500 Ex.)	–,–
14	1 Sobirana d'or (G) 1982. Brustbild des Bischofs n. l., lateinische Titelumschrift. Rs. Familienwappen und Staatswappen in Kartusche mit Wertangabe. 918er Gold, 8 g [SJ] (1500 Ex.)	–,–
15	1 Sobirana d'or (G) 1982. Typ wie Nr. 14, katalanische Titelumschrift (1500 Ex.)	–,–

NEUE WÄHRUNG: 100 Cèntims = 1 Diner

		ST	
16 (9)	1 Diner (Me) 1983. Brustbild des Bischofs n. l., katalanische Titelumschrift. Rs. Rundes Staatswappen, Motto »Virtus Unita Fortior«, Wertangabe, Jahreszahl. Typ wie Nr. 9 [Vallmitjana] (27 650 Ex.)	2,–	5,–

17	1 Sobirana d'or (G) 1983. Brustbild des Bischofs n. r., lateinische Titelumschrift. Rs. Gekröntes Staatswappen mit Schildhaltern, Wertangabe. 918er Gold, 8 g [SJ] (1500 Ex.)	–,–

		ST	PP
18 (10)	1 Diner (Me) 1984. Brustbild des Bischofs n. l., katalanische Titelumschrift. Rs. Gekröntes Staatswappen mit Schildhaltern, Wertangabe [Vallmitjana] (7500 Ex.)	8,–	
19 (11)	5 Diners (K) 1984. Typ wie Nr. 18 (7500 Ex.)	12,–	
20 (12)	10 Diners (S) 1984. Typ wie Nr. 18. 900er Silber, 8 g (7500 Ex.)	40,–	
21 (13)	25 Diners (S) 1984. Typ wie Nr. 18. 900er Silber, 20 g (ST: 4450 Ex., PP: 550 Ex.)	70,–	120,–

Naturschutz – 1. Ausgabe (6)

22 (14)	2 Diners (K-N/Bro) 1984. Gekröntes Wappen, Wertangabe. Rs. Kopf eines Braunbären (Ursus arctos) [IPZS] (5000 Ex.)	**25,–**

ST PP

23 (16) 2 Diners (K-N/Bro) 1984. Rs. Kopf einer Gemse (Rupicapra pyrenaica) 25,–

24 (15) 2 Diners (K-N/Bro) 1984. Rs. Kopf eines Eichhörnchens (Sciurus vulgaris) 25,–

25 (17) 20 Diners (S) 1984. Rs. Braunbärenmutter mit Jungem. 835er Silber, 16 g [IPZS] (5000 Ex.) 75,–

26

27

26 (19) 20 Diners (S) 1984. Rs. Gemse (5000 Ex.) 75,–
27 (18) 20 Diners (S) 1984. Rs. Eichhörnchen (5000 Ex.) 75,–

XXIII. Olympische Sommerspiele 1984 in Los Angeles

28 (20) 20 Diners (S) 1984. Rs. Gewehrschütze. 900er Silber, 16 g [SJ] (10 000 Ex.) 75,–

XV. Olympische Winterspiele 1988 in Calgary

ST PP

29 (21) 2 Diners (K-N/Bro) 1985. Rs. Abfahrtsläufer [IPZS], R (11 000 Ex.) 18,–

XXIV. Olympische Sommerspiele 1988 in Seoul – 1. Ausgabe

30 (22) 2 Diners (K-N/Bro) 1985. Rs. Hochspringer [IPZS], R (11 000 Ex.) 18,–

Weihnachten 1985

31 (23) 20 Diners (S) 1985. Rs. Maria mit Jesuskind des spanischen Malers Luis de Morales (um 1510–1568). 900er Silber, 16 g [Presor] (7000 Ex.) 100,–

II. Internationaler Kongreß der katalanischen Sprache 1986

32 (24) 5 Diners (K) 1986. Rs. Statue des hl. Georg, 1416 von Donatello geschaffen, heute im Museo Nazionale, Florenz [NA] (6000 Ex.) 30,–

XIII. Fußball-Weltmeisterschaft 1986 in Mexiko

PP

33 (26) 10 Diners (S) 1986. Rs. Fußball und Weltkugel. 900er Silber, 8 g [Karlsruhe] (10 000 Ex.) 50,–

VZ ST

34 25 Cèntims (K) 1986. Joan Martí i Alanis, Bischof von Urgel, Brustbild n. l. Rs. Krone über Wertangabe zwischen Lorbeer- und Eichenzweig [NA] (10 000 Ex.) 1,50 3,–

35 1 Diner (Me) 1986. Brustbild des Bischofs n. r. Rs. Wertangabe, wie Nr. 34 (10 000 Ex.) 2,– 5,–

36 2 Diners (Me) 1986. Typ wie Nr. 35 (10 000 Ex.) 4,– 8,–

37 5 Diners (K) 1986. Typ wie Nr. 35 (10 000 Ex.) 8,– 15,–

38 10 Diners (S) 1986. Typ wie Nr. 35. 925er Silber, 8 g (10 000 Ex.) 16,– 30,–

39 100 Diners (G) 1987. Typ wie Nr. 34. 999,9er Gold, 5 g [NA] (2000 Ex.) –,–

Zur Wiederaufnahme des Tennissports als olympische Disziplin (2)

ST PP

40 2 Diners (K-N) 1987. Wappen in Kartusche. Rs. Tennisspieler [Karlsruhe] (20 000 Ex.) 15,–

ST PP

41 20 Diners (S) 1987. Typ wie Nr. 40. 900er Silber, 16 g [Karlsruhe] (10 000 Ex.) 50,–

XXIV. Olympische Sommerspiele 1988 in Seoul
XVI. Olympische Winterspiele 1992 in Albertville
XXV. Olympische Sommerspiele 1992 in Barcelona

VZ ST

42 2 Diners (K-N) 1987. Rs. Skilangläufer und Kajakfahrer [Karlsruhe] (20 000 Ex.) 16,–

Romanische Bauwerke (4)

43 1 Diner (K-N) 1988. Brücke von Margineda, 12. Jh. Rs. Wert [FNMT], M (5000 Ex.) 7,–

44 2 Diners (K-N) 1988. Kirche Santa Coloma, 10 Jh. Rs. Wert [FNMT], M (5000 Ex.) 10,–

45 5 Diners (K-N) 1988. Kirche Sant Climent de Pal, 12. Jh. Rs. Wert [FNMT], M (5000 Ex.) 24,–

		VZ	ST
46	10 Diners (S) 1988. Kirche Sant Joan de Caselles, 12. Jh. Rs. Wert. 900er Silber, 8 g [FNMT], M (5000 Ex.)		50,–

XXIV. Olympische Sommerspiele 1988 in Seoul – 2. Ausgabe

		ST	PP
47	20 Diners (S) 1988. Rs. Olympiastadion in Seoul. 900er Silber, 16 g [Karlsruhe] (12 000 Ex.)	90,–	
48	100 Diners (G) 1988. Rundes Staatswappen. Rs. Fliegender Königsadler (Aquila chrysaetos) in Gebirgslandschaft, Wertangabe. 999,9er Gold, 5 g [NA] (2000 Ex.)		–,–

700. Jahrestag des 2. Vertrages von 1288 (2)

49	25 Diners (S) 1988. Mittelalterliches Lilienkreuz. Rs. Handschlag zwischen dem Bischof von Urgel und dem Grafen von Foix. 900er Silber, 20 g [NA] (10 000 Ex.)	80,–	
50	250 Diners (G) 1988. Typ wie Nr. 49. 999,9er Gold, 12 g (3000 Ex.)		800,–

XVI. Olympische Winterspiele 1992 in Albertville
XXV. Olympische Sommerspiele 1992 in Barcelona
1. Ausgabe (2)

		ST	PP
51	20 Diners (S) 1988. Gekröntes Wappen. Rs. Eistanz. 925er Silber, 16 g [Karlsruhe] (15 000 Ex.)		85,–

52	20 Diners (S) 1988. Rs. Turner an Ringen (15 000 Ex.)		85,–

Goldbarrenmedaillen »Adler« (2)

A52	½ Unça (G) 1988. Rundes Staatswappen. Rs. Königsadler auf Horst. 999,9er Gold, 15,552 g [NA] (3000 Ex.)		500,–
B52	1 Unça (G) 1988. Typ wie Nr. A52. 999,9er Gold, 31,1035 g [NA] (3000 Ex.)		900,–

XIV. Fußball-Weltmeisterschaft 1990 in Italien (2)

53	10 Diners (S) 1989. Gekröntes Wappen. Rs. Spielszene »Vorteil«. 925er Silber, 12 g [Karlsruhe] (20 000 Ex.)		50,–

54	10 Diners (S) 1989. Rs. Karte Italiens mit den Austragungsorten, Fußball (20 000 Ex.)		50,–

XVI. Olympische Winterspiele 1992 in Albertville
XXV. Olympische Sommerspiele 1992 in Barcelona
2. Ausgabe (2)

ST PP

55 10 Diners (S) 1989. Rs. Abfahrtsläufer. 925er Silber, 12 g (15000 Ex.) 50,–

56 20 Diners (S) 1989. Rs. Windsurfer. 925er Silber, 16 g (15000 Ex.) 85,–

3. Ausgabe (2)

57 10 Diners (S) 1989. Rs. Fußballspieler (15000 Ex.) 50,–

58 20 Diners (S) 1989. Rs. Kajakfahrer (15000 Ex.) 85,–

1000. Jahrestag des Kaufvertrages von 988

ST PP

59 25 Diners (S) 1989. Romanische Kirche in Seo de Urgel. Rs. Bischof Sala von Urgel zu Pferde, der Gebiete im heutigen Andorra 988 von Graf Borel II. erwarb. 900er Silber, 20 g [NA] (5000 Ex.) 100,–

Goldbarrenmünzen »Adler« (2)

60 50 Diners (G) 1989. Typ wie Nr. A52. 999,9er Gold, 15,552 g [NA] (3000 Ex.) –,–

A60 100 Diners (G) 1989. Typ wie Nr. A52. 999,9er Gold, 31,1035 g [NA] (3000 Ex.) –,–

XXV. Olympische Sommerspiele 1992 in Barcelona
4. Ausgabe (2)

61

62

61 20 Diners (S) 1990. Rs. Hürdenläuferin (15000 Ex.) 85,–

62 20 Diners (S) 1990. Rs. Springreiter (15000 Ex.) 85,–

Mit den gekoppelten Bildseiten von Nrn. 55 und 62 existiert eine Medaille in Kupfernickel.

Naturschutz – 2. Ausgabe

ST PP

63 50 Diners (G) 1990. Gekröntes Staatswappen. Rs. Eichhörnchen (Sciurus vulgaris). 999,9er Gold, 15,552 g [*sm*] (3000 Ex.) 750,–

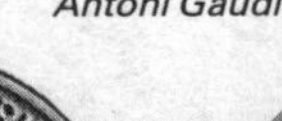

Antoni Gaudí

ST PP

64 50 Diners (G) 1990. Verziertes Staatswappen. Rs. Kathedrale »Sagrada Familia« in Barcelona, 1883 nach Plänen des spanischen Architekten Antoni Gaudi y Cornet (1852–1926) begonnen. 916⅔er Gold, 17 g [incm] (3000 Ex.) **750,–**

Silberbarrenmünze »Adler«
1. Tokyo International Coin Convention (TICC) 29. 6.–1. 7. 1990

A65 1 Diner (S) 1990. Typ wie Nr. A52. 999,9er Silber, 10,37 g [NA] –,–

IV. Sportspiele der europäischen Kleinstaaten 1991 in Andorra

65 20 Diners (S) 1991. Gekröntes Staatswappen. Rs. Stilisierter Radrennfahrer vor Bergmassiv. 925er Silber, 21 g [incm] (5000 Ex.) **85,–**

10 Jahre Andorranisches Rotes Kreuz

66 25 Diners (S) 1991. Gekröntes Staatswappen. Rs. Friedenstaube und Kreuz. 925er Silber, 28,28 g, PM (3000 Ex.) **85,–**

20. Regierungsjubiläum von Bischof Joan

67 25 Diners (S/G) 1991. Typ wie Nr. 11, Familienwappen als Goldeinlage. 925er Silber, 25 g/916⅔er Gold, 1,5 g [SJ] (2500 Ex.) **150,–**

XVI. Olympische Winterspiele 1992 in Albertville
XXV. Olympische Sommerspiele 1992 in Barcelona
5. Ausgabe

68 50 Diners (G) 1991. Rs. Turner an Ringen. 585er Gold, 13,34 g [incm] (3000 Ex.) **600,–**

Naturschutz – 3. Ausgabe

69 50 Diners (G) 1991. Rs. Gemse (Rupicapra pyrenaica) 999,9er Gold, 15,552 g [*sm*] (2500 Ex.) **750,–**

Assoziationsabkommen mit der Europäischen Gemeinschaft (2)

70 10 Diners (S) 1991. Inschrift »ECU« [HM] –,–
71 25 Diners (G) 1991. Typ wie Nr. 70. 583⅓er Gold [*sm*] –,–

Naturschutz – 4. Ausgabe (2)

72 10 Diners (S) 1992. Typ wie Nr. 63 [*sm*] –,–
73 50 Diners (G) 1992. Rs. Braunbär. 999,9er Gold, 15,55 g [*sm*] –,–

Frühere Ausgabe siehe Weltmünzkatalog 19. Jahrhundert.

Angola Angola Angola

Fläche: 1 246 700 km² (einschl. Exklave Cabinda); 8 900 000 Einwohner (1986).
Der portugiesische Seefahrer Diego Cão entdeckte 1483 Angola, 1485 die Kongomündung und erkundete in den Jahren bis 1488 die anschließende Küste. Unter Anerkennung der einheimischen Herrscher organisierte Portugal von hier aus einen Sklavenhandel nach Brasilien, gründete 1576 Luanda (Loanda, vollständig: São Paulo de Luanda) und dehnte von dort ins Binnenland seine Herrschaft aus, die ihm 1641–48 von den Holländern erfolgreich streitig gemacht worden ist. Bei der internationalen Aufteilung Afrikas an die europäischen Kolonialmächte (Kongo-Konferenz 1885) wurde ihm das heutige Angola mit Cabinda zugesprochen. Der Versuch, das Kolonialregime 1951 durch Umbenennung der Kolonien in (Übersee-)Provinzen zu vertuschen, schlug letztlich fehl. Unabhängig seit 11. November 1975, gegenwärtig eine Volksrepublik. Hauptstadt: Luanda.

100 Centavos = 1 Escudo;
seit 1926: 5 Centavos = 1 Macuta, 100 Centavos = 1 Angolar;
seit 1954: 100 Centavos = 1 Angola-Escudo (Escudo Angolano);
seit 10. Januar 1977: 100 Lwei = 1 Kwanza

Münzstätte: Lissabon (in der Regel)

Kolonie

SS VZ

1 (12) 1 Centavo (Bro) 1921. Wappen Portugals auf Armillarsphäre. Rs. Wert 30,– 70,–
2 (13) 2 Centavos (Bro) 1921. Typ wie Nr. 1 70,– 150,–
3 (14) 5 Centavos (Bro) 1921–1924. Typ wie Nr. 1:
1921–1923 30,– 60,–
1924 75,– 180,–
4 (15) 10 Centavos (K-N) 1921–1923. Freiheitskopf, Sinnbild der Republik Portugal. Rs. Wert:
1921, 1922 50,– 90,–
1923 40,– 70,–
5 (16) 20 Centavos (K-N) 1921, 1922. Typ wie Nr. 4 25,– 60,–
6 (17) 50 Centavos (N) 1922, 1923. Freiheitskopf. Rs. Wappen Portugals auf Armillarsphäre, Wert [Heaton] 22,– 35,–

NEUE WÄHRUNG:
5 Centavos = 1 Macuta, 100 Centavos = 1 Angolar

7 (18) 5 Centavos = 1 Macuta (Neusilber) 1927. Freiheitskopf, Sinnbild der Republik Portugal. Rs. Wappen Portugals auf Armillarsphäre, Wert 15,– 30,–
8 (19) 10 Centavos = 2 Macutas (Neusilber) 1927, 1928. Typ wie Nr. 7 10,– 20,–

9 (20) 20 Centavos = 4 Macutas (Neusilber) 1927, 1928. Typ wie Nr. 7:
1927 15,– 30,–
1928 20,– 40,–

10 (21) 50 Centavos (Neusilber) 1927, 1928. Typ wie Nr. 7 12,– 22,–

300. Jahrestag der Restauration von 1648 (3)

SS VZ

11 (22) 10 Centavos (Bro) 1948, 1949. Kolonialwappen auf Armillarsphäre mit Mauerkrone, am 8. 5. 1935 eingeführt. Jahreszahl, Landesname »Colonia de Angola«. Rs. Wert:
1948 5,– 12,–
1949 3,– 5,–
12 (23) 20 Centavos (Bro) 1948, 1949. Typ wie Nr. 11:
1948 5,– 10,–
1949 8,– 20,–

13 (24) 50 Centavos (Neusilber) 1948, 1950. Typ wie Nr. 11 3,– 8,–

Überseeprovinz

NEUE WÄHRUNG: 100 Centavos = 1 Angola-Escudo

VZ ST

14 (23a) 20 Centavos (Bro) 1962. Kolonialwappen, Landesname »Angola«. Rs. Wert 1,– 3,–
15 (25) 50 Centavos (Bro) 1953–1955, 1957, 1958, 1961. Typ wie Nr. 14 1,– 2,–
16 (26) 1 Escudo (Bro) 1953 ~ 1974. Typ wie Nr. 14:
1953, 1974 2,– 5,–
1956, 1963, 1965, 1972 1,– 2,–
17 (27) 2½ Escudos (K-N) 1953, 1956, 1967–1969, 1974. Kolonialwappen, Wert. Rs. Wappen Portugals auf Christuskreuz 2,– 3,–

		VZ	ST
18 (28)	10 Escudos (S) 1952, 1955. Typ wie Nr. 17. 720er Silber, 5 g	8,–	16,–
19 (29)	20 Escudos (S) 1952, 1955. Typ wie Nr. 17. 720er Silber, 10 g	15,–	28,–

20 (22a)	10 Centavos (Al) 1974. Typ wie Nr. 14 (900 Ex.)	*16,–*	*30,–*
21 (25a)	50 Centavos (K-N) 1972, 1974. Typ wie Nr. 14:		
	1972	–,–	–,–
	1974 (150 Ex.)	*180,–*	*300,–*
22 (26a)	1 Escudo (K-N) 1972, 1974. Typ wie Nr. 14	–,–	–,–
23 (A28)	5 Escudos (K-N) 1972, 1974. Typ wie Nr. 17:		
	1972	10,–	16,–
	1974		70,–
24 (28a)	10 Escudos (K-N) 1969, 1970. Typ wie Nr. 17	5,–	12,–
25 (30)	20 Escudos (N) 1971, 1972. Kolonialwappen. Rs. Wappen Portugals auf Armillarsphäre	7,–	10,–

50. Jahrestag des ersten Transatlantikfluges von Lissabon nach Rio de Janeiro

A25	50 Escudos (S) 1972. Wappen Portugals. Rs. Wappen, Flügel und Wellen auf Christuskreuz	–,–

Nr. A25 wurde nicht ausgegeben.

Volksrepublik Angola seit 1975

NEUE WÄHRUNG: 100 Lwei = 1 Kwanza

		VZ	ST
26 (31)	50 Lwei (Neusilber) o. J. (1977), 1979. Staatswappen der Volksrepublik, Unabhängigkeitsdatum, Landesname. Rs. Wert, Jahreszahl	–,70	1,–
27 (32)	1 Kwanza (Neusilber) o. J. (1977), 1979. Typ wie Nr. 26	–,80	1,–
28 (33)	2 Kwanzas (Neusilber) o. J. (1977). Typ wie Nr. 26	1,–	1,50
29 (34)	5 Kwanzas (Neusilber) o. J. (1977). Typ wie Nr. 26	2,–	3,–
30 (35)	10 Kwanzas (Neusilber) o. J. (1977), 1978. Typ wie Nr. 26	4,–	6,–
31 (36)	20 Kwanzas (Neusilber) 1978. Typ wie Nr. 26	5,–	8,–
32	50 Kwanzas (Bro) o. J. (1991). Typ wie Nr. 26		
33	100 Kwanzas (Bro) o. J. (1991). Typ wie Nr. 26		

3. Jahrestag der Unabhängigkeit (2)

		PP
34	500 Kwanzas (S) 1978. Staatswappen. Rs. António Agostinho Neto, Staatspräsident. 720er Silber, 25 g [incm] (7500 Ex.)	–,–
35	1000 Kwanzas (S) 1978. Typ wie Nr. 34. 720er Silber, 30 g (7500 Ex.)	–,–

Nrn. 34 und 35 wurden bisher nicht ausgegeben.

Frühere Ausgaben siehe Weltmünzkatalog 19. Jahrhundert.

Anguilla Anguilla Anguilla

Fläche: 91 km²; 7000 Einwohner (1991).
Anguilla (span. Aal-Insel, engl. auch Snake Island, Schlangeninsel) bildete bis zu deren Auflösung einen Bestandteil der Kolonie »Leeward-Inseln« (Britisch-Karibische Gebiete) und wurde dann zunächst mit St. Christopher (St. Kitts) und Nevis zusammen als eine britische Kronkolonie behandelt, im März 1967 aber als ein Bestandteil des »Associated State of St. Christopher-Nevis-Anguilla« unter die Herrschaft der 100 km entfernten Zentrale auf St. Kitts gestellt; Anguilla brach am 30. Mai 1967 die Beziehungen zu Basseterre ab, erklärte sich nach einer Volksabstimmung am 11. Juli 1967 für eine unabhängige Republik, duldete aber im Dezember 1968 einen britischen Administrator, der auf Druck von St. Kitts im Januar 1969 zurückgezogen wurde. Im Februar 1969 wurde die Republik Anguilla erneut ausgerufen, worauf britisches Militär am 19. März 1969 die Insel besetzte. Seit August 1971 untersteht Anguilla einem »Kommissar der Königin«. Die Unabhängigkeit von Anguilla ist von keiner ausländischen Regierung, auch nicht von Großbritannien, anerkannt worden. Hauptstadt: The Valley.

100 Cents = 1 Anguilla-Dollar

1 US-Dollar entsprach 2 Anguilla-Dollars.

Silbermünzen verschiedener Länder wurden mit einem zentralen Datumsvermerk JULY/11/1967 und der Umschrift ANGUILLA LIBERTY DOLLAR gegengestempelt. Ferner sind zwei mexikanische Goldmünzen zu 50 Pesos mit Gegenstempel 100 LIBERTY DOLLARS bekannt.

Auf Anguilla sind heute die Geldzeichen von Antigua und Barbuda und der US-Dollar im Umlauf.

PP

1 ½ Dollar (S) 1969, 1970. Staatswappen, Wertangabe, Datum MAY 30 JULY 11/1967. Rs. St. Marien-Kirche. 999er Silber, 3,57 g (4200 Ex.) *25,–*

2

3

2 1 Dollar (S) 1969, 1970. Rs. Topographische Karte der Insel, Windrose, Seepferdchen (Hippocampus sp. – Syngnathidae) Kariben-Languste (Palinurus argus – Palinuridae) und Gehäuse einer Meerschnecke (Fam. Stachelschnecken – Muricidae). 999er Silber, 7,14 g (4450 Ex.) *30,–*

PP

3 2 Dollars (S) 1969, 1970. Rs. Nationalflagge über topographischer Karte. 999er Silber, 14,28 g (4150 Ex.) *45,–*

4 4 Dollars (S) 1969, 1970. Rs. Eineinhalbmaster »Atlantic Star«. 999er Silber, 28,57 g (5100 Ex.) *180,–*

5 5 Dollars (G) 1969, 1970. Rs. Methodistenkirche von West End. 900er Gold, 2,46 g (1925 Ex.) *120,–*

6 10 Dollars (G) 1969, 1970. Rs. Kariben-Languste, Gemeiner Delphin (Delphinus delphis – Delphinidae) und Seestern (Asterias sp. – Asteridae). 900er Gold, 4,93 g (1615 Ex.) *200,–*

7 20 Dollars (G) 1969, 1970. Rs. Zwei Meeresjungfrauen, stilisierte Kammuschel (Familie Pectinidae), Seestern und Meeresschneckengehäuse. 900er Gold, 9,87 g (1395 Ex.) *380,–*

8 100 Dollars (G) 1969, 1970. Rs. Demonstrierende Bevölkerung. 900er Gold, 49,37 g (710 Ex.) *2200,–*

Zum 1. Jahrestag der Unabhängigkeit existieren drei Gedenkprägungen zu 25 Dollars (S), 200 Dollars (G) und 1500 Dollars (Pt) 1968 mit dem Porträt des Präsidenten Ronald Webster und den drei Delphinen aus der Nationalflagge.

Antigua and Barbuda

Antigua und Barbuda

Antigua et Barbuda

Fläche: 443 km² (mit Redonda, davon Antigua 280 km²); 77 000 Einwohner.
Die Inselgruppe Antigua, Barbuda und Redonda gehört zu den kleinen Antillen und ist Mitglied der Karibischen Freihandelszone (CARIFTA) und des Währungsgebietes des Ostkaribischen Dollars (siehe Westindische Assoziierte Staaten). Der Landesname Antigua wurde mit Erlangung der Unabhängigkeit am 1. November 1981 in Antigua und Barbuda geändert. Hauptstadt: St. John's.

100 Cents = 1 Ostkaribischer Dollar

Antigua

Zur Einweihung der karibischen Entwicklungsbank und für den FAO-Münz-Plan

		ST	PP
1 (1*)	4 Dollars (K-N) 1970. Staatswappen mit der Zuckermühle, als Schildhalter zwei Hirsche mit Zuckerrohr und Baumwollstaude, Helmzier mit Ananas und Roseneibisch. Rs. Bananen, Zuckerrohr, Wertangabe	30,–	*100,–*

*Diese Nummer entspricht der Yeoman-Katalogisierung unter »East Caribbean Territories«.

Antigua und Barbuda

250. Geburtstag von George Washington (3)

		ST	PP
2	30 Dollars (S) 1982. Staatswappen. Rs. Sieg über die Engländer in der Schlacht von Yorktown 19. 10. 1781. 500er Silber, 31,1 g [CHI] (3610 Ex.)		*100,–*
3	30 Dollars (S) 1982. Rs. Amtseinführung 1789 [CHI] (2996 Ex.)		*100,–*
4	30 Dollars (S) 1982. Rs. Washington bei Verplanck's Point 1790 [CHI] (3355 Ex.)		*100,–*

Zum Besuch des britischen Königspaares (2)

		ST	PP
5	10 Dollars 1985. Elisabeth II. Rs. Staatswappen:		
	a) (S) 925 fein, 28,28 g (5000 Ex.)		140,–
	b) (K-N)	20,–	
6	500 Dollars (G) 1985. Typ wie Nr. 5. 916⅔er Gold, 47,54 g (250 Ex.)		*2200,–*

Vogelwelt der Karibik

		ST	PP
7	100 Dollars (S) 1988. Rs. Reiher (Bubulcus ibis). 925er Silber, 129,6 g		250,–

Frühere Ausgaben siehe Weltmünzkatalog 19. Jahrhundert.
Weitere Ausgaben
siehe unter *Westindische Assoziierte Staaten.*

Äquatorialafrikanische Staaten

Equatorial African States — Etats de l'Afrique Equatoriale

Emissionsinstitut für das Währungsgebiet von Äquatorial-Afrika ist die Banque Centrale des États de l'Afrique Equatoriale (1974 in Banque des États de l'Afrique Centrale umbenannt). Dieses 1960 gegründete Währungsgebiet umfaßt die Länder Gabun, Kamerun (1961 assoziiertes Mitglied), Kongo (Brazzaville), Tschad und die Zentralafrikanische Republik.

Frühere Ausgaben siehe unter *Französisch-Äquatorial-Afrika.*

100 Centimes = 1 CFA-Franc

Ausgaben für die Äquatorialafrikanischen Staaten und Kamerun

		SS	VZ
1 (A1)	1 Franc (Al) 1969, 1971. Mendes-Antilopen (Addax nasomaculatus – Bovidae), Umschrift ETATS DE L'AFRIQUE EQUATORIALE/CAMEROUN/BANQUE CENTRALE. Rs. Wert im Früchtekranz	–,50	4,–
2 (1)	5 Francs 1961–1973. Typ wie Nr. 1:		
	a) (Al-Bro) 1961, 1962	1,–	4,–
	b) (Al-N-Bro) 1965, 1967–1970, 1972, 1973	1,–	4,–
3 (2)	10 Francs 1961–1973. Typ wie Nr. 1:		
	a) (Al-Bro) 1961, 1962	1,50	6,–
	b) (Al-N-Bro) 1965, 1967–1969, 1972, 1973	1,50	6,–
4 (3)	25 Francs 1962–1973. Typ wie Nr. 1:		
	a) (Al-Bro) 1962	4,–	10,–
	b) (Al-N-Bro) 1968–1970, 1972, 1973	4,–	10,–

Nrn. 2a-4a bestehen aus Kupfer 91%, Aluminium 9%, Nrn. 2b-4b aus Kupfer 92%, Aluminium 6%, Nickel 2%.

Ausgaben für die Äquatorialafrikanischen Staaten

		SS	VZ
5 (4)	50 Francs (K-N) 1961, 1963. Mendes-Antilopen, Landesnamen: Gabun, Kongo (Brazzaville), Tschad und Zentralafrikanische Republik. Rs. Wert im Früchtekranz	10,–	20,–

		SS	VZ
6 (5)	100 Francs (N) 1966–1968. Mendes-Antilopen, ohne Aufzählung der beteiligten Länder. Rs. Wert	5,–	8,–

Anm.: 50 und 100 Francs für Kamerun siehe dort.

Weitere Ausgaben siehe unter *Zentralafrikanische Staaten,* sowie unter *Gabun, Kamerun, Kongo, Tschad und Zentralafrikanische Republik*

Equatorial Guinea

Äquatorialguinea

Guinée Equatoriale

Guinea Ecuatorial

Fläche: 28051 km²; 300000 Einwohner.
Der einzige spanischsprechende Staat Afrikas, die Republik Äquatorialguinea, erhielt am 10. Oktober 1968 seine Unabhängigkeit. Das Staatsgebiet umfaßt den Festlandstreifen Rio Muni und die Inseln Fernando Póo (Macías Nguema), Elobey, Annobón (Pagalu) und Corisco. Hauptstadt: Malabo (früher Santa Isabel).

Am 10. Oktober 1969 erhielt das Land eine eigene mit der spanischen Peseta paritätische Währung. Bis zur Ausgabe eigener Gepräge kursierten ausschließlich spanische Münzen. Mit Wirkung vom 29. September 1975 wurde die bisherige Guinea-Peseta paritätisch durch die Währungseinheit Ekuele ersetzt. Am 1. Januar 1985 trat das Land der Zentralafrikanischen Zoll- und Wirtschaftsunion bei.

100 Céntimos = 1 Guinea-Peseta (Peseta Guineana);
seit 29. September 1975: 100 Céntimos = 1 Ekuele;
seit 1980: 100 Céntimos = 1 Ekwele (Plural: Bipkwele);
seit 1. Januar 1985: 100 Centimes (Céntimos)= 1 CFA-Franc (Franco)

Analog zur spanischen Handhabung tragen einige Münzausgaben Äquatorialguineas das tatsächliche Prägejahr vertieft in kleinen Sternen oder Kreisen. Diese Jahreszahlen werden im folgenden zweistellig in Klammern angegeben.

Republik Äquatorialguinea
República de Guinea Ecuatorial

		SS	VZ
1 (1)	1 Peseta (Al-Bro) 1969 [69]. Gekreuzte Elefantenstoßzähne, Jahreszahl. Rs. Mangrove-Baum in Schildform (Staatswappen), Wertangabe	*5,–*	*10,–*
2 (2)	5 Pesetas (K-N) 1969 [69]. Typ wie Nr. 1	*6,–*	*12,–*
3 (3)	25 Pesetas (K-N) 1969 [69]. Typ wie Nr. 1	*9,–*	*18,–*
4 (4)	50 Pesetas (K-N) 1969 [69]. Francisco Macias Nguema Biyogo Negwe Ndong (1924–1979), Staatspräsident 1968–1979, Kopfbild n. r. Rs. Staatswappen, Wertangabe	*12,–*	*22,–*

100 Geburtstag von Mahatma Gandhi
100. Geburtstag von V. I. Lenin
Rom – 100 Jahre Hauptstadt Italiens
IX. Fußball-Weltmeisterschaft 1970 in Mexiko (27)

		PP
5	25 Pesetas (S) 1970. Staatswappen, gekreuzte Elefantenstoßzähne, Wertangabe. Rs. Emblem der Vereinten Nationen. 999er Silber, 5 g	*25,–*
6	25 Pesetas (S) 1970. Rs. Emblem der Weltbank	*25,–*
7	50 Pesetas (S) 1970. Rs. »Hände eines betenden Apostels«, nach Zeichnung von Albrecht Dürer (1471–1528), 999er Silber, 10 g	*45,–*
8	75 Pesetas (S) 1970. Rs. Papst Johannes XXIII. Roncalli (1881–1963). 999er Silber, 15 g	*75,–*
9	75 Pesetas (S) 1970. Rs. Abraham Lincoln (1809–1865). 16. Präsident der Vereinigten Staaten von Amerika	*75,–*
10	75 Pesetas (S) 1970. Rs. Mohandas Karamtschand Gandhi (1869–1948), gen. Mahatma (»Erhabene Seele«). Verfechter des gewaltlosen Widerstandes »Satyagraha«	*75,–*
11	75 Pesetas (S) 1970. Rs. Vladimir Iljič Lenin (1870–1924), eigentlich Uljanov, sowjetischer Staatsmann, Führer des Weltproletariats, Namenszug	*75,–*
12	100 Pesetas (S) 1970. Rs. »Die nackte Maya«, nach dem Gemälde von Francisco José Goya y Lucientes (1746–1828), Museo del Prado, Madrid. 999er Silber, 20 g	*120,–*
13	100 Pesetas (S) 1970. Rs. Typ wie Nr. 7	*120,–*
14	150 Pesetas (S) 1970. Rs. Roma Aeterna, zu den Seiten Collosseum und Säulen vom Tempel des Castor und Pollux – (Rom, 100 Jahre Hauptstadt Italiens). 999er Silber, 30 g	*100,–*
15	150 Pesetas (S) 1970. Rs. Säulen vom Tempel des Vespasian und Collosseum – (Rom, 100 Jahre Hauptstadt Italiens)	*100,–*
16	150 Pesetas (S) 1970. Rs. Caput Mundi – (Rom, 100 Jahre Hauptstadt Italiens)	*100,–*
17	150 Pesetas (S) 1970. Rs. Dea Roma – (Rom, 100 Jahre Hauptstadt Italiens)	*100,–*
18	200 Pesetas (S) 1970. Rs. Jules Rimet-Pokal umgeben von Austragungsstätten mit Jahresangaben und Gewinnern der jeweiligen Fußballweltmeisterschaften. 999er Silber, 40 g	*150,–*
19	200 Pesetas (S) 1970. Rs. Francisco Macias Nguema, 1. Staatspräsident	*150,–*
20	250 Pesetas (G) 1970. Typ wie Nr. 12. 900er Gold, 3,52 g	*175,–*
21	250 Pesetas (G) 1970. Typ wie Nr. 7	*175,–*
22	500 Pesetas (G) 1970. Typ wie Nr. 8. 900er Gold, 7,05 g	*300,–*
23	500 Pesetas (G) 1970. Typ wie Nr. 9	*300,–*
24	500 Pesetas (G) 1970. Typ wie Nr. 10	*300,–*
25	500 Pesetas (G) 1970. Typ wie Nr. 11	*300,–*

Die Katalogpreise sind durchschnittliche Handelspreise und als solche den täglichen Schwankungen des Marktes unterworfen.

26 27 28

		PP
26	750 Pesetas (G) 1970. Typ wie Nr. 14. 900er Gold, 10,57 g	*450,–*
27	750 Pesetas (G) 1970. Typ wie Nr. 15	*450,–*
28	750 Pesetas (G) 1970. Typ wie Nr. 16	*450,–*

29	750 Pesetas (G) 1970. Typ wie Nr. 17	*450,–*
30	1000 Pesetas (G) 1970. Typ wie Nr. 18. 900er Gold, 14,1 g	*650,–*
31	5000 Pesetas (G) 1970. Typ wie Nr. 19. 900er Gold, 70,52 g	*3000,–*

WÄHRUNGSREFORM 29. September 1975: 1 Peseta = 1Ekuele
NEUE WÄHRUNG: 100 Céntimos = 1 Ekuele

		VZ	ST
32 (5)	1 Ekuele (Me) 1975. Francisco Macias Nguema, Kopfbild n. l. Rs. Wertangabe, Gerätschaften [RM]	2,–	4,–

33 (6)	5 Ekuele (K-N) 1975. Rs. Wertangabe, Arbeitsszenen [RM]	3,–	5,–

		VZ	ST
34 (7)	10 Ekuele (K-N) 1975. Rs. Hahn in Schildform [RM]	4,–	8,–

10. Regierungsjubiläum von Staatspräsident Nguema Biyogo (4)

		PP
35 (8)	1000 Ekuele (S) 1978 [78]. Präsident Masie Nguema Biyogo. Rs. Zentralbankgebäude. 925er Silber, 21,43 g	100,–

36 (9)	2000 Ekuele (S) 1978 [78]. Rs. Staatswappen. 925er Silber, 42,87 g	200,–
37 (10)	5000 Ekuele (G) 1978 [78]. Typ wie Nr. 35. 916⅔er Gold, 6,96 g	500,–
38 (11)	10000 Ekuele (G) 1978 [78]. Typ wie Nr. 36. 916⅔er Gold, 13,92 g	1000,–

Von Nrn. 35–38 Probeprägungen in Kupfer, Kupfer Piéfort und Aluminium vorkommend.

XI. Fußballweltmeisterschaft 1978 in Argentinien (2)

PP

39 (13) 2000 Ekuele (S) 1978 [78]. Staatswappen, Wertangabe. Rs. Fußballspieler:
a) 925er Silber, 42,87 g (195 Ex.) *300,–*
b) Piéfort, Riffelrand –,–
c) Piéfort, glatter Rand –,–

Die Existenz von Nachprägungen der Nr. 39 konnte nicht bestätigt werden.

40 (14) 10000 Ekuele (G) 1978 [78]. Typ wie Nr. 39:
a) 916⅔er Gold, 13,918 g (121 Ex.) *1000,–*
b) Piéfort –,–

Nr. 39 auch als Probeprägung in Platin (3 Ex.), Gold (3 Ex.), Silber Piéfort (16 Ex.), Kupfer Piéfort (20 Ex.) und als Probesätze mit separater Vorder- und Rückseite in Silber (10 Ex.), Kupfer (10 Ex.) und Aluminium (25 Ex.) vorkommend.
Nr. 40 auch als Probeprägung in Platin (3 Ex.), Gold Piéfort (5 Ex.), Silber Piéfort (10 Ex.), Silber (20 Ex.), Kupfer und Aluminium (25 Ex.) und als Probesätze in Silber (10 Ex.) und Kupfer (10 Ex.) vorkommend.

XXII. Olympische Sommerspiele in Moskau 1980

PP

41 (12) 2000 Ekuele (S) 1980. Zentralbankgebäude. Rs. Diskuswerfer des griechischen Bildhauers Myron und Akropolis in Athen. 927er Silber, 31,1 g, CHI **65,–**

42 2000 Ekuele (S) 1980. Zentralbankgebäude. Rs. Zebra. 927er Silber, 31 g, CHI **60,–**

43 2000 Ekuele (S) 1980. Rs. Impalas, CHI **60,–**

44 2000 Ekuele (S) 1980. Rs. Kopf eines Tigers (Panthera tigris – Felidae), CHI **60,–**

45 2000 Ekuele (S) 1980. Rs. Jagdleopard, CHI **60,–**

NEUE WÄHRUNG: 100 Céntimos = 1 Ekwele
(Plural: Bipkwele)

Besuch des spanischen Königspaares in Äquatorialguinea (4)

ST PP

46 (15) 1000 Bipkwele (S) 1979 [80]. Staatswappen, 1979 wieder eingeführt, Wertangabe. Rs. Gestaffelte Porträts von König Juan Carlos I. und Königin Sophia n. l. 925er Silber, 12,5 g **75,– 90,–**

47 (16) 2000 Bipkwele (S) 1979 [80]. Typ wie Nr. 46. 925er Silber, 25 g **125,– 135,–**

48 (17) 5000 Bipkwele (G) 1979 [80]. Typ wie Nr. 46:
a) 916⅔er Gold, 4 g **440,– 500,–**
b) Piéfort, 916⅔er Gold, 8 g –,–
c) Piéfort, 916⅔er Gold, 32 g, Ø 34 mm (ca. 5 Ex.) *2500,–*

49 (18) 10000 Bipkwele (G) 1979 [80]. Typ wie Nr. 46:
a) 916⅔er Gold, 8 g **900,– 1000,–**
b) Piéfort, 916⅔er Gold, 16 g –,–
c) Piéfort, 916⅔er Gold, 64 g, Ø 40 mm (ca. 5 Ex.) *5000,–*

Besuch des spanischen Königs Juan Carlos I. in Äquatorialguinea (4)

50 (19) 1000 Bipkwele (S) 1979 [80]. Staatswappen, Wertangabe. Rs. Porträt von König Juan Carlos I. n. l. 925er Silber, 12,5 g **75,– 90,–**

51 (20) 2000 Bipkwele (S) 1979 [80]. Typ wie Nr. 50. 925er Silber, 25 g **125,– 135,–**

52 (21) 5000 Bipkwele (G) 1979 [80]. Typ wie Nr. 50:
a) 916⅔er Gold, 4 g **440,– 500,–**
b) Piéfort, 916⅔er Gold, 8 g –,–
c) Piéfort, 916⅔er Gold, 32 g, Ø 34 mm (ca. 5 Ex.) *2500,–*

53 (22) 10000 Bipkwele (G) 1979 [80]. Typ wie Nr. 50:
a) 916⅔er Gold, 8 g **900,– 1000,–**
b) Piéfort, 916⅔er Gold, 16 g –,–
c) Piéfort, 916⅔er Gold, 64 g, Ø 40 mm (ca. 5 Ex.) *5000,–*

Von Nrn. 46–53 Probeprägungen in Gold, Kupfer, Kupfer Piéfort und Aluminium vorkommend.

VZ ST

54 (23) 1 Ekwele (Al-N-Bro) 1980 [80]. Teodoro Obiang Nguema Mbasogo (*1946), Staatspräsident seit 1979, Kopfbild n. r. Rs. Staatswappen, Wertangabe [FNMT] *120,–*

55 (24) 5 Bipkwele (K-N) 1980 [80]. Typ wie Nr. 54 [FNMT] *200,–*

56 (25) 25 Bipkwele (K-N) 1980 [80]. Typ wie Nr. 54 [FNMT] *65,–*

57 (26) 50 Bipkwele (K-N) 1980 [80]. Typ wie Nr. 54 [FNMT] *70,–*

Besuch von Papst Johannes Paul II. in Äquatorialguinea

PP

58 (27) 1 Ekwele (G) 1982. Staatswappen, Wertangabe. Rs. Porträt von Johannes Paul II., Landesname, Datumsangabe. 999er Gold, 62,29 g [MP] *2400,–*

WÄHRUNGSREFORM 1. Januar 1985:
4 Bipkwele = 1 CFA-Franc

NEUE WÄHRUNG:
100 Centimes (Céntimos) = 1 CFA-Franc (Franco)

VZ ST

60 5 Francos (Al-N-Bro) 1985. Mendes-Antilopen (Addax nasomaculatus – Bovidae), Landesname. Rs. Wertangabe, Name des Ausgabeinstitutes »Banque des Etats de l'Afrique Centrale« [Paris] **10,– 20,–**

62 25 Francos (Al-N-Bro) 1985. Typ wie Nr. 60 [Paris] **10,– 20,–**

63 50 Francos (N) 1986. Typ wie Nr. 60 [Paris] **–,– –,–**

64 100 Francos (N) 1985, 1986. Typ wie Nr. 60 [Paris] **15,– 30,–**

Nrn. 59, 61 und 65 fallen aus.

12. Regierungsjubiläum von Staatspräsident Nguema Mbasogo

PP

66 7000 Francos (S) 1991. Staatswappen. Rs. Teodoro Obiang Nguema Mbasogo (*1946). Präsident der Republik, Staats- und Regierungschef seit 1979, Abzeichen von Preisverleihungen. 999er Silber, 26 g [Nova] (max. 15 000 Ex.) **75,–**

XIV. Fußball-Weltmeisterschaft 1990 in Italien

PP

67 7000 Francos (S) 1991. Staatswappen. Rs. Torszene, FIFA World Cup, Inschrift »Deutschland Weltmeister«. 999er Silber **75,–**

200 Jahre Brandenburger Tor

68 1000 Francos (K-N) 1991. Rs. Brandenburger Tor in Berlin, Umschrift »Symbol für den neuen Frieden in der Welt« (6000 Ex.) **–,–**

Weltausstellung »Expo '92« in Sevilla

69 7000 Francos (S) 1991. Rs. Turm »La Giralda«, Karavelle, Brücke, Raumfähre (max. 15 000 Ex.) **75,–**

XXV. Olympische Sommerspiele 1992 in Barcelona

70 7000 Francos (S) 1991. Rs. Fünf Ringe mit Sportdarstellungen (max. 15 000 Ex.) **75,–**

500. Jahrestag der Entdeckung Amerikas

71 7000 Francos (S) 1991. Rs. Karavelle (max. 15 000 Ex.) **75,–**

Weitere Ausgaben siehe unter *Zentralafrikanische Staaten.*

Argentina **Argentinien** Argentine

Fläche: 2776889 km²; 28500000 Einwohner.
Die Republik Argentinien besteht aus 22 Provinzen, dem Bundesdistrikt Buenos Aires und dem Nationalterritorium Feuerland. Hauptstadt: Buenos Aires.

100 Centavos = 1 Argentinischer Peso;
seit 15. Juni 1985: 100 Centavos = 1 Austral (»südlich«)

Münzstätte: Buenos Aires (in der Regel)

Argentinische Republik
República Argentina

		SS	VZ
1 (7)	5 Centavos (K-N) 1869–1899, 1903–1931, 1933–1942. Argentina, Sinnbild der Republik, Kopf nach links. Rs. Wert im Kranz	1,–	2,–
2 (8)	10 Centavos (K-N) 1896–1899, 1905–1916, 1918–1931, 1933–1942. Typ wie Nr. 1	1,–	2,–
3 (9)	20 Centavos (K-N) 1896–1899, 1905–1916, 1918–1931, 1935–1942. Typ wie Nr. 1	1,–	2,–
4 (14)	50 Centavos (N) 1941. Typ wie Nr. 1	4,–	6,–
5 (12)	1 Centavo 1939–1948. Staatswappen. Rs. Wert im Kranz:		
	a) (Bro) 1939–1944	1,–	2,–
	b) (K) 1945–1948	1,–	2,–
6 (13)	2 Centavos 1939–1950. Typ wie Nr. 5:		
	a) (Bro) 1939–1942, 1944–1947	1,–	2,–
	b) (K) 1947–1950	1,–	2,–
7 (15)	5 Centavos (Al-Bro) 1942–1950. Argentina, Sinnbild der Republik, Kopf nach rechts. Rs. Wert, von Ähre und Rinderkopf flankiert	1,–	2,–
8 (16)	10 Centavos (Al-Bro) 1942–1950. Typ wie Nr. 7	1,–	2,–
9 (17)	20 Centavos (Al-Bro) 1942–1950. Typ wie Nr. 7	2,–	4,–

100. Todestag von General José de San Martin (3)

10 (18)	5 Centavos (K-N) 1950. General José de San Martin (1778–1850). Rs. Wert, unten bogige Gedenkinschrift	2,–	4,–

11 (19)	10 Centavos (K-N) 1950. Typ wie Nr. 10	2,–	4,–
12 (20)	20 Centavos (K-N) 1950. Typ wie Nr. 10	3,–	6,–
13 (21)	5 Centavos 1951–1956. General José de San Martin. Rs. Wert:		
	a) (K-N) 1951–1953 (Riffelrand)	1,–	2,–
	b) (St, N plattiert) 1953 (glatter Rand, großer Kopf)	1,–	2,–
	c) (St, N plattiert) 1954–1956 (glatter Rand, kleiner Kopf)	1,–	2,–

		SS	VZ
14 (22)	10 Centavos 1951–1956. Typ wie Nr. 13:		
	a) (K-N) 1951, 1952 (Riffelrand)	1,–	2,–
	b) (St, N plattiert) 1952, 1953 (glatter Rand, großer Kopf)	–,50	1,–
	c) (St, N plattiert) 1954–1956 (glatter Rand, kleiner Kopf)	–,50	1,–
15 (23)	20 Centavos 1951–1956. Typ wie Nr. 13:		
	a) (K-N) 1951, 1952 (Riffelrand)	1,–	2,–
	b) (St, N plattiert) 1952, 1953 (glatter Rand, großer Kopf)	1,–	2,–
	c) (St, N plattiert) 1954–1956 (glatter Rand, kleiner Kopf)	1,–	2,–
16 (24)	50 Centavos (St, N plattiert) 1952–1956. Typ wie Nr. 13	1,50	2,50
17 (25)	5 Centavos (St, N plattiert) 1957–1959. Argentina, Sinnbild der Republik, Kopf nach links, darunter »Libertad«. Rs. Wert im Kranz, Jahreszahl	–,20	–,50
18 (26)	10 Centavos (St, N plattiert) 1957–1959. Typ wie Nr. 17	–,20	–,50
19 (27)	20 Centavos (St, N plattiert) 1957–1961. Typ wie Nr. 17	–,50	1,–
20 (28)	50 Centavos (St, N plattiert) 1957–1961. Typ wie Nr. 17	–,70	1,50

21 (29)	1 Peso (St, N plattiert) 1957–1962. Typ wie Nr. 17	1,20	2,–

150. Jahrestag der Absetzung des spanischen Vizekönigs vom 25. Mai 1810

SS VZ

22 (30) 1 Peso (St, N plattiert) 1960. Staatswappen und Wert. Rs. Altes Rathaus von Buenos Aires 2,– 4,–

23 (31) 5 Pesos (St, N plattiert) 1961–1968. Segelschulschiff »Presidente Sarmiento«. Rs. Wert (zwölfeckig) 1,– 3,–

24 (32) 10 Pesos (St, N plattiert) 1962–1968. Gaucho. Rs. Wert (zwölfeckig) 1,– 3,–

25 (33) 25 Pesos (St, N plattiert) 1964–1968. Darstellung der 8-Reales-Münze von 1813 (»El Sol de Mayo«). Rs. Rückseite der gleichen Münze (zwölfeckig) 2,– 4,–

150. Jahrestag der Unabhängigkeitserklärung

26 (34) 10 Pesos (St, N plattiert) 1966. Nationalmuseum in Tucumán: Am 9. Juli 1816 wurde in diesem Gebäude die Unabhängigkeitserklärung für die Vereinigten Provinzen des Rio de la Plata verlesen. Rs. Wert (zwölfeckig) 1,– 2,–

80. Todestag von D. F. Sarmiento

SS VZ

27 (35) 25 Pesos (St, N plattiert) 1968. Domingo Faustino Sarmiento (1811–1888), Politiker, Schriftsteller, Pädagoge, Staatspräsident 1868–1874. Rs. Wert (zwölfeckig) 2,– 4,–

WÄHRUNGSREFORM 1. Januar 1970:
100 alte Pesos = 1 neuer Peso

VZ ST

28 (36) 1 Centavo (Al) 1970–1975. Argentina, Sinnbild der Republik, Kopf nach links. Rs. Lorbeerzweig, Wertangabe, Jahreszahl –,25 –,30

29 (37) 5 Centavos (Al) 1970–1975. Typ wie Nr. 28 –,30 –,40

30 (38) 10 Centavos (Al-N-Bro) 1970, 1971, 1973–1976. Typ wie Nr. 28 –,30 –,40

31 (39) 20 Centavos (Al-N-Bro) 1970–1976. Typ wie Nr. 28 –,40 –,50

32 (40) 50 Centavos (Al-N-Bro) 1970–1976. Typ wie Nr. 28 –,60 1,–

33 (41) 1 Peso (Al-N-Bro) 1974–1976. Sonne mit menschlichem Gesicht. Rs. Lorbeerzweig, Wertangabe, Jahreszahl:
a) [Buenos Aires] 1974–1976 –,60 1,–
b) [Santiago] 1975, 1976 –,60 1,–

34 (42) 5 Pesos (Al-N-Bro) 1976–1978. Typ wie Nr. 33 1,– 2,–

35 (43) 10 Pesos (Al-N-Bro) 1976–1979. Typ wie Nr. 33 1,10 2,–

A35 1 Peso (Al-N-Bro) 1975, 1976. Rs. Wertangabe zwischen zwei Zweigen –,– –,–

XI. Fußballweltmeisterschaft 1978 in Argentinien (6)

36 (44) 20 Pesos (Al-N-Bro) 1977, 1978. Torszene. Rs. Fußballweltmeisterschaftsemblem 1978, Wertangabe, Jahreszahl –,30 –,50

37 (45) 50 Pesos (Al-N-Bro) 1977, 1978. Fußballspieler vor Weltkugel –,50 1,–

			VZ	ST
38 (46)	100	Pesos (Al-N-Bro) 1977, 1978. Stadion vor Weltkugel	–,80	1,50
			ST	**PP**
39 (47)	1000	Pesos (S) 1977, 1978. Namen der Austragungsstädte. 900er Silber, 10 g [Santiago]	20,–	*130,–*
40 (48)	2000	Pesos (S) 1977, 1978. Wappen der Austragungsstätte. 900er Silber, 15 g [Santiago]	25,–	*150,–*
41 (49)	3000	Pesos (S) 1977, 1978. Globus mit Kennzeichnung Argentiniens. 900er Silber, 25 g [Santiago]	40,–	*230,–*

200. Geburtstag von Admiral Brown (2)

			VZ	ST
42 (50)	5	Pesos (Al-N-Bro) 1977. Guillermo Brown (1777–1857), Admiral, Begründer der argentinischen Seestreitkräfte	–,70	1,–
43 (51)	10	Pesos (Al-N-Bro) 1977. Typ wie Nr. 42	1,–	1,50

200. Geburtstag von General José de San Martin (2)

44 (52)	50	Pesos (Al-N-Bro) 1978. General José de San Martin (1778–1850)	1,50	2,–
45 (53)	100	Pesos (Al-N-Bro) 1978. Typ wie Nr. 44	2,50	3,–

46 (54)	50	Pesos (Al-N-Bro) 1979, 1980. Typ wie Nr. 44, jedoch Lorbeerzweig statt Jahreszahlen	1,–	2,50
47 (55)	100	Pesos (Al-N-Bro) 1979–1981. Typ wie Nr. 46	2,–	3,–

100. Jahrestag der Eroberung der Pampa von Patagonien (2)

			VZ	ST
48 (56)	50	Pesos (Al-N-Bro) 1979, Lanzenreiter	1,–	1,50
49 (57)	100	Pesos (Al-N-Bro) 1979. Typ wie Nr. 48	2,–	3,–
50 (54a)	50	Pesos (St, N-Me plattiert) 1980, 1981. Typ wie Nr. 46	–,80	1,20
51 (55a)	100	Pesos (St, N-Me plattiert) 1980, 1981. Typ wie Nr. 46	1,80	2,70

WÄHRUNGSREFORM 1. Juni 1983:
10 000 alte Pesos = 1 Peso Argentino

52 (58)	1	Centavo (Al) 1983. Argentina, Sinnbild der Republik, Kopfbild n. l. Rs. Wertangabe	–,20	–,40
53 (59)	5	Centavos (Al) 1983. Typ wie Nr. 52	–,20	–,40
54 (60)	10	Centavos (Al) 1983. Typ wie Nr. 52	–,30	–,60
55 (61)	50	Centavos (Al) 1983. Typ wie Nr. 52	–,50	1,–

56 (62)	1	Peso (Al) 1984. Gebäude des Nationalkongresses. Rs. Wertangabe	–,80	1,50

57 (63)	5	Pesos (Me) 1984, 1985. Altes Rathaus von Buenos Aires. Rs. Wertangabe	1,–	2,–

58 (64)	10	Pesos (Me) 1984, 1985. Nationalmuseum in Tucumán (siehe Nr. 26). Rs. Wertangabe	1,20	2,50

50 Jahre Zentralbank

		VZ	ST
59 (70)	50 Pesos (Al-N-Bro) 1985. Bankemblem. Rs. Wertangabe	2,–	3,50

WÄHRUNGSREFORM 15. Juni 1985:
1000 Pesos Argentinos = 1 Austral
NEUE WÄHRUNG: 100 Centavos = 1 Austral

		VZ	ST
60 (65)	½ Centavo (Al-Bro) 1985. Töpfervogel (Furnarius rufus) am Nest. Rs. Wertangabe	–,50	1,–
61 (66)	1 Centavo (Al-Bro) 1985–1987. Nandu (Rhea americana). Rs. Wertangabe:		
	a) 3,95 g, 1985	–,80	1,50
	b) 3,20 g, 1986, 1987	–,80	1,50
62 (67)	5 Centavos (Al-Bro) 1985–1988. Wildkatze. Rs. Wertangabe:		
	a) 5 g, 1985	1,–	2,–
	b) 4 g, 1986–1988	1,–	2,–
63 (68)	10 Centavos (Al-Bro) 1985–1988. Staatswappen. Rs. Wertangabe. 4,35 g (zwölfeckig)	1,50	2,50
64 (69)	50 Centavos (Al-Bro) 1985–1988. Argentina, Sinnbild der Republik. Rs. Wertangabe (zwölfeckig)	2,–	3,–

		VZ	ST
65	1 Austral (Al) 1989. Altes Rathaus von Buenos Aires, wie Nr. 57. Rs. Wertangabe	–,30	–,50

		VZ	ST
66	5 Australes (Al) 1989. Nationalmuseum in Tucumán, wie Nr. 58. Rs. Wertangabe	–,40	–,80

		VZ	ST
67	10 Australes (Al) 1989. Casa del Acuerdo. Rs. Wertangabe	–,50	1,–
68	100 Australes (Al) 1990. Staatswappen. Rs. Wertangabe	1,–	2,–
69	500 Australes (Al) 1990. Typ wie Nr. 68	1,50	3,–
70	1000 Australes (Al) 1990, 1991. Typ wie Nr. 68	2,–	4,–

WÄHRUNGSREFORM 1. Januar 1992:
10 000 Australes = 1 Argentinischer Peso
NEUE WÄHRUNG: 100 Centavos = 1 Argentinischer Peso

500. Jahrestag der Entdeckung Amerikas

		PP
71	1000 Australes (S) 1991. Staatswappen im Wappenkreis. Rs. Aufgehende Sonne hinter den Hemisphären zwischen den Säulen des Herakles. 925er Silber, 27 g	–,–

Frühere Ausgaben siehe Weltmünzkatalog 19. Jahrhundert.

Armenia / Armenien / Arménie

Fläche: 30 000 km²; 2 700 000 Einwohner.
Der nördliche Teil des dreigeteilten Landes, die ehemalige Unionsrepublik der Sowjetunion, erklärte sich im November 1991 für unabhängig und wurde daraufhin von vielen Staaten der Welt völkerrechtlich anerkannt. Hauptstadt: Eriwan.

Genaue Angaben über die geplante eigene Währung waren bei Redaktionsschluß noch nicht zu erhalten.

Aruba / Aruba / Aruba

Fläche: 195 km²; 63 000 Einwohner (1988).
Die vorher zu den Niederländischen Antillen gehörende Insel erlangte am 1. Januar 1986 den Status der Selbstverwaltung mit eigener Verfassung, Parlament und Währung. Aruba ist Bestandteil des Königreichs der Niederlande. Hauptstadt: Oranjestad.

100 Cent = 1 Aruba-Florin

Beatrix seit 1980

		VZ	ST
1 (1)	5 Cent (St, N plattiert) 1986–1992. Kopfbild von Beatrix nach links. Rs. Wertangabe, durch geometrische Muster symbolisiert	–,50	1,–
2 (2)	10 Cent (St, N plattiert) 1986–1992. Typ wie Nr. 1	–,70	1,40
3 (3)	25 Cent (St, N plattiert) 1986–1992. Typ wie Nr. 1	1,–	2,–
4 (4)	50 Cent (St, N plattiert) 1986–1992. Typ wie Nr. 1 (viereckig)	1,50	3,–
5 (5)	1 Florin (St, N plattiert) 1986–1992. Rs. Staatswappen, Wertangabe	3,–	5,–
6 (6)	2½ Florin (St, N plattiert) 1986–1992. Typ wie Nr. 5	5,–	8,–

Nr. 7 fällt aus.

Zur Erlangung der Selbstverwaltung

		ST	PP
8 (7)	25 Florin (S) 1986. Rs. Staatswappen, Wertangabe, Gedenkinschrift. 925er Silber, 25 g	100,–	150,–

5. Jahrestag der Selbstverwaltung (2)

9	25 Florin (S) 1991. Rs. Staatsflagge. 925er Silber, 25 g	–,–	–,–

10	50 Florin (G) 1991. Typ wie Nr. 9. 900er Gold, 6,72 g	–,–

XXV. Olympische Sommerspiele 1992 in Barcelona

11	25 Florin (S) 1992. Rs. Windsurfer. 925er Silber, 25 g	–,–	–,–

Ascension Island | # Ascension | **Ascension**

Himmelfahrts-Insel

Fläche: 88 km²; 1231 Einwohner.
Die im südlichen Atlantik gelegene Insel erhielt ihren Namen von dem portugiesischen Entdecker João da Nova, der die Insel am Himmelfahrtstag (Ascension Day) 1501 sichtete. Genau zwei Jahrhunderte später ist dort William Dampler gestrandet, doch bis 1815, als dort eine Garnison errichtet wurde, blieb Ascension unbewohnt. Seit 1922 ist Ascension eine Außenbesitzung von St. Helena. Hauptort: Georgetown.

25 Pence = 1 Crown, 100 Pence = 1 £

Neben den eigenen Prägungen sind die Geldzeichen von St. Helena, das britische Pfund und der US-Dollar gesetzliches Zahlungsmittel.

Elisabeth II. seit 1952

25. Krönungsjubiläum von Königin Elisabeth II. (2)

		ST	PP
1 (1)	1 Crown 1978. Elisabeth II. Rs. Der Löwe von England und Suppenschildkröte (Chelonia mydas – Cheloniidae), PM:		
	a) (S) 925 fein, 28,28 g	65,–	90,–
	b) (K-N)	4,–	
A1 (A2)	1 Crown (S) 1978. Elisabeth II., Umschrift ELIZABETH II/ISLE OF MAN, Rs. wie Nr. 1, PM (367 Ex.)		500,–

Zur Hochzeit von Prinz Charles und Lady Diana

		ST	PP
2 (2)	25 Pence 1981. Rs. Allianzwappen:		
	a) (S) 925 fein, 28,28 g		100,–
	b) (K-N)	4,–	

75 Jahre Weltpfadfinderbewegung und Internationales Jahr der Pfadfinder (2)

		ST	PP
3 (3)	25 Pence (S) 1982. Rs. Lord Robert Baden-Powell (1857–1941), Begründer der Pfadfinderbewegung. 925er Silber, 28,28 g	100,–	120,–
4 (4)	2 £ (G) 1982. Rs. Pfadfinder in Landschaft. 916⅔er Gold, 15,98 g	800,–	1200,–

Zum Besuch von Prinz Andrew (2)

		ST	PP
5 (5)	50 Pence 1984. Rs. Prinz Andrew:		
	a) (S) 925 fein, 28,28 g		80,–
	b) (S) Piéfort (500 Ex.)		250,–
	c) (K-N)	8,–	
6	50 Pence (G) 1984. Typ wie Nr. 5		–,–

Weitere Ausgaben siehe unter *St. Helena und Ascension.*

Azerbaijan | # Aserbaidschan | **Azerbaidjan**

Fläche: 87 000 km²; 5 500 000 Einwohner.
Die Landschaft Aserbaidschan erstreckt sich vom südlichen Kaukasusraum weit in den Nordwesten des heutigen Iran mit dem Zentrum Täbris. Der nördliche Teil von Aserbaidschan, die ehemalige Unionsrepublik der Sowjetunion, erklärte sich im November 1991 für unabhängig und wurde daraufhin von vielen Staaten der Welt völkerrechtlich anerkannt. Hauptstadt: Baku.

Genaue Angaben über die geplante eigene Währung waren bei Redaktionsschluß noch nicht zu erhalten.

Frühere Ausgaben siehe Weltmünzkatalog 19. Jahrhundert.

Ethiopia Äthiopien Éthiopie

Abessinien

Fläche: 1 222 000 km²; 33 000 000 Einwohner.
Frühes christliches Königreich, seit 1855 Kaiserreich in Nordostafrika (früher Abessinien, Abyssinien genannt). Abgesehen von den herrschenden Amharen bewohnt von den vorwiegend mohammedanischen Oromo (Galla), Danakil und Somali. 1936–1941 gehörte Äthiopien zum italienischen Imperium. Die Datierung auf den Münzen entspricht der äthiopischen Ära. Mit der Abdankung von Hailé Selassié I. am 12. September 1974 endete die Monarchie des »Negus Negesti« (König der Könige). Die Sozialistische Republik wurde 1987 in Demokratische Volksrepublik Äthiopien umbenannt. Hauptstadt: Addis Abeba (Addis Ababa).

100 Matonas (Matonyas) = 1 Birr (Talari, Maria-Theresien-Taler),
32 Besa = 16 Gersch = 1 Birr;
seit 23. Juli 1945: 100 Cents (Santeem) = 1 Äthiopischer Dollar (Birr);
seit 21. September 1976: 100 Santeem = 1 Birr

Menelik II. 1889–1913

		SS	VZ
1 (1)	1/100 Birr = 1 Matoña (K) ä. Ä. 1889 (1897). Kaiser Menelik II. (1844–1913), gekröntes Brustbild n. r., Umschrift »Menelik II., König der Könige von Äthiopien«. Rs. »Ya Bir Matawasho« (1/100 Birr) im Perlkreis, Umschrift »Es hat überwunden der Löwe vom Geschlecht Juda« (Offenbarung 5/5). Ø 25,5 mm [Paris]	45,–	65,–

2 (5)	1 Gersch = 1/20 Birr (S) ä. Ä. 1889–1895 (1897–1903). Rs. Löwe von Juda (Staatswappen) mit erhobener linker Vorderpranke (Type Lagrange). 835er Silber, 1,4038 g, Ø 16,5 mm [Paris]:		
	ä. Ä. 1889, 1891 (1897, 1898)	25,–	35,–
	ä. Ä. 1895 (1903)	15,–	22,–

3 (6)	1/8 Birr (S) ä. A. 1887, 1888 (1894, 1896). Typ wie Nr. 2. 835er Silber, 3,5094 g, Ø 20 mm [Paris]:		
	ä. Ä. 1887 (1894)	130,–	200,–
	ä. Ä. 1888 (1896) (200 Ex.)	–,–	–,–

		SS	VZ
4 (7)	1/4 Birr (S) ä. Ä. 1887–1895 (1894–1903). Typ wie Nr. 2. 835er Silber, 7,0188 g, Ø 25 mm [Paris]:		
	ä. Ä. 1887 (1894)	110,–	150,–
	ä. Ä. 1888 (1896) (200 Ex.)	–,–	–,–
	ä. Ä. 1889, 1895 (1897, 1903)	35,–	65,–

5 (8)	1/2 Birr (S) ä. Ä. 1887–1889 (1894–1897). Typ wie Nr. 2. 835er Silber, 14,0375 g, Ø 30,5 mm [Paris]:		
	ä. Ä. 1887 (1894)	130,–	200,–
	ä. Ä. 1888 (1896) (200 Ex.)	1100,–	1700,–
	ä. Ä. 1889 (1897)	85,–	160,–

			SS	VZ
6 (9)	1	Birr (S) ä. Ä. 1887–1889 (1894–1897). Typ wie Nr. 2. Randschrift »Äthiopien erhebt seine Hände zu Gott«. 835er Silber, 28,075 g, Ø 40 mm [Paris]:		
		ä. Ä. 1887 (1894)	150,–	220,–
		ä. Ä. 1888 (1896) (200 Ex.)	–,–	–,–
		ä. Ä. 1889 (1897)	90,–	150,–

7 (17)	1/32	Birr = 1 Besa (K) ä. Ä. 1889 (1897). Rs. Wappenlöwe jetzt mit erhobener rechter Vorderpranke (Type Chaplain). Ø 20 mm [AA]:		
		a) Wertangabe »Ya Bir tamun« vom Stempel des geplanten 1/8 Birr	36,–	55,–
		b) wie a), jedoch Wertangabe getilgt	36,–	55,–
		c) Wertangabe »Ya Bir 1/32« (Abb.) (geprägt 1922, 1931, 1933)	36,–	55,–

8 (18)	1	Gersch = 1/20 Birr (S) ä. Ä. 1889 (1897), Typ wie Nr. 7. Ø 17 mm [AA]	90,–	200,–

Nr. 8 in Gold, 1,4 g, vorkommend.
Nrn. 2 und 8 wurden als 1/20 Birr ausgegeben, später durch Dekret im Wert auf 1/16 Birr angehoben.

9 (19)	1/4	Birr (S) ä. Ä. 1889 (1897). Typ wie Nr. 7. Ø 25,5 mm [AA]	120,–	260,–

Nr. 9 in Gold, 6,75 g (1 Wark) und 14,5 g (2 Wark) vorkommend.

			SS	VZ
10 (20)	1/2	Birr (S) ä. Ä. 1889 (1897). Typ wie Nr. 7. Ø 30,2 mm [AA]	165,–	220,–

Nr. 10 in Gold, 14,85 g (2 Wark) vorkommend.

11 (10)	1	Birr (S) ä. Ä. 1892, 1895 (1899, 1903). Typ wie Nr. 7. Ø 40 mm [Paris]	95,–	180,–

Von Nr. 11 existiert eine Probe in abweichender Zeichnung in Gold, 42,95 g [AA]

Zu Ehren von Kaiser Menelik II. (3)

Nr. 12 fällt aus.

13 (11)	1/4	Wark (G) ä. Ä. 1889 (1897). Kaiser Menelik II., Porträt zwischen Zweigen. Rs. Löwe von Juda, im Abschnitt Wertangabe. 900er Gold, 1,75 g [AA] 900er Gold, 1,75 g	250,–	400,–
14 (12)	1/2	Wark (G) ä. Ä. 1889 (1897). Typ wie Nr. 13. 900erGold, 3,5 g [AA]	300,–	500,–

15 (13)	1	Wark (G) ä. Ä. 1889 (1897). Typ wie Nr. 13. 900er Gold, 7 g [AA]	300,–	500,–

Mit Wertangabe »1 Birr« und Jahreszahl ä. Ä. 1889 kommen Phantasieprägungen in Silber, Gold und Platin vor.

Zauditu 1916–1930

16 (22a)	1/2	Birr (S) ä. Ä. 1917 (1925). Zauditu (Judith) (1876–1930), Kaiserin 1916–1930. Rs. Löwe von Juda, im Abschnitt Wertangabe [AA]:		
		a) Wertangabe »1/2 Birr«	–,–	–,–
		b) Wertangabe getilgt	–,–	–,–
17 (21)	1	Wark (G) ä. Ä. 1917 (1925). Typ wie Nr. 16 [AA]; Ø 20 mm:		
		a) Rückseitenstempel von Nr. 7a mit Wertangabe »1/8 Birr«	–,–	–,–
		b) Wertangabe getilgt	1200,–	1800,–
18 (A21)	2	Wark (G) ä. Ä. 1917 (1925). Typ wie Nr. 16 [AA]; Ø 25 mm:		
		a) Rückseitenstempel von Nr. 9 mit Wertangabe »1/4 Birr«	–,–	–,–
		b) Wertangabe getilgt	1400,–	2000,–

		SS	VZ
19 (22)	4 Wark (G) ä. A. 1917 (1925). Typ wie Nr. 16 [AA]; Ø 30 mm:		
	a) Rückseitenstempel von Nr. 10 mit Wertangabe »½ Birr« (1 Ex. bekannt)	–,–	
	b) Wertangabe getilgt	*6000,–*	*9000,–*
20 (A22)	8 Wark (G) ä. Ä. 1917 (1925). Typ wie Nr. 16 [AA]; Ø 40 mm	*12000,–*	*18000,–*

Rückseitenstempel der Probeprägung zu Nr. 11 mit getilgter Wertangabe (2 Ex. bekannt).

Ras Tafari Makonnen 1916–1930

Auf seine Königskrönung (7)

		SS	VZ
A20	1 Gersch = ¹⁄₂₀ Birr (S) ä. Ä. 1921 (1928). Ras Tafari Makonnen (1892–1975), Regent seit 1916, König seit 1928, als Hailé Selassié Kaiser seit 1930, Umschrift »Negus Tafari«. Rs. Löwe von Juda, Umschrift »Äthiopien erhebt seine Hände zu Gott«, im Abschnitt Wertangabe [Wien]	–,–	–,–
B20	⅛ Birr (S) ä. Ä. 1921 (1928). Typ wie Nr. A20	–,–	–,–
C20	¼ Birr (S) ä. Ä. 1921 (1928). Typ wie Nr. A20	–,–	–,–
D20	½ Birr (S) ä. Ä. 1921 (1928). Typ wie Nr. A20	–,–	–,–
E20	1 Birr (S) ä. Ä. 1921 (1928). Typ wie Nr. A20	–,–	–,–
F20	½ Wark (G) ä. Ä. 1921 (1928). Ras Tafari, Porträt zwischen Zweigen. Rs. Hl. Georg zu Pferde im Kampf mit dem Drachen, im Abschnitt Wertangabe [Wien]	–,–	–,–
G20	1 Wark (G) ä. Ä. 1921 (1928). Typ wie Nr. F20	–,–	–,–

Hailé Selassié I. 1930–1936, 1941–1974

Auf seine Kaiserkrönung (7)

		SS	VZ
A21	1 Gersch = ¹⁄₂₀ Birr (S) ä. Ä. 1923 (1930). Hailé Selassié I. (1892–1975), Umschrift mit Titel »Negus Negesti« (König der Könige). Rs. Löwe von Juda, zwei Sterne, Umschrift »Es hat überwunden der Löwe vom Geschlecht Juda« [Wien]	–,–	–,–
B21	⅛ Birr (S) ä. Ä. 1923 (1930). Typ wie Nr. A21	–,–	–,–
C21	¼ Birr (S) ä. Ä. 1923 (1930). Typ wie Nr. A21	–,–	–,–
D21	½ Birr (S) ä. Ä. 1923 (1930). Typ wie Nr. A21	–,–	–,–
E21	1 Birr (S) ä. Ä. 1923 (1930). Typ wie Nr. A21	–,–	–,–
21 (28)	½ Wark (G) ä. Ä. 1923 (1930). Hailé Selassié I., Porträt zwischen Zweigen. Rs. Hl. Georg zu Pferde im Kampf mit dem Drachen, im Abschnitt Wertangabe [AA]	**500,–**	**900,–**
22 (29)	1 Wark (G) ä. Ä. 1923 (1930). Typ wie Nr. 21	**700,–**	**1200,–**

Mit Wertangabe »1 Birr« und Jahreszahl ä. Ä. 1923 kommen Phantasieprägungen in Silber, Gold und Platin vor.

DEZIMALSYSTEM: 100 Matonas = 1 Birr

		SS	VZ
23 (23)	1 Matona (K) ä. Ä. 1923 (1930). Kaiser Hailé Selassié I. gekröntes Kopfbild nach rechts. Regent seit 1916, Kaiser seit 1930. Rs. Staatswappen, Löwe nach rechts, Wertangabe in Ziffern [ICI]	**10,–**	**16,–**
24 (24)	5 Matonas (K) ä. Ä. 1923 (1930). Typ wie Nr. 21 [AA]	**13,–**	**20,–**
25 (25)	10 Matonas (N) ä. Ä. 1923 (1930). Typ wie Nr. 21 [AA]	**10,–**	**16,–**
26 (26)	25 Matonas (N) ä. Ä. 1923 (1930). Typ wie Nr. 21 [AA]	**8,–**	**12,–**
27 (27)	50 Matonas (N) ä. Ä. 1923 (1930). Typ wie Nr. 21 [Wien, AA]	**14,–**	**20,–**

WÄHRUNGSREFORM 23. Juli 1945: 1 Matona = 1 Santeem

NEUE WÄHRUNG:
100 Cents (Santeem) = 1 Äthiopischer Dollar (Birr)

		SS	VZ
28 (30)	1 Santeem (Bro) ä. Ä. 1936 (1944), Hailé Selassié I., Brustbild nach links. Rs. Staatswappen. Ø 17 mm [Phila, Heaton]	**–,40**	**1,–**
29 (31)	5 Santeem (Bro) ä. Ä. 1936 (1944). Typ wie Nr. 28. Ø 20 mm [Phila, Heaton]	**1,–**	**2,–**
30 (32)	10 Santeem (Bro) ä. Ä. 1936 (1944). Typ wie Nr. 28. Ø 23 mm [Phila, Heaton, RM]	**1,–**	**3,–**
31 (33)	25 Santeem (Bro) ä. Ä. 1936 (1944). Typ wie Nr. 28. Ø 26 mm [Phila]	*55,–*	*120,–*

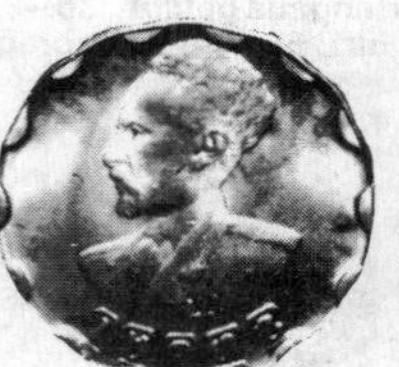

		SS	VZ
32 (35)	25 Santeem (Bro) ä. Ä. 1936 (1944). Typ wie Nr. 28 (Wellenschnitt):		
	a) Nr. 31 mit nachträglichen Einkerbungen		
	b) neue Prägung mit Wellenschnitt	**3,–**	**10,–**

Nrn. 28-32 wurden teilweise bis 1975 geprägt (mit und ohne Zinnanteil).
Nrn. 29 und 30 auch in Messing vorkommend [KN].

		SS	VZ
33 (34)	50 Santeem (S) ä. Ä. 1936 (1944). Typ wie Nr. 28. Ø 25 mm [Phila]:		
	a) 800er Silber, 7 g (geprägt 1944, 1945)	**10,–**	**22,–**
	b) 700er Silber, 7 g (geprägt 1947)	**10,–**	**22,–**

75. Geburtstag und 50. Regierungsjubiläum von Kaiser Hailé Selassié I. (5)

		ST	PP
34 (A30)	10 Birr (G) 1966. Hailé Selassié I., Brustbild, Kaiserkrone, Monogramm, Gedenkumschrift. Rs. Staatswappen und Wert. 900er Gold, 4 g	*250,–*	
35	20 Birr (G) 1966. Typ wie Nr. 34, 900er Gold, 8 g	*400,–*	
36	50 Birr (G) 1966. Typ wie Nr. 34, 900er Gold, 20 g	*900,–*	
37	100 Birr (G) 1966. Typ wie Nr. 34. 900er Gold, 40 g	*1800,–*	
38	200 Birr (G) 1966. Typ wie Nr. 34. 900er Gold, 80 g	*3600,–*	

Kaiser Äthiopiens (10)

		ST	PP
39	5 Birr (S) 1972. Theodoros II. (1855–1868). Rs. Staatswappen und Wert. 925er Silber, 20 g	*100,–*	*150,–*
40	5 Birr (S) 1972. Johannes IV. (1872–1889)	*100,–*	*150,–*
41	5 Birr (S) 1972. Menelik II. (1889–1913)	*100,–*	*150,–*
42	5 Birr (S) 1972. Zewditu (= Zauditu oder Judith) (1916–1930)	*100,–*	*150,–*
43	10 Birr (S) 1972. Hailé Selassié I. 925er Silber	*150,–*	*200,–*

Nrn. 39-43 sind mit Rhodium galvanisiert.

		ST	PP
44	50 Birr (G) 1972. Typ wie Nr. 39. 900er Gold, 20 g		*900,–*
45	50 Birr (G) 1972. Typ wie Nr. 40		*900,–*
46	50 Birr (G) 1972. Typ wie Nr. 41		*900,–*
47	50 Birr (G) 1972. Typ wie Nr. 42		*900,–*
48	100 Birr (G) 1972. Typ wie Nr. 43. 900er Gold, 40 g		*1800,–*
49 (41)	5 Birr (S) 1972. Hailé Selassié I. Rs. Staatswappen und Wert. 999er Silber, 25 g, HF	*25,–*	

Sozialistische Republik Äthiopien
Socialist Ethiopia

NEUE WÄHRUNG: 100 Santeem = 1 Birr

FAO-Ausgabe

		ST	PP
50 (36)	1 Santeem (Al) ä. Ä. 1969 (1976). Löwenkopf. Rs. Pflügen mit Ochsen:		
	a) [EM, Berlin] kleiner Löwenkopf	2,–	
	b) FM, großer Löwenkopf		8,–
51 (37)	5 Santeem ä. Ä. 1969 (1976). Rs. Bewaffneter:		
	a) (N-Me) [EM, Berlin] kleiner Löwenkopf	2,–	
	b) (Me) FM, großer Löwenkopf		8,–
52 (38)	10 Santeem ä. Ä. 1969 (1976). Rs. Leierantilope:		
	a) (N-Me) [EM, Berlin] kleiner Löwenkopf	4,–	
	b) (Me) FM, großer Löwenkopf		9,–
53 (39)	25 Santeem (K-N) ä. Ä. 1969 (1976). Rs. Jubelndes Paar:		
	a) [EM, Berlin], kleiner Löwenkopf	5,–	
	b) FM, großer Löwenkopf		10,–
54 (40)	50 Santeem (K-N) ä. Ä. 1969 (1976). Rs. Jubelnde Menge:		
	a) [EM, Berlin] kleiner Löwenkopf	8,–	
	b) FM, großer Löwenkopf		10,–

Nrn. 50b–54b, polierte Platte (11 724 Ex.) 45,–

Rettet die Tierwelt (3)

		ST	PP
55 (42)	10 Birr (S) ä. Ä. 1970 (1978). Staatswappen. Rs. Geier:		
	a) 925er Silber, 28,28 g (3460 Ex.)		90,–
	b) 925er Silber, 25,31 g (4002 Ex.)	60,–	
56 (43)	25 Birr (S) ä. Ä. 1970 (1978). Rs. Berg-Nyala:		
	a) 925er Silber, 35 g (3295 Ex.)		150,–
	b) 925er Silber, 31,65 g (4002 Ex.)	100,–	
57 (44)	600 Birr (G) ä. Ä. 1970 (1978). Rs. Steinbock. 900er Gold, 33,437 g (707 Ex.)	*1600,–*	*2000,–*

Internationales Jahr des Kindes 1979 (2)

		ST	PP
58 (45)	20 Birr (S) ä. Ä. 1972 (1980). Internationales Emblem und Staatswappen.Rs. Singende Jungen [RM], Tower:		
	a) 925er Silber, 23,3276 g (15 670 Ex.)	–,–	65,–
	b) Piéfort, 925er Silber, 46,6552 g (max. 2000 Ex.)		*700,–*

		ST	PP
59 (46)	400 Birr (G) ä. Ä. 1972 (1980). Rs. Mädchen beim »Imbucco«-Tanz [RM], Tower:		
	a) 900er Gold, 17,17 g (8914 Ex.)	–,–	650,–
	b) Piéfort, 900er Gold, 34,34 g (40 Ex.)		*3200,–*

XII. Fußball-Weltmeisterschaft 1982 in Spanien (3)

		ST	PP
60 (47)	2 Birr (K-N) ä. Ä. 1974/1982. Löwenkopf. Rs. Zwei Fußballspieler vor Weltkugel [RM]	5,–	
61 (48)	20 Birr (S) ä. Ä. 1974/1982. Typ wie Nr. 60. 925er Silber, 23,3276 g [RM]		100,–
62 (49)	200 Birr (G) ä. Ä. 1974/1982. Typ wie Nr. 60. 900er Gold, 7,1279 g [RM] (1310 Ex.)		450,–

Internationales Jahr der Behinderten 1981 (2)

		ST	PP
63 (50)	50 Birr (S) ä. Ä. 1974 (1982). Internationales Emblem. Rs. Starke Hand hält schwache Hand [RM]:		
	a) 925er Silber, 28,28 g	60,–	80,–
	b) Piéfort, 925er Silber, 56,56 g		230,–

			ST	PP
64 (51)	500	Birr (G) ä. A. 1974 (1982). Rs. Zwei Männer, einen dritten auf Treppenabsatz hebend [RM]:		
		a) 916⅔er Gold, 15,98 g	**900,–**	**1000,–**
		b) Piéfort, 916⅔er Gold, 31,96 g		**2000,–**

Jahrzehnt für die Frauen 1976–1985 (2)

65 (52)	20	Birr (S) ä. Ä. 1976/1984. Rs. Landarbeiterinnen mit Garben. 925er Silber, 23,3276 g (2070 Ex.)		**100,–**

66 (53)	200	Birr (G) ä. Ä. 1976/1984. Rs. Mutter mit Kind. 900er Gold, 7,1279 g (500 Ex.)		**400,–**

Demokratische Volksrepublik Äthiopien seit 1987

Aushilfsausgaben

Dire Dawa

		SS	VZ
1	1 Piastre = 1/16 Thaler (Al) 1922	**130,–**	**240,–**

Addis Abeba

Ausgegeben von Paleologos P. Trohalis in Addis Abeba

2	1 Piastre = 1/16 Thaler (K-N) o. J.	**160,–**	**260,–**

Ausgegeben von Magdalinos Frere in Addis Abeba

3	1 Piastre = 1/16 Thaler (N-Me) o. J.	–,–	–,–

Ausgegeben von Prasso Concessions en Abyssinie

4	1/16 Thaler (Al) o. J.	–,–	–,–

Arussi

Ausgegeben von einer belgischen Kaffeeplantagengesellschaft

5	1/16 Thaler (Al) o. J.	–,–	–,–
6	1/4 Thaler (Al) o. J.	–,–	–,–
7	1/2 Thaler (Al) o. J.	–,–	–,–

Frühere Ausgaben siehe Weltmünzkatalog 19. Jahrhundert.

Australia | # Australien | **Australie**

Fläche: 7 694 951 km², 15 900 000 Einwohner (1986).
Mit der Schaffung des Commonwealth of Australia im Jahre 1901 wurde die Grundlage für die Einheit des fünften Kontinents gelegt.
Hauptstadt: Canberra.

12 Pence = 1 Shilling, 2 Shillings = 1 Florin, 20 Shillings = 1 £; seit 14. Februar 1966: 100 Cents = 1 Australischer Dollar

Eduard VII. 1901–1910

		SS	VZ
1 (1)	3 Pence (S) 1910. Eduard VII. (1841–1910), gekröntes Brustbild nach rechts, Rs. Staatswappen, als Schildhalter: Rotes Riesenkänguruh (Macropus = Megaleia rufus – Macropodidae) und Emu (Dromaius novaehollandiae – Dromaiidae bzw. Dromiceidae). 925er Silber, 1,4 g	20,–	85,–
2 (2)	6 Pence (S) 1910. Typ wie Nr. 1. 925er Silber, 2,8 g	25,–	105,–
3 (3)	1 Shilling (S) 1910. Typ wie Nr. 1. 925er Silber, 5,65 g	50,–	170,–
4 (4)	1 Florin = 2 Shillings (S) 1910. Typ wie Nr. 1. 925er Silber, 11,31 g	100,–	400,–
5 (A5)	½ Sovereign (G) 1902–1904, 1906–1910. Eduard VII. Rs. St. Georg im Kampf mit dem Drachen. 916⅔er Gold, 3,994 g	225,–	300,–

		SS	VZ
6 (B5)	1 Sovereign (G) 1902–1910. Typ wie Nr. 5. 916⅔er Gold, 7,988 g	250,–	350,–
7 (C5)	2 £ (G) 1902. Typ wie Nr. 5 (3 Ex.)	–,–	–,–
8 (D5)	5 £ (G) 1902. Typ wie Nr. 5 (3 Ex.)	–,–	–,–

Nrn. 5–8 unterscheiden sich von den im gleichen Zeitraum erschienenen bildgleichen Münzen von Großbritannien nur durch die Münzzeichen M (Melbourne), P (Perth) oder S (Sydney).

Georg V. 1910–1936

		SS	VZ
9 (5)	½ Penny (Bro) 1911–1936. Georg V. (1865–1936). Rs. Wertangabe im Perlkreis, Umschrift, Jahreszahl	4,–	12,–

		SS	VZ
10 (6)	1 Penny (Bro) 1911–1936. Typ wie Nr. 9:		
	1911–1929, 1931–1936	5,–	15,–
	1930		*12000,–*
11 (9)	3 Pence (S) 1911, 1912, 1914–1928, 1934–1936. Georg V. Rs. Staatswappen wie Nr. 1	7,–	20,–
12 (10)	6 Pence (S) 1911, 1912, 1914, 1916–1928, 1934–1936. Typ wie Nr. 11	10,–	25,–
13 (11)	1 Shilling (S) 1911–1928, 1931, 1933–1936. Typ wie Nr. 11	18,–	55,–
14 (12)	1 Florin = 2 Shillings (S) 1911–1928, 1931–1936. Typ wie Nr. 11		
	1911–1928, 1931, 1933–1936	20,–	70,–
	1932	*1000,–*	*4000,–*
15 (A13)	½ Sovereign (G) 1911, 1912, 1914–1916, 1918. Georg V. Rs. St. Georg im Kampf mit dem Drachen, wie Nr. 5	200,–	300,–
16 (B13)	1 Sovereign (G) 1911–1931. Typ wie Nr. 15	250,–	320,–

Nrn. 15 und 16 unterscheiden sich von den im gleichen Zeitraum erschienenen bildgleichen Münzen von Großbritannien nur durch die Münzzeichen M (Melbourne), P (Perth) oder S (Sydney).

Zur Eröffnung des Parlaments in Canberra

		SS	VZ
17 (7)	1 Florin (S) 1927. Georg V. Rs. Parlamentsgebäude in Canberra	28,–	50,–

100. Jahrestag der Stadtgründung von Melbourne 1834 und der Gründung des Staates Victoria 1835

		SS	VZ
18 (8)	1 Florin (S) 1934/1935. Georg V. Rs. Reiter mit Fackel	450,–	900,–

Georg VI. 1936–1952

		SS	VZ
19 (13)	½ Penny (Bro) 1938, 1939. Georg VI. (1895–1952). Rs. Wertangabe, wie Nr. 9	1,50	2,50
20 (14)	½ Penny (Bro) 1939–1948. Georg VI., Umschrift mit Titel »IND: IMP.«. Rs. Rotes Riesenkänguruh (Macropus = Megaleia rufus – Macropodidae) n. r.	1,10	1,50

21 (15)	1 Penny (Bro) 1938–1948. Rs. Rotes Riesenkänguruh n. l.	1,40	2,–

In der Zeit von 1942–1944 wurden australische Silbermünzen in den Städten Denver und San Francisco, USA, geprägt. Aus dieser Zeit stammende Münzen tragen auf der Rückseite die Münzzeichen D oder S.

22 (16)	3 Pence (S) 1938–1948. Rs. Drei Weizenähren. 1,4 g:		
	a) 925er Silber, 1938–1944	2,–	5,–
	b) 500er Silber, 1947	20,–	55,–
	500er Silber, 1948	3,–	7,–
23 (17)	6 Pence (S) 1938–1948. Rs. Staatswappen. 2,8 g:		
	a) 925er Silber, 1938–1945	4,–	8,–
	b) 500er Silber, 1946	4,–	8,–
	500er Silber, 1948	12,–	25,–
24 (18)	1 Shilling (S) 1938–1948. Rs. Merino-Widder (Ovis ammon aries – Bovidae) namens »Uardry O. 1«. 5,65 g:		
	a) 925er Silber, 1938–1944	9,–	16,–
	b) 500er Silber, 1946, 1948	10,–	18,–
25 (19)	1 Florin (S) 1938–1947. Rs. Gekröntes Staatswappen. 11,31 g:		
	a) 925er Silber, 1938–1945	18,–	30,–
	b) 500er Silber, 1946, 1947	16,–	28,–

26 (20)	1 Crown (S) 1937, 1938. Rs. Krone. 925er Silber, 28,28 g:		
	1937	45,–	80,–
	1938	125,–	200,–
27 (21)	½ Penny (Bro) 1949–1952. Georg VI., Umschrift ohne Titel »IND: IMP.«. Rs. Rotes Riesenkänguruh n. r., wie Nr. 20	1,–	3,–
28 (22)	1 Penny (Bro) 1949–1952. Rs. Rotes Riesenkänguruh n. l., wie Nr. 21	1,50	3,–
29 (24)	3 Pence (S) 1949–1952. Rs. Drei Weizenähren, wie Nr. 22	2,–	4,50
30 (25)	6 Pence (S) 1950–1952. Rs. Staatswappen, wie Nr. 23	3,–	6,–
31 (26)	1 Shilling (S) 1950, 1952. Rs. Kopf eines Merino-Widders, wie Nr. 24	9,–	20,–
32 (27)	1 Florin (S) 1951, 1952. Rs. Gekröntes Staatswappen, wie Nr. 25	18,–	35,–

50 Jahre Commonwealth of Australia

33 (23)	1 Florin (S) 1951. Georg VI. Rs. Krone über Szepter und Schwert sowie Sterne in Form des Sternbildes »Kreuz des Südens«	15,–	25,–

Elisabeth II. seit 1952

34 (28)	½ Penny (Bro) 1953–1955. Elisabeth II. (*1926). Rs. Rotes Riesenkänguruh n. r., wie Nr. 20	3,–	4,–
35 (29)	1 Penny (Bro) 1953. Rs. Rotes Riesenkänguruh n. l., wie Nr. 21	3,50	5,–
36 (30)	3 Pence (S) 1953, 1954. Rs. Drei Weizenähren, wie Nr. 22	3,50	5,–
37 (31)	6 Pence (S) 1953, 1954. Rs. Staatswappen, wie Nr. 23	4,50	7,–

38 (32)	1 Shilling (S) 1953, 1954. Rs. Merino-Widder, wie Nr. 24	12,–	22,–

39 (33)	1 Florin (S) 1953, 1954. Rs. Gekröntes Staatswappen, wie Nr. 25	16,–	32,–

Zum Besuch des englischen Königspaares

40 (34)	1 Florin (S) 1954. Elisabeth II., Titelumschrift mit Zusatz »F. D.« Rs. Rotes Riesenkänguruh und Löwe, Wappentiere von Australien und Großbritannien	14,–	22,–

		SS	VZ
41 (35)	½ Penny (Bro) 1959–1964. Elisabeth II., Titelumschrift mit Zusatz »F. D.« Rs. Rotes Riesenkänguruh n. r., wie Nr. 20	–,50	1,–
42 (36)	1 Penny (Bro) 1955–1964. Rs. Rotes Riesenkänguruh n. l., wie Nr. 21	–,50	1,–
43 (37)	3 Pence (S) 1955–1964. Rs. Weizenähren, wie Nr. 22	1,50	2,–
44 (38)	6 Pence (S) 1955–1963. Rs. Staatswappen, wie Nr. 23	3,–	4,–
45 (39)	1 Shilling (S) 1955–1963. Rs. Merino-Widder, wie Nr. 24	4,–	6,–
46 (40)	1 Florin (S) 1956–1963. Rs. Gekröntes Staatswappen, wie Nr. 25	8,–	12,–

WÄHRUNGSREFORM 14. Februar 1966: 1 £ = 2 Australische Dollars
NEUE WÄHRUNG: 100 Cents = 1 Australischer Dollar

		VZ	ST
47 (41)	1 Cent (Bro) 1966–1984. Elisabeth II. (nach A. Machin). Rs. Australischer Zwerggleitbeutler (Acrobates pygmaeus – Phalangeridae)	–,30	–,40

48 (42)	2 Cents (Bro) 1966–1984. Rs. Kragenechse (Chlamydosaurus kingii – Agamidae)	–,30	–,50

49 (43)	5 Cents (K-N) 1966–1984. Rs. Australischer Kurzschnabeligel (Tachyglossus aculeatus – Tachyglossidae)	–,40	–,60

50 (44)	10 Cents (K-N) 1966–1984. Rs. Pracht-Leierschwanz (Menura novaehollandiae – Menuridae)	–,70	1,–

		VZ	ST
51 (45)	20 Cents (K-N) 1966–1984. Rs. Schnabeltier (Ornithorhynchus anatinus – Ornithorhynchidae)	1,70	2,60

52 (46)	50 Cents (S) 1966. Rs. Staatswappen. 800er Silber, 13,28 g	8,–	15,–

53 (47)	50 Cents (K-N) 1969, 1971–1976, 1978–1981, 1983, 1984. Typ wie Nr. 52 (zwölfeckig)	3,–	4,–

In ähnlichen Zeichnungen: Nrn. 62, 63 (1 Dollar), 64–76.

200. Jahrestag der Seereise von James Cook entlang der australischen Ostküste – 1. Ausgabe

		ST	PP
54 (48)	50 Cents (K-N) 1970. Rs. James Cook (1728–1779), englischer Weltumsegler, Namenszug, Umriß von Australien und Reiseroute (zwölfeckig)	5,–	

25. Regierungsjubiläum von Königin Elisabeth II. und zum Besuch des englischen Königspaares – 1. Ausgabe

		ST	PP
55 (49)	50 Cents (K-N) 1977. Rs. Jubiläumsinschrift und Wertbezeichnung, umgeben von einem Dekor aus fünfundzwanzig Kronen (zwölfeckig)	5,–	

56 (50)	200 Dollars (G) 1980, 1983, 1984. Rs. Koala-Bär auf Eukalyptusbaum. 916⅔er Gold, 10 g	450,–	550,–

Hochzeit von Prinz Charles und Lady Diana – 1. Ausgabe (2)

57 (51)	50 Cents (K-N) 1981. Rs. Gestaffelte Kopfbilder (zwölfeckig)	5,–	
58 (52)	200 Dollars (G) 1981. Typ wie Nr. 57. 916⅔er Gold, 10 g	500,–	–,–

XII. Commonwealth-Spiele 1982 in Brisbane – 1. Ausgabe (3)

		ST	PP
59 (53)	50 Cents (K-N) 1982. Rs. Emblem auf Karte des Kontinents, umgeben von Sportdarstellungen (zwölfeckig)	5,–	–,–
60 (54)	10 Dollars (S) 1982. Typ ähnlich wie Nr. 59. 925er Silber, 20 g	60,–	120,–
61 (55)	200 Dollars (G) 1982. Rs. Hürdenläufer. 916⅔er Gold, 10 g	450,–	550,–

Banknotenersatzausgabe

		VZ	ST
62 (56)	1 Dollar (Al-N-Bro) 1984. Elisabeth II. (nach A. Machin). Rs. Fünf rote Riesenkänguruhs (Megaleia rufus – Macropodidae), einander hinterdrein hüpfend	4,–	6,–

Nr. 63 fällt aus.

		VZ	ST
64	1 Cent (Bro) 1985–1991. Elisabeth II. (nach R. D. Maklouf). Rs. Australischer Zwerggleitbeutler, wie Nr. 47	–,30	–,40
65	2 Cents (Bro) 1985–1991. Rs. Kragenechse, wie Nr. 48	–,30	–,40
66	5 Cents (K-N) 1985–1991. Rs. Australischer Kurzschnabeligel, wie Nr. 49	–,40	–,60
67	10 Cents (K-N) 1985–1991. Rs. Pracht-Leierschwanz, wie Nr. 50	–,50	–,80
68	20 Cents (K-N) 1985–1991. Rs. Schnabeltier, wie Nr. 51	1,50	2,50
69	50 Cents (K-N) 1985–1987, 1989, 1990. Rs. Staatswappen, wie Nr. 53 (zwölfeckig)	3,–	4,–
70 (57)	1 Dollar (Al-N-Bro) 1985, 1987, 1989–1991. Rs. Fünf rote Riesenkänguruhs, wie Nr. 62	4,–	6,–

		ST	PP
71	1 Cent (S) 1991. Typ wie Nr. 64. 925er Silber, 3,01 g		–,–
72	2 Cents (S) 1991. Typ wie Nr. 65. 925er Silber, 6,06 g		–,–
73	5 Cents (S) 1991. Typ wie Nr. 66. 925er Silber, 3,27 g		–,–
74	10 Cents (S) 1991. Typ wie Nr. 67. 925er Silber, 6,52 g		–,–
75	20 Cents (S) 1991. Typ wie Nr. 68. 925er Silber, 13,09 g		–,–
76	1 Dollar (S) 1990, 1991. Typ wie Nr. 70. 925er Silber, 11,49 g (25 000 Ex.)		–,–

Nrn. 64–70 von 1985 und 1987, polierte Platte 80,–
Nrn. 64–69, 73 von 1986, polierte Platte 50,–
Nrn. 64–68, 85–87 von 1988, polierte Platte 90,–
Nrn. 64–70, 87 von 1989, 1990, polierte Platte 100,–

Australische Teilstaaten – 1. Ausgabe
150. Jahrestag der Gründung des Staates Victoria

77 (58)	10 Dollars (S) 1985. Rs. Wappen von Victoria	48,–	100,–
78 (59)	200 Dollars (G) 1985, 1986. Rs. Koala-Bär auf Eukalyptusbaum, wie Nr. 56	450,–	*550,–*

Internationales Jahr des Friedens 1986 (2)

		VZ	ST
79 (60)	1 Dollar (Al-N-Bro) 1986. Rs. Internationales Emblem	5,–	8,–
80	1 Dollar (S) 1990. Typ wie Nr. 79. 925er Silber, 11,49 g (25 000 Ex.)		–,–

Australische Teilstaaten – 2. Ausgabe
150. Jahrestag der Besiedelung des Staates Südaustralien von Holdfast Bay aus durch Kapitän John Hindmarsh

ST PP

81 (61) 10 Dollars (S) 1986. Rs. Wappen von Südaustralien
48,– 120,–

Goldbarrenmünzen »Nugget« – 1. Ausgabe
Serie I (4)

PL PP

82 15 Dollars (G) 1986, 1987. Elisabeth II., Wertangabe, Rs. Nugget »Little Hero«, gefunden 1890, »1/10 oz. Fine Gold«. 999,9er Gold, 3,133 g [Perth]:
a) 1986, Msz. P –,–
b) 1987, o. Msz. –,–

83 25 Dollars (G) 1986, 1987. Rs. Nugget »Golden Eagle«, gefunden 1931, »¼ oz. Fine Gold«. 999,9er Gold, 7,807 g [Perth]:
a) 1986, Msz. P –,–
b) 1987, o. Msz. –,–

84 50 Dollars (G) 1986, 1987. Rs. Nugget »Hand of Faith«, gefunden 1980, »½ oz. Fine Gold«. 999,9er Gold, 15,594 g [Perth]:
a) 1986, Msz. P –,–
b) 1987, o. Msz. –,–

85 100 Dollars (G) 1986, 1987. Rs. Nugget »Welcome Stranger«, gefunden 1869, »1 oz. Fine Gold«. 999,9er Gold, 31,162 g [Perth]:
a) 1986, Msz. P –,–
b) 1987, o. Msz. –,–

In ähnlichen Zeichnungen: Nrn. 108–111.

Australische Teilstaaten – 3. Ausgabe
Neusüdwales

ST PP

86 10 Dollars (S) 1987. Rs. Wappen von Neusüdwales
48,– 120,–

200. Jahrestag der Abreise Arthur Phillips und der First Fleet von Portsmouth

87 200 Dollars (G) 1987. Rs. Arthur Phillip mit Karte von Portsmouth vor Umriß der Britischen Inseln
500,– 550,–

Goldbarrenmünzen »Nugget« – 2. Ausgabe (4)

PL PP

88 15 Dollars (G) 1987. Rs. Nugget »Golden Aussie«, gefunden 1980 [Perth], P –,–

89 25 Dollars (G) 1987. Rs. Nugget »Father's Day«, gefunden 1979 [Perth], P –,–

90 50 Dollars (G) 1987. Rs. Nugget »Bobby Dazzler«, gefunden 1899 [Perth], p –,–

PL PP

91 100 Dollars (G) 1987. Rs. Nugget »Poseidon«, gefunden 1906 [Perth], P –,–

200. Jahrestag der Kolonisation – 1. Ausgabe (10)

VZ ST

92 50 Cents (K-N) 1988. Rs. »Endeavour«, Schiff von James Cook, vor Karte Neuhollands
3,– 4,–

93 1 Dollar (Al-N-Bro) 1988. Rs. Känguruh inmitten von geometrischen Mustern im Stil der Kunst der Eingeborenen von Arnhemland **4,– 6,–**

Banknotenersatzausgabe

94 2 Dollars (Al-N-Bro) 1988–1991. Rs. Eingeborener, Kreuz des Südens und Grasbaum (Xanthorrhoea)
4,– 7,–

		ST	PP
95	5 Dollars (Al-N-Bro) 1988. Rs. Neues Parlamentsgebäude in Canberra, am 9. Mai 1988 eingeweiht	15,–	*65,–*
96	50 Cents (S) 1988, 1989. Typ wie Nr. 92. 925er Silber, 18 g		–,–
97	1 Dollar (S) 1988, 1990. Typ wie Nr. 93. 925er Silber, 11,49 g		–,–
98	2 Dollars (S) 1988, 1991. Typ wie Nr. 94. 925er Silber, 8,43 g		50,–
99	5 Dollars (S) 1988. Typ wie Nr. 95. 925er Silber, 35,79 g (25 000 Ex.)		–,–

Nrn. 96–99 von 1988, polierte Platte (25 000 Ex.) 240,–

100	10 Dollars (S) 1988. Rs. Segelschiffe der First Fleet bei der Landung bei Port Jackson in der Bucht von Sydney am 26. Januar 1788. 925er Silber, 20 g	60,–	90,–

101	200 Dollars (G) 1988. Rs. Kaptitän Arthur Phillip bei Sydney Cove. 916⅔er Gold, 10 g	500,–	550,–

»Holey Dollar« und »Dump« – 1. Ausgabe (2)

		PL	PP
102	25 Cents (S) 1988. Rs. Die Wawalag-Schwestern Boaliri und Garangal. 999er Silber, 7,984 g [Perth]	25,–	

		PL	PP
103	1 Dollar (S) 1988. Rs. Regenbogenschlange Yulunggul. 999er Silber, 31,935 g (mit Loch in Größe der Nr. 102) [Perth]	65,–	

Diese Serie erinnert an die 1813 in Neusüdwales unter Gouverneur Lachlan MacQuarie durch Ausstanzen und Gegenstempeln aus hispano-amerikanischen 8-Reales-Stücken hergestellten Münzen zu 15 Pence und 5 Shillings.

Goldbarrenmünzen »Nugget« – 3. Ausgabe
200. Jahrestag der Kolonisation – 2. Ausgabe (4)

104	15 Dollars (G) 1988. Rs. Nugget »Jubilee«, gefunden 1887 [Perth], Mzz. »P 200«		–,–
105	25 Dollars (G) 1988. Rs. Nugget »Ruby Well«, gefunden 1913 [Perth], Mzz. »P 200«		–,–
106	50 Dollars (G) 1988. Rs. Nugget »Welcome«, gefunden 1858, Mzz. »P 200«		–,–
107	100 Dollars (G) 1988. Rs. Nugget »Pride of Australia«, gefunden 1981, Mzz. »P 200«		–,–

Goldbarrenmünzen »Nugget« – 1. Ausgabe
Serie II (4)

		PL	PP
108	15 Dollars (G) 1988, 1989. Rs. Nugget »Little Hero«, »$^{1}/_{10}$ oz. 9999 Gold« [Perth], o. Msz.	–,–	
109	25 Dollars (G) 1988, 1989. Rs. Nugget »Golden Eagle«, »$^{1}/_{4}$ oz. 9999 Gold« [Perth], o. Msz.	–,–	

PL PP

110 50 Dollars (G) 1988, 1989. Rs. Nugget »Hand of Faith«, »½ oz. 9999 Gold« [Perth], o. Msz. –,–

111 100 Dollars (G) 1988, 1989. Rs. Nugget »Welcome Stranger«, »1 oz. 9999 Gold« [Perth], o. Msz. –,–

Platinbarrenmünzen »Koala« – 1. Ausgabe (4)

112 15 Dollars (Pt) 1988, 1989. Elisabeth II. Rs. Koala. 999½er Platin, 3,137 g [Perth], o. Msz. –,–

113 25 Dollars (Pt) 1988, 1989. Typ wie Nr. 112. 999½er Platin, 7,815 g [Perth], o. Msz. –,–

114 50 Dollars (Pt) 1988, 1989. Typ wie Nr. 112. 999½er Platin, 15,605 g [Perth]:
a) 1988, Msz. P (12000 Ex.) –,–
b) 1988, 1989, o. Msz. –,–

115 100 Dollars (Pt) 1988, 1989. Typ wie Nr. 112. 999½er Platin, 31,185 g [Perth], o. Msz. –,–

200. Jahrestag der Seereise von James Cook entlang der australischen Ostküste – 2. Ausgabe

ST PP

116 50 Cents (S) 1989. Elisabeth II. (nach R. D. Maklouf). Rs. wie Nr. 54. 925er Silber, 18 g (zwölfeckig) (25000 Ex.) –,–

25. Regierungsjubiläum von Königin Elisabeth II. – 2. Ausgabe

117 50 Cents (S) 1989. Rs. wie Nr. 55 (zwölfeckig) (25000 Ex.) –,–

Hochzeit von Prinz Charles und Lady Diana – 2. Ausgabe

118 50 Cents (S) 1989. Rs. wie Nr. 57 (zwölfeckig) (25000 Ex.) –,–

XII. Commonwealth-Spiele 1982 in Brisbane – 2. Ausgabe

119 50 Cents (S) 1989. Rs. wie Nr. 59 (zwölfeckig) (25000 Ex.) –,–

Nrn. 116–119, 96 von 1989, polierte Platte (25000 Ex.) – –,–

Australische Teilstaaten – 4. Ausgabe
Queensland

ST PP

120 10 Dollars (S) 1989. Rs. Wappen von Queensland. 925er Silber, 20 g **60,– 90,–**

Australische Vogelwelt – 1. Ausgabe

121 10 Dollars (S) 1989. Rs. Kookaburras:
a) 925er Silber, 20 g (40000 Ex.) –,–
b) Piéfort, 925er Silber, 40 g (15000 Ex.) –,–

Besonderheiten Australiens – 1. Ausgabe

122 200 Dollars (G) 1989. Rs. Kragenechse (Chlamydosaurus kingii – Agamidae). 916⅔er Gold, 10 g **500,– 550,–**

»Holey Dollar« und »Dump« – 2. Ausgabe
Mythologie aus der Kimberley-Region in Westaustralien (2)

PL PP

123 25 Cents (S) 1989. Rs. Wandjina, Schöpfer des Landes und der Lebewesen, nach einer Zeichnung von Mickey Bungguni. 999er Silber, 7,984 g [Perth] **25,–**

124 1 Dollar (S) 1989. Rs. Krokodile, Attribute Wandjinas, nach einer Zeichnung von Wattie Karawada. 999er Silber, 31,935 g (mit Loch in Größe der Nr. 123) [Perth] **65,–**

Goldbarrenmünzen »Nugget« – 4. Ausgabe (8)

125 5 Dollars (G) 1989, 1990. Rs. Rotes Riesenkänguruh (Megaleia rufus – Macropodidae). 999,9er Gold, 1,571 g [Perth]:
a) 1989, Msz. P –,–
b) 1990, o. Msz. –,–

126 15 Dollars (G) 1989, 1990. Typ wie Nr. 125. 999er Gold, 3,133 g [Perth]:
a) 1989, Msz. P –,–
b) 1990, o. Msz. –,–

127 25 Dollars (G) 1989, 1990. Typ wie Nr. 125. 999,9er Gold, 7,807 g [Perth]:
a) 1989, Msz. P –,–
b) 1990, o. Msz. –,–

128 50 Dollars (G) 1989, 1990. Typ wie Nr. 125. 999,9er Gold, 15,594 g [Perth]:
a) 1989, Msz. P –,–
b) 1990, o. Msz. –,–

129 100 Dollars (G) 1989, 1990. Typ wie Nr. 125. 999,9er Gold, 31,162 g [Perth]:
a) 1989, Msz. P –,–
b) 1990, o. Msz. –,–

A129 500 Dollars (G) 1991, 1992. Typ wie Nr. 125. 999,9er Gold, 62,289 g [Perth]:
a) Msz. P, 1991 –,–
b) o. Msz., 1991, 1992 –,–

B129 2500 Dollars (G) 1991, 1992. Typ wie Nr. 125. 999,9er Gold, 311,317 g [Perth]:
a) Msz. P, 1991 –,–
b) o. Msz., 1991, 1992 –,–

C129 10000 Dollars (G) 1991, 1992. Typ wie Nr. 125. 999,9er Gold, 1000,350 g [Perth]:
a) Msz. P, 1991 –,–
b) o. Msz., 1991, 1992 –,–

Platinbarrenmünzen »Koala« – 2. Ausgabe (5)

		PL	PP
130	5 Dollars (Pt) 1989, 1990. Rs. Koala mit Jungem auf dem Rücken. 999½er Platin, 1,571 g [Perth]:		
	a) 1989, Msz. P		–,–
	b) 1990, o. Msz.	–,–	
131	15 Dollars (Pt) 1989, 1990. Typ wie Nr. 130. 999½er Platin, 3,137 g [Perth]:		
	a) 1989, Msz. P		–,–
	b) 1990, o. Msz.	–,–	
132	25 Dollars (Pt) 1989, 1990. Typ wie Nr. 130. 999½er Platin, 7,815 g [Perth]:		
	a) 1989, Msz. P		–,–
	b) 1990, o. Msz.	–,–	
133	50 Dollars (Pt) 1989, 1990. Typ wie Nr. 130. 999½er Platin, 15,605 g [Perth]:		
	a) 1989, Msz. P		–,–
	b) 1990, o. Msz.	–,–	

		PL	PP
134	100 Dollars (Pt) 1989, 1990. Typ wie Nr. 130. 999½er Platin, 31,185 g [Perth]:		
	a) 1989, Msz. P		–,–
	b) 1990, o. Msz.	–,–	

Nrn. 76, 80, 97 von 1990, polierte Platte –,–

75. Jahrestag der Schlacht von Gallipoli

		ST	PP
135	5 Dollars (Al-N-Bro) 1990. Rs. »Simpson und sein Esel«, Skulptur von Peter Corlett	12,–	*40,-*

Australische Teilstaaten – 5. Ausgabe

		ST	PP
136	10 Dollars (S) 1990. Rs. Wappen von Westaustralien. 925er Silber, 20 g	45,–	90,–

Australische Vogelwelt – 2. Ausgabe

		ST	PP
137	10 Dollars (S) 1990. Rs. Kakadu:		
	a) 925er Silber, 20 g		90,–
	b) Piéfort, 925er Silber, 40 g		200,–

Besonderheiten Australiens – 2. Ausgabe

		ST	PP
138	200 Dollars (G) 1990. Rs. Schnabeltier (Ornithorhynchus anatinus – Ornithorhynchidae), nach dem Emblem des Australian Geographic Journal. 916⅔er Gold, 10 g	500,–	550,–

»Holey Dollar« und »Dump« – 3. Ausgabe
Mythologie der Gunwinggu des westlichen Arnhem-Landes (2)

		PL	PP
139	25 Cents (S) 1990. Rs. Tanzende »Mimi«-Frauen, nach einer Zeichnung von Naderadji Goymala. 999er Silber, 7,984 g [Perth]	25,–	
140	1 Dollar (S) 1990. Rs. Eingeborene bei der Jagd auf die großen träumenden Barramundi-Fische am East Alligator River, nach einer Zeichnung von Dick Nguiei-ngulei Murumuru. 999er Silber, 31,935 g (mit Loch in Größe der Nr. 139) [Perth]	65,–	

Silberbarrenmünze »Kookaburra« – 1. Ausgabe (4)

		PL	PP
141	5 Dollars (S) 1990. Rs. Kookaburra oder Lachender Hans (Dacelo gigas) auf Baumstumpf. 999er Silber, 31,135 g [Perth] (300 000 Ex.)	18,–	
A141	10 Dollars (S) 1991, 1992. Typ wie Nr. 141. 999er Silber, 62,770 g [Perth]:		
	a) Msz. P, 1991 (max. 5000 Ex.)		–,–
	b) o. Msz., 1991, 1992	–,–	
B141	50 Dollars (S) 1991, 1992. Typ wie Nr. 141. 999er Silber, 312,347 g [Perth]:		
	a) Msz. P, 1991 (max. 2500 Ex.)		–,–
	b) o. Msz., 1991, 1992	–,–	
C141	150 Dollars (S) 1991, 1992. Typ wie Nr. 141. 999er Silber, 1002,502 g [Perth]:		
	a) Msz. P, 1991 (max. 1000 Ex.)		–,–
	b) o. Msz., 1991, 1992	–,–	

2. Ausgabe

		PL	PP
142	5 Dollars (S) 1990, 1991. Rs. Kookaburra auf Zweig [Perth]:		
	a) 1990, Msz. P		–,–
	b) 1991, o. Msz.	18,–	

Goldbarrenmünzen »Nugget« – 5. Ausgabe (5)

		PL	PP
143	5 Dollars (G) 1990, 1991. Rs. Graues Känguruh [Perth]:		
	a) 1990, Msz. P		–,–
	b) 1991, o. Msz.	–,–	
144	15 Dollars (G) 1990, 1991. Typ wie Nr. 143 [Perth]:		
	a) 1990, Msz. P		–,–
	b) 1991, o. Msz.	–,–	
145	25 Dollars (G) 1990, Typ wie Nr. 143 [Perth]:		
	a) 1990, 1991. Msz. P		–,–
	b) 1991, o. Msz.	–,–	

PL PP

146 50 Dollars (G) 1990, 1991. Typ wie Nr. 143 [Perth]:
a) 1990, Msz. P —,—
b) 1991, o. Msz. —,—

147 100 Dollars (G) 1990, 1991. Typ wie Nr. 143 [Perth]:
a) 1990, Msz. P 1400,–
b) 1991, o. Msz. —,—

Platinbarrenmünzen »Koala« – 3. Ausgabe (8)

PL PP

148 5 Dollars (Pt) 1990, 1991. Rs. Koala im Eukalyptusbaum [Perth]:
a) 1990, Msz. P —,—
b) 1991, o. Msz. —,—
149 15 Dollars (Pt) 1990, 1991. Typ wie Nr. 148 [Perth]:
a) 1990, Msz. P —,—
b) 1991, o. Msz. —,—
150 25 Dollars (Pt) 1990, 1991. Typ wie Nr. 148 [Perth]:
a) 1990, Msz. P —,—
b) 1991, o. Msz. —,—
151 50 Dollars (Pt) 1990, 1991. Typ wie Nr. 148 [Perth]:
a) 1990, Msz. P —,—
b) 1991, o. Msz. —,—
152 100 Dollars (Pt) 1990, 1991. Typ wie Nr. 148 [Perth]:
a) 1990, Msz. P —,—
b) 1991, o. Msz. —,—
A152 500 Dollars (Pt) 1991. Typ wie Nr. 148. 999½er Platin, 62,313 g [Perth], P (max. 250 Ex.) —,—
B152 2500 Dollars (Pt) 1991. Typ wie Nr. 148. 999½er Platin, 311,691 g [Perth], P (max. 100 Ex.) —,—
C152 10000 Dollars (Pt) 1991. Typ wie Nr. 148. 999½er Platin, 1001,000 g [Perth], P (max. 50 Ex.) —,—

ST PP

25 Jahre Dezimalwährung (2)

153 50 Cents (K-N) 1991. Rs. Merino-Widder »Uardry O. 1«, wie Nr. 24 (zwölfeckig) 5,– —,—
154 50 Cents (S) 1991. Typ wie Nr. 153. 925er Silber, 18 g (zwölfeckig) —,—

Nrn. 71–76, 98, 154 von 1991, polierte Platte —,—

Australische Teilstaaten – 6. Ausgabe

155 10 Dollars (S) 1991. Rs. Wappen von Tasmanien. 925er Silber, 20 g 35,– 65,–

Australische Vogelwelt – 3. Ausgabe

ST PP

156 10 Dollars (S) 1991. Rs. Storch (Ephippiorhynchus asiaticus):
a) 925er Silber, 20 g —,—
b) Piéfort, 925er Silber, 40 g —,—

Besonderheiten Australiens – 3. Ausgabe

157 200 Dollars (G) 1991. Rs. Emu. 916⅔er Gold, 10 g —,— —,—

Silberbarrenmünze »Kookaburra« – 3. Ausgabe

PL PP

158 5 Dollars (S) 1991. Rs. Kookaburra [Perth], P —,—

Goldbarrenmünzen »Nugget« – 6. Ausgabe (5)

159 5 Dollars (G) 1991 —,—
160 15 Dollars (G) 1991 —,—
161 25 Dollars (G) 1991 —,—
162 50 Dollars (G) 1991 —,—
163 100 Dollars (G) 1991 —,—

Platinbarrenmünzen »Koala« – 4. Ausgabe (5)

164 5 Dollars (Pt) 1991 —,—
165 15 Dollars (Pt) 1991 —,—
166 25 Dollars (Pt) 1991 —,—
167 50 Dollars (Pt) 1991 —,—
168 100 Dollars (Pt) 1991 —,—

Weibliche Mitglieder des britischen Königshauses (10)

169 25 Dollars (S) 1992. 925er Silber, 33,625 g (max. 40000 Ex.) —,—
170 25 Dollars (S) 1992 —,—
171 25 Dollars (S) 1992 —,—
172 25 Dollars (S) 1992 —,—
173 25 Dollars (S) 1992 —,—
174 250 Dollars (G) 1992. Typ wie Nr. 169. 916⅔er Gold, 16,95 g (max. 3000 Ex.) —,—
175 250 Dollars (G) 1992. Typ wie Nr. 170 —,—
176 250 Dollars (G) 1992. Typ wie Nr. 171 —,—
177 250 Dollars (G) 1992. Typ wie Nr. 172 —,—
178 250 Dollars (G) 1992. Typ wie Nr. 173 —,—

Silberbarrenmünzen »Kookaburra« (4)

179 1 Dollar (S) 1992. 1 oz. —,—
180 2 Dollars (S) 1992. 2 oz. —,—
181 10 Dollars (S) 1992. 10 oz. —,—
182 30 Dollars (S) 1992. 1 kilo —,—

100 Jahre Olympische Spiele der Neuzeit (3)

186 20 Dollars (S) 1993. Rs. Mitglieder einer Schwimmstaffel nach vollbrachter Leistung. 925er Silber, 33,63 g —,—
187 20 Dollars (S) 1993. Rs. Drei Sportlerinnen auf dem Siegespodest —,—
188 Dollars (G) 1993. Rs. Turnerin. 916⅔er Gold, 16,97 g —,—

Azores — Azoren — Açores

Fläche: 2305 km²; 330 000 Einwohner.
Die Inselgruppe im Atlantischen Ozean wurde 1432 von dem Portugiesen Cabral (wieder?) entdeckt, nach den dort angetroffenen Vögeln »Habichtsinseln« genannt. 1445 für Portugal in Besitz genommen und seitdem ununterbrochen als ein integrierter Teil des Mutterlandes angesehen, auf dem legitimistische und Exil-Regierungen Stützpunkte errichten und von wo aus sie das Mutterland zurückgewinnen konnten. Die strategisch wichtige Lage der Inselgruppe dürfte eine grundsätzliche Veränderung dieses Zusammenhanges auch in Zukunft verhindern. Hauptstadt: Ponta Delgada auf São Miguel.

1000 Réis = 1 Milréis; seit 1911: 100 Centavos = 1 Escudo

Kolonie

Karl I. 1889–1908

		SS	VZ
1 (4)	5 Réis (K) 1901. Gekröntes Wappen Portugals in Kartusche. Rs. Wert im Kranz	20,–	35,–
2 (5)	10 Réis (K) 1901. Typ wie Nr. 1	25,–	45,–

Autonome Region
Região Autónoma dos Açores

NEUE WÄHRUNG: 100 Centavos = 1 Escudo

		ST	PP
3 (6)	25 Escudos 1980 [81]. Staatswappen. Rs. Wertangabe:		
	a) (S) 925 fein, 11 g		50,–
	b) (K-N)	7,–	
4 (7)	100 Escudes 1980 [81]. Typ wie Nr. 3:		
	a) (S) 925 fein, 16,5 g		120,–
	b) (K-N)	13,–	

10 Jahre regionale Autonomie

		ST	PP
5	100 Escudos 1986. Rs. Hortensia:		
	a) (S) 925 fein, 16,5 g (30 000 Ex.)	40,–	55,–
	b) (K-N)	5,–	

100. Todestag von Antero de Quental

6 (8)	100 Escudos 1991. Rs. Antero de Quental (1843–1891), azorischer Dichter:		
	a) (S)	–,–	–,–
	b) (K-N)	–,–	

Frühere Ausgaben siehe Weltmünzkatalog 19. Jahrhundert.

The Bahamas

Bahamas

Bahamas

Fläche: 13 935 km²; 245 000 Einwohner.
Inselreihe in Westindien mit der Watlingsinsel, früher Guanahani oder San Salvador. Christoph Kolumbus landete am 12. Oktober 1492 bei Fernandez Bay auf Guanahani und betrat damit zum ersten Mal amerikanischen Boden. Unabhängig seit 10. Juli 1973. Bis zur Einführung der eigenen Währung waren die Münzen Großbritanniens gesetzliches Zahlungsmittel. Hauptstadt: Nassau.

100 Cents = 1 Bahama-Dollar

Bahama Islands

		ST	PP
1 (1)	1 Cent 1966–1970, Elisabeth II., diademiertes Porträt nach rechts, Umschrift ELIZABETH II BAHAMA ISLANDS. Rs. Großer Netz-Seestern (Oreaster reticulatus – Oreasteridae):		
	a) (N-Me) [RM, Heaton], Ø 22,5 mm, 1966, 1969	1,–	3,–
	1968	3,–	
	b) (Bro) (FM), Ø 19 mm, 1970	3,–	–,–
	c) (Me) [FM], Ø 19 mm, 1970		2,50

2

3

		ST	PP
2 (2)	5 Cents (K-N) 1966–1970. Rs. Ananas (Ananas comosus – Bromeliaceae):		
	a) 1966, 1969	1,50	2,–
	1968	–,–	
	b) 1970 (FM)	2,50	2,–

Anm: Falsche Stempelkoppelung, Rs. von Neuseeland, siehe dort.

		ST	PP
3 (3)	10 Cents (K-N) 1966–1970. Rs. Königsmakrelen (Scomberomorus cavalla – Scombridae) (Wellenschnitt):		
	a) 1966, 1969	2,–	2,50
	1968	12,–	
	b) 1970 (FM)	2,50	2,–

4

5

		ST	PP
4 (4)	15 Cents (K-N) 1966, 1969, 1970. Rs. Chinesischer Roseneibisch (Hibiscus rosasinensis – Malvaceae) (viereckig):		
	a) 1966, 1969	2,50	2,50
	b) 1970 (FM)	3,–	2,–
5 (5)	25 Cents (N) 1966, 1969, 1970. Rs. Schaluppe:		
	a) 1966, 1969	3,–	3,50
	b) 1970 (FM)	3,–	3,–

6

7

		ST	PP
6 (6)	50 Cents (S) 1966, 1969, 1970. Rs. Blauer Marlin (Makaira indica = Makaira ampla – Istiophoridae). 800er Silber, 10,37 g:		
	a) 1966, 1969	15,–	20,–
	b) 1970 (FM)	15,–	20,–
7 (7)	1 Dollar (S) 1966, 1969, 1970. Rs. Riesenflügelschnecke (Strombus gigas – Strombidae). 800er Silber, 18,14 g:		
	a) 1966, 1969	20,–	25,–
	b) 1970 (FM)	20,–	25,–

		ST	PP
8 (8)	2 Dollars (S) 1966, 1969, 1970. Rs. Rote oder Scharlach-Flamingos (Phoenicopterus ruber ruber – Phoenicopteridae). 925er Silber, 29,8 g:		
	a) 1966, 1969	35,–	45,–
	b) 1970 (FM)	35,–	45,–

9 (9)	5 Dollars (S) 1966, 1969, 1970. Rs. Staatswappen (»Santa Maria«, »Niña« und »Pinta«, im Schildhaupt Krone). 925er Silber, 42,12 g:		
	a) 1966, 1969	45,–	55,–
	b) 1970 (FM)	45,–	55,–

Aus Anlaß der 1. Allgemeinen Wahlen zur Annahme der neuen Verfassung (4)

10 (10) 10 Dollars (G) 1967, Elisabeth II. Rs. Festung, zwei Palmen und Wertangabe. 916⅔er Gold, 3,994 g *170,– 260,–*

		ST	PP
11 (11)	20 Dollars (G) 1967. Rs. Leuchtturm und Wertangabe. 916⅔er Gold, 7,988 g	*350,–*	*400,–*

12 (12)	50 Dollars (G) 1967. Rs. »Santa Maria«, Flaggschiff von Christoph Kolumbus. 916⅔er Gold, 19,971 g	*900,–*	*1000,–*
13 (13)	100 Dollars (G) 1967. Rs. Christoph Kolumbus (1451–1506), am 12. Oktober 1492 auf Guanahani (San Salvador) amerikanischen Boden betretend. 916⅔er Gold, 39,941 g	*1800,–*	*2000,–*

Bund der Bahama-Inseln
Commonwealth of the Bahama Islands

14 (14)	1 Cent (N-Me) 1971–1973. Elisabeth II., diademiertes Porträt nach rechts, Umschrift · COMMONWEALTH OF THE BAHAMA ISLANDS · ELIZABETH II. Rs. Großer Netz-Seestern, wie Nr. 1:		
	a) [RM] 1973	1,–	
	b) 1971 FM–1973 FM	1,–	2,–
15 (15)	5 Cents (K-N) 1971–1973. Rs. Ananas, wie Nr. 2	1,50	4,–
16 (16)	10 Cents (K-N) 1971–1973. Rs. Königsmakrelen, wie Nr. 3 (Wellenschnitt)	2,50	4,50
17 (17)	15 Cents (K-N) 1971–1973. Rs. Chinesischer Roseneibisch, wie Nr. 4 (viereckig)	4,–	5,50
18 (18)	25 Cents (N) 1971–1973. Rs. Schaluppe, wie Nr. 5	5,–	6,–
19 (19)	50 Cents (S) 1971–1973. Rs. Blauer Marlin, wie Nr. 6	8,–	15,–
20 (20)	1 Dollar (S) 1971–1973. Rs. Riesenflügelschnecke, wie Nr. 7	15,–	25,–

1.–3. Flamingo-Tag des Bahama Islands National Trust

21 (21)	2 Dollars (S) 1971–1973. Rs. Rote oder Scharlach-Flamingos, wie Nr. 8	35,–	45,–

			ST	PP
22 (22)	5	Dollars (S) 1971. Rs. Staatswappen, wie Nr. 9	**45,–**	**55,–**
23 (23)	10	Dollars (G) 1971, 1972. Rs. Festung, wie Nr. 10:		
		a) 1971; 916⅔er Gold, 3,994 g	*120,–*	*180,–*
		b) 1971, wie 23a, mit Feingehaltspunze	*120,–*	
		c) 1972; 916⅔er Gold, 3,19 g	*110,–*	*160,–*
24 (24)	20	Dollars (G) 1971, 1972. Rs. Leuchtturm, wie Nr. 11:		
		a) 1971; 916⅔er Gold, 7,988 g	*200,–*	*360,–*
		b) 1971, wie 24a, mit Feingehaltspunze	*200,–*	
		c) 1972; 916⅔er Gold, 6,38 g	*190,–*	*300,–*
25 (25)	50	Dollars (G) 1971, 1972. Rs. »Santa Maria«, wie Nr. 12:		
		a) 1971; 916⅔er Gold, 19,971 g	*600,–*	*900,–*
		b) 1971, wie 25a, mit Feingehaltspunze	*600,–*	
		c) 1972; 916⅔er Gold, 15,97 g	*520,–*	*660,–*

			ST	PP
26 (26)	100	Dollars (G) 1971, 1972. Typ wie Nr. 22:		
		a) 1971; 916⅔er Gold, 39,941 g	*1000,–*	*1800,–*
		b) 1971; wie 26a, mit Feingehaltspunze (Abb.)	*1000,–*	
		c) 1972; 916⅔er Gold, 31,95 g	*800,–*	*1400,–*
27 (22a)	5	Dollars (S) 1972, 1973. Rs. Staatswappen, am 7. 12. 1971 eingeführt (»Santa Maria«, im Schildhaupt aufgehende Sonne mit dreizehn Strahlen)	**45,–**	**55,–**

Bund der Bahamas
(The) Commonwealth of the Bahamas

			VZ	ST
A27 (15a)	5	Cents (K-N) 1973. Elisabeth II., Umschrift THE COMMONWEALTH OF THE BAHAMAS · ELIZABETH II. Rs. Ananas, wie Nr. 2 [RM]	**3,–**	**5,–**
B27 (16a)	10	Cents (K-N) 1973. Rs. Königsmakrelen, wie Nr. 3 (Wellenschnitt) [RM]	**4,–**	**7,–**

Unabhängiger Staat

Zur Erlangung der Unabhängigkeit am 10. Juli 1973
1. Ausgabe (2)

			ST	PP
28 (27)	10	Dollars (S) 1973. Elisabeth II. Rs. »Santa Maria«, Flaggschiff von Christoph Kolumbus. 925er Silber, 48,6 g, FM	**75,–**	**100,–**

			ST	PP
29 (28)	50	Dollars (G) 1973. Rs. Rote oder Scharlach-Flamingos vor aufgehender Sonne. 500er Gold, 15,5 g, JP	*350,–*	*400,–*

2. Ausgabe (4)

30

31

			ST	PP
30 (29)	10	Dollars (G) 1973. Elisabeth II. Rs. Sperlingstäubchen (Columbigallina passerina – Columbidae). 1,45 g:		
		a) Rotgold, 585 fein (Abb.)	*45,–*	*70,–*
		b) Gelbgold, 750 fein	*90,–*	
31 (30)	20	Dollars (G) 1973. Rs. Rote oder Scharlach-Flamingos. 2,9 g:		
		a) Rotgold, 585 fein (Abb.)	*70,–*	*100,–*
		b) Gelbgold, 750 fein	*120,–*	

			ST	PP
32 (31)	50	Dollars (G) 1973. Rs. Kariben-Languste (Palinurus argus – Palinuridae). 7,27 g:		
		a) Rotgold, 585 fein (Abb.)	*160,–*	*240,–*
		b) Gelbgold, 750 fein	*250,–*	

			ST	PP
33 (32)	100	Dollars (G) 1973. Rs. Staatswappen. 14,54 g:		
		a) Rotgold, 585 fein (Abb.)	*350,–*	*480,–*
		b) Gelbgold, 750 fein	*500,–*	

Anm.: Nrn. 30a–33a tragen die Feingehaltsangabe 585. Nrn. 30b–33b tragen auf der Rückseite keine Jahreszahl.

ST PP

34 (33) 1 Cent 1974–1989. Staatswappen, am 7. 12. 1971 eingeführt. Rs. Großer Netz-Seestern, wie Nr. 1:
a) (N-Me) [RM] 1974, 1977, 1979–1984 **–,50**
b) (N-Me) FM, 1974–1985 **–,50** **2,–**
c) (Zink, K galvanisiert) [RM] 1985, 1987, 1989 (Abb.) **–,50** **–,–**

ST PP

35 (34) 5 Cents (K-N) 1974–1989. Rs. Ananas, wie Nr. 2:
a) [RM] 1975, 1981, 1983, 1984, 1987, 1989 **–,60**
b) FM, 1974–1985 **–,60** **–,–** **2,50**

36 (35) 10 Cents (K-N) 1974–1989. Rs. Königsmakrelen, wie Nr. 3 (Wellenschnitt):
a) [RM] 1975, 1980, 1982, 1985, 1987, 1989 **1,–** **–,–**
b) FM, 1974–1985 **1,–** **3,50**

37 (36) 15 Cents (K-N) 1974–1989. Rs. Chinesischer Roseneibisch, wie Nr. 4 (viereckig):
a) [RM] 1989 **–,–**
b) FM, 1974–1985 **2,–** **4,–**

38 (37) 25 Cents (N) 1974–1989. Rs. Schaluppe, wie Nr. 5:
a) [RM] 1977, 1979, 1981, 1985, 1989 **2,50** **–,–**
b) FM, 1974–1989 **2,50** **5,–**

39 (38) 50 Cents 1974–1989. Rs. Blauer Marlin, wie Nr. 6:
a) (S) 800 fein, 10,37 g, FM, 1974–1980 **9,50**
b) (K-N) FM, 1974–1978, 1981–1985 **6,–** **7,–**
c) (K-N) [RM] 1989 **–,–**

40 (39) 1 Dollar 1974–1980. Rs. Riesenflügelschnecke, wie Nr. 7. Ø 34,5 mm:
a) (S) 800 fein, 18,14 g, 1974–1980 **13,–**
b) (K-N) 1974–1978 **7,–** **9,–**

41 (40) 2 Dollars 1974–1980. Rs. Rote oder Scharlach-Flamingos, wie Nr. 8. Ø 40 mm:
a) (S) 925 fein, 29,81 g, 1974–1980 **35,–**
b) (K-N) 1974–1979 **18,–** **22,–**

42 (41) 5 Dollars 1974–1980. Rs. Neue Nationalflagge, am 10. 7. 1973 eingeführt. Ø 45 mm:
a) (S) 925 fein, 42,12 g **38,–** **50,–**
b) (K-N) 1974–1978 **20,–**

1. Jahrestag der Unabhängigkeit (2)

43 (42) 10 Dollars 1974. Rs. Sir Milo B. Butler, Generalgouverneur:
a) (S) 925 fein, 48,6 g **55,–**
b) (K-N) (4825 Ex.) **40,–**

44 (43) 100 Dollars (G) 1974. Rs. Rote oder Scharlach-Flamingos im Vollschriftkreis. 500er Gold, 18,0145 g [CHI] **400,–** **500,–**

Zum Gedenken an die Erlangung der Unabhängigkeit (4)

45 (44) 50 Dollars (G) 1974–1977. Elisabeth II., Jahr der Unabhängigkeit 1973. Rs. Sperlingstäubchen, wie Nr. 30:
a) 916⅔er Gold, 2,73 g, 1974–1977 *140,–* *200,–*
b) wie 45a, mit Feingehaltspunze, 1974 *140,–*

46 (45) 100 Dollars (G) 1974–1977. Rs. Rote oder Scharlach-Flamingos, wie Nr. 31:
a) 916⅔er Gold, 5,46 g, 1974–1977 *260,–* *350,–*
b) wie 46a, mit Feingehaltspunze, 1974 *260,–*

ST PP

47 (46) 150 Dollars (G) 1974–1977. Rs. Kariben-Languste, wie Nr. 32:
a) 916⅔er Gold, 8,19 g, 1974–1977 *400,–* *600,–*
b) wie 47a, mit Feingehaltspunze, 1974 *400,–*

48 (47) 200 Dollars (G) 1974–1977. Rs. Staatswappen, wie Nr. 33:
a) 916⅔er Gold, 10,92 g, 1974–1977 *530,–* *800,–*
b) wie 48a, mit Feingehaltspunze, 1974 *530,–*

49 (57) 2500 Dollars (G) 1974, 1977. Staatswappen. Rs. Rote oder Scharlach-Flamingos. 916⅔er Gold, 407,268 g [RCM]:
1974 (204 Ex.) *25 000,–*
1977 (168 Ex.) *26 000,–*

2.–4. Jahrestag der Unabhängigkeit

50 (48) 10 Dollars 1975–1977. Rs. Allamanda, Nationalblume:
a) (S) 925 fein, 48,6 g *60,–*
b) (K-N) *40,–*

ST PP

51 (49) 100 Dollars (G) 1975–1977. Rs. Kuba-Amazone (Amazona leucocephala – Psittacidae). 500er Gold, 18,0145 g [CHI] **350,–** **400,–**

5. Jahrestag der Unabhängigkeit (4)

52 (50) 10 Dollars (S) 1978. Rs. Prinz Charles. 500er Silber, 45,36 g:
a) [RM], Tower **70,–**
b) [CHI] **70,–**

53 (51) 100 Dollars (G) 1978. Typ wie Nr. 52. 963er Gold, 13,6 g [CHI] *750,–*

54 (52) 10 Dollars (S) 1978. Rs. Sir Milo B. Butler, Generalgouverneur [CHI] **70,–**

55 (53) 100 Dollars (G) 1978. Typ wie Nr. 54 [CHI] *750,–*

250 Jahre Parlament auf den Bahama-Inseln und zum Staatsbesuch von Prinzessin Anne (2)

56 (54) 25 Dollars (S) 1979. Staatswappen. Rs. Amtsstab. 925er Silber, 37,38 g (3002 Ex.) **180,–**

57 (55) 250 Dollars (G) 1979. Rs. Prinzessin Anne. 900er Gold, 10,58 g, FM (1835 Ex.) **750,–**

10 Jahre Karibische Entwicklungsbank

58 (56) 10 Dollars (S) 1980. Staatswappen. Rs. Flagge vor Weltkugel. 500er Silber, 30,28 g **60,–**

Zur Hochzeit von Prinz Charles und Lady Diana (3)

59 (58) 10 Dollars (S) 1981. Rs. Gestaffelte Brustbilder des Brautpaares, unten Staatswappen. 925er Silber, 28,28 g [RM] **65,–**

			ST	PP
60 (59)	100	Dollars (G) 1981. Typ wie Nr. 59. 900er Gold, 6,48 g:		
		a) [RM]		400,–
		b) [Valcambi], CHI (1405 Ex.) (Abb.)		400,–
61 (60)	500	Dollars (G) 1981. Typ wie Nr. 59. 900er Gold, 25,92 g		*1500,–*
A62 (39b)	1	Dollar (K-N) 1981, 1989. Typ wie Nr. 40. Ø 32 mm:		
		a) [RM] 1989 (max. 2000 Ex.)		–,–
		b) FM, 1981 (1980 Ex.)		12,–
B62 (40b)	2	Dollars (K-N) 1981, 1989, 1991. Typ wie Nr. 41. Ø 34 mm:		
		a) (S) [RM] 1989 (max. 4000 Ex.)		70,–
		1991 (600 Ex.)	*180,–*	
		b) (K-N) FM, 1981 (1980 Ex.)		20,–
C62 (41b)	5	Dollars (S) 1981. Typ wie Nr. 42. 500er Silber, 42,12 g. Ø 36 mm (1980 Ex.)		60,–
62 (61)	50	Dollars (G) 1981. Rs. Zwei Flamingos im Flug. 500er Gold, 2,68 g (2050 Ex.)		160,–
63 (62)	1	Dollar (K-N) 1982. Rs. Blühende Poinciana (1217 Ex.)		20,–
64 (63)	2	Dollars (K-N) 1982. Rs. Bahama-Schwalben (1217 Ex.)		30,–
65 (64)	5	Dollars (S) 1982. Rs. Gedenkkreuz zu Ehren von Christoph Kolumbus vor »Santa Maria« (1217 Ex.)		80,–
66 (65)	50	Dollars (G) 1982. Rs. Blauer Marlin. 500er Gold, 2,68 g (841 Ex.)		200,–

30. Krönungsjubiläum von Königin Elisabeth II.

67 (66)	10	Dollars (S) 1983. Staatswappen. Rs. Krönungsinsignien. 500er Silber, 30,28 g (3374 Ex.)	90,–

10. Jahrestag der Unabhängigkeit (7)

68 (67)	1	Dollar (K-N) 1983. Rs. Allamanda, FM	20,–
69 (68)	2	Dollars (K-N) 1983. Rs. Kolibri, FM (1020 Ex.)	30,–
70 (69)	5	Dollars (S) 1983. Rs. Flamingo, FM (1020 Ex.)	80,–
71 (71)	10	Dollars (S) 1983. Rs. Prinz Charles, vor Flagge stehend. 925er Silber, 23,3276 g, CHI (800 Ex.)	90,–
72 (70)	50	Dollars (G) 1983, Typ wie Nr. 70, FM (962 Ex.)	180,–
73 (72)	100	Dollars (G) 1983. Rs. Porträt von Prinz Charles, Nationalflagge. 900er Gold, 6,48 g, CHI (400 Ex.)	450,–
74 (73)	2500	Dollars (G) 1983. Rs. Staatswappen. 916⅔er Gold, 407,268 g, CHI (56 Ex.)	*27000,-*

26. Regatta um den »America's Cup« 1983

75 (74)	1000	Dollars (G) 1983. Rs. Hochseesegler. 900er Gold, 41,47 g [RM] (285 Ex.)	*3000,–*

XXIII. Olympische Sommerspiele 1984 in Los Angeles

76 (76)	10	Dollars (S) 1984. Rs. Läufer im Ziel. 925er Silber, 23,3276 g, CHI (2100 Ex.)	120,–

			ST	PP
77	1	Dollar (K-N) 1984, 1985. Rs. Bougainvillea	15,–	
78 (75)	2	Dollars (K-N) 1984, 1985. Rs. Drei Flamingos im Flug (2612 Ex.)	25,–	
79	5	Dollars (S) 1984. Rs. Inselkarte der Bahamas aus dem 15 Jahrhundert. 500er Silber, 42,12 g (1036 Ex.)		120,–

10. Jahrestag der Zentralbank

80	10	Dollars (S) 1984. Rs. Emblem der Zentralbank. 500er Silber, 29,17 g (1001 Ex.)	120,–
81	50	Dollars (G) 1984. Rs. Goldene Allamanda. 500er Gold, 2,68 g (3716 Ex.)	150,–
82 (78)	5	Dollars (S) 1985. Rs. Brustbild von Christoph Kolumbus nach links (1576 Ex.)	120,–
83	50	Dollars (G) 1985. Rs. »Santa Maria« (1786 Ex.)	150,–

200. Geburtstag von John James Audubon

84 (80)	25	Dollars (S) 1985. Staatswappen. Rs. Zwei Flamingos. 925er Silber, 129,6 g	180,–

500. Jahrestag der Entdeckung Amerikas – 1. Ausgabe (3)

85	25	Dollars (S) 1985. Staatswappen. Rs. Landung des Kolumbus auf San Salvador, nach einem Wandgemälde von J. Vanderlyn 1842 im Kapitol, Washington. 925er Silber, 119,878 g	200,–
86	100	Dollars (G) 1985. Typ wie Nr. 85. 900er Gold, 6,48 g (700 Ex.)	450,–
87 (77)	2500	Dollars (G) 1985. Elisabeth II. Rs. wie Nr. 85. 916⅔er Gold, 407,268 g (86 Ex.)	*24000,–*

Zum Besuch des britischen Königspaares (2)

88 (79)	10	Dollars (S) 1985. Elisabeth II. Rs. Staatswappen. 925er Silber, 28,28 g (1060 Ex.)	120,–
89	250	Dollars (G) 1985. Typ wie Nr. 88. 916⅔er Gold, 47,54 g (101 Ex.)	*2200,–*

XIII. Commonwealth-Spiele 1986 in Edinburgh (2)

		ST	PP
90 (81)	10 Dollars (S) 1986. Rs. Läufer. 925er Silber, 28,28 g	**50,–**	**100,–**
91	250 Dollars (G) 1986. Typ wie Nr. 90. 916⅔er Gold, 47,54 g (150 Ex.)		*2200,–*

500. Jahrestag der Entdeckung Amerikas – 2. Ausgabe (5)

92	10 Dollars (S) 1987. Elisabeth II. Rs. Königin Isabella, Christoph Kolumbus und Segelschiff vor der Abfahrt. 925er Silber, 28,28 g	**100,–**
93	25 Dollars (S) 1987. Typ wie Nr. 92. 925er Silber, 136,08 g	**250,–**
94	100 Dollars (G) 1987. Typ wie Nr. 92. 900er Gold, 6,48 g	**400,–**
95	250 Dollars (G) 1987. Typ wie Nr. 92. 916⅔er Gold, 47,54 g (250 Ex.)	*2200,–*
96	2500 Dollars (G) 1987. Typ wie Nr. 92. 916⅔er Gold, 407,268 g (100 Ex.)	*20 000,–*

500. Jahrestag der Entdeckung Amerikas – 3. Ausgabe (5)

97	10 Dollars (S) 1988. Rs. Kolumbus beim Anblick der »Neuen Welt«	**100,–**
98	25 Dollars (S) 1988. Typ wie Nr. 97	**250,–**
99	100 Dollars (G) 1988. Typ wie Nr. 97	**400,–**
100	250 Dollars (G) 1988. Typ wie Nr. 97 (250 Ex.)	*2200,–*
101	2500 Dollars (G) 1988. Typ wie Nr. 97 (100 Ex.)	*20 000,–*

500. Jahrestag der Entdeckung Amerikas – 4. Ausgabe (5)

		PP
A102	5 Dollars (S) 1989, 1991. Staatswappen. Rs. Kolumbus auf Guanahani am 12. Oktober 1492. 925er Silber, 19,4397 g [RM]	**60,–**

Nrn. 34c, 35a–38a, 39c, A62a, B62a, A102 von 1989, polierte Platte (max. 2000 Ex.) 185,–

		PP
102	10 Dollars (S) 1989. Elisabeth II. Rs. wie Nr. A 102	**120,–**

Abb. verkleinert

103	25 Dollars (S) 1989. Typ wie Nr. 102 [Stuttgart]	**250,–**
104	100 Dollars (G) 1989. Typ wie Nr. 102 [Stuttgart]	**400,–**
105	250 Dollars (G) 1989. Typ wie Nr. 102 [Stuttgart] (250 Ex.)	*2200,–*

5. Ausgabe (4)

106	10 Dollars (S) 1990. Elisabeth II. Rs. Christoph Kolumbus vor Karte des Atlantik. 925er Silber, 28,28 g [Perth] (max. 10 000 Ex.)	**90,–**
107	25 Dollars (S) 1990. Rs. Arawak-Indianer vor Karte der Karibik. 925er Silber, 136,08 g [Perth] (max. 5000 Ex.)	**250,–**
108	100 Dollars (G) 1990. Typ wie Nr. 106. 900er Gold, 6,48 g [Perth] (max. 5000 Ex.)	**400,–**
109	250 Dollars (G) 1990. Typ wie Nr. 107. 916⅔er Gold, 47,54 g [Perth] (max. 500 Ex.)	*2000,–*

Frühere Ausgaben siehe Weltmünzkatalog 19. Jahrhundert.

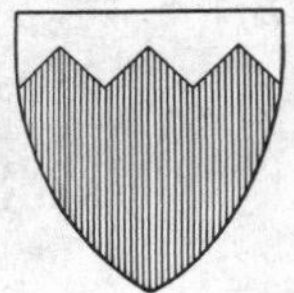

Bahrain **Bahrain** **(Îles) Bahreïn**

Bahrain

Al Bahrain

Fläche: 622 km²; 445 000 Einwohner.
Arabisches Scheichtum am Persischen Golf; seit 1861 britischer Schutzstaat; seit 14. August 1971 unabhängig. Hauptstadt: Manama.

Der Bahrain-Dinar ist seit dem 16. Oktober 1965 in Umlauf; daneben war die sogenannte Golf-Rupie (1 BD = 10 Golf-Rupien) noch bis zum 25. Oktober 1969 gesetzliches Zahlungsmittel. Der Bahrain-Dinar war vorübergehend auch in Abu Dhabi gesetzliches Zahlungsmittel. Die Währungsunion mit Abu Dhabi wurde zwischenzeitlich gelöst.

1000 Fils = 1 Bahrain-Dinar

Staat Bahrain

Isa bin Sulman bin Hamad al-Khalifa seit 1961

		VZ	ST
1 (1)	1 Fils (Bro) 1965, 1966. Dattelpalme (Phoenix dactylifera – Palmae), Umschrift »Hukumat al-Bahrain« (Regierung von Bahrain). Rs. Wert	1,–	2,–
2 (2)	5 Fils (Bro) 1965. Typ wie Nr. 1	–,50	1,–
3 (3)	10 Fils (Bro) 1965. Typ wie Nr. 1	–,70	1,50
4 (4)	25 Fils (K-N) 1965. Typ wie Nr. 1	1,50	3,–
5 (5)	50 Fils (K-N) 1965. Typ wie Nr. 1	2,50	5,–

6 (6)	100 Fils (K-N) 1965. Typ wie Nr. 1	3,50	7,–

Nr. 6 auch in Aluminium vorkommend vz *200,–*

Zur Einweihung der Stadt Isa am 6. November 1968 (2)

7 (7)	500 Fils (S) 1968. Scheich Isa (*1933). Rs. Wappen, oben »Madinat Isaya«, Wert. 800er Silber, 18,14 g	20,–	35,–
			PP
8 (8)	10 Dinars (G) 1968. Typ wie Nr. 7. 916⅔er Gold, 15,98 g [RM] (3000 Ex.)		*900,–*

Für den FAO-Münz-Plan

		VZ	ST
9 (9)	250 Fils (K-N) 1969, 1983. Dattelpalme vor einer Zaruk (Fischerboot), Umschrift »Regierung von Bahrain« und Jahreszahlen. Rs. FAO-Emblem und Motto »Es werde Brot«, Wertangabe [RM]:		
	1969	8,–	12,–
	1983		20,–

Nrn. 1–6 von 1965, Nr. 9 von 1969, Nr. 7 von 1968, polierte Platte (Bright Proof) (20 000 Ex.) 50,–

Zur Erlangung der Unabhängigkeit am 14. August 1971

10 (10)	10 Dinars (G) 1971. Scheich Isa. Rs. Sonne über dem Wappen von Bahrain, Datum der Unabhängigkeit. 916⅔er Gold, 15,98 g (3000 Ex.)	*1000,–*

5 Jahre Währungsbehörde (Bahrain Monetary Agency) (2)

PP

11 (11) 50 Dinars (G) 1978. Scheich Isa. Rs. Wappen. 916⅔er Gold, 15,98 g (5000 Ex.) *750,–*

12 (12) 100 Dinars (G) 1978. Typ wie Nr. 11. 916⅔er Gold, 31,96 g (5000 Ex.) *1500,–*

10 Jahre Währungsbehörde (Bahrain Monetary Agency) (8)

13 (1a) 1 Fils (S) 1983. Typ wie Nr. 1. 925er Silber, 1,5 g –,–

14 (2a) 5 Fils (S) 1983. Typ wie Nr. 1. 925er Silber, 2 g –,–

15 (3a) 10 Fils (S) 1983. Typ wie Nr. 1. 925er Silber, 4,75 g –,–

16 (4a) 25 Fils (S) 1983. Typ wie Nr. 1. 925er Silber, 1,75 g –,–

17 (5a) 50 Fils (S) 1983. Typ wie Nr. 1. 925er Silber, 3,1 g –,–

18 (6a) 100 Fils (S) 1983. Typ wie Nr. 1. 925er Silber, 6,5 g –,–

19 (9a) 250 Fils (S) 1983. Typ wie Nr. 9. 925er Silber, 15 g (FAO-Ausgabe) –,–

PP

20 (7a) 500 Fils (S) 1983. Typ wie Nr. 7. 925er Silber, 18,063 g –,–

Nrn. 13–20, polierte Platte (15 000 Ex.) 200,–

Zur Einweihung der Stadt Hamad

A20 – (G) 1983. Scheich Isa. Rs. Wappen –,–

25 Jahre World Wildlife Fund

21 5 Dinars (S) n. H. 1406/1986. Scheich Isa. Rs. Kropfgazelle (Gazella subgutturosa marica – Bovidae). 925er Silber, 19,4397 g **80,–**

70 Jahre Save the Children Fund

22 5 Dinars (S) n. H. 1410/1990. Rs. Jungen beim Fußballspiel. 925er Silber, 19,4397 g **80,–**

Bangladesh — Bangladesch — Bangladech

Fläche: 143998 km²; 115000000 Einwohner (1991).
Bei der Teilung Britisch-Indiens aufgrund des Britischen Unabhängigkeitsgesetzes fiel Westbengalen an Indien, und Ostbengalen war bis 1971 unter der Bezeichnung Ostpakistan Bestandteil der Islamischen Republik Pakistan. Mit Hilfe indischer Truppen wurde die am 10. April 1971 ausgerufene Unabhängigkeit von Bangladesch (Land der Bengalen) am 17. Dezember 1971 verwirklicht. Im Dezember 1971 wurde in Dacca die »Bank von Bangladesch« gegründet, die auf dem Gebiet des ehemaligen Ostpakistan die Funktion der Pakistanischen Staatsbank übernahm. Hauptstadt: Dacca (Dhaka).

100 Paise (Poisha) = 1 Taka

Volksrepublik Bangladesch

VZ ST

1 (A1) 1 Paisa (Al) 1974. Staatswappen (Nationalblume Schapla oder Wasserlilie über Wellenlinien zwischen Padiähren, überhöht von Teeblättern und vier Sternen). Rs. Wertangabe und Jahreszahl innerhalb eines Kranzes –,40 –,50

2 (1) 5 Paise (Al) 1973, 1974. Rs. Pflug, Wertangabe und Jahreszahl innerhalb eines Zahnrades (viereckig) –,40 –,60

3 (2) 10 Paise (Al) 1973, 1974. Rs. Blatt, Wertangabe, Jahreszahl (Wellenschnitt) –,70 1,–

4 (3) 25 Paise (St ferritisch) 1973. Rs. Fisch –,70 1,10

5 (4) 50 Paise (St austenitisch) 1973. Rs. Vogel *10,– 20,–*

Für den FAO-Münz-Plan (4)

6 (5) 5 Paise (Al) 1974–1976. Typ wie Nr. 2, jedoch Zahnradsegment und Motto »Steigert die Produktion« (viereckig) –,40 –,80

7 (6) 10 Paise (Al) 1974–1979. Rs. Reiskörner, Jutesetzling, Trecker, Motto »Grüne Revolution« (Wellenschnitt) –,60 –,90

VZ ST

8 (7) 25 Paise (St ferritisch) 1974–1978. Rs. Karpfen, Ei, Bananen, Kürbis, Motto »Nahrung für alle« –,70 1,10

9 (8) 1 Taka (K-N) 1975–1977. Rs. Vierköpfige Familie (Emblem der Familienplanung) 1,50 2,–

Für den FAO-Münz-Plan (2)

10 (9) 5 Paise (Al) 1977–1981. Rs. Zahnradsegment, Pflug, Trecker (viereckig) [RCM] –,40 –,60

11 (10) 10 Paise (Al) 1977~1984. Rs. Vierköpfige Familie (Emblem der Familienplanung) (Wellenschnitt) [RCM]:
a) 1977–1980; Ø 24 mm –,60 –,90
b) 1983, 1984; Ø 21,4 mm –,90 1,40

		VZ	ST
12 (11)	25 Paise (St austenitisch) 1977~1991. Rs. Kopf eines Bengalischen Tigers:		
	a) [RCM] 1977–1981, 1983, 1984	–,70	1,20
	b) [RAM] 1991	–,70	1,20

Für den FAO-Münz-Plan

		VZ	ST
13 (12)	50 Paise (St austenitisch) 1977–1981, 1983, 1984. Rs. Fisch, Ananas, Vogel und Wurst [RCM]	1,–	1,80

XXV. Olympische Sommerspiele 1992 in Barcelona (2)

		PP
14	Taka (S) 1991. Rs. Hockey	–,–
15	Taka (S) 1991.	–,–

Barbados | # Barbados | **Barbade**

Fläche: 430 km²; 266 000 Einwohner.
Die östlichste der Kleinen Antillen wurde 1519 von den Spaniern entdeckt und befand sich seit 1625 in britischem Besitz. Der koloniale Status wurde am 30. November 1966 durch die Unabhängigkeit abgelöst. Barbados ist Mitglied der Karibischen Freihandelszone (CARIFTA). Bis zur Einführung des Barbados-Dollars am 3. Dezember 1973 war Barbados Mitglied des Währungsgebietes des Ostkaribischen Dollars (siehe Westindische Assoziierte Staaten). Hauptstadt: Bridgetown.

100 Cents = 1 Ostkaribischer Dollar;
seit 3. Dezember 1973: 100 Cents = 1 Barbados-Dollar

Zur Einweihung der Karibischen Entwicklungsbank und für den FAO-Münz-Plan

		ST	PP
1 (2*)	4 Dollars (K-N) 1970. Staatswappen, am 21. 12. 1965 eingeführt (Feigenbaum und Orchideenblüten »Red Pride of Barbados«) mit Schildhaltern (Pelikan und stilisierter Delphin) und Helmzier (Arm mit Zuckerrohr). Rs. Bananen, Zuckerrohr, Wertangabe	**20,–**	*100,-*

* Diese Nummer entspricht der Yeoman-Katalogisierung unter »East Caribbean Territories«.

NEUE WÄHRUNG: 100 Cents = 1 Barbados-Dollar

		ST	PP
2 (1)	1 Cent (Bro) 1973–1990. Staatswappen, Landesname, Jahreszahl. Rs. Gebrochener Dreizack, Detail aus der Nationalflagge:		
	a) (RCM, RM) 1973–1975, 1978–1982, 1984–1987, 1989, 1990	**–,50**	
	b) FM 1973–1975, 1977–1984	**1,50**	**1,50**
3 (2)	5 Cents (Me) 1973–1989. Rs. Leuchtturm »South Point«, 1853 erbaut:		
	a) (RCM, RM) 1973, 1974, 1979, 1982, 1985, 1986, 1988, 1989	**1,–**	
	b) FM 1973–1975, 1977–1984	**2,–**	**2,–**
4 (3)	10 Cents (K-N) 1973–1989. Bonaparte-Möve (Larus philadelphia – Laridae):		
	a) (RCM, RM) 1973, 1974, 1979, 1980, 1984–1987, 1989	**1,50**	
	b) FM 1973–1975, 1977–1984	**2,50**	**2,50**
5 (4)	25 Cents (K-N) 1973–1989. Rs. Morgan Lewis Sugar Mill, 19. Jh., zur Zuckerrohrverarbeitung verwendet, heute Nationaldenkmal:		
	a) (RCM, RM) 1973, 1974, 1978–1981, 1986, 1987, 1989	**2,–**	
	b) FM 1973–1975, 1977–1984	**3,–**	**3,50**
6 (5)	1 Dollar (K-N) 1973–1989. Rs. Fliegender Fisch (Hirundichthys affinis – Exocœtidae):		
	a) (RCM, RM) 1973, 1974, 1979, 1985, 1986	**5,–**	
	b) FM 1973–1975, 1977–1984	**12,–**	**12,–**
	c) Ø 25,8 mm [RM] 1988, 1989	**6,–**	
7 (6)	2 Dollars (K-N) 1973–1975, 1977–1984. Rs. Geweihkoralle (Acropora cervicornis – Madroporaria), FM	**10,–**	**15,–**
8 (7)	5 Dollars 1973–1975, 1977–1984. Rs. Muschelbrunnen vom Trafalgar Square in Bridgetown, FM:		
	a) (S) 800 fein, 32,1 g		**40,–**
	b) (K-N)	**20,–**	
9 (8)	10 Dollars 1973–1975, 1977–1981. Rs. Neptun mit Dreizack, FM:		
	a) (S) 925 fein, 38 g		**100,–**
	b) (K-N)	**35,–**	

350. Jahrestag der Inbesitznahme durch Großbritannien

		ST	PP
10 (9)	100 Dollars (G) 1975. Staatswappen, Gedenkumschrift, Jahreszahlen. Rs. Die »Olive Blossom«, die 1625 unter John Powell vor Barbados vor Anker ging. 500er Gold, 6,21 g	*220,–*	*280,–*

10. Jahrestag der Unabhängigkeit (8)

		ST	PP
11 (10)	1 Cent (Bro) 1976. Staatswappen, Landesname, Jahreszahlen 1966–1976. Rs. Gebrochener Dreizack, wie Nr. 2:		
	a) 1976 (RCM)	**1,–**	
	b) 1976 FM	**1,50**	**3,–**
12 (11)	5 Cents (Me) 1976. Rs. Leuchtturm »South Point«, wie Nr. 3	**1,50**	**4,–**
13 (12)	10 Cents (K-N) 1976. Rs. Bonaparte-Möve, wie Nr. 4	**1,80**	**5,–**
14 (13)	25 Cents (K-N) 1976. Rs. Morgan Lewis Sugar Mill, wie Nr. 5	**2,20**	**6,–**
15 (14)	1 Dollar (K-N) 1976. Rs. Fliegender Fisch, wie Nr. 6	**5,–**	**9,–**

ST PP

16 (15) 2 Dollars (K-N) 1976. Rs. Geweihkoralle, wie Nr. 7 **8,– 14,–**

17 (16) 5 Dollars 1976. Rs. Muschelbrunnen, wie Nr. 8:
a) (S) **25,–**
b) (K-N) **15,–**

18 (17) 10 Dollars 1976. Staatswappen, Landesname, Gedenkumschrift. Rs. Neptun, wie Nr. 9:
a) (S) **45,–**
b) (K-N) **30,–**

25. Krönungsjubiläum von Königin Elisabeth II.

19 (18) 25 Dollars (S) 1978. Elisabeth II. Rs. Der Falke der Plantagenets und das Einhorn von Schottland. 925er Silber, 28,28 g **140,– 70,–**

30. Jahrestag der Allgemeinen Erklärung der Menschenrechte

20 (19) 100 Dollars (G) 1978. Staatswappen, Wertangabe. Rs. Betende Hände mit Schriftrolle [CHI] (1114 Ex.):
a) 900er Gold, 5,05 g, Ø 21 mm **250,–**
b) 900er Gold, 4,06 g, Ø 20 mm **200,–**

Internationales Jahr des Kindes 1979

21 (20) 200 Dollars (G) 1979. Staatswappen, Wertangabe. Rs. Drei Kinder in stilisierter Darstellung [CHI] (1121 Ex.):
a) 900er Gold, 10,1 g, Ø 27 mm **500,–**
b) 900er Gold, 8,12 g, Ø 24 mm **400,–**

10 Jahre Karibische Entwicklungsbank

22 (21) 25 Dollars (S) 1980. Staatswappen. Rs. Flagge vor Weltkugel. 500er Silber, 30,28 g (2345 Ex.) **60,–**

Karibisches Kunstfestival »Carifesta« im Juli 1981

23 (22) 25 Dollars (S) 1981. Staatswappen. Rs. Emblem. 500er Silber, 30,28 g (1008 Ex.) **100,–**

Welternährungstag 1981

24 (24) 50 Dollars (S) 1981. Emblem der FAO. Rs. Black-Belly-Schaf. 500er Silber, 27,35 g (6012 Ex.) *160,–*

25 (23) 150 Dollars (G) 1981. Rs. Nationalblume Poinciana auf Landkarte. 500er Gold, 7,13 g (1147 Ex.) **–,–** *450,–*

10 Jahre Zentralbank (Central Bank of Barbados)

26 (25) 10 Dollars 1982. Rs. Seepferdchen, Siegel der Zentralbank:
a) (S) 925 fein, 35,52 g (851 Ex.) **120,–**
b) (K-N) (600 Ex.) **50,–**

250. Geburtstag von George Washington

ST PP

27 (26) 250 Dollars (G) 1982. Rs. Der junge Washington auf Barbados. 900er Gold, 6,6 g (802 Ex.) **500,–**

28 10 Dollars 1983. Rs. Pelikan:
a) (S) 925 fein, 35,52 g (679 Ex.) **150,–**
b) (K-N) (741 Ex.) **50,–**

30. Krönungsjubiläum von Königin Elisabeth II.

29 (27) 25 Dollars (S) 1983. Staatswappen. Rs. Krönungsinsignien. 500er Silber, 30,28 g (2951 Ex.) **60,–**

Gottheiten des Meeres – 1. Ausgabe

30 100 Dollars (G) 1983. Rs. Neptun mit Dreizack. 500er Gold, 6,21 g (487 Ex.) **–,– 350,–**

31 10 Dollars 1984. Rs. Drei Delphine:
a) (S) 925 fein, 35,52 g (469 Ex.) **180,–**
b) (K-N) **–,–**

Welt-Fischerei-Konferenz Rom 1984

32 50 Dollars (S) 1984. Emblem der FAO. Rs. Fliegende Fische. 500er Silber, 27,35 g, FM (3600 Ex.) **100,–**

Gottheiten des Meeres – 2. Ausgabe

33 (28) 100 Dollars (G) 1984. Rs. Triton, Meeresgott (halb Mensch, halb Fisch), Sohn des Neptun und der Amphitrite; mit Tritonshorn und Dreizack (1103 Ex.) **350,–**

Gottheiten des Meeres – 3. Ausgabe

34 (30) 100 Dollars (G) 1985. Rs. Amphitrite (1276 Ex.) **350,–**

Jahrzehnt für die Frauen 1976–1985

35 20 Dollars (S) 1985. Staatswappen. Rs. Lehrerin mit Karte von Barbados vor Schulklasse. 925er Silber, 23,3276 g. CHI (1633 Ex.) **100,–**

Zum Besuch des britischen Königspaares (2)

36 (29) 25 Dollars (S) 1985. Elisabeth II. Rs. Staatswappen. 925er Silber, 28,28 g (2110 Ex.) **90,–**

37 500 Dollars (G) 1985. Typ wie Nr. 36. 916⅔er Gold, 47,54 g (66 Ex.) *2200,–*

XIII. Commonwealth-Spiele 1986 in Edinburgh (2)

38 (31) 25 Dollars (S) 1986. Rs. Diskuswerfer. 925er Silber, 28,28 g **50,– 100,–**

39 250 Dollars (G) 1986. Typ wie Nr. 38. 916⅔er Gold, 47,54 g (150 Ex.) *2200,–*

XXIV. Olympische Sommerspiele 1988 in Seoul

40 20 Dollars (S) 1988. Rs. Hürdenläufer. 925er Silber, 23,3276 g, CHI **100,–**

350 Jahre Parlament (2)

41 50 Dollars (S) 1989. Staatswappen. Rs. Ansicht des Parlamentsgebäudes. 925er Silber, 33,625 g (max. 5000 Ex.) **80,–**

42 100 Dollars (G) 1989. Elisabeth II. Rs. wie Nr. 41. 916⅔er Gold, 15,976 g (max. 500 Ex.) *800,–*

43 10 Dollars (S) 1991. Rs. Gürtelschnalle mit Kricketmotiv **80,–**

70 Jahre Save the Children Fund

44 Dollars (S) **–,–**

Belgium Belgien Belgique

België

Fläche: 30519 km²; 9880000 Einwohner (1986).
Belgien leitet seinen Namen von den durch Julius Caesar »Belgae« genannten Kelten ab. Das lateinische Eigenschaftswort »belgicus« wurde auch weiterhin für »niederländisch« verwendet. Beispielsweise findet sich auf bis in die Gegenwart geprägten Dukaten der Niederlande die Aufschrift MO. AUR. REG. BELGII AD LEGEM IMPERII. Nach dem spanischen Erbfolgekrieg wurden aus den spanischen Niederlanden die österreichischen Niederlande, wo die Ideen der Französischen Revolution reichen Nährboden fanden. Die Annexion an die Französische Republik 1794 (später Napoleons Kaiserreich) wurde 1815 durch Ausgliederung zusammen mit den nördlichen Niederlanden abgelöst; ein Aufstand gegen die oranische Bevormundung (1830) ging in die Schaffung eines international garantierten souveränen Königreiches über, zu dessen König schließlich Prinz Leopold von Sachsen-Coburg und Gotha gewählt wurde. Die »Belgische Frage« hielt Europa aber bis 1839 in Atem, da König Wilhelm I. der Niederlande der Trennung der Südprovinzen nicht zustimmen wollte. Hauptstadt: Brüssel.

100 Centiemen (Centimes, Centimen) = 1 Belgischer Frank (Franc, Franken), 5 Frank = 1 Belga

Die Wirtschaftsunion sowie das Währungsabkommen mit Luxemburg wurden 1921 abgeschlossen. Die Dauer des Vertrages belief sich zunächst auf 50 Jahre, um dann aber in Abständen von jeweils 10 Jahren mit gegenseitigem Einverständnis verlängert zu werden. Daher sind die belgischen Geldzeichen auch in Luxemburg gesetzliches Zahlungsmittel.

Zahlreiche belgische Münzen tragen fl(ämische, südniederländische) oder fr(anzösische) Inschriften:

fl.:		fr.:	
	KONINKRIJK BELGIË		ROYAUME DE BELGIQUE
	KONING DER BELGEN		ROI DES BELGES
	EENDRACHT MAAKT MACHT		L'UNION FAIT LA FORCE
	GOED FOR u. a.		BON POUR u. a.

Bei zweisprachigen Inschriften gibt es zwei Versionen, entweder »BELGIË – BELGIQUE« oder »BELGIQUE – BELGIË«. Offizielle Nachprägungen sind im Katalogtext durch ein Sternchen * gekennzeichnet; so bedeutet beispielsweise 1907*, daß dieser Jahrgang offiziell nachgeprägt wurde.

Königreich Belgien
Koninkrijk België
Royaume de Belgique

Leopold II. 1865–1909

		SS	VZ
1 (1)	1 Centime (K) 1869–1907. Krone über königlichem Monogramm. Rs. Löwe mit Schild:		
	a) fl., 1882, 1892	200,–	350,–
	fl., 1887, 1894, 1899, 1901, 1902, 1907	2,50	6,–
	b) fr., 1869	10,–	20,–
	fr., 1870, 1873–1876, 1882, 1899, 1901, 1902, 1907	2,–	5,–
2 (2)	2 Centimes (K) 1869–1909. Typ wie Nr. 1:		
	a) fl., 1902, 1905, 1909*	2,–	4,–
	b) fr., 1869, 1871	25,–	50,–
	fr., 1870, 1873–1876, 1902, 1905, 1909*	2,–	4,–
3 (3)	5 Centimes (K-N) 1894–1901. Wappenlöwe. Rs. Wertangabe:		
	a) fl., 1894, 1895, 1900, 1901	10,–	25,–
	fl., 1898	18,–	35,–
	b) fr., 1894, 1895, 1900, 1901	10,–	25,–
	fr., 1898	18,–	35,–

		SS	VZ
4 (4)	10 Centimes (K-N) 1894–1901. Typ wie Nr. 3:		
	a) fl., 1894, 1895, 1898	12,–	25,–
	fl., 1901	50,–	90,–
	b) fr., 1894, 1895, 1898	12,–	25,–
	fr., 1901	50,–	90,–
5 (15)	50 Centimes (S) 1901. Kopfbild n. l., Titelumschrift. Rs. Löwe und Wertangabe. 835er Silber, 2,5 g:		
	a) fl., 1901*	25,–	60,–
	b) fr., 1901*	25,–	60,–

Nrn. 6–10 fallen aus.

		SS	VZ
11 (12)	5 Centimes (K-N) 1901–1907. Krone über königlichem Monogramm. Rs. Wertangabe und Lorbeerzweig (mit Loch):		
	a) fl., 1902–1907	1,50	4,50
	b) fr., 1901	50,–	100,–
	fr., 1902–1907	1,50	4,–
12 (13)	10 Centimes (K-N) 1901–1906. Typ wie Nr. 11:		
	a) fl., 1902–1906	1,20	2,50
	b) fr., 1901, 1903	12,–	25,–
	fr., 1902, 1904–1906	1,–	2,25

Nr.		SS	VZ
13 (14)	25 Centimes (K-N) 1908–1909. Typ wie Nr. 11:		
	a) fl., 1908	5,–	8,–
	b) fr., 1908, 1909	5,–	8,–
14 (16)	50 Centimes (S) 1907–1909. Kopfbild n. l., Titelumschrift. Rs. Wertangabe und Jahreszahl zwischen unten gebundenen Zweigen. 835er Silber, 2,5 g:		
	a) fl., 1907*	15,–	27,–
	fl., 1909	12,–	22,–
	b) fr., 1907*	15,–	27,–
	fr., 1909	12,–	22,–

Nr.		SS	VZ
15 (17)	1 Franc (S) 1904–1909. Typ wie Nr. 14. 835er Silber, 5 g:		
	a) fl., 1904*	16,50	30,–
	fl., 1909	14,–	22,–
	b) fr., 1904*	15,–	28,–
	fr., 1909	14,–	22,–
16 (18)	2 Francs (S) 1904–1909. Typ wie Nr. 14. 835er Silber, 10 g:		
	a) fl., 1904*	30,–	55,–
	fl., 1909	22,–	35,–
	b) fr., 1904*	30,–	55,–
	fr., 1909	22,–	35,–

Nrn. 17–22 fallen aus.

Albert I. 1909–1934

Nr.		SS	VZ
23 (22)	1 Centime (K) 1911–1914. Krone über königlichem Monogramm. Rs. Löwe mit Schild:		
	a) fl., 1912*	4,–	8,–
	b) fr., 1911	–,–	–,–
	fr., 1912*	4,–	8,–
	fr., 1914	6,–	10,–
24 (23)	2 Centimes (K) 1910–1919. Typ wie Nr. 23:		
	a) fl., 1910–1912 (1914*), 1919	3,–	5,–
	b) fr., 1911, 1914*	7,–	12,–
	fr., 1912, 1919	3,–	5,–

Nr.		SS	VZ
25 (24)	5 Centimes (K–N) 1910–1932. Krone über königlichem Monogramm. Rs. Wertangabe und Lorbeerzweig (mit Loch):		
	a) fl., 1910, 1914, 1920–1928	1,50	2,20
	fl., 1930	125,–	250,–
	b) fr., 1910, 1913, 1914, 1920, 1922, 1923, 1925–1928	1,50	2,20
	fr., 1932	125,–	250,–

Nr.		SS	VZ
26 (25)	10 Centimes (K–N) 1920–1929. Typ wie Nr. 25:		
	a) fl., 1920–1922, 1924–1929	2,–	2,80
	b) fr., 1920, 1921, 1923, 1926–1929	2,–	2,80
27 (26)	25 Centimes (K–N) 1910–1929. Typ wie Nr. 25:		
	a) fl., 1910, 1913, 1921, 1922, 1926–1929	2,–	2,80
	b) fr., 1913, 1920–1923, 1926–1929	2,–	2,80
28 (33)	50 Centimes (S) 1910–1914. Kopfbild n. l., Titelumschrift. Rs. Wertangabe und Jahreszahl zwischen oben gebundenen Zweigen. 835er Silber, 2,5 g:		
	a) fl., 1910, 1911*, 1912	6,–	10,–
	b) fr., 1910, 1911*, 1912	5,50	9,–
	fr., 1914	20,–	50,–
29 (34)	1 Franc (S) 1910–1914. Typ wie Nr. 28. 835er Silber, 5 g:		
	a) fl., 1910, 1911*–1913*, 1914	8,–	18,–
	b) fr., 1910*, 1911*–1913*, 1914	8,–	18,–
30 (35)	2 Francs (S) 1910–1912. Typ wie Nr. 28. 835er Silber, 10 g:		
	a) fl., 1911*	20,–	40,–
	fl., 1912	28,–	50,–
	b) fr., 1910, 1911*	20,–	40,–
	fr., 1912	28,–	50,–
31	10 Francs (G) 1911, 1912. Typ wie Nr. 32. 900er Gold, 3,2258 g:		
	a) fl., 1911, 1912		*5500,–*
	b) fr., 1911, 1912		*5500,–*

Nr.		SS	VZ
32 (37)	20 Francs (G) 1911*, 1914. Brustbild des Königs in Uniform n. l., Titelumschrift. Rs. Staatswappen, Jahreszahl. 900er Gold, 6,4516 g:		
	a) fl., 1911*	–,–	–,–
	fl., 1914	250,–	300,–
	b) fr., 1911*	–,–	–,–
	fr., 1914	250,–	300,–

Nr.		SS	VZ
33	100 Francs (G) 1911, 1912. Typ wie Nr. 32. 900er Gold, 32,258 g:		
	a) fl.		*40 000,–*
	b) fr.		*40 000,–*

Anm.: Die während der deutschen Besetzung Belgiens in den Jahren 1915–1918 verausgabten Münzen sind im Deutschlandteil dieses Kataloges aufgeführt.

Nrn. 34–48 fallen aus.

		SS	VZ
49 (24a)	5 Centimes (N-Me) 1930–1932. Typ wie Nr. 25, jedoch mit fünfstrahligem Stern auf der Rs.:		
	a) fl., 1930, 1931	3,–	5,–
	b) fr., 1932	3,–	5,–
50 (25a)	10 Centimes (N-Me) 1930–1932. Typ wie Nr. 49:		
	a) fl., 1930	6,–	12,–
	fl., 1931	105,–	200,–
	b) fr., 1930, 1932	105,–	200,–
	fr., 1931	30,–	60,–
51 (27)	50 Centimes (N) 1922–1934. Allegorie des seine Wunden pflegenden Belgien. Rs. Merkurstab, Wertangabe, Jahreszahl:		
	a) fl., 1923, 1928, 1930, 1932, 1933	1,–	2,–
	fl., 1934	50,–	110,–
	b) fr., 1922, 1923, 1927–1930, 1932, 1933	1,–	2,–
2 (28)	1 Franc (N) 1922–1935. Typ wie Nr. 51:		
	a) fl., 1922, 1923, 1928, 1929, 1934, 1935	1,20	1,80
	fl., 1933	300,–	580,–
	b) fr., 1922, 1923, 1928–1930, 1933, 1934	1,20	1,80
	fr., 1931	600,–	1150,–

3 (29)	2 Francs (N) 1923–1930. Typ wie Nr. 51:		
	a) fl., 1923	6,–	12,–
	fl., 1924, 1930	50,–	100,–
	b) fr., 1923	6,–	12,–
	fr., 1930	50,–	100,–
4 (30)	5 Francs = 1 Belga (N) 1930–1934. Kopfbild n. l., Titelumschrift. Rs. Wertangabe und Jahreszahl zwischen unten gebundenen Lorbeer- und Eichenzweigen, darüber Krone:		
	a) fl., 1930–1933	8,–	22,–
	b) fr., 1930–1933	8,–	22,–
	fr., 1934	25,–	50,–

100. Jahrestag der Unabhängigkeit

5 (31)	10 Francs = 2 Belgas (N) 1930. Leopold I., reg. 1831–1865, Leopold II., reg. 1865–1909 und Albert I., reg. 1909–1934, Kopfbilder n. l., Rs. Wert zwischen Lorbeerzweigen:		
	a) fl.	300,–	500,–
	b) fr.	200,–	400,–
6 (32)	20 Francs = 4 Belgas (N) 1931, 1932. Albert I., Kopfbild n. l., Titelumschrift. Rs. Staatswappen, Wertangabe, Jahreszahl:		
	a) fl., 1931, 1932	240,–	360,–
	b) fr., 1931, 1932	240,–	360,–

		SS	VZ
57 (36)	20 Francs (S) 1933, 1934. Typ wie Nr. 52, jedoch ohne Wertangabe in Belgas. 680er Silber, 11 g:		
	a) fl., 1933	30,–	50,–
	fl., 1934	20,–	30,–
	b) fr., 1933	30,–	50,–
	fr., 1934	20,–	30,–

Nrn. 58–66 fallen aus.

Leopold III. 1934–1950

67 (47)	5 Francs (N) 1936, 1937. Leopold III. (1901–1983). Rs. Wert		
	a) fl., 1936	60,–	120,–
	b) fr., 1936, 1937	60,–	120,–

68 (49)	20 Francs (S) 1934, 1935. Leopold III. Rs. Krone, Wertangabe, Zweige. Zweisprachige Inschriften. 680er Silber, 11 g	15,–	30,–

Nrn. 69 und 70 fallen aus.

Zur Ausstellung
»100 Jahre Belgische Eisenbahn« in Brüssel

71 (48)	50 Francs (S) 1935. Ausstellungshalle. Rs. St. Michael, den Drachen tötend. Schutzpatron der Stadt Brüssel. 680er Silber, 22 g:		
	a) fl.	700,–	1300,–
	b) fr.	600,–	1200,–

Nr. 72 fällt aus.

		SS	VZ
73 (42)	5 Centimes (N-Me) 1938–1940. Krone über Monogramm Leopolds III. Rs. Drei Wappen und Wert (mit Loch)		
	a) België – Belgique, 1939, 1940	2,–	5,–
	b) Belgique – België, 1938	2,–	5,–
74 (43)	10 Centimes (N-Me) 1938, 1939. Typ wie Nr. 73, jedoch Wappen von Namur (fl. Namen), Antwerpen und Hasselt:		
	a) België – Belgique, 1939	1,–	3,–
	b) Belgique – België, 1938, 1939	1,–	3,–
75 (44)	25 Centimes (N-Me) 1938, 1939. Typ wie Nr. 73, jedoch Wappen von Mons (fl. Bergen), Brüssel und Brügge:		
	a) België – Belgique, 1938	1,–	3,–
	b) Belgique – België, 1938, 1939	1,–	3,–
76 (45)	1 Franc (N) 1939, 1940. Drei Wappenschilde (Westflandern, Namur, Limburg) vor stilisiertem Baum. Rs. Löwe und Wert:		
	a) België – Belgique, 1939, 1940	1,50	3,–
	b) Belgique – België, 1939	1,50	3,–
77 (46)	5 Francs (N) 1938, 1939, Typ wie Nr. 76, jedoch Wappen von Gent, Prov. Antwerpen und Prov. Lüttich:		
	a) België – Belgique, 1938, 1939	6,–	12,–
	b) Belgique – België, 1938	6,–	12,–

78 (50)	50 Francs (S) 1939, 1940. Leopold III. Rs. Krone über Wappenschilde der 9 Provinzen (Antwerpen, Brabant, Westflandern, Ostflandern, Hennegau, Lüttich, Limburg, Luxemburg und Namur). 835er Silber, 20 g:		
	a) België – Belgique, 1939, 1940	35,–	70,–
	b) Belgique – België, 1939, 1940	35,–	70,–

Nrn. 79–84 fallen aus.

		SS	VZ
85 (51)	5 Centimes (Zink) 1941–1943. Typ wie Nr. 73:		
	a) België – Belgique, 1941, 1942	2,–	5,–
	b) Belgique – België, 1941–1943	2,–	5,–
86 (52)	10 Centimes (Zink) 1941–1946. Typ wie Nr. 74:		
	a) België – Belgique, 1941–1946	2,–	6,–
	b) Belgique – België, 1941–1943	2,–	6,–

87 (53)	25 Centimes (Zink) 1942–1946. Typ wie Nr. 75:		
	a) België – Belgique, 1942–1946	2,–	6,–
	b) Belgique – België, 1942, 1943, 1946	2,–	6,–

88 (54)	1 Franc (Zink) 1941–1947. Gekrönter Wappenschild. Rs. Gekröntes Monogramm, Wertangabe, Jahreszahl:		
	a) België – Belgique, 1942–1947	2,–	5,–
	b) Belgique – België, 1941–1943	2,–	5,–
	1947	*200,–*	*500,–*
89 (55)	5 Francs (Zink) 1941–1947. Leopold III., Kopfbild nach rechts. Rs. Krone über Wertangabe und Jahreszahl:		
	a) fl., 1941, 1945–1947	4,–	9,–
	b) fr., 1941, 1943–1947	4,–	9,–

Nrn. 90–94 fallen aus.

95 (56)	2 Francs (St, Zink galvanisiert) 1944. Landesname in Französisch und in Flämisch, Lorbeerzweige, darüber Stern. Rs. Wert zwischen Lorbeerzweigen (Mzst. Philadelphia)	7,–	12,–

96 (57)	1 Franc (K-N) 1950–1988. Kopf der Göttin Ceres, Füllhorn. Rs. Krone über Lorbeerzweig, Wert:		
	a) fl., 1950–1981, 1988	–,30	–,50
	b) fr., 1950–1952, 1954–1956, 1958–1981, 1988	–,30	–,50
97 (58)	5 Francs (K-N) 1948–1981. Typ wie Nr. 96:		
	a) fl., 1948–1950, 1958, 1960–1981	–,50	–,75
	b) fr., 1948–1950, 1958, 1961–1981	–,50	–,75

		SS	VZ
98 (59)	20 Francs (S) 1949–1955. Kopf des Götterboten Merkur, Merkurstab und Jahreszahl. Rs. Löwe mit Schild. 835er Silber, 8 g:		
	a) fl., 1949, 1951, 1953, 1954	17,–	30,–
	fl., 1950 (2 Ex. bekannt)	–,–	–,–
	fl., 1955	260,–	480,–
	b) fr., 1949, 1950, 1953, 1954	17,–	30,–
	fr., 1955	130,–	250,–

		SS	VZ
99 (60)	50 Francs (S) 1948–1954. Typ wie Nr. 98. 835er Silber, 12,5 g:		
	a) fl., 1948, 1950, 1951, 1954	20,–	40,–
	b) fr., 1948, 1949, 1951, 1954	20,–	40,–

		SS	VZ
100 (61)	100 Francs (S) 1948–1954. Leopold I., Leopold II., Albert I. und Leopold III., Kopfbilder n. l., darüber Krone und geteilte Jahreszahl. Rs. Gekrönter Wappenschild, umzogen von der Kette des Leopold-Ordens. 835er Silber, 18 g:		
	a) fl., 1948, 1949, 1951	30,–	45,–
	fl., 1950	600,–	1100,–
	b) fr., 1948, 1950, 1954	30,–	45,–
	fr., 1949	200,–	450,–

Nrn. 101–105 fallen aus.

Balduin I. seit 1950

Balduin (franz. Baudouin, fläm. Boudewijn), Sohn Leopolds III., wurde nach dessen Thronverzicht Regent (11. 8. 1950) und am 17. 7. 1951 König.

		SS	VZ
106 (62)	20 Centimes (Bro) 1953–1963. Kopf eines Bergmannes. Rs. Krone und Wert:		
	a) fl., 1954, 1960	–,40	–,70
	b) fr., 1953, 1954, 1957–1959, 1962, 1963	–,40	–,70
107 (66)	25 Centimes (K-N) 1964–1975. Krone über Monogramm Balduins I. Rs. Wert:		
	a) fl., 1964–1975	–,30	–,40
	b)fr., 1964–1975	–,30	–,40

		SS	VZ
108 (63)	50 Centimes (Bro) 1952–1991. Typ wie Nr. 106:		
	a) fl., 1952–1954, 1956–1958, 1962–1991	–,40	–,60
	b) fr., 1952, 1953, 1955, 1958, 1959, 1962, 1964–1991	–,40	–,60

Nrn. 109 und 110 fallen aus.

		SS	VZ
111 (67)	10 Francs (N) 1969–1979. Balduin I., Kopfbild nach links. Rs. Vollständiges großes Wappen:		
	a) fl., 1969–1979	–,80	1,20
	b) fr., 1969–1979	–,80	1,20

Nrn. 112–123 fallen aus.

Zur Weltausstellung in Brüssel 1958

		SS	VZ
124 (64)	50 Francs (S) 1958. Balduin I. Rs. Emblem der »Expo 58« über dem gotischen Rathaus von Brüssel, erbaut 1402–1454, Turm 90 m hoch; hinten ehemalige Zunfthäuser, ebenfalls am Marktplatz. 835er Silber, 12,5 g:		
	a) fl.	30,–	55,–
	b) fr.	30,–	55,–

Nr. 125 fällt aus.

Zur Hochzeit von König Balduin I. mit Doña Fabiola de Morá y Aragón

		SS	VZ
126 (65)	50 Francs (S) 1960. Balduin I. (*1930) und Doña Fabiola (*1928), Porträts nach links. Rs. Krone über Wappen von Belgien und Aragón; Inschriften in Lateinisch. 835er Silber, 12,5 g	20,–	30,–

25. Regierungsjubiläum von König Balduin I.

ST PP

127 (68) 250 Francs (S) 1976. Balduin I., Kopfbild n. l., Titelumschrift, Jubiläumsdaten. Rs. Gekröntes Monogramm, Wertangabe. 835er Silber, 25,2 g:
a) Riffelrand, fl. **40,–**
b) Riffelrand, fr. **40,–**
c) Rand mit 25 Sternen, fl. **65,–**
d) Rand mit 25 Sternen, fr. **65,–**

Nr. 128 fällt aus.

150. Jahrestag der Unabhängigkeit

129 (69) 500 Francs 1980. Leopold I., Leopold II., Albert, Leopold III. und Balduin I., Kopfbilder nach links, Landesname, Jahreszahlen. Rs. Gedenkinschrift auf Landkarte Belgiens, Wertangabe:
a) (K-N, S plattiert) 185* fein, 25 g, fl. **50,–**
b) (K-N, S plattiert) fr. **50,–**
c) (S) 510 fein, 25 g, fl. **80,–**
d) (S) fr. **80,–**
e) (S) Vs. fr., Rs. fl. (Fehlprägung) **–,–**

* Die Plattierung besteht aus 925er Silber.

Nr. 130 fällt aus.

VZ ST

131 1 Franc (St, N plattiert) 1989–1991. Balduin I. Rs. Wertangabe, Landesname:
a) fl., 1989–1991 **–,30** **–,50**
b) fr., 1989–1991 **–,30** **–,50**

132 (70) 5 Francs (Al-N-Bro) 1986–1991. Balduin I., Rs. Wertangabe, Landesname:
a) fl., 1986–1991 **–,70** **1,–**
b) fr., 1986–1991 **–,70** **1,–**

Nr. 132 besteht aus Kupfer 92%, Aluminium 6%, Nickel 2%.

Nr. 133 fällt aus.

VZ ST

134 (A67) 20 Francs (Al-N-Bro) 1980–1982, 1989–1991. Balduin I., Kopfbild n. l. Rs. Lorbeerzweig, Wert, Jahr:
a) fl., 1980–1982, 1989–1991 **2,–** **2,50**
b) fr., 1980–1982, 1989–1991 **2,–** **2,50**

Nr. 134 besteht aus Kupfer 92%, Nickel 6%, Aluminium 2%.

135 50 Francs (N) 1987–1991. Typ wie Nr. 132:
a) fl., 1987–1991 **4,–** **6,–**
b) fr., 1987–1991 **4,–** **6,–**

Nrn. 136–142 fallen aus.

30. Jahrestag des Abschlusses der Römischen Verträge (2)

ST PP

143 5 ECU (S) 1987, 1988. Kaiser Karl V. nach einem Guldiner der Münzstätte Brügge zwischen 154 und 1548. Rs. Wertangabe im Kreis von 12 Sternen, Landesname. 833⅓er Silber, 22,85 g:
a) 1987, 1988; Mzz. qp (»quality proof«) **140,–**
b) 1987, Normalprägung **35,–**

144 50 ECU (G) 1987, 1988. Typ wie Nr. 143. 900er Gold 17,27 g:
a) 1987, 1988; Mzz. qp (»quality proof«) **–,–**
b) 1987; Normalprägung **450,–**

Nrn. 145 und 146 fallen aus

Goldbarrenausgabe (4)

147

148

147 10 ECU (G) 1989, 1990. Kaiser Karl V., wie Nr. 143. 999er Gold, 3,11 g (7000 Ex.) **–,–**

		ST	PP
148	25 ECU (G) 1989, 1990. Kaiser Diokletian nach einer zeitgenössischen Kupfermünze. 999er Gold, 7,775 g:		
	a) Msz. Engelskopf, Mzz. qp (7000 Ex.)		–,–
	b) o. Msz., o. Mzz.	240,–	

149 150

149	50 ECU (G) 1989, 1990. Kaiser Karl der Große nach dem Aachener Stadtsiegel. 999er Gold, 15,55 g:		
	a) Msz. Engelskopf, Mzz. qp (7000 Ex.)		–,–
	b) o. Msz., o. Mzz.	450,–	
150	100 ECU (G) 1989, 1990. Kaiserin Maria Theresia, nach einem silbernen Dukaton (Taler) der Münzstätte Antwerpen von 1749–1752. 999er Gold, 31,1 g:		
	a) 999er Gold, 31,1 g, 1989, 1990, Mzz. qp (7000 Ex.)		–,–
	b) 999er Gold, 31,1 g, 1989, 1990, o. Mzz.	900,–	
	c) Piéfort, 999er Gold, 62,2 g, 1989, Mzz. qp (1000 Ex.)		–,–

Nrn. 147–150a von 1989, polierte Platte (2000 Ex.) *3000,–*
Nrn. 147–150a von 1990, polierte Platte (5000 Ex.) *1850,–*

60. Geburtstag von König Balduin I. (5)

151	500 Frank (S) 1990. Kopfbild Balduins I., Jahreszahlen. Rs. Krone über Wertangabe, nl. Landesname »België«:		
	a) Mzz. qp (10000 Ex.)		–,–
	b) o. Mzz. (475000 Ex.)	50,–	
152	500 Francs (S) 1990. Typ wie Nr. 151, fr. Landesname »Belgique«:		
	a) Mzz. qp (10000 Ex.)		–,–
	b) o. Mzz. (475000 Ex.)	50,–	
153	500 Franken (S) 1990. Typ wie Nr. 151, dt. Landesname »Belgien«:		
	a) Mzz. qp (10000 Ex.)		–,–
	b) o. Mzz. (50000 Ex.)	50,–	

		ST	PP
154	10 ECU (S/G) 1990. Kopfbild Balduins I., Krone und Jahreszahlen, Rs. Wertangabe und Mzz. qp im Kreis von 12 Sternen, Landesname. Ring 833⅓er Silber, 1,84 g/Zentrum 900er Gold, 3,46 g	240,–	
155	20 ECU (S/G) 1990. Typ wie Nr. 154. Ring 833⅓er Silber, 3,59 g/Zentrum 900er Gold, 6,91 g	480,–	

40. Regierungsjubiläum von König Balduin I. (5)

		ST	PP
156	500 Frank (S) 1991. Typ ähnlich wie Nr. 151, nl. Landesname »België«:		
	a) Mzz. qp (10000 Ex.)		
	b) o. Mzz. (475000 Ex.)		
157	500 Francs (S) 1991. Typ wie Nr. 156, fr. Landesname »Belgique«:		
	a) Mzz. qp (10000 Ex.)		
	b) o. Mzz. (475000 Ex.)		
158	500 Franken (S) 1991. Typ wie Nr. 156, dt. Landesname »Belgien«:		
	a) Mzz. qp (10000 Ex.)		
	b) o. Mzz. (50000 Ex.)		
159	10 ECU (S/G) 1991. Typ ähnlich wie Nr. 154	240,–	
160	20 ECU (S/G) 1991. Typ wie Nr. 159	480,–	

XI. Internationaler Kongreß für Numismatik Brüssel 8.–14. September 1991 (2)

		PP
161	5 ECU (S) 1991. Wertangabe, von zwölf Sternen umgeben. Rs. Karl der Große nach einem zeitgenössischen Münzmotiv. 833⅓er Silber, 22,85 g (max. 10000 Ex.)	140,–
162	50 ECU (G) 1991. Typ wie Nr. 161. 999er Gold, 15,55 g (max. 4000 Ex.)	690,–

Frühere Ausgaben siehe Weltmünzkatalog 19. Jahrhundert

Belgian Congo | **Congo Belge**

Belgisch-Kongo

Belgisch Congo

Die ehemalige belgische Kolonie in Zentralafrika ist am 18. Oktober 1908 aus dem Kongostaat König Leopolds II. hervorgegangen. Am 30. Juni 1960 wurde der Kongo unabhängig. Der Landesname Kongo-Kinshasa wurde am 27. Oktober 1971 in Republik Zaire geändert. Hauptstadt: Léopoldville, am 1. Juli 1966 in Kinshasa umbenannt.

100 Centimes = 1 Franc

Leopold II. 1885–1909

Kongostaat 1885–1908

Nr.			SS	VZ
1 (9)	5	Centimes (K-N) 1906, 1908. Krone und Monogramm Leopolds II. mehrfach, in Sternform gruppiert. Rs. Stern und Wert (mit Loch)	9,–	20,–
2 (10)	10	Centimes (K-N) 1906, 1908. Typ wie Nr. 1	12,–	25,–
3 (11)	20	Centimes (K-N) 1906, 1908. Typ wie Nr. 1	16,–	25,–

Kolonie

Nr.			SS	VZ
4 (12)	5	Centimes (K-N) 1909. Type wie Nr. 1, jedoch Inschrift CONGO BELGE – Belgisch CONGO	15,–	30,–
5 (13)	10	Centimes (K-N) 1909. Typ wie Nr. 4	16,–	30,–
6 (14)	20	Centimes (K-N) 1909. Typ wie Nr. 4	20,–	45,–

Albert I. 1909–1934

Nr.			SS	VZ
7 (15)	1	Centime (K) 1910, 1919. Krone und Monogramm Alberts I. mehrfach, in Sternform gruppiert. Rs. Stern und Wert (mit Loch)	11,–	20,–
8 (16)	2	Centimes (K) 1910, 1919. Typ wie Nr. 7	10,–	20,–
9 (17)	5	Centimes (K-N) 1910, 1911, 1917, 1919–1921, 1925–1928. Typ wie Nr. 7	8,–	15,–
10 (18)	10	Centimes (K-N) 1910, 1911, 1917, 1919–1922, 1924, 1925, 1927, 1928. Typ wie Nr. 7	10,–	20,–
11 (19)	20	Centimes (K-N) 1910, 1911. Typ wie Nr. 7	11,–	22,–
12 (20)	50	Centimes (K-N) 1921–1929. Albert I. (1875 bis 1934), lorbeerbekränzter Kopf nach links. Rs. Ölpalme (Elaeis guineensis – Palmae):		
		a) Belgisch Congo	6,–	10,–
		b) Congo Belge	6,–	10,–

Nr.			SS	VZ
13 (21)	1	Franc (K-N) 1920–1930:		
		a) Belgisch Congo, 1920–1926, 1928, 1929	8,–	15,–
		b) Congo Belge, 1920, 1922–1927, 1929, 1930	8,–	15,–

Leopold III. 1934–1950

Nr.			SS	VZ
14 (26)	5	Francs (N-Bro) 1936, 1937. Leopold III. (1901–1983), Kopfbild n. l. Rs. Löwe, Wert	42,–	85,–

Nr.			SS	VZ
15 (24)	2	Francs (Me) 1943. Afrikanischer Elefant (Loxodonta africana – Elephantidae). Rs. Wert, fehlerhafte Schreibweise »Belgish Congo« [Philadelphia] (sechseckig)	30,–	55,–
16 (22)	1	Franc (Me) 1944, 1946,1949. Afrikanischer Elefant. Rs. Wert	5,–	10,–

Nr.			SS	VZ
17 (23)	2	Francs (Me) 1946, 1947. Typ wie Nr. 16	8,–	15,–
18 (25)	5	Francs (Me) 1947. Typ wie Nr. 16	25,–	45,–

Nr.			SS	VZ
19 (27)	50	Francs (S) 1944. Typ wie Nr. 16. 835 Silber, 17,4 g	110,–	240,–

Nrn. 14, 16–19 wurden in Pretoria, Südafrika, geprägt.

GEMEINSCHAFTSAUSGABEN FÜR BELGISCH-KONGO UND RUANDA-URUNDI

Balduin I. 1950–1960

		SS	VZ
20 (28)	5 Francs (Al-Bro) 1952. Ölpalme (Elaeis guineensis – Palmae). Rs. Wert im Stern	12,–	25,–
21 (29)	50 Centimes (Al) 1954, 1955. Ölpalme. Rs. Wappen	2,–	3,–

		SS	VZ
22 (30)	1 Franc (Al) 1957–1960. Typ wie Nr. 21	3,–	5,–
23 (31)	5 Francs (Al) 1956, 1958, 1959. Typ wie Nr. 21	4,–	7,–

Weitere Angaben siehe unter *Kongo-Kinshasa, Saire, Katanga, Burundi* und *Ruanda.*

Frühere Ausgaben siehe Weltmünzkatalog 19. Jahrhundert.

Belize Belize Belize

Fläche: 23000 km²; 165000 Einwohner (1988).
Mit der Erlangung der vollen Autonomie am 1. Juni 1973 wurde der bisherige Landesname Britisch-Honduras nach dem Namen der bisherigen Hauptstadt in Belize geändert, wogegen Guatemala mit der Begründung protestiert, daß Belize von den Briten besetztes guatemaltekisches Gebiet sei, das nicht unabhängig werden dürfe, sondern an Guatemala zurückfallen müsse. Die Unabhängigkeit von Großbritannien wurde 1981 erlangt. Hauptstadt: Belmopan.
Die Umbenennung in Belize-Dollar ist lediglich eine Angleichung an den geänderten Landesnamen; die Parität blieb unverändert.

100 Cents = 1 Britisch-Honduras-Dollar;
100 Cents = 1 Belize-Dollar

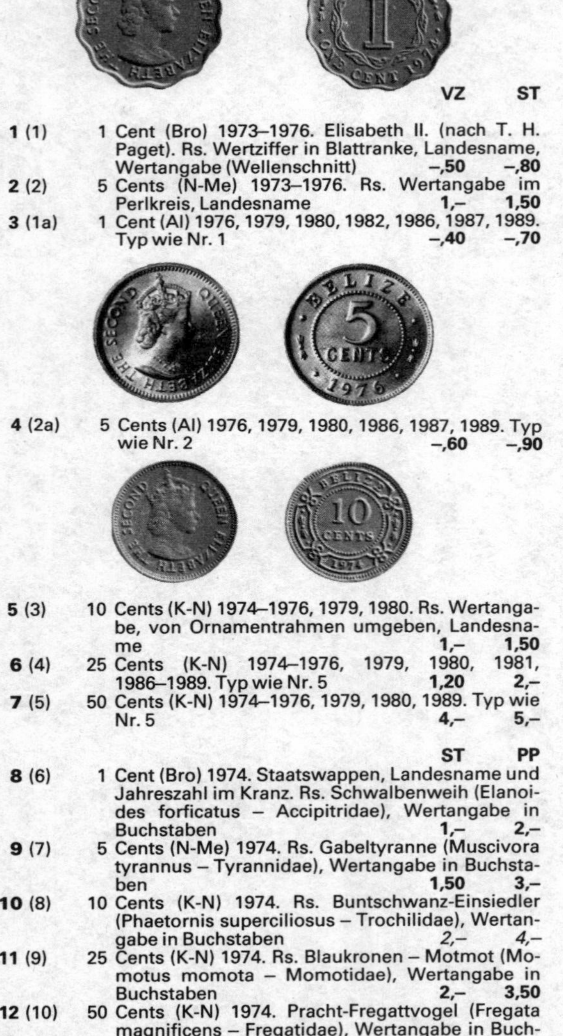

		VZ	ST
1 (1)	1 Cent (Bro) 1973–1976. Elisabeth II. (nach T. H. Paget). Rs. Wertziffer in Blattranke, Landesname, Wertangabe (Wellenschnitt)	–,50	–,80
2 (2)	5 Cents (N-Me) 1973–1976. Rs. Wertangabe im Perlkreis, Landesname	1,–	1,50
3 (1a)	1 Cent (Al) 1976, 1979, 1980, 1982, 1986, 1987, 1989. Typ wie Nr. 1	–,40	–,70
4 (2a)	5 Cents (Al) 1976, 1979, 1980, 1986, 1987, 1989. Typ wie Nr. 2	–,60	–,90
5 (3)	10 Cents (K-N) 1974–1976, 1979, 1980. Rs. Wertangabe, von Ornamentrahmen umgeben, Landesname	1,–	1,50
6 (4)	25 Cents (K-N) 1974–1976, 1979, 1980, 1981, 1986–1989. Typ wie Nr. 5	1,20	2,–
7 (5)	50 Cents (K-N) 1974–1976, 1979, 1980, 1989. Typ wie Nr. 5	4,–	5,–

		ST	PP
8 (6)	1 Cent (Bro) 1974. Staatswappen, Landesname und Jahreszahl im Kranz. Rs. Schwalbenweih (Elanoides forficatus – Accipitridae), Wertangabe in Buchstaben	1,–	2,–
9 (7)	5 Cents (N-Me) 1974. Rs. Gabeltyranne (Muscivora tyrannus – Tyrannidae), Wertangabe in Buchstaben	1,50	3,–
10 (8)	10 Cents (K-N) 1974. Rs. Buntschwanz-Einsiedler (Phaetornis superciliosus – Trochilidae), Wertangabe in Buchstaben	*2,–*	*4,–*
11 (9)	25 Cents (K-N) 1974. Rs. Blaukronen – Motmot (Momotus momota – Momotidae), Wertangabe in Buchstaben	2,–	3,50
12 (10)	50 Cents (K-N) 1974. Pracht-Fregattvogel (Fregata magnificens – Fregatidae), Wertangabe in Buchstaben	4,–	5,–

		VZ	ST
13 (6a)	1 Cent (S) 1974. Typ wie Nr. 8. 925er Silber, 3,02 g		*8,–*
14 (7a)	5 Cents (S) 1974. Typ wie Nr. 9. 925er Silber, 4,35 g		*10,–*
15 (8a)	10 Cents (S) 1974. Typ wie Nr. 10. 925er Silber, 2,79 g		*12,–*
16 (9a)	25 Cents (S) 1974. Typ wie Nr. 11. 925er Silber, 6,60 g		*16,–*
17 (10a)	50 Cents (S) 1974. Typ wie Nr. 12. 925er Silber, 9,94 g		*20,–*
18 (14)	1 Cent (Bro) 1975, 1976. Rs. Schwalbenweih, wie Nr. 8, mit Wertzahl (Wellenschnitt)	–,50	2,–
19 (15)	5 Cents (N-Me) 1975, 1976. Rs. Gabeltyranne, wie Nr. 9, mit Wertzahl	–,90	3,–

		VZ	ST
20 (14b)	1 Cent (Al) 1977–1981. Typ wie Nr. 18	–,40	2,–

		VZ	ST
21 (15b)	5 Cents (Al) 1977–1981. Typ wie Nr. 19	–,90	3,–
22 (16)	10 Cents (K-N) 1975–1981. Rs. Buntschwanz-Einsiedler, wie Nr. 10, mit Wertzahl	1,20	3,–
23 (17)	25 Cents (K-N) 1975–1981. Rs. Blaukronen-Motmot, wie Nr. 11, mit Wertzahl	2,–	4,–
24 (18)	50 Cents (K-N) 1975–1981. Rs. Pracht-Fregattvogel, wie Nr. 12, mit Wertzahl	4,–	5,–
25 (11)	1 Dollar (K-N) 1974–1981. Rs. Hellroter Ara (Ara macao – Psittacidae)	12,–	12,–
26 (12)	5 Dollars (K-N) 1974–1981. Rs. Regenbogen-Tukan (Ramphastos sulfuratus – Ramphastidae)	18,–	18,–
27 (14a)	1 Cent (S) 1975–1981. Typ wie Nr. 18. 925er Silber, 3,02 g		*4,–*
28 (15a)	5 Cents (S) 1975–1981. Typ wie Nr. 19. 925er Silber, 4,35 g		*5,–*
29 (16a)	10 Cents (S) 1975–1981. Typ wie Nr. 22. 925er Silber, 2,79 g		*6,–*

		VZ	ST
30 (17a)	25 Cents (S) 1975–1981. Typ wie Nr. 23. 925er Silber, 6,60 g		*8,–*
31 (18a)	50 Cents (S) 1975–1981. Typ wie Nr. 24. 925er Silber, 9,94 g		*14,–*
32 (11a)	1 Dollar (S) 1974–1981. Typ wie Nr. 25. 925er Silber, 19,89 g		*20,–*
33 (12a)	5 Dollars (S) 1974–1981. Typ wie Nr. 26. 925er Silber, 26,4 g		*30,–*
34 (13)	10 Dollars 1974–1978. Rs. Tuberkel-Hokko (Crax rubra – Cracidae):		
	a) (S) 925 fein, 29,8 g		*40,–*
	b) (K-N)	**25,–**	**25,–**

		ST		PP
		M	U	

30 Jahre Vereinte Nationen

35 (19) 100 Dollars (G) 1975. Staatswappen, Jahreszahl, Feingehaltsangabe. Rs. Gebäude der Nationalversammlung, Maya-Symbolik, Wertangabe. 500er Gold, 6,21 g **600,–** **200,–** **240,–**

Kunst der Mayas (3)

36 (20) 100 Dollars (G) 1976. Staatswappen, Wertangabe, Jahreszahl. Rs. Maya-Motiv. 500er Gold, 6,21 g *500,–* **240,–**

37 (21) 100 Dollars (G) 1977. Rs. Kinich Ahau, Sonnengott der Maya nach Jade-Plastik *300,–* *600,–* **240,–**

38 (22) 100 Dollars (G) 1978. Rs. Itzamna, oberster Gott des Mayapantheons *300,–* **250,–**

25. Krönungsjubiläum von Königin Elisabeth II.

39 (24) 25 Dollars (S) 1978. Elisabeth II. Rs. Der weiße Windhund von Richmond und der Löwe von England. 925er Silber, 27,81 g *200,–* **60,–**

40 (23) 250 Dollars (G) 1978. Staatswappen. Rs. Jaguar auf Ast. 900er Gold, 8,81 g **800,–** **800,–**

41 (25) 10 Dollars 1979. Rs. Zwei Jabiru-Störche im Flug:
a) (S) 925 fein, 29,8 g (2445 Ex.) **100,–**
b) (K-N) (2095 Ex.) **50,–** **50,–**

42 (26) 100 Dollars (G) 1979. Rs. Königsangler. 500er Gold, 6,21 g (4865 Ex.) **300,–** **280,–**

Weihnachten 1979

43 (27) 100 Dollars (G) 1979. Rs. Achtstrahliger Stern zwischen Zweigen von Angelonia ciliaris und Thelypteris obliterata. 500er Gold, 6,47 g **280,–** **250,–**

44 (28) 10 Dollars 1980. Rs. Zwei scharlachrote Ibisse auf einem Zweig:
a) (S) 925 fein, 25,5 g (1826 Ex.) **100,–**
b) (K-N) (1681 Ex.) **50,–** **50,–**

10 Jahre Karibische Entwicklungsbank

45 (29) 25 Dollars (S) 1980. Staatswappen. Rs. Flagge vor Weltkugel. 500er Silber, 30,28 g (2647 Ex.) **60,–**

		ST		PP
		M	U	

46 (30) 100 Dollars (G) 1980. Rs. Zwei Halfterfische aus dem Großen Barriereriff von Belize. 500er Gold, 6,21 g **280,–** **250,–**

47 (31) 100 Dollars (G) 1980. Rs. Orchideen (Cattleya bowringiana) **320,–** **300,–**

Welternährungstag 1981

		VZ	ST
48 (32)	5 Cents (Al) 1981. Elisabeth II. Rs. Wertangabe, Umschrift WORLD FOOD DAY	**–,50**	**–,80**

		ST	PP
49 (33)	10 Dollars 1981. Rs. Rosa-Löffler:		
	a) (S) 925 fein, 25,5 g (615 Ex.)		**120,–**
	b) (K-N) (940 Ex.)	**60,–**	**60,–**
50 (34)	50 Dollars (G) 1981. Rs. Weißhals-Jakobin-Kolibri. 500er Gold, 1,5 g (3073 Ex.)	**180,–**	**150,–**
51 (35)	100 Dollars (G) 1981. Rs. Schwalbenschwanz. 500er Gold, 6,21 g (fünfeckig) (1858 Ex.)	**400,–**	**450,–**

Unabhängiger Staat

Zur Erlangung der Unabhängigkeit

52 (36) 100 Dollars (G) 1981. Staatswappen in neuer Zeichnung mit kleinem Baum im Kranz, 1981 eingeführt. Rs. Landkarte von Belize. 500er Gold, 6,21 g (1451 Ex.) *700,–* **300,–**

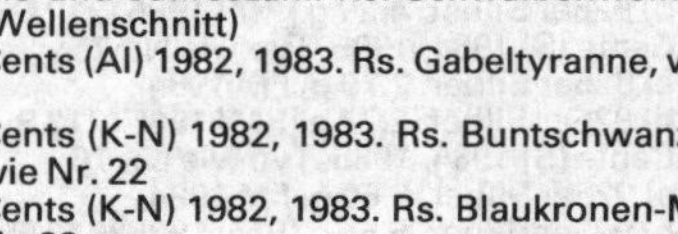

53	1 Cent (Al) 1982, 1983. Staatswappen in neuer Zeichnung mit kleinem Baum im Kranz, außen Landesname und Jahreszahl. Rs. Schwalbenweih, wie Nr. 18 (Wellenschnitt)	**2,–**	**2,50**
54	5 Cents (Al) 1982, 1983. Rs. Gabeltyranne, wie Nr. 19	**2,–**	**3,50**
55	10 Cents (K-N) 1982, 1983. Rs. Buntschwanz-Einsiedler, wie Nr. 22	**3,–**	**5,–**
56	25 Cents (K-N) 1982, 1983. Rs. Blaukronen-Motmot, wie Nr. 23	**6,–**	**6,–**
57	50 Cents (K-N) 1982, 1983. Rs. Pracht-Fregattvogel, wie Nr. 24	**10,–**	**10,–**
58	1 Dollar (K-N) 1982, 1983. Rs. Hellroter Ara, wie Nr. 25	**18,–**	**18,–**
59	5 Dollars (K-N) 1982, 1983. Rs. Regenbogen-Tukan, wie Nr. 26	**25,–**	**25,–**
60	10 Dollars (K-N) 1982. Rs. Tuberkel-Hokko, wie Nr. 34 (17 Ex.)	*500,–*	
61	1 Cent (S) 1982, 1983. Typ wie Nr. 53 (Wellenschnitt)		*6,–*
62	5 Cents (S) 1982, 1983. Typ wie Nr. 54		*10,–*
63	10 Cents (S) 1982, 1983. Typ wie Nr. 50		*12,–*
64	25 Cents (S) 1982, 1983. Typ wie Nr. 56		*18,–*
65	50 Cents (S) 1982, 1983. Typ wie Nr. 57		*25,–*
66	1 Dollar (S) 1982, 1983. Typ wie Nr. 58		*35,–*

ST PP

67 5 Dollars (S) 1982, 1983. Typ wie Nr. 59 *45,–*

Nrn. 61–67 tragen die Randschrift »Sterling Silver Proof«.

68 (37) 10 Dollars 1982. Rs. Papagei auf Zweig:
a) (S) 925 fein, 25,5 g, Riffelrand mit Inschrift »Sterling Silver Proof« (381 Ex.) **200,–**
b) (K-N) **100,–** **100,–**

69 (38) 100 Dollars (G) 1982. Rs. Kinkajou. 500er Gold, 6,21 g (596 Ex.) –,– **450,–**

70 (40) 10 Dollars 1983. Rs. Königsfischer:
a) (S) 925 fein, 25,5 g, Riffelrand mit Inschrift »Sterling Silver Proof« (311 Ex.) **240,–**
b) (K-N) **100,–** **100,–**

30. Krönungsjubiläum von Königin Elisabeth II:

71 (39) 25 Dollars (S) 1983. Staatswappen. Rs. Krönungsinsignien. 500er Silber, 30,28 g (2944 Ex.) **90,–**

72 (40) 100 Dollars (G) 1983. Rs. Langschwanzkatze oder Margay (514 Ex.) –,– **450,–**

73 1 Cent (Al) 1984. Staatswappen mit großem Baum im Kranz, außen Landesname und Jahreszahl. Rs. Schwalbenweih, wie Nr. 18 (Wellenschnitt) –,– *2,50*

74 5 Cents (Al) 1984. Rs. Gabeltyranne, wie Nr. 19 –,– *3,50*

75 10 Cents (K-N) 1984. Rs. Buntschwanz-Einsiedler, wie Nr. 22 –,– *5,–*

76 25 Cents (K-N) 1984. Rs. Blaukronen-Motmot, wie Nr. 23 –,– *6,–*

77 50 Cents (K-N) 1984. Rs. Pracht-Fregattvogel, wie Nr. 24 –,– *10,–*

78 1 Dollar (K-N) 1984. Rs. Hellroter Ara, wie Nr. 25 –,– *18,–*

79 5 Dollars (K-N) 1984. Rs. Regenbogen-Tukan, wie Nr. 26 –,– *25,–*

80 1 Cent (S) 1984, 1985. Typ wie Nr. 73 (Wellenschnitt):
a) 925er Silber, 3,02 g, FM 1984 **6,–**
b) 925er Silber, 3,05 g [RM] 1985 (212 Ex.) –,–

81 5 Cents (S) 1984, 1985. Typ wie Nr. 74:
a) 925er Silber, 4,35 g, FM 1984 **10,–**
b) 925er Silber, 4,29 g [RM] 1985 (212 Ex.) –,–

82 10 Cents (S) 1984, 1985. Typ wie Nr. 75:
a) 925er Silber, 2,79 g, FM 1984 **12,–**
b) 925er Silber, 2,77 g [RM] 1985 (212 Ex.) –,–

83 25 Cents (S) 1984, 1985. Typ wie Nr. 76:
a) 925er Silber, 6,60 g, FM 1984 **18,–**
b) 925er Silber, 6,54 g [RM] 1985 (212 Ex.) –,–

84 50 Cents (S) 1984, 1985. Typ wie Nr. 77:
a) 925er Silber, 9,94 g, FM 1984 **25,–**
b) 925er Silber, 10,49 g [RM] 1985 (212 Ex.) –,–

85 1 Dollar (S) 1984, 1985. Typ wie Nr. 78:
a) 925er Silber, 19,89 g, FM 1984 **35,–**
b) 925er Silber, 19,62 g [RM] 1985 (212 Ex.) –,–

86 5 Dollars (S) 1984, 1985. Typ wie Nr. 79:
a) 925er Silber, 26,40 g, FM 1984 **45,–**
b) 925er Silber, 26,70 g [RM] 1985 (212 Ex.) –,–

87 (41) 10 Dollars 1984, 1985. Rs. Falke:
a) (S) 925 fein, 25,50 g, FM 1984 (397 Ex.) **140,–**
b) (S) 925 fein, 29,81 g [RM] 1985 (212 Ex.) –,–
c) (K-N) FM 1984 **90,–**

Nrn. 80b–87b von 1985, polierte Platte (212 Ex.) *500,–*

XXIII. Olympische Sommerspiele 1984 in Los Angeles

ST PP

88 (43) 20 Dollars (S) 1984. Rs. Radrennfahrer. 925er Silber, 23,3276 g (1050 Ex.) **100,–**

89 (42) 100 Dollars (G) 1984. Kopf eines Hirsches (965 Ex.) **400,–**

9. Weltkongreß für Forstwesen in Mexiko

VZ ST

90 (47) 25 Cents (K-N) 1985. Elisabeth II. Rs. Wertangabe, Umschrift TO · REAP · PLANT 1,– **2,–**

PP

91 (46) 100 Dollars (G) 1985. Rs. Ozelot (899 Ex.) **450,–**

Jahrzehnt für die Frauen 1976–1985

92 20 Dollars (S) 1985. Rs. Internationales Emblem, von Frauendarstellungen zwischen Palmen umgeben. 925er Silber, 23,3276 g [Valcambi], CHI/FM (1667 Ex.) **100,–**

Zum Besuch des britischen Königspaares (2)

93 (44) 25 Dollars (S) 1985. Elisabeth II. (nach A. Machin). Rs. Staatswappen. 925er Silber, 28,28 g **120,–**

94 500 Dollars (G) 1985. Typ wie Nr. 93. 916⅔er Gold, 47,54 g (250 Ex.) *2200,–*

200. Geburtstag von John James Audubon

95 (45) 50 Dollars (S) 1985. Staatswappen. Rs. Rotfüßiger Tölpel. 925er Silber, 129,6 g **180,–**

500. Jahrestag der Entdeckung Amerikas – 1. Ausgabe (2)

96 25 Dollars (S) 1989. Elisabeth II. Rs. »Santa Maria«, Flaggschiff von Christoph Kolumbus. 925er Silber, 28,28 g (max. 5000 Ex.) **100,–**

97 250 Dollars (G) 1989. Rs. »Santa Maria«. 916⅔er Gold, 15,98 g (max. 500 Ex.) **1200,–**

VZ ST

98 1 Dollar (N-Me) 1990. Elisabeth II. Rs. »Santa Maria«, »Niña« und »Pinta« (zehneckig) 2,– **4,–**

ST PP

99 1 Dollar (S) 1990. Typ wie Nr. 98 (zehneckig):
a) 925er Silber, 9 g (max. 5000 Ex.) **75,–**
b) Piéfort, 925er Silber, 18 g (max. 1000 Ex.) **185,–**

90. Geburtstag der Königinmutter Elisabeth

		VZ	ST
100	2 Dollars 1990. Rs. Gekröntes Spiegelmonogramm, von »Turk's Cap« und Heliconia aurantiaca flankiert:		
	a) (S) 925 fein, 28,28 g (max. 10000 Ex.)		110,–
	b) (K–N)	10,–	

10. Jahrestag der Unabhängigkeit (2)

		PP
101	10 Dollars (S) 1991. Staatswappen. Rs. Gebäude der Nationalversammlung in Belmopan. 925er Silber, 28,28 g [RM] (max. 1000 Ex.)	–,–
102	100 Dollars (G) 1991. Typ wie Nr. 101. 916⅔er Gold, 15,976 g [RM] (max. 500 Ex.)	–,–

10 Jahre Zentralbank (Central Bank of Belize) (2)

		PP
103	10 Dollars (S) 1992. Rs. Jabiru (Ephippiorhynchus mycteria), Emblem der Zentralbank. 925er Silber, 28,28 g [RM] (max. 1000 Ex.)	–,–
104	250 Dollars (G) 1992. Typ wie Nr. 103. 916⅔er Gold, 15,976 g [RM] (max. 500 Ex.)	–,–

XXV. Olympische Sommerspiele 1992 in Barcelona

105	2 Dollars (S) 1992. Rs. Hürdenläufer [RM]	–,–

Frühere Ausgaben siehe unter *Britisch-Honduras*.

***Benin** siehe Dahome.*

Bermuda Bermuda Bermudes

Fläche: 53 km²; 60 000 Einwohner.
Die Bermuda- oder Somers-Inseln wurden 1522 von dem Spanier Juan de Bermúdez entdeckt und knapp hundert Jahre später durch Sir George Somers, der mit seinem Flaggschiff »Sea Venture« 1609 auf den Inseln landete, für England in Besitz genommen und besiedelt. Die im Atlantischen Ozean, etwa 1000 km südöstlich von Kap Hatteras vor dem nordamerikanischen Festland gelegene, ca. 300 Inseln umfassende Inselgruppe ist seit 1684 britische Kolonie und besitzt seit 1888 Selbstverwaltung. Hauptstadt: Hamilton auf Main Island.

12 Pence = 1 Shilling, 5 Shillings = 1 Crown, 20 Shillings = 1 £;
seit 6. Februar 1970: 100 Cents = 1 Bermuda-Dollar

350. Jahrestag der Besiedelung

VZ ST

1 (1) 1 Crown (S) 1959. Elisabeth II. (nach T. H. Paget). Rs. Landkarte zwischen dem Segelschiff »Sea Venture« des Sir George Somers und Segler des Inseldienstes. 925er Silber, 28,2759 g 50,– 80,–

Nr. 1, polierte Platte (Frosted Proof) (ca. 10 Ex.) *2500,–*

ST PP

2 (2) 1 Crown (S) 1964. Rs. Staatswappen mit Löwe als Schildhalter. 500er Silber, 22,6213 g 20,– 30,–

NEUE WÄHRUNG: 100 Cents = 1 Bermuda-Dollar

VZ ST

3 (3) 1 Cent (Bro) 1970, 1971, 1973–1978, 1980–1985. Elisabeth II. (nach A. Machin). Rs. Verwildertes Hausschwein (Sus scrofa domesticus – Suidae), Darstellung nach der Rückseite der in den Jahren 1616 bis 1624 kursierenden »Schweinemünzen« (Hogge Money) zu zwei, drei, sechs und zwölf Pence, den ersten in der Neuen Welt von englischen Kolonisten geprägten Münzen –,25 –,40

4 (4) 5 Cents (K-N) 1970, 1974, 1975, 1977, 1979–1985. Rs. Gestreifter Kaiserfisch (Holacanthus ciliaris – Chaetodontidae) –,50 –,80

5 (5) 10 Cents (K-N) 1970, 1971, 1978–1985. Rs. Bermuda-Osterlilie (Lilium longiflorum – Liliaceae) –,80 1,20

		VZ	ST
6 (6)	25 Cents (K-N) 1970, 1973, 1979–1985. Rs. Weißschwanz-Tropikvogel (Phaëton lepturus – Phaëthontidae)	2,–	3,–
7 (7)	50 Cents (K-N) 1970, 1978, 1980–1985. Rs. Staatswappen mit Löwe als Schildhalter	3,–	5,–

		ST	PP
8 (8)	1 Dollar (S) 1970. Rs. Landkarte zwischen zwei Pfeilhechten oder Barrakudas (Fam. Sphyraenidae). 800er Silber, 28,6 g		45,–
9 (9)	20 Dollars (G) 1970. Rs. Seevogel im Flug. 916⅔er Gold, 7,98 g [RCM] (1000 Ex.)		600,–

Nrn. 3–8 von 1970, polierte Platte (10 000 Ex.) 70,–
Nrn. 3–9 von 1970, polierte Platte (1000 Ex.) 660,–

Zur Silberhochzeit des englischen Königspaares am 20. November 1972

10 (10)	1 Dollar (S) 1972. Rs. Landkarte zwischen gekrönten Monogrammen [RCM]:		
	a) 925er Silber, 28,28 g		35,–
	b) 500er Silber, 28,28 g	20,–	

Zum königlichen Besuch am 16. Februar 1975 (2)

		ST M	ST U	PP
11 (11)	25 Dollars 1975. Rs. Szepter zwischen gekrönten Monogrammen, FM:			
	a) (S) 925 fein, 48,3 g			100,–
	b) (K-N)		50,–	*120,–*
12 (12)	100 Dollars (G) 1975. Typ wie Nr. 11. 900er Gold, 7,03 g, FM	*600,–*	360,–	450,–

25. Regierungsjubiläum von Königin Elisabeth II. (3)

		ST	PP
13 (13)	25 Dollars (S) 1977. Elisabeth II. Rs. Segelschiff nach dem Muster der Schiffs-Pennies von 1793. 925er Silber, 55 g:		
	a) [RCM], o. Msz.	–,–	*600,–*
	b) [Valcambi], CHI	90,–	120,–
14 (14)	50 Dollars (G) 1977. Rs. Regatta-Dinghy. 900er Gold, 4,05 g:		
	a) [RCM], o. Msz.	*300,–*	*500,–*
	b) [Valcambi], CHI	180,–	280,–

15 (15)	100 Dollars (G) 1977. Rs. »Deliverance«, erstes auf den Bermudas gebautes Schiff, nach der Replik bei St. Georges. 900er Gold, 8,1 g:		
	a) [RCM], o. Msz. (Abb.)	*525,–*	*700,–*
	b) [Valcambi], CHI	360,–	580,–

Zur Hochzeit von Prinz Charles und Lady Diana (2)

16 (16)	1 Dollar 1981. Rs. Gestaffelte Porträts des Brautpaares nach rechts:		
	a) (S) 925 fein, 28,28 g		80,–
	b) (K-N)	7,–	

		ST	PP
17 (17)	250 Dollars (G) 1981. Typ wie Nr. 16:		
	a) 916⅔er Gold, 15,98 g (1007 Ex.)	750,–	750,–
	b) Piéfort, 916⅔er Gold, 31,95 g (690 Ex.)		2000,–

		VZ	ST
18 (18)	1 Dollar (N-Me) 1983. Rs. Bermuda-Albatros (Petroderma cahow) vor Inselkarte	4,–	7,–
19 (19)	5 Dollars (N-Me) 1983. Rs. Bermuda-Zwiebel vor Inselkarte	14,–	20,–

Nrn. 3–7, 18, 19 von 1983, polierte Platte 50,–

375. Jahrestag der Besiedelung (22) – Wappen

20 (20)	25 Cents (K-N) 1984. Elisabeth II. (nach A. Machin). Rs. Staatswappen der Bermuda-Inseln	2,50	4,–
21 (21)	25 Cents (K-N) 1984. City of Hamilton	2,50	4,–
22 (22)	25 Cents (K-N) 1984. Town of St. George	2,50	4,–
23 (23)	25 Cents (K-N) 1984. Warwick Parish	2,50	4,–
24 (24)	25 Cents (K-N) 1984. Smith's Parish	2,50	4,–
25 (25)	25 Cents (K-N) 1984. Devonshire Parish	2,50	4,–
26 (26)	25 Cents (K-N) 1984. Sandy's Parish	2,50	4,–
27 (27)	25 Cents (K-N) 1984. Hamilton Parish	2,50	4,–
28 (28)	25 Cents (K-N) 1984. Southampton Parish	2,50	4,–
29 (29)	25 Cents (K-N) 1984. Pembroke Parish	2,50	4,–
30 (30)	25 Cents (K-N) 1984. Paget Parish	2,50	4,–

		ST	PP
31 (20a)	25 Cents (S) 1984. Typ wie Nr. 20. 925er Silber, 5,958 g (1750 Ex.)		40,–
32 (21a)	25 Cents (S) 1984. Typ wie Nr. 21 (1750 Ex.)		40,–
33 (22a)	25 Cents (S) 1984. Typ wie Nr. 22 (1750 Ex.)		40,–
34 (23a)	25 Cents (S) 1984. Typ wie Nr. 23 (1750 Ex.)		40,–
35 (24a)	25 Cents (S) 1984. Typ wie Nr. 24 (1750 Ex.)		40,–
36 (25a)	25 Cents (S) 1984. Typ wie Nr. 25 (1750 Ex.)		40,–
37 (26a)	25 Cents (S) 1984. Typ wie Nr. 26 (1750 Ex.)		40,–
38 (27a)	25 Cents (S) 1984. Typ wie Nr. 27 (1750 Ex.)		40,–
39 (28a)	25 Cents (S) 1984. Typ wie Nr. 28 (1750 Ex.)		40,–
40 (29a)	25 Cents (S) 1984. Typ wie Nr. 29 (1750 Ex.)		40,–
41 (30a)	25 Cents (S) 1984. Typ wie Nr. 30 (1750 Ex.)		40,–

Für den Tourismus

42 (31)	1 Dollar 1985. Elisabeth II., (nach R. D. Maklouf). Rs. Hafen von Hamilton mit altem Kühlhaus und Palme, Kreuzfahrtschiff auf See:		
	a) (S) 925 fein, 28,28 g (6500 Ex.)	50,–	90,–
	b) (K-N)	7,–	

		VZ	ST
43 (32)	1 Cent 1986–1988, 1990. Elisabeth II. (nach R. D. Maklouf). Rs. Verwildertes Hausschwein, wie Nr. 3:		
	a) (Bro) 1986–1988, 1990	**–,25**	**–,40**
	b) (St, K galvanisiert) 1988	**–,25**	**–,40**
44 (33)	5 Cents (K-N) 1986–1988. Rs. Gestreifter Kaiserfisch, wie Nr. 4	**–,50**	**–,80**
45 (34)	10 Cents (K-N) 1986–1988. Rs. Bermuda-Osterlilie, wie Nr. 5	**–,80**	**1,20**
46 (35)	25 Cents (K-N) 1986, 1988. Rs. Weißschwanz-Tropikvogel, wie Nr. 6	**2,–**	**3,–**
47 (36)	50 Cents (K-N) 1986, 1988. Rs. Staatswappen mit Löwe als Schildhalter, wie Nr. 7	**3,–**	**5,–**

		PP
48	1 Dollar (N-Me) 1986. Rs. Bermuda-Albatros, wie Nr. 18 (1750 Ex.)	**–,–**
49	5 Dollars (N-Me) 1986. Rs. Bermuda-Zwiebel, wie Nr. 19 (1750 Ex.)	**–,–**

Nrn. 43–47 von 1986, polierte Platte (2500 Ex.) 80,–
Nrn. 43–49 von 1986, polierte Platte (1750 Ex.) 180,–

25 Jahre World Wildlife Fund

		ST	PP
50 (37)	1 Dollar 1986. Rs. Meeresschildkröte (Chelonia mydas – Cheloniidae), seit 1620 unter Naturschutz:		
	a) (S) 925 fein, 28,28 g	**50,–**	**70,–**
	b) (K-N)	**7,–**	

50. Jahrestag der Einrichtung des Flugreiseverkehrs durch Pan American and Imperial Airways

		ST	PP
51	1 Dollar 1987. Rs. Viermotorige Maschine aus dem Jahr 1937 nach der Landung:		
	a) (S) 925 fein, 28,28 g	**60,–**	**90,–**
	b) (K-N)	**7,–**	

Schiffwracks – 1. Ausgabe

52 5 Dollars (S) 1987. Rs. »Sea Venture« nach dem Auflaufen auf ein Riff (1609), Schiffbrüchige im Ruderboot. 999er Silber, 155,5 g, *sm* (6800 Ex.) *250,–*

Segelschiffe – 1. Ausgabe

53 25 Dollars (Palladium) 1987. Rs. »Sea Venture«, Segelschiff des Sir George Somers. 999er Palladium, 31,1 g, *sm* (15800 Ex.) *400,–*

Wiedereröffnung der 1931–1948 betriebenen Eisenbahnlinie von St. George nach Somerset durch den Bermuda National Trust

		ST	PP
54	1 Dollar 1988. Rs. Waggon zwischen Vorratshäuschen und Palme, dem Emblem des Bermuda National Trust:		
	a) (S) 925 fein, 28,28 g	**60,–**	**80,–**
	b) (K-N)	**7,–**	

Segelschiffe – 2. Ausgabe

		ST	PP
55	5 Dollars (S) 1988. Rs. »San Antonio« (1621). 999er Silber, 155,5 g [RM] (1500 Ex.)		*300,–*

Schiffwracks – 2. Ausgabe

56 25 Dollars (Palladium) 1988. Rs. Wrack der »San Antonio« (1621). 999er Palladium, 31,1 g [RM] (2000 Ex.) *550,–*

Banknotenersatzausgabe (2)

		VZ	ST
57	1 Dollar (N-Me) 1988. Rs. Regatta-Dinghy	**4,–**	**7,–**

		ST	PP
58	1 Dollar (S) 1988. Typ wie Nr. 57:		
	a) 925er Silber, 7,5 g (3000 Ex.)		**55,–**
	b) Piéfort, 925er Silber, 15 g (500 Ex.)		*150,–*

Naturschutz

		ST	PP
59	1 Dollar 1989. Rs. Monarchfalter und Wolfsmilchgewächs:		
	a) (S) 925 fein, 28,28 g	**60,–**	**90,–**
	b) (K-N)	**7,–**	

20 Jahre Währungsbehörde (Bermuda Monetary Authority)
1. Ausgabe (4)

60	10 Dollars (G) 1989. Rs. Wertseite der Kupfermünze zu 2 Pence (Hogge Money) von 1616–1624 mit der Darstellung eines verwilderten Hausschweins (vgl. Nr. 3). 999er Gold, 3,134 g		**150,–**
61	25 Dollars (G) 1989. Rs. Rückseite der Kupfermünzen mit der stilisierten Darstellung der »Sea Venture«. 999er Gold, 7,814 g		**400,–**
62	50 Dollars (G) 1989. Rs. Wertseite der Kupfermünze zu 6 Pence, wie Nr. 60. 999er Gold, 15,608 g		**800,–**
63	100 Dollars (G) 1989. Typ wie Nr. 61. 999er Gold, 31,21 g		**1600,–**

2. Ausgabe (4)

64	10 Dollars (G) 1990. Typ wie Nr. 61		–,–
65	25 Dollars (G) 1990. Rs. Wertseite der Kupfermünze zu 3 Pence, wie Nr. 60		–,–
66	50 Dollars (G) 1990. Typ wie Nr. 61		–,–
67	100 Dollars (G) 1990. Rs. Wertseite der Kupfermünze zu 12 Pence, wie Nr. 60		–,–

Flora und Fauna – 1. Ausgabe (3)

		ST	PP
68	2 Dollars (S) 1990. Rs. Zikaden (Tibicen bermudiana). 925er Silber, 28,28 g (max. 3000 Ex.)		**70,–**
69	2 Dollars (S) 1990. Rs. Baumfrosch (Eleutherodactylus johnstonei) auf Zweig (max. 3000 Ex.)		**70,–**
70	10 Dollars (G) 1990. Typ wie Nr. 69. 999er Gold, 3,134 g (max. 2500 Ex.)	**150,–**	

90. Geburtstag der Königinmutter Elisabeth

71	1 Dollar 1990. Rs. Gekröntes Spiegelmonogramm, von Zweigen der Bermudiana flankiert:		
	a) (S)		**80,–**
	b) (K-N)	**7,–**	

Flora und Fauna – 2. Ausgabe (3)

72	2 Dollars (S) 1991. Rs. Languste (Panulirus argus – Panuliridae)		**70,–**
73	2 Dollars (S) 1991. Rs. Reiher (Nyctanassa violacea)		**70,–**
74	10 Dollars (G) 1991. Typ wie Nr. 73	**150,–**	

Bhutan **Bhutan** **Bhoutan**

Bhutan

Druk-Jul

Fläche: 47 000 km²; 1 500 000 Einwohner (1991).
Konstitutionelle Monarchie »Druk-Jul« (Land der Donnerdrachen) im östlichen Himalaja. Schutzvertrag mit Britisch-Indien (8. 1. 1910) und mit der Indischen Union (8. 8. 1949).

Sommerresidenz: Thimbu (Thimphu), Winterresidenz: Punakha.

64 Pice (Paise) = 1 Rupie;
seit 1957: 100 Naye Paise = 1 Rupie, 100 Rupien = 1 Sertum (Sertam);
seit 1974: 100 Chetrums (Paise) = 1 Ngultrum (Rupie);
seit 1979: 100 Chhertum= 1 Ngultrum, 100 Ngultrum = 1 Sertum

Die Indische Rupie ist neben dem Ngultrum im Verhältnis 1:1 gesetzliches Zahlungsmittel.

Königreich Bhutan

Dschigme Wangschuk 1926–1952

		SS	VZ
1 (5)	1 Pice (K, Me) o. J. (um 1910–1927). Buddhistische Symbole	4,–	8,–
2 (1)	1 Pice (Bro) 1928 (z. D.) Dschigme Wangschuk, Brustbild nach links. Rs. Die acht buddhistischen Segenszeichen Rad »Khorlo« der Lehre, königlicher Ehrenschirm »Dugs«, Goldener Fisch »gSernya« als Emblem des Weltenherrn, Banner »mGyalmtsan« des Sieges der Religion, Muschelhorn »Dundkar« als Symbol für den Sieg im Kampf, Knoten »dPalbe« des unendlichen Lebens, Weihegefäß »Bumpa« für Ambrosia, Lotosblüte »Metog Padma« als Symbol der Reinheit, in der Mitte Inschrift mit zyklischer Jahresangabe	65,–	100,–

3 (4)	½ Rupie (S) 1928 (z. D.). Typ wie Nr. 2. 5,8319 g	55,–	80,–

Dschigme Dordschi Wangschuk 1952–1972

		SS	VZ
4 (3)	1 Pice (Bro) o. J. (1951, 1954). Stilisierte Segenszeichen Rad der Lehre, Ehrenschirm, Goldener Fisch, Siegesbanner, Muschelhorn, Lebensknoten, Weihegefäß und Lotosblüte, in der Mitte Inschrift. Rs. Lebensknoten, Goldene Fische, Buchstabe und Lotosblüte im Quadrat	4,–	8,–
5 (4)	½ Rupie 1928, 1950 (z. D.). Typ wie Nr. 3:		
	a) (K-N) 5,8319 g, 1928 (1951 geprägt)	4,–	10,–
	1950 (1954 geprägt)	3,–	6,–
	b) (N) 5,08 g, 1950 (1967 geprägt)	3,–	6,–

Obwohl Nr. 5 auch zyklische Datenvermerke aus der Ära von Dschigme Wangschuk (1926–1952) trägt, wurde sie erst ab 1951 geprägt und in Umlauf gesetzt. Das Gewicht der Münze ist an die indische ½ Rupie angelehnt.

NEUE WÄHRUNG: 100 Naye Paise = 1 Rupie,
100 Rupien = 1 Sertum

40. Jahrestag des Regierungsantritts seines Vaters Dschigme Wangschuk (7)

		ST	PP
6 (6)	25 Naye Paise (K-N) 1966. Sir Dschigme Wangschuk, Brustbild nach links. Rs. Zwei ins Kreuz gestellte Donnerkeile auf dem Rad der Lehre	2,50	*6,–*
7 (7)	50 Naye Paise (K-N) 1966. Typ wie Nr. 6	4,–	*8,–*
8 (8)	1 Rupie (K-N) 1966. Typ wie Nr. 6	6,–	*10,–*
9 (9)	3 Rupien 1966. Typ wie Nr. 6:		
	a) (S) 925 fein, 28,28 g		80,–
	b) (K-N)	10,–	*20,–*

Nr. 9a, polierte Platte (Frosted Proof) *600,–*

		ST	PP
10 (A9)	1 Sertum 1966. Typ wie Nr. 6:		
	a) (G) 916⅔ fein, 7,988 g	*350,–*	*500,–*
	b) (Pt) 950 fein, 9,843 g (72 Ex.)		*650,–*
11 (B9)	2 Sertums 1966. Typ wie Nr. 6:		
	a) (G) 916⅔ fein, 15,976 g	*600,–*	*950,–*
	b) (Pt) 950 fein, 19,686 g (72 Ex.)		*1250,–*
12 (C9)	5 Sertums 1966. Typ wie Nr. 6:		
	a) (G) 916⅔ fein, 39,941 g	*1550,–*	*2800,–*
	b) (Pt) 950 fein, 49,208 g (72 Ex.)		*3600,–*

Ernennung von Kronprinz Dschigme Singay Wangschuk zum Tongsa Penlop (Gouverneur des östlichen Landesteiles)

13 (A10) ½ Sertum (G) 1970. Prinzessin Dechhen Wangmo Wangschuk. Rs. Weihegefäß »Bumpa«, Behältnis für Ambrosia, Wertangabe »gSer Tam Phyed« (½ Sertum). 916⅔er Gold, 7,988 g (Gewicht von 1 Sertum) [RM] (3111 Ex.) *380,–*

Dschigme Singay Wangschuk seit 1972

NEUE WÄHRUNG: 100 Chetrums = 1 Ngultrum

FAO-Ausgabe (2)

14 (10) 20 Chetrums (Al-N-Bro) 1974. Zwei ins Kreuz gestellte Donnerkeile, Landesname, Wertangabe. Rs. Kultivierung von Reis **1,50** *20,–*

15 (11) 15 Ngultrums (S) 1974. Typ wie Nr. 14. 500er Silber, 22,5 g **25,–** *150,–*

		VZ	ST
16 (12)	5 Chetrums (Al) 1974, 1975. Maharadscha Dschigme Singay Wangschuk. Rs. »Khorlo«, Rad der buddhistischen Lehre	**–,30**	**–,50**

17 (13) 10 Chetrums (Al) 1974. Rs. »dPalbe«, Knoten des unendlichen Lebens **–,30** **–,50**

18 (14) 25 Chetrums (K-N) 1974, 1975. Rs. »gSernya«, zwei Goldene Fische, Emblem des Weltenherrn **–,50** **–,80**

19 (15) 1 Ngultrum (K-N) 1974, 1975. Rs. Zwei ins Kreuz gestellte Donnerkeile **1,80** **3,–**

Nrn. 14–19 von 1974, polierte Platte, Mzz. D (1000 Ex.) *185,–*

Internationales Jahr der Frau 1975 und FAO-Münz-Plan (2)

		ST	PP
20 (16)	10 Chetrums (Al) 1975. Zwei ins Kreuz gestellte Donnerkeile. Rs. Frau mit Kornähre	**1,50**	*25,–*
21 (17)	30 Ngultrums (S) 1975. Typ wie Nr. 20. 500er Silber, 22,5 g	**30,–**	*50,–*

Nrn. 16, 18–21 von 1975, polierte Platte –,–
Nrn. 14–21 wurden in Bombay geprägt.

NEUE WÄHRUNG: 100 Chhertum = 1 Ngultrum;
100 Ngultrum = 1 Sertum

		VZ	ST
22 (18)	5 Chhertum (Bro) 1979. Darstellung einer alten Münze	**–,30**	**–,60**
23 (19)	10 Chhertum (Bro) 1979. Muschelhorn. Rs. Vorderseite der Münze zu 1 Pice (Nr. 4)	**–,30**	**–,60**
24 (20)	25 Chhertum (K-N) 1979. Zwei Goldene Fische. Rs. Zwei ins Kreuz gestellte Donnerkeile	**–,50**	**1,–**
25 (21)	50 Chhertum (K-N) 1979. Weihegefäß. Rs. Die acht Segenszeichen und Inschrift	**1,–**	**2,–**
26 (22)	1 Ngultrum (K-N) 1979. Rad der Lehre. Rs. wie Nr. 25	**2,–**	**4,–**

Nrn. 22–26, polierte Platte 30,–

Königskrönung von Dschigme Singay Wangschuk (4)

		ST	PP
27 (23)	3 Ngultrum 1979. Dschigme Singay Wangschuk, Kopfbild n. l. Rs. Staatswappen:		
	a) (S)		100,–
	b) (K-N)	8,–	
28 (24)	1 Sertum 1979. Typ wie Nr. 27:		
	a) (G) 916⅔ fein, 7,98 g	*350,–*	*400,–*
	b) (Pt) 950 fein, 9,84 g (25 Ex.)		*600,–*
29 (25)	2 Sertum 1979. Typ wie Nr. 27:		
	a) (G) 916⅔ fein, 15,98 g	*600,–*	*700,–*
	b) (Pt) 950 fein, 19,67 g (25 Ex.)		*1200,–*
30 (26)	5 Sertum 1979. Typ wie Nr. 27:		
	a) (G) 916⅔ fein, 39,94 g	*1550,–*	*1800,–*
	b) (Pt) 950 fein, 49,18 g (25 Ex.)		*3000,–*

Welternährungstag 1981

31 (27) 50 Ngultrums (S) 1981. Muruk (Bos mutus grunniens – Bovidae). Rs. Emblem. 925er Silber, 28,28 g — 70,– 110,–

Internationales Jahr der Behinderten 1981 (2)

32 (30) 200 Ngultrum (S) 1981. Vogel, Hase, Affe auf Elefant in Landschaft. Rs. Blinder an Schreibmaschine:
a) 925er Silber, 28,28 g — 60,– 110,–
b) Piéfort, 925er Silber, 56,56 g — 230,–

33 2 Sertum (G) 1981. Drache. Rs. Blinder an Schreibmaschine:
a) 916⅔er Gold, 15,98 g — *1200,–* *1200,–*
b) Piéfort, 916⅔er Gold, 31,95 g — *2400,–*

75 Jahre Erbmonarchie (2)

34 (28) 200 Ngultrum (S) 1982. Ugyen Wangschuk (1907–1926). Rs. Staatswappen. 925er Silber, 28,28 g — 100,– 120,–

		ST	PP
35 (29)	1 Sertum (G) 1982. Typ wie Nr. 34. 916⅔er Gold, 7,99 g	*500,–*	*600,–*

XXIII. Olympische Sommerspiele 1984 in Los Angeles (5)

36 25 Ngultrum (K-N) 1984. Staatswappen. Rs. Kugelstoßen, olympische Ringe — –,–
37 25 Ngultrum (K-N) 1984. Rs. Boxkampf, olympische Ringe — –,–
38 250 Ngultrum (S) 1984. Typ wie Nr. 36. 925er Silber, 28,28 g — –,–
39 250 Ngultrum (S) 1984. Typ wie Nr. 37 — –,–
40 1000 Ngultrum (G) 1984. Rs. Bogenschütze, olympische Ringe, 916⅔er Gold, 11,5 g — –,–

Internationale Spiele 1984 (2)

41 25 Ngultrum (K-N) 1984. Rs. Kugelstoßen — *60,–*
42 25 Ngultrum (K-N) 1984. Rs. Boxkampf — *60,–*

Jahrzehnt für die Frauen 1976–1985

43 100 Ngultrum (S) 1984. Staatswappen. Rs. Drei Frauen beim Reisanbau. 925er Silber, 23,3276 g (1950 Ex.) — 100,–

XIV. Fußball-Weltmeisterschaft 1990 in Italien

44 300 Ngultrum (S) 1990. Dschigme Singay Wangschuk. Rs. Spielszene. 925er Silber, 28,28 g — 85,–

Bedrohte Tierwelt (4)

A44 300 Ngultrum (S) 1991. Staatswappen. Rs. Schneeleopard. 925er Silber, 31,47 g — 80,–
B44 300 Ngultrum (S) 199 . Rs. Takin
C44 300 Ngultrum (S) 199 . Rs. Goldener Langur
D44 300 Ngultrum (S) 199 . Rs. Schwarzhalskranich

XVI. Olympische Winterspiele 1992 in Albertville

45 300 Ngultrums (S) 1990 — 85,–

XXV. Olympische Sommerspiele 1992 in Barcelona (2)

46 300 Ngultrum (S) 1992. Rs. Boxen — 85,–
47 300 Ngultrum (S) 1992. Rs. Bogenschießen — 85,–
48 300 Ngultrum (S) 199 . Rs. »Columbia«, erste Raumfähre 1981 — –,–

XVII. Olympische Winterspiele 1994 in Lillehammer

49 300 Ngultrum (S) 199 . Rs. Eisschnellauf — –,–

XV. Fußball-Weltmeisterschaft 1994 in den Vereinigten Staaten von Amerika

50 300 Ngultrum (S) 199 — –,–

Biafra

Fläche: 76 364 km²; 12 802 000 Einwohner (1970).
Am 30. Mai 1967 verkündete der Militärgouverneur der Ostregion Nigerias aufgrund eines Ersuchens der Beratenden Versammlung der vorwiegend von Ibos bewohnten Region die Unabhängigkeit als Republik Biafra. Nach zweieinhalbjährigem Krieg und der schrittweisen Besetzung des Landes durch die nigerianischen Bundestruppen kapitulierte Biafra am 9. Januar 1970. Somit ist Biafra wieder ein Teil Nigerias.

12 Pence = 1 Shilling, 5 Shillings = 1 Crown, 20 Shillings = 1 £

SS VZ

1 (1) 3 Pence (Al) 1969. Kokospalme (Cocos nucifera – Palmae) vor aufgehender Sonne, das Ganze in einer Manilla (Primitivgeld). Umschrift PEACE · UNITY · FREEDOM. Rs. Landesbezeichnung REPUBLIC OF BIAFRA, Wertangabe, Jahreszahl **25,– 60,–**

VZ ST

2 (2) 1 Shilling (Al) 1969. Rs. Kronenadler (Stephanoaëtus coronatus – Accipitridae) auf Elefantenstoßzahn, Landesbezeichnung, Wertangabe, Jahreszahl **20,– 35,–**

3 (3) 2½ Shillings (Al) 1969. Rs. Leopard, Landesbezeichnung, Wertangabe, Jahreszahl **50,– 90,–**

VZ ST

A3 1 Crown (S) 1969. Kopfbild n. r., Jahreszahl. Rs. Kokospalme, Umschrift INDEPENDENCE AND LIBERTY, Wertangabe. Fantasieprägung? **–,–**

4 (4) 1 £ (S) 1969. Staatswappen zwischen unten gebundenen Lorbeerzweigen, Jahreszahl. Rs. Kronenadler auf Pergamentrolle vor aufgehender Sonne, Wertangabe. 750er Silber, 20 g **180,–**

2. Jahrestag der Unabhängigkeit (5)

PP

5 (5) 1 £ (G) 1969. Staatswappen. Rs. Kronenadler auf Pergamentrolle vor aufgehender Sonne, Wertangabe. 916⅔er Gold, 3,994 g (3000 Ex.) **250,–**

6 (6) 2 £ (G) 1969. Typ wie Nr. 5. 916⅔er Gold, 7,9881 g (3000 Ex.) **450,–**

7 (7) 5 £ (G) 1969. Typ wie Nr. 5. 916⅔er Gold, 15,9761 g (3000 Ex.) **900,–**

8 (8) 10 £ (G) 1969. Typ wie Nr. 5. 916⅔er Gold, 39,9403 g (3000 Ex.) **2400,–**

9 (9) 25 £ (G) 1969. Typ wie Nr. 5. 916⅔er Gold, 79,8805 g (3000 Ex.) **4800,–**

Burma **Birmanie**

Birma

Myanmar

Fläche: 678 000 km²; 38 750 000 Einwohner.
In historischer Zeit haben auf dem Gebiet des heutigen Staates u. a. Reiche der Mon und der Schan, aber auch der Birmanen bestanden. Im 19. Jahrhundert wurde Birma nach und nach von den Engländern besetzt und bis 1897 dem Staatsverband von Britisch-Indien unterstellt. Nach vorübergehender japanischer Besetzung wurde Birma am 4. Januar 1948 eine unabhängige Unionsrepublik, steht jedoch seit 2. März 1962 unter Militärherrschaft. Die Sozialistische Republik wurde am 2. März 1974 ausgerufen. Hauptstadt: Rangun (Rangoon).

64 Pyas = 16 Pe (Annas) = 8 Mu = 4 Mat = 1 Kyat (Tikal, Rupie);
seit 1. Juli 1952: 100 Pyas = 1 Kyat

		SS	VZ
1 (13)	2 Pyas (K-N) 1949. Löwe, mythologische Wächterfigur. Rs. Wert im Kranz (viereckig)	1,70	2,50
2 (14)	1 Pe (K-N) 1949–1951. Typ wie Nr. 1 (eckig)	2,50	4,–
3 (15)	2 Pe (K-N) 1949–1951. Typ wie Nr. 1 (viereckig)	3,–	5,–
4 (16)	4 Pe = 1 Mat (N) 1949, 1950. Typ wie Nr. 1 (rund)	6,50	10,–

5 (17)	8 Pe (N) 1949, 1950. Typ wie Nr. 1 (rund)	10,–	17,50

Nrn. 1–5 von 1949, polierte Platte (100 Ex.) *1200,–*

A5 (17a)	8 Pe (K-N) 1952. Löwe, von Umschrift umgeben. Rs. Wert im Kranz (rund)	*120,–*	*200,–*

NEUE WÄHRUNG: 100 Pyas = 1 Kyat

6 (18)	1 Pya (Bro) 1952, 1953, 1955, 1956, 1962, 1965. Löwe, mythologische Wächterfigur. Rs. Wert im Kranz (rund)	1,–	3,–
7 (19)	5 Pyas (K-N) 1952, 1953, 1955, 1956, 1961–1963, 1965, 1966. Typ wie Nr. 6 (eckig)	1,–	2,–
8 (20)	10 Pyas (K-N) 1952, 1953, 1955, 1956, 1962, 1963, 1965. Typ wie Nr. 6 (viereckig)	1,–	2,–
9 (21)	25 Pyas (K-N) 1952, 1954–1956, 1959, 1961–1963, 1965. Löwe, von Umschrift umgeben. Rs. Wert im Kranz (sechseckig)	1,–	2,–
10 (22)	50 Pyas (K-N) 1952, 1954, 1956, 1961–1963, 1965, 1966. Typ wie Nr. 9 (rund)	2,–	4,–
11 (23)	1 Kyat (K-N) 1952, 1953, 1956, 1962, 1965. Typ wie Nr. 9 (rund)	3,50	8,50

Nrn. 6–11 von 1952, 1956, 1962, polierte Platte (je 100 Ex.) *1000,–*

12 (24)	1 Pya (Al) 1966. General U Aung San (1915–1947), Freiheitskämpfer und Politiker, von politischen Gegnern ermordet, in der Umschrift Name der Nationalbank. Rs. Wert im Kranz (rund) [Berlin]	–,30	–,40

		SS	VZ
13 (25)	5 Pyas (Al) 1966. Typ wie Nr. 12 (Wellenschnitt) [Berlin]	–,40	–,60

14 (26)	10 Pyas (Al) 1966. Typ wie Nr. 12 (viereckig) [Berlin]	–,60	1,–

15 (27)	25 Pyas (Al) 1966. Typ wie Nr. 12 (sechseckig) [Berlin]	–,80	1,80

16 (28)	50 Pyas (Al) 1966. Typ wie Nr. 12 (rund) [Berlin]	1,30	3,–

Sozialistische Republik der Union Birma
Socialist Republic of the Union of Burma

Für den FAO-Münz-Plan (4)

		VZ	ST
17 (36)	10 Pyas (Al-Bro) 1983. Reis, in der Umschrift Name der Nationalbank. Rs. Wertzahl, darunter Wertangabe in Buchstaben	**–,60**	**1,–**
18 (35)	25 Pyas (Al-Bro) 1980. Typ wie Nr. 17 (rund)	**–,70**	**1,20**

		VZ	ST
19 (33)	50 Pyas (Bro) 1975, 1976. Typ wie Nr. 17	**1,–**	**2,–**
20 (34)	1 Kyat (K-N) 1975. Typ wie Nr. 17	**1,80**	**3,–**

Nr. 21 fällt aus.

Für den FAO-Münz-Plan (2)

22 (38) 5 Pyas (Al-Bro) 1987. Rs. Wertzahl, darunter »Pyas« *3,–* *6,–*

Nr. 23 fällt aus.

24 (37) 25 Pyas 1986, 1991. Typ wie Nr. 22 (sechseckig):
a) (Al-Bro) 1986 **–,70** **1,20**
b) (St, K galvanisiert) 1991 **–,70** **1,20**

Regierung der Union Birma unter U Nu im Exil seit 1966

Gegen den staatssozialistischen Kurs der Militärregierung richteten sich mehrere Aufstände, deren konservative Richtung durch die Verwendung des alten Hoheitszeichens, eines radschlagenden Pfaus, betont wurde.

		VZ	ST
1 (29)	1 Mu (G) 1970/1971. Grüner oder Ährenträger-Pfau (Pavo muticus – Phasianidae), oben »Pyi Daung Zu Asoeya« (Unionsregierung), seitlich Gewichtsangabe, unten Jahreszahlen. Rs. Achtstrahliger Stern mit dem Namen »U Nu« des Aufstandsführers und früheren Ministerpräsidenten 1948–1958, unten »Shwe Mu Zi« (goldene Mu Münze). 999er Gold, 2 g	**160,–**	**240,–**
2 (30)	2 Mu (G) 1970/1971. Rs. Achtstrahliger Stern mit »U Nu«, von acht Sternen umgeben. 999er Gold, 4 g	**300,–**	**480,–**
3 (31)	4 Mu (G) 1970/1971. Typ wie Nr. 2. 999er Gold, 8 g	*800,–*	*1200,–*

Nrn. 1–3 wurden in Taung-Gyi-Koe-Lone, Ostbirma, ausgegeben. Insgesamt wurden 80 kg Feingold aus den Beständen der Volksbefreiungsarmee (PLA) vermünzt.

Rebellenausgaben der Shan-Staaten

		VZ	ST
4 (32)	1/8 Tikal (G) o. J. Landkarte der Shan-Staaten (?). Rs. Wertangabe 1/8T und Zweige. 999er Gold, 1,9035 g	*120,–*	*160,–*
5	1/4 Tikal (G) o. J. Rs. Wertangabe T1/4 und Zweige. 999er Gold, 3,8070 g	–,–	–,–

Nrn. 4–5 sind vermutlich Prägungen einer lokalen Münzstätte in den Shan-Staaten, Ostbirma.

Frühere Ausgaben siehe Weltmünzkatalog 19. Jahrhundert.

Bolivia **Bolivien** Bolivie

Fläche: 1 098 600 km²; 6 550 000 Einwohner.
Bolivien umfaßt weitgehend das alte Oberperu, das einst zum Inkareich und seit dem 16. Jh. zum Vizekönigreich Peru gehörte. Im Jahre 1852 wurde Bolivien Republik. Verfassungsmäßige Hauptstadt: Sucre, Regierungssitz: La Paz.

100 Centavos = 1 Boliviano, 10 Bolivianos = 1 Bolivar;
seit 1. Januar 1963: 100 Centavos = 1 Bolivianischer Peso (Peso Boliviano);
seit 1. Januar 1987: 100 Centavos = 1 Boliviano

Republik Bolivien
República de Bolivia

		SS	VZ
1 (47a)	5 Centavos (S) 1885–1900. Staatswappen. Rs. Wert	7,–	12,–
2 (48a)	10 Centavos (S) 1885–1900	8,–	15,–
3 (49a)	20 Centavos (S) 1885–1907:		
	1885–1904	10,–	18,–
	1907	–,–	–,–
4 (51b)	50 Centavos (S) 1891–1900	16,–	30,–
5	5 Centavos (K-N) 1893–1919, 1935. Sonne über dem Berg Potosi, Vikugna (Lama vicugna – Camelidae). Rs. Merkurstab und Wert:		
	a) (Y 45) 1893–1919	2,–	5,–
	b) (Y 57) 1935, geringerer Ø	3,–	6,–

		SS	VZ
6	10 Centavos (K-N) 1893–1919, 1935, 1936:		
	a) (Y 46) 1893–1919	3,–	4,–
	b) (Y 58) 1935– 1936, geringerer Ø	2,–	3,–
7 (55)	20 Centavos (S) 1909	10,–	20,–

		SS	VZ
8 (54)	50 Centavos = ½ Boliviano (S) 1900–1909. Staatswappen mit Anden-Kondor (Vultur gryphus – Cathartidae). Rs. Wert im Kranz (3 Typen):		
	a) 1900–1908, 900er Silber	18,–	30,–
	b) 1909, 833er Silber	18,–	30,–
A8	50 Centavos = ½ Boliviano (G) 1900. Typ wie Nr. 8. 900er Gold		–,–
9 (60)	10 Centavos (K-N) 1937. Sonne über dem Berg Potosi, Vikugna, Rs. Hand mit Fackel	3,–	6,–
10 (61)	50 Centavos (K-N) 1937. Typ wie Nr. 9	100,–	210,–

		SS	VZ
11	10 Centavos 1939, 1942, Typ wie Nr. 6:		
	a) (Y 58) (K-N) 1939	2,–	3,–
	b) (Y 57a) (Zink) 1942	2,–	5,–
12 (58a)	20 Centavos (Zink) 1942. Typ wie Nr. 7	2,–	5,–
13	50 Centavos 1939, 1942. Typ wie Nr. 5:		
	a) (Y 59) (K-N) 1939	3,–	6,–
	b) (Y 59a) (Bro) 1942	1,–	3,–

		SS	VZ
14 (62)	1 Boliviano (Bro) 1951. Sonne über dem Berg Potosi, Vikugna. Rs. Wert im Kranz	1,–	4,–

		SS	VZ
15 (63)	5 Bolivianos (Bro) 1951. Staatswappen. Rs. Wert im Kranz	10,–	18,–

		SS	VZ
16 (64)	10 Bolivianos = 1 Bolivar (Bro) 1951. Simón Bolivar (1783–1830), Staatspräsident von Bolivien 1825–1826. Rs. Wert im Kranz	6,–	12,–

Medaillen zur Revolution vom 31. Oktober 1952 (4)

SS VZ

17 3½ Gramm Feingold (G) 1952. Staatswappen. Rs. Landarbeiter. 900er Gold, 3,888 g [Paris] (28568 Ex.) 160,– 200,–

18 7 Gramm Feingold (G) 1952. Rs. Minenarbeiter. 900er Gold, 7,777 g [Paris] (78571 Ex.) 320,– 360,–

19 14 Gramm Feingold (G) 1952. Rs. Germán Busch († 1939), Staatspräsident 1937–1939. 900er Gold, 15,555 g (7142 Ex.) 660,– 720,–

20 35 Gramm Feingold (G) 1952. Rs. Gualberto Villarroel (1910–1946), Staatspräsident 1943–1946. 900er Gold, 38,888 g [Paris] (2857 Ex.) 1050,– 1350,–

WÄHRUNGSREFORM 1. Januar 1963:
1000 Bolivianos = 1 Peso Boliviano
NEUE WÄHRUNG: 100 Centavos = 1 Peso Boliviano

VZ ST

21 (66) 5 Centavos (St, K plattiert) 1965, 1970. Sonne über dem Berg Potosi, Vikugna (Staatswappen). Rs. Wertangabe, Jahreszahl zwischen Zweigen **–,80 2,–**

22 (67) 10 Centavos (St, K plattiert) 1965, 1967, 1969, 1971–1973. Typ wie Nr. 21 **–,40 –,50**

23 (68) 20 Centavos (St, N plattiert) 1965, 1967, 1970, 1971, 1973. Typ wie Nr. 21 **–,50 –,70**

24 (71) 25 Centavos (St, N plattiert) 1971, 1972, 1974. Typ wie Nr. 21 (zwölfeckig) **–,50 –,80**

VZ ST

25 (69) 50 Centavos (St, N plattiert) 1965, 1967, 1972–1974, 1978, 1980. Typ wie Nr. 21 **–,85 1,40**

26 (70) 1 Peso Boliviano (St, N plattiert) 1968–1970, 1972–1974, 1978, 1980. Typ wie Nr. 21 **1,– 2,–**

Für den FAO-Münz-Plan zum 23. Jahrestag der FAO (16. 10. 1968)

27 (72) 1 Peso Boliviano (St, N plattiert) 1968. Rs. Wertangabe, darunter Datum und Motto »Kampf gegen den Hunger« [VDM] (25000 Ex.) **25,– 40,–**

150. Jahrestag der Unabhängigkeit (3)

28 (73) 100 Pesos Bolivianos (S) 1975. Staatswappen. Rs. Simón Bolívar und Hugo Banzer Suarez. 933⅓er Silber, 10 g [incm] (160000 Ex.) **12,– 20,–**

29 (74) 250 Pesos Bolivianos (S) 1975. Typ wie Nr. 28. 933⅓er Silber, 15 g [incm] (140000 Ex.) **25,– 40,–**

30 (75) 500 Pesos Bolivianos (S) 1975. Typ wie Nr. 28. 933⅓er Silber, 22 g [incm] (100000 Ex.) **35,– 60,–**

31 (76) 5 Pesos Bolivianos (St, N plattiert) 1976, 1978, 1980. Typ wie Nr. 21 [VDM] **3,50 6,–**

Internationales Jahr des Kindes 1979 (2)

PP

32 (77) 200 Pesos Bolivianos (S) 1979. Rs. Musizierende Kinder, CHI:
a) 925er Silber, 23,3276 g **60,–**
b) Piéfort, 925er Silber, 46,6552 g (90 Ex.) *380,–*

		PP
33 (78)	4000 Pesos Bolivianos (G) 1979. Rs. Junge mit Flöte vor Sonne, CHI:	
	a) 900er Gold, 17,17 g (6315 Ex.)	**600,–**
	b) Piéfort, 900er Gold, 34,35 g (38 Ex.)	**3200,–**

WÄHRUNGSREFORM 1. Januar 1987:
1 000 000 Pesos Bolivianos = 1 Boliviano

NEUE WÄHRUNG: 100 Centavos = 1 Boliviano

		VZ	ST
34	2 Centavos (St) 1987. Staatswappen. Rs. Wertangabe, Motto »Einigkeit ist Stärke«	–,–	–,–
35	5 Centavos (St) 1987. Typ wie Nr. 34	–,–	–,–
36	10 Centavos (St) 1987. Typ wie Nr. 34	–,–	–,–
37	20 Centavos (St) 1987. Typ wie Nr. 34	–,–	–,–
38	50 Centavos (St) 1987. Typ wie Nr. 34	–,–	–,–
39	1 Boliviano (St) 1987. Typ wie Nr. 34	–,–	–,–

500. Jahrestag der Entdeckung Amerikas

		PP
40	10 Bolivianos (S) 1991. Staatswappen im Wappenkreis. Rs. Aufgehende Sonne über dem Berg Cerro Rico de Potosí. 925er Silber, 27 g	–,–

Frühere Ausgaben siehe Weltmünzkatalog 19. Jahrhundert.

Botswana — Botsuana — Botswana

läche: 574 980 km²; 1 100 000 Einwohner.
Jnter der Bezeichnung Betschuanaland britisches Schutzgebiet seit 1885, innere Autonomie seit 1965, vom 30. September 1966 an unabhängige Republik unter dem Namen Botsuana. Hauptstadt: Gaborone.

100 Cents = 1 Rand;
seit 23. August 1976: 100 Thebe = 1 Pula (»Regen«)

Mit Wirkung vom 23. August 1976 wurde die Pula als neue gesetzliche Währungseinheit eingeführt. Bis zum 30. November 1976 waren neben der Pula die auf Rand lautenden Geldzeichen der Republik Südafrika im Verhältnis 1:1 als Zahlungsmittel in Umlauf. Die Prägung Nr. 2, seinerzeit dem Rand entsprechend, hat demzufolge Symbolcharakter.

Republik Botsuana

Zur Erlangung der Unabhängigkeit am 30. September 1966 (2)

		ST	PP
1 (1)	50 Cents (S) 1966. Kopf von Sir Seretse Khama (1921–1980), Staatspräsident. Rs. Staatswappen, als Schildhalter Chapman-Zebras (Equus quagga chapmani – Equidae). 800er Silber, 10 g (10 000 Ex.)	20,–	25,–
2 (2)	10 Thebe (G) 1966. Typ wie Nr. 1. 900er Gold, 11,3 g (5100 Ex.)		*580,–*

Nr. 2 auch in Silber vorkommend.

NEUE WÄHRUNG: 100 Thebe = 1 Pula

Für den FAO-Münz-Plan (7)

		VZ	ST
3 (3)	1 Thebe (Al) 1976, 1981, 1983, 1984, 1987–1989. Staatswappen, Landesname, Motto »Ipelegeng« (Selbstvertrauen). Rs. Spitzschopf-Turako (Turacus persa)	–,30	–,50
4 (16)	2 Thebe (Bro) 1981. Rs. Kaffernhirse oder Sorghum, Motto »Bauen wir Nahrung an« (zwölfeckig)	–,50	1,–
5 (4)	5 Thebe (Bro) 1976~1991. Rs. Rotschnabel-Toko (Toccus leucomelas):		
	a) (Bro) 1976, 1977, 1979–1981, 1984, 1988, 1989	–,30	–,50
	b) (St, K galvanisiert) 1991	–,30	–,50
6 (5)	10 Thebe (K-N) 1976, 1977, 1979–1981, 1984, 1989. Rs. Südafrikanischer Spießbock (Oryx gazella gazella – Bovidae)	–,50	1,–
7 (6)	25 Thebe (K-N) 1976, 1977, 1980–1982, 1984, 1989. Rs. Zebu	1,–	2,–
8 (7)	50 Thebe (K-N) 1976, 1977, 1980, 1981, 1984. Rs. Schrei-Seeadler (Haliaetus vocifer – Accipitridae)	1,50	3,–
9 (8)	1 Pula (K-N) 1976, 1977, 1981, 1987. Rs. Chapman – Zebra (Wellenschnitt)	3,–	5,–

Nrn. 3, 5–9 von 1976, polierte Platte (20 000 Ex.) 30,–
Nrn. 3–9 von 1981, polierte Platte (10 000 Ex.) 36,–

10. Jahrestag der Unabhängigkeit (2)

		ST	PP
10 (9)	5 Pula (S) 1976. Brustbild des Staatspräsidenten n. l. Rs. Parlamentsgebäude in Gaborone:		
	a) 925er Silber, 28,28 g		70,–
	b) 500er Silber, 28,5 g	40,–	
11 (10)	150 Pula (G) 1976. Rs. Staatswappen. 916⅔er Gold, 15,98 g (4520 Ex.)	*600,–*	*750,–*

Rettet die Tierwelt (3)

		ST	PP
12 (11)	5 Pula (S) 1978. Rs. Südafrikanischer Spießbock (Oryx gazella gazella – Bovidae):		
	a) 925er Silber, 28,28 g		75,–
	b) 925er Silber, 25,31 g	50,–	

		ST	PP
13 (12)	10 Pula (S) 1978. Rs. Klippspringer (Oreotragus oreotragus – Bovidae):		
	a) 925er Silber, 35 g	–,–	120,–
	b) 925er Silber, 31,65 g	100,–	

14 (13)	150 Pula (G) 1978. Rs. Braune oder Schabrackenhyäne (Hyaena brunnea – Hyaenidae). 900er Gold, 33,437 g	1200,–	1600,–

Internationales Jahr der Behinderten 1981 (2)

15 (14)	5 Pula (S) 1981. Rs. Lernender Junge bei der Camphill Community Trust School:		
	a) 925er Silber, 28,28 g	50,–	120,–
	b) Piéfort, 925er Silber, 56,56 g		240,–

16 (15) 150 Pula (G) 1981. Rs. Mann und Junge bei handwerklicher Arbeit:

		ST	PP
	a) 916⅔er Gold, 15,98 g	800,–	1200,–
	b) Piéfort, 916⅔er Gold, 31,95 g		2400,–

XIII. Commonwealth-Spiele 1986 in Edinburgh

17 (17)	2 Pula (S) 1986. Rs. Läufer mit Staatsflagge:		
	a) 925er Silber, 28,28 g		80,–
	b) 500er Silber, 28,28 g	50,–	

25 Jahre World Wildlife Fund (2)

18 (18)	2 Pula (S) 1986. Rs. Braunkehlreiher (Egretta vinaceigula – Ardeidae). 925er Silber, 28,28 g		75,–

19 (19)	5 Pula (G) 1986. Rs. Litschi-Moorantilopen oder Wasserböcke (Hydrotragus leche – Bovidae). 916⅔er Gold, 15,98 g		780,–

XXIV. Olympische Sommerspiele 1988 in Seoul

Nr.		ST	PP
20	5 Pula (S) 1988. Rs. Zwei 800-Meter-Läufer. 925er Silber, 28,28 g		80,–
	Zum Papstbesuch im September 1988		
21	5 Pula 1988. Rs. Papst Johannes Paul II.:		
	a) (S) 925 fein, 28,28 g (5000 Ex.)		80,–
	b) (K-N)	8,–	
	70 Jahre Save the Children Fund (2)		
22	2 Pula (S) 1989. Rs. Kind beim Melken einer Ziege.		85,–
23	5 Pula (G) 1989. Rs. Junge mit seiner Schwester auf dem Rücken. 916⅔er Gold, 10 g		650,–
24	1 Pula (N-Me) 1991. Typ wie Nr. 9 (siebeneckig)	3,–	5,–

Brazil **Brasilien** **Brésil**

Brasil

Fläche: 8 511 965 km²; 138 000 000 Einwohner (1986).
Das größte Land in Südamerika wurde im Jahre 1500 von Pedro Alvares Cabral entdeckt und für Portugal in Besitz genommen. Von der kolonialen Abhängigkeit befreite sich Brasilien im Jahre 1822 durch die Unabhängigkeitserklärung. Zunächst Kaiserreich, seit 15. November 1889 Republik. Hauptstadt: Rio de Janeiro, seit 21. April 1960: Brasília.

1000 Réis = 1 Milréis;
seit 1942: 100 Centavos = 1 Cruzeiro
von 1964 bis 1967 nur Cruzeiros;
seit 13. Februar 1967: 100 Centavos = 1 Cruzeiro Novo;
seit 15. Mai 1970: 100 Centavos = 1 Cruzeiro;
seit 1. März 1986: 100 Centavos = 1 Cruzado;
seit 16. Januar 1989: 100 Centavos = 1 Neuer Cruzado;
seit 19. März 1990: 100 Centavos = 1 Cruzeiro

Föderative Republik Brasilien
República Federativa do Brasil
República dos Estados Unidos do Brasil

SS VZ

1 (1) 20 Réis (Bro) 1889, 1893–1901, 1904–1906, 1908–1912. Wappen. Rs. Wert im Kreis **4,– 7,–**

2 (2) 40 Réis (Bro) 1889, 1893–1898, 1900,1901,1907–1912. »Kreuz des Südens«, Sternbild im Kreis **4,– 7,–**

3 (3) 100 Réis (K-N) 1889, 1893–1900. Typ wie Nr. 2 **4,– 7,–**

4 (4) 200 Réis (K-N) 1889, 1893–1900. Typ wie Nr. 2 **5,– 8,–**

400. Jahrestag der Entdeckung Brasiliens (4)

5 (8) 400 Réis (S) 1900. Kreuz im Kreis. Rs. Wert im Kranz. 916⅔er Silber, 5,1 g **150,– 225,–**

6 (9) 1000 Réis (S) 1900. Freiheitskopf zwischen Symbolen des Fortschritts: Dampfer, Eisenbahn und Pflug. Rs. Wert im Kranz. 916⅔er Silber, 12,75 g **240,– 500,–**

SS VZ

7 (10) 2000 Réis (S) 1900. Segelschiff aus der Zeit der Entdeckungen. 916⅔er Silber, 25,5 g **350,– 700,–**

8 (11) 4000 Réis (S) 1900. Pedro Alvares Cabral (um 1468–1526), Entdecker und Seefahrer. 916⅔er Silber, 51 g **1200,– 2400,–**

9 (12) 100 Réis (K-N) 1901. Freiheitskopf nach rechts. Rs. Wappen **3,– 9,–**

10 (13) 200 Réis (K-N) 1901. Typ wie Nr. 9 **3,– 9,–**

11 (14) 400 Réis (K-N) 1901. Typ wie Nr. 9 **6,– 15,–**

12 (15) 500 Réis (S) 1906–1908, 1911, 1912. Freiheitskopf nach links. Rs. Wert. 900er Silber, 5 g **12,– 25,–**

13 (16) 1000 Réis (S) 1906–1912. Typ wie Nr. 12. 900er Silber, 10 g **15,– 35,–**

14 (17) 2000 Réis (S) 1906–1908, 1910–1912. 900er Silber, 20 g **30,– 70,–**

15 (25) 10000 Réis (G) 1889, 1892, 1893, 1895–1899, 1901–1904, 1906–1909, 1911, 1914–1916, 1919, 1921, 1922. Freiheitskopf nach links. Rs. Wappen. 916⅔er Gold, 8,96 g **1500,– 2800,–**

16 (26) 20000 Réis (G) 1889, 1892–1904, 1906–1914, 1917, 1918, 1921, 1922. Freiheitskopf nach links. Rs. Kreuz des Südens. 916⅔er Gold, 17,93 g **1500,– 2800,–**

SS VZ

17 (B14) 400 Réis (K-N) 1914. Freiheitsstatue nach rechts mit Gesetzestafel, Inschrift LEX. Versuchsprägung? 360,– 700,–

18 (18) 500 Réis (S) 1912. Freiheitskopf nach rechts. Rs. Wappen. Umschrift oben geteilt 16,– 32,–

19 (19) 1000 Réis (S) 1912, 1913. Typ wie Nr. 18 18,– 32,–

20 (20) 2000 Réis (S) 1912, 1913. Typ wie Nr. 18 30,– 55,–

21 (21) 500 Réis (S) 1913. Typ wie Nr. 18, jedoch Umschrift über dem Wappen 12,– 28,–

22 (22) 1000 Réis (S) 1913. Typ wie Nr. 21 20,– 35,–

23 (23) 2000 Réis (S) 1913. Typ wie Nr. 21 30,– 65,–

24 (27) 20 Réis (K-N) 1918–1935. Freiheitskopf nach rechts. Rs. Wert:
1918–1921 2,– 4,–
1927 20,– 40,–
1935 150,– 300,–

25 (28) 50 Réis (K-N) 1918–1935. Typ wie Nr. 24:
1918–1922, 1925, 1926 2,– 5,–
1931 15,– 30,–
1935 120,– 260,–

26 (29) 100 Réis (K-N) 1918–1935. Typ wie Nr. 24 2,– 3,–

27 (30) 200 Réis (K-N) 1918–1935. Typ wie Nr. 24 2,– 4,–

28 (31) 400 Réis (K-N) 1918–1923, 1925–1927, 1929–1932, 1935. Typ wie Nr. 24 2,– 4,–

29 (32) 500 Réis (Al-Bro) 1924, 1927, 1928, 1930. Sinnbild der Republik mit Füllhorn. Rs. Wert im Kranz 2,– 4,–

30 (33) 1000 Réis (Al-Bro) 1924, 1925, 1927–1931 3,– 8,–

31 (24) 2000 Réis (S) 1924–1931, 1934. Freiheitskopf. Rs. Wert im Kranz. 500er Silber, 8 g 12,– 20,–

100. Jahrestag der Unabhängigkeit (3)

32 (34) 500 Réis (Al-Bro) 1922. Dom Pedro I. (1798–1834), Kaiser von Brasilien 1822–1831 und Epitácio da Silva Pessôa (1865–1942), Staatspräsident 1919–1922. Rs. Fackel zwischen Krone und Freiheitsmütze:
a) Inschrift BRASIL 4,– 8,–
b) fehlerhafte Inschrift BBASIL *180,– 300,–*

33 (35) 1000 Réis (Al-Bro) 1922. Typ wie Nr. 32:
a) Inschrift BRASIL 6,– 12,–
b) fehlerhafte Inschrift BBASIL *40,– 65,–*

34 (38) 2 Milréis (S) 1922. Rs. Wappen des Kaiserreiches und der Republik:
a) 900er Silber, 8 g 18,– 30,–
b) 500er Silber, 8 g 18,– 30,–

400. Jahrestag der Kolonisation (6)

35 (39) 100 Réis (K-N) 1932. Kazike Tibiriçá († 1562). Rs. Wert, darüber indianische Waffen 6,– 10,–

36 (40) 200 Réis (K-N) 1932. Armillarsphäre. Rs. Karavelle der Konquistadoren 7,– 12,–

SS VZ

37 (41) 400 Réis (K-N) 1932. Landkarte Südamerikas. Rs. Lusignian-Kreuz 8,– 18,–

38 (42) 500 Réis (Al-Bro) 1932. João Ramalho (1494–1584), portugies. Kolonisator und Gründer der Stadt Santo Andre; verheiratet mit der Tochter des Kaziken Tibiriçá. Rs. Panzerhemd 20,– 45,–

39 (43) 1000 Réis (Al-Bro) 1932. Martim Afonso da Sousa (um 1500–1571), Feldherr, Seefahrer, Kolonisator. Rs. Familienwappen 20,– 45,–

40 (44) 2000 Réis (S) 1932. Johann III. (1502–1557), König von Portugal 1521–1557. Rs. Wappen des Königs. 500er Silber, 8 g 12,– 25,–

41 (45) 100 Réis (K-N) 1936–1938. Admiral Marques Tamandaré (1807–1897), Gründer der brasilianischen Marine. Rs. Anker 3,– 4,–

42 (46) 200 Réis (K-N) 1936–1938. Vizegraf von Mauá (1813–1889), bürgerlicher Name: Irineu Evangelista de Souza, Erbauer der ersten Eisenbahnstrecke Rio de Janeiro – Queimados. Rs. Lokomotive 4,– 8,–

			SS	VZ
43 (47)	300	Réis (K-N) 1936–1938. Antonio Carlos Gomes (1836–1896), Komponist. Rs. Leier	5,–	8,–

44 (48) 400 Réis (K-N) 1936–1938. Oswaldo Cruz (1872–1917), Mikrobiologe, Hygieniker, bekämpfte das Gelbfieber. Rs. Lampe 5,– 8,–

45 500 Réis (Al-Bro) 1935–1938. Diego Antônio Feijò (1784–1843), Regent von Brasilien 1835–1837. Rs. Säule:
a) (Y 49) 1935; 4 g 38,– 50,–
b) (Y 50) 1936–1938; 5 g 10,– 20,–

46 1000 Réis (Al-Bro) 1935–1938. Pater José de Anchieta (1534–1597). Rs. Aufgeschlagene Bibel:
a) (Y 51) 1935, Ø 26 mm 10,– 20,–
b) (Y 52) 1936–1938, Ø 24 mm 5,– 10,–

47 (55) 2000 Réis (S) 1935. Marschall Luiz Alves de Lima, Herzog von Caxias (1803–1880), Befehlshaber der Truppen des Kaisers von Brasilien, Porträt n. l. Rs. Schwert. 500er Silber, 8 g 10,– 20,–

48 2000 Réis (Al-Bro) 1936–1938. Herzog von Caxias, Porträt nach rechts. Rs. Schwert:
a) (Y 53) 1936–1938 (rund), Riffelrand 10,– 16,–
b) (Y 54) 1938 (eckig), glatter Rand 7,– 11,–

			SS	VZ
49 (56)	5000	Réis (S) 1936–1938. Alberto Santos Dumont (1873–1932), Flugpionier, flog am 23. 10. 1906 in Frankreich 60 m weit. Rs. Adlerschwinge. 600er Silber, 19 g	12,–	25,–
50 (57)	100	Réis (K-N) 1938, 1940, 1942. Dr. Getúlio Dornelles Vargas (1883–1954), Staatspräsident 1930–1945 und 1951–1954. Rs. Wert:		
		a) 1938, 1940	2,–	4,–
		b) 1942	2,–	4,–
51 (58)	200	Réis (K-N) 1938, 1940, 1942. Typ wie Nr. 50:		
		a) 1938, 1940	2,–	4,–
		b) 1942	2,–	4,–
52 (59)	300	Réis (K-N) 1938, 1940, 1942. Typ wie Nr. 50:		
		a) 1938, 1940	2,–	4,–
		b) 1942	2,–	4,–

53 (60)	400	Réis (K-N) 1938, 1940, 1942. Typ wie Nr. 50:		
		a) 1938, 1940	3,–	6,–
		b) 1942	3,–	6,–

Nrn. 50b–53b haben einen gegenüber Nrn. 50a–53a erhöhten Kupferanteil

54 (61) 500 Réis (Al-Bro) 1939. Joaquim Maria Machado de Assis (1839–1908), Schriftsteller und Dichter. Rs. Wert im Kranz 4,– 6,–

55 (62) 1000 Réis (Al-Bro) 1939. Tobias Barreto de Menezes (1839—1889), Philosoph, Dichter. Rs. Wert im Kranz 6,50 10,—

56 (63) 2000 Réis (Al-Bro) 1939. Marschall Floriano Peixoto (1842–1895), Staatspräsident 1891–1894. Rs. Wert im Kranz 7,– 11,–

NEUE WÄHRUNG: 100 Centavos = 1 Cruzeiro

SS **VZ**

57 (64) 10 Centavos (K-N) 1942, 1943. Staatspräsident Dr. Getúlio Dornelles Vargas. Rs. Wert 1,– 3,–

58 (65) 20 Centavos (K-N) 1942, 1943. Typ wie Nr. 57 2,– 4,–

59 (66) 50 Centavos (K-N) 1942, 1943. Typ wie Nr. 57 2,– 4,–

60 (70) 10 Centavos (Al-Bro) 1943–1947. Typ wie Nr. 57 1,– 2,–

61 (71) 20 Centavos (Al-Bro) 1943–1948. Typ wie Nr. 57 2,– 4,–

62 (72) 50 Centavos (Al-Bro) 1943–1947. Typ wie Nr. 57 1,– 2,–

63 (67) 1 Cruzeiro (Al-Bro) 1942–1947, 1949–1956. Landkarte von Brasilien. Rs. Wert 2,– 3,–

64 (68) 2 Cruzeiros (Al-Bro) 1942–1947, 1949–1956. Typ wie Nr. 63 2,– 4,–

65 (69) 5 Cruzeiros (Al-Bro) 1942, 1943. Typ wie Nr. 63 6,– 12,–

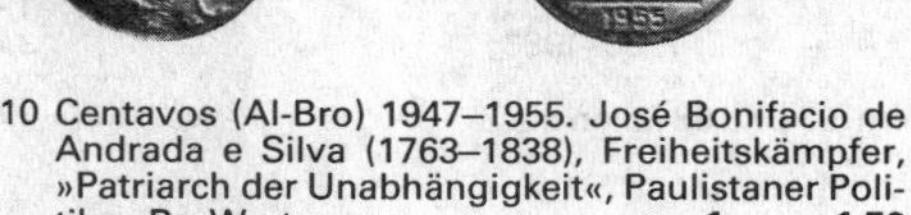

66 (73) 10 Centavos (Al-Bro) 1947–1955. José Bonifacio de Andrada e Silva (1763–1838), Freiheitskämpfer, »Patriarch der Unabhängigkeit«, Paulistaner Politiker. Rs. Wert 1,– 1,50

67 (74) 20 Centavos (Al-Bro) 1948–1956. Ruy Barbosa (1849–1923), Jurist, Schriftsteller, Politiker. Rs. Wert 1,20 2,–

68 (75) 50 Centavos (Al-Bro) 1948–1956. General Eurico Gaspar Dutra (1885–1974), Staatspräsident 1946–1951. Rs. Wert 1,70 2,50

69 (76) 10 Centavos (Al) 1956–1961. Staatswappen mit 20 Sternen, am 15. 11. 1889 eingeführt (Wappendarstellung bis 1967). Rs. Wertangabe, Jahreszahl –,30 –,50

70 (77) 20 Centavos (Al) 1956–1961. Typ wie Nr. 69 –,50 –,70

SS **VZ**

71 (78) 50 Centavos (Al-Bro) 1956. Typ wie Nr. 69 1,– 1,50

72 (79) 1 Cruzeiro (Al-Bro) 1956. Typ wie Nr. 69 3,– 5,–

73 (80) 2 Cruzeiro (Al-Bro) 1956. Typ wie Nr. 69 3,– 5,–

74 (81) 50 Centavos (Al) 1957–1961. Typ wie Nr. 69 –,60 1,–

75 (82) 1 Cruzeiro (Al) 1957–1961. Typ wie Nr. 69 1,– 1,50

76 (83) 2 Cruzeiros (Al) 1957–1961. Typ wie Nr. 69 1,– 1,50

77 (84) 10 Cruzeiros (Al) 1965. Landkarte von Brasilien. Rs. Wert –,30 1,–

78 (85) 20 Cruzeiros (Al) 1965. Typ wie Nr. 77 –,60 2,–

79 (86) 50 Cruzeiros (K-N) 1965. Freiheitskopf nach links. Rs. Wertangabe, Zweig eines Kaffeestrauches, Jahreszahl 1,20 2,–

WÄHRUNGSREFORM 13. Februar 1967:
1000 Cruzeiros = 1 Cruzeiro Novo

VZ **ST**

80 (87) 1 Centavo (St) 1967–1976. Freiheitskopf nach links. Rs. Wertangabe, Jahreszahl:
a) 1967 –,20 –,30
b) 1969, 1975, 1976; 1,77 g –,15 –,25

81 (88) 2 Centavos (St) 1967–1976. Typ wie Nr. 80:
a) 1967 –,20 –,30
b) 1969, 1975, 1976; 2,21 g –,15 –,25

82 (89) 5 Centavos (St) 1967–1976. Typ wie Nr. 80:
a) 1967 –,30 –,50
b) 1969, 1975, 1976; 2,69 g –,25 –,40

		VZ	ST
83 (90)	10 Centavos 1967–1979. Rs. Fabrikanlage:		
	a) (K-N) 1967	–,50	–,80
	b) (K-N) 1970; 4,78 g	–,40	–,60
	c) (St) 1974–1979	–,30	–,50
84 (91)	20 Centavos 1967–1979. Rs. Erdölbohrturm:		
	a) (K-N) 1967, 1970	–,75	1,20
	b) (K-N) 1970; 6,55 g	–,50	–,75
	c) (St) 1975–1979	–,40	–,60
85 (92)	50 Centavos 1967–1979. Rs. Hafenkran bei der Beladung eines Frachtschiffes:		
	a) (N) 1967	1,50	2,25
	b) (K-N) 1970, 1975	1,20	2,–
	c) (St) 1975–1979	–,70	1,20

86 (93)	1 Cruzeiro 1970–1978. Rs. Wertangabe, Jahreszahl, Kaffeezweig:		
	a) (N) 1970	2,–	3,–
	b) (K-N) 1974–1978	1,–	1,50
86E	*1 Cruzeiro (N) 1967, mit Gegenstempel »PROVA« (Abb.)*		–,–

150. Jahrestag der Unabhängigkeit (3)

		ST	PP
87 (94)	1 Cruzeiro (N) 1972. Dom Pedro I. (1798–1834), Kaiser von Brasilien 1822–1831 und General Emilio Garrastazu Medici (*1910), Staatspräsident 1969–1974. Rs. Landkarte Brasiliens, Wertangabe:		
	a) Schriftrand	3,–	10,–
	b) glatter Rand	15,–	
88 (95)	20 Cruzeiros (S) 1972. Typ wie Nr. 87. 900er Silber, 18,04 g [Paris]:		
	a) Ø 34,1 mm		25,–
	b) Ø 35 mm		*200,–*
89 (96)	300 Cruzeiros (G) 1972. Typ wie Nr. 87. 920er Gold, 16,65 g [Paris] (50 035 Ex.)	*850,–*	
89 E	*300 Cruzeiros (Me) 1972 [Paris] (1250 Ex.)*		–,–

10. Jahrestag der Zentralbank

90 (97)	10 Cruzeiros (S) 1975. Castello Branco, Präsident der Zentralbank. Rs. Emblem der Banco Central do Brasil, Wertangabe. Jahreszahl in der Randschrift. 800er Silber, 11,3 g		*200,–*

Für den FAO-Münz-Plan (3)

		VZ	ST
91 (98)	1 Centavo (St) 1975–1979. Rs. Zuckerrohr, Motto »Nahrung für die Welt«	–,40	–,50
92 (99)	2 Centavos (St) 1975–1978. Rs. Sojabohnen, Motto »Nahrung für die Welt«	–,40	–,50
93 (100)	5 Centavos (St) 1975–1978. Rs. Zebu, Motto »Nahrung für die Welt«:		
	a) Wellenlinien hinter Wertzahl, 1975	–,–	–,–
	b) ohne Wellenlinien, 1975–1978	–,50	–,60

Nrn. 94 und 95 fallen aus.

Für den FAO-Münz-Plan (3)

96 (101)	1 Centavo (St) 1979–1983. Sojabohnen. Rs. Wertangabe:		
	1979	1,–	2,–
	1980–1983	3,–	6,–

Nrn. 97 und 98 fallen aus.

99 (102)	1 Cruzeiro (St) 1979–1984. Zuckerrohr. Rs. Wertangabe	–,50	–,90
100 (103)	5 Cruzeiros (St) 1980–1984. Kaffeestrauch. Rs. Wertangabe	–,60	1,–
101 (104)	10 Cruzeiros (St) 1980–1986. Landkarte Brasiliens. Rs. Wertangabe	–,70	1,20

102 (105)	20 Cruzeiros (St) 1981–1986. Franz-von-Assisi-Kirche, Ouro Preto. Rs. Wertangabe	–,80	1,50

Nr.		Beschreibung	VZ	ST
103 (106)	50	Cruzeiros (St) 1981–1986. Stadtplan von Brasília mit dem Paranoá-Stausee. Rs. Wertangabe	–,80	1,50
104 (107)	100	Cruzeiros (St) 1985, 1986. Staatswappen mit 22 Sternen, 1967 eingeführt. Rs. Wertangabe	–,90	1,60
105 (108)	200	Cruzeiros (St) 1985, 1986. Typ wie Nr. 104	1,–	2,–
106 (109)	500	Cruzeiros (St) 1985, 1986. Typ wie Nr. 104	1,50	2,50

Für den FAO-Münz-Plan (2)

Nr.		Beschreibung	VZ	ST
107 (110)	1	Cruzeiro (St) 1985. Zuckerrohr, Motto »Nahrung für die Welt«	–,60	1,–
108 (111)	5	Cruzeiros (St) 1985. Kaffeestrauch, Motto »Nahrung für die Welt«	1,–	2,–

WÄHRUNGSREFORM 1. März 1986:
1000 Cruzeiros = 1 Cruzado
NEUE WÄHRUNG: 100 Centavos = 1 Cruzado

Nr.		Beschreibung	VZ	ST
109 (112)	1	Centavo (St) 1986–1988. Staatswappen. Rs. Wertangabe, Landesname	–,20	–,30
110 (113)	5	Centavos (St) 1986–1988. Typ wie Nr. 109	–,20	–,30
111 (114)	10	Centavos (St) 1986–1988. Typ wie Nr. 109	–,20	–,30
112 (115)	20	Centavos (St) 1986–1988. Typ wie Nr. 109	–,25	–,40
113 (116)	50	Centavos (St) 1986–1988. Typ wie Nr. 109	–,30	–,50
114 (117)	1	Cruzado (St) 1986–1988. Typ wie Nr. 109	–,40	–,70
115 (118)	5	Cruzados (St) 1986–1988. Typ wie Nr. 109	–,50	–,90
116 (119)	10	Cruzados (St) 1987, 1988. Typ wie Nr. 109	–,80	1,50

100. Jahrestag der Sklavenbefreiung (3)

Nr.		Beschreibung	VZ	ST
117	100	Cruzados (St) 1988. Landesname, Wertangabe. Rs. Kopf eines Mannes	1,50	3,–
118	100	Cruzados (St) 1988. Rs. Kopf einer Frau	1,50	3,–
119	100	Cruzados (St) 1988. Rs. Kopf eines Kindes	1,50	3,–

Nrn. 117–119 laufen seit 16. 1. 1989 als 10 Centavos um.

WÄHRUNGSREFORM 16. Januar 1989:
1000 Cruzados = 1 Neuer Cruzado (Cruzado Novo)
NEUE WÄHRUNG: 100 Centavos = 1 Neuer Cruzado

Nr.		Beschreibung	VZ	ST
120	1	Centavo (St) 1989	–,10	–,20
121	5	Centavos (St) 1989	–,10	–,20
122	10	Centavos (St) 1989	–,20	–,30
123	50	Centavos (St) 1989	–,30	–,60

100. Jahrestag der Ausrufung der Republik (2)

Nr.		Beschreibung	ST	PP
124	1	Cruzado Novo (St) 1989. Kopf der Republik. Rs. Wert, Sternbild »Kreuz des Südens«	3,–	
125	200	Cruzados Novos (S) 1989. Typ wie Nr. 124. 999,9er Silber, 13,47 g (30 000 Ex.)		70,–

Nrn. 124 und 125 laufen seit 16. 3. 1990 als 1 und 200 Cruzeiros um.

WÄHRUNGSREFORM 16. März 1990:
1 Neuer Cruzado = 1 Cruzeiro
NEUE WÄHRUNG: 100 Centavos = 1 Cruzeiro

Nr.		Beschreibung	VZ	ST
126	1	Cruzeiro (St) 1990. Wertangabe, Landesname. Rs. Nationalflagge	–,50	1,–
127	5	Cruzeiros (St) 1990, 1991. Rs. Salzgewinnung	–,60	1,20
128	10	Cruzeiros (St) 1990, 1991. Rs. Kautschukverarbeitung	–,80	1,50
129	50	Cruzeiros (St) 1990	–,–	–,–

500. Jahrestag der Entdeckung Amerikas

Nr.		Beschreibung	PP
130	500	Cruzeiros (S) 1991. Staatswappen im Wappenkreis. Rs. Segelschiff, Windrose und Seekarte mit Routenflechtwerk im Stil der Marajoara-Keramik. 925er Silber, 27 g	–,–

Britische Jungferninseln

British Virgin Islands — **Iles de la Vierge Britanniques**

Fläche: 155 km²; 14 000 Einwohner.
Die britischen Jungferninseln bestehen aus den Inseln Tortola, Virgin Gorda, Anegada, Jost Van Dyke und zahlreichen kleineren Eilanden. Die britische Kolonie »Leewards-Islands« (vgl. Britische Karibische Gebiete) wurde 1956 in die vier Präsidentschaften aufgelöst, aus denen sie damals bestand: Antigua, St. Kitts-Nevis-Anguilla, Montserrat und Virgin Islands. Nach dem Zerfall der Westindischen Föderation, der sie als Einzelkolonien am 3. Januar 1958 beigetreten waren, war der Status dieser Inseln teilweise unklar; die Jungferninseln traten in den früheren Status als britische Kolonie zurück. Hauptstadt: Road Town (auf Tortola).

100 Cents = 1 US-Dollar

Auch nach Einführung der eigenen Währung am 30. Juni 1973 bleiben die Geldzeichen Großbritanniens und der Vereinigten Staaten als Zahlungsmittel gebräuchlich.

Elisabeth II. seit 1952

Nr.		Beschreibung	ST	PP
1 (1)	1	Cent (Bro) 1973–1984. Elisabeth II. (nach A. Machin). Rs. Grünkehl-Karibenkolibri (Sericotes holosericeus – Trochilidae) und Antillen-Haubenkolibri (Orthorhynchus cristatus – Trochilidae)	1,–	1,50
2 (2)	5	Cents (K-N) 1973–1984. Rs. Zenaida-Turteltaube (Zenaida aurita – Columbidae)	1,–	1,50
3 (3)	10	Cents (K-N) 1973–1984. Rs. Halsband-Rüttelfischer (Ceryle torquata – Alcedinidae)	1,–	2,–
4 (4)	25	Cents (K-N) 1973–1984. Rs. Mangrovenkuckuck (Coccycus minor – Cuculidae)	2,–	2,50
5 (5)	50	Cents (K-N) 1973–1984. Rs. Brauner oder Meerespelikan (Pelecanus occidentalis – Pelecanidae)	3,–	4,–
6 (6)	1	Dollar 1973–1984. Rs. Pracht-Fregattvogel (Fregata magnificens – Fregatidae):		
		a) (S) 925 fein, 25,7 g, 1973–1984		30,–
		b) (K-N) 1975–1984	15,–	
7 (7)	100	Dollars (G) 1975. Rs. Königs-Seeschwalbe (Sterna maxima – Sternidae). 900er Gold, 7,1 g	300,–	400,–

50. Geburtstag von Königin Elisabeth II.

Nr.		Beschreibung	ST	PP
8 (8)	100	Dollars (G) 1976. Rs. Staatswappen, Gedenkumschrift. 900er Gold, 7,1 g	350,–	400,–

25. Regierungsjubiläum von Königin Elisabeth II. (7)

Nr.		Beschreibung	ST	PP
9 (9)	1	Cent (S) 1977. Elisabeth II., Inschrift SILVER JUBILEE. Rs. Kolibris, wie Nr. 1. 925er Silber, 1,75 g		6,–
10 (10)	5	Cents (S) 1977. Rs. Zenaida – Turteltaube, wie Nr. 2. 925er Silber, 3,55 g		8,–
11 (11)	10	Cents (S) 1977. Rs. Halsband – Rüttelfischer, wie Nr. 3. 925er Silber, 6,4 g		12,–
12 (12)	25	Cents (S) 1977. Rs. Mangrovenkuckuck, wie Nr. 4. 925er Silber, 8,81 g		16,–
13 (13)	50	Cents (S) 1977. Rs. Brauner Pelikan, wie Nr. 5. 925er Silber, 16,72 g		25,–
14 (14)	1	Dollar (S) 1977. Rs. Pracht – Fregattvogel, wie Nr. 6. 925er Silber, 25,7 g		35,–
15 (15)	100	Dollars (G) 1977. Rs. St.-Edwards-Krone. 900er Gold, 7,1 g (6725 Ex.)	–,–	450,–

25. Krönungsjubiläum von Königin Elisabeth II. (8)

Nr.		Beschreibung	ST	PP
16 (16)	1	Cent (S) 1978. Elisabeth II., Inschrift CORONATION JUBILEE. Rs. Kolibris, wie Nr. 1 (6196 Ex.)		8,–
17 (17)	5	Cents (S) 1978. Rs. Zenaida – Turteltaube, wie Nr. 2 (6196 Ex.)		12,–
18 (18)	10	Cents (S) 1978. Rs. Halsband – Rüttelfischer, wie Nr. 3 (6196 Ex.)		16,–
19 (19)	25	Cents (S) 1978. Rs. Mangrovenkuckuck, wie Nr. 4 (6196 Ex.)		20,–
20 (20)	50	Cents (S) 1978. Rs. Brauner Pelikan, wie Nr. 5 (6196 Ex.)		30,–
21 (21)	1	Dollar (S) 1978. Rs. Pracht-Fregattvogel, wie Nr. 6 (6196 Ex.)		40,–
22 (22)	25	Dollars (S) 1978. Rs. Der Greif Eduards III. und der rote Drache von Wales zu seiten der Edwardskrone. 925er Silber, 28,1 g (8438 Ex.)		75,–
23 (23)	100	Dollars (G) 1978. Rs. Krönungsinsignien. 900er Gold, 7,1 g (5772 Ex.)		450,–
24 (24)	5	Dollars 1979. Rs. Schneereiher:		
		a) (S) 925 fein, 40,5 g (5304 Ex.)		80,–
		b) (K-N) (680 Ex.)	80,–	

Zu Ehren von Sir Francis Drake

Nr.		Beschreibung	ST	PP
25 (25)	100	Dollars (G) 1979. Rs. Sir Francis Drake und Flaggschiff »Golden Hind« (3216 Ex.)		450,–
26 (26)	5	Dollars 1980. Rs. Großer Blaureiher:		
		a) (S) 925 fein, 40,5 g (3421 Ex.)		80,–
		b) (K-N) (1007 Ex.)	75,–	
27 (27)	25	Dollars (G) 1980. Rs. Seeadler. 500er Gold, 1,5 g		120,–

Weihnachten 1980

Nr.		Beschreibung	ST	PP
28 (28)	50	Dollars (G) 1980. Rs. Taube. 500er Gold, 2,68 g (6379 Ex.)		160,–

400. Jahrestag der Weltumseglung durch Sir Francis Drake

Nr.		Beschreibung	ST	PP
29 (29)	100	Dollars (G) 1980. Rs. »Golden Hind«, Flaggschiff von Sir Francis Drake. 900er Gold, 7,1 g (5412 Ex.)		450,–

		ST	PP
30 (31)	5 Dollars 1981. Rs. Königs-Seeschwalbe: a) (S) 925 fein, 40,5 g (1124 Ex.)		100,–
	b) (K-N) (472 Ex.)	90,–	
31 (32)	25 Dollars (G) 1981. Rs. Karibischer Sperber auf Zweig. 500er Gold, 1,5 g (2513 Ex.): a) FM		140,–
	b) [FM] o. Msz.		150,–

400. Jahrestag der Erhebung von Drake in den Ritterstand

		ST	PP
32 (30)	100 Dollars (G) 1981. Rs. Königin Elisabeth I. schlägt Sir Francis Drake zum Ritter (1321 Ex.)		500,–
33 (33)	5 Dollars 1982. Rs. Weißschwanz-Tropikvögel: a) (S) 925 fein, 40,5 g (1865 Ex.)		100,–
	b) (K-N)	80,–	
34	25 Dollars (G) 1982. Rs. Habicht im Flug (3819 Ex.)		140,–

30. Regierungsjubiläum von Königin Elisabeth II.

		ST	PP
35 (34)	100 Dollars (G) 1982. Rs. Gekröntes Monogramm (sechseckig) (620 Ex.)		600,–
36 (37)	5 Dollars 1983, 1984: a) (S) 925 fein, 40,5 g, 1983 (478 Ex.)		150,–
	1984		150,–
	b) (K-N) 1983 (203 Ex.)	80,–	
37 (36)	25 Dollars (G) 1983. Rs. Habicht im Flug (5949 Ex.)		140,–

30. Krönungsjubiläum von Königin Elisabeth II. (2)

		ST	PP
38 (35)	10 Dollars (S) 1983. Elisabeth II. Rs. Krönungsinsignien. 500er Silber, 30,28 g (2957 Ex.)		90,–
39	100 Dollars (G) 1983. Typ wie Nr. 38 (sechseckig) (624 Ex.)		550,–
40 (38)	25 Dollars (G) 1984. Rs. Wanderfalke (97 Ex.)	200,–	
41 (40)	100 Dollars (G) 1984. Rs. Ginger Thomas (25 Ex.)	1000,–	
42 (42)	1 Cent (Bro) 1985. Elisabeth II., (nach R. D. Maklouf). Rs. Meeresschildkröte		–,–
43 (43)	5 Cents (K-N) 1985. Rs. Drei Bonitos oder Tuna (Katsuwonus pelamis – Scombridae)		–,–
44 (44)	10 Cents (K-N) 1985. Rs. Zwei Barrakudas (Sphyraena barracuda)		–,–
45 (45)	25 Cents (K-N) 1985. Rs. Blauer Marlin (Makaira indica – Istiophoridae)		–,–
46 (46)	50 Cents (K-N) 1985. Rs. Delphin		–,–
47 (47)	1 Dollar (K-N) 1985. Rs. Schmetterlingsfische		–,–

Nrn. 42–47, polierte Platte 120,–

		PP
48 (42a)	1 Cent (S) 1985. Typ wie Nr. 42. 925er Silber, 1,75 g (1474 Ex.)	–,–
49 (43a)	5 Cents (S) 1985. Typ wie Nr. 43. 925er Silber, 3,55 g (1471 Ex.)	–,–
50 (44a)	10 Cents (S) 1985. Typ wie Nr. 44. 925er Silber, 6,4 g (1474 Ex.)	–,–
51 (45a)	25 Cents (S) 1985. Typ wie Nr. 45. 925er Silber, 8,81 g (1480 Ex.)	–,–
52 (46a)	50 Cents (S) 1985. Typ wie Nr. 46. 925er Silber, 16,72 g (1406 Ex.)	–,–
53 (47a)	1 Dollar (S) 1985. Typ wie Nr. 47. 925er Silber, 24,74 g (1372 Ex.)	–,–

Nrn. 48–53, polierte Platte 250,–

54 (39)	25 Dollars (G) 1985. Rs. Habicht im Flug	150,–

400. Jahrestag von Drakes westindischer Reise

55 (41)	100 Dollars (G) 1985. Rs. »Elizabeth Bonaventure«, Flaggschiff von Sir Francis Drake (sechseckig) (772 Ex.)	550,–

Versunkene Schätze der Karibik – 1. Ausgabe (25)

		PP
56	20 Dollars (S) 1985. Elisabeth II. Rs. Gekreuzte Kanonenrohre. 925er Silber, 19,10 g, FM	40,–
57	20 Dollars (S) 1985. Rs. Teetasse aus chinesischem Porzellan	40,–
58	20 Dollars (S) 1985. Rs. Sextant	40,–
59	20 Dollars (S) 1985. Rs. Smaragdbesetzter Goldring	40,–
60	20 Dollars (S) 1985. Rs. Spanische Golddublone (8 Escudos) von 1702	40,–
61	20 Dollars (S) 1985. Rs. Anker	40,–
62	20 Dollars (S) 1985. Rs. Nokturnal aus Messing	40,–
63	20 Dollars (S) 1985. Rs. Schwertgriff aus Messing	40,–
64	20 Dollars (S) 1985. Rs. Goldbarren	40,–
65	20 Dollars (S) 1985. Rs. Spanischer Goldescudo von 1733	40,–
66	20 Dollars (S) 1985. Rs. Goldene Monstranz	40,–
67	20 Dollars (S) 1985. Rs. Teekanne von Königin Anne	40,–
68	20 Dollars (S) 1985. Rs. Bronzenes Astrolabium	40,–
69	20 Dollars (S) 1985. Rs. Sonnenuhr aus Elfenbein	40,–
70	20 Dollars (S) 1985. Rs. Religiöses Medaillon	40,–
71	20 Dollars (S) 1985. Rs. Glocken aus Bronze	40,–
72	20 Dollars (S) 1985. Rs. Flasche aus chinesischem Porzellan	40,–
73	20 Dollars (S) 1985. Rs. Segelschiff, holländische Kanonen und Monogramm der Westindischen Compagnie	40,–
74	20 Dollars (S) 1985. Rs. Silbermünze zu 8 Reales im spanischen Kolonialtyp	40,–
75	20 Dollars (S) 1985. Rs. Hecklaterne	40,–
76	20 Dollars (S) 1985. Rs. Zirkel aus Messing	40,–

		PP
77	20 Dollars (S) 1985. Rs. Goldenes Kreuz des Ordens von Santiago	40,–
78	20 Dollars (S) 1985. Rs. Parfümflasche	40,–
79	20 Dollars (S) 1985. Rs. Taschenuhr	40,–
80	20 Dollars (S) 1985. Rs. Goldenes Armband und Knopf	40,–

Versunkene Schätze der Karibik – 2. Ausgabe (25)

81	25 Dollars (S) 1988. Rs. Schloß von der französischen Fregatte »L'Herminie«. 925er Silber, 21,40 g, FM	70,–
82	25 Dollars (S) 1988. Rs. Bronzeuhr vom spanischen Schiff »Nuestra Señora de Guadelupe«	70,–
83	25 Dollars (S) 1988. Rs. Gekreuzte Schlüssel einer Schatztruhe	70,–
84	25 Dollars (S) 1988. Rs. Stundenglas von einem Schiff des 16. Jh.	70,–
85	25 Dollars (S) 1988. Rs. Goldener Ring von der spanischen Galeone »Nuestra Señora de las Nieves«	70,–
86	25 Dollars (S) 1988. Rs. Bleiernes Siegel vom portugiesischen Schiff »San Juan Evangelista«	70,–
87	25 Dollars (S) 1988. Rs. Dolch mit Scheide	70,–
88	25 Dollars (S) 1988. Rs. Goldenes Kreuz vom spanischen Handelsschiff »San Pedro«	70,–
89	25 Dollars (S) 1988. Rs. Freimaurerpokal	70,–
90	25 Dollars (S) 1988. Rs. Gürtelschnalle	70,–
91	25 Dollars (S) 1988. Rs. Orientalische Miniaturfiguren	70,–
92	25 Dollars (S) 1988. Rs. Französische Marineinsignien von der »Scipion«	70,–
93	25 Dollars (S) 1988. Rs. Krug mit Gesicht und Wappen vom britischen Schiff »Sea Venture«	70,–
94	25 Dollars (S) 1988. Rs. Goldene Schnupftabakdose	70,–
95	25 Dollars (S) 1988. Rs. Kanone vom französischen Kriegsschiff »Didon«	70,–
96	25 Dollars (S) 1988. Rs. Goldene Miniaturfigur	70,–
97	25 Dollars (S) 1988. Rs. Silberner Kelch	70,–
98	25 Dollars (S) 1988. Rs. Teekanne aus Keramik	70,–
99	25 Dollars (S) 1988. Rs. Pistole	70,–
100	25 Dollars (S) 1988. Rs. Violine aus Keramik	70,–
101	25 Dollars (S) 1988. Rs. Schiffshaubitze	70,–
102	25 Dollars (S) 1988. Rs. Mörser und Stößel	70,–
103	25 Dollars (S) 1988. Rs. Indianische Figur	70,–
104	25 Dollars (S) 1988. Rs. Figur eines Drachen	70,–
105	25 Dollars (S) 1988. Rs. Figur eines Delphins	70,–

Schätze der präkolumbischen Kulturen (15)

106	50 Dollars (G) 1988. Rs. Gekreuzte goldene Hände aus dem Grab eines Königs der Chimu. 500er Gold, 1,99 g, FM	120,–
107	50 Dollars (G) 1988. Rs. Mixtekische Maske des Regengottes und Patronen der Goldschmiede Xipe Totec, um 900–1500	120,–
108	50 Dollars (G) 1988. Rs. Spanische Kolonialmünze	120,–
109	50 Dollars (G) 1988. Rs. Zweitüllige Kanne der Chimu-Kultur, um 900–1400	120,–
110	50 Dollars (G) 1988. Rs. Menschliche Figur als Anhänger der Tairona-Kultur	120,-
111	50 Dollars (G) 1988. Rs. Goldene Krone der Chimu in Perú	120,–
112	50 Dollars (G) 1988. Rs. Filigraner Frosch der Sinu in Kolumbien, um 1000–1500	120,–
113	50 Dollars (G) 1988. Rs. Schildkröte der Verasquas in Panamá, um 800	120,–
114	50 Dollars (G) 1988. Rs. Zeremonialmesser der Tumi	120,–
115	50 Dollars (G) 1988. Rs. Gefäß in Vogelform der Chimu in Perú, um 1100	120,–
116	50 Dollars (G) 1988. Rs. Glocke mit Hirschfigur aus Costa Rica, um 1000–1500	120,–
117	50 Dollars (G) 1988. Rs. Goldener Becher der Chimu, 12. Jh.	120,–
118	50 Dollars (G) 1988. Rs. Zweiköpfiges Tier der Tairona-Kultur, um 1000–1500	120,–
119	50 Dollars (G) 1988. Rs. Stab mit Adlerkopf der Sinu, um 1000–1500	120,–
120	50 Dollars (G) 1988. Rs. Flötenspieler aus Costa Rica um 1000–1500	120,-

500. Jahrestag der Entdeckung Amerikas (26)

		PL	PP
121	10 Dollars (K-N) 1992. Elisabeth II., Jahreszahlen 1492–1992. Rs. Christoph Kolumbus bei seiner Landung bei Fernandez Bay auf San Salvador (Guanahani), FM	30,–	
122	25 Dollars (S) 1992. Rs. Kolumbus vor dem Provinzrat von Salamanca. 925er Silber, 24,40 g, FM		70,-
123	25 Dollars (S) 1992. Rs. Kolumbus bei der Erklärung seiner Reisepläne nach Indien		70,-
124	25 Dollars (S) 1992. Rs. Audienz am königlichen Hof		70,-
125	25 Dollars (S) 1992. Rs. Königin Isabella bei der Zusicherung finanzieller Unterstützung für Kolumbus durch Verpfändung ihrer Juwelen		70,-
126	25 Dollars (S) 1992. Rs. Abfahrt vom spanischen Hafen Palos de la Frontera am 3. August 1492		70,-
127	25 Dollars (S) 1992. Rs. Kolumbus an Bord der »Santa Maria« auf der Suche nach Land		70,-
128	25 Dollars (S) 1992. Rs. Erste Begegnung mit Arawak-Indianern		70,-
129	25 Dollars (S) 1992. Rs. Wrack der »Santa María« an Weihnachten 1492 bei Haiti		70,-
130	25 Dollars (S) 1992. Rs. Errichtung der Festung bei Samana Bay		70,-
131	25 Dollars (S) 1992. Rs. Rückkehr nach Spanien auf der »Niña«		70,-
132	25 Dollars (S) 1992. Rs. Einzug in Barcelona		70,-
133	25 Dollars (S) 1992. Rs. Bekanntgabe der Entdeckungen vor dem spanischen Königspaar		70,-
134	25 Dollars (S) 1992. Rs. Überreichung der Geschenke für das Königspaar		70,-
135	25 Dollars (S) 1992. Rs. Kolumbus auf seiner zweiten Reise		70,-
136	25 Dollars (S) 1992. Rs. Sichtung der Jungferninseln		70,-
137	25 Dollars (S) 1992. Rs. Erforschung der Jungferninseln		70,-
138	25 Dollars (S) 1992. Rs. Errichtung der ersten europäischen Kolonie		70,-
139	25 Dollars (S) 1992. Rs. Kolumbus auf seiner dritten Reise		70,-
140	25 Dollars (S) 1992. Rs. Kolumbus in Ungnade		70,-
141	25 Dollars (S) 1992. Rs. Kolumbus auf seiner vierten Reise		70,-
142	25 Dollars (S) 1992. Rs. Kolumbus und seine Flotte in Mittelamerika		70,-
143	25 Dollars (S) 1992. Rs. Aufenthalt auf Jamaika		70,-
144	25 Dollars (S) 1992. Rs. Indianer bei der Betrachtung der von Kolumbus vorhergesagten Mondfinsternis		70,-
145	25 Dollars (S) 1992. Rs. Kolumbus vor König Ferdinand		70,-
146	25 Dollars (S) 1992. Rs. Kolumbus auf dem Sterbebett		70,-

British Guiana — Britisch-Guiana — Guyane Britannique

Fläche: 214970 km²; 647000 Einwohner (1966).
Britische Kronkolonie seit dem 17. Jh. an der Nordostküste von Südamerika. Seit 26. Juni 1966 ist das Land unabhängig unter dem Namen Guyana. Hauptstadt: Georgetown.

12 Pence = 1 Shilling, 50 Pence = 1 Britisch-Guiana-Dollar

British Guiana and West Indies

Eduard VII. 1901–1910

		SS	VZ
1 (2)	4 Pence (S) 1903, 1908–1910. Eduard VII., gekröntes Brustbild n. r. Rs. »Four/Pence« im Kranz, darüber Krone, Umschrift »British Guiana and West Indies«. 925er Silber, 1,8851 g	30,–	60,–

Georg V. 1910–1936

		SS	VZ
2 (3)	4 Pence (S) 1911, 1913, 1916. Georg V., gekröntes Brustbild n. l. Rs. Wertangabe, wie Nr. 1	35,–	70,–

British Guiana

		SS	VZ
3 (4)	4 Pence (S) 1917, 1918, 1921, 1923, 1925, 1926, 1931, 1935, 1936. Rs. »Four/Pence« im Kranz, darüber Krone, Umschrift »British Guiana«	15,–	35,–

Georg VI. 1936–1952

		SS	VZ
4 (5)	4 Pence (S) 1938–1945. Georg VI., gekröntes Kopfbild n. l. Rs. Wertangabe, wie Nr. 3:		
	a) 925er Silber, 1,8851 g, 1938–1943	12,–	25,–
	b) 500er Silber, 1,8851 g, 1944, 1945	10,–	20,–

Frühere Ausgaben siehe Weltmünzkatalog 19. Jahrhundert. Weitere Ausgaben siehe unter *Britisch-Karibische Gebiete* und *Guyana*.

British Honduras

Britisch-Honduras

Honduras Britannique

Fläche: 23000 km²; 120000 Einwohner (1973).
Die britische Kolonie an der Ostküste von Mittelamerika erhielt im Jahre 1960 eine neue Verfassung mit völliger innerer Selbstverwaltung. Seit dem 1. Juni 1973, mit Erlangung der vollen Autonomie, nennt sich das Land Belize. An die Stelle der bisherigen Hauptstadt Belize trat zwischenzeitlich die neu erbaute Hauptstadt: Belmopan.

Der Britisch-Honduras-Dollar wurde 1894 zur Währungseinheit erklärt.

100 Cents = 1 Britisch-Honduras-Dollar

Eduard VII. 1901–1910

		SS	VZ
1 (6)	1 Cent (Bro) 1904–1909. Eduard VII., gekröntes Brustbild n. r. Rs. Wertziffer im Perlkreis:		
	1904, 1906	**70,–**	**150,–**
	1909	**250,–**	**450,–**
2 (7)	5 Cents (K-N) 1907, 1909. Rs. Wertangabe im Perlkreis	**80,–**	**160,–**
3 (8)	25 Cents (S) 1906, 1907. Rs. Wertangabe im Ornamentrahmen. 925er Silber, 5,81 g	**55,–**	**125,–**
4 (9)	50 Cents (S) 1906, 1907. Typ wie Nr. 3. 925er Silber, 11,62 g	**90,–**	**200,–**

Georg V. 1910–1936

		SS	VZ
5 (10)	1 Cent (Bro) 1911–1913. Georg V., gekröntes Brustbild n. l. Rs. Wertangabe, wie Nr. 1:		
	1911	**200,–**	**400,–**
	1912	**420,–**	**680,–**
	1913	**800,–**	**1000,–**
6 (11)	1 Cent (Bro) 1914, 1916, 1918, 1919, 1924, 1926, 1936. Rs. Wertziffer in Blattranke	**18,–**	**40,–**
7 (12)	5 Cents (K-N) 1911–1936. Rs. Wertangabe, wie Nr. 2:		
	1911	**45,–**	**75,–**
	1912, 1916, 1918, 1919	**25,–**	**40,–**
	1936	**10,–**	**18,–**
8 (13)	10 Cents (S) 1918–1936. Rs. Wertangabe, wie Nr. 3. 925er Silber, 2,324 g:		
	1918, 1919	**35,–**	**80,–**
	1936	**22,–**	**40,–**
9 (14)	25 Cents (S) 1911, 1919. Typ wie Nr. 8. 925er Silber, 5,81 g:		
	1911	**65,–**	**130,–**
	1919	**35,–**	**80,–**

		SS	VZ
10 (15)	50 Cents (S) 1911, 1919. Typ wie Nr. 8. 925er Silber, 11,62 g:		
	1911	**90,–**	**185,–**
	1919	**50,–**	**115,–**

Georg VI. 1936–1952

			SS	VZ
11 (16)	1	Cent (Bro) 1937, 1939, 1942–1945, 1947. Georg VI., gekröntes Kopfbild n. l., Umschrift GEORGE VI KING AND EMPEROR OF INDIA. Rs. Wertangabe, wie Nr. 6	4,–	8,–
12 (17)	5	Cents (K-N) 1939. Rs. Wertangabe im Perlkreis	12,–	25,–
13 (17a)	5	Cents (N-Me) 1942–1945, 1947. Typ wie Nr. 12	25,–	50,–

			SS	VZ
14 (18)	10	Cents (S) 1939, 1942–1944, 1946. Rs. Wertangabe, wie Nr. 3. 925er Silber, 2,324 g	12,–	25,–
15 (19)	1	Cent (Bro) 1949–1951. Georg VI., Umschrift KING GEORGE THE SIXTH. Rs. Wertangabe, wie Nr. 6	4,–	8,–
16 (20)	5	Cents (N-Me) 1949, 1950, 1952. Rs. Wertangabe, wie Nr. 12	5,–	10,–
17 (21)	25	Cents (K-N) 1952. Rs. Wertangabe, wie Nr. 3	10,–	18,–

Elisabeth II. seit 1952

			SS	VZ
18 (22)	1	Cent (Bro) 1954. Elisabeth II., gekröntes Kopfbild n. r. Rs. Wertangabe, wie Nr. 6	3,–	5,–

			SS	VZ
19 (23)	1	Cent (Bro) 1956–1973. Typ wie Nr. 18 (Wellenschnitt):		
		1956, 1961–1973	–,60	1,–
		1958, 1959	5,–	8,50
20 (24)	5	Cents (N-Me) 1956–1959, 1961–1966, 1968–1973. Rs. Wertangabe, wie Nr. 12	1,–	1,50
21 (25)	10	Cents (K-N) 1956, 1959, 1961, 1963–1965, 1970. Rs. Wertangabe, wie Nr. 3	1,–	2,–

			SS	VZ
22 (26)	25	Cents (K-N) 1955, 1960, 1962–1966, 1968, 1970–1973. Typ wie Nr. 21	1,25	3,–
23 (27)	50	Cents (K-N) 1954, 1962, 1964–1966, 1971. Typ wie Nr. 21	3,–	6,–

Frühere Ausgaben siehe Weltmünzkatalog 19. Jahrhundert, weitere Ausgaben siehe unter *Belize*.

Britisch-Karibische Gebiete

British Carribean Territories
Eastern Group

Antilles Britanniques

Fläche: 2898 km²; 540 000 Einwohner (1975).
Dieses Wirtschafts- und Währungsgebiet umschloß folgende Gebiete: Barbados, Britisch-Guiana (bis 1962), Leeward-Inseln (Antigua, Britische Jungferninseln, Montserrat, St. Kitts-Nevis-Anguilla), Trinidad und Tobago (bis 1962), Windward-Inseln (Dominica, Grenada [bis 1974], St. Lucia, St. Vincent) und war 1958–1962 Bestandteil der Westindischen Föderation (Britisch-Karibischen Union).

100 Cents = 1 Britisch-Westindischer Dollar (British West Indies Dollar);
seit 6. Oktober 1965: 100 Cents = 1 Ostkaribischer Dollar

Elisabeth II. seit 1952

		VZ	ST
1 (1)	½ Cent (Bro) 1955, 1958. Königin Elisabeth II., gekröntes Brustbild nach rechts. Rs. Wertangabe		
	1955	2,–	3,50
	1958	12,–	26,–
2 (2)	1 Cent (Bro) 1955, 1957–1965. Rs. Wertangabe zwischen gekreuzten Palmzweigen	–,60	1,–

Nrn. 1 und 2 kommen in verschiedenen Legierungsvarianten vor.

		VZ	ST
3 (3)	2 Cents (Bro) 1955, 1957, 1958, 1960–1965. Typ wie Nr. 2	–,80	1.50
4 (4)	5 Cents (N-Me) 1955, 1956, 1960, 1962–1965. Rs. »Golden Hind«. Flaggschiff von Sir Francis Drake	1,–	2,–
5 (5)	10 Cents (K-N) 1955, 1956, 1959, 1961, 1962, 1964, 1965. Typ wie Nr. 4	1,20	2,50

		VZ	ST
6 (6)	25 Cents (K-N) 1955, 1957, 1959, 1961–1965. Typ wie Nr. 4	1,80	3,60

		VZ	ST
7 (7)	50 Cents (K-N) 1955, 1965. Rs. Heraldische Abzeichen (Badges) der verschiedenen Territorien:		
	1955	4,–	10,–
	1965	8,–	15,–

Nrn. 1–7 von 1955, polierte Platte (2000 Ex.) 100,–

Nrn. 2–7 von 1965, polierte Platte 100,–

Nrn. 1–7 wurden für den Umlauf teilweise bis 1979 geprägt.

Weitere Ausgaben siehe unter *Antigua, Barbados, Dominica, Grenada, Montserrat, St. Christopher-Nevis-Anguilla, St. Lucia, St. Vincent* und *Westindische Assoziierte Staaten.*

Britisch-Nordborneo

British North Borneo

Bornéo du Nord Britannique

Die mit Wirkung vom 1. November 1881 gebildete »privilegierte«, durch Freibrief geschützte British North Borneo Company (Britisch-Nordborneo-Gesellschaft) verwaltete als einzige bis in das 20. Jahrhundert hinein existierende Kolonialgesellschaft das ihr unterstehende Staatsgebiet bis zu ihrer Auflösung am 15. Juli 1946. In der Ausübung ihrer Rechte wurde sie durch die verheerenden Folgen des 2. Weltkrieges behindert, in dessen Verlauf von 1942–1945 die japanische und dann die britische Militärverwaltung die tatsächliche Herrschaft ausgeübt haben. Zu der nunmehrigen Kronkolonie Britisch-Nordborneo wurde auch die kleine Insel Labuan nach Lösung aus der seit den 30er Jahren bestehenden administrativen Verbindung mit den Straits Settlements geschlagen. Unter dem erneuerten Namen »Sabah« trat Nordborneo dem neuen Staat Malaysia als Gründungsmitglied am 16. September 1963 bei und bildet zusammen mit Sarawak den Landesteil Ost-Malaysia. Hauptstadt: Jesselton.

100 Cents (Fen, Sen) = 1 Straits-Dollar (Yuan, Ringgit)

British North Borneo Company

Nr.	Beschreibung	SS	VZ
1 (1)	½ Cent (Bro) 1885–1887, 1891, 1907. Wappen der British North Borneo Company. Rs. Wert im Kranz	16,–	35,–

Nr.	Beschreibung	SS	VZ
2 (2)	1 Cent (Bro) 1882, 1884–1891, 1894, 1896, 1907. Wappen mit Schildhaltern. Rs. Wert im Kranz	10,–	20,–

State of North Borneo

Nr.	Beschreibung	SS	VZ
3 (3)	1 Cent (K-N) 1904, 1921, 1935, 1938, 1941. Wappen mit Schildhaltern. Rs. Wert im Kreis	5,–	10,–
4 (4)	2½ Cents (K-N) 1903, 1920. Typ wie Nr. 3	10,–	20,–
5 (5)	5 Cents (K-N) 1903, 1920, 1921, 1927, 1928, 1938, 1940, 1941. Typ wie Nr. 3	8,–	16,–
6 (6)	25 Cents (S) 1929. Typ wie Nr. 3. 500er Silber, 2,83 g	32,–	70,–

Britisch-Westafrika

British West Africa — **Afrique Occidentale Anglaise**

Bis zur Ausgabe eigener Münzen waren unter Britisch-Westafrika die Gebiete Britisch-Kamerun (seit 1961 zu Kamerun), Britisch-Togoland (seit 1957 zu Ghana), Gambia, Goldküste (seit 1957 Ghana), Nigeria und Sierra Leone zusammengeschlossen.

12 Pence = 1 Shilling, 20 Shillings = 1 £

Nigeria – Britisch-Westafrika

Eduard VII. 1901–1910

SS VZ

1 (3) 1/10 Penny (Al) 1906–1908. Sechsstrahliger Stern, Umschrift NIGERIA – BRITISH WEST AFRICA. Rs. Krone über Wertangabe (mit Loch):
1906 (2 Ex. bekannt) — *3500,–*
1907 — 28,– 60,–
1908 — 18,– 40,–

2 (1) 1/10 Penny (K-N) 1908–1910. Typ wie Nr. 1 (mit Loch) — 4,– 10,–

3 (2) 1 Penny (K-N) 1906–1910. Typ wie Nr. 1 (mit Loch):
a) 11,34 g, 1906 (3 Ex. bekannt) — –,– *4000,–*
b) 9,45 g, 1907–1910 — 15,– 35,–

Georg V. 1910–1936

4 (4) 1/10 Penny (K-N) 1911. Sechsstrahliger Stern, Umschrift NIGERIA – BRITISH WEST AFRICA. Rs. Krone über Wertangabe (mit Loch) — 12,– 28,–

5 (5) ½ Penny (K-N) 1911. Typ wie Nr. 4 (mit Loch) — 35,– 70,–

6 (6) 1 Penny (K-N) 1911. Typ wie Nr. 4 (mit Loch) — 90,– 160,–

Britisch-Westafrika

7 (7) 1/10 Penny (K-N) 1912–1936. Sechsstrahliger Stern, Umschrift BRITISH WEST AFRICA. Rs. Krone über Wertangabe (mit Loch):
1912–1915, 1917, 1919, 1920, 1922, 1923, 1925–1928, 1930–1936 — 2,– 4,–
1916 — 200,– 380,–

8 (8) ½ Penny (K-N) 1912–1936. Typ wie Nr. 7 (mit Loch):
1912, 1920, 1927, 1929, 1931–1936 — 12,– 30,–
1922 — 1200,– 1800,–

SS VZ

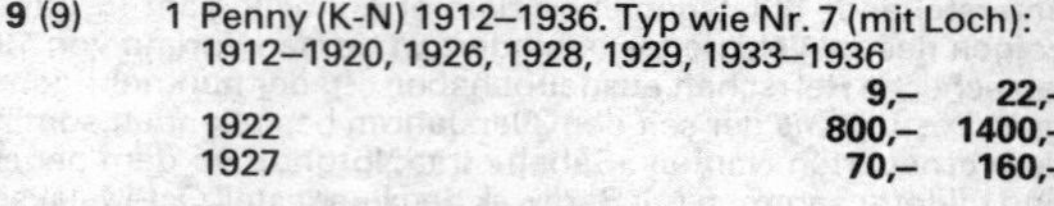

9 (9) 1 Penny (K-N) 1912–1936. Typ wie Nr. 7 (mit Loch):
1912–1920, 1926, 1928, 1929, 1933–1936 — 9,– 22,–
1922 — 800,– 1400,–
1927 — 70,– 160,–

Nr. 9 von 1920 in Messing vorkommend (Y 9a).

10 (14) 3 Pence (S) 1913–1920. Rs. Wert im Kranz:
a) 925er Silber, 1,4138 g, 1913–1919 — 18,– 40,–
b) 500er Silber, 1,4138 g, 1920 — 120,– 250,–

11 (15) 6 Pence (S) 1913–1920. Typ wie Nr. 10:
a) 925er Silber, 2,8276 g, 1913, 1914, 1916–1919 — 25,– 55,–
b) 500er Silber, 2,8276 g, 1920 — 240,– 500,–

12 (16) 1 Shilling (S) 1913–1920. Georg V., gekröntes Brustbild n. l. Rs. Ölpalme (Elaeis guineensis – Palmae). 925er Silber, 5,6552 g — 30,– 65,–

13 (17) 2 Shillings (S) 1913–1920. Typ wie Nr. 12:
a) 925er Silber, 11,3104 g, 1913–1920 — 45,– 90,–
b) 500er Silber, 11,3104 g, 1920 — 200,– 500,–

14 (14a) 3 Pence (K-N) 1920, 1925–1928, 1933–1936. Typ wie Nr. 10 — 10,– 22,–

15 (15a) 6 Pence (K-N) 1920, 1923–1925, 1928, 1933, 1935, 1936. Typ wie Nr. 10 — 20,– 45,–

16 (16a) 1 Shilling (N-Me) 1920, 1922–1928, 1936. Typ wie Nr. 12 — 25,– 55,–

17 (17a) 2 Shillings (N-Me) 1920, 1922–1928, 1936. Typ wie Nr. 12 — 30,– 70,–

Eduard VIII. 1936

18 (18) 1/10 Penny (K-N) 1936. Sechsstrahliger Stern. Rs. Krone über Wert (mit Loch) — 3,50 6,–

19 (19) ½ Penny (K-N) 1936. Typ wie Nr. 18 (mit Loch) — 4,– 7,–

		SS	VZ
20 (20)	1 Penny (K-N) 1936. Typ wie Nr. 18 (mit Loch)	5,–	8,–

Falsche Stempelkoppelung (Rs. von Ostafrika) vorkommend (Y 21).

Georg VI. 1936–1952

21 (22)	⅒ Penny (K-N) 1938–1947. Sechsstrahliger Stern. Rs. Krone über Wert, Umschrift GEORGIVS VI REX ET IND: IMP: (mit Loch)	2,–	4,–
22 (23)	½ Penny (K-N) 1937, 1940–1947. Typ wie Nr. 21 (mit Loch)	2,–	4,–
23 (24)	1 Penny (K-N) 1937, 1940–1947. Typ wie Nr. 21 (mit Loch)	3,–	6,–

Nr. 23 von 1937 in Bronze vorkommend (Y 24a).

24 (25)	3 Pence (K-N) 1938–1941, 1943–1947. Georg VI., Umschrift GEORGIVS VI D · G · BRITT. OMN · REX F · D · IND · IMP:. Rs. Wert im Kranz	6,–	16,–
25 (26)	6 Pence (Me) 1938, 1940, 1942–1947. Typ wie Nr. 24	6,–	16,–
26 (27)	1 Shilling (Me) 1938–1940, 1942, 1943, 1945–1947. Rs. Ölpalme	9,–	20,–
27 (28)	2 Shillings (Me) 1938, 1939, 1942, 1946, 1947. Typ wie Nr. 26	15,–	32,–

		SS	VZ
28 (29)	⅒ Penny (K-N) 1949, 1950. Sechsstrahliger Stern. Rs. Krone über Wert, Umschrift GEORGIVS SEXTVS REX (mit Loch)	4,–	8,–
29 (30)	½ Penny (K-N) 1949, 1951. Typ wie Nr. 28 (mit Loch)	17,–	26,–
30 (31)	1 Penny (K-N) 1951. Typ wie Nr. 28 (mit Loch)	40,–	85,–

Nr. 30 auch mit Jahreszahl 1956 vorkommend (falsche Stempelkoppelung, YA 39).

31 (29a)	⅒ Penny (Bro) 1952. Typ wie Nr. 28 (mit Loch)	5,–	10,–
32 (30a)	½ Penny (Bro) 1952. Typ wie Nr. 28 (mit Loch)	8,–	18,–
33 (31a)	1 Penny (Bro) 1952. Typ wie Nr. 28 (mit Loch)	3,–	7,–

Nrn. 31–33, polierte Platte *1000,-*
Nr. 33 auch mit Jahreszahl 1945 vorkommend [Heaton], H (YA 24).

34 (32)	6 Pence (Me) 1952. Georg VI., Umschrift GEORGIVS VI DEI GRA: BRITT. OMN: REX FID: DEF. Rs. Wert im Kranz	35,–	75,–
35 (33)	1 Shilling (Me) 1949, 1951, 1952. Rs. Ölpalme	10,–	25,–
36 (34)	2 Shillings (N-Me) 1949, 1951, 1952. Typ wie Nr. 35	15,–	35,–

Elisabeth II. seit 1952

37 (38)	⅒ Penny (Bro) 1954–1957. Sechsstrahliger Stern. Rs. Krone über Wert (mit Loch):		
	1954	2,–	5,–
	1956	–,–	–,–
	1957	200,–	450,–
38 (39)	1 Penny (Bro) 1956–1958. Typ wie Nr. 37 (mit Loch)	10,–	22,–

39 (40)	3 Pence (K-N) 1957. Elisabeth II. Rs. Wert im Kranz	60,–	100,–

Weitere Ausgaben siehe unter *Gambia, Ghana, Kamerun, Nigeria* und *Sierra Leone.*

Brunei Darussalam **Brunei** **Brunei**

Negara Brunei Darussalam

Fläche: 5765 km²; 250 000 Einwohner (1986).
Das islamische Sultanat an der Nordküste der Insel Borneo war im frühen 19. Jahrhundert noch immer so mächtig, daß der Sultan von Brunei als der Sultan von Borneo angesehen wurde, so daß der Name der ganzen Insel Borneo aus dem Namen Brunei gebildet worden ist. Der Reichtum an Bodenschätzen, vor allem an Erdöl, hat den Sultan von Brunei veranlaßt, sich der Föderation Malaysia nicht anzuschließen, sondern das 1886 mit Großbritannien vertraglich vereinbarte Protektorat bis 1983 bestehen zu lassen. Brunei erhielt die Selbstverwaltung am 29. September 1959. Die Unabhängigkeit wurde am 1. Januar 1984 ausgerufen. Hauptstadt: Brunei, am 4. Oktober 1970 in Bandar Seri Begawan umbenannt.

Der mexikanische Peso und der britische Handelsdollar waren zunächst die gebräuchlichen Handelsmünzen. Vom 25. Juni 1903 an kursierte der Straits-Dollar neben den Geldzeichen von Britisch-Nordborneo und Sarawak. Der Malaya-Dollar löste 1939 den Straits-Dollar ab und wurde ab 1. April 1946 alleiniges gesetzliches Zahlungsmittel, seit 1952 die Geldzeichen von Malaya und Britisch-Borneo. Die eigene Währung, der Brunei-Dollar, wurde am 12. Juni 1967 eingeführt. Daneben ist der Singapur-Dollar im Verhältnis 1:1 als Zahlungsmittel gebräuchlich.

100 Sen (Cents) = 1 Brunei-Dollar (Ringgit)

Omar Ali Saifuddin III. 1950–1967

VZ ST

1 (2) 1 Sen (Bro) 1967. Sultan Sir Omar Ali Saifuddin III. Wasa'dul Khairi Waddin (*1916). Rs. Ornamentale Darstellung einer Blüte, Umschrift »Kerajaan Brunei« (Regierung von Brunei) –,50 –,80

2 (3) 5 Sen (K-N) 1967. Rs. Ornamentale Darstellung eines Vogels –,60 1,–

3 (4) 10 Sen (K-N) 1967. Ornamentale Darstellung eines Tieres 1,– 1,50

VZ ST

4 (5) 20 Sen (K-N) 1967. Rs. Ornamentale Darstellung eines Baumes 1,20 2,–

5 (6) 50 Sen (K-N) 1967. Rs. Staatswappen (»Security edge«) 3,– 3,80

Hassanal Bolkiah I. seit 1967

6 (7) 1 Sen (Bro) 1968, 1970, 1971, 1973, 1974, 1976, 1977. Sultan Sir Muda Hassanal Bolkiah I. Mu'izzuddin Waddaulah (*1946), Sohn des am 4. 10. 1967 abgedankten Omar Ali. Rs. Ornamentales Muster, wie Nr. 1 –,50 –,80

7 (8) 5 Sen (K-N) 1968, 1970, 1971, 1973, 1974, 1976, 1977. Rs. Ornamentales Muster, wie Nr. 2 –,60 1,–

8 (9) 10 Sen (K-N) 1968, 1970, 1971, 1973, 1974, 1976, 1977. Rs. Ornamentales Muster, wie Nr. 3 –,80 1,20

		VZ	ST
9 (10)	20 Sen (K-N) 1968, 1970, 1971, 1973, 1974, 1976, 1977. Rs. Ornamentales Muster, wie Nr. 4	1,–	1,80
10 (11)	50 Sen (K-N) 1968, 1970, 1971, 1973, 1974, 1976, 1977. Rs. Staatswappen, wie Nr. 5 (»Security edge«)	2,50	3,20

Nrn. 6–10 von 1970, polierte Platte (4000 Ex.) 18,–

		PP
11 (12)	1 Dollar (K-N) 1970. Rs. Miniaturkanone des 19. Jh. vom Meriam-Typ auf Messingwagen, vormünzliches Zahlungsmittel (5000 Ex.)	150,–

		VZ	ST
12 (7a)	1 Sen 1977–1989. Sultan Hassanal Bolkiah, ohne »I« in der Titelumschrift. Rs. Ornamentales Muster, wie Nr. 1:		
	a) (Bro) 1977–1986	–,50	–,80
	b) (St, K plattiert) 1987–1989	–,50	–,80
13 (8a)	5 Sen (K-N) 1977–1989. Rs. Ornamentales Muster, wie Nr. 2	–,60	1,–
14 (9a)	10 Sen (K-N) 1977–1989. Rs. Ornamentales Muster, wie Nr. 3	–,80	1,20
15 (10a)	20 Sen (K-N) 1977–1989. Rs. Ornamentales Muster, wie Nr. 4:		
	1977–1981, 1983–1989	1,–	1,80
	1982	*8,–*	*16,–*

		VZ	ST
16 (11a)	50 Sen (K-N) 1977–1989. Rs. Staatswappen, wie Nr. 5 (»Security edge«)	2,50	3,20
17 (12a)	1 Dollar (K-N) 1979, 1984–1989. Rs. Kanone, wie Nr. 11		20,–

Nrn. 12–17 von 1979, 1984–1986, polierte Platte 90,–

		ST	PP
18	1 Sen (S) 1987–1989. Typ wie Nr. 12. 925er Silber, 2,92 g		–,–
19	5 Sen (S) 1987–1989. Typ wie Nr. 13. 925er Silber, 1,65 g		–,–
20	10 Sen (S) 1987–1989. Typ wie Nr. 14. 925er Silber, 3,35 g		–,–
21	20 Sen (S) 1987–1989. Typ wie Nr. 15. 925er Silber, 6,51 g		–,–
22	50 Sen (S) 1987–1989. Typ wie Nr. 16. 925er Silber, 10,82 g		–,–
23	1 Dollar (S) 1987–1989. Typ wir Nr. 17. 925er Silber, 18,05 g		–,–

Nrn. 18–23, polierte Platte 120,–

10 Jahre Brunei Currency Board

		ST	PP
24 (13)	10 Dollars (S) 1977. Rs. Sultan-Omar-Ali-Saifuddin-Moschee in Bandar Seri Begawan. 925er Silber, 28,28 g (10 000 Ex.)		180,–

10. Jahrestag der Krönung des Sultans

		ST	PP
25 (15)	1000 Dollars (G) 1978. Rs. Königskrone. 916⅔er Gold, 50 g [RM] (1000 Ex.)		4000,–

Auf die Vollendung des 14. Jahrhunderts islamischer Zeitrechnung (3)

		ST	PP
26 (14)	5 Dollars (K-N) 1980. Rs. Inschrift im Kreis von fünf Moscheenkuppeln	30,–	
27 (16)	50 Dollars (S) 1980. Typ wie Nr. 26. 925er Silber, 28,28 g (3000 Ex.)		300,–
28 (17)	750 Dollars (G) 1980. Typ wie Nr. 26. 916⅔er Gold, 15,98 g (1000 Ex.)		1500,–

Zur Ausrufung der Unabhängigkeit (3)

		ST	PP
29 (18)	10 Dollars (K-N) 1984. Sultan Hassanal Bolkiah. Rs. Bohrinsel	55,–	100,–
30 (19)	100 Dollars (S) 1984. Typ wie Nr. 29. 925er Silber, 28,28 g (7000 Ex.)	300,–	450,–
31 (20)	1000 Dollars (G) 1984. Rs. Regierungsgebäude. 916⅔er Gold, 50 g (5000 Ex.)	3600,–	4000,–

20 Jahre Brunei Currency Board (2)

		ST	PP
32 (21)	20 Dollars (S) 1987. Typ wie Nr. 24. 925er Silber, 28,28 g (3000 Ex.)		100,–
33 (22)	100 Dollars (G) 1987. Typ wie Nr. 24. 916⅔er Gold, 13,5 g (1000 Ex.)		900,–

20. Jahrestag der Krönung des Sultans (3)

		ST	PP
34	20 Dollars (K-N) 1988. Rs. Gekröntes Königswappen	60,–	100,–
35	100 Dollars (S) 1988. Typ wie Nr. 34. 925er Silber, 31,1 g (2000 Ex.)		–,–
36	1000 Dollars (G) 1988. Typ wie Nr. 34. 916⅔er Gold, 50 g (1000 Ex.)		*2400,–*

Bulgaria Bulgarien Bulgarie

БЪЛГАРИЯ

Fläche: 110669 km², 8970000 Einwohner (1986).
Das 1879 geschaffene Fürstentum wurde am 22. September (5. Oktober) 1908 von Ferdinand I. in Tirnovo zu einem unabhängigen Königreich erklärt. In Bulgarien rechnete man zunächst noch nach dem Julianischen Kalender, weshalb sich unterschiedliche Daten, z. B. beim Unabhängigkeitstag, ergeben. Volksrepublik vom 15. September 1946 bis 1991; seitdem ist Bulgarien eine Republik. Hauptstadt: Sofia (Sofija).

100 Stotinki (СТОТИНКИ) = 1 Lew (ЛЕВ)

Fürstentum Bulgarien
Ferdinand I. 1887–1918

		SS	VZ
1 (16)	1 Stotinka (Bro) 1901. Staatswappen. Rs. Wert und Jahreszahl im Kranz	9,–	22,–
2 (17)	2 Stotinki (Bro) 1901. Typ wie Nr. 1	4,–	9,–
3 (18)	5 Stotinki (K-N) 1906. Typ wie Nr. 1	3,–	5,–
4 (19)	10 Stotinki (K-N) 1906. Typ wie Nr. 1	2,–	4,–
5 (20)	20 Stotinki (K-N) 1906. Typ wie Nr. 1	3,–	5,–

Königreich Bulgarien
Zarstvo B'lgarija

6 (24)	50 Stotinki (S) 1910. Ferdinand I. Kopfbild nach rechts. Rs. Wert und Jahreszahl im Kranz. 835er Silber, 2,5 g	10,–	16,–
7 (25)	1 Lew (S) 1910. Typ wie Nr. 6. 835er Silber, 5 g	12,–	18,–
8 (26)	2 Lewa (S) 1910. Typ wie Nr. 6. 835er Silber, 10 g	18,–	36,–

9 (16)	1 Stotinka (Bro) 1912. Typ wie Nr. 1	7,–	12,–
10 (17)	2 Stotinki (Bro) 1912. Typ wie Nr. 1	4,–	9,–

11 (18)	5 Stotinki (K-N) 1912, 1913. Typ wie Nr. 1	2,–	4,–
12 (19)	10 Stotinki (K-N) 1912, 1913. Typ wie Nr. 1	2,–	3,–
13 (20)	20 Stotinki (K-N) 1912, 1913. Typ wie Nr. 1:		
	1912	2,–	3,–
	1913	3,–	4,–

		SS	VZ
14 (27)	50 Stotinki (S) 1912–1916. Ferdinand I., Kopfbild n. l. 835er Silber, 2,5 g		
	1912, 1913	6,–	15,–
	1916	*120,–*	*200,–*
15 (28)	1 Lew (S) 1912–1916. Typ wie Nr. 14. 835er Silber, 5 g		
	1912, 1913	14,–	28,–
	1916	*200,–*	*350,–*
16 (29)	2 Lewa (S) 1912–1916. Typ wie Nr. 14. 835er Silber, 10 g		
	1912, 1913	16,–	35,–
	1916	*400,–*	*600,–*

Zur Unabhängigkeitserklärung und zur Schaffung des Königreichs Bulgarien am 22. September (5. Oktober) 1908 (2)

		VZ	ST
17 (30)	20 Lewa (G) 1912. Ferdinand von Sachsen-Coburg-Gotha (1861–1948), Fürst von Bulgarien 1887–1908, als Ferdinand I. 1908–1918 König von Bulgarien. 900er Gold, 6,45161 g	400,–	600,–
18 (31)	100 Lewa (G) 1912. Typ wie Nr. 17. 900er Gold, 32,25805 g	2500,–	4500,–
		SS	VZ
A18 (18a)	5 Stotinki (Zink) 1917. Typ wie Nr. 11	7,–	12,–
B18 (19a)	10 Stotinki (Zink) 1917. Typ wie Nr. 12	6,–	10,–
C18 (20a)	20 Stotinki (Zink) 1917. Typ wie Nr. 13	6,–	11,–

Nrn. B18 und C18, polierte Platte 450,-

Goldmedaillen zu 4 Dukaten 1910–1912, 1914, 1918 vorkommend, zumeist mit Gegenstempel Krone. Von der Medaille 1910 existiert ein Probeabschlag in Silber, vergoldet (1 Ex. bekannt) VZ *5000,-*

Boris III. 1918–1943

A19 1 Lew (Al) 1923. Staatswappen. Rs. Wert im Kranz [Heaton], H (3 Ex. bekannt) –,– –,–

B19 2 Lewa (Al) 1923. Typ wie Nr. A19 [Heaton], H (2 Ex. bekannt) –,– –,–

		SS	VZ
19 (32)	1 Lew (Al) 1923. Staatswappen Rs. Wert im Kranz [Wien]	25,–	60,–
20 (33)	2 Lewa (Al) 1923. Typ wie Nr. 19 [Wien]	35,–	100,–
A20 (34)	1 Lew (K-N) 1925. Typ wie Nr. 19:		
	a) ohne Msz. (Brüssel)	2,–	4,–
	b) Msz. »Blitz« (Poissy)	3,–	5,–

B20 (35)	2 Lewa (K-N) 1925. Typ wie Nr. 19:		
	a) Ohne Msz. (Brüssel)	2,–	6,–
	b) Msz. »Blitz« (Poissy)	3,–	7,–
C20	5 Lewa (K-N) 1928. Typ wie Nr. 19 [Paris] (2 Ex. bekannt)	–,–	–,–

Goldmedaille zu 4 Dukaten 1926 vorkommend.

21 (36) 5 Lewa (K-N) 1930. Zar Krum (reg. 802–814), Reiter-Relief auf dem Felsen von Madara (Bezirk Kolarovgrad [Schumen]/Nordostbulgarien), 9. Jh. n. Chr. Rs. Wert im Kranz [Stuttgart] 6,– 12,–

22 (37) 10 Lewa (K-N) 1930. Typ wie Nr. 21 [Stuttgart] 5,– 22,–

23 (38) 20 Lewa (S) 1930. Boris III. (1894–1943), Kopfbild nach links. Rs. Wert und Jahreszahl im Kranz. 500er Silber, 4 g 8,– 25,–

24 (39) 50 Lewa (S) 1930. Typ wie Nr. 23. 500er Silber, 10 g 10,– 26,–

25 (40) 100 Lewa (S) 1930. Typ wie Nr. 23. 500er Silber, 20 g 18,– 36,–

26 (44) 50 Lewa (S) 1934. Boris III., Kopfbild nach links. Rs. Wert zwischen Ähren, darunter Rose und Tabakstauden. 500er Silber, 10 g 10,– 18,–

		SS	VZ
27 (45)	100 Lewa (S) 1934, 1937. Typ wie Nr. 26. 500er Silber, 20 g:		
	1934	20,–	40,–
	1937	17,–	30,–
28 (41)	50 Stotinki (Al-Bro) 1937. Staatswappen. Rs. Wert im Kranz	2,–	5,–
29 (42)	20 Lewa (K-N) 1940. Typ wie Nr. 23	3,–	7,–
30 (43)	50 Lewa (K-N) 1940. Typ wie Nr. 24	3,–	8,–
31 (34a)	1 Lew (E) 1941. Typ wie Nr. 19	18,–	46,–
32 (35a)	2 Lewa (E) 1941. Typ wie Nr. 19	9,–	17,–
33 (36a)	5 Lewa (E, vernickelt) 1941. Typ wie Nr. 21	19,–	48,–
34 (37a)	10 Lewa (E, vernickelt) 1941. Typ wie Nr. 21	34,–	75,–

35 (A45)	2 Lewa (E) 1943. Gekröntes Wappen mit Löwen als Schildhalter. Rs. Wert und Jahreszahl im Kranz	8,–	16,–
36 (36b)	5 Lewa (St, K-N plattiert) 1943. Typ wie Nr. 21	10,–	20,–
37 (37b)	10 Lewa (St, K-N plattiert) 1943. Typ wie Nr. 21	8,–	18,–

38 (43a) 50 Lewa (St, K-N plattiert) 1943. Typ wie Nr. 24 8,– 16,–

Volksrepublik Bulgarien 1946–1991

Narodna Republika B'lgarija

39 (46)	1 Stotinka (Me) 1951. Staatswappen der Volksrepublik, am 30. 3. 1948 eingeführt. Rs. Ähre und Wert	–,30	–,50
40 (47)	3 Stotinki (Me) 1951. Typ wie Nr. 39	–,50	–,80
41 (48)	5 Stotinki (Me) 1951. Typ wie Nr. 39	–,60	1,–
42 (49)	10 Stotinki (K-N) 1951. Typ wie Nr. 39	1,–	2,–
43 (A49)	20 Stotinki (K-N) 1952, 1954. Typ wie Nr. 39:		
	1952	30,–	60,–
	1954	1,–	3,–

		SS	VZ
44 (50)	25 Stotinki (K-N) 1951. Typ wie Nr. 39	1,–	2,–
45 (51)	50 Stotinki (K-N) 1959. Typ wie Nr. 39	1,–	3,–

46 (52)	1 Lew (K-N) 1960. Rs. Wertangabe und Jahreszahl zwischen unten gebundenen Lorbeerzweigen	3,–	5,–

WÄHRUNGSREFORM: 100 alte Lewa = 1 neuer Lew

47 (53)	1 Stotinka (Me) 1962, 1970. Staatswappen. Rs. Wertangabe und Jahreszahl zwischen Ähren	–,20	–,40
48 (54)	2 Stotinki (Me) 1962. Typ wie Nr. 47	–,20	–,40
49 (55)	5 Stotinki (Me) 1962. Typ wie Nr. 47	–,60	1,–
50 (56)	10 Stotinki (K-N) 1962. Typ wie Nr. 47	–,90	1,40
51 (57)	20 Stotinki (K-N) 1962. Typ wie Nr. 47	1,–	1,80
52 (58)	50 Stotinki (K-N) 1962. Typ wie Nr. 47	3,–	4,–
53 (59)	1 Lew (K-N) 1962. Typ wie Nr. 47	3,–	6,–

Nr. 47 von 1970 wurde ab November 1987 ausgegeben (200 000 Ex.).

1100 Jahre kyrillisches Alphabet (4)

		ST	PP
54 (60)	2 Lewa (S) 1963. Kyrill (826–869) und Methodios (um 815–885), Slawenapostel und Verbreiter der kyrillischen Schrift. Rs. Wert. 900er Silber, 8,89 g	30,–	35,–
55 (61)	5 Lewa (S) 1963. Typ wie Nr. 54. 900er Silber, 16,67 g	40,–	55,–

56 (62)	10 Lewa (G) 1963. Typ wie Nr. 54. 900er Gold, 8,44 g		360,–
57 (63)	20 Lewa (G) 1963. Typ wie Nr. 54. 900er Gold, 16,89 g		720,–

80. Geburtstag von G. Dimitrov und 20. Jahrestag des Bestehens der Volksrepublik (4)

		ST	PP
58 (64)	2 Lewa (S) 1964. Georgi Dimitrov (1882–1949), Drucker und Politiker, Ministerpräsident 1946–1949. Rs. Flagge über Wert. 900er Silber, 8,89 g (20 000 Ex.)	18,–	25,–
59 (65)	5 Lewa (S) 1964. Typ wie Nr. 58. 900er Silber, 8,89 g (10 000 Ex.)	30,–	45,–
60 (66)	10 Lewa (G) 1964. Typ wie Nr. 58. 900er Gold, 8,44 g (10 000 Ex.)		350,–
61 (67)	20 Lewa (G) 1964. Typ wie Nr. 58. 900er Gold, 16,89 g (5000 Ex.)		700,–

1050. Todestag des hl. Kliment von Ohrid

		VZ	ST
62 (68)	2 Lewa (K-N) 1966. Rs. Hl. Kliment von Ohrid († 916). Aufklärer, vervollkommnete das bulgarisch-slawische (kyrillische) Alphabet, gründete die erste Volksuniversität in Europa	7,–	12,–

25. Jahrestag der sozialistischen Revolution vom 9. September 1944 (2)

63 (69)	1 Lew (K-N) 1969. »Widerstandskämpfer«, Detail von einem Grabmal in Sofia. Rs. Wertangabe zwischen Ähren	4,–	7,–

64 (70)	2 Lewa (K-N) 1969. Monument des Sowjetsoldaten in Plovdiv	6,–	9,–

90. Jahrestag der Befreiung Bulgariens von der ottomanischen Herrschaft (2)

VZ ST

65 (71) 1 Lew (K-N) 1969. Sofia: Reiterstandbild von Alexander II., Zar von Rußland, auf einem Sockel (14 m hoch) mit Bildnissen aus der bulgarischen Geschichte (1877–1879), in den Jahren 1901 bis 1907 von dem italienischen Bildhauer Arnoldo Zocchi geschaffen. Rs. Wertangabe im Kranz gebundener Lorbeerzweige 5,– 8,–

66 (72) 2 Lewa (K-N) 1969. Rs. »Die Schlacht auf dem Orlowo Gnesdo« (Adlernest), Ausschnitt aus einem Gemälde des russischen Malers Alexander Popov 5,– 9,–

120. Geburtstag von Ivan Vazov

ST PP

67 (73) 5 Lewa (S) 1970. Rs. Ivan Vazov (1850–1921), Volksdichter; bekanntestes Werk »Unter dem Joch«, 1889/90, dt. 1918. 900er Silber, 20,5 g 25,– 50,–

150. Geburtstag von Georgi Rakovski

PP

68 (74) 5 Lewa (S) 1971. Georgi Rakovski (1821–1867), Patriot, Nationalrevolutionär, Schriftsteller, Verfasser des Statuts für die bulgarische Übergangsregierung. Rs. Staatsemblem, Wertangabe 40,–

150. Geburtstag von Dobri Čintulov

VZ ST

69 (75) 2 Lewa (K-N) 1972. Rs. Dobri Čintulov (1822–1886), bedeutender bulgarischer Aufklärer 6,– 10,–

250. Geburtstag von Paisij Hilendarski

70 (76) 5 Lewa (S) 1972. Neues Staatswappen, am 14. 5. 1971 eingeführt. Rs. Paisij Hilendarski, genannt »Otez Paisij«, bulgarischer Mönch, 1722 in der Stadt Bansko geboren, schrieb 1762 die Geschichte des bulgarischen Volkes und erweckte dadurch das Nationalbewußtsein 25,–

100. Todestag von Vasil Levski

PP

71 (77) 5 Lewa (S) 1973. Rs. Vasil Levski (»der Löwenartige«) (1837–1873), einer der Organisatoren der bulgarischen nationalen Befreiungsbewegung gegen die Türken, schuf ein revolutionäres Zentralkomitee; von den Türken in Sofia hingerichtet 25,–

50. Jahrestag des Aufstandes vom 23. September 1923 unter Führung von G. Dimitrov und V. Kolarov

PP

72 (78) 5 Lewa (S) 1973. Rs. Gruppe bewaffneter Aufständischer und Frau mit Fahne *30,–*

50. Todestag von Aleksander Stambulijski

73 (79) 5 Lewa (S) 1974. Rs. Aleksander Stambulijski (1879–1923), Politiker **25,–**

30. Jahrestag der sozialistischen Revolution vom 9. September 1944

74 (80) 5 Lewa (S) 1974. Rs. Zwei Soldaten vor Fabrikanlage *32,–*

VZ ST

75 (53a) 1 Stotinka (Me) 1974, 1979, 1980, 1988–1990. Staatswappen, am 14. Mai 1971 eingeführt, Umschrift »Volksrepublik Bulgarien«. Rs. Wertangabe und Jahreszahl zwischen Ähren **–,30** **–,50**

76 (54a) 2 Stotinki (Me) 1974, 1979, 1980, 1988–1990. Typ wie Nr. 75 **–,30** **–,50**

77 (55a) 5 Stotinki (Me) 1974, 1979, 1980, 1988–1990. Typ wie Nr. 75 **–,40** **–,80**

78 (56a) 10 Stotinki (K-N) 1974, 1979, 1980, 1988–1990. Typ wie Nr. 75 **–,80** **1,20**

79 (57a) 20 Stotinki (K-N) 1974, 1979, 1980, 1988–1990. Typ wie Nr. 75 **1,–** **1,50**

80 (58a) 50 Stotinki (K-N) 1974, 1979, 1980, 1988–1990. Typ wie Nr. 75 **2,–** **3,–**

81 (59a) 1 Lew (K-N) 1979, 1980, 1988–1990. Typ wie Nr. 75 **3,–** **5,–**

Nrn. 75–81 von 1979, nur polierte Platte 80,–
Nrn. 75–81 von 1980, nur polierte Platte 50,–

In ähnlicher Zeichnung: Nrn. 174 und 175 (20 und 50 Lewa).

10. Kongreß des Internationalen Olympischen Komitees 1973 in Varna

PP

82 (81) 10 Lewa (S) 1975. Rs. Antike Münze mit Faustkämpfern, unter dem römischen Kaiser Elagabalus (218–222) in Plovdiv geprägt, darunter olympische Ringe. 900er Silber, 30 g:
a) Randschrift kyrillisch »Sport für eine friedliche Welt« *120,–*
b) Randschrift lateinisch »Citius, Altius, Fortius« *100,–*

100. Jahrestag des Aprilaufstandes gegen die ottomanische Herrschaft (3)

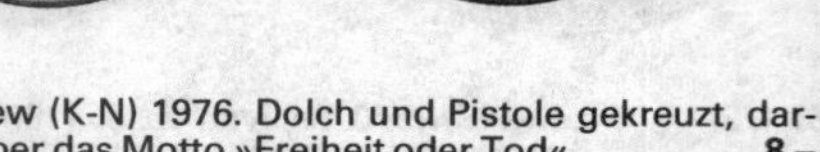

83 (82) 1 Lew (K-N) 1976. Dolch und Pistole gekreuzt, darüber das Motto »Freiheit oder Tod« **8,–**

84 (83) 2 Lewa (K-N) 1976. Ivan Borimetschka, Held aus Vazovs Roman »Unter dem Joch«, und Kirschbaumkanone **18,–**

		PP
85 (85)	5 Lewa (S) 1976. Die Lehrerin Rajna Popgeorgieva (1857–1917), genannt »Fürstin Rajna«, Entwerferin der bulgarischen Nationalflagge. 500er Silber, 20,5 g	*35,–*

100. Todestag von Christo Botev

86 (84)	5 Lewa (S) 1976. Christo Botev (1848–1876), Revolutionär und Dichter. 900er Silber, 20,5 g	*35,–*

Weltsportspiele der Studenten (Universiade) in Sofia

		VZ	ST
87 (86)	50 Stotinki (K-N) 1977. Fackelläufer	3,–	4,–

150. Geburtstag von P. R. Slavejkov

		PP
88 (87)	5 Lewa (S) 1977. Petko Račev Slaveikov (1827–1895), Dichter. 500er Silber, 20,5 g	*30,–*

100. Geburtstag von P. K. Javorov

89 (88)	5 Lewa (S) 1978. Peijo Javorov (eigentlich P. Kracholov) (1878–1914), Lyriker und Dramatiker	*35,–*

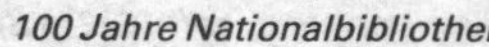

100 Jahre Nationalbibliothek

		ST	PP
90 (90)	5 Lewa (S) 1978. Bibliotheksgebäude in Sofia, davor Statuen von Kyrill und Methodios		*35,–*

100. Jahrestag der Befreiung Bulgariens

91 (89)	10 Lewa (S) 1978. Denkmal auf dem Gipfel des Berges Stoletov zu Ehren der am Šipkapaß Gefallenen. 500er Silber, 30 g		*45,–*

100 Jahre Verkehrswesen in Bulgarien

92 (91)	5 Lewa (S) 1979. Radiowellen und Posthorn mit bulgarischem Löwen	*40,–*	*35,–*

Internationales Jahr des Kindes 1979

93 (92) 10 Lewa (S) 1979. Kinder in traditionellen Kostümen beim Kroro-Tanz:
a) 925er Silber, 23,3276 g **65,–**
b) Piéfort, 925er Silber, 46,6552 g (max. 2000 Ex.) **250,–**

1. Sowjetisch-bulgarischer Weltraumflug

94 (97) 10 Lewa (S) 1979. Rs. Raumschiff »Sojuz 33« der Kosmonauten Nikolaj Rukavišnikov (* 1932) und Georgi Ivanov (* 1940):
a) 900er Silber, 24 g, Ø 38 mm (15 000 Ex.) **65,–**
b) 500er Silber, 14 g, Ø 32 mm (35 000 Ex.) *150,–*

Sofia – 100 Jahre Hauptstadt Bulgariens

95 (93) 20 Lewa (S) 1979. Rs. Kopf der Stadtgöttin mit Mauerkrone:
a) 900er Silber, 32 g, Ø 42 mm **90,–**
b) 500er Silber, 21,8 g, Ø 37 mm *180,–*

XII. Fußball-Weltmeisterschaft 1982 in Spanien – 1. Ausgabe (3)

		ST	PP
96 (94)	1 Lew (K-N) 1980. Rs. FIFA-Pokal	6,–	6,–
97 (95)	2 Lewa (K-N) 1980. Rs. Emblem der Weltmeisterschaft	12,–	12,–
98 (96)	5 Lewa (K-N) 1980. Rs. Spielszene	20,–	20,–

100. Geburtstag von Jordan Jovkov

99 (98) 2 Lewa (K-N) 1980. Rs. Jordan Jovkov (1880–1937), Schriftsteller 15,–

Weltjagdausstellung »EXPO 81« in Plovdiv (3)

100 (99)	1 Lew (K-N) 1981. Emblem der »Expo 81« mit Hirschprotome	12,–	18,–
101 (100)	2 Lewa (K-N) 1981. Mittelalterlicher Falkner mit Jagdadler	20,–	28,–
102 (101)	5 Lewa (K-N) 1981. Hirschgeweih als Jagdtrophäe	45,–	55,–

1300 Jahre Bulgarien (7)

		VZ	ST
103 (53b)	1 Stotinka (Me) 1981. Staatswappen, Umschrift »1300 Jahre Bulgarien«. Rs. Wertangabe und Jahreszahl zwischen Ähren	–,50	1,–
104 (54b)	2 Stotinki (Me) 1981. Typ wie Nr. 103	–,50	1,–
105 (55b)	5 Stotinki (Me) 1981. Typ wie Nr. 103	–,50	1,–
106 (56b)	10 Stotinki (K-N) 1981. Typ wie Nr. 103	–,50	1,–
107 (57b)	20 Stotinki (K-N) 1981. Typ wie Nr. 103	1,–	2,–
108 (58b)	50 Stotinki (K-N) 1981. Typ wie Nr. 103	2,–	3,–
109 (59b)	1 Lew (K-N) 1981. Typ wie Nr. 103	3,–	5,–

Nrn. 103–109, polierte Platte 35,–

1300 Jahre Bulgarien 1. Ausgabe (2)

		PP
110 (102)	2 Lewa (K-N) 1981. Reiter-Relief auf dem Felsen von Madara (siehe auch Nr. 21)	20,–
111 (103)	50 Lewa (S) 1981. Typ wie Nr. 110. 900er Silber, 20,5 g	250,–

2. Ausgabe (2)

112 (114)	2 Lewa (K-N) 1981. Münze des Zaren Ivan Assen II. (reg. 1218–1241), nach byzantinischem Typ. Rs. Festung »Zarevez«, Veliko Tirnovo	20,–
113	50 Lewa (S) 1981. Typ wie Nr. 112	250,–

3. Ausgabe

114 2 Lewa (K-N) 1981. Schriftproben der slawischen Alphabete »Kyrilliza« und »Glagoliza«, Wertangabe. Rs. Antike Fresken; Wertangabe 20,–

4. Ausgabe

PP

115 2 Lewa (K-N) 1981. Bojana-Kirche, 12.–13. Jh. Rs. Brustbild der Frau des Sebastokrators Kalojan, Dessislava, Fresko aus der Bojana-Kirche bei Sofia 20,–

5. Ausgabe

116 2 Lewa (K-N) 1981. Kloster Rila. Rs. Siegel der Renaissanceschule in Gabrovo; Wertangabe 20,–

6. Ausgabe

117 (116) 2 Lewa (K-N) 1981. Heiduck, bulgarischer Freischärler. Rs. Pistole und Dolch gekreuzt, Symbol der Freiheitsbewegung gegen die osmanische Herrschaft 20,–

7. Ausgabe
800. Jahrestag des Aufstandes von Assen und Peter

118 2 Lewa (K-N) 1981. Rs. Assen und Peter zu Pferde 20,–

8. Ausgabe

PP

119 2 Lewa (K-N) 1981. Rs. Gedenktafel auf die Volksversammlung bei Oborište und dem Beschluß des Aprilaufstandes 1876 20,–

9. Ausgabe

120 2 Lewa (K-N) 1981. Fragment von der Monographie von G. Dančev »Freies Bulgarien«. Rs. Oberer Teil des »Russki-Denkmals« in Sofia; Wertangabe 20,–

10. Ausgabe

121 (117) 2 Lewa (K-N) 1981. Dimitar Blagoev (1856–1924), inmitten von Gründungsmitgliedern der Bulgarischen Sozialdemokratischen Arbeiterpartei in der Gegend von Busluča im Jahre 1891. Rs. Stilisierter Mohnblumenstrauß, Symbol der sozialistischen Bewegung 20,–

11. Ausgabe (2)

122 (113) 2 Lewa (K-N) 1981. Kopfbild Dimitrovs. Rs. Denkmal 20,–

123 (104) 50 Lewa (S) 1981. Typ wie Nr. 122 (10 000 Ex.) *200,–*

12. Ausgabe
100. Jahrestag der Vereinigung von Bulgarien und Ostrumelien

		ST	PP
124	2 Lewa (K-N) 1981. Rs. Zwei Frauengestalten, die Vereinigung von Bulgarien und Ostrumelien nach dem serbisch-bulgarischen Krieg 1885 symbolisierend		20,–

13. Ausgabe (4)

125 (106) 2 Lewa (K-N) 1981. Mutter und Kind vor Sonne 24,–

126 (118) 25 Lewa (S) 1981. Typ wie Nr. 125. 500er Silber, 14 g 125,–

127 (119) 50 Lewa (S) 1981. Typ wie Nr. 125. 900er Silber, 20,5 g 220,–

128 (120) 1000 Lewa (G) 1981. Typ wie Nr. 125. 900er Gold, 16,88 g *5000,–*

1300 Jahre Bulgarien
Sowjetisch-Bulgarische Freundschaft

129 (105) 1 Lew (K-N) 1981. Flaggen beider Länder über sich reichenden Händen, Motto »Ewige Freundschaft« (siehe auch Sowjetunion Nr. 139) 15,– 20,–

1300 Jahre Bulgarien
Freundschaft mit Ungarn

130 (115) 5 Lewa (K-N) 1981. Porträts von Christo Botev und Alexander Petöfi, Dichter der bulgarischen und ungarischen Geschichte (siehe auch Ungarn Nr. 124) 25,–

100. Geburtstag von Vladimir Dimitrov

PP

131 (107) 5 Lewa (K-N) 1982. Vladimir Dimitrov (1882–1960), Maler, genannt »der Meister« 28,–

40. Geburtstag von Ljudmila Živkova (2)

132 (108) 5 Lewa (K-N) 1982. Ljudmila Živkova (1942–1981), Gesellschaftspolitikerin, Begründerin der internationalen Kindertreffen 1979 30,–

133 20 Lewa (S) 1982. Typ wie Nr. 132. 900er Silber, 32 g 120,–

2. Internationales Kindertreffen in Sofia

134 (109) 5 Lewa (K-N) 1982. Monument »Banner des Friedens« (Zname na mira), 1979 errichtet 30,–

XII. Fußball-Weltmeisterschaft 1982 in Spanien – 2. Ausgabe (2)

PP

135 (111) 10 Lewa (S) 1982. Rs. Fußballtor und Ball mit bebändertem Hut. 500er Silber, 18,88 g **75,–**

136 (112) 10 Lewa (S) 1982. Rs. Zwei Spieler am Ball **75,–**

100. Geburtstag von Georgi Dimitrov

137 (110) 25 Lewa (S) 1982. Georgi Dimitrov (1882–1949), Drucker und Politiker, Ministerpräsident 1946–1949. 500er Silber, 14 g (15 000 Ex.) **125,–**

XIV. Olympische Winterspiele 1984 in Sarajewo

138 (116) 10 Lewa (S) 1984. Rs. Abfahrtsläufer, Randschrift »Citius Altius Fortius«. 640er Silber, 23,3276 g **90,–**

138P 10 Lewa 1984. Typ wie Nr. 138:
a) (K-N) Inschrift »Proba I«, Riffelrand (1500 Ex.) *200,–*

PP

b) (S) 640 fein, Inschrift »Proba II«, glatter Rand (250 Ex.) *475,–*
c) (S) 925 fein, Inschrift »Obraséz« (Muster), Randschrift »Citius Altius Fortius (50 Ex.) *700,–*

XXIII. Olympische Sommerspiele 1984 in Los Angeles

139P 10 Lewa 1984. Rhythmische Sportgymnastin:
a) (K-N) Inschrift »Proba I«, Riffelrand (2000 Ex.) *200,–*
b) (S) 640 fein, Inschrift »Proba II«, glatter Rand (300 Ex.) *525,–*
c) (S) 925 fein, Inschrift »Obraséz« (Muster), Randschrift »Citius Altius Fortius« (50 Ex.) *800,–*

40. Jahrestag der sozialistischen Revolution vom 9. September 1944

140 (127) 25 Lewa (S) 1984. Gerüst, Rosenstrauß und Atommodell; Symbole des wirtschaftlichen Aufstieges. 500er Silber, 14 g **120,–**

Jahrzehnt für die Frauen 1976–1985 (2)

141 (130) 10 Lewa (S) 1984. Rosenpflückerin in Landestracht. 925er Silber, 23,3276 g (2152 Ex.) **100,–**

142 (131) 100 Lewa (G) 1984. Stillende Mutter, Ausschnitt aus einem Gemälde von Vladimir Dimitrov (siehe Nr. 131). 900er Gold, 8,1 g (500 Ex.) *500,–*

3. Internationales Kindertreffen in Sofia

143 (132) 5 Lewa (K-N) 1985. Kindermosaik. Rs. Emblem des Kindertreffens, Wert, Jahreszahl. Beide Seiten von einem Dekor aus stilisierten Kinderfiguren umgeben **28,–**

XXIII. Generalkonferenz der UNESCO in Sofia

ST PP

144 5 Lewa (K-N) 1985. UNESCO-Emblem über Volkspalast der Kultur »Ljudmila Živkova«. Rs. Staatswappen zwischen thrakischen Kampfwagen **28,–**

90 Jahre organisierter Tourismus in Bulgarien

145 (133) 5 Lewa (K-N) 1985. Aleko Konstantinov, Begründer der Touristikbewegung. Rs. Staatswappen **25,–**

Internationale Jung-Erfinder-Ausstellung »EXPO 85« in Plovdiv

146 5 Lewa (K-N) 1985. Rose vor Weltkugel, Jahreszahl, Wert. Rs. Emblem, Zweckumschrift **28,–**

Sowjetisch-bulgarischer Weltraumflug

147 10 Lewa (S) 1985. Interkosmos-Emblem. Rs. Fünf Kosmonauten. 640er Silber, 18,75 g **65,–**

XIII. Fußball-Weltmeisterschaft 1986 in Mexiko (3)

148 2 Lewa (K-N) 1986. Rs. Torwart beim Sprung nach dem Ball **16,–**

149 25 Lewa (S) 1986. Rs. Spieler am Ball, Ornamentrand. 925er Silber, 23,3276 g **60,–**

150 25 Lewa (S) 1986. Rs. Ornamentaler Vogel mit Fußball **60,–**

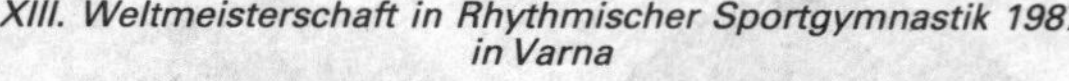

XIII. Weltmeisterschaft in Rhythmischer Sportgymnastik 1987 in Varna

151 2 Lewa (K-N) 1987 **20,–**

150. Geburtstag von Vasil Levski

PP

152 20 Lewa (S) 1987. Vasil Levski (1837–1873) (siehe Nr. 71). 500er Silber, 11,2 g **70,–**

XV. Olympische Winterspiele 1988 in Calgary (4)

153 1 Lew (K-N) 1987. Rs. Eishockeyspieler **9,–**

154 2 Lewa (K-N) 1987. Rs. Abfahrtsläufer **12,–**

155 10 Lewa (S) 1987. Typ wie Nr. 153. 640er Silber, 18,75 g **86,–**

156 25 Lewa (S) 1987. Typ wie Nr. 154. 925er Silber, 23,3276 g **95,–**

XXIV. Olympische Sommerspiele 1988 in Seoul (4)

157 1 Lew (K-N) 1988. Rs. Sprintergruppe (300 000 Ex.) **9,–**

158 2 Lewa (K-N) 1988. Rs. Hochspringerin (300 000 Ex.) **12,–**

159 10 Lewa (S) 1988. Typ wie Nr. 157. 640er Silber, 18,75 g **86,–**

Die Katalogpreise sind durchschnittliche Handelspreise und als solche den täglichen Schwankungen des Marktes unterworfen.

PP

160 25 Lewa (S) 1988. Typ wie Nr. 158. 925er Silber, 23,3276 g 125,–

2. Sowjetisch-bulgarischer Weltraumflug (2)

161 2 Lewa (K-N) 1988. Rs. Raumkapsel in quadratischem Rahmen 20,–

162 20 Lewa (S) 1988. Rs. Kosmonauten A. P. Aleksandrov, A. J. Solovjov und V. P. Savinič beim Weltraumspaziergang. 500er Silber, 11,2 g 60,–

4. Internationales Kindertreffen in Sofia

163 5 Lewa (K-N) 1988. Emblem des Kindertreffens. Rs. spielendes Kind und Vögel 25,–

300. Jahrestag des Čiprovzi-Aufstandes

164 5 Lewa (K-N) 1988. Staatswappen. Rs. Aufständische Menschengruppe, stilisiert (100 000 Ex.) 25,–

Nr. 164 auch mit glattem Rand vorkommend.

120. Todestag von Hadži Dimitar und Stefan Karadža

165 5 Lewa (K-N) 1988. Rs. Hadži Dimitar und Stefan Karadža, Freiheitskämpfer 25,–

25 Jahre Metallurgisches Kombinat Kremikovzi

PP

166 5 Lewa (K-N) 1988. Rs. Metallarbeiter 25,–

100 Jahre Bulgarische Eisenbahnen

167 20 Lewa (S) 1988. Staatswappen. Rs. Alte und neue Lokomotive. 500er Silber, 11,2 g 60,–

110. Jahrestag der Befreiung Bulgariens

168 20 Lewa (S) 1988. Stoletov-Denkmal (siehe Nr. 91). Rs. Triumphierende Soldaten. 500er Silber, 11,2 g 60,–

100 Jahre Universität Sofia (2)

169 2 Lewa (K-N) 1988. Universitätsgebäude. Rs. Hl. Kliment von Ohrid (siehe Nr. 62) 15,–

170 20 Lewa (S) 1988. Rs. Menschliche Figur, symbolische Darstellung. 500er Silber, 11,2 g 60,–

XXII. Kanu-Weltmeisterschaften 1989 in Plovdiv

		PP
171	2 Lewa (K-N) 1989. Rs. Kajakfahrer und Kanadier	15,–

250. Geburtstag von Sofronij Vračanski

172	5 Lewa (K-N) 1989. Rs. Sofronij Vračanski (1739–1813)	25,–

200. Geburtstag von Vasil Aprilov

173	5 Lewa (K-N) 1989. Rs. Vasil Aprilov (1789–1847)	25,–

		ST	PP
174	20 Lewa (K-N) 1989. Typ wie Nr. 75	–,–	38,–
175	50 Lewa (K-N) 1989. Typ wie Nr. 75	–,–	75,–

120 Jahre Bulgarische Akademie der Wissenschaften

176	20 Lewa (S) 1989. Rs. Gebäude der Akademie. 500er Silber, 11,2 g	50,–

Bedrohte Tierwelt – 1. Ausgabe

177	25 Lewa (S) 1989. Rs. Bärenmutter mit zwei Jungen und Tanne. 925er Silber, 23,3276 g	90,–

XIV. Fußball-Weltmeisterschaft 1990 in Italien – 1. Ausgabe

		PP
178	25 Lewa (S) 1989. Rs. Manndeckung. 925er Silber, 23,3276 g	90,–

XVI. Olympische Winterspiele 1992 in Albertville – 1. Ausgabe

179	25 Lewa (S) 1989. Rs. Eispaarlauf	90,–

XXV. Olympische Sommerspiele 1992 in Barcelona 1. Ausgabe

180	25 Lewa (S) 1989. Rs. Zwei Kanadier	90,–

Bedrohte Tierwelt – 2. Ausgabe

181	25 Lewa (S) 1990. Rs. Luchs mit Jungem	90,–

XIV. Fußball-Weltmeisterschaft 1990 in Italien – 2. Ausgabe (2)

182	25 Lewa (S) 1990. Staatswappen. Rs. Fußballschuh und Globus. 925er Silber, 23,3276 g	90,–
183	25 Lewa (S) 1990. Rs. Fußball	90,–

XVI. Olympische Winterspiele 1992 in Albertville – 2. Ausgabe

184	25 Lewa (S) 1990. Rs. Skilangläuferpaar	90,–

XXV. Olympische Sommerspiele 1992 in Barcelona 2. Ausgabe

185	25 Lewa (S) 1990. Rs. Drei Marathonläufer (max. 20 000 Ex.)	90,–

Republik Bulgarien seit 1991

Republika B'lgarija

		VZ	ST
186	1 Stotinka (Me) 1991	–,–	–,–
187	2 Stotinki (Me) 1991. Typ wie Nr. 186	–,–	–,–
188	5 Stotinki (Me) 1991. Typ wie Nr. 186	–,–	–,–
189	10 Stotinki (K-N) 1991. Typ wie Nr. 186	–,–	–,–
190	20 Stotinki (K-N) 1991. Typ wie Nr. 186	–,–	–,–
191	50 Stotinki (K-N) 1991. Typ wie Nr. 186	–,–	–,–
192	1 Lew (K-N) 1991. Typ wie Nr. 186	–,–	–,–

XVI. Olympische Winterspiele 1992 in Albertville

193	Lewa (S) 1991. Rs. Abfahrtslauf	–,–

Frühere Ausgaben siehe Weltmünzkatalog 19. Jahrhundert.

Burundi **Burundi** **Burundi**

Burundi

Uburundi

Fläche: 28 000 km²; 4 700 000 Einwohner.
Zunächst zu Deutsch-Ostafrika gehörend, später Teil des belgischen Treuhandgebietes Ruanda-Urundi. Selbständiges Königreich seit 1. Juli 1962, Republik seit 29. November 1966. Zusammen mit Ruanda bildete Burundi eine Wirtschaftsunion; Währungseinheit war der Ruanda-Burundi-Franc, siehe auch Ruanda und Burundi (Gemeinschaftsausgaben) sowie für Emissionen vor der Unabhängigkeit unter Belgisch-Kongo, Jahrgänge 1952–1960. Hauptstadt: Bujumbura (Usambara).

100 Centimes = 1 Burundi-Franc

Königreich Burundi

Mwambutsa IV. 1915–1966

Zur Erlangung der Unabhängigkeit (5)

		ST	PP
1	5 Francs 1962. Mwambutsa IV. (1912–1977), König (Mwami) von Burundi, Brustbild nach links. Rs. Staatswappen des Königreichs mit Hirsehalm und königlicher Trommel, Datum der Unabhängigkeit		
	a) (S)		*2000,–*
	b) (K-N)		–,–
2	10 Francs (G) 1962. Typ wie Nr. 1, jedoch statt Datum nur Jahr der Unabhängigkeit. 900er Gold, 3,2 g	180,–	

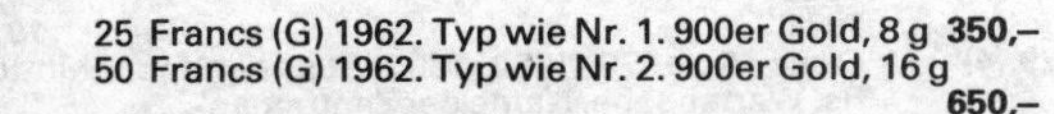

		ST	PP
3	25 Francs (G) 1962. Typ wie Nr. 1. 900er Gold, 8 g	350,–	
4	50 Francs (G) 1962. Typ wie Nr. 2. 900er Gold, 16 g	650,–	
5	100 Francs (G) 1962. Typ wie Nr. 2. 900er Gold, 32 g	1200,–	

		VZ	ST
6 (1)	1 Franc (Me) 1965. Staatswappen. Rs. Wert im Kreis	1,50	3,–

50. Regierungsjubiläum von König Mwambutsa IV.
1. Ausgabe (4)

		ST	PP
7	10 Francs (G) 1965. Mwambutsa IV., Brustbild von vorne zwischen Jahreszahlen. Rs. Staatswappen. 900er Gold, 3 g	150,–	180,–
8	25 Francs (G) 1965. Typ wie Nr. 7. 900er Gold, 7,5 g	300,–	350,–
9	50 Francs (G) 1965. Typ wie Nr. 7. 900er Gold, 15 g	600,–	650,–

		ST	PP
10	100 Francs (G) 1965. Typ wie Nr. 7. 900er Gold, 30 g	1100,–	1200,–

2. Ausgabe (5)

		PL
11	10 Francs (S) 1966. Mwambutsa IV., Kopfbild von vorne. Rs. Staatswappen mit zwei Hirsehalmen und königlicher Trommel	–,–

		PL
12	25 Francs (S) 1966. Typ wie Nr. 11	–,–
13	50 Francs (S) 1966. Typ wie Nr. 11	–,–
14	100 Francs (S) 1966. Typ wie Nr. 11	*250,–*

15	500 Francs (S) 1966. Typ wie Nr. 11	*250,–*

Nrn. 11–15 tragen auf der Rückseite den Gedenkanlaß von Nrn. 16–20.

Ntare V. 1966

Zur Krönung von König Ntare V. (5)

16	10 Francs (S) 1966. Ntare V. (1947–1972), Regent seit 8. 7., König seit 1. 9. 1966, Kopfbild nach links. Rs. Staatswappen mit zwei Hirsehalmen und königlicher Trommel, wie Nr. 11	–,–
17	25 Francs (S) 1966. Typ wie Nr. 16	–,–
18	50 Francs (S) 1966. Typ wie Nr. 16	–,–
19	100 Francs (S) 1966. Typ wie Nr. 16	*250,–*

Nr. 19 auch als Probe mit veränderter Porträtzeichnung in Kupfernickel vorkommend.

20	500 Francs (S) 1966. Typ wie Nr. 16	*350,–*

Nr. 20 auch als Piéfort in Silber bekannt.

Republik Burundi seit 1966
Republika y' Uburundi

1. Jahrestag der Republik (5)

		PP
21	10 Francs (G) 1967. Michel Micombéro (* 1939), Staatspräsident 1966–1976. Rs. Staatswappen der Republik, 1966 eingeführt	–,–
22	20 Francs (G) 1967. Typ wie Nr. 21	–,–
23	25 Francs (G) 1967. Typ wie Nr. 21	–,–
24	50 Francs (G) 1967. Typ wie Nr. 21	–,–
25	100 Francs (G) 1967. Typ wie Nr. 21	–,–

Nrn. 21–25, polierte Platte *1800,–*

		SS	VZ
26 (A2)	1 Franc (Al) 1970. Aufgehende Sonne. Rs. Wertangabe	*10,–*	*20,–*
		VZ	**ST**
27P	*5 Francs (Al) 1967. Typ wie Nr. 27, jedoch ohne die drei Sterne (5 Ex.)*		*500,–*

27 (2)	5 Francs (Al) 1968, 1969, 1971. Motto »Einheit, Arbeit, Fortschritt« in Kirundi und Französisch in kreisförmiger Anordnung, Jahreszahl. Rs. Wertangabe zwischen Lorbeerzweigen [Brüssel]:		
	1968, 1971	**1,50**	**3,–**
	1969	**2,–**	**4,–**

Für den FAO-Münz-Plan

28 (3)	10 Francs (K-N) 1968, 1971. Staatsmotto. Rs. Landesprodukte in radförmiger Gruppierung um Wertangabe, eine dynamische Verbesserung der Agrarstruktur versinnbildlichend [RM]:		
	1968	**2,–**	**8,–**
	1971	**3,–**	**10,–**
29 (4)	1 Franc (Al) 1976, 1980, 1990. Staatswappen, Motto, Rs. Wertangabe, Name der Zentralbank:		
	a) 1976, 1980	**1,50**	**3,–**
	b) PM 1990	**1,50**	**3,–**

		VZ	ST
30 (A3)	5 Francs (Al) 1976, 1980. Staatswappen, Motto, Name der Zentralbank. Rs. Wertangabe, Name der Zentralbank	2,–	4,–

Ceylon

Sri Lanka

Fläche: 66000 km²; 13000000 Einwohner (1972).
Insel im Indischen Ozean vor der Südspitze Indiens. Ceylon wurde am 4. Februar 1948 ein souveränes Mitglied des Britischen Commonwealth. Mit Wirkung vom 22. Mai 1972 hat sich Ceylon zur Republik erklärt und seinen bisherigen Namen in singhalesischer Sprache Sri Lanka zu dem auch international ausschließlich zu benützenden erklärt. Hauptstadt: Colombo.
Mit dem 16. Dezember 1929 löste die Ceylon-Rupie die Indische Rupie ab, mit der sie aber bis 1966 paritätisch blieb. Seit dem 22. Mai 1972 lautet die Währungseinheit Sri Lanka-Rupie.

100 Cents = 1 Ceylon-Rupie

Eduard VII. 1901–1910

SS VZ

1 (11) ¼ Cent (Bro) 1904. Eduard VII., gekröntes Brustbild nach rechts. Rs. Wert und Kokospalme (Cocos nucifera – Palmae) 10,– 25,–
2 (12) ½ Cent (Bro) 1904–1906, 1908, 1909. Typ wie Nr. 1 4,– 11,–
3 (13) 1 Cent (Bro) 1904–1906, 1908–1910. Typ wie Nr. 1 6,– 12,–
4 (14) 5 Cents (K-N) 1909, 1910. Rs. Wert (viereckig) 10,– 22,–
5 (15) 10 Cents (S) 1902, 1903, 1907–1910. Rs. Kokospalme zwischen Wert. 800er Silber, 1,1664 g 8,– 15,–
6 (16) 25 Cents (S) 1902, 1903, 1907–1910. Typ wie Nr. 6. 800er Silber, 2,916 g 10,– 18,–
7 (17) 50 Cents (S) 1902, 1903, 1910. Typ wie Nr. 6. 800er Silber, 5,832 g 15,– 32,–

Georg V. 1910–1936

8 (18) ½ Cent (Bro) 1912, 1914, 1917, 1926. Georg V., gekröntes Brustbild nach links. Rs. Wert und Kokospalme, wie Nr. 1 8,– 15,–

9 (19) 1 Cent (Bro) 1912, 1914, 1917, 1920, 1922, 1923, 1925, 1926, 1928, 1929. Typ wie Nr. 8 4,– 8,–
10 (20) 5 Cents (K-N) 1912, 1920, 1926. Rs. Wert, wie Nr. 4 (viereckig) 4,– 8,–

SS VZ

11 (21) 10 Cents (S) 1911–1928, Rs. Kokospalme zwischen Wert, wie Nr. 5:
a) 800er Silber, 1,1664 g, 1911–1914, 1917 8,– 15,–
b) 550er Silber, 1,1664 g, 1919–1922, 1924–1928 8,– 15,–
12 (22) 25 Cents (S) 1911–1926. Typ wie Nr. 11:
a) 800er Silber, 2,916 g, 1911, 1913, 1914, 1917 10,– 18,–
b) 550er Silber, 2,916 g, 1919–1922, 1925, 1926 10,– 18,–
13 (23) 50 Cents (S) 1913–1929. Typ wie Nr. 11:
a) 800er Silber, 5,832 g, 1913, 1914, 1917 20,– 40,–
b) 550er Silber, 5,832 g, 1919–1922, 1924–1929 20,– 40,–

Georg VI. 1936–1952

14 (24) ½ Cent (Bro) 1937, 1940. Georg VI., gekröntes Kopfbild nach links, Umschrift mit Titel KING AND EMPEROR OF INDIA. Rs. Wert und Kokospalme, wie Nr. 1 2,– 5,–
15 (25) 1 Cent (Bro) 1937, 1940, 1942. Typ wie Nr. 14 3,– 7,–
16 (32) 10 Cents (S) 1941. Rs. Kokospalme zwischen Wert, wie Nr. 5. 550er Silber, 1,1664 g 6,– 10,–
17 (33) 50 Cents (S) 1942. Georg VI., Umschrift mit größeren Buchstaben. Rs. wie Nr. 16. 550er Silber, 5,832 g 16,– 22,–
18 (33a) 50 Cents (Me) 1943. Typ wie Nr. 17 (6 Ex.), polierte Platte *1000,–*
19 (26) 1 Cent (Bro) 1942, 1943, 1945. Georg VI., Umschrift mit größeren Buchstaben. Rs. Wert und Kokospalme, wie Nr. 1 (geringeres Gewicht) –,60 1,–
20 (27) 2 Cents (N-Me) 1944. Rs. Wert (Wellenschnitt) 2,– 4,–

21 (28) 5 Cents (N-Me) 1942–1945. Rs. Wert, wie Nr. 10 (viereckig):
a) 1942, 1943 2,– 4,–
b) 1944, 1945 (geringeres Gewicht) 1,– 2,–

SS VZ

22 (29) 10 Cents (N-Me) 1944. Typ wie Nr. 20 (Wellenschnitt) 1,– 2,–

23 (30) 25 Cents (N-Me) 1943. Rs. Krone über Wert 2,– 4,–

24 (31) 50 Cents (N-Me) 1943. Typ wie Nr. 23 1,50 3,–

25 (34) 2 Cents (N-Me) 1951. Georg VI., gekröntes Kopfbild nach links, Umschrift KING GEORGE THE SIXTH. Rs. Wert, wie Nr. 20 (Wellenschnitt) –,40 –,60

26 (35) 5 Cents (N-Me) 1951. Rs. Wert, wie Nr. 10 (viereckig), polierte Platte 50,–

27 (36) 10 Cents (N-Me) 1951. Typ wie Nr. 25 (Wellenschnitt) –,60 1,–

28 (37) 25 Cents (N-Me) 1951. Rs. Krone über Wert, wie Nr. 23 1,– 1,50

29 (38) 50 Cents (N-Me) 1951. Typ wie Nr. 28 2,50 3,50

Elisabeth II. 1952–1972

30 (39) 2 Cents (N-Me) 1955, 1957. Elisabeth II., Kopfbild nach rechts. Rs. Wert, wie Nr. 20 (Wellenschnitt) 1,– 1,50

Nr. 30 von 1957, polierte Platte 150,–

2500 Jahre Buddhismus (2)

ST PP

31 (40) 1 Rupie (K-N) 1957. Stupa vor dem „Rad der Lehre". Rs. Inschrift und Wert 6,– *30,–*

32 (41) 5 Rupien (S) 1957. Elefant (Osten, Reittier Indras), Pferd (Norden, Lebenskraft), Löwe (Süden, Sonnen-

ST PP

symbol) und Stier (Westen, Reittier Schiwas) in kreisförmiger Anordnung. Rs. Inschrift und Wert. 925er Silber, 28,28 g 70,– *150,–*

33 (43) 1 Cent (Al) 1963, 1965, 1967-1971. Staatswappen. Rs. Wert –,30 –,40

34 (44) 2 Cents (Al) 1963, 1965, 1967-1971. Typ wie Nr. 33 (Wellenschnitt) –,40 –,50

35 (45) 5 Cents (N-Me) 1963, 1965, 1968–1971. Typ wie Nr. 33 (viereckig) –,50 –,70

36 (46) 10 Cents (N-Me) 1963, 1965, 1969-1971. Typ wie Nr. 33 (Wellenschnitt) –,60 –,90

37 (47) 25 Cents (K-N) 1963, 1965, 1968-1971. Typ wie Nr. 33 1,10 1,50

38 (48) 50 Cents (K-N) 1963, 1965, 1968-1972. Typ wie Nr. 33 1,85 2,50

39 (49) 1 Rupie (K-N) 1963, 1965, 1969-1972. Typ wie Nr. 33 3,60 4,50

Für den FAO-Münz-Plan

40 (50) 2 Rupien (K-N) 1968, Parakramabahu I., der Große, König von Ceylon 1153-1186, nach einer Statue in Polonnaruva. Unter der Herrschaft dieses buddhistischen Königs wurde ein bedeutendes Bewässerungssystem geschaffen 4,– 8,–

Frühere Ausgaben siehe Weltmünzkatalog 19. Jahrhundert, weitere Ausgaben siehe unter *Sri Lanka.*

Chile **Chile** Chili

Chile

Fläche: 741 767 km²; 12 200 000 Einwohner (1986).
Die geographische Lage der Republik Chile an der Westseite des Anden-Gebirges forderte Klärung der Grenzverhältnisse mit den Nachbarn Bolivien, Peru und Argentinien, nachdem die Unabhängigkeit von Spanien erlangt war. Chile ist von den Spaniern von Lima aus seit 1536 schrittweise unter Verdrängung der Araukanier erobert worden; es wurde 1797 eine von Peru getrennte Kapitanie. Die ganz Südamerika zu Beginn des 19. Jahrhunderts erfassende Unabhängigkeitsbewegung griff von 1811 an auch auf Chile über, das aber sich der Spanier erst erwehren konnte, als die Nachbarstaaten ihre eigene Unabhängigkeit konsolidiert hatten und im Winter 1816/1817 in der historischen Überschreitung der Anden Hilfe leisten konnten. Die chilenische Innenpolitik war fortan äußerst unruhig, während außenpolitische Erfolge, vor allem gegenüber Bolivien, nicht ausblieben. Die Osterinsel wurde 1888 von Chile annektiert. Hauptstadt: Santiago de Chile.

100 Centavos = 1 Peso, 10 Pesos = 1 Condor;
seit 1. Januar 1960: 1000 Milesimos = 100 Centesimos = 1 Chilenischer Escudo;
seit 29. September 1975: 100 Centavos = 1 Chilenischer Peso

		SS	VZ
1 (38)	5 Pesos (G) 1898, 1900, 1911. Rs. Staatswappen mit Chilenischem Andenhirsch oder Huëmul (Hippocamelus bisulcus – Cervidae) und Anden-Kondor (Vultur gryphus – Cathartidae) als Schildhalter. 916⅔er Gold, 2,9955 g	**260,–**	**290,–**
2 (39)	10 Pesos (G) 1896, 1898, 1900, 1901. Typ wie Nr. 1. 916⅔er Gold, 5,991 g:		
	1896, 1898, 1901	**300,–**	**340,–**
	1900	**–,–**	**–,–**
3 (40)	20 Pesos (G) 1896, 1906–1908, 1910, 1911, 1913–1917. Typ wie Nr. 1. 916⅔er Gold, 11,9821 g	**450,–**	**520,–**
4 (27)	1 Centavo (K) 1904, 1908, 1919. Freiheitskopf mit Kappe nach links. Rs. Wert im Kranz	**4,–**	**7,–**
5 (28)	2 Centavos (K) 1919	**22,–**	**30,–**
6 (29)	2½ Centavos (K) 1904, 1906–1908	**6,–**	**10,–**
7 (30)	5 Centavos (S) 1899–1919. Anden-Kondor (Vultur gryphus – Cathartidae) auf Berggipfel. Rs. Wert im Kranz:		
	a) 500er Silber, 1 g, 1899, 1901, 1904, 1906, 1907, 1909	**5,–**	**10,–**
	b) 400er Silber, 1 g, 1908–1911, 1913, 1919	**5,–**	**9,–**
	c) 450er Silber, 1 g, 1915, 1916, 1919	**5,–**	**9,–**
8 (41)	5 Centavos (K-N) 1920–1923, 1925–1928, 1933, 1934, 1936–1938	**1,–**	**2,–**
9 (31)	10 Centavos (S) 1899–1920:		
	a) 500er Silber, 2 g, 1899–1901, 1904, 1906, 1907	**5,–**	**10,–**
	b) 400er Silber, 1,5 g, 1908, 1909, 1913, 1919, 1920	**4,–**	**8,–**
	c) 450er Silber, 1,5 g, 1915–1918	**4,–**	**8,–**
10 (42)	10 Centavos (K-N) 1920–1925, 1927, 1928, 1932–1941	**1,–**	**2,–**
11 (32)	20 Centavos (S) 1899–1920:		
	a) 500er Silber, 4 g, 1899, 1900, 1906, 1907	**6,–**	**12,–**
	b) 400er Silber, 3 g, 1907–1909, 1913, 1919, 1920	**5,–**	**9,–**
	c) 450er Silber, 3 g, 1916	**5,–**	**9,–**
12 (43)	20 Centavos (K-N) 1919–1925, 1929, 1932, 1933, 1937–1941:		
	1919		*400,–*
	andere Prägungen	**2,–**	**4,–**
13 (33)	40 Centavos (S) 1907, 1908. 400er Silber, 6 g:		
	1907	**35,–**	**50,–**
	1908	**10,–**	**18,–**
14 (34)	50 Centavos (S) 1902–1906. 700er Silber, 10 g:		
	1902, 1903, 1905	**16,–**	**28,–**
	1906	**–,–**	**–,–**
15 (35)	1 Peso (S) 1902–1932:		
	a) 700er Silber, 20 g, Ø 32 mm, 1902, 1903, 1905	**32,–**	**50,–**
	b) 900er Silber, 12 g, Ø 31,5 mm, 1910	**20,–**	**28,–**
	c) 720er Silber, 9 g, Ø 27,5 mm, 1915, 1917	**15,–**	**22,–**
	d) 500er Silber, 9 g, Ø 29 mm, 1921, 1922, 1924, 1925	**10,–**	**16,–**
	e) 400er Silber, 6 g, Ø 26 mm, 1932	**10,–**	**18,–**
16 (35e)	1 Peso (S) 1927; 500er Silber, 9 g	**10,–**	**18,–**

		SS	VZ
17 (35)	1 Peso (K-N) 1933, 1940	**2,–**	**3,–**
18 (45)	2 Pesos (S) 1927. 500er Silber, 18 g	**12,–**	**20,–**
19 (46)	5 Pesos (S) 1927. 900er Silber, 25 g	**30,–**	**50,–**

		SS	VZ
20 (47)	20 Pesos = 2 Condores (G) 1926–1980. Freiheitskopf, darunter Jahreszahl. Rs. Staatswappen. 900er Gold, 4,0679 g:		
	a) 1926		200,–
	1958	–,–	–,–
	1959, 1961, 1976, 1977, 1979, 1980		170,–
	b) 1976 (Brustbild bis an den Rand verlaufend)		200,–

21 (48)	50 Pesos = 5 Condores (G) 1926–1980. Typ wie Nr. 20. 900er Gold, 10,1698 g:		
	1926		500,–
	1958, 1961, 1962, 1965–1970, 1973, 1974, 1976, 1977, 1979, 1980		380,–

22 (49)	100 Pesos = 10 Condores (G) 1926–1980. Typ wie Nr. 20. 900er Gold, 20,3397 g:		
	a) 1926		750,–
	b) neue Zeichnung, 1932		1250,–
	1946–1964, 1968–1974, 1976, 1977, 1979, 1980		720,–
23 (50)	20 Centavos (K) 1942–1953. General Bernardo O'Higgins (1778–1842), Diktator von Chile 1817–1823. Rs. Cophihue-Blüten (Lapageria rosea – Liliaceae)	–,60	1,–
24 (51)	50 Centavos (K) 1942. Typ wie Nr. 23	3,–	6,–

25 (52)	1 Peso (K) 1942–1954. Typ wie Nr. 23	1,–	3,–
26 (52a)	1 Peso (Al) 1954–1958. Typ wie Nr. 23	–,60	2,–
27 (53)	5 Pesos = ½ Condor (Al) 1956. Fliegender Anden-Kondor. Rs. Wert zwischen Ähren	1,70	3,–

		SS	VZ
28 (54)	10 Pesos = 1 Condor (Al) 1956–1959. Typ wie Nr. 27	2,–	3,50

WÄHRUNGSREFORM 1. Januar 1960:
1000 Pesos = 1 Escudo
NEUE WÄHRUNG:
1000 Milesimos = 100 Centesimos = 1 Escudo

29 (55)	½ Centesimo (Al) 1962, 1963. Fliegender Anden-Kondor. Rs. Wert zwischen Ähren	–,40	–,60
30 (56)	1 Centesimo (Al) 1960–1963. Typ wie Nr. 29	–,50	–,80
31 (57)	2 Centesimos (Al-Bro) 1960, 1964–1970. Typ wie Nr. 29	–,60	–,90
32 (58)	5 Centesimos (Al-Bro) 1960–1970. Typ wie Nr. 29	–,70	1,20

33 (59)	10 Centesimos (Al-Bro) 1960–1970. Typ wie Nr. 29	–,90	1,60

150 Jahre Marineschule

		PP
34	5 Pesos (S) 1968, Staatswappen, Wertangabe, Jahreszahl, Rs. Arturo Prat Chacon (1848–1879), Admiral, Held in der Seeschlacht von Iquique, 999er Silber, 22,25 g (1200 Ex.)	45,–

Zum Eintreffen der Befreiungsflotte im Jahre 1820

35	10 Pesos (S) 1968. Rs. Flottenverband unter dem Kommando von Lord Cochrane. 999er Silber, 44,5 g (1215 Ex.)	160,–

PP

150 Jahre Militärakademie

36 50 Pesos (G) 1968. Rs. General Bernardo O'Higgins (1778–1842), Gründer der Militärakademie, 900er Gold, 10,1698 g (2515 Ex.) **400,–**

150 Jahre chilenische Münzen

37 100 Pesos (G) 1968. Rs. Lorbeerbekränzte »Freiheit«, Münzpresse. 900er Gold, 20,3397 g (1815 Ex.) **800,–**

150. Jahrestag der Andenüberschreitung

38 200 Pesos (G) 1968. »Paso de los Andes« – Andenüberschreitung nach Gemälde von Vila Prades: Übergang der Befreiungsarmee unter San Martin und O'Higgins über die Anden, Februar 1817. 900er Gold, 40,6794 g (965 Ex.) *2000,–*

150 Jahre Nationalflagge

39 500 Pesos (G) 1968. Lorbeerbekränzte »Freiheit«, Nationalflagge. 900er Gold, 101,6985 g *4500,–*

		VZ	ST
40 (60)	10 Centesimos (Al-N-Bro) 1971. Bernardo O'Higgins (1778–1842), Diktator 1817–1823	**–,30**	**–,50**

41 (61) 20 Centesimos (Al-N-Bro) 1971, 1972. José Manuel Balmaceda (1838–1891), Staatspräsident 1886 bis 1891 **–,30** **–,60**

		VZ	ST
42 (62)	50 Centesimos (Al-N-Bro) 1971. Manuel Rodriguez (1786–1819), Advokat und Freiheitskämpfer	**–,40**	**–,75**
43 (63)	1 Escudo 1971, 1972. José Miguel Carrera (1785–1821), Diktator 1811–1813:		
	a) (Neusilber) 1971	**–,50**	**1,–**
	(Neusilber) 1972		**3,–**
	b) (Al) 1971 (18 Ex.)		*1000,–*
44 (64)	2 Escudos (Neusilber) 1971. Caupolicán († 1558), Häuptling der Araukaner, kämpfte zusammen mit Lautaro gegen die Spanier (106 Ex.)		*500,–*
45 (65)	5 Escudos (Neusilber) 1971, 1972. Lautaro (1535? bis 1557), Araukaner, diente als Gefangener unter Valdivia, dem Eroberer Chiles, floh und leitete einen zunächst erfolgreichen Aufstand gegen die Spanier, gefallen in der Schlacht von Mataquito, symbolisiert die Freiheitsbewegung der chilenischen Urbevölkerung	**1,–**	**3,–**

Nr. 43 von 1972, Nr. 44 von 1971, Nr. 45 von 1972, polierte Platte –,–

		VZ	ST
46 (65a)	5 Escudos (Al) 1972, 1974. Typ wie Nr. 45	**–,40**	**1,–**
47 (66)	10 Escudos (Al) 1974, 1975. Auffliegender Anden-Kondor. Rs. Wertangabe, Jahreszahl	**–,60**	**2,–**

Nr. 47 von 1974, polierte Platte *175,-*

		VZ	ST
48 (67)	50 Escudos (Al-N-Bro) 1974, 1975. Typ wie Nr. 47	**–,70**	**2,–**
49 (68)	100 Escudos (Al-N-Bro) 1974, 1975. Typ wie Nr. 47	**1,–**	**2,–**

WÄHRUNGSREFORM 29. September 1975:
1000 Escudos = 1 Chilenischer Peso
NEUE WÄHRUNG: 100 Centavos = 1 Chilenischer Peso

		VZ	ST
50 (69)	1 Centavo (Al) 1975. Anden-Kondor auf Berggipfel. Rs. Wertangabe und Jahreszahl zwischen unten gekreuzten Lorbeerzweigen	**–,30**	**–,40**
51 (70)	5 Centavos (Al-N-Bro) 1975, 1976. Typ wie Nr. 50 (zwölfeckig)	**–,30**	**–,40**
52 (71)	10 Centavos (Al-N-Bro) 1975, 1976. Typ wie Nr. 50	**–,30**	**–,40**
53 (72)	50 Centavos (Neusilber) 1975–1977. Typ wie Nr. 50	**–,50**	**1,–**

		VZ	ST
54 (73)	1 Peso (Neusilber) 1975. Bernardo O'Higgins, Kopfbild n. r., im Feld BERNARDO/O'HIGGINS. Rs. Wertangabe und Jahreszahl zwischen unten gekreuzten Lorbeerzweigen	1,–	2,–
55 (70a)	5 Centavos (Al) 1976. Typ wie Nr. 50 (zwölfeckig)	–,40	–,80
56 (71a)	10 Centavos (Al) 1976–1979. Typ wie Nr. 50	–,70	1,20
57 (73a)	1 Peso (Neusilber) 1976, 1977. Typ wie Nr. 54, jedoch im Feld LIBERTADOR/B. O'HIGGINS	1,50	2,50
58 (74)	5 Pesos (Neusilber) 1976–1978, 1980. »Chilena« mit zerbrochenen Ketten, als Phönix dargestellt, Gedenkdatum 11. IX. 1973, darunter »Libertad«. Rs. Wertangabe und Jahreszahl zwischen unten gekreuzten Lorbeerzweigen	1,50	2,–
59 (75)	10 Pesos (Neusilber) 1976–1980. Typ wie Nr. 58	3,–	4,–

3. Jahrestag der Chilenischen Revolution (4)

		ST	PP
60 (75a)	10 Pesos (S) 1976. Staatswappen, Landesname, Wertangabe. Rs. »Chilena«, als Phönix dargestellt, von Jubiläumszahlen überhöht, Umschrift »3er. Aniversario de la Liberacion de Chile«. 999er Silber, 44,8 g (1000 Ex.)		*240,–*
61 (76)	50 Pesos (G) 1976. Typ wie Nr. 60. 900er Gold, 10,1698 g (1900 Ex.)	*500,–*	*550,–*

		ST	PP
62 (77)	100 Pesos (G) 1976. Typ wie Nr. 60. 900er Gold, 20,3397 g (3000 Ex.)	*800,–*	*1700,–*
63 (78)	500 Pesos (G) 1976. Typ wie Nr. 60, 900er Gold, 101,6985 g (1200 Ex.)	*3600,–*	*3600,–*

		VZ	ST
64 (72a)	50 Centavos (Al-N-Bro) 1978, 1979. Typ wie Nr. 50	–,40	–,80
65 (73b)	1 Peso (Al-N-Bro) 1978, 1979. Typ wie Nr. 57; Ø 23 mm	–,50	1,–

Goldbarrenmünze »Pilar-Dollar«

		VZ	ST
66 (79)	1 Unze (G) 1978–1983. Darstellung des »Pilar-Dollars« (8 Reales) von 1758. 999.9er Gold, 31,103 g: 1978 (8 Ex.)		*3000,–*
	1979–1981, 1983		**1400,–**
67 (73c)	1 Peso (Al-N-Bro) 1981, 1984–1988, 1990, 1991. Typ wie Nr. 57; Ø 17 mm	–,30	–,50
68 (74a)	5 Pesos (Al-N-Bro) 1981, 1982, 1984–1988, 1990. Typ wie Nr. 58	–,40	–,70
69 (80)	10 Pesos (Al-N-Bro) 1981, 1982, 1984–1988, 1990. Typ wie Nr. 58	–,50	1,–

		VZ	ST
70 (81)	50 Pesos (Al-N-Bro) 1981, 1982, 1985–1988. Typ wie Nr. 57 (zehneckig)	1,–	2,–

		VZ	ST
71 (82)	100 Pesos (Al-N-Bro) 1981, 1983–1987, 1989. Staatswappen. Rs. Wert im Kranz	2,–	3,–

10. Jahrestag der Chilenischen Revolution (6)

72 (83)	¼ Unze (S) 1983. Staatswappen. Rs. »Chilena«. 999er Silber, 7,77 g (1000 Ex.)	20,–
73 (84)	½ Unze (S) 1983. Rs. Kondor mit zerbrochenen Ketten, 999er Silber, 15,55 g (1000 Ex.)	35,–
74 (85)	1 Unze (S) 1983. Rs. Fackel. 999er Silber, 31,1 g (1000 Ex.)	60,–
75 (86)	¼ Unze (G) 1983. Typ wie Nr. 72. 900er Gold, 8,64 g (1000 Ex.)	*450,–*
76 (87)	½ Unze (G) 1983. Typ wie Nr. 73. 900er Gold, 17,28 g (1000 Ex.)	*800,–*
77 (88)	1 Unze (G) 1983. Typ wie Nr. 74. 900er Gold, 34,56 g (1000 Ex.)	*1500,–*

500. Jahrestag der Entdeckung Amerikas

		PP
78	10 000 Pesos (S) 1991. Staatswappen im Wappenkreis. Rs. »Santa María«, »Niña« und »Pinta« vor Globus. 925er Silber, 27 g, So	–,–

Frühere Ausgaben siehe Weltmünzkatalog 19. Jahrhundert.

China | **China** | **Chine**

China

Chung Kuo 中國

Das bereits weit vor unserer Zeitrechnung bestehende chinesische Kaiserreich wurde 1912 durch die Republik China abgelöst. Nach den erfolgreichen Operationen der kommunistischen Volksarmee wurde am 1. Oktober 1949 die Volksrepublik China ausgerufen. Während der Zeit des Kaiserreiches wie auch während der Zeit der Republik hatten verschiedene Provinzen zeitweise Münzhoheit. Aus Zweckmäßigkeitsgründen werden die Provinzausgaben gesondert aufgeführt, jedoch jeweils den Ausgaben des Kaiserreiches bzw. der Republik zugeordnet. Hauptstadt: Peking (Beijing).

10 Käsch (Wen 文) = 1 Cent (Fen 分 oder Hsien 仙 oder Mei 枚);
10 Cents = 1 Chiao (角) oder 1 Hao (毫);
100 Cents = 1 Dollar (Yuan 圓 oder 元);
10 Li (釐) = 1 Candareen (Fen); 10 Candareens = 1 Mace
(Chien 錢); 10 Mace = 1 Tael (Liang 兩)
1 Dollar = 7 Mace und 2 Candareens

Kaiserreich (bis 1911)
Tai Ching Ti Kuo

Auf den Münzen des Kaiserreiches werden statt der Namen der Kaiser die Bezeichnungen ihrer Regierungsepochen angegeben. Die angegebenen Jahreszahlen beziehen sich zum Teil auf diese Regierungsepochen, bei deren Beginn die Jahre jeweils wieder von eins an gezählt werden. In den Zeitabschnitt dieses Kataloges fallen die Regierungszeiten der beiden letzten Kaiser

Te Tsung, Epoche Kuang Hsü 光緒 (1875–1908) und
Pu Yih, Epoche Hsüan Tung 宣統 (1909–1911).

Teilweise werden die Jahreszahlen auch nach dem chinesischen Kalender (60-Jahre-Zyklus) angegeben (z. D.). Einige Ausgaben der Provinz Sin-Kiang wurden aufgrund des großen mohammedanischen Bevölkerungsanteiles nach der islamischen Zeitrechnung (n. H.) datiert.

Die bei den TAI-CHING-TI-KUO-Ausgaben im Zentrum der Rs. zur Unterscheidung der einzelnen Provinzausgaben angegebenen Schriftzeichen wurden in der nachfolgenden Zusammenstellung der Münzen zu den chinesischen Schriftzeichen der Provinzbezeichnungen in Klammern hinzugefügt.

Zentrale Ausgaben

SS VZ

1 5 Candareens (S) 1903. Drache nach vorn (Schwanzende nach links) und Umschrift 29TH YEAR OF KUANG HSÜ. HU POO. Rs. Regierungsepoche und Münzbezeichnung durch vier chinesische Schriftzeichen im Perlkreis. In der Umschrift Münzstätte und Wertangabe in chinesischen Schriftzeichen sowie oben vier mandschurische Schriftzeichen. Versuchsprägung! **850,–**

2 1 Mace (S) 1903. Typ wie Nr. 1. Versuchsprägung **300,–**

SS VZ

3 2 Mace (S) 1903. Typ wie Nr. 1. Versuchsprägung! **420,–**

4 5 Mace (S) 1903. Typ wie Nr. 1. Versuchsprägung! **600,–**

5 1 Tael (S) 1903. Typ wie Nr. 1. Versuchsprägung! **1100,–**

6 1 Käsch (K) o. J. (1905). Drache. Rs. Chinesische und mandschurische Schriftzeichen, u. a. Münzbezeichnung und Wertangabe **4,–** **5,–**

7 2 Käsch (K) o. J. (1905). Typ wie Nr. 6 **6,–** **8,–**

			SS	VZ
8 (3)	5	Käsch (K) o. J. (1905). Drache nach vorn im Perlkreis (Schwanzende nach links) und Umschrift HU POO FIVE CASH. Rs. Regierungsepoche und Münzbezeichnung durch vier chinesische Schriftzeichen im Perlkreis. In der Umschrift Münzstätte und Wertangabe in chinesischen Schriftzeichen sowie vier mandschurische Schriftzeichen	35,–	70,–
9 (4)	10	Käsch (K, Me) o. J. (1905). Typ wie Nr. 8, jedoch Vs. ohne Perlkreis und in der Umschrift die Wertangabe TEN CASH	5,–	10,–
10 (5a)	20	Käsch (K, Me) o. J. (1905). Typ wie Nr. 8, jedoch in der Umschrift der Vs. die Wertangabe 20 CASH	85,–	185,–

			SS	VZ
11 (5)	20	Käsch (K, Me) o. J. (1905). Typ wie Nr. 10, jedoch Vs. ohne Perlkreis	4,–	8,–
12 (5.1)	20	Käsch (Me) o. J. (1905). Typ wie Nr. 11, jedoch im Zentrum der Rs. zusätzlich eine Rosette	22,–	55,–
13 (7)	1	Käsch (Me) 1908 (z. D.). Drache nach vorn (Schwanzende nach rechts). Rs. Regierungsepoche, Jahreszahl und Wertangabe in chinesischen Schriftzeichen	10,–	20,–
14 (8)	2	Käsch (K) 1905–1907 (z. D.). Vs. wie Nr. 13. Rs. Dynastie- und Münzbezeichnung durch vier chinesische Schriftzeichen im Perlkreis. In der Umschrift Münzstätte, Jahreszahl und Wertangabe in chinesischen Schriftzeichen sowie oben vier mandschurische Schriftzeichen	15,–	26,–
15 (9)	5	Käsch (K) 1905–1907 (z.D.). Drache wie bei Nr. 14 im Perlkreis und Umschrift TAI-CHING-TI-KUO COPPER COIN sowie vier chinesische Schriftzeichen. Rs. wie Nr. 14	40,–	75,–
16 (10)	10	Käsch (K, Me) 1905–1907 (z. D.) Typ wie Nr. 15	4,–	8,–
17 (11)	20	Käsch (K) 1905–1907 (z. D.). Typ wie Nr. 15	70,–	120,–
18	1	Mace (S) 1906 (z.D.). Drache nach vorn im Perlkreis (Schwanzende nach rechts) und Umschrift TAI-CHING-TI-KUO SILVER COIN sowie vier chinesische Schriftzeichen. Rs. Dynastie- und Münzbezeichnung durch vier chinesische Schriftzeichen im Perlkreis. In der Umschrift Münzstätte, Jahreszahl und Wertangabe in chinesischen Schriftzeichen sowie vier mandschurische Schriftzeichen. Im Zentrum das chinesische Schriftzeichen Chung	14,–	18,–
19	2	Mace (S) 1906 (z.D.). Typ wie Nr. 18	22,–	30,–
20	5	Mace (S) 1906 (z.D.). Typ wie Nr. 18	35,–	45,–
21	1	Tael (S) 1906 (z.D.). Typ wie Nr. 18, jedoch Umrandung der Rückseite mit schraffierten Dreiecken	900,–	1500,–
22	1	Tael Gold (G) 1906, 1907 (z.D.). Drache nach vorn (Schwanzende nach links). Rs. Dynastie- und Münzbezeichnung durch vier chinesische Schriftzeichen im Perlkreis. In der Umschrift Jahreszahl und Wertangabe in chinesischen Schriftzeichen	7500,–	9000,–
23	10	Cents (S) 1907 (z.D.). Drache nach vorn im Perlkreis (Schwanzende nach rechts) und Umschrift TAI-CHING-TI-KUO SILVER COIN sowie vier chinesische Schriftzeichen. Rs. Dynastie- und Münzbezeichnung durch vier chinesische Schriftzeichen im Perlkreis. In der Umschrift Jahreszahl und Wertangabe in chinesischen Schriftzeichen sowie vier mandschurische Schriftzeichen	170,–	265,–
24	20	Cents (S) 1907 (z.D.). Typ wie Nr. 23	170,–	250,–
25	50	Cents (S) 1907 (z.D.). Typ wie Nr. 23	360,–	520,–
26	1	Dollar (S) 1907, 1908 (z.D.). Typ wie Nr. 23, jedoch Umrandung der Rs. mit schraffierten Dreiecken	500,–	900,–
27 (12)	10	Cents (S) o. J. (1908). Vs. wie Nr. 23. Rs. Regierungsepoche und Münzbezeichnung durch vier chinesische Schriftzeichen im Perlkreis. In der Umschrift Münzstätte und Wertangabe in chinesischen Schriftzeichen. Im Zentrum vier mandschurische Schriftzeichen	100,–	180,–
28 (13)	20	Cents (S) o. J. (1908). Typ wie Nr. 27	140,–	240,–

			SS	VZ
29 (14)	1	Dollar (S) o. J. (1908). Typ wie Nr. 27	90,–	170,–
29a	1	Käsch (Me) o. J. Regierungsepoche und Münzbezeichnung durch vier chinesische Schriftzeichen. Rs. Wertangabe und Münzbezeichnung durch vier chinesische Schriftzeichen. Mit zentrischem Loch. Versuchsprägung	–,–	–,–
29b	1	Käsch (Me) o. J. Typ wie Nr. 29a, jedoch ohne zentrischem Loch, Versuchsprägung	–,–	–,–
30 (18)	1	Käsch (Me) 1909 (z.D.). Typ wie Nr. 13, jedoch auf der Rs. an Stelle der chinesischen Schriftzeichen für Kuang Hsü die für Hsüan Tung	70,–	125,–
31 (A18)	2	Käsch (K) 1909 (z.D.). Typ wie Nr. 14	–,–	–,–
32 (19)	5	Käsch (K) 1909 (z.D.). Typ wie Nr. 15, jedoch in der Umschrift der Vs. an Stelle der chinesischen Schriftzeichen für Kuang Hsü die für Hsüan Tung		1200,–

			SS	VZ
33 (20)	10	Käsch (K) 1909 (z.D.). Typ wie Nr. 32	5,–	7,–
33a (20.1)	10	Käsch (K) 1909 (z.D.). Typ wie Nr. 33, jedoch unter dem Drachen zusätzlich eine Rosette	12,–	25,–

SS VZ

34 (20x) 10 Käsch (K) 1909 (z.D.). Typ wie Nr. 33, jedoch im Zentrum der Rs. eine Rosette 50,– 95,–

35 (21) 20 Käsch (K) 1909 (z.D.). Typ wie Nr. 32 4,– 8,–

35a (21.3) 20 Käsch (K) 1909 (z.D.). Typ wie Nr. 35, jedoch unter dem Drachen zusätzlich eine Rosette 18,– 30,–

36 1 Käsch (K) o. J. Drache. Rs. Chinesische Schriftzeichen, u. a. Wertangabe 4,50 6,–

36a 1 Li (K) o. J. (1910). Typ wie Nr. 37, jedoch geänderte Wertangabe. Versuchsprägung! –,– –,–

37 5 Li (K) o. J. (1910). Drache nach links im Perlkreis (Schwanzende nach rechts). In der Umschrift vier chinesische Schriftzeichen. Rs. Wertangabe in chinesischen Schriftzeichen in einem oben offenen Kranz und einem Kreis. In der Umschrift Wertangabe und Regierungsepoche in chinesischen Schriftzeichen. Versuchsprägung! –,– –,–

In ähnlicher Zeichnung: Nrn. 45–47

38 1 Cent (K) o. J. (1910). Typ wie Nr. 37. Versuchsprägung –,– –,–

39 2 Cents (K) o. J. (1910). Typ wie Nr. 37. Versuchsprägung! –,– –,–

40 1/10 Dollar (S) o. J. (1910). Drache nach vorn im Perlkreis (Schwanzende nach links). In der Umschrift 1/10 DOL., sowie vier chinesische Schriftzeichen. Rs. Dynastie- und Münzbezeichnung durch vier chinesische Schriftzeichen im Perlkreis. In der Umschrift Wertangabe in chinesischen Schriftzeichen sowie vier mandschurische Schriftzeichen. 180,– 300.–

41 1/4 Dollar (S) o. J. (1910). Typ wie Nr. 40, jedoch Wertangabe in der Umschrift der Vs. 1/4 DOL. 170,– 240,–

42 1/2 Dollar (S) o. J. (1910). Typ wie Nr. 40, jedoch Wertangabe in der Umschrift der Vs. 1/2 DOL. 110,– 180,–

43 1 Dollar (S) o. J. (1910). Typ wie Nr. 40, jedoch Wertangabe in der Umschrift der Vs. $ 1 350,– 500,–

44 (25) 1 Käsch (K) o. J. Dynastie- und Münzbezeichnung in chinesischen Schriftzeichen. Rs. Wertangabe in chinesischen Schriftzeichen. Mit zentrischem runden Loch. 6,– 10,–

44a 1 Käsch (K) o. J. Typ wie Nr. 44, jedoch ohne zentrisches Loch. Versuchsprägung! 450,– 560,–

44b 2 Käsch (K) o. J. Typ wie Nr. 44a, jedoch geänderte Wertangabe. Mit zentrischem Loch, Versuchsprägung! –,– –,–

44c 2 Käsch (K) o. J. Typ wie Nr. 44b, jedoch mit zentrischem Loch. –,– –,–

45 (26) 5 Käsch (Bro) (1911). Typ wie Nr. 37, jedoch auf der Rs. die Wertangabe in anderen chinesischen Schriftzeichen und Angabe der Jahreszahl. Versuchsprägung! 450,– 600,–

46 (27) 10 Käsch (Bro, Me) 1911. Typ wie Nr. 45 13,50 18,–

47 20 Käsch (Bro) 1911. Typ wie Nr. 45. Versuchsprägung! 580,– 750,–

SS VZ

48 1 Dollar (S) 1911. Drache nach vorn (Schwanzende nach links) und Inschrift unten ONE DOLLAR. Im Zentrum Wertangabe in chinesischen Schriftzeichen. Rs. Dynastie- und Münzbezeichnung im Perlkreis. In der Umschrift Regierungsepoche und Jahreszahl in chinesischen Schriftzeichen sowie vier mandschurische Schriftzeichen. Versuchsprägung! –,– –,–

49 1 Dollar (S) 1911. Drache nach vorn (Schwanzende nach rechts) und Inschrift unten ONE DOLLAR. Im Zentrum Wertangabe in chinesischen Schriftzeichen. Rs. wie Nr. 48. Versuchsprägung! –,– –,–

50 (28) 10 Cents (S) 1911. Drache nach links (Schwanzende nach links). Im Zentrum Wertangabe in chinesischen Schriftzeichen. Rs. Dynastie- und Münzbezeichnung durch vier chinesische Schriftzeichen im Perlkreis. In der Umschrift Regierungsepoche, Jahreszahl und Wertangabe in chinesischen Schriftzeichen. 30,– 55,–

51 (29) 20 Cents (S) 1911. Typ wie Nr. 50 45,– 85,–

52 (30) 50 Cents (S) 1911. Typ wie Nr. 50 500,– 900,–

53 (31) 1 Dollar (S) 1911. Typ wie Nr. 48, jedoch geänderte Zeichnung des Drachen. 40,– 65,–

54 1 Käsch (Me) o. J. (1909–1911). Regierungsepoche und Münzbezeichnung durch vier chinesische Schriftzeichen. Rs. Rechts und links je ein mandschurisches Schriftzeichen. Im Zentrum quadratisches Loch. Gegossen! 12,– 20,–

Provinzausgaben:

AN-HWEI 安徽 (HUAN 皖)

1 (35) 5 Käsch (K) o. J. Drache nach vorn im Perlkreis (Schwanzende n. l.) und Umschrift AN-HWEI FIVE CASH. Rs. Chinesische und zwei mandschurische Schriftzeichen, u. a. Provinz- und Münzbezeichnung sowie Wertangabe. 250,– 400,–

2 (35.1) 5 Käsch (K) o. J. Drache nach vorn (Schwanzende n. l.) und Umschrift AN-HUI FIVE CASH. Rs. wie Nr. 1 –,– –,–

SS VZ

3 10 Käsch (K) o. J. Drache nach vorn im Perlkreis (Schwanzende nach links) und Umschrift AN-HWEI. Rs. Regierungsepoche und Münzbezeichnung durch vier chinesische Schriftzeichen im Perlkreis. Im Zentrum zwei mandschurische Schriftzeichen. In der Umschrift Provinzbezeichnung und Wertangabe durch elf chinesische Schriftzeichen. –,– –,–

4 (36a) 10 Käsch (K, Me) o. J. Vs. wie Nr. 3. Rs. Regierungsepoche und Münzbezeichnung durch vier chinesische Schriftzeichen im Perlkreis. Im Zentrum eine Rosette. In der Umschrift Provinzbezeichnung und Wertangabe durch neun chinesische Schriftzeichen sowie zwei mandschurische Schriftzeichen 5,– 8,–

5 (36a5) 10 Käsch (K) o. J. Typ wie Nr. 4, jedoch in der Umschrift der Rs. statt neun nur sechs chinesische Schriftzeichen. 16,– 26,–

6 (36.1) 10 Käsch (K) o. J. Typ wie Nr. 3, jedoch Umschrift der Vs. AN-HWEI TEN CASH. 10,– 18,–

7 (38a) 10 Käsch (K) o. J. Drache nach vorn (Schwanzende nach rechts) und Umschrift AN-HWEI TOEN CASH. Rs. wie Nr. 5 30,– 65,–

8 (38a1) 10 Käsch (K) o. J. Vs. wie Nr. 7, Rs. wie Nr. 4 70,– 130,–

9 (38b) 10 Käsch (K) o. J. Typ wie Nr. 7, jedoch Umschrift der Vs. nur AN-HWEI. 26,– 50,–

10 (38b1) 10 Käsch (K) o. J. Vs. wie Nr. 9, Rs. wie Nr. 4 55,– 90,–

11 10 Käsch (K) o. J. Vs. wie Nr. 6, Rs. wie Nr. 4. 15,– 22,–

12 (34) 10 Käsch (K) o. J. Typ wie Nr. 3, jedoch Umschrift der Vs. AN-HWEI ONE CEN. 90,– 170,–

13 (34a1) 10 Käsch (K) o. J. Typ wie Nr. 3, jedoch Umschrift der Vs. ONE SEN. 100,– 185,–

14 (39.1) 10 Käsch (K) o. J. Drache nach rechts im Perlkreis (Schwanzende nach links) und Umschrift AN-HUI TEN CASH. Rs. wie Nr. 3. –,– –,–

14a 10 Käsch (K) o. J. Vs. wie Nr. 3. Rs. Im Zentrum das chinesische Schriftzeichen Cheang im Perlkreis. In der Umschrift oben sieben chinesische Schriftzeichen. Militärausgabe –,– –,–

14b 10 Käsch (K) o. J. Vs. wie Nr. 6. Rs. Typ wie Nr. 14a. Militärausgabe. –,– –,–

15 (37) 20 Käsch (K) o. J. Ähnlich wie Typ Nr. 6. 1000,– 1600,–

15a (43.5) 20 Cents (S) 1901. Drache von vorn (Schwanzende nach links) und Umschrift AN-HWEI PROVINCE I MACE AND 4.4 CANDAREENS. Rs. Regierungsepoche und Münzbezeichnung durch vier chinesische Schriftzeichen im Perlkreis. Im Zentrum vier mandschurische Schriftzeichen. In der Umschrift Regierungsepoche. Jahreszahl und Wertangabe in chinesischen Schriftzeichen. Versuchsprägung! –,– –,–

16 (10a) 10 Käsch (K) 1906 (z. D.). Drache nach vorn im Perlkreis (Schwanzende nach rechts) und Umschrift TAI-CHING-TI-KUO COPPER COIN sowie vier chinesische Schriftzeichen. Rs. Dynastie- und Münzbezeichnung durch vier chinesische Schriftzeichen im Perlkreis. In der Umschrift Münzstätte, Jahreszahl und Wertangabe in chinesischen Schriftzeichen sowie vier mandschurische Schriftzeichen. Im Zentrum das chinesische Schriftzeichen Huan in einer diskusförmigen Erhebung. 7,– 12,–

17 (11a) 20 Käsch (K) 1906 (z. D.). Typ wie Nr. 16 200,– 340,–

18 (20a) 10 Käsch (K) 1909 (z. D.). Typ wie Nr. 16, jedoch in der Umschrift der Vs. an Stelle der chinesischen Schriftzeichen für Kuang Hsü die für Hsüsan Tung. 70,– 115,–

19 20 Käsch (K) 1909 (z. D.). Typ wie Nr. 18 85,– 125,–

CHE-KIANG 浙江 (CHE 浙)

SS VZ

1 (49.1) 10 Käsch (K, Me) o. J. Drache nach vorn (Schwanzende nach rechts). Rs. Regierungsepoche und Münzbezeichnung durch vier chinesische Schriftzeichen im Perlkreis. Im Zentrum eine Rosette. In der Umschrift Provinzbezeichnung und Wertangabe durch sechs chinesische Schriftzeichen sowie zwei mandschurische Schriftzeichen. 4,– 6,–

2 (49) 10 Käsch (K) o. J. Typ wie Nr. 1, jedoch im Zentrum der Rs. ein Kreis. 5,– 10,–

3 10 Käsch (K) o. J. Typ wie Nr. 1, jedoch das Zentrum der Rs. plan –,– –,–

4 (49a) 10 Käsch (K, Me) o. J. Typ wie Nr. 1, jedoch in der Umschrift der Rs. statt sechs acht chinesische Schriftzeichen. 15,– 30,–

5 (50) 20 Käsch (K) o. J. Typ wie Nr. 1 200,– 400,–

6 (51) 5 Cents (S) 1902 o. J. Drache nach vorn (Schwanzende nach links) und Umschrift CHEH-KIANG PROVINCE 3,2 CANDAREENS. Rs. Regierungsepoche und Münzbezeichnung durch vier chinesische Schriftzeichen im Perlkreis. In der Umschrift Provinzbezeichnung und Wertangabe in chinesischen Schriftzeichen. Im Zentrum vier mandschurische Schriftzeichen. 35,– 70,–

7 5 Cents (S) 1902 o. J. Typ wie Nr. 6, jedoch in der Umschrift der Vs. die Wertangabe 3,6 CANDAREENS. Versuchsprägung! –,– –,–

7a 5 Cents (S) 1898, 1899 o. J. Typ wie Nr. 7, jedoch Provinzbezeichnung in der Umschrift der Vs. CHE-KIANG. –,– –,–

8 (52) 10 Cents (S) 1902 o. J. Typ wie Nr. 6, jedoch Wertangabe in der Umschrift der Vs. 7,2 CANDAREENS 150,– 220,–

8a 10 Cents (S) 1898, 1899 o. J. Typ wie Nr. 8, jedoch Provinzbezeichnung in der Umschrift der Vs. CHE-KIANG. –,– –,–

9 (53) 20 Cents (S) o. J. Typ wie Nr. 6, jedoch Wertangabe in der Umschrift der Vs. 1 MACE AND 4,4 CANDAREENS 350,– 500,–

9a 20 Cents (S) 1898, 1899 o. J. Typ wie Nr. 9, jedoch Provinzbezeichnung in der Umschrift der Vs. CHE-KIANG. –,– –,–

10 (54) 50 Cents (S) 1902 o. J. Typ wie Nr. 6, jedoch Wertangabe in der Umschrift der Vs. 3 MACE AND 6 CANDAREENS 550,– 1000,–

10a 50 Cents (S) 1898, 1899 o. J. Typ wie Nr. 10, jedoch Provinzbezeichnung in der Umschrift der Vs. CHE-KIANG. –,– –,–

11 1 Dollar (S) 1902 o. J. Typ wie Nr. 6, jedoch Wertangabe in der Umschrift der Vs. 7 MACE AND 2 CANDAREENS *6000,–*

12 1 Dollar (S) 1902 o. J. Typ wie Nr. 11, jedoch Provinzbezeichnung in der Umschrift der Vs. CHE-KIANG. *7000,–*

13 (8b) 2 Käsch (K) 1906 (z.D.). Drache nach vorn (Schwanzende nach rechts). Rs. Dynastie- und Münzbezeichnung durch vier chinesische Schriftzeichen im Perlkreis. In der Umschrift Münzstätte, Jahreszahl und Wertangabe in chinesischen Schriftzeichen sowie vier mandschurische Schriftzeichen. Im Zentrum das chinesische Schriftzeichen Che in einer diskusförmigen Erhebung 30,– 50,–

SS VZ

14 (9b) 5 Käsch (K) 1906 (z.D.). Drache Typ wie Nr. 13 im Perlkreis und Umschrift TAI-CHING-TI-KUO COPPER COIN sowie vier chinesische Schriftzeichen. Rs. Typ wie Nr. 13 **22,– 50,–**

15 (10b) 10 Käsch (K) 1906 (z.D.). Typ wie Nr. 14 **14,– 22,–**

16 (11b) 20 Käsch (K) 1906 (z. D.). Typ wie Nr. 14 **160,– 280,–**

CHIH-LI 直隸 (CHIH 直)

1 (66) 1 Käsch (Me) o. J. (1896–1908). Vier chinesische Schriftzeichen im Perlkreis. In der Umrandung zwei stilisierte Drachen. Rs. Münzstätte und Wertangabe in chinesischen Schriftzeichen **10,– 18,–**

2 (67) 10 Käsch (K, Me) o. J. (1896–1908). Drache nach vorn im Perlkreis (Schwanzende nach links) und Umschrift PEI YANG TEN CASH. Rs. Regierungsepoche und Münzbezeichnung durch vier chinesische Schriftzeichen im Perlkreis. In der Umschrift Münzstätte und Wertangabe in chinesischen Schriftzeichen sowie vier mandschurische Schriftzeichen **5,– 10,–**

3 10 Käsch (K) o. J. Typ wie Nr. 2, jedoch im Zentrum der Rs. zusätzlich eine Rosette **–,– –,–**

4 (68) 20 Käsch (K, Me) o. J. (1896–1908). Typ wie Nr. 2 **35,– 70,–**

5 (69) 5 Cents (S) 1900. Drache nach vorn (Schwanzende nach links) und Umschrift 26th YEAR OF KUANG HSÜ PEI YANG. Rs. Regierungsepoche und Münzbezeichnung durch vier chinesische Schriftzeichen im Perlkreis. In der Umschrift Münzstätte und Wertangabe in chinesischen Schriftzeichen. Im Zentrum vier mandschurische Schriftzeichen **300,– 500,–**

6 10 Cents (S) 1900. Typ wie Nr. 5 **–,– –,–**

7 (71) 20 Cents (S) 1900, 1905. Typ wie Nr. 5, bei der Ausgabe 1905 jedoch Drache im Perlkreis **150,– 220,–**

8 (72) 50 Cents (S) 1899. Typ wie Nr. 5, jedoch Umschrift der Vs. 25th YEAR OF KUANG HSÜ PEI YANG **170,– 280,–**

9 (73) 1 Dollar (S) 1900, 1903, 1907, 1908. Typ wie Nr. 5 **45,– 70,–**

SS VZ

10 5 Cents (S) 1900. Drache in geänderter Zeichnung nach vorn (Schwanzende nach links) und Umschrift PEKING 3,6 CANDAREENS. Rs. Regierungsepoche und Münzbezeichnung durch vier chinesische Schriftzeichen im Perlkreis. In der Umschrift Münzstätte, Jahreszahl und Wertangabe in chinesischen Schriftzeichen. Im Zentrum vier mandschurische Schriftzeichen. Versuchsprägung! **400,– 500,–**

11 10 Cents (S) 1900. Typ wie Nr. 10, jedoch Umschrift der Vs. PEKING 7,2 CANDAREENS. Versuchsprägung! **–,– –,–**

12 20 Cents (S) 1900. Typ wie Nr. 10, jedoch Umschrift der Vs. PEKING 1 MACE AND 4,4 CANDAREENS. Versuchsprägung! **–,– –,–**

13 50 Cents (S) 1900. Typ wie Nr. 10, jedoch Umschrift der Vs. PEKING 3 MACE AND 6 CANDAREENS. Versuchsprägung! **–,– –,–**

14 1 Dollar (S) 1900. Typ wie Nr. 10, jedoch Umschrift der Vs. PEKING 7 MACE AND 2 CANDAREENS. Versuchsprägung! **–,– –,–**

15 (74) 1 Tael (S) 1907. Drache nach vorn (Schwanzende nach links) und Umschrift 33RD YEAR OF KUANG HSÜ PEI YANG. Rs. Regierungsepoche und Münzbezeichnung durch vier chinesische Schriftzeichen im Perlkreis. In der Umschrift Münzstätte und Wertangabe in chinesischen Schriftzeichen sowie vier mandschurische Schriftzeichen **3500,– 5000,–**

16 (7c) 1 Käsch (Me) 1908 (z.D.). Drache nach vorn (Schwanzende nach rechts). Rs. Regierungsepoche, Jahreszahl und Wertangabe in chinesischen Schriftzeichen. Im Zentrum das chinesische Schriftzeichen Chih im Perlkreis **15,– 22,–**

17 (9c) 5 Käsch (K) 1906 (z. D.). Drache nach vorn im Perlkreis (Schwanzende nach rechts) und Umschrift TAI-CHING-TI-KUO COPPER COIN sowie vier chinesische Schriftzeichen. Rs. Dynastie- und Münzbezeichnung durch vier chinesische Schriftzeichen im Perlkreis. In der Umschrift Münzstätte, Jahreszahl und Wertangabe in chinesischen Schriftzeichen sowie vier mandschurische Schriftzeichen. Im Zentrum das chinesische Schriftzeichen Chih in einer diskusförmigen Erhebung **18,– 35,–**

18 (10c) 10 Käsch (K) 1906 (z. D.) Typ wie Nr. 17 **4,– 8,–**

19 (11c) 20 Käsch (K) 1906 (z. D.) Typ wie Nr. 17 **90,– 180,–**

CHING-KIANG (TSING-KIANG) 清江

HUAI 淮

1 (77) 10 Käsch (K) o. J. Drache nach vorn (Schwanzende nach rechts) und Umschrift CHING-KIANG. Rs. Regierungsepoche und Münzbezeichnung durch vier chinesische Schriftzeichen im Perlkreis. Im Zentrum eine Rosette. In der Umschrift vier mandschurische Schriftzeichen sowie Provinzbezeichnung und Wertangabe durch sieben chinesische Schriftzeichen **7,– 12,–**

2 (77.6) 10 Käsch (K) o. J. Typ wie Nr. 1, jedoch das Zentrum der Rs. plan **9,– 16,–**

3 10 Käsch (K) o. J. Typ wie Nr. 1, jedoch Drache im Kreis **–,– –,–**

4 (78) 10 Käsch (K, Me) o. J. Drache nach rechts im Perlkreis (Schwanzende nach links) und Umschrift TSING-KIANG TEN CASH. Rs. Regierungsepoche und Münzbezeichnung durch vier chinesische Schriftzeichen im Perlkreis. Im Zentrum eine Rosette. In der Umschrift vier mandschurische Schriftzeichen sowie Provinzbezeichnung und Wertangabe durch sieben chinesische Schriftzeichen **6,– 9,–**

5 (78.4) 10 Käsch (K) o. J. Typ wie Nr. 4, jedoch das Zentrum der Rs. plan **10,– 20,–**

SS VZ

6 (10d6) 10 Käsch (K) 1906 (z. D.). Drache nach vorn im Perlkreis (Schwanzende nach rechts) und Umschrift TAI-CHING-TI-KUO COPPER COIN sowie vier chinesische Schriftzeichen. Rs. Dynastie- und Münzbezeichnung durch vier chinesische Schriftzeichen im Perlkreis. In der Umschrift Münzstätte, Jahreszahl und Wertangabe in chinesischen Schriftzeichen sowie vier mandschurische Schriftzeichen. Im Zentrum das chinesiche Schriftzeichen Huai in einer diskusförmigen Erhebung –,– –,–

7 (10d) 10 Käsch (K) 1906 (z. D.). Typ wie Nr. 6, jedoch im Zentrum der Rs. das chinesische Schriftzeichen Huai ohne diskusförmige Erhebung 65,– 110,–

8 20 Käsch (K) 1906 (z. D.). Typ wie Nr. 7, jedoch geänderte Wertangabe. Versuchsprägung! –,– –,–

FOO-KIEN (FU-KIEN) 福建 (MING 閩)

1 (99) 5 Käsch (K, Me) o. J. Drache nach vorn im Perlkreis (Schwanzende nach links) und Umschrift FOO-KIEN 5 CASH. Rs. Regierungsepoche und Münzbezeichnung durch vier chinesische Schriftzeichen im Perlkreis. Im Zentrum zwei mandschurische Schriftzeichen. In der Umschrift Provinz- und Münzbezeichnung sowie Wertangabe in chinesischen Schriftzeichen 25,– 40,–

2 (100) 10 Käsch (K) o. J. Typ wie Nr. 1, jedoch Umschrift der Vs. FOO-KIEN 10 CASH 6,– 11,–

3 (100.3) 10 Käsch (K) o. J. Typ wie Nr. 1, jedoch Umschrift der Vs. FOO-KIEN 10 CASHES 30,– 55,–

4 (101) 20 Käsch (K) o. J. Typ wie Nr. 1, jedoch Umschrift der Vs. FOO-KIEN 20 CASH 65,– 130,–

5 (97) 10 Käsch (K) o. J. (1896–1908). Drache, Typ ähnlich wie Nr. 1, im Perlkreis und Umschrift F. K. CUSTOMHOUSE 10 CASH. Rs. Typ wie Nr. 1, jedoch in der Umschrift rechts und links zusätzlich je ein chinesisches Schriftzeichen 5,– 10,–

6 10 Käsch (K) o. J. (1896–1908). Typ wie Nr. 5, jedoch Umschrift der Vs. FOO-KIEN CUSTOM HOUSE 8,50 12,–

SS VZ

7 (98) 10 Käsch (K) o. J. Typ wie Nr. 5, jedoch Umschrift der Vs. FOO-KIEN CUSTOM 10 CASH 250,– 460,–

8 (102.1) 5 Cents (S) 1902 o. J. Drache nach vorn (Schwanzende nach links) und Umschrift FOO-KIEN PROVINCE 3,6 CANDAREENS. Rs. Regierungsepoche und Münzbezeichnung durch vier chinesische Schriftzeichen im Perlkreis. In der Umschrift Provinzbezeichnung und Wertangabe in chinesischen Schriftzeichen. Im Zentrum vier mandschurische Schriftzeichen. (Die Provinzbezeichnung in der Umschrift der Rs. nur durch vier statt fünf Schriftzeichen der Ausgabe von 1898) 16,– 25,–

9 (103.2) 10 Cents (S) 1902 o. J. Typ wie Nr. 8, jedoch Umschrift der Vs. FOO-KIEN PROVINCE 7,2 CANDAREENS 20,– 35,–

10 (104.2) 20 Cents (S) 1902 o. J. Typ wie Nr. 8, jedoch Umschrift der Vs. FOO-KIEN PROVINCE 1 MACE AND 4,4 CANDAREENS 15,– 20,–

10a (7f) 1 Käsch (Me) 1908 (z. D.). Typ ähnlich wie Nr. 1 160,– 270,–

11 (8f) 2 Käsch (Me) 1906, 1908 (z. D.). Drache nach vorn (Schwanzende nach rechts). Rs. Dynastie- und Münzbezeichnung durch vier chinesische Schriftzeichen im Perlkreis. In der Umschrift Münzstätte, Jahreszahl und Wertangabe in chinesischen Schriftzeichen sowie vier mandschurische Schriftzeichen. Im Zentrum das chinesische Schriftzeichen Ming in einer diskusförmigen Erhebung 18,– 30,–

12 (99) 5 Käsch (K, Me) 1906, 1908 (z. D.). Drache, Typ wie bei Nr. 11, im Perlkreis und Umschrift TAI-CHING-TI-KUO COPPER COIN sowie vier chinesiche Schriftzeichen. Rs. Typ wie Nr. 11 25,– 45,–

13 (10f) 10 Käsch (K) 1906, 1908 (z. D.). Typ wie Nr. 12 4,50 6,–

14 20 Käsch (K) 1906, 1908 (z. D.). Typ wie Nr. 12 10,– 15,–

15 (20f) 10 Käsch (K) 1909 (z. D.). Typ wie Nr. 12, jedoch in der Umschrift der Vs. an Stelle der chinesischen Schriftzeichen für Kuang Hsü die für Hsüan Tung 90,– 175,–

16 1 Käsch (Me) o. J. (1909–1911). Regierungsepoche und Münzbezeichnung durch vier chinesische Schriftzeichen. Rs. Links und rechts je ein mandschurisches Schriftzeichen. Im Zentrum quadratisches Loch. Gegossen! –,– –,–

17 (106) 1 Käsch (Me) o. J. (1909–1911). Typ wie Nr. 16, jedoch geprägt und im Zentrum ein rundes Loch in quadratischer Umrandung 85,– 150,–

FUNG-TIEN (FENG-TIEN) 奉天

(FUNG 奉)

SS VZ

1 (88) 10 Käsch (K, Me) 1903 (z.D.). Drache nach vorn (Schwanzende nach links) und Umschrift FEN-TIEN PROVINCE TEN CASH. Rs. Regierungsepoche und Münzbezeichnung durch vier chinesische Schriftzeichen im Perlkreis. In der Umschrift Münzbezeichnung, Jahreszahl und Wertangabe in chinesischen Schriftzeichen. Im Zentrum zwei mandschurische Schriftzeichen **190,– 280,–**

2 1 Dollar (?) (S) o. J. Vs. Typ ähnlich wie Nr. 1. Rs. Wertangabe in chinesischen Schriftzeichen **–,– –,–**

2a 1 Dollar (K, Me) o. J. Vs. Typ wie Nr. 10. Rs. Wertangabe in chinesischen Schriftzeichen **–,– –,–**

3 (81) 10 Käsch (K) o. J. Regierungsepoche und Münzbezeichnung durch vier chinesische Schriftzeichen. Rs. Sechzehn chinesische Schriftzeichen als Umschrift, u. a. Provinzbezeichnung und Wertangabe. Mit zentrischem quadratischem Loch **100,– 160,–**

4 1 Tael (K) 1903 (z. D.). Drache nach vorn (Schwanzende nach links) und Umschrift FEN-TIEN PROVINCE ONE TAEL. Rs. Regierungsepoche und Münzbezeichnung durch vier chinesische Schriftzeichen im Perlkreis. In der Umschrift Provinzbezeichnung, Jahreszahl und Wertangabe in chinesischen Schriftzeichen. Im Zentrum vier mandschurische Schriftzeichen. Versuchsprägung! Nur 3 Ex. bekannt! **–,– –,–**

5 (89) 10 Käsch (Me) 1903–1906 (z. D.). Typ wie Nr. 1, jedoch Umschrift der Vs. FUNG-TIEN PROVINCE TEN CASH. Die Ausgaben 1903–1905 wurden auch in K geprägt. **15,– 25,–**

5a (89.1) 10 Käsch (Me) 1903 (z. D.). Typ wie Nr. 5, jedoch im Zentrum der Rs. die beiden mandschurischen Schriftzeichen in umgekehrter Reihenfolge **25,– 50,–**

6 (90) 20 Käsch (Me) 1903–1905 (z. D.). Typ wie Nr. 1, jedoch Umschrift der Vs. FUNG-TIEN PROVINCE 20 CASH. Die Ausgabe 1903 wurde auch in K geprägt. **25,– 40,–**

7 (91) 20 Cents (S) 1904 (z. D.). Drache nach vorn (Schwanzende nach links) und Umschrift FUNG-TIEN PROVINCE 1 MACE AND 4,4 CANDAREENS. Rs. Regierungsepoche und Münzbezeichnung durch vier chinesische Schriftzeichen im Perlkreis. In der Umschrift Provinzbezeichnung, Jahreszahl und Wertangabe in chinesischen Schriftzeichen. Im Zentrum zwei mandschurische Schriftzeichen **30,– 50,–**

SS VZ

8 (92) 1 Dollar (S) 1903 (z. D.). Typ wie Nr. 7, jedoch Umschrift der Vs. FUNG-TIEN PROVINCE 7 MACE AND 2 CANDAREENS **200,– 350,–**

8a (92.1) 1 Dollar (S) 1903 (z. D.). Typ wie Nr. 8, jedoch im Zentrum der Rs. die beiden mandschurischen Schriftzeichen in umgekehrter Reihenfolge **220,– 380,–**

9 (86) 50 Cents (S) 1906. Drache nach vorn (Schwanzende nach links) und Umschrift in chinesischen Schriftzeichen (Provinzbezeichnung und Jahreszahl). Rs. In der Mitte Wertangabe in chinesischen Schriftzeichen, außen Umschrift in mandschurischen Schriftzeichen **240,– 400,–**

10 (10e) 10 Käsch (K) 1905, 1907 (z. D.). Drache nach vorn im Perlkreis (Schwanzende nach rechts) und Umschrift TAI-CHING-TI-KUO COPPER COIN sowie vier chinesische Schriftzeichen. Rs. Dynastie- und Münzbezeichnung durch vier chinesische Schriftzeichen im Perlkreis. In der Umschrift Münzstätte, Jahreszahl und Wertangabe in chinesischen Schriftzeichen. Im Zentrum das chinesische Schriftzeichen Fung in einer diskusförmigen Erhebung. **17,– 25,–**

11 (11e) 20 Käsch (K) 1904, 1905, 1907 (z. D.). Typ wie Nr. 10 **25,– 50,–**

12 (19e) 5 Käsch (K) 1909 (z. D.). Typ wie Nr. 10, jedoch in der Umschrift der Vs. an Stelle der chinesischen Schriftzeichen für Kuang Hsü die für Hsüan Tung **190,– 400,–**

13 (20e) 10 Käsch (K) 1909 (z. D.). Typ wie Nr. 12 **20,– 38,–**

14 (21e) 20 Käsch (K) 1909 (z. D.). Typ wie Nr. 12 **150,– 240,–**

HEI-LUNG-KIANG 黑龍江

1 50 Cents (Me) 1903 o. J. Drache nach vorn (Schwanzende nach links) und Umschrift HEILUNGKIANG PROVINCE 3 MACE AND CANDAREENS 6. Rs. Regierungsepoche und Münzbezeichnung durch vier chinesische Schriftzeichen im Perlkreis. In der Umschrift Provinzbezeichnung und Wertangabe durch chinesische Schriftzeichen. Versuchsprägung! **–,– –,–**

HO-NAN 河南 (BIEN 汴)

		SS	VZ
1 (7 g)	1 Käsch (Me) 1908 (z.D.) Drache nach vorn (Schwanzende nach rechts). Rs. Regierungsepoche, Jahreszahl und Wertangabe in chinesischen Schriftzeichen. Im Zentrum das chinesische Schriftzeichen Bien im Perlkreis	65,–	100,–
1a (A 18 g)	2 Käsch (Me) 1909 (z.D.)	–,–	–,–
1b (19 g)	5 Käsch (Me) 1909 (z.D.)	–,–	–,–
2 (108)	10 Käsch (K) o.J. (1896–1908). Drache in geänderter Zeichnung nach vorn im Perlkreis (Schwanzende nach rechts) und Umschrift HO-NAN TEN CASH. Rs. Regierungsepoche und Münzbezeichnung durch vier chinesische Schriftzeichen im Perlkreis. In der Umschrift Provinzbezeichnung und Wertangabe in chinesischen Schriftzeichen sowie zwei mandschurische Schriftzeichen. Im Zentrum Yin-Yang-Symbol	12,–	20,–
3 (108a1)	10 Käsch (K, Me) o.J. (1896–1908). Drache in erneut geänderter Zeichnung nach vorn (Schwanzende nach rechts) und Umschrift HO-NAN TEN CASH sowie acht Sterne. Rs. wie Nr. 2	5,–	10,–
4 (108a)	10 Käsch (K, Me) o.J. (1896–1908). Typ wie Nr. 3, jedoch Umschrift der Vs. HOU-NAN TEN CASH	–,–	–,–
5 (108.3)	10 Käsch (K) o.J. Typ wie Nr. 3, jedoch Drache im Perlkreis	10,–	20,–
6	20 Käsch (K) o.J. (1896–1908) (?). Typ wie Nr. 3	10,–	15,–
7 (10 g)	10 Käsch (K) 1906 (z.D.) Drache nach vorn im Perlkreis (Schwanzende nach rechts) und Umschrift TAI-CHING-TI-KUO COPPER COIN sowie vier verschiedene Schriftzeichen. Rs. Dynastie- und Münzbezeichnung im Perlkreis. In der Umschrift Jahreszahl und Wertangabe in chinesischen Schriftzeichen sowie vier mandschurische Schriftzeichen. Im Zentrum das chinesische Schriftzeichen Bien in einer diskusförmigen Erhebung	4,–	8,–
8 (20 g)	10 Käsch (K) 1909, 1911 (z.D.). Typ wie Nr. 7, jedoch in der Umschrift der Vs. an Stelle der chinesischen Schriftzeichen für Kuang Hsü die für Hsüan Tung	22,–	45,–
9 (21 g)	20 Käsch (K) 1909 (z.D.). Typ wie Nr. 8. Versuchsprägung!	–,–	–,–

HU-NAN 湖南 (SHIANG 湘)

		SS	VZ
1 (112.8)	10 Käsch (K) o.J. (1896–1908). Drache nach vorn im Perlkreis (Schwanzende nach links) und Umschrift HU-NAN TEN CASH. Rs. Regierungsepoche und Münzbezeichnung durch vier chinesische Schriftzeichen im Perlkreis. Im Zentrum zwei mandschurische Schriftzeichen. In der Umschrift Provinzbezeichnung und Wertangabe durch acht chinesische Schriftzeichen	12,–	20,–
2 (112.9)	10 Käsch (K) o.J. Typ ähnlich wie Nr. 1, jedoch auf der Rs. die beiden mandschurischen Schriftzeichen nicht im Zentrum, sondern in der Umschrift und im Zentrum eine Rosette	12,–	20,–
3	10 Käsch (K) o.J. Vs. wie Nr. 1. Rs. wie Nr. 2, jedoch in der Umschrift nur sechs chinesische Schriftzeichen	3,–	5,–
4 (112.3)	10 Käsch (K) o.J. (1896–1908). Typ wie Nr. 1, jedoch geänderte Zeichnung des Drachen	8,–	15,–

		SS	VZ
5 (113.2)	10 Käsch (Me) o.J. (1896–1908). Drache nach rechts im Perlkreis (Schwanzende nach links) und Umschrift HU-NAN TEN CASH. Rs. wie Nr. 1, jedoch in der Umschrift neun statt acht chinesische Schriftzeichen	6,–	10,–
6 (113)	10 Käsch (K) o.J. Typ wie Nr. 5, jedoch in der Umschrift der Rs. zehn statt neun chinesische Schriftzeichen	10,–	22,–
7 (112)	10 Käsch (K) o.J. Vs. wie Nr. 4. Rs. wie Nr. 2, jedoch in der Umschrift sechs statt acht chinesische Schriftzeichen	3,–	6,–
8	5 Cents (S) 1902 o.J. Drache nach vorn (Schwanzende nach links) und Umschrift HU-NAN PROVINCE 3,6 CANDAREENS. Rs. Regierungsepoche und Münzbezeichnung durch vier chinesische Schriftzeichen im Perlkreis. In der Umschrift Provinzbezeichnung und Wertangabe in chinesichen Schriftzeichen. Im Zentrum vier mandschurische Schriftzeichen	–,–	–,–
9 (115.1)	10 Cents (S) 1902 o.J. Typ wie Nr. 8, jedoch Umschrift der Vs. HU-NAN PROVINCE 7,2 CANDAREENS	60,–	100,–
10 (116)	20 Cents (S) 1902 o.J. Typ wie Nr. 8, jedoch Umschrift der Vs. HU-NAN PROVINCE 1 MACE 4,4 CANDAREENS	150,–	300.–

		SS	VZ
11 (10h)	10 Käsch (K) 1906 (z.D.). Drache nach vorn im Perlkreis (Schwanzende nach rechts) und Umschrift TAI-CHING-TI-KUO COPPER COIN sowie vier chinesische Schriftzeichen. Rs. Dynastie- und Münzbezeichnung durch vier chinesische Schriftzeichen im Perlkreis. In der Umschrift Münzstätte, Jahreszahl und Wertangabe in chinesischen Schriftzeichen sowie vier mandschurischen Schriftzeichen. Im Zentrum das chinesische Schriftzeichen Shiang	50,–	90,–
12	1 Mace (S) 1906 o.J. Zwei Reihen zu je zwei chinesischen Schriftzeichen, u.a. Provinzbezeichnung. Rs. Wertangabe durch zwei chinesische Schriftzeichen. Umrandung der Vs. und der Rs. durch einen Perlkreis, der zwischen zwei ausgezogenen Kreisen liegt	65,–	100,–
13	2 Mace (S) 1906 o.J. Typ wie Nr. 12, jedoch auch auf der Rs. zwei Reihen zu je zwei chinesischen Schriftzeichen	50,–	80,–
14	3 Mace (S) 1906 o.J. Typ wie Nr. 12, jedoch auf der Vs. und der Rs. je zwei waagerechte Reihen zu je drei chinesischen Schriftzeichen	55,–	85,–

Nr.		SS	VZ
15	4 Mace (S) 1906 o. J. Typ wie Nr. 14	70,–	110,–
16	5 Mace (S) 1906 o. J. Typ wie Nr. 14	70,–	110,–
17	6 Mace (S) 1906 o. J. Typ wie Nr. 14	80,–	125,–
18	7 Mace (S) 1906 o. J. Typ wie Nr. 14	80,–	125,–
19	8 Mace (S) 1906 o. J. Typ wie Nr. 14	95,–	140,–
20	9 Mace (S) 1906 o. J. Typ wie Nr. 14	95,–	140,–
21	1 Tael (S) 1906 o. J. Typ wie Nr. 14	165,–	240,–
22	1 Tael (S) 1906 o. J. Drei waagerechte Reihen zu je vier chinesischen Schriftzeichen, u. a. Provinzbezeichnung und Wertangabe. Rs. blank	–,–	–,–
22a	1 Mace (S) 1906 o. J. Zwei vertikale Reihen zu je drei chinesischen Schriftzeichen, u. a. Provinzbezeichnung. Rs. wie Nr. 12	–,–	–,–
22b	2 Mace (S) 1906 o. J. Vs. wie Nr. 22a. Rs. wie Nr. 13	–,–	–,–
22c	3 Mace (S) 1906 o. J. Vs. wie Nr. 22a. Rs. wie Nr. 14	–,–	–,–
22d	4 Mace (S) 1906 o. J. Vs. wie Nr. 22a. Rs. wie Nr. 15	–,–	–,–
22e	5 Mace (S) 1906 o. J. Vs. wie Nr. 22a. Rs. wie Nr. 16	–,–	–,–
22f	6 Mace (S) 1906 o. J. Vs. wie Nr. 22a. Rs. wie Nr. 17	–,–	–,–
22g	7 Mace (S) 1906 o. J. Vs. wie Nr. 22a. Rs. wie Nr. 18	–,–	–,–
22h	8 Mace (S) 1906 o. J. Vs. wie Nr. 22a. Rs. wie Nr. 19	–,–	–,–
22i	9 Mace (S) 1906 o. J. Vs. wie Nr. 22a. Rs. wie Nr. 20	–,–	–,–

Nr.		SS	VZ
22k	1 Tael (S) 1906 o. J. Vs. wie Nr. 22a. Rs. wie Nr. 21	–,–	–,–
23	1 Mace (S) 1908 o. J. Zwei Reihen zu je zwei chinesischen Schriftzeichen, u. a. Provinzbezeichnung. Rs. wie Nr. 12	40,–	60,–
24	2 Mace (S) 1908 o. J. Vs. wie Nr. 23. Rs. wie Nr. 13	40,–	60,–
25	1 Mace (S) 1908 o. J. Zwei horizontale Reihen zu je drei chinesischen Schriftzeichen, u. a. Angabe der Münzstätte Chien-I und der Stadt Chang-Sha. Rs. wie Nr. 12. (Die Münzen Nr. 25 bis 34 wurden von der Münzstätte Chien-I in Chang-Sha ausgegeben.)	–,–	–,–
26	2 Mace (S) 1908 o. J. Vs. wie Nr. 25. Rs. wie Nr. 13	–,–	–,–
27	3 Mace (S) 1908 o. J. Vs. wie Nr. 25. Rs. wie Nr. 14	–,–	–,–

Nr.		SS	VZ
27a	3 Mace (S) 1908 o. J. Typ wie Nr. 27, jedoch auf der Rs. die Wertangabe durch ein anderes chinesisches Schriftzeichen		
28	4 Mace (S) 1908 o. J. Vs. wie Nr. 25. Rs. wie Nr. 15, jedoch die Wertangabe durch ein anderes chinesisches Schriftzeichen	–,–	–,–
29	5 Mace (S) 1908 o. J. Vs. wie Nr. 25. Rs. wie Nr. 16	–,–	–,–
30	6 Mace (S) 1908 o. J. Vs. wie Nr. 25. Rs. wie Nr. 17	–,–	–,–
31	7 Mace (S) 1908 o. J. Vs. wie Nr. 25. Rs. wie Nr. 18	–,–	–,–
32	8 Mace (S) 1908 o. J. Vs. wie Nr. 25. Rs. wie Nr. 19	–,–	–,–
33	9 Mace (S) 1908 o. J. Vs. wie Nr. 25. Rs. wie Nr. 20	–,–	–,–
34	1 Tael (S) 1908 o. J. Vs. wie Nr. 25. Rs. wie Nr. 21	–,–	–,–

Nr.		SS	VZ
35	1 Mace (S) 1909 o. J. Zwei senkrechte Reihen zu je drei chinesischen Schriftzeichen, u. a. Provinzbezeichnung. Rs. zwei waagerechte Reihen zu je drei chinesischen Schriftzeichen, u. a. Wertangabe. Umrandung der Vs. und der Rs. durch einen Perlkreis, der zwischen zwei ausgezogenen Kreisen liegt. (Die Münzen Nr. 35 bis Nr. 44 wurden von der Ta Ching Government Bank in Changsha ausgegeben.)	–,–	–,–
36	2 Mace (S) 1909 o. J. Typ wie Nr. 35	–,–	–,–
37	3 Mace (S) 1909 o. J. Vs. wie Nr. 35. Rs. wie Nr. 14	–,–	–,–
38	4 Mace (S) 1909 o. J. Vs. wie Nr. 35. Rs. wie Nr. 15, jedoch die Wertangabe durch ein anderes chinesisches Schriftzeichen	–,–	–,–
39	5 Mace (S) 1909 o. J. Vs. wie Nr. 35. Rs. wie Nr. 16, jedoch die Wertangabe durch ein anderes chinesisches Schriftzeichen	–,–	–,–
40	6 Mace (S) 1909 o. J. Vs. wie Nr. 35. Rs. wie Nr. 17	–,–	–,–
41	7 Mace (S) 1909 o. J. Vs. wie Nr. 35. Rs. wie Nr. 18	–,–	–,–
42	8 Mace (S) 1909 o. J. Vs. wie Nr. 35. Rs. wie Nr. 19	–,–	–,–
43	9 Mace (S) 1909 o. J. Vs. wie Nr. 35. Rs. wie Nr. 20	–,–	–,–
44	1 Tael (S) 1909 o. J. Vs. wie Nr. 35. Rs. wie Nr. 21	250,–	300,–

HU-PEH 湖北 (NGAU 鄂)

Nr.		SS	VZ
1 (121)	1 Käsch (K) o. J. (1896–1908). Drache nach vorn (Schwanzende nach rechts) und Umschrift HU-PEH PROVINCE ONE CASH. Rs. Regierungsepoche und Münzbezeichnung durch vier chinesische Schriftzeichen im Perlkreis. In der Umschrift Provinzbezeichnung und Wertangabe in chinesischen Schriftzeichen. Im Zentrum eine Rosette	10,–	20,–

Nr.		SS	VZ
2 (120a)	10 Käsch (K) 1896–1908 o. J. Drache nach vorn (Schwanzende nach links) und Umschrift HU-PEH PROVINCE TEN CASH. Rs. Regierungsepoche und Münzbezeichnung durch vier chinesische Schriftzeichen im Perlkreis. In der Umschrift Provinzbezeichnung und Wertangabe durch sechs chinesische Schriftzeichen sowie zwei mandschurische Schriftzeichen. Im Zentrum eine Rosette. (Mehrere Varianten.)	8,50	16,–
3 (120a9)	10 Käsch (K) 1896–1908 o. J. Typ ähnlich wie Nr. 2, jedoch auf der Rs. an Stelle der Rosette ein Quadrat in einem Kreis	5,–	8,–
4 (122)	10 Käsch (K, Me) o. J. Drache nach vorn (Schwanzende nach rechts) und Umschrift HU-PEH PROVINCE TEN CASH. Rs. wie Nr. 2	3,–	5,–
5 (120)	10 Käsch (K) o. J. Typ ähnlich wie Nr. 2, jedoch Drache im Perlkreis	11,–	25,–
6 (122a)	10 Käsch (K) o. J. Typ ähnlich wie Nr. 4, jedoch Drache im Perlkreis	*200,–*	*350,–*

		SS	VZ
7 (128)	1 Tael (S) 1904. Wertangabe in chinesischen Schriftzeichen zwischen zwei Drachen und Umschrift HU-PEH PROVINCE ONE TAEL sowie zwei mandschurische Schriftzeichen. Rs. Dynastie- und Münzbezeichnung durch vier chinesische Schriftzeichen im Perlkreis. In der Umschrift Regierungsepoche, Jahreszahl, Provinzbezeichnung und Wertangabe in chinesischen Schriftzeichen. Im Zentrum vier mandschurische Schriftzeichen	300,–	450,–
8	1 Käsch (K) 1906. Drache. Rs. Chinesische Schriftzeichen	10,–	16,–
9 (8j)	2 Käsch (K) 1906 (z.D.). Drache nach vorn (Schwanzende nach rechts). Rs. Dynastie- und Münzbezeichnung durch vier chinesische Schriftzeichen im Perlkreis. In der Umschrift Münzstätte, Jahreszahl und Wertangabe in chinesischen Schriftzeichen sowie vier mandschurische Schriftzeichen. Im Zentrum das chinesische Schriftzeichen Ngau in einer diskusförmigen Erhebung	100,–	200,–

		SS	VZ
10 (9j)	5 Käsch (K) 1906–1908 (z. D.). Drache nach vorn im Perlkreis (Schwanzende nach rechts) und Umschrift TAI-CHING-TI-KUO COPPER COIN sowie vier chinesische Schriftzeichen. Rs. wie Nr. 9	12,–	25,–

11 (10j)	10 Käsch (K) 1906–1908 (z. D.). Typ wie Nr. 10	3,–	6,–
12 (11j)	20 Käsch (K) 1906–1908 (z. D.). Typ wie Nr. 10	200,–	400,–

		SS	VZ
13 (7j)	1 Käsch (Me) 1908 (z. D.). Drache Typ wie Nr. 9, Rs. Regierungsepoche, Jahreszahl und Wertangabe in chinesischen Schriftzeichen. Im Zentrum das chinesische Schriftzeichen Ngau im Perlkreis	18,–	28,–
14	5 Käsch (K) 1909, 1911 (z. D.). Typ wie Nr. 10, jedoch in der Umschrift der Vs. an Stelle der chinesischen Schriftzeichen für Kuang Hsü, die für Hsüan Tung	10,–	15,–
15 (20j)	10 Käsch (K) 1909, 1911 (z. D.). Typ wie Nr. 14	4,–	8,–
16	20 Käsch (K) 1909, 1911 (z. D.). Typ wie Nr. 14	10,–	15,–
17 (129)	10 Cents (S) 1909 o.J. Drache nach vorn (Schwanzende nach links) und Umschrift HU-PEH PROVINCE 7,2 CANDAREENS. Rs. Regierungsepoche und Münzbezeichnung durch vier chinesische Schriftzeichen im Perlkreis. In der Umschrift Provinzbezeichnung und Wertangabe in chinesischen Schriftzeichen. Im Zentrum vier mandschurische Schriftzeichen	50,–	90,–
18 (130)	20 Cents (S) o.J. Typ wie Nr. 17, jedoch Umschrift der Vs. HU-PEH PROVINCE 1 MACE AND 4,4 CANDAREENS	380,–	600,–
19 (131)	1 Dollar (S) 1909 o.J. Typ wie Nr. 17, jedoch Umschrift der Vs. HU-PEH PROVINCE 7 MACE AND 2 CANDAREENS	65,–	100,–
20	10 Cents (S) 1911. Drache nach links (Schwanzende nach links). Im Zentrum Wertangabe in chinesischen Schriftzeichen. Rs. Dynastie- und Münzbezeichnung durch vier chinesische Schriftzeichen im Perlkreis. In der Umschrift Regierungsepoche, Jahreszahl und Provinzbezeichnung in chinesischen Schriftzeichen	15,–	20,–

KANSU 甘肅

1	1 Tael (S) 1905. Drache. Rs. Regierungsepoche und Münzbezeichnung durch vier chinesische Schriftzeichen im Perlkreis. In der Umschrift Provinzbezeichnung, Jahreszahl und Wertangabe in chinesischen Schriftzeichen	–,–	–,–

KIANG-NAN 江南 (NING 甯)

1 (141a)	5 Cents (S) 1900, 1901 (z. D.). Drache nach vorn (Schwanzende nach links) und Umschrift KIANG NAN PROVINCE 3,6 CANDAREENS. Rs. Regierungsepoche und Münzbezeichnung durch vier chinesische Schriftzeichen im Perlkreis. In der Umschrift Provinzbezeichnung, Jahreszahl und Wertangabe in chinesischen Schriftzeichen. Im Zentrum vier mandschurische Schriftzeichen	18,–	30,–
2 (142a4)	10 Cents (S) 1900, 1901, 1905 (z. D.). Typ wie Nr. 1, jedoch Umschrift der Vs. KIANG NAN PROVINCE 7,2 CANDAREENS	10,–	16,–

		SS	VZ
3 (143a4)	20 Cents (S) 1900, 1901, 1905 (z. D.). Typ wie Nr. 1, jedoch Umschrift der Vs. KIANG NAN PROVINCE 1 MACE AND 4,4 CANDAREENS	12,–	20,–
4 (144a)	50 Cents (S) 1900 (z. D.). Typ wie Nr. 1, jedoch Umschrift der Vs. KIANG NAN PROVINCE 3 MACE AND 6 CANDAREENS	400,–	620,–

5 (145a2)	1 Dollar (S) 1900, 1901 (z. D.). Typ wie Nr. 1, jedoch Umschrift der Vs. KIANG NAN PROVINCE 7 MACE AND 2 CANDAREENS	65,–	90,–
6 (142a7)	10 Cents (S) 1901–1903 (z. D.). Typ wie Nr. 2, jedoch in der Umschrift der Rs. zusätzlich die Buchstaben HAH	15,–	25,–
7 (143a7)	20 Cents (S) 1901–1903 (z. D.). Typ wie Nr. 3, jedoch in der Umschrift der Rs. zusätzlich die Buchstaben HAH	10,–	18,–
8 (145a4)	1 Dollar (S) 1901–1903 (z. D.). Typ wie Nr. 5, jedoch in der Umschrift der Rs. zusätzlich die Buchstaben HAH	60,–	85,–
9	10 Cents (S) 1904 (z. D.). Typ wie Nr. 2, jedoch in der Umschrift der Rs. zusätzlich die Buchstaben HAH und TH	8,–	12,–
10	20 Cents (S) 1904 (z. D.). Typ wie Nr. 3, jedoch in der Umschrift der Rs. zusätzlich die Buchstaben HAH und TH	20,–	32,–
11	1 Dollar (S) 1904 (z. D.). Typ wie Nr. 5, jedoch in der Umschrift der Rs. zusätzlich die Buchstaben:		
	a) HAH und TH	70,–	110,–
	b) HAH und CH	65,–	90,–

		SS	VZ
12 (142a14)	10 Cents (S) 1905 (z. D.). Typ wie Nr. 2, jedoch in der Umschrift der Rs. zusätzlich die Buchstaben SY	8,50	12,–
13 (143a13)	20 Cents (S) 1905 (z. D.). Typ wie Nr. 3, jedoch in der Umschrift der Rs. zusätzlich die Buchstaben SY	30,–	42,–
14 (145a15)	1 Dollar (S) 1905 (z. D.). Typ wie Nr. 5, jedoch in der Umschrift der Rs. zusätzlich die Buchstaben SY	65,–	100,–

15 (135)	10 Käsch (K) 1902–1905 (z. D.). Drache nach rechts im Perlkreis (Schwanzende nach links) und Umschrift KIANG-NAN TEN CASH. Rs. Regierungsepoche und Münzbezeichnung durch vier chinesische Schriftzeichen im Perlkreis. In der Umschrift Provinzbezeichnung, Jahreszahl und Wertangabe durch dreizehn chinesische Schriftzeichen. Im Zentrum zwei mandschurische Schriftzeichen	3,–	5,–

		SS	VZ
15a (140.4)	10 Käsch (K) 1905 (z. D.). Vs. wie Nr. 15. Rs. wie Nr. 18	–,–	–,–
15b (162.14)	10 Käsch (K) 1902, 1903 (z. D.). Vs. wie Nr. 15. Rs. wie Kiang-Soo Nr. 5	–,–	–,–
16 (135)	10 Käsch (K) o. J. Typ wie Nr. 15, jedoch in der Umschrift der Rs. durch Wegfall der Jahreszahl nur elf chinesische Schriftzeichen	65,–	90,–
16a (162.13)	10 Käsch (K) o. J. Vs. wie Nr. 16. Rs. wie Kiang-Soo Nr. 5	–,–	–,–
17	10 Käsch (K) 1905 (z. D.). Vs. wie Nr. 15. Rs. Regierungsepoche und Münzbezeichnung durch vier chinesische Schriftzeichen im Perlkreis. In der Umschrift Provinzbezeichnung. Jahreszahl und Wertangabe durch zehn chinesische Schriftzeichen. Im Zentrum eine Rosette	–,–	–,–

18 (138)	10 Käsch (K) 1902–1905 (z. D.). Drache nach vorn (Schwanzende nach rechts) und Umschrift KIANG-NAN TEN CASH sowie rechts und links je ein mandschurisches Schriftzeichen. Rs. wie Nr. 17	5,–	10,–
18a (140.0)	10 Käsch (K) 1906 (z. D.). Vs. wie Nr. 18. Rs. wie Nr. 24	–,–	–,–

			SS	VZ
18b (140.1)	10	Käsch (K) 1906 (z. D.). Vs. wie Nr. 18. Rs. wie Nr. 24a	–,–	–,–
18c	10	Käsch (K) 1907 (z. D.). Vs. wie Nr. 18. Rs. Dynastie- und Münzbezeichnung durch vier chinesische Schriftzeichen im Perlkreis. In der Umschrift Jahreszahl und Wertangabe in chinesischen Schriftzeichen sowie vier mandschurische Schriftzeichen	–,–	–,–
19	10	Käsch (K) 1906 (z. D.). Vs. wie Nr. 18. Rs. wie Nr. 15	6,–	8,–
20 (140.2)	10	Käsch (K) 1905 (z. D.). Drache in geänderter Zeichnung nach vorn im Perlkreis (Schwanzende nach rechts) und Umschrift TAI-CHING-TI-KUO COPPER COIN sowie vier chinesische Schriftzeichen Rs. wie Nr. 17	–,–	–,–
21	20	Käsch (K) 1902–1905 (z. D.). Typ wie Nr. 18	140,–	180,–
22 (7k)	1	Käsch (K) 1908 (z. D.). Drache nach vorn (Schwanzende nach rechts). Rs. Regierungsepoche. Jahreszahl und Wertangabe in chinesischen Schriftzeichen. Im Zentrum das chinesische Schriftzeichen Ning im Perlkreis	14,–	20,–
22a (8k)	2	Käsch (K) 1906 (z. D.). Vs. wie Nr. 22. Rs. Dynastie- und Münzbezeichnung durch vier chinesische Schriftzeichen im Perlkreis. In der Umschrift Münzstätte, Jahreszahl und Wertangabe in chinesischen sowie vier mandschurischen Schriftzeichen. Im Zentrum das chinesische Schriftzeichen Ning	–,–	–,–
23 (9k1)	5	Käsch (K, Me) 1906–1908 (z. D.). Drache nach vorn im Perlkreis (Schwanzende nach rechts) und Umschrift TAI-CHING-TI-KUO COPPER COIN sowie vier chinesische Schriftzeichen. Rs. Dynastie- und Münzbezeichnung durch vier chinesische Schriftzeichen im Perlkreis. In der Umschrift Münzstätte, Jahreszahl und Wertangabe in chinesischen Schriftzeichen sowie vier mandschurische Schriftzeichen. Im Zentrum das chinesische Schriftzeichen Ning in einer diskusförmigen Erhebung	150,–	220,–
23a (9k2)	5	Käsch (K) 1906 (z. D.). Typ wie Nr. 23, jedoch auf der Rs. das Schriftzeichen Ning ohne diskusförmige Erhebung	–,–	–,–
24 (10k)	10	Käsch (K, Me) 1906–1908 (z. D.). Typ wie Nr. 23	3,–	5,–
24a (10k2)	10	Käsch (K) 1906 (z. D.). Typ wie Nr. 24, jedoch auf der Rs. das Schriftzeichen Ning ohne diskusförmige Erhebung	–,–	–,–
24b	10	Käsch (K) 1905 (z. D.). Vs. wie Nr. 24. Rs. wie Nr. 17	–,–	–,–
25	10	Käsch (K) 1909 (z. D.). Typ wie Nr. 24, jedoch in der Umschrift der Vs. an Stelle der chinesischen Schriftzeichen für Kuang Hsü die für Hsüan Tung	6,–	8,–
26	20	Käsch (K) 1909 (z. D.). Typ wie Nr. 25	–,–	–,–
27 (146)	10	Cents (S) 1909 o. J. Drache nach vorn (Schwanzende nach links) und Umschrift KIANG NAN PROVINCE 7,2 CANDAREENS. Rs. Regierungsepoche und Münzbezeichnung durch vier chinesische Schriftzeichen im Perlkreis. In der Umschrift Provinzbezeichnung und Wertangabe in chinesischen Schriftzeichen. Im Zentrum vier mandschurische Schriftzeichen	25,–	50,–
28 (147)	20	Cents (S) 1909 o. J. Typ wie Nr. 27, jedoch Umschrift der Vs. KIANG NAN PROVINCE 1 MACE 4,4 CANDAREENS	50,–	90,–

KIANG-SEE (KIANG-SI) 江西 (KUNG 贛)

			SS	VZ
1 (150.2)	10	Käsch (K, Me) o. J. (1896–1908) . Drache nach vorn (Schwanzende nach links) und Umschrift KIANG-SI 10 CASH sowie rechts und links je zwei Sterne. Rs. Regierungsepoche und Münzbezeichnung durch vier chinesische Schriftzeichen im Perlkreis. In der Umschrift Provinzbezeichnung und Wertangabe durch sechs chinesische Schriftzeichen sowie links Pao und rechts Chang in mandschurischen Schriftzeichen. Im Zentrum eine Rosette.	10,–	15,–
2 (149)	10	Käsch (K) o. J. Typ ähnlich wie Nr. 1, jedoch auf der Vs. die Umschrift KIANG-SEE 10 CASH sowie rechts und links nur je ein Stern	30,–	50,–
3 (149.2)	10	Käsch (K) o. J. Typ wie Nr. 1, jedoch auf der Vs. Drache im Perlkreis und Umschrift KIANG-SEE 10 CASH sowie auf der Rs. rechts Yuwan statt Chang in mandschurischen Schriftzeichen	–,–	–,–
4 (152.3)	10	Käsch (K) o. J. Drache nach vorn (Schwanzende nach rechts) und Umschrift KIANG-SI 10 CASH. Rs. wie Nr. 1	25,–	40,–
5 (152.5)	10	Käsch (K) o. J. Vs. wie Nr. 4. Rs. Regierungsepoche und Münzbezeichnung durch vier chinesische Schriftzeichen im Perlkreis. In der Umschrift Provinzbezeichnung und Wertangabe durch acht chinesische Schriftzeichen. Im Zentrum links Pao und rechts Chang in mandschurischen Schriftzeichen	20,–	30,–
6 (150.1)	10	Käsch (K) o. J. Vs. wie Nr. 1. Rs. wie Nr. 5	6,50	10,–
7 (153)	10	Käsch (K) o. J. (1896–1908). Drache in geänderter Zeichnung nach vorn (Schwanzende nach rechts) und Umschrift KIANG-SEE PROVINCE TEN CASH. Rs. wie Nr. 3	7,–	15,–
8 (153.1)	10	Käsch (K) o. J. Vs. wie Nr. 7. Rs. wie Nr. 5	3,–	5,–
9	10	Käsch (K) o. J. Vs. wie Nr. 7, jedoch Umschrift KIANG-SI 10 CASH. Rs. wie Nr. 5	–,–	–,–
10 (152)	10	Käsch (K) o. J. Typ wie Nr. 7, jedoch Umschrift der Vs. KIANG-SI 10 CASH	12,–	18,–

		SS	VZ
11	20 Käsch (K) o. J. Typ wie Nr. 7	**140,–**	**180,–**
12 (10 m)	10 Käsch (K, Me) 1906 (z. D.). Drache nach vorn im Perlkreis (Schwanzende nach rechts) und Umschrift TAI-CHING-TI-KUO COPPER COIN sowie vier chinesische Schriftzeichen. Rs. Dynastie- und Münzbezeichnung durch vier chinesische Schriftzeichen im Perlkreis. In der Umschrift Münzstätte, Jahreszahl und Wertangabe in chinesischen Schriftzeichen sowie vier mandschurische Schriftzeichen. Im Zentrum das chinesische Schriftzeichen Kung in einer diskusförmigen Erhebung	**18,–**	**30,–**
13 (154)	10 Käsch (K) o. J. Drache nach rechts im Perlkreis (Schwanzende nach links) und Umschrift KIANG-SI 10 CASH. Rs. Typ wie Nr. 1	**120,–**	**200,–**
14	10 Käsch (K) 1911, Ta Han Tung Pi in chinesischen Schriftzeichen im Perlkreis. In der Umschrift Provinzbezeichnung, Jahreszahl und Wertangabe durch elf chinesische Schriftzeichen. Im Zentrum ein chinesisches Schriftzeichen in einer diskusförmigen Erhebung. Rs. Zwei Kreise zu je neun Punkten. Im Zentrum ein weiterer Punkt. Ohne Inschrift	**–,–**	**–,–**

KIANG-SOO 江蘇 (SOO 蘇)

		SS	VZ
1	2 Käsch (Me) o.J. Drache nach rechts im Perlkreis (Schwanzende nach links) und Umschrift KIANG-SOO TWO CASH. Rs. Regierungsepoche und Münzbezeichnung durch vier chinesische Schriftzeichen im Perlkreis. Im Zentrum eine Rosette. Im der Umschrift Provinzbezeichnung und Wertangabe durch zehn chinesische Schriftzeichen sowie zwei mandschurische Schriftzeichen	**360,–**	**460,–**
2 (158)	5 Käsch (K) o.J. Drache nach vorn (Schwanzende nach links) und Umschrift KIANG-SOO FIVE CASH. Rs. Regierungsepoche und Münzbezeichnung durch vier chinesische Schriftzeichen im Perlkreis. Im Zentrum zwei mandschurische Schriftzeichen. In der Umschrift Provinzbezeichnung und Wertangabe in chinesischen Schriftzeichen	**125,–**	**200,–**
3	5 Käsch (K, Me) o.J. Drache nach rechts im Perlkreis (Schwanzende nach links) und Umschrift KIANG-SOO FIVE CASH. Rs. wie Nr. 1	**–,–**	**–,–**
4 (160)	10 Käsch (K) o.J. Drache nach vorn im Perlkreis (Schwanzende nach rechts) und Umschrift KIANG-SOO TEN CASH. Rs. Regierungsepoche und Münzbezeichnung durch vier chinesische Schriftzeichen im Perlkreis. Im Zentrum eine Rosette. In der Umschrift Provinzbezeichnung und Wertangabe durch sechs chinesische Schriftzeichen sowie zwei mandschurische Zeichen	**6,–**	**10,–**

		SS	VZ
5 (162.4)	10 Käsch (K) o.J. Drache nach rechts im Perlkreis (Schwanzende nach links) und Umschrift KIANG-SOO TEN CASH. Rs. Regierungsepoche und Münzbezeichnung durch vier chinesische Schriftzeichen im Perlkreis. In der Umschrift Provinzbezeichnung und Wertangabe durch elf chinesische Schriftzeichen sowie zwei mandschurische Schriftzeichen. Im Zentrum eine Rosette	**2,–**	**3,–**
5a (140.3)	10 Käsch (K) o. J. Vs. wie Nr. 5. Rs. Wie Kiang-Nan Nr. 15	**–,–**	**–,–**
6 (162)	10 Käsch (K) o. J. Typ wie Nr. 5, jedoch auf Rs. die beiden mandschurischen Schriftzeichen im Zentrum an Stelle der Rosette	**4,50**	**6,50**
7	10 Käsch (K) o. J. Typ wie Nr. 5, jedoch das Zentrum der Rs. plan	**–,–**	**–,–**
8	10 Käsch (K) o. J. Typ wie Nr. 6, jedoch die Umschrift der Rs. oben und unten statt von rechts nach links von links nach rechts zu lesen	**–,–**	**–,–**
9 (162.8)	10 Käsch (K) 1902, 1903 (z. D.). Typ wie Nr. 6, jedoch in der Umschrift der Rs. durch die Angabe der Jahreszahl dreizehn chinesische Schriftzeichen	**7,–**	**10,–**
10 (162.10)	10 Käsch (K) 1905 (z. D.). Typ wie Nr. 5, jedoch in der Umschrift der Rs. durch die Angabe der Jahreszahl dreizehn chinesische Schriftzeichen	**3,–**	**5,–**
10a (162.12)	10 Käsch (K) 1905 (z. D.). Typ wie Nr. 10, jedoch Provinzbezeichnung in der Umschrift der Vs. KIANG-COO. Selten!	**–,–**	**–,–**
11 (163)	20 Käsch (K, Me) o. J. Typ wie Nr. 5	**50,–**	**100,–**
12	2 Käsch (Me) 1906 (z. D.). Drache nach vorn (Schwanzende nach rechts). Rs. Dynastie- und Münzbezeichnung durch vier chinesische Schriftzeichen im Perlkreis. In der Umschrift Münzstätte, Jahreszahl und Wertangabe in chinesischen Schriftzeichen sowie vier mandschurische Schriftzeichen. Im Zentrum das chinesische Schriftzeichen Soo in einer diskusförmigen Erhebung	**165,–**	**250,–**
13 (9n)	5 Käsch (Me) 1906 (z. D.). Drache wie bei Nr. 12 im Perlkreis und Umschrift TAI-CHING-TI-KUO COPPER COIN sowie vier chinesische Schriftzeichen. Rs. wie Nr. 12	**160,–**	**300,–**
14 (10n)	10 Käsch (K) 1906 (z. D.). Typ wie Nr. 13	**10,–**	**16,–**
14a (10n2)	10 Käsch (K) 1906 (z. D.). Typ wie Nr. 14, jedoch auf der Rs. das chinesische Schriftzeichen Soo ohne diskusförmige Erhebung	**25,–**	**45,–**
15 (11n1)	20 Käsch (K, Me) 1906 (z. D.). Typ wie Nr. 13	**80,–**	**140,–**

KIRIN 吉林 (KI 吉)

1 (175)	2 Käsch (K) o. J. Regierungsepoche und Münzbezeichnung durch vier chinesische Schriftzeichen. Im Zentrum zwei mandschurische Schriftzeichen. Rs. Wertangabe durch vier chinesische Schriftzeichen. Im Zentrum das chinesische Schriftzeichen Ki im Kreis	**250,–**	**400,–**
1a (174)	10 Käsch (K) o. J. Regierungsepoche und Münzbezeichnung durch vier chinesische Schriftzeichen. Rs. Provinzbezeichnung und Wertangabe durch neun chinesische Schriftzeichen. Im Zentrum der Vs. und Rs. das mandschurische Schriftzeichen Ki in einer quadratischen Umrandung	**350,–**	**650,–**

			SS	VZ
2 (177)	10	Käsch (K) o. J. Drache nach rechts im Perlkreis (Schwanzende nach links) und Umschrift KIRIN 10 CASHES. Rs. Regierungsepoche und Münzbezeichnung durch vier chinesische Schriftzeichen im Perlkreis. In der Umschrift Provinzbezeichnung und Wertangabe durch elf chinesische Schriftzeichen. Im Zentrum zwei mandschurische Schriftzeichen. Varianten	15,–	25,–
2a (177.7)	10	Käsch (K) o. J. Wie Nr. 2, jedoch in der Umschrift der Vs. die Wertangabe 10 CASHIS	200,–	380,–
3 (176)	10	Käsch (K) o. J. Drache nach vorn (Schwanzende nach links) und Umschrift KIRIN 10 CASHES. Rs. Regierungsepoche und Münzbezeichnung durch vier chinesische Schriftzeichen im Perlkreis. In der Umschrift Provinzbezeichnung und Wertangabe durch sechs chinesische Schriftzeichen sowie zwei mandschurische Schriftzeichen. Im Zentrum eine Rosette	90,–	170,–

4 (178)	20	Käsch (K) o. J. Typ wie Nr. 2. Varianten	130,–	200,–
5 (A 176.1)	20	Käsch (K) o. J. Typ wie Nr. 3	150,–	240,–
5a (A 176)	20	Käsch (K) o. J. Drache nach vorn (Schwanzende nach links) und Umschrift KIRIN 20 CASHES. Rs. wie Nr. 2, jedoch durch die geänderte Wertangabe in der Umschrift zwölf chinesische Schriftzeichen	300,–	500,–
6 (B 176)	50	Käsch (Me) 1901 (z. D.). Drache nach vorn (Schwanzende nach links) und Umschrift KIRIN 50 CASHES. Links und rechts je ein mandschurisches Schriftzeichen. Rs. Regierungsepoche und Münzbezeichnung durch vier chinesische Schriftzeichen im Perlkreis. In der Umschrift Provinzbezeichnung, Jahreszahl und Wertangabe in chinesischen Schriftzeichen. Im Zentrum Blattbündel	–,–	–,–
7 (179.1)	5	Cents (S) 1900, 1906–1908 (z. D.). Drache nach vorn (Schwanzende nach links) und Umschrift KIRIN-PROVINCE 36 CANDAREENS. Links und rechts je ein mandschurisches Schriftzeichen. Rs. Regierungsepoche und Münzbezeichnung durch vier chinesische Schriftzeichen im Perlkreis. In der Umschrift Provinzbezeichnung. Jahreszahl und Wertangabe in chinesischen Schriftzeichen. Im Zentrum Blattbündel. Varianten	18,–	28,–
8 (180.1)	10	Cents (S) 1900, 1906–1908 (z. D.). Wie Nr. 7, jedoch Wertangabe in der Umschrift der Vs. CANDARINS. 72. Varianten	18,–	28,–
9 (181)	20	Cents (S) 1900, 1906–1908 (z. D.). Wie Nr. 7, jedoch Wertangabe in der Umschrift der Vs. 1 MACE AND 44 CANDAREENS. Varianten	22,–	36,–

			SS	VZ
10 (182.2)	50	Cents (S) 1900, 1906–1908 (z. D.). Wie Nr. 7, jedoch Wertangabe in der Umschrift der Vs. 3. CANDARINS. 6. Varianten	50,–	80,–
11 (183)	1	Dollar (S) 1900, 1906–1908 (z. D.). Wie Nr. 7, jedoch Wertangabe in der Umschrift der Vs. 7. CANDARINS. 2. Varianten	125,–	200,–
12 (179a)	5	Cents (S) o. J. (1900–1905). Typ wie Nr. 7, jedoch im Zentrum der Rs. an Stelle des Blattbündels das Yin-Yang-Symbol. Varianten	26,–	40,–
13 (180a)	10	Cents (S) o. J. (1900–1905). Typ wie Nr. 8, jedoch im Zentrum der Rs. an Stelle des Blattbündels das Yin-Yang-Symbol. Varianten	26,–	40,–
14 (181a)	20	Cents (S) o. J. (1900–1905). Typ wie Nr. 9, jedoch im Zentrum der Rs. an Stelle des Blattbündels das Yin-Yang-Symbol. Varianten	28,–	45,–

15 (182a)	50	Cents (S) o. J. (1900–1905). Typ wie Nr. 10, jedoch im Zentrum der Rs. an Stelle des Blattbündels das Yin-Yang-Symbol. Varianten	50,–	70,–
16 (183a)	1	Dollar (S) o. J. (1900–1905). Typ wie Nr. 11, jedoch im Zentrum der Rs. an Stelle des Blattbündels das Yin-Yang-Symbol	130,–	200,–
17 (181b)	20	Cents (S) 1908, o. J. Drache in geänderter Zeichnung nach vorn (Schwanzende nach links) und Umschrift KIRIN PROVINCE I MACE AND 44 CANDAREENS. Rs. Regierungsepoche und Münzbezeichnung durch vier chinesische Schriftzeichen im Perlkreis. In der Umschrift Provinzbezeichnung. Jahreszahl und Wertangabe in chinesischen Schriftzeichen. Im Zentrum zwei mandurische Schriftzeichen	140,–	200,–
18 (182b)	50	Cents (S) 1908 o. J. Typ wie Nr. 17, jedoch Wertangabe in der Umschrift der Vs. 3. CANDARINS. 6	180,–	270,–
19 (183b)	1	Dollar (S) 1908 o. J. Typ wie Nr. 17, jedoch Wertangabe in der Umschrift der Vs. 7. CANDARINS. 2	400,–	550,–

			SS	VZ
20 (180c)	10	Cents (S) 1908 o. J. Drache nach vorn (Schwanzende nach links) und Umschrift KIRIN-PROVINCE CANDARINS 72. Rs. Regierungsepoche und Münzbezeichnung durch vier chinesische Schriftzeichen im Perlkreis. In der Umschrift Provinzbezeichnung, Jahreszahl und Wertangabe in chinesischen Schriftzeichen. Im Zentrum die Ziffer 1	100,–	160,–
21 (181c)	20	Cents (S) 1908 o. J. Typ wie Nr. 20, jedoch Wertangabe in der Umschrift der Vs. I MACE AND 44 CANDAREENS und im Zentrum der Rs. die Ziffer 2	90,–	140,–
22 (183c)	1	Dollar (S) 1908. o. J. Typ wie Nr. 20, jedoch Wertangabe in der Umschrift der Vs. 7. CAINDARINS. 2 und im Zentrum der Rs. die Ziffer 11	600,–	720,–
23	1	Tael (S) 1908 o. J. Drache nach vorn (Schwanzende nach links) und Umschrift KWANG-SHU KUOPING ONE TAEL. Rs. Dynastie- und Münzbezeichnung durch vier chinesische Schriftzeichen im Perlkreis. In der Umschrift Jahreszahl und Wertangabe in chinesischen Schriftzeichen sowie vier mandschurische Schriftzeichen. Im Zentrum das chinesische Schriftzeichen Ki	–,–	–,–
24 (22)	20	Cents (S) 1909 o. J. Drache nach vorn im Perlkreis (Schwanzende nach links) und Umschrift TAI-CHING-TI-KUO SILVER COIN sowie vier chinesische Schriftzeichen. Rs. Regierungsepoche und Münzbezeichnung durch vier chinesische Schriftzeichen im Perlkreis. In der Umschrift Münzstätte und Wertangabe in chinesischen Schriftzeichen sowie zwei mandschurische Schriftzeichen. Im Zentrum das chinesische Schriftzeichen Ki	85,–	120,–
25 (20p)	10	Käsch (K) 1909 (z. D.). Drache nach vorn im Perlkreis (Schwanzende nach links) und Umschrift TAI-CHING-TI-KUO COPPER COIN sowie vier chinesische Schriftzeichen. Rs. Dynastie- und Münzbezeichnung durch vier chinesische Schriftzeichen im Perlkreis. In der Umschrift Jahreszahl und Wertangabe in chinesischen Schriftzeichen sowie vier mandschurische Schriftzeichen. Im Zentrum das chinesische Schriftzeichen Ki in einer diskusförmigen Erhebung	40,–	75,–
26 (21p)	20	Käsch (K) 1909 (z. D.). Typ wie Nr. 25	170,–	280,–

KWANG-SI 廣西 (KWEI 桂)

			SS	VZ
1	10	Käsch (K) 1905 o. J. Drache nach rechts im Perlkreis (Schwanzende nach links) und Umschrift KWANG-HSI TEN CASH. Rs. Regierungsepoche und Münzbezeichnung durch vier chinesische Schriftzeichen im Perlkreis. In der Umschrift Provinzbezeichnung und Wertangabe durch elf chinesische Schriftzeichen. Im Zentrum zwei mandschurische Schriftzeichen. Unikat?	–,–	–,–
2	10	Käsch (K) 1906 (z. D.). Drache im Perlkreis und Umschrift TAI-CHING-TI-KUO COPPER COIN sowie vier chinesische Schriftzeichen. Rs. chinesische und mandschurische Schriftzeichen. Im Zentrum das chinesische Schriftzeichen Kwei. Unikat?	–,–	–,–

KWANG-TUNG 廣東 (YUEH 粵)

			SS	VZ
1(193)	10	Käsch (K) o. J. Drache nach rechts im Perlkreis (Schwanzende nach links) und Umschrift KWANG-TUNG TEN CASH. Rs. Regierungsepoche und Münzbezeichnung durch vier chinesische Schriftzeichen im Perlkreis. In der Umschrift Provinzbezeichnung und Wertangabe durch elf chinesische Schriftzeichen. Im Zentrum zwei mandschurische Schriftzeichen	3,–	5,–
2	10	Käsch (K) o. J. Typ wie Nr. 1, jedoch in der Umschrift der Rs. nur zehn chinesische Schriftzeichen	–,–	–,–
2a	5	Käsch (K) o. J. Typ wie Nr. 3, jedoch geänderte Wertangabe	–,–	–,–

			SS	VZ
3 (192)	10	Käsch (K) o. J. Typ wie Nr. 2, jedoch in der Umschrift der Vs. KWANG-TUNG ONE CENT	7,–	10,–
4	10	Käsch (K) o. J. Vs. Typ wie Nr. 3, Rs. Typ wie Nr. 1	–,–	–,–
5	1	Tael (S) 1904 o. J. Chinesisches Schriftzeichen im Perlkreis. Umrandung durch zwei Drachen. Rs. Regierungsepoche und Münzbezeichnung durch vier chinesische Schriftzeichen im Perlkreis. In der Umschrift Provinzbezeichnung und Wertangabe in chinesischen Schriftzeichen. Im Zentrum vier mandschurische Schriftzeichen. Versuchsprägung!	–,–	–,–
6 (10r)	10	Käsch (K) 1906–1908 (z. D.). Drache nach vorn im Perlkreis (Schwanzende nach rechts) und Umschrift TAI-CHING-TI-KUO COPPER COIN sowie vier chinesische Schriftzeichen. Rs. Dynastie- und Münzbezeichnung durch vier chinesische Schriftzeichen im Perlkreis. In der Umschrift Münzstätte, Jahreszahl und Wertangabe in chinesischen Schriftzeichen sowie vier mandschurische Schriftzeichen. Im Zentrum das chinesische Schriftzeichen Yueh in einer diskusförmigen Erhebung	3,–	5,–
7 (20r)	10	Käsch (K) 1909 (z. D.). Typ wie Nr. 6, jedoch in der Umschrift der Vs. an Stelle der chinesischen Schriftzeichen für Kuang Hsü die für Hsüan Tung	4,–	6,–
8 (204)	1	Käsch (Me) o. J. (1909–1911). Regierungsepoche und Münzbezeichnung durch vier chinesische Schriftzeichen. Rs. links und rechts je ein mandschurisches Schriftzeichen. Im Zentrum rundes Loch in quadratischer Umrandung	2,–	3,–

			SS	VZ
9	1	Käsch (Me) o.J. (1909–1911). Typ wie Nr. 8, jedoch mit quadratischem Loch und gegossen	–,–	–,–
10 (205)	20	Cents (S) o.J. (1909). Drache nach vorn (Schwanzende nach links) und Umschrift KWANG-TUNG PROVINCE 1 MACE AND 4,4 CANDAREENS. Rs. Regierungsepoche und Münzbezeichnung durch vier chinesische Schriftzeichen im Perlkreis. In der Umschrift Provinzbezeichnung und Wertangabe in chinesischen Schriftzeichen. Im Zentrum vier mandschurische Schriftzeichen	18,–	26,–
11 (206)	1	Dollar (S) o.J. (1909). Typ wie Nr. 10, jedoch Wertangabe in der Umschrift der Vs. 7 MACE AND 2 CANDAREENS	60,–	85,–

MANDSCHUREI 東三省

1 (209)	10	Cents (S) 1907. Drache nach vorn (Schwanzende nach links) und Umschrift 33rd YEAR OF KUANG HSÜ MANCHURIAN PROVINCES. Rs. Regierungsepoche und Münzbezeichnung durch vier chinesische Schriftzeichen im Perlkreis. In der Umschrift Provinzbezeichnung und Wertangabe in chinesischen Schriftzeichen. Im Zentrum vier mandschurische Schriftzeichen	30,–	50,–
2 (210)	20	Cents (S) 1907. Typ wie Nr. 1	18,–	30,–
3 (211)	50	Cents (S) 1907. Typ wie Nr. 1	280,–	450,–
4 (212)	1	Dollar (S) 1907. Typ wie Nr. 1	300,–	500,–

5 (213a)	20	Cents (S) o.J. (1909). Drache in geänderter Zeichnung nach vorn (Schwanzende nach links) und Umschrift MANCHURIAN PROVINCES 1 MACE AND 4,4 CANDAREENS. Rs. wie Nr. 1, jedoch jetzt mit der Regierungsepoche Hsüan Tung	12,–	20,–

			SS	VZ
6 (213)	20	Cents (S) 1909. Typ wie Nr. 5, jedoch Umschrift der Vs. FIRST YEAR OF HSUEN TUNG MANCHURIAN PROVINCES	12,–	20,–
7 (213.2)	20	Cents (S) 1909. Typ wie Nr. 5, jedoch Umschrift der Vs. 1st YEAR OF HSUEN TUNG MANCHURIAN PROVINCES	12,–	20,–
8 (213a1)	20	Cents (S) o.J. (1910). Typ wie Nr. 5, jedoch im Zentrum der Rs. an Stelle der vier mandschurischen Schriftzeichen eine fünfblättrige Rosette	10,–	18,–
9 (213a4)	20	Cents (S) o.J. (1910). Typ wie Nr. 5, jedoch das Zentrum der Rs. plan	15,–	22,–
10 (213a5)	20	Cents (S) o.J. (1910). Typ wie Nr. 9, jedoch in der Umschrift der Vs. PROVIENCES statt PROVINCES	16,–	24,–

SHAN-SI 山西 (SHAN 山)

1 (217)	20	Cents o.J. (1911). Drache nach vorn (Schwanzende nach links) und Umschrift NIACEURAN PROVINCES 1 MACE AND 4,4 CINDARRNS (fehlerhafte Beschriftung). Rs. Regierungsepoche und Münzbezeichnung durch vier chinesische Schriftzeichen im Perlkreis. In der Umschrift Provinzbezeichnung und Wertangabe in chinesischen Schriftzeichen. Varianten durch weitere Fehler in der Umschrift der Vs.	*100,–*	*200,–*

SHAN-TUNG (SHANG-TUNG) 山東 (TUNG 東)

1 (221a)	10	Käsch (K, Me) o.J. Drache nach rechts im Perlkreis (Schwanzende nach links) und Umschrift SHANG-TUNG TEN CASH. Rs. Regierungsepoche und Münzbezeichnung durch vier chinesische Schriftzeichen im Perlkreis. In der Umschrift Provinzbezeichnung und Wertangabe durch elf chinesische Schriftzeichen. Im Zentrum zwei mandschurische Schriftzeichen	7,–	12,–
2 (221)	10	Käsch (K) o.J. Typ wie Nr. 1, jedoch Provinzbezeichnung in der Umschrift der Vs. SHANTUNG	12,–	20,–
3 (220)	10	Käsch (K) o.J. Drache nach vorn im Perlkreis (Schwanzende nach links) und Umschrift SHANTUNG TEN CASH. Rs. Regierungsepoche und Münzbezeichnung durch vier chinesische Schriftzeichen im Perlkreis. In der Umschrift Provinzbezeichnung und Wertangabe durch sieben chinesische Schriftzeichen sowie vier mandschurische Schriftzeichen	25,–	40,–
4	10	Käsch (K) o.J. Vs. wie Nr. 3. Rs. wie Nr. 1. Unikat?	–,–	–,–
5 (221.3)	10	Käsch (K) o.J. Vs. wie Nr. 2. Rs. wie Nr. 3	–,–	–,–
6 (8s)	2	Käsch (K) 1906 (z. D). Drache nach vorn (Schwanzende nach rechts). Rs. Dynastie- und Münzbezeichnung durch vier chinesische Schriftzeichen im Perlkreis. In der Umschrift Münzstätte, Jahreszahl und Wertangabe in chinesischen Schriftzeichen sowie vier mandschurische Schriftzeichen. Im Zentrum das chinesische Schriftzeichen Tung in einer diskusförmigen Erhebung	65,–	100,–
7 (10s)	10	Käsch (K, Me) 1906 (z. D.). Drache Typ wie Nr. 6 im Perlkreis und Umschrift TAI-CHING-TI-KUO COPPER COIN sowie vier chinesische Schriftzeichen. Rs. wie Nr. 6	20,–	30,–

SIN-KIANG (CHINESISCH TURKESTAN) 新疆
(SIN 新)

10 Miskals (Mace) = 1 Tael

Allgemeine Ausgaben für Sin-Kiang

SS VZ

1 (1) 1½ Cent (K) o.J. Drache nach vorn (Schwanzende nach rechts). Rs. Regierungsepoche und Münzbezeichnung durch vier chinesische Schriftzeichen im Perlkreis. In der Umschrift Provinzbezeichnung und Wertangabe durch acht chinesische Schriftzeichen. Im Zentrum eine und in der Umschrift zwei fünfblättrige Rosetten *85,– 150,–*

2 (3) 1 Mace (S) o.J. (1905). Drache nach vorn (Schwanzende nach links). Rs. Münzbezeichnung und Wertangabe durch vier chinesische Schriftzeichen im Perlkreis. Vier arabische Schriftzeichen als Umschrift **500,– 580,–**

3 (3.2) 1 Mace (S) o.J. (1905). Drache Typ wie Nr. 2 und vier arabische Schriftzeichen als Umschrift. Rs. wie Nr. 2, jedoch keine Umschrift **500,– 580,–**

4 (3.3) 1 Mace (S) o.J. (1905). Typ wie Nr. 3, jedoch auch in der Vs. keine Umschrift **70,– 110,–**

5 (4.2) 2 Mace (S) o.J. (1905). Typ wie Nr. 3 **–,– –,–**

6 (4.0) 2 Mace (S) o.J. (1905). Typ wie Nr. 2 **130,– 175,–**

7 (4.1) 2 Mace (S) o.J. (1905). Typ wie Nr. 6, jedoch in der Umschrift der Rs. die arabischen Schriftzeichen nur in der unteren Hälfte **65,– 100,–**

8 (5) 4 Mace (S) o.J. (1905). Typ wie Nr. 6 **300,– 500,–**

9 (6) 5 Mace (S) o.J. (1905). Typ wie Nr. 6 **85,– 120,–**

9a (6.11) 5 Mace (S) o. J. Typ ähnlich wie Nr. 9, jedoch über dem Drachen eine stilisierte Fledermaus und auf der Rs. die arabische Inschrift nach rechts gedreht **–,– –,–**

10 (6.1) 5 Mace (S) o.J. (1905). Typ wie Nr. 9, jedoch Drache im Perlkreis **65,– 110,–**

11 (6.5) 5 Mace (S) o.J. (1905). Typ wie Nr. 10, jedoch im Zentrum der Rs. zusätzlich eine Rosette **70,– 120,–**

11a (6.8) 5 Mace (S) o.J. Typ wie Nr. 10, jedoch die arabische Umschrift auf der Vs. **–,– –,–**

12 (7) 1 Tael (S) o.J. (1905). Typ wie Nr. 4 **160,– 260,–**

13 (7.3) 1 Tael (S) o.J. (1905). Typ wie Nr. 12, jedoch als Umschrift der Rs. vier arabische Schriftzeichen und im Zentrum der Rs. eine Rosette **220,– 360,–**

14 (7.2) 1 Tael (S) o.J. (1905). Typ wie Nr. 3 **500,– 650,–**

15 (7.1) 1 Tael (S) o.J. (1905). Typ wie Nr. 4, jedoch Drache im Perlkreis **280,– 450,–**

16 1 Mace (S) o.J. (1907). Drache Rs. oben und unten je ein chinesisches sowie rechts und links je ein arabisches Schriftzeichen, u. a. Wertangabe. Im Zentrum ein sechsstrahliger Stern **–,– –,–**

17 (8) 1 Mace Gold (G) o.J. (1907). Drache nach vorn (Schwanzende nach links) und Umschrift durch vier arabische Schriftzeichen. Rs. Münzbezeichnung und Wertangabe durch vier chinesische Schriftzeichen im Perlkreis. (Wertverhältnis: 1 Mace Gold = 3 Taels Silber) **1200,– 1550,–**

17a (8.1) 1 Mace Gold (G) o.J. (1907). Typ wie Nr. 17, jedoch die Vs. ohne arabische Schriftzeichen **–,– –,–**

18 (9) 2 Mace Gold (G) o.J. (1907). Typ wie Nr. 17 **900,– 1150,–**

19 (2.3) 10 Käsch (K) 1910, 1911 (z. D.). Drache nach vorn (Schwanzende nach links) und Umschrift oben in chinesischen Schriftzeichen (Jahreszahl) und unten in arabischen Schriftzeichen. Rs. Regierungsepoche und Münzbezeichnung durch vier chinesische Schriftzeichen im Perlkreis. In der Umschrift Provinzbezeichnung und Wertangabe in chinesischen Schriftzeichen. Im Zentrum ein fünfstrahliger Stern im Doppelkreis **20,– 28,–**

SS VZ

20 (2.1) 10 Käsch (K) 1910, 1911 (z. D.). Typ wie Nr. 19, jedoch im Zentrum der Rs. eine sechsblättrige Rosette **160,– 240,–**

21 (2) 10 Käsch (K) 1910, 1911 o.J. Typ wie Nr. 20, jedoch in der Umschrift der Vs. durch den Wegfall der Jahreszahl oben keine chinesischen Schriftzeichen **160,– 240,–**

Ausgaben für das Gebiet der Sungarei (Dsungarei)

1 (10) 1 Mace (S) o.J. (1906). Drache nach vorn (Schwanzende nach links) und Umschrift SUNGAREI 1 MACE. Rs. Regierungsepoche und Münzbezeichnung durch vier chinesische Schriftzeichen im Perlkreis. In der Umschrift Provinzbezeichnung und Wertangabe in chinesischen Schriftzeichen. Im Zentrum vier mandschurische Schriftzeichen. Versuchsprägung! *400,– 700,–*

2 (11) 2 Mace (S) o.J. (1906). Typ wie Nr. 1, jedoch Umschrift der Vs. SUNGAREI 2 MACE. Versuchsprägung! *500,– 900,–*

3 4 Mace (S) o.J. Typ wie Nr. 1, jedoch Umschrift der Vs. SUNGAREI 4 MACE **–,– –,–**

4 (6.9) 5 Mace (S) o.J. (1906). Typ wie Nr. 1, jedoch Umschrift der Vs. SUNGAREI 5 MACE. Versuchsprägung! **–,– –,–**

5 1 Dollar (S) o.J. (1906). Typ wie Nr. 1, jedoch Umschrift der Vs. SUNGAREI 7 MACE AND 2 CANDAREENS. Versuchsprägung! **–,– –,–**

6 2 Mace Gold (G) o.J. (1906). Drache nach vorn (Schwanzende nach links) und Umschrift SUNGAREI 2 MACE. Rs. Regierungsepoche und Münzbezeichnung durch vier chinesische Schriftzeichen im Perlkreis. In der Umschrift Provinzbezeichnung und Wertangabe in chinesischen Schriftzeichen **–,– –,–**

Ausgaben für Kaschgar 喀什

1 (B16) 1 Mace (S) n. H. 1322 (1904). Acht chinesische Schriftzeichen, u. a. Münzstätte, Münzbezeichnung und Wertangabe. Rs. arabische Schriftzeichen in einem Kranz von zehn Rosetten **210,– 250,–**

2 (C16) 1 Mace (S) n. H. 1322 (1904). Münzstätte und Wertangabe durch vier chinesische Schriftzeichen. Rs. arabische Schriftzeichen im Kranz. Oben und unten je eine Rosette **165,– 250,–**

3 (17a) 2 Mace (S) n. H. 1319, 1320 (1901, 1902). Typ wie Nr. 1 **100,– 140,–**

4 (18a) 3 Mace (S) n. H. 1319, 1320 (1901, 1902). Typ wie Nr. 1 **25,– 40,–**

5 (19a) 5 Mace (S) n. H. 1319, 1320 (1901, 1902). Vs. wie Nr. 1. Rs. arabische Schriftzeichen in einem Kranz von zwei Zweigen. Oben eine Rosette **32,– 50,–**

6 (17a1) 2 Mace (S) n. H. 1320–1322 (1902–1904). Typ wie Nr. 1, jedoch teilweise andere Schriftzeichen auf der Vs. **25,– 40,–**

7 (18a1) 3 Mace (S) n. H. 1320–1322 (1902–1904). Typ wie Nr. 6 **25,– 40,–**

		SS	VZ
8 (19a1)	5 Mace (S) n. H. 1321, 1322 (1903, 1904). Typ wie Nr. 5, jedoch teilweise andere Schriftzeichen auf der Vs.	35,–	60,–
9 (A20)	1 Mace (S) n. H. 1323 (1905). Drache nach vorn (Schwanzende nach rechts). Rs. chinesische und arabische Schriftzeichen, u. a. Wertangabe. Im Zentrum ein Stern	260,–	450,–
10 (B20)	2 Mace (S) n. H. 1323 (1905). Drache nach vorn (Schwanzende nach rechts). Rs. Regierungsepoche und Münzbezeichnung durch vier chinesische Schriftzeichen im Perlkreis. In der Umschrift chinesische und arabische Schriftzeichen, u. a. Münzstätte und Wertangabe. Im Zentrum ein Stern	220,–	400,–
11 (20)	3 Mace (S) n. H. 1323 (1905). Typ wie Nr. 10	260,–	450,–
11a (20.1)	3 Mace (S) n. H. 1323 (1905). Typ wie Nr. 11, jedoch das chinesische Schriftzeichen für drei in anderer Schreibweise	280,–	500,–
12 (21)	5 Mace (S) n. H. 1323 (1905). Typ wie Nr. 10, jedoch im Zentrum der Rs. eine Rosette	140,–	180,–
12a (21.3)	5 Mace (S) n. H. 1323 (1905). Typ wie Nr. 12, jedoch das chinesische Schriftzeichen für fünf in anderer Schreibweise	–,–	–,–
12b (21.4)	5 Mace (S) n. H. 1323 (1905). Typ ähnlich wie Nr. 12, jedoch Schwanzende des Drachen nach links	–,–	–,–
12c (23)	2 Mace (S) n. H. 1326 (1908). Drache nach vorn im Perlkreis (Schwanzende nach rechts). Umrandung durch zwei verschiedene Zweige. Oben eine Rosette. Rs. Dynastie- und Münzbezeichnung durch vier chinesische Schriftzeichen im Perlkreis. In der Umschrift chinesische (davon oben drei) und arabische Schriftzeichen, u. a. Münzstätte, Jahreszahl und Wertangabe. Im Zentrum eine Rosette	140,–	220,–
13 (25.1)	5 Mace (S) n. H. 1325–1328 (1907–1910). Drache nach vorn im Perlkreis (Schwanzende nach rechts). Umrandung durch zwei verschiedene Zweige. Oben eine Rosette. Rs. Dynastie- und Münzbezeichnung durch vier chinesische Schriftzeichen im Perlkreis. In der Umschrift chinesische und arabische Schriftzeichen, u. a. Münzstätte, Jahreszahl und Wertangabe. Im Zentrum eine Rosette	110,–	150,–
13a (25.4)	5 Mace (S) n. H. 1325 (1907). Typ wie Nr. 13, jedoch in der Umschrift der Rs. oben nur zwei chinesische Schriftzeichen	300,–	550,–
13b (25.9)	5 Mace (S) n. H. 1325 (1907). Typ wie Nr. 13a, jedoch die zwei verschiedenen Zweige in der Umrandung der Vs. umgekehrt angeordnet	300,–	550,–
14 (25)	5 Mace (S) o. J. (1908). Typ wie Nr. 13, jedoch arabische Schriftzeichen ohne Jahreszahl	120,–	160,–
15 (26.1)	1 Tael (S) n. H. 1325 (1907). Typ wie Nr. 13	140,–	180,–
16 (23)	2 Mace (S) n. H. 1325 (1907). Typ wie Nr. 12b, jedoch in der Umschrift der Rs. oben nur zwei chinesische Schriftzeichen und die Wertangabe teilweise in anderen chinesischen Schriftzeichen	110,–	185,–
17 (25.4)	5 Mace (S) n. H. 1325 (1907). Typ wie Nr. 12b, jedoch in der Umschrift der Rs. oben nur zwei chinesische Schriftzeichen	–,–	–,–
18 (26.0)	1 Tael (S) n. H. 1325 (1907). Typ wie Nr. 12b, jedoch in der Umschrift der Rs. oben nur zwei chinesische Schriftzeichen	–,–	–,–
19 (29)	2 Mace (S) n. H. 1329 (1911). Drache nach vorn im Perlkreis (Schwanzende nach links). Außen Umrandung durch Arabesken. Dazwischen ein etwa 3 mm breiter freier Ring. Rs. Münzbezeichnung und Wertangabe durch vier chinesische Schriftzeichen im Perlkreis. Als Umschrift in der unteren Hälfte arabische Schriftzeichen. Oben drei Sterne und im Zentrum ein Stern	110,–	165,–
20 (29.1)	2 Mace (S) n. H. 1329 (1911). Drache nach vorn im Kreis (Schwanzende nach links) und Umschrift unten in arabischen Schriftzeichen. Oben drei Sterne. Rs. Münzbezeichnung und Wertangabe durch vier chinesische Schriftzeichen im Perlkreis. In der Umrandung vier Sterne, im Zentrum ein Stern	–,–	–,–
21 (30)	3 Mace (S) n. H. 1329 (1911). Vs. Typ ähnlich wie Nr. 20, jedoch nur zwei Sterne. Rs. Münzbezeichnung und Wertangabe durch vier chinesische Schriftzeichen. Im Zentrum eine Rosette	220,–	400,–
22 (27.6)	5 Mace (S) n. H. 1327–1329 (1909–1911). Vs. wie Nr. 19. Rs. Regierungsepoche und Münzbezeichnung durch vier chinesische Schriftzeichen im Perlkreis. In der Umschrift Münzstätte und Wertangabe in chinesischen Schriftzeichen (davon oben zwei) sowie arabische Schriftzeichen. Im Zentrum ein fünfstrahliger Stern	85,–	130,–
22a	5 Mace (S) n. H. 1329 (1911). Typ wie Nr. 22, jedoch im Zentrum der Rs. eine Rosette	–,–	–,–
22b	5 Mace (S) n. H. 1329 (1911). Typ wie Nr. 22, jedoch auf der Rs. das chinesische Schriftzeichen für fünf in anderer Schreibweise	–,–	–,–
23	5 Mace (S) n. H. 1327, 1328 (1909, 1910). Typ wie Nr. 22, jedoch in der Umschrift der Rs. oben drei chinesische Schriftzeichen	–,–	–,–
23a	5 Mace (S) n. H. 1328 (1910). Typ wie Nr. 23, jedoch auf der Rs. das chinesische Schriftzeichen für fünf in anderer Schreibweise	–,–	–,–
24 (31.1)	5 Mace (S) n. H. 1329–1331 (1911–1913). Drache nach vorn im Kreis (Schwanzende nach links), als Umschrift oben zwei chinesische und unten arabische Schriftzeichen. Im Zentrum ein und in der Umschrift drei fünfstrahlige Sterne. Rs. Münzbezeichnung und Wertangabe durch vier chinesische Schriftzeichen im Perlkreis. Im Zentrum ein und in der Umrandung vier fünfstrahlige Sterne. Mehrere Varianten durch den Austausch der Sterne gegen Rosetten	85,–	130,–
25	1 Tael (S) 1911. Typ ähnlich wie Nr. 24	–,–	–,–

Ausgaben für Tihwa (Urumtschi) 廸化

1 (33)	2 Mace (S) n. H. 1321–1323 (1903–1905). Acht chinesische Schriftzeichen, u. a. Münzstätte, Münzbezeichnung und Wertangabe. Rs. arabische Schriftzeichen in einer Umrandung von acht Rosetten und Blattdekor	80,–	110,–
2 (34)	3 Mace (S) n. H. 1321–1323 (1903–1905). Typ wie Nr. 1	110,–	160,–
3 (35)	5 Mace (S) n. H. 1321–1323 (1903–1905). Typ wie Nr. 1, jedoch Umrandung der Inschrift der Rs. durch zwei Zweige, zwischen denen sich oben eine Rosette befindet	90,–	125,–
4 (33.1)	2 Mace (S) n. H. 1323–1325 (1905–1907). Typ wie Nr. 1, jedoch auf der Vs. ein anderes chinesisches Schriftzeichen für zwei	80,–	120,–

		SS	VZ
5 (34a)	3 Mace (S) n. H. 1322–1325 (1904–1907). Typ wie Nr. 2, jedoch auf der Vs. ein anderes chinesisches Schriftzeichen für drei	110,–	160,–
6 (35a)	5 Mace (S) n. H. 1322–1325 (1904–1907). Typ wie Nr. 3, jedoch auf der Vs. ein anderes chinesisches Schriftzeichen für fünf	90,–	125,–

SZECHUAN (SZE-SHUEN) 四川 (CHUAN 川)

		SS	VZ
1 (225)	5 Käsch (K) o. J. Drache nach vorn im Perlkreis (Schwanzende nach links) und Umschrift SZE CHUEN PROVINCE 5 CASH. Rs. Regierungsepoche und Münzbezeichnung durch vier chinesische Schriftzeichen im Perlkreis. Im Zentrum zwei mandschurische Schriftzeichen. In der Umschrift Provinzbezeichnung und Wertangabe in chinesischen Schriftzeichen	220,–	350,–
2 (226)	10 Käsch (K) o. J. Typ wie Nr. 1, jedoch geänderte Wertangabe	55,–	100,–
3 (227)	20 Käsch (K, Me) o. J. Typ wie Nr. 1, jedoch geänderte Wertangabe	150,–	280,–
4 (228)	5 Käsch (K) o. J. Typ wie Nr. 5, jedoch geänderte Wertangabe	200,–	360,–
5 (229)	10 Käsch (K, Me) o. J. Drache nach rechts im Perlkreis (Schwanzende nach links) und Umschrift SZE CHUEN 10 CASH. Rs. Regierungsepoche und Münzbezeichnung durch vier chinesische Schriftzeichen im Perlkreis. In der Umschrift Provinzbezeichnung und Wertangabe durch chinesische Schriftzeichen. Links und rechts je ein mandschurisches Schriftzeichen. Im Zentrum eine stilisierte Blume	10,–	20,–

		SS	VZ
6 (230)	20 Käsch (K, Me) o. J. Typ wie Nr. 5, jedoch geänderte Wertangabe	25,–	50,–
6a (A234)	30 Käsch (K, M) o. J. Typ wie Nr. 5, jedoch geänderte Wertangabe	*1700,–*	*2800,–*
7 (231)	10 Käsch (K) o. J. Drache nach vorn (Schwanzende nach rechts) und Umschrift SZE CHUEN 10 CASH. Rs. wie Nr. 5	280,–	450,–
8 (232)	20 Käsch (K) o. J. Typ wie Nr. 7, jedoch geänderte Wertangabe	–,–	–,–
9 (233.1)	30 Käsch (K) o. J. Typ wie Nr. 7, jedoch geänderte Wertangabe	–,–	–,–
10 (234)	5 Cents (S) o. J. (1902). Drache nach vorn (Schwanzende nach links) und Umschrift SZE-CHUEN PROVINCE 3,6 CANDAREENS. Rs. Regierungsepoche und Münzbezeichnung durch vier chinesische Schriftzeichen im Perlkreis. In der Umschrift Provinzbezeichnung und Wertangabe in chinesischen Schriftzeichen. Im Zentrum vier mandschurische Schriftzeichen	25,–	45,–
11 (235)	10 Cents (S) o. J. (1902). Typ wie Nr. 10, jedoch Umschrift der Vs. SZECHUEN PROVINCE 7,2 CANDAREENS	32,–	55,–
12 (236)	20 Cents (S) o. J. (1902). Typ wie Nr. 10, jedoch Umschrift der Vs. SZECHUEN PROVINCE 1 MACE AND 4,4 CANDAREENS	20,–	35,–
13 (237)	50 Cents (S) 1901, 1902 o. J. Typ wie Nr. 10, jedoch Umschrift der Vs. SZECHUEN PROVINCE 3 MACE AND 6 CANDAREENS	60,–	110,–
14 (238)	1 Dollar (S) 1901, 1902 o. J. Typ wie Nr. 10, jedoch Umschrift der Vs. SZECHUEN PROVINCE 7 MACE AND 2 CANDAREENS	55,–	90,–
14a (238.3)	1 Dollar (S) o. J. Typ wie Nr. 14, jedoch Wertangabe in der Umschrift der Vs. 7 MACE AND 3 CANDAREENS	100,–	180,–
14b	1 Käsch (Me) 1908 (z.D.). Drache nach vorn (Schwanzende nach links). Rs. Regierungsepoche, Jahreszahl und Wertangabe in chinesischen Schriftzeichen. Im Zentrum das chinesische Schriftzeichen Chuan im Perlkreis	–,–	–,–
15 (10t)	10 Käsch (K) 1906 (z.D.). Drache nach vorn im Perlkreis (Schwanzende nach rechts) und Umschrift TAI-CHING TI-KUO COPPER COIN sowie vier chinesische Schriftzeichen. Rs. Dynastie- und Münzbezeichnung durch vier chinesische Schriftzeichen im Perlkreis. In der Umschrift chinesische Schriftzeichen, u. a. Jahreszahl und Wertangabe sowie vier mandschurische Schriftzeichen. Im Zentrum das chinesische Schriftzeichen Chuan in einer diskusförmigen Erhebung	3,–	6,–
16 (11t)	20 Käsch (K) 1906 (z.D.). Typ wie Nr. 15	22,–	40,–
17	5 Käsch (K) 1909 (z.D.). Typ wie Nr. 15, jedoch in der Umschrift der Vs. an Stelle der chinesischen Schriftzeichen für Kuang Hsü die für Hsüan Tung	22,–	30,–
18 (20t1)	10 Käsch (K, Me) 1909 (z.D.). Typ wie Nr. 17	4,–	6,–
19 (21t1)	20 Käsch (K, Me) 1909 (z.D.). Typ wie Nr. 17	42,–	60,–
20 (239a)	5 Cents (S) 1909 o. J. Typ wie Nr. 10, jedoch auf der Rs. an Stelle der chinesischen Schriftzeichen für Kuang Hsü die für Hsüan Tung	50,–	80,–
21 (240)	10 Cents (S) 1909 o. J. Typ wie Nr. 11, jedoch auf der Rs. an Stelle der chinesischen Schriftzeichen für Kuang Hsü die für Hsüan Tung	40,–	70,–
22	20 Cents (S) 1909 o. J. Typ wie Nr. 12, jedoch auf der Rs. an Stelle der chinesischen Schriftzeichen für Kuang Hsü die für Hsüan Tung	20,–	30,–
23 (242)	50 Cents (S) 1909 o. J. Typ wie Nr. 13, jedoch auf der Rs. an Stelle der chinesischen Schriftzeichen für Kuang Hsü die für Hsüan Tung	110,–	200,–
24 (243)	1 Dollar (S) 1909 o. J. Typ wie Nr. 14, jedoch auf der Rs. an Stelle der chinesischen Schriftzeichen für Kuang Hsü die für Hsüan Tung	55,–	90,–

Szechuan-Rupien siehe unter Tibet.

YUN-NAN 雲南

(YUN 雲 oder TIEN 滇)

			SS	VZ
1 (10u)	10	Käsch (K) 1906 (z.D.). Drache nach vorn im Perlkreis (Schwanzende nach rechts) und Umschrift TAI-CHING-TI-KUO COPPER COIN sowie vier chinesische Schriftzeichen. Rs. Dynastie- und Münzbezeichnung durch vier chinesische Schriftzeichen im Perlkreis. In der Umschrift Münzstätte, Jahreszahl und Wertangabe in chinesischen Schriftzeichen sowie vier mandschurische Schriftzeichen. Im Zentrum das chinesische Schriftzeichen Yun in einer diskusförmigen Erhebung	60,–	100,–
2 (11u)	20	Käsch (K) 1906 (z.D.). Typ wie Nr. 1, jedoch geänderte Wertangabe	130,–	250,–
3 (10w)	10	Käsch (K) 1906 (z.D.). Typ wie Nr. 1, jedoch im Zentrum der Rs. die chinesischen Schriftzeichen Tien und Chuan in einer diskusförmigen Erhebung	30,–	50,–
4 (11w)	20	Käsch (K) 1906 (z.D.). Typ wie Nr. 3, jedoch geänderte Wertangabe	60,–	110,–
5 (10v)	10	Käsch (K) 1906 (z.D.). Typ wie Nr. 1, jedoch im Zentrum der Rs. das chinesische Schriftzeichen Tien in einer diskusförmigen Erhebung	50,–	90,–
6 (11v1)	20	Käsch (K, Me) 1906 (z.D.). Typ wie Nr. 5, jedoch geänderte Wertangabe	180,–	350,–
7 (252)	20	Cents (S) 1907 o.J. Drache nach vorn (Schwanzende nach links) und Umschrift YUN-NAN-PROVINCE 1 MACE AND 4.4 CANDAREENS sowie zwei kleine Rosetten. Rs. Regierungsepoche und Münzbezeichnung durch vier chinesische Schriftzeichen im Perlkreis. In der Umschrift Provinzbezeichnung und Wertangabe in chinesischen Schriftzeichen sowie zwei kleine Rosetten. Im Zentrum vier mandschurische Schriftzeichen	28,–	50,–
8 (253)	50	Cents (S) 1907 o.J. Typ wie Nr. 7, jedoch in der Umschrift der Vs. YUN-NAN-PROVINCE 3 MACE AND 6 CANDAREENS	20,–	28,–
9 (254)	1	Dollar (S) 1907 o.J. Typ wie Nr. 7, jedoch in der Umschrift der Vs. YUN-NAN-PROVINCE 7 MACE AND 2 CANDAREENS	55,–	70,–
10	1	Rupee (S) 1907 o.J. Tsen Yuing, Gouverneur der Provinz Yun-Nan. Brustbild mit Kappe n. l. sowie Inschrift links YUN-NAN und rechts PROVINCE. Rs. Die Inschrift SILVER COIN umgeben von Blattornamenten. Versuchsprägung oder Phantasiestück?	–,–	–,–
11 (255)	10	Cents (S) 1908 o.J. Drache in geänderter Zeichnung nach vorn im Perlkreis (Schwanzende nach links). Rechts und links je eine große Rosette. Rs. ähnlich Typ wie Nr. 7, jedoch geringerer Durchmesser des Perlkreises und in der Umschrift zwei große Rosetten	32,–	60,–
12 (256)	20	Cents (S) 1908 o.J. Typ wie Nr. 11, jedoch geänderte Wertangabe	30,–	50,–
13 (257)	50	Cents (S) 1908 o.J. Typ wie Nr. 11, jedoch geänderte Wertangabe	18,–	25,–
14 (258)	1	Dollar (S) 1908 o.J. Typ wie Nr. 11, jedoch geänderte Wertangabe	52,–	70,–
15 (259)	50	Cents (S) 1909 o.J. Typ wie Nr. 8, jedoch auf der Rs. an Stelle der chinesischen Schriftzeichen für Kuang Hsü die für Hsüan Tung	20,–	35,–
16 (260)	1	Dollar (S) 1909 o.J. Typ wie Nr. 9, jedoch auf der Rs. an Stelle der chinesischen Schriftzeichen für Kuang Hsü die für Hsüan Tung	55,–	90,–
17 (260.1)	1	Dollar (S) 1910 (z. D.). Typ wie Nr. 16, jedoch in der Umschrift der Rs. durch die Angabe der Jahreszahl statt zehn dreizehn chinesische Schriftzeichen		*30000,–*
18	1	Käsch (Me) o.J. (1909–1911). Regierungsepoche und Münzbezeichnung durch vier chinesische Schriftzeichen. Rs. Links und rechts je ein mandschurisches Schriftzeichen. Mit quadratischem Loch Gegossen!	8,–	14,–

Republik 1912–1949

Chung Hua Min Kuo 中華民國

Die auf den Münzen der Republik angegebenen Jahreszahlen werden von der Gründung der Republik an gezählt (1912 = 1. Jahr).

Zentrale Ausgaben

			SS	VZ
1 (305)	10	Käsch (K) o.J. (1912–1915). Blattornament und Rosette im Kreis und Umschrift THE REPUBLIC OF CHINA TEN CASH. Rs. Gekreuzte Flaggen, Armee- und Nationalflagge, im Kreis. Oben zwischen den Flaggstöcken eine Rosette. In der Umschrift Landesbezeichnung und Wertangabe durch acht chinesische Schriftzeichen	50,–	90,–
2 (301)	10	Käsch (K, Me) o. J. (1912–1915). Wertangabe in chinesischen Schriftzeichen im Kreis zwischen Ähren und Umschrift THE REPUBLIC OF CHINA TEN CASH. Rs. Gekreuzte Flaggen, Armee- und Nationalflagge, mit Quasten. Umschrift durch neun chinesische Schriftzeichen, u. a. Landesbezeichnung. Varianten	3,–	5,–

			SS	VZ
3 (303)	10	Käsch (K, Me) o. J. (1912–1915). Wertangabe in chinesischen Schriftzeichen im Kreis zwischen Ähren und Umschrift THE REPUBLIC OF CHINA TEN CASH. Rs. Gekreuzte Flaggen, Armee- und Nationalflagge (ohne Quasten) im Perlkreis und Umschrift von neun chinesischen Schriftzeichen, u. a. Landesbezeichnung	4,–	7,–

			SS	VZ
4 (302)	10	Käsch (K, Me) o.J. (1912). Wertangabe in chinesischen Schriftzeichen zwischen Ähren im Perlkreis. Umrandung mit Blattornament. Rs. Typ ähnlich wie Nr. 2	5,–	9,–
5 (304)	10	Käsch (K) o.J. Vs. wie Nr. 4, Rs. wie Typ Nr. 3	50,–	90,–
6	10	Käsch (K) 1912 o.J. Dr. Sun Yat Sen (1866–1925), erster Präsident der Republik China 1912; Brustbild nach links. Rs. Wertangabe in chinesischen Schriftzeichen im Perlkreis zwischen Ähren, Umschrift oben in chinesischen Schriftzeichen, u. a. Landesbezeichnung, unten TEN CASH. Versuchsprägung!	–,–	–,–

		SS	VZ
7	10 Käsch (K) 1912 o. J. Vs. wie Nr. 6, Rs. Wertangabe in chinesischen Schriftzeichen zwischen Ähren (geänderte Zeichnung ohne Perlkreis) und Umschrift von acht chinesischen Schriftzeichen, u. a. Landesbezeichnung. Versuchsprägung?	–,–	–,–
8	10 Käsch (K) 1912 o. J. Vs. wie Nr. 6. Rs. Gekreuzte Flaggen (ohne Quasten) im Kreis, oben zwischen den Flaggstöcken eine Rosette. Als Umschrift oben acht chinesische Schriftzeichen, u. a. Landesbezeichnung. Versuchsprägung?	–,–	–,–
8a (5)	1 Käsch (K-Me) 1912 o. J. Landes- und Münzbezeichnung durch vier chinesische Schriftzeichen. Rs. Oben Wertangabe durch ein chinesisches Schriftzeichen. Mit quadratischem Loch. Gegossen! Ø 19 mm	–,–	–,–
8b (3)	1 Käsch (K-Me) 1912 o. J. Typ wie Nr. 8a, jedoch die Wertangabe auf der Rs. links und rechts durch zwei chinesische Schriftzeichen. Mit quadratischem Loch. Geprägt! Ø 23 mm	–,–	–,–
8c (4)	10 Käsch (Me) 1912 o. J. Typ wie Nr. 8a, jedoch Wertangabe auf der Rs. oben und unten durch zwei chinesische Schriftzeichen. Mit quadratischem Loch. Geprägt! Ø 28 mm	–,–	–,–
9	10 Käsch (K) 1912 o. J. Brustbild Li Yuan Hung (ohne Mütze) halblinks. Rs. Wertangabe in chinesischen Schriftzeichen zwischen Ähren im Kreis. In der Umschrift neun chinesische Schriftzeichen, u. a. Landesbezeichnung	–,–	–,–
10	10 Käsch (K) 1912 o. J. Typ wie Nr. 9, jedoch Li Yuan Hung mit Mütze. Rs. wie Nr. 9	–,–	–,–
11	10 Käsch (K) 1912 o. J. Brustbild Yuan Shih Kai in Uniform mit Federhut halblinks. Rs. Wertangabe in chinesischen Schriftzeichen zwischen Reisrispen. In der Umschrift u. a. Landesbezeichnung in chinesischen Schriftzeichen. Vs. Typ ähnlich wie Nr. 29	–,–	–,–
11a	10 Käsch (K) 1912 o. J. Typ wie Nr. 11, jedoch etwas geänderte Zeichnung der Vs. und Rs. Versuchsprägung	–,–	–,–
12 (309)	10 Käsch (K) o. J. (1912–1915). Wertangabe in chinesischen Schriftzeichen zwischen Reisrispen. Unten Inschrift TEN CASH. Rs. Gekreuzte Flaggen in geänderter Zeichnung (zwei Nationalflaggen) und Umschrift von neun chinesischen Schriftzeichen, u. a. Landesbezeichnung	30,–	75,–
13	20 Käsch (K) o. J. (1912–1915). Wertangabe in chinesischen Schriftzeichen zwischen Reisrispen, darunter TWENTI CASH. Rs. Gekreuzte Flaggen (zwei Nationalflaggen). In der Umschrift oben die Landesbezeichnung durch vier chinesische Schriftzeichen und unten die Inschrift THE REPUBLIC OF CHINA. Vs. und Rs. Typ ähnlich wie Nr. 12	6,–	8,–
14 (310)	20 Käsch (K) o. J. Typ wie Nr. 13, jedoch Inschrift der Vs. TWENTY CASH	60,–	110,–

		SS	VZ
15 (307)	10 Käsch (K-Me) 1912–1915, 1919 o. J. Wertangabe in chinesischen Schriftzeichen zwischen Ähren. Rs. Gekreuzte Flaggen, Armee- und Nationalflagge (Bänder ohne Quasten) im Kreis, in der Umschrift Landes- und Münzbezeichnung sowie Wertangabe in chinesischen Schriftzeichen	6,–	8,–
16 (308)	20 Käsch (K) 1919. Typ wie Nr. 15, jedoch in der Umschrift der Rs. an Stelle der Wertangabe die Jahreszahl	6,–	10,–
17 (306)	10 Käsch (K-Me) o. J. (1912–1921). Ähren und Blattornament im Kreis, Umschrift THE REPUBLIC OF CHINA TEN CASH. Rs. Gekreuzte Flaggen, Armee- und Nationalflagge, im Kreis, oben eine Rosette zwischen den Flaggstöcken. In der Umschrift Landesbezeichnung und Wertangabe durch acht chinesische Schriftzeichen. Varianten	3,–	5,–
18 (306.3)	10 Käsch (K) o. J. Typ wie Nr. 17, jedoch oben zwischen den Flaggstöcken ein fünfstrahliger Stern	22,–	35,–
19 (306.4)	10 Käsch (K) o. J. Typ wie Nr. 17, jedoch andere Form der Rosette zwischen den Flaggstöcken und Wertangabe in der Umschrift der Rs. teilweise in anderen chinesischen Schriftzeichen	30,–	75,–
20 (306a)	10 Käsch (K) o. J. Typ wie Nr. 17, jedoch in der Umschrift der Rs. neun statt acht chinesische Schriftzeichen	17,–	35,–
21	10 Cents (S) 1912 o. J. Brustbild Dr. Sun Yat Sen nach links im Kreis, Umschrift in chinesischen Schriftzeichen, u. a. Landesbezeichnung. Rs. Wertangabe in chinesischen Schriftzeichen im Kreis zwischen Ähren. Umschrift MEMENTO BIRTH OF REPUBLIC OF CHINA	–,–	–,–
22 (317)	20 Cents (S) 1912 o. J. Kopfbild von Dr. Sun Yat Sen nach links und Umschrift MEMENTO BIRTH OF REPUBLIC OF CHINA. Rs. Gekreuzte Flaggen, Armee- und Nationalflagge, im Perlkreis und Umschrift in chinesischen Schriftzeichen, u. a. Landesbezeichnung. Goldabschlag: 2000,–	30,–	60,–
23 (318)	1 Dollar (S) 1912 o. J. Typ wie Nr. 21. Es existieren auch Goldabschläge!	270,–	450,–

In ähnlicher Zeichnung: Nr. 62.

		SS	VZ
24 (319)	1 Dollar (S) 1912 o. J. Brustbild Dr. Sun Yat Sen nach links im Kreis, Umschrift in chinesischen Schriftzeichen, u. a. Landesbezeichnung. Rs. Wertangabe in chinesischen Schriftzeichen im Kreis zwischen Ähren und Umschrift THE REPUBLIC OF CHINA ONE DOLLAR. Es existieren auch Goldabschläge!	110,–	180,–

			SS	VZ
25 (321)	1	Dollar (S) 1912 o.J. Li Yuang Hung (1864–1930), Vizepräsident 1912–1916 sowie Präsident der Republik China 1916–1918 und 1922–1923; Brustbild (ohne Mütze) halblinks im Perlkreis, Umschrift in chinesischen Schriftzeichen, u. a. Landesbezeichnung. Rs. Wertangabe in chinesischen Schriftzeichen im Perlkreis zwischen Ähren und Blattwerk. Umschrift THE REPUBLIC OF CHINA ONE DOLLAR. Es existieren auch Goldabschläge!	120,–	190,–

26 (320)	1	Dollar (S) 1912 o.J. Typ wie Nr. 25, jedoch Li Yuan Hung mit Militärmütze	270,–	380,–
27	1	Dollar (S) 1912 o.J. Chin Teh Chuen, Gouverneur der Provinz Kiang-Soo; Brustbild (mit Bart) halblinks und Umschrift in chinesischen Schriftzeichen, u. a. Landesbezeichnung, Rs. Wertangabe in chinesischen Schriftzeichen im Kreis zwischen Ähren und Umschrift THE REPUBLIC OF CHINA ONE DOLLAR. Versuchsprägung!	–,–	–,–
28	1	Dollar (S) 1914. Yuan Shih Kai (1859–1916), Präsident der Republik China 1912–1916; Brustbild halblinks, oben Landesbezeichnung und Jahresangabe in chinesischen Schriftzeichen. Rs. Wertangabe in chinesischen Schriftzeichen zwischen Reisrispen	–,–	–,–

			SS	VZ
29 (322)	1	Dollar (S) 1914 o. J. Brustbild Yuan Shih Kai in Uniform mit Federhut halblinks. Rs. Wertangabe in chinesischen Schriftzeichen im Perlkreis zwischen Reisrispen, in der Umschrift ONE DOLLAR und chinesische Schriftzeichen, u. a. Landesbezeichnung. Es existieren auch Goldabschläge!	220,–	340,–
30 (326)	10	Cents (S) 1914, 1916. Brustbild Yuan Shih Kai in Uniform nach links, oben Landesbezeichnung und Jahreszahl in chinesischen Schriftzeichen. Rs. Wertangabe in chinesischen Schriftzeichen zwischen und über Reisrispen	6,–	10,–
31 (327)	20	Cents (S) 1914, 1916, 1920. Typ wie Nr. 30	8,–	12,–
32 (328)	50	Cents (S) 1914. Typ wie Nr. 30	20,–	30,–

33 (329)	1	Dollar (S) 1914, 1919–1921. Vs. wie Nr. 30. Rs. wie Nr. 28. Es existieren auch Goldabschläge der Ausgaben 1914 und 1920!	35,–	45,–
34	5	Cents (N) 1914. Brustbild Yuan Shih Kai nach links, oben Landesbezeichnung und Jahreszahl in chinesischen Schriftzeichen. Rs. Im Zentrum Wertangabe in chinesischen Schriftzeichen in oben offenem Kranz, oben Inschrift in chinesischen Schriftzeichen. Versuchsprägung!	–,–	–,–

SS VZ

35 (332) 1 Dollar (S) 1916 o. J. Brustbild Yuan Shih Kai in Uniform mit Federhut halblinks. Rs. Geflügelter Drachen und Umschrift in chinesischen Schriftzeichen, u. a. Landesbezeichnung. Es existieren auch Goldabschläge! 450,– 650,–

35a 5 Käsch (K) o. J. Regierungsepoche (Hung Hsien) und Münzbezeichnung durch vier chinesische Schriftzeichen. Rs. Wertangabe durch zwei chinesische Schriftzeichen. Mit quadratischem Loch. –,– –,–

35b 10 Käsch (K, Me) o. J. Regierungsepoche (Hung Hsien) und Münzbezeichnung durch vier chinesische Schriftzeichen. Mit quadratischem Loch. Ø ca. 35 mm –,– –,–

35c 20 Käsch (K) 1916 o. J. Brustbild Yüan Shih Kai von vorn mit Federhut. Rs. Ähren und Blattornament im Kreis sowie Umschrift FIRST YEAR OF HUNG SHUAN TWENTY CASH –,– –,–

36 (323) ½ Cent (Bro) 1916. Kranz von Reisrispen und vierstrahliger Stern. Rs. Im Kreis Wertangabe in chinesischen Schriftzeichen, Umschrift in chinesischen Schriftzeichen, u. a. Landesbezeichnung, Jahreszahl und Wertangabe. Mit zentrischem rundem Loch 30,– 40,–

37 (324) 1 Cent (K) 1916. Typ wie Nr. 36
a) Mit zentrischem rundem Loch 10,– 15,–
b) Ohne Loch. Versuchsprägung! –,– –,–

38 (325) 2 Cents (K) 1916. Typ wie Nr. 36 100,– 180,–

39 5 Dollars (G) 1914. Brustbild Yuan Shih Kai in Uniform n. l. Oben Landesbezeichnung und Jahreszahl durch sechs chinesische Schriftzeichen. Rs. Drache. Versuchsprägung! –,– –,–

40 5 Dollars (G) 1916 o. J. Typ wie Nr. 39, jedoch durch das Weglassen der Jahreszahl in der Inschrift der Vs. nur vier chinesische Schriftzeichen. Versuchsprägung! –,– –,–

41 (333) 10 Dollars (G) 1916. Brustbild Yuan Shih Kai n. l. (keine Inschrift). Rs. Fliegender Drache und Umschrift in chinesischen Schriftzeichen, u. a. Landesbezeichnung und Wertangabe 4000,– 5000,–

42 (330) 10 Dollars (G) 1919. Brustbild Yuan Shih Kai in Uniform nach links. Rs. Landesbezeichnung, Jahreszahl und Wertangabe in chinesischen Schriftzeichen zwischen und über Reisrispen. Ornamentale Umrandung der Vs. und Rs. 2000,– 2700,–

43 (331) 20 Dollars (G) 1919. Typ wie Nr. 42 3800,– 5000,–

44 (307a) 10 Käsch (K) 1921 o. J. Typ wie Nr. 15, jedoch geänderte Zeichnung der Flaggen und Bänder mit Quasten 6,– 8,–

45 (308a) 20 Käsch (K) 1921, 1922. Typ wie Nr. 16, jedoch geänderte Zeichnung der Flaggen und Bänder mit Quasten 8,– 15,–

SS VZ

46 10 Käsch (K) 1919. Brustbild Ni Ssuchung (Tuchun der Provinz An-Hwei) halblinks. Oben Landesbezeichnung und Jahreszahl in chinesischen Schriftzeichen. Rs. wie Vs. Typ wie Nr. 4 –,– –,–

46a 10 Käsch (K) 1919. Vs. Typ wie Nr. 46. Rs. Gekreuzte Flaggen, Armee- und Nationalflagge, mit Bändern und Quasten. In der Umschrift neun chinesische Schriftzeichen, u. a. Landesbezeichnung –,– –,–

47 1 Dollar (S) 1921. Hsü Chih Chang (1858–1936), Präsident der Republik China 1918–1922; Brustbild in Zivil halblinks. Rs. Pavillon im Kreis, Landesbezeichnung, Jahreszahl und Wertangabe in chinesischen Schriftzeichen oben als Umschrift. Es existieren auch Goldabschläge! 650,– 850,–

48 1 Dollar (S) 1921. Typ wie Nr. 47, jedoch Umschrift auf der Rs. auch in der unteren Hälfte. Es existieren auch Goldabschläge! 650,– 850,–

49 1 Dollar (S) 1923 o. J. Tsao Kun (1862–1938), Präsident der Republik China 1923–1924; Brustbild in Zivil von vorn. Rs. Gekreuzte Flaggen, Armee- und Nationalflagge, oben Umschrift von sechs chinesischen Schriftzeichen. Es existieren auch Goldabschläge! 460,– 580,–

50 1 Dollar (S) 1923 o. J. Brustbild Tsao Kun in Uniform von vorn. Rs. Gekreuzte Flaggen, Armee- und Nationalflagge, zwei chinesische Schriftzeichen in alter Siegelschrift zwischen den Flaggstöcken. Sechs am Rand verteilte Sterne. Es existieren auch Goldabschläge! 350,– 450,–

51 (311) 10 Käsch (K) 1924. Landesbezeichnung, Jahreszahl und Wertangabe in chinesischen Schriftzeichen zwischen und über Reisrispen. Rs. Vier chinesische Schriftzeichen im Perlkreis. In der Umschrift THE REPUBLIC OF CHINA sowie vier mandschurische Schriftzeichen 300,– 450,–

52 (312) 20 Käsch (K) 1924. Typ wie Nr. 51 22,– 50,–

53 1 Dollar (S) 1924 o. J. Tuan Chi Yui (1864–1936). General, Politiker und Minister der Republik China; Brustbild in Zivil von vorn, darüber neun chinesische Schriftzeichen, u. a. Landesbezeichnung. Rs. Zwei chinesische Schriftzeichen in alter Siegelschrift zwischen Reisrispen. Es existieren auch Goldabschläge! 300,– 400,–

54 1 Dollar (S) 1926. Brustbild Dr. Sun Yat Sen von vorn. In der Umschrift Landesbezeichnung und Jahreszahl in sieben chinesischen Schriftzeichen. Rs. Wertangabe in chinesischen Schriftzeichen zwischen Reisrispen. Versuchsprägung! –,– –,–

55 (334) 10 Cents (S) 1926. Symbol für langes Leben zwischen Drachen und Phönix. Rs. Wertangabe in chinesischen Schriftzeichen im Perlkreis zwischen Reisrispen. In der Umschrift Landesbezeichnung, Jahreszahl und Wertangabe in chinesischen Schriftzeichen 15,– 22,–

56 (335) 20 Cents (S) 1926. Typ wie Nr. 55 18,– 30,–

SS VZ

57 (336) 1 Dollar (S) 1923. Symbol für langes Leben zwischen Drachen und Phönix (Staatswappen der Republik bis ca. 1928), darüber Landesbezeichnung und Jahreszahl in chinesischen Schriftzeichen. Rs. Typ wie Nr. 28. Es existieren auch Goldabschläge 500,– 850,–

58 1 Dollar (S) 1927. Chu Yu Pu, Militär- und Zivilgouverneur der Provinz Ho-Pei 1926; in Uniform von vorne (Brustbild). Rs. Gekreuzte Flaggen, Armee- und Nationalflagge, und Umschrift in chinesischen Schriftzeichen, u. a. Landesbezeichnung und Jahreszahl 1300,– 2000,–

59 (339) 10 Cents (S) 1927. Brustbild Dr. Sun Yat Sen von vorne und Umschrift von 13 chinesischen Schriftzeichen, u. a. Landesbezeichnung und Jahreszahl. Rs. Gekreuzte Flaggen und Wertangabe in chinesischen Schriftzeichen oben zwischen den Flaggstöcken. Unten Inschrift von sechs chinesischen Schriftzeichen 55,– 85,–

60 (340) 20 Cents (S) 1927. Typ wie Nr. 59 45,– 75,–

61 20 Cents (S) 1927. Kopf Dr. Sun Yat Sen nach links. Landesbezeichnung und Jahreszahl in chinesischen Schriftzeichen als Umschrift. Rs. Gekreuzte Flaggen und Wertangabe in chinesischen Schriftzeichen zwischen den Flaggstöcken. Unten Wertangabe in sechs chinesischen Schriftzeichen –,– –,–

62 (318.1) 1 Dollar (S) 1927 o. J. Typ wie Nr. 23, jedoch Rosetten in der Umschrift der Rs. nicht rund, sondern elliptisch. Es existieren auch Goldabschläge 32,– 42,–

63 1 Dollar (S) 1927. Kopf Dr. Sun Yat Sen von vorn und Umschrift von acht chinesischen Schriftzeichen, u. a. Landesbezeichnung. Rs. Im Zentrum Wertangabe in chinesischen Schriftzeichen, rechts ein Mausoleum und links eine Sonne mit Strahlen, unten Jahreszahl in chinesischen Schriftzeichen 900,– 1450,–

64 1 Dollar (S) 1926. Chang Tso Lin (1876–1928), General und Oberbefehlshaber der Land- und Seestreitkräfte der Republik China 1927; Brustbild in Uniform von vorn. Oben Inschrift von sechs chinesischen Schriftzeichen. Rs. Chinesische

SS VZ

Schriftzeichen im Perlkreis zwischen Ahren, über den Schriftzeichen eine Sonne. In der Umschrift ONE DOLLAR sowie Landesbezeichnung und Jahreszahl in chinesischen Schriftzeichen. Versuchsprägung! 900,– 1500,–

65 1 Dollar (S) 1927. Brustbild Chang Tso Lin in Uniform von vorn, oben Landesbezeichnung und Jahreszahl in chinesischen Schriftzeichen. Rs. Drachen und Phönix im Kreis. In der Umschrift ONE DOLLAR sowie chinesische Schriftzeichen. Versuchsprägung! 1200,– 1650,–

66 1 Dollar (S) 1927 o. J. Vs. wie Nr. 64. Rs. wie Nr. 65. Versuchsprägung! –,– –,–

67 1 Dollar (S) 1928. Brustbild Chang Tso Lin in Zivil von vorn, oben sechs chinesische Schriftzeichen. Rs. Gekreuzte Flaggen. In der Umschrift ONE DOLLAR sowie die Landesbezeichnung und die Wertangabe in chinesischen Schriftzeichen. Versuchsprägung! 800,– 1100,–

68 (337) 1 Cent (Me) 1928. Zwölfstrahlige Sonne im Perlkreis. In der Umschrift chinesische Schriftzeichen, u. a. Landesbezeichnung und Jahreszahl. Rs. Wertangabe in chinesischen Schriftzeichen im Perlkreis. Umschrift wie auf der Vs. 350,– 480,–

69 (338) 2 Cents (Me) 1928. Typ wie Nr. 68 520,– 700,–

69a 20 Käsch (K) 1928 o. J. Wertangabe durch chinesische Schriftzeichen zwischen Ähren. Rs. Zwei gekreuzte Nationalflaggen (mit Bändern) im Perlkreis und Umschrift in chinesischen Schriftzeichen, u. a. Landesbezeichnung –,– –,–

69b 500 Käsch (K) 1928 o. J. Wertangabe in chinesischen Schriftzeichen zwischen Reisrispen. Rs. Zwei gekreuzte Nationalflaggen (mit Quasten) im Perlkreis. In der Umschrift oben die Landesbezeichnung in chinesischen Schriftzeichen und unten 500 CASH. Umrandung der Vs. und Rs. mit T-förmigen Elementen. –,– –,–

70 10 Cents (S) 1929. Kopf Dr. Sun Yat Sen nach links, oben Landesbezeichnung und Jahreszahl in chinesischen Schriftzeichen. Rs. Segelnde Dschunke (mit drei Segeln) sowie rechts und links Wertangabe in chinesischen Schriftzeichen. Versuchsprägung! –,– –,–

71 20 Cents (S) 1929. Typ wie Nr. 70. Versuchsprägung! –,– –,–

72 50 Cents (S) 1929. Typ wie Nr. 70. Versuchsprägung! –,– –,–

73 1 Dollar (S) 1929. Typ wie Nr. 70. Rs. in mehreren Varianten. Keine Versuchsprägung 900,– 1200,–

74 10 Cents (K-N) 1929. Typ wie Nr. 70, jedoch auf der Rs. unten fünf chinesische Schriftzeichen. Versuchsprägung! –,– –,–

75 20 Cents (K-N) 1929. Typ wie Nr. 74. Versuchsprägung! –,– –,–

76 50 Cents (K-N) 1929. Typ wie Nr. 74. Versuchsprägung! –,– –,–

77 1 Dollar (S) 1929. Typ wie Nr. 73, jedoch Dschunke auf der Rs. ohne Auge. Versuchsprägung! –,– –,–

78 1 Dollar (S) 1929. Brustbild Dr. Sun Yat Sen von vorn. Oben Landesbezeichnung und Jahreszahl in sieben chinesischen Schriftzeichen. Rs. wie Nr. 70. Versuchsprägung! –,– –,–

79 20 Cents (S) 1929. Brustbild Dr. Sun Yat Sen halblinks. Oben Landesbezeichnung und Jahreszahl in chinesischen Schriftzeichen. Rs. Wertangabe in chinesischen Schriftzeichen zwischen und über Reisrispen. Versuchsprägung! –,– –,–

80 1 Dollar (S) 1929. Brustbild Dr. Sun Yat Sen halblinks. Oben Landesbezeichnung und Jahreszahl in sieben chinesischen Schriftzeichen. Rs. Gekreuzte Flaggen auf einem Globus und Umschrift THE REPUBLIC OF CHINA, unten Wertangabe in chinesischen Schriftzeichen. Versuchsprägung! –,– –,–

SS VZ

81 1 Dollar (S) 1929. Vs. wie Nr. 80. Rs. wie Nr. 28. Versuchsprägung! –,– –,–

82 1 Dollar (S) 1929 o. J. Kopf Dr. Sun Yat Sen von vorn. Rs. wie Nr. 62. Versuchsprägung! –,– –,–

83 1 Dollar (S) 1929 o. J. Vs. wie Nr. 82. Rs. wie Nr. 28. Versuchsprägung! –,– –,–

84 2 Cents (N) 1932. Zweig mit Blüten und Inschrift in chinesischen Schriftzeichen, u. a. Wertangabe. Rs. Sonne (Hoheitszeichen der Republik) sowie Landesbezeichnung und Jahreszahl in chinesischen Schriftzeichen. Im Zentrum ein rundes Loch –,– –,–

85 2 Cents (N) 1932. Typ wie Nr. 84, jedoch ohne zentrisches Loch, Versuchsprägung! –,– –,–

86 5 Cents (N) 1932. Typ wie Nr. 84. Versuchsprägung! –,– –,–

87 5 Cents (N) 1932. Typ wie Nr. 86, jedoch ohne zentrisches Loch. Versuchsprägung! –,– –,–

88 (344) 1 Dollar (S) 1932. Kopf Dr. Sun Yat Sen n. l., oben Landesbezeichnung und Jahreszahl in chinesischen Schriftzeichen. Rs. Segelnde Dschunke (nur zwei Segel), darüber drei fliegende Vögel, rechts aufgehende Sonne, rechts und links Wertangabe in chinesischen Schriftzeichen **165,–** **260,–**

89 1 Dollar (S) 1932. Typ wie Nr. 88, jedoch im Rand Angabe der Münzstätte durch fünf chinesische Schriftzeichen

90 10 Cents = 1/10 Sun (S) 1932. Kopf Dr. Sun Yat Sen nach links, oben Landesbezeichnung und Jahreszahl in chinesischen Schriftzeichen. Rs. Segelnde Dschunke (zwei Segel), rechts aufgehende Sonne, auf dem Wasser drei Vögel, oben Wertangabe in chinesischen Schriftzeichen. Ø16 mm. Versuchsprägung! –,– –,–

91 20 Cents = 1/5 Sun (S) 1932. Typ wie Nr. 90. Ø 26 mm. Versuchsprägung –,– –,–

92 50 Cents = 1/2 Sun (S) 1932. Typ wie Nr. 90. Ø 34 mm. Versuchsprägung –,– –,–

93 1 Dollar = 1 Sun (S) 1932. Typ wie Nr. 90. Ø 39 mm. Versuchsprägung! –,– –,–

Ein »Sun« ist eine auf Gold basierende Währungseinheit.

94 (324a) 1 Cent (Bro) 1933. Typ ähnlich wie Nr. 36 **35,–** **55,–**

95 (325a) 2 Cents (Bro) 1933. Typ ähnlich wie Nr. 36 **190,–** **270,–**

SS VZ

96 (345) 1 Dollar (S) 1933, 1934. Typ wie Nr. 88, Rs. Jedoch ohne Vögel und ohne Sonne. Es existieren auch Goldabschläge der Ausgabe 1934! **32,–** **38,–**

97 50 Cents (S) 1935: Typ wie Nr. 96. Versuchsprägung –,– –,–

98 50 Cents (S) 1935. Typ wie Nr. 97, jedoch auf der Rs. rechts Schriftzeichen geändert. Versuchsprägung! –,– –,–

99 1 Dollar (S) 1935. Typ wie Nr. 96. Versuchsprägung! –,– –,–

100 50 Cents (S) 1936. Typ wie Nr. 98, jedoch Ø 26 mm. Versuchsprägung! –,– –,–

101 1 Dollar (S) 1936. Typ wie Nr. 96, jedoch Ø 32 mm. Versuchsprägung! –,– –,–

102 50 Cents (S) 1936, 1937. Brustbild Dr. Sun Yat Sen. n.l., oben Landesbezeichnung und Jahreszahl als Umschrift in chinesischen Schriftzeichen. Mäanderförmige Umrandung –,– –,–

103 1 Dollar (S) 1936, 1937. Typ wie Nr. 102 –,– –,–

104 50 Cents (S) 1936. Typ wie Nr. 102, jedoch Vs. und Rs. ohne mäanderförmige Umrandung –,– –,–

105 1 Dollar (S) 1936. Typ wie Nr. 103, jedoch Vs. und Rs. ohne mäanderförmige Umrandung –,– –,–

106 1 Dollar (S) 1936. Tschiang Kai-schek (1886–1975), Präsident der Republik China 1928–1931 und 1948–1949, von 1950–1975 Präsident von National-China (Taiwan); Brustbild in Uniform mit Mütze n. l. Mäanderförmige Umrandung. Rs. Alte Pu-Münze, oben Landesbezeichnung und Jahreszahl in acht chinesischen Schriftzeichen. Mäanderförmige Umrandung. Versuchsprägung! –,– –,–

107 1 Dollar (S) 1936. Brustbild Tschiang Kai-schek in Uniform ohne Mütze von vorn. Oben fünf chinesische Schriftzeichen. Mäanderförmige Umrandung. Rs. Alte Pu-Münze sowie Landesbezeichnung und Jahreszahl in chinesischen Schriftzeichen, Mäanderförmige Umrandung. Unten die Jahreszahl 1936. Versuchsprägung! –,– –,–

107a 1 Cent (K) 1936. Reisrispen. Oben Landesbezeichnung und Jahreszahl als Umschrift in chinesischen Schriftzeichen. Rs. Wertangabe in chinesischen Schriftzeichen zwischen Ähren. Unten Jahreszahl 1936. –,– –,–

108 (346) 1/2 Cent (Bro) 1936, 1937, 1939?, 1940? Im Zentrum eine Sonne (Hoheitszeichen der Republik), oben Landesbezeichnung und Jahreszahl in chinesischen Schriftzeichen als Umschrift. Mäanderförmige Umrandung. Rs. Alte Pu-Münze, rechts und links Wertangabe in chinesischen Schriftzeichen. Mäanderförmige Umrandung **6,–** **10,–**

			SS	VZ
109 (347)	1	Cent (Bro) 1936–1940. Typ wie Nr. 108	4,–	7,–
110 (353)	1	Cent (Me) 1939. Typ wie Nr. 108, jedoch Umrandung der Vorderseite und Rückseite aus T-förmigen Elementen zusammengesetzt	70,–	130,–
111 (354)	2	Cents (Me) 1939. Typ wie Nr. 110	15,–	25,–

112 (348)	5	Cents (N) 1935–1939, 1941. Brustbild Dr. Sun Yat Sen n. l., oben Landesbezeichnung und Jahreszahl in chinesischen Schriftzeichen. Mäanderförmige Umrandung. Rs. Alte Pu-Münze, rechts und links Wertangabe in chinesischen Schriftzeichen. Mäanderförmige Umrandung. Die Ausgaben von 1935 und 1937 sind Versuchsprägungen!	1,50	2,50
113 (349)	10	Cents (N) 1935, 1936, 1938, 1939. Typ wie Nr. 112. Die Ausgabe von 1935 ist eine Versuchsprägung!	1,20	2,–
114 (350)	20	Cents (N) 1935–1939. Typ wie Nr. 112. Die Ausgaben von 1935 und 1937 sind Versuchsprägungen!	3,–	4,–
115 (348.3)	5	Cents (N) 1936. Typ wie Nr. 112, jedoch auf der Vs. links und rechts neben dem Brustbild zweimal das chinesische Schriftzeichen Tsin 津 für Tientsin. Versuchsprägung!	85,–	130,–
116 (348.2)	5	Cents (N) 1936. Typ wie Nr. 112, jedoch auf der Vs. links und rechts neben dem Brustbild zweimal das chinesische Schriftzeichen Ping 平 für Peiping. Versuchsprägung!	85,–	130,–
117 (349.4)	10	Cents (N) 1936. Typ wie Nr. 113, jedoch auf der Vs. zusätzlich hinter dem Brustbild das chinesische Schriftzeichen Tsin 津 für Tientsin. Versuchsprägung!	85,–	130,–
118 (349.5)	10	Cents (N) 1936. Typ wie Nr. 113, jedoch auf der Vs. zusätzlich hinter dem Brustbild das chinesische Schriftzeichen Ping 平 für Peiping. Versuchsprägung!	130,–	190,–
119	10	Cents (N) 1936. Typ wie Nr. 115, jedoch geänderte Wertangabe. Versuchsprägung!	–,–	–,–
120	10	Cents (N) 1936. Typ wie Nr. 116, jedoch geänderte Wertangabe. Versuchsprägung!	–,–	–,–
121	10	Cents (N) 1936. Typ wie Nr. 113, jedoch auf der Rs. unterhalb der Pu-Münze zusätzlich das chinesische Schriftzeichen Tsin 津 für Tientsin. Versuchsprägung!	–,–	–,–
			SS	**VZ**
122	10	Cents (N) 1936. Typ wie Nr. 113, jedoch auf der Rs. unterhalb der Pu-Münze zusätzlich das chinesische Schriftzeichen Ping 平 für Peiping. Versuchsprägung!	–,–	–,–
123	10	Cents (N) 1936. Typ wie Nr. 113, jedoch auf der Vs. auf der Jacke von Sun Yat Sen zusätzlich das chinesische Schriftzeichen Tsin 津 für Tientsin. Versuchsprägung!	–,–	–,–
124	10	Cents (N) 1936. Typ wie Nr. 113, jedoch auf der Vs. auf der Jacke von Sun Yat Sen zusätzlich das chinesische Schriftzeichen Ping 平 für Peiping. Versuchsprägung!	–,–	–,–
125 (348.1)	5	Cents (N) 1936. Typ wie Nr. 112, jedoch auf der Rs. unterhalb der Pu-Münze zusätzlich der Buchstabe A	3,–	5,–
126 (349.1)	10	Cents (N) 1936. Typ wie Nr. 113, jedoch auf der Rs. unterhalb der Pu-Münze zusätzlich der Buchstabe A. Versuchsprägung!	–,–	–,–
127 (350.1)	20	Cents (N) 1936. Typ wie Nr. 114, jedoch auf der Rs. unterhalb der Pu-Münze zusätzlich der Buchstabe A	3,–	5,–
128 (359)	5	Cents (N) 1940, 1941. Typ wie Nr. 112, jedoch geringerer Ø (17,5 mm) und wulstiger Rand sowie auf der Rs. geändertes Schriftzeichen für Fünf	5,–	10,–
129 (360)	10	Cents (K-N) 1940–1942. Typ wie Nr. 113, jedoch geringerer Ø (21 mm) und wulstiger Rand sowie auf der Rs. geändertes Schriftzeichen für Zehn	1,20	2,–
130 (361)	20	Cents (K-N) 1941, 1942. Typ wie Nr. 114, jedoch geringerer Ø (24 mm) und wulstiger Rand. Die Ausgabe 1941 ist eine Versuchsprägung!	2,50	3,50

131 (362)	½	Dollar (K-N) 1941–1943. Typ wie Nr. 130, Ø jedoch 28 mm. Die Ausgabe von 1941 ist eine Versuchsprägung!	5,–	8,–
131a (360.2)	10	Cent (N) 1942. Typ wie Nr. 112, jedoch auf der Rs. unterhalb der Pu-Münze zusätzlich das chinesische Schriftzeichen Kwei 桂 für Kweilin.	–,–	–,–
131b (361.1)	20	Cents (N) 1942. Typ wie Nr. 131a	–,–	–,–
132 (362.1)	50	Cents (N) 1942. Typ wie Nr. 131a	–,–	–,–
133 (A522)	1	Cent (N) 1940. Im Kreis chinesische Schriftzeichen zwischen Flügeln, Landesbezeichnung und Jahreszahl als Umschrift in chinesischen Schriftzeichen. Rs. Bündel von Reisrispen, rechts und links Wertangabe in chinesischen Schriftzeichen. Ausgabe der Hua Shing-Bank	–,–	–,–

SS VZ

134 5 Cents (N) 1940. Vs. wie Nr. 133. Rs. Pagode und Wertangabe in chinesischen Schriftzeichen. Ausgabe der Hua Shing-Bank –,– –,–

135 (522) 10 Cents (N) 1940. Vs. wie Nr. 133. Rs. Im Zentrum chinesisches Schriftzeichen für langes Leben in alter Siegelschrift, rechts und links Wertangabe in chinesischen Schriftzeichen. Mäanderförmige Umrandung. Ausgabe der Hua Shing-Bank 16,– 25,–

136 20 Cents (N) 1940. Vs. wie Nr. 133. Rs. Dschunke mit drei Segeln, rechts und links Wertangabe in chinesischen Schriftzeichen. Versuchsprägung der Hua Shing-Bank! –,– –,–

137 1 Cent (Al) 1939. In der Mitte Wertangabe und in der Umschrift Landesbezeichnung und Jahreszahl in chinesischen Schriftzeichen. Gepunkteter Rand. Rs. Alte Pu-Münze. Gepunkteter Rand. Versuchsprägung! –,– –,–

138 5 Cents (Al) 1939. Typ wie Nr. 137, jedoch Vs. und Rs. mäanderförmige Umrandung. Versuchsprägung! –,– –,–

139 10 Cents (Al) 1940. Typ wie Nr. 138. Versuchsprägung! –,– –,–

140 (355) 1 Cent (Al) 1940. Typ wie Nr. 137, jedoch keine Versuchsprägung. 1,– 1,50

141 2 Cents (Al) 1940. Typ wie Nr. 138. Versuchsprägung! –,– –,–

142 2 Cents (Al) 1940. Typ wie Nr. 141, jedoch Vs. und Rs. keine mäanderförmige, sondern nur gepunktete Umrandung. Versuchsprägung –,– –,–

143 (356) 5 Cents (Al) 1940. Typ wie Nr. 138, jedoch geändertes chinesisches Schriftzeichen für 5 1,20 2,–

144 10 Cents (N) 1941 o. J. Kopf Tschiang Kai-schek halblinks. Rs. Alte Pu-Münze, rechts und links Wertangabe in chinesischen Schriftzeichen. Mäanderförmige Umrandung –,– –,–

145 50 Cents (N) 1941 o. J. Typ wie Nr. 144 –,– –,–

146 50 Cents (S) 1941. Brustbild Tschiang Kai-schek von vorn, oben Landesbezeichnung und Jahreszahl in chinesischen Schriftzeichen. Mäanderförmige Umrandung. Rs. Alte Pu-Münze, rechts und links Wertangabe in chinesischen Schriftzeichen. Mäanderförmige Umrandung. Versuchsprägung! –,– –,–

147 (357) 1 Cent (Me) 1940. Im Zentrum eine Sonne (Hoheitszeichen der Republik), Landesbezeichnung und Jahreszahl als Umschrift in chinesischen Schriftzeichen. Rs. Alte Pu-Münze, rechts und links Wertangabe in chinesischen Schriftzeichen 1,20 2,–

148 (358) 2 Cents (Me) 1940. Typ wie Nr. 147 1,50 2,50

149 (363) 1 Cent (Bro) 1948. Typ wie Nr. 147 32,– 40,–

150 1 Dollar (S) 1948. Kopf Dr. Sun Yat Sen n. l., oben Landesbezeichnung und Jahreszahl als Umschrift in chinesischen Schriftzeichen. Rs. Alte Pu-Münze, rechts und links Wertangabe in chinesischen Schriftzeichen –,– –,–

151 2 Dollar (S) 1948. Typ wie Nr. 150 –,– –,–

152 50 Cents (S) 1948. Brustbild Tschiang Kai-schek in Uniform n. r., oben Landesbezeichnung und Jahreszahl als Umschrift in chinesischen Schriftzeichen. Rs. Wertangabe in chinesischen Schriftzeichen in einem Kranz von Reisrispen –,– –,–

153 (–) Ohne Wertangabe (S?) 1949. Fünfblättrige Blume im Kreis, Umschrift in chinesischen Schriftzeichen, u. a. Landesbezeichnung und Jahreszahl. Rs. Oben offener Kranz von Reisrispen. Keine Schriftzeichen –,– –,–

154 2,5 Mace Gold (G) 1949. Chinesisches Schriftzeichen für Gold in fünffach geschweifter Umrandung im Kreis. Landesbezeichnung und Jahreszahl als Umschrift in chinesischen Schriftzeichen. Rs. Wertangabe in chinesischen Schriftzeichen in oben offenem Kranz. Versuchsprägung! –,– –,–

155 20 Dollar (G) 1949. Münzbezeichnung durch zwei chinesische Schriftzeichen in fünffach geschweifter Umrandung im Kreis. In der Umschrift Landesbezeichnung und Jahreszahl in chinesischen Schriftzeichen. Rs. Wertangabe in chinesischen Schriftzeichen in oben offenem Kranz. Versuchsprägung! –,– –,–

156 1 Mace Gold (G) 1950. Brustbild Dr. Sun Yat Sen n. l., oben Landesbezeichnung und Jahreszahl in chinesischen Schriftzeichen. Rs. Alte Pu-Münze und Wertangabe in chinesischen Schriftzeichen. Vs. und Rs. mäanderförmige Umrandung. Ø 17,5 mm, Gewicht 0,325 g. Diese Ausgabe wurde nicht in Umlauf gebracht. Die Münzen Nr. 156 bis 158 wurden von der Münzstätte Cheng-Tu ausgegeben. –,– –,–

157 (–) (Ohne Wertangabe) (G) 1950. Typ wie Nr. 156, jedoch auf der Rs. keine Wertangabe. Ø 22 mm, Gewicht 0,65 g. Diese Ausgbe wurde nicht in Umlauf gebracht. –,– –,–

158 (–) (Ohne Wertangabe) (G) 1950. Typ wie Nr. 157, jedoch Ø 24 mm und Gewicht 1,3 g. Diese Ausgabe wurde nicht in Umlauf gebracht. –,– –,–

Weitere Ausgaben siehe unter *Chinesische Volksrepublik* und *Taiwan* (National-China, Formosa).

Provinzausgaben:

CHE-KIANG 浙江

1 (371) 10 Cents (S) 1924. Münzbezeichnung und Wertangabe in vier chinesischen Schriftzeichen im Kreis. Umschrift CHE-KIANG PROVINCE TEN CENTS. Rs. Gekreuzte Flaggen (zwei Nationalflaggen) im Kreis, Landes- und Provinzbezeichnung sowie Jahreszahl als Umschrift in chinesischen Schriftzeichen 15,– 25,–

2 (372) 20 Cents (S) 1924. Wie Typ Nr. 1, jedoch Umschrift der Vs. CHE-KIANG PROVINCE TWENTY CENTS. –,– –,–

3 (373) 20 Cents (S) 1924. Die Zahl 20 im Perlkreis und Umschrift CHE-KIANG PROVINCE TWENTY CENTS. Rs. Münzbezeichnung und Wertangabe in vier chinesischen Schriftzeichen im Perlkreis. In der Umschrift Landes- und Provinzbezeichnung sowie Jahreszahl in chinesischen Schriftzeichen 650,– 1100,–

FOO-KIEN (FUKIEN) 福建

1 (374) 1 Käsch (Me) 1912 o. J. Wertangabe durch zwei chinesische Schriftzeichen. Rechts und links je eine Flagge (Armee- und Nationalflagge, rechte Flagge mit fünf Streifen). Rs. Provinz- und Münzbezeichnung durch vier chinesische Schriftzeichen. Im Zentrum ein rundes Loch. Gegossen. 350,– 600,–

2 (375) 2 Käsch (Me) 1912 o. J. Typ wie Nr. 1 Gegossen 60,– 100,–

2a (374.1) 1 Käsch (Me) 1912 o. J. Typ wie Nr. 1, jedoch rechte Flagge mit sechs Streifen. 450,– 750,–

2b (375.1) 2 Käsch (Me) 1912 o. J. Typ wie Nr. 2, jedoch rechte Flagge mit sechs Streifen. 120,– 200,–

3 (379) 10 Käsch (K, Me) 1912–1922, 1924 o. J. Drei Flaggen mit Bändern und Umschrift FOO-KIEN COPPER COIN TEN CASH. Rs. Landes- und Münzbezeichnung durch vier chinesische Schriftzeichen im Perlkreis. In der Umschrift Provinzbezeichnung und Wertangabe durch zwölf chinesische Schriftzeichen. Im Zentrum eine Rosette 12,– 20,–

			SS	VZ
4	20	Cents (S) 1912 o. J. Gekreuzte Flaggen im Perlkreis und Umschrift THERMEEMEA CBCERO 1 MACE AND 44 CANDAREENS. Rs. Münzbezeichnung in vier chinesischen Schriftzeichen im Perlkreis. In der Umschrift Landesbezeichnung und Wertangabe in chinesischen Schriftzeichen.	–,–	–,–
5 (377)	20	Cents (S) 1911 (z. D.). Im Zentrum chinesische Schriftzeichen für Fukien in einer Rosette, darum zwei Kreise von je neun Punkten (zwischen dem inneren und äußeren Kreis durch Striche verbunden). Umschrift FOO-KIEN 1 MACE AND 44 CANDAREENS. Rs. Landes- und Münzbezeichnung durch vier chinesische Schriftzeichen im Perlkreis. In der Umschrift Provinzbezeichnung, Jahreszahl und Wertangabe durch sechzehn chinesische Schriftzeichen. Im Zentrum ein chinesisches Schriftzeichen für Foo-Kien	40,–	60,–
6	20	Cents (S) 1912. Typ wie Nr. 5, jedoch Umschrift der Vs. FOO-KIEN GOVERNOR 1 MACE AND 44 CANDAREENS. Versuchsprägung!	–,–	–,–
7 (380)	10	Cents (S) 1912 o. J. Drei Flaggen mit Bändern und Umschrift MADE IN FOO-KIEN MINT 7,2 CANDAREENS. Rs. Landes- und Münzbezeichnung durch vier chinesische Schriftzeichen im Perlkreis. In der Umschrift Provinzbezeichnung und Wertangabe durch zwölf chinesische Schriftzeichen. Im Zentrum ein zwölfstrahliger Stern	55,–	100,–
8 (A381)	20	Cents (S) 1912 o. J. Typ wie Nr. 7, jedoch Wertangabe in der Umschrift der Vs. 1 MACE AND 4,4 CANDAREENS	15,–	30,–
9 (382)	10	Cents (S) 1913 o. J. Die Zahl 10 im Perlkreis und Umschrift FOO-KIEN PROVINCE 7,2 CANDAREENS. Rs. Wertangabe und Münzbezeichnung durch vier chinesische Schriftzeichen im Perlkreis. In der Umschrift Provinzbezeichnung und Wertangabe durch elf chinesische Schriftzeichen	10,–	16,–
10 (383)	20	Cents (S) 1913 o. J. Die Zahl 20 im Perlkreis und Umschrift FOO-KIEN PROVINCE 1 MACE AND 44 CANDAREENS. Rs. wie Nr. 9	25,–	35,–
11 (381)	20	Cents (S) 1923 (z. D.). Drei Flaggen mit Bändern und Umschrift MADE IN FOO-KIEN MINT 1 MACE AND 44 CANDAREENS. Rs. Landesbezeichnung und Jahreszahl durch vier chinesische Schriftzeichen im Perlkreis. In der Umschrift Provinzbezeichnung und Wertangabe durch vierzehn chinesische Schriftzeichen. Im Zentrum ein zwölfstrahliger Stern	18,–	26,–
12 (380a)	10	Cents (S) 1924 (z. D.). Typ wie Nr. 11, jedoch Wertangabe auf der Vs. 7,2 CANDAREENS und auf der Rs. an Stelle der Landesbezeichnung das Wort Republik in chinesischen Schriftzeichen	45,–	85,–
13 (381.4)	20	Cents (S) 1924 (z. D.). Typ wie Nr. 12, jedoch Wertangabe auf der Vs. 1 MACE AND 44 CANDAREENS	40,–	60,–
14 (383a)	20	Cents (S) 1924. Die Zahl 20 im Perlkreis und Umschrift FOO-KIEN PROVINCE TWENTY CENTS. Rs. Münzbezeichnung und Wertangabe durch vier chinesische Schriftzeichen im Perlkreis. In der Umschrift Landes- und Provinzbezeichnung sowie Jahreszahl durch elf chinesische Schriftzeichen	50,–	80,–
15 (385)	20	Cents (S) 1927. Zwei gekreuzte Flaggen im Perlkreis und Umschrift in chinesischen Schriftzeichen, u. a. Wertangabe. Rs. Bezeichnung für Republican Government durch vier chinesische Schriftzeichen im Perlkreis. In der Umschrift neun chinesische Schriftzeichen, u. a. Jahreszahl und Münzstätte sowie rechts und links die Ziffer „2". Im Zentrum ein zwölfstrahliger Stern. Ausgabe der Armee	560,–	900,–
16	20	Cents (S) 1927. Kopf Dr. Sun Yat Sens nach links und Umschrift in chinesischen Schriftzeichen, u. a. Landesbezeichnung und Jahreszahl. Rs. Zwei gekreuzte Flaggen und Wertangabe in chinesischen Schriftzeichen. Versuchsprägung!	–,–	–,–
17 (384)	20	Cents (S) 1927. Abacus, Axt, Sichel, Gewehr und Buch im Perlkreis. In der Umschrift die Bezeichnung für National Government, Landesbezeichnung und Jahreszahl in chinesischen Schriftzeichen sowie rechts und links die Ziffer „2". Rs. Gekreuzte Flaggen im Perlkreis und Umschrift durch dreizehn chinesische Schriftzeichen, u. a. Wertangabe	600,–	1000,–
18	20	Cents (S) 1927. Typ wie Nr. 17, jedoch die Vs. ohne die Ziffern 2 und in der Umschrift der Rs. statt dreizehn nur neun chinesische Schriftzeichen	–,–	–,–
19 (388)	10	Cents (S) 1928, 1931. Die Zahl 10 in einer Sonne, diese im Perlkreis. Landes- und Provinzbezeichnung sowie Jahreszahl und Wertangabe als Umschrift in chinesischen Schriftzeichen. Rs. Huang Hwa-Massaker-Gedenkstätte. Oben Inschrift in chinesischen Schriftzeichen	30,–	50,–
20 (389)	20	Cents (S) 1928, 1931. Typ wie Nr. 19, jedoch in der Sonne eine 20	22,–	40,–
21 (390)	10	Cents (S) 1932. Gekreuzte Flaggen im Perlkreis. Wertangabe durch zwei chinesische Schriftzeichen zwischen den Flaggstöcken. In der Umschrift Landes- und Provinzbezeichnung sowie Jahreszahl und Wertangabe in chinesischen Schriftzeichen. Rs. wie Nr. 19	320,–	500,–
22 (391)	20	Cents (S) 1932. Typ wie Nr. 21	200,–	300,–

HO-NAN 河南

1 (A392)	10	Käsch (K, Me) 1912 o. J. Zwei gekreuzte Nationalflaggen (mit Quasten) und Umschrift HO-NAN TEN CASH. Rs. Wertangabe in chinesischen Schriftzeichen zwischen Ähren im Perlkreis. Landes- und Provinzbezeichnung in acht chinesischen Schriftzeichen als Umschrift	7,–	10,–
2 (392)	10	Käsch (K) 1912 o. J. Gekreuzte Flaggen (Armee- und Nationalflagge) mit Quasten und Umschrift HO-NAN TEN CASH. Rs. Rosette zwischen Ähren im Perlkreis. Landesbezeichnung und Wertangabe als Umschrift in acht chinesischen Schriftzeichen	3,–	4,50
3 (392.2)	10	Käsch (K) 1912 o. J. Vs. wie Nr. 1. Rs. wie Nr. 2	–,–	–,–
4 (393)	20	Käsch (K) 1912 o. J. Typ wie Nr. 2, jedoch Wertangabe in der Umschrift der Vs. 20 CASH	7,–	10,–
5 (393.1)	20	Käsch (K) o. J. Typ wie Nr. 4, jedoch Wertangabe in der Umschrift der Rs. in anderen chinesischen Schriftzeichen	5,–	8,–
6 (394)	50	Käsch (K, Me) 1912 o. J. Typ wie Nr. 2, jedoch Umschrift der Vs. HO-NAN 50 CASH	12,–	17,–
7 (395)	100	Käsch (K) 1912 o. J. Typ wie Nr. 2, jedoch Umschrift der Vs. HO-NAN 100 CASH sowie geänderte Zeichnung der Flaggen	15,–	25,–

			SS	VZ
8 (396)	200	Käsch (K-Me) 1912 o. J. Typ wie Nr. 7, jedoch Umschrift der Vs. HO-NAN 200 CASH	22,–	30,–
9 (393.2)	20	Käsch (K) o. J. Typ wie Nr. 4, jedoch in der Umschrift der Vs. an Stelle der Provinzbezeichnung HO-NAN die Landesbezeichnung CHINA	85,–	130,–
10 (394a)	50	Käsch (K) o. J. Typ wie Nr. 9	60,–	100,–
11 (397)	50	Käsch (K) 1931. Ähnlich Typ Nr. 12	120,–	200,–
12 (398)	100	Käsch (K) 1931. Wert in chinesischen Schriftzeichen zwischen Ähren, oben ein fünfstrahliger Stern. Rs. Im Zentrum eine Sonne (Hoheitszeichen der Republik) im Kreis. Landes- und Provinzbezeichnung sowie Jahreszahl als Umschrift in chinesischen Schriftzeichen	55,–	90,–
13 (A397)	20	Käsch (K) 1931. Gekreuzte Flaggen mit Quasten. Oben ein fünfstrahliger Stern, unten die Inschrift 20 CASH. Rs. Rosette zwischen Ähren im Perlkreis. Landesbezeichnung und Wertangabe als Umschrift in chinesischen Schriftzeichen	–,–	–,–

HO-PEI 河北

1 (516)	½	Cent (K) 1937. Typ wie Nr. 2	20,–	30,–
2 (517)	1	Cent (K) 1937. Sternenflagge im Perlkreis und Umschrift in chinesischen Schriftzeichen, u. a. Landesbezeichnung und Jahreszahl sowie Bezeichnung für Chi-Tung-Government. Rs. Wertangabe in chinesischen Schriftzeichen zwischen Ähren	10,–	16,–
3 (518)	5	Cents (N) 1937. Typ wie Nr. 2	15,–	22,–
4 (519)	10	Cents (N) 1937. Pagode im Perlkreis und Umschrift in chinesischen Schriftzeichen, u. a. Landesbezeichnung und Jahreszahl sowie Bezeichnung für Chi-Tung-Government. Rs. Wertangabe in chinesischen Schriftzeichen zwischen Ähren	10,–	15,–
5 (520)	20	Cents (N) 1937. Typ wie Nr. 4	16,–	26,–

HU-NAN 湖南

1 (400.2)	20	Käsch (K, Me) o. J. (1912–1921). Ähren und Blattornament im Kreis. Umschrift THE REPUBLIC OF CHINA TWENTY CASH. Rs. Gekreuzte Flaggen im Kreis, oben zwischen den Flaggstöcken eine Rosette. Provinzbezeichnung und Wertangabe als Umschrift in chinesischen Schriftzeichen. Varianten	6,–	10,–
2 (400)	20	Käsch (K) o. J. Typ wie Nr. 1, jedoch in der Umschrift der Rs. die Wertangabe in anderen chinesischen Schriftzeichen	8,–	18,–
2a (400a)	20	Käsch (K) o. J. Typ wie Nr. 2, jedoch Wertangabe in der Umschrift der Vs. 20 CASH	140,–	260,–

			SS	VZ
3 (399)	10	Käsch (K,Me) 1914 o. J. Neunstrahliger Stern im Perlkreis und Umschrift HU-NAN TEN CASH. Rs. Provinz- und Münzbezeichnung durch vier chinesische Schriftzeichen im Perlkreis. In der Umschrift Landesbezeichnung und Wertangabe durch sechs chinesische Schriftzeichen. Im Zentrum eine Rosette	8,–	12,–
4 (401)	10	Käsch (K) 1916. Ähren und Blattornament im Kreis sowie Umschrift THE FIRST YEAR OF HUNG SHUAN TEN CASH. Rs. Wertangabe durch vier chinesische Schriftzeichen im Kreis. In der Umschrift elf chinesische Schriftzeichen, u. a. Provinzbezeichnung und Jahreszahl	32,–	60,–
5	10	Cents (S) 1916. Drache und Wertangabe in chinesischen Schriftzeichen. Rs. Münzbezeichnung durch vier chinesische Schriftzeichen im Perlkreis. In der Umschrift elf chinesische Schriftzeichen, u. a. Provinzbezeichnung und Jahreszahl. Versuchsprägung!	–,–	–,–
6 (404)	1	Dollar (S) 1922. Chinesisches Schriftzeichen (drei waagrechte Striche) zwischen Blattornamenten im Perlkreis. Umschrift in chinesischen Schriftzeichen, u. a. Landes- und Provinzbezeichnung sowie Jahreszahl und Wertangabe. Rs. Gekreuzte Flaggen, Armee- und Nationalflagge, im Perlkreis, oben zwischen den Flaggstöcken eine Rosette. Umschrift THE REPUBLIC OF CHINA ONE DOLLAR. Es existieren auch Goldabschläge!	600,–	950,–
7	1	Dollar (S) 1922. Kopf General Chao Heng Ti halblinks zwischen Zweigen im Perlkreis in chinesischen Schriftzeichen. Rs. wie Nr. 6. Versuchsprägung!	–,–	–,–
8 (402)	10	Käsch (K) 1922. Typ ähnlich wie Nr. 6, jedoch geänderte Wertangabe	38,–	65,–
9 (403)	20	Käsch (K) 1922. Typ ähnlich wie Nr. 6, jedoch geänderte Wertangabe	55,–	85,–
10 (402.1)	10	Käsch (K) 1922. Typ ähnlich wie Nr. 6, jedoch geänderte Wertangabe und oben zwischen den Flaggstöcken an Stelle der Rosette ein fünfstrahliger Stern	28,–	45,–
11 (400.9)	20	Käsch (K) o. J. Typ wie Nr. 1, jedoch oben zwischen den Flaggstöcken an Stelle der Rosette ein fünfstrahliger Stern	5,–	8,–

HU-PEH 湖北

1	5	Cents (N) 1915 o. J. Wertangabe in chinesischen Schriftzeichen in einer Sonne (Hoheitszeichen der Republik). Mäanderartige Umrandung. Rs. Landesbezeichnung in chinesischen Schriftzeichen in sechzehnstrahligem Stern. Versuchsprägung!	–,–	–,–
2	10	Cents (?) 1916. Drache und Wertangabe in chinesischen Schriftzeichen. Rs. Münzbezeichnung durch vier chinesische Schriftzeichen im Perlkreis. In der Umschrift chinesische Schriftzeichen, u. a. Provinzbezeichnung und Wertangabe	–,–	–,–

		SS	VZ
3 (406)	20 Cents (S) 1920. Brustbild Yuan Shih Kai nach links, oben Landes- und Provinzbezeichnung sowie Jahreszahl als Inschrift in chinesischen Schriftzeichen. Rs. Wertangabe in chinesischen Schriftzeichen zwischen und über Reisrispen	**380,–**	**550,–**
4 (405)	50 Käsch (K, Me) 1914, 1918. Inschrift in altchinesischer Siegelschrift im Kreis, das Ganze von achtzehn kreisförmig angeordneten Ringen umgeben. Oben Landesbezeichnung und Jahreszahl als Inschrift in chinesischen Schriftzeichen. Rs. Provinz- und Münzbezeichnung durch vier chinesische Schriftzeichen im Perlkreis. Im Zentrum eine stilisierte Blume. In der Umschrift chinesische Schriftzeichen, u. a. Wertangabe	**750,–**	**1400,–**
5 (A405)	20 Käsch (Me) o. J. Münzbezeichnung durch vier chinesische Schriftzeichen. Rs. Wertangabe durch vier chinesische Schriftzeichen. Im Zentrum der Vs. und Rs. jeweils ein chinesisches Schriftzeichen im Kreis.	**210,–**	**300,–**

KANSU 甘肅

1 (407)	1 Dollar (S) 1914. Brustbild Yuan Shih Kais in Uniform nach links. Landes- und Provinzbezeichnung sowie Jahreszahl als Umschrift in chinesischen Schriftzeichen. Rs. Wertangabe in chinesischen Schriftzeichen zwischen Reisrispen	**900,–**	**1300,–**
2 (408)	50 Käsch (K) 1926. Provinz- und Münzbezeichnung durch vier chinesische Schriftzeichen im Perlkreis. Im Zentrum eine stilisierte Blume. In der Umschrift Landesbezeichnung, Jahreszahl und Wertangabe in chinesischen Schriftzeichen. Rs. Gekreuzte Flaggen (Armee- und Nationalflagge)	**320,–**	**450,–**
3 (409)	100 Käsch (K) 1926. Typ wie Nr. 2, jedoch geänderte Wertangabe und auf der Rs. zusätzlich am Rand vier kleine Rosetten und oben zwischen den Flaggstöcken eine große Rosette	**280,–**	**400,–**

		SS	VZ
4 (410)	1 Dollar (S) 1928. Brustbild Dr. Sun Yat Sens von vorn, Landesbezeichnung und Jahreszahl als Umschrift in chinesischen Schriftzeichen. Rs. Im Zentrum eine Sonne im Perlkreis. In der Umschrift Provinzbezeichnung und Wertangabe in chinesischen Schriftzeichen sowie zwei mandschurische Schriftzeichen	**550,–**	**700,–**
5	5 Käsch (K) o.J. Provinz- und Münzbezeichnung durch vier chinesische Schriftzeichen. Im Zentrum ein chinesisches Schriftzeichen im Perlkreis. Rs. Wertangabe durch zwei chinesische Schriftzeichen. Im Zentrum ebenfalls ein chinesisches Schriftzeichen im Perlkreis. Ø 20 mm	**400,–**	**500,–**
6	5 Fen (K) o.J. Typ ähnlich wie Nr. 5, jedoch Ø 19 mm	**200,–**	**250,–**
7	10 Fen (K) o.J. Typ wie Nr. 6, jedoch Ø 24 mm	**250,–**	**300,–**

KIANG-SEE (KIANG-SI) 江西

		SS	VZ
1 (412a)	10 Käsch (K,Me) 1912 (z. D.). Neunstrahliger Stern im Perlkreis und Umschrift KIANG-SEE TEN CASH. Rs. Provinz- und Münzbezeichnung durch vier chinesische Schriftzeichen im Perlkreis. In der Umschrift Landesbezeichnung, Jahreszahl und Wertangabe durch acht chinesische Schriftzeichen	**7,–**	**10,–**
2 (412)	10 Käsch (K) 1912 (z. D.). Vs. wie Nr. 1. Rs. Vier chinesische Schriftzeichen im Perlkreis, u. a. Münzbezeichnung. In der Umschrift Provinzbezeichnung, Jahreszahl und Wertangabe durch elf chinesische Schriftzeichen	**260,–**	**400,–**
3	1 Dollar (S) 1912 (z.D.). Typ ähnlich wie Nr. 1, jedoch Wertangabe in der Umschrift der Vs. ONE DOLLAR	**–,–**	**–,–**

KWANG-SEA (KWANG-SI) 廣西

1 (413)	1 Cent (Me) 1919. Ziffer 1 im Perlkreis und Umschrift KWANG SEA PROVINCE ONE CENT. Rs. Münzbezeichnung und Wertangabe durch vier chinesische Schriftzeichen im Perlkreis. In der Umschrift Landes- und Provinzbezeichnung sowie Jahreszahl in zehn chinesischen Schriftzeichen	**220,–**	**320,–**
2 (413a)	1 Cent (Me) 1919. Typ wie Nr. 1, jedoch Provinzbezeichnung in der Umschrift der Vs. KWANG-SI	**70,–**	**110,–**
3 (414)	10 Cents (S) 1920, 1921. Ziffer 10 im Perlkreis und Umschrift KWANG-SI PROVINCE TEN CENTS. Rs. Münzbezeichnung und Wertangabe durch vier chinesische Schriftzeichen im Perlkreis. In der Umschrift Landes- und Provinzbezeichnung sowie Jahreszahl in chinesischen Schriftzeichen. Die Ausgabe 1921 ist eine Versuchsprägung in Kupfer!	**150,–**	**240,–**
4 (415)	20 Cents (S) 1919, 1920, 1924. Typ wie Nr. 3, jedoch auf der Vs. die Ziffer 20 und die Umschrift KWANG-SEA PROVINCE TWENTY CENTS. Die Ausgabe 1921 ist eine Versuchsprägung	**85,–**	**150,–**
5 (415a)	20 Cents (S) 1919–1923. Typ wie Nr. 4, jedoch Provinzbezeichnung in der Umschrift der Vs. KWANG-SI. Die Ausgabe 1921 ist eine Versuchsprägung in Kupfer!	**55,–**	**90,–**
6 (415a.1)	20 Cents (S) 1924. Typ wie Nr. 5, jedoch im Zentrum der Rs. zusätzlich das chinesische Schriftzeichen Kwei 桂 für Kweilin	**125,–**	**200,–**
7	20 Cents (S) 1924. Typ wie Nr. 6, jedoch Provinzbezeichnung auf der Vs. KWANG-SEA	**12,–**	**18,–**
8	20 Cents (S) 1925. Typ wie Nr. 5, jedoch im Zentrum der Rs. zusätzlich das chinesische Schriftzeichen Si	**–,–**	**–,–**
9 (415b)	20 Cents (S) 1926, 1927. Typ ähnlich wie Nr. 8, jedoch Ziffer 20 auf der Vs. umrandet von Ähren	**18,–**	**28,–**
10	5 Cents (N) 1923, Ziffer 5 im Kranz und Umschrift KWANG-SI PROVINCE FIVE CENTS. Rs. Münzbezeichnung und Wertangabe durch vier chinesische Schriftzeichen im Perlkreis. In der Umschrift Landes- und Provinzbezeichnung sowie Jahreszahl in chinesischen Schriftzeichen. Versuchsprägung!	**–,–**	**–,–**
11 (416)	20 Cents (S) 1949. Landschaft (Elefantenrüsselberg) mit Boot im Perlkreis. Umrandung durch 24 Rosetten. Rs. Münzbezeichnung und Wertangabe durch vier chinesische Schriftzeichen im Perlkreis. In der Umschrift Landes- und Provinzbezeichnung sowie Jahreszahl in chinesischen Schriftzeichen	**180,–**	**280,–**

KWANG-TUNG 廣東

			SS	VZ
1	10	Cents (S) 1912. Zwei gekreuzte Flaggen und fünf Lanzen im Perlkreis. Umschrift KWANG-TUNG PROVINCE TEN CENTS. Rs. Münzbezeichnung und Wertangabe durch vier chinesische Schriftzeichen im Perlkreis. In der Umschrift Landes- und Provinzbezeichnung sowie Jahreszahl in chinesischen Schriftzeichen. Versuchsprägung!	–,–	–,–
2	10	Cents (S) 1912. Gekreuzte Flaggen mit Schwertern und Gewehren im Perlkreis. Umschrift KWANG-TUNG PROVINCE TEN CENTS. Rs. Münzbezeichnung und Wertangabe durch vier chinesische Schriftzeichen im Perlkreis. In der Umschrift Landes- und Provinzbezeichnung sowie Jahreszahl in chinesischen Schriftzeichen, Versuchsprägung!	–,–	–,–

			SS	VZ
3 (417)	1	Cent (K,Me) 1912, 1914–1916, 1918. Die Ziffer 1 im Perlkreis und Umschrift KWANG-TUNG PROVINCE ONE CENT. Rs. Münzbezeichnung und Wertangabe durch vier chinesische Schriftzeichen im Perlkreis. In der Umschrift Landes- und Provinzbezeichnung sowie Jahreszahl in chinesischen Schriftzeichen	3,–	5,–
4 (418)	2	Cents (K, Me) 1918. Typ wie Nr. 3	90,–	150,–
5 (422)	10	Cents (S) 1913, 1914, 1922. Die Zahl 10 im Perlkreis und Umschrift KWANG-TUNG PROVINCE TEN CENTS. Rs. Münzbezeichnung und Wertangabe durch vier chinesische Schriftzeichen im Perlkreis. In der Umschrift Landes- und Provinzbezeichnung sowie Jahreszahl in chinesischen Schriftzeichen	10,–	15,–

			SS	VZ
6 (423)	20	Cents (S) 1912–1915, 1918–1924. Typ wie Nr. 5	8,–	12,–
7 (420)	5	Cents (N) 1919. Kranz mit Ziffer 5 im Perlkreis. Umschrift KWANG-TUNG PROVINCE FIVE CENTS. Rs. Münzbezeichnung und Wertangabe durch vier chinesische Schriftzeichen im Perlkreis. In der Umschrift Landes- und Provinzbezeichnung sowie Jahreszahl in chinesischen Schriftzeichen	5,–	9,–
8 (420a)	5	Cents (N) 1923. Typ wie Nr. 7, jedoch Wertangabe auf der Rs. in anderen chinesischen Schriftzeichen	5,–	9,–
9 (421)	5	Cents (N) 1921. Flagge im Perlkreis und Umschrift KWANG-TUNG PROVINCE FIVE CENTS. Rs. Typ wie Nr. 8	10,–	16,–
10 (424)	20	Cents (S) 1924. Kopf Dr. Sun Yat Sen nach links. Rs. Münzbezeichnung und Wertangabe durch vier chinesische Schriftzeichen im Perlkreis. In der Umschrift Landes- und Provinzbezeichnung sowie Jahreszahl in chinesischen Schriftzeichen	30,–	50,–
11 (426)	20	Cents (S) 1928–1930. Kopf Dr. Sun Yat Sens nach links. Rs. Wertangabe in chinesischen Schriftzeichen im Kranz. Landes- und Provinzbezeichnung sowie Jahreszahl als Umschrift in chinesischen Schriftzeichen. Die Ausgabe 1930 ist eine Versuchsprägung!	8,–	12,–
12 (425)	10	Cents (S) 1929. Kopf Dr. Sun Yat Sens nach links. Rs. Wertangabe in chinesischen Schriftzeichen im Perlkreis, Landes- und Provinzbezeichnung sowie Jahreszahl als Umschrift in chinesischen Schriftzeichen. Links und rechts je eine zwölfstrahlige Sonne	6,–	8,–
13 (427)	1	Cent (K) 1936. Landschaft mit Tieren, Landes- und Provinzbezeichnung sowie Jahreszahl als Inschrift oben in chinesischen Schriftzeichen. Rs. Reisrispe sowie Wertangabe in chinesischen Schriftzeichen. Im Zentrum ein rundes Loch	300,–	500,–

KWEICHOW 貴州

Zum Bau der ersten Autostraße in Kweichow

			SS	VZ
1 (428)	1	Dollar (S) 1928. Automobil im Perlkreis. Provinz- und Münzbezeichnung sowie Wertangabe als Umschrift in chinesischen Schriftzeichen. Rs. Provinz- und Münzbezeichnung durch vier chinesische Schriftzeichen im Perlkreis. Landesbezeichnung, Jahreszahl und Wertangabe als Umschrift in chinesischen Schriftzeichen. Im Zentrum eine stilisierte Blume	850,–	1500,–
2 (429)	10	Cents (Antimon) 1931. Zwölfstrahlige Sonne im Perlkreis. Rs. Münzbezeichnung und Wertangabe durch vier chinesische Schriftzeichen im Perlkreis. In der Umschrift Landes- und Provinzbezeichnung sowie Jahreszahl in chinesischen Schriftzeichen	1000,–	1600,–
2a	½	Cent (K, Me) 1949. Tung Yuan in chinesischen Schriftzeichen im Perlkreis. In der Umschrift Provinzbezeichnung und Wertangabe in chinesischen Schriftzeichen. Rs. Im Zentrum Chien (für Kwei-Chou) in altchinesischer Siegelschrift im Perlkreis. Oben als Umschrift Landesbezeichnung und Jahreszahl in chinesischen Schriftzeichen. Unten zwei Zweige	–,–	–,–
3 (431)	20	Cents (S) 1949. Die Zahl 20 in einem Kreis, der aus 28 Ziffern 20 gebildet ist. Mäanderförmige Umrandung. Rs. Münzbezeichnung und Wertangabe durch vier chinesische Schriftzeichen im Perlkreis. Landes- und Provinzbezeichnung sowie Jahreszahl als Umschrift in chinesischen Schriftzeichen. Mäanderförmige Umrandung. Versuchsprägung!	550,–	900,–
4 (430)	20	Cents (S) 1949. Wertangabe in alter chinesischer Siegelschrift in einem Kreis, der aus 30 Ziffern 20 gebildet ist. Rs. Typ ähnlich wie Nr. 3. Versuchsprägung!	300,–	500,–

SS VZ

5 (432) 50 Cents (S) 1949. Ziffer 50 in einem Kreis, der aus 32 Ziffern 50 gebildet ist. Mäanderförmige Umrandung. Rs. Typ ähnlich wie Nr. 3. Versuchsprägung! **550,– 900,–**

6 (433) 1 Dollar (S) 1949. Bambus (Familie Gramineae) im Perlkreis. Rechts und links Wertangabe in chinesischen Schriftzeichen. Rs. Pavillon im Kreis. Landes- und Provinzbezeichnung sowie Jahreszahl als Umschrift in chinesischen Schriftzeichen. Versuchsprägung! **2500,– 4000,–**

MANDSCHUREI 東三省

1 (434) 1 Cent (K) 1929. Zwölfstrahlige Sonne im Blumenkranz. Rs. Wertangabe in chinesischen Schriftzeichen im Perlkreis. Landes- und Provinzbezeichnung sowie Jahreszahl als Umschrift in chinesischen Schriftzeichen **8,– 12,–**

2 1 Tael Gold (G) 1932 o.J. Chinesisches Schriftzeichen »Fu«. Rs. Inschrift »24 K 1000«. Durchmesser 30 mm. Versuchsprägung? **–,– –,–**

3 1 Tael Gold (G) 1932 o.J. Chinesisches Schriftzeichen »Hsi«. Rs. Inschrift »24 K 1000«. Durchmesser 30 mm. Versuchsprägung? **–,– –,–**

4 1 Tael Gold (G) 1932 o.J. Im Zentrum das Schriftzeichen »Fu« in alter chinesischer Siegelschrift in quadratischer Umrandung. Umschrift durch vier chinesische Schriftzeichen. Rs. »24 K 1000« und vier chinesische Schriftzeichen in quadratischer Umrandung. Durchmesser 30 mm. Versuchsprägung? **–,– –,–**

4a 1 Tael Gold (G) 1932 o.J. Typ wie Nr. 4, jedoch auf der Rs. nur »24 K 1000« in rechteckiger Umrandung **–,– –,–**

5 1 Tael Gold (G) 1932 (?) o.J. Schriftzeichen »Schu« in alter chinesischer Siegelschrift. Rs. Inschrift »24 K 1000«. Durchmesser 35 mm. Versuchsprägung? **–,– –,–**

5a 1 Tael Gold (G) 1932 o.J. Typ wie Nr. 5, jedoch auf der Vs. das chinesische Schriftzeichen »Lu« in alter chinesischer Siegelschrift **–,– –,–**

6 1 Tael Gold (G) 1944 (?) o.J. Vs. wie Nr. 4. Rs. Inschrift »1000% 24 K« in kleinen Schriftzeichen. Durchmesser 35 mm. Versuchsprägung? **–,– –,–**

INNERE MONGOLEI 內蒙古

1 (521) 50 Cents (N) 1938. Wertangabe in chinesischen Schriftzeichen zwischen stilisierten Drachen. Oben sieben mongolische Schriftzeichen. Rs. Chinesische Schriftzeichen zwischen Ornamenten, u. a. Landesbezeichnung, Münzstätte und Jahreszahl **30,– 45,–**

NORD-CHINA

Die Provinzen Ho-Nan, Ho-Pei, Hu-Peh, Shansi und Shan-Tung wurden unter der japanischen Besetzung zu dem Verwaltungsgebiet Nord-China zusammengefaßt.

1 (523) 1 Cent (Al) 1941–1943. Himmelstempel, rechts und links Wertangabe in chinesischen Schriftzeichen. Rs. Im Zentrum drei ineinandergreifende Ringe, diese in einem Kreis, Umschrift in chinesischen Schriftzeichen, u.a. Bezeichnung für die Federal Reserve Bank und Jahreszeichen, u. a. Bezeichnung für die Federal Reserve Bank und Jahreszahl **2,– 3,–**

2 (524) 5 Cents (Al) 1941–1943. Typ wie Nr. 1 **6,– 10,–**

3 (525) 10 Cents (Al) 1941–1943. Typ wie Nr. 1 **4,50 7,–**

SHANSI 山西

SS VZ

1 (A435) 10 Käsch (K) o.J. Gekreuzte Flaggen (Armee- und Nationalflagge) im Kreis und Umschrift in chinesischen Schriftzeichen, u. a. Landes- und Provinzbezeichnung sowie Wertangabe. Rs. Wertangabe in chinesischen Schriftzeichen zwischen Ähren *250,– 400,–*

2 5 Cents (N) 1925. Gekreuzte Flaggen (Armee- und Nationalflagge) im Perlkreis. Landesbezeichnung, Jahreszahl und Wertangabe als Umschrift in chinesischen Schriftzeichen. Rs. Provinz- und Münzbezeichnung durch chinesische Schriftzeichen in oben offenem Kranz **–,– –,–**

SHAN-TUNG (SHANG-TUNG) 山東

1 10 Dollar (G) 1926. Drachen und Phönix. Rs. Wertangabe in chinesischen Schriftzeichen im Kranz. In der Umschrift Landes- und Provinzbezeichnung sowie Jahreszahl und Wertangabe in chinesischen Schriftzeichen. Versuchsprägung! **6000,– 8000,–**

2 20 Dollars (G) 1926. Typ wie Nr. 1. Versuchsprägung! **7500,– 10000,–**

3 2 Cents (N) 1933. Gekreuzte Flaggen im Kreis. In der Umschrift Landes-, Provinz- und Münzbezeichnung sowie Jahreszahl in chinesischen Schriftzeichen. Rs. Wertangabe durch chinesische Schriftzeichen zwischen Rosetten. In der Umschrift oben Wertangabe in chinesischen Schriftzeichen und unten die Inschrift TWO CENTS Versuchsprägung! **–,– –,–**

4 20 Käsch (K) 1933. Wertangabe in chinesischen Schriftzeichen zwischen Ähren im Perlkreis. In der Umschrift oben zwei chinesische Schriftzeichen und unten TWENTY CASH. Rs. Zwei gekreuzte Nationalflaggen mit Quasten. Landes- und Provinzbezeichnung sowie Jahreszahl als Umschrift in chinesischen Schriftzeichen **–,– –,–**

SHENSI 陝西

1 (435) 1 Cent (K) 1924 (?) o.J. Gekreuzte Flaggen im Perlkreis. In der Umschrift oben die Landesbezeichnung in chinesischen Schriftzeichen und unten die Inschrift IMTYPIF. Rs. Wertangabe in chinesischen Schriftzeichen und Ähren im Perlkreis. Im Zentrum ein Ring. In der Umschrift Provinzbezeichnung und Wertangabe in chinesischen Schriftzeichen **240,– 450,–**

2 (436.1) 2 Cents (K) o. J. Typ wie Nr. 1, jedoch geänderte Wertangabe und in der Umschrift der Vs. die Inschrift IMTYPEF. **120,– 200,–**

3 (436) 2 Cents (K) o. J. Typ wie Nr. 2, jedoch auf der Rs. oben zwischen den Flaggstöcken ein Stern **150,– 250,–**

4 (436.2) 2 Cents (K) o. J. Typ wie Nr. 2, jedoch im Zentrum der Vs. und Rs. je ein Stern **300,– 500,–**

SIN-KIANG (CHINESISCH-TURKESTAN) 新疆

Allgemeine Ausgaben für Sin-Kiang

1 (A39.1) 10 Käsch (K) 1912 (z. D.). Gekreuzte Flaggen (in jeder Flagge drei Streifen mit Arabesken), oben und unten je ein chinesisches Schriftzeichen zwischen den Flaggstöcken (Jahreszahl). Rs. Chinesische Schriftzeichen im Perlkreis, u. a. Landesbezeichnung. In der Umschrift Provinzbezeichnung und Wertangabe in chinesischen Schriftzeichen **185,– 270,–**

			SS	VZ
1a (A39)	10	Käsch (K) 1912 (z. D.). Typ wie Nr. 1, jedoch beide Flaggen statt 15 mm nur 8 mm breit	–,–	–,–
2 (41a)	5	Mace (S) 1912 (z. D.). Gekreuzte Flaggen (in jeder Flagge vier Streifen mit Arabesken), zwischen den Flaggstöcken Jahreszahl in chinesischen Schriftzeichen. Rs. Chinesische Schriftzeichen, u. a. Landes- und Münzbezeichnung sowie Wertangabe	100,–	150,–
3 (42a)	1	Tael (S) 1912 (z. D.). Typ wie Nr. 2	850,–	1250,–
4 (41)	5	Mace (S) 1912 (z. D.). Typ wie Nr. 2, jedoch in den Flaggen nur zwei Streifen mit Arabesken	200,–	320,–
5 (42)	1	Tael (S) 1912 (z. D.). Typ wie Nr. 3, jedoch in Flaggen nur zwei Streifen mit Arabesken	850,–	1250,–
6 (B39)	10	Käsch (K) o.J. Gekreuzte Flaggen (keine Schriftzeichen). Rs. Provinz- und Münzbezeichnung durch vier chinesische Schriftzeichen im Perlkreis. Im Zentrum eine Rosette. In der Umschrift Landesbezeichnung und Wertangabe in chinesischen Schriftzeichen	160,–	230,–
7 (39)	20	Käsch (K) 1912 o.J. Typ wie Nr. 6, jedoch geänderte Wertangabe	300,–	400,–
7a (40.1)	10	Käsch (K) 1929, 1930 (z. D.). Typ wie Nr. 8	500,–	800,–
8 (A41)	20	Käsch (K) 1929, 1930. Chung Hwa Min Kuo in chinesischen Schriftzeichen im Perlkreis. In der Umschrift u. a. Provinzbezeichnung, Jahreszahl und Wertangabe in chinesischen Schriftzeichen. Rs. Gekreuzte Flaggen. Oben zwischen den Flaggstöcken chinesische Schriftzeichen	*400,–*	*650,–*

9 (46.2)	1	Dollar (S) 1949. Ziffer 1 und arabische Schriftzeichen im Perlkreis. In der Umschrift arabische Schriftzeichen und die Jahreszahl 1949. Rs. Wertangabe in chinesischen Schriftzeichen im Ährenkranz. In der Umschrift Landes- und Provinzbezeichnung sowie Jahreszahl (38. Jahr) in chinesischen Schriftzeichen	800,–	1000,–
10 (46.5)	1	Dollar (S) 1949. Typ wie Nr. 9, jedoch auf der Rs. die Angabe der Jahreszahl 1949 in chinesischen Schriftzeichen	*1000,–*	*1750,–*

Ausgabe für Aksu 阿城

1 (37)	10	Käsch (K) o.J. Gekreuzte Flaggen, oben und unten zwischen den Flaggstöcken arabische Schriftzeichen. Rs. Landesbezeichnung durch vier chinesische Schriftzeichen im Perlkreis. In der Umschrift Provinzbezeichnung, Münzstätte und Wertangabe in chinesischen Schriftzeichen. Gegossen. Zwei Varianten: 29 und 32 mm Ø	400,–	650,–

Ausgaben für Kaschgar 喀什

			SS	VZ
1 (36)	5	Käsch (K) 1913 (n. H. 1331). Gekreuzte Flaggen, zwischen den Flaggstöcken arabische Schriftzeichen. Rs. Landesbezeichnung durch vier chinesische Schriftzeichen im Perlkreis. In der Umschrift Provinzbezeichnung und Münzstätte sowie Münzbezeichnung und Wertangabe in chinesischen Schriftzeichen	160,–	280,–
2 (38)	10	Käsch (K) n. H. 1331, 1332 (1913, 1914). Typ ähnlich wie Nr. 1	200,–	350,–
2a (38.3)	10	Käsch (K) n. H. 1334 (1916). Typ wie Nr. 2, jedoch an Stelle der Provinzbezeichnung die Jahreszahl in zyklischen Zeichen	–,–	–,–
3 (43)	5	Mace (S) n. H. 1331, 1332, 1334 (1913, 1914, 1916). Gekreuzte Flaggen, zwischen den Flaggstöcken arabische Schriftzeichen. Rs. Landesbezeichnung durch vier chinesische Schriftzeichen im Perlkreis. In der Umschrift Provinzbezeichnung, Münzstätte und Wertangabe in chinesischen Schriftzeichen	85,–	150,–
4 (A36)	5	Käsch (K) o. J. Typ wie Nr. 5	–,–	–,–
5 (B36)	10	Käsch (K) o. J. Landes- und Münzbezeichnung durch sechs chinesische Schriftzeichen. Rs. Von arabischen Schriftzeichen umrandete Flagge in einem Perlkreis. In der Umschrift chinesische Schriftzeichen, u. a. Provinzbezeichnung, Münzstätte und Wertangabe	350,–	600,–
6 (A38)	10	Käsch (K) 1916. Gekreuzte Flaggen. Zwischen den Flaggstöcken oben und unten arabische Schriftzeichen. Rs. Regierungsepoche (Hung Hsien) und Münzbezeichnung durch vier chinesische Schriftzeichen im Perlkreis. In der Umschrift Provinzbezeichnung, Münzstätte und Wertangabe in chinesischen Schriftzeichen	350,–	600,–
7 (38a)	10	Käsch (K) 1912, 1922. Gekreuzte Flaggen, oben und unten zwischen den Flaggstöcken arabische Schriftzeichen. Rs. Landesbezeichnung in chinesischen Schriftzeichen im Perlkreis. In der Umschrift Provinzbezeichnung, Münzstätte, Jahreszahl und Wertangabe in chinesischen Schriftzeichen	110,–	200,–
7a (38b)	10	Käsch (K) o. J. Typ ähnlich wie Nr. 7, jedoch Landes- und Münzbezeichnung auf der Rs. durch die chinesischen Schriftzeichen Min Kuo Tung Yüan	–,–	–,–
8 (B38d)	10	Käsch (K) 1928 (z. D.). Min Kuo Tung Yuan in chinesischen Schriftzeichen im Perlkreis. In der Umschrift Provinzbezeichnung, Münzstätte, Jahreszahl und Wertangabe in chinesischen Schriftzeichen in zwölfstrahliger Sonne	650,–	1000,–
8a (B38c)	10	Käsch (K) 1928 (z. D.). Typ wie Nr. 8, jedoch auf der Rs. in der Sonne das chinesische Schriftzeichen Jih	–,–	–,–
8b (B38.1)	10	Käsch (K) 1928, 1929, (z. D.) Typ wie Nr. 8, jedoch auf der Vs. Chung Hwa Min Kuo in chinesischen Schriftzeichen im Perlkreis	–,–	–,–
8c (B38.6)	10	Käsch (K) 1929 (z. D.). Typ wie Nr. 8b, jedoch in der Umschrift der Vs. durch Angabe der Münzstätte durch zwei chinesische Schriftzeichen	–,–	–,–
8d (B38b)	10	Käsch (K) 1928 (z. D.). Typ wie Nr. 8, jedoch auf der Rs. in der Sonne arabische Schriftzeichen	–,–	–,–
8e (B38a.1)	10	Käsch (K) 1929 (z. D.). Typ wie Nr. 8b, jedoch Rs. wie bei Nr. 8d	–,–	–,–
8f (B38 a.2)	10	Käsch (K) 1929 (z. D.). Vs. wie Nr. 8c. Rs. wie Nr. 8d	–,–	–,–
9 (44.6)	10	Käsch (K) 1929, 1930 (z. D.). Gekreuzte Nationalflaggen. In rechter Flagge Sonne in einem quadratischen Feld. Oben zwischen den Flaggstöcken zwei chinesische Schriftzeichen. Rs. Landesbezeichnung durch chinesische Schriftzeichen im Perlkreis. In der Umschrift Provinzbezeichnung, Münzstätte und Wertangabe in chinesischen Schriftzeichen. Im Zentrum eine Rosette	–,–	–,–

		SS	VZ
10 (44.1)	10 Käsch (K) 1929, 1930, 1933 (z. D.). Typ wie Nr. 9, jedoch Sonne in linker Flagge im quadratischen Feld	–,–	–,–
11 (46)	20 Käsch (K) o. J. Gekreuzte Flaggen. Oben und unten zwischen Flaggstöcken arabische Schriftzeichen. Rs. Landesbezeichnung durch vier chinesische Schriftzeichen im Perlkreis. In der Umschrift Wertangabe, Provinzbezeichnung und Münzstätte in chinesischen Schriftzeichen	*700,–*	*1100,–*

Ausgaben für Tihwa (Urumtschi) 廸化

		SS	VZ
1 (45.1)	1 Tael (S) 1917. Arabische Schriftzeichen in gepunktetem Kreis und Umrandung durch zum Teil ährenähnlichen Blattdekor. Rs. Chinesische und arabische Schriftzeichen im Perlkreis sowie Umschrift in chinesischen Schriftzeichen, u. a. Landesbezeichnung, Münzstätte, Jahreszahl und Wertangabe. Mehrere Varianten durch Veränderung des Blattdekors der Vs.	300,–	500,–
2 (45)	1 Tael (S) 1917. Typ wie Nr. 1, jedoch im Blattdekor der Umrandung der Vs. oben zusätzlich eine Rosette (mehrere Varianten durch Veränderung des Blattdekors der Vs.)	300,–	500,–
3 (45.2)	1 Tael (S) 1918. Typ wie Nr. 1, jedoch Blattdekor der Umrandung der Vs. geändert (nicht ährenähnlich)	360,–	600,–

SZECHUAN (SZE-SHUAN) 四川

		SS	VZ
1 (446)	5 Käsch (K, Me) 1912–1914. Inschrift in altchinesischer Siegelschrift im Kreis, das Ganze von 18 kreisförmig angeordneten Ringen umgeben. Oben Landesbezeichnung und Jahreszahl als Inschrift in chinesischen Schriftzeichen. Rs. Provinz- und Münzbezeichnung durch vier chinesische Schriftzeichen im Perlkreis. In der Umschrift chinesische Schriftzeichen, u. a. Wertangabe. Im Zentrum eine stilisierte Blume	160,–	220,–
2 (447)	10 Käsch (K, Me) 1912–1914. Typ ähnlich wie Nr. 1	7,–	11,–
3 (448)	20 Käsch (K, Me) 1912–1914, Typ ähnlich wie Nr. 1	7,–	11,–
4 (449)	50 Käsch (K, Me) 1912–1914. Typ ähnlich wie Nr. 1	10,–	16,–
5 (450)	100 Käsch (K, Me) 1912–1914. Typ ähnlich wie Nr. 1	15,–	25,–
6 (443)	5 Käsch (K, Me) 1912. Gekreuzte Flaggen, oben Landesbezeichnung und Jahreszahl als Inschrift in chinesischen Schriftzeichen. Rs. Provinz- und Münzbezeichnung durch vier chinesische Schriftzeichen im Perlkreis. In der Umschrift chinesische Schriftzeichen, u. a. Wertangabe. Im Zentrum eine stilisierte Blume	120,–	170,–
7 (441)	5 Käsch (K, Me) 1912. Gekreuzte Flaggen, oben Landesbezeichnung und Jahreszahl als Inschrift in chinesischen Schriftzeichen. Rs. Löwe über einer Wolke	150,–	220,–
8	10 Käsch (K, Me) 1912	–,–	–,–
9	100 Käsch (K, Me) 1913	–,–	–,–
10 (459)	200 Käsch (K, Me) 1913. Gekreuzte Flaggen im Perlkreis und Umschrift THE REPUBLIC OF CHINA 200 CASH. Rs. Wertangabe in chinesischen Schriftzeichen zwischen Ähren und Blumendekor im Perlkreis. Umschrift in chinesischen Schriftzeichen, u. a. Landes- und Provinzbezeichnung	40,–	65,–
11	500 Käsch (K) o. J.	–,–	–,–
12 (453)	10 Cents (S) 1912. Im Zentrum chinesische Schriftzeichen in alter Siegelschrift, umgeben von 18 Ringen. Oben Landesbezeichnung und Jahreszahl in chinesischen Schriftzeichen. Rs. Provinz- und Münzbezeichnung durch vier chinesische Schriftzeichen im Perlkreis. Umschrift durch chinesische Schriftzeichen, u. a. Wertangabe. Im Zentrum eine stilisierte Blume. (Typ ähnlich wie Nr. 1)	50,–	80,–
13 (454)	20 Cents (S) 1912. Typ wie Nr. 12	80,–	130,–
14 (455)	50 Cents (S) 1912, 1913. Typ wie Nr. 12	25,–	40,–

		SS	VZ
15 (456)	1 Dollar (S) 1912, 1914. Typ wie Nr. 12	40,–	75,–
16	20 Cents (S) 1912. Gekreuzte Flaggen im Perlkreis. Landesbezeichnung und Jahreszahl oben als Inschrift in chinesischen Schriftzeichen. Rs. Löwe über einer Wolke	–,–	–,–
17	10 Cents (S) 1912 o. J. Wertangabe in chinesischen Schriftzeichen im Ährenkranz. Rs. Vier chinesische Schriftzeichen, im Zentrum ein Stern	–,–	–,–
18	5 Mace (?) (S) 1920 (?) o. J. Vier chinesische Schriftzeichen, außen ein gepunkteter und ein ausgezogener Kreis. Rs. Im Zentrum Wert oder Ornament in gepunktetem Kreis. Umschrift in unbekannten Schriftzeichen. Außen ein gepunkteter Kreis zwischen zwei ausgezogenen Kreisen	–,–	–,–
19	5 Cents (N) 1925. Wertangabe in chinesischen Schriftzeichen im Kreis, im Zentrum zwei Kreise. Landesbezeichnung, Jahreszahl und Wertangabe als Umschrift in chinesischen Schriftzeichen. Rs. Vierstrahliger Stern zwischen Reisrispen	–,–	–,–
20 (468)	10 Cents (N) 1926 o. J. Wertangabe in chinesischen Schriftzeichen, umgeben von Blattornamenten. Rs. Gekreuzte Flaggen. Ø 23,7 mm. Es existieren auch Prägungen in Kupfernickel und Eisen	70,–	100,–

SS VZ

21 (468a) 10 Cents (S) 1926 o. J. Typ wie Nr. 20, jedoch Ø nur 23 mm –,– –,–

22 (462) 50 Käsch (K, Me) 1926. Im Zentrum chinesische Schriftzeichen für Szechuan im Vierpaß und Kreis. In der Umschrift Landesbezeichnung, Jahreszahl und Wertangabe in chinesischen Schriftzeichen. Rs. Ziffer 50 in vierstrahligem Stern, dieser zwischen Reisrispen 80,– 140,–

23 (463) 100 Käsch (K, Me) 1926. Typ wie Nr. 22, jedoch geänderte Wertangabe 20,– 30,–

24 (464) 200 Käsch (K, Me) 1926. Typ wie Nr. 22, jedoch geänderte Wertangabe 30,– 50,–

25 (473) 50 Cents (S) 1928. Kopf Dr. Sun Yat Sens von vorn im Kreis. Provinzbezeichnung und Jahreszahl als Umschrift in chinesischen Schriftzeichen. Rs. Wertangabe in chinesischen Schriftzeichen zwischen Reisrispen und Blattdekor 250,– 400,–

26 (474) 1 Dollar (S) 1928. Typ wie Nr. 25 400,– 700,–

27 (466) 100 Käsch (K, Me) 1926, 1930. Vs. Typ ähnlich wie Nr. 22. Rs. Zwölf chinesische Schriftzeichen in vier Zeilen 160,– 250,–

28 (476) 2 Cents (K, Me) 1930. Im Zentrum eine zwölfstrahlige Sonne in einem oben offenen Kranz von Blütenzweigen. Oben Inschrift 2 CENTS. Rs. Wertangabe und Münzbezeichnung durch fünf einzeln umrandete Schriftzeichen im Kreis. In der Umschrift chinesische Schriftzeichen, u. a. Landesbezeichnung und Jahreszahl 300,– 400,–

29 20 Cents (S) 1932. Liu Wen Hwei (*1895), General und Gouverneur der Provinz Szechuan, Brustbild in Uniform mit Mütze von vorn. Umschrift durch chinesische Schriftzeichen, u. a. Provinzbezeichnung und Jahreszahl. Rs. Gekreuzte Flaggen und Umschrift durch chinesische Schriftzeichen. Unter den Flaggen die Jahreszahl 1932 180,– 280,–

30 10 Fen (K) o. J. Wertangabe in chinesischen Schriftzeichen zwischen Zweigen. Rs. Das chinesische Schriftzeichen Chuan im Zentrum eines Vierpasses –,– –,–

UIGURISCHE REPUBLIK

Im westlichen Teil der Provinz Sin-Kiang, wo die Staatsgrenzen ganze Völkerschaften zerschneiden, hatte die chinesische Zentralregierung nach der Revolution von 1911 viel Einfluß verloren. Es kam mehrfach zu Aufständen sowie zu Kriegen zwischen den untereinander um die Vorherrschaft rivalisierenden Völkerschaften in deren Folge u. a. die Uiguren im November 1933 mit englischer Unterstützung die Uigurische oder Ost-Turkestanische Republik ausrufen konnten. Auf ihren Münzen sind die Fahne der Kuomintang (weiße Sonne im blauen Himmel) mit einer örtlichen Fahne gekreuzt, deren Schnitt altchinesisch (Dreieck mit Flammenrand) und deren Bebilderung islamisch (Halbmond mit Stern) ist. Nach viermonatigem Bestehen wurde die Uigurische Republik von den Dunganen vernichtet.

S SS

1 (D38.1) 10 Käsch (K) n.H. 1352 (1933). Gekreuzte Flaggen, davon die rechte dreieckig ohne Flammenrand, Oben und unten zwischen den Flaggenstöcken Wertangabe in chinesischen Schriftzeichen. Rs. Arabische Schriftzeichen, z.T. in einer kranzförmigen Umrandung *250,– 450,–*

2 (D38.2) 10 Käsch (K) n.H. 1352 (1933). Typ wie Nr. 1, jedoch dreieckige Flagge mit Flammenrand (zwei Varianten) *250,– 450,–*

3 (E38.1) 20 Käsch (K) n.H. 1352 (1933). Typ ähnlich wie Nr. 2, jedoch auf der Vs. unten arabische Schriftzeichen und auf der Rs. weniger arabische Schriftzeichen und geänderte Zeichnung des Kranzes *500,– 800,–*

4 (E38.2) 20 Käsch (K) n.H. 1352 (1933). Typ wie Nr. 3, jedoch Flaggen getauscht *500,– 800,–*

YUN-NAN 雲南

SS VZ

1 (478) 50 Käsch (K, Me) 1912 o.J. Tang Chi Yao (1882–1927), General und Gouverneur der Provinz Yun-Nan, Brustbild halblinks im Perlkreis. Umrandung durch Blattornament und oben Inschrift von vier chinesischen Schriftzeichen. Rs. Gekreuzte Flaggen (Armee- und Nationalflagge) im Perlkreis. In der Umschrift Provinzbezeichnung und Wertangabe durch chinesische Schriftzeichen 60,– 100,–

2 (480) 50 Cents (S) 1916 o.J. Brustbild General Tang Chi Yao n. r., oben Umschrift von sieben chinesischen Schriftzeichen. Rs. Gekreuzte Flaggen (Armee- und Nationalflagge) im Perlkreis, oben zwischen den Flaggstöcken ein fünfstrahliger Stern, Umschrift in chinesischen Schriftzeichen, u. a. Wertangabe 50,– 80,–

3 (479) 50 Cents (S) o.J. 1917. Brustbild General Tang Chi Yao halblinks im Perlkreis, Umrandung durch Blattornament und (oben) sieben chinesische Schriftzeichen. Rs. wie Nr. 2 32,– 52,–

4 5 Dollars (G) o. J. 1917. Wertangabe durch fünf vertikal angeordnete chinesische Schriftzeichen, links und rechts je eine Gruppe von fünf Punkten. Rs. Blank. –,– –,–

5 10 Dollars (G) o. J. 1917. Typ wie Nr. 4 –,– –,–

6 (481.1) 5 Dollars (G) o. J. 1919. Brustbild General Tang Chi Yao halblinks, oben Umschrift von chinesischen Schriftzeichen. Rs. Gekreuzte Flaggen (Armee- und Nationalflagge) im Perlkreis. Oben zwischen den Flaggstöcken ein fünfstrahliger Stern. Umschrift in chinesischen Schriftzeichen, u. a. Wertangabe –,– –,–

7 (482) 10 Dollars (G) o. J. 1919. Typ wie Nr. 6 1600,– 2500,–

8 (481) 5 Dollars (G) o. J. 1919. Typ wie Nr. 6, jedoch auf der Rs. unten zwischen den Flaggstöcken die Ziffer 2 1200,– 1800,–

9 (482.1) 10 Dollars (G) o. J. 1919. Typ wie Nr. 7, jedoch auf der Rs. unten zwischen den Flaggstöcken die Ziffer 1 1500,– 2400,–

10 (485) 5 Cents (N) 1923. Flagge im Perlkreis und Umschrift YUN-NAN PROVINCE FIVE CENTS. Rs. Münzbezeichnung und Wertangabe durch vier chinesische Schriftzeichen im Perlkreis. In der Umschrift Landes- und Provinzbezeichnung sowie Jahreszahl in chinesischen Schriftzeichen 80,– 125,–

11 (486) 10 Cents (N) 1923. Typ wie Nr. 10, jedoch Wertangabe in der Umschrift der Vs. 10 CENTS 8,– 12,–

12 5 Dollars (G) o. J. (1925). Wertangabe in vier chinesischen Schriftzeichen. Im Zentrum eine Rosette. Rs. Das chinesische Schriftzeichen Tien 滇 (für Yun-Nan) zwischen Ähren 1700,– 2100,–

13 10 Dollars (G) o. J. (1925). Typ wie Nr. 12, jedoch im Zentrum der Vs. ein Punkt 2000,– 2500,–

14 20 Cents (S) 1926. Gekreuzte Flaggen (Armee- und Nationalflagge), oben ein fünfstrahliger Stern und unten Blattornament. Rs. Münzbezeichnung und Wertangabe durch vier chinesische Schriftzeichen im Perlkreis. In der Umschrift chinesische Schriftzeichen, u. a. Landesbezeichnung und Jahreszahl. Versuchsprägung! –,– –,–

14a (488) 1 Cent (Me) 1932. Typ wie Nr. 15, jedoch geänderte Wertangabe –,– –,–

15 (489) 2 Cents (Me) 1932. Gekreuzte Flaggen im Perlkreis. Oben zwischen den Flaggstöcken die Ziffer 2. Im Zentrum zwei Kreise. Landesbezeichnung und Jahreszahl als Umschrift in chinesischen Schriftzeichen. Rs. Münzbezeichnung und Wertangabe durch vier chinesische Schriftzeichen im Perlkreis. Im Zentrum zwei Kreise, in der Umschrift Provinzbezeichnung durch vier chinesische Schriftzeichen. 550,– 850,–

		SS	VZ
16 (490)	5 Cents (Me) 1932. Typ wie Nr. 15, jedoch geänderte Wertangabe	**380,–**	**600,–**
17 (491)	20 Cents (S) 1932. Gekreuzte Flaggen im Perlkreis. Oben Landesbezeichnung und Jahreszahl als Umschrift in chinesischen Schriftzeichen. Rs. Münzbezeichnung und Wertangabe durch vier chinesische Schriftzeichen im Perlkreis. Im Zentrum eine Rosette. In der Umschrift Provinzbezeichnung und Wertangabe in chinesischen Schriftzeichen	**30,–**	**42,–**
18 (492)	50 Cents (S) 1932. Typ wie Nr. 17	**20,–**	**28,–**

19 (493)	20 Cents (S) 1949. Chinesisches Gebäude. Rs. Münzbezeichnung und Wertangabe durch vier chinesische Schriftzeichen im Perlkreis. Im Zentrum eine Rosette. In der Umschrift Landes- und Provinzbezeichnung sowie Jahreszahl in chinesischen Schriftzeichen	**100,–**	**180,–**

AUSGABEN DER KOMMUNISTISCHEN VOLKSARMEE

Während des chinesischen Bürgerkrieges wurde 1928 zum Sturz der Zentralregierung die Rote Armee Chinas (kommunistische Volksarmee) gegründet. Diese beherrschte unter dem Befehl Mao Tse-tungs und Tschu Tehs zeitweise verschiedene Provinzen Chinas und gab dort von 1931 bis 1934 eigene Münzen aus. 1947 bis 1949 besetzte die Rote Armee Chinas das ganze chinesische Festland, so daß sich die Zentralregierung unter Tschiang Kai-schek auf Taiwan zurückziehen mußte.
Auf dem Festland wurde 1949 die Volksrepublik China und auf Taiwan 1950 die Nationale Republik China gegründet.

Ausgaben für Kiang-See (Kiang-Si)

1 (506)	1 Cent (K) o. J. (1932). Ziffer 1 vor Hammer und Sichel, oben Umschrift in chinesischen Schriftzeichen. Rs. Wertangabe in chinesischen Schriftzeichen zwischen Ähren, oben ein fünfstrahliger Stern	**20,–**	**28,–**
2 (507)	5 Cents (K) o. J. (1932). Hammer und Sichel vor dem Landesumriß Chinas im Perlkreis. Umschrift in chinesischen Schriftzeichen. Rs. Wertangabe in chinesischen Schriftzeichen zwischen Ähren, oben ein fünfstrahliger Stern	**20,–**	**28,–**
3 (508)	20 Cents (S) 1932, 1933. Hammer und Sichel vor einem Globus, dieser zwischen Ähren. Oben ein fünfstrahliger Stern und chinesische Schriftzeichen. Rs. Wertangabe und Umschrift m. Jahreszahl in chinesischen Schriftzeichen	**65,–**	**90,–**

Ausgaben für Hu-Nan

1 (501)	1 Dollar (S) o. J. (1930). Kopf Lenins (?) nach rechts im Doppelkreis. Als Umrandung oben chinesische Schriftzeichen und unten blattförmige Ornamente. Rs. Wertangaben in chinesischen Schriftzeichen zwischen Hammer und Sichel im Doppelkreis. Umrandung durch blattförmige Ornamente	**300,–**	**400,–**

		SS	VZ
2 (502)	1 Dollar (S) 1931. Hammer und Sichel in fünfstrahligem Stern im Doppelkreis. Umschrift in chinesischen Schriftzeichen, u. a. Provinzbezeichnung und Jahreszahl. Rs. Wertangabe in chinesischen Schriftzeichen in oben offenem Kranz	**325,–**	**450,–**

Ausgaben für Hu-Peh, An-Hwei und Ho-Nan

1 (503)	1 Dollar (S) 1932. Hammer und Sichel vor einem Globus und Umschrift in chinesischen Schriftzeichen. Rs. Wertangabe in chinesischen Schriftzeichen im Kreis. Oben Jahreszahl in chinesischen Schriftzeichen und unten pseudokyrillische Schriftzeichen als Umschrift	**600,–**	**800,–**

2 (504)	1 Dollar (S) 1932. Hammer und Sichel vor einem Globus, dieser im Perlkreis. In der Umschrift zwölf chinesische Schriftzeichen. Rs. Wertangabe in chinesischen Schriftzeichen im Kreis. Umschrift in chinesischen Schriftzeichen mit Provinzbezeichnung und Jahreszahl	**220,–**	**350,–**

Ausgaben für Szechuan (Sze-Shuan) und Shensi

1	20 Cents (S) o. J. (1932). Im Zentrum ein ausgezogener und ein Perlkreis. Umschrift in chinesischen Schriftzeichen. Rs. Gekreuzte Flaggen im Perlkreis. Umschrift in chinesischen Schriftzeichen	–,–	–,–
2 (510)	200 Käsch (K) 1933. Hammer und Sichel, darüber drei fünfstrahlige Sterne. Als Umschrift oben chinesische Schriftzeichen und unten CCZC. Rs. Ziffer 200 im Kranz und Umschrift in chinesischen Schriftzeichen, u. a. Jahreszahl	**50,–**	**70,–**
2a (510.5)	200 Käsch (K) 1933. Typ wie Nr. 2, jedoch Sichel umgedreht	–,–	–,–
3 (511)	200 Käsch (K) 1934. Fünfstrahliger Stern mit Hammer und Sichel. Zwischen den Strahlen vier chinesische Schriftzeichen und die Jahreszahl 1934. Rs. Ziffer 200 im Kreis und Umschrift in chinesischen Schriftzeichen, u. a. Wertangabe	**60,–**	**85,–**
4 (512)	500 Käsch (K) 1934. Hammer und Sichel vor fünfstrahligem Stern und Umschrift in chinesischen Schriftzeichen, u. a. Jahreszahl. Rs. Ziffer 500 im Kreis und Umschrift in chinesischen Schriftzeichen u. a. Wertangabe. Zwei Varianten durch unterschiedliche Ø: 32,5 und 35 mm	**75,–**	**110,–**

		SS	VZ
5 (513)	1 Dollar (S) 1934. Hammer und Sichel vor einem Globus. Umschrift in chinesischen Schriftzeichen, u. a. Jahreszahl. Rs. Wertangabe im Perlkreis und Umschrift in chinesischen Schriftzeichen, u. a. Provinzbezeichnung	300,–	400,–

Ausgaben für Nord-Hupeh

		SS
1	1 Dollar (S) 1931. Brustbild Lenins. Rs. Hammer und Sichel sowie Wert im Doppelkreis	*5000,–*
2	1 Dollar (S) o. J. (1931). Brustbild Lenins. Rs. Hammer und Sichel sowie Wert im Doppelkreis	*5000,–*

Ausgaben für Nord-Shensi

1	1 Dollar (S) Jahr 5 (1935). Hammer und Sichel. Rs. Wert im Perlkreis	*5000,–*
2	1 Dollar (S) Jahr 5 (1935). Hammer und Sichel. Rs. Wert zwischen Zweigen, im Perlkreis	*6000,–*

China

Volksrepublik China

People's Republic of China **République Populaire Chinoise**

Chung Hua Ren Min Gung Ho Kuo

中 華 人 民 共 和 國

Fläche: 9 600 000 km^2; 1 100 000 000 Einwohner (1989).
Die während des chinesischen Bürgerkrieges 1928 gegründete Rote Armee Chinas (kommunistische Volksarmee) besetzte 1947 bis 1949 im Kampf gegen die Truppen der Zentralregierung der Republik China das gesamte chinesische Festland, so daß sich die Zentralregierung unter Tschiang Kai-schek auf Taiwan zurückziehen mußte. Am 1. Oktober 1949 wurde in Peking die Volksrepublik China ausgerufen. Hauptstadt: Peking (Beijing).

100 Fen 分 = 10 Chiao (Jiao) 角 = 1 Yuan 圓 oder 元 (Ren Min Bi Yuan)

Münzstätten:

[S] Shanghai (wenn nicht anders angegeben)
[Y] Shenyang

WÄHRUNGSREFORM 1953:
10 000 alte Yuan = 1 Renminbi Yuan

VZ ST

1 (1) 1 Fen (Al) 1955–1959, 1961, 1963, 1964, 1971–1987. Staatswappen, Landesname. Rs. Wertangabe zwischen Ähren [S, Y] **–,40** **–,70**

2 (2) 2 Fen (Al) 1956, 1959–1964, 1974–1990. Typ wie Nr. 1 [S, Y] **–,60** **–,90**

3 (3) 5 Fen (Al) 1955–1957, 1974, 1976, 1979–1990. Typ wie Nr. 1 [S, Y] **–,80** **1,20**

Weitere Werte: Nrn. 24–27.

30. Jahrestag der Volksrepublik (4)

PP

4 (4) 400 Yuan (G) 1979. Staatswappen. Rs. T'ien-an men (»Tor des Himmlischen Friedens«, südliches Außentor des Kaiserpalastes in Peking, erbaut 1417, Neubau 1651), darüber chinesische Laterne als Symbol der Chinesischen Politischen Volkskonferenz. 916$\frac{2}{3}$er Gold, 16,965 g [S, Y] (70 000 Ex.) **700,–**

5 (5) 400 Yuan (G) 1979. Rs. Denkmal der Volkshelden auf dem T'ien-an-men-Platz in Peking, 1952–1958 erbaut [S, Y] (70 000 Ex.) **700,–**

6 (6) 400 Yuan (G) 1979. Rs. Große Halle des Volkes in Peking, Gebäude des Nationalen Volkskongresses, errichtet 1959 auf dem T'ien-an-men-Platz [S, Y] (70 000 Ex.) **700,–**

ST PP

7 (7) 400 Yuan (G) 1979. Mausoleum Mao Tse-Tungs (1893–1976) auf dem T'ien-an-men-Platz, erbaut 1977 [S, Y] (70 000 Ex.) **700,–**

Internationales Jahr des Kindes 1979 (2)

8 (8) 35 Yuan (S) 1979. Staatswappen auf Pfingstrosen. Rs. Mädchen beim Blumengießen und Junge mit Spaten:
a) 800er Silber, 19,4397 g (ST satiniert: 1000 Ex., PP: 12 405 Ex.) *250,–* **75,–**
b) Piéfort, 800er Silber, 38,8794 g (max. 2000 Ex.) *600,–*

9 (9) 450 Yuan (G) 1979. Typ wie Nr. 8:
a) 900er Gold, 17,17 g (12 216 Ex.) **700,–**
b) Piéfort, 900er Gold, 34,34 g (max. 500 Ex.) *6000,–*

XIII. Olympische Winterspiele 1980 in Lake Placid (9)

10 (14) 1 Yuan (Me) 1980. Staatswappen. Rs. Abfahrtslauf [Y]:
a) Normalprägung, 12 g (29 000 Ex.) **12,–**
b) Piéfort, 24 g (1000 Ex.) **50,–**

11 (15) 1 Yuan (Me) 1980. Rs. Eisschnellauf [Y]:
a) Normalprägung, 12 g (29 000 Ex.) **12,–**
b) Piéfort, 24 g (1000 Ex.) **50,–**

12 (16) 1 Yuan (Me) 1980. Rs. Eiskunstlauf [Y]:
a) Normalprägung, 12 g (29 000 Ex.) **12,–**
b) Piéfort, 24 g (1000 Ex.) **50,–**

		PP
13 (17)	1 Yuan (Me) 1980. Rs. Biathlon [Y]:	
	a) Normalprägung, 12 g (29 000 Ex.)	**12,–**
	b) Piéfort, 24 g (1000 Ex.)	**50,–**
14 (194)	30 Yuan (S) 1980. Typ wie Nr. 10 [Y]:	
	a) 800er Silber, 15 g	–,–
	b) Piéfort, 800er Silber, 30 g (2000 Ex.)	*300,–*
A14 (21)	30 Yuan (S) 1980. Typ wie Nr. 11 [Y]:	
	a) 800er Silber, 15 g (20 000 Ex.)	**50,–**
	b) Piéfort, 800er Silber, 30 g (2000 Ex.)	*300,–*
B14 (193)	30 Yuan (S) 1980. Typ wie Nr. 12 [Y]:	
	a) 800er Silber, 15 g	–,–
	b) Piéfort, 800er Silber, 30 g (2000 Ex.)	*300,–*
C14 (195)	30 Yuan (S) 1980. Typ wie Nr. 13 [Y]:	
	a) 800er Silber, 15 g	–,–
	b) Piéfort, 800er Silber, 30 g (2000 Ex.)	*300,–*
15 (22)	250 Yuan (G) 1980. Typ wie Nr. 10 [Y]:	
	a) 916⅔er Gold, 8 g (10 110 Ex.)	**400,–**
	b) Piéfort, 916⅔er Gold, 16 g (360 Ex.)	*5000,–*

XXII. Olympische Sommerspiele 1980 in Moskau (9)

16 (10)	1 Yuan (Me) 1980. Staatswappen. Rs. Bogenschießen. Ø 23 mm:	
	a) Normalprägung, 5,8 g (40 000 Ex.)	**12,–**
	b) Piéfort, 11,6 g (2500 Ex.)	*30,–*
17 (11)	1 Yuan (Me) 1980. Rs. Ringen. Ø 28 mm:	
	a) Normalprägung, 8,8 g (40 000 Ex.)	**12,–**
	b) Piéfort, 17,6 g (2500 Ex.)	*30,–*
18 (12)	1 Yuan (Me) 1980. Rs. Reiten. Ø 32 mm:	
	a) Normalprägung, 11,9 g (40 000 Ex.)	**12,–**
	b) Piéfort, 23,8 g (2500 Ex.)	*100,–*
19 (13)	1 Yuan (Me) 1980. Rs. Fußball. Ø 32 mm:	
	a) Normalprägung, 11,9 g (40 000 Ex.)	**12,–**
	b) Piéfort, 23,8 g (2500 Ex.)	*75,–*

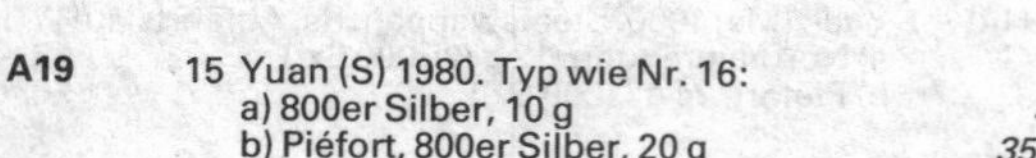

A19	15 Yuan (S) 1980. Typ wie Nr. 16:	
	a) 800er Silber, 10 g	–,–
	b) Piéfort, 800er Silber, 20 g	*350,–*

20 (18)	20 Yuan (S) 1980. Typ wie Nr. 17:	
	a) 800er Silber, 10,35 g	**50,–**
	b) Piéfort, 800er Silber, 20,7 g	*300,–*

		PP
21 (19)	30 Yuan (S) 1980. Typ wie Nr. 18:	
	a) 800er Silber, 15 g	**60,–**
	b) Piéfort, 800er Silber, 30 g	*300,–*
22 (20)	30 Yuan (S) 1980. Typ wie Nr. 19:	
	a) 800er Silber, 15 g	**60,–**
	b) Piéfort, 800er Silber, 30 g	*300,–*
23 (23)	300 Yuan (G) 1980. Typ wie Nr. 16:	
	a) 916⅔er Gold, 10 g (15 000 Ex.)	**500,–**
	b) Piéfort, 916⅔er Gold, 20 g (500 Ex.)	*4500,–*

		VZ	ST
24 (24)	1 Chiao (Me) 1980–1986. Staatswappen. Rs. Wertangabe		**1,50**
25 (25)	2 Chiao (Me) 1980–1986. Typ wie Nr. 24		**2,–**
26 (26)	5 Chiao (Me) 1980–1986. Typ wie Nr. 24		**3,–**

27 (27)	1 Yuan (K-N) 1980–1986. Staatswappen. Rs. Chinesische Mauer	**8,–**

Nr. 27 besteht aus Kupfer 81%, Nickel 19%.

Nrn. 1–3, 24–27 von 1980–1986, polierte Platte 18,-

Archäologische Funde der Bronzezeit – 1. Ausgabe
Serie I (4)

PP

28 (29) 200 Yuan (G) 1981. Rs. Bronzedrache aus dem Grab des Königs Zhongshan bei Pingshan, Hebei, Qin-Dynastie, 4. Jh. v. Chr. 916⅔er Gold, 8,476 g (1000 Ex.) *5000,–*

29 (28) 200 Yuan (G) 1981. Rs. Leopard mit Gold- und Silberauflage und Edelsteinaugen aus dem Grab des Jing-Königs Liu Sheng bei Manchen, Hebei, Westliche Han-Dynastie, 2. Jh. v. Chr. (1000 Ex.) *1400,–*

30 (30) 400 Yuan (G) 1981. Rs. Weingefäß in Nashornform aus dem Dorf Douma, Xingping, Shanxi, Westliche Han-Dynastie, um 475–221 v. Chr. 916⅔er Gold, 16,951 g (1000 Ex.) *1600,–*

31 (31) 800 Yuan (G) 1981. Rs. Weingefäß in der Form eines Elefanten mit einem Tigerkopf auf dem Rüssel aus dem Li-Grab bei Shixing, Lilin, Hunan, Shang-Dynastie, 16.–11. Jh. v. Chr. 916⅔er Gold, 33,093 g (1000 Ex.) *4000,–*

In gleichen Zeichnungen: Nrn. 263–266.

Jahr des Metalls mit dem Hahn (77. Zyklus, 58. Jahr) (2)

32 (32) 30 Yuan (S) 1981. »Weiße Pagode« auf der Insel Qiong Hua im Beihai-See in Peking. Rs. Hahn, nach einer Zeichnung von Xu Beihong. 850er Silber, 15 g [Y] (10122 Ex.) *1200,–*

33 (33) 250 Yuan (G) 1981. Typ wie Nr. 32. 916⅔er Gold, 8 g [Y] (4982 Ex.) *1200,–*

70. Jahrestag der Revolution (2)

34 (46) 35 Yuan (S) 1981. Standbild von Dr. Sun Yat-sen (1866–1925). Rs. Huang-Huagang-Mausoleum der Zweiundsiebzig Märtyrer in Guang Zhou. 925er Silber, 33,625 g (3885 Ex.) *500,–*

35 (47) 400 Yuan (G) 1981. Porträt von Dr. Sun Yat-sen. Rs. Revolutionäre im Angriff auf Wuchang am 10. 10. 1911 *3000,–*

XII. Fußball-Weltmeisterschaft 1982 in Spanien (4)

36 (34) 1 Yuan (Me) 1982. Rs. Fußballspieler [S, Y] (40160 Ex.) **7,–**

37 (35) 25 Yuan (S) 1982. Rs. Zwei Fußballspieler, Emblem oben. 800er Silber, 19,4397 g (40000 Ex.) **60,–**

38 (36) 25 Yuan (S) 1982. Rs. Zwei Fußballspieler, Emblem rechts (40000 Ex.) **60,–**

39 (37) 200 Yuan (G) 1982. Rs. Fußballspieler und Emblem. 916⅔er Gold, 8,476 g (1261 Ex.) *1500,–*

Jahr des Wassers mit dem Hund (77. Zyklus, 59. Jahr) (2)

PP

40 (38) 20 Yuan (S) 1982. Tempel des Himmels (T'ien Tan) mit der Halle der Jahresgebete um gute Ernten (Qinian Dian), Peking, Äußere Stadt. Rs. Hund, nach einer Zeichnung von Liu Jiyou. 850er Silber, 15 g [Y] (8560 Ex.) *480,–*

41 (39) 200 Yuan (G) 1982. Typ wie Nr. 40. 916⅔er Gold, 8 g [Y] (2500 Ex.) *1600,–*

Nr. 42 fällt aus.

Goldbarrenmünzen »Panda« – 1. Ausgabe (4)

ST PP

43 (40) 10 Yuan (G) 1982. Tempel des Himmels, Peking. Rs. Panda (Ailuropoda melanoleuca – Procyonidae) mit Bambuszweig. 999er Gold, 3,11 g (75432 Ex.) *350,–*

44 (41) 25 Yuan (G) 1982. Typ wie Nr. 43. 999er Gold, 7,77 g (40111 Ex.) *400,–*

45 (42) 50 Yuan (G) 1982. Typ wie Nr. 43. 999er Gold, 15,55 g (13339 Ex.) *2200,–*

46 (43) 100 Yuan (G) 1982. Typ wie Nr. 43. 999er Gold, 31,1 g (15971 Ex.) *4500,–*

Nrn. 43–46 sind gesetzliche Zahlungsmittel, tragen aber keine Wertangaben.

Jahr des Wassers mit dem Schwein (77. Zyklus, 60. Jahr) (2)

47 (44) 10 Yuan (S) 1983. Ansicht des Sommerpalastes in Peking von der Seeseite aus, im Hintergrund der Pagodenturm »Buddhas Wohlgeruch«. Rs. Zwei Schweine nach einer Zeichnung von Xu Beihong. 850er Silber, 15 g [Y] (6500 Ex.) *450,–*

48 (45) 150 Yuan (G) 1983. Typ wie Nr. 47. 916⅔er Gold, 8 g [Y] (2185 Ex.) *3500,–*

49 (58) 1 Yuan (Me) 1983, 1984. Staatswappen. Rs. Panda im Achteck (je 30000 Ex.) **20,–**

Silbermünze »Panda« – 1. Ausgabe

50 (57) 10 Yuan (S) 1983. Tempel des Himmels, Peking. Rs. Zwei Pandas, Wertangabe. 900er Silber, 27 g (10000 Ex.) *450,–*

Goldbarrenmünzen »Panda« – 2. Ausgabe (5)

51 (48) 5 Yuan (G) 1983. Tempel des Himmels, Peking, Rs. Panda, Wertangabe. 999er Gold, 1,55 g (57658 Ex.) *180,–*

52 (49) 10 Yuan (G) 1983. Typ wie Nr. 51. 999er Gold, 3,11 g (74024 Ex.) *150,–*

53 (50) 25 Yuan (G) 1983. Typ wie Nr. 51. 999er Gold, 7,77 g (38645 Ex.) *380,–*

54 (51) 50 Yuan (G) 1983. Typ wie Nr. 51. 999er Gold, 15,55 g (23243 Ex.) *900,–*

55 (52) 100 Yuan (G) 1983. Typ wie Nr. 51. 999er Gold, 31,10 g (22402 Ex.) *2600,–*

660. Todestag Marco Polos (4)

		ST	PP
56 (53)	5 Chiao (S) 1983. Kontrollturm am westlichen Ende der Großen Mauer am Paß Sha-Jiu-Guan (Jiayuguan), unter der Ming-Dynastie 1372 erbaut. Rs. Marco Polo (1254–1324), venezianischer Kaufmann und Weltreisender. 900er Silber, 2,22 g [Y] (7000 Ex.)		*200,–*

		ST	PP
57 (54)	5 Yuan (S) 1983. Rs. Marco Polo, Segelschiff »Epopea«. 900er Silber, 22,22 g [Y] (6100 Ex.)	**120,–**	
58 (55)	10 Yuan (G) 1983. Typ wie Nr. 56. 900er Gold, 1,11 g [Y] (49600 Ex.)	**140,–**	
59 (56)	100 Yuan (G) 1983. Typ wie Nr. 57. 900er Gold, 11,11 g [Y] (950 Ex.)		*2400,–*

Jahr des Holzes mit der Ratte (78. Zyklus, 1. Jahr) (2)

		ST	PP
60 (59)	10 Yuan (S) 1984. Qian Men in Peking. Rs. »Maus mit Herbstfrucht« nach einer Zeichnung von Qi Baishi (Qi Huang). 850er Silber, 15 g [Y] (9960 Ex.)		*300,–*
61 (60)	150 Yuan (G) 1984. Typ wie Nr. 60. 916⅔er Gold, 8 g [Y] (2100 Ex.)		*6500,–*

XIV. Olympische Winterspiele 1984 in Sarajevo

		ST	PP
62 (64)	10 Yuan (S) 1984. Rs. Eisschnelläufer. 925er Silber, 16,8127 g (6000 Ex.)		**90,–**

XXIII. Olympische Sommerspiele 1984 in Los Angeles (2)

		ST	PP
63 (61)	5 Yuan (S) 1984. Rs. Hochspringer. 925er Silber, 8,4063 g (10100 Ex.)		**60,–**
64 (63)	10 Yuan (S) 1984. Rs. Volleyballspielerin. 925er Silber, 16,8127 g (ST satiniert: 1000 Ex., PP: 3500 Ex.)	*230,–*	**90,–**

Jahrzehnt für die Frauen 1976–1985 (2)

		ST	PP
65 (62)	10 Yuan (S) o. J. (1984). Rs. Frauenköpfe verschiedener Rassen. 925er Silber, 16,8127 g (4007 Ex.)		**90,–**

		ST	PP
66 (89)	200 Yuan (G) o. J. (1984). Rs. Frau mit stilisierter Blume. 916⅔er Gold, 8,476 g		**–,–**

Große Persönlichkeiten der chinesischen Geschichte
1. Ausgabe (5)

		ST	PP
67 (68)	5 Yuan (S) 1984. Rs. Stehender Offizier, im Hintergrund Soldaten, Darstellung nach der 1974 entdeckten unterirdischen Grabanlage des Kaisers Qin Shi Huang Ti (259/221–210 v. Chr.) in Xian (Chang' an) mit einer Armee von etwa 7000 lebensgroßen Terrakottafiguren mit Bronzewaffen und individuellen, realistischen Gesichtszügen. 900er Silber, 22,22 g		**75,–**
68 (69)	5 Yuan (S) 1984. Rs. Hüftbild eines Generals vor Soldaten		**75,–**
69 (70)	5 Yuan (S) 1984. Rs. Kniender Soldat vor Quadriga		**75,–**
70 (71)	5 Yuan (S) 1984. Rs. Soldat mit Pferd am Zügel		**75,–**

		ST	PP
71 (72)	100 Yuan (G) 1984. Rs. Kaiser Qin Shi Huang Ti an der von ihm zum Schutz des neuen, geeinten Reiches aus mehreren Teilmauern errichteten Großen Chinesischen Mauer. 916⅔er Gold, 11,318 g [Y]		**700,–**

Silbermünze »Panda« – 2. Ausgabe

		ST	PP
72 (67)	10 Yuan (S) 1984. Tempel des Himmels, Peking. Rs. Panda mit Jungen. 900er Silber, 27 g (10000 Ex.)	*240,–*	

Goldbarrenmünzen »Panda« – 3. Ausgabe (6)

		ST	PP
73 (73)	5 Yuan (G) 1984. Tempel des Himmels, Peking. Rs. Liegender Panda mit Bambuszweig, 999er Gold, 1,55 g (85800 Ex.)		*100,–*
74 (74)	10 Yuan (G) 1984. Typ wie Nr. 73. 999er Gold, 3,11 g (84850 Ex.)		*140,–*
75 (75)	25 Yuan (G) 1984. Typ wie Nr. 73. 999er Gold, 7,77 g (37885 Ex.)		*360,–*
76 (76)	50 Yuan (G) 1984. Typ wie Nr. 73. 999er Gold, 15,55 g (16940 Ex.)		*1000,–*
77 (77)	100 Yuan (G) 1984. Typ wie Nr. 73. 999er Gold, 31,10 g (23126 Ex.)		*2600,–*
78 (66)	1000 Yuan (G) 1984. Rs. Sitzender Panda mit Bambuszweig. 999er Gold, 373,24 g (250 Ex.)		*40000,–*

35. Jahrestag der Volksrepublik (3)

79 (85) 1 Yuan (K-N) 1984. Rs. Proklamation der Volksrepublik durch Mao Tse-Tung am 1. Oktober 1949 auf dem T'ien-an-men-Platz nach einem Gemälde von Dong Xiwen **10,–**

80 (86) 1 Yuan (K-N) 1984. Rs. Traditioneller Volkstanz, darüber das Tor des Himmlischen Friedens, Peking **10,–**

81 (87) 1 Yuan (K-N) 1984. Rs. Ziersäule vom T'ien-an-men-Platz mit fliegenden Kranichen, Industriegelände, Chinesischer Mauer **10,–**

110. Geburtstag von Chen Jiageng

82 (88) 10 Yuan (S) 1984. Nanxun-Turm der Jimei-Schule. Rs. Chen Jiageng (1874–1961), Patriot, Förderer des Bildungssystems. 900er Silber, 27 g (6000 Ex.) **120,–**

Jahr des Holzes mit dem Ochsen (78. Zyklus, 2. Jahr) (2)

83 (78) 10 Yuan (S) 1985. Marmorboot im Kunming-Weiher des Sommerpalastes in Peking. Rs. Ochse, nach hinten blickend, nach dem Gemälde »Die fünf Rinder« von Han Huang. 850er Silber, 15 g [Y] (9800 Ex.) *130,–*

84 (79) 150 Yuan (G) 1985. Rs. Ochse nach links. 916⅔er Gold, 8 g [Y] (2200 Ex.) *900,–*

Silbermünze »Panda« – 3. Ausgabe

85 (95) 10 Yuan (S) 1985. Tempel des Himmels, Peking. Rs. Panda mit Jungem auf dem Rücken. 900er Silber, 27 g (10000 Ex.) *160,–*

Goldbarrenmünzen »Panda« – 4. Ausgabe (5)

86 (80) 5 Yuan (G) 1985. Tempel des Himmels, Peking. Rs. Panda, an Bambuszweig turnend [S, Y] (217200 Ex.) *140,–*

		ST	PP
87 (81)	10 Yuan (G) 1985. Typ wie Nr. 86 [S, Y] (150000 Ex.)		*140,–*
88 (82)	25 Yuan (G) 1985. Typ wie Nr. 86 [S, Y] (95000 Ex.)		*400,–*
89 (83)	50 Yuan (G) 1985. Typ wie Nr. 86 [S, Y] (76000 Ex.)		*500,–*
90 (85)	100 Yuan (G) 1985. Typ wie Nr. 86 [S, Y] (164190 Ex.)		*900,–*

20 Jahre Autonome Region Tibet (2)

91 (96) 1 Yuan (K-N) 1985. Potala-Palast, auch bekannt als Großpalast des Dalai Lama in Lhasa, 7. Jh., chinesische und tibetische Inschrift **20,–** **20,–**

92 (97) 10 Yuan (S) 1985. Typ wie Nr. 91. 900er Silber, 34,56 g (3000 Ex.) **100,–**

30 Jahre Uigurische Autonome Region Sinkiang (2)

93 (109) 1 Yuan (K-N) 1985. Große Halle des Volkes in Urumtschi. Rs. Landarbeiterin beim Einbringen der Ernte, im Hintergrund Agrarprodukte **20,–**

94 (110) 10 Yuan (S) 1985. Typ wie Nr. 93. 900er Silber, 34,56 g (1400 Ex.) **120,–**

Medaille in gleicher Zeichnung (999er Silber, 155,5 g) vorkommend (1400 Ex.) 250,–
Nr. 95 fällt aus.

Große Persönlichkeiten der chinesischen Geschichte 2. Ausgabe (5)

96 (90) 5 Yuan (S) 1985. Rs. Lao-Tse (580–500 v. Chr.), Autor des Tao-Teking und Begründer des Taoismus, auf einem Wasserbüffel reitend. 900er Silber, 22,22 g [Y] **75,–**

97 (91) 5 Yuan (S) 1985. Rs. Qu-Yuan (340–278 v. Chr.), Priester und Dichter. 900er Silber, 22,22 g **75,–**

98 (92) 5 Yuan (S) 1985. Rs. Sun-Wu (5 Jh. v. Chr.), chinesischer Offizier, Verfasser der »13 Gebote der Kriegskunst«. 900er Silber, 22,22 g [Y] **75,–**

99 (93) 5 Yuan (S) 1985. Rs. Cheng-Sheng und Wu-Guang, Führer des Bauernaufstandes gegen das Feudalsystem im 3. Jh. v. Chr. 900er Silber, 22,22 g [Y] **75,–**

100 (94) 100 Yuan (G) 1985. Rs. Konfuzius (551–479 v. Chr.), bedeutendster chinesischer Philosoph und Sittenlehrer. 916⅔er Gold, 11,318 g **700,–**

Jahr des Feuers mit dem Tiger (78. Zyklus, 3. Jahr) (2)

101 (98) 10 Yuan (S) 1986. Taihedian-Halle des Kaiserpalastes (Gu Gong) in Peking. Rs. Tiger nach einer Zeichnung der Malerin He Xiangning. 850er Silber, 15 g [Y] (15200 Ex.) *150,–*

102 (99) 150 Yuan (G) 1986. Typ wie Nr. 101. 916⅔er Gold, 8 g [Y] (5049 Ex.) *1600,–*

25 Jahre World Wildlife Fund (2)

ST PP

103 (106) 5 Yuan (S) 1986. Großer Panda (Ailuropoda melanoleuca – Procyonidae). 900er Silber, 22,22 g (20000 Ex.) **100,–**

104 (107) 100 Yuan (G) 1986. Rs. Wilder Yak (Bos grunniens – Bovidea). 916⅔er Gold, 11,318 g (3000 Ex.) **900,–**

Goldbarrenmünzen »Panda« – 5. Ausgabe (6)

105 (101) 5 Yuan (G) 1986. Tempel des Himmels, Peking. Rs. Panda im Bambuswald. 999er Gold, 1,55 g:
a) [S] Mzz. P (10000) Ex. –,–
b) [S, Y] o. Mzz. (87000 Ex.) *100,–*

106 (102) 10 Yuan (G) 1986. Typ wie Nr. 105. 999er Gold, 3,11 g:
a) [S] Mzz. P (10000 Ex.) –,–
b) [S, Y] o. Mzz. (78000 Ex.) *120,–*

107 (103) 25 Yuan (G) 1986. Typ wie Nr. 105. 999er Gold, 7,77 g:
a) [S] Mzz. P (10000 Ex.) –,–
b) [S, Y] o. Mzz. (54000 Ex.) *280,–*

108 (104) 50 Yuan (G) 1986. Typ wie Nr. 105. 999er Gold, 15,55 g:
a) [S] Mzz. P (10000 Ex.) –,–
b) [S, Y] o. Mzz. (60290 Ex.) *480,–*

109 (105) 100 Yuan (G) 1986. Typ wie Nr. 105. 999er Gold, 31,10 g:
a) [S] Mzz. P (10000 Ex.) –,–
b) [S, Y] o. Mzz. (127000 Ex.) *950,–*

Nrn. 105a–109a, polierte Platte *3500,–*

110 (118) 1000 Yuan (G) 1986. Rs. Panda mit Jungem. 999er Gold, 373,24 g (2550 Ex.) *14000,–*

XIII. Fußball-Weltmeisterschaft 1986 in Mexiko (2)

111 (112) 5 Yuan (S) 1986. Staatswappen. Rs. Fußballspieler. 925er Silber, 16,8127 g (8500 Ex.) **50,–**

112 (197) 5 Yuan (S) 1986. Rs. Zwei Fußballspieler (ST satiniert: 1000 Ex., PP: 3000 Ex.) *230,–* **60,–**

Internationales Jahr des Friedens 1986 (3)

113 (151) 1 Yuan (K-N) 1986. Rs. Marmorskulptur eines Mädchens mit Tauben im Friedenspark von Nagasaki **12,–**

114 (119) 5 Yuan (S) 1986. Typ wie Nr. 113. 900er Silber, 30 g [S, Y] (1350 Ex.) *260,–*

115 (120) 100 Yuan (G) 1986. Typ wie Nr. 113. 916⅔er Gold, 11,318 g [S, Y] (350 Ex.) *1400,–*

Große Persönlichkeiten der chinesischen Geschichte
3. Ausgabe – Han-Dynastie (5)

ST PP

116 (116) 5 Yuan (S) 1986. Rs. Si Ma Qian (145–87 v. Chr.), Archeget der Biographie, Verfasser des »Shi Ji« über die chinesische Geschichte von 2000–400 v. Chr. 900er Silber, 22,22 g **75,–**

117 (113) 5 Yuan (S) 1986. Rs. Cai Lun (geb. um 121 n. Chr.), entwickelte ein verbessertes Verfahren der Papierherstellung **75,–**

118 (114) 5 Yuan (S) 1986. Rs. Zhang Heng (78–139 n. Chr.), Erfinder des Seismographen 132 n. Chr. **75,–**

119 (115) 5 Yuan (S) 1986. Rs. Zu Chon Zhi (429–500 n. Chr.), bedeutender Mathematiker und Astronom **75,–**

120 (117) 100 Yuan (G) 1986. Rs. Liu Bang (256–195 v. Chr.) zu Pferde, Begründer der Han-Dynastie 206 v. Chr. 916⅔er Gold, 11,318 g [Y] **700,–**

200. Jahrestag der Fahrt der »China Queen« nach Guang Zhou

121 (132) 5 Yuan (S) 1986. Chinesische Mauer. Rs. »The China Queen«, Handelsschiff der Vereinigten Staaten von Amerika, am 24. 8. 1784 nach China ausgelaufen. 900er Silber, 26,67 g [Y] (62000 Ex.) **35,–**

120. Geburtstag von Sun Yat-sen (2)

122 (111) 10 Yuan (S) 1986. Dr. Sun Yat-sen (1866–1925). Rs. Früherer Wohnsitz von Dr. Sun Yat-sen in Cuiheng (8450 Ex.) **100,–**

123 (108) 50 Yuan (S) 1986. Staatswappen. Rs. Dr. Sun Yatsen. 999er Silber, 155,5 g (3000 Ex.) **450,–**

Jahr des Feuers mit dem Kaninchen (78. Zyklus, 4. Jahr) (3)

124 (121) 10 Yuan (S) 1987. Gelber Kranichturm (Huang He Lou) in Wuhan. Rs. Zwei Kaninchen nach einer Zeichnung von Liu Jiyou. 850er Silber, 15 g [Y] (10000 Ex.) **150,–**

125 (122) 50 Yuan (S) 1987. Typ wie Nr. 124. 999er Silber, 155,5 g [Y] (4000 Ex.) **600,–**

126 (123) 150 Yuan (G) 1987. Typ wie Nr. 124. 916⅔er Gold, 8 g [Y] (4750 Ex.) **1000,–**

Silbermünzen »Panda« – 4. Ausgabe (2)

127 (133) 10 Yuan (S) 1987. Tempel des Himmels, Peking. Rs. Panda auf einem Baum. 925er Silber, 33,63 g [S, Y] (11860 Ex.) *150,–*

128 (134) 50 Yuan (S) 1987. Rs. Panda auf einem Baum. 999er Silber, 155,5 g [S, Y] (8540 Ex.) *400,–*

Goldbarrenmünzen »Panda« – 6. Ausgabe (7)

129 (124) 5 Yuan (G) 1987. Tempel des Himmels, Peking. Rs. Panda, aus Waldtümpel trinkend:
a) [Shanghai], Mzz. P (10000 Ex.) –,–
b) [Shanghai], Msz. S *100,–*
c) [Shenyang], Msz. Y *100,–*

ST PP

130 (125) 10 Yuan (G) 1987. Typ wie Nr. 129:
a) [Shanghai], Mzz. P (10000 Ex.) –,–
b) [Shanghai], Msz. S *140,–*
c) [Shenyang], Msz. Y *150,–*

131 (126) 25 Yuan (G) 1987. Typ wie Nr. 129:
a) [Shanghai], Mzz. P (10000 Ex.) –,–
b) [Shanghai], Msz. S *260,–*
c) [Shenyang], Msz. Y *280,–*

132 (127) 50 Yuan (G) 1987. Typ wie Nr. 129:
a) [Shanghai], Mzz. P (10000 Ex.) –,–
b) [Shanghai], Msz. S *500,–*
c) [Shenyang], Msz. Y *800,–*

133 (128) 100 Yuan (G) 1987. Typ wie Nr. 129:
a) [Shanghai], Mzz. P (10000 Ex.) –,–
b) [Shanghai], Msz. S *950,–*
c) [Shenyang], Msz. Y *1000,–*

Nrn. 129a–133a, polierte Platte *3000,–*

134 (147) 500 Yuan (G) 1987. Rs. Panda mit Jungem. 999er Gold, 155,5 g (3000 Ex.) *8000,–*

135 (157) 1000 Yuan (G) 1987. Typ wie Nr. 134. 999er Gold, 373,24 g (2445 Ex.) *14000,–*

Platinbarrenmünze »Panda« – 1. Ausgabe

136 (158) 100 Yuan (Pt) 1987. Typ wie Nr. 129a. 999$\frac{1}{2}$er Platin, 31,12 g [Shanghai], Msz. S (2000 Ex.) *3400,–*

Große Persönlichkeiten der chinesischen Geschichte
4. Ausgabe – T'ang-Dynastie (5)

137 (137) 5 Yuan (S) 1987. Rs. Li Chun (581–618), Baumeister, vor der Zhao-Zhou-Brücke. 900er Silber, 22,22 g [Y] **75,–**

138 (138) 5 Yuan (S) 1987. Rs. Song Zuan Gan Bu (617–650) mit der tibetischen Prinzessin Cheng Wen [Y] **75,–**

139 (135) 5 Yuan (S) 1987. Rs. Li Bai (705–762), Dichter [Y] **75,–**

140 (136) 5 Yuan (S) 1987. Rs. Du Fu (712–770), Dichter [Y] **75,–**

141 (139) 100 Yuan (G) 1987. Rs. Li Shimin (T'ang Taizong) (598–649), Begründer der T'ang-Dynastie (618–907). 916$\frac{2}{3}$er Gold, 11,318 g **700,–**

125. Geburtstag von Zhan Tianyou

142 (131) 100 Yuan (S) 1987. Staatswappen. Rs. Zhan Tianyou (1861–1919), Eisenbahningenieur, darunter »Celestial Express« der 1905–1909 erbauten Jingzhang-Eisenbahn von Peking nach Zhangjiakou auf der Qinglong-Brücke. 999er Silber, 373,24 g (2911 Ex.) **600,–**

40 Jahre Autonome Region der Inneren Mongolei

143 (140) 1 Yuan (K-N) 1987. Gebäude des Volkskongresses der Inneren Mongolei. Rs. Reiter mit Schafherde, mongolische Inschrift [Y] **12,–**

6. Nationale Sportspiele in Guangzhou, Guangdong (Kanton)
5.–20. 12. 1987 (3)

144 (148) 1 Chiao (Me) 1987. Emblem der Spiele. Rs. Turner [Y] **2,50**

ST PP

145 (149) 1 Chiao (Me) 1987. Rs. Fußballspieler [Y] **2,50**

146 (150) 1 Chiao (Me) 1987. Rs. Volleyballspielerin [Y] **2,50**

Jahr der Erde mit dem Drachen
(78. Zyklus, 5. Jahr) – 1. Ausgabe (2)

147 (141) 10 Yuan (S) 1988. Chinesische Mauer. Rs. Drache. 850er Silber, 15 g [Y] (13000 Ex.) **150,–**

148 (144) 150 Yuan (G) 1988. Typ wie Nr. 147. 916$\frac{2}{3}$er Gold, 8 g [Y] (7500 Ex.) *1000,–*

2. Ausgabe (4)

149 (142) 50 Yuan (S) 1988. Chinesische Mauer. Rs. Drei Drachen. 999er Silber, 155,5 g [S, Y] (5000 Ex.) *650,–*

150 (143) 100 Yuan (S) 1988. Rs. Zwei Drachen. 999er Silber, 373,24 g [S, Y] (3000 Ex.) *1200,–*

151 (145) 500 Yuan (G) 1988. Typ wie Nr. 149. 999er Gold, 155,5 g [S, Y] (3000 Ex.) *7900,–*

152 (146) 1000 Yuan (G) 1988. Typ wie Nr. 150. 999er Gold, 373,24 g [S, Y] (518 Ex.) *16000,-*

3. Ausgabe (3)

153 (174) 10 Yuan (S) 1988. Tempel des Himmels, Peking. Rs. Zwei Drachen. 999er Silber, 31,1 g (20000 Ex.) **185,–**

154 (175) 100 Yuan (G) 1988. Typ wie Nr. 153. 999er Gold, 31,1 g (10000 Ex.) **1500,–**

155 (176) 100 Yuan (Pt) 1988. Typ wie Nr. 153. 999er Platin, 31,1 g (2000 Ex.) **2400,–**

XV. Olympische Winterspiele 1988 in Calgary

156 (129) 5 Yuan (S) 1988. Staatswappen. Rs. Abfahrtsläufer. 900er Silber, 30 g [Y] (10500 Ex.) **80,–**

XXIV. Olympische Sommerspiele 1988 in Seoul – 1. Ausgabe

157 (130) 5 Yuan (S) 1988. Rs. Hürdenläuferin. 900er Silber, 30 g [Y] (15000 Ex.) **80,–**

2. Ausgabe (4)

158 (171) 5 Yuan (S) 1988. Rs. Segelregatta. 900er Silber, 27 g [Y] (max. 20000 Ex.) **90,–**

159 (172) 5 Yuan (S) 1988. Rs. Fechterin. 900er Silber, 27 g [Y] (max. 20000 Ex.) **90,–**

160 (170) 50 Yuan (S) 1988. Rs. Volleyballspielerinnen. 999er Silber, 155,5 g [Y] (max. 5000 Ex.) *1000,–*

161 (173) 100 Yuan (G) 1988. Rs. Schwerttänzerin. 999er Gold, 15,55 g [Y] (max. 10000 Ex.) **800,–**

40 Jahre Zentralbank (People's Bank of China)

		ST	PP
162 (212)	1 Yuan (K-N) 1988. Staatswappen. Rs. Zentralbankgebäude in Peking, darüber das 1988 eingeführte Emblem	12,–	

Silbermünzen »Panda« – 5. Ausgabe (2)

163 (168) 50 Yuan (S) 1988. Rs. Zwei Pandas auf einem Baum. 999er Silber, 155,5 g (max. 11 000 Ex.) *300,–*

164 (169) 100 Yuan (S) 1988. Rs. Zwei Pandas auf einem Baum. 999er Silber, 373,24 g (max. 5000 Ex.) *650,–*

Goldbarrenmünzen »Panda« – 7. Ausgabe (7)

165 (152) 5 Yuan (G) 1988. Tempel des Himmels, Peking. Rs. Panda mit Bambuszweigen:
a) Mzz. P [Y] (max. 10 000 Ex.) –,–
b) o. Mzz. [S] (475 000 Ex.) **100,–**

166 (153) 10 Yuan (G) 1988. Typ wie Nr. 165:
a) Mzz. P [Y] (max. 10 000 Ex.) –,–
b) o. Mzz. [S, Y] (330 000 Ex.) **140,–**

167 (154) 25 Yuan (G) 1988. Typ wie Nr. 165:
a) Mzz. P [Y] (max. 10 000 Ex.) –,–
b) o. Mzz. [S, Y] (138 000 Ex.) **240,–**

168 (155) 50 Yuan (G) 1988. Typ wie Nr. 165:
a) Mzz. P [Y] (max. 10 000 Ex.) –,–
b) o. Mzz. [S, Y] (118 310 Ex.) **450,–**

169 (156) 100 Yuan (G) 1988. Typ wie Nr. 165:
a) Mzz. P [Y] (max. 10 000 Ex.) –,–
b) o. Mzz. [S, Y] (Abb.) (168 910 Ex.) **900,–**

Nrn. 165a–169a polierte Platte (max. 10 000 Ex.) *2800,–*

170 (233) 500 Yuan (G) 1988. Typ wie Nr. 163. 999er Gold, 155,5 g (max. 3000 Ex.) *6500,–*

171 (234) 1000 Yuan (G) 1988. Typ wie Nr. 164. 999er Gold, 373,24 g (max. 3000 Ex.) (Abb. verkleinert) *12 500,–*

Platinbarrenmünze »Panda« – 2. Ausgabe

172 (159) 100 Yuan (Pt) 1988. Typ wie Nr. 165. 999½er Platin, 31,12 g (2000 Ex.) *2600,–*

Große Persönlichkeiten der chinesischen Geschichte
5. Ausgabe – Song-Dynastie [960–1279] (5)

ST PP

173 (161) 5 Yuan (S) 1988. Rs. Bi Sheng (gest. 1051), Erfinder des Buchdrucks mit beweglichen Lettern. 900er Silber, 22,22 g **75,–**

174 (162) 5 Yuan (S) 1988. Rs. Su Shi (1037–1101), Dichter und Künstler, am Yangtze-Fluß **75,–**

175 (163) 5 Yuan (S) 1988. Rs. Li Qingzhao (1084 – um 1151), Lyrikerin, Malerin und Schriftstellerin, von Chrysanthemen umgeben **75,–**

176 (160) 5 Yuan (S) 1988. Rs. Yue Fei (1103–1142), Krieger und Nationalheld **75,–**

177 (164) 100 Yuan (G) 1988. Rs. Kaiser Zhao Kuangyin (927–976), Begründer der Song-Dynastie, vor dem Drachenpavillon von Dongjing (Kaifeng), Henan. 916⅔er Gold, 11,318 g [Y] **700,–**

30 Jahre Autonome Region Guangxi Zhuang

178 (198) 1 Yuan (K-N) 1988. Lijiang-Fluß bei Guilin. Rs. Zhuang-Folkloretänzer **12,–**

30 Jahre Autonome Region Ningxia Hui

179 (211) 1 Yuan (K-N) 1988. Nanguan-Moschee in Yinchuan. Rs. Zwei Hui-Mädchen beim Beerenpflücken [Y] **12,–**

Tierschutz – 1. Ausgabe (3)

180 181

180 (165) 10 Yuan (S) 1988. Rs. Kronenibis vom Qinling-Gebirge. 925er Silber, 27 g [Y] (max. 50 000 Ex.) **70,–**

181 (166) 10 Yuan (S) 1988. Rs. Zwei Chinesische Flußdelphine im Yangtze-Fluß [Y] (max. 50 000 Ex.) **70,–**

182 (167) 100 Yuan (G) 1988. Rs. Affe (Rhinopithecus roxellanae) 916⅔er Gold, 8 g [Y] (max. 30 000 Ex.) **600,–**

Jahr der Erde mit der Schlange
(78. Zyklus, 6. Jahr) – 1. Ausgabe (2)

ST PP

183 (177) 10 Yuan (S) 1989. Östlicher Kontrollturm am östlichen Ende der Großen Mauer am Paß Shan-Hai-Guan, unter der Ming-Dynastie 1381 erbaut, mit der Inschrift »Das erste Tor unter dem Himmel«. Rs. Wandernde Schlange nach einem Gemälde von Qi Baishi. 850er Silber, 15 g (max. 15 000 Ex.) **120,–**

184 (180) 150 Yuan (G) 1989. Typ wie Nr. 183. 916²/₃er Gold, 8 g (max. 7500 Ex.) **600,–**

2. Ausgabe (4)

185 (178) 50 Yuan (S) 1989. Rs. Wandernde Schlange, von Pfingstrosen umgeben. 999er Silber, 155,5 g (max. 1000 Ex.) *900,–*

186 (179) 100 Yuan (S) 1989. Rs. Wandernde Schlange, umgeben von um Schildkröten gewundene Schlangen aus den Mogao-Grotten in Dunhuang. 999er Silber, 373,24 g (max. 400 Ex.) *3000,-*

187 (181) 500 Yuan (G) 1989. 999er Gold, 155,5 g (max. 500 Ex.) *8500,–*

188 (182) 1000 Yuan (G) 1989. 999er Gold, 373,24 g (max. 200 Ex.) *25 000,–*

3. Ausgabe (3)

189 (183) 10 Yuan (S) 1989. Staatswappen. Rs. Schlange nach einem Gemälde von Ma Jin. 999er Silber, 31,1 g (max. 6000 Ex.) **180,–**

190 (184) 100 Yuan (G) 1989. Typ wie Nr. 189. 999er Gold, 31,1 g (max. 3000 Ex.) *1700,–*

191 (185) 100 Yuan (Pt) 1989. Typ wie Nr. 189. 999er Platin, 31,1 g (max. 1000 Ex.) *2600,–*

70 Jahre Save the Children Fund (2)

192 (230) 5 Yuan (S) 1989. Rs. Mädchen mit Bambusflöte und Junge beim Füttern eines Panda vor Bambusfeld. 900er Silber, 22,22 g (max. 45 000 Ex.) *60,–* **80,–**

193 (231) 100 Yuan (G) 1989. Rs. Mädchen mit traditionellem Drachen. 916²/₃er Gold, 11,31 g (max. 5000 Ex.) **700,–**

XI. Asiatische Sportspiele 22. 9. – 7. 10. 1990 in Peking (Beijing)
1. Ausgabe (5)

194

195

194 (201) 10 Yuan (S) 1989. Arbeiterstadion in Peking, Hauptaustragungsort der Asienspiele, darunter Emblem der Spiele (aus Chinesischer Mauer gebildeter Buchstabe A unter Sonne). Rs. Badmintonspieler und Maskottchen »Pan Pan«. 925er Silber, 27 g (max. 20 000 Ex.) **90,–**

195 (202) 10 Yuan (S) 1989. Rs. Radrennfahrer (max. 20 000 Ex.) **90,–**

196

197

196 (200) 10 Yuan (S) 1989. Rs. Turmspringerin (max. 20 000 Ex.) **90,–**

197 (199) 10 Yuan (S) 1989. Rs. Gewichtheber (max. 20 000 Ex.) **90,–**

198 (203) 100 Yuan (G) 1989. Rs. Rhythmische Sportgymnastin. 916²/₃er Gold, 8 g (max. 10 000 Ex.) **600,–**

Silberbarrenmünzen »Panda« – 6. Ausgabe (3)

199 (186) 10 Yuan (S) 1989. Tempel des Himmels, Peking. Rs. Panda mit Bambuszweig. 999er Silber, 31,1 g:
a) Mzz. P (max. 250 000 Ex.) –,–
b) o. Mzz. (max. 250 000 Ex.) **38,–**

200 (218) 50 Yuan (S) 1989. Rs. Panda, auf dem Rücken liegend, mit Jungem auf dem Bauch (max. 10 000 Ex.) –,–

201 (219) 100 Yuan (S) 1989. Rs. Panda mit zwei Jungen (max. 5000 Ex.) –,–

Palladiumbarrenmünze »Panda«

202 (220) 50 Yuan (Palladium) 1989. Typ wie Nr. 199. 999½er Palladium, 31,12 g (max. 5000 Ex.) **680,–**

Goldbarrenmünzen »Panda« – 8. Ausgabe (6)

203 (187) 5 Yuan (G) 1989. Typ wie Nr. 199:
a) Mzz. P [Y] (max. 8000 Ex.) –,–
b) o. Mzz. [S, Y] **90,–**

204 (188) 10 Yuan (G) 1989. Typ wie Nr. 199:
a) Mzz. P [Y] (max. 8000 Ex.) –,–
b) o. Mzz. [S, Y] **140,–**

205 (189) 25 Yuan (G) 1989. Typ wie Nr. 199:
a) Mzz. P [Y] (max. 8000 Ex.) –,–
b) o. Mzz. [S, Y] **240,–**

206 (190) 50 Yuan (G) 1989. Typ wie Nr. 199:
a) Mzz. P [Y] (max. 8000 Ex.) –,–
b) o. Mzz. [S, Y] **450,–**

		ST	PP
207 (191)	100 Yuan (G) 1989. Typ wie Nr. 199: a) Mzz. P [Y] (max. 8000 Ex.)		–,–
	b) o. Mzz. (Abb.)	*900,–*	

Nrn. 203a–207a polierte Platte (max. 8000 Ex.) *2800,–*

208 1000 Yuan (G) 1989. Typ wie Nr. 201 –,–

Platinbarrenmünze »Panda« – 3. Ausgabe

209 (192) 100 Yuan (Pt) 1989. Typ wie Nr. 199 (max. 5000 Ex.) –,–

Silber- und Goldbarrenmünzen »Drache und Phönix« (7)

210 (205) 5 Chiao (S) 1989–1991. Chinesische Mauer. Rs. Drache und Phönix. 999er Silber, 2 g [Y] (max. 50 000 Ex.) –,–

211 (261) 10 Yuan (S) 1990. Rs. Drache und Phönix, Feingehaltsangabe. 999er Silber, 31,1 g [Y] (max. 12 000 Ex.) –,–

212 (206) 10 Yuan (G) 1989–1991. Typ wie Nr. 210. 999er Gold, 1 g [Y] (max. 50 000 Ex.) –,–

213 (207) 20 Yuan (S) 1989–1991. Typ wie Nr. 211. 999er Silber, 62,2 g [Y] (max. 5000 Ex.) –,–

214 (208) 150 Yuan (S) 1989–1991. Typ wie Nr. 211. 999er Silber, 622 g [Y] (max. 1500 num. Ex.) –,–

215 (209) 200 Yuan (G) 1989–1991. Typ wie Nr. 211. 999er Gold, 62,2 g [Y] (max. 2500 Ex.) –,–

216 (210) 1500 Yuan (G) 1989–1991. Typ wie Nr. 211. 999er Gold, 622 g [Y] (ca. 250 num. Ex.) –,–

Große Persönlichkeiten der chinesischen Geschichte
6. Ausgabe – Die mongolische Yüan-Dynastie und das chinesische Großreich [1279–1368] (5)

217 (213) 5 Yuan (S) 1989. Rs. Khubilai Khan (1215–1294), Großkhan der Mongolen seit 1260, als Shih-tsu Kaiser von China seit 1279, Yüan-Kaiserpalast in Peking. 900er Silber, 22,22 g [Y] **75,–**

218 (214) 5 Yuan (S) 1989. Rs. Guan Hanqing (um 1230–um 1280/1300), chinesischer Bühnenautor mit Szenenbildern aus seinen Werken [Y] **75,–**

219 (215) 5 Yuan (S) 1989. Rs. Guo Shoujing (2131–1316), Ingenieur, Astrologe, Hydrologe und Mathematiker, mit astronomischem Instrument [Y] **75,–**

220 (216) 5 Yuan (S) 1989. Rs. Huang Daopo (13. Jh.), Erfinderin des hydraulischen Spinnrades [Y] **75,–**

221 (217) 100 Yuan (G) 1989. Rs. Dschingis Khan (1162–1227), Großkhan der Mongolen seit 1206, eroberte Peking 1215, neben seinem Pferd in der mongolischen Steppe. 916⅔er Gold, 11,318 g [Y] **700,–**

40. Jahrestag der Volksrepublik (5)

222 (204) 1 Yuan (St, N plattiert) 1989. Staatswappen und Feuerwerk über der Großen Halle des Volkes in

ST PP

Peking auf dem T'ien-an-men-Platz. Rs. Zahl 40 mit Zeichnung der Staatsflagge, Friedenstauben und Nationalhymne [Y] **12,–**

224

223

223 (236) 10 Yuan (S) 1989. Staatswappen auf Pfingstrosen. Rs. Adler über der Chinesischen Mauer. 925er Silber, 27 g [Y] (max. 30 000 Ex.) **80,–**

224 (235) 10 Yuan (S) 1989. Rs. Friedenstauben über der Großen Halle des Volkes in Peking [Y] (max. 30 000 Ex.) **80,–**

225 100 Yuan (G) 1989. Rs. Kraniche als Glücksbringer über dem Tor des Himmlischen Friedens (T'ien-an men) in Peking. 999er Gold, 7.78 g [Y] (max. 15 000 Ex.) –,–

226 (232) 1500 Yuan (G) 1989. Staatswappen, Volkstanzgruppe und Feuerwerk. Rs. Proklamation der Volksrepublik durch Mao Tse-Tung, wie Nr. 79. 999er Gold, 622.07 g [Y] (max. 100 Ex.) *45 000,–*

Tierschutz – 2. Ausgabe (3)

227 (249) 10 Yuan (S) 1989. Rs. Mandschurenkranich. 925er Silber, 27 g [Y] (max. 30 000 Ex.) **70,–**

228 (248) 10 Yuan (S) 1989. Rs. Hirsche [Y] (max. 30 000 Ex.) **70,–**

229 (250) 100 Yuan (G) 1989. Rs. Tiger (Panthera tigris amoyensis – Felidae). 916⅔er Gold, 8 g [Y] (max. 25 000 Ex.) **600,–**

XIV. Fußball-Weltmeisterschaft 1990 in Italien (3)

			ST	PP
230 (243)	5	Yuan (S) 1989. Rs. Steilpaß. 925er Silber, 27 g		90,–
231	5	Yuan (S) 1990. Rs. Torwart mit gefangenem Ball		90,–
232	5	Yuan (S) 1990. Rs. Zwei Spieler im Kampf um den Ball		90,–

Jahr des Metalls mit dem Pferd
(78. Zyklus, 7. Jahr) – 1. Ausgabe (2)

233 (221) 10 Yuan (S) 1990. Tempel des Konfuzius in Qufu, Shandong, seit 478 v. Chr. erbaut, mit der Halle der Großen Vollkommenheit. Rs. Galoppierendes Pferd, nach einer Zeichnung von Xu Beihong. 850er Silber, 15 g (max. 15000 Ex.) 150,–

234 (227) 150 Yuan (G) 1990. Rs. Galoppierendes Pferd. 916⅔er Gold, 8 g (max. 7500 Ex.) 720,–

2. Ausgabe (4)

235 (223) 50 Yuan (S) 1990. Rs. Zwei Pferde an der Tränke, nach einer Zeichnung von Xu Beihong. 999er Silber, 155,5 g (max. 3000 Ex.) *950,–*

236 (224) 100 Yuan (S) 1990. Rs. Zwei galoppierende Pferde, nach einer Zeichnung von Xu Beihong. 999er Silber, 373,24 g (max. 1000 Ex.) *2200,–*

237 (228) 500 Yuan (G) 1990. Typ wie Nr. 235. 999er Gold, 155,5 g (max. 500 Ex.) *8800,–*

238 (229) 1000 Yuan (G) 1990. Typ wie Nr. 236. 999er Gold, 373,24 g (max. 500 Ex.) *20000,–*

3. Ausgabe (3)

239 (222) 10 Yuan (S) 1990. Staatswappen. Rs. Gesatteltes Pferd, nach einer Zeichnung von Zhang Daqian. 999er Silber, 31,1 g (max. 12000 Ex.) 180,–

240 (225) 100 Yuan (G) 1990. Typ wie Nr. 239. 999er Gold, 31,1 g (max. 6000 Ex.) ***1600,–***

241 (226) 100 Yuan (Pt) 1990. Typ wie Nr. 239. 999er Platin, 31,1 g (max. 2000 Ex.) ***2400,–***

Silberbarrenmünzen »Panda« – 7. Ausgabe (3)

242 (237) 10 Yuan (S) 1990. Tempel des Himmels, Peking. Rs. Panda auf Felsen:
a) Mzz. P 75,–
b) o. Mzz. 30,–

243 (262) 50 Yuan (S) 1990. Rs. Zwei Pandas [Y] –,–

244 (263) 100 Yuan (S) 1990. Rs. Drei Pandas an einem Gewässer [Y] 580,–

Goldbarrenmünzen »Panda« – 9. Ausgabe (6)

			ST	PP
245 (238)	5	Yuan (G) 1990. Typ wie Nr. 242		
		a) Mzz. P [Y]		–,–
		b) o. Mzz. [S, Y]	–,–	
246 (239)	10	Yuan (G) 1990. Typ wie Nr. 242		
		a) Mzz. P [Y]		–,–
		b) o. Mzz. [S, Y]	–,–	
247 (240)	25	Yuan (G) 1990. Typ wie Nr. 242		
		a) Mzz. P [Y]		–,–
		b) o. Mzz. [S, Y]	–,–	
248 (241)	50	Yuan (G) 1990. Typ wie Nr. 242		
		a) Mzz. P [Y]		–,–
		b) o. Mzz. [S, Y]	–,–	
249 (242)	100	Yuan (G) 1990. Typ wie Nr. 242		
		a) Mzz. P [Y]		–,–
		b) o. Mzz. [S, Y]	–,–	

Nrn. 245a–249a, polierte Platte (max. 5000 Ex.) –,–
Nrn. 245a–249a werden zusätzlich einzeln verausgabt.

250 (282) 1000 Yuan (G) 1990. Typ wie Nr. 244 (500 Ex.) *12000,–*

Platinbarrenmünzen »Panda« – 4. Ausgabe (4)

A250 (267) 10 Yuan (Pt) 1990. Rs. Panda mit Bambuszweig. 999½er Platin, 3,11 g [Y] (max. 3500 Ex.) –,–

B250 (268) 25 Yuan (Pt) 1990. Rs. Panda auf Bambusbaum. 999½er Platin, 7,78 g [Y] (max. 3000 Ex.) –,–

C250 (269) 50 Yuan (Pt) 1990 Rs. Panda mit Bambus auf Felsen. 999½er Platin, 15,55 g [Y] (max. 2500 Ex.) –,–

251 100 Yuan (Pt) 1990. Typ wie Nr. 242 –,–

Große Persönlichkeiten der chinesischen Geschichte
7. Ausgabe – Ming-Dynastie [1368–1644] (5)

			PP
252	5	Yuan (S) 1990. Rs. Luo Guanzhong (1331–1400), Geschichtsschreiber. 900er Silber, 22,22 g	75,–
253	5	Yuan (S) 1990. Rs. Zheng He (1371–1435), Seefahrer	75,–
254	5	Yuan (S) 1990. Rs. Li Shizhen (1518–1593), Naturkundler	75,–
255	5	Yuan (S) 1990. Rs. Li Zicheng (1606–1646), Revolutionär	75,–
256	100	Yuan (G) 1990. Rs. Kaiser Zhu Yuanzhang (1328–1398). 916 ⅔er Gold, 11,31 g	700,–

Große Persönlichkeiten der Weltgeschichte
1. Ausgabe (5)

			PP
257 (244)	10	Yuan (S) 1990. Rs. Homer (ca. 8. Jh. v. Chr.), griechischer Epiker. 925er Silber, 27 g	75,–
258 (245)	10	Yuan (S) 1990. Rs. William Shakespeare (1564–1616)	75,–
259 (246)	10	Yuan (S) 1990. Rs. Ludwig van Beethoven (1770–1827)	75,–
260 (247)	10	Yuan (S) 1990. Rs. Thomas Alva Edison (1847–1939)	75,–
261	100	Yuan (G) 1990. Rs. Xuanyuan (Gongsun), der legendäre »Gelbe Kaiser« (2. Jtsd. v. Chr.). 916⅔er Gold, 11,31 g	700,–

9. Hong Kong International Coin Exposition 1990

262 (266) 50 Yuan (S/G) 1990. Typ wie Nr. 248 b, mit zusätzlichem Ring in Silber. 999er Gold, 15,55 g/999er Silber, 6,22 g (2000 Ex.) *1000,–*

Zum gleichen Anlaß existiert eine Medaille in gleicher Bimetallausführung, polierte Platte (2000 Ex.) 300,-

Archäologische Funde der Bronzezeit – 1. Ausgabe
Serie II (4)

		ST	PP
263 (258)	5 Yuan (S) 1990. Typ wie Nr. 28. 900er Silber, 15 g (max. 5000 Ex.)		70,–
264 (260)	5 Yuan (S) 1990. Typ wie Nr. 29 (max. 5000 Ex.)		70,–
265 (259)	5 Yuan (S) 1990. Typ wie Nr. 30 (max. 5000 Ex.)		70,–
266 (257)	5 Yuan (S) 1990. Typ wie Nr. 31 (max. 5000 Ex.)		70,–

XI. Asiatische Sportspiele 22. 9.–7. 10. 1990 in Peking (Beijing)
2. Ausgabe (7)

A267 (264) 1 Yuan (St, N plattiert) 1990. Rs. Schwerttänzer 12,–

B267 (265) 1 Yuan (St, N plattiert) 1990. Rs. Bogenschützin 12,–

267 (254) 10 Yuan (S) 1990. Hochschulsportanlage in Peking. Rs. Fußballspieler vor Pagode im Beihai-Park in Peking. 925er Silber, 27 g (max. 20000 Ex.) 90,–

268 (252) 10 Yuan (S) 1990. Muxiyuan-Guangcai-Sportanlage in Peking. Rs. Softballspielerin und Beobachtungsturm des Kaiserpalastes in Peking (max. 20000 Ex.) 90,–

269 (251) 10 Yuan (S) 1990. Chaoyang-Sportanlage in Peking. Rs. Speerwerfer vor der Chinesischen Mauer (max. 20000 Ex.) 90,–

270 (253) 10 Yuan (S) 1990. Shijingshan-Sportanlage in Peking. Rs. Turner an Ringen und Tempel des Himmels in Peking (max. 20000 Ex.) 90,–

271 (256) 100 Yuan (G) 1990. Schwimmhalle in Peking. Rs. Schwimmerin am Start vor dem Sommerpalast in Peking. 916⅔er Gold, 8 g (max. 10000 Ex.) 600,–

Landschaftsbilder aus Taiwan (4)

272 273

272 50 Yuan (G) 1990. Chinesische Mauer bei Mutianyu, Peking. Rs. Schwestern-See in Alishan, Chiayi. 999er Gold, 15,55 g [Y] (max. 3000 Ex.) 800,–

273 50 Yuan (G) 1990. Rs. Pagode »Tzu En« am Sonne-und-Mond-See, Nantou [Y] 800,–

274 275

274 50 Yuan (G) 1990. Rs. Koxinga-Tempelanlage von 1879, Tainan [Y] 800,–

275 50 Yuan (G) 1990. Rs. Frühlings- und Herbstpavillon im Lianchi-See, Kaohsiung (Gaoxiung) [Y] 800,–

Tierschutz – 3. Ausgabe (3)

		PP
276	10 Yuan (S) 1990. Rs. Weißer Storch. 925er Silber, 27 g	–,–
277	10 Yuan (S) 1990. Rs. Schneeleopard	–,–
278	100 Yuan (G) 1990. Rs. Takin. 916⅔er Gold, 8 g	–,–

Nrn. 276–278 wurden bisher nicht geprägt.

XVI. Olympische Winterspiele 1992 in Albertville –
1. Ausgabe (3)

A278 10 Yuan (S) 1991. Rs. Slalom. 900er Silber, 27 g 70,–

279 50 Yuan (S) 1990. Rs. Eisschnellauf. 999er Silber, 155,5 g *450,–*

A279 100 Yuan (G) 1991. Rs. Paarlauf. 999er Gold, 10,4 g 600,–

XXV. Olympische Sommerspiele 1992 in Barcelona –
1. Ausgabe (6)

280 (283) 10 Yuan (S) 1990. Rs. Zwei Radrennfahrer. 900er Silber, 27 g *90,–*

281 10 Yuan (S) 1990. Rs. Turmspringerin 70,–

282 10 Yuan (S) 1990. Rs. Hochspringer 70,–

A282 10 Yuan (S) 1991. Rs. Tischtennisspielerin 70,–

B282 50 Yuan (S) 1991. Rs. Sprinter. 999er Silber, 155,5 g *400,–*

283 100 Yuan (G) 1990. Rs. Zwei Basketballspielerinnen. 999er Gold, 10,4 g (max. 10000 Ex.) 600,–

Jahr des Metalls mit der Ziege (78. Zyklus, 8. Jahr) –
1. Ausgabe (2)

284 (270) 10 Yuan (S) 1991. Yueyang-Turm. Rs. Schaf mit Jungem (max. 15000 Ex.) 100,–

285 (276) 150 Yuan (G) 1991. Rs. Liegendes Schaf, nach einer Zeichnung von Zhao Shaoang. 916⅔er Gold, 8 g (max. 7500 Ex.) 650,–

2. Ausgabe (4)

286 (272) 50 Yuan (S) 1991. Rs. Widder und Ziege beim Säugen eines Jungen (max. 2000 Ex.) *600,–*

287 (273) 100 Yuan (S) 1991. Rs. Drei Ziegen (max. 1000 Ex.) –,–

288 (277) 500 Yuan (G) 1991. Typ wie Nr. 286 (max. 250 Ex.) –,–

289 (278) 1000 Yuan (G) 1991. Typ wie Nr. 287 (max. 200 Ex.) –,–

3. Ausgabe (3)

290 (271) 10 Yuan (S) 1991. Staatswappen. Rs. Drei Ziegen (max. 8000 Ex.) 150,–

291 (274) 100 Yuan (G) 1991. Typ wie Nr. 290 (max. 1800 Ex.) 2000,–

292 (275) 100 Yuan (Pt) 1991. Typ wie Nr. 290 (max. 500 Ex.) –,–

Baumpflanz-Festival (3)

		ST	PP
A292 (279)	1 Yuan (St, N plattiert) 1991. Emblem des Festivals, Landesname. Rs. Mädchenkopf mit Zweigen im Haar	8,–	
B292 (280)	1 Yuan (St, N plattiert) 1991. Rs. Globus, Ziersäule vom T'ien-an-men-Platz in Peking, fliegende Vögel	8,–	
C292 (281)	1 Yuan (St, N plattiert) 1991. Rs. Setzling auf Spaten	8,–	

Silberbarrenmünzen »Panda« – 8. Ausgabe (3)

		ST	PP
293	10 Yuan (S) 1991. Rs. Panda mit Bambuszweig, an Gewässer sitzend:		
	a) Mzz. P		–,–
	b) o. Mzz. (100000 Ex.)	–,–	
294	50 Yuan (S) 1991		–,–
295	100 Yuan (S) 1991		–,–

Goldbarrenmünzen »Panda« – 10. Ausgabe (7)

Nr.	Nominal	Beschreibung	ST	PP
A296	3	Yuan (G) 1991. 1 g		–,–
296	5	Yuan (G) 1991:		
		a) Mzz. P		–,–
		b) o. Mzz. [S,Y]	–,–	
297	10	Yuan (G) 1991:		
		a) Mzz. P		–,–
		b) o. Mzz. [S, Y]	–,–	
298	25	Yuan (G) 1991:		
		a) Mzz. P		–,–
		b) o. Mzz. [S, Y]	–,–	
299	50	Yuan (G) 1991:		
		a) Mzz. P		–,–
		b) o. Mzz. [S, Y]	–,–	
300	100	Yuan (G) 1991:		
		a) Mzz. P		–,–
		b) o. Mzz. [S, Y]	–,–	
301	1000	Yuan (G) 1991		–,–

Platinbarrenmünzen »Panda« – 5. Ausgabe (4)

Nr.	Nominal	Beschreibung	PP
302	10	Yuan (Pt) 1991	–,–
303	25	Yuan (Pt) 1991	–,–
304	50	Yuan (Pt) 1991	–,–
305	100	Yuan (Pt) 1991	–,–

Silber- und Goldbarrenmünzen »Piéfort Pandas« (2)

Nr.	Nominal	Beschreibung	Preis
306	10	Yuan (S) 1991. Piéfort. 999er Silber, 62,2 g	–,–
307	50	Yuan (G) 1991. Piéfort. 999er Gold, 31,10 g	–,–

Tierschutz – 4. Ausgabe (3)

Nr.	Nominal	Beschreibung	Preis
308	10	Yuan (S) 1991. Rs. Baktrisches Kamel. 925er Silber, 27 g	–,–
309	10	Yuan (S) 1991. Rs. Pere-David-Hirsch	–,–
310	100	Yuan (G) 1991. Rs. Großer Panda (Ailuropoda melanoleuca – Procyonidae). 916⅔er Gold, 8 g	–,–

Nrn. 308–310 wurden bisher nicht geprägt.

125. Geburtstag von Sun Yat-sen (4)

Nr.	Nominal	Beschreibung	Preis
311	10	Yuan (S) 1991. Palast des Präsidenten in Nanking. Rs. Dr. Sun Yat-sen, stehend. 999er Silber, 31,1 g (2500 Ex.)	–,–
312	50	Yuan (S) 1991. 155,5 g (1000 Ex.)	–,–
313	100	Yuan (G) 1991. Palast des Präsidenten in Nanking. Rs. Dr. Sun Yat-sen beim Verfassen eines Buches. 916⅔er Gold, 8 g (2500 Ex.)	–,–
314	100	Yuan (G) 1991. 31,1 g (1000 Ex.)	–,–

70 Jahre Kommunistische Partei Chinas (3)

Nr.	Nominal	Beschreibung	ST	PP
315	1	Yuan (St, N plattiert) 1991	8,–	
316	1	Yuan (St, N plattiert) 1991	8,–	
317	1	Yuan (St, N plattiert) 1991	8,–	

Große Persönlichkeiten der Weltgeschichte
2. Ausgabe (5)

Nr.	Nominal	Beschreibung	Preis
318	10	Yuan (S) 1991. Rs. Christoph Kolumbus	75,–
319	10	Yuan (S) 1991. Rs. Wolfgang Amadeus Mozart (1756–1791)	75,–
320	10	Yuan (S) 1991. Rs. Mark Twain (1835–1910)	75,–
321	10	Yuan (S) 1991. Rs. Albert Einstein (1879–1955)	75,–
322	100	Yuan (G) 1991. Rs. Yan Di	700,–

10. Hong Kong International Coin Exposition 1991

Nr.	Nominal	Beschreibung	ST	PP
323	25	Yuan (S/G) 1991. Typ wie Nr. 298, mit zusätzlichem Ring in Silber, Jahreszahl nur auf dem Ring, 999er Gold, 7,78 g/999er Silber, 3,89 g (10000 Ex.)		500,–

Zum gleichen Anlaß existiert eine Medaille in gleicher Bimetallausführung (2000 Ex.)

I. Damenfußball-Weltmeisterschaft 1991 in China (5)

Nr.	Nominal	Beschreibung	ST	PP
324	1	Yuan (St, N plattiert) 1991	8,–	
325	1	Yuan (St, N plattiert) 1991	8,–	
326	10	Yuan (S) 1991. 900er Silber, 31,1 g		55,–
327	10	Yuan (S) 1991		55,–
328	100	Yuan (G) 1991. 916⅔er Gold, 8,73 g		350,–

Jahr des Wassers mit dem Affen
78. Zyklus, 9. Jahr – 1. Ausgabe (2)

Nr.	Nominal	Beschreibung	Preis
329	10	Yuan (S) 1992. Pavillon des Kaisers Teng. Rs. Sitzender Affe, nach einer Zeichnung von Ma Jin. 900er Silber, 15 g (max. 10000 Ex.)	100,–
330	150	Yuan (G) 1992. Rs. Affe mit Frucht, nach einer Zeichnung von Qi Baishi. 916⅔er Gold, 8 g (max. 5000 Ex.)	650,–

2. Ausgabe (4)

Nr.	Nominal	Beschreibung	Preis
331	50	Yuan (S) 1992. Rs. Affe mit Frucht, nach einer Zeichnung von Huang Junbi (max. 1000 Ex.)	650,–
332	100	Yuan (S) 1992. Rs. Affen nach einer Zeichnung von Gao Qifeng (max. 500 Ex.)	*1200,–*
333	500	Yuan (G) 1992. Typ wie Nr. 331 (max. 99 Ex.)	–,–
334	1000	Yuan (G) 1992. Typ wie Nr. 332 (max. 99 Ex.)	–,–

3. Ausgabe (3)

Nr.	Nominal	Beschreibung	Preis
335	10	Yuan (S) 1992. Staatswappen. Rs. Stumpfnasenaffe nach einer Zeichnung von Liu Jiyou (max. 8000 Ex.)	*180,–*
336	100	Yuan (G) 1992. Typ wie Nr. 335 (max. 1800 Ex.)	*2200,–*
337	100	Yuan (Pt) 1992. Typ wie Nr. 335 (max. 300 Ex.)	*2400,–*

Cook Islands Cook-Inseln Cook (Iles)

Fläche: 234 km², 21 000 Einwohner.
Die Cookinseln, von James Cook im Jahre 1773 während seiner 2. Reise entdeckt und nach ihm benannt, bestehen aus folgenden 15 Inseln: Aitutaki, Atiu, Mangaia, Manuae, Manihiki, Mauke, Mitiaro, Nassau, Palmerston Atoll (Avarua), Penrhyn (Tongareva), Pukapuka, Rakahanga, Rarotonga, Suwarrow und Te Au O Tu (Hervey-Inseln). Am 16. September 1965 erhielten die Inseln als Außenbesitzung Neuseelands volle innere Selbstverwaltung. Hauptstadt: Avarua auf Rarotonga.

100 Cents (Tene) = 1 Neuseeland-Dollar (Tara)

Neben den eigenen Münzen sind die Geldzeichen Neuseelands gesetzliches Zahlungsmittel.

New Zealand – Cook Islands

200. Jahrestag der Weltumseglung durch James Cook und Besuch des englischen Königspaares in Australien und Neuseeland 1970

ST PP

1 (46*) 1 Dollar (K-N) 1970. Elisabeth II. (nach A. Machin), Landesname NEW ZEALAND. Rs. James Cook (1728–1779) und sein Schiff H.M.S. »Endeavour«, Landesname COOK ISLANDS, Wertangabe [RAM] 50,– *180,–*

*Diese Nummer entspricht der Yeoman-Katalogisierung unter Neuseeland.

Cook Islands

2

3

4

VZ ST

2 (1) 1 Cent (Bro) 1972–1977, 1979, 1983. Elisabeth II. (nach A. Machin), Landesname »Cook Islands«. Rs. Taro (Colocasia esculenta – Araceae):
a) [RAM] 1972–1975, 1983 –,30 –,50
b) FM, 1975–1977, 1979 –,50

3 (2) 2 Cents (Bro) 1972–1977, 1979, 1983. Rs. Ananas (Ananas comosus – Bromeliaceae):
a) [RAM] 1972–1975, 1983 –,40 –,70
b) FM, 1975–1977, 1979 –,70

VZ ST

4 (3) 5 Cents (K-N) 1972–1977, 1979, 1983. Rs. Chinesischer Roseneibisch (Hibiscus rosa-sinensis – Malvaceae):
a) [RAM] 1972–1975, 1983 –,50 1,–
b) FM, 1975–1977, 1979 1,–

5 (4) 10 Cents (K-N) 1972–1977, 1983. Rs. Apfelsine (Citrus sinensis – Rutaceae):
a) [RAM] 1972–1975, 1983 –,70 1,20
b) FM, 1975–1977 1,20

6 (5) 20 Cents (K-N) 1972–1975, 1983. Rs. Feenseeschwalbe (Gygis alba – Sternidae):
a) [RAM] 1972–1975, 1983 1,50 2,40
b) FM, 1975 2,40

ST PP

7 (15) 20 Cents (K-N) 1976, 1977, 1979. Rs. Gemeines Tritonshorn, FM 5,– 10,–

Nr. 7 auch als einseitige Probe der Bildseite, polierte Platte, vorkommend.

VZ ST

8 (6) 50 Cents (K-N) 1972–1977, 1983. Rs. Echter Bonito (Katsuwonus pelamis – Scombridae):
a) [RAM] 1972–1975, 1983 3,– 4,50
b) FM, 1975–1977 4,50

			VZ	ST
9 (7)	1	Dollar (K-N) 1972–1977, 1979, 1983. Rs. Tangaroa, alte polynesische Meeres- und Fruchtbarkeitsgottheit, von fünfzehn, die Anzahl der Inseln symbolisierenden Sternen umgeben, die auch in der Flagge gezeigt werden:		
		a) [RAM] 1972–1975, 1983	6,–	10,–
		b) FM, 1975–1977, 1979		10,–

Nrn. 2–6, 8, 9 von 1972–1975, polierte Platte 30,–
Nrn. 2–5, 7–9, 16 von 1976, polierte Platte 60,–
Nrn. 2–5, 7–9, 18 von 1977, polierte Platte 65,–
Nrn. 2–4, 7, 9, 32–34 von 1979, polierte Platte 70,–
Nrn. 2–6, 8, 9 von 1983, polierte Platte 30,–

20. Krönungsjubiläum von Königin Elisabeth II.

			ST	PP
10 (8)	2	Dollars (S) 1973. Rs. Elisabeth II. im Krönungsornat, Gedenkumschrift, Wertangabe. 925er Silber, 25,53 g, JP	50,–	50,–

200. Jahrestag der 2. Weltumseglung durch James Cook und der Entdeckung der Hervey-Inseln (Manuae und Te Au O Tu) (23. 9. 1773) (2)

11 12

11 (9)	2½	Dollars (S) 1973, 1974. 925er Silber, 27,35 g [RAM]	60,–	60,–
12 (10)	7½	Dollars (S) 1973, 1974. 925er Silber, 33,8 g [RAM]	90,–	90,–

100. Geburtstag von Sir Winston Churchill (2)

			ST	PP
13 (11)	50	Dollars (S) 1974. Rs. Sir Winston Churchill (1874–1965), Union Jack, Parlamentsgebäude mit Big Ben Tower. 925er Silber, 97,2 g:		
		a) (S) (3704 Ex.)	180,–	220,–
		b) (S vergoldet) (2002 Ex.)		250,–
14 (12)	100	Dollars (G) 1974. Typ wie Nr. 13. 916⅔er Gold, 16,7185 g (1821 Ex.)	*800,–*	*600,–*

200. Jahrestag von Cooks Rückkehr von seiner zweiten Reise

			ST		PP
			M	U	
15 (13)	100	Dollars (G) 1975. Rs. Segelschiff, Porträts von James Cook und König Georg III. von Großbritannien in Medaillons. 900er Gold, 9,6 g	*800,–*	400,–	500,–

Vogelwelt – 1. Ausgabe

16 (16)	5	Dollars (S) 1976. Rs. Mangaia-Liest. 500er Silber, 27,3 g	*75,–*	40,–	38,–

200. Jahrestag der Unabhängigkeit der Vereinigten Staaten von Amerika

17 (14)	100	Dollars (G) 1976. Rs. Gestaffelte Kopfbilder von Benjamin Franklin und James Cook (10 275 Ex.)	*750,–*	450,–	500,–

Vogelwelt – 2. Ausgabe

18 (19)	5	Dollars (S) 1977. Rs. Seevögel	*75,–*	40,–	38,–

25. Regierungsjubiläum von Königin Elisabeth II. (2)

19 (17)	25	Dollars (S) 1977. Rs. Königliches Monogramm zwischen Hibiskus- und Frangipaniblüten. 925er Silber, 48,85 g	*150,–*	70,–	65,–
20 (18)	100	Dollars (G) 1977. Typ wie Nr. 19. 900er Gold, 9,6 g (9976 Ex.)	*750,–*	450,–	500,–

250. Geburtstag von James Cook – 1. Ausgabe (7)

21 (1a)	1	Cent (Bro) 1978. Typ wie Nr. 2, mit Randschrift »1728 CAPTAIN COOK 1978«	–,–	2,–	–,–
22 (2a)	2	Cents (Bro) 1978. Typ wie Nr. 3, mit Randschrift	–,–	3,–	–,–
23 (3a)	5	Cents (K-N) 1978. Typ wie Nr. 4, mit Randschrift	–,–	4,–	–,–
24 (4a)	10	Cents (K-N) 1978. Typ wie Nr. 5, mit Randschrift	–,–	5,–	–,–
25 (15a)	20	Cents (K-N) 1978. Typ wie Nr. 7, mit Randschrift	–,–	8,–	–,–
26 (6a)	50	Cents (K-N) 1978. Typ wie Nr. 8, mit Randschrift	–,–	10,–	–,–
27 (7a)	1	Dollar (K-N) 1978. Typ wie Nr. 9, mit Randschrift	–,–	18,–	–,–

Vogelwelt – 3. Ausgabe

28 (20)	5	Dollars (S) 1978. Rs. Vogelpaar am Nest	*75,–*	40,–	38,–

Nrn. 21–28, polierte Platte 70,–

25. Krönungsjubiläum von Königin Elisabeth II.

29 (21)	10	Dollars (S) 1978. Rs. Der weiße Löwe von Mortimer und der Yale von Beaufort. 925er Silber, 27,9 g	50,–	50,–

200. Jahrestag der Wiederentdeckung Hawaiis durch Kapitän James Cook

30 (22)	200	Dollars (G) 1978. Rs. Landungsszene, im Hintergrund H. M. S. »Resolution«, Flaggschiff von James Cook auf seiner zweiten und dritten Reise. 900er Gold, 16,6 g (3863 Ex.)	*1200,–*	600,–	600,–

ST M | U | PP

250. Geburtstag von James Cook – 2. Ausgabe

31 (23) 250 Dollars (G) 1978. Rs. James Cook (1728–1779), englischer Weltumsegler, Kopfbild nach links. 900er Gold, 17,9 g (1982 Ex.) *1200,–* **700,–** **700,–**

Für den FAO-Münz-Plan (2)

ST N | U | PP

32 (4b) 10 Cents (K-N) 1979. Rs. Apfelsinen, wie Nr. 5, mit Inschrift FAO **1,50** *3,50* *7,50*

33 (6b) 50 Cents (K-N) 1979. Rs. Echter Bonito, wie Nr. 8, mit Inschrift FAO **4,–** *6,–* *10,–*

Vogelwelt – 4. Ausgabe

34 (25) 5 Dollars (S) 1979. Rs. Tauben (11 112 Ex.) **50,–** **40,–**

Mitgliedschaft im Britischen Commonwealth

35 (26) 100 Dollars (G) 1979. Rs. Kopf der Gottheit Tangaroa (vgl. Nr. 9) (3767 Ex.) *500,–* **400,–**

Vermächtnis von James Cook

36 (24) 200 Dollars (G) 1979. Rs. Cook-Sturmvogel, Cook-Teestrauch und Cooktown-Orchideen, die von James Cook entdeckt und nach ihm benannt wurden. 900er Gold, 16,6 g (2210 Ex.) *800,–* **700,–**

Nr. 37 fällt aus.

Zur Hochzeit von Prinz Charles und Lady Diana (8)

38 (1b) 1 Cent (Bro) 1981. Typ wie Nr. 2, Randschrift »The Royal Wedding/July 29–1981« –,– **2,–** –,–

39 (2b) 2 Cents (Bro) 1981. Typ wie Nr. 3, mit Randschrift –,– **3,–** –,–

40 (3b) 5 Cents (K-N) 1981. Typ wie Nr. 4, mit Randschrift –,– **4,–** –,–

41 (4c) 10 Cents (K-N) 1981. Typ wie Nr. 5, mit Randschrift –,– **5,–** –,–

42 (15b) 20 Cents (K-N) 1981. Typ wie Nr. 7, mit Randschrift –,– **8,–** –,–

ST N | U | PP

43 (6c) 50 Cents (K-N) 1981. Typ wie Nr. 8, mit Randschrift –,– **10,–** –,–

44 (7b) 1 Dollar (K-N) 1981. Typ wie Nr. 9, mit Randschrift –,– **18,–** –,–

Nrn. 38–44, polierte Platte 45,–

45 (27) 50 Dollars (G) 1981. Rs. Drei Straußenfedern und gekröntes Monogramm des Brautpaares. 500er Gold, 3,94 g (1529 Ex.) **200,–** **180,–**

75 Jahre Weltpfadfinderbewegung und Internationales Jahr der Pfadfinder (2)

46 (28) 20 Dollars (S) 1982. Rs. Zwei Pfadfinder beim Felsenklettern. 925er Silber, 28,28 g **80,–** **120,–**

47 (29) 200 Dollars (G) 1982. Rs. Pfadfinderlilie, von Sternen umgeben. 916⅔er Gold, 15,98 g **600,–** *850,–*

16. Konferenz der südpazifischen Forum-Staaten
2. Pacific Islands Conference
und »Mini«-Sportspiele 1985 (2)

48 (30) 1 Dollar 1985. Typ wie Nr. 9, jedoch auf der Rs. Gedenkumschrift 16th FORUM/2nd. P.I.C./& MINI GAMES:
a) (S) 925 fein, 27,22 g (2500 Ex.) **120,–**
b) (S) Piéfort, 925 fein, 54,44 g (250 Ex.) *350,–*
c) (K-N) Riffelrand **8,50**

49 1 Dollar (G) 1985. Typ wie Nr. 48. 916⅔er Gold, 39,8 g (25 Ex.) *3600,–*

60. Geburtstag von Königin Elisabeth II. (2)

50 (31) 1 Dollar 1986. Elisabeth II. (nach R. D. Maklouf). Rs. Medaillons mit den Porträts von Königin Elisabeth, Prinz Philip, Charles, Anne, Andrew und Edward:
a) (S) 925 fein, 27,22 g (2500 Ex.) **120,–**
b) (S) Piéfort, 925 fein, 54,44 g (500 Ex.) *350,–*
c) (K-N) **8,50**

51 1 Dollar (G) 1986. Typ wie Nr. 50. 916⅔er Gold, 44 g (60 Ex.) *2200,–*

Zur Hochzeit von Prinz Andrew und Miss Sarah Ferguson (2)

52 (32) 1 Dollar 1986. Rs. Porträt des Brautpaares im Kranz:
a) (S) 925 fein, 27,22 g (2500 Ex.) **100,–**
b) (S) Piéfort, 925 fein, 54,44 g (500 Ex.) *350,–*
c) (K-N) **8,50**

53 1 Dollar (G) 1986. Typ wie Nr. 52. 916⅔er Gold, 44 g (75 Ex.) *2200,–*

VZ | ST

54 5 Cents (K-N) 1987, 1988. Elisabeth II. (nach R. D. Maklouf). Rs. Chinesischer Roseneibisch, wie Nr. 4 [RAM] **–,50** **1,–**

55 10 Cents (K-N) 1987, 1988. Rs. Apfelsine, wie Nr. 5 [RAM] **–,70** **1,20**

		VZ	ST
56	20 Cents (K-N) 1987, 1988. Rs. Feenseeschwalbe, wie Nr. 6 [RAM]	–,80	1,50
57	50 Cents (K-N) 1987. Rs. Echter Bonito, wie Nr. 8, [RAM]	1,20	2,–

58	1 Dollar (K-N) 1987, 1988. Rs. Tangaroa, wie Nr. 9 (Wellenschnitt) [RAM]	2,–	3,–

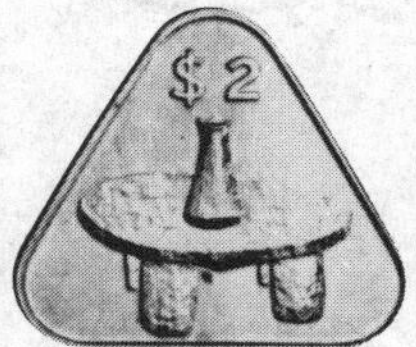

59	2 Dollars (K-N) 1987, 1988. Rs. »Kumete«, Tisch zum Bereiten der Mahlzeit, von der Insel Atiu [RAM] (dreieckig)	3,–	5,–

60	5 Dollars (Al-N-Bro) 1987, 1988. Rs. Gemeines Tritonshorn, wie Nr. 7 [RAM] (zwölfeckig)	6,–	10,–

Nrn. 54–60 von 1987, polierte Platte (3000 Ex.) 70,–
Nrn. 54–56, 62, 58–60 von 1988, polierte Platte (1000 Ex.) 90,–

XXIV. Olympische Sommerspiele 1988 in Seoul

		PP
61	50 Dollars (S) 1987. Rs. Fackelläufer vor Globus, Darstellung nach einer finnischen Olympiamedaille von 1939. 925er Silber, 28,7 g, PM	85,–

		VZ	ST
62	50 Tene (K-N) 1988. Rs. Schildkröte [RAM]	2,–	3,–

100 Jahre britische Oberherrschaft

		PP
63	25 Dollars (S) 1988. Rs. Segelschiff »Hyacinth« vor der Küste. 925er Silber, 37 g [RAM] (3000 Ex.)	**100,–**

Große Entdecker (25)

64	50 Dollars (S) 1988. Rs. Sir Francis Drake. 925er Silber, 19,10 g, FM	90,–
65	50 Dollars (S) 1988. Rs. Segelschiff von Fernão de Magalhães (Ferdinand Magellan)	90,–
66	50 Dollars (S) 1988. Rs. Sir Henry Morton Stanley und David Livingstone	90,–
67	50 Dollars (S) 1988. Rs. Leif Erikson	90,–

68	50 Dollars (S) 1988. Rs. Christoph Kolumbus	90,–
69	50 Dollars (S) 1988. Rs. Roald Amundsen	90,–
70	50 Dollars (S) 1988. Rs. Juan Ponce de Leon	90,–
71	50 Dollars (S) 1988. Rs. Bartolomeu Dias	90,–
72	50 Dollars (S) 1988. Rs. Francisco Pizarro	90,–
73	50 Dollars (S) 1988. Rs. Alexander der Große	90,–
74	50 Dollars (S) 1988. Rs. Sieur de La Salle	90,–
75	50 Dollars (S) 1988. Rs. Robert Peary	90,–
76	50 Dollars (S) 1988. Rs. Abel Janzoon Tasman (1603–1659), niederländischer Seefahrer	90,–

		PP
77	50 Dollars (S) 1988. Rs. John Cabot	90,–
78	50 Dollars (S) 1988. Rs. James Cook	90,–
79	50 Dollars (S) 1988. Rs. Fridtjof Nansen	90,–
80	50 Dollars (S) 1988. Rs. Hernán Cortés (1485–1547) und Aztekenherrscher Montezuma	90,–
81	50 Dollars (S) 1988. Rs. Marco Polo	90,–
82	50 Dollars (S) 1988. Rs. Lewis und Clark	90,–
83	50 Dollars (S) 1988. Rs. Amerigo Vespucci	90,–
84	50 Dollars (S) 1988. Rs. Samuel de Champlain (1567–1635), französischer Kolonisator, Gründer von Québec 1608	90,–
85	50 Dollars (S) 1988. Rs. Vasco Núñez de Balboa	90,–
86	50 Dollars (S) 1988. Rs. Francisco Coronado	90,–
87	50 Dollars (S) 1988. Rs. Richard E. Byrd	90,–
88	50 Dollars (S) 1988. Rs. Vasco da Gama	90,–

XIII. Fußball-Weltmeisterschaft 1986 in Mexiko

89	50 Dollars (S) 1989. Rs. Zweikampf. 925er Silber, 28,28 g, PM	60,–

XXV. Olympische Sommerspiele 1992 in Barcelona
1. Ausgabe

A90	50 Dollars (S) 1989. Rs. Schwimmer im Schmetterlingsstil. 925er Silber, 28,28 g, PM	–,–

XVI. Olympische Winterspiele 1992 in Albertville
XXV. Olympische Sommerspiele 1992 in Barcelona
1. Ausgabe

90	50 Dollars (S) 1989. Rs. Läufer und Biathlet. 925er Silber, 28,28 g, PM	75,–

500 Jahre Amerika – 1. Ausgabe
Serie I (3)

91	50 Dollars (S) 1989. Rs. Christoph Kolumbus (1451–1506) und »Santa Maria«. 999er Silber, 31,1 g [*sm*] (max. 15000 Ex.)	75,–

In ähnlicher Zeichnung: Nr. 141.

92	50 Dollars (S) 1989, 1991. Rs. Fernão de Magalhães (Ferdinand Magellan) (um 1480–1521), Entdecker der Magellanstraße 1520 [*sm*]:	
	a) 999er Silber, 31,1 g, 1989	75,–
	b) 925er Silber, 31,1 g, 1991	75,–

93	50 Dollars (S) 1989, 1991. Rs. Kapitän James Cook mit Landkarte. [*sm*]:	
	a) 999er Silber, 31,1 g, 1989	75,–
	b) 925er Silber, 31,1 g, 1991	75,–

Nrn. 91–93, 135–147, 193–204, 214, 215 tragen die Motivbeschreibung in der Randschrift.

Bedrohte Tierwelt – 1. Ausgabe
(Endangered World Wildlife) (21)

		ST	PP
94	10 Dollars (S) 1990. Rs. Kopf eines Indischen Elefanten, Inschrift »Endangered World Wildlife«. 925er Silber, 10 g, PM (max. 25000 Ex.)		25,–
95	10 Dollars (S) 1990. Rs. Tiger (Panthera tigris – Felidae), PM		25,–

96	50 Dollars (S) 1989, 1990. Rs. Grislybär (Ursus arctos horribilis – Ursidae). 925er Silber, 19,2 g, PM:		
	1989		–,–
	1990	*225,–*	70,–
97	50 Dollars (S) 1990. Rs. Spitzmaulnashorn (Diceros bicornis – Rhinocerotidae), PM		70,–
98	50 Dollars (S) 1990. Rs. Schimpanse (Pantroglodytes – Pongidae), PM		70,–
99	50 Dollars (S) 1990. Rs. Kanadischer Luchs (Felis lynx canadensis – Felidae), PM		70,–
100	50 Dollars (S) 1990. Rs. Europäisches Mufflon (Ovis orientalis musimon – Bovidae), PM		70,–
101	50 Dollars (S) 1990. Rs. Schreikranich (Grus americana – Gruidae), PM		70,–
102	50 Dollars (S) 1990. Rs. Amerikanischer Bison (Bison bison – Bovidae), PM (ST: 600 Ex.)	*225,–*	70,–
103	50 Dollars (S) 1990. Rs. Dama-Gazelle (Gazella dama – Bovidae), PM		70,–
104	50 Dollars (S) 1990. Rs. Koala (Phascolarctus cinerus – Phasocolarctidae), PM		70,–
105	50 Dollars (S) 1990. Rs. Gabelbock (Antilocapra americana – Bovidae), PM		70,–
106	50 Dollars (S) 1990. Rs. Afrikanischer Elefant (Loxodonta africana – Elephantidae), PM (ST: 1000 Ex.)	*210,–*	70,–
107	50 Dollars (S) 1990. Typ wie Nr. 95, PM		80,–
108	50 Dollars (S) 1990. Rs. Wisent (Bison bonasus – Bovidae), PM		100,–
109	50 Dollars (S) 1990. Rs. Europäischer Igel (Erinaceus europaeus), PM		80,–

		PL
110	100 Dollars (G) 1990. Rs. Kopf eines Weißkopf-Seeadlers (Haliaeetus leucocephalus – Accipitridae), Inschrift »Endangered World Wildlife«. 999er Gold, 1,24 g PM (1320 Ex.)	150,–
111	100 Dollars (G) 1990. Typ wie Nr. 94, PM (720 Ex.)	150,–
112	100 Dollars (G) 1990. Rs. Kopf eines Tigers (Panthera tigris – Felidae), PM (420 Ex.)	150,–
113	100 Dollars (G) 1990. Rs. Kopf eines Amerikanischen Bisons (Bison bison – Bovidae), PM (320 Ex.)	150,–
114	100 Dollars (G) 1990. Rs. Kopf eines Europäischen Mufflons (Ovis orientalis musimon – Bovidae), PM (320 Ex.)	150,–

In ähnlichen Zeichnungen: Nrn. 154–177.

Bedrohte Tierwelt – 2. Ausgabe
(Endangered World Wildlife) (11)

		ST	PP
115	10 Dollars (S) 1990. Rs. Afrikanische Elefanten (Loxodonta africana – Elephantidae), Inschrift »Endangered World Wildlife«. 925er Silber, 10 g [RM] (max. 25000 Ex.)		**25,–**
116	50 Dollars (S) 1990. Rs. Wanderfalke (Falco peregrinus – Falconidae). 925er Silber, 19,2 g [RM]		*120,–*
117	50 Dollars (S) 1990. Rs. Alpensteinbock (Capra ibex ibex – Bovidae) [RM]		*120,–*
118	50 Dollars (S) 1990. Rs. Uhu (Bubo bubo – Strigidae) [RM]		*120,–*
119	50 Dollars (S) 1990. Rs. Kap-Delphine (Cephalorhynchus heavisidii – Delphinidae) [RM]		*120,–*
120	50 Dollars (S) 1990. Rs. Europäischer Otter (Lutra lutra – Mustelidae) [RM]		*120,–*
121	50 Dollars (S) 1990. Rs. Puma (Felis concolor cougar – Felidae) [RM]		*120,–*
122	50 Dollars (S) 1990. Rs. Persischer Damhirsch (Dama mesopotamica – Cervidae) [RM]		*120,–*
123	50 Dollars (S) 1990. Rs. Brillenpinguine (Spheniscus demersus – Spheniscidae) [RM]		*120,–*
124	50 Dollars (S) 1990. Rs. Hummelkolibri (Calypte helenae – Trochilidae) [RM]		*120,–*
125	50 Dollars (S) 1990. Rs. Asiatischer Löwe (Panthera leo senegalensis – Felidae) [RM]		*120,–*

In ähnlichen Zeichnungen: Nrn. 178–188.

70 Jahre Save the Children Fund (2)

		ST	PP
126	10 Dollars (S) 1990. Rs. Zwei tanzende Mädchen. 925er Silber, 28,28 g [RM]		**85,–**
127	250 Dollars (G) 1990. Rs. Mädchen beim Baden in einer Riesenmuschel am Palmenstrand. 900er Gold, 9,60 g [RM]		**650,–**

XIV. Fußball-Weltmeisterschaft 1990 in Italien

		ST	PP
128	50 Dollars (S) 1990. Rs. Zwei Spieler vor Stadion. 925er Silber, 28,28 g [RM]		**75,–**

Nr. 129 fällt aus.

XVI. Olympische Winterspiele 1992 in Albertville

		ST	PP
130	10 Dollars (S) 1990. Rs. Skilangläufer in Waldlandschaft. 925er Silber, 10 g [RM]		**30,–**

XXV. Olympische Sommerspiele 1992 in Barcelona
2. Ausgabe (3)

		ST	PP
131	10 Dollars (S) 1990. Rs. 100-Meter-Läufer vor Tribüne. 925er Silber, 10 g [RM] (max. 50000 Ex.)		**30,–**
132	50 Dollars (S) 1990. Rs. Marathonläufer vor Stadion. 925er Silber, 28,28 g [RM] (max. 40000 Ex.)		**75,–**
133	100 Dollars (G) 1990. Rs. Drei stilisierte Radrennfahrer, die olympischen Ringe bildend. Rotgold, 900 fein, 3,455 g [RM] (max. 5000 Ex.)		**250,–**

XVI. Olympische Winterspiele 1992 in Albertville
XXV. Olympische Sommerspiele 1992 in Barcelona
2. Ausgabe

		ST	PP
134	250 Dollars (G) 1990. Rs. Olympisches Feuer. 999er Gold, 7,775 g, PM (max. 3000 Ex.)		**475,–**

500 Jahre Amerika – 1. Ausgabe
Serie II (14)

		ST	PP
135	50 Dollars (S) 1990, 1991. Rs. Vasco Nuñez de Balboa [*sm*]:		
	a) 999er Silber, 31,1 g, 1990		**75,–**
	b) 925er Silber, 31,1 g, 1991		**75,–**
136	50 Dollars (S) 1990, 1991. Rs. Abraham Lincoln und das Kapitol in Washington [*sm*]:		
	a) 999er Silber, 31,1 g, 1990		**75,–**
	b) 925er Silber, 31,1 g, 1991		**75,–**
137	50 Dollars (S) 1990. Rs. Jacques Cartier und sein Schiff »Grande Hermine«. 999er Silber, 31,1 g [*sm*]		**75,–**
138	50 Dollars (S) 1990. Rs. Simón Bolivar. 925er Silber, 31,1 g [*sm*] (max. 15000 Ex.)		**75,–**
139	50 Dollars (S) 1990. Rs. Sir Francis Drake und die »Golden Hind«. 925er Silber, 31,1 g [*sm*]		**75,–**
140	50 Dollars (S) 1990. Rs. Pedro Álvares Cabral. 925er Silber, 31,1 g [*sm*]		**75,–**
141	50 Dollars (S) 1990. Rs. Christoph Kolumbus, »Santa María« und spanisches Wappen. 925er Silber, 31,1 g [*sm*]		**75,–**
142	50 Dollars (S) 1990. Rs. Henry Hudson (um 1550–1611), Segelschiff »Discovery«. 925er Silber, 31,1 g [*sm*]		**75,–**
143	50 Dollars (S) 1990. Rs. Huayna Cápac (1483–1527), Inkaherrscher. 925er Silber, 31,1 g [*sm*]		**75,–**
144	50 Dollars (S) 1990. Rs. Mark Twain, eigentl. Samuel Langhorn Clemens und Mississippi-Dampfer. 925er Silber, 31,1 g [*sm*]		**75,–**
145	50 Dollars (S) 1990. Rs. Samuel de Champlain (1567–1635), siehe Nr. 84. 925er Silber, 31,1 g [*sm*]		**75,–**
146	50 Dollars (S) 1990. Rs. Hernán Cortés (1485–1547) und Aztekenherrscher Montezuma. 925er Silber, 31,1 g [*sm*]		**75,–**
147	50 Dollars (S) 1990. Rs. Sir Walter Raleigh (1552–1618) und Segelschiff. 925er Silber, 31,1 g [*sm*]		**75,–**
148	100 Dollars (S) 1990. Rs. Ferdinand Magellan und sein Schiff »Victoria«. 925er Silber, 168,14 g [*sm*] (max. 3000 Ex.)		*300,–*

500 Jahre Amerika – 2. Ausgabe

		ST	PP
149	10 Dollars (S) 1990. Rs. Christoph Kolumbus mit Bart, rechts »Santa María«. 925er Silber, 10 g PM (max. 15000 Ex.)		**25,–**

500 Jahre Amerika – 3. Ausgabe
Serie I (4)

		ST	PP
150	10 Dollars (S) 1990. Christoph Kolumbus, links »Santa María«. 925er Silber, 10 g [RM] (max. 15000 Ex.)	**25,–**	
151	250 Dollars (G) 1990. Benjamin Franklin und James Cook, H.M.S. »Resolution«. 999er Gold, 7,775 g [RM] (max. 3000 Ex.)		*400,–*
152	250 Dollars (G) 1990. Rs. Amerigo Vespucci [RM]		*400,–*
153	250 Dollars (G) 1990. Rs. Hernando de Soto [RM]		*400,–*

Bedrohte Tierwelt – 3. Ausgabe
(Endangered Wildlife) (24)

154	10 Dollars (S) 1991. Rs. Kopf eines Indischen Elefanten, wie Nr. 94, Inschrift »Endangered Wildlife«. 925er Silber, 10 g PM (max. 25000 Ex.)	–,–
155	10 Dollars (S) 1991. Rs. Tiger, wie Nr. 95, PM	–,–

		PL
156	25 Dollars (G) 1990. Rs. Kopf eines Weißkopf-Seeadlers, wie Nr. 110. 999er Gold, 1,24 g, PM	*80,–*
157	25 Dollars (G) 1990. Rs. Typ wie Nr. 154, PM	*80,–*
158	25 Dollars (G) 1990. Rs. Kopf eines Tigers, wie Nr. 112, PM	*80,–*
159	25 Dollars (G) 1990. Rs. Kopf eines Amerikanischen Bisons, wie Nr. 113, PM	*80,–*
160	25 Dollars (G) 1990. Rs. Kopf eines Europäischen Mufflons, wie Nr. 114, PM	*80,–*
161	25 Dollars (G) 1990. Rs. Kopf eines Kanadischen Luchses (Felis lynx canadensis – Felidae), PM	*80,–*
162	25 Dollars (G) 1991. Rs. Kopf eines Koalas (Phascolarctus cinerus – Phascolarctidae), PM	**90,–**
163	25 Dollars (G) 1991. Rs. Kolibri (Orthorhynchus cristatus – Trochilidae), PM	**90,–**

		ST	PP
164	50 Dollars (S) 1991. Rs. Grislybär, wie Nr. 96. 925er Silber, 19,2 g, PM (max. 25000 Ex.)		–,–
165	50 Dollars (S) 1991. Rs. Spitzmaulnashorn, wie Nr. 97, PM		–,–
166	50 Dollars (S) 1991. Rs. Schimpanse, wie Nr. 98, PM		–,–
167	50 Dollars (S) 1991. Rs. Kanadischer Luchs, wie Nr. 99, PM		–,–
168	50 Dollars (S) 1991. Rs. Europäisches Mufflon, wie Nr. 100, PM		–,–
169	50 Dollars (S) 1991. Rs. Schreikranich, wie Nr. 101, PM		–,–
170	50 Dollars (S) 1991. Rs. Amerikanischer Bison, wie Nr. 102, PM		–,–
171	50 Dollars (S) 1991. Rs. Dama-Gazelle, wie Nr. 103, PM		–,–
172	50 Dollars (S) 1991. Rs. Koala, wie Nr. 104, PM		–,–
173	50 Dollars (S) 1991. Rs. Gabelbock, wie Nr. 105, PM		–,–
174	50 Dollars (S) 1991. Rs. Afrikanischer Elefant, wie Nr. 106, PM		–,–
175	50 Dollars (S) 1991. Typ wie Nr. 155, PM		–,–
176	50 Dollars (S) 1991. Rs. Wisent, wie Nr. 108, PM		–,–
177	50 Dollars (S) 1991. Rs. Europäischer Igel, wie Nr. 109, PM		–,–

Bedrohte Tierwelt – 4. Ausgabe
(Endangered Wildlife) (15)

		ST	PP
178	10 Dollars (S) 1991. Rs. Afrikanische Elefanten, wie Nr. 115, Inschrift »Endangered Wildlife«. 925er Silber, 10 g [RM] (max. 25000 Ex.)		–,–
179	50 Dollars (S) 1991. Rs. Wanderfalke, wie Nr. 116. 925er Silber, 19,2 g [RM] (max. 25000 Ex.)		**70,–**
180	50 Dollars (S) 1991. Rs. Alpensteinbock, wie Nr. 117 [RM]		**70,–**
181	50 Dollars (S) 1991. Rs. Uhu, wie Nr. 118 [RM]		**70,–**
182	50 Dollars (S) 1991. Rs. Kap-Delphine, wie Nr. 119 [RM]		**70,–**
183	50 Dollars (S) 1991. Rs. Europäischer Otter, wie Nr. 120 [RM]		**70,–**
184	50 Dollars (S) 1991. Rs. Puma, wie Nr. 121 [RM]		**70,–**
185	50 Dollars (S) 1991. Rs. Persischer Damhirsch, wie Nr. 122 [RM]		**70,–**
186	50 Dollars (S) 1991. Rs. Brillenpinguine, wie Nr. 123 [RM]		**70,–**
187	50 Dollars (S) 1991. Rs. Hummelkolibri, wie Nr. 124 [RM]		**70,–**
188	50 Dollars (S) 1991. Rs. Asiatischer Löwe, wie Nr. 125 [RM]		**70,–**
189	50 Dollars (S) 1991. Rs. Rotes Riesenkänguruh (Megaleia rufus – Macropodidae), [RM]		**70,–**
190	50 Dollars (S) 1991. Rs. Weißwedelhirschkuh mit Kalb [RM]		**70,–**
191	50 Dollars (G) 1991. Rs. Koala (Phascolarctus cinerus – Phascolasctidae). 583⅓er Gold, 7,775 g [RM]		**300,–**
192	100 Dollars (S) 1991. Rs. Drei Afrikanische Elefanten (Loxodonta africana – Elephantidae) an der Tränke. 999er Silber, 155,6 g [RM] (max. 5000 Ex.)		**300,–**

500 Jahre Amerika – 1. Ausgabe
Serie III (13)

193	50 Dollars (S) 1991. Rs. Sir Alexander Mackenzie in einem Boot auf dem Cook's River. 925er Silber, 31,1 g [*sm*] (max. 15000 Ex.)	**75,–**
194	50 Dollars (S) 1991. Rs. Die Pilgerväter und die »Mayflower« 1620	**75,–**
195	50 Dollars (S) 1991. Rs. Peter Minnewit (Minuit) mit Indianer beim Kauf von Manhattan 1626 für 60 Gulden, im Hintergrund Gebäude des modernen Manhattan	**75,–**
196	50 Dollars (S) 1991. Rs. Francisco Pizarro (1478–1541), Eroberer des Inkareiches 1531–1545	**75,–**
197	50 Dollars (S) 1991. Rs. Marquis de La Fayette, französischer General	**75,–**
198	50 Dollars (S) 1991. Rs. Sitting Bull (siehe auch Haiti Nr. 28)	**75,–**
199	50 Dollars (S) 1991. Rs. Jesuitenkirche von Cuzco in Peru	**75,–**
200	50 Dollars (S) 1991. Rs. Kaiser Maximilian zu Pferde	**75,–**
201	50 Dollars (S) 1991. Rs. Robert Fulton auf seinem Dampfschiff »Clermont«	**75,–**
202	50 Dollars (S) 1991. Rs. Maya-Priester vor Sternwarte »El Caracol« in Chichén Itzá auf Yucatán	**75,–**
203	50 Dollars (S) 1991. Rs. Bostoner Teeparty 1773, Auslöser des amerikanischen Unabhängigkeitskampfes	**75,–**
204	50 Dollars (S) 1991. Rs. Bau der ersten Transkontinentaleisenbahn, Porträts von Dan und John Casement	**75,–**
205	100 Dollars (S) 1991. Rs. Nationale Gedenkstätte Mount Rushmore, darunter Weißkopf-Seeadler. 925er Silber, 168,14 g [*sm*] (max. 3000 Ex.)	*300,–*

500 Jahre Amerika – 3. Ausgabe
Serie II

206	50 Dollars (G) 1991. Rs. Christoph Kolumbus, mit spanischer Flagge auf amerikanischem Boden kniend. 583⅓er Gold, 7,775 g [RM]	**300,–**

Meilensteine der Weltraumfahrt

207	5 Dollars (S) 1991. Rs. Neil Armstrong (*1930) auf dem Mond am 20. 7. 1969 [RM]	**35,–**

Silber- und Goldbarrenmünzen »Koala« (6)

208	10 Dollars (S) 1991. Rs. Koala. 999er Silber, 31,1 g [Perth]	–,–
209	25 Dollars (G) 1991. Typ wie Nr. 208. 999,9er Gold 1,55 g	–,–
210	50 Dollars (G) 1991. Typ wie Nr. 208. 999,9er Gold 3,11 g	–,–

		ST	PP
211	125 Dollars (G) 1991. Typ wie Nr. 208. 999,9er Gold 7,78 g		–,–
212	250 Dollars (G) 1991. Typ wie Nr. 208. 999,9er Gold 15,55 g		–,–
213	500 Dollars (G) 1991. Typ wie Nr. 208. 999,9er Gold 31,1 g		–,–

Nrn. 208–213 wurden bisher nicht ausgegeben.

500 Jahre Amerika – 1. Ausgabe
Serie IV (2)

		ST	PP
214	50 Dollars (S) 1992. Rs. Francisco Vásquez de Coronado zu Pferde am Rand des Grand Canyon. 925er Silber, 31,1 g [*sm*] (max. 15 000 Ex.)		**75,–**
215	50 Dollars (S) 1992. Rs. Vitus Jonassen Bering auf einem Schiff in der Beringstraße		**75,–**

Costa Rica

Costa Rica — Costa Rica — Costa Rica

Fläche: 50700 km²; 2800000 Einwohner (1986).
Das Land erhielt seinen Namen, der »Reiche Küste« bedeutet, durch Christoph Kolumbus, der es am 5. Oktober 1502 entdeckte. Eine stärkere spanische Besiedelung setzte erst 1563 ein; Costa Rica machte einen Teil der von Spanien errichteten Verwaltungseinheit, des Generalkapitanats Guatemala aus, das sich am 15. September 1821 für unabhängig erklärte. Der am 10. Januar 1822 beschlossene Anschluß ganz Mittelamerikas an Mexiko dauerte nur bis zum Sturz des Kaisers Augustin Itúrbide im März 1823. Danach organisierte sich Costa Rica am 10. Mai 1823 als eigener Staat »Costa Rica Libre«, der unter dem 4. März 1824 den »Vereinigten Provinzen von Mittelamerika« (Provincias Unidas del Centro de América) beitrat und nach deren Umbildung zur Bundesrepublik von Mittelamerika (República Federal de Centro América) als »Estado Libre de Costa Rica« weiter angehörte. Die Auflösungserscheinungen innerhalb der Föderation veranlaßten Costa Rica zum förmlichen Austritt im April 1840, aber erst in den späteren 40er Jahren zur Proklamation der Republik. Hauptstadt: San José.

Seit 1896: 100 Céntimos (Centavos) = 1 Costa-Rica-Colón

Republik Costa Rica

SS VZ

1 (46) 2 Céntimos (K-N) 1903. Wert. Rs. Wert und Kranz **5,– 9,–**

2 (39) 5 Céntimos (S) 1905, 1910, 1912, 1914. Staatswappen. Rs. Wert im Kranz. 900er Silber, 1 g **6,– 10,–**

3 (40) 10 Céntimos (S) 1905, 1910, 1912, 1914. Typ wie Nr. 2. 900er Silber, 2 g **12,– 25,–**

4 (41) 50 Céntimos (S) 1902–1914. Typ wie Nr. 2. 900er Silber, 10 g:
1902, 1903 **42,– 80,–**
1914 **800,– 1000,–**

5 (35) 2 Colónes (G) 1897–1928. Christoph Kolumbus (1451–1506). Rs. Staatswappen. 900er Gold, 1,556 g:
1897, polierte Platte **1600,–**
1900, 1922, 1926, 1928 **240,– 300,–**
1915, 1916, 1921 **260,– 350,–**

6 (36) 5 Colónes (G) 1899, 1900. Typ wie Nr. 5. 900er Gold, 3,89 g **300,– 400,–**

7 (37) 10 Colónes (G) 1897, 1899, 1900. Typ wie Nr. 5. 900er Gold, 7,78 g **400,– 520,–**

8 (38) 20 Colónes (G) 1897–1900. Typ wie Nr. 5. 900er Gold, 15,56 g:
1897, 1899 **900,– 1200,–**
1900 **1200,– 1600,–**

NEUE WÄHRUNGSBEZEICHNUNG: 100 Centavos = 1 Colón

9 (47) 5 Centavos (Me) 1917–1919. Staatswappen. Rs. Wert im Kranz, jedoch ohne Inschrift AMERICA CENTRAL **4,50 7,50**

A10 (48.1) 10 Centavos (Me) 1917. Staatswappen. Rs. Wert im Kranz, rechts Inschrift G.C.R. = Gobierno Costa Rica **4,– 8,–**

10 (48.2) 10 Centavos (Me) 1917–1919. Staatswappen. Rs. Wert im Kranz, unten Mzz. G.C.R. **4,– 8,–**

SS VZ

11 (42) 10 Centavos (S) 1917. Typ wie Nr. 2. 500er Silber, 2 g **8,– 16,–**

12 (A42) 50 Centavos (S) 1917, 1918, Typ wie Nr. 2. 500er Silber, 10 g (10 Ex. ohne Gegenstempel bekannt) *980,– 1250,–*

Nr. 12 mit Gegenstempel siehe Nr. 19.

NEUE WÄHRUNGSBEZEICHNUNG: 100 Céntimos = 1 Colón

13 (49) 5 Céntimos (Me) 1920–1922, 1936, 1938, 1940, 1941. Staatswappen. Rs. Wert im Kranz, rechts Inschrift G.C.R. = Gobierno Costa Rica **3,– 5,–**

14 (51) 5 Céntimos (Bro) 1929. Typ wie Nr. 13 **3,– 5,–**

15 (50) 10 Céntimos (Me) 1920–1922. Typ wie Nr. 13 **2,– 5,–**

16 (52) 10 Céntimos (Bro) 1929. Typ wie Nr. 10 **2,– 4,–**

A16 (54) 10 Céntimos (Me) 1936, 1941. Typ wie Nr. 10 **1,– 2,–**

17 (45) 25 Céntimos (S) 1924. Typ wie Nr. 13. 650er Silber, 3,45 g **12,– 22,–**

18 (43) 50 Céntimos (S) 1923. Frühere Münzen zu 25 Centavos mit Gegenstempel 50/CENTIMOS und Jahreszahl **10,– 20,–**

19 (44) 1 Colón (S) 1923. Frühere Münzen zu 50 Centavos und 50 Céntimos mit Gegenstempel UN/COLON und Jahreszahl **15,– 30,–**

Banco International de Costa Rica (B.I.C.R.)

20 (55) 25 Céntimos (K-N) 1935. Staatswappen. Rs. Wert im Kranz; Münzzeichen B.I.C.R. **1,– 3,–**

21 (56) 50 Céntimos (K-N) 1935. Typ wie Nr. 20 **2,– 4,–**

22 (57) 1 Colón (K-N) 1935. Typ wie Nr. 20 **4,– 10,–**

Banco National de Costa Rica (B.N.C.R.)

23 (58) 5 Céntimos (K-N) 1942. Staatswappen. Rs. Wert im Kranz, Münzzeichen B.N./C.R. **8,– 16,–**

Nr. 23 wurde auf Nr. 1 überprägt.

24 (A58) 5 Céntimos (Me) 1942, 1943, 1946, 1947. Typ wie Nr. 23 **1,– 2,–**

		SS	VZ
25 (B58)	10 Céntimos (Me) 1942, 1943, 1946, 1947. Typ wie Nr. 23	2,–	4,–
26 (63)	25 Céntimos (Me) 1944–1946. Typ wie Nr. 23	1,–	4,–
27 (63a)	25 Céntimos (Bro) 1945. Typ wie Nr. 23	3,–	6,–
28 (59)	25 Céntimos (K-N) 1937, 1948. Typ wie Nr. 23, jedoch Inschrift B.N.C.R. zusammenhängend	2,–	4,–
29 (60)	50 Céntimos (K-N) 1937, 1948. Typ wie Nr. 28:		
	a) 1937; Ø 24,5 mm	3,–	6,–
	b) 1948; Ø 26 mm	1,–	3,–

30 (61)	1 Colón (K-N) 1937, 1948. Typ wie Nr. 28	1,50	3,–
31 (62)	2 Colónes (K-N) 1948. Typ wie Nr. 28	2,–	5,–

Banco Central de Costa Rica (B.C.C.R.)

32 (A64)	5 Céntimos (K-N) 1951. Staatswappen. Rs. Wert im Kranz, Inschrift B.C./C.R.	1,–	2,50
33 (64)	5 Céntimos (K-N) 1951. Staatswappen mit 5 Sternen. Rs. Wert im Kranz, Inschrift B.C.C.R. zusammenhängend	–,50	1,–
34 (65)	10 Céntimos (K-N) 1951. Typ wie Nr. 33	–,60	1,50
35 (66)	5 Céntimos (St) 1953, 1958, 1967. Typ wie Nr. 33	–,50	1,–
36 (67)	10 Céntimos (St) 1953, 1958, 1967. Typ wie Nr. 33	–,40	–,70
37 (68)	1 Colón (St) 1954. Typ wie Nr. 33	2,–	3,–
38 (69)	2 Colónes (St) 1954. Typ wie Nr. 33	6,–	7,50
39 (68a)	1 Colón (K-N) 1961. Typ wie Nr. 33	1,–	2,–
40 (69a)	2 Colónes (K-N) 1961. Typ wie Nr. 33	3,–	5,–

		VZ	ST
41 (64)	5 Céntimos (K-N) 1969–1978. Staatswappen mit 7 Sternen. Rs. Wert im Kranz, Münzzeichen B.C.C.R. zusammenhängend:		
	a) 1969 (kleines Schiff)	–,50	1,–
	b) 1972, 1973, 1976–1978 (großes Schiff)	–,50	1,–
42 (65)	10 Céntimos (K-N) 1969–1976. Typ wie Nr. 41:		
	a) 1969, 1975, 1976 (kleines Schiff)	–,40	–,60
	b) 1972, 1975, 1976 (großes Schiff)	–,40	–,60

43 (70)	25 Céntimos (K-N) 1967–1978. Typ wie Nr. 41:		
	a) 1967, 1969, 1970, 1974, 1976, 1978 (kleines Schiff)	–,60	1,–
	b) 1972, 1974, 1976–1978 (großes Schiff)	–,60	1,–

		VZ	ST
44 (71)	50 Céntimos (K-N) 1965~1978. Typ wie Nr. 41:		
	a) 1965, 1968, 1970, 1976, 1978 (kleines Schiff)	1,–	1,50
	b) 1972, 1975–1977 (großes Schiff)	1,–	1,50

45 (68)	1 Colón (K-N) 1965~1978. Typ wie Nr. 41:		
	a) 1965, 1968, 1970, 1974, 1976, 1977 (kleines Schiff)	1,–	1,80
	b) 1972, 1975–1978 (großes Schiff)	1,–	1,80

		VZ	ST
46 (69)	2 Colónes (K-N) 1968, 1970, 1972, 1976, 1978. Typ wie Nr. 41 (kleines Schiff)	1,50	3,–

20 Jahre Zentralbank

		PP
47 (72)	2 Colónes (S) 1970. Staatswappen. Rs. Gebäude der im Jahr 1950 gegründeten Zentralbank in San José. 999er Silber, 4,31 g	*18,–*

400. Jahrestag der Gründung von Cartago

48 (73)	5 Colónes (S) 1970. Juan Vazquez de Coronado, Gründer der Stadt Cartago in Costa Rica (1564). 999er Silber, 10,78 g	*35,–*
49 (74)	10 Colónes (S) 1970. Rs. Kapokbaum (Ceiba pentandra – Bombaceae), vor fünf Vulkanen. Fünf Vulkane waren das Hauptemblem des Wappens der Vereinigten Provinzen von Mittelamerika, die sich trotz beständiger Bestrebungen zur Wiederherstellung des Zusammenschlusses von Costa Rica, Guatemala, Honduras, Nicaragua und El Salvador als zu heterogen erwiesen (vgl. Nr. 56). 999er Silber, 21,56 g	*58,–*

150. Jahrestag der Auffindung der »Venus von Milo«

PP

50 (75) 20 Colónes (S) 1970. »Venus von Milo« (um 150 v. Chr.), Aphrodite von der Insel Melos (gefunden 1820), Marmorstatue, heute im Louvre, Paris. 999er Silber, 43,12 g *90,–*

25. Jahrestag der Sozialgesetzgebung vom 15. September 1943

51 (76) 25 Colónes (S) 1970. Rs. »Mutterschaft«, Skulptur v. F. Zuñiga. 999er Silber, 53,90 g *105,–*

Interamerikanische Menschenrechtskonvention

52 (77) 50 Colónes (G) 1970. Rs. Allegorische Darstellung. 900er Gold, 7,45 g *300,–*
53 (78) 100 Colónes (G) 1970. Rs. Anhänger in Form eines Geierfalken, Goldtreibarbeit der Chibchavölker nach Original aus dem Nationalmuseum von San José. 900er Gold, 14,90 g *550,–*
54 (79) 200 Colónes (G) 1970. Rs. Juan Santamaria, Nationalheld (1856). 900er Gold, 29,80 g *1100,–*

100 Jahre allgemeine Schulpflicht in Costa Rica

55 (80) 500 Colónes (G) 1970. Rs. Jesús Jiménez (1823–1897), Politiker, führte 1869 die allgemeine Schulpflicht in Costa Rica ein. 900er Gold, 74,52 g *2500,–*

150. Jahrestag der Unabhängigkeit Mittelamerikas

56 (81) 1000 Colónes (G) 1970. Rs. Die fünf Vulkane aus dem Wappen der Vereinigten Provinzen von Mittelamerika (vgl. Nr. 49), eingeführt am 22. 8. 1823 und im Oktober 1951 erneut als Wappen der ODECA (Organización de los Estados Centroamericanos, Organisation der Mittelamerikanischen Staaten) angenommen, kombiniert mit den Landesumrissen dieser Länder. 900er Gold, 149,04 g *5000,–*

Rettet die Tierwelt (3)

ST PP

57 (82) 50 Colónes (S) 1974. Staatswappen, Landesbezeichnung, Jahreszahl. Rs. Suppenschildkröte (Chelonia mydas – Cheloniidae):
a) 925er Silber, 28,28 g *60,–*
b) 500er Silber, 25,31 g (7599 Ex.) **45,–**
58 (83) 100 Colónes (S) 1974. Rs. Nagel-Manati (Trichechus manatus – Trichechidae):
a) 925er Silber, 35 g *90,–*
b) 500er Silber, 31,65 g (7599 Ex.) **70,–**
59 (84) 1500 Colónes (G) 1974. Rs. Großer Ameisenbär (Myrmecophaga tridactyla – Myrmecophagidae), 900er Gold, 33,437 g (3144 Ex.) *1400,–* *1800,–*

25 Jahre Zentralbank von Costa Rica (3)

60 (85) 5 Colónes (N) 1975. Staatswappen, Wertangabe. Rs. Zweig des Kaffeebaums **3,–** **10,–**
61 (86) 10 Colónes (N) 1975. Rs. Flamboyant **6,–** **18,–**
62 (87) 20 Colónes (N) 1975. Rs. Orchidee (Cattleya skinneri – Orchidaceae), Nationalblume **12,–** **26,–**

Internationales Jahr des Kindes 1979

ST PP

63 (88) 100 Colónes (S) 1979. Rs. Jungvögel im Nest. 925er Silber, 35 g [Sherritt] **30,–** **60,–**

VZ ST

64 (64.3a) 5 Céntimos (Me) 1979. Typ wie Nr. 41 [Guatemala] **–,30** **–,50**

65 10 Céntimos (St, N plattiert) 1979. Typ wie Nr. 41 [Sherritt] **–,40** **–,60**
66 (70.1) 25 Céntimos (St, N plattiert) 1980. Typ wie Nr. 41 [Sherritt] **–,60** **1,20**

200. Jahrestag der Gründung der Stadt Alajuela im Jahre 1782

67 300 Colónes (S) 1981. Staatswappen. Rs. Gregorio José Ramirez. 925er Silber, 10,97 g **50,–**

125. Todestag von Juan Santamaria (2)

PP

68 (89) 300 Colónes (S) 1981. Staatswappen. Rs. Juan Santamaria, Nationalheld. 925er Silber, 10,97 g **50,–**

69 (90) 5000 Colónes (G) 1981. Typ wie Nr. 68. 900er Gold, 15 g (5000 Ex.) **900,–**
70 (91) 250 Colónes (S) 1982. Rs. Kopf eines Jaguars. 925er Silber, 30,33 g, FM (1109 Ex.) *150,–*
71 (92) 1500 Colónes (G) 1982. Rs. Francisco Vásquez de Coronado und Christoph Columbus. 500er Gold, 6,98 g, FM (724 Ex.) *400,–*

VZ ST

72 (67a) 10 Céntimos (Al) 1982. Typ wie Nr. 41 [VDM] **–,30** **–,60**

73 (70a) 25 Céntimos (Al) 1982. Typ wie Nr. 41. Ø 23 mm [RCM] **–,60** **1,20**

74 (70b) 25 Céntimos (Al) 1983, 1986. Typ wie Nr. 41. Ø 17 mm **–,60** **1,20**

			VZ	ST
75 (93)	50	Céntimos (St) 1982–1984. Staatswappen mit 7 Sternen. Rs. Wert im Kranz (große Wertzahl), Münzzeichen B.C.C.R:		
		a) 1982, 1983 (großes Schiff)	–,80	1,50
		b) 1984 (kleines Schiff)	–,80	1,50
76 (94)	1	Colón (St) 1982–1984. Typ wie Nr. 75:		
		a) 1982, 1983 (großes Schiff)	1,50	2,–
		b) 1984 (kleines Schiff)	1,50	2,–
77 (95)	2	Colónes (St) 1982, 1983. Typ wie Nr. 75:		
		a) 1982, 1983 (großes Schiff)	2,–	3,–
		b) 1984 (kleines Schiff)	2,–	3,–
78 (98)	5	Colónes (St) 1983, 1985, 1989. Staatswappen. Rs. Wertangabe:		
		a) 1983, 1989 (kleines Schiff)	2,–	3,–
		b) 1985 (großes Schiff)	2,–	3,–
79 (99)	10	Colónes (St) 1983, 1985. Typ wie Nr. 78:		
		a) 1983 (kleines Schiff)	2,–	3,–
		b) 1985 (großes Schiff)	2,–	3,–
80 (100)	20	Colónes (St) 1983, 1985. Typ wie Nr. 78:		
		a) 1983 (kleines Schiff)	3,–	5,–
		b) 1985 (großes Schiff)	3,–	5,–

			PP
81 (96)	250	Colónes (S) 1983. Rs. Orchidee (Cattleya skinneri – Orchidaceae), Nationalblume. 925er Silber, 30,33 g, FM (393 Ex.)	*200,–*

			PP
82 (97)	1500	Colónes (G) 1983. Rs. Krokodilgottheit, goldener Brustschmuck der Chibchavölker, Stil von Punta-Arena, nach dem Original aus der Sammlung der Zentralbank von Costa Rica. 500er Gold, 6,98 g, FM	*750,–*

Verleihung des Friedensnobelpreises 1987 an Präsident Arias (3)

			ST	PP
83	100	Colónes (N) 1987. Staatswappen. Rs. Dr. Oscar Arias Sánchez [Sherritt] (25 040 Ex.)	10,–	
84	1000	Colónes (S) 1987. Typ wie Nr. 83 (10 001 Ex.)		50,–
85	25 000	Colónes (G) 1987. Typ wie Nr. 83. 900er Gold, 15 g		–,–

Curaçao

Curaçao Curaçao

Fläche: 447 km²; 127 900 Einwohner (1959).
Curaçao wurde 1499 entdeckt und zunächst von den Spaniern und 1634 von den Holländern besetzt. Seit 1952 ist die Insel Bestandteil der Niederländischen Antillen. Hauptstadt: Willemstad.

100 Cent = 1 Niederl.-Antillen-Gulden

Wilhelmina 1890–1948

SS VZ

1 (1) ⅒ Gulden (S) 1901. Wilhelmina (1880–1962), Königin der Niederlande, Kopfbild nach links. Rs. Gekröntes Wappen und Wert, 640er Silber, 1,4 g **55,– 130,–**

2 (2) ¼ Gulden (S) 1900. Typ wie Nr. 1. 640er Silber, 3,58 g **55,– 130,–**

Nrn. 1 und 2, polierte Platte (40 Ex.) 800,–

Für den Umlauf in Curaçao waren auch 1, 5, 10 und 25 Cents 1941–1943 (Niederlande Nrn. 49a, 50, 51a, 52a) bestimmt.

3 (3) 1 Cent (Bro) 1944, 1947. Wappenlöwe, Umschrift »Munt van Curaçao«. Rs. Wert im Kranz 2,– 4,–

4 (4) 2½ Cent (Bro) 1944, 1947, 1948. Typ wie Nr. 3 **3,– 8,–**

5 (9) 5 Cent (K-N) 1948. Orangenzweig (Citrus sinensis – Rutaceae). Rs. Wert **3,– 10,–**

6 (5) ⅒ Gulden (S) 1944, 1947. Wilhelmina, Kopfbild nach links. Rs. Wert. 640er Silber, 1,4 g **5,– 12,–**

SS VZ

7 (8) ⅒ Gulden (S) 1948. Wilhelmina, Kopfbild nach links mit Diadem. Rs. Wert. 640er Silber, 1,4 g **5,– 12,–**

8 (6) ¼ Gulden (S) 1944, 1947. Typ wie Nr. 6. 640er Silber, 1,4 g. **7,– 16,–**

9 (7) 1 Gulden (S) 1944. Wilhelmina, Kopfbild nach links. Rs. Gekröntes Wappen. 720er Silber, 10 g **22,– 60,–**

10 (10) 2½ Gulden (S) 1944. Typ wie Nr. 9. 720er Silber, 25 g **26,– 32,–**

Nrn. 3, 4, 6, 8 von 1947, polierte Platte (80 Ex.) 600,–

Nrn. 4, 5, 7 von 1948, polierte Platte (75 Ex.) 600,–

Weitere Ausgaben siehe unter *Niederländische Antillen* und *Aruba;* frühere Ausgaben siehe Weltmünzkatalog 19. Jahrhundert.

Dahomey **Dahome** Dahomey

Dahome

Benin

Fläche: 115762 km²; 4000000 Einwohner.
Auf dem Gebiet des heutigen Staates entstand im 17. Jh. das mächtige Königreich Dahome. Benachbarte Stämme wurden einer nach dem anderen durch Eroberung oder durch freiwillige Unterwerfung der straff organisierten Militärmacht botmäßig gemacht. Nach der Unterwerfung durch die Franzosen und der Einnahme von Abomey (1894) wurde das Land Kolonie und ein Teil von Französisch-Westafrika. Im Rahmen der Communauté Française erhielt das Land 1957 weitgehende innere Autonomie. Am 4. Dezember 1958 wurde die Republik ausgerufen. Seit 1. August 1960 ist Dahome unabhängig. Dahome ist mit den Ländern Elfenbeinküste, Mauretanien (bis 1973), Niger, Obervolta, Senegal und Togo in der Union Monétaire Ouest-Africaine zusammengeschlossen; Emissionsinstitut für das gesamte Währungsgebiet ist die Banque Centrale des Etats de l'Afrique de l'Ouest. Anläßlich des Jahrestages der Einführung des sozialistischen Systems wurde am 30. November 1975 die Staatsbezeichnung in »Volksrepublik Benin« geändert, Republik Benin seit 1990. Hauptstadt: Porto Novo, Regierungssitz: Cotonou.

100 Centimes = 1 CFA-Franc

Republik Dahome
République du Dahomey

10. Jahrestag der Unabhängigkeit (8)

PP

1 100 Francs (S) 1970. Staatswappen, Landesname, Wertangabe. Rs. Boote im Pfahldorf Ganvié. 999er Silber, 5,15 g (4650 Ex.) *50,–*

2 200 Francs (S) 1970. Rs. Frau aus Abomey. 999er Silber, 10,3 g (5150 Ex.) *60,–*

3 500 Francs (S) 1970. Rs. Frau aus Ouémé. 999er Silber, 25,75 g (5550 Ex.) *125,–*

4 1000 Francs (S) 1970. Rs. Frau aus Somba. 999er Silber, 51,5 g (6500 Ex.) *210,–*

5 2500 Francs (G) 1970. Rs. Gruppe religiöser Tänzer. 900er Gold, 8,88 g (960 Ex.) *400,–*

PP

6 5000 Francs (G) 1970. Rs. Kaffernbüffel (Syncerus caffer – Bovidae). 900er Gold, 17,77 g (610 Ex.) *1000,–*

7 10000 Francs (G) 1970. Rs. Flußpferde (Hippopotamus amphibius – Hippopotamidae). 900er Gold, 35,55 g (470 Ex.) *1800,–*

8 25000 Francs (G) 1970. Rs. Sourou-Migan Apithy (*1913), Ministerpräsident 1957–1959, Staatspräsident 1964–1965, Justin Ahomadegbé-Tometin (*1917), und Hubert Maga (*1916), Ministerpräsident 1959–1961, Staatspräsident 1961–1963. 900er Gold, 88,88 g (380 Ex.) *3000,–*

Weitere Ausgaben siehe unter *Westafrikanische Staaten*.

Denmark **Danemark**

Dänemark

Danmark

Fläche: 43 069 km²; 5 125 000 Einwohner.
Das Königreich Dänemark umfaßt die Halbinsel Jütland und die ihr vorgelagerten Inseln. Hauptstadt: Kopenhagen (København). Die Färöer- oder Schafinseln im Atlantischen Ozean werden von Dänemark verwaltet, besitzen jedoch beschränkte Autonomie. Grönland hingegen ist seit 1953 gleichberechtigter Bestandteil des Königreiches unter einem Landeshauptmann.

100 Øre = 1 Dänische Krone

Tabelle der Feingewichte

Nominal	Metall	Prägezeit	Kat.-Nr.	Feingewicht	Feingehalt
10 Øre	(S)	1874–1919	4, 15, 23	0,580	400
25 Øre	(S)	1874–1919	5, 16, 24	1,452	600
1 Krone	(S)	1875–1916	6, 25	6,000	800
2 Kroner	(S)	1875–1958	7, 10, 11, 19, 26 34, 43, 44, 54 62, 63	12,000	800
5 Kroner	(S)	1960–1964	64, 72	13,600	800
10 Kroner	(S)	1967–1972	74–76	16,320	800
10 Kroner	(G)	1873–1917	8, 17, 27	4,032	900
20 Kroner	(G)	1873–1931	9, 18, 28	8,064	900

Königreich Dänemark

Kongeriget Danmark

Christian IX. 1863–1906

	SS	VZ
1 (8) 1 Øre (Bro) 1874–1904. Gekröntes Monogramm. Rs. Gemeiner Delphin (Delphinus delphis – Delphinidae), Ähre und Wert 1874, 1875, 1880, 1882, 1883, 1887–1889, 1891, 1894, 1897, 1899, 1902, 1904	10,–	18,–
1876, 1881	400,–	600,–
1878, 1879, 1886, 1892	65,–	110,–
2 (9) 2 Øre (Bro) 1874–1906, Typ wie Nr. 1: 1874, 1875, 1880, 1881, 1883, 1886, 1889, 1891, 1894, 1897, 1899, 1902, 1906	8,–	18,–
1876	165,–	240,–
1887, 1892	60,–	110,–
3 (10) 5 Øre (Bro) 1874–1906. Typ wie Nr. 1: 1874, 1894, 1902, 1904, 1906	25,–	40,–
1875, 1882, 1890	60,–	100,–
1884, 1891, 1898, 1899	30,–	60,–

	SS	VZ
4 (11) 10 Øre (S) 1874–1905. Christian IX. (1818–1906), Kopfbild n. r., Titelumschrift CHRISTIAN IX KONGE AF DANMARK, Jahreszahl. Rs. Gemeiner Delphin, Ähre, Stern und Wertangabe: 1874, 1891, 1894, 1897, 1899, 1903, 1905	10,–	25,–
1886, 1888	120,–	175,–
1875, 1882, 1884, 1889, 1904	25,–	50,–
5 (12) 25 Øre (S) 1874, 1891, 1894, 1900, 1904, 1905. Typ wie Nr. 4	20,–	50,–

6 (13) 1 Krone (S) 1875–1898. Christian IX. Rs. Gekröntes Wappen zwischen Gemeinem Delphin und Ähre; Wertangabe: 1875, 1876, 1892	40,–	90,–
1898	75,–	150,–
7 (14) 2 Kroner (S) 1875–1899. Typ wie Nr. 6: 1875, 1876	40,–	100,–
1897, 1899	130,–	250,–

8 (18) 10 Kroner (G) 1873–1900. Rs. Weibliche Allegorie Dänemarks: 1873, 1877, 1890, 1898, 1900	220,–	350,–
1874	280,–	400,–

	SS	VZ
9 (19) 20 Kroner (G) 1873–1900. Typ wie Nr. 8:		
1873, 1876, 1877, 1890, 1900	**280,–**	**360,–**
1874	**2000,–**	**2800,–**

40. Regierungsjubiläum

10 (17) 2 Kroner (S) 1903. König Christian IX. Rs. Allegorie, Inschrift, Wert **70,– 125,–**

Frederik VIII. 1906–1912

Zum Tode von Christian IX. und zur Thronbesteigung von Frederik VIII.

11 (25) 2 Kroner (S) 1906. Frederik VIII. (1843–1912). Rs. Christian IX. **40,– 70,–**

	SS	VZ
12 (20) 1 Øre (Bro) 1907, 1909, 1910, 1912. Gekröntes Monogramm. Rs. Wertangabe, Umschrift KONGERIGET DANMARK, Jahreszahl	**5,–**	**10,–**
13 (21) 2 Øre (Bro) 1907, 1909, 1912. Typ wie Nr. 12	**8,–**	**15,–**
14 (22) 5 Øre (Bro) 1907, 1908, 1912. Typ wie Nr. 12	**15,–**	**30,–**
15 (23) 10 Øre (S) 1907–1912. Kopfbild n. l., Titelumschrift FREDERIK VIII DANMARKS KONGE. Rs. Wertangabe, Jahreszahl, ornamentales Muster:		
1907, 1910, 1912	**18,–**	**32,–**
1911	**50,–**	**85,–**
16 (24) 25 Øre (S) 1907, 1911. Typ wie Nr. 15	**18,–**	**30,–**

	SS	VZ
17 (26) 10 Kroner (G) 1908, 1909. Rs. Wappen auf gekröntem Wappenmantel, Wertangabe, Jahreszahl	**170,–**	**240,–**

18 (27) 20 Kroner (G) 1908–1912. Typ wie Nr. 17	**250,–**	**300,–**

Christian X. 1912–1947

Zum Tode von Frederik VIII. und zur Thronbesteigung von Christian X.

19 (40) 2 Kroner (S) 1912. Christian X. (1870–1947). Rs. Frederik VIII. **70,– 125,–**

20 (28) 1 Øre (Bro) 1913–1923. Gekröntes Monogramm, Jahreszahl. Rs. Wertangabe:		
1913, 1915, 1916, 1919, 1921–1923	**4,50**	**7,50**
1917	**30,–**	**50,–**
1920	**12,–**	**20,–**
21 (29) 2 Øre (Bro) 1913–1923. Typ wie Nr. 20:		
1913	**50,–**	**90,–**
1914–1916, 1920, 1921, 1923	**5,–**	**8,–**
1917, 1919	**15,–**	**25,–**

22 (30) 5 Øre (Bro) 1913–1923. Typ wie Nr. 20:		
1913, 1923	**100,–**	**170,–**
1914, 1916, 1919–1921	**10,–**	**30,–**
1917	**20,–**	**45,–**
23 (36) 10 Øre (S) 1914–1919. Rs. Wertangabe	**9,–**	**15,–**

		SS	VZ
24 (37)	25 Øre (S) 1913–1919. Typ wie Nr. 23:		
	1913, 1915, 1916, 1918, 1919	8,–	18,–
	1914, 1917	60,–	100,–

25 (38) 1 Krone (S) 1915–1916. Christian X. Rs. Gekröntes Wappen zwischen Gemeinem Delphin und Ähre; Wertangabe:

	SS	VZ
1915	15,–	30,–
1916	25,–	60,–

26 (39) 2 Kroner (S) 1915–1916. Typ wie Nr. 25:

	SS	VZ
1915	55,–	100,–
1916	30,–	60,–

27 (44) 10 Kroner (G) 1913–1917. Rs. Wappen auf gekröntem Wappenmantel, Wertangabe, Jahreszahl:

	SS	VZ
1913	180,–	250,–
1917	240,–	320,–

28 (45) 20 Kroner (G) 1913–1931. Typ wie Nr. 27:

	SS	VZ
1913–1917	250,–	350,–
1926, 1927, 1930, 1931	3000,–	4500,–

29 (28a) 1 Øre (E) 1918–1919. Typ wie Nr. 20:

	SS	VZ
1918	8,–	20,–
1919	30,–	50,–

30 (29a) 2 Øre (E) 1918–1919. Typ wie Nr. 21:

	SS	VZ
1918	8,–	15,–
1919	30,–	45,–

31 (30a) 5 Øre (E) 1918–1919. Typ wie Nr. 22:

	SS	VZ
1918	20,–	40,–
1919	35,–	60,–

32 (31) 10 Øre (K-N) 1920–1923. Typ wie Nr. 23:

	SS	VZ
1920, 1921	12,–	30,–
1922	35,–	70,–
1923	300,–	425,–

33 (32) 25 Øre (K-N) 1920–1922. Typ wie Nr. 24:

	SS	VZ
1920, 1921	10,–	16,–
1922	60,–	100,–

Zur Silberhochzeit des Königspaares

34 (41) 2 Kroner (S) 1923. Christian X. und Königin Alexandrine (1879–1952), geborene Herzogin von Mecklenburg. Rs. Gekröntes Wappen — SS 30,– VZ 45,–

35 (46) 1 Øre (Bro) 1926–1940. Gekröntes Monogramm. Rs. Wertangabe, Jahreszahl (mit Loch):

	SS	VZ
1926	5,–	10,–
1927–1930, 1932–1940	1,50	2,50

36 (47) 2 Øre (Bro) 1926–1940. Typ wie Nr. 35:

	SS	VZ
1926	45,–	75,–
1927–1932, 1934–1940	1,50	2,50

37 (48) 5 Øre (Bro) 1926–1940. Typ wie Nr. 35:

	SS	VZ
1926	–,–	–,–
1927–1930, 1932, 1934, 1936–1940	2,–	3,50
1935	7,50	12,50

38 (49) 10 Øre (K-N) 1924–1947. Gekröntes Monogramm aus CX und R, Jahreszahl. Rs. Wertangabe (mit Loch):

	SS	VZ
1924–1926, 1929, 1931, 1934–1940, 1946	4,–	7,50
1933	10,–	20,–
1947	120,–	200,–

39 (50) 25 Øre (K-N) 1924–1947. Typ wie Nr. 38:

	SS	VZ
1924–1926, 1929, 1930, 1934, 1936–1938, 1940, 1946, 1947	5,–	10,–
1932, 1935, 1939	10,–	22,–
1933	55,–	100,–

Nrn. 35–39, Jahrgang 1941, ohne Mzz., siehe unter Färöer-Inseln.

40 (33) ½ Krone (Al-Bro) 1924–1940. Gekröntes Monogramm, geteilte Jahreszahl. Rs. Krone, Wertangabe:

	SS	VZ
1924, 1925, 1940	12,–	25,–
1926	30,–	50,–
1939	55,–	90,–

41 (34) 1 Krone (Al-Bro) 1924–1941. Typ wie Nr. 40:

	SS	VZ
1924	200,–	300,–
1925, 1926, 1929, 1931, 1934, 1936, 1939–1941	6,–	12,–
1930, 1935, 1938	30,–	65,–

42 (35) 2 Kroner (Al-Bro) 1924–1941. Typ wie Nr. 40:

	SS	VZ
1924, 1941	55,–	75,–
1925, 1926, 1936, 1938, 1939, 1940	6,–	12,–

60. Geburtstag des Königs

		SS	VZ
43 (42)	2 Kroner (S) 1930. Christian X. (1870–1947), Kopfbild nach rechts. Rs. Gekröntes Wappen und wilde Männer als Schildhalter	25,–	40,–

25. Regierungsjubiläum

44 (43)	2 Kroner (S) 1937. Christian X., Kopfbild nach rechts. Rs. Gekröntes Wappen, Wertangabe und Jubiläumsdaten	25–	40,–
45 (51)	1 Øre (Zink) 1941–1946. Gekröntes Monogramm, geteilte Jahreszahl. Rs. Wertziffer zwischen gekreuzten Eichen- und Lorbeerzweigen:		
	1941–1944	2,–	5,–
	1945, 1946	7,–	12,–
46 (52a)	2 Øre (Zink) 1942–1947. Typ wie Nr. 45:		
	1942–1944	2,–	4,–
	1945, 1947	8,–	15,–
47 (53a)	5 Øre (Zink) 1942–1945, Typ wie Nr. 45:		
	1942, 1945	6,–	12,–
	1943, 1944	3,–	6,–
48 (49a)	10 Øre (Zink) 1941–1945. Typ wie Nr. 38:		
	1941–1944	5,–	8,–
	1945	45,–	75,–
49 (50a)	25 Øre (Zink) 1941–1945. Typ wie Nr. 39:		
	1941–1944	8,–	18,–
	1945	10,–	20,–
50	1 Øre (Al) 1941. Typ wie Nr. 45. Versuchsprägung!	–,–	–,–
51 (52)	2 Øre (Al) 1941. Typ wie Nr. 46	4,–	6,–
52 (53)	5 Øre (Al) 1941. Typ wie Nr. 47	6,–	12,–

53 (54)	1 Krone (Al-Bro) 1942–1947. Kopfbild n. r. Rs. Wertangabe, gekreuzte Weizen- und Haferähre, Jahreszahl:		
	1942, 1946, 1947	4,–	7,–
	1943	12,–	20,–
	1944, 1945	7,–	10,–

75. Geburtstag des Königs

		SS	VZ
54 (55)	2 Kroner (S) 1945. Christian X., Kopfbild n. r. Rs. Jubiläumszahlen zwischen unten gekreuzten Zweigen	30,–	50,–

Frederik IX. 1947–1972

55 (56)	1 Øre (Zink) 1948–1972. Gekröntes Monogramm, geteilte Jahreszahl. Rs. Wertangabe:		
	1948	1,50	3,–
	1949–1972	–,25	–,40
56 (57)	2 Øre (Zink) 1948–1972. Typ wie Nr. 55:		
	1948, 1950–1972	–,25	–,40
	1949	6,–	10,–

57 (58)	5 Øre (Zink) 1950–1964. Typ wie Nr. 55:		
	1950	8,–	14,–
	1951, 1955	4,–	9,–
	1952–1954, 1956–1964	1,–	2,–
58 (59)	10 Øre (K-N) 1948–1960. Gekröntes Monogramm zwischen unten gekreuzten Zweigen, geteilte Jahreszahl:		
	1948–1958, 1960	–,70	2,–
	1959	30,–	52,–

59 (60)	25 Øre (K-N) 1948–1960. Typ wie Nr. 58:		
	1948	9,–	16,–
	1949–1951, 1953–1958, 1960	1,20	2,–
	1952, 1959	4,–	8,–

60 (61)	1 Krone (Al-Bro) 1947–1960. Frederik IX. (1899–1972). Rs. Gekröntes Wappen, geteilte Jahrezahl:		
	1947–1949, 1952, 1956–1958	4,–	7,–
	1953–1955, 1959	10,–	18,–
	1960	–,–	–,–
61 (62)	2 Kroner (Al-Bro) 1947–1959. Typ wie Nr. 60:		
	1947–1949, 1951–1955	10,–	16,–
	1956–1958	8,–	12,–
	1959	20,–	35,–

Tuberkulosebekämpfung in Grönland

		SS	VZ
62 (63)	2 Kroner (S) 1953. Frederik IX. und Königin Ingrid (*1910), gestaffelte Kopfbilder n. r. Rs. Landkarte von Grönland	48,–	80,–

18. Geburtstag von Prinzessin Margrethe am 16. 4. 1958

63 (64) 2 Kroner (S) 1958. Frederik IX. Rs. Prinzessin Margrethe (*1940), Königin seit 1972 25,– 40,–

Zur Silberhochzeit des Königspaares

64 (65) 5 Kroner (S) 1960. Frederik IX. und Königin Ingrid, geb. Prinzessin von Schweden; Kopfbilder nach rechts 25,– 40,–

65 (66) 1 Øre (Bro) 1960, 1962–1964. Gekröntes Monogramm. Rs. Wertangabe zwischen Ähren, darüber Landesname 11,–

66 (67) 2 Øre (Bro) 1960, 1962–1966. Typ wie Nr. 65 8,–

67 (68) 5 Øre (Bro) 1960–1972. Typ wie Nr. 65 –,30 –,50

		SS	VZ
68 (69)	10 Øre (K-N) 1960—1972. Rs. Wertangabe zwischen gekreuzten Eichenzweigen	–,30	–,50
69 (70)	25 Øre (K-N) 1960—1967. Typ wie Nr. 68	1,–	1,50

70 (71) 1 Krone (K-N) 1960—1972. Frederik IX. Rs. Gekröntes Wappen 1,– 2,–

71 (72) 5 Kroner (K-N) 1960—1972. Rs. Gekröntes Wappen zwischen gekreuzten Eichenzweigen 4,– 6,–

Zur Hochzeit von Prinzessin Anne-Marie am 18. 9. 1964

72 (73) 5 Kroner (S) 1964. Frederik IX. Rs. Prinzessin Anne-Marie (* 1947) 20,– 30,–

73 (76) 25 Øre (K-N) 1966—1972. Monogramm FR, darüber Krone sowie Hainbuchenzweig (Carpinus bétulus). Rs. Wert und Gerstenähren (Hordeum sp. — Gramineae) –,30 –,60

Zur Hochzeit von Prinzessin Margrethe am 10. 6. 1967

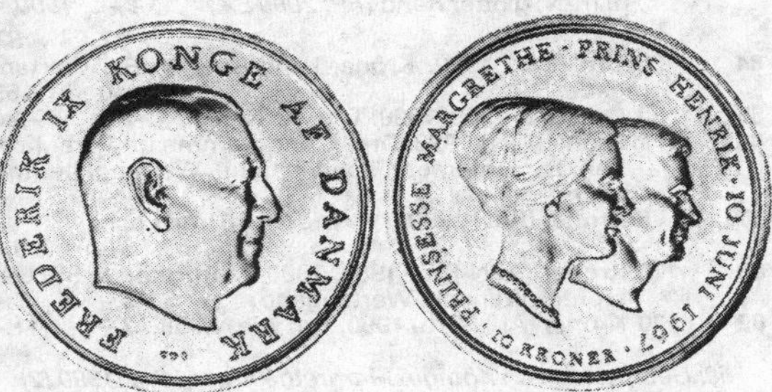

SS VZ

74 (74) 10 Kroner (S) 1967. Frederik IX. Rs. Thronfolgerin Margrethe und Graf Henri de Montpezat, gestaffelte Kopfbilder n. r. 20,– 30,–

Zur Hochzeit von Prinzessin Benedikte am 3. 2. 1968

75 (75) 10 Kroner (S) 1968. Frederik IX. Rs. Prinzessin Benedikte (* 1944) 22,– 32,–

Margrethe II. seit 1972

Zum Tode von Frederik IX. und zur Thronbesteigung von Margrethe II.

76 (77) 10 Kroner (S) 1972. Margrethe II. Rs. Frederik IX. 20,– 30,–

VZ ST

77 (78) 5 Øre (St, K plattiert) 1973–1988. Gekröntes Monogramm, Jahreszahl. Rs. Wertangabe –,30 –,40

78 (79) 10 Øre (K-N) 1973—1988. Typ ähnlich wie Nr. 77 –,30 –,50

79 (80) 25 Øre (K-N) 1973—1988. Gekröntes Monogramm, Eichenzweig, Jahreszahl. Rs. Wertangabe (mit Loch) –,40 –,55

80 (81) 1 Krone (K-N) 1973–1989. Margrethe II., Kopfbild n. r. Titelumschrift. Rs. Gekrönter Wappenschild, am 16. 11. 1972 eingeführt, Jahreszahl, Wertangabe –,60 1,–

81 (82) 5 Kroner (K-N) 1973—1988. Rs. Gekrönter Wappenschild zwischen Eichenblättern, Jahreszahl, Wertangabe 3,– 5,–

			SS	VZ
82 (83)	10	Kroner (K-N) 1979–1985, 1987, 1988. Diademiertes Kopfbild der Königin n. r. Rs. Wertangabe zwischen Ähren, Jahreszahl	5,–	7,–

18. Geburtstag von Kronprinz Frederik am 26. 5. 1986

			ST	PP
83 (84)	10	Kroner 1986. Rs. Kronprinz Frederik André Henrik Christian (* 1968), Geburtsdatum:		
		a) (S) 800 fein, 12,5 g, Riffelrand		160,–
		b) (K-N) glatter Rand *(PP: 2000 Ex.)*	8,–	*1500,–*

			VZ	ST
84	25	Øre (Bro) 1990. Krone, Landesname. Rs. Wertangabe	–,40	–,55
85	50	Øre (Bro) 1989, 1990. Typ wie Nr. 84	–,50	–,80
86	1	Krone (K-N) 1993. Drei Monogramme und drei Kronen. Rs. Ornament, Landesname, Wertangabe (mit Loch)	–,–	–,–
87	5	Kroner (K-N) 1990. Typ wie Nr. 86 (mit Loch)	3,–	5,–
88	10	Kroner (Al-N-Bro) 1989, 1990. Margrethe II. Rs. Gekröntes Wappen, Wertangabe	5,–	7,–
89	20	Kroner (Al-N-Bro) 1990. Typ wie Nr. 88	7,–	11,–

50. Geburtstag von Königin Margrethe II. am 16. 4. 1990 (2)

			VZ	ST
90	20	Kroner (Al-N-Bro) 1990. Margrethe II. Rs. Krone und Marguerite	–,–	12,–
91	200	Kroner (S) 1990. Typ wie Nr. 90	–,–	80,–

FÄRÖER-INSELN (FÆRØERNE)

100 Øre = 1 Krone

Fläche: 1399 km²; 38 000 Einwohner.
Inselgruppe im Atlantischen Ozean zwischen Schottland und Island. Von Wikingern aus Norwegen besiedelt. Seit 1380 zusammen mit Norwegen an Dänemark, bei dem die Inseln auch nach 1814 verblieben. 1940 bis 1945 waren die Inseln von Großbritannien besetzt. Alle Münzen wurden in London geprägt und haben im Gegensatz zu den Nr. 35–39 von Dänemark kein Münzstättenzeichen. Hauptstadt: Thorshavn.

			SS	VZ
1 (1)	1	Øre (Bro) 1941. Monogramm CX mit Krone. Rs. Wert (mit Loch)	90,–	200,–
2 (2)	2	Øre (Bro) 1941. Typ wie Nr. 1	20,–	40,–
3 (3)	5	Øre (Bro) 1941. Typ wie Nr. 1	20,–	40,–
4 (4)	10	Øre (K-N) 1941. Monogramm CX und R, darüber Krone. Rs. Wert (mit Loch)	30,–	60,–
5 (5)	25	Øre (K-N) 1941. Typ wie Nr. 4	30,–	60,–

Nrn. 1–5, polierte Platte *1600,–*

GRÖNLAND (GRØNLAND)

Fläche: 2 175 600 km²; 48 000 Einwohner.
Nach der dänischen Verfassung vom 5. Juni 1953 ist Grönland gleichberechtigter Bestandteil des Königreiches. Hauptstadt: Godthaab.
Die Grönland-Münzen wurden am 1. Juli 1967 eingezogen; ausschließlich dänische Geldzeichen sind seitdem gesetzliches Zahlungsmittel.

100 Øre = 1 Krone

			SS	VZ
1 (5)	25	Øre (K-N) 1926. Gekrönter Wappenschild. Rs. Eisbär (Thalarctos maritimus – Ursidae), Wertangabe, Jahreszahl	10,–	22,–
2 (6)	25	Øre (K-N) 1926. Typ wie Nr. 1 (mit Loch)	50,–	95,–
3 (7)	50	Øre (Al-Bro) 1926. Typ wie Nr. 1	16,–	35,–
4 (8)	1	Krone (Al-Bro) 1926. Typ wie Nr. 1	25,–	65,–
5 (9)	5	Kroner (Me) 1944. Typ wie Nr. 1	150,–	400,–

			SS	VZ
6 (10)	1	Krone (Al-Bro) 1957. Krone über Wappenschilde von Dänemark und Grönland. Rs. Wertangabe zwischen unten gekreuzten Zweigen	32,–	65,–
7 (10a)	1	Krone (K-N) 1960, 1964. Typ wie Nr. 6	18,–	40,–

Danish West Indies — Dänisch-Westindien — Antilles Danoises

St. Thomas und einige weitere kleinere Inseln der Kleinen Antillen gelangten im 17. Jahrhundert in dänischen Besitz und wurden am 31. März 1917 an die Vereinigten Staaten von Amerika für $ 25 000 000 verkauft. Seitdem führen die Inseln den Namen U. S. Virgin Islands (Amerikanische Jungferninseln). Hauptstadt: Charlotte Amalie.

5 Bit = 1 Cent, 20 Cents = 1 Franc, 5 Francs = 1 Daler

Christian IX. 1863–1906

		SS	VZ
1 (5)	½ Cent = 2½ Bit (Bro) 1905. Krone über Monogramm. Rs. Sichel, Merkurstab, Dreizack	**40,–**	**80,–**
2 (6)	1 Cent = 5 Bit (Bro) 1905. Typ wie Nr. 1	**40,–**	**80,–**

		SS	VZ
3 (7)	2 Cents = 10 Bit (Bro) 1905. Typ wie Nr. 1	**50,–**	**100,–**

		SS	VZ
4 (8)	5 Cents = 25 Bit (N) 1905. Typ wie Nr. 1	**30,–**	**60,–**

		SS	VZ
5 (9)	10 Cents = 50 Bit (S) 1905. Christian IX., Kopfbild n. l. Rs. Wert und Lorbeerzweig. 800er Silber, 2,5 g	**40,–**	**80,–**
6 (10)	20 Cents = 1 Franc (S) 1905. Christian IX., Brustbild n. l. Rs. Drei Frauengestalten. 800er Silber, 5 g	**90,–**	**180,–**
7 (11)	40 Cents = 2 Francs (S) 1905. Typ wie Nr. 6. 800er Silber, 10 g	**250,–**	**450,–**
8 (12)	4 Daler = 20 Francs (G) 1904, 1905. Christian IX., Kopfbild n. l. Rs. Sitzende Frauengestalt. 900er Gold, 6,4516 g	**1000,–**	*1700,–*

		SS	VZ
9 (13)	10 Daler = 50 Francs (G) 1904. Typ wie Nr. 8. 900er Gold, 16,129 g	**8000,–**	*12000,–*

Nrn. 1, 3–7, polierte Platte (20 Ex.) —,—

Frederik VIII. 1906–1912

		SS	VZ
10 (14)	20 Cents = 1 Franc (S) 1907. Frederik VIII., Kopfbild n. l. Rs. Drei Frauengestalten. 800er Silber, 5 g	**100,–**	**220,–**
11 (15)	40 Cents = 2 Francs (S) 1907. Typ wie Nr. 10. 800er Silber, 10 g	**280,–**	**550,–**

Nrn. 10 und 11, polierte Platte (10 Ex.) —,—

Christian X. 1912–1917

		SS	VZ
12 (16)	1 Cent = 5 Bit (Bro) 1913. Krone über Monogramm. Rs. Sichel, Merkurstab, Dreizack	**90,–**	**180,–**

Frühere Ausgaben siehe Weltmünzkatalog 19. Jahrhundert.

Germany | # Deutschland | **Allemagne**

Die Vielfalt der seit der Reichsgründung am 18. Januar 1871 erschienenen deutschen Münzen ist ein beredtes Spiegelbild der jüngsten deutschen Geschichte. Den Kleinmünzen des Kaiserreiches vorangestellt sind die Gepräge der Länder und Städte, und zwar in alphabetischer Reihenfolge mit jeweils eigener Numerierung. Die Münzen der deutschen Fürstentümer, Herzogtümer, Großherzogtümer und Königreiche sowie die der Freien und Hansestädte Bremen, Hamburg und Lübeck weisen sich durch die Darstellung des Reichsadlers und durch die Inschrift »Deutsches Reich« eindeutig als Reichsmünzen aus. Den Kleinmünzen des Kaiserreiches folgen die Emissionen der Weimarer Republik, die Gepräge des Dritten Reiches, die der Alliierten Besetzung, der Bank Deutscher Länder und der Bundesrepublik Deutschland.
Unter wiederum gesondertem Nummernsystem sind die DDR-Münzen bis einschließlich 1990 katalogisiert. Es wird deutlich, daß Danzig und auch das Saarland vorübergehend Eigenständigkeit besaßen. Deutsch-Neuguinea, Deutsch-Ostafrika und Kiautschou erinnern an die kurze deutsche Kolonialzeit. Die Besatzungsausgaben des Ersten und Zweiten Weltkrieges bilden den Abschluß des Deutschlandteiles.

100 Pfennig = 1 Mark (Reichsmark, Rentenmark, Deutsche Mark)

Münzstätten

- A = Berlin
- B = Hannover (bis 1878)
  Wien (1938–1944)
- C = Frankfurt am Main (bis 1879)
- D = München
- E = Dresden (bis 1886)
  Muldenhütten (1887–1953)
- F = Stuttgart
- G = Karlsruhe
- H = Darmstadt (bis 1882)
- J = Hamburg

Tabelle der Feingewichte

Nominal	Metall	Prägezeit	Kat.-Nr.	Feingewicht	Feingehalt
Kaiserreich					
20 Pfennig	(S)	1873–1877	5	1,000	900
50 Pfennig	(S)	1875–1903	6, 9, 16	2,500	900
½ Mark	(S)	1905–1919	17	2,500	900
1 Mark	(S)	1873–1916	7, 18	5,000	900
2 Mark	(S)	1876–1915	alle Typen	10,000	900
3 Mark	(S)	1908–1918	alle Typen	15,000	900
5 Mark	(S)	1874–1915	alle Typen	25,000	900
5 Mark	(G)	1877–1878	alle Typen	1,791	900
10 Mark	(G)	1872–1914	alle Typen	3,583	900
20 Mark	(G)	1871–1915	alle Typen	7,168	900
Weimarer Republik, Drittes Reich					
1 Mark	(S)	1924–1927	41, 43	2,500	500
2 Mark	(S)	1925–1931	44	5,000	500
2 Mark	(S)	1933–1939	75, 78, 81, 89	5,200	625
3 Mark	(S)	1924–1933	alle Typen	7,500	500
5 Mark	(S)	1925–1933	45, 47, 50, 53, 59, 62, 64, 66, 69, 74	12,500	500
5 Mark	(S)	1933–1939	76, 79, 80, 82, 83, 90	12,500	900
Bundesrepublik Deutschland					
5 Mark	(S)	1951–1979	110–114, 116–123, 126–128, 135–139, 141–147, 149	7,000	625
10 Mark	(S)	1972, 1987–	129–134, 165, 166, 168–172, 174, 175	9,687	625

Da im allgemeinen WELTMÜNZKATALOG eine Spezialbearbeitung des Deutschland-Teils den Rahmen sprengen würde, wird auf den mit gleichem Nummernsystem erschienenen KLEINEN DEUTSCHEN MÜNZKATALOG ab 1871 hingewiesen.

**Im Deutschland-Teil des Weltmünzkataloges wurde nach der jeweiligen SCHÖN-Nummer die Nummer des Jaeger-Kataloges »Die deutschen Münzen seit 1871« eingefügt. Die Jaeger-Nummern stehen aus Zweckmäßigkeitsgründen unmittelbar nach den Schön-Nummern in Klammern.
Bei allen übrigen Ländern stehen die neuen Yeoman-Nummern in Klammern.**

ANHALT (HERZOGTUM)

Friedrich I. 1871–1904

		SS	VZ
1 (19)	2 Mark (S) 1876. Friedrich I. (1831–1904). Kopfbild n. r. Rs. Reichsadler	**550,–**	**3000,–**
2 (179)	20 Mark (G) 1875. Typ wie Nr. 1	**1700,–**	**3000,–**

25. Regierungsjubiläum am 22. 5. 1896 (4)

		SS	VZ
3 (20)	2 Mark (S) 1896. Friedrich I., Kopfbild n. r.	450,–	1000,–
4 (21)	5 Mark (S) 1896. Typ wie Nr. 3	1500,–	3000,–
5 (180)	10 Mark (G) 1896. Typ wie Nr. 3	1100,–	2200,–
6 (181)	20 Mark (G) 1896. Typ wie Nr. 3	1400,–	2400,–

70. Geburtstag des Herzogs am 29. April 1901 (2)

7 (180)	10 Mark (G) 1901. Typ wie Nr. 5	1100,–	2200,–
8 (181)	20 Mark (G) 1901. Typ wie Nr. 6	1400,–	2400,–

Friedrich II. 1904–1918

9 (22)	2 Mark (S) 1904. Friedrich II. (1856–1918), Kopfbild n. l. Rs. Reichsadler	600,–	1000,–
10 (23)	3 Mark (S) 1909, 1911. Typ wie Nr. 9	160,–	280,–
11 (182)	20 Mark (G) 1904. Typ wie Nr. 9	1200,–	2400,–

Zur Silberhochzeit des herzoglichen Paares (2)

12 (24)	3 Mark (S) 1914. Friedrich II. und Marie Herzogin von Anhalt, geb. Prinzessin von Baden	100,–	190,–
13 (25)	5 Mark (S) 1914. Typ wie Nr. 12	325,–	580,–

BADEN (GROSSHERZOGTUM)

Friedrich I. 1852–1907

		SS	VZ
1 (183)	10 Mark (G) 1872, 1873. Friedrich I. (1826–1907), Kopfbild n. l. Rs. Reichsadler	275,–	450,–
2 (184)	20 Mark (G) 1872, 1873. Typ wie Nr. 1	350,–	500,–

3 (26)	2 Mark (S) 1876–1888. Kopfbild n. l.	180,–	2500,–
4 (27)	5 Mark (S) 1874–1888. Typ wie Nr. 3	150,–	2000,–
5 (185)	5 Mark (G) 1877. Typ wie Nr. 3	400,–	650,–
6 (186)	10 Mark (G) 1875–1888. Typ wie Nr. 3	200,–	400,–
7 (187)	20 Mark (G) 1874. Typ wie Nr. 3	700,–	1200,–

8 (28)	2 Mark (S) 1892–1902. Kopfbild n. l.	150,–	700,–
9 (29)	5 Mark (S) 1891–1902. Typ wie Nr. 8:		
	a) 1891–1902	150,–	750,–
	b) BΛDEN (A ohne Querstrich)	1200,–	6500,–
10 (188)	10 Mark (G) 1890–1901. Typ wie Nr. 8	300,–	550,–
11 (189)	20 Mark (G) 1894, 1895. Typ wie Nr. 8	360,–	500,–

50. Regierungsjubiläum (2)

12 (30)	2 Mark (S) 1902. Kopfbild n. r., Lorbeerzweig, Jubiläumszahlen	45,–	100,–
13 (31)	5 Mark (S) 1902. Typ wie Nr. 12	285,–	450,–

		SS	VZ
14 (32)	2 Mark (S) 1902–1907. Kopfbild n. r.	100,–	200,–
15 (33)	5 Mark (S) 1902–1907. Typ wie Nr. 14	100,–	400,–
16 (190)	10 Mark (G) 1902–1907. Typ wie Nr. 14	320,–	600,–

Zur goldenen Hochzeit des großherzoglichen Paares (2)

17 (34)	2 Mark (S) 1906. Großherzog Friedrich und Großherzogin Luise, geb. Prinzessin von Preußen, beide Porträtbüsten n. r.	45,–	110,–
18 (35)	5 Mark (S) 1906. Typ wie Nr. 17	220,–	400,–

Zum Tode des Großherzogs (2)

19 (36)	2 Mark (S) 1907. Kopfbild n. r., Lebensdaten	85,–	170,–
20 (37)	5 Mark (S) 1907. Typ wie Nr. 19	250,–	500,–

Friedrich II. 1907–1918

21 (38)	2 Mark (S) 1911, 1913. Friedrich II. (1857–1928), Kopfbild n. l.	400,–	950,–
22 (39)	3 Mark (S) 1908–1915. Typ wie Nr. 21	45,–	90,–
23 (40)	5 Mark (S) 1908, 1913. Typ wie Nr. 21	130,–	400,–

		SS	VZ
24 (191)	10 Mark (G) 1909–1913. Typ wie Nr. 21	800,–	1250,–
25 (192)	20 Mark (G) 1911–1914. Typ wie Nr. 21	350,–	500,–

BAYERN (KÖNIGREICH)

Ludwig II. 1864–1886

1 (193)	10 Mark (G) 1872, 1873. Ludwig II. (1845–1886), Kopfbild n. r. Rs. Reichsadler	300,–	500,–
2 (194)	20 Mark (G) 1872, 1873. Typ wie Nr. 1	350,–	700,–

3 (41)	2 Mark (S) 1876–1883. Kopfbild n. r.	185,–	750,–
4 (42)	5 Mark (S) 1874–1877. Typ wie Nr. 3:		
	1874–1876	160,–	650,–
	1877 (wenige Ex.)		–,–
5 (195)	5 Mark (G) 1877, 1878. Typ wie Nr. 3	450,–	800,–
6 (196)	10 Mark (G) 1874–1881. Typ wie Nr. 3	260,–	500,–
7 (197)	20 Mark (G) 1874–1878. Typ wie Nr. 3	360,–	650,–

Otto 1886–1913
Unter der Regentschaft von Prinzregent Luitpold

8 (43)	2 Mark (S) 1888. Otto (1848–1916), Kopfbild n. l. Rs. Reichsadler	850,–	2000,–
9 (44)	5 Mark (S) 1888. Typ wie Nr. 8	750,–	2400,–
10 (198)	10 Mark (G) 1888. Typ wie Nr. 8	400,–	800,–

Nr.		SS	VZ
11 (45)	2 Mark (S) 1891–1913. Kopfbild n. l.	55,–	100,–
12 (47)	3 Mark (S) 1908–1913. Typ wie Nr. 11	45,–	80,–
13 (46)	5 Mark (S) 1891–1913. Typ wie Nr. 11	65,–	170,–
14 (199)	10 Mark (G) 1890–1900. Typ wie Nr. 11	250,–	450,–
15 (200)	20 Mark (G) 1895–1913. Typ wie Nr. 11:		
	1895, 1900, 1905	300,–	450,–
	1913		*45000,–*
16 (201)	10 Mark (G) 1900–1912. Typ wie Nr. 11	250,–	400,–

90. Geburtstag des Prinzregenten Luitpold (3)

Nr.		SS	VZ
17 (48)	2 Mark (S) 1911. Prinzregent Luitpold (1821–1912), Kopfbild n. r. Rs. Reichsadler	45,–	90,–
18 (49)	3 Mark (S) 1911. Typ wie Nr. 17	50,–	100,–
19 (50)	5 Mark (S) 1911. Typ wie Nr. 17	190,–	370,–

Ludwig III. 1913–1918

Nr.		SS	VZ
20 (51)	2 Mark (S) 1914. Ludwig III. (1845–1921), Kopfbild n. l. Rs. Reichsadler	140,–	260,–
21 (52)	3 Mark (S) 1914. Typ wie Nr. 20	75,–	140,–
22 (53)	5 Mark (S) 1914. Typ wie Nr. 20	260,–	550,–
23 (202)	20 Mark (G) 1914. Typ wie Nr. 20	3000,–	5000,–

Zur goldenen Hochzeit des Königspaares

Nr.		SS	VZ
24 (54)	3 Mark (S) 1918. Ludwig III. und Marie Therese von Bayern, geb. Prinzessin von Österreich-Modena	*38000,–*	*55000,–*

BRAUNSCHWEIG (HERZOGTUM)

Wilhelm 1831–1884

Nr.		SS	VZ
1 (203)	20 Mark (G) 1875, 1876. Wilhelm (1806–1884), Kopfbild n. l. Rs. Reichsadler:		
	1875 (100 000 Ex.)	1200,–	2400,–
	1876 (wenige Ex.)		–,–

Ernst August 1913–1918

Zum Regierungsantritt und zur Vermählung des Herzogs (4)

Nr.		SS	VZ
2 (55)	3 Mark (S) 1915. Ernst August und Viktoria Luise, geb. Prinzessin von Preußen	2000,–	4000,–
3 (56)	5 Mark (S) 1915. Typ wie Nr. 2	2500,–	4500,–
4 (57)	3 Mark (S) 1915. Typ wie Nr. 2, jedoch zusätzliche Umschrift: U. LÜNEB.	250,–	450,–
5 (58)	5 Mark (S) 1915. Typ wie Nr. 4	750,–	1400,–

BREMEN (FREIE HANSESTADT)

Nr.		SS	VZ
1 (59)	2 Mark (S) 1904. Stadtwappen. Rs. Reichsadler	130,–	240,–
2 (60)	5 Mark (S) 1906. Typ wie Nr. 1	450,–	700,–
3 (204)	10 Mark (G) 1907. Typ wie Nr. 1	1200,–	2100,–
4 (205)	20 Mark (G) 1906. Typ wie Nr. 1	1500,–	2400,–

HAMBURG (FREIE UND HANSESTADT)

Nr.		SS	VZ
1 (206)	10 Mark (G) 1873. Behelmtes, unten rundes Wappen. Rs. Reichsadler	2000,–	3000,–

			SS	VZ
2	(207)	10 Mark (G) 1874. Behelmtes, unten zugespitztes Wappen	1200,–	2700,–

3	(61)	2 Mark (S) 1876–1888. Großes Stadtwappen	150,–	700,–
4	(62)	5 Mark (S) 1875–1888. Typ wie Nr. 3	120,–	1000,–
5	(208)	5 Mark (G) 1877. Typ wie Nr. 3	400,–	750,–
6	(209)	10 Mark (G) 1875–1888. Typ wie Nr. 3	260,–	450,–
7	(210)	20 Mark (G) 1875–1889. Typ wie Nr. 3	300,–	420,–

8	(63)	2 Mark (S) 1892–1914. Großes Stadtwappen	70,–	130,–
9	(64)	3 Mark (S) 1908–1914. Typ wie Nr. 8	55,–	75,–
10	(65)	5 Mark (S) 1891–1913. Typ wie Nr. 8	90,–	200,–
11	(211)	10 Mark (G) 1890–1913. Typ wie Nr. 8	250,–	400,–
12	(212)	20 Mark (G) 1892–1913. Typ wie Nr. 8: 1892, 1896, 1898, 1901, 1904–1906, 1908–1912	–,–	–,–
		1893–1895, 1897, 1899, 1900, 1913	280,–	360,–

HESSEN (GROSSHERZOGTUM)

Ludwig III. 1848–1877

1	(213)	10 Mark (G) 1872–1873. Ludwig III. (1806–1877), Kopfbild n. r. Rs. Reichsadler	350,–	900,–
2	(214)	20 Mark (G) 1872–1873. Typ wie Nr. 1	480,–	1250,–
3	(66)	2 Mark (S) 1876, 1877. Kopfbild n. r.	500,–	5000,–
4	(67)	5 Mark (S) 1875, 1876. Typ wie Nr. 3	500,–	4500,–
5	(215)	5 Mark (G) 1877. Typ wie Nr. 3	1000,–	2200,–

			SS	VZ
6	(216)	10 Mark (G) 1875–1877. Typ wie Nr. 3	400,–	700,–
7	(217)	20 Mark (G) 1874. Typ wie Nr. 3	900,–	1500,–

Ludwig IV. 1877–1892

8	(68)	2 Mark (S) 1888. Ludwig IV. (1837–1892), Kopfbild n. r. Rs. Reichsadler	2000,–	4500,–
9	(69)	5 Mark (S) 1888. Typ wie Nr. 8	3000,–	6000,–
10	(218)	5 Mark (G) 1877. Typ wie Nr. 8	1300,–	2200,–
11	(219)	10 Mark (G) 1878–1888. Typ wie Nr. 8	500,–	1400,–
12	(70)	2 Mark (S) 1891. Kopfbild n. r.	1250,–	2500,–
13	(71)	5 Mark (S) 1891. Typ wie Nr. 12	1400,–	4000,–
14	(220)	10 Mark (G) 1890. Typ wie Nr. 12	1100,–	2000,–
15	(221)	20 Mark (G) 1892. Typ wie Nr. 12	2200,–	3500,–

Ernst Ludwig 1892–1918

16	(222)	10 Mark (G) 1893. Ernst Ludwig (1866–1937), Kopfbild n. l. Rs. Reichsadler	1400,–	2300,–
17	(223)	20 Mark (G) 1893. Typ wie Nr. 16	1600,–	2700,–
18	(72)	2 Mark (S) 1895–1900. Kopfbild des Großherzogs n. l.	600,–	1500,–
19	(76)	3 Mark (S) 1910. Kopfbild n. l.	150,–	300,–
20	(73)	5 Mark (S) 1895–1900. Typ wie Nr. 18	500,–	2000,–

21	(224)	10 Mark (G) 1896, 1898. Typ wie Nr. 18	700,–	1600,–
22	(225)	20 Mark (G) 1896–1903. Typ wie Nr. 18	500,–	900,–

		SS	VZ
23 (226)	20 Mark (G) 1905–1911. Typ wie Nr. 22; jetzt GROSSHERZOG	500,–	900,–

Zum 400. Geburtstag Philipps I., des Großmütigen (1504–1567) (2)

24 (74)	2 Mark (S) 1904. Doppelporträt: Philipp Landgraf von Hessen und Ernst Ludwig	100,–	200,–
25 (75)	5 Mark (S) 1904. Typ wie Nr. 24	260,–	500,–

25. Regierungsjubiläum

		PP
26 (77)	3 Mark (S) 1917. Kopfbild des Großherzogs n. l., Lorbeerzweig	8000,–

LIPPE (FÜRSTENTUM)

Leopold IV. 1905–1918

		SS	VZ
1 (78)	2 Mark (S) 1906. Kopfbild des Fürsten n. l.	450,–	850,–
2 (79)	3 Mark (S) 1913. Typ wie Nr. 1	500,–	950,–

LÜBECK (FREIE UND HANSESTADT)

		SS	VZ
1 (80)	2 Mark (S) 1901. Stadtwappen. Doppeladler mit getrennten Hälsen	385,–	700,–
2 (81)	2 Mark (S) 1904–1912. Doppeladler mit zusammenhängenden Hälsen	200,–	300,–
3 (82)	3 Mark (S) 1908–1914. Typ wie Nr. 2	180,–	280,–
4 (83)	5 Mark (S) 1904–1913. Typ wie Nr. 2	650,–	1000,–

5 (227)	10 Mark (G) 1901, 1904, 1905. Typ wie Nr. 1:		
	1901, 1904	1000,–	2000,–
	1905		–,–

6 (228)	10 Mark (G) 1905–1910. Typ wie Nr. 5, jedoch Doppeladler mit zusammenhängenden Hälsen	1000,–	2000,–

MECKLENBURG-SCHWERIN (GROSSHERZOGTUM)

Friedrich Franz II. 1842–1883

1 (229)	10 Mark (G) 1872. Friedrich Franz II. (1823–1883), Kopfbild n. r. Rs. Reichsadler	2200,–	4500,–
2 (230)	20 Mark (G) 1872. Typ wie Nr. 1	1800,–	2800,–

3 (84)	2 Mark (S) 1876. Kopfbild n. r.	600,–	2200,–
4 (231)	10 Mark (G) 1878. Typ wie Nr. 3	1600,–	2500,–

Friedrich Franz III. 1883–1897

5 (232)	10 Mark (G) 1890. Friedrich Franz III. (1851–1897), Kopfbild n. r. Rs. Reichsadler	800,–	1700,–

Friedrich Franz IV. 1897–1918

Zur Volljährigkeit des Großherzogs am 9. April 1901 (3)

		SS	VZ
6 (85)	2 Mark (S) 1901. Friedrich Franz IV. (1882–1945), Kopfbild n. r.	680,–	1100,–
7 (233)	10 Mark (G) 1901. Typ wie Nr. 6	2500,–	3800,–
8 (234)	20 Mark (G) 1901. Typ wie Nr. 6	3600,–	6000,–

Zur Hochzeit des Großherzogs am 7. Juni 1904 (2)

9 (86)	2 Mark (S) 1904. Friedrich Franz IV. (1882–1945) und Alexandra, geb. Prinzessin von Großbritannien und Irland	110,–	200,–
10 (87)	5 Mark (S) 1904. Typ wie Nr. 9	280,–	500,–

Zur Jahrhundertfeier des Großherzogtums und zum Andenken an die Annahme des Titels Großherzog durch Friedrich Franz I. am 9. Juni 1815 (2)

11 (88)	3 Mark (S) 1915. Friedrich Franz I. (1765–1837) und Friedrich Franz IV., Brustbilder nach links	280,–	450,–
12 (89)	5 Mark (S) 1915. Typ wie Nr. 11	700,–	1400,–

MECKLENBURG-STRELITZ (GROSSHERZOGTUM)

Friedrich Wilhelm 1860–1904

		SS	VZ
1 (235)	10 Mark (G) 1873. Friedrich Wilhelm (1819–1904), Kopfbild nach links. Rs. Reichsadler	12000,–	18000,–
2 (236)	20 Mark (G) 1873. Typ wie Nr. 1	7000,–	12000,–

3 (90)	2 Mark (S) 1877. Kopfbild n. l.	650,–	4000,–
4 (237)	10 Mark (G) 1874, 1880. Typ wie Nr. 3	7000,–	12000,–
5 (238)	20 Mark (G) 1874. Typ wie Nr. 3	7000,–	11000,–

Adolf Friedrich V. 1904–1914

6 (91)	2 Mark (S) 1905. Kopfbild des Großherzogs (1848 bis 1914) n. l.	700,–	1400,–
7 (92)	3 Mark (S) 1913. Typ wie Nr. 6	950,–	2300,–
8 (239)	10 Mark (G) 1905. Typ wie Nr. 6	5000,–	8000,–

9 (240)	20 Mark (G) 1905. Typ wie Nr. 6	9000,–	14000,–

OLDENBURG (GROSSHERZOGTUM)

Nicolaus Friedrich Peter 1853–1900

1 (241)	10 Mark (G) 1874. Nicolaus Friedrich Peter (1827 bis 1900), Kopfbild n. l. Rs. Reichsadler	5000,–	9000,–

		SS	VZ
2 (93)	2 Mark (S) 1891. Kopfbild n. r.	550,–	1000,–

Friedrich August 1900–1918

3 (94)	2 Mark (S) 1900, 1901. Kopfbild des Großherzogs n. l.	450,–	1200,–
4 (95)	5 Mark (S) 1900, 1901. Typ wie Nr. 3	1100,–	3000,–

PREUSSEN (KÖNIGREICH)

Wilhelm I. 1861–1888

1 (242)	10 Mark (G) 1872–1873. Wilhelm I. (1797–1888), Kopfbild n. r. Rs. Reichsadler	200,–	350,–
2 (243)	20 Mark (G) 1871–1873. Typ wie Nr. 1	280,–	400,–
3 (96)	2 Mark (S) 1876–1884. Kopfbild n. r.	100,–	500,–
4 (97)	5 Mark (S) 1874–1876. Typ wie Nr. 3	90,–	850,–
5 (244)	5 Mark (G) 1877–1878. Typ wie Nr. 3	350,–	650,–

6 (245)	10 Mark (G) 1874–1888. Typ wie Nr. 3	200,–	400,–
7 (246)	20 Mark (G) 1874–1888. Typ wie Nr. 3	250,–	400,–

Da im allgemeinen WELTMÜNZKATALOG eine Spezialbearbeitung des Deutschland-Teils den Rahmen sprengen würde, wird auf den mit gleichem Nummernsystem erschienenen KLEINEN DEUTSCHEN MÜNZKATALOG ab 1871 verwiesen.

Friedrich 1888

		SS	VZ
8 (98)	2 Mark (S) 1888. Friedrich (1831–1888), Kopfbild n. r. Rs. Reichsadler	75,–	175,–
9 (99)	5 Mark (S) 1888. Typ wie Nr. 8	160,–	340,–

10 (247)	10 Mark (G) 1888. Typ wie Nr. 8	240,–	350,–
11 (248)	20 Mark (G) 1888. Typ wie Nr. 8	280,–	400,–

Wilhelm II. 1888–1918

12 (100)	2 Mark (S) 1888. Wilhelm II. (1859–1941), Kopfbild n. r. Rs. Reichsadler	550,–	1200,–
13 (101)	5 Mark (S) 1888. Typ wie Nr. 12	800,–	2200,–
14 (249)	10 Mark (G) 1889. Typ wie Nr. 12	5000,–	7000,–
15 (250)	20 Mark (G) 1888, 1889. Typ wie Nr. 12	275,–	400,–
16 (102)	2 Mark (S) 1891–1912. Kopfbild n. r.	35,–	90,–
17 (103)	3 Mark (S) 1908–1912. Typ wie Nr. 16	30,–	60,–
18 (104)	5 Mark (S) 1891–1908. Typ wie Nr. 16	60,–	150,–

19 (251)	10 Mark (G) 1890–1912. Typ wie Nr. 16	225,–	350,–
20 (252)	20 Mark (G) 1890–1913. Typ wie Nr. 16	260,–	350,–

200 Jahre Königreich Preußen (2)

21 (105)	2 Mark (S) 1901. Friedrich I. und Wilhelm II., Brustbilder n. l.	30,–	50,–
22 (106)	5 Mark (S) 1901. Typ wie Nr. 21	120,–	185,–

100 Jahre Universität Berlin

		SS	VZ
23 (107)	3 Mark (S) 1910. Friedrich Wilhelm III. und Wilhelm II., Kopfbilder nach links. Rs. Reichsadler im Jugendstil	**120,–**	**190,–**

100 Jahre Universität Breslau

24 (108)	3 Mark (S) 1911. Friedrich Wilhelm III. und Wilhelm II. Rs. Reichsadler im Jugendstil, jetzt mit stärkeren Konturen	**90,–**	**150,–**

100. Jahrestag der Befreiungskriege (2)

25 (109)	2 Mark (S) 1913. Friedrich Wilhelm III. zu Pferde, umgeben von jubelnder Bevölkerung. Rs. Adler mit Schlange in den Fängen	**30,—**	**60,—**
26 (110)	3 Mark (S) 1913. Typ wie Nr. 25	**40,—**	**70,—**

25. Regierungsjubiläum (2)

		SS	VZ
27 (111)	2 Mark (S) 1913. Wilhelm II. in Kürassieruniform mit der Kette vom Schwarzen Adler-Orden, Lorbeerzweig	**35,–**	**60,–**
28 (112)	3 Mark (S) 1913. Typ wie Nr. 27	**35,–**	**65,–**

29 (113)	3 Mark (S) 1914. Typ wie Nr. 28, jedoch ohne Lorbeerzweig	**40,–**	**80,–**
30 (114)	5 Mark (S) 1913, 1914. Typ wie Nr. 29	**60,–**	**110,–**

31 (253)	20 Mark (G) 1913—1915. Typ wie Nr. 29:		
	1913, 1914	**280,—**	**380,—**
	1915	**3000,—**	**6000,—**

100. Jahrestag der Zugehörigkeit der Grafschaft Mansfeld zu Preußen

32 (115)	3 Mark (S) 1915. St. Georg im Kampf mit dem Drachen, auf der Satteldecke seines Pferdes das mansfeldische Wappen. Rs. Reichsadler, wie Nr. 24	**600,—**	**1100,—**

REUSS ÄLTERER LINIE (FÜRSTENTUM)

Heinrich XXII. 1859–1902

		SS	VZ
1 (116)	2 Mark (S) 1877. Heinrich XXII. (1846–1902), Kopfbild n. r. Rs. Reichsadler	900,–	4000,–

2 (254)	20 Mark (G) 1875. Typ wie Nr. 1	18000,–	36000,–
3 (117)	2 Mark (S) 1892. Typ wie Nr. 1	800,–	1600,–

4 (118)	2 Mark (S) 1899, 1901. Kopfbild des Fürsten n. r.	450,–	820,–

Heinrich XXIV. 1902–1918

5 (119)	3 Mark (S) 1909. Heinrich XXIV. (1878—1927), Kopfbild n. r. Rs. Reichsadler	550,—	1000,—

REUSS JÜNGERER LINIE (FÜRSTENTUM)

Heinrich XIV. 1867—1913

1 (120)	2 Mark (S) 1884. Heinrich XIV. (1832–1913), Kopfbild n. l. Rs. Reichsadler	600,–	1800,–
2 (255)	10 Mark (G) 1882. Typ wie Nr. 1	7000,–	14000,–

3 (256)	20 Mark (G) 1881. Typ wie Nr. 1	3800,–	6500,–

SACHSEN (KÖNIGREICH)

Johann 1854—1873

		SS	VZ
1 (257)	10 Mark (G) 1872, 1873. Johann (1801–1873), Kopfbild n. l. Rs. Reichsadler	280,–	500,–
2	20 Mark (G) 1872, 1873. Typ wie Nr. 1		
	a) (J 258) 1872	380,–	650,–
	b) (J 259) 1873	380,–	650,–

Albert 1873—1902

3 (121)	2 Mark (S) 1876—1888. Albert (1828—1902), Kopfbild n. r. Rs. Reichsadler	250,—	1600,—
4 (122)	5 Mark (S) 1875—1889. Typ wie Nr. 3	160,—	1800,—
5 (260)	5 Mark (G) 1877. Typ wie Nr. 3	450,—	750,—
6 (261)	10 Mark (G) 1874—1888. Typ wie Nr. 3	285,—	450,—
7 (262)	20 Mark (G) 1874—1878. Typ wie Nr. 3:		
	1874, 1876	350,—	650,—
	1877		*65000,—*
	1878		*100000,—*

Gedenkmedaille zur 800-Jahr-Feier des Hauses Wettin im Jahre 1889

8 (123)	(5 Mark) 1889. Kopfbild n. r. Rs. Thronende Saxonia von Volksmenge umgeben:		
	a) (G)		–,–
	b) (S)		4500,–
	c) (K)		680,–
9 (124)	2 Mark (S) 1891–1902. Kopfbild n. r.	110,–	280,–
10 (125)	5 Mark (S) 1891–1902. Typ wie Nr. 9	120,–	600,–
11 (263)	10 Mark (G) 1891–1902. Typ wie Nr. 9	300,–	480,–
12 (264)	20 Mark (G) 1894, 1895. Typ wie Nr. 9	300,–	550,–

Gedenkmedaille zum Besuch des Königs in der Münzstätte Muldner Hütte am 16. Juli 1892

			ST	PP
13	(126)	(2 Mark) (S) 1892. Kopfbild des Königs n. r. Rs. Gedenkinschrift	1200,–	2000,–

Georg 1902–1904

Zum Tode von König Albert am 19. Juli 1902 (2)

			SS	VZ
14	(127)	2 Mark (S) 1902. Kopfbild n. r.; Lebensdaten	75,–	160,–
15	(128)	5 Mark (S) 1902. Typ wie Nr. 14	180,–	400,–
16	(129)	2 Mark (S) 1903, 1904. Georg (1832–1904), Kopfbild n. r.	125,–	400,–
17	(130)	5 Mark (S) 1902–1904. Typ wie Nr. 16:		
		1902 (3 Ex.)	–,–	
		1903, 1904	125,–	500,–

18	(265)	10 Mark (G) 1903, 1904. Typ wie Nr. 16	320,–	550,–
19	(266)	20 Mark (G) 1903. Typ wie Nr. 16	380,–	600,–

Gedenkmedaille zum Besuch des Königs in der Münzstätte Muldner Hütte am 7. Mai 1903

			ST	PP
20	(131)	(2 Mark) (S) 1903. Kopf des Königs n. r. Rs. Gedenkinschrift	1200,–	1800,–

Friedrich August III. 1904–1918

Zum Tode von König Georg am 15. Oktober 1904 (2)

			SS	VZ
21	(132)	2 Mark (S) 1904. Kopfbild n. r.; Lebensdaten	85,–	170,–
22	(133)	5 Mark (S) 1904. Typ wie Nr. 21	275,–	500,–
23	(134)	2 Mark (S) 1905–1914. Friedrich August III. (1865–1932), Kopfbild n. r.	100,–	175,–
24	(135)	3 Mark (S) 1908–1913. Typ wie Nr. 23	55,–	75,–
25	(136)	5 Mark (S) 1907–1914. Typ wie Nr. 23	90,–	220,–
26	(267)	10 Mark (G) 1905–1912. Typ wie Nr. 23	360,–	600,–

27	(268)	20 Mark (G) 1905–1914. Typ wie Nr. 23	350,–	500,–

Gedenkmedaille zum Besuch des Königs in der Münzstätte Muldner Hütte am 6. April 1905

			ST	PP
28	(137)	(2 Mark) (S) 1905. Kopf des Königs n. r., Rs. Gedenkinschrift	1200,–	1800,–

500 Jahre Universität Leipzig (2)

			SS	VZ
29	(138)	2 Mark (S) 1909. Kurfürst Friedrich der Streitbare, (1370–1428) und Friedrich August III.	75,–	185,–
30	(139)	5 Mark (S) 1909. Typ wie Nr. 29	200,–	420,–

100. Jahrestag der Schlacht von Leipzig

		SS	VZ
31 (140)	3 Mark (S) 1913. Völkerschlachtdenkmal	45,–	90,–

400. Jahrestag der Reformation

32 (141) 3 Mark (S) 1917. Friedrich der Weise (1463–1525), mit Klappmütze und in Schaube; Verfechter der Reichsreform, schützte Luther, der an der von ihm 1502 gegründeten Universität Wittenberg lehrte, und gewährte ihm nach dem Reichstag zu Worms Asyl auf der Wartburg *150 000,–*

Probeabschläge

P1	2 Mark (S) (unvollständige Jahreszahl). Friedrich August, Brustbild in Uniform n. l. Rs. Reichsadler	–,–	–,–
P2	5 Mark (S). Typ wie Nr. P1	–,–	–,–
P3	20 Mark (G). Typ wie Nr. P1	–,–	–,–

SACHSEN-ALTENBURG (HERZOGTUM)

Ernst 1853–1908

		SS	VZ
1 (269)	2 Mark (G) 1887. Ernst (1826–1908), Kopfbild n. r. Rs. Reichsadler	2600,–	4000,–

75. Geburtstag des Herzogs am 16. September 1901 (2)

2 (142)	2 Mark (S) 1901. Ernst, Kopfbild n. r.	600,–	1100,–
3 (143)	5 Mark (S) 1901. Typ wie Nr. 2	900,–	2000,–

50. Regierungsjubiläum am 3. August 1903

4 (144)	5 Mark (S) 1903. Kopfbild n. r., Lorbeerzweig, Jubiläumszahlen	400,–	800,–

SACHSEN-COBURG UND GOTHA (HERZOGTUM)

Ernst II. 1844–1893

1 (270)	20 Mark (G) 1872, 1873. Ernst II. (1818–1893), Kopfbild n. l. Rs. Reichsadler	25 000,–	45 000,–
2 (271)	20 Mark (G) 1886. Kopfbild n. l.	2400,–	3500,–

Alfred 1893–1900

		SS	VZ
3 (145)	2 Mark (S) 1895. Alfred (1844–1900), Kopfbild n. r. Rs. Reichsadler	1000,–	2500,–
4 (146)	5 Mark (S) 1895. Typ wie Nr. 3	3200,–	5000,–
5 (272)	20 Mark (G) 1895. Typ wie Nr. 3	3000,–	4500,–

Carl Eduard 1900–1918

		SS	VZ
6 (147)	2 Mark (S) 1905, 1911. Kopfbild n. r.:		
	1905	600,–	1500,–
	1911, polierte Platte		16000,–
7 (148)	5 Mark (S) 1907. Typ wie Nr. 6	1500,–	2600,–
8 (273)	10 Mark (G) 1905. Typ wie Nr. 6	1700,–	3000,–
9 (274)	20 Mark (G) 1905. Typ wie Nr. 6	2000,–	3500,–

SACHSEN-MEININGEN (HERZOGTUM)

Georg II. 1866–1914

		SS	VZ
1 (275)	20 Mark (G) 1872. Georg II. (1826–1914), Kopfbild n. r. Rs. Reichsadler	16000,–	25000,–
2 (276)	20 Mark (G) 1881, 1882. Kopfbild n. r.	10000,–	14000,–
3 (277)	20 Mark (G) 1889. Kopfbild n. l.	7000,–	11000,–

75. Geburtstag des Herzogs am 2. April 1901 (2)

		SS	VZ
4 (149)	2 Mark (S) 1901. Kopfbild n. r.	480,–	950,–
5 (150)	5 Mark (S) 1901. Typ wie Nr. 4	500,–	1050,–
6 (278)	10 Mark (G) 1890–1898. Kopfbild n. l.	4000,–	7000,–
7 (279)	20 Mark (G) 1900–1905. Typ wie Nr. 6	8000,–	12000,–
8 (151)	2 Mark (S) 1902–1913. Brustbild n. l.	450,–	750,–
9 (152)	3 Mark (S) 1908–1913. Typ wie Nr. 8	280,–	350,–
10 (153)	5 Mark (S) 1902–1908. Typ wie Nr. 8	300,–	580,–

		SS	VZ
11 (280)	10 Mark (G) 1902–1914. Typ wie Nr. 8	4000,–	6000,–
12 (281)	20 Mark (G) 1910–1914. Typ wie Nr. 8	5000,–	9000,–

Bernhard III. 1914–1918

1. Todestag von Herzog Georg II. am 25. Juni 1915 (2)

		SS	VZ
13 (154)	2 Mark (S) 1915. Brustbild n. l., Lebensdaten	180,–	380,–
14 (155)	3 Mark (S) 1915. Typ wie Nr. 13	200,–	380,–

SACHSEN-WEIMAR (GROSSHERZOGTUM)

Carl Alexander 1853–1901

Zur goldenen Hochzeit des großherzoglichen Paares (2)

		SS	VZ
1 (156)	2 Mark (S) 1892. Carl Alexander (1818–1901), Kopfbild n. l. Rs. Reichsadler	380,–	850,–
2 (282)	20 Mark (G) 1892. Typ wie Nr. 1	3000,–	4500,–
3 (282)	20 Mark (G) 1896. Typ wie Nr. 2	2400,–	3500,–

80. Geburtstag des Großherzogs am 24. Juni 1898

		SS	VZ
4 (156)	2 Mark (S) 1898. Typ wie Nr. 1	360,–	650,–

Wilhelm Ernst 1901–1918

		SS	VZ
5 (157)	2 Mark (S) 1901. Wilhelm Ernst (1876–1923), Kopfbild n. l.	**550,–**	**1000,–**

6 (283)	20 Mark (G) 1901. Typ wie Nr. 5	**3500,–**	**5500,–**

Zur 1. Vermählung am 30. April 1903 (2)

7 (158)	2 Mark (S) 1903. Wilhelm Ernst und Großherzogin Caroline, geb. Prinzessin von Reuß	**130,–**	**250,–**
8 (159)	5 Mark (S) 1903. Typ wie Nr. 7	**250,–**	**500,–**

350 Jahre Universität Jena (2)

9 (160)	2 Mark (S) 1908. Johann Friedrich I., der Großmütige (1503–1554), Stifter der Universität Jena 1547, Bestätigung 1558 durch Kaiser Ferdinand I.	**135,–**	**250,–**
10 (161)	5 Mark (S) 1908. Typ wie Nr. 9	**270,–**	**550,–**

Zur 2. Vermählung am 4. Januar 1910

11 (162)	3 Mark (S) 1910. Wilhelm Ernst und Großherzogin Feodora, geb. Prinzessin von Sachsen-Meiningen	**100,–**	**200,–**

100 Jahre Großherzogtum Sachsen

		SS	VZ
12 (163)	3 Mark (S) 1915. Wilhelm Ernst und Carl August (1757–1828), Herzog seit 1758, bis zur Volljährigkeit unter der Vormundschaft seiner Mutter, Herzogin Anna Amalia; berief Goethe und Herder nach Weimer sowie Schiller nach Jena	**230,–**	**385,–**

SCHAUMBURG-LIPPE (FÜRSTENTUM)

Adolf Georg 1860–1893

1 (284)	20 Mark (G) 1874. Adolf Georg (1817–1893), Kopfbild n. l. Rs. Reichsadler	**12000,–**	**18000,–**

Georg 1893–1911

2 (164)	2 Mark (S) 1898, 1904. Georg (1846–1911), Kopfbild n. l.	**700,–**	**1600,–**
3 (165)	5 Mark (S) 1898, 1904. Typ wie Nr. 2	**1800,–**	**3000,–**
4 (285)	20 Mark (G) 1898, 1904. Typ wie Nr. 2	**2400,–**	**3800,–**

Zum Tode des Fürsten

5 (166)	3 Mark (S) 1911. Kopfbild n. l.; Lebensdaten	**180,–**	**320,–**

SCHWARZBURG-RUDOLSTADT (FÜRSTENTUM)

Günther Viktor 1890–1918

		SS	VZ
1 (167)	2 Mark (S) 1898. Günther Viktor, Kopfbild n. l. Rs. Reichsadler	500,–	1100,–

2 (286)	10 Mark (G) 1898. Typ wie Nr. 1	2600,–	4000,–

SCHWARZBURG-SONDERSHAUSEN (FÜRSTENTUM)

Karl Günther 1880–1909

1 (168)	2 Mark (S) 1896. Karl Günther (1830–1909), Kopfbild n. r. Rs. Reichsadler	550,–	1000,–
2 (287)	20 Mark (G) 1896. Typ wie Nr. 1	3200,–	5500,–

25. Regierungsjubiläum am 17. Juli 1905

3 (169)	2 Mark (S) 1905. Kopfbild des Fürsten n. r.; Lorbeerzweig, Jubiläumszahlen		
	a) schmaler Randstab	130,–	240,–
	b) breiter Randstab	260,–	420,–

Zum Tode des Fürsten am 28. März 1909

4 (170)	3 Mark (S) 1909. Kopfbild des Fürsten n. r.; Lebensdaten	150,–	300,–

WALDECK UND PYRMONT (FÜRSTENTUM)

Friedrich Adolph 1893–1918

		SS	VZ
1 (171)	5 Mark (S) 1903. Friedrich Adolph (1865–1946), Kopfbild n. l.	2700,–	6000,–

2 (288)	20 Mark (G) 1903. Typ wie Nr. 1	4000,–	6500,–

WÜRTTEMBERG (KÖNIGREICH)

Karl 1864–1891

		SS	VZ
1 (289)	10 Mark (G) 1872, 1873. Karl (1823–1891), Kopfbild n. r. Rs. Reichsadler	280,–	600,–
2 (290)	20 Mark (G) 1872, 1873. Typ wie Nr. 1	300,–	700,–
3 (172)	2 Mark (S) 1876–1888. Kopfbild n. r.	260,–	1600,–
4 (173)	5 Mark (S) 1874–1888. Typ wie Nr. 3	125,–	1900,–
5 (291)	5 Mark (G) 1877, 1878. Typ wie Nr. 3	500,–	750,–

6 (292)	10 Mark (G) 1874–1888. Typ wie Nr. 3	300,–	500,–
7 (293)	20 Mark (G) 1874–1876. Typ wie Nr. 3	380,–	600,–
8 (294)	10 Mark (G) 1890, 1891. Kopfbild n. r.	360,–	550,–

Wilhelm II. 1891–1918

9 (174)	2 Mark (S) 1892–1914. Wilhelm II. (1848–1921), Kopfbild n. r.	60,–	100,–
10 (175)	3 Mark (S) 1908–1914. Typ wie Nr. 9	50,–	75,–
11 (176)	5 Mark (S) 1892–1913. Typ wie Nr. 9	65,–	110,–
12 (295)	10 Mark (G) 1893–1913. Typ wie Nr. 9	285,–	400,–
13 (296)	20 Mark (G) 1894–1914. Typ wie Nr. 9	300,–	500,–

Zur Silberhochzeit des Königspaares

14 (177)	3 Mark (S) 1911. Gestaffelte Kopfbilder n. r.:		
	a) normales H in Charlotte	60,–	125,–
	b) hochgestellter Querstrich des H	700,–	1100,–

25. Regierungsjubiläum

PP

15 (178) 3 Mark (S) 1916. Kopfbild n. r., Lorbeerzweig, Jubiläumszahlen. Bildseite mattiert **10000,–**

DEUTSCHES REICH (KLEINMÜNZEN)

		SS	VZ
1 (1)	1 Pfennig (Bro) 1873–1889. Kleiner Reichsadler mit großem Brustschild (Modell 1871–1889). Rs. Wert	8,–	28,–
2 (2)	2 Pfennig (Bro) 1873–1877. Typ wie Nr. 1	6,–	35,–
3 (3)	5 Pfennig (K-N) 1874–1889. Typ wie Nr. 1	4,–	20,–
4 (4)	10 Pfennig (K-N) 1873–1889. Typ wie Nr. 1	6,–	22,–
5 (5)	20 Pfennig (S) 1873–1877. Typ wie Nr. 1	18,–	30,–
6 (7)	50 Pfennig (S) 1875–1877. Typ wie Nr. 1	35,–	65,–

7 (9)	1 Mark (S) 1873–1887. Rs. Wert im Eichenkranz	15,–	50,–

8 (6)	20 Pfennig (K-N) 1887, 1888	60,–	110,–

Da im allgemeinen WELTMÜNZKATALOG eine Spezialbearbeitung des Deutschland-Teils den Rahmen sprengen würde, wird auf den mit gleichem Nummernsystem erschienenen KLEINEN DEUTSCHEN MÜNZKATALOG ab 1871 hingewiesen.

		SS	VZ
9 (8)	50 Pfennig (S) 1877, 1878	110,–	180,–

10 (10)	1 Pfennig (Bro) 1890–1916. Großer Reichsadler mit kleinem Brustschild. (Modell 1889–1918). Rs. Wert	1,–	3,–
11 (11)	2 Pfennig (Bro) 1904–1908, 1910–1916. Typ wie Nr. 10	1,–	3,–
12 (12)	5 Pfennig (K-N) 1890–1915. Typ wie Nr. 10	1,–	2,–
13 (13)	10 Pfennig (K-N) 1890–1894, 1896–1916. Typ wie Nr. 10	–,80	3,–

14 (14)	20 Pfennig (K-N) 1890, 1892. Großer Reichsadler mit kleinem Brustschild im Eichenkranz. Rs. große Wertziffern	60,–	130,–
15 (18)	25 Pfennig (N) 1909–1912. Reichsadler im Jugendstil. Rs. Wert	12,–	25,–

16 (15)	50 Pfennig (S) 1896, 1898, 1900–1903. Großer Reichsadler mit kleinem Brustschild im Eichenkranz	320,–	650,–

17 (16)	½ Mark (S) 1905–1909, 1911–1919. Typ wie Nr. 16	6,–	8,–

			SS	VZ
18 (17)	1	Mark (S) 1891–1894, 1896, 1898–1916. Großer Reichsadler mit kleinem Brustschild. Rs. Wert im Eichenkranz	**6,–**	**10,–**

19 (300) 1 Pfennig (Al) 1916–1918. Kleiner Reichsadler mit großem Brustschild, wie Nr. 1 **1,– 3,–**

20 (297) 5 Pfennig (E, verzinkt) 1915–1922. Großer Reichsadler mit kleinem Brustschild. Rs. Jahreszahl unter Wertbezeichnung **1,– 2,–**

21 (298) 10 Pfennig (E, verzinkt) 1915–1918, 1921–1922. Großer Reichsadler mit kleinem Brustschild, von Punkten umgeben. Rs. Jahreszahl unter Wertbezeichnung. Die Ausgabe von 1915 ist eine Versuchsprägung! **1,– 5,–**

Nrn. 20 und 21 bestehen aus sherardisiertem (durch mehrstündiges Glühen in Zinkpulver verzinktem) Stahl

22 (298Z) 10 Pfennig (Zink) 1917. Typ wie Nr. 21 **280,– 500,–**

23 (299) 10 Pfennig (Zink) 1917–1922. Reichsadler wie Nr. 13, stets ohne Münzzeichen. Rs. Jahreszahl unter Wertbezeichnung **1,– 2,–**

Da im allgemeinen WELTMÜNZKATALOG eine Spezialbearbeitung des Deutschland-Teils den Rahmen sprengen würde, wird auf den mit gleichem Nummernsystem erschienenen KLEINEN DEUTSCHEN MÜNZKATALOG ab 1871 hingewiesen.

REPUBLIK

			SS	VZ
24 (301)	50	Pfennig (Al) 1919–1922. Ährengarbe mit zweizeiligem Schriftband. Rs. Wert	**1,–**	**2,–**

Verfassungstag 11. August 1922

25 (303) 3 Mark (Al) 1922, 1923. Reichsadler und Gedenkumschrift. Rs. Wert **3,– 8,–**

26 (302) 3 Mark (Al) 1922. Reichsadler. Rs. Wert **10,– 30,–**

27 (304) 200 Mark (Al) 1923. Reichsadler, Umschrift. Rs. Wert **1,– 3,–**

28 (305) 500 Mark (Al) 1923. Typ wie Nr. 27 **2,– 4,–**

WÄHRUNGSREFORM 1923:
1 000 000 000 000 Mark = 1 Rentenmark
NEUE WÄHRUNG: 100 Rentenpfennig = 1 Rentenmark

29 (306) 1 Rentenpfennig (Bro) 1923–1925, 1929. Garbe zwischen Jahreszahl. Rs. Große Wertziffer im Kreis:

1923, 1924	**2,–**	**10,–**
1925 (Fehlprägung)	**950,–**	**1800,–**
1929 (Fehlprägung)	**650,–**	**900,–**

30 (307) 2 Rentenpfennig (Bro) 1923, 1924, Typ wie Nr. 29 **2,– 10,–**

SS VZ

31 (308) 5 Rentenpfennig (Al-Bro) 1923, 1924. Gekreuzte Ähren. Rs. Wert in einem auf die Spitze gestellten Quadrat, von Eichenblättern umgeben 1,– 6,–

32 (309) 10 Rentenpfennig (Al-Bro) 1923–1925. Typ wie Nr. 31:
1923, 1924 2,– 10,–
1925 (Fehlprägung) 1100,– 1700,–

33 (310) 50 Rentenpfennig (Al-Bro) 1923, 1924. Typ wie Nr. 31 32,– 65,–

NEUE WÄHRUNG: 100 Reichspfennig = 1 Reichsmark

34 (313) 1 Reichspfennig (Bro) 1924–1925, 1927–1936. Garbe zwischen Jahreszahl. Rs. Große Wertziffer im Kreis 1,– 3,–

35 (314) 2 Reichspfennig (Bro) 1923–1925, 1936. Typ wie Nr. 34:
1923 (Fehlprägung) 1400,– 3000,–
1924, 1925, 1936 2,– 6,–

36 (315) 4 Reichspfennig (Bro) 1932. Reichsadler. Rs. Große Wertziffer im Kreis (»Brüning-Pfennig«) 18,– 28,–

37 (316) 5 Reichspfennig (Al-Bro) 1924–1926, 1930, 1935, 1936. Gekreuzte Ähren. Rs. Wert in einem auf die Spitze gestellten Quadrat, von Eichenblättern umgeben 1,– 5,–

38 (317) 10 Reichspfennig (Al-Bro) 1924–1926, 1928–1936. Typ wie Nr. 37 2,– 10,–

39 (318) 50 Reichspfennig (Al-Bro) 1924, 1925. Typ wie Nr. 37 2000,– 3000,–

40 (324) 50 Reichspfennig (N) 1927–1933, 1935–1938. Reichsadler im Kreis. Rs. Große Wertziffern 5,– 12,–

SS VZ

41 (311) 1 Mark (S) 1924, 1925. Reichsadler. Rs. Wert 25,– 55,–

42 (312) 3 Mark (S) 1924, 1925. Reichsadler. Rs. Wert 90,– 170,–

43 (319) 1 R-Mark (S) 1925–1927. Reichsadler. Umschrift DEUTSCHES REICH und Jahreszahl. Rs. Wert im Eichenkranz 28,– 60,–

44 (320) 2 R-Mark (S) 1925–1927, 1931. Typ wie Nr. 43 35,– 75,–

In gleicher Zeichnung: Nr. 72.

45 (331) 5 R-Mark (S) 1927–1933. Eiche. Rs. Reichsadler und Wert:
1927–1933 165,– 280,–
1933 J 2000,– 4000,–

Zur Jahrtausendfeier der Rheinlande (2)

46 (321) 3 R-Mark (S) 1925. Ritter mit zum Schwur erhobenem Arm und Reichsadler tragendem Schild. Rs. Wert im Eichenkranz 70,– 120,–

47 (322) 5 R-Mark (S) 1925. Typ wie Nr. 46 170,– 270,–

700 Jahre Reichsfreiheit Lübeck

SS VZ

48 (323) 3 R-Mark (S) 1926. Auf gotischem Schild: lübeckischer Doppeladler mit geteiltem Brustschild. Gedenkumschrift. Rs. Wert **250,– 400,–**

100 Jahre Bremerhaven (2)

49 (325) 3 R-Mark (S) 1927. Dreimast-Vollschiff und Staatswappen von Bremen. Rs. Adlerschild im Achtpaß **240,– 400,–**

50 (326) 5 R-Mark (S) 1927. Typ wie Nr. 49 **800,– 1200,–**

1000 Jahre Nordhausen

51 (327) 3 R-Mark (S) 1927. Heinrich I. (876–936), König von 919–936, und seine Gemahlin Mathilde, Urenkelin Widukinds, davor behelmter Adlerschild (Stadtwappen) **250,– 400,–**

450 Jahre Universität Tübingen (2)

52 (328) 3 R-Mark (S) 1927. Graf Eberhard im Bart oder mit dem Bart (1445–1496), gründete 1477 die Universität Tübingen und stattete dieselbe mit einer Bibliothek aus. Rs. Reichsadler **750,– 1000,–**

53 (329) 5 R-Mark (S) 1927. Typ wie Nr. 52 **850,– 1200,–**

400 Jahre Philipps-Universität Marburg

SS VZ

54 (330) 3 R-Mark (S) 1927. Wappen von Philipp I., dem Großmütigen (1504–1567), Landgraf von Hessen, gründete 1527 in seiner Geburtsstadt die Universität; im Herzschild hessischer Löwe. Rs. Reichsadler **250,– 400,–**

400. Todestag von Albrecht Dürer

55 (332) 3 R-Mark (S) 1928. Albrecht Dürer (1471–1528), Maler, Graphiker, Kunstschriftsteller. Rs. Reichsadler **720,– 1200,–**

900 Jahre Naumburg/Saale

56 (333) 3 R-Mark (S) 1928. Markgraf Hermann, Gründer der Stadt, Schild mit Naumburger Wappen haltend. Rs. Reichsadler **290,– 450,–**

1000 Jahre Dinkelsbühl

57 (334) 3 R-Mark (S) 1928. Von zwei Türmen flankierte Brustwehr mit Wappen von Dinkelsbühl. Rs. Reichsadler **950,– 1600,–**

200. Geburtstag von Gotthold Ephraim Lessing (2)

		SS	VZ
58 (335)	3 R-Mark (S) 1929. Gotthold Ephraim Lessing (1729–1781), Dichter. Rs. Reichsadler	**100,–**	**150,–**
59 (336)	5 R-Mark (S) 1929. Typ wie Nr. 58	**180,–**	**350,–**

Zur Vereinigung Waldecks mit Preußen

60 (337)	3 R-Mark (S) 1929, Preußischer Wappenadler mit Wappenschild Waldecks. Rs. Reichsadler	**220,–**	**400,–**

1000 Jahre Burg und Stadt Meißen (2)

61 (338)	3 R-Mark (S) 1929. Gewappneter, die Dreieckschilde der Markgrafen und der Burggrafen von Meißen haltend. Rs Reichsadler	**110,–**	**170,–**
62 (339)	5 R-Mark (S) 1929. Typ wie Nr. 61	**750,–**	**1200,–**

10 Jahre Weimarer Verfassung (2)

63 (340)	3 R-Mark (S) 1929. Schwurhand. Rs. Paul von Beneckendorff und von Hindenburg (1847–1934), Reichspräsident 1925 bis 1934	**60,–**	**110,–**
64 (341)	5 R-Mark (S) 1929. Typ wie Nr. 63	**180,–**	**340,–**

Weltflug des Luftschiffes „Graf Zeppelin" im Jahre 1929 (2)

		SS	VZ
65 (342)	3 R-Mark (S) 1930. Zeppelin vor Globus. Rs. Reichsadler	**120,–**	**220,–**
66 (343)	5 R-Mark (S) 1930. Typ wie Nr. 65	**270,–**	**450,–**

700. Todestag Walthers von der Vogelweide

67 (344)	3 R-Mark (S) 1930. Walther von der Vogelweide (um 1170–1230), Minnesänger, neben ihm sein Wappenschild. Rs. Adlerschild über Dreipaß	**150,–**	**250,–**

Zur Rheinlandräumung 1930 (2)

68 (345)	3 R-Mark (S) 1930. Adler auf einer Brücke. Rs. Adlerschild über Dreipaß	**75,–**	**140,–**
69 (345)	5 R-Mark (S) 1930. Typ wie Nr. 68	**270,–**	**450,–**

300. Jahrestag des Brandes Magdeburgs

70 (347)	3 R-Mark (S) 1931. Stadtwappen über alter Stadtansicht. Rs. Adlerschild im Achtpaß	**380,–**	**650,–**

100. Todestag Steins

	SS	VZ
71 (348) 3 R-Mark (S) 1931. Karl Reichsfreiherr vom und zum Stein (1757–1831), Staatsmann. Rs. Reichsadler	**250,–**	**400,–**

72 (349) 3 R-Mark (S) 1931–1933. Reichsadler, Umschrift DEUTSCHES REICH und Jahreszahl. Rs. Wert im Eichenkranz. Typ wie Nr. 43:

1931–1932	**500,–**	**700,–**
1933 G	**2800,–**	**4800,–**

100. Todestag Goethes (2)

73 (350) 3 R-Mark (S) 1932. Johann Wolfgang von Goethe (1749–1832), Dichter	**160,–**	**240,–**
74 (351) 5 R-Mark (S) 1932. Typ wie Nr. 73	**4000,–**	**5500,–**

DRITTES REICH

450. Geburtstag von Martin Luther (2)

75 (352) 2 R-Mark (S) 1933. Dr. Martin Luther (1483–1546), Reformator. Rs. Reichsadler. Randschrift: EIN FESTE BURG IST UNSER GOTT	**35,–**	**85,–**
76 (353) 5 R-Mark (S) 1933. Typ wie Nr. 75	**190,–**	**300,–**

	SS	VZ
77 (354) 1 R-Mark (N) 1933–1939. Reichsadler. Rs. Wert im Eichenkranz	**4,–**	**8,–**

1. Jahrestag der Eröffnung des Reichstages (2)

78 (355) 2 R-Mark (S) 1934. Garnisonkirche in Potsdam, erbaut 1731/35 von Philipp Gerlach, Barockstil, mit durchbrochener und kuppelgekrönter Glockenturmspitze. Datum 21. März 1933. Rs. Reichsadler. Randschrift: GEMEINNUTZ GEHT VOR EIGENNUTZ	**20,–**	**55,–**
79 (356) 5 R-Mark (S) 1934. Typ wie Nr. 78	**25,–**	**75,–**

80 (357) 5 R-Mark (S) 1934, 1935. Typ wie Nr. 79, jedoch ohne Datum	**18,–**	**30,–**

175. Geburtstag von Friedrich von Schiller (2)

81 (358) 2 R-Mark (S) 1934. Friedrich von Schiller (1759–1805), Dichter. Rs. Reichsadler	**110,–**	**200,–**
82 (359) 5 R-Mark (S) 1934. Typ wie Nr. 81	**400,–**	**625,–**

SS VZ

83 (360) 5 R-Mark (S) 1935, 1936. Paul von Beneckendorff und von Hindenburg. Rs. Reichsadler 15,– 25,–

84 (361) 1 Reichspfennig (Bro) 1936–1940. Reichsadler mit Hakenkreuz. Rs. Wert 1,– 3,–

85 (362) 2 Reichspfennig (Bro) 1936–1940. Typ wie Nr. 84 1,– 3,–

86 (363) 5 Reichspfennig (Al-Bro) 1936–1939. Typ wie Nr. 84 1,– 3,–

87 (364) 10 Reichspfennig (Al-Bro) 1936–1939. Typ wie Nr. 84:
1936 E 500,–
1936 G 750,–
1936–1939 1,– 4,–

88 (365) 50 Reichspfennig (N) 1938, 1939. Reichsadler mit Hakenkreuz im Kreis. Rs. Große Wertziffer im Kreis. 40,– 80,–

89 (366) 2 R-Mark (S) 1936–1939. Paul von Beneckendorff und von Hindenburg. Rs. Reichsadler mit Hakenkreuz 8,– 12,–

90 (367) 5 R-Mark (S) 1936–1939. Typ wie Nr. 89 15,– 30,–

91 (369) 1 Reichspfennig (Zink) 1940–1945. Reichsadler mit Hakenkreuz. Rs. Wert 1,– 2,–

92 (370) 5 Reichspfennig (Zink) 1940–1944. Typ wie Nr. 91 1,20 3,–

93 (371) 10 Reichspfennig (Zink) 1940–1945. Typ wie Nr. 91 1,30 3,–

SS VZ

94 (368) 50 Reichspfennig (Al) 1935 (ausgegeben 1939). Reichsadler ohne Hakenkreuz. Rs. Wert. 2,50 10,–

95 (372) 50 Reichspfennig (Al) 1939–1944. Typ wie Nr. 91 2,– 8,–

ALLIIERTE BESETZUNG 1945-1948

A96 1 Reichspfennig (Zink) 1944 D. Adler mit aptiertem Hakenkreuz. Rs. Wert (wenige Ex.), keine reguläre Prägung! –,– –,–

Anm.: Vom Jahrgang 1945 D gibt es Phantasieprägungen in Zeichnung der Nr. A96.

96 (373) 1 Reichspfennig (Zink) 1945, 1946. Adler. Rs. Wert:
1945 F 25,– 60,–
1946 D –,–
1946 F 70,– 150,–
1946 G 140,– 230,–

97 (374) 5 Reichspfennig (Zink) 1945–1948. Typ wie Nr. 96:
1945 D, 1947 J –,–
1947 A, 1947 D, 1948 A 15,– 30,–
1948 E 600,– 1100,–

98 (375) 10 Reichspfennig (Zink) 1945–1948. Typ wie Nr. 96:
1945 F, 1946 F, 1947 A, 1947 F, 1948 A, 1948 F 10,– 26,–
1946 G 160,– 350,–
1947 A, »slawischer Querstrich« in der 7 *5000,–* *9500,–*
1947 E 450,– 1000,–
1947 J –,–

Bank Deutscher Länder

WÄHRUNGSREFORM 20. Juni 1948:
10 Reichsmark = 1 Deutsche Mark.
NEUE WÄHRUNG:
100 Deutsche Pfennig = 1 Deutsche Mark

		SS	VZ
99 (376)	1 Pfennig (St, K plattiert) 1948, 1949. Eichenzweig. Rs. Wert	1,–	15,–

100 (377)	5 Pfennig (St, Me plattiert) 1949. Typ wie Nr. 99	1,50	15,–

101 (378)	10 Pfennig (St, Me plattiert) 1949. Typ wie Nr. 99	1,–	15,–

102 (379)	50 Pfennig (K-N) 1949, 1950. Mädchen mit Setzling. Rs. Wert:		
	1949 D, 1949 F, 1949 G, 1949 J	5,–	30,–
	1950 G (30 000 Ex.)	320,–	580,–

Nrn. 99–102 aus dem Zahlungsverkehr erreichen selten die Erhaltung SS.

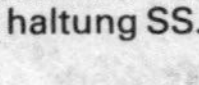

BUNDESREPUBLIK DEUTSCHLAND

Fläche: 357 750 km²; 81 637 000 Einwohner (1990).
Die Bundesrepublik Deutschland wurde durch die Verkündung des Grundgesetzes am 23. Mai 1949 mit Wirkung vom folgenden Tag gegründet. Sie ist aus der am 1. Januar 1947 von der amerikanischen und britischen Besatzungsmacht gebildeten »Bizone« hervorgegangen, die im Verlauf der Monate Mai bis August 1947 zum »Vereinigten Wirtschaftsgebiet« erweitert worden war, und umfaßte zunächst die Bundesländer Baden-Württemberg (bis 1951 Baden, Württemberg-Baden und Württemberg-Hohenzollern), Bayern, Bremen, Hamburg, Hessen, Niedersachsen, Nordrhein-Westfalen, Rheinland-Pfalz und Schleswig-Holstein sowie Berlin (West). Das Saarland trat der Bundesrepublik am 1. Januar 1957 bei.
Am 1. Juli 1990 ist die Deutsche Mark (DM) auch auf dem Gebiet der Deutschen Demokratischen Republik als alleiniges gesetzliches Zahlungsmittel eingeführt worden. Seit 3. Oktober 1990 gehören auch Brandenburg, Mecklenburg-Vorpommern, Sachsen-Anhalt, Sachsen und Thüringen als Bundesländer zum Geltungsbereich des Grundgesetzes und sind fortan Bestandteil der Bundesrepublik Deutschland. Hauptstadt: Bonn, künftige Hauptstadt Deutschlands wieder Berlin.

		VZ	ST
103 (380)	1 Pfennig (St, K plattiert) 1950, 1966–1990. Eichenzweig. Rs. Wert	–,05	–,10

		VZ	ST
104 (381)	2 Pfennig 1950–1992. Typ wie Nr. 103:		
	a) (Bro) 1950, 1958–1968	–,60	1,–
	1968 J, 1969 J		*1000,–*
	b) (St, K plattiert) 1967 G	(nur PP)	*2500,–*
	1968–1991	–,05	–,10

105 (382)	5 Pfennig (St, Me plattiert) 1950, 1966–1992. Typ wie Nr. 103	–,06	–,10

106 (383)	10 Pfennig (St, Me plattiert) 1950, 1966–1992. Typ wie Nr. 103	–,12	–,20

		VZ	ST
107 (384)	50 Pfennig (K-N) 1950–1992:		
	a) 1950, 1966–1971 (Riffelrand)	1,–	*9,–*
	b) 1972–1992 (glatter Rand)	–,60	–,75

108 (385)	1 D-Mark (K-N) 1950, 1954–1992	1,20	1,50

		SS	ST	PP
109 (386)	2 D-Mark (K-N) 1951. Rs. Wertziffer zwischen Ähren, Weintrauben und Weinlaub	35,–	110,–	700,–

		VZ	ST
110 (387)	5 D-Mark (S) 1951, 1956–1961, 1963–1974:		
	a) Rand: EINIGKEIT UND RECHT UND FREIHEIT	8,–	10,–
	1958 J (60 000 Ex.)		*1850,–*
	b) Rand: GRÜSS DICH DEUTSCHLAND AUS HERZENSGRUND (1957 J)	*6000,–*	
	c) Rand: ALLE MENSCHEN WERDEN BRÜDER (1970 F)	–,–	

Anm.: Nr. 110b (ca. 50 Ex.) stammt aus dem Umlauf; daher üblicherweise nur in der Erhaltung „s/ss" vorkommend.

100 Jahre Germanisches Nationalmuseum in Nürnberg

		ST	PP
111 (388)	5 D-Mark (S) 1952 D. Ostgotische Adlerfibel aus Oberitalien, Goldcloisonné-Arbeit, 5. Jh. Länge 12 cm; Germanisches Nationalmuseum	*3000,–*	*8500,–*

150. Todestag von Friedrich von Schiller

112 (389) 5 D-Mark (S) 1955 F. Friedrich von Schiller (1759–1805), Dichter *2200,–* *5500,–*

300. Geburtstag des Markgrafen Ludwig Wilhelm von Baden

113 (390) 5 Mark (S) 1955 G. Ludwig Wilhelm I. von Baden (1655–1707), Markgraf seit 1677, Reichsfeldmarschall, 1691 Sieg über die Türken bei Novi Slankamen, genannt der Türkenlouis *1850,–* *5000,–*

100. Todestag Eichendorffs

114 (391) 5 D-Mark (S) 1957 J. Joseph Freiherr von Eichendorff (1788–1857), Dichter *2000,–* *6000,–*

100. Geburtstag von Max Planck

		VZ	ST
115 (392)	2 D-Mark (K-N) 1957–1971. Max Planck (1858–1947), Physiker, Schöpfer der Quantentheorie, Nobelpreisträger 1918	2,50	4,–

150. Todestag Fichtes

		ST	PP
116 (393)	5 D-Mark (S) 1964 J. Johann Gottlieb Fichte (1762–1814), Philosoph	*760,–*	*2600,–*

250. Todestag von Gottfried Wilhelm Leibniz

117 (394) 5 D-Mark (S) 1966 D. Gottfried Wilhelm Leibniz (1646–1716), Philosoph und Universalgelehrter *135,–* *300,–*

200. Geburtstag von Wilhelm und Alexander von Humboldt

	ST	PP
118 (395) 5 D-Mark (S) 1967 F. Wilhelm von Humboldt (1767–1835), Staatsmann und Philologe, und Alexander von Humboldt (1769–1859), Naturforscher	140,–	500,–

150. Geburtstag von Friedrich Wilhelm Raiffeisen

	ST	PP
119 (396) 5 D-Mark (S) 1968 J. Friedrich Wilhelm Raiffeisen (1818–1888), Genossenschaftsgründer und Sozialreformer	28,–	135,–

500. Todestag von Johannes Gutenberg

	ST	PP
120 (397) 5 D-Mark (S) 1968 G. Johannes Gutenberg, eigentlich Gensfleisch (um 1400–1468), Erfinder des Buchdruckes mit beweglichen Lettern	60,–	240,–

150. Geburtstag Max von Pettenkofers

	ST	PP
121 (398) 5 D-Mark (S) 1968 D. Max von Pettenkofer (1818–1901), Hygieniker, Naturwissenschaftler	55,–	160,–

150. Geburtstag von Theodor Fontane

	ST	PP
122 (399) 5 D-Mark (S) 1969 G. Theodor Fontane (1819–1898), Schriftsteller und Dichter	60,–	100,–

375. Todestag von Gerhard Mercator

	ST	PP
123 (400) 5 D-Mark (S) 1969 F. Gerhard Mercator, eigentlich Kremer (1512–1594). Kartograph und Geograph, vor Kartenprojektion; schuf im Auftrag Kaiser Karls V. auch eine Erd- und Himmelskugel	18,–	50,–

20 Jahre Grundgesetz der Bundesrepublik Deutschland (2)

	VZ	ST
124 (406) 2 D-Mark (N, K-N plattiert) 1969–1987. Dr. Konrad Adenauer (1876–1967), 1. deutscher Bundeskanzler	2,50	4,–

	VZ	ST
125 (407) 2 D-Mark (N, K-N plattiert) 1970–1987. Prof. Dr. Theodor Heuss (1884–1963), 1. deutscher Bundespräsident	2,50	4,–

200. Geburtstag von Ludwig van Beethoven

		ST	PP
126 (408)	5 D-Mark (S) 1970 F. Ludwig van Beethoven (1770–1827), Komponist	**20,–**	**50,–**

100. Jahrestag der Reichsgründung vom 18. Januar 1871

127 (409) 5 D-Mark (S) 1971 G. Reichstagsgebäude in Berlin **30,–** **65,–**

500. Geburtstag von Albrecht Dürer

128 (410) 5 D-Mark (S) 1971 D. Monogramm von Albrecht Dürer (1471–1528), Maler, Graphiker, Kunstschriftsteller **12,–** **80,–**

XX. Olympische Sommerspiele 1972 in München
26. 8.–11. 9. 1972 (6)

129 (401a) 10 D-Mark (S) 1972 D-F-G-J. Strahlenspirale (Emblem der Olympischen Spiele 1972), Umschrift SPIELE DER XX. OLYMPIADE 1972 IN DEUTSCHLAND. Rand: CITIUS · · · · · ALTIUS · · · · · FORTIUS · · · · · **35,–** **100,–**

In gleicher Zeichnung, jedoch mit Inschrift IN MÜNCHEN, siehe Nr. 133.

		ST	PP
130 (402)	10 D-Mark (S) 1972 D-F-G-J. Vor einem fächerartigen Hintergrund ineinander verschlungene Arme als symbolische Darstellung der olympischen Idee. Rand: CITIUS ALTIUS FORTIUS, dazwischen Arabesken	**20,–**	**45,–**

131 (403) 10 D-Mark (S) 1972 D-F-G-J. Basketballspieler und Kanutin. Rand: CITIUS ALTIUS FORTIUS, dazwischen Arabesken **20,–** **40,–**

132 (404) 10 D-Mark (S) 1972 D-F-G-J. Bauliche Anlagen des olympischen Geländes. Rand: CITIUS ALTIUS FORTIUS, dazwischen Arabesken **20,–** **40,–**

133 (401b) 10 D-Mark (S) 1972 D-F-G-J. Typ wie Nr. 129, jedoch Umschrift SPIELE DER XX. OLYMPIADE 1972 IN MÜNCHEN. Rand: CITIUS ALTIUS FORTIUS **30,–** **60,–**

133F (401bF) 10 D-Mark (S) 1972. Typ wie Nr. 133, jedoch Rand: CITIUS ALTIUS FORTIUS, dazwischen Arabesken:

	ST	PP
1972 D (2 Ex. bekannt)	–,–	
1972 F (1 Ex. bekannt)	–,–	
1972 G (2 Ex. bekannt)		–,–
1972 J (ca. 600 Ex.)		*1400,–*

		ST	PP
134 (405)	10 D-Mark (S) 1972 D-F-G-J. Strahlenspirale über olympischem Feuer und olympischen Ringen. Rand: CITIUS ALTIUS FORTIUS, dazwischen Arabesken	15,–	38,–

500. Geburtstag von Nikolaus Kopernikus (1473–1543)

135 (411)	5 D-Mark (S) 1973 J. Darstellung des Grundgedankens der kopernikanischen Theorie, die Umkreisung des Zentralgestirns Sonne durch die Erde und andere Planeten	11,–	30,–

125. Jahrestag des Zusammentritts der Frankfurter Nationalversammlung in der Paulskirche

136 (412)	5 D-Mark (S) 1973 G. Stark vereinfachte Darstellung des Innenraumes der Paulskirche, in der Mitte die Jahreszahl 1848	11,–	30,–

25 Jahre Grundgesetz der Bundesrepublik Deutschland

137 (413)	5 D-Mark (S) 1974 F. Sinnbildliche Darstellung des föderalistischen Prinzips: elf Wappenschilde, durch ein Liniengeflecht miteinander verbunden	11,–	30,–

250. Geburtstag von Immanuel Kant

		ST	PP
138 (414)	5 D-Mark (S) 1974 D. Immanuel Kant (1724–1804), Philosoph	11,–	48,–

50. Todestag von Friedrich Ebert

139 (416)	5 D-Mark (S) 1975 J. Friedrich Ebert (1871–1925), Reichspräsident 1919–1925	11,–	38,–

		VZ	ST
140 (415)	5 D-Mark (N, K-N plattiert) 1975–1989. Bundesadler, Jahreszahl, Rs. Landesbezeichnung, Wertangabe	6,–	7,50

100. Geburtstag von Albert Schweitzer

		ST	PP
141 (418)	5 D-Mark (S) 1975 G. Albert Schweitzer (1875–1965), Philosoph, Arzt und Musiker	11,–	40,–

Da im allgemeinen WELTMÜNZKATALOG eine Spezialbearbeitung des Deutschland-Teils den Rahmen sprengen würde, wird auf den mit gleichem Nummernsystem erschienenen KLEINEN DEUTSCHEN MÜNZKATALOG ab 1871 hingewiesen.

Europäisches Denkmalschutzjahr 1975

		ST	PP
142 (417)	5 D-Mark (S) 1975 F. Gebäudefassaden und Mauerflächen, die mittels vereinfachter Stilelemente verschiedene Bauepochen vertreten	11,–	30,–

300. Todestag von Hans Jacob Christoph von Grimmelshausen

143 (419) 5 D-Mark (S) 1976 D. Hans Jacob Christoph von Grimmelshausen (1621–1676), Dichter; Fabelwesen des Titelkupfers aus seinem Roman »Der abenteuerliche Simplicissimus Teutsch« 11,– 60,–

200. Geburtstag von Carl Friedrich Gauß

144 (420) 5 D-Mark (S) 1977 J. Carl Friedrich Gauß (1777–1855), Mathematiker und Astronom 11,– 55,–

200. Geburtstag von Heinrich von Kleist

145 (421) 5 D-Mark (S) 1977 G. Heinrich von Kleist (1777–1811), Dichter 11,– 50,–

100. Geburtstag von Gustav Stresemann

		ST	PP
146 (422)	5 D-Mark (S) 1978 D. Gustav Stresemann (1878–1929), Politiker und Friedensnobelpreisträger	11,–	35,–

225. Todestag von Balthasar Neumann

147 (423) 5 D-Mark (S) 1978 F. Balthasar Neumann (1687–1753), Baumeister 11,– 30,–

30 Jahre Grundgesetz der Bundesrepublik Deutschland

		VZ	ST
148 (424)	2 D-Mark (N, K-N plattiert) 1979–1989. Dr. Kurt Schumacher (1895–1952), seit 1949 MdB und Oppositionsführer des 1. Deutschen Bundestages	2,50	3,–

150 Jahre Deutsches Archäologisches Institut

		ST	PP
149 (425)	5 D-Mark (S) 1979 J. Wappen des Instituts, die klassizistische Darstellung eines Greifen, der seine Pranke auf ein Gefäß antiker Form setzt	11,–	40,–

100. Geburtstag von Otto Hahn

		ST	PP
150 (426)	5 D-Mark (N, K-N plattiert) 1979 G. Otto Hahn (1879–1968) Chemie-Nobelpreisträger: Darstellung von Kernspaltungsprozessen	18,–	25,–

Die ursprünglich für den 24. Oktober 1979 zur Ausgabe vorgesehene Silberprägung der Nr. 150 ist infolge hoher Edelmetallpreise eingeschmolzen worden.

750. Todestag von Walther von der Vogelweide

151 (427) 5 D-Mark (N, K-N plattiert) 1980 D. Walther von der Vogelweide (um 1170–1230), Minnesänger 18,– 25,–

100. Jahrestag der Vollendung des Kölner Doms

152 (428) 5 D-Mark (N, K-N plattiert) 1980 F. Kölner Dom, größtes gotisches Bauwerk in Deutschland 22,– 30,–

200. Todestag von Gotthold Ephraim Lessing

153 (429) 5 D-Mark (N, K-N plattiert) 1981 J. Gotthold Ephraim Lessing (1729–1781), Dichter 15,– 22,–

150. Todestag Steins

		ST	PP
154 (430)	5 D-Mark (N, K-N plattiert) 1981 G. Carl Reichsfreiherr vom und zum Stein (1757–1831), Staatsmann [siehe auch DR Nr. 71 und DDR Nr. 79]	12,–	22,–

10. Jahrestag der Umweltkonferenz der Vereinten Nationen

155 (431) 5 D-Mark (N, K-N plattiert) 1982 F. Internationales Umweltschutzemblem, umgeben von wirbelförmig gegeneinander wirkenden Kreissegmenten 10,– 22,–

150. Todestag von Johann Wolfgang von Goethe

156 (432) 5 D-Mark (N, K-N plattiert) 1982 D. Johann Wolfgang von Goethe (1749–1832), Dichter 10,– 26,–

100. Todestag von Karl Marx

157 (433) 5 D-Mark (N, K-N plattiert) 1983 J. Karl Marx (1818–1883), Sozialideologe 9,– 20,–

500. Geburtstag von Martin Luther

		ST	PP
158 (434)	5 D-Mark (N, K-N plattiert) 1983 G. Martin Luther (1483–1546), Reformator	10,–	40,–

150. Gründungstag des Deutschen Zollvereins

159 (435) 5 D-Mark (N, K-N plattiert) 1984 D. Postkutsche, die eine geöffnete Zollschranke durchfährt 9,– 25,–

175. Geburtstag von Felix Mendelssohn-Bartholdy

160 (436) 5 D-Mark (N, K-N plattiert) 1984 J. Felix Mendelssohn-Bartholdy (1809–1847), Hüftbild des Komponisten vor dem Hintergrund eines Notenblattausschnitts aus der Ouvertüre zu »Ein Sommernachtstraum« 9,– 28,–

Europäisches Jahr der Musik 1985

161 (437) 5 D-Mark (N, K-N plattiert) 1985 F. Emblem des Europäischen Jahres der Musik in einem aus dem Mittelpunkt herausgerückten Kreis, rechts davon zwei Noten 9,– 30,–

150 Jahre Eisenbahn in Deutschland

		ST	PP
162 (438)	5 D-Mark (N, K-N plattiert) 1985 G. Rotierendes Eisenbahnrad, dem zwei Schriftbänder wie Flügel angesetzt sind	9,–	25,–

600 Jahre Ruprecht-Karls-Universität Heidelberg

163 (439) 5 D-Mark (N, K-N plattiert) 1986 D. Gekrönter kurpfälzischer Löwe 9,– 25,–

200. Todestag Friedrichs des Großen

164 (440) 5 D-Mark (N, K-N plattiert) 1986 F. Friedrich II., der Große (1712–1786), König von Preußen 1740–1786 9,– 26,–

750 Jahre Berlin

165 (441) 10 D-Mark (S) 1987 J. Berliner Bär, kombiniert aus Häuserfassaden des Ost- und Westteils der Stadt mit der Berliner Mauer, das mittelalterliche Stadtsiegel in seinen Tatzen haltend. Rs. Bundesadler aus Mauerwerk 25,– *400,–*

Anm.: Der zur Ausgabe in Berlin vorgesehene Teil der Auflage wurde dort ab 30. April 1987 in den Verkehr gebracht. Die für das Bundesgebiet bestimmten Münzen sind ab 9. September 1987 ausgegeben worden.

30. Jahre Römische Verträge

		ST	PP
166 (442)	10 D-Mark (S) 1987 G. Zwölf Zugpferde	**20,–**	*250,–*

40 Jahre Deutsche Mark

		VZ	ST
167 [445]	2 D-Mark (N, K-N plattiert) 1988–1992. Ludwig Erhard (1897–1977), Politiker, Bundeskanzler 1963–1966	**2,50**	**3,–**

200. Geburtstag von A. Schopenhauer

		ST	PP
168 [443]	10 D-Mark (S) 1988 D. Arthur Schopenhauer (1788–1860), Philosoph	**16,–**	*90,–*

100. Todestag von Carl Zeiss

169 [444]	10 D-Mark (S) 1988 F. Carl Zeiss (1816–1888), Gründer der Zeiss-Werke	**16,–**	*80,–*

40 Jahre Bundesrepublik Deutschland

		ST	PP
170 [446]	10 D-Mark (S) 1989 G. Wappen der 11 Bundesländer, kreisförmig angeordnet und durch Seile miteinander verbunden	**16,–**	*100,–*

2000 Jahre Stadt Bonn (Castra Bonnensia)

171 [447]	10 D-Mark (S) 1989 D. Rs. Bauliche Zeugnisse der Bonner Stadtgeschichte sowie eine Chiffre der Stadtplanung	**15,–**	*80,–*

800 Jahre Hamburger Hafen

172 [448]	10 D-Mark (S) 1989 J. Rs. Hamburger Stadtwappen, die dreitürmige Burg, am Wasser	**15,–**	*85,–*

		VZ	ST
173 [450]	2 D-Mark (N, K-N plattiert) 1990–. Dr. Franz Josef Strauß (1915–1988), CSU-Vorsitzender und bayerischer Ministerpräsident	**2,50**	**3,–**

800. Todestag von Kaiser Friedrich I. Barbarossa

ST PP

174 [449] 10 D-Mark (S) 1990 F. Kaiser Friedrich I. Barbarossa (1122–1190), im Krönungsornat mit Szepter und Reichsapfel, Darstellung nach zeitgenössischer Goldbulle **15,–** *65,–*

800 Jahre Deutscher Orden

175 [451] 10 D-Mark (S) 1990 J. Rs. Mittelalterliche Deutschordensfahne mit der Hauptpatronin des Ordens, der gekrönten Mutter Gottes mit dem Jesuskind, darauf der Wappenschild des Ordens **15,–** *45,–*

200 Jahre Brandenburger Tor

176 10 D-Mark (S) 1991 A. Rs. Brandenburger Tor in Berlin, 1791 von Carl Gotthard Langhans errichtet **15,–** –,–

125. Geburtstag von Käthe Kollwitz

ST PP

177 10 D-Mark (S) 1992. Rs. Käthe Kollwitz (1867–1945), Graphikerin, Malerin und Bildhauerin –,– –,–

150 Jahre Klasse für Wissenschaften und Künste des Ordens »Pour le Mérite«

178 10 D-Mark (S) 1992 –,– –,–

DEUTSCHE DEMOKRATISCHE REPUBLIK

Fläche: 108 333 km²; 16 700 000 Einwohner (1990).
Die Deutsche Demokratische Republik wurde am 7. Oktober 1949 ausgerufen; sie ist aus der Sowjetischen Besatzungszone Deutschlands hervorgegangen. Am 11. Oktober 1949 wurde ihr von der Sowjetischen Militär-Administration in Deutschland die Verwaltungsaufgabe übertragen. Die fünf Länder, aus denen die DDR gebildet worden war – Brandenburg, Mecklenburg-Vorpommern, Sachsen-Anhalt, Sachsen und Thüringen – wurden 1952 durch 14 Bezirke ersetzt. Die offizielle Bezeichnung der Deutschen Mark (DM) lautete seit dem 30. Juli 1964 Mark der Deutschen Notenbank (MDN) und seit 1. Januar 1968 Mark der Deutschen Demokratischen Republik (M).
Das Ergebnis der ersten freien und geheimen Wahlen zur Volkskammer der Deutschen Demokratischen Republik vom 18. März 1990 bildete die Grundlage zur Vereinigung beider deutschen Staaten am 3. Oktober 1990. Schon am 1. Juli 1990, mit Inkrafttreten der Währungs-, Wirtschafts- und Sozialunion, ist die Deutsche Mark (DM) auf dem Gebiet der Deutschen Demokratischen Republik als alleiniges gesetzliches Zahlungsmittel eingeführt worden. Die Kleinmünzen bis 50 Pfennig blieben bis zum 30. Juni 1991 im Verhältnis 1:1 im Umlauf.

Münzstätten

A oder ohne Msz. = Berlin.
E = Muldenhütten (bis 1953)

100 Pfennig = 1 Deutsche Mark (DM)
seit 30. Juli 1964: Mark der Deutschen Notenbank (MDN),
seit 1. Januar 1968:
Mark der Deutschen Demokratischen Republik (M);
seit 1. Juli 1990: 100 Pfennig = 1 Deutsche Mark (DM)

Tabelle der Feingewichte

Nominal	Metall	Prägezeit	Kat.-Nr.	Feingewicht	Feingehalt
10 Mark	(S)	1966–1967	16, 18	13,600	800
10 Mark	(S)	1968–1975	20, 25, 27, 31, 40, 44, 52–54	10,625	625
10 Mark	(S)	1974–1989	51b, 54P, 62, 64, 64P, 67, 72, 75, 80, 82P, 83, 88, 96, 100, 102, 108, 116, 121, 123P, 129	8,500	500
20 Mark	(S)	1966–1968	15, 17, 19	16,720	800
20 Mark	(S)	1969–1986	23, 28, 32, 37, 47, 49, 55, 61, 107	13,062	625
20 Mark	(S)	1977–	63, 68, 73, 77, 79, 85, 85P, 91, 95, 101, 117, 122, 126	10,450	500

		SS	VZ
1 (501)	1 Pfennig (Al) 1948–1950. Ähre über Zahnrad (Emblem des Zweijahresplanes 1949–1950). Rs. Wert	5,–	12,–

2 (502)	5 Pfennig (Al) 1948–1950. Typ wie Nr. 1	3,–	12,–

		SS	VZ
3 (503)	10 Pfennig (Al) 1948–1950. Typ wie Nr. 1	4,–	15,–

4 (504) 50 Pfennig (Al-Bro) 1949, 1950. Pflug vor Fabrikanlage. Rs. Wert:

1949		*30 000,–*
1950	9,–	30,–

5 (505)	1 Pfennig (Al) 1952, 1953, Hammer und Zirkel zwischen Ähren (Emblem des Fünfjahresplanes 1951–1955). Rs. Wert	4,–	15,–

6 (506)	5 Pfennig (Al) 1952, 1953. Typ wie Nr. 5	3,–	12,–

Bewertung nach Jahrgängen und Münzbuchstaben siehe im »Münzkatalog DDR« und im »Kleinen Deutschen Münzkatalog«.

		SS	VZ
7 (507)	10 Pfennig (Al) 1952, 1953. Typ wie Nr. 5	**3,–**	**12,–**

		VZ	ST
8 (511)	1 Pfennig (Al) 1960–1965, 1968, 1972, 1973, 1975, 1977–1990. Hammer und Zirkel im Ährenkranz (Staatswappen). Rs. Wert zwischen Eichenzweigen	**1,–**	**2,–**

9 (512)	5 Pfennig (Al) 1968, 1972, 1975, 1978–1990. Typ wie Nr. 8	**1,–**	**2,–**

10 (513)	10 Pfennig (Al) 1963, 1965, 1967, 1968, 1970–1973, 1978–1990. Rs. Eichenblatt über Wert	**1,–**	**2,–**

11 (514)	20 Pfennig (Me) 1969–1990. Staatswappen. Rs. Wert		
	a) ohne Msz. 1969, 1971	**8,–**	**20,–**
	b) Msz. A, 1972–1974, 1979–1990	**5,–**	**15,–**

12 (508)	50 Pfennig (Al) 1958, 1968, 1971–1973, 1979–1990. Typ wie Nr. 10	**5,–**	**20,–**

		VZ	ST
13 (509)	1 D-Mark (Al) 1956, 1962, 1963. Rs. Wert zwischen Eichenblättern	**8,–**	**25,–**

14 (510)	2 D-Mark (Al) 1957. Typ wie Nr. 13	**15,–**	**40,–**

In gleicher Zeichnung mit Wertangabe »Mark«: Nrn. 42, 43.

NEUE WÄHRUNGSBEZEICHNUNG: 100 Pfennig = 1 Mark der Deutschen Notenbank (MDN)

250. Todestag von Leibniz

		ST
15 (1532)	20 MDN (S) 1966. Gottfried Wilhelm Leibniz (1646–1716), Philosoph und Universalgelehrter	*550,–*

125. Todestag Schinkels

16 (1531)	10 MDN (S) 1966. Karl Friedrich Schinkel (1781–1841), Baumeister und Maler:	
	a) Silber 80%/Zink 20%	*600,–*
	Silber 80%/Kupfer 20%	*600,–*

Bewertung nach Jahrgängen siehe im »Münzkatalog DDR« und im »Kleinen Deutschen Münzkatalog«.

200. Geburtstag Humboldts

ST

17 (1534) 20 MDN (S) 1967. Wilhelm von Humboldt (1767–1835), Staatsmann und Philologe. Randschrift »20 Mark der Deutschen Notenbank*« *350,–*

17 F 20 MDN Humboldt, Randschrift »20 Mark * 20 Mark * 20 Mark *« (Ronde von Nr. 19) *675,–*

100. Geburtstag von K. Kollwitz

18 (1533) 10 MDN (S) 1967. Käthe Kollwitz (1867–1945), Graphikerin, Malerin und Bildhauerin. Randschrift »10 Mark der Deutschen Notenbank *« *200,–*

18 F 10 MDN Kollwitz, Randschrift »10 Mark * 10 Mark * 10 Mark *« (Ronde von Nr. 20) *500,–*

18 P *10 MDN (S) o. J. (1967). Dr. Theodor Neubauer (1890–1945), Lorbeerzweig. Randschrift »10 Mark der Deutschen Notenbank*«". Produktionsprobe (wenige Ex.)* –,–

Die sonst aus diesen Stempeln hergestellten »Dr.-Theodor-Neubauer-Medaillen« bestehen aus einer Messinglegierung und wurden als Auszeichnung verliehen.

NEUE WÄHRUNGSBEZEICHNUNG: 100 Pfennig = 1 Mark der Deutschen Demokratischen Republik (M)

150. Geburtstag von Karl Marx

ST

19 (1537) 20 Mark (S) 1968. Karl Marx (1818–1883), Sozialideologe *300,–*

500. Todestag Gutenbergs

VZ ST

20 (1536) 10 Mark (S) 1968. Initial »G« für Johannes Gutenberg, eigentlich Gensfleisch (um 1400–1468), Erfinder des Buchdruckes mit beweglichen Lettern. Das Initial »G« stammt aus der 36zeiligen Bibel. Matrize und Buchstabe als negative und positive Ausbildung *125,–*

125. Geburtstag Kochs

21 (1535) 5 Mark (Neusilber) 1968. Dr. Robert Koch (1843–1910), Arzt, Bakteriologe, Entdecker des Tuberkelbazillus (1882) *135,–*

Die Katalogpreise sind durchschnittliche Handelspreise und als solche den täglichen Schwankungen des Marktes unterworfen.

20 Jahre DDR

VZ ST

22 (515) 5 Mark (N-Bro) 1969. Staatswappen. Rs. Gedenkinschrift, Wertangabe und Jahreszahl. Kupfer 90%/Nickel 10% 5,– 15,–

22 P2 *5 Mark (K-N) 1969. Typ wie Nr. 22. Materialprobe, Kupfer 75%/Nickel 25% (12 741 Ex.) 320,–*

Von Nr. 22 gibt es zahlreiche Materialproben, siehe im „Münzkatalog DDR" und im „Kleinen Deutschen Münzkatalog".

220. Geburtstag Goethes

ST PP

23 (1540) 20 Mark (S) 1969. Johann Wolfgang von Goethe (1749–1832), Dichter *380,–*

75. Todestag von Heinrich Hertz

ST

24 (1538) 5 Mark (Neusilber) 1969. Heinrich Hertz (1857–1894), Physiker; die nach ihm benannten Hertzschen Wellen bilden die Grundlage der heutigen Funktechnik *100,–*

Die Katalogpreise sind durchschnittliche Handelspreise und als solche den täglichen Schwankungen des Marktes unterworfen.

250. Todestag von Johann Friedrich Böttger (1682–1719)

ST

25 (1539) 10 Mark (S) 1969. Kaffeekanne aus Böttgersteinzeug um 1700; gekreuzte Kurschwerter als Zeichen der 1710 gegründeten und von Böttger (auch Böttiger) geleiteten Meißener Porzellanmanufaktur *140,–*

125. Geburtstag von Wilhelm Conrad Röntgen

26 (1541) 5 Mark (Neusilber) 1970. Prof. Wilhelm Conrad Röntgen (1845–1923), Physiker, entdeckte 1895 die nach ihm benannten Röntgen-Strahlen; 1901 erhielt er als erster den Nobelpreis für Physik. Schematische Darstellung einer Röntgen-Röhre *100,–*

200. Geburtstag von Ludwig van Beethoven

27 (1542) 10 Mark (S) 1970. Ludwig van Beethoven (1770–1827), Komponist *200,–*

150. Geburtstag von Friedrich Engels

ST PP

28 (1543) 20 Mark (S) 1970. Friedrich Engels (1820–1895), Politiker und Theoretiker des Sozialismus *350,–* –,–

100. Geburtstag von Heinrich Mann

VZ ST

29 (516) 20 Mark (Neusilber) 1971. Heinrich Mann (1871–1950), Schriftsteller **15,–** **35,–**

400. Geburtstag von Johannes Kepler

ST

30 (1544) 5 Mark (Neusilber) 1971. Johannes Kepler (1571–1630), kaiserlicher Mathematiker und Hofastronom; veröffentlichte 1596 die Schrift »Mysterium cosmographicum«, Hauptwerk »Astronomia nova«, 1611. Sonne im Brennpunkt der elliptischen Erdumlaufbahn mit der Skizzierung von 8 Fahrstrahlsektoren zur Darstellung des 1. und 2. Keplerschen Gesetzes *80,–*

500. Geburtstag von Albrecht Dürer

ST

31 (1545) 10 Mark (S) 1971. Albrecht Dürer (1471–1528), Maler, Graphiker, Kunstschriftsteller, Dürermonogramm *140,–*

Rosa Luxemburg und Karl Liebknecht

32 (1546) 20 Mark (S) 1971. Rosa Luxemburg (1870–1919), sozialistische Politikerin, und Karl Liebknecht (1871–1919), Politiker, Gründer des kommunistischen Spartakusbundes *250,–*

85. Geburtstag von Ernst Thälmann

VZ ST

33 (517) 20 Mark (Neusilber) 1971. Ernst Thälmann (1886–1944), Politiker **14,–** **25,–**

Brandenburger Tor

		VZ	ST
34 (518)	5 Mark (Neusilber) 1971, 1979–1990. Brandenburger Tor	8,–	20,–

Bewertung nach Jahrgängen siehe im »Münzkatalog DDR« und im »Kleinen Deutschen Münzkatalog«.

Friedrich von Schiller

35 (519) 20 Mark (Neusilber) 1972. Friedrich von Schiller (1759–1805), Dichter **14,–** **25,–**

Mahnmal Buchenwald

36 (520) 10 Mark (Neusilber) 1972. Figurengruppe vom Mahnmal Buchenwald bei Weimar **8,–** **18,–**

500. Geburtstag von Lucas Cranach

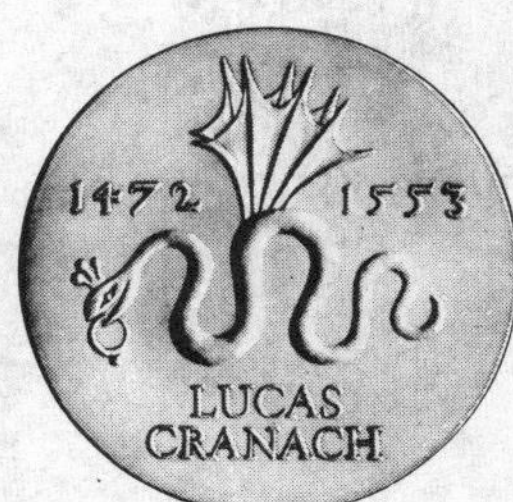

		VZ	ST
37 (1549)	20 Mark (S) 1972. Lucas Cranach d. Ä. (1472–1553), Maler und Graphiker. Nach Verleihung des Wappenbriefes durch Kurfürst Friedrich den Weisen im Jahre 1508 signierte Cranach seit 1510 nur mit Schlange mit aufgerichteten Flügeln und Krone sowie Ring		*225,–*

75. Todestag von Johannes Brahms (1833–1897)

38 (1547) 5 Mark (Neusilber) 1972. Notenzitat, das volkstümliche C-Dur-Motiv aus dem 4. Satz der 1. Sinfonie von Brahms. Die dritte Note muß »c« statt »h« heißen *140,–*

Wilhelm Pieck

39 (521) 20 Mark (Neusilber) 1972. Wilhelm Pieck (1876–1960), Präsident der DDR **14,–** **25,–**

175. Geburtstag von Heinrich Heine

VZ ST

40 (1548) 10 Mark (S) 1972. Heinrich Heine (1797–1856), Lyriker und Satiriker *170,–*

Meißen

41 (522) 5 Mark (Neusilber) 1972, 1981, 1983. Ansicht des Meißener Burgberges mit Dom (gotische Hallenkirche, 13./14. Jh.) und Albrechtsburg (1471–1485 erbaut) **8,– 20,–**

42 (530) 1 Mark (Al) 1972, 1973, 1975, 1977–1990. Staatswappen. Rs. Wert zwischen Eichenblättern **5,– 15,–**

43 (531) 2 Mark (Al) 1974, 1975, 1977–1990. Typ wie Nr. 42 **6,– 12,–**

75. Geburtstag von Bertolt Brecht

VZ ST

44 (1551) 10 Mark (S) 1973. Bertolt Brecht (1898–1956), bedeutender sozialistischer Lyriker, Epiker und Theaterregisseur *170,–*

X. Weltfestspiele der Jugend und Studenten in Berlin

45 (523) 10 Mark (Neusilber) 1973. Emblem der Weltfestspiele, von Zweckumschrift umgeben. Rs. Wertangabe, Staatsemblem **10,– 25,–**

125. Geburtstag von Otto Lilienthal

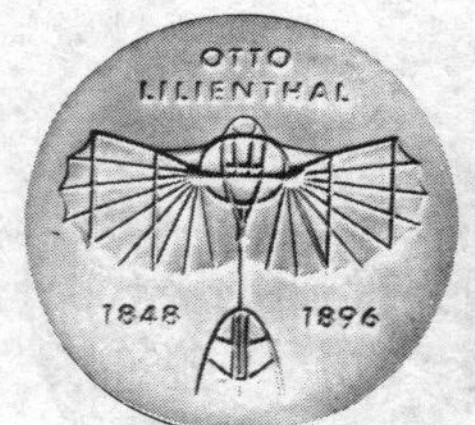

46 (1550) 5 Mark (Neusilber) 1973. Otto Lilienthal (1848–1896), Pionier der deutschen Luftfahrt, führte seit 1891 mit selbstkonstruierten Gleitflugzeugen Flüge über mehrere 100 m Länge aus. Stilisierte Darstellung eines Flugapparates *100,–*

60. Todestag von A. Bebel

47 (1552) 20 Mark (S) 1973. August Bebel (1840–1913), sozialdemokratischer Politiker und Reichstagsabgeordneter *200,–*

Bewertung nach Jahrgängen siehe im »Münzkatalog DDR« und im »Kleinen Deutschen Münzkatalog«.

VZ ST

48 (524) 20 Mark (Neusilber) 1973. Otto Grotewohl (1894–1964), sozialdemokratischer Politiker, hatte an der Verschmelzung der SPD mit der KPD zur SED entscheidenden Anteil 15,– 28,–

48P2 Motivprobe, Kopfbild Grotewohls im Vollschriftkreis, einseitig (wenige Ex.) –,–

250. Geburtstag von Immanuel Kant

ST PP

49 (1555) 20 Mark (S) 1974. Immanuel Kant (1724–1804), Philosoph *240,– 550,–*

100. Todestag von Philipp Reis

50 (1553) 5 Mark (Neusilber) 1974. Philipp Reis (1834–1874), Physiker, erfand den ersten Fernsprecher; Konstruktionszeichnung *100,–*

25 Jahre DDR (2)

VZ ST

51 (525) 10 Mark (Neusilber) 1974. A. Staatswappen, Zweckinschrift, Riffelrand 8,– 22,–

*51P 10 Mark (S) 1974 A. Materialprobe, 500er Silber, 17 g, Randschrift: »10 Mark * 10 Mark * 10 Mark*« (1500 Ex.) 4500,–*

ST PP

52 (1556) 10 Mark (S) 1974. »Städtemotiv«: Dresdner Zwinger, Karl-Marx-Monument in Chemnitz (Karl-Marx-Stadt, 1953–1990), Berliner Fernsehturm, Universitätshochhaus in Leipzig, Potsdam-Sanssouci, Kulturpalast in Neubrandenburg und die Kirchen Severi und Petri (Dom) in Erfurt *165,– 5000,–*

200. Geburtstag von Caspar David Friedrich

53 (1554) 10 Mark (S) 1974. Caspar David Friedrich (1774–1840), bedeutendster Landschaftsmaler der deutschen Romantik *150,– 8000,–*

100. Geburtstag von Albert Schweitzer (2)

54 (1558) 10 Mark (S) 1975. Albert Schweitzer (1875–1965), Philosoph, Arzt und Musiker. 625er Silber, 17 g *160,– 4000,–*

54P1 10 Mark (S) 1975 A. Materialprobe, 500er Silber, 17 g, Bildseite von Nr. 54 (Schweitzer), Wertseite von Nr. 56 500,–

225. Todestag von Johann Sebastian Bach

		ST	PP
55 (1559)	20 Mark (S) 1975. Johann Sebastian Bach (1685–1750), einer der größten Komponisten aller Zeiten; Detail der Originalpartitur des 1. Praeludiums aus »Das wohltemperierte Clavier«:		
	a) erhabenes Notenzitat (Abb.)	*300,–*	*20 000,–*
	b) vertieftes Notenzitat (Probe)	*700,–*	*20 000,–*

20 Jahre Warschauer Vertrag

		VZ	ST
56 (526)	10 Mark (Neusilber) 1975. Wappen der Vertragsstaaten zwischen römischer Zahl	**15,–**	**30,–**

100. Geburtstag von Thomas Mann

57 (1557) 5 Mark (Neusilber) 1975. Thomas Mann (1875–1955), Schriftsteller *140,–*

Internationales Jahr der Frau 1975

58 (1560) 5 Mark (Neusilber) 1975. Gestaffelte Frauenköpfe n. r., Emblem, Zweckinschrift *140,–*

200. Geburtstag von Ferdinand von Schill

		VZ	ST
59 (1561)	5 Mark (Neusilber) 1976. Ferdinand von Schill (1776–1809), preußischer Offizier, der 1809 mit seinem Husarenregiment auf eigene Faust gegen die napoleonische Besatzung kämpfte und am 31. Mai 1809 in Stralsund im Straßenkampf fiel; Husaren-Tschako, Säbel		*150,–*

20 Jahre Nationale Volksarmee

60 (527) 10 Mark (Neusilber) 1976. Soldat der Nationalen Volksarmee **12,–** **40,–**

150. Geburtstag von Wilhelm Liebknecht

		ST	PP
61 (1563)	20 Mark (S) 1976. Wilhelm Liebknecht (1826–1900), Politiker, war neben Bebel der erste Führer der Sozialdemokratie	*250,–*	*550,–*

150. Todestag von Carl Maria von Weber

62 (1562) 10 Mark (S) 1976. Carl Maria von Weber (1786–1826), Komponist; sein volkstümlichstes Werk: »Der Freischütz« *170,–* *350,–*

200. Geburtstag von Carl Friedrich Gauß (1777 — 1855)

ST PP

63 (1566) 20 Mark (S) 1977. Gaußsche Glockenkurve einer normalverteilten, nicht standardisierten Zufallsgröße mit dem Graphen der Gaußschen Integralfunktion in anderem Ordinatenmaßstab 250,–

375. Geburtstag von Otto von Guericke (2)

64 (1565) 10 Mark (S) 1977. Otto von Guericke (1602–1686), Bürgermeister von Magdeburg, Erfinder; Magdeburger Halbkugeln 200,– 360,–

***64P** (1565P) 10 Mark (S) o. J. (1977). Pferdegespanne mit den Magdeburger Halbkugeln. Probe (6000 Ex.) 1200,–*

125. Todestag von Friedrich Ludwig Jahn

65 (1564) 5 Mark (Neusilber) 1977. Friedrich Ludwig Jahn (1778–1852), Begründer der Turnbewegung in Deutschland, bekannt als »Turnvater Jahn« 240,– 340,–

175. Todestag von Friedrich Gottlieb Klopstock

66 (1567) 5 Mark (Neusilber) 1978. Friedrich Gottlieb Klopstock (1724–1803), Dichter 200,– 300,–

175. Geburtstag von Justus von Liebig

ST PP

67 (1568) 10 Mark (S) 1978. Justus von Liebig (1803–1873), Chemiker 200,– 400,–

175. Todestag von Johann Gottfried Herder

68 (1569) 20 Mark (S) 1978. Johann Gottfried Herder (1744–1803), Philosoph 230,– 400,–

Gemeinsamer Weltraumflug UdSSR-DDR

69 [529] 10 Mark (Neusilber) 1978 A. Erdkugel und Raumschiff mit Umlaufbahn. Kosmonauten: Valerij Bukovskij (UdSSR) und Sigmund Jähn (DDR) 85,– 2000,–

***69P** 10 Mark (S) 1978 A. Materialprobe für Repräsentationszwecke, Silber, 15,1 g (25 Ex.) 24 000,–*

Von den ursprünglich hergestellten 100 Ex. der Nr. 69P wurden unter Kontrolle 75 Ex. wieder eingeschmolzen.

Internationales Anti-Apartheid-Jahr 1978

70 (528) 5 Mark (Neusilber) 1978. Faust mit fünfzackigem Stern, aus der nach links oben Flammen schlagen 70,– 280,–

100. Geburtstag von Albert Einstein

		ST	PP
71 (1570)	5 Mark (Neusilber) 1979. Albert Einstein (1879–1955), Physiker	200,–	280,–

175. Geburtstag von Ludwig Feuerbach

72 (1571)	10 Mark (S) 1979. Ludwig Feuerbach (1804–1872), Philosoph	200,–	360,–

250. Geburtstag von Gottfried Ephraim Lessing

73 (1572)	20 Mark (S) 1979. Gottfried Ephraim Lessing (1729–1781), Dichter. Darstellung aus »Nathan der Weise«	250,–	500,–

30 Jahre DDR

74

74P2

74 (532) 20 Mark (Neusilber) 1979. Arbeiter und Arbeiterin vor Chemiewerk 46,–

74P1 *20 Mark (Neusilber) 1973 A. Motivprobe, Bildseite von Nr. 74, Wertseite von Nr. 48 (Stil der Wertseite wie bei Nr. 74P2) (wenige Ex.) 5500,–*

ST PP

74P2 *[532P] 20 Mark (Neusilber) 1979 A. Motivprobe, blattähnliche symbolische Darstellung, Stil der Wertseite wie bei Nr. 48 bzw. 74P1, Inschrift »Probe« statt Jahreszahl (10 000 Ex.) 550,–*

74P3 *Produktionsprobe, einseitiger Abschlag der Bildseite von Nr. 74P2, glatter Rand (wenige Ex.) 3800,–*

74P5 *Motivprobe, Nelke mit Staatswappen, Jahreszahlen, einseitig, glatter Rand (wenige Ex.) –,–*

74P5E *(Neusilber) 1979 A. Bildseite von Nr. 74P4 (Nelke). Rs. Signet des VEB Münze der DDR, glatter Rand, 15 g, polierte Platte (ca. 14 Ex.) 3000,–*

Nr. 74P5E kommt auch vergoldet, polierte Platte, vor.

225. Geburtstag von Gerhard J. D. von Scharnhorst

75 (1574)	10 Mark (S) 1980. Gerhard J. D. von Scharnhorst (1755–1813), General und Militärtheoretiker	200,–	350,–

75. Todestag von Adolph von Menzel

76 (1573)	5 Mark (Neusilber) 1980. Adolph von Menzel (1815–1905), Maler, Graphiker und Zeichner	250,–	350,–

75. Todestag von Ernst Abbe

		ST	PP
77 (1575)	20 Mark (S) 1980. Ernst Abbe (1840–1905), Physiker, Begründer des wissenschaftlichen Gerätebaues. Schematische Darstellung der Mikroskoptheorie Abbes	*260,–*	*400,–*

77G *Zu den XXII. Olympischen Sommerspielen 1980 in Moskau wurden 1200 Ex. der 20 Mark Abbe in Stempelglanz (Nr. 77) von privater Seite in den USA mit einseitigen Gegenstempeln in polierter Platte versehen und in Hartkunststoffrahmen angeboten:*
a) mit römischer Zahl XXII (800 Ex.)
b) Nachauflage, mit fehlerhafter römischer Zahl XIX (400 Ex.)

25 Jahre Nationale Volksarmee

78 (533) 10 Mark (Neusilber) 1981. Kampfflugzeuge, Kriegsschiff, Panzer *35,–* *250,–*

150. Todestag Steins

79 (1578) 20 Mark (S) 1981. Carl Reichsfreiherr vom und zum Stein (1757–1831), Staatsmann *240,–* *500,–*

150. Todestag Hegels

		ST	PP
80 (1577)	10 Mark (S) 1981. Georg Wilhelm Hegel (1770–1831), Philosoph	*175,–*	*380,–*

450. Todestag Riemenschneiders

81 (1576) 5 Mark (Neusilber) 1981. Tilman Riemenschneider (um 1455–1531), Bildhauer und Bildschnitzer *380,–* *480,–*

700 Jahre Münzprägung in Berlin (2)

82 (534) 10 Mark (Neusilber) 1981. Abbildung eines aufgrund der Münzrechtsverleihung von 1369 geprägten Pfennigs der Stadt Berlin *140,–* *300,–*

ST PP

82P1 (534P) 10 Mark (S) 1981. Abbildung eines um 1513 geprägten Goldguldens. Probe, 500er Silber, 17 g 3500,– 2800,–

ST PP

85P (1581P) 20 Mark (S) 1982. Clara Zetkin, bogige Inschrift. Probe, 500er Silber, 20,9 g (90 Ex.) 24000,–

Neues Gewandhaus Leipzig

83 (1580) 10 Mark (S) 1982. Gebäude des Neuen Gewandhauses 220,– 400,–

Die Wartburg bei Eisenach

86 (536) 5 Mark (Neusilber) 1982, 1983. Die Wartburg 80,– 300,–

200. Geburtstag von F. Fröbel

84 (1579) 5 Mark (Neusilber) 1982. Friedrich Fröbel (1782–1852), Pädagoge, Schöpfer der Kindergartenbewegung; drei nackte Kinder mit Würfel, Zylinder und Kugel 300,– 420,–

150. Todestag von Johann Wolfgang von Goethe

87 (535) 5 Mark (Neusilber) 1982. Goethes Gartenhaus, Weimar 80,– 300,–

87P 5 Mark (Neusilber) 1982 A. Produktionsprobe, polierte Platte, nur Haus mattiert, Bäume poliert (210 [durch Gegenstempel über »Mark«] numerierte Ex.) 6000,–

125. Geburtstag von Clara Zetkin (2)

85 (1581) 20 Mark (S) 1982. Clara Zetkin (1857–1933), Politikerin, waagerechte Inschrift 240,– 450,–

100. Todestag von Richard Wagner

88 (1583) 10 Mark (S) 1983. Szene aus der Oper »Tannhäuser« von Richard Wagner (1813–1883) 175,– 400,–

500. Geburtstag von Martin Luther (3)

		ST	PP
89 (538)	5 Mark (Neusilber) 1983. Luthers Geburtshaus in Eisleben	80,–	300,–

90 (537) 5 Mark (Neusilber) 1983. Die Schloßkirche zu Wittenberg 80,– 300,–

91 (1584) 20 Mark (S) 1983. Brustbild Martin Luthers mit Bibel, nach einer Graphik von Lukas Cranach von 1546 1300,– 2200,–

100. Todestag von Karl Marx

92 (539) 20 Mark (Neusilber) 1983. Karl Marx (1818–1883), Sozialideologe. Rs. Zitat, Staatswappen, Wertangabe 45,– 280,–

Die Katalogpreise sind durchschnittliche Handelspreise und als solche den täglichen Schwankungen des Marktes unterworfen.

		ST	PP
92P	*20 Mark (Neusilber) 1983 A. Motivprobe, Jahreszahlen seitlich über Namenszug, Gegenstempel »Probe« neben Wertangabe (100 [durch Gegenstempel] numerierte Ex.)*		*7000,–*

125. Geburtstag von Max Planck

93 (1582) 5 Mark (Neusilber) 1983. Max Planck (1858–1947), Physiker, Schöpfer der Quantentheorie, Nobelpreisträger 1918; Formel der Planckschen Gleichung 200,– 350,–

30 Jahre Kampfgruppen der Arbeiterklasse

94 (540) 10 Mark (Neusilber) 1983. Kampfgruppenangehörige, Emblem, Gedenktext 55,– 250,–

94P *10 Mark (Neusilber) 1983 A. Motivprobe, mit zusätzlichem Kampfgruppenemblem am Armansatz des rechten Kämpfers, Gegenstempel »Probe« neben Wertangabe (100 [durch Gegenstempel] numerierte Ex.) 4000,–*

225. Todestag von Georg Friedrich Händel

		ST	PP
95 (1587)	20 Mark (S) 1984. Georg Friedrich Händel (1685–1759), Komponist	*350,–*	*650,–*

100. Todestag von Alfred Brehm

96 (1586)	10 Mark (S) 1984. Marabu (Leptoptilus crumeniferus), Lieblingsvogel des Tierforschers Alfred Brehm (1829–1884)	*200,–*	*380,–*

150. Todestag von Adolf Freiherr von Lützow

97 (1585)	5 Mark (Neusilber) 1984. Adolf Freiherr von Lützow (1782–1834), preußischer Reiteroffizier, Freischarführer. Abbildung: Drei nach rechts reitende Jäger des Lützowschen Freikorps	*140,–*	*380,–*

98 (541)	5 Mark (Neusilber) 1984. Altes Rathaus, Leipzig	*80,–*	*280,–*

		ST	PP
99 (542)	5 Mark (Neusilber) 1984. Thomaskirche, Leipzig	*80,–*	*280,–*

Zur Wiedereröffnung der Semperoper in Dresden

100 (1589)	10 Mark (S) 1985. Semperoper, Dresden	*240,–*	*400,–*

125. Todestag von Ernst Moritz Arndt

101 (1590)	20 Mark (S) 1985. Ernst Moritz Arndt (1769–1860), politischer Schriftsteller und Dichter	*240,–*	*450,–*

175. Jahrestag der Humboldt-Universität zu Berlin

102 (1591)	10 Mark (S) 1985. Denkmale der Brüder Humboldt vor dem Eingang zum Hauptgebäude der Berliner Universität	*200,–*	*365,–*

		ST	PP
102P	*[1606P] 10 Mark (S) 1985 A. Motivprobe, Eingang zum Hauptgebäude der Berliner Universität im Vollschriftkreis (112 Ex.)*	*11500,–*	

225. Todestag von Friederike Caroline Neuber

103 (1604) 5 Mark (Neusilber) 1985. Friederike Caroline Neuber (1697–1760), Schauspielerin und Theaterleiterin, genannt »die Neuberin«, begründete die Erneuerung des deutschen Theaters im Sinne der Aufklärung, dargestellt bei der Vertreibung des Harlekins von der Bühne *175,– 275,–*

40. Jahrestag der Zerstörung Dresdens (2)

104 (1602) 5 Mark (Neusilber) 1985. Wallpavillon des Dresdner Zwingers *60,– 200,–*

105 (1601) 5 Mark (Neusilber) 1985. Ruine der Frauenkirche, Dresden *60,– 200,–*

40. Jahrestag der Befreiung

		ST	PP
106P1	*[1603P] 5 Mark (Neusilber) o. J. (1985) A. Motivprobe, Rotarmist beim Hissen der sowjetischen Fahne auf dem Dach des Reichstagsgebäudes in Berlin am 2. Mai 1945, Inschrift »Probe«, 9,6 g (300 [durch Gegenstempel] numerierte Ex.)*	*7500,–*	

106 (1603) 10 Mark (Neusilber) 1985. Denkmal in Berlin-Treptow *40,– 200,–*

Nr. 106 auch als Probe in Silber und Gold vorkommend.

200. Geburtstag von Jacob und Wilhelm Grimm

107 (1607) 20 Mark (S) 1986. Jacob Grimm (1785–1863) und Wilhelm Grimm (1786–1859), Sprach- und Altertumsforscher; Darstellung »Der gestiefelte Kater« *450,– 600,–*

275 Jahre Charité Berlin

108 (1612) 10 Mark (S) 1986. Das historische Gebäude am Haupteingang und der Charité-Neubau *175,– 300,–*

100. Geburtstag von Ernst Thälmann

		ST	PP
109 (1608)	10 Mark (Neusilber) 1986. Ernst Thälmann (1886–1944), Politiker, vor Demonstranten	*35,–*	*200,–*

175. Todestag von Heinrich von Kleist

110 (1611) 5 Mark (Neusilber) 1986. Heinrich von Kleist (1777–1811), Dichter *300,– 350,–*

111 (1609) 5 Mark (Neusilber) 1986. Sanssouci, Potsdam *60,– 200,–*

112 (1610) 5 Mark (Neusilber) 1986. Neues Palais, Potsdam *60,– 200,–*

		ST	PP
***112P** [1610P]*	*5 Mark (Neusilber) 1986 A. Motivprobe, Einsteinturm, Potsdam, darunter »P« (10 Ex.)*		*31000,–*

750 Jahre Berlin (5)

113 (1613) 5 Mark (Neusilber) 1987. Das an historischer Stätte neu aufgebaute Nikolaiviertel *36,– 200,–*

114 (1614) 5 Mark (Neusilber) 1987. Rotes Rathaus *36,– 200,–*

115 (1615) 5 Mark (Neusilber) 1987. Die bekannte Weltzeituhr auf dem Alexanderplatz *36,– 200,–*

		ST	PP
116 (1616)	10 Mark (S) 1987. Schauspielhaus, in den Jahren 1818 bis 1821 nach Plänen Karl Friedrich Schinkels erbaut, nach Kriegszerstörung originalgetreuer Wiederaufbau, Wiedereröffnung 1984	*200,–*	*350,–*

117 (1617)	20 Mark (S) 1987. Historisches Stadtsiegel Berlins aus der Zeit um 1280 bis 1381	*1000,–*	*2000,–*

Nr. 117 in polierter Platte kommt in zwei Mattierungsvarianten vor (je 2100 Ex.)

Erste Deutsche Ferneisenbahn

118 [1618]	5 Mark (Neusilber) 1988. Lokomotive »Saxonia«, 1838	*30,–*	*250,–*

30 Jahre Überseehafen Rostock

119 [1619]	5 Mark (Neusilber) 1988. Semi-Containerschiff des Typs »Meridian«, auf der Warnowwerft in Rostock-Warnemünde gebaut	*30,–*	*200,–*

50. Todestag von Ernst Barlach

		ST	PP
120 [1620]	5 Mark (Neusilber) 1988. »Der Flötenbläser«, 1936 geschaffene Bronzeplastik des Bildhauers Ernst Barlach (1870–1938)	*150,–*	*220,–*

500. Geburtstag von Ulrich von Hutten

121 [1622]	10 Mark (S) 1988. Ulrich von Hutten (1488–1523), Reichsritter, Humanist und Dichter, Wahlspruch »Ich hab's gewagt«	*200,–*	*400,–*

100. Todestag von Carl Zeiss

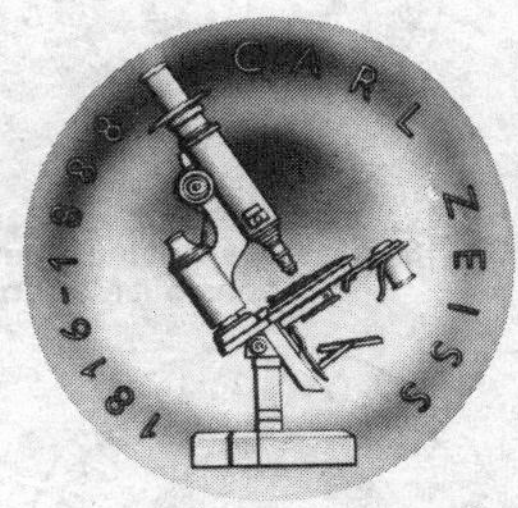

122 [1621]	20 Mark (S) 1988. »Mineralogisches Stativ IV«, 1879 auf der Grundlage der Abbeschen Mikroskoptheorie von Carl Zeiss (1816–1888) gefertigt	*280,–*	*500,–*

Die Katalogpreise sind durchschnittliche Handelspreise und als solche den täglichen Schwankungen des Marktes unterworfen.

40 Jahre Sozialistische Deutsche Sportlerbewegung, seit 1957 Deutscher Turn- und Sportbund (DTSB)

		ST	PP
123 [1623]	10 Mark (Neusilber) 1988. Drei Läuferinnen	35,–	300,–
123P *[1623P]*	*10 Mark (S) 1988. S. Materialprobe, 500er Silber, 17 g, mit »P« unter Wertzahl, polierte Platte (1000 Ex.)*		*2800,–*

Nr. 123 P wurde auf Wunsch des DTSB-Präsidiums hergestellt.

500. Geburtstag von Thomas Müntzer (3)

124 [1626] 5 Mark (Neusilber) 1989. Katharinenkirche in Zwickau *30,– 200,–*

125 [1627] 5 Mark (Neusilber) 1989. Stadtansicht Mühlhausens mit Marienkirche *30,– 200,–*

126 [1624] 20 Mark (S) 1989. Thomas Müntzer (1489–1525), Theologe und Bauernführer *275,– 450,–*

40 Jahre Rat für gegenseitige Wirtschaftshilfe (RGW)

		ST	PP
127 [1625]	10 Mark (Neusilber) 1989. RGW-Gebäude in Moskau (siehe auch Polen Nr. 65)	*85,–*	*200,–*

100. Geburtstag von Carl von Ossietzky

128 [1628] 5 Mark (Neusilber) 1989. Carl von Ossietzky (1889–1938), politischer Publizist, Friedensnobelpreisträger *130,– 200,–*

225. Geburtstag von Johann Gottfried Schadow

129 [1629] 10 Mark (S) 1989. Quadriga vom Brandenburger Tor *350,– 450,–*

40 Jahre DDR

130 [1630] 10 Mark (Neusilber) 1989. Wappen von Berlin und von den 14 Bezirkshauptstädten *35,– 250,–*

500 Jahre Postwesen

			ST	PP
131	[1631]	5 Mark (Neusilber) 1990 A. Viersitziger Personenpostwagen, um 1880	*30,–*	*220,–*
131 P		*5 Mark (Neusilber) 1990 A. Motivprobe, Posthorn, mit „P" rechts unter Staatswappen*	*12 000,–*	

Zeughaus in Berlin

132 [1632] 5 Mark (Neusilber) 1990 A. Zeughaus in Berlin, Grundsteinlegung 1695, seit 1953 Museum für Deutsche Geschichte *30,- 220,–*

100 Jahre Tag der Arbeit (1. Mai)

133 [1637] 10 Mark (Neusilber) 1990 A. Gedenkdaten *25,- 400,–*

100. Geburtstag von Kurt Tucholsky

134 [1633] 5 Mark (Neusilber) 1990 A. Kurt Tucholsky (1890–1935), Schriftsteller, satirisch-politischer Publizist *135,– 225,–*

175. Todestag von Johann Gottlieb Fichte

			ST	PP
135	[1636]	10 Mark (S) 1990 A. Johann Gottlieb Fichte (1762–1814), Philosoph (ST: 140 000 Ex., PP: 10 000 Ex.)	*300,–*	*700,–*

275. Todestag von Andreas Schlüter

136 [1634] 20 Mark (S) 1990 A. »Sterbender Krieger«, eine der 22 Reliefplastiken des Baumeisters und Bildhauers Andreas Schlüter (1660–1714), von der Fassade des Innenhofes des Zeughauses in Berlin *250,– 500,–*

Öffnung des Brandenburger Tores am 22. Dezember 1989 (2)

137 [1635] 20 Mark (Neusilber) 1990 A. Rs. Brandenburger Tor, Gedenkumschrift (300 000 Ex.) *45,–*

138 [1635S] 20 Mark (S) 1990 A. Typ wie Nr. 137. 999½er Silber, 18,2 g (ST: 140 000 Ex., PP: 10 000 Ex.) *150,– 500,–*

Spezialbearbeitung mit Jahrgangssätzen, Minisätzen etc. siehe im »Münzkatalog DDR« und im »Kleinen deutschen Münzkatalog«.

DANZIG

1793 kam bei der 2. Teilung Polens die bisher ziemlich autonome Stadt Danzig an Preußen, wurde jedoch durch den Frieden von Tilsit 1807 wieder staatsrechtlich »Freie Stadt«. Preußen erhielt 1814 die Stadt zurück. Nach dem 1. Weltkrieg 1914–1918 wurde Danzig vom Deutschen Reich getrennt und 1920 wiederum zur Freien Stadt erklärt, was Danzig bis zur Eingliederung ins Reich 1939 blieb. Nach dem 2. Weltkrieg wurde die Stadt 1945 polnischer Verwaltung unterstellt. Bis 1923 galt in Danzig die im Deutschen Reich bestehende Währung; die Nrn. 1 und 2 sind Notmünzen auf Mark-Basis. Nach der Inflation wurde 1923 der Danziger Gulden eingeführt, der sich am englischen Pfund (25 Danziger Gulden = 1 Pfund Sterling) orientierte. Nach dem Anschluß ans Reich galt wieder die Reichswährung.

100 Pfennig = 1 Mark;
seit 1923: 100 Pfennig(e) = 1 Danziger Gulden

		SS	VZ
1 (D1a)	10 Pfennig (Zink) 1920. Ovales Stadtwappen, darüber Engelskopf, Jahreszahl. Rs. Ziffern in Wertkästchen	**70,–**	**115,–**

2 (D1b) 10 Pfennig (Zink) 1920. Stadtwappen und Jahreszahl. Rs. Große Wertziffern **500,– 850,–**

100 Pfennig(e) = 1 Danziger Gulden

3 (D2) 1 Pfennig (Bro) 1923–1937. Wappenbild. Rs. Wertangabe **10,– 15,–**

		SS	VZ
4 (D3)	2 Pfennige (Bro) 1923–1937. Typ wie Nr. 3	**10,–**	**16,–**

5 (D4) 5 Pfennige (K-N) 1923, 1928. Wappenbild und Jahreszahl innerhalb eines gotischen Pfeilergrundrisses **10,– 18,–**

6 (D5) 10 Pfennige (K-N) 1923. Typ wie Nr. 5 **12,– 22,–**

7 (D6) ½ Gulden (S) 1923, 1927. Kogge. 750er Silber, 2,5 g **60,– 100,–**

8 (D7) 1 Gulden (S) 1923. Gezackter Danziger Wappenschild, von Löwen gehalten und von einem Stern überhöht. Rs. Wertangabe, Kogge, darüber Stern. 750er Silber, 5 g **60,– 100,–**

		SS	VZ
9 (D8)	2 Gulden (S) 1923. Typ wie Nr. 8. 750er Silber, 10 g	**130,–**	**220,–**

10 (D9) 5 Gulden (S) 1923, 1927. Rs. Marienkirche. 750er Silber, 25 g **300,– 520,–**

11 (D10) 25 Gulden (G) 1923. Rs. Neptun mit Dreizack, Detail vom Neptunsbrunnen. 916⅔er Gold, 7,98 g **6000,– 8500,–**

Von den 1000 Ex. der Nr. 11 wurden 800 Ex. in polierter Platte hergestellt. Bisher sind noch keine Stücke in Normalprägung (Stempelglanz) bekannt geworden. Die im Handel vorkommenden Stücke in »vz« stammen aus der PP-Produktion.

12 (D12) 5 Pfennig (Al-Bro) 1932. Ostatlantischer Steinbutt oder Tarbutt (Bothus = Rhombus = Scophthalmus maximus – Bothidae). Rs. Wert **5,– 12,–**

13 (D13) 10 Pfennig (Al-Bro) 1932. Atlantischer Kabeljau (Gadus morrhua – Gadidae). Rs. Wert **5,– 14,–**

		SS	VZ
14 (D14)	½ Gulden (N) 1932. Wappenbild	**60,–**	**90,–**
15 (D15)	1 Gulden (N) 1932. Typ ähnlich Nr. 14	**60,–**	**90,–**

16 (D16) 2 Gulden (S) 1932. Rs. Kogge nach dem Stadtsiegel von 1399. 500er Silber, 10 g **380,– 850,–**

17 (D17) 5 Gulden (S) 1932. Rs. Marienkirche. 500er Silber, 15 g **750,– 1300,–**

18 (D18) 5 Gulden (S) 1932. Rs. Krantor. 500er Silber, 15 g **950,– 1550,–**

19 (D19) 5 Gulden (N) 1935. Kogge **500,– 880,–**

SS VZ

20 (D20) 10 Gulden (N) 1935. Rathaus 1400,– 2400,–

VZ ST

21 (D11) 25 Gulden (G) 1930. Neptun mit Dreizack. Detail vom Neptunsbrunnen. 916⅔er Gold, 7,98 g 22 000,– 28 000,–

SAARLAND

Im Jahre 1946 wurde das Saarland aus der französischen Besatzungszone ausgegliedert und politisch wie wirtschaftlich mit Frankreich verbunden. 1954 kam es zu Vereinbarungen über ein europäisches Saarstatut im Rahmen der gleichzeitig gegründeten Westeuropäischen Union (WEU). Die Bevölkerung des Saarlandes lehnte dieses Statut am 23. Oktober 1955 mit großer Mehrheit ab, wodurch die Rückkehr zu Deutschland und die politische Eingliederung als Bundesland am 1. Januar 1957 ermöglicht wurde; die wirtschaftliche Eingliederung konnte am 6. Juli 1959 vollzogen werden. Die Nrn. 1–4 waren in Paris nach französischem System geprägt worden.

100 Centimen = 1 Franken

SS VZ

1 (801) 10 Franken (Al-Bro) 1954. Zechenanlage, Wappen 4,– 10,–

2 (802) 20 Franken (Al-Bro) 1954. Typ wie Nr. 1 5,– 12,–

3 (803) 50 Franken (Al-Bro) 1954. Typ wie Nr. 1 30,– 45,–

SS VZ

4 (804) 100 Franken (K–N) 1955. Wappen auf radartiger Zeichnung 10,– 18,–

DEUTSCH-NEUGUINEA

Um britischen Maßnahmen zuvorzukommen, ließ Bismarck am 16. November 1884 die deutsche Flagge an der Nordostküste von Neuguinea hissen. Mit Großbritannien getroffene Abmachungen grenzten sodann die gegenseitigen Interessen ab. Im Mai 1885 erhielt die deutsche Neuguinea-Kompanie einen kaiserlichen Schutzbrief, 1899 trat sie aber ihre Hoheitsbefugnisse an das Deutsche Reich ab. Im Ersten Weltkrieg wurde Deutsch-Neuguinea (bestehend aus Kaiser-Wilhelm-Land auf der Hauptinsel, dem Bismarck-Archipel und den Nordsalomonen) von Australien besetzt; 1921 wurde die von Australien als Besatzungsmacht ausgeübte deutsche Hoheit durch ein Völkerbundsmandat ersetzt, mit dem Australien betraut wurde; 1975 wurde Neuguinea mit dem südlichen Nachbargebiet (Papua) zusammen in die Unabhängigkeit entlassen. Die Münzen wurden in Berlin geprägt; mit Ausnahme der Nr. 3 entsprachen sie dem deutschen Münzsystem.

100 Neu-Guinea Pfennig = 1 Neu-Guinea Mark

SS VZ

1 (701) 1 Neu-Guinea-Pfennig (K) 1894. NEU-GUINEA/COMPAGNIE, gekreuzte Palmzweige 85,– 180,–

2 (702) 2 Neu-Guinea-Pfennig (K) 1894. Typ wie Nr. 1 110,– 210,–

3 (703) 10 Neu-Guinea-Pfennig (K) 1894. Großer Paradiesvogel (Paradisea apoda – Paradisaeidae). Rs. Wertangabe zwischen Palmzweigen 120,– 240,–

4 (704) ½ Neu-Guinea-Mark (S) 1894. Typ wie Nr. 3 240,– 450,–

5 (705) 1 Neu-Guinea-Mark (S) 1894. Typ wie Nr. 3 260,– 425,–

6 (706) 2 Neu-Guinea-Mark (S) 1894. Typ wie Nr. 3 500,– 900,–

7 (707) 5 Neu-Guinea-Mark (S) 1894. Typ wie Nr. 3 1400,– 3500,–

8 (708) 10 Neu-Guinea-Mark (G) 1895. Typ wie Nr. 3 10 000,– *16 000,–*

9 (709) 20 Neu-Guinea-Mark (G) 1895. Typ wie Nr. 3 11 000,– *17 000,–*

DEUTSCH-OSTAFRIKA

Der europäische Einfluß in Ostafrika ist zuerst von Deutschen ausgeübt worden, indem vor allem Karl Peters sich um 1884 von eingeborenen Häuptlingen in Usambara Hoheitsrechte abtreten ließ. In einem deutsch-britischen Abkommen wurde 1886 dem Sultan von Sansibar ein Küstenstreifen zugebilligt, das Hinterland in Interessensphären aufgeteilt; der Sultan von Sansibar gab 1888 den Küstenstreifen frei, so daß die Deutsch-Ostafrikanische Gesellschaft Wirtschaft und Hoheitsrechte im ganzen späteren Tanganjika vermengen konnte. Aufstände führten zur Erklärung des Gebiets zum Schutzgebiet durch die Deutsche Regierung 1891, die erst 1907 eine zivile Kolonialverwaltung errichtete, aber nach einer guerillakriegsartigen Verteidigung im Ersten Weltkrieg das Schutzgebiet im Vertrag von Versailles dem Völkerbund herausgeben mußte, der es an Großbritannien als Mandatsgebiet weitergab; es erhielt den Namen Tanganyika Territory.

Ausgaben der Deutsch-Ostafrikanischen Gesellschaft

64 Pesa = 1 Rupie; seit 28. Februar 1904: 100 Heller = 1 Rupie

		SS	VZ
1 (710)	1 Pesa (K) n. H. 1307/1890–1309/1892. Reichsadler, Name der Gesellschaft. Rs. Inschrift »Sharikat Almanya« in Suaheli, darunter »sanat« und Jahreszahl	14,–	28,–

2 (711)	¼ Rupie (S) 1891–1901. Kaiser Wilhelm II. (1859–1941), mit Adlerhelm. Rs. Wappen mit Palme und schreitendem Löwen	50,–	100,–
3 (712)	½ Rupie (S) 1891–1901. Typ wie Nr. 2	90,–	170,–
4 (713)	1 Rupie (S) 1890–1902. Typ wie Nr. 2	70,–	140,–
5 (714)	2 Rupien (S) 1893, 1894. Typ wie Nr. 2	800,–	1600,–

Ausgaben des Auswärtigen Amtes

		SS	VZ
6 (715)	½ Heller (Bro) 1904–1906. Deutsche Kaiserkrone	12,–	30,–
7 (716)	1 Heller (Bro) 1904–1913. Typ wie Nr. 6	5,–	10,–
8 (717)	5 Heller (Bro) 1908, 1909. Typ wie Nr. 6	80,–	140,–

		SS	VZ
9 (718)	5 Heller (K–N) 1913, 1914. Deutsche Kaiserkrone über geteilter Jahreszahl (mit Loch)	38,–	60,–
10 (719)	10 Heller (K–N) 1908–1914. Typ wie Nr. 9 (mit Loch)	32,–	60,–

11 (720)	¼ Rupie (S) 1904–1914. Kaiser Wilhelm II. mit Adlerhelm	55,–	75,–
12 (721)	½ Rupie (S) 1904–1914. Typ wie Nr. 11	90,–	160,–
13 (722)	1 Rupie (S) 1904–1914. Typ wie Nr. 11	50,–	90,–

Notprägungen

Nrn. 14—19 wurden 1916 in der Eisenbahnwerkstätte Tabora (Mzz. T) unter Leitung des Bergbauexperten Friedrich Schumacher geprägt. Die Nr. 14 besteht aus Sekenke-Gold; für die Kleinmünzen dienten alte Patronen- und Granathülsen sowie Rohre, Beschläge und Bleche aus Schiffswracks als Rohmaterial.

14 (728)	15 Rupien (G) 1916. Afrikanischer Elefant (Loxodonta africana – Elephantidae) vor dem Kilimandscharo	1600,–	2600,–

15 (723)	5 Heller (Me) 1916. Deutsche Kaiserkrone, Jahreszahl und Abkürzung D. O. A. für Deutsch-Ostafrika. Rs. Wertangabe zwischen gekreuzten Zweigen	15,–	30,–

		SS	VZ
16 (724)	20 Heller. 1916. Typ wie Nr. 15. Bebänderte große Krone:		
	a) (Me) Kupferlegierungen	30,–	50,–
	b) Kupfer	90,–	200,–

17 (725)	20 Heller. 1916. Typ wie Nr. 16, jedoch unter HELLER nur je ein Blatt am Zweig:		
	a) (Me) Kupferlegierungen	20,–	35,–
	b) Kupfer	–,–	–,–

18 (726)	20 Heller. 1916. Typ wie Nr. 16, jedoch bebänderte kleine Krone:		
	a) (Me) Kupferlegierungen	18,–	30,–
	b) Kupfer	–,–	–,–

		SS	VZ
19 (727)	20 Heller. 1916. Typ wie Nr. 18, jedoch unter HELLER nur je ein Blatt am Zweig:		
	a) (Me) Kupferlegierungen	15,–	30,–
	b) Kupfer	20,–	45,–

Anm.: Von 1634700 geprägten Münzen der Nrn. 16–19 bestehen 80% der Stücke aus Messing (Kupferlegierungen mit einem Kupferanteil von ca. 69 bis 84 v. H., Rest hauptsächlich Zink) und 20% aus Kupfer (Kupferanteil 99 v. H.). In der 2. Prägephase, als die Messingbestände knapp zu werden begannen, brachte man neben Messing auch Reinkupferstücke aus; schließlich wurde nach dem Aufbrauch des Messings nur noch Kupfer vermünzt.

Die Münzen der Nrn. 16–19 werden oftmals nach dem Augenschein beurteilt (Messing bzw. Kupfer). Eine eindeutige Zuordnung hingegen ist aber allein durch eine Analyse möglich.

Literatur: Balke, E.: Die Notmünzen von Deutsch-Ostafrika: In Money Trend 3/1988, S. 10 ff.

KIAUTSCHOU

Zur Vergeltung für die Ermordung zweier Missionare in Schantung 1897 besetzte Deutschland militärisch die Bucht von Kiautschou in der Provinz Schantung an der Gelben See; das Gebiet (303 km²) wurde daraufhin von China an das Deutsche Reich auf 99 Jahre verpachtet. Der Hauptort Tsingtau wurde 1899 zum Freihafen erklärt, mußte am 7. November 1914 vor dem japanischen Angriff kapitulieren und blieb in japanischer Gewalt, bis Kiautschou 1922 an China zurückgegeben wurde.

100 Cents = 1 Mexikanischer Peso (Dollar, Piaster)

		SS	VZ
1 (729)	5 Cents (K–N) 1909. Reichsadler auf Anker. Rs. Chinesische Schriftzeichen	120,–	180,–
2 (730)	10 Cents (K–N) 1909. Typ wie Nr. 1	120,–	180,–

Deutsche Besatzungsausgaben in den besetzten Gebieten 1914/1918

BELGIEN

Im Ersten Weltkrieg war fast ganz Belgien von deutschen Truppen besetzt. Am 26. August 1914 (6 Tage nach dem Einmarsch in Brüssel) wurde durch Kabinettsorder ein Generalgouverneur für die besetzten Gebiete Belgiens in der Person eines Freiherrn von der Goltz ernannt; er wurde am 10. Dezember 1914 durch Moritz Frhr. von Bissing (* 1844, † 18. 4. 1917) ersetzt, auf den nach dessen Tode Frhr. von Falkenhausen bis zum Zusammenbruch (November 1918) folgte. Unter dem 21. März 1917 wurde Belgien in zwei Regionen geteilt, um die Sprachverschiedenheit zwischen Flamen und Wallonen auszunützen. Die deutsche Besatzung versuchte sich auf den am 4. Februar 1917 gegründeten »Raad van Vlaanderen« zu stützen.
Die seinerzeit ausgegebenen, in Brüssel geprägten Münzen wurden erst am 13. August 1922 außer Kurs gesetzt.

100 Centimes (Centiemen) = 1 Franc (Frank)

		SS	VZ
1 (608)	5 Centimes (Zink) 1915, 1916. Wappenlöwe. Rs. Wert	6,–	10,–
2 (609)	10 Centimes (Zink) 1915–1917. Typ wie Nr. 1	5,–	9,–
3 (610)	25 Centimes (Zink) 1915–1918. Typ wie Nr. 1	6,–	10,–

4 (611)	50 Centimes (Zink) 1918. Fünfstrahliger Stern. Rs. Lorbeerzweig, Wappen (mit Loch)	12,–	30,–

GEBIET DES OBERBEFEHLSHABERS OST

Das Gebiet des Oberbefehlshabers Ost umfaßte die von den deutschen Truppen besetzten Teile des Russischen Reichs, insbesondere Kurland, Livland und Litauen.

100 Kopeken = 1 Rubel

1 (601)	1 Kopeke (E) 1916. Inschrift Gebiet des Oberbefehlshabers Ost, Eichenzweige. Rs. Wert und Jahreszahl in Eisernem Kreuz	8,–	18,–
2 (602)	2 Kopeken (E) 1916. Typ wie Nr. 1	10,–	20,–
3 (603)	3 Kopeken (E) 1916. Typ wie Nr. 1	8,–	18,–

Deutsche Besatzungsausgaben in den besetzten Gebieten 1939/1945

ALLGEMEINE AUSGABEN

Rechtsgrundlage für die Ausgabe von Reichskreditkassenmünzen war die Verordnung über Reichskreditkassen vom 3. Mai 1940 in der Fassung vom 15. Mai 1940. Die ursprüngliche Fassung hatte nur die Ausgabe von Reichskreditkassenscheinen für die besetzten Gebiete in Dänemark und Norwegen vorgesehen; unter dem 15. Mai wurde die Ausgabe von Reichskreditkassenmünzen unter Ausdehnung des Geltungsbereichs der erwähnten Verordnung vom 3. Mai auf Belgien, Frankreich, Luxemburg und die Niederlande gleichzeitig mit dem Erlaß der Verordnung über die Errichtung und den Geschäftskreis von Reichskreditkassen in den besetzten Gebieten autorisiert. Die Ausdehnung auf die eingegliederten Ostgebiete erfolgte unter dem 20. Mai 1940 (Reichsgesetzblatt Teil I, S. 743, 770—774).

		SS	VZ
1 (618)	5 Reichspfennig (Zink) 1940, 1941. Hakenkreuz. Rs. Adlerkopf, Eichenblätter mit Eicheln, Wertangabe (mit Loch)	40,—	55,—
2 (619)	10 Reichspfennig (Zink) 1940, 1941. Typ wie Nr. 1 (mit Loch)	40,—	60,—

PROTEKTORAT BÖHMEN UND MÄHREN

Einen Tag nach dem am 15. März 1939 erfolgten militärischen Einmarsch in die Tschechoslowakei, die bereits am 10. Oktober 1938 die sudetendeutschen Randgebiete an das Deutsche Reich hatte abtreten müssen, erklärte Adolf Hitler in Prag die Tschechoslowakische Republik für beendet und ein Protektorat Böhmen und Mähren an deren Stelle für errichtet. Die deutsche Besatzung von Prag kapitulierte am 8. Mai 1945 vor den Aufständischen. Die mit deutscher und tschechischer Umschrift versehenen Münzen wurden in Lissa von der Firma Vichr geprägt.

100 Heller = 1 Krone

1 (620)	10 Heller (Zink) 1940–1944. Wappenlöwe. Rs. Karlsbrücke in Prag	3,–	6,–

2 (621)	20 Heller (Zink) 1940–1944. Wappenlöwe. Rs. Weizengarbe	2,–	5,–

3 (622)	50 Heller (Zink) 1940–1944. Wappenlöwe. Rs. Lindenzweige und Weizenähren	3,–	8,–

			SS	VZ
4 (623)	1	Krone (Zink) 1941–1944. Wappenlöwe. Rs. Lindenzweige	**4,–**	**7,–**

GENERALGOUVERNEMENT

Nach dem zwischen Molotow und Ribbentrop am 28. September 1939 unterzeichneten Protokoll wurde der Rest des polnischen Staates, den Hitlerdeutschland und die Sowjetunion übriggelassen hatten, zu einem »Generalgouvernement« ohne ethnischen Namen unter deutscher Verwaltung erklärt, dessen Hauptstadt Krakau war. Das Generalgouvernement zerfiel in die vier Distrikte Krakau, Warschau, Lublin und Radom. Münzstätte: Warschau (Msz. Pfeil). Ausgabe mit Bekanntmachung vom 23. April 1940.

100 Groszy = 1 Zloty

1 (624)	1	Grosz (Zink) 1939. Polnischer Adler. Rs. Wert zwischen Zweigen	**5,–**	**12,–**
2 (628)	5	Groszy (Zink) 1939. Rs. Wert zwischen Zweigen (mit Loch)	**6,–**	**15,–**
3 (625)	10	Groszy (Zink) 1923. Polnischer Adler. Rs. Wert im Kranz	**1,–**	**3,–**

4 (626)	20	Groszy (Zink) 1923. Typ wie Nr. 3	**2,–**	**3,–**
5 (627)	50	Groszy 1938. Typ wie Nr. 3:		
		a) 1938 (E, vernickelt), mit Pfeil	**6,–**	**15,–**
		b) 1938 (E, vernickelt), ohne Pfeil	**6,–**	**15,–**
		c) 1938 (E), ohne Pfeil	**6,–**	**15,–**

Anm.: Nr. 5 soll im Posener Raum bereits im Frühjahr 1939 von der Zahlstelle des 37. polnischen Infanterieregiments ausgegeben worden sein.

Lit.: Geldgeschichtliche Nachrichten, Mai 1988, S. 142.

AUSGABEN FÜR DAS GHETTO LITZMANNSTADT

Lodz

Litzmannstadt lag im Reichsgau Wartheland, dessen Hauptstadt Posen war. Für den eigenen Bedarf wurden im Ghetto von Litzmannstadt von der jüdischen Selbstverwaltung 1942–1943 Münzen herausgegeben.

Von den Nrn. 3–5 existieren Stücke in stark abweichenden Gewichten, von Nr. 2 in anderem Metall. Diese Prägungen zeigen ein dünnes Schriftbild, unsauberen Stempelschnitt sowie einen verkürzten Querbalken des »E« und müssen daher als neuere Nachahmungen betrachtet werden.

			SS	VZ
1	10	Pfennig (Mg) 1942. Davidstern mit Ähren, Umschrift Litzmannstadt-Getto · 1942. Rs. Wert und Inschrift DER ÄLTESTE DER JUDEN sowie Eichenblätter mit kleinem Davidstern, Ø 21 mm	**280,–**	**400,–**

Diese Münze wurde zurückgezogen, weil der Reichsstatthalter im Wartheland Anstoß an der Rückseite nahm, die dem deutschen 10-Pfennig-Stück ähnelte.

2	10	Pfennig (Mg) 1942. Davidstern mit Jahreszahl im Kreis, Umschrift wie Nr. 1. Rs. Wert und Umschrift QUITTUNG ÜBER · PFENNIG, Ø 18,9 mm, 0,77 g	**130,–**	**200,–**

3	5	Mark (Al) 1943. Großer gefüllter Davidstern schräg über runder Schmuckeinfassung, daneben Inschrift GETTO 1943. Rs. Wertangabe mit darüberliegendem Schriftband QUITTUNG ÜBER, Umschrift DER ÄLTESTE DER JUDEN · IN LITZMANNSTADT	**20,–**	**40,–**

4	10	Mark (Al) 1943. Typ wie Nr. 3	**30,–**	**60,–**
5	20	Mark (Al) 1943. Typ wie Nr. 3	**110,–**	**200,–**

Dominica Dominica Dominique

Fläche: 790 km²; 87 000 Einwohner.
Dominica, die größte Insel der Kleinen Antillen, wurde am 3. November 1493 von Kolumbus entdeckt. Die Insel ist ununterbrochen seit 1783 britisch und seit 1. März 1967 einer der »West India Associated States«. Dominica ist Mitglied der Karibischen Freihandelszone (CARIFTA) und mit den Ländern Antigua, Barbados, Grenada, Montserrat, St. Christopher-(Kitts-)Nevis-Anguilla, St. Lucia und St. Vincent zum Währungsgebiet des Ostkaribischen Dollars zusammengeschlossen. Emissionsinstitut für das gesamte Währungsgebiet ist die East Caribbean Currency Authority mit dem Sitz in Bridgetown auf Barbados. Am 3. November 1978 wurde Dominica unabhängig. Hauptstadt: Roseau.

100 Cents = 1 Ostkaribischer Dollar

Zur Einweihung der Karibischen Entwicklungsbank für den FAO-Münz-Plan

ST PP

1 (4*) 4 Dollars (K-N) 1970. Staatswappen mit Schildhaltern und Helmzier, am 21. 7. 1961 eingeführt. Rs. Bananen, Zuckerrohr, Wertangabe 25,– *80,–*

* Diese Nummer entspricht der Yeoman-Katalogisierung unter »East Caribbean Territories«.

Unabhängige Republik
Dominicanischer Bund
Commonwealth of Dominica

Zur Erlangung der Unabhängigkeit (4)

2 (5) 10 Dollars (S) 1978. Elisabeth II., Datum der Unabhängigkeit. Rs. Tänzer mit historischen karibischen Karnevalskostümen. 925er Silber, 20,5 g (3500 Ex.):
a) [RCM], o. Msz. 50,– 70,–
b) CHI 70,–

3 (6) 20 Dollars (S) 1978. Rs. Luftschiff »Graf Zeppelin« LZ 127 zwischen den Kontinenten Europa und Amerika (50. Jahrestag des Transatlantikfluges). 925er Silber, 41 g (1500 Ex.):
a) [RCM] stilisiertes Ahornblatt und »925« 160,– 160,–
b) CHI 160,–

ST PP

4 (7) 150 Dollars (G) 1978. Rs. Sisserou oder Kaiserpapagei (Amazona imperialis – Psittacidae) auf Landkarte von Dominica. 900er Gold, 9,6 g [RCM, CHI] (700 Ex.) 400,– 550,–

5 (8) 300 Dollars (G) 1978. Rs. Staatswappen mit Schildhaltern und Helmzier. 900er Gold, 19,2 g (1300 Ex.) 800,– 850,–

Zum Nahostfrieden und zum Besuch von Papst Johannes Paul II. (4)

6 (9) 10 Dollars (S) 1979. Rs. Papst Johannes Paul II., CHI (4600 Ex.) 50,– 65,–

7 (10) 20 Dollars (S) 1979. Rs. Jimmy Carter, Anwar es-Sadat (1918–1981), Staatspräsident Ägyptens und Menahem Begin (1913–1992), Ministerpräsident Israels 1977–1983, CHI (400 Ex.) 160,– 180,–

8 (11) 150 Dollars (G) 1979. Typ wie Nr. 7, CHI (200 Ex.) 550,– 600,–

9 (12) 300 Dollars (G) 1979. Typ wie Nr. 6, CHI (5300 Ex.) 750,– 850,–

Zum Besuch des britischen Königspaares (2)

10 10 Dollars 1985. Elisabeth II. Rs. Staatswappen:
a) (S) 925 fein, 28,28 g 140,–
b) (K-N) 20,–

11 500 Dollars (G) 1985. Typ wie Nr. 10. 916⅔er Gold, 47,54 g (250 Ex.) *2200,–*

Vogelwelt der Karibik

12 100 Dollars (S) 1988. Rs. Sisserou oder Kaiserpapagei. 925er Silber, 129,5978 g 240,–

Dominican Republic Dominikanische Republik Dominicaine

República Dominicana

Fläche: 48734 km²; 6250000 Einwohner.
Staat auf dem östlichen Teil der Antilleninsel Hispaniola, welcher nach spanischer, französischer und haitianischer Herrschaft 1844 und nach nochmaliger spanischer Herrschaft (»Guerra de la Restauración«)1865 eine von ständigen Unruhen begleitete Unabhängigkeit erlangte. Somit kam es 1905/07 zur Finanzaufsicht und 1916 zur bewaffneten Intervention durch die Vereinigten Staaten von Amerika, die bis 1924, und in Form eines Protektorates bis 1929, andauerte. Eine indirekte Kontrolle unter der Bezeichnung »Finanzberatung« dauerte bis 1934. Das Münzgeld der Vereinigten Staaten von Amerika wurde schon ab 1. Juli 1897 zum gesetzlichen Zahlungsmittel gemacht, und erst 1937 gab es wieder eigene Münzen, die aber mit dem Dollar und seinen Teilstücken in Größe und Metallzusammensetzung übereinstimmen. Seit 1. Februar 1948 gilt der Peso wieder als alleiniges gesetzliches Zahlungsmittel.
Hauptstadt: Santo Domingo (während der Trujillo-Ära bis 1961 umbenannt in Ciudad Trujillo).

100 Centavos = 1 Dominikanischer Peso (Peso Oro, Peso Dominicano)

			SS	VZ
1 (15)	1	Centavo (Bro) 1937, 1939, 1941, 1942, 1944, 1947, 1949, 1951, 1952, 1955—1957, 1959, 1961. Staatswappen. Rs. Kokospalme (Cocos nucifera — Palmae)	**1,—**	**2,—**
2 (16)	5	Centavos (K-N) 1937, 1939, 1951, 1956, 1959, 1961, 1971, 1972, 1974. Rs. Taino-Indianer mit Federkopfschmuck	**—,80**	**1,50**
3 (16a)	5	Centavos (S) 1944. Typ wie Nr. 2, jedoch Schrägstrich durch C der Währungsbezeichnung. 350er Silber, 5 g	**10,—**	**25,—**
4 (17)	10	Centavos (S) 1937, 1939, 1942, 1944, 1951—1953, 1956, 1959, 1961. Typ wie Nr. 2. 900er Silber, 2,5 g	**3,—**	**6,—**
5 (18)	25	Centavos (S) 1937, 1939, 1942, 1944, 1947, 1951, 1952, 1956, 1960, 1961. Typ wie Nr. 2. 900er Silber, 6,25 g	**8,—**	**12,—**
6 (19)	½	Peso (S) 1937, 1944, 1947, 1951, 1952, 1959—1961. Typ wie Nr. 2. 900er Silber, 12,5 g	**15,—**	**20,—**
7 (20)	1	Peso (S) 1939, 1952. Typ wie Nr. 2. 900er Silber, 26,7 g	**40,—**	**52,—**

25. Jahrestag der Trujillo-Ära (2)

			SS	VZ
8 (21)	1	Peso (S) 1955. Staatswappen. Rs. Dr. Rafael Leonidas Trujillo y Molina (1891—1961), Staatspräsident und Diktator 1930—1961	**70,—**	**120,—**
9 (22)	30	Pesos (G) 1955. Rs. Dr. Rafael L. Trujillo, Kopfbild n. l. 900er Gold, 29,622 g	**760,—**	**900,—**

Nr. 9, polierte Platte –,–

100. Jahrestag der Restauration der Republik (6)

			SS	VZ
10 (23)	1	Centavo (Bro) 1963. Staatswappen und Gedenktext CENTENARIO DE LA RESTAURACION DE LA REPUBLICA 1863–1963. Rs. wie Nr. 2	**–,50**	**1,–**
11 (24)	5	Centavos (K-N) 1963. Typ wie Nr. 10	**1,–**	**2,–**
12 (25)	10	Centavos (S) 1963. Typ wie Nr. 10. 650er Silber, 2,5 g	**3,–**	**5,–**
13 (26)	25	Centavos (S) 1963. Typ wie Nr. 10. 650er Silber, 6,25 g	**7,–**	**10,–**

			SS	VZ
14 (27)	½	Peso (S) 1963. Typ wie Nr. 10. 650er Silber, 12,5 g	**15,—**	**22,—**
15 (28)	1	Peso (S) 1963. Typ wie Nr. 10. 650er Silber, 26,7 g	**30,—**	**50,—**

			VZ	ST
16 (A16)	1	Centavo (Bro) 1968, 1971, 1972, 1975. Staatswappen. Rs. Taino-Indianer mit Federkopfschmuck, Wertangabe, Jahreszahl	**—,40**	**—,50**
17 (17a)	10	Centavos (K-N) 1967, 1973—1975. Typ wie Nr. 16	**—,40**	**—,50**
18 (18)	25	Centavos (K-N) 1967—1974. Typ wie Nr. 16:		
		a) (Y 18a) glatter Rand, 1967, 1972	**1,—**	**2,—**
		b) (Y 18b) Riffelrand, 1974	**—,70**	**1,—**

		VZ	ST
19 (19)	½ Peso (K-N) 1967–1975. Typ wie Nr. 16:		
	a) (Y 19a) glatter Rand, 1967, 1968	2,–	5,–
	b) (Y 19b) Riffelrand, 1973, 1975	1,–	2,–

Nrn. 16, 2, 18a, 22 von 1972, polierte Platte (500 Ex.) 180,–
Nrn. 17 und 19b von 1973, polierte Platte (500 Ex.) 120,–
Nrn. 2 und 18b von 1974, polierte Platte (500 Ex.) 100,–

Für den FAO-Münz-Plan

20 (29) 1 Centavo (Bro) 1969, Inschrift: PRODUZCAMOS MAS ALIMENTOS [Heaton] 1,– 1,50

125. Jahrestag der Republik

21 (30) 1 Peso (K-N) 1969. Staatswappen, Gedenkumschrift. Rs. Altes Fort 9,– 15,–

25 Jahre Zentralbank (Banco Central de la República

		ST	PP
22 (31)	1 Peso (S) 1972. Staatswappen, Gedenkumschrift, Jahreszahlen 1947–1972. Rs. Hauptportal der Alten Münze (Casa de la Moneda), Wertangabe. 900er Silber, 26,7 g [RM]	38,–	*70,–*

XII. Mittelamerikanische und Karibische Sportspiele in Santo Domingo 27. 2.–13. 3. 1974 (2)

23 (32) 1 Peso (S) 1974. Staatswappen. Rs. Stadtwappen von Santo Domingo auf Landkartenumriß der Dominikanischen Republik und 23 Strahlen, die beteiligten Nationen versinnbildlichend. 900er Silber, 26,7 g [RM] 35,– *60,–*

24 (33) 30 Pesos (G) 1974. Rs. Emblem der Sportspiele, Zweckumschrift, Wertangabe, Jahreszahl. 900er Gold, 11,7 g [RM] 450,– *600,–*

16. Zusammenkunft der Notenbankdirektoren Interamerikanischer Banken im Mai 1975

25 (34) 10 Pesos (S) 1975. Staatswappen. Rs. Motiv der ersten auf Hispaniola geschlagenen Münze. 900er Silber, 28 g [RM] 35,– 60,–

Auf die Eröffnung der Gold- und Silbermine in Pueblo Viejo (2)

26 (35) 10 Pesos (S) 1975. Staatswappen, Jahreszahl, Umschrift PLATA INICIAL EXPLOTACION MINA PUEBLO VIEJO: Rs. Taino-Kunstwerk. 900er Silber, 30 g [CHI] 40,– 60,–

27 (36) 100 Pesos (G) 1975. Staatswappen, Jahreszahl, Umschrift ORO INICIAL EXPLOTACION MINA PUEBLO VIEJO. Rs. Taino-Kunstwerk. 900er Gold, 10 g [CHI] 450,– 500,–

Private Probeprägung in Platin, Gold, Silber, Silber Piéfort, Bronze und Aluminium zu 500 Pesos zum Staatsbesuch des spanischen Königspaares im Mai 1976 vorkommend.

100. Todestag von Juan Pablo Duarte – 1. Ausgabe (6)

		VZ	ST
28 (37)	1 Centavo (Bro) 1976. Staatswappen. Rs. Juan Pablo Duarte (1813–1876), Nationalheld	–,30	–,50
29 (38)	5 Centavos (K-N) 1976. Typ wie Nr. 28	–,30	–,50
30 (39)	10 Centavos (K-N) 1976. Typ wie Nr. 28 [Stuttgart]	–,50	1,–
31 (40)	25 Centavos (K-N) 1976. Typ wie Nr. 28	1,–	2,–
32 (41)	½ Peso (K-N) 1976. Typ wie Nr. 28	2,50	4,–
33 (42)	1 Peso (K-N) 1976. Typ wie Nr. 28	6,–	10,–

Nrn. 28–33, polierte Platte 35,–

30 Jahre Zentralbank (Banco Central de la República Dominicana (2)

		ST	PP
34 (43)	30 Pesos (S) 1977. Staatswappen. Rs. Bankgebäude in Santo Domingo. 925er Silber, 78 g [CHI] (7000 Ex.)	60,–	120,–
A34	30 Pesos (G) 1977. Typ wie Nr. 34 Piéfort [CHI] (5 Ex.)		–,–

100. Todestag von Juan Pablo Duarte – 2. Ausgabe

		ST	PP
35 (44)	200 Pesos (G) 1977. Rs. Juan Pablo Duarte. 800er Gold, 31 g [CHI] (3000 Ex.)	**900,–**	**1000,–**

Private Probeprägungen in Gold, Silber, Silber Piéfort, Bronze und Aluminium zu 200 Pesos 1977 zum 100. Jahrestag der Auffindung der sterblichen Reste von Christoph Kolumbus vorkommend.

		VZ	ST
36 (45)	1 Centavo (Bro) 1978–1981. Typ wie Nr. 28, jedoch ohne Gedenkumschrift	–,30	–,50
37 (46)	5 Centavos (K-N) 1978–1981. Typ wie Nr. 36	–,30	–,50
38 (47)	10 Centavos (K-N) 1978–1981. Typ wie Nr. 36	–,40	–,90
39 (48)	25 Centavos (K-N) 1978–1981. Typ wie Nr. 36	1,20	1,70
40 (49)	½ Peso (K-N) 1978–1981. Typ wie Nr. 36	2,50	3,20
41 (50)	1 Peso (K-N) 1978–1981. Typ wie Nr. 36	5,50	8,50

Nrn. 36–41 von 1978, polierte Platte 45,–

Nrn. 36–41 von 1980, polierte Platte 50,–

		PP
42 (45a)	1 Centavo (S) 1978–1981. Typ wie Nr. 36. 900er Silber, 3,58 g (je 15 Ex.)	–,–
43 (46a)	5 Centavos (S) 1978–1981. Typ wie Nr. 36. 900er Silber, 5,86 g (je 15 Ex.)	–,–
44 (47a)	10 Centavos (S) 1978–1981. Typ wie Nr. 36. 900er Silber, 2,95 g (je 15 Ex.)	–,–
45 (48a)	25 Centavos (S) 1978–1981. Typ wie Nr. 36. 900er Silber, 7,32 g (je 15 Ex.)	–,–
46 (49a)	½ Peso (S) 1978–1981. Typ wie Nr. 36. 900er Silber, 14,55 g (je 15 Ex.)	–,–
47 (50a)	1 Peso (S) 1978–1981. Typ wie Nr. 36. 900er Silber, 30,92 g (je 15 Ex.)	–,–

Zum Besuch von Papst Johannes Paul II. (3)

		ST	PP
48 (51)	25 Pesos (S) 1979. Rs. Brustbild des Papstes und Kathedrale. 925er Silber, 65 g (9000 Ex.)	**80,–**	**100,–**
49 (52)	100 Pesos (G) 1979. Typ wie Nr. 48. 900er Gold, 12 g (4000 Ex.)	**450,–**	**500,–**
50 (53)	250 Pesos (G) 1979. Typ wie Nr. 48. 900er Gold, 31,1 g (4000 Ex.)	**1100,–**	**1200,–**

Private Probeprägungen zu 100 Pesos 1980 (eine Feinunze Gold) – Enriquillo, Taino-Indianer. Rs. Säulen des Herakles – in Gold, Gold Piéfort (46,7 g), Silber, Silber Piéfort, Bronze und Aluminium vorkommend.

Internationales Jahr des Kindes 1979 (2)

51 (54) 10 Pesos (S) 1982. Rs. Schuljunge beim Zeichnen eines Hauses, Inschrift »ich möchte lernen«:

		PP
	a) 925er Silber, 23,3276 g (8712 Ex.)	60,–
	b) Piéfort, 925er Silber, 46,6552 g (178 Ex.)	*280,–*

52 (55) 200 Pesos (G) 1982. Rs. Paar in traditioneller Kleidung beim Merengue-Tanz:

		PP
	a) 900er Gold, 17,17 g (4290 Ex.)	580,–
	b) Piéfort, 900er Gold, 34,34 g (48 Ex.)	*2600,–*

35. Jahrestag der Allgemeinen Erklärung der Menschenrechte (12)

53 (61) 1 Centavo 1984, 1986, 1987. Staatswappen. Rs. Caonabo:

		ST	PP
	a) (Bro) 1984 [Mexiko], Mo	–,30	–,–
	b) (Zink, K galvanisiert) 1986, 1987 [RCM]	–,30	–,–
	c) (Bro) 1987 [RM], Hochkreuz, dreifach wiedergekreuzt	–,–	–,–
	d) (Bro) Piéfort, 1984 [Mexiko], Mo (300 Ex.)	–,–	–,–
	e) Piéfort, 1986, 1987 [RCM]	–,–	–,–
	f) (Zink, K galvanisiert) Piéfort, 1986 [RCM] (300 Ex.)	–,–	

54 (59) 5 Centavos (K-N) 1983, 1984, 1986, 1987. Rs. Francisco del Rosario Sanchez (1817–1861) und Ramon Matias Mella (1816–1864):

		ST	PP
	a) 1983 [RM], o. Msz.	–,50	–,–
	b) 1984 [Mexiko], Mo	–,50	–,–
	c) 1986 [RCM] (300 Ex.), 1987 [RCM]	–,50	–,–
	d) 1987 [RM], Hochkreuz, dreifach wiedergekreuzt	–,–	–,–
	e) Piéfort, 1983 [RM] (300 Ex.)	–,–	–,–
	f) Piéfort, 1984 [Mexiko], Mo (300 Ex.)	–,–	–,–
	g) Piéfort, 1986, 1987 [RCM]	–,–	–,–

			ST	PP
55 (60)	10	Centavos (K-N) 1983, 1984, 1986, 1987. Rs. Juan Pablo Duarte (1813–1876):		
		a) 1983 [RM], o. Msz.	**–,50**	–,–
		b) 1984 [Mexiko], Mo	**–,50**	–,–
		c) 1986 [RCM] (300 Ex.), 1987 [RCM]	**–,50**	–,–
		d) 1987 [RM], Hochkreuz, dreifach wiedergekreuzt	–,–	–,–
		e) Piéfort, 1983 [RM] (300 Ex.)	–,–	–,–
		f) Piéfort, 1984 [Mexiko], Mo (300 Ex.)	–,–	–,–
		g) Piéfort, 1986, 1987 [RCM]	–,–	–,–

			ST	PP
56 (56)	25	Centavos (K-N) 1983, 1984, 1986, 1987. Rs. Porträts der Geschwister Patria, Minerva und Maria Teresa Mirabal († 1960):		
		a) 1983 [RM], o. Msz.	**2,–**	–,–
		b) 1984 [Mexiko], Mo	**2,–**	–,–
		c) 1986 [RCM] (300 Ex.), 1987 [RCM]	**2,–**	–,–
		d) 1987 [RM], Hochkreuz, dreifach wiedergekreuzt	–,–	–,–
		e) Piéfort, 1983 [RM] (300 Ex.)	–,–	–,–
		f) Piéfort, 1984 [Mexiko], Mo (300 Ex.)	–,–	–,–
		g) Piéfort, 1986, 1987 [RCM]	–,–	–,–
57 (57)	1/2	Peso (K-N) 1983, 1984, 1986, 1987. Rs. Pedro Francisco Bono, Ulises Francisco Espaillat und Benigno F. de Rojas:		
		a) 1983 [RM], o. Msz.	**4,–**	–,–
		b) 1984 [Mexiko], Mo	**4,–**	–,–
		c) 1986 [RCM] (300 Ex.), 1987 [RCM]	**4,–**	–,–
		d) 1987 [RM], Hochkreuz, dreifach wiedergekreuzt	–,–	–,–
		e) Piéfort, 1983 [RM] (300 Ex.)	–,–	–,–
		f) Piéfort, 1984 [Mexiko], Mo (300 Ex.)	–,–	–,–
		g) Piéfort, 1986, 1987 [RCM]	–,–	–,–
58 (58)	1	Peso (K-N) 1983, 1984. Rs. Porträts von Montesinos, Enriquillo († 1535) und Lemba (zehneckig):		
		a) 1983 [RM], o. Msz.	**8,–**	–,–
		b) 1984 [Mexiko], Mo	**8,–**	–,–
		c) Piéfort, 1983 [RM] (300 Ex.)	–,–	–,–
		d) Piéfort, 1984 [Mexiko], Mo (300 Ex.)	–,–	–,–
59 (61a)	1	Centavo (S) 1984, 1986. Typ wie Nr. 53. 900er Silber, 2 g:		
		a) 1984 [Mexiko], Mo (100 Ex.)		–,–
		b) 1986 [RCM] (100 Ex.)		–,–
60 (59a)	5	Centavos (S) 1983, 1984, 1986, 1987. Typ wie Nr. 54:		
		a) 900er Silber, 5 g, 1983 [RM] (100 Ex.)		–,–
		b) 900er Silber, 5 g, 1984 [Mexiko] Mo (100 Ex.)		–,–
		c) 900er Silber, 5 g, 1986 [RCM] (100 Ex.)		–,–
		d) Piéfort, 925er Silber, 1987 [RM], Hochkreuz, dreifach wiedergekreuzt (300 Ex.)		–,–
61 (60a)	10	Centavos (S) 1983, 1984, 1986, 1987. Typ wie Nr. 55:		
		a) 900er Silber, 2,5 g, 1983 [RM] (100 Ex.)		–,–
		b) 900er Silber, 2,5 g, 1984 [Mexiko] Mo (100 Ex.)		–,–
		c) 900er Silber, 2,5 g, 1986 [RCM] (100 Ex.)		–,–
		d) Piéfort, 925er Silber, 1987 [RM], Hochkreuz, dreifach wiedergekreuzt (300 Ex.)		–,–
62 (56a)	25	Centavos (S) 1983, 1984, 1986, 1987. Typ wie Nr. 56:		
		a) 900er Silber, 6,25 g, 1983 [RM] (100 Ex.)		–,–
		b) 900er Silber, 6,25 g, 1984 [Mexiko] Mo (100 Ex.)		–,–
		c) 900er Silber, 6,25 g, 1986 [RCM] (100 Ex.)		–,–
		d) Piéfort, 925er Silber, 1987 [RM], Hochkreuz, dreifach wiedergekreuzt (300 Ex.)		–,–
63 (57a)	1/2	Peso (S) 1983, 1984, 1986, 1987. Typ wie Nr. 57:		
		a) 900er Silber, 12,5 g, 1983 [RM] (100 Ex.)		
		b) 900er Silber, 12,5 g, 1984 [Mexiko], Mo (100 Ex.)		
		c) 900er Silber, 12,5 g, 1986 [RCM] (100 Ex.)		
		d) Piéfort, 925er Silber, 1987 [RM], Hochkreuz, dreifach wiedergekreuzt (300 Ex.)		
64 (58a)	1	Peso (S) 1983, 1984. Typ wie Nr. 58. 900er Silber, 17 g:		
		a) 1983 [RM] (100 Ex.)		–,–
		b) 1984 [Mexiko], Mo (100 Ex.)		–,–

Zum gleichen Anlaß kommen private Probeprägungen von 1983 in Silber, Silber Piéfort, Kupfer und Kupfer Piéfort zu 100 Pesos (ähnlich wie Nr. 58) und 300 Pesos (ähnlich wie Nr. 56) vor.

Private Probeprägungen von 1984 zum 500. Jahrestag der Entdeckung Amerikas mit der Darstellung von Christoph Kolumbus zwischen Schiff und Flugzeug zu 50 Pesos (925er Silber, 31,1 g) und 500 Pesos (900er Gold, 13,333 g) vorkommend (je 10 Ex.).

XV. Mittelamerikanische und Karibische Sportspiele 1986 in Santiago de los Caballeros

			ST	PP
65 (62)	1	Peso 1986. Staatswappen, Wertangabe. Rs. Reiter vor Wappenschild, darunter Emblem der Sportspiele [RM]:		
		a) (St, N galvanisiert) 10 g	**5,–**	**25,–**
		b) (St, N galvanisiert) Piéfort, 20 g (300 Ex.)		*75,–*
		c) (K-N) 6,25 g (596 Ex.)	–,–	–,–
		d) (K-N) Piéfort, 12,5 g (25 Ex.)		–,–
		e) (K-N) 10 g (600 Ex.)	*48,–*	–,–
		f) (K-N) Piéfort, 20 g (25 Ex.)		–,–

500. Jahrestag der Entdeckung Amerikas – 1. Ausgabe (5)

			ST	PP
66	1	Peso 1988. Staatswappen, Wertangabe. Rs. Segelschiffe »Santa Maria«, »Niña« und »Pinta« auf See:		
		a) (S) Piéfort, 999 fein, 31,1 g (5300 Ex.)		**70,–**
		b) (K-N) 20 g (ST: 150 000 Ex., PP: 1500 Ex.)	**5,–**	**25,–**
67	1	Peso (G) 1988. Typ wie Nr. 66. 999er Gold, 31,1 g (20 Ex.)		–,–
68	100	Pesos (S) 1988. Rs. Kariben am Strand vor den ankommenden Schiffen der Entdecker:		
		a) 999er Silber, 155,53 g (5300 Ex.)		**180,–**
		b) Piéfort, 999er Silber, 311,06 g (100 Ex.)		**450,–**
69	100	Pesos (G) 1988. Typ wie Nr. 68. 999er Gold, 155,53 g (20 Ex.)		–,–

			ST	PP
70	500	Pesos (G) 1988. Rs. Christoph Kolumbus. 999er Gold, 31,1 g (2600 Ex.)		**1200,–**

		VZ	ST
71	1 Centavo (Zink, K galvanisiert) 1989. Staatswappen. Rs. Trigonolith	–,50	1,–

72 73 74

72	5 Centavos (St, N galvanisiert) 1989. Rs. Trommler	–,50	1,–
73	10 Centavos (St, N galvanisiert) 1989. Rs. Früchte des Landes	–,80	1,50
74	25 Centavos (St, N galvanisiert) 1989. Rs. Ochsenkarren	1,–	2,–

75	½ Peso (St, N galvanisiert) 1989. Rs. Kolumbus-Leuchtturm	3,–	5,–

		ST	PP
76	1 Centavo (S) 1989. Typ wie Nr. 71:		
	a) 925er Silber, 3,7 g (2600 Ex.)		–,–
	b) Piéfort, 925er Silber, 5,45 g (400 Ex.)		–,–
77	5 Centavos (S) 1989. Typ wie Nr. 72:		
	a) 925er Silber, 5,83 g (2600 Ex.)		–,–
	b) Piéfort, 925er Silber, 11,5 g (400 Ex.)		–,–
78	10 Centavos (S) 1989. Typ wie Nr. 73:		
	a) 925er Silber, 2,9 g (2600 Ex.)		–,–
	b) Piéfort, 925er Silber, 6 g (400 Ex.)		–,–
79	25 Centavos (S) 1989. Typ wie Nr. 74:		
	a) 925er Silber, 6,74 g (2600 Ex.)		–,–
	b) Piéfort, 925er Silber, 14,5 g (400 Ex.)		–,–
80	½ Peso (S) 1989. Typ wie Nr. 75:		
	a) 925er Silber, 14,65 g (2600 Ex.)		–,–
	b) Piéfort, 925er Silber, 29 g (400 Ex.)		–,–

500. Jahrestag der Entdeckung Amerikas – 2. Ausgabe (5)

		ST	PP
81	1 Peso 1989. Staatswappen, Wertangabe. Rs. Kariben im Kanu vor »Santa Maria«:		
	a) (S) Piéfort, 999er Silber, 31,1 g (10 000 Ex.)		70,–
	b) (K-N) 20 g	5,–	–,–
82	1 Peso (G) 1989. Typ wie Nr. 81. 999er Gold, 31,1 g (30 Ex.)		–,–
83	100 Pesos (S) 1989. Rs. Kolumbus mit Gefährten auf Erkundungsmarsch:		
	a) 999er Silber, 155,53 g (1500 Ex.)		200,–
	b) Piéfort, 999er Silber, 311,06 g (200 Ex.)		450,–
84	100 Pesos (G) 1989. Typ wie Nr. 83. 999er Gold, 155,53 g (30 Ex.)		–,–

85	500 Pesos (G) 1989. Rs. Ferdinand und Isabella. 999er Gold, 31,1 g (600 Ex.)		1200,–

Nr. 86 fällt aus.

		VZ	ST
87	5 Centavos (St, N galvanisiert) 1990. Rs. Trommler im Perlkreis [RCM]	–,50	1,–
88	10 Centavos (St, N galvanisiert) 1990. Rs. Früchte des Landes im Perlkreis [RCM]	–,80	1,50
89	25 Centavos (St, N galvanisiert) 1990. Rs. Ochsenkarren im Perlkreis [RCM]	1,–	2,–
90	½ Peso (St, N galvanisiert) 1990. Rs. Kolumbus-Leuchtturm im Perlkreis [RCM]	3,–	5,–

Nrn. 91–95 fallen aus.

3. Ausgabe (6)

96	1 Peso 1990. Rs. Kolumbus und Karibe:		
	a) (S) Piéfort, 999 fein, 31,1 g (max. 10 000 Ex.)		70,–
	b) (K-N) (max. 30 000 Ex.)	5,–	
97	1 Peso (G) 1990. Typ wie Nr. 96. 999er Gold, 31,1 g (max. 50 Ex.)		–,–
98	100 Pesos (S) 1990. Rs. Gründung der Festung »La Isabella«. 999er Silber, 155,53 g (max. 1000 Ex.)		–,–
99	100 Pesos (G) 1990. Typ wie Nr. 98. 999er Gold, 155,53 g (max. 50 Ex.)		–,–
100	500 Pesos (G) 1990. Rs. Wrack der »Santa Maria«, Schiffbrüchige im Beiboot. 917er Gold, 16,96 g (max. 1500 Ex.)		1200,–
101	500 Pesos (Pt) 1990. Typ wie Nr. 100. 999er Platin, 15,55 g (max. 50 Ex.)		–,–

Frühere Ausgaben siehe Weltmünzkatalog 19. Jahrhundert.

Djibouti Dschibuti Djibouti

Fläche: 22 000 km², 280 000 Einwohner.
Unter dem Namen Dschibuti erfolgte am 27. Juni 1977 die Unabhängigkeit des ehemaligen französischen Afar- und Issagebietes, frühere Ausgaben siehe dort. Hauptstadt: Dschibuti.

100 Centimes = 1 Dschibuti-Franc (Franc Djibouti)

Republik Dschibuti
République de Djibouti

			VZ	ST
1 (1)	1	Franc (Al) 1977. Staatswappen, 1977 eingeführt, Landesname, Jahreszahl. Rs. Leierantilope	**1,–**	**2,–**
2 (2)	2	Francs (Al) 1977. Typ wie Nr. 1	**1,–**	**2,–**
3 (3)	5	Francs (Al) 1977, 1986. Typ wie Nr. 1	**1,50**	**3,–**
4 (4)	10	Francs (Al-N-Bro) 1977, 1983. Rs. Arabische Dhau vor Passagierschiff:		
		a) feine Konturen, 1977	**2,50**	**4,–**
		b) nachgezogene Konturen, 1983	**2,50**	**4,–**
5 (5)	20	Francs (Al-N-Bro) 1977, 1982, 1983, 1986. Typ wie Nr. 4:		
		a) feine Konturen, 1977	**3,–**	**4,50**
		b) nachgezogene Konturen, 1982, 1983, 1986	**3,–**	**4,50**

			VZ	ST
6 (6)	50	Francs (K-N) 1977, 1982, 1983, 1986. Rs. Zwei Dromedare	**4,–**	**6,50**
7 (7)	100	Francs (K-N) 1977, 1983. Typ wie Nr. 6	**6,–**	**10,–**
8	500	Francs (Al-N-Bro) 1989. Rs. Wertangabe zwischen Palmzweigen	**10,–**	**18,–**

Frühere Ausgaben siehe unter *Afar- und Issagebiet.*

Ecuador

Ecuador **Equateur**

Fläche: 270 670 km²; 9 500 000 Einwohner.
Ehemals Teil des Inkareiches. Nach der Eroberung durch die Spanier wurde das Land zunächst Teil des Vizekönigreiches Peru und später Teil des Vizekönigreiches Neu-Granada. Nach der Erhebung gegen Spanien bis 1830 zu Groß-Kolumbien gehörend. Nach dem Tode der Befreiungsgenerale Bolivar und Sucre zerfiel die Republik Kolumbien in ihre drei Bestandteile: Neugranada, Venezuela und Ecuador. Die Äquator-Republik besteht seit dem 11. Mai 1830 aus den drei Departments Quito, Guayas (Guayaquil) und Assuay, deren Zahl sich im Laufe der Zeit weiter erhöht hat. Hauptstadt: Quito.

100 Centavos = 10 Decimos = 1 Sucre (Pesc), 25 Sucres = 1 Condor

Republik Ecuador
República del Ecuador

		SS	VZ
1 (27)	½ Decimo (S) 1893, 1894, 1897, 1899, 1902, 1905, 1912, 1915. Antonio José de Sucre y de Alcalá (1795–1830), Großmarschall von Ayacucho, Bürgermeister von Quito, Staatspräsident von Bolivien 1826–1828, Präsident der Verfassunggebenden Versammlung von Kolumbien 1830. Rs. Staatswappen mit Anden-Kondor (Vultur gryphus – Cathartidae). 900er Silber, 1,25 g	6,–	12,–
2 (28)	1 Decimo (S) 1884, 1889, 1890, 1892–1894, 1899, 1900, 1902, 1905, 1912, 1915, 1916. Typ wie Nr. 1. 900er Silber, 2,5 g	10,–	20,–

		SS	VZ
3 (29)	2 Decimos (S) 1884, 1889—1896, 1912, 1914—1916. Typ wie Nr. 1. 900er Silber, 5 g	10,—	18,—
4 (32)	10 Sucres (G) 1899, 1900. Typ wie Nr. 1. 900er Gold, 8,136 g	560,—	750,—
5 (33)	½ Centavo (K-N) 1909. Staatswappen. Rs. Wertangabe in Buchstaben im Kranz	9,—	20,—
6 (34)	1 Centavo (K-N) 1909. Typ wie Nr. 5	9,—	20,—
7 (35)	2 Centavos (K-N) 1909. Typ wie Nr. 5	10,—	25,—
8 (36)	2½ Centavos (K-N) 1917. Typ wie Nr. 5	25,—	55,—
9 (37)	5 Centavos (K-N) 1909, 1917, 1918. Typ wie Nr. 5:		
	a) 1909 (dickerer Schrötling)	6,—	12,—
	b) 1917	8,—	20,—
	1918	3,—	7,—
10 (39)	10 Centavos (K-N) 1918. Typ wie Nr. 5	20,—	36,—
11 (38)	5 Centavos (K-N) 1919. Staatswappen. Rs. Wertangabe mit Wertzahl im Kranz	2,—	5,—
12 (40)	10 Centavos (K-N) 1919. Typ wie Nr. 11	3,—	6,—

		SS	VZ
13 (41)	5 Centavos (K-N) 1924. Staatswappen. Rs. Simón Bolívar (1783—1830), Porträt n.r., Staatspräsident von Kolumbien 1810—1821	4,—	8,—
14 (42)	10 Centavos (K-N) 1924. Rs. Simón Bolívar, Porträt n.l.	3,—	6,—
15 (44)	1 Centavo (Bro) 1928. Typ wie Nr. 11	3,—	5,—
16 (45)	2½ Centavos (N) 1928. Typ wie Nr. 11	4,—	8,—
17 (46)	5 Centavos (N) 1928. Typ wie Nr. 13	2,—	4,—
18 (47)	10 Centavos (N) 1928. Typ wie Nr. 13	2,—	4,—
19 (48)	50 Centavos (S) 1928, 1930. A. J. de Sucre. Rs. Staatswappen. 720er Silber, 2,5 g	7,—	12,—
20 (49)	1 Sucre (S) 1928, 1930, 1934. Typ wie Nr. 19. 720er Silber, 5 g	9,—	15,—
21 (50)	2 Sucres (S) 1928, 1930. Typ wie Nr. 19. 720er Silber, 10 g	16,—	28,—
22 (43)	1 Condor (G) 1928. Simón Bolívar. Rs. Staatswappen. 900er Gold, 8,3592 g	500,—	800,—
23 (51)	5 Centavos (N) 1937. Staatswappen. (Berge flächig, Dampfer nach links). Rs. Wertzahl im Kranz	1,—	2,—
24 (52)	10 Centavos (N) 1937. Typ wie Nr. 23	2,—	5,—
25 (53)	20 Centavos (N) 1937. Typ wie Nr. 23	1,20	2,—
26 (54)	1 Sucre (N) 1937. Staatswappen. Rs. A. J. de Sucre im Kranz; Ø 26,5 mm	3,20	4,50
27 (51a)	5 Centavos (Me) 1942, 1944. Typ wie Nr. 23	3,—	6,—
28 (52a)	10 Centavos (Me) 1942. Typ wie Nr. 23	3,—	6,—
29 (53a)	20 Centavos (Me) 1942, 1944. Typ wie Nr. 23	2,50	4,—
30 (55)	2 Sucres (S) 1944. A. J. de Sucre. Rs. Staatswappen. 720er Silber, 10 g	15,–	22,–
31 (56)	5 Sucres (S) 1943, 1944. Typ wie Nr. 30. 720er Silber, 25 g	20,–	35,–

		SS	VZ
32 (51b)	5 Centavos (K-N) 1946. Typ wie Nr. 23	–,40	–,60
33 (52b)	10 Centavos (K-N) 1946. Typ wie Nr. 23	–,40	–,60
34 (53b)	20 Centavos (K-N) 1946. Typ wie Nr. 23	–,80	1,20
35 (54b)	1 Sucre. 1946, 1959. Typ wie Nr. 26:		
	a) (N) 1946; Ø 26 mm	3,–	4,–
	b) (K-N) 1959	3,–	4,–

		VZ	ST
36 (51c)	5 Centavos (St, N plattiert) 1970. Typ wie Nr. 23:		
	a) Landesname »Ecuador«	–,30	–,50
	b) Landesname »Ecador« (Fehlprägung)	–,–	–,–
37 (52c)	10 Centavos 1964, 1968, 1972, 1976. Typ wie Nr. 23:		
	a) (St, N plattiert) 1964, 1968, 1972	–,40	–,60
	b) (St, K-N plattiert) 1976	–,40	–,60
38 (53c)	20 Centavos (St, N plattiert) 1959, 1962, 1966, 1969, 1971, 1972, 1981. Typ wie Nr. 23	–,50	–,80
39 (57)	50 Centavos (St, N plattiert) 1963, 1971, 1974, 1977, 1979, 1982. Typ wie Nr. 23	–,60	1,–

40 (54c)	1 Sucre (St, N plattiert) 1964, 1970, 1971, 1974, 1978–1981. Typ wie Nr. 26	1,–	1,50
41 (53d)	20 Centavos 1974, 1975, 1978, 1980, 1981. Staatswappen in geänderter Zeichnung (Berge konturiert, Dampfer nach rechts). Rs. Wertangabe:		
	a) (K-N) 1974	–,50	–,80
	b) (St, N plattiert) 1975	–,50	–,80
	c) (St, K-N plattiert) 1978	–,50	–,80
	d) (St, N galvanisiert) 1980, 1981	–,50	–,80

42 (54d)	1 Sucre (St, N plattiert) 1974, 1975, 1977. Rs. A. J. de Sucre im Kranz, ähnlich wie Nr. 26	1,–	1,50

43 (58)	2 Sucres (K-N) 1973, 1975. Rs. A. J. de Sucre zwischen Wertziffern [RM]:		
	a) 1973	*150,–*	*250,–*
	b) 1975		–,–

Die Katalogpreise sind durchschnittliche Handelspreise und als solche den täglichen Schwankungen des Marktes unterworfen.

		VZ	ST
44	5 Sucres (K-N) 1973. Typ wie Nr. 42 (500 Ex.)		*1200,–*
45	50 Centavos (St, N plattiert) 1985. Staatswappen in neuer Zeichnung (Schiff vorne, Berge im Hintergrund). Rs. Wertangabe	–,60	1,–

46	1 Sucre (St, N plattiert) 1985, 1986. Rs. A. J. de Sucre im Kranz, wie Nr. 42. Ø 26 mm	1,–	1,50

		PP
47	1000 Sucres (S) 1986. Staatswappen. Rs. Fußballspieler vor Globus. 925er Silber, 23,3276 g, CHI (8125 Ex.)	120,–

48	1000 Sucres (S) 1986. Rs. Kopfballduell vor Globus, CHI (7350 Ex.)	80,–

		VZ	ST
49	50 Centavos (St, N galvanisiert) 1988. Staatswappen. Rs. Wertzahl im Quadrat	–,60	1,–

Nr.		VZ	ST
50	1 Sucre 1988, 1990. Rs. A. J. de Sucre, wie Nr. 26. Ø 19,5 mm:		
	a) (St, N plattiert) 1988	1,–	1,50
	b) (St, N galvanisiert) [Brüssel] 1990	–,–	–,–

Nr.		VZ	ST
51	5 Sucres (St, N galvanisiert) 1988. Rs. Bananen	2,–	3,50

Nr.		VZ	ST
52	10 Sucres (St, N galvanisiert) 1988. Rs. »Venus de Valdivia« nach dem Original im Museum der Zentralbank	3,–	5,–

Nr.		VZ	ST
53	20 Sucres (St, N galvanisiert) 1988. Rs. Äquatormonument	3,50	6,–

Nr. 53 wurde erst 1991 ausgegeben.

Nr.		VZ	ST
54	50 Sucres (St, N galvanisiert) 1988. Rs. Präkolumbischer Brustschmuck, Emblem der Zentralbank	4,–	7,50

500. Jahrestag der Entdeckung Amerikas

Nr.		VZ	ST
55	5000 Sucres (S) 1991. Staatswappen im Wappenkreis. Rs. »Santa Maria«, »Niña« und »Pinta«, vom Emblem der Zentralbank überhöht. 925er Silber, 27 g		–,–

Frühere Ausgaben siehe Weltmünzkatalog 19. Jahrhundert.

Ivory Coast

Elfenbeinküste

Côte d'Ivoire

Fläche: 322463 km²; 8500000 Einwohner.
Die Elfenbeinküste gehörte seit Ende des vergangenen Jahrhunderts als französische Kolonie zum Verband von Französisch-Westafrika und erhielt 1957 im Rahmen der Communauté Française weitgehende innere Autonomie. Am 7. August 1960 wurde die Republik ausgerufen. Die Elfenbeinküste ist mit den Ländern Benin (vormals Dahome), Mauretanien (bis 1973), Niger, Obervolta, Senegal und Togo in der Union Monétaire Ouest-Africaine zusammengeschlossen; Emissionsinstitut für das gesamte Währungsgebiet ist die Banque Centrale des Etats de l'Afrique de l'Ouest, siehe auch unter »Westafrikanische Staaten«. Hauptstadt: Yamoussoukro, Regierungssitz: Abidschan (Abidjan).

100 Centimes = 1 CFA-Franc

Republik Côte d'Ivoire
République de Côte d'Ivoire

PP

1 (1) 10 Francs (S) 1966. Dr. med. Félix Houphouët Boigny (*1905), Staatspräsident seit 1960. Rs. Afrikanischer Elefant (Loxodonta africana – Elephantidae), Wappentier, gekreuzte Palmenzweige, Motto; gestaltet nach dem Staatssiegel. 800er Silber, 25 g:
a) Dicke 2,9 mm (Abb.) **60,–**
b) Dicke 3,5 mm, leicht abweichende Zeichnung **70,–**

2 (2) 10 Francs (G) 1966. Typ wie Nr. 1. 900er Gold, 3,2 g (2000 Ex.) *200,–*

3 (3) 25 Francs (G) 1966. Typ wie Nr. 1. 900er Gold, 8 g (2000 Ex.) *380,–*

4 (4) 50 Francs (G) 1966. Typ wie Nr. 1. 900er Gold, 16 g (2000 Ex.) *700,–*

5 (5) 100 Francs (G) 1966. Typ wie Nr. 1. 900er Gold, 32 g (2000 Ex.) *1400,–*

Weitere Ausgaben siehe unter *Westafrikanische Staaten.*

El Salvador

Salvador **Salvador**

Fläche: 21 393 km²; 5 600 000 Einwohner.
Das Gebiet der kleinsten Republik Mittelamerikas wurde 1524 von Pedro Alvaredo für Spanien in Besitz genommen. Nach Austritt aus der Konföderation mittelamerikanischer Staaten »Provincias Unidas del Centro de América« erklärte das Land 1841 seine Unabhängigkeit. Hauptstadt: San Salvador.

Der Peso galt von 1847–1919 als Währungseinheit. Am 11. September 1919 wurde der Peso in »Colón Salvador« umbenannt.

8 Reales = 100 Centavos = 1 Peso
seit 11. September 1919: 100 Centavos = 1 El-Salvador-Colón (Colón Salvador)

Republik Salvador
Republica del Salvador

		SS	VZ
1 (1)	1 Centavo (K-N) 1889, 1913. Francisco Morazán y Quesada (1792–1842), Feldherr und Nationalheld von Honduras, Präsident der Republik von Zentralamerika 1829–1840. Kopfbild n. l. Rs. Wert im Kranz	9,–	20,–
2 (2)	3 Centavos (K-N) 1889, 1913. Typ wie Nr. 1	10,–	25,–
3 (6)	50 Centavos (S) 1892–1894. Staatswappen. Rs. Christoph Kolumbus (1451–1506), Entdecker der Neuen Welt. 900er Silber, 12,5 g	35,–	80,–
4 (7)	1 Peso (S) 1892–1896, 1904, 1908, 1909, 1911, 1914. Typ wie Nr. 3. 900er Silber, 25 g	45,–	100,–
5 (15)	¼ Real (Bro) 1909. Altes Staatswappen. Rs. Wert im Kranz	110,–	250,–
6 (22)	5 Centavos (S) 1911. Altes Staatswappen. Rs. Wert im Kranz. 835er Silber, 1,25 g	10,–	20,–

7 (23)	10 Centavos (S) 1911. Typ wie Nr. 6. 835er Silber, 2,5 g	10,–	20,–
8 (24)	25 Centavos (S) 1911. Typ wie Nr. 6. 835er Silber, 6,25 g	16,–	30,–
9 (16)	1 Centavo (K-N) 1915, 1919, 1920, 1925, 1926, 1928, 1936. Francisco Morazán, Kopfbild nach links. Rs. Wert im Kranz	5,–	10,–
10 (17)	3 Centavos (K-N) 1915. Typ wie Nr. 9	10,–	25,–
11 (18)	5 Centavos (K-N) 1915–1921, 1925. Typ wie Nr. 9	3,–	6,–

Republik El Salvador
Republica de El Salvador

		SS	VZ
12 (25)	5 Centavos (S) 1914. Staatswappen, am 27. 5. 1912 eingeführt (Fünf Vulkane für die Mitgliedstaaten der Zentralamerikanischen Konföderation von 1821). Rs. Wert im Kranz	8,–	20,–

13 (26)	10 Centavos (S) 1914. Typ wie Nr. 12	9,–	20,–
14 (27)	25 Centavos (S) 1914. Typ wie Nr. 12	15,–	30,–

Nrn. 12–14, polierte Platte (20 Ex.) *2000,–*

NEUE WÄHRUNG: 100 Centavos = 1 Colón Salvador

400. Jahrestag der Gründung von San Salvador (2)

15 (30)	1 Colón (S) 1925. Staatswappen. Rs. Alfonso Quiñónez Molina (1873–1950), Staatspräsident von 1914–1915 sowie 1923–1927 und Pedro Alvaredo (um 1486–1541), spanischer Konquistador. 900er Silber, 25 g (2000 Ex.)	*300,–*	*500,–*
16 (29)	20 Colónes (G) 1925. Typ wie Nr. 15. 900er Gold, 15,56 g (200 Ex.)	*6000,–*	*9000,–*

		VZ	ST
17 (19)	1 Centavo (K-N) 1940. Francisco Morazán, Kopfbild n. l. Rs. Wert im Kranz	15,–	35,–
18 (19a)	1 Centavo (Bro) 1942, 1943, 1945, 1947, 1951, 1952, 1956, 1966, 1968, 1969, 1972. Typ wie Nr. 17	–,50	1,–
19 (A20)	2 Centavos (Me) 1974. Typ wie Nr. 17	–,40	–,60
20 (B20)	3 Centavos (Me) 1974. Typ wie Nr. 17	–,60	–,80

VZ ST

21 (20) 5 Centavos (K-N) 1940, 1951, 1956, 1959, 1963, 1966, 1967, 1972, 1974. Typ wie Nr. 17 1,– 2,–

22 (20a) 5 Centavos (Neusilber) 1944, 1948, 1950, 1952, 1977. Typ wie Nr. 17:
a) 1944, 1948, 1950, 1952 **1,60** **3,50**
b) [VDM] 1977 **–,50** **1,–**

23 (21) 10 Centavos (K-N) 1921, 1925, 1940, 1951, 1967–1969, 1972. Francisco Morazán. Rs. Wert mit großen Buchstaben im Kranz **1,60** **3,50**

24 (21a) 10 Centavos (Neusilber) 1952, 1977, 1985. Typ wie Nr. 23:
a) 1952 **3,–** **5,–**
b) [VDM] 1977 **–,40** **–,90**
c) [Mexiko], Mo, 1985 **1,50** **3,–**

25 (28) 25 Centavos (S) 1943, 1944. Typ wie Nr. 23. 900er Silber, 7,5 g **15,–** **25,–**

26 (31) 25 Centavos (S) 1953. José Matias Delgado (1768–1833), Staatspräsident 1823. Rs. Wert im Kranz. 900er Silber, 2,5 g **7,–** **14,–**

27 (32) 50 Centavos (S) 1953. Typ wie Nr. 26. 900er Silber, 5 g **10,–** **18,–**

150. Jahrestag der Unabhängigkeit (6)

PP

28 1 Colón (S) 1971. Staatswappen, José Simeón Cañas y Villacorta (1767–1838), Priester und Vorkämpfer für die Abschaffung der Sklaverei. Rs. »La Fecundidad« von Salvador Dalí (1904–1989). 999er Silber, 2,3 g **20,–**

29 5 Colónes (S) 1971. Staatswappen. Rs. Freiheitsstatue, Säulenfigur, José Simeón Cañas y Villacorta. 999er Silber, 11,5 g **40,–**

30 25 Colónes (G) 1971. Typ wie Nr. 28. 900er Gold, 2,94 g (7650 Ex.) **200,–**

31 50 Colónes (G) 1971. Typ wie Nr. 29. 900er Gold, 5,9 g (3530 Ex.) **300,–**

32 100 Colónes (G) 1971. Vs. wie Nr. 28. Rs. Landkarte von Nord- und Südamerika sowie von El Salvador. 900er Gold, 11,8 g (2750 Ex.) **500,–**

33 200 Colónes (G) 1971. Vs. wie Nr. 28. Rs. Kirche von Panchimalco, 1725 erbaut. 900er Gold, 23,6 g (2245 Ex.) **900,–**

VZ ST

34 (19b) 1 Centavo 1976, 1977, 1986, 1989. Francisco Morazán. Rs. Wert im Kranz:
a) (Me) 1976, 1977 **–,30** **–,50**
b) (St, K galvanisiert) 1986 **1,–** **2,–**
c) (St, Me plattiert) 1989 **1,–** **2,–**

VZ ST

35 (19c) 1 Centavo (Me) 1981. Francisco Morazán, Kopfbild mit langem Halsabschnitt. Rs. Wert im Kranz [Guatemala] **–,30** **–,50**

36 (20b) 5 Centavos 1975, 1976, 1984–1986. Francisco Morazán. Rs. Wert im kleinen Kranz:
a) (St, K-N plattiert) 1975, 1985, 1986 **–,50** **–,90**
b) (St, N plattiert) 1976 **–,50** **–,90**
c) (St, N galvanisiert) 1984 **–,50** **–,90**

37 (21b) 10 Centavos (St, K-N plattiert) 1975. Typ wie Nr. 36 **–,60** **1,–**

38 (33) 25 Centavos 1970–1986. José Matias Delgado. Rs. Wert im Kranz:
a) (N) 1970, 1973, 1975, 1977 **–,70** **1,20**
b) (K-N) 1986 **–,70** **1,20**

39 (34) 50 Centavos (N) 1970, 1977. Typ wie Nr. 38:
a) 1970; 3,88 g **1,–** **2,–**
b) 1977; 5 g **1,–** **2,–**

Banknotenersatzausgabe

40 (37) 1 Colón (K-N) 1984, 1985. Christoph Kolumbus (1451–1506), Entdecker der Neuen Welt. Rs. Wert zwischen Zweigen [Mexiko], Mo **3,–** **4,–**

18. Zusammenkunft der Notenbankdirektoren Interamerikanischer Banken in Guatemala City im Mai 1977 (2)

ST PP

41 (35) 25 Colónes (S) 1977. Randschrift »B.C.R. – LEY 900 – 25 GRS«. 900er Silber, 25 g [RM] (ST: 20000 Ex., PP: 2002 Ex.) **40,–** *100,–*

42 (36) 250 Colónes (G) 1977. 916⅔er Gold, 15,98 g [RM] (ST: 4000 Ex., PP: 400 Ex.) **450,–** *800,–*

Nr. 43 fällt aus.

44 5 Centavos 1987, 1991. Francisco Morazán, siebeneckiger Randstab. Rs. Wert im Kranz:
a) (St) 1987 **–,30** **–,60**
b) (St, K-N plattiert, N galvanisiert) 1991 **–,30** **–,60**

45 10 Centavos (St) 1987. Typ wie Nr. 44 **–,35** **–,70**

		VZ	ST
46	25 Centavos (St) 1988. José Matias Delgado, siebeneckiger Randstab. Rs. Wert im Kranz	–,–	–,–
47	50 Centavos (St)	–,–	–,–

		VZ	ST
48	1 Colón (St) 1988, 1991. Christoph Kolumbus, siebeneckiger Randstab. Rs. Wert im Kranz:		
	a) (St) 1988	3,–	4,–
	b) (St, K-N plattiert, N galvanisiert) 1991	3,–	4,–

500. Jahrestag der Entdeckung Amerikas

Sucres (S). Staatswappen im Wappenkreis. 925er Silber, 27 g

Frühere Ausgaben siehe Weltmünzkatalog 19. Jahrhundert.

Eritrea

Eritrea

Erythrée

Der Küstenstreifen, der das äthiopische Hauptland vom Zugang zum Roten Meer abtrennt, bildete von 1890 bis 1936 eine italienische Kolonie, die 1936 nach der Eroberung ganz Äthiopiens in das neugeschaffene Kaiserreich Italienisch-Ostafrika eingegliedert wurde. Nach der Vertreibung der Italiener aus Äthiopien wurde Eritrea 1941 unter britische Verwaltung gestellt, aus der heraus es aufgrund einer Empfehlung der Vereinten Nationen vom 2. Dezember 1950 entlassen und in den äthiopischen Staatsverband am 15. September 1952 als autonomes Gebiet, im November 1962 aber widerrechtlich ganz eingegliedert worden ist. Das Fortwirken der italienischen Besiedelung hatte zwischen Eritrea und den benachbarten äthiopischen Provinzen einen auch religiös bestimmten Kulturabstand geschaffen, der energischen Widerstand gegen die äthiopischen Zentralisierungs-Bestrebungen wachrief. Nach der Entmachtung des äthiopischen Kaisers Hailé Selassié 1974 ging der Widerstand in offenen Kampf über, der u. a. zur Entblößung von italienischer Bevölkerung führte. Hauptstadt: Asmara.

100 Centesimi = 1 Lira, 5 Lire = 1 Tallero (Birr, Rial)

Viktor Emanuel III. 1900–1941

		SS	VZ
1 (5)	1 Tallero (S) 1918. Diademiertes Brustbild der Italia. Rs. Gekrönter Adler mit Wappen von Savoyen als Brustschild, 835er Silber, 28,0668 g	**140,–**	**210,–**

Frühere Ausgaben siehe Weltmünzkatalog 19. Jahrhundert.

Estonia **Estland** Estonie

Estland

Eesti

Die Esten wurden Anfang des 13. Jahrhunderts von Deutschen und Dänen zum Christentum bekehrt. Im Jahre 1346 kam auch der bisher dänische nördliche Landesteil durch Verkauf an den Deutschen Orden. Estland wurde 1561 schwedisch; 1721 eine russische Provinz. Am 24. Februar 1918 Ausrufung der estnischen Republik, jedoch im Juni 1940 von russischen Truppen besetzt und seitdem, mit kurzer Unterbrechung, zum Staatsverband der Sowjetunion gehörend. Die Sowjetunion erkannte die Unabhängigkeit Estlands am 6. September 1991 an. Hauptstadt: Reval (Tallinn).

100 Penni = 1 estnische Mark; vom 1. Januar 1928 bis Juni 1940: 100 Senti = 1 Kroon (Krone)

Nr.	Beschreibung	SS	VZ
1 (4)	1 Mark (K-N) 1922. Drei Wappenleoparden, geteilte Jahreszahl. Rs. Wertangabe	10,–	15,–
2 (5)	3 Marka (K-N) 1922. Typ wie Nr. 1	12,–	18,–
3 (6)	5 Marka (K-N) 1922. Typ wie Nr. 1	14,–	20,–
4 (4a)	1 Mark (N-Me) 1924. Typ wie Nr. 1	16,–	25,–

Nr.	Beschreibung	SS	VZ
5 (5a)	3 Marka (N-Me) 1925. Typ wie Nr. 1	16,–	26,–
6 (6a)	5 Marka (N-Me) 1924. Typ wie Nr. 1	18,–	32,–
7 (7)	10 Marka (N-Me) 1925. Typ wie Nr. 1	28,–	40,–
8 (8)	1 Mark (N-Me) 1926. Staatswappen im Eichenkranz. Rs. Wert	28,–	48,–
9 (9)	3 Marka (N-Me) 1926. Typ wie Nr. 8	100,–	220,–

Nr.	Beschreibung	SS	VZ
10 (10)	5 Marka (N-Me) 1926. Typ wie Nr. 8		
	a) Originalprägung, 4,82 g, Ø 23 mm [Tallinn]	*400,–*	*600,–*
	b) Nachprägung		
11 (A10)	10 Marka (N-Me) 1926. Typ wie Nr. 8	*2000,–*	*3500,–*
12 (B10)	25 Marka (N-Me) 1926. Typ wie Nr. 8. Nicht in Umlauf gekommen	–,–	–,–

NEUE WÄHRUNG: 100 Senti = 1 Kroon (Krone)

Nr.	Beschreibung	SS	VZ
13 (1)	1 Sent (Bro) 1929. Drei Wappenleoparden. Rs. Wert über Eichenblättern	5,–	10,–

Nr.	Beschreibung	SS	VZ
14 (1a)	1 Sent (Bro) 1939. Drei Wappenleoparden. Rs. Ziffer 1 mit Umschrift EESTI VABARIIK und Wertangabe auch in Buchstaben	40,–	80,–
15 (2)	2 Senti (Bro) 1934. Typ wie Nr. 14	8,–	14,–
16 (3)	5 Senti (Bro) 1931. Typ wie Nr. 14	10,–	18,–

Nr.	Beschreibung	SS	VZ
17 (11)	10 Senti (N-Me) 1931. Staatswappen. Rs. Wert	8,–	12,–
18 (12)	20 Senti (N-Me) 1935. Typ wie Nr. 17	12,–	18,–

Nr.	Beschreibung	SS	VZ
19 (13)	25 Senti (N-Me) 1928. Staatswappen im Eichenkranz. Rs. Wert	20,–	32,–
20 (14)	50 Senti (N-Me) 1936. Staatswappen, geteilte Jahreszahl. Rs. Wertangabe	20,–	30,–

Nr.	Beschreibung	SS	VZ
21 (15)	1 Kroon (Al-Bro) 1934. Staatswappen im Eichenkranz. Rs. Wikingerschiff aus dem 13. Jh.	28,–	38,–

Nr. 21 von 1990 ist eine Fantasieprägung. Ähnliche Stücke existieren in versilberter und vergoldeter Bronze in kleinerem Format.

			SS	VZ
22 (16)	2 Krooni (S) 1930. Staatswappen zwischen gekreuzten Eichenzweigen. Rs. Schloß von Reval (Tallinn) (1227, mehrfach erneuert), 500er Silber, 12 g		**28,–**	**50,–**

300 Jahre Universität von Dorpat

			SS	VZ
23 (17)	2 Krooni (S) 1932. Staatswappen zwischen gekreuzten Eichenzweigen. Rs. Mitteltrakt der Universität Dorpat (Tartu). 500er Silber, 12 g		**55,–**	**110,–**

10. Sängerfest in Reval 23.–25. Juni 1933

			SS	VZ
24 (18)	1 Kroon (S) 1933. Staatswappen zwischen gekreuzten Eichenzweigen. Rs. Lyra vor Freitreppenanlage. 500er Silber, 6 g		**90,—**	**150,—**

Falkland Islands # Falkland-Inseln **Falkland (Iles)**

Fläche: 11 960 km²; 2260 Einwohner.
Die aus zwei größeren Hauptinseln und vielen kleineren Inseln bestehende Gruppe bekam ihren Namen durch allmähliche Übertragung des Namens der Meeresstraße zwischen den beiden Hauptinseln, den ihr ein englischer Seefahrer, Strong, 1690 nach dem damaligen englischen Marine-Schatzmeister, Viscount L. C. Falkland, erteilt hatte. Französische Seefahrer aus St. Malo benannten hingegen die Insel nach ihrem Heimatort »Isles Malouines«, woraus auf spanisch »Islas Malvinas« wurde. Die praktisch menschenleeren Inseln wurden zeitweilig von Engländern und Franzosen kolonisiert; Spanien beanspruchte sie als Teil seines Kolonialreiches in Südamerika. Nur darauf stützen Argentinien — ja auch Chile — ihre Proteste und Rückgabeansprüche gegenüber Großbritannien, das die inzwischen von Briten besiedelten und strategisch wichtigen Inseln 1833/35 in Besitz nahm und zur Kronkolonie machte. Die britischen Stützpunkte in der Antarktis wurden zu Anfang des 20. Jahrhunderts als »Dependencies« angegliedert, aber in den 60er Jahren dieses Jahrhunderts teilweise als »British Antarctic Territories« wieder zu einer eigenen Kronkolonie gemacht. Hauptstadt: (Port) Stanley.

Das Falkland-Pfund ist dem Pfund Sterling paritätisch.

100 (New) Pence = 1 Falkland-Pfund

VZ ST

1 (1) ½ Penny (Bro) 1974, 1980, 1982. Elisabeth II. (nach A. Machin). Rs. Forelle (Salmo trutta — Salmonidae) **—,30 —,50**

2 (2) 1 Penny (Bro) 1974, 1980, 1982, 1983, 1985, 1987. Rs. Eselspinguine (Pygoscelis papua — Spheniscidae) **—,30 —,50**

3 (3) 2 Pence (Bro) 1974, 1980, 1982, 1983, 1985, 1987. Rs. Große Magellangans (Chloephaga picta leucoptera — Anatidae) **—,40 —,70**

VZ ST

4 (4) 5 Pence (K-N) 1974, 1980, 1982, 1983, 1985, 1987. Rs. Schwarzbrauen-Albatros (Diomedea melanophris — Diomedeidae) **—,60 1,—**

5 (5) 10 Pence (K-N) 1974, 1980, 1982, 1983, 1985, 1987. Rs. Falkland-Seelöwen (Otaria jubata — Otariidae) **1,— 2,—**

6 (18) 20 Pence (K-N) 1982, 1983, 1985, 1987. Rs. Corriedale/Romney-Marschschaf (Ovis ammon aries — Bovidae) (siebeneckig) **1,50 2,50**

		VZ	ST
7 (14)	50 Pence (K-N) 1980, 1982, 1983, 1985, 1987. Rs. Falkland-Fuchs (siebeneckig)	3,–	5,–

Nrn. 1–5 von 1974, polierte Platte 28,–
Nrn. 1–5, 7 von 1980, polierte Platte 30,–
Nrn. 1–7, 18 a von 1982, polierte Platte 160,–
Nrn. 2–7, 33 von 1987, polierte Platte –,–

		ST	PP
8 (6)	½ Sovereign (G) 1974. Rs. Corriedale/Romney-Marschschaf. 916⅔er Gold, 3,99 g (2673 Ex.)	600,–	
9 (7)	1 Sovereign (G) 1974. Typ wie Nr. 8. 916⅔er Gold, 7,99 g (2675 Ex.)	800,–	
10 (8)	2 £ (G) 1974. Typ wie Nr. 8. 916⅔er Gold, 15,98 g (2158 Ex.)	1600,–	
11 (9)	5 £ (G) 1974. Typ wie Nr. 8. 916⅔er Gold, 39,94 g (2158 Ex.)	3500,–	

25. Regierungsjubiläum von Königin Elisabeth II.

12 (10) 50 Pence 1977. Rs. Staatswappen:
a) (S) 925 fein, 28,28 g — 60,–
b) (K-N) 6,–

Rettet die Tierwelt (3)

13 (11) 5 £ (S) 1979. Rs. Tauchender Buckelwal (Megaptera novae-angliae – Balaenopteridae):
a) 500er Silber, 25,31 g (3998 Ex.) 50,–
b) 925er Silber, 28,28 g (3432 Ex.) — 65,–

14 (12) 10 £ (S) 1979. Rs. Zwei Krickenten (Anas flavirostris – Anatidae):
a) 500er Silber, 31,65 g (3996 Ex.) 75,–
b) 925er Silber, 35 g (3247 Ex.) — 100,–

15 (13) 150 £ (G) 1979. Rs. Falkland-Seebär (Arctocephalus australis australis – Otariidae). 900er Gold, 33,437 g (652 Ex.) 1400,– *2000,–*

80. Geburtstag der Königinmutter Elisabeth

16 (15) 50 Pence 1980. Rs. Brustbild der Königinmutter:
a) (S) 925 fein, 28,28 g — 70,–
b) (K-N) 6,–

Zur Hochzeit von Prinz Charles und Lady Diana

17 (16) 50 Pence 1981. Rs. Gestaffelte Brustbilder des Brautpaares:
a) (S) 925 fein, 28,28 g — 75,–
b) (K-N) 6,–

Zur Befreiung von argentinischen Truppen (2)

		ST	PP
18 (17)	50 Pence 1982. Rs. Staatswappen auf Union Jack, Inschrift »LIBERATION 14th JUNE 1982«:		
	a) (S) 925 fein, 28,28 g		80,–
	b) (K-N)	6,–	
19	50 Pence (G) 1982. Typ wie Nr. 18. 916⅔er Gold, 47,54 g (25 Ex.)		*15 000,–*

150 Jahre Kronkolonie (2)

20 (19) 50 Pence 1983. Rs. H.M.S. »Desire«, auf dem Kapitän John Davis am 14. August 1592 zum ersten Mal die Inseln sichtete (Teil des Staatswappens):
a) (S) 925 fein, 28,28 g — 80,–
b) (K-N) 6,–

21 50 Pence (G) 1983. Typ wie Nr. 20. 916⅔er Gold, 47,54 g (150 Ex.) — *5000,–*

100 Jahre Selbstversorgung

22 (20) 25 £ (S) 1985. Elisabeth II. (nach R. D. Maklouf). Rs. S.S. »Great Britain«, bei seinem Stapellauf 1843 das größte bis dahin gebaute Schiff, seit 1885 zur Versorgung der Falkland-Inseln eingesetzt. 925er Silber, 150 g — 300,–

Eröffnung des wiederhergestellten Mount-Pleasant-Flughafens durch Prinz Andrew am 12. 5. 1985

		ST	PP
23 (21)	50 Pence 1985. Rs. Porträt von Prinz Andrew n. l.:		
	a) (S) 925 fein, 28,28 g		95,–
	b) (K-N)	6,–	

XIII. Commonwealth-Spiele 1986 in Edinburgh

24 (22)	2 £ (S) 1986. Rs. Gewehrschütze:		
	a) 925er Silber, 28,28 g		80,–
	b) 500er Silber, 28,28 g	50,–	

Zur Hochzeit von Prinz Andrew und Miss Sarah Ferguson

25 (23) 25 £ (S) 1986. Rs. Porträts des Brautpaares. 925er Silber, 150 g 160,–

25 Jahre World Wildlife Fund

26	50 Pence 1987. Rs. Königspinguine:		
	a) (S) 925 fein, 28,28 g		85,–
	b) (K-N)	8,–	

Nrn. 27–32 fallen aus.

		VZ	ST
33	1 £ (N-Me) 1987. Elisabeth II. (nach R. D. Maklouf). Rs. Staatswappen	5,–	8,–
34	1 £ (S) 1987. Typ wie Nr. 33:		
	a) 925er Silber, 9,5 g		60,–
	b) Piéfort, 925er Silber, 19 g (2500 Ex.)		*300,–*
35	1 £ (G) 1987. Typ wie Nr. 33. 916⅔er Gold, 19.65 g (200 Ex.)		*1500,–*

70 Jahre Save the Children Fund

		ST	PP
36	50 Pence 1990. Rs. Mädchen zu Pferde beim Hüten von Schafen in Küstenlandschaft:		
	a) (S) 925 fein, 28,28 g		–,–
	b) (K–N)	8,–	

90. Geburtstag der Königinmutter Elisabeth (5)

37	5 £ 1990. Rs. Gekröntes Spiegelmonogramm, von »Pale Maiden« und »Vanilla Daisy« flankiert:		
	a) (S) 925 fein, 28.28 g (max. 10000 Ex.)		80,–
	b) (K-N)	30,–	
38	10 £ (G) 1990. Rs. Gekröntes Wappen der Königinmutter mit zwei Löwen als Schildhalter. 999er Gold, 3,13 g (max. 750 Ex.)		–,–
39	25 £ (G) 1990. Rs. Porträt der Königinmutter im Blütenkreis. 999er Gold, 7,81 g (max. 750 Ex.)		–,–
40	50 £ (G) 1990. Typ wie Nr. 38. 999er Gold, 15,61 g (max. 750 Ex.)		–,–
41	100 £ (G) 1990. Typ wie Nr. 39. 999er Gold, 31,21 g (max. 750 Ex.)		–,–

10. Hochzeitstag von Prinz Charles und Lady Diana (2)

42	2 £ (S) 1991. Rs. Porträtmedaillons, drei Straußenfedern und St. Paul's Cathedral in London. 925er Silber, 28,28 g (max. 10000 Ex.)		90,–
43	5 £ (G) 1991. Typ wie Nr. 42. 916⅔er Gold (max. 200 Ex.)		–,–

40. Jahrestag der Thronbesteigung von Königin Elisabeth II. (2)

44 50 Pence 1992

Fiji | **Fidji (Iles)**

Fidschi

Viti

Fläche: 18376 km²; 715000 Einwohner.
Inselgruppe im Stillen Ozean, wurde 1643 von Abel Janszoon Tasman entdeckt. 1774 von James Cook besucht und 1827 von Dumont d'Urville erforscht. Nach Abdankung des Königs Cakobau am 10. Oktober 1874 britischer Besitz. Die Inseln hatten seit 1965 weitgehende innere Autonomie, unabhängig seit 10. Oktober 1970, Republik seit 1987. Hauptstadt: Suva auf Viti Levu.

12 Pence = 1 Shilling, 2 Shillings = 1 Florin, 20 Shillings = 1 £;
seit 13. Januar 1969: 100 Cents = 1 Fidschi-Dollar

Georg V. 1910–1936

SS VZ

1 (1) ½ Penny (K-N) 1934. Krone über Umschrift GEORGE V KING EMPEROR. Rs. Wertangabe in Buchstaben (mit Loch) 30,– 65,–

2 (2) 1 Penny (K-N) 1934–1936. Typ wie Nr. 1 (mit Loch) 5,– 10,–

3 (3) 6 Pence (S) 1934–1936. Georg V., gekröntes Brustbild nach links. Rs. Meeresschildkröte, stilisiert (Familie Cheloniidae). 500er Silber, 2,8276 g 10,– 22,–

4 (4) 1 Shilling (S) 1934–1936. Rs. »Takia«, Eingeborenenboot mit Ausleger des 18. und 19. Jh., Masttopp mit Domodomo, auch Emblem der Zentralbank. 500er Silber, 5,6552 g 12,– 25,–

5 (5) 1 Florin (S) 1934–1936. Rs. Staatswappen. 500er Silber, 11,3104 g 20,– 45,–

Eduard VIII. 1936

6 (6) 1 Penny (K-N) 1936. Krone über Umschrift EDWARD VIII KING EMPEROR. Rs. Wertangabe in Buchstaben (mit Loch) 10,– 18,–

Georg VI. 1936–1952

7 (7) ½ Penny (K-N) 1940, 1941. Krone über Umschrift GEORGE VI KING EMPEROR. Rs. Wertangabe in Buchstaben (mit Loch) 10,– 18,–

8 (7a) ½ Penny (Me) 1942, 1943. Typ wie Nr. 7 (mit Loch) 4,– 8,–

9 (8) 1 Penny (K-N) 1937, 1940, 1941, 1945. Typ wie Nr. 7 (mit Loch) 5,– 10,–

10 (8a) 1 Penny (Me) 1942, 1943. Typ wie Nr. 7 (mit Loch) 5,– 9,–

11 (11) 6 Pence (S) 1937. Georg VI., gekröntes Kopfbild nach links, rechts vom Kopfbild die Inschrift EMPEROR. Rs. Meeresschildkröte, wie Nr. 3 30,– 60,–

12 (12) 1 Shilling (S) 1937. Rs. Auslegerboot, wie Nr. 4 35,– 70,–

13 (13) 1 Florin (S) 1937. Rs. Staatswappen, wie Nr. 5 40,– 85,–

14 (17) 3 Pence (N-Me) 1947. Georg VI., gekröntes Kopfbild nach links, rechts vom Kopfbild die Inschrift KING EMPEROR. Rs. Eingeborenenhütte (zwölfeckig) 4,– 10,–

SS VZ

15 6 Pence (S) 1938–1943. Rs. Meeresschildkröte, wie Nr. 3:
a) (Y 11a) 500er Silber, 2,8276 g, 1938, 1940, 1941 10,– 30,–
b) (Y 11b) 900er Silber, 2,8276 g, 1942, 1943 4,– 7,–

16 1 Shilling (S) 1938–1943. Rs. Auslegerboot, wie Nr. 4:
a) (Y 12a) 500er Silber, 5,6552 g, 1938, 1941 10,– 45,–
b) 900er Silber, 5,6552 g, 1942, 1943 6,– 9,–

17 1 Florin (S) 1938–1945. Rs. Staatswappen, wie Nr. 5:
a) (Y 13a) 500er Silber, 11,3104 g, 1938, 1941, 1945 30,– 65,–
b) 900er Silber, 11,3104 g, 1942, 1943 12,– 25,–

18 (18) ½ Penny (K-N) 1949–1952. Krone über Umschrift KING GEORGE THE SIXTH. Rs. Wertangabe in Buchstaben (mit Loch) 1,– 3,–

19 (19) 1 Penny (K-N) 1949, 1950, 1952. Typ wie Nr. 18 (mit Loch) 2,– 3,–

20 (20) 3 Pence (N-Me) 1950, 1952. Georg VI., gekröntes Kopfbild nach links, Umschrift KING GEORGE THE SIXTH. Rs. Eingeborenenhütte, wie Nr. 14 2,– 4,–

Elisabeth II. 1952–1987

21 (21) ½ Penny (K-N) 1954. Krone über Umschrift QUEEN ELIZABETH THE SECOND. Rs. Wertangabe in Buchstaben (mit Loch) 1,– 3,–

22 (22) 1 Penny (K-N) 1954–1957, 1959, 1961, 1963–1968. Typ wie Nr. 21 (mit Loch) –,50 –1,–

23 (23) 3 Pence (N-Me) 1955, 1956, 1958, 1960, 1961, 1963–1965, 1967. Elisabeth II., gekröntes Kopfbild nach rechts. Rs. Eingeborenenhütte, wie Nr. 14 1,– 2,–

Nr. 23 von 1955, 1961, polierte Platte *350,–*

24 (24) 6 Pence (K-N) 1953, 1958, 1961, 1962, 1965, 1967. Rs. Meeresschildkröte, wie Nr. 3 2,– 3,–

		SS	VZ
25 (25)	1 Shilling (K-N) 1957, 1958, 1961, 1962, 1965. Rs. Auslegerboot, wie Nr. 4	3,–	4,–
26 (26)	1 Florin (K-N) 1957, 1958, 1962, 1964, 1965. Rs. Staatswappen, wie Nr. 5	5,–	8,–

NEUE WÄHRUNG: 100 Cents = 1 Fidschi-Dollar

		VZ	ST
27 (27)	1 Cent (Bro) 1969, 1973, 1975, 1976, 1982–1985. Elisabeth II. (nach A. Machin). Rs. »Tanoa«, hölzernes Misch- und Serviergefäß für das Kava-Getränk aus der Wurzel eines Piperazeen-Strauches	–,30	–,50

28 (28)	2 Cents (Bro) 1969, 1973, 1975–1985. Rs. Fächer	–,30	–,50

29 (29)	5 Cents (K-N) 1969, 1973–1985. Rs. »Lali«, Trommel der Eingeborenen	–,50	–,80

30 (30)	10 Cents (K-N) 1969, 1973, 1975–1985. Rs. »Ula tavatava«, hölzerne Wurfkeule von König Cakobau	1,–	2,–

		VZ	ST
31 (31)	20 Cents (K-N) 1969, 1973–1985. Rs. »Tabua«, Zahn eines Wales an geflochtener Schnur (»Magimagi«) für Zeremonien, auch vormünzliches Zahlungsmittel	2,–	3,–
32 (A32)	50 Cents (K-N) 1975, 1976, 1978, 1980–1985. Rs. »Takia«, Auslegerboot (siehe Nr. 4) (zwölfeckig)	2,50	4,–

33 (32)	1 Dollar (K-N) 1969, 1976. Rs. Staatswappen und Wert	9,–	14,–

Nrn. 27–31, 33 von 1969, polierte Platte (10000 Ex.) 45,–
Nrn. 46, 28–32 von 1978, 1980, polierte Platte 80,–
Nrn. 27–32 von 1982, 1983, polierte Platte 70,–

In gleichen Zeichnungen: Nrn. 58–63.

		PP
34 (27a)	1 Cent (S) 1976, Typ wie Nr. 27. 925er Silber, 2,26 g	–,–
35 (28a)	2 Cents (S) 1976, Typ wie Nr. 28. 925er Silber, 4,53 g	–,–
36 (29a)	5 Cents (S) 1976, Typ wie Nr. 29. 925er Silber, 3,28 g	–,–
37 (30a)	10 Cents (S) 1976, Typ wie Nr. 30. 925er Silber, 6,55 g	–,–
38 (31a)	20 Cents (S) 1976, Typ wie Nr. 31. 925er Silber, 13,09 g	–,–
39 (A32a)	50 Cents (S) 1976, Typ wie Nr. 32. 925er Silber, 18 g	–,–
40 (32a)	1 Dollar (S) 1976, Typ wie Nr. 33. 925er Silber, 28,28 g	–,–

Nrn. 34–40, polierte Platte 200,-

Zur Erlangung der Unabhängigkeit

		ST	PP
41 (33)	1 Dollar 1970. Elisabeth II. Rs. Wappen des ehemaligen Königreiches aus dessen Großem Staatssiegel 1871–1874. Randschrift »1874 Cession · 10 October · Independence 1970«:		
	a) (S) 925 fein, 28,28 g (1000 Ex.)		*450,–*
	b) (K-N)	25,–	35,–

100. Jahrestag der Inbesitznahme der Inseln durch Großbritannien (2)

		ST	PP
42 (34)	25 Dollars (S) 1974. Elisabeth II. Rs. Ratu Ebenezer Seru Cakobau (1817–1883), König (Tui) von Fidschi bis 1874, nach einer Fotografie von 1865. 925er Silber, 48,6 g [Birmingham] (10 699 Ex.)	100,–	100,–

		ST	PP
43 (35)	100 Dollars (G) 1974. Typ wie Nr. 42. 500er Gold, 31,36 g [Birmingham] (3430 Ex.)	650,–	800,–

Nr. 43 auch in Kupfer, polierte Platte, vorkommend

Zum Gedenken an König Cakobau (2)

		ST	PP
44 (36)	25 Dollars (S) 1975. Rs. König Ratu Ebenezer Seru Cakobau [RCM] (5993 Ex.)	*120,–*	100,–
45 (37)	100 Dollars (G) 1975. Typ wie Nr. 44 [RCM] (3790 Ex.)	*800,–*	800,–

Für den FAO-Münz-Plan

		VZ	ST
46 (38)	1 Cent (Bro) 1977–1982. Rs. Reispflanze, Motto »Baut mehr Nahrung an«	–,30	–,50

25. Regierungsjubiläum und Staatsbesuch von Königin Elisabeth II.

		ST	PP
47 (39)	10 Dollars (S) 1977. Rs. Staatswappen, Wertangabe, Jubiläumsumschrift. 925er Silber, 30,8 g (3010 Ex.)		*150,–*

Rettet die Tierwelt (3)

		ST	PP
48 (40)	10 Dollars (S) 1978. Rs. Papageienfink. 925er Silber, 28,28 g (7608 Ex.)	55,–	65,–
49 (41)	20 Dollars (S) 1978. Rs. Kaurischnecken. 925er Silber, 35 g (7453 Ex.)	80,–	100,–
50 (42)	250 Dollars (G) 1978. Rs. Gestreifter Leguan. 900er Gold, 33,437 g (1062 Ex.)	1250,–	1800,–

100 Jahre Arbeitsverträge mit indischen Arbeitern auf den Fidschi-Inseln und für den FAO-Münz-Plan

		ST	PP
51 (43)	50 Cents (K-N) 1979. Rs. Zuckerrohr, Motto »Zucker für die Welt« (zwölfeckig)	7,–	*35,–*

10. Jahrestag der Unabhängigkeit (3)

		ST	PP
52 (44)	50 Cents (K-N) 1980. Staatswappen. Rs. Prinz Charles (zwölfeckig)	12,–	
53 (45)	10 Dollars (S) 1980. Typ wie Nr. 52:		
	a) 925er Silber, 30,5 g (3001 Ex.)		100,–
	b) 500er Silber, 28,44 g (5001 Ex.)	75,–	
54 (46)	200 Dollars (G) 1980. Typ wie Nr. 52. 916⅔er Gold, 15,98 g (1666 Ex.)	800,–	900,–

Zur Hochzeit von Prinz Charles und Lady Diana

		ST	PP
55 (47)	10 Dollars (S) 1981. Elisabeth II. Rs. Prinz Charles. 925er Silber, 30,5 g (5000 Ex.)		70,–

25 Jahre World Wildlife Fund (2)

		ST	PP
56 (48)	10 Dollars (S) 1986. Rs. Fidschi-Erdfrosch. 925er Silber, 28,28 g		80,–

		ST	PP
57 (49)	200 Dollars (G) 1986. Rs. Ogmodon. 916⅔er Gold, 15,98 g		750,–

		VZ	ST
58	1 Cent 1986, 1987, 1990. Elisabeth II. (nach R. D. Maklouf). Rs. »Tanoa«, wie Nr. 27:		
	a) (Bro) 1986, 1987	–,30	–,50
	b) (Zink, K galvanisiert) 1990 [RCM]	–,30	–,50
59	2 Cents 1986, 1987, 1990. Rs. Fächer, wie Nr. 28:		
	a) (Bro) 1986, 1987	–,30	–,50
	b) (Zink, K galvanisiert) 1990 [RCM]	–,30	–,50
60	5 Cents 1986, 1987, 1990. Rs. »Lali«, wie Nr. 29:		
	a) (K-N) 1986, 1987	–,50	–,80
	b) (St, N galvanisiert) 1990 [RCM]	–,50	–,80
61	10 Cents 1986, 1987, 1990. Rs. »Ula tavatava«, wie Nr. 30:		
	a) (K-N) 1986, 1987	1,–	2,–
	b) (St, N galvanisiert) 1990 [RCM]	1,–	2,–
62	20 Cents 1986, 1987, 1990. Rs. »Tabua«, wie Nr. 31:		
	a) (K-N) 1986, 1987	2,–	3,–
	b) (St, N galvanisiert) 1990 [RCM]	2,–	3,–
63	50 Cents 1986, 1987, 1990. Rs. »Takia«, wie Nr. 32:		
	a) (K-N) 1986, 1987	2,50	4,–
	b) (St, N galvanisiert) 1990 [RCM]	2,50	4,–

Republik Fidschi seit 1987

Ausbeutegoldmünzen (3)

		VZ	ST
64	25 Dollars (G) o. J. (1990, 1991). Landesname und Wertangabe auf Textilornamenten. Rs. »Bure kalou« (Mboo-ray ka-low), Tempel der »Betes« (Priester des Orakels) mit magischen Kaurischnecken. Mind. 750er Gold, 7.775 g [PSM]:		
	a) Gegenstempel »Eberzahn« (1990)		–,–
	b) Gegenstempel »Kriegsschild« (1991)		–,–
65	50 Dollars (G) o. J. (1990, 1991). Landesname und Wertangabe auf Webmuster. Rs. »Bati« (Mbah-ti) , Kopf eines Kriegers mit Halskette aus Walzähnen. Mind. 750er Gold, 15.55 g [PSM]:		
	a) Gegenstempel »Eberzahn« (1990)		–,–
	b) Gegenstempel »Kriegsschild« (1991)		–,–
66	100 Dollars (G) o. J. (1990, 1991). Landesname und Wertangabe auf Kriegskeulenschnitzerei. Rs. »Tabua« (Tam-boo-ah), Zahn eines Wales an geflochtener Schnur (siehe Nr. 31). Mind. 750er Gold, 31.10 g [PSM]:		
	a) Gegenstempel »Eberzahn« (1990)		–,–
	b) Gegenstempel »Kriegsschild« (1991)		–,–

Nrn. 64–66 werden durch Hammerprägung ohne Ring hergestellt.
Der Feingehalt schwankt zwischen 750 und 840‰.
Die beiden Gegenstempel auf dem Münzbild stellen das Münzstättenzeichen (Kaurischnecke) und die Jahreskennzeichnung dar.
Die Einstempelung der Seriennummern am Rand erfolgt nach folgender Reihenfolge: A001–A999, 0A00–9A99, 00A0–99A9, 000A–999A, B000–B999 usw., ohne Verwendung der Buchstaben H, I, N, O, Q, S, X, Z. Für Präsentationszwecke existieren Prägungen ohne Seriennummern.

70 Jahre Save the Children Fund (2)

		VZ	ST
67	10 Dollars (S) 1991. König Ratu Ebenezer Seru Cakobau. Rs. Lesender Junge mit Sturmlaterne vor »Masi«, Kozopapier aus der Rinde des Papiermaulbeerbaumes (Broussonetia papyrifera – Moraceae) mit farbigen Mustern. 925er Silber, 28,28 g		–,–
68	200 Dollars (G) 1991. Rs. Mädchen mit Miniaturauslegerboot, Junge beim Fischstechen auf Bambusfloß. 916⅔er Gold, 10 g		–,–

Finland

Finnland

Finlande

Suomi

Fläche: 337 009 km2; 4 900 000 Einwohner (1986).
In mehreren russisch-schwedischen Kriegen gingen erst Teile, dann 1809 ganz Finnland an das Russische Reich verloren; es blieb als ein autonomes Großfürstentum mit dem Kaiser aller Reußen in Personalunion verbunden. Nach dem Zusammenbruch der russischen demokratischen Republik in der Oktoberrevolution erklärte sich Finnland am 6. Dezember 1917 für unabhängig. Erst nach der Beendigung eines im Januar 1918 ausbrechenden Bürgerkrieges konnte die republikanische Verfassung vom 17. Juli 1919 verkündet werden. Hauptstadt: Helsinki (schwedisch Helsingfors).

100 Penniä (Penni) = 1 Markka (Mark)

Großfürstentum

SS VZ

1 (13) 1 Penni (K) 1895—1916. Bebänderte Krone über Monogramm von Zar Nikolaus II. Rs. Wertangabe und Jahreszahl zwischen unten gebundenen Eichenzweigen:
1895, 1904 **10,— 20,—**
1898—1902, 1905—1909, 1911—1916 **3,— 6,—**
1903 **5,— 9,—**

2 (14) 5 Penniä (K) 1896—1917. Typ wie Nr. 1:
1896—1899, 1901, 1905—1908, 1911—1917 **4,— 8,—**
1910 **40,— 70,—**

3 (15) 10 Penniä (K) 1895—1917. Typ wie Nr. 1:
1895—1897, 1899, 1900, 1905, 1907—1912, 1914—1917 **6,— 15,—**
1898 **50,— 85,—**
1913 **15,— 28,—**

4 (1a) 25 Penniä (S) 1897—1899, 1901, 1902, 1906—1910, 1913, 1915—1917. Von bebänderter Krone überhöhter Zarenadler, belegt mit dem finnischen Wappenschild. Rs. Wertangabe und Jahreszahl zwischen unten gebundenen Eichenzweigen. 750er Silber, 1,2747 g **4,— 9,—**

5 (2a) 50 Penniä (S) 1907, 1908, 1911, 1914—1917. Typ wie Nr. 4. 750er Silber, 2,5494 g **6,— 10,—**

6 (3a) 1 Markka (S) 1907, 1908, 1915. Typ ähnlich wie Nr. 4. 868er Silber, 5,1828 g **12,— 25,—**

7 (4a) 2 Markkaa (S) 1905—1908. Typ wie Nr. 6. 868er Silber, 10,3657 g:
1905 **180,— 400,—**
1906—1908 **35,— 85,—**

SS VZ

8 (5) 10 Markkaa (G) 1904–1913. Gekrönter Doppeladler, Inschrift FINLAND/SUOMI. Rs. Wert und Jahreszahl, Umschrift. 900er Gold, 3,2258 g:
1904 **1250,– 2000,–**
1905 **4500,– 7000,–**
1913 **350,– 450,–**

9 (6) 20 Markkaa (G) 1903–1913. Typ wie Nr. 8. 900er Gold, 6,4516 g:
1903 **700,– 1000,–**
1904, 1910–1913 **500,– 650,–**

Unabhängiger Staat seit 1917

10 (16) 1 Penni (K) 1917. Doppeladler ohne Krone. Rs. Wert und Jahr **6,– 12,–**
11 (17) 5 Penniä (K) 1917, 1918. Typ wie Nr. 10 **8,– 16,–**
12 (18) 10 Penniä (K) 1917. Typ wie Nr. 10 **10,– 22,–**
13 (19) 25 Penniä (S) 1917. Doppeladler ohne Krone. Rs. Wert im Kranz. 750er Silber, 1,2747 g **5,– 12,–**
14 (20) 50 Penniä (S) 1917. Typ wie Nr. 13. 750er Silber, 2,5494 g **10,– 18,–**

Rote Regierung in Südfinnland

Nach der Machtergreifung eines Arbeiter-Exekutiv-Komitees in Helsingfors am 23. Januar 1918 und der Bildung eines Rats der Volksbeauftragten am 28. Januar 1918, brach ein Bürgerkrieg aus, der mit Hilfe deutscher Truppen beendet wurde. Die in Kotka und Lahti eingeschlossenen „Roten Garden" kapitulierten am 4./5. Mai 1918.

15 (21) 5 Penniä (K) 1918. Drei Trompeten mit Banner im Kranz und Umschrift. Rs. Wert **130,— 220,—**

Republik Finnland seit 1918

Nr.				SS	VZ
16	(22)	1	Penni (Bro) 1919–1924. Wappenlöwe. Rs. Wert	3,–	7,–
17	(23a)	5	Penniä (E) 1918. Typ wie Nr. 16	*4500,–*	*8000,–*
18	(23)	5	Penniä (Bro) 1918–1940. Typ wie Nr. 17:		
			1918–1922, 1935–1940	2,–	5,–
			1927–1930, 1932, 1934	5,–	10,–

Nr.				SS	VZ
19	(24)	10	Penniä (Bro) 1919–1940. Typ wie Nr. 16:		
			1919–1922, 1924, 1926, 1929, 1934–1940	3,–	6,–
			1923, 1927, 1928, 1930, 1931	8,–	15,–
20	(25)	25	Penniä (K–N) 1921, 1925–1930, 1934–1940. Wappenlöwe, geteilte Jahreszahl. Rs. Wertangabe zwischen Ähren	4,–	12,–
21	(26)	50	Penniä (K–N) 1921–1940. Typ wie Nr. 20:		
			1921, 1923, 1929, 1934, 1936–1940	4,–	12,–
			1935	8,–	18,–
22	(27)	1	Markka (K–N) 1921–1924. Wappenlöwe, geteilte Jahreszahl. Rs. Wertangabe zwischen Tannenzweigen; Ø 24 mm:		
			1921, 1922	7,–	14,–
			1923	25,–	45,–
			1924	20,–	32,–
23	(27a)	1	Markka (K–N) 1928–1940. Typ wie Nr. 22; Ø 21 mm:		
			1928–1933, 1937–1940	3,–	8,–
			1936	10,–	18,–
24	(28)	5	Markkaa (Al-Bro) 1928–1946. Mit Wappenschild belegte Zweige, Jahreszahl. Rs. Wertziffer im Kranz unten gebundener Zweige, Umschrift:		
			1928, 1929	120,–	175,–
			1930, 1931, 1933, 1936–1942	5,–	10,–
			1932, 1935, 1946	10,–	20,–
25	(29)	10	Markkaa (Al-Bro) 1928–1932, 1934–1939. Typ wie Nr. 24	7,–	12,–
26	(30)	20	Markkaa (Al-Bro) 1931–1939. Typ wie Nr. 24:		
			1931, 1932	70,–	130,–
			1934–1936	11,–	23,–
			1937–1939	9,–	18,–
27	(31)	100	Markkaa (G) 1926. Wappenlöwe. Rs. Wert im Kranz. 900er Gold, 4,2105 g	1250,–	2000,–

Nr.				SS	VZ
28	(32)	200	Markkaa (G) 1926. Typ wie Nr. 27. 900er Gold, 8,421 g	1500,–	2300,–
29	(33)	5	Penniä (K) 1941–1943. Tannenzweig, geteilte Jahreszahl. Rs. Wertangabe (mit Loch)	3,–	5,–
30	(34)	10	Penniä (K) 1941–1943. Typ wie Nr. 29	3,–	5,–
31	(25a)	25	Penniä (K) 1940–1943. Typ wie Nr. 20:		
			1940	9,–	16,–
			1941–1943	4,–	7,–
32	(26a)	50	Penniä (K) 1940–1943. Typ wie Nr. 21:		
			1940	9,–	17,–
			1941–1943	4,–	8,–
33	(27b)	1	Markka (K) 1940–1951. Typ wie Nr. 22:		
			1940–1943, 1950, 1951	5,–	10,–
			1949 (ca. 250 Ex.)	*2100,–*	*2700,–*

Nrn. 29 und 30 auch ohne Loch vorkommend (selten).

Nr.				SS	VZ
34	(34b)	10	Penniä (E) 1943–1945. Typ wie Nr. 30, jedoch geringerer Ø	5,–	8,–

Nr.				SS	VZ
35	(25b)	25	Penniä (E) 1943–1945. Typ wie Nr. 20	4,–	8,–
36	(26b)	50	Penniä (E) 1943–1948. Typ wie Nr. 21	6,–	12,–
37	(27c)	1	Markka (E) 1943–1952. Typ wie Nr. 22	5,–	10,–
38	(28a)	5	Markkaa (Me) 1946–1952. Typ wie Nr. 24:		
			1946–1951	4,–	8,–
			1952	15,–	22,–

Nr. 34 auch ohne Loch vorkommend (selten).

Nr.				SS	VZ
39	(36)	1	Markka 1952–1962. Ornamentales Muster (sog. St.-Hans-Wappen). Rs. Wertziffer, Handschlag zweier verschlungener Hände, Motiv aus dem Nationalepos »Kalevala«:		
			a) (E) 1952, 1953	4,–	8,–
			b) (E, N plattiert) 1953	10,–	20,–
			1954–1962	–,60	1,–
40	(37)	5	Markkaa 1952–1962. Typ wie Nr. 39:		
			a) (E) 1952, 1953	6,–	12,–
			b) (E, N plattiert) 1953	140,–	185,–
			1954–1961	1,–	2,–
			1962	3,–	6,–

Die Nickelauflage bei Nrn. 39b, 40b ist sehr dünn.

Nr.				SS	VZ
41	(38)	10	Markkaa (Al-Bro) 1952—1962. Wappenlöwe, Umschrift, Jahreszahl. Rs. Kiefer, Wertangabe	3,—	10,—
42	(39)	20	Markkaa (Al-Bro) 1952—1962. Typ wie Nr. 41:		
			1952	20,—	35,—
			1953—1957, 1959—1962	4,—	10,—
			1958	10,—	20,—
43	(40)	50	Markkaa (Al-Bro) 1952—1962. Typ wie Nr. 41:		
			1952—1956, 1961, 1962	6,—	18,—
			1958	20,—	35,—
			1960	75,—	150,—

Nr.				SS	VZ
44	(41)	100	Markkaa (S) 1956–1960. Wappenschild. Rs. Wertangabe, Tannen. 500er Silber, 5,2 g:		
			1956–1959	7,–	12,–
			1960	18,–	35,–
45	(42)	200	Markkaa (S) 1956–1959. Typ wie Nr. 44. 500er Silber, 8,3 g:		
			1956–1958	10,–	22,–
			1959	70,–	140,–

XV. Olympische Sommerspiele in Helsinki 19. 7. – 3. 8. 1952

		SS	VZ
46 (35) 500	Markkaa (S) 1951, 1952. Olympische Ringe. Rs. Wert im Kranz. 500er Silber, 12 g:		
	1951 (18 500 Ex.)	**700,–**	**1300,–**
	1952 (586 500 Ex.)	**90,–**	**160,–**

100. Jahrestag der Währungsumstellung vom Rubel auf die Markka laut Verordnung vom 12. Juni 1860

47 (43) 1000 Markkaa (S) 1960. Johan Vilhelm Snellmann (1806–1881), Philosoph, Staatsmann, Finanzminister 1860. Rs. Wert im Kranz. 875er Silber, 14 g (201 000 Ex.) **40,– 60,–**

WÄHRUNGSREFORM 1. Januar 1963:
100 alte Markkaa = 1 neue Markka

		VZ	ST
48 (44)	1 Penni (Bro) 1963–1969. Typ wie Nr. 39	**–,30**	**–,70**
49 (45)	5 Penniä (Bro) 1963–1977. Typ wie Nr. 48	**–,20**	**–,50**
50 (46)	10 Penniä (Al-N-Bro) 1963–1982. Wappenlöwe. Rs. Tanne und Wert	**–,20**	**–,40**
51 (44a)	1 Penni (Al) 1969–1979. Typ wie Nr. 39:		
	1969	**2,–**	**5,–**
	1970–1979	**–,10**	**–,20**
52 (45a)	5 Penniä (Al) 1977–1990. Typ wie Nr. 39	**–,25**	**–,40**
53 (46a)	10 Penniä (Al) 1983–1990. Typ wie Nr. 50	**–,20**	**–,40**
54 (47)	20 Penniä (Al-N-Bro) 1963–1990. Typ wie Nr. 50	**–,20**	**–,30**

		VZ	ST
55 (48)	50 Penniä (Al-N-Bro) 1963–1990. Typ wie Nr. 50	**–,40**	**–,60**

56 (49)	1 Markka (S) 1964–1968. Rs. Wert vor stilisierten Bäumen. 350er Silber, 6,4 g	**3,–**	**9,–**
57 (49a)	1 Markka (K-N) 1969–1990. Typ wie Nr. 56	**–,60**	**1,–**

58 (50)	5 Markkaa (Al-N-Bro) 1972–1978. Eisbrecher »Varma«, 1968 erbaut. Rs. Wert:		
	1972	**6,–**	**10,–**
	1973–1978	**2,–**	**6,–**

50. Jahrestag der Unabhängigkeit

59 (51) 10 Markkaa (S) 1967. Fünf fliegende Singschwäne (Cygnus cygnus – Anatidae). Rs. Hochbau- und Brückenkonstruktionen, Sinnbild des Aufbaues, Wert. 900er Silber, 24 g (1 000 000 Ex.) **18,– 25,–**

100. Geburtstag von Juho Kusti Paasikivi

		VZ	ST
60 (52)	10 Markkaa (S) 1970. Juho Kusti Paasikivi (1870–1956), Staatspräsident 1946–1956. Rs. Jahreszahl, Wertangabe, Landesnamen vor Mauerhintergrund. 500er Silber, 22,75 g (600 000 Ex.)	**14,–**	**18,–**

X. Leichtathletik-Europameisterschaften in Helsinki 10.–15. 8. 1971

61 (53)	10 Markkaa (S) 1971. Sechs Läufer vor der Ziellinie. Rs. Ansicht von Helsinki, Wertangabe. 500er Silber, 24,2 g (1 000 000 Ex.)	**14,–**	**18,–**

75. Geburtstag von Urho Kekkonen

62 (54)	10 Markkaa (S) 1975. Urho Kalevi Kekkonen (1900–1986), Staatspräsident 1956–1981, Namenszug (siehe auch Nr. 67). Rs. Finnische Landschaft mit Kiefern im Vordergrund. 500er Silber, 23,5 g (1 000 000 Ex.)	**14,–**	**18,–**

60. Jahrestag der Unabhängigkeit

		VZ	ST
63 (55)	10 Markkaa (S) 1977. Personengruppen. 500er Silber, 21,5 g (400 000 Ex.)	**20,–**	**28,–**

Nordische Ski-Weltmeisterschaften in Lahti

		VZ	ST
64 (56)	25 Markkaa (S) 1978. Ski-Langläufer. Rs. Relief einer Loipe in Berglandschaft. 500er Silber, 26,3 g (500 000 Ex.)	**20,–**	**28,–**

750 Jahre Turku (Åbo)

65 (58)	25 Markkaa (S) 1979. Historische Gebäude. Rs. Fischschwarm. 500er Silber, 26,3 g (300 000 Ex.)	**20,–**	**27,–**

66 (57)	5 Markkaa (Al-N-Bro) 1979–1990. Eisbrecher »Urho«, 1975 erbaut. Rs. Wert	**3,–**	**5,–**

80. Geburtstag von Urho Kekkonen

VZ ST

67 (59) 50 Markkaa (S) 1981. Urho Kekkonen (siehe auch Nr. 62). Rs. Zwei Pferde am Pflug. 500er Silber, 20 g (500 000 Ex.) 25,– 32,–

Eishockey-Weltmeisterschaft 1982 in Helsinki und Tampere

68 (60) 50 Markkaa (S) 1982. Eishockeyspieler, stilisiert. Rs. Eislaufspuren. 500er Silber, 23 g (400 000 Ex.) 30,– 38,–

1. Leichtathletik-Weltmeisterschaft in Helsinki 7.–14. 8. 1983

69 (61) 50 Markkaa (S) 1983. Hürdenläufer. Rs. Birken im Wind. 500er Silber, 22 g (450 000 Ex.) 30,– 38,–

150. Jahrestag der Aufzeichnung des finnischen Nationalepos Kalevala durch Elias Lönrot

70 (62) 50 Markkaa (S) 1985. Väinämöinen, Held des Kalevala. Rs. Finnische Waldlandschaft. 500er Silber, 20 g (300 000 Ex.) 30,– 38,–

Nordische Ski-Weltmeisterschaften 1989 in Lahti

VZ ST

71 100 Markkaa (S) 1989. Skilangläuferin Marjo Matikainen, Siegerin über 5 km bei den Olympischen Spiele in Calgary. Rs. Skistadion in Lahti mit den drei Sprungschanzen. 830er Silber, 24 g (100 000 Ex.) 100,–

100 Jahre Kunstmuseum Ateneum

72 100 Markkaa (S) 1989. Stilisierter Kopf eines Elches. Rs. Zwei Figuren mit den Insignien der Kunst. 830er Silber, 24 g (100 000 Ex). 70,–

Naturschutz (4)

73 10 Penniä (K-N) 1990. Maiglöckchen (Convallaria majalis). Rs. Bienenwaben –,20 –,40

74 50 Penniä (K-N) 1990. Braunbär (Ursus arctos – Ursidae). Rs. Moos (Polytrichum sp.) –,40 –,60

75 1 Markkaa (Al-N-Bro) 1993. Moorhuhn (Tetrao urogallus). Rs. Blätter und Früchte von Sorbus aucuparia –,– –,–

76 5 Markkaa (Al-N-Bro) 1992, 1993. Robbe (Phoca hispida saimensis) und Möwe (Larus canus). Rs. Libelle (Fam. Aeschnidae) auf Seerosenblättern (Nymphaea sp.) –,– –,–

77 10 Markkaa (Al-N-Bro) –,– –,–

50 Jahre Gesellschaft für Kriegsversehrte

78 100 Markkaa (S) 1990. 830er Silber, 24 g (100 000 Ex.) 80,–

350 Jahre Universität Helsinki

		VZ	ST
79	100 Markkaa (S) 1990. Steinkauz (Athene noctua – Strigidae) auf Olivenzweigen. Rs. Lyra. 830er Silber, 24 g (150 000 Ex.)		**75,–**

Eishockey-Weltmeisterschaft 1991 in Turku, Tampere und Helsinki

		ST	PP
80	100 Markkaa (S) 1991. Rs. Eishockeyspieler. 830er Silber, 24 g (ST: 150 000 Ex., PP: 500 Ex.)	**75,–**	–,–

70. Jahrestag der Angliederung von Åland (Ahvenanmaa) an Finnland durch den Völkerbund

81	100 Markkaa (S) 1991. Viermaster. Rs. Wappen der Region Åland. 925er Silber, 24 g (ST: 100 000 Ex., PP: 200 Ex.)	**75,–**	–,–

75. Jahrestag der Unabhängigkeit (2)

82	100 Markkaa (S) 1992 (300 000 Ex.)	–,–	–,–
83	1000 Markkaa (G) 1992 (25 000 Ex.)		

Frühere Ausgaben siehe Weltmünzkatalog 19. Jahrhundert.

France Frankreich France

Fläche: 547 026 km² (mit Korsika); 55 200 000 Einwohner (1986).
Der Kern der heutigen »Einen und unteilbaren Französischen Republik« ist das 843 durch den zwischen den Söhnen Kaiser Ludwigs des Frommen geschlossenen Vertrag von Verdun geschaffene Westfränkische Reich. Hierdurch erlangte Gallien wieder die geopolitische Sonderexistenz, die es als hauptsächlich von eingewanderten Kelten bewohnte römische Provinz besessen hatte. Germanische Stämme nützten die fortschreitende Schwäche des römischen Imperiums aus und drangen erobernd, aber sich die römische Kultur weitgehend aneignend, über die Grenzen, die Franken von Norden, die Alemannen von Osten, die Burgunder von Südosten und die Westgoten im Süden. Den letzten Rest der römischen Herrschaft vernichtete der Frankenkönig Chlodwig 486. Dessen Dynastie, die sogen. Merowinger, schwächte ihre Herrschaft durch fortwährende Erbteilungen nach germanischer Sitte und wurde schließlich durch den Majordomus (Hausmeier) beseitigt. Hieraus ging die Dynastie der Karolinger hervor, deren bedeutendster Vertreter Karl der Große war. Sein Reich zerfiel allerdings nach seinem Tode; seit 843 kann man statt vom Frankenreich von Frankreich sprechen. Gegen den westfränkischen Hochadel konnten sich die Karolinger nur bis zum Jahre 987 halten. Damals räumte der Herzog von Niederlothringen, Hugo mit dem Beinamen Capet, die letzten Karolinger beiseite: er ließ sich am 3. Juli 987 zum König wählen. Sein Geschlecht, die »Kapetinger«, blüht noch heute in mehreren Linien. Mit zielstrebiger Politik wurde Frankreich in jahrhundertelangen Anstrengungen vor dem Zerfall bewahrt und zu einem zentralistischen Staat ausgebaut, der u. a. in einem Hundertjährigen Krieg (1337–1453) gegen England dessen historisch erwachsene Besitzungen auf dem Festland zurückgewinnen mußte. Das Königtum wurde zwar 1789 in der die Menschen- und Bürgerrechte verkündenden (Ersten) Republik vorübergehend beseitigt, aber nach dem Sturz des aus der Revolution hervorgegangenen Kaisers der Franzosen, Napoleon I. (1815), wieder hergestellt, dann modifiziert und 1848 erneut gestürzt. Die Zweite Republik ging 1852 in das Zweite Kaiserreich über, das 1870 im Deutsch-Französischen Krieg unterging und durch die Dritte Republik ersetzt wurde. Diese Staatsform ist bis heute mit wechselnden Verfassungen bestehen geblieben. Die jetzige wird als Fünfte Republik bezeichnet, die die Prüfungen des Zweiten Weltkrieges überwinden mußte. Im Zweiten Weltkrieg war zwar das Mutterland aufgrund des Waffenstillstandes vom 22. Juni 1940 im Norden und nach der Landung der Alliierten total von der Deutschen Wehrmacht besetzt, die im Süden (in Vichy) eine Art von Vasallenregierung bestehen ließ, aber nicht verhindern konnte, daß fast alle überseeischen Gebiete dem Aufruf des Generals de Gaulle folgten und sich den »Freien Französischen Streitkräften« anschlossen, so daß Frankreich trotz der Niederlage in Europa von 1940 zu den Siegermächten des Zweiten Weltkrieges gehören konnte. Hauptstadt: Paris.
Seit 1879 werden die französischen Münzen nur noch in Paris geprägt, allerdings gibt es einige Ausnahmen: Das Mzz. B kennzeichnet die Prägung von Münzen in Brüssel im Jahre 1939, und mit den Jahreszahlen 1943–1958 ist die Prägeanstalt von Beaumont le Roger in Eure gemeint. Das Mzz. C weist auf die besonderen Umstände als Folge der beiden Weltkriege hin. Castelsarrasin (Tarn et Garonne) prägte 1914 sowie 1943–1946.

100 Centimes = 1 Französischer Franc (Franc Français)
1 Franc (Goldfranken) = 0,29032 g Feingold

Französische Republik
République Française
Dritte Republik 1871–1940

		SS	VZ
1 (58)	1 Centime (Bro) 1898—1920. Kopf der Marianne mit Freiheitsmütze, Sinnbild der Republik. Rs. Wert und Jahreszahl zwischen Olivenzweigen (Type Dupuis):		
	1898	10,—	40,—
	1899, 1901—1904, 1908, 1909, 1911—1914, 1916, 1919, 1920	6,—	12,—
	1900, 1910	50,—	100,—

2 (59)	2 Centimes (Bro) 1898–1920. Typ wie Nr. 1:		
	a) 1898	25,–	50,–
	1899, 1901–1904, 1907	15,–	35,–
	1900	150,–	300,–
	1908–1914, 1916, 1919, 1920	7,–	12,–
	b) Piéfort, 1898		250,–

		SS	VZ
3 (60)	5 Centimes (Bro) 1897—1921. Rs. Allegorische Darstellung: Republik schützt ihr Kind, Wert und Jahreszahl (Type Dupuis):		
	1897 (2 Ex. bekannt)	–,–	–,–
	1898—1917, 1920	4,—	10,—
	1921	400,—	950,—
	1916* (Mzst. Madrid)	4,—	10,—

4 (61)	10 Centimes (Bro) 1897—1921. Typ wie Nr. 3:		
	1897 (2 Ex. bekannt)	–,–	–,–
	1898—1904, 1906—1917, 1920	6,—	15,—
	1905, 1921	50,—	100,—
	1916* (Mzst. Madrid)	6,—	15,—

Ausgaben der Handelskammer (3)

Nr.			SS	VZ
20 (77)	50	Centimes (Al-Bro) 1921–1929. Merkur, Umschrift COMMERCE INDUSTRIE. Rs. Wert mit Hinweis »BON POUR«, Umschrift CHAMBRES DE COMMERCE DE FRANCE (Type Domard)	2,–	5,–
21 (78)	1	Franc (Al-Bro) 1920–1927. Typ wie Nr. 20:		
		1920, 1926	10,–	22,–
		1921–1925, 1927	2,–	5,–
22 (79)	2	Francs (Al-Bro) 1920–1927. Typ wie Nr. 20:		
		1920	30,–	65,–
		1921–1925	3,–	8,–
		1926	18,–	40,–
		1927	250,–	550,–
23 (80)	50	Centimes (Al-Bro) 1931–1947. Kopf der Marianne n. l. Rs. Wertangabe und Jahreszahl zwischen zwei Füllhörnern (Type Morlon):		
		1931–1933, 1936–1941	2,–	8,–
		1939 B	12,–	26,–
		1947	300,–	680,–
24 (81)	1	Franc (Al-Bro) 1931–1941, Typ wie Nr. 23:		
		1931–1934, 1936–1941	1,–	2,–
		1935	30,–	80,–

Nr.			SS	VZ
25 (82)	2	Francs (Al-Bro) 1931—1941. Typ wie Nr. 23:		
		1931—1934, 1936—1941	1,—	5,—
		1935	60,—	140,—

Nr.			SS	VZ
26 (83)	5	Francs (N) 1933. Kopf der Marianne nach rechts. Rs. Weizenähren (Triticum sativum — Gramineae), Lorbeer, Eichenlaub und Weintraube (Vitis vinifera — Vitaceae), Wertangabe (Type Bazor)	12,—	25,—

Nr.			SS	VZ
27 (84)	5	Francs (N) 1933—1939. Belorbeerter Kopf der Marianne n. l. Rs. Wertangabe und Jahreszahl im Kranz, darüber RF (Type Lavrillier):		
		1933, 1935	5,—	10,—
		1936	*2000,—*	*3000,—*
		1937, 1938	100,—	130,—
		1939	*4000,—*	*6000,—*

Nr.			SS	VZ
28 (84a)	5	Francs (Al-Bro) 1938—1947. Typ wie Nr. 27:		
		1938	120,—	200,—
		1939	25,—	45,—
		1940, 1945, 1946	18,—	35,—
		1947	500,—	1100,—

Nr.			SS	VZ
29 (86)	10	Francs (S) 1929—1939. Belorbeerter Kopf der Marianne n. r. Rs. Wertangabe und Jahreszahl zwischen Ähren (Type Turin). 680er Silber, 10 g:		
		1929—1934, 1938, 1939	14,—	18,—
		1936	—,—	—,—
		1937	220,—	420,—
30 (87)	20	Francs (S) 1929—1939. Typ wie Nr. 29. 680er Silber, 20 g:		
		1929, 1933, 1934, 1938	28,—	35,—
		1936	600,—	1000,—
		1937	36,—	65,—
		1939	*3000,—*	*5000,—*

Nr.			SS	VZ
31 (88)	100	Francs (G) 1929–1936. Beflügelter Kopf. Rs. Ähre zwischen Lorbeer- und Eichenlaub, Wert (Type Bazor). 900er Gold, 6,55 g:		
		1929 (ca. 15 Ex.)		*10000,–*
		1932 (ca. 50 Ex.)		*8000,–*
		1933 (ca. 300 Ex.)		*5000,–*
		1934 (ca. 10 Ex.)		*–,–*
		1935, 1936	1500,–	2000,–
32 (72a)	5	Centimes (K-N) 1938, 1939. Typ wie Nr. 17 (mit Loch)	6,—	10,—
33 (73c)	10	Centimes (K-N) 1938, 1939. Typ wie Nr. 17 (mit Loch)	3,—	5,—
34 (76b)	25	Centimes (K-N) 1938—1940. Typ wie Nr. 17 (mit Loch):		
		1938, 1939	4,—	7,—
		1940	40,—	85,—
35 (73b)	10	Centimes (Zink) 1941. Typ wie Nr. 14 (mit Loch)	4,—	10,—
A35 (73b)	10	Centimes (Zink) 1941. Typ wie Nr. 17 (mit Loch)	4,—	10,—
36 (80a)	50	Centimes (Al) 1941—1947. Typ wie Nr. 23:		
		1941, 1944—1946	1,—	3,—
		1947	2,—	7,—
37 (81a)	1	Franc (Al) 1941—1959. Typ wie Nr. 23:		
		1941, 1944—1950, 1957—1959	1,—	2,—
		1943 (Mzst. Algier), (ca. 4400 Ex.)	*1800,—*	*3000,—*
38 (81b)	1	Franc (Zink) 1943. Typ wie Nr. 23 (Mzst. Algier), (ca. 17200 Ex.)	*2000,—*	*3400,—*
39 (82a)	2	Francs (Al) 1941, 1944—1950, 1958, 1959. Typ wie Nr. 23	1,—	2,—

SS VZ

5 (69) 25 Centimes (N) 1903. Kopf der Marianne n. l. Rs. Wert (Type Patey) 5,– 12,–

6 (70) 25 Centimes (N) 1904, 1905. Rs. Liktorenbündel, Eichenblätter, Wert (Type Patey):
1904 3,– 8,–
1905 4,– 14,–

SS VZ

7 (62) 50 Centimes (S) 1897–1920. Säerin vor aufgehender Sonne. Rs. Wert und Olivenzweig (Olea europaea – Oleaceae) (Type Roty). 835er Silber, 2,5 g:
1897 110,– 260,–
1898, 1899, 1901–1906 6,– 10,–
1900, 1911 20,– 50,–
1907–1910, 1912–1920 5,– 7,–

8 (63) 1 Franc (S) 1898–1920. Typ wie Nr. 7. 835er Silber, 5 g:
1898, 1899, 1901, 1902, 1904–1908 8,– 20,–
1900 700,– 1100,–
1903 30,– 65,–
1909–1920 9,– 13,–
1914 C (Mzst. Castelsarrasin) 600,– 1000,–

9 (64) 2 Francs (S) 1898–1920. Typ wie Nr. 7. 835er Silber, 10 g:
1898, 1899, 1901–1912, 1914–1920 10,– 25,–
1900 80,– 200,–
1913 40,– 85,–
1914 C (Mzst. Castelsarrasin) 40,– 85,–

SS VZ

10 (65) 10 Francs (G) 1899–1914. Kopf der Marianne n. r. Rs. Gallischer Hahn (Type Chaplain). 900er Gold, 3,22 g:
1899, 1909 180,– 280,–
1900, 1901, 1905–1908, 1910–1912, 1914 130,– 160,–

11 (66) 20 Francs (G) 1898–1914. Typ wie Nr. 10. 900er Gold, 6,45 g:
a) Randschrift: DIEU PROTÈGE LA FRANCE, 1898 –,– –,–
1899–1906 200,– 250,–
b) Randschrift: LIBERTÉ ÉGALITÉ FRATERNITÉ, 1907–1914 200,– 250,–

Nr. 11b wurde in den Jahren 1921 und 1951–1960 offiziell nachgeprägt. Die Neuprägungen tragen die Jahreszahlen 1907–1914 und zeichnen sich durch ihre stark rotgoldene Farbe aus. Diese Stücke sind nicht im Umlauf gewesen. 200,–

12 (56) 50 Francs (G) 1878–1904. Stehender Genius, die Verfassung auf Tafel schreibend, links Liktorenbündel, rechts Gallischer Hahn. Rs. Wert und Jahreszahl im Eichenkranz (Type Dupré). Randschrift: DIEU PROTÈGE LA FRANCE. 900er Gold, 16,12 g:
1878, 1904 2200,– 3500,–
1887, 1889, 1896, 1900 3500,– 5500,–

13 (57) 100 Francs (G) 1878–1914. Typ wie Nr. 12. 900er Gold, 32,25 g:
a) Randschrift: DIEU PROTÈGE LA FRANCE, 1878, 1879, 1881, 1882, 1886, 1899–1906 1100,– 1350,–
1885 2000,– 2500,–
1887 5000,– 8500,–
1889, nur PP (100 Ex.) 16000,–
1894 7000,– 12000,–
1896 3000,– 5000,–
b) Randschrift: LIBERTÉ ÉGALITÉ FRATERNITÉ, 1907–1913 1100,– 1350,–
1914 (1281 Ex.) *11000,– 16000,–*

14 5 Centimes (K-N) 1914. Buchstaben RF unter der Freiheitsmütze und zwischen Eichenzweigen. Rs. Olivenzweig zwischen Wert; CMES mit Strich (mit Loch) (Type Lindauer) *3800,– 5000,–*

15 (73) 10 Centimes (N) 1914. Typ wie Nr. 14 (mit Loch) (3972 Ex.) *3800,– 5000,–*

16 (76) 25 Centimes (N) 1914–1917. Typ wie Nr. 14 (mit Loch):
1914, 1915 25,– 35,–
1916, 1917 135,– 180,–

17 5 Centimes (K-N) 1917–1938. Buchstaben RF unter der Freiheitsmütze und zwischen Eichenzweigen. Rs. Olivenzweig zwischen Wert; ohne Strich unter CMES (mit Loch) (Type Lindauer):
a) (Y71) Ø 19 mm, 1917–1920 4,– 8,–
b) (Y72) Ø 17 mm, 1920 30,– 70,–
1921–1927, 1930–1938 1,– 2,–

18 (73a) 10 Centimes (K-N) 1917–1938. Typ wie Nr 17 (mit Loch) 1,– 2,–

19 (76a) 25 Centimes (K-N) 1917–1938. Typ wie Nr. 17 (mit Loch) 1,– 2,–

Vichy-Regierung 1940–1944
Etat Français

		SS	VZ
40 (V91)	10 Centimes (Zink) 1941–1943. Weizenähren. Rs. Eichenblätter, Wertangabe (mit Loch); 2,5 g:		
	a) Ø 21,5 mm, 1941, 1942	1,–	8,–
	b) Ø 21,2 mm, 1943	1,–	8,–
41 (V93)	10 Centimes (Zink) 1943, 1944. Typ wie Nr. 40; 1,5 g, Ø 17 mm	4,–	11,–
42 (V90)	20 Centimes (Zink) 1941. Typ wie Nr. 40, Wertangabe in Buchstaben	7,–	15,–
43 (V92)	20 Centimes (Zink) 1941–1944. Typ wie Nr. 40:		
	1941–1943	2,–	8,–
	1944	20,–	40,–
44 (V92a)	20 Centimes (E) 1943, 1944. Typ wie Nr. 40:		
	1943	380,–	550,–
	1944	180,–	290,–
45 (V94)	50 Centimes (Al) 1942–1944. Franziska (fränkische Doppelaxt) zwischen Ähren. Rs. Wert zwischen Eichenlaub (Type Bazor):		
	1942–1944	2,–	5,–
	1943 B	20,–	50,–

		SS	VZ
46 (V95)	1 Franc (Al) 1942–1944. Typ wie Nr. 45:		
	1942–1944	2,–	5,–
	1943 B (Abb.)	40,–	110,–
47 (V96)	2 Francs (Al) 1943, 1944. Typ wie Nr. 45:		
	1943, 1944	1,–	4,–
	1943 B	20,–	55,–
48 (V97)	5 Francs (K-N) 1941. Marschall Henri Philippe Pétain (1856–1951), Staatschef 1940–1944. Rs. Franziska und Wert (nicht in Umlauf gekommen), (Type Bazor)	350,–	520,–

Ausgabe der Freien Französischen Streitkräfte (Forces Françaises Libres)

		SS	VZ
49 (89)	2 Francs (Al-Bro) 1944. FRANCE im Kranz. Rs. Wert, Jahreszahl und Motto LIBERTÉ – ÉGALITÉ– FRATERNITÉ (Mzst. Philadelphia), kursierte vor allem in Algerien und in Südfrankreich	15,–	25,–

Provisorische Regierung 1944–1947

		SS	VZ
50 (74)	10 Centimes (Zink) 1945, 1946. Typ wie Nr. 14; Ø 17 mm:		
	1945, 1946 B	4,–	12,–
	1946	50,–	90,–
51 (75)	20 Centimes (Zink) 1945, 1946. Typ wie Nr. 14; Ø 24 mm:		
	1945, 1946	20,–	40,–
	1945 B	180,–	320,–
	1945 C	90,–	180,–
	1946 B	250,–	380,–
52 (84b)	5 Francs (Al) 1945–1952. Typ wie Nr. 27:		
	1945, 1946, 1946 B, 1947, 1947 B, 1948, 1949, 1949 B, 1950, 1950 B	1,–	3,–
	1945 B	15,–	40,–
	1945 C	20,–	55,–
	1946 C	30,–	80,–
	1948 B	100,–	220,–
	1952	30,–	100,–
53 (86a)	10 Francs (K-N) 1945–1947. Typ wie Nr. 29	6,–	10,–
54 (86b)	10 Francs (K-N) 1947–1949. Typ wie Nr. 29, jedoch kleineres Kopfbild der Marianne	2,–	4,–

Vierte Republik 1947–1958

		SS	VZ
55 (98)	10 Francs (Al-Bro) 1950–1955, 1957, 1958. Kopf der Marianne nach links. Rs. Gallischer Hahn, Lorbeerzweig. Wert (Type Guiraud)	1,–	2,–
56 (99)	20 Francs (Al-Bro) 1950. Typ wie Nr. 55; Name des Graveurs zweizeilig: Georges/Guiraud	7,–	12,–

		SS	VZ
57 (99a)	20 Francs (Al-Bro) 1950–1954. Typ wie Nr. 55; Name des Graveurs einzeilig: G. Guiraud:		
	1950, 1950 B, 1951–1954	1,–	2,–
	1954 B	*800,–*	*1350,–*
58 (100)	50 Francs (Al-Bro) 1950–1958. Typ wie Nr. 55:		
	1950	*100,–*	*280,–*
	1951–1953	2,–	4,–
	1954	14,–	30,–
	1958	100,–	250,–

		SS	VZ
59 (101)	100 Francs (K-N) 1954–1958. Kopf der Marianne und Fackel. Rs. Wert und Olivenzweige (Type Cochet)	3,–	6,–

Fünfte Republik seit 1958

WÄHRUNGSREFORM 27. Dezember 1958:
100 alte Francs = 1 Neuer Franc

NEUE WÄHRUNG seit 1. Januar 1960:
100 Centimes = 1 (Neuer) Franc
(Nouveau Franc, seit 1. Januar 1963: Franc)

		VZ	ST	PP
60 (102)	1 Centime 1960–1991. Weizenähre. Rs. Wertangabe, Jahreszahl (Type »Épi«):			
	a) (St) 1960 (Vorserie)	–,–	–,–	
	1961 (Vorserie) (104 Ex.)	*500,–*	*800,–*	
	1962–1970	–,20	–,30	
	1971–1991	1,–	2,–	–,–

b) (St) Piéfort, 1962, 1968, 1971–1985 –,–
c) (S) Piéfort, 950 fein, 4,4 g, 1962, 1968, 1971–1986 120,–
d) (S) Piéfort, Inschrift PIEDFORT, 1987–1990 120,–
e) (G) Piéfort, 920 fein, 7,35 g, 1962, 1968, 1971–1985 –,–
f) (G) Piéfort, 920 fein, 7,5 g, Inschrift PIEDFORT, 1988–1990 (30 Ex.) *500,–*
g) (Pt) Piéfort, 999,9 fein, 9,2 g, Inschrift PIEDFORT, 1988–1990 (15 Ex.) *700,–*
h) (St) gleichständige Stempelstellung, 1991 (2500 Ex.) –,–

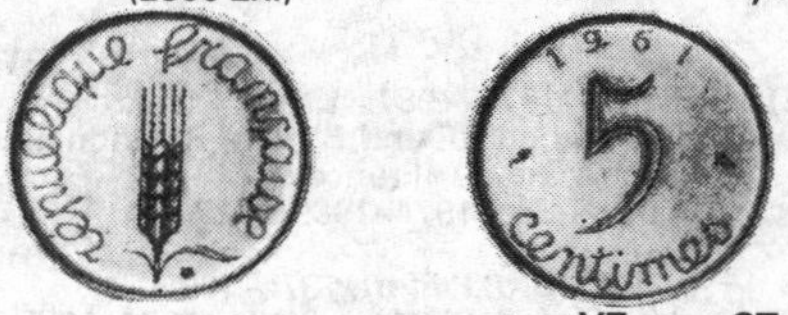

VZ ST PP

61 (103) 5 Centimes 1960–1964. Typ wie Nr. 60:
a) (St) 1960 (Vorserie) –,– –,–
1961–1964 **–,50** **3,–**
b) (St) Piéfort, 1961 –,–
c) (S) Piéfort, 1961 –,–
d) (G) Piéfort, 1961 –,–

62 (A104) 5 Centimes 1966–1991. Kopf der Marianne nach links. Rs. Wert, Olivenzweig und Ähre (Type Lagriffoul et Dieudonné »République«):
a) (Al-N-Bro) 1966–1991 **–,25** **–,40** –,–
b) (Al-N-Bro) Piéfort, 1966, 1968, 1971–1985 –,–
c) (S) Piéfort, 950 fein, 5 g, 1966, 1968, 1971–1986 **125,–**
d) (S) Piéfort, Inschrift PIEDFORT, 1987–1990 **125,–**
e) (G) Piéfort, 920 fein, 8,67 g, 1966, 1968, 1971–1985 –,–
f) (Al-N-Bro) gleichständige Stempelstellung, 1991 (2500 Ex.) –,–

63 (104) 10 Centimes 1962–1991. Typ wie Nr. 62:
a) (Al-N-Bro) 1962–1991 **–,25** **1,–** –,–
b) (Al-N-Bro) Piéfort, 1962, 1968, 1971–1985 –,–
c) (S) Piéfort, 950 fein, 7,6 g, 1962, 1968, 1971–1986 **130,–**
d) (S) Piéfort, Inschrift PIEDFORT, 1987–1990 **130,–**
e) (G) Piéfort, 920 fein, 12,75 g, 1962, 1968, 1971–1985 –,–
f) Al-N-Bro) gleichständige Stempelstellung, 1991 (2500 Ex.) –,–

64 (105) 20 Centimes 1962–1991. Typ wie Nr. 62:
a) (Al-N-Bro) 1962–1991 **–,30** **1,–** –,–
b) (Al-N-Bro) Piéfort, 1962, 1968, 1971–1985 –,–
c) (S) Piéfort, 950 fein, 10,2 g, 1962, 1968, 1971–1986 **150,–**
d) (S) Piéfort, Inschrift PIEDFORT, 1987–1990 **150,–**
e) (G) Piéfort, 920 fein, 17,17 g, 1962, 1968, 1971–1985 –,–
f) (G) Piéfort, Inschrift PIEDFORT, 1990 (5 Ex.) –,–
g) (Al-N-Bro) gleichständige Stempelstellung, 1991 (2500 Ex.) –,–

65 (106) 50 Centimes 1962–1964. Typ wie Nr. 62:
a) (Al-N-Bro) 1962–1964 **2,–** **8,–**
b) (Al-N-Bro) Piéfort, 1962 –,–
c) (S) Piéfort, 1962 –,–
d) (G) Piéfort, 29,86 g, 1962 –,–

VZ ST PP

66 (107) ½ Franc 1962–1991. Säerin vor aufgehender Sonne, Signatur »O. Roty«. Rs. Olivenzweig und Wert (Type Roty »Semeuse«):
a) (N) Riffelrand, 1964 *1200,–* *1800,–*
1965–1991 **–,50** **1,–**
b) (N) Piéfort, 1962, 1968, 1971–1985 –,–
c) (S) Piéfort, 950 fein, 11 g, 1962, 1968, 1971–1986 **160,–**
d) (S) Piéfort, Inschrift PIEDFORT, 1987–1990 **160,–**
e) (G) Piéfort, 920 fein, 18,15 g, 1962, 1968, 1971–1985 –,–
f) (Pt) Piéfort, 999,9 fein, 22,6 g, 1982–1985 –,–
g) (N) gleichständige Stempelstellung, Riffelrand, 1991 (2500 Ex.) –,–

67 (108) 1 Franc 1960–1991. Typ wie Nr. 66:
a) (N) Riffelrand, 1960–1962, 1964–1991 **–,80** **2,–**
b) (N) Piéfort, 1960, 1968, 1971–1985 –,–
c) (S) Piéfort, 950 fein, 13,7 g, 1960, 1968, 1971–1986 **175,–**
d) (S) Piéfort, Inschrift PIEDFORT, 1987–1990 **175,–**
e) (G) Piéfort, 920 fein, 24,33 g, 1960, 1968, 1971–1985 –,–
f) (Pt) Piéfort, 999,9 fein, 28,2 g, 1981–1985 –,–
g) (N) gleichständige Stempelstellung, Riffelrand, 1991 (2500 Ex.) –,–

In ähnlicher Zeichnung: Nrn. 161 und 162 (PP-Version).

68 (109) 2 Francs 1977–1991. Säerin vor aufgehender Sonne. Rs. Wertangabe auf Oliven- und Eichenzweig (Type d'après Roty »Semeuse«):
a) (N) Riffelrand, 1977 (Vorserie) (40 Ex.) *1400,–* *2000,–*
1979–1990 **–,80** **2,–**
b) (N) Piéfort, 1979–1985 –,–
c) (S) Piéfort, 950 fein, 17,8 g, 1978 (350 Ex.) **260,–**
1979–1986 **180,–**
d) (S) Piéfort, Inschrift PIEDFORT, 1987–1990 **180,–**
e) (G) Piéfort, 920 fein, 30,9 g, 1979–1985 –,–
f) (G) Piéfort, Inschrift PIEDFORT, 1990 (5 Ex.) –,–
g) (Pt) Piéfort, 999,9 fein, 36,6 g, 1979, 1981–1985 –,–
h) (N) Rand glatt, 1991 (10 000 Ex.) –,–
i) (N) gleichständige Stempelstellung, Riffelrand, 1991 (2500 Ex.) –,–

VZ ST PP

69 (110) 5 Francs 1959–1969. Säerin vor aufgehender Sonne, Signatur »O. Roty«. Rs. Olivenzweig, Eichenzweig und Wert. Randschrift LIBERTE EGALITE FRATERNITE (Type Roty »Semeuse«):
a) (S) 835 fein, 12 g, 1959 (Vorserie) (48 Ex.) *2400,–* *3200,–*
1960–1969 **8,–** **15,–**
b) (S) Piéfort, 950 fein, 22,8 g, 1960, 1968 –,–
c) (G) Piéfort, 920 fein, 38,9 g, 1960, 1968 –,–

70 (110a) 5 Francs 1969–1990. Typ wie Nr. 69:
a) (K-N, N plattiert) Riffelrand 1969 (Vorserie) *1000,–* *1600,–*
1970–1990 **3,–** **5,–**
b) (K-N, N plattiert) Piéfort, 1971–1985 –,–
c) (S) Piéfort, 950 fein, 22,8 g, 1971–1986 **250,–**
d) (S) Piéfort, Inschrift PIEDFORT, 1987–1990 **250,–**
e) (G) Piéfort, 920 fein, 38,9 g, 1971–1985 –,–
f) (Pt) Piéfort, 999,9 fein, 46,9 g, 1971, 1981–1985 –,–
g) (N) gleichständige Stempelstellung, Riffelrand, 1991 (2500 Ex.) –,–

In ähnlicher Zeichnung: Nr. 163 (PP-Version).

71 (111) 10 Francs 1964–1973. Herkules, die Personifikationen der Freiheit und Gleichheit schützend. Rs. Wertangabe und Jahreszahl im Kranz unten gebundener Lorbeer- und Eichenzweige (Type Dupré):
a) (S) 900 fein, 25 g, 1964 (Vorserie) *6000,-* *8000,–*
1965–1968, 1970, 1972 **18,–** **25,–**
1969, 1971 **18,–** **25,–**
1973 **40,–** **75,–**
b) (S) Piéfort, 950 fein, 50 g, 1965, 1968, 1971–1973 –,–
c) (G) Piéfort, 920 fein, 84,15 g, 1965, 1968, 1971–1973 –,–
d) (Pt) Piéfort, 999,9 fein, 85 g, 1972, 1973 –,–

Die »Vorserien« von Nrn. 60, 61, 68–71 unterscheiden sich in Details von der endgültigen Ausführung.

VZ ST PP

72 (A112) 10 Francs 1974–1987. Karte Frankreichs mit den Buchstaben RF und Blitzen. Rs. Industrieanlagen (Type Mathieu »France«):
a) (Al-N-Bro) 1974–1985, 1987 **4,–** **7,–**
b) (Al-N-Bro) Piéfort, 1974–1985 –,–
c) (S) Piéfort, 950 fein, 22,8 g, 1974–1985 **250,–**
d) (S) Piéfort, Inschrift PIEDFORT, 1987 **250,–**
e) (G) Piéfort, 920 fein, 38,9 g, 1974–1985 *2000,–*
f) (G) Piéfort, Inschrift PIEDFORT, 1987 *2000,–*
g) (Pt) Piéfort, 999,9 fein, 46,9 g, 1981–1985 *3500,–*
h) (Pt) Piéfort, Inschrift PIEDFORT, 1987 *3500,–*

PP

A72 10 Francs (S) 1974. Typ wie Nr. 72. 950er Silber, 12 g (1500 Ex.) (1991 geprägt) –,–

B72 10 Francs (Pt) 1974. Typ wie Nr. 72. 999,9er Platin, 14 g (150 Ex.) (1991 geprägt) –,–

VZ ST PP

73 (112) 50 Francs 1974–1980. Typ wie Nr. 71:
a) (S) 900 fein, 30 g **20,–** **30,–**
b) (S) Piéfort, 950 fein, 60 g (7964 Ex.) –,–
c) (G) Piéfort, 920 fein, 102 g (1468 Ex.) –,–
d) (Pt) Piéfort (192 Ex.) –,–

100. Todestag von Léon Gambetta

74 (113) 10 Francs 1982. Léon Gambetta (1838–1882), Staatsmann. Rs. Gambettas Flucht aus dem belagerten Paris 1870 mit einem Ballon:
a) (Al-N-Bro) **15,–** **25,–**
b) (Al-N-Bro) Piéfort (326 Ex.) –,–
c) (S) Piéfort, 925 fein **300,–**
d) (G) Piéfort, 920 fein, 38,9 g (87 Ex.) –,–
e) (Pt) Piéfort, 999,9 fein, 46,9 g (14 Ex.) –,–

A74 10 Francs (S) 1982. Typ wie Nr. 74. 950er Silber, 12 g (1500 Ex.) (1991 geprägt) –,–

B74 10 Francs (Pt) 1982. Typ wie Nr. 74. 999,9er Platin, 14 g (150 Ex.) (1991 geprägt) –,–

			VZ	ST	PP
75 (114)	100	Francs 1982–1991. Ansicht des Panthéon in Paris. Rs. Baum mit Eichenlaub und Olivenblättern (Type »Panthéon«):			
		a) (S) 900 fein, 15 g, 1982–1991	35,–	50,–	
		b) (S) Piéfort, 950 fein, 30 g, 1982–1986			**300,–**
		c) (S) Piéfort, Inschrift PIEDFORT, 1987–1990			**300,–**
		d) (G) Piéfort, 920 fein, 53,7 g, 1982–1986			*3000,–*
		e) (G) Piéfort, Inschrift PIEDFORT, 1987–1990			*3000,–*
		f) (Pt) Piéfort, 999,9 fein, 62 g, 1982–1986			*5000,–*
		g) (Pt) Piéfort, Inschrift PIEDFORT, 1987–1990			*5000,–*

200. Jahrestag des 1. Aufstiegs einer Montgolfière mit Fahrgästen (3)

			VZ	ST	PP
76 (115)	10	Francs 1983. Jacques Etienne Montgolfier (1745–1799) und Joseph Michel Montgolfier (1740–1810), Brüder, Erfinder des Warmluftballons:			
		a) (Al-N-Bro)	6,–	15,–	
		b) (Al-N-Bro) Piéfort (286 Ex.)			–,–
		c) (S) Piéfort, 925 fein, 22,8 g (454 Ex.)			**600,–**
		d) (G) Piéfort, 920 fein, 38,9 g (34 Ex.)			–,–
		e) (Pt) Piéfort, 999,9 fein, 46,9 g (13 Ex.)			–,–
A76	10	Francs (S) 1983. Typ wie Nr. 76. 950er Silber, 12 g (1500 Ex.) (1991 geprägt)			–,–
B76	10	Francs (Pt) 1983. Typ wie Nr. 76. 999,9er Platin, 14 g (150 Ex.) (1991 geprägt)			–,–

200. Geburtstag Stendhals (3)

			VZ	ST	PP
77 (116)	10	Francs 1983. Stendhal, eigentl. Henry Beyle (1783–1842), Schriftsteller:			
		a) (Al-N-Bro)	15,–	25,–	
		b) (Al-N-Bro) Piéfort (206 Ex.)			–,–
		c) (S) Piéfort, 925 fein, 22,8 g (314 Ex.)			**200,–**
		d) (G) Piéfort, 920 fein, 38,9 g (29 Ex.)			–,–
		e) (Pt) Piéfort, 999,9 fein, 46,9 g (5 Ex.)			–,–
A77	10	Francs (S) 1983. Typ wie Nr. 77. 950er Silber, 12 g (1500 Ex.) (1991 geprägt)			–,–
B77	10	Francs (Pt) 1983. Typ wie Nr. 77. 999,9er Platin, 14 g (150 Ex.) (1991 geprägt)			–,–

50. Todestag von Marie Curie (3)

			VZ	ST	PP
78 (117)	100	Francs 1984. Marie Curie, geb. Sklodowska (1867–1934), 1903 Nobelpreisträgerin für Physik (Entdeckung von Polonium und Radium) und für Chemie 1911:			
		a) (S) 900 fein, 15 g	48,–	75,–	
		b) (S) Piéfort, 925 fein, 30 g (500 Ex.)			*2000,–*
		c) (G) Piéfort, 920 fein, 53,7 g (34 Ex.)			*5000,–*
		d) (Pt) Piéfort, 999,9 fein, 62 g (9 Ex.)			*10000,–*
79	100	Francs (S) 1984. Typ wie Nr. 78. 950er Silber, 15 g (1000 Ex.)			**2000,–**
80	100	Francs (G) 1984. Typ wie Nr. 78. 920 fein, 17 g (5000 Ex.)			**1100,–**

200. Geburtstag von François Rude (3)

			VZ	ST	PP
81 (118)	10	Francs 1984. François Rude (1784–1855), Bildhauer, schuf das Hochrelief »La Marseillaise« am Triumphbogen in Paris:			
		a) (Al-N-Bro)	7,–	12,–	
		b) (Al-N-Bro) Piéfort (184 Ex.)			–,–
		c) (S) Piéfort, 925 fein, 22,8 g (244 Ex.)			**200,–**
		d) (G) Piéfort, 920 fein, 38,9 g (18 Ex.)			–,–
		e) (Pt) Piéfort, 999,9 fein, 46,9 g (5 Ex.)			–,–
A81	10	Francs (S) 1984. Typ wie Nr. 81. 950er Silber, 12 g (1500 Ex.) (1991 geprägt)			–,–
B81	10	Francs (Pt) 1984. Typ wie Nr. 81. 999,9er Platin, 14 g (150 Ex.) (1991 geprägt)			–,–

100. Todestag von Victor Hugo (3)

			VZ	ST	PP
82 (119)	10	Francs 1985. Victor Hugo (1802–1885), Dichter. Rs. Bildmotive aus seinen Romanen »Die Elenden« und »Der Glöckner von Notre Dame«:			
		a) (Al-N-Bro)	8,–	15,–	
		b) (Al-N-Bro) Piéfort (250 Ex.)			–,–
		c) (S) Piéfort, 925 fein, 22,8 g (500 Ex.)			–,–
		d) (G) Piéfort, 920 fein, 38,9 g (50 Ex.)			–,–
		e) (Pt) Piéfort, 999,9 fein, 46,9 g (15 Ex.)			–,–
83	10	Francs (S) 1985. Typ wie Nr. 82:			
		a) 999er Silber, 12 g (8000 Ex.)			**125,–**
		b) 950er Silber, 12 g (1500 Ex.) (1991 geprägt)			–,–
		c) 900er Silber, 12 g (20 000 Ex.)		**145,–**	
A83	10	Francs (Pt) 1985. Typ wie Nr. 82. 999,9er Platin, 14 g (150 Ex.) (1991 geprägt)			–,–

100 Jahre Roman »Germinal« von Émile Zola (3)

			VZ	ST	PP
84 (120)	100	Francs 1985. Émile Zola (1840–1902), Schriftsteller des Naturalismus. Rs. Bergwerkszene aus dem Roman »Germinal«:			
		a) (S) 900 fein, 15 g	40,–	60,–	
		b) (S) Piéfort, 950 fein, 30 g (500 Ex.)			–,–
		c) (G) Piéfort, 920 fein, 53,7 g (50 Ex.)			–,–
		d) (Pt) Piéfort, 999,9 fein, 62 g (15 Ex.)			–,–

		VZ	ST	PP
85	100 Francs (S) 1985. Typ wie Nr. 84. 999 fein, 15 g (5000 Ex.)		**300,–**	
86	100 Francs (G) 1985, Typ wie Nr. 84. 920 fein, 17 g (5000 Ex.)			**900,–**

87 (123) 10 Francs 1986. Kopf der Marianne auf Landkarte Frankreichs. Rs. Gallischer Hahn, stilisiert, Wertangabe (Type Jimenez »République«):
a) (N) **4,–** **8,–**
b) (S) Piéfort, 950 fein, 15,2 g (200 Ex.) *500,–*
c) (G) Piéfort, 920 fein, 26 g (15 Ex.) –,–
d) (Pt) Piéfort, 999,9 fein, 31,6 g (5 Ex.) –,–

Nr. 87a wurde aufgrund der Verwechslungsgefahr mit Nr. 66a (1/2 Franc) alsbald aus dem Verkehr gezogen und wieder durch Nr. 72a, seit 1988 durch Nr. 110a ersetzt.

100. Geburtstag von Robert Schuman (3)

88 (122) 10 Francs 1986. Robert Schuman (1886–1963), Politiker, Initiator der Montanunion und Mitbegründer der Europäischen Gemeinschaft:
a) (N) **5,–** **9,–**
b) (S) Piéfort, 950 fein, 15,2 g (200 Ex.) *500,–*
c) (G) Piéfort, 920 fein, 26 g (25 Ex.) –,–
d) (Pt) Piéfort, 999,9 fein, 31,6 g (10 Ex.) –,–

89 10 Francs (S) 1986. Typ wie Nr. 88:
a) 950er Silber, 7 g (6000 Ex.) **200,–**
b) 900er Silber, 7 g (20 000 Ex.) **50,–**

90 10 Francs (G) 1986. Typ wie Nr. 88. 920 fein, 7 g (5000 Ex.) **550,–**

200. Jahrestag der Französischen Revolution – 1. Ausgabe »Freiheit«
100. Jahrestag der Errichtung der Freiheitsstatue auf Ellis Island (5)

91 (121) 100 Francs 1986. Freiheitsstatue »Liberty Lighting The World«. Rs. Motto »Liberté Egalité Fraternité« auf stilisiertem Baum, von Freiheitsmütze überhöht:
a) (S) 900 fein, 15 g **35,–** **45,–**
b) (S) Piéfort, 900 fein, 30 g (250 000 Ex.) **25,–**
c) (S) Piéfort, 950 fein, 30 g, Inschrift PIEDFORT (5000 Ex.) **350,–**
d) (G) Piéfort, 920 fein, 53,7 g, Inschrift PIEDFORT (50 Ex.) *4500,–*
e) (Pt) Piéfort, 999,9 fein, 62 g, Inschrift PIEDFORT (15 Ex.) *7000,–*

		VZ	ST	PP
92	100 Francs (S) 1986. Typ wie Nr. 91. 999 fein, 15 g (18 000 Ex.)			**200,–**
A92	100 Francs (Palladium) 1986. Typ wie Nr. 91. 900er Palladium, 17 g (1250 Ex.) (1989 geprägt)			**750,–**
93	100 Francs (G) 1986. Typ wie Nr. 91. 920 fein, 17 g (ST: 13 000 Ex., PP: 17 000 Ex.)		**850,–**	**950,–**

94 100 Francs (Pt) 1986. Typ wie Nr. 91. 999,9er Platin, 20 g (9500 Ex.):
a) ohne Inschrift »Pt« *1600,–*
b) mit Inschrift »Pt« (1987 geprägt) *2000,–*

1000. Jahrestag der Krönung von Hugo Capet zum König von Frankreich (4)

95 (125) 10 Francs 1987. Hugo Capet (939/941–996), Herzog der Franken seit 956, König von Frankreich seit 987:
a) (Al-N-Bro) **5,–** **8,–**
b) (S) Piéfort, 950 fein, 22,8 g, Inschrift PIEDFORT (1000 Ex.) **250,–**
c) (G) Piéfort, 920 fein, 38,9 g, Inschrift PIEDFORT (25 Ex.) *2000,–*
d) (Pt) Piéfort, 999,9 fein, 46,9 g, Inschrift PIEDFORT (10 Ex.) *3500,–*

96 10 Francs (S) 1987. Typ wie Nr. 95:
a) 950er Silber, 12 g (10 000 Ex.) **95,–**
b) 900er Silber, 12 g (20 000 Ex.) **45,–**

		VZ	ST	PP
97	10 Francs (G) 1987. Typ wie Nr. 95. 920 fein, 12 g (6000 Ex.)			**750,–**
98	10 Francs (Pt) 1987. Typ wie Nr. 95. 999,9 fein, 14 g (1000 Ex.)			**1100,–**

200. Jahrestag der Französischen Revolution – 2. Ausgabe »Gleichheit«

230. Geburtstag von Joseph Marquis de La Fayette (5)

99 (124) 100 Francs 1987. Marie Joseph Paul Roch Yves Gilbert Motier, Marquis de La Fayette (1757–1834), nach dem Stempel einer zeitgenössischen Medaille von 1789 (Type d'après Duvivier):
a) (S) 900 fein, 15 g **40,–** **55,–**
b) (S) Piéfort, 900 fein, 30 g (100 000 Ex.) **25,–**
c) (S) Piéfort, 950 fein, 30 g, Inschrift PIEDFORT **300,–**
d) (G) Piéfort, 920 fein, 53,7 g, Inschrift PIEDFORT (50 Ex.) *3000,–*
e) (Pt) Piéfort, 999,9 fein, 62 g, Inschrift PIEDFORT (15 Ex.) *5000,–*

		VZ	ST	PP
100	100 Francs (S) 1987. Typ wie Nr. 99. 950 fein, 15 g (30 000 Ex.)			**125,–**
101	100 Francs (Palladium) 1987. Typ wie Nr. 99. 900 fein, 17 g (7000 Ex.)			**450,–**

VZ ST PP

102 100 Francs (G) 1987. Typ wie Nr. 99. 920 fein, 17 g (ST: 10 000 Ex., PP: 20 000 Ex.) 675,– 750,–
103 100 Francs (Pt) 1987. Typ wie Nr. 99, Inschrift »Pt«. 999,9 fein, 20 g (8500 Ex.) 1200,–

30. Jahrestag der Währungsreform (3)

104 (129) 1 Franc 1988. Charles de Gaulle (1890–1970). Regierungschef 1944–1946 und 1958–1959, Präsident der Republik 1959–1969. Rs. Wertangabe im Sechseck. Ø 24 mm:
a) (N) mit Münzzeichen (Abb.) (50 000 000 Ex.) 1,– 2,–
b) (N) ohne Münzzeichen *160,– 240,–*
c) (S) Piéfort, 950 fein, 13,7 g, Inschrift PIEDFORT (50 Ex.) 200,–

105 (130) 1 Franc (S) 1988. Typ wie Nr. 104. 900 fein, 22,2 g. Ø 37 mm (60 000 Ex.) 120,–
106 (131) 1 Franc (G) 1988. Typ wie Nr. 104. 920 fein, 9 g. Ø 23,85 mm (20 000 Ex.) 525,–

100. Geburtstag von Roland Garros (4)

107 (128) 10 Francs 1988. Stilisierter Vogel im Flug. Rs. Roland Garros (1888–1918), Flugpionier, Flugzeug »Morane Saulnier«:
a) (Al-N-Bro) 5,– 8,–
b) (S) Piéfort, 950 fein, 22,8 g, Inschrift PIEDFORT (300 Ex.) 250,–
c) (G) Piéfort, 920 fein, 38,9 g, Inschrift PIEDFORT (25 Ex.) *2000,–*
d) (Pt) Piéfort, 999,9 fein, 46,9 g, Inschrift PIEDFORT (10 Ex.) *3500,–*

108 10 Francs (S) 1988. Typ wie Nr. 107:
a) 950er Silber, 12 g (10 000 Ex.) 90,–
b) 900er Silber, 12 g (10 000 Ex.) 45,–

109 10 Francs (G) 1988. Typ wie Nr. 107. 920 fein, 12 g (3000 Ex.) 600,–

A109 10 Francs (Pt) 1988. Typ wie Nr. 107. 999,9er Platin, 14 g (150 Ex.) (1991 geprägt) –,–

110 (127) 10 Francs (Al-N-Bro/N) 1988–1991. »Le Génie de la Bastille« mit Freiheitsfackel, Buchstaben RF. Rs. Wertangabe, Motto. Ø 23 mm:
a) Rand geriffelt und glatt, 1988–1991 4,– 8,–
b) Rand glatt, 1991 (10 000 Ex.) –,–
c) gleichständige Stempelstellung, Rand geriffelt und glatt, 1991 (2500 Ex.) –,–

VZ ST PP

111 10 Francs (G*) 1988–1990. Typ wie Nr. 110. Ø 22 mm:
a) 12 g, 1988 (5000 Ex.) 1150,–
b) Piéfort, 24 g, Inschrift PIEDFORT, 1988–1990 (75 Ex.) *2500,-*

* Der Ring von Nr. 111 besteht aus Gelbgold (Gold 92%, Silber 4%, Kupfer 4%), das Zentrum aus Weißgold (Gold 75%, Palladium 15%, Silber 10%), je 6 g bzw. 12 g.

200. Jahrestag der Französischen Revolution – 3. Ausgabe »Brüderlichkeit« (5)

112 (126) 100 Francs 1988. Frauenkopf mit Krone aus Kinderfiguren (Type d'après Barre):
a) (S) 900 fein, 15 g 35,– 48,–
b) (S) Piéfort, 900 fein, 30 g (20 000 Ex.) 25,–
c) (S) Piéfort, 950 fein, 30 g, Inschrift PIEDFORT (200 Ex.) 300,–
d) (G) Piéfort, 920 fein, 53,7 g, Inschrift PIEDFORT (50 Ex.) *3000,–*
e) (Pt) Piéfort, 999,9 fein, 62 g, Inschrift PIEDFORT (10 Ex.) *5000,–*

113 100 Francs (S) 1988. Typ wie Nr. 112. 950 fein, 15 g (20 000 Ex.) 125,–
114 100 Francs (Palladium) 1988. Typ wie Nr. 112. 900 fein, 17 g (7000 Ex.) 450,–
115 100 Francs (G) 1988. Typ wie Nr. 112. 920 fein, 17 g (ST: 3000 Ex., PP: 12 000 Ex.) 850,– 900,–
116 100 Francs (Pt) 1988. Typ wie Nr. 112, Inschrift »Pt«. 999,9 fein, 20 g (5000 Ex.) 1500,–

200. Jahrestag der Einberufung der Generalstände vom 5. Mai 1789

117 (134) 1 Franc 1989.
a) (N) (5 000 000 Ex.) 1,– 3,–
b) (S) Piéfort, 950 fein, 13,7 g (300 Ex.) –,–
c) (G) Piéfort, 920 fein, 24,33 g (25 Ex.) –,–
d) (Pt) Piéfort, 999,9 fein, 28, 2 g (10 Ex.) –,–

100. Jahrestag der Errichtung des Eiffelturms (4)

		VZ	ST	PP
118 (133)	5 Francs 1989. Eiffelturm in Paris, von oben gesehen, Wertangabe. Rs. Eiffelturm von schräg unten:			
	a) (K-N, N plattiert)	**3,–**	**5,–**	
	b) (S) Piéfort, 950 fein, 22,8 g, Inschrift PIEDFORT (300 Ex.)			**–,–**
	c) (G) Piéfort, 920 fein, 38,9 g, Inschrift PIEDFORT (25 Ex.)			**–,–**
	d) (Pt) Piéfort, 999,9 fein, 48,2 g, Inschrift PIEDFORT (10 Ex.)			**–,–**
119	5 Francs (S) 1989. Typ wie Nr. 118. 900er Silber, 12 g (80 000 Ex.)			**80,–**
120	5 Francs (G) 1989. Typ wie Nr. 118. 920er Gold, 14 g (30 000 Ex.)			**650,–**
121	5 Francs (Pt) 1989. Typ wie Nr. 118, Inschrift »Pt«. 999,9 fein, 16 g (3000 Ex.)			**1100,–**

300. Geburtstag von Montesquieu (2)

122 (135) 10 Francs (Al-N-Bro/N) 1989. Charles Louis de Secondat, Baron de la Brède et de Montesquieu (1689–1755), Staatsphilosoph. Ø 23 mm (15 000 Ex.) **160,–**

123 10 Francs (G*) 1989. Typ wie Nr. 122. Ø 22 mm:
a) 12 g (5000 Ex.) **650,–**
b) Piéfort, 24 g, Inschrift PIEDFORT (25 Ex.) *2500,–*

* Der Ring von Nr. 123 besteht aus Gelbgold (Gold 92%, Silber 4%, Kupfer 4%), das Zentrum aus Weißgold (Gold 75%, Palladium 15%, Silber 10%), je 6 g bzw. 12 g.

200. Jahrestag der Französischen Revolution – 4. Ausgabe »Menschenrechte« (5)

124 (132) 100 Francs 1989. Stehender Genius, die Menschenrechte auf Tafel schreibend (Type d'après Dupré):

	VZ	ST	PP
a) (S) 900 fein, 15 g	**40,–**	**50,–**	
b) (S) Piéfort, 900 fein, 30 g (10 000 Ex.)		**30,–**	
c) (S) Piéfort, 950 fein, 30 g, Inschrift PIEDFORT (200 Ex.)			**300,–**
d) (G) Piéfort, 920 fein, 53,7 g, Inschrift PIEDFORT (25 Ex.)			**3000,–**
e) (Pt) Piéfort, 999,9 fein, 62 g, Inschrift PIEDFORT (10 Ex.)			**5000,-**

125 100 Francs (S) 1989. Typ wie Nr. 124. 950 fein, 15 g (40 000 Ex.) **125,–**

126 100 Francs (Palladium) 1989. Typ wie Nr. 124. 900 fein, 17 g (1250 Ex.) **700,–**

127 100 Francs (G) 1989. Typ wie Nr. 124. 920 fein, 17 g (ST: 1000 Ex., PP: 20 000 Ex.) **1200,–** **775,–**

128 100 Francs (Pt) 1989. Typ wie Nr. 124, Inschrift »Pt«. 999,9 fein, 20 g (1000 Ex.) **1800,–**

XVI. Olympische Winterspiele 1992 in Albertville – 1. Ausgabe (4)

129 (136) 100 Francs (S) 1989. Abfahrtsläufer am Mont Blanc. Rs. Olympisches Emblem. 900er Silber, 22,2 g **70,–**

130 (138) 100 Francs (S) 1989. Eiskunstlaufpaar auf dem Lac de Bourget **70,–**

131 (137) 500 Francs (G) 1989. Typ wie Nr. 129. 920er Gold, 17 g **700,–**

132 (139) 500 Francs (G) 1989. Typ wie Nr. 130 **700,–**

2. Ausgabe (4)

133 (140) 100 Francs (S) 1990. Eisschnelläufer und Murmeltier **70,–**

134 (142) 100 Francs (S) 1990. Moderner Zweierbob und Rodlerin der »Belle Époque« **70,–**

135 136

	VZ	ST	PP
135 (141) 500 Francs (G) 1990. Typ wie Nr. 133			700,–
136 (143) 500 Francs (G) 1990. Typ wie Nr. 134			700,–

Bedeutende Europäer – 1. Ausgabe (4)

137 (145) 100 Francs 1990. Karolusmonogramm über Lorbeerzweig. Rs. Gekröntes Kopfbild Karls des Großen:
a) (S) 900 fein, 15 g (5 000 000 Ex.) **40,– 50,–**
b) (S) Piéfort, 950 fein, 30 g, Inschrift PIEDFORT (100 Ex.) **–,–**
c) (G) Piéfort, 920 fein, 53,7 g, Inschrift PIEDFORT (10 Ex.) **–,–**
d) (Pt) Piéfort, 999,9 fein, 62 g, Inschrift PIEDFORT (5 Ex.) **–,–**

138 (144) 100 Francs ≈ 15 Ecus (S) 1990. Typ wie Nr. 137, mit Wertangabe in ECU. 900er Silber, 22,2 g (30 000 Ex.) **120,–**

139 (A144) 500 Francs ≈ 70 Ecus (G) 1990. Typ wie Nr. 138. 920er Gold, 17 g (5000 Ex.) **850,–**

140 500 Francs ≈ 70 Ecus (Pt) 1990. Typ wie Nr. 138. 999er Platin, 20 g (2000 Ex.) **1100,–**

XVI. Olympische Winterspiele 1992 in Albertville – 3. Ausgabe (4)

141 (149) 100 Francs (S) 1990. Trickskifahrer und Gemse **70,–**

142 (151) 100 Francs (S) 1990. Moderner Slalomfahrer und Slalomfahrerin der »Belle Époque« **70,–**

143 144

143 (150) 500 Francs (G) 1990. Typ wie Nr. 141 **700,–**

144 (152) 500 Francs (G) 1990. Typ wie Nr. 142 **700,–**

4. Ausgabe (6)

	VZ	ST	PP
145 (153) 100 Francs (S) 1991. Eishockeyspieler und Steinbock			70,–
146 (155) 100 Francs (S) 1991. Skilangläufer vor dem Schloß der Herzöge von Savoyen			70,–
147 (157) 100 Francs (S) 1991. Moderner Skispringer und Skispringerin der »Belle Époque«			70,–

148 (154) 500 Francs (G) 1991. Typ wie Nr. 145 **700,–**

149 (156) 500 Francs (G) 1991. Typ wie Nr. 146 **700,–**

150 (158) 500 Francs (G) 1991. Typ wie Nr. 147 **700,–**

100 Jahre Internationaler Basketball-Verband (FIBA) (3)

151 (146) 100 Francs (S) 1991. Zwei Basketballspieler. Rs. FIBA-Emblem. 900er Silber, 22,2 g (12 000 Ex.) **100,–**

152 (147) 100 Francs (S) 1991. Korbwerfer von vorne (12 000 Ex.) **100,–**

VZ ST PP

153 148) 500 Francs (G) 1991. Korbwerfer von der Seite. 920er Gold, 17 g (5000 Ex.) **650,–**

Bedeutende Europäer – 2. Ausgabe (4)

154 (162) 100 Francs (S) 1991. Rs. René Descartes (Renatus Cartesius) (1596–1650), Philosoph und Mathematiker (3970000 Ex.) **40,–** **50,–**

155 (160) 100 Francs ≈ 15 Ecus (S) 1991. Typ wie Nr. 154, mit Wertangabe in ECU (30000 Ex.) **120,–**

156 (161) 500 Francs ≈ 70 Ecus (G) 1991. Typ wie Nr. 155 (5000 Ex.) **820,–**

157 500 Francs ≈ 70 Ecus (Pt) 1991. Typ wie Nr. 155 (2000 Ex.) **1000,–**

XVI. Olympische Winterspiele 1992 in Albertville – 5. Ausgabe

158 (159) 500 Francs (G) 1991. Pierre de Fredi, Baron de Coubertin (1863–1937), Begründer der Olympischen Spiele der Neuzeit 1896 **700,–**

200. Todestag von Wolfgang Amadeus Mozart

159 500 Francs (G) 1991. Schloß von Versailles. Rs. Mozart mit sieben Jahren am Cembalo beim Prinz von Conti in Paris, nach einem Gemälde von Michel Barthélémy Ollivier. 920er Gold, 17 g (max. 5000 Ex.) –,–

V. Paralympische Winterspiele 1992 in Tignes und Albertville

160 100 Francs (S) 1992. Fliegende Möwe über Berglandschaft. Rs. Möwe, Flügel und Schwanz abgebrochen. 900er Silber, 22,2 g (max. 5000 Ex.) *200,–*

VZ ST PP

161 ½ Franc (N) 1991. Typ ähnlich wie Nr. 66, Inschrift »d'ap. O. Roty«. Rand glatt (Type d'après Roty »Semeuse«) (10000 Ex.) –,–

162 1 Franc (N) 1991. Typ wie Nr. 161. Rand glatt (10000 Ex.) –,–

163 5 Francs (K-N, N plattiert) 1991. Typ wie Nr. 161. Rand glatt (10000 Ex.) –,–

10. Todestag von Pierre Mendes-France (3)

164 5 Francs (K-N, N plattiert) 1992. Pierre Mendes-France (1907–1982), Premierminister, Direktor des Internationalen Währungsfonds –,– –,–

165 5 Francs (S) 1992. Typ wie Nr. 164. 900er Silber, 12 g –,–

166 5 Francs (G) 1992. Typ wie Nr. 164. 920er Gold, 14 g –,–

167 20 Francs (Al-N-Bro/N) 1992. Kloster von Mont-Saint-Michel –,– –,–

168 20 Francs (G*) 1992. Typ wie Nr. 167 –,–

Bedeutende Europäer – 3. Ausgabe (4)

169 100 Francs (S) 1992. Rs. Jean Monnet (1888–1979), Begründer der Europäischen Gemeinschaft –,– –,–

170 100 Francs ≈ 15 Ecus (S) 1992. Typ wie Nr. 169, mit Wertangabe in ECU (max. 20000 Ex.) –,–

171 500 Francs ≈ 70 Ecus (G) 1992. Typ wie Nr. 169 (max. 3000 Ex.) –,–

172 500 Francs ≈ 70 Ecus (Pt) 1992. Typ wie Nr. 169 (max. 1000 Ex.) –,–

150. Jahrestag der Entdeckung des Adelie-Gebietes in der Antarktis (3)

173 100 Francs (S) 1992. Rs. Kaiserpinguin –,– –,– –,–

174 100 Francs (S) 1992. Rs. Albatros –,– –,– –,–

175 100 Francs (S) 1992. Rs. Seelöwe –,– –,– –,–

100 Jahre Olympische Spiele der Neuzeit (3)

Francs (S) 1994. Rs. Speerwerfer vor der Sorbonne in Paris, Tagungsort des ersten Olympischen Kongresses 1894. 925er Silber, 33,63 g

Francs (S) 1994. Rs. Diskuswerfer des Myron vor der »Grande Arche de la Défense« in Paris, 1989 zum 200. Jahrestag der Französischen Revolution errichtet

Francs (G) 1994. Rs. »Herakles« als Bogenschütze, Statue von Antoine Bourdelle, vor dem Eiffelturm in Paris, 916⅔er Gold, 16,97 g

Frühere Ausgaben siehe Weltmünzkatalog 19. Jahrhundert.

Französisch-Äquatorial-Afrika

French Equatorial Africa — Afrique Equatoriale Française

Zum Verwaltungsgebiet Französisch-Äquatorial-Afrika wurden am 15. Januar 1910 die Kolonien Gabun, Mittelkongo und Ubangi-Schari-Tschad zusammengefaßt. Gabun und Mittelkongo (unter der Bezeichnung Kongo-Brazzaville) wurden 1960 unabhängig, desgleichen der Tschad und die Zentralafrikanische Republik (vormals Ubangi-Schari). Die einzelnen Staaten blieben auch als selbständige Republiken innerhalb der Französischen Gemeinschaft. Hauptstadt: Brazzaville.

100 Centimes = 1 Franc

Nr.	Beschreibung	SS	VZ
1	5 Centimes (Al-Bro) 1943. Freiheitskappe, Buchstaben RF. Rs. Wertangabe mit Loch	*350,–*	*600,–*
2	10 Centimes (Al-Bro) 1943. Typ wie Nr. 1 (mit Loch)	*300,–*	*500,–*
3	25 Centimes (Al-Bro) 1943. Typ wie Nr. 1 (mit Loch)	*800,–*	*1200,–*
4 (1)	50 Centimes (Al-Bro) 1942. Gallischer Hahn. Rs. Lothringer Kreuz	**8,–**	**20,–**
5 (2)	1 Franc (Al-Bro) 1942. Typ wie Nr. 4	**10,–**	**25,–**

Nr.	Beschreibung	SS	VZ
6 (1a)	50 Centimes (Bro) 1943. Typ wie Nr. 4	8,–	20,–
7 (2a)	1 Franc (Bro) 1943. Typ wie Nr. 4	12,–	30,–

République Française – Union Française

Nr.	Beschreibung	SS	VZ
8 (3)	1 Franc (Al) 1948. Kopf der Marianne n. l. Rs. Kopf einer Dünengazelle (Gazella leptoceros – Bovidae) und Wert (Type Bazor)	1,–	3,–

Nr.	Beschreibung	SS	VZ
9 (4)	2 Francs (Al) 1948. Typ wie Nr. 8	2,–	4,–

Ausgaben für Französisch-Äquatorial-Afrika und Kamerun

Nr.	Beschreibung	SS	VZ
10 (5)	5 Francs (Al-Bro) 1958. Mendes-Antilopen (Addax nasomaculatus – Bovidae). Rs. Wert im Kranz (Type Bazor)	1,20	2,–
11 (6)	10 Francs (Al-Bro) 1958. Typ wie Nr. 10	1,50	2,50
12 (7)	25 Francs (Al-Bro) 1958. Typ wie Nr. 10	3,–	4,–

Weitere Ausgaben siehe unter *Äquatorialafrikanische Staaten* und *Zentralafrikanische Staaten.*

French Indo-China Französisch-Indochina Indochine Française

Fläche: 705400 km² (1898); 30000000 Einwohner. Französische Kolonien und Schutzstaaten in Annam, Kambodscha, Kotschinchina (seit 1887), Kouang-Tchéou-wan (seit 1898), Laos (seit 1893) und Tongking.

5 Sapek = 1 Centième, 100 Centièmes = 1 Piastre (Piaster)

SS VZ

1 (1) 1 Sapek = 1/5 Centième = 2/1000 Piastre (Bro) 1887–1889, 1892–1894, 1896–1902. Landesname, Jahreszahl. Rs. »Regierung der Republik Frankreich« und »Ein Tausend Zwei« (1000 Stück = 2 Piastres) in chinesischen Schriftzeichen (Type Barre); Ø 20 mm, 2 g (mit viereckigem Loch) 9,– 16,–

2 (3) 1 Centième = 1/100 Piastre (Bro) 1896–1903, 1906. Allegorie der Republik Frankreich, Wert. Rs. Wert in Chinesisch »Pai Phan Chih Yi« (100 Stück = 1 Piastre) (Type Dupuis); Ø 27,5 mm, 7,5 g 7,– 14,–

3 (4) 1 Centième = 1/100 Piastre (Bro) 1908–1914, 1916–1923, 1926, 1927, 1930, 1931, 1937–1939. Typ wie Nr. 2, jedoch Ø 26 mm, 7 g:
a) o. Msz., dicker Schrötling 1,50 3,–
b) Msz. A, dünner Schrötling 1,50 3,–

4 (5) 5 Centièmes 1923–1939. Marianne über Füllhörnern. Rs. Reisähren und Wert (Type Patey) (mit Loch):
a) (K–N) 1923–1925, 1930, 1937, 1938 2,– 4,–
b) (N-Me) 1938, 1939 2,– 4,–

5 10 Centièmes (S) 1898–1937. Allegorie der Republik Frankreich, Liktorenbündel. Rs. Wert im Kranz (Type Barre):
a) (Y14) 835er Silber, 2,7 g, 1898–1903, 1908–1914, 1916, 1917, 1919 9,– 14,–
b) (Y14a) 400er Silber ohne Feingehaltsangabe, 1920 10,– 16,–
c) (Y16) 680er Silber, 2,7 g, 1921–1925, 1927–1931, 1937 5,– 8,–

6 20 Centièmes (S) 1898–1937, Typ wie Nr. 5:
a) (Y15) 835er Silber, 5,4 g, 1898–1903, 1908, 1909, 1911–1914, 1916 10,– 18,–
b) (Y15a) 400er Silber ohne Feingehaltsangabe, 1920 12,– 20,–
c) (Y17) 680er Silber, 5,4 g, 1921–1925, 1927–1930, 1937 5,– 10,–

7 (8a) 50 Centièmes (S) 1896, 1900, 1936, Typ wie Nr. 5, 900er Silber, 13,5 g 12,– 25,–

8 (9a) 1 Piastre (S) 1895–1910, 1913, 1921, 1922, 1924–1928. Typ wie Nr. 5, Wertangabe »Piastre de Commerce«. 900er Silber, 27 g. 35,– 70,–

9 (18) 1 Piastre (S) 1931. Bekränzter Kopf der Republik nach links. Rs. Wert im ovalen Zierrahmen (Type Lindauer). 680er Silber, 20 g 32,– 60,–

10 (20) ½ Centième 1935–1940. Freiheitskappe, Buchstabe RF und Eichenkranz. Rs. Wert und Reisähren (Type Lindauer) (mit Loch):
a) (Bro) 1935–1940; Ø 21 mm, 3,7 g 1,– 2,–

SS VZ

b) (Zink) 1939; Ø 21 mm, 3 g 110,– 185,–
(Zink) 1940; Ø 21 mm, 3 g 125,– 200,–

11 (21) 10 Centièmes 1939–1941. Brustbild der Marianne mit Lorbeer, Umschrift REPUBLIQUE FRAN-ÇAISE. Rs. Reispflanze (Oryza sativa – Gramineae) und Wert, Umschrift INDOCHINE FRANÇAISE (Type Turin):
a) (N) 1939, 1940 1,– 2,–
b) (K-N) 1939 90,– 140,–
(K-N) 1941S (Mzst. San Francisco) 1,– 2,–

12 (22) 20 Centièmes 1939, 1941. Typ wie Nr. 11:
a) (N) 1939 26,– 45,–
b) (K-N) 1939, 1941S 1,– 2,–

État Français

Ausgaben der Vichy-Regierung

13 (V30) 1 Centième (Zink) 1940, 1941. Freiheitskappe, Lorbeer, Wert. Rs. Ähre, Wert (mit Loch) (Type Lindauer):
a) 1940, Kokarde auf der Freiheitskappe 20,– 30,–
b) 1940, 1941, Lotosblüte statt Kokarde 3,– 5,–

14 (V31) ¼ Centième (Zink) 1942–1944. Inschrift ETAT / FRANÇAIS / INDOCHINE und Reisrispen. Rs. Wert (mit Loch) 22,– 35,–

15 (V32) 1 Centième (Al) 1943. Zwei Reisrispen, Inschrift ETAT / FRANÇAIS. Rs. Wert, Inschrift INDO-CHINE (mit Loch) 1,– 3,–

16 (V33) 5 Centièmes (Al) 1943. Typ wie Nr. 15:
a) glatter Rand 1,– 2,–
b) Riffelrand –,– –,–

République Française

Ausgaben der Französischen Republik

17 (26) 5 Centièmes (Al) 1946. Typ wie Nr. 11 (Type Turin) 1,– 2,–

18 (27) 10 Centièmes (Al) 1945. Typ wie Nr. 17 1,– 2,–

19 (28) 20 Centièmes (Al) 1945. Typ wie Nr. 17 1,– 2,–

20 (23) 50 Centièmes (K-N) 1946. Typ wie Nr. 7, aber Metallangabe BRONZE DE NICKEL (Type Barre) 8,– 13,–

Union Française – Fédération Indochinoise

21 (24) 1 Piastre (K-N) 1946, 1947. Brustbild der Marianne mit Lorbeer, Umschrift UNION FRANÇAISE. Rs. Reispflanze und Wert, Umschrift FEDÉRATION INDOCHINOISE (Type Turin):
a) 1946, 1947 (Rand teilweise geriffelt) 20,– 32,–
b) 1947 (Rand durchgehend geriffelt) 5,– 10,–

AUSGABEN FÜR DEN LANDESTEIL ANNAM (MITTELVIETNAM)

6 oder 10 Zinkdong (Wen) = 1 Bronzedong (»Sapek«)

Kaiser Thanh-Thai 成泰 1889–1907

		SS	VZ
1 (1)	1 Sapek (Bro) o. J. Vier Schriftzeichen (Thong-Bao Thanh-Thai). Rs. Ohne Inschrift (mit viereckigem Loch). Gegossen!	16,–	25,–
A1 (1a)	1 Sapek zu 6 Zinkdong (Bro) o. J. Vier Schriftzeichen. Rs. Zwei Schriftzeichen (Luc Wen) (mit viereckigem Loch). Gegossen!	*150,–*	*240,–*
2 (2)	1 Sapek zu 10 Zinkdong (Bro) o. J. Rs. Zwei Schriftzeichen (Thap Wen) (mit viereckigem Loch). Gegossen!	8,–	12,–

Kaiser Duy-Tan 1907–1916

3 (3)	1 Sapek zu 10 Zinkdong (Bro) o. J. Vier Schriftzeichen (Thong-Bao Duy-Tan). Rs. Zwei Schriftzeichen (Thap Wen) (mit viereckigem Loch). Gegossen!	12,50	18,50

Kaiser Khai-Dinh 啓定 1916–1925

4	1 Sapek (Bro) o. J. Vier Schriftzeichen (Thong-Bao Khai-Dinh). Rs. ohne Inschrift (mit viereckigem Loch):		
	a) (Y4) Gegossen!	25,–	32,–
	b) (Y5) Geprägt!	28,–	35,–
A4	1 Sapek zu 10 Zinkdong (Bro) o. J. Vier Schriftzeichen. Rs. Zwei Schriftzeichen (Thap Wen) (mit viereckigem Loch). Gegossen!	–,–	–,–

Kaiser Bao-Dai 保大 1926–1945

5 (6)	1 Sapek (Bro) o. J. (vor 1935). Vier Schriftzeichen (Thong-Bao Bao-Dai). Rs. Ohne Inschrift (mit viereckigem Loch); Ø 18 mm. Geprägt!	6,–	10,–
6 (6a)	1 Sapek (Bro) o. J. (vor 1935). Typ wie Nr. 5, aber Ø 24 mm. Gegossen!	12,–	20,–
7 (7)	1 Sapek zu 10 Zinkdong (Bro) o. J. (vor 1935). Vier Schriftzeichen. Rs. Zwei Schriftzeichen (Thap Wen) (mit viereckigem Loch). Gegossen!	15,–	22,–

AUSGABE FÜR DEN LANDESTEIL TONKING

1 (1)	1 Sapek zu 1/600 Piaster (Zink) 1905. Chinesische Schriftzeichen: oben »Luc Pai Phan« (1/600), unten »Chih Yi«, rechts und links »Thong-Bao«. Rs. Inschrift PROTECTORAT DU TONKIN und Jahreszahl (mit viereckigem Loch)	12,–	20,–

AUSGABEN DES FINANZMINISTERIUMS

Nach neuesten Angaben wurden die beiden folgenden Stücke vom Finanzministerium für den Opiumhandel ausgegeben.

		SS	VZ
1 (495*)	½ Tael (S) o. J. (1943, 1944). Chinesische Schriftzeile »Pan Liang Zheng Yin«, bogig in laotischer Schrift »½ Beng Ngan Xot« (½ Tael Feinsilber). Rs. Chinesisches Schriftzeichen »Fu« (Glück) in der kleinen Siegelschrift. 999er Silber, 18,3 g	100,–	180,–

2 (496*)	1 Tael (S) o. J. (1943, 1944). Typ wie Nr. 1, jedoch Wertangabe in chinesisch »Yi Liang Zheng Yin« und laotisch »Nung Beng Ngan Xot«. 999er Silber, 36,6 g	125,–	200,–

		SS	VZ
3 (497*)	1 Tael (S) o. J. Laotische Schriftzeile »Ngan Xot Nung Beng«, darunter chinesisch in zwei Zeilen »Zheng Yin/Yi Liang« (Feinsilber 1 Tael). Rs. Kopf eines Rehbocks (Lu-wang, der Rehbock-König, auch Gautama Shakyamuni, sinnbildlich für eine der vielen sagenhaften Inkarnationen Buddhas)	**165,–**	**250,–**

		SS	VZ
4 (497.1*)	1 Tael (S) o. J. Typ wie Nr. 3, jedoch geänderte Zeichnung des Rehbockes	–,–	–,–

* Die Yeoman-Nummern entsprechen der Katalogisierung unter China.

Französisch-Ozeanien

French Oceania **Etablissements Français de l'Océanie**

Französische Kolonie im Stillen Ozean. Die Hauptinseln sind die Gesellschaftsinseln, bestehend aus den Inseln über dem Winde (mit Tahiti) und den Inseln unter dem Winde sowie die Marquesas-, Tuamotu-, Tubuai- und Gambier-Inseln. Im Jahre 1958 Umbenennung in Französisch-Polynesien, weitere Ausgaben siehe dort. Hauptstadt: Papeete (auf Tahiti).

100 Centimes = 1 CFP-Franc

		SS	VZ
1 (1)	50 Centimes (Al) 1949. Allegorie der Republik Frankreich. Rs. Hafenszene mit Palmen, Muscheln und Auslegerboot (Type Bazor)	3,–	10,–
2 (2)	1 Franc (Al) 1949. Typ wie Nr. 1	3,–	10,–

3 (3)	2 Francs (Al) 1949. Typ wie Nr. 1	10,–	25,–
4 (4)	5 Francs (Al) 1952. Typ wie Nr. 1	10,–	20,–

Weitere Ausgaben siehe unter *Französisch-Polynesien.*

French Polynesia — Französisch-Polynesien — Polynésie Française

Fläche: 3998 km²; 88 000 Einwohner.
Französisches Überseegebiet mit beschränkter Selbstverwaltung. Zunächst unter der Bezeichnung Französisch-Ozeanien, seit der Umbenennung 1958 lautet das Gebiet Französisch-Polynesien. Hauptstadt: Papeete (auf Tahiti).

100 Centimes = 1 CFP-Franc

Nr.		Beschreibung	SS	VZ
1 (1)	50	Centimes (Al) 1965. Allegorie der Republik Frankreich. Rs. Hafenszene mit Palmen, Muscheln und Auslegerboot (Type Bazor)	**1,50**	**4,–**
2 (2)	1	Franc (Al) 1965. Typ wie Nr. 1	**–,50**	**1,–**

Nr.		Beschreibung	SS	VZ
3 (3)	2	Francs (Al) 1965. Typ wie Nr. 1	**–,60**	**1,50**
4 (4)	5	Francs (Al) 1965. Typ wie Nr. 1	**3,–**	**7,–**

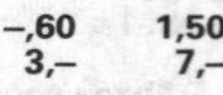

Nr.		Beschreibung	SS	VZ
5 (5)	10	Francs (N) 1967. Kopf der Marianne nach links. Rs. Kopfteil eines sogenannten »Stab-Gottes« (Type Joly)	**4,–**	**8,–**
6 (6)	20	Francs (N) 1967, 1969, 1970. Rs. Brotfrucht (Artocarpus communis — Moraceae), Frangipaniblüten (Plumeria sp. — Apocynaceae), Vanilleschoten (Vanilla planifolia — Orchidaceae)	**5,–**	**8,–**
7 (7)	50	Francs (N) 1967. Rs. Insel Mooréa, Nachbarinsel von Tahiti aus der Gruppe der Gesellschaftsinseln, Auslegerboote, Hütte und Kokospalmen (Cocos nucifera — Palmae)	**6,–**	**12,–**

Nr.		Beschreibung	VZ	ST
8 (2a)	1	Franc 1975–1990. Allegorie der Republik Frankreich, Inschrift I.E.O.M. (Institut d'Émission d'Outre-Mer). Rs. Hafenszene, wie Nr. 1 (Type Bazor):		
		a) (Al) 1975, 1977, 1979, 1981–1987, 1989, 1990	**–,40**	**–,70**
		b) (Al) Piéfort, 1979 (150 Ex.)		**60,–**
		c) (S) Piéfort, 925 fein, 10 g, 1979 (250 Ex.)		**160,–**
		d) (G) Piéfort, 920 fein, 18,2 g, 1979 (200 Ex.)		*1000,–*
9 (3a)	2	Francs 1973–1990. Typ wie Nr. 8:		
		a) (Al) 1973, 1975, 1977, 1979, 1982–1990	**–,60**	**1,–**
		b) (Al) Piéfort, 1979 (150 Ex.)		**70,–**
		c) (S) Piéfort, 925 fein, 17,3 g, 1979 (250 Ex.)		**200,–**
		d) (G) Piéfort, 920 fein, 30,8 g, 1979 (200 Ex.)		*1800,–*
10 (4a)	5	Francs 1975–1990. Typ wie Nr. 8:		
		a) (Al) 1975, 1977, 1982–1984, 1986–1988, 1990	**1,50**	**2,50**
		b) (Al) Piéfort, 1979 (150 Ex.)		**100,–**
		c) (S) 925 fein, 25,5 g, 1979 (250 Ex.)		**250,–**
		d) (G) Piéfort, 920 fein, 49 g, 1979 (200 Ex.)		*1600,–*
11 (5a)	10	Francs 1972–1986. Kopf der Marianne nach links, Inschrift I.E.O.M. Rs. Kopfteil eines »Stab-Gottes«, wie Nr. 5 (Type Joly):		
		a) (N) 1972, 1973, 1975, 1979, 1982–1986	**2,–**	**3,–**
		b) (N) Piéfort, 1979 (150 Ex.)		**120,–**
		c) (S) Piéfort, 925 fein, 14,2 g, 1979 (250 Ex.)		**300,–**
		d) (G) Piéfort, 920 fein, 25,3 g, 1979 (200 Ex.)		*1600,–*
12 (6a)	20	Francs 1972–1988. Rs. Brotfrucht, Frangipaniblüten und Vanilleschoten, wie Nr. 6:		
		a) (N) 1972, 1973, 1975, 1977, 1979, 1983, 1984, 1986, 1988	**2,–**	**3,–**
		b) (N) Piéfort, 1979 (150 Ex.)		**130,–**
		c) (S) Piéfort, 925 fein, 23,7 g, 1979 (250 Ex.)		**330,–**
		d) (G) Piéfort, 920 fein, 42,1 g, 1979 (200 Ex.)		*2000,–*
13 (7a)	50	Francs 1975–1988. Rs. Insel Mooréa, wie Nr. 7:		
		a) (N) 1975, 1982, 1984, 1985, 1988	**3,–**	**5,–**
		b) (N) Piéfort, 1979 (150 Ex.)		**150,–**
		c) (S) Piéfort, 925 fein, 35,5 g, 1979 (250 Ex.)		**450,–**
		d) (G) Piéfort, 920 fein, 63,2 g, 1979 (200 Ex.)		*2200,–*
14 (8)	100	Francs 1976–1988. Typ wie Nr. 13:		
		a) (Al-N-Bro) 1976, 1982, 1984, 1986–1988	**4,–**	**8,–**
		b) (Al-N-Bro) Piéfort, 1979 (150 Ex.)		**170,–**
		c) (S) Piéfort, 925 fein, 23,7 g, 1979 (350 Ex.)		**600,–**
		d) (G) Piéfort, 920 fein, 42,1 g, 1979 (250 Ex.)		*2500,–*

Französisch-Somaliland

French Somaliland **Côte Française des Somalis**

Fläche: 22 000 km²; 81 000 Einwohner (1977).
Französisches Überseegebiet mit beschränkter Selbstverwaltung in Nordostafrika am Golf von Aden. Am 19. März 1967 Umbenennung in Afar- und Issa-Gebiet. Hauptstadt: Dschibuti

100 Centimes = 1 Dschibuti-Franc

République Française – Union Française

		SS	VZ
1 (1)	1 Franc (Al) 1948, 1949. Kopf der Marianne nach links. Umschrift REPUBLIQUE FRANÇAISE UNION FRANÇAISE. Rs. Leierantilope (Damaliscus lunatus – Bovidae) und Wert (Type Bazor):		
	1948	8,–	20,–
	1949	18,–	55,–
2 (2)	2 Francs (Al) 1948, 1949. Typ wie Nr. 1:		
	1948	8,–	18,–
	1949	25,–	70,–
3 (3)	5 Francs (Al) 1948. Typ wie Nr. 1	9,–	22,–

		SS	VZ
4 (4)	20 Francs (Al-Bro) 1952. Rs. Arabische Dhau vor modernem Passagierschiff, Wert (Type Bazor)	10,–	25,–

République Française

5 (5)	1 Franc (Al) 1959, 1965. Kopf der Marianne nach links, Umschrift REPUBLIQUE FRANÇAISE. Rs. Leierantilope, wie Nr. 1	1,–	3,–
6 (6)	2 Francs (Al) 1959, 1965. Typ wie Nr. 5	1,–	3,–
7 (7)	5 Francs (Al) 1959, 1965. Typ wie Nr. 5	3,–	8,–
8 (8)	10 Francs (Al-N-Bro) 1965. Rs. Arabische Dhau vor Passagierschiff, wie Nr. 4	8,–	20,–
9 (9)	20 Francs (Al-N-Bro) 1965. Typ wie Nr. 8	8,–	20,–

Weitere Ausgaben siehe unter *Afar- und Issa-Gebiet sowie* unter *Dschibuti.*

Französisch-Westafrika

French West Africa **Afrique Occidentale Francaise**

Fläche: 4630000 km²; 17375000 Einwohner.
Französisch-Westafrika umfaßte die Gebiete Dahome, Elfenbeinküste, Französisch-Guinea, Französisch-Sudan, Mauretanien, Niger, Obervolta und Senegal. Als Teil der Französischen Union wurde Französisch-Westafrika 1946 neu organisiert und Ende 1958 die einzelnen Gebiete außer Französisch-Guinea autonome Republiken innerhalb der Französischen Gemeinschaft, die 1960 selbständig wurde. Französisch-Sudan gab sich den Namen Mali. Seit 1957 gehört auch Togo zum Währungsgebiet von Französisch-Westafrika. Hauptstadt: Dakar (im Senegal).

100 Centimes = 1 CFA-Franc

SS VZ

1 (1) 50 Centimes (Al-Bro) 1944, Kopf der Marianne n. l. Rs. Wert zwischen Füllhörnern (Type Morlon) **16,–** **35,–**

2 (2) 1 Franc (Al-Bro) 1944. Typ wie Nr. 1. **16,–** **35,–**

République Française – Union Française

3 (3) 1 Franc (Al) 1948, 1955. Kopf der Marianne n. l. Rs. Kopf einer Dünengazelle (Gazella leptocerus – Bovidae) und Wert (Type Bazor) **1,–** **3,–**

4 (4) 2 Francs (Al) 1948, 1955. Typ wie Nr. 3 **1,–** **3,–**

République Française

SS VZ

5 (5) 5 Francs (Al-Bro) 1956. Kopf der Marianne n. l. Rs. Kopf und Dünengazelle und Wert (Type Bazor) **1,–** **3,–**

6 (6) 10 Francs (Al-Bro) 1956. Typ wie Nr. 5 **6,–** **13,–**

7 (7) 25 Francs (Al-Bro) 1956. Typ wie Nr. 5 **4,–** **10,–**

Ausgaben für Französisch-Westafrika und Togo

8 (8) 10 Francs (Al-Bro) 1957. Kopf einer Dünengazelle. Rs. Goldgewicht der Aschanti und Wert, Inschrift INSTITUT D'EMISSION/AFRIQUE OCCIDENTALE FRANÇAISE · TOGO (Type Bazor) **3,–** **8,–**

9 (9) 25 Francs (Al-Bro) 1957. Typ wie Nr. 8 **3,–** **8,–**

Weitere Ausgaben siehe unter *Westafrikanische Staaten.*

Fujaira # Fudschaira **Fujeira**

Fläche: 1175 km²; 10000 Einwohner.
Das am Golf von Oman gelegene Scheichtum gehörte zu den sieben Vertragsstaaten (Trucial States) im Befriedeten Oman. Seit 2. Dezember 1971 ist Fudschaira Mitgliedsstaat der »Vereinigten Arabischen Emirate« (UAE). Hauptstadt: Fudschaira.

100 Dirhams = 1 El-Fudschairat-Riyal

Mohammed bin Hamad al Sharqi seit 1952

Mit Jahreszahl 1968 existieren vier Probeprägungen in Silber zu 250, 500, 750 Fils und 1 Dinar.

1

2

PP

1 (1) 1 Riyal (S) 1969, 1970. Staatswappen, Jahreszahl, Wertangabe, Landesname. Rs. Fort Fudschaira, im Abschnitt Staatswappen zwischen Olivenzweigen. 999er Silber, 3 g *45,–*

2 (2) 2 Riyals (S) 1969, 1970. Rs. Richard M. Nixon (*1913), 37. Präsident der USA. 99er Silber, 6 g *75,–*

3

8

3 (3) 5 Riyals (S) 1969, 1970. Rs. Stadtsilhouette von München, Fackel, olympische Ringe, darin Stadtwappen von München und Bogenschütze vom Aphaiatempel von Ägina. 999er Silber, 15 g:
1969 *180,–*
1970 *90,–*

4 (4) 10 Riyals (S) 1969, 1970. Rs. US-Mondforschungsprogramm, 3. Abschnitt »Bemannte Landung«. Apollo-Programm. Lunauten M. Collins, N. Armstrong und E. Aldrin vor Mondglobus. 999er Silber, 30 g *120,–*

5 (5) 10 Riyals (S) 1969, 1970. Rs. Lunauten Charles Conrad, Richard Gordon, Alan Bean. Apollo XII *140,–*

6 (10) 25 Riyals (G) 1969, 1970. Typ wie Nr. 2. 900er Gold, 5,18 g *300,–*

7 (11) 50 Riyals (G) 1969, 1970. Typ wie Nr. 3. 900er Gold, 10,36 g *800,–*

8 (12) 100 Riyals (G) 1969. Typ wie Nr. 4. 900er Gold, 20,73 g *1200,–*

9 (13) 100 Riyals (G) 1969. Typ wie Nr. 5 *1000,–*

10 (18) 200 Riyals (G) 1969. Rs. Scheich Mohammed bin Hamad al Sharqi. 900er Gold, 41,46 g (680 Ex.) *2400,–*

Mondlandung von Apollo XIII (2)

11 (6) 10 Riyals (S) o. J. (1970). Rs. Drei himmelwärts strebende Flügelrosse vor Strahlensonne. Apollo XIII *200,–*

PP

12 (14) 100 Riyals (G) o. J. (1970). Typ wie Nr. 11 (600 Ex.) *1000,–*

Besuch von Papst Paul VI. auf den Philippinen (2)

13 (7) 10 Riyals (S) 1970. Rs. Papst Paul VI. mit Pileolus (Kappe), Peterskirche in Rom und Kathedrale von Manila, 1958 eingeweiht (300 Ex.) *300,–*

14 (15) 100 Riyals (G) 1970. Typ wie Nr. 13 (290 Ex.) *1000,–*

Besuch von Papst Paul VI. in Australien

15 (8) 10 Riyals (S) 1970. Rs. Papst Paul VI. mit Pileolus, päpstliches Wappen und Umriß von Australien mit Rotem Riesenkänguruh (300 Ex.) *300,–*

16 (16) 100 Riyals (G) 1970. Typ wie Nr. 15 (250 Ex.) *1000,–*

Mondlandung von Apollo 14 am 4. Februar 1971 (2)

17 (9) 10 Riyals (S) 1971. Rs. Darstellung des Fluges der Raumkapsel »Apollo 14« von der Erde zum Mond (400 Ex.) *250,–*

18 (17) 100 Riyals (G) 1971. Typ wie Nr. 17 (550 Ex.) *1000,–*

Gaboon — Gabun — Gabon

Fläche: 267 000 km²; 1 200 000 Einwohner (1989).
Nachdem die Franzosen 1839 am Gabunfluß ihre erste Niederlassung gegründet hatten, gelangte das Gebiet unter französische Herrschaft und wurde als Teil von Französisch-Äquatorial-Afrika verwaltet. 1958 erhielt das Land begrenzte Autonomie, und am 17. August 1960 wurde Gabun unabhängig. Gabun gehört zum Währungsgebiet von Äquatorial-Afrika; bezüglich der Gemeinschaftsausgaben siehe dort. Hauptstadt: Libreville.

100 Centimes = 1 CFA-Franc

Gabunische Republik
République Gabonaise

5. Jahrestag der Unabhängigkeit (4)

ST PP

1 (3) 10 Francs (G) o. J. (1965). Léon M'Ba (1902–1967), Staatspräsident 1960–1967. Rs. Staatswappen, Wertangabe. 900er Gold, 3,2 g (500 Ex.) *160,–*

2 (4) 25 Francs (G) o. J. (1965). Typ wie Nr. 1. 900er Gold, 8 g (10 500 Ex.) *250,–* *400,–*

3 (5) 50 Francs (G) o. J. (1965). Typ wie Nr. 1. 900er Gold, 16 g (500 Ex.) *800,–*

4 (6) 100 Francs (G) o. J. (1965). Typ wie Nr. 1. 900er Gold, 32 g (500 Ex.) *1600,–*

Zur ersten bemannten Mondlandung am 20. Juli 1969 (5)

5 (7) 1000 Francs (G) 1969. Albert Bernard Bongo (*1935), Staatspräsident seit 1967. Rs. Landschaft in Gabun mit Okume-Baumstumpf, darüber Staatswappen. 900er Gold, 3,5 g (4000 Ex.) *400,–*

6 (8) 3000 Francs (G) 1969. Rs. Staatswappen und Motto: UNION – TRAVAIL – JUSTICE. 900er Gold, 10,5 g (4000 Ex.) *600,–*

7 (9) 5000 Francs (G) 1969. Rs. Dreiköpfige Reliquiarfigur der Bakota (Kota-Stamm in Gabun). Dieser »mbulungulu« genannte Totengeist wird bei den Kota als Wächter- und Meditationsfigur auf den Ahnenschädel enthaltenden Reliquiar-Korb, den Familienleib, gesteckt. Zweidimensional, aus Holz, aus meist mit Messing bzw. Kupfer getriebenem Blech überzogen. 900er Gold, 17,5 g (4000 Ex.) *1000,–*

PP

8 (10) 10 000 Francs (G) 1969. Rs. US-Forschungsprogramm, 3. Abschnitt »Bemannte Landung«. Apollo-Programm. Mondfähre und Lunaut in Mondlandschaft – 20. Juli 1969; Erdkugel, darüber Staatswappen. 900er Gold, 35 g (4000 Ex.) *1900,–*

9 (11) 20000 Francs (G) 1969. Rs. Kap Kennedy: Start von »Apollo 11« am 16. Juli 1969. 900er Gold, 70 g (4000 Ex.) *3800,–*

Zum Besuch des französischen Staatspräsidenten am 11. Februar 1971

10 (12) 5000 Francs (G) 1971. Georges Pompidou (1911–1974), Präsident der Republik Frankreich 1969–1974, Kopfbild n. l. Rs. Staatswappen, Wertangabe. 900er Gold, 17,5 g [Paris] (num. Ex.) *1800,–*

SS VZ

11 (1) 100 Francs (N) 1971, 1972. Mendes-Antilopen, Landesname. Rs. Wertangabe, Inschrift »Banque Centrale« **10,–** **25,–**

12 (2) 100 Francs (N) 1975, 1977, 1978, 1982–1985. Typ wie Nr. 11, jedoch der Name des Ausgabeinstitutes lautet jetzt »Banque des Etats de l'Afrique Centrale« **8,–** **20,–**

13 500 Francs (K-N) 1985. Kopf einer Afrikanerin, Name des Ausgabeinstituts. Rs. Wertangabe auf Zweigen, Landesname **25,–**

Weitere Ausgaben siehe unter *Äquatorialafrikanische Staaten* und *Zentralafrikanische Staaten.*

The Gambia — Gambia — Gambie

Fläche: 10369 km²; 720000 Einwohner (1986).
Gambia war seit 1843 zunächst britische Besitzung, später Kronkolonie. Gambia gehörte früher zum Währungsgebiet von Britisch-Westafrika. Seit 18. Februar 1965 ist Gambia unabhängig, am 24. April 1970 wurde die Republik ausgerufen. Gambia ist Mitglied des Britischen Commonwealth. Hauptstadt: Banjul (früher Bathurst genannt).

12 Pence = 1 Shilling, 4 Shillings = 1 Dalasi (Dirham), 20 Shillings = 1 £;
seit 1. Juli 1971: 100 Bututs = 1 Dalasi

Elisabeth II. 1952–1970

		SS	VZ
1 (1)	1 Penny (Bro) 1966. Elisabeth II. Rs. Segler	–,30	1,–

		SS	VZ
2 (2)	3 Pence (Me) 1966. Rs. Doppelsporn-Frankolin (Francolinus bicalcaratus — Phasianidae)	–,40	1,–
3 (3)	6 Pence (K-N) 1966. Rs. Erdnüsse (Arachis hypogaea — Leguminosae)	–,60	1,80
4 (4)	1 Shilling (K-N) 1966. Rs. Ölpalme (Elaeis guineensis — Palmae)	1,20	3,–
5 (5)	2 Shillings (K-N) 1966. Rs. Afrikanisches Hausrind (Bos primigenius taurus — Bovidae)	1,50	5,–
6 (6)	4 Shillings (K-N) 1966. Rs. Panzerkrokodil (Crocodylus cataphractus — Crocodylidae)	5,–	12,–

		ST	PP
7 (7)	8 Shillings = 2 Dalasis 1970. Rs. Flußpferd (Hippopotamus amphibius – Hippopotamidae):		
	a) (S) 925 fein, 33,7 g, Bright Proof (4500 Ex.)		100,–
	Frosted Proof		*350,–*
	b) (K-N)	30,–	

Nr. 1–6, polierte Platte 25,–
Nr. 1–7a, polierte Platte 120,–

Republik Gambia seit 1970
Republic of the Gambia

NEUE WÄHRUNG: 100 Bututs = Dalasi

		VZ	ST
8 (8)	1 Butut (Bro) 1971, 1973–1975. Sir Dawda Kairaba Jawara (*1924), Staatspräsident seit 1970. Rs. Erdnüsse, wie Nr. 3:		
	1971, 1973, 1975	–,30	1,–
	1974	–,80	2,–
9 (9)	5 Bututs (Bro) 1971, 1977. Rs. Segler, wie Nr. 1	–,30	1,–
10 (10)	10 Bututs (N-Me) 1971, 1977. Rs. Doppelsporn-Frankolin, wie Nr. 2	–,50	1,20

		VZ	ST
11 (11)	25 Bututs (K-N) 1971. Rs. Ölpalme, wie Nr. 4	1,–	2,50

12

13

		VZ	ST
12 (12)	50 Bututs (K-N) 1971. Rs. Afrikanisches Hausrind, wie Nr. 5	1,50	5,–
13 (13)	1 Dalasi (K-N) 1971. Rs. Panzerkrokodil, wie Nr. 6	5,–	8,–

Nrn. 8–13 von 1971, polierte Platte 20,–

Für den FAO-Münz-Plan

		SS	VZ
14 (14)	1 Butut (Bro) 1974. Typ wie Nr. 8, Motto »Nahrung für die Menschheit«	–,30	–,60

10. Jahrestag der Unabhängigkeit

		ST	PP
15 (15)	10 Dalasis (S) 1975. Sir Dawda Kairaba Jawara. Rs. Staatswappen, Zweckumschrift, Wertangabe:		
	a) 925er Silber, 28,28 g		50,–
	b) 500er Silber, 28,28 g	30,–	

Rettet die Tierwelt (3)

16 (16)	20 Dalasis (S) 1977. Rs. Sporengans (Plectropterus gambensis):		
	a) 925er Silber, 28,28 g (4404 Ex.)		*80,–*
	b) 925er Silber, 25,31 g (4302 Ex.)	*50,–*	
17 (17)	40 Dalasis (S) 1977. Rs. Erdferkel (Orycteropus afer – Orycteropidae):		
	a) 925er Silber, 35 g (4183 Ex.)		*100,–*
	b) 925er Silber, 31,65 g (4304 Ex.)	*80,–*	
18 (18)	500 Dalasis (G) 1977. Rs. Sitatunga (Tragelaphus spekei). 900er Gold, 33,437 g (984 Ex.)	*1500,–*	*2000,–*

Welternährungstag 1981

19 (19)	20 Dalasis (S) 1981. Rs. Baumwollplantage, Motto »Baut mehr Baumwolle an«. 925er Silber, 28,28 g	75,–	120,–

75 Jahre Weltpfadfinderbewegung und Internationales Jahr der Pfadfinder (2)

20 (20)	20 Dalasis (S) 1983. Rs. Pfadfinderlilie, Motto. 925er Silber, 28,28 g	75,–	100,–
21 (21)	250 Dalasis (G) 1983. Typ wie Nr. 20. 916⅔er Gold, 15,98 g	800,–	900,–

XIII. Commonwealth-Spiele 1986 in Edinburgh

		ST	PP
22 (22)	10 Dalasis (S) 1986. Rs. Drei Hürdenläufer:		
	a) 925er Silber, 28,28 g		80,–
	b) 500er Silber, 28,28 g	60,–	

		VZ	ST
23	1 Dalasi (K–N) 1987. Typ wie Nr. 13 (siebeneckig)	3,–	6,–

25 Jahre World Wildlife Fund (2)

		PP
24	20 Dalasis (S) 1987. Rs. Temmick-Stummelaffe (Colobus badius temmencki). 925er Silber, 28,28 g	80,–
25	1000 Dalasis (G) 1987. Rs. Schneeballwürger. 916⅔er Gold, 10 g	500,–

70 Jahre Save the Children Fund (2)

26	20 Dalasis (S) 1989. Rs. Drei Mädchen beim rhythmischen Tanzspiel »Akara«. 925er Silber, 28,28 g	80,–
27	1000 Dalasis (G) 1989. Rs. Kind beim Gießen eines Feldes. 916½er Gold, 10 g	–,–

25. Jahrestag der Unabhängigkeit

28	10 Dalasis (S) 1990. Typ wie Nr. 15. 925er Silber, 28,28 g (2000 Ex.)	80,–

Georgia · Georgien · Géorgie

Fläche: 70 000 km²; 4 900 000 Einwohner.
Die ehemalige Unionsrepublik (Grusinische SSR) der Sowjetunion erklärte sich im November 1991 für unabhängig und wurde daraufhin von vielen Staaten der Welt völkerrechtlich anerkannt. Hauptstadt: Tiflis.

Genaue Angaben über die geplante eigene Währung waren bei Redaktionsschluß noch nicht zu erhalten.

Frühere Ausgaben siehe Weltmünzkatalog 19. Jahrhundert.

Ghana Ghana Ghana

Fläche: 238537 km²; 14000000 Einwohner (1990).
Das westafrikanische Land Ghana wurde durch die britische Unabhängigkeitsakte vom 7. Februar 1957 aus der Kronkolonie Goldküste und dem Treuhandgebiet Togoland (West-Togo) gebildet. Am 6. März 1957 wurde die Unabhängigkeit ausgerufen. Auch als Republik, seit 1. Juli 1960, ist Ghana Mitglied des Britischen Commonwealth. Ghana gehörte früher zum Währungsgebiet von Britisch-Westafrika. Hauptstadt: Akkra (Accra).

12 Pence = 1 Shilling, 20 Shilling = 1 £;
seit 19. Juli 1965: 100 Pesewas = 1 Cedi (»Kauri«);
seit 17. Februar 1967: 100 Pesewas = 1 neuer Cedi;
seit 23. Mai 1967 erneut: 100 Pesewas = 1 Cedi

		VZ	ST
1 (1)	½ Penny (Bro) 1958. Dr. Kwame Nkrumah (1909–1972), Ministerpräsident 1957–1960, Staatspräsident 1960–1966. Rs. Stern (Staatsemblem)	**–,30**	**–,60**
2 (2)	1 Penny (Bro) 1958. Typ wie Nr. 1	**–,80**	**2,–**
3 (3)	3 Pence (K-N) 1958. Typ wie Nr. 1 (Wellenschnitt)	**–,70**	**1,50**
4 (4)	6 Pence (K-N) 1958. Typ wie Nr. 1	**–,80**	**2,–**
5 (5)	1 Shilling (K-N) 1958. Typ wie Nr. 1	**2,–**	**3,–**
6 (6)	2 Shillings (K-N) 1958. Typ wie Nr. 1	**3,–**	**5,–**

		PP
7 (7)	10 Shillings (S) 1958. Typ wie Nr. 1. 925er Silber, 28,28 g	**40,–**

Nrn. 1–7, polierte Platte 60,–

Republik Ghana seit 1960

Medaille zur Ausrufung der Republik am 1. Juli 1960

A7 2 £ (G) 1960. Dr. Kwame Nkrumah, Kopfbild nach rechts. Rs. Wappen des Präsidenten, Datumsangabe. 916⅔er Gold, 15,98 g *750,–*

Medaillen zur geplanten OAU-Gipfelkonferenz in Akkra (2)

A8 10 Shillings 1965. Dr. Kwame Nkrumah. Rs. Emblem:
a) (K-N) (10000 Ex.) *30,–*
b) (S) 925 fein, 28,28 g (1000 Ex.) *120,–*
c) (G) 916⅔ fein, 28,28 g (50 Ex.) *2000,–*

B8 2 £ (G) 1965. Typ wie Nr. A8. 916⅔er Gold, 15,98 g (2020 Ex.) *750,–*

NEUE WÄHRUNG: 100 Pesewas = 1 Cedi

		SS	VZ
8 (8)	5 Pesewas (K-N) 1965. Dr. Kwame Nkrumah, Kopfbild nach rechts. Rs. Staatsemblem (Wellenschnitt)	2,–	5,–
9 (9)	10 Pesewas (K-N) 1965. Typ wie Nr. 8	1,–	3,–
10 (10)	25 Pesewas (K-N) 1965. Typ wie Nr. 8	3,–	6,–
11 (11)	50 Pesewas (K-N) 1965. Typ wie Nr. 8	4,–	9,–

		VZ	ST
12 (12)	½ Pesewa (Bro) 1967. Buschtrommeln. Rs. Staatsemblem [Heaton]	–,30	1,–

13 (13)	1 Pesewa (Bro) 1967, 1975, 1979. Typ wie Nr. 12 [Heaton, RM]	**–,80**	**1,80**

14 (14)	2½ Pesewas (K-N) 1967. Kakaofrüchte am Stamm (Theobroma cacao – Sterculiaceae). Rs. Staatswappen (Wellenschnitt)	**–,60**	**1,50**

		VZ	ST
15 (15)	5 Pesewas (K-N) 1967, 1973, 1975. Typ wie Nr. 14	–,50	1,10
16 (16)	10 Pesewas (K-N) 1967, 1975, 1979. Typ wie Nr. 14	1,–	3,–
17 (17)	20 Pesewas (K-N) 1967, 1975, 1979. Typ wie Nr. 14	3,–	6,–

Nrn. 12–17 von 1967, polierte Platte (2000 Ex.) 30,–

Medaille zum 1. Todestag von Generalleutnant Kotoka

PP

A17 2 £ (G) 1968. Emmanuel Kotoka (1926–1967). Rs. Staatswappen, 916⅔er Gold, 15,98 g [RM] (2000 Ex.) *750,–*

OAU-Gipfelkonferenz in Addis Abeba

B17 2 £ (G) 1973. Motto »Freiheit in Einigkeit« *750,–*

C17 2 £ (G) 1975. Staatswappen. Rs. Landwirtschaftsszene *750,–*

Medaillen zum 20. Jahrestag der Unabhängigkeit (3)

A18 1 Crown (S) 1977. General Ignatius Koti Akyeampong (1931–1979), Staatspräsident 1972–1978. 925er Silber, 28,28 g (1000 Ex.) *80,–*

B18 2 £ (G) 1977. Typ wie Nr. A18. 916⅔er Gold, 19,67 g (4397 Ex.) *900,–*

C18 4 £ (G) 1977. Typ wie Nr. A18. 916⅔er Gold, 39,54 g (300 Ex.) *1800,–*

Für den FAO-Münz-Plan

		VZ	ST
18 (18)	50 Pesewas (Al-Bro) 1979. Typ wie Nr. 14	2,–	3,–

19 (19)	1 Cedi (Al-Bro) 1979. Kaurischnecke. Rs. Staatswappen (siebeneckig)	4,–	5,–

Internationales Jahr der Behinderten 1981 (2)

ST PP

20 (20) 50 Cedis (S) 1981. Internationales Emblem, Landesname. Rs. Dr. C. A. Akrofi (1901–1967):
a) 925er Silber, 28,28 g 60,– 80,–
b) Piéfort, 925er Silber, 56,56 g (1050 Ex.) 240,–

21 500 Cedis (G) 1981. Rs. Dr. C. A. Akrofi:
a) 916⅔er Gold, 15,98 g (4200 Ex.) *1200,–* *1200,–*
b) Piéfort, 916⅔er Gold, 31,96 g (500 Ex.) *2400,–*

Welt-Fischerei-Konferenz in Rom 1984 (2)

22 (21) 50 Cedis 1983. Buschtrommeln. Rs. Vier Fischer in einem Boot:
a) (S) 925 fein, 28,28 g (20800 Ex.) 120,–
b) (S) Piéfort, 925 fein, 56,56 g (520 Ex.) *250,–*
c) (K-N) 15,–

23 50 Cedis (G) 1983. Typ wie Nr. 22. 916⅔er Gold, 47,54 g (105 Ex.) *2200,–*

75. Jahre Weltpfadfinderbewegung und Internationales Jahr der Pfadfinder (2)

24 (22) 50 Cedis (S) 1983. Staatswappen im Seilkreis. Rs. Pfadfinder beim Pflanzen eines Baumes. 925er Silber, 28,28 g 95,– –,–

25 (23) 500 Cedis (G) 1983. Rs. Abzeichen des nationalen Pfadfinderverbandes. 916⅔er Gold, 15,98 g (4000 Ex.) 700,– 900,–

		VZ	ST
26	50 Pesewas (N-Me) 1984. Typ wie Nr. 18	–,50	1,–
27	1 Cedi (N-Me) 1984. Typ wie Nr. 19	1,–	2,–
28	5 Cedis (N-Me) 1984. Buschtrommeln. Rs. Staatswappen	2,–	4,–

XIII. Commonwealth-Spiele 1986 in Edinburgh

ST PP

29 (24) 100 Cedis (S) 1986. Buschtrommeln. Rs. Staatswappen, von Boxern umgeben:
a) 925er Silber, 28,28 g 110,–
b) 500er Silber, 28,28 g 50,–

Ghurfa — Ghurfa — Ghourfa

Al-Ghurfa

Nach der im Wadi Hadramaut etwas westlich von Tarim gelegenen Stadt Ghurfa (Al-Ghurfa) benannte sich ein Stadtscheichtum . Die Stadt liegt nahe der Grenze zwischen den beiden Teilen des Kathiri-Sultanats, dem Gebiet von Seiyun und dem von Tarim, und zwar auf der Tarimer Seite. Die Geschicke des Kathiri-Sultanats waren auch die von Ghurfa. Das Kathiri-Sultanat gehörte nacheinander zum Protektorat Aden, dann zum östlichen Protektorat Aden und wurde am 2. Oktober 1967 von den südjemenitischen Aufständischen ohne nenneswerten Widerstand erobert. Am 27. November 1967 wurde die Volksrepublik Jemen ausgerufen, die inzwischen in Demokratische Volksrepublik Jemen umbenannt worden ist, jetzt zur Republik Jemen vereinigt.

120 Shomsi = 1 Riyal

		SS	VZ
1 (4)	4 Shomsi (S) n. H. 1344 (1925). Arabische Inschrift und Jahreszahl im Kreis, das Ganze von unten gekreuzten Ähren umgeben. Rs. Wertziffer im Kreis, das Ganze von unten gekreuzten Ähren umgeben. 900er Silber, 0,566 g	**120,–**	**180,–**
2 (6)	8 Shomsi (S) n. H. 1344 (1925). Typ wie Nr. 1. 900er Silber, 1,033 g	**100,–**	**150,–**
3 (8)	15 Shomsi (S) n. H. 1344 (1925). Typ wie Nr. 1. 900er Silber, 1,937 g	**40,–**	**80,–**
4 (10)	30 Shomsi (S) n. H. 1344 (1925). Typ wie Nr. 1. 900er Silber, 3,875 g	**60,–**	**90,–**
5 (11)	45 Shomsi (S) n. H. 1344 (1925). Typ wie Nr. 1. 900er Silber, 5,812 g	**600,–**	**1000,–**
6 (12)	60 Shomsi (S) n. H. 1344 (1925). Typ wie Nr. 1. 900er Silber, 7,75 g	**120,–**	**200,–**

Weitere Ausgaben siehe unter *Südarabische Föderation* und *Südjemen*

Gibraltar

Gibraltar | Gibraltar

Fläche: 6,5 km²; 30000 Einwohner (ohne Garnison). Der Felsen am Tor zum Mittelmeer bildet zusammen mit dem gegenüberliegenden afrikanischen Mount Abyla die »Säulen des Herakles«. Von Mauren unter Tarik Bin Zeyad wurde der Felsen 711 eingenommen und nach ihm »Gib al-Tarik« (Berg des Tarik) benannt. 1704 Belagerung und Einnahme von Gibraltar durch die Briten. Seit 1830 britische Kronkolonie, seit 1964 beschränkte Selbstverwaltung, eigene Verfassung seit 23. Mai 1969 und erweiterte Autonomie ab 1. Juni 1969. Hauptstadt: Gibraltar.

12 Pence = 1 Shilling, 5 Shillings = 1 Crown, 20 Shillings = 1 £;
seit 15. Februar 1971: 100 (New) Pence = 1 Gibraltar-Pfund (£), 5 £ = 1 Royal (Ryal, Real)
Das Gibraltar-Pfund ist dem Pfund Sterling paritätisch.

Elisabeth II. seit 1952

ST PP

1 (1) 1 Crown 1967–1970. Elisabeth II. Rs. Wappenbild (dreitürmiges Kastell mit herabhängendem Schlüssel), kennzeichnend für die beherrschende Lage des Felsens von Gibraltar als Tor zum Mittelmeer:
a) (S) 500 fein, 28,28 g, 1967, Bright Proof 50,–
Frosted Proof (50 Ex.) *500,–*
b) (K-N) 1967–1970 8,–

DEZIMALSYSTEM: 100 (New) Pence = 1 £

2 (2) 25 New Pence 1971. Rs. Gibraltaraffe oder Magot (Macaca sylvana – Cercopithecidae):
a) (S) 500 fein, 28,28 g, Bright Proof 50,–
Frosted Proof (50 Ex.) *500,-*
b) (K-N) 8,–

Silberhochzeit des englischen Königspaares am 20. November 1972

3 (3) 25 New Pence 1972. Rs. Allianzwappen:
a) (S) 925 fein, 28,28 g *50,–*
b) (K-N) 7,–

250 Jahre britische Währung in Gibraltar (3)

ST PP

4 (4) 25 £ (G) 1975. Rs. Löwe mit dem Schlüssel von Gibraltar, Darstellung nach Kaufmanns-Token des frühen 19. Jh. 916⅔er Gold, 7,776 g (3145 Ex.) 300,– 400,–

5 (5) 50 £ (G) 1975, Rs. Unsere Liebe Frau von Europa, Schutzpatronin Gibraltars, bemalte Holzschnitzarbeit des 16. Jh. im Marienschrein von Europa Point auf der Südspitze Gibraltars. 916⅔er Gold, 15,552 g (2375 Ex.) 550,– 600,–

6 (6) 100 £ (G) 1975. Rs. Staatswappen, spanische Verleihung 10. 7. 1502. 916⅔er Gold, 31.1035 g (2375 Ex.) 1000,– 1200,–

25. Regierungsjubiläum von Königin Elisabeth II.

		ST	PP
7 (7)	25 Pence 1977. Rs. Staatswappen, umgeben von Magots auf Blattwerk:		
	a) (S) 925 fein, 28,28 g		60,–
	b) (K-N)	4,–	

80. Geburtstag der Königinmutter Elisabeth

		ST	PP
8 (8)	1 Crown 1980. Rs. Brustbild der Königinmutter vor dem Felsen von Gibraltar:		
	a) (S) 925 fein, 28,28 g		60,–
	b) (K-N)	4,–	

175. Todestag Nelsons (Seeschlacht bei Trafalgar) (2)

		ST	PP
9 (9)	1 Crown 1980. Rs. Lord Nelson (1758–1805), Segelschiff:		
	a) (S) 925 fein, 28,28 g		75,–
	b) (K-N)	4,–	
10 (10)	50 £ (G) 1980. Typ wie Nr. 9. 916⅔er Gold, 15,98 g (12 500 Ex.)	500,–	600,–

Zur Hochzeit von Prinz Charles und Lady Diana (2)

		ST	PP
11 (11)	1 Crown 1981. Rs. Porträts des Brautpaares:		
	a) (S) 925 fein, 28,28 g		65,–
	b) (K-N)	6,–	

		ST	PP
12 (12)	50 £ (G) 1981. Typ wie Nr. 11. 916⅔er Gold, 15,98 g	650,–	750,–

13

14

		VZ	ST
13 (13)	1 Penny (Bro) 1988–1990. Elisabeth II. (nach R. D. Maklouf). Rs. Rebhuhn	–,50	1,–
14 (14)	2 Pence (Bro) 1988–1990. Rs. Leuchtturm von Europa Point	–,50	1,–

15

16

		VZ	ST
15 (15)	5 Pence (K-N) 1988, 1989. Rs. Magot. Ø 23, 593 mm, 5,653 g	–,50	1,–
16 (16)	10 Pence (K-N) 1988–1990. Rs. Maurische Burg, unter Tarik Bin Zeyad erbaut	–,80	1,50

		VZ	ST
17 (17)	20 Pence (K-N) 1988–1990. Rs. Unsere Liebe Frau von Europa (siehe Nr. 5) (siebeneckig)	1,–	2,–

		VZ	ST
18 (18)	50 Pence (K-N) 1988, 1989. Rs. Wertangabe, von Schleifenblumen umgeben (siebeneckig)	2,–	4,–

		VZ	ST
19 (19)	1 £ (N-Me) 1988, 1990. Rs. Staatswappen	4,–	7,–

VZ ST

20 (20) 2 £ (N-Me) 1988–1990. Rs. Koehler-Kanone von 1782 in Tunnel des Festungswerkes 8,– 12,–

21 (21) 5 £ (N-Me) 1988–1990. Rs. Herakles mit seinen »Säulen« Gibraltar und Mount Abyla 20,– 32,–

ST PP

22 1 Penny (S) 1988, 1990. Typ wie Nr. 13, 925er Silber, 4,2 g 15,–

23 2 Pence (S) 1988, 1990. Typ wie Nr. 14, 925er Silber, 8,4 g 20,–

24 5 Pence (S) 1988. Typ wie Nr. 15, 925er Silber, 6,5 g 25,–

25 10 Pence (S) 1988, 1990. Typ wie Nr. 16, 925er Silber, 13 g 30,–

26 20 Pence (S) 1988, 1990. Typ wie Nr. 17, 925er Silber, 5 g 35,–

27 50 Pence (S) 1988. Typ wie Nr. 18, 925er Silber, 15,5 g 45,–

28 1 £ (S) 1988, 1990. Typ wie Nr. 19, 925er Silber, 9,5 g 50,–

29 2 £ (S) 1988, 1990. Typ wie Nr. 20, 925er Silber, 9,3 g 75,–

30 5 £ (S) 1988, 1990. Typ wie Nr. 21, 925er Silber, 23,5 g 90,–

31 1 Penny (G) 1988, 1990. Typ wie Nr. 13. 916⅔er Gold, 7,1 g *380,–*

32 2 Pence (G) 1988, 1990. Typ wie Nr. 14, 916⅔er Gold, 14,2 g *750,–*

33 5 Pence (G) 1988. Typ wie Nr. 15, 916⅔er Gold, 11 g *650,–*

34 10 Pence (G) 1988, 1990. Typ wie Nr. 16, 916⅔er Gold, 22 g *1000,–*

35 20 Pence (G) 1988, 1990. Typ wie Nr. 17, 916⅔er Gold, 5 g *600,–*

36 50 Pence (G) 1988. Typ wie Nr. 18, 916⅔er Gold, 26 g *1200,–*

37 1 £ (G) 1988, 1990. Typ wie Nr. 19, 916⅔er Gold, 9,5 g *1000,–*

38 2 £ (G) 1988, 1990. Typ wie Nr. 20, 916⅔er Gold, 15,94 g *1250,–*

39 5 £ (G) 1988, 1990. Typ wie Nr. 21, 916⅔er Gold, 39,83 g *1800,–*

40 1 Penny (Pt) 1988, 1990. Typ wie Nr. 13. 950er Platin, 8 g *450,–*

41 2 Pence (Pt) 1988, 1990. Typ wie Nr. 14. 950er Platin, 16 g *850,–*

42 5 Pence (Pt) 1988. Typ wie Nr. 15. 950er Platin, 12,5 g *750,–*

43 10 Pence (Pt) 1988, 1990. Typ wie Nr. 16. 950er Platin, 25 g *1150,–*

ST PP

44 20 Penny (Pt) 1988, 1990. Typ wie Nr. 17. 950er Platin, 5 g (100 Ex.) *750,–*

45 50 Penny (Pt) 1988. Typ wie Nr. 18. 950er Platin, 30,4 g (100 Ex.) *1350,–*

46 1 £ (Pt) 1988, 1990. Typ wie Nr. 19. 950er Platin, 9,5 g (1100 Ex.) *1200,–*

47 2 £ (Pt) 1988, 1990. Typ wie Nr. 20. 950er Platin, 18 g *1500,–*

48 5 £ (Pt) 1988, 1990. Typ wie Nr. 21. 950er Platin, 45,5 g *2500,–*

Weihnachten 1988 (3)

49 (22) 50 Pence 1988. Rs. Hl. drei Könige (siebeneckig):
a) (S) 925 fein, 15,5 g 60,–
b) (K-N) 5,–

50 50 Pence (G) 1988. Typ wie Nr. 49. 916⅔er Gold, 26 g *1000,–*

51 50 Pence (Pt) 1988. Typ wie Nr. 49. 950er Platin, 30,4 g *1350,–*

150. Jahrestag des Beschlusses der Kolonialregierung zur Ausgabe eigener Münzen und 150 Jahre »Una and the Lion« (5)

52 ¼ Sovereign (G) 1989. Rs. Una in Gestalt der Königin Victoria, den britischen Löwen geleitend, der den Schlüssel von Gibraltar hält, nach dem Münzmotiv »Una and the Lion« von William Wyon (Großbritannien, 5 Pfund 1839), Inschrift »Königliche Münze von Gibraltar«. 916⅔er Gold, 1,99 g:
a) (1989 Ex.) –,–
b) mit »U« im Sechseck –,–

53 ½ Sovereign (G) 1989. Typ wie Nr. 52, 916⅔er Gold, 3,98 g:
a) (1989 Ex.) –,–
b) mit »U« im Sechseck –,–

54 1 Sovereign (G) 1989. Typ wie Nr. 52. 916⅔er Gold, 7,96 g:
a) (1989 Ex.) –,–
b) mit »U« im Sechseck –,–

55 2 £ (G) 1989. Typ wie Nr. 52. 916⅔er Gold, 15,94 g (1989 Ex.) –,–

56 5 £ (G) 1989. Typ wie Nr. 52. 916⅔er Gold, 39,83 g (1989 Ex.) –,–

150 Jahre Münzgeschichte von Gibraltar (2)

VZ ST

57 1 £ (N–Me) 1989. Rs. Staatswappenbild, Motiv der ersten Münzausgabe von 1841, Gedenkumschrift 4,– 7,–

		ST	PP
58	1 £ (S) 1989. Typ wie Nr. 57. 925er Silber, 9,5 g		50,–

Weihnachten 1989 (3)

		ST	PP
59	50 Pence 1989. Rs. Chorknabe (siebeneckig):		
	a) (S) 925 fein, 15,5 g		60,–
	b) (K–N)	5,–	
60	50 Pence (G) 1989. Typ wie Nr. 59. 916⅔er Gold, 26 g		*1000,–*
61	50 Pence (Pt) 1989. Typ wie Nr. 59. 950er Platin, 30,4 g		*1350,–*

		VZ	ST
62	5 Pence (K–N) 1990. Typ wie Nr. 15. Ø 18 mm, 3,25 g	–,50	1,–

			PP
63	5 Pence (S) 1990. Typ wie Nr. 62:		
	a) 925er Silber, 3,25 g		–,–
	b) Piéfort, 925er Silber, 6,5 g		–,–
64	5 Pence (G) 1990. Typ wie Nr. 62:		
	a) 916⅔er Gold, 3,25 g		–,–
	b) Piéfort, 916⅔er Gold, 6,5 g		–,–
65	5 Pence (Pt) 1990. Typ wie Nr. 62:		
	a) 950er Platin, 3,25 g		–,–
	b) Piéfort, 950er Platin, 6,5 g		–,–

		VZ	ST
66	50 Pence (K–N) 1990. Rs. Fünf Delphine (siebeneckig)	2,–	4,–

		ST	PP
67	50 Pence (S) 1990. Typ wie Nr. 66		*90,–*
68	50 Pence (G) 1990. Typ wie Nr. 66		*1200,–*
69	50 Pence (Pt) 1990. Typ wie Nr. 66		*1350,–*

150 Jahre britische Briefmarken (4)

		ST	PP
70	1 Crown 1990. Rs. Briefmarke »Penny Black« und zwei Porträts, mit schwarzschimmernder Oberfläche:		
	a) (S)		–,–
	b) (K–N)	5,–	15,–
71	1 Crown (G) 1990. Typ wie Nr. 70. 999er Gold, 6,22 g. Ø 22 mm		–,–
72	1 Crown (G) 1990. Typ wie Nr. 70. Ø 38,6 mm		–,–
73	1 Crown (Pt) 1990. Typ wie Nr. 70		–,–

Nr. 73 wurde bisher nicht geprägt.

21. Jahrestag der Verfassung vom 23. Mai 1969 (6)

		ST	PP
74	1 Crown 1990. Rs. Britannia mit Schlüssel auf dem Felsen von Gibraltar, Wertangabe:		
	a) (S) 925 fein, 28,28 g		80,–
	b) (K–N)	10,–	
75	¼ Sovereign (G) 1990. Typ wie Nr. 74, mit römischer Jahreszahl:		
	a) (1000 Ex.)		–,–
	b) mit »U« im Sechseck	–,–	
76	½ Sovereign (G) 1990. Typ wie Nr. 75:		
	a) (1000 Ex.)		–,–
	b) mit »U« im Sechseck	–,–	
77	1 Sovereign (G) 1990. Typ wie Nr. 75:		
	a) (1000 Ex.)		–,–
	b) mit »U« im Sechseck	–,–	
78	2 £ (G) 1990. Typ wie Nr. 75 (1000 Ex.)		–,–

		ST	PP
79	5 £ (G) 1990. Typ wie Nr. 75 (1000 Ex.)		–,–

XIV. Fußball-Weltmeisterschaft 1990 in Italien (18)

		ST	PP
80	⅕ Crown (G) 1990. Rs. Karte Italiens auf Fußball. 999er Gold, 6,22 g (500 Ex.)		–,–
81	⅕ Crown (G) 1990. Rs. Drei Spieler (500 Ex.)		–,–
82	⅕ Crown (G) 1990. Rs. Kopfballszene und Fahne (500 Ex.)		–,–
83	⅕ Crown (G) 1990. Rs. Schiedsrichter, Fahne und Erdkugel (500 Ex.)		–,–
84	⅕ Crown (G) 1990. Rs. Zwei Spieler (500 Ex.)		–,–
85	⅕ Crown (G) 1990. Rs. Torwart mit Ball (500 Ex.)		–,–
86	⅕ Crown (Pt) 1990. Typ wie Nr. 80. 999er Platin, 6,22 g (250 Ex.)		–,–
87	⅕ Crown (Pt) 1990. Typ wie Nr. 81 (250 Ex.)		–,–
88	⅕ Crown (Pt) 1990. Typ wie Nr. 82 (250 Ex.)		–,–
89	⅕ Crown (Pt) 1990. Typ wie Nr. 83 (250 Ex.)		–,–
90	⅕ Crown (Pt) 1990. Typ wie Nr. 84 (250 Ex.)		–,–
91	⅕ Crown (Pt) 1990. Typ wie Nr. 85 (250 Ex.)		–,–
92	1 Crown 1990. Typ wie Nr. 80:		
	a) (S) 925 fein, 28,28 g		–,–
	b) (K–N)	–,–	
93	1 Crown 1990. Typ wie Nr. 81:		
	a) (S)		–,–
	b) (K–N)	–,–	
94	1 Crown 1990. Typ wie Nr. 82:		
	a) (S)		–,–
	b) (K–N)	–,–	
95	1 Crown 1990. Typ wie Nr. 83:		
	a) (S)		–,–
	b) (K–N)	–,–	
96	1 Crown 1990. Typ wie Nr. 84:		
	a) (S)		–,–
	b) (K–N)	–,–	
97	1 Crown 1990. Typ wie Nr. 85:		
	a) (S)		–,–
	b) (K–N)	–,–	

90. Geburtstag der Königinmutter Elisabeth (3)

		ST	PP
98	⅕ Crown (G) 1990. Rs. Königinmutter Elisabeth		–,–
99	⅕ Crown (Pt) 1990. Typ wie Nr. 98		–,–
100	1 Crown 1990. Typ wie Nr. 98:		
	a) (S)		–,–
	b) (K-N)	–,–	

Weihnachten 1990 (3)

		ST	PP
101	50 Pence 1990. Rs. Maria mit Jesuskind und junge Frau, Inschrift »Christmas« (siebeneckig):		
	a) (S) 925 fein, 15.5 g (max. 5000 Ex.)		–,–
	b) (K–N)	5,–	15,–
102	50 Pence (G) 1990. Typ wie Nr. 101 (siebeneckig) (max. 250 Ex.)		–,–
103	50 Pence (Pt) 1990. Typ wie Nr. 101 (siebeneckig) (max. 50 Ex.)		–,–

25 Jahre Rotary-Club von Gibraltar (2)

		ST	PP
104	½ Crown (G) 1991. Rs. Rotary-Zahnrad vor Erdkugel, Motto »Service Above Self«, derzeitiges Thema »Preserve Planet Earth«. 999er Gold, 15,55 g	–,–	–,–
105	1 Crown 1991. Typ wie Nr. 104:		
	a) (S) 925 fein, 28,28 g		–,–
	b) (K-N)	6,–	

10. Hochzeitstag von Prinz Charles und Lady Diana (6)

		ST	PP
106	1 Crown 1991. Rs. Prinz Charles:		
	a) (S) 925 fein, 28,28 g		–,–
	b) (K-N)	5,–	
107	1 Crown 1991. Rs. Lady Diana:		
	a) (S)		
	b) (K-N)	5,–	
108	1 Crown 1991. Rs. Royal Yacht »Britannia«, mit dem Brautpaar von Gibraltar ablegend:		
	a) (S)		
	b) (K-N)	5,–	
109	1 Crown (G) 1991. Typ wie Nr. 106. 999er Gold, 6,22 g		–,–
110	1 Crown (G) 1991. Typ wie Nr. 107		–,–
111	1 Crown (G) 1991. Typ wie Nr. 108		–,–

Hunde – 1. Ausgabe (8)

		ST	PP
112	1 Royal (K-N) 1991. Rs. Corgi, walisischer Hirtenhund, Inschrift GKC (Gibraltar Kennel Club)	–,–	
113	1 Royal (S) 1991. Rs. Corgi, ohne Inschrift. 999er Silber, 31,103 g		–,–
114	1/25 Royal (G) 1991. Typ wie Nr. 113. 999,9er Gold, 1,244 g:		
	a)		–,–
	b) »U« im Sechseck	–,–	
115	1/10 Royal (G) 1991. Typ wie Nr. 113. 999,9er Gold, 3,110 g:		
	a)		–,–
	b) »U« im Sechseck	–,–	
116	1/5 Royal (G) 1991. Typ wie Nr. 113. 999,9er Gold, 6,220 g:		
	a)		–,–
	b) »U« im Sechseck	–,–	
117	½ Royal (G) 1991. Typ wie Nr. 113. 999,9er Gold, 15,551 g:		
	a)		–,–
	b) »U« im Sechseck	–,–	

		ST	PP
118	1 Royal (G) 1991. Typ wie Nr. 112. 999,9er Gold, 31,103 g:		
	a)		–,–
	b) »U« im Sechseck	–,–	
119	32 Royal (G) 1991. Typ wie Nr. 112. 999,9er Gold, 1000 g, »U«	–,–	

ECU-Ausgabe – Serie I

		ST	PL
120	50 £ ≈ 70 ECU (G) 1991. Elisabeth II. (Kopfbild nach R. Maklouf). Rs. Ritter zu Pferde mit Stern im Schild von Gibraltar, von zwölf Sternen umgeben. 500er Gold, 6,22 g, Rand unterbrochen geriffelt:		
	a) ‹A›		180,–
	b) ‹B› (750 Ex.)	180,–	

Serie II (2)

		ST/M	PP
121	25 £ ≈ 35 ECU (S) 1991. Elisabeth II. (Schulterversion nach R. Maklouf). Rs. Ritter zu Pferde, wie Nr. 112. 925er Silber, 28,28 g PM (max. 10 000 Ex.)		120,–
122	50 £ ≈ 70 ECU (G) 1991. Typ wie Nr. 121. 999er Gold, 6,22 g, Riffelrand (max. 5000 Ex.)		280,–

Serie III (4)

		ST/M	PP
123	10 £ ≈ 14 ECU (S) 1992. Typ wie Nr. 120, ohne Stern im Schild von Gibraltar. 925er Silber, 10 g, PM ‹A›	40,–	
124	20 £ ≈ 28 ECU (S) 1992. Typ wie Nr. 123. 925er Silber, 20 g PM ‹S›	–,–	
125	25 £ ≈ 35 ECU (S) 1992. Typ wie Nr. 123. 925er Silber, 28,28 g, PM ‹A›	–,–	
126	50 £ ≈ 70 ECU (G) 1992. Typ wie Nr. 123. 500er Gold, 6,22 g, Rand unterbrochen geriffelt	–,–	

Serie IV (4)

		ST/M	PP
127	10 £ ≈ 14 ECU (S) 1991, 1992. Typ wie Nr. 121, ohne Stern im Schild von Gibraltar		60,–
128	20 £ ≈ 28 ECU (S) 1992. Typ wie Nr. 127		–,–
129	25 £ ≈ 35 ECU (S) 1992. Typ wie Nr. 127		–,–
130	50 £ ≈ 70 ECU (G) 1992. Typ wie Nr. 127		–,–

XXV. Olympische Sommerspiele 1992 in Barcelona

		PP
131	1/25 Crown (G) 1991, 1992. Rs. Ruhender Boxer, nach einer Bronzestatue des Apollonius, 1. Jh. v. Chr., vor Boxkampf von einer attischen Vase, um 530 v. Chr. 999er Gold, 1,24 g (je max. 25 000 Ex.)	–,–
132	1/25 Crown (G) 1991, 1992. Rs. Römische Kopie des Diskuswerfers des Myron vor Diskus des Exdidas mit Weiheinschrift an die Dioskuren, 6. Jh. v. Chr.	–,–
133	1/25 Crown (G) 1991, 1992. Rs. Speerwerfer, nach einer Figur des Poseidon, vor Siegerehrungsszene von einer griechischen Vase, um 510 v. Chr.	–,–
134	1/25 Crown (G) 1991, 1992. Rs. Bronzekopf eines Ringkämpfers mit Lederkappe vor Ringkampfszene aus dem 5. Jh. v. Chr.	–,–
135	1/25 Crown (G) 1991, 1992. Rs. Marathonläufer von einer Amphore, 333 v. Chr.	–,–
136	1/25 Crown (G) 1991, 1992. Rs. Weitspringer mit Schwunggewichten vor Kampfrichter und griechischem Tempel von einem Krug, 570 v. Chr.	–,–
137	1/25 Crown (G) 1991, 1992. Rs. Wagenrennen nach einer athenischen Votivdarstellung	–,–
138	1/25 Crown (G) 1991, 1992. Rs. Bronzestatue eines Olympioniken vor griechischem Tempel	–,–
139	1/10 Crown (G) 1991, 1992. Typ wie Nr. 131	–,–
140	1/10 Crown (G) 1991, 1992. Typ wie Nr. 132	–,–
141	1/10 Crown (G) 1991, 1992. Typ wie Nr. 133	–,–
142	1/10 Crown (G) 1991, 1992. Typ wie Nr. 134	–,–
143	1/10 Crown (G) 1991, 1992. Typ wie Nr. 135	–,–
144	1/10 Crown (G) 1991, 1992. Typ wie Nr. 136	–,–
145	1/10 Crown (G) 1991, 1992. Typ wie Nr. 137	–,–
146	1/10 Crown (G) 1991, 1992. Typ wie Nr. 138	–,–

Frühere Ausgaben siehe Weltmünzkatalog 19. Jahrhundert.

Grenada **Grenada** **Grenade**

Fläche: 344 km²; 110000 Einwohner.
Zu den Kleinen Antillen gehörend; Mitglied der Karibischen Freihandelszone (CARIFTA). Von 1967–1974 assoziiertes Mitglied im Staatsverband Großbritanniens. Grenada ist mit den Ländern Antigua, Barbados, Dominica, Montserrat, St. Christopher-(Kitts) Nevis-Anguilla, St. Lucia und St. Vincent zum Währungsgebiet des Ostkaribischen Dollars zusammengeschlossen. Emissionsinstitut für das gesamte Währungsgebiet ist die East Caribbean Currency Authority mit dem Sitz in Bridgetown auf Barbados. Unabhängig seit 7. Februar 1974. Hauptstadt: St. George's.

100 Cents = 1 Ostkaribischer Dollar

Zur Einweihung der Karibischen Entwicklungsbank und für den FAO-Münz-Plan

		ST	PP
1 (5*)	4 Dollars (K-N) 1970. Nach unten hängender Zweig des Muskatnußbaumes (Myristica fragrans – Myristicaceae) (Mittelstück der damals neuen Nationalflagge), heraldisch nicht legitimiert, auch nicht legalisiert. Rs. Bananen, Zuckerrohr, Wertangabe	30,–	*85,–*

*Diese Nummer entspricht der Yeoman-Katalogisierung unter »East Caribbean Territories«.

Unabhängiger Staat

Zum Besuch des britischen Königspaares (2)

2 (1)	10 Dollars 1985. Elisabeth II. Rs. Staatswappen:	
	a) (S) 925 fein, 28,28 g	140,–
	b) (K-N)	20,–
3	500 Dollars (G) 1985. Typ wie Nr. 2. 916⅔er Gold, 47,54 g (250 Ex.)	*2200,–*

Vogelwelt der Karibik

		ST	PP
4	100 Dollars (S) 1988. Rs. Grenada-Taube. 925er Silber, 129,6 g		250,-

Weitere Ausgaben siehe unter
Westindische Assoziierte Staaten

Greece **Griechenland** Grèce

Hellas, ΕΛΛΑΣ

Fläche: 131 944 km²; 9 980 000 Einwohner (1986).
Der Befreiungskrieg der Griechen in den Jahren 1821–1830 brachte das Ende der seit dem 16. Jahrhundert bestehenden Türkenherrschaft. Mit Erlangung der Unabhängigkeit wurde das Land ein Königreich. In den Jahren 1924–1935 wurde Griechenland republikanisch regiert. Nach der erfolgten »Nationalen Revolution« vom 21. April 1967 ging König Konstantin außer Landes; Republik seit 1973. Hauptstadt: Athen.

100 Lepta = 1 Drachme (Plural: Drachmai, seit 1982: Drachmes)

Georg I. 1863–1913

SS VZ

1 (19) 5 Lepta (N) 1912. Krone, Jahreszahl. Rs. Steinkauz (Athene noctua – Strigidae) und Wert (mit Loch) 4,– 12,–

2 (20) 10 Lepta (N) 1912. Typ wie Nr. 1:
a) ohne Msz. 6,– 14,–
b) mit Msz. 6,– 14,–

3 (21) 20 Lepta (N) 1912. Staatswappen, Jahreszahl. Rs. Athene und Olivenzweig (Olea europaea – Oleaceae):
a) ohne Msz. 7,– 15,–
b) mit Msz. 7,– 15,–

4 (22) 1 Drachme (S) 1910, 1911. Georg I. (1845–1913), Kopfbild nach links. Rs. Thetis, Nymphe des Meeres, auf Seepferd. 835er Silber, 5 g 18,– 46,–

5 (23) 2 Drachmai (S) 1911. Typ wie Nr. 4. 835er Silber, 10 g 34,– 80,–

Konstantin I. zum 2. Mal 1920–1922

A6 5 Lepta (K-N) 1921. Krone, Jahreszahl. Rs. Olivenzweig, Wert [Heaton] –,– –,–

6 (29) 10 Lepta (Al) 1922. Krone, Jahreszahl. Rs. Olivenzweig und Wert 8,– 26,–

7 (30) 50 Lepta (K-N) 1921. Inschrift, Wappen, Jahreszahl. Rs. Olivenzweig:
a) [Heaton], H (14 000 000 Ex.) *2800,–*
b) [King's Norton], KN *9500,–*

Nr. 7 wurde zur Herstellung von Nr. 11 fast vollständig eingeschmolzen.

Griechische Republik 1924–1935

8 (31) 20 Lepta (K-N) 1926. Kopf der Athene, Schutzgöttin der Helden, der Städte, des Ackerbaues, der Wissenschaft und der Künste, Darstellung nach einem korinthischen Stater des 5. Jh. v. Chr. Rs. Inschrift und Wert 4,– 12,–

SS VZ

9 (32) 50 Lepta (K-N) 1926. Typ wie Nr. 8:
a) ohne Mzz. 3,– 9,–
b) Mzz. B (Wien) 3,– 9,–

10 (33) 1 Drachme (K-N) 1926. Typ wie Nr. 8:
a) ohne Mzz. 4,– 10,–
b) Mzz. B (Wien) 4,– 10,–

11 (34) 2 Drachmai (K-N) 1926. Typ wie Nr. 8 6,– 18,–

12 (35) 5 Drachmai (N) 1930. Aus Flammen emporsteigender Phönix, darüber Hochkreuz, vom Hl. Geist bestrahlt. Rs. Wertangabe zwischen unten gebundenen Lorbeerzweigen:
a) [RM] 6,– 22,–
b) [Brüssel] 18,– 40,–

		SS	VZ
13 (36)	10 Drachmai (S) 1930. Kopf der Demeter, griechische Göttin des Erdsegens und der Fruchtbarkeit. Rs. Weizenähre. 500er Silber, 7 g	22,–	75,–
14 (37)	20 Drachmai (S) 1930. Kopf des Poseidon, griechischer Gott des Meeres, nach einem Tetradrachmon des makedonischen Königs Antigonos. Rs. Prora einer Triere. 500er Silber, 11,333 g	28,–	85,–

Georg II. zum 2. Mai 1935–1947

Zur Wiederherstellung der Monarchie (3)

		PP
A15 (A37)	100 Drachmai (S) 1935. Georg II. (1890–1947), Kopfbild nach links, Umschrift. Rs. Gekröntes Wappen, 900er Silber [Heaton] (500 Ex.)	*4500,–*

		PP
15 (B37)	20 Drachmai (G) 1935. Rs. Wert im Kranz, darüber Krone. 900er Gold, 6,4516 g [Heaton] (200 Ex.)	*12000,–*

Nr. 15 auch ohne Wertangabe bekannt (Probe). Auch in Kupfer vorkommend.

		PP
16 (C37)	100 Drachmai (G) 1935. Typ wie Nr. 15. 900er Gold, 32,258 g [Heaton] (140 Ex.)	*20000,–*

Nr. 16 auch in Bronze vorkommend.
Nrn. A15–16 wurden 1939 geprägt.

Paul I. 1947–1964

		VZ	ST
17 (38)	5 Lepta (Al) 1954. Olivenzweige, darüber Krone, Landesbezeichnung »Königreich Griechenland«, Jahreszahl. Rs. Ähren, Wertangabe (mit Loch)	–,80	2,–
18 (39)	10 Lepta (Al) 1954–1965. Rs. Weintrauben, Wertangabe (mit Loch):		
	a) 1954, 1959, 1964	–,80	2,–
	b) [Wien] 1965		2,–

		VZ	ST
19 (40)	20 Lepta (Al) 1954, 1959, 1964. Rs. Olivenzweig, Wertangabe	–,80	2,–

		VZ	ST
20 (41)	50 Lepta (K-N) 1954–1965. Paul I. (1901–1964), Kopfbild n. l. Rs. Staatswappen:		
	a) [Poissy] 1954, 1957, 1959	1,–	7,–
	b) [Athen] 1962, 1964	1,50	6,–
	c) [Wien] 1965	3,–	6,–
21 (42)	1 Drachme (K-N) 1954–1965. Typ wie Nr. 20		
	a) [Poissy] 1954, 1957, 1959	1,–	3,–
	b) [Athen] 1962	1,50	4,–
	c) [Wien] 1965	3,–	6,–
22 (43)	2 Drachmai (K-N) 1954–1965. Typ wie Nr. 20:		
	a) [Poissy] 1954, 1957, 1959	1,–	3,–
	b) [Athen] 1962	1,50	4,–
	c) [Wien] 1965	3,–	6,–
23 (44)	5 Drachmai (K-N) 1954, 1965. Typ wie Nr. 20:		
	a) [Poissy] 1954	3,–	8,–
	b) [Wien] 1965		8,–

		VZ	ST
24 (45)	10 Drachmai (N) 1959, 1965. Typ ähnlich wie Nr. 20:		
	a) [Poissy] 1959	5,–	8,–
	b) [Wien] 1965		10,–

Nr. 24 von 1959, polierte Platte *450,–*

		VZ	ST
25 (46)	20 Drachmai (S) 1960, 1965. Rs. Mondgöttin Selene, dem Meer entsteigend. 835er Silber, 7,5 g:		
	a) 1960	11,–	22,–
	b) [Wien] 1965		18,–

Nrn. 18b, 20b–25b von 1965, posthume Gedenkprägung für Paul I., polierte Platte (4987 Ex.) 100,–

100. Jahrestag der Griechischen Dynastie

		VZ	ST
26 (47)	30 Drachmai (S) 1963. Georg I., reg. 1863–1913, Konstantin I., reg. 1913–1917, 1920–1922, Alexander, reg. 1917–1920, Georg II., reg. 1922–1923, 1935–1947, Paul I., reg. 1947–1964. Rs. Kartographische Darstellung des griechischen Königreiches, Wert. 835er Silber, 18 g	**16,–**	**30,–**

Konstantin II. 1964–1973

Zur Hochzeit von König Konstantin II. mit Prinzessin Anna-Maria von Dänemark

27 (48) 30 Drachmai (S) 1964. Kopfbilder des Königspaares. Rs. Doppeladler und Wert. 835er Silber, 12 g:
a) [Bern] Signatur am Schulteransatz, dünne Randschrift (2 000 000 Ex.) **10,–** **20,–**
b) [Kongsberg] Signatur hinter Schulteransatz, dicke Randschrift (2 000 000 Ex.) (1965 geprägt) **10,–** **20,–**

28 (38) 5 Lepta (Al) 1971. Typ wie Nr. 17 (kleines Loch) **4,–** **10,–**

29 (39) 10 Lepta (Al) 1966, 1969, 1971. Typ wie Nr. 18:
a) großes Loch, 1966, 1969 –,80 2,–
b) kleines Loch, 1971 2,– 6,–

30 (40) 20 Lepta (Al) 1966, 1969, 1971. Typ wie Nr. 19:
a) großes Loch, 1966, 1969 –,80 2,–
b) kleines Loch, 1971 2,– 6,–

31 (49) 50 Lepta (K-N) 1966–1970. Konstantin II. (*1940), Kopfbild nach links. Rs. Staatswappen und Wert 1,– 3,–

32 (50) 1 Drachme (K-N) 1966–1970. Typ wie Nr. 31 1,– 3,–

33 (51) 2 Drachmai (K-N) 1966–1970. Typ wie Nr. 31 2,– 4,–

		VZ	ST
34 (52)	5 Drachmai (K-N) 1966–1970. Typ wie Nr. 31	3,–	8,–
35 (53)	10 Drachmai (K-N) 1968. Typ wie Nr. 31	4,–	9,–

Militärregierung

Zur „Nationalen Revolution" vom 21. April 1967 (4)

36 (56) 20 Drachmai (G) 1967. Soldat vor einem aus Flammen emporsteigenden Phönix (Emblem der Militärregierung). Rs. Staatswappen und Wertangabe. 900er Gold, 6,4516 g [HF] *600,–*

37 (54) 50 Drachmai (S) 1967. Typ wie Nr. 36. 835er Silber, 12,5 g [HF] *90,–*

38 (55) 100 Drachmai (S) 1967. Typ wie Nr. 36. 835er Silber, 25 g [HF] *140,–*

39 (57) 100 Drachmai (G) 1967. Typ wie Nr. 36. 900er Gold, 32,258 g [HF] *1800,–*

Nrn. 36–39 wurden 1971 geprägt.

40 (A58) 10 Lepta (Al) 1973. Emblem der Militärregierung, Landesbezeichnung, Jahreszahl. Rs. Dreizack zwischen zwei Delphinen, Wertangabe **2,–** **5,–**

41 (B58) 20 Lepta (Al) 1973. Rs. Früchtezweig, Wertangabe **2,–** **5,–**

42 (58) 50 Lepta (K-N) 1971, 1973. Konstantin II., Kopfbild n. l. Rs. Emblem der Militärregierung, Wertangabe **1,–** **3,–**

43 (59) 1 Drachme (K-N) 1971, 1973. Typ wie Nr. 42 **1,–** **3,–**

44 (60) 2 Drachmai (K-N) 1971, 1973. Typ wie Nr. 42 **2,–** **4,–**

45 (61) 5 Drachmai (K-N) 1971, 1973. Typ wie Nr. 42 **3,–** **6,–**

46 (62) 10 Drachmai (K-N) 1971, 1973. Typ wie Nr. 42 **4,–** **8,–**

		VZ	ST
47 (63)	20 Drachmai (K-N) 1973. Mondgöttin Selene, dem Meer entsteigend. Rs. Emblem der Militärregierung	7,–	10,–

Griechische Republik seit 1973

48 (64)	10 Lepta (Al) 1973. Aus Flammen emporsteigender Phönix, vom hl. Geist bestrahlt (Staatswappen, am 1. 6. 1973 eingeführt), Landesbezeichnung, Jahreszahl. Rs. Dreizack zwischen zwei Delphinen, Wertangabe, wie Nr. 40	1,–	2,–
49 (65)	20 Lepta (Al) 1973. Rs. Früchtezweig, Wertangabe, wie Nr. 41	1,–	2,–

50 (66)	50 Lepta (N-Me) 1973. Rs. Ornament, Wertangabe	1,–	2,–
51 (67)	1 Drachme (N-Me) 1973. Rs. Steinkauz (Athene noctua — Strigidae), nach dem Bild der athenischen Tetradrachmen des 5. Jh. v. Chr., Wertangabe	1,–	2,50
52 (68)	2 Drachmai (N-Me) 1973. Typ wie Nr. 51	1,–	3,–
53 (69)	5 Drachmai (K-N) 1973. Rs. Pegasos, Wertangabe	2,–	4,–

54 (70)	10 Drachmai (K-N) 1973. Typ wie Nr. 53	3,–	6,–
55 (71)	20 Drachmai (K-N) 1973. Rs. Behelmter Kopf der Athene, Wertangabe	4,–	8,–

56 (72)	10 Lepta (Al) 1976, 1978. Staatswappen. Rs. Stier, Wertangabe:		
	1976	1,–	2,–
	1978	10,–	18,–

		VZ	ST
57 (73)	20 Lepta (Al) 1976, 1978. Rs. Pferdekopf, Wertangabe:		
	1976	1,–	2,–
	1978	10,–	18,–
58 (74)	50 Lepta (N-Me) 1976–1986. Markos Botsaris (1789–1823), General. Rs. Wertangabe, Jahreszahl:		
	1976, 1978, 1980, 1982, 1984	–,30	–,60
	1986	4,–	8,–

59 (75)	1 Drachme (N-Me) 1976, 1978, 1980, 1982, 1984, 1986. Konstantinos Kanaris (1790–1877), Admiral. Rs. Schonerbrigg »Konstantinos Kanaris«, Wertangabe, Jahreszahl	–,40	–,80
60 (76)	2 Drachmai (N-Me) 1976, 1978, 1980. Georgios Karaiskakis (1782–1827), General, Rs. Gekreuzte Gewehre, Wertangabe, Jahreszahl	–,60	1,20

61 (77)	5 Drachmai (K-N) 1976, 1978, 1980. Aristoteles (384 v. Chr.–322 v. Chr.), Philosoph und Naturforscher. Rs. Wertangabe, Jahreszahl	1,–	2,–

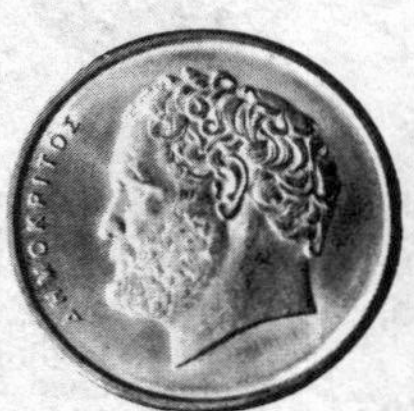

62 (78)	10 Drachmai (K-N) 1976, 1978, 1980. Demokritos (um 460 v. Chr.), Philosoph. Rs. Atommodell, Wertangabe, Jahreszahl	1,30	3,–

			VZ	ST
63 (79)	20	Drachmai (K-N) 1976, 1978, 1980. Perikles n. l. Rs. Niketempel auf der Akropolis in Athen, Wertangabe, Jahreszahl	**1,50**	**3,–**

64 (83)	50	Drachmai (K-N) 1980. Solon (um 640 v. Chr.–560 v. Chr.), athenischer Staatsmann und Dichter. Rs. Wertangabe auf Wellen, Jahreszahl	**3,–**	**6,–**

Nrn. 56–63 von 1978, polierte Platte 50,–

In gleichen Zeichnungen mit Wertangabe »Drachmes«: Nrn. 83–87.

50 Jahre Zentralbank von Griechenland

			ST	PP
65 (82)	100	Drachmai (S) 1978. 650er Silber, 13 g		**170,–**

Zum Beitritt Griechenlands in die Europäische Gemeinschaft am 28. 5. 1979 (2)

66 (80)	500	Drachmes (S) 1979. Europa, auf Ast sitzend, Münzbild eines Staters der kretischen Stadt Gorthyn um 350–330 v. Chr. Rs. Inschrift. 900er Silber, 13 g	**160,–**	**260,–**
67 (81)	10 000	Drachmes (G) 1979. Apollon, auf dem Omphalos sitzend, Münzbild eines Staters der Delphischen Amphiktyonie um 336–334 v. Chr. Rs. Inschrift. 900er Gold, 20 g	**1200,–**	

13. Leichtathletik-Europameisterschaften in Athen 6.–12. 9. 1982 (15)

Serie I

68 (84)	100	Drachmai (S) 1981. Staatswappen, Wertangabe. Rs. Weitspringer mit Schwunggewichten. 900er Silber, 5,78 g	**20,–**	**25,–**
69 (85)	250	Drachmai (S) 1981. Rs. Speerwerfer. 900er Silber, 14,44 g	**25,–**	**32,–**
70 (86)	500	Drachmai (S) 1981. Rs. Läufer. 900er Silber, 28,88 g	**35,–**	**45,–**

			ST	PP
71 (87)	2500	Drachmai (G) 1981. Rs. Agon, Gott des Wettkampfes vom Tetradrachmon aus Peparethos um 510–480 v. Chr. 900er Gold, 6,45 g		**300,–**
72 (88)	5000	Drachmai (G) 1981. Rs. Zeus. 900er Gold, 12,5 g		**550,–**

Serie II

73 (89)	100	Drachmai (S) 1982. Rs. Hochsprung	**20,–**	**25,–**
74 (90)	250	Drachmai (S) 1982. Rs. Diskuswerfen	**25,–**	**32,–**
75 (91)	500	Drachmai (S) 1982. Rs. 100 Meter-Lauf	**35,–**	**45,–**

76 (92)	2500	Drachmai (G) 1982. Rs. Spiridon (Spyros) Louis, Olympiasieger 1896 im Marathonlauf		**300,–**

77 (93)	5000	Drachmai (G) 1982. Rs. Pierre de Fredi, Baron de Coubertin (1863–1937), Begründer der Olympischen Spiele der Neuzeit 1896		**500,–**

Serie III

78 (94)	100	Drachmai (S) 1982. Rs. Stabhochsprung	**15,–**	**20,–**
79 (95)	250	Drachmai (S) 1982. Rs. Kugelstoßen	**20,–**	**30,–**
80 (96)	500	Drachmai (S) 1982. Rs. Frauenmarathon	**30,–**	**50,–**

81 (97)	2500	Drachmai (G) 1982. Rs. Nike, griechische Siegesgöttin		**300,–**

		ST	PP
82 (98)	5000 Drachmai (G) 1982. Rs. Friedenstauben		**500,–**

NEUE WÄHRUNGSBEZEICHNUNG: 100 Lepta = 1 Drachme (Plural: Drachmes)

Anm.: 1 Drachme bis 1986 siehe Nr. 59.

		VZ	ST
83 (99)	2 Drachmes (N-Me) 1982, 1984, 1986. Typ wie Nr. 60	**–,60**	**1,–**

		VZ	ST
84 (100)	5 Drachmes (K-N) 1982, 1984, 1986, 1988, 1990. Typ wie Nr. 61	**–,80**	**1,50**
85 (101)	10 Drachmes (K-N) 1982, 1984, 1986, 1988, 1990. Typ wie Nr. 62	**1,20**	**2,–**
86 (102)	20 Drachmes (K-N) 1982, 1984, 1986, 1988. Typ wie Nr. 63	**1,50**	**2,50**
87 (103)	50 Drachmes (K-N) 1982, 1984. Typ wie Nr. 64	**2,50**	**4,–**

XXIII. Olympische Sommerspiele in Los Angeles 1984 (2)

		ST	PP
88 (104)	500 Drachmes (S) 1984. Staatswappen, Fackel, Rs. Fackelläufer. 900er Silber, 18 g	*350,–*	**350,–**
89 (105)	5000 Drachmes (G) 1984. Rs. Kopf des Apollon. 900er Gold, 8 g		**750,–**

Jahrzehnt für die Frauen 1976–1985 (2)

		PP
90	1000 Drachmes (S) 1985. Rs. Frauen mit erhobenen Händen. 925er Silber, 23,3276 g (3660 Ex.)	**220,–**

		ST	PP
91	10 000 Drachmes (G) 1985. Rs. Nike von Samothrake. 900er Gold, 7,1279 g (2840 Ex.)		**600,–**

		VZ	ST
92	1 Drachme (K) 1988, 1990. Laskarina Bouboulina (1783–1825). Rs. Segelschiff, Wertangabe, Jahreszahl	**–,40**	**–,70**
93	2 Drachmes (K) 1988, 1990. Manto Maurogenous (1797–1840). Rs. Kanone, Anker, Steuerrad, Wertangabe, Jahreszahl	**–,60**	**1,–**

Nrn. 94 und 95 fallen aus.

		VZ	ST
96	20 Drachmes (Al-N-Bro) 1990. Dionysios Solomos (1798–1857), Dichter der Nationalhymne	**1,50**	**2,50**

Banknotenersatzausgaben (2)

		VZ	ST
97	50 Drachmes (Al-N-Bro) 1986, 1988, 1990. Homer. Rs. Kriegsschiff, Wertangabe, Jahreszahl	**2,50**	**4,–**
98	100 Drachmes (Al-N-Bro) 1991. Alexander der Große. Rs. Stern von Vergina	**4,–**	**7,–**

28. Schacholympiade in Thessaloniki im November 1988 (2)

		ST	PP
99	100 Drachmes (K-N) 1988. Weißer Turm in Thessaloniki, 16. Jh. Rs. Schachbrettmuster, Emblem und Eule (30 000 Ex.)	**6,–**	

ST PP

100 500 Drachmes (S) 1988. Achill und Aias beim Schachspiel, nach einer Amphora des Exekias (Achill und Aias beim Würfelspiel), um 530 v. Chr. 900er Silber, 18 g (3000 Ex.) **350,–**

50. Jahrestag des Einmarsches italienischer Truppen vom 28. Oktober 1940 (2)

101 1000 Drachmes (S) 1990. Rs. Zwei Soldaten mit Pferd beim Rückzug ins Gebirge, nach einem Gemälde von Alexandros Alexandrakis. 900er Silber, 18 g (10 000 Ex.) **120,–**

102 20 000 Drachmes (G) 1990. Typ wie Nr. 101. 900er Gold, 8 g (2000 Ex.) *900,–*

XI. Sportspiele der Mittelmeerländer 1991 in Athen (2)

PP

103 500 Drachmes (S) 1991. Nationalflaggen der Mittelmeerstaaten, Wertangabe. Rs. Emblem der Sportspiele und Delphin (10 000 Ex.) **85,–**

104 10 000 Drachmes (G) 1991. Typ wie Nr. 103 (2000 Ex.) **650,–**

2500 Jahre Demokratie in Griechenland

VZ ST

105 50 Drachmes (Al-N-Bro) 1992. Kleisthenes **2,50** **4,–**

100 Jahre Olympische Spiele der Neuzeit (3)

Drachmes (S) 1996. Kallimarmaron, antikes Stadion in Athen mit dem Parthenon im Hintergrund. Rs. Ringkämpfer von einer Amphore, 430 v. Chr. 925er Silber, 33,63 g

Drachmes (S) 1996. Rs. Vier Läufer von einer Amphore, 6. Jh. v. Chr.

Drachmes (G) 1996. Rs. Doryphoros des Polyklet, 440 v. Chr., vor antiken Sportdarstellungen. 916⅔er Gold, 16,97 g

Frühere Ausgaben siehe Weltmünzkatalog 19. Jahrhundert.

Great Britain **Großbritannien** **Grande-Bretagne**

Fläche: 244813 km² (mit Nordirland); 56400000 Einwohner (1986).
Die älteste Bevölkerung Großbritanniens wurde von den Kelten gebildet, die aus Gallien und der Bretagne eingesickert sind und nach ihrer Herkunft entweder Gälen oder Britanner genannt wurden. Um 55/54 v. Chr. eroberte Julius Caesar die von ihm Britannia genannte Insel teilweise, seine Nachfolger dehnten die römische Herrschaft bis an das heutige Schottland (Kaledonien) heran aus. In Schottland und in Irland hielt sich gälisches Wesen. Im Zuge der das Römische Reich erschütternden Völkerwanderung gaben dessen Kaiser 410 n. Chr. die Herrschaft über Britannien auf, wo sie jedoch nachhaltige Kulturspuren hinterließen. In das Vakuum stürzten sich die übers Nordmeer einfallenden Angelsachsen, die schon zuvor als Seeräuber aufgetreten waren. Sie errichteten kleine germanische Königreiche, nach ihrer gewöhnlichen Siebenzahl die »Heptarchie« genannt, die unter König Egbert von Wessex (802–839) als »Anglia« vereinigt wurden. Normannisch-dänische Seeräuber-Einfälle beunruhigten dieses Reich so beständig, daß der Dänenkönig Knut der Große von 1016 bis zu seinem Tode (1035) somit König von Anglia (und Norwegen) war. Das bald danach wieder eingesetzte Königsgeschlecht des erwähnten Egbert erlosch 1066 mit Harald, gegen den der Herzog der Normandie Wilhelm seine Thronansprüche erfolgreich mit dem Schwerte durchsetzte. Dessen Mannesstamm erlosch bereits 1135, und die folgenden Thronwirren endeten mit dem Siege Heinrichs aus dem Hause Anjou, genannt Plantagenet, eines Sohnes der Königin Mathilde († 1167). Die ansehnlichen Besitzungen der nunmehrigen Könige von England in Frankreich und das Aussterben der Hauptlinie der Kapetinger in Frankreich verursachten den sogen. Hundertjährigen Krieg (1338–1453), der mit dem fast totalen Verlust aller festländischen Besitzungen Englands endete; heute sind nur noch die sogen. Kanalinseln ein Rest dieser überseeischen Gebiete. Die Kronwirren innerhalb Englands, der sogen. Kampf der Roten und der Weißen Rose, endete mit dem Aufstieg des aus Wales stammenden Hauses Tudor (1485–1603), der mit der Einführung der Reformation, sowie dem Anwachsen der Weltgeltung und der Seeherrschaft Englands einhergeht. Das Königshaus von Schottland, die Stuarts, vereinigte Schottland mit England zu „Großbritannien", regierte, auf dem Erbwege auf den Thron gekommen – mit der Unterbrechung durch das Commonwealth des Oliver Cromwell (1649–1660) – bis zur Absetzung des katholisch gesinnten Jakob II., auf den 1689 seine protestantische Tochter und deren Gemahl, König Wilhelm III. aus dem Hause Oranien folgten, die aber, weil kinderlos, vom Kurfürsten von Hannover beerbt wurden. Dessen Haus erlosch 1837 im Mannesstamm, und Hannover wurde abgetrennt. Die Nichte des letzten Königs aus dem hannoverschen Welfenhause, Viktoria, regierte von 1837 bis 1901 ein ausgedehntes Weltreich, das aber jetzt infolge der Anstrengungen und politischen Folgen zweier Weltkriege sich im wesentlichen wieder auf das Mutterland beschränkt, dessen einstige Kolonien zu selbständigen Staaten herangereift und nach und nach in die Unabhängigkeit entlassen wurden. Hauptstadt: London.

4 Farthings = 1 Penny, 4 Pence = 1 Groat, 12 Pence = 1 Shilling,
2 Shillings = 1 Florin, 5 Shillings = 1 Crown,
20 Shillings = 1 Pfund Sterling (£) oder 1 Sovereign (Gold);
seit 15. Februar 1971: 25 (New) Pence = 1 Crown, 100 Pence = 1 £

Anm.: Die Bronzeprägungen bestehen von 1860–1923 aus Kupfer 95%, Zinn 4%, Zink 1%, von 1923–1942 und 1945–1959 aus Kupfer 95,5%, Zinn 3%, Zink 1,5%, von 1942–1945 und seit Juni 1959 aus Kupfer 97%, Zinn 0,5%, Zink 2,5%

Die Prägungen in 500er Silber bestehen 1920 und 1921 aus Silber 50%, Kupfer 40%, Nickel 10%, 1921 teilweise auch aus Silber 50%, Kupfer 45%, Mangan 5%, von Juni 1922 an aus Silber 50%, Kupfer 50% von 1927–1946 aus Silber 50%, Kupfer 40%, Nickel 5%, Zink 5%.

1 Shilling = 0,3661191 g Feingold = 5,2310415 g Feinsilber (Wertverhältnis Gold: Silber = 100:7)

Da im allgemeinen WELTMÜNZKATALOG eine Spezialbearbeitung des Großbritannien-Teils den Rahmen sprengen würde, wird auf den mit gleichem Nummernsystem erschienenen »World Coin Catalogue twentieth century« von Günter Schön hingewiesen.

Gründonnerstagsmünzen

Für die Geldspende des Monarchen an die Armen am Gründonnerstag (Maundy Thursday) werden seit 1660 spezielle Silbermünzen zu 1, 2, 3 und 4 Pence geprägt. Die Zahl der — um die Kirche verdienten, mindestens 65 Jahre alten — Männer und ebenso vielen Frauen sowie der — neben anderem Geld — in Gründonnerstagsmünzen gespendete Betrag in Pence ist gleich dem Lebensalter des Monarchen. Darüber hinaus werden jährlich etwa 1000 Sätze für die an der Zeremonie beteiligten Würdenträger und Assistenten geprägt. Um die Jahrhundertwende wurden zusätzliche Gründonnerstagssätze zum Verkauf an Sammler angefertigt.

Vereinigtes Königreich Großbritannien und Nordirland
United Kingdom of Great Britain and Northern Ireland

Eduard VII. 1901–1910

			SS	VZ
1 (46)	1	Farthing (Bro) 1902–1910. Eduard VII. (1841–1910), Kopfbild n. r. Rs. Sitzende Britannia:		
		1902–1909	6,–	12,–
		1910	12,–	32,–
2 (47)	½	Penny (Bro) 1902–1910. Typ wie Nr. 1:		
		1902, 1903, 1905–1910	10,–	18,–
		1904	20,–	40,–
3 (48)	1	Penny (Bro) 1902–1910. Typ wie Nr. 1:		
		1902, 1903, 1905–1910	8,–	18,–
		1904	18,–	45,–
4 (49)	3	Pence (S) 1902–1910. Rs. Wert im Kranz. 925er Silber, 1,41380 g:		
		1902, 1903, 1907–1910	3,–	15,–
		1904	30,–	140,–
		1905, 1906	20,–	100,–
5 (50)	6	Pence (S) 1902–1910. Rs. Wert im Kranz. 925er Silber, 2,82759 g:		
		1902, 1906, 1907, 1909, 1910	10,–	50,–
		1903, 1905, 1908	20,–	110,–
		1904	30,–	160,–

			SS	VZ
6 (51)	1	Shilling (S) 1902–1910. Rs. Wappenlöwe auf Krone. 925er Silber, 5,65518 g:		
		1902, 1906, 1910	12,–	60,–
		1903, 1904, 1908	30,–	170,–
		1905	350,–	1000,–
		1907, 1909	25,–	100,–

			SS	VZ
7 (52)	1	Florin (S) 1902–1910. Rs. Stehende Britannia. 925er Silber, 11,31036 g:		
		1902, 1906, 1910	30,–	130,–
		1903, 1904, 1907, 1909	50,–	150,–
		1905	160,–	700,–
		1908	65,–	220,–

			SS	VZ
8 (53)	½	Crown (S) 1902–1910. Rs. Gekrönter Wappenschild. 925er Silber, 14,13795 g:		
		1902, 1910	50,–	150,–
		1903	400,–	1500,–
		1904	200,–	700,–
		1905	1000,–	2000,–
		1906–1909	60,–	200,–

			SS	VZ
9 (54)	1	Crown (S) 1902. Rs. St. Georg im Kampf mit dem Drachen. 925er Silber, 28,27590 g	165,–	300,–

Gründonnerstagssatz (4)

			VZ	ST
A9 (A55)	1	Penny (S) 1902–1910. 925er Silber, 0,471265 g	25,–	45,–
B9 (B55)	2	Pence (S) 1902–1910. 925er Silber, 0,942530 g	25,–	50,–
C9 (C55)	3	Pence (S) 1902–1910. 925er Silber, 1,41380 g	25,–	40,–
D9 (D55)	4	Pence (S) 1902–1910. 925er Silber, 1,88506 g	25,–	40,–

			SS	VZ
10 (56)	½	Sovereign (G) 1902–1910. Rs. St. Georg im Kampf mit dem Drachen. 916⅔er Gold, 3,994 g	150,–	225,–
11 (57)	1	Sovereign (G) 1902–1910. 916⅔er Gold, 7,9881 g	240,–	300,–
12 (58)	2	£ (G) 1902. 916⅔er Gold, 15,9761 g	700,–	1000,–
13 (59)	5	£ (G) 1902. 916⅔er Gold, 39,9403 g	2000,–	2500,–

Zur Krönung König Eduards VII.

Nrn. A9—D9, 5—9, 10, 11 von 1902, polierte Platte, mattiert 1500,—
Nrn. A9—D9, 5—9, 10—13 von 1902, polierte Platte, mattiert 4500,—

Münzen in Zeichnung der Nrn. 10—13, die mittig auf der Standlinie das Münzzeichen C (Ottawa), M (Melbourne), P (Perth) oder S (Sydney) tragen, sind unter Kanada bzw. Australien gesondert katalogisiert.

Georg V. 1910—1936

			SS	VZ
14 (60)	1 Farthing (Bro) 1911—1936. Georg V. (1865—1936), Kopfbild n. l. Rs. Sitzende Britannia:			
		a) 1911—1925, großes Kopfbild	**1,—**	**5,—**
		b) 1926—1936, kleines Kopfbild	**—,80**	**4,—**
15	½ Penny (Bro) 1911—1936. Typ wie Nr. 14:			
		a) (Y 61) 1911—1925, großes Kopfbild	**8,—**	**20,—**
		b) (Y 61) 1925—1927, Porträt retuschiert	**8,—**	**20,—**
		c) (Y 62) 1928—1936, kleines Kopfbild	**5,—**	**10,—**

16	1 Penny (Bro) 1911—1936. Typ wie Nr. 14:			
		a) (Y 63) 1911—1922, 1926, großes Kopfbild	**8,—**	**20,—**
		b) (Y 63) 1926, 1927, Porträt retuschiert	**8,—**	**20,—**
		c) (Y 64) 1928—1932, 1934—1936, kleines Kopfbild	**6,—**	**12,—**
		1933 (ca. 8 Ex.)		*50 000,—*
17 (65)	3 Pence (S) 1911—1926:			
		a) 925er Silber, 1,4138 g, 1911—1920	**3,—**	**12,—**
		b) 500er Silber, 1,4138 g, 1920—1926	**3,—**	**12,—**

18 (66)	6 Pence (S) 1911—1927:			
		a) 925er Silber, 2,8276 g, 1911—1920	**12,—**	**35,—**
		b) 500er Silber, 2,8276 g, 1920—1927	**10,—**	**40,—**
19 (67)	1 Shilling (S) 1911—1927:			
		a) 925er Silber, 5,6552 g, 1911—1919	**10,—**	**38,—**
		b) 500er Silber, 5,6552 g, 1920—1927	**12,—**	**60,—**

			SS	VZ
20 (68)	1 Florin (S) 1911—1926. Rs. Vier gekrönte, ins Kreuz gestellte Wappenschilde:			
		a) 925er Silber, 11,3104 g, 1911—1919	**15,—**	**50,—**
		b) 500er Silber, 11,3104 g, 1920—1926	**16,—**	**55,—**

21 (69)	½ Crown (S) 1911—1927. Rs. Gekrönter Wappenschild:			
		a) 925er Silber, 14,138 g, 1911—1919	**15,—**	**65,—**
		b) 500er Silber, 14,138 g, 1920—1927	**15,—**	**65,—**

Gründonnerstagssatz (4)

			VZ	ST
A21	1 Penny (S) 1911—1936:			
		a) (YA 81) 925er Silber, 0,4713 g, 1911—1920	**25,—**	**45,—**
		b) (YE 81) 500er Silber, 0,4713 g, 1921—1936	**30,—**	**50,—**
B21	2 Pence (S) 1911—1936:			
		a) (YB 81) 925er Silber, 0,9426 g, 1911—1920	**40,—**	**70,—**
		b) (YF 81) 500er Silber, 0,9426 g, 1921—1936	**35,—**	**60,—**
C21	3 Pence (S) 1911—1936:			
		a) (YC 81) 925er Silber, 1,4138 g, 1911—1920	**25,—**	**45,—**
		b) (YG 81) 500er Silber, 1,4138 g, 1921—1936	**30,—**	**45,—**
D21	4 Pence (S) 1911—1936:			
		a) (YD 81) 925er Silber, 1,8851 g, 1911—1920	**35,—**	**60,—**
		b) (YH 81) 500er Silber, 1,8851 g, 1921—1936	**40,—**	**60,—**

Anm.: Die Zeichnung des Porträts wurde bei Nrn. A21—D21 ab dem Jahrgang 1928 leicht geändert.

22 (77)	½ Sovereign (G) 1911–1915. Rs. St. Georg im Kampf mit dem Drachen	**150,–**	**200,–**

			VZ	ST
23 (78)	1	Sovereign (G) 1911–1917, 1925. Typ wie Nr. 22:		
		1911–1916, 1925	230,–	275,–
		1917	–,–	–,–

			PP
24 (79)	2	£ (G) 1911. Typ wie Nr. 22	*1800,–*
25 (80)	5	£ (G) 1911. Typ wie Nr. 22	*4500,–*

Zur Krönung König Georgs V.

Nrn. A21—D21, 18—21 von 1911, polierte Platte 1000,—
Nrn. A21—D21, 18—21, 22, 23 von 1911, polierte Platte 2000,—
Nrn. A21—D21, 18—21, 22—25 von 1911, polierte Platte 7500,—

Münzen in Zeichnung der Nrn. 22 und 23, die mittig auf der Standlinie das Münzzeichen C (Ottawa), I (Bombay), M (Melbourne), P (Perth), S (Sydney) oder SA (Pretoria) tragen, sind unter Kanada, Indien, Australien bzw. Südafrika gesondert katalogisiert.

			SS	VZ
26 (70)	3	Pence (S) 1927—1936. Rs. Eicheln. 500er Silber, 1,4138 g	2,—	7,—

			SS	VZ
27 (71)	6	Pence (S) 1927—1936. Rs. Eicheln. 500er Silber, 2,8276 g	7,—	18,—
28 (72)	1	Shilling (S) 1927—1936. Rs. Wappenlöwe auf Krone. 500er Silber, 5,6552 g	9,—	28,—
29 (73)	1	Florin (S) 1927—1936. Rs. Ins Kreuz gestellte gekrönte Zepter, in den Winkeln Wappenschilde. 500er Silber, 11,3104 g	11,—	30,—

			SS	VZ
30 (74)	½	Crown (S) 1927—1936. Rs. Wappen. 500er Silber, 14,138 g	15,—	36,—
31 (75)	1	Crown (S) 1927—1936. Rs. Krone. 500er Silber, 28,276 g	250,—	500,—

Nrn. 26—31 von 1927, polierte Platte 650,—

25. Regierungsjubiläum König Georgs V. (2)

			ST	PP
32 (76)	1	Crown (S) 1935. Rs. St. Georg im Kampf mit dem Drachen:		
		a) 925er Silber, 28,276 g (erhabene Randschrift)	–,–	*800,–*
		b) 500er Silber, 28,276 g (vertiefte Randschrift)	80,–	–,–
A32	1	Crown (G) 1935. Typ wie Nr. 32. 916⅔er Gold, 47,54 g (30 Ex.)		*60 000,–*

Eduard VIII. 1936

Mit Kopfbild Eduards VIII. und Jahreszahl 1937 existieren Versuchsprägungen zu 1 Farthing, ½, 1 und 3 Pence (Rs. wie Nrn. 33–36), in Silber zu 3 Pence (Rs. drei Ringe), 6 Pence (Rs. sechs Ringe), 1 Shilling (Rs. wie Nr. 40), 2 Shillings (Rs. wie Nr. 41, Initialen ER), ½ Crown (Rs. Flagge) und 1 Crown (Rs. wie Nr. 43), die nicht verausgabt wurden.

Die Gründonnerstagsmünzen des Jahres 1936 tragen das Porträt von Georg V. (Nrn. A216–D216).

E32P	3	Pence (N-Me) 1937. Rs. Winterlauch im Kreis, geteilte Jahreszahl, Wertangabe	–,–

Nr. E32P kam versehentlich in einer geringen Menge in Umlauf.

Zur Krönung König Eduards VIII. (3)

			PP
A33	1	Sovereign (G) 1937. Eduard VIII., Kopfbild nach links. Rs. St. Georg im Kampf mit dem Drachen	*140 000,–*
B33	2	£ (G) 1937. Typ wie Nr. A33	–,–
C33	5	£ (G) 1937. Typ wie Nr. A33	–,–

Nrn. A32–C32 wurden nur für Repräsentationszwecke hergestellt.

Georg VI. 1936–1952

			SS	VZ
33 (82)	1	Farthing (Bro) 1937—1948. Georg VI. (1895—1952), Kopfbild nach links. Rs. Zaunkönig (Troglodytes troglodytes — Troglodydidae):		
		1937, 1939—1948	1,—	3,—
		1938	3,—	12,—

		SS	VZ
34 (83)	½ Penny (Bro) 1937–1948. Rs. »Golden Hind«, Flaggschiff von Sir Francis Drake:		
	1937–1939, 1941–1945, 1947, 1948	**2,–**	**6,–**
	1940, 1946	**8,–**	**28,–**

35 (84)	1 Penny (Bro) 1937–1948. Rs. Sitzende Britannia:		
	1937–1939, 1944–1948	**2,–**	**6,–**
	1940	**12,–**	**26,–**

36 (85)	3 Pence (N-Me) 1937–1948. Rs. Winterlauch (Allium porrum – Liliaceae) – Emblem von Wales (zwölfeckig):		
	1937–1945, 1948	2,–	8,–
	1946	60,–	300,–
37 (86)	3 Pence (S) 1937–1945. Rs. Wappenschild auf Rose. 500er Silber, 1,4138 g:		
	1937, 1938, 1940, 1941	2,–	7,–
	1939	10,–	35,–
	1942, 1943	28,–	50,–
	1944	40,–	110,–
	1945 (1 Ex. bekannt)		–,–
38	6 Pence 1937–1948. Rs. Krone über Monogramm:		
	a) (Y 87) (S) 500 fein, 2,8276 g, 1937–1946	2,–	8,–
	b) (Y 95) (K-N) 1947–1948	1,50	7,–

39 40

39	1 Shilling 1937–1948. Rs. Englischer Löwe und Krone:		
	a) (Y 88) (S) 500 fein, 5,6552 g, 1937–1946	**3,–**	**12,–**
	b) (Y 96) (K-N) 1947–1948	**2,–**	**12,–**

		SS	VZ
40	1 Shilling 1937–1948. Rs. Schottischer Löwe und Krone zwischen Schilden mit Andreaskreuz und Kratzdistel:		
	a) (Y 89) (S) 500 fein, 5,6552 g, 1937–1946	**3,–**	**12,–**
	b) (Y 97) (K-N) 1947–1948	**2,–**	**12,–**

41	2 Shillings 1937–1948. Rs. Krone über Essigrose, Kratz-Distel und Weißklee:		
	a) (Y 90) (S) 500 fein, 11,3104 g, 1937–1946	**10,–**	**20,–**
	b) (Y 98) (K-N) 1947–1948	**5,–**	**10,–**

42	½ Crown 1937–1948. Rs. Wappenschild:		
	a) (Y 91) (S) 500 fein, 14,138 g, 1937–1946	**9,–**	**18,–**
	b) (Y 99) (K-N) 1947–1948	**5,–**	**12,–**

43 (92)	1 Crown (S) 1937. Rs. Gekrönter Wappenschild, Schildhalter: Löwe für England und Einhorn für Schottland	**40,–**	**85,–**

Gründonnerstagssatz (4)

		VZ	ST
A43 (A93)	1 Penny (S) 1937–1948:		
	a) 500er Silber, 0,4713 g, 1937–1946	**25,–**	**45,–**
	b) 925er Silber, 0,4713 g, 1947, 1948	**25,–**	**45,–**
B43 (B93)	2 Pence (S) 1937–1948:		
	a) 500er Silber, 0,9426 g, 1937–1946	**25,–**	**45,–**
	b) 925er Silber, 0,9426 g, 1947, 1948	**30,–**	**50,–**

VZ ST

C43 (C93) 3 Pence (S) 1937–1948:
a) 500er Silber, 1,4138 g, 1937–1946 **25,– 45,–**
b) 925er Silber, 1,4138 g, 1947, 1948 **25,– 45,–**

D43 (D93) 4 Pence (S) 1937–1948:
a) 500er Silber, 1,8851 g, 1937–1946 **25,– 45,–**
b) 925er Silber, 1,8851 g, 1947, 1948 **35,– 60,–**

Zur Krönung König Georgs VI. (4)

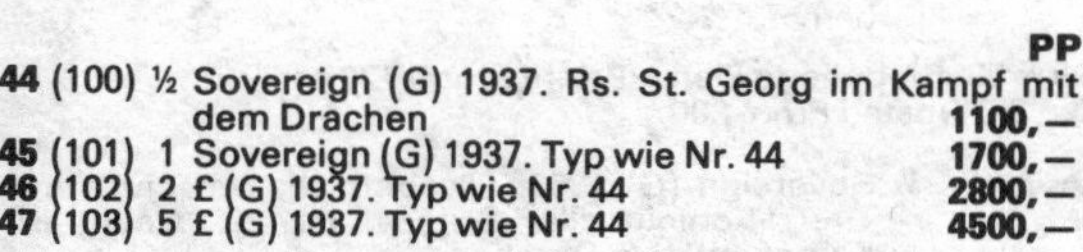

PP

44 (100) ½ Sovereign (G) 1937. Rs. St. Georg im Kampf mit dem Drachen **1100,–**

45 (101) 1 Sovereign (G) 1937. Typ wie Nr. 44 **1700,–**

46 (102) 2 £ (G) 1937. Typ wie Nr. 44 **2800,–**

47 (103) 5 £ (G) 1937. Typ wie Nr. 44 **4500,–**

Nrn. 33–43, A43–D43 von 1937, polierte Platte 350,–

SS VZ

48 (104) 1 Farthing (Bro) 1949–1952, Georg VI., gekürzte Titelumschrift. Rs. Zaunkönig, wie Nr. 33: **1,– 3,–**

49 (105) ½ Penny (Bro) 1949–1952. Rs. »Golden Hind«, wie Nr. 34:
1949, 1952 **4,– 8,–**
1950, 1951 **6,– 12,–**

50 (106) 1 Penny (Bro) 1949–1951. Rs. Sitzende Britannia, wie Nr. 35:
1949 **3,– 10,–**
1950, 1951 **35,– 65,–**

51 (107) 3 Pence (N-Me) 1949–1952. Rs. Winterlauch, wie Nr. 36 (zwölfeckig):
1949 *200,– 320,–*
1950 **20,– 40,–**
1951 **40,– 85,–**
1952 **3,– 12,–**

52 (108) 6 Pence (K-N) 1949–1952. Rs. Krone über Monogramm, wie Nr. 38:
1949–1951 **3,– 15,–**
1952 **40,– 80,–**

SS VZ

53 (109) 1 Shilling (K-N) 1949–1951. Rs. Englischer Löwe, wie Nr. 39:
1949 **5,– 22,–**
1950, 1951 **10,– 30,–**

54 (110) 1 Shilling (K-N) 1949–1951. Rs. Schottischer Löwe, wie Nr. 40:
1949 **5,– 22,–**
1950, 1951 **10,– 35,–**

55 (111) 2 Shillings (K-N) 1949–1951. Rs. Krone über Essigrose, wie Nr. 41: **6,– 28,–**

56 (112) ½ Crown (K-N) 1949–1952. Rs. Wappenschild, wie Nr. 42:
1949–1951 **8,– 30,–**
1952 (wenige Ex.) **–,– –,–**

Nrn. 48–56 von 1950, polierte Platte 120,–

Festival of Britain 1951

VZ ST

57 (114) 5 Shillings (K-N) 1951. Georg VI. Rs. St. Georg im Kampf mit dem Drachen **25,– 40,–**

Nrn. 48–57 von 1951, polierte Platte 160,–
Nr. 57, polierte Platte, mattiert (ca. 30–50 Ex.) *1600,–*

Gründonnerstagssatz (4)

A57 (A113) 1 Penny (S) 1949–1952. 925er Silber, 0,4713 g **25,– 45,–**

B57 (B113) 2 Pence (S) 1949–1952. 925er Silber, 0,9426 g **25,– 45,–**

C57 (C113) 3 Pence (S) 1949–1952. 925er Silber, 1,4138 g **25,– 45,–**

D57 (D113) 4 Pence (S) 1949–1952. 925er Silber, 1,8851 g **35,– 60,–**

Elisabeth II. seit 1952

		SS	VZ
58 (116)	1 Farthing (Bro) 1953. Elisabeth II. (* 21. 4. 1926), Kopfbild nach rechts (nach M. Gillick), Umschrift mit Titel »Königin aller Briten«. Rs. Zaunkönig	2,–	3,–
59 (117)	½ Penny (Bro) 1953. Rs. »Golden Hind«	2,–	8,–

60 (118)	1 Penny (Bro) 1953. Sitzende Britannia	*8,–*	*25,–*
61 (119)	3 Pence (N-Me) 1953. Rs. Gekröntes Fallgitter	2,–	5,–
62 (120)	6 Pence (K-N) 1953. Rs. Essigrose (Rosa gallica – Rosaceae), Emblem von England; Kratzdistel (Cirsium vulgare – Compositae), Emblem von Schottland; Weißklee (Trifolium repens – Leguminosae), Emblem von Nordirland; Winterlauch (Allium porrum – Liliaceae), Emblem von Wales	2,–	3,–

63

64

63 (121)	1 Shilling (K-N) 1953. Rs. Wappen von England	2,–	4,–
64 (122)	1 Shilling (K-N) 1953. Rs. Wappen von Schottland	3,–	5,–
65 (123)	2 Shillings (K-N) 1953. Rs. Essigrose im Kreis, Außenrand mit Kratzdisteln, Weißkleeblättern und Winterlauch	4,–	8,–
66 (124)	½ Crown (K-N) 1953. Rs. Gekröntes Wappen	5,–	10,–

Zur Krönung von Königin Elisabeth II. (5)

		SS	VZ
67 (125)	5 Shillings (K-N) 1953. Königin Elisabeth II. zu Pferde. Rs. Krone, von Wappen und Emblemen Englands, Schottlands, Nordirlands und Wales umgeben	12,–	18,–

Nrn. 58–67, polierte Platte (Bright Proof) 120,–
Nr. 67, Frosted Proof 300,–

		PP
A67	½ Sovereign (G) 1953. Elisabeth II., Umschrift mit Titel »Königin aller Briten«. Rs. St. Georg im Kampf mit dem Drachen	–,–
B67	1 Sovereign (G) 1953. Typ wie Nr. A 67	*90000,–*
C67	2 £ (G) 1953. Typ wie Nr. A67	–,–
D67	5 £ (G) 1953. Typ wie Nr. A67	–,–

Nrn. A67–D67 wurden nur für staatliche Museen hergestellt.

In ähnlicher Zeichnung: Nrn. 78, 88–91, 115–118.

Gründonnerstagssatz (8)

		ST
A68 (A126)	1 Penny (S) 1953	200,–
B68 (B126)	2 Pence (S) 1953	200,–
C68 (C126)	3 Pence (S) 1953	200,–
D68 (D126)	4 Pence (S) 1953	250,–
E68	1 Penny (G) 1953 (1 Ex.)	*5000,–*
F68	2 Pence (G) 1953 (1 Ex.)	*5000,–*
G68	3 Pence (G) 1953 (1 Ex.)	*5000,–*
H68	4 Pence (G) 1953 (1 Ex.)	*5000,–*

		SS	VZ
68 (127)	1 Farthing (Bro) 1954–1956. Elisabeth II. (nach M. Gillick), gekürzte Titelumschrift. Rs. Zaunkönig, wie Nr. 58:		
	1954, 1955	2,–	3,–
	1956	3,–	8,–
69 (128)	½ Penny (Bro) 1954–1967, 1970. Rs. »Golden Hind«, wie Nr. 59:		
	1954–1956	4,–	7,–
	1957–1960, 1962–1967	–,30	1,–
70 (A128)	1 Penny (Bro) 1954, 1961–1967, 1970. Rs. Sitzende Britannia, wie Nr. 60:		
	1954 (1 Ex. bekannt)		*75000,–*
	1961–1967	–,40	1,–

71 (129)	3 Pence (N-Me) 1954–1967, 1970. Rs. Gekröntes Fallgitter, wie Nr. 61:		
	1954–1957, 1959	4,–	10,–
	1958	9,–	18,–
	1960–1967	–,50	1,–

		SS	VZ
72 (130)	6 Pence (K-N) 1954—1967, 1970. Rs. Essigrose, Kratzdistel, Weißklee und Winterlauch, wie Nr. 62:		
	1954—1957, 1959, 1962—1967	**–,50**	**1,–**
	1958, 1960, 1961	**2,–**	**5,–**
73 (131)	1 Shilling (K-N) 1954—1966, 1970. Rs. Wappen von England, wie Nr. 63:		
	1954, 1955, 1957, 1959—1961	**2,–**	**5,–**
	1956	**4,–**	**8,–**
	1958	**14,–**	**25,–**
	1962—1966	**1,–**	**2,–**
74 (132)	1 Shilling (K-N) 1954—1966, 1970. Rs. Wappen von Schottland, wie Nr. 64:		
	1954, 1955, 1958, 1960, 1962	**2,–**	**5,–**
	1956	**4,–**	**8,–**
	1957	**18,–**	**30,–**
	1959	**30,–**	**50,–**
	1961	**7,–**	**15,–**
	1963—1966	**1,–**	**2,–**
75 (133)	2 Shillings (K-N) 1954—1967, 1970. Rs. Essigrose, wie Nr. 65:		
	1954, 1959	**18,–**	**45,–**
	1955, 1956, 1960, 1961	**3,–**	**8,–**
	1957, 1958	**12,–**	**25,–**
	1962—1967	**1,–**	**3,–**

76 (134)	½ Crown (K-N) 1954–1967, 1970. Rs. Gekröntes Wappen, wie Nr. 66:		
	1954, 1958, 1959	**18,–**	**35,–**
	1955–1957, 1960	**3,–**	**8,–**
	1961–1967	**1,50**	**3,–**

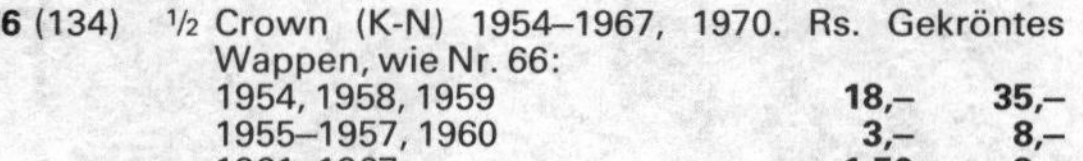

Nrn. 69–76 von 1970, nur polierte Platte (Abschiedssatz der nichtdezimalen Währung) 30,–

Gründonnerstagssatz (4)

		ST
A76 (A135) 1	Penny (S) 1954–1992	**40,–**
B76 (B135) 2	Pence (S) 1954–1992	**40,–**
C76 (C135) 3	Pence (S) 1954–1992	**40,–**
D76 (D135) 4	Pence (S) 1954–1992	**45,–**

British Exhibition 1960 in New York

		VZ	ST
77 (136)	5 Shillings (K-N) 1960. Elisabeth II., Kopfbild nach rechts. Rs. Krone, von Wappen und Emblemen Englands, Schottlands, Nordirlands und Wales umgeben, wie Nr. 67	**25,–**	**40,–**

Nr. 77, Frosted Proof *1000,–*

78 (137)	1 Sovereign (G) 1957–1959, 1962–1968. Rs. St. Georg im Kampf mit dem Drachen, wie Nr. A67		
	1957–1959, 1962–1968	**180,–**	**220,–**
	1957, polierte Platte (wenige Ex.)		***10000,–***
	1958, 1959, 1962, 1963, polierte Platte		**–,–**

Zum Tode von Sir Winston Churchill

79 (138)	5 Shillings (K-N) 1965. Elisabeth II., Kopfbild nach rechts. Rs. Sir Winston Churchill (1874–1965), Staatsmann	**3,–**	**5,–**

Nr. 79, satiniert *1600,–*

DEZIMALSYSTEM: 100 (New) Pence = 1 £

80 (139)	½ New Penny (Bro) 1971—1981. Elisabeth II. (nach A. Machin). Rs. Tudorkrone, Krone Heinrichs VII., des Begründers des Hauses Tudor	**–,10**	**–,20**

		VZ	ST
81 (140)	1 New Penny (Bro) 1971—1981. Rs. Königlich gekröntes Fallgitter mit Ketten nach dem Badge von König Heinrich VII. (1457—1509)	**–,10**	**–,30**

82 (141)	2 New Pence (Bro) 1971—1981. Rs. Drei Straußenfedern innerhalb der gebänderten Fürstenkrone mit Wahlspruch »Ich dien«, Badge des Fürsten von Wales	**–,20**	**–,40**

83 (142)	5 New Pence (K-N) 1968—1981. Rs. Königlich gekrönte Kratzdistel, Emblem von Schottland	**–,30**	**–,50**

84 (143)	10 New Pence (K-N) 1968–1981. Rs. Königlich gekrönter schreitender Löwe, Teil des englischen Wappens	**–,60**	**1,–**

85 (144)	50 New Pence (K-N) 1969–1972, 1974–1981. Rs. Sitzende Britannia (siebeneckig)	**3,–**	**5,–**

In ähnlicher Zeichnung: Nrn. 95—101, 107—112.

Nrn. 80—85 von 1971, 1974—1976, 1978—1981, polierte Platte 30,—
Nrn. 80—86b von 1972, polierte Platte 30,—
Nrn. 80—84, 87 von 1973, polierte Platte 30,—
Nrn. 80—84, 92b von 1977, polierte Platte 30,—

Zur Silberhochzeit des englischen Königspaares am 20. November 1972

		ST	PP
86 (145)	25 Pence 1972. Rs. Gekröntes Monogramm mit Zweigen und Erosfigur:		
	a) (S) 925 fein, 28,28 g		**75,–**
	b) (K-N)	**4,–**	*15,–*

Zum Beitritt Großbritanniens in die Europäische Gemeinschaft (2)

87 (146)	50 Pence (K-N) 1973. Rs. Wertangabe und Jahreszahl im Kranz von neun miteinander verbundenen Händen als Symbol für die Mitgliedstaaten (siebeneckig)	**6,–**	**18,–**
A87	50 Pence (S) 1973. Typ wie Nr. 87. Piéfort, 925er Silber (ca. 20 Ex.)		*3600,–*
88 (B137)	½ Sovereign (G) 1980, 1982–1984. Rs. St. Georg im Kampf mit dem Drachen, wie Nr. 78	**150,–**	**220,–**

		ST	PP
89 (A137)	1 Sovereign (G) 1974, 1976, 1978–1984. Typ wie Nr. 88	**220,–**	**450,–**
90 (C137)	2 £ (G) 1980, 1982, 1983. Typ wie Nr. 88		*1500,–*
91 (D137)	5 £ (G) 1980–1982, 1984. Typ wie Nr. 88:		
	a) 1980–1982, 1984		*4500,–*
	b) 1984 U	*1800,–*	

25. Regierungsjubiläum von Königin Elisabeth II.

92 (147) 25 Pence 1977. Die Königin zu Pferde. Rs. Ampulla und goldener Löffel, von der St.-Eduards-Krone überhöht und von Blütenzweig umrahmt:
a) (S) *90,–*
b) (K-N) **3,–** **–,–**

80. Geburtstag der Königinmutter Elisabeth

93 (148) 25 Pence 1980. Rs. Königinmutter Elisabeth, geb. Elizabeth Angela Marguerite Bowes-Lyon, von Bogen und Löwen umgeben:
a) (S) **90,–**
b) (K-N) **3,–**

Zur Hochzeit von Prinz Charles und Lady Diana

		ST	PP
94 (149)	25 Pence 1981. Rs. Gestaffelte Porträts des Brautpaares:		
	a) (S)		**90,–**
	b) (K-N)	**3,–**	

		VZ	ST
95 (150)	½ Penny (Bro) 1982–1984. Typ wie Nr. 80	**–,20**	**–,30**
96 (151)	1 Penny (Bro) 1982–1984. Typ wie Nr. 81	**–,20**	**–,40**

97 (152)	2 Pence (Bro) 1982–1984. Typ wie Nr. 82	**–,30**	**–,70**
98 (153)	5 Pence (K-N) 1982–1984. Typ wie Nr. 83		**1,50**
99 (154)	10 Pence (K-N) 1982–1984. Typ wie Nr. 84		**2,50**

100 (155)	20 Pence (K-N) 1982–1984. Rs. Königlich gekrönte Essigrose, Emblem von England (siebeneckig)	**1,50**	**2,–**
101 (156)	50 Pence (K-N) 1982–1984. Typ wie Nr. 85 (siebeneckig)	**3,–**	**4,–**

Banknotenersatzausgabe

102 (157) 1 £ (N-Me) 1983. Rs. Staatswappen mit Hosenbandorden, Schildhaltern und Helmzier. Randschrift »Decus et tutamen« **4,–** **6,–**

Nrn. 95–101 von 1982, polierte Platte 40,–
Nrn. 95–102 von 1983, polierte Platte 45,–
Nrn. 95–101, 105 von 1984, polierte Platte 45,–

Nrn. 100 und 111 bestehen aus Kupfer 84%, Nickel 16%.

PP

103 (155a) 20 Pence (S) 1982. Typ wie Nr. 100. Piéfort. 925er Silber, 10 g *250,–*

104 (157a) 1 £ (S) 1983. Typ wie Nr. 102:
a) 925er Silber, 9,5 g **90,–**
b) Piéfort, 925er Silber, 19 g (10000 Ex.) *750,–*

VZ ST

105 (158) 1 £ (N-Me) 1984. Elisabeth II. (nach A. Machin). Rs. Kratzdistel, Emblem von Schottland, mit königlichem Diadem. Randschrift »Nemo me impune lacessit« **5,–** **7,–**

PP

106 (158a) 1 £ (S) 1984. Typ wie Nr. 105:
a) 925er Silber, 9,5 g **80,–**
b) Piéfort, 925er Silber, 19 g (15000 Ex.) *180,–*

VZ ST

107 (159) 1 Penny (Bro) 1985–1992. Elisabeth II. (nach R. D. Maklouf). Rs. Fallgitter, wie Nr. 81:
a) (Bro) 1985–1992 **–,20** **–,30**
b) (St, K galvanisiert) 1992 **–,–** **–,–**

108 (160) 2 Pence (Bro) 1985–1992. Rs. Drei Straußenfedern, wie Nr. 82:
a) (Bro) 1985–1992 **–,30** **–,50**
b) (St, K galvanisiert) 1992 **–,–** **–,–**

109 (161) 5 Pence (K-N) 1985–1990. Rs. Kratzdistel, wie Nr. 83. Ø 23,593 mm, 5,653 g **–,70** **1,–**

110 (162) 10 Pence (K-N) 1985–1992. Rs. Schreitender Löwe, wie Nr. 84. Ø 28,50 mm, 11,3104 g **1,20** **2,–**

111 (163) 20 Pence (K-N) 1985–1992. Rs. Essigrose, wie Nr. 100 (siebeneckig) **2,–** **3,–**

112 (164) 50 Pence (K-N) 1985–1992. Rs. Britannia, wie Nr. 85 (siebeneckig) **3,–** **4,–**

113 (165) 1 £ (N-Me) 1985, 1990. Rs. Winterlauch, Emblem von Wales, mit königlichem Diadem. Randschrift »Pleidiol wyfl'm gwlad« (Treu bin ich meinem Vaterland), Vers aus der walisischen Nationalhymne **5,–** **7,–**

Nrn. 107–113 von 1985, polierte Platte 60,–
Nrn. 107–112, 119, 121c von 1986, polierte Platte 60,–
Nrn. 107–112, 123 von 1987, polierte Platte 60,–
Nrn. 107–112, 130 von 1988, polierte Platte 60,–

ST PP

A114 5 Pence (S) 1990. Typ wie Nr. 109. 925er Silber, 5,653 g, Ø 23.593 mm *–,–*

B114 10 Pence (S) 1992. Typ wie Nr. 110. 925er Silber, 11,3104 g, Ø 28,50 mm *–,–*

114 (165a) 1 £ (S) 1985, 1990. Typ wie Nr. 113:
a) 925er Silber, 9,5 g, 1985, 1990 **80,–**
b) Piéfort, 925er Silber, 19 g, 1985 (15000 Ex.) *180,–*

115 (166) ½ Sovereign (G) 1985–1988, 1990–1992. Rs. St. Georg im Kampf mit dem Drachen, wie Nr. 88 *370,–*

ST PP

116 (167) 1 Sovereign (G) 1985–1988, 1990–1992. Typ wie Nr. 115 *600,–*

117 (168) 2 £ (G) 1985, 1987, 1988, 1990–1992. Typ wie Nr. 115 *1500,–*

118 (169) 5 £ (G) 1985, 1986, 1990–1992. Typ wie Nr. 115:
a) 1985, 1990–1992 **4500,–**
b) 1985 U, 1986 U, 1990 U **1800,–**

VZ ST

119 1 £ (N-Me) 1986, 1991. Rs. Flachs, Emblem von Nordirland, mit königlichem Diadem. Randschrift »Decus et tutamen« **5,–** **7,–**

ST PP

120 1 £ (S) 1986, 1991. Typ wie Nr. 119:
a) 925er Silber, 9,5 g, 1986, 1991 **80,–**
b) Piéfort, 925er Silber, 19 g, 1986 (15000 Ex.) *180,–*

XIII. Commonwealth-Spiele 1986 in Edinburgh (2)

121 2 £ 1986. Rs. Andreaskreuz, belegt mit Kratzdistel und Lorbeerkranz:
a) (S) 925 fein, 15,98 g **120,–**
b) (S) 500 fein, 15,98 g **60,–**
c) (N-Me) **10,–** **–,–**

122 2 £ (G) 1986. Typ wie Nr. 121. 916⅔er Gold, 15,98 g **1200,–**

VZ ST

123 1 £ (N-Me) 1987, 1992. Rs. Eiche, Emblem von England, mit königlichem Diadem. Randschrift »Decus et tutamen« **5,–** **7,–**

ST PP

124 1 £ (S) 1987, 1992. Typ wie Nr. 123:
a) 925er Silber, 9,5 g, 1987, 1992 **80,–**
b) Piéfort, 925er Silber, 19 g, 1987 (15000 Ex.) *180,–*

125 5 £ (G) 1987 U, 1988 U. Elisabeth II. (Schulterversion nach R. D. Maklouf). Rs. St. Georg im Kampf mit dem Drachen, wie Nr. 88 **1800,–**

Goldanlegermünzen »Britannia« (4)

		ST	PP
126	10 £ (G) 1987–1991. Elisabeth II. Rs. Britannia, unten Signatur. 916⅔er Gold, 3,412 g:		
	a) Rotgold, »P. Nathan«, 1987–1989		250,–
	b) Rotgold, »Nathan«, 1987–1989		–,–
	c) Gelbgold, »P. Nathan«, 1990, 1991		250,–
	d) Gelbgold, »Nathan«, 1990, 1991		–,–
127	25 £ (G) 1987–1991. Typ wie Nr. 126. 916⅔er Gold, 8,513 g:		
	a) Rotgold, »P. Nathan«, 1987–1989		600,–
	b) Rotgold, »Nathan«, 1987–1989		600,–
	c) Gelbgold »P. Nathan«, 1990, 1991		–,–
	d) Gelbgold, »Nathan«, 1990, 1991		
128	50 £ (G) 1987–1991. Typ wie Nr. 126. 916⅔er Gold, 17,025 g:		
	a) Rotgold, »P. Nathan«, 1987–1989		1000,–
	b) Rotgold, »Nathan«, 1987–1989		–,–
	c) Gelbgold, »P. Nathan«, 1990, 1991		1000,–
	d) Gelbgold, »Nathan«, 1990, 1991		–,–

		ST	PP
129	100 £ (G) 1987–1991. Typ wie Nr. 126. 916⅔er Gold, 34,050 g:		
	a) Rotgold, »P. Nathan«, 1987–1989 (Abb.)		1800,–
	b) Rotgold, »Nathan«, 1987–1989		–,–
	c) Gelbgold, »P. Nathan« 1990, 1991		1800,–
	d) Gelbgold, »Nathan«, 1990, 1991		–,–

Nrn. 126–129 a, b bestehen aus Gold 91⅔%, Kupfer 8⅓%, Nrn. 126–129 c, d aus Gold 91⅔%, Silber 4⅙%, Kupfer 4⅙%.

		VZ	ST
130	1 £ (N-Me) 1988. Rs. Mit der St.-Eduards-Krone besetztes königliches Wappen	5,–	7,–
			PP
131	1 £ (S) 1988. Typ wie Nr. 134:		
	a) 925er Silber, 9,5 g		60,–
	b) Piéfort, 925er Silber, 19 g (15000 Ex.)		*180,–*
		VZ	**ST**
132	1 £ (N-Me) 1989. Elisabeth II. (nach R. D. Maklouf). Rs. Kratzdistel mit königlichem Diadem, wie Nr. 105	5,–	7,–
		ST	**PP**
133	1 £ (S) 1989. Typ wie Nr. 132:		
	a) 925er Silber, 9,5 g		50,–
	b) Piéfort, 925er Silber, 19 g (10000 Ex.)		*150,–*

300. Jahrestag der »Bill of Rights«

		ST	PP
134	2 £ 1989. Rs. Monogramm WM und Szepter des britischen Unterhauses, von St.-Edward-Krone überhöht:		
	a) (S) 925 fein, 15,98 g		60,–
	b) (S) Piéfort, 925 fein, 31,95 g		*180,–*
	c) (N-Me)	10,–	

300. Jahrestag des »Claim of Right«

		ST	PP
135	2 £ 1989. Rs. Monogramm WM und Szepter des britischen Unterhauses, von der Krone Schottlands überhöht:		
	a) (S) 925 fein, 15,98 g		60,–
	b) (S) Piéfort, 925 fein, 31,95 g		*180,–*
	c) (N-Me)	10,–	

500 Jahre Sovereign-Prägung (4)

		ST	PP
136	½ Sovereign (G) 1989. Königin Elisabeth II., thronend. Rs. Gekröntes Wappen auf Tudor-Rose, im Stil des ersten Sovereigns von 1489. 916⅔er Gold, 3,994 g	325,–	
137	1 Sovereign (G) 1989. Typ wie Nr. 136. 916⅔er Gold, 7,9881 g		590,–
138	2 £ (G) 1989. Typ wie Nr. 136. 916⅔er Gold, 15,9761 g		*1000,–*
139	5 £ (G) 1989. Typ wie Nr. 136. 916⅔er Gold, 39,9403 g:		
	a) 1989 (5000 Ex.)		*2500,–*
	b) 1989 U	1800,–	

90. Geburtstag der Königinmutter Elisabeth (2)

		ST	PP
140	5 £ 1990. Rs. Gekröntes Spiegelmonogramm, von Essigrose (Rosa gallica – Rosaceae) und Kratzdistel (Cirsium vulgare – Compositae) flankiert:		
	a) (S) 925 fein, 28,28 g		–,–
	b) (K-N)	–,–	
141	5 £ (G) 1990. Typ wie Nr. 140. 916⅔er Gold, 39,9403 g		–,–
		VZ	**ST**
142	5 Pence (K-N) 1990–1992. Typ wie Nr. 109. Ø 18 mm, 3,25 g	–,70	1,–
		ST	**PP**
143	5 Pence (S) 1990. Typ wie Nr. 142:		
	a) 925er Silber, 3,25 g		–,–
	b) Piéfort, 925er Silber, 6,5 g		–,–
		VZ	**ST**
144	10 Pence (K–N) 1992. Typ wie Nr. 110. Ø 24.50 mm, 6,5 g	–,–	–,–
		ST	**PP**
145	10 Pence (S) 1992. Typ wie Nr. 144:		
	a) 925er Silber, 6,5 g		–,–
	b) Piéfort, 925er Silber, 13 g		–,–

EG-Präsidentschaft Großbritanniens (Juli–Dezember 1992) und Vollendung des europäischen Binnenmarktes 1993 (3)

		ST	PP
146	50 Pence (K-N) 1992. Rs. Konferenztisch mit geographischer Repräsentation der Mitgliedstaaten durch zwölf Sterne (siebeneckig)	–,–	–,–
147	50 Pence (S) 1992. Typ wie Nr. 146 (siebeneckig):		
	a) 925er Silber, 13,5 g (max. 35000 Ex.)		–,–
	b) Piéfort, 925er Silber, 27 g (max. 15000 Ex.)		–,–
148	50 Pence (G) 1992. Typ wie Nr. 146. 916⅔er Gold, 26,32 g (siebeneckig) (max. 2500 Ex.)		–,–

40. Regierungsjubiläum von Königin Elisabeth II. (2)

		ST	PP
149	5 £ 1993:		
	a) (S)		–,–
	b) (K-N)	–,–	
150	5 £ (G) 1993. Typ wie Nr. 149		–,–

BRITISCHER HANDELSDOLLAR

Das Verbreitungsgebiet des Handelsdollars war Südost- und Ostasien. Die Prägungen erfolgten vor allem in Bombay (Mzz. B) und Kalkutta (Mzz. C), seltener bei der Königlichen Münze in London (o. Mzz.).

		SS	VZ
H1 (T1)	1 Dollar (S) 1895–1904, 1907–1913, 1921, 1925, 1929, 1930, 1934, 1935. Stehende Britannia mit Dreizack und Wappenschild vor Segelschiff. Jahreszahl und Wert. Rs. Wertangabe in chinesisch »Yi Yuan« und malaiisch »Satu Ringgit«. Begrenzung der Vs. und Rs. durch Mäanderband. 900er Silber, 26,96 g	50,–	65,–

Spätere Nachprägungen der Nr. H1 von 1895–1902 in Gold, polierte Platte vorkommend.

Frühere Ausgaben siehe Weltmünzkatalog 19. Jahrhundert.

Guadeloupe Guadeloupe Guadeloupe

Fläche: 1870 km²; 306000 Einwohner.
La Guadeloupe ist seit 1635 in französischem Besitz. Lediglich in den Jahren 1759—1763, 1794, 1810—1813 und 1815/16 war die Insel in englischer Hand. Das zusammen mit den Inseln Marie Galante, Désirade, zwei Drittel von Saint Martin (der restliche Teil Saint Martins gehört zu den Niederländischen Antillen) und Saint Barthélémy im Jahre 1958 gebildete Übersee-Département ist seither Teil des französischen Mutterlandes. Hauptstadt: Basse-Terre.

100 Centimes = 1 Franc

Die Geldzeichen von Frankreich sind gesetzliches Zahlungsmittel.

SS VZ

1 (1) 50 Centimes (K-N) 1903, 1921. Kopfbild n. l. Rs. Palmzweig (zweiundzwanzigeckig) **20,— 50,—**

2 (2) 1 Franc (K-N) 1903, 1921. Typ wie Nr. 1 (zwanzigeckig) **25,— 60,—**

Guatemala

Guatemala **Guatemala**

Fläche: 108 889 km²; 8 000 000 Einwohner (1986).
Die Mayastämme wurden 1524 von dem Spanier Pedro de Alvarado unterworfen und das Land in das Generalkapitanat Guatemala einbezogen. Nach der Unabhängigkeit im Jahre 1821 geriet Guatemala vorübergehend unter mexikanische Herrschaft. Im Jahre 1823 schloß sich das Land mit den übrigen mittelamerikanischen Staaten zu den »Provincias Unidas del Centro de América« zusammen. Nach dem Zerfall der Konföderation und kriegerischen Auseinandersetzungen wurde Guatemala dann 1839 wieder selbständig. Hauptstadt: Guatemala-Stadt.

100 Centavos = 8 Reales = 1 Peso;
Seit 26. November 1924: 100 Centavos = 1 Quetzal

Republik Guatemala
República de Guatemala

SS VZ

1 (85) ¼ Real (K-N) 1900, 1901. Bergkette. Rs. Wert im Kranz **3,– 7,–**

2 (86) ½ Real (K-N) 1900, 1901. Staatswappen, am 18. November 1871 eingeführt. Rs. Sitzende Allegorie der Republik und Wert **4,– 9,–**

3 (87) 1 Real (K-N) 1900, 1901, 1910–1912. Typ wie Nr. 2 **5,– 10,–**

Nr. 4 fällt aus.

Provisorische Ausgaben in Dezimalwährung (5)

5 (89) 12½ Centavos (Bro) 1915. Landesname, Jahreszahl und Inschrift PROVISIONAL. Rs. Wertziffer im Kreis **9,– 16.–**

6 (90) 25 Centavos (Bro) 1915. Typ wie Nr. 5 **12,– 20,–**

7 (91) 50 Centavos (Al-Bro) 1922. Sonne, stilisiert. Rs. Wertziffer im Kreis **7,– 15,–**

8 (92) 1 Peso (Al-Bro) 1923. Miguel Garcia Granados (1809–1878), prov. Staatspräsident 1871–1873. Rs. Wert **8,– 16,–**

9 (93) 5 Pesos (Al-Bro) 1923. Justo Rufino Barrios (1835—1885), Staatspräsident 1873—1885 **12,— 25,—**

WÄHRUNGSREFORM 26. November 1924
NEUE WÄHRUNG: 100 Centavos = 1 Quetzal

10 (95) 1 Centavo (Bro) 1925. Staatswappen. Rs. Wertangabe **10,— 20,—**

11 (99) 5 Centavos (S) 1925. Staatswappen mit langschwänzigem Quetzal. Rs. Quetzal (Pharomachrus mocinno — Trogonidae) auf Säule, Wertangabe. 720er Silber, 1,66 g **10,— 20,—**

12 (100) 10 Centavos (S) 1925. Typ wie Nr. 11. 720er Silber, 3,33 g **10,— 20,—**

13 (101) ¼ Quetzal (S) 1925. Staatswappen mit kurzschwänzigem Quetzal. Rs. Quetzal auf Säule, Wertangabe. Randschrift. 720er Silber, 8,33 g **20,— 35,—**

SS VZ

14 (103) ½ Quetzal (S) 1925. Typ wie Nr. 13. 720er Silber, 16,66 g **60,– 120,–**

15 (104) 1 Quetzal (S) 1925. Typ wie Nr. 13. 720er Silber, 33,33 g **1400,– 2000,–**

16 5 Centavos (G) 1925. Typ wie Nr. 11. 900er Gold, 2,07 g (8 Ex.) *600,–* **–,–**

17 10 Centavos (G) 1925. Typ wie Nr. 11. 900er Gold (8 Ex.) **–,–**

18 ¼ Quetzal (G) 1925. Typ wie Nr. 13. 900er Gold (8 Ex.) **–,–**

19 (105) 5 Quetzales (G) 1926. Typ wie Nr. 13. 900er Gold, 8,3592 g **450,– 700,–**

20 (106) 10 Quetzales (G) 1926. Typ wie Nr. 13. 900er Gold, 16,7185 g **800,– 1000,–**

21 (107) 20 Quetzales (G) 1926. Typ wie Nr. 13. 900er Gold, 33,437 g **1300,– 1700,–**

22 (96) 1 Centavo (Bro) 1929. Staatswappen mit kurzschwänzigem Quetzal. Rs. Wertangabe **6,— 10,—**

23 (94) ½ Centavo (Me) 1932. Typ wie Nr. 22 **1,50 3,—**

24 (97) 1 Centavo (Me) 1932—1934, 1936, 1938, 1939. Typ wie Nr. 22 **3,— 6,—**

25 (98) 2 Centavos (Me) 1932. Typ wie Nr. 22 **3,— 6,—**

26 (99a) 5 Centavos (S) 1928, 1929, 1932—1934, 1937, 1938, 1943. Staatswappen mit kurzschwänzigem Quetzal. Rs. Quetzal auf Säule, Wertangabe **3,— 6,—**

27 (100a) 10 Centavos (S) 1928, 1929, 1932—1934, 1936, 1938, 1943, 1947. Typ wie Nr. 26 **5,— 10,—**

28 (102) ¼ Quetzal (S) 1926, 1928, 1929. Typ wie Nr. 26 **12,— 25,—**

SS VZ

29 (108) 1 Centavo (Me) 1943, 1944. Quetzal mit ausgebreiteten Flügeln. Rs. Wertangabe:
1943 *12,–* *20,–*
1944 2,– 5,–

30 (109) 2 Centavos (Me) 1943, 1944. Typ wie Nr. 29:
1943 *15,–* *30,–*
1944 4,– 7,–

31 (110) 25 Centavos (S) 1943. Quetzal und Landkarte von Guatemala. Rs. Parlamentsgebäude in Guatemala-Stadt. 720er Silber, 8,33 g 15,– 30,–

32 (94) ½ Centavo (Me) 1946. Typ wie Nr. 22 2,– 4,–

33 (97) 1 Centavo (Me) 1946–1949. Typ wie Nr. 22 –,50 1,–

34 (99) 5 Centavos (S) 1944, 1945, 1947–1949. Staatswappen mit langschwänzigem Quetzal. Rs. Quetzal auf Säule, Wertangabe 3,– 6,–

35 (100) 10 Centavos (S) 1944, 1945, 1947–1949. Typ wie Nr. 34 4,– 8,–

36 (102a) ¼ Quetzal (S) 1946–1949. Staatswappen mit kurzschwänzigem Quetzal. Rs. Quetzal auf Säule, Wertangabe. Riffelrand 12,– 25,–

37 (111) 1 Centavo (Me) 1949–1954. Staatswappen mit kurzschwänzigem Quetzal. Rs. Bartolomé de las Casas (1474–1566), Indianerapostel, kleines Porträt, kleine Inschrift –,50 1,–

38 (114) 5 Centavos (S) 1949. Rs. Kapokbaum (Ceiba pentandra – Bombaceae) mit kleiner Baumkrone, kleine Inschrift. 720er Silber, 1,66 g 6,– 12,–

39 (117) 10 Centavos (S) 1949–1953, 1955, 1956, 1958. Rs. Monolith zu Quiriguà, Stele mit Figuren und Kalenderdaten der Maya-Kultur, um 750–800, in kleiner Darstellung, kleine Inschrift. 720er Silber, 3,33 g 4,– 8,–

A39 10 Centavos (S) 1958, 1959. Typ wie Nr. 39, langschwänziger Quetzal 4,– 8,–

40 25 Centavos (S) 1949. Rs. Indiofrau in der Tracht von Santiago Atitlan. 720er Silber, 8,33 g *250,–* *400,–*

41 (112) 1 Centavo (N-Me) 1954, 1957, 1958. Staatswappen. Rs. Bartolomé de las Casas, größeres Porträt, größere Inschrift. 3 g. Ø 20 mm –,40 –,80

42 (115) 5 Centavos (S) 1950–1959. Rs. Kapokbaum mit ausladender Baumkrone, größere Inschrift 3,– 6,–

43 (117a) 10 Centavos (S) 1957, 1958. Rs. Monolith in größerer Darstellung, größere Inschrift 4,– 8,–

44 (119) 25 Centavos (S) 1950–1952, 1954, 1959, Rs. Indiofrau in neuer Zeichnung 8,– 16,–

SS VZ

A44 5 Centavos (G) 1953. Typ wie Nr. 42. 620er Gold, 2,73 g (25 Ex.) –,–

45 (113) 1 Centavo (Me) 1958, 1961, 1963, 1964. Staatswappen, größere Umschrift. Rs. Bartolomé de las Casas. 3 g. Ø 21 mm –,30 –,50

46 (116) 5 Centavos (S) 1960, 1961, 1964. Rs. Kapokbaum in neuer Zeichnung 1,50 3,–

47 (118) 10 Centavos (S) 1960, 1961, 1964. Rs. Monolith in großer Darstellung 4,– 8,–

48 (120) 25 Centavos (S) 1960, 1961, 1963, 1964. Rs. Indiofrau in neuer Darstellung 6,– 10,–

49 (121) 50 Centavos (S) 1962, 1963. Rs. Weiße Nonne (Lycaste skinneri var. alba — Orchidaceae), Nationalblume. 720er Silber, 11,9 g 4,— 8,—

VZ ST

50 (122) 1 Centavo (Me) 1965—1970. Staatswappen. Rs. Bartolomé de las Casas. 2,5 g. Ø 19 mm —,25 —,40

51 (123) 5 Centavos (Neusilber) 1965—1970. Rs. Kapokbaum —,40 —,80

52 (124) 10 Centavos (Neusilber) 1965—1970. Rs. Monolith —,60 1,—

53 (125) 25 Centavos (Neusilber) 1965—1970. Rs. Indiofrau:
a) langer Armabschnitt, 1965, 1966 1,50 4,—
b) kurzer Armabschnitt, 1967—1970 1,50 4,—

54 (122a) 1 Centavo (Me) 1972, 1973. Neues Staatswappen, am 12. 9. 1968 eingeführt, Landesname oben bogig. Rs. Bartolomé de las Casas —,25 —,40

		VZ	ST
55 (123a)	5 Centavos (Neusilber) 1971, 1974–1977. Rs. Kapokbaum	–,40	–,80
56 (124a)	10 Centavos (Neusilber) 1971. Rs. Monolith	–,60	1,–
A56 (124b)	10 Centavos (Neusilber) 1973–1976. Typ wie Nr. 56, Landesname im Vollschriftkreis	–,60	1,–

		VZ	ST
57 (125b)	25 Centavos (Neusilber) 1971, 1975, 1976. Rs. Indiofrau	1,–	2,–
58 (122b)	1 Centavo (Me) 1974–1980, 1984–1989. Staatswappen in neuer Zeichnung, Schriftrolle mit vertiefter Inschrift, Landesname im Vollschriftkreis, Perlkreis. Rs. Bartolomé de las Casas	–,20	–,35

		VZ	ST
59 (123b)	5 Centavos (Neusilber) 1977–1979. Rs. Kapokbaum	–,30	–,50
60 (124c)	10 Centavos (Neusilber) 1977–1979. Rs. Monolith	–,40	–,80
61 (125c)	25 Centavos (Neusilber) 1977–1979. Rs. Indiofrau	–,90	1,80

		VZ	ST
62	1 Centavo (Me) 1981, 1982. Staatswappen, Schriftrolle mit erhabener Inschrift. Rs. Bartolomé de las Casas	–,20	–,35
63	5 Centavos (Neusilber) 1980, 1981. Staatswappen, Schriftrolle mit erhabener Inschrift, Quetzal in Strichzeichnung. Rs. Kapokbaum	–,30	–,50
64	10 Centavos (Neusilber) 1980, 1981. Rs. Monolith	–,40	–,80
65	25 Centavos (Neusilber) 1981. Rs. Indiofrau	–,90	1,80

Nr. 66 fällt aus.

		VZ	ST
67	10 Centavos (Neusilber) 1983, 1986. Staatswappen, Schriftrolle mit erhabener Inschrift, Quetzal im Relief. Rs. Monolith	–,40	–,80
68	25 Centavos (Neusilber) 1982. Rs. Indiofrau	–,90	1,80

		VZ	ST
69	25 Centavos (Neusilber) 1984. Staatswappen, Schriftrolle mit vertiefter Inschrift. Rs. Indiofrau	–,90	1,80

Nr. 70 fällt aus.

		VZ	ST
71	5 Centavos (Neusilber) 1985–1989, 1991. Rs. Kapokbaum	–,30	–,50
72	10 Centavos (Neusilber) 1987–1989, 1991. Rs. Monolith	–,40	–,80
73	25 Centavos (Neusilber) 1985–1989, 1991. Rs. Indiofrau in geänderter Zeichnung	–,90	1,80

Frühere Ausgaben siehe Weltmünzkatalog 19. Jahrhundert.

Guernsey

Guernsey

Guernesey

Gernereve

Fläche: 78 km²; 54000 Einwohner.
Zur Ballei Guernsey gehören außer der gleichnamigen Hauptinsel noch Alderney, Brechon, Herm, Jethou, Lihou und Sark (Sercq). Die Inselgruppe bildet eine autonome Herrschaft mit eigener Verfassung. Guernsey untersteht unmittelbar der britischen Krone, ist aber kein Bestandteil des Vereinigten Königreiches. Hauptstadt: Saint Peter-Port.

8 Doubles = 1 Penny, 12 Pence = 1 Shilling, 20 Shillings = 1 Pfund Sterling (£);
seit 15. Februar 1971: 100 (New) Pence = 1 £

Eduard VII. 1901–1910

SS VZ

1 (1) 1 Double (Bro) 1902, 1903. Wappen der Insel (in dem oben mit einem kleinen dreiblättrigen Zweig besetzten Schilde drei Leoparden), darunter Landesname GUERNESEY. Rs. Wertangabe, Jahreszahl **6,– 10,–**

2 (2) 2 Doubles (Bro) 1902, 1903, 1906, 1908. Typ wie Nr. 1 **9,– 15,–**

3 (3) 4 Doubles (Bro) 1902, 1903, 1906, 1908, 1910. Typ wie Nr. 1 **8,– 14,–**

4 (4) 8 Doubles (Bro) 1902, 1903, 1910. Wappen der Insel zwischen unten gebundenen Lorbeerzweigen, darüber Landesname GUERNESEY. Rs. Wertangabe und Jahreszahl zwischen unten gebundenen Lorbeerzweigen **8,– 13,–**

Georg V. 1910–1936

5 (1) 1 Double (Bro) 1911. Typ wie Nr. 1 **5,– 10,–**

6 (2) 2 Doubles (Bro) 1911. Typ wie Nr. 2 **9,– 15,–**

7 (3) 4 Doubles (Bro) 1911. Typ wie Nr. 3 **7,– 11,–**

8 (4) 8 Doubles (Bro) 1911. Typ wie Nr. 4 **7,– 12,–**

9 (1a) 1 Double (Bro) 1911, 1914, 1929, 1933. Wappen der Insel (in dem oben mit einem mehrblättrigen Zweig besetzten Schilde drei Leoparden), darunter Landesname GUERNESEY. Rs. Wertangabe, Jahreszahl **7,– 12,–**

10 (2a) 2 Doubles (Bro) 1914, 1917, 1918, 1920, 1929. Typ wie Nr. 9 **9,– 15,–**

11 (3a) 4 Doubles (Bro) 1914, 1918, 1920. Typ wie Nr. 9 **4,– 8,–**

12 (5) 8 Doubles (Bro) 1914, 1918, 1920, 1934. Wappen der Insel zwischen unten gebundenen Lorbeerzweigen, darüber Landesname GUERNESEY. Rs. Wertangabe, Jahreszahl **4,– 8,–**

Nr. 12 von 1934 H, polierte Platte (500 Ex.) –,–

Georg VI. 1936–1952

SS VZ

13 (1a) 1 Double (Bro) 1938. Typ wie Nr. 9 **5,– 10,–**

14 (3a) 4 Doubles (Bro) 1945, 1949. Typ wie Nr. 9 **4,– 8,–**

15 (5) 8 Doubles (Bro) 1938, 1945, 1947, 1949. Typ wie Nr. 12 **4,– 8,–**

Elisabeth II. seit 1952

16 (6) 4 Doubles (Bro) 1956, 1966. Wiedergabe des alten Siegels der Insel mit Umschrift um das Wappen: S(igillum) BALLIVIE INSVLE DE GERNEREVE (Siegel des Ballei der Insel Guernsey). Rs. Blüte der Guernsey-Lilie (Nerine sarnienis – Amarylidaceae), Wertbezeichnung in Buchstaben **4,– 6,–**

17 (7) 8 Doubles (Bro) 1956, 1959, 1966. Rs. Drei Blüten der Guernsey-Lilie **3,– 5,–**

		SS	VZ
18 (8)	3 Pence (K-N) 1956. Rs. Guernsey-Kuh (Bos primigenius taurus – Bovidae). 3,5 g (Wellenschnitt)	3,–	4,–
19 (8a)	3 Pence (K-N) 1959, 1966. Typ wie Nr. 18. 6,8 g (Wellenschnitt)	3,–	5,–

900. Jahrestag der Schlacht von Hastings

20 (9)	10 Shillings (K-N) 1966. Elisabeth II. Rs. Wilhelm der Eroberer (1027–1087), Herzog der Normandie, als Wilhelm I. König von England 1066–1087 (viereckig)	6,–	12,–

DEZIMALSYSTEM: 100 (New) Pence = 1 £

21 (10)	½ New Penny (Bro) 1971. Balleiwappen. Rs. Wertangabe, Jahreszahl	–,20	–,60
22 (11)	1 New Penny (Bro) 1971. Rs. Tölpel von der Insel Alderney	–,30	–,80
23 (12)	2 New Pence (Bro) 1971. Rs. Alte Windmühle von der Insel Sark, 1571 von Hélier de Carteret erbaut	–,50	1,50

24 (13)	5 New Pence (K-N) 1968, 1971. Rs. Blüte der Guernsey-Lilie	–,80	2,50
25 (14)	10 New Pence (K-N) 1968, 1970, 1971. Rs. Guernsey-Kuh	1,50	3,–
26 (15)	50 New Pence (K-N) 1969–1971. Rs. Hut, in der Heraldik »cap of maintenance«, soll auf die Autonomie des Bailiwick Guernsey hinweisen (siebeneckig)	4,–	10,–

Nrn. 21 – 26 von 1971, polierte Platte 30,–

Zur Silberhochzeit des englischen Königspaares am 20. November 1972

		ST	PP
27 (16)	25 Pence 1972. Rs. Eros-Statue, Wahrzeichen Londons auf dem Piccadilly Circus, 1893 von Alfred Gilbert zu Ehren von Lord Shaftesbury geschaffen:		
	a) (S) 925 fein, 28,28 g		*90,–*
	b) (K-N)	**30,–**	

25. Regierungsjubiläum von Königin Elisabeth II.

		ST	PP
28 (17)	25 Pence 1977. Rs. Ansicht von Castle Cornet:		
	a) (S) 925 fein, 28,28 g		75,–
	b) (K-N)	3,–	

		VZ	ST
29 (18)	½ Penny (Bro) 1979. Typ wie Nr. 21 (nur PP)		5,–
30 (19)	1 Penny (Bro) 1977, 1979, 1981. Typ wie Nr. 22	–,25	–,40

31 (20)	2 Pence (Bro) 1977, 1979, 1981. Typ wie Nr. 23	–,30	–,50

32 (21)	5 Pence (K-N) 1977, 1979, 1981, 1982. Typ wie Nr. 24	–,50	–,80

33 (22)	10 Pence (K-N) 1977, 1979, 1981, 1982, 1984. Typ wie Nr. 25	–,60	1,–

34 (28)	20 Pence (K-N) 1982, 1983. Rs. Milchkanne von Guernsey (siebeneckig)	1,50	2,50
35 (23)	50 Pence (K-N) 1979, 1981 – 1984. Typ wie Nr. 26	4,–	6,–

Nrn. 29 – 33, 35 von 1979, polierte Platte 30,–
Nrn. 30 – 33, 35, 39 von 1981, polierte Platte 35,–

Zum königlichen Besuch

		ST	PP
36 (24)	25 Pence 1978. Elisabeth II. Rs. Balleiwappen:		
	a) (S) 925 fein, 28,28 g		75,–
	b) (K-N)	4,–	

80. Geburtstag der Königinmutter Elisabeth

		ST	PP
37 (25)	25 Pence 1980. Rs. Brustbild der Königinmutter:		
	a) (S) 925 fein, 28,28 g		*75,–*
	b) (K-N)	**4,–**	

Zur Hochzeit von Prinz Charles und Lady Diana

38 (27)	25 Pence 1981. Rs. Porträt des Brautpaares:		
	a) (S) 925 fein, 28,28 g		**75,–**
	b) (K-N)	**6,–**	

		VZ	ST
39 (26)	1 £ (N-Me) 1981. Altes Siegel der Insel. Rs. Guernsey-Lilien, Wertangabe, Randschrift BAILIWICK OF GUERNSEY	**5,–**	**7,–**

		ST	PP
40	1 £ (G) 1981. Typ wie Nr. 39, ohne Randschrift:		
	a) 916⅔er Gold, 8 g (4500 Ex.)		*450,–*
	b) Piéfort, 916⅔er Gold, 16 g (500 Ex.)		*1000,–*

		VZ	ST
41 (29)	1 £ (N-Me) 1983. Rs. H.M.S. »Crescent«, Schiff des James Saumarez aus Guernsey	**5,–**	**8,–**
42 (30)	1 Penny (Bro) 1985–1990. Elisabeth II.(nach R. D. Maklouf), Balleiwappen. Rs. Krabbe (FAO-Ausgabe)	**–,30**	**–,40**
43 (31)	2 Pence (Bro) 1985–1990. Rs. Guernsey-Kühe (FAO-Ausgabe)	**–,50**	**–,70**
44 (32)	5 Pence (K-N) 1985–1990. Rs. Segelschiffe. Ø 23,593 mm, 5,653 g	**–,70**	**1,–**
45 (33)	10 Pence (K-N) 1985–1990. Rs. Tomaten (FAO-Ausgabe)	**1,20**	**2,–**
46 (34)	20 Pence (K-N) 1985–1990. Rs. Zahnrad mit Inselkarte	**1,50**	**2,50**
47 (35)	50 Pence (K-N) 1985–1990. Rs. Fresien (Freesia refracta)	**2,–**	**3,–**
48 (36)	1 £ (N-Me) 1985–1990. Rs. Pfundsymbol	**5,–**	**9,–**

Nrn. 42–49b von 1985, polierte Platte 50,–
Nrn. 42–48, 53b von 1988, polierte Platte –,–
Nrn. 42–48, 54b von 1989, polierte Platte –,–
Nrn. 42–48, 56 von 1990, polierte Platte 90,–

40. Jahrestag der Beendigung des 2. Weltkrieges

		ST	PP
49 (37)	2 £ 1985. Rs. Zwei Tauben mit Olivenzweig:		
	a) (S) 925 fein, 28,28 g		**100,–**
	b) (K-N)	**15,–**	*30,–*

XIII. Commonwealth-Spiele 1986 in Edinburgh

50 (38)	2 £ 1986. Rs. Acht Schilde mit Sportdarstellungen:		
	a) (S) 925 fein, 28,28 g		**110,–**
	b) (S) 500 fein, 28,28 g	**50,–**	
	c) (K-N)	**15,–**	

900. Todestag von Wilhelm dem Eroberer (2)

		ST	PP
51 (39)	2 £ 1987. Rs. Wilhelm der Eroberer (1027–1087), Herzog der Normandie, als Wilhelm I. König von England 1066–1087:		
	a) (S) 925 fein, 28,28 g		**80,–**
	b) (K-N)	**12,–**	
52	2 £ (G) 1987. Typ wie Nr. 51. 916⅔er Gold, 47,54 g (90 Ex.)		*3000,–*

53 (40)	2 £ 1988. Rs. Wilhelm II. »Rufus«, Sohn Wilhelms des Eroberers, König von England 1087–1100:		
	a) (S) 925 fein, 28,28 g		**100,–**
	b) (K-N)	**15,–**	*30,–*
54	2 £ 1989. Rs. Heinrich I., Bruder von Wilhelm II., König von England 1100–1135:		
	a) (S) 925 fein, 28,28 g		**100,–**
	b) (K-N)	**15,–**	*30,–*

Zum königlichen Besuch im Mai 1989

		ST	PP
55	2 £ 1989. Rs. H.M.Y. »Britannia«:		
	a) (S) 925 fein, 28,28 g		100,–
	b) (K-N)	12,–	

		VZ	ST
56	5 Pence (K-N) 1990. Typ wie Nr. 44. Ø 18 mm, 3,25 g	–,70	1,–

90. Geburtstag der Königinmutter Elisabeth

		ST	PP
57	2 £ 1990. Rs. Gekröntes Monogramm, von Fresie (Freesia refracta) und Guernsey-Lilie (Nerine sarniensis – Amarylidaceae) flankiert:		
	a) (S)		100,–
	b) (K-N)	12,–	
58	2 £ 1991. Rs. Heinrich II. (1133–1189), König von England 1154–1189:		
	a) (S) 925 fein, 28,28 g (max. 2500 Ex.)		100,–
	b) (K-N)	12,–	

Guinea — Guinea — Guinée

Fläche: 245857 km²; 6400000 Einwohner (1990).
Guinea gehörte seit 1904 zu Französisch-Westafrika. Bei der Volksabstimmung vom 28. September 1958 stimmte die Bevölkerung nicht zugunsten der Französischen Gemeinschaft, so daß bereits am 2. Oktober 1958 die Unabhängigkeit ausgerufen werden konnte. Hauptstadt Conakry.

Seit 2. Oktober 1958: 100 Centimes = 1 Guinea-Franc (Franc Guinéen);
vom 2. Oktober 1972 bis 5. Januar 1986: 100 Cauris = 1 Syli (»Elefant«)

Republik Guinea
République de Guinée

SS VZ

1 (1) 5 Francs (Al-Bro) 1959. Ahmed Sekou Touré (1922–1984), Staatspräsident und Regierungschef 1958–1984. Rs. Wert zwischen Kokospalmen, Datum der Unabhängigkeit **12,– 30,–**

2 (2) 10 Francs (Al-Bro) 1959. Ahmed Sekou Touré, Kopfbild nach links. Rs. Wert, Datum der Unabhängigkeit **18,– 40,–**

3 (3) 25 Francs (Al-Bro) 1959. Typ wie Nr. 1 **28,– 60,–**

WÄHRUNGSGESETZ 1. März 1960

VZ ST

4 (4) 1 Franc (K-N) 1962. Rs. Wert zwischen Palmenzweigen [RM] **10,– 30,–**

5 (5) 5 Francs (K-N) 1962. Rs. Wert zwischen Palmenzweigen und Kokosnüssen [RM] **10,– 25,–**

6 (6) 10 Francs (K-N) 1962. Rs. Wert im Kranz [RM] **12,– 30,–**

7 (7) 25 Francs (K-N) 1962. Rs. Wert im Kranz [RM] **15,– 35,–**

Nrn. 4–7, polierte Platte *900,–*

8 (8) 50 Francs (K-N) 1969. Typ wie Nr. 6 (4000 Ex.) *120,–*

9 (9) 100 Francs (K-N) 1971. Typ ähnlich wie Nr. 7 (2585 Ex.) *120,–*

10. Jahrestag der Unabhängigkeit von 1958
1. Ausgabe (11)

PP

10 (A8) 100 Francs (S) 1969, 1970. Staatswappen zwischen Hirserispen, Wertangabe. Rs. Dr. Martin Luther King (1929–1968), evangelischer Geistlicher, amerikanischer Bürgerrechtler und Friedensnobelpreisträger 1964. 999er Silber, 5,78 g *40,–*

11 (C8) 200 Francs (S) 1969, 1970. Rs. Almamy Samory Touré (1830–1900). Häuptling von Bisandugu und Führer im Kampf gegen die Franzosen. 999er Silber, 11,56 g *60,–*

12 (B8) 200 Francs (S) 1969, 1970. Rs. John F. Kennedy (1917–1963), 35. Staatspräsident der Vereinigten Staaten von Amerika, und Robert F. Kennedy (1925–1968), Justizminister, Präsidentschaftskandidat 1968. 999er Silber, 11,56 g *60,–*

13 (E8) 250 Francs (S) 1969, 1970. Rs. Alpha Yaya Diallo (1850–1912), Herrscher. 999er Silber, 14,45 g *80,–*

14 (D8) 250 Francs (S) 1969, 1970. Rs. US-Mond-Forschungsprogramm, 3. Abschnitt »Bemannte Landung«. Apollo-Programm. Mondfähre und Lunauten bei Bodenuntersuchung; Mondlandschaft; schematische Darstellung der Mondumkreisung mit

PP

15 (I8) 500 Francs (S) 1969, 1970. Rs. Vogelmensch-Maskentänzer aus dem Macenta-Bezirk (Süd-Guinea). 999er Silber, 28,91 g *100,–*

Nr. 15 auch als einseitiger Silberabschlag der Bildseite vorkommend, PP *250,-*

16 (H8) 500 Francs (S) 1969, 1970. Rs. Stadtansicht von München, Bogenschütze vom Aphaiatempel von Aigina, Fackel und olympische Ringe mit Wahrzeichen der Austragungsorte 1952–1968. 999er Silber, 28,91 g *120,–*

17 (J8) 1000 Francs (G) 1969. Typ wie Nr. 12. 900er Gold, 4 g *150,–*

18 (K8) 2000 Francs (G) 1969. Typ wie Nr. 14. 900er Gold, 8 g *300,–*

19 (M8) 5000 Francs (G) 1969, 1970. Typ wie Nr. 16. 900er Gold, 20 g *750,–*

20 (N8) 10000 Francs (G) 1969, 1970. Rs. Ahmed Sekou Touré. 900er Gold, 40 g:
1969 *1400,–*
1970 *2000,–*

2. Ausgabe (2)

21 (F8) 250 Francs (S) 1970. Rs. Drei himmelwärts strebende Flügelrosse vor Strahlensonne. Apollo XIII *80,–*

22 (L8a) 2000 Francs (G) 1970. Typ wie Nr. 21. *300,–*

3. Ausgabe (2)

23 (G8) 250 Francs (S) 1970. Rs. »Sojuz«, sowjetisches Raumschiff *80,–*

24 (L8) 2000 Francs (G) 1970. Typ wie Nr. 23 *300,–*

4. Ausgabe – Herrscher Ägyptens (14)

25 (A9) 500 Francs (S) 1970. Rs. Chephren, Pharao der 4. Dynastie von Memphis 2520–2494 v. Chr. *180,–*

26 (F9) 500 Francs (S) 1970. Rs. Teje (Tiyi), Gemahlin von Amenophis III., Mutter von Amenophis IV., 18. Dynastie *180,–*

27 (C9) 500 Francs (S) 1970. Rs. Amenophis IV. (Echnaton), Pharao der 18. Dynastie 1352–1336 v. Chr., führte die Sonnenverehrung als Staatsreligion ein *180,–*

28 (B9) 500 Francs (S) 1970. Rs. Nofretete, Gemahlin von Amenophis IV., 18. Dynastie *180,–*

29 (D9) 500 Francs (S) 1970. Rs. Goldene Totenmaske des Tutanchamun, Pharao der 18. Dynastie 1332–1323/22 v. Chr. *180,–*

30 (E9) 500 Francs (S) 1970. Rs. Ramses III., Pharao der 20. Dynastie 1184–1153 v. Chr. *180,–*

PP

31 (G9) 500 Francs (S) 1970. Rs. Kleopatra VII. Philopator, 33. Dynastie, reg. 51–30 v. Chr. *180,–*

32 (K9) 5000 Francs (G) 1970. Typ wie Nr. 25 *600,–*

33 (P9) 5000 Francs (G) 1970. Typ wie Nr. 26 *600,–*

34 (J9) 5000 Francs (G) 1970. Typ wie Nr. 27 *600,–*

35 (M9) 5000 Francs (G) 1970. Typ wie Nr. 28 *600,–*

36 (O9) 5000 Francs (G) 1970. Typ wie Nr. 29 *600,–*

37 (N9) 5000 Francs (G) 1970. Typ wie Nr. 30 *600,–*

38 (I9) 5000 Francs (G) 1970. Typ wie Nr. 31 *600,–*

5. Ausgabe
Zum Tode von Gamal Abd el Nasser (2)

PP

39 (H9) 500 Francs (S) 1970. Rs. Gamal Abd el Nasser (1918–1970), ägyptischer Staatspräsident 1956–1970 *220,–*

40 (I9) 5000 Francs (G) 1970. Typ wie Nr. 39 *600,–*

WÄHRUNGSUMSTELLUNG: 10 Guinea-Francs = 1 Syli
NEUE WÄHRUNG: 100 Cauris = 1 Syli

SS VZ

41 (10) 50 Cauris (Al) 1971. Kaurischnecke, vormünzliches Zahlungsmittel. Rs. Wert *12,–* *20,–*

42 (11) 1 Syli (Al) 1971. Patrice Lumumba (1925–1961), 1. Ministerpräsident von Kongo (Léopoldville) 1960. Rs. Wert *12,–* *20,–*

43 (12) 2 Sylis (Al) 1971. Alpha Yaya Diallo, siehe Nr. 13. Rs. Wert *12,–* *20,–*

44 (13) 5 Sylis (Al) 1971. Almamy Samory Touré, siehe Nr. 11. Rs. Wert *12,–* *20,–*

ST PP

45 (A13) 500 Sylis (S) 1977. Staatswappen, Wertangabe. Rs. Miriam Makeba, Sängerin *180,–* *250,–*

46 (B13) 500 Sylis (S) 1977. Rs. Patrice Lumumba, siehe Nr. 42 *250,–* *300,–*

47 (C13) 1000 Sylis (G) 1977. Typ wie Nr. 45 *240,–* *270,–*

48 (D13) 1000 Sylis (G) 1977. Rs. Dr. Kwame Nkrumah (1909–1972), Staatspräsident von Ghana 1960–1966 *240,–* *270,–*

49 (F13) 2000 Sylis (G) 1977. Rs. Mao Tse-Tung (1893–1976) *450,–* *550,–*

50 (E13) 2000 Sylis (G) 1977. Rs. Ahmed Sekou Touré *450,–* *550,–*

Nr. 51 fällt aus.

Internationale Spiele 1984 (3)

52 200 Syli (K-N) 1984. Ahmed Sekou Touré. Rs. Gehen *60,–*

53 500 Syli (S) 1984. Typ wie Nr. 52 *150,–*

NEUE WÄHRUNG: nur Guinea-Francs

VZ ST

54 1 Franc (St, Me plattiert) 1985. Neues Staatswappen, 1985 eingeführt. Rs. Palmwedel, Wertangabe **3,–** **6,–**

		VZ	ST
55	5 Francs (St, Me plattiert) 1985. Typ wie Nr. 54	3,–	6,–
56	10 Francs (St, Me plattiert) 1985. Typ wie Nr. 54	3,–	6,–

57	25 Francs (N-Me) 1987. Typ ähnlich wie Nr. 54	3,–	6,–

XXV. Olympische Sommerspiele 1992 in Barcelona (3)

58 100 Francs (S) 1988. Staatswappen. Rs. Diskuswerfer. 999er Silber, 16 g (5000 Ex.) *100,–*

59 200 Francs (S) 1988. Rs. Basketballspieler. 999er Silber, 16 g (5000 Ex.) *100,–*

60 300 Francs (S) 1988. Rs. Olympiastadion in Barcelona. 999er Silber, 16 g (5000 Ex.) *100,–*

30. Jahrestag des Währungsgesetzes vom 1. März 1960 (2)

		PP
61	10000 Francs (S) 1990. Staatswappen. Rs. Palmwedel, Jahreszahlen, 999er Silber, 25 g [RM] (max. 1000 Ex.)	**100,–**
62	100000 Francs (G) 1990. Typ wie Nr. 61. 916⅔er Gold, 15,976 g [RM] (max. 200 Ex.)	**700,–**

Guinea Bissau

Guinea-Bissau

Guinée Bissao

Fläche: 36125 km²; 895000 Einwohner (1986).
Der ehemaligen Kolonie und Überseeprovinz Portugiesisch-Guinea wurde ab 10. September 1974 die völlige Unabhängigkeit und Souveränität gewährt. Hauptstadt: Bissau (Bissão).

100 Centavos = 1 Escudo;
seit 28. Februar 1976: 100 Centavos = 1 Guinea-Bissau-Peso

Republik Guinea-Bissau
República da Guiné-Bissau

Für den FAO-Münz-Plan (5)

VZ ST

1 (1) 50 Centavos (Al) 1977. Staatswappen. Rs. Kokospalme (Cocos nucifera – Palmae) *5,–*

2 (2) 1 Peso (N-Me) 1977. Rs. Jamsstaude mit Knollen (Dioscorea batatas) *5,–*

3 (3) 2,50 Pesos (N-Me) 1977. Rs. Dattelpalme (Phoenix dactylifera – Palmae) *15,–*

Nr. 3 auch in Aluminium vorkommend *200,–*

4 (4) 5 Pesos (K-N) 1977. Rs. Erdnußstaude (Arachis hypogaea – Leguminosae) *20,–*

5 (5) 20 Pesos (K-N) 1977. Rs. Reispflanze (Oryza sativa – Graminae) **30,–**

Internationale Spiele 1984 (3)

ST PP

6 250 Pesos (K-N) 1984. Titina Sila, Nationalheldin. Rs. Reckturner **60,–**

7 250 Pesos (K-N) 1984. Titina Sila. Rs. Turnerin am Holm **60,–**

8 1000 Pesos (S) 1984. Osvaldo Vieira. Rs. Turnerin am Holm *160,–*

II. Außerordentlicher Kongreß des Partido Africano da Independencia de Guiné e Cabo Verde (PAIGC) 10.–14. Dezember 1990

9 20000 Pesos (S) 1990. Amilcar Lopes Cabral (1924–1973), Mitbegründer des PAIGC. Rs. Parteiemblem, Wertangabe. 999er Silber, 25 g [Habana] (2000 Ex.) **70,–**

10. Jahrestag des Regierungsantritts von Präsident João Bernardo Vieira vom 14. November 1980

ST PP

10 20000 Pesos (S) 1990. Staatswappen, Landesname. Rs. Ansprache. 999er Silber, 25 g [Habana] (max. 2500 Ex.) **75,–**

545. Jahrestag der Entdeckung von Guinea-Bissau (2)

11 2000 Pesos (K-N) 1991. Rs. Karavelle von Nuno Tristão vor der afrikanischen Westküste [Habana] **15,–**

12 10000 Pesos (S) 1991. Typ wie Nr. 11. 999er Silber, 16 g [Habana] **75,–**

XXV. Olympische Sommerspiele 1992 in Barcelona

13 2000 Pesos (St, N galvanisiert) 1991. Rs. Handballspieler vor Jahreszahl **18,–**

Guyana Guyana Guyana

Fläche: 214970 km²; 955000 Einwohner (1986).
Die ehemalige Kronkolonie Britisch-Guiana, im Nordosten von Südamerika gelegen, besitzt beträchtliche Diamanten- und Aluminiumvorkommen. Unter dem Namen Guyana wurde das Land am 26. Mai 1966 unabhängig, verblieb aber im Britischen Commonwealth; seit 23. Februar 1970 ist das Land Republik. Hauptstadt: Georgetown.

100 Cents = 1 Guyana-Dollar

VZ ST

1 (1) 1 Cent (N-Me) 1967, 1969–1983, 1985, 1987–1989. Stilisierte Lotosblumen (Nelumbo sp. – Nymphaeaceae). Rs. Wert im Kreis, Jahreszahl zwischen Schopfhühnern oder Hoatzins (Opisthocomus hoatzin – Opisthocomidae) **–,30 –,50**

2 (2) 5 Cents (N-Me) 1967, 1972, 1974–1982, 1985–1989. Typ wie Nr. 1 **–,50 –,80**

Nr. 2 von 1967 in Silber vorkommend (Y2a).

3 (3) 10 Cents (K-N) 1967, 1973, 1974, 1976–1982, 1985–1989. Staatswappen mit Lotosblüte und Schopfhuhn, als Schildhalter Jaguare (Panthera onca – Felidae) mit Zuckerrohr und Hacke, auf dem Helm der Kopfschmuck eines Kaziken und zwei Diamanten. Rs. wie Nr.1 **–,70 1,20**

4 (4) 25 Cents (K-N) 1967, 1972, 1974–1978, 1981, 1982, 1984–1989. Typ wie Nr. 3 **1,30 2,50**

5 (5) 50 Cents (K-N) 1967. Typ wie Nr. 3 **4,– 8,–**

Nrn. 1–5 von 1967, polierte Platte (5100 Ex.) 40,–

Kooperative Republik Guyana

Zur Ausrufung der Republik am 23. Februar 1970 und für den FAO-Münz-Plan

ST PP

6 (6) 1 Dollar (K-N) 1970. Cuffy, ein afrikanischer Sklave, organisierte am 23. Februar 1763 einen Aufstand und entriß dem holländischen Gouverneur das Gebiet am Berbice-Fluß. Die gebildete Revolutionsregierung wurde nach anfänglichen Erfolgen besiegt. Bei dem »Berbice-Aufstand« handelte es sich um die erste Aktion auf dem Wege zur Unabhängigkeit. Rs. Motto »Nahrung für alle« über Wertziffer, flankiert von Rind und Ähren **12,– 28,–**

10. Jahrestag der Unabhängigkeit (10)

7 (7) 1 Cent (Bro) 1976–1980. Staatswappen. Rs. Nagel-Manati (Trichechus manatus – Manatidae), Motto »Faith« **–,– 2,–**

8 (8) 5 Cents (Bro) 1976–1980. Rs. Ozelot (Felis pardalis – Felidae), Motto »Purpose« **–,– 2,–**

9 (9) 10 Cents (K-N) 1976–1980. Rs. Totenkopfäffchen (Saimiri sciureus – Cebinae), Motto »Cooperative Economics« **–,– 3,–**

10 (10) 25 Cents (K-N) 1976–1980. Rs. Harpyie (Harpia harpyia), Motto »Self Determination« **–,– 5,–**

11 (11) 50 Cents (K-N) 1976–1980. Rs. Schopfhuhn, Motto »Creativity« **–,– 5,–**

12 (12) 1 Dollar (K-N) 1976–1980, Rs. Brillen-Kaiman (Caiman sclerops – Alligatoridae), Motto »Endurance« **–,– 20,–**

ST PP

13 (13) 5 Dollars 1976–1980. Rs. H. N. Critchlow (1884–1958), Arbeiterführer, Begründer der ersten Gewerkschaften, Motto »Collective Work«:
a) (S) 500 fein, 37,76 g — 35,–
b) (K-N) –,–

14 (14) 10 Dollars 1976–1980. Rs. Cuffy, Motto »Collective Responsibility«:
a) (S) 925 fein, 43,4 g — 45,–
b) (K-N) –,–

15 (15) 50 Dollars (S) 1976. Rs. Vier Porträts, Motto »Unity«. 925er Silber, 48,3 g (1101 Ex.) –,– *300,–*

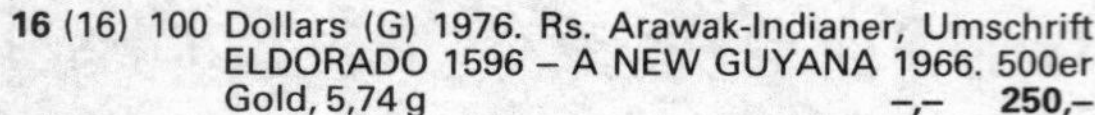
16 (16) 100 Dollars (G) 1976. Rs. Arawak-Indianer, Umschrift ELDORADO 1596 – A NEW GUYANA 1966. 500er Gold, 5,74 g –,– 250,–

ST PP

17 (17) 100 Dollars (G) 1977. Rs. Arawak-Indianer »Goldener Mann«, Umschrift EL DORADO FEEDING OURSELVES (7735 Ex.) –,– 250,–

Haiti Haiti Haiti

Fläche: 28890 km² mit den Inseln La Tortuga und Gonave; 5350000 Einwohner (1986).
Haiti (karibisch: Berg) wurde 1492 von Kolumbus entdeckt und Espanola oder Hispaniola, teilweise auch San(to) Domingo genannt. Die Republik Haiti umfaßt den westlichen Teil der gleichnamigen Insel. Hauptstadt: Port-au-Prince

100 Centimes = 1 Gourde

Auch die Geldzeichen der Vereinigten Staaten sind im Verhältnis 5 Gourdes = 1 US-Dollar gesetzliches Zahlungsmittel.

Republik Haiti
République d'Haïti

SS VZ

1 (14) 5 Centimes (K-N) 1904. Staatswappen. Rs. Wert und Jahreszahl **10,– 18,–**

2 (10) 5 Centimes (K-N) 1904–1906. General Pedro Nord-Alexis (1820–1910), Staatspräsident 1902–1908. Rs. Staatswappen und Wert **1,– 2,–**

3 (11) 10 Centimes (K-N) 1905, 1906. Typ wie Nr. 2 **1,50 3,–**

4 (12) 20 Centimes (K-N) 1907, 1908. Typ wie Nr. 2 **2,50 5,–**

5 (13) 50 Centimes (K-N) 1907, 1908. Typ wie Nr. 2 **4,– 8,–**

6 (15) 5 Centimes (K-N) 1949. Dumarsais Estimé (1900–1953), Staatspräsident 1946–1950. Rs. Staatswappen und Wert **–,50 1,–**

7 (16) 10 Centimes (K-N) 1949. Typ wie Nr. 6 **1,– 2,–**

8 (17) 5 Centimes (Neusilber) 1953. Paul E. Magloire (*1907), Staatspräsident 1951–1956. Rs. Staatswappen und Wert **–,50 1,–**

9 (18) 10 Centimes (Neusilber) 1953. Typ wie Nr. 8 **1,– 1,80**

10 (19) 20 Centimes (Neusilber) 1956. Typ wie Nr. 8 **2,50 4,–**

11 (20) 5 Centimes (Neusilber) 1958, 1970. François »Papa-Doc« Duvalier (1909–1971), Staatspräsident 1957–1971 **–,30 –,50**

12 (21) 10 Centimes (Neusilber) 1958, 1970. Typ wie Nr. 11 **–,40 1,–**

13 (22) 20 Centimes (Neusilber) 1970. Typ wie Nr. 11 **–,80 1,80**

10. Jahrestag der Revolution – 1. Ausgabe (8)

PP

14 (A20) 5 Gourdes (S) 1967–1970. Staatswappen. Rs. Landkarte der Insel Haiti (Hispaniola) und Flotte des Kolumbus: Karavellen »Nina«, »Santa Maria« und »Pinta« *70,–*

15 (B20) 10 Gourdes (S) 1967–1970. Rs. François Dominique Toussaint-Louverture (1745–1803), Nachkomme der Könige von Allada (Dahomey), haitischer General und Staatsmann *90,–*

16 (D20) 20 Gourdes (G) 1967–1970. Rs. Mackandal, einer der ersten Revolutionäre Haitis, mit Machete *160,–*

17 (C20) 25 Gourdes (S) 1967–1970. Rs. Kunstgegenstände *160,–*

18 (E20) 50 Gourdes (G) 1967–1970. Rs. Vodu-Tänzer, von Symbolen umgeben *400,–*

19 (F20) 100 Gourdes (G) 1967–1970. Rs. Marie Jeanne, Gattin des Generals Lamartinière, kämpfte 1803 an dessen Seite zur Befreiung Haitis *800,–*

20 (G20) 200 Gourdes (G) 1967–1970. Rs. Aufstand von Santo Domingo in den Jahren 1791/1803 gegen die französische Herrschaft. Darstellung: Befreiter Sklave mit Machete und Fackel *1600,–*

21 (H20) 1000 Gourdes (G) 1967–1970. Rs. Dr. François Duvalier, Staatspräsident *8500,–*

2. Ausgabe (5)

22 (I20) 30 Gourdes (G) 1969, 1970. Rs. Zitadelle St. Christoph *200,–*

23 (J20) 40 Gourdes (G) 1969, 1970. Rs. Jean Jacques Dessalines (1758–1806), stürzte im Dezember 1804 die Republik und ließ sich als Jakob I. zum Kaiser von Haiti krönen *320,–*

24 (K20) 60 Gourdes (G) 1969, 1970. Rs. Alexander Sabès Pétion (1770–1818), Staatspräsident von Süd-Haiti 1808–1818 *500,–*

25 (L20) 250 Gourdes (G) 1969. Rs. Henri Christophe (1767–1820), Staatspräsident von Nord-Haiti 1808–1810, als Heinrich I. Kaiser von Haiti 1811–1820; Zitadelle St. Christoph *2000,–*

26 (M20) 500 Gourdes (G) 1969. Rs. Kunsthandwerk *3800,–*

3. Ausgabe – Bedeutende nordamerikanische Indianer (18)

27 (O20) 10 Gourdes (S) 1971. Rs. Osceola (As-se-he-ho-lar) (1804–30. 1. 1838), berühmtester Häuptling der Seminolen, bedeutender Stratege. Kämpfte im Seminolen-Krieg erfolgreich gegen die amerikanischen Truppen; wurde wider allen Rechts während einer Friedensverhandlung verhaftet und als Gefangener nach Fort Moultrie in South Carolina gebracht, wo er auch verstarb *110,–*

PP

28 (P20) 10 Gourdes (S) 1971. Rs. Sitting Bull (Tatanka Yotanka) (um 1834–15. 12. 1890), eine der bedeutendsten Persönlichkeiten vom Stamme der Dakota (Sioux), erlangte große Berühmtheit durch die letzte große Indianerschlacht am Little Big Horn in den Black Hills, wo General George Armstrong Custer, von den Indianern »Langhaar« genannt, im Jahre 1876 mit seinem Regiment bis auf den letzten Mann getötet wurde. Starb durch die Kugel eines indianischen Polizisten in der Nähe seines Geburtsortes am Grand River in South Dakota *110,–*

29 (N20) 10 Gourdes (S) 1971. Rs. Playing Fox, Häuptling vom Stamme der Fox (auch Sauk oder Sac) *110,–*

30 (R20) 10 Gourdes (S) 1971. Rs. Geronimo (Goyathlay: »Einer, der gähnt«) (Jan. 1829–17. 2. 1909), gefürchteter Krieger, Medizinmann und Prophet vom Stamme der Chiricahua-Apachen, trennte sich um 1875 von seinem Stamm, als Cochise, dessen Charakterbild Karl May zur Schöpfung seines Winnetou anregte, seinen Frieden mit den Amerikanern machte. Terrorisierte mit ihm ergebenen Kriegern und jüngeren Häuptlingen besonders mexikanisches Gebiet. Starb als Gefangener in Fort Hill in Oklahoma *110,–*

31 (U20) 10 Gourdes (S) 1971. Rs. Billy Bowlegs (auch »Bolek« oder »Boleck« möglich), Unterhäuptling der Seminolen, der zusammen mit Häuptling King Paine während des Indianerkrieges von 1812 an der Grenze von Georgia gegen amerikanische Truppen unter dem Befehl des späteren Präsidenten Andrew Jackson kämpfte und verwundet wurde *110,–*

32 (Q20) 10 Gourdes (S) 1971. Rs. Chief Joseph (Hinmaton-Yalatkit: »Der Donner-der-über-die-Berge-eilt«) (1840–21. 9. 1904), eindrucksvolle friedliebende Persönlichkeit vom Stamme der Nez Perzé, erhielt seinen abendländischen Namen von seinem Lehrer, einem weißen Missionar. Starb in Nespelem in der Colville-Reservation im Bundesstaat Washington *110,–*

33 (S20) 10 Gourdes (S) 1971. Rs. War Eagle, Häuptling vom Stamme der Yankton Sioux *110,–*

34 (T20) 10 Gourdes (S) 1971. Rs. Red Cloud (Machpiya-Luta) (um 1822–8. 10. 1909), bedeutender Häuptling der Dakota von Stamme der Oglala, der den ab 1865 von Fort Laramie aus einsetzenden Straßenbau zur Verkehrsnahme zu den Goldfeldern in Montana mit kriegerischen Mitteln zu verhindern suchte. Gab 1868 dieses Vorhaben auf und beteiligte sich auch nicht am Krieg des Sioux-Volkes von 1876 (Schlacht am Little Big Horn). Starb in der Indianer-Reservation Pine Ridge in South Dakota *110,–*

35 (V20) 10 Gourdes (S) 1971. Rs. Stalking Turkey, Häuptling vom Stamme der Cherokee *110,–*

PP

36 (X20) 100 Gourdes (G) 1971. Typ wie Nr. 27 *500,–*
37 (Y20) 100 Gourdes (G) 1971. Typ wie Nr. 28 *500,–*
38 (W20) 100 Gourdes (G) 1971. Typ wie Nr. 29 *500,–*
39 (A21) 100 Gourdes (G) 1971. Typ wie Nr. 30 *500,–*
40 (D21) 100 Gourdes (G) 1971. Typ wie Nr. 31 *500,–*
41 (Z20) 100 Gourdes (G) 1971. Typ wie Nr. 32 *500,–*
42 (B21) 100 Gourdes (G) 1971. Typ wie Nr. 33 *500,–*
43 (C21) 100 Gourdes (G) 1971. Typ wie Nr. 34 *500,–*
44 (E21) 100 Gourdes (G) 1971. Typ wie Nr. 35 *500,–*

4. Ausgabe (4)

45 (G21) 5 Gourdes (S) 1971. Rs. Ferienparadies Haiti: Strandszene *80,–*

46 (H21) 25 Gourdes (S) 1971. Rs. Internationaler Flughafen »François Duvalier«, Flughafengebäude *250,–*

47 (W20) 50 Gourdes (G) 1971. Rs. Héros de Vertières *300,–*

48 (F21) 200 Gourdes (G) 1971. Rs. »Le Marron inconnu«, der unbekannte Aufständische von St. Dominque *1100,–*

Für den FAO-Münz-Plan (4)

VZ ST

49 (23) 5 Centimes (Neusilber) 1975. Jean-Claude »Baby-Doc« Duvalier (*1951), Staatspräsident 1971–1986. Rs. Staatswappen, Motto »Steigert die Nahrungsmittelproduktion« –,30 –,60

50 (24) 10 Centimes (Neusilber) 1975, 1983. Typ wie Nr. 49 –,50 1,–

51 (25) 20 Centimes (Neusilber) 1972, 1975, 1983. Typ wie Nr. 49 1,50 2,–

52 (26) 50 Centimes 1972–1985. Typ wie Nr. 49:
a) (K-N) 1972 2,50 3,50
b) (Neusilber) [USM] 1975, 1979 2,50 3,50
c) (Neusilber) [RM] 1983, 1985 2,50 3,50

ST PP

53 (L21) 25 Gourdes (S) 1973. Rs. Christoph Kolumbus (1451–1506), Entdecker der Neuen Welt *24,– 25,–*

54 (M21) 50 Gourdes (S) 1973, 1974. Rs. Mutter mit Kind. 925er Silber, 16,75 g *35,– 42,–*

55 (N21) 50 Gourdes (S) 1973, 1974. Rs. Mädchen am Strand:
a) Feingehalt in Oval links von Wertangabe, 1973, 1974 35,– 42,–
b) Feingehalt als ovaler Gegenstempel rechts von Wertangabe, 1973 100,–

ST PP

56 (O21) 100 Gourdes (G) 1973. Typ wie Nr. 53 *90,–* *200,–*
57 (P21) 500 Gourdes (G) 1973. Typ wie Nr. 54 *340,–* *370,–*
58 (Q21) 500 Gourdes (G) 1973. Typ wie Nr. 55 *340,–* *370,–*
59 (R21) 1000 Gourdes (G) 1973. Rs. Jean-Claude Duvalier, Staatspräsident *700,–* *700,–*

X. Fußball-Weltmeisterschaft 1974 in Deutschland (3)

60 (I21) 25 Gourdes (S) 1973. Staatswappen. Rs. Maskottchen Tip und Tap *24,–* *25,–*
61 (J21) 50 Gourdes (S) 1973. Typ wie Nr. 60 *60,–*
62 (K21) 200 Gourdes (G) 1973. Typ wie Nr. 60 *220,–* *250,–*

Heiliges Jahr 1975 (3)

63 25 Gourdes (S) 1975. Rs. Papst Paul VI. »Hände eines betenden Apostels« nach A. Dürer, Petersplatz in Rom *25,–*
64 (S21) 50 Gourdes (S) 1974–1976. Typ wie Nr. 63:
a) 1974, 1975 **35,–** **40,–**
b) [San Francisco] 1976 **35,–**
65 200 Gourdes (G) 1974, 1975. Typ Nr. 63:
a) (YT21) 1974, Feingehalt 900 im Sechseck *250,–* *300,–*
b) (YU21) 1975, Feingehalt 900 im Oval *–,–*

200. Jahrestag der Unabhängigkeit der Vereinigten Staaten von Amerika
1. Ausgabe (2)

A65 25 Gourdes (S) 1974. Rs. Schlachtszene von Savannah, ohne Landesnamen *–,–*
A66 1000 Gourdes (G) 1974. Typ wie Nr. A65 *500,–*

2. Ausgabe (3)

66 (V21) 25 Gourdes (S) 1974, 1976. Rs. Schlachtszene von Savannah, oben Landesname:
a) 1974 **24,–** **50,–**
b) [San Francisco] 1976 **24,–**
67 (W21) 500 Gourdes (G) 1974. Typ wie Nr. 66 *–,–*

68 (X21) 1000 Gourdes (G) 1974. Typ wie Nr. 66 **350,–** **450,–**

XII. Olympische Winterspiele in Innsbruck und XXI. Olympische Sommerspiele in Montreal 1976 (2)

69 (Y21) 50 Gourdes (S) 1974–1976. Rs. Sportlerin beim Entfachen des olympischen Feuers, zu den Seiten Abfahrtsläufer und zwei Sprinter:
a) 1974 (große Ziffer 4 **50,–** **60,–**
b) 1974, kleine Ziffer 4 **60,–**
c) 1975 *150,–*
d) 1976 [San Francisco] **60,–**

70 (Z21) 500 Gourdes (G) 1974, 1975. Typ wie Nr. 69:
a) 1974, Feingehalt 900 im Sechseck **250,–** **400,–**
b) 1975, Feingehalt 900 im Oval *550,–*

Internationales Jahr der Frau 1975 (2)

ST PP

71 (A22) 25 Gourdes (S) 1975. Staatswappen, Feingehalt 925 im Oval. Rs. Zwei haitianische Frauen mit erhobenen Armen *20,–* *24,–*
72 (B22) 200 Gourdes (G) 1975. Typ wie Nr. 71:
a) Feingehalt 900 im Sechseck **180,–**
b) Feingehalt 900 im Oval **150,–**

XI. Fußball-Weltmeisterschaft 1978 in Argentinien (2)

73 (C22) 50 Gourdes (S) 1977. Rs. Fußball *35,–* *45,–*
74 (D22) 500 Gourdes (G) 1977. Typ wie Nr. 73 *350,–* *600,–*

XXII. Olympische Sommerspiele in Moskau 1980 (2)

75 (E22) 50 Gourdes (S) 1977–1979. Rs. Olympisches Feuer, Sportdarstellungen *40,–* *60,–*
76 (F22) 500 Gourdes (G) 1977, 1977/1978. Typ wie Nr. 75 *550,–* *650,–*

30. Jahrestag der Allgemeinen Erklärung der Menschenrechte (2)

77 (G22) 50 Gourdes (S) 1977. Rs. Kniender mit zerbrochenen Ketten *40,–* *70,–*
78 (H22) 250 Gourdes (G) 1977. Typ wie Nr. 77 *180,–* *200,–*

50. Jahrestag des Transatlantikfluges von Charles Lindbergh (2)

79 (I22) 100 Gourdes (S) 1977. Rs. Porträt Lindberghs über seinem Flugzeug »Spirit of St. Louis« *80,–* *100,–*
80 (J22) 250 Gourdes (G) 1977. Typ wie Nr. 79 *180,–* *200,–*

Freiheitsstatue

81 (K22) 100 Gourdes (S) 1977. Rs. Freiheitsstatue, New York *80,–* *100,–*

20. Jahrestag des Abschlusses der Römischen Verträge
1. Ausgabe (2)

82 (L22) 50 Gourdes (S) 1977, 1977/1978. Rs. Karte Europas, Emblem der Europäischen Gemeinschaft *40,–* *70,–*
83 (M22) 500 Gourdes (G) 1977, 1977/1978. Typ wie Nr. 82 *320,–* *390,–*

Konferenz der Finanzminister und Notenbankchefs der zehn führenden westlichen Industrienationen

84 (N22) 500 Gourdes (G) 1977. Rs. Ineinandergreifende Zahnräder mit Landesflaggen (ST: 107 Ex., PP: 107 Ex.) *450,–* *550,–*
85 (O22) 500 Gourdes (G) 1977. Rs. Porträts der Staatspräsidenten François Duvalier und Jean-Claude Duvalier *310,–* *400,–*

Friedensverhandlungen zwischen Ägypten und Israel (2)

86 (P22) 100 Gourdes (S) 1977. Rs. Anwar es-Sadat (1918–1981), Staatspräsident Ägyptens und Menahem Begin (1913–1992), Ministerpräsident Israels 1977–1983 *80,–* *100,–*
87 (Q22) 250 Gourdes (G) 1977. Typ wie Nr. 86 *180,–* *200,–*

20. Jahrestag des Abschlusses der Römischen Verträge
2. Ausgabe (2)

88 (R22) 100 Gourdes (S) 1977. Rs. Segelschiff *80,–* *100,–*
89 (S22) 250 Gourdes (G) 1977. Typ wie Nr. 88 *170,–* *200,–*

Zuckerkönigin der Welt 1959

90 (T22) 50 Gourdes (S) 1978. Rs. »Miss Haiti« Claudinette Fouchard *40,–* *50,–*

Welternährungstag 1981 (5)

		VZ	ST
91 (27)	5 Centimes (K-N) 1981. Präsident Duvalier. Rs. Krankenschwester mit Kind, Motto »Sozialer Schutz«	–,50	1,–
92 (28)	10 Centimes (K-N) 1981. Rs. Pflügender Bauer vor aufgehender Sonne, Motto »Entwicklung«	–,50	1,–
93 (29)	20 Centimes (K-N) 1981. Rs. Kaffee-Ernte, Motto »Vollbeschäftigung«	1,–	2,–
94 (30)	50 Centimes (K-N) 1981. Rs. Zuckerrohr, Motto »Produktivität«	1,50	3,–

		ST	PP
95 (31)	50 Gourdes (S) 1981. Kopf einer Haitianerin. Rs. Bananenstaude, Zuckerrohr, Kaffeestrauch, Sonnenblume, Kakaobaum und Sisalhanfpflanze. 925er Silber, 20 g	60,–	90,–

Heiliges Jahr 1983–1984

		PP
96	50 Gourdes (S) 1983. Staatswappen. Rs. Petersdom. 925er Silber, 20 g (1000 Ex.)	*75,–*

Zum Papstbesuch in Haiti

97	500 Gourdes (G) 1983. Rs. Papst Johannes Paul II. bei der Segnung von Gläubigen. 900er Gold, 10,5 g (1000 Ex.)	*400,–*

		VZ	ST
98	5 Centimes (Neusilber) 1986. Charlemagne Péralte, Führer der haitianischen Widerstandsbewegung gegen die Schutzherrschaft der Vereinigten Staaten von Amerika 1915–1935. Rs. Staatswappen mit Freiheitsmütze [RM]	–,–	–,–
99	10 Centimes (Neusilber) 1986. Typ wie Nr. 98 [RM]	–,–	–,–

100	20 Centimes (Neusilber) 1986, 1989. Typ wie Nr. 98 [RM]	–,–	–,–
101	50 Centimes (Neusilber) 1986, 1989. Typ wie Nr. 98 [RM]	–,–	–,–

Frühere Ausgaben siehe Weltmünzkatalog 19. Jahrhundert.

Hejaz Hedschas Hedjaz

Fläche: 450 000 km²; 3 000 000 Einwohner.
Das im Westen der Arabischen Halbinsel gelegene Königreich erklärte sich am 30. Mai 1916 für unabhängig und gehört nach der Eroberung durch Abd al-Aziz Ibn Sa'ud seit 1925 zu Nedschd, seit 1932 zu Saudi-Arabien. Hauptstadt: Mekka.

40 Para = 1 Qirsh (Piaster), 20 Qirsh = 1 Rial, 100 Qirsh = 1 Dinar

Hussein Ibn Ali 1916–1924

Die Datierung erfolgt durch das Jahr der Thronbesteigung n. H. 1334 und das Regierungsjahr.
Verschiedene türkische und ägyptische Münzen sowie Marie-Theresien-Taler wurden mit dem Schriftzug »Al Hedschas« gegengestempelt (Y1–12).

		SS	VZ
1 (16)	5 Para (Bro) Jahr 8 (1923); Ø 12,5 mm	**40,–**	**65,–**
2 (17)	10 Para (Bro) Jahr 8 (1923); Ø 16 mm	**30,–**	**45,–**
3 (18)	20 Para (Bro) Jahr 8 (1923); Ø 18,5 mm	**32,–**	**50,–**
4 (19)	40 Para (Bro) Jahr 8 (1923); Ø 22 mm	**45,–**	**80,–**
5 (20)	¼ Qirsh (Bro) Jahr 8 (1923); Ø 17 mm	**35,–**	**60,–**
6 (21)	½ Qirsh (Bro) Jahr 8 (1923); Ø 19 mm	**–,–**	**–,–**
7 (22)	1 Qirsh (Bro) Jahr 8 (1923); Ø 21 mm	**30,–**	**50,–**
8 (23)	¼ Rial (S) Jahr 8 (1923); Ø 24 mm	**40,–**	**70,–**
9 (24)	½ Rial (S) Jahr 8 (1923); Ø 28 mm	**150,–**	**220,–**
10 (25)	1 Rial (S) Jahr 8, 9 (1923, 1924); Ø 37 mm	**110,–**	**160,–**
11 (26)	1 Dinar (G) Jahr 8 (1923); Ø 22 mm	**700,–**	**1000,–**

Weitere Ausgaben siehe unter *Saudi-Arabien*.

Honduras Honduras Honduras

Fläche: 112 088 km²; 4 540 000 Einwohner (1986).
Honduras ist eine präsidiale demokratische Republik. Nach Austritt aus der Konföderation mittelamerikanischer Staaten »Provincias Unidas del Centro de América« erklärte das Land 1838 seine Unabhängigkeit. Hauptstadt: Tegucigalpa.

100 Centavos = 8 Reales = 1 Peso;
seit 3. April 1926: 100 Centavos = 1 Lempira

Republik Honduras
República de Honduras

SS VZ

1 (13) ½ Centavo (Bro) 1881, 1883, 1885, 1886, 1889, 1891. Pyramide, von Landesnamen umgeben. Rs. Wertangabe zwischen Zweigen; Ø 15 mm **60,– 120,–**

2 (14) 1 Centavo (Bro) 1881, 1884–1886, 1889, 1890, 1896, 1898–1904, 1907. Typ wie Nr. 1; Ø 19 mm **20,– 50,–**

3 (19) 5 Centavos (S) 1884–1886, 1902. Pyramide und Landesname zwischen Zweigen. Rs. Wertangabe im geschlossenen Kranz, Motto »Frieden, Fortschritt und Freiheit«. 900er Silber, 1,25 g; Ø 15 mm **70,– 120,–**

4 (21) 10 Centavos (S) 1884–1886, 1889, 1893, 1895, 1900. Typ wie Nr. 3. 900er Silber, 2,5 g; Ø 18 mm **65,– 100,–**

5 (23) 25 Centavos (S) 1883–1913. Staatswappen. Rs. Allegorie der Freiheit:
a) 900er Silber, 6,25 g, 1883–1886, 1888, 1890–1893, 1895, 1896 **20,– 40,–**
b) 835er Silber, 6,25 g, 1899–1902, 1904, 1907, 1910, 1912, 1913 **20,– 40,–**

6 (24) 50 Centavos (S) 1883–1911. Typ wie Nr. 5:
a) 900er Silber, 12,5 g, 1883–1887, 1896, 1897, 1910 **40,– 85,–**
b) 835er Silber, 12,5 g, 1908, 1911 **300,– 450,–**

7 (25) 1 Peso (S) 1881–1896, 1899, 1902–1904, 1914. Typ wie Nr. 5. 900er Silber, 25 g **80,– 150,–**

8 (27) 1 Peso (G) 1888, 1895, 1896, 1901, 1902, 1907, 1912, 1914, 1919, 1920, 1922. Staatswappen. Rs. Kopf der Freiheit. 900er Gold, 1,612 g **600,– 950,–**

9 (28) 5 Pesos (G) 1883, 1888, 1890, 1895–1897, 1900, 1902, 1908, 1913. Typ wie Nr. 8. 900er Gold, 8,0645 g **1250,– 2000,–**

10 (29) 10 Pesos (G) 1889. Typ wie Nr. 8. 900er Gold, 16,129 g *16 000,–*

11 (30) 20 Pesos (G) 1888, 1895, 1908. Typ wie Nr. 8. 900er Gold, 32,258 g **8000,– 12 000,–**

Die Stempel zu Nrn. 12–20 sind aus den Stempeln der früheren Münzen geändert.

12 (17) 1 Centavo (Bro) 1890–1893, 1895, 1908. Typ wie Nr. 3; Ø 19 mm **20,– 50,–**

13 (15) 1 Centavo (Bro) 1890, 1893, 1895, 1907, 1908. Pyramide, von Landesnamen umgeben, wie Nr. 1. Rs. Wertangabe im geschlossenen Kranz, Motto, wie Nr. 3; Ø 19 mm **15,– 30,–**

14 (31) 2 Centavos (Bro) 1907, 1908. Typ wie Nr. 13; Ø 19 mm **180,– 300,–**

15 (20) 5 Centavos (S) 1886, 1895, 1896. Typ wie Nr. 13; Ø 15 mm **30,– 50,–**

16 (35) 1 Centavo (Bro) 1910, 1911. Typ wie Nr. 3; Ø 15 mm **30,– 50,–**

17 (36) 1 Centavo (Bro) 1910. Typ wie Nr. 13; Ø 15 mm **140,– 200,–**

SS VZ

18 (34) 1 Centavo (Bro) 1910, 1911. Pyramide und Landesname zwischen Zweigen, wie Nr. 3. Rs. Wertangabe zwischen Zweigen, wie Nr. 1; Ø 15 mm **80,– 140,–**

19 (32) 1 Centavo (Bro) 1910, 1911. Typ wie Nr. 1; Ø 15 mm **50,– 85,–**

20 (33) 2 Centavos (Bro) 1910–1913. Typ wie Nr. 1; Ø 19 mm **8,– 15,–**

21 (37) 1 Centavo (Bro) 1919, 1920. Pyramide, von Landesnamen umgeben, wie Nr. 1. Rs. Wertziffer und Jahr zwischen Zweigen; Ø 15 mm **12,– 25,–**

22 (38) 2 Centavos (Bro) 1919, 1920. Typ wie Nr. 21; Ø 19 mm **6,– 12,–**

NEUE WÄHRUNG: 100 Centavos = 1 Lempira

23 (39) 1 Centavo (Bro) 1935, 1939, 1949, 1954, 1956, 1957. Staatswappen. Rs. Wert im Kranz **–,40 –,60**

24 (40) 2 Centavos (Bro) 1939, 1949, 1954, 1956. Typ wie Nr. 23 **–,40 –,60**

25 (41) 5 Centavos (K-N) 1931, 1932, 1949, 1954, 1956, 1972. Typ wie Nr. 23 **–,50 –,80**

26 (42) 10 Centavos (K-N) 1932, 1951, 1954, 1956, 1967. Typ wie Nr. 23:
a) 1932, 1951, 1954, 1956 **–,70 1,20**
b) [Stuttgart] 1967 **–,70 1,20**

27 (43) 20 Centavos (S) 1931, 1932, 1951, 1952, 1958. Rs. Lempira, Indianerhäuptling (1497–1537), leistete den ersten spanischen Eroberern Widerstand; Porträt mit Federkopfschmuck nach links. 900er Silber, 2,5 g **6,– 11,–**

28 (44) 50 Centavos (S) 1931, 1932, 1937, 1951. Typ wie Nr. 27. 900er Silber, 6,25 g **9,– 16,–**

29 (45) 1 Lempira (S) 1931–1935, 1937. Typ wie Nr. 27. 900er Silber, 12,5 g **15,– 22,–**

30 (46) 20 Centavos (K-N) 1967. Typ wie Nr. 27, ohne Feingehaltsangabe **–,30 –,50**

31 (47) 50 Centavos (K-N) 1967. Typ wie Nr. 30 **–,60 1,–**

VZ ST

32 (46a) 20 Centavos (K-N) 1973. Typ ähnlich wie Nr. 30 **–,50 –,80**

Für den FAO-Münz-Plan

		VZ	ST
33 (48)	50 Centavos (K-N) 1973. Rs. Lempira, Umschrift »Erzeugt mehr Nahrung« [San Francisco]	1,–	2,–

		VZ	ST
34 (39a)	1 Centavo (St, K plattiert) 1974, 1985. Typ wie Nr. 23	–,30	–,50
35 (40a)	2 Centavos (St, K plattiert) 1974. Typ wie Nr. 23 [Stuttgart]	–,40	–,60
36 (41a)	5 Centavos (Me) 1975, 1989. Typ wie Nr. 23	–,40	–,60
37 (42a)	10 Centavos (Me) 1976, 1989. Typ wie Nr. 23	–,60	1,–
38 (49)	20 Centavos (K-N) 1978. Rs. Lempira, Porträt ohne Federkopfschmuck	–,80	1,50
39 (50)	50 Centavos (K-N) 1978, 1990. Typ wie Nr. 38	1,–	2,–
40 (41b)	5 Centavos (K-N) 1980, 1981. Typ wie Nr. 23	–,40	–,60
41 (42b)	10 Centavos (K-N) 1980, 1981. Typ wie Nr. 23	–,60	1,–
42	1 Centavo (St, K galvanisiert) 1988. Staatswappen in geänderter Zeichnung mit Wolken hinter der Pyramide. Rs. Wert im Kranz	–,30	–,50
43	20 Centavos (St, N galvanisiert) 1991. Rs. Lempira ohne Federkopfschmuck, wie Nr. 38	–,80	1,50

Frühere Ausgaben siehe Weltmünzkatalog 19. Jahrhundert.

Hong Kong | # Hongkong | **Hong Kong**

Xiang Gang

Fläche: 1034 km²; 5 400 000 Einwohner (1986).
Die während des sogen. Opiumkrieges 1841 von den Briten besetzte, der südchinesischen Küste vorgelagerte chinesische Insel Hongkong wurde 1842 im Vertrag von Nanking an Großbritannien abgetreten; die nunmehrige britische Kronkolonie wurde 1860 durch die Stadt Kaulun (Kowloon) auf dem gegenüberliegenden Festland erweitert, wozu 1898 das eine Halbinsel bildende Hinterland als Pachtgebiet auf 99 Jahre unter dem Namen »New Territories« kam. Seit 1956 besitzt Hongkong Selbstverwaltung. Hauptstadt: Victoria.

100 Cents (Hsien) = 10 Hao = 1 Hongkong-Dollar (Yuan)

Eduard VII. 1901–1910

SS VZ

1 (9) 1 Cent (Bro) 1902–1905. Eduard VII., gekröntes Brustbild. Rs. Landesname und Wertangabe in Chinesisch »Xiang Gang Yi Hsien« und Englisch **6,–** **15,–**

2 (10) 5 Cents (S) 1903–1905. Typ wie Nr. 1. 800er Silber, 1,3577 g **5,–** **12,–**
3 (11) 10 Cents (S) 1902–1905. Typ wie Nr. 1. 800er Silber, 2,7154 g:
1902–1904 **8,–** **18,–**
1905 *500,–* *800,–*
4 (12) 20 Cents (S) 1902–1905. Typ wie Nr. 1. 800er Silber, 5,4308 g:
1902, 1904 **100,–** **200,–**
1905 *850,–* *1700,–*
5 (13) 50 Cents (S) 1902, 1904, 1905. Rs. Wert. 800er Silber, 13,5769 g **40,–** **90,–**

Georg V. 1910–1936

6 (14) 1 Cent (Bro) 1919, 1923–1926. Georg V., gekröntes Brustbild. Rs. Wertangabe, Ø 28 mm **3,–** **5,–**
7 (15) 1 Cent (Bro) 1931, 1933, 1934. Typ wie Nr. 6; Ø 22 mm **2,–** **4,–**
8 (18) 5 Cents (S) 1932, 1933. Typ wie Nr. 7 **8,–** **16,–**
9 (16) 5 Cents (K-N) 1935. Typ wie Nr. 7 **11,–** **22,–**
10 (17) 10 Cents (K-N) 1935, 1936. Typ wie Nr. 7 **3,–** **6,–**

Georg VI. 1936–1952

SS VZ

11 (20) 5 Cents (N) 1937. Georg VI., gekröntes Kopfbild. Rs. Wertangabe. »Security edge« **3,–** **6,–**
12 (21) 10 Cents (N) 1937. Typ wie Nr. 11. »Security edge« **3,–** **6,–**
13 (19) 1 Cent (Bro) 1941. Georg VI., größeres und flacheres Kopfbild. Rs. Wertangabe *1200,–* *2000,–*
14 (22) 5 Cents (N) 1938, 1939, 1941. Typ wie Nr. 13. »Security edge«:
1938, 1939 **2,–** **4,–**
1941 *320,–* *480,–*
15 (23) 10 Cents (N) 1938, 1939. Typ wie Nr. 13. »Security edge« **2,50** **5,–**
16 (24) 5 Cents (N-Me) 1949, 1950. Georg VI., Kopfbild, Umschrift KING GEORGE THE SIXTH. Rs. Wertangabe. »Security edge« **1,–** **3,–**
17 (25) 10 Cents (N-Me) 1948–1951. Typ wie Nr. 16. »Security edge« **1,–** **3,–**

18 (26) 50 Cents (K-N) 1951. Typ wie Nr. 16. »Security edge« **2,–** **4,–**

Anm.: Nr. 17 von 1950 und Nr. 18 von 1951 mit durchgehendem Riffelrand ist eine Fehlprägung.

Elisabeth II. seit 1952

VZ ST

19 (27) 5 Cents (N-Me) 1958–1980. Elisabeth II. (nach T. H. Paget). Rs. Wertangabe:
a) 1958, 1960, 1963–1965, 1967, 1968 (»Security edge«) –,40 –,50
b) 1971, 1972, 1977–1979 (Riffelrand) –,30 –,40
c) 1980 –,–

			VZ	ST
20 (28)	10	Cents (N-Me) 1955–1980. Typ wie Nr. 19:		
		a) 1955–1965, 1967, 1968 (»Security edge«)	–,50	–,80
		b) 1971–1975, 1978–1979 (Riffelrand)	–,30	–,60
		1980		*3500,–*
21 (29)	50	Cents (K-N) 1958–1975. Typ wie Nr. 19:		
		a) 1958, 1960, 1961, 1963–1968, 1970 (»Security edge«)	1,–	1,50
		b) 1971–1975 (Riffelrand)	1,–	2,–

22 (30)	1	Dollar (K-N) 1960 – 1975. Rs. Gekrönter Löwe; Ø 30 mm:		
		a) 1960, 1970 (»Security edge«)	–,85	2,50
		b) 1971 – 1975 (Riffelrand)	1,–	3,–

Anm.: Nr. 19 von 1958 und 1960, Nr. 20 von 1956, Nr. 21 von 1958 und Nr. 22 von 1960 mit durchgehendem Riffelrand sind Fehlprägungen.

23 (46)	10	Cents (N-Me) 1982 – 1984. Elisabeth II. (nach A. Machin). Rs. Wertzahl	–,30	–,50
24 (33)	20	Cents (N-Me) 1975 – 1980, 1982, 1983. Rs. Wertangabe (Wellenschnitt)	–,30	–,50
25 (34)	50	Cents (N-Me) 1977 – 1980. Typ wie Nr. 24	–,50	1,–
26 (35)	1	Dollar (K-N) 1978 – 1980. Rs. Gekrönter Löwe, wie Nr. 22; Ø 25 mm	1,–	2,–
27 (36)	2	Dollars (K-N) 1975, 1978 – 1984. Typ wie Nr. 26 (Wellenschnitt)	2,–	3,–
28 (37)	5	Dollars (K-N) 1976, 1978, 1979. Typ wie Nr. 26 (zehneckig)	4,–	6,–

29 (41)	5	Dollars (K-N) 1980 – 1984. Typ wie Nr. 23. »Security edge« mit chinesischer Inschrift »Xiang Gang Wu Yuan« und HONG KONG FIVE DOLLARS	4,–	6,–

Zum königlichen Besuch

			ST	PP
30 (31)	1000	Dollars (G) 1975. Rs. Staatswappen, Inschrift »Ying Nuhuang Fang Xiang Jinian«. 916⅔er Gold, 15,98 g	*600,–*	*3000,–*

Zum Jahr des Drachen

31 (32)	1000	Dollars (G) 1976. Rs. Drache	*1200,–*	*3500,–*

Zum Jahr der Schlange

32 (38)	1000	Dollars (G) 1977. Rs. Schlange	*750,–*	*1500,–*

Zum Jahr des Pferdes

33 (39)	1000	Dollars (G) 1978. Rs. Chinesische Bronzekunst der Han-Dynastie aus einem Grab bei Leitai/Wu-Bei/Kansu. Eines der legendären Pferde aus der Gegend um Ili, die vom Kaiser Wu-Ti erfolgreich gegen einfallende Nomaden aus dem Norden eingesetzt wurden und himmlische Vorfahren haben, Blut schwitzen und schnell wie der Wind sein sollen, was durch die zurückgelassene Schwalbe symbolisiert wird	*600,–*	*1400,–*

Zum Jahr des Widders

34 (40)	1000	Dollars (G) 1979. Rs. Widder	*550,–*	*850,–*

Zum Jahr des Affen

35 (42)	1000	Dollars (G) 1980. Rs. Affe	*550,–*	*750,–*

Zum Jahr des Hahnes

36 (43)	1000	Dollars (G) 1981. Rs. Hahn	*550,–*	*750,–*

Zum Jahr des Hundes

		ST	PP
37 (44)	1000 Dollars (G) 1982. Rs. Pekinese	*550,–*	*800,–*

Zum Jahr des Schweines

38 (45)	1000 Dollars (G) 1983. Rs. Schwein	*1100,–*	*1800,–*

Zum Jahr der Ratte

39 (47)	1000 Dollars (G) 1984. Rs. Ratte	*800,–*	*1100,–*

Zum Jahr des Ochsen

40 (48)	1000 Dollars (G) 1985. Rs. Ochse	*900,–*	*1500,–*

		VZ	ST
A40	5 Cents (N-Me) 1988. Elisabeth II. (nach R. D. Maklouf). Rs. Wertangabe, wie Nr. 19		*10,–*
41	10 Cents (N-Me) 1985–1990. Rs. Wertzahl, wie Nr. 23	–,30	–,50
42	20 Cents (N-Me) 1985, 1988–1990. Typ wie Nr. A40 (Wellenschnitt)	–,30	–,50
43	50 Cents (N-Me) 1988. Typ wie Nr. A40	–,50	1,–
44	1 Dollar (K-N) 1987–1990. Rs. Gekrönter Löwe, wie Nr. 22	1,–	2,–
45	2 Dollars (K-N) 1985–1990. Typ wie Nr. 44 (Wellenschnitt)	2,–	3,–
46	5 Dollars (K-N) 1985–1989. Typ wie Nr. 41. »Security edge« mit Inschrift	4,–	6,–

Nrn. A40–46 von 1988, polierte Platte (25000 Ex.) 75,–

Zum königlichen Besuch

		ST	PP
47 (50)	1000 Dollars (G) 1986. Rs. Staatswappen, Inschrift wie Nr. 30	*600,–*	*900,–*

Zum Jahr des Tigers

		ST	PP
48 (49)	1000 Dollars (G) 1986. Elisabeth II. (nach A. Machin). Rs. Tiger	*900,–*	*1100,–*

Zum Jahr des Kaninchens

49 (51)	1000 Dollars (G) 1987. Rs. Kaninchen	*700,–*	*900,–*

Frühere Ausgaben siehe Weltmünzkatalog 19. Jahrhundert.

India **Indien** Inde

Indien

Bharat

Fläche: 3 287 590 km²; 766 100 000 Einwohner (1990).
Britisch Indien wurde 1947 auf Grund des Britischen Unabhängigkeitsgesetzes in einen fast ausschließlich mohammedanischen Staat (Pakistan; seit 1971 ist das ehemalige Ostpakistan unter dem Namen Bangladesch unabhängig) und einen vorwiegend hinduistischen Staat (Indien) geteilt. Indien erhielt am 15. August 1947 den Status eines selbständigen Dominions und ist seit 26. Januar 1950 Republik im Rahmen des Britischen Commonwealth, Hauptstadt: Neu-Delhi (New Delhi).

3 Pies (Pai) = 1 Pice (Paisa), 4 Pice = 1 Anna, 16 Annas = 1 Rupie,
15 Rupien = 1 Mohur (Asarfi, Ashrafi);
seit 1. April 1957: 100 Naye Paise = 1 Rupie;
ab 1. April 1964: 100 Paise = 1 Indische Rupie

Eduard VII. 1901–1910

SS VZ

1 (27) 1/12 Anna 1903–1910. Eduard VII., Kopfbild nach rechts. Rs. Wert im Perlkreis, das Ganze von Blattdekor umgeben:
a) (K) 1903–1906 **1,– 2,–**
b) (Bro) 1906–1910 **1,– 2,–**

2 (28) ½ Pice 1903–1910. Typ wie Nr. 1:
a) (K) 1903–1906 **2,– 4,–**
b) (Bro) 1904, 1906–1910 **2,– 4,–**

3 (29) ¼ Anna 1903–1910. Typ wie Nr. 1:
a) (K) 1903–1906 **1,– 2,–**
b) (Bro) 1906–1910 **1,– 2,–**

A3 (19.1) ½ Anna (K) 1904. Typ wie Nr. 1, nur polierte Platte *3000,–*

4 (30) 1 Anna (K-N) 1906–1910. Rs. Wert im Ornamentrahmen. Wertangabe auch in Nagpuri, Persisch, Bengali und Tamili (Wellenschnitt) **3,– 5,–**

5 (31) 2 Annas (S) 1903–1910. Rs. Krone über Wert zwischen Zweigen. Wertangabe auch in Persisch. 916⅔er Silber, 1,46 g **3,– 6,–**

6 (32) ¼ Rupie (S) 1903–1910. Typ wie Nr. 5., 916⅔er Silber, 2,92 g **4,– 9,–**

7 (33) ½ Rupie (S) 1904–1910. Typ wie Nr. 5. 916⅔er Silber, 5,83 g **9,– 15,–**

8 (34) 1 Rupie (S) 1903–1910. Typ wie Nr. 5. 916⅔er Silber, 11,66 g **14,– 20,–**

Georg V. 1910–1936

9 (35) 1/12 Anna (Bro) 1912–1921, 1923–1936. Georg V., gekröntes Brustbild nach links. Rs. Wert im Perlkreis, das Ganze von Blattdekor umgeben **–,50 –,80**

10 (36) ½ Pice (Bro) 1912–1936. Typ wie Nr. 9 **1,– 1,50**

11 (37) ¼ Anna (Bro) 1911–1921, 1924–1931, 1933–1936. Typ wie Nr. 9 **1,– 1,50**

SS VZ

12 (38) 1 Anna (K-N) 1912–1920, 1923–1930, 1933–1936. Rs. Wert im Ornamentrahmen. Wertangabe auch in Nagpuri, Persisch, Bengali und Tamili (Wellenschnitt) **1,– 1,80**

13 (42) 2 Annas (S) 1911–1917. Rs. Wert im Kreis, das Ganze von Blumendekor umgeben. Wertangabe auch in Persisch **3,– 5,–**

14 (43) ¼ Rupie (S) 1911–1919, 1925, 1926, 1928–1930, 1934, 1936. Typ wie Nr. 13 **5,– 8,–**

15 (44) ½ Rupie (S) 1911–1919, 1921–1930, 1933, 1934, 1936. Typ wie Nr. 13 **8,– 12,–**

16 (45) 1 Rupie (S) 1911–1922, 1935, 1936. Typ wie Nr. 13 **15,– 22,–**

Nrn. 13–16 von 1911, polierte Platte 850,–
Nr. 16 von 1911 zeigt den Elefanten des Ordens mit kurzem Rüssel und kurzen Beinen (»Schweinerupie«).
Mit Jahreszahl 1937 und veränderter Wertseite kommen Stücke zu 1 Rupie mit dem Brustbild von Georg V. vor, die als Prägungen der Mzst. Alipore, Kalkutta, von 1969 angesehen werden.

SS VZ

17 (39) 2 Annas (K-N) 1918–1930, 1933–1936. Rs. Große Wertziffer im Quadrat. Wertangabe auch in Nagpuri, Persisch, Bengali und Tamili (viereckig) 2,– 4,–

18 (40) 4 Annas (K-N) 1919–1921. Typ ähnlich wie Nr. 17 (achteckig) 3,– 7,–

19 (41) 8 Annas (K-N) 1919, 1920. Typ ähnlich wie Nr. 17 (rund) 12,– 22,–

20 (46) 15 Rupien (G) 1918. Georg V., gekröntes Brustbild n. l. Rs. Wert im Perlkreis, das Ganze von Randdekor umgeben. 916⅔er Gold, 7,9881 g:
a) Originalprägung 350,– 450,–
b) Neuprägung, polierte Platte 450,–

21 (A46) 1 £ (G) 1918. Georg V. Rs. St. Georg im Kampf mit dem Drachen. 916⅔er Gold, 7,9881 g:
a) Originalprägung 300,– 350,–
b) Neuprägung, polierte Platte 350,–

Die Nr. 21 unterscheidet sich von der im gleichen Zeitraum erschienenen bildgleichen Münze von Großbritannien nur durch das Münzzeichen »I«.

Georg VI. 1936–1947

22 (47) 1/12 Anna (Bro) 1938, 1939. Georg VI., gekröntes kleineres Kopfbild n. l. Rs. Wert in gepunktetem Kreis, das Ganze von Randdekor umgeben –,50 –,80

23 (49) 1/2 Pice (Bro) 1938–1940. Typ wie Nr. 22 –,70 1,20

24 (50) 1/4 Anna (Bro) 1938–1940. Typ wie Nr. 22 –,80 1,40

25 (53) 1 Anna (K-N) 1938–1940. Rs. Wert im Ornamentrahmen (Wellenschnitt) –,50 –,80

26 (54) 2 Annas (K-N) 1939, 1940. Rs. Wert im zweifachen Vierpaß (viereckig) –,60 2,–

27 (55) 1/4 Rupie (S) 1938–1940. Rs. Wert im Kreis, das Ganze von Blumendekor umgeben. 916⅔er Silber, 2,92 g 5,– 8,–

28 (56) 1/2 Rupie (S) 1938, 1939. Typ wie Nr. 27. 916⅔er Silber, 5,83 g 10,– 15,–

A28 (A57) 1 Rupie (S) 1938, 1939. Typ wie Nr. 27. 916⅔er Silber, 11,66 g, nur polierte Platte 900,–

Nrn. 29, 23–25, 27, 38a von 1938, polierte Platte 700,–
Mit dem Kopfbild von Georg VI. und veränderter Wertseite kommen Stücke zu 1 Rupie vor, die als Prägungen der Mzst. Alipore, Kalkutta, von 1969 angesehen werden.

29 (47a) 1/12 Anna (Bro) 1938–1942. Georg VI., gekröntes größeres Kopfbild n. l. Rs. Wert, wie Nr. 22 –,50 1,–

30 (49a) 1/2 Pice (Bro) 1939, 1942. Typ wie Nr. 29 (nur PP) –,–

31 (50a) 1/4 Anna (Bro) 1939–1942. Typ wie Nr. 29 1,– 1,80

32 (51) 1 Pice (Bro) 1943–1945, 1947. Randdekor. Rs. Krone und Jahreszahl. Wertangabe auch in Devanagari und Persisch (mit Loch):
a) kleine Schrift, 1943 –,60 1,–
b) größere Schrift, 1944, 1945, 1947 –,60 1,–

33 (52) 1/2 Anna 1940–1947. Rs. Wert im Ornamentrahmen (viereckig):
a) (K-N) 1940, 1946, 1947 –,40 –,60
b) (N-Me) 1942–1945 –,40 –60

34 (53) 1 Anna 1940–1947. Rs. Wert im Ornamentrahmen, wie Nr. 25 (Wellenschnitt):
a) (K-N) 1940, 1941, 1946, 1947 –,30 –,60
b) (N-Me) 1942–1945 –,30 –,60

SS VZ

35 (54) 2 Annas 1939–1947. Rs. Wert im zweifachen Vierpaß, wie Nr. 26 (viereckig):
a) (K-N) 1939–1941, 1946, 1947 –,60 1,–
b) (N-Me) 1942–1945 –,60 1,–

36 (55) 1/4 Rupie (S) 1940–1945. Rs. Wert im Blumendekor, wie Nr. 27:
a) 916⅔er Silber, 2,916 g, 1940, 1942, 1943 (Riffelrand) 4,– 6,–
b) 500er Silber, 2,916 g, 1943–1945 (»Security edge«) 4,– 6,–

37 (56) 1/2 Rupie (S) 1939–1945. Typ wie Nr. 36:
a) 916⅔er Silber, 5,8319 g, 1939, 1940 (Riffelrand) 5,– 7,–
b) 500er Silber, 5,8319 g, 1941–1945 (»Security edge«) 5,– 7,–

38 (57) 1 Rupie (S) 1938–1945. Typ wie Nr. 36:
a) 916⅔er Silber, 11,6638 g, 1938, 1939 (Riffelrand) 12,– 18,–
b) 500er Silber, 11,6638 g, 1939–1945 (»Security edge«) 12,– 18,–

39 (58) 1/4 Rupie (N) 1946, 1947. Rs. Königstiger (Panthera tigris – Felidae) –,80 1,50

40 (59) 1/2 Rupie (N) 1946, 1947. Typ wie Nr. 39 1,25 2,50

41 (60) 1 Rupie (N) 1947. Typ wie Nr. 39 2,50 4,–

Nrn. 32–35a, 39–41 von 1947, polierte Platte 600,–

Republik Indien seit 1950

42 (61) 1 Pice (Bro) 1950–1955. Löwenkapitell der Aschoka-Säule (Edikt-Säule) aus Sarnath mit dem »Rad des Gesetzes«, heute Nationalmuseum in Neu-Delhi; Symbol des Staatswappens. Rs. Pferd (Equus caballus – Equidae):
a) 1950 (dicke Münzplatte) –,80 1,50
b) 1951–1955 (dünne Münzplatte) –,30 –,60

43 (62) 1/2 Anna (K-N) 1950, 1954, 1955. Rs. Zebu (viereckig):
a) kleine Jahreszahl, 1950 –,50 1,–
b) große Jahreszahl, 1954, 1955 –,50 1,–

44 (63) 1 Anna (K-N) 1950, 1954, 1955. Typ wie Nr. 43 (Wellenschnitt) –,50 1,–

45 (64) 2 Annas (K-N) 1950, 1954, 1955. Typ wie Nr. 43 (viereckig) –,80 1,50

		SS	VZ
46 (65)	¼ Rupie (N) 1950–1956. Rs. Wert, von Ähren flankiert:		
	a) 1950, 1951, 1954, 1955 (großes Staatswappen)	**1,20**	**2,50**
	b) 1954–1956 (kleines Staatswappen)	**1,–**	**2,50**

47 (66)	½ Rupie (N) 1950–1956. Typ wie Nr. 46:		
	a) 1950, 1951, 1954, 1955 (großes Staatswappen)	**1,50**	**2,80**
	b) 1956 (kleines Staatswappen)	**1,20**	**2,50**
48 (67)	1 Rupie (N) 1950, 1954. Typ wie Nr. 46	**2,–**	**4,–**

NEUE WÄHRUNG: 100 Naye Paise = 1 Rupie

		VZ	ST
49 (68)	1 Naya Paisa 1957–1963. Löwenkapitell der Ascho-ka-Säule. Rs. Wert, Umschrift in Devanagari:		
	a) (Bro) 1957–1962	–,30	–,50
	b) (N-Me) 1962, 1963	–,30	–,50
50 (69)	2 Naye Paise (K-N) 1957–1963. Typ wie Nr. 49 (Wellenschnitt)	–,30	–,50
51 (70)	5 Naye Paise (K-N) 1957–1963. Typ wie Nr. 49 (viereckig)	–,40	–,80
52 (71)	10 Naye Paise (K-N) 1957–1963. Typ wie Nr. 49 (Wellenschnitt)	–,50	–,90
53 (72)	25 Naye Paise (N) 1957, 1959–1963. Rs. Wert auf Zweigen, Umschrift in Devanagari	–,70	1,50
54 (73)	50 Naye Paise (N) 1960–1963. Typ wie Nr. 53	1,20	2,50
55 (74)	1 Rupie 1962–1984. Rs. Wert von Ähren flankiert:		
	a) (N) 1962, 1970	1,80	4,–
	1962, 1970–1974, polierte Platte		5,–
	b) (K-N) 1975–1984	1,–	2,–

NEUE WÄHRUNGSBEZEICHNUNG: 100 Paise = 1 Rupie

56 (75)	1 Paisa 1964. Typ wie Nr. 49:		
	a) (Bro)	1,20	2,–
	b) (N-Me)	–,30	–,50
57 (76)	2 Paise (K-N) 1964. Typ wie Nr. 50 (Wellenschnitt)	–,20	–,40

58 (77)	3 Paise (Al) 1964–1971 (sechseckig)	–,20	–,40
59 (78)	5 Paise (K-N) 1964–1966. Typ wie Nr. 51 (viereckig)	–,30	–,50
60 (79)	10 Paise (K-N) 1964–1967. Typ wie Nr. 52 (Wellenschnitt)	–,35	–,60
61 (80)	25 Paise (N) 1964–1968. Typ wie Nr. 53	–,60	1,10
62 (81)	50 Paise (N) 1964, 1967–1971. Typ wie Nr. 54	–,70	1,25

Zum Tode von Dschawaharlal Nehru (3)

		VZ	ST
63 (82.1)	50 Paise (N) 1964. Löwenkapitell der Aschoka-Säule, Wertangabe in Englisch und Devanagari. Rs. Schri Dschawaharlal Nehru (1889–1964), Politiker, Ministerpräsident 1947–1964, Umschrift JAWAHARLAL NEHRU	2,–	3,–
64 (82.2)	50 Paise (N) 1964. Typ wie Nr. 63, jedoch Umschrift »Jawaharlal Nehru« in Devanagari	1,50	2,–
65 (83)	1 Rupie (N) 1964. Typ wie Nr. 63	1,–	2,–
66 (84)	1 Paisa (Al) 1965–1981. Löwenkapitell der Aschoka-Säule. Rs. Wertangabe in Englisch und Devanagari (viereckig):		
	1965–1972	–,20	–,30
	1969–1981, polierte Platte		–,50
67 (85)	2 Paise (Al) 1965–1981. Typ wie Nr. 66 (Wellenschnitt)		
	1965–1978	–,20	–,30
	1969–1981, polierte Platte		–,50
68 (78a)	5 Paise (Al) 1967–1971. Typ wie Nr. 59 (viereckig)	–,25	–,40

69 (79a)	10 Paise (Al-N-Bro) 1968–1971. Typ wie Nr. 60 (Wellenschnitt)	**–,30**	**–,60**

70 (86)	20 Paise (Al-N-Bro) 1968–1971. Rs. Lotosblüte, Wertangabe, Jahreszahl	–,40	–,70

100. Geburtstag von Mahatma Gandhi (4)

71 (87)	20 Paise (Al-N-Bro) o. J. (1969). Rs. Mohandas Karamtschand Gandhi (1869–1948), gen. Mahatma (»Erhabene Seele«), Verfechter des gewaltlosen Widerstandes »Satyagraha«	**–,50**	**1,–**
72 (88)	50 Paise (N) o. J. (1969). Typ wie Nr. 71	**–,80**	**1,50**
73 (89)	1 Rupie (N) o. J. (1969). Typ wie Nr. 71	**1,20**	**2,–**

74 (90)	10 Rupien (S) o. J. (1969). Typ wie Nr. 71. 800er Silber, 15 g	20,–	35,–

Für den FAO-Münz-Plan (2)

VZ ST

75 (91) 20 Paise (Al-N-Bro) 1970, 1971. Rs. Lotosblume (Symbol des Wohlstandes) zwischen Weizenähren, darüber stilisierte Sonne **–,60 1,–**

76 (92) 10 Rupien (S) 1970, 1971. Typ wie Nr. 75. 800er Silber, 15 g **18,– 32,–**

77 (A93) 3 Paise (Al) 1972—1981. Typ wie Nr. 66 (sechseckig) **3,50**

78 (B93) 5 Paise (Al) 1972–1984. Typ wie Nr. 66 (viereckig) –,40 –,70

79 (93) 10 Paise (Al) 1971–1982. Löwenkapitell im Kranz von Blattornamenten. Rs. Wertangabe im Kranz von Blattornamenten (Wellenschnitt) –,50 –,90

80 (94) 25 Paise (K-N) 1972–1988. Löwenkapitell. Rs. Wertangabe auf Zweigen –,50 –,90

81 (95) 50 Paise (K-N) 1972–1981, 1983. Typ wie Nr. 80 –,60 1,–

25. Jahrestag der Unabhängigkeit (2)

82 (96) 50 Paise (K-N) 1972. Rs. Junges Paar mit Staatsflagge vor Regierungsgebäude **–,90 1,50**

83 (97) 10 Rupien (S) 1972. Typ wie Nr. 82. 500er Silber, 22,3 g 18,– 28,–

Für den FAO-Münz-Plan (3)

ST PP

84 (98) 50 Paise (K-N) 1973. Rs. Schriftrechteck zwischen Weizenähren, Jahreszahl 1,–

85 (99) 10 Rupien (S) 1973. Typ wie Nr. 84. 500er Silber, 22,3276 g 28,– 35,–

86 (100) 20 Rupien (S) 1973. Typ wie Nr. 84. 500er Silber, 30 g 35,– 45,–

Zur Familienplanung und für den FAO-Münz-Plan (3)

VZ ST

87 (101) 10 Paise (Al) 1974. Rs. Symbolische Darstellung der Familienplanung **–,40 –,70**

88 (102) 10 Rupien (K-N) 1974. Typ wie Nr. 87 **6,– 10,–**

89 (103) 50 Rupien (S) 1974. Typ wie Nr. 87. 500er Silber, 34,95 g **35,– 50,–**

Internationales Jahr der Frau 1975 und für den FAO-Münz-Plan (3)

90 (104) 10 Paise (Al) 1975. Rs. Inderin im Sari, Weizenähre, Staudamm und internationales Emblem (Wellenschnitt) **–,50 –,80**

91 (105) 10 Rupien (K-N) 1975. Typ wie Nr. 90 **6,– 9,–**

92 (106) 50 Rupien (S) 1975. Typ wie Nr. 90 **30,– 50,–**

Nr. 93 fällt aus.

Für den FAO-Münz-Plan (4)

94 (107) 5 Paise (Al) 1976. Rs. Trecker vor Hochspannungsmast und Fabrikanlagen, das Ganze zwischen Weizenähren, Jahreszahl (viereckig) **–,25 –,50**

95 (108) 10 Paise (Al) 1976. Typ wie Nr. 94 **–,25 –,50**

96 (109) 10 Rupien (K-N) 1976. Typ wie Nr. 94 **6,– 9,–**

97 (110) 50 Rupien (S) 1976. Typ wie Nr. 94 **28,– 40,–**

Für den FAO-Münz-Plan (4)

98 (111) 5 Paise (Al) 1977. Rs. Zahnrad mit Sparbüchse und Fabrik, im Halbkreis Dreieck, Ähre, Buch, Haus und Kreuz, Motto »Sparen für die Entwicklung« (viereckig) **–,25 –,50**

			VZ	ST
99	(112)	10 Paise (Al) 1977. Typ wie Nr. 98	**–,25**	**–,50**
100	(113)	10 Rupien (K-N) 1977. Typ wie Nr. 98	**6,–**	**9,–**
101	(114)	50 Rupien (S) 1977. Typ wie Nr. 98	**35,–**	**55,–**

Für den FAO-Münz-Plan mit dem Motto »Nahrung und Obdach für alle« (4)

			VZ	ST
102	(115)	5 Paise (Al) 1978. Rs. Stilisiertes Haus und Weizenähre (viereckig)	**–,25**	**–,50**
103	(116)	10 Paise (Al) 1978. Typ wie Nr. 102	**–,25**	**–,50**
104	(117)	10 Rupien (K-N) 1978. Typ wie Nr. 102	**6,–**	**9,–**

			VZ	ST
105	(118)	50 Rupien (S) 1978, Typ wie Nr. 102	**28,–**	**40,–**

Internationales Jahr des Kindes 1979 (5)

			VZ	ST
106	(119)	5 Paise (Al) 1979. Rs. Emblem, Motto »Frohes Kind – Stolz der Nation« (viereckig)	**–,25**	**–,50**
107	(120)	10 Paise (Al) 1979. Typ wie Nr. 106	**–,25**	**–,50**
108	(121)	10 Rupien (K-N) 1979. Typ wie Nr. 106	**5,–**	**8,–**
109	(122)	50 Rupien (S) 1979. Typ wie Nr. 106		**40,–**

			PP
110	(145)	100 Rupien (S) 1981. Rs. Tanzende und musizierende Kinder:	
		a) 925er Silber, 29,1595 g	80,–
		b) Piéfort, 925er Silber, 58,319 g	*250,–*

FAO-Münz-Plan zur Förderung der Landfrauen (5)

A111 5 Paise (Al) 1980 –,–

			VZ	ST
111	(123)	10 Paise (Al) 1980. Rs. Landfrau mit einfachem elektrischen Dreschapparat (Wellenschnitt)	**–,25**	**–,50**
112	(124)	25 Paise (K-N) 1980. Typ wie Nr. 111	**–,30**	**–,60**
113	(125)	10 Rupien (K-N) 1980. Typ wie Nr. 111		**12,–**
114	(126)	100 Rupien (S) 1980. Typ wie Nr. 111. 500er Silber, 35 g		**50,–**

Welternährungstag 1981 (4)

			VZ	ST
115	(127)	10 Paise (Al) 1981. Rs. Bauer und Bäuerin, Getreide und Früchte tragend	**–,25**	**–,50**

			VZ	ST
116	(128)	25 Paise (K-N) 1981. Typ wie Nr. 115	**–,30**	**–,60**
117	(129)	10 Rupien (K-N) 1981. Typ wie Nr. 115		**10,–**
118	(130)	100 Rupien (S) 1981. Typ wie Nr. 115		**70,–**

IX. Asiatische Sportspiele Delhi 1982 (5)

			VZ	ST
119	(131)	10 Paise (Al) 1982. Rs. Stilisiertes astronomisches Bauwerk bei Delhi aus dem 17. Jh. (Emblem der Spiele) (Wellenschnitt)	–,30	–,60
120	(132)	25 Paise (K-N) 1982. Typ wie Nr. 119	–,30	–,60
121	(134)	2 Rupien (K-N) 1982. Typ wie Nr. 119	1,50	2,–
122	(135)	10 Rupien (K-N) 1982. Typ wie Nr. 119		12,–
123	(136)	100 Rupien (S) 1982. Typ wie Nr. 119		75,–

Nrn. 119–123, polierte Platte 200,–

Welternährungstag 1982 (2)

			VZ	ST
124	(139)	10 Paise (Al) 1982. Rs. Emblem des Welternährungstages (Wellenschnitt)	**–,30**	**–,50**

			VZ	ST
125		20 Paise (Al) 1982. Typ wie Nr. 124 (sechseckig)	**–,40**	**–,80**

Nationale Integration (4)

		VZ	ST
126 (142)	50 Paise (K-N) 1982. Rs. Landkarte Indiens mit Nationalflagge	–,50	1,–

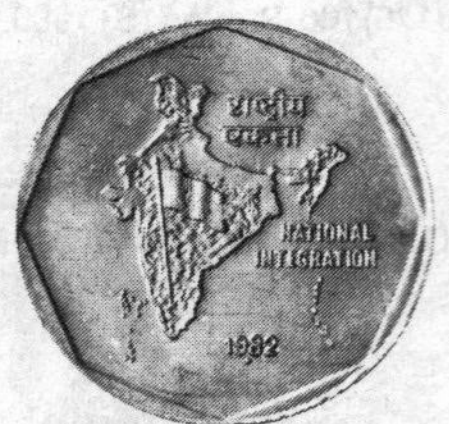

		VZ	ST
127 (143)	2 Rupien (K-N) 1982, 1990. Typ wie Nr. 126	–,80	2,–
128	10 Rupien (K-N) 1982. Typ wie Nr. 126		10,–
129 (144)	100 Rupien (S) 1982. Typ wie Nr. 126		70,–
130	5 Paise (Al) 1985–1987. Löwenkapitell der Aschoka-Säule, darunter Schriftzeile aus den alten Mundaka Upanischaden »Nur die Wahrheit siegt«. Rs. Wertangabe in Englisch und Devanagari (viereckig)	–,40	–,70
131 (141)	10 Paise (Al) 1983–1987. Rs. Wertangabe (Wellenschnitt)	–,50	–,90
132 (140)	20 Paise (Al) 1982–1987. Rs. Wertangabe zwischen Ornamenten (sechseckig)	–,50	–,90
133	50 Paise (K-N) 1984, 1985, 1987. Rs. Wertangabe im Ornamentkreis	–,60	1,–
134 (137)	1 Rupie (K-N) 1983–1987, 1989, 1990. Rs. Wertangabe zwischen Ähren:		
	a) »Security edge«, 1983–1987, 1989	–,80	1,50
	b) Riffelrand, 1990	–,80	1,50

Welternährungstag 1983 mit dem Thema Fischerei (2)

		VZ	ST
A135	10 Paise (Al) 1983		–,–
135	20 Paise (Al) 1983. Rs. Fischer beim Einholen des Netzes (sechseckig)	–,50	1,–

50 Jahre Reserve Bank of India (4)

		VZ	ST
136	50 Paise (K-N) 1985. Rs. Bengalischer Tiger (Panthera tigris tigris) vor Palme	–,60	1,–
137 (146)	2 Rupien (K-N) 1985. Typ wie Nr. 136		–,–
138 (147)	10 Rupien (K-N) 1985. Typ wie Nr. 136		–,–
139 (148)	100 Rupien (S) 1985. Typ wie Nr. 136		–,–

Nrn. 136–139, polierte Platte 250,–

1. Todestag von Indira Gandhi (4)

		VZ	ST
140	50 Paise (K-N) o. J. (1985). Rs. Indira Gandhi (1917–1984), Ministerpräsidentin 1966–1977 und 1980–1984	–,60	1,–
141 (149)	5 Rupien (K-N) o. J. (1985). Typ wie Nr. 140	5,–	8,–
142 (150)	20 Rupien (K-N) o. J. (1985). Typ wie Nr. 140		40,–
143 (151)	100 Rupien (S) o. J. (1985). Typ wie Nr. 140		100,–

Nrn. 140–143, polierte Platte 200,–

IX. Weltkongreß für Forstwesen in Mexiko

		VZ	ST
144	25 Paise (K-N) 1985. Rs. Stilisierter Baum, Frau beim Korbflechten, Hirsch und Vogel	–,50	1,–

Internationales Jahr der Jugend 1985 (3)

		VZ	ST
145	1 Rupie (K-N) 1985. Rs. Emblem	–,80	1,50
146	10 Rupien (K-N) 1985. Typ wie Nr. 145		10,–
147	100 Rupien (S) 1985. Typ wie Nr. 145		50,–

Nrn. 146 und 147, polierte Platte 80,–

Welternährungstag 1986 mit dem Thema Fischerei

		VZ	ST
148	50 Paise (K-N) 1986. Rs. Fischer beim Einholen des Netzes	–,60	1,–
149	20 Rupien (K-N) 1986. Typ wie Nr. 148		30,–
150	100 Rupien (S) 1986. Typ wie Nr. 148		80,–

Nrn. 148–150, polierte Platte 120,–

Welternährungstag 1987 mit dem Thema Kleinbauern (3)

		VZ	ST
151	1 Rupie (K-N) 1987. Rs. Zwei Bauern beim Reisanbau	–,80	1,50
152	20 Rupien (K-N) 1987. Typ wie Nr. 151		–,–
153	100 Rupien (S) 1987. Typ wie Nr. 151		–,–

Nrn. 151–153, polierte Platte –,–

		VZ	ST
154	10 Paise (St) 1988. Löwenkapitell der Aschoka-Säule. Rs. Wertangabe	–,50	–,90

		VZ	ST
155	25 Paise (St) 1988. Rs. Indisches Panzernashorn (Rhinoceros unicornis)	–,50	–,90

		VZ	ST
156	50 Paise (St) 1988. Rs. Parlamentsgebäude in Neu-Delhi vor Landkarte Indiens	–,60	1,–

Nrn. 157–158 fallen aus.

FAO-Ausgabe zum Welternährungstag 1988

		VZ	ST
159	1 Rupie (K-N) 1988. Rs. Frau mit Sonnenblumen im Monsum, Inschrift »Regenfeldbau«	–,80	1,50

FAO-Ausgabe zum Welternährungstag 1989

160	1 Rupie (K-N) 1989	–,80	1,50

100. Geburtstag von Dschawaharlal Nehru (4)

		VZ	ST
161	1 Rupie (K-N) 1989	–,80	1,50
162	5 Rupien (K-N) 1989	3,–	5,–
163	20 Rupien (K-N) 1989		30,–
164	100 Rupien (S) 1989		50,–

Nrn. 161–164, polierte Platte –,–

SAARC-Jahr des Mädchens 1990

165	1 Rupie (K-N) 1990. Rs. Stilisiertes Mädchen, Sonne und Emblem der SAARC (South Asian Association for Regional Co-operation):		
	a) »Security edge«	–,80	1,50
	b) Riffelrand	–,80	1,50

15 Jahre Integrated Child Development Services (ICDS)

		VZ	ST
166	1 Rupie (K-N) 1990. Rs. Mutter mit Kind	–,80	1,50

100. Geburtstag von Bhimrao Ramji Ambedkar

167	1 Rupie (K-N) 1990. Rs. Dr. Bhimrao Ramji Ambedkar (1891–1956), Politiker und Freiheitskämpfer	–,80	1,50

37. Parlamentarische Konferenz der Commonwealth-Staaten in Neu-Delhi (4)

168	1 Rupie (K-N) 1991. Rs. Parlamentsgebäude in Neu-Delhi	–,80	1,50
169	5 Rupien (K-N) 1991. Typ wie Nr. 168	–,–	–,–
170	20 Rupien (K-N) 1991. Typ wie Nr. 168		–,–
171	100 Rupien (K-N) 1991. Typ wie Nr. 168		–,–

Nrn. 168–171, polierte Platte –,–

Princely States | **Ausgaben der Vertrags- und Vasallenstaaten** | **Etats Vassaux et Tributaires**

Bahawalpur — Bahawalpur — Bahawalpour

Das Emirat Bahawalpur gehörte bis 1947 zu Britisch-Indien. Seit 1947 ist Bahawalpur ein Teil von Pakistan. Am 14. Oktober 1955 erfolgte die Eingliederung in den westpakistanischen Landesteil.

Mohammed Bahawal Khan V. Abbasi 1899–1907

SS VZ

1 (2) 1 Paisa (K) n. H. 1321, 1325 (1903, 1907). Halbmond mit Stern über dem Wort Khan zwischen Zweigen. Rs. Inschrift Bahawalpur sarb (Prägung von Bahawalpur), oben Jahreszahl (quadratisch) **15,– 30,–**

2 (6) 1 Paisa (K) n. H. 1324, 1325 (1906, 1907). Name des Emirs Bahawal Khan Abbasi Nawab Khamis (der fünfte). Rs. Inschrift Bahawalpur sarb (Prägung von Bahawalpur), darüber von Halbmond mit Stern geteilte Jahreszahl (quadratisch) **15,– 30,–**

Sadiq Mohammed Khan V. Abbasi 1907–1947

3 (7) 1 Paisa (K) n. H. 1326, 1327 (1908, 1909). Name des Emirs Nawab Khan Sadiq Mohammed Khan Khamis (der Fünfte). Rs. wie Nr. 2 (quadratisch) **12,– 25,–**

4 (8) 1 Paisa (K) n. H. 1342, 1343 (1934, 1925). Tughra, darunter Jahreszahl. Rs. Drei stilisierte Ähren, von vier Sternen überhöht, darunter bogige Inschrift (quadratisch) **25,– 38,–**

SS VZ

5 (9) 1 Paisa (K) n. H. 1343 (1925). Tughra im Quadrat, von Verzierungen, Jahreszahl und Inschrift umgeben. Rs. Drei stilisierte Ähren, von vier Sternen überhöht, im Quadrat, Inschrift Karajan Bahawalpur sarb (Prägung des Staates Bahawalpur) **35,– 55,–**

6 (10) 1 Rupie (S) n. H. 1343 (1925). Emir Sadiq Mohammed Khan V. Abbasi (1904–1966). Rs. Wappen mit Helmzier **100,– 180,–**

7 (11) 1 Ashrafi (G) n. H. 1343 (1925). Typ wie Nr. 6; 7,46 g **600,– 850,–**

8 (12) ½ Pice (K) n. H. 1359/1940. Al-Haj Sadiq Mohammed V. Abbasi mit Fes. Rs. Tughra, Wertangabe und Landesname, von Sternen umgeben **4,– 7,–**

9 (13) ¼ Anna (K) n. H. 1359/1940. Typ wie Nr. 8 **7,– 12,–**

Baroda — Baroda — Baroda

Die Datierung der Münzen entspricht der Samvat-Zeitrechnung.

Pratap Singh 1939–1951

SS VZ

1 (40) ⅓ Mohur (G) n. S. 1995 (1939). Radscha Pratap Singh, Brustbild n. r. Rs. Inschrift, Schwert und Jahreszahl im Kranz; 2,1 g **480,– 600,–**

2 (41) 1 Mohur (G) n. S. 1995 (1939). Typ wie Nr. 1; 6,3 g **550,– 700,–**

Bhaunagar — Bhaunagar — Bhaounagar

Die Datierung entspricht der Samvat-Zeitrechnung.

48 Trambiyo = 24 Dokda = 16 Dhinglo = 1 Kori

1 1 Dokdo (K) n. S. 2004 (1947). Buchstabe »bh« in Devanagari, Umschrift, Jahreszahl. Rs. Stern **–,– –,–**

Bikanir — Bikanir — Bikanir

Die Datierung der Münzen entspricht der Samvat-Zeitrechnung.

Ganga Singhji 1887—1943

Zum 50. Regierungsjubiläum **SS VZ**

1 (19) 1 Rupie (S) n. S. 1994 (1937). Maharadscha Sri Ganga Singhji von vorne, Gedenkumschrift in Devanagari. Rs. Monogramm im Kranz, das Ganze von Inschriften und Symbolen umgeben **30,— 50,—**

SS VZ

2 (20) ½ Mohur (G) n. S. 1994 (1937). Rs. Inschrift im Kreis, unterbrochen von Emblemen **300,— 350,—**

3 (21) 1 Mohur (G) n. S. 1994 (1937). Typ wie Nr. 2 **800,— 860,—**

Bundi — Bundi — Boundi

Staat in Radschastan (Rajasthan), seit 25. März 1948 im Staatenbund Rajasthan. Die Datierung der Münzen entspricht der Samvat-Zeitrechnung. Die Münzen wurden in Namen des jeweiligen britischen Monarchen geprägt.

Maharao Radscha Raghubir Singh 1889—1927

Im Namen Eduards VII. 1901—1910

SS VZ

1 (B11) ¼ Rupie (S) n. S. 1958, 1961 (1901, 1904). Büste eines Yakscha, Umschrift EDWARD VII EMPEROR. Rs. Inschrift in Devanagari, Jahreszahl; 2,7 g (rund) **50,— 90,—**

2 (A11) ½ Rupie (S) n. S. 1958 (1901). Typ wie Nr. 1; 5,4 g (rund) **50,— 90,—**

3 (11) 1 Rupie (S) n. S. 1958—1963 (1901—1906). Typ wie Nr. 1; 10,8 g (rund) **20,— 35,—**

4 (11a) 1 Rupie (S) n. S. 1962 (1905). Typ wie Nr. 1 (viereckig) **180,— 250,—**

5 (A12) 1 Paisa (K) n. S. 1963, 1965 (1906, 1908). Kandschar (indischer Dolch), Umschrift EDWARD VII EMPEROR. Rs. Inschrift in Devanagari, Jahreszahl (viereckig) **20,— 35,—**

6 (12) ¼ Rupie (S) n. S. 1963—1966 (1906—1909). Typ wie Nr. 5 (rund) **20,— 40,—**

7 (13) ½ Rupie (S) n. S. 1963—1966 (1906—1909). Typ wie Nr. 5 (rund) **15,— 26,—**

8 (14) 1 Rupie (S) n. S. 1963—1969 (1905—1912). Typ wie Nr. 5; Ø 18—21 mm (rund) **20,— 40,—**

9 (14a) 1 Rupie (S) n. S. 1966—1969 (1909—1912). Typ wie Nr. 5 (viereckig) **180,— 250,—**

10 (14b) 1 Rupie (S) n. S. 1967—1969 (1910—1912). Typ wie Nr. 5; Ø 24—26 mm (rund) **60,— 100,—**

Im Namen Georgs V. 1910—1936

11 (15) 1 Paisa (K) n. S. 1973, 1974, 1976, 1981, 1982, 1984 (1916—1927). Kandschar, Umschrift GEORGE V EMPEROR. Rs. Inschrift in Devanagari, Jahreszahl (viereckig) **10,— 16,—**

SS VZ

12 (16) ¼ Rupie (S) n. S. 1972—1974, 1980—1982 (1915—1925). Typ wie Nr. 11 (rund) **15,— 22,—**

13 (17) ½ Rupie (S) n. S. 1972—1974, 1979—1984 (1915—1927). Typ wie Nr. 11 (rund) **18,— 25,—**

14 (18) 1 Rupie (S) n. S. 1972—1974, 1979—1984 (1915—1927). Typ wie Nr. 11 (rund) **20,— 38.—**

15 (18a) 1 Rupie (S) n. S. 1971, 1975, 1977, 1979—1981, 1983, 1984, (1914—1927). Typ wie Nr. 11 (viereckig) **120,— 200,—**

16 (A19) ¼ Rupie (S) 1925. Jahreszahl, Umschrift GEORGE V EMPEROR. Rs. Inschrift in Devanagari (rund) **90,— 150,—**

17 (19) ½ Rupie (S) 1925. Typ wie Nr. 16 (rund) **50,— 90,—**

18 (20) 1 Rupie (S) 1925. Typ wie Nr. 16 (rund) **200,— 280,—**

19 (20a) 1 Rupie (S) 1925. Typ wie Nr. 16 (viereckig) **250,— 320,—**

Maharao Radscha Ischwari Singh 1927—1945

20 (15) 1 Paisa (K) n. S. 1986, 1987, 1990, 1992 (1929—1934). Typ wie Nr. 11 **10,— 16,—**

21 (18) 1 Rupie (S) n. S. 1987, 1989 (1930, 1932). Typ wie Nr. 14 **20,— 35,—**

22 (18a) 1 Rupie (S) n. S. 1987 (1930). Typ wie Nr. 15 **120,— 200,—**

Cooch Behar — Cooch Behar — Cooch Behar

Unabhängiges Königreich in Ostindien. Die Münzen sind nach der Cooch-Behar-Ära datiert, die im Jahr 1511, dem Regierungsantritt von König Chandan, beginnt.

Radschendra Narayan 1911–1913

		SS	VZ
1 (5)	½ Rupie (S) C.B. 402 (1912). Staatswappen. Rs. Name des Herrschers, Jahreszahl; 4,7 g	**55,–**	**80,–**
2 (6)	1 Mohur (G) C.B. 402 (1912). Typ wie Nr. 1; 8,5 g	**500,–**	**700,–**

Jitendra Narayan 1913–1922

		SS	VZ
3 (7)	½ Rupie (S) C.B. 404 (1914). Staatswappen. Rs. Name des Herrschers, Jahreszahl; 4,7 g	**45,–**	**75,–**
4 (8)	1 Mohur (G) C.B. 404 (1914). Typ wie Nr. 3; 8 g	**500,–**	**700,–**

Jagaddipendra Narayan 1922–1949

		SS	VZ
5 (9)	½ Rupie (S) C.B. 413 (1923). Staatswappen. Rs. Name des Herrschers, Jahreszahl; 5,4 g	**70,–**	**120,–**

Duttia — Datia — Datia

Staat in der Landschaft Bundelkhand.

Govind Singh 1907–1948

		SS	VZ
1 (1)	½ Mohur (G) o. J. Maharadscha Govind Singh († 1955), Umschrift. Rs. Staatswappen; 5,4 g	**800,–**	**1200,–**

Dewas senior branch — Dewas ältere Linie — Dewas branche aînée

Die Datierung entspricht der Samvat-Zeitrechnung.

Bikram Simha Rao 1937–1948

1 (3)	1 Paisa (K) n. S. 2000, 2001 (1944, 1945). Bikram Simha Rao, Brustbild n. r. Rs. Staatsemblem	**120,–**	**180,–**

Dhar — Dhar — Dhar

Staat in der Landschaft Malwa.

Anand Rao VI. 1943–1948

1 (4)	1 Mohur (G) 1943. Staatswappen, Landesname, Jahreszahl. Rs. Inschrift	**450,–**	**600,–**

Jaipur **Dschaipur** Jaipour

Staat in Radschastan (Rajasthan). Die Datierung der Münzen entspricht dem Regierungsjahr des jeweiligen Herrschers.

Madho Singh II. 1880–1922

Im Namen von Königin Viktoria 1837–1901

SS VZ

1 (8) 1 Paisa (K) 4, 5, 8, 19–25, 27–29, 38, 39 (1883–1918). Name von Königin Viktoria. Rs. Name von Madho Singh, Regierungsjahr, Staatsemblem (Zweig der einheimischen Getreidepflanze Dschugara); Ø 16–20 mm **5,– 9,–**

2 (8) 1 Paisa (K) 22/1901. Name von Königin Viktoria, Jahreszahl. Rs. Name von Madho Singh, Regierungsjahr, Staatsemblem; Ø 16–20 mm **5,– 9,–**

3 (8a) 1 Nazarana Paisa (K) 1/1880, 17/1897, 18/1897, 20/1899–37/1916. Typ wie Nr. 2; Ø 32–36 mm **22,– 36,–**

4 (9) 1/16 Rupie (S) 2, 10 (1881, 1889). Typ wie Nr. 1; 0,675 g, Ø 10 mm **10,– 18,–**

5 (10) ⅛ Rupie (S) 4, 6, 12, 18, 19, 21–23, 26–29, 41, 42 (1883–1921). Typ wie Nr. 1; 1,35 g, Ø 13 mm **7,– 15,–**

6 (11) ¼ Rupie (S) 1, 2, 7, 8, 10–12, 14–17, 19, 20, 22–24, 26–30, 34, 37, 38, 42, 44 (1880–1923). Typ wie Nr. 1; 2,7 g, Ø 16 mm **10,– 18,–**

7 (11) ¼ Rupie (S) 21/1900. Typ wie Nr. 2 **10,– 18,–**

8 (12) ½ Rupie (S) 1, 3–5, 8–10, 14, 15, 17, 18, 20, 22, 23, 26, 30, 37 (1880–1916). Typ wie Nr. 1; 5,4 g, Ø 18 mm **15,– 25,–**

9 (12) ½ Rupie (S) 21/1900, Typ wie Nr. 2 **15,– 25,–**

10 (13) 1 Rupie (S) 1–21, 23–27, 29–31, 33, 37, 42, 43 (1880–1922). Typ wie Nr. 1; 10,8 g, Ø 21 mm **20,– 35,–**

11 (13) 1 Rupie (S) 8/1886, 9/1888, 39/1918. Typ wie Nr. 2; 10,8 g Ø 21 mm **20,– 35,–**

12 (13b) 1 Nazarana Rupie (S) 5/1884, 7/1866–12/1891, 18/1897, 20/1899, 22/1901, 24/1903, 25/1904, 27/1906, 29/1908, 30/1909, 32/1911, 33/1912, 34/1913, 37/1916. Typ wie Nr. 2, jedoch beidseitig Randdekor; 10,8 g, Ø 36–37 mm **35,– 50,–**

13 (14) 1 Mohur (G) 2, 5, 16, 17, 20, 36, 37, 40 (1881–1919). Typ wie Nr. 1; 10,8 g, Ø 18 mm **400,– 500,–**

Nr. 14 fällt aus.

Man Singh II. 1922–1949

Im Namen Georgs V. 1910–1936

15 (15) 1 Rupie (S) 1/1922. Name von Georg, Jahreszahl. Rs. Name von Man Singh, Regierungsjahr, Staatsemblem; 10,8 g, Ø 21 mm **70,– 100,–**

SS VZ

16 (15a) 1 Nazarana Rupie (S) 3/1924, 7/1928, 11/1932. Typ wie Nr. 15, jedoch beidseitig Randdekor; 10,8 g, Ø 36–37 mm **140,– 200,–**

17 (A15) 1 Mohur (G) 3/1924. Typ wie Nr. 15; 10,8 g, Ø 20 mm **650,- 900,-**

Im Namen Eduards VIII. 1936

18 (B15) 1 Nazarana Rupie (S) 15/1936. Name von Edward, Jahreszahl, Randdekor. Rs. Name von Man Singh, Regierungsjahr, Staatsemblem, Randdekor; 10,8 g, Ø 36 mm **–,– –,–**

Im Namen Georgs VI. 1936–1952

19 (16) ½ Paisa (K) 21–23 (1942–1944). Name von Georg. Rs. Name von Man Singh, Regierungsjahr, Staatsemblem; Ø 17 mm **2,– 3,–**

20 (17) 1 Nazarana Paisa (K) 28/1949. Typ wie Nr. 15; Ø 32 mm **25–, 40,–**

21 (18) 1 Anna (Me) 1943, 1944. Staatsemblem im Kreis, Umschrift in Devanagari. Rs. Wertzahl im Kreis, Umschrift in Urdu **3,– 6,–**

22 (19) 1 Anna (Me) 1944. Brustbild des Maharadschas nach rechts, Umschrift in Devanagari. Rs. Staatsemblem, Umschrift in Urdu, Jahreszahl **3,– 6,–**

23 (20) 2 Annas (Me) 21/1942. Typ wie Nr. 15 (viereckig) **7,– 12,–**

24 (21) 1 Rupie (S) 17/1938, 20/1941. Typ wie Nr. 15; 10,8 g, Ø 27–30 mm **36,– 60,–**

25 (21a) 1 Nazarana Rupie (S) 18/1939, 20/1941, 22/1943, 24/1945, 27/1948, 28/1949. Typ wie Nr. 16; 10,8 g, Ø 37–38 mm **15,– 25,–**

26 (22) 1 Mohur (G) 20, 22, 28 (1941–1949). Typ wie Nr. 19; 10,8 g, Ø 18–21 mm **350,– 550,–**

Jeend **Dschind** Jind

Staat im Pandschab, seit 1885 Konventionsstaat. Die Datierung entspricht der Samvat-Zeitrechnung.

Ranbir Singh 1887–1950

Zum 50. Regierungsjubiläum SS VZ

1 (2) 1 Rupie (S) n. S. 1993 (1937). Inschrift in Urdu. Rs. Gedenkinschrift, Jahreszahl **250,– 400,–**

Jodhpur Dschodhpur Jodhpour

Marwar

Staat in Nordwestindien. Die Datierung einiger Münzen entspricht der Samvat-Zeitrechnung.

Sardar Singh 1895–1911

Im Namen Eduards VII. 1901–1910

SS VZ

1 (20) ¼ Anna (K) 1901–1910. Name von Eduard. Rs. Name von Sardar Singh, Jahreszahl; Ø 16–19 mm **8,– 15,–**

2 (21) ½ Anna (K) 1906, 1908. Typ wie Nr. 1; Ø 23–25 mm **15,– 28,–**

Nr. 3 fällt aus.

4 (22) ¼ Rupie (S) n. S. 1965 (1908). Name von Eduard, Staatsemblem (Zweig der einheimischen Getreidepflanze Dschugara). Rs. Name von Sardar Singh, Jahreszahl, Inschrift in Devanagari; 2,7 g, Ø 19 mm **35,– 60,–**

5 (A23) ½ Rupie (S) o. J. Typ wie Nr. 4; 5,4 g, Ø 19 mm **70,– 120,–**

6 (23) ¼ Mohur (G) 1906. Typ wie Nr. 4; 2,7 g, Ø 13 mm **300,– 400,–**

7 (24) ½ Mohur (G) 1906. Typ wie Nr. 4; 5,4 g, Ø 18 mm **400,– 550,–**

8 (25) 1 Mohur (G) 1906. Typ wie Nr. 4; 10,8 g, Ø 20 mm **650,– 800,–**

Sumar Singh 1911–1918

9 (26) ½ Mohur (G) o. J. (1911). Name von Eduard, Staatsemblem, Rs. Name von Sumar Singh, Inschrift in Devanagari; 5,4 g, Ø 19 mm **650,– 800,–**

Im Namen Georgs V. 1910–1936

10 (27) ¼ Anna (K) 1911, 1914. Name von Georg V. Rs. Name von Sumar Singh, Jahreszahl; Ø 16–18 mm **22,– 35,–**

11 (28) ½ Anna (K) 1914, 1918. Typ wie Nr. 10; Ø 25 mm **22,– 35,–**

12 (29) ⅛ Rupie (S) o. J. Name von Georg V., Staatsemblem. Rs. Name von Sumar Singh, Inschrift in Devanagari; 1,35 g, Ø 13 mm **55,– 80,–**

13 (30) ¼ Rupie (S) o. J. Typ wie Nr. 12; 2,7 g, Ø 14 mm **55,– 80,–**

14 (31) ½ Rupie (S) o. J. Typ wie Nr. 12; 5,4 g, Ø 18 mm **55,– 80,–**

15 (32) 1 Rupie (S) o. J. Typ wie Nr. 12; 10,8 g, Ø 21 mm **70,– 110,–**

16 (33) 1 Mohur (G) o. J. Typ wie Nr. 12; 10,8 g, Ø 18 mm **500,– 800,–**

Umaid Singh 1918–1947

SS VZ

17 (35) ¼ Rupie (S) o. J. Name von Georg V., Staatsemblem. Rs. Name von Umaid Singh, Inschrift in Devanagari; 2,7 g, Ø 18 mm **70,– 100.–**

18 (36) ¼ Mohur (G) o. J. Typ wie Nr. 17; 2,7 g, Ø 16 mm **300,– 400,–**

19 (37) ½ Mohur (G) o. J. Typ wie Nr. 17; 5,4 g, Ø 18 mm **450,– 600,–**

20 (38) 1 Mohur (G) o. J. Typ wie Nr. 17; 10,8 g, Ø 18–20 mm **500,– 800,–**

Im Namen Eduards VIII. 1936

21 (39) ¼ Anna (K) 1936. Name von Eduard VIII. Rs. Name von Umaid Singh, Jahreszahl; Ø 18 mm **7,– 15,–**

22 (39.1) ¼ Anna (K) 1936. Typ wie Nr. 21, jedoch Eduard ohne arabische 8 **7,– 15,–**

23 (A40) 1 Mohur (G) 1936. Name von Eduard VIII., Staatsemblem. Rs. Name von Umaid Singh, Jahreszahl, Inschrift in Devanagari; 11 g **–,– –,–**

Im Namen Georgs VI: 1936–1952

24 (40) ¼ Anna (K) 1937, 1938. Name von Georg. Rs. Name von Umaid Singh, Jahreszahl; 10–11 g, Ø 18–19 mm **4,– 8,–**

25 (40) ¼ Anna (K) n. S. 1996 (1939). Typ wie Nr. 24; 10–11 g, Ø 19 mm **7,– 12,–**

26 (41) ¼ Anna (K) n. S. 2000 (1943). Typ wie Nr. 24; 3 g, Ø 19–20 mm **3,– 5,–**

27 (41.1) ¼ Anna (K) n. S. 2000–2002 (1943–1945). Typ wie Nr. 24, jedoch Georg mit arabischer 6; 3 g, Ø 19–20 mm **7,– 12,–**

28 (42) 1 Mohur (G) o. J. Name von Georg, Staatsemblem. Rs. Name von Umaid Singh, Inschrift in Devanagari; 10,8 g, Ø 16–18 mm **600,– 800,–**

Hanwant Singh 1947–1952

29 (44) 1 Mohur (G) o. J. Name von Georg VI., Staatsemblem. Rs. Name von Hanwant Singh, Inschrift in Devanagari; 10,8 g, Ø 16–18 mm **750,– 1000,–**

Von Nr. 29 Kupferabschläge vorkommend (Y43).

Junagadh Dschunagadh Jounagadh

Staat auf der Halbinsel Kathiawar. Die Datierung der Münzen entspricht der Samvat-Zeitrechnung.

48 Trambiyo = 24 Dodka = 2 Dhinglo = 1 Kori

Rasal Khan 1892–1911

1 (6.1) 1 Dokdo (K) n. S. 1963/n. H. 1325 (1906). Arabische Inschrift, Jahreszahl. Rs. Wertangabe, Münzstätte in Devanagari, Jahreszahl 30,– 50,–

2 (6) 1 Dokdo (K) n. S. 1963–1967 (1906–1910), auch o. J. Arabische Inschrift. Rs. Wertangabe, Münzstätte in Devanagari, Jahreszahl 7,– 15,–

3 (7) 2 Dokda (K) n. S. 1964 (1907). Typ wie Nr. 2 70,– 120,–

4 (8) 1 Kori (S) n. S. 1966 (1909). 4,6 g, Ø 15 mm 100,– 160,–

5 (A9) 1 Kori (G) n. H. 1318 (1900). 4 g, Ø 19 mm *3200,–*

6 1 Mohur (G) n. H. 1325 (1906). 11,5 g, Ø 20 mm *5000,–*

Mahabat Khan III. 1911–1948

7 (9) 1 Dokdo (K) n. S. 1985, 1990 (1928, 1933) 120,– 180,–

Dungarpur

Dungarpur — Doungarpour

Die Datierung entspricht der Samvat-Zeitrechnung.

Lakshman Singh 1918–1948

		SS	VZ
1 (1)	1 Paisa (K) n. S. 2001 (1944). Staatswappen. Rs. in Devanagari Wertangabe »Paisa«, in der Umschrift Landesname, unten Jahreszahl (viereckig)	**40,–**	**70,–**
2 (2)	1 Mohur (G) n. S. 1996 (1939)	**–,–**	**–,–**

Faridkot

Faridkot — Faridkot

Staat im Pandschab.

Harindar Singh 1918–1949

1 (B1)	½ Rupie (S) 1941. Radscha Harindar Singh mit Turban. Rs. Staatswappen	**–,–**	**–,–**
2 (A1)	1 Rupie (S) 1941. Typ wie Nr. 1	**–,–**	**–,–**
3 (1)	⅓ Mohur (G) 1941. Typ wie Nr. 1	**700,–**	**1200,–**

Gwalior

Gwalior — Gwalior

Staat der Landschaft Malwa. Die Datierung der Münzen entspricht der Samvat-Zeitrechnung. Nachfolgende Stücke sind in Laschkar geprägt.

Madho Rao Sindia II. 1886–1925

		SS	VZ
1 (45)	½ Pice (K) n. S. 1956–1958 (1899–1901). Kobra oder Brillenschlange (Naja naja – Elapidae oder Elaphidae); (Sanskrit: naga), Dreizack (Attribut des Gottes Schiwa) und Zepter, das Ganze in gepunktetem Kreis; Umschrift Sri Madhava Rao ma Sinde Alijabahadar in Devanagari. Rs. Wertangabe in Blumenornament, unten Jahreszahl	**4,–**	**8,–**

		SS	VZ
2 (46)	¼ Anna (K) n. S. 1953, 1954, 1956–1958 (1896–1901). Typ wie Nr. 1	**5,–**	**10,–**
3 (47)	⅓ Mohur (G) n. S. 1959 (1902). Brustbild des Maharadschas mit Turban nach rechts. Rs. Staatswappen, Jahreszahl	**500,–**	**800,–**
4 (48)	¼ Anna (K) n. S. 1970, 1974 (1913, 1917). Typ ähnlich wie Nr. 3:		
	a) n. S. 1970; 6,6 g	**5,–**	**10,–**
	b) n. S. 1970, 1974; 5,1 g	**4,–**	**8,–**

Georg Dschivadschi Rao Sindia III. 1925–1948

		SS	VZ
5 (49)	¼ Anna (K) n. S. 1986, 1999 (1929, 1942). Brustbild des Maharadschas nach links. Rs. Staatswappen, Inschrift in Devanagari und Arabisch:		
	a) n. S. 1986; 5,1 g	**3,–**	**5,–**
	b) n. S. 1986, 1999; 3,1 g	**3,50**	**6,–**
6 (50)	¼ Anna (K) n. S. 1999 (1942). Brustbild des Maharadschas mit älteren Gesichtszügen nach links. Rs. Staatswappen, Inschrift nur in Devanagari; 3,1 g	**2,–**	**5,–**
7 (51)	½ Anna (Me) n. S. 1999 (1942). Typ wie Nr. 6	**2,–**	**3,–**

Hyderabad Haidarabad Hayderabad

Staat im Hochland von Dekkan. 1948 wurde Haidarabad in das indische Dominion eingegliedert und im November 1956 auf die Unionstaaten Andhra Pradesch, Maisur und Bombay aufgeteilt.

Nawab Mir Mahbub Ali Khan II. Bahadur, Asaf Dschah VI., Nisam von Haidarabad 1869–1911

Im Namen des Staatsgründers Asaf Dschah I., Nisam von Haidarabad 1713–1748

			SS	VZ
1 (13)	1/16	Rupie (S) n. H. 1321/37 (1903). Name des Staatsgründers Asaf Dschah 92, Nisam el-Mulk, bahadur (der Heldenhafte), Initiale »M« für Mahbub, Sikkah (Münze), Jahreszahl. Rs. Regierungsjahr, Inschrift Dschalus maimanat manus farkhandah banyad sarb Haidarabad (Prägung von Haidarabad, der »glücklichen Gründung«, im 37. Jahr der Regierung im Wohlstand). 818er Silber, 0,698 g	3,–	5,–
2 (14)	1/8	Rupie (S) n. H. 1321/37 (1903). Typ wie Nr. 1. 818er Silber, 1,397 g	5,–	10,–
3 (15)	1/4	Rupie (S) n. H. 1321 (1903). Typ wie Nr. 1. 818er Silber, 2,794 g	7,–	15,–

Nr. 4 fällt aus.

5 (17)	1	Rupie (S) n. H. 1318/34 (1900). Typ wie Nr. 1. 818er Silber, 11,178 g	10,–	20,–
6 (18)	1/16	Mohur (G) n. H. 1321 (1903). Typ wie Nr. 1. 910er Gold, 0,698 g	55,–	70,–
7(19)	1/8	Mohur (G) n. H. 1318, 1320, 1321 (1900–1903). Typ wie Nr. 1. 910er Gold, 1,397 g	50,–	85,–
8 (20)	1/4	Mohur (G) n. H. 1318/35 (1900). Typ wie Nr. 1. 910er Gold, 2,794 g	70,–	120,–

Nr. 9 fällt aus.

10 (22)	1	Mohur (G) n. H. 1318–1321 (1900–1903). Typ wie Nr. 1. 910er Gold, 11,178 g	320,–	450,–

Nrn. 11–13 fallen aus.

14 (29)	2	Annas (S) n. H. 1318/35 (1900). Typ wie Nr. 1, jedoch mit Randdekor. 818er Silber, 1,397 g, Ø 15 mm	35,–	60,–
15 (30)	4	Annas (S) n. H. 1318/32, 1318/34, 1318/35 (1900). Typ wie Nr. 14. 818er Silber, 2,794 g, Ø 19 mm	30,–	50,–
16 (31)	8	Annas (S) n. H. 1318/34, 1318/35 (1900). Typ wie Nr. 14. 818er Silber, 5,589 g, Ø 24 mm	30,–	50,–
17 (32)	1	Rupie (S) n. H. 1318/34 (1900). Typ wie Nr. 14. 818er Silber, 11,178 g, Ø 30 mm	25,–	40,–

Nr. 18 fällt aus

19 (34)	1	Pai (Bro) n. H. 1326/42, 1327/42 (1908, 1909). Tughra, links im Bogen Initiale »M« für Mahbub, unten Jahreszahl. Rs. Wertangabe im Kreis, Umschrift Sarb farkhandah banyad Haidarabad sanat dschalus 42 maimanat manus; Ø 16 mm	6,–	10,–
20 (35)	2	Pai (Bro) n. H. 1322/37–1322/39, 1323/38–1323/41, 1324/39–1324/41, 1325/40, 1325/41, 1329/43–1329/45 (1904–1911). Typ wie Nr. 19; Ø 20 mm	1,–	3,–
21 (36)	1/2	Anna (Bro) n. H. 1324/38, 1324/40, 1324/41, 1325/40, 1325/41, 1326/41, 1329/44 (1906–1911). Typ wie Nr. 19; Ø 31 mm	3,–	6,–
22 (37)	2	Annas (S) n. H. 1323/34, 1323/39 (1905). Char Minar in Haidarabad, im Tor Initiale »M«, zwischen den Minaretten Asaf Dschah 92, rechts Nisam el-Mulk, links bahadur, unten Jahreszahl. Rs. Inschrift mit Regierungsjahr wie bei Nr. 19. 818er Silber, 1,39 g, Ø 15 mm	5,–	10,–
23 (38)	4	Annas (S) n. H. 1323/39, 1326/43, 1328/43, 1329/44 (1905–1911). Typ wie Nr. 22. 818er Silber, 2,794 g, Ø 20 mm	6,–	12,–
24 (39)	8	Annas (S) n. H. 1322/38, 1328/43, 1329/44 (1904–1911). Typ wie Nr. 22. 818er Silber, 5,589 g, Ø 24 mm	12,–	28,–
25 (40)	1	Rupie (S) n. H. 1319/35, 1321/37, 1321/38, 1322/38, 1322/39, 1323/39,1324/40, 1325/41, 1326/41, 1328/43, 1329/44 (1901–1911). Typ wie Nr. 22. 818er Silber, 11,178 g, Ø 30 mm	18,–	26,–
26 (41)	1/8	Mohur (G) n. H. 1325/41 (1907). Typ wie Nr. 22. 910er Gold, 1,394 g	70,–	120,–
27 (42)	1/4	Mohur (G) n. H. 1325/41, 1329/44 (1907, 1911). Typ wie Nr. 22. 910er Gold, 2,794 g	100,–	180,–
28 (43)	1/2	Mohur (G) n. H. 1325/41, 1326/41, 1329/44 (1907–1911). Typ wie Nr. 22. 910er Gold, 5,589 g	140,–	240,–

29 (44)	1	Mohur (G) n. H. 1325/41, 1329/44 (1907, 1911). Typ wie Nr. 22. 910er Gold, 11,178 g	220,–	350,–

Nrn. 28 und 29 von n. H. 1324/40 in Silber vorkommend (Y43a, 44a).

Nawab Mir Osman Ali Khan, Asaf Dschah VII. Nisam von Haidarabad und Berar 1911–1948

30 (46)	2	Pai (Bro) n. H. 1329/1, 1330/1 (1911, 1912). Tughra, links im Bogen verkürzte Initiale »Ain« für Osman, unten Jahreszahl. Rs. Inschrift mit Regierungsjahr	3,–	5,–
31 (53)	1	Rupie (S) n. H. 1330/1 (1912). Char Minar in Haidarabad, im Tor verkürzte Initiale »Ain«, unten Jahreszahl. Rs. Inschrift mit Regierungsjahr	15,–	25,–
A32	1/8	Mohur (G) n. H. 1329/1 (1911)	–,–	–,–
32 (57)	1	Mohur (G) n. H. 1330/1 (1912). Typ wie Nr. 31	255,–	400,–
33 (45)	1	Pai (Bro) n. H. 1338, 1344/15, 1349/20, 1352/23, 1352/24, 1353/24 (1920–1935). Typ wie Nr. 30, jedoch vollständige Initiale »Ain«	2,–	3,50
34 (46a)	2	Pai (Bro) n. H. 1330/1, 1330/2, 1331/2, 1331/3, 1332/3, 1332/4, 1333/4, 1333/5, 1335/6, 1335/7, 1336/7, 1336/8, 1337/7, 1337/8, 1338/8, 1338/9, 1338/11, 1339/10, 1339/11, 1342/13, 1342/14, 1343/14, 1343/15, 1344/15, 1345/16, 1347/18, 1347/19, 1348/19, 1349/20 (1912–1932). Typ wie Nr. 33	3,–	5,–
35 (47)	1/2	Anna (Bro) n. H. 1332/2, 1332/3, 1334/4, 1344/15, 1348/20 (1914–1930). Typ wie Nr. 33	5,–	10,–
36 (48)	1	Anna (K-N) n. H. 1338–1341, 1344, 1347, 1349, 1351–1354 (1920–1936). Tughra, Wertangabe in der Umschrift. Rs. Wertzahl zwischen Schriftsegmenten	3,–	6,–
37 (50)	2	Annas (S) n. H. 1335/6, 1337/9, 1338/10, 1340/11, 1341/13, 1341/14, 1342/13, 1343/14, 1343/15, 1347, 1348/19, 1351/22, 1355/26 (1917–1937). Typ wie Nr. 31, jedoch vollständige Initiale »Ain«	3,–	5,–

		SS	VZ
38 (51)	4 Annas (S) n. H. 1337/9, 1340/11, 1342/13, 1342/14, 1348/19, 1351/22, 1354/25, 1358/30 (1919–1940). Typ wie Nr. 37	**5,–**	**11,–**
39 (52)	8 Annas (S) n. H. 1337/9, 1342/13, 1343/13, 1354/25 (1919–1936). Typ wie Nr. 37	**10,–**	**18,–**

40 (53a)	1 Rupie (S) n. H. 1330/1, 1330/2, 1331/2, 1331/3, 1332/3, 1334/6, 1335/6, 1335/7, 1336/7, 1337/8, 1337/9–1339/9, 1340/11–1343/14 (1912–1925). Typ wie Nr. 37	**15,–**	**25,–**
41 (54)	⅛ Mohur (G) n. H. 1337/8, 1344/15, 1354, 1364/35, 1366/37, 1368/39 (1919–1948). Typ wie Nr. 37	**90,–**	**150,–**
42 (55)	¼ Mohur (G) n. H. 1337/8, 1342/13, 1349/20, 1357, 1360/31, 1364/35, 1368/38 (1919–1948). Typ wie Nr. 37	**125,–**	**190,–**

43 (56)	½ Mohur (G) n. H. 1337/8, 1338/8, 1342/13, 1343/14, 1345/16, 1349/20, 1354/25, 1357 (1919–1939). Typ wie Nr. 37	**185,–**	**320,–**
44 (57a)	1 Mohur (G) n. H. 1331/3, 1333/4, 1337/8, 1337/9, 1338/9, 1340/11, 1342/13–1344/15, 1348/19, 1349/20, 1354/25 (1913–1936). Typ wie Nr. 37	**255,–**	**400,–**

		SS	VZ
45 (49)	1 Anna (K-N) n. H. 1356–1361 (1938–1943). Tughra. Rs. Wertzahl im Ornamentrahmen (viereckig)	**2,–**	**4,–**

46 (58)	2 Pai (Bro) n. H. 1362/33, 1363/34, 1363/35, 1364/35, 1365/36, 1366/37, 1368/39 (1944–1950). Inschrift (mit Loch)	**2,–**	**3,–**
47 (59)	1 Anna (Bro) n. H. 1361, 1362, 1364–1366, 1368 (1943–1950). Typ wie Nr. 45	**1,20**	**2,–**
48 (60)	2 Annas (S) n. H. 1362/33 (1944), Char Minar in Haidarabad, im Tor vollständige Initiale »Ain«, unten Jahreszahl. Rs. Wertziffer im Kreis, Umschrift mit Regierungsjahr	**4,–**	**7,–**
49 (61)	4 Annas (S) n. H. 1362/33, 1362/34, 1364/33, 1364/35, 1364/36, 1365/36 (1944–1947). Typ wie Nr. 48	**4,–**	**7,–**
50 (62)	8 Annas (S) n. H. 1363/34 (1945). Typ wie Nr. 48	**6,–**	**10,–**

51 (63)	1 Rupie (S) n. H. 1361/31, 1361/32, 1362/34, 1364/35, 1364/36, 1365/36 (1943–1947). Typ wie Nr. 48	**16,–**	**25,–**
52 (64)	2 Annas (N) n. H. 1366/37, 1368/39 (1948, 1950). Typ wie Nr. 48, jedoch Wertangabe in Buchstaben	**1,–**	**2,–**
53 (65)	4 Annas (N) n. H. 1366/37, 1368/39 (1948, 1950). Typ wie Nr. 52	**1,50**	**3,–**
54 (66)	8 Annas (N) n. H. 1366/37 (1948). Typ wie Nr. 52	**7,–**	**12,–**

Indore — Indur — Indore

Staat in der Landschaft Malwa. Die Datierung der Münzen entspricht der Samvat-Zeitrechnung.

Maharadscha Schiwadschi Rao Holkar 1886–1903

1 (10a)	¼ Anna (K) n. S. 1944–1948, 1956–1959 (1887–1902). Zebu, Umschrift »Srimant Maharaja Holkar Sirkar Indore« in Devanagari. Rs. Wert und Jahreszahl in gepunktetem Kreis, das Ganze von Blattdekor umgeben	**3,50**	**6,–**
2 (11a)	½ Anna (K) n. S. 1943–1945, 1947, 1948, 1956–1959 (1886–1902).Typ wie Nr. 1	**450,-**	**8,–**
3 (19)	1 Rupie (S) n. S. 1956, 1958 (1899, 1901). Brustbild des Maharadscha mit Turban. Rs. Staatsemblem	**110,–**	**150,-**

Maharadscha Jeschwant Rao Holkar II. 1926–1961

4 (20)	¼ Anna (K) n. S. 1992/1935. Brustbild des Maharadschas im Perlkreis. Rs. Wert und Jahreszahl im Perlkreis, das Ganze von Blattdekor umgeben	**2,–**	**4,–**

5 (21)	½ Anna (K) n. S. 1992/1935. Typ wie Nr. 4	**3,50**	**7,–**

Cambay Khanbayat Cambay

Die Datierung der Münzen entspricht der Samvat-Zeitrechnung.

Ja'afar Ali Khan 1880–1915

		SS	VZ
1 (2)	¼ Paisa (K) n. S. 1962 (1905). Persische Inschrift »Schah«. Rs. Inschrift in Devanagari, Jahreszahl (rund)	9,–	15,–
2 (3)	½ Paisa (K) n. S. 1962 (1905). Typ wie Nr. 1 (rund)	9,–	15,–
3 (3a)	½ Paisa (K) n. S. 1962 (1905). Typ wie Nr. 1 (viereckig)	12,–	20,–
4 (4)	1 Paisa (K) n. S. 1962 (1905). Typ wie Nr. 1 (rund)	6,–	10,–
5 (4a)	1 Paisa (K) n. S. 1962 (1905). Typ wie Nr. 1 (viereckig)	7,–	12,–
6 (5)	½ Paisa (K) n. S. 1963, 1964 (1906, 1907). Persische Staatsbezeichnung. Rs. Wertangabe in Buchstaben, Jahreszahl	16,–	25,–
7 (5a)	½ Paisa (K) n. S. 1964–1966 (1907–1909). Persische Staatsbezeichnung. Rs. Wertangabe in Zahlzeichen, Jahreszahl	15,–	22,–
8 (6)	1 Paisa (K) n. S. 1963–1966, 1968, 1970 (1906–1913). Typ wie Nr. 7	5,–	10,–

Kishangarh Kischangarh Kichangarh

Madan Singh 1900–1926

Im Namen Eduards VII. 1901–1910

1 (B3)	¼ Rupie (S) o. J. Name Eduards. Rs. Name von Madan Singh, Staatsemblem	–,–	–,–
2 (3)	½ Rupie (S) 24/1902. Typ wie Nr. 1	–,–	–,–

Yagyanarain 1926–1938

Im Namen Georgs V. 1910–1936 und Georgs VI. 1936–1952

3 (4)	¼ Rupie (S) 24. Name Georgs. Rs. Name von Yagyanarain, Staatsemblem	50,–	80,–
4 (5)	½ Rupie (S) 24. Typ wie Nr. 3	50,–	80,–
5 (6)	1 Rupie (S) 24, auch o. J. Typ wie Nr. 3	75,–	120,–
6 (7)	½ Mohur (G) 24. Typ wie Nr. 3	500,–	650,–
7 (8)	1 Mohur (G) 24. Typ wie Nr. 3	600,–	800,–

Kutch Kutsch Kotch

Die Münzen wurden bis 1947 im Namen des jeweiligen britischen Monarchen geprägt.

48 Trambiyo = 24 Dokda = 16 Dhinglo = 8 Dhabu = 4 Payala = 2 Adhio = 1 Kori

Khendardschi III. 1876–1942

Im Namen von Eduard VII. 1901–1910

1 (38)	1 Trambiyo (K) n. S. 1965/1908, 1965/1909, 1966/1909, 1966/1910. 4 g, Ø 16 mm	3,–	6,–
2 (39)	1 Dokdo (K) n. S. 1965/1909, 1966/1909. 8 g, Ø 20,5 mm	4,–	8,–
3 (40)	1½ Dokda (K) n. S. 1965/1909. 12 g, Ø 23 mm	200,–	250,–
4 (41)	3 Dokda (K) n. S. 1965/1909. 24 g, Ø 33 mm	200,–	250,–
5 (45)	5 Kori (S) n. S. 1959/1902–1966/1909. 937er Silber, 13,87 g, Ø 30 mm. Riffelrand	180,–	220,–

Im Namen von Georg V. 1910–1936

6 (46)	1 Trambiyo (K) n. S. 1976/1919, 1976/1920, 1977/1920. 4 g, Ø 16 mm	2,–	5,–
7 (47)	1 Dokdo (K) n. S. 1976/1920, 1977/1920. 8 g, Ø 20,5 mm	3,–	8,–
8 (48)	1½ Dokda (K) n. S. 1982/1926. 12 g, Ø 23,5 mm	4,–	9,–
9 (49)	3 Dokda (K) n. S. 1982/1926. 24 g, Ø 33 mm	5,–	11,–
10 (51)	1 Kori (S) n. S. 1970/1913, 1979/1923, 1980/1923, 1984/1927. 601er Silber, 4,7 g, Ø 11,5 mm	5,–	10,–
11 (52)	2½ Kori (S) n. S. 1973/1916, 1973/1917, 1974/1917, 1974/1918, 1975/1919, 1978/1922, 1979/1922, 1981/1924, 1983/1926. 937er Silber, 6,935 g, Ø 25 mm	8,–	18,–
12 (53)	5 Kori (S) n. S. 1970/1913–1984/1927. 937er Silber, 13,87 g, Ø 30 mm:		
	a) Riffelrand, 1970/1913–1981/1924	10,–	22,–
	b) »Security edge«, 1982/1925–1984/1927	10,–	22,–

Bei der Datierung der Nrn. 12–41 kommt in der Regel jedes christliche Jahr mit zwei verschiedenen Samvat-Jahren vor und umgekehrt.

13 (54)	1 Trambiyo (K) n. S. 1984/1928, 1985/1928. 4 g, Ø 16 mm	2,–	4,–
14 (55)	1 Dokdo (K) n. S. 1984/1928, 1985/1929. 8 g, Ø 20,5 mm	2,–	4,–
15 (56)	1½ Dokda (K) n. S. 1985/1928–1989/1932. 12 g, Ø 24 mm	2,–	4,–
16 (57)	3 Dokda (K) n. S. 1985/1928–1992/1935. 24 g, Ø 33 mm	3,–	5,–
17 (58)	½ Kori (S) n. S. 1985/1928. 601er Silber, 2,35 g, Ø 13,5 mm	4,–	8,–
18 (59)	1 Kori (S) n. S. 1985/1928–1992/1936. 601er Silber, 4,7 g, Ø 17 mm	5,–	10,–
19 (52a)	2½ Kori (S) n. S. 1984/1927–1992/1935. 937er Silber, 6,935 g, Ø 25 mm	9,–	20,–
20 (53a)	5 Kori (S) n. S. 1985/1928–1992/1936. 937er Silber, 13,87 g, Ø 30 mm. »Security edge«	15,–	30,–
21	2½ Kori (S) 1928	–,–	–,–
22	5 Kori (S) n. S. 1985/1929. Brustbild des Maharadschas nach links. Rs. Inschrift in Devanagari, in der persischen Umschrift Name Georgs V.	–,–	–,–

SS VZ

23 5 Kori (S) n. S. 1985/1929. Typ wie Nr. 22, jedoch größeres Brustbild —,— —,—

Im Namen von Eduard VIII. 1936

24 (63) 3 Dokda (K) n. S. 1993/1936. Dreieck und Devanagari-Inschrift. Rs. Kandschar (indischer Dolch) 25,— 40,—

25 (65) 1 Kori (S) n. S. 1992/1936, 1993/1936. Inschriften 10,— 18,—

26 (66) 2½ Kori (S) n. S. 1992/1936, 1993/1936 60,— 85,—

27 (67) 5 Kori (S) n. S. 1992/1936, 1993/1936 20,— 35,—

Im Namen von Georg VI. 1936—1952

28 (71) 3 Dokda (K) n. S. 1993/1937, Ø 33 mm 4,— 8,—

29 (73) 1 Kori (S) n. S. 1993/1937—1996/1940, Ø 17 mm 7,— 14,—

30 (74) 2½ Kori (S) n. S. 1993/1937, Ø 23 mm 10,— 18,—

31 (75) 5 Kori (S) n. S. 1993/1936—1998/1941, Ø 30 mm 18,— 30,—

32 10 Kori (S) n. S. 1998/1941, Ø 30 mm —,— —,—

Nr. 32 in Gold vorkommend.

33 5 Kori (S) n. S. 1998/1942. Brustbild des Maharadschas nach links. Rs. Inschrift in Devanagari, in der persischen Umschrift Name Georgs VI. —,— —,—

SS VZ

34 10 Kori (S) n. S. 1998/1942. Typ wie Nr. 33 –,– –,–

Nr. 34 in Gold vorkommend.

Vijayaaridschi 1942–1947

SS VZ

35 (76) 1 Trambiyo (K) n. S. 2000/1943, 2000/1944, Ø 16 mm 1,– 2,–

36 (77) 1 Dhinglo (K) n. S. 2000/1943–2004/1947. Kranz, von Kreis und Umschrift umgeben. Rs. Dreizack, Halbmond und Kandschar, von Umschrift umgeben (mit Loch) 2,– 4,–

37 (78) 1 Dhabu (K) n. S. 1999/1943–2004/1947 (mit Loch) 2,50 5,–

38 (79) 1 Payalo (K) n. S. 1999/1943–2003/1947 (mit Loch) 3,50 6,–

39 (80) 1 Adhio (K) n. S. 1999/1943–2002/1946 (mit Loch) 6,– 10,–

40 (81) 1 Kori (S) n. S. 1999/1942–2001/1944, Ø 15 mm 6,– 10,–

41 (82) 5 Kori (S) n. S. 1998/1942, 1999/1942, Ø 30 mm 16,– 22,–

A41 (A82) 10 Kori (S) n. S. 1999/1943 –,– –,–

Madana Singhji 1947–1948

42 (83) 1 Dhabu (K) n. S. 2004 (1947); Ø 22 mm (mit Loch) 3,– 5,–

43 (84) 1 Kori (S) n. S. 2004 (1947). Inschrift in Devanagari 20,– 40,–

Nr. 43 in Gold vorkommend.

44 (85) 5 Kori (S) n. S. 2004 (1947). Burg mit Türmen und Zinnen, von doppeltem Kreis und Blattdekor umgeben. Rs. Dreizack, Halbmond und Kandschar, Inschrift 250,– 300,–

Nr. 44 in Gold vorkommend.

Maler-Kotla

Maler-Kotla

Maler-Kotla

Staat im Pandschab. Die Datierung der Münzen entspricht dem Regierungsjahr des Herrschers.

Ahmed Ali Khan 1908—1923

1 (7) ½ Paisa (K) 4 (1911). Persische Inschrift. Rs. Name des Herrschers 18,— 35,—

2 (8) 1 Paisa (K) n. H. 1326/4 (1911). Persische Inschrift. Rs. Name des Herrschers, unten Jahr der Thronbesteigung 25,— 40,—

3 (9) 1 Rupie (S) 4 (1911). Typ wie Nr. 1; Ø 18 mm 25,— 40,—

4 (10) 1 Rupie (S) n. H. 1326/4 (1911). Persische Inschrift. Rs. Name des Herrschers im Schriftkreis, unten Jahr der Thronbesteigung; Ø 33 mm —,— —,—

Mewar Udaipur

Mewar Udaipur

Mevar Oudaïpour

Die Datierung der Münzen entspricht der Samvat-Zeitrechnung.

Fatteh Singh 1884–1930

		SS	VZ
1 (13)	1 Pai (K) n. S. 1975 (1918). Inschrift »Udaipur« in Devanagari. Rs. Inschrift »Chitor« in Devanagari, Jahreszahl	18,—	26,—
2 (14)	1 Pai (K) n. S. 1978 (1921). Typ ähnlich wie Nr. 1	18,—	26,—
3 (18)	1 Anna (S) n. S. 1985 (1928). Hügel von Mewar, darüber Wertangabe und Inschrift in Devanagari, Randdekor. Rs. Inschrift in Devanagari, Jahreszahl, Randdekor	3,—	5,—
4 (19)	2 Annas (S) n. S. 1985 (1928). Typ wie Nr. 3	4,—	10,—
5 (20)	¼ Rupie (S) n. S. 1985 (1928). Typ wie Nr. 3	8,—	15,—
6 (21)	½ Rupie (S) n. S. 1985 (1928). Typ wie Nr. 3	10,—	22,—
7 (22)	1 Rupie (S) n. S. 1985 (1928). Typ wie Nr. 3	18,—	35,—

Nrn. 5–7 in Gold vorkommend.

Bhupal Singh 1930–1948

		SS	VZ
8 (15)	¼ Anna (K) n. S. 1999 (1942). Inschrift in Devanagari (viereckig)	1,—	2,—
9 (16)	½ Anna (K) n. S. 1999 (1942). Inschrift in Devanagari (rund)	1,—	2,—
10 (17)	1 Anna (K) n. S. 2000 (1943). Hügel von Mewar, darüber Wertangabe und Inschrift in Devanagari. Rs. Inschrift in Devanagari, Jahreszahl (achteckig)	1,—	2.—

Puttialla

Patiala

Patiala

Staat im Pandschab. Die Datierung der Münzen entspricht der Samvat-Zeitrechnung.

Bhupindra Singh 1900–1938

		SS	VZ
1 (15)	⅓ Mohur (G) n. S. 1958 (1901). Persische Inschrift. Rs. Katar, Inschrift, Jahreszahl; 3,6 g	260,—	350,—
2 (16)	⅔ Mohur (G) n. S. 1958 (1901). Typ wie Nr. 1; 7,2 g	—,—	—,—
3 (17)	⅙ Mohur (G) n. S. 1990, 1994 (1933, 1937). Persische Inschrift. Rs. Gewehr, Inschrift, Jahreszahl; 1,8 g	—,—	—,—
4 (20)	⅓ Mohur (G) n. S. 1994 (1937). Typ wie Nr. 3; 3,6 g	260,—	350,—
5 (21)	⅔ Mohur (G) n. S. 1994 (1937). Typ wie Nr. 3; 7,2 g	400,—	500,—

Rajkot

Radschkot

Rajkot

Staat in Kathiawar.

Dharmendra Singhji 1930–1948

		SS	VZ
1 (1)	1 Mohur (G) 1945. Aufgehende Sonne, Landesname. Rs. Staatsemblem, Jahreszahl	—,—	—,—

Nr. 1 in Silber vorkommend (Y1a) 45,—.

Rewa

Rewah

Rewa

Die Datierung der Münzen entspricht der Samvat-Zeitrechnung.

Gulab Singh 1918–1946

Zur Inthronisation (2)

		SS	VZ
1 (A1)	½ Mohur (G) n. S. 1975 (1918). Staatswappen. Rs. Inschrift in Devanagari	—,—	—,—
2 (1)	1 Mohur (G) n. S. 1975, 1977 (1918, 1920). Typ wie Nr. 1:		
	a) n. S. 1975; 11,4 g	700,—	1000,—
	b) n. S. 1977; 8,8 g	—,—	—,—

Nr. 2 von n. S. 1975 in Silber vorkommend (Y1a).

Sailana

Sailana — Sailana

Jeschwant Singh 1895–1919

Im Namen Eduards VII. 1901–1910

		SS	VZ
1 (5)	¼ Anna (K) 1908. Eduard VII., Kopfbild nach rechts. Rs. Wert und Jahreszahl in gepunktetem Kreis, Umschrift mit Landesname in Englisch und Devanagari	**30,–**	**50,–**

Im Namen Georgs V. 1910–1936

		SS	VZ
2 (6)	¼ Anna (K) 1912. Georg V., gekröntes Brustbild nach links. Rs. wie Nr. 1	**35,–**	**80,–**

Trawankur

Travancore — Travancore

Staat an der Südwestküste des indischen Subkontinents. Die Datierung der Münzen entspricht teilweise der Malabar-Zeitrechnung.

16 Cash = 1 Chuckram, 4 Chuckrams = 1 Fanam,
8 Fanams = 1 Rupie

Maharadscha Rama Varma VI. 1885–1924

		SS	VZ
1 (29)	1 Cash (K) o. J. (1901). Birnen-Chankschnecke (Xancus pyrum – Xancidae) im Kranz, Symbol des indischen Gottes Wischnu. Rs. Monogramm RV, oben bogig CASH 1	8,–	14,–
2 (30)	4 Cash (K) o. J. Typ wie Nr. 1:		
	a) Inschrift CASH FOUR (1901–1910)	3,–	4,–
	b) Inschrift FOUR CASH (1906–1935)	3,–	4,–
3 (31)	8 Cash (K) o. J. Typ wie Nr. 1:		
	a) Inschrift CASH EIGHT (1901–1910)	3,–	5,–
	b) Inschrift EIGHT CASH (1906–1935)	3,–	5,–
4 (32)	1 Chuckram (K) o. J. Typ wie Nr. 1:		
	a) Inschrift CHUCKRAM ONE (1901–1910)	8,–	14,–
	b) Inschrift ONE CHUCKRAM (1906–1935)	8,–	14,–
5 (33)	2 Chuckrams (S) o. J. Typ wie Nr. 1:		
	a) Inschrift CHS. 2 (1901)	6,–	10,–
	b) Inschrift 2 CHS. (1906–1928)	6,–	10,–
6 (34)	1 Fanam (S) o. J. Typ wie Nr. 1:		
	a) Inschrift FANAM ONE (1901)	8,–	14,–
	b) Inschrift ONE FANAM (1911)	8,–	14,–
7 (34b)	1 Fanam (S) n. M. 1087, 1096, 1099, 1100, 1103, 1106 (1910–1929). Typ wie Nr. 1, jedoch Jahreszahl unter dem Monogramm	8,–	22,–
8 (35)	¼ Rupie (S) n. M. 1082, 1083, 1085, 1087, 1096, 1099, 1100, 1103, 1106 (1905–1929). Birnen-Chankschnecke im Kranz, Umschrift. Rs. Wertangabe und Jahreszahl im Kranz, Herrscher- und Landesname in der Umschrift	15,–	22,–
9 (36)	½ Rupie (S) n. M. 1084, 1086, 1087, 1103, 1106, 1107 (1907–1930). Typ wie Nr. 8	20,–	30,–
10	¼ Pagoda (G) o. J. (1870–1931). Birnen-Chankschnecke im Kranz. Rs. Inschrift im Kranz	200,–	240,–
11	½ Pagoda (G) o. J. (1870–1931). Typ wie Nr. 10	285,–	330,–
12	1 Pagoda (G) o. J. (1870–1931). Typ wie Nr. 10	**500,–**	**550,–**
13	2 Pagoda (G) o. J. (1870–1931). Typ wie Nr. 10	**850,–**	**900,–**

Wie aus den Jahreszahlen ersichtlich, wurden die Münzen Nrn. 1–5, 7–13 noch unter der Ära von Maharadscha Bala Rama Varma weitergeprägt.

Maharadscha Sir Bala Rama Varma II. 1924–1949

		SS	VZ
14 (41)	1 Cash (K) o. J. (1938–1949). Birnen-Chankschnecke im Stern. Rs. Inschrift; 0,48 g	**2,–**	**3,–**
15 (42)	4 Cash (Bro) o. J. (1938–1949). Birnen-Chankschnecke im Kranz. Rs. Monogramm BRV, oben bogig FOUR CASH	**2,–**	**3,–**
16 (43)	8 Cash (Bro) o. J. (1938–1949). Typ wie Nr. 15	**3,–**	**5,–**
17 (44)	1 Chuckram (Bro) n. M. 1114 (1938), auch o. J. (1939–1949). Brustbild des Maharadschas mit Federhut. Rs. Birnen-Chankschnecke im Kranz, Wert	**5,–**	**10,–**
18 (45)	1 Fanam (S) n. M. 1112, 1116, 1118, 1121 (1937–1946). Birnen-Chankschnecke im Kranz. Rs. Wertangabe und Jahreszahl, Herrscher- und Landesname in der Umschrift	**6,–**	**12,–**
19 (46)	¼ Rupie (S) n. M. 1112, 1116, 1121 (1937–1946). Typ wie Nr. 8, jedoch neuer Herrschername	**10,–**	**20,–**
20 (47)	½ Rupie (S) n. M. 1112 (1937). Typ wie Nr. 19	**10,–**	**20,–**
21 (47a)	½ Chitra Rupie (S) n. M. 1114, 1116, 1118, 1121 (1939–1946). Typ wie Nr. 9	**10,–**	**20,–**

Tripura — Tripur — Tripour

Die Datierung der Münzen entspricht der Tripurabda-Zeitrechnung.

Birendra Kischore Manikya 1909–1923

		SS	VZ
1	1 Mohur (G) n. T. 1319 (1909). Inschrift mit dem Namen von Königin Prabhavati	*1200,–,*	*1700,–*

Bir Bikram Kischore Manikya 1923–1947

		SS	VZ
2	1 Rupie (S) n. T. 1337 (1930). Brustbild des Maharadschas nach links. Rs. Löwe mit Szepter nach links:		
	a) Riffelrand	90,–	150,–
	b) »Security edge«	170,–	250,–
3	1 Rupie (S) n. T. 1341 (1934). Inschrift mit Sri Srimati Maharani Kanchan Prabha Maha Devi. Rs. Löwe mit Szepter nach links	**75,–**	**135,–**
4	1 Rupie (S) n. T. 1341 (1934). Inschrift mit dem Namen von Königin Kirti Mani. Rs. Löwe mit Szepter nach links	**170,–**	**250,–**

Tunk — Tunk — Tonk

Mohammed Ibrahim Ali Khan 1868–1930

Im Namen Georgs V. 1910–1936

		SS	VZ
1 (24)	1 Paisa (K) n. H. 1329/1911–1346/1928. Name Georgs V., Jahreszahl. Rs. Name des Maharadschas, Jahreszahl:		
	a) 7,3 g, 1911, 1329, 1329/1911, 1330/1911, 1335/1917	**7,–**	**12,–**
	b) 5,0 g, 1342/1924, 1344/1925, 1344/1926–1346/1928	**7,–**	**12,–**
2 (A25)	¼ Anna (K) n. H. 1335/1917, 1336/1917. Typ wie Nr. 1:		
	a) 8,3 g, 1335/1917, 1336/1917	**7,–**	**12,–**
	b) 5,4 g, 1336/1917	**–,–**	**–,–**
3 (25)	⅛ Rupie (S) n. H. 1346/1928. Typ wie Nr. 1	**25,–**	**40,–**
4 (26)	¼ Rupie (S) n. H. 1346/1928. Typ wie Nr. 1	**30,–**	**50,–**
5 (27)	½ Rupie (S) n. H. 1346/1928. Typ wie Nr. 1	**45,–**	**70,–**
6 (28)	1 Rupie (S) n. H. 1329, 1330/1912, 1341/1923–1349/1930. Typ wie Nr. 1	**30,–**	**45,–**

Mohammed Sa'adat Ali Khan 1930–1949

		SS	VZ
7 (29)	1 Paisa (K) n. H. 1350/1932. Blatt, Jahreszahl, in der Umschrift Name Georgs V. Rs. Staatswappen, Jahreszahl, in der Umschrift Name des Maharadschas:		
	a) Ø 26 mm	**3,–**	**6,–**
	b) Ø 21 mm	**1,–**	**3,–**
8 (30)	⅛ Rupie (S) n. H. 1351, 1352, 1353/1934. Name Georgs V., Jahreszahl. Rs. Name des Maharadschas, Jahreszahl	**18,–**	**30,–**

Frühere Ausgaben siehe Weltmünzkatalog 19. Jahrhundert.

Indonesia **Indonesien** Indonésie

Fläche: 1904345 km²; 167000000 Einwohner (1986).
Die Proklamation der Republik Indonesien im Bereich des ehemaligen Niederländisch-Indien erfolgte am 17. August 1945 unter Führung von Sukarno und Hattá. Erst nach Beendigung der niederländischen Polizeiaktion zur Wiederherstellung der alten Ordnung und der Konferenz von Den Haag am 28. Dezember 1949 erhielt Indonesien die volle Souveränität über alle Inseln mit Ausnahme von Niederländisch-Neu-Guinea (ab 1963 Irian Barat = West Irian). Dieses Gebiet kam erst nach einer Interimszeit zu Indonesien. Hauptstadt: Jakarta (früher Batavia).

100 Sen = 1 Rupiah

Republik Indonesien

		SS	VZ
1 (1)	1 Sen (Al) 1952. Malaiische Inschrift oben bogig »Indonesia«, unten Wert. Rs. Landesname INDONESIA, Reisrispe und Wert (mit Loch)	1,–	2,50

		SS	VZ
2 (2)	5 Sen (Al) 1951, 1954. Typ wie Nr. 1:		
	a) [Utrecht] (f) 1951	–,50	1,–
	b) [Stuttgart] 1954	–,50	1,–
3 (3)	10 Sen (Al) 1951, 1954. Garuda, mythologischer Vogel mit symbolischen Darstellungen der Pantjasila, der fünf Grundsätze des Staates Indonesien (Staatswappen), darüber malaiische Inschrift »Indonesia«. Rs. Wert	–,60	1,–
4 (4)	25 Sen (Al) 1951, 1952. Typ wie Nr. 3:		
	1951		*500,–*
	1952	1,50	2,50
5 (5)	50 Sen (K-N) 1952. Pangeran Dipanegara (1775–1835), Nationalheld, lateinische und malaiische Umschrift. Rs. Wert	–,60	1,–

Mit dem Porträt von Pangeran Dipanegara existiert eine Goldmedaille o. J. (1952) [Utrecht] (f).

		VZ	ST
6 (3a)	10 Sen (Al) 1957. Staatswappen, darüber INDONESIA. Rs. Wert	4,–	6,–
7 (4a)	25 Sen (Al) 1955, 1957. Typ wie Nr. 6	–,40	1,–
8 (5a)	50 Sen (K-N) 1954, 1955, 1957. Pangeran Dipanegara, lateinische Umschrift. Rs. Wert:		
	a) Name in kleiner Schrift, 1954, 1955	–,50	1,–
	b) Name in großer Schrift, 1957	–,50	1.–
8E	50 Sen (K-N) 1955, mit erhabener Inschrift »Specimen« hinter dem Kopf		500,–

		VZ	ST
9 (7)	50 Sen (Al) 1958, 1959, 1961. Staatswappen, darüber INDONESIA. Rs. Wert:		
	I. 1958	–,40	–,75
	II. 1959, 1961	–,40	–,75

25. Jahrestag der Unabhängigkeit (10)

		PP
10 (A16)	200 Rupiah (S) 1970. Rs. Staatswappen, darüber 1945–1970. Initialen der Bank Indonesia, Jahreszahl und Wertangabe. Rs. Großer Paradiesvogel (Paradisea apoda – Paradisaeidae). 999er Silber, 8 g	*35,–*
11 (B16)	250 Rupiah (S) 1970. Rs. Mandjusjri-Statue, Stein, vom Tempel von Tumpang. 999er Silber, 10 g	*40,–*

		PP
12 (C16)	500 Rupiah (S) 1970. Rs. Wajang-Tänzerin. 999er Silber, 20 g	*60,–*

PP

13 (D16) 750 Rupiah (S) 1970. Rs. Garuda, mythologischer Vogel, balinesische Schnitzarbeit. 999er Silber, 30 g *80,–*

14 (E16) 1000 Rupiah (S) 1970. Rs. General Sudirman (1912–1950), Führer des Aufstandes gegen die niederländische Herrschaft. 999er Silber, 40 g *120,–*

15 (F16) 2000 Rupiah (G) 1970. Typ wie Nr. 10. 900er Gold, 4,93 g *200,–*

16 (G16) 5000 Rupiah (G) 1970. Typ wie Nr. 11. 900er Gold, 12,34 g *600,–*

17 (H16) 10000 Rupiah (G) 1970. Typ wie Nr. 12. 900er Gold, 24,68 g *1400,–*

18 (I16) 20000 Rupiah (G) 1970. Typ wie Nr. 13. 900er Gold, 49,37 g *2600,–*

19 (J16) 25000 Rupiah (G) 1970. Typ wie Nr. 14. 900er Gold, 61,71 g (970 Ex.) *3200,–*

VZ ST

20 (13) 1 Rupiah (Al) 1970. Javanischer Fächerschwanz (Rhipidura javanica – Muscicapidae) **–,30 –,50**

21 (14) 2 Rupiah (Al) 1970. Malvenzweig (Hibiscus rosa sinensis – Malvaceae) und Getreideähre **–,30 –,50**

22 (15) 5 Rupiah (Al) 1970. Asiatischer Trauerdrongo (Dicrurus macrocercus – Dicruridae) **–,60 1,–**

23 (18) 10 Rupiah (K-N) 1971, 1973. Reisrispe (Oryza sativa – Gramineae) und Baumwollpflanze (Gossypium sp. – Malvaceae) (FAO-Ausgabe) **–,40 –,80**

24 (16) 25 Rupiah (K-N) 1971. Fächertaube (Goura victoria – Columbidae) **–,75 1,50**

25 (17) 50 Rupiah (K-N) 1971. Großer Paradiesvogel (Paradisaea apoda – Paradisaeidae) **1,– 2,–**

26 (19) 100 Rupiah (K-N) 1973. Haus mit durchbogenen Firstgiebeln, Stil der Menangkabau auf West-Sumatra **2,– 3,–**

Für den FAO-Münz-Plan (2)

27 (20) 5 Rupiah (Al) 1974. Vierköpfige Familie (Emblem der Familienplanung) zwischen Reisrispe und Baumwollkapseln. Rs. Wertangabe, Jahreszahl **–,40 –,70**

VZ ST

28 (21) 10 Rupiah (St, Me plattiert) 1974. Öllampe, Symbol der Sparsamkeit **–,50 1,–**

Rettet die Tierwelt (3)

ST PP

29 (22) 2000 Rupiah (S) 1974. Staatswappen. Rs. Javanischer Tiger (Panthera tigris – Felidae):
a) 925er Silber, 28,28 g **60,–**
b) 500er Silber, 25,31 g **50,–**

30 (23) 5000 Rupiah (S) 1974. Rs. Orang-Utan (Pongo pygmaeus – Pongidae):
a) 925er Silber, 35 g **100,–**
b) 500er Silber, 31,65 g **70,–**

31 (24) 100000 Rupiah (G) 1974. Rs. Komodo-Waran (Varanus komodensis – Varanidae). 900er Gold, 33,437 g *1200,– 1500,–*

Für den FAO-Münz-Plan

VZ ST

32 (25) 100 Rupiah (K-N) 1978. Rs. Haus mit durchbogenen Firstgiebeln **2,– 3,–**

Für den FAO-Münz-Plan (2)

33 (26) 5 Rupiah (Al) 1979. Typ wie Nr. 27, jedoch mit Ornamentrand **–,30 –,50**

34 (27) 10 Rupiah (Al) 1979. Typ wie Nr. 28, jedoch mit Ornamentrand **–,30 –,50**

25 Jahre World Wildlife Fund (2)

ST PP

35 10000 Rupiah (S) 1987. Rs. Hirscheber **80,–**

36 200000 Rupiah (G) 1987. Rs. Java-Nashorn **900,-**

45. Jahrestag der Unabhängigkeit (3)

37 125000 Rupiah (G) 1990. Staatswappen. Rs. Graha-Museum. 958⅓er Gold, 8 g *800,–*

38 250000 Rupiah (G) 1990. Rs. Inselkarte. 958⅓er Gold, 17 g *1600,–*

39 750000 Rupiah (G) 1990. Rs. Emblem der revolutionären Bewegung von 1945. 958⅓er Gold, 45 g *4800,–*

70 Jahre Save the Children Fund (2)

			ST	PP
40	10000	Rupiah (S) 1990. Rs. Zwei Jungen beim Badmintonspiel. 925er Silber, 19,4397 g [RM]		–,–
41	200000	Rupiah (G) 1990. Rs. Junge Tänzerin aus Bali im Trachtenkostüm mit Fächer. 916⅔er Gold, 10 g [RM]		–,–

			VZ	ST
42	25	Rupiah (Al) 1991	–,–	–,–
43	50	Rupiah (Me) 1991. Staatswappen. Rs. Komodo-Waran	–,80	1,50
44	100	Rupiah (Me) 1991. Rs. Pflügen mit Ochsen, achteckiger Randstab	1,50	3,–
45	500	Rupiah (Me) 1991. Rs. Orchidee »Bunga Melati«, achtbogiger Randstab	4,–	6,–

Riau-Inseln

Inselgruppe zwischen Sumatra und Singapur unter indonesischer Oberhoheit.

100 Sen=1 Riau-Rupiah

Die folgenden Münzen waren von 15. 10. 1963 bis 30. 6. 1964 gesetzliches Zahlungsmittel.

			SS	VZ
1 (8)	1	Sen (Al) 1962. Büste von Präsident Mohammed Achmed Sukarno (1901–1970); eigentlich nur Sukarno. Rs. Wert im Kranz, Randschrift: KEPULAUAN RIAU	2,–	3,–

			SS	VZ
2 (9)	5	Sen (Al) 1962. Typ wie Nr. 1	2,–	3,–
3 (10)	10	Sen (Al) 1962. Typ wie Nr. 1	2,–	3,–
4 (11)	25	Sen (Al) 1962. Typ wie Nr. 1:		
		I. gedrungene 5 in der Wertzahl	3,–	4,50
		II. schlanke 5 in der Wertzahl	3,–	4,50
5 (12)	50	Sen (Al) 1962. Typ wie Nr. 1	4,–	5,–

Eine Prägung zu 2½ Rupiah 1963 in Aluminium existiert als Probe.

West-Irian (Irian Barat)

Das ehemalige Gebiet von Niederländisch-Neu-Guinea, seit 1963 unter der Bezeichnung Irian Barat, kam erst nach einer Interimszeit zu Indonesien. Vom 1. Oktober 1962 bis 1. März 1963 wurde Niederländisch-Neu-Guinea nach vorangegangenen Verhandlungen vereinbarungsgemäß den Vereinten Nationen unterstellt. Seit 1963 steht Irian Barat unter indonesischer Oberhoheit.

100 Sen = 1 Irian-Barat-Rupiah

Die folgenden Münzen waren von 1964 bis 1971 gesetzliches Zahlungsmittel.

			SS	VZ
1 (8a)	1	Sen (Al) 1962. Büste von Präsident Mohammed Achmed Sukarno (1901–1970). Rs. Wert im Kranz, ohne Randschrift	3,–	4,–
2 (9a)	5	Sen (Al) 1962. Typ wie Nr. 1	4,–	5,–
3 (10a)	10	Sen (Al) 1962. Typ wie Nr. 1	4,50	5,50
4 (11a)	25	Sen (Al) 1962. Typ wie Nr. 1:		
		I. gedrungene 5 in der Wertzahl	5,–	6,50
		II. schlanke 5 in der Wertzahl	5,–	6,50
5 (12a)	50	Sen (Al) 1962. Typ wie Nr. 1	5,50	8,–

Nrn. 1–5 wurden 1964 ausgegeben.

Isle of Man

Insel Man

Île de Man

Ellan Vannin

Fläche: 572 km²; 68 000 Einwohner.
Die in der irischen See gelegene Insel Man wechselte im Mittelalter nach vier Jahrhunderten norwegischer Wikingerherrschaft 1290 in schottischen (Alexander III.) und schließlich 1390 in englischen Besitz. 1406 wurde Sir John Stanley, Earl of Derby, mit dem »Königreich Man« belehnt. Von diesem Geschlecht ging die Lordschaft 1736 auf dem Erbwege an die Herzöge von Athole aus dem Geschlecht Murray über. Die Herzöge von Athole überließen die Insel und die mit ihrem Besitz verbundenen Rechte 1765 und 1829 gegen finanzielle Abfindung an die britische Krone, ohne daß die Insel Man ein Teil von Großbritannien wurde; sie hat seit 1866 eine 1965 abgeänderte besondere Verfassung mit eigenem gesetzgebenden Parlament. Das Mzz. PM bedeutet Prägung der Pobjoy Mint. Hauptstadt: Douglas.

Die Geldzeichen Großbritanniens sind gesetzliches Zahlungsmittel. Die eigenen Münzen gelten nur auf der Insel Man.

12 Pence = 1 Shilling, 20 Shillings = 1 Pfund Sterling (£), 25 Pence = 1 Crown;
seit 15. Februar 1971: 100 (New) Pence = 1 £, 5 £ = 1 Angel (Gold); 10 £ = 1 Noble (Platin)

Das 1978–1982 verwendete Münzmetall »Virenium« besteht aus einem Nickelkern, plattiert mit einer Legierung von Kupfer 81%, Zink 10%, Nickel 9% (Magnimat® M). Das seit 1983 verwendete Material enthält keinen Nickelkern und ist nicht magnetisch. Der Name »Virenium« leitet sich von Virena Pobjoy, Gattin des Inhabers der Pobjoy Mint, her.

Elisabeth II. seit 1952

200. Jahrestag des Revestment Act (3)

ST PP

1 ½ Sovereign (G) 1965. Elisabeth II., Rs. Triskeles (Triquetrum, Dreibein oder Dreischenkel), die Dreiecksgestalt der Insel versinnbildlichendes Emblem seit Anfang des 14. Jh. (vgl. den Spruch »Kneels to England, kicks at Scotland, and spurns Ireland« [Kniet auf England, kickt gegen Schottland und spornt Irland an]), von keltischer Ringkette umgeben, Umschrift QUOCUNQUE JECERIS STABIT (Er wird stehen, wohin du ihn auch werfen magst) [RM]:
a) 916⅔er Gold, 3,994 g (1500 Ex.) **350,–**
b) 980er Gold, 4 g (1000 Ex.) **500,–**

2 1 Sovereign (G) 1965. Typ wie Nr. 1 [RM]:
a) 916⅔er Gold, 7,9881 g (2000 Ex.) **450,–**
b) 980er Gold, 8 g (1000 Ex.) **600,-**

3 5 £ (G) 1965. Typ wie Nr. 1 [RM]:
a) 916⅔er Gold, 39,9403 g (500 Ex.) **2000,–**
b) 980er Gold, 40 g (1000 Ex.) **2800,–**

ST PP

4 (1) 1 Crown 1970. Elisabeth II. (nach A. Machin). Rs. Manx-Katze (Felis silvestris domestica — Felidae):
a) (S) 925 fein, 28,28 g **75,—**
b) (K-N) **12,—**

DEZIMALSYSTEM: 100 (New) Pence = 1 £

VZ ST

5 (2) ½ New Penny (Bro) 1971—1975. Elisabeth II. Rs. Jakobskreuzkraut oder Cushag (Senecio jacobaea — Compositae), Nationalblume. Diese Heilpflanze (eurosibirisch) blüht um Jakobi (25. 7.), Stichtag für die zweite Mahd:
a) (RM) 1971 **–,20** **–,30**
b) PM 1972—1974 (je 1000 Ex.) *25,—* *40,—*
PM 1975 **–,20** **–,30**

		VZ	ST
6 (3)	1 New Penny (Bro) 1971—1975. Rs. Keltisches Kettenkreuz:		
	a) (RM) 1971	—,25	—,40
	b) PM 1972—1974 (je 1000 Ex.)	*25,—*	*40,—*
	PM 1975	—,25	—,40

7 (4)	2 New Pence (Bro) 1971—1975. Rs. Zwei zur Jagd abgerichtete Gerfalken (Falco rusticolus — Falconidae), seit 1406 an den König als Lehensherren anläßlich seiner Krönung zu entrichtende Gabe:		
	a) (RM) 1971	—,40	—,60
	b) PM 1972—1974 (je 1000 Ex.)	*25,—*	*40,—*
	PM 1975	—,40	—,60

8 (5)	5 New Pence (K-N) 1971—1975. Rs. »Tower of Refuge« auf dem Conister-Felsen am Eingang zum Hafen der Hauptstadt Douglas, 1832 von Sir William Hillary (1771—1847), einem der Gründer der Royal National Lifeboat Institution zum Schutz der einlaufenden Schiffe errichtet:		
	a) (RM) 1971	—,50	—,90
	b) PM 1972—1974 (je 1000 Ex.)	*30,—*	*45,—*
	PM 1975	—,50	—,90

9 (6)	10 New Pence (K-N) 1971—1975. Rs. Triskeles (vgl. Nr. 1):		
	a) (RM) 1971	1,20	1,70
	b) PM 1972—1974 (je 1000 Ex.)	*35,—*	*50,—*
	PM 1975	1,20	1,70

		VZ	ST
10 (7)	50 New Pence (K-N) 1971–1975. Rs. Wikingerschiff mit aufgeblähten Segeln in Erinnerung an die erste Landnahme, nach Siegeln des 12. und 13. Jh. (siebeneckig):		
	a) (RM) 1971	2,50	4,–
	b) PM 1972–1974 (je 1000 Ex.)	*40,–*	*60,–*
	PM 1975	2,50	4,–

Nrn. 5a–10a von 1971, polierte Platte (10 000 Ex.) 40,–

		ST	PP
11	½ New Penny (S) 1975. Typ wie Nr. 5b. 925er Silber, 2,1 g		10,—
12	1 New Penny (S) 1975. Typ wie Nr. 6b. 925er Silber, 4,2 g		15,—
13	2 New Pence (S) 1975. Typ wie Nr. 7b. 925er Silber, 8,4 g		20,—
14	5 New Pence (S) 1975. Typ wie Nr. 8b. 925er Silber, 6,5 g		25,—
15	10 New Pence (S) 1975. Typ wie Nr. 9b. 925er Silber, 13 g		30,—
16	50 New Pence (S) 1975. Typ wie Nr. 10b. 925er Silber, 15,5 g		45,—
17	½ New Penny (Pt) 1975. Typ wie Nr. 5b. 950er Platin, 4 g (600 Ex.)		*250,—*
18	1 New Penny (Pt) 1975. Typ wie Nr. 6b. 950er Platin, 8 g (600 Ex.)		*450,—*
19	2 New Pence (Pt) 1975. Typ wie Nr. 7b. 950er Platin, 16 g (600 Ex.)		*850,—*
20	5 New Pence (Pt) 1975. Typ wie Nr. 8b. 950er Platin, 12,5 g (600 Ex.)		*750,—*
21	10 New Pence (Pt) 1975. Typ wie Nr. 9b. 950er Platin, 25 g (600 Ex.)		*1150,—*
22	50 New Pence (Pt) 1975. Typ wie Nr. 10b. 950er Platin, 30,4 g (600 Ex.)		*1350,—*

Zur Silberhochzeit des englischen Königspaares am 20. November 1972

23 (8)	25 New Pence 1972. Rs. Allianzwappen, von keltischer Ringkette umgeben [RCM]:		
	a) (S) 925 fein, 28,28 g		75,–
	b) (K-N)	15,–	

24 (9)	½ Sovereign (G) 1973—1978. Elisabeth II. Rs. Wikinger zu Pferde. 916⅔er Gold, 3,9813 g:		
	a) 1973A, 1974A	180,—	
	b) 1974B (1978 Ex.)	200,—	
	c) 1975—1978	180,—	
	d) 1973—1978		240,—

ST PP

25 (10) 1 Sovereign (G) 1973–1978. Typ wie Nr. 24. 916⅔er Gold, 7,9627 g
a) 1973A, 1974A **360,–**
b) 1973B, 1974B **360,–**
c) 1973C, 1974C **360,–**
d) 1973D **360,–**
e) 1973X (1 Ex.) *1000,–*
f) 1975–1978 **360,–**
g) 1973–1978 **400,–**

26 (11) 2 £ (G) 1973–1978. Typ wie Nr. 24. 916⅔er Gold, 15,9253 g:
a) 1973A, 1974A **700,–**
b) 1974B (120 Ex.) **900,–**
c) 1975–1978 **700,–**
d) 1973–1978 **800,–**

27 (12) 5 £ (G) 1973–1978. Typ wie Nr. 24. 916⅔er Gold, 39,8134 g:
a) 1973A, 1974A **1600,–**
b) 1973B, 1974B **1600,–**
c) 1973C (712 Ex.) **1600,–**
d) 1973D (809 Ex.) **1600,–**
e) 1973E (33 Ex.) **2500,–**
f) 1975–1978 **1600,–**
g) 1973–1978 **1800,–**

In ähnlicher Zeichnung; Nrn. 83–86, 149–152, A156, B156, 261–264.

100. Geburtstag von Sir Winston Churchill

28 (13) 1 Crown 1974. Elisabeth II. Rs. Sir Winston Churchill (1874–1965):
a) (S) 925 fein, 28,28 g **45,–** **60,–**
b) (K-N) **6,–**

29 (14) 25 Pence 1975. Rs. Manx-Katze:
a) (S) 925 fein, 28,28 g **45,–** **60,–**
b) (K-N) **5,–**

200. Jahrestag der Unabhängigkeit der Vereinigten Staaten von Amerika (3)

30 (21) 1 Crown 1976. Rs. George Washington (1732–1799), 1. Präsident der Vereinigten Staaten von Amerika, nach einem Porträt von Jean-Antoine Houdon:
a) (S) 925 fein, 28,28 g **45,–** **60,–**
b) (K-N) **5,–**

A 30 1 Crown (G) 1976. Typ wie Nr. 30 (1 Ex.) **–,–**

B 30 1 Crown (Pt) 1976. Typ wie Nr. 30 (6 Ex.) **–,–**

100 Jahre Pferdebahn von Douglas

31 (22) 1 Crown 1976. Rs. »Toastrack Tram«:
a) (S) **45,–** **60,–**
b) (K-N) **4,50**

VZ ST

32 (15) ½ Penny (Bro) 1976, 1978. Elisabeth II., n. r. Rs. Atlantischer Hering (Clupes harengus – Clupeidae) **–,20** **–,30**

33 (16) 1 Penny (Bro) 1976–1978. Rs. Manx- oder Loaghtyn-Ziege (Capra aegagrus hircus – Bovidae) **–,30** **–,40**

34 (17) 2 Pence (Bro) 1976–1978. Rs. Schwarzschnabel-Sturmtaucher (Puffinus puffinus – Procellaridae), 1676 entdeckt und benannt **–,50** **–,70**

35 (18) 5 Pence (K-N) 1976–1978. Rs. »Lady Isabella«, Wasserförderrad der Bleimine Laxey, von Robert Casement konstruiert, 1854 errichtet **–,85** **1,25**

36 (19) 10 Pence (K-N) 1976–1978. Rs. Triskeles **1,–** **2,–**

37 (20) 50 Pence (K-N) 1976–1978. Rs. Wikingerschiff, Darstellung nach der Rekonstruktion im Manx Museum **4,–** **5,–**

38 5 Pence (K-N) 1976. Typ wie Nr. 35, jedoch Rs. ohne Mzz. PM **–,90** **1,50**

39 10 Pence (K-N) 1976. Typ wie Nr. 36, jedoch Rs. ohne Mzz. PM **1,80** **2,70**

ST PP

40 ½ Penny (S) 1976, 1978. Typ wie Nr. 32. 925er Silber, 2,1 g **10,–**

41 1 Penny (S) 1976–1978. Typ wie Nr. 33. 925er Silber, 4,2 g **15,–** **15,–**

42 2 Pence (S) 1976–1978. Typ wie Nr. 34. 925er Silber, 8,4 g **20,–** **20,–**

43 5 Pence (S) 1976–1978. Typ wie Nr. 35. 925er Silber, 6,5 g **25,–** **25,–**

44 10 Pence (S) 1976–1978. Typ wie Nr. 36. 925er Silber, 13 g **30,–** **30,–**

45 50 Pence (S) 1976–1978. Typ wie Nr. 37. 925er Silber, 15,5 g **45,–** **45,–**

46 ½ Penny (Pt) 1976, 1978. Typ wie Nr. 32. 950er Platin, 4 g *250,–*

47 1 Penny (Pt) 1976, 1978. Typ wie Nr. 33. 950er Platin, 8 g *450,–*

48 2 Pence (Pt) 1976, 1978. Typ wie Nr. 34. 950er Platin, 16 g *850,–*

49 5 Pence (Pt) 1976, 1978. Typ wie Nr. 35. 950er Platin, 12,5 g *750,–*

50 10 Pence (Pt) 1976, 1978. Typ wie Nr. 36. 950er Platin, 25 g *1150,–*

51 50 Pence (Pt) 1976, 1978. Typ wie Nr. 37. 950er Platin, 30,4 g *1350,–*

In ähnlichen Zeichnungen: Nrn. 54, 55 (FAO-Ausgabe), 57–59 (1 £), 61–81 (1000 Jahre Tynwald), 202 (FAO-Ausgabe).

25. Regierungsjubiläum von Königin Elisabeth II. (3)

52 (23) 1 Crown 1977. Elisabeth II. Rs. Triskeles, von drei St.-Edwards-Kronen und Jakobskreuzkraut (Cushag) umgeben:
a) (S) 925 fein, 28,28 g **45,–** **60,–**
b) (K-N) **8,–**

A 52 1 Crown (G) 1977. Typ wie Nr. 52 **–,–**

B 52 1 Crown (Pt) 1977. Typ wie Nr. 52 **–,–**

Zum gleichen Anlaß: Nrn. 55, 41–45 von 1977, nur polierte Platte *180,–*

»The Queen's Silver Jubilee Appeal«

		ST	PP
53 (25)	1 Crown 1977. Rs. Gekröntes Monogramm und Wappenschild der Insel Man zwischen Lorbeerzweigen:		
	a) (S) 925 fein, 28,28 g	**45,–**	**60,–**
	b) (K-N)	**6,–**	

Für den FAO-Münz-Plan (2)

54 (24) ½ Penny (Bro) 1977. Elisabeth II. Rs. Atlantischer Hering, Inschrift F.A.O./FOOD FOR ALL:
a) Landkarte mit Mzz. PM **–,50**
b) Landkarte ohne Mzz. PM **–,50**

55 ½ Penny (S) 1977. Typ wie Nr. 54a. 925er Silber, 2,1 g *45,–*

In ähnlicher Zeichnung: Nr. 202

25. Krönungsjubiläum von Königin Elisabeth II.

56 (26) 1 Crown 1978. Rs. Zwei Gerfalken vor Inselkarte (vgl. Nr. 7):
a) (S) 925 fein, 28,28 g **45,–** **60,–**
b) (K-N) **5,–**

Anm.: Falsche Stempelkoppelung, Rs. von Ascension, siehe dort.

		ST	PP
57 (27)	1 £ (N, Virenium plattiert) 1978–1982. Elisabeth II., n.r., Jahreszahl. Rs. Triskeles über Inselkarte. 4 g, Ø 22,1 mm:		
	a) 1978AA, 1979AA, 1981AA, 1982AA	**8,–**	
	b) 1978AB, 1979AB	**8,–**	
	c) 1978AC, 1979AC, 1980AC	**8,–**	
	d) 1978AD (3780 Ex.)	**25,–**	
	e) 1978 BB, 1980 BB		**30,–**
58	1 £ (S) 1978–1980. Typ wie Nr. 57. 925er Silber, 4,6 g		**50,–**
A 58	1 £ (G) 1980. Typ wie Nr. 57. 916⅔er Gold, 7,9627 g		*1000,–*
59	1 £ (Pt) 1978–1980. Typ wie Nr. 57. 950er Platin, 9 g		*1200,–*

In ähnlicher Zeichnung: 1£: Nrn. 67, 74, 82, 106, 143, 144, 153, A153, 232, 241, 250, 259. 5 £: Nrn. 195–198, 233, 242, 251, 260.

300 Jahre Manx-Währung

60 (28) 1 Crown 1979. Rs. Münzen der Insel Man verschiedener Zeiten in kreisförmiger Anordnung:
a) (S) 925 fein, 28,28 g **45,–** **60,–**
b) (K-N) **4,–**

1000 Jahre Tynwald (42)

		VZ	ST
61	½ Penny (Bro) 1979. Typ wie Nr. 32, jedoch mit Milleniumemblem (stilisierte Triskeles im Kreis)	**–,20**	**–,30**
62	1 Penny (Bro) 1979. Typ wie Nr. 33, jedoch mit Milleniumemblem	**–,30**	**–,40**
63	2 Pence (Bro) 1979. Typ wie Nr. 34, jedoch mit Milleniumemblem	**–,50**	**–,70**
64	5 Pence (K-N) 1979. Typ wie Nr. 35, jedoch mit Milleniumemblem	**–,85**	**1,25**
65	10 Pence (K-N) 1979. Typ wie Nr. 36, jedoch mit Milleniumemblem	**1,65**	**2,50**
66	50 Pence (K-N) 1979. Typ wie Nr. 37, jedoch mit Milleniumemblem	**4,50**	**5,50**
67	1 £ (N, Virenium plattiert) 1979. Typ wie Nr. 57, jedoch mit Milleniumemblem:		
	a) 1979 AA	**6,–**	**8,–**
	b) 1979AB	**6,–**	**8,–**
	c) 1979AC	**6,–**	**8,–**

PP

68 ½ Penny (S) 1979. Typ wie Nr. 61. 925er Silber, 2,1 g **10,–**

69 1 Penny (S) 1979. Typ wie Nr. 62. 925er Silber, 4,2 g **15,–**

70 2 Pence (S) 1979. Typ wie Nr. 63. 925er Silber, 8,4 g **20,–**

71 5 Pence (S) 1979. Typ wie Nr. 64. 925er Silber, 6,5 g **25,–**

72 10 Pence (S) 1979. Typ wie Nr. 65. 925er Silber, 13 g **30,–**

73 50 Pence (S) 1979. Typ wie Nr. 66. 925er Silber, 15,5 g **45,–**

74 1 £ (S) 1979. Typ wie Nr. 67. 925er Silber, 4,6 g **50,–**

Nr. 75 fällt aus.

76 ½ Penny (Pt) 1979. Typ wie Nr. 61. 950er Platin, 4 g (500 Ex.) *250,–*

77 1 Penny (Pt) 1979. Typ wie Nr. 62. 950er Platin, 8 g (500 Ex.) *450,–*

78 2 Pence (Pt) 1979. Typ wie Nr. 63. 950er Platin, 16 g (500 Ex.) *850,–*

79 5 Pence (Pt) 1979. Typ wie Nr. 64. 950er Platin, 12,5 g (500 Ex.) *750,–*

80 10 Pence (Pt) 1979. Typ wie Nr. 65. 950er Platin, 25 g (500 Ex.) *1150,–*

81 50 Pence (Pt) 1979. Typ wie Nr. 66. 950er Platin, 30,4 g (500 Ex.) *1350,–*

82 1 £ (Pt) 1979. Typ wie Nr. 67. 950er Platin, 9 g *1200,–*

83 (35) ½ Sovereign (G) 1979. Typ wie Nr. 24, jedoch mit Millenniumemblem **200,–**

84 (36) 1 Sovereign (G) 1979. Typ wie Nr. 83 **360,–**

85 (37) 2 £ (G) 1979. Typ wie Nr. 83 **700,–**

86 (38) 5 £(G) 1979. Typ wie Nr. 83 **1600,–**

ST PP

87 (34) 50 Pence 1979. Rs. »Odin's Raven« (Odins Rabe), Nachbau eines Wikingerschiffes (1970), auf dem Segel Millenniumemblem und Inschrift, fuhr vom 27. 5. bis 4. 7. 1979 von Trondheim in Norwegen zur Insel Man, Inschrift »DAY OF TYNWALD/JULY 5th«. Rand glatt:
a) (S) 925 fein, 15,5 g **45,–** **60,–**
b) (K-N) **10,–**

88 50 Pence (Pt) 1979. Typ wie Nr. 87. 950er Platin, 30,4 g (500 Ex.) **–,–**

Mit Randschriften siehe Nrn. 104, 105, 154–156.

89 (29) 1 Crown 1979. Rs. Wikinger und Wikingerschiff:
a) (S) 925 fein, 28,28 g **60,–** **70,–**
b) (K-N) **10,–**

ST PP

90 (30) 1 Crown 1979. Rs. Englische Kogge:
a) (S) **60,–** **70,–**
b) (K-N) **10,–**

91 (31) 1 Crown 1979. Rs. Flämische Carrack:
a) (S) **60,–** **70,–**
b) (K-N) **10,–**

92 (32) 1 Crown 1979. Rs. Loyalist aus der Bürgerkriegszeit, Schiff:
a) (S) **60,–** **70,–**
b) (K-N) **10,–**

93 (33) 1 Crown 1979. Rs. Lebensrettungsboot:
a) (S) **60,–** **70,–**
b) (K-N) **10,–**

94 1 Crown (G) 1979. Typ wie Nr. 89. 916⅔er Gold, 43 g *2500,–*

95 1 Crown (G) 1979. Typ wie Nr. 90 *2500,–*

96 1 Crown (G) 1979. Typ wie Nr. 91 *2500,–*

97 1 Crown (G) 1979. Typ wie Nr. 92 *2500,–*

98 1 Crown (G) 1979. Typ wie Nr. 93 *2500,–*

99 1 Crown (Pt) 1979. Typ wie Nr. 89. 950er Platin, 52 g *3000,–*

100 1 Crown (Pt) 1979. Typ wie Nr. 90 *3000,–*

101 1 Crown (Pt) 1979. Typ wie Nr. 91 *3000,–*

102 1 Crown (Pt) 1979. Typ wie Nr. 92 *3000,–*

103 1 Crown (Pt) 1979. Typ wie Nr. 93 *3000,–*

Zum königlichen Besuch (2)

104 (34) 50 Pence 1979. Typ wie Nr. 87, jedoch mit Randschrift »H.M.Q.E.II/ROYAL/VISIT/I.O.M./JULY/1979«:
a) (S) 925 fein, 15,5 g **60,–** **70,–**
b) (K-N) **5,–**

105 50 Pence (Pt) 1979. Typ wie Nr. 104. 950er Platin, 30,4 g *1500,–*

Henley Boating Regatta

VZ ST

106 1 £ (N, Virenium plattiert) 1979. Typ wie Nr. 67, jedoch mit gekreuzten Rudern auf dem Südwestkap (max. 1000 Ex.) *20,–* *35,–*

XIII. Olympische Winterspiele in Lake Placid 1980 und XXII. Olympische Sommerspiele in Moskau 1980 (12)

ST PP

107 (40) 1 Crown 1980. Rs. Triskeles, von verschiedenen Wintersportlern umgeben:
a) (S) ohne Punkt zwischen OLYMPICS und LAKE **60,–** **80,–**
b) (S) mit Punkt zwischen OLYMPICS und LAKE **60,–** **80,–**
c) (K-N) wie Nr. 107a **5,–**

108 (41) 1 Crown 1980. Rs. Triskeles, von verschiedenen Sommersportlern umgeben, oben Läufer:
a) (S) ohne Punkt zwischen OLYMPIAD und MOSCOW und ohne Punkte links und rechts der Worte ONE CROWN (wie Abb.) **–,–** **80,–**
b) (S) ohne Punkt zwischen OLYMPIAD und MOSCOW und mit Punkten beiderseits der Worte ONE CROWN **60,–** **80,–**

		ST	PP
	c) (S) mit Punkt zwischen OLYMPIAD und MOSCOW und mit Punkten beiderseits der Worte ONE CROWN	60,–	80,–
	d) (K-N) wie Nr. 108a	5,–	
	e) (K-N) wie Nr. 108b	5,–	

109 (42) 1 Crown 1980. Rs. Triskeles, von verschiedenen Sommersportlern umgeben, oben Speerwerfer:

	ST	PP
a) (S)	60,–	80,–
b) (K-N)	5,–	

110 (43) 1 Crown 1980. Rs. Triskeles, von verschiedenen Sommersportlern umgeben, oben Judokämpfer:

	ST	PP
a) (S) 925 fein, 28,28 g	60,–	80,–
b) (K-N)	5,–	

Nr.		ST	PP
111	1 Crown (G) 1980. Typ wie Nr. 107b. 916⅔er Gold, 39,8 g	*1800,–*	*2000,–*
112	1 Crown (G) 1980. Typ wie Nr. 108c	*1800,–*	*2000,–*
113	1 Crown (G) 1980. Typ wie Nr. 109	*1800,–*	*2000,–*
114	1 Crown (G) 1980. Typ wie Nr. 110	*1800,–*	*2000,–*
115	1 Crown (Pt) 1980. Typ wie Nr. 107b. 950er Platin, 52 g (100 Ex.)		*3000,–*
116	1 Crown (Pt) 1980. Typ wie Nr. 108c (100 Ex.)		*3000,–*
117	1 Crown (Pt) 1980. Typ wie Nr. 109 (100 Ex.)		*3000,–*
118	1 Crown (Pt) 1980. Typ wie Nr. 110 (100 Ex.)		*3000,–*

		VZ	ST
119 (44)	½ Penny (Bro) 1980–1983. Rs. Atlantischer Hering	–,20	–,30

		VZ	ST
120 (45)	1 Penny (Bro) 1980–1983. Rs. Manx-Katze	–,30	–,40

		VZ	ST
121 (46)	2 Pence (Bro) 1980–1983. Rs. Schwarzschnabel-Sturmtaucher	–,50	–,70
122 (47)	5 Pence (K-N) 1980–1983. Rs. Manx- oder Loaghtyn-Ziege	–,80	1,20

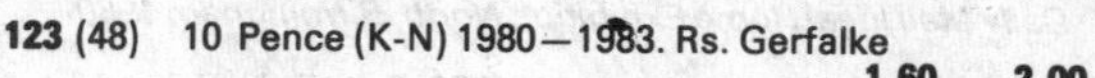

		VZ	ST
123 (48)	10 Pence (K-N) 1980–1983. Rs. Gerfalke	1,60	2,00

		VZ	ST
124 (49)	50 Pence (K-N) 1980–1983. Rs. Wikingerschiff, nach einem Bilderstein von Gotland (siebeneckig)	4,–	5,–

Nr.			ST	PP
125	½	Penny (S) 1980, 1981, 1983. Typ wie Nr. 119:		
		a) 1980, 500er Silber, 2,1 g		**10,—**
		b) 1981, 1983, 925er Silber, 2,1 g		**10,—**
126	1	Penny (S) 1980, 1981, 1983. Typ wie Nr. 120:		
		a) 1980, 500er Silber, 4,2 g		**15,—**
		b) 1981, 1983, 925er Silber, 4,2 g		**15,—**
127	2	Pence (S) 1980, 1981, 1983. Typ wie Nr. 121:		
		a) 1980, 500er Silber, 8,4 g		**20,—**
		b) 1981, 1983, 925er Silber, 8,4 g		**20,—**
128	5	Pence (S) 1980, 1981, 1983. Typ wie Nr. 122:		
		a) 1980, 500er Silber, 6,5g		**25,—**
		b) 1981, 1983, 925er Silber, 6,5 g		**25,—**
129	10	Pence (S) 1980, 1981, 1983. Typ wie Nr. 123:		
		a) 1980, 500er Silber, 13 g		**30,—**
		b) 1981, 1983, 925er Silber, 13 g		**30,—**
130	50	Pence (S) 1980, 1981, 1983. Typ wie Nr. 124:		
		a) 1980, 500er Silber, 15,5 g		**45,—**
		b) 1981, 1983, 925er Silber, 15,5 g		**45,—**
131	½	Penny (G) 1980, 1981, 1983. Typ wie Nr. 119. 916⅔er Gold, 3,55 g		*200,—*
132	1	Penny (G) 1980, 1981, 1983. Typ wie Nr. 120. 916⅔er Gold, 7,1 g		*380,—*
133	2	Pence (G) 1980, 1981, 1983. Typ wie Nr. 121. 916⅔er Gold, 14,2 g		*750,—*
134	5	Pence (G) 1980, 1981, 1983. Typ wie Nr. 122. 916⅔er Gold, 11 g		*650,—*
135	10	Pence (G) 1980, 1981, 1983. Typ wie Nr. 123. 916⅔er Gold, 22 g		*1000,—*
136	50	Pence (G) 1980, 1981, 1983. Typ wie Nr. 124. 916⅔er Gold, 26 g		*1200,—*
137	½	Penny (Pt) 1980, 1983. Typ wie Nr. 119. 950er Platin, 4 g		*250,—*
138	1	Penny (Pt) 1980, 1983. Typ wie Nr. 120. 950er Platin, 8 g		*450,—*
139	2	Pence (Pt) 1980, 1983. Typ wie Nr. 121. 950er Platin, 16 g		*850,—*
140	5	Pence (Pt) 1980, 1983. Typ wie Nr. 122. 950er Platin, 12,5 g		*750,—*
141	10	Pence (Pt) 1980, 1983. Typ wie Nr. 123. 950er Platin, 25 g		*1150,—*
142	50	Pence (Pt) 1980, 1983. Typ wie Nr. 124. 950er Platin, 30,4 g		*1350,—*

In ähnlichen Zeichnungen: Nrn. 203—206 (20 Pence), 225—258 (Wiege), 57—59 (1 £ 1980), A280—C280 (1 £ 1983).

Daily Mail Ideal Home Exhibition, London 1980

Nr.			VZ	ST
143 (53)	1	£ (N, Virenium plattiert) 1980. Typ wie Nr. 57, jedoch mit Initialen D.M.I.H.E.:		
		a) 1980AA	**15,–**	**20,–**
		b) 1980AB	**15,–**	**20,–**
		c) 1980AC	**15,–**	**20,–**

Daily Mail Ideal Home Exhibition North, Birmingham 1980

Nr.			VZ	ST
144	1	£ (N, Virenium plattiert) 1980. Typ wie Nr. 57, jedoch mit Initialen D.M.I.H.E./N.:		
		a) 1980AA	**15,–**	**20,–**
		b) 1980AB	**15,–**	**20,–**

200 Jahre Epson-Derby (3)

Nr.			ST	PP
145 (39)	1	Crown 1980, Rs. Zwei Reiter:		
		a) (S) 925 fein, 28,28 g	**50,–**	**75,–**
		b) (K-N)	**5,–**	
A145	1	Crown (G) 1980. Typ wie Nr. 145. 916⅔er Gold, 43 g		*2500,–*
146	1	Crown (Pt) 1980. Typ wie Nr. 145. 950er Platin, 52 g (500 Ex.)		*3000,–*

80. Geburtstag der Königinmutter Elisabeth (6)

Nr.			ST	PP
147 (50)	1	Crown 1980. Rs. Porträt der Königinmutter:		
		a) (S) 925 fein, 28,28 g		**90,–**
		b) (S) 500 fein, 28,28 g, Feingehalt »·5« rechts unter Brustbild	**50,–**	
		c) (K-N)	**5,–**	
148	1	Crown (G) 1980. Typ wie Nr. 147; Ø 22,12 mm:		
		a) 916⅔er Gold, 7,96 g		**350,–**
		b) 375er Gold, 5 g		**150,–**
149 (9a)	½	Sovereign (G) 1980. Rs Wikinger zu Pferde, oben das Porträt der Königinmutter Elisabeth		**250,–**
150 (10a)	1	Sovereign (G) 1980. Typ wie Nr. 149		**400,–**
151 (11a)	2	£ (G) 1980. Typ wie Nr. 149		**800,–**

Nr.			ST	PP
152 (12a)	5	£ (G) 1980. Typ wie Nr. 149 (250 Ex.)		**2000,–**

73. Motorradrennen Tourist Trophy 2.–6. 6. 1980 (2)

Nr.			ST	PP
153	1	£ 1980. Typ wie Nr. 57, jedoch mit Initialen T.T.:		
		a) (S) 925 fein, 4,6 g		**–,–**
		b) (N, Virenium plattiert) AA, AB	**12,–**	
A153	1	£ (G) 1980. Typ wie Nr. 153. 916⅔er Gold, 7,9627 g (300 Ex.)		**800,–**

Wikinger-Ausstellung 1980 in New York (5)

Nr.			ST	PP
154 (52)	50	Pence 1980. Typ wie Nr. 87, jedoch mit Randschrift ODIN'S/RAVEN/VIKING/EXHIBN/NEW/YORK/ 1980:		
		a) (S) 925 fein, 15,5 g	**50,–**	**75,–**
		b) (K-N)	**15,–**	
155	50	Pence (G) 1980. Typ wie Nr. 154. 916⅔er Gold, 26 g (250 Ex.)		*1200,–*
156	50	Pence (Pt) 1980. Typ wie Nr. 154. 950er Platin, 30,4 g (50 Ex.)		*1350,–*
A156	½	Sovereign (G) 1980. Typ wie Nr. 24, jedoch mit Wikingerschiff		**250,–**
B156	1	Sovereign (G) 1980. Typ wie Nr. A156		**400,–**

Weihnachten 1980 und 150 Jahre Dampfschiffahrtspaket-gesellschaft (3)

ST PP

157 (51) 50 Pence 1980. Rs. Postkutsche und Postdampfer »Mona's Isle« aus dem Jahr 1830 vor Hafenansicht von Douglas, oben Inschrift CHRISTMAS:
a) (S) 925 fein, 15,5 g — 50,–
b) (K-N) (Abb.) 5,– 25,–
c) (K-N) falsche Stempelkoppelung, Vs. von Nr. 154, Umschrift ELIZABETH THE SECOND — –,–

158 50 Pence (G) 1980. Typ wie Nr. 157. 916⅔er Gold, 26 g (250 Ex.) — 1200,–

159 50 Pence (Pt) 1980. Typ wie Nr. 157. 950er Platin, 30,4 g (50 Ex.) — 1350,–

60. Geburtstag von Prinz Philip und 25. Jahrestag der Einführung von »Duke of Edinburgh's Award Scheme« (12)

160 (54) 1 Crown 1981. Rs. Prinz Philip:
a) (S) 925 fein, 28,28 g 50,– 75,–
b) (K-N) 5,– 22,–

161 (55) 1 Crown 1981. Rs. Monogramm aus PP in gekröntem Hosenbandorden zwischen Zweigen:
a) (S) 50,– 75,–
b) (K-N) 5,– 22,–

162

163

162 (56) 1 Crown 1981. Rs. Krankenpflege, Bergsteigen, Schwimmen:
a) (S) 50,– 75,–
b) (K-N) 5,– 22,–

163 (57) 1 Crown 1981. Rs. Klettern, Motorradfahren, Segeln:
a) (S) 50,– 75,–
b) (K-N) 5,– 22,–

164 1 Crown (G) 1981. Typ wie Nr. 160:
a) 375er Gold, 5,1 g; Ø 22,12 mm 150,–
b) 916⅔er Gold, 7,96 g; Ø 22,12 mm 350,–

165 1 Crown (G) 1981. Typ wie Nr. 161:
a) 375er Gold, 5,1 g; Ø 22,12 mm 150,–
b) 916⅔er Gold, 7,96; Ø 22,12 mm 350,–

166 1 Crown (G) 1981. Typ wie Nr. 162:
a) 375er Gold, 5,1 g; Ø 22,12 mm 150,–
b) 916⅔er Gold, 7,96 g; Ø 22,12 mm 350,–

167 1 Crown (G) 1981. Typ wie Nr. 163:
a) 375er Gold, 5,1 g; Ø 22,12 mm 150,–
b) 916⅔er Gold, 7,96 g; Ø 22,12 mm 350,–

ST PP

168 1 Crown (Pt) 1981. Typ wie Nr. 160. 950er Platin, 52 g (100 Ex.) — 3000,–

169 1 Crown (Pt) 1981. Typ wie Nr. 161 (100 Ex.) — 3000,–

170 1 Crown (Pt) 1981. Typ wie Nr. 162 (100 Ex.) — 3000,–

171 1 Crown (Pt) 1981. Typ wie Nr. 163 (100 Ex.) — 3000,–

Zur Hochzeit von Prinz Charles und Lady Diana (10)

172 (63) 1 Crown 1981. Rs. Gestaffelte Brustbilder des Brautpaares:
a) (S) 925 fein, 28,28 g 50,– 75,–
b) (K-N) 5,–

173 (64) 1 Crown 1981. Rs. Allianzwappen:
a) (S) 50,– 75,–
b) (K-N) 5,–

174 1 Crown (G) 1981. Typ wie Nr. 172:
a) 375er Gold, 5,1 g; Ø 22,12 mm 150,–
b) 916⅔er Gold, 7,96 g; Ø 22,12 mm 350,–

175 1 Crown (G) 1981. Typ wie Nr. 173:
a) 375er Gold, 5,1 g; Ø 22,12 mm 150,–
b) 916⅔er Gold, 7,96 g; Ø 22,12 mm 350,–

A175 1 Crown (Pt) 1981. Typ wie Nr. 172 (100 Ex.) — 3000,–

B175 1 Crown (Pt) 1981. Typ wie Nr. 173 (100 Ex.) — 3000,–

176 (65) ½ Sovereign (G) 1981. Rs. Gestaffelte Brustbilder des Brautpaares und Allianzwappen 200,–

177 (66) 1 Sovereign (G) 1981. Typ wie Nr. 176 360,–

178 (67) 2 £ (G) 1981. Typ wie Nr. 176 700,–

179 (68) 5 £ (G) 1981. Typ wie Nr. 176 1600,–

Internationales Jahr der Behinderten 1981 (12)

180 (59) 1 Crown 1981. Rs. Louis Braille, Erfinder der Blindenschrift:
a) (S) 925 fein, 28,28 g 50,– 75,–
b) (K-N) 5,– 22,–

181 (60) 1 Crown 1981. Rs. Ludwig van Beethoven, Komponist:
a) (S) 60,– 80,–
b) (K-N) 5,– 22,–

		ST	PP
182 (61)	1 Crown 1981. Rs. Sir Douglas Bader, Luftfahrtpionier:		
	a) (S)	**50,–**	**75,–**
	b) (K-N)	**5,–**	**22,–**
183 (62)	1 Crown 1981. Rs. Sir Francis Chichester, Flieger und Weltumsegler:		
	a) (S)	**50,–**	**75,–**
	b) (K-N)	**5,–**	**22,–**
184	1 Crown (G) 1981. Typ wie Nr. 180:		
	a) 375er Gold, 5,1 g; Ø 22,12 mm		**150,–**
	b) 916⅔er Gold, 7,96 g; Ø 22,12 mm		**350,–**
185	1 Crown (G) 1981. Typ wie Nr. 181:		
	a) 375er Gold, 5,1 g; Ø 22,12 mm		**150,–**
	b) 916⅔er Gold, 7,96 g; Ø 22,12 mm		**350,–**
186	1 Crown (G) 1981. Typ wie Nr. 182:		
	a) 375er Gold, 5,1 g; Ø 22,12 mm		**150,–**
	b) 916⅔er Gold, 7,96 g; Ø 22,12 mm		**350,–**
187	1 Crown (G) 1981. Typ wie Nr. 183:		
	a) 375er Gold, 5,1 g; Ø 22,12 mm		**150,–**
	b) 916⅔er Gold, 7,96 g; Ø 22,12 mm		**350,–**
188	1 Crown (Pt) 1981. Typ wie Nr. 180. 950er Platin, 52 g (100 Ex.)		*3000,–*
189	1 Crown (Pt) 1981. Typ wie Nr. 181 (100 Ex.)		*3000,–*
190	1 Crown (Pt) 1981. Typ wie Nr. 182 (100 Ex.)		*3000,–*
191	1 Crown (Pt) 1981. Typ wie Nr. 183 (100 Ex.)		*3000,–*

74. Motorradrennen Tourist Trophy 1981 (3)

192 (58)	50 Pence 1981. Rs. Joey Dunlop, Gewinner des Motorradrennens 1980, oben Initialen TT (siebeneckig):		
	a) (S) 925 fein, 15,5 g, Inschrift »RACING«		**60,–**
	b) (K-N), Inschrift »RACING«	**5,–**	–,–
	c) (K-N) Inschrift »RARCING« (Abb.)	**5,–**	
193	50 Pence (G) 1981. Typ wie Nr. 192 a. 916⅔er Gold, 26 g (250 Ex.)		*1200,–*
194	50 Pence (Pt) 1981. Typ wie Nr. 192 a. 950er Platin, 30,4 g		*1350,–*
195	5 £ (Virenium) 1981–1983. Typ wie Nr. 57	**35,–**	*35,–*
196	5 £ (S) 1981, 1983. Typ wie Nr. 57. 925er Silber, 23,5 g		**90,–**
197	5 £ (G) 1981, 1983. Typ wie Nr. 57. 916⅔er Gold, 39,9 g		*1800,–*
198	5 £ (Pt) 1981, 1983. Typ wie Nr. 57. 950er Platin, 45,5 g		*2500,–*

In ähnlicher Zeichnung: Nrn. 233, 242, 251, 260.

Weihnachten 1981 und Jahr der Fischer (3)

		ST	PP
199 (69)	50 Pence 1981. Rs. Fischerboote, sogenannte »Nikkeys«, von Peel aus zum Heringsfang auslaufend, oben Inschrift CHRISTMAS (siebeneckig):		
	a) (S)		**60,–**
	b) (K-N)	**5,–**	*25,–*
200	50 Pence (G) 1981. Typ wie Nr. 199 (250 Ex.)		*1200,–*
201	50 Pence (Pt) 1981. Typ wie Nr. 199 (50 Ex.)		*1350,–*

Für den FAO-Münz-Plan

		VZ	ST
202 (24)	½ Penny (Bro) 1981. Elisabeth II., Umschrift ELIZABETH II/ISLE OF MAN. Rs. Atlantischer Hering, Inschrift F.A.O./FOOD FOR ALL, wie Nr. 54	**–,60**	**–,90**

Welternährungstag 1981

A202	½ Penny (Bro) 1981. Rs. Atlantischer Hering, Inschrift WORLD FOOD DAY/16–10–81 (10 000 Ex.)	*30,–*	*50,–*

203 (70)	20 Pence (K-N) 1982, 1983. Elisabeth II., n. r. Rs. Waffen und Trophäen aus dem 9. bis 13. Jahrhundert (siebeneckig) ‹AA, AB, AC, AD›	**2,50**	**3,–**

Nr. 203 besteht aus Kupfer 84%, Nickel 16%.

		ST	PP
204	20 Pence (S) 1982, 1983. Typ wie Nr. 203. 925er Silber, 6 g		**35,–**
205	20 Pence (G) 1982, 1983. Typ wie Nr. 203. 916⅔er Gold, 10 g		*600,–*
206	20 Pence (Pt) 1982, 1983. Typ wie Nr. 203. 950er Platin, 11,3 g		*750,–*

In ähnlicher Zeichnung: Nrn. 230, 239, 348, 257.

XII. Fußball-Weltmeisterschaft 1982 in Spanien (12)

207 (71)	1 Crown 1982. Rs. Daniel Passarella, Argentinien, mit FIFA-World-Cup 1978 vor Karte der Iberischen Halbinsel:		
	a) (S) 925 fein, 28,28 g	**60,–**	**80,–**
	b) (K-N)	**4,–**	

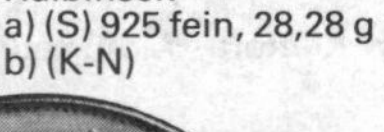

		ST	PP
208 (72)	1 Crown 1982. Rs. Fußball mit Triskeles und den sechs Staatswappen der Gewinner der Fußball-Weltmeisterschaften von 1930–1978:		
	a) (S)	**60,–**	**80,–**
	b) (K-N)	**4,–**	

In ähnlicher Zeichnung: Nrn. 222–224

209 (73)	1 Crown 1982. Rs. Drei Spielszenen, unten Torwart:		
	a) (S)	**60,–**	**80,–**
	b) (K-N)	**4,–**	

a,b c

210 (74)	1 Crown 1982. Rs. Drei Spielszenen:		
	a) (S) Spieler oben links ohne Ball	**60,–**	**80,–**
	b) (K-N) Typ wie Nr. 210a	**4,–**	
	c) (K-N) Spieler oben links mit Ball	**7,–**	
211	1 Crown (G) 1982. Typ wie Nr. 207:		
	a) 375er Gold, 5,1 g; Ø 22,12 mm		**150,–**
	b) 916⅔er Gold, 7,96 g; Ø 22,12 mm		**350,–**
212	1 Crown (G) 1982. Typ wie Nr. 208:		
	a) 375er Gold, 5,1 g; Ø 22,12 mm		**150,–**
	b) 916⅔er Gold, 7,96 g; Ø 22,12 mm		**350,–**
213	1 Crown (G) 1982). Typ wie Nr. 209:		
	a) 375er Gold, 5,1 g; Ø 22,12 mm		**150,–**
	b) 916⅔er Gold, 7,96 g; Ø 22,12 mm		**350,–**
214	1 Crown (G) 1982. Typ wie Nr. 210a:		
	a) 375er Gold, 5,1 g; Ø 22,12 mm		**150,–**
	b) 916⅔er Gold; Ø 22,12 mm		**350,–**
215	1 Crown (Pt) 1982. Typ wie Nr. 207		*3000,–*
216	1 Crown (Pt) 1982. Typ wie Nr. 208		*3000,–*
217	1 Crown (Pt) 1982. Typ wie Nr. 209		*3000,–*
218	1 Crown (Pt) 1982. Typ wie Nr. 210a		*3000,–*

75. Motorradrennen Tourist Trophy 1982 (3)

		ST	PP
219	50 Pence 1982. Rs. Mick Grant auf Suzuki, Gewinner des Seniorenrennens 1981, oben Initialen TT (siebeneckig):		
	a) (S)		**60,–**
	b) (K-N)	**5,–**	
220	50 Pence (G) 1982. Typ wie Nr. 219 (250 Ex.)		*1200,–*
221	50 Pence (Pt) 1982. Typ wie Nr. 219 (50 Ex.)		*1350,–*

Italien – Fußball-Weltmeister 1982 (3)

222 (75)	1 Crown 1982. Typ wie Nr. 208, jedoch Staatswappen von Italien mit Jahreszahlen 1934–1938–1982:		
	a) (S) 925 fein, 28,28 g		**100,–**
	b) (K-N)	**8,–**	
223	1 Crown (G) 1982. Typ wie Nr. 222:		
	a) 375er Gold, 5,1 g; Ø 22,12 mm		–,–
	b) 916⅔er Gold, 7,96 g; Ø 22,12 mm		–,–
224	1 Crown (Pt) 1982. Typ wie Nr. 222		–,–

Zur Geburt von Prinz William Albert Philipp Louis (40)

225	½ Penny (Bro) 1982. Typ wie Nr. 119, jedoch mit Wiege	–,–
226	1 Penny (Bro) 1982. Typ wie Nr. 120, jedoch mit Wiege	–,–
227	2 Pence (Bro) 1982. Typ wie Nr. 121, jedoch mit Wiege	–,–
228	5 Pence (K-N) 1982. Typ wie Nr. 122, jedoch mit Wiege	–,–
229	10 Pence (K-N) 1982. Typ wie Nr. 123, jedoch mit Wiege	–,–
230	20 Pence (K-N) 1982. Typ wie Nr. 203, jedoch mit Wiege	–,–
231	50 Pence (K-N) 1982. Typ wie Nr. 124, jedoch mit Wiege	–,–
232	1 £ (N, Virenium plattiert) 1982. Typ wie Nr. 57, jedoch mit Wiege	–,–
233	5 £ (Virenium) 1982. Typ wie Nr. 195, jedoch mit Wiege	–,–
234	½ Penny (S) 1982. Typ wie Nr. 225. 925er Silber, 2,1 g	**10,–**
235	1 Penny (S) 1982. Typ wie Nr. 226. 925er Silber, 4,2 g	**15,–**
236	2 Pence (S) 1982. Typ wie Nr. 227. 925er Silber, 8,4 g	**20,–**
237	5 Pence (S) 1982. Typ wie Nr. 228. 925er Silber, 6,5 g	**25,–**
238	10 Pence (S) 1982. Typ wie Nr. 229. 925er Silber, 13 g	**30,–**
239	20 Pence (S) 1982. Typ wie Nr. 230. 925er Silber, 6 g	**35,–**
240	50 Pence (S) 1982. Typ wie Nr. 231. 925er Silber, 15,5 g	**45,–**
241	1 £ (S) 1982. Typ wie Nr. 232. 925er Silber, 4,6 g	**50,–**
242	5 £ (S) 1982. Typ wie Nr. 233. 925er Silber, 23,5 g	**90,–**
243	½ Penny (G) 1982. Typ wie Nr. 225. 916⅔er Gold, 3,55 g	*200,–*

Nr.			PP
244		1 Penny (G) 1982. Typ wie Nr. 226. 916⅔er Gold, 7,1 g	380,–
245		2 Pence (G) 1982. Typ wie Nr. 227. 916⅔er Gold, 14,2 g	750,–
246		5 Pence (G) 1982. Typ wie Nr. 228. 916⅔er Gold, 11 g	650,–
247		10 Pence (G) 1982. Typ wie Nr. 229. 916⅔er Gold, 22 g	1000,–
248		20 Pence (G) 1982. Typ wie Nr. 230. 916⅔er Gold, 10 g	600,–
249		50 Pence (G) 1982. Typ wie Nr. 231. 916⅔er Gold, 26 g	1200,–
250		1 £ (G) 1982. Typ wie Nr. 232. 916⅔er Gold, 7,96 g	1000,–
251		5 £ (G) 1982. Typ wie Nr. 233. 916⅔er Gold, 39,9 g	1800,–
252		½ Penny (Pt) 1982. Typ wie Nr. 225. 950er Platin, 4 g	250,–
253		1 Penny (Pt) 1982. Typ wie Nr. 226. 950er Platin, 8 g	450,–
254		2 Pence (Pt) 1982. Typ wie Nr. 227. 950er Platin, 16 g	850,–
255		5 Pence (Pt) 1982. Typ wie Nr. 228. 950er Platin, 12,5 g	750,–
256		10 Pence (Pt) 1982. Typ wie Nr. 229. 950er Platin, 25 g	1150,–
257		20 Pence (Pt) 1982. Typ wie Nr. 230. 950er Platin, 11,3 g	750,–
258		50 Pence (Pt) 1982. Typ wie Nr. 231. 950er Platin, 30,4 g	1350,–
259		1 £ (Pt) 1982. Typ wie Nr. 232. 950er Platin, 9 g	1200,–
260		5 £ (Pt) 1982. Typ wie Nr. 233. 950er Platin, 45,5 g	2500,–
261	(9b)	½ Sovereign (G) 1982. Typ wie Nr. 24, jedoch mit Wiege	200,–
262	(10b)	1 Sovereign (G) 1982. Typ wie Nr. 261	360,–
263	(11b)	2 £ (G) 1982. Typ wie Nr. 261	700,–
264	(12b)	5 £ (G) 1982. Typ wie Nr. 261	1600,–

Berühmte Seeleute der Insel Man (12)

Nr.			ST	PP
265	(76)	1 Crown 1982. Rs. »Mayflower«, Kapitän Myles Standish:		
		a) (S) 925 fein, 28,28 g	60,–	80,–
		b) (K-N)	6,–	25,–

266

268

Nr.			ST	PP
266	(77)	1 Crown 1982. Rs. H.M.A.V. »Bounty«, Leutnant Fletcher Christian:		
		a) (S)	60,–	80,–
		b) (K-N)	6,–	25,–
267	(78)	1 Crown 1982. Rs. H.M.S. »Victory« in der Schlacht von Trafalgar, Kapitän John William:		
		a) (S)	60,–	80,–
		b) (K-N)	6,–	25,–
268	(79)	1 Crown 1982. Rs. P.S. »Mona's Queen II« beim Versenken eines deutschen U-Bootes im Februar 1917, Kapitän William Cain:		
		a) (S)	60,–	80,–
		b) (K-N)	6,–	25,–

Nr.		ST	PP
269	1 Crown (G) 1982. Typ wie Nr. 265:		
	a) 375er Gold, 5,1 g; Ø 22,12 mm		150,–
	b) 916⅔er Gold, 7,96 g; Ø 22,12 mm		350,–
270	1 Crown (G) 1982. Typ wie Nr. 266:		
	a) 375er Gold, 5,1 g; Ø 22,12 mm		150,–
	b) 916⅔er Gold, 7,96 g; Ø 22,12 mm		350,–
271	1 Crown (G) 1982. Typ wie Nr. 267:		
	a) 375er Gold, 5,1 g; Ø 22,12 mm		150,–
	b) 916⅔er Gold, 7,96 g; Ø 22,12 mm		350,–
272	1 Crown (G) 1982. Typ wie Nr. 268:		
	a) 375er Gold, 5,1 g; Ø 22,12 mm		150,–
	b) 916⅔er Gold, 7,96 g; Ø 22,12 mm		350,–
273	1 Crown (Pt) 1982. Typ wie Nr. 265. 950er Platin, 52 g (50 Ex.)		3500,–
274	1 Crown (Pt) 1982. Typ wie Nr. 266 (50 Ex.)		3500,–
275	1 Crown (Pt) 1982. Typ wie Nr. 267 (50 Ex.)		3500,–
276	1 Crown (Pt) 1982. Typ wie Nr. 268 (50 Ex.)		3500,–

Weihnachten 1982 (3)

Nr.			ST	PP
277	(80)	50 Pence 1982. Rs. Weihnachtssinger vor geschmücktem Weihnachtsbaum, im Hintergrund Castle Rushen, oben Inschrift CHRISTMAS (siebeneckig):		
		a) (S)		60,–
		b) (K-N)	8,–	30,–
278		50 Pence (G) 1982. Typ wie Nr. 277 (250 Ex.)		1200,–
279		50 Pence (Pt) 1982. Typ wie Nr. 277 (50 Ex.)		1350,–

Städtewappen 1983 – Peel und 100. Jahrestag der Eingemeindung (6)

Nr.			ST	PP
A280	(81)	1 £ 1983. Rs. Stadtwappen von Peel: Hafenansicht mit Segelschiffen vor Peel Castle, umgeben von Hosenband; Ø 22,12 mm:		
		a) (S) 925 fein, 4,6 g		60,–
		b) (N-Me)	9,–	
B280		1 £ (G) 1983. Typ wie Nr. A280. 916⅔er Gold, 7,96 g		–,–
C280		1 £ (Pt) 1983. Typ wie Nr. A280. 950er Platin, 9 g		–,–
280	(81)	1 £ (S) 1983. Typ wie Nr. A280, jedoch Ø 22,5 mm:		
		a) 925 fein, 9,5 g		–,–
		b) Piéfort, 925 fein, 19 g		–,–

		ST	PP
281	1 £ (G) 1983. Typ wie Nr. 280:		
	a) 375er Gold, 9,5 g		–,–
	b) 375er Gold, Piéfort, 19 g		–,–
	c) 916⅔er Gold, 9,5 g		–,–
	d) 916⅔er Gold, Piéfort, 19 g		–,–
282	1 £ (Pt) 1983. Typ wie Nr. 280:		
	a) 950er Platin, 9,5 g		–,–
	b) 950er Platin, Piéfort, 19 g		–,–

Nrn. 280–282 wurden 1983 zusammen mit Nrn. 302–304, 388–390, 462–464 ausgegeben.

200 Jahre Luftfahrt (12)

		ST	PP
283 (85)	1 Crown 1983. Rs. Montgolfière, Heißluftballon der Brüder Montgolfier, stieg am 21. 11. 1783 zum ersten freien Flug mit Fahrgästen auf:		
	a) (S) 925 fein, 28,28 g	**60,–**	**80,–**
	b) (K-N)	**9,–**	**25,–**
284 (86)	1 Crown 1983. Rs. Erstes Doppeldecker-Flugzeug »Wright Brothers Flyer« von 1903:		
	a) (S)	**60,–**	**80,–**
	b) (K-N)	**9,–**	**25,–**
285 (87)	1 Crown 1983. Rs. Erstes Düsenflugzeug »Gloster-Whittle-Jet« von 1941:		
	a) (S)	**60,–**	**80,–**
	b) (K-N)	**9,–**	**25,–**

		ST	PP
286 (88)	1 Crown 1983. Rs. Weltraumfähre Space Shuttle »Columbia«, 1983:		
	a) (S)	**60,–**	**80,–**
	b) (K-N)	**9,–**	**25,–**
287	1 Crown (G) 1983. Typ wie Nr. 283:		
	a) 375er Gold, 5,1 g; Ø 22,12 mm		**150,–**
	b) 916⅔er Gold, 7,96 g; Ø 22,12 mm		**350,–**
288	1 Crown (G) 1983. Typ wie Nr. 284:		
	a) 375er Gold, 5,1 g, Ø 22,12 mm		**150,–**
	b) 916⅔er Gold, 7,96 g; Ø 22,12 mm		**350,–**
289	1 Crown (G) 1983. Typ wie Nr. 285:		
	a) 375er Gold, 5,1 g; Ø 22,12 mm		**150,–**
	b) 916⅔er Gold, 7,96 g; Ø 22,12 mm		**350,–**
290	1 Crown (G) 1983. Typ wie Nr. 286:		
	a) 375er Gold, 5,1 g; Ø 22,12 mm		**150,–**
	b) 916⅔er Gold, 7,96 g; Ø 22,12 mm		**350,–**
291	1 Crown (Pt) 1983. Typ wie Nr. 283. 950er Platin, 52 g (50 Ex.)		*3500,–*
292	1 Crown (Pt) 1983. Typ wie Nr. 284 (50 Ex.)		*3500,–*
293	1 Crown (Pt) 1983. Typ wie Nr. 285 (50 Ex.)		*3500,–*
294	1 Crown (Pt) 1983. Typ wie Nr. 286 (50 Ex.)		*3500,–*

Daily Mail Ideal Home Exhibition, London 1983 mit dem Thema 200 Jahre Luftfahrt (4)

A 294

B294

		ST	PP
A294	1 Crown (K-N) 1983. Typ wie Nr. 283, Initialen D.M.I.H.E.	–,–	
B294	1 Crown (K-N) 1983. Typ wie Nr. 284, Initialen D.M.I.H.E.	–,–	

C294

D294

		ST	PP
C294	1 Crown (K-N) 1983. Typ wie Nr. 285, Initialen D.M.I.H.E.	–,–	
D294	1 Crown (K-N) 1983. Typ wie Nr. 286, Initialen D.M.I.H.E.	–,–	

Platinbarrenmünzen »Noble« (2)

A295 1/10 Noble (Pt) 1984. Elisabeth II. (nach A. Machin). Porträt n. r. Rs. Wikingerschiff, Wertangabe, 999½er Platin, 3,112 g **190,–**

		ST	PP
295 (97)	1 Noble (Pt) 1983, 1984. Typ wie Nr. A295. 999½er Platin, 31,119 g:		
	1983	*1100,–*	**1800,–**
	1984		**1600,–**
	1984 ‹A, B, C, D, E›	*1100,–*	

In ähnlicher Zeichnung: Nrn. 433–436.

76. Motorradrennen Tourist Trophy 1983 (3)

			ST	PP
296 (96)	50	Pence 1983. Rs. Ron Haslam auf Honda 999 cc, Gewinner des Formel-1-Motorradrennens 1982, oben Initialen TT (siebeneckig):		
		a) (S)		**60,–**
		b) (K-N)	**5,–**	
297	50	Pence (G) 1983. Typ wie Nr. 296 (250 Ex.)		*1200,–*
298	50	Pence (Pt) 1983. Typ wie Nr. 296 (50 Ex.)		*1350,–*

Weihnachten 1983 und 75 Jahre Ford Model T (3)

299 (95)	50	Pence 1983. Rs. Ford Model T, »Tin Lizzy«, in weihnachtlicher Landschaft vor Ramsey, oben Inschrift CHRISTMAS (siebeneckig):		
		a) (S)		**60,–**
		b) (K-N)	**6,–**	
300	50	Pence (G) 1983. Typ wie Nr. 299 (250 Ex.)		*1200,–*
301	50	Pence (Pt) 1983. Typ wie Nr. 299 (50 Ex.)		*1350,–*

Städtewappen 1984 — Castletown und 100. Jahrestag der Eingemeindung (3)

302 (82)	1	£ (S) 1984. Rs. Stadtwappen der früheren Hauptstadt Castletown: Ansicht von Castle Rushen, von Triskeles, Krone und Hirschkopf überhöht; Ø 22,5 mm:	
		a) 925 fein, 9,5 g	–,–
		b) Piéfort, 925 fein, 19 g	–,–
303	1	£ (G) 1984. Typ wie Nr. 302:	
		a) 375er Gold, 9,5 g	–,–
		b) 375er Gold, Piéfort, 19 g	–,–
		c) 916⅔er Gold, 9,5 g	–,–
		d) 916⅔er Gold, Piéfort, 19 g	–,–
304	1	£ (Pt) 1984. Typ wie Nr. 302:	
		a) 950er Platin, 9,5 g	–,–
		b) 950er Platin, Piéfort, 19 g	–,–

Nrn. 302—304 wurden 1983 ausgegeben.

In gleicher Zeichnung: Nrn. 324, 333, 342, 351.

XIV. Olympische Winterspiele in Sarajewo und XXIII. Olympische Sommerspiele in Los Angeles 1984 (16)

305 306

			ST	PP
A305	1	Crown (K-N, S plattiert) 1984. Rs. Eistänzerpaar Jayne Torvill und Christopher Dean, ohne Emblem		–,–
B305	1	Crown (K-N, S plattiert) 1984. Rs. Dressurreiterin, ohne Emblem		–,–
C305	1	Crown (K-N, S plattiert) 1984. Rs. Mittelstreckenläufer, ohne Emblem		–,–
D305	1	Crown (K-N, S plattiert) 1984. Rs. Kunstturnerin, ohne Emblem		–,–

305 306

305 (111)	1	Crown 1984. Rs. Eistänzerpaar Jayne Torvill und Christopher Dean, wie Nr. A305, mit Emblem der British Olympic Association:		
		a) (S) 925 fein, 28,28 g	–,–	**85,–**
		b) (K-N, S plattiert)		**35,–**
		c) (K-N)	**5,–**	**20,–**
306 (114)	1	Crown 1984. Rs. Dressurreiterin, wie Nr. B305, mit Emblem:		
		a) (S)	–,–	**85,–**
		b) (K-N, S plattiert)		**35,–**
		c) (K-N)	**5,–**	**20,–**

307 (112)	1	Crown 1984. Rs. Mittelstreckenläufer, wie Nr. C305, mit Emblem:		
		a) (S)	–,–	**85,–**
		b) (K-N, S plattiert)		**35,–**
		c) (K-N)	**5,–**	**20,–**

			ST	PP
308 (113)	1	Crown 1984. Rs. Kunstturnerin, wie Nr. D305, mit Emblem:		
		a) (S)	–,–	85,–
		b) (K-N, S plattiert)		35,–
		c) (K-N)	5,–	20,–
309	1	Crown (G) 1984. Typ wie Nr. 305:		
		a) 375er Gold, 5,1 g; Ø 22,12 mm		200,–
		b) 916⅔er Gold, 7,96 g; Ø 22,12 mm		350,–
310	1	Crown (G) 1984. Typ wie Nr. 306:		
		a) 375er Gold, 5,1 g; Ø 22,12 mm		200,–
		b) 916⅔er Gold, 7,96 g; Ø 22,12 mm		350,–
311	1	Crown (G) 1984. Typ wie Nr. 307:		
		a) 375er Gold, 5,1 g; Ø 22,12 mm		200,–
		b) 916⅔er Gold, 7,96 g; Ø 22,12 mm		350,–
312	1	Crown (G) 1984. Typ wie Nr. 308:		
		a) 375er Gold, 5,1 g; Ø 22,12 mm		200,–
		b) 916⅔er Gold, 7,96 g; Ø 22,12 mm		350,–
313	1	Crown (Pt) 1984. Typ wie Nr. 305. 950er Platin, 52 g		*3000,–*
314	1	Crown (Pt) 1984. Typ wie Nr. 306		*3000,–*
315	1	Crown (Pt) 1984. Typ wie Nr. 307		*3000,–*
316	1	Crown (Pt) 1984. Typ wie Nr. 308		*3000,–*

500. Jahrestag der Gründung des »College of Arms« durch König Richard III. (52)

317

318

319

			VZ	ST
317 (98)	½	Penny (Bro) 1984. Elisabeth II. (nach A. Machin). Rs. Fuchsienblüte auf heraldischem Schild	–,50	1,–
318 (99)	1	Penny (Bro) 1984. Rs. Kormoran auf Turnierschild	–,50	1,–
319 (100)	2	Pence (Bro) 1984. Rs. Wanderfalke in Schildrahmen	–,50	1,–

320

321

322

			VZ	ST
320 (101)	5	Pence (K-N) 1984. Rs. Jakobskreuzkraut (Cushag) auf Schlachtschild (vgl. Nr. 5)	–,50	1,–
321 (102)	10	Pence (K-N) 1984. Rs. Loaghtyn-Widder in Schildrahmen	–,80	1,50
322 (103)	20	Pence (K-N) 1984. Rs. Atlantische Heringe in Schildrahmen	1,–	2,–

323

325

			VZ	ST
323 (104)	50	Pence (K-N) 1984. Rs. Wikingerschiff in Schildrahmen	2,–	4,–
324 (105)	1	£ (N-Me) 1984. Typ wie Nr. 302; Ø 22,12 mm	5,–	9,–
325 (106)	5	£ (Virenium) 1984. Rs. Wikinger zu Pferde mit Schabracke	25,–	35,–

			PP
326	½	Penny (S) 1984. Typ wie Nr. 317. 925er Silber, 2,1 g	10,–
327	1	Penny (S) 1984. Typ wie Nr. 318. 925er Silber, 4,2 g	15,–
328	2	Pence (S) 1984. Typ wie Nr. 319. 925er Silber, 8,4 g	20,–
329	5	Pence (S) 1984. Typ wie Nr. 320. 925er Silber, 6,5 g	25,–
330	10	Pence (S) 1984. Typ wie Nr. 321. 925er Silber, 13 g	30,–
331	20	Pence (S) 1984. Typ wie Nr. 322. 925er Silber, 6 g	35,–
332	50	Pence (S) 1984. Typ wie Nr. 323. 925er Silber, 15,5 g	45,–
333	1	£ (S) 1984. Typ wie Nr. 324. 925er Silber, 4,6 g	50,–
334	5	£ (S) 1984. Typ wie Nr. 325. 925er Silber, 23,5 g	90,–
335	½	Penny (G) 1984. Typ wie Nr. 317. 916⅔er Gold, 3,55 g	*200,–*
336	1	Penny (G) 1984. Typ wie Nr. 318. 916⅔er Gold, 7,1 g	*380,–*
337	2	Pence (G) 1984. Typ wie Nr. 319. 916⅔er Gold, 14,2 g	*750,–*
338	5	Pence (G) 1984. Typ wie Nr. 320. 916⅔er Gold, 11 g	*650,–*
339	10	Pence (G) 1984. Typ wie Nr. 321. 916⅔er Gold, 22 g	*1000,–*
340	20	Pence (G) 1984. Typ wie Nr. 322. 916⅔er Gold, 10 g	*600,–*
341	50	Pence (G) 1984. Typ wie Nr. 323. 916⅔er Gold, 26 g	*1200,–*
342	1	£ (G) 1984. Typ wie Nr. 324. 916⅔er Gold, 7,96 g	*1000,–*
343	5	£ (G) 1984. Typ wie Nr. 325. 916⅔er Gold, 39,9 g	*1800,–*
344	½	Penny (Pt) 1984. Typ wie Nr. 317. 950er Platin, 4 g	*250,–*
345	1	Penny (Pt) 1984. Typ wie Nr. 318. 950er Platin, 8 g	*450,–*
346	2	Pence (Pt) 1984. Typ wie Nr. 319. 950er Platin, 16 g	*850,–*
347	5	Pence (Pt) 1984. Typ wie Nr. 320. 950er Platin, 12,5 g	*750,–*
348	10	Pence (Pt) 1984. Typ wie Nr. 321. 950er Platin, 25 g	*1150,–*

Die Katalogpreise sind durchschnittliche Handelspreise und als solche den täglichen Schwankungen des Marktes unterworfen.

ST PP

349 20 Pence (Pt) 1984. Typ wie Nr. 322. 950er Platin, 11,3 g *750,–*
350 50 Pence (Pt) 1984. Typ wie Nr. 323. 950er Platin, 30,4 g *1350,–*
351 1 £ (Pt) 1984. Typ wie Nr. 324. 950er Platin, 9 g *1200,–*
352 5 £ (Pt) 1984. Typ wie Nr. 325. 950er Platin, 45,5 g *2500,–*

In ähnlichen Zeichnungen: Nrn. 391–426.

353 1 Crown 1984. Rs. Wappen des »College of Arms«:
a) (S) 925 fein, 28,28 g **60,–**
b) (K-N, S plattiert) –,–
c) (K-N) **5,–**
354 1 Crown 1984. Rs. Wappen von König Richard III. und des »College of Arms«:
a) (S) **60,–**
b) (K-N, S plattiert) –,–
c) (K-N) **5,–**
355 1 Crown 1984. Rs. Wappen des Earl of Derby (Lord of Man) und des »College of Arms«:
a) (S) **60,–**
b) (K-N, S plattiert) –,–
c) (K-N) **5,–**
356 1 Crown 1984. Rs. Wappen des Earl Marshal of England (Duke of Norfolk):
a) (S) **60,–**
b) (K-N, S plattiert) –,–
c) (K-N) **5,–**

357 358

357 1 Crown (G) 1984. Typ wie Nr. 353:
a) 375er Gold, 5,1 g; Ø 22,12 mm **150,–**
b) 916⅔er Gold, 7,96 g; Ø 22,12 mm **350,–**
358 1 Crown (G) 1984. Typ wie Nr. 354:
a) 375er Gold, 5,1 g; Ø 22,12 mm **150,–**
b) 916⅔er Gold, 7,96 g; Ø 22,12 mm **350,–**

359 360

359 1 Crown (G) 1984. Typ wie Nr. 355:
a) 375er Gold, 5,1 g; Ø 22,12 mm **150,–**
b) 916⅔er Gold, 7,96 g; Ø 22,12 mm **350,–**
360 1 Crown (G) 1984. Typ wie Nr. 356:
a) 375er Gold, 5,1 g; Ø 22,12 mm **150,–**
b) 916⅔er Gold, 7,96 g; Ø 22,12 mm **350,–**

361 1 Crown (Pt) 1984. Typ wie Nr. 353. 950er Platin, 52 g (100 Ex.) *3000,–*
362 1 Crown (Pt) 1984. Typ wie Nr. 354 (100 Ex.) *3000,–*
363 1 Crown (Pt) 1984. Typ wie Nr. 355 (100 Ex.) *3000,–*
364 1 Crown (Pt) 1984. Typ wie Nr. 356 (100 Ex.) *3000,–*

ST PP

365 ½ Sovereign (G) 1984. Rs. Vier Wappenschilde mit erhabenen Motiven kreuzförmig um Triskeles gestellt, in den Winkeln Fuchsienblüten, Motto, Jahreszahl –,– –,–
366 1 Sovereign (G) 1984. Typ wie Nr. 365 –,– –,–
367 2 £ (G) 1984. Typ wie Nr. 365 –,– –,–
368 5 £(G) 1984. Typ wie Nr. 365 –,– –,–

77. Motorradrennen Tourist Trophy 1984 (3)

369 50 Pence 1984. Rs. Mick Boddice und Chas Birks auf Yamaha, Sieger des zweiten Rennens mit Beiwagen 1983 (siebeneckig):
a) (S) **60,–**
b) (K-N) **6,–**
370 50 Pence (G) 1984. Typ wie Nr. 369 (250 Ex.) *1200,–*
371 50 Pence (Pt) 1984. Typ wie Nr. 369 (50 Ex.) *1350,–*

30. Commonwealth-Konferenz 1984 (12)

372 1 Crown 1984. Rs. Porträts von Königin Elisabeth II. und Prinz Philip n. r.:
a) (S) 925 fein, 28,28 g **60,–**
b) (K-N, S plattiert) –,–
c) (K-N) **5,–**
373 1 Crown 1984. Rs. Porträt von Prinzessin Anne:
a) (S) **60,–**
b) (K-N, S plattiert) –,–
c) (K-N) **5,–**
374 1 Crown 1984. Rs. Parlamentsgebäude »Tynwald Hall«:
a) (S) **60,–**
b) (K-N, S plattiert) –,–
c) (K-N) **5,–**
375 1 Crown 1984. Rs. Schwert und Amtssessel:
a) (S) **60,–**
b) (K-N, S plattiert) –,–
c) (K-N) **5,–**

376 377

376 1 Crown (G) 1984. Typ wie Nr. 372:
a) 375er Gold, 5,1 g, Ø 22,12 mm **150,–**
b) 916⅔er Gold, 7,96 g, Ø 22,12 mm **350,–**

			ST	PP
377	1	Crown (G) 1984, Typ wie Nr. 373:		
		a) 375er Gold, 5,1 g, Ø 22,12 mm		150,–
		b) 916⅔er Gold, 7,96 g, Ø 22,12 mm		350,–

378

379

			ST	PP
378	1	Crown (G) 1984. Typ wie Nr. 374:		
		a) 375er Gold, 5,1 g, Ø 22,12 mm		150,–
		b) 916⅔er Gold, 7,96 g, Ø 22,12 mm		350,–
379	1	Crown (G) 1984. Typ wie Nr. 375:		
		a) 375er Gold, 5,1 g, Ø 22,12 mm		150,–
		b) 916⅔er Gold, 7,96 g, Ø 22,12 mm		350,–
380	1	Crown (Pt) 1984. Typ wie Nr. 372, 950er Platin, 52 g		*3000,–*
381	1	Crown (Pt) 1984. Typ wie Nr. 373		*3000,–*
382	1	Crown (Pt) 1984. Typ wie Nr. 374		*3000,–*
383	1	Crown (Pt) 1984. Typ wie Nr. 375		*3000,–*

Anlegermünzen Gold »Angel« (2)

384 1/10 Angel (G) 1984. Elisabeth II. (nach A. Machin). Rs. Erzengel Michael, den Drachen tötend, Wertangabe. 916⅔er Gold, 3,39 g (5000 Ex.) **160,–**

A384 1 Angel (G) 1984. Typ wie Nr. 384. 916⅔er Gold, 33,93 g (3000 Ex.) **1400,–**

In ähnlicher Zeichnung: Nrn. 427–432, 437–440, A464–A466, A533, 536.

Weihnachten 1984 (3)

			ST	PP
385	50	Pence 1984. Rs. Winterbetrieb auf der 1873 eröffneten Schmalspurstrecke Douglas–Peel: Lokomotive »Sutherland« mit Schneepflug, unterstützt von der Lokomotive »Derby«, im Hintergrund ein von der »Tender« gezogener Personenzug; Inschrift CHRISTMAS (siebeneckig):		
		a) (S)		60,–
		b) (K-N)	8,–	
386	50	Pence (G) 1984. Typ wie Nr. 385 (250 Ex.)		*1200,–*
387	50	Pence (Pt) 1984. Typ wie Nr. 385 (50 Ex.)		*1350,–*

Städtewappen 1985 – Ramsey (3)

388 (83) 1 £ (S) 1985. Elisabeth II. (nach A. Machin). Rs. Stadtwappen von Ramsey: Rabe auf Albert Tower vor aufgehender Sonne, im Vordergrund Triskeles, von zwei Schwänen flankiert; Ø 22,5 mm:

			ST	PP
		a) 925 fein, 9,5 g		–,–
		b) Piéfort, 925 fein, 19 g		–,–
389	1	£ (G) 1985. Typ wie Nr. 388:		
		a) 375er Gold, 9,5 g		–,–
		b) 375er Gold, Piéfort, 19 g		–,–
		c) 916⅔er Gold, 9,5 g		–,–
		d) 916⅔er Gold, Piéfort, 19 g		–,–
390	1	£ (Pt) 1985. Typ wie Nr. 388:		
		a) 950er Platin, 9,5 g		–,–
		b) 950er Platin, Piéfort, 19 g		–,–

Nrn. 388–390 wurden 1983 ausgegeben.

In gleicher Rs.-Zeichnung: Nrn. 398, 407, 416, 425.

Zum Jahr des Sports 1985 (36)

			VZ	ST
391	½	Penny (Bro) 1985. Elisabeth II. (nach R. D. Maklouf). Rs. wie Nr. 317, jedoch mit Sport-Emblem	–,50	1,–
392	1	Penny (Bro) 1985. Rs. wie Nr. 318, jedoch mit Sport-Emblem	–,50	1,–
393	2	Pence (Bro) 1985. Rs. wie Nr. 319, jedoch mit Sport-Emblem	–,50	1,–
394	5	Pence (K-N) 1985. Rs. wie Nr. 320, jedoch mit Sport-Emblem	–,50	1,–
395	10	Pence (K-N) 1985. Rs. wie Nr. 321, jedoch mit Sport-Emblem	–,80	1,50
396	20	Pence (K-N) 1985. Rs. wie Nr. 322, jedoch mit Sport-Emblem	1,–	2,–
397	50	Pence (K-N) 1985. Rs. wie Nr. 323, jedoch mit Sport-Emblem	2,–	4,–
398 (83)	1	£ (N-Me) 1985. Rs. wie Nr. 388, jedoch mit Sport-Emblem; Ø 22,12 mm	5,–	9,–
399	5	£ (Virenium) 1985. Rs. wie Nr. 325, jedoch mit Sport-Emblem	20,–	32,–

			PP
400	½	Penny (S) 1985. Typ wie Nr. 391. 925er Silber, 2,1 g	10,–
401	1	Penny (S) 1985. Typ wie Nr. 392. 925er Silber, 4,2 g	15,–
402	2	Pence (S) 1985. Typ wie Nr. 393. 925er Silber, 8,4 g	20,–
403	5	Pence (S) 1985. Typ wie Nr. 394. 925er Silber, 6,5 g	25,–
404	10	Pence (S) 1985. Typ wie Nr. 395. 925er Silber, 13 g	30,–
405	20	Pence (S) 1985. Typ wie Nr. 396. 925er Silber, 6 g	35,–

Nr.			ST	PP
406	50	Pence (S) 1985. Typ wie Nr. 397. 925er Silber, 15,5 g		**45,–**
407	1	£ (S) 1985. Typ wie Nr. 398. 925er Silber, 4,6 g		**50,–**
408	5	£ (S) 1985. Typ wie Nr. 399. 925er Silber, 23,5 g		**90,–**
409	½	Penny (G) 1985. Typ wie Nr. 391. 916⅔er Gold, 3,55 g (150 Ex.)		*200,–*
410	1	Penny (G) 1985. Typ wie Nr. 392. 916⅔er Gold, 7,1 g (150 Ex.)		*380,–*
411	2	Pence (G) 1985. Typ wie Nr. 393. 916⅔er Gold, 14,2 g (150 Ex.)		*750,–*
412	5	Pence (G) 1985. Typ wie Nr. 394. 916⅔er Gold, 11 g (150 Ex.)		*650,–*
413	10	Pence (G) 1985. Typ wie Nr. 395. 916⅔er Gold, 22 g (150 Ex.)		*1000,–*
414	20	Pence (G) 1985. Typ wie Nr. 396. 916⅔er Gold, 10 g (150 Ex.)		*600,–*
415	50	Pence (G) 1985. Typ wie Nr. 397. 916⅔er Gold, 26 g (150 Ex.)		*1200,–*
416	1	£ (G) 1985. Typ wie Nr. 398. 916⅔er Gold, 7,69 g (150 Ex.)		*1000,–*
417	5	£ (G) 1985. Typ wie Nr. 399. 916⅔er Gold, 39,9 g (150 Ex.)		*1800,–*
418	½	Penny (Pt) 1985. Typ wie Nr. 391. 950er Platin, 4 g (100 Ex.)		*250,–*
419	1	Penny (Pt) 1985. Typ wie Nr. 392. 950er Platin, 8 g (100 Ex.)		*450,–*
420	2	Pence (Pt) 1985. Typ wie Nr. 393. 950er Platin, 10 g (100 Ex.)		*850,–*
421	5	Pence (Pt) 1985. Typ wie Nr. 394. 950er Platin, 12,5 g (100 Ex.)		*750,–*
422	10	Pence (Pt) 1985. Typ wie Nr. 395. 950er Platin, 25 g (100 Ex.)		*1150,–*
423	20	Pence (Pt) 1985. Typ wie Nr. 396. 950er Platin, 11,3 g (100 Ex.)		*750,–*
424	50	Pence (Pt) 1985. Typ wie Nr. 397. 950er Platin, 30,4 g (100 Ex.)		*1350,–*
425	1	£ (Pt) 1985. Typ wie Nr. 398. 950er Platin, 9 g (100 Ex.)		*1200,–*
426	5	£ (Pt) 1985. Typ wie Nr. 399. 950er Platin, 45,5 g (100 Ex.)		*2500,–*

Anlegermünzen Gold »Angel« (8)

Nr.			ST	PP
A427	1/20	Angel (G) 1986, 1987. Typ wie Nr. 427b. 916⅔er Gold, 1,697 g	**70,–**	

Nr.			ST	PP
427	1/10	Angel (G) 1985–1987. Elisabeth II. (nach R. D. Maklouf). Rs. Erzengel Michael, den Drachen tötend, wie Nr. 384, 916⅔er Gold, 3,393 g:		
		a) Erzengel mit langen Flügeln, 1985 (Abb.)	*120,–*	**140,–**
		b) Erzengel mit gekürzten Flügeln, 1985–1987	*120,–*	**140,–**
428	¼	Angel (G) 1985–1987. Typ wie Nr. 427. 916⅔er Gold, 8,483 g	–,–	–,–
429	½	Angel (G) 1985–1987. Typ wie Nr. 427. 916⅔er Gold, 16,965 g	–,–	–,–

Nr.			ST	PP
430	1	Angel (G) 1985–1987. Typ wie Nr. 427a. 916⅔er Gold, 33,931 g	*1050,–*	**1400,–**
431	5	Angel (G) 1985–1987. Typ wie Nr. 427a. 916⅔er Gold, 169,65 g:		
		1985 (90 Ex.)		*9000,–*
		1986 (89 Ex.)		–,–
		1987 (150 Ex.)		*6000,–*
432	10	Angel (G) 1985–1987. Typ wie Nr. 427a. 916⅔er Gold, 339,31 g:		
		1985 (68 Ex.)		*18000,–*
		1986 (47 Ex.)		–,–
		1987 (150 Ex.)		*12000,–*
A432	15	Angel (G) 1987. Typ wie Nr. 427a. 916⅔er Gold, 508,97 g (250 Ex.)	*20000,–*	

Nrn. 427a–432 von 1985, polierte Platte (51 Ex.) 30000,–.

In ähnlicher Zeichnung: Nrn. 437–440, A464–A466, A533, 536.

Platinbarrenmünzen »Noble« (6)

Nr.			ST	PP
433	1/10	Noble (Pt) 1985–1987. Elisabeth II. (nach R. D. Maklouf). Rs. Wikingerschiff, wie Nr. A295. 999½er Platin, 3,112 g	*130,–*	**180,–**
A433	¼	Noble (Pt) 1986, 1987. Typ wie Nr. 433. 999½er Platin, 7,78 g		–,–
B433	½	Noble (Pt) 1986, 1987. Typ wie Nr. 433. 999½er Platin, 15,56 g		–,–

Nr.			ST	PP
434	1	Noble (Pt) 1985–1987. Typ wie Nr. 433. 999½er Platin, 31,119 g	*1100,–*	**1600,–**
435	5	Noble (Pt) 1986, 1987. Typ wie Nr. 433. 999½er Platin, 155,6 g		*9500,–*
436	10	Noble (Pt) 1986, 1987. Typ wie Nr. 433. 999½er Platin, 311,19 g		*19000,–*

Nrn. 433–436 von 1986, polierte Platte 35000,–

94. Zusammenkunft der American Numismatic Association, Baltimore 1985

		ST	PP
437	1/10 Angel (G) 1985. Typ wie Nr. 427b, jedoch mit »A« in der Windung des Drachenschwanzes (1000 Ex.)		–,–

8. Summer Long Beach Exposition 1985

438 1/10 Angel (G) 1985. Typ wie Nr. 427b, jedoch mit »L« in der Windung des Drachenschwanzes (1000 Ex.) –,–

Hong Kong International Coin Exposition 1985

439 1/10 Angel (G) 1985. Typ wie Nr. 427b, jedoch mit »H« in der Windung des Drachenschwanzes (1000 Ex.) –,–

Coinex International Coin Fair, London 1985

440 1/10 Angel (G) 1985. Typ wie Nr. 427b, jedoch mit »C« in der Windung des Drachenschwanzes (1000 Ex.) –,–

85. Geburtstag der Königinmutter Elisabeth (18)

441 1 Crown 1985. Elisabeth II. (Schulterversion nach R. D. Maklouf). Rs. Königinmutter Elisabeth im Alter von 9 Jahren:
a) (S) 925 fein, 28,28 g 80,–
b) (K-N, S plattiert) 25,–
c) (K-N) 5,–

442 1 Crown 1985. Rs. Elisabeth als 21jährige mit ihrem Vater, dem Earl of Strathmore and Kinghorn:
a) (S) 80,–
b) (K-N, S plattiert) 25,–
c) (K-N) 5,–

443 1 Crown 1985. Rs. Elisabeth mit ihrem Gemahl, dem späteren König Georg VI., bei ihrer Hochzeit am 26. 4. 1923:
a) (S) 80,–
b) (K-N, S plattiert) 25,–
c) (K-N) 5,–

444 1 Crown 1985. Rs. Elisabeth mit ihrer am 21. 4. 1926 geborenen Tochter, der jetzigen Königin Elisabeth II.:
a) (S) 80,–
b) (K-N, S plattiert) 25,–
c) (K-N) 5,–

445 1 Crown 1985. Rs. Die Königinmutter mit ihren Töchtern Elisabeth Alexandra Mary und Margaret:
a) (S) 80,–
b) (K-N, S plattiert) 25,–
c) (K-N) 5,–

446 1 Crown 1985. Rs. Elisabeth an ihrem 80. Geburtstag im Jahre 1980:
a) (S) 80,–
b) (K-N, S plattiert) 25,–
c) (K-N) 5,–

447 1 Crown (G) 1985. Typ wie Nr. 441. Ø 22,12 mm:
a) 375er Gold, 5,1 g 150,–
b) 916⅔er Gold, 7,96 g (1000 Ex.) 350,–

448 1 Crown (G) 1985. Typ wie Nr. 442. Ø 22,12 mm:
a) 375er Gold, 5,1 g 150,–
b) 916⅔er Gold, 7,96 g (1000 Ex.) 350,–

449 1 Crown (G) 1985. Typ wie Nr. 443. Ø 22,12 mm:
a) 375er Gold, 5,1 g 150,–
b) 916⅔er Gold, 7,96 g (1000 Ex.) 350,–

450 1 Crown (G) 1985. Typ wie Nr. 444. Ø 22,12 mm:
a) 375er Gold, 5,1 g 150,–
b) 916⅔er Gold, 7,96 g (1000 Ex.) 350,–

451 1 Crown (G) 1985. Typ wie Nr. 445. Ø 22,12 mm:
a) 375er Gold, 5,1 g 150,–
b) 916⅔er Gold, 7,96 g (1000 Ex.) 350,–

ST PP

452 1 Crown (G) 1985. Typ wie Nr. 446. Ø 22,12 mm:
a) 375er Gold, 5,1 g 150,–
b) 916⅔er Gold, 7,96 g (1000 Ex.) 350,–

453 1 Crown (Pt) 1985. Typ wie Nr. 441. 950er Platin, 52 g (100 Ex.) *3000,–*

454 1 Crown (Pt) 1985. Typ wie Nr. 442 (100 Ex.) *3000,–*

455 1 Crown (Pt) 1985. Typ wie Nr. 443 (100 Ex.) *3000,–*

456 1 Crown (Pt) 1985. Typ wie Nr. 444 (100 Ex.) *3000,–*

457 1 Crown (Pt) 1985. Typ wie Nr. 445 (100 Ex.) *3000,–*

458 1 Crown (Pt) 1985. Typ wie Nr. 445 (100 Ex.) *3000,–*

Weihnachten 1985 und 50. Jahrestag der ersten Weihnachtsflugpostzustellung auf der Insel Man durch Blackpool and West Coast Airlines (3)

459 50 Pence 1985. Rs. Flugplatz Ronaldsway: Entladen der Postsäcke aus dem Doppeldecker »De Havilland Dragon Rapide DH 84«, Inschrift CHRISTMAS (siebeneckig):
a) (S) 60,–
b) (K-N) 7,–

460 50 Pence (G) 1985. Typ wie Nr. 459 (250 Ex.) *1200,–*

461 50 Pence (Pt) 1985. Typ wie Nr. 459 (50 Ex.) *1350,–*

Städtewappen 1986 – Douglas (3)

462 (84) 1 £ (S) 1986. Elisabeth II. (nach A. Machin). Rs. Stadtwappen von Douglas in Kartusche mit Helmzier; Ø 22,5 mm:
a) 925er Silber, 9,5 g –,–
b) Piéfort, 925er Silber, 19 g –,–

463 1 £ (G) 1986. Typ wie Nr. 462:
a) 375er Gold, 9,5 g –,–
b) 375er Gold, Piéfort, 19 g –,–
c) 916⅔er Gold, 9,5 g –,–
d) 916⅔er Gold, Piéfort, 19 g –,–

464 1 £ (Pt) 1986. Typ wie Nr. 462:
a) 950er Platin, 9,5 g –,–
b) 950er Platin, Piéfort, 19 g –,–

Nrn. 462–464 wurden 1983 ausgegeben.

In gleicher Rs.-Zeichnung: Nrn. 494, 504, 514, 524.

Toronto Exposition (Torex '86)

A464 1/10 Angel (G) 1986. Typ wie Nr. 427b, jedoch mit »T« auf der Rückseite (1000 Ex.) –,–

American International Philatelic Exhibition (Ameripex '86) Chicago 22. 5. – 1. 6. 1986

ST PP

A465 1/10 Angel (G) 1986. Typ wie Nr. 427b, jedoch mit »X« unter dem Flügel des Erzengels (1000 Ex.) –,–

9. Summer Long Beach Exposition 5.–8. 6. 1986

465 1/4 Angel (G) 1986. Typ wie Nr. 428, jedoch mit »L« auf der Rückseite (1000 Ex.) *400,–*

Zusammenkunft zum 95. Jahrestag der American Numismatic Association, Milwaukee 1986

A466 1/10 Angel (G) 1986. Typ wie Nr. 437 (1000 Ex.) –,–

XIII. Fußball-Weltmeisterschaft 1986 in Mexiko (18)

466 1 Crown 1986. Elisabeth II. (Schulterversion nach R. D. Maklouf). Rs. Globus mit Markierung früherer Fußballweltmeister und des Gastgeberlandes Mexiko:
a) (S) 925 fein, 28,28 g **50,– 75,–**
b) (K-N, S plattiert) **20,–**
c) (K-N) **5,– 15,–**

467 1 Crown 1986. Rs. Flaggen der früheren Gastgeberländer, Fußballsegment:
a) (S) **50,– 75,–**
b) (K-N, S plattiert) **20,–**
c) (K-N) **5,– 15,–**

468 1 Crown 1986. Rs. Torszene vom Tor aus:
a) (S) **50,– 75,–**
b) (K-N, S plattiert) **20,–**
c) (K-N) **5,– 15,–**

469 1 Crown 1986. Rs. Torszene vom Feld aus, Fußballsegment:
a) (S) **50,– 75,–**
b) (K-N, S plattiert) **20,–**
c) (K-N) **5,– 15,–**

470 1 Crown 1986. Rs. Spielszene, Fußballsegment:
a) (S) **50,– 75,–**
b) (K-N, S plattiert) **20,–**
c) (K-N) **5,– 15,–**

471 1 Crown 1986. Rs. Spielszene vor Landkarte Mittelamerikas:
a) (S) **50,– 75,–**
b) (K-N, S plattiert) **20,–**
c) (K-N) **5,– 15,–**

472 1 Crown (G) 1986. Typ wie Nr. 466. Ø 22,12 mm:
a) 375er Gold, 5,1 g **150,–**
b) 916⅔er Gold, 7,96 g (1000 Ex.) **350,–**

473 1 Crown (G) 1986. Typ wie Nr. 467. Ø 22,12 mm:
a) 375er Gold, 5,1 g **150,–**
b) 916⅔er Gold, 7,96 g (1000 Ex.) **350,–**

474 1 Crown (G) 1986. Typ wie Nr. 468. Ø 22,12 mm:
a) 375er Gold, 5,1 g **150,–**
b) 916⅔er Gold, 7,96 g (1000 Ex.) **350,–**

475 1 Crown (G) 1986. Typ wie Nr. 469. Ø 22,12 mm:
a) 375er Gold, 5,1 g **150,–**
b) 916⅔er Gold, 7,96 g (1000 Ex.) **350,–**

476 1 Crown (G) 1986. Typ wie Nr. 470. Ø 22,12 mm:
a) 375er Gold, 5,1 g **150,–**
b) 916⅔er Gold, 7,96 g (1000 Ex.) **350,–**

ST PP

477 1 Crown (G) 1986. Typ wie Nr. 471. Ø 22,12 mm:
a) 375er Gold, 5,1 g **150,–**
b) 916⅔er Gold, 7,96 g (1000 Ex.) **350,–**

478 1 Crown (Pt) 1986. Typ wie Nr. 466. 950er Platin, 52 g (100 Ex.) *3000,–*

479 1 Crown (Pt) 1986. Typ wie Nr. 467 (100 Ex.) *3000,–*

480 1 Crown (Pt) 1986. Typ wie Nr. 468 (100 Ex.) *3000,–*

481 1 Crown (Pt) 1986. Typ wie Nr. 469 (100 Ex.) *3000,–*

482 1 Crown (Pt) 1986. Typ wie Nr. 470 (100 Ex.) *3000,–*

483 1 Crown (Pt) 1986. Typ wie Nr. 471 (100 Ex.) *3000,–*

Nrn. 484–487 fallen aus.

VZ ST

488 1 Penny (Bro) 1986, 1987. Elisabeth II. (nach R. D. Maklouf). Rs. wie Nr. 318 **–,50 1,–**

489 2 Pence (Bro) 1986, 1987. Rs. wie Nr. 319 **–,50 1,–**

490 5 Pence (K-N) 1986, 1987. Rs. wie Nr. 320 **–,50 1,–**

491 10 Pence (K-N) 1986, 1987. Rs. wie Nr. 321 **–,80 1,50**

492 20 Pence (K-N) 1986, 1987. Rs. wie Nr. 322 **1,– 2,–**

493 50 Pence (K-N) 1986, 1987. Rs. wie Nr. 323 **2,– 4,–**

494 (84) 1 £ (N-Me) 1986. Rs. wie Nr. 462; Ø 22,12 mm **5,– 9,–**

495 2 £ (Virenium) 1986. Rs. »Tower of Refuge« (vgl. Nr. 8), rechts Wikingerschiff in Ringkette (Manx Heritage Year) **8,– 12,–**

496 5 £ (Virenium) 1986, 1987. Rs. wie Nr. 325 **20,– 32,–**

Nr. 497 fällt aus.

ST PP

498 1 Penny (S) 1986, 1987. Typ wie Nr. 488. 925er Silber, 4,2 g **15,–**

499 2 Pence (S) 1986, 1987. Typ wie Nr. 489. 925er Silber, 8,4 g **20,–**

500 5 Pence (S) 1986, 1987. Typ wie Nr. 490. 925er Silber, 6,5 g **25,–**

501 10 Pence (S) 1986,1987. Typ wie Nr. 491. 925er Silber, 13 g **30,–**

502 20 Pence (S) 1986, 1987. Typ wie Nr. 492. 925er Silber, 5 g **35,–**

503 50 Pence (S) 1986, 1987. Typ wie Nr. 493. 925er Silber, 15,5 g **45,–**

504 1 £ (S) 1986. Typ wie Nr. 494. 925er Silber, 9,5 g **50,–**

505 2 £ (S) 1986. Typ wie Nr. 495. 925er Silber, 9,3 g **75,–**

506 5 £ (S) 1986, 1987. Typ wie Nr. 496. 925er Silber, 23,5 g **90,–**

Nr. 507 fällt aus.

508 1 Penny (G) 1987. Typ wie Nr. 488. 916⅔er Gold, 7,1 g *380,–*

509 2 Pence (G) 1987. Typ wie Nr. 489. 916⅔er Gold, 14,2 g *750,–*

510 5 Pence (G) 1987. Typ wie Nr. 490. 916⅔er Gold, 11 g *650,–*

511 10 Pence (G) 1987. Typ wie Nr. 491. 916⅔er Gold, 22 g *1000,–*

512 20 Pence (G) 1987. Typ wie Nr. 492. 916⅔er Gold, 5 g *600,–*

513 50 Pence (G) 1987. Typ wie Nr. 493. 916⅔er Gold, 26 g *1200,–*

Nrn. 514 und 515 fallen aus.

ST PP

516 5 £ (G) 1987. Typ wie Nr. 496. 916⅔er Gold, 39,83 g *1800,–*

Nr. 517 fällt aus.

518 1 Penny (Pt) 1987. Typ wie Nr. 488. 950er Platin, 8 g *450,–*

519 2 Pence (Pt) 1987. Typ wie Nr. 489. 950er Platin, 16 g *850,–*

520 5 Pence (Pt) 1987. Typ wie Nr. 490. 950er Platin, 12,5 g *750,–*

521 10 Pence (Pt) 1987. Typ wie Nr. 491. 950er Platin, 25 g *1150,–*

522 20 Pence (Pt) 1987. Typ wie Nr. 492. 950er Platin, 5 g *750,–*

523 50 Pence (Pt) 1987. Typ wie Nr. 493. 950er Platin, 30,4 g *1350,–*

Nrn. 524 und 525 fallen aus.

526 5 £ (Pt) 1987. Typ wie Nr. 496. 950er Platin, 45,5 g *2500,–*

Zur Hochzeit von Prinz Andrew und Miss Sarah Ferguson (6)

ST PP

527 1 Crown 1986. Elisabeth II. (Schulterversion nach R. D. Maklouf). Rs. Gestaffelte Porträts des Brautpaares:
a) (S) 925 fein, 28,28 g **45,–** **60,–**
b) (K-N, S plattiert) **20,–**
c) (K-N) **5,–** **12,–**

528 1 Crown 1986. Rs. Allianzwappen:
a) (S) **45,–** **60,–**
b) (K-N, S plattiert) **20,–**
c) (K-N) **5,–** **12,–**

ST PP

529 1 Crown (G) 1986. Typ wie Nr. 527:
a) 375er Gold, 5,1 g; Ø 22,12 mm **150,–**
b) 916⅔er Gold, 5,1 g; Ø 22,12 mm (1000 Ex.) **350,–**

530 1 Crown (G) 1986. Typ wie Nr. 528:
a) 375er Gold, 5,1 g; Ø 22,12 mm **150,–**
b) 916⅔er Gold, 5,1 g; Ø 22,12 mm (1000 Ex.) **350,–**

531 1 Crown (Pt) 1986. Typ wie Nr. 527, 950er Platin, 52 g (100 Ex.) *3000,–*

532 1 Crown (Pt) 1986. Typ wie Nr. 528 (100 Ex.) *3000,–*

Weihnachten 1986 (4)

A533 1/20 Angel (G) 1986. Typ wie Nr. A427, jedoch mit stilisiertem Weihnachtsbaum neben dem Flügel des Erzengels **100,–**

533 50 Pence 1986. Rs. Weihnachtspaketpostbeförderung in Douglas mit einer Pferdebahn um die Jahrhundertwende, Inschrift CHRISTMAS (siebeneckig):
a) (S) **60,–**
b) (K-N) **5,–**

534 50 Pence (G) 1986. Typ wie Nr. 533 (250 Ex.) *1200,–*

535 50 Pence (Pt) 1986. Typ wie Nr. 533 (50 Ex.) *1350,–*

Florida United Numismatists Coin Convention (FUN '87), Orlando 7. – 10. 1. 1987

536 1/10 Angel (G) 1987. Typ wie Nr. 427, jedoch mit »F« unter dem Flügel des Erzengels (1000 Ex.) –,–

27. Regatta um den »America's Cup« Fremantle/Perth 1987 (18)

537 ½ Crown (S) 1987. Rs. Szene der Regatta »America's Cup« von 1887 im Hafen von New York vor der damals neu errichteten Freiheitsstatue, Inschrift »Fine Silver ½ ounce«. 999½er Silber, 15,56 g (30 Ex.) *700,–*

538 ½ Crown (G) 1987. Typ wie Nr. 537, Inschrift »Fine Gold ½ ounce«. 999,9er Gold, 15,55 g –,–

Nr. 538 als Silberabschlag vorkommend.

539 1 Crown (K-N) 1987. Rs. George Steers, Segelboot »America«, 1851 **5,–** **15,–**

540 1 Crown (K-N) 1987. Rs. Sir Thomas J. Lipton, englischer Teehändler **5,–** **15,–**

541 1 Crown (K-N) 1987. Rs. Rennyachten »Stars and Stripes« und »Kookaburra II« vor Landkarte Australiens **5,–** **15,–**

		ST	PP
542	1 Crown (K-N) 1987. Rs. America's Cup vor Segelbooten	5,–	15,–
543	1 Crown (K-N) 1987. Typ wie Nr. 537	5,–	15,–
A544	1 Crown (Palladium) 1987. Typ wie Nr. 537. 999er Palladium, 31,13 g		–,–
B544	1 Crown (Palladium) 1987. Typ wie Nr. 539		–,–
C544	1 Crown (Palladium) 1987. Typ wie Nr. 540		–,–
544	1 Crown (Palladium) 1987. Typ wie Nr. 541 (1000 Ex.)		*600,–*
D544	1 Crown (Palladium) 1987. Typ wie Nr. 542 (268 Ex.)		–,–
545	5 Crowns (S) 1987. Typ wie Nr. 537. 999½er Silber, 155,6 g (200 Ex.)		*450,–*
A546	5 Crowns (S) 1987. Typ wie Nr. 541 (413 Ex.)		–,–
546	5 Crowns (S) 1987. Typ wie Nr. 542 (612 Ex.)		300,–
547	10 Crowns (S) 1987. Typ wie Nr. 542. 999½er Silber, 311,2 g (114 Ex.)		*1200,–*
548	10 Crowns (S) 1987. Typ wie Nr. 537 (2559 Ex.)		600,–
A548	10 Crowns (S) 1987. Typ wie Nr. 541 (180 Ex.)		–,–

200 Jahre Verfassung der Vereinigten Staaten von Amerika (7)

		ST	PP
549	½ Crown (G) 1987. Rs. Freiheitsstatue, umgeben von den Porträts der Präsidenten Ronald W. Reagan, John F. Kennedy, George Washington, Abraham Lincoln, Franklin D. Roosevelt, Theodore Roosevelt, Dwight D. Eisenhower, Thomas Jefferson, James Monroe, Benjamin Franklin und Ulysses S. Grant. 999,9er Gold, 15,55 g		800,–
A549	½ Crown (Pt) 1987. Typ wie Nr. 549. 999½er Platin, 15,56 g:		
	a) ohne Mzz.		*1000,–*
	b) mit »I« (spezielle Oberflächenausführung) (250 Ex.)		*1000,–*
550	1 Crown (K-N) 1987. Typ wie Nr. 549	5,–	
551	1 Crown (Palladium) 1987. Typ wie Nr. 549. 999er Palladium, 31,12 g		*600,–*
A551	1 Crown (Pt) 1987. Typ wie Nr. 549, 999½er Platin, 31,12 g (1000 Ex.)		*1800,–*
552	5 Crowns (S) 1987. Typ wie Nr. 549. 999½er Silber, 155,6 g		300,–
553	10 Crowns (S) 1987. Typ wie Nr. 549. 999½er Silber, 311,2 g		600,–

Nrn. 554–559 fallen aus.

		VZ	ST
560	1 £ (N-Me) 1987. Rs. Wikinger zu Pferde, Landesname »Ellan Vannin«. 9,5 g	4,–	7,–

		PP
561	1 £ (S) 1987. Typ wie Nr. 560:	
	a) 925er Silber, 9,5 g	–,–
	b) Piéfort, 925er Silber, 19 g (4950 Ex.)	–,–
562	1 £ (G) 1987. Typ wie Nr. 560:	
	a) 916⅔er Gold, 9,5 g (950 Ex.)	–,–
	b) Piéfort, 916⅔er Gold, 19 g (250 Ex.)	–,–
563	1 £ (Pt) 1987. Typ wie Nr. 560:	
	a) 950er Platin, 9,5 g (450 Ex.)	–,–
	b) Piéfort, 950er Platin, 19 g (50 Ex.)	–,–

Nrn. 564–569 fallen aus.

		VZ	ST
570	2 £ (Virenium) 1987. Rs. »Tower of Refuge«, wie Nr. 495, ohne Wikingerschiff	8,–	12,–
		ST	**PP**
571	2 £ (S) 1987. Typ wie Nr. 570. 925er Silber, 9,3 g		75,–
572	2 £ (G) 1987. Typ wie Nr. 570. 916⅔er Gold, 15,94 g		*1250,–*
573	2 £ (Pt) 1987. Typ wie Nr. 570. 950er Platin, 18 g		*1500,–*

Nr. 574–589 fallen aus.

50 Jahre Golden Gate Bridge und San Francisco International Numismatic and Philatelic Exposition (SINPEX) 6.–9. 8. 1987

590 ¼ Angel (G) 1987. Typ wie Nr. 428, jedoch mit stilisierter Golden Gate Bridge und 50th hinter dem Flügel des Erzengels (1000 Ex.) — 500,–

Zusammenkunft zum 96. Jahrestag der American Numismatic Association, Atlanta im August 1987

591 1/10 Angel (G) 1987. Typ wie Nr. 427b, jedoch mit »A« unter dem Flügel des Erzengels (1000 Ex.) — –,–

6. Hong Kong International Coin Exposition im September 1987

		ST	PP
592	1 Angel (G) 1987. Typ wie Nr. 430, jedoch mit Dschunke und chinesischen Schriftzeichen »Hong Kong« und »Himmlische Freude und Glück« (800 Ex.)		2000,–

Coinex International Coin Fair, London 8.–10. 10. 1987

593 ¼ Angel (G) 1987. Typ wie Nr. 428, jedoch mit stilisiertem Big Ben Tower (1000 Ex.) — 400,–

Saint Louis National Silver Dollar Convention

594 ¼ Angel (G) 1987. Typ wie Nr. 428, jedoch mit stilisiertem Saint Louis Archway (568 Ex.) — 450,–

16. New York International Numismatic Convention (NYINC) 12.–14. 12. 1987

595 ¼ Noble (Pt) 1987. Typ wie Nr. A433, jedoch mit Freiheitsstatue (750 Ex.) — –,–

Weihnachten 1987 (4)

596 1/10 Angel (G) 1987. Typ wie Nr. 427, jedoch mit stilisiertem Mistelzweig neben dem Flügel des Erzengels (3000 Ex.) — –,–

		ST	PP
597	50 Pence 1987:		
	a) (S)		60,–
	b) (K-N)	5,–	
598	50 Pence (G) 1987. Typ wie Nr. 597		*1200,–*
599	50 Pence (Pt) 1987. Typ wie Nr. 597		*1350,–*

600 601 602

		VZ	ST
600	1 Penny (Bro) 1988–1990. Rs. Feinmechanik	–,50	1,–
601	2 Pence (Bro) 1988–1990. Rs. Keltisches Steinkreuz mit traditionellen Handwerksarbeiten	–,50	1,–
602	5 Pence (K-N) 1988, 1989. Rs. Windsurfer. Ø 23,593 mm, 5,653 g	–,50	1,–

603 605
604

		VZ	ST
603	10 Pence (K-N) 1988–1990. Rs. Inselkarte mit Fallgitter auf Globus, symbolisch für das Finanzzentrum Douglas	–,80	1,50
604	20 Pence (K-N) 1988–1990. Rs. Erntefahrzeug	1,–	2,–
605	50 Pence (K-N) 1988–1990. Rs. Personal Computer mit Triskeles auf dem Bildschirm	2,–	4,–

606 607

		VZ	ST
606	1 £ (N-Me) 1988–1990. Rs. Telekommunikation	4,–	7,–
607	2 £ (Virenium) 1988–1990. Rs. Verkehrsflugzeug BAC 146–100 der Manx Airlines über Inselkarte	8,–	12,–
608	5 £ (Virenium) 1988–1990. Rs. Fischfang	20,–	32,–

		ST	PP
609	1 Penny (S) 1988, 1990. Typ wie Nr. 600. 925er Silber, 4,2 g		15,–
610	2 Pence (S) 1988, 1990. Typ wie Nr. 601. 925er Silber, 8,4 g		20,–
611	5 Pence (S) 1988. Typ wie Nr. 602. 925er Silber, 6,5 g		25,–
612	10 Pence (S) 1988, 1990. Typ wie Nr. 603. 925er Silber, 13 g		30,–
613	20 Pence (S) 1988, 1990. Typ wie Nr. 604. 925er Silber, 5 g		35,–
614	50 Pence (S) 1988, 1990. Typ wie Nr. 605. 925er Silber, 15,5 g		45,–
615	1 £ (S) 1988, 1990. Typ wie Nr. 606. 925er Silber, 9,5 g		50,–
616	2 £ (S) 1988,1990. Typ wie Nr. 607. 925er Silber, 9,3 g		75,–
617	5 £ (S) 1988, 1990. Typ wie Nr. 608. 925er Silber, 23,5 g		90,–
618	1 Penny (G) 1988, 1990. Typ wie Nr. 600. 916⅔er Gold, 7,1 g		*380,–*
619	2 Pence (G) 1988, 1990. Typ wie Nr. 601. 916⅔er Gold, 14,2 g		*750,–*
620	5 Pence (G) 1988. Typ wie Nr. 602. 916⅔er Gold, 11 g		*650,–*
621	10 Pence (G) 1988, 1990. Typ wie Nr. 603. 916⅔er Gold, 22 g		*1000,–*
622	20 Pence (G) 1988, 1990. Typ wie Nr. 604. 916⅔er Gold, 5 g		*600,–*
623	50 Pence (G) 1988, 1990. Typ wie Nr. 605. 916⅔er Gold, 26 g		*1200,–*
624	1 £ (G) 1988, 1990. Typ wie Nr. 606. 916⅔er Gold, 9,5 g		*1000,–*
625	2 £ (G) 1988, 1990. Typ wie Nr. 607. 916⅔er Gold, 15,94 g		*1250,–*
626	5 £ (G) 1988, 1990. Typ wie Nr. 608. 916⅔er Gold, 39,83 g		*1800,–*
627	1 Penny (Pt) 1988, 1990. Typ wie Nr. 600. 950er Platin, 8 g		*450,–*
628	2 Pence (Pt) 1988, 1990. Typ wie Nr. 601. 950er Platin, 16 g		*850,–*
629	5 Pence (Pt) 1988. Typ wie Nr. 602. 950er Platin, 12,5 g		*750,–*
630	10 Pence (Pt) 1988, 1990. Typ wie Nr. 603. 950er Platin, 25 g		*1150,–*
631	20 Pence (Pt) 1988, 1990. Typ wie Nr. 604. 950er Platin, 5 g		*750,–*
632	50 Pence (Pt) 1988, 1990. Typ wie Nr. 605. 950er Platin, 30,4 g		*1350,–*
633	1 £ (Pt) 1988, 1990. Typ wie Nr. 606. 950er Platin, 9,5 g		*1200,–*
634	2 £ (Pt) 1988, 1990. Typ wie Nr. 607. 950er Platin, 18 g		*1500,–*
635	5 £ (Pt) 1988, 1990. Typ wie Nr. 608. 950er Platin, 45,5 g		*2500,–*

A635	½ Sovereign (G) 1988. Typ wie Nr. 365, vertiefte Motive (5879 Ex.)		–,–
B635	1 Sovereign (G) 1988. Typ wie Nr. A635 (1600 Ex.)		–,–

Anlegermünzen Gold »Angel« (10)

636	1/20 Angel (G) 1988–1991. Elisabeth II. (Schulterversion nach R. D. Maklouf). Rs. Erzengel Michael, den Drachen tötend, wie Nr. 384	–,–	–,–
637	1/10 Angel (G) 1988–1991. Typ wie Nr. 636	–,–	–,–
638	1/4 Angel (G) 1988–1991. Typ wie Nr. 636	–,–	–,–

Nr.		ST	PP
639	1/2 Angel (G) 1988–1991. Typ wie Nr. 636	–,–	–,–
640	1 Angel (G) 1988–1991. Typ wie Nr. 636	–,–	–,–
641	5 Angel (G) 1988–1991. Typ wie Nr. 636		–,–
642	10 Angel (G) 1988–1991. Typ wie Nr. 636		–,–
643	15 Angel (G) 1988–1991. Typ wie Nr. 636		–,–
644	20 Angel (G) 1988–1991. Typ wie Nr. 636. 916 2/3er Gold, 678,62 g		–,–
645	25 Angel (G) 1989–1991. Typ wie Nr. 636. 916 2/3er Gold, 848,277 g		–,–

Nrn. 636–645 kommen in Rotgold und Gelbgold vor.

Platinbarrenmünzen »Noble« (7)

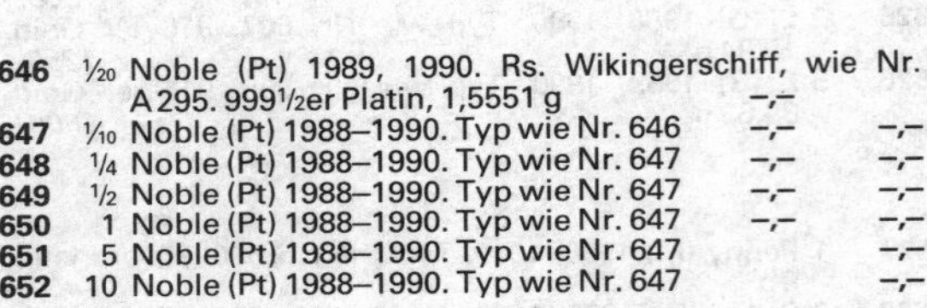

Nr.		ST	PP
646	1/20 Noble (Pt) 1989, 1990. Rs. Wikingerschiff, wie Nr. A 295. 999 1/2er Platin, 1,5551 g	–,–	
647	1/10 Noble (Pt) 1988–1990. Typ wie Nr. 646	–,–	–,–
648	1/4 Noble (Pt) 1988–1990. Typ wie Nr. 647	–,–	–,–
649	1/2 Noble (Pt) 1988–1990. Typ wie Nr. 647	–,–	–,–
650	1 Noble (Pt) 1988–1990. Typ wie Nr. 647	–,–	–,–
651	5 Noble (Pt) 1988–1990. Typ wie Nr. 647		–,–
652	10 Noble (Pt) 1988–1990. Typ wie Nr. 647		–,–

Florida United Numismatists Coin Convention (FUN '88), Orlando 7.–10. 1. 1988

Nr.		ST	PP
653	1/4 Angel (G) 1988. Typ wie Nr. 638, jedoch mit dem Emblem der Veranstaltung (1000 Ex.)		450,–

17. Internationale Münzenbörse in Basel 29.–30. 1. 1988 (2)

Nr.		ST	PP
654	1/4 Angel (G) 1988. Typ wie Nr. 638, jedoch mit Basler Täubchen im Rechteck (1000 Ex.)		–,–
655	1/4 Noble (Pt) 1988. Typ wie Nr. 648, jedoch mit Basler Täubchen im Rechteck (1000 Ex.)		–,–

Australian International Coin Fair (AICF) 18.–20. 3. 1988 in Sydney (2)

Nr.		ST	PP
656	1/4 Angel (G) 1988. Typ wie Nr. 638, jedoch mit H. M. S. »Sirius«		–,–
657	1 Angel (G) 1988. Typ wie Nr. 656		–,–

200 Jahre Dampfschiffahrt (19)

Nr.		ST	PP
658	1/2 Crown (G) 1988. Rs. Patrick Miller's »Number One«, 1788. 999,9er Gold, 15,5 g		–,–
659	1/2 Crown (G) 1988. Rs. S. S. »Sirius«, erste Atlantiküberquerung 1838		–,–
660	1/2 Crown (G) 1988. Rs. Mississippi-Dampfer »Chaperon«, 1884		–,–
661	1/2 Crown (G) 1988. Rs. Passagierdampfer »Mauretania«, Gewinner des »Blauen Bandes« 1907–1929		–,–
662	1/2 Crown (G) 1988. Rs. »Queen Mary«, 1934		–,–
663	1/2 Crown (G) 1988. Rs. »Queen Elizabeth II«, 1965		–,–
664	1 Crown (K-N) 1988. Typ wie Nr. 658	5,–	
665	1 Crown (K-N) 1988. Typ wie Nr. 659	5,–	
666	1 Crown (K-N) 1988. Typ wie Nr. 660	5,–	
667	1 Crown (K-N) 1988. Typ wie Nr. 661	5,–	
668	1 Crown (K-N) 1988. Typ wie Nr. 662	5,–	
669	1 Crown (K-N) 1988. Typ wie Nr. 663	5,–	
670	1 Crown (S) 1988. Typ wie Nr. 658. 999 1/2er Silber, 31,12 g		80,–
671	1 Crown (S) 1988. Typ wie Nr. 659. 999 1/2er Silber, 31,12 g		80,–
672	1 Crown (S) 1988. Typ wie Nr. 660. 999 1/2er Silber, 31,12 g		80,–

Nr.		ST	PP
673	1 Crown (S) 1988. Typ wie Nr. 661. 999 1/2er Silber, 31,12 g		80,–
674	1 Crown (S) 1988. Typ wie Nr. 662. 999 1/2er Silber, 31,12 g		80,–
675	1 Crown (S) 1988. Typ wie Nr. 663. 999 1/2er Silber, 31,12 g		80,–
676	5 Crowns (S) 1988. Typ wie Nr. 662. 999 1/2er Silber, 155,6 g		350,–

200. Jahrestag der Kolonisation Australiens (24)

Nr.		ST	PP
677	1/2 Crown (G) 1988. Rs. Koala, Sydney Cove. 999,9er Gold, 15,55 g:		
	a) Koala mit geschlossenen Augen		500,–
	b) Koala mit offenen Augen		500,–
678	1/2 Crown (G) 1988. Rs. Rotes Riesenkänguruh, Siedlertrecks		500,–
679	1/2 Crown (G) 1988. Rs. Rosa Kakadu (Cacatua roseicapilla), Karte Australiens		500,-
680	1/2 Crown (G) 1988. Rs. Schnabeltier, Goldgräber 1851		500,–
681	1 Crown (K-N) 1988. Typ wie Nr. 677 a	5,–	15,–
682	1 Crown (K-N) 1988. Typ wie Nr. 678	5,–	15,–
683	1 Crown (K-N) 1988. Typ wie Nr. 679	5,–	15,–
684	1 Crown (K-N) 1988. Typ wie Nr. 680	5,–	15,–
685	1 Crown (K-N) 1988. Rs. Beutelwolf (Thylacinus cynocephalus), ausgestorben, Eisenbahnlinie	5,–	
686	1 Crown (K-N) 1988. Rs. Beutelteufel (Sarcophilus harrisii), Karte Tasmaniens	5,–	

687a 688

		ST	PP
687	1 Crown (S) 1988. Typ wie Nr. 677. 999½er Silber, 31,12 g:		
	a) Koala mit geschlossenen Augen (Abb.)		80,–
	b) Koala mit offenen Augen		80,–
688	1 Crown (S) 1988. Typ wie Nr. 678		80,–
689	1 Crown (S) 1988. Typ wie Nr. 679		80,–
690	1 Crown (S) 1988. Typ wie Nr. 680		80,–
691	1 Crown (S) 1988. Typ wie Nr. 685		80,–
692	1 Crown (S) 1988. Typ wie Nr. 686		80,–
693	1 Crown (G) 1988. Typ wie Nr. 677 b. 999,9er Gold, 31,1 g		–,–
694	1 Crown (G) 1988. Typ wie Nr. 678		–,–
695	1 Crown (G) 1988. Typ wie Nr. 679		–,–
696	1 Crown (G) 1988. Typ wie Nr. 680		–,–
697	1 Crown (G) 1988. Typ wie Nr. 685		–,–
698	1 Crown (G) 1988. Typ wie Nr. 686		–,–
699	5 Crown (S) 1988. Typ wie Nr. 677b. 999½er Silber, 155,6 g		350,–
700	10 Crown (S) 1988. Typ wie Nr. 677 b. 999½er Silber, 311,2 g		600,–

Zusammenkunft zum 97. Jahrestag der American Numismatic Association, Cincinnati, 20.–24. 7. 1988

A 700 1/10 Angel (G) 1988. Typ wie Nr. 637, jedoch mit »A« unter dem Flügel des Erzengels (1000 Ex.) –,–

11. Summer Long Beach Exposition 29. 9.–2. 10. 1988

701 ¼ Angel (G) 1988. Typ wie Nr. 638, jedoch mit »L« unter dem Flügel des Erzengels (1000 Ex.) –,–

Coinex International Coin Fair, London, 6.–8. 10. 1988

702 ¼ Noble (Pt) 1988. Typ wie Nr. 648, jedoch mit stilisiertem Big Ben Tower (1000 Ex.) 500,–

17. New York International Numismatic Convention (NYINC) im Dezember 1988

A 702 ¼ Noble (Pt) 1988. Typ wie Nr. A 433, jedoch mit Beizeichen »Big Apple« (100 Ex.) 500,–

125 Jahre Internationales Rotes Kreuz (4)

		ST	PP
703	1/10 Angel (G) 1988. Typ wie Nr. 637, jedoch mit Kreuz in Schildrahmen		–,–
704	¼ Angel (G) 1988. Typ wie Nr. 703		–,–
705	½ Angel (G) 1988. Typ wie Nr. 703		–,–
706	1 Angel (G) 1988. Typ wie Nr. 703		–,–

»Katzen« – 1. Ausgabe (7)

		ST	PP
707	1 Crown (K-N) 1988. Rs. Manx-Katze, im Hintergrund Schutzturm auf dem Conister-Felsen	5,–	–,–
708	1 Crown (S) 1988. Typ wie Nr. 707. 999er Silber, 31,103 g (15 005 Ex.)		45,–
709	1/25 Crown (G) 1988. Typ wie Nr. 707. 999,9er Gold, 1,244 g:		
	a) (611 Ex.)		–,–
	b) »U« im Sechseck (40 000 Ex.)	–,–	
710	1/10 Crown (G) 1988. Typ wie Nr. 707. 999,9er Gold, 3,110 g:		
	a) (611 Ex.)		–,–
	b) »U« im Sechseck (12 250 Ex.)	–,–	
711	1/5 Crown (G) 1988. Typ wie Nr. 707. 999,9er Gold, 6,220 g:		
	a) (611 Ex.)		–,–
	b) »U« im Sechseck (6750 Ex.)	–,–	
712	½ Crown (G) 1988. Typ wie Nr. 707. 999,9er Gold, 15,551 g:		
	a) (611 Ex.)		–,–
	b) »U« im Sechseck (6375 Ex.)	–,–	
713	1 Crown (G) 1988. Typ wie Nr. 707. 999,9er Gold, 31,103 g:		
	a) (611 Ex.)		–,–
	b) »U« im Sechseck (4300 Ex.)	–,–	

Weihnachten 1988 (4)

		ST	PP
714	1/20 Angel (G) 1988. Typ wie Nr. 636, jedoch mit Rebhuhn auf Birnenzweig neben dem Flügel des Erzengels	–,–	
715	50 Pence 1988. Rs. Motorradfahrer mit Beiwagen auf der Tourist-Trophy-Strecke, im Hintergrund Harry Kelly vor seinem Haus, Inschrift CHRISTMAS (siebeneckig):		
	a) (S)		60,–
	b) (K-N)	5,–	
716	50 Pence (G) 1988. Typ wie Nr. 715		*1200,–*
717	50 Pence (Pt) 1988. Typ wie Nr. 715		*1350,–*

		VZ	ST
718	2 £ (Virenium) 1989. Rs. ANR-Luftschiff der Manx Airlines über Inselkarte	–,–	–,–

Nrn. 719–721 fallen aus.

18. Internationale Münzenbörse in Basel 28.–29. 1. 1989 (2)

		ST	PP
722	1/4 Angel (G) 1989. Typ wie Nr. 654 (500 Ex.)		–,–
723	1/4 Noble (Pt) 1989. Typ wie Nr. 655 (500 Ex.)		–,–

Nrn. 724–727 fallen aus.

200. Jahrestag der Meuterei auf der »Bounty« (8)

728 1 Crown (K-N) 1989. Rs. Hochzeit von Kapitän William Bligh und Elizabeth Betham auf der Insel Man. 5,–

729 731

729 1 Crown (K-N) 1989. Rs. Kapitän Bligh mit der loyalen Mannschaft im Beiboot, Porträt von Kapitän Bligh 5,–

730 1 Crown (K-N) 1989. Rs. Ankunft der »Bounty« in Tahiti 5,–

731 1 Crown (K-N) 1989. Rs. H.M.A.V. »Bounty« vor Pitcairn, Porträt von Leutnant Fletcher Christian 5,–

732 1 Crown (S) 1989. Typ wie Nr. 728. 999½er Silber, 31,12 g, Inschrift »Fine Silver« 90,–

733 1 Crown (S) 1989. Typ wie Nr. 729 90,–

734 1 Crown (S) 1989. Typ wie Nr. 730 90,–

735 1 Crown (S) 1989. Typ wie Nr. 731 90,–

200. Jahrestag der Amtseinführung von George Washington (5)

736 1/5 Crown (G) 1989. Rs. Adler mit Porträt Washingtons im Medaillon. 999er Gold, 6,2207 g (5000 Ex.) –,–

737 1 Crown 1989. Typ wie Nr. 736:
a) (S) 999½ fein, 31,12 g 90,–
b) (K-N) 5,– 16,–

738 1 Crown 1989. Rs. Überfahrt über den Delaware 1776, nach einem Gemälde von Leutze:
a) (S) 90,–
b) (K-N) 5,– 16,–

739 1 Crown 1989. Rs. George Washington nach einem Gemälde:
a) (S) 90,–
b) (K-N) 5,– 16,–

740 1 Crown 1989. Rs. Washington beim Amtseid am 30. 4. 1789:
a) (S) 90,–
b) (K-N) 5,– 16,–

»Katzen« – 2. Ausgabe (11)

		ST	PP
741	1 Crown (K-N) 1989. Rs. Perserkatze	5,–	

742 1 Crown (S) 1989. Typ wie Nr. 741. 999er Silber, 31,103 g: 45,–

743 1/25 Crown (G) 1989. Typ wie Nr. 741. 999,9er Gold, 1,244 g:
a) –,–
b) »U« im Sechseck –,–

744 1/10 Crown (G) 1989. Typ wie Nr. 741. 999,9er Gold, 3,110 g:
a) –,–
b) »U« im Sechseck –,–

745 1/5 Crown (G) 1989. Typ wie Nr. 741. 999,9er Gold, 6,220 g:
a) –,–
b) »U« im Sechseck –,–

746 1/2 Crown (G) 1989. Typ wie Nr. 741. 999,9er Gold, 15,551 g:
a) –,–
b) »U« im Sechseck –,–

747 1 Crown (G) 1989. Typ wie Nr. 741. 999,9er Gold, 31,103 g:
a) –,–
b) »U« im Sechseck –,–

A747 1/10 Crown (Pt) 1989. Typ wie Nr. 741. 999½er Platin, 3,11 g:
a) –,–
b) »U« im Sechseck –,–

B747 1/5 Crown (Pt) 1989. Typ wie Nr. 741. 999½er Platin, 6,22 g:
a) –,–
b) »U« im Sechseck –,–

C747 1/2 Crown (Pt) 1989. Typ wie Nr. 741. 999½er Platin, 15,55 g:
a) –,–
b) »U« im Sechseck –,–

D747 1 Crown (Pt) 1989. Typ wie Nr. 741. 999½er Platin, 31,103 g:
a) –,–
b) »U« im Sechseck –,–

Zum Besuch des britischen Königspaares am 8. August 1989 (2)

748 1 Crown 1989. Rs. Kraftwerk, Erweiterungsbau des

			ST	PP
		Manx Museums und Landwirtschaftsausstellung (Royal Manx Agricultural Show):		
		a) (S) 999 fein, 31,1 g (20 000 Ex.)		75,–
		b) (K-N)	4,–	
749	1	Crown (G) 1989. Typ wie Nr. 748. 999er Gold, 31,1 g (7500 Ex.)		–,–

Zusammenkunft zum 98. Jahrestag der American Numismatic Association, Pittsburgh 9.–13. 8. 1989

750 1/10 Angel (G) 1989. Typ wie Nr. A 700 (250 Ex.) –,–

8. Hong Kong International Coin Exposition 6.–8. 9. 1989

751 1/4 Angel (G) 1989. Typ wie Nr. 638, jedoch mit gekröntem Löwen und Perle (1000 Ex.) –,–

Coinex International Coin Fair, London 12.–14. 10. 1989

752 1/4 Angel (G) 1989. Typ wie Nr. 638, jedoch mit Kuppel der St. Paul's Cathedral in London (1000 Ex.) –,–

18. New York International Numismatic Convention (NYINC) 9.–11. 12. 1989

753 1/4 Noble (Pt) 1989. Typ wie Nr. 648, jedoch mit stilisierter Brooklyn Bridge in New York (250 Ex.) –,–

Weihnachten 1989

754 1/20 Angel (G) 1989. Typ wie Nr. 636, jedoch mit Stechpalmenzweig (3000 Ex.) –,–

Weihnachten 1989 und 90. Jahrestag der Fertigstellung der elektrifizierten Eisenbahnstrecke Douglas – Ramsey (3)

			ST	PP
755	50	Pence 1989. Rs. Zug am Bahnhof Laxey im Winter 1899, Kinder beim Schneeballwerfen (siebeneckig):		
		a) (S)		–,–
		b) (K-N)	–,–	
756	50	Pence (G) 1989. Typ wie Nr. 755 (250 Ex.)		–,–
757	50	Pence (Pt) 1989. Typ wie Nr. 755 (50 Ex.)		–,–
			VZ	ST
758	5	Pence (K-N) 1990, 1991. Typ wie Nr. 602. Ø 18 mm, 3,25 g	–,50	1,–
			ST	PP
759	5	Pence (S) 1990. Typ wie Nr. 758. 925er Silber, 3,25 g, (2500 Ex.)		–,–
760	5	Pence (G) 1990. Typ wie Nr. 758. 916⅔er Gold, 3,25 g (150 Ex.)		–,–
761	5	Pence (Pt) 1990. Typ wie Nr. 758. 950er Platin, 3,25 g (100 Ex.)		–,–

150 Jahre britische Briefmarken (4)

			ST	PP
762	1/5	Crown (G) 1990. Rs. »One Penny Black«, erste britische Briefmarke mit dem Porträt von Königin Victoria in Anlehnung an eine Medaille von William Wyon. 999,9er Gold, 6,2207 g		–,–
763	1	Crown 1990. Typ wie Nr. 762, mit schwarzschimmernder Oberfläche:		
		a) (S)		–,–
		b) (K-N)	5,–	15,–
764	1	Crown (G) 1990. Typ wie Nr. 762		–,–
765	1	Crown (Pt) 1990. Typ wie Nr. 762. 950er Platin, 52 g (50 Ex.)		–,–

19. Internationale Münzenbörse in Basel 26.–27. 1. 1990 (2)

766 1/4 Angel (G) 1990. Typ wie Nr. 638, jedoch mit Baslerstab (1000 Ex.) –,–

767 1/4 Noble (Pt) 1990. Typ wie Nr. 648, jedoch mit Baslerstab (1000 Ex.) –,–

Chinesisches Jahr des Metalls mit dem Pferd (78. Zyklus, 7. Jahr) Singapore International Coin Convention (SICC) im Februar 1990 und 9. Hong Kong International Coin Show 6.–9. 9. 1990

768 1/4 Angel (G) 1990. Typ wie Nr. 638, jedoch mit dem windschnellen Pferd des chinesischen Kaisers Wu-Ti, Bronzeplastik aus einem Grab bei Leitai/Wu-Bei/Kansu (1000 Ex.) –,–

15. Chicago International Coin Fair (CICF) 15.–17. 3. 1990

769 1/4 Angel (G) 1990. Typ wie Nr. 638, jedoch mit Wasserturm in Chicago (250 Ex.) –,–

21. Bayerischer Münztag (Numismata Bavariae) München 31. 3.–1. 4. 1990

770 1/4 Angel (G) 1990. Typ wie Nr. 638, jedoch mit Münchener Stadtwappen (100 Ex.) –,–

1. Tokyo International Coin Convention (TICC) 29. 6.–1. 7. 1990

771 1/4 Noble (Pt) 1990. Typ wie Nr. 648, jedoch mit TICC-Emblem auf dem Segel des Wikingerschiffes (1000 Ex.) –,–

XIV. Fußball-Weltmeisterschaft 1990 in Italien (12)

772 1/5 Crown (G) 1990. Rs. Drei Spieler, Stadtwappen von Mailand, Neapel und Bari –,–

773 1/5 Crown (G) 1990. Rs. Weltkugel, Fußball und Stadtwappen Italiens, Staatswappen von Bologna, Cagliari –,–

774 1/5 Crown (G) 1990. Rs. Fünf Spieler, Stadtwappen von Palermo, Udine und Verona –,–

775 1/5 Crown (G) 1990. Rs. Zwei Fußbälle, Spieler, Stadtwappen von Turin, Florenz und Rom –,–

		ST	PP
776	1/5 Crown (Pt) 1990. Typ wie Nr. 772		–,–
777	1/5 Crown (Pt) 1990. Typ wie Nr. 773		–,–
778	1/5 Crown (Pt) 1990. Typ wie Nr. 774		–,–
779	1/5 Crown (Pt) 1990. Typ wie Nr. 775		–,–
780	1 Crown 1990. Typ wie Nr. 772:		
	a) (S) 925 fein, 28,28 g		80,–
	b) (K-N)	5,–	
781	1 Crown 1990. Typ wie Nr. 773:		
	a) (S)		80,–
	b) (K-N)	5,–	
782	1 Crown 1990. Typ wie Nr. 774:		
	a) (S)		80,–
	b) (K-N)	5,–	
783	1 Crown 1990. Typ wie Nr. 775:		
	a) (S)		80,–
	b) (K-N)	5,–	

25. Todestag von Sir Winston Churchill (6)

784 1/5 Crown (G) 1990. Rs. Sir Winston Churchill (1874–1965) mit Zigarre. 999er Gold, 6.22 g (max. 500 Ex.) –,–

785 1/5 Crown (G) 1990. Rs. Churchill als Träger des Hosenbandordens –,–

786 1/5 Crown (Pt) 1990. Typ wie Nr. 784. 999er Platin, 6.22 g (max. 100 Ex.) –,–

787 1/5 Crown (Pt) 1990. Typ wie Nr. 785: –,–

788 1 Crown 1990. Typ wie Nr. 784:
a) (S) 925 fein, 28.28 g (max. 25000 Ex.) 75,–
b) (K-N) 5,–

789 1 Crown 1990. Typ wie Nr. 785:
a) (S) 75,–
b) (K-N) 5,–

»Katzen« – 3. Ausgabe (7)

790 1 Crown (K-N) 1990. Rs. Straßenkatze 5,–

791 1 Crown (S) 1990. Typ wie Nr. 790. 999er Silber, 31.103 g 45,–

792 1/25 Crown (G) 1990. Typ wie Nr. 790. 999.9er Gold, 1.244 g:
a) –,–
b) »U« –,–

793 1/10 Crown (G) 1990. Typ wie Nr. 790. 999.9er Gold, 3.110 g:
a) –,–
b) »U« –,–

794 1/5 Crown (G) 1990. Typ wie Nr. 790. 999.9er Gold, 6.220 g:
a) –,–
b) »U« –,–

795 1/2 Crown (G) 1990. Typ wie Nr. 790. 999.9er Gold, 15.551 g:
a) –,–
b) »U« –,–

796 1 Crown (G) 1990. Typ wie Nr. 790. 999,9er Gold, 31,103 g:
a) –,–
b) »U« –,–

Nrn. 797–800 fallen aus.

90. Geburtstag der Königinmutter Elisabeth (3)

		ST	PP
801	1/5 Crown (G) 1990. Typ wie Nr. 445. 999er Gold, 6,22 g		–,–
802	1/5 Crown (Pt) 1990. Typ wie Nr. 445. 999er Platin, 6,22 g		–,–
803	1 Crown 1990. Typ wie Nr. 445:		
	a) (S)		–,–
	b) (K-N)	–,–	

Zusammenkunft zum 40. Jahrestag der Canadian Numismatic Association, Vancouver 16.–19. 8. 1990

804 1/4 Angel (G) 1990. Typ wie Nr. 638, jedoch mit Zuckerahornblatt (1000 Ex.) –,–

Zusammenkunft zum 99. Jahrestag der American Numismatic Association, Seattle 22.–26. 8. 1990

805 1/10 Angel (G) 1990. Typ wie Nr. A 700 (1000 Ex.) –,–

Coinex International Coin Fair, London, Oktober 1990

806 1/4 Angel (G) 1990. Typ wie Nr. 638, jedoch mit Tower Bridge neben dem Flügel des Erzengels (max. 1000 Ex.) –,–

Salon International de la Numismatique (Numismonnaies) Paris 16.–18. 11. 1990

807 1/4 Angel (G) 1990. Typ wie Nr. 638, jedoch mit heraldischer Lilie neben dem Flügel des Erzengels (max. 1000 Ex.) –,–

Weihnachten 1990

		ST	PP
808	1/10 Angel (G) 1990. Typ wie Nr. 637, jedoch mit Schlitten neben dem Flügel des Erzengels (max. 3000 Ex.)		–,–

Weihnachten 1990 und 60. Jahrestag des Stapellaufs der T.S.S. »Lady of Man« (3)

809 50 Pence 1990. Rs. T.S.S. »Lady of Man«, 1930 erbaut, im 2. Weltkrieg als »Heldin von Dünkirchen« bekannt geworden, mit Fahrgästen am Pier von Douglas zur Weihnachtszeit, Inschrift »Christmas« (siebeneckig):
a) (S) 925 fein, 15.5 g (max. 5000 Ex.) 85,–
b) (K-N) 20,–

810 50 Pence (G) 1990. Typ wie Nr. 809 (siebeneckig) (max. 250 Ex.) –,–

811 50 Pence (Pt) 1990. Typ wie Nr. 809 (siebeneckig) (max. 50 Ex.) –,–

»Katzen« – 4. Ausgabe (7)

		ST	PP
812	1 Crown (K-N) 1991. Rs. Norwegerkatze	7,–	
813	1 Crown (S) 1991. Typ wie Nr. 812. 999er Silber, 31,103 g		45,–
814	1/25 Crown (G) 1991. Typ wie Nr. 812. 999,9er Gold, 1,244 g: a)		–,–
	b) »U«	–,–	
815	1/10 Crown (G) 1991. Typ wie Nr. 812. 999,9er Gold, 3,110 g: a)		–,–
	b) »U«	–,–	
816	1/5 Crown (G) 1991. Typ wie Nr. 812. 999,9er Gold, 6,220 g: a)		–,–
	b) »U«	–,–	
817	1/2 Crown (G) 1991. Typ wie Nr. 812. 999,9er Gold, 15,551 g: a)		–,–
	b) »U«	–,–	
818	1 Crown (G) 1991. Typ wie Nr. 812. 999,9er Gold, 31,103 g: a)		–,–
	b) »U«	–,–	

Nrn. 819–822 fallen aus.

Chinesisches Jahr des Metalls mit der Ziege (78. Zyklus, 8. Jahr) Singapore International Coin Convention im Februar 1991

823 1/4 Angel (G) 1991 (max. 1000 Ex.) –,–

Zusammenkunft der American Numismatic Association Dallas 1.–3. 3. 1991

824 1/10 Angel (G) 1991. Typ wie Nr. A700 (max. 1000 Ex.) –,–

16. Chicago International Coin Fair (CICF) 8.–10. 3. 1991

825 1/4 Angel (G) 1991. Typ wie Nr. 769 (max. 1000 Ex.) –,–

22. Bayerischer Münztag (Numismata Bavariae) München 13.–14. 4. 1991

826 1/4 Angel (G) 1991. Typ wie Nr. 638, jedoch mit dem Dom zu Unserer lieben Frau in München. Gelbgold, 916⅔ fein, 8,483 g (max. 500 Ex.) –,–

10. Hochzeitstag von Prinz Charles und Lady Diana (4)

		ST	PP
827	1 Crown 1991. Rs. Prinz Charles: a) (S) 925 fein, 28,28 g		75,–
	b) (K-N)	10,–	
828	1 Crown 1991. Rs. Lady Diana: a) (S)		75,–
	b) (K-N)	10,–	
829	1 Crown (G) 1991. Typ wie Nr. 827. 999er Gold, 6,22 g		400,–
830	1 Crown (G) 1991. Typ wie Nr. 828		400,–

29. Regatta um den »America's Cup« San Diego 1992 1. Ausgabe (5)

		ST	PP
831	1/10 Crown (G) 1991. Rs. Zwei Yachten und Emblem. 999er Gold, 3,11 g (max. 20000 Ex.)		–,–
832	1/5 Crown (G) 1991. Typ wie Nr. 831. 999er Gold, 6,22 g [PM] (max. 5000 Ex.)		400,–
833	1/5 Crown (Pt) 1991. Typ wie Nr. 831. 999er Platin, 6,22 g [PM] (max. 1000 Ex.)		650,–
834	1 Crown 1991. Typ wie Nr. 831, PM: a) (S) 925 fein, 28,28 g (max. 30000 Ex.)		75,–
	b) (K-N)	10,–	
835	5 Crowns (S) 1991. Typ wie Nr. 831. 995er Silber, 155,517 g, PM (max. 10000 Ex.)		380,–

500. Jahrestag der Entdeckung Amerikas Fertigstellung der Eisenbahnlinie nach Kalifornien 1869 (8)

		ST	PP
836	1/5 Crown (G) 1992. Rs. Lokomotive, Porträt von John Casement		400,–
837	1/5 Crown (G) 1992. Rs. Lokomotive, Porträt von Dan Casement		400,–
838	1/5 Crown (G) 1992. Rs. Aufeinandertreffen der beiden Schienenstränge am 10. Mai 1869		400,–
839	1/5 Crown (G) 1992. Rs. Flaggen der Insel Man und der Vereinigten Staaten von Amerika, oben Triskeles in Schild		400,–
840	1 Crown 1992. Typ wie Nr. 836: a) (S) 925er Silber, 28,28 g		75,–
	b) (K-N)	10,–	
841	1 Crown 1992. Typ wie Nr. 837: a) (S)		75,–
	b) (K-N)	10,–	
842	1 Crown 1992. Typ wie Nr. 838: a) (S)		75,–
	b) (K-N)	10,–	
843	1 Crown 1992. Typ wie Nr. 839: a) (S)		75,–
	b) (K-N)	10,–	

29. Regatta um den »America's Cup« San Diego 1992 2. Ausgabe (5)

		ST	PP
844	1/10 Crown (G) 1992. 999er Gold, 3,11 g (max. 20000 Ex.)		–,–
845	1/5 Crown (G) 1992. Typ wie Nr. 844. 999er Gold, 6,22 g (max. 5000 Ex.)		–,–
846	1/5 Crown (Pt) 1992. Typ wie Nr. 844. 999er Platin, 6,22 g (max. 1000 Ex.)		–,–
847	1 Crown 1992. Typ wie Nr. 844: a) (S) 925 fein, 28,28 g (max. 30000 Ex.)		–,–
	b) (K-N)	–,–	
848	5 Crowns (S) 1992. Typ wie Nr. 844. 995er Silber, 155,517 g (max. 10000 Ex.)		–,–

		VZ	ST
849	10 Pence (K-N) 1992. Rs. Triskeles, Umschrift »Quocunque ieceris stabit«	–,80	1,50

Iraq | # Irak | **Irak**

Al 'Iraq

Fläche: 448742 km²; 15900000 Einwohner (1986).
Das einstige Kernland des Sassaniden-Reiches wurde 1258 von den Mongolen erobert. Bevor das Land dann unter türkische Herrschaft kam, wurde es vorübergehend von Persien regiert. In den Jahren 1915–1917 eroberte die britisch-indische Armee die türkischen Wilayets von Mesopotamien. Am 2. März 1921 wurde der Irak britisches Mandat des Völkerbundes und noch im gleichen Jahr Feisal I. als König eingesetzt; Republik seit 14. Juli 1958. Bis zur Einführung der eigenen Währung am 19. April 1931 waren die indische Rupie, aber auch das ägyptische Pfund Hauptzahlungsmittel.
Im am 22. September 1980 ausgebrochenen Krieg mit dem Iran konnte am 20. August 1988 ein Waffenstillstand erreicht werden. Der Überfall auf den Nachbarstaat Kuwait am 2. August 1990 versetzte den Irak in eine internationale Isolation. Die Kampfhandlungen zur Befreiung Kuwaits begannen am 17. Januar 1991 und endeten Anfang März 1991 mit Wiederherstellung der alten Ordnung.
Hauptstadt: Bagdad (Baghdad).

50 Fils=1 Dirham, 200 Fils=1 Riyal, 1000 Fils=1 Irak-Dinar (Iraqi Dinar)

Al-Mamlakat al-'Iraqiya

Feisal I. Ibn Hussein 1921–1933

		SS	VZ
1 (1)	1 Fils (Bro) 1931, 1933. Feisal I. (1883–1933), Kopfbild nach rechts. Rs. Wert, Jahreszahl und Inschrift in Arabisch:		
	1931	4,–	12,–
	1933	6,–	14,–
2 (2)	2 Fils (Bro) 1931, 1933. Typ wie Nr. 1:		
	1931	4,–	12,–
	1933	5,–	15,–
3 (3)	4 Fils (N) 1931, 1933. Typ wie Nr. 1 (Wellenschnitt)	5,–	11,–
4 (4)	10 Fils (N) 1931, 1933. Typ wie Nr. 1 (Wellenschnitt)	8,–	20,–
5 (5)	20 Fils (S) 1931, 1933. Typ wie Nr. 1. 500er Silber, 3,6 g:		
	1349/1931	12,–	20,–
	1252/1933 (Fehlprägung)	*140,–*	*250,–*
	1352/1933	15,–	25,–
6 (6)	50 Fils (S) 1931, 1933. Typ wie Nr. 1. 500er Silber, 9 g:		
	1931	20,–	35,–
	1933	45,–	65,–
7 (7)	200 Fils = 1 Riyal (S) 1932. Typ wie Nr. 1. Wertangabe in Fils in der Randschrift. 500er Silber, 20 g	60,–	120,–

Nrn. 1–6 von 1931 und 1933, polierte Platte –,–
Nr. 7, polierte Platte 2000,–

Ghazi I. Ibn Feisal 1933–1939

		SS	VZ
8 (8)	1 Fils (Bro) 1936, 1938. Ghazi I. (1912–1939), Kopfbild nach links. Rs. Wert, Jahreszahl und Inschrift in Arabisch:		
	1936	22,–	30,–
	1938	2,–	4,–
9 (9)	4 Fils 1938, 1939. Typ wie Nr. 8 (Wellenschnitt):		
	a) (N) 1938	4,–	8,–
	(N) 1939	8,–	15,–
	b) (K-N) 1938	3,–	6,–
	c) (Bro) 1938	3,–	12,–
10 (10)	10 Fils 1937, 1938. Typ wie Nr. 8 (Wellenschnitt):		
	a) (N) 1937	15,–	30,–
	(N) 1938	10,–	20,–
	b) (K-N) 1938	4,–	8,–
	c) (Bro) 1938	2,–	8,–
11 (11)	20 Fils (S) 1938. Typ wie Nr. 8	10,–	25,–

		SS	VZ
12 (12)	50 Fils = 1 Dirham (S) 1937, 1938. Typ wie Nr. 8:		
	1937	25,–	50,–
	1938	18,–	35,–

Feisal II. Ibn Ghazi 1939–1958

		SS	VZ
13 (13)	4 Fils (Bro) 1943. Feisal II. (1935–1958), jugendliches Kopfbild nach rechts, Rs. Wert, Jahreszahl und Inschrift in Arabisch (eckig)	8,–	20,–
14 (14)	10 Fils (Bro) 1943. Typ wie Nr. 13	9,–	20,–
15 (15)	1 Fils (Bro) 1953. Feisal II., Kopfbild nach rechts. Rs. wie Nr. 13	1,–	2,–
16 (16)	2 Fils (Bro) 1953. Typ wie Nr. 15	4,–	8,–

		SS	VZ
17 (17)	4 Fils (K-N) 1953. Typ wie Nr. 15 (Wellenschnitt)	2,–	4,–
18 (18)	10 Fils (K-N) 1953. Typ wie Nr. 15 (Wellenschnitt)	3,–	6,–
19 (19)	20 Fils (S) 1953. Typ wie Nr. 15	85,–	175,–
20 (20)	50 Fils = 1 Dirham (S) 1953. Typ wie Nr. 15	160,–	270,–
21 (21)	100 Fils (S) 1953. Typ wie Nr. 15	50,–	80,–

Nrn. 15–21, polierte Platte (200 Ex.) 1500,–

	SS	VZ
22 (22) 20 Fils (S) 1955. Rs. Wert im Kreis zwischen Zweigen	**10,–**	**20,–**
23 (23) 50 Fils = 1 Dirham (S) 1955. Typ wie Nr. 22	**18,–**	**40,–**
A 24 (A24) 100 Fils (S) 1955. Typ wie Nr. 21, jedoch Jahreszahlen in geänderter Zeichnung	**250,–**	**400,–**

Nrn. 22–A 24, polierte Platte 1000,–

Republik Irak seit 1958

Adsch-Dschamhuriyat al'Iraqiya

24 (24) 1 Fils (Bro) 1959. Staatswappen der Republik, am 14. 7. 1959 eingeführt. Rs. Wert im Kreis auf Zweigen (zehneckig)	**–,70**	**2,–**
25 (25) 5 Fils (K-N) 1959. Typ wie Nr. 24 (Wellenschnitt)	**1,–**	**3,–**
26 (26) 10 Fils (K-N) 1959. Typ wie Nr. 24 (Wellenschnitt)	**2,–**	**5,–**
27 (27) 25 Fils (S) 1959. Typ wie Nr. 24. 500er Silber, 2,5 g	**4,–**	**8,–**
28 (28) 50 Fils (S) 1959. Typ wie Nr. 24. 500er Silber, 5 g	**6,–**	**12,–**

29 (29) 100 Fils (S) 1959. Typ wie Nr. 24. 500er Silber, 10 g	**12,–**	**20,–**

Nrn. 24–29, polierte Platte (400 Ex.) 800,–

	ST	PP
30 (30) (–) (S) 1959. General Abd al Karim Kassem (1914–1963), Ministerpräsident 1958–1963, Brustbild in Uniform. Rs. Staatswappen. 500er Silber, 37,5 g (Medaillenausgabe)	**40,–**	***100,–***

Nrn. 24–30, polierte Platte –,–

	VZ	ST
31 (31) 5 Fils 1967–1981. Dattelpalmenhain (Phoenix dactylifera – Palmae). Rs. Wertangabe im Kreis, umgeben von arabischer Umschrift sowie Weizenähre und Tabakblatt (Wellenschnitt):		
a) (K-N) 1967, 1971	**–,80**	**1,20**
b) (St ferritisch) 1971, 1974, 1975, 1980	**–,80**	**1,20**
c) (St austenitisch) 1981	**–,80**	**1,20**
32 (32) 10 Fils 1967–1981. Typ wie Nr. 31 (Wellenschnitt):		
a) (K-N) 1967, 1971	**1,20**	**2,–**
b) (St ferritisch) 1971, 1974, 1975	**1,20**	**2,–**
c) (St austenitisch) 1981	**–,80**	**1,20**
33 (33) 25 Fils (K-N) 1969, 1970, 1972, 1975, 1980, 1981. Typ wie Nr. 31	**2,–**	**4,–**
34 (34) 50 Fils (K-N) 1969, 1970, 1972, 1975, 1979–1981, 1990. Typ wie Nr. 31	**3,–**	**4,50**
35 (35) 100 Fils (K-N) 1970, 1972, 1975, 1979. Typ wie Nr. 31	**3,50**	**5,–**

FAO-Münz-Plan zum 12. Jahrestag der Bodenreform (30. 9. 1970)

	ST	PP
36 (36) 250 Fils (N) 1970. Typ wie Nr. 31. Randschrift: dreimal FAO 250:		
a) erhabene Randschrift	**8,–**	**30,–**
b) inkuse Randschrift	**–,–**	

In gleicher Zeichnung: Nrn. 58–60.

50. Jahrestag der Gründung der irakischen Armee (6. 1. 1971) (3)

37 (37) 500 Fils (N) 1971. Soldaten von 1921 und 1971 mit geschultertem Gewehr, Jahreszahlen 1921/1971. Rs. Wertangabe	**15,—**	**20,—**
38 (38) 1 Dinar (S) 1971. Typ wie Nr. 37. 500er Silber, 31 g	**35,—**	**60,—**

39 (39) 5 Dinars (G) 1971. Typ wie Nr. 37. 916⅔er Gold, 13,57 g	***600,—***	***700,—***

1. Jahrestag des Friedensschlusses mit den Kurden (11. 3. 1971)

	VZ	ST
40 (40) 250 Fils (N) 1971. Graphische Darstellung mit auffliegender Taube (symbolisch für den Friedensschluß). Rs. Wertangabe im Kreis, umgeben von arabischer Umschrift sowie Weizenähre und Tabakblatt [Sherritt]	**7,–**	**10,–**

25 Jahre Arabische Sozialistische Baath-Partei

		VZ	ST
41 (41)	250 Fils (N) 1972. Dattelpalmenhain. Rs. Wertangabe im Kreis, darunter Datum 7. 4. 1972, Umschrift »Irakische Republik« (oben) und »Silberjubiläum der Baath Partei (ABSP)« (unten)	10,–	20,–

25 Jahre Irakische Zentralbank (2)

42 (42)	250 Fils (N) 1972. Dattelpalmenhain. Rs. Wertangabe im Kreis, darunter Jahreszahlen, Umschrift »Irakische Republik« (oben) und »Silberjubiläum der Zentralbank des Irak« (unten)	8,–	12,–
43 (43)	1 Dinar (S) 1972. Typ wie Nr. 42. 500er Silber, 31 g	30,–	50,–

1. Jahrestag der Öl-Nationalisierung vom 1. 6. 1972 (3)

		ST	PP
44 (44)	250 Fils (N) 1973. Wertangabe, Landesname, Inschrift »Befreiung des Öls von ausländischen Monopolen«. Rs. Freiheitsfackel vor Bohrturm und Raffinerie	10,–	25,–
45 (45)	500 Fils (N) 1973. Rs. Ölfeld von Rumaila	15,–	30,–

46 (46)	1 Dinar (S) 1973. Rs. Öltanker »Kirkuk«, stilisierte Sonne. 500er Silber, 31 g	60,–	90,–

Für den FAO-Münz-Plan (2)

		VZ	ST
47 (47)	5 Fils (St) 1975. Typ wie Nr. 31, jedoch auf der Rs. unten bogige Inschrift	–,30	–,60
48 (48)	10 Fils (St) 1975. Typ wie Nr. 47	–,60	1,–

1. Jahrestag der Einweihung des Thathar-Euphrat-Kanals (10. 10. 1977)

		PP
49 (49)	1 Dinar (S) 1977. Kanalanlage. Rs. Wertangabe, kufische Umschrift. 900er Silber, 31 g [HF]	90,–

Internationales Jahr des Kindes 1979 (4)

		ST	PP
50 (50)	250 Fils (N) 1979. Kinderkopf n. r. Rs. Wert		16,–
51 (51)	1 Dinar (S) 1979. Typ wie Nr. 50. 900er Silber, 31 g		85,–
52	50 Dinars (G) 1979. Typ wie Nr. 50. 916⅔er Gold, 13,7 g [HF]		750,–
53	100 Dinars (G) 1979. Typ wie Nr. 50. 916⅔er Gold, 26 g [HF]		1200,–

1. Regierungsjubiläum von Staatspräsident Saddam Hussain (3)

54 (52)	250 Fils (K-N) 1980. Saddam Hussain at Takriti (*1937), Staatspräsident seit 1979. Rs. Wert	10,–	
55	50 Dinars (G) 1980. Typ wie Nr. 54. 916⅔er Gold, 16,965 g [HF]		800,–
56 (59)	100 Dinars (G) 1980. Typ wie Nr. 54. 916⅔er Gold, 33,93 g [HF]		1500,–

Zum Gedenken an die Schlacht von Kadissiya und Beginn des Krieges gegen den Iran (»Saddams Kadissiya«) am 22. 9. 1980

57 (57)	1 Dinar (N) 1980. Präsident Saddam Hussain vor dem »Panorama«-Bauwerk südlich von Bagdad, das ein von nordkoreanischen Künstlern geschaffenes Kolossalgemälde mit der Darstellung des Sieges der islamischen Araber über die Perser bei Kadissiya (Qadisiya) südlich von Hira im Jahre 636 beherbergt. Rs. Wert, Karte der arabischen Welt, Inschrift »Qadisiyat Saddam« (zehneckig)	20,–	30,–

In gleicher Zeichnung existiert eine Medaille in 916⅔er Gold, 38 g.

			VZ	ST
58 (55)	250	Fils (K-N) 1980, 1981, 1990. Typ wie Nr. 31 (achteckig)	5,–	8,–
59	500	Fils (N) 1982. Typ wie Nr. 31 (viereckig):		
		a) fehlerhafte Wertangabe »filsān« فلسًا	20,—	35,—
		b) berichtigte Wertangabe »fils« فلس	6,—	10,—
60	1	Dinar (N) 1981. Typ wie Nr. 31 (zehneckig)	10,—	18,—

Beginn des 15. Jahrhunderts islamischer Zeitrechnung (3)

			ST	PP
61 (53)	1	Dinar (S) 1980. Moschee in Medina, Kaaba, arabische Initiale »H«. 900er Silber, 30,53 g		90,—
62	50	Dinars (G) 1980. Typ wie Nr. 61. 916⅔er Gold, 13,7 g		750,—

			ST	PP
63 (56)	100	Dinars (G) 1980. Typ wie Nr. 61. 916⅔er Gold, 26 g		1400,—

50 Jahre irakische Luftwaffe

			VZ	ST
64 (58)	1	Dinar (N) 1981. Präsident Saddam Hussain, irakische Kampfflugzeuge von 1931 und 1981. Rs. Wert (zehneckig)		20,—

In gleicher Zeichnung existieren Medaillen in 916⅔er Gold, 19 g und 38 g.

Welternährungstag 1981

			VZ	ST
65 (54)	250	Fils (K-N) 1981. Ansicht des Mossul-Staudammes. Rs. Emblem der FAO (achteckig)	8,–	12,–

Restaurierung von Babylon (7)

			ST	PP
66	5	Fils 1982. Seitenansicht vom Ishtar-Tor, erbaut unter König Nebukadnezar um 580 v. Chr. (Wellenschnitt):		
		a) (K-N)		5,–
		b) (St)	2,–	
67	10	Fils 1982. Ishtar-Tor (Wellenschnitt):		
		a) (K-N)		5,–
		b) (St)	2,–	
68	25	Fils (K-N) 1982. Löwendekor, glasierte Lehmziegel, vom Ishtar-Tor	3,–	6,–
69	50	Fils (K-N) 1982. Stierdekor vom Ishtar-Tor	5,–	8,–
70	250	Fils (K-N) 1982. Hammurabi vor dem Sonnengott Shamasch, Reliefoberteil der Gesetzesstele des Hammurabi, 18. Jh. v. Chr. (achteckig)	8,–	16,–
71	500	Fils (N) 1982. Löwe vom Königspalast von Nebukadnezar II., 6. Jh. v. Chr. (viereckig):		
		a) fehlerhafte Wertangabe »filsān«	*200,–*	
		b) berichtigte Wertangabe »fils«	12,–	25,–
72	1	Dinar (N) 1982. Stufentempel (Zikkurat) des Urnammu, Königs von Sumer und Akkad, 3. Dynastie von Ur, um 2000 v. Chr., der »Turm von Babel«, Rekonstruktion (zehneckig)	20,–	35,–

VII. Gipfelkonferenz der blockfreien Staaten in Bagdad (4)

73 (60)	250	Fils (K-N) 1982. Palme. Rs. Wert (achteckig)	10,—	

74 (61)	1	Dinar (N) 1982. Typ wie Nr. 73 (zehneckig)	20,–	
75	50	Dinars (G) 1982. Typ wie Nr. 73. 916⅔er Gold, 13,7 g [HF]		750,–
76	100	Dinars (G) 1982. Typ wie Nr. 73. 916⅔er Gold, 26 g [HF]		1400,–

Persia — Iran — Iran

Fläche: 1648000 km²; 45000000 Einwohner (1986).
Das Land zwischen Ararat-Hochland und Persischem Golf brachte in der Antike die mächtigen Reiche der Perser und Meder hervor. Unter den Sassaniden entstand seit 226 das zweite große Perserreich. In der Neuzeit zog Persien, seit 1935 amtlich Iran (»Land der Arier«), durch seine geographische Lage und seinen Erdölreichtum das Interesse der Großmächte auf sich. Die im Dezember 1978 begonnene Islamische Revolution und die Ankunft von Ayatolla (»Zeichen Gottes«) Khomeini (1900–3. 6. 1989) am 1. Februar 1979 führten zur Ausrufung der Islamischen Republik Iran. Hauptstadt Teheran (Tehran).

50 Dinars = 1 Schahi, 20 Schahi = 1 Qiran (Kran), 10 Qiran = 1 Toman

Der Schahi Sefid (weißer, silberner Schahi) galt 3 Schahi = 150 Dinars und wurde neben goldenen ⅕ Toman = 2000 Dinars vom Schah zur Thronbesteigung, beim Nauruz (Wintertagundnachtgleiche) und anderen Festen an Ehrengäste verteilt (bis 1926).

Seit 13. März 1932: 100 Dinars = 20 Schahi = 1 Rial, 100 Rials = 1 Pahlewi (bis 1937)
(10 Rials werden weiterhin als Toman bezeichnet)

Der Wert des Pahlewi, der seit 1932 im Feingewicht dem britischen Sovereign entspricht, wurde von 1937 an zum Tageskurs in Rial berechnet. Die seit 1979 geprägten Goldmünzen der Islamischen Republik im Gewicht des Pahlewi tragen den Namen »Bahar Azadi« (Frühling der Freiheit).

1 Bahar Azadi = 35000 Rials

Keschware Schahinschaije Iran

Muzaffar ad-Din Schah 1896–1907

(n. H. 1314–1324)

SS VZ

1 (23) 50 Dinars (K-N) n. H. 1318, 1319, 1321 (1901–1903). Staatswappen, Jahreszahl. Rs. »Ra'ij mamlakat Iran« (Umlaufmünze des Königreichs Iran), darunter Wertangabe, in Kranz mit Krone, am Unterrand »Tehran« **3,– 8,–**

2 (24) 100 Dinars (K-N) n. H. 1318, 1319, 1321 (1901–1903). Typ wie Nr. 1. **4,– 10,–**

3 (25) 1 Schahi Sefid = 150 Dinars (S) n. H. 1313–1320, auch o. J. (1896–1902). Staatswappen, Jahreszahl. Rs. Name des Schahs im Kranz. 900er Silber, 0,69 g:
a) Wertangabe »Schahi« unter Löwe, 1313–1320, auch o. J. **40,– 80,–**
b) ohne Wertangabe, 1319, auch o. J. **160,– 320,–**

A3 (A25) 1 Schahi Sefid (S) o. J. Name des Schahs im Kranz. Rs. Name des Sahib al-Zaman im Kranz **160,– 320,–**

4 (26) ¼ Quiran = 250 Dinars (S) n. H. 1314, 1316, 1318, 1319, auch o. J. (1896–1901). Typ wie Nr. 3, Wertangabe »Rob'i« (Viertel). 900er Silber, 1,15 g **30,– 50,–**

5 (27) 500 Dinars (S) n. H. 1313–1319, 1322, auch o. J. (1896–1904). Typ wie Nr. 3. 900er Silber, 2,3015 g **40,– 70,–**

6 (A27) 1000 Dinars (S) n. H. 1314 (1896). Typ wie Nr. 3. 900er Silber, 4,603 g *400,– 800,–*

7 (28) 2000 Dinars (S) n. H. 1313, 1314 (1896). Typ wie Nr. 3. 900er Silber, 9,206 g *250,– 450,–*

8 (A38) 2000 Dinars = ⅕ Toman (G) n. H. 1309 (geprägt um 1896). Typ wie Nr. 3. 900er Gold, 0,5754 g **350,– 550,–**

9 (38) 5000 Dinars = ½ Toman (G) n. H. 1314, 1315 (1896, 1897). Typ wie Nr. 3. 900er Gold, 1,4385 g **500,– 700,–**

10 (39) 1 Toman (G) n. H. 1314 (1896). Typ wie Nr. 3. 900er Gold, 2,877 g *900,– 1300,–*

11 (A39) 2 Toman (G) n. H. 1311 (geprägt um 1896). Typ wie Nr. 3, Wertangabe »Do Tuman«. 900er Gold, 5,754 g *2000,– 3000,–*

SS VZ

12 (A27a) 1000 Dinars (S) n. H. 1317–1319, 1322 (1899–1904). Staatswappen, Jahreszahl, Wertangabe. Rs. Name des Schahs im Kranz mit Krone **300,– 450,–**

13 (28a) 2000 Dinars = 2 Qiran (S) n. H. 1314–1322 (1896–1904). Typ wie Nr. 12:
a) Wertangabe »Do Hezar Dinar«, 1314–1320 **40,– 90,–**
b) Wertangabe »Do Qiran«, 1320–1322 **30,– 60,–**

14 (29) 5000 Dinars (S) n. H. 1320 (1902). Typ wie Nr. 12. 900er Silber, 23,015 g [St. Petersburg] **25,– 40,–**

15 (A34) ¼ Toman (G) n. H. 1317 (1899). Muzaffar ad-Din Schahinschah (1853–1907), Porträt n. l. Rs. Name des Schahs und Jahreszahl im Kranz. Ø 15 mm **–,– –,–**

Nrn. 16 und 17 fallen aus.

18 (B34) 10 Toman (G) n. H. 1314 (1896). Typ wie Nr. 15, geänderte Titelinschrift. Ø 36 mm:
a) Wertangabe »Dah Tuman« **–,– –,–**
b) ohne Wertangabe *12000,– 20000,–*

19 250 Dinars (S) n. H. 1319 (1901). Muzaffar ad-Din Schahinschah, Porträt n. r. im Kranz, Jahreszahl. Rs. Staatswappen, Wertangabe **–,– –,–**

20 (30) 500 Dinars (S) n. H. 1319, 1323 (1901, 1905). Typ wie Nr. 19 **100,– 150,–**

21 (31) 1000 Dinars (S) n. H. 1319, 1323 (1901, 1905). Typ wie Nr. 19 **75,– 130,–**

22 (32) 2000 Dinars (S) n. H. 1319, 1323 (1901, 1905). Typ wie Nr. 19 **70,– 130,–**

23 (33) 5000 Dinars (S) n. H. 1319, 1324 (1901, 1906). Typ wie Nr. 19 *2800,– 4500,–*

24 (34) 2000 Dinars = ⅕ Toman (G) n. H. 1322–1324 (1904–1906) **250,– 400,–**

25 (A34a) ¼ Toman = 2500 Dinars (G) n. H. 1319 (1901). Muzaffar ad-Din Schahinschah, Porträt n. l., Wertangabe »Rob'i«, Jahreszahl. Rs. Name des Schahs im Kranz. 900er Gold, 0,719 g **–,– –,–**

SS VZ

26 (35) 5000 Dinars = ½ Toman (G) n. H. 1316, 1318—1324 (1898—1906). Muzaffar ad-Din Schahinschah, Porträt n. r., geteilte Jahreszahl. Rs. Name des Schahs im Kranz. 900er Gold, 1,4385 g **100,— 150,—**

27 (36) 1 Toman (G) n. H. 1316, 1318, 1319, 1321 (1898—1903). Typ wie Nr. 26, zusätzliche Inschrift. 900er Gold, 2,877 g **160,— 300,—**

A27 2 Toman (G) n. H. 1322 (1903). Muzaffar ad-Din Schahinschah, Porträt n. l., links Jahreszahl, Rs. Name des Schahs im Kranz, ohne Wertangabe. 900er Gold, 5,754 g. Ø 19 mm *2000,— 4000,—*

B27 2½ Toman (G) n. H. 1319 (1901). Goldabschlag von Nr. 21. 900er Gold, 7,1925 g —,— —,—

C27 5 Toman (G) n. H. 1319 (1901). Goldabschlag von Nr. 22. 900er Gold, 14,385 g —,— —,—

50. Geburtstag des Schahinschah (2)

28 (A40) 5000 Dinars (S) n. H. 1322 (1903). Muzaffar ad-Din Schahinschah, Porträt n. r. im Kranz, Gedenkinschrift. Rs. Staatswappen, Wertangabe **1700,— 3000,—**

29 (41) 2 Toman (G) n. H. 1322 (1903). Muzaffar ad-Din Schahinschah, Porträt n. l., Gedenkinschrift. Rs. Name des Schahs im Kranz, ohne Wertangabe. Ø 19 mm **800,— 1500,—**

Mohammed Ali Schah 1907—1909
(n. H. 1324—1327)

30 (23) 50 Dinars (K-N) n. H. 1326 (1908). Typ wie Nr. 1 **4,— 16,—**

31 (24) 100 Dinars (K-N) n. H. 1326 (1908). Typ wie Nr. 1 **3,— 12,—**

32 (44) 1 Schahi Sefid = 150 Dinars (S) n. H. 1325—1327 (1907—1909). Staatswappen, Jahreszahl, Wertangabe »Schahi«. Rs. Name des Schahs im Kranz **40,— 90,—**

A32 (A44) 1 Schahi Sefid (S) o. J. Name des Schahs im Kranz. Rs. Name des Sahib al-Zaman im Kranz **160,— 300,—**

B 32 (B44) 1 Schahi Sefid (S) n. H. 1326 (1908). Staatswappen, Jahreszahl, Wertangabe »Schahi«. Rs. Name des Sahib al-Zaman im Kranz **250,— 500,—**

33 (45) ¼ Qiran = 250 Dinars (S) n. H. 1325—1327 (1907—1909). Typ wie Nr. 32, Wertangabe »Rob'i« **40,— 70,—**

34 (46) 500 Dinars (S) n. H. 1325, 1326 (1907, 1908). Typ wie Nr. 32 **100,— 200,—**

35 (A47) 1000 Dinars (S) n. H. 1325, 1326 (1907, 1908), Typ wie Nr. 32 *600,— 1200,—*

36 (47) 2 Qiran = 2000 Dinars (S) n. H. 1325—1327 (1907—1909). Typ wie Nr. 32, Wertangabe »Do Qiran« **30,— 60,—**

37 (56) 5000 Dinars = ½ Toman (G) n. H. 1324, 1325 (1907). Typ wie Nr. 32, Wertangabe »Panj Hezari«. Ø 17 mm **400,— 650,—**

38 (A56) 1 Toman (G) n. H. 1324 (1907). Typ wie Nr. 32, Wertangabe »Yek Tuman«. Ø 19 mm *1500,— 2000,—*

39 (48) 500 Dinars (S) n. H. 1325—1327 (1907—1909). Mohammed Ali Schahinschah (1872—1930), Porträt n. l. im Kranz, Jahreszahl. Rs. Staatswappen, Wertangabe, teilweise Jahreszahl:
a) Jahreszahl nur auf Vs., 1326, 1327 **150,— 280,—**
b) Jahreszahl beiderseits, 1325, 1326 *300,— 500,—*

40 (49) 1000 Dinars (S) n. H. 1326, 1327 (1908, 1909). Typ wie Nr. 39:
a) Jahreszahl nur auf Vs., 1326, 1327 *200,— 350,—*
b) Jahreszahl beiderseits, 1326 *400,— 700,—*

41 (50) 2000 Dinars (S) n. H. 1326 (1908). Typ wie Nr. 39a *3000,— 4000,—*

42 (A50) 5000 Dinars (S) n. H. 1327 (1909). Typ wie Nr. 39a *2700,— 4000,—*

43 2000 Dinars = ⅕ Toman (G) n. H. 1326 (1908). Mohammed Ali Schahinschah, Porträt n. l., Jahreszahl. Rs. Name des Schahs in offenem Kranz —,— —,—

A 43 5000 Dinars = ½ Toman (G) n. H. 1326 (1908). Typ wie Nr. 43 —,— —,—

B 43 1 Toman (G) n. H. 1326 (1908). Typ wie Nr. 43 —,— —,—

44 (52) 2000 Dinars = ⅕ Toman (G) n. H. 1326, 1327 (1908, 1909). Mohammed Ali Schahinschah, Porträt n. l., Jahreszahl. Rs. Name des Schahs in geschlossenem Kranz **400,— 700,—**

45 (53) 5000 Dinars = ½ Toman (G) n. H. 1326, 1327 (1908, 1909). Typ wie Nr. 44 **500,— 900,—**

46 (54) 1 Toman (G) n. H. 1327 (1909). Typ wie Nr. 44 **700,— 1000,—**

Sultan Ahmed Schah 1909—1925
(n. H. 1327—1344/n. S.-H. 1304)

47 (23) 50 Dinars (K-N) n. H. 1332, 1337 (1914, 1919). Typ wie Nr. 1 **4,— 12,—**

48 (24) 100 Dinars (K-N) n. H. 1332, 1337 (1914, 1919). Typ wie Nr. 2 **6,— 12,—**

49 (64) 1 Schahi Sefid = 150 Dinars (S) n. H. 1328—1330, 1332 (1910—1914). Staatswappen, Jahreszahl, Wertangabe »Schahi«. Rs. Name des Schahs im Kranz:
a) Jahreszahl am Unterrand, 1328—1330 **20,— 40,—**
b) Jahreszahl zwischen den Löwenpranken, 1332 *100,— 160,—*

A49 (B64) 1 Schahi Sefid (S) o. J. Name des Schahs im Kranz. Rs. Name des Sahib-al-Zaman im Kranz **250,— 350,—**

50 (65) ¼ Qiran = 250 Dinars (S) n. H. 1327—1331 (1909—1913). Typ wie Nr. 49a, Wertangabe »Rob'i« **15,— 30,—**

51 (66) 500 Dinars (S) n. H. 1327—1330 (1909—1912). Typ wie Nr. 49a **30,— 60,—**

52 (67) 1000 Dinars (S) n. H. 1327—1330 (1909—1912). Typ wie Nr. 49 a:
a) [Teheran] 1327—1330 **15,— 40,—**
b) [Berlin] 1330 (Kriegsprägung 1915) **12,— 24,—**

53 (68) 2000 Dinars = 2 Qiran (S) n. H. 1327—1331 (1909—1913). Typ wie Nr. 49:
a) [Teheran] Wertangabe »Do Qiran«, Jahreszahl am Unterrand, 1327—1329 **14,— 25,—**
b) [Teheran] Wertangabe »Do Hezar Dinar«, Jahreszahl am Unterrand, 1330 **16,— 30,—**

SS VZ

c) [Berlin] wie b, 1330 (Kriegsprägung 1915) **14,– 20,–**

d) [Teheran] Wertangabe »Do Hezar Dinar«, Jahreszahl zwischen den Löwenpranken, 1330, 1331 **14,– 20,–**

54 (75) ⅕ Toman = 2000 Dinars (G) n. H. 1328–1330 (1910–1912). Typ wie Nr. 49a. Ø 14 mm **250,– 500,–**

55 (76) ½ Toman = 5000 Dinars (G) n. H. 1328–1330 (1910–1912). Typ wie Nr. 49a **250,– 350,–**

56 (77) 1 Toman (G) n. H. 1329 (1911). Typ wie Nr. 49a *600,– 1000,–*

57 (A70) 1 Schahi Sefid = 150 Dinars (S) n. H. 1333–1335, 1337, 1339, 1342 (1915–1924). Staatswappen, Wertangabe »Schahi«. Rs. Name des Schahs im Kranz, unten Jahreszahl **20,– 40,–**

A57 (A70a) 1 Schahi Sefid (S) n. H. 1335 (1917). Name des Schahs im Kranz, unten Jahreszahl. Rs. Name des Sahib al-Zaman im Kranz *160,– 300,–*

B57 (B70) 1 Schahi Sefid (S) n. H. 1332, 1333, 1337, 1341, 1342, auch o. J. (1914–1924). Staatswappen, Jahreszahl, Wertangabe »Schahi«. Rs. Name des Sahib al-Zaman im Kranz **40,– 80,–**

58 (C70) ¼ Qiran = 250 Dinars (S) n. H. 1332–1337, 1339, 1341–1343 (1914–1925). Staatswappen, Jahreszahl zwischen den Löwenpranken, Wertangabe »Rob'i«. Rs. Name des Schahs im Kranz **16,– 30,–**

59 (70) 500 Dinars (S) n. H. 1331–1336, 1339, 1343 (1913–1925). Sultan Ahmed Schah, Porträt n. l. im Kranz, unten Jahreszahl. Rs. Staatswappen, Wertangabe **10,– 20,–**

60 (71) 1000 Dinars (S) n. H. 1330–1344 (1913–1925). Typ wie Nr. 59 **10,– 20,–**

61 (72) 2000 Dinars (S) n. H. 1330–1337, 1339–1344 (1913–1925). Typ wie Nr. 59 **15,– 30,–**

62 (69) 5000 Dinars (S) n. H. 1331–1335, 1337, 1339–1344 (1913–1925). Typ wie Nr. 59 **30,– 60,–**

63 (79) 2000 Dinars = ⅕ Toman (G) n. H. 1332, 1333, 1335, 1337, 1339–1343 (1914–1925). Sultan Ahmed Schah, Porträt n. l., Jahreszahl. Rs. Name des Schahs im Kranz, Wertangabe »Do Hezari«. Ø 14 mm **40,– 70,–**

64 (80) 5000 Dinars = ½ Toman (G) n. H. 1331–1337, 1339–1343 (1913–1925). Typ wie Nr. 63, Wertangabe »Panj Hezari«. Ø 17 mm **60,– 100,–**

65 (81) 1 Toman (G) n. H. 1333–1335, 1337, 1339– 1343 (1915–1925). Typ wie Nr. 63, Wertangabe »Yek Tuman«. Ø 19 mm **120,– 220,–**

66 5 Toman (G) n. H. 1331, 1333 (1913, 1915). Staatswappen, Rs. Name des Schahs, Jahreszahl, ohne Wertangabe **–,– –,–**

67 10 Toman (G) n. H. 1331, 1333 (1913, 1915). Typ wie Nr. 66 **–,– –,–**

Nr. 68 fällt aus

SS VZ

69 10 Toman (G) n. H. 1331 (1913). Sultan Ahmed Schah, Porträt n. l. im Kranz, Jahreszahl. Rs. Inschrift und Jahreszahl im Kranz, ohne Wertangabe **–,– –,–**

10. Regierungsjubiläum (2)

70 (73) 1000 Dinars (S) n. H. 1337 (1919). Sultan Ahmed Schah, Porträt n. l. im Kranz, Gedenkinschrift. Rs. Staatswappen, Wertangabe **150,– 250,–**

71 (74) 2000 Dinars (S) n. H. 1337 (1919). Typ wie Nr. 70 **170,– 300,–**

72 (85) 2 Ashrafi (G) n. H. 1337 (1919). Sultan Ahmed Schah, Jahreszahl. Rs. Staatswappen, Wertangabe »Do Ashrafi« **–,– –,–**

73 (88) 5 Ashrafi (G) n. H. 1337 (1919) **–,– –,–**

Nr. 74 fällt aus.

75 (91) 10 Toman (G) n. H. 1337 (1919). Typ ähnlich wie Nr. 72 **–,– –,–**

Nrn. 76 und 77 fallen aus.

Am 21. März 1925 wurde die Hidschra-Zeitrechnung nach Sonnenjahren (hidschri schamsi) eingeführt.

Riza Schah Pahlewi 1925–1941
(n. S.-H. 1304–1320)

78 (95) 50 Dinars (K-N) n. S.-H. 1305, 1307 (1926, 1928). Typ wie Nr. 1 **12,– 40,–**

79 (96) 100 Dinars (K-N) n. S.-H. 1305, 1307 (1926, 1928). Typ wie Nr. 1 **10,– 40,–**

80 (100) ¼ Qiran = 250 Dinars (S) n. S.-H. 1304 (1925). Staatswappen, Jahreszahl. Rs. »Ra'ij mamlakat Iran« (Umlaufmünze des Königreichs Iran), darunter Wertangabe, im Kranz, am Unterrand »Tehran« **100,– 190,–**

81 (A101) 500 Dinars (S) n. S.-H. 1304 (1925). Typ wie Nr. 80 **360,–** *750,–*

82 (101) 1000 Dinars (S) n. S.-H. 1304, 1305 (1925, 1926). Typ wie Nr. 80 **10,– 20,–**

83 (102) 2000 Dinars (S) n. S.-H. 1304, 1305 (1925, 1926). Typ wie Nr. 80 **16,– 30,–**

84 (103) 5000 Dinars (S) n. S.-H. 1304, 1305 (1925, 1926). Staatswappen ohne Krone, Jahreszahl. Rs. »Ra'ij mamlakat Iran« und Wertangabe im Kranz, darüber Krone **50,– 80,–**

85 (119) 1 Toman (G) n. S.-H. 1305 (1926). Staatswappen, Jahreszahl. Rs. Inschrift zum Nauruz-Fest *600,– 800,–*

86 (105) 500 Dinars (S) n. S.-H. 1305 (1926). Staatswappen, Wertangabe, unten Jahreszahl. Rs. Name des Schahs im Kranz, am Unterrand »Tehran« *300,– 500,–*

		SS	VZ
87 (106) 1000	Dinars (S) n. S.-H. 1305, 1306 (1926, 1927). Typ wie Nr. 86	**10,—**	**20,—**
88 (107) 2000	Dinars (S) n. S.-H. 1305, 1306 (1926,1927). Typ wie Nr. 86	**12,—**	**25,—**
89 (108) 5000	Dinars (S) n. S.-H. 1305, 1306 (1926, 1927). Staatswappen ohne Krone, Wertangabe, unten Jahreszahl. Rs. Name des Schahs im Kranz, darüber Krone	**50,—**	**80,—**
90 (116) 1	Pahlewi (G) n. S.-H. 1305 (1926). Staatswappen, Wertangabe, unten Jahreszahl. Rs. Name des Schahs im Kranz, darüber Krone. 900er Gold, 1,918 g (5000 Ex.)	**300,—**	**500,—**
91 (117) 2	Pahlewi (G) n. S.-H. 1305 (1926). Typ wie Nr. 90. 900er Gold, 3,836 g (1134 Ex.)	**600,—**	**900,—**
92 (118) 5	Pahlewi (G) n. S.-H. 1305 (1926). Typ wie Nr. 90. 900er Gold, 9,59 g (271 Ex.)	**1350,—**	**1800,—**
93 (A109) 500	Dinars (S) n. S.-H. 1306—1308 (1927—1929). Riza Schah Pahlewi Schahinschah, Porträt u. r. im Kranz, oben bogig »Pahlewi Schahinschah Iran«, darunter »Jalus Azar 1304« (Thronbesteigung Dezember 1925), unten Jahreszahl. Rs. Staatswappen, Wertangabe	**30,—**	**50,—**
94 (109) 1000	Dinars (S) n. S.-H. 1306—1308 (1927—1929). Typ wie Nr. 93	**12,—**	**25,—**
95 (110) 2000	Dinars (S) n. S.-H. 1306—1308 (1927—1929). Typ wie Nr. 93	**10,—**	**20,—**
96 (111) 5000	Dinars (S) n. S.-H. 1306—1308 (1927—1929). Typ wie Nr. 93	**15,—**	**30,—**
97 (120) 1	Pahlewi (G) n. S.-H. 1306—1308 (1927—1929). Rs. Wertangabe »1 Yek Pahlewi« im Kranz, darüber Krone	**150,—**	**240,—**
98 (121) 2	Pahlewi (G) n. S.-H. 1306—1308 (1927—1929). Typ wie Nr. 97 (10 283 Ex.)	**200,—**	**350,—**
99 (122) 5	Pahlewi (G) n. S.-H. 1306—1308 (1927—1929). Typ wie Nr. 97 (1815 Ex.)	**1000,—**	**1400,—**

WÄHRUNGSREFORM 13. März 1932: 1 Rial = 0,07322382 g Feingold

NEUE WÄHRUNG: 100 Dinars = 20 Schahi = 1 Rial
(bis 1937: 100 Rials = 1 Pahlewi)

100 (93) 1	Dinar (Bro) n. S.-H. 1310 (1932). Staatswappen, Wertangabe »Yek Dinar«. Rs. Wertzahl und »Dinar« im Kranz, unten Jahreszahl	**40,–**	**70,–**
101 (94) 2	Dinars (Bro) n. S.–H. 1310 (1932). Typ wie Nr. 100	**25,–**	**60,–**
102 (97) 5	Dinars (K-N) n. S.-H. 1310 (1932). Rs. Wertzahl und »Dinar« in Kartusche mit Krone und Jahreszahl	**20,–**	**36,–**
103 (98) 10	Dinars (K-N) n. S.-H- 1310 (1932). Typ wie Nr. 102	**30,–**	**70,–**
104 (99) 25	Dinars (K-N) n. S.-H. 1310 (1932). Typ wie Nr. 102	**40,–**	**70,–**
105 (97 a) 5	Dinars (K) n. S.-H. 1314 (1935). Typ wie Nr. 102	**150,–**	**200,–**
106 (98 a) 10	Dinars (K) n. S.-H. 1314 (1935). Typ wie Nr. 102	**50,–**	**90,–**
		SS	VZ
107 (99 a) 25	Dinars (K) n. S.-H. 1314 (1935). Typ wie Nr. 102	**80,–**	**120,–**
108 (92) 10	Schahi (K) n. S.-H. 1314 (1935). Typ wie Nr. 102:		
	a) Riffelrand	**14,–**	**34,–**
	b) glatter Rand	**14,–**	**34,–**
109 (112) ½	Rial (S) n. S.-H. 1310–1315 (1932–1936). Rs. Wertangabe »Nim Rial« im Kranz, oben bogig »Riza Schah Pahlewi Schahinschah Iran«, darüber Krone, unten Jahreszahl. 828er Silber, 2,5 g	**4,–**	**6,–**
110 (113) 1	Rial (S) n. S.-H. 1310–1313 (1932–1934). Typ wie Nr. 109. 828er Silber, 5 g	**4,–**	**8,–**
111 (114) 2	Rials (S) n. S.-H. 1310–1313 (1932–1934). Typ wie Nr. 109. 828er Silber, 10 g	**6,–**	**16,–**

		SS	VZ
112 (115) 5	Rials (S) n. S.-H. 1310—1313 (1932—1934). Typ wie Nr. 109. 828er Silber, 25 g	**20,—**	**30,—**

113 (123) ½	Pahlewi = 50 Rials (G) n. S.-H. 1310—1315 (1932—1936). Porträt des Schahs n. l., oben »Riza Schah Pahlewi Schahinschah Iran«. Rs. Staatswappen, Wertangabe »Nim Pahlewi«, unten Jahreszahl. 900er Gold, 4,068 g	**300,—**	**550,—**
114 (124) 1	Pahlewi = 100 Rials (G) n. S.-H. 1310 (1932). Typ wie Nr. 113. 900er Gold, 8,136 g (304 Ex.)	*1000,—*	*1700,—*
115 (104) ¼	Rial (S) n. S.-H. 1315 (1936). Staatswappen, Wertangabe »Rob'i«, unten Jahreszahl. Rs. »Ra'ij mamlakat Iran« und »Rob'i« im Kranz. 828er Silber, 1,25 g	**5,—**	**8,—**

		VZ	ST

Nrn. 116—119 wurden auch unter Mohammed Riza Pahlewi geprägt.

116 (125) 5	Dinars (Al-Bro) n. S.-H. 1315—1321 (1936—1942). Staatswappen, Wertangabe »Panj Dinar«. Rs. Wertzahl im Kranz, unten Jahreszahl	**4,—**	**12,—**
117 (126) 10	Dinars (Al-Bro) n. S.-H. 1315—1321 (1936—1942). Typ wie Nr. 116	**6,—**	**16,—**
118 (127) 25	Dinars (Al-Bro) n. S.-H. 1326, 1327, 1329 (1947—1950). Typ wie Nr. 116	**30,—**	**60,—**
119 (128) 50	Dinars n. S.-H. 1315—1322, 1331, 1332 (1936—1953). Typ wie Nr. 116:		
	a) (Al-Bro) 1315—1322, 1331, 1332	**6,—**	**20,—**
	b) (K) 1320, 1322	**16,—**	**24,—**

Mohammed Riza Pahlewi 1941–1979

(n. S.-H. 1320–1357)

120 (129) 1	Rial (S) n. S.-H. 1322—1330 (1943—1951). Staatswappen, Wertangabe »Yek Rial«. Rs. Wertzahl und »Rial« im Kranz, oben bogig »Mohammed Riza Schah Pahlewi Schahinschah Iran«, darüber Krone, unten Jahreszahl. 600er Silber, 1,6 g	**4,—**	**10,—**
121 (130) 2	Rials (S) n. S.-H. 1322—1330 (1943—1951). Typ wie Nr. 120. 600er Silber, 3,2 g	**6,—**	**12,—**
122 (131) 5	Rials (S) n. S.-H. 1322—1329 (1943—1950). Typ wie Nr. 120. 600er Silber, 8 g	**6,—**	**20,—**
123 (132) 10	Rials (S) n. S.-H. 1323—1326 (1944—1947). Typ wie Nr. 120. 600er Silber, 16 g	**10,—**	**30,—**

124 (133) ½	Pahlewi (G) n. S.-H. 1320, 1322–1324 (1941–1945). Staatswappen, Wertangabe »Nim Pahlewi«, unten Jahreszahl. Rs. »Mohammed Riza Schah/Pahlewi/Schahinschah Iran«, Jahreszahl	**120,–**	**150,–**
125 (134) 1	Pahlewi (G) n. S.-H. 1320, 1322–1324 (1941–1945). Typ wie Nr. 124:		
	1320		*1000,–*
	1322–1324	**230,–**	**260,–**

VZ ST

126 (135) ½ Pahlewi (G) n. S.-H. 1324–1330 (1945–1951). Mohammed Riza Pahlewi (1919–1980), Porträt in hohem Relief n. l., oben »Mohammed Riza Schah Pahlewi Schahinschah Iran«, Jahreszahl. Rs. Staatswappen, Wertangabe »Nim Pahlewi«:
1324–1329 **140,– 200,–**
1330 (1 Ex. bekannt) **–,–**

127 (136) 1 Pahlewi (G) n. S.-H. 1324–1330 (1945–1951). Typ wie Nr. 126 **250,– 340,–**

128 (137) 50 Dinars n. S.-H. 1332–1357 (1953–1978). Typ wie Nr. 116:
a) (Al-Bro) 1332–1336, 1342–1354 **1,– 4,–**
b) (St, Me plattiert) 1357 *3,– 5,–*

129 (138) 1 Rial (K-N) n. S.-H. [13]31–[13]36 (1952–1957). Staatswappen, Wertangabe »Yek Rial«. Rs. Wertzahl und »Rial« im Kranz, oben »Mohammed Riza Schah Pahlewi Schahinschah Iran«, unten Jahreszahl **4,– 10,–**

130 (139) 2 Rials (K-N) n. S.-H. 1331–1336 (1952–1957). Typ wie Nr. 129 **4,– 14,–**

131 (140) 5 Rials (K-N) n. S.-H. 1331–1336 (1952–1957). Typ wie Nr. 129 **6,– 20,–**

132 (141) ¼ Pahlewi (G) n. S.-H. 1332–1353 (1953–1974). Typ wie Nr. 126, Porträt in flachem Relief. 900er Gold, 2,034 g:
a) Ø 14 mm, 1332–1336 **90,– 120,–**
b) Ø 16 mm, 1336–1340, 1342, 1344–1353 **70,– 90,–**

133 (142) ½ Pahlewi (G) n. S.-H. 1330, 1333–1340, 1342, 1344–1353 (1951–1974). Typ wie Nr. 132. 900er Gold, 4,068 g **120,– 150,–**

134 (143) 1 Pahlewi (G) n. S.-H. 1330–1340, 1342, 1344–1353 (1951–1974). Typ wie Nr. 132. 900er Gold, 8,136 g **230,– 260,–**

135 (144) 2½ Pahlewi (G) n. S.-H. 1339, 1340, 1342, 1348, 1350–1353 (1960–1974). Typ wie Nr. 132. 900er Gold, 20,34 g **600,– 750,–**

136 (145) 5 Pahlewi (G) n. S.-H. 1339, 1340, 1342, 1348, 1350–1353 (1960–1974). Typ wie Nr. 132. 900er Gold, 40,68 g **1200,– 1500,–**

VZ ST

137 (A140) 1 Rial (K-N) n. S.-H. 1337–1354 (1958–1975). Typ wie Nr. 120:
a) 2 g, 1337 **4,– 10,–**
b) 1,75 g, 1338–1354 **–,50 4,–**

138 (B140) 2 Rials (K-N) n. S.–H. 1338–1354 (1959–1975). Typ wie Nr. 120 **–,50 4,–**

139 (C140) 5 Rials (K-N) n. S.-H. 1337–1346 (1958–1967). Typ wie Nr. 120. Ø 26 mm:
a) 7 g, 1337, 1338 **15,– 40,–**
b) 5 g, 1338–1346 **2,– 8,–**

140 (D140) 10 Rials (K-N) n. S.-H. 1335–1344 (1956–1965). Typ wie Nr. 120:
a) 12 g, 1335–1341, 1343 **8,– 24,–**
b) 9 g, 1341–1344 **3,– 5,–**

141 (A140b) 1 Rial (K-N) n. S.-H. 1357 (1978). Typ wie Nr. 120, Inschrift »Mohammed Riza Schah Pahlewi Aryamehr Schahinschah Iran« **–,50 4,–**

142 (B140a) 2 Rials (K-N) n. S.-H. 1357 (1978). Typ wie Nr. 141 **–,50 4,–**

143 (C140b) 5 Rials (K-N) n. S.-H. 1347–1354, 1357 (1968–1978). Typ wie Nr. 141. Ø 24,5 mm, 4,6 g **1,– 5,–**

a

b

144 (149) 10 Rials (K-N) n. S.-H. 1345–1357 (1966–1978). Mohammed Riza Pahlewi, Porträt n. l., oben

			VZ	ST
		»Mohammed Riza Schah Pahlewi Aryamehr Schahinschah Iran«, Jahreszahl. Rs. Staatswappen, Wertangabe:		
		a) »Dah Rial«, 1345–1352	2,–	6,–
		b) »10 Rial«, 1352–1354, 1357	2,–	6,–

a

b

			VZ	ST
145 (151)	20	Rials (K-N) n. S.-H. 1350–1357 (1971–1978). Typ wie Nr. 144:		
		a) »Bist Rial«, 1350–1352	2,50	8,–
		b) »20 Rial«, 1352–1354, 1357	2,–	6,–
146 (141b)	¼	Pahlewi (G) n. S.-H. 1354, 1355, 1358 (1975–1979). Typ wie Nr. 144	60,–	80,–
147 (142a)	½	Pahlewi (G) n. S.-H. 1354, 1355, 1358 (1975–1979). Typ wie Nr. 144	120,–	150,–

			VZ	ST
148 (143a)	1	Pahlewi (G) n. S.-H. 1354, 1355, 1358 (1975–1979). Typ wie Nr. 144	230,–	280,–
149 (144a)	2½	Pahlewi (G) n. S.-H. 1354, 1355, 1358 (1975–1979). Typ wie Nr. 144	550,–	600,–
150 (145a)	5	Pahlewi (G) n. S.-H. 1354, 1355, 1358 (1975–1979). Typ wie Nr. 144	1200,–	1500,–
151 (161)	10	Pahlewi (G) n. S.-H. 1358 (1979). Typ wie Nr. 144	*3400,–*	*4500,–*

Für den FAO-Münz-Plan

			VZ	ST
152 (150)	10	Rials (K-N) n. S.-H. 1348/1969. Porträt des Schahs n. l., oben »Mohammed Riza Schah Pahlewi Aryamehr Schahinschah Iran«. Rs. Staatswappen, Wertangabe »Dah Rial«, Inschrift F.A.O. und Jahreszahlen zwischen Reisähren, oben zoroastrischer Spruch aus der Awesta »Säe Weizen, ernte Wahrheit«	3,–	5,–

2500 Jahre Kaiserreich Persien (9)

			PP
153	25	Rials (S) n. S.-H. 1350/1971. Staatswappen, Name und Titel des Schahs, Wertangabe und Jahreszahl im Kreis von 25 stilisierten Pahlewi-Kronen als Sinnbild für 25 Jahrhunderte Monarchie. Rs. Stierkapitell mit voneinander gekehrten Stierköpfen über Doppelvoluten, vom Artaxerxes-Palast, Susa; jetzt Paris, Musée du Louvre, achaimenidisch. 999er Silber, 7,5 g	30,–
154	50	Rials (S) n. S.-H. 1350/1971. Rs. Schreitender Flügelgreif mit Widdergehörn, glasiertes Ziegelrelief, Susa; jetzt Paris, Musée du Louvre, achaimenidisch. 999er Silber, 15 g	50,–
155	75	Rials (S) n. S.-H. 1350/1971. Rs. Rollsiegelzylinder des Kyros II. (der Große, Gründer des Persischen Großreiches) mit Geschichtsbericht und Proklamation der Völkerrechte in Keilschrift, 6. Jh. v. Chr.; das Original befindet sich in London, Britisch Museum, achaimenidisch, Zierkranz stilisierter Pahlewi-Kronen und kaiserliches Emblem. 999er Silber, 22,5 g	75,–
156	100	Rials (S) n. S.-H. 1350/1971. Rs. Der Tatschara (Wohnpalast) des Dareios I. und Säulen der Apadana (Empfangshalle) in Persepolis, achaimenidisch. 999er Silber, 30 g	90,–

		PP
157	200 Rials (S) n. S.-H. 1350/1971. Rs. Kaiserpaar. 999er Silber, 60 g	**150,–**
158	500 Rials (G) n. S.-H. 1350/1971. Typ wie Nr. 154. 900er Gold, 6,51 g	*300,–*
159	750 Rials (G) n. S.-H. 1350/1971. Typ wie Nr. 155. 900er Gold, 9,77 g	*350,–*

160	1000 Rials (G) n. S.-H. 1350/1971. Typ wie Nr. 156. 900er Gold, 13,03 g	*500,–*
161	2000 Rials (G) n. S.-H. 1350/1971. Typ wie Nr. 157. 900er Gold, 26,06 g (9805 Ex.)	*1000,–*

Für den FAO-Münz-Plan

		VZ	ST
162 (152)	1 Rial (K-N) n. S.-H. 1350–1354 (1971–1975). Typ ähnlich wie Nr. 152, ohne Inschrift F.A.O.	**–,50**	**1,–**

7. Asiatische Sportspiele in Teheran 1974

		VZ	ST
163 (153)	20 Rials (K-N) n. S.-H. 1353 (1974). Rs. Emblem der Sportspiele, Motto EVER ONWARD, Gedenkinschrift, oben Wertangabe	**3,–**	**6,–**

Zum gleichen Anlaß existieren siebzehn verschiedene Medaillen in 900er Gold, 33 g.

Am 21. März 1976 wurde die von der Gründung des persischen Reiches ausgehende Monarchie-Zeitrechnung eingeführt. Der Jahresbeginn fiel auf den 1. Januar.

50 Jahre Pahlewi-Herrschaft (6)

164 (154)	1 Rial (K-N) 2535 (1976). Staatswappen, Wertangabe »Yek Rial«. Rs. Wertzahl und »Rial« im Kranz, oben bogig Gedenkinschrift, darüber Krone, unten Jahreszahl	**3,–**	**5,–**
165 (155)	2 Rials (K-N) 2535 (1976). Typ wie Nr. 164	**1,–**	**5,–**
166 (156)	5 Rials (K-N) 2535 (1976). Typ wie Nr. 164	**1,50**	**6,–**
167 (157)	10 Rials (K-N) 2535 (1976). Mohammed Riza Pahlewi, Porträt n. l., Gedenkinschrift, Jahreszahl. Rs. Staatswappen, Wertangabe »10 Rial«	**1,50**	**6,–**
168 (158)	20 Rials (K-N) 2535 (1976). Typ wie Nr. 167	**3,50**	**7,–**
169 (159)	10 Pahlewi (G) 2535 (1976). Riza Schah Pahlewi und Mohammed Riza Pahlewi, Porträts n. l., unten Wertangabe »Dah Pahlewi«. Rs. Pahlewi-Krone und Gedenkinschrift, von fünfzig Kugeln umgeben. 900er Gold, 81,3598 g	*2400,–*	*3000,–*

Für den FAO-Münz-Plan

170 (160)	20 Rials (K-N) 2535/1976, 2536/1977. Typ wie Nr. 152	**2,–**	**4,–**

100. Geburtstag von Riza Schah Pahlewi

171 (A 159)	10 Pahlewi (G) 2536 (1977). Riza Schah Pahlewi und Mohammed Riza Pahlewi, Porträts n. l., unten Wertangabe. Rs. Krone über Gedenkinschrift im Kranz	*2400,–*	*3000,–*

		VZ	ST
172 (137a)	50 Dinars (St, Me plattiert) 2535–2537 (1976–1978). Typ wie Nr. 116	**1,–**	**4,–**
173 (A 140a)	1 Rial (K-N) 2536 (1977). Typ wie Nr. 120	**–,50**	**4,–**
174 (B 140)	2 Rials (K-N) 2536 (1977). Typ wie Nr. 120	**–,50**	**4,–**
175 (A 140b)	1 Rial (K-N) 2536, 2537 (1977, 1978). Typ wie Nr. 141	**–,50**	**4,–**
176 (B 140a)	2 Rials (K-N) 2536, 2537 (1977, 1978). Typ wie Nr. 141	**–,50**	**4,–**
177 (C 140b)	5 Rials (K-N) 2536, 2537 (1977, 1978). Typ wie Nr. 143	**1,–**	**5,–**

		VZ	ST
178 (149a)	10 Rials (K-N) 2536, 2537 (1977, 1978). Typ wie Nr. 144b	2,–	6,–
179 (151a)	20 Rials (K-N) 2536, 2537 (1977, 1978). Typ wie Nr. 144b	2,–	6,–
180 (141b)	1/4 Pahlewi (G) 2536, 2537 (1977, 1978). Typ wie Nr. 144	60,–	80,–
181 (142a)	1/2 Pahlewi (G) 2536, 2537 (1977, 1978). Typ wie Nr. 144	120,–	150,–
182 (143a)	1 Pahlewi (G) 2536, 2537 (1977, 1978). Typ wie Nr. 144	230,–	280,–
183 (144a)	2 1/2 Pahlewi (G) 2536, 2537 (1977, 1978). Typ wie Nr. 144	550,–	600,–
184 (145a)	5 Pahlewi (G) 2536, 2537 (1977, 1978). Typ wie Nr. 144	1200–	1500,–
185 (161)	10 Pahlewi (G) 2537 (1978). Typ wie Nr. 144	2600,–	3200,–

Die Monarchie-Zeitrechnung blieb eine Episode. Noch unter Mohammed Riza Pahlewi wurden 1978 und 1979 wieder Münzen mit Sonnen-Hidschra-Zählung geprägt (Nrn. 128, 141–151, 186, 187).

50 Jahre Bank Melli Iran

186 (162) 20 Rials (K-N) n.S.-H. 1357 (1978). Porträt von Mohammed Riza Pahlewi, Gedenkschrift. Rs. Porträt von Riza Schah Pahlewi, Gedenkinschrift, Wertangabe **12,–** *20,–*

Für den FAO-Münz-Plan

187 (163) 20 Rials (K-N) n.S.-H. 1357/1978. Typ wie Nr. 152, jedoch neuer Sinnspruch **12,–** *20,–*

Nrn. 188–199 fallen aus.

Islamische Republik Iran seit 1979
(n. S.-H. 1357)

Jomhouri Islami Iran

200 (176) 50 Dinars (St, Me plattiert) n. S.-H. 1358 (1979). Löwe ohne Krone im Kranz, Wertangabe »Panjah Dinar«. Rs. Wertzahl im Kranz, unten Jahreszahl **20,–** **35,–**

201 (164) 1 Rial (K-N) n. S.-H. 1358–1362, 1364 (1979–1985). Landesname und Wertangabe im Kranz aus Tulpenblüten. Rs. Wertangabe und Jahreszahl im Olivenkranz **–,70** **1,–**

202 (165) 2 Rials (K-N) n. S.-H. 1358–1362, 1364, 1365 (1979–1986). Typ wie Nr. 201 **–,80** **1,50**

203 (166) 5 Rials (K-N) n. S.-H. 1358–1364, 1365–1367 (1979–1988). Typ wie Nr. 201:
- a) weite Jahreszahl, 1358, 1360–1363, 1365–1367 **1,60** **2,50**
- b) enge Jahreszahl, 1364 **1,60** **2,50**

204 (167) 10 Rials (K-N) n. S.-H. 1358–1362, 1364–1367 (1979–1986). Typ wie Nr. 201:
- a) weite Jahreszahl, lichter Kranz, 1358, 1360, 1361 **2,–** **3,–**
- b) weite Jahreszahl, buschiger Kranz, 1361, 1362, 1367 **2,–** **3,–**
- c) enge Jahreszahl, lichter Kranz, 1364–1366 **2,–** **3,–**

205 (168) 20 Rials (K-N) n. S.-H. 1358–1362, 1365–1367 (1979–1988). Typ wie Nr. 201:
- a) weite Jahreszahl, 1359–1361 **3,–** **5,–**
- b) enge Jahreszahl, 1365–1367 **3,–** **5,–**

206 (172) 50 Rials (Al-N-Bro) n. S.-H. 1359–1367 (1981–1988). Wertangabe, Zahnradsegment, Weizenähren, Ölbohrtürme, darüber Landesname. Rs. Landkarte des Iran mit Beschriftungen »Persischer Golf« und »Kaspisches Meer«, Umschrift »Unabhängigkeit, Freiheit, Islamische Republik«:
- a) geographische Inschriften erhaben, Randschrift zweimal »Bank Markazi Iran«, 1359 (1981) *12,–* *20,–*; 1360, 1361 (1981, 1982) (Abb.) *4,–* *8,–*
- b) geographische Inschriften erhaben, Randschrift »Bank Markazi Jomhouri Islami Iran«, 1361, 1362, 1364, 1365 (1982–1986) *4,–* *8,–*
- c) geographische Inschriften vertieft, Randschrift »Bank Markazi Jomhouri Islami Iran«, 1366, 1367 (1987, 1988) *4,–* *8,–*

1. Jahr der Islamischen Revolution (5)

207 (C163) 1/4 Bahar Azadi (G) n. S.-H. 1358 (1979). Siegel des 4. Kalifen Imam 'Ali Ibn-e-Abi Taleb (um 600–661), unten »Bank Markazi Iran«. Rs. Heiliger Schrein von Imam Riza, oben »Auwal Bahar Azadi« (erster Frühling der Freiheit), unten Jahreszahl. 900er Gold, 2,034 g *120,–*

208 (A163) 1/2 Bahar Azadi (G) n. S.-H. 1358 (1979). Typ wie Nr. 207. 900er Gold, 4,068 g *200,–*

209 (B163.1) 1 Bahar Azadi (G) n. S.-H. 1358 (1979). Typ wie Nr. 207. 900er Gold, 8,136 g *300,–*

210 (D163) 2 1/2 Bahar Azadi (G) n. S.-H. 1358 (1979). Typ wie Nr. 207. 900er Gold, 20,34 g *700,–*

211 (E163) 5 Bahar Azadi (G) n. S.-H. 1358 (1979). Typ wie Nr. 207. 900er Gold, 40,68 g (100 Ex.) *1200,–*

1. Jahrestag der Islamischen Revolution

212 (169) 10 Rials (K-N) n. S.-H. 1358 (1980). Tulpen innerhalb persischer Umschrift mit Datumsangabe 22. Bahman 1358 (11. Februar 1980) und Jahreszahl. Rs. Wertangabe im Kranz **1,50** **2,50**

Auf die Vollendung des 14. Jahrhunderts der Hidschra-Zeitrechnung

			VZ	ST
213 (170)	20	Rials (K-N) n. S.–H. 1358/n. H. 1400 (1980). Schriftband mit »Unabhängigkeit, Freiheit, Islamische Republik« über Erdkugel, darüber aufgehende Sonne, persische Umschrift mit Jahreszahl, unten Wertangabe »Bist Rial«. Rs. Wertangabe und Landesname im Kranz	3,–	5,–

Internationaler Jerusalem-Tag 1. 9. 1980

214 (171) 1 Rial (St, Me plattiert) n. S.–H. 1359 (1980). Felsendom in Jerusalem (Kubbat as-Sakhra), erbaut unter Khalif Abd el-Malik (reg. 685–705), 691 vollendet. Rs. Wert zwischen Tulpen, darüber Landesname –,80 1,50

Nr. 214 wurde auf den Schrötlingen für Nr. 200 geprägt

2. Jahrestag der Islamischen Revolution

215 (174) 20 Rials (K-N) n. S.-H. 1359 (1981). Landesname in Farsi-Kalligraphie vom Staatssiegel. Rs. Wertangabe, zwei Tulpen, Halbschriftkreis, Datumsangabe 22. Bahman 1359 (11. Februar 1981) 10,– 14,–

3. Jahrestag der Islamischen Revolution

			VZ	ST
216 (173)	20	Rials (K-N) n. S.-H. 1360 (1982). Inschrift »3. Jahrestag des Sieges des Blutes über das Schwert« im Kranz von 22 stilisierten Tulpen. Rs. Drei Tulpenblüten, persische Umschrift, Wertangabe	3,–	5,–

Internationaler Jerusalem-Tag 1. 9. 1982

217 (175.1) 10 Rials (K-N) n. S.-H. 1361/n. H. 1402/1982. Felsendom in Jerusalem, Motto auf arabisch. Rs. Ka'aba in Mekka, Landesname, Motto, Jahreszahl 3,– 4,50

Nr. 218 fällt aus.

6.–11. Jahr der Islamischen Revolution (2)

219 ½ Bahar Azadi (G) n. S.-H. 1366, 1368 (1987, 1989). Typ wie Nr. 207, jedoch Inschrift nur »Bahar Azadi« (Frühling der Freiheit). 900er Gold, 4,068 g *200,–*

220 (B163.2) 1 Bahar Azadi (G) n. S.-H. 1363–1368 (1984–1989). Typ wie Nr. 219. 900er Gold, 8,136 g:
a) enge Jahreszahl und Inschrift, 1363 *300,–*
b) weite Jahreszahl und Inschrift, 1364–1368 *300,–*

Nrn. 221 und 222 fallen aus.

Islamische Bankwoche

223 (177) 20 Rials (K-N) n. S.-H. 1367 (1988). Landesname und Wertangabe im Kranz aus Tulpenblüten. Rs. Hochhäuser, Ähren, Zahnradsegment 3,– 5,–

10. Jahrestag der Islamischen Revolution

		VZ	ST
224 (179)	50 Rials (K-N) n. S.-H. 1367 (1989). Vs. wie Nr. 206. Rs. Stilisierte zehnblättrige Tulpenblüte, Gedenkinschrift	6,–	10,–
225	10 Rials (K-N)	–,–	–,–
226	20 Rials (K-N)	–,–	–,–
227 (172a)	50 Rials (K-N) n. S.-H. 1368, 1369 (1989, 1990). Typ wie Nr. 206c	6,–	10,–

Nr. 228 fällt aus.

Internationaler Jerusalem-Tag 1989

		VZ	ST
229 (175.2)	10 Rials (K-N) n. S.-H. 1368/n. H. 1409/1989. Typ wie Nr. 217. Ø 21,2 mm	2,–	4,–

8 Jahre Heilige Verteidigung
22. September 1980 – 20. August 1988

		VZ	ST
230 (178)	20 Rials (K-N) n. S.-H. 1368 (1989). Wertangabe, Landesname. Rs. Stilisierte Faust und Tulpe, auf Schriftband »Labeik ya Khomeini« (Verehrung für Khomeini), oben Gedenkinschrift	3,–	5,–

Frühere Ausgaben siehe Weltmünzkatalog 19. Jahrhundert

Ireland | # Irland | **Irlande**

Éire

Fläche: 84 421 km²; 4 254 000 Einwohner (1989).
Die seit dem Altertum bekannte »Insel der Heiligen« war von der römischen Eroberung verschont geblieben und beteiligte sich maßgeblich an der Christianisierung Westeuropas. Gegenstand der Begehrlichkeit der britischen Herrscher, die es von 1171 an eroberten, widerstand Irland während der Jahrhunderte seinem mächtigen Nachbarn, der es weder gänzlich seinen Gesetzen unterwerfen noch seinen unzähmbaren Unabhängigkeitsgeist besiegen konnte. Eine Unterdrückungsgesetzgebung hielt die Iren in einem Zustand der Unterwerfung, der mit den französischen Landungsversuchen schlecht abgestimmte Aufstand von 1796 wurde erstickt. Das Unionsedikt vom Mai 1800 verkündete zwar die Gleichheit der zivilen und politischen Rechte, aber es dauerte bis zum Gesetz über die Emanzipation der Katholiken von 1829, um einen ersten Schritt in Richtung auf die Emanzipation Irlands zu verwirklichen. Das Gesetz von 1871, mit dem die beherrschende Stellung der Staatskirche beseitigt wurde, befreite die Iren von der Zahlung des vom anglikanischen Klerus eingezogenen Zehnten. Aufgrund des anglo-irischen Vertrages wurde Südirland am 16. Januar 1922 Freistaat mit Dominionstatus (Saorstát Éireann). Mit Inkrafttreten der Verfassung vom 29. Dezember 1937 wurde der unabhängige Staat Éire geschaffen. Hauptstadt: Dublin.

4 Feorling (Farthing) = 1 Pingin (Penny), 6 Pingin = 1 Reul, 12 Pingin = 1 Scilling (Shilling), 2 Scilling = 1 Flóirín (Florin),
5 Scilling = 1 Coróin (Crown), 20 Scilling = 1 Punt (£);
Seit 15. Februar 1971: 100 (New) Pence = 1 Irisches Pfund

Auch die Geldzeichen von Großbritannien sind gesetzliches Zahlungsmittel.

Irischer Freistaat
Saorstát Éireann

	SS	VZ
1 (1) ¼ Penny = 1 Feorling (Bro) 1928–1937. Brian-Born-Harfe im Trinity-College (Staatsemblem), Landesname »Saorstát Éireann«. Rs. Waldschnepfe (Scolopax rusticola – Scolopacidae):		
1928, 1930–1933, 1935, 1937	**4,–**	**8,–**
1936	**10,–**	**22,–**
2 (2) ½ Penny = ½ Pingin (Bro) 1928–1937. Rs. Hausschwein (Sus scrofa domestice – Suidae), Sau mit Ferkeln:		
1928, 1937	**4,–**	**8,–**
1933, 1935	**18,–**	**75,–**

3 (3) 1 Penny = 1 Pingin (Bro) 1928–1937. Rs. Haushühner (Gallus gallus domesticus – Phasianidae), Henne mit fünf Küken:		
1928, 1931, 1935, 1937	**3,–**	**10,–**
1933	**8,–**	**26,–**
4 (4) 3 Pence = ½ Reul (N) 1928–1935. Rs. Eurasischer Schneehase (Lepus timidus – Leporidae):		
1928, 1933, 1934	**3,–**	**7,–**
1935	**20,–**	**160,–**

	SS	VZ
5 (5) 6 Pence = 1 Reul (N) 1928–1935. Rs. Irischer Wolfshund (Canis familiaris leineri – Canidae):		
1928	**4,–**	**8,–**
1934	**8,–**	**18,–**
1935	**10,–**	**30,–**
6 (6) 1 Shilling = 1 Scilling (S) 1928–1937. Rs. Stier. 750er Silber, 5,6552 g:		
1928	**10,–**	**20,–**
1930, 1931, 1933, 1935	**25,–**	**65,–**
1937	**80,–**	**250,–**
7 (7) 2 Shillings = 1 Flóirín (S) 1928–1937. Rs. Atlantischer Lachs (Salmo salar – Salmonidae). 750er Silber, 11,3104 g		
1928, 1935	**20,–**	**35,–**
1930, 1933	**35,–**	**60,–**
1931, 1934, 1937	**90,–**	**175,–**
8 (8) 2 Shillings + 6 Pence = ½ Coróin (S) 1928–1937. Rs. Irisches Jagdpferd (Hunter). 750er Silber, 14,138 g:		
1928, 1934	**20,–**	**50,–**
1930, 1931, 1933	**45,–**	**100,–**
1937	**160,–**	**400,–**

Nrn. 1–8 von 1928, polierte Platte 280,–

Unabhängiger Staat

Éire

9 (9) ¼ Penny = 1 Feorling (Bro) 1939–1966. Harfe, Landesname »Éire«. Rs. Waldschnepfe, wie Nr. 1:		
1939–1941, 1943, 1944, 1946, 1949, 1953	**3,–**	**15,–**
1959–1966	**1,50**	**5,–**

		SS	VZ
10 (10)	½ Penny = ½ Pingin (Bro) 1939–1967. Rs. Sau mit Ferkeln, wie Nr. 2:		
	1939	30,–	90,–
	1940–1943, 1946, 1949	5,–	17,–
	1953, 1964–1967	1,–	3,–
11 (11)	1 Penny = 1 Pingin (Bro) 1938–1968. Rs. Henne mit fünf Küken, wie Nr. 3:		
	I. 1938 (1 Ex.)		*20 000,–*
	1940	15,–	60,–
	1941–1943, 1946, 1948, 1949, 1962	5,–	15,–
	1950, 1952, 1963, 1964	1,–	4,–
	1965–1968	–,50	1,–
	II. vom zweiten Küken nur Kopf ausgeprägt, 1968	4,–	7,–
12 (12)	3 Pence = ½ Reul (N) 1939, 1940. Eurasischer Schneehase, wie Nr. 4:		
	1939	25,–	100,–
	1940	4,–	10,–
13 (13)	6 Pence = 1 Reul (N) 1939, 1940. Irischer Wolfshund, wie Nr. 5	5,–	10,–
14 (14)	1 Shilling = 1 Scilling (S) 1939–1942. Rs. Stier, wie Nr. 6. 750er Silber, 5,6552 g:		
	1939, 1940	15,–	32,–
	1941, 1942	18,–	50,–

15 (15)	2 Shillings = 1 Flóirín (S) 1939—1943. Rs. Atlantischer Lachs, wie Nr. 7. 750er Silber, 11,3104 g:		
	1939, 1940	15,—	30,—
	1941, 1942	20,—	55,—
	1943 (ca. 30 Ex.)	*6000,—*	*8000,—*
16 (16)	2 Shillings + 6 Pence = ½ Coróin (S) 1939—1943. Rs. Irisches Jagdpferd, wie Nr. 8. 750er Silber, 14,138 g:		
	1939—1942	16,—	32,—
	1943	*300,—*	*750,—*

Nrn. 9, 10, 12—16 von 1939, polierte Platte (ca. 10 Ex.) 10 000,—

17 (12a)	3 Pence = ½ Reul (K-N) 1942—1968. Typ wie Nr. 12:		
	1942, 1943, 1946, 1949, 1950, 1953, 1956, 1961—1963	3,—	10,—
	1948	10,—	30,—
	1964—1968	—,60	1,—
18 (13a)	6 Pence = 1 Reul (K-N) 1942—1969. Typ wie Nr. 13:		
	1942, 1950, 1952, 1953, 1955, 1956, 1958, 1959	4,—	12,—
	1945—1949	10,—	30,—
	1960—1964, 1966—1969	—,60	2,—
19 (14a)	1 Shilling = 1 Scilling (K-N) 1951—1968. Typ wie Nr. 14:		
	1951, 1954, 1955	8,50	25,—
	1959, 1962—1964	4,—	15,—
	1966, 1968	1,20	2,—

		SS	VZ
20 (15a)	2 Shillings = 1 Flóirín (K-N) 1951—1968. Typ wie Nr. 15:		
	1951, 1954, 1955	7,—	25,—
	1959, 1961—1964	3,—	10,—
	1965, 1966, 1968	2,—	4,—
21 (16a)	2 Shillings + 6 Pence = ½ Coróin (K-N) 1951—1967. Typ wie Nr. 16:		
	1951, 1954, 1955	8,—	20,—
	1959, 1961	4,50	12,—
	1962—1964, 1966, 1967	3,—	6,—

Nrn. 19—21 von 1951, polierte Platte 3200,—

50. Jahrestag des Osteraufstandes von 1916

22 (17) 10 Shillings = 10 Scilling (S) 1966. Pádraig (Patrik) Henry Pearse (1879–1916), Schriftsteller, Erzieher und Freiheitskämpfer; 1916 hingerichtet. Rs. Der sterbende Held Cúchulainn, irische Sagengestalt des Táin Bó Cúailnge, mit einem Kolkraben (Corvus corax – Corvidae) auf der Schulter, Statue von Oliver Sheppart. Randschrift: Éirí amac na casca 1916. 833⅓er Silber, 18,14 g **20,– 30,–**

DEZIMALSYSTEM: 100 (New) Pence = 1 £

		VZ	ST
23 (18)	½ Penny (Bro) 1971, 1975, 1976, 1978, 1980, 1982, 1983, 1985, 1986. Harfe, Landesname »Éire«. Rs. Vogeldarstellung aus einer alten irischen Handschrift	–,15	–,30
24 (19)	1 Penny (Bro) 1971, 1974–1976, 1978–1980, 1982, 1983, 1985, 1986, 1988, 1990. Rs. Vogeldarstellung aus einer alten irischen Handschrift	–,25	–,40

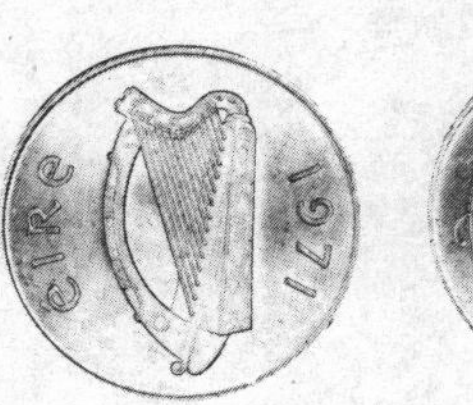

25 (20)	2 Pence (Bro) 1971, 1975, 1976, 1978–1980, 1982, 1983, 1985, 1986, 1988, 1990. Rs. Vogeldarstellung aus einer alten irischen Handschrift	–,40	–,60

			VZ	ST
26 (21)	5	Pence (K-N) 1969–1971, 1974–1976, 1978, 1980, 1982, 1983, 1985, 1986, 1990, 1991. Rs. Stier, wie Nr. 6	**–,60**	**1,–**
27 (22)	10	Pence (K-N) 1969, 1971, 1973–1976, 1978, 1980, 1982, 1983, 1985, 1986, 1991. Rs. Atlantischer Lachs, wie Nr. 7	**–,90**	**1,50**
28	20	Pence (N-Me) 1986, 1988, 1990. Rs. Irisches Jagdpferd, wie Nr. 8	**2,–**	**3,–**

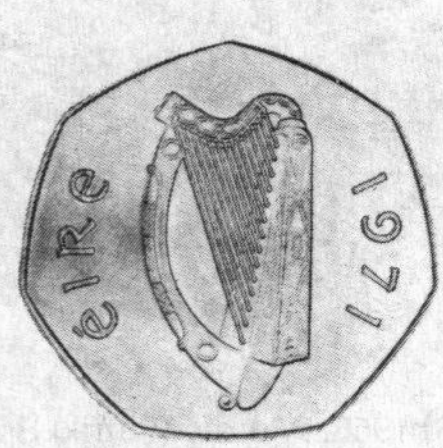

29 (23)	50	Pence (K-N) 1970, 1971, 1974–1979, 1981–1983, 1986, 1988, 1992. Rs. Waldschnepfe, wie Nr. 1 (siebeneckig)	**3,80**	**4,50**

			ST	PP
30	1	£ (K-N) 1990. Rs. Irischer Hirsch	**6,–**	*30,–*

Nrn. 23–27, 29 von 1971, polierte Platte 15,–

1000. Jahrestag der Eroberung Dublins durch den irischen König Máel Seachnaill

			ST	PP
31	50	Pence (K-N) 1988. Rs. Stadtwappen	**3,50**	**25,–**

EG-Präsidentschaft Irlands (Januar–Juni 1990)
43. Tagung des Europäischen Rates
(EG-Staats- und Regierungschefs)
in Dublin 25.–26. 6. 1990 (3)

32 5 ECU (S) 1990. Harfe und Wertangabe im Kreis von zwölf Sternen. Rs. Irischer Hirsch. 925er Silber, 10 g **85,–**

33 10 ECU (S) 1990. Typ wie Nr. 32. 925er Silber, 28 g **65,–**

34 50 ECU (G) 1990. Typ wie Nr. 32. 916⅔er Gold, 15 g **720,–**

Nrn. 32–34 wurden von der Zentralbank als Münzen ausgegeben, sind aber keine gesetzlichen Zahlungsmittel.

Frühere Ausgaben siehe Weltmünzkatalog 19. Jahrhundert

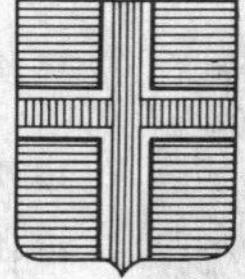

Iceland Island Islande

Fläche: 103 000 km², 244 000 Einwohner (1986).
Die Insel im nördlichen Atlantischen Ozean wurde seit 874 von meist norwegischen Wikingern besiedelt. Island war Ausgangspunkt für Entdeckungsfahrten nach Grönland und Vinland (Nordamerika). Seit 1262 unterstand Island den norwegischen Königen. Mit Norwegen kam Island 1380 an Dänemark. Am 1. Dezember 1918 wurde Island unabhängiges Königreich, blieb jedoch mit Dänemark in Personalunion verbunden. Auf Grund einer Volksabstimmung wurde 1944 die Republik ausgerufen. Hauptstadt: Reykjavik.

100 Aurar (Singular: Eyrir) = 1 Isländische Krone (Króna)

Christian X. 1912–1944

		SS	VZ
1 (1)	1 Eyrir (Bro) 1926–1942. Monogramm CX mit Krone. Rs. Wert:		
	1926, 1931, 1937–1939	5,–	10,–
	1940, 1942	3,–	4,–
2 (2)	2 Aurar (Bro) 1926–1942. Typ wie Nr. 1:		
	1926, 1931, 1940, 1942	2,–	4,–
	1938, 1940	30,–	50,–

		SS	VZ
3 (3)	5 Aurar (Bro) 1926–1942. Typ wie Nr. 1:		
	1926, 1931	10,–	20,–
	1940, 1942	3,–	5,–
4 (4)	10 Aurar (K-N) 1922–1940. Gekröntes Wappen, Monogramm, geteilte Jahreszahl. Rs. Wertangabe:		
	1922, 1923, 1936, 1939	12,–	25,–
	1925, 1929, 1933	40,–	70,–
	1940	5,–	10,–
5 (5)	25 Aurar (K-N) 1922–1940. Typ wie Nr. 4:		
	1922, 1923, 1925, 1937	7,–	20,–
	1933	35,–	75,–
	1940	5,–	9,–
6 (6)	1 Króna (Al-Bro) 1925, 1929, 1940. Typ ähnlich wie Nr. 4	5,–	8,–

		SS	VZ
7 (7)	2 Krónur (Al-Bro) 1925–1940. Typ wie Nr. 6:		
	1925, 1940	6,–	10,–
	1929	25,–	40,–

Nrn. 1–5 von 1940, polierte Platte *2000,–*

1000. Jahrestag des Bestehens des Althings (3)

		ST
8 (8)	2 Krónur (Bro) 1930. Isländisches Kreuz, in den Winkeln: Seeadler, Drache, Stier und Riese, die sogen. Landwächter, die nach der Sage Island vor einem Eroberungszug des dänischen Königs Harald Blatand (Blauzahn) geschützt haben sollen (siehe auch Nr. 29). Rs. Sitzende Gestalt. Wertangabe in der Randschrift [Muldenhütten]:	
	a) Wertangabe in der Randschrift	180,–
	b) ohne Randschrift	–,–

ST

9 (9) 5 Krónur (S) 1930. Ineinander verschlungene Drachen. Rs. Ulfjot, der Gesetzgeber. Wertangabe in der Randschrift. 500er Silber, 22 g [Muldenhütten] **400,–**

10 (10) 10 Krónur (S) 1930. Staatswappen. Rs. Der König von Thule. Wertangabe in der Randschrift. 900er Silber, 35 g [Muldenhütten] **600,–**

Nrn. 8–10, polierte Platte, mattiert –,–

		SS	VZ
11 (4a)	10 Aurar (Zink) 1942. Typ wie Nr. 4	**8,–**	**20,–**
12 (5a)	25 Aurar (Zink) 1942. Typ wie Nr. 5	**10,–**	**22,–**

Republik Island seit 1944

Lýdveldid Island

VZ ST

13 (11) 1 Eyrir (Bro) 1946, 1953, 1956–1959, 1966. Wappenschild zwischen unten gebundenen Lorbeerzweigen, Jahreszahl. Rs. Wertangabe **–,20** **–,60**

14 (12) 5 Aurar (Bro) 1946, 1958–1961, 1963, 1965, 1966. Typ wie Nr. 13 **–,30** **–,60**

SS VZ

15 (13) 10 Aurar (K-N) 1946, 1953, 1957–1963, 1965–1967, 1969. Typ wie Nr. 13 (Jahrgang 1969 auch mit feiner Gurtriffelung) **–,30** **–,60**

16 (14) 25 Aurar (K-N) 1946, 1951, 1954, 1957–1963, 1965–1967. Typ wie Nr. 13 **–,50** **1,–**

17 (15) 1 Króna (Al-Bro) 1946. Staatswappen, Jahreszahl. Rs. Wertangabe **2,–** **5,–**

18 (16) 2 Krónur (Al-Bro) 1946. Typ wie Nr. 17 **8,–** **12,–**

19 (15a) 1 Króna (N-Me) 1957, 1959, 1961–1963, 1965, 1966, 1969–1971, 1973–1975. Typ wie Nr. 17 **–,50** **1,–**

20 (16a) 2 Krónur (N-Me) 1958, 1962, 1963, 1966. Typ wie Nr. 17:
a) 1958, 1962, 1963, 1966; 9,5 g **1,–** **2,–**
b) 1966; 11,5 g **–,–** **–,–**

Nr. 19 von 1957, Nr. 20 a von 1958, polierte Platte *1000,–*

150. Geburtstag von Jón Sigurdsson

ST PP

21 (17) 500 Krónur (G) 1961. Jón Sigurdsson (1811–1879), Philologe, Historiker und Politiker, Vorkämpfer der isländischen Unabhängigkeit. Rs. Staatswappen. 900er Gold, 8,9604 g [DKM] **500,–** *2000,–*

50. Jahrestag der Unabhängigkeit

VZ ST

22 (20) 50 Krónur (K-N) 1968. Parlamentsgebäude in Reykjavik, Gedenkinschrift. Rs. Wertangabe **5,–** **8,–**

23 (13a) 10 Aurar (Al) 1970, 1971, 1973, 1974. Typ wie Nr. 13 **–,20** **–,40**

	VZ	ST
24 (A 15) 50 Aurar (N-Me) 1969—1971, 1974. Typ wie Nr. 13	—,30	—,60
25 (15 b) 1 Króna (Al) 1976—1978, 1980. Typ wie Nr. 17	—,30	—,50
26 (18) 5 Krónur (K-N) 1969—1971, 1973—1978, 1980. Typ wie Nr. 17	—,50	—,70
27 (19) 10 Krónur (K-N) 1967, 1969—1971, 1973—1978, 1980. Typ wie Nr. 17	—,60	1,—

28 (21) 50 Krónur (K-N) 1970, 1971, 1973—1978, 1980. Parlamentsgebäude in Reykjavik, Jahreszahl. Rs. Wertangabe 2,— 3,—

1100. Jahrestag der Besiedelung durch norwegische Wikinger (3)

	ST	PP
29 (22) 500 Krónur (S) 1974. In quadriertem Kreis die sogen. Landwächter (siehe auch Nr. 8), Wertangabe, Landesname. Rs. Wikinger-Frau mit Kuh. Nach der Sage bekam sie soviel Land zugesprochen, wie sie an einem Frühlingstag umrunden konnte. 925er Silber, 20 g	25,—	40,—

	ST	PP
30 (23) 1000 Krónur (S) 1974. Rs. Zwei Wikinger, im Hintergrund loderndes Feuer, wie es bei der Landnahme zur Begrenzung des Besitzes entfacht wurde. 925er Silber, 30 g	40,–	70,–

31 (24) 10 000 Krónur (G) 1974. Rs. Ingulfur (Ingólfr) Arnason aus Firdafylke in Norwegen in seinem Schiff im Begriff, die beiden Pfosten seines späteren Hochsitzes bei der Landung ans Ufer zu werfen (Gründungssage von Reykjavik). 900er Gold, 15,5 g 500,– 600,–

Nrn. 13, 14, 20a von 1966, Nr. 16 von 1967, Nrn. 23, 24 von 1974, Nr. 19 von 1975, Nrn. 25–28 von 1980, polierte Platte (15 000 Ex.) 75,–

WÄHRUNGSREFORM 1. Januar 1981:
1 neue Króna = 100 alte Krónur

	VZ	ST
32 (25) 5 Aurar (Bro) 1981, 1982, 1984. Seeadler. Rs. Rochen	–,30	–,50
33 (26) 10 Aurar (Bro) 1981, 1982, 1984, Stier. Rs. Tintenfisch	–,30	–,50
34 (27) 50 Aurar 1981–1986. Drache. Rs. Languste:		
a) (Bro) 1981, 1982, 1984	–,30	–,50
b) (St, K galvanisiert) 1986	–,30	–,50
35 (28) 1 Króna 1981–1989. Riese. Rs. Kabeljau:		
a) (K-N) 1981, 1984, 1987	–,60	1,–
b) (St, N plattiert) 1989	–,60	1,–

		VZ	ST
36 (29)	5 Krónur (K-N) 1981, 1984, 1987. Seeadler, Drache, Stier und Riese in quadriertem Kreise (siehe Nr. 29). Rs. Zwei Delphine	**1,—**	**2,—**
37 (30)	10 Krónur (K-N) 1984, 1987. Rs. Vier Fische (FAO-Ausgabe)	**1,50**	**3,—**

38	50 Krónur (N-Me) 1987. Rs. Krabbe	**2,50**	**4,—**

Nrn. 32—36 von 1981, polierte Platte (15000 Ex.) 75,—
Nrn. 32—37 von 1984, polierte Platte 80,—
Nr. 39 fällt aus.

100 Jahre isländische Banknoten

		ST	PP
40 (31)	500 Krónur (S) 1986. Islandia mit Schwert und Schild. Rs. Segelschiff »Fjallkonan«, Motiv der ersten isländischen Banknote:		
	a) 925er Silber, 20 g (5000 Ex.)		**78,—**
	b) 500er Silber, 20 g	**40,—**	

Israel

Fläche: 20770 km²; 4700000 Einwohner (1990).
Hauptstadt: Jerusalem (Yerushalayim, arabisch: Al Kuds, »Die Heilige«).
Die Themen der Gedenkmünzen bilden meist einen Spiegel des neueren historischen Geschehens. Seit 1958, dem 10. Jahrestag des unabhängigen Israels, stellen sie alljährlich wirtschaftliche, kulturelle und politische Erfolge des jungen Staates in den Vordergrund, mitunter jedoch mit Anklängen auf die alttestamentliche Zeit.
In den Jahren seit 1959 werden außerdem sogenannte Chanukka-Gedenkmünzen im Umlauf gesetzt, und zwar zu den acht Festtages des Lichtes (Chanukka, auch Hanukka), zeitlich also Ende Dezember/Anfang Januar. Die Chanukka-Münzen beziehen sich auf die Makkabäer-Zeit, auch Hasmonäer-Zeit genannt; Eroberung Jerusalems durch Judas Makkabäus 164 v. Chr., Wiederaufbau des Tempels, sogenannter Zweiter Tempel, dessen Weihe dieser durch Entzündung der Großen Menora vornahm, weshalb Symbole des Lichtes, wie Leuchter, Sterne usw. auf Chanukka-Münzen vorzufinden sind.
Pidyon Haben – Münzen erinnern an die Auslösung des Erstgeborenen; sie werden seit 1970 ausgegeben.
Eine vierte Kategorie Gedenkmünzen sind schließlich außerperiodisch ausgegebene Münzen zu besonderen Anlässen, z. B. Gedenktage an berühmte Persönlichkeiten, Jubiläen von Institutionen usw.
Durch die Umrechnung vom israelischen Jahr, welches August/September beginnt, auf die christliche Zeitrechnung ergeben sich jahreszahlenmäßig Differenzen.

1000 Mils = 1 Lira (£);
seit 1949: 1000 Prutot = 1 Lira Israelit (£);
seit 1. Januar 1960: 100 Agorot = 1 Israelisches Pfund (Lira Israelit);
seit 24. Februar 1980: 100 Neue Agorot = 1 Schekel;
seit 4. September 1985: 100 Agorot = 1 Neuer Schekel

Staat Israel

		SS	VZ
1 (1)	25 Mils (Al) 5708, 5709, (1948, 1949). Weintraube (Vitis vinifera — Vitaceae) dreiteilig, mit einem Blatt, in Perlenkette. Das Weintrauben-Motiv nach einem Bronze-Prutot aus der Zeit des Herodes Archelaos (um Christi Geburt), ähnlich später nach Bronze- und Silbermünzen aus der Zeit des Zweiten Aufstandes (132—135 n. Chr., auch Krieg des Bar Kochba), siehe Nr. 7. Der Wein zählt biblisch zu den sieben Früchten des Gelobten Landes. Rs. Wertangabe und Jahreszahl in aus zwei Olivenzweigen gebildetem Kranz:		
	1948	**150,—**	**240,—**
	1949	**50,—**	**100,—**

NEUE WÄHRUNG:
1000 Prutot = 1 Israelisches £ (Lira Israelit)

Allgemeine Kennzeichen der Prutot-Kursmünzen: Meistens vorder- und rückseitig Perlenkette am Rand. Rückseitig Wertziffer sowie Wert und Jahreszahl in Hebräisch in einem aus zwei Olivenzweigen gebildetem Kranz. Die Perlenkette war schon Randbegrenzung von alten jüdischen Münzen. Die zwei Olivenzweige finden wir erstmalig auf Münzen der Hasmonäer-Dynastie, angefangen bei Yohanan Hyrkanos I. (135—104 v. Chr.). Auf anderen Münzen aus der Hasmonäer-Zeit werden noch andere Namen, wie »Yehuda«, »Yehonathan« oder »Mattathiahu« in zwei kranzbildenden Olivenzweigen geprägt.

		SS	VZ
2 (2)	1 Pruta (Al) 5709 (1949). Anker. Motiv nach Münzen aus der Zeit Königs Alexander Jannaeus (103—76 v. Chr.). Der Anker symbolisiert die hebräische Herrschaft über die Seestädte zu damaliger Zeit und wiederholt sich später auf Münzen der Herodes-Dynastie. Rs. Wertangabe und Jahreszahl im Kranz zweier Olivenzweige	**2,—**	**4,—**

		SS	VZ
3 (3)	5 Prutot (Bro) 5709 (1949). Viersaitige Lyra. Das Leier-Motiv zählte zum Gerät des Tempels und entstammt Münzen aus der Zeit des Zweiten Aufstandes (Krieg des Bar Kochba, 132—135 n. Chr.). Rs. Wertangabe und Jahreszahl im Kranz zweier Olivenzweige	**2,—**	**4,—**
4 (4)	10 Prutot (Bro) 5709 (1949). Amphora mit zwei Henkeln. Motiv nach einer Kupfermünze aus der Zeit des Zweiten Aufstandes (132—135 n. Chr.). Das Kultgefäß war Symbol zur Wiedererrichtung des zerstörten Tempels. Rs. Wertangabe und Jahreszahl im Kranz zweier Olivenzweige	**3,—**	**8,—**

		SS	VZ
5 (5)	10 Prutot (Al) 5712 (1952). Kanne mit einem Henkel zwischen zwei Palmzweigen. Diese Kult-Kanne ist einem Silber-Dinar aus der Zeit des Zweiten Aufstandes (132—135 n. Chr.) entlehnt und diente wahrscheinlich als Ölbehälter für die Tempellampen. Dies bekräftigt der Palmzweig, der sich auf der antiken Münze jedoch nur einmal rechts neben der Kanne befindet. Rs. Wertangabe und Jahreszahl im Kranz zweier Olivenzweige. Randcharakteristik: Gerundeter Zackenrand	1,—	4,—
6	10 Prutot 5717 (1957). Typ wie Nr. 5. Randcharakteristik: Rund:		
	a) (Y 5a) (Al, K galvanisiert) 5717	3,—	5,—
	b) (Y 5b) (Al-Bro) 5717	3,—	8,—
7 (6)	25 Prutot (K-N) 5709 (1949). Dreiteilige Weintraube mit Ranken. Münzenbild nach Münzmotiv aus der Zeit des Zweiten Aufstandes (132—135 n. Chr.). Wein, in Gold gearbeitet, schmückte den Zugang zum Allerheiligsten im Tempel, das unterstreicht die symbolische Bedeutung des Münzenbildes. Gegenüber Nr. 1 liegt der Unterschied im Weinblatt bzw. den Ranken. Rs. Wertangabe und Jahreszahl im Kranz zweier Olivenzweige	2,—	3,—
8 (6a)	25 Prutot (St, N plattiert) 5714 (1954). Typ wie Nr. 7	2,—	4,—
9 (8)	50 Prutot (K-N) 5709, 5714 (1949, 1954). Weinblatt, als Symbol für Israel (Hosea 14/7), Motiv nach einer Bronze-Pruta aus der Zeit des Ersten Aufstandes gegen die Römer (66—70 n. Chr.) und dem 3. Jahr (68 n. Chr.) des Aufstandes. Rs. Wertangabe und Jahreszahl im Kranz zweier Olivenzweige. — Mit geriffeltem Rand	2,—	6,—
10 (8a)	50 Prutot (K-N) 5714 (1954). Typ wie Nr. 9, jedoch glatter Rand	2,—	4,—
11 (8b)	50 Prutot (St, N, plattiert) 5714 (1954). Typ wie Nr. 9, jedoch glatter Rand	3,—	5,—
12 (10)	100 Prutot (K-N) 5709 (1949). Siebenzweigige Dattelpalme (Phoenix dactylifera — Palmae) mit zwei Datteltrauben. Die Dattelpalme ist das am häufigsten wiederkehrende Symbol in der jüdischen Geschichte, auch die Römer wandten es während ihrer Provinzialzeit an. Auf Münzen erschien die Dattelpalme zunächst auf Geld aus der Zeit des Königs Herodes Antipas (4 v. Chr.—37 n. Chr.) und später auf Münzen aus der Zeit des Zweiten Aufstandes (132—135 n. Chr.). Münzen aus dieser Zeit des sogenannten Bar-Kochba-Krieges haben die siebenzweigige Dattelpalme als meist angewandtes Symbol zum Bildinhalt. Rs. Wertangabe und Jahreszahl im Kranz zweier Olivenzweige; Ø 28,5 mm	3,—	6,—
13 (10a)	100 Prutot (St, N plattiert) 5714 (1954). Typ wie Nr. 12; Ø 25,6 mm	4,—	10,—

		SS	VZ
14 (12)	250 Prutot (K-N) 5709 (1949). Drei Weizenähren. Motiv nach einem silbernen Viertel-Schekel aus dem 4. Jahre des Ersten Aufstandes gegen die Römer (69 n. Chr.), dessen einziges Stück sich heute im British Museum, London, befindet. Ähnliches Motiv siehe Nr. 23. Rs. Wertangabe und Jahreszahl im Kranz zweier Olivenzweige	3,—	9,—
15 (12a)	250 Prutot (S) 5709 (1949). Typ wie Nr. 14, jedoch mit Münzzeichen H unter dem Verbindungsstück der zwei Olivenzweige unten. 500er Silber, 14,4 g	20,—	32,—

		SS	VZ
16 (14)	500 Prutot (S) 5709 (1949). Drei Granatäpfel (Punica granatum — Punicaceae). Motiv nach einem jüdischen Schekel aus der Zeit des Ersten Aufstandes gegen die Römer (66—70 n. Chr.). Granatäpfel zählen biblisch zu den sieben Früchten des Gelobten Landes und werden oft als Zierat in der Zeit des Zweiten Tempels und später vorgefunden. Rs. Wertangabe und Jahreszahl im Kranz zweier Olivenzweige. 500er Silber, 25,5 g	35,—	50,—

10. Jahrestag der Unabhängigkeit des Staates Israel

		ST	PP
17 (16)	5 Lirot (S) 5718/1958. Menora (siebenarmiger Leuchter), altjüdisches Symbol, jetzt Staatsemblem. Dieser Leuchter mit drei Füßen und sieben Armen symbolisiert die Zahl 10 und stammt von einer Münze aus der Zeit Königs Antigonus (40—37 v. Chr., Hasmonäer-Dynastie). 900er Silber, 25 g	45,—	1100,—

Chanukka-Fest

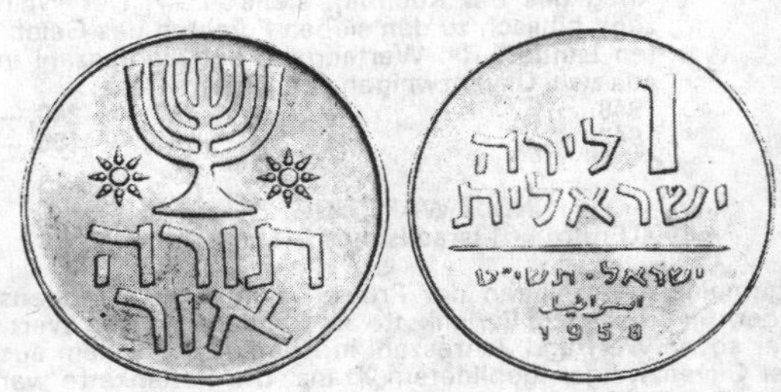

		ST	PP
18 (17)	1 Lira (K-N) 5718/1958. Menora zwischen zwei achtstrahligen Sternen nach einer Münze aus der Zeit des Mattathias Antigonus, des letzten Herrschers der Hasmonäer-Dynastie. Inschrift »Gesetz (Thora) ist Licht«. Rs. Wertangabe, darunter ISRAEL und Jahreszahl	12,–	130,–

11. Jahrestag der Unabhängigkeit des Staates Israel und Eingliederung der Vertriebenen

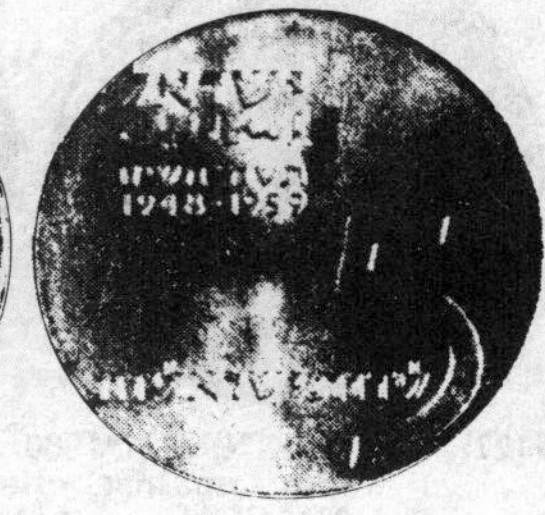

		ST	PP
19 (18)	5 Lirot (S) 5719/1959. Tanz von elf Einwanderern (Symbol von elf Jahren) um die biblische Inschrift »Die Kinder werden heimkehren« – Jer. 31/17. Rs. Wertangabe und Jahreszahlen	**60,–**	**400,–**

Chanukka-Fest 5720 und 50. Jahrestag von Degania

20 (19) 1 Lira (K-N) 5720/1960. Ansicht des ersten Kibbuz Degania, älteste Gemeinschaftssiedlung, am See Genezareth gelegen, 1909 von russischen Auswanderern gegründet. Rs. Wertangabe und Jahreszahl **20,–** **350,–**

12. Jahrestag der Unabhängigkeit des Staates Israel und 100. Geburtstag von Dr. Th. Herzl

21 (20) 5 Lirot (S) 5720/1960. Dr. Theodor Ze'ev Herzl (1860–1904), Schriftsteller, Jurist und Mitbegründer des Zionismus. Links unten Motto »Wenn ihr wollt, ist es kein Märchen« zu Herzls Buch »Altneuland« – Der Judenstaat 1904 neben dem Staatswappen. Rs. Wertangabe und Jahreszahl **60,–** **450,–**

100. Geburtstag von Dr. Th. Herzl

ST

22 (21) 20 Lirot (G) 5720/1960. Rs. Menora (siebenarmiger Leuchter), Staatsemblem zwischen zwei Olivenzweigen mit Landesnamen ISRAEL. Vorbild dieser Menora ist ein Reliefdetail vom Titusbogen in Rom mit dem Titel »Die Beute aus Jerusalem«, in der Umschrift Wertangabe und Jahreszahlen. 916⅔er Gold, 7,988 g *800,–*

NEUE WÄHRUNG: 100 Agorot = 1 Israelisches £ (Lira Israelit)

Die neuen Dezimalmünzen geben der asymmetrischen Bildgestaltung den Vorzug. Bei den Werten bis 25 Agorot lösen Korbbogenformen Perlenkreis und Ölzweiggrund ab und geben dem Rand auch die Wirkung eines dynamisch wirkenden Endlosbandes. Vorderseitig teilweise neue Motive mit ISRAEL in hebräisch und arabisch. Bei den mit £ bezeichneten hohen Wertstufen vorderseitig ISRAEL zusätzlich in lateinisch. Rückseitig Wertangabe in Ziffern und Worten, darunter Prägejahr.

Ein Davidstern kennzeichnet die Umlaufmünzen, welche für den Verkauf an Sammler hergestellt wurden.

VZ ST

23 (22) 1 Agora (Al) 5720–5740 (1960–1980). Drei Gerstenähren, Motiv nach einem Bronze-Prutot aus der Zeit des Agrippa I., und zwar aus seinem 6. Regierungsjahr (42/43 v. Chr.). Auch die Gerste gehört biblisch zu den sieben Früchten des Gelobten Landes. Rs. Wertangabe und Jahreszahl in Korbbogenformen. Randcharakteristik: Gerundeter Zakkenrand:

	VZ	ST
a) 5720–5740	**–,30**	**–,40**
b) mit Davidstern, 5731–5739	**–,30**	**–,40**

24 (24) 5 Agorot 5720–5739 (1960–1979). Drei reife Granatäpfel (Punica granatum – Punicaceae). Granatäpfel findet man auf althebräischen Schekeln in verschiedensten Formen, siehe Nr. 16, jedoch nicht in voller Reife wie bei dieser modernen Version. Rs. Wertangabe und Jahreszahl in Korbbogenformen:

	VZ	ST
a) (Al-N-Bro) 5720–5735	**–,40**	**–,60**
b) (Al) 5736–5739	**–,40**	**–,60**
c) (K-N) mit Davidstern, 5731–5737	**–,40**	**–,60**

		VZ	ST
25 (25)	10 Agorot 5720–5740 (1960–1980). Siebenzweigige Dattelpalme mit zwei Datteltrauben. Weiteres siehe Nr. 12. Rs. Wertangabe und Jahreszahl in Korbbogenformen:		
	a) (Al-N-Bro) 5720–5737	–,50	–,80
	b) (Al) 5737–5740	–,50	–,80
	c) (K-N) mit Davidstern, 5731–5738	–,50	–,80

26 (26)	25 Agorot 5720–5739 (1960–1979). Antike dreisaitige Lyra. Nach Silber-Dinars und Bronzemünzen aus der Zeit des Zweiten Aufstandes (132–135 n. Chr.) (vgl. Nr. 3). Rs. Wertangabe und Jahreszahl in Korbbogenformen:		
	a) (Al-N-Bro) 5720–5739	–,70	1,–
	b) (K-N) mit Davidstern, 5731–5739	–,70	1,–
27 (36)	½ Lira (K-N) 5723–5739 (1963–1979). Staatsemblem in Olivenzweigen und ISRAEL, siehe Nr. 22. Erstmalig auf der Vorderseite ISRAEL auch in lateinisch auf israelischen Münzen. Rs. Wertangabe und Jahreszahl:		
	a) 5723–5739	1,–	1,50
	b) mit Davidstern, 5731–5739	1,–	1,50

28 (37)	1 Lira (K-N) 5723–5727 (1963–1967). Rs. Wertangabe und Jahreszahl	2,–	4,–

29 (46)	1 Lira (K-N) 5727–5740 (1967–1980). Drei Granatäpfel, links darunter Staatswappen (vgl. Nrn. 16 und 24). Rs. 1 zwischen achtstrahligen Sternen (Münzen aus der Zeit des Alexander Jannaeus, 103 v. Chr.), darunter Wertangabe und Jahreszahl:		
	a) 5727–5740	1,–	2,–
	b) mit Davidstern, 5731–5739	1,–	2,–

In ähnlichen Zeichnungen: Nrn. 61–66 (25. Jahrestag der Unabhängigkeit des Staates Israel), 95 (5 £), 100–106 (25 Jahre Bank of Israel), 107–110 (Währungsreform).

Chanukka-Fest 5721 und 100. Geburtstag von Henrietta Szold

		ST	PP
30 (27)	1 Lira (K-N) 5721/1960. Sitzende Frau mit Lamm auf ihrem Arm. Inschrift: Henrietta Szold 5621–5721. HADASSAH – ALIYAT HANOAR (Jugend-Einwanderung), da die Geehrte Gründerin der amerikanischen Frauenhilfsorganisation Hadassah und der Aliyat Hanoar war. Rs. Hadassah-Klinikum, auf dem Skopus-Berg westlich von Jerusalem, eröffnet 1961, finanziert durch Spenden der zionistischen Frauenbewegung Hadassah in Amerika, Architekt: Joseph Neufeld, USA	180,–	2000,–

13. Jahrestag der Unabhängigkeit des Staates Israel »Bar Mitzvah« Israel

31 (28)	5 Lirot (S) 5721/1961. Bundeslade mit sechs Gesetzes-(Thora-)Rollen. Das Motiv ist einem heute im Vatikan befindlichen Goldbecher aus dem 3. Jahrhundert entlehnt. Das Wort »BAR MITZVAH« nimmt Bezug auf das 13. Jahr der Konfirmation eines jüdischen Jungen und ist damit eine Parallele zum 13. Unabhängigkeitstag. Rs. Olivenzweig mit 10 Blättern und 3 Oliven = 13, auch hier eine symbolische Parallele, dazu Inschrift »13. Jahr des Staates Israel«, Wertangabe unten und Jahreszahlen. 900er Silber, 25 g	125,–	550,–

Chanukka-Fest 5722 und zum Gedenken an einen Helden aus der Hasmonäer-Zeit

32 (30)	1 Lira (K-N) 5722/1961. Kriegselefant in unregelmäßigem Fünfeck, erinnert an jene Szene während der Hasmonäer-Kriege, als Elazar (Mattathias), der Bruder des Judas Makkabäus, sich aufopfernd einem schwerbewaffneten Kriegselefanten der Seleukiden mit seinem Schwert entgegenwarf. Rs. Fackel mit Inschrift ». . . . und er opferte sein Leben im Kampf«, die nochmals auf die Szene hinweist, dazu Wertangabe und Jahreszahl	50,–	175,–

Halbschekel-Tempelopfer

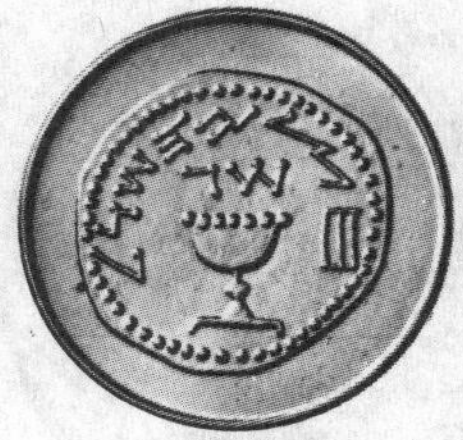

		ST	PP
33 (29)	½ Lira (K-N) 5721, 5722 (1961, 1962). Alte Halbschekel-Münze mit Opferbecher. Nachbildung einer Halb-Schekel-Silbermünze aus dem 3. Jahr (68 n. Chr.) des Ersten Aufstandes gegen die Römer. Erinnert an jene Zeit, in der jeder männliche Jude über 20 Jahre jährlich eine Steuer von einem halben Schekel für den Tempel aufzubringen hatte (Esther 9/26–28). Rs. Wertangabe und Jahreszahl:		
	1961	65,–	350,–
	1962	25,–	120,–

10. Todestag von Dr. Chaim Weizmann (2)

34 (32) 50 Lirot (G) 5723/1962. Dr. Chaim Weizmann (1874–1952), 1. Staatspräsident 1948–1952, im Korbbogen. Rs. Staatsemblem, in der Umschrift Wertangabe und Jahreszahlen. 916⅔er Gold, 13,34 g, Ø 21 mm *750,–*

35 (33) 100 Lirot (G) 5723/1962. Typ wie Nr. 34, 916⅔er Gold, 26,86 g, Ø 33 mm *1000,–*

14. Jahrestag der Unabhängigkeit des Staates Israel unter dem Motto »Entwicklung«

36 (31) 5 Lirot (S) 5722/1962. Schwenkarm eines Baggers für Wassergrabenbau vor charakteristischer Landschaft der Wüste Negev. Inschrift: ». . . . und Israel wird blühen« — Jesaia 27/6. Rs. Symbol der Petrochemie, Wertangabe und Jahreszahl **240,– 500,–**

Chanukka-Fest 5723

		ST	PP
37 (34)	1 Lira (K-N) 5723/1962. Chanukka-Leuchte mit acht Fächern in einem dreieckigen Korbmuster. Derartige Chanukka-Leuchten in Barock-Form entstanden während des 17. Jahrhunderts in italienischen Werkstätten, heute im Museum zu Jerusalem, darum Inschrift: »Chanukia aus Italien, 17. Jh.«. Rs. Wertangabe und Jahreszahl	100,–	250,–

15. Jahrestag der Unabhängigkeit des Staates Israel unter dem Motto »Seefahrt«

38 (35) 5 Lirot (S) 5723/1963. Antike Galeere, nach einer in einem Grab aus der Hasmonäer-Zeit gefundenen Zeichnung. Inschrift »15. Jahr der Unabhängigkeit Israels«. Rs. Schornstein eines Schiffes mit israelischer Flagge, dahinter Hafen von Haifa mit Berg Karmel, dazu Wertangabe und Jahreszahl *700,– 1500,–*

Chanukka-Fest 5724

39 (38) 1 Lira (K-N) 5724/1963. Chanukka-Leuchter mit acht Fächern und Seitenflügeln, der islamischen Formenwelt angepaßt. Das Original ist heute im Museum zu Jerusalem und wurde während des 18. Jahrhunderts in Nordafrika gefertigt. Rs. Wertangabe und Jahreszahl **110,– 200,–**

16. Jahrestag der Unabhängigkeit des Staates Israel unter dem Motto »Israel-Museum«

ST PP

40 (39) 5 Lirot (S) 5724/1964. Israel-Museum in Jerusalem, eröffnet 1964. Rs. Kapitell einer antiken Säule, Wertangabe und Jahreszahl **220,– 500,–**

10 Jahre Bank Israel

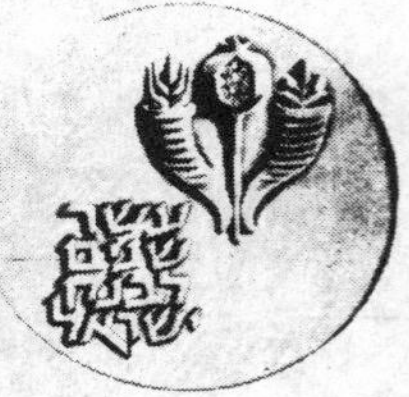

41 (40) 50 Lirot (G) 5724/1964. Granatapfel zwischen Füllhörnern, Inschrift »Zehn Jahre Bank Israel«. Rs. Staatsemblem, in der Umschrift Wertangabe und Jahreszahl. 916⅔er Gold, 13,34 g *1350,– 5800,–*

17. Jahrestag der Unabhängigkeit des Staates Israel mit dem Thema »Die Knesset«

42 (41) 5 Lirot (S) 5725/1965. Parlamentsgebäude in Jerusalem, Standort gegenüber dem auf Nr. 40 abgebildeten Israel-Museum, Einweihung 1965, Sitz der gesetzgebenden Versammlung Israels. Rs. Staatsemblem, Wertangabe und Jahreszahl **55,– 170,–**

18. Jahrestag der Unabhängigkeit des Staates Israel mit dem Motto »Israel nährt sich«

ST PP

43 (42) 5 Lirot (S) 5726/1966. Schriftgebilde aus den Worten »Am Israel Hai« (Das Volk ernährt sich). Rs. Wertangabe und Jahreszahl **50,– 150,–**

19. Jahrestag der Unabhängigkeit des Staates Israel mit dem Thema »Hafen von Eilat«

44 (43) 5 Lirot (S) 5727/1967. Wort »Eilat« in Hafensilhouette mit Leuchtturm hineinkomponiert. 1967 feierte der Hafen Eilat als Tor nach Asien und Afrika sein 10jähriges Bestehen. Rs. Wertangabe und Jahreszahl **65,– 160,–**

Für die Erfolge der Streitkräfte im Sechstagekrieg (2)

45 (44) 10 Lirot (S) 5767/1967. Westlichster Teil der Klagemauer (Kotel Ma'aravi, Westmauer der herodianischen Tempelumfriedung in Jerusalem), 70 n. Chr. zerstört durch Titus. Rs. Emblem der Streitkräfte vor aus »Pfeilen« bestehendem Stern als Symbol für siegreich geführte militärische Operationen nach allen Richtungen, Wertangabe:
a) 935er Silber, 26 g **70,–**
b) 900er Silber, 26 g **35,–**

46 (45) 100 Lirot (G) 5767/1967. Typ wie Nr. 45. 916⅔er Gold, 26,68 g *1400,–*

20. Jahrestag der Unabhängigkeit des Staates Israel mit dem Motto »Wiedervereinigung Jerusalems« (2)

ST PP

47 (47) 10 Lirot (S) 5728/1968. Berg Zion (Jerusalem) allegorisch dargestellt mittels markanter Gebäude des heutigen Jerusalems, Staatsemblem. Rs. Tempelfassade nach einem Silber-Sela aus der Zeit des Zweiten Aufstandes (132—135 n. Chr.), Wertangabe und Jahreszahl. 900er Silber, 26 g **50,—** **90,—**

48 (48) 100 Lirot (G) 5728/1968. Typ wie Nr. 47 *1000,–*

21. Jahrestag der Unabhängigkeit des Staates Israel mit dem Motto »Schalom« (Frieden) (2)

49 (49) 10 Lirot (S) 5729/1969. Allegorischer Berg Zion in Form eines Grabmals für einen im Kampf gefallenen Soldaten, gebildet aus den Worten »... und niemand hat sein Grab erfahren bis auf den heutigen Tag« – Deuteronomium 34/6, Helm und Olivensetzling vorn. Rs. Buchstaben des Wortes »Schalom« in Form eines siebenarmigen Leuchters, Wertangabe und Jahreszahl **50,–** **110,–**

50 (50) 100 Lirot (G) 5729/1969. Typ wie Nr. 49 *800,–*

Pidyon Haben — Zur Auslösung des Erstgeborenen 1. Ausgabe

ST PP

51 (51) 10 Lirot (S) 5730/1970. Über dem Zitat »Alle Erstgeborenen unter Deinen Söhnen sollst Du lösen« — Exodus 34/20, die Nachbildung der Gesetzestafeln in stilisierter Form. Am Unterrand: Pidyon Haben — Münze. Die Auslösung des Erstgeborenen durch den Vater geht auf die alttestamentarische Zeit zurück. Nach dem Gesetz muß jeder erstgeborene Sohn durch Zahlung von 5 Silberlingen losgekauft werden. Rs. Staatswappen, Wertangabe und Jahreszahl **35,—** **70,—**

22. Jahrestag der Unabhängigkeit des Staates Israel mit dem Motto »100 Jahre Mikveh Israel«

52 (52) 10 Lirot (S) 5730/1970. Pflug. Links oben, vierzeilig »Hundert Jahre Mikveh Israel«; unterhalb des Pfluges: Kol Israel Haverim = Israelische Welt-Alliance. Rs. Ähre mit Wertangabe und Hauptgebäude der von Charles Netter vor 100 Jahren gegründeten Mikveh Schule, einer landwirtschaftl. Lehr- und Versuchsanstalt bei Jaffa; darunter die Jahreszahlen **35,—** **60,—**

Pidyon Haben — Zur Auslösung des Erstgeborenen 2. Ausgabe

53 (51a) 10 Lirot (S) 5731/1971. Typ ähnlich wie Nr. 51 **38,–** **120,–**

23. Jahrestag der Unabhängigkeit des Staates Israel mit dem Motto »Wissenschaft im Dienst der Industrie«

		ST	PP
54 (53)	10 Lirot (S) 5731/1971. Molekül, Zahnrad antreibend. Rs. Atomreaktor von Nahal Sorek, stilisiert, Wertangabe und Jahreszahl	35,–	70,–

Kampf für die Freiheit (2)

55 (54)	10 Lirot (S) 5731/1971. Sonne hinter Gittern. Motto in hebräisch und englisch. »Laßt mein Volk ziehen« (Exodus 5/1). Rs. Staatswappen, Wertangabe und Jahreszahl	35,–	100,–

56 (55)	100 Lirot (G) 5731/1971. Typ wie Nr. 55		900,–

Pidyon Haben – Zur Auslösung des Erstgeborenen 3. Ausgabe

57 (51b)	10 Lirot (S) 5732/1972. Typ ähnlich wie Nr. 53	40,–	85,–

24. Jahrestag der Unabhängigkeit des Staates Israel mit dem Motto »Israelische Luftfahrt«

58 (56)	10 Lirot (S) 5732/1972. Düsenflugzeug, stilisiert. Rs. Wertziffer 1 als startende Rakete dargestellt	35,–	90,–

Chanukka-Fest 5732

		ST	PP
59 (57)	5 Lirot (S) 5732/1972. Russischer Chanukka-Leuchter, 20. Jh., Rs. Staatswappen, Wertangabe und Jahreszahl. 750er Silber, 20 g	25,–	55,–

Pidyon Haben – Zur Auslösung des Erstgeborenen 4. Ausgabe

60 (58)	10 Lirot (S) 5733/1973. Von fünf Silber-Schekeln umgeben, das Bibelzitat: »Alle Erstgeborenen unter Deinen Söhnen sollst Du lösen« – Exodus 34/20; das Ganze im Oval	28,–	55,–

25. Jahrestag der Unabhängigkeit des Staates Israel (10)

		VZ	ST
61 (59)	1 Agora (Al) 5733 (1973). Typ wie Nr. 23, jedoch zusätzliche Gedenkinschrift »25. Jahrestag des Staates«		2,–
62 (60)	5 Agorot (K-N) 5733. Typ wie Nr. 24, mit Gedenkinschrift		2,–
63 (61)	10 Agorot (K-N) 5733. Typ wie Nr. 25, mit Gedenkinschrift		2,–
64 (62)	25 Agorot (K-N) 5733. Typ wie Nr. 26, mit Gedenkinschrift		4,–
65 (63)	½ Lira (K-N) 5733. Typ wie Nr. 27, mit Gedenkinschrift		8,–
66 (64)	1 Lira (K-N) 5733. Typ wie Nr. 29, mit Gedenkinschrift		15,–

			ST	PP
67 (65)	10	Lirot (S) 5733/1973. Detail der Unabhängigkeitserklärung mit den Unterschriften, darunter Gedenkinschrift. 900er Silber, 26 g	30,–	60,–
68 (66)	50	Lirot (G) 5733/1973. Typ wie Nr. 67. 900er Gold, 7 g		*300,–*
69 (67)	100	Lirot (G) 5733/1973. Typ wie Nr. 67. 900er Gold, 13,5 g		*500,–*
70 (68)	200	Lirot (G) 5733/1973. Typ wie Nr. 67. 900er Gold, 27 g		*900,–*

Chanukka-Fest 5734

71 (69) 5 Lirot (S) 5734/1973. Chanukka-Leuchter aus Mesopotamien, 18. Jh., jetzt Israel-Museum, Jerusalem. Rs. Wertangabe, Landesbezeichnung, Jahreszahl **20,– 35,–**

Pidyon Haben – Zur Auslösung des Erstgeborenen 5. Ausgabe

72 (58a) 10 Lirot (S) 5734/1974. Typ ähnlich wie Nr. 60 **28,– 55,–**

26. Jahrestag der Unabhängigkeit des Staates Israel und zur Wiederbelebung der hebräischen Sprache durch Elieser Ben-Yehuda

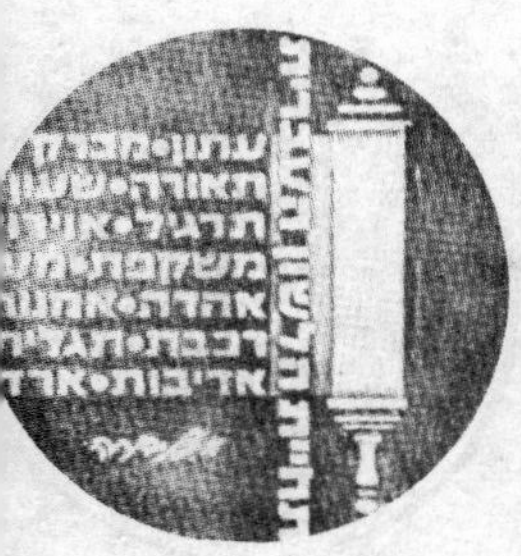

73 (70) 10 Lirot (S) 5734/1974. Beispiele aus dem neugeschaffenen Wortschatz Elieser Ben-Yehudas und seine Unterschrift; alte Schriftrolle **25,– 55,–**

1. Todestag von David Ben Gurion (2)

			ST	PP
74 (71)	25	Lirot (S) 5734/1974. David Ben Gurion (1886–1973). Politiker. 935er Silber, 26 g	28,–	50,–

75 (72) 500 Lirot (G) 5734/1974. Typ wie Nr. 74. 900er Gold, 28 g *1100,–*

Chanukka-Fest 5735

76 (73) 10 Lirot (S) 5735/1974. Chanukka-Leuchter aus Damaskus. 18. Jh. 500er Silber, 20 g **20,— 30,—**

Nrn. 77—79 fallen aus.

Pidyon Haben — Zur Auslösung des Erstgeborenen 6. Ausgabe

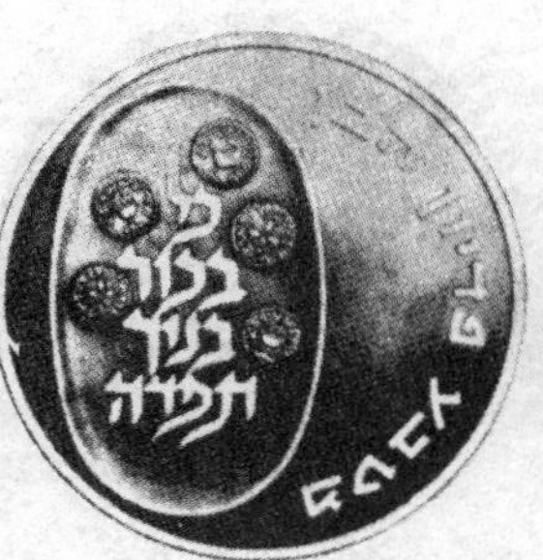

80 (74) 25 Lirot (S) 5735/1975. Typ ähnlich wie Nr. 60. 900er Silber, 26 g **30,— 50,—**

25 Jahre Hilfsorganisation »State of Israel Bonds« (2)

		ST	PP
81 (75)	25 Lirot (S) 5735/1975. 800er Silber, 30 g	30,–	50,–
82 (76)	500 Lirot (G) 5735/1975. 900er Gold, 20 g		*800,–*

Chanukka-Fest 5736

83 (77) 10 Lirot (S) 5736/1975. Holländischer Chanukka-Leuchter, 18. Jh. 500er Silber, 20 g **30,– 50,–**

Pidyon Haben — Zur Auslösung des Erstgeborenen 7. Ausgabe

84 (79) 25 Lirot (S) 5736/1976. Fünf Granatapfelblüten um einen fünfzackigen Stern, die Umschrift »Pidyon Haben — Münze« und die biblischen Worte »Du sollst es aber auslösen, wenn's einen Monat alt ist« — 4. Buch Mose 18,16. 800er Silber, 30 g **40,– 80,–**

28. Jahrestag der Unabhängigkeit des Staates Israel mit dem Motto »Kraft durch Glaube«

85 (78) 25 Lirot (S) 5736/1976. Die Worte »Kraft für Israel« in hebräisch und Davidstern. 900er Silber, 26 g **35,– 80,–**

Nrn. 86 und 87 fallen aus.

Chanukka-Fest 5737 und 200jähriges Bestehen der Vereinigten Staaten von Amerika

		ST	PP
88 (80)	10 Lirot (S) 5737/1976. Früher amerikanischer Chanukka-Leuchter, heute New York, Jüdisches Museum. 500er Silber, 20 g	**90,–**	**110,–**

29. Jahrestag der Unabhängigkeit des Staates Israel mit dem Motto »Brüderschaft in Jerusalem«

89 (81) 25 Lirot (S) 5737/1977. Friedenstaube vor Stadtmauer und sakralen Bauwerken der Juden, Christen und Mohammedaner. 500er Silber, 20 g **30,– 100,–**

Pidyon Haben — Zur Auslösung des Erstgeborenen 8. Ausgabe

90 (82) 25 Lirot (S) 5737/1977. Typ ähnlich wie Nr. 84. 900er Silber, 26 g **35,– 70,–**

Chanukka-Fest 5738

ST PP

91 (83) 10 Lirot (K-N) 5738/1977. Chanukka-Leuchter aus Jerusalem, frühes 20. Jh., jetzt Ha'aretz-Museum in Ramat Aviv **15,– 50,–**

30. Jahrestag der Unabhängigkeit des Staates Israel (2)

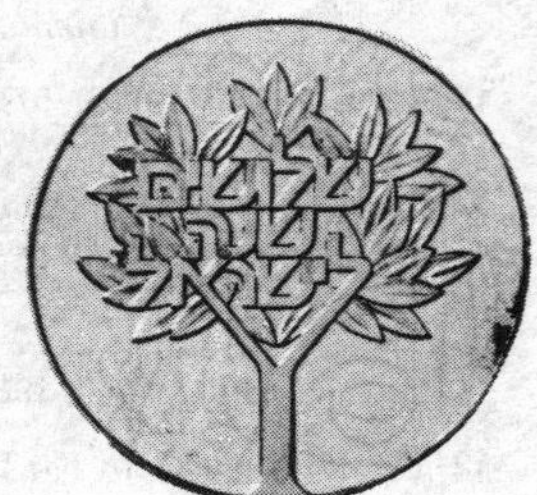

92 (84) 50 Lirot (S) 5738/1978. 500er Silber, 20 g **25,– 70,–**
93 (85) 1000 Lirot (G) 5738/1978. 900er Gold, 12 g *600,–*

Chanukka-Fest 5739

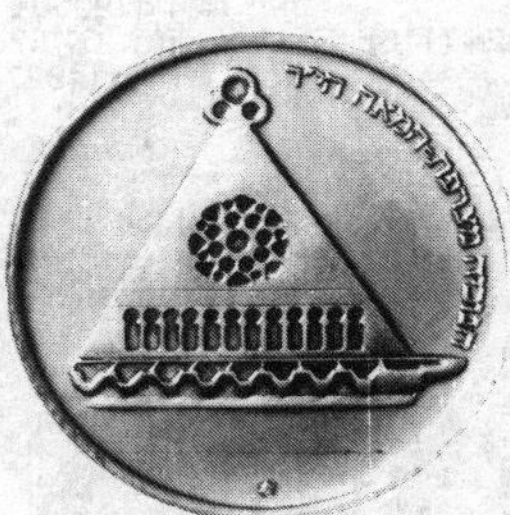

94 (87) 25 Lirot (K-N) 5739/1978. Chanukka-Leuchter aus Frankreich, 14. Jh. **21,– 30,–**

VZ ST

95 (86) 5 Lirot (K-N) 5738, 5739 (1978, 1979). Löwe vom Siegelring des Shem'a, des Dieners des Jerobeam (Haggai 2/23). Rs. Wertangabe und Jahreszahl **1,40 2,–**

31. Jahrestag der Unabhängigkeit des Staates Israel und Internationales Jahr des Kindes 1979

ST PP

96 (88) 50 Lirot (S) 5739/1979. Mutter und Kind, stilisierte Darstellung. 500er Silber, 20 g **28,– 65,–**

Chanukka-Fest 5740

97 (89) 100 Lirot (S) 5740/1979. Chanukka-Leuchter aus Ägypten, 19. Jh., Inschrift »Denn das Gebot ist eine Leuchte und die Weisung ein Licht« (Sprüche 6/23). 500er Silber, 20 g **35,– 60,–**

32. Jahrestag der Unabhängigkeit des Staates Israel und Unterzeichnung des Friedensvertrages vom 26. März 1979 (2)

98 (90) 200 Lirot (S) 1980. Olivenzweig und das Wort »PEACE«. Rs. Inschrift. 900er Silber, 26 g **45,– 60,–**
99 (91) 5000 Lirot (G) 1980. Typ wie Nr. 98. 900er Gold, 17,28 g *800,–*

25 Jahre Bank Israel (7)

		ST	PP
100 (92)	1 Agora (N) 5740 (1980)	–,–	3,–
101 (93)	5 Agorot (N) 5740	–,–	3,–
102 (94)	10 Agorot (N) 5740	–,–	3,–
103 (95)	25 Agorot (N) 5740	–,–	3,–
104 (96)	½ Lira (N) 5740	–,–	5,–
105 (97)	1 Lira (N) 5740	–,–	6,–
106 (98)	5 Lirot (N) 5740	–,–	30,–

WÄHRUNGSREFORM: 24. Februar 1980:
10 Agorot = 1 Neue Agora
NEUE WÄHRUNG: 100 Neue Agorot = 1 Schekel

VZ ST

107 (99) 1 Neue Agora 5740–5745 (1980–1985). Dattelpalme (vgl. Nr. 12). Rs. Wert. Typ wie Nr. 25:
a) (Al) 5740–5745 **–,10 –,20**
b) (Al) mit Davidstern, 5740–5745 **–,–**
c) (K-N) Piéfort, mit Davidstern, 5741, 5742 **–,–**

108 (100) 5 Neue Agorot 5740–5745 (1980–1985). Menora in Olivenzweigen (Staatsemblem). Rs. Wert. Typ wie Nr. 27:
a) (Al) 5740–5745 **–,10 –,20**
b) (Al) mit Davidstern, 5740–5745 **–,–**
c) (K-N) Piéfort, mit Davidstern, 5741, 5742 **–,–**

109 (101) 10 Neue Agorot (Bro) 5740–5745 (1980–1985). Drei Granatäpfel (vgl. Nr. 16). Rs. Wert. Typ wie Nr. 29:
a) 5740–5745 **–,15 –,30**
b) mit Davidstern, 5740–5745 **–,–**
c) Piéfort, mit Davidstern, 5741, 5742 **–,–**

110 (102) ½ Schekel (K-N) 5740–5745 (1980–1985). Löwe vom Siegelring des Shem'a. Rs. Wert. Typ wie Nr. 95:
a) 5740–5745 **–,30 –,50**
b) mit Davidstern, 5740–5745 **–,–**
c) Piéfort, mit Davidstern, 5741, 5742 **–,–**

	VZ	ST
111 (106) 1 Schekel (K-N) 5741–5745 (1981–1985). Opferbecher (vgl. Nr. 33). Rs. Wert:		
a) 5741–5745	–,50	1,–
b) mit Davidstern, 5741–5745 (Abb.)		–,–
c) Piéfort, mit Davidstern, 5741, 5742		–,–

112 (110) 5 Schekalim (Al-N-Bro) 5742–5745 (1982–1985). Doppelfüllhorn nach einem Münzbild aus der Regierungszeit des Herodes Archelaos (4 v.–6 n. Chr.). Rs. Wert:		
a) 5742–5745	1,–	1,80
b) mit Davidstern, 5742–5745		–,–
c) Piéfort, mit Davidstern, 5742		–,–

113 (111) 10 Schekalim (K-N) 5742–5745 (1982–1985). Antike Galeere nach einem Münzbild aus der Regierungszeit des Herodes Archelaos. Rs. Wert:		
a) 5742–5745	1,50	2,50
b) mit Davidstern, 5742–5745		–,–

In ähnlichen Zeichnungen: Nrn. 135 (Chanukka), 160 (Währungsreform).
Weitere Werte: Nrn. 140, 141 (50, 100 Schekalim).

100. Geburtstag von Ze'ev Jabotinsky (2)

	ST	PP
114 (103) 25 Schekalim (S) 5741/1980. Ze'ev Jabotinsky (1880–1940), Patriot. 900er Silber, 26 g	35,–	110,–
115 (104) 500 Schekalim (G) 5741/1980. Typ wie Nr. 114. 900er Gold, 17,28 g		800,–

Chanukka-Fest 5741

	ST	PP
116 (105) 1 Schekel (S) 5741/1980. Leuchter aus Korfu, 19. Jh. 850er Silber, 14,4 g	30,–	50,–

33. Jahrestag der Unabhängigkeit des Staates Israel (2)

	ST	PP
117 (107) 2 Schekalim (S) 5741/1981. Aufgeschlagene Bibel mit den 22 hebräischen Buchstaben. Rs. Stilisierte Wertzahl, Staatswappen. 850er Silber, 28,8 g	50,–	100,–
118 (108) 10 Schekalim (G) 5741/1981. Typ wie Nr. 117. 900er Gold, 17,28 g		900,–

Chanukka-Fest 5742

119 (109) 1 Schekel (S) 5742/1981. Polnischer Leuchter aus dem Jahr 1854	50,–	90,–

34. Jahrestag der Unabhängigkeit des Staates Israel und 100. Jahrestag der Errichtung der ersten bäuerlichen Siedlungen in Palästina durch Baron de Rothschild (2)

120 (112) 2 Schekalim (S) 5742/1982. Baron Edmund de Rothschild (1845–1934), Bankier (22 778 Ex.)	55,–	90,–
121 (113) 10 Schekalim (G) 5742/1982. Typ wie Nr. 120 (4875 Ex.)		1100,–

Historische Stätten des Heiligen Landes
1. Ausgabe (3)

122 (114) ½ Schekel (S) 5743/1982. Klosteranlage in den Felshöhlen von Kumran (Qumran) am Toten Meer vor dort gefundenen biblischen Schriftrollen. 850er Silber, 7,2 g (zwölfeckig) (15 151 Ex.)	32,–	
123 (115) 1 Schekel (S) 5743/1982. Typ wie Nr. 122. 850er Silber, 14,4 g (9000 Ex.)		150,–
124 (116) 5 Schekalim (G) 5743/1982. Typ wie Nr. 122. 900er Gold, 8,63 g (4927 Ex.)		500,–

Chanukka-Fest 5743 (2)

125 (117) 1 Schekel (S) 5743/1982. Steinleuchter aus dem Jemen, Inschrift »Ich will auf den Palmbaum steigen« (Hoheslied 7/9) (14 475 Ex.)	45,–	100,–

126 (118) 2 Schekalim (S) 5743/1982. Typ wie Nr. 125 (8996 Ex.)		90,–

35. Jahrestag der Unabhängigkeit des Staates Israel und Jahr der Tapferkeit (3)

127 (119) 1 Schekel (S) 5743/1983. Schwert mit Olivenzweig vor Davidstern (Emblem der 1948 gegründeten israelischen Armee) (14 742 Ex.)	50,–	

ST PP

128 (120) 2 Schekalim (S) 5743/1983. Typ wie Nr. 127 (9999 Ex.) 120,–

129 (121) 10 Schekalim (G) 5743/1983. Typ wie Nr. 127 (3184 Ex.) 1300,–

Historische Stätten des Heiligen Landes
2. Ausgabe (3)

130 (122) ½ Schekel (S) 5744/1983. Herodion bei Bethlehem, von König Herodes als Festung und Grabmal erbaut (zwölfeckig) (11 044 Ex.) 35,–

131 (123) 1 Schekel (S) 5744/1983. Typ wie Nr. 130 (10 372 Ex.) 100,–

132 (124) 5 Schekalim (G) 5744/1983. Typ wie Nr. 130 (4 346 Ex.) 500,–

Chanukka-Fest 5744 (3)

133 (125) 1 Schekel (S) 5744/1983. Leuchter aus Prag, 18. Jh., mit der Darstellung der Brüder Moses und Aaron (12 777 Ex.) 50,–

134 (126) 2 Schekalim (S) 5744/1983. Typ wie Nr. 133 (10 894 Ex.) 90,–

VZ ST

135 (127) 10 Schekalim (K-N) 5744 (1983). Typ wie Nr. 113, jedoch Rs. zusätzliche Inschrift »HANUKKA« 1,– 1,80

1. Banknotenersatzausgabe
80. Todestag von Dr. Th. Herzl

136 (128) 10 Schekalim (K-N) 5744 (1984). Dr. Theodor (Ze'ev) Herzl (1860–1904), Schriftsteller und Jurist (vgl. Nr. 21). Rs. Wert 1,20 2,–

Weitere Banknotenersatzausgaben: Nrn. 148, 149, 169.

36. Jahrestag der Unabhängigkeit des Staates Israel (3)

ST PP

137 (129) 1 Schekel (S) 5744/1984. Motto »Denn wir sind Brüder« (Genesis 13/8) auf Verzierungen (9476 Ex.) 55,–

ST PP

138 (130) 2 Schekalim (S) 5744/1984. Typ wie Nr. 137 (8551 Ex.) 100,–

139 (131) 10 Schekalim (G) 5744/1984. Typ wie Nr. 137 (3798 Ex.) 1100,–

VZ ST

140 (132) 50 Schekalim (Al-N-Bro) 5744, 5745 (1984, 1985). Motiv einer Bronzemünze aus Jerusalem mit der Inschrift »Jahr vier« aus dem 4. Jahr des Ersten Aufstandes gegen Rom (69 n. Chr.) 1,– 2,–

In ähnlicher Zeichnung: Nr. 161 (Währungsreform).

141 (133) 100 Schekalim (K-N) 5744, 5745 (1984, 1985). Menora in der Darstellung nach einer Münze des Mattathias Antigonus (40–37 v. Chr.) (vgl. Nr. 18) 1,20 2,–

In ähnlicher Zeichnung: Nrn. 147, 159 (Chanukka), 162 (Währungsreform).

Historische Stätten des Heiligen Landes
3. Ausgabe (3)

ST PP

142 (134) ½ Schekel (S) 5745/1984. Grabmäler im Kidrontal, vorne das Absalomgrab, im Hintergrund die Stadtmauer Jerusalems (zwölfeckig) (7538 Ex.) 40,–

143 (135) 1 Schekel (S) 5745/1984. Typ wie Nr. 142 (6798 Ex.) 100,–

144 (136) 5 Schekalim (G) 5745/1984. Typ wie Nr. 142 (2601 Ex.) *800,–*

Chanukka-Fest 5745 (2)

		ST	PP
145 (137)	1 Schekel (S) 5745/1984. Menora aus dem Ghetto Theresienstadt (11 004 Ex.)	**55,–**	
146 (138)	2 Schekalim (S) 5745/1984. Typ wie Nr. 145 (10011 Ex.)		**80,–**

Chanukka-Feste 5745 und 5746

		VZ	ST
147	100 Schekalim (K-N) 5745, 5746 (1984, 1985). Typ wie Nr. 141, jedoch Rs. zusätzliche Inschrift »HANUKKA«	**1,50**	**2,–**

2. Banknotenersatzausgabe

148 (147)	50 Schekalim (Al-N-Bro) 5745 (1985). David Ben Gurion (1886–1973), Politiker (vgl. Nr. 74)	**1,20**	**1,80**

3. Banknotenersatzausgabe

149 (148)	100 Schekalim (K-N) 5745 (1985). Ze'ev Jabotinsky (vgl. Nr. 114)	**1,30**	**2,20**

37. Jahrestag der Unabhängigkeit des Staates Israel (3)

		ST	PP
150 (141)	1 Schekel (S) 5745/1985. Baum mit sieben Wurzeln, auf den Zweigen Molekülmodell in der Form eines Davidsterns als Zeichen für den wissenschaftlichen Fortschritt (8520 Ex.)	**50,–**	
151 (142)	2 Schekalim (S) 5745/1985. Typ wie Nr. 150 (8330 Ex.)		**100,–**
152 (143)	10 Schekalim (G) 5745/1985. Typ wie Nr. 150 (3240 Ex.)		**1100,–**
153 (146)	1 Schekel (S) 5745/1985. Hebräisches Siegel des Oniyahu Ben Meirav aus dem 8. Jh. v. Chr. mit der Darstellung eines Segelschiffes aus der Zeit König Salomons		**60,–**

Historische Stätten des Heiligen Landes
4. Ausgabe (3)

154	½ Schekel (S) 5746/1985. Ruine der Synagoge von Kapernaum, die aufgrund zahlreicher Münzfunde ins 4. Jh. n. Chr. datiert wird, vorne Fragment mit altjüdischer Symbolik, im Hintergrund der See Genezareth (zwölfeckig) (6010 Ex.)	**40,–**	

155 (144)	1 Schekel (S) 5746/1985. Typ wie Nr. 154 (6220 Ex.)	**70,–**	
156 (145)	5 Schekalim (G) 5746/1985. Typ wie Nr. 154 (2633 Ex.)		**550,–**

Chanukka-Fest 5746 (2)

		ST	PP
157 (139)	1 Schekel (S) 5746/1985. Leuchter aus Aschkenas (Mittel- und Osteuropa) von 1574 mit Bronzespruchtafel (9460 Ex.)	**50,–**	
158 (140)	2 Schekalim (S) 5746/1985. Typ wie Nr. 157 (9225 Ex.)		**80,–**

Weitere Ausgaben: Nrn. 147, 169.

WÄHRUNGSREFORM 4. September 1985:
1000 Schekalim = 1 Neuer Schekel
NEUE WÄHRUNG: 100 Agorot = 1 Neuer Schekel

		VZ	ST
159	1 Agora (Al-N-Bro) 5745–5751 (1985–1991). Antike Galeere, wie Nr. 113. Rs. Wertziffer im Quadrat:		
	a) 5745–5751	**–,30**	**–,50**
	b) Piéfort, 5746, 5747, 5749–5751		**–,–**
160	5 Agorot (Al-N-Bro) 5745–5752 (1985–1992). Münzmotiv aus dem 4. Jahr des Ersten Aufstandes gegen Rom, wie Nr. 140. Rs. Wertziffer im Quadrat:		
	a) 5745–5752	**–,40**	**–,70**
	b) Piéfort, 5746, 5747, 5749–5752		**–,–**
161	10 Agorot (Al-N-Bro) 5745–5752 (1985–1992). Menora in der Darstellung nach einer Münze des Mattathias Antigonus, wie Nr. 141. Rs. Wertzahl im Quadrat:		
	a) 5745–5752	**–,50**	**–,90**
	b) Piéfort, 5746, 5747, 5749–5752		**–,–**

162	½ Neuer Schekel (Al-N-Bro) 5745–5752 (1985–1992). Zwölfsaitige Harfe aus dem antiken hebräischen Siegel der Königstochter Ma'adana. Rs. Wert:		
	a) 5745–5752	**1,50**	**2,50**
	b) Piéfort, 5746, 5747, 5749–5752		**–,–**
163	1 Neuer Schekel (K-N) 5745–5752 (1985–1992). Lilie, Münzmotiv einer Silbermünze aus der Persischen Periode (4. Jh. v. Chr.). Der Schriftzug »Yehud« stammt von der Rückseite der gleichen Münze. Rs. Wert:		
	a) 5745–5752	**2,–**	**4,–**
	b) Piéfort, 5746, 5747, 5749–5752		**–,–**

164	5 Neue Schekalim (K-N) 5750–5752 (1990–1992). Säulenkapitell. Rs. Wert (zwölfeckig):		
	a) 5750–5752	**–,–**	**–,–**
	b) Piéfort, 5751, 5752		**–,–**

In ähnlichen Zeichnungen: Nrn. 165–170, 188–192.

Chanukka-Feste 5746–5752 (6)

		VZ	ST
165	1 Agora (Al-N-Bro) 5747–5752 (1986–1991). Typ wie Nr. 159, jedoch zusätzliche Inschrift »HANUKKA« und Leuchter	**–,30**	**–,50**

VZ ST

166 5 Agorot (Al-N-Bro) 5747–5752 (1986–1991). Typ wie Nr. 160, jedoch Inschrift und Leuchter –,40 –,70

167 10 Agorot (Al-N-Bro) 5747–5752 (1986–1991). Typ wie Nr. 161, jedoch Inschrift und Leuchter –,50 –,90

168 ½ Neuer Schekel (Al-N-Bro) 5747–5752 (1986–1991). Typ wie Nr. 162, jedoch Inschrift und Leuchter 1,50 2,50

169 1 Neuer Schekel (K-N) 5746–5752 (1985–1991). Typ wie Nr. 163, jedoch Inschrift und Leuchter 2,– 4,–

170 5 Neue Schekalim (K-N) 5751, 5752 (1990, 1991). Typ wie Nr. 164, jedoch Inschrift und Leuchter –,– –,–

38. Jahrestag der Unabhängigkeit des Staates Israel (3)

ST PP

171 1 Neuer Schekel (S) 5746/1986. Symbole für die Kunstrichtungen Literatur, Malerei, Musik, Architektur und Bildhauerei (8010 Ex.) 50,–

172 2 Neue Schekalim (S) 5746/1986. Typ wie Nr. 171 (7344 Ex.) 85,–

173 10 Neue Schekalim (G) 5746/1986. Typ wie Nr. 171 (2485 Ex.) 850,–

4. Banknotenersatzausgabe

VZ ST

174 ½ Neuer Schekel (Al-N-Bro) 5746 (1986). Baron Edmund de Rothschild (1845–1934) vor Namen von Siedlungen, deren Gründung er unterstützte 1,50 2,50

Historische Stätten des Heiligen Landes
5. Ausgabe (3)

ST PP

175 ½ Neuer Schekel (S) 5747/1986. Ansicht der Stadt Akko (auch Akkon, Akka, Acre, früher Ptolemaïs Ake) mit den Kirchen und Moscheen, rechts das Refektorium des Johanniterordens, links davon eine Lilie (zwölfeckig) (6224 Ex.) 40,–

176 1 Neuer Schekel (S) 5747/1986. Typ wie Nr. 175 (6117 Ex.) 80,–

177 5 Neue Schekalim (G) 5747/1986. Typ wie Nr. 175 (2800 Ex.) 540,–

Chanukka-Fest 5747 (2)

178 1 Neuer Schekel (S) 5747/1986. Algerische Lampe (8227 Ex.) 40,–

179 2 Neue Schekalim (S) 5747/1986. Typ wie Nr. 178 (8343 Ex.) 75,–

39. Jahrestag der Unabhängigkeit des Staates Israel
20. Jahrestag der Wiedervereinigung Jerusalems (3)

180 1 Neuer Schekel (S) 5747/1987. Zahl 20 mit hineinkomponiertem Löwentor (Stephanstor) der alten Stadtmauer und Kriegerdenkmal für die im Kampf um die Wiedervereinigung Jerusalems Gefallenen auf dem Munitionshügel (Givat Hatachmoshet) (8107 Ex.) 45,–

ST PP

181 2 Neue Schekalim (S) 5747/1987. Typ wie Nr. 180 (7788 Ex.) 90,–

182 10 Neue Schekalim (G) 5747/1987. Typ wie Nr. 180 (3200 Ex.) 850,–

Historische Stätten des Heiligen Landes
6. Ausgabe (3)

183 ½ Neuer Schekel (S) 5748/1987. Jericho (zwölfeckig) (7590 Ex.) 35,–

184 1 Neuer Schekel (S) 5748/1987. Typ wie Nr. 183 (8196 Ex.) 60,–

185 5 Neue Schekalim (G) 5748/1987. Typ wie Nr. 183 (4000 Ex.) 540,–

Chanukka-Fest 5748 (2)

186 1 Neuer Schekel (S) 5748/1987. Silberner Chanukkaleuchter aus England (1709) mit der Darstellung des Propheten Elias und der ihn speisenden Raben (7810 Ex.) 45,–

187 2 Neue Schekalim (S) 5748/1987. Typ wie Nr. 186 (8039 Ex.) 60,–

40. Jahrestag der Unabhängigkeit des Staates Israel (8)

VZ ST

188 1 Agora 5748 (1988). Typ wie Nr. 159, mit Gedenkinschrift »40 Jahre Israel« über Wertzahl:
a) (Al-N-Bro) –,30 –,50
b) (N) Piéfort, 4,8 g, mit Davidstern –,–

189 5 Agorot 5748 (1988). Typ wie Nr. 160, mit Gedenkinschrift:
a) (Al-N-Bro) –,40 –,70
b) (N) Piéfort, 7,25 g, mit Davidstern –,–

190 10 Agorot 5748 (1988). Typ wie Nr. 161, mit Gedenkinschrift:
a) (Al-N-Bro) –,50 –,90
b) (N) Piéfort, 9,65 g, mit Davidstern –,–

191 ½ Neuer Schekel 5748 (1988). Typ wie Nr. 162, mit Gedenkinschrift:
a) (Al-N-Bro) 1,50 2,50
b) (N) Piéfort, 16 g, mit Davidstern –,–

ST PP

192 1 Neuer Schekel 5748 (1988). Typ wie Nr. 163, mit Gedenkinschrift:
a) (K-N) 2,– 4,–
b) (N) Piéfort, 8,5 g, mit Davidstern –,–

193 1 Neuer Schekel (S) 5748/1988. Die Ausrufung des Staates Israel durch David Ben Gurion, Nationalflaggen und Bild Theodor Herzls in die Zahl 40 hineinkomponiert (8990 Ex.) 45,–

194 2 Neue Schekalim (S) 5748/1988. Typ wie Nr. 193 (9100 Ex.) 65,–

195 10 Neue Schekalim (G) 5748/1988. Typ wie Nr. 193 (4575 Ex.) 750,–

5. Banknotenersatzausgabe

196 1 Neuer Schekel (K-N) 5748/1988. Maimonides, auch Rambam (1135–1204), Rabbi, Physiker, Philosoph und Arzt [München] 2,– 3,80

Historische Stätten des Heiligen Landes
7. Ausgabe (3)

		ST	PP
197	½ Neuer Schekel (S) 5749/1988. Rs. Caesarea [Paris] (5865 Ex.)		35,–

		ST	PP
198	1 Neuer Schekel (S) 5749/1988. Typ wie Nr. 197 [Stuttgart] (6560 Ex.)		50,–
199	5 Neue Schekalim (G) 5749/1988. Typ wie Nr. 197 [RCM] (3454 Ex.)		550,–

Chanukka-Fest 5749 (2)

		ST	PP
200	1 Neuer Schekel (S) 5749/1988. Rs. Leuchter aus Tunesien [Utrecht] (6688 Ex.)	45,–	
201	2 Neue Schekalim (S) 5749/1988. Typ wie Nr. 200 [Utrecht] (7110 Ex.)		70,–

41. Jahrestag der Unabhängigkeit des Staates Israel (3)

		ST	PP
202	1 Neuer Schekel (S) 5749/1989. Rs. Gazelle in Baumgruppe, symbolisch für das Gelobte Land, Inschrift »Ich will dir das liebe Land geben« (Jeremia 3/19) [Stuttgart] (6249 Ex.)	50,–	
203	2 Neue Schekalim (S) 5749/1989. Typ wie Nr. 202 [Utrecht] (7061 Ex.)		70,–
204	10 Neue Schekalim (G) 5749/1989. Typ wie Nr. 202 [RCM] (2743 Ex.)		850,–

Historische Stätten des Heiligen Landes
8. Ausgabe (3)

		ST	PP
205	½ Neuer Schekel (S) 5750/1989. Rs. Jaffa (Joppe) vom Meer aus, Leuchtturm und Segelboot [Stuttgart] (4940 Ex.)	40,–	
206	1 Neuer Schekel (S) 5750/1989. Typ wie Nr. 205 [Stuttgart] (5844 Ex.)		60,–
207	5 Neue Schekalim (G) 5750/1989. Typ wie Nr. 205 [RCM] (2402 Ex.)		500,–

Chanukka-Fest 5750 (2)

		ST	PP
208	1 Neuer Schekel (S) 5750/1989. Rs. Persischer Steinleuchter, Anfang 17. Jh. [FNMT]	45,–	
209	2 Neue Schekalim (S) 5750/1989. Typ wie Nr. 208 [FNMT]		70,–

6. Banknotenersatzausgabe

		ST	PP
210	5 Neue Schekalim (K-N) 5750 (1990). Levi Eschkol (1895–1969), Ministerpräsident 1963–1969 (zwölfeckig) (1 500 000 Ex.)	–,–	

42. Jahrestag der Unabhängigkeit (3)

		ST	PP
211	1 Neuer Schekel (S) 5750/1990 [Stuttgart]		45,–
212	2 Neue Schekalim (S) 5750/1990. Typ wie Nr. 211 [Stuttgart]		70,–

		ST	PP
213	10 Neue Schekalim (G) 5750/1990. Typ wie Nr. 211 [Paris] (1815 Ex.)		850,–

Historische Stätten des Heiligen Landes
9. Ausgabe (3)

		ST	PP
214	½ Neuer Schekel (S) 5751/1990. Rs. See Genezareth (See Kinnereth, See Tiberias, See von Galiläa), Münze aus Tiberias (2. Jh. n. Chr.), Tierkreismosaik aus der Synagoge der Thermalquellen in Tiberias, Relief eines Steines aus Kapernaum und Details des Kursi-Mosaiks [Stuttgart]	40,–	
215	1 Neuer Schekel (S) 5751/1990. Typ wie Nr. 214 [Stuttgart]		60,–

		ST	PP
216	5 Neue Schekalim (G) 5751/1990. Typ wie Nr. 214 [RCM] (1935 Ex.)		–,–

Chanukka-Fest 5751 (2)

		ST	PP
217	1 Neuer Schekel (S) 5751/1990	–,–	
218	2 Neue Schekalim (S) 5751/1990. Typ wie Nr. 217		–,–

43. Jahrestag der Unabhängigkeit (3)

		ST	PP
219	1 Neuer Schekel (S) 5751/1991. Rs. Flugzeug mit Einwanderern, Inschrift »Ich will euch sammeln aus allen Ländern« (Jeremia 32/37). 925er Silber, 14,4 g (max. 15 000 Ex.)	40,–	
220	2 Neue Schekalim (S) 5751/1991. Typ wie Nr. 219. 925er Silber, 28,8 g (max. 15 000 Ex.)		80,–
221	10 Neue Schekalim (G) 5751/1991. Typ wie Nr. 219. 900er Gold, 17,28 g (max. 6000 Ex.)		–,–

Flora und Fauna im Hohenlied – 1. Ausgabe (4)

		ST	PP
222	1 Neuer Schekel (S) 5751/1991. Zwei Zedern, Inschrift »auserwählt wie Zedern« (Hoheslied 5/15). Rs. Taube, Inschrift »Deine Augen sind wie Tauben« (Hoheslied 4/1). 925er Silber, 14,4 g [Stgt]	40,–	
223	1 Neuer Schekel (G) 5751/1991. Typ wie Nr. 222. 900er Gold, 3,46 g [RCM]		–,–
224	2 Neue Schekalim (S) 5751/1991. Typ wie Nr. 222. 925er Silber, 28,8 g [Stgt]		65,–
225	5 Neue Schekalim (G) 5751/1991. Typ wie Nr. 222. 900er Gold, 8,63 g [RCM]		–,–

Chanukka-Fest 5752 (2)

		ST	PP
226	1 Neuer Schekel (S) 5752/1991. Weinkelch aus Deutschland, 19. Jh., Staatswappen. Rs. Moderner Weinbecher des Jerusalemer Künstlers Zelig Segal, Wertangabe [Stgt]		40,–
227	2 Neue Schekalim (S) 5752/1991. Typ wie Nr. 226 [Stgt]		65,–

44. Jahrestag der Unabhängigkeit (3)

228	1 Schekel (S) 5752/1992	–,–
229	2 Schekalim (S) 5752/1992. Typ wie Nr. 228	–,–
230	10 Neue Schekalim (G) 5752/1992. Typ wie Nr. 228	–,–

Flora und Fauna im Hohenlied – 2. Ausgabe (4)

231	1 Neuer Schekel (S) 5752/1992. Blühende Lilie, Inschrift »eine Lilie im Tal« (Hoheslied 2/1). Rs. Gazelle vor Blumenfeld, Inschrift »wie eine Gazelle« (Hoheslied 8/14)	–,–
232	1 Neuer Schekel (G) 5752/1992. Typ wie Nr. 231	–,–
233	2 Neue Schekalim (S) 5752/1992. Typ wie Nr. 231	–,–
234	5 Neue Schekalim (G) 5752/1992. Typ wie Nr. 231	–,–

Chanukka-Fest 5753 (2)

235	1 Neuer Schekel (S) 5753/1992. Polnischer Sabbatleuchter, 19. Jh., Staatswappen. Rs. Moderner Sabbatleuchter, Wertangabe	–,–
236	2 Neue Schekalim (S) 5753/1992. Typ wie Nr. 235	–,–

Flora und Fauna im Hohenlied – 3. Ausgabe (4)

		ST	PP
237	1 Neuer Schekel (S) 5753/1993. Blühender Ast eines Obstbaumes, Inschrift »Apfelbaum unter den wilden Bäumen« (Hoheslied 2/3). Rs. Junge Hirsche vor Blumenfeld, Inschrift »wie ein junger Hirsch« (Hoheslied 8/14)		
238	1 Neuer Schekel (G) 5753/1993. Typ wie Nr. 237		
239	2 Neue Schekalim (S) 5753/1993. Typ wie Nr. 237		
240	5 Neue Schekalim (G) 5753/1993. Typ wie Nr. 237		

Chanukka-Fest 5754 (2)

241	1 Neuer Schekel (S) 5754/1993. Spanische Gewürzdose, 13. Jh., Staatswappen. Rs. Moderne Gewürzdose der Künstlerin Hana Bahar-Paneth, Wertangabe
242	2 Neue Schekalim (S) 5754/1993. Typ wie Nr. 241

Notprägung

		ST
N1	½ Mil (Me) o. J. (1948). Leerer Schild, oben »Kofer Haischun«, unten Wertangabe. Einseitig, inkuse Prägung. 1 g	*200,–*

Italy Italien Italie

Italia

Fläche: 301 225 km², 59 980 000 Einwohner (1986).
Bis zur 375 in voller Schwere beginnenden Völkerwanderung konnte Italien als der kulturelle Mittelpunkt des Abendlandes gelten, nachdem Kaiser Theodosius der Große sein Weltreich unter seine beiden Söhne geteilt hatte. Italien verfiel bald in zahlreiche Teilreiche, die sich unter Ausnützung der ständigen Spannungen zwischen den Frankenkönigen und dem Papst weiter aufsplitterten; hierzu trug der Anspruch der deutschen Könige bei, die als Nachfolger des 800 zum Kaiser gekrönten Frankenkönigs Karl (des Großen) die Kaiserkrönung durch den Papst erstrebten. So entstanden auf italienischem Boden nördlich des Kirchenstaates u. a. die Herzogtümer Savoyen, Mailand, Parma, Modena, das Großherzogtum Toskana und zahlreiche Stadtrepubliken, deren bedeutendste Venedig war. Südlich des Kirchenstaates wurden die Königreiche Neapel und Sizilien teils getrennt, teils als »Königreich Beider Sizilien« von ausländischen Dynastien regiert. Eine vorübergehend erfolgreiche revolutionäre Bewegung in der napoleonischen Zeit bereitete den Boden für die Einheit Italiens vor, die seit 1860 schrittweise vollzogen wurde. Zum König von Italien wurde der König von Sardinien, wie das Reich der Dynastie Savoyen inzwischen genannt wurde, Viktor Emanuel, gewählt. Sein Haus überdauerte die faschistische Epoche (1925–1943) nur um 3 Jahre. Nach der verlustreichen Beteiligung am Zweiten Weltkrieg als eine der »Achsenmächte« führte Italien 1946 die republikanische Staatsform ein. Hauptstadt Rom.

100 Centesimi = 1 Italienische Lira

Regno d'Italia

Viktor Emanuel III. 1900–1946

			SS	VZ
1 (35)	1	Centesimo (Bro) 1902–1908. Viktor Emanuel III. (1869–1947). Kopfbild n. l. Rs. Wert im Kranz:		
		1902	40,–	130,–
		1903–1905, 1908	1,–	6,–
2 (36)	2	Centesimi (Bro) 1903–1908. Typ wie Nr. 1:		
		1903, 1905, 1906, 1908	1,–	6,–
		1907	15,–	75,–
3 (37)	25	Centesimi (N) 1902, 1903. Heraldischer Adler unter schwebender, bebänderter Königskrone mit dem Wappen von Savoyen als Brustschild. Rs. Wertangabe	60,–	160,–
4 (38)	1	Lira (S) 1901–1907. Viktor Emanuel III., Kopfbild n. r. Rs. Heraldischer Adler wie bei Nr. 3:		
		1901, 1902, 1906, 1907	25,–	80,–
		1905	125,–	300,–
5 (39)	2	Lire (S) 1901–1907. Typ wie Nr. 4:		
		1901, 1903, 1904	400,–	750,–
		1902	150,–	300,–
		1905–1907	70,–	180,–
6 (40)	5	Lire (S) 1901. Typ wie Nr. 4 (114 Ex.)		*16000,–*
7 (41)	20	Lire (G) 1902–1910. Viktor Emanuel III, Kopfbild n. l. Rs. Heraldischer Adler:		
		a) 1902 (181 Ex.)		12000,–
		1903	2000,–	2600,–
		1905	1000,–	1400,–
		1908, 1910		–,–
		b) 1902, Eritrea-Gold, kleiner Anker (115 Ex.)		15000,–

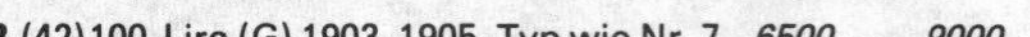

			SS	VZ
8 (42)	100	Lire (G) 1903, 1905. Typ wie Nr. 7	*6500,–*	*9000,–*

			SS	VZ
A8	100	Lire (G) 1903. Viktor Emanuel III., Kopfbild nach rechts. Rs. Zwei weibliche Gestalten, die »Italia« und die »Landwirtschaft« darstellend. Jahreszahl MCMIII, Wertangabe (wenige Ex.)	–,–	–,–

			SS	VZ
9 (43)	1	Centesimo (Bro) 1908–1918. Rs. Stehende Italia:		
		1908	50,–	250,–
		1909–1918	2,–	8,–
10 (44)	2	Centesimi (Bro) 1908–1912, 1914–1917. Typ wie Nr. 9	2,–	8,–
11 (45)	5	Centesimi (Bro) 1908–1918. Typ wie Nr. 9:		
		1908	30,–	70,–
		1909, 1912, 1913, 1915, 1918	6,–	18,–
12 (46)	10	Centesimi (Bro) 1908. Typ wie Nr. 9. Anläßlich der Grundsteinlegung der neuen Münze wurden einige Ex. geprägt	–,–	–,–

SS VZ

13 (47) 20 Centesimi (N) 1908–1935. Bildnis der Italia mit einer Ähre n. l. Rs. Schwebende Italia mit Fackel. Wertangabe, Jahreszahl, Wappenschild. Die Ausgaben ab 1926 sind nicht in den Umlauf gekommen
1908–1914, 1919–1922 2,– 5,–
1926–1935 –,– –,–

14 (48) 1 Lira (S) 1908–1913. Viktor Emanuel III., Kopfbild nach rechts. Rs. Italia in Quadriga:
1908 85,– 145,–
1909, 1910, 1912, 1913 18,– 35,–

15 (49) 2 Lire (S) 1908–1912. Typ wie Nr. 14:
1908 50,– 140,–
1910, 1911 110,– 250,–
1912 20,– 80,–

16 (50) 1 Lira (S) 1915–1917. Typ ähnlich wie Nr. 14:
1915, 1917 12,– 25,–
1916 15,– 60,–

17 (51) 2 Lire (S) 1914–1917. Typ wie Nr. 16:
1914–1916 18,– 36,–
1917 30,– 85,–

18 (52) 5 Lire (S) 1914. Typ wie Nr. 16 7000,–

19 (53) 10 Lire (G) 1910–1927. Viktor Emanuel III., Kopfbild nach links. Rs. Italia mit Pflug:
1910 (1 Ex.) –,–
1912 2000,– 3000,–
1926 –,–
1927 –,–

20 (54) 20 Lire (G) 1910–1927. Typ wie Nr. 19:
1910 (6 Ex.) –,–
1912 1000,– 1400,–
1926, 1927 –,–

21 (55) 50 Lire (G) 1910—1927. Typ wie Nr. 19:
1910 (1 Ex.) –,–
1912 1400,– 2000,–
1926,1927 –,–

22 (56) 100 Lire (G) 1910—1927. Typ wie Nr. 19:
1910 (1 Ex.) –,–
1912 4000,– 5000,–
1926 –,–
1927 –,–

Von den Münzen Nr. 19—22 sind die Jahrgänge 1910 bis auf Belegstücke eingeschmolzen worden; die Jahrgänge 1926 und 1927 sind nicht in den Umlauf gekommen.

50. Jahrestag des Königreichs Italien (4)

23 (57) 10 Centesimi (Bro) 1911. Viktor Emanuel III., Kopfbild n. l. Rs. Sinnbildliche Darstellung der Vereinigung; Fabrikanlage, Bug eines Schiffes, Pflug 9,– 20,–

24 (58) 2 Lire (S) 1911. Typ wie Nr. 23 65,– 110,–

SS VZ

25 (59) 5 Lire (S) 1911. Typ wie Nr. 23 1000,– 1600,–

26 (60) 50 Lire (G) 1911. Typ wie Nr. 23 1300,– 1600,–

27 (61) 5 Centesimi (Bro) 1919—1937. Viktor Emanuel III., Kopfbild nach links. Rs. Weizenähre:
1919 5,– 16,–
1920—1937 1,– 3,–

28 (62) 10 Centesimi (Bro) 1919—1937. Rs. Honigbiene (Apis mellifica — Apidae):
1919 80,– 320,–
1920—1937 2,– 5,–

29 (63) 20 Centesimi (K-N) 1918—1920. Gekröntes Wappen. Rs. Wert im Sechseck 5,– 10,–

30 (64) 50 Centesimi (N) 1919—1935. Rs. Viktor Emanuel III., Kopfbild n. l. Rs. Justitia in Quadriga, von Löwen gezogen. Die Ausgaben nach 1925 sind nicht in Umlauf gekommen:
a) Rand glatt, 1919—1928 18,– 28,–
b) Rand geriffelt, 1919—1935 6,– 15,–

31 (65) 1 Lira (N) 1922—1935. Sitzende Italia. Rs. Wert und Wappen im Kranz. Die Ausgaben nach 1928 sind nicht in Umlauf gekommen 5,– 12,–

32 (66) 2 Lire (N) 1923—1935. Viktor Emanuel III., Kopfbild n. r. Rs. Liktorenbündel. Die Ausgaben nach 1927 sind nicht in Umlauf gekommen 10,– 22,–

33 (67) 5 Lire (S) 1926—1935. Viktor Emanuel III., Kopfbild n. l. Rs. Wappenadler mit Liktorenbündel. Die Ausgaben nach 1930 sind nicht in Umlauf gekommen. 11,– 20,–

			SS	VZ
34 (68)	10	Lire (S) 1926–1934. Rs. Italia in Biga. Die Ausgaben nach 1930 sind nicht in Umlauf gekommen:		
		1926, 1930	75,–	380,–
		1927	32,–	50,–
		1928, 1929	50,–	110,–
		1931–1934		*1000,–*
35 (69)	20	Lire (S) 1927–1934. Die Ausgaben nach 1928 sind nicht in Umlauf gekommen. Fälschungen vorkommend!		
		1927 V		*4000,–*
		1927 VI, 1928 VI	130,–	260,–
		1929–1934		*2000,–*

1. Jahrestag des Marsches auf Rom (2)

36 (72)	20	Lire (G) 1923. Viktor Emanuel III., Kopfbild nach links. Rs. Liktorenbündel und Datum Oktober 1922	800,–	1300,–

37 (73)	100	Lire (G) 1923. Typ wie Nr. 36	1800,–	2750,–

25. Regierungsjubiläum und 10. Jahrestag des Kriegseintritts

38 (74)	100	Lire (G) 1925. Viktor Emanuel III., Kopfbild nach links. Rs. Männliche Figur mit Flagge und Viktoria-Statue in der Hand	4000,—	6000,—

			SS	VZ
39 (70)	50	Lire (G) 1931–1933. Viktor Emanuel III., Kopfbild nach links. Rs. Liktor mit geschultertem Liktorenbündel		
		1931 IX	350,–	450,–
		1931 X	550,–	750,–
		1932 X	400,–	500,–
		1933 XI	550,–	750,–

40 (71)	100	Lire (G) 1931–1933. Rs. Italia, am Bug einer Galeere stehend:		
		1931 IX	450,–	700,–
		1931 X	650,–	1100,–
		1932 X	500,–	750,–
		1933 XI	700,–	1200,–

10. Jahrestag der Beendigung des 1. Weltkrieges

41 (75)	20	Lire (S) 1928. Viktor Emanuel III. mit Stahlhelm. Rs. Liktorenbündel, Löwenkopf, Inschrift MEGLIO VIVERE UN GIORNO DA LEONE CHE CENTO ANNI DA PECORA (Lieber einen Tag wie ein Löwe leben, als 100 Jahre wie Vieh), Wertangabe	200,—	400,—
42 (77)	5	Centesimi (K) 1936—1939. Viktor Emanuel III., Kopfbild nach rechts, Inschrift jetzt RE. E. IMP. statt RE. D. ITALIA. Rs. Adler mit ausgebreiteten Flügeln und Liktorenbündel	1,—	5,—
43 (78)	10	Centesimi (K) 1936—1939. Rs. Liktorenbündel Ähre und Eichenblätter	2,—	5,—
44 (79)	20	Centesimi (N) 1936—1938. Rs. Liktorenbündel vor Kopf im Profil. Die Ausgaben von 1937 und 1938 sind nicht in Umlauf gekommen	110,—	250,—
45 (80)	50	Centesimi (N) 1936—1938. Rs. Adler mit ausgebreiteten Flügeln und Liktorenbündel. Die Ausgaben von 1937 und 1938 sind nicht in Umlauf gekommen	65,—	220,—
46 (81)	1	Lira (N) 1936—1938. Rs. Adler mit ausgebreiteten Flügeln vor Liktorenbündel. Die Ausgaben von 1937 und 1938 sind nicht in Umlauf gekommen	45,—	90,—

		SS	VZ
47 (82)	2 Lire (N) 1936–1938. Rs. Adler im Kranz. Die Ausgaben von 1937 und 1938 sind nicht in Umlauf gekommen:		
	1936	**55,–**	**100,–**
	1937, 1938	–,–	–,–
48 (89)	5 Lire (S) 1936–1941. Rs. Mutter mit Kindern. Die Ausgaben nach 1937 sind nicht in Umlauf gekommen	**60,–**	**120,–**
49 (90)	10 Lire (S) 1936–1941. Rs. Italia, am Bug einer Galeere stehend. Die Ausgaben nach 1936 sind nicht in Umlauf gekommen	**50,–**	**85,–**
50 (91)	20 Lire (S) 1936–1941. Rs. Italia in Quadriga. Die Ausgaben nach 1936 sind nicht in Umlauf gekommen	**1500,–**	**2000,–**

51 (92)	50 Lire (G) 1936. Rs. Emblem in Gestalt eines altrömischen Feldzeichens, zusammengesetzt aus römischem Adler, Wappen des Königtums Italien und Liktorenbündel der Faschistischen Partei	**5000,–**	**7000,–**

52 (93)	100 Lire (G) 1936. Rs. Liktor mit geschultertem Liktorenbündel; Ø 23,5 mm	**6000,–**	**8500,–**
53 (93a)	100 Lire (G) 1937, 1940. Typ wie Nr. 52, Ø 20,7 mm:		
	1937 (249 Ex.)	**10000,–**	**15000,–**
	1940 (2 Ex.)		–,–
54 (77a)	5 Centesimi (Al-Bro) 1939–1943. Typ wie Nr. 42	**2,–**	**5,–**
55 (78a)	10 Centesimi (Al-Bro) 1939–1943. Typ wie Nr. 43	**2,–**	**5,–**
56 (79)	20 Centesimi 1939–1943. Typ wie Nr. 44:		
	a) (St austenitisch) 1939, 1940	**1,–**	**2,–**
	b) (St ferritisch) 1939–1943	**1,–**	**2,–**
57 (80)	50 Centesimi 1939–1943. Typ wie Nr. 45:		
	a) (St austenitisch) 1939, 1940	**1,–**	**4,–**
	b) (St ferritisch) 1939–1943	**1,–**	**4,–**
58 (81)	1 Lira 1939–1943. Typ wie Nr. 46:		
	a) (St austenitisch) 1939, 1940	**2,–**	**4,–**
	b) (St ferritisch) 1939–1943	**2,–**	**4,–**
59 (82)	2 Lire 1939–1943. Typ wie Nr. 47:		
	a) (St austenitisch) 1939, 1940	**3,–**	**6,–**
	b) (St ferritisch) 1939–1943	**3,–**	**6,–**

Nrn. 56a–59a wurden auf Schrötlingen mit schwankendem Nikkelanteil in der Legierung geprägt und daher von Magneten unterschiedlich schwach angezogen. Nrn. 56b–59b bestehen aus der endgültigen Version des Werkstoffes »Acmonital« ohne Nickelanteil, der auf Magneten deutlich anspricht.

Italienische Republik seit 1946
Repubblica Italiana

		SS	VZ
60 (95)	1 Lira (Al) 1946–1950. Kopf der Göttin Ceres. Rs. Apfelsine:		
	1946	**60,–**	**120,–**
	1947	*250,–*	*500,–*
	1948–1950	**1,–**	**6,–**
61 (96)	2 Lire (Al) 1946–1950. Pflügender Bauer. Rs. Weizenähre:		
	1946	**60,–**	**120,–**
	1947	*270,–*	*550,–*
	1948–1950	**3,–**	**10,–**
62 (97)	5 Lire (Al) 1946–1950. Freiheitskopf mit Fackel. Rs. Weintraube (Vitis vinifera – Vitaceae):		
	1946	*400,–*	*700,–*
	1947	*420,–*	*800,–*
	1948–1950	**2,–**	**8,–**

63 (98)	10 Lire (Al) 1946–1950. Pegasus. Rs. Olivenzweig (Olea europaea – Oleaceae):		
	1946	*180,–*	*360,–*
	1947	*1400,–*	*2600,–*
	1948–1950	**3,–**	**15,–**
		VZ	**ST**
64 (99)	1 Lira (Al) 1951–1991. Waage. Rs. Füllhorn:		
	1951–1953	**3,–**	**12,–**
	1954–1959, 1968–1970, 1980–1991	**1,–**	**2,–**
65 (100)	2 Lire (Al) 1953–1991. Honigbiene (Apis mellifica – Apidae). Rs. Olivenzweig:		
	1953–1957, 1959, 1968–1970, 1980–1991	**1,–**	**2,–**
	1958 (125 000 Ex.)	*300,–*	*400,–*

66 (101)	5 Lire (Al) 1951–1991. Ruder. Rs. Gemeiner Delphin (Delphinus delphis – Delphinidae):		
	1951–1955, 1966–1991	**–,40**	**1,–**
	1956 (400 000 Ex.)	*150,–*	*750,–*

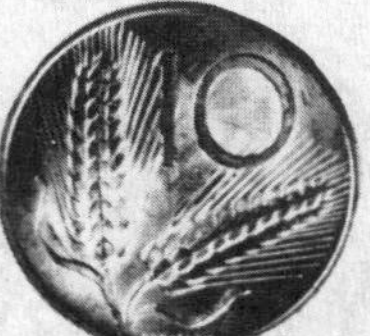

67 (102)	10 Lire (Al) 1951–1991. Pflug. Rs. Weizenähren:		
	1951–1953	**3,–**	**25,–**
	1954	**15,–**	**50,–**
	1955–1956, 1965–1991	**–,40**	**–,80**

		VZ	ST
68 (A102)	20 Lire 1956–1959, 1968–1991. Kopf der Ceres. Rs. Eichenblätter:		
	a) (Al-Bro) Riffelrand, 1956 P (1500 Ex.)	*400,–*	*800,–*
	1957–1959	**1,–**	**8,–**
	b) (Al-N-Bro) 1968 (100 000 Ex.)	*30,–*	*70,–*
	1969–1991	**–,30**	**–,70**

69 (103)	50 Lire (St) 1954–1989. Kopf der Republik mit Eichenkranz. Rs. Vulcanus am Amboß:		
	1954–1957, 1959–1965	**2,50**	**10,–**
	1958	**10,–**	**35,–**
	1966–1989	**–,30**	**–,60**
70 (104)	100 Lire (St) 1955–1989. Kopf der Republik mit Lorbeerkranz. Rs. Minerva mit Schößling:		
	1955–1959	**1,50**	**10,–**
	1960–1964	**1,–**	**2,–**
	1965–1989	**–,60**	**–,90**

In gleicher Zeichnung: Nrn. 112, 113.

71 (105)	500 Lire (S) 1958~1991. Renaissanceporträt eines jungen Mädchens, von neunzehn Stadtwappen umgeben. Rs. Flotte des Kolumbus: Santa Maria, Niña, Pinta, Wertangabe. Jahreszahl in der Randschrift. 835er Silber, 11 g:		
	1958–1960, 1964–1967, 1969, 1970, 1980–1982, 1985–1991	**9,–**	**18,–**
	1961	**20,–**	**60,–**
	1968	**65,–**	**120,–**
	1983	**90,–**	**180,–**
	1984	**35,–**	**75,–**

100. Jahrestag der Einigung Italiens

72 (106) 500 Lire (S) 1961. Sitzende Italia. Rs. Quadriga (27 120 000 Ex.) **12,–** **20,–**

700. Geburtstag von Dante Alighieri

		VZ	ST
73 (107)	500 Lire (S) 1965. Dante Alighieri (1265–1321), Dichter. Rs. Szene aus »Inferno« (Hölle) (5 000 000 Ex.)	**12,–**	**20,–**

Rom – 100 Jahre Hauptstadt Italiens

74 (108) 1000 Lire (S) 1970. Concordia, vergöttlichte Personifizierung der bürgerlichen Einheit, hier der nationalen Einheit Italiens. Nach einem römischen Denar unter Konsul Paullus Aemilius Lepidus, um 62 v. Chr. Rs. Entwurf Michelangelos (1538) für die verschiedenfarbige Steinsetzung auf der Bodenfläche des Kapitolplatzes. 835er Silber, 14,6 g (3 011 000 Ex.) **20,–** **30,–**

100. Geburtstag von Guglielmo Marconi (2)

75 (109) 100 Lire (St) 1974. Guglielmo Marconi (1874–1937), Physiker, erhielt 1909 zusammen mit K. F. Braun den Nobelpreis. Rs. Radioempfänger aus dem Jahr 1926 (50 000 000 Ex.) **–,70** **1,50**

76 (110) 500 Lire (S) 1974. Marconi, Brustbild n. l. Rs. Landkarte Italiens und des Mittelmeerraumes, Radiowellen, Wertangabe (689 752 Ex.) **55,–**

500. Geburtstag von Michelangelo Buonarroti

VZ ST

77 (111) 500 Lire (S) 1975. Michelangelo Buonarroti (1475–1564), Bildhauer, Maler, Baumeister, Brustbild n. l. Rs. »Sibilla Delfica« aus der Sixtinischen Kapelle im Vatikan (269 000 Ex.) 75,–

78 (112) 200 Lire (Al-N-Bro) 1977–1988, 1991. Kopf der Italia. Rs. Zahnrad mit Wertangabe –,80 1,50

Welternährungskonferenz der FAO 1979

79 (113) 100 Lire (St) 1979. Kopf der Ceres. Rs. Kuh mit Kalb (100 000 000 Ex.) –,70 1,–

FAO-Münz-Plan für die Landfrau

80 (116) 200 Lire (Al-N-Bro) 1980. Maria Montessori (1870–1952), Ärztin und Pädagogin. Rs. Landarbeiterin beim Lernen vor Weltkugel, Motto »Fortschritt für die Frau« (48 500 000 Ex.) 1,– 1,50

100 Jahre Marine-Akademie in Livorno

VZ ST

81 (117) 100 Lire (St) 1981. Signet der Akademie. Rs. Flagge vor Gebäude der Marine-Akademie (39 500 000 Ex.) –,70 1,20

Welternährungstag 1981

82 (118) 200 Lire (Al-N-Bro) 1981. Villa Lubin, Rom, Sitz des Internationalen Landwirtschaftsinstitutes. Rs. Mädchen mit Füllhorn (45 207 600 Ex.) 1,50 2,–

2000. Todestag von Virgil

83 (120) 500 Lire (S) 1981. Publius Vergilius Maro (70–19 v. Chr.), römischer Dichter (340 988 Ex.) 40,–

84 (119) 500 Lire (St/Al-N-Bro) 1982–1991. Kopf der Republik. Rs. Piazza del Quirinale, Rom: Obelisk mit Dioskuren vor Palazzo del Quirinale, Sitz des italienischen Staatspräsidenten. Wertangabe auch im Braille-Alphabet 1,70 2,50

350. Jahrestag der Veröffentlichung von Galileis »Dialogo sopra i due massimi sistemi«

VZ ST

85 (122) 500 Lire (S) 1982. Galileo Galilei (1564–1642), Naturforscher. Rs. Emblem der 1605 gegründeten »Academia Nazionale dei Lincei« **45,–**

100. Todestag von Giuseppe Garibaldi

86 (121) 500 Lire (S) 1982. Giuseppe Garibaldi (1807–1882), Freiheitskämpfer. Rs. Karte der Insel Caprera, seit 1854 Wohnsitz Garibaldis (192 999 Ex.) **45,–**

XXIII. Olympische Sommerspiele in Los Angeles 1984

87 (123) 500 Lire (S) 1984. Kopf der Olympia mit Fackel vor Friedenstaube. Rs. Drei Athleten mit dem olympischen Feuer (192 614 Ex.) **60,–**

1. EG-Präsidentschaft Italiens (Januar–Juni 1985)

ST PP

88 (124) 500 Lire (S) 1985. Kopf der Europa, kombiniert mit der Landkarte der EG-Staaten und zehn Sternen. Rs. Flaggen der Mitgliedstaaten, schematische Sitzanordnung im Europa-Parlament (132 500 Ex.) *180,–* *220,–*

Collegio del Mondo Unito dell'Adriatico, Duino, Triest

ST PP

89 (125) 500 Lire (S) 1985. Wappen der Region Friaul (Julisch-Venetien), umgeben von Bauwerken der Region. Rs. Emblem des Collegio del Mondo Unito (126 211 Ex.) **50,–**

Europäisches Jahr der Musik 1985

90 (128) 500 Lire (S) 1985. Rs. Orgel (95 535 Ex.) **46,–**

Jahr der Etrusker

91 (126) 500 Lire (S) 1985. Bronzene Votivstatue eines Kriegers. Rs. Die zwei geflügelten Pferde von Tarquinia (103 651 Ex.) **50,–**

200. Geburtstag von Alessandro Manzoni

92 (127) 500 Lire (S) 1985. Alessandro Manzoni (1785–1873), italienischer Dichter der Romantik. Rs. Zopfhalter Lucias, der Braut Renzos, aus Manzonis Roman »I promessi sposi« (Die Verlobten) (111 563 Ex.) **60,–** *180,–*

XIII. Fußball-Weltmeisterschaft 1986 in Mexiko

93 (129) 500 Lire (S) 1986. Karte Italiens mit Fußball zwischen Sardinien und Sizilien. Rs. Fußball mit Detail vom Kalenderstein der Azteken (111 619 Ex.) **45,–** **80,–**

Internationales Jahr des Friedens 1986

94 500 Lire (S) 1986. Kopf der Pax mit Mauerkrone. Rs. Olivenbaum (109 160 Ex.) **42,–** **75,–**

600. Geburtstag von Donatello

95 500 Lire (S) 1986. Donato di Nicolò di Betto Bardi, genannt Donatello (um 1386–1466), Bildhauer der Frührenaissance. Rs. Stehender David, Bronzeguß von 1432 für Cosimo il Vecchio, heute im Nationalmuseum in Florenz (90 700 Ex.) **50,–** *100,–*

Internationales Jahr der Familie 1987

			ST	PP
96		500 Lire (S) 1987. Frauenkopf mit Marguerite im Haar als Symbol des Lebens und der Mutterschaft. Rs. Familie, von der Sonne als Symbol der Familienwärme bestrahlt (105 200 Ex.)	50,–	75,–

Leichtathletik-Weltmeisterschaft 1987 in Rom

97 (131) 500 Lire (S) 1987. Victoria, geflügelt, vor stilisiertem Stadion. Rs. Zwei Sprinter vor dem Colosseum in Rom (100 150 Ex.) **42,– 80,–**

150. Todestag von Giacomo Leopardi

98 (130) 500 Lire (S) 1987. Giacomo Leopardi (1798–1837), italienischer Dichter. Rs. Allegorie der Dichtung Leopardis (67 500 Ex.) **80,– 100,–**

XXIV. Olympische Sommerspiele 1988 in Seoul

99 500 Lire (S) 1988 (83 000 Ex.) **45,– 80,–**

40. Jahrestag der Verfassung

100 500 Lire (S) 1988. Kopf der Italia, auf dem Haupt das von Kaiser Friedrich II. erbaute Castel del Monte. Rs. Verfassungstext, Eichen- und Olivenzweig (80 400 Ex.) **42,– 75,–**

900 Jahre Universität Bologna (3)

101 100 Lire (S) 1988. Student von einem Fragment des Sarkophags von Giovanni di Legnano. Rs. Turm in Bologna. 835er Silber, 8 g (80 750 Ex.) **25,– 35,–**

102 200 Lire (S) 1988. Rs. Kirche San Petronio, Neues Rathaus, Garisenda- und Asinelli-Turm in Bologna. 835er Silber, 5 g (80 750 Ex.) **26,– 35,–**

		ST	PP
103	500 Lire (S) 1988. Rs. Professor bei der Vorlesung, von einem Basrelief aus Bologna, 13. Jh. 835er Silber, 11 g (80 750 Ex.)	50,–	80,–

100. Todestag des hl. Giovanni Bosco

104 500 Lire (S) 1988. San Giovanni Bosco (1815–1888), Priester und Pädagoge, Gründer der Kongregation der Salesianer Don Boscos. Rs. Allegorische Darstellung »Lernen und Arbeiten« (ST: 51 050 Ex.; PP: 9000 Ex.) **90,– 110,–**

100 Jahre Marinewerft in Taranto

105 200 Lire (Al-N-Bro) 1989 (ST: 42 051 200 Ex.; PP: 9620 Ex.) **1,– 15,–**

Beitritt zur Kampagne »Europa gegen den Krebs«

106 500 Lire (S) 1989. Personifikation der Medizin mit Äskulapstab und Strukturmodell der Desoxyribonukleinsäure. Rs. Mikroskopische Untersuchung von Gewebeproben (ST: 46 385 Ex.; PP: 7598 Ex.) **90,– 140,–**

XIV. Fußball-Weltmeisterschaft 1990 in Italien – 1. Ausgabe (2)

		ST	PP
107	200 Lire (S) 1989. Kopf der Italia mit FIFA-Cup im Haar. Rs. Fußball, von den Kontinenten und deren symbolischen Darstellungen umgeben (ST: 86000 Ex., PP: 28400 Ex.)	30,–	50,–

108	500 Lire (S) 1989. Rs. Weltkugel und Karte Italiens mit Kennzeichnung der Austragunsorte, von deren Stadtwappen umgeben (ST: 86000 Ex., PP: 28400 Ex.)	65,–	120,–

500. Jahrestag der Entdeckung Amerikas – 1. Ausgabe (2)

109	200 Lire (S) 1989. Christoph Kolumbus (1451–1506) auf Armillarsphäre. Rs. Wappen von Kolumbus als Admiral des Ozeans über Delphin auf den Wogen (ST: 75000 Ex., PP: 25000 Ex.)	30,–	50,–

110	500 Lire (S) 1989. Rs. Schiffe im Hafen von Genua, der Heimatstadt des Kolumbus, nach einem Gemälde aus dem 15. Jh. (ST: 75000 Ex., PP: 25000 Ex.)	65,–	120,–

350. Todestag von Tommaso Campanella

111	500 Lire (S) 1989. Tommaso Campanella (1568-1639), Dominikaner und Philosoph (ST: 51200 Ex., PP: 9620 Ex.)	65,–	120,–

		VZ	ST
112	50 Lire (St) 1990, 1991. Typ wie Nr. 69	–,30	–,60
113	100 Lire (St) 1990, 1991. Typ wie Nr. 70	–,60	–,90

100. Jahrestag der IV. Abteilung (Verwaltungsgericht) des Staatsrates

		ST	PP
114	200 Lire (Al-N-Bro) 1990. Italia. Rs. Palazzo Spada in Rom	1,–	15,–

2. EG-Präsidentschaft Italiens (Juli – Dezember 1990)

a b

115	500 Lire (S) 1990. Rs. Buchstaben UME (Europäische Währungsunion) in sinnbildlicher Anordnung (ST: 54000 Ex., PP: 20000 Ex.):		
	a) geringer Abstand zwischen 99 in 1990	100,–	140,–
	b) normaler Abstand zwischen 99 in 1990	40,–	90,–

XIV. Fußball-Weltmeisterschaft 1990 in Italien – 2. Ausgabe

116	500 Lire (S) 1990. Kopf der Italia mit FIFA-Cup im Haar. Rs. Friedenstaube auf mit Weltkugel kombiniertem Fußball (ST: 67500 Ex., PP: 24500 Ex.)	40,–	100,–

500. Jahrestag der Entdeckung Amerikas – 2. Ausgabe

		ST	PP
117	500 Lire (S) 1990. Christoph Kolumbus. Astrolabium, Windrose und Karte der beiden Amerika. Rs. Schematische Darstellung des Astrolabiums, Karavelle auf Wellen (ST: 75000 Ex., PP: 25000 Ex.)	45,–	85,–

500. Geburtstag von Tizian

118 500 Lire (S) 1990. Tiziano Vecellio (1490–1576), Maler, Hauptmeister der venezianischen Hochrenaissance 65,– 100,–

2100 Jahre Milvische Brücke in Rom

119 500 Lire (S) 1991. Kopf der Italia, mit der Milvischen Brücke gekrönt, die Haare mit den Tiberfluten kombiniert, die das Stadtwappen von Rom umfließen. Rs. Milvische Brücke nach einer Radierung von Piranesi. 835er Silber, 15 g 45,– 85,–

Flora und Fauna Italiens – 1. Ausgabe (2)

		ST	PP
120	200 Lire (S) 1991. Kopf der Italia, kombiniert mit Gräsern, Köpfen von Adler und Bär, Schmetterling und Edelweiß. Rs. Wolf und Zitat aus der Divina Commedia von Dante »Temo di perder viver tra coloro che questo tempo chiameranno antico« (Paradiso, Gesang XVII). 835er Silber, 9 g	30,–	
121	500 Lire (S) 1991. Kopf der Italia, von geschützten Tieren und Pflanzen umgeben. Rs. Eiche, zur einen Hälfte absterbend, zur anderen Hälfte durch den Schutz des sich der Wechselwirkung zwischen dem eigenen Leben und der ihn umgebenden Natur bewußten Menschen neu erblühend. 835er Silber, 15 g	45,–	

500. Jahrestag der Entdeckung Amerikas – 3. Ausgabe

122 500 Lire (S) 1991. Christoph Kolumbus vor Windrose. Rs. Karte der Karibik. 835er Silber, 11 g 50,– 100,–

250. Todestag von Antonio Vivaldi

123 500 Lire (S) 1991. Antonio Vivaldi (um 1678–1741), Komponist und Violinvirtuose. 835er Silber, 11 g 62,– –,–

500. Jahrestag der Entdeckung Amerikas – 4. Ausgabe

		ST	PP
124	500 Lire (S) 1992. Christoph Kolumbus und Segel. Rs. Begegnung mit den Kariben. 835er Silber, 15 g	–,–	–,–

XXV. Olympische Sommerspiele 1992 in Barcelona

125 500 Lire (S) 1992. 825er Silber, 15 g –,– –,–

200. Geburtstag von Gioacchino Rossini

126 500 Lire (S) 1992. Gioacchino Rossini. Rs. Violinschnecken, Notenzeilen mit Namenszug. 835er Silber, 15 g –,– –,–

500. Todestag von Lorenzo de Medici

127 500 Lire (S) 1992. Lorenzo de Medici, genannt Il Magnifico. 835er Silber, 15 g –,– –,–

Flora und Fauna – 2. Ausgabe

128 500 Lire (S) 1992. 835er Silber, 15 g –,– –,–

Italian Somaliland

Italienisch-Somaliland

Somalie Italienne

Somalia Italiana

Das unter der Verwaltung der Benadir-Gesellschaft stehende Gebiet wurde 1905 von der italienischen Regierung übernommen. Seit 1960 bildet die ehemalige italienische Kolonie zusammen mit Britisch-Somaliland die Republik Somalia. Hauptstadt: Mogadischu (Mogadiscio).

100 Bese = 1 Rupia; 100 Centesimi = 1 Lira

Viktor Emanuel III. 1905–1944

	SS	VZ
1 (1) 1 Besa (Bro) 1909, 1910, 1913, 1921. Viktor Emanuel III., Brustbild n. l. Rs. Wertangabe	**45,–**	**100,–**
2 (2) 2 Bese (Bro) 1909, 1910, 1913, 1921, 1923, 1924. Typ wie Nr. 1	**55,–**	**120,–**

	SS	VZ
3 (3) 4 Bese (Bro) 1909–1924. Typ wie Nr. 1:		
1909, 1910, 1921, 1923, 1924	**70,–**	**130,–**
1913	**85,–**	**170,–**
4 (4) ¼ Rupia (S) 1910, 1913. Viktor Emanuel III. Kopfbild n. r. Rs. Wertangabe, Jahreszahl, darüber Krone	**100,–**	**220,–**
5 (5) ½ Rupia (S) 1910–1919. Typ wie Nr. 4:		
1910, 1912, 1913, 1919	**130,–**	**260,–**
1915	**180,–**	**320,–**

	SS	VZ
6 (6) 1 Rupia (S) 1910–1921. Typ wie Nr. 4:		
1910, 1912–1915, 1919	**250,–**	**450,–**
1920, 1921	**1100,–**	**2300,–**

NEUE WÄHRUNG: 100 Centesimi = 1 Lira

	SS	VZ
7 (7) 5 Lire (S) 1925. Viktor Emanuel III., gekröntes Brustbild n. r. Rs. Gekröntes Wappen, Wertangabe, Jahreszahl	*220,–*	*450,–*
8 (8) 10 Lire (S) 1925. Typ wie Nr. 7	*300,–*	*650,–*

Weitere Ausgaben siehe unter Somalia.

Jamaica Jamaika Jamaïque

Fläche: 11 525 km²; 2 400 000 Einwohner (1988).
Die Insel Jamaika (Xaymaca, »Land von Holz und Wasser«) wurde 1494 von Christoph Kolumbus entdeckt, der sie zunächst Santiago nannte, und war seit 1670 in britischem Besitz. Vorübergehend gehörte Jamaika zum Westindischen Bund; am 6. August 1962 erklärte sich dieser Inselstaat für unabhängig. Jamaika ist Mitglied des britischen Commonwealth. Hauptstadt: Kingston.

4 Farthings = 1 Penny, 12 Pence = 1 Shilling, 20 Shillings = 1 £;
seit 8. September 1969: 100 Cents = 1 Jamaika-Dollar

Eduard VII. 1901–1910

SS VZ

A1 (4) 1 Farthing (K-N) 1902, 1903. Edward VII. (1841–1910), gekröntes Kopfbild n. r. Rs. Staatswappen, 1661 verliehen, mit waagerechter Schraffur (heraldisch blau tingiert), oben Spitzkrokodil (Crocodylus acutus – Crocodylidae) 20,– 45,–

B1 (5) ½ Penny (K-N) 1902–1904. Typ wie Nr. A1 20,– 45,–

C1 (6) 1 Penny (K-N) 1902–1904. Typ wie Nr. A1 25,– 55,–

1 (7) 1 Farthing (K-N) 1904–1907, 1909, 1910. Rs. Staatswappen mit senkrechter Schraffur (heraldisch rot tingiert), oben Spitzkrokodil 16,– 35,–

2 (8) ½ Penny (K-N) 1904–1907, 1909, 1910. Typ wie Nr. 1 16,– 30,–

3 (9) 1 Penny (K-N) 1904–1907, 1909, 1910. Typ wie Nr. 1 16,– 35,–

Die Kupfernickelprägungen der Jahre 1869–1906 bestehen aus Kupfer 80%, Nickel 20%, seit 1907 aus Kupfer 75%, Nickel 25%.

Georg V. 1910–1936

4 (10) 1 Farthing (K-N) 1914, 1916, 1918, 1919, 1926, 1928, 1932, 1934. Georg V. (1865–1936), gekröntes Kopfbild nach links. Rs. Staatswappen, wie Nr. 1 18,– 35,–

5 (11) ½ Penny (K-N) 1914, 1916, 1918–1920, 1926, 1928. Typ wie Nr. 4 18,– 35,–

6 (12) 1 Penny (K-N) 1914, 1916, 1918–1920, 1926, 1928. Typ wie Nr. 4 18,– 35,–

Georg VI. 1936–1952

7 (13) 1 Farthing (N-Me) 1937. Georg VI. (1895–1952), gekröntes Kopfbild n. l., Umschrift GEORGE VI KING AND EMPEROR OF INDIA. Rs. Staatswappen mit Spitzkrokodil 10,– 22,–

8 (14) ½ Penny (N-Me) 1937. Typ wie Nr. 7 10,– 22,–

9 (15) 1 Penny (N-Me) 1937. Typ wie Nr. 7 18,– 35,–

10 (16) 1 Farthing (N-Me) 1938, 1942, 1945, 1947. Georg VI., größeres Kopfbild n. l. Rs. Staatswappen, wie Nr. 7 1,20 2,–

11 (17) ½ Penny (N-Me) 1938, 1940, 1942, 1945, 1947. Typ wie Nr. 10 4,– 10,–

SS VZ

12 (18) 1 Penny (N-Me) 1938, 1940, 1942, 1945, 1947. Typ wie Nr. 10 3,– 6,–

13 (19) 1 Farthing (N-Me) 1950, 1952. Georg VI., gekröntes Kopfbild n. l., Umschrift KING GEORGE THE SIXTH 2,– 8,–

14 (20) ½ Penny (N-Me) 1950, 1952. Typ wie Nr. 13 2,– 8,–

15 (21) 1 Penny (N-Me) 1950, 1952. Typ wie Nr. 13 3,– 9,–

Elisabeth II. 1952–1962

16 (22) ½ Penny (N-Me) 1955, 1957–1959, 1961–1963. Elisabeth II. (*1926), gekröntes Kopfbild n. r. Rs. Staatswappen, wie Nr. 7 –,50 1,–

17 (23) 1 Penny (N-Me) 1953, 1955, 1957–1963. Typ wie Nr. 16. 1,– 3,–

Unabhängiger Staat seit 1962

18 (24) ½ Penny (N-Me) 1964–1966. Rs. Staatswappen mit Schildhaltern, Helmzier mit Spitzkrokodil, Motto »Out of many One People«, 1962 eingeführt –,40 1,–

19 (25) 1 Penny (N-Me) 1964–1967. Typ wie Nr. 18 –,40 1,–

VIII. Britische Empire- und Commonwealthspiele 1966 in Kingston

ST PP

20 (26) 5 Shillings (K-N) 1966. Staatswappen. Rs. Krone zwischen Jahreszahl, Inschrift von zwanziggliedriger Kette umgeben 8,– 20,–

100 Jahre Münzprägung auf Jamaika (2)

			SS	VZ
21 (27)	½	Penny (Bro) 1969. Elisabeth II., gekröntes Kopfbild nach rechts. Rs. Staatswappen, Jahreszahlen 1869–1969, Wertangabe	**1,–**	**2,50**
22 (28)	1	Penny (Bro) 1969. Typ wie Nr. 21	**1,50**	**3,–**

NEUE WÄHRUNG: 100 Cents = 1 Jamaika-Dollar

Anm. zu Nrn. 23–31, 37–39, 60: Die Kursmünzen der Royal Mint (seit 1969) und der Franklin Mint von 1970 (ohne Msz.) werden mit großem Abstand zwischen den einzelnen Buchstaben des Wortes »JAMAICA« geprägt. Die Ausgaben der Franklin Mint 1971–1984 (mit Msz. FM) tragen den Landesnamen in enger Schreibweise. Seit 1985 prägt die Royal Mint die Dollar-Nominale mit engem Landesnamen im Stil der vorherigen FM-Ausgaben.

ST PP

23 (29) 1 Cent (Bro) 1969–1975. Staatswappen. Rs. Akipflaume (Blighia sapida – Sapindaceae):
a) »JAMAICA« weit, 1969–1971, 1970 [FM] –,50 1,20
b) »JAMAICA« eng, 1971 FM–1975 FM –,50 1,–

24 (30) 5 Cents 1969~1991. Rs. Amerikanisches oder Spitzkrokodil (Crocodylus acutus – Crocodylidae):
a) (K-N) »JAMAICA« weit, 1969, 1970 [FM], 1972, 1975, 1977, 1978, 1980–1989 –,60 2,50
b) (K-N) »JAMAICA« eng,1971 FM–1982 FM, 1984 FM –,60 2,–
c) (St,N galvanisiert) »JAMAICA« weit, 1990, 1991 [RM] –,60 –,–

25 (31) 10 Cents (K-N) 1969~1990. Rs. Ritterfalter (Papilio sp. – Papilionidae) auf Pockholzbaum, Zweig mit Blüten (Guaiacum officinale – Zygophyllaceae):
a) (K-N) »JAMAICA« weit, 1969, 1970 [FM], 1972, 1975, 1977, 1981, 1982, 1984–1989 2,– 5,–
b) (K-N) »JAMAICA« eng, 1971 FM–1982 FM, 1984 FM 2,– 4,–
c)(St, N galvanisiert) »JAMAICA« weit, 1990 2,– –,–

ST PP

26 (32) 20 Cents (K-N) 1969~1990. Rs. Hoher Eibisch oder Mahoe (Hibiscus elatus – Malvaceae):
a) »JAMAICA« weit, 1969, 1970 [FM], 1975, 1982, 1984, 1986, 1988–1990 3,– 8,–
b) »JAMAICA« eng, 1971 FM–1976 FM 3,– 7,–

ST PP

27 (33) 25 Cents (K-N) 1969~1990. Rs. Jamaika-Kolibri (Trochilus polytmus – Trochilidae):
a) »JAMAICA« weit, 1969, 1970 [FM], 1973, 1975, 1982, 1984–1990 3,– 8,–
b) »JAMAICA« eng, 1971 FM–1982 FM, 1984 FM 3,– 7,–

28 (34) 1 Dollar (K-N) 1969~1990. Staatswappen, Wertangabe. Rs. Sir Alexander William Bustamante (1884–1977), 1. Ministerpräsident 1962–1967:
a) »JAMAICA« weit, 1969, 1970 [FM], Ø 38 mm 10,– 15,–
b) »JAMAICA« eng, 1971 FM–1979 FM; Ø 38 mm 10,– 15,–
c) »JAMAICA« eng, 1980 FM–1982 FM; Ø 34 mm *15,–* *30,–*
d) »JAMAICA« eng, 1985, 1987–1990 [RM]; Ø 34 mm –,–

Für den FAO-Münz-Plan

VZ ST

29 (36) 1 Cent (Bro) 1971–1974. Staatswappen. Rs. Akipflaume (Blighia sapida – Sapindaceae), Motto »Let us produce more food«, Wertangabe [RM] –,40 1,–

			ST	PP
30 (35)	5	Dollars (S) 1971. Staatswappen, Wertangabe. Rs. Norman Washington Manley (1893–1969), Ministerpräsident 1959–1962. 925er Silber, 42,1193 g, FM	40,–	40,–

31 (A36) 5 Dollars 1972~1991. Rs. Norman Washington Manley, Kopfbild nach links:
a) (S) 925 fein, 41,4713 g, 1972 FM, 1973 FM; Ø 45 mm **40,–** **40,–**
b) (S) 500 fein, 37,5834 g, 1974 FM–1979 FM; Ø 42 mm **35,–**
c) (S) 500 fein, 37,5834 g, 1980 FM–1982 FM, 1984 FM; Ø 36 mm *50,–*
d) (S) 500 fein, 18,56 g, 1988–1991 [RM]; Ø 36 mm –,–
e) (K-N) 1974 FM–1979 FM; Ø 42 mm **20,–**
f) (K-N) 1980 FM–1982 FM, 1984 FM; Ø 36 mm **25,–**
g) (K-N) 1985, 1987 [RM]; Ø 36 mm –,–

10. Jahrestag der Unabhängigkeit (2)

32 (37) 10 Dollars (S) 1972. Staatswappen, Gedenkumschrift, Wertangabe. Rs. Alexander Bustamante und Norman W. Manley (1893–1969), Inselkarte. 925er Silber, 49,2472 g [RCM] **50,–** **60,–**

			ST	PP
33 (38)	20	Dollars (G) 1972. Rs. Inselkarte, Segelschiffe »Cardera«, »San Juan« und »Niña«. 500er Gold, 15,7484 g [RCM]	280,–	400,–

Bedeutende Seefahrer – 1. Ausgabe

			N	U	ST	PP
34 (39)	10	Dollars 1974. Rs. Sir Henry Morgan (1635–1688), Freibeuter, Vizegouverneur seit 1674:				
		a) (S) 925 fein, 42,7673 g				50,–
		b) (K-N)			20,–	

Bedeutende Seefahrer – 2. Ausgabe (2)

				ST	PP
35 (40)	10	Dollars 1975. Staatswappen, Wertangabe. Rs. Christoph Kolumbus:			
		a) (S) 925 fein, 42,7673 g			60,–
		b) (K-N)		–,–	30,–
36 (41)	100	Dollars (G) 1975. Rs. Christoph Kolumbus. 900er Gold, 7,776 g	*400,–*	300,–	350,–

Für den FAO-Münz-Plan (2)

37 (36a) 1 Cent (Al) 1975~1991. Typ wie Nr. 29 (zwölfeckig):
a) »JAMAICA« weit, 1975–1978, 1980–1982, 1984–1991 (Abb.) **–,50** –,–
b) »JAMAICA« eng, 1976 FM–1982 FM, 1984 FM *3,–* *2,–* *5,–*

Nr. 37a von 1982, falsche Stempelkoppelung (zwei Vorderseiten oder zwei Rückseiten) ST je *500,–*

38 (42) 20 Cents (K-N) 1976~1987. Typ wie Nr. 26, jedoch Umschrift FORESTRY FOR DEVELOPMENT:
a) »JAMAICA« weit, 1976, 1981, 1982, 1984, 1987 (Abb.) **2,50**
b) »JAMAICA« eng, 1977 FM–1982 FM, 1984 FM *5,–* *4,–* *8,–*

39 (43) 50 Cents (K-N) 1975~1990. Rs. Marcus Mosiah Garvey (1887–1940), Politiker (zehneckig):
a) »JAMAICA« weit, 1975, 1984–1990 **3,–** –,–
b) »JAMAICA« eng, 1976 FM–1982 FM, 1984 FM *4,–* *3,–* *6,–*

Bedeutende Seefahrer – 3. Ausgabe (2)

			ST	PP
			M U	
40 (44)	10	Dollars 1976. Rs. Horatio Nelson (1758–1805), britischer Admiral vor seinem Schiff H.M.S. »Hinchinbrook« und der Landkarte von Port Royal:		
		a) (S) 925 fein, 42,7673 g		**70,–**
		b) (K-N)	–,–	**35,–**
41 (45)	100	Dollars (G) 1976. Rs. Horatio Nelson. 900er Gold, 7,83 g	*400,–*	**350,–**

Bedeutende Seefahrer – 4. Ausgabe

			ST	PP
			N U	
42 (46)	10	Dollars 1977. Rs. Admiral George Rodney und sein Flaggschiff »Formidable«:		
		a) (S) 925 fein, 42,7673 g		**70,–**
		b) (K-N) (874 Ex.)	–,– **45,–**	
43 (47)	10	Dollars 1978. Rs. »Out of many, one people« (Aus vielen Herkünften – ein Volk), sinnbildliche Darstellung des Staatsmottos durch Abbildung je eines Paares der vier ethnischen Hauptgruppen, die Jamaika geschaffen haben:		
		a) (S) 925 fein, 42,7673 g		**70,–**
		b) (K-N)	**35,–**	

25. Krönungsjubiläum von Königin Elisabeth II. (3)

			ST	PP
44 (48)	25	Dollars (S) 1978. Rs. Elisabeth II. im Krönungsornat, Gedenkumschrift. 925er Silber, 136,08 g [CHI]	**200,–**	**220,–**
45 (49)	100	Dollars (G) 1978. Typ wie Nr. 44. 900er Gold, 11,34 g [CHI] (5835 Ex.)		**400,–**

			ST	PP
46 (50)	250	Dollars (G) 1978. Typ wie Nr. 44. 900er Gold, 43,22 g [CHI] (3005 Ex.)		**1200,–**

10. Jahrestag der Amtseinführung des englischen Kronprinzen Charles als »21. Prince of Wales« (3)

			ST	PP
47 (52)	25	Dollars (S) 1979. Rs. Prinz Charles im Ornat, Gedenkumschrift [RM], Tower (10000 Ex.)	**200,–**	**220,–**
48 (53)	100	Dollars (G) 1979. Typ wie Nr. 47:		
		a) [CHI] (2891 Ex.)		**500,–**
		b) [RM], Tower (1000 Ex.)		–,–
49 (54)	250	Dollars (G) 1979. Typ wie Nr. 47:		
		a) [CHI] (1650 Ex.)		**1850,–**
		b) [RM], Tower (1000 Ex.)		–,–

Tierwelt der Karibik – 1. Ausgabe

			ST	PP
			N U	
50 (51)	10	Dollars 1979. Rs. Schmetterlinge zwischen Blumen:		
		a) (S) 925 fein, 42,7673 g (8308 Ex.)		**100,–**
		b) (K-N) (2635 Ex.)	–,– **45,–**	

Internationales Jahr des Kindes 1979 (2)

			ST	PP
51 (55)	10	Dollars (S) 1979. Rs. Junge beim Ballspiel vor Inselkarte:		
		a) 925er Silber, 23,3276 g		**60,–**
		b) Piéfort, 925er Silber, 46,6552 g		**300,–**
A51	250	Dollars (G) 1983. Typ wie Nr. 51. Piéfort, 900er Gold, 22,6796 g (32 Ex.)		*3200,–*

XXII. Olympische Sommerspiele 1980 in Moskau (2)

			ST	PP
52 (58)	25	Dollars (S) 1980. Rs. Herbert McKenley, Arthur Wint, Donald Quarrie, Leslie Laing und George Rhoden, jamaikanische Goldmedaillengewinner 1952 und 1976. 925er Silber, 136,08 g, CHI	–,–	**250,–**
53 (59)	250	Dollars (G) 1980. Typ wie Nr. 52. 900er Gold, 11,3398 g, CHI (922 Ex.)		**500,–**

Tierwelt der Karibik – 2. Ausgabe

			ST	PP
54 (56)	10	Dollars 1980. Rs. Jamaika-Kolibris (Trochilus polytmus – Trochilidae) vor Hibiskusblüten:		
		a) (S) 925 fein, 30,28 g (5394 Ex.)		**90,–**
		b) (K-N) (5695 Ex.)	–,–	**45,–**

10 Jahre Karibische Entwicklungsbank

			ST	PP
55 (57)	10	Dollars (S) 1980. Rs. Früchte des Landes vor Weltkugel. 500er Silber, 30,28 g (2327 Ex.)		**60,–**

Zur Hochzeit von Prinz Charles und Lady Diana (3)

			ST	PP
56 (60)	10	Dollars (S) 1981. Rs. Gestaffelte Kopfbilder nach rechts. 925er Silber, 28,28 g [RM]		**80,–**
57 (61)	25	Dollars (S) 1981. Typ wie Nr. 56. 925er Silber, 136,08 g:		
		a) [Valcambi], CHI		–,–
		b) [RM]		**250,–**

			ST	PP
58 (62)	250	Dollars (G) 1981. Typ wie Nr. 56. 900er Gold, 11,3398 g, CHI (1390 Ex.)		900,–

Tierwelt der Karibik – 3. Ausgabe

59 (63) 10 Dollars 1981. Rs. Spitzkrokodil (Crocodylus acutus – Crocodylidae) in Flußlandschaft:
a) (S) 925 fein, 30,28 g (3216 Ex.) 120,–
b) (K-N) (804 Ex.) 40,–

Welternährungstag 1981 (2)

			VZ	ST	PP
60 (64)	20	Cents (K-N) 1981~1988. Rs. Kakaozweig:			
		a) »JAMAICA« weit [RM], 1981	1,50	3,–	
		1984, 1986, 1988	12,–	20,–	
		1985 (500 Ex.)			*150,–*
		b) »JAMAICA« eng, 1981 FM (Abb.)	3,–		
61 (65)	1	Dollar (K-N) 1981. Rs. Früchte des Landes vor Weltkugel	20,–		

XII. Fußball-Weltmeisterschaft 1982 in Spanien (4)

62 (66)	1	Dollar (K-N) 1982. Rs. Torwart	8,–	
63 (68)	10	Dollars (S) 1982. Rs. Einwurf. 925er Silber, 23,3276 g		80,–
64 (69)	25	Dollars (S) 1982. Rs. Fußballspieler vor Weltkugel. 925er Silber, 136,08 g		250,–
65 (70)	250	Dollars (G) 1982. Typ wie Nr. 62. 900er Gold, 11,3398 g (694 Ex.)		750,–

Tierwelt der Karibik – 4. Ausgabe

66 (67) 10 Dollars 1982. Rs. Mungo:
a) (S) 925 fein, 30,28 g (1852 Ex.) 120,–
b) (K-N) 45,–

Zum königlichen Besuch (3)

			ST	PP
67 (74)	10	Dollars (S) 1983. Rs. Gestaffelte Porträts von Königin Elisabeth II. und Prinz Philipp		70,–
68 (75)	25	Dollars (S) 1983. Typ wie Nr. 67 (5000 Ex.)		200,–
69	250	Dollars (G) 1983. Typ wie Nr. 67 (5000 Ex.)		650,–

21. Jahrestag der Unabhängigkeit (11)

70	1	Cent (Al) 1983. Staatswappen, Umschrift INDEPENDENCE 21ST ANNIVERSARY. Rs. wie Nr. 37 FAO-Ausgabe) (zwölfeckig)	*1,50*	*2,50*
71	5	Cents (K-N) 1983. Rs. wie Nr. 24	*1,50*	*3,–*
72	10	Cents (K-N) 1983. Rs. wie Nr. 25	*1,80*	*4,50*
73	20	Cents (K-N) 1983. Rs. wie Nr. 38 (FAO-Ausgabe)	*2,–*	*6,–*
74	25	Cents (K-N) 1983. Rs. wie Nr. 27	*3,–*	*9,–*
75	50	Cents (K-N) 1983. Rs. wie Nr. 39 (zehneckig)	*5,–*	*12,–*
76	1	Dollar (K-N) 1983. Rs. wie Nr. 28	*10,–*	*30,–*
A76	1	Dollar (K-N) 1983. Rs. Sir Alexander W. Bustamante und Norman W. Manley, Jahreszahlen, Motto »Onward Together – Land We Love«		16,–

77 (71) 5 Dollars 1983. Rs. wie Nr. 31:
a) (S) 500 fein, 37,5834 g (609 Ex.) *45,–*
b) (K-N) *18,–*

78 (72) 10 Dollars 1983. Typ wie Nr. A76:
a) (S) 925 fein, 30,28 g (1121 Ex.) 120,–
b) (K-N) (1350 Ex.) 40,–

79 (73) 100 Dollars (G) 1983. Typ wie Nr. A76. 900er Gold, 7,1279 g (477 Ex.) 400,–

XXIII. Olympische Sommerspiele in Los Angeles 1984 (2)

80 (76)	10	Dollars (S) 1984. Rs. Sprinter beim Start, Fackel. 925er Silber, 23,3276 g	120,–
81 (77)	25	Dollars (S) 1984. Rs. Sprinter beim Start. 925er Silber, 136,08 g (3300 Ex.)	*160,–*

Jahrzehnt für die Frauen 1976–1985 (3)

82	10	Dollars (S) 1984. Rs. Frau mit Früchtekorb vor Inselkarte. 925er Silber, 23,3276 g (2260 Ex.)	100,–
A82	25	Dollars (S) 1984. Typ wie Nr. 82. 925er Silber, 23,3276 g (ca. 20 Ex.) (1986 geprägt)	*600,–*

83 (79) 250 Dollars (G) 1984. Typ wie Nr. 82. 900er Gold, 11,3398 g (550 Ex.) 750,–

100. Geburtstag von A. Bustamante (2)

		ST	PP
84	1 Dollar (K-N) 1984. Rs. Sir Alexander W. Bustamante (1884–1977)	–,–	25,–
85 (78)	100 Dollars (G) 1984. Typ wie Nr. 84. 900er Gold, 7,1279 g (551 Ex.)		400,–

Tierwelt der Karibik – 5. Ausgabe

86 10 Dollars 1984. Rs. Zwei blaue Marlin (Makaira indica – Istiophoridae):
a) (S) 925 fein, 23,3276 g — 120,–
b) (K-N) — 40,–

Internationales Jahr der Jugend 1985

87 10 Dollars (S) 1985. Rs. Köpfe von Jugendlichen verschiedener Nationalität. 925er Silber, 23,3276 g (1500 Ex.) — 80,–

88 (80) 25 Dollars (S) 1985. Rs. Zwei Buckelwale (Megaptera novae-angliae – Balaenopteridae) und Inselkarte. 925er Silber, 136,08 g (2600 Ex.) — 250,–

XIII. Commonwealth-Spiele 1986 in Edinburgh

89 (82) 10 Dollars (S) 1986. Rs. Staffelläufer. 925er Silber, 28,28 g — 50,– 110,–

XIII. Fußball-Weltmeisterschaft 1986 in Mexiko (2)

90 (81) 25 Dollars (S) 1986. Rs. Zwei Spieler im Kampf um den Ball. 925er Silber, 23,3276 g — 90,–

PP

91 100 Dollars (S) 1986. Typ wie Nr. 90. 925er Silber, 136,08 g — 250,–

25. Jahrestag der Unabhängigkeit (3)

92 10 Dollars (S) 1987. Elisabeth II. Rs. Staatswappen. 925er Silber, 22,45 g (500 Ex.) — *100,–*

93 25 Dollars (S) 1987. Typ wie Nr. 92. 925er Silber, 37,78 g (1900 Ex.) — 140,–

94 250 Dollars (G) 1987. Typ wie Nr. 92. 900er Gold, 16 g, (250 Ex.) — 1200,–

100. Geburtstag von M. Garvey (3)

95 50 Cents (K-N) 1987. Rs. Marcus Mosiah Garvey (1887–1940), Gedenkumschrift (zehneckig) (500 Ex.) — *100,–*

96 10 Dollars (S) 1987. Typ wie Nr. 95. 925er Silber, 22,45 g (1000 Ex.) — 120,–

97 100 Dollars (G) 1987. Typ wie Nr. 95. 900er Gold, 11,34 g (250 Ex.) — 900,–

Vogelwelt der Karibik

		ST	PP
98	100 Dollars (S) 1987. Rs. Mango-Kolibri (Anthracothorax mango – Trochilidae). 925er Silber, 136,08 g		230,–

50 Jahre Arbeiterbewegung und Nationales Jahr der Arbeiter 1988

99	10 Dollars 1988. Rs. Emblem [RM]:		
	a) (S) 925 fein, 22,45 g (1500 Ex.)		110,–
	b) (K-N)	15,–	

XXIV. Olympische Sommerspiele 1988 in Seoul (2)

100	25 Dollars (S) 1988. Rs. Staffelläufer. 925er Silber, 23,3276 g	75,–
101	100 Dollars (S) 1988. Typ wie Nr. 100. 925er Silber, 136,08 g	250,–

500. Jahrestag der Entdeckung Amerikas – 1. Ausgabe

102	10 Dollars (S) 1989. Rs. Santa Maria, Niña, Pinta. 925er Silber, 22,45 g [RM] (5500 Ex.)	85,–

Banknotenersatzausgabe

		VZ	ST	PP
103	1 Dollar (N-Me) 1990, 1991. Staatswappen. Rs. Sir Alexander William Bustamante (1884–1977) [RM]	3,50	6,–	–,–

500. Jahrestag der Entdeckung Amerikas – 2. Ausgabe

		PP
104	10 Dollars (S) 1990. Rs. Christoph Kolumbus, eines seiner Schiffe und Kreuz der römisch-katholischen Kirche [RM] (max. 10 500 Ex.)	85,–

Nrn. 37a, 24c, 25c, 26a, 27a, 39a, 28d, 31d, 104 von 1990, polierte Platte (max. 500 Ex.) 200,–

		PP
105	25 Dollars (S) 1990. Rs. Stürmer. 925er Silber, 23,3276 g, CHI	75,–
106	100 Dollars (S) 1990. Typ wie Nr. 105. 925er Silber, 136,08 g CHI	190,–

		VZ	ST	PP
107	10 Cents (St, N galvanisiert) 1991. Rs. Paul Bogle, Nationalheld	1,–	2,–	–,–
108	25 Cents (St, N galvanisiert) 1991. Typ wie Nr. 39 (siebeneckig)	1,50	3,–	–,–

500. Jahrestag der Entdeckung Amerikas – 3. Ausgabe

		PP
109	10 Dollars (S) 1991. Rs. »Pinta« [RM] (max. 5500 Ex.)	85,–

Nrn. 37a, 24c, 107, 108, 103, 31d, 109 von 1991, polierte Platte (max. 500 Ex.) 240,–

500. Jahrestag der Entdeckung Jamaikas (2)

110	25 Dollars (S) 1991. Rs. Kolumbus und Isabella, Segelschiff und Karte von Jamaika, CHI	75,–
111	100 Dollars (S) 1991	–,–

XXV. Olympische Sommerspiele 1992 in Barcelona (3)

112	25 Dollars (S) 1992. Rs. Zwei Radrennfahrer, CHI	80,–
113	25 Dollars (S) 1992. Rs. Boxer im Ring, CHI	80,–
114	100 Dollars (S) 1992. Typ wie Nr. 113, CHI	200,–

Frühere Ausgaben siehe Weltmünzkatalog 19. Jahrhundert.

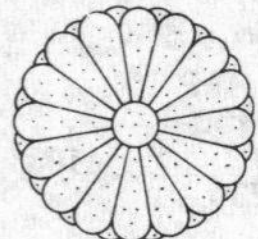

Japan | **Japan** | **Japon**

Japan

Nippon / Nihon

Fläche: 369661 km²; 123200000 Einwohner (1990).
Das japanische Kaiserreich besteht seit etwa 660 v. u. Z. bis in die Gegenwart. Nachdem in der Mitte des vorigen Jahrhunderts die starre Isolierung gegenüber der Außenwelt aufgegeben wurde, begann auch in Japan die Industrialisierung, die insbesondere nach dem 2. Weltkrieg stark forciert wurde und Japan zu einer wirtschaftlichen Weltmacht aufsteigen ließ. Hauptstadt: Tokio (Tokyo).
Die ersten Münzen wurden in Japan nach dem Vorbild der gegossenen chinesischen Käsch-Münzen Anfang des 7. Jahrhunderts ausgegeben. Später wurden auch Silber- und Goldmünzen in Umlauf gebracht. Diese alten Münzformen wurden um 1870 durch die Einführung moderner geprägter Rundmünzen abgelöst. Die auf den modernen Münzen angegebenen Jahreszahlen beziehen sich auf die Regierungs-Ären (jap. Nengo) der jeweils herrschenden Kaiser (jap. Tenno), bei deren Beginn die Jahre wieder von eins an gezählt werden. In den Zeitabschnitt dieses Kataloges fallen die Regierungszeiten der Kaiser

Mutsuhito, Ära Meiji	明治	1868–1912
Yoshihito, Ära Taisho	大正	1912–1926
Hirohito, Ära Showa	昭和	1926–1989
Akihito, Ära Heisei	平成	1989–

Mit der Einführung der modernen Münzen wurden folgende Nominale und Wertverhältnisse festgelegt:

10 Rin 厘 = 1 Sen (銭);

100 Sen = 1 Yen (圓 oder 円).

Während des Zeitabschnittes dieses Kataloges wurden auf den japanischen Münzen folgende Landesbezeichnungen verwendet:

–1945: 大日本

1945–1947:

1947–: 日本國 oder 日本国

Kaiser: Mutsuhito (1868–1912)

Ära: Meiji 明治

		SS	VZ
A1	5 Rin (Bro) 1899, 1906, 1909	–,–	–,–

1 (20) 1 Sen (Bro) 1898–1902, 1906. Strahlensonne im Perlkreis. In der Umschrift 1 SEN sowie Landesbezeichnung, Ära und Jahreszahl in japanischen Schriftzeichen. Rs. Wertangabe in japanischen Schriftzeichen in einem Kranz von Reisrispen. Die Ausgabe 1906 ist eine Versuchsprägung! **8,– 28,–**

2 (21) 5 Sen (K-N) 1895–1905. Ähnlich Typ Nr. 1, jedoch geänderte Wertangabe. Die Ausgaben 1895 und 1896 sind Versuchsprägungen! **13,– 32,–**

3 (23) 10 Sen (S) 1873–1902, 1904–1906. Drache im Perlkreis. In der Umschrift 10 SEN sowie Landesbezeichnung. Ära und Jahreszahl in japanischen Schriftzeichen. Rs. Wertangabe in japanischen Schriftzeichen in einem Kranz von Zweigen. Oben des Staatsemblem **12,– 30,–**

4 (24) 20 Sen (S) 1873–1901, 1904, 1905. Wie Typ Nr. 3, jedoch geänderte Wertangabe **20,– 45,–**

SS VZ

5 (25) 50 Sen (S) 1873–1905. Wie Typ Nr. 3, jedoch geänderte Wertangabe **40,– 100,–**

5a 1 Yen (S) 1873. Typ wie Nr. 6, jedoch mit Jahreszahl 1873 auf der Rs. unterhalb der gebundenen Zweige. Versuchsprägung! **6500,- 8500,-**

6 (A25) 1 Yen (S) 1874–1906, 1908, 1912. Wie Typ Nr. 3, jedoch geänderte Wertangabe (in der Umschrift der Vs. 416. ONE YEN. 900) **95,– 170,–**

6a 1 Yen (S) 1901. Strahlensonne im Doppelkreis. In der Umschrift 1 YEN sowie Landesbezeichnung. Ära und Jahreszahl in japanischen Schriftzeichen. Rs. wie Typ Nr. 6. Versuchsprägung! **–,– –,–**

7 (29) 10 Sen (S) 1906–1912. Strahlensonne in einem Kreis von Rosetten. In der Umschrift 10 SEN sowie Landesbezeichnung, Ära und Jahreszahl in japanischen Schriftzeichen. Rs. Wertangabe in japanischen Schriftzeichen in einem Kranz von zwei Zweigen. Oben das Staatsemblem. (Rs. ähnlich Typ Nr. 3). Die Ausgabe 1906 wurde nicht in Umlauf gebracht **8,– 20,–**

8 (30) 20 Sen (S) 1906–1911. Wie Typ Nr. 7, jedoch geänderte Wertangabe **11,– 25,–**

SS VZ

9 (31) 50 Sen (S) 1906–1912. Wie Typ Nr. 7, jedoch geänderte Wertangabe **20,– 40,–**

10 (32) 5 Yen (G) 1897, 1898, 1903, 1911, 1912. Strahlensonne in oktogonaler Umrandung. In der Umschrift Landesbezeichnung, Ära, Jahreszahl und Wertangabe in japanischen Schriftzeichen. Rs. Wertangabe in japanischen Schriftzeichen in einem Kranz von zwei Zweigen. Oben das Staatsemblem. (Rs. ähnlich Typ Nr. 3) **1800,– 2800.–**

11 (33) 10 Yen (G) 1897–1904, 1907–1910. Typ wie Nr. 10, jedoch geänderte Wertangabe **1500,– 2200,–**

12 (34) 20 Yen (G) 1897, 1903–1912. Wie Typ Nr. 10, jedoch geänderte Wertangabe **3000,– 4000,–**

Kaiser: Yoshihito (1912–1926)

Ära: Taisho 大正

		SS	VZ
13 (35)	1 Sen (Bro) 1913–1915. Wie Typ Nr. 1, jedoch jetzt mit den japanischen Schriftzeichen für die Taisho-Ära	7,–	18,–
14 (36)	10 Sen (S) 1912–1917. wie Typ Nr. 7, jedoch jetzt mit den japanischen Schriftzeichen für die Taisho-Ära	10,–	20,–
15 (37)	50 Sen (S) 1912–1917. Wie Typ Nr. 9, jedoch jetzt mit den japanischen Schriftzeichen für die Taisho-Ära	30,–	60,–
16 (38)	1 Yen (S) 1914. Wie Typ Nr. 6, jedoch jetzt mit den japanischen Schriftzeichen für die Taisho-Ära	80,–	160,–
17 (39)	5 Yen (G) 1913, 1924. Wie Typ Nr. 10, jedoch jetzt mit den japanischen Schriftzeichen für die Taisho-Ära	2000,–	3000,–
18 (40)	20 Yen (G) 1912–1920. Wie Typ Nr. 12, jedoch jetzt mit den japanischen Schriftzeichen für die Taisho-Ära	2800,–	4500,–

19 (41) 5 Rin (Bro) 1916–1919. Kiri-mon (Paulownia imperialis) = Kaiserwappen. In der Umschrift Landesbezeichnung, Ära und Jahreszahl in japanischen Schriftzeichen. Rs. Wertangaben in japanischen Schriftzeichen im Doppelkreis, Umrandung durch Arabesken und zwei Rosetten **3,– 10,–**

20 (42) 1 Sen (Bro) 1916–1924. Wie Typ Nr. 19, jedoch geänderte Wertangabe **1,50 5,–**

21 (43) 5 Sen (K-N) 1916–1920. Zentrisches Loch in oktogonaler Umrandung. In der Umschrift Landesbezeichnung, Ära und Jahreszahl in japanischen Schriftzeichen. Rs. Wertangabe in japanischen Schriftzeichen über Blattdekor. Mit zentrisch rundem Loch. Ø 21 mm. Die Ausgabe 1916 ist eine Versuchsprägung! **15,– 35,–**

		SS	VZ
21a (44)	5 Sen (K-N) 1920–1923. Wie Typ Nr. 21 jedoch Ø nur 18,5 mm	2,–	6,–

22 (45) 10 Sen (K-N) 1920–1923, 1925, 1926. Wie Typ Nr. 21, jedoch geänderte Wertangabe **2,– 5,–**

22a 10 Sen (S) 1918, 1919. Strahlensonne mit Taube im Zentrum. In der Umschrift 10 SEN sowie Landesbezeichnung, Ära und Jahreszahl in japanischen Schriftzeichen. Rs. Wertangabe in japanischen Schriftzeichen zwischen zwei Phönixen. Oben das Staatsemblem. Beide Ausgaben wurden nicht in Umlauf gebracht **–,– –,–**

22b 20 Sen (S) 1918, 1919, 1921. Wie Typ Nr. 22a, jedoch geänderte Wertangabe. 720er Silber, 3 g. Versuchsprägungen! **–,– –,–**

22c 50 Sen (S) 1918, 1919. Wie Typ Nr. 22a, jedoch geänderte Wertangabe. Beide Ausgaben wurden nicht in Umlauf gebracht **–,– –,–**

23 (46) 50 Sen (S) 1922–1926. Strahlensonne im Zentrum (geänderte Zeichung gegenüber Typ Nr. 22a). In der Umschrift Landesbezeichnung, Ära und Jahreszeit in japanischen Schriftzeichen. Rs. ähnlich Typ Nr. 22a **10,– 20,–**

Kaiser: Hirohito (1926–1989)

Ära: Showa 昭和

		SS	VZ
24 (47)	1 Sen (Bro) 1927, 1929–1938. Wie Typ Nr. 20, jedoch geänderte Wertangabe und jetzt mit den japanischen Schriftzeichen für die Showa-Ära	2,–	4,–
25 (48)	5 Sen (K-N) 1932. Wie Typ Nr. 21a, jedoch mit den japanischen Schriftzeichen für die Showa-Ära	4,–	7,–
26 (49)	10 Sen (K-N) 1927–1929, 1931, 1932. Wie Typ Nr. 22, jedoch jetzt mit den japanischen Schriftzeichen für die Showa-Ära	2,–	5,–

27 (50)	50 Sen (S) 1928–1938. Wie Typ Nr. 23, jedoch mit den japanischen Schriftzeichen für die Showa-Ära	10,–	20,–
28 (51)	5 Yen (G) 1930. Wie Typ Nr. 10, jedoch jetzt mit den japanischen Schriftzeichen für die Showa-Ära	*20 000,–*	*40 000,–*
29 (52)	20 Yen (G) 1930–1932. Wie Typ Nr. 12. jedoch jetzt mit den japanischen Schriftzeichen für die Showa-Ära	*15 000,–*	*30 000,–*

30 (55)	1 Sen (Me) 1938. Im Zentrum ein Vogel. Landesbezeichnung, Ära und Jahreszahl als Umschrift in japanischen Schriftzeichen in ornamentaler Umrandung. Oben das Staatsemblem, unten Kiri-mon (Kaiserwappen). Ø 23 mm	2,–	6,–
30a	1 Sen (Al) 1938. wie Typ Nr. 30. Versuchsprägung!	–,–	–,–

31 (56)	1 Sen (Al) 1938–1940. Wie Typ Nr. 30, jedoch Ø 18 mm	1,50	3,–
31a	5 Sen (N) 1933. Landesbezeichnung, Ära und Jahreszahl als Umschrift in japanischen Schriftzeichen, rechts und links mit ornamentalem Untergrund. Rs. Wertangabe in japanischen Schriftzeichen. Oben das Staatsemblem, unten Kiri-mon (Kaiserwappen). Mit zentrischem runden Loch. Versuchsprägung!	–,–	–,–

		SS	VZ
32 (53)	5 Sen (N) 1933–1938. Zentrisches rundes Loch in achtfach geschweifter Umrandung. Landesbezeichnung, Ära und Jahreszahl als Umschrift in japanischen Schriftzeichen. Rs. Wertangabe in japanischen Schriftzeichen. Oben das Staatsemblem, unten ein stilisierter Vogel. Die Ausgabe 1938 wurde nicht in Umlauf gebracht	3,–	8,–
32a	10 Sen (N) 1933. Wie Typ Nr. 32, jedoch geänderte Wertangabe. Versuchsprägung!	–,–	–,–

33 (57)	5 Sen (Al-Bro) 1938–1940. Landesbezeichnung, Ära und Jahreszahl als Umschrift in japanischen Schriftzeichen. Links und rechts eine Blume. Rs. Wertangabe in japanischen Schriftzeichen. Oben das Staatsemblem, unten Kiri-mon (Kaiserwappen). Mit zentrischem runden Loch	2,–	5,–

34 (54)	10 Sen (N) 1933–1937. wie Typ Nr. 31a, jedoch geänderte Wertangabe und keine Versuchsprägung	3,–	7,–

35 (58)	10 Sen (Al-Bro) 1938–1940. Landesbezeichnung, Ära und Jahreszahl als Umschrift in japanischen Schriftzeichen. Rs. Wertangabe in japanischen Schriftzeichen. Oben das Staatsemblem, unten Wellendekor vor strahlenförmigem Hintergrund. Mit zentrischem runden Loch	2,–	6,–

			SS	VZ
36 ((59)	1	Sen (Al) 1941–1943. Landesbezeichnung. Ära und Jahreszahl als Umschrift in japanischen Schriftzeichen. Rs. Fudschijama (vulkanischer Berg, 3778 m, Nationalheiligtum). Oben Staatsemblem, unten Wertangabe in japanischen Schriftzeichen. Gewicht 0,65 g	1,–	2,–
36a (59a)	1	Sen (Al) 1943. Wie Typ Nr. 36, jedoch Gewicht nur 0,55 g (dünnere Münzplatte)	2,–	4,–

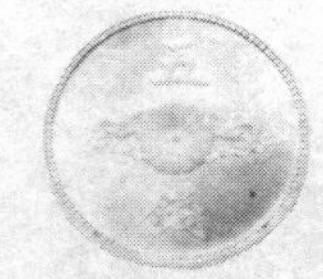

37 (60)	5	Sen (Al) 1940, 1941. Wanderfalke (Falco peregrinus callidus – Falconidae) (stilisiert) sowie Landesbezeichnung, Ära und Jahreszahl als Umschrift in japanischen Schriftzeichen. Rs. Im Zentrum das Staatsemblem. Oben und unten Wertangabe in japanischen Schriftzeichen. Gewicht 1,2 g	1,–	3,50
37a (60a)	5	Sen (Al) 1941, 1942. Wie Typ Nr. 37, jedoch Gewicht nur 1,0 g (dünnere Münzplatte)	2,–	5,–
37b (60b)	5	Sen (Al) 1943. Wie Typ Nr. 37, jedoch Gewicht nur 0,8 g (dünnere Münzplatte)	2,20	5,–

38 (61)	10	Sen (Al) 1940, 1941. Im Zentrum eine stilisierte Blume, Landesbezeichnung, Ära und Jahreszahl als Umschrift in japanischen Schriftzeichen. Rs. Im Zentrum das Staatsemblem. Oben Wertangabe in japanischen Schriftzeichen, unten Blattdekor. Gewicht 1,5 g	1,–	3,50
38a (61a)	10	Sen (Al) 1941, 1942. Wie Typ Nr. 38, jedoch Gewicht 1,2 g (dünnere Münzplatte)	1,–	5,–
38b (61b)	10	Sen (Al) 1943. Wie Typ Nr. 38, jedoch Gewicht 1,0 g (dünnere Münzplatte)	1,50	5,–
39 (62)	1	Sen (Zinn) 1944, 1945. Landesbezeichnung, Ära und Jahreszahl in japanischen Schriftzeichen. Rs. Im Zentrum das Staatsemblem. Oben und unten Wertangabe in japanischen Schriftzeichen	–,80	2,50
40 (63)	5	Sen (Zinn) 1944. Landesbezeichnung, Ära und Jahreszahl als Umschrift in japanischen Schriftzeichen. Rs. Rechts und links Wertangabe in japanischen Schriftzeichen. Oben das Staatsemblem und unten Kiri-mon (Kaiserwappen). Mit zentrischem runden Loch	2,–	3,50

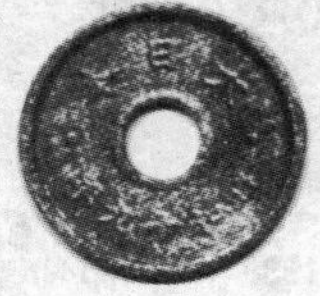
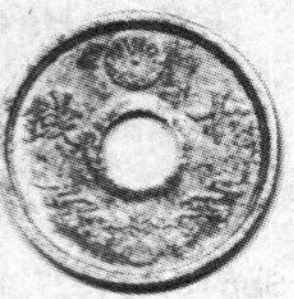

			SS	VZ
41 (64)	10	Sen (Zinn) 1944. Wie Typ Nr. 40, jedoch geänderte Wertangabe	1,–	4,–
41a	1	Sen (Fiber) undatiert (1945?). Im Zentrum eine stilisierte Blume. Landesbezeichnung als Umschrift in japanischen Schriftzeichen. Rs. Fudschijama sowie Wertangabe in japanischen Schriftzeichen. Diese Ausgabe wurde nicht in Umlauf gebracht	–,–	–,–
41b	5	Sen (Fiber) 1945. Im Zentrum eine stilisierte Blume (geänderte Zeichnung gegenüber Typ Nr. 41a). Landesbezeichnung, Ära und Jahreszahl als Umschrift in japanischen Schriftzeichen. Rs. Staatsemblem und Wertangabe in japanischen Schriftzeichen. Diese Ausgabe wurde nicht in Umlauf gebracht	–,–	–,–
41c	10	Sen (Fiber) 1945. Im Zentrum das Kaiserwappen (Kiri-mon). Landesbezeichnung. Ära und Jahreszahl als Umschrift in japanischen Schriftzeichen. Rs. Reispflanze sowie Wertangabe in japanischen Schriftzeichen. Im Zentrum das Staatsemblem. Diese Ausgabe wurde nicht in Umlauf gebracht	–,–	–,–
41d	1	Sen (Porzellan) 1945. Im Zentrum das Kaiserwappen (Kiri-mon). Landesbezeichnung, Ära und Jahreszahl als Umschrift in japanischen Schriftzeichen. Rs. Staatsemblem und Wertangabe in japanischen Schriftzeichen. Nicht in Umlauf gebracht!	180,–	250,–
41e	5	Sen (Porzellan) 1945. Typ wie Nr. 41d. Nicht in Umlauf gebracht!	180,–	250,–
41f	10	Sen (Porzellan) 1945. Typ wie Nr. 41d. Nicht in Umlauf gebracht!	180,–	250,–
41g	1	Sen (Porzellan) 1945. Im Zentrum eine stilisierte Blume, Landesbezeichnung, Ära und Jahreszahl als Umschrift in japanischen Schriftzeichen. Rs. Staatsemblem, Wertangabe und Kaiserwappen (Kiri-mon). Nicht in Umlauf gebracht!	280,–	360,–
41h	5	Sen (Porzellan) 1945. Typ wie Nr. 41g. Nicht in Umlauf gebracht!	280,–	360,–
41i	10	Sen (Porzellan) 1945. Typ wie Nr. 41g. Nicht in Umlauf gebracht!	280,–	360,–

Ab Nr. 42 geänderte Landesbezeichnung!

42 (65)	5	Sen (Zinn) 1945, 1946. Im Zentrum die Ziffer 5. Landesbezeichnung, Ära und Jahreszahl als Umschrift in japanischen Schriftzeichen. Rs. In der Mitte eine fliegende Taube (Columbia livia domestica – Columbidae). Oben das Staatsemblem, unten Wertangabe in japanischen Schriftzeichen	2,50	5,–

		SS	VZ
43 (68)	10 Sen (Al) 1945, 1946. Die Ziffer 10 vor einer stilisierten Blume. Landesbezeichnung, Ära und Jahreszahl als Umschrift in japanischen Schriftzeichen. Rs. Reisrispen (Oryza sativa — Graminea). Oben das Staatsemblem, unten Wertangabe in japanischen Schriftzeichen. Ø 22 mm	2,—	5,—
43a	10 Sen (Me) 1946. Wie Typ Nr. 43, jedoch Ø nur 18,5 mm. Diese Ausgabe wurde nicht im Umlauf gebracht	—,—	—,—

44 (67)	50 Sen (Me) 1946, 1947. Im Zentrum die Wertangabe 50 SEN vor einem Ährenbündel. Landesbezeichnung, Ära und Jahreszahl als Umschrift in japanischen Schriftzeichen. Rs. In der Mitte der Vogel Phönix. Oben das Staatsemblem, unten Wertangabe in japanischen Schriftzeichen. Die Ausgabe 1947 wurde nicht in Umlauf gebracht	2,50	12,–

Ab Nr. 45 erneut geänderte Landesbezeichnung.

45 (69)	50 Sen (Me) 1947, 1948. Im Zentrum die Ziffer 50 im Kreis. Landesbezeichnung, Ära und Jahreszahl als Umschrift in japanischen Schriftzeichen. Rs. Wertangabe in japanischen Schriftzeichen in offenem Blütenkranz. Oben das Staatsemblem	1,—	3,50

Ab Nr. 46: Leseart der japanischen Schriftzeichen von links nach rechts

46 (70)	1 Yen (Me) 1948—1950. Wertangabe 1 Yen im Kreis. Landesbezeichnung, Ära und Jahreszahl als Umschrift in japanischen Schriftzeichen. Rs. Wertangabe in japanischen Schriftzeichen zwischen Blütenzweigen	1,60	4,50

		SS	VZ
47 (71)	5 Yen (Me) 1948, 1949. Taube und Pflaumenblüten im Kreis. Landesbezeichnung, Ära und Jahreszahl als Umschrift in japanischen Schriftzeichen. Rs. Parlamentsgebäude in Tokio im Kreis. Ornamentale Umrandung. Wertangabe in japanischen Schriftzeichen	1,50	8,—

A47	10 Yen (Neusilber) 1950, 1951. Landesbezeichnung, Ära und Jahreszahl als Umschrift in japanischen Schriftzeichen um ein zentrisches rundes Loch. Rs. Oben und unten Wertangabe in japanischen Schriftzeichen. Links und rechts Blattdekor. Beide Ausgaben wurden nicht in Umlauf gebracht	—,—	—,—

		VZ	ST
48 (74)	1 Yen (Al) 1955–1989. Stamm mit jungen Trieben. In der Umschrift Landesbezeichnung und Wertangabe in japanischen Schriftzeichen. Rs. Im Zentrum die Ziffer 1 im Kreis. Unten Ära und Jahreszahl in japanischen Schriftzeichen	–,20	–,40

49 (72)	5 Yen (Me) 1949—1958. Landesbezeichnung, Ära und Jahreszahl als Umschrift in japanischen Schriftzeichen um ein zentrisches Loch. Rs. Oben Reisrispen (Landwirtschaft). In der Mitte Zahnrad (Industrie). Unten stilisierte Wellen (Fischfang) und Wertangabe in japanischen Schriftzeichen	1,—	4,—

50 (73)	10 Yen (Bro) 1951—1958. Phönix-Halle des Byodo-in-Tempels in Uji bei Kioto. Landesbezeichnung und Wertangabe als Umschrift in japanischen Schriftzeichen. Rs. Die Ziffer 10 sowie Ära und Jahreszahl in japanischen Schriftzeichen in oben offenem Kranz. Rand geriffelt	2,—	6,—

		VZ	ST
51 (75)	50 Yen (N) 1955–1958. Im Zentrum eine Chrysantheme (Chrysanthemum sp. – Compositae). Landesbezeichnung und Wertangabe in japanischen Schriftzeichen. Rs. Im Zentrum die Ziffer 50. Ära und Jahreszahl als Umschrift in japanischen Schriftzeichen	2,50	12,–

52 (77) 100 Yen (S) 1957,1958. Im Zentrum der Vogel Phönix. Landesbezeichnung und Wertangabe als Umschrift in japanischen Schriftzeichen. Rs. Ornamentaler Blütendekor. Die Wertangabe 100 YEN sowie Ära und Jahreszahl in japanischen Schriftzeichen als Umschrift. 600er Silber, 4,8 g 7,– 16,–

53 (72a) 5 Yen (Me) 1959—1989. Typ wie Nr. 49, jedoch Inschrift in modernerem Stil —,30 —,50

A53 (73a) 10 Yen (Bro) 1959—1989. Typ wie Nr. 50, glatter Rand —,40 —,90

54 (76) 50 Yen (N) 1959—1966. Chrysantheme, ein zentrisches rundes Loch umschließend. Landesbezeichnung und Wertangabe als Umschrift in japanischen Schriftzeichen. Rs. Oben die Ziffer 50. Unten Ära und Jahreszahl in japanischen Schriftzeichen 2,— 8,—

		VZ	ST
55 (78)	100 Yen (S) 1959–1966. Reisrispen. Landesbezeichnung und Wertangabe als Umschrift in japanischen Schriftzeichen. Rs. Im Zentrum die Ziffer 100. Ära und Jahreszahl als Umschrift in japanischen Schriftzeichen. 600er Silber, 4,8 g	6,–	11,–

XVIII. Olympische Sommerspiele 1964 in Tokio (2)

56 (79) 100 Yen (S) 1964. Olympische Ringe vor olympischer Flamme. Landesbezeichnung und Wertangabe als Umschrift in japanischen Schriftzeichen. Rs. Im Zentrum die Ziffer 100. In der Umschrift oben TOKYO 1964 und unten die Ära in japanischen Schriftzeichen sowie die Ziffer 39 (Jahreszahl). 600er Silber, 4,8 g 5,– 10,-

57 (80) 1000 Yen (S) 1964. Fudschijama zwischen Kirschblüten. Landesbezeichnung u. Wertangabe als Umschrift in japanischen Schriftzeichen. Rs. Die Wertangabe 1000 YEN über olympischen Ringen. In der Umschrift oben 1964 TOKYO und unten die Ära in japanischen Schriftzeichen sowie die Ziffer 39 (Jahreszahl). Rechts und links Kirschblüten. 925er Silber, 20 g 80,– 125,–

Nr. 57 mit zwei japanischen Gegenstempeln für »Muster« auf der Wertseite vorkommend ST *1000,-*

58 (81) 50 Yen (K-N) 1967—1988. Oben Landesbezeichnung und unten Wertangabe in japanischen Schriftzeichen. Rechts und links Chrysanthemen. Rs. Oben die Ziffer 50, unten die Ära in japanischen Schriftzeichen und die Jahreszahl in arabischen Ziffern. Mit zentrischem runden Loch —,60 1,—

			VZ	ST
59	(82)	100 Yen (K-N) 1967—1988. Im Zentrum Kirschblüten, Landesbezeichnung und Wertangabe als Umschrift in japanischen Schriftzeichen. Rs. Im Zentrum die Ziffer 100, unten die Ära in japanischen Schriftzeichen sowie die Jahreszahl in arabischen Ziffern	1,20	1,70

Japanische Weltausstellung in Osaka, 15. 3.–13. 9. 1970 mit dem Motto »Fortschritt und Harmonie für die Menschheit«

60	(83)	100 Yen (K-N) 1970. Fudschijama (nach einem Farbholzschnitt von Hokusai [1760—1849]). Oben Landesbezeichnung und unten Wertangabe in japanischen Schriftzeichen. Rs. Emblem der Expo 70, in der Umschrift oben 100 YEN und unten die Ära in japanischen Schriftzeichen sowie die Ziffer 45 (Jahreszahl)	4,—	5,50

XI. Olympische Winterspiele in Sapporo 3. — 13. Februar 1972

61	(84)	100 Yen (K-N) 1972. Olympische Flamme und Wertangabe in japanischen Schriftzeichen. Als Umschrift die Landesbezeichnung in japanischen Schriftzeichen sowie die Ortsbezeichnung SAPPORO. Rs. Die Ziffer 100 über olympischen Ringen, in der Umschrift die Jahreszahl 1972, die Ära in japanischen Schriftzeichen und die Ziffer 47 (Jahreszahl). Rechts und links je ein stilisierter Eiskristall	10,—	13,—

Internationale Ozeanausstellung in Okinawa 20. 7. 1975–18. 1. 1976

			VZ	ST
62	(85)	100 Yen (K-N) 1975. Shurei-no-mon (Torii in Okinawa) über stilisierten sanftgeschwungenen Wellen. Landesbezeichnung und Wertangabe in japanischen Schriftzeichen. Rs. Zahl 100 und Schriftkreis mit dem Symbol und den Maskottchen (Delphinen) der Expo 75 sowie Bezeichnung der Ära in japanischen Schriftzeichen und die Zahl 50	1,60	2,—

50. Regierungsjubiläum von Kaiser Hirohito

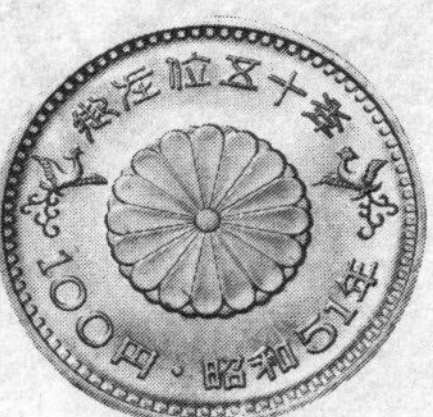

63	(86)	100 Yen (K-N) 1976. Kaiserpalast und Niju-Brücke. Rs. Staatswappen zwischen zwei Phöniken	3,—	6,—

64	(87)	500 Yen (K-N) 1981—1989. Kiri-mon (Paulownia imperialis). Rs. Wert	6,—	10,—

Wissenschafts- und Technologieausstellung 1985 in Tsukuba

65	(88)	500 Yen (K-N) 1985. Mt. Tsukuba mit Pflaumenblüten. Rs. Emblem der Tsukuba-Expo	10,–	15,–

100 Jahre Staatskabinett

66	(89)	500 Yen (K-N) 1985. Amtssitz des Ministerpräsidenten. Rs. Kabinettsiegel, belegt mit der Wertzahl	10,—	15,—

60. Regierungsjubiläum von Kaiser Hirohito (3)

		VZ	ST
67 (90)	500 Yen (K-N) Showa 61 (1986). Staatswappen, Wertangabe. Rs. Shishinden-Palast, Tokio	**10,–**	**15,–**

68 (91) 10 000 Yen (S) Showa 61 (1986). Rs. Sonnenaufgang mit fliegenden Vögeln. 999.9er Silber, 20 g **160,– 200,–**

69 (92) 100 000 Yen (G) Showa 61, 62 (1986, 1987). Rs. Zwei Friedenstauben auf dem Wasser. 999.9er Gold, 20 g *1000,– 1800,–*

Fertigstellung des Seikan-Tunnels

70 (93) 500 Yen (K-N) Showa 63 (1988). Seikan-Tunnel (53,85 km) zwischen Aomori und Hokkaido **10,– 15,–**

Fertigstellung der Seto-Brücke

		VZ	ST
71 (94)	500 Yen (K-N) Showa 63 (1988). Große Seto-Brücke (9,4 km) zwischen dem japanischen Festland und der Insel Shikoku	**10,–**	**15,–**

Kaiser: Akihito (1989 –)
Ära: Heisei

平成

		VZ	ST
72 (95)	1 Yen (Al) Heisei 1–3 (1989–1991). Typ wie Nr. 48	**–,40**	**–,80**
73 (96)	5 Yen (Me) Heisei 1, 2 (1989, 1990). Typ wie Nr. 53	**–,50**	**1,–**
74 (97)	10 Yen (Bro) Heisei 1, 2 (1989, 1990). Typ wie Nr. A 53	**–,90**	**1,50**
75 (101)	50 Yen (K-N) Heisei 1, 2 (1989, 1990). Typ wie Nr. 58	**1,–**	**2,–**
76 (98)	100 Yen (K-N) Heisei 1, 2 (1989, 1990). Typ wie Nr. 59	**1,70**	**2,50**
77 (99)	500 Yen (K-N) Heisei 1, 2 (1989, 1990). Typ wie Nr. 64	**6,–**	**10,–**

Internationale Gartenbauausstellung in Osaka 1990

78 (100) 5000 Yen (S) Heisei 2 (1990). Mädchen mit Blüten im Haar. Rs. Emblem der Ausstellung. 925er Silber, 15 g **75,–**

100 Jahre modernes Gerichtswesen in Japan

79 5000 Yen (S) Heisei 2 (1990). Richterbank im Obersten Gerichtshof in Tokio. Rs. Abzeichen des Richterkollegiums, umgeben von Blütenzweigen (Rudbeckia laciniata) **75,–**

Krönung von Kaiser Akihito 12.–23. November 1990 (2)

80 500 Yen (K-N) Heisei 2 (1990). Kaiserliche Kutsche. Rs. Staatsemblem zwischen Zweigen **10,– 15,–**

81 100 000 Yen (G) Heisei 2 (1990). Phönix. Rs. Staatsemblem im Kranz. 999,9er Gold, 30 g *1000,– 1800,–*

100 Jahre Reichstag

82 5000 Yen (S) Heisei 2 (1990). Reichstagsgebäude in Tokio. Rs. Zwei geflügelte Löwen **75,–**

JAPANISCHE BESETZUNGEN IM 2. WELTKRIEG

NIEDERLÄNDISCH-INDIEN

Die Datierung der Münzen richtet sich nach der Ära Jimmu Tenno, deren Jahre von dessen Regierungsantritt im Jahre 660 v. Chr. an gezählt werden. Mzst. Osaka.

		SS	VZ
1 (22*)	1 Sen (Al) 2603, 2604 (1943, 1944). Drache, Inschrift »Dai Nippon«, Jahr. Rs. Wert	**150,–**	**190,–**
2 (23*)	5 Sen (Al) 2603 (1943). Wert, Inschrift »Dai Nippon«, Jahr. Rs. Skulptur eines javanischen Tänzers. Versuchsprägung!	*400,–*	*550,–*
3 (24*)	10 Sen (Zinn) 2603, 2604 (1943, 1944). Typ wie Nr. 2	**105,–**	**165,–**

* Diese Nummern entsprechen der Yeoman-Katalogisierung unter »Netherlands Indies« (Japanese Occupation).

		PP
4	1 Sen (S) 2603. Typ wie Nr. 1	–,–
5	5 Sen (S) 2603. Typ wie Nr. 2	–,–
6	10 Sen (S) 2603. Typ wie Nr. 2	–,–

Frühere Ausgaben siehe Weltmünzkatalog 19. Jahrhundert.

Yemen — Jemen — Yemen

Al Yaman

Fläche: 195 000 km²; 6 060 000 Einwohner.
Das seit 1517 unter osmanischer Herrschaft stehende Imamat erlangte 1918 seine Unabhängigkeit. Am 27. September 1962, nach dem Tode Imam Achmeds, wurde sein Sohn und Nachfolger Mohammed el-Badr wenige Tage nach seinem Regierungsantritt durch einen Staatsstreich der Armee gestürzt und die Republik ausgerufen. Dem geflüchteten Imam gelang es vorübergehend, ergebene Stammeskrieger um sich zu sammeln und Teile des unwegsamen Berglandes unter seiner Kontrolle zu behalten. Die Vereinigung mit der Demokratischen Volksrepublik Jemen (Südjemen) zur Jemenitischen Republik konnte am 22. Mai 1990 erreicht werden. Hauptstadt: Sana'a.

160 Zalat = 80 Halala = 40 Buqsha = 1 (Imadi bzw. Ahmadi) Riyal;
seit 1962: 40 Buqsha = 1 Jemen-Rial (Riyal);
seit 1. April 1975: 100 Fils = 1 Jemen-Rial (Yamani Rial)
Von 1990 bis Herbst 1991 war auch der Jemen-Dinar gesetzliches Zahlungsmittel im Wert von 26 Jemen-Rial
Ab September 1991 gilt nur noch der Rial als Zahlungsmittel.
Der Dinar konnte zum Kurs 1 Dinar = 26 Rial bis Dezember 1991 eingelöst werden.

Yahya Bin Mohammed Hamid ad-Din 1904–1948
(n. H. 1322–1367)

		SS	VZ
A1 (B1)	1 Zalat (Bro) o. J. (um 1925). Inschrift, Jahr des Regierungsantritts. Rs. Inschrift	*400,–*	*800,–*
B1	1/20 Riyal (S) o. J. (um 1925). Silberabschlag von Nr. A1		*500,–*
C1 (2)	1/80 Riyal = 1 Halala (Bro) o. J. Inschrift, Jahr des Regierungsantritts	*150,–*	*300,–*

Nrn. 1–18 kommen in zahlreichen, teilweise stark abweichenden Varianten vor.

		SS	VZ
1 (1)	1 Zalat (Bro) n. H. 1340, 1342–1346 (1922–1928)	*80,–*	*160,–*
2 (2a)	1/80 Riyal = 1 Halala (Bro) n. H. 1330–1333, 1338, 1340–1353, 1358–1361 (1912–1943)	**24,–**	**48,–**
3 (3)	1/40 Riyal = 1 Buqsha (Bro) n. H. 1341–1345, 1349, 1358–1367 (1923–1949)	**20,–**	**45,–**

		SS	VZ
4 (4)	1/20 Imadi Riyal (S) n. H. 1337–1366 (1919–1948)	**40,–**	**80,–**
5 (5)	1/10 Imadi Riyal (S) n. H. 1337–1366 (1919–1948)	**30,–**	**60,–**
A5 (8)	1/8 Imadi Riyal (S) n. H. 1339 (1921)	*2000,–*	*3000,–*
6 (6)	1/4 Imadi Riyal (S) n. H. 1341, 1342, (1923, 1924)	*150,–*	*300,–*

		SS	VZ
7 (10)	1/4 Imadi Riyal (S) n. H. 1342–1366 (1924–1948)	**30,–**	**60,–**
8 (7)	1 Imadi Riyal (S) n. H. 1344, 1365 (1926, 1947):		
	1344	**30,–**	**60,–**
	1365 (2 Ex. bekannt)		*3000,–*

Nr. 8 von 1344 als Kupferabschlag VZ *1800,-*

		SS	VZ
A8 (A10)	1/32 Riyal (G) n. H. [13] 44 (1926). 0,92 g (1 Ex. bekannt)		*2700,–*
B8 (B10)	1/16 Riyal (G) n. H. [13] 44 (1926). 1,70 g (1 Ex. bekannt)		*3000,–*
C8 (C10)	1/8 Riyal (G) n. H. [13] 44 (1926). 3,31 g (1 Ex. bekannt)		*3300,–*
D8 (D10)	1/4 Riyal (G) n. H. [13] 44 (1926). 6,80 g		*4000,–*
E8 (E10)	1/2 Riyal (G) n. H. [13] 44 (1926). Typ wie Nr. D8. 17,70 g (1 Ex. bekannt)		*5000,–*
F8 (F10)	1 Riyal (G) n. H. 1344 (1926)	–,–	–,–
G8 (K10)	1/2 Riyal (G) n. H. 1352 (1934). 17,50 g (4 Ex. bekannt)		*4000,–*
H8 (M10)	2 Riyals (G) n. H. 1352 (1934), Typ wie Nr. G8. 69,83 g (1 Ex. bekannt)		*12 000,–*

Ahmed Hamid ad-Din 1948–1962
(n. H. 1367–1382)

		SS	VZ
9 (11)	1/80 Riyal = 1 Halala (Bro) n. H. 1368–1382 (1949–1963)	**3,–**	**6,–**
A9 (11a)	1/80 Riyal = 1 Halala (Al) n. H. 1374, 1376–1379 (1955–1960). Typ wie Nr. 9	**3,–**	**6,–**

		SS	VZ
10 (12)	1/40 Riyal = 1 Buqsha (Bro) n. H. 1368–1380 (1949–1961)	**5,–**	**10,–**
A10 (12a)	1/40 Riyal – 1 Buqsha (Al) n. H. 1374–1377 (1955–1958). Typ wie Nr. 10	**10,–**	**25,–**

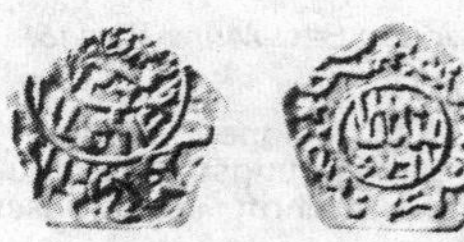

		SS	VZ
11 (13)	1/16 Ahmadi Riyal (S) n. H. 1367–1374 (1948–1955) (fünfeckig)	10,–	20,–
A11 (A14)	1/10 Ahmadi Riyal (S) n. H. 1370 (1951)	*2500,–*	*3000,–*
12 (14)	1/8 Ahmadi Riyal (S) n. H. 1367–1380 (1948–1961) (fünfeckig)	9,–	18,–
A12 (14a)	Ahmadi Riyal (S) n. H. 1368 (1949) (sechseckig)	*2000,–*	*3000,–*
13 (15)	1/4 Ahmadi Riyal (S) n. H. 1367–1380 (1948–1961)	15,–	30,–

Nr. 13 von 1381 als Kupferabschlag, 5,17 g VZ *800,-*

14 (16)	1/2 Ahmadi Riyal (S) n. H. 1367–1382 (1948–1963)	25,–	60,–

Nr. 14 von 1381 als Kupferabschlag, 5,81 g VZ *1000,-*

15 (17)	1 Ahmadi Riyal (S) n. H. 1367–1380 (1948–1961)	40,–	80,–

Nr. 15 von 1378 als einseitige Kupferabschläge der Vorder- und Rückseite, 15,79 g je SS *600,-*

16 (G15)	1/4 Riyal (G) n. H. 1371, 1375, 1377 (1952–1958)	500,–	700,–
17 (G16)	1/2 Riyal (G) n. H. 1371, 1375, 1378–1381 (1952–1962)	750,–	1000,–
18 (G17)	1 Riyal (G) n. H. 1373, 1375, 1377, 1381 (1954–1962)	1200,–	2000,–

19 (18)	1 Halala (Al) o. J. (1956). Mit Jahr des Regierungsantritts	1,50	2,–
20 (19)	1 Buqsha (Al) o. J. (1956). Mit Jahr des Regierungsantritts	3,–	7,–

Jemenitische Arabische Republik 1962–1990
Adsch-Dschamhuriyat al-Arabiyat al-Yamaniya

NEUE WÄHRUNG: 2 Halala = 1 Buqsha,
40 Buqshas = 1 Jemen-Rial (Riyal)

21 (20)	1 Halala (Bro) n. H. 1382 (1963). Hand mit Fackel	2,–	3,–
22 (21)	1 Halala (Bro) n. H. 1382 (1963). Flaggenband mit Stern, das Ganze im Kreis	4,–	6,–
23 (32)	1/2 Buqsha (Bro) n. H. 1382 (1963). Flaggenband mit Stern, das Ganze im Kreis	7,–	12,50
24 (22)	1 Buqsha (Me) n. H. 1382 (1963)	3,50	6,–
25 (23)	1/20 Riyal (S) n. H. 1382 (1963)	5,–	8,–
26 (24)	1/10 Riyal (S) n. H. 1382 (1963)	6,–	9,–
27 (25)	1/5 Riyal (S) n. H. 1382 (1963)	8,–	15,–
28 (A25)	1/4 Riyal (S) n. H. 1382 (1963)	20,–	28,–
29 (26)	1/2 Buqsha (Al-Bro) n. H. 1382/1963. Kaffeestrauch (Coffea arabica – Rubiaceae), Zweig	1,–	1,50

30 (27)	1 Buqsha (Al-Bro) n. H. 1382/1963	1,20	2,–
31 (A27)	2 Buqshas (Al-Bro) n. H. 1382/1963	2,–	3,50

		SS	VZ
32 (28)	5 Buqshas (S) n. H. 1382/1963	4,–	8,–
33 (29)	10 Buqshas (S) n. H. 1382/1963	6,–	10,–
34 (30)	20 Buqshas (S) n. H. 1382/1963	8,–	15,–

35 (31)	1 Riyal (S) n. H. 1382/1963	10,–	20,–

Nrn. 29–35 wurden in Kairo geprägt.

1. bemannte Mondlandung am 20. Juli 1969 (3)

		PL	PP
36	2 Rial (S) 1969. Staatswappen. Rs. Kap Kennedy: Start von »Apollo 11« am 16. Juli 1969. 925er Silber, 25 g	50,–	*60,–*

37	2 Rial (S) 1969. Rs. US-Mondforschungsprogramm, 3. Abschnitt »Bemannte Landung« (Apollo-Programm): Lunauten bei Bodenuntersuchung vor Mondfähre, Raumkapsel »Apollo 11« und Landungsdatum 20. Juli 1969, Erdkugel	50,–	*60,–*
38	20 Rial (G) 1969. Typ wie Nr. 37. 900er Gold, 19,6 g		*700,-*

39	1 Rial (S) 1969. Staatswappen. Rs. Kamelreiter. 925er Silber, 12 g		*35,–*
A39	1 Rial (G) 1969. Typ wie Nr. 39. 900er Gold, 20,3 g (1986 geprägt) (100 Ex.)		*1200,–*

PP

40 2 Rial (S) 1969. Rs. Kopf eines Löwen. 925er Silber, 25 g *60,–*

A40 2 Rial (G) 1969. Typ wie Nr. 40. 900er Gold, 42,2 g (1986 geprägt) (100 num. Ex.) *2400,–*

41 5 Rial (G) 1969. Rs. Kopf eines Falken. 900er Gold, 4,9 g *200,–*

A42 10 Rial (S) 1969. Typ wie Nr. 39. 925er Silber, 12 g **75,–**

42 10 Rial (G) 1969. Rs. Drei arabische Dünengazellen. 900er Gold, 9,8 g *380,–*

43 20 Rial (G) 1969. Rs. Kamel. 900er Gold, 19,6 g *700,–*

44 30 Rial (G) 1969. Rs. Qadhi Mohammed Mahmud as-Subairi, Freiheitskämpfer und Mitbegründer der Jemenitischen Arabischen Republik. 900er Gold, 29,4 g *1100,–*

A45 50 Rial (S) 1969. Rs. Löwe. Piéfort, 927er Silber, 50 g (max. 5000 Ex.) (1990 geprägt) *–,–*

45 50 Rial (G) 1969. Typ wie Nr. A45. 900er Gold, 49 g *1800,–*

NEUE WÄHRUNG: 100 Fils = 1 Jemen-Rial

		VZ	ST
46 (33)	1 Fils (Al) 1974, 1980. Staatswappen. Rs. Wert, Jahreszahl, Umschrift »Al-Bank al-Markazi al-Yamaniya« (Jemenitische Zentralbank)	*25,–*	*40,–*
47 (34)	5 Fils (Me) 1974, 1980, Typ wie Nr. 46	**–,70**	**1,20**
48 (35)	10 Fils (Me) 1974, 1980, Typ wie Nr. 46	**–,90**	**1,70**
49 (36)	25 Fils (K-N) 1974, 1979, 1980. Typ wie Nr. 46	**1,10**	**2,20**

50 (37)	50 Fils (K-N) 1974, 1979, 1980, 1985. Typ wie Nr. 46	**3,–**	**6,–**
51 (42)	1 Rial (K-N) 1976, 1980, 1985. Typ wie Nr. 46	**8,–**	**15,–**

Nrn. 46–50 von 1974, polierte Platte (5024 Ex.) 30,–
Nrn. 46–51 von 1980, polierte Platte (10 000 Ex.) 35,–

Für den FAO-Münz-Plan (6)

		VZ	ST
52 (43)	1 Fils (Al) 1978. Wappen, darüber bogige Inschrift »Steigert die Nahrungsmittelproduktion«. Rs. Wert, Jahreszahl, Umschrift »Jemenitische Zentralbank« (7050 Ex.)	*35,–*	*50,–*
53 (38)	5 Fils (Me) 1974. Typ wie Nr. 52	**–,50**	**1,–**
54 (39)	10 Fils (Me) 1974. Typ wie Nr. 52	**–,50**	**1,–**
55 (40)	25 Fils (K-N) 1974. Typ wie Nr. 52	**1,10**	**2,20**
56 (41)	50 Fils (K-N) 1974. Typ wie Nr. 52	**1,30**	**2,60**

57 (44)	1 Rial (K-N) 1978. Typ wie Nr. 52 (7050 Ex.)	*35,–*	*50,–*

		ST	PP
58	2½ Rial (S) 1975. Rs. Erdölaufschluß. 925er Silber, 9 g		**150,–**
59	5 Rial (S) 1975. Rs. Mona Lisa, genannt »La Gioconda«, Gemälde von Leonardo da Vinci. 925er Silber, 18 g	200,–	200,–

XXI. Olympische Sommerspiele 1976 in Montreal

60	10 Rial (S) 1975. Rs. Olympisches Feuer mit Sportdarstellungen. 925er Silber, 36 g	**150,–**	**300,–**
61	15 Rial (S) 1975. Rs. Arabischer Stadtteil von Jerusalem. 925er Silber, 54 g (num. Ex.)		*350,–*
62	20 Rial (G) 1975. Rs. Al-Bakiriat-Moschee (achteckig). 900er Gold, 2,275 g		**350,–**

63 25 Rial (G) 1975. Typ wie Nr. 58. 900er Gold, 4,55 g *500,–*

		ST	PP
64	50 Rial (G) 1975. Typ wie Nr. 59. 900er Gold, 9,1 g		*750,–*

XXI. Olympische Sommerspiele 1976 in Montreal

		ST	PP
65	75 Rial (G) 1975. Typ wie Nr. 60. 900er Gold, 13,65 g	*1000,–*	*1000,–*
66	100 Rial (G) 1975. Typ wie Nr. 61. 900er Gold, 18,2 g (num. Ex.)		*1600,–*

Internationales Jahr der Behinderten 1981 (2)

67 (46) 25 Rial (S) 1981. Rs. Abdullah Baradoni, blinder jemenitischer Dichter und Lehrer, Kopfbild nach rechts:
a) 925er Silber, 28,28 g **60,–** **80,–**
b) Piéfort, 925er Silber, 56,56 g *300,–*

A67 500 Rial (G) 1981. Rs. Abdullah Baradoni, Porträt von vorne:
a) 916$^2/_3$er Gold, 15,98 g *1200,–* *1200,–*
b) Piéfort, 916$^2/_3$er Gold, 31,95 g *2400,–*

20. Jahrestag der Revolution (2)

68 (47) 25 Rial (S) 1982. Staatswappen. Rs. Symbolische Darstellungen. 925er Silber, 28,28 g (2000 Ex.) *120,–*

69 (48) 500 Rial (G) 1982. Typ wie Nr. 68. 916$^2/_3$er Gold, 15,98 g (1000 Ex.) *1000,–*

Internationales Jahr des Kindes 1979

ST PP

70 (45) 25 Rials (S) 1983. Staatswappen im Kranz. Rs. Tanzendes Mädchen:
a) 925er Silber, 28,28 g **80,–**
b) Piéfort, 925er Silber, 56,56 g **390,–**

Jahrzehnt für die Frauen 1976–1985

		ST	PP
72	100 Rials (S) 1987		–,–
73	1000 Rials (G) 1987		–,–
74	100 Rials (S) 1988. Rs. Marib-Damm. 925er Silber, 28,28 g [RM]		–,–
75	100 Rials (S) 1988. Rs. Safer-Raffinerie		–,–
71 (49)	25 Rials (S) 1985. Staatswappen im Kranz. Rs. Drei Frauen. 925er Silber, 28,28 g (1740 Ex.)		**100,–**

25. Jahrestag der Revolution von 1962 (2)

Jemenitische Republik seit 1990
Adsch-Dschamhuriyat al-Yamaniya

JEMEN/REPUBLIK
The Republic of Yemen

Royalisten-Ausgaben unter Mohammed al-Badr 1962—1968
(n. H. 1382—1388)

In den unwegsamen Gebieten im Norden und Osten des Jemen gelang es dem geflohenen Imam Mohammed al-Badr ergebene Stammeskrieger zu sammeln und der republikanischen Regierung, die vorübergehend von ägyptischen Truppen unterstützt wurde, Widerstand zu leisten.

Als Zahlungsmittel kursierten vor allem Maria-Theresia-Taler, der saudi-arabische Riyal, die indische Rupie sowie der Gold-Sovereign.

40 Buqsha = 1 Jemen-Rial (Riyal)

Zum Tode von Sir Winston Churchill

		ST	PP
1	1 Riyal (S) 1965. Sir Winston Churchill (1874–1965), britischer Staatsmann. 720er Silber, 24,92 g	30,–	45,–

Democratic Yemen | **Jemen** | **Yemen du Sud**

Jemen

Südjemen

Fläche: 287 684 km²; 2 250 000 Einwohner.
Südjemen ist Nachfolgestaat der Südarabischen Föderation. Am 30. November 1967 wurde die bisherige Föderation durch Ausrufung der Volksrepublik in einen zentral regierten Staat umgewandelt. Die ehemaligen Sultanate und Emirate sind aufgelöst und durch zehn Governorate ersetzt worden. Anläßlich der Feiern zum 3. Jahrestag der Unabhängigkeit im November 1970 wurde die Staatsbezeichnung »Demokratische Volksrepublik Jemen« angenommen, was als erster Schritt zu der Union mit der Jemenitischen Arabischen Republik zu werten ist, die am 22. Mai 1990 vollzogen werden konnte. Hauptstadt: Sokotra.

50 Fils = 1 Dirham, 1000 Fils = 1 Südjemen-Dinar;
seit 1972: 1000 Fils = 1 Jemen-Dinar (Yamani Dinar)
Bis Herbst 1991 war der Jemen-Rial im Verhältnis 26 Jemen-Rials = 1 Jemen-Dinar weiterhin gesetzliches Zahlungsmittel. Ab September 1991 gilt nur noch der Rial als Zahlungsmittel. Der Dinar konnte zum Kurs 1 Dinar = 26 Rial bis Dezember 1991 eingelöst werden.

Demokratischer Jemen
Al-Yaman ad-Dimuqratiya

VZ ST

1 (2) 5 Fils (Bro) 1971. Achtstrahliger Stern nach einem antiken Münzmotiv und Landesname DEMOCRATIC YEMEN. Rs. Gekreuzte Dschambiyas **2,–** **5,–**

Demokratische Volksrepublik Jemen

Adsch-Dschamhuriyat al-Yamaniyat ad-Dimuqratiyat asch-Schabiya

NEUE WÄHRUNG: 1000 Fils = 1 Jemen-Dinar

2 (3) 2½ Fils (Al) n. H. 1393/1973. Landesname, Wertangabe. Rs. Hirsepflanze *4,–* *8,–*

3 (4) 5 Fils (Al) n. H. 1393/1973, 1404/1984. Rs. Kaplanguste (Iasus lalandei – Palinuridae):
n. H. 1393/1973 *8,–* *15,–*
n. H. 1404/1984 **3,–** **6,–**

VZ ST

4 (5) 25 Fils (K-N) 1976–1984. Achtstrahliger Stern und Landesname PEOPLE'S DEMOCRATIC REPUBLIC OF YEMEN. Rs. Dhau, traditionelles Fischerboot:
1976, 1977, 1979, 1981 *4,–* *8,–*
1982, 1984 **2,50** **5,–**

5 (6) 50 Fils = 1 Dirham (K-N) 1976–1984. Typ wie Nr. 4:
1976, 1977, 1979, 1981 *8,–* *15,–*
1984 **4,–** **7,–**

10. Jahrestag der Unabhängigkeit (2)

6 (7) 250 Fils (K-N) 1977. Türkische Festung »Seera« am Eingang des alten Hafens von Aden, 17. Jh. Rs. Bankemblem *100,–* *–,–*

		PP
7 (8)	5 Dinars (S) 1977. Typ wie Nr. 6. 925er Silber, 12,5 g	**170,–**

		VZ	ST
8 (9)	10 Fils (Al) 1981. Festung »Seera«. Rs. Wertangabe, Ausgabeinstitut BANK OF YEMEN (Wellenschnitt)	*3,–*	*6,–*

		VZ	ST
9 (10)	100 Fils (K-N) 1981. Typ wie Nr. 8 (achteckig)	*5,–*	*10,–*

10 (11)	250 Fils (K-N) 1981. Typ wie Nr. 8	*8,–*	*15,–*

Internationales Jahr der Behinderten 1981 (2)

		ST	PP
11 (12)	2 Dinars (S) 1981. Internationales Emblem auf Landkarte des Jemen. Rs. Abdullah Baradoni, blinder jemenitischer Dichter, Kopfbild von vorne, Wertangabe »Dinaran«:		
	a) 925er Silber, 28,28 g	**80,–**	**120,–**
	b) Piéfort, 925er Silber, 56,56 g		**250,–**
12 (13)	50 Dinars (G) 1981. Rs. Staatswappen, Wertangabe, Gedenkumschrift:		
	a) 916⅔er Gold, 15,98 g	*1200,–*	*1200,–*
	b) Piéfort, 916⅔er Gold, 31,96 g		*2400,–*

Jersey

Jersey — Jersey

Fläche: 116 km²; 74000 Einwohner.
Zur Ballei Jersey gehören außer der gleichnamigen Hauptinsel noch Les Boeuftins, Les Dironilles, Les Ecrehos und Les Minquiers. Die Inselgruppe bildet eine autonome Herrschaft mit eigener Verfassung. Jersey untersteht unmittelbar der britischen Krone, ist aber kein Bestandteil des Vereinigten Königreiches. Hauptstadt: Saint Hélier.

12 Pence = 1 Shilling, 20 Shillings = 1 Pfund Sterling (£)
seit 15. Februar 1971: 100 (New) Pence = 1 £

States of Jersey

Eduard VII. 1901–1910

			SS	VZ
1 (9)	1/24	Shilling (Bro) 1909. Eduard VII., gekröntes Brustbild n. r. Rs. Wappen	18,–	28,–
2 (10)	1/12	Shilling (Bro) 1909. Typ wie Nr. 1	18,–	28,–

Georg V. 1910–1936

3 (11)	1/24	Shilling (Bro) 1911, 1913, 1923. Georg V., gekröntes Brustbild n. l. Rs. Spatenblattförmiges Wappen	10,–	18,–

4 (12)	1/12	Shilling (Bro) 1911, 1913, 1923. Typ wie Nr. 3	8,–	13,–
5 (13)	1/24	Shilling (Bro) 1923, 1926. Rs. Wappen in spanischem Schild, Umschrift auf Bändern	10,–	15,–
6 (14)	1/12	Shilling (Bro) 1923, 1926. Typ wie Nr. 5	8,–	13,–
7 (15)	1/24	Shilling (Bro) 1931, 1933, 1935. Rs. Wappen in spanischem Schild	8,–	15,–
8 (16)	1/12	Shilling (Bro) 1931, 1933, 1935. Typ wie Nr. 7	5,–	8,–

Georg VI. 1936–1952

9 (17)	1/24	Shilling (Bro) 1937, 1946, 1947. Georg VI., gekröntes Kopfbild n. l. Rs. Wappen in spanischem Schild	10,–	25,–
10 (18)	1/12	Shilling (Bro) 1937, 1946, 1947. Typ wie Nr. 9	3,–	8,–

Zur Befreiung der Insel Jersey am 9. Mai 1945 (2)

			SS	VZ
11 (19)	1/12	Shilling (Bro) o. J. (1949, 1950, 1952) Georg VI., gekröntes Kopfbild n. l. Rs. Wappen, Inschrift ISLAND OF JERSEY / LIBERATED 1945	2,–	5,–

Elisabeth II. seit 1952

12 (20)	1/12	Shilling (Bro) o. J. (1954). Elisabeth II., gekröntes Kopfbild n. r. Rs. Wappen, Inschrift ISLAND OF JERSEY / LIBERATED 1945	2,–	4,–

Bailiwick of Jersey

13 (21)	1/12	Shilling (Bro) 1957, 1964, Elisabeth II., gekröntes Kopfbild n. r. Rs. Balleiwappen, Inschrift jetzt erstmals BAILIWICK OF JERSEY (Bailiwick ist die altnormannische Bezeichnung für Herrschaftsbereich)	–,70	1,20
14 (22)	1/4	Shilling (N-Me) 1957, 1960. Typ wie Nr. 13	–,80	2,–

300. Jahrestag des Regierungsantritts von König Karl II. (reg. 1660–1685)

15 (23)	1/12	Shilling (Bro) 1960. Elisabeth II., gekröntes Kopfbild n. r. Rs. Balleiwappen und Jahreszahlen 1660–1960	1,–	2,–

Nr. 15 auch mit Vs. von Nr. 12 vorkommend (nur polierte Platte) 280,–

16 (24)	1/4	Shilling (N-Me) 1964. Typ wie Nr. 14 (zwölfeckig)	1,–	3,–

900. Jahrestag der Schlacht von Hastings (3)

		SS	VZ
17 (25)	1/12 Shilling (Bro) 1966. Rs. Balleiwappen zwischen den Jahreszahlen 1066—1966	–,70	1,50
18 (26)	1/4 Shilling (N-Me) 1966. Typ wie Nr. 17 (zwölfeckig)	1,–	3,–
19 (27)	5 Shillings (K-N) 1966. Typ wie Nr. 17	5,–	10,–

DEZIMALSYSTEM: 100 (New) Pence = 1 £

		VZ	ST
20 (28)	½ New Penny (Bro) 1971, 1980. Elisabeth II. (nach A. Machin). Rs. Balleiwappen, in der Umschrift Landesname, Wertangabe und Jahreszahl	–,20	–,50
21 (29)	1 New Penny (Bro) 1971, 1980, Typ wie Nr. 20	–,30	–,50
22 (30)	2 New Pence (Bro) 1971, 1975, 1980. Typ wie Nr. 20	–,40	–,70

23 (31)	5 New Pence (K-N) 1968, 1980. Typ wie Nr. 20	–,50	1,20
24 (32)	10 New Pence (K-N) 1968, 1975, 1980. Typ wie Nr. 20	1,–	1,80
25 (33)	50 New Pence (K-N) 1969, 1980. Typ wie Nr. 20 (siebeneckig)	3,–	5,50

Nrn. 20—25 von 1980, polierte Platte (10000 Ex.) 35,–

Zur Silberhochzeit des englischen Königspaares am 20. November 1972 (9)

		ST	PP
26 (34)	50 Pence (S) 1972. Rs. Inselkarte, belegt mit dem 1663 von Karl II. an Jersey verliehenen Zepter. 925er Silber, 5,42 g	20,–	24,–
27 (35)	1 £ (S) 1972. Rs. Belladonnalilie (Amaryllis belladonna — Amaryllidaceae). 925er Silber, 10,84 g	40,–	45,–
28 (36)	2 £ (S) 1972. Rs. Segelschiff »Alexandra«, 1865 auf Jersey erbaut. 925er Silber, 21,64 g	100,–	100,–

		ST	PP
29 (37)	2½ £ (S) 1972. Rs. Europäischer Hummer (Homarus vulcaris – Homaridae). 925er Silber, 27,10 g	100,–	120,–
30 (38)	5 £ (G) 1972. Rs. Gartenspitzmaus (Crocidura suaveolens – Soricidae). 916⅔er Gold, 2,62 g	200,–	240,–
31 (39)	10 £ (G) 1972. Rs. Keltische Goldkette, ca. 1500 v. Chr., 1889 gefunden, heute Museum der Société Jersiaise. 916⅔, 4,64 g	240,–	240,–
32 (40)	20 £ (G) 1972. Rs. Gemeines Seeohr (Haliotis tuberculata – Haliotidae). 916⅔er Gold, 9,26 g	400,–	400,–

33 (41)	25 £ (G) 1972. Rs. Wappen von Königin Elisabeth I. aus dem Jahr 1593 in der Darstellung über dem Hauptportal von Elizabeth Castle auf einer Insel in der Bucht von St. Aubin. 916⅔er Gold, 11,90 g	500,–	500,–
34 (42)	50 £ (G) 1972. Rs. Wappen von Jersey. 916⅔er Gold, 22,63 g	1000,–	1000,–

25. Regierungsjubiläum von Königin Elisabeth II.

35 (43) 25 Pence 1977. Rs. Mont Orgueil Castle mit dem Hafen von Gorey:
a) (S) 925 fein, 28,28 g — *85,–*
b) (K-N) — 5,–

		VZ	ST
36 (44)	½ Penny (Bro) 1981. Elisabeth II. Rs. Wappen zwischen geteilter Jahreszahl, in Umschrift Landesname und Wertangabe	–,20	–,30
37 (45)	1 Penny (Bro) 1981. Typ wie Nr. 36	–,30	–,40
38 (46)	2 Pence (Bro) 1981. Typ wie Nr. 36	–,40	–,60
39 (47)	5 Pence (K-N) 1981. Typ wie Nr. 36	–,70	1,–
40 (48)	10 Pence (K-N) 1981. Typ wie Nr. 36	1,–	1,60
41 (49)	50 Pence (K-N) 1981. Typ wie Nr. 36 (siebeneckig)	3,–	5,–

200. Jahrestag der Schlacht von Jersey (2)

		ST	PP
42 (50)	1 £ 1981. Rs. Andreaskreuz, belegt mit gekröntem spatenblattförmigem Wappen (Badge der Royal Jersey Militia) zwischen Jahreszahlen (viereckig):		
	a) (S) 925 fein, 10,45 g		*50,–*
	b) (K-N)	6,–	20,–
43	1 £ (G) 1981. Typ wie Nr. 42. 916⅔er Gold, 17,55 g (5000 Ex.)		*1450,–*

Nrn. 36—42b, polierte Platte (15000 Ex.) 75,—

Zur Hochzeit von Prinz Charles und Lady Diana (2)

44 (51)	2 £ 1981. Rs. Gestaffelte Porträts nach rechts; Ø 38,61 mm:		
	a) (S) 925 fein, 28,28 g		100,–
	b) (K-N)	20,–	
45	2 £ (G) 1981. Typ wie Nr. 44. 916⅔er Gold, 15,98 g; Ø 28,40 mm (1500 Ex.)		1300,–

100 Jahre Leuchtturm La Corbière (2)

46 (52)	20 Pence (K-N) 1982. Elisabeth II. Rs. Leuchtturm La Corbière, Jahreszahl (siebeneckig)	2,50	20,–
47	20 Pence (S) 1982. Typ wie Nr. 46. Piéfort. 925er Silber, 10 g (1500 Ex.)		*150,–*

		VZ	ST
48 (53)	1 Penny (Bro) 1983–1990. Elisabeth II., Porträt, Jahreszahl. Rs. Le Hocq Watch Tower in St. Clement, erbaut 1781	–,20	–,30

		VZ	ST
49 (54)	2 Pence (Bro) 1983–1990. Rs. L'Hermitage des St. Hélier aus dem 12. Jahrhundert	–,30	–,40

50 (55)	5 Pence (K-N) 1983–1988. Rs. Seymour Tower in Grouville, um 1780 auf L'Avathison errichtet. Ø 23,593 mm, 5,653 g	–,50	–,70

51 (56)	10 Pence (K-N) 1983–1990. Rs. Hünengrab (Dolmen) La Hougue Bie bei Faldouet in St. Martin	–,80	1,25

52 (52)	20 Pence (K-N) 1983, 1984, 1986, 1987, 1989, 1990. Rs. Leuchtturm La Corbière, erbaut unter Königin Victoria 1882 (siebeneckig)	1,40	2,20

53 (57)	50 Pence (K-N) 1983, 1984, 1986–1990. Rs. Torbogen bei Grosnez Castle in St. Ouen aus dem 14. Jahrhundert (siebeneckig)	4,–	5,50

		ST	PP
54	1 Penny (S) 1983. Typ wie Nr. 48, 925er Silber, 4,2 g		*30,–*
55	2 Pence (S) 1983. Typ wie Nr. 49, 925er Silber, 8,4 g		*30,–*
56	5 Pence (S) 1983. Typ wie Nr. 50, 925er Silber, 6,6 g		*40,–*
57	10 Pence (S) 1983. Typ wie Nr. 51, 925er Silber, 13,2 g		*40,–*
58	20 Pence (S) 1983. Typ wie Nr. 52, 925er Silber, 5,83 g		*50,–*
59	50 Pence (S) 1983. Typ wie Nr. 53, 925er Silber, 15,66 g		*50,–*

Nrn. 60–65 fallen aus.

Kirchspielwappen — 1. Ausgabe (3)

66 (58) 1 £ (N-Me) 1983. St. Hélier. Randschrift INSULA CAESAREA 8,–
67 1 £ (S) 1983. Typ wie Nr. 66. 925er Silber, 11,68 g *65,–*
68 1 £ (G) 1983. Typ wie Nr. 66. 916⅔er Gold, 19,65 g (476 Ex.) **900,–**

Kirchspielwappen – 2. Ausgabe (3)

69 (59) 1 £ (N-Me) 1984. St. Saviour 8,–
70 1 £ (S) 1984. Typ wie Nr. 69 65,–
71 1 £ (G) 1984. Typ wie Nr. 69 (159 Ex.) 1000,–

Kirchspielwappen – 3. Ausgabe (3)

72 (60) 1 £ (N-Me) 1984. St. Brelade 8,–
73 1 £ (S) 1984. Typ wie Nr. 72 65,–
74 1 £ (G) 1984. Typ wie Nr. 72 (133 Ex.) 1000,–

40. Jahrestag der Befreiung am 9. Mai 1945 (3)

75 50 Pence (K-N) 1985. Elisabeth II. (nach R. D. Maklouf). Rs. Union Jack und Flagge von Jersey (siebeneckig) 5,–
76 (63) 2 £ 1985. Rs. H.M.S. »Beagle«:
a) (S) 925 fein, 28,28 g 120,-
b) (K-N) 15,–
77 2 £ (G) 1985. Typ wie Nr. 76. 916⅔er Gold, 47,54 g (40 Ex.) 4000,–

Kirchspielwappen – 4. Ausgabe (3)

78 (61) 1 £ (N-Me) 1985. St. Clement 8,–
79 1 £ (S) 1985. Typ wie Nr. 78 65,–
80 1 £ (G) 1985. Typ wie Nr. 78 (124 Ex.) 1000,–

Kirchspielwappen – 5. Ausgabe (3)

81 (62) 1 £ (N-Me) 1985. St. Lawrence 8,–
82 1 £ (S) 1985. Typ wie Nr. 81 65,–
83 1 £ (G) 1985. Typ wie Nr. 81 (108 Ex.) 1000,–

XIII. Commonwealth-Spiele 1986 in Edinburgh

84 (64) 2 £ 1986. Rs. Zwei Sprinter:
a) (S) 925 fein, 28,28 g 110,–
b) (S) 500 fein, 28,28 g 50,–
c) (K-N) mit Randschrift 15,–
d) (K-N) ohne Randschrift (Fehlprägung) –,–

Kirchspielwappen — 6. Ausgabe (3)

		ST	PP
85 (65)	1 £ (N-Me) 1986. St. Peter	8,–	
86	1 £ (S) 1986. Typ wie Nr. 85		65,–
87	1 £ (G) 1986. Typ wie Nr. 85 (146 Ex.)		1000,–

Kirchspielwappen – 7. Ausgabe (3)

88 (66) 1 £ (N-Me) 1986. Grouville 8,–
89 1 £ (S) 1986. Typ wie Nr. 88 65,–
90 1 £ (G) 1986. Typ wie Nr. 88 1000,–

25 Jahre World Wildlife Fund

91 2 £ 1987. Rs. Rosentaube, die vom Jersey Wildlife Preservation Trust auf Mauritius wieder angesiedelt wurde:
a) (S) 925 fein, 28,28 g 85,–
b) (K-N) 15,–

Kirchspielwappen – 8. Ausgabe (3)

92 1 £ (N-Me) 1987. St. Martin 8,–
93 1 £ (S) 1987. Typ wie Nr. 92 65,–
94 1 £ (G) 1987. Typ wie Nr. 92 1000,–

Kirchspielwappen – 9. Ausgabe (3)

95 1 £ (N-Me) 1987. St. Ouen 8,–
96 1 £ (S) 1987. Typ wie Nr. 95 65,–
97 1 £ (G) 1987. Typ wie Nr. 95 1000,–

Kirchspielwappen – 10. Ausgabe (3)

98 1 £ (N-Me) 1988. Trinity 8,–
99 1 £ (S) 1988. Typ wie Nr. 98 65,–
100 1 £ (G) 1988. Typ wie Nr. 98 1000,–

Kirchspielwappen – 11. Ausgabe (3)

101 1 £ (N-Me) 1988. St. John 8,–
102 1 £ (S) 1988. Typ wie Nr. 101 65,–
103 1 £ (G) 1988. Typ wie Nr. 101 1000,–

		ST	PP

Kirchspielwappen – 12. Ausgabe (3)

		ST	PP
104	1 £ (N-Me) 1989. St. Mary	8,–	
105	1 £ (S) 1989. Typ wie Nr. 104		65,–
106	1 £ (G) 1989. Typ wie Nr. 104		1000,–

Zum königlichen Besuch am 25. Mai 1989

107 2 £ 1989. Königliches Szepter der Ballei Jersey auf Inselkarte mit den Namen der zwölf Kirchspiele:
a) (S) 925 fein, 28,28 g — 100,–
b) (K-N) — 12,–

		VZ	ST
108	5 Pence (K-N) 1990. Typ wie Nr. 50. Ø 18 mm, 3,25 g	–,50	–,70

50. Jahrestag der Luftschlacht um England (6)

		ST	PP
109	2 £ (S) 1990. Rs. Kampfflugzeug vom Typ »Spitfire« über Karte von Großbritannien		–,–
110	5 £ (S) 1990. Typ wie Nr. 109		–,–
111	10 £ (G) 1990. Rs. Abzeichen der Royal Air Force		–,–
112	25 £ (G) 1990. Typ wie Nr. 109		–,–
113	50 £ (G) 1990. Typ wie Nr. 111		–,–
114	100 £ (G) 1990. Typ wie Nr. 109		–,–

90. Geburtstag der Königinmutter Elisabeth (2)

115 2 £ 1990. Rs. Gekröntes Spiegelmonogramm, von »Jersey Fern« und »Jersey Pink« flankiert:
a) (S) — 100,–
b) (K-N) — 12,–

116 2 £ (G) 1990. Typ wie Nr. 115 — –,–

Schiffbau auf Jersey im 19. Jahrhundert
1. Ausgabe (3)

		ST	PP
117	1 £ (N-Me) 1991. Rs. Schoner »Tickler«, 1858	8,–	
118	1 £ (S) 1991. Typ wie Nr. 117. 925er Silber, 11,68 g (max. 3000 Ex.)		65,–
119	1 £ (G) 1991. Typ wie Nr. 117. 916⅔er Gold, 19,65 g (max. 250 Ex.)		1000,–

2. Ausgabe (3)

		ST	PP
120	1 £ (N-Me) 1991. Rs. »Perci Douglas«, 1861	–,–	
121	1 £ (S) 1991. Typ wie Nr. 120		–,–
122	1 £ (G) 1991. Typ wie Nr. 120		–,–

3. Ausgabe (3)

		ST	PP
123	1 £ (N-Me) 1992. Rs. Brigg »Hebe«, 1861	–,–	
124	1 £ (S) 1992. Typ wie Nr. 123		–,–
125	1 £ (G) 1992. Typ wie Nr. 123		–,–

4. Ausgabe (3)

		ST	PP
126	1 £ (N-Me) 1992. Rs. Siegel der Ballei von 1844–1870	–,–	
127	1 £ (S) 1992. Typ wie Nr. 126		–,–
128	1 £ (G) 1992. Typ wie Nr. 126		–,–

5. Ausgabe (3)

		ST	PP
129	1 £ (N-Me) 1993. Rs. Barke »Gemini«, 1864	–,–	
130	1 £ (S) 1993. Typ wie Nr. 129		–,–
131	1 £ (G) 1993. Typ wie Nr. 129		–,–

6. Ausgabe (3)

		ST	PP
132	1 £ (N-Me) 1993. Rs. Brigantine »Century«, 1866	–,–	
133	1 £ (S) 1993. Typ wie Nr. 132		–,–
134	1 £ (G) 1993. Typ wie Nr. 132		–,–

7. Ausgabe (3)

		ST	PP
135	1 £ (N-Me) 1994. Rs. Marssegelschoner »Resolute«, 1877	–,–	
136	1 £ (G) 1994. Typ wie Nr. 135		–,–
137	1 £ (G) 1994. Typ wie Nr. 135		–,–

Frühere Ausgaben siehe Weltmünzkatalog 19. Jahrhundert

Jordan — Jordanien — Jordanie

Al Jordan

Fläche: 97 740 km²; 3 500 000 Einwohner (1986).
Die von Arabern besiedelten Teile des Osmanischen Reiches erhoben sich während des Ersten Weltkrieges gegen die türkische Herrschaft. Die Gebiete zwischen der eigentlichen Türkei und dem eigentlichen Arabien (vgl. Hedschas) wurden nach Kriegsende unter französische bzw. britische Verwaltung gestellt, dann aber Mitgliedern des Haschemitischen Königshauses des Hedschas als Monarchien überantwortet. Palästina und das Land östlich des Jordan wurden unter britische Hoheit gestellt, das Ostjordanland unter dem Namen Transjordanien am 25. April 1920 als Emirat, Palästina als Mandatsgebiet. Trennung beider Gebiete am 25. Mai 1923; der Emir nimmt 1946 den Königstitel an, erobert 1948 das Westjordanufer mit Jerusalem und ändert daraufhin den Landesnamen in Jordanien. Das Westufer des Jordan, die sog. Westbank, ist seit dem sog. Sechs-Tage-Krieg von 1967 israelisch besetzt.
Hauptstadt: Amman.

10 Fils = 1 Qirsh (Piaster), 100 Fils = 1 Dirham,
1000 Fils = 1 Jordan-Dinar

Haschemitisches Königreich Jordanien
Al-Mamlakat al-Jordaniyat al-Haschemiya

Abdallah Ibn Al Hussein 1946–1951

SS VZ

1 (1) 1 Fil (Bro) 1949. Wert im Kreis, von Ähren umgeben, darüber Krone. Rs. Wert und Inschrift THE HASHEMITE KINGDOM OF THE JORDAN *10,–* *25,–*
2 (2) 1 Fils (Bro) 1949. Typ wie Nr. 1 **2,–** **4,–**
3 (3) 5 Fils (Bro) 1949. Typ wie Nr. 1 **2,–** **4,–**
4 (4) 10 Fils (Bro) 1949. Typ wie Nr. 1 **3,–** **7,–**
5 (5) 20 Fils (K-N) 1949. Typ wie Nr. 1 **6,–** **16,–**
6 (6) 50 Fils (K-N) 1949. Typ wie Nr. 1 **4,–** **11,–**
7 (7) 100 Fils (K-N) 1949. Typ wie Nr. 1 **7,–** **18,–**

Al Hussein II. Ibn Talal Ibn Abdallah seit 1952

8 (8) 1 Fils (Bro) 1955–1965. Wert im Kreis, von Ähren umgeben, darüber Krone. Rs. Wert und Inschrift THE HASHEMITE KINGDOM OF JORDAN **–,60** **1,–**
9 (9) 5 Fils (Bro) 1955–1967. Typ wie Nr. 8 **1,–** **2,–**
10 (10) 10 Fils (Bro) 1955–1967. Typ wie Nr. 8 **–,80** **1,50**
11 (A10) 20 Fils (K-N) 1964, 1965. Typ wie Nr. 8 *12,–*
12 (11) 50 Fils (K-N) 1955–1965. Typ wie Nr. 8 **2,–** **3,50**
13 (12) 100 Fils (K-N) 1955–1965. Typ wie Nr. 8 **3,–** **6,–**

VZ ST

14 (13) 1 Fils (Bro) 1968. Hussein II. (*1935), Kopfbild nach rechts. Rs. Wertangabe in Arabisch und Englisch, Jahreszahlen, das Ganze im Kreis, umgeben von Olivenzweigen; Landesbezeichnung in Englisch **–,30** **–,50**

15 (14) 5 Fils = ½ Qirsh (Bro) 1968, 1970, 1972, 1974, 1975. Typ wie Nr. 14 **–,50** **–,70**
16 (15) 10 Fils = 1 Qirsh (Bro) 1968, 1970, 1972, 1974, 1975. Typ wie Nr. 14 **–,80** **1,20**

VZ ST

17 (16) 25 Fils = ¼ Dirham (K-N) 1968, 1970, 1974, 1975, 1977. Typ wie Nr. 14 **1,20** **2,–**
18 (17) 50 Fils = ½ Dirham (K-N) 1968, 1970, 1973–1975, 1977. Typ wie Nr. 14 **1,50** **2,–**
19 (18) 100 Fils = 1 Dirham (K-N) 1968, 1975, 1977. Typ wie Nr. 14 **3,–** **4,–**

PP

20 (13a) 1 Fils (G) 1968. Typ wie Nr. 14. 916⅔er Gold, 5,8 g (50 Ex.) –,–
21 (14a) 5 Fils = ½ Qirsh (G) 1968. Typ wie Nr. 14. 916⅔er Gold, 11,7 g (50 Ex.) –,–
22 (15a) 10 Fils = 1 Qirsh (G) 1968. Typ wie Nr. 14. 916⅔er Gold, 19,5 g (50 Ex.) –,–
23 (16a) 25 Fils = ¼ Dirham (G) 1968. Typ wie Nr. 14. 916⅔er Gold, 9,2 g (50 Ex.) –,–
24 (17a) 50 Fils = ½ Dirham (G) 1968. Typ wie Nr. 14. 916⅔er Gold, 14,7 g (50 Ex.) –,–
25 (18a) 100 Fils = 1 Dirham (G) 1968. Typ wie Nr. 14. 916⅔er Gold, 23,7 g (50 Ex.) –,–

26 ½ Dinar (S) 1969. Hussein II. (*1935). Rs. Al Harraneh (auch Quasr al-Kharaneh), Wüstenschloß aus der Omajjadenzeit, 60 km westlich von Amman *80,–*
27 ¾ Dinar (S) 1969. Rs. Geburtsstätte Christi unter der Geburtskirche Bethlehem *90,–*
28 1 Dinar (S) 1969. Rs. Altstadt von Jerusalem mit dem Felsendom auf dem Tempelberg (Haran asch-Scharif) *130,–*
29 2 Dinars (G) 1969. Rs. Das Forum in Dscherasch (röm. Gerasa). Rest des von ionischen Säulen gesäumten, ovalen Hauptversammlungplatzes aus der Zeit der römischen Herrschaft, etwa im 1. bis 2. Jahrhundert nach Christi entstanden *170,–*
30 5 Dinars (G) 1969. Rs. Das Schatzhaus (arab. Khaznet Firaoun) in Petra. Aus rosafarbenem Sandstein herausgehauener Grabtempel, vermutlich einem Nabatäer-König geweiht. Nabatäische Architektur mit greco-romanischem Einfluß nach der Art sassanidischer Felsengrabmäler *400,–*
31 10 Dinars (G) 1969. Rs. Porträt von Papst Paul VI. Besuch in Jerusalem am 5. Januar 1964; Garten Gethsemane mit Ölberg und Gethsemane-Kirche (Friedenskirche der Nationen, 1924 erbaut) *800,–*
32 25 Dinars (G) 1969. Rs. Jerusalem: Felsendom mit Kettendom, südlicher Aufgang zum Tempelplatz *2000,–*

Für den FAO-Münz-Plan

		VZ	ST
33 (19)	1/4 Dinar (K-N) 1969, Hussein II., Kopfbild n. r. Rs. Olivenbaum im Kranz, Landesname, Wertangabe, Buchstaben F.A.O.	8,–	10,–
34 (20)	1/4 Dinar (K-N) 1970, 1974–1976. Rs. Olivenbaum im Kranz, Landesname, Wertangabe	4,–	6,–

10. Jahrestag der Zentralbank (2)

		ST	PP
35 (38)	1/4 Dinar (S) 1974. Hussein II., Kopfbild n. r. Rs. Olivenbaum im Kranz, Gedenkumschrift. 925er Silber, 19,04 g (550 Ex.)		–,–
36 (38a)	1/4 Dinar (G) 1974. Typ wie Nr. 35. 916⅔er Gold (100 Ex.)		–,–
37	1 Fils (G) 1975. Typ wie Nr. 14. 916⅔er Gold, 5,7 g (170 Ex.)		–,–
38	5 Fils = 1/2 Qirsh (G) 1975. Typ wie Nr. 14. 916⅔er Gold, 11,5 g (170 Ex.)		–,–
39	10 Fils = 1 Qirsh (G) 1975. Typ wie Nr. 14. 916⅔er Gold, 19,7 g (170 Ex.)		–,–
40	25 Fils = 1/4 Dirham (G) 1975. Typ wie Nr. 14. 916⅔er Gold, 9,4 g (170 Ex.)		–,–
41	50 Fils = 1/2 Dirham (G) 1975. Typ wie Nr. 14. 916⅔er Gold, 13,4 g (170 Ex.)		–,–
42	100 Fils = 1 Dirham (G) 1975. Typ wie Nr. 14. 916⅔er Gold, 23,8 g (170 Ex.)		–,–
43	1/4 Dinar (G) 1975. Typ wie Nr. 34. 916⅔er Gold, 32,8 g (110 Ex.)		–,–

Nrn. 37–42, polierte Platte (60 Ex.) –,–
Nrn. 37–43, polierte Platte (110 Ex.) *7500,–*

Fünfjahresplan 1976/1980

44 50 Dinars (G) 1976. Hussein II. Rs. Emblem. 916⅔er Gold, 15,98 g [RM] (250 Ex.) 450,–

Nr. 44 auch in Bronze, polierte Platte, Riffelrand, vorkommend *500,–*

25. Regierungsjubiläum von König Hussein II. (2)

		VZ	ST
45 (21)	1/4 Dinar (K-N) 1977. König Hussein II., Porträt in gekröntem geflügeltem Schild. Rs. Schatzhaus in Petra (vgl. Nr. 30)	3,–	5,–

		ST	PP
46 (22)	25 Dinars (G) 1977. König Hussein II. Rs. Königswappen. 916⅔ Gold, 15,29 g:		
	a) [Huguenin], HF (575 Ex.)		–,–
	b) FM (4724 Ex.)		580,–

Rettet die Tierwelt (3)

		ST	PP
47 (23)	2 1/2 Dinar (S) 1977. Hussein II., neues Porträt n. r. Rs. Rhim-Gazelle:		
	a) 925er Silber, 28,28 g		60,–
	b) 925er Silber, 25,31 g	50,–	
48 (24)	3 Dinars (S) 1977. Rs. Palästina-Kolibri:		
	a) 925er Silber, 35 g		120,–
	b) 925er Silber, 31,65 g	100,–	
49 (25)	50 Dinars (G) 1977. Rs. Houbara-Großtrappe. 900er Gold, 33,437 g	1400,–	1600,–
50 (26)	1 Fils (Bro) 1978, 1981, 1984, 1985. Hussein II., neues Porträt n. r. Rs. Wertangabe wie Nr. 14	–,50	–,70
51 (27)	5 Fils = 1/2 Qirsh (Bro) 1978, 1985. Typ wie Nr. 34	–,50	–,70
52 (28)	10 Fils = 1 Qirsh (Bro) 1978, 1984, 1985, 1989. Typ wie Nr. 34	–,80	1,10
53 (29)	25 Fils = 1/4 Dirham (K-N) 1978, 1981, 1984, 1985, 1991. Typ wie Nr. 34	1,20	2,–
54 (30)	50 Fils = 1/2 Dirham (K-N) 1978, 1981, 1984, 1985, 1989, 1991. Typ wie Nr. 34	2,–	2,80
55 (31)	100 Fils = 1 Dirham (K-N) 1978, 1981, 1984, 1985, 1989, 1991. Typ wie Nr. 34	3,20	4,80
56 (32)	1/4 Dinar (K-N) 1978, 1981, 1985. Rs. wie Nr. 34	3,50	7,–

Nrn. 50–56 von 1978, polierte Platte (20000 Ex.) 30,–
Nrn. 50–56, 62 von 1985, polierte Platte (5000 Ex.) 60,–

Auf die Vollendung des 14. und den Beginn des 15. Jahrhunderts islamischer Zeitrechnung (3)

		ST	PP
57 (33)	1/2 Dinar (K-N) n. H. 1400/1980. Hussein II. Rs. Moschee von Medina und Felsendom in Jerusalem, von Halbmond mit fünfzehnblättrigem Olivenzweig umgeben, Gedenkumschrift [HF] (siebeneckig) (2006000 Ex.)	8,–	15,–

		PP
58 (35)	10 Dinars (S) n. H. 1400/1980. Typ wie Nr. 57, jedoch Koranvers in der Umschrift, Wertangabe »'ashr Dinar«. 925er Silber, 30 g [HF] (17500 Ex.)	80,–

In gleicher Zeichnung existiert eine Medaille in 916⅔er Gold, 50 g.

		PP
59 (36)	40 Dinars (G) n. H. 1400/1980. Rs. Ka'aba in Mekka und Felsendom in Jerusalem in fünfzehnbogiger Einfassung, Koranvers in der Umschrift, Wertangabe »arba'in Dinara«. 916⅔er Gold, 14,3 g [HF] (9500 Ex.)	1500,–

In gleicher Zeichnung existiert eine Medaille in 925er Silber, 30 g.

Internationales Jahr des Kindes 1979 (2)

	ST	PP
60 (34) 3 Dinars (S) n. H. 1401/1981. Hussein II. Rs. Zwei Kinder beim Anblick des Kulturpalastes in Amman, Hussein Youth City:		
a) 925er Silber, 23,33 g (21 000 Ex.)		**75,–**
b) Piéfort, 925er Silber, 46,66 g (2050 Ex.)		*300,–*

	ST	PP
61 (37) 60 Dinars (G) n. H. 1401/1981. Typ wie Nr. 60:		
a) 900er Gold, 17,17 g (20 200 Ex.)		**650,–**
b) Piéfort, 900er Gold, 34,35 g (61 Ex.)		*3000,–*

50. Geburtstag von König Hussein II. (3)

	ST	PP
62 (39) 1 Dinar (N-Me) n. H. 1406/1985. Porträt Husseins II. im Kreis von 50 Perlen. Rs. Haschemitische Königskrone und aufgehende Sonne im Kranz, Gedenkumschrift	**12,–**	–,–
63 (40) 10 Dinars (S) n. H. 1406/1985. Typ wie Nr. 62. 925er Silber, 15 g (4956 Ex.)		**100,–**
64 (41) 50 Dinars (G) n. H. 1406/1985. Typ wie Nr. 62:		
a) 916⅔er Gold, 17 g (2029 Ex.)		**900,–**
b) Piéfort, 916⅔er Gold, 34 g (702 Ex.)		*2000,–*

Yugoslavia — Jugoslawien — Yougoslavie

Fläche: 255804 km²; 23500000 Einwohner (1986).
Alexander vereinigte am 1. Dezember 1918 als Regent Serbien, Kroatien und Slowenien zu einem Königreich, das seit 1929 Jugoslawien genannt wird. Am 29. November 1943 wurde in Jaice (Bosnien) die Bundesrepublik Jugoslawien proklamiert. Am 29. November 1945 erfolgte die Umwandlung in eine Föderative Volksrepublik. Ab 1991 haben sich ehemalige Teilrepubliken wie z. B. Kroatien, Slowenien und Bosnien-Herzegowina sowie Makedonien für unabhängig erklärt und sind in der Regel als souveräne Staaten international anerkannt worden (siehe dort). Hauptstadt: Belgrad (Beograd).

100 Para = 1 Jugoslawischer Dinar

Königreich der Serben, Kroaten und Slowenen

Peter I. 1918–1921

Nr.		SS	VZ
1 (1)	5 Para (Zink) 1920. Gekröntes Wappen. Rs. Wert	25,–	60,–
2 (2)	10 Para (Zink) 1920. Typ wie Nr. 1	10,–	20,–
3 (3)	25 Para (K-N) 1920	4,–	10,–

Alexander I. 1921–1934

Nr.		SS	VZ
4 (4)	50 Para (K-N) 1925. Alexander I. (1888–1934), Regent 1918–1921, König 1921–1934. Rs. Wert im Kranz, darüber Krone	2,–	5,–
5 (5)	1 Dinar (K-N) 1925. Typ wie Nr. 4	3,–	5,–
6 (6)	2 Dinara (K-N) 1925. Typ wie Nr. 4	5,–	8,–
A7	10 Dinara (G) 1925. Typ wie Nr. 4. 900er Gold, 3,2258 g (ca. 4 Ex.)	–,–	–,–

Nr.		SS	VZ
7 (10)	20 Dinara (G) 1925. Typ wie Nr. 4. 900er Gold, 6,4516 g	350,–	500,–

Königreich Jugoslawien

Nr.		SS	VZ
8 (7)	10 Dinara (S) 1931. Alexander I., Kopfbild nach links. Rs. Gekrönter Wappenadler, 500er Silber, 7 g	11,–	20,–
9 (8)	20 Dinara (S) 1931. Typ wie Nr. 8, 500er Silber, 14 g	35,–	80,–
10 (9)	50 Dinara (S) 1932. Typ wie Nr. 8, 750er Silber, 23,33 g	100,–	250,–

Nr.		SS	VZ
11 (A11)	1 Dukat (G) 1931–1934. Alexander I., Kopfbild. Rs. Gekrönter Doppeladler mit Brustschild, Wertangabe. 986⅓er Gold, 3,49 g:		
	1931	200,–	250,–
	1932	230,–	300,–
	1933	420,–	500,–
	1934	1000,–	1400,–

Nr.		SS	VZ
12 (12)	4 Dukaten (G) 1931–1934. Gestaffelte Brustbilder von Alexander I. und Maria. Rs. Gekrönter Doppeladler mit Brustschild, Wertangabe		
	1931, 1932	1600,–	2500,–
	1933	2800,–	4000,–
	1934 (wenige Ex.)	–,–	–,–

Nrn. 11 und 12 existiert mit Kontermarke (Reinheitsstempel) Schwert (Bosnien) oder Ähre (Serbien).
Dukaten auf das Reit- und Fahrturnier 1932 in Belgrad sind Medaillen (30–50 Ex.)

Peter II. 1934–1945

Nr.		SS	VZ
13 (13)	25 Para (Bro) 1938. Kranz, darüber Krone. Rs. Wert (mit Loch)	8,–	16,–
14 (14)	50 Para (Al-Bro) 1938. Krone. Rs. Wert	2,50	4,–
15 (15)	1 Dinar (Al-Bro) 1938. Typ wie Nr. 14	2,50	5,–

Nr.		SS	VZ
16	2 Dinara (Al-Bro) 1938. Typ wie Nr. 14		
	a) (Y 16) große Krone (Abb.)	2,50	5,–
	b) (Y 17) kleine Krone	14,–	36,–
17 (18)	10 Dinara (N) 1938. Peter II. (1923–1970), Kopfbild n. r. Rs. Wert im Kranz	2,50	6,–
18 (19)	20 Dinara (S) 1938. Peter II., Kopfbild m. l. Rs. Gekrönter Wappenadler, 750er Silber, 9 g	9,–	18,–

		SS	VZ
19 (20)	50 Dinara (S) 1938. Peter II., Kopfbild n. r. Rs. Gekrönter Wappenadler, 750er Silber, 15 g	12,–	35,–

Föderative Volksrepublik seit 1945
Federativna Narodna Republika Jugoslavija

20 (21)	50 Para (Zink) 1945. Staatswappen der Volksrepublik, Landesname »Jugoslavija«. Rs. Wert, von Sternen umgeben	5,–	15,–
21 (22)	1 Dinar (Zink) 1945. Typ wie Nr. 20	3,–	8,–
22 (23)	2 Dinara (Zink) 1945. Typ wie Nr. 20	4,–	7,–
23 (24)	5 Dinara (Zink) 1945. Typ wie Nr. 20	5,–	8,–
24 (25)	50 Para (Al) 1953. Staatswappen, lateinische Umschrift »Federativna Narodna Republika Jugoslavija". Rs. Wert	–,30	–,50
25 (26)	1 Dinar (Al) 1953. Typ wie Nr. 24, jedoch kyrillische Umschrift	–,30	–,60
26 (27)	2 Dinara (Al) 1953. Typ wie Nr. 24	–,40	–,80
27 (28)	5 Dinara (Al) 1953. Typ wie Nr. 25	–,60	1,–

28 (29)	10 Dinara (Al-Bro) 1955. Staatswappen, lateinische Umschrift. Rs. Landarbeiterin mit Garbe	–,50	1,–

29 (30)	20 Dinara (Al-Bro) 1955. Staatswappen, kyrillische Umschrift. Rs. Fabrikarbeiter, Zahnradsegment als Symbol der Industrialisierung	–,50	1,50

30 (31)	50 Dinara (Al-Bro) 1955. Staatswappen, lateinische Umschrift. Rs. Arbeiter und Arbeiterin, Zahnradsegment und Ähren	–,80	2,50

Sozialistische Föderative Republik
Socijalistička Federativna Republika Jugoslavija

		SS	VZ
31 (32)	1 Dinar (Al) 1963. Staatswappen, Umschrift »Socijalistička Federativna Republika Jugoslavija«. Rs. Wert, wie Nr. 25	–,30	–,50
32 (33)	2 Dinara (Al) 1963. Rs. Wert, wie Nr. 26	–,30	–,60
33 (34)	5 Dinara (Al) 1963. Typ wie Nr. 31	–,40	1,–
34 (35)	10 Dinara (Al-Bro) 1963. Rs. Landarbeiterin, wie Nr. 28	–,40	1,20
35 (A35)	20 Dinara (Al-Bro) 1963. Rs. Fabrikarbeiter, wie Nr. 29	–,60	1,50
36 (B35)	50 Dinara (Al-Bro) 1963. Rs. Arbeiter und Arbeiterin, wie Nr. 30	–,80	2,50

WÄHRUNGSREFORM: 100 alte Dinara = 1 neuer Dinar

37 (36)	5 Para (Me) 1965. Rs. Wert im Kranz	–,40	–,70

38 (37)	1 Dinar (K-N) 1965. Typ wie Nr. 37	–,60	1,–

		VZ	ST
39 (38)	5 Para (Me) 1965, 1973–1981. Staatswappen, Umschrift kyrillisch und lateinisch »SFR Jugoslavija«. Rs. Wertangabe	–,20	–,40

40 (39)	10 Para (Me) 1965, 1973–1981. Typ wie Nr. 39	–,20	–,50
41 (40)	20 Para (Me) 1965, 1973–1981. Typ wie Nr. 39	–,30	–,60
42 (41)	50 Para (Me) 1965, 1973–1981. Typ wie Nr. 39	–,40	–,80

43 (42)	1 Dinar (K-N) 1968. Rs. Wert im Kranz	–,70	2,–

25. Jahrestag der Ausrufung der Jugoslawischen Bundesrepublik (6)

PP

44 (48) 20 Dinara (S) 1968. Denkmal in Jajce, Bosnien. Rs. Staatswappen, Wertangabe, Landesbezeichnung. 925er Silber, 9 g:
a) [Gori e Zucchi], ni 50,–
b) [Belgrad], o. Mzz. 50,–

45 (49) 50 Dinara (S) 1968. Josip Broz Tito (1892–1980), Staatspräsident 1953–1980. Rs. Staatswappen, Typ wie Nr. 44. 925er Silber, 20 g:
a) [Gori e Zucchi], ni 100,–
b) [Belgrad], o. Mzz. 100,–

46 (50) 100 Dinara (G) 1968. Typ wie Nr. 44. 900er Gold, 7,82 g:
a) [Gori e Zucchi], ni 300,–
b) [Belgrad], o. Mzz. 300,–

47 (51) 200 Dinara (G) 1968. Typ wie Nr. 45. 900er Gold, 15,64 g:
a) [Gori e Zucchi], ni 550,–
b) [Belgrad], o. Mzz. 550,–

48 (52) 500 Dinara (G) 1968. Typ wie Nr. 44. 900er Gold, 39,1 g:
a) [Gori e Zucchi], ni 1300,–
b) [Belgrad], o. Mzz. 1300,–

49 (53) 1000 Dinara (G) 1968. Typ wie Nr. 45. 900er Gold, 78,2 g:
a) [Gori e Zucchi], ni 2500,–
b) [Belgrad], o. Mzz. 2500,–

Nrn. 44b–49b wurden 1978 geprägt.

Für den FAO-Münz-Plan (4)

			VZ	ST
50 (54)	1	Dinar (Neusilber) 1976. Staatswappen. Rs. Wertzahl im Schriftkreis mit Jahreszahl umgeben von Weizenähren, Motto »Es werde Brot«	–,30	–,60
51 (43)	2	Dinara (Neusilber) 1970. Typ wie Nr. 50	–,75	1,50

			VZ	ST
52 (44)	5	Dinara (Neusilber) 1970. Typ wie Nr. 50	1,50	3,–
53 (55)	10	Dinara (Neusilber) 1976. Typ wie Nr. 50	1,80	3,50

			VZ	ST
54 (A45)	1	Dinar (Neusilber) 1973–1981. Staatswappen, Umschrift. Rs. Wertzahl im Schriftkreis mit Jahreszahl, umgeben von gebundenen Zweigen und Sternen	–,40	–,80
55 (45)	2	Dinara (Neusilber) 1971–1981. Typ wie Nr. 54	–,50	1,–
56 (46)	5	Dinara (Neusilber) 1971–1981. Typ wie Nr. 55:		
		1971–1976, 1979–1981	1,–	2,–
		1977, 1978	*6,–*	*10,–*
57 (A47)	10	Dinara (Neusilber) 1976–1981. Typ wie Nr. 55	2,–	3,–

30. Jahrestag der Befreiung

58 (47) 5 Dinara (Neusilber) 1975. Typ wie Nr. 54, jedoch Gedenk-Doppelschriftkreis 1,50 2,–

85. Geburtstag von Josip Broz Tito

ST PP

59 (56) 200 Dinara (S) 1977. Brustbild Titos. Rs. Staatswappen:
a) 750er Silber, 15 g (500 000 Ex.) 50,–
b) 600er Silber, 14 g (300 000 Ex.) 30,–

8. Mittelmeer-Sportspiele in Split 1979 (11)

60 (57) 100 Dinara (S) 1978. Rs. Maskottchen der Sportspiele. 925er Silber, 10 g [ZM] (71 000 Ex.) 50,–

61 (58) 150 Dinara (S) 1978. Rs. Frachter »Bakar«. 925er Silber, 12,5 g [ZM] (70 000 Ex.) 75,–

62 (59) 200 Dinara (S) 1978. Rs. Antike Amphore. 925er Silber, 15 g [ZM] (58 000 Ex.) 100,–

63 (60) 250 Dinara (S) 1978. Rs. St.-Donats-Basilika in Zadar. 925er Silber, 17,5 g [ZM] (48 000 Ex.) 125,–

64 (61) 300 Dinara (S) 1978. Rs. Kathedrale in Sibenik. 925er Silber, 20 g [ZM] (36 000 Ex.) 150,–

65 (62) 350 Dinara (S) 1978. Rs. Löwen-Monument vom Portal der Kathedrale in Trogir. 925er Silber, 22,5 g [ZM] (24 000 Ex.) 175,–

			ST	PP
66 (63)	400	Dinara (S) 1978. Rs. Innenansicht der Ruine des Diokletian-Palastes in Split. 925er Silber, 25 g [ZM] (24 000 Ex.)		200,–
67 (64)	1500	Dinara (G) 1978. Rs. Drei Ringe auf Wellen (Emblem der Sportspiele). 900er Gold, 8,8 g [ZM] (35 000 Ex.)		440,–
68 (65)	2000	Dinara (G) 1978. Rs. Seitenansicht der Schwimmhalle in Split. 900er Gold, 11,8 g [ZM] (35 000 Ex.)		560,–
69 (65)	2500	Dinara (G) 1978. Rs. Sportstadion in Split. 900er Gold, 14,7 g [ZM] (35 000 Ex.)		680,–
70 (67)	5000	Dinara (G) 1978. Rs. Front des Diokletian-Palastes vor Panorama der Stadt Split. 900er Gold, 29,5 g [ZM] (12 000 Ex.)		1200,–

60. Jahrestag des 2. Vukovar-Kongresses der Kommunistischen Partei Jugoslawiens (3)

71 (68)	500	Dinara (S) 1980. 925er Silber, 8 g [ZM] (18 000 Ex.)	50,–
72 (69)	1000	Dinara (S) 1980. 925er Silber, 14 g [ZM] (16 000 Ex.)	100,–
73 (70)	1500	Dinara (S) 1980. 925er Silber, 21,97 g [ZM] (16 000 Ex.)	150,–

Zum Tode von Josip Broz Tito

74 (71) 1000 Dinara (S) 1980. Brustbild Titos. Rs. Staatswappen auf Landkarte:
a) ZM, 750er Silber, 26 g 80,–
b) [Belgrad] 925er Silber, 26 g 80,–
c) [Belgrad] 750er Silber, 26 g (800 000 Ex.) 50,–

36. Tischtennis-Weltmeisterschaft in Novi Sad (Neusatz) 1981 (3)

75 (72)	500	Dinara (S) 1981. Staatswappen mit Ansicht von Novi Sad. Rs. Vier Tischtennisschläger mit Ball im Zentrum. 750er Silber, 8 g (18 000 Ex.)	30,–
76 (73)	1000	Dinara (S) 1981. Rs. Hand mit Tischtennisschläger und Ball. 750er Silber, 14 g (16 000 Ex.)	50,–
77 (74)	1500	Dinara (S) 1981. Rs. Sportanlage in Novi Sad. 750er Silber, 21,97 g (16 000 Ex.)	80,–

40. Jahrestag des Partisanenaufstandes

78 (75) 1000 Dinara (S) 1981. 750er Silber, 14 g (100 000 Ex.) 50,–

17. Weltmeisterschaft in Kajak und Kanu 1982 in Belgrad (2)

79 (76)	1000	Dinara (S) 1982. Statue eines Kriegers mit Friedenstaube. Rs. Stadtansicht von Pesk. 925er Silber, 18 g [ZM] (46 000 Ex.)	85,–
80 (77)	1500	Dinara (S) 1982. Josip Broz Tito. Rs. Kanute, Hemisphären. 925er Silber, 22 g [ZM] (36 000 Ex.)	110,–

			VZ	ST
81 (78)	25	Para (Bro) 1982, 1983. Staatswappen, Landesname SFR JUGOSLAVIJA. Rs. Wertangabe, Jahreszahl	–,20	–,30
82 (79)	50	Para (Bro) 1982–1984. Typ wie Nr. 81	–,20	–,40
83 (80)	1	Dinar (N-Me) 1982–1986. Typ wie Nr. 81	–,25	–,50
84 (81)	2	Dinara (N-Me) 1982–1986. Typ wie Nr. 81	–,30	–,60
85 (82)	5	Dinara (N-Me) 1982–1986. Typ wie Nr. 81	–,40	–,70
86 (83)	10	Dinara (Neusilber) 1982–1988. Typ wie Nr. 81	–,50	1,–
87 (108)	20	Dinara (Neusilber) 1985–1987. Typ wie Nr. 81	–,50	1,–
88 (109)	50	Dinara (Neusilber) 1985–1988. Typ wie Nr. 81	1,–	2,–
89 (110)	100	Dinara (Neusilber) 1985–1988. Typ wie Nr. 81	2,–	4,–

Nrn. 83–85 bestehen aus Kupfer 75%, Zink 21%, Nickel 4%.

XIV. Olympische Winterspiele in Sarajewo 8. – 19. 2. 1984 1. Ausgabe (4)

			PP
90 (84)	100	Dinara (S) 1982. Staatswappen und Emblem der Spiele. Rs. Eishockey. 925er Silber, 13 g	85,–
91 (85)	250	Dinara (S) 1982. Rs. Ansicht von Sarajewo. 925er Silber, 17 g	105,–
92 (86)	500	Dinara (S) 1982. Rs. Abfahrtslauf. 925er Silber, 23 g	130,–
93 (87)	5000	Dinara (G) 1982. Rs. Emblem der Spiele. 900er Gold, 8 g	500,–

XIV. Olympische Winterspiele in Sarajewo 8. – 19. 2. 1984 2. Ausgabe (7)

94 (88)	100	Dinara (S) 1983. Rs. Eiskunstlauf der Damen	85,–
95 (89)	250	Dinara (S) 1983. Rs. Steinskulptur aus einer steinzeitlichen Siedlung auf der »Lepenski Vir« genannten Donauterrasse im Djerdap-Gebiet. 6. Jahrtausend v. Chr.	105,–
96 (90)	500	Dinara (S) 1983. Rs. Skispringen	130,–
97 (92)	100	Dinara (S) 1983. Rs. Bobrennen	85,–
98 (93)	250	Dinara (S) 1983. Rs. Gräber von Radimlja	105,–
99 (94)	500	Dinara (S) 1983. Rs. Biathlon	130,–
100 (91)	5000	Dinara (G) 1983. Rs. Josip Broz Tito	500,–

40. Jahrestag der Partisanenschlachten an der Neretva und an der Sutjeska (2)

			ST	PP
101 (102)	10	Dinara (Neusilber) 1983. Rs. Neretva-Brücke	2,–	10,–

102 (103) 10 Dinara (Neusilber) 1983. Rs. Sutjeska-Denkmal in Tjentište 2,– 10,–

XIV. Olympische Winterspiele in Sarajewo 8.–19. 2. 1984, 3. Ausgabe (7)

103 (96) 100 Dinara (S) 1984. Rs. Eisschnellauf 85,–
104 (97) 250 Dinara (S) 1984. Rs. Dorfansicht von Jajce (vgl. Nr. 44) 105,–
105 (98) 500 Dinara (S) 1984. Rs. Langlauf 130,–
106 (99) 100 Dinara (S) 1984. Rs. Paarlauf 85,–
107 (100) 250 Dinara (S) 1984. Rs. Josip Broz Tito 105,–
108 (101) 500 Dinara (S) 1984. Rs. Slalom 130,–
109 (95) 5000 Dinara (G) 1984. Rs. Olympische Flamme 500,–

Nrn. 90–100, 103–109 sind Prägungen von Zlatara Majdanpek [Msz. gekreuzte Hämmer].

VIII. Skiflug-Weltmeisterschaft in Planica und 50. Jahrestag der Erbauung der ersten Sprungschanze (4)

PP

110 (104) 500 Dinara (S) 1985. Rs. Fliegende Fischreiher. 925er Silber, 13 g [ZM] (50000 Ex.) 100,–

111 112

111 (106) 1000 Dinara (S) 1985. Rs. Slowenische Wiege. 925er Silber, 23 g [ZM] (20000 Ex.) 120,–
112 (105) 1000 Dinara (S) 1985. Rs. Ing. Stanko Bloudek, Planer der ersten Sprungschanze in Planica 1935 [ZM] (20000 Ex.) 120,–
113 (107) 10000 Dinara (G) 1985. Typ wie Nr. 110. 900er Gold, 8 g [ZM] (10000 Ex.) 600,–

270 Jahre Ringelrennen »Sinjska Alka« (6)

114 (117) 1000 Dinara (S) 1985. 925er Silber, 6 g (60000 Ex.) 25,–
115 (118) 2000 Dinara (S) 1985. 925er Silber, 14 g (20000 Ex.) 50,–
116 (119) 3000 Dinara (S) 1985. 925er Silber, 26 g (20000 Ex.) 75,–
117 (120) 10000 Dinara (G) 1985. 900er Gold, 5 g (12000 Ex.) 280,–
118 (121) 20000 Dinara (G) 1985. 900er Gold, 8 g (8000 Ex.) 440,–
119 (122) 40000 Dinara (G) 1985. 900er Gold, 14 g (5000 Ex.) 800,–

40. Jahrestag der Befreiung (2)

120 (115) 100 Dinara (Neusilber) 1985. Staatswappen, wie Nr. 101. Rs. Zahl 40 mit Porträt Titos und Flagge (200000 Ex.) 4,–
121 (116) 5000 Dinara (S) 1985. Typ wie Nr. 120. 925er Silber, 23,5 g (100000 Ex.) 60,–

200. Geburtstag von V. S. Karadjić (5)

A122 100 Dinara (Neusilber) 1987. Staatswappen, wie Nr. 120. Rs. wie Nr. 122 (Fehlprägung) (max. 500 Ex.) *50,–*
122 (111) 100 Dinara (Neusilber) 1987. Rs. Vuk Stefanović Karadjić (1787–1864), Dichter (200000 Ex.) 5,–
123 (112) 3000 Dinara (S) 1987. 925er Silber, 13 g (50000 Ex.) 40,–
124 (113) 5000 Dinara (S) 1987. 925er Silber, 17 g (50000 Ex.) 65,–
125 (114) 50000 Dinara (G) 1987. 900er Gold, 8 g (10000 Ex.) 500,–

			VZ	ST
126 (123)	10	Dinara (Me) 1988. Staatswappen im Quadrat. Rs. Wertzahl im Quadrat	–,20	–,40

		VZ	ST
126 (123)	10 Dinara (N-Me) 1988. Staatswappen im Quadrat. Rs. Wertzahl im Quadrat	**–,20**	**–,40**

		VZ	ST
127 (124)	20 Dinara (N-Me) 1988. Typ wie Nr. 126	**–,30**	**–,60**
128 (125)	50 Dinara (N-Me) 1988. Typ wie Nr. 126	**–,40**	**–,90**
129 (126)	100 Dinara (N-Me) 1988. Typ wie Nr. 126	**–,85**	**1,65**

9. Gipfelkonferenz der blockfreien Staaten in Belgrad 4.–7. 9. 1989 (4)

		ST	PP
130	5000 Dinara (N-Me) 1989. Rs. Stilisierte Ziffer 9 (50 000 Ex.)	**6,–**	
131	50000 Dinara (S) 1989. Rs. Statue des Eroberers. 925er Silber, 13 g (15 000 Ex.)		**40,–**
132	100000 Dinara (S) 1989. Rs. Parlamentsgebäude in Belgrad. 925er Silber, 17 g (10 000 Ex.)		**80,–**
133	2000000 Dinara (G) 1989. Typ wie Nr. 130. 900er Gold, 8 g (5000 Ex.)		**650,–**

		VZ	ST
134	10 Para (N-Me) 1990, 1991. Typ wie Nr. 81	–,–	–,–
135	20 Para (N-Me) 1990, 1991. Typ wie Nr. 81	–,–	–,–
136	50 Para (N-Me) 1990, 1991. Typ wie Nr. 81	–,–	–,–
137	1 Dinar (Neusilber) 1990, 1991. Typ wie Nr. 81	–,–	–,–
138	2 Dinara (Neusilber) 1990, 1991. Typ wie Nr. 81	–,–	–,–
139	5 Dinara (Neusilber) 1990, 1991. Typ wie Nr. 81	–,–	–,–

29. Schacholympiade in Novi Sad (Neusatz) (4)

		ST	PP
140	5 Dinara (Neusilber) 1990. Rs. Emblem der Schacholympiade (max. 20 000 Ex.)	–,–	
141	100 Dinara (S) 1990. Rs. Schachbrett, Glockenturm von Petrovaradin bei Neusatz. 925er Silber, 13 g (max. 10 000 Ex.)		–,–
142	150 Dinara (S) 1990. Rs. Schachbrettmuster, Globus. 925er Silber, 17 g (max. 10 000 Ex.)		–,–
143	1000 Dinara (G) 1990. Typ wie Nr. 140. 900er Gold, 3,5 g (max. 2000 Ex.)		–,–

Cayman Islands

Kaiman-Inseln

Caïmanes (Iles)

Fläche: 259 km²; 13000 Einwohner.
Die im Karibischen Meer gelegenen Koralleninseln Grand Cayman, Little Cayman und Cayman Brac standen bis 1959 unter der Verwaltung Jamaikas, unterstanden 1959–1962 einem Generalgouverneur und besitzen seit 1962 beschränkte Autonomie. Bis zur Einführung der eigenen Währung am 1. Mai 1972 galt der Jamaika-Dollar. Hauptstadt: Georgetown

100 Cents = 1 Kaiman-Dollar

Elisabeth II., seit 1952

			ST	PP
1 (1)	1	Cent (Bro) 1972–1977, 1979–1984, 1986. Elisabeth II. (nach A. Machin). Rs. Groß-Kaiman-Drossel (Mimocichla ravida – Turdidae), Wertangabe	**–,50**	**2,–**
2 (2)	5	Cents (K-N) 1972–1977, 1979–1984, 1986. Rs. Garnele (Penaeus setiferus – Penaeidae), Wertangabe	**1,–**	**2,50**
3 (3)	10	Cents (K-N) 1972–1977, 1979–1984, 1986. Rs. Suppenschildkröte (Chelonia mydas – Chelonidae), Wappentier der Inseln, Wertangabe	**1,80**	**2,50**
4 (4)	25	Cents (K-N) 1972–1977, 1979–1984, 1986. Rs. Kaiman-Schoner, Wertangabe	**2,50**	**4,–**
5 (5)	50	Cents (S) 1972–1977, 1979–1982. Rs. Kariben-Kaiserfische (Holacanthus tricolor – Chaetodontidae), Wertangabe. 925er Silber, 10,37 g	*–,–*	*15,–*
6 (6)	1	Dollar (S) 1972–1977, 1979–1982. Rs. Flamboyant (Delonix regia – Leguminosae), Wertangabe. 925er Silber, 18,14 g	*–,–*	*22,–*
7 (7)	2	Dollars (S) 1972–1977, 1979–1982, 1986. Rs. Silberreiher (Casmerodius albus – Ardeidae), 925er Silber, 29,81 g	*–,–*	*30,–*
8 (8)	5	Dollars (S) 1972–1977, 1979–1981, 1984, 1986. Rs. Staatswappen, Wertangabe. 925er Silber, 35,64 g	*125,–*	*50,–*

Zur Silberhochzeit des englischen Königspaares am 20. November 1972 (2)

9 (9)	25	Dollars (S) 1972. Rs. Englisches Königspaar, gestaffelte Köpfe n. r.	*220,–*	*250,–*
10 (9a)	25	Dollars (G) 1972. Typ wie Nr. 9; Ø 27 mm	*250,–*	*320,–*

100. Geburtstag von Sir Winston Churchill (2)

11 (10)	25	Dollars (S) 1974. Staatswappen. Rs. Sir Winston Churchill (1874–1965)	*200,–*	*300,–*
12 (11)	100	Dollars (G) 1974. Typ wie Nr. 11	*450,–*	*500,–*

Sechs Königinnen von Großbritannien (2)

			ST	PP
13 (12)	50	Dollars (S) 1975–1977. Elisabeth II., Porträt n. r., Jahreszahl. Rs. Die Königinnen Maria I. (1553–1558), Elisabeth I. (1558–1603), Maria II. (1688–1694), Anna I. (1702–1714) und Viktoria (1837–1901)	*180,–*	*260,–*
14 (13)	100	Dollars (G) 1975–1977. Typ wie Nr. 13	*400,–*	*500,–*

25. Regierungsjubiläum von Königin Elisabeth II. (12)

15 (14)	25	Dollars (S) 1977. Elisabeth II., Porträt n. r. Rs. Staatswappen mit Schildhaltern	*110,–*	*160,–*
16 (15)	100	Dollars (G) 1977. Typ wie Nr. 15	*450,–*	*630,–*
17 (16)	25	Dollars (S) 1977. Maria I.		*150,–*
18 (17)	25	Dollars (S) 1977. Elisabeth I.		*150,–*
19 (18)	25	Dollars (S) 1977. Maria II.		*150,–*
20 (19)	25	Dollars (S) 1977. Anna I.		*150,–*
21 (20)	25	Dollars (S) 1977. Viktoria		*150,–*
22 (21)	50	Dollars (G) 1977. Typ wie Nr. 17		*285,–*
23 (22)	50	Dollars (G) 1977. Typ wie Nr. 18		*285,–*
24 (23)	50	Dollars (G) 1977. Typ wie Nr. 19		*285,–*
25 (24)	50	Dollars (G) 1977. Typ wie Nr. 20		*285,–*
26 (25)	50	Dollars (G) 1977. Typ wie Nr. 21		*285,–*

25. Krönungsjubiläum von Königin Elisabeth II. (22)

27 (1a)	1	Cent (Bro) 1978. Elisabeth II., Gedenkinschrift 25th/ANNIV./CORONATION/1953–1978. Rs. wie Nr. 1		*5,–*
28 (2a)	5	Cents (K-N) 1978. Rs. wie Nr. 2		*8,–*
29 (3a)	10	Cents (K-N) 1978. Rs. wie Nr. 3		*10,–*
30 (4a)	25	Cents (K-N) 1978. Rs. wie Nr. 4		*12,–*
31 (5a)	50	Cents (S) 1978. Rs. wie Nr. 5		*24,–*
32 (6a)	1	Dollar (S) 1978. Rs. wie Nr. 6		*40,–*
33 (7a)	2	Dollars (S) 1978. Rs. wie Nr. 7		*60,–*

		PP
34 (8a)	5 Dollars (S) 1978. Rs. wie Nr. 8	*100,–*
35 (38)	50 Dollars (S) 1978. Rs. wie Nr. 13	*260,–*
36 (39)	100 Dollars (G) 1978. Rs. wie Nr. 14	*450,–*
37 (26)	25 Dollars (S) 1978. Elisabeth II. Rs. Ampulla	*170,–*
38 (27)	25 Dollars (S) 1978. Rs. Reichsapfel	*170,–*
39 (28)	25 Dollars (S) 1978. Rs. St.-Eduards-Krone	*170,–*
40 (29)	25 Dollars (S) 1978. Rs. Thron	*170,–*
41 (30)	25 Dollars (S) 1978. Rs. Szepter	*170,–*
42 (31)	25 Dollars (S) 1978. Rs. Goldener Löffel	*170,–*
43 (32)	50 Dollars (G) 1978. Typ wie Nr. 37	*320,–*
44 (33)	50 Dollars (G) 1978. Typ wie Nr. 38	*320,–*
45 (34)	50 Dollars (G) 1978. Typ wie Nr. 39	*320,–*
46 (35)	50 Dollars (G) 1978. Typ wie Nr. 40	*320,–*
47 (36)	50 Dollars (G) 1978. Typ wie Nr. 41	*320,–*
48 (37)	50 Dollars (G) 1978. Typ wie Nr. 42	*320,–*

37 Könige von Großbritannien (20)

49 (40) 25 Dollars (S) 1980. Rs. Eduard III., der Bekenner (1042–1066), Harald II. (1066) *160,–*
50 (41) 25 Dollars (S) 1980. Rs. Wilhelm I., der Eroberer (1066–1087), Wilhelm II. (1087–1100), Heinrich I. (1100–1135), Stephan von Blois (1135–1154) *160,–*
51 (42) 25 Dollars (S) 1980. Rs. Heinrich II. (1154–1189), Richard Löwenherz (1189–1199), Johann (1199–1216), Heinrich III. (1216–1272) *160,–*
52 (43) 25 Dollars (S) 1980. Rs. Eduard I. (1272–1307), Eduard II. (1307–1327), Eduard III. (1327–1377), Richard II. (1377–1399) *160,–*
53 (44) 25 Dollars (S) 1980. Rs. Heinrich IV. (1399–1413), Heinrich V. (1413–1422), Heinrich VI. (1422–1461) *160,–*
54 (45) 25 Dollars (S) 1980. Rs. Eduard IV. (1461–1483), Eduard V. (1483), Richard III. (1483–1485) *160,–*
55 (46) 25 Dollars (S) 1980. Rs. Heinrich VII. (1485–1509), Heinrich VIII. (1509–1547), Eduard VI. (1547–1553) *160,–*
56 (47) 25 Dollars (S) 1980. Rs. Jakob I. (1603–1625), Karl I. (1625–1648), Karl II. (1660–1685), Jakob II. (1685–1688), Wilhelm III. (1689–1702) *160,–*
57 (48) 25 Dollars (S) 1980. Rs. Georg I. (1714–1727), Georg II. (1727–1760), Georg III. (1760–1820), Georg IV. (1820–1830), Wilhelm IV. (1830–1837) *160,–*
58 (49) 25 Dollars (S) 1980. Rs. Eduard VII. (1901–1910), Georg V. (1910–1936), Eduard VIII. (1936), Georg VI. (1936–1952) *160,–*

59 (50)	50 Dollars (G) 1980. Typ wie Nr. 49	*350,–*
60 (51)	50 Dollars (G) 1980. Typ wie Nr. 50	*350,–*
61 (52)	50 Dollars (G) 1980. Typ wie Nr. 51	*350,–*
62 (53)	50 Dollars (G) 1980. Typ wie Nr. 52	*350,–*
63 (54)	50 Dollars (G) 1980. Typ wie Nr. 53	*350,–*
64 (55)	50 Dollars (G) 1980. Typ wie Nr. 54	*350,–*
65 (56)	50 Dollars (G) 1980. Typ wie Nr. 55	*350,–*
66 (57)	50 Dollars (G) 1980. Typ wie Nr. 56	*350,–*
67 (58)	50 Dollars (G) 1980. Typ wie Nr. 57	*350,–*
68 (59)	50 Dollars (G) 1980. Typ wie Nr. 58	*350,–*

Zur Hochzeit von Prinz Charles und Lady Diana (2)

69 (68) 10 Dollars (S) 1981:
a) (S) 925 fein, 28,28 g **60,–**
b) (K-N) **15,–**
70 (69) 100 Dollars (G) 1981. Rs. Porträt des Brautpaares. 916⅔er Gold, 8,04 g *350,–*

150 Jahre parlamentarische Regierung (2)

71 (70) 5 Dollars (S) 1982. Elisabeth II., n. r. Rs. Staatswappen. 925er Silber, 29,93 g (1105 Ex.) **90,–**
72 (71) 50 Dollars (G) 1982. Typ wie Nr. 71. 900er Gold, 5 g **350,–**

Internationales Jahr des Kindes 1979

ST PP
73 (72) 10 Dollars (S) 1982. Rs. Kinder am Strand mit Suppenschildkröte:
a) 925er Silber, 28,28 g **75,–**
b) Piéfort, 925er Silber, 56,56 g (74 Ex.) **300,–**
74 (73) 50 Cents (S) 1983, 1984, 1986. Elisabeth II. (nach A. Machin). Rs. Prunkwinden **30,–**
75 (74) 1 Dollar (S) 1983, 1984, 1986. Rs. Ananas **50,–**
76 (75) 2 Dollars (S) 1983, 1984. Rs. Papagei **80,–**

Zum königlichen Besuch (4)

77 (76) 5 Dollars (S) 1983. Rs. Löwe und Einhorn mit britischer Königskrone (419 Ex.) **100,–**
78 (77) 10 Dollars (S) 1983. Rs. Porträt des Königspaares **130,–**
79 (78) 25 Dollars (S) 1983. Typ wie Nr. 78 **240,–**
80 (79) 50 Dollars (G) 1983. Typ wie Nr. 78 *400,–*

250. Jahrestag der »Royal Land Grant« von 1735 (2)

81 (80) 5 Dollars (S) 1985. Rs. Karte der Inseln Grand Cayman, Little Cayman und Cayman Brac (1000 Ex.) **140,–**
82 (81) 250 Dollars (G) 1985. Typ wie Nr. 81. 916⅔er Gold, 47,54 g (250 Ex.) **2000,–**

200. Geburtstag von John James Audubon

83 (82) 50 Dollars (S) 1985. Elisabeth II. Rs. Schneereiher, 925er Silber, 129,6 g **180,–**

XIII. Commonwealth-Spiele 1986 in Edinburgh (2)

84 5 Dollars (S) 1986. Rs. Weitspringer:
a) 925er Silber, 28,28 g **50,–**
b) 925er Silber, 28,28 g **110,–**
85 250 Dollars (G) 1986. Typ wie Nr. 84. 916⅔er Gold, 47,54 g (150 Ex.) *2200,–*

86 1 Cent (Bro) 1987, 1988. Elisabeth II. (nach R. D. Maklouf). Rs. Groß-Kaiman-Drossel, wie Nr. 1 **–,50** **–,–**
87 5 Cents (K-N) 1987, 1988. Rs. Garnele, wie Nr. 2 **1,–** **–,–**

		ST	PP
88	10 Cents (K-N) 1987, 1988. Rs. Suppenschildkröte, wie Nr. 3	1,80	–,–
89	25 Cents (K-N) 1987, 1988. Rs. Kaiman-Schoner, wie Nr. 4	2,50	–,–
90	50 Cents (S) 1987, 1988. Rs. Prunkwinden, wie Nr. 74. 925er Silber, 10,37 g		–,–
91	1 Dollar (S) 1987, 1988. Rs. Ananas, wie Nr. 75. 925er Silber, 18,14 g		–,–
92	2 Dollars (S) 1987, 1988. Rs. Silberreiher, wie Nr. 7. 925er Silber, 29,81 g		–,–

40. Hochzeitstag von Königin Elisabeth II. und Prinz Phillip (3)

93 5 Dollars (S) 1987. Elisabeth II. Rs. Monogramm zwischen Bananenorchideen, Wertangabe. 925er Silber, 35,64 g. Ø 42 mm (max. 500 Ex.) **140,–**

Nrn. 86–93 von 1987, polierte Platte (max. 500 Ex.) 200,–

94 5 Dollars (S) 1987. Elisabeth II., Wertangabe. Rs. Monogramm zwischen Bananenorchideen. 925er Silber, 28,28 g. Ø 38,61 mm (2000 Ex.) **75,–**

95 250 Dollars (G) 1987. Typ wie Nr. 94. 916⅔er Gold, 47,54 g (77 Ex.) *2500,–*

25 Jahre World Wildlife Fund

96 5 Dollars (S) 1987. Rs. Kuba-Amazone (Amzona leucocephala – Psittacidae) **85,–**

XXIV. Olympische Sommerspiele 1988 in Seoul (2)

97 5 Dollars (S) 1988. Elisabeth II. Rs. Segelboote, Wertangabe. 925er Silber, 35,64 g. Ø 42 mm (311 Ex.) **200,–**

Nrn. 86–92, 97 von 1988, polierte Platte (311 Ex.) 500,–

98 5 Dollars (S) 1988. Rs. Segelboote. 925er Silber, 28,28 g. Ø 38,61 mm **75,–**

500. Jahrestag der Entdeckung Amerikas — 1. Ausgabe (2)

PP

99 5 Dollars (S) 1988. Rs. »Santa Maria«, »Nina« und »Pinta«. 925er Silber, 28,28 g **100,–**

100 100 Dollars (G) 1988. Rs. »Santa Maria«. 916⅔er Gold, 15,98 g (500 Ex.) **900,–**

Besuch von Prinzessin Alexandra (2)

101 5 Dollars (S) 1988. Rs. Wappen von Prinzessin Alexandra. 925er Silber, 28,28 g **90,–**

102 250 Dollars (G) 1988. Typ wie Nr. 101. 916⅔er Gold, 47,54 g (150 Ex.) **1800,–**

70 Jahre Save the Children Fund

103 5 Dollars (S) 1989. Rs. Zwei Jungen mit Spielzeugbooten am Strand. 925er Silber, 28,28 g **90,–**

100 Jahre Postdienst auf den Inseln (2)

104 5 Dollars (S) 1989. Rs. Postschiff **90,–**

105 100 Dollars (G) 1989. Typ wie Nr. 104. 916⅔er Gold 15,976 g **–,–**

90. Geburtstag der Königinmutter Elisabeth (2)

106 5 Dollars (S) 1990. Rs. Gekröntes Spiegelmonogramm zwischen Orchideenzweigen (Oncidium calochilum). 925er Silber, 28,28 g (max. 10 000 Ex.) **–,–**

PP

107 250 Dollars (G) 1990. Typ wie Nr. 106. 916⅔er Gold, 47,54 g (max. 250 Ex.) –,–

Flora und Fauna – 1. Ausgabe

108 1 Dollar (S) 1990. Rs. Suppenschildkröte (Chelonia mydas – Cheloniidae). 925er Silber, 18,1437 g (max. 5000 Ex.) –,–

25. Todestag von Sir Winston Churchill (4)

109 25 Dollars (G) 1990. Rs. Rückzug der Alliierten nach der Schlacht von Dünkirchen im Mai 1940. 999er Gold, 3,134 g (500 Ex.) –,–

110 50 Dollars (G) 1990. Rs. Zwei Spitfires über der Küste von Dover, Porträt von Sir Winston Churchill. 999er Gold, 7,814 g (500 Ex.) –,–

111 100 Dollars (G) 1990. Typ wie Nr. 109. 999er Gold, 15,608 g (500 Ex.) –,–

112 250 Dollars (G) 1990. Typ wie Nr. 110. 999er Gold, 31,21 g (500 Ex.) –,–

20 Jahre Währungsbehörde (Cayman Islands Currency Board)

113 5 Dollars (S) 1991. Rs. Kreuzfahrtschiff, Windrose, Inselkarte. 925er Silber, 28,28 g –,–

XXV. Olympische Sommerspiele 1992 in Barcelona

114 5 Dollars (S) 1992. Rs. Radrennfahrer beim Zieleinlauf. 925er Silber, 28,28 g **80,–**

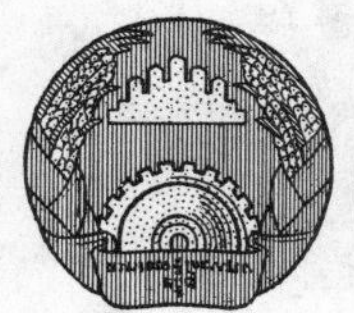

Cambodia

Kambodscha

Cambodge

Kamputschea

Fläche: 181 035 km²; 7 350 000 Einwohner.
Kambodscha war eine konstitutionelle Monarchie mit parlamentarischer Regierungsform. Nach dem Ausscheiden aus der französischen Union erhielt das Land 1955 die volle Unabhängigkeit. Die am 8. Oktober 1970 ausgerufene Khmer-Republik entfernte aus dem bisherigen Wappen die Bezugnahmen auf den »Mythos des Königtums«; diese Republik kapitulierte am 17. April 1975 vor dem Ansturm der sogenannten Roten Khmer. Diese änderten am 5. Januar 1976 den Landesnamen um in »Demokratisches Kamputschea« (Demokratische Republik oder Volksrepublik Kamputschea). Die jetzt gültige Staatsbezeichnung lautet Staat Kambodscha. Hauptstadt: Phnom Penh.

100 Centimes = 1 Franc (Piaster, Sling), 4 Francs = 1 Bat (Tikal);
seit 1955: 100 Sen = 1 Riel;
seit 1975: 100 Sou = 10 Kak = 1 Neuer Riel;
ab 1979 erneut: 100 Sen = 1 Riel

Norodom Sihanuk 1941–1955

		SS	VZ
1 (11)	10 Centimes (Al) 1953. Garuda, mythologischer Vogel und Reittier des Gottes Wischnu. Rs. Wert im Kranz	4,–	7,–
2 (12)	20 Centimes (Al) 1953. Pokal. Rs. Wert im Kranz	3,–	4,–
3 (13)	50 Centimes (Al) 1953. Staatswappen. Rs. Wert im Kranz	4,–	9,–

Norodom Suramarit 1955–1960

WÄHRUNGSREFORM 1955: 1 Franc = 1 Riel
NEUE WÄHRUNG: 100 Sen = 1 Riel

4 (11a)	10 Sen (Al) 1959. Typ wie Nr. 1	1,–	2,–
5 (12a)	20 Sen (Al) 1959. Typ wie Nr. 2	1,–	2,–
6 (13a)	50 Sen (Al) 1959. Typ wie Nr. 3	1,–	2,–

Republik Khmer 1970–1975

République Khmère

Für den FAO-Münz-Plan

		VZ	ST
7 (14)	1 Riel (K-N) 1970. Tempel von Angkor Wath in Angkor Thom, unter König Surjawarman II. (1113 bis um 1150) in den Jahren 1113–1141 errichtet. Rs. Reisrispen, Wertangabe [RM] (5 000 000 Ex.)	6,–	15,–

Nr. 7 wurde 1971 geprägt und nach Kambodscha geliefert, aber dort erst 1983 ausgegeben.

		ST	PP
8	5000 Riels (S) 1974. Staatswappen. Rs. Tempel von Angkor Wath. 925er Silber, 19,10 g	35,–	35,–
9	5000 Riels (S) 1974. Rs. Drei kambodschanische Tempeltänzerinnen (Asparen)	35,–	35,–
10	10000 Riels (S) 1974. Rs. Basrelief der Nymphe Aspara vom Tempel von Angkor Wath. 925er Silber, 38 g	65,–	65,–
11	10000 Riels (S) 1974. Rs. Porträt von Marschall Lon Nol	65,–	65,–

12	50000 Riels (G) 1974. Typ wie Nr. 9. 900er Gold, 6,71 g	250,–	350,–

		ST	PP
13	50000 Riels (G) 1974. Typ wie Nr. 10	500,–	750,–
14	100000 Riels (G) 1974. Typ wie Nr. 11. 900er Gold, 19,17 g	700,–	700,–

Volksrepublik Kamputschea (Demokratisches Kamputschea) 1976–1991
Preah Reach Ana Chak Kampuchea
People's Republic of Kampuchea

		VZ	ST
15 (15)	5 Sen (Al) 1979. Staatswappen. Rs. Wert, Jahreszahl	3,–	6,–

Nr. 16 fällt aus.

XIII. Fußball-Weltmeisterschaft 1986 in Mexiko

		ST	PP
17	20 Riels (S) 1986. Staatswappen, Landesname. Rs. Torwart. 999er Silber, 16 g	80,–	

Kambodschanische Transportmittel (2)

18 4 Riels (K-N) 1988. Rs. Altes Segelschiff 12,–

19 20 Riels (S) 1988. Typ wie Nr. 18. 999er Silber, 12 g 50,–

Nr. 20 fällt aus.

VIII. Fußball-Europameisterschaft 1988 in Deutschland

21 20 Riels (S) 1988. Rs. Spielszene. 999er Silber, 12 g 80,–

Nr. 22 fällt aus.

		ST	PP
23	20 Riels (S) 1989. Rs. Tempel von Angkor-Wath		75,–
24	40 Riels (G) 1989. Typ wie Nr. 23. 999er Gold, 3,11 g (500 Ex.)		240,–

XIV. Fußball-Weltmeisterschaft 1990 in Italien (2)

25 4 Riels (K-N) 1989. Rs. Fußball mit dem Kolosseum in Rom und den Namen der Fußball-Weltmeister 1930–1986 (2000 Ex.) 14,–

26 20 Riels (S) 1989. Typ wie Nr. 25. 999er Silber, 16 g (max. 10000 Ex.) 80,–

Nr. 27 fällt aus.

XVI. Olympische Winterspiele 1992 in Albertville

28 20 Riels (S) 1989. Rs. Abfahrtsläufer vor stilisierter Schneeflocke. 999er Silber, 16 g (max. 5000 Ex.) 85,–

Nr. 29 fällt aus.

XXV. Olympische Sommerspiele 1992 in Barcelona
1. Ausgabe

30 20 Riels (S) 1989. Rs. Fechten:
a) 999er Silber, 16 g (max. 10000 Ex.) 85,–
b) Piéfort, 999er Silber, 32 g (110 Ex.) *500,–*

Nrn. 31 und 32 fallen aus.

33 40 Riels (G) 1990. Rs. Folkloretanz (500 Ex.) 240,–

700 Jahre Schweizer Eidgenossenschaft (2)

34 4 Riels (K-N) 1991. Rs. Wilhelm Tell mit Sohn Walter 18,–

35 20 Riels (S) 1991. Typ wie Nr. 34. 999er Silber, 16 g (2000 Ex.) 70,–

Nrn. 34 und 35 wurden bereits 1988 geprägt und ausgegeben.

Staat Kambodscha seit 1991

State of Cambodia

XXV. Olympische Sommerspiele 1992 in Barcelona
2. Ausgabe

36 4 Riels (St, N galvanisiert) 1991. Staatsflagge, Landesname. Rs. Tennisspielerin 18,–

XV. Fußball-Weltmeisterschaft 1994 in den Vereinigten Staaten von Amerika

		ST	PP
37	20 Riels (S) 1991. Rs. Spieler am Ball. 999er Silber, 12 g	70,–	

Cameroon — Kamerun — Cameroun

Fläche: 475445 km², 10000000 Einwohner (1986).
Ab 14. Juli 1884 deutsches Schutzgebiet; Neuerwerbungen weiterer Gebiete im Osten und Süden des Landes (Neu-Kamerun) am 4. November 1911; Besetzung durch Franzosen und Engländer in den Jahren 1914–1916. Der nun französische Teil von Kamerun wird Mandatsgebiet, der englische Teil wird Nigeria angegliedert; Wiedervereinigung mit dem südlichen Teil Britisch-Kameruns erst 1961 (der nördliche Teil blieb bei Nigeria); ab 1960 Republik. Aufgrund der Volksabstimmung vom 20. Mai 1972 wurde das Land mit Wirkung vom 2. Juni 1972 zur Vereinigten Republik Kamerun erklärt. Kamerun gehört ebenso wie die Länder Gabun, Kongo-Brazzaville, Tschad und die Zentralafrikanische Republik zum Währungsgebiet von Äquatorial-Afrika; diese Gemeinschaftsausgaben sind unter Äquatorialafrikanischen Staaten gesondert geführt. Hauptstadt: Jaunde (Yaoundé)

100 Centimes = 1 CFA-Franc

Französisches Mandatsgebiet

Nr.	Beschreibung	SS	VZ
1 (1)	50 Centimes (Al-Bro) 1924—1926. Bekränzter Kopf der Marianne, Sinnbild der Republik Frankreich. Rs. Wert zwischen Schößlingen	**10,—**	**20,—**
2 (2)	1 Franc (Al-Bro) 1924—1926. Typ wie Nr. 1	**10,—**	**22,—**
3 (3)	2 Francs (Al-Bro) 1924—1925. Typ wie Nr. 1	**15,—**	**30,—**
4 (4)	50 Centimes (Bro) 1943. Gallischer Hahn, Umschrift CAMEROUN FRANÇAIS. Rs. Lothringer Kreuz	**18,—**	**38,—**
5 (5)	1 Franc (Bro) 1943. Typ wie Nr. 4	**18,—**	**38,—**
6 (6)	50 Centimes (Bro) 1943. Gallischer Hahn, Umschrift jetzt CAMEROUN FRANÇAIS LIBRE. Rs. Lothringer Kreuz	**18,—**	**38,—**

Nr.	Beschreibung	SS	VZ
7 (7)	1 Franc (Bro) 1943. Typ wie Nr. 6	**16,—**	**32,—**
8 (8)	1 Franc (Al) 1948. Kopf der Marianne. Rs. Kopf einer Dünengazelle (Gazella leptoceros — Bovidae)	**1,20**	**2,—**
9 (9)	2 Francs (Al) 1948. Typ wie Nr. 8	**1,50**	**2,50**

Gemeinschaftsausgaben des Jahres 1958 mit Französisch-Äquatorial-Afrika zu 5, 10, 25 Francs siehe dort (Nrn. 10—12).

Nrn. 10—12 fallen aus.

Unabhängige Republik Kamerun

Gemeinschaftsausgaben der Jahre 1961—1974 mit den Äquatorialafrikanischen Staaten zu 1, 5, 10, 25 Francs siehe dort (Nrn. 1—4).

Zur Erlangung der Unabhängigkeit am 1. Januar 1960

Nr.	Beschreibung	SS	VZ
13 (13)	50 Francs (K-N) 1960. Mendes-Antilopen. Umschrift ETAT DU CAMEROUN/1er JANVIER 1960/PAIX – TRAVAIL – PATRIE. Rs. Wert im Kranz	**12,–**	**22,–**

Bundesrepublik Kamerun

Nr.	Beschreibung	SS	VZ
14 (14)	100 Francs (N) 1966–1968. Mendes-Antilopen. Umschrift ETAT DU CAMEROUN/BANQUE CENTRALE/PAIX – TRAVAIL – PATRIE/PEACE – WORK – FATHERLAND. Rs. Wert	**8,–**	**17,–**

10. Jahrestag der Unabhängigkeit (5)

PP

15 1000 Francs (G) o. J. (1970). El Hadj Ahmadou Ahidjo (*1922), Politiker, seit 1958 Führer der Union Camerounaise, seit 1960 Staatspräsident. Devise »Frieden – Arbeit – Vaterland«. Rs. Geometrische Ziermuster im Zentrum, Wertangabe *230,–*

16 3000 Francs (G) o. J. (1970). Rs. Gehörn einer Riesen-Elenantilope (Taurotragus oryx congolanus – Bovidae), stilisiert, Wertangabe *700,–*

17 5000 Francs (G) o. J. (1970). Rs. Kopf einer jungen Eingeborenen (Großes Staatssiegel), umgeben vom Zweig des Kaffeestrauches (Coffea canephora – Rubiaceae) und von fünf Kakaofrüchten (Theobroma cacao – Sterouliaceae), Wertangabe *900,–*

18 10000 Francs (G) o. J. (1970). Rs. Köpfe von Riesen-Elenantilopen, Wertangabe *1800,–*

19 20000 Francs (G) o. J. (1970). Rs. Staatswappen, Wertangabe *3600,–*

SS VZ

20 (15) 100 Francs (N) 1971, 1972. Mendes-Antilopen, Landesname. Rs. Wertangabe 4,– 8,– 15,–

Vereinigte Republik Kamerun seit 1972

21 (15a) 100 Francs (N) 1972. Typ wie Nr. 20, jedoch Landesbezeichnung CAMEROUN – CAMEROON *50,– 80,– –,–*

22 (16) 100 Francs (N) 1975, 1980, 1982–1984, 1986. Typ wie Nr. 21, jedoch Name des Ausgabe-Instituts lautet jetzt »Banque des Etats de l'Afrique Centrale« 4,– 8,– 15,–

23 (17) 500 Francs (K-N) 1985, 1986. Kopf einer Afrikanerin, Name des Ausgabeinstituts. Rs. Wertangabe auf Zweigen, Landesnamen –,– –,– 25,–

Weitere Ausgaben siehe unter *Äquatorialafrikanische Staaten* und *Zentralafrikanische Staaten.*

Canada — Kanada — Canada

Fläche: 9976177 km²; 25560000 Einwohner (1986).
Das Land besteht aus zehn Provinzen (Bundesländern) und zwei Territorien und ist eine parlamentarische Monarchie. Die bundesstaatliche Verfassung wurde auf der Grundlage des British North America Act von 1867 allmählich entwickelt. Staatsoberhaupt ist der jeweilige Monarch von Großbritannien, vertreten von einem Generalgouverneur. Hauptstadt: Ottawa.

100 Cents = 1 Kanadischer Dollar

Eduard VII. 1901–1910

		SS	VZ
1 (10)	1 Cent (Bro) 1902–1910. Eduard VII., gekröntes Brustbild nach rechts. Rs. Wert:		
	1902–1910	6,–	15,–
	1907 H (Heaton)	20,–	45,–
2 (11)	5 Cents (S) Eduard VII., gekröntes Brustbild nach rechts. Rs. Wert im Kranz, darüber:		
	a) St. Edward's Crown, 1902	12,–	25,–
	b) Imperial State Crown, 1903–1910	10,–	18,–
3 (12)	10 Cents (S) 1902–1910	22,–	32,–
4 (13)	25 Cents (S) 1902–1910	30,–	45,–
5 (14)	50 Cents (S) 1902–1910	55,–	100,–
6 (A14)	1 Sovereign (G) 1908–1910. Eduard VII., Kopfbild nach rechts. Rs. St. Georg im Kampf mit dem Drachen, Msz. C (Ottawa) mittig auf Standlinie:		
	1908 (636 Ex.)	(nur PP)	*17000,–*
	1909, 1910	500,–	700,–

Georg V. 1910–1936

		SS	VZ
7 (15a)	1 Cent (Bro) 1911. Georg V., gekröntes Brustbild nach links. Rs. Wert	15,–	25,–
8 (17a)	5 Cents (S) 1911. Rs. Wert im Kranz, darüber Krone	30,–	40,–
9 (18a)	10 Cents (S) 1911. Typ wie Nr. 8	65,–	115,–
10 (19a)	25 Cents (S) 1911. Typ wie Nr. 8	100,–	170,–
11 (20a)	50 Cents (S) 1911. Typ wie Nr. 8	260,–	500,–
12 (15)	1 Cent (Bro) 1912–1920. Typ wie Nr. 7, jedoch zusätzliche Inschrift DEI GRA	5,–	12,–
13 (17)	5 Cents (S) 1912–1921:		
	1912–1920	6,–	15,–
	1921 (ca. 100 Ex.)	*1400,–*	*2600,–*
14 (18)	10 Cents (S) 1912–1936:		
	1912–1936	8,–	18,–
	1936 mit Punkt unter der Schleife (geprägt 1937)		–,–
15 (19)	25 Cents (S) 1912–1936:		
	1912–1936	18,–	35,–
	1936 mit Punkt unter der Schleife (geprägt 1937)	*400,–*	*800,–*
16 (20)	50 Cents (S) 1912–1936	35,–	60,–

		SS	VZ
17 (A22)	1 Dollar (S) 1936. Rs. Indianer-Kanu	48,–	70,–
18 (23)	5 Dollars (G) 1912–1914. Georg V., gekröntes Brustbild nach links. Rs. Wappen:		
	1912	400,–	550,–
	1913	425,–	600,–
	1914	800,–	1500,–

		SS	VZ
19 (24)	10 Dollars (G) 1912–1914. Typ wie Nr. 18:		
	1912, 1913	1000,–	1500,–
	1914	1100,–	1600,–
20 (25)	1 Sovereign (G) 1911–1919. Georg V., Kopfbild nach links. Rs. St. Georg im Kampf mit dem Drachen, Msz. C (Ottawa) mittig auf Standlinie:		
	1911	300,–	400,–
	1913	1500,–	2500,–
	1914	650,–	1300,–
	1917–1919	400,–	500,–
	1916 (ca. 20 Ex. bekannt)		*28000,–*
21 (16)	1 Cent (Bro) 1920–1936. Rs. Wert zwischen Zuckerahornblättern (Acer saccharum — Aceraceae):		
	1920–1936	3,–	5,–
	1936 mit Punkt unter Jahreszahl (geprägt 1937)		–,–

		SS	VZ
22 (21)	5 Cents (N) 1922–1936. Rs. Wert und Zuckerahornblätter	8,–	18,–

25. Regierungsjubiläum von König Georg V.

		SS	VZ
23 (22)	1 Dollar (S) 1935. Georg V., gekröntes Brustbild nach links, Umschrift GEORGIUS V. REX IMPERATOR ANNO REGNI XXV. Rs. Indianer-Kanu	60,–	110,–

Georg VI. 1936–1952

Bis zur Fertigstellung der neuen Prägestempel mit dem Bildnis Georgs VI. wurden 1937 Nrn. 21, 14 und 15 mit Jahreszahl 1936 und einem Punkt geprägt.

		SS	VZ
24 (26) 1	Cent (Bro) 1937–1947. Georg VI., Kopfbild nach links. Rs. Zuckerahornblätter:		
	1937–1947	–,70	1,50
	1947 mit Ahornblatt unter Jahreszahl (geprägt 1948)	–,70	1,50

		SS	VZ
25 (27) 5	Cents (N) 1937–1942. Rs. Kanadischer Biber (Castor fiber canadensis – Castoridae):		
	1937 mit Punkt unter Jahreszahl	4,–	8,–
	1938–1942	4,–	8,–
26 (28) 5	Cents 1942–1947. Rs. Kanadischer Biber (zwölfeckig):		
	a) (Me) 1942	10,–	15,–
	b) (N) 1946, 1947	2,–	4,–
	1947 mit Ahornblatt unter Jahreszahl (geprägt 1948)	2,–	4,–

		SS	VZ
27 (29) 5	Cents 1943–1945. Rs. Wertzahl V als Victory-Zeichen und Fackel, entlang des Randes in Morsezeichen »We win when we work willingly« (Wir gewinnen, wenn wir bereitwillig arbeiten) (zwölfeckig):		
	a) (Me) 1943	4,–	6,–
	1944		*25 000,–*
	b) (St, N plattiert, Cr plattiert) 1944, 1945	1,50	3,–
28 (30) 10	Cents (S) 1937–1947. Rs. Fischereischoner, in Anlehnung an die »Bluenose«:		
	1937–1947	4,–	8,–
	1947 mit Ahornblatt unter Jahreszahl (geprägt 1948)	4,–	8,–
29 (31) 25	Cents (S) 1937–1947. Rs. Karibukopf (Rangifer tarandus – Cervidae):		
	1937–1947	9,–	18,–
	1947 mit Ahornblatt unter Jahreszahl (geprägt 1948)	9,–	18,–
30 (32) 50	Cents (S) 1937–1947. Rs. Gekröntes Wappen, Schildhalter: Löwe und Einhorn:		
	1937–1947	12,–	25,–
	1947 mit Ahornblatt unter Jahreszahl (geprägt 1948)	–,–	–,–
31 (33) 1	Dollar (S) 1937–1947. Rs. Indianer-Kanu:		
	1937–1947	38,–	52,–
	1947 mit Ahornblatt unter Jahreszahl (geprägt 1948)	*400,–*	*600,–*

Zum Besuch des Königspaares in Kanada

		SS	VZ
32 (34) 1	Dollar (S) 1939. Rs. Parlamentsgebäude in Ottawa	22,–	35,–

Bis zur Fertigstellung der neuen Prägestempel ohne den indischen Kaisertitel wurden 1948 Nrn. 24, 26b, 28–31 mit Jahreszahl 1947 und einem Ahornblatt geprägt.

		SS	VZ
33 (35) 1	Cent (Bro) 1948–1952. Typ wie Nr. 24, jedoch ohne IND:IMP	–,30	–,60
34 (36) 5	Cents 1948–1952. Rs. Kanadischer Biber (zwölfeckig):		
	a) (N) 1948–1950	2,–	4,–
	b) (St, N plattiert; Cr plattiert) 1951–1952	1,–	1,50
35 (38) 10	Cents (S) 1948–1952	5,–	10,–
36 (39) 25	Cents (S) 1948–1952	9,–	15,–
37 (40) 50	Cents (S) 1948–1952	15,–	30,–
38 (41) 1	Dollar (S) 1948–1952:		
	1948		*2000,–*
	1950–1952	25,–	50,–

Zum Eintritt Neufundlands in die Kanadische Konföderation am 11. Dezember 1948

		SS	VZ
39 (42) 1	Dollar (S) 1949. Rs. »Matthew«, Segelschiff des Entdeckers John Cabot, Motto »Floreat Terra Nova«	35,–	60,–

200. Jahrestag der Isolation und Namensgebung des Elements Nickel durch den schwedischen Chemiker A. F. Cronstedt

		SS	VZ
40 (37) 5	Cents (N) 1951. Rs. Nickelaufbereitungswerk, Zuckerahornblätter (zwölfeckig)	2,–	4,–

Elisabeth II. seit 1952

		SS	VZ
41 (43) 1	Cent (Bro) 1953–1964. Elisabeth II., Porträt von Mary Gillick. Rs. Zuckerahornblätter	–,20	–,40
42 5	Cents 1953–1962. Rs. Kanadischer Biber (zwölfeckig):		
	a) (Y44) (St, N plattiert, Cr plattiert) 1953, 1954	1,–	2,–
	b) (Y 45) (N) 1955–1962	–,40	1,–
43 (45a) 5	Cents (N) 1963, 1964. Rs. Kanadischer Biber (rund)	–,25	–,60
44 (46) 10	Cents (S) 1953–1964. Rs. Schoner »Bluenose«	2,–	4,–
45 (47) 25	Cents (S) 1953–1964. Rs. Karibukopf	6,–	10,–
46 (48) 50	Cents (S) 1953–1958. Rs. Staatswappen	12,–	25,–
47 (51) 50	Cents (S) 1959–1964. Rs. Staatswappen mit Wahlspruch	10,–	15,–
48 (49) 1	Dollar (S) 1953–1963. Rs. Indianer-Kanu	15,–	25,–

100 Jahre Kronkolonie Britisch-Kolumbien

		SS	VZ
49 (50) 1	Dollar (S) 1958. Rs. Totempfahl	18,–	30,–

100. Jahrestag der Konferenzen von Charlottetown (Prinz-Eduard-Insel) und Quebec

SS VZ

50 (52) 1 Dollar (S) 1964. Rs. Lilie, Kleeblatt, Distel und Rose als Symbole der Hauptbevölkerungsgruppen: Franzosen, Iren, Schotten und Engländer **15,– 22,–**

VZ ST

51 (53) 1 Cent (Bro) 1965–1989. Elisabeth II., Porträt von Arnold Machin, Rs. Zuckerahornblätter:
a) 1965, 1966, 1968–1979: 3,24 g, Ø 19,05 mm, Dicke 1,65 mm (rund) **–,10 –,20**
b) 1980, 1981: 2,8 g, Ø 19 mm, Dicke 1,38 mm (rund) **–,10 –,20**
c) (Y 116) 1982–1989: 2,5 g, Ø 19 mm (zwölfeckig) **–,10 –,20**

52 (54) 5 Cents 1965–1989. Rs. Kanadischer Biber:
a) (N) 1965, 1966, 1968–1981 **–,25 –,60**
b) (K-N) 1982–1989 **–,25 –,60**

53 (55) 10 Cents (S) 1965–1968. Rs. Schoner »Bluenose«:
a) 800er Silber, 2,333 g, 1965, 1966 **2,– 3,–**
b) 500er Silber, 2,333 g, 1968 **2,– 3,–**

54 (56) 25 Cents (S) 1965–1968. Rs. Karibukopf:
a) 800er Silber, 5,832 g, 1965, 1966 **6,– 8,–**
b) 500er Silber, 5,832 g, 1968 **6,– 8,–**

55 (57) 50 Cents (S) 1965, 1966. Rs. Staatswappen mit Wahlspruch. 800er Silber, 11,664 g **9,– 14,–**

56 (58) 1 Dollar (S) 1965–1972. Rs. Indianer-Kanu. Ø 36 mm:
a) 800er Silber, 23,238 g, 1965, 1966 **15,– 20,–**
b) 500er Silber, 23,328 g, 1972 **15,– 20,–**

In gleichen Zeichnungen: Nrn. 64–67.

100 Jahre Kanadische Konföderation (7)

ST PP

57 (59) 1 Cent (Bro) 1967. Rs. Haustaube (Columba livia domestica – Columbidae) **–,30**

58 (60) 5 Cents (N) 1967. Rs. Amerikanischer Schneehase (Lepus americanus – Leporidae) **–,60**

ST PP

59 (61) 10 Cents (S) 1967. Rs. Atlantische Makrele (Scomber scombrus — Scombridae):
a) 800er Silber, 2,333 g **3,–**
b) 500er Silber, 2,333 g **3,–**

60 (62) 25 Cents (S) 1967. Rs. Luchs (Lynx lynx — Felidae):
a) 800er Silber, 5,832 g **8,–**
b) 500er Silber, 5,832 g **8,–**

61 (63) 50 Cents (S) 1967. Rs. Heulender Wolf (Canis lupus – Canidae). 800er Silber, 11,664 g **15,–**

62 (64) 1 Dollar (S) 1967. Rs. Kanadagans (Branta canadensis – Anatidae) im Flug. 800er Silber, 23,328 g **35,–**

63 (65) 20 Dollars (G) 1967. Rs. Staatswappen **650,–**

VZ ST

64 (55a) 10 Cents (N) 1968–1989. Typ wie Nr. 53 **–,40 –,60**

65 (56a) 25 Cents (N) 1968–1989. Typ wie Nr. 54 **–,70 1,30**

66 (57a) 50 Cents (N) 1968–1989. Typ wie Nr. 55 **1,50 3,–**

67 (58a) 1 Dollar (N) 1968, 1969, 1972, 1975–1987. Typ wie Nr. 56 **3,– 5,–**

100. Jahrestag des Eintritts Manitobas in die Kanadische Konföderation

		ST	PP
68 (66)	1 Dollar (N) 1970. Rs. Manitoba-Küchenschelle (Pulsatilla ludoviciana — Ranunculaceae)	5,—	7,—

100. Jahrestag des Eintritts Britisch-Kolumbiens in die Kanadische Konförderation (2)

		VZ	ST
69 (67)	1 Dollar (N) 1971. Rs. Wappen und Nationalblume von Britisch-Kolumbien	5,–	7,–

		PP
70 (68)	1 Dollar (S) 1971. Rs. Wappen von Britisch-Kolumbien, am 31. 3. 1906 verliehen, und Schildhalter	45,–

100. Jahrestag des Eintritts der Prinz-Eduard-Insel in die Kanadische Konföderation

		VZ	ST
71 (69)	1 Dollar (N) 1973. Rs. Gebäude der Gesetzgebenden Versammlung in Charlottetown	5,–	7,–

100 Jahre Königlich Kanadische Berittene Polizei (2)

		VZ	ST
72 (70)	25 Cents (N) 1973. Rs. Angehöriger der königlich kanadischen berittenen Polizei in Paradeuniform zu Pferde, auf Rasenstück	1,50	2,—

		PP
73 (71)	1 Dollar (S) 1973. Rs. Offizier der berittenen Nordwest-Polizei zu Pferde, auf Präriestück	30,–

XXI. Olympische Sommerspiele 1976 in Montreal – 1. Ausgabe Geographische Motive (4)

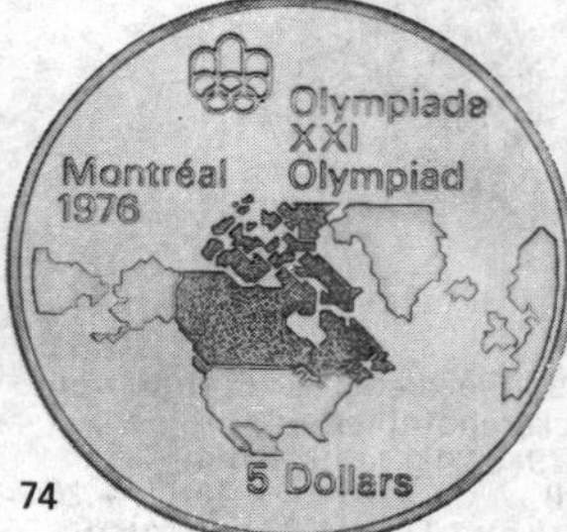

74

75

		ST	PP
74 (73)	5 Dollars (S) 1973. Elisabeth II., Kopfbild n. r. Rs. Landkarte von Nordamerika	18,—	22,—
75 (72)	5 Dollars (S) 1973. Rs. Segelschiffe vor Silhouette von Kingston, Ontario	18,—	22,—

76 (74)	10 Dollars (S) 1973, 1974. Rs. Weltkarte:		
	1973	30,–	45,–
	1974 (Fehlprägung) (Y74a)	*850,–*	

		ST	PP
77 (75)	10 Dollars (S) 1973. Rs. Stadtsilhouette von Montreal	**30,–**	**45,–**

100. Jahrestag der Gründung der Stadt Winnipeg, Manitoba (2)

78 (100) 1 Dollar (N) 1974. Rs. Jubiläumszahl mit hineinkomponierten Ansichten der Portage Avenue und Main Street aus den Jahren 1874 und 1974. Ø 32 mm 8,– 20,–

79 (100a) 1 Dollar (S) 1974. Typ wie Nr. 78. Ø 36 mm 25,–

XXI. Olympische Sommerspiele 1976 in Montreal — 2. Ausgabe Antike Motive (4)

80 (77) 5 Dollars (S) 1974. Rs. Athlet mit olympischer Fackel **18,–** **22,–**

81 (76) 5 Dollars (S) 1974. Rs. Olympische Ringe mit Lorbeerkranz **18,–** **22,–**

		ST	PP
82 (78)	10 Dollars (S) 1974. Rs. Olympische Fackeln und Zeuskopf	**30,–**	**45,–**
83 (79)	10 Dollars (S) 1974. Rs. Zeus-Tempel in Olympia	**30,–**	**45,–**

XXI. Olympische Sommerspiele 1976 in Montreal — 3. Ausgabe Frühe kanadische Sportarten (4)

84 (81)	5 Dollars (S) 1974. Rs. Indianer-Kanu	**18,–**	**22,–**
85 (80)	5 Dollars (S) 1974. Rs. Ruderer	**18,–**	**22,–**

86 (83)	10 Dollars (S) 1974. Rs. Lacrosse, präkolumbisches Ballspiel und Nationalsport seit 1867	**30,–**	**45,–**
87 (82)	10 Dollars (S) 1974. Rs. Hochräder	**30,–**	**45,–**

100. Jahrestag der Gründung der Stadt Calgary, Alberta

88 (101) 1 Dollar (S) 1975. Rs. Cowboy bei der Wildwestschau (Rodeo) vor Stadtsilhouette und Erdölbohrtürmen 25,–

XXI. Olympische Sommerspiele 1976 in Montreal — 4. Ausgabe Leichtathletik (4)

89 90

		ST	PP
89 (85)	5 Dollars (S) 1975. Rs. Speerwurf der Frauen, stilisierte Flugrichtung eines Speeres	18,–	22,–
90 (84)	5 Dollars (S) 1975. Rs. Marathonlauf, stilisierte Zugvögel	18,–	22,–

91 92

		ST	PP
91 (86)	10 Dollars (S) 1975. Rs. Hürdenlauf, stilisiertes Rotwild beim Springen über liegende Baumstämme	30,–	45,–
92 (87)	10 Dollars (S) 1975. Rs. Kugelstoßen der Frauen, stilisierte Sonne mit ihrer Bahn über den Himmel	30,–	45,–

XXI. Olympische Sommerspiele 1976 in Montreal — 5. Ausgabe Wassersport (4)

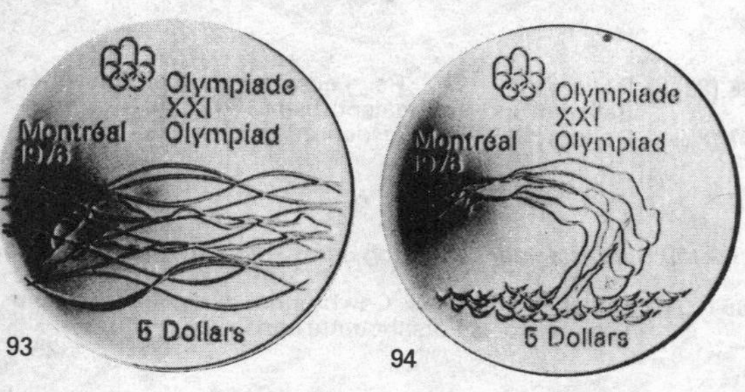

93 94

		ST	PP
93 (88)	5 Dollars (S) 1975. Rs. Schwimmer	18,–	25,–
94 (89)	5 Dollars (S) 1975. Rs. Turmspringerin beim Eintauchen ins Wasser	18,–	25,–

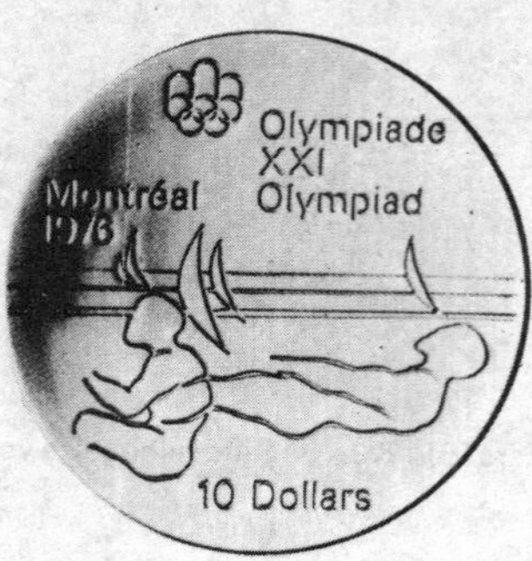

		ST	PP
95 (90)	10 Dollars (S) 1975. Rs. Segler	30,–	45,–

		ST	PP
96 (91)	10 Dollars (S) 1975. Rs. Einer-Kanadier	30,–	45,–

XXI. Olympische Sommerspiele 1976 in Montreal — 6. Ausgabe Kampf- und Mannschaftssport (4)

		ST	PP
97 (92)	5 Dollars (S) 1976. Rs. Fechten	18,–	28,–
98 (93)	5 Dollars (S) 1976. Rs. Boxen	18,–	28,–

		ST	PP
99 (94)	10 Dollars (S) 1976. Rs. Fußball	30,–	50,–

			ST	PP
100	(95)	10 Dollars (S) 1976. Rs. Feldhockey	30,–	50,–

XXI. Olympische Sommerspiele 1976 in Montreal – 7. Ausgabe (4)

			ST	PP
101	(96)	5 Dollars (S) 1976. Rs. Olympisches Dorf	20,–	35,–
102	(97)	5 Dollars (S) 1976. Rs. Olympisches Feuer	20,–	35,–
103	(98)	10 Dollars (S) 1976. Rs. Olympiastadion	40,–	60,–
104	(99)	10 Dollars (S) 1976. Rs. Radrennbahn	40,–	60,–

XXI. Olympische Sommerspiele 1976 in Montreal – 8. Ausgabe

105 (A100) 100 Dollars (G) 1976. Rs. Göttin Athene und Olympionike:
a) 583⅓er Gold, 13,3375 g, mit Perlkreis, Ø 27 mm — 320,–
b) 916⅔er Gold, 16,9655 g, ohne Perlkreis, Ø 25 mm (Abb.) — 600,–

100. Jahrestag der Vollendung des Parlamentsbibliotheksgebäudes

106 (102) 1 Dollar (S) 1976. Rs. Gebäude der Parlamentsbibliothek in Ottawa — **40,–**

25. Regierungsjubiläum von Königin Elisabeth II. (2)

			ST	PP
107	(103)	1 Dollar (S) 1977. Rs. Thron des kanadischen Senats im Oberhaus	30,–	

108 (104) 100 Dollars (G) 1977. Rs. Bukett aus zwölf Blumen, die zehn kanadischen Provinzen und die beiden Territorien versinnbildlichend. 916⅓er Gold, 16,97 g — **660,–**

XI. Commonwealth-Spiele vom 3.–12. 8. 1978 in Edmonton, Alberta

109 (106) 1 Dollar (S) 1978. Rs. Die offiziellen Symbole der zehn Sportarten, die in Edmonton zur Austragung kamen — **30,–**

110 (105) 100 Dollars (G) 1978. Rs. Zwölf Kanadagänse in typischer Flugformation, die zehn kanadischen Provinzen und die beiden Territorien symbolisierend, Motto »Zusammen in die Zukunft«. 916⅔er Gold, 16,97 g — **600,–**

300. Jahrestag der Fahrt der »Griffon« in den Bereich der Großen Seen

		ST	PP
111 (107)	1 Dollar (S) 1979. Rs. Handelsschiff »Griffon«, erstes oberhalb der Niagarafälle gebautes Schiff		**50,–**

Internationales Jahr des Kindes 1979

112 (108) 100 Dollars (G) 1979. Rs. Jungen und Mädchen verschiedener Nationalitäten, die Hand in Hand um den Erdball laufen. 916⅔er Gold, 16,97 g **600,–**

Goldbarrenmünzen »Maple Leaf« (4)

113 (118) 5 Dollars (G) 1982–1989. Rs. Zuckerahornblatt, Feingehaltsangabe »9999«. 999,9er Gold, 3,131 g *135,–* –,–

114 (119) 10 Dollars (G) 1982–1989. Typ wie Nr. 113. 999,9er Gold, 7,797 g *350,–* –,–

A114 20 Dollars (G) 1986–1989. Typ wie Nr. 113. 999,9er Gold, 15,575 g *650,–* –,–

		ST	PP
115 (109)	50 Dollars (G) 1979–1989. Typ wie Nr. 113:		
	a) 1979–1982, Feingehaltsangabe »999«, 999er Gold, 31,150 g	*1200,–*	
	b) 1983–1989, Feingehaltsangabe »9999«, 999,9er Gold, 31,150 g	*1200,–*	–,–

100. Jahrestag der Übereignung arktischen Gebietes durch Großbritannien (2)

116 (110) 1 Dollar (S) 1980. Rs. Eisbär (Thalarctos maritimus-Ursidae) auf einer Eisscholle vor Nordlicht-Panorama *125,–*

117 (111) 100 Dollars (G) 1980. Rs. Kajakfahrender Eskimo vor der Silhouette eines Eisberges. 916⅔er Gold, 16,97 g *600,–*

100. Jahrestag des Baubeginns der Trans-Kanada-Eisenbahn Montreal — Vancouver

118 (112) 1 Dollar (S) 1981. Rs. Alte Dampflokomotive mit Tender vor kanadischer Landkarte **72,–** **130,–**

Nationalhymne »O Canada«

		ST	PP
119 (113)	100 Dollars (G) 1981. Rs. Landkarte Kanadas mit Schriftrolle und den ersten vier Noten der Nationalhymne. 916⅔er Gold, 16,97 g		**640,–**

100. Jahrestag der Gründung der Stadt Regina, Saskatchewan

120 (114) 1 Dollar (S) 1982. Rs. Schädel eines Bisons und Regierungsgebäude von Saskatchewan **50,– 70,–**

Neue kanadische Verfassung (2)

121 (115) 1 Dollar (N) 1982. Rs. Die Begründer der Konföderation von 1867 nach einem Gemälde von Robert Harris **6,–**

122 (117) 100 Dollars (G) 1982. Rs. Aufgeschlagene Verfassung mit Staatswappen und Ahornblatt. 916⅔er Gold, 16,97 g **620,–**

XII. Studenten-Sportspiele in Edmonton, Alberta, 1983

		ST	PP
123 (120)	1 Dollar (S) 1983. Rs. Sportler mit fünffarbiger Schärpe	**40,–**	**55,–**

400. Jahrestag der Landung von Sir Humphrey Gilbert in St. John's auf Neufundland

124 (121) 100 Dollars (G) 1983. Rs. Anker vor Segelschiff des 16. Jahrhunderts und Marconi-Turm in Saint John's **650,–**

150. Jahrestag der Gründung der Stadt Toronto, Ontario

125 (122) 1 Dollar (S) 1984. Rs. Indianer im Kanu vor Skyline von Toronto **65,– 55,–**

450. Jahrestag der Landung von Jacques Cartier in Quebec (2)

126 (124) 1 Dollar (N) 1984. Rs. Landungsszene **5,– 20,–**

127 (123) 100 Dollars (G) 1984. Rs. Jacques Cartier und Segelschiff. 916⅔er Gold, 16,97 g **680,–**

100 Jahre Rocky-Mountains-Nationalpark Banff, Alberta (2)

		ST	PP
128 (125)	1 Dollar (S) 1985. Rs. Elch beim Durchwaten eines Sees vor Gebirgsmassiv	**40,–**	**50,–**

129 (126) 100 Dollars (G) 1985. Rs. Dickhornschaf auf Felsen. 916⅔er Gold, 16,97 g **800,–**

XV. Olympische Winterspiele 1988 in Calgary
1. Ausgabe (2)

130 (130) 20 Dollars (S) 1985. Rs. Abfahrtsläufer:
a) mit Randschrift **75,–**
b) ohne Randschrift (Fehlprägung) **–,–**

131 (131) 20 Dollars (S) 1985. Rs. Eisschnelläufer:
a) mit Randschrift **75,–**
b) ohne Randschrift (Fehlprägung) *800,–*

100. Jahrestag der Gründung der Stadt Vancouver, Britisch-Kolumbien
und der Fertigstellung der Trans-Kanada-Eisenbahn

		ST	PP
132 (127)	1 Dollar (S) 1986. Rs. Lokomotive Nr. 371, die die erste Durchquerung Kanadas vollendete, im Hintergrund Skyline von Vancouver	**35,–**	**45,–**

Internationales Jahr des Friedens 1986

133 (128) 100 Dollars (G) 1986. Rs. Ahorn- und Olivenzweig, die Verbundenheit Kanadas mit dem Frieden symbolisierend. 916⅔er Gold, 16,97 g *700,–*

XV. Olympische Winterspiele 1988 in Calgary
2. Ausgabe (2)

134 (132) 20 Dollars (S) 1986. Rs. Eishockeyspieler:
a) mit Randschrift **75,–**
b) ohne Randschrift (Fehlprägung) *800,–*

		ST	PP
135 (133)	20 Dollars (S) 1986. Rs. Biathlet:		
	a) mit Randschrift		75,–
	b) ohne Randschrift (Fehlprägung)		*800,–*

XV. Olympische Winterspiele 1988 in Calgary
3. Ausgabe (2)

136 (134)	20 Dollars (S) 1986. Rs. Langläuferin	75,–
137 (135)	20 Dollars (S) 1986. Rs. Trickskiläufer:	
	a) mit Randschrift	75,–
	b) ohne Randschrift (Fehlprägung)	*800,–*

400. Jahrestag der dritten Expedition von John Davis ins Nordpolarmeer

138 (129) 1 Dollar (S) 1987. Rs. Brigg »Sunshine«, mit der Kapitän John Davis die Baffin-Insel, den Golf von Cumberland und die Davis-Straße entdeckte 30,– 35,–

XV. Olympische Winterspiele 1988 in Calgary
4. Ausgabe (2)

139 (136)	20 Dollars (S) 1987. Rs. Eiskunstlaufpaar	75,–
140 (137)	20 Dollars (S) 1987. Rs. Curlingspieler	75,–

5. Ausgabe (2)

141 (138)	20 Dollars (S) 1987. Rs. Skispringer	75,–
142 (139)	20 Dollars (S) 1987. Rs. Bobfahrer	75,–

6. Ausgabe

143 100 Dollars (G) 1987. Rs. Olympisches Feuer in der Form der Rocky Mountains. 583⅓er Gold, 13,3375 g (145 175 Ex.):
a) mit Randschrift 560,–
b) ohne Randschrift (3 Ex. bekannt) –,–

Banknotenersatzausgabe

		VZ	ST
144 (140)	1 Dollar (N, Bro galvanisiert) 1987–1989. Rs. Eistaucher (Gavia immer) (elfeckig)	4,–	6,–

250 Jahre Eisenproduktion in Kanada

		ST	PP
145	1 Dollar (S) 1988. Rs. Zwei Schmiede in der 1738 eingerichteten Eisenhütte Saint-Maurice. 500er Silber, 23,3276 g	70,–	38,–
146	100 Dollars (G) 1988. Rs. Grönlandwal. 583⅓er Gold, 13,3375 g (52 239 Ex.)		650,–

Silberbarrenmünze »Maple Leaf«

147	5 Dollars (S) 1988, 1989. Typ wie Nr. 113. 999,9er Silber, 31,39 g	18,–	*180,–*

Platinbarrenmünzen »Maple Leaf« (4)

148	5 Dollars (Pt) 1988, 1989. Typ wie Nr. 113. 999½er Platin, 3,132 g	–,–	–,–
149	10 Dollars (Pt) 1988, 1989. Typ wie Nr. 113. 999½er Platin, 7,8 g	–,–	–,–
150	20 Dollars (Pt) 1988, 1989. Typ wie Nr. 113. 999½er Platin, 15,59 g	–,–	–,–
151	50 Dollars (Pt) 1988, 1989. Typ wie Nr. 113. 999½er Platin, 31,16 g	–,–	–,–

200. Jahrestag der Expedition von Sir Alexander MacKenzie auf dem Cook's River (MacKenzie River) in die Arktis

152	1 Dollar (S) 1989. 500er Silber, 23,3276 g	40,–	50,–

350. Jahrestag der Gründung der Missionsstation »Sainte-Marie Among the Hurons«, Ontario

153 100 Dollars (G) 1989. Rs. Hurone und Missionar vor Kirche der Siedlung »Sainte-Marie« an der Georgian Bay im Gebiet der Huronen (Ouendat). 583⅓er Gold, 13,3375 g 500,–

		VZ	ST
154	1 Cent (Bro) 1990–1992. Elisabeth II. (nach Dora de Pédery-Hunt). Rs. Zuckerahornblätter (zwölfeckig)	–,10	–,20
155	5 Cents (K-N) 1990–1992. Rs. Kanadischer Biber	–,25	–,60
156	10 Cents (N) 1990–1992. Rs. Fischereischoner	–,40	–,60
157	25 Cents (N) 1990, 1991. Rs. Kopf eines Karibu	–,70	1,30
158	50 Cents (N) 1990–1992. Rs. Staatswappen	1,50	3,–
159	1 Dollar (N, Bro galvanisiert) 1990–1992. Rs. Eistaucher (elfeckig)	4,–	6,–

Silberbarrenmünze „Maple Leaf"

		ST	PP
160	5 Dollars (S) 1990–1992. Elisabeth II. (nach Dora de Pédery-Hunt). Rs. Zuckerahornblatt, Feingehaltsangabe	18,–	

Goldbarrenmünzen „Maple Leaf" (4)

		ST	PP
161	5 Dollars (G) 1990–1992. Typ wie Nr. 160	135,–	
162	10 Dollars (G) 1990–1992. Typ wie Nr. 160	350,–	
163	20 Dollars (G) 1990–1992. Typ wie Nr. 160	650,–	
164	50 Dollars (G) 1990–1992. Typ wie Nr. 160	1200,–	

Platinbarrenmünzen „Maple Leaf" (4)

		ST	PP
165	5 Dollars (Pt) 1990–1992. Typ wie Nr. 160	–,–	
166	10 Dollars (Pt) 1990–1992. Typ wie Nr. 160	–,–	
167	20 Dollars (Pt) 1990–1992. Typ wie Nr. 160	–,–	
168	50 Dollars (Pt) 1990–1992. Typ wie Nr. 160	–,–	

300. Jahrestag der Expeditionen von Henry Kelsey

		ST	PP
169	1 Dollar (S) 1990. Rs. Pelzhändler Henry Kelsey bei den Indianern der kanadischen Prärien. 500er Silber, 23,3276 g	35,–	45,–

Pioniere der kanadischen Luftfahrt 1900–1949 – 1. Ausgabe (2)

		ST	PP
170	20 Dollars (S mit Goldauflage) 1990. Rs. Flugzeuge des britischen Typs »Anson« und des amerikanischen Typs »Harvard«, seit 1939 bzw. 1940 in Kanada gebaut, Porträt von General Robert Leckie (1890–1975) der Royal Canadian Air Force, Leiter des kanadischen Luftwaffenübungsplatzes seit 1939, als Goldauflage. 925er Silber, 31,103 g/999er Gold, 0,8 g (max. 50 000 Ex.)		95,–
171	20 Dollars (S mit Goldauflage) 1990. Rs. Bomber »Lancaster 638 AVRO«, seit 1942 in Kanada durch Victory Aircraft gebaut, Porträt von John Emilius Fauquier (1909–1981), Kommandeur des 405. und 617. Flugzeuggeschwaders, als Goldauflage (max. 50 000 Ex.)		95,–

Internationales Jahr der Alphabetisierung 1990

		ST	PP
172	100 Dollars (G) 1990. Rs. Inuit-Mutter mit ihren zwei Kindern beim Schreiben der Silbenschrift. 583⅓er Gold, 13,3375 g		480,–

Junges Kanada – 1. Ausgabe
25 Jahre kanadische Nationalflagge

		ST	PP
173	200 Dollars (G) 1990. Rs. Junge Kanadier mit Nationalflagge vor Landkarte. 916⅔er Gold, 17,106 g (max. 25 000 Ex.)		660,–

Kanadische Tierwelt – 1. Ausgabe (4)

		ST	PP
174	30 Dollars (Pt) 1990. Rs. Eisbär (Ursus maritimus) (max. 3500 Ex.)		–,–
175	75 Dollars (Pt) 1990 (max. 3500 Ex.)		–,–
176	150 Dollars (Pt) 1990 (max. 3500 Ex.)		–,–
177	300 Dollars (Pt) 1990 (max. 3500 Ex.)		–,–

175 Jahre Dampfschiffahrt auf dem Ontariosee

		ST	PP
178	1 Dollar (S) 1991. Rs. S. S. »Frontenac« auf dem Ontariosee, im September 1816 vom Stapel gelaufen. 500er Silber, 23,3276 g	32,–	40,–

Pioniere der kanadischen Luftfahrt 1900–1949 – 2. Ausgabe (2)

		ST	PP
179	20 Dollars (S mit Goldauflage) 1991. Rs. »Silver Dart« von Aerial Experiment Association, erstes kanadisches Motorflugzeug 1909, Porträts der Piloten John A. Douglas McCurdy und F. W. »Casey« Baldwin als Goldauflage (max. 50 000 Ex.)		95,–
180	20 Dollars (S mit Goldauflage) 1991. Rs. Amphibienflugzeug »Beaver« von De Havilland Canada von 1947, Porträt des Ingenieurs Phillip C. Garratt als Goldauflage (max. 50 000 Ex.)		95,–

100. Jahrestag der Ankunft der »Empress of India« in Vancouver, Britisch-Kolumbien

Nr.		ST	PP
181	100 Dollars (G) 1991. Rs. Postdampfer S. S. »Empress of India« bei der Ankunft in Vancouver auf der Jungfernfahrt von Yokohama aus. $583\frac{1}{3}$er Gold, 13,3375 g (max. 55 000 Ex.)		470,–

Junges Kanada – 2. Ausgabe

Nr.		ST	PP
182	200 Dollars (G) 1991. Rs. Eishockeyspieler auf zugefrorenem See. $916\frac{2}{3}$er Gold, 17,106 g (max. 25 000 Ex.)		740,–

Kanadische Tierwelt – 2. Ausgabe (4)

Nr.		ST	PP
183	30 Dollars (Pt) 1991. Rs. Kopf einer Schnee-Eule (Nyctea scandiaca) (max. 3500 Ex.)		–,–
184	75 Dollars (Pt) 1991. Rs. Schnee-Eulenpaar in Winterlandschaft (max. 3500 Ex.)		–,–
185	150 Dollars (Pt) 1991. Rs. Schnee-Eule im Beuteanflug (max. 3500 Ex.)		–,–
186	300 Dollars (Pt) 1991. Rs. Schnee-Eule mit drei Jungen (max. 3500 Ex.)		–,–

125 Jahre Kanadische Konföderation (31)

Nr.		ST	PP
187	1 Cent (Bro) 1992. Rs. Zuckerahornblätter, Jahreszahlen 1867–1992 (zwölfeckig)	–,–	–,–
188	5 Cents (K-N) 1992. Rs. Kanadischer Biber, Jahreszahlen 1867–1992	–,–	–,–
189	10 Cents (N) 1992. Rs. Fischereischoner, Jahreszahlen 1867–1992	–,–	–,–
190	25 Cents (N) 1992. Rs. Kopf eines Karibu, Jahreszahlen 1867–1992	–,–	–,–
191	50 Cents (N) 1992. Rs. Staatswappen, Jahreszahlen 1867–1992	–,–	–,–
192	1 Dollar (N, Bro galvanisiert) 1992. Rs. Eistaucher, Jahreszahlen 1867–1992 (elfeckig)	–,–	–,–

Nr.		VZ	ST
193	25 Cents (N) 1992. Elisabeth II., Jahreszahlen 1867–1992. Rs. Oldfield Bridge über den Smith Creek, New Brunswick (Nouveau-Brunswick)	–,70	1,–
194	25 Cents (N) 1992. Rs. Nordwest-Territorien	–,70	1,–
195	25 Cents (N) 1992. Rs. Neufundland	–,70	1,–
196	25 Cents (N) 1992. Rs. Manitoba	–,70	1,–
197	25 Cents (N) 1992. Rs. Yukon	–,70	1,–
198	25 Cents (N) 1992. Rs. Alberta	–,70	1,–
199	25 Cents (N) 1992. Rs. Prinz-Edward-Insel	–,70	1,–
200	25 Cents (N) 1992. Rs. Ontario	–,70	1,–
201	25 Cents (N) 1992. Rs. Neuschottland	–,70	1,–
202	25 Cents (N) 1992. Rs. Quebec	–,70	1,–
203	25 Cents (N) 1992. Rs. Saskatschewan	–,70	1,–
204	25 Cents (N) 1992. Rs. Britisch-Kolumbien	–,70	1,–

Nr.		PP
205	25 Cents (S) 1992. Typ wie Nr. 193	–,–
206	25 Cents (S) 1992. Typ wie Nr. 194	–,–
207	25 Cents (S) 1992. Typ wie Nr. 195	–,–
208	25 Cents (S) 1992. Typ wie Nr. 196	–,–
209	25 Cents (S) 1992. Typ wie Nr. 197	–,–
210	25 Cents (S) 1992. Typ wie Nr. 198	–,–
211	25 Cents (S) 1992. Typ wie Nr. 199	–,–
212	25 Cents (S) 1992. Typ wie Nr. 200	–,–
213	25 Cents (S) 1992. Typ wie Nr. 201	–,–
214	25 Cents (S) 1992. Typ wie Nr. 202	–,–
215	25 Cents (S) 1992. Typ wie Nr. 203	–,–
216	25 Cents (S) 1992. Typ wie Nr. 204	–,–

Nr.		ST	PP
217	1 Dollar (N, Bro galvanisiert) 1992	–,–	–,–

175 Jahre Postkutschenverbindung Kingston – York/Toronto

Nr.		ST	PP
218	1 Dollar (S) 1992. Rs. Kutschenschlitten, von vier Pferden gezogen. 925er Silber, 25,175 g	32,–	40,–

100 Jahre Olympische Spiele der Neuzeit (3)

Nr.		PP
219	15 Dollars (S) 1992. Rs. Eisschnelläufer, Stabhochspringer und Turner an Ringen, stellvertretend für das Motto »Citius Altius Fortius«. 925er Silber, 33,63 g	–,–
220	15 Dollars (S) 1992. Rs. Zwei Sportler in historischer Kleidung, zwei Kindern den olympischen Weg in die Zukunft weisend	–,–
221	175 Dollars (G) 1992. Rs. Sechs Sportler mit Fackel. $916\frac{2}{3}$er Gold, 16,97 g	–,–

Pioniere der kanadischen Luftfahrt 1900–1949 – 3. Ausgabe (2)

Nr.		ST	PP
222	20 Dollars (S mit Goldauflage) 1992. Rs. Gipsy Moth		95,–
223	20 Dollars (S mit Goldauflage) 1992. Rs. J. N. Cornack		95,–

350. Jahrestag der Gründung von Montréal (Ville-Marie)

Nr.		PP
224	100 Dollars (G) 1992. Rs. Paul de Chomedey de Maisonneuve mit Plan von Ville-Marie vor moderner Skyline von Montréal. $583\frac{1}{3}$er Gold, 13,3375 g (max. 55 000 Ex.)	450,–

Junges Kanada – 3. Ausgabe

Nr.		PP
225	200 Dollars (G) 1992	–,–

Tierwelt der Arktis – 3. Ausgabe (4)

Nr.		PP
226	30 Dollars (Pt) 1992	–,–
227	75 Dollars (Pt) 1992	–,–
228	150 Dollars (Pt) 1992	–,–
229	300 Dollars (Pt) 1992	–,–

Frühere Ausgaben siehe Weltmünzkatalog 19. Jahrhundert.

Cape Verde Islands

Kapverdische Inseln

(Îles du) Cap Vert

(Ilhas do) Cabo Verde

Fläche: 4033 km²; 327 000 Einwohner (1986).
Die portugiesischen Seefahrer Diego Gomes und Antonio Nola fanden 1460 diese dem heute zu Senegal gehörenden Kap Verde vorgelagerte Inselgruppe im Atlantischen Ozean; sie war bis dahin unbewohnt und wurde von Portugal aus mit Negersklaven besiedelt. Der Kolonialstatus wurde 1951 formal in den einer (Übersee-)Provinz überführt; das konnte aber den Unabhängigkeitsbewegungen keinen Einhalt gebieten. Hauptsächlich auf dem gegenüberliegenden Festland (Portugiesisch-Guinea) operierte der PAIGC (Partido Africano de Independencia de Guiné e Cabo Verde) (Afrikanische Partei für die Unabhängigkeit von Guinea und der Kapverden). Nach der Unabhängigkeitserklärung von Guinea-Bissau (auf dem Festland) erhielten auch die Kapverdischen Inseln am 5. Juli 1975 die Unabhängigkeit. Hauptstadt: Praia.

100 Centavos = 1 Escudo;
100 Centavos = 1 Kap-Verde-Escudo (Escudo Caboverdiano)

Kolonie

SS VZ

1 (1) 5 Centavos (Bro) 1930. Allegorie der Republik n. l. Rs. Wert 8,– 15,–

2 (2) 10 Centavos (Bro) 1930. Typ wie Nr. 1 6,– 12,–

3 (3) 20 Centavos (Bro) 1930. Typ wie Nr. 1 7,– 16,–

4 (4) 50 Centavos (Neusilber) 1930. Allegorie der Republik n. r. Rs. Wappen Portugals auf Armillarsphäre im Kranz über Wert 12,– 25,–

5 (5) 1 Escudo (Neusilber) 1930. Typ wie Nr. 4 22,– 50,–

6 (6) 50 Centavos (Neusilber) 1949. Kolonialwappen auf Armillarsphäre mit Mauerkrone, Umschrift COLONIA DE CABO VERDE. Rs. Wert 20,– 60,–

7 (7) 1 Escudo (Neusilber) 1949. Typ wie Nr. 6 12,– 25,–

Überseeprovinz

8 (A8) 50 Centavos (Bro) 1968. Kolonialwappen, Umschrift CABO VERDE. Rs. Wert 5,– 10,– 12,–

9 (8) 1 Escudo (Bro) 1953, 1968. Typ wie Nr. 8 5,– 10,– 12,–

10 (9) 2½ Escudos (K-N) 1953, 1967. Kolonialwappen, Wert. Rs. Wappen Portugals auf Christuskreuz 4,– 7,– 10,–

11 (A10) 5 Escudos (K-N) 1968. Typ wie Nr. 10 5,– 10,– 12,–

12 (10) 10 Escudos (S) 1953. Typ wie Nr. 10. 720er Silber, 5 g 8,– 15,– 30,–

Unabhängiger Staat
República de Cabo Verde

1. Jahrestag der Unabhängigkeit (2)

ST PP

13 (11) 250 Escudos (S) 1976. Weißer Thunfisch (Thunnus alalunga — Thunnidae). Rs. Inselkarte, Gedenkinschrift. 925er Silber, 16,5 g 45,– 70,–

14 (12) 2500 Escudos (G) 1976. Staatswappen. Rs. Amilcar Lópes Cabral (1924–1973), Mitbegründer und Vorsitzender der Befreiungsbewegung PAIGC. 900er Gold, 8 g *500,–*

		VZ	ST
15 (13)	20 Centavos (Al) 1977. Staatswappen, Landesbezeichnung, Jahreszahl. Rs. Wertangabe	1,20	2,–
16 (14)	50 Centavos (Al) 1977. Typ wie Nr. 15	1,50	2,50

Für den FAO-Münz-Plan (2)

17 (15) 1 Escudo (Al-N-Bro) 1977, 1980. Staatswappen, Wertangabe, Jahreszahl. Rs. Schuljunge am Schreibtisch 1,– 3,–

18 (16) 2½ Escudos (Al-N-Bro) 1977, 1982. Rs. Farmer mit Kaffeesetzling 1,50 3,–

		ST	PP
19 (17)	10 Escudos (K-N) 1977, 1982. Rs. Eduardo Mondlane (1920–1969), Mitbegründer und Vorsitzender der mosambikanischen Befreiungsbewegung Frelimo	2,80	5,–
20 (18)	20 Escudos (K-N) 1977, 1982. Rs. Domingos Ramos (1935–1966), Kommandeur der PAIGC-Truppen	4,–	6,–
21 (19)	50 Escudos (K-N) 1977, 1980, 1982. Rs. Amilcar Lópes Cabral (siehe Nr. 14)	8,–	10,–

Nr. 22 fällt aus.

Welt-Fischerei-Konferenz in Rom 1984 (2)

		ST	PP
23 (20)	50 Escudos 1984. Rs. Meerbrasse (Diplotus sargis lineatus):		
	a) (S) 925 fein, 16 g (20 000 Ex.)		120,–
	b) (S) Piéfort, 925 fein, 32 g (520 Ex.)		*250,–*
	c) (K-N)	15,–	
24	50 Escudos (G) 1984. Typ wie Nr. 23. 916⅔er Gold, 27 g (120 Ex.)		*2200,–*

10. Jahrestag der Unabhängigkeit (6)

25 (21) 1 Escudo (St, Me plattiert) 1985. Staatswappen, Wertangabe. Rs. Regierungsgebäude *4,–* –,–

26 (22)	10 Escudos (K-N) 1985. Rs. Jubiläumsemblem	*10,–*	–,–
27	1 Escudo (S) 1985. Typ wie Nr. 25. 925er Silber, 4 g		–,–
28	10 Escudos (S) 1985. Typ wie Nr. 26. 925er Silber, 9 g		–,–
29	1 Escudo (G) 1985. Typ wie Nr. 25. 750er Gold, 6 g (50 Ex.)		–,–
30	10 Escudos (G) 1985. Typ wie Nr. 26. 750er Gold, 9 g (50 Ex.)		–,–

Besuch von Papst Johannes Paul II. (3)

		VZ	ST
31	100 Escudos (K-N) 1990. Rs. Papst Johannes Paul II. [RM]	6,–	10,–
			PP
32	100 Escudos (S) 1990. Typ wie Nr. 31 [RM]		
33	100 Escudos (G) 1990. Typ wie Nr. 31 [RM] (max. 850 Ex.)		*1000,–*

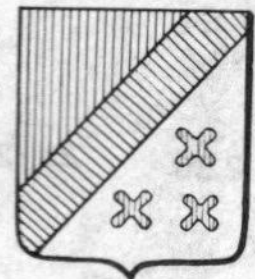

Katanga

Katanga Katanga

Fläche: 496965 km²; 2200000 Einwohner (1974). Nachdem die ehemalige Kolonie Belgisch-Kongo am 30. Juni 1960 unabhängig geworden war, sagte sich die Provinz Katanga am 10. Juli 1960 vom übrigen Kongo los und erklärte sich unter Moise Tschombé für unabhängig. Diese Sezession wurde im Januar 1963 durch eine Militäraktion mit Unterstützung der Vereinten Nationen beendet. Im Jahre 1972 erfolgte die Umbenennung in Schaba. Hauptstadt: Elisabethville, 1966 in Lubumbashi umbenannt.

100 Centimes = 1 Franc

1. Jahrestag der Unabhängigkeit (3)

		VZ	ST
1 (2)	1 Franc (Bro) 1961. Bananen (Musa paradisiaca — Musaceae), stilisiert. Rs. Baluba- oder Katangakreuz (im kupferreichen Katanga haben derartige Katangakreuze einmal Geldcharakter besessen, z. B. auch als Brautpreis), Wertangabe	**2,50**	**4,—**
2 (3)	5 Francs (Bro) 1961. Typ wie Nr. 1	**4,—**	**7,—**

		VZ	ST
3 (1)	5 Francs (G) 1961. Typ wie Nr. 1. 900er Gold, 13,33 g [RM] (ca. 20000 Ex.)	**360,–**	**540,–**

Weitere Ausgaben siehe unter *Kongo-Kinshasa* und *Saire*.

Qatar

Katar

Qatar

Dawlat Qatar

Fläche: 22014 km²; 140000 Einwohner.
Das Emirat Katar, auf einer Halbinsel im Persischen Golf gelegen, stellte sich 1896 unter britischen Schutz und schloß am 3. November 1916 einen Ausschließlichkeitsschutzvertrag mit Großbritannien. Der Emir erklärte den „Staat Katar" am 1. September 1971 für unabhängig und schloß am 3. September 1971 einen neuen Freundschaftsvertrag mit Großbritannien. Bis 1959 war auch in Katar die Indische Rupie im Umlauf, wurde aber damals durch die Golf-Rupie abgelöst. Vom Juni 1966 bis zur Einführung des Katar- und Dubai-Riyals im September 1966 galt der Saudi-Riyal. Infolge der Beteiligung von Dubai an der Gründung der Vereinigten Arabischen Emirate am 2. Dezember 1971 schied Dubai aus der Währungsunion mit Katar aus; deren Zahlungsmittel galten bis zum 18. August 1973 als gesetzlich, sie wurden zum Kurse von 1 Katar- und -Dubai-Riyal = 1 Katar-Riyal umgetauscht; der Katar Riyal wurde am 13. Mai 1973 eingeführt. Hauptstadt: Doha.

100 Dirhams = 1 Katar-Riyal

Khalifa bin Hamad ath Thani seit 1972

		VZ	ST
1 (1)	1 Dirham (Bro) 1973, Arabische Dhau und zwei Palmen, Jahreszahlen. Rs. Wertangabe und Landesbezeichnung STATE OF QATAR	**–,30**	**–,80**
2 (2)	5 Dirhams (Bro) 1973, 1978. Typ wie Nr. 1	**–,30**	**1,–**
3 (3)	10 Dirhams (Bro) 1972, 1973. Typ wie Nr. 1	**–,50**	**1,30**
4 (4)	25 Dirhams (K-N) 1973, 1976, 1978, 1981, 1987. Typ wie Nr. 1	**1,20**	**2,60**
5 (5)	50 Dirhams (K-N) 1973, 1978, 1981, 1987. Typ wie Nr. 1	**2,–**	**3,–**

Qatar und Dubai

Katar und Dubai

Qatar et Dubai

Qatar wa Dubai

Das Emirat Katar und das Scheichtum Dubai hatten sich zwar zu einer Währungsunion zusammengeschlossen, wurden jedoch unabhängig voneinander regiert.
KATAR: Das seit 1916 unter britischer Schutzherrschaft stehende Emirat am Persischen Golf erklärte sich am 1. September 1971 für unabhängig. Hauptstadt: Doha.
DUBAI: Das am Südufer des Persischen Golfes gelegene Scheichtum gehörte zu den sieben Vertragsstaaten im Befriedeten Oman. Seit 2. Dezember 1971 ist Dubai Mitgliedsstaat der „Vereinigten Arabischen Emirate" (UAE). Hauptstadt: Dubai.

100 Dirhams = 1 Katar-und-Dubai-Riyal

Auch in Adschman galt der Katar-und-Dubai-Riyal als gesetzliches Zahlungsmittel.

Ahmed bin Abdullah ath Thani 1960–1972

	SS	VZ
1 (1) 1 Dirham (Bro) 1966. Arabische Dünengazelle (Gazella leptoceros – Bovidae). Rs. Wert und Landesnamen	–,40	–,80
2 (2) 5 Dirhams (Bro) 1966, 1969. Typ wie Nr. 1	–,70	1,50
3 (3) 10 Dirhams (Bro) 1966. Typ wie Nr. 1	1,–	2,–
4 (4) 25 Dirhams (K-N) 1966, 1969. Typ wie Nr. 1	1,80	3,50

	SS	VZ
5 (5) 50 Dirhams (K-N) 1966. Typ wie Nr. 1	2,20	4,50

Weitere Ausgaben siehe unter *Katar* und *Vereinigte Arabische Emirate.*

Keeling-Cocos-Islands — Keeling-Kokos-Inseln — Keeling-Cocos (Iles)

Fläche: 14 km²; 1237 Einwohner.
Auf den im Indischen Ozean liegenden Keeling-Inseln sind zwei Währungen im Umlauf. Auf West Island, wo die australische Verwaltung ihren Sitz hat, gilt der australische Dollar, während auf Home Island, unter der Souveränität der Familie Clunies Ross, die Kokos-Rupie kursierte. Die auf Rupien lautenden Münzen waren frei konvertierbares Geld. Der Wechselkurs war 1:1 an den Singepur-Dollar gebunden. Die Bewohner der Kokos-Inseln haben sich 1984 in einem Referendum unter Aufsicht der Vereinten Nationen für die Integration mit Australien entschieden.

100 Cents = 1 Kokos-Rupie

Vor der Ausgabe von Münzen waren folgende Plantagen-Token aus Kunststoff im Umlauf:
1. Ausgabe 1913
Wappen, Landesbezeichnung. Rs. Wertangabe, Inschrift, Jahreszahl. 5, 10, 25, 50 Cents, 1, 2, 5 Rupien (beige).
2. Ausgabe 1968
Kokospalme, Landesbezeichnung, Rs. Wertangabe im Ornament.
1, 5, 10, 25, 50 Cents (blau), 1, 2, 5, 10, 25 Rupien (rot).

Nr.		VZ	ST
1	5 Cents (Bro) 1977, John Clunies Ross, Brustbild n. l. Rs. Kokospalme, Wertangabe, Jahreszahl	–,–	–,–
2	10 Cents (Bro) 1977. Typ wie Nr. 1	–,–	–,–
3	25 Cents (Bro) 1977. Typ wie Nr. 1	–,–	–,–
4	50 Cents (Bro) 1977. Typ wie Nr. 1	–,–	–,–
5	1 Rupie (K-N) 1977. Typ wie Nr. 1	–,–	–,–
6	2 Rupien (K-N) 1977. Typ wie Nr. 1	–,–	–,–
7	5 Rupien (K-N) 1977. Typ wie Nr. 1	–,–	–,–

150. Jahrestag der Besiedlung der Inseln durch John Clunies Ross (3)

Nr.		ST	PP
8	10 Rupien (S) 1977. Rs. Kokospalme, Wertangabe, Gedenkinschrift, 925er Silber, 6,5 g [CHI]	*35,–*	*60,–*
9	25 Rupien (S) 1977. Typ wie Nr. 8. 925er Silber, 16,25 g [CHI]	*60,–*	*90,–*
10	150 Rupien (G) 1977. Typ wie Nr. 8 [CHI]:		
	a) 750er Gold	–,–	–,–
	b) 916⅔er Gold, 8,48 g	**400,–**	**480,–**

Kenya | # Kenia | **Kenya**

Fläche: 582646 km²; 20100000 Einwohner (1986).
Seit dem 12. Dezember 1963 ist Kenia unabhängig, und nach der Verfassung vom 12. Dezember 1964 wurde das Land eine Republik innerhalb des britischen Commonwealth. Hauptstadt: Nairobi.

100 Cents = 1 Kenia-Shilling, 20 Kenia-Shillings = 1 Kenia-Pfund

		SS	VZ
1 (1)	5 Cents (N-Me) 1966–1968. Mzee Jomo Kenyatta (1891–1978), Soziologe und Staatspräsident. Rs. Staatswappen, Wertangabe	–,40	2,–
2 (2)	10 Cents (N-Me) 1966–1968. Typ wie Nr. 1	–50	1,–
3 (3)	25 Cents (K-N) 1966, 1967. Typ wie Nr. 1	–,70	1,50
4 (4)	50 Cents (K-N) 1966–1968. Typ wie Nr. 1	1,–	2,–
5 (5)	1 Shilling (K-N) 1966–1968. Typ wie Nr. 1	1,50	3,–

		SS	VZ
6 (6)	2 Shillings (K-N) 1966–1968. Typ wie Nr. 1	3,–	5,–

Nrn. 1–6 von 1966, polierte Platte (27 Ex.) 900,–

75. Geburtstag von Präsident Kenyatta (3)

		ST	PP
7	100 Shillings (G) 1966. Mzee J. Kenyatta. Rs. Federbusch Kenyattas. 916⅔er Gold, 7,6 g	300,–	300,–
8	250 Shillings (G) 1966. Rs. Hahn, Parteiabzeichen der »Kenya African National Union«, 1963 in das Staatswappen aufgenommen. 916⅔er Gold, 19 g	900,–	900,–
9	500 Shillings (G) 1966. Rs. Mount Kenya. 916⅔er Gold, 38 g	1800,–	1800,–

		VZ	ST
10 (7)	5 Cents (N-Me) 1969–1971, 1973–1975, 1978. Mzee Jomo Kenyatta, Umschrift THE FIRST PRESIDENT OF KENYA · MZEE JOMO KENYATTA · Rs. Staatswappen, Wertangabe	–,40	–,60
11 (8)	10 Cents (N-Me) 1969–1971, 1973–1975, 1977, 1978. Typ wie Nr. 10	–,50	–,80
12 (9)	25 Cents (K-N) 1969, 1973, Typ wie Nr. 10	–,70	1,20
13 (10)	50 Cents (K-N) 1969, 1971, 1973–1975, 1977, 1978. Typ wie Nr. 10	1,–	1,50
14 (11)	1 Shilling (K-N) 1969, 1971, 1973–1975, 1978. Typ wie Nr. 10	1,50	2,50
15 (12)	2 Shillings (K-N) 1969, 1971, 1973. Typ wie Nr. 10	2,70	4,–

Nrn. 10–15 von 1969, polierte Platte (15 Ex.) 1200,–

10. Jahrestag der Unabhängigkeit

		ST	PP
16 (13)	5 Shillings (Al-N-Bro) 1973. Rs. Staatswappen, Wertangabe, Umschrift »10 Jahre Freiheit« (neuneckig)	25,–	50,–

Nrn. 10–16 von 1973, polierte Platte (500 Ex.) 250,–

17 (18)	200 Shillings (S) 1978. Daniel Toroitich Arap Moi (*1924), Staatspräsident seit 1978. Rs. Staatswappen. 925er Silber, 28,28 g	150,–
18 (19)	3000 Shillings (G) 1978. Typ wie Nr. 17. 916⅔er Gold, 40 g	2000,–

		VZ	ST
19 (14)	5 Cents (N-Me) 1980, 1984, 1987, 1989, 1990. Arap Moi, Staatspräsident, Umschrift PRESIDENT OF REPUBLIC OF KENYA · DANIEL TOROITICH ARAP MOI. Rs. Staatswappen, Wertangabe	3,–	5,–
20 (15)	10 Cents (N-Me) 1980, 1984, 1986, 1987, 1989, 1990. Typ wie Nr. 19	4,–	7,–
22 (16)	50 Cents (K-N) 1980, 1984, 1989. Typ wie Nr. 19	5,–	9,–
23 (17)	1 Shilling (K-N) 1980, 1989. Typ wie Nr. 19	6,–	12,–
25 (20)	5 Shillings (K-N) 1985. Typ wie Nr. 19 (siebeneckig)	8,–	15,–

Nrn. 21 und 24 fallen aus.

		PP
26	5 Shillings (S) 1985. Typ wie Nr. 25. 925er Silber, 15,74 g (500 Ex.)	–,–

10. Regierungsjubiläum von Präsident Arap Moi

PP

27 500 Shillings (S) 1988. Rs. Staatswappen, Gedenkumschrift (zehneckig) *180,–*

25. Jahrestag der Unabhängigkeit

28 500 Shillings (S) 1988. Rs. Staatswappen, Gedenkumschrift (rund) *180,–*

Kiribati

Kiribati

Kiribati

Fläche: 750 km²; 64 200 Einwohner.
Die in der Südsee gelegenen Gilbert-Inseln wurden am 12. Juli 1979 unter dem Namen Kiribati unabhängig. Zusammen mit den Ellice-Inseln (seit 1976 Tuvalu) bildeten die Gilbert-Inseln ehemals eine britische Kolonie. Hauptstadt: Bairiki.

100 Cents = 1 Kiribati-Australischer Dollar

		VZ	ST
1 (1)	1 Cent (Bro) 1979. Staatswappen. Rs. Fregattvögel	–,30	–,50
2 (2)	2 Cents (Bro) 1979. Rs. B'abai-Pflanze	–,30	–,50

3 (3)	5 Cents (K-N) 1979. Rs. Tokai-Echse	–,60	1,–
4 (4)	10 Cents (K-N) 1979. Rs. Brotfrucht	1,–	2,–

5 (5)	20 Cents (K-N) 1979. Rs. Delphine	1,80	3,–
6 (6)	50 Cents (K-N) 1979. Rs. Pandanuß	2,50	4,–
7 (7)	1 Dollar (K-N) 1979. Rs. Auslegerboot (zwölfeckig)	5,–	8,–

Nrn. 1–7, polierte Platte 30,–

		ST	PP
8 (8)	5 Dollars (S) 1979. Rs. Eingeborener:		
	a) 925er Silber, 28,16 g		70,–
	b) 500er Silber, 28,16 g	40,–	
9 (9)	150 Dollars (G) 1979. Rs. Maneapa, traditionelles Versammlungshaus. 916⅔er Gold, 15,98 g	600,–	700,–

Zur Hochzeit von Prinz Charles und Lady Diana und 2. Jahrestag der Unabhängigkeit (2)

10 (10)	5 Dollars 1981. Staatswappen. Rs. Drei Straußenfedern:		
	a) (S) 925 fein, 28,6 g		80,–
	b) (K-N)	20,–	
11 (11)	150 Dollars (G) 1981. Typ wie Nr. 10. 916⅔er Gold, 15,98 g	500,–	550,–

Zum königlichen Besuch

12 (12)	5 Dollars 1982. Staatswappen. Rs. Elisabeth II.:		
	a) (S) 925 fein, 28,6 g		100,–
	b) (K-N)	20,–	

5. Jahrestag der Unabhängigkeit (2)

13 (13)	10 Dollars (S) 1984. Staatswappen. Rs. Karte des Pazifischen Ozeans:		
	a) 925er Silber, 28,28 g		80,–
	b) 500er Silber, 28,28 g	40,–	
14	10 Dollars (G) 1984. Typ wie Nr. 13. 916⅔er Gold, 47,54 g (50 Ex.)		*3500,–*

10. Jahrestag der Unabhängigkeit

15	2 Dollars (N-Me) 1989. Staatswappen mit Schriftband. Rs. Meeresschnecke vor Maneapa [RM]	10,–	

XXV. Olympische Sommerspiele 1992 in Barcelona

16	20 Dollars (S) 1992. Rs. Segeln		–,–

Colombia

Kolumbien

Colombie

Fläche: 1 138 338 km²; 29 000 000 Einwohner (1988).
Nach der Entdeckung durch Hojeda und Vespucci im Jahre 1499 und der Eroberung der Chibcha-Reiche wurde ein spanisches Vizekönigreich geschaffen, das auch Ecuador mit einbezog. Die Unabhängigkeitskämpfe gegen die spanische Herrschaft begannen 1810. Der Staat Kolumbien, lange Zeit auch unter der Bezeichnung Neu-Granada bekannt, umfaßte vorübergehend auch die Länder Panama und Venezuela sowie Ecuador. Hauptstadt: Bogotá.

100 Centavos = 1 Kolumbianischer Peso

Die Stücke zu 10 Centavos werden auch »Reales« genannt.

Republik Kolumbien

SS VZ

1 (23) 2½ Centavos (K-N) 1900, 1902. Freiheitskappe. Rs. Wert im Kreis **150,– 200,–**

2 (25) 5 Centavos (K-N) 1886, 1902. Freiheitskopf nach links. Rs. Wert zwischen Lorbeerzweigen:
1886 **2,– 3,–**
1902 **120,– 180,–**

Nrn. 3 und 4 fallen aus.

5 (28a) 50 Centavos (S) 1889, 1898, 1899, 1906–1908. Freiheitskopf nach links. Rs. Staatswappen, Wertangabe, Mzst. Bogotá. 835er Silber, 12,5 g **18,– 28,–**

Nr. 6 fällt aus.

7 (45) 5 Centavos (S) 1902. Freiheitskopf nach links. Rs. Wertzahl zwischen Füllhörnern. 666⅔er Silber, 1,25 g **6,– 9,–**

8 (46) 50 Centavos (S) 1902. Freiheitskopf nach links. Rs. Staatswappen, Wertangabe. 835er Silber, 12,5 g **28,– 38,–**

Inflationsprägungen (3)

9 (42) 1 Peso (K-N) 1907, 1910–1914, 1916. Freiheitskopf nach rechts. Rs. Wert im Kranz, Inschrift p/m für Papiergeld **3,– 5,–**

10 (43) 2 Pesos (K-N) 1907, 1910, 1911, 1913, 1914. Typ wie Nr. 9 **6,50 10,–**

11 (44) 5 Pesos (K-N) 1907, 1909, 1912–1914. Typ wie Nr. 9 **4,– 6,–**

Nrn. 9–11 liefen nach der Inflation als 1, 2, 5 Centavos um.
Nrn. 9–11 von 1907 in Gold vorkommend.

SS VZ

12 (57) 1 Centavo (K-N) 1918–1921, 1933, 1935, 1936, 1938, 1941, 1946–1948. Freiheitskopf nach rechts. Rs. Wert im Kranz **–,40 1,–**

13 (59) 2 Centavos (K-N) 1918–1921, 1933, 1935, 1938, 1941, 1942, 1946, 1947. Typ wie Nr. 12 **–,70 2,–**

14 (60) 5 Centavos (K-N) 1918–1922, 1924, 1933, 1935, 1936, 1938, 1939, 1941, 1946, 1949, 1950. Typ wie Nr. 12 **–,60 1,–**

15 (47) 10 Centavos (S) 1911, 1913, 1914, 1920, 1934, 1937, 1938, 1940–1942. Simón Bolívar (1783–1830), Staatspräsident 1810–1812. Rs. Staatswappen mit Anden-Kondor (Vultur gryphus — Cathartidae). 900er Silber, 2,5 g **5,– 8,–**

16 (48) 20 Centavos (S) 1911, 1913, 1914, 1920–1922, 1933, 1938, 1941, 1942. Typ wie Nr. 15. 900er Silber, 5 g **5,– 8,–**

Nr. 16 von 1915 als Piéfort (900er Silber, 10 g) vorkommend.

17 (49) 50 Centavos (S) 1912–1919, 1921–1923, 1931–1934. Typ wie Nr. 15. 900er Silber, 12,5 g **10,– 20,–**

18 (50) 2½ Pesos (G) 1913. Steinmetz bei der Arbeit. Rs. Staatswappen. 916⅔er Gold, 3,994 g **180,– 250,–**

19 (51) 5 Pesos (G) 1913, 1917–1919. Typ wie Nr. 18. 916⅔er Gold, 7,988 g **300,– 400,–**

20 (52) 2½ Pesos (G) 1919, 1920. Simón Bolívar, großes Kopfbild. Rs. Staatswappen. 916⅔er Gold, 3,994 g **200,– 260,–**

SS VZ

21 (53) 5 Pesos (G) 1919–1924. Typ wie Nr. 20. 916⅔er Gold, 7,988 g **360,– 400,–**

22 (54) 10 Pesos (G) 1919, 1924. Typ wie Nr. 20. 916⅔er Gold, 15,976 g **600,– 750,–**

23 (55) 2½ Pesos (G) 1924, 1925, 1927–1929. Simón Bolívar, kleineres Kopfbild, darunter »Medellin«. Rs. Staatswappen **175,– 240,–**

24 (56) 5 Pesos (G) 1924–1930. Typ wie Nr. 23 280,– 400,–

25 (61) 1 Centavo (N-Bro) 1942–1945, 1948–1951. Jakobinermütze bzw. Freiheitskappe zwischen unten gebundenen Zweigen. Rs. Wert zwischen Zweigen des Kaffeebaumes (Coffea arabica – Rubiaceae), von Füllhorn überhöht –,40 –,60

26 (62) 2 Centavos (N-Bro) 1948–1950. Typ wie Nr. 25 –,70 1,20

27 (63) 5 Centavos (N-Bro) 1942–1946, 1952–1966. Typ wie Nr. 25 –,80 1,50

Nrn. 25–27, 36 bestehen aus Kupfer 95%, Nickel 5%.

28 (64) 10 Centavos (S) 1945–1952. Francisco de Paula Santander (1792–1840), Staatspräsident von Neu-Granada 1832–1836. Rs. Wert in Girlande. 500er Silber, 2,5 g 3,– 5,–

29 (65) 20 Centavos (S) 1945–1951. Typ wie Nr. 28. 500er Silber, 5 g 6,– 10,–

30 (66) 50 Centavos (S) 1947, 1948. Simón Bolívar, Kopfbild n. l. Rs. Wert in Girlande. 500er Silber, 12,5 g 15,– 25,–

31 (57a) 1 Centavo (St, K-N plattiert) 1952, 1954, 1956–1958. Typ wie Nr. 12 –,40 1,–

32 (67.1) 2 Centavos (Me) 1952, 1965. Freiheitskopf n. l., Umschrift unterbrochen. Rs. Wert im Kranz –,50 1,–

Nr. 33 fällt aus.

34 (68.1) 10 Centavos (K-N) 1952, 1953. Staatswappen. Rs. Calarcá, Indiohäuptling, Wert; Ø 18 mm **2,– 6,–**

SS VZ

35 (69) 20 Centavos (S) 1952, 1953. Rs. Simón Bolívar, Brustbild n. l., Wert. 300er Silber, 5 g:
1952 **–,– –,–**
1953 **5,– 8,–**

36 (61) 1 Centavo (N-Bro) 1957–1966, Typ wie Nr. 25 **–,40 –,60**

37 (67.2) 2 Centavos (Me) 1955, 1959, 1961, 1963, 1964. Freiheitskopf n. l., ungeteilte Umschrift. Rs. Wert im Kranz **–,40 –,80**

Nr. 38 fällt aus.

39 (68.2) 10 Centavos (K-N) 1954–1956, 1958–1967. Typ wie Nr. 34; Ø 18,5 mm **–,50 –,80**

40 (70) 20 Centavos (K-N) 1956, 1959, 1961, 1963–1966. Simón Bolívar, Kopfbild n. r. Rs. Staatswappen, Wert **1,– 1,50**

41 (71) 50 Centavos (K-N) 1958–1966. Staatswappen, Wert. Rs. Simón Bolívar, Kopfbild n. r. **2,– 3,–**

200 Jahre Münzstätte Bogotá (2)

42 (72) 1 Peso (S) 1956. Staatswappen, Wert. Rs. Portal der Münzstätte zwischen Lorbeerzweigen, Umschrift CASA DE MONEDA 1620–1756–1956. 900er Silber, 25 g **25,– 40,–**

A42 1 Peso (G) 1956. Typ wie Nr. 42 (3 Ex. bekannt) **–,–**

150. Jahrestag des Beginns der Unabhängigkeitskämpfe (6)

43 (73) 1 Centavo (Bro) 1960. Typ wie Nr. 36, Jahreszahlen 1810/1960 **5,– 10,–**

44 (74) 2 Centavos (Me) 1960. Typ wie Nr. 37, 1810/1960 **6,– 12,–**

45 (A74) 5 Centavos (Bro) 1960. Typ wie Nr. 33, 1810/1960 **9,– 16,–**

46 (75) 10 Centavos (K-N) 1960. Typ wie Nr. 39, 1810/1960 **5,– 10,–**

47 (76) 20 Centavos (K-N) 1960. Typ wie Nr. 40, 1810/1960 **5,– 10,–**

48 (77) 50 Centavos (K-N) 1960. Typ wie Nr. 41, 1810/1960 **8,– 12,–**

Zu Ehren von Jorge Eliecer Gaitán (2)

49 (78) 20 Centavos (K-N) 1965. Staatswappen, Wert. Rs. Jorge Eliecer Gaitán (1898–1948), Rechtsanwalt, liberaler Politiker **1,– 2,–**

50 (79) 50 Centavos (K-N) 1965. Typ wie Nr. 49 **2,– 3,–**

		VZ	ST
51 (61a)	1 Centavo (St, K plattiert) 1967—1978. Typ wie Nr. 25	–,30	–,40
52 (63a)	5 Centavos (St, K plattiert) 1967—1979. Typ wie Nr. 25	–,40	–,60
53 (64a)	10 Centavos (St, N plattiert) 1967—1969. Typ wie Nr. 28	–,40	–,70
54 (65a)	20 Centavos (St, N plattiert) 1967—1969. Typ wie Nr. 28	–,80	1,20
55 (A65)	50 Centavos (St, N plattiert) 1967—1969. Typ wie Nr. 28	1,–	2,–

56 (80) 1 Peso (K-N) 1967. Simón Bolívar. Rs. Wert in Girlande (zehneckig) **1,20** **2,50**

39. Eucharistischer Weltkongreß in Bogotá 22.—24. August 1968 (6)

57 (81) 5 Pesos (K-N) 1968. Emblem des Weltkongresses von Dr. Dicken Castro: Aus Fischen gebildetes Kreuz, die Missionsarbeit nach allen vier Himmelsrichtungen versinnbildlichend. Rs. Wert im Kranz **3,–** **5,–**

58 100 Pesos (G) 1968. Papst Paul VI. (1897—1978), Kathedrale am Plaza de Bolívar, Bogotá, Emblem des Weltkongresses. Rs. Staatswappen, Wertangabe. 900er Gold, 4,3 g *190,–*

59 200 Pesos (G) 1968. Typ wie Nr. 58. 900er Gold, 8,6 g *300,–*

60 300 Pesos (G) 1968. Typ wie Nr. 58. 900er Gold, 12,9 g *500,–*

61 500 Pesos (G) 1968. Typ wie Nr. 58. 900er Gold, 21,5 g *650,–*

62 1500 Pesos (G) 1968. Typ wie Nr. 58. 900er Gold, 68,5 g *2500,–*

150. Jahrestag der Schlacht von Boyacá (5)

63 100 Pesos (G) 1969, Simón Bolívar (1783—1830), lateinamerikanischer Nationalheld. Rs. Joaquin Paris y Ricaurte (1795—1868), kolumbianischer General, Staatswappen, Wertangabe. 900er Gold,4,3 g *165,–*

64 200 Pesos (G) 1969. Rs. Carlos Soublette († 1870), venezolanischer General, Staatswappen, Wertangabe. 900er Gold, 8,6 g *310,–*

VZ ST

65 300 Pesos (G) 1969. Rs. José Antonio Anzoátegui (1789–1819), venezolanischer General, Staatswappen, Wertangabe. 900er Gold, 12,9 g *500,–*

66 500 Pesos (G) 1969. Rs. Juan José Rondón (um 1780–1822), kolumbianischer General, Staatswappen, Wertangabe. 900er Gold, 21,5 g *850,–*

67 1500 Pesos (G) 1969. Rs. Francisco de Paula Santander (1792–1840), General, 1832–1836 Staatspräsident von Neu-Granada, Staatswappen, Wertangabe. 900er Gold, 68,5 g *2500,–*

		VZ	ST
68 (82.1)	10 Centavos (St, N plattiert) 1969–1971. Francisco de Paula Santander, Kopfbild n. r., Umschrift nach »DE« geteilt. Rs. Wert im Kranz	–,30	–,50
69 (83.2)	20 Centavos (St, N plattiert) 1971. Typ wie Nr. 68	–,40	–,60
70 (82.2)	10 Centavos (St, N plattiert) 1970, 1971. Typ wie Nr. 68, jedoch Umschrift vor »DE« geteilt	–,30	–,50
71 (83.1)	20 Centavos (St, N plattiert) 1969, 1970. Typ wie Nr. 70	–,40	–,60
72 (82.3)	10 Centavos (St, N plattiert) 1972–1980. Typ wie Nr. 68, jedoch ungeteilte Umschrift	–,30	–,50

		VZ	ST
73 (83.3)	20 Centavos (St, N plattiert) 1971–1979. Typ wie Nr. 72:		
	a) 1971–1978, kleine Wertzahl	–,40	–,60
	b) 1979, große Wertzahl (Abb.)	–,40	–,60
74 (84.1)	50 Centavos (St, N plattiert) 1970–1980. Typ wie Nr. 73b	–,80	1,20

		VZ	ST
75 (95)	1 Peso (Neusilber) 1974–1981. Simón Bolivar, wie Nr. 63, Jahreszahl. Rs. Wertangabe zwischen Maiskolben:		
	a) [Stgt] schmale Jahreszahl, 1974 (Abb.)	–,60	1,–
	b) [Bogotá, Ibagué] schmale Jahreszahl, 1974–1976	–,60	1,–
	c) [Bogotá, Ibagué] breite Jahreszahl, 1977–1981	–,60	1,–

VI. Panamerikanische Sportspiele in Cali vom 28.–30. Juli 1971 (6)

76 (85) 5 Pesos (St, N plattiert) 1971. Emblem der Sportspiele. Rs. Wertangabe zwischen Fackeln **3,–** **5,–**

PP

77 (86) 100 Pesos (G) 1971. Rs. Indianischer Speerwerfer. 900er Gold, 4,3 g *180,–*

78 (87) 200 Pesos (G) 1971. Rs. Indianischer Läufer. 900er Gold, 8,6 g *300,–*

79 (88) 300 Pesos (G) 1971. Rs. Indianischer Prophet und Lehrer. 900er Gold, 12,9 g *480,–*

80 (89) 500 Pesos (G) 1971. Rs. Indianische Gottheit mit Kind. 900er Gold, 21,5 g *800,–*

81 (90) 1500 Pesos (G) 1971. Rs. Muisca-Barke aus der Sage von El Dorado, Replik einer Goldarbeit der Chibcha-Völker. 900er Gold, 68,5 g *3000,–*

50 Jahre Goldmuseum (Museo del Oro) der Zentralbank in Bogotá

82 (91) 1500 Pesos (G) 1973. Präkolumbische Urne, Goldarbeit der Chibcha-Völker. Rs. Wertangabe. 900er Gold, 19,1 g [RCM] –,– *500,–*

100. Geburtstag von Guillermo Valencia (3)

83 (92) 1000 Pesos (G) 1973. Guillermo Valencia (1873–1943), Brustbild n. r. Rs. Wappen, Wertangabe, Jahreszahl. 900er Gold, 4,3 g *180,–*

PP

84 (93) 1500 Pesos (G) 1973. Typ wie Nr. 83. 900er Gold, 8,6 g *280,–*

85 (94) 2000 Pesos (G) 1973. Typ wie Nr. 83. 900er Gold, 12,9 g *400,–*

450 Jahre Stadt Santa Marta (2)

ST PP

86 (96) 1000 Pesos (G) 1975. Tairona-Skulptur. Rs. Rodrigo de Bastidas, Entdecker *180,–*

87 (97) 2000 Pesos (G) 1975. Typ wie Nr. 86 *400,–*

300 Jahre Stadt Medellin (2)

88 (98) 1000 Pesos (G) 1975. Stadtwappen. Rs. Orchideen (Cattleya sp. – Orchidaceae) *180,–*

89 (99) 2000 Pesos (G) 1975. Typ wie Nr. 88 *400,–*

Rettet die Tierwelt und 100. Todestag von T. C. de Mosquera (3)

ST PP

90 (101) 500 Pesos (S) 1978. Tomás Cipriano de Mosquera (1789–1878), Staatspräsident 1845–1849. Rs. Orinoco-Krokodil:
a) 925er Silber, 25,31 g **55,–**
b) 925er Silber, 28,28 g **65,–**

91 (102) 750 Pesos (S) 1978. Rs. Kolibri vor Orchidee (Masdevallia coccinea):
a) 925er Silber, 31,65 g **105,–**
b) 925er Silber, 35 g **125,–**

92 (103) 15 000 Pesos (G) 1978. Staatswappen. Rs. Ozelot. 900er Gold, 33,437 g **1400,– 1600,–**

93 (104) 25 Centavos (Al-N-Bro) 1979. Simón Bolívar. Rs. Wert **–,50 1,–**

Nr. 94 fällt aus.

Banknotenersatzausgaben (5)

95 (100) 2 Pesos (N-Bro) 1977–1981, 1983, 1987. Simón Bolívar. Rs. Wert im Kranz **1,– 2,–**

Nr. 95 besteht aus Kupfer 92%, Nickel 8%.

96 (105) 5 Pesos (N-Bro) 1980–1985, 1987, 1988, 1989. Policarpa Salavarietta (1795–1817), genannt »La Pola«, Patriotin. Rs. Fabrikgelände **2,50 3,50**

Nr. 96 besteht aus Kupfer 90%, Nickel 10%.

Die Jahreszahl 1988 kommt auf Nr. 96 in zwei verschiedenen Stellungen vor.

			VZ	ST
97 (107)	10	Pesos (Neusilber) 1981–1983, 1985, 1988, 1989. Reiterdenkmal auf José María Córdoba. Rs. Karte der Inseln San Andres und Providencia	3,–	5,–
98 (108)	20	Pesos (Al-N-Bro) 1982, 1984, 1985, 1987, 1988, 1989. Präkolumbische Urne (siehe Nr. 82). Rs. Wert im Kranz	2,–	3,–

100. Jahrestag der Verfassung und 50. Jahrestag der Verfassungsreform

99	50	Pesos (Neusilber) 1986–1989. Staatswappen, Wertangabe. Rs. Capitolio Nacional in Bogotá	2,50	4,–

Nr. 100 fällt aus.

150. Todestag von José Maria Córdova

			PP
101	15000	Pesos (G) 1980. Republikwappen von Groß-Kolumbien, am 6. 10. 1821 eingeführt (Liktorenbündel sowie Bogen und Pfeile zwischen Füllhörnern). Rs. José María Córdova (1799–1829). 900er Gold, 17,28 g [HF] (250 Ex.)	900,–

150. Todestag von Antonio José de Sucre

102	15000	Pesos (G) 1980. Rs. Antonio José de Sucre y de Alcalá (1795–1830) [HF] (250 Ex.)	900,–

150. Todestag von Simón Bolivar

103 (106)	30000	Pesos (G) 1980. Rs. Simón Bolivar (1783–1830) auf dem Totenbett, nach dem Gemälde von Pedro A. Quijano. 900er Gold, 34,56 g [HF] (500 Ex.)	1800,–

100. Geburtstag von Dr. Alfonso López (2)

104	20000	Pesos (G) 1986. Dr. Alfonso López Primarejo (1886–1959), Staatspräsident 1934–1938 und 1942–1945. Rs. Geburtshaus von López. 900er Gold, 8,64 g [HF] (1351 Ex.)	–,–
105	40000	Pesos (G) 1986. Typ wie Nr. 104. 900er Gold, 17,28 g [HF] (1351 Ex.)	–,–

100. Geburtstag von Dr. Eduardo Santos (2)

			PP
106	35000	Pesos (G) 1988. Dr. Eduardo Santos (1888–1974), Staatspräsident 1938–1942. 900er Gold, 8,64 g [HF] (900 Ex.)	600,–
107	70000	Pesos (G) 1988. Typ wie Nr. 106. 900er Gold, 17,28 g [HF] (600 Ex.)	1200,–

			VZ	ST
108	5	Pesos (Al-N-Bro) 1989, 1990. Staatswappen, Landesname. Rs. Wertangabe im Kranz	–,30	–,50
109	10	Pesos (N-Me) 1989, 1990. Typ wie Nr. 108	–,60	1,–
110	20	Pesos (Al-N-Bro) 1989, 1990. Typ wie Nr. 108	1,–	2,–
111	50	Pesos (N-Me) 1989, 1990. Typ wie Nr. 108	1,60	3,–

500. Jahrestag der Entdeckung Amerikas

112	10000	Pesos (S) 1991. Staatswappen im Wappenkreis. Rs. Gebäude der Münzstätte von Santa Fe de Bogotá aus dem Jahr 1620. 925er Silber, 27 g	–,–

Frühere Ausgaben siehe Weltmünzkatalog 19. Jahrhundert.

SANTANDER

In der Zeit der Bürgerkriegswirren wurde die Provinz Santander von General Ramon Gonzales Valencia beherrscht, auf dessen Veranlassung 1902 provisorische Gepräge hergestellt wurden

			SS	VZ
1 (S1)	10	Centavos (Me) o. J. (1902). Wertangabe 10/C, Umschrift SANTANDER. Inkuse Prägung!	50,–	75,–
2 (S2)	20	Centavos (Me) 1902. Wertzahl 20 im Buchstaben C, Umschrift SANTANDER, unten Jahreszahl. Inkuse Prägung!	50,–	75,–
3 (S3)	50	Centavos (Me) 1902. Typ wie Nr. 2	40,–	60,–

Comoro Islands

Komoren

Archipel des Comores

Fläche: 2171 km²; 440 000 Einwohner (1986).
Über die im Indischen Ozean vor der Küste von Afrika, östlich von Mosambik, gelegene Inselgruppe mit den Hauptinseln Anjouan, Groß-Comoro, Mayotte und Mohéli (oder Mohilla) herrschten bis 1912 die sodann abgesetzten vier Sultane. Die Insel Mayotte war seit 1841, die ganze Inselgruppe seit 1886 französisches Protektorat, seit 1912 von Madagaskar aus verwaltet, seit 1925 eigenständig. Die am 9. Mai 1946 erteilte Autonomie wurde 1961 in den Status eines Übersee-Territoriums im Rahmen der Französischen Gemeinschaft umgewandelt. Am 6. Juli 1975 wurde die Unabhängigkeit der Inseln einseitig ausgerufen; die Insel Mayotte versucht seitdem, französisch zu bleiben. Am 13. Mai 1978 wurde die Regierung des »État Comorien« durch eine europäische Söldnertruppe unter der Führung von Bob Denard gestürzt und die Islamische Bundesrepublik der Komoren ausgerufen. Hauptstadt: Moroni.

Das Franc-System wurde 1889 auf allen Inseln eingeführt und die zur Ausgabe kommenden Münzen in Paris geprägt. Die umlaufenden CFA-Franc-Geldzeichen werden seit 1. Januar 1975 von dem »Institut d'Emission des Comores« (vormals von der »Banque de Madagascar et des Comores«) ausgegeben.

100 Centimes = 1 CFA-Franc;
seit 1. Januar 1975: 100 Centimes = 1 Komoren-Franc (Franc Comorien)

Kolonie

Sa'id Ali 1886–1912

SS VZ

1 (1) 5 Centimes (Bro) n. H. 1308 (1890). Name des Sultans im Schriftkreis. Rs. Wertangabe, Staatsbezeichnung und Jahreszahl zwischen Palm- und Lorbeerzweig (Type Patey) **25,– 55,–**

2 (2) 10 Centimes (Bro) n. H. 1308 (1890). Typ wie Nr. 1 **25,– 55,–**

Überseegebiet

VZ ST

3 (4) 1 Franc (Al) 1964. Allegorie der Republik Frankreich. Rs. Kokospalmen (Cocos nucifera — Palmae), Wert (Type Bazor) **1,– 2,–**

4 (5) 2 Francs (Al) 1964. Typ wie Nr. 3 **1,– 2,–**

5 (6) 5 Francs (Al) 1964. Typ wie Nr. 3 1,– 2,–

6 (7) 10 Francs (Al-N-Bro) 1964. Rs. Pazifisches Tritonshorn (Charonia tritonis – Cymatiidae oder Tritonidae), Früchte und Komoren-Quastenflosser (Latimeria chalumnae – Coelacanthidae), Wert (Type Bazor) 6,– 10,–

7 (8) 20 Francs (Al-N-Bro) 1964. Typ wie Nr. 6 3,– 5,–

Unabhängige Republik

Zur Erlangung der Unabhängigkeit

VZ ST

8 (9) 50 Francs (N) 1975. Mutsimadu-Moschee auf Anjouan, darüber »Bank Comor«. Rs. Wertangabe, Jahreszahl, Name der ausgebenden Behörde sowie ein Malteserkreuz mit aufgelegtem Halbmond (Type Rousseau) 2,– 4,–

ST PP

9 5000 Francs (S) 1976. Sa'id Mohammed Cheikh (1904–1970), Präsident des Regierungsrates 1962–1970. Rs. Tuberose (Polianthes tuberosa – Agavaceae). 925er Silber, 44,83 g (1700 Ex.) *100,– 100,–*

10 10000 Francs (G) 1976. Rs. Nektarvogel (Nectarinia sp. – Nectariniidae). 900er Gold, 3,07 g (1000 Ex.) *200,– 200,–*

11 20000 Francs (G) 1976. Rs. Komoren-Quastenflosser (Latimeria chalumnae – Coelacanthidae). 900er Gold, 6,14 g (1000 Ex.) *400,– 400,–*

Für den FAO-Münz-Plan

VZ ST

12 (10) 100 Francs (N) 1977. Fischerboot auf See, darüber »Bank Comor«, Motto »Steigert die Nahrungsmittelproduktion«. Rs. Wert **3,– 6,–**

Islamische Bundesrepublik der Komoren

Für den FAO-Münz-Plan

		VZ	ST
13 (11)	25 Francs (N) 1982. Schlüpfende Küken. Rs. Wert	1,–	2,–

Welt-Fischerei-Konferenz 1984 in Rom

14 (12)	5 Francs (Al) 1984. Quastenflosser. Rs. Kokospalmen und Wert	–,70	1,–

Frühere Ausgabe siehe Weltmünzkatalog 19. Jahrhundert.

Congo (People's Republic of the)

Kongo

Volksrepublik Kongo

Congo (République populaire du)

Fläche: 342 000 km²; 1 300 000 Einwohner.
Unter der Bezeichnung Mittel-Kongo war das Land Teil von Französisch-Äquatorial-Afrika. Am 28. November 1958 erhielt das Land begrenzte Autonomie, und am 15. August 1960 wurde Kongo-Brazzaville unabhängig. Die Umwandlung in eine Volksrepublik erfolgte am 31. Dezember 1969. Seit 1991 lautet die Staatsbezeichnung Republik Kongo. Kongo-Brazzaville gehört zum Währungsgebiet von Äquatorial-Afrika bzw. Zentralafrika.
Hauptstadt: Brazzaville.

100 Centimes = 1 CFA-Franc

Volksrepublik Kongo 1969–1991
République Populaire du Congo

SS VZ

1 (1) 100 Francs (N) 1971, 1972. Mendes-Antilopen (Addax nasomaculatus – Bovidae), Landesname. Rs. Inschrift »Banque Centrale«, Wertangabe, Jahreszahl — 8,– 16,–

2 (2) 100 Francs (N) 1975, 1982, 1983, 1985. Typ wie Nr. 1, jedoch Name des Ausgabe-Instituts lautet jetzt »Banque des Etats de l'Afrique Centrale« — 6,– 12,–

Internationale Spiele 1984
Afrikanische Handballmeisterschaft der Frauen

PP

3 100 Francs (K-N) 1984. Pokal der Afrikanischen Handballmeisterschaft der Frauen. Rs. Handballspielerinnen — 60,–

Nr. 3 ist eine inoffizielle Ausgabe.

VZ ST

4 500 Francs (K-N) 1985–1987. Kopf einer Afrikanerin, Name des Ausgabeinstituts. Rs. Wertangabe auf Zweigen, Landesname — 15,– 30,–

ST PP

5 500 Francs (S) 1991. Staatswappen. Rs. Altes Segelschiff. 999er Silber, 16 g [Habana] — 65,–

XXV. Olympische Sommerspiele 1992 in Barcelona (2)

6 100 Francs (St, N galvanisiert) 1991. Rs. Hürdenläufer — –,–

7 100 Francs (St, N galvanisiert) 1991. Rs. Zwei Boxkämpfer — –,–

XV. Fußball-Weltmeisterschaft 1994 in den Vereinigten Staaten von Amerika

8 500 Francs (S) 1991. Rs. Torszene — –,–

Republik Kongo
République du Congo

Weitere Ausgaben siehe unter *Äquatorialafrikanische Staaten* und *Zentralafrikanische Staaten.*

Kongo-Kinshasa

Congo Democratic Republic

Congo (République démocratique du)

Fläche: 2345409 km²; 22600000 Einwohner (1971).
Am 30. Juni 1960 wurde die Kolonie Belgisch-Kongo unter dem Namen Kongo (Léopoldville) unabhängig. Die vorübergehende Sezession der Provinz Katanga konnte im Interesse der Einheit des Kongo durch eine Polizeiaktion der Vereinten Nationen beendet werden. Zum Unterschied zur Volksrepublik Kongo (Brazzaville) nennt sich der Kongo seit dem 27. Oktober 1971 nach dem ursprünglichen Namen des Kongoflusses Republik Saire (Zaïre). Hauptstadt: Léopoldville, am 1. Juli 1966 in Kinshasa umbenannt.

100 Centimes = 1 Kongo-Franc; seit 24. Juni 1967:
100 Sengi = 1 Likuta (Plural: Makuta), 100 Makuta = 1 Zaïre

Kongo (Léopoldville)

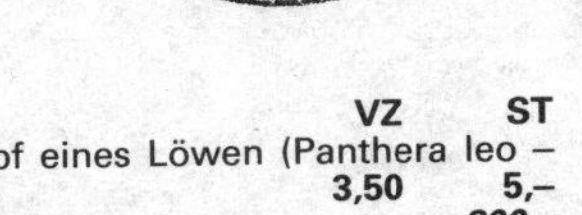

		VZ	ST
1 (1)	10 Francs (Al) 1965, Kopf eines Löwen (Panthera leo – Felidae). Rs. Wert	**3,50**	**5,–**
1E	*10 Francs (K-N) 1965. Essai*		*200,–*

5. Jahrestag der Unabhängigkeit (5)

2	10 Francs (G) 1965. Joseph Kasavubu (1910–1969), Staatspräsident 1960–1965. Rs. Zwei Palmen. 900er Gold, 3,19 g	*160,–*
3	20 Francs (G) 1965. Typ wie Nr. 2. 900er Gold, 6,34 g	*300,–*
4	25 Francs (G) 1965. Rs. Afrikanischer Elefant (Loxodonta africana – Elephantidae) 900er Gold, 7,99 g	*360,–*
5	50 Francs (G) 1965. Typ wie Nr. 4. 900er Gold, 15,98 g	*700,–*
6	100 Francs (G) 1965. Typ wie Nr. 4. 900er Gold, 32,23 g	*1400,-*

Nrn. 2–6 wurden bis auf etwa 700–900 Sätze eingeschmolzen.
Nrn. 4–6 in Silber vorkommend (je 2 Ex.)

Kongo (Kinshasa)

WÄHRUNGSREFORM 24. Juni 1967:
1000 Kongo-Francs = 1 Zaïre

NEUE WÄHRUNG: 100 Sengi = 1 Likuta,
100 Makuta = 1 Zaïre

		VZ	ST
7 (2)	10 Sengi (Al) 1967. Leopard (Panthera pardus – Felidae). Rs. Wert	**1,–**	**2,–**

8 (3)	1 Likuta (Al) 1967–1969. Staatswappen. Rs. Wert	**2,–**	**3,–**

9 (4)	5 Makuta (K-N) 1967–1969. Joseph Désiré Mobutu (*1930), Staatspräsident seit 1956. Rs. Wert	**3,–**	**4,50**

10. Jahrestag der Unabhängigkeit und 5. Regierungsjubiläum von Präsident Mobutu (4)

PP

10 10 Sengis (G) 1970. Joseph Désiré Mobutu. Rs. Staatswappen, Wertangabe. 900er Gold, 3,11 g (1000 Ex.) *350,–*

11 25 Makutas (G) 1970. Typ wie Nr. 10. 900er Gold, 7,77 g (1000 Ex.) *600,–*

PP

12 50 Makutas (G) 1970. Typ wie Nr. 10. 900er Gold, 15,55 g (1000 Ex.) *1000,–*

13 1 Zaïre (G) 1970. Typ wie Nr. 10. 900er Gold, 31,88 g (1000 Ex.) *2500,–*

Nr. 13 auch als Probeprägung in Silber (20 g) und Silber Piéfort (39,852 g), polierte Platte (10 Ex.) vorkommend.
Nrn. 10–13 sollen von Präsident Mobutu in Auftrag gegeben worden sein.
Nach Auskunft der Banque du Zaïre (Mai 1977) sind sie unautorisiert geprägt worden.

Weitere Ausgaben siehe unter *Saire*.

Korea | # Korea | **Corée**

Tschoson

Fläche: 218969 km²; 40453000 Einwohner.
Die verschiedenen voneinander unabhängigen Reiche wurden um 668 von Silla im Südosten aus vereinigt. Von 1640–1885 schloß sich Korea von der Außenwelt ab. In der Folgezeit gewannen China, Japan und Rußland immer größeren Einfluß auf Korea. Schließlich kam das Land 1905 unter japanische Schutzherrschaft und war von 1910–1945 eine japanische Provinz. Hauptstadt: Seoul.

100 Fun = 1 Yang; seit 1902: 100 Tschon (Chon) = 1 Won

Dynastien:
Silla 57 v. Chr. – 935 n. Chr.
Koryo 935–1392
Yi (Tschoson) 1392–1910

Kuang-Mu-Ära 1897–1907

			SS	VZ
1 (A10)	5	Fun (K) 1898–1902. Drache im Perlkreis. Rs. Wert im Kranz	8,–	15,–
2 (B10)	1/4	Yang (K-N) 1897–1901	6,–	10,–
3 (C10)	1	Yang (S) 1898	200,–	360,–

NEUE WÄHRUNG: 100 Tschon = 1 Won

			SS	VZ
4 (10)	1	Tschon (Bro) 1902. Wappenadler im Perlkreis	*2500,–*	*4000,–*
5 (11)	5	Tschon (K-N) 1902. Typ wie Nr. 4	*2200,–*	*3600,–*
6 (12)	1/2	Won (S) 1901. Typ wie Nr. 4	*5000,–*	*8000,–*
7	1/2	Dollar (S) 1899. Typ wie Nr. 4. Diese Ausgabe wurde nicht in Umlauf gebracht		–,–
8	10	Won (K) 1901, 1903. Typ wie Nr. 4. Versuchsprägung!		–,–
9	20	Won (K) 1900, 1902. Typ wie Nr. 4. Versuchsprägung!		–,–

Nrn. 4–9 werden als »russische Ausgaben« bezeichnet.

			SS	VZ
10 (13)	1/2	Tschon (Bro) 1906. Phönix; Ø 22 mm	8,–	18,–
11 (14)	1	Tschon (Bro) 1905, 1906. Phönix; Ø 28 mm	18,–	40,–
12 (B22)	1	Tschon (Bro) 1907. Typ wie Nr. 11, jedoch Ø nur 23,5 mm	10,–	20,–

			SS	VZ
13 (15)	5	Tschon (K-N) 1905–1907. Phönix; Ø 21 mm	18,–	40,–
14 (16)	10	Tschon (S) 1906, 1907. Drache; Ø 18 mm	30,–	70,–
15 (17)	20	Tschon (S) 1905, 1906,; Ø 22 mm	80,–	150,–
16 (D22)	20	Tschon (S) 1907. Typ wie Nr. 15, jedoch Ø nur 20 mm	40,–	80,–
17 (18)	1/2	Won (S) 1905, 1906; Ø 31 mm	185,–	350,–
18 (E22)	1/2	Won (S) 1907. Typ wie Nr. 17, jedoch Ø nur 26,5 mm	185,–	350,–
19 (20)	10	Won (G) 1906. Drache. Rs. Wert im Kranz	*15000,–*	*30000,–*
20 (21)	20	Won (G) 1906	*20000,–*	*40000,–*

Yung-Hi-Ära 1907–1910

			SS	VZ
21 (22)	1/2	Tschon (Bro) 1907–1910. Typ wie Nr. 10, jedoch mit den chinesischen Schriftzeichen für die Yung-Hi-Ära; Ø 19 mm	22,–	40,–
22 (23)	1	Tschon (Bro) 1907–1910. Typ wie Nr. 12, jedoch jetzt mit den chinesischen Schriftzeichen für die Yung-Hi-Ära	10,–	20,–
23	5	Tschon (K-N) 1909. Typ wie Nr. 13, jedoch mit den chinesischen Schriftzeichen für die Yung-Hi-Ära. Diese Ausgabe wurde nicht in Umlauf gebracht		*3000,–*
24 (25)	10	Tschon (S) 1908–1910. Typ wie Nr. 14, jedoch mit den chinesischen Schriftzeichen für die Yung-Hi-Ära; Ø 18 mm und dünner. Die Ausgabe 1909 wurde nicht in Umlauf gebracht	20,–	35,–
25 (26)	20	Tschon (S) 1908–1910. Typ wie Nr. 16, jedoch jetzt mit den chinesischen Schriftzeichen für die Yung-Hi-Ära	40,–	75,–
26 (27)	1/2	Won (S) 1908, 1909. Typ wie Nr. 18, jedoch jetzt mit den chinesischen Schriftzeichen für die Yung-Hi-Ära. Die Ausgabe 1909 wurde nicht in Umlauf gebracht	200,–	360,–
27 (19)	5	Won (G) 1908, 1909. Typ wie Nr. 19 und 20, jedoch mit den chinesischen Schriftzeichen für die Yung-Hi-Ära:		
		1908 (Jahr 2)	*30000,–*	*60000,–*
		1909 (Jahr 3)		–,–
28	10	Won (G) 1909. Typ wie Nr. 19, jedoch jetzt mit den chinesischen Schriftzeichen für die Yung-Hi-Ära		–,–
29	20	Won (G) 1908–1910. Typ wie Nr. 20, jedoch jetzt mit den chinesischen Schriftzeichen für die Yung-Hi-Ära:		
		1908, 1909 (Jahr 2, 3)	*25000,–*	*45000,–*
		1910 (Jahr 4)		–,–

North Korea # Nordkorea **Corée du Nord**

Fläche: 120538 km²; 20000000 Einwohner (1986).
Im nördlichen Teil des bis 1945 von Japan verwalteten Landes wurde am 9. September 1948 die Demokratische Volksrepublik proklamiert. Die Grenze zwischen Nord- und Südkorea bildet etwa der 38. Breitengrad. Hauptstadt: Pyongyang, (Phyongyang, Pjöngjang).

100 Tschon (Chon) = 1 (Nordkoreanischer) Won

Demokratische Volksrepublik Korea
Tschoson Mindshudshuy Inmin Konghwaguk

		VZ	ST
1 (1)	1 Tschon (Al) 1959, 1970. Staatswappen der Volksrepublik. Rs. Wert	2,–	4,50
2 (2)	5 Tschon (Al) 1959, 1974. Typ wie Nr. 1	2,50	5,–

3 (3)	10 Tschon (Al) 1959. Typ wie Nr. 1	3,50	7,–

4 (4)	50 Tschon (Al) 1978. Staatswappen. Rs. Tscholima, das Flügelpferd, welches laut einem koreanischen Märchen 400 km an einem Tage zurücklegt. Seit 1958 Symbol der wirtschaftlichen Vorwärtsentwicklung	6,–	15,–

Nrn. 1–4 werden mit unveränderter Jahreszahl laufend geprägt.

Ausgaben für Touristen aus sozialistischen Staaten (4)

5	1 Tschon (Al) 1959. Typ wie Nr. 1, jedoch mit Stern neben Wertzahl	*2,–*	*4,50*
6	5 Tschon (Al) 1974. Typ wie Nr. 5	*2,50*	*5,–*
7	10 Tschon (Al) 1959. Typ wie Nr. 5	*3,50*	*7,–*
8	50 Tschon (Al) 1978. Typ wie Nr. 4, jedoch mit Stern neben dem Reiterstandbild	*6,–*	*15,–*

Ausgaben für Touristen aus westlichen Staaten (4)

		VZ	ST
9	1 Tschon (Al) 1959. Typ wie Nr. 1, jedoch Wertzahl zwischen zwei Sternen	2,–	4,50
10	5 Tschon (Al) 1974, Typ wie Nr. 9	2,50	5,–
11	10 Tschon (Al) 1959. Typ wie Nr. 9	3,50	7,–
12	50 Tschon (Al) 1978. Typ wie Nr. 4, jedoch Reiterstandbild zwischen zwei Sternen	6,–	15,–

Anm.: Zur Untersuchung des Geldumlaufes wurden 1985–1987 an Touristen zu unterschiedlichen Kursen die mit Sternen gekennzeichneten Münzen Nrn. 5–12 ausgegeben. Der Wechselkurs richtete sich bei Nrn. 5–8 nach dem Rubel, bei Nrn. 9–12 nach dem US-Dollar.

13	1 Won (Al) 1987. Rs. Gebäude der Nationalversammlung in Pyongyang	–,–	–,–

Nr. 14 fällt aus.

75. Geburtstag von Marschall Kim Il Sung (6)

		ST	PP
15	1 Won (K-N) 1987. Rs. Geburtshaus von Kim Il-sung (* 1912), in Mangyongdae		8,–
16	1 Won (K-N) 1987. Rs. Triumphbogen		8,–
17	1 Won (K-N) 1987. Rs. Säule der »Unabhängigen Entwicklung« (Juche) in Pyongyang		8,–
18	5 Won (K-N) 1987. Typ wie Nr. 15		15,–
19	5 Won (K-N) 1987. Typ wie Nr. 16		15,–
20	5 Won (K-N) 1987. Typ wie Nr. 17		15,–

Nrn. 15–20 auch als Proben in Aluminium vorkommend.
Zum gleichen Anlaß existieren Medaillen in Silber und Gold mit dem Porträt von Marschall Kim Il Sung.

XIII. Fußball-Weltmeisterschaft 1986 in Mexiko

21	500 Won (S) 1987. Rs. Spieler. 999er Silber, 27 g		80,–

XV. Olympische Winterspiele 1988 in Calgary – 1. Ausgabe

PP

22 500 Won (S) 1988. Staatswappen. Rs. Zwei Eishockeyschläger mit Puck. 999er Silber, 27 g **80,–**

30. Jahrestag des Stapellaufs der »Gorch Fock« (2)

23 500 Won (S) 1988. Rs. Dreimastbark »Gorch Fock«, Segelschulschiff der Bundesmarine, benannt nach dem Matrosen und Dichter Johann Kinau, genannt »Gorch Fock«, am 23. 8. 1958 vom Stapel gelaufen. 999er Silber, 27 g **80,–**

24 2500 Won (G) 1988. Typ wie Nr. 23. 999er Gold, 15,55 g (500 Ex.) **900,–**

Für den FAO-Münz-Plan

25 500 Won (S) 1988. Rs. Reisanbau. 999er Silber, 27 g (2000 Ex.) *100,–*

XIV. Fußball-Weltmeisterschaft 1990 in Italien – 1. Ausgabe

26 500 Won (S) 1988. Rs. Spieler am Ball. 999er Silber, 27 g **80,–**

40. Jahrestag der Volksrepublik (4)

27 100 Won (G) 1988. Rs. Reiterstandbild mit Tscholima (siehe Nr. 4). 999,9er Gold, 3,11 g *140,–*

28 250 Won (G) 1988. Typ wie Nr. 27. 999,9er Gold, 7,78 g *300,–*

29 500 Won (G) 1988. Typ wie Nr. 27. 999,9er Gold, 15,55 g *550,–*

30 1000 Won (G) 1988. Typ wie Nr. 27. 999,9er Gold, 31,1 g *1000,–*

7. Kunstfestival der Freundschaft im April 1989

PP

31 30 Won (S) 1989. Staatswappen. Rs. Sängerin. 999er Silber, 14,8 g **60,–**

XIII. Weltfestspiele der Jugend und Studenten im Juli 1989 in Pyongyang (3)

32 5 Won (K-N) 1989. Staatswappen, Wertangabe. Rs. Emblem **20,–**

33 20 Won (S) 1989. Typ wie Nr. 32. 999er Silber, 14,8 g **60,–**

34 250 Won (G) 1989. Typ wie Nr. 32. 999er Gold, 7,78 g *600,–*

500. Jahrestag der Entdeckung Amerikas – 1. Ausgabe

35 500 Won (S) 1989. Rs. Amerigo Vespucci (1451–1512), italienischer Seefahrer, namengebend für den amerikanischen Kontinent. 999er Silber, 27 g **80,–**

XV. Olympische Winterspiele 1988 in Calgary – 2. Ausgabe

36 500 Won (S) 1989. Rs. Eiskunstläuferin. 999er Silber, 27 g **120,–**

XIV. Fußball-Weltmeisterschaft 1990 in Italien – 2. Ausgabe

37 500 Won (S) 1989. Rs. Torwart **80,–**

XXV. Olympische Sommerspiele 1992 in Barcelona – 1. Ausgabe

38 500 Won (S) 1989. Rs. Diskuswerfer, nach der Statue des griechischen Bildhauers Myron **80,–**

Koreanische Märchen – 1. Ausgabe

39 500 Won (S) 1989. Rs. Fee beim Flötenspiel, nach dem Märchen »Die acht Feen vom Mt. Kumgang«. 999er Silber, 31 g **85,–**

Bedrohte Tierwelt

40 500 Won (S) 1990. Rs. Mandschurenkraniche (Grus japonensis). 999er Silber, 27 g **75,–**

XXV. Olympische Sommerspiele 1992 in Barcelona – 2. Ausgabe

41 500 Won (S) 1990. Rs. Tischtennisspieler **80,–**

42 500 Won (S) 1991. Rs. Schildkrötenboot »Kŏbuksŏn«, eisengepanzertes Kriegsschiff, Porträt von Admiral Sun Sin Lee (Yi Sun-shin) (1545–1600). 999er Silber, 27 g (max. 10 000 Ex.) **–,–**

XIV. Fußball-Weltmeisterschaft 1990 in Italien – 3. Ausgabe

		ST	PP
43	1500 Won (G) 1991. Staatswappen. Rs. Fallrückzieher. 999er Gold, 8 g (3000 Ex.)		–,–

85. Internationale Parlamentarische Konferenz 1991 in Pyongyang (2)

44 1500 Won (G) 1991. Emblem der 1889 gegründeten Interparlamentarischen Union (IPU). Rs. Gebäude der Nationalversammlung in Pyongyang. 999er Gold, 15,55 g (max. 800 Ex.)

45 1500 Won (G) 1991. Staatswappen. Rs. wie Nr. 44 (max. 800 Ex.)

XLI. Tischtennis-Weltmeisterschaft 1991 (4)

46 500 Won (S) 1991. Rs. Tischtennisspielerin Hyon Jong Hwa aus Südkorea, flankiert von ihren Teamkollegen Li Bun Hui und Yu Sun Bok aus Nordkorea, darunter Pokal. 999er Silber, 31 g (max. 5000 Ex.)

47 500 Won (S) 1991. Rs. Zwei Spieler beim Doppel (max. 5000 Ex.)

48 500 Won (S) 1991. Rs. Tischtennisspielerin (max. 5000 Ex.)

49 500 Won (S) 1991. Rs. Tischtennisspieler (max. 5000 Ex.)

XXV. Olympische Sommerspiele 1992 in Barcelona – 3. Ausgabe (3)

A50 200 Won (S) 199?. Rs. Springreiter

50 500 Won (S) 1991. Rs. Volleyball

51 2500 Won (G) 1991. Rs. Gymnastik. 999er Gold, 8 g

South Korea — Südkorea — Corée du Sud

Fläche: 98484 km²; 42500000 Einwohner (1986).
Im südlichen Teil des bis 1945 zum japanischen Reichsverband gehörenden Landes wurde am 15. August 1948 die Republik Korea proklamiert. Die Grenze zwischen Nord- und Südkorea bildet etwa der 38. Breitengrad. Die Datierung der Münzen entspricht zum Teil der koreanischen Zeitrechnung. Hauptstadt: Seoul (japan. Keijo).

100 Tschon (Chon, Jŏn) = 1 Hwan; seit 10. Juni 1962: 100 Tschon = 1 Won

Republik Korea
Daeham Minguk

		SS	VZ
1 (1)	10 Hwan (Me) 4292, 4294 (1959, 1961). Rose von Sharon oder Roseneibisch (Hibiscus syriacus – Malvaceae), die Nationalblume von Südkorea. Rs. Wert und Jahreszahl	–,80	2,–
2 (2)	50 Hwan (Neusilber) 4292, 4294 (1959, 1961). »Kŏbuksŏn«, Schildkrötenboot, eisengepanzertes Kriegsschiff des Admirals Sun Sin Lee (Yi Sun-shin) (1545–1600), eingesetzt gegen Toyotomi Hideyoshi bei Chinhay Bay 1592–1598. Rs. Wert	1,80	3,50

3 (3)	100 Hwan (K-N) 4292 (1959). Syngman Rhee (1875–1965), Präsident der 1. Republik 1948–1960. Rs. Phönixe, Wert	3,–	10,–

WÄHRUNGSREFORM:
10. Juni 1962: 10 Hwan = 1 Won
NEUE WÄHRUNG: 100 Tschon = 1 Won

		VZ	ST
4 (4)	1 Won (Me) 1966, 1967. Rose von Sharon. Rs. Wert	–,60	1,–
5 (5)	5 Won (Bro) 1966–1970. Schildkrötenboot, wie Nr. 2. Rs. Wert:		
	1966–1968	1,–	6,–
	1969–1970	–,50	1,–
6 (6)	10 Won (Bro) 1966–1970. Prabhuta-vatna-Stupa (»Tabot' ap«) in Pulguksa, 8. Jh., Groß-Silla-Dynastie. Rs. Wert	2,–	7,–

Nrn. 1–3 von 4292, Nrn. 4–6 von 1966 kommen auch mit Gegenstempelung »Muster« vor.
Nr. 4 besteht aus Kupfer 60%, Zink 40%,
Nrn. 5 und 6 aus Kupfer 88%, Zink 12%,
Nrn. 8, 9, 34, 35 aus Kupfer 65%, Zink 35%.

		VZ	ST
7 (4a)	1 Won (Al) 1968–1970, 1974–1982. Typ wie Nr. 4	–,30	–,50

8 (5a)	5 Won (Me) 1970–1972, 1977–1979, 1982. Typ wie Nr. 5	–,40	–,80
9 (6a)	10 Won (Me) 1970–1975, 1977–1982. Typ wie Nr. 6	–,80	1,20

10 (A7)	50 Won (Neusilber) 1972–1974, 1977–1982. Reisrispen. Rs. Wertangabe, Jahreszahl (FAO-Ausgabe)	1,50	2,50

11 (7)	100 Won (K-N) 1970–1975, 1977–1982. Admiral Sun Sin Lee. Rs. Wertangabe, Jahreszahl	1,50	2,50

Nrn. 7–11, 38 von 1982, polierte Platte (2000 Ex.) –,–

ST PP

12 50 Won (S) 1970, 1971. Staatswappen. Rs. Dwan Su Yu (1904–1920), mit Nationalflagge (Taegukki), Studentin, kämpfte für ein unabhängiges Korea. 999er Silber, 2,8 g:
1970 *150,–*
1971 *–,–*

13 100 Won (S) 1970. Rs. Admiral Sun Sin Lee (1545–1600) und Schildkrötenboot. 999er Silber, 5,6 g *200,–*

14 200 Won (S) 1970. Rs. Seladon-Vase, Porzellan, Koryo-Dynastie, 11. Jh. 999er Silber, 11,2 g *250,–*

15 250 Won (S) 1970. Staatswappen über dem Motiv der Präsidentenstandarte. Rs. Park Chung-hee (1917–1979), Präsident der 3. Republik 1963–1979. 999er Silber, 14 g *300,–*

16 500 Won (S) 1970. Staatswappen. Rs. Bodhisattva aus dem Höhlentempel von Sokkuram bei Kyongju. 999er Silber, 28 g *550,–*

17 1000 Won (S) 1970. Rs. Soldaten der UN-Streitkräfte vor wehenden Flaggen Südkoreas und der UN. Flaggen der 16 auf südkoreanischer Seite im Korea-Krieg 1950–1953 kämpfenden Länder. 999er Silber, 56 g *1000,–*

18 1000 Won (G) 1970. Rs. »Namdaemun«, großes Südtor in Seoul, erbaut Anfang der Yi-Dynastie (1396). 900er Gold, 3,87 g *1200,–*

19 2500 Won (G) 1970. Rs. Königin Sunduk (reg. 632–647), die kostbare Goldkrone der Silla-Dynastie tragend. 900er Gold, 9,68 g *2000,–*

20 5000 Won (G) 1970. Rs. Schildkrötenboote des Admirals Sun Sin Lee. 900er Gold, 19,36 g *2500,–*

21 10000 Won (G) 1970. Typ wie Nr. 15. 900er Gold, 38,72 g *5000,–*

22 20000 Won (G) 1970. Rs. Goldkrone aus dem Goldkronengrab aus Kyongju, 5.–6. Jh., Silla-Dynastie, heute Seoul, Nationalmuseum. 900er Gold, 77,4 g *10000,–*

23 25000 Won (G) 1970. Rs. Sejong der Große (1397–1450), 4. König der Yi-Dynastie, Erfinder der Wasseruhr (1434), Schöpfer des koreanischen phonetischen Alphabets »Hangŭl« (1443). 900er Gold, 96,8 g *18000,–*

Nrn. 12–23 sind Prägungen der Mzst. Valcambi.

30. Jahrestag der Befreiung

24 (8) 100 Won (K-N) 1975. Rs. »Tongnimmun«, Unabhängigkeitsbogen, 1896 erbaut, 1953 restauriert
5,– *250,–*

42. Weltmeisterschaft im Schießen in Seoul (2)

ST PP
U P

25 (9) 500 Won (K-N) 1978. Rs. Kleinkaliberschütze
15,– *200,–* *500,–*

ST PP
U P

26 (10) 5000 Won (S) 1978. Rs. Reitender Bogenschütze. 900er Silber, 23 g **80,–** *200,–* *1000,–*

1. Jahr der 5. Republik unter Präsident Chun Doo-hwan (3)

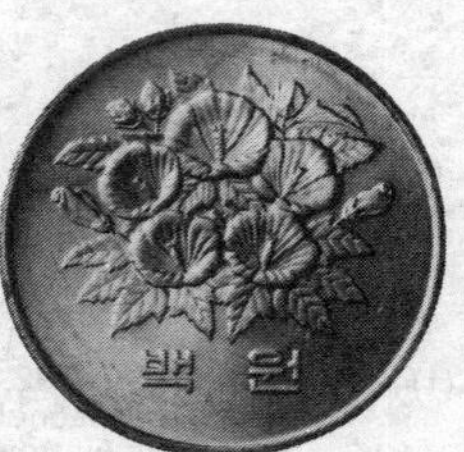

27 (11) 100 Won (K-N) 1981. Rs. Rosen von Sharon
3,– *60,–* *350,–*

28 (12) 1000 Won (K-N) 1981. Rs. Paradiesvogel
6,– *90,–* *450,–*

29 (13) 20000 Won (S) 1981. Rs. Armee. 900er Silber, 22,98 g
120,– *150,–* *700,–*

XXIV. Olympische Sommerspiele 1988 in Seoul
1. Ausgabe (3)

30 (15) 1000 Won (K-N) 1982. Rs. Koreanische Tänzer
10,– *50,–* *100,–*

31 (16) 10000 Won (S) 1982. Rs. Südtor, Seoul (siehe auch Nr. 18). 900er Silber, 15 g **60,–** *100,–* *150,–*

32 (17) 20000 Won (S) 1982. Rs. Olympisches Feuer. 900er Silber, 23 g **100,–** *140,–* *200,–*

VZ ST

33 (18) 1 Won (Al) 1983–1985, 1987–1989. Rose von Sharon
–,15 –,25

34 (19) 5 Won (Me) 1983, 1988. Schildkrötenboot
–,30 –,40

			VZ	ST
35 (20)	10	Won (Me) 1983, 1985–1990. Prabhuta-vatna-Stupa in Pulguksa	–,40	–,60

36 (21)	50	Won (Neusilber) 1983–1985, 1987–1990. Reisrispen (FAO-Ausgabe)	–,70	1,–
37 (22)	100	Won (K-N) 1983–1990. Admiral Sun Sin Lee	1,20	2,–

38 (14)	500	Won (K-N) 1982–1984, 1988, 1990. Mandschurenkranich	4,–	6,–

XXIV. Olympische Sommerspiele 1988 in Seoul
2. Ausgabe (3)

				ST	PP
			U		P
39 (23)	1000	Won (K-N) 1983. Rs. Trommlerin in Nationaltracht	10,–	*25,–*	*50,–*
40 (24)	10000	Won (S) 1983. Rs. »Kyŏnghoeru«, Pavillon des Palastes »Kyŏngbokkung« in Seoul, 1392 erbaut. 900er Silber, 15 g	60,–	*80,–*	*100,–*
41 (25)	20000	Won (S) 1983. Rs. Ringer. 900er Silber, 23 g	100,–	*120,–*	*140,–*

200 Jahre katholische Kirche in Korea (2)

			ST	PP
42 (26)	1000	Won (K-N) 1984. Rs. Fassade der ersten katholischen Kirche in Korea	10,–	
43	10000	Won (S) 1984. Rs. Yi Soung-hun, erster koreanischer Priester, mit Gläubigen. 500er Silber, 23,26 g	90,–	

Nrn. 44–46 fallen aus.

10. Asiatische Sportspiele Seoul 20. 9.–5. 10. 1986 (5)

			ST	PP
47 (27)	1000	Won (K-N) 1986. Rs. Traditioneller Maskentanz	12,–	25,–
48 (28)	10000	Won (S) 1986. Rs. Badminton	50,–	70,–
49 (29)	10000	Won (S), 1986. Rs. Fußball	50,–	70,–
50 (30)	20000	Won (S). 1986. Rs. Fackelläufer vor dem Olympiastadion in Seoul	100,–	120,–
51 (31)	20000	Won (S) 1986. Rs. Pulguk-Tempel in Kyongju, 535 erbaut, 751 erweitert	100,–	120,–

XXIV. Olympische Sommerspiele 17. 9.–2. 10. 1988 in Seoul
3. Ausgabe (32)
Serie I

52 (32)	1000	Won (K-N) 1986. Staatswappen, Rose von Sharon. Rs. Basketball der Frauen	10,–	18,–
53 (36)	2000	Won (N) 1986. Rs. Boxen	20,–	36,–
54	5000	Won (S) 1986. Rs. »Ho Dori« (Tiger), Maskottchen der Spiele, mit *S*-förmigem Band. 925er Silber, 16,81 g		40,–
55	5000	Won (S) 1986. Rs. »Jul Dali Ki«, Tauziehen bei den koreanischen Neujahrsfeierlichkeiten		40,–
56 (40)	10000	Won (S) 1986. Rs. Marathonläufer. 925er Silber, 33,62 g		80,–
57 (41)	10000	Won (S) 1987. Rs. Turmspringerin		80,–
58 (42)	25000	Won (G) 1986. Rs. Folkloretanz »Nong Ak« zum Ende der Erntezeit. 925er Gold, 16,81 g		780,–
59 (43)	50000	Won (G) 1986. Rs. Schildkrötenboot aus dem Jahr 1592 (vgl. Nr. 2). 925er Gold, 33,62 g		1450,–

Serie II

60 (33)	1000	Won (K-N) 1987. Rs. Tennis	10,–	18,–

61 (37)	2000	Won (N) 1987. Rs. Judo	20,–	36,–
62	5000	Won (S) 1987. Rs. Olympiastadion in Seoul		40,–
63	5000	Won (S) 1987. Rs. Badminton		40,–
64	10000	Won (S) 1987. Rs. Volleyball der Frauen		80,–
65	10000	Won (S) 1987. Rs. Bogenschützen		80,–
66	25000	Won (G) 1987. Rs. »Puchae-chum«, volkstümlicher Fächertanz		780,–
67	50000	Won (G) 1987. Rs. Südtor, Seoul		1450,–

Serie III

Nr.			ST	PP
68	(34)	1000 Won (K-N) 1987. Rs. Handball der Frauen	10,–	18,–
69	(38)	2000 Won (N) 1987. Rs. Ringen	20,–	36,–
70		5000 Won (S) 1987. Rs. Schaukel		40,–
71		5000 Won (S) 1987. Rs. Tae-Kwon-Do		40,–
72		10000 Won (S) 1988. Rs. Rhythmische Sportgymnastik		80,–
73		10000 Won (S) 1988. Rs. Springreiten		80,–
74		25000 Won (G) 1988. Rs. Drachensteigen		780,–
75		50000 Won (G) 1987. Rs. Reiterfigur aus Keramik, Silla-Dynastie, 5.–6. Jh.		1450,–

Serie IV

Nr.			ST	PP
76	(35)	1000 Won (K-N) 1988. Rs. Tischtennis der Frauen	10,–	18,–
77	(39)	2000 Won (N) 1988. Rs. Gewichtheben	20,–	36,–
78		5000 Won (S) 1988. Rs. Ssirum, koreanisches Ringen		40,–
79		5000 Won (S) 1988. Rs. Zwei Kinder		40,–
80		10000 Won (S) 1988. Rs. Fußballspieler		80,–
81		10000 Won (S) 1988. Rs. Zwei Radrennfahrer		80,–
82		25000 Won (G) 1988. Rs. Drei Mädchen auf einer Wippe		780,–
83		50000 Won (G) 1988. Rs. Prabhuta-vatna-Stupa, wie Nr. 6		1450,–

Crete

Kreta

Crète

KPHTH

Fläche: 8373 km²; 483 000 Einwohner.
Die seit 1669 unter türkischer Herrschaft stehende Insel erhielt 1898 Selbstverwaltung unter einem griechischen Prinzen (nach einem Aufstand gegen die Türkei, auf internationale Intervention hin) und wurde am 30. Mai 1913 nach vorausgegangenem Beschluß der kretischen Nationalversammlung mit dem Mutterland wiedervereinigt. Hauptstadt: Canea.

100 Lepta = 1 Drachme

		SS	VZ
1 (1)	1 Lepton (Bro) 1900, 1901. Krone. Rs. Wert im Kranz:		
	1900	**50,–**	**120,–**
	1901, ∅ 15 mm	**32,–**	**65,–**
	1901, ∅ 16 mm	**36,–**	**100,–**
2 (2)	2 Lepta (Bro) 1900, 1901. Typ wie Nr. 1:		
	1900	**25,–**	**55,–**
	1901	**45,–**	**85,–**

		SS	VZ
3 (3)	5 Lepta (K-N) 1900. Typ wie Nr. 1	**12,–**	**26,–**
4 (4)	10 Lepta (K-N) 1900. Typ wie Nr. 1	**14,–**	**32,–**
5 (5)	20 Lepta (K-N) 1900. Typ wie Nr. 1	**16,–**	**36,–**
6 (6)	50 Lepta (S) 1901. Prinz Georg von Griechenland (1869–1957), Oberkommissar Kretas 1898–1906. Rs. Gekrönter Wappenschild. 835er Silber, 2,5 g	**55,–**	**120,–**
7 (7)	1 Drachme (S) 1901. Rs. Gekrönter Wappenschild auf gekröntem Wappenmantel. 835er Silber, 5 g	**75,–**	**140,–**
8 (8)	2 Drachmai (S) 1901. Typ wie Nr. 7. 835er Silber, 10 g	**120,–**	**220,–**
9 (9)	5 Drachmai (S) 1901. Typ wie Nr. 7. 900er Silber, 25 g	**240,–**	**420,–**

Croatia | **Croatie**

Kroatien

Hrvatska

Fläche: 56 553 km²; 4 250 000 Einwohner.
Von 1867 bis November 1918 war Kroatien ein mit Ungarn vereinigtes Königreich und dann ein Teil der Serben, Kroaten und Slowenen, dem späteren Jugoslawien. Nach der Besetzung Jugoslawiens durch deutsche Truppen erklärte sich Kroatien am 10. April 1941 für unabhängig. Von 1945 bis 1991 war Kroatien erneut Bestandteil Jugoslawiens. Im Jahre 1991 erklärte sich Kroatien für unabhängig und ist daraufhin von vielen Staaten der Welt als selbständiger Staat völkerrechtlich anerkannt worden. Hauptstadt: Zagreb (Agram).

Der Jugoslawische Dinar wurde ab dem 23. Dezember 1991 im Verhältnis 1:1 in den Kroatischen Dinar umgewechselt und verlor am 28. Dezember 1991 seine Gültigkeit in Kroatien. Der Kroatische Dinar soll demnächst durch die Krona als nationale Währung ersetzt werden.

100 Banica = 1 Kuna, seit 23. Dezember 1991: Kroatischer Dinar (Hrvatski Dinar)

		VZ	ST
1 (1)	2 Kune (Zink) 1941. Staatswappen, vom Ustascha-Emblem überhöht. Rs. Wert	14,–	28,–

ST

2 500 Kuna (G) 1941. Ante Pavelić (1889–1959), Staatschef 1941–1945. Rs. Wertangabe und Staatswappen im Kranz mit Linienmuster im altkroatischen Flechtstil (pletenac). 900er Gold, 9,75 g (170 Ex.) **6000,–**

3 500 Kuna (G) 1941. Kniende Frauengestalt mit Ähren, Personifizierung Kroatiens. Rs. wie Nr. 2 (wenige Ex.) *8500,–*

Kroatische Republik
Republika Hrvatska

NEUE WÄHRUNG: Krona

Cuba — Kuba — Cuba

Fläche: 110922 km²; 10150000 Einwohner (1986).
Von Kolumbus am 28. Oktober 1492 entdeckt und von Spanien 1511 unter dem Namen Fernandina in Besitz genommen. Nach Erlangung der Unabhängigkeit der verschiedenen kontinentalen lateinamerikanischen Staaten Anfang des 19. Jahrhunderts blieb die westindische Insel Kuba die wichtigste Kolonie Spaniens. Nach verschiedenen Aufständen und Bildung einer provisorischen Regierung sowie nach Beendigung des Spanisch-Amerikanischen Krieges im Jahre 1898 wurde Kuba zunächst von den USA besetzt gehalten und erhielt 1902 als Republik die Unabhängigkeit, stand jedoch bis 1934 unter der Schutzherrschaft der Vereinigten Staaten von Amerika. Als Folge der Revolution von 1956–1959 wurde Dr. Fidel Castro Ruz am 13. Februar 1959 Ministerpräsident der Sozialistischen Republik. Hauptstadt: La Habana (Havanna).

In den Jahren 1898–1914 war der US-Dollar ausschließliches gesetzliches Zahlungsmittel und blieb anschließend neben dem Peso im Verhältnis 1:1 im Umlauf.

Seit 19. Oktober 1914: 100 Centavos = 1 Kubanischer Peso

Die Stücke zu 10 Centavos werden auch »Reales«, die zu 20 Centavos auch »Pesetas« genannt.

Provisorische Regierung

SS VZ

1 (1) 1 Souvenir Peso (S) 1897. Staatswappen, Rs. Freiheitskopf, nach dem Bildnis der Leonor Molina Adan (1870—1957), nach rechts, Umschrift PATRIA Y LIBERTAD und SOUVENIR. Mehrere Varianten. 900er Silber, 22,55 g **260,— 480,—**

Unabhängigkeitskrieg

2 (2) 1 Peso (S) 1898. Staatswappen und Wertangabe. Rs. Freiheitskopf nach rechts, Umschrift PATRIA Y LIBERTAD, Jahreszahl. 900er Silber, 26,7295 g **1250,— 1800,—**

Bürgerliche Republik

3 (3) 1 Centavo (K-N) 1915, 1916, 1920, 1938. Staatswappen, Landesname, Wertangabe in Buchstaben. Rs. Fünfzackiger Stern mit Wertangabe in römischer Ziffer, Motto PATRIA Y LIBERTAD. Gewichtsangabe »2,5 G.« **1,— 4,—**

4 (4) 2 Centavos (K-N) 1915, 1916. Typ wie Nr. 3. Gewichtsangabe »3,5 G.« **1,— 4,—**

5 (5) 5 Centavos (K-N) 1915, 1916, 1920. Typ wie Nr. 3. Gewichtsangabe »5,0 G.« **3,— 8,—**

SS VZ

6 (6) 10 Centavos (S) 1915, 1916, 1920, 1948, 1949. Staatswappen, Landesname, Wertangabe in Buchstaben. Rs. Fünfzackiger Stern im Strahlenkranz, Motto PATRIA Y LIBERTAD. 900er Silber, 2,5 g **6,— 15,—**

7 (7) 20 Centavos (S) 1915—1949. Typ wie Nr. 6. 900er Silber, 5 g:
1915, 1916, 1920, 1948, 1949 **9,— 20,—**
1932 **50,— 130,—**

8 (8) 40 Centavos (S) 1915, 1916, 1920. Typ wie Nr. 6. 900er Silber, 10 g **25,— 50,—**

9 (9) 1 Peso (S) 1915—1934. Typ wie Nr. 6. 900er Silber, 26,7295 g:
1915, 1932—1934 **60,— 100,—**
1916 **125,— 220,—**

Nrn. 3—9 von 1915, polierte Platte (20 Ex.) *8000,—*
Nrn. 3—9 von 1916, polierte Platte (20 Ex.) *10000,—*

10 (10) 1 Peso (G) 1915, 1916. José Julián Martí Pérez (1853—1895), Patriot und Schriftsteller, Kopfbild nach rechts. Rs. Staatswappen und Wertangabe in Buchstaben. 900er Gold, 1,6718 g **300,— 550,—**

11 (11) 2 Peso (G) 1915, 1916. Typ wie Nr. 10. 900er Gold, 3,3436 g **220,— 300,—**

12 (12) 4 Pesos (G) 1915, 1916. Typ wie Nr. 10. 900er Gold, 6,6872 g **380,— 500,—**

13 (13) 5 Pesos (G) 1915, 1916. Typ wie Nr. 10. 900er Gold, 8,3592 g **300,— 420,—**

		SS	VZ
14 (14)	10 Pesos (G) 1915, 1916. Typ wie Nr. 10. 900er Gold, 16,718 g	**550,–**	**700,–**
15 (15)	20 Pesos (G) 1915, 1916. Typ wie Nr. 10. 900er Gold, 33,436 g:		
	1915	**1200,–**	**1600,–**
	1916, nur polierte Platte (10 Ex.)		**–,–**

Nrn. 10–15 von 1915, polierte Platte *45000,–*
Nrn. 10–15 von 1916, polierte Platte (10 Ex.) *100000,–*

16 (16) 1 Peso (S) 1934–1939. Kopf der Republik mit bekränzter Freiheitskappe, fünfzackiger Stern, von Strahlen umgeben, Motto PATRIA Y LIBERTAD. Rs. Staatswappen und Wertangabe. 900er Silber, 26,7295 g (»ABC«-Peso):

	1934–1936, 1938, 1939	**170,–**	**270,–**
	1937	**350,–**	**550,–**

Die Bezeichnung »ABC«-Peso leitet sich vom Namen der Partei des damaligen Finanzministers Joaquín Martínez Sáenz her.

17 (3a)	1 Centavo (Me) 1943. Typ wie Nr. 3	**2,–**	**5,–**
18 (5a)	5 Centavos (Me) 1943. Typ wie Nr. 5	**5,–**	**10,–**
19 (3b)	1 Centavo (K-N) 1946. Typ wie Nr. 3, jedoch Gewichtsangabe »2,5 GR.«	**1,–**	**4,–**

20 (5b)	5 Centavos (K-N) 1946. Typ wie Nr. 5, jedoch Gewichtsangabe »5 GR.«	**1,–**	**3,–**

50. Jahrestag der Republik (3)

21 (17)	10 Centavos (S) 1952. Nationalflagge auf der Festung »El Morro«, Habana. Rs. Ruine der Zuckermühle »La Demajagua«, wo Carlos Manuel de Céspedes am 10. 10. 1868 die Unabhängigkeit Kubas proklamierte. 900er Silber, 2,5 g	**7,–**	**12,–**
		SS	**VZ**
22 (18)	20 Centavos (S) 1952. Typ wie Nr. 21. 900er Silber, 5 g	**10,–**	**20,–**
23 (19)	40 Centavos (S) 1952. Typ wie Nr. 21. 900er Silber, 10 g	**25,–**	**50,–**

100. Geburtstag von José Martí (4)

24 (20)	1 Centavo (Me) 1953. José Julián Martí Pérez (1853–1895), Patriot und Schriftsteller, Inschrift CENTENARIO DE MARTI. Rs. Kuba-Stern auf Dreieck, Wertangabe	**1,–**	**3,–**
25 (21)	25 Centavos (S) 1953. Rs. Freiheitskappe und Wertangabe. 900er Silber, 6,25 g	**11,–**	**20,–**
26 (22)	50 Centavos (S) 1953. Rs. Schriftrolle und Wertangabe. 900er Silber, 12,5 g	**16,–**	**30,–**
27 (23)	1 Peso (S) 1953. Rs. Schlüssel vor aufgehender Sonne (Teil des Staatswappens). 900er Silber, 26,7295 g	**50,–**	**90,–**

Nrn. 24–27, polierte Platte –,–

28 (24)	1 Centavo (K-N) 1958. José Julián Martí Pérez. Rs. Kuba-Stern auf Dreieck, Wertangabe	**1,–**	**2,–**

Sozialistische Republik

A29 (3b)	1 Centavo (K-N) 1961. Typ wie Nr. 19	**1,–**	**4,–**
B29 (5b)	5 Centavos (K-N) 1960, 1961. Typ wie Nr. 20	**1,–**	**3,–**

29 (25)	20 Centavos (K-N) 1962, 1968. Rs. José Julián Martí Pérez, Motto »Patria o Muerte«	**2,–**	**5,–**

30 (26)	40 Centavos (K-N) 1962. Rs. Camilo Cienfuegos Gorriarán (1932–1959), Revolutionsheld, Motto »Patria o Muerte«	**5,50**	**10,–**

		VZ	ST
31 (27)	1 Centavo (Al) 1963, 1966, 1969–1972, 1978, 1979, 1981–1986. Staatswappen, Landesname, Wertangabe in Buchstaben. Rs. Fünfzackiger Stern mit Wertangabe, Motto »Patria y Libertad«	–,50	1,20
A31	1 Centavo (Al) 1987. Typ wie Nr. 31, jedoch Motto »Patria o Muerte«	–,50	1,20

A32	2 Centavos (Al) 1983–1986. Typ wie Nr. A31:		
	a) [Habana] 1983	2,–	4,–
	b) [Kremnitz] 1983–1986	2,–	4,–
32 (28)	5 Centavos (Al) 1963, 1966, 1968, 1971, 1972. Typ wie Nr. 31	1,–	2,–

33 (29)	20 Centavos (Al) 1969, 1971, 1972. Typ wie Nr. A31	1,50	3,–

		VZ	ST
A34 (90)	1 Peso (N-Me) 1983–1989. Staatswappen, Landesname, Wertangabe. Rs. Fünfzackiger Stern im Strahlenkranz, Motto »Patria o Muerte«	2,–	5,–

Nr. A34 besteht aus Kupfer 80%, Zink 18%, Nickel 2%.

Banknotenersatzausgabe

B34	3 Pesos 1990. Rs. Ernesto »Che« Guevara [Kremnitz]	–,–	–,–

25 Jahre Nationalbank (2)

		ST	PP
34 (30)	5 Pesos (S) 1975. Siegel der Nationalbank. Rs. Bankgebäude, Gedenkumschrift. 900er Silber, 13,33 g [LMD] (50 000 Ex.)		30,–
35 (31)	10 Pesos (S) 1975. Typ wie Nr. 34. 900er Silber, 26,66 g [LMD] (50 000 Ex.)		50,–

75. Jahrestag der Republik (8)

A36

B36

A36	1 Peso (K-N) 1977. Staatswappen mit Flaggen. Rs. Ignacio Agramonte y Loinaz (1841–1873), Patriot (3000 Ex.) (geprägt 1988)	10,–	
B36	1 Peso (K-N) 1977. Rs. Máximo Gómez Báez (1826–1905), Patriot (3000 Ex.) (geprägt 1988)	10,–	

C36

D36

C36	1 Peso (K-N) 1977. Rs. Antonio Maceo Grajales (1845–1896), General (3000 Ex.) (geprägt 1988)	10,–	
D36	1 Peso (K-N) 1977. Rs. Carlos Manuel de Céspedes y del Castillo (1819–1874) (3000 Ex.) (geprägt 1988)	10,–	
36 (32)	20 Pesos (S) 1977. Staatswappen mit Flaggen. Rs. wie Nr. A36. 925er Silber, 26 g (25 000 Ex.)		65,–
37 (33)	20 Pesos (S) 1977. Rs. wie Nr. B36 (25 000 Ex.)		65,–
38 (34)	20 Pesos (S) 1977. Rs. wie Nr. C36 (25 000 Ex.)		65,–
39 (35)	100 Pesos (G) 1977. Rs. wie Nr. D36. 916⅔er Gold, 12 g (25 000 Ex.)		450,–

60. Jahrestag der Großen Sozialistischen Oktoberrevolution (3)

A39	1 Peso (K-N) 1977. Staatswappen. Rs. Vladimir Iljič Lenin (6000 Ex.) (geprägt 1988)	8,–	
40 (A34)	20 Pesos (S) 1977. Typ wie Nr. A39. 925er Silber, 26 g (100 Ex.)		*900,–*
A40 (A35)	100 Pesos (G) 1977. Typ wie Nr. A39. 916⅔er Gold, 12 g (10 Ex.)		–,–

VI. Gipfelkonferenz der blockfreien Staaten in Habana (3)

A41	1 Peso (K-N) 1979. Staatswappen. Rs. Emblem (3000 Ex.) (geprägt 1988)	10,–	
41 (36)	20 Pesos (S) 1979. Typ wie Nr. A41. 925er Silber, 26 g (20 000 Ex.)		100,–
42 (37)	100 Pesos (G) 1979. Typ wie Nr. A41. 916⅔er Gold, 12 g (20 000 Ex.)		500,–

1. Sowjetisch-kubanischer Weltraumflug (4)

A43	1 Peso (K-N) 1980. Rs. Erdkugel mit der Flugbahn der Kosmonauten Arnaldo Tamayo und Juri V. Romanenko (3000 Ex.) (geprägt 1988)	10,–	

		ST	PP
43 (38)	5 Pesos (S) 1980. Typ wie Nr. A43. 999er Silber, 12 g (10000 Ex.)	55,–	
44 (39)	10 Pesos (S) 1980. Typ wie Nr. A43. 999er Silber, 18 g (10000 Ex.)	95,–	
45 (40)	100 Pesos (G) 1980. Typ wie Nr. A43. 916⅔er Gold, 12 g (1000 Ex.)	800,–	

XXII. Olympische Sommerspiele 1980 in Moskau (4)

A46

B46

		ST	PP
A46	1 Peso (K-N) 1980. Rs. Piktogramme für Gewichtheben, Boxen und Speerwerfen in Quadraten (3000 Ex.) (geprägt 1987)	10,–	
B46	1 Peso (K-N) 1980. Rs. Piktogramme für Speerwerfen, Boxen und Gewichtheben ohne Einfassung (3000 Ex.) (geprägt 1987)	10,–	
46 (41)	5 Pesos (S) 1980. Typ wie Nr. A46 (10000 Ex.)	55,–	
47 (42)	10 Pesos (S) 1980. Typ wie Nr. B46 (10000 Ex.)	95,–	

Kubanische Blumenwelt (6)

		ST	PP
A47 (A43)	1 Peso (K-N) 1980. Rs. Schmetterlingsjasmin (Hedychium coronarium), Nationalblume (3000 Ex.) (geprägt 1987)	10,–	
B47 (A44)	1 Peso (K-N) 1981. Rs. Orangenblüte (Citrus sinensis – Rutaceae) (3000 Ex.) (geprägt 1987)	10,–	
C47 (A45)	1 Peso (K-N) 1981. Rs. Orchidee (Cattleya labiata – Orchidaceae) (3000 Ex.) (geprägt 1987)	10,–	
48 (43)	5 Pesos (S) 1980. Typ wie Nr. A47 (ST: 10000 Ex., PP: 3000 Ex.)	40,–	50,–
49 (44)	5 Pesos (S) 1981. Typ wie Nr. B47	40,–	50,–
50 (45)	5 Pesos (S) 1981. Typ wie Nr. C47	40,–	50,–

500. Jahrestag der Entdeckung Amerikas – 1. Ausgabe

		ST	PP
51	1 Peso (K-N) 1981. Rs. »Niña« (10000 Ex.)	10,–	
52	1 Peso (K-N) 1981. Rs. »Pinta«	10,–	
53	1 Peso (K-N) 1981. Rs. »Santa Maria«	10,–	
54 (46)	5 Pesos (S) 1981. Typ wie Nr. 51 (ST: 10000 Ex., PP: 1000 Ex.)	40,–	50,–
55 (47)	5 Pesos (S) 1981. Typ wie Nr. 52	40,–	50,–
56 (48)	5 Pesos (S) 1981. Typ wie Nr. 53	40,–	50,–
A56 (49)	100 Pesos (G) 1981. Typ wie Nr. 51 (2000 Ex.)	580,–	
B56 (50)	100 Pesos (G) 1981. Typ wie Nr. 52	580,–	
C56 (51)	100 Pesos (G) 1981. Typ wie Nr. 53	580,–	

Kubanische Tierwelt – 1. Ausgabe (6)

		ST	PP
57 (54)	1 Peso (K-N) 1981. Rs. Zwei Hummelkolibris oder Zunzún (Calypte helenae – Trochilidae) (5000 Ex.)	10,–	
58 (52)	1 Peso (K-N) 1981. Rs. Krokodile	10,–	
59 (53)	1 Peso (K-N) 1981. Rs. Zunzún	10,–	
60 (57)	5 Pesos (S) 1981. Typ wie Nr. 57 (ST: 5000 Ex., PP: 1000 Ex.)	40,–	50,–
61 (55)	5 Pesos (S) 1981. Typ wie Nr. 58	40,–	50,–
62 (56)	5 Pesos (S) 1981. Typ wie Nr. 59	40,–	50,–

XII. Fußball-Weltmeisterschaft 1982 in Spanien (2)

		ST	PP
63 (58)	1 Peso (K-N) 1981. Rs. Fußballspieler (10000 Ex.)	15,–	
64 (59)	5 Pesos (S) 1981. Typ wie Nr. 63 (4000 Ex.)		55,–

Welternährungstag 1981 (2)

		ST	PP
65 (60)	1 Peso (K-N) 1981. Rs. Zuckerrohr (Saccharum officinarum – Gramineae), Erntefahrzeug und Raffinerie (10000 Ex.)	12,–	
66 (61)	5 Pesos (S) 1981. Typ wie Nr. 65 (ST: 7000 Ex., PP: 1560 Ex.)	30,–	60,–

XIV. Zentralamerikanische und Karibische Sportspiele in Kuba 1982 (6)

		ST	PP
67 (62)	1 Peso (K-N) 1981. Rs. Laufender Alligator »Cuco«, Maskottchen der Spiele (5000 Ex.)	10,–	
68 (63)	1 Peso (K-N) 1981. Rs. Speerwerferin Maria Caridad Colón und Läufer	10,–	

			ST	PP
69 (64)	1	Peso (K-N) 1981. Rs. Boxkämpfer Teófilo Stevenson im Ring	10,–	
70 (65)	5	Pesos (S) 1981. Typ wie Nr. 67 (ST: 5000 Ex., PP: 2000 Ex.)	40,–	50,–
71 (66)	5	Pesos (S) 1981. Typ wie Nr. 68	40,–	50,–
72 (67)	5	Pesos (S) 1981. Typ wie Nr. 69	40,–	50,–

Kubanische Tierwelt – 2. Ausgabe (6)

			ST	PP
73 (69)	1	Peso (K-N) 1981. Rs. Almiqui (Solenodon cubanus) (5000 Ex.)	10,–	
74 (68)	1	Peso (K-N) 1981. Rs. Tocororo oder Kuba-Trogon (Priotelus temnurus)	10,–	
75 (70)	1	Peso (K-N) 1981. Rs. Manjuarí	10,–	
76 (71)	5	Pesos (S) 1981. Typ wie Nr. 73 (ST: 5000 Ex., PP: 1000 Ex.)	35,–	45,–
77 (72)	5	Pesos (S) 1981. Typ wie Nr. 74	35,–	45,–
78 (73)	5	Pesos (S) 1981. Typ wie Nr. 75	35,–	45,–

30 Jahre »Der alte Mann und das Meer« von Ernest Hemingway (6)

			ST	PP
79 (74)	1	Peso (K-N) 1982. Rs. Ernest Hemingway (1898–1961), amerikanischer Schriftsteller, Literatur-Nobelpreisträger 1954 (7000 Ex.)	10,–	
80 (76)	1	Peso (K-N) 1982. Szene aus »El Viejo y el Mar« (Der alte Mann und das Meer), 1952 veröffentlicht	10,–	

			ST	PP
81 (75)	1	Peso (K-N) 1982. Hemingways Fischeryacht »Pilar« beim Fang eines Schwertfisches	10,–	
82 (77)	5	Pesos (S) 1982. Typ wie Nr. 79:		
		a) mattierte Fläche klein (26 Ex.)		–,–
		b) (ST: 5000 Ex., PP: 1000 Ex.)	30,–	40,–
83 (79)	5	Pesos (S) 1982. Typ wie Nr. 80:		
		a) mattierte Fläche klein (46 Ex.)		–,–
		b) (ST: 5000 Ex., PP: 1000 Ex.)	30,–	40,–
84 (78)	5	Pesos (S) 1982. Typ wie Nr. 81 (ST: 5000 Ex., PP: 1000 Ex.)	30,–	40,–

435. Geburtstag von Miguel de Cervantes y Saavedra (6)

			ST	PP
85 (80)	1	Peso (K-N) 1982. Rs. Miguel de Cervantes y Saavedra (1547–1616), spanischer Dichter, Darstellung nach einem Gemälde von J. M. de Jàureguy y Aguilar um 1600 (7000 Ex.)	10,–	

			ST	PP
86 (81)	1	Peso (K-N) 1982. Rs. Don Quijote auf Rosinante im Kampf mit den Windmühlen, nach dem Werk »El Ingenioso Hidalgo Don Quijote de la Mancha« (1605)	10,–	

			ST	PP
87 (82)	1	Peso (K-N) 1982. Rs. Don Quijote und Sancho Panza	10,–	
88 (83)	5	Pesos (S) 1982. Typ wie Nr. 85 (ST: 5000 Ex., PP: 2000 Ex.)	30,–	40,–
89 (84)	5	Pesos (S) 1982. Typ wie Nr. 86	30,–	40,–
90 (85)	5	Pesos (S) 1982. Typ wie Nr. 87	30,–	40,–

17. FAO-Regionalkonferenz für Lateinamerika 1982 in Managua (4)

		ST	PP
91 (86)	1 Peso (K-N) 1982. Rs. Zitrusfrüchte (6609 Ex.)	10,–	
92 (88)	1 Peso (K-N) 1982. Rs. Kuh (5684 Ex.)	10,–	
93 (87)	5 Pesos (S) 1982. Typ wie Nr. 91 (ST: 3125 Ex., PP: 1040 Ex.)	40,–	50,–
94 (89)	5 Pesos (S) 1982. Typ wie Nr. 92 (ST: 4177 Ex., PP: 1000 Ex.)	40,–	50,–

Nrn. 95 und 96 fallen aus.

Kubanische Transportmittel – 1. Ausgabe (2)

97 (95)	1 Peso (K-N) 1983. Rs. Lokomotive »La Junta«, 1845 auf der am 19. 3. 1837 eröffneten Strecke Habana–Guenajay in Betrieb genommen (7000 Ex.)	12,–	
98 (96)	5 Pesos (S) 1983. Typ wie Nr. 97:		
	a) 999er Silber, 12 g (ST: 5000 Ex., PP: 2000 Ex.)	60,–	75,–
	b) Piéfort, 999er Silber, 24 g (100 Ex.)		300,–

XIV. Olympische Winterspiele 1984 in Sarajewo (6)

A99	1 Peso (K-N) 1983. Rs. Göttin mit Fackel (3000 Ex.) (geprägt 1987)	10,–	
B99	1 Peso (K-N) 1983. Rs. Zwei Eishockeyspieler (3000 Ex.) (geprägt 1987)	10,–	
C99	1 Peso (K-N) 1983. Rs. Abfahrtsläufer (3000 Ex.) (geprägt 1987)	10,–	

		ST	PP
99	5 Pesos (S) 1983. Typ wie Nr. A99 (5000 Ex.)		100,–
100 (92)	5 Pesos (S) 1983. Typ wie Nr. B99 (5000 Ex.)		100,–
101	5 Pesos (S) 1983. Typ wie Nr. C99 (5000 Ex.)		100,–

XXIII. Olympische Sommerspiele 1984 in Los Angeles (6)

A102	1 Peso (K-N) 1983. Rs. Judokämpfer (3000 Ex.) (geprägt 1987)	10,–	
B102	1 Peso (K-N) 1983. Rs. Sprinter beim Start (3000 Ex.) (geprägt 1987)	10,–	
C102	1 Peso (K-N) 1983. Rs. Diskuswerfer (3000 Ex.) (geprägt 1987)	10,–	

102	5 Pesos (S) 1983. Typ wie Nr. A102 (5000 Ex.)		100,–
103 (94)	5 Pesos (S) 1983. Typ wie Nr. B102 (5000 Ex.)		100,–
104	5 Pesos (S) 1983. Typ wie Nr. C102 (5000 Ex.)		100,–

FAO-Ausgabe zur Welt-Fischerei-Konferenz (2)

105 (97)	1 Peso (K-N) 1983. Rs. Languste	10,–	
106 (98)	5 Pesos (S) 1983. Typ wie Nr. 105 (ST: 5000 Ex., PP: 1000 Ex.)	40,–	100,–

Kubanische Transportmittel – 2. Ausgabe (2)

A107 (101)	1 Peso (K-N) 1984. Rs. Kutsche (5000 Ex.)	9,–	
107 (102)	5 Pesos (S) 1984. Typ wie Nr. A107	60,–	75,–

Kubanischer Schiffsbau (2)

		ST	PP
A108 (103)	1 Peso (K-N) 1984. Rs. Segelschiff »Santísima Trinidad« (3000 Ex.) (geprägt 1987)	12,–	
108 (104)	5 Pesos (S) 1984. Typ wie Nr. A108 (5000 Ex.)	60,–	

Kubanische Festungen (6)

		ST	PP
A109	1 Peso (K-N) 1984. Rs. »El Morro«, La Habana (5000 Ex.)	10,–	
B109	1 Peso (K-N) 1984. Rs. »La Fuerza«, La Habana	10,–	
C109	1 Peso (K-N) 1984. Rs. »El Morro«, Santiago de Cuba	10,–	
109	5 Pesos (S) 1984. Typ wie Nr. A109 (ST: 5000 Ex., PP: 1000 Ex.)	30,–	40,–
110	5 Pesos (S) 1984. Typ wie Nr. B109	30,–	40,–
111	5 Pesos (S) 1984. Typ wie Nr. C109	30,–	40,–

Kubanische Transportmittel – 3. Ausgabe (2)

		ST	PP
112 (99)	1 Peso (K-N) 1984. Rs. Modernes Transportschiff »José Marti« der kubanischen Handelsflotte (5000 Ex.)	10,–	
113 (100)	5 Pesos (S) 1984. Typ wie Nr. 112 (ST: 5000 Ex., PP: 1000 Ex.)	60,–	80,–

Kubanische Transportmittel – 4. Ausgabe

		ST	PP
A113	1 Peso (K-N) 1984. Rs. Heißluftballon »Villa de Paris« (23 Ex.)	–,–	

Internationales Jahr der Musik (2)

		ST	PP
114 (105)	1 Peso (K-N) 1985. Rs. Johann Sebastian Bach (1685–1750), Komponist, Notenzitate aus dem 1. Praeludium in C-Dur aus dem »Wohltemperierten Clavier« (2000 Ex.)	12,–	
115 (106)	5 Pesos (S) 1985. Typ wie Nr. 114 (2000 Ex.)	60,–	

Naturschutz (9)

		ST	PP
116 (109)	1 Peso (K-N) 1985. Rs. Kopf eines Krokodils (5000 Ex.)	10,–	
117 (110)	1 Peso (K-N) 1985. Rs. Protome eines Leguans	10,–	
118 (111)	1 Peso (K-N) 1985. Rs. Kopf eines Sittichs	10,–	
A119	1 Peso (K-N) 1985. Rs. Krokodil (3000 Ex.) (geprägt 1987)	12,–	
B119	1 Peso (K-N) 1985. Rs. Leguan	12,–	
C119	1 Peso (K-N) 1985. Rs. Sittich auf Zweig	12,–	
119 (112)	5 Pesos (S) 1985. Typ wie Nr. A119 (5000 Ex.)	90,–	
120 (113)	5 Pesos (S) 1985. Typ wie Nr. B119	90,–	
121 (114)	5 Pesos (S) 1985. Typ wie Nr. C119	90,–	

Internationales Jahr des Waldes 1985 (2)

		ST	PP
122 (116)	1 Peso (K-N) 1985. Rs. Internationales Emblem in mehrfacher variierter Ausführung sowie kubanische Palme zu einem stilisierten Forst gruppiert, Motto »Der Wald ist Leben, schütze ihn« (5000 Ex.)	8,–	
123	5 Pesos (S) 1985. Typ wie Nr. 122 (ST: 4500 Ex., PP: 500 Ex.)	38,–	60,–

40 Jahre FAO (2)

		ST	PP
124 (115)	1 Peso (K-N) 1985. Rs. Zuckerrohr, Languste, kubanische Palme (5000 Ex.)	8,–	
125	5 Pesos (S) 1985. Typ wie Nr. 124 (ST: 4500 Ex., PP: 500 Ex.)	38,–	60,–

XIII. Fußball-Weltmeisterschaft 1986 in Mexiko – 1. Ausgabe (2)

		ST	PP
126 (107)	1 Peso (K-N) 1986. Rs. Spielszene vor Ballmuster (5000 Ex.)	15,–	
127 (108)	5 Pesos (S) 1986. Typ wie Nr. 126 (5000 Ex.)	60,–	

100 Jahre Automobil (2)

		ST	PP
128	1 Peso (K-N) 1986. Rs. Mercedes (3000 Ex.) (geprägt 1987)	10,–	
129 (121)	5 Pesos (S) 1986. Typ wie Nr. 128 (2500 Ex.)	80,–	

XV. Olympische Winterspiele 1988 in Calgary (4)

		ST	PP
130 (119)	1 Peso (K-N) 1986. Rs. Eisschnelläuferin, oben Emblem und olympische Ringe (1000 Ex.) (geprägt 1990)	12,–	

		ST	PP
131	1 Peso (K-N) 1986. Rs. Eisschnelläuferin, ohne Emblem und Ringe (3000 Ex.) (geprägt 1987)	12,–	
132 (120)	5 Pesos (S) 1986. Typ wie Nr. 130 (2500 Ex.)	100,–	
133	5 Pesos (S) 1986. Typ wie Nr. 131 (10 000 Ex.)	80,–	

Nrn. 134 und 135 fallen aus.

Internationales Jahr des Friedens 1986 (2)

		ST	PP
136	1 Peso (K-N) 1986. Rs. Friedenstaube »La Paloma«, Zeichnung von Pablo Picasso, Zitat von Fidel Castro »Ohne Entwicklung gibt es keinen Frieden« (ST: max. 5000 Ex., PP: max. 5000 Ex.)	10,–	15,–
137	5 Pesos (S) 1986. Typ wie Nr. 136 (ST: max. 10 000 Ex., PP: max. 2000 Ex.)	65,–	80,–

30. Jahrestag der Landung der »Granma« – 1. Ausgabe (2)

		ST	PP
138 (117)	1 Peso (K-N) 1986. Rs. Yacht »Granma«, auf der Dr. Fidel Castro Ruz vom 25. 11.–2. 12. 1956 von Tuxpan nach Las Coloradas fuhr (3000 Ex.)	10,–	
139 (118)	5 Pesos (S) 1986. Typ wie Nr. 138 (2500 Ex.)	60,–	

Kubanische Kirchen (6)

140	1 Peso (K-N) 1987. Rs. Catedral de Santiago de Cuba, erbaut 1816 (3000 Ex.)	10,–
141	1 Peso (K-N) 1987. Rs. Parroquial Mayor de Trinidad, erbaut 1890	10,–
142	1 Peso (K-N) 1987. Rs. Basilica de Nuestra Señora de la Caridad del Cobre, erbaut 1927	10,–
143	5 Pesos (S) 1987. Typ wie Nr. 140 (2500 Ex.)	55,–
144	5 Pesos (S) 1987. Typ wie Nr. 141	55,–
145	5 Pesos (S) 1987. Typ wie Nr. 142	55,–

20. Todestag von »Che« Guevara (3)

146	1 Peso (K-N) 1987. Rs. Ernesto »Che« Guevara Serna (1928–1967), argentinischer Arzt, Revolutionär, kubanischer Industrieminister 1959–1965 (ST: 6000 Ex., PP: 200 Ex.)	10,–	*25,–*
147	5 Pesos (S) 1987. Typ wie Nr. 146 (ST: 5000 Ex., PP: 200 Ex.)	60,–	*120,–*
A147	5 Pesos (G) 1987. Typ wie Nr. 146. 999er Gold, 30,7 g (3 Ex.)	–,–	

40. Jahrestag der Fahrt von Thor Heyerdahl von Callao nach Tahiti (2)

148	1 Peso (K-N) 1987. Rs. Segelfloß »Kon-Tiki« (3000 Ex.)	10,–
149	5 Pesos (S) 1987. Typ wie Nr. 148 (5000 Ex.)	60,–

100. Jahrestag des Gesetzes über die Abschaffung der Sklaverei von 1886 (3)

150	1 Peso (K-N) 1987. Rs. Sklave mit gesprengten Ketten (2000 Ex.)	10,–
151	5 Pesos (S) 1987. Typ wie Nr. 150 (2000 Ex.)	60,–
A151	5 Pesos (G) 1987. Typ wie Nr. 150. 050er Gold, 12 g (4 Ex.)	–,–

70. Jahrestag der Großen Sozialistischen Oktoberrevolution (2)

152	1 Peso (K-N) 1987. Rs. Kleiner Kreuzer »Aurora« (5000 Ex.)	10,–	
153	5 Pesos (S) 1987. Typ wie Nr. 152 (ST: 3000 Ex., PP: 1000 Ex.)	60,–	80,–

90 Jahre Souvenir-Peso (3)

		ST	PP
154	1 Peso (K-N) 1987. Rs. Motiv des Souvenir-Pesos (Nr. 1) (ST: 3000 Ex., PP: 3000 Ex.)	10,–	15,–
155	5 Pesos (S) 1987. Typ wie Nr. 154 (3000 Ex.)	60,–	
A155	5 Pesos (G) 1987. Typ wie Nr. 154. 100er Gold, 12 g (5 Ex.)	–,–	

30. Jahrestag der Kubanischen Revolution – Serie I (15)
30. Jahrestag der Landung der »Granma« – 2. Ausgabe (5)

		ST	PL
A156	1 Peso (K–N) 1989. Staatswappen. Rs. »Auf dem Marsch zum Sieg«, Landung der »Granma« in den Sümpfen von Las Coloradas am 2. 12. 1956 (2000 Ex.) (geprägt 1990)	15,–	
156	10 Pesos (S) 1987–1989. Siegel der Nationalbank. Rs. wie Nr. A 156. 999er Silber, 31,10 g		75,–
157	20 Pesos (S) 1987–1989. Typ wie Nr. 156. 999er Silber, 62,20 g		150,–
158	50 Pesos (G) 1988. Typ wie Nr. 156. 999er Gold, 15,55 g (150 Ex.)		650,–
159	100 Pesos (G) 1988. Typ wie Nr. 156. 999er Gold, 31,10 g (100 Ex.)		–,–

60. Geburtstag von »Che« Guevara (5)

A160	1 Peso (K–N) 1989. Staatswappen. Rs. Ernesto »Che« Guevara Serna (1928–1967), siehe Nr. 146 (2000 Ex.) (geprägt 1990)	15,–	
160	10 Pesos (S) 1987–1989. Siegel der Nationalbank. Rs. wie Nr. A160		75,–
161	20 Pesos (S) 1987–1989. Typ wie Nr. 160		150,–
162	50 Pesos (G) 1988. Typ wie Nr. 160 (150 Ex.)		650,–
163	100 Pesos (G) 1988. Typ wie Nr. 160 (100 Ex.)		–,–

30. Jahrestag des Sieges der Kubanischen Revolution 1. Ausgabe (5)

A164	1 Peso (K–N) 1989. Staatswappen Rs. »Triumph der Revolution«, Fidel Castro und Camilo Cienfuegos beim Einzug in Habana am 8. 1. 1959 (2000 Ex.) (geprägt 1990)	15,–	
164	10 Pesos (S) 1987–1989. Siegel der Nationalbank. Rs. wie Nr. A164		60,–
165	20 Pesos (S) 1987–1989. Typ wie Nr. 164		120,–
166	50 Pesos (G) 1988. Typ wie Nr. 164 (150 Ex.)		650,–
167	100 Pesos (G) 1988. Typ wie Nr. 164 (100 Ex.)		–,–

30. Jahrestag der Kubanischen Revolution – Serie II (15)
30. Todestag von Camilo Cienfuegos (5)

A168	1 Peso (K–N) 1989. Staatswappen. Rs. Camilo Cienfuegos Gorriarán (1932–1959), siehe Nr. 30 (2000 Ex.) (geprägt 1990)	15,–	
168	10 Pesos (S) 1988. Siegel der Nationalbank. Rs. wie Nr. A168 (5000 Ex.)		60,–
169	20 Pesos (S) 1988. Typ wie Nr. 168 (1000 Ex.)		120,–
170	50 Pesos (G) 1989. Typ wie Nr. 168 (150 Ex.)		–,–
171	100 Pesos (G) 1989. Typ wie Nr. 168 (150 Ex.)		–,–

50. Geburtstag von Tamara Bunke (5)

A172	1 Peso (K–N) 1989. Staatswappen. Rs. Guerrillera »Tania«, eigentlich Tamara Bunke (1937–1967), argentinische Revolutionärin (2000 Ex.) (geprägt 1990)	15,–	
172	10 Pesos (S) 1988. Siegel der Nationalbank. Rs. wie Nr. A172 (5000 Ex.)		60,–
173	20 Pesos (S) 1988. Typ wie Nr. 172 (1000 Ex.)		120,–
174	50 Pesos (G) 1989. Typ wie Nr. 172 (150 Ex.)		–,–
175	100 Pesos (G) 1989. Typ wie Nr. 172 (150 Ex.)		–,–

35. Jahrestag des Angriffs auf die Moncada-Kaserne in Santiago de Cuba (5)

ST PP

A176 1 Peso (K–N) 1989. Staatswappen. Rs. Ansicht der Moncada-Kaserne nach dem Attentat vom 26. Juli 1953 (2000 Ex.) (geprägt 1990) **15,–**

176 10 Pesos (S) 1988. Siegel der Nationalbank. Rs. wie Nr. A176 (5000 Ex.) **60,–**

177 20 Pesos (S) 1988. Typ wie Nr. 176 (1000 Ex.) **120,–**

178 50 Pesos (G) 1989. Typ wie Nr. 176 (150 Ex.) **–,–**

179 100 Pesos (G) 1989. Typ wie Nr. 176 (150 Ex.) **–,–**

Eisenbahnen der Welt (15)
160 Jahre Eisenbahnen (5)

A180 1 Peso (K–N) 1989. Staatswappen. Rs. Lokomotive auf der 1830 eröffneten Strecke Liverpool–Manchester (2000 Ex.) (geprägt 1990) **15,–**

180 10 Pesos (S) 1988. Siegel der Nationalbank. Rs. wie Nr. A180 (5000 Ex.) **60,–**

181 20 Pesos (S) 1988. Typ wie Nr. 180 (1000 Ex.) **120,–**

182 50 Pesos (G) 1989. Typ wie Nr. 180:
a) 999er Gold, 15,55 g (150 Ex.) **–,–**
b) Piéfort, 999er Gold, 31,10 g (12 Ex.) **–,–**

183 100 Pesos (G) 1989. Typ wie Nr. 180:
a) 999er Gold, 31,10 g (150 Ex.) **–,–**
b) Piéfort, 999er Gold, 62,20 g (12 Ex.) **–,–**

150 Jahre Eisenbahnen in Lateinamerika (5)

A184 1 Peso (K–N) 1989. Staatswappen. Rs. Lokomotive »La Junta« auf der 1937 eröffneten Strecke La Habana–Bejucal (2000 Ex.) (geprägt 1990) **15,–**

184 10 Pesos (S) 1988. Siegel der Nationalbank. Rs. wie Nr. A184 (5000 Ex.) **60,–**

185 20 Pesos (S) 1988. Typ wie Nr. 184 (1000 Ex.) **120,–**

186 50 Pesos (G) 1989. Typ wie Nr. 184:
a) 999er Gold, 15,55 g (150 Ex.) **–,–**
b) Piéfort, 999er Gold, 31,10 g (12 Ex.) **–,–**

187 100 Pesos (G) 1989. Typ wie Nr. 184:
a) 999er Gold, 31,10 g (150 Ex.) **–,–**
b) Piéfort, 999er Gold, 62,20 g (12 Ex.) **–,–**

140 Jahre Eisenbahnen in Spanien (5)

A188 1 Peso (K–N) 1989. Staatswappen. Rs. Lokomotive auf der 1848 eröffneten Strecke Barcelona–Mataró (2000 Ex.) (geprägt 1990) **15,–**

188 10 Pesos (S) 1988. Siegel der Nationalbank. Rs. wie Nr. A188 (5000 Ex.) **60,–**

189 20 Pesos (S) 1988. Typ wie Nr. 188 (1000 Ex.) **120,–**

190 50 Pesos (G) 1989. Typ wie Nr. 188:
a) 999er Gold, 15,55 g (150 Ex.) **–,–**
b) Piéfort, 999er Gold, 31,10 g (12 Ex.) **–,–**

191 100 Pesos (G) 1989. Typ wie Nr. 188:
a) 999er Gold, 31,10 g (150 Ex.) **–,–**
b) Piéfort, 999er Gold, 62,20 g (12 Ex.) **–,–**

XIII. Fußball-Weltmeisterschaft 1986 in Mexiko – 2. Ausgabe (2)

192 1 Peso (K-N) 1988. Rs. Zwei Spieler im Kampf um den Ball (1000 Ex.) (geprägt 1989) **15,–**

193 5 Pesos (S) 1899. Typ wie Nr. 192 (5000 Ex.) **60,–**

VIII. Fußball-Europameisterschaft 1988 in Deutschland (4)

A194 1 Peso (K-N) 1988. Stadtwappen von La Habana. Rs. Torwart mit gehaltenem Ball (2000 Ex.) (geprägt 1989) **15,–**

B194 1 Peso (K-N) 1988. Rs. Spielszene (2000 Ex.) (geprägt 1989) **15,–**

194 5 Pesos (S) 1988. Typ wie Nr. A194 (5000 Ex.) **48,–**

195 5 Pesos (S) 1988. Typ wie Nr. B194 (5000 Ex.) **48,–**

100. Geburtstag von José Raul Capablanca (3)

ST PP

196 1 Peso (K-N) 1988. Staatswappen. Rs. José Raul Capablanca (1888–1942), Schachweltmeister (1000 Ex.) **15,–**

197 1 Peso (K-N) 1988. Rs. Schachfiguren (6000 Ex.) **15,–**

198 5 Pesos (S) 1988. Typ wie Nr. 196 (5000 Ex.) **55,–**

Nr. 199 fällt aus.

XIV. Fußball-Weltmeisterschaft 1990 in Italien – 1. Ausgabe (2)

200 1 Peso (K–N) 1988. Stadtwappen von La Habana. Rs. Zwei Fußballspieler (2000 Ex.) (geprägt 1989) **15,–**

201 5 Pesos (S) 1988. Typ wie Nr. 200. 999er Silber, 6 g **25,–**

40 Jahre Weltgesundheitsorganisation (2)

ST PL

202 1 Peso (K–N) 1988. Rs. Schwester mit Kleinkind vor Arztpraxis, Motto »Gesundheit für alle« (2000 Ex.) (geprägt 1990) **15,–**

203 5 Pesos (S) 1988. Typ wie Nr. 202. 999er Silber, 16 g (2000 Ex.) **55,–**

150 Jahre Großes Theater in Habana (2)

ST PP

204 1 Peso (K-N) 1988. Rs. Fassade des Großen Theaters (2000 Ex.) (geprägt 1990) **15,–**

205 5 Pesos (S) 1988. Typ wie Nr. 204. 999er Silber, 16 g (2000 Ex.) **55,–**

40 Jahre Kubanisches Nationalballett (2)

206 1 Peso (K-N) 1988. Rs. Alicia Alonso, Ballettänzerin (2000 Ex.) (geprägt 1990) **15,–**

207 5 Pesos (S) 1988. Typ wie Nr. 206. 999er Silber, 16 g (2000 Ex.) **55,–**

Transportmittel – 5. Ausgabe (2)

208 1 Peso (K-N) 1988. Rs. Luftschiff »Graf Zeppelin LZ 127« (2000 Ex.) (geprägt 1990) **15,–**

209 5 Pesos (S) 1988. Typ wie Nr. 208. 999er Silber, 16 g (3000 Ex.) **55,–**

155. Geburtstag von Dr. Carlos J. Finlay (3)

ST PL

A210 25 Centavos (K-N) 1988. Rs. Dr. Carlos J. Finlay (1833–1915), Entdecker des Gelbfiebererregers, Moskito »Aedes Aegyptia« und kubanische Landschaft (geprägt 1991) –,–

210 1 Peso (K-N) 1988. Typ wie Nr. A210 (2000 Ex.) (geprägt 1990) 15,–

211 5 Pesos (S) 1988. Typ wie Nr. A210. 999er Silber, 16 g (2000 Ex.) 55,–

Silber- und Goldbarrenmünzen »Leonor Molina« (2)

A211 5 Pesos (S) 1988. Staatswappen. Rs. Leonor Molina (siehe Nr. 1), Motto »Patria y Libertad«. 999er Silber, 31,10 g (6 Ex.) –,–

B211 100 Pesos (G) 1988. Typ wie Nr. A211. 999er Gold, 31,10 g (6 Ex.) –,–

Silber- und Goldbarrenmünzen »José Martí« (6)

ST PP

A212 5 Pesos (S) 1988. Staatswappen. Rs. José Julián Martí Pérez, Motto »Patria y Libertad« (1853–1895) (siehe Nr. 10). 999er Silber, 31,10 g (6 Ex.) –,–

212 10 Pesos (G) 1988–1990. Typ wie Nr. A212:
a) 999er Gold, 3,11 g, 1988–1990 100,–
b) Piéfort, 999er Gold, 6,22 g, 1988–1990 –,– –,–

213 15 Pesos (G) 1988–1990. Typ wie Nr. A212:
a) 999er Gold, 3,88 g, 1988–1990 –,– –,–
b) Piéfort, 999er Gold, 7,77 g, 1988–1990 –,– –,–

214 25 Pesos (G) 1988–1990. Typ wie Nr. A212:
a) 999er Gold, 7,77 g, 1988–1990 –,– –,–
b) Piéfort, 999er Gold, 15,55 g, 1988–1989 –,– –,–

215 50 Pesos (G) 1988–1989. Typ wie Nr. A212:
a) 999er Gold, 15,55 g, 1988–1990 400,– –,–
b) Piéfort, 999er Gold, 31,10 g 1988–1990 –,– –,–

216 100 Pesos (G) 1988–1990. Typ wie Nr. A212:
a) 999er Gold, 31,10 g, 1988–1990 800,– –,–
b) Piéfort, 999er Gold, 62,20 g, 1988–1990 –,– –,–
c) 999er Gold, 31,10 g, Rand glatt, 1988 (6 Ex.) –,–

30. Jahrestag des Sieges der Kubanischen Revolution – 2. Ausgabe (9)

ST PL

217 1 Peso (K-N) 1989. Staatswappen. Rs. Fidel Castro und José Martí, Nationalflagge, Landkarte, Friedenstaube (5000 Ex.) (geprägt 1990) 12,–

218 1 Peso (K-N) 1989. Rs. Fidel Castro und Camilo Cienfuegos vor strahlendem Stern (5000 Ex.) (geprägt 1990) 12,–

219 1 Peso (K-N) 1989. Rs. Fidel Castro in Berglandschaft vor aufgehender Sonne (5000 Ex.) (geprägt 1990) 12,–

220 10 Pesos (S) 1989. Typ wie Nr. 217 (ST: 1000 Ex., PP: 5000 Ex.) –,– –,–

221 10 Pesos (S) 1989. Typ wie Nr. 218 –,– –,–

222 10 Pesos (S) 1989. Typ wie Nr. 219 –,– –,–

Nrn. 223–225 fallen aus.

226 100 Pesos (G) 1989. Typ wie Nr. 217. 999er Gold, 31,10 g (250 Ex.) –,–

227 100 Pesos (G) 1989. Typ wie Nr. 218 (250 Ex.) –,–

228 100 Pesos (G) 1989. Typ wie Nr. 219 (250 Ex.) –,–

200. Jahrestag der Französischen Revolution (6)

ST PP

229 1 Peso (K-N) 1989. »Die Freiheit führt das Volk an«, Detail des Gemäldes des französischen Malers Eugène Delacroix (1798–1836) (2000 Ex.) (geprägt 1990) 14,–

230 1 Peso (K-N) 1989. Staatswappen. Rs. »Die Erstürmung der Bastille«, nach dem Gemälde von Hubert Robert (1733–1808) (2000 Ex.) (geprägt 1990) 14,–

231 10 Pesos (S) 1989. Staatswappen, Gedenkinschrift. Rs. wie Nr. 229:
a) 999er Silber, 26,72 g (ST: 500 Ex., PP: 2000 Ex.) 50,– 55,–
b) Piéfort, 999er Silber, 53,44 g (150 Ex.) *250,–*

232 10 Pesos (S) 1989. Rs. wie Nr. 230:
a) 999er Silber, 26,72 g (ST: 500 Ex., PP: 2000 Ex.) 50,– 55,–
b) Piéfort, 999er Silber, 53,44 g (150 Ex.) *250,–*

Nrn. 233 und 234 fallen aus.

235 100 Pesos (G) 1989. Typ wie Nr. 231:
a) 999er Gold, 31,10 g (150 Ex.) –,–
b) Piéfort, 999er Gold, 62,20 g (12 Ex.) –,–

236 100 Pesos (G) 1989. Typ wie Nr. 232:
a) 999er Gold, 31,10 g (150 Ex.) –,–
b) Piéfort, 999er Gold, 62,20 g (12 Ex.) –,–

220. Geburtstag von Alexander von Humboldt (4)

ST PP

A237 25 Centavos (K-N) 1989. Staatswappen. Rs. Alexander von Humboldt (1769–1859) und zwei Adler (geprägt 1991) –,–

237 1 Peso (K-N) 1989. Typ wie Nr. A237 (2000 Ex.) (geprägt 1990) 15,–

238 5 Pesos (S) 1989. Typ wie Nr. A237. 999er Silber, 16 g (2000 Ex.) 55,–

239 10 Pesos (G) 1989. Typ wie Nr. A237. 999er Gold, 3,11 g (500 Ex.) 250,–

XIV. Fußball-Weltmeisterschaft 1990 in Italien – 2. Ausgabe (4)

ST PP

240 1 Peso (K-N) 1989. Stadtwappen von La Habana. Rs. Drei Fußballspieler (4000 Ex.) 12,–

241 1 Peso (K-N) 1989. Rs. Fußball über dem Kolosseum in Rom (2000 Ex.) 15,–

242 5 Pesos (S) 1989. Typ wie Nr. 240. 999er Silber, 16 g (max. 10 000 Ex.) 80,–

243 5 Pesos (S) 1989. Typ wie Nr. 241 90,–

XXV. Olympische Sommerspiele 1992 in Barcelona – 1. Ausgabe (2)

244 1 Peso (K-N) 1989. Staatswappen. Rs. Zwei Boxer im Ring (1000 Ex.) (geprägt 1990) 15,–

245 5 Pesos (S) 1989. Typ wie Nr. 244. 999er Silber, 16 g (max. 10 000 Ex.) 90,–

Kubanischer Tabak seit 1492 (2)

246 1 Peso (K-N) 1989. Staatswappen. Rs. Indianerin mit Zigarre, Sittich, Tabakpflanzungen (1000 Ex.) (geprägt 1990) 15,–

247 5 Pesos (S) 1989. Typ wie Nr. 246 (2000 Ex.) 60,–

500. Jahrestag der Entdeckung Amerikas – 1. Ausgabe (10)

		ST	PP
248	1 Peso (K-N) 1990. Rs. Abfahrt vom spanischen Hafen Palos de la Frontera am 3. August 1492 (12 000 Ex.)	12,–	
A248	1 Peso (K-N) 1990. Rs. »Santa Maria«, »Niña« und »Pinta« auf hoher See nach Westen segelnd (12 000 Ex.)	12,–	
249	1 Peso (K-N) 1989. »Santa Maria«, »Niña« und »Pinta« beim Sichten von Land am 12. Oktober 1492, Inschrift »¡Tierra, Tierra!«:		
	a) Datumsangabe vor Wellenhintergrund (2000 Ex.) (geprägt 1990)	15,–	
	b) Datumsangabe ohne Wellenhintergrund (2000 Ex.) (geprägt 1990)	15,–	
250	1 Peso (K-N) 1990. Rs. Begegnung mit den Kariben auf Guanahani (2000 Ex.)	15,–	
251	1 Peso (K-N) 1990. Rs. Ankunft der »Santa María« in Kuba am 27. Oktober 1492 (2000 Ex.)	15,–	
252	1 Peso (K-N) 1990. Rs. Route der ersten Reise von Christoph Kolumbus (geprägt 1991)	15,–	

Nr. 253 fällt aus.

		ST	PP
254	10 Pesos (S) 1989. Typ wie Nr. 249. 999er Silber, 20 g:		
	a) Datumsangabe vor Wellenhintergrund (3145 Ex.) (Abb.)		90,–
	b) Datumsangabe ohne Wellenhintergrund (max. 6855 Ex.)		80,–

255

256

		ST	PP
255	10 Pesos (S) 1990. Typ wie Nr. 250 (max. 10 000 Ex.)		80,–
256	10 Pesos (S) 1990. Typ wie Nr. 251 (max. 10 000 Ex.)		80,–
257	10 Pesos (S) 1990. Typ wie Nr. 252		80,–

XIV. Fußball-Weltmeisterschaft 1990 in Italien – 3. Ausgabe (2)

		ST	PL
258	1 Peso (K-N) 1990. Stadtwappen von Habana. Rs. Karte Italiens, drei Fußbälle, Inschrift »Deutschland Weltmeister«	15,–	
259	5 Pesos (S) 1990. Typ wie Nr. 258. 999er Silber, 16 g		85,–

75. Internationaler Esperanto-Kongreß in Habana (Havano) 14.–20. Juli 1990 (2)

260	1 Peso (K-N) 1990. Rs. Dr. Ludwig Lazarus Zamenhof, Emblem mit Weltkarte, Inschrift in Esperanto (6000 Ex.)	14,–	
261	5 Pesos (S) 1990. Typ wie Nr. 260. 999er Silber, 16 g (6000 Ex.)		80,–

10. Todestag von Celia Sánchez Manduley (2)

262	1 Peso (K-N) 1990. Rs. Celia Sánchez Manduley (1920–1980), Blüte des Schmetterlingsjasmins	15,–	
263	10 Pesos (S) 1990. Typ wie Nr. 262. 999er Silber, 31,10 g (2000 Ex.)		80,–

Amerikanische Unabhängigkeitskämpfer 160. Todestag von Simón Bolívar (3)

264	1 Peso (K-N) 1990. Rs. Simón Bolívar (1783–1830). Befreier Südamerikas von der spanischen Herrschaft (2000 Ex.) (geprägt 1991)	15,–	
265	10 Pesos (S) 1990. Typ wie Nr. 264:		
	a) 999er Silber, 25 g (3300 Ex.)		60,–
	b) Piéfort, 999er Silber, 50 g (15 Ex.)		–,–
266	50 Pesos (G) 1990. Typ wie Nr. 264:		
	a) 999er Gold, 15,55 g (50 Ex.)		–,–
	b) Piéfort, 999er Gold, 31,10 g (15 Ex.)		–,–

XI. Panamerikanische Sportspiele 1991 in Habana (9)

267	1 Peso (K-N) 1990. Rs. Hochspringer (5000 Ex.)	15,–	
268	1 Peso (K-N) 1990. Rs. Drei Volleyballspielerinnen (5000 Ex.)	15,–	
269	1 Peso (K-N) 1990. Rs. Vier Baseballspieler auf Spielfeld im Muster eines Baseballs (5000 Ex.)	15,–	
270	10 Pesos (S) 1990. Typ wie Nr. 267:		
	a) 999er Silber, 31,10 g (3000 Ex.)		65,–
	b) Piéfort, 999er Silber, 62,20 g (100 Ex.)		300,–
271	10 Pesos (S) 1990. Typ wie Nr. 268:		
	a) 999er Silber, 31,10 g (3000 Ex.)		65,–
	b) Piéfort, 999er Silber, 62,20 g (100 Ex.)		300,–
272	10 Pesos (S) 1990. Typ wie Nr. 269:		
	a) 999er Silber, 31,10 g (3000 Ex.)		65,–
	b) Piéfort, 999er Silber, 62,20 g (100 Ex.)		300,–
273	50 Pesos (G) 1990. Typ wie Nr. 267:		
	a) 999er Gold, 15,55 g		–,–
	b) Piéfort, 999er Gold, 31,10 g (12 Ex.)		–,–
274	50 Pesos (G) 1990. Typ wie Nr. 268:		
	a) 999er Gold, 15,55 g		–,–
	b) Piéfort, 999er Gold, 31,10 g (12 Ex.)		–,–
275	50 Pesos (G) 1990. Typ wie Nr. 269:		
	a) 999er Gold, 15,55 g		–,–
	b) Piéfort, 999er Gold, 31,10 g (12 Ex.)		–,–

XXV. Olympische Sommerspiele 1992 in Barcelona – 2. Ausgabe (6)

ST PP

276 10 Pesos (S) 1990. Rs. Hochspringer Sotomayor, Goldmedaillengewinner in Seoul 1988, beim »Fosbury-Flop«. 925er Silber, 28 g [Karlsruhe] (geprägt 1991) 80,–

277 10 Pesos (S) 1990. Rs. Zwei Basketballspieler [Karlsruhe] (geprägt 1991) 80,–

278 10 Pesos (S) 1990. Rs. Hürdenläuferin [Karlsruhe] (geprägt 1991) 80,–

279 10 Pesos (S) 1990. Rs. Zwei Volleyballspieler [Karlsruhe] (geprägt 1992) 80,–

280 10 Pesos (S) 1990. Rs. Turner am Seitpferd (geprägt 1992) 80,–

281 20 Pesos (G) 1990. Rs. Basketball. 999er Gold, 3,11 g (geprägt 1992) –,–

500. Jahrestag der Entdeckung Amerikas – 2. Ausgabe Serie I (20)

ST PL

282 1 Peso (K-N) 1990. Staatswappen und Landesname im Kordelkreis. Rs. Königin Isabella (Elisabeth) von Spanien (3000 Ex.) 15,–

283 1 Peso (K-N) 1990. Rs. König Ferdinand von Spanien 15,–

284 1 Peso (K-N) 1990. Rs. Christoph Kolumbus 15,–

285 1 Peso (K-N) 1990. Rs. Juan de la Cosa (1460–1510) 15,–

286 10 Pesos (S) 1990. Typ wie Nr. 282. 999er Silber, 31,103 g (max. 5000 Ex.) 60,–

287 10 Pesos (S) 1990. Typ wie Nr. 283 60,–

288 10 Pesos (S) 1990. Typ wie Nr. 284 60,–

289 10 Pesos (S) 1990. Typ wie Nr. 285 60,–

290 50 Pesos (S) 1990. Typ wie Nr. 282. 999er Silber, 155,5 g (max. 2000 Ex.) –,–

291 50 Pesos (S) 1990. Typ wie Nr. 283 –,–

292 50 Pesos (S) 1990. Typ wie Nr. 284 –,–

293 50 Pesos (S) 1990. Typ wie Nr. 285 –,–

294 50 Pesos (G) 1990. Typ wie Nr. 282. 999er Gold, 15,55 g (max. 250 Ex.) –,–

295 50 Pesos (G) 1990. Typ wie Nr. 283 –,–

296 50 Pesos (G) 1990. Typ wie Nr. 284 –,–

297 50 Pesos (G) 1990. Typ wie Nr. 285 –,–

298 100 Pesos (G) 1990. Typ wie Nr. 282. 999er Gold, 31,10 g (max. 250 Ex.) –,–

299 100 Pesos (G) 1990. Typ wie Nr. 283 –,–

300 100 Pesos (G) 1990. Typ wie Nr. 284 –,–

301 100 Pesos (G) 1990. Typ wie Nr. 285 –,–

100. Jahrestag der Internationalen Amerikanischen Münzkonferenz

302 10 Pesos (S) 1991. Staatswappen, Zitat. Rs. José Marti. 999er Silber, 25 g (3300 Ex.) 55,–

Spanisches Jahr 1992 (9) Madrid Kulturhauptstadt Europas (3)

303 10 Pesos (S) 1991. Rs. Tor von Alcalá. 999er Silber, 31,1 g (max. 2000 Ex.) 85,–

304 50 Pesos (S) 1991. Typ wie Nr. 303 (max. 500 Ex.) 275,–

305 100 Pesos (G) 1991. Typ wie Nr. 303 (max. 200 Ex.) –,–

XXV. Olympische Sommerspiele 1992 in Barcelona 3. Ausgabe (3)

306 10 Pesos (S) 1991. Rs. Olympiastadion von Montjuic. 999er Silber, 31,1 g (max. 2000 Ex.) 85,–

307 50 Pesos (S) 1991. Typ wie Nr. 306 (max. 500 Ex.) 275,–

308 100 Pesos (G) 1991. Typ wie Nr. 306 (max. 200 Ex.) –,–

Weltausstellung »Expo '92« in Sevilla (3)

ST PP

309 10 Pesos (S) 1991. Rs. Turm »La Giralda«. 999er Silber, 31,1 g (max. 2000 Ex.) 85,–

310 50 Pesos (S) 1991. Typ wie Nr. 309. 999er Silber, 155,5 g (max. 500 Ex.) 275,–

311 100 Pesos (G) 1991. Typ wie Nr. 309 (max. 200 Ex.) –,–

500. Jahrestag der Entdeckung Amerikas – 2. Ausgabe Serie II (24)

ST PL

312 1 Peso (K-N) 1991. Rs. Königin Johanna von Spanien 14,–

313 1 Peso (K-N) 1991. Rs. Diego Velázquez 14,–

314 1 Peso (K-N) 1991. Rs. Hatuey-Indianer 14,–

315 1 Peso (K-N) 1991. Rs. Vicente Y. Pinzón und Martín Alonso Y. Pinzón 14,–

316 10 Pesos (S) 1991. Typ wie Nr. 312. 999er Silber, 31,103 g (max. 3000 Ex.) 80,–

317 10 Pesos (S) 1991. Typ wie Nr. 313 80,–

318 10 Pesos (S) 1991. Typ wie Nr. 314 80,–

319 10 Pesos (S) 1991. Typ wie Nr. 315 80,–

320 30 Pesos (S) 1991. Typ wie Nr. 312. 999er Silber, 93,31 g (max. 1000 Ex.) 150,–

321 30 Pesos (S) 1991. Typ wie Nr. 313 150,–

322 30 Pesos (S) 1991. Typ wie Nr. 314 150,–

323 30 Pesos (S) 1991. Typ wie Nr. 315 150,–

324 50 Pesos (S) 1991. Typ wie Nr. 312. 999er Silber, 155,5 g (max. 2000 Ex.) 240,–

325 50 Pesos (S) 1991. Typ wie Nr. 313 240,–

326 50 Pesos (S) 1991. Typ wie Nr. 314 240,–

327 50 Pesos (S) 1991. Typ wie Nr. 315 240,–

328 50 Pesos (G) 1991. Typ wie Nr. 312. 999er Gold, 15,55 g (max. 200 Ex.) –,–

329 50 Pesos (G) 1991. Typ wie Nr. 313 –,–

330 50 Pesos (G) 1991. Typ wie Nr. 314 –,–

331 50 Pesos (G) 1991. Typ wie Nr. 315 –,–

332 100 Pesos (G) 1991. Typ wie Nr. 312. 999er Gold, 31,10 g (max. 200 Ex.) –,–

333 100 Pesos (G) 1991. Typ wie Nr. 313 –,–

334 100 Pesos (G) 1991. Typ wie Nr. 314 –,–

335 100 Pesos (G) 1991. Typ wie Nr. 315 –,–

500. Jahrestag der Entdeckung Amerikas – 3. Ausgabe

ST PP

336 10 Pesos (S) 1991. Staatswappen im Wappenkreis. Rs. Standbild von Christoph Kolumbus in Cárdenas von 1862. 925er Silber, 27 g –,–

XV. Fußball-Weltmeisterschaft 1994 in den Vereinigten Staaten von Amerika

ST PL

337 5 Pesos (S) 1991. Staatswappen. Rs. Torszene. 999er Silber, 12 g 55,–

Nationalinstitut für Tourismus
Instituto Nacional de Turismo (INTUR)

Ausgaben für Touristen aus sozialistischen Staaten (4)

		VZ	ST
TS1	1 Centavo (Al) 1988. INTUR-Emblem, Name des Ausgabeinstituts, Landesname. Rs. Wertzahl und Wertangabe in Buchstaben [Kremnitz]	–,–	–,–
TS2	5 Centavos (Al) 1988. Typ wie Nr. TS1	–,–	–,–
TS3	10 Centavos (Al) 1988. Typ wie Nr. TS1	–,–	–,–
TS4	25 Centavos (Al) 1988. Typ wie Nr. TS1	–,–	–,–

Nrn. TS1–TS4 werden auf Rubelbasis ausgegeben.

Ausgaben für Touristen aus westlichen Staaten (10)

		VZ	ST
TW1	5 Centavos (K-N) 1981. INTUR-Emblem, Wertangabe nur in Buchstaben. Rs. Muschel, Name des Ausgabeinstituts, Landesname[Habana]	2,–	3,–
TW2	10 Centavos (K-N) 1981. Rs. Hummelkolibri	2,–	3,–
TW3	25 Centavos (K-N) 1981. Rs. Orchidee (Cattleya labiata – Orchidaceae)	3,–	5,–

		VZ	ST
TW4	50 Centavos (K-N) 1981, 1989. Rs. Kokospalme	5,–	7,–

		VZ	ST
TW5	1 Peso (K-N) 1981. Rs. Festung »El Morro«, La Habana	8,–	12,–
TW6	1 Centavo (K-N) 1988. INTUR-Emblem, Wertzahl und Wertangabe in Buchstaben. Rs. Hirsch	3,–	5,–
TW7	5 Centavos (K-N) 1981, 1989. Typ wie Nr. TW 1, mit Wertzahl:		
	I. große breite Wertzahl, 1981 (geprägt 1982)	2,–	3,–
	II. große schmale Wertzahl, 1981 (geprägt 1982)	2,–	3,–
	III. kleine schmale Wertzahl, 1989 (geprägt 1989, 1991)	2,–	3,–
TW8	10 Centavos (K-N) 1981. Typ wie Nr. TW 2, mit Wertzahl (geprägt 1982)	2,–	3,–
TW9	25 Centavos (K-N) 1981, 1989. Typ wie Nr. TW3, mit Wertzahl:		
	I. große breite Wertzahl, 1981 (geprägt 1982)	3,–	5,–
	II. kleine schmale Wertzahl, 1989 (geprägt 1989, 1991)	3,–	5,–
TW10	50 Centavos (K-N) 1989. Typ wie Nr. TW 4, mit Wertzahl (geprägt 1991)	5,–	7,–

Nrn. TW1–TW10 werden auf Dollarbasis ausgegeben.

Kuwait **Koweït**

Kuwait

Dawlat al-Kuwait

Fläche: 15540 km² und Anteil an der 5836 km² großen »neutralen Zone« zwischen Kuwait und Saudi-Arabien; 1700000 Einwohner (1986).
Mit der Unabhängigkeitserklärung am sogenannten Nationaltag, dem 19. Juni 1961, endete der britische Protektoratsvertrag vom Jahre 1899. Das Emirat wurde am 2. August 1990 vom Irak überfallen und anschließend annektiert. Die Kampfhandlungen zur Befreiung Kuwaits begannen am 17. Januar 1991 und endeten Anfang März 1991 mit Wiederherstellung der alten Ordnung. Hauptstadt: Kuwait.

Seit 1. April 1961: 100 Fils = 1 Dirham, 1000 Fils = 1 Kuwait-Dinar (Kuwaiti Dinar)

Der Kuwait-Dinar verlor laut irakischer Verfügung ab dem 7. Oktober 1990 seine Eigenschaft als gesetzliches Zahlungsmittel und wurde 1:1 gegen den Irak-Dinar ausgetauscht. Am 24. März 1991 konnte die kuwaitische Währung wieder als gesetzliches Zahlungsmittel eingeführt werden.

Abdullah III. as-Salim as-Sabah 1950–1965

		VZ	ST
1 (1)	1 Fils (N-Me) n. H. 1380/1961. Sambuke, zweimastige Dhau (Teil des Staatswappens). Rs. Wert im Kreis, Landesname in Arabisch »Amirat al-Kuwait«	1,–	2,–
2 (2)	5 Fils (N-Me) n. H. 1380/1961. Typ wie Nr. 1	1,50	3,–
3 (3)	10 Fils (N-Me) n. H. 1380/1961. Typ wie Nr. 1	2,–	4,–
4 (4)	20 Fils (K-N) n. H. 1380/1961. Typ wie Nr. 1	2,–	4,–
5 (5)	50 Fils (K-N) n. H. 1380/1961. Typ wie Nr. 1	3,–	6,–

		VZ	ST
6 (6)	100 Fils (K-N) n. H. 1380/1961. Typ wie Nr. 1	4,–	8,–

Nrn. 1–6, polierte Platte 600,–

		VZ	ST
7 (7)	5 Dinars (G) n. H. 1380/1961. Typ wie Nr. 1. 916⅔er Gold, 13,572 g (1000 Ex.)		*1000,–*
8 (8)	1 Fils (N-Me) n. H. 1382/1962, 1384/1964, 1385/1966, 1386/1967, 1389/1970, 1390/1971, 1391/1971 – 1393/1973, 1395/1975–1397/1977, 1399/1979, 1400/1980. Sambuke. Rs. Wert im Kreis, Landesname in Arabisch »Al-Kuwait«	–,50	–,80
9 (9)	5 Fils (N-Me) n. H. 1382/1962, 1384/1964, 1386/1967, 1388/1968, 1389/1969, 1389/1970, 1390/1971, 1391/1971 – 1397/1977, 1399/1979 – 1401/1981, 1403/1983, 1405/1985, 1408/1988. Typ wie Nr. 8	–,50	1,–
10 (10)	10 Fils (N-Me) n. H. 1382/1962, 1384/1964, 1386/1967, 1388/1968, 1389/1969, 1389/1970, 1390/1971, 1391/1971–1397/1977, 1399/1979–1401/1981, 1403/1983, 1405/1985, Typ wie Nr. 8	–,60	1,50
11 (11)	20 Fils (K-N) n. H. 1382/1962, 1384/1964, 1386/1967, 1388/1968, 1389/1969, 1389/1970, 1390/1971, 1391/1971–1397/1977, 1399/1979–1401/1981, 1405/1985, 1408/1988. Typ wie Nr. 8	–,80	2,–
12 (12)	50 Fils (K-N) n. H. 1382/1962, 1384/1964, 1386/1967, 1388/1968, 1389/1969, 1389/1970, 1390/1971, 1391/1971–1397/1977, 1399/1979–1401/1981, 1403/1983, 1405/1985. Typ wie Nr. 8	1,50	3,–
13 (13)	100 Fils (K-N) n. H. 1382/1962, 1384/1964, 1386/1967, 1388/1968, 1389/1969, 1391/1971–1397/1977, 1399/1979–1401/1981, 1403/1983, 1405/1985, 1403/1983. Typ wie Nr. 8	3,–	5,–

Nrn. 8–13 von 1382/1962, polierte Platte 600,–

Sabah III. as-Salim as-Sabah 1965–1977

15. Jahrestag der Unabhängigkeit

		ST	PP
14 (14)	2 Dinars (S) 1976. Gestaffelte Porträts von Abdullah III. und Sabah III. Rs. Festung, Bohrturm und Sambuke mit Wellenvordergrund:		
	a) 500er Silber, 28,28 g	150,–	
	b) 925er Silber, 28,28 g		280,–

Dschabir al-Ahmed adsch-Dschabir as-Sabah seit 1978

Zum Beginn des 15. Jahrhunderts islamischer Zeitrechnung (2)

		ST	PP
15 (15)	5 Dinars (S) n. H. 1401 (1981). Felsendom in Jerusalem. Rs. Ka'aba in Mekka und Moschee von Medina. 925er Silber, 28,28 g		140,–

			ST	PP
16 (16)	100	Dinars (G) n. H. 1401 (1981). Typ wie Nr. 15. 916⅔er Gold, 15,98 g		1400,–

20. Jahrestag der Unabhängigkeit (2)

17 (17) 5 Dinars (S) n. H. 1401 (1981). Tor der alten Mauer von Kuwait, Fischernetze. Rs. Moderne Fabrikanlage, Ölbohrturm, Radar-Netzwerk der Umm-Al-Aish-Station für Satellitentelekommunikation, Wassertürme 160,–

18 (18) 100 Dinars (G) n. H. 1401 (1981). Typ wie Nr. 17 1400,–

25. Jahrestag der Einführung des Kuwait-Dinars

19 (19) 5 Dinars (S) 1986. Rahmen der oberen Inschrift und rechts darunter Sozialwohnungsgebäude von der ersten Banknote zu 5 Dinars, links Gebäude der Flüssiggasfabrik von der ersten Banknote zu 1 Dinar, in der Mitte Justizgebäude von der neuen Banknote zu 20 Dinars, darunter Wertangabe, unten Mina-Abdullah-Hafen von der ersten Banknote zu ¼ Dinar. Rs. Falke der dritten Banknote zu 10 Dinars, Dhau von der zweiten Banknote zu 10 Dinars, Gebäude der Shuwaikh-Hochschule und Globus mit der Karte des Arabischen Golfes von der zweiten Banknote zu ½ Dinar. 925er Silber, 33,625 g 250,–

25. Jahrestag der Unabhängigkeit

			ST	PP
20 (20)	50	Dinars (G) 1986. Falke, Beduinenzelt, »Al-Sadu«-Textilien, Boot der Perlentaucher und Perle in offener Muschel, von 25 stilisierten überkragenden Toren umgeben. Rs. Große Staatsmoschee und Gebäude der Nationalversammlung, 25 Sonnenstrahlen. 916⅔er Gold, 16,965 g		–,–

5. Islamische Gipfelkonferenz 1987 (2)

21 – (S) 1987. Minarett der Großen Staatsmoschee, stilisierte verschlungene Hände, Koranvers »Wahrlich, Eure Bruderschaft ist eine einzige Bruderschaft« auf Halbmond (Emblem der Konferenz). Rs. Siegel der Zentralbank. 925er Silber, 33,625 g –,–

22 – (G) 1987. 916⅔er Gold, 16,965 g. Typ wie Nr. 21 –,–

23 (8a) 1 Fils (S) n. H. 1407/1987. Typ wie Nr. 8. 925er Silber, 2,41 g –,–

24 (9a) 5 Fils (S) n. H. 1407/1987. Typ wie Nr. 8. 925er Silber, 3,01 g –,–

25 (10a) 10 Fils (S) n. H. 1407/1987. Typ wie Nr. 8. 925er Silber, 4,35 g –,–

26 (11a) 20 Fils (S) n. H. 1407/1987. Typ wie Nr. 8. 925er Silber, 3,27 g –,–

27 (12a) 50 Fils (S) n. H. 1407/1987. Typ wie Nr. 8. 925er Silber, 5,07 g –,–

28 (13a) 100 Fils (S) n. H. 1407/1987. Typ wie Nr. 8. 925er Silber, 7,34 g –,–

29 (8b) 1 Fils (G) n. H. 1407/1987. Typ wie Nr. 8. 916⅔er Gold, 4,04 g –,–

30 (9b) 5 Fils (G) n. H. 1407/1987. Typ wie Nr. 8. 916⅔er Gold, 5,05 g –,–

31 (10b) 10 Fils (G) n. H. 1407/1987. Typ wie Nr. 8. 916⅔er Gold, 7,63 g –,–

32 (11b) 20 Fils (G) n. H. 1407/1987. Typ wie Nr. 8. 916⅔er Gold, 5,67 g –,–

33 (12b) 50 Fils (G) n. H. 1407/1987. Typ wie Nr. 8. 916⅔er Gold, 8,52 g –,–

34 (13b) 100 Fils (G) n. H. 1407/1987. Typ wie Nr. 8. 916⅔er Gold, 12,33 g –,–

20 Jahre islamische Konferenz (2)

35 5 Dinars (S) 1990. Typ ähnlich wie Nr. 15. 925er Silber, 28,276 g (300 Ex.) –,–

36 50 Dinars (G) 1990. Typ wie Nr. 35. 916⅔er Gold, 47,54 g (300 Ex.) –,–

Laos

Laos **Laos**

Fläche: 236 800 km²; 3 584 803 Einwohner (1985).
Im Rahmen seiner Indochina-Politik hatte Frankreich 1893 sein Protektorat über das Königreich Laos errichtet; dieses Protektorat endete mit dem Erlaß der Verfassung vom 11. Mai 1947. Frankreich erkannte Laos 1949 als souveränen Staat an und mußte sich nach den Niederlagen im Indochina-Krieg auch aus Laos zurückziehen; die Genfer Indochina-Konferenz von 1954 beendete vorläufig den Bürgerkrieg, der wirklich erst am 3. Dezember 1975 mit der Beseitigung des Königtums und der Ausrufung der Volksrepublik durch die siegreiche Pathet-Lao-Bewegung schloß. Hauptstadt: Vientiane.

100 Centimes (Att) = 1 Kip;
seit 15. Juni 1976: 100 Att = 1 Kip de libération (Neuer Kip)

Sisavang Vong 1904–1959

		SS	VZ
1 (1)	10 Centimes (Al) 1952. Laotin. Rs. Wert (mit Loch)	–,60	1,–
2 (2)	20 Centimes (Al) 1952 (mit Loch)	–,80	1,20
3 (3)	50 Centimes (Al) 1952. Buch der Verfassung (mit Loch)	1,50	3,–

Savang Vatthana 1959–1975

Zur Königskrönung Seiner Majestät des Königs von Laos am 13. November 1971 (9)

		ST	PP
4	1000 Kip (S) 1971. Boromo Setha Khatia Suria Vongsa Phra Maha Sri Savang Vatthana (*1907). Rs. Staatsemblem, Landesbezeichnung, Wertangabe. 925er Silber, 10 g	50,–	25,–
5	2500 Kip (S) 1971. Typ wie Nr. 4. 925er Silber, 20 g	80,–	40,–

		ST	PP
6	4000 Kip (G) 1971. Typ wie Nr. 4. 900er Gold, 4 g		160,–
7	5000 Kip (S) 1971. Typ wie Nr. 4. 925er Silber, 40 g	160,–	80,–
8	8000 Kip (G) 1971. Typ wie Nr. 4. 900er Gold, 8 g		300,–
9	10 000 Kip (S) 1971. Typ wie Nr. 4. 925er Silber, 80 g	340,–	170,–
10	20 000 Kip (G) 1971. Typ wie Nr. 4. 900er Gold, 20 g		750,–
11	40 000 Kip (G) 1971. Typ wie Nr. 4. 900er Gold, 40 g		1500,–
12	80 000 Kip (G) 1971. Typ wie Nr. 4. 900er Gold, 80 g		3200,–

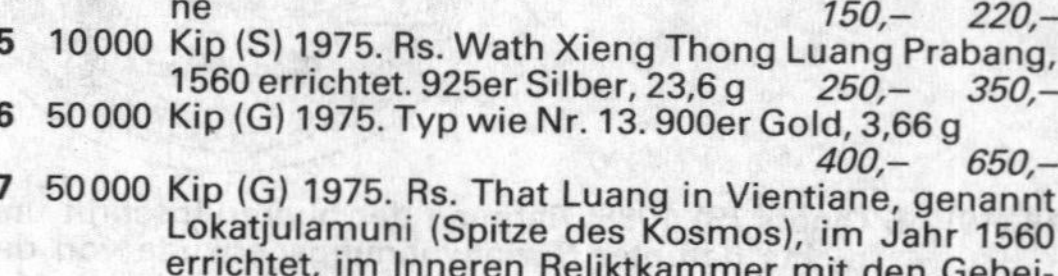

		ST	PP
13	5000 Kip (S) 1975. Seine Majestät der König von Laos und das königliche Wappen. Rs. Laotisches Mädchen. 925er Silber, 11,8 g	150,–	220,–
14	5000 Kip (S) 1975. Rs. Museum Wath Phra Kio in Vientiane	150,–	220,–
15	10 000 Kip (S) 1975. Rs. Wath Xieng Thong Luang Prabang, 1560 errichtet. 925er Silber, 23,6 g	250,–	350,–
16	50 000 Kip (G) 1975. Typ wie Nr. 13. 900er Gold, 3,66 g	400,–	650,–
17	50 000 Kip (G) 1975. Rs. That Luang in Vientiane, genannt Lokatjulamuni (Spitze des Kosmos), im Jahr 1560 errichtet, im Inneren Reliktkammer mit den Gebeinen Buddhas	400,–	650,–

		ST	PP
18	100 000 Kip (G) 1975. Rs. Buddhastatue. 900er Gold, 7,32 g (num. Ex.)	900,–	1350,–

Die Katalogpreise sind durchschnittliche Handelspreise und als solche den täglichen Schwankungen des Marktes unterworfen.

Laotische Demokratische Volksrepublik
The Lao People's Democratic Republic

NEUE WÄHRUNG: 100 Att = 1 (Neuer) Kip

		VZ	ST
19 (4)	10 Att (Al) 1980 [LMD]	**–,50**	**1,50**
20 (5)	20 Att (Al) 1980	**–,80**	**2,–**
21 (6)	50 Att (Al) 1980	**1,–**	**3,–**

10. Jahrestag der Volksrepublik (9)

PP

22 1 Kip (K-N) 1985. Staatswappen, Landesname, Jahreszahlen, im Ornamentkreis. Rs. Wertangabe zwischen Ornamenten *50,–*
23 5 Kip (K-N) 1985. Typ wie Nr. 22 *50,–*
24 10 Kip (K-N) 1985. Typ wie Nr. 22 *50,–*
25 20 Kip (K-N) 1985. Typ wie Nr. 22 *50,–*
26 50 Kip (K-N) 1985. Typ wie Nr. 22 *50,–*
27 50 Kip (S) 1985. Staatswappen. Rs. That Luang in Vientiane (siehe Nr. 17). 900er Silber, 38,2 g [LMD] (2000 Ex.) **60,–**
28 50 Kip (S) 1985. Rs. Wath Phu, Bergkloster im Süden von Laos aus dem 11. Jh. an der Stelle einer früheren Schiwa-Kultstätte [LMD] (2000 Ex.) **60,–**
29 50 Kip (S) 1985. Rs. That Ing Hang, Provinz Savannakhet, 5. Jh. mit Erweiterungen aus dem 16. Jh., als Grabstätte Buddhas verehrt [LMD] (2000 Ex.) **60,–**
30 50 Kip (S) 1985. Rs. Tkhong Khai Hin, Ebene der Tonkrüge in der Provinz Xieng Khuang, vermutlich Gräberfeld um 1000 v. Chr. [LMD] (2000 Ex.) **60,–**

XIII. Fußball-Weltmeisterschaft 1986 in Mexiko

ST PP

31 50 Kip (S) 1986. Staatswappen, Landesname. Rs. Zwei Spieler vor dem Tor. 999er Silber, 16 g (max. 5000 Ex.) *90,–*

ST PP

32 10 Kip (K-N) 1988. Rs. Fünfmast-Gaffelschoner **12,–**
33 50 Kip (S) 1988. Typ wie Nr. 32. 999er Silber, 16 g (2000 Ex.) **60,–**
34 100 Kip (G) 1988. Typ wie Nr. 32. 999er Gold, 3,11 g (500 Ex.) **220,–**

VIII. Fußball-Europameisterschaft 1988 in Deutschland

35 50 Kip (S) 1988. Rs. Spielszene. 999er Silber, 12 g **60,–**

XIV. Fußball-Weltmeisterschaft 1990 in Italien (2)

36 10 Kip (K-N) 1989. Rs. Foulspiel (2000 Ex.) **14,–**
37 50 Kip (S) 1989. Typ wie Nr. 36. 999er Silber, 16 g (max. 10000 Ex.) **85,–**

XVI. Olympische Winterspiele 1992 in Albertville

38 50 Kip (S) 1989. Rs. Eistänzerpaar. 999er Silber, 16 g (max. 5000 Ex.):
a) alte Wappenzeichnung, Straße und Seitenstreifen glänzend **85,–**
b) neue Wappenzeichnung, nur Straße glänzend, Seitenstreifen mattiert **85,–**

XXV. Olympische Sommerspiele 1992 in Barcelona
1. Ausgabe

39 50 Kip (S) 1989. Rs. Wasserball. 999er Silber, 16 g:
a) alte Wappenzeichnung und mattierte Wasseroberfläche (1015 Ex.) **140,–**
b) neue Wappenzeichnung und spiegelnde Wasseroberfläche mit stilisierten Wellenlinien (max. 8985 Ex.) **85,–**
40 100 Kip (G) 1990. Rs. That Luang in Vientiane (1560). 999er Gold, 3,11 g (500 Ex.) **220,–**

Bedrohte Tierwelt

41 50 Kip (S) 1991. Rs. Tiger mit zwei Jungen. 999er Silber, 16 g **60,–**

XXV. Olympische Sommerspiele 1992 in Barcelona
2. Ausgabe

42 10 Kip (St, N galvanisiert) 1991. Rs. Radrennfahrer **–,–**

XV. Fußball-Weltmeisterschaft 1994 in den Vereinigten Staaten von Amerika

43 50 Kip (S) 1991. Rs. Fußball auf Postament. 999er Silber, 12 g **60,–**

Lesotho

Lesotho **Lesotho**

Fläche: 30344 km²; 1530000 Einwohner (1986).
Seit dem 4. Oktober 1966 ist das ehemalige britische Protektorat Basutoland unabhängig unter dem Namen Lesotho. Das Königreich Lesotho, das rings vom Staatsgebiet der Republik Südafrika umgeben ist, gehört dem britischen Commonwealth an. Hauptstadt: Maseru.

100 Licente = 1 Maloti;
seit Mai 1979: 100 Lisente (Singular: Sente) = 1 Loti (Plural: Maloti)

Neben den eigenen Geldzeichen ist auch der südafrikanische Rand gesetzliches Zahlungsmittel. Der Loti ist dem Rand paritätisch.

Moschesch II. seit 1960

Zur Erlangung der Unabhängigkeit (7)

PP

1 5 Licente (S) 1966. Moschesch I. (1786–1870), Gründer der Basuto-Nation, König 1824–1870. Rs. Staatswappen. 900er Silber, 2,83 g *12,–*

2 10 Licente (S) 1966. Typ wie Nr. 1. 900er Silber, 5,66 g *15,–*

3 20 Licente (S) 1966. Typ wie Nr. 1. 900er Silber, 11,32 g *18,–*

4 50 Licente (S) 1966. Typ wie Nr. 1. 900er Silber, 28,28 g:
a) Mzz. und Feingehalt neben Jahreszahl *50,–*
b) Mzz. und Feingehalt unter Jahreszahl (Abb.) *50,–*

5 1 Maloti (G) 1966. Typ wie Nr. 1. 916⅔er Gold, 3,99 g *320,–*

6 2 Maloti (G) 1966. Typ wie Nr. 1. 916⅔er Gold, 7,99 g *500,–*

7 4 Maloti (G) 1966. Typ wie Nr. 1. 916⅔er Gold, 15,98 g *900,–*

Anm.: Probeprägungen mit Kopfbild Moscheschs I. in den Wertstufen 5, 10, 20, 50 Licente in Silber (je 2 Ex.) und 1, 2, 4, 10, 20 Maloti in Gold (je 7 Ex.) von 1966 bekannt.

Arbeit der FAO (5)

ST PP

8 1 Maloti (G) 1969. König Moschesch I. Rs. Mosotho-Reiter, 916⅔er Gold, 3,99 g (3000 Ex.) *180,–*

9 2 Maloti (G) 1969. Rs. Landarbeiter. 916⅔er Gold, 7,99 g (3000 Ex.) *300,–*

10 4 Maloti (G) 1969. Rs. Mohairziegenbock. 916⅔er Gold, 15,98 g (3000 Ex.) *600,–*

11 10 Maloti (G) 1969. Rs. Pflügen mit Ochsen. 916⅔er Gold, 39,94 g (3000 Ex.) *1500,–*

12 20 Maloti (G) 1969. Rs. Merinoschafe. 916⅔er Gold, 79,88 g (3000 Ex.) *3000,–*

Nrn. 8—12 werden von der FAO nicht anerkannt.

10. Jahrestag der Unabhängigkeit und 45. Jahrestag des Britischen Commonwealth (3)

13 10 Maloti (S) 1976. Moschesch (Motlotlehi Moshoeshoe) II., König seit 1960, Landesname. Rs. Frau in Tracht bei Töpferarbeiten vor dem Regierungspalast in Maseru, Wertangabe. 925er Silber, 25,08 g (44000 Ex.) *80,–* *100,–*

		ST	PP
14	50 Maloti (G) 1976. Staatswappen, Jahreszahlen. Rs. Königin Elisabeth II., Jahreszahlen, Wertangabe. 900er Gold, 4,5 g	*270,–*	*270,–*
15	100 Maloti (G) 1976. König Moschesch II., Jahreszahlen. Rs. Mosotho-Reiter, Wertangabe. 900er Gold, 9 g	*450,–*	*450,–*

NEUE WÄHRUNG: 100 Lisente = 1 Loti

		VZ	ST
16 (1)	1 Sente (N-Me) 1979–1981, 1983, 1985, 1989. Uniformiertes Brustbild von König Moschesch II. Rs. Kegelförmiger Strohhut, sog. Basuto-Hut	–,30	–,50

17 (2)	2 Lisente (N-Me) 1979–1981, 1985, 1989. Rs. Zuchtstier	–,30	–,50

18 (3)	5 Lisente (N-Me) 1979–1981, 1989. Rs. Aloe (Aloe africana – Liliaceae)	–,40	–,80
19 (4)	10 Lisente (K-N) 1979–1981, 1983, 1989. Rs. Mohairziegenbock	–,40	–,80

20 (5)	25 Lisente (K-N) 1979–1981, 1989. Rs. Frau in Tracht beim Korbflechten vor Kegeldachhütten	–,65	1,15
21 (6)	50 Lisente (K-N) 1979–1981, 1983, 1989. Rs. Mosotho-Reiter	1,20	2,50
22 (7)	1 Loti (K-N) 1979–1981, 1989. Rs. Staatswappen mit Schildhaltern	2,40	5,–

		ST	PP
23 (8)	10 Maloti (S) 1979, 1980. Rs. Denkmal König Moscheschs I.:		
	a) 1979, Ø 38,61 mm, 925er Silber, 28,28 g	40,–	60,–
	b) 1980, Ø 30 mm, 500er Silber, 12 g	30,–	50,–

Nrn. 16–22 von 1979, polierte Platte 30,–
Nrn. 16–22, 23b von 1980, polierte Platte 65,–
Nrn. 16–22, 35 von 1981, polierte Platte (2500 Ex.) 150,–

Internationales Jahr des Kindes 1979 (3)

		ST	PP
24 (9)	10 Maloti (S) 1979. Rs. Drei Kinder, darunter Wertangabe:		
	a) 925er Silber, 28,28 g	60,–	60,–
	b) Piéfort, 925er Silber, 56,56 g (50 Ex.)		300,–
25 (10)	15 Maloti (S) 1979. Rs. Drei Kinder, darunter Emblem, unten bogig Feingehalt und Wertangabe. 925er Silber, 33,625 g:	75,–	100,–
26 (11)	250 Maloti (G) 1979. Typ wie Nr. 24. 916⅔er Gold, 33,93 g:		
	a) [Valcambi], CHI (2000 Ex.)		1600,–
	b) [RM] (2500 Ex.)	1600,–	

110. Todestag von König Moschesch I. (3)

27 (12)	50 Maloti (S) 1980. Rs. Krokodil, Maiskolben und geschliffener Diamant mit Basutohut. Inschrift »Khotso Pula Nala« (Frieden, Regen, Wohlstand). 925er Silber, 33,625 g [RM] (ST: max. 2500 Ex., PP: max. 7500 Ex.)	90,–	*150,–*
28 (13)	250 Maloti (G) 1980. Typ wie Nr. 27. 500er Gold, 31,10 g [RM] (ST: max. 1500 Ex., PP: max. 3000 Ex.)	850,–	900,–
29 (14)	500 Maloti (G) 1980. Typ wie Nr. 27. 916⅔er Gold, 33,93 g [RM] ST: max. 1500 Ex., PP: max. 3000 Ex.)	*1600,–*	*1600,–*

Zur Hochzeit von Prinz Charles und Lady Diana (3)

30 (15)	30 Maloti (S) 1981. Staatswappen. Rs. Gestaffelte Porträts n. l. 925er Silber		50,–
31 (16)	250 Maloti (G) 1981. Typ wie Nr. 30:		
	a) 916⅔er Gold, 15,98 g (2500 Ex.)	850,–	900,–
	b) Piéfort, 916⅔er Gold, 31,95 g		1800,–
A31	250 Maloti (Pt) 1981. Typ wie Nr. 30. 995er Platin, 15,63 g (200 Ex.)		1200,–

25. Jahrestag der Einführung von »Duke of Edinburgh's Award Scheme« (3)

32 (22)	25 Maloti (S) 1981. Staatswappen. Rs. Prinz Philip, Porträt n. l. 925er Silber, 16,82 g (5000 Ex.)		120,–
33 (23)	250 Maloti (G) 1981. Typ wie Nr. 32. 916⅔er Gold, 16,96 g (1500 Ex.)		900,–
34 (23a)	250 Maloti (Pt) 1981. Typ wie Nr. 32. 995er Platin, 15,63 g (200 Ex.)		1200,–

15. Jahrestag der Unabhängigkeit

35 (19)	15 Maloti (S) 1981. Moschesch II. Rs. Adler mit Staatsmotto. 500er Silber, 12 g [RM] (2500 Ex.)		100,–

15. Jahrestag der Mitgliedschaft im Britischen Commonwealth (3)

36 (20)	50 Maloti (S) 1981. Staatswappen. Rs. Elisabeth II., Porträt n. r. 925er Silber, 33,625 g (5000 Ex.)		120,–

		ST	PP
37 (21)	500 Maloti (G) 1981. Typ wie Nr. 36. 916⅔er Gold, 33,93 g (500 Ex.)		**2000,–**
38 (21a)	500 Maloti (Pt) 1981. Typ wie Nr. 36. 995er Platin, 31,26 g (200 Ex.)		*2400,–*

XII. Fußball-Weltmeisterschaft in Spanien (3)

39 10 Maloti (S) 1982. Staatswappen. Rs. Zwei Fußballspieler. 500er Silber, 28,28 g (3000 Ex.) **100,–**

40 (17) 10 Maloti (S) 1982. Rs. Torwart. 925er Silber, 23,33 g (3582 Ex.) **100,–**

41 (18) 250 Maloti (G) 1982. Typ wie Nr. 40. 900er Gold, 7,13 g (551 Ex.) **500,–**

250. Geburtstag von George Washington (3)

42 (24) 10 Maloti (S) 1982. Rs. George Washington (1732–1799), erster Präsident der Vereinigten Staaten von Amerika 1789–1797. 500er Silber, 28,28 g **100,–**

43 (25) 10 Maloti (S) 1982. Rs. Washington in Valley Forge **100,–**

44 (26) 10 Maloti (S) 1982. Rs. Washington überquert den Delaware 1776, nach einem Gemälde von Emanuel Leutze (1816–1868) **100,–**

Internationales Jahr der Behinderten 1981 (2)

45 (27) 25 Maloti (S) 1983. Rs. Weltkarte, Motto und Emblem:
a) 925er Silber, 28,28 g 60,– 80,–
b) Piéfort, 925er Silber, 56,56 g –,–

46 (28) 200 Maloti (G) 1983. Rs. Embleme, von stilisierten Händen gehalten:
a) 916⅔er Gold, 15,98 g (1000 Ex.) *1200,–* *1200,–*
b) Piéfort, 916⅔er Gold, 31,95 g (100 Ex.) *2400,–*

Internationale Spiele 1984 (3)

47 (29) 10 Maloti (K-N) 1984. Rs. Drei Hockeyspieler *60,–*

48 10 Maloti (K-N) 1984. Rs. Hürdenläufer *60,–*

49 25 Maloti (S) 1984. Typ wie Nr. 48. 925er Silber, 28,35 g (650 Ex.) *150,–*

Jahrzehnt für die Frauen 1976–1985

PP

50 (30) 10 Maloti (S) 1985. Moschesch II. Rs. Mosotho-Frau mit Kind auf dem Rücken beim Wassertragen. 925er Silber, 28,28 g (1000 Ex.) **100,–**

25. Regierungsjubiläum von König Moschesch II. (2)

51 (31) 1 Loti (S) 1985. Moschesch II. Rs. Staatswappen mit Königskrone, Gedenkinschrift. 925er Silber, 11,31 g (2500 Ex.) **75,–**

52 1 Loti (G) 1985. Typ wie Nr. 51. 916⅔er Gold, 18,98 g (500 Ex.) **1000,–**

Zum Papstbesuch (2)

53 10 Maloti (S) 1988. Staatswappen. Rs. Papst Johannes Paul II. 925er Silber, 28,28 g **90,–**

54 250 Maloti (G) 1988. Typ wie Nr. 53. 916⅔er Gold, 15,98 g (750 Ex.) **950,–**

Latvia

Lettland

Lettonie

Latvija

Fläche: 65 000 km²; 2 000 000 Einwohner (1939).
Kurland, Livland, Lettgallen und Semgallen kamen im 18. Jahrhundert an Rußland. Aus diesen historischen Landschaften wurde am 18. November 1918 ein gemeinsamer Staat, die demokratische Republik Lettland, gebildet, im Juni 1940 von russischen Truppen besetzt und seitdem, mit kurzer Unterbrechung, zum Staatsverband der Sowjetunion gehörend. Die Sowjetunion erkannte die Unabhängigkeit Lettlands am 6. September 1991 an. Hauptstadt: Riga.

100 Santimu = 1 Lats

		SS	VZ
1 (1)	1 Santims (Bro) 1922, 1924, 1926, 1928, 1932, 1935. Staatswappen. Rs. Wertangabe, Jahreszahl	**6,–**	**10,–**
2 (2)	2 Santimi (Bro) 1922, 1926, 1928, 1932. Typ wie Nr. 1	**6,–**	**10,–**
3 (3)	5 Santimi (Bro) 1922. Typ wie Nr. 1	**7,50**	**12,–**
4 (4)	10 Santimu (N) 1922. Typ wie Nr. 1	**6,–**	**10,–**

5 (5)	20 Santimu (N) 1922. Typ wie Nr. 1	**8,–**	**14,–**
6 (6)	50 Santimu (N) 1922. Staatswappen. Rs. Latvija, Sinnbild der lettischen Republik, am Ruder eines Bootes, Wertangabe	**16,–**	**25,–**
7 (7)	1 Lats (S) 1923, 1924. Staatswappen mit Schildhaltern. Rs. Wertangabe und Jahreszahl zwischen unten gebundenen Zweigen. 835er Silber, 5 g		
	1923	**–,–**	**–,–**
	1924	**8,–**	**16,–**
8 (8)	2 Lati (S) 1925, 1926. Typ wie Nr. 7. 835er Silber, 10 g	**12,50**	**22,–**

		SS	VZ
9 (9)	5 Lati (S) 1929, 1931, 1932. Kopfbild der Latvija. Rs. Staatswappen und Wert. 835er Silber, 25 g	**26,–**	**38,–**
10 (10)	1 Santims (Bro) 1937–1939. Staatswappen. Rs. Wert, von Ähren flankiert	**10,–**	**15,–**

11 (11)	2 Santimi (Bro) 1937–1939. Typ wie Nr. 10:		
	a) Origianlprägung, 2,0 g, Ø 19 mm, 1937	**150,-**	**260,-**
	b) Nachprägung, 2,2 g, 1937		
	c) Origianlprägung, Ø 19,5 mm, 1938, 1939	**10,-**	**16,-**

Lebanon

Libanon

Liban

Libanān

Fläche: 10400 km²; 3500000 Einwohner.
Das Land an der Mittelmeerküste Kleinasiens war bis 1918 ein Teil des türkischen Reiches. Im Staatsverband Frankreichs wurde die Republik Libanon geschaffen. Am 26. November 1941 erfolgte die Unabhängigkeitserklärung, allerdings wurden die Mandatsrechte erst 1944 auf die libanesische Regierung übertragen. Der Abzug der letzten Besatzungstruppen erfolgte 1946. Hauptstadt: Beirut.

100 Piaster (Piastres, Qirsh, Gersch) = 1 Libanesisches Pfund (Livre Libanaise, Lira)

État du Grand Libanon 1920–1941
Dawlat Libanān al-Kebir

République Libanaise seit 1926
Adsch-Dschamhuriyat al-Libanāniya

		SS	VZ
1 (1)	2 Piastres (Al-Bro) 1924. Libanonzeder (Cedrus libani – Pinaceae), Landesname »Staat Groß-Libanon«. Rs. Wert »2 Piastres Syriennes«	9,–	25,–
2 (2)	5 Piastres (Al-Bro) 1924. Typ wie Nr. 1	8,–	20,–

		SS	VZ
3 (5)	½ Piastre (K-N) 1934, 1936. Wertangabe, Landesname »Libanesische Republik«	5,–	12,–
4 (6)	1 Piastre (K-N) 1925, 1931, 1933, 1936. Lorbeer- und Eichenzweig, Landesname »Staat Groß-Libanon«. Rs. Wertangabe, Löwenköpfe (mit Loch)	2,–	8,–
5 (3)	2 Piastres (Al-Bro) 1925. Libanonzeder, Landesname »Staat Groß-Libanon«. Rs. Antikes phönikisches Ruderschiff mit Tigerkopf am Bug und Fischschwanz am Heck, Wertangabe	12,–	30,–

		SS	VZ
6 (4)	5 Piastres (Al-Bro) 1925, 1931, 1933, 1936, 1940. Typ wie Nr. 5	6,–	12,–
7 (8)	10 Piastres (S) 1929. Libanonzeder, Landesname »Libanesische Republik«. Rs. Füllhörner, Wertangabe. 680er Silber, 2 g	18,–	40,–
8 (9)	25 Piastres (S) 1929, 1933, 1936. Typ wie Nr. 7. 680er Silber, 5 g	18,–	45,–
9 (10)	50 Piastres (S) 1929, 1933, 1936. Typ wie Nr. 7. 680er Silber, 10 g	28,–	65,–
10 (5a)	½ Piastre (Zink) 1941. Typ wie Nr. 3	5,–	12,–
11 (6a)	1 Piastre (Zink) 1940. Typ wie Nr. 4 (mit Loch)	8,–	25,–
12 (7)	2½ Piastres (Al-Bro) 1940. Typ wie Nr. 4, Landesname »Libanesische Republik« (mit Loch)	3,–	8,–

Unabhängige Republik
Lokalausgaben (6)

		SS	VZ
13 (11)	½ Piastre (Me) o. J. (1942–1945). Landesname »Libanon«, Wertangabe (mit Loch)	6,–	12,–
14 (12)	1 Piastre (Me) o. J. (1942–1945). Typ wie Nr. 13	7,–	15,–
A14	2½ Piastres (Me) o. J. (1942–1945). Typ wie Nr. 13	–,–	–,–
B14	1 Piastre (Al) o. J. (1942–1945). Typ wie Nr. 13	–,–	–,–
15 (13)	2½ Piastres (Al) o. J. (1942–1945). Typ wie Nr. 13	8,–	16,–

		SS	VZ
A15	5 Piastres (Al) o. J. (1942–1945). Typ wie Nr. 13 (1 Ex. bekannt)		–,–
16 (14)	5 Piastres (Al) 1952. Libanonzeder. Rs. Galeere	7,–	13,–

		SS	VZ
17 (15)	10 Piastres (Al) 1952	8,–	18,–
18 (16)	25 Piastres (Al-Bro) 1952, 1961:		
	a) [Utrecht], Merkurstab, 1952	3,–	5,–
	b) [Bern], Merkurstab, 1961	3,–	5,–

		SS	VZ
19 (17) 50	Piastres (S) 1952. Libanonzeder, Jahreszahl. Rs. Wertangabe zwischen unten gebundenen Lorbeerzweigen. 600er Silber, 5 g [Utrecht]	11,–	22,–
20 (20) 5	Piastres (Al) 1954. Libanonzeder. Rs. Kranz, Wertangabe [Libanon]	1,–	3,–
21 (21) 10	Piastres (Al-Bro) 1955. Galeere. Rs. Libanonzeder, Wertangabe	2,–	6,–
22 (18) 1	Piastre (Al-Bro) 1955. Landesname, Wertangabe (mit Loch)	–,40	–,80
23 (19) 2½	Piastres (Al-Bro) 1955. Typ wie Nr. 22 (mit Loch)	–,40	–,80
24 (22) 5	Piastres (Al-Bro) 1955, 1961. Löwenkopf, Landesname, Wertangabe. Rs. Libanonzeder	–,50	1,–
25 (23) 10	Piastres (Al-Bro) 1955. Galeere, Landesname, Wertangabe. Rs. Libanonzeder	2,–	4,–
26 (24) 10	Piastres (K-N) 1961. Typ wie Nr. 25 [RM]	1,50	4,–

Nr. 26, polierte Platte –,–

Für den FAO-Münz-Plan

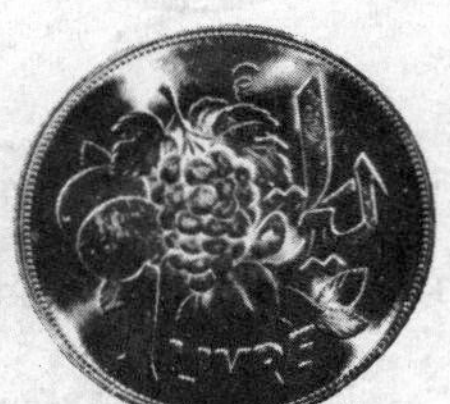

		VZ	ST
27 (29) 1	Livre (N) 1968. Libanonzeder, Name der Zentralbank in der Umschrift. Rs. Früchte des Landes, Wertangabe [Sherritt]	3,–	5,–
28 (25) 5	Piastres (Al-N-Bro) 1968–1980. Libanonzeder, darunter Name der Zentralbank. Rs. Wertangabe im Lorbeerkranz:		
	a) 1968–1970	–,30	1,–
	b) [Paris] 1972, 1975, 1980	–,30	1,–

		VZ	ST
29 (26) 10	Piastres (Al-N-Bro) 1968–1970, 1972, 1975. Typ wie Nr. 28 [Paris]	–,50	1,–
30 (27) 25	Piastres (Al-N-Bro) 1968–1980. Typ wie Nr. 28		
	a) 1968–1970, 1972, 1975	1,–	1,50
	b) [Paris] 1980	1,–	1,50

		VZ	ST
31 (28) 50	Piastres (N) 1968–1980. Libanonzeder, Name der Zentralbank in der Umschrift. Rs. Wertangabe im Lorbeerkranz:		
	a) 1968–1971, 1975, 1978	2,–	4,–
	b) [Paris] 1980	2,–	4,–
32 (30) 1	Livre (N) 1975–1986. Typ wie Nr. 31:		
	a) 1975, 1977, 1980, 1986	3,–	6,–
	b) [Paris] 1980, 1981	3,–	6,–

Für den FAO-Münz-Plan

		VZ	ST
33 (31) 5	Livres (N) 1978. Rs. Früchte des Landes vor Sonne, Wertangabe [RM]	10,–	16,–

XIII. Olympische Winterspiele in Lake Placid 1980 (3)

		ST	PP
34 (32) 1	Livre (K-N) 1980. Emblem der Winterspiele. Rs. Stilisierter Abfahrtsläufer vor Bergmassiv mit dem Schriftzug »Liban« [HF]:		
	a) Normalprägung		15,–
	b) Piéfort		50,–
35 (33) 10	Livres (S) 1980. Typ wie Nr. 34 [HF]:		
	a) 500er Silber, 19 g		60,–
	b) Piéfort		150,–
36 (34) 400	Livres (G) 1980. Typ wie Nr. 34 [HF]:		
	a) 900er Gold, 8 g (1000 Ex.)		1500,–
	b) Piéfort		–,–

Welternährungstag 1981

		VZ	ST
37 (35) 10	Livres (K-N) 1981. Pflügender Bauer [Paris]	18,–	25,–
37E	Essai		*100,–*

Liberia **Liberia** **Libéria**

Liberia

Fläche: 111 370 km²; 2 200 000 Einwohner (1986).
Mit Hilfe der American Colonization Society und weiterer philanthropischer Gesellschaften entstanden seit 1822 an der westafrikanischen Pfefferküste kleine Siedlungen freigelassener Negersklaven aus den Vereinigten Staaten von Amerika; diese schlossen sich 1847 mit der Verkündung einer Verfassung zur ersten Negerrepublik auf afrikanischem Boden zusammen.
Hauptstadt: Monrovia.

100 Cents = 1 Liberianischer Dollar

Die Geldzeichen der Vereinigten Staaten in Stückelungen bis zu 20 US-Dollar sind neben den liberianischen Scheidemünzen gesetzliches Zahlungsmittel, derzeit (1991) im Kurs 1:12.

		SS	VZ
1 (4)	1 Cent (Bro) 1896, 1906. Freiheitskopf amerikanischen Stils nach links. Rs. Ölpalme (Elaeis guineensis – Palmae), aufgehende Sonne, im Hintergrund U.S.S. »Alligator«, das die ersten Siedler an die Küste Liberias brachte (Staatswappenbild), Wert:		
	1896	**15,–**	**20,–**
	1906	**30,–**	**50,–**
2 (5)	2 Cents (Bro) 1896, 1906. Typ wie Nr. 1	**12,–**	**25,–**
3 (6)	10 Cents (S) 1896, 1906. Rs. Wert im Kranz. 925er Silber, 2,07 g	**20,–**	**26,–**
4 (7)	25 Cents (S) 1896, 1906. Typ wie Nr. 3. 925er Silber, 5,18 g	**30,–**	**40,–**

		SS	VZ
5 (8)	50 Cents (S) 1896, 1906. Typ wie Nr. 3. 925er Silber, 10,96 g	**40,–**	**65,–**
6 (9)	½ Cent 1937, 1941. Afrikanischer Elefant (Loxodonta africana – Elephantidae). Rs. Staatswappenbild:		
	a) (Me) 1937	**1,50**	**2,50**
	b) (K-N) 1941	**1,–**	**1,50**

		SS	VZ
7 (10)	1 Cent 1937, 1941. Typ wie Nr. 6:		
	a) (Me) 1937	**3,–**	**7,50**
	b) (K-N) 1941	**5,–**	**6,50**
8 (11)	2 Cents 1937, 1941, 1978. Typ wie Nr. 6:		
	a) (Me) 1937	**2,50**	**8,–**
	b) (K-N) 1941	**3,–**	**6,–**
	c) (K-N) FM 1978 (nur polierte Platte)		**3,–**

		ST	PP
9 (12)	1 Cent (Bro) 1960, 1961, 1968–1978, 1983. Afrikanischer Elefant. Rs. Staatswappenbild, nationaler Wahlspruch »Die Liebe zur Freiheit brachte uns hierher«	**–,80**	**2,–**

		ST	PP
10 (13)	5 Cents (K-N) 1960, 1961, 1968–1978, 1983. Typ wie Nr. 9	**1,–**	**3,–**
11 (14)	10 Cents 1960–1983. Freiheitskopf afrikanischen Stils nach links. Rs. Wert im Kranz:		
	a) (S) 900 fein, 2,07 g, 1960, 1961	**8,–**	
	b) (K-N) 2.07 g, 1966		
	c) (K-N) 1968–1978, 1983	**1,–**	**3,–**
12 (15)	25 Cents 1960–1976. Typ wie Nr. 11:		
	a) (S) 900 fein, 5,18 g, 1960, 1961	**15,–**	
	b) (K-N) 5,18 g, 1966		
	c) (K-N) 1968–1976	**3,–**	**5,–**
	d) (K-N) 1968 [RM]	**3,–**	**5,–**

		ST	PP
13 (16) 50	Cents 1960–1976. Typ wie Nr. 11:		
	a) (S) 900 fein, 10,96 g, 1960, 1961	30,–	
	b) (K-N) 10,96 g, 1966		
	c) K-N) 1968–1976	4,–	6,–
14 (17) 1	Dollar 1960–1976. Typ wie Nr. 11:		
	a) (S) 900 fein, 20,74 g, 1961, 1962	50,–	
	b) (K-N) 20,74 g, 1966	8,–	12,–
	c) (K-N) 18 g, 1968–1976	8,–	12,–

In gleichen Zeichnungen: Nrn. 32–35.

15 (27) 20 Dollars (G) 1964. William Vacanarat Shadrach Tubman (1895–1971), Staats- und Regierungschef 1943–1971. Rs. Staatswappen:
a) Rotgold, 900 fein, 18,65 g, B (Bern) unter Jahreszahl *825,–*
b) Gelbgold, 999 fein, L (Lingot) über, B unter Jahreszahl *1100,–*

Nr. 15 auch in Silber vorkommend (ca. 4 Ex.).

70. Geburtstag von William V. S. Tubman – 1. Ausgabe

16 (28) 25 Dollars (G) 1965. Rs. Providence Island, Landungsort der ersten freigelassenen Negersklaven aus den Vereinigten Staaten:
a) Rotgold, 900 fein, 23,312 g, B unter Jahreszahl *1100,–* *1200,–*
b) Gelbgold, 999 fein, L über, B unter Jahreszahl *1600,–*

Nr. 16 auch in Silber vorkommend (ca. 4 Ex.).

2. Ausgabe (2)

17 (A28) 12 Dollars (G) 1965. William V. S. Tubman, Staatspräsident. Rs. Staatswappen, Wertangabe. 900er Gold, 6 g (400 Ex.) *550,–*

18 (B28) 30 Dollars (G) 1965. Typ wie Nr. 17. 900er Gold, 15 g (400 Ex.) *1400,–*

Nrn. 17 und 18 sind als inoffizielle Ausgaben zu betrachten.

75. Geburtstag von William V. S. Tubman

A18 (29) 25 Dollars (G) 1970. William V. S. Tubman. Rs. Tubmans Geburtshaus in Harper, Maryland County, Wertangabe. 23,24 g (3000 Ex.) *1000,–*

25 Jahre Inter-Continental Hotels (3)

		ST	PP
B18 5	Dollars (G) 9171. Hotelgebäude, Landesname, Wertangabe. Rs. Emblem. 900er Gold, 5 g		–,–
C18 10	Dollars (G) 9171. Typ wie Nr. B 18. 900er Gold, 12 g		–,–
D18 20	Dollars (G) 1971. Typ wie Nr. B 18. 900er Gold, 16 g		–,–

Zur Amtseinführung von Präsident Tolbert am 3. 1. 1972 (4)

19 (A30) 2½ Dollars (G) 1972. Staatswappen. Rs. Kapitol in Monrovia. 900er Gold, 4,1796 g –,–

20 (B30) 5 Dollars (G) 1972. Rs. Segelschiff, Motiv aus dem Staatswappen und als Umschrift der nationale Wahlspruch (150 Jahre Besiedelung von Liberia). 900er Gold, 8,3592 g –,–

21 (C30) 10 Dollars (G) 1972. Rs. Freiheitskopf mit Strahlenkrone. 900er Gold, 16,7185 g –,–

22 (D30) 20 Dollars (G) 1972. Rs. William Richard Tolbert, jr. (1913–1980), 19. Staatspräsident 1971–1980. 900er Gold, 33,437 g (numerierte Ex.) –,–

150. Jahrestag der Gründung von Liberia

23 (30) 25 Dollars (G) 1972. William Richard Tolbert, Staatspräsident. Rs. Küstenlandschaft mit Providence Island, Gedenkumschrift, Wertangabe. 910er Gold, 23,37 g *1000,–*

24 (18) 5 Dollars (S) 1973–1978. Staatswappen. Rs. Afrikanischer Elefant auf Landkarte von Liberia. 900er Silber, 34,1 g *60,–*

Für den FAO-Münz-Plan

25 (38) 25 Cents (K-N) 1976–1978. W. R. Tolbert, Porträt des Präsidenten. Rs. Liberianerin, einen Korb mit Reisähren auf dem Kopf tragend, Wertangabe, Motto »Baut mehr Nahrung an« **3,–** **9,–**

ST PP

26 (31) 50 Cents (K-N) 1976–1978. Rs. Staatswappen, Wertangabe, nationaler Wahlspruch **10,– 20,–**

27 (40) 1 Dollar (K-N) 1976–1978. Rs. Landkarte von Liberia, Motto »Selbstvertrauen« **15,– 40,–**

Zur Amtseinführung bei der Wiederwahl von Präsident Tolbert (3)

28 (35) 100 Dollars (G) 1976. Präsident Tolbert. Rs. Von Turnern gebildete Pyramide. 900er Gold, 6 g (175 Ex.) *900,–*

29 (36) 200 Dollars (G) 1976. Rs. Tolbert, Horn blasend. 900er Gold, 12 g (100 Ex.) *1600,–*

30 (37) 400 Dollars (G) 1976. Rs. Landkarte von Liberia. 900er Gold, 24 g (25 Ex.) *3500,–*

Nrn. 28–30 auch als Probeprägungen in Bronze vorkommend.

130 Jahre Republik Liberia

31 (41) 100 Dollars (G) 1977. Rs. Joseph Jenkins Roberts, 1. Staatspräsident von Liberia. 900er Gold, 10,93 g *550,– 750,–*

OAU-Gipfelkonferenz 1979 in Monrovia (10)

PP

32 (12a) 1 Cent (Bro) 1979. Typ wie Nr. 9, jedoch Randschrift »O.A.U. JULY 1979« –,–

33 (11b) 2 Cents (K-N) 1979. Typ wie Nr. 8c, mit Randschrift –,–

34 (13a) 5 Cents (K-N) 1979. Typ wie Nr. 10, mit Randschrift –,–

35 (14b) 10 Cents (K-N) 1979. Typ wie Nr. 11b, mit Randschrift –,–

36 (38a) 25 Cents (K-N) 1979. Typ wie Nr. 25, mit Randschrift (FAO-Ausgabe) –,–

37 (31a) 50 Cents (K-N) 1979. Typ wie Nr. 26, mit Randschrift –,–

38 (40a) 1 Dollar (K-N) 1979. Typ wie Nr. 27, mit Randschrift –,–

39 (18a) 5 Dollars (S) 1979. Typ wie Nr. 24, mit Randschrift –,–

Nrn. 32–39, polierte Platte (1857 Ex.) 200,–

40 (42) 100 Dollars (G) 1979. Präsident W. R. Tolbert. Rs. Staatswappen, Buchstaben OAU. 900er Gold, 10,93 g (1656 Ex.) **450,–**

41 (43) 100 Dollars (G) 1979. Afrikanischer Elefant. Rs. Staatswappen. 900er Gold, 11,2 g *500,–*

VZ ST

42 (44) 5 Dollars (K-N) 1982, 1985. Staatswappen. Rs. Soldatendenkmal (siebeneckig) **12,– 20,–**

75 Jahre Weltpfadfinderbewegung und Internationales Jahr der Pfadfinder (2)

ST PP

43 (45) 20 Dollars (S) 1982. Staatswappen. Rs. Salutierende Pfadfinder und Flagge. 925er Silber, 28,28 g **95,– 130,–**

44 (46) 200 Dollars (G) 1982. Typ wie Nr. 43. 916⅔er Gold, 15,98 g **–,– –,–**

Internationales Jahr der Behinderten 1981 (2)

45 (47) 20 Dollars (S) 1983. Rs. Behinderte, von schützenden Händen umgeben:
a) 925er Silber, 28,28 g **100,– –,–**
b) Piéfort, 925er Silber, 56,56 g –,–

46 (48) 200 Dollars (G) 1983. Rs. Pflegeschwester mit Behinderten:
a) 916⅔er Gold, 15,98 g –,– –,–
b) Piéfort, 916⅔er Gold, 31,95 g (100 Ex.) –,–

Welt-Fischerei-Konferenz in Rom 1984 (2)

ST PP

47 (49) 2 Dollars 1983. Staatswappen. Rs. Adlerfisch (Pseudotolithus typus):
a) (S) 925 fein, 28,28 g (20 000 Ex.) *150,–*
b) (S) Piéfort, 925 fein, 56,56 g (500 Ex.) *300,–*
c) (K-N) **15,–**

48 2 Dollars (G) 1983. Typ wie Nr. 47. 916⅔er Gold, 47,54 g (600 Ex.) *2200,–*

Internationale Spiele 1984 (3)

49 10 Dollars (K-N) 1984. Staatswappen. Rs. Gewichtheben **60,–**

50 10 Dollars (K-N) 1984. Rs. Basketballspieler **60,–**

51 25 Dollars (S) 1984. Typ wie Nr. 50. 31,37 g *350,–*

Jahrzehnt für die Frauen 1976–1985 (2)

52 10 Dollars (S) 1985. Rs. Frau am Kochtopf. 925er Silber, 23,33 g **100,–**

53 100 Dollars (G) 1985. Rs. Frau beim Hirsestampfen –,–

5. Jahrestag der Absetzung von Präsident Tolbert (»Redemption Day«) vom 12. 4. 1980

54 (50) 100 Dollars (G) 1985. Staatswappen, Gedenkumschrift. Rs. Leopard auf Ast. 900er Gold, 10,93 g (409 Ex.) *800,–*

Nr. 55 fällt aus.

Staatsmänner der Welt – 1. Ausgabe
25. Todestag von John F. Kennedy (2)

56 10 Dollars (S) 1988. Staatswappen. Rs. John Fitzgerald Kennedy (1917–1963). 999er Silber, 31,103 g (max. 25 000 Ex.) –,–

		ST	PP
57	250 Dollars (G) 1988. Typ wie Nr. 56. 999er Gold, 15,551 g (max. 5000 Ex.)		–,–

Nrn. 58 und 59 fallen aus.

Staatsmänner der Welt – 2. Ausgabe (2)

60	10 Dollars (S) 1988. Rs. Dr. Samuel Kanyon Doe (*1950), 20. Staatspräsident und 1. Präsident der Zweiten Republik 1986–1990	–,–
61	250 Dollars (G) 1988. Typ wie Nr. 60	–,–

Nrn. 62 und 63 fallen aus.

Staatsmänner der Welt – 3. Ausgabe
Amtseinführung von Präsident Bush (2)

		ST	PP
64	10 Dollars (S) 1989. Rs. George Herbert Walker Bush (*1924), 41. Präsident der Vereinigten Staaten von Amerika seit 1989		–,–
65	250 Dollars (G) 1989. Typ wie Nr. 64		–,–

Nr. 66 fällt aus.

Staatsmänner der Welt – 4. Ausgabe
Zum Tode von Kaiser Hirohito (14)

67	5 Dollars (S) 1989. Rs. Kaiser Hirohito von Japan. 999er Silber, 15,551 g (max. 50000 Ex.)	–,–
68	10 Dollars (S) 1989. Typ wie Nr. 67. 999er Silber, 31,103 g (max. 25000 Ex.)	–,–
69	20 Dollars (G) 1989. Typ wie Nr. 67. 999,9er Gold, 1,244 g (max. 15000 Ex.)	–,–
70	50 Dollars (S) 1989. Typ wie Nr. 67. 999er Silber, 155,517 g (max. 5000 Ex.)	–,–
71	50 Dollars (G) 1989. Typ wie Nr. 67. 999,9er Gold, 3,110 g (max. 10000 Ex.)	–,–
72	100 Dollars (S) 1989. Typ wie Nr. 67. 999er Silber, 311,035 g (max. 5000 Ex.)	–,–
73	100 Dollars (G) 1989. Typ wie Nr. 67. 999,9er Gold, 6,220 g (max. 7500 Ex.)	–,–
74	250 Dollars (G) 1989. Typ wie Nr. 67. 999,9er Gold, 15,551 g (max. 5000 Ex.)	–,–
75	500 Dollars (G) 1989. Typ wie Nr. 67. 999,9er Gold, 31,103 g (max. 2500 Ex.)	–,–
76	2500 Dollars (G) 1989. Typ wie Nr. 67. 999,9er Gold, 155,51 g (max. 250 Ex.)	–,–
77	5000 Dollars (G) 1989. Typ wie Nr. 67. 999,9er Gold, 311,03 g (max. 250 Ex.)	–,–
78	7500 Dollars (G) 1989. Typ wie Nr. 67. 999,9er Gold, 466,55 g (max. 250 Ex.)	–,–
79	10000 Dollars (G) 1989. Typ wie Nr. 67. 999,9er Gold, 622,07 g (max. 250 Ex.)	–,–
80	12500 Dollars (G) 1989. Typ wie Nr. 67. 999,9er Gold, 777,58 g (max. 250 Ex.)	–,–

Libya

Libyen

Libye

Fläche: 1759540 km²; 3860000 Einwohner (1986).
Die Italiener lösten von 1911 an die Türken in der Herrschaft über dieses nordafrikanische Land ab. Nach verschiedenen Feldzügen gegen die Senussi 1914–1932 vereinigte Italien 1934 die Cyrenaika und Tripolitanien mit dem südlich gelegenen Fessan zur Kolonie Libyen. Unabhängiges Königreich seit 7. Oktober 1951; Libysche Arabische Republik seit 1. September 1969; Sozialistische Libysche Arabische Volksrepublik seit März 1977. Hauptstadt: Tripolis, künftige Hauptstadt: Beida.

10 Millièmes = 1 Piaster, 100 Piaster = 1 £;
seit 1. September 1971: 1000 Dirhams = 1 Libyscher Dinar

Idris I. 1951–1969

		SS	VZ
1 (1)	1 Millième (Bro) 1952. Idris I. (1890–1983), Kopfbild nach rechts. Wert im Kranz, darüber Krone	–,50	1,–
2 (2)	2 Millièmes (Bro) 1952. Typ wie Nr. 1	–,65	1,50
3 (3)	5 Millièmes (Bro) 1952. Typ wie Nr. 1	1,20	2,–
4 (4)	1 Piaster (K-N) 1952. Typ wie Nr. 1	1,–	3,–
5 (5)	2 Piaster (K-N) 1952. Typ wie Nr. 1	1,50	4,–

Nrn. 1–5, polierte Platte (32 Ex.) 1200,–

6 (6)	1 Millième (N-Me) 1965. Staatswappen des Königreiches. Rs. Wert im Kranz	–,50	1,–
7 (7)	5 Millièmes (N-Me) 1965. Typ wie Nr. 6 (Wellenschnitt)	1,–	2,–
8 (8)	10 Millièmes (K-N) 1965. Typ wie Nr. 6	1,–	2,–
9 (9)	20 Millièmes (K-N) 1965. Typ wie Nr. 6	1,50	3,–

10 (10)	50 Millièmes (K-N) 1965. Typ wie Nr. 6 (Wellenschnitt)	2,–	4,–
11 (11)	100 Millièmes (K-N) 1965. Typ wie Nr. 6	3,–	7,–

Nrn. 6–11 liefen seit 1971 als 1–100 Dirhams um.

Libysche Arabische Republik 1969–1977

WÄHRUNGSREFORM 1. September 1971:
1 £ = 1 Libyscher Dinar
NEUE WÄHRUNG: 1000 Dirhams = 1 Libyscher Dinar

		SS	VZ
12 (12)	1 Dirham (St, Me plattiert) 1975. Staatswappen der Republik, Jahreszahlen. Rs. Wertangabe und gekreuzte Ähren innerhalb eines nordafrikanischen Dekors	6,–	10,–
13 (13)	5 Dirhams (St, Me plattiert) 1975. Typ wie Nr. 12	5,–	8,–
14 (14)	10 Dirhams (St, K-N plattiert) 1975. Typ wie Nr. 12	4,–	7,–
15 (15)	20 Dirhams (St, K-N plattiert) 1975. Typ wie Nr. 12	2,–	5,–
16 (16)	50 Dirhams (K-N) 1975. Typ wie Nr. 12 (Wellenschnitt)	1,50	3,–
17 (17)	100 Dirhams (K-N) 1975. Typ wie Nr. 12	9,–	14,–

Sozialistische Libysche Arabische Volksrepublik seit 1977

18 (18)	1 Dirham (St, Me plattiert) 1979. Reiter. Rs. Wert	20,–	40,–
19 (19)	5 Dirhams (St, Me plattiert) 1979. Typ wie Nr. 18	8,–	15,–
20 (20)	10 Dirhams (St, K-N plattiert) 1979. Typ wie Nr. 18	–,–	–,–
21 (21)	20 Dirhams (St, K-N plattiert) 1979. Typ wie Nr. 18	10,–	20,–
22 (22)	50 Dirhams (K-N) 1979. Typ wie Nr. 18 (Wellenschnitt)	8,–	15,–
23 (23)	100 Dirhams (K-N) 1979. Typ wie Nr. 18	8,–	15,–

Internationales Jahr der Behinderten 1981 (2)

		ST	PP
24 (24)	5 Dinars (S) 1981. Globus, internationales Emblem, Inschriften. Rs. Zwei schützende Hände um stilisierten Rollstuhlfahrer:		
	a) 925er Silber, 28,28 g	100,–	120,–
	b) Piéfort, 925er Silber, 56,56 g		250,–
25 (25)	70 Dinars (G) 1981. Typ wie Nr. 24:		
	a) 916½er Gold, 15,98 g	–,–	–,–
	b) Piéfort, 916⅔er Gold, 31,95 g		2600,–

Liechtenstein

Liechtenstein

Liechtenstein

Fläche: 157 km²; 27 200 Einwohner (1986).
Die reichsunmittelbaren Herrschaften Schellenberg und Vaduz wurden am 23. Januar 1719 durch Kaiser Karl VI. zum Fürstentum Liechtenstein erhoben. Von 1815 bis 1866 gehörte Liechtenstein zum Deutschen Bund und bildete 1852 bis 1919 mit dem österreichischen Vorarlberg ein Zoll- und Steuergebiet; 1924 Zoll- und förmlicher Währungsanschluß an die Schweiz. Hauptstadt: Vaduz.

150 Kreuzer = 1½ Gulden = 1 Vereinstaler;
100 Heller = 1 Krone;
seit 1924: 100 Rappen = 1 Schweizer Franken

Johann II. 1858–1929

		SS	VZ
1 (1)	1 Vereinstaler (S) 1862. Johann II., Kopfbild nach rechts. Rs. Wappen auf gekröntem Wappenmantel	**2500,–**	**4000,–**

Nr. 1 als moderne Nachprägung mit Msz. M (München) in Silber, Gold und Platin vorkommend.

NEUE WÄHRUNG: 100 Heller = 1 Krone

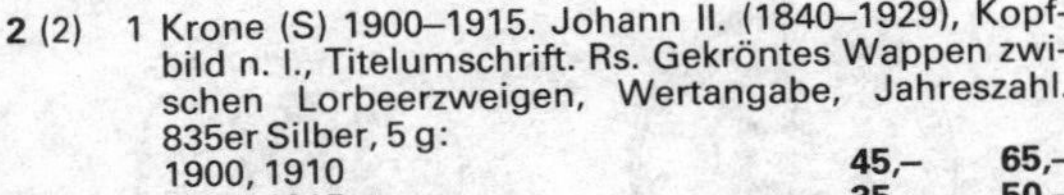

2 (2)	1 Krone (S) 1900–1915. Johann II. (1840–1929), Kopfbild n. l., Titelumschrift. Rs. Gekröntes Wappen zwischen Lorbeerzweigen, Wertangabe, Jahreszahl. 835er Silber, 5 g:		
	1900, 1910	**45,–**	**65,–**
	1904, 1915	**35,–**	**50,–**
2P	1 Krone (S) 1898. Johann II., Kopfbild n. l., Titelumschrift. Rs. Gekrönte Wertzahl 1 zwischen Lorbeerzweigen, unten Jahreszahl ST: 1200,–		
3 (3)	2 Kronen (S) 1912–1915. Typ wie Nr. 2. 835er Silber, 10 g:		
	1912	**50,–**	**90,–**
	1915	**55,–**	**120,–**

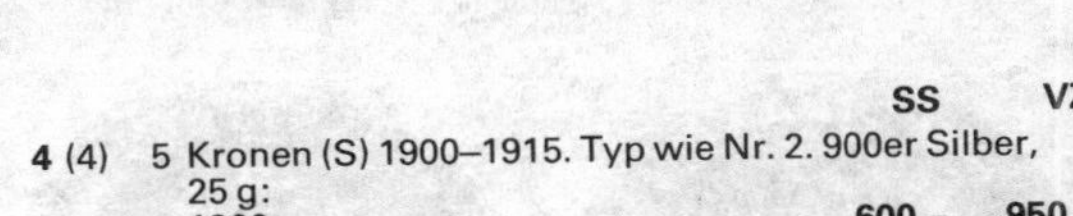

		SS	VZ
4 (4)	5 Kronen (S) 1900–1915. Typ wie Nr. 2. 900er Silber, 25 g:		
	1900	**600,–**	**950,–**
	1904	**300,–**	**400,–**
	1910, 1915	**400,–**	**500,–**

5 (5)	10 Kronen (G) 1900. Typ wie Nr. 2. 900er Gold, 3.3875 g	**5000,–**	**7000,–**
6 (6)	20 Kronen (G) 1898. Typ wie Nr. 2. 900er Gold, 6,775 g	**5000,–**	**7000,–**

NEUE WÄHRUNG: 100 Rappen = 1 Franken

7 (7)	½ Franken (S) 1924. Johann II., Kopfbild n. l., Titelumschrift. Rs. Gekröntes Wappen zwischen Lorbeerzweigen, Wertangabe, Jahreszahl. 835er Silber, 2,5 g	**115,–**	**165,–**
8 (8)	1 Franken (S) 1924. Typ wie Nr. 7. 835er Silber, 5 g	**75,–**	**100,–**

9 (9) 2 Franken (S) 1924. Typ wie Nr. 7. 835er Silber, 10 g **115,– 165,–**

10 (10) 5 Franken (S) 1924. Typ wie Nr. 7. 900er Silber, 25 g **650,– 950,–**

Franz I. 1929–1938

11 (11) 10 Franken (G) 1930. Franz I. (1853–1938), Kopfbild n. r. Rs. Staatswappen. 900er Gold, 3,2258 g **1600,– 2000,–**

12 (12) 20 Franken (G) 1930. Typ wie Nr. 11. 900er Gold, 6,4516 g **1800,– 2400,–**

Franz Joseph II. 1938–1989

13 (13) 10 Franken (G) 1946. Franz Joseph II. (1906–1989), Kopfbild n. l. Rs. Staatswappen. 900er Gold, 3,2258 g **320,– 400,–**

14 (14) 20 Franken (G) 1946. Typ wie Nr. 13. 900er Gold, 6,4516 g **400,– 480,–**

15 (15) 25 Franken (G) 1956. Franz Joseph II. und Fürstin Georgina (Gina), geb. Gräfin von Wilczek (1921–1989). Rs. Staatswappen. 900er Gold, 5,645 g **320,– 400,–**

16 (16) 50 Franken (G) 1956. Typ wie Nr. 15. 900er Gold, 11,29 g **400,– 550,–**

17 (17) 100 Franken (G) 1952. Typ wie Nr. 15. 900er Gold, 32,258 g **4500,– 5500,–**

100 Jahre Liechtensteinische Landesbank (2)

ST

18 (18) 25 Franken (G) 1961. Franz Joseph II., Kopfbild n. r. Rs. Staatswappen. 900er Gold, 5,645 g **400,–**

ST

19 (19) 50 Franken (G) 1961. Typ wie Nr. 18. 900er Gold, 11,29 g **800,–**

Nrn. 18 und 19 wurden 1986 zum 125. Jahrestag der Liechtensteinischen Landesbank ausgegeben.

50. Regierungsjubiläum (2)

PP

20 (20) 10 Franken (S) 1988. Franz Joseph II., Kopfbild n. r. Rs. Staatswappen. 900er Silber, 30 g, HF (35 000 Ex.) **38,–**

21 (21) 50 Franken (G) 1988. Typ wie Nr. 20. 900er Gold, 10 g, HF (35 000 Ex.) **420,–**

Hans Adam seit 1989

Erbhuldigung von Fürst Hans Adam II. am 15. August 1990 (2)

PP

22 (22) 10 Franken (S) 1990. Hans Adam II., Kopfbild n. l. Rs. Wappen auf gekröntem Wappenmantel. 900er Silber, 30 g, HF (max. 35 000 Ex.) **38,–**

23 (23) 50 Franken (G) 1990. Typ wie Nr. 22. 900er Gold, 10 g, HF (max. 25 000 Ex.) **450,–**

Lithuania

Litauen

Lituanie

Lietuva

Fläche: 55700 km²; 2550000 Einwohner (1938).
Großfürst Gediminas schuf in der Mitte des 14. Jh. ein großlitauisches Reich, nachdem es zuvor gelang, die litauischen Stämme an der oberen Memel und Düna zu vereinigen. Im Jahre 1386 nahm Jagaila als Jagiello die polnische Königswürde an, wodurch nach und nach eine Reichseinheit hergestellt werden konnte. Durch die Teilungen Polens (1772, 1793, 1795) kam das ganze litauische Gebiet an Rußland. Am 2. November 1918 wurde die unabhängige Republik ausgerufen. Am 21. Juli 1940 Ausrufung der Sowjetrepublik; seit 3. August 1940, mit kurzer Unterbrechung, zum Staatsverband der Sowjetunion gehörend. Die Sowjetunion erkannte die Unabhängigkeit Litauens am 6. September 1991 an. Der 8. September wurde zum Nationalfeiertag erklärt. Hauptstadt: Wilna (Vilnius), provisorische Hauptstadt von 1920 bis 1940: Kaunas (Kowno).

100 Centu = 1 Litas

SS VZ

1 (1) 1 Centas (Al-Bro) 1925. Der sogenannte »Vytis«, darunter »Die drei Pfeiler des Großfürsten Gediminas«, siehe Nr. 14; Jahreszahl, Landesbezeichnung LIETUVOS RESPUBLIKA. Rs. Wertangabe, Pflanze:
a) Originalprägung, 1,6 g, Ø 16 mm [KN] **15,–** **30,–**
b) Nachprägung, 1,73 g

2 (2) 5 Centai (Al-Bro) 1925. Typ wie Nr. 1 **8,–** **15,–**

3 (3) 10 Centu (Al-Bro) 1925. Rs. Weizen- und Haferähre, Wertangabe **10,–** **16,–**

4 (4) 20 Centu (Al-Bro) 1925. Typ wie Nr. 3 **12,–** **18,–**

5 (5) 50 Centu (Al-Bro) 1925. Typ wie Nr. 3 **16,–** **26,–**

6 (6) 1 Litas (S) 1925. Rs. Eichenzweig, Wertangabe. 500er Silber, 2,7 g **15,–** **22,–**

7 (7) 2 Litu (S) 1925. Rs. Wertangabe zwischen unten gebundenen Eichenzweigen. 500er Silber, 5,4 g **20,–** **30,–**

8 (8) 5 Litai (S) 1925. Wertangabe zwischen unten gebundenen Blumen. 500er Silber, 13,5 g **40,–** **80,–**

9 (9) 1 Centas (Bro) 1936. Rs. Wertangabe, Jahreszahl, Ähre **7,–** **15,–**

10 (10) 2 Centai (Bro) 1936. Rs. Wertangabe, Jahreszahl **13,–** **26,–**

SS VZ

11 (11) 5 Centai (Bro) 1936. Rs. Wertangabe, Jahreszahl, Ähren **12,–** **20,–**

12 (12) 5 Litai (S) 1936. Dr. Jonas Basanavicius (1851–1927), Arzt, Politiker und Mitbegründer der »Auštra«, der ersten in litauischer Sprache erschienenen Zeitung, 1883. Rs. Der sogenannte »Vytis«. 750er Silber, 9 g **18,–** **30,–**

13 (13) 10 Litu (S) 1936. Witold, auch Witowt oder Vytautas Didysis (um 1350–1430), Großfürst von Litauen 1392–1430. Rs. Der sogenannte »Vytis«. 750er Silber, 18 g **40,–** **65,–**

20. Jahrestag der Republik

14 (14) 10 Litu (S) 1938. Anton Smetona (1874–1944), Staatspräsident 1919–1921 und 1926–1940. Rs. »Die drei Pfeiler des Großfürsten Gediminas«, welche sich auch auf litauischen Siegeln des 15. Jahrhunderts befinden. Landesbezeichnung, Jubiläumszahlen, Gedenkumschrift. 750er Silber, 18 g **90,–** **125,–**

Luxembourg

Luxemburg

Luxembourg

Letzeburg – Lëtzebuerg

Fläche: 2586 km²; 377 100 Einwohner (1989).
Das Herzogtum Luxemburg wurde 1815 durch Beschluß des Wiener Kongresses zum Großherzogtum erhoben, und zwar in Personalunion mit der niederländischen Krone und mit Zugehörigkeit zum Deutschen Bund. Auf der Konferenz von London 1839 beschlossen die Großmächte, daß der wallonische Teil sowie ein Teil der deutschsprachigen Gebiete von Luxemburg abgetrennt würde. Dieser Gebietsteil wurde als »Province de Luxembourg« dem belgischen Königreich angegliedert. Ab 1839 besteht Luxemburg in seiner heutigen Form als anerkannter selbständiger Staat. Luxemburg war bis 1890 in Personalunion mit den Niederlanden verbunden. Nach dem Erlöschen des Mannesstammes des niederländischen Königshauses übernahm dann gemäß dem Erbfolgerecht das Haus Nassau die Regierungsgeschäfte. Hauptstadt: Luxemburg.
Im Jahre 1842 trat Luxemburg dem Deutschen Zollverein bei und übernahm damit auch die Verpflichtungen der Dresdener Münzkonvention von 1838. Bei der Erneuerung des Zollvereins im Jahre 1847 trat Luxemburg aus der Dresdener Münzunion aus. Unter Berücksichtigung der Schwierigkeiten, mit welchen die Einführung eines neuen Münz-, Maß- und Gewichtssystems verbunden war, erklärten sich die Staaten des Zollvereins einverstanden, daß das Großherzogtum Luxemburg das eingeführte Dezimalsystem sowie den französischen Münzfuß für die Dauer des Vertrages beibehalten könne. Bei der Auflösung des Deutschen Bundes 1867 verblieb Luxemburg im Deutschen Zollverein bis 1918. Die Wirtschaftsunion sowie das Währungsabkommen mit Belgien wurden 1921 abgeschlossen. Die Dauer des Vertrages belief sich zunächst auf 50 Jahre, um dann aber in Abständen von jeweils zehn Jahren mit gegenseitigem Einverständnis verlängert zu werden.

100 Centimes = 1 Luxemburgischer Franc (Frang)

Adolf 1890–1905

		SS	VZ
1 (1)	2½ Centimes (K) 1901. Gekröntes Wappen auf Kartusche. Rs. Wertangabe und Jahreszahl zwischen unten gebundenen Lorbeer- und Eichenzweigen	**7,–**	**15,–**
2 (10)	5 Centimes (K-N) 1901. Adolf (1817–1905), Kopfbild n. r. Rs. Wertangabe zwischen unten gebundenen Eichenzweigen	**4,–**	**9,–**
3 (11)	10 Centimes (K-N) 1901. Typ wie Nr. 2	**3,–**	**6,–**

Wilhelm IV. 1905–1912

4 (1)	2½ Centimes (K) 1908. Typ wie Nr. 1	**7,–**	**12,–**

5 (12)	5 Centimes (K-N) 1908. Wilhelm IV. (1852–1912), Kopfbild n. r. Rs. Wertangabe zwischen unten gebundenen Eichenzweigen	**4,–**	**12,–**

Marie Adelheid 1912–1919

		SS	VZ
6 (4)	5 Centimes (Zink) 1915. Landesname und Jahreszahl. Rs. Wertangabe und Eichenzweig (mit Loch)	**11,–**	**25,–**
7 (5)	10 Centimes (Zink) 1915. Typ wie Nr. 6	**10,–**	**20,–**
8 (6)	25 Centimes (Zink) 1916. Typ wie Nr. 6	**18,–**	**35,–**
9 (7)	5 Centimes (E) 1918. Staatswappen. Rs. Wertangabe zwischen unten gebundenen Lorbeerzweigen	**11,–**	**22,–**
10 (8)	10 Centimes (E) 1918. Typ wie Nr. 9	**9,–**	**16,–**

Charlotte 1919–1964

11 (7)	5 Centimes (E) 1921, 1922. Typ wie Nr. 9:		
	1921	**22,–**	**50,–**
	1922	**35,–**	**100,–**
12 (8)	10 Centimes (E) 1921, 1923. Typ wie Nr. 10:		
	1921	**25,–**	**45,–**
	1923	**40,–**	**80,–**

13 (9)	25 Centimes (E) 1919–1922. Typ wie Nr. 10:		
	1919, 1920	**15,–**	**35,–**
	1922	**20,–**	**40,–**
14 (13)	5 Centimes (K-N) 1924. Gekröntes Monogramm, Jahreszahl. Rs. Wert im Kranz	**1,–**	**4,–**

		SS	VZ
15 (14)	10 Centimes (K-N) 1924. Typ wie Nr. 14	2,–	4,–
16 (15)	25 Centimes (K-N) 1927. Gekröntes Wappen. Rs. Wertangabe, Jahreszahl und Eichenzweig	3,–	9,–

		SS	VZ
17 (17)	1 Frang (N) 1924–1935. Gekröntes Monogramm. Rs. Hüttenarbeiter, Wert und Jahreszahl:		
	1924	4,–	8,–
	1928	3,–	6,–
	1935	5,–	15,–
18 (18)	2 Frang (N) 1924. Typ wie Nr. 17	8,–	20,–

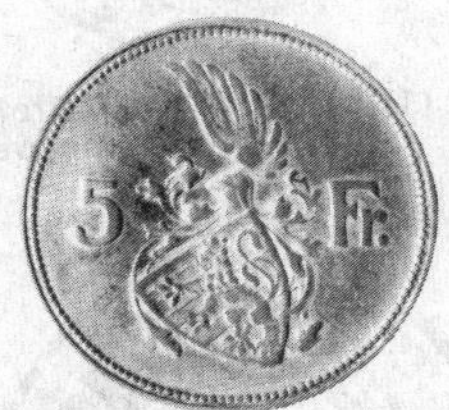

		SS	VZ
19 (19)	5 Frang (S) 1929. Charlotte (1896–1985), Kopfbild n. l. Jahreszahl. Rs. Behelmtes Wappen und Wert. 625er Silber, 8 g	18,–	35,–
20 (20)	10 Frang (S) 1929. Typ wie Nr. 19. 750er Silber, 13,3 g	22,–	40,–

		SS	VZ
21 (21)	5 Centimes (Bro) 1930. Rs. Wert	1,–	3,–
22 (22)	10 Centimes (Bro) 1930. Rs. Wert zwischen Ähre und Lorbeerzweig	1,–	3,–
23 (15b)	25 Centimes (Bro) 1930. Gekröntes Wappen. Rs. Wert und Eichenzweig	4,–	11,–
24 (16)	50 Centimes (N) 1930. Hüttenarbeiter. Rs. Wert und Ähren	4,–	12,–
25 (15a)	25 Centimes (Neusilber) 1938. Typ wie Nr. 23	6,–	15,–
26 (24)	1 Frang (K-N) 1939. Gekröntes Monogramm. Rs. Stehende Schnitterin, Wert und Jahreszahl	2,–	4,–

600. Jahrestag der Schlacht von Crécy und zur Erinnerung an den Heldentod Johanns des Blinden (3)

		SS	VZ
27 (28)	20 Frang (S) 1946. Prinz Jean, Kopfbild, n. l., Wappenschilde Bourbon-Parma und Luxemburg. Rs. Johann der Blinde (1296–1346), Graf von Luxemburg und König von Böhmen 1310–1346, 835er Silber, 8,5 g	20,–	40,–
28 (29)	50 Frang (S) 1946. Typ wie Nr. 27. 835er Silber, 12,5 g	35,–	65,–

		SS	VZ
29 (30)	100 Frang (S) 1946. Typ wie Nr. 27. 835er Silber, 25 g:		
	a) Mit Namen des Stempelschneiders (Abb.)	80,–	120,–
	b) Ohne Namen des Stempelschneiders (Neuprägung 1964)	170,–	240,–
30 (25)	25 Centimes (Bro) 1946, 1947. Gekröntes Wappen. Rs. Wert und Eichenzweig	–,80	1,50
31 (26)	1 Frang (K-N) 1946, 1947. Hüttenarbeiter. Rs. Gekröntes Monogramm, Wert; Ø 23 mm	1,–	1,80

		SS	VZ
32 (25a)	25 Centimes (Al) 1954–1957, 1960, 1963. Typ wie Nr. 30	–,25	–,50

		SS	VZ
33 (26)	1 Frang (K-N) 1952–1964. Typ wie Nr. 31; Ø 20 mm:		
	1952	3,–	4,–
	1953, 1955, 1957, 1960, 1962, 1964	–,50	1,–

		SS	VZ
34 (27)	5 Frang (K-N) 1949. Charlotte, Kopfbild n. l. Rs. Wert zwischen Rosen, darüber bebänderte Krone	3,–	5,–

		SS	VZ
35 (31)	5 Frang (K-N) 1962. Charlotte, Kopfbild n. r., Jahreszahl. Rs. Gekröntes Wappen und Wert	1,50	2,50

		VZ	ST
36 (32)	100 Frang (S) 1963. Rs. Familienwappen der Dynastie. 835er Silber, 18 g	**40,–**	**65,–**

Tausendjahrfeier der Stadt Luxemburg

37 (33)	250 Frang (S) 1963. Charlotte, Kopfbild n. r., Gedenkinschrift. Rs. Mittelalterliche Burganlage und Wert. 900er Silber, 25 g	**235,–**	**380,–**

Jean seit 1964

38 (25a)	25 Centimes (Al) 1965, 1967, 1968, 1970, 1972. Typ wie Nr. 30	**–,20**	**–,40**

39 (34)	1 Frang (K-N) 1965, 1966, 1968, 1970, 1972, 1973, 1976–1984. Großherzog Jean (*1921), Kopfbild n. l. Rs. Krone, Wertangabe im Kranz, unten Jahreszahl	**–,30**	**–,50**

40 (35)	5 Frang (K-N) 1971, 1976, 1979, 1981. Rs. Wertangabe und Jahreszahl unter Krone im Eichenkranz	**–,60**	**1,–**

		VZ	ST
41 (36)	10 Frang (N) 1971, 1972, 1974, 1976–1980, 1982. Rs. Wertangabe zwischen Eichenlaubblättern, darüber Krone, Jahreszahl	**1,20**	**1,80**

42 (37)	20 Frang (Al-N-Bro) 1980–1983. Rs. Wertangabe zwischen Eichenzweigen, von Krone überhöht	**2,–**	**2,50**

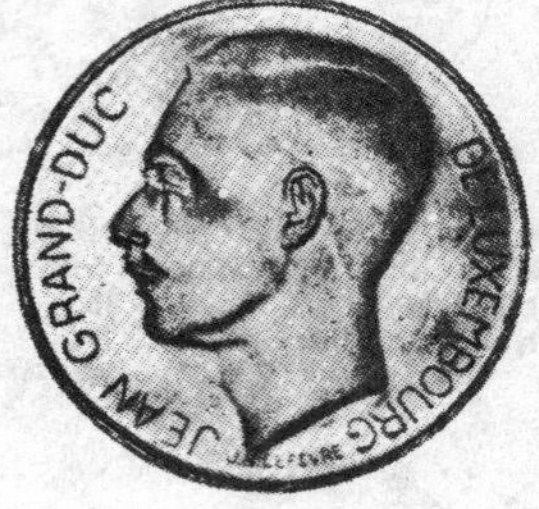

43 (38)	100 Frang (S) 1964. Rs. Familienwappen der Dynastie und Wertangabe. 835er Silber, 18 g	**24,–**	**48,–**

		PP
44 (25b)	25 Centimes (S) 1980. Typ wie Nr. 34. 925er Silber, 2,96 g	**35,–**
45 (26c)	1 Frang (S) 1980. Typ wie Nr. 32. 925er Silber, 4,45 g	**50,–**
46 (34a)	1 Frang (S) 1980. Typ wie Nr. 39. 925er Silber, 4,47 g	**50,–**
47 (31a)	5 Frang (S) 1980. Typ wie Nr. 35. 925er Silber, 6,74 g	**75,–**
48 (35a)	5 Frang (S) 1980. Typ wie Nr. 40. 925er Silber, 6,78 g	**75,–**
49 (36a)	10 Frang (S) 1980. Typ wie Nr. 41. 925er Silber, 8,79 g	**100,–**
50 (37a)	20 Frang (S) 1980. Typ wie Nr. 42. 925er Silber, 10,21 g	**120,–**

Institut Monétaire Luxembourgeois

		VZ	ST
51 (39)	1 Frang (K-N) 1986, 1987. Jean, Kopfbild n. l. Rs. Wertangabe im Kranz, von Krone geteilte Jahreszahl, Buchstaben I. M. L. (Institut Monétaire Luxembourgeois)	**–,40**	**–,60**
52 (40)	5 Frang (Me) 1986–1988. Rs. Wertangabe im Eichenkranz, von Krone geteilte Jahreszahl	**–,70**	**1,–**

Nr.		VZ	ST
53	50 Frang (N) 1987–1989	2,50	4,–
54	1 Frang (St, N plattiert) 1988, 1990, 1991. Jean, Kopfbild n.l. Rs. Wertangabe, Landesname »Lëtzebuerg«	–,40	–,60
55	5 Frang (Me) 1989–1991. Typ wie Nr. 54	–,60	1,–
56	20 Frang (Al-N-Bro) 1990, 1991. Typ wie Nr. 54	2,–	2,50
57	50 Frang (N) 1989–1991. Typ wie Nr. 54	2,50	4,–

150. Jahrestag der Unabhängigkeit

Nr.		ST	PP
58	20 Frang (G) 1989. Jean, Kopfbild n. l. Rs. Gekröntes Wappen. 999er Gold, 6,22 g (50 000 Ex.)		240,–

Macao — Macau — Macao

Fläche: 16 km²; 500 000 Einwohner.
Macau (A-Ma-gau), »Bucht der Göttin A-Ma«, liegt an der Mündung des Kantonflusses in Südchina, 104 km südöstlich von Kanton, 60 km südwestlich von Hongkong. Die Portugiesen zahlten von 1557 bis 1884 eine jährliche Niederlassungspacht von 500 Tael; administrativ gehörte die Niederlassung bis 1844 zum Generalgouvernement Goa, bildete von da an bis 1896 ein Gouvernement zusammen mit Timor, ist seitdem eine selbständige Kolonie, seit 1951 als Überseeprovinz bezeichnet. China hat die Trennung vom Mutterland 1887 anerkannt, die Wiedereingliederung wird am 20. Dezember 1999 erfolgen. Hauptstadt: Macau.

10 Avos (Hsien) = 1 Hao, 100 Avos = 1 Pataca (Yuan)

Auch die Geldzeichen Hongkongs sind im Verhältnis 1:1 als Zahlungsmittel gebräuchlich.

Überseeprovinz

		SS	VZ
1 (1)	5 Avos (Bro) 1952 Kolonialwappen auf Armillarsphäre mit Mauerkrone. Rs. Wert	3,–	5,–
2 (2)	10 Avos (Bro) 1952. Typ wie Nr. 1	–,80	2,–
3 (3)	50 Avos (K-N) 1952. Kolonialwappen, Wert. Rs. Wappen Portugals auf Christuskreuz; Ø 20 mm	3,–	5,–
4 (4)	1 Pataca (S) 1952. Typ wie Nr. 3. 720er Silber, 2,5 g	6,50	12,–

5 (5)	5 Patacas (S) 1952. Typ wie Nr. 3. 720er Silber, 15 g	15,–	22,–
6 (1a)	5 Avos (N-Me) 1967. Typ wie Nr. 1	–,30	–,60
7 (2a)	10 Avos (N-Me) 1967, 1968, 1975, 1976. Typ wie Nr. 1	–,40	–,80
8 (3a)	50 Avos (K-N) 1972, 1973. Typ wie Nr. 3; Ø 23 mm	1,50	3,–
9 (6)	1 Pataca (N) 1968, 1972, 1975. Typ wie Nr. 3:		
	1968, 1975	2,–	3,50
	1972	–,–	–,–
10 (5a)	5 Patacas (S) 1971. Typ wie Nr. 3. 650 Silber, 9,87 g	9,–	14,–

Zur Eröffnung der Macau-Taipa-Brücke

		ST	PP
11 (7)	20 Patacas (S) 1974. Dschunke unter Macau-Taipa-Brücke, Jahreszahl. Rs. Wappen, Wertangabe. 650er Silber, 18 g	25,–	70,–

		VZ	ST
12 (A3)	50 Avos (K-N) 1978. Typ wie Nr. 1	2,–	9,–
13 (6a)	1 Pataca (K-N) 1980. Typ wie Nr. 3	2,–	10,–

25. Autorennen »Grand Prix von Macau« 1978 (4)

		ST	PP
14 (8)	100 Patacas 1978. St.-Paul-Kathedrale, 1620–1630 erbaut, 1835 während eines Taifuns bis auf die Fassade abgebrannt. Rs. Formel-1-Rennwagen mit Firmenreklame, PM:		
	a) (S) 925 fein, 28,28 g (610 Ex.)		*250,–*
	b) (K-N) (550 Ex.*)	*750,–*	

* Nr. 14b wurde kurz nach der Ausgabe in Macau zurückgezogen und bis auf wenige Exemplare eingeschmolzen.

15 (9)	500 Patacas (G) 1978. Typ wie Nr. 14. 916⅔er Gold, 7,96 g, PM (550 Ex.)		*650,–*

16 (8a)	100 Patacas (S) 1978. Typ wie Nr. 14, jedoch ohne Firmenreklame, PM	–,–	120,–
17 (9a)	500 Patacas (G) 1978. Typ wie Nr. 16, PM		400,–

Jahr der Erde mit der Ziege (77. Zyklus, 56. Jahr) (2)

18 (10)	100 Patacas (S) 1979. Rs. Ziege. 925er Silber, 28,28 g, PM (max. 5500 Ex.)		160,–
19 (11)	500 Patacas (G) 1979. Typ wie Nr. 18. 916⅔er Gold, 7,96 g, PM (max. 5500 Ex.)		450,–

Jahr des Metalls mit dem Affen (77. Zyklus, 57. Jahr) (2)

20 (12)	100 Patacas (S) 1980. Rs. Sun Wu Kung, chinesischer Affengott der Ming-Dynastie. 925er Silber, 28,28 g, PM (max. 2000 Ex.)		160,–
21 (13)	1000 Patacas (G) 1980. Typ wie Nr. 20. 916⅔er Gold, 15,976 g, PM (max. 5500 Ex.)		1100,–

Jahr des Metalls mit dem Hahn (77. Zyklus, 58. Jahr) (2)

			ST	PP
22 (14)	100	Patacas (S) 1981. Rs. Hahn, PM (max. 2000 Ex.)		250,–
23 (15)	1000	Patacas (G) 1981. Typ wie Nr. 22, PM (ST: max. 1000 Ex., PP: max. 2500 Ex.)	1300,–	1100,–

			VZ	ST
24 (16)	10	Avos (Al-N-Bro) 1982–1985, 1988. Staatswappen. Rs. Chinesisches Schriftzeichen »Fu« (Glück)	–,30	–,60
25 (17)	20	Avos (Al-N-Bro) 1982–1985. Rs. Chinesisches Schriftzeichen »Lu« (Wohlstand)	–,40	–,70
26 (18)	50	Avos (Al-N-Bro) 1982–1985. Rs. Chinesisches Schriftzeichen »Schu« (Gesundheit)	–,70	1,10

			VZ	ST
27 (19)	1	Pataca (K-N) 1982–1985. Staatswappen. Rs. Zwei stilisierte Fische, nach der Schutzgöttin der Fischer A-Ma, Symbol für Harmonie:		
		a) 1982, 1984, 1985	1,–	2,–
		b) [PM] 1983	1,–	2,–
28 (20)	5	Patacas (K-N) 1982–1985, 1988. Staatswappen. Rs. Chinesischer Drache, stilisiert, Symbol für gute Vorzeichen:		
		a) 1983–1985, 1988	3,–	5,–
		b) [PM] 1982	3,–	5,–

			PP
29 (16a)	10	Avos (S) 1982–1985. Typ wie Nr. 24. 925er Silber, 3,2 g	–,–
30 (17a)	20	Avos (S) 1982–1985. Typ wie Nr. 25. 925er Silber, 4,6 g	–,–
31 (18a)	50	Avos (S) 1982–1985. Typ wie Nr. 26. 925er Silber, 5,7 g	–,–
32 (19a)	1	Pataca (S) 1982–1985. Typ wie Nr. 27. 925er Silber, 9 g	–,–
33 (20a)	5	Patacas (S) 1982–1985. Typ wie Nr. 28. 925er Silber, 10,7 g	–,–

Nrn. 29–33, polierte Platte 100,–

			PP
34 (16b)	10	Avos (G) 1982. Typ wie Nr. 24. 916⅔er Gold, 4 g	–,–
35 (17b)	20	Avos (G) 1982. Typ wie Nr. 25. 916⅔er Gold, 5,5 g	–,–
36 (18b)	50	Avos (G) 1982. Typ wie Nr. 26. 916⅔er Gold, 7,4 g	–,–
37 (19b)	1	Pataca (G) 1982. Typ wie Nr. 27. 916⅔er Gold, 11,6 g	–,–
38 (20b)	5	Patacas (G) 1982. Typ wie Nr. 28. 916⅔er Gold, 16,3 g	–,–

			ST	PP
39 (16c)	10	Avos (Pt) 1982. Typ wie Nr. 24. 950er Platin, 4,5 g		–,–
40 (17c)	20	Avos (Pt) 1982. Typ wie Nr. 25. 950er Platin, 6,2 g		–,–
41 (18c)	50	Avos (Pt) 1982. Typ wie Nr. 26. 950er Platin, 8,4 g		–,–
42 (19c)	1	Pataca (Pt) 1982. Typ wie Nr. 27. 950er Platin, 13,2 g		–,–
43 (20c)	5	Patacas (Pt) 1982. Typ wie Nr. 28. 950er Platin, 18,4 g		–,–

Jahr des Wassers mit dem Hund (77. Zyklus, 59. Jahr) (2)

			ST	PP
44 (21)	100	Patacas (S) 1982. Rs. Chow-chow:		
		a) [PM] Schriftzeichen in Schreibschrift, Wappen mattiert	–,–	180,–
		b) [sm] Schriftzeichen in Druckschrift, Wappen poliert		180,–
45 (22)	1000	Patacas (G) 1982. Typ wie Nr. 44:		
		a) [PM] wie Nr. 44a	–,–	1400,–
		b) [sm] wie Nr. 44b	–,–	1400,–

Jahr des Wassers mit dem Schwein (77. Zyklus, 60. Jahr) (2)

			ST	PP
46 (23)	100	Patacas (S) 1983	140,–	160,–
47 (24)	1000	Patacas (G) 1983. Typ wie Nr. 46	1200,–	1400,–

Jahr des Holzes mit der Ratte (78. Zyklus, 1. Jahr) (2)

			ST	PP
48 (25)	100	Patacas (S) 1984	140,–	160,–
49 (26)	1000	Patacas (G) 1984. Typ wie Nr. 48	1200,–	1400,–

Jahr des Holzes mit dem Ochsen (78. Zyklus, 2. Jahr) (2)

			ST	PP
50 (27)	100	Patacas (S) 1985. Rs. Wasserbüffel	130,–	150,–
51 (28)	1000	Patacas (G) 1985. Typ wie Nr. 50	1200,–	1400,–

Zum Besuch des portugiesischen Staatspräsidenten

			ST	PP
52 (29)	100	Patacas (S) 1985. Rs. General Antonio Ramalho Eanes, portugiesischer Staatspräsident 1976–1986. 925er Silber, 28,28 g	125,–	150,–

Jahr des Feuers mit dem Tiger (78. Zyklus, 3. Jahr) (2)

			ST	PP
53 (30)	100	Patacas (S) 1986. Rs. Tiger (Panthera tigris – Felidae)	120,–	140,–
54 (31)	1000	Patacas (G) 1986. Typ wie Nr. 53	1200,–	1400,–

Jahr des Feuers mit dem Kaninchen (78. Zyklus, 4. Jahr) (2)

			ST	PP
55 (32)	100	Patacas (S) 1987	120,–	140,–
56 (33)	1000	Patacas (G) 1987. Typ wie Nr. 55	1200,–	1400,–

Jahr der Erde mit dem Drachen (78. Zyklus, 5. Jahr) (2)

			ST	PP
57 (34)	100	Patacas (S) 1988	120,–	120,–
58 (35)	1000	Patacas (G) 1988	1200,–	800,–

35. Autorennen »Grand Prix von Macau« 1988

			ST	PP
59	100	Patacas (S) 1988. Dschunke. Rs. Formel-1-Rennwagen. 925er Silber, 28,28 g [RM]		80,–
60	100	Patacas (G) 1988. Typ wie Nr. 59. 916⅔er Gold, 47,54 g [RM] (10 Ex.)		–,–
61	100	Patacas (Pt) 1988. Typ wie Nr. 59 [RM] (10 Ex.)		*7000,–*
62	500	Patacas (S) 1988. Typ wie Nr. 59. 999er Silber, 155,6 g [RM]		250,–
63	500	Patacas (G) 1988. Typ wie Nr. 59. 916⅔er Gold, 7,98 g [RM]		350,–
64	10 000	Patacas (S) 1988. Typ wie Nr. 59. 999er Silber, 155,6 g [RM] (10 Ex.)		–,–
65	10 000	Patacas (G) 1988. Typ wie Nr. 59. 999er Gold, 155,6 g [RM] (500 Ex.)		–,–

Den drei Erstplazierten des Rennens wurden die Münzen Nrn. 64 und 62 sowie eine spezielle Prägung in Bronze verliehen.

Jahr der Erde mit der Schlange (78. Zyklus, 6. Jahr) (2)

		ST	PP
66	100 Patacas (S) 1989. Rs. Viper	120,–	140,–
67	1000 Patacas (G) 1989. Typ wie Nr. 66	1200,–	1400,–

Jahr des Metalls mit dem Pferd (78. Zyklus, 7. Jahr) (2)

		ST	PP
68	100 Patacas (S) 1990. Rs. Mongolisches Pony:		
	a) Msz. *sm*		140,–
	b) o. Msz. (1000 Ex.)	*225,–*	
69	1000 Patacas (G) 1990. Typ wie Nr. 68, *sm*	1200,–	1400,–

Jahr des Metalls mit der Ziege (78. Zyklus, 8. Jahr) (4)

		ST	PP
70	100 Patacas (S) 1991. Rs. Widder. 925er Silber, 28,276 g [RM] (ST: 1000 Ex., PP: max. 4000 Ex.)	*235,–*	75,–
71	250 Patacas (G) 1991. Typ wie Nr. 70. $916\frac{2}{3}$er Gold, 3,99 g [RM] (max. 2500 Ex.)		–,–
72	500 Patacas (G) 1991. Typ wie Nr. 70. $916\frac{2}{3}$er Gold, 7,99 g [RM] (max. 2500 Ex.)		–,–
73	1000 Patacas (G) 1991. Typ wie Nr. 70. $916\frac{2}{3}$ Gold, 15,976 g [RM] (max. 5000 Ex.)	–,–	–,–

Jahr des Wassers mit dem Affen (78. Zyklus, 9. Jahr) (4)

		ST	PP
74	100 Patacas (S) 1992. Rs. Affe. 925er Silber, 28,276 g [RM] (PP: max. 4000 Ex.)	–,–	75,–
75	250 Patacas (G) 1992. Typ wie Nr. 74. $916\frac{2}{3}$er Gold. 3,99 g [RM] (max. 2500 Ex.)		–,–
76	500 Patacas (G) 1992. Typ wie Nr. 74. $916\frac{2}{3}$er Gold, 7,99 g [RM] (max. 2500 Ex.)		–,–
77	1000 Patacas (G) 1992. Typ wie Nr. 74. $916\frac{2}{3}$er Gold, 15,976 g [RM] (max. 5000 Ex.)		–,–
78	1 Pataca (K-N) 1992. Landesname in chinesisch und englisch, Jahreszahl. Rs. Gebäude		–,–
79	5 Patacas (K-N) 1992. Rs. Dschunke vor Stadtansicht (zwölfeckig)		–,–

Madagascar Madagaskar Madagascar

Fläche: 587 041 km²; 10 100 000 Einwohner (1986).
Viertgrößte Insel der Welt, vor der Südostküste Afrikas, im Indischen Ozean gelegen. 1885 setzte Frankreich seine Schutzherrschaft durch. 1896 wurde Madagaskar französische Kolonie; 1958 autonome Republik und erlangte am 26. Juni 1960 die Unabhängigkeit, blieb jedoch weiterhin in der Französischen Gemeinschaft. Madagaskar trat 1973 aus der Franc-Zone aus. Seit 1975 lautet die Staatsbezeichnung Demokratische Republik Madagaskar. Hauptstadt: Antananarivo (Tananarive).

100 Centimes = 1 Franc, 5 Francs = 1 Piastre (Ariary);
Venty (»Stück«) = 1/6 Ariary, Iraimbilanja (»volles Gewicht«) = 1/5 Ariary, Kirobo = 1/4 Ariary;
seit 1958: 100 Centimes = 1 CFA-Franc;
seit 1. Juli 1963: 100 Centimes = 1 Madagaskar-Franc (Franc Malgache);
5 Madagaskar-Francs = 1 Ariary

Französische Kolonie

France Libre

SS VZ

1 (1) 50 Centimes (Bro) 1943. Gallischer Hahn. Rs. Lothringer Kreuz 8,– 20,–

2 (2) 1 Franc (Bro) 1943. Typ wie Nr. 1 10,– 22,–

République Française – Union Française

3 (3) 1 Franc (Al) 1948, 1958. Marianne, Allegorie der Republik Frankreich, Kopfbild nach links, Umschrift REPUBLIQUE FRANÇAISE UNION FRANÇAISE. Rs. Drei Zebuköpfe (Type Bazor) 1,– 3,–

4 (4) 2 Francs (Al) 1948. Typ wie Nr. 3 1,– 2,50

République Française

5 (5) 5 Franc (Al) 1953. Marianne, Kopfbild nach links, Umschrift REPUBLIQUE FRANÇAISE. Rs. Drei Zebuköpfe, wie Nr. 3 (Type Bazor) 2,– 5,–

6 (6) 10 Francs (Al-Bro) 1953. Marianne, Kopfbild nach links. Rs. Landkarte Madagaskars, Gehörn eines Zebus, Wert (Type Bazor) 2,– 5,–

7 (7) 20 Francs (Al-Bro) 1953. Typ wie Nr. 6 6,– 12,–

Madagassische Republik

Repoblika Malagasy

VZ ST

8 (1) 1 Franc = 1/5 Ariary (St) 1965, 1966, 1970, 1974–1977, 1979–1983, 1986–1988. Christdorn (Euphorbia splendens – Euphorbiaceae). Rs. Kopf eines Zebus, Lorbeerzweige, Wert »1/Franc/Iraimbilanja« 2,– 4,–

VZ ST

9 (2) 2 Francs ≈ 5/12 Ariary (St) 1965, 1970, 1974–1977, 1979–1984, 1986–1988. Typ wie Nr. 8, Wert »2/Francs/Venty sy Kirobo« (1/6 + 1/4) 2,– 4,–

10 (3) 5 Francs = 1 Ariary (St) 1966–1968, 1970, 1972, 1976, 1977, 1979–1984, 1986–1988. Typ wie Nr. 8 2,– 4,–

Für den FAO-Münz-Plan und zum 10. Jahrestag der Unabhängigkeit (2)

11 (4) 10 Francs = 2 Ariary (Al-N-Bro) 1970–1978, 1980–1984, 1986–1988. Echte Vanille (Vanilla planifolia – Orchidaceae). Rs. Kopf eines Zebus zwischen Reisrispe und Kaffeezweig, Wert 2,– 4,–

12 (5) 20 Francs = 4 Ariary (Al-N-Bro) 1970–1984, 1986–1988. Baumwollpflanze (Gossypium sp. – Malvaceae). Rs. wie Nr. 11 4,– 8,–

Demokratische Republik Madagaskar
Repoblika Demokratika Malagasy

Für den FAO-Münz-Plan (2)

		ST	PP
13 (6)	10 Ariary 1978, 1983. Rs. Torfstechen:		
	a) (S) 925 fein, 9 g, 1978 (3800 Ex.)		50,–
	b) (K-N) 1978, 1983	12,–	

		ST	PP
14 (7)	20 Ariary 1978, 1983. Rs. Pflügen vor aufgehender Sonne:		
	a) (S) 925 fein, 12 g, 1978 (3800 Ex.)		65,–
	b) (K-N) 1978, 1983	18,–	

25 Jahre World Wildlife Fund (2)

15 10 Ariary (G) 1988. Rs. Mähnenibis (Lophotibis cristata). 916⅔er Gold, 10 g —,—

16 20 Ariary (S) 1988. Rs. Vari (Lemur variegatus). 925er Silber, 19,44 g **85,–**

Madeira

Madeira

Região Autonoma da Madeira

Madère

Fläche: 795 km²; 270976 Einwohner.
Die Insel Madeira wurde 1419 von Portugiesen besiedelt und bildet seitdem mit der Insel Porto Santo und den zwei unbewohnten Inselgruppen Desertas und Selvagens einen Teil des portugiesischen Mutterlandes. Hauptstadt: Funchal.

100 Centavos = 1 Escudo

Região Autonoma da Madeira

5 Jahre regionale Autonomie (2)

	ST	PP
1 (1) 25 Escudos 1981 [81]. João Gonçalves Zarco, Entdekker der Inselgruppe. Rs. Staatswappen von Portugal und Madeira:		
a) (S) 925 fein, 11 g		**40,–**
b) (K-N)	**10,–**	
2 (2) 100 Escudos 1981 [81]. Typ wie Nr. 1:		
a) (S) 925 fein, 16,5 g		**70,–**
b) (K-N)	**20,–**	

Frühere Ausgaben siehe Weltmünzkatalog 19. Jahrhundert.

Malawi

Malawi

Malawi

Fläche: 119 310 km²; 7 000 000 Einwohner.
Malawi ist der neue Landesname für das ehemalige britische Protektorat Nyassaland. Nach Auflösung des zwischen 1953 und 1963 bestehenden Zentralfrikanischen Bundes zwischen Nord-Rhodesien, Süd-Rhodesien und Nyassaland mit der Bezeichnung Rhodesia und Nyassaland wurde Malawi am 6. Juli 1964 unabhängig und am 6. Juli 1966 Republik innerhalb des britischen Commonwealth. Landesname seit etwa 1975 statt »Malawi« jetzt »Malaŵi«. Hauptstadt: Lilongwe.

Das Malawi-Pfund wurde am 16. November 1964 eingeführt. Daneben waren noch bis zum 1. Juni 1965 die Geldzeichen von Rhodesien und Nyassaland gesetzliche Zahlungsmittel.

12 Pence = 1 Shilling, 2 Shillings = 1 Florin,
5 Shillings = 1 Crown, 20 Shillings = 1 Malawi-Pfund,
seit 15. Februar 1971: 100 Tambala = 1 Malawi-Kwacha

Tambala heißt in der Chichewa-Sprache Hahn; der weiße Hahn ist Symbol der Malawi Congress Party (siehe Nrn. 2 und 7). Kwacha bedeutet in der Chichewa-Sprache Morgendämmerung bzw. im übertragenen Sinn Freiheit.

VZ ST

1 (6) 1 Penny (Bro) 1967, 1968. Wert und Jahreszahl. Rs. Wert **2,– 5,–**

2 (1) 6 Pence (Neusilber) 1964, 1967. Dr. Hastings Kamuzu Banda (*1906), Ministerpräsident. Rs. Haushahn (Gallus gallus domesticus – Phasianidae) nach rechts, Emblem der Malawi Congress Party **3,– 9,–**

3 (2) 1 Shilling (Neusilber) 1964, 1968. Rs. Maiskolben (Zea mays – Gramineae) **6,– 15,–**

4 (3) 1 Florin (Neusilber) 1964. Rs. Afrikanische Elefanten (Loxodonta africana – Elephantidae) **8,– 20,–**

5 (4) ½ Crown (Neusilber) 1964. Rs. Staatswappen **10,– 25,–**

Nrn. 2–5 von 1964, polierte Platte (10 000 Ex.) 50,–

Republik Malawi seit 1966
Republic of Malawi

Zur Ausrufung der Republik am 6. Juli 1966

PP

6 (5) 1 Crown (Neusilber) 1966. Dr. Hastings Kamuzu Banda, Umschrift »Republic of Malawi«, Datumsangabe. Rs. Staatswappen, Wertangabe (20 000 Ex.) **40,–**

NEUE WÄHRUNG: 100 Tambala = 1 Malawi-Kwacha

VZ ST

7 (7) 1 Tambala (Bro) 1971, 1973, 1974. Dr. Hastings Kamuzu Banda, Landesname »Malawi«. Rs. Haushahn nach links (siehe Nr. 2) **–,40 –,70**

8 9

8 (8) 2 Tambala (Bro) 1971, 1973, 1974. Rs. Spitzschwanz-Paradieswitwe (Steganura paradisaea – Ploceidae) **–,40 –,70**

9 (9) 5 Tambala (K-N) 1971. Rs. Purpurreiher (Ardea purpurea – Ardeidae) **–,50 1,–**

10 (10) 10 Tambala (K-N) 1971. Rs. Maiskolben, wie Nr. 3 **–,80 1,50**

11 (11) 20 Tambala (K-N) 1971. Rs. Afrikanische Elefanten, wie Nr. 4 **2,– 6,–**

12 (12) 1 Kwacha (K-N) 1971. Rs. Staatswappen, wie Nr. 5 **7,– 12,–**

Nrn. 7–12 von 1971, Bright Proof (4000 Ex.) 40,–
Nrn. 7–11 mit Landesnamen »Malaŵi« siehe Nrn. 14–18.

10. Jahrestag der Unabhängigkeit

ST PP

13 (13) 10 Kwacha (S) 1974. Dr. Hastings Kamuzu Banda, Gedenkumschrift. Rs. Landkarte und Unabhängigkeitsdatum zwischen Kette, darüber Staatswappen. 925er Silber, 35 g **55,– 80,–**

Republic of Malaŵi

		ST	PP
14 (7)	1 Tambala 1975~1989. Dr. Hastings Kamuzu Banda, Landesname »Malaŵi«. Rs. Haushahn, wie Nr. 7:		
	a) (Bro) 1975–1977, 1979, 1982	–,40	–,70
	b) (St, K plattiert) 1984	–,40	–,70
	c) (St, K galvanisiert) 1985, 1987, 1989	–,40	–,70
15 (8)	2 Tambala 1975~1989. Rs. Spitzschwanz-Paradieswitwe, wie Nr. 8:		
	a) (Bro) 1975–1977, 1979, 1982	–,40	–,70
	b) (St, K plattiert) 1984	–,40	–,70
	c) (St, K galvanisiert) 1985, 1987, 1989	–,40	–,70
16 (9)	5 Tambala 1985, 1989. Rs. Purpurreiher, wie Nr. 9:		
	a) (K-N) 1985 (max. 10 000 Ex.), nur polierte Platte		–,–
	b) (St, N galvanisiert) 1989	–,50	1,–
17 (10)	10 Tambala 1985, 1989. Rs. Maiskolben, wie Nr. 10:		
	a) (K-N) 1985 (max. 10 000 Ex.), nur polierte Platte		–,–
	1989	–,–	–,–
	b) (St, N galvanisiert) 1989	–,80	1,50
18 (11)	20 Tambala 1985, 1989. Rs. Afrikanische Elefanten, wie Nr. 11:		
	a) (K-N) 1985 (max. 10 000 Ex.), nur polierte Platte		–,–
	b) (St, N galvanisiert) 1989	2,–	6,–

Nrn. 14c, 15c, 16a–18a von 1985, nur polierte Platte (max. 10 000 Ex.) *75,–*

		VZ	ST
19	50 Tambala (Neusilber) 1986. Rs. Staatswappen	4,–	10,–

10 Jahre Zentralbank (Reserve Bank of Malaŵi) (2)

20 (14)	10 Kwacha (S) 1975. Rs. Emblem der Zentralbank. 925er Silber, 35 g	55,–	80,–
21	10 Kwacha (G) 1975. Typ wie Nr. 20. 916⅔er Gold, 49,099 g		*2500,–*

Rettet die Tierwelt (3)

22 (15)	5 Kwacha (S) 1978. Rs. Crawshay's Zebra. 925er Silber, 28,276 g	50,–	65,–
23 (16)	10 Kwacha (S) 1978. Rs. Antilope. 925er Silber, 35 g	100,–	125,–
24 (17)	250 Kwacha (G) 1978. Rs. Nyalas (Tragelaphus angari – Bovidae). 900er Gold, 33,437 g	1250,–	1900,–

20 Jahre Zentralbank (Reserve Bank of Malaŵi) (2)

25 (18)	10 Kwacha (S) 1985. Typ wie Nr. 20. 925er Silber, 28,28 g (4000 Ex.)		140,–
26	10 Kwacha (G) 1985. Typ wie Nr. 20. 916⅔er Gold, 47,54 g (50 Ex.)		2800,–

Malaya **Malaya** Malaisie

Malaya

Die Malaiischen Staaten waren zuvor unter der Bezeichnung Straits Settlements verwaltungsmäßig zusammengefaßt. Hauptstadt: Kuala Lumpur.
Der Straits-Dollar, gleichzeitig auch in Britisch-Nordborneo, Brunei und Sarawak gültig, wurde am 1. April 1946 durch die neue Währungseinheit, den Malaya-Dollar, abgelöst.

100 Cents = 1 Straits-Dollar (Malaya-Dollar)

Georg VI. 1936–1952

		SS	VZ
1 (1)	½ Cent (Bro) 1940. Georg VI., gekröntes Kopfbild n. l. Rs. Wert, Umschrift COMMISSIONERS OF CURRENCY MALAYA, Jahreszahl (viereckig)	**1,–**	**2,–**
2 (2)	1 Cent (Bro) 1939–1945. Typ wie Nr. 1 (viereckig):		
	a) 21,5 mm × 21,5 mm, 5,83 g, 1939–1941	**1,–**	**2,–**
	b) 20 mm × 20 mm, 4,21 g, 1943, 1945	**1,–**	**2,–**
3 (3)	5 Cents (S) 1939–1945. Georg VI., gekröntes Kopfbild n. l., Umschrift GEORGE VI KING AND EMPEROR OF INDIA. Rs. Wert, wie Nr. 1:		
	a) 750er Silber, 1,35 g, 1939, 1941	**2,–**	**4,–**
	b) 500er Silber, 1,35 g, 1943, 1945	**2,–**	**4,–**
4 (4)	10 Cents (S) 1939–1945. Typ wie Nr. 3:		
	a) 750er Silber, 2,71 g, 1939, 1941	**3,–**	**5,–**
	b) 500er Silber, 2,71 g, 1943, 1945	**3,–**	**5,–**
5 (5)	20 Cents (S) 1939–1945. Typ wie Nr. 3:		
	a) 750er Silber, 5,43 g, 1939	**8,–**	**15,–**
	b) 500er Silber, 5,43 g, 1943, 1945	**6,–**	**10,–**

Nrn. 6–9 fallen aus.

		SS	VZ
10 (7)	5 Cents (K-N) 1948, 1950. Georg VI., gekröntes Kopfbild n. l., Umschrift KING GEORGE THE SIXTH. Rs. Wert, wie Nr. 1	**–,80**	**1,50**
11 (8)	10 Cents (K-N) 1948–1950. Typ wie Nr. 10	**1,–**	**2,–**
12 (9)	20 Cents (K-N) 1948, 1950. Typ wie Nr. 10	**1,50**	**2,50**

Weitere Ausgaben siehe unter *Malaya und Britisch-Borneo, Malaysia, Brunei und Singapur.*

Malaya und Britisch-Borneo

Malaya and British Borneo **Malaisie et Bornéo Britannique**

Gemeinschaftsausgaben der Länder Malaya mit Singapur sowie der britischen Gebiete auf Borneo (Kalimantan), und zwar Brunei, Nordborneo (seit 1963 umbenannt in Sabah) und Sarawak.

100 Cents = 1 Malaya-Dollar

Elisabeth II. 1952–1963

		SS	VZ
1 (A1)	1 Cent (Bro) 1956–1958, 1961. Elisabeth II., Kopfbild nach rechts. Rs. Wert im Kreis (eckig)	**–,50**	**1,–**
2 (1)	5 Cents (K-N) 1953, 1957, 1958, 1961. Typ wie Nr. 1	**–,50**	**1,–**
3 (2)	10 Cents (K-N) 1953, 1956–1958, 1960, 1961. Typ wie Nr. 1	**1,–**	**2,–**
4 (3)	20 Cents (K-N) 1954, 1956, 1957, 1961. Typ wie Nr. 1	**1,–**	**2,–**
5 (4)	50 Cents (K-N) 1954–1958, 1961. Typ wie Nr. 1	**2,–**	**4,–**
6 (5)	1 Cent (Bro) 1962. Gekreuzte Malaiendolche (Kris). Rs. Wert	**–,30**	**–,50**

Weitere Ausgaben siehe unter *Brunei, Malaysia und Singapur.*

Malaysia

Malaysia | Malaysia

Fläche: 332 632 km²; 15 400 000 Einwohner (1986).
Am 16. September 1963 wurde der monarchistische Bundesstaat Malaysia gegründet. Malaysia umfaßt Malaya (Johor, Kedah, Kelantan, Malakka, Negri Sembilan, Pahang, Penang, Perak, Perlis, Selangor und Trengganu) sowie Sabah und Sarawak auf Borneo. Singapur, inzwischen selbständig, gehörte diesem Staatsverband nur vorübergehend an und löste sich bereits am 9. August 1965.
Hauptstadt: Kuala Lumpur (»Zusammenfluß trüben Wassers«).
Die 1959 gegründete Zentralbank (Bank Negara Malaysia) ist das Emissionsinstitut des seit dem 12. Juni 1967 in Umlauf befindlichen Malaysia-Dollars. Der Malaysia-Dollar ist paritätisch mit dem Brunei- und Singapur-Dollar. Die malaiische Bezeichnung für Dollar lautet Ringgit.

100 Sen (Cents) = 1 Malaysischer Ringgit (Malaysia-Dollar)

VZ ST

1 (1) 1 Sen 1967–1986. Parlamentsgebäude in Kuala Lumpur und Staatsemblem. Rs. Wertangabe, Jahreszahl:
a) (Bro) 1967, 1968, 1970, 1971, 1973 **–,30** **–,50**
1976 (100 Ex.) *40,–* *70,–*
1980, 1981, nur polierte Platte **4,–**
b) (St, K plattiert) 1973, 1976–1986, 1988 **–,30** **–,40**

2 (2) 5 Sen (K-N) 1967, 1968, 1971, 1973, 1976–1982, 1985, 1988. Typ wie Nr. 1 **–,30** **–,40**

3 (3) 10 Sen (K-N) 1967, 1968, 1971, 1973, 1976–1983. Typ wie Nr. 1 **–,50** **–,80**

4 (4) 20 Sen (K-N) 1967–1971, 1973, 1976–1982, 1988. Typ wie Nr. 1 **1,–** **1,50**

5 (5) 50 Sen (K-N) 1967–1987. Typ wie Nr. 1:
a) 1967–1969 (»Security edge«) **1,75** **2,20**
b) 1971, 1973, 1977–1988 (Randschrift BANK NEGARA MALAYSIA) **1,40** **2,–**
c) ohne Randschrift, 1981, polierte Platte **–,–**

6 (7) 1 Ringgit (K-N) 1971–1985. Parlamentsgebäude in Kuala Lumpur vor Staatsemblem:
a) 1971, 1980–1982, 1984, 1985 **2,–** **3,–**
b) ohne Randschrift, 1981, polierte Platte **–,–**

Nrn. 1a, 2–4, 5a von 1967, polierte Platte (500 Ex.) 180,–
Nrn. 1a, 2–4, 5b, 6 von 1980, Nr. 18b von 1976, Nr. 21 von 1980, Nr. 25b von 1979, polierte Platte 500,–
Nrn. 1a, 2–4, 5c, 6b von 1981, polierte Platte (unautorisierte Ausgabe) –,–

Nr. 5 von 1967–1969 mit durchgehendem Riffelrand vorkommend (Fehlprägung)

10. Jahrestag der Zentralbank

ST PP

7 (6) 1 Ringgit 1969. Ismaïl Nasiruddin Shah (* 1907), Sultan (Tuanku) von Trengganu 1945–1979 und 4. König (Yang di-Pertuan Agong) von Malaysia 1965–1970. Rs. Wertangabe im Kranz von Hibiscusblüten (Hibiscus rosa-sinensis – Malvaceae), darüber Staatsemblem:
a) (S) 925 fein, 16,85 g (1000 Ex.) *650,–*
b) (Neusilber) **5,–**

8 (8) 5 Ringgit (K-N) 1971. Abdul Rahman Putra (1895–1960), Sultan (Tunku) und 1. König von Malaysia 1957–1960. Rs. Parlamentsgebäude in Kuala Lumpur vor Staatsemblem **10,–** **–,–**

9 (9) 100 Ringgit (G) 1971. Typ wie Nr. 8. 916⅔er Gold, 18,66 g **500,–** **–,–**

Auf die Stadterhebung von Kuala Lumpur am 1. Februar 1972

			ST	PP
10 (10)	1	Ringgit (K-N) 1972. Emblem der Stadt Kuala Lumpur, Umschrift. Rs. Wertangabe, Gedenkumschrift	**4,–**	**–,–**

Rettet die Tierwelt (3)

11 (11) 15 Ringgit (S)1976. Staatswappen, Landesname, Jahreszahl. Rs. Banteng:
a) 925er Silber, 28,276 g — 65,–
b) 925er Silber, 25,31 g — 50,–

12 (12) 25 Ringgit (S) 1976. Rs. Rhinozerosvogel:
a) 925er Silber, 35 g — **125,–**
b) 925er Silber, 31,65 g — **100,–**

13 (13) 500 Ringgit (G) 1976. Rs. Schabrackentapir. 900er Gold,33,437 g — *1250,–* *2000,–*

25 Jahre Angestelltenversicherung (3)

14 (17) 1 Ringgit (K-N) 1976. Emblem der Versicherung, Bevölkerung. Rs. Wertangabe, Jahreszahl — **4,–** **20,–**

15 (18) 25 Ringgit (S) 1976. Emblem, Karte Malaysias. 925er Silber, 35 g — **75,–** **150,–**

16 (19) 250 Ringgit (G) 1976. Emblem. 900er Gold, 10,26 g — *380,–* *450,–*

3. Fünfjahresplan 1976/1980 (3)

17 (14) 1 Ringgit (K-N) 1976. Tun Haji Abdul Razak bin Dato Hussein, 2. Ministerpräsident 1970–1976, umgeben von den Fahnen der 14 Malayen-Staaten. Rs. Staatswappen, Wertangabe — **4,–** **20,–**

18 (15) 10 Ringgit (S) 1976. Typ wie Nr. 17 (vierzehneckig):
a) 925er Silber, 10,82 g — **32,–** **45,–**
b) 925er Silber, 10,43 g (geprägt 1980) — **45,–**

19 (16) 200 Ringgit (G) 1976. Typ wie Nr. 17. 900er Gold, 7,43 g (vierzehneckig) — *480,–* *500,–*

9. Südostasien-Spiele in Kuala Lumpur 19.–26. 11. 1977 (3)

			ST	PP
20 (20)	1	Ringgit (K-N) 1977. Traditionelles Drachensteigen. Rs. Staatswappen	**3,–**	**45,–**
21 (21)	25	Ringgit (S) 1977, 1980, Karte Südostasiens. Rs. Staatswappen. 925er Silber, 35 g:		
		1977	**60,–**	**180,–**
		1980		**–,–**

22 (22) 200 Ringgit (G) 1977. Bajau-Reiter. Rs. Staatswappen. 900er Gold, 7,43 g — *600,–* *900,–*

20. Jahrestag der Unabhängigkeit

23 (23) 1 Ringgit (K-N) 1977. Tuanku Abdul Rahman Ibni Al Marhum Tuanku Muhammed. Rs. Staatswappen:
a) 1977 (Abb.) — **3,–**
b) 1977 FM — **30,–**

100 Jahre wirtschaftliche Nutzung von Kautschukbäumen in Malaysia

24 (24) 1 Ringgit (K-N) 1977. Gewinnung der Kautschukmilch durch Anzapfen eines Kautschukbaumes (Hevea brasiliensis), schematische Darstellung, Emblem aus sechs Messern und Molekülmodell des 2-Methylbutadien — **3,–**

20. Jahrestag der Zentralbank

			ST	PP
25 (25)	1	Ringgit 1979. Gebäude der Bank Negara Malaysia in Kuala Lumpur, Emblem, Jahreszahlen:		
		a) (S) 925 fein, 16,85 g, 1979		50,–
		b) (S) 1979 FM (geprägt 1980)		60,–
		c) (K-N) 1979 (Abb.)	2,–	

Auf den Beginn des 15. Jahrhunderts islamischer Zeitrechnung

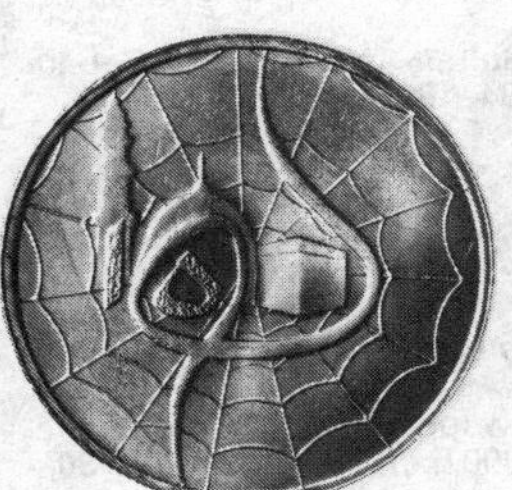

26 (26) 1 Ringgit (K-N) n. H. 1401 (1980). Moschee von Medina und Kaaba in Mekka, arabische Zahl 15 und Initiale »H« vor Netzwerk als Symbol der Einigkeit 5,–

4. Fünfjahresplan 1981/1985 (3)

			ST	PP
27 (27)	1	Ringgit (K-N) 1981. Tun Hussein Onn, 3. Ministerpräsident von Malaysia 1976–1981. Rs. Staatswappen:		
		a) 1981 (Abb.)	4,–	
		b) 1981 FM		25,–
28 (28)	20	Ringgit (S) 1981. Typ wie Nr. 27. 500er Silber, 16,85 g	28,–	45,–
29 (29)	500	Ringgit (G) 1981. Typ wie Nr. 27. 900er Gold, 10,26 g	700,–	900,–

25. Jahrestag der Unabhängigkeit (3)

			ST	PP
30 (30)	1	Ringgit (K-N) 1982. Tunku Abdul Rahman Putra Al Haj, einen Malaiendolch (Kris) emporhaltend, vor Staatsemblem. Rs. Staatswappen	4,–	25,–
31 (31)	25	Ringgit (S) 1982. Typ wie Nr. 30. 500 er Silber, 35 g (vierzehneckig)	60,–	80,–
32 (32)	500	Ringgit (G) 1982. Typ wie Nr. 30. 900er Gold, 10,26 g (vierzehneckig)	1400,–	1500,–

25. Jahrestag der Zentralbank

			ST	PP
33 (33)	25	Ringgit (S) 1984. Sultan Haji Ahmed Shah al-Musta'in Billah. Rs. Emblem der Zentralbank. 500er Silber, 35 g	65,–	100,–

Nrn. 33, 37, 42 in ST bestehen aus Silber 50%, Kupfer 50%, während die PP-Prägungen in Silber 50%, Kupfer 40%, Zink 5% und Nickel 5% erfolgten.

Jahrzehnt für die Frauen 1976–1985 (2)

			ST	PP
34 (37)	25	Ringgit (S) 1985. Stilisierte Taube, Emblem. Rs. Emblem der Zentralbank auf Karte von Malaysia. 925er Silber, 23,3276 g, CHI (2000 Ex.)		100,–
35 (38)	250	Ringgit (G) 1985. Stilisierte zweiteilige Taube. Rs. wie Nr. 34. 900er Gold, 8,1 g, CHI (1500 Ex.)		400,–

5. Fünfjahresplan 1986/1990 (3)

			ST	PP
36 (34)	1	Ringgit (K-N) 1986. Staatswappen. Rs. Ölpalme und Kakaobaum vor Histogramm:		
		a) [Singapur]		25,–
		b) [Kilang Wang]	4,–	
37 (35)	25	Ringgit (S) 1986. Rs. Handelsschiff, Industriegebäude. 500er Silber, 35 g:		
		a) [Singapur]		100,–
		b) [Kilang Wang]	45,–	
38 (36)	500	Ringgit (G) 1986. Rs. Zahnräder, mit Landesflagge und Emblem. 900er Gold, 10,26 g:		
		a) [Singapur]		800,–
		b) [Kilang Wang]	500,–	

35. Jahreskonferenz der »Pacific Area Travel Association« in Kuala Lumpur 9.–16. 4. 1986 (2)

ST PP

39 (39) 1 Ringgit 1986. Schildkröte, Maskottchen der Konferenz. Rs. Wertangabe, Hibiskuszweig:
a) (S) 500 fein, 16,85 g **18,–**
b) (K-N) **4,–**

40 (40) 5 Ringgit (S) 1986. Typ wie Nr. 39. 500er Silber, 29,03 g **50,–**

30. Jahrestag der Unabhängigkeit (3)

41 (41) 1 Ringgit (Me) 1987. Staatswappen. Rs. Dreißig fliegende Tauben:
a) [Singapur] –,–
b) [Kilang Wang] **5,–**

42 (42) 10 Ringgit (S) 1987. Rs. Penang-Brücke, Gebäude des Putra World Trade Centre, Bohrtürme und Automobil »Proton Saga«. 500er Silber, 10,82 g:
a) [Singapur] **30,–**
b) [Kilang Wang] **18,—**

43 (43) 250 Ringgit (G) 1987. Rs. Parlamentsgebäude in Kuala Lumpur, Moschee, gekreuzte Kris. 900er Gold, 7,43 g:
a) [Singapur] **350,–**
b) [Kilang Wang] **250,–**

VZ ST

44 1 Sen (St, K plattiert) 1989, 1990. Nationalblume »Bunga Raya«, Wertangabe. Rs. Zeremonielle Trommel »Rebana Ubi« **–,20** **–,30**

45 5 Sen (K-N) 1989, 1990. Rs. Hartholzkreisel »Gasing« **–,20** **–,30**

46 10 Sen (K-N) 1989, 1990. Rs. »Congkak« **–,30** **–,50**

47 20 Sen (K-N) 1989, 1990. Rs. »Tepak Sirih« **–,50** **–,80**

48 50 Sen (K-N) 1989, 1990. Rs. Traditioneller Drachen »Wau« **–,90** **1,50**

49 1 Ringgit (Me) 1989, 1990. Rs. Malaiendolch »Kris« auf Scheide **2,–** **3,–**

30 Jahre Zentralbank (Bank Negara Malaysia)

ST PP

50 30 Ringgit (S) 1989. Rs. Gebäude der Zentralbank, Nationalflagge. 925er Silber, 22 g **40,–** **70,–**

15. Südostasiatische Sportspiele in Kuala Lumpur 20–31. 8. 1989 (3)

51 5 Ringgit (Me) 1989. Emblem der Sportspiele. Rs. »Sepak Takraw«, Fußball und Hockey **10,–** –,–

52 15 Ringgit (S) 1989. Rs. Leichtathletik, Badminton, Schwimmen –,– **30,–**

53 250 Ringgit (G) 1989. Rs. Sportler mit Olivenzweig, Taube –,–

Regierungschef-Konferenz der Commonwealth-Staaten

54 5 Ringgit (Me) 1989. Rs. Sultan-Abdul-Samad-Gebäude in Kuala Lumpur, 1894–1897 erbaut **10,–** –,–

55 25 Ringgit (S) 1989 **35,–** –,–

Nrn. 41, 49, 51, 54 und 57 bestehen aus Kupfer 84%, Zink 12%, Zinn 4%.

Ernennung von Melaka zur historischen Stadt

56 10 Ringgit (S) 1989. Stadtwappen. Rs. Pferdekutsche. 925er Silber, 13,6 g (20 000 Ex.) **50,–**

100 Jahre Kuala Lumpur (2)

57 5 Ringgit (Me) 1990 –,–

58 25 Ringgit (S) 1990. 925er Silber, 21,7 g –,– –,–

Maldive Islands

Malediven

Maldives (Iles)

Al-Dawlat al-Mahldibia

Fläche: 289 km²; 189 000 Einwohner (1989).
Gruppe von 1191 Koralleninseln, davon 202 bewohnt, administrativ in 19 Atolle eingeteilt, 770 km südwestlich von Ceylon im Indischen Ozean. Sultanat 1153–1953 und 1954–1968, britisches Protektorat seit 16. Dezember 1887, das als solches verwaltungsmäßig zu Ceylon gehörte. Die Erste Republik unter Präsident Amin Didi hatte nur von Januar 1953 bis Februar 1954 Bestand. Am 26. Juli 1965 erlangten die Malediven ihre völlige Souveränität und traten aus dem britischen Commonwealth aus. Am 11. November 1968 wurde die Zweite Republik unter Präsident Ibrahim Nasir ausgerufen. Hauptstadt: Malé.

120 Lariat = 1 Rupie; seit 17. Februar 1961: 100 Lari (Laari) = 1 Malediven-Rupie (Rufiyaa)

Mohammed Imad ad-Din V. Iskander 1900–1904

		SS	VZ
1 (1)	1 Lari (K, Bro, Me) n. H. 1318 (1900). Name des Sultans (Mohammed as-Sultan Imad ad-Din Iskander). Rs. Titelinschrift Sultan al-Barr wa al-Bahr sanat 1318 (Sultan über das Land und das Meer, Jahr 1900); Ø 11 mm, 1 g	**8,–**	**15,–**
2 (2)	2 Larin (K, Bro, Me), n. H. 1319 (1901). Typ wie Nr. 1; Ø 13 mm, 1,8 g	**8,–**	**15,–**
3 (3.1)	4 Lariat (K, Bro, Me) n. H. 1320 (1902). Name des Sultans (Al-Haj as-Sultan Mohammed Imad ad-Din Iskander). Rs. Wertangabe 4 Lariat duriba fi Malí Mahldib sanat 1320 (4 Lariat, geprägt in Malé, Malediven, Jahr 1902); Ø 17 mm, 3,7 g	**40,–**	**75,–**
4 (3)	4 Lariat (K, Bro, Me) n. H. 1320 (1902). Typ wie Nr. 3, jedoch ohne den Schriftzug sanat; Ø 17 mm, 3,7 g	**6,–**	**15,–**

A4	4 Lariat (S) n. H. 1320 (1902). Silberabschlag von Nr. 4; Ø 17 mm, 4,5 g	–,–	–,–

Mohammed Schams ad-Din III. Iskander 1904–1936

5 (5)	1 Lari (Bro) n. H. 1331 (1913). Name des Sultans (As-Sultan Mohammed Schams ad-Din Iskander). Rs. Wertangabe 1 Lari duriba fi Malí Mahldib 1331 (1 Lari, geprägt in Malé, Malediven 1913); Ø 13 mm, 0,9 g	**6,–**	**12,–**
6 (6)	4 Lariat (Bro) n. H. 1331 (1913). Typ wie Nr. 5, jedoch andere Anordnung der Inschrift; Ø 19 mm, 3,3 g	**7,–**	**15,–**

Nrn. 5 und 6 wurden entgegen der Aufschrift in Birmingham geprägt.

Mohammed Farid Didi 1954–1968

		VZ	ST
7 (7)	1 Laari (Bro) n. H. 1379/1960. Staatswappen. Rs. Wert, oben arabisch »Malí Mahldib« und Landesname in Divehi (rund)	**5,–**	**10,–**

8 (8)	2 Laari (Bro) n. H. 1379/1960. Typ wie Nr. 7 (viereckig)	**1,50**	**3,–**

9 (9)	5 Laari (N-Me) n. H. 1379/1960, 1389/1970. Typ wie Nr. 7 (Wellenschnitt)	**2,–**	**4,–**
10 (10)	10 Laari (N-Me) n. H. 1379/1960. Typ wie Nr. 7 (Wellenschnitt)	**5,–**	**8,–**

11 (11)	25 Laari (N-Me) n. H. 1379/1960, 1399/1979. Typ wie Nr. 7:		
	a) »Security edge«, 1379/1960	**5,–**	**8,–**
	b) Riffelrand, 1399/1979	*15,–*	*30,–*

		VZ	ST
12 (12)	50 Laari (N-Me) n. H. 1379/1960, 1399/1979. Typ wie Nr. 7:		
	a) »Security edge«, 1379/1960	**8,–**	**15,–**
	b) Riffelrand, 1399/1979	*15,–*	*30,–*

Nrn. 7–12 von 1960, polierte Platte 45,–
Nrn. 13–16, 11, 12 von 1979, polierte Platte 30,–

Republik Malediven
Zweite Republik seit 1968

13 (7a)	1 Laari (Al) n. H. 1389/1970, 1399/1979. Typ wie Nr. 7	**–,60**	**1,50**

14 (8a)	2 Laari (Al) n. H. 1389/1970, 1399/1979. Typ wie Nr. 7 (viereckig)	**–,90**	**1,80**
15 (9a)	5 Laari (Al) n. H. 1389/1970, 1399/1979. Typ wie Nr. 7 (Wellenschnitt):		
	1389/1970	*30,–*	*45,–*
	1399/1979	**1,–**	**2,–**
16 (10a)	10 Laari (Al) n. H. 1379/1960, 1399/1979. Typ wie Nr. 7 (Wellenschnitt):		
	1379/1960	*30,–*	*45,–*
	1399/1979	**2,–**	**3,–**

Für den FAO-Münz-Plan (2)

		ST	PP
17 (14)	5 Rufiyaa (K-N) n. H. 1397/1977. Rs. Thunfisch (Thunnus thynnus – Thunnidae), Wertangabe [RM]	**16,–**	
18 (15)	20 Rufiyaa (S) n. H. 1397/1977. Rs. Thunfisch und Bonito, Wertangabe. 500er Silber, 28,28 g [RM]	**30,–**	

Für den FAO-Münz-Plan (4)

		ST	PP
19 (16)	5 Rufiyaa n. H. 1398/1978. Rs. Hummer (Homarius gammarus):		
	a) (S) 925 fein, 19 g		**100,–**
	b) (K-N) (7000 Ex)	**20,–**	
20	5 Rufiyaa (G) n. H. 1398/1978. Typ wie Nr. 19. 916⅔er Gold, IPZS (200 Ex.)		*1800,–*

		ST	PP
21 (17)	25 Rufiyaa (S) n. H. 1398/1978. Rs. Segelschiff mit ausgelegten Angeln:		
	a) 925er Silber, 28,28 g (2000 Ex.)		**160,–**
	b) 500er Silber, 28,28 g	**75,–**	
22	25 Rufiyaa (G) n. H. 1398/1978. Typ wie Nr. 21. 916⅔er Gold, IPZS (200 Ex.)		*2600,–*

Fortschritt für die Landfrau und FAO-Münz-Plan (2)

		ST	PP
23 (19)	10 Rufiyaa n. H. 1399/1979. Rs. Landfrau am Webstuhl:		
	a) (S) 925 fein, 25 g, IPZS		**80,–**
	b) (K-N)	**25,–**	
24 (18)	100 Rufiyaa (S) n. H. 1399/1979. Rs. Landfrau beim Mattenflechten:		
	a) 925er Silber, 28,28 g, IPZS		**90,–**
	b) 800er Silber, 28,28 g	**50,–**	

Internationales Jahr des Kindes 1979

		ST	PP
25 (20)	20 Rufiyaa (S) n. H. 1399/1979. Rs. Spielende Kinder:		
	a) 925er Silber, 28,28 g		**70,–**
	b) Piéfort, 925er Silber, 56,56 g (100 Ex.)		**250,–**

Für den FAO-Münz-Plan (2)

		ST	PP
26 (21)	10 Rufiyaa (K-N) n. H. 1400/1980. Rs. Frau bei kunstgewerblicher Handarbeit	**25,–**	
27 (22)	100 Rufiyaa (S) n. H. 1400/1980. Rs. Krone einer Kokospalme:		
	a) 925er Silber, 28,28 g		**120,–**
	b) 800er Silber, 28,28 g	**80,–**	

Welternährungstag 1981

		ST	PP
28 (23)	100 Rufiyaa (S) n. H. 1401/1981. Rs. Landarbeiterinnen im Kornfeld. 925er Silber, 28,28 g	**90,–**	**120,–**

		VZ	ST
29	1 Laari (Al) 1984. Kokospalme. Rs. Wert (FAO-Ausgabe)	–,30	–,50
30	5 Laari (Al) 1984. Zwei Thunfische. Rs. Wert (FAO-Ausgabe) (Wellenschnitt)	–,30	–,50
31	10 Laari (Al) 1984. Segelschiff »Odi«. Rs. Wert (FAO-Ausgabe) (Wellenschnitt)	–,40	–,70
32	25 Laari (N-Me) 1984. Minarett der Freitagsmoschee. Rs. Wert	–,50	1,–
33	50 Laari (N-Me) 1984. Meeresschildkröte (Caretta caretta). Rs. Wert (FAO-Ausgabe)	1,20	3,–
34 (13)	1 Rufiyaa 1982, 1984. Staatswappen. Rs. Wert:		
	a) (St, K-N plattiert) 1982	5,–	8,–
	b) (K-N) 1984, nur polierte Platte		20,–

Nrn. 29–34b von 1984, polierte Platte (2500 Ex.) 60,–

Internationales Jahr der Behinderten 1981 (2)

		ST	PP
35 (24)	100 Rufiyaa (S) n. H. 1404/1984. Rs. Internationales Emblem, mehrfach dargestellt:		
	a) 925er Silber, 28,28 g	50,–	120,–
	b) Piéfort, 925er Silber, 56,56 g		220,–
36	100 Rufiyaa (G) n. H. 1404/1984. Rs. Behinderte unter Sonnenschirm:		
	a) 916⅔er Gold, 15,98 g (1000 Ex.)	800,–	1200,–
	b) Piéfort, 916⅔er Gold, 31,95 g (100 Ex.)		*2600,–*

Welt-Fischerei-Konferenz in Rom 1984

37 (25) 20 Rufiyaa n. H. 1404/1984. Rs. Zwei Thunfische:
a) (S) 925 fein, 28,28 g (20 100 Ex.) **120,–**
b) (K-N) **15,–**

XXIII. Olympische Sommerspiele 1984 in Los Angeles (5)

38 25 Rufiyaa (K-N) n. H. 1404/1984. Rs. Basketballspieler, Fackel –,–
39 25 Rufiyaa (K-N) n. H. 1404/1984. Rs. Fußballspieler, Fackel –,–
40 200 Rufiyaa (S) n. H. 1404/1984. Typ wie Nr. 38. 925er Silber, 28,28 g –,–
41 200 Rufiyaa (S) n. H. 1404/1984. Typ wie Nr. 39 –,–
42 1000 Rufiyaa (G) n. H. 1404/1984. Rs. Schwimmer, Fakkel. 916⅔er Gold, 11,5 g –,–

Internationale Spiele 1984 (2)

43 25 Rufiyaa (K-N) n. H. 1405/1984. Rs. Fußballspieler, Fackel **60,–**
44 25 Rufiyaa (K-N) n. H. 1405/1984. Rs. Schwimmer **60,–**

Nr. 45 fällt aus.

Jahrzehnt für die Frauen 1976—1985

46 (26) 20 Rufiyaa (S) n. H. 1405/1984. Rs. Frau beim Spitzenklöppeln. 925er Silber, 28,28 g **100,–**

Offizielle Eröffnung der Großen Moschee und des Islamischen Zentrums am 11. 11. 1984 (2)

		ST	PP
47	100 Rufiyaa (S) n. H. 1405/1984. Rs. Große Moschee und Islamisches Zentrum. 925er Silber, 28,28 g (500 Ex.)		140,–
48 (27a)	100 Rufiyaa (G) n. H. 1405/1984. Typ wie Nr. 47. 916⅔er Gold, 15,98 g (100 Ex.)		*1000,–*

Finanzminister-Konferenz der Commonwealth-Staaten 1.–2. 10. 1985

49 (27) 100 Rufiyaa (S) 1985. Rs. Große Moschee und Islamisches Zentrum. 925er Silber, 28,28 g (500 Ex.) **120,–**

50 1 Laari (G) 1986. Staatswappen, Landesname, Jahreszahl. Rs. Landesname in Divehi, Wertangabe, Feingehalt, rechts Beizeichen Palme. 999,9er Gold, 1 g (Wellenschnitt, mit Loch) (2500 Ex.) **75,–**

		ST	PP
51	250 Rufiyaa (S) n. H. 1410/1990. Staatswappen. Rs. Schoner und Palmen. 925er Silber, 31,47 g		100,–

XIV. Fußball-Weltmeisterschaft 1990 in Italien

52	250 Rufiyaa (S) n. H. 1410/1990. Rs. Fußball und Schriftband mit »Italia 90«. 925er Silber, 31,47 g		80,–

XXV. Olympische Sommerspiele 1992 in Barcelona

53	250 Rufiyaa (S) n. H. 1410/1990. Rs. Schwimmstaffel		100,–

25. Jahrestag der Unabhängigkeit (2)

		PP
54	500 Rufiyaa (S) 1990	150,–
55	1000 Rufiyaa (G) 1990. 916⅔er Gold, 15,976 g (max. 300 Ex.)	750,–

Frühere Ausgaben siehe Weltmünzkatalog 19. Jahrhundert.

Mali — Mali — Mali

Fläche: 1 201 625 km²; 8 100 000 Einwohner (1986).
Bis 1958 gehörte das Gebiet des heutigen Mali als Französisch-Sudan zu Französisch-Westafrika. Der 1959 gegründeten Mali-Föderation trat der Senegal nur vorübergehend bei, seit 22. September 1960 ist Mali Republik. Am 1. Juni 1984 trat Mali wieder der Westafrikanischen Währungsunion bei. Hauptstadt: Bamako.

100 Centimes = 1 CFA-Franc;
vom 2. Juli 1962 bis 31. Mai 1984: 100 Centimes = 1 Mali-Franc (Franc Malien)

Republik Mali
République du Mali

			VZ	ST
1 (1)	5	Francs (Al) 1961. Kopf eines Flußpferdes (Hippopotamus amphibius – Hippopotamidae). Rs. Wert [Kremnitz]	1,–	4,–
2 (2)	10	Francs (Al) 1961. Kopf eines Pferdes. Rs. Wert [Kremnitz]	2,–	5,–
3 (3)	25	Francs (Al) 1961. Kopf eines Löwen (Panthera leo – Felidae). Rs. Wert [Kremnitz]	4,–	9,–

Jahrestag der Unabhängigkeit

			ST	PP
4 (A1)	10	Francs (S) o. J. (1967). Modibo Keita (*1915), Staatspräsident 1960–1968, Gedenkinschrift. Rs. Staatsemblem, Landesname, Wertangabe, Staatsmotto [Arezzo]:		
		a) 900er Silber, 25 g (10 000 Ex.)		60,–
		b) Piéfort, 900er Silber, 50 g (10 Ex.)		*1200,–*

Zu Ehren von Modibo Keita (4)

			PP
5 (A4)	10	Francs (G) 1967. Modibo Keita (*1915), Staatspräsident. Rs. Staatswappen. 900er Gold, 3,3 g	*120,–*

			PP
6 (B4)	25	Francs (G) 1967. Typ wie Nr. 5. 900er Gold, 8 g	*300,–*
7 (C4)	50	Francs (G) 1967. Typ wie Nr. 5. 900er Gold, 16 g	*600,–*
8 (D4)	100	Francs (G) 1967. Typ wie Nr. 5. 900er Gold, 32 g	*1200,–*

			VZ	ST
9 (6)	10	Francs (Al) 1976. Reis. Rs. Wertangabe, Jahreszahl [Paris]	–,80	1,–
10 (7)	25	Francs (Al) 1976. Typ wie Nr. 9 [Paris]	1,–	1,50

Für den FAO-Münz-Plan (2)

11 (4)	50	Francs (Al-N-Bro) 1975, 1977. Hirse [Paris]	1,–	1,50
12 (5)	100	Francs (Al-N-Bro) 1975. Mais [Paris]	2,–	3,50

Weitere Ausgaben siehe unter *Westafrikanische Staaten.*

Malta — # Malta — **Malte**

Fläche: 316 km²; 386 000 Einwohner (1986).
Nachdem der Souveräne Johanniterorden durch die Türken von der Insel Rhodos 1523 vertrieben worden war, suchte er eine neue, seinen Aufgaben gemäße Heimstatt; diese fand er auf der Insel Malta (mit den Nebeninseln, vor allem Gozo), mit der er 1530 aufgrund des 1524 an Kaiser Karl V. als König von Neapel gerichteten Ersuchens belehnt worden war. Das nunmehr errichtete Adelsregiment erlag Ende des 18. Jahrhunderts dem Zeitgeist und besonders 1798 der Aufforderung Napoleons, der auf dem Wege nach Ägypten die Insel bedrohte. Die Franzosen mußten aber 1800 die Insel den Briten überlassen, die im Widerspruch zu der im Frieden von Amiens von 1802 zugesagten Rückgabe an den Johanniterorden die Insel zu einer Kronkolonie machten, was der Friede von Paris von 1814 sanktionierte. Großbritannien gewährte 1921 beschränkte Selbstverwaltung und ab 5. September 1947 volle, innere Autonomie. Am 21. September 1964 wurde Malta ein unabhängiges Mitglied des britischen Commonwealth. Das Parlament von Malta hat am 13. Dezember 1974 mit 49 gegen 6 Stimmen beschlossen, daß Malta eine Republik werde, und zwar sofort. Der bisherige Generalgouverneur (seit 1971) wurde der erste Präsident der Republik. Hauptstadt: La Valletta (il-Belt Valletta).

4 Farthings = 1 Penny, 12 Pence = 1 Shilling, 20 Shilling = 1 £;
seit 16. Mai 1972: 1000 Mils = 100 Cents = 1 Maltesische Lira (Malta-Pfund)

Neben den ⅓-Farthings waren die Münzen Großbritanniens bis zur Ausgabe der nationalen Gepräge gesetzliche Zahlungsmittel

Eduard VII. 1901–1910

		SS	VZ
1 (3)	⅓ Farthing (Bro) 1902. Eduard VII., Kopfbild nach rechts. Rs. Wert und Jahreszahl im Kranz, darüber Krone	10,–	25,–

Georg V. 1910–1936

2 (4)	⅓ Farthing (Bro) 1913. Georg V., Kopfbild nach links. Rs. Wert im Kranz, darüber Krone	8,–	22,–

Elisabeth II. 1952–1974
Stat tà Malta

NEUE WÄHRUNG: 1000 Mils = 100 Cents = 1 Malta-Pfund

		ST	PP
3 (5)	2 Mils (Al) 1972, 1976–1981. Malteserkreuz, seit dem 12. Jh. Abzeichen des Johanniterordens. Rs. Wertangabe, Weinlaub (Wellenschnitt):		
	a) 1972	1,–	
	b) 1975 FM–1981 FM	*3,–*	2,–

4 (6)	3 Mils (Al) 1972, 1976–1981. Honigbiene (Apis mellifica — Apidae), auf Wabe sitzend (Wellenschnitt):		
	a) 1972	–,50	
	b) 1976 FM–1981 FM	*4,–*	2,–

		ST	PP
5 (7)	5 Mils (Al) 1972, 1976–1981. Imnara, handgefertigter Tonständer für Öllampen (Wellenschnitt):		
	a) 1972	–,50	
	b) 1976 FM–1981 FM	*6,–*	2,50
6 (8)	1 Cent (Bro) 1972, 1975–1982. St. Georgskreuz, Zivilorden, am 15. 4. 1942 für die Verteidigung der Insel verliehen:		
	a) 1972, 1975, 1977, 1982	–,70	
	b) 1976 FM–1981 FM	*6,–*	3,–
7 (9)	2 Cents (K-N) 1972, 1976–1982. Kopf der Amazonenkönigin Penthesilea nach dem Relief am Großmeisterpalais in Valletta:		
	a) 1972, 1976, 1977, 1982	1,–	
	b) 1976 FM–1981 FM	*10,–*	4,50
8 (10)	5 Cents (K-N) 1972, 1976–1981. Steinaltar aus dem Hagar-Quim-Tempel, ca. 2400–2000 v. Chr.:		
	a) 1972, 1976, 1977	2,–	
	b)1976 FM–1981 FM	*14,–*	7.50
9 (11)	10 Cents (K-N) 1972, 1976–1981. Zeremoniengaleere des Großmeisters Emanuel II. de Rohan:		
	a) 1972	2,50	
	b) 1976 FM–1981 FM	*17,50*	9,–
10 (12)	50 Cents (K-N) 1972, 1976–1981. Monument zur Erinnerung an die große Belagerung, Valletta, 1927 von Antonio Sciortino geschaffen (zehneckig):		
	a) 1972	8,–	
	b) 1976 FM–1981 FM	*50,–*	18,–

In ähnlicher Zeichnung: Nrn. 32 (25 Cents), 52–60 (10. Jahrestag der Einführung des Dezimalsystems).

ST

11 (13) 1 £ (S) 1972. Staatswappen, am 2. 9. 1964 eingeführt. Rs. Manwel Dimech (1860–1921), Politiker 25,–

12 (14) 2 £(S) 1972. Rs. Fort St. Angelo 45.–

13 (15) 5 £ (G) 1972. Rs. Fackel haltende Hand und Umrisse der Inseln Malta und Gozo (Ghawdex) 100,–

14 (16) 10 £ (G) 1972. Rs. Kenur, für Malta typischer steinerner Holzkohlenofen 200,–

15 (17) 20 £ (G) 1972. Rs. Blaumerle oder Blaudrossel (Monticola solitarius – Turdidae), Nationalvogel, vor aufgehender Sonne 400,–

16 (18) 50 £ (G) 1972. Rs. Neptun, Statue vor dem Palast des Generalgouverneurs in Valletta 1000,–

17 (19) 1 £ (S) 1973. Staatswappen. Rs. Sir Temi Zammit (1864–1935), Historiker 30,–

18 (20) 2 £ (S) 1973. Rs. Mdina-Tor 60,–

19 (21) 10 £ (G) 1973. Rs. Wachturm 110,–

20 (22) 20 £ (G) 1973. Rs. Delphinbrunnen 220,–

ST

21 (23) 50 £ (G) 1973. Rs. Gästehaus des Schlosses in Valletta 550,–

22 (24) 2 £ (S) 1974. Staatswappen. Rs. Giovanni Francesco Abela (1582–1655), Historiker 25,–

23 (25) 4 £ (S) 1974. Rs. Cottonera-Tor 45,–

24 (26) 10 £ (G) 1974. Rs. Spatelblättrige Flockenblume (Centaurea spathulata – Compositae), Nationalblume 100,–

25 (27) 20 £ (G) 1974. Rs. Boot von der Insel Gozo 200,–

26 (28) 50 £ (G) 1974. Rs. Kupfermünze von Malta (Melita) aus dem späten 3. Jh. v. Chr. mit Priesterkappe und punischer Inschrift »'nn« im Kranz 500,–

Republik Malta seit 1974
Repubblika tà Malta

27 (29) 2 £ (S) 1975. Staatswappen vom 2. 9. 1964, Landesname der Republik. Rs. Alfonso Maria Galea (1861–1941), maltesischer Schriftsteller und Philanthrop (2000 Ex.) *200,–*

28 (30) 4 £ (S) 1975. Rs. St.-Agatha-Feste von Qammieh (2000 Ex.) *250,–*

29 (31) 10 £ (G) 1975. Rs. Wanderfalke (Falco peregrinus – Falconidae) (2000 Ex.) *280,–*

30 (32) 20 £ (G) 1975. Rs. Süßwasserkrabbe (Telphusa fluviatilis – Potamonidae) (2000 Ex.) *400,–*

31 (33) 50 £ (G) 1975. Rs. Ornamentierter Steinbalkon (2000 Ex.) *900,–*

Zum Jahrestag der Republik

		ST	PP
32 (39)25	Cents 1975—1981. Malteser Boot mit dem Osirisauge, indische Feigenstaude, Gabel und Schaufel, von Mittelmeersonne überhöht (neues, am 11. 7. 1975 eingeführtes Staatswappen), Jahreszahl. Rs. Wertangabe im Blätterkranz (achteckig):		
	a) (Bro) 1975		25,—
	b) (N-Me) 1975	3,—	
	c) (K-N) 1976 FM—1981 FM	*40,—*	16,—

		ST
33 (34) 2	£ (S) 1975. Staatswappen vom 11. 7. 1975. Rs. Alfonso Maria Galea, wie Nr. 27	25,—
34 (35) 4	£ (S) 1975. Rs. St.-Agatha-Feste, wie Nr. 28	45,—
35 (36)10	£ (G) 1975. Rs. Wanderfalke, wie Nr. 29	150,—
36 (37)20	£ (G) 1975. Rs. Süßwasserkrabbe, wie Nr. 30	250,—
37 (38)50	£ (G) 1975. Rs. Steinbalkon, wie Nr. 31	550,—
38 (40) 2	£ (S) 1976. Rs. Guze' Ellul Mercer (1897—1961), Politiker und Schriftsteller	25,—
39 (41) 4	£ (S) 1976. Rs. Portal von Fort Manoel	40,—
40 (42)10	£ (G) 1976. Rs. Schwalbenschwanz (Papilio machaon — Papilionidae)	150,—
41 (43)20	£ (G) 1976. Rs. Sturmschwalbe (Hydrobates pelagicus — Hydrobatidae)	250,—
42 (44)50	£ (G) 1976. Rs. Türklopfer (Neptunmotiv)	570,—

		ST	PP
43 (45) 1	£ (S) 1977. Rs. Kelb-tal-Fenek-Hund	15,—	20,—
44 (46) 2	£ (S) 1977. Rs. Luigi Preziosi (1888—1965)	30,—	40,—
45 (47) 5	£ (S) 1977. Rs. Windmühle von Xarolla	75,—	100,—

46 (48)25	£ (G) 1977. Rs. Kupfermünze von Gozo (Gaulos), 1. Jh. v. Chr., mit der Darstellung eines Kriegers mit Speer und Schild, rechts Stern, Inschrift »Gaulitōn«	270,–	370,–
47 (49)50	£ (G) 1977. Rs. Imnara (vgl. Nr. 5)	550,–	750,–
48 (50) 100	£ (G) 1977. Rs. »Les Gavroches«, Plastik des Bildhauers Antonio Sciortino (1883–1947)	1100,–	1500,–

Nrn. 43–48 wurden in Valletta und in Birmingham geprägt.

Abzug der britischen Truppen

49 (51) 1	£ (S) 1979. Rs. Flamme der Freiheit. 925er Silber, 5,66 g:		
	a) [MM] (50 000 Ex.)	20,–	
	b) FM (PP: 7871 Ex.)	–,–	65,–

Welternährungstag 1981

		ST	PP
50 (52) 2	£ (S) 1981. Rs. Fischerboot vor Malta. 925er Silber, 11,3104 g (ST: 1500 Ex., PP: 1458 Ex.)	60,–	80,–

Internationales Jahr des Kindes 1979

51 (53) 5	£ (S) 1981. Rs. Spielende Kinder, CHI:		
	a) 925er Silber, 28,276 g		100,–
	b) Piéfort, 925er Silber, 56,552 g (117 Ex.)		*750,–*

10. Jahrestag der Einführung des Dezimalsystems (9)

52 (54)	2 Mils (Al) 1982. Typ wie Nr. 3b, Gedenkumschrift 10th ANNIVERSARY OF DECIMALIZATION	–,–	–,–
53 (55)	3 Mils (Al) 1982. Typ wie Nr. 4b, Gedenkumschrift	–,–	–,–
54 (56)	5 Mils (Al) 1982. Typ wie Nr. 5b, Gedenkumschrift	–,–	–,–

55 (57)	1 Cent (Bro) 1982. Typ wie Nr. 6b, Gedenkumschrift	–,–	–,–
56 (58)	2 Cents (K-N) 1982. Typ wie Nr. 7b, Gedenkumschrift	–,–	–,–
57 (59)	5 Cents (K-N) 1982. Typ wie Nr. 8b, Gedenkumschrift	–,–	–,–

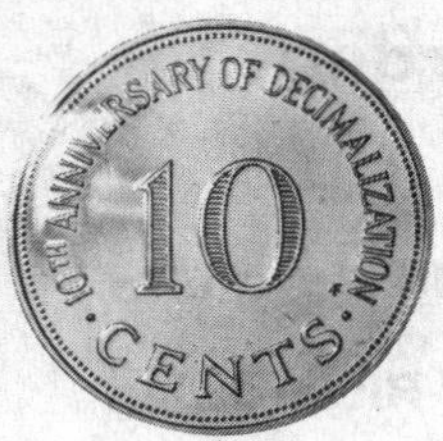

		ST	PP
58 (60)	10 Cents (K-N) 1982. Typ wie Nr. 9b, Gedenkumschrift	–,–	–,–
59 (61)	25 Cents (K-N) 1982. Typ wie Nr. 32c, Gedenkumschrift	–,–	–,–
60 (62)	50 Cents (K-N) 1982. Typ wie Nr. 10b, Gedenkumschrift	–,–	–,–

Nrn. 52–60, polierte Platte –,–

Internationales Jahr der Behinderten 1981 (2)

61 (65)	5 £ (S) 1983. Rs. Stilisiertes Rad auf Treppenabsatz, Inschrift »Bauliche Hindernisse«:		
	a) 925er Silber, 28,28 g	50,–	120,–
	b) Piéfort, 925er Silber, 56,56 g		*260,–*
62 (66)	100 £ (G) 1983. Rs. Kopf aus Puzzleteilen, Motto »Verständnis«:		
	a) 916⅔er Gold, 15,98 g (1300 Ex.)	800,–	1200,–
	b) Piéfort, 916⅔er Gold, 31,95 g (150 Ex.)		*3000,–*

Welt-Fischerei-Konferenz in Rom 1984 (2)

63 (63)	1 £ (K-N) 1984. Rs. Hummernfischer in maltesischem Fischerboot (8783 Ex.)	15,–	
64 (64)	5 £ (S) 1984. Typ wie Nr. 63. 925er Silber, 28,28 g (1484 Ex.)		160,–

Jahrzehnt für die Frauen 1976–1985

65 (71)	5 £ (S) 1984. Rs. Frau beim Spitzenklöppeln. 925er Silber, 28,28 g (2366 Ex.)		100,–

Geschichte der maltesischen Seefahrt (12)

66 (67)	5 £ (S) 1984. Rs. »Strangier«, 1813. 925er Silber, 20 g		50,–
67 (68)	5 £ (S) 1984. Rs. »Tigre«, 1839		50,–
68 (69)	5 £ (S) 1984. Rs. »Wignacourt«, 1844		50,–
69 (70)	5 £ (S) 1984. Rs. »Providenza«, 1848		50,–
70 (72)	5 £ (S) 1985. Rs. »Malta«, 1862		50,–
71 (73)	5 £ (S) 1985. Rs. »Tagliaferro«, 1882		50,–
72 (74)	5 £ (S) 1985. Rs. »L'Isle Adam«, 1883		50,–
73 (75)	5 £ (S) 1985. Rs. »Maria Dacoutros«, 1902		50,–
74 (83)	5 £ (S) 1986. Rs. »Valetta City«, 1917		50,–
75 (84)	5 £ (S) 1986. Rs. »Knight of Malta«, 1929		50,–
76 (85)	5 £ (S) 1986. Rs. »Saver«, 1943		50,–
77 (86)	5 £ (S) 1986. Rs. »Dwejra II«, 1969		50,–

		VZ	ST
78 (76)	1 Cent (N-Me) 1986. Staatswappen. Rs. Ballottra-Wiesel	–,30	–,50
79 (77)	2 Cents (K-N) 1986. Rs. Zebuggam-Olivenzweig	–,40	–,80
80 (78)	5 Cents (K-N) 1986. Rs. Süßwasserkrabbe oder Il-Qobru (Telphusa fluviatilis–Potamidae)	–,60	1,20
81 (79)	10 Cents (K-N) 1986. Rs. Lampuka	1,–	2,–
82 (80)	25 Cents (K-N) 1986. Rs. Ghirlanda	2,–	4,–

		ST	PP
83 (81)	50 Cents (K-N) 1986. Rs. Tulliera	3,–	6,–
84 (82)	1 £ (N) 1986. Rs. Blaumerle (Monticola solitarius–Turdidae)	6,–	10,–

Nrn. 78–84, polierte Platte 75,–

20. Jahrestag der Zentralbank (Bank Ċentrali tà Malta)

85	5 £ (S) 1988. Ansicht des Bankgebäudes. Rs. Wappen der Bank mit Schildhaltern und Helmzier:		
	a) 925er Silber, 28,28 g [Malta Mint]	50,–	
	b) 925er Silber, 28,28 g [RM] (Abb.)		90,–
	c) Piéfort, 925er Silber, 56,56 g [RM] (500 Ex.)		*400,–*

25. Jahrestag der Unabhängigkeit (2)

86	2 £ (S) 1989		
	a) [RM]		70,–
	b) [Malta Mint]	20,–	
87	100 £ (G) 1989. Typ wie Nr. 86		
	a) [RM]		800,–
	b) [Malta Mint]	750,–	

Zum Papstbesuch 25.–27. Mai 1990

88	5 £ (S) 1990. Staatswappen. Rs. Päpstliches Kruzifix und segnende Hand vor der Kathedrale von Mdina:		
	a) [RM] (4000 Ex.)		100,–
	b) [Malta Mint] (5000 Ex.)	55,–	

20. Jahrestag des Assoziationsabkommens mit der Europäischen Gemeinschaft vom 5. Dezember 1970

89	5 £ (S) 1990. Rs. Karte Europas mit den Flaggen von Malta und der EG:		
	a) [RM] (4000 Ex.)		80,–
	b) [Malta Mint] (5000 Ex.)	60,–	

70 Jahre Save the Children Fund

90	5 £ (S) 1991. Rs. Drei Kinder beim Katzundmausspiel. 925er Silber, 28,28 g		85,–

		VZ	ST
91	1 Cent (Bro) 1991. Neues Staatswappen. Rs. Ballottra-Wiesel, wie Nr. 78	–,30	–,50
92	2 Cents (Bro) 1991. Rs. Zebuggam-Olivenzweig, wie Nr. 79	–,40	–,80
93	5 Cents (K-N) 1991. Rs. Süßwasserkrabbe, wie Nr. 80 (eckig)	–,60	1,20
94	10 Cents (K-N) 1991. Rs. Lampuka, wie Nr. 81	1,–	2,–
95	25 Cents (K-N) 1991. Rs. Ghirlanda, wie Nr. 82 (»Security edge«)	2,–	4,–
96	50 Cents (K-N) 1991. Rs. Tulliera, wie Nr. 83 (eckig)	3,–	6,–
97	1 £ (N) 1991. Rs. Blaumerle, wie Nr. 84	6,–	10,–

50. Jahrestag der Verleihung des St.-Georgs-Kreuzes

98 ( ) 1992

Frühere Ausgaben siehe Weltmünzkatalog 19. Jahrhundert

Sovereign Military Order of Malta

Malteserorden

Ordre de Malte

Sovrano Militare Ordine di Malta

Souveräner Malteser-Ritterorden

Aus einem von Kaufleuten aus Amalfi in Jerusalem gegründeten Spital ging nach der Eroberung der Stadt durch die Kreuzfahrer im Jahre 1099 unter dem Einfluß des Spitalvorstehers Gerhard († 1120) der nach Johannes dem Täufer benannte „Hospitaliter-Orden St. Johannes zu Jerusalem" hervor. Obwohl zu den Mönchsgelübden noch die Verpflichtung zum Kampf gegen die Ungläubigen trat, zeichnete sich der Orden von Anfang an hauptsächlich durch die Pflege von Kranken und Verwundeten aus. 1113 vom Papst bestätigt, verlegte der Ritterorden 1187 seinen Sitz nach Akkon. Nach dem Fall dieser Stadt 1291 zog der Orden aus dem Heiligen Land ab und etablierte sich nach einer Episode auf Zypern 1310 auf Rhodos als »Rhodiser-Ritterorden«. Die Türken nahmen im Jahre 1523 schließlich die Insel ein und vertrieben die Johanniter. Als Ersatz erhielt der Orden 1530 von Kaiser Karl V. die Insel Malta mit den Nebeninseln als Lehen zugesprochen und nannte sich fortan »Souveräner Ritterorden vom Hospital des hl. Johannes zu Jerusalem, genannt von Rhodos, genannt von Malta« oder kurz »Malteserorden«. Im Jahre 1798 verlor der Orden mit der Eroberung Maltas durch Napoleon zwar sein Staatsgebiet, behielt jedoch seine Souveränität. Die Gewinne aus den seit 1961 nach dem alten maltesischen Münzsystem ausgebrachten Prägungen unterstützen die Arbeit des Ordens in der Krankenpflege, der Unfallhilfe und im Katastrophenschutz. Sitz der Ordensregierung seit 1834: Rom.

20 Grani = 1 Tarì, 12 Tarì = 1 Scudo

Interim 1955–1962

Ernesto Paterno – Castello di Carcaci

PP

1 (1) 1 Scudo (S) 1961. Malteserkreuz, Umschrift SVB HOC SIGNO MILITAMVS. Rs. Lamm Gottes mit Ordensfahne, Umschrift ECCE AGNVS DEI QVI TOLLIT PECCATA MVNDI. 986⅑er Silber, 12 g **40,–**

2 (2) 2 Scudi (S) 1961. Rs. Haupt des hl. Johannes, Umschrift S. IOAN. BAPT. ORA. PRO. NOBIS. 986⅑er Silber, 24 g **90,–**

3 (3) V Scudi (G) 1961. Rs. Hl. Johannes mit Ordensfahne, Umschrift NON SURREXIT MAIOR. 916⅔er Gold, 4 g **200,–**

4 (4) X Scudi (G) 1961. Typ wie Nr. 3. 916⅔er Gold, 8 g **400,–**

Angelo de Mojana di Cologna 1962–1988

5 (5) 1 Scudo (S) 1962, 1963. Gekröntes Wappen des Großmeisters. Rs. Haupt des hl. Johannes:
a) 990er Silber, 12 g, 1962 **300,–**
b) 986⅑er Silber, 12 g, 1963 **100,–**

6 (6) 2 Scudi (S) 1962, 1963. Rs. Kniender Großmeister, vom hl. Johannes die Ordensfahne entgegennehmend, Umschrift SVB HOC SIGNO MILITAMVS:
a) 990er Silber, 24 g, 1962 **600,–**
b) 986⅑er Silber, 24 g, 1963 **120,–**

7 (7) V Scudi (G) 1962, 1963. Rs. Hl. Johannes mit Ordensfahne:
a) 920er Gold, 4 g, 1962 **800,–**
b) 900er Gold, 4 g, 1963 **300,–**

8 (8) X Scudi (G) 1962, 1963. Rs. Lamm Gottes:
a) 920er Gold, 8 g, 1962 **1200,–**
b) 900er Gold, 8 g, 1963 **450,–**

9 (9) 1 Scudo (S) 1964. Brustbild des Großmeisters von vorne. Rs. Haupt des hl. Johannes. 986⅑er Silber, 12 g **25,–**

10 (10) 2 Scudi (S) 1964. Rs. Gekröntes Wappen, Umschrift NIL COELESTE NISI. 986⅑er Silber, 24 g **40,–**

11 (11) 5 Scudi (G) 1964. Rs. Hl. Johannes mit Ordensfahne. 900er Gold, 4 g **200,–**

12 (12) 10 Scudi (G) 1964. Rs. Lamm Gottes. 900er Gold, 8 g **400,–**

PP

13 (13) 1 Scudo (S) 1965, 1966. Brustbild des Großmeisters von vorne. Rs. Lamm Gottes **40,–**

14 (14) 2 Scudi (S) 1965, 1966. Rs. Hl. Johannes mit Ordensfahne **50,–**

15 (11) 5 Scudi (G) 1965, 1966. Rs. Kniender Großmeister, vom hl. Johannes die Ordensfahne entgegenehmend **200,–**

16 (12) 10 Scudi (G) 1965, 1966. Rs. Gekröntes Wappen **400,–**

17 (15) 10 Grani (Bro) 1967. Gekröntes Ordenskreuz. Rs. Sich reichende Hände **15,–**

18 (16) 9 Tarì (S) 1967. Gekröntes Wappen. Rs. Malteserkreuz. 900er Silber, 9 g **25,–**

19 (17) 1 Scudo (S) 1967. Brustbild des Großmeisters nach links. Rs. Gekröntes Ordenskreuz **30,–**

20 (18) 2 Scudi (S) 1967. Rs. Zwei Wappen in gekrönter Kartusche **55,–**

21 (19) 5 Scudi (G) 1967. Rs. Kniender Großmeister, vom hl. Johannes die Ordensfahne entgegennehmend **200,–**

22 (20) 10 Scudi (G) 1967. Rs. Gekröntes Wappen **400,–**

Für den FAO-Münz-Plan (2)

23 (21) 2 Tarì (Bro) 1968. Globus zwischen Ähren, Motto FIAT PANIS. Rs. Sich reichende Hände **25,–**

24 (22) 3 Scudi (S) 1968. Gekröntes Wappen. Rs. Hl. Johannes mit Ordensfahne, Motto GVERRA ALLA FAME. 800er Silber, 12 g **50,–**

25 (23) 1 Scudo (S) 1968. Brustbild des Großmeisters nach rechts. Rs. Hl. Johannes mit Ordensfahne **30,–**

26 (24) 2 Scudi (S) 1968. Rs. Gekröntes Ordenskreuz **45,–**

27 (19) 5 Scudi (G) 1968. Rs. Kniender Großmeister, vom hl. Johannes die Ordensfahne entgegennehmend **200,–**

28 (20) 10 Scudi (G) 1968. Rs. Zwei Wappen in gekrönter Kartusche **400,–**

29 (15) 10 Grani (Bro) 1969. Gekröntes Ordenskreuz. Rs. Sich reichende Hände, Umschrift SOVRANO MILITARE ORDINE DI MALTA **15,–**

30 (25) 9 Tarì (S) 1969. Gekröntes Wappen. Rs. Lamm Gottes **25,–**

31 (26) 1 Scudo (S) 1969. Brustbild des Großmeisters nach links. Rs. Hl. Johannes mit Ordensfahne **30,–**

PP

32 (27) 2 Scudi (S) 1969. Rs. Gekröntes Wappen 45,–
33 (19) 5 Scudi (G) 1969. Rs. Gekröntes Ordenskreuz 200,–
34 (20) 10 Scudi (G) 1969. Rs. Kniender Großmeister, vom hl. Johannes die Ordensfahne entgegennehmend 400,–

35 (15) 10 Grani (Bro) 1970. Zwei Wappen in gekrönter Kartusche. Rs. Sich reichende Hände 18,–
36 (28) 9 Tarì (S) 1970. Gekröntes Wappen. Rs. Haupt des hl. Johannes 30,–
37 (29) 1 Scudo (S) 1970. Brustbild des Großmeisters nach links. Rs. Zwei Wappen in gekrönter Kartusche 35,–
38 (30) 2 Scudi (S) 1970. Rs. Lamm Gottes 45,–
39 (31) 5 Scudi (G) 1970. Rs. Gekröntes Ordenskreuz 200,–
40 (32) 10 Scudi (G) 1970. Rs. Hl. Johannes mit Ordensfahne 400,–

A40 1 Sovrana (G) 1970. Rs. Wappen auf gekröntem Wappenmantel. 900er Gold, 8 g (15000 Ex.) 350,–

400. Jahrestag der Seeschlacht von Lepanto (Naupaktos) am 7. Oktober 1571 (2)

41 (34) 10 Grani (Bro) 1971. Brustbild von Großmeister Pietro del Monte (1568–1572) nach rechts. Rs. Schlachtszene zwischen spanischen, venezianischen und türkischen Galeeren 18,–
42 (35) 9 Tarì (S) 1971. Die zwei Wappen von del Monte und de Mojana. Rs. Schlachtszene 25,–

43 (33) 10 Grani (Bro) 1971. Gekröntes Wappen. Rs. Sich reichende Hände 15,–
44 (28) 9 Tarì (S) 1971. Brustbild des Großmeisters nach links. Rs.Haupt des hl. Johannes 25,–

45 (36) 1 Scudo (S) 1971. Rs. Zwei Wappen in gekrönter Kartusche 30,–
46 (37) 2 Scudi (S) 1971. Rs. Hl. Johannes mit Ordensfahne 45,–
47 5 Scudi (G) 1971. Rs. Kniender Großmeister, vom hl. Johannes die Ordensfahne entgegennehmend 200,–
48 (38) 10 Scudi (G) 1971. Rs. Lamm Gottes auf Globus 400,–
49 (39) 10 Grani (Bro) 1972. Brustbild des Großmeisters nach links. Rs. sich reichende Hände 15,–
50 (40) 9 Tarì (S) 1972. Rs. Zwei Wappen in gekrönter Kartusche 30,–
51 (41) 1 Scudo (S) 1972. Rs. Malteserkreuz 35,–
52 (42) 2 Scudi (S) 1972. Rs. Lamm Gottes auf Globus 45,–
53 (43) 5 Scudi (G) 1972. Rs. Kniender Großmeister, vom hl. Johannes die Ordensfahne entgegennehmend 200,–
54 (44) 10 Scudi (G) 1972. Rs. Hl. Johannes mit Ordensfahne 400,–

55 (39) 10 Grani (Bro) 1973. Brustbild des Großmeisters nach links. Rs. sich reichende Hände 15,–
56 (45) 9 Tarì (S) 1973. Rs. Haupt des hl. Johannes 30,–
57 (46) 1 Scudo (S) 1973. Rs. Zwei Wappen in gekrönter Kartusche 35,–
58 (37) 2 Scudi (S) 1973. Rs. Hl. Johannes mit Ordensfahne 45,–
59 (43) 5 Scudi (G) 1973. Rs. Kniender Großmeister, vom hl. Johannes die Ordensfahne entgegennehmend 200,–
60 (38) 10 Scudi (G) 1973. Rs. Lamm Gottes auf Globus 400,–

61 (47) 10 Grani (Bro) 1974. Brustbild des Großmeisters nach links. Rs. Haupt des hl. Johannes 18,–
62 (48) 9 Tarì (S) 1974. Rs. Sich reichende Hände 25,–
63 (49) 1 Scudo (S) 1974. Rs. Lamm Gottes 30,–
64 (50) 2 Scudi (S) 1974. Rs. Gekröntes Wappen 60,–
65 (43) 5 Scudi (G) 1974. Rs. Kniender Großmeister, vom hl. Johannes die Ordensfahne entgegennehmend 200,–
66 (44) 10 Scudi (G) 1974. Rs. Hl. Johannes mit Ordensfahne 400,–
67 (47) 10 Grani (Bro) 1975. Brustbild des Großmeisters nach links. Rs. Haupt des hl. Johannes 18,–

PP

68 (48) 9 Tarì (S) 1975. Rs. Sich reichende Hände 25,–
69 (49) 1 Scudo (S) 1975. Rs. Lamm Gottes 30,–
70 (51) 2 Scudi (S) 1975. Rs. Haupt des hl. Johannes 60,–
71 (43) 5 Scudi (G) 1975. Rs. Kniender Großmeister, vom hl. Johannes die Ordensfahne entgagennehmend 200,–
72 (53) 10 Scudi (G) 1975. Rs. Gekröntes Wappen 400,–

73 (47) 10 Grani (Bro) 1976. Brustbild des Großmeisters nach links. Rs. Haupt des hl. Johannes 18,–
74 (48) 9 Tarì (S) 1976. Rs. Sich reichende Hände 25,–
75 (49) 1 Scudo (S) 1976. Rs. Lamm Gottes 30,–
76 (52) 2 Scudi (S) 1976. Rs. Taufszene am Jordan, Umschrift NON SURREXIT MAIOR 60,–
77 (54) 5 Scudi (G) 1976. Rs. Kniender Großmeister, vom hl. Johannes die Ordensfahne entgegennehmend 200,–
78 (53) 10 Scudi (G) 1976. Rs. Gekröntes Wappen 400,–

79 (47) 10 Grani (Bro) 1977. Brustbild des Großmeisters nach links. Rs. Haupt des hl. Johannes 18,–
80 (48) 9 Tarì (S) 1977. Rs. Sich reichende Hände 25,–
81 (49) 1 Scudo (S) 1977. Rs. Schloß 35,–
82 (52) 2 Scudi (S) 1977. Rs. Schloß 65,–
83 (54) 5 Scudi (G) 1977. Rs. Kniender Großmeister, vom hl. Johannes die Ordensfahne entgegennehmend 200,–
84 (59) 10 Scudi (G) 1977. Rs. Taufszene am Jordan 400,–

85 (55) 10 Grani (Bro) 1978. Brustbild des Großmeisters nach links. Rs. Galeere, um 1741–1743 28,–
86 (56) 9 Tarì (S) 1978. Rs. Galeere, um 1670 40,–
87 (57) 1 Scudo (S) 1978. Rs. Galeere, um 1571 60,–
88 (58) 2 Scudi (S) 1978. Rs. Galeere, um 1790 100,–
89 (54) 5 Scudi (G) 1978. Rs. Kniender Großmeister, vom hl. Johannes die Ordensfahne entgegennehmend 200,–
90 (59) 10 Scudi (G) 1978. Rs. Taufszene am Jordan 400,–

91 (55) 10 Grani (Bro) 1979. Brustbild des Großmeisters nach rechts. Rs. Galeere, um 1741–1743 28,–
92 (56) 9 Tarì (S) 1979. Rs. Galeere, um 1670 40,–
93 (60) 1 Scudo (S) 1979. Rs. Schloß in Magione 55,–
94 (61) 2 Scudi (S) 1979. Rs. Schloß in Ipplis Premariacco 75,–

95 (62) 5 Scudi (G) 1979. Rs. Kniender Großmeister, vom hl. Johannes die Ordensfahne entgegennehmend 200,–
96 (63) 10 Scudi (G) 1979. Rs. Schloß in Chignolo 400,–

97 (64) 10 Grani (Bro) 1980. Brustbild des Großmeisters nach rechts. Rs. Malteserkreuz, Umschrift IN HOC SIGNO MILITAMVS 25,–
98 (65) 9 Tarì (S) 1980. Rs. Haupt des hl. Johannes 40,–
99 (66) 1 Scudo (S) 1980. Rs. Gekröntes Wappen 50,–
100 (67) 2 Scudi (S) 1980. Rs. Lamm Gottes 100,–
101 5 Scudi (G) 1980. Rs. Kniender Großmeister, vom hl. Johannes die Ordensfahne entgegennehmend 300,–
102 10 Scudi (G) 1980. Rs. Sich reichende Hände 450,–

Internationales Jahr der Behinderten 1981 und FAO-Münz-Plan (2)

103 (68) 10 Grani (Bro) 1981. Brustbild des Großmeisters nach links. Rs. Ordenshospital für Behinderte, Rom 20,–

PP

104 (69) 9 Tarì (S) 1981. Rs. hl. Johannes mit behindertem Kind 30,–

Welternährungstag 1981 (2)

105 (70) 1 Scudo (S) 1981. Rs. Bauer im Kampf mit Heuschrecke 45,–

106 (71) 2 Scudi (S) 1981. Rs. Speisung einer hungrigen Mutter mit Kindern 90,–
107 5 Scudi (G) o. J. (1981). Rs. Kniender Großmeister, vom hl. Johannes die Ordensfahne entgegennehmend 300,–

Welternährungstag 1981

108 10 Scudi (G) 1981. Rs. Korb mit Maiskolben 450,–

20. Jahrestag der Wahl von Großmeister Angelo de Mojana (6)

109 (72) 10 Grani (Bro) 1982. Brustbild des Großmeisters nach links. Rs. Gekröntes Wappen, Gedenkumschrift 20,–
110 (73) 9 Tarì (S) 1982. Typ wie Nr. 109 30,–
111 (74) 1 Scudo (S) 1982. Typ wie Nr. 109 45,–
112 (75) 2 Scudi (S) 1982. Typ wie Nr. 109 90,–
113 5 Scudi (G) 1982 300,–
114 10 Scudi (G) 1982. Typ wie Nr. 109 450,–

PP

115 (76) 10 Grani (Bro) 1983. Brustbild des Großmeisters nach links. Rs. Malteserkreuz 20,–
116 (77) 9 Tarì (S) 1983. Rs. Haupt des hl. Johannes 30,–
117 (78) 1 Scudo (S) 1983. Rs. Lamm Gottes 45,–
118 (79) 2 Scudi (S) 1983. Rs. Gekröntes Wappen 90,–
119 (80) 5 Scudi (G) 1983. Rs. Kniender Großmeister, vom hl. Johannes die Ordensfahne entgegennehmend 300,–
120 (81) 10 Scudi (G) 1983. Rs. Taufszene am Jordan 450,–

121 (82) 10 Grani (Bro) 1984. Brustbild des Großmeisters nach links. Rs. Piranesi 20,–
122 (83) 9 Tarì (S) 1984. Rs. Portal 30,–
123 (84) 1 Scudo (S) 1984. Rs. Gebäude 45,–
124 (85) 2 Scudi (S) 1984. Rs. Schloß 90,–
125 (80) 5 Scudi (G) 1984. Rs. Kniender Großmeister, vom hl. Johannes die Ordensfahne entgegennehmend 300,–
126 (86) 10 Scudi (G) 1984. Rs. Altar der Chiesa di Santa Maria all' Aventino 450,–

127 (87) 10 Grani (Bro) 1985. Brustbild des Großmeisters nach links. Rs. Malteserkreuz 20,–
128 (88) 9 Tarì (S) 1985. Rs. Haupt des hl. Johannes 30,–
129 (89) 1 Scudo (S) 1985. Rs. Gekröntes Wappen 45,–
130 (90) 2 Scudi (S) 1985. Rs. Taufszene am Jordan 90,–
131 (80) 5 Scudi (G) 1985. Rs. Kniender Großmeister, vom hl. Johannes die Ordensfahne entgegennehmend 300,–
132 (91) 10 Scudi (G) 1985. Rs. Sich reichende Hände 450,–

133 (92) 10 Grani (Bro) 1986 20,–
134 (93) 9 Tarì (S) 1986 30,–
135 (94) 1 Scudo (S) 1986 40,–
136 (95) 2 Scudi (S) 1986 70,–
137 (80) 5 Scudi (G) 1986 250,–
138 (96) 10 Scudi (G) 1986 450,–

139 10 Grani (Bro) 1987 20,–
140 9 Tarì (S) 1987 30,–
141 1 Scudo (S) 1987 40,–
142 2 Scudi (S) 1987 70,–
143 5 Scudi (G) 1987 250,–
144 10 Scudi (G) 1987 450,–

145 10 Grani (Bro) 1988 20,–
146 9 Tarì (S) 1988 30,–
147 1 Scudo (S) 1988 40,–
148 2 Scudi (S) 1988 70,–
149 5 Scudi (G) 1988 250,–
150 10 Scudi (G) 1988 450,–

Interim 1988

151 10 Grani (Bro) 1988 20,–
152 9 Tarì (S) 1988. Typ wie Nr. 151 30,–
153 1 Scudo (S) 1988. Typ wie Nr. 151 40,–
154 2 Scudi (S) 1988. Typ wie Nr. 151 70,–
155 5 Scudi (G) 1988. Typ wie Nr. 151 250,–
156 10 Scudi (G) 1988. Typ wie Nr. 151 450,–

Andrew Bertie seit 1988

157 10 Grani (Bro) 1988 20,–
158 9 Tarì (S) 1988 30,–
159 1 Scudo (S) 1988 40,–
160 2 Scudi (S) 1988 70,–
161 5 Scudi (G) 1988 250,–
162 10 Scudi (G) 1988 450,–

163 10 Grani (Bro) 1989 20,–
164 9 Tarì (S) 1989 30,–
165 1 Scudo (S) 1989 40,–
166 2 Scudi (S) 1989 70,–
167 5 Scudi (G) 1989 250,–
168 10 Scudi (G) 1989 450,–

169 10 Grani (Bro) 1990. Rs. Johannes der Täufer, Umschrift »San Ioannes Baptista« –,–

		PP
170	9 Tarì (S) 1990. Rs. Taufszene am Jordan, Motto »Filius Meus Dilectus«	–,–
171	1 Scudo (S) 1990. Typ wie Nr. 169	–,–
172	2 Scudi (S) 1990. Typ wie Nr. 170	–,–
173	5 Scudi (G) 1990. Rs. Kniender Großmeister, vom hl. Johannes die Ordensfahne entgegennehmend	–,–
174	10 Scudi (G) 1990. Rs. Gekröntes Wappen	–,–
175	10 Grani (Bro) 1991	–,–
176	9 Tarì (S) 1991	–,–
177	1 Scudo (S) 1991	–,–
178	2 Scudi (S) 1991	–,–
179	5 Scudi (G) 1991	–,–
180	10 Scudi (G) 1991	–,–
181	10 Grani (N-Me) 1992	–,–
182	9 Tarì (S) 1992	–,–
183	1 Scudo (S) 1992	–,–
184	2 Scudi (S) 1992	–,–
185	5 Scudi (G) 1992	–,–
186	10 Scudi (G) 1992	–,–

Manchukuo | **Mandchoukouo**

Mandschukuo

Ta Man Zhou Kuo

大滿洲國

Fläche: 1 303 400 km²; 43 200 000 Einwohner.
Unter der schwachen Zentralregierung der Republik China erlangte die Mandschurei im Jahre 1917 unter dem Marschall Tschang Tso-lin und seinem Sohn Tschang Hue-liang eine relativ große Selbständigkeit. Nach der militärischen Besetzung durch Japan wurde am 18. Februar 1932 unter Angliederung der chinesischen Provinz Jehol der von Japan abhängige Staat Mandschukuo gegründet und als Regent der letzte Kaiser der 1911 in China abgesetzten Mandschu-(Ching)-Dynastie, Pu Yi, eingesetzt. Am 1. März 1934 wurde Mandschukuo zum Kaiserreich erklärt und Pu Yi zum Kaiser proklamiert. Nach der Besetzung des Gebietes von Mandschukuo durch sowjetische Truppen im August 1945 wurde das Kaiserreich wieder aufgelöst und das Gebiet nach Abzug der sowjetischen Truppen wieder dem chinesischen Staat angegliedert. Hauptstadt: Changchun, in Hsinking umbenannt.

Die auf den Münzen angegebenen Jahreszahlen beziehen sich auf die beiden Regierungsepochen

Ta Tung 大同 1932–1934 und

Kang Te 康德 1934–1945,

bei deren Beginn die Jahre jeweils von eins an gezählt wurden.

10 Li 釐 = 1 Fen 分; 10 Fen = 1 Chiao 角

100 Fen = 1 Yuan 圓

Pu Yi 1932–1945

		SS	VZ
1 (1)	5 Li (Bro) Ta T'ung 2, 3 (1933, 1934). Staatsflagge, oben »Ta Man Zhou Kuo«, unten »Ta Tung«, Regierungsjahr, »Nien« (Jahr). Rs. Wertangabe zwischen zwei Blumen:		
	2 (1933)	50,–	80,–
	3 (1934)	12,–	22,–
2 (2)	1 Fen (Bro) Ta T'ung 2, 3 (1933, 1934). Typ wie Nr. 1	8,–	16,–
3 (3)	5 Fen (K-N) Ta T'ung 2, 3 (1933, 1934). Orchidee, Landesname, Jahreszahl. Rs. Wertangabe zwischen zwei Drachen, oben Staatsemblem	3,–	5,–

		SS	VZ
4 (4)	1 Chiao (K-N) Ta 'Tung 2, 3 (1933, 1934). Typ wie Nr. 3	4,–	7,–

Kaiserreich 1934–1945
Ära K'ang Te 1934–1945

		SS	VZ
5 (5)	5 Li (Bro) K'ang Te 1–4, 6 (1934–1937, 1939). Typ wie Nr. 1:		
	1–4 (1934–1937)	10,–	20,–
	6 (1939)	*250,–*	*400,–*

		SS	VZ
6 (6)	1 Fen (Bro) K'ang Te 1–6 (1934–1939). Typ wie Nr. 1	6,–	12,–
7 (7)	5 Fen (K-N) K'ang Te 1–4, 6 (1934–1937, 1939). Typ wie Nr. 3	5,–	10,–

SS VZ

8 (8) 1 Chiao (K-N) K'ang Te 1, 2, 5, 6 (1934, 1935, 1938, 1939). Typ wie Nr. 3 — 6,– 12,–

9 (9) 1 Fen (Al) K'ang Te 6–10 (1939–1943). Staatsemblem, oben »Ta Man Zhou Kuo«, unten »K'ang Te«, Regierungsjahr, »Nien«. Rs. Wertangabe, von Reisrispen umgeben — 5,– 8,–

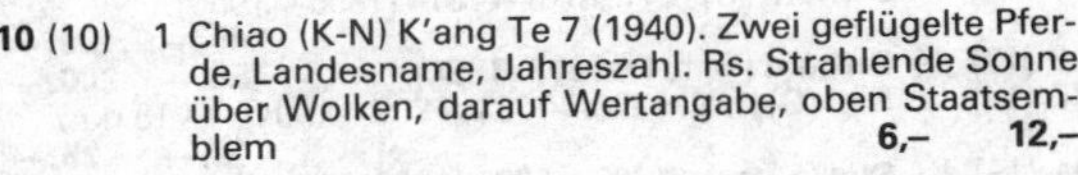

10 (10) 1 Chiao (K-N) K'ang Te 7 (1940). Zwei geflügelte Pferde, Landesname, Jahreszahl. Rs. Strahlende Sonne über Wolken, darauf Wertangabe, oben Staatsemblem — 6,– 12,–

11 (11) 5 Fen (Al) K'ang Te 7–10 (1940–1943). Wertzahl 5 im Kreis, Landesname, Jahreszahl. Rs. Wertangabe »5 Fen« über Reisrispen, oben Staatsemblem — 4,– 8,–

12 (12) 10 Fen = 1 Chiao (Al) K'ang Te 7–10 (1940–1943). Wertzahl 10 in Einfassung, Landesname, Jahreszahl. Rs. Wertangabe »1 Chiao« zwischen Reisrispen, oben Staatsemblem:

7–9 (1940–1942) — 4,– 8,–

10 (1943) — *500,–* *750,–*

SS VZ

13 (13) 1 Fen (Al) K'ang Te 10, 11 (1943, 1944). Wertzahl 1, Landesname, Jahreszahl. Rs. Stilisierte Sonne zwischen Wolken, Wertangabe »1 Fen« — 3,– 7,–

14 (A13) 5 Fen (Al) K'ang Te 10, 11 (1943, 1944). Typ wie Nr. 13 — 4,– 8,–

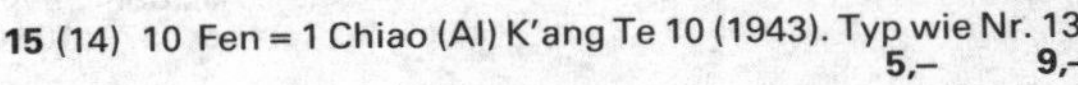

15 (14) 10 Fen = 1 Chiao (Al) K'ang Te 10 (1943). Typ wie Nr. 13 — 5,– 9,–

16 (13a) 1 Fen (Fiber) K'ang Te 12 (1945). Typ wie Nr. 13:

a) roter Kunststoff — 30,– 60,–

b) brauner Kunststoff — 55,– 80,–

17 (A13a) 5 Fen (Fiber) K'ang Te 11 (1944). Typ wie Nr. 13:

a) roter Kunststoff — 20,– 30,–

b) brauner Kunststoff — 30,– 50,–

Morocco

Marokko

Maroc

Al-Maghrib

Fläche: 445 050 km²; 22 500 000 Einwohner (1986).
Nach jahrzehntelanger europäischer Protektoratsherrschaft erhielt das nordafrikanische Land im Jahre 1956 seine Unabhängigkeit zurück. Auf Grund der Verfassung von 1962 ist Marokko eine konstitutionelle, demokratische und soziale Monarchie. Hauptstadt: Rabat.

50 Mazunas = 1 Dirham, 10 Dirham = 1 Rial; 100 Centimes = 1 Franc;
seit 17. Oktober 1959: 100 Francs = 1 Dirham;
seit 1. September 1972: 100 Centimes (Santimin) = 1 Dirham

Tabelle der Feingewichte

Nominal	Metall	Prägezeit	Kat-Nr.	Feingewicht	Feingehalt
5 Francs	(S)	1929–1934	29	3,400	680
10 Francs	(S)	1929–1934	30	6,800	680
20 Francs	(S)	1929–1934	31	13,600	680
100 Francs	(S)	1953	44	2,880	720
200 Francs	(S)	1953	45	6,480	720
500 Francs	(S)	1956	46	20,250	900
5 Dirhams	(S)	1965	49	8,460	720
5 Dirhams	(S)	1975	63a	11,100	925
5 Dirhams	(G)	1975	64a	21,285	900
5 Dirhams	(G)	1975	64b	31,932	900
50 Dirhams	(S)	1975–1980	65, 68a, 70, 72a 74a	32,708	925
50 Dirhams	(S)	1975–1979	65b, 68b, 72b 74b	48,895	925
50 Dirhams	(G)	1975–1979	66a, 69a, 71, 73a 75a	54,405	900
50 Dirhams	(G)	1975–1979	66b, 69b, 73b, 75b	81,468	900
100 Dirhams	(S)	1983	79	23,125	925
150 Dirhams	(S)	1980–1981	77, 78	32,837	925
250 Dirhams	(G)	1975–1979	67a	5,805	900
250 Dirhams	(G)	1975–1979	67b	8,703	900
500 Dirhams	(G)	1979–1983	76a	11,754	900
500 Dirhams	(G)	1979–1983	76b	17,415	900

Abd al Aziz IV. 1894–1908

SS VZ

1 (14) 1 Mazuna (Bro) n. H. 1319–1321 (1901–1903). Arabische Inschrift und Jahreszahl im Kreis, Randdekor: Mäandermuster. Rs. Wert im Kreis; Mäandermuster **18,– 40,–**

2 (15) 2 Mazunas (Bro) n. H. 1320–1323 (1902–1905) **12,– 28,–**

3 (16) 5 Mazunas (Bro) n. H. 1320–1322 (1902–1904) **10,– 20,–**

SS VZ

4 (17) 10 Mazunas (Bro) n. H. 1320–1323 (1902–1905) **5,– 12,–**

5 (9) ½ Dirham (S) n. H. 1313–1319 (1896–1901) **16,– 30,–**

6 (10) 1 Dirham (S) n. H. 1313–1318 (1896–1900) **18,– 40,–**

7 (11) 2½ Dirham (S) n. H. 1313–1318 (1896–1900) **45,– 90,–**

8 (12) 5 Dirham (S) n. H. 1313–1318 (1896–1900) **45,– 100,–**

9 (13) 10 Dirham (S) n. H. 1313 (1896) **450,– 800,–**

10 (18) ¹⁄₂₀ Rial (S) n. H. 1320–1321 (1902–1904); Ø 15 mm **12,– 25,–**

11 (19) ¹⁄₁₀ Rial (S) n. H. 1320–1321 (1902–1904); Ø 16,5 mm **15,– 28,–**

12 (20) ¼ Rial (S) n. H. 1320–1321 (1902–1904); Ø 25 mm **28,– 55,–**

13 (21) ½ Rial (S) n. H. 1320–1323 (1902–1906); Ø 32 mm **40,– 80,–**

14 (22) 1 Rial (S) n. H. 1320–1321 (1902–1904); Ø 37 mm **100,– 225,–**

Abd al Hafiz 1908–1912

15 (23) ¼ Rial (S) n. H. 1329 (1911); Ø 25 mm **30,– 60,–**
16 (24) ½ Rial (S) n. H. 1329 (1911); Ø 32 mm **55,– 110,–**

17 (25) 1 Rial (S) n. H. 1329 (1911); Ø 37 mm **90,– 180,–**

Jussuf 1912–1927

		SS	VZ
18 (26)	1 Mazuna (Bro) n. H. 1330 (1912). Gelapptes Dreieck mit Jahreszahl. Rs. Stern mit Wert	**70,–**	**150,–**
19 (27)	2 Mazunas (Bro) n. H. 1330 (1912)	**8,–**	**16,–**
20 (28)	5 Mazunas (Bro) n. H. 1330–1340 (1912–1922)	**3,–**	**8,–**
21 (29)	10 Mazunas (Bro) n. H. 1330–1340 (1912–1922)	**3,–**	**8,–**
22 (30)	⅒ Rial (S) n. H. 1331 (1913). Inschrift im Kreis, das Ganze im Stern. Rs. Jahreszahl im Kreis, Umschrift	**80,–**	**170,–**
23 (31)	¼ Rial (S) n. H. 1331 (1913)	**40,–**	**80,–**
24 (32)	½ Rial (S) n. H. 1331–1336 (1913–1918)	**40,–**	**80,–**
25 (33)	1 Rial (S) n. H. 1331–1336 (1913–1918)	**100,–**	**240,–**

NEUE WÄHRUNG: 100 Centimes = 1 Franc

26 (34)	25 Centimes (K-N), o. J. (1922–1927). Stern, maurisches Muster. Rs. Wert (mit Loch)	**2,–**	**5,–**
27 (35)	50 Centimes (N) o. J. (1921–1926)	**2,–**	**5,–**

28 (36)	1 Franc (N) o. J. (1922–1925)	**3,–**	**5,–**

Mohammed Ben Jussuf 1927–1956

29 (37)	5 Francs (S) n. H. 1347–1352 (1929–1934)	**12,–**	**25,–**
30 (38)	10 Francs (S) n. H. 1347–1352 (1929–1934)	**25,–**	**50,–**
31 (39)	20 Francs (S) n. H. 1347–1352 (1929–1934)	**65,–**	**130,–**
32 (40)	50 Centimes (Al-Bro) n. H. 1364 (1945). Pentagramm. Rs. Wert, Jahreszahlen	**2,–**	**5,–**
33 (41)	1 Franc (Al-Bro) n. H. 1364 (1945)	**3,–**	**6,–**
34 (42)	2 Francs (Al-Bro) n. H. 1364 (1945)	**2,–**	**5,–**
35 (43)	5 Francs (Al-Bro) n. H. 1365 (1946)	**3,–**	**6,–**
36 (44)	10 Francs (K-N) n. H. 1366 (1947)	**4,–**	**8,–**
37 (45)	20 Francs (K-N) n. H. 1366 (1947)	**5,–**	**10,–**
38 (46)	1 Franc (Al) n. H. 1370 (1951)	**–,30**	**–,50**

		SS	VZ
39 (47)	2 Francs (Al) n. H. 1370 (1951)	**–,50**	**–,80**

40 (48)	5 Francs (Al) n. H. 1370 (1951)	**–,70**	**1,–**

41 (49)	10 Francs (Al-N-Bro) n. H. 1371 (1952)	**1,–**	**2,–**
42 (50)	20 Francs (Al-N-Bro) n. H. 1371 (1952)	**1,20**	**2,–**
43 (51)	50 Francs (Al-N-Bro) n. H. 1371 (1952)	**2,50**	**4,–**
A43 (A54)	100 Francs (S) n. H. 1370 (1951). 720er Silber, 2,2 g		*700,–*
44 (52)	100 Francs (S) n. H. 1372 (1953). 720er Silber, 4 g	**10,–**	**20,–**

45 (53)	200 Francs (S) n. H. 1372 (1953). 720er Silber, 8 g	**15,–**	**30,–**

Unabhängiges Sultanat

Mohammed V. 1956–1961

46 (54)	500 Francs (S) n. H. 1376 (1956). Mohammed V. (1911–1961), Sultan von Marokko 1927–1956, König 1957–1961. Brustbild nach links. Rs. Krone im Pentagramm. 900er Silber, 22,5 g	**26,–**	**35,–**

Königreich Marokko
Al-Mamlakat al-Maghrebiya

NEUE WÄHRUNG: 100 Francs = 1 Dirham

47 (55)	1 Dirham (S) n. H. 1380 (1960). Mohammed V. Rs. Staatswappen, Wertangabe »Dirham 1 wahid«. 720er Silber, 6 g	**6,–**	**12,–**
A47	1 Dirham Sharafi (G) n. H. 1380 (1960). Typ wie Nr. 47, Inschrift »Dirham sharafi« (edler Dirham). 900er Gold, 10,12 g (wenige Ex.)		**–,–**

Hassan II. seit 1961

		SS	VZ
48 (56)	1 Dirham (N) 1965, 1968, 1969. Hassan II. (*1929), bogige Inschriften »Al-Hassan ath-Thani« und »Al-Mamlakat al-Maghrebiya«. Rs. Staatswappen, Wertangabe	2,50	4,–
49 (57)	5 Dirhams (S) 1965. Typ wie Nr. 48. 720er Silber, 11,75 g	12,–	20,–

NEUE WÄHRUNG: 100 Centimes (Santimin) = 1 Dirham

		VZ	ST
50 (58)	1 Santim (Al) 1974, 1975. Staatswappen. Rs. Wertziffer	–,60	–,90
51 (59)	5 Santimat (Al-N-Bro) 1974, 1975, 1978. Rs. Rad, Fisch im Netz (FAO-Ausgabe)	–,25	–,50
52 (60)	10 Santimat (Al-N-Bro) 1974, 1975, 1978. Rs. Sonnenblumenanbau (FAO-Ausgabe)	–,40	–,75
53 (61)	20 Santiman (Al-N-Bro) 1974, 1975, 1977, 1978. Hassan II. Rs. Staatswappen, Wertangabe, Jahreszahl	–,60	1,20
54 (62)	50 Santiman (K-N) 1974, 1978. Typ wie Nr. 53	–,70	1,80
55 (63)	1 Dirham (K-N) 1974, 1978. Typ wie Nr. 53	1,–	3,–
56 (72)	5 Dirhams (K-N) 1980. Typ wie Nr. 53	5,–	10,–

Nrn. 50–55 von 1974, Nr. 63 von 1975, polierte Platte (20 000 Ex.) 50,–

		ST	PP
57 (58a)	1 Santim (G) 1974. Typ wie Nr. 50. 900er Gold (30 Ex.)		–,–
58 (59a)	5 Santimat (G) 1974. Typ wie Nr. 51. 900er Gold (30 Ex.)		–,–
59 (60a)	10 Santimat (G) 1974. Typ wie Nr. 52. 900er Gold (30 Ex.)		–,–
60 (61a)	20 Santiman (G) 1974. Typ wie Nr. 53. 900er Gold (30 Ex.)		–,–
61 (62a)	50 Santiman (G) 1974. Typ wie Nr. 54. 900er Gold (30 Ex.)		–,–
62 (63a)	1 Dirham (G) 1974. Typ wie Nr. 55. 900er Gold (30 Ex.)		–,–

Welternährungskonferenz zum 30. Jahrestag der FAO (2)

		ST	PP
63 (64)	5 Dirhams n. H. 1395/1975. Rs. Zuckerrübe und Staudamm, Inschrift »Jahrestag der Gründung der FAO«, Wertangabe:		
	a) (S) 925 fein, 12 g (200 Ex.)		–,–
	b) (K-N)	12,–	*30,–*
64	5 Dirhams (G) n. H. 1395/1975. Typ wie Nr. 63:		
	a) 900er Gold, 23,65 g (20 Ex.)		–,–
	b) Piéfort, 900er Gold, 35,475 g (10 Ex.)		–,–

20. Jahrestag der Unabhängigkeit (2)

		ST	PP
65 (65)	50 Dirhams (S) n. H. 1395/1975. Rs. Staatswappen, Wertangabe, Gedenkumschrift:		
	a) 925er Silber, 35 g	100,–	160,–
	b) Piéfort, 925er Silber, 52,86 g		–,–
66	50 Dirhams (G) n. H. 1395/1975. Typ wie Nr. 65:		
	a) 900er Gold, 60,45 g (40 Ex.)		–,–
	b) Piéfort, 900er Gold, 90,52 g (10 Ex.)		–,–

46.–49. Geburtstag von König Hassan II.

67 (66)	250 Dirhams (G) n. H. 1395/1975–1398/1978. Rs. Staatswappen, oben Inschrift »9. Juli«:		
	a) 900er Gold, 6,45161 g	300,–	400,–
	b) Piéfort, 900er Gold, 9,675 g		–,–

Internationales Jahr der Frau 1975 (2)

68 (67)	50 Dirhams (S) n. H. 1395/1975. Rs. Hand, Sonne, Globus und traditioneller Schmuck:		
	a) 925er Silber, 35 g	100,–	150,–
	b) Piéfort, 925er Silber, 52,86 g		–,–
69	50 Dirhams (G) n. H. 1395/1975. Typ wie Nr. 68:		
	a) 900er Gold, 60,45 g (20 Ex.)		–,–
	b) Piéfort, 900er Gold, 90,52 g (10 Ex.)		–,–

1.–5. Jahrestag des »Grünen Marsches« in die Spanische Sahara 1975 (2)

70 (68)	50 Dirhams (S) n. H. 1396/1976 – 1400/1980. Rs. Gruppe Marschierender mit Staatsflaggen und dem Koran, darüber Gedenkinschrift mit Angabe des Jahrestages in Worten:		
	a) 925er Silber, 35 g	100,–	160,–
	b) Piéfort, 925er Silber, 52,86 g		–,–
71	50 Dirhams (G) n. H. 1396/1976–1400/1980. Typ wie Nr. 70:		
	a) 900er Gold, 60,45 g		–,–
	b) Piéfort, 900er Gold, 90,52 g		–,–

Internationales Jahr des Kindes 1979 (2)

72 (70)	50 Dirhams (S) n. H. 1399/1979. Rs. Vier Kinder, Taube, Globus, Handfläche und Olivenzweig:		
	a) 925er Silber, 35 g	85,–	150,–
	b) Piéfort, 925er Silber, 52,86 g		–,–

		ST	PP
73	50 Dirhams (G) n. H. 1399/1979. Typ wie Nr. 72:		
	a) 900er Gold, 60,45 g (70 Ex.)		–,–
	b) Piéfort, 900er Gold, 90,52 g		–,–

50.–61. Geburtstag von König Hassan II. (3)

		ST	PP
74 (76)	50 Dirhams (S) n. H. 1399/1979. Rs. Staatswappen, Landkarte Marokkos, Ähre, oben Inschrift »9. Juli«:		
	a) 925er Silber, 35 g	70,–	85,–
	b) Piéfort, 925er Silber, 52,86 g		–,–
75	50 Dirhams (G) n. H. 1399/1979. Typ wie Nr. 74:		
	a) 900er Gold, 60,45 g (70 Ex.)		–,–
	b) Piéfort, 900er Gold, 90,52 g (20 Ex.)		–,–
76 (71)	500 Dirhams (G) n. H. 1399/1979–1410/1990. Typ wie Nr. 74:		
	a) 900er Gold, 12,90322 g	900,–	900,–
	b) Piéfort, 900er Gold, 19,35 g		–,–

Beginn des 15. Jahrhunderts der Hedschra-Zeitrechnung (2)

		ST	PP
77 (74)	150 Dirhams (S) n. H. 1401/1980. Rs. Kaaba in Mekka und Moschee von Medina, arabische Initiale »H«. 925er Silber, 35 g	100,–	160,–
A 77	150 Dirhams (G) n. H. 1401/1980. Typ wie Nr. 77:		
	a) 900er Gold, 60,14 g (30 Ex.)		–,–
	b) Piéfort, 900er Gold, 90,21 g (10 Ex.)		–,–

20. Regierungsjubiläum von König Hassan II. (2)

		ST	PP
78 (73)	150 Dirhams (S) n. H. 1401/1981. Rs. Staatswappen, darüber Gedenkinschrift. 925er Silber, 35 g	100,–	160,–
A 78	150 Dirhams (G) n. H. 1401/1981. Typ wie Nr. 78:		
	a) 900er Gold, 60,14 g (30 Ex.)		–,–
	b) Piéfort, 900er Gold, 90,21 g (10 Ex.)		–,–

IX. Sportspiele der Mittelmeerländer 1983 in Casablanca und Rabat (2)

		ST	PP
79 (75)	100 Dirhams (S) n. H. 1403/1983. Rs. Emblem der Sportspiele. 925er Silber, 25 g	90,–	150,–
80	100 Dirhams (G) n. H. 1403/1983. Typ wie Nr. 79. 900er Gold, 21,5 g (30 Ex.)		–,–

VI. Panarabische Sportspiele 1985

		ST	PP
81 (77)	100 Dirhams (S) n. H. 1405/1985. Rs. Olympische Ringe über Karte der arabischen Welt. 925er Silber, 15 g	150,–	240,–

10. Jahrestag des »Grünen Marsches« in die Spanische Sahara 1975 (2)

		ST	PP
82 (78)	100 Dirhams (S) n. H. 1406/1985. Hassan II. beim Gebet anläßlich seines Besuches vom März 1985 in der Sahara. Rs. Staatswappen, oben Inschrift »10. Jahrestag des Grünen Marsches«. 925er Silber, 15 g	100,–	160,–
83	100 Dirhams (G) n. H. 1406/1985. Typ wie Nr. 82. 900er Gold, 21,5 g (30 Ex.)		–,–

Internationales Jahr der Jugend 1985

		ST	PP
84	100 Dirhams (G) 1985. Hassan II. Rs. Drei Porträts Jugendlicher. 900er Gold, 21,5 g (30 Ex.)		–,–

25. Regierungsjubiläum von König Hassan II.

		ST	PP
85 (79)	100 Dirhams (S) n. H. 1406/1986. Hassan II. Gedenkinschrift. Rs. Menschenmenge mit Staatsflaggen und Bild, nach einem Gemälde von Ben Yessef. 925er Silber, 15 g	100,–	160,–

Zum Papstbesuch in Casablanca am 19. August 1985

		ST	PP
86 (80)	100 Dirhams (S) n. H. 1406/1986. Papst Johannes Paul II. und König Hassan II., einander die Hände reichend. 925er Silber, 15 g	100,–	120,–

Einweihung der Banknotendruckerei und Münzstätte (Dar as-Sikkah) in Rabat

		ST	PP
87 (86)	100 Dirhams (S) n. H. 1407/1987. Hassan II. Rs. Ansicht des Werksgeländes. 925er Silber, 15 g	90,–	110,–

Nr. 88 fällt aus.

		ST	PP
89 (83)	5 Santimat (Al-N-Bro) n. H. 1407/1987. Staatswappen. Rs. Weizenähre vor aufgehender Sonne, Wertangabe (FAO-Ausgabe) [Rabat]	–,25	–,50
90 (84)	10 Santimat (Al-N-Bro) n. H. 1407/1987. Rs. Maiskolben, Wertangabe (FAO-Ausgabe) [Rabat]	–,40	–,75
91 (85)	20 Santiman (Al-N-Bro) n. H. 1407/1987. Rs. Gewandspange [Rabat]	–,60	1,20
92	½ Dirham (K-N) n. H. 1407/1987. Hassan II. Rs. Staatswappen [Rabat]	–,70	1,80
93	1 Dirham (K-N) n. H. 1407/1987. Typ wie Nr. 92 [Rabat]	1,–	3,–
94 (82)	5 Dirhams (St/Al-N-Bro) n. H. 1407/1987. Hassan II. Rs. Staatswappen [Rabat]	4,–	9,–

200 Jahre Freundschaftsvertrag mit den Vereinigten Staaten von Amerika (2)

		ST	PP
95 (81)	200 Dirhams (S) n. H. 1408/1987. Hassan II., Gedenkinschrift. Rs. Flaggen von Marokko und den Vereinigten Staaten von Amerika von 1787 vor Sonne. 925er Silber, 15 g [RM]	100,–	120,–
96	200 Dirhams (G) n. H. 1408/1987. Typ wie Nr. 95. 900er Gold, 21,5 g [RM] (30 Ex.)		–,–

XVI. Fußballmeisterschaft afrikanischer Nationen

		ST	PP
97	200 Dirhams (S) n. H. 1408/1988. Hassan II. Rs. Emblem der Fußballmeisterschaft. 925er Silber, 15 g	–,–	–,–

I. Sportspiele der frankophonen Staaten

		ST	PP
98	200 Dirhams (S) n. H. 1409/1989. Rs. Emblem der Sportspiele. 925er Silber, 15 g [RM] (ST: 5000 Ex., PP: 500 Ex.)	**150,–**	**250,–**

15. Jahrestag des »Grünen Marsches« in die Spanische Sahara 1975

99	200 Dirhams (S) n. H. 1411/1990. Rs. Eid des »Grünen Marsches«, Gedenkinschrift. 925er Silber, 15 g	**150,–**	**200,–**

35. Jahrestag der Unabhängigkeit

100	200 Dirhams (S) n. H. 1411/1990. Rs. Staatswappen, Gedenkinschrift. 925er Silber, 15 g	**150,–**	**200,–**
101	200 Dirhams (S) 1991. Rs. König Hassan II. zu Pferde		**–,–**

Marshall Islands

Marshall-Inseln

Marshall (Îles)

Fläche: 182 km²; 43 000 Einwohner.
Die zu Mikronesien gehörige Inselgruppe wurde 1529 von den Spaniern entdeckt und im 18. Jahrhundert nach dem britischen Kapitän John Marshall benannt. Am 15. Oktober 1885 wurden die Inseln deutsches Schutzgebiet, 1920 japanisches Mandatsgebiet und seit 1947 Treuhandgebiet der Vereinigten Staaten von Amerika. Im Rahmen des Vertrages über eine freie Assoziierung mit den Vereinigten Staaten erlangte die Republik der Marshall-Inseln am 21. Oktober 1986 die völkerrechtliche Unabhängigkeit. Der Eintritt als Vollmitglied in die Vereinten Nationen erfolgte am 17. September 1991. Hauptstadt: Majuro.

100 Cents = 1 US-Dollar

Assoziierungsabkommen mit den Vereinigten Staaten von Amerika (5)

ST PP

1 ½ Dollar (S) 1986. Großes Siegel der Republik. Rs. Frucht des Pandanuß-Baumes. 999er Silber, 15,55 g **40,–**

2 1 Dollar (S) 1986. Rs. Pazifisches Tritonshorn. 999er Silber, 31,1 g **75,–**

3 20 Dollars (G) 1986. Rs. Vierundzwanzigstrahliger Stern, die 24 Verwaltungsbezirke symbolisierend. 999,9er Gold, 3,11 g **150,–**

4 50 Dollars (G) 1986. Rs. Keimende Kokosnuß, Symbol für die neue Nation. 999,9er Gold, 7,77 g **275,–**

5 200 Dollars (G) 1986. Rs. Inselkarte aus Bambusstäben, Kokosfasern und Muscheln, altes Navigationsinstrument. 999,9er Gold, 31,1 g **1000,–**

XXIV. Olympische Sommerspiele 1988 in Seoul Greg Louganis (7)

A6 5 Dollars (K, vergoldet) 1988. Rs. Greg Louganis beim »Jackknife« *40,–*

B6 10 Dollars (S) 1988. Rs. Greg Louganis auf dem Sprungbrett. 999er Silber, 10,897 g *100,–*

6 25 Dollars (S) 1988. Rs. Greg Louganis beim »Back Dive«. 925er Silber, 33,96 g *–,–* *240,–*

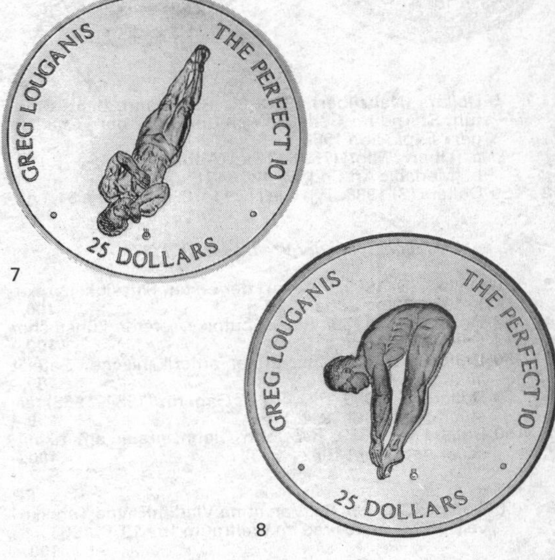

7

8

ST PP

7 25 Dollars (S) 1988. Rs. Greg Louganis beim »Twister« *–,–* *240,–*

8 25 Dollars (S) 1988. Rs. Greg Louganis beim »Jackknife« *–,–* *240,–*

Abb. verkleinert

9 75 Dollars (S) 1988. Rs. Greg Louganis, Turmspringer, zweifacher olympischer Goldmedaillengewinner 1988, von den vier Momentaufnahmen umgeben. 999er Silber, 155,67 g *600,–*

10 100 Dollars (G) 1988. Rs. Typ wie Nr. B6. 583⅓er Gold, 13,3375 g *600,–* *750,–*

Start der Raumfähre »Discovery« am 29. September 1988 (2)

		ST	PP
11	5 Dollars (Neusilber) 1988. Rs. Raumfähre beim Start, fünf Sterne im Gedenken an die Opfer der »Challenger«-Explosion 1986: a) [Liberty Mint] (755682 Ex.) (Abb.) b) [Medallic Art Co.], M (430648 Ex.)	 14,– 14,–	
12	50 Dollars (S) 1988. Typ wie Nr. 11a. 999er Silber, 31,1 g		100,–

Meilensteine der Weltraumfahrt (24)

13 50 Dollars (S) 1989. Rs. Start der ersten Flüssigkeitsrakete 1926. 999er Silber, 31,1 g 100,–

14 50 Dollars (S) 1989. Rs. »Sputnik«, erster künstlicher Satellit 1957 100,–

15 50 Dollars (S) 1989. Rs. Erster amerikanischer Satellit 1958 100,–

16 50 Dollars (S) 1989. Rs. Juri A. Gagarin (1934–1968), erster Kosmonaut 12. 4. 1961 100,–

17 50 Dollars (S) 1989. Rs. John Glenn, erster amerikanischer Astronaut 1962 100,–

PP

18 50 Dollars (S) 1989. Rs. Valentina Vladimirovna Tereškova (*1937), erste Frau im Weltraum 16.–19. 6. 1963 100,–

19 50 Dollars (S) 1989. Rs. Alexej Archipovič Leonov beim ersten Weltraumspaziergang vom Raumschiff Vošod 2 aus am 18. 3. 1965 100,-

20 50 Dollars (S) 1989. Rs. Erster amerikanischer Weltraumspaziergang 1965 100,–

21 50 Dollars (S) 1989. Rs. Erstes Weltraumrendezvous 1965 100,–

22 50 Dollars (S) 1989. Rs. Erste weiche Landung einer Sonde auf dem Mond 1966 100,–

23 50 Dollars (S) 1989. Rs. Erstes Kopplungsmanöver im Weltraum 1966 100,–

24 50 Dollars (S) 1989. Rs. Erste Venussonde 1967 100,–

25 50 Dollars (S) 1989. Rs. Erste bemannte Mondumkreisung 1968 100,–

26 50 Dollars (S) 1989. Rs. Neil Armstrong (* 1930), erster Mensch auf dem Mond 20. 7. 1969 100,–

27 50 Dollars (S) 1989. Rs. Erste Besatzung in einer Raumstation 1971 100,–

28 50 Dollars (S) 1989. Rs. Erstes bemanntes Mondfahrzeug »Lunar Rover Vehicle« im Juli 1971 100,–

29 50 Dollars (S) 1989. Rs. »Skylab«, erste amerikanische Raumstation 1973 100,–

30 50 Dollars (S) 1989. Rs. Erster Vorbeiflug einer Sonde am Jupiter 1973 100,–

31 50 Dollars (S) 1989. Rs. »Apollo-Sojuz-Mission«, erstes sowjetisch-amerikanisches Weltraumrendezvous 1975 100,–

32 50 Dollars (S) 1989. Rs. Erste Landung einer Sonde auf dem Mars 1976 100,–

33 50 Dollars (S) 1989. Rs. Erster Vorbeiflug einer Sonde am Saturn 1979 100,–

34 50 Dollars (S) 1989. Rs. »Columbia«, erste Raumfähre 1981 100,–

ST PP

35 50 Dollars (S) 1989. Rs. Erste Sonde außerhalb des Sonnensystems 1983 100,–

36 50 Dollars (S) 1989. Rs. Erster Weltraumspaziergang ohne Halteleine 1984 100,–

ST PP

20. Jahrestag der ersten bemannten Mondlandung (2)

37 5 Dollars (Neusilber) 1989. Rs. Edwin Eugene »Buzz« Aldrin jr. (* 1930) beim Ausstieg aus der Landefähre »Eagle«, drei Sterne für die drei Lunauten der »Apollo 11« (1159474 Ex.) 14,–

38 50 Dollars (S) 1989. Typ wie Nr. 37. 999er Silber, 31,1 g 100,–

Geschichte des Zweiten Weltkrieges – 1. Ausgabe
50. Jahrestag der Luftschlacht um England (2)

39 5 Dollars (Neusilber) 1990. Rs. Pilot und Kampfflugzeug vom Typ »Spitfire« 14,–

40 50 Dollars (S) 1990. Typ wie Nr. 39 100,–

Deutsche Einheit 3. Oktober 1990 (2)

41 5 Dollars (Neusilber) 1990. Rs. Brandenburger Tor 14,–

42 50 Dollars (S) 1990. Typ wie Nr. 41. 999er Silber, 31,1 g (max. 50000 Ex.) 140,–

100. Geburtstag von Dwight David Eisenhower (2)

43 5 Dollars (Neusilber) 1990. Rs. Dwight David Eisenhower (1890–1969) als Fünf-Sterne-General 14,–

44 50 Dollars (S) 1990. Typ wie Nr. 43. 999er Silber, 31,1 g (max. 50000 Ex.) 100,–

Geschichte des Zweiten Weltkrieges – 2. Ausgabe
50. Jahrestag des Überfalls auf Pearl Harbor (2)

45 5 Dollars (Neusilber) 1991. Rs. Matrose, Krankenschwester, Infanterist und Pilot, sinkendes US-Schlachtschiff nach dem japanischen Angriff vom 7. Dezember 1941 [Medallic Art Co.], M 14,–

46 50 Dollars (S) 1991. Typ wie Nr. 45. 999er Silber, 31,1 g [Medallic Art Co.], M (max. 50000 Ex.) 100,–

10 Jahre Raumfähre »Columbia« (2)

		ST	PP
47	5 Dollars (Neusilber) 1991. Rs. Raumfähre »Columbia« 1981 [Medallic Art Co.], M	14,–	
48	50 Dollars (S) 1991. Typ wie Nr. 47. 999er Silber, 31,1 g, M		100,–

Operation »Wüstensturm« 1991 (3)

		ST	PP
49	5 Dollars (Neusilber) 1991. Rs. Weißkopf-Seeadler mit Pfeilbündel und Olivenzweig [Roger Williams Mint], R	14,–	
50	10 Dollars (Me) 1991. Typ wie Nr. 49, R	25,–	
51	50 Dollars (S) 1991. Typ wie Nr. 49. 999er Silber, 31,1 g, R		100,–

Legendäre Flugzeuge des Zweiten Weltkrieges

		ST	PP
52	5 Dollars (Neusilber) 1991. Rs. »P–40 Warhawk« als fliegender Tiger	14,–	
53	10 Dollars (Me) 1991. Typ wie Nr. 52, S	25,–	
54	10 Dollars (Me) 1991. Rs. »P–51 Mustang«, U.S.A.	25,–	
55	10 Dollars (Me) 1991. Rs. Bomber »B–29 Superfortress«, U.S.A.	25,–	
56	10 Dollars (Me) 1991. Rs. »Messerschmitt BF 109«, Deutschland	25,–	
57	10 Dollars (Me) 1991. Rs. »Spitfire«, Großbritannien	25,–	
58	10 Dollars (Me) 1991. Rs. »PBY Catalina«, U.S.A.	25,–	
59	10 Dollars (Me) 1991. Rs. »A6M Reisen«, Japan	25,–	

Martinique

Martinique

Martinique

Fläche: 987 km²; 290 000 Einwohner.
Diese von Christoph Kolumbus entdeckte am St.-Martins-Tag 1493 entdeckte Insel war von 1635 an eine französische Besitzung. Anfänglich unterstand Martinique der Westindischen Kompagnie (Compagnie des Indes Occidentales), wurde dann 1674 den königlichen Besitzungen eingegliedert. Von den Briten im März 1794 genommen, durch den Vertrag von Amiens vom 25. März 1802 zurückerstattet, fiel Martinique am 24. Februar 1809 erneut unter englische Herrschaft. Der Vertrag von Paris vom 20. November 1815 brachte die Rückgabe an Frankreich mit seinen Dependenzen. Die Insel bildet gegenwärtig ein französisches Departement. Die Münzen des französischen Mutterlandes laufen als offizielles Zahlungsmittel um. Hauptstadt: Fort de France.

100 Centimes = 1 Franc

Colonie de la Martinique

		SS	VZ
1 (1)	50 Centimes (K-N) 1897, 1922. Weibliches Brustbild n. l. Rs. Wert im Kranz	**20,–**	**50,–**

2 (2)	1 Franc (K-N) 1897, 1922. Typ wie Nr. 1	**40,–**	**80,–**

Frühere Ausgaben siehe Weltmünzkatalog 19. Jahrhundert.

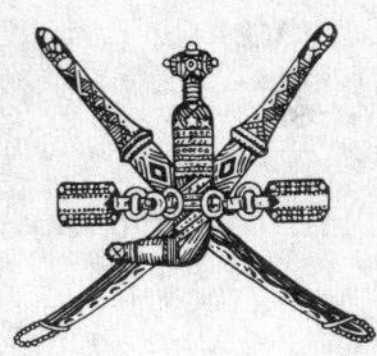

Muscat and Oman

Maskat und Oman

Maskate et Oman

Masqat wa 'Oman

Fläche: 212 379 km²; 600 000 Einwohner (1970).
Sultanat im Südosten der Arabischen Halbinsel. Landesbezeichnung zunächst Maskat und Oman, am 8. August 1971 unbenannt in Sultanat Oman. Hauptstadt: Maskat, Residenz zwischen 1959 und 1970 in Salalah (Provinz Dhofar).

12 Ghasi (Pie) = 4 Baisa (Paise) = 1 Anna, 16 Anna = 1 Rupie;
seit 1946: 200 Baiza (Baisa) = 1 Maskat-Rial (Rial Saidi);
seit 7. Mai 1970: 1000 Baisa = 1 Rial Saidi;
seit 11. November 1972: 1000 Baiza = 1 Rial Omani

Die Indische Rupie, die lange Zeit als externales Zahlungsmittel im Umlauf war, verlor am 20. Mai 1970 ihre Gültigkeit. Der Maria-Theresien-Taler (Rial Fransi) = 450 Baiza (Kurs schwankend) wurde neben dem Rial Saidi bzw. Rial Omani und seinen Unterteilungen für den Abschluß von Privatgeschäften anerkannt.

Feisal bin Turki 1887–1913
(n. H. 1305–1332)

Maskat

SS VZ

1 (1) 1/12 Anna = 1 Ghasi (K) n. H. 1311 (1894). Arabische Inschrift »As-Sultan Feisal bin Turki bin Sa'id bin Sultan Imam Masqat wa'Oman«, oben Wertangabe »Ghasi«, im Kranz. Rs. Fort Dschalali, Palmen, Segelschiffe und Palast, englische Inschrift und Wertangabe [Maskat] **90,– 170,–**

2 (2) 1/4 Anna = 1 Baisa (K) n. H. 1311 (1894). Typ wie Nr. 1 [Maskat] **80,–** *200,–*

3 (3) 1/4 Anna (K) n. H. 1312–1314, (1895–1897). Arabische Inschrift »Feisal bin Turki bin Sa'id bin Sultan Imam Masqat wa'Oman«. Rs. Wertangabe, arabische Inschrift »duriba fi Masqat«, Jahreszahl, englische Titelumschrift [Maskat] **10,– 20,–**

4 1/4 Anna (K) n. H. 1312–1315 (1895–1898). Typ wie Nr. 3, jedoch arabische Titelinschrift im Kranz [Maskat] **9,– 18,–**

Nrn. 3 und 4 kommen in zahlreichen Stempelvarianten vor.

5 (A3) 1/4 Anna (K) n. H. 1315, 1316 (1898, 1899). Arabische Inschrift »Feisal bin Turki Sultan'Oman« im Kranz. Rs. wie Nr.3:
a) [Heaton] 1315 (1898), 5,81 g (2 187 000 Ex.) **9,– 18,–**

SS VZ

5,55 g (2 780 000 Ex.) **9,– 18,–**
5,24 g (8 138 000 Ex.) **9,– 18,–**
b) [Maskat] 1315, 1316 (1898, 1899), ca. 5,8 g **9,– 18,–**

Nr. 5 auch als Probe in Aluminium vorkommend [Heaton].

Taimur bin Feisal 1913–1932
(n. H. 1332–1351)

6 1/4 Anna (K) n. H. 1315. Nr. 5a mit arabischem Gegenstempel »sin ta« (Sultan Taimur) *80,– 150,–*

Sa'id bin Taimur 1932–1970
(n. H. 1351–1390)

7 1/4 Anna (K) n. H. 1315. Nr. 5a mit arabischem Gegenstempel »sin sin« (Sultan Sa'id):
a) kleiner Gegenstempel *130,– 200,–*
b) großer Gegenstempel *130,– 200,–*

Dhofar

NEUE WÄHRUNG: 200 Baisa = 1 Rial Dhofari

8 (4) 10 Baisa (K-N) n. H. 1359 (1940). Staatsemblem, Wertangabe, oben »Dhofar«. Rs. Inschrift »Al–Wathiq billah Sa'id bin Taimur Sultan Masqat wa'Oman« [Bombay] **10,– 18,–**

Nr. 8 wurde 1941, 1948 und 1955 geprägt.

		SS	VZ
9 (5)	20 Baisa (K-N) n. H. 1359 (1940). Typ wie Nr. 8 (viereckig) [Bombay]	**16,–**	**30,–**

Nr.9 wurde 1941 geprägt.

10 (6)	50 Baisa (K-N) n. H. 1359 (1940). Typ wie Nr. 8 (achteckig) [Bombay]	**18,–**	**35,–**

Nr. 10 wurde 1941 und 1948 geprägt.

		PP
11 (4a)	10 Baisa (G) n. H. 1359 (1948). Typ wie Nr. 8. 916⅔er Gold	–,–
12 (5a)	20 Baisa (G) n. H. 1359 (1948). Typ wie Nr. 8.916⅔er Gold (viereckig)	–,–
13 (6a)	50 Baisa (G) n. H. 1359 (1948). Typ wie Nr. 8. 916⅔er Gold (achteckig)	–,–
A13 (A11)	20 Baisa (K-N) n. H. 1359/1365. Vs. wie Nr. 8. Rs. wie Nr. 14 (viereckig)	**35,–**

NEUE WÄHRUNGSBEZEICHNUNG: 200 Baiza = 1 Rial Dhofari

		SS	VZ
14 (7)	2 Baiza (K-N) n. H. 1365 (1946). Staatsemblem, Wertangabe. Rs. Inschrift »Sa'id bin Taimur«, darüber bogig »Sultan Masqat wa'Oman«, unten Jahreszahl (viereckig) [Bombay]	**4,–**	**8,–**
15 (8)	5 Baiza (K-N) n. H. 1365 (1946). Typ wie Nr. 14 (Wellenschnitt) [Bombay]	**4,–**	**7,–**
16 (10)	20 Baiza (K-N) n. H. 1365 (1946). Typ wie Nr. 14 (viereckig) [Bombay]	**5,–**	**9,–**

Nrn. 14–16 wurden 1946–1955 geprägt.

17 (11)	½ Rial Dhofari (S) n. H. 1367 (1948). Staatsemblem im Kranz, darüber »As-Sultanat as-Sa'idiya« und »Nisf Rial Dhofari«. Rs. Inschrift »Sa'id bin Taimur Sultan Masqat wa'Oman«, von Blattdekor umgeben (»Security edge«) [Bombay] (200 000 Ex.)	**50,–**	**85,–**

		PP
18 (11a)	½ Rial Dhofari (G) n. H. 1367 (1948). Typ wie Nr. 17. 916⅔er Gold [Bombay]	–,–

Kupferne Kriegsmünzen mit dem Dschabal Akhdar in zwei verschiedenen Größen kamen nicht in den Umlauf.

NEUE WÄHRUNGSBEZEICHNUNG: 200 Baisa = 1 Rial Saidi

		SS	VZ
19 (13)	3 Baisa (Bro) n. H. 1378 (1959). Staatsemblem, Umschrift »Sa'id bin Taimur Sultan Masqat wa'Oman«. Rs. Wertangabe, Jahreszahl, unten »Dhofar«. Ø 20,2 mm [RM] (8 000 000 Ex.)	**7,–**	**12,–**

Maskat

		SS	VZ
20 (14)	3 Baisa (Bro) n. H. 1380 (1961). Staatsemblem, Titelumschrift. Rs. Wertangabe, Jahreszahl, unten »Masqat«. Ø 17,8 mm [RM] (10 000 000 Ex.)	**2,–**	**5,–**
21 (16)	5 Baisa (K-N) n. H. 1381 (1961). Rs. Badan, Frachtschiff, Wertangabe, unten »Masqat« [RM] (5 000 000 Ex.)	**5,–**	**7,–**

Maskat und Oman

		ST	PP
22 (15)	½ Rial Saidi (S) n. H. 1380, 1381 (1961). Staatsemblem,Titelumschrift. Rs. Wertangabe, Jahreszahl. 500er Silber, 14,04 g [RM]	**25,–**	*150,–*
23 (12)	1 Rial Saidi (S) n. H. 1378 (1958). Staatsemblem, Titelumschrift, von Dekor aus Palmen und Badans umgeben. Rs. Wertangabe, unten »As-Sultanat as-Sa'idiya« [RM]:		
	a) 833⅓er Silber, 28,07 g (1958, 1959 geprägt)	**60,–**	*1200,–*
	b) 500er Silber, 28,07 g (1963, 1964 geprägt)	**60,–**	
24 (15a)	½ Rial Saidi (G) n. H. 1381, 1382, 1390 (1961, 1963, 1970). Typ wie Nr. 22. 916⅔er Gold, 25,60 g [RM]: 1381 (ST: 150 Ex., PP: 150 Ex.) 1382 (ST: 100 Ex.) 1390 (PP:350 Ex.)		

25 (12a) 1 Rial Saidi (G) n. H. 1378, 1390 (1959, 1970). Typ wie Nr. 23. 916⅔er Gold, 46,65 g [RM]:
1378 (100 Ex.)
1390 (350 Ex.)

30. Regierungsjubiläum von Sultan Sa'id bin Taimur

26 (17)	15 Rials Saidi (G) n. H: 1381 (1962). Typ wie Nr. 23. 916⅔er Gold, 7,98 g [RM] (ST: 2000 Ex., PP: 100 Ex.)	**480,–**	*900,–*

WÄHRUNGSREFORM 7. Mai 1970
NEUE WÄHRUNG: 1000 Baisa = 1 Rial Saidi

Der Rial Saidi ist nunmehr das einzige gesetzliche Zahlungsmittel im gesamten Staatsgebiet.

		VZ	ST
27 (18)	2 Baisa (Bro) n. H. 1390 (1979). Staatsemblem Titelumschrift. Rs. Wertangabe, Jahrezahl [RM]	**–,30**	**–,50**
28 (19)	5 Baisa (Bro) n. H. 1390 (1970). Typ wie Nr. 27	**–,40**	**–,80**
29 (20)	10 Baisa (Bro) n. H. 1390 (1970)). Typ wie Nr. 27	**–,40**	**–,90**
30 (21)	25 Baisa (K-N) n. H. 1390 (1970). Typ wie Nr. 27	**–,50**	**1,–**
31 (22)	50 Baisa (K-N) n. H. 1390 (1970). Typ wie Nr. 27	**–,50**	**1,–**
32 (23)	100 Baisa (K-N) n. H. 1390 (1970). Typ wie Nr. 27	**–,80**	**2,–**

Nrn. 27–32, polierte Platte (2000 Ex.) 45,–
Nrn. 27–32, polierte Platte, Frosted Proof (102 Ex.) –,–

		PP
33 (21a)	25 Baisa (G) n. H. 1390 (1970). Typ wie Nr. 27. 916⅔er Gold, 5,96 g [RM] (360 Ex.)	*200,–*
34 (22a)	50 Baisa (G) n. H. 1390 (1970). Typ wie Nr. 27. 916⅔er Gold, 12,89 g [RM] (350 Ex.)	*300,–*
35 (23a)	100 Baisa (G) n. H. 1390 (1970). Typ wie Nr. 27. 916⅔er Gold, 22,74 G [RM] (350 Ex.)	*400,–*

Mauritania | **Mauretanien** | **Mauritanie**

Mauretanien

Adsch-Dschamhuriyat Al-Islamiyat Al-Muritaniya

Fläche: 1 030 700 km²; 1 890 000 Einwohner (1986).
Mauretanien, ehemals ein Teil von Französisch-Westafrika, wurde 1946 französisches Überseeterritorium und erhielt 1957 beschränkte Selbstverwaltung. Am 28. November 1958 erfolgte die Gründung der Islamischen Republik Mauretanien innerhalb der französischen Gemeinschaft. Die volle Unabhängigkeit bekam das Land mit dem 28. November 1960. Hauptstadt: Nouakchott.

Zunächst zum Währungsgebiet von Französisch-Westafrika gehörend, wurde Mauretanien 1962 Mitglied der Westafrikanischen Währungsunion (UMOA) innerhalb der Franc-Zone. Die Einführung der eigenen Währung erfolgte nach Austritt aus der Franc-Zone am 29. Juni 1973. Der Umtauch in die neuen Geldzeichen erfolgte im Verhältnis 5 CFA-Francs = 1 Ouguiya. Emissionsinstitut ist die Banque Centrale de Mauritanie. Der CFA-Franc verlor damit seine Gültigkeit in diesem Lande.

NEUE WÄHRUNG: nur Ouguiya

VZ ST

1 (1) 1/5 Ouguiya (Al) 1973. Staatswappen, Wertangabe, Name der Zentralbank, Jahreszahl. Rs. Wertangabe »Khoums« (1/5) auf Ähren, Name der Zentralbank, Jahreszahl in arabisch — 8,–

2 (2) 1 Ouguiya (Al-N-Bro) 1973. Typ wie Nr. 1, arabische Wertangabe »1/Ouguiya« — *25,–* *–,–*

3 (2a) 1 Ouguiya (Al-N-Bro)1974, 1981, 1983, 1986, 1987. Typ wie Nr. 2, jedoch arabische Wertangabe »1/Ouguiya/wahida« — *15,–* *25,–*

4 (3) 5 Ouguiya (Al-N-Bro) 1973, 1974, 1981, 1984, 1987, 1990. Typ wie Nr. 1 — *15,–* *25,–*

5 (4) 10 Ouguiya (K-N) 1973, 1974, 1981, 1983, 1987, 1990. Typ wie Nr. 1 — *20,–* *30,–*

6 (5) 20 Ouguiya (K-N) 1973, 1974, 1983, 1984, 1987. Typ wie Nr. 1 — *30,–* *45,–*

15. Jahrestag der Unabhängigkeit

ST

7 (6) 500 Ouguiya (G) 1975. Staatswappen, Landesname. Rs. Eisenerz-Förderanlage, Kopf eines Kamels, Fisch, Wertangabe, Name der Zentralbank. 920er Gold, 26,087 g [Paris] (1800 Ex.) — *900,–*

Internationale Spiele 1984 (2)

PP

8 500 Ouguiya (K-N) 1984. Staatswappen. Rs. Fechter, englische Inschrift. — *80,–*

9 500 Ouguiya (K-N) 1984. Rs. Drei Läufer im Ziel, französische Inschrift — *80,–*

Mauritius

Mauritius — **Maurice**

Fläche: 1870 km², mit den abhängigen Gebieten Rodrigues, Dargados-Carajos-Inseln und Agalega-Inseln 2045 km²; 1 030 000 Einwohner (1988).
Die von dem Portugiesen Pedro de Mascarenhas um 1510 entdeckte Insel Mauritius verdankt ihren Namen der holländischen Besetzung, die von 1598–1710 gedauert und den Prinzen Moritz von Oranien zum Paten gewählt hat. Der Name I(s)le de France war von 1715, seit dem Beginn der französischen Herrschaft, bis zu deren Ende 1810 gültig. Von den Briten wurde die Insel 1810 erobert und nach dem Sturz Napoleons nicht zurückgegeben. Die spätere britische Kronkolonie erhielt am 12. März 1968 die staatliche Unabhängigkeit innerhalb des Britischen Commonwealth. Hauptstadt: Port Louis.

100 Cents = 1 Mauritius-Rupie

Georg V. 1910—1936

		SS	VZ
1 (6)	1 Cent (Bro) 1911, 1912, 1917, 1920—1924. Georg V., gekröntes Brustbild nach links. Rs. Wert	**10,—**	**20,—**
2 (7)	2 Cents (Bro) 1911, 1912, 1917, 1920—1924. Typ wie Nr. 1	**9,—**	**18,—**
3 (8)	5 Cents (Bro) 1917, 1920—1924. Typ wie Nr. 1	**12,—**	**20,—**
4 (9)	¼ Rupie (S) 1934—1936. Rs. Krone über Klee, Lilie und Lotosblüte	**15,—**	**30,—**

5 (10)	½ Rupie (S) 1934. Mähnenhirsch oder Java-Sambar (Cervus timorensis — Cervidae)	**30,—**	**60,—**
6 (11)	1 Rupie (S) 1934. Rs. Staatswappen	**50,—**	**95,—**

Nrn. 4—6 von 1934, polierte Platte 3000,—
Nrn. 4—6 von 1934, Matte Proof (vollständig mattiert) 3500,—

Georg VI. 1936—1952

7 (12)	1 Cent (Bro) 1943—1947. Georg VI., gekröntes Kopfbild nach links, Umschrift GEORGE VI KING AND EMPEROR OF INDIA. Rs. Wert	**5,—**	**10,—**
8 (13)	2 Cents (Bro) 1943—1947. Typ wie Nr. 7	**5,—**	**10,—**
9 (14)	5 Cents (Bro) 1942, 1944, 1945. Typ wie Nr. 7	**5,—**	**10,—**
10 (15)	10 Cents (K-N) 1947. Georg VI., Umschrift GEORGE VI KING EMPEROR. Rs. Wert (Wellenschnitt)	**5,—**	**10,—**
11 (16)	¼ Rupie (S) 1938, 1946. Rs. Krone über Klee, Lilie und Lotosblüte, wie Nr. 4	**14,—**	**30,—**
12 (17)	½ Rupie (S) 1946. Rs. Mähnenhirsch, wie Nr. 5	**35,—**	**85,—**

		SS	VZ
13 (18)	1 Rupie (S) 1938. Rs. Staatswappen, wie Nr. 6	**35,—**	**70,—**
14 (23)	1 Cent (Bro) 1949, 1952. Georg VI., Umschrift KING GEORGE THE SIXTH. Rs. Wert, wie Nr. 7	**1,—**	**2,—**
15 (24)	2 Cents (Bro) 1949, 1952. Typ wie Nr. 14	**1,—**	**2,—**
16 (19)	10 Cents (K-N) 1952. Rs. Wert, wie Nr. 10 (Wellenschnitt)	**2,—**	**4,—**
17 (20)	¼ Rupie (K-N) 1950, 1951. Rs. Krone über Klee, Lilie und Lotosblüte, wie Nr. 4	**3,—**	**6,—**
18 (21)	½ Rupie (K-N) 1950, 1951. Rs. Mähnenhirsch, wie Nr. 5	**5,—**	**10,—**
19 (22)	1 Rupie (K-N) 1950, 1951. Rs. Staatswappen, wie Nr. 6	**8,—**	**16,—**

Elisabeth II. seit 1952

		VZ	ST
20 (25)	1 Cent (Bro) 1953—1971, 1975, 1978. Elisabeth II., gekröntes Kopfbild nach rechts. Rs. Wert, wie Nr. 7	**—,40**	**—,80**
21 (26)	2 Cents (Bro) 1953—1971, 1975, 1978. Typ wie Nr. 20	**—,50**	**1,—**
22 (27)	5 Cents (Bro) 1956—1971, 1975, 1978. Typ wie Nr. 20	**—,75**	**1,50**
23 (28)	10 Cents (K-N) 1954—1971, 1975, 1978. Rs. Wert, wie Nr. 10 (Wellenschnitt)	**1,—**	**1,80**
24 (30)	¼ Rupie (K-N) 1960—1971, 1975, 1978. Rs. Krone über Klee, Lilie und Lotosblume, wie Nr. 4	**1,50**	**2,50**

		VZ	ST
25 (31)	½ Rupie (K-N) 1965, 1971, 1975, 1978. Rs. Mähnenhirsch, wie Nr. 5	**2,–**	**4,–**
26 (29)	1 Rupie (K-N) 1956, 1964, 1971, 1975, 1978. Rs. Staatswappen, wie Nr. 6	**3,–**	**6,–**

Nrn. 20—26 von 1978, polierte Platte 30,–

3. Jahrestag der Unabhängigkeit (2)

		ST	PP
27 (32)	10 Rupien 1971. Rs. Dronte oder Dodo (Raphus cucullatus — Raphidae), im 17. Jh. ausgestorben:		
	a) (S) 925 fein, 20 g (750 Ex.)		*700,–*
	b) (K-N) 17,4 g	**10,–**	

28 (33) 200 Rupien (G) 1971. Rs. Szene aus dem Liebesroman »Paul und Virginie« (1787) von Jacques Henri Bernardin de Saint-Pierre. 916⅔er Gold, 15,56 g *1000,–* *2000,–*

Rettet die Tierwelt (3)

29 (34) 25 Rupien (S) 1975. Elisabeth II., nach einer Büste von Arnold Machin. Rs. Blauer Schwalbenschwanz (Papilio manlias – Papilionidae):
a) 925er Silber, 28,276 g **50,–**
b) 600er Silber, 25,31 g **40,–**

30 (35) 50 Rupien (S) 1975. Rs. Mauritius-Turmfalke (Falco Punctatus – Falconidae):
a) 925er Silber, 35 g **100,–**
b) 500er Silber, 31,65 g **80,–**

31 (36) 1000 Rupien (G) 1975. Rs. Mauritius-Paradiesfliegenschnapper (Tchitrea bourbonensis – Muscicapidae). 900er Gold, 33,437 g *1400,–* *1900,–*

25. Regierungsjubiläum von Königin Elisabeth II.

		ST	PP
32 (37)	25 Rupien (S) 1977. Rs. Zuckerrohrernte:		
	a) 500er Silber, 25,31 g	**45,–**	
	b) 925er Silber, 28,28 g		**70,–**

10. Jahrestag der Unabhängigkeit (2)

33 (38)	25 Rupien (S) 1978	**40,–**	**75,–**
34 (39)	1000 Rupien (G) 1978	**720,–**	**1100,–**

Zur Hochzeit von Prinz Charles und Lady Diana (2)

35 (40) 10 Rupien 1981. Rs. Gestaffelte Brustbilder des Brautpaares:
a) (S) 925 fein, 28,28 g **120,–**
b) (K-N) **6,–**

36 (41) 1000 Rupien (G) 1981. 916⅔er Gold, 15,98 g (50 Ex.) **1500,–** **2400,-**

Welternährungstag 1981

37 (42) 10 Rupien (S) 1981. Rs. Zuckerrohrernte. 925er Silber, 28,28 g **85,–** **110,–**

Internationales Jahr der Behinderten 1981 (2)

38 (43) 25 Rupien (S) 1982. Rs. Internationales Emblem, umgeben von den Abzeichen lokaler Behindertenorganisationen:
a) 925er Silber, 28,28 g **50,–** **120,–**
b) Piéfort, 925er Silber, 56,56 g **240,–**

39 (44) 1000 Rupien (G) 1982. Rs. Internationales Emblem auf Inselkarte:
a) 916⅔er Gold, 15,98 g (93 Ex.) **800,–** **1200,–**
b) Piéfort, 916⅔er Gold, 31,95 g **2600,–**

			VZ	ST
40 (45)	1	Cent (St, K plattiert) 1987. Sir Seewoosagur Ramgoolam (*1900), erster Premierminister. Rs. Wert	–,40	–,80
41 (46)	5	Cents (St, K plattiert) 1987, 1990. Typ wie Nr. 40	–,75	1,50
42 (47)	20	Cents (St, N plattiert) 1987, 1990. Typ wie Nr. 40	1,50	2,50
43 (48)	½	Rupie (St, N plattiert) 1987, 1990. Rs. Mähnenhirsch, wie Nr. 5	2,–	4,–
44 (49)	1	Rupie (K-N) 1987, 1990. Rs. Staatswappen, wie Nr. 6	3,–	6,–
45 (50)	5	Rupien (K-N) 1987. Rs. Palmen	6,–	10,–

Nrn. 40–45, polierte Platte 75,–

Goldanlegermünzen »Dodo« (4)

			ST	PP
46	100	Rupien (G) 1988. Sir Anerood Jugnauth, Premierminister. Rs. Dronte oder Dodo. 916⅔er Gold, 3,412 g	120,–	
47	250	Rupien (G) 1988. Typ wie Nr. 46. 916⅔er Gold, 8,513 g	220,–	
48	500	Rupien (G) 1988. Typ wie Nr. 46. 916⅔er Gold, 17,025 g	400,–	

			ST	PP
49	1000	Rupien (G) 1988. Typ wie Nr. 46. 916⅔er Gold, 34,050 g	800,–	

Frühere Ausgaben siehe Weltmünzkatalog 19. Jahrhundert.

Mexico — Mexiko — Mexique

Fläche: 1 972 546 km²; 77 300 000 Einwohner (1986).
Vor der Eroberung des Aztekenreiches durch die Spanier unter Ferdinand Cortés existierten auf mexikanischem Boden u. a. auch Hochkulturen der Maya, Mixteken, Olmeken und Tolteken. Mexiko gehörte dann seit Anfang des 16. Jahrhunderts bis zur Erlangung der Unabhängigkeit im Jahre 1821 zum spanischen Kolonialreich. Im 19. Jahrhundert verlor Mexiko über ein Drittel seines alten Staatsgebietes an die Vereinigten Staaten von Amerika. Am 25. 3. 1905 wurde die Staatsbezeichnung von »Republica Mexicana« in »Estados Unidos Mexicanos« geändert. Die 1910 ausgebrochene Revolution, die einen langjährigen Bürgerkrieg entfesselte, führte 1917 zu grundlegenden Verfassungsänderungen und Sozialreformen. Hauptstadt: Mexiko-Stadt.

100 Centavos = 1 Mexikanischer Peso
WÄHRUNGSREFORM 1. Januar 1993: 1000 alte Pesos = 1 Nuevo Peso

Mexikanische Republik

Republica Mexicana

Nr.		Beschreibung	SS	VZ
1 (3)	1	Centavo (Bro) 1899–1905. Staatswappen: Carancho oder Hauben-Karakara (Polyborus plancus – Falconidae) mit Schlange im Schnabel auf Nopalkaktus (Nopalea coccinellifera – Cactaceae). Rs. Ziffer über Wertbezeichnung:		
		1899	285,–	450,–
		1900–1905	6,50	10,–
2 (16)	5	Centavos (S) 1898–1905. Staatswappen. Rs. Wert	8,–	16,–
3 (17)	10	Centavos (S) 1898–1905	10,–	20,–
4 (18)	20	Centavos (S) 1898–1905	14,–	20,–
5 (20)	1	Peso (S) 1898–1909. Staatswappen. Rs. Freiheitskappe im Strahlenkranz	35,–	50,–
6 (21)	1	Peso (G) 1870–1905. Staatswappen. Rs. Wert im Kranz	320,–	380,–
7 (22)	2½	Pesos (G) 1870–1893	400,–	460,–
8 (23)	5	Pesos (G) 1870–1905. Staatswappen. Rs. Waage der Gerechtigkeit, Gesetzesrolle, darüber Freiheitskappe	1300,–	1450,–
9 (24)	10	Pesos (G) 1870–1905	1650,–	1900,–
10 (25)	20	Pesos (G) 1870–1905	2400,–	2900,–

Vereinigte Staaten von Mexiko

Estados Unidos Mexicanos

Nr.		Beschreibung	SS	VZ
11 (27)	1	Centavo (Bro) 1905–1949. Staatswappen. Rs. Ziffer über Wertbezeichnung; Ø 20 mm:		
		1905, 1906, 1910–1915, 1920–1949	–,60	1,–
		1916	*150,–*	*500,–*
12 (28)	1	Centavo (Bro) 1915. Typ wie Nr. 11, jedoch Ø 16 mm	60,–	95,–
13 (29)	2	Centavos (Bro) 1905–1941. Ø 25 mm:		
		1905	160,–	260,–
		1906	15,–	25,–
		1920, 1921, 1924–1941	3,–	5,–
		1922	700,–	*1200,–*
14 (30)	2	Centavos (Bro) 1915. Ø 20 mm	15,–	35,–
15 (31)	5	Centavos (N) 1905–1914. Staatswappen. Rs. Wert im aztekischen Dekorkreis	4,50	7,50
16 (39)	10	Centavos (S) 1905–1914	5,–	8,–
17 (40)	20	Centavos (S) 1905–1914	7,–	11,–
18 (41)	50	Centavos (S) 1905–1918	15,–	20,–

100. Jahrestag der Unabhängigkeitserklärung

Nr.		Beschreibung	SS	VZ
19 (42)	1	Peso (S) 1910–1914. Staatswappen über der Insel im Taxoco-See. Rs. Die »Freiheit« zu Pferde vor aufgehender Sonne (Caballito):		
		1910–1913	55,–	110,–
		1914	850,–	1300,–
20 (32)	5	Centavos (Bro) 1914–1935. Staatswappen. Rs. Ziffer über Wertbezeichnung im Kranz	6,–	10,–
21 (33)	10	Centavos (Bro) 1919–1935. Typ wie Nr. 20:		
		1919–1921	55,–	100,–
		1935	40,–	70,–
22 (34)	20	Centavos (Bro) 1920, 1935. Typ wie Nr. 20:		
		1920	50,–	95,–
		1935	30,–	50,–
23 (55)	2	Pesos (G) 1919–1948. Staatswappen. Rs. Wertangabe im Kranz gebundener Zweige, darüber Jahreszahl. 900er Gold, 1,6666 g (Quinto Hidalgo):		
		1919, 1920, 1944, 1946, 1947	100,–	140,–
		1945 (offizielle Neuprägungen)		70,–
		1948		–,–
24 (56)	2½	Pesos (G) 1918–1948. Rs. Miguel Hidalgo y Costilla (1753–1811), Priester und Freiheitskämpfer. 900er Gold, 2,0833 g (Quarto Hidalgo):		
		1918–1920, 1944, 1946, 1948	95,–	110,–
		1945 (offizielle Neuprägungen)		85,–
		1947	900,–	1200,–
25 (57)	5	Pesos (G) 1905–1955. Typ wie Nr. 24. 900er Gold, 4,1667 g (Medio Hidalgo):		
		1905	400,–	600,–
		1906, 1907, 1910, 1918–1920	140,–	180,–
		1955 (offizielle Neuprägungen)		150,–

Nr.		Beschreibung	SS	VZ
26 (58)	10	Pesos (G) 1905–1959. Typ wie Nr. 24. 900er Gold, 8,333 g (Hidalgo):		
		1905–1908, 1910, 1916, 1917, 1919	250,–	320,–
		1920	900,–	1200,–
		1959 (offizielle Neuprägungen)		300,–

		SS	VZ
27 (59)	20 Pesos (G) 1917–1959. Staatswappen. Rs. Aztekischer Kalenderstein, 15. Jahrhundert. 900er Gold, 16,667 g (Azteca):		
	1917–1921	480,–	600,–
	1959 (offizielle Neuprägungen)		560,–
28	10 Centavos (S) 1919–1935. Rs. Strahlende Freiheitsmütze über Wert:		
	a) (Y 43) 1919	40,–	75,–
	b) (Y 47) 1925–1935	10,–	15,–
29	20 Centavos (S) 1919–1943. Typ wie Nr. 28:		
	a) (Y 44) 1919	50,–	90,–
	b) (Y 48) 1920–1943	4,–	6,–
30	50 Centavos (S) 1918–1945. Typ wie Nr. 28:		
	a) (Y 45) 1918–1919. Silberfeingehalt 800	15,–	20,–
	b) (Y 49) 1919–1925, 1937–1945. Silberfeingehalt 720	10,–	15,–
31	1 Peso (S) 1918–1945. Typ wie Nr. 28:		
	a) (Y 46) 1918–1919	22,–	35,–
	b) (Y 50) 1920–1945	15,–	18,–

100. Jahrestag der Unabhängigkeit (3)

32 (51)	2 Pesos (S) 1921. Staatswappen. Rs. Viktoriastatue vom Unabhängigkeitsdenkmal vor den Vulkanen Ixtaccihuatl (»Dame in Weiß«) und Popocatépetl (»Rauchender Berg«)	100,–	160,–
33 (60)	50 Pesos (G) 1921–1947. Typ wie Nr. 32. 900er Gold, 41,667 g (Centenario):		
	1921–1931, 1944–1946	1200,–	1500,–
	1947 (geprägt 1947, 1949–1972)		1300,–

A33 (60a)	37,5 Gramm Feingold (G) 1943. Typ wie Nr. 32, jedoch ohne Wertangabe, dafür 37,5 Gr./ORO/PURO doppelt. 900er Gold, 41,667 g	1500,–	1600,–

Nr. A33 ist kein gesetzliches Zahlungsmittel.
In ähnlicher Zeichnung: Nrn. A79–82, 119, 120.

34 (52)	50 Centavos (S) 1935. Staatswappen. Rs. Wert, darüber Freiheitskappe. 420er Silber, 7,973 g	7,–	10,–
35 (35)	5 Centavos (K-N) 1936–1942. Staatswappen. Rs. Aztekischer Kalenderstein, mit Wertangabe belegt	1,–	3,–
36 (36)	10 Centavos (K-N) 1936–1946. Typ wie Nr. 35	1,–	3,–
37 (37)	5 Centavos (Bro) 1942–1946, 1951–1955. Rs. Josefa Ortiz de Dominguez (1773–1829), Freiheitskämpferin, Kopfbild nach links	–,50	1,50

		SS	VZ
38 (38)	20 Centavos (Bro) 1943–1946, 1951–1955. Rs. Sonnenpyramide von Teotihuacán, toltekisch, im Hintergrund die Vulkane Ixtaccihuatl und Popocatepetl	1,–	2,–

Nr. 38 von 1943–1946 besteht aus Kupfer 95%, Zink 4%, Zinn 1%, Nrn. 38, 51 und 67 seit 1951 aus Kupfer 95%, Zink 5%

39 (53)	1 Peso (S) 1947–1949. Rs. José Maria Teclo Morelos y Pavón (1765–1815), Priester und Freiheitskämpfer:		
	1947, 1948	6,–	12,–
	1949		*2500,–*

40 (54)	5 Pesos (S) 1947, 1948. Rs. Cuauhtémoc († 1525), der letzte Huetlatoani (Herrscher) von Tenochtitlan 1520–1525	18,–	28,–

Silberanlegermünze

A40 (A60)	1 Onza (S) 1947, 1949. Balancier. Rs. Waage. 925er Silber, 33,625 g:		
	1947 (wenige Ex.)		*5000,–*
	1949	35,–	50,–

41 (61)	1 Centavo (Me) 1950–1969. Staatswappen. Rs. Weizenähre	–,25	–,50
42 (62)	5 Centavos (K-N) 1950. Rs. Josefa Ortiz de Dominguez	4,–	7,–
43 (63)	25 Centavos (S) 1950–1953. Rs. Waage der Gerechtigkeit, Gesetzesrolle, darüber Freiheitskappe. 300er Silber, 3,333 g	1,50	3,–
44 (64)	50 Centavos (S) 1950, 1951. Rs. Cuauhtémoc. 300er Silber, 6,666 g	4,–	8,–
45 (65)	1 Peso (S) 1950. Rs. José Maria Teclo Morelos y Pavón. 300er Silber, 13,333 g	5,–	10,–

Eröffnung der südöstlichen Eisenbahnlinie zwischen Mexiko-Stadt und Yucatan

46 (66)	5 Pesos (S) 1950. Staatswappen. Rs. Dampflokomotive in Küstenlandschaft mit Palmen und aufgehender Sonne	70,–	120,–
47 (67)	5 Pesos (S) 1951–1954. Staatswappen. Rs. Miguel Hidalgo y Costilla, Kopfbild nach links im Kranz:		
	1951–1953	15,–	20,–
	1954	120,–	200,–

200. Geburtstag Hidalgos

SS VZ

48 (68) 5 Pesos (S) 1953. Staatswappen. Rs. Miguel Hidalgo y Costilla (1753–1811), Priester und Freiheitskämpfer vor Kirche in Dolores, Guanajuato **25,– 36,–**

49 (69) 5 Centavos (Me) 1954–1969. Staatswappen. Rs. Josefa Ortiz de Dominguez:
1954 **18,– 40,–**
1955–1969 **–,30 –,50**

50 (70) 10 Centavos (Bro) 1955–1967. Rs. Benito Juarez **–,40 –,70**

51 (71) 20 Centavos (Bro) 1955–1957, 1959, 1960, 1963–1971. Rs. Sonnenpyramide von Teotithuacán **–,50 1,–**

52 (72) 50 Centavos (Bro) 1955–1957, 1959. Rs. Cuauhtémoc **1,20 3,–**

53 (A72) 1 Peso (S) 1957–1967. Rs. José Maria Teclo Morelos y Pavón. 100er Silber, 16 g, mit Feinsilberüberzug **2,– 5,–**

54 (73) 5 Pesos (S) 1955–1957. Rs. Miguel Hidalgo y Costilla und Umschrift INDEPENDENCIA Y LIBERTAD – HIDALGO **14,– 18,–**

55 (74) 10 Pesos (S) 1955, 1956. Typ wie Nr. 54 **20,– 30,–**

100 Jahre Mexikanische Verfassung (3)

SS VZ

56 (75) 1 Peso (S) 1957. Staatswappen. Rs. Benito Juárez Garcia (1806–1872), indianischer Herkunft, Staatspräsident 1861–1872. 100er Silber, 16 g, mit Feinsilberüberzug **12,– 20,–**

57 (76) 5 Pesos (S) 1957. Typ wie Nr. 56 **18,– 30,–**

58 (77) 10 Pesos (S) 1957. Typ wie Nr. 56 **50,– 75,–**

100. Geburtstag Carranzas

59 (78) 5 Pesos (S) 1959. Staatswappen. Rs. Venustiano Carranza (1859–1920), General, Staatspräsident 1915–1920 **12,– 20,–**

150. Jahrestag der Unabhängigkeitserklärung und 50. Jahrestag der Revolution

60 (79) 10 Pesos (S) 1960. Staatswappen. Rs. Miguel Hidalgo y Costilla und Francisco Indalecio Madero (1873–1913), Staatspräsident 1911–1913 **18,– 30,–**

61 (80) 25 Centavos (K-N) 1964, 1966. Staatswappen. Rs. Francisco Indalecio Madero **–,70 1,–**

62 (81) 50 Centavos (K-N) 1964–1969. Rs. Cuauhtémoc **–,70 1,–**

XIX. Olympische Sommerspiele in Mexiko-Stadt 1968

63 (82) 25 Pesos (S) 1968. Staatswappen. Rs. Maya-Ballspieler vor dem Umriß des Spielplatzes:
a) obere Ringe auf gleicher Höhe, kurze Zunge der Schlange (Abb.) **12,– 16,–**
b) mittlerer Ring niedriger, kurze Zunge der Schlange **35,– 50,–**
c) mittlerer Ring niedriger, lange gebogene Zunge der Schlange **40,– 55,–**

VZ ST

64 (83) 1 Centavo (Bro) 1970–1973. Staatswappen in neuer stilisierter Zeichnung. Rs. Weizenähre, wie Nr. 41 **–,20 –,50**

65 (84) 5 Centavos 1970–1976. Rs. Josefa Ortiz de Dominguez, wie Nr. 49:
a) (Me) 1970–1976 **–,20 –,40**
b) (Bro) 1973 **–,– –,–**

66 (91) 10 Centavos (K-N) 1974–1980. Rs. Maiskolben **–,40 –,60**

67 (86) 20 Centavos (Bro) 1971, 1973, 1974. Rs. Sonnenpyramide von Teotithuacán, wie Nr. 51 **–,40 –,60**

			VZ	ST
68 (92)	20	Centavos (K-N) 1974–1983. Rs. Francisco Indalecio Madero	–,30	–,50
A68	25	Centavos (K-N) 1970. Rs. Francisco Indalecio Madero, wie Nr. 61. Versuchsprägung, polierte Platte		–,–

69 (87)	50	Centavos (K-N) 1970–1972, 1975–1983. Rs. Cuauhtémoc, wie Nr. 62	–,70	1,–
70 (88)	1	Peso (K-N) 1969–1984. Rs. José Maria Teclo Morelos y Pavón:		
		1969 (wenige Ex.)		6000,–
		1970–1972, 1974–1984	–,80	1,50

71 (89)	5	Pesos (K-N) 1971–1974, 1976–1978. Rs. Vicente Guerrero (1783–1831), bedeutender General des Unabhängigkeitskrieges gegen Spanien, Staatspräsident 1829	2,–	3,–

72 (A90)	10	Pesos (K-N) 1974–1982, 1985. Rs. Miguel Hidalgo y Costilla, Kopfbild n. l. (siebeneckig)	2,–	4,–
73 (90)	25	Pesos (S) 1972. Rs. Benito Juárez García. 720er Silber, 22,5 g	13,–	18,–

			VZ	ST
74 (93)	100	Pesos (S) 1977–1979. Rs. José Maria Teclo Morelos y Pavón. 720er Silber, 22,77 g	15,–	20,–

Nr. 74 von 1979, polierte Platte *1000,–*

Silberanlegermünze

A74 (A60)	1	Onza (S) 1978–1980. Balancier. Rs. Waage. 925er Silber, 33,625 g	*24,–*	*30,–*

Mesoamerikanische Kulturen (7)

75 (97)	20	Centavos (Bro) 1983, 1984. Staatswappen in neuer Zeichnung. Rs. Einer der zehn Kolossalköpfe von La Venta (Tabasco), Höhe 2,50–3 m, Basalt, olmekische Kultur	–,30	–,50

76 (98)	50	Centavos (St) 1983–1985. Rs. Darstellung vom Grab eines Priesterfürsten in der Maya-Kultstätte Palenque	–,40	–,80
A76	1	Peso (Al-N-Bro) 1980. Rs. Kopfbild aus Tenochtitlan. Versuchsprägung		*1200,–*

77 (94)	5	Pesos (K-N) 1980–1982, 1984, 1985. Rs. Quetzalcóatl (»Die gefiederte Schlange«), aztekischer Gott des Himmels, des Windes und des Wassers, Skulptur vom Tempel in Teotihuacán (um 150–250 n. Chr.)	1,70	2,20

Nr. 77 von 1983 in Kupfer ST *900,–*

		VZ	ST
A77	10 Pesos (Bro) 1980. Rs. Kopfbild. Versuchsprägung!		*1200,–*

78 (95)	20 Pesos (K-N) 1980–1982, 1984. Rs. Tlachospieler der Maya in zeremonieller Tracht, Zentralmotiv des Steins von Chinkultic bei Chiapas	3,–	5,–

Einseitige Versuchsprägung von Nr. 78 in Kupfer mit Jahreszahl 1979 vorkommend.

79 (96)	50 Pesos (K-N) 1982–1984. Rs. Coyolxauhqui, aztekische Mondgöttin, Relief vom Templo Mayor de México	6,–	10,–

Silberbarren-, Goldanleger- und Platinbarrenmünzen »Libertad« 1. Ausgabe (9)

		ST	PP
A79	¼ Onza (S) 1991. Staatswappen. Rs. Viktoriastatue vor den Vulkanen Ixtaccihuatl und Popocatépetl, wie Nr. 32. 999er Silber, 7,78 g		–,–
B79	½ Onza (S) 1990. Typ wie Nr. A79. 999er Silber, 15,55 g		–,–
C79	1 Onza (S) 1982–1991. Typ wie Nr. A79. 999er Silber, 31,10 g:		
	a) Randschrift	20,–	–,–
	b) Riffelrand	20,–	–,–

Nr. 70 von 1983, Nr. 72 von 1982, Nrn. 75, 76 von 1983, Nrn. 77, 78 von 1982, Nr. 79 von 1983, polierte Platte (50 Ex.) 800,–
Nrn. 68–70 von 1983, Nrn. 72, 77, 78 von 1982, Nrn. 79 und C79 von 1983, polierte Platte (998 Ex.) 750,–

A80 (D60)	¼ Onza (G) 1981, 1990. Typ wie Nr. A79. 900er Gold, 8,64 g		*380,–*
B80 (C60)	½ Onza (G) 1981, 1989. Typ wie Nr. A79. 900er Gold, 17,28 g		*720,–*
C80 (B60)	1 Onza (G) 1981, 1985, 1988, 1991. Typ wie Nr. A79. 900er Gold, 34,56 g	*1000,–*	*1400,–*

		VZ	ST
A81	¼ Onza (Pt) 1989. Typ wie Nr. A79. 999er Platin, 7,78 g		–,–
B81	½ Onza (Pt) 1991. Typ wie Nr. A79. 999er Platin, 15,55 g		–,–
C81	1 Onza (Pt) 1990. Typ wie Nr. A79, 999er Platin, 31,10 g		–,–

Nrn. C79, B80, A81 von 1989, polierte Platte (3500 Ex.) –,–
Nrn. B79, A80, C81 von 1990, polierte Platte (3500 Ex.) –,–
Nrn. A79, C80, B81 von 1991, polierte Platte (3500 Ex.) –,–
Nrn. B79, A80, C81 von 1990 sowie Nrn. A79, C80, B81 von 1991 wurden bisher nicht geprägt.

81 (99)	1 Peso (St) 1983–1988. Staatswappen. Rs. José Maria Teclo Morelos y Pavón:		
	1983 (wenige Ex.)		*2500,–*
	1984–1988	–,50	1,–
82 (100)	5 Pesos (Al-N-Bro) 1985, 1987, 1988. Rs. Wertziffer	–,50	1,–
83 (101)	10 Pesos (St) 1985–1989. Rs. Miguel Hidalgo y Costilla (Banknotenersatzausgabe)	–,60	1,20
84 (102)	20 Pesos (Al-N-Bro) 1985~1990. Rs. Guadelupe Victoria:		
	a) schmale hohe Jahreszahl mit Abstand zwischen den Ziffern, 1985, 1986, 1988–1990	–,80	1,50
	b) breite Jahreszahl ohne Abstand zwischen den Ziffern, 1985	–,80	1,50
85 (103)	50 Pesos 1984~1990. Rs. Benito Juárez Garcia (Banknotenersatzausgabe):		
	a) (K-N) 1984–1988. Ø 23,6 mm	1,–	2,–
	b) (St) 1988, 1990. Ø 22,5 mm	1,–	2,–

86 (104)	100 Pesos (Al-N-Bro) 1984–1988, 1990. Rs. Venustiano Carranza (Banknotenersatzausgabe)	1,50	3,–

Nr. 87 fällt aus.

88	500 Pesos (K-N) 1986–1989. Rs. Francisco Indalecio Madero (Banknotenersatzausgabe)	2,50	5,–

89	1000 Pesos (Al-N-Bro) 1988, 1989. Rs. Juana de Asbaje y Ramírez de Santillana (Sor Juana Inéz de la Cruz) (1648–1695), Dichterin und Intellektuelle, nach dem Gemälde im Schloß Chapultepec, Mexiko-Stadt	5,–	8,–

75. Jahrestag der Mexikanischen Revolution (2)

				VZ	ST
90	(106)	200	Pesos (K-N) 1985. Rs. Porträts von Emiliano Zapata, Francisco Indalecio Madero, Venustiano Carranza und Francisco »Pancho« Villa, im Hintergrund Monument der Revolution	**2,50**	**5,–**

				PP
91	(107)	500	Pesos (S) 1985. Typ wie Nr. 90. 925er Silber, 33,45 g	**100,–**

175. Jahrestag der Unabhängigkeitserklärung (2)

				VZ	ST
92	(105)	200	Pesos (K-N) 1985. Rs. Porträts von Vicente Guerrero, Ignacio Allende, José Morales und Miguel Hidalgo, im Hintergrund Unabhängigkeitssäule in Mexiko-Stadt	**2,50**	**5,–**

				PP
93	(108)	1000	Pesos (G) 1985. Typ wie Nr. 92. 900er Gold, 17,28 g	**950,–**

XIII. Fußball-Weltmeisterschaft 1986 in Mexiko
1. Ausgabe (5)

				ST
94	(111a)	25	Pesos (S) 1985. Staatswappen. Rs. Fußball, darauf Inschrift. Feingehaltsangabe »PLATA 720«. 720er Silber, 7,776 g	**20,–**

95	(114a)	50	Pesos (S) 1985. Rs. Beine eines Fußballspielers. Feingehaltsangabe »PLATA 720«. 720er Silber, 15,552 g	**30,–**
96	(119a)	100	Pesos (S) 1985. Rs. Fußball, Figur aus präkolumbischer Zeit und barocke Kartuschenelemente. Feingehaltsangabe »PLATA 720«. 720er Silber, 31,103 g	**50,–**
97	(121a)	250	Pesos (G) 1985. Rs. Fußball vor einer Gruppe von Maya-Motiven. Feingehaltsangabe »ORO 900«. 900er Gold, 8.64 g	**450,–**

98	(123a)	500	Pesos (G) 1985. Rs. Kalenderstein der Azteken, Silhouette eines Fußballspielers. Feingehaltsangabe »ORO 900«. 900er Gold, 17,28 g	**900,–**

XIII. Fußball-Weltmeisterschaft 1986 in Mexiko
2. Ausgabe (16)
Serie I

				PP
99	(112)	25	Pesos (S) 1985. Rs. Präkolumbisches Motiv, Architekturelement aus der spanischen Kolonialzeit und Fußball. 925er Silber, 8,406 g	**25,–**

100	(116)	50	Pesos (S) 1985. Rs. Präkolumbischer Tlacho-Spieler, Zielstein und Fußball. 925er Silber, 16,813 g	**40,–**

101	(120)	100	Pesos (S) 1985. Rs. Torwart, den Ball auf dem Kopf balancierend. 925er Silber, 33,625 g	**100,–**

450 Jahre Münzstätte Mexiko-Stadt (2)

102	(122)	250	Pesos (G) 1985. Rs. Fußball mit dem Motiv des »Caballito«-Pesos Nr. 19. 900er Gold, 8,64 g	**500,–**

PP

103 (124) 500 Pesos (G) 1985. Rs. Münze aus der spanischen Kolonialzeit, davor Fußball. 900er Gold, 17,28 g **1000,–**

Serie II

104 (109) 25 Pesos (S) 1985. Rs. Fußball, darunter Inschrift. 925er Silber, 8,406 g **25,–**
105 (115) 50 Pesos (S) 1985. Rs. Spieler am Ball. 925er Silber, 16,813 g **40,–**
106 (119) 100 Pesos (S) 1985. Rs. Fußball, Figur aus präkolumbischer Zeit und barocke Kartuschenelemente. 925er Silber, 33,625 g **75,–**
107 (121) 250 Pesos (G) 1985. Rs. Fußball vor einer Gruppe von Maya-Motiven. 900er Gold, 8,64 g **500,–**
108 (123) 500 Pesos (G) 1985. Rs. Kalenderstein der Azteken, Silhouette eines Fußballspielers. 900er Gold, 17,28 g **1000,–**

Serie III

109 (110) 25 Pesos (S) 1986. Rs. Ball im Tornetz. 925er Silber, 8,406 g **25,–**
110 (114) 50 Pesos (S) 1986. Rs. Beine eines Fußballspielers. 925er Silber, 16,813 g **40,–**
111 (118) 100 Pesos (S) 1986. Rs. Torwart mit gehaltenem Ball. 925er Silber, 33,625 g **75,–**

Serie IV

112 (111) 25 Pesos (S) 1986. Rs. Fußball, darauf Inschrift. 925er Silber, 8,406 g **25,–**
113 (113) 25 Pesos (S) 1986. Rs. Drei Fußbälle. 925er Silber, 16,813 g **40,–**
114 (117) 100 Pesos (S) 1986. Rs. Fußball und Weltkugel. 925er Silber, 33,625 g **75,–**

XIII. Fußball-Weltmeisterschaft 1986 in Mexiko
3. Ausgabe

		VZ	ST
115	200 Pesos (K-N) 1986. Rs. Spielszene	2,–	4,–

4. Ausgabe (3)

		ST	PP
116	200 Pesos (S) 1986. Rs. Fußball zwischen den Hemisphären. 999er Silber, 62,206 g		**100,–**
117	1000 Pesos (G) 1986. Typ wie Nr. 116. 999er Gold, 31,1 g		*1400,–*
118	2000 Pesos (G) 1986. Typ wie Nr. 116. 999er Gold, 62,2 g		*2600,–*

Nrn. 116–118 wurden den siegreichen Mannschaften Argentiniens, Deutschlands und Frankreichs verliehen.

25 Jahre World Wildlife Fund

PP

119 100 Pesos (S) 1987. Rs. Monarchfalter (Mariposa monarca). 720er Silber, 31,103 g **85,–**

50. Jahrestag der Nationalisierung der Ölindustrie (5)

		VZ	ST
120	50 Pesos (S) 1988. Rs. Monument zum Jubiläum der Pemex. 999er Silber, 15,55 g		**20,–**
121	100 Pesos (S) 1988. Rs. Lázaro Cárdenas (1895–1970), Staatspräsident 1934–1940. 999er Silber, 31,103 g		**40,–**
122	500 Pesos (G) 1988. Typ wie Nr. 120. 900er Gold, 17,28 g		*750,–*
123	1000 Pesos (G) 1988. Typ wie Nr. 121. 900er Gold, 34,56 g		*1400,–*
124	5000 Pesos (K-N) 1988. Typ wie Nr. 120	**5,–**	**9,–**

70 Jahre Save the Children Fund

		ST	PP
125	100 Pesos (S) 1990. 925er Silber, 33,625 g		**85,–**

500. Jahrestag der Entdeckung Amerikas

126 100 Pesos (S) 1991. Staatswappen im Wappenkreis. Rs. Hemisphären über den Schiffen der Entdecker zwischen den gekrönten Säulen des Herakles mit Inschrift »Plus Ultra«. 925er Silber, 27 g, Mo **–,–**

Silberbarrenmünzen »Libertad« – 2. Ausgabe (5)

127	1/20 Onza (S) 1991, 1992. Staatswappen. Rs. Viktoriastatue vor den Vulkanen Ixtaccihuati und Popocatepetl	–,–	–,–
128	1/10 Onza (S) 1991, 1992. Typ wie Nr. 127	–,–	–,–
129	1/4 Onza (S) 1991, 1992. Typ wie Nr. 127	–,–	–,–
130	1/2 Onza (S) 1991, 9192. Typ wie Nr. 127	–,–	–,–
131	1 Onza (S) 1991, 1992. Typ wie Nr. 127	–,–	–,–

		VZ	ST
132	100 Pesos (Al). Rs. Huitzilapan-Piktogramm	–,–	–,–
133	200 Pesos (Al). Rs. Chimilco-Piktogramm	–,–	–,–
134	500 Pesos (Al-Bro). Rs. Atenango-Piktogramm	–,–	–,–
135	1000 Pesos (Al-Bro). Rs. Atlan-Piktogramm	–,–	–,–
136	2000 Pesos (St/Al-Bro). Rs. Denkmal der Revolution	–,–	–,–
137	5000 Pesos (St/Al-Bro). Rs. Delotajin-Pyramide	–,–	–,–
138	10 000 Pesos (St/Al-Bro). Rs. Denkmal der Unabhängigkeit	–,–	–,–

Nrn. 132–138 wurden bisher nicht ausgegeben.

Lokalausgaben während des Bürgerkrieges 1913–1917

Revolutionary Issues **Monnaies révolutionnaires**

AGUASCALIENTES

Staat in Zentralmexiko. Die Prägung wurde durch Pancho Villa veranlaßt.

		SS	VZ
1 (R1)	1 Centavo (K) 1915. Strahlende Freiheitsmütze, Umschrift ESTADO DE AGUASCALIENTES. Rs. Wertziffer auf Centavosymbol zwischen Zweigen	**120,–**	**200,–**
2 (R2)	2 Centavos (K) 1915. Typ wie Nr. 1	**360,–**	**500,–**
3 (R3)	5 Centavos (K) 1915. Mexikanisches Staatswappen, Umschrift ESTADO DE AGUASCALIENTES. Rs. wie Nr. 1	**25,–**	**45,–**
4 (R4)	5 Centavos (K) 1915. Rs. Strahlende Freiheitsmütze über Wert zwischen Zweigen	**35,–**	**60,–**
5 (R5)	20 Centavos (K) 1915. Typ wie Nr. 4	**15,–**	**30,–**

Nrn. 1–3 und 5 in Silber vorkommend.

CHIHUAHUA

Staat im Norden Mexikos. Die dortigen Prägungen stellen die ersten Lokalausgaben unter Pancho Villa dar.

Fuerzas Constitucionalistas

		SS	VZ
1 (R7)	2 Centavos (K) 1913. Strahlende Freiheitsmütze zwischen Zweigen. Rs. Wert auf Zweigen, Umschrift FUERZAS CONSTITUCIONALISTAS	**6,–**	**10,–**
2 (R8)	50 Centavos (S) 1913. Strahlende Freiheitsmütze, Umschrift FUERZAS CONSTITUCIONALISTAS. Rs. Wert und Zweige	**35,–**	**50,–**

Hidalgo del Parral

		SS	VZ
3 (R9)	1 Peso (S) 1913. Umschrift H/DEL/PARRAL auf Zweigen. Rs. Wertziffer zwischen PE/SO auf Zweigen	*5000,–*	*9000,–*
4 (R10)	1 Peso (S) 1913. Rs. Wertangabe 1/PESO auf Zweigen	**300,–**	**450,–**
5	1 Peso (S) 1913. Strahlende Freiheitsmütze. Rs. Wertziffer zwischen PE/SO. Versuchsprägung!	**–,–**	**–,–**

Ejercito Constitucionalista

		SS	VZ
6 (R11)	5 Centavos (K, Me) 1914, 1915. Strahlende Freiheitsmütze, Umschrift REPUBLICA MEXICANA/ E. DE CHIHA. Rs. Wertzahl auf Centavosymbol, Umschrift EJERCITO CONSTITUCIONALISTA	**2,–**	**3,–**
7 (R12)	10 Centavos (K, Me) 1914, 1915. Typ wie Nr. 6	**2,–**	**3,–**
8 (R13)	50 Centavos (K) 1914. Typ wie Nr. 6. Versuchsprägung!	**–,–**	**–,–**
9 (R14)	1 Peso (K) 1914. Rs. Waage, Gesetzbuch, Umschrift EJERCITO CONSTITUCIONALISTA, Wertangabe. Versuchsprägung!	**–,–**	**–,–**

Ejercito del Norte

		SS	VZ
10 (R15)	5 Centavos (K) 1915. Mexikanisches Staatswappen, Umschrift REPUBLICA MEXICANA. Rs. Wertangabe mit römischer Ziffer auf Zweigen, oben bogig CHIHUAHUA. Versuchsprägung!	**–,–**	**–,–**
11 (R16)	1 Peso (S) 1915. Rs. Strahlende Freiheitsmütze, Umschrift EJERCITO DEL NORTE, Wertangabe, CHA, Feingehalt 902,7	**120,–**	**200,–**

DURANGO

Staat im Norden Zentralmexikos. Nr. 1 wurde in Cuencame unter Pancho Villa von den Generälen Cemceros und Conteras in Auftrag gegeben.

Ejercito Constitucionalista

		SS	VZ
1 (R27)	1 Peso (S) 1914. Mexikanisches Staatswappen, Umschrift EJERCITO CONSTITUCIONALISTA/MUERA HUERTA (Tod dem Huerta). Rs. Strahlende Freiheitsmütze, Umschrift ESTADOS UNIDOS MEXICANOS, Wertangabe	**360,–**	**500,–**

Ein typengleiches 20-Pesos-Stück in Gold und anderen Metallen ist eine Fantasieprägung.

Estado de Durango

		SS	VZ
2 (R17)	1 Centavo (K, Me, Blei) 1914. Jahreszahl, Umschrift ESTADO DE/DURANGO. Rs. 1/CENT. im Kranz	**6,–**	**10,–**
3 (R18)	1 Centavo (K, Me, Blei) 1914. Typ wie Nr. 5, jedoch römische Wertziffer	**35,–**	**60,–**
4 (R 19)	5 Centavos (K) 1914. Jahreszahl auf Zweigen, oben bogig ESTADO DE DURANGO. Rs. 5/CENTAVOS bogig im Ornamentkreis	**3,–**	**5,–**
5 (R20)	5 Centavos (K, Me, Blei) 1914. Typ wie Nr. 4, jedoch E. DE DURANGO	**6,–**	**10,–**
6 (R21)	5 Centavos (K, Blei) 1914. Typ wie Nr. 5, jedoch römische Wertziffer	**20,–**	**35,–**
7 (R22)	1 Centavo (K, Blei) 1914. Jahreszahl auf drei Sternen, oben bogig E. DE DURANGO. Rs. 1/CENT im Ornamentkreis	**35,–**	**60,–**
8 (R23)	5 Centavos (Blei) 1914. Typ wie Nr. 7, jedoch 5/CVS	**–,–**	**–,–**
9 (R24)	1 Centavo (Al) 1914. Mexikanisches Staatswappen, Umschrift REPUBLICA MEXICANA. Rs. Wertangabe, Umschrift ESTADO DE DURANGO	**3,–**	**5,–**
10 (R25)	5 Centavos (Me) 1914. Typ wie Nr. 9	**3,–**	**5,–**

GUERRERO

Staat an der Südwestküste Mexikos. Die Prägungen in sieben verschiedenen Münzstätten wurden unter Emiliano Zapata in Auftrag gegeben.

Estado de Guerrero

		SS	VZ
1 (R30)	3 Centavos (K) 1915. Mexikanisches Staatswappen, Umschrift REPUBLICA MEXICANA. Rs. Wertziffer 3 auf Centavosymbol im Kranz, oben Jahreszahl	*3500,–*	*5000,–*
2 (R31b)	5 Centavos (K) 1915. Typ wie Nr. 1, jedoch GRO über Jahreszahl	*1600,–*	*2500,–*
3 (R32b)	10 Centavos (K) 1915. Typ wie Nr. 2, Wertangabe 10/CENTAVOS	**12,–**	**20,–**
4 (RA40)	25 Centavos (S) 1915. Strahlende Freiheitsmütze, Umschrift Republica Mexicana. Rs. Wertangabe, Staatsbezeichnung E.D.G., Jahreszahl	*650,–*	*1000,–*

SS VZ

5 (RA41) 50 Centavos (S) 1915. Strahlende Freiheitsmütze, darunter Ley, Umschrift Reforma Libertad Justicia. Rs. Wertangabe, Inschrift E.de/G, Jahreszahl, Umschrift Republica Mexicana *3500,– 5000,–*

6 (R36) 1 Peso (S) 1914, 1915. Mexikanisches Staatswappen, Umschrift REPUBLICA MEXICANA, Wertangabe. Rs. Strahlende Freiheitsmütze im Kranz, Umschrift »REFORMA LIBERTAD JUSTICIA Y LEY", im Feld GRO./ORO: 0,300 **20,– 35,–**

7 (R37) 2 Pesos (S) 1914, 1915. Typ wie Nr. 6, jedoch strahlende Sonne, im Feld ORO: 0,595. Vs. mit GRO **50,– 90,–**

Atlixtac

8 (R32c) 10 Centavos (K) 1915. Typ wie Nr. 3, jedoch ATLIXTAC. GRO. **8,– 16,–**

A8 2 Pesos (S) 1914. Rs. ORO 0,300 / ATLIXTAC/DOS PESOS, Umschrift »REFORMA LIBERTAD JUSTICIA Y LEY«. Versuchsprägung! **–,– –,–**

Cacahuatepec

9 (RA37) 5 Centavos (K) 1917. Typ wie Mexiko Nr. 20, jedoch G statt M auf der Rs. **120,– 200,–**

10 (R39) 20 Centavos (S) 1917. Typ wie Mexiko Nr. 17, jedoch G. auf der Rs. **350,– 600,–**

11 (R40) 50 Centavos (S) 1917. Typ wie Mexiko Nr. 18, jedoch GRO auf der Rs. **200,– 350,–**

12 (R41) 1 Peso (S) 1917. Typ wie Mexiko Nr. 5, jedoch Go auf der Rs. *5000,– 9000,–*

Cacalotepec

13 (R39a) 20 Centavos (S) 1917. Typ wie Mexiko Nr. 17, jedoch auf der Rs. zusätzlich CACALOTEPEC/GRO *3500,– 5000,–*

Campo Morado

14 (R31) 5 Centavos (K) 1915. Typ wie Nr. 2, jedoch C.M. unter Jahreszahl **30,– 50,–**

15 (R32) 10 Centavos (K) 1915. Typ wie Nr. 3, jedoch C.M. GRO **30,– 50,–**

16 (R33) 20 Centavos (K) 1915. Typ wie Nr. 15 **90,– 160,–**

17 (R34) 50 Centavos (K) 1915. Typ wie Nr. 15 **10,– 18,–**

18 (R36a) 1 Peso (S) 1914. Typ ähnlich wie Nr. 6, Jahreszahl auf der Vs. Co. Mo. GRo **–,– –,–**

19 (R36b) 1 Peso (S) 1914. Typ wie Nr. 6, jedoch CAMPO Mo. auf der Vs. **50,– 90,–**

20 (R37a) 2 Pesos (S) 1915. Typ wie Nr. 7, jedoch Co. Mo. auf der Rs. **80,– 150,–**

21 (R38) 2 Pesos (S) 1915. Typ wie Mexiko Nr. 5, jedoch C.M.GRO. auf der Rs. **50,– 90,–**

Chilpancingo

S SS

22 (RA38) 10 Centavos (S) 1914. Mexikanisches Staatswappen, Umschrift MEXICO ESTADO DE GRO. Rs. Strahlende Sonne über Wert zwischen Zweigen. Gegossen! *2000,– 3500,–*

23 (RA39) 20 Centavos (S) 1914. Typ wie Nr. 22. Gegossen! *2000,– 3500,–*

Suriana

VZ

24 (R37b) 2 Pesos (S) 1915. Typ wie Nr. 7, jedoch SURIANA auf der Rs. *40000,–*

Taxco

SS VZ

25 (RA36) 2 Centavos (K) 1915. Mexikanisches Staatswappen, oben bogig, EDO. DE. GRO. Rs. Wertziffer auf Centavo-Symbol zwischen Zweigen **120,– 200,–**

26 (R29) 2 Centavos (K) 1915. Typ wie Nr. 1 *500,– 900,–*

27 (R31a) 5 Centavos (K) 1915. Typ wie Nr. 2, jedoch TAXCO GRO., Jahreszahl **40,– 70,–**

28 (R32a) 10 Centavos (K) 1915. Typ wie Nr. 3, jedoch TAXCO. GRO **40,– 70,–**

29 (R35) 50 Centavos (K) 1915. Mexikanisches Staatswappen, Umschrift REPUBLICA MEXICANA. Rs. Strahlende Sonne mit Jahreszahl über Wert und TAXCO/GRO zwischen Zweigen **90,– 160,–**

30 (R35a) 50 Centavos (S) 1915. Typ wie Nr. 29 **100,– 180,–**

31 (R36c) 1 Peso (S) 1915. Typ wie Nr. 6, jedoch TAXCO. GRO./G **30,– 50,–**

JALISCO

Staat an der mexikanischen Westküste. Die Prägungen erfolgten in der Hauptstadt Guadalajara unter Pancho Villa durch General Dieguez.

Ejercito del Norte

1 (R42) 1 Centavo (K) 1915. Strahlende Freiheitsmütze, Umschrift REPUBLICA MEXICANA. Rs. Wertziffer auf Centavo-Symbol, Umschrift EJERCITO DEL NORTE/EDO. DE Jal. **25,– 45,–**

2 (R43) 2 Centavos (K) 1915. Typ wie Nr. 1 **20,– 35,–**

3 (R44) 5 Centavos (K) 1915. Typ wie Nr. 1 **25,– 45,–**

Gobierno Liberal de Jalisco

4 (R45) 10 Centavos (K) 1915. Wappen des Staates Jalisco, Umschrift CONSTITUCION Y REFORMAS. Rs. Wert auf strahlender Freiheitsmütze, Umschrift GOBIERNO LIBERAL DE JALISCO. MEX *3500,– 6000,–*

5 (R46) 1 Peso (K) 1915 **–,– –,–**

MEXIKO

Staat in Zentralmexiko. Unter Emiliano Zapata gab General Tenorio den Auftrag für die inkusen Prägungen aus Amecameca. Die auf grauem Karton geprägte Nr. 14 zählt zu den ungewöhnlichsten Lokalausgaben des Bürgerkrieges.

Amecameca

1 (R47) 5 Centavos (Me) o. J. Mexikanisches Staatswappen, darunter RM. Rs. Wertzahl und Centavosymbol **350,– 500,–**

2 (R48) 10 Centavos (Me) o. J. Typ wie Nr. 1 **240,– 400,–**

3 (R49) 20 Centavos (Me) o. J. Typ wie Nr. 1 **60,– 100,–**

4 (R50) 20 Centavos (K, Me) o. J. Mexikanisches Staatswappen, darunter A.D.J. Rs. Wertzahl **25,– 45,–**

5 (R51) 25 Centavos (K, Me) o. J. Mexikanisches Staatswappen. Rs. Wertzahl **35,– 60,–**

6 (R52) 50 Centavos (K, Me) o. J. Typ wie Nr. 5 **20,– 35,–**

Ejercito Convencionista

Nr.		SS	VZ
7	5 Centavos (Me) o. J. Im Feld EJERCITO, darunter bogig CONVENCIONISTA. Rs. Wertzahl und Centavosymbol	–,–	–,–
8	25 Centavos (Me) o. J. Typ wie Nr. 7	–,–	–,–

Tenancingo

Nr.		SS	VZ
9	2 Centavos (K) 1915. Typ wie Mexiko Nr. 1, jedoch ohne M auf der Rs.	–,–	–,–
10 (R53)	5 Centavos (K) 1915. Typ wie Nr. 9	**15,–**	**25,–**
11 (R54)	10 Centavos (K) 1916. Typ wie Nr. 9	**35,–**	**60,–**
12 (R55)	20 Centavos (K) 1915. Rs. Wertangabe im Kranz, oben bogig GRAL. L. SOLIS	**120,–**	**200,–**

Texcoco

Nr.		SS	VZ
13 (R56)	1 Centavo (Ton) 1915. Typ wie Mexiko Nr. 12	*4000,–*	*7000,–*

Toluca

Nr.		SS	VZ
14 (R59)	5 Centavos (Karton) 1915. Wappen der Stadt Toluca, Umschrift ESTADO LIBRE Y SOBERANO DE MEXICO/TOLUCA. Rs. Wertziffer mit Schriftband, Umschrift	*70,–*	*120,–*
15 (R57)	20 Centavos (Bro) o. J. Mexiko Nr. 11 mit Gegenstempel 20C	*80,–*	*150,–*
16 (R58)	40 Centavos (Bro) o. J. Mexiko Nr.13 mit Gegenstempel 40C	*120,–*	*200,–*

MORELOS

Der Staat im Süden Zentralamerikas war Hauptsitz von Emiliano Zapata. Unter seinem Auftrag arbeiteten die Münzstätten in Atlihuayan und der Hauptstadt Tlaltizapan.

Nr.		SS	VZ
1 (R62)	2 Centavos (K) 1915. Mexikanisches Staatswappen, Umschrift E. L. DE MORELOS. Rs. Wertzahl auf Centavosymbol zwischen Zweigen	*4000,–*	*7000,–*
2 (R63)	5 Centavos (K) 1915. Mexikanisches Staatswappen, Umschrift REPUBLICA MEXICANA. Rs. Wertangabe im Kranz, oben E. DE MOR. über Jahreszahl	*4000,–*	*7000,–*
3 (R64)	10 Centavos (K) 1915. Typ wie Nr. 2	*4000,–*	*7000,–*
4 (R65)	20 Centavos (K) 1915. Typ wie Nr. 1	**50,–**	**90,–**
5 (R66)	50 Centavos (K) 1915. Vs. wie Nr. 2. Rs. wie Nr. 1	**30,–**	**50,–**
6 (R60)	10 Centavos (K) 1915, auch o. J. Mexikanisches Staatswappen, darunter MOR, Umschrift REPUBLICA MEXICANA. Rs. Wert im Kranz, oben Jahreszahl	**60,–**	**100,–**
7 (R61)	50 Centavos (K) 1915, Typ wie Nr. 6	–,–	–,–
8	50 Centavos 1915, Mexikanisches Staatswappen, Umschrift REPUBLICA MEXICANA. Rs. Wert, Umschrift REFORMA LIBERTAD JUSTICIA Y LEY. Versuchsprägung:		
	a) (S)	–,–	–,–
	b) (K)	–,–	–,–
9	1 Peso 1916. Rs. Waage der Gerechtigkeit, aufgeschlagenes Buch mit Inschrift, darüber Freiheitsmütze, Umschrift REFORMA LIBERTAD JUSTICIA Y LEY, Wertangabe. Versuchsprägung:		
	a) (S)	–,–	–,–
	b) (K)	–,–	–,–
10 (R69)	10 Centavos (K) 1916. Typ wie Nr. 3, jedoch MOR über Jahreszahl	**25,–**	**45,–**
11 (R71)	50 Centavos (K) 1916. Mexikanisches Staatswappen, Umschrift REPUBLICA MEXICANA, unten MORELOS. Rs. Wertangabe zwischen Zweigen	**35,–**	**60,–**
12 (R72)	1 Peso 1916. Typ wie Guerrero Nr. 6, jedoch Rs. im Feld nur MOR:		
	a) (S)	*4000,–*	*7000,–*
	b) (K)	–,–	–,–

OAXACA

Staat im mexikanischen Süden. Die Ausgaben mit dem Porträt von Benito Juárez erfolgten unter der provisorischen Regierung des »Freien und souveränen Staates von Oaxaca«.

Nr.		SS	VZ
1 (R73)	1 Centavo (K) 1915. Inschrift ESTADO/L.Y.S. DE/OAXACA. Rs. PROVISIO/NAL. UN./CENTAVO. Rechteckig!	**250,–**	**450,–**
2 (R74)	3 Centavos (K) 1915. Typ wie Nr. 1. Rechteckig!	**250,–**	**450,–**
3 (R75)	1 Centavo (K) 1915. Benito Juárez, Porträt n. l., Umschrift ESTADO L.Y.S. DE OAXACA. Rs. Wert auf Zweigen, Umschrift MONEDA PROVISIONAL	**35,–**	**50,–**
4 (R76)	3 Centavos (K) 1915. Typ wie Nr. 3	**20,–**	**35,–**
5 (R77)	5 Centavos (K) 1915. Typ wie Nr. 3	**3,–**	**5,–**
6 (R78)	10 Centavos (K) 1915. Typ wie Nr. 3	**3,–**	**5,–**
7 (R79)	20 Centavos (K) 1915. Typ wie Nr. 3	**3,–**	**5,–**
8 (R80)	20 Centavos (S) 1915. Typ wie Nr. 3	*3500,–*	*6000,–*
9 (R81)	50 Centavos (S) 1915. Typ wie Nr. 3	**40,–**	**70,–**
10 (R82)	1 Peso (S) 1915. Typ wie Nr. 3	**25,–**	**50,–**
11 (R83)	2 Pesos (S) 1915. Typ wie Nr. 3	**50,–**	**85,–**
12 (R84)	2 Pesos (S) 1915. Rs. Waage der Gerechtigkeit, Gesetzesrolle, darüber Freiheitskappe, Umschrift MONEDA/PROVISIONAL, Wert 2 PESOS	**40,–**	**70,–**
13 (R84a)	2 Pesos (S) 1915. Typ wie Nr. 12, jedoch DOS PESOS	**40,–**	**70,–**
14 (R85)	2 Pesos (S) 1915. Typ wie Nr. 3, Feingehalt AG 0,902/AU 0,010	**45,–**	**80,–**
15 (R86)	5 Pesos (S) 1915. Typ wie Nr. 14	**180,–**	**350,–**
16 (R87)	5 Pesos (G) 1915. Typ wie Nr. 3, Feingehalt 0,175/ORO	**400,–**	**700,–**
17 (R88)	10 Pesos (G) 1915. Typ wie Nr. 16	**500,–**	**900,–**
18 (R89)	20 Pesos (G) 1915. Typ wie Nr. 16	**600,–**	**1000,–**
19 (R90)	60 Pesos (G) 1916. Benito Juárez, Porträt n. l., zwischen Zweigen, Umschrift ESTADO L.Y.S. DE OAXACA, unten Wertangabe. Rs. Waage der Gerechtigkeit, Gesetzesrolle, darüber Freiheitskappe, Umschrift REPUBLICA MEXICANA, Feingehalt 902,7	*15000,–*	*25000,–*

Abschläge vorstehender Münzen in anderen Metallen sind Proben.

PUEBLA

Staat in Zentralmexiko. Sowohl Streitkräfte von Francisco Indalecio Madero als auch von Emiliano Zapata gaben Münzen heraus. Die Prägungen im Namen Maderos wurden zwei Jahre nach dessen Tod in der Münzstätte Chiconcuautla geprägt.

Brigada F.I. Madero

Nr.		SS	VZ
1 (R91)	10 Centavos (K) 1915. Mexikanisches Staatswappen, Umschrift BRIGADA FRANCISCO I. MADERO. Rs. Wert X auf C, Umschrift TRANSITORIO/S. N. DE PUEBLA	**25,–**	**45,–**
2 (R92)	20 Centavos (K) 1915. Typ wie Nr. 1, jedoch Wert 20 / CENTAVOS und S. N. D. P. auf der Vs.	**10,–**	**18,–**

Tetela del Oro y Ocampo

			SS	VZ
3 (R93)	2	Centavos (K) 1915. Mexikanisches Staatswappen, Umschrift REPUBLICA MEXICANA. Rs. Wert C. 2. S., Umschrift TETELA DEL ORO Y OCAMPO E. PUE.	**7,—**	**12,—**
4 (R94)	2	Centavos (K) 1915. Typ wie Nr. 3, jedoch 2 / CENTAVOS	**50,—**	**85,—**
5 (R95)	5	Centavos (K) 1915. Typ wie Nr. 4	*800,—*	*1500,—*
6 (R96)	10	Centavos (K) 1915. Typ wie Nr. 3, jedoch 10 / CS.	*600,—*	*1000,—*
7 (R97)	20	Centavos (K) 1915. Typ wie Nr. 6	*500,—*	*900,—*

SINALOA

Staat an der mexikanischen Westküste. Die Gußformen für nachstehende Abgüsse wurden von umgelaufenen Münzen angefertigt. Die Nrn. 1, 2 und 4 werden General Juan Carrasco, Nr. 3 General Rafael Buelna zugewiesen.

			S	SS
1 (R98)	20	Centavos (S) (1914). Typ wie Mexiko Nr. 4. Gegossen!	*400,—*	*800,—*
2 (R99)	50	Centavos (S). Typ wie Mexiko Nr. 18. Gegossen!	*350,—*	*700,—*
3 (R100)	8	Reales (S). Typ wie Mexiko Nr. 100 (Weltmünzkatalog 19. Jh.). Gegossen!	*25,—*	*50,—*
4 (R101)	1	Peso (S). Typ wie Mexiko Nr. 5. Gegossen!	*25,—*	*50,—*

Nrn. 2 und 4 mit Gegenstempel G. C. vorkommend.

Monaco

Monaco **Monaco**

Fläche: 1,9 km²; 27500 Einwohner.
Der Familienname der in Monaco regierenden Dynastie Grimaldi wurde 1715 nach der Heirat einer Erbtochter auf deren Gemahl aus dem bretonischen Geschlecht Goyon de Matignon übertragen und auf diese Weise vor dem Erlöschen bewahrt. Der Vorgang wurde zum Vorbild der 1920 getroffenen Regelung, in deren Verlauf die nachträglich legitimierte Tochter aus der Verbindung des letzten Fürsten Ludwig II. († 9. Mai 1949) mit einer Algerierin am 16. Mai 1919 zur Herzogin von Valentinois ernannt wurde, am 19. März 1920 den Grafen Peter von Polignac (seit 18. März 1920 auch Herzog von Valentinois) ehelichte, 18. Februar 1933 geschieden wurde, und am 30. Mai 1944 auf ihre Thronfolgerechte zugunsten ihres Sohnes Rainer (Rainier) verzichtete. Dieser folgte seinem Großvater auf dem fürstlichen Thron und hat durch die Eheschließung mit der amerikanischen Filmschauspielerin Grace Kelly publikumswirksames Interesse erregt und den Fortbestand der Dynastie gerettet, eine Grundbedingung des 1918 geschlossenen und 1951 neu formulierten Schutzvertrages mit Frankreich, dessen Nichterfüllung die Einverleibung des kleinen Staates in Frankreich zur Folge gehabt hätte. Die Orte Monte Carlo und La Condamine sind keine selbständigen Gemeinden, denn Monaco ist eine Einheitsgemeinde. Hauptstadt: Monaco, gebietsgleich mit dem ganzen Fürstentum.

100 Centimes = 1 Franc

Der Französische Franc ist gesetzliches Zahlungsmittel.

Albert I. 1889—1922

		SS	VZ
1 (1)	100 Francs (G) 1891—1904. Albert I. (1848—1922), Kopfbild nach links. Rs. Staatswappen. 900er Gold, 32,25 g:		
	1891, 1895, 1896	**1200,—**	**1600,—**
	1901	**1300,—**	**1700,—**
	1904	**1400,—**	**2000,—**

Ludwig II. 1922—1949

		SS	VZ
2 (2)	50 Centimes (Al-Bro) 1924. Bogenschütze. Rs. Wert, Wappenschild und Umschrift im Kreis	**30,—**	**65,—**
3 (3)	1 Franc (Al-Bro) 1924. Typ wie Nr. 2	**25,—**	**55,—**
4 (4)	2 Francs (Al-Bro) 1924. Typ wie Nr. 2	**35,—**	**80,—**
5 (5)	50 Centimes (Al-Bro) 1926. Bogenschütze. Rs. Wert und Wappenschild im Kreis	**40,—**	**85,—**
6 (6)	1 Franc (Al-Bro) 1926. Typ wie Nr. 5	**35,—**	**70,—**
7 (7)	2 Francs (Al-Bro) 1926. Typ wie Nr. 5	**40,—**	**80,—**

		SS	VZ
8 (8)	1 Franc o. J. (1943, 1945) Ludwig II. (1870—1949), Kopfbild nach links. Rs. Staatswappen:		
	a) (Al) o. J. (1943)	**3,—**	**7,—**
	b) (Al-Bro) o. J. (1945)	**4,—**	**6,—**
9 (9)	2 Francs o. J. (1943, 1945). Typ wie Nr. 8:		
	a) (Al) o. J. (1943)	**8,50**	**15,—**
	b) (Al-Bro) o. J. (1945)	**6,—**	**9,—**
10 (10)	5 Francs (Al) 1945. Typ wie Nr. 8	**7,—**	**12,—**
11 (11)	10 Francs (K-N) 1946. Ludwig II. in Uniform, Brustbild nach links. Rs. Staatswappen	**8,—**	**15,—**
12 (12)	20 Francs (K-N) 1947. Typ wie Nr. 11	**11,—**	**18,—**

Nrn. 8—12 existieren in Gold als Probeabschläge.

Rainier III. seit 1949

		SS	VZ
13 (13)	10 Francs (Al-Bro) 1950, 1951. Rainier III. (*1923). Kopfbild nach links. Rs. Staatswappen	**5,—**	**8,—**

		SS	VZ
14 (14)	20 Francs (Al-Bro) 1950, 1951. Typ wie Nr. 13	**4,—**	**6,—**
15 (15)	50 Francs (Al-Bro) 1950. Rs. Ritter zu Pferde mit Schwert und grimaldischem Rautenschild	**10,—**	**18,—**
16 (16)	100 Francs (K-N) 1950. Typ wie Nr. 15	**22,—**	**38,—**

Nrn. 13—16 existieren in Gold als Probeabschläge.

		SS	VZ
17 (17)	100 Francs (K-N) 1956. Rainier III., Kopfbild nach links. Rs. Staatswappen	**10,—**	**20,—**

Nr. 17 existiert in Gold als Probeabschlag.

WÄHRUNGSREFORM 27. Dezember 1958:
100 alte Francs = 1 Neuer Franc
NEUE WÄHRUNG seit 1. Januar 1960:
100 Centimes = 1 (Neuer) Franc
(Nouveau Franc, seit 9. November 1962: Franc)

		VZ	ST
18 (34)	1 Centime (St) 1976–1979, 1982. Gekröntes Rautenwappen. Rs. Lorbeerzweig, Wertangabe		**9,–**

VZ ST

19 (35) 5 Centimes (Al-N-Bro) 1976–1979, 1982. Rainier III., Kopfbild nach rechts. Rs. Hl. Rainer, Schutzpatron Monacos, Krone über Rautenwappen, Wertangabe 8,50

20 (20) 10 Centimes (Al-N-Bro) 1962, 1974–1979, 1982. Typ wie Nr. 19 –,70 1,–

21 (21) 20 Centimes (Al-N-Bro) 1962, 1974–1979, 1982. Typ wie Nr. 19 1,50 2,50

22 (22) 50 Centimes (Al-N-Bro) 1962. Typ wie Nr. 19 12,– 20,–

23 (A18) ½ Franc (N) 1965, 1968, 1974–1979, 1982, 1989. Krone vor Rautenwappen 1,50 2,60

24 (18) 1 Franc (N) 1960, 1966, 1968, 1974–1979, 1982, 1986, 1989. Typ wie Nr. 23 2,50 3,50

25 (19) 5 Francs (S) 1960, 1966. Rainier III., Kopfbild nach links. Rs. Staatswappen. 835er Silber, 12 g 22,– 28,–

Nrn. 20–25 existieren in Gold als Probeabschläge.

26 (26) 5 Francs (K-N, N plattiert) 1971, 1974–1979, 1982, 1989. Rainier III., Kopfbild nach rechts. Rs. Gekröntes Monogramm, Wertangabe 5,– 6,50

100. Jahrestag der Gründung von Monte Carlo

27 (25) 10 Francs (S) 1966. Karl III. (1818–1889), reg. 1856–1889. Rs. Gekröntes Staatswappen. 900er Silber, 25 g 60,– 90,–

Nr. 27 existiert in Gold als Probeabschlag.

10. Hochzeitstag des Fürstenpaares (2)

ST PP

28 (23) 10 Francs (S) 1966. Fürst Rainier III. und Fürstin Gracia Patricia (1929–1982), geb. Kelly, Filmschauspielerin. Rs. Gekröntes Staatswappen. 900er Silber, 25 g 100,– *400,–*

29 (24) 200 Francs (G) 1966. Typ wie Nr. 28. 920er Gold, 32 g 1300,– 2000,–

Nr. 29 ist kein gesetzliches Zahlungsmittel.

25. Regierungsjubiläum von Rainier III. (6)

VZ ST

30 (27) 10 Francs (Al-N-Bro) 1974. Rainier III. Kopfbild n. l. Rs. Spiegelmonogramm auf Wappenmantel, Wertangabe, Jubiläumszahlen 25,–

31 (28) 50 Francs (S) 1974. Rainier III. Kopfbild n. r. Rs. Vier gekrönte Monogramme ins Kreuz gestellt, in den Winkeln Rauten. Randschrift »VINGT – CINQ ANNEES DE REGNE 1949–1974«. 900er Silber, 30 g 80,–

PP

32 (29) 100 Francs (S) 1974. Rainier III. Kopfbild n. l., Titelumschrift, Jahreszahl. Rs. Wappen, Jubiläumsumschrift, Wertangabe, 999er Silber, 36 g *160,–*

33 (30) 1000 Francs (Pt) 1974. Typ wie Nr. 32. 997er Platin, 10 g *1100,–*

34 (31) 2000 Francs (Pt) 1974. Typ wie Nr. 32. 997er Platin, 20 g *2000,–*

35 (32) 3000 Francs (G) 1974. Typ wie Nr. 32, 999er Gold, 29 g *4000,–*

Nrn. 32–35 sind nicht als gesetzliche Zahlungsmittel zu betrachten.

VZ ST

36 (36) 2 Francs (N) 1979, 1981, 1982. Rainier III. Kopfbild n. r. Rs. Spiegelmonogramm auf gekröntem Wappen, Wertangabe, Jahreszahl 3,– 4,50

37 (33) 10 Francs (Al-N-Bro) 1975–1979, 1981, 1982. Rainier III. Kopfbild n. l. Rs. Spiegelmonogramm auf Wappenmantel, Wertangabe, Jahreszahl 8,– 15,–

38 (28a) 50 Francs (S) 1975, 1976. Typ wie Nr. 31, glatter Rand *140,–*

Zum Tode von Fürstin Gracia Patricia

39 (37) 10 Francs (Al-N-Bro) 1982. Fürstin Gracia Patricia (1929–1982). Rs. Rose, Wertangabe 25,– 30,–

40 (38) 100 Francs (S) 1982. Porträts von Fürst Rainier III. und Erbprinz Albert. Rs. Staatswappen, Wertangabe. 900er Silber, 15 g 150,– 160,–

25. Todestag von Prinz Pierre

41 10 Francs (Al-N-Bro/N) 1989. Prinz Pierre (1895–1964). Rs. Staatswappen zwischen Beispielen der kulturellen Aktivitäten der 1966 gegründeten »Prinz-Pierre-Stiftung«, Wertangabe (100 000 Ex.) 10,–

40. Regierungsjubiläum von Rainier III.

		VZ	ST
42	100 Francs (S) 1989. Rainier III. Rs. Gekröntes Spiegelmonogramm, Wertangabe. 900er Silber, 15 g (45 000 Ex.)		

Nr. 42 auch als Medaille ohne Wertangabe, 900er Silber, 30 g vorkommend (6300 Ex).

43	10 Francs (Al-N-Bro/N) 1989. Reiter. Rs. Spiegelmonogramm, Wertangabe (100 000 Ex.)		10,–

Mongolia

Mongolei

Mongolie

Fläche: 1 531 000 km²; 1 875 000 Einwohner.
Bei Ausbruch der chinesischen Revolution im Jahre 1911 wurde in der Äußeren Mongolei mit Unterstützung der Khalkha-Fürsten eine Selbstregierung eingesetzt. Am 10. Juli 1921 erklärte sich das Land für unabhängig; Ausrufung der mongolischen Volksrepublik am 26. November 1924. Mit Parlamentsbeschluß nahm die Mongolei im Januar 1992 eine neue Verfassung an, die dem kommunistischen System mit Wirkung vom 12. Februar 1992 ein Ende setzte. Das Land nennt sich jetzt nur noch »Mongolei«. Hauptstadt: Ulan Bator (Ulan Bataar).

100 Mongo = 1 Tugrik (Tugrug, Tukhrik)

Anmerkung: Die Jahreszahlenangaben auf den Münzen bis einschließlich 1945 beziehen sich auf die neumongolische Zeitrechnung, beginnend mit dem Jahr 1911.

Mongolische Volksrepublik 1924–1992
Bugd Nairamdach Mongol Ard Uls

SS VZ

1 (1) 1 Mongo (K) Jahr 15 (1925). Soyombo-Emblem, altes Symbol der Mongolei, Staatswappen seit 26. 11. 1924 (oben Flamme als Zeichen des Wohlstandes, darunter Sonne und Mondsichel als Symbol für ewiges Leben der Nation, zwei Dreiecke als Bedrohung der Feinde mit dem Tod, waagrechte Balken für Ehrbarkeit, senkrechte für Standhaftigkeit, in der Mitte Yin-Yang-Symbol in Gestalt zweier Fische als Symbol der Wachsamkeit), altmongolische Inschrift »Bugd Nairamdach Mongol Ard Uls, 15 on« (Mongolische Volksrepublik, Jahr 15). Rs. Wertangabe, Blattkranz **25,– 50,–**

2 (2) 2 Mongo (K) Jahr 15 (1925). Typ wie Nr. 1 **18,– 30,–**

3 (3) 5 Mongo (K) Jahr 15 (1925). Typ wie Nr. 1:
a) Normalprägung (Abb.) **25,– 40,–**
b) Variante, fehlender mittlerer rechter Strich am linken unteren Wort »Nairamdach« **80,– 130,–**

Anm.: Die genaue Herkunft der Nr. 3b ist nicht geklärt; da sie von den Lamas in Zahlung genommen wurde, spricht man von einer Fälschung, die in einem Kloster hergestellt worden sein soll (»Lamamünze«).

SS VZ

4 (4) 10 Mongo (S) Jahr 15 (1925). Typ wie Nr, 1. 500er Silber, 1,8 g **20,– 40,–**

5 (5) 15 Mongo (S) Jahr 15 (1925). Typ wie Nr. 1. 500er Silber, 2,7 g **20,– 40,–**

6 (6) 20 Mongo (S) Jahr 15 (1925). Typ wie Nr. 1. 500er Silber, 3,6 g **25,– 50,–**

7 (7) 50 Mongo (S) Jahr 15 (1925). Soyombo-Emblem, altmongolische Inschrift »Reinen Silbers 9 Gramm«, Jahreszahl. Rs. Wertangabe, Staatsbezeichnung, Blattkranz. 900er Silber, 10 g **28,– 50,–**

8 (8) 1 Tugrik (S) Jahr 15 (1925). Typ wie Nr. 7. 900er Silber, 20 g **50,– 100,–**

SS VZ

9 (10) 1 Mongo (Al-Bro) Jahr 27 (1937). Typ wie Nr. 1 15,— 30,—

10 (11) 2 Mongo (Al-Bro) Jahr 27 (1937). Typ wie Nr. 1 15,— 22,—

11 (12) 5 Mongo (Al-Bro) Jahr 27 (1937). Typ wie Nr. 1 16,— 25,—

12 (13) 10 Mongo (K-N) Jahr 27 (1937). Rs. Wertangabe, Bänderverzierung 15,— 25,—

13 (14) 15 Mongo (K-N) Jahr 27 (1937). Rs. Wertangabe, Bänderkranz 15,— 25,—

14 (15) 20 Mongo (K-N) Jahr 27 (1937). Rs. Wertangabe, gebundene Zweige 20,— 30,—

15 (16) 1 Mongo (Al-Bro) Jahr 35 (1945). Staatswappen, am 30. 6. 1940 eingeführt, Landesbezeichnung in mongolisch-kyrillischer Schrift, Jahreszahl. Rs. Wertangabe, Blattkranz 12,— 20,—

16 (17) 2 Mongo (Al-Bro) Jahr 35 (1945). Typ wie Nr. 15 12,— 20,—

SS VZ

17 (18) 5 Mongo (Al-Bro) Jahr 35 (1945). Typ wie Nr. 15 12,— 20,—

18 (19) 10 Mongo (K-N) Jahr 35 (1945). Rs. Wertangabe, Bänderkranz 15,— 25,—

19 (20) 15 Mongo (K-N) Jahr 35 (1945). Typ wie Nr. 18 15,— 25,—

20 (21) 20 Mongo (K-N) Jahr 35 (1945). Rs. Wertangabe, gebundene Zweige 15,— 25,—

21 (22) 1 Mongo (Al) 1959. Landesbezeichnung in mongolisch-kyrillischer Schrift, Jahreszahl. Rs. Wertangabe im Kranz (mit Loch) 6,— 10,—

22 (23) 2 Mongo (Al) 1959. Typ wie Nr. 21 6,— 10,—

23 (24) 5 Mongo (Al) 1959. Typ wie Nr. 21 (mit Loch) 8,— 12,—

24 (25) 10 Mongo (Al) 1959 Staatswappen, Landesbezeichnung in mongolisch-kyrillischer Schrift, Jahreszahl. Rs. Wertangabe im Kranz 10,— 14,—

25 (26) 15 Mongo (Al) 1959. Typ wie Nr. 24 10,50 16,—

26 (27) 20 Mongo (Al) 1959. Typ wie Nr. 24 12,— 20,—

27 (28) 1 Mongo (Al) 1970, 1977, 1980, 1981. Staatswappen mit dem Soyombo-Emblem im Stern, am 6. 7. 1960 eingeführt, Abkürzung der Landesbezeichnung in mongolisch-kyrillischer Schrift, Jahreszahl. Rs. Wertangabe und Ornament —,50 1,—

28 (29) 2 Mongo (Al) 1970, 1977, 1980, 1981. Typ wie Nr. 27 —,50 1,—

29 (30) 5 Mongo (Al) 1970, 1977, 1980, 1981. Typ wie Nr. 27 —,70 1,50

30 (31) 10 Mongo (K-N) 1970, 1977, 1980, 1981. Staatswappen, volle Landesbezeichnung, Jahreszahl. Rs. Wertangabe und Blattkranz 1,— 2,—

31 (32) 15 Mongo (K-N) 1970, 1977, 1980, 1981. Typ wie Nr. 30 2,— 3,50

32 (33) 20 Mongo (K-N) 1970, 1977, 1980, 1981. Typ wie Nr. 30 4,— 6,—

33 (34) 50 Mongo (K-N) 1970, 1977, 1980, 1981. Typ wie Nr. 30, Wertangabe und Jahreszahl auch in der Randschrift 5,— 8,—

50. Jahrestag des Sieges der Mongolischen Volksrevolution

		ST	PP
34 (35)	1 Tugrik 1971. Staatswappen, volle Landesbezeichnung und Wertangabe in Worten (NEG TOGROG). Rs. Reiterstandbild des Damdin Suche-Bator (1893–1923) in Ulan-Bator, abgekürzte Landesbezeichnung und Inschrift »50 Jahre«. Randschrift »NEG TOGROG 1921–1971« [Berlin]:		
	a) (Me)	18,–	
	b) (K-N)	40,–	
A34	1 Tugrik (S) 1971. Typ wie Nr. 34. 625er Silber, 18,4 g [Berlin] (2000 Ex.)		–,–
B34	1 Tugrik (G) 1971. Typ wie Nr. 34. 800er Gold, 30,3 g [Berlin] (9 Ex. bekannt)		–,–

Anm.: DDR Nr. 22 auch mit Randschrift »NEG TOGROG 1921–1971« vorkommend.

50 Jahre Staatsbank

		VZ	ST
35 (36)	10 Tugrik (K-N) 1974. Gebäude der Staatsbank	*50,–*	*80,–*

Rettet die Tierwelt (3)

		ST	PP
36 (37)	25 Tugrik (S) 1976. Staatswappen. Rs. Argali-Schaf. 925er Silber, 28,28 g	50,–	60,–
37 (38)	50 Tugrik (S) 1976. Rs. Wildkamel. 925er Silber, 35 g	100,–	120,–
38 (39)	750 Tugrik (G) 1976. Rs. Przewalskis Wildpferd. 900er Gold, 33,437 g	*1250,–*	*2000,–*

Internationales Jahr des Kindes 1979 (2)

39 (40)	25 Tugrik (S) 1980. Staatswappen. Rs. Zwei Kinder auf Wildkamel:		
	a) 925er Silber, 19,44 g		60,–
	b) Piéfort, 925er Silber, 38,88 g		320,–

40 (41)	750 Tugrik (G) 1980. Rs. Tanzende Kinder:		
	a) 900er Gold, 18,79 g		650,–
	b) Piéfort, 900er Gold, 37,59 g		2600,–

Nr. 41 fällt aus.

1. Sowjetisch-Mongolischer Weltraumflug

		VZ	ST
42	1 Tugrik (Me) 1981. Rs. Kopfbilder der Kosmonauten [LMD]	9,–	15,–

60. Jahrestag des Sieges der Mongolischen Volksrevolution

43	1 Tugrik (Me) 1981. Rs. Reiterstandbild des Suche-Bator, wie Nr. 34 [LMD]	9,–	15,–

60 Jahre Staatsbank

44	1 Tugrik (Me) 1984. Rs. Inschrift »Staatsbank 60 Jahre« zwischen Blütenzweigen [ub]	9,–	15,–

60 Jahre Mongolische Volksrepublik

45	1 Tugrik (Me) 1984. Rs. Soyombo-Emblem, von Stern überhöht, unten Zahl 60, Blütenzweige [ub]	9,–	15,–

Internationale Spiele 1984 (2)

		PP
46	10 Tugrik (K-N) 1984. Staatswappen. Rs. Bogenschießen der Frauen	*80,–*

47	10 Tugrik (K-N) 1984. Rs. Reiter	*80,–*

Nrn. 46 und 47 sind inoffizielle Ausgaben.
Nr. 48 fällt aus.

Jahrzehnt für die Frauen 1976—1985 (2)

49 (42) 25 Tugrik (S) 1984. Staatswappen. Rs. Frau und Kind in traditioneller Kleidung. 925er Silber, 19,44 g **100,–**

50 (43) 250 Tugrik (G) 1984. Rs. Frau zu Pferde mit Schafherde. 900er Gold, 7,13 g (500 Ex.) **550,–**

Internationales Jahr des Friedens 1986

		VZ	ST
51	1 Tugrik (Me) 1986. Rs. Internationales Emblem [ub]	**10,–**	**15,–**

65. Jahrestag des Sieges der Mongolischen Volksrevolution

52	1 Tugrik (Me) 1986. Rs. Marschall Kharloin Tschoibalsan (1895–1952) [ub]	**10,–**	**15,–**

25 Jahre World Wildlife Fund

		ST	PP
53	25 Tugrik (S) 1987. Rs. Schneeleopard. 925er Silber, 28,28 g [RM] (ST: 850 Ex.)	*230,–*	**85,–**

170. Geburtstag von Karl Marx

		VZ	ST
54	1 Tugrik (Me) 1988. Rs. Karl Marx (1818–1883), Sozialideologe, Namenszug [ub]	**10,–**	**15,–**

70 Jahre Save the Children Fund

		ST	PP
55	25 Tugrik (S) 1989. Rs. Junge in Landestracht beim Spielen auf einer Pferdekopffiedel »Morin Khuur«. 925er Silber, 28,28 g [RM]		**85,–**

Dinosaurier – 1. Ausgabe

56 100 Tugrik (S) 1989. Rs. Dinosaurier (Nemectosaurus mongoliensis). 900er Silber, 28 g (max. 1000 Ex.) [ub] **120,–**

750 Jahre Mongolische Geschichte – 1. Ausgabe (2)

57 100 Tugrik (S) 1990. Staatswappen, Wertangabe. Rs. Dschingis Khan. 900er Silber, 28 g [ub] (max. 4000 Ex.) **100,–**

58 1000 Tugrik (G) 1990. Rs. Dschingis Khan. 900er Gold, 20,10 g [ub] (max. 1000 Ex.) **1000,–**

Jahr des Wassers mit dem Affen (78. Zyklus, 9. Jahr) (3)

59 50 Tugrik (S) 1992. Staatswappen. Rs. Affe. 999er Silber, 31,1 g [BHM] (max. 20 000 Ex.) **45,–**

60 100 Tugrik (G) 1992. Typ wie Nr. 59. 999er Gold, 1,56 g [BHM] (max. 10 000 Ex.) **75,–**

61 1000 Tugrik (G) 1992. Typ wie Nr. 59. 999er Gold, 31,1 g [BHM] (max. 2000 Ex.) **1100,–**

Montenegro Montenegro Monténégro

ЦРНА ГОРА

Fläche: 13812 km²; 471800 Einwohner.
Das Fürstentum Montenegro wurde 1910 zum Königreich erhoben. Die montenegrinische Nationalversammlung entschied sich dann am 26. November 1918 für die Vereinigung mit dem Staat der Serben, Kroaten und Slowenen. Im Zweiten Weltkrieg bildete Montenegro von 1941–1944 einen eigenen Staat mit zunächst italienischer, später deutscher Oberhoheit. Anschließend wurde das Land wieder Bestandteil Jugoslawiens. Mit Zerfall des jugoslawischen Zentralstaates im Jahre 1991 erklärte auch Montenegro seine Unabhängigkeit, doch schon am 12. Februar 1992 wurde beschlossen, mit Serbien erneut einen gemeinsamen Staat zu bilden. Hauptstadt: Cetinje.

100 Para = 1 Perper

Fürstentum

Nikolaus I. 1860–1918

		SS	VZ
1 (1)	1 Para (Bro) 1906. Gekröntes Wappen. Rs. Wertangabe, Jahreszahl	**50,–**	**125,–**
2 (2)	2 Pare (Bro) 1906, 1908. Typ wie Nr. 1	**20,–**	**50,–**

3 (3)	10 Para (N) 1906, 1908. Typ wie Nr. 1	**10,–**	**15,–**
4 (4)	20 Para (N) 1906, 1908. Typ wie Nr. 1	**10,–**	**15,–**
5 (5)	1 Perper (S) 1909. Kopfbild n. r. Rs. Wappen, Wertangabe, Jahreszahl	**40,–**	**85,–**
6 (6)	2 Perpera (S) 1910. Typ wie Nr. 5	**70,–**	**150,–**
7 (7)	5 Perpera (S) 1909. Typ wie Nr. 5	**260,–**	**460,–**
8 (8)	10 Perpera (G) 1910. Nikolaus I. (1841–1921), Fürst von Montenegro, auch als Dichter und Dramatiker bekannt. Rs. Wappenadler auf Wappenmantel	**800,–**	**1100,–**

9 (9)	20 Perpera (G) 1910. Typ wie Nr. 8	**1000,–**	**1300,–**
10 (10)	100 Perpera (G) 1910. Typ wie Nr. 8	**14000,–**	**20000,–**

Königreich

50. Regierungsjubiläum (3)

11 (18)	10 Perpera (G) 1910. Nikolaus I., Kopfbild mit Lorbeerkranz. Rs. Wappenadler auf Wappenmantel	**850,–**	**1100,–**
12 (19)	20 Perpera (G) 1910. Typ wie Nr. 11	**1000,–**	**1300,–**

		SS	VZ
13 (20)	100 Perpera (G) 1910. Typ wie Nr. 11	**14000,–**	**20000,–**
14 (11)	1 Para (Bro) 1913, 1914. Gekröntes Wappen. Rs. Wertangabe, Jahreszahl	**35,–**	**75,–**
15 (12)	2 Pare (Bro) 1913, 1914. Typ wie Nr. 14	**20,–**	**40,–**
16 (13)	10 Para (N) 1913, 1914. Typ wie Nr. 14	**7,–**	**12,–**

17 (14)	20 Para (N) 1913, 1914. Typ wie Nr. 14	**12,–**	**20,–**
18 (15)	1 Perper (S) 1912, 1914. Kopfbild n. r. Rs. Wappen, Wertangabe, Jahreszahl	**35,–**	**55,–**

19 (16)	2 Perpera (S) 1914. Typ wie Nr. 18	**40,–**	**80,–**
20 (17)	5 Perpera (S) 1912, 1914. Typ wie Nr. 18:		
	1912	**250,–**	**400,–**
	1914	**280,–**	**460,–**

Montserrat

Montserrat

Montserrat

Fläche: 84 km²; 18500 Einwohner.
Zu den Kleinen Antillen gehörend; Mitglied der Karibischen Freihandelszone (CARIFTA). Montserrat ist mit den Ländern Antigua, Barbados (bis 1973), Dominica, Grenada, St. Christopher-(Kitts-)Nevis-Anguilla, St. Lucia und St. Vincent zum Währungsgebiet des ostkaribischen Dollars zusammengeschlossen. Emissionsinstitut für das gesamte Währungsgebiet ist die East Caribbean Currency Authority mit dem Sitz in Bridgetown auf Barbados. Hauptstadt: Plymouth.

100 Cents = 1 Ostkaribischer Dollar

Zur Einweihung der Karibischen Entwicklungsbank und für den FAO-Münz-Plan

	ST	PP
1 (6*) 4 Dollars (K-N) 1970. Wappen. Rs. Bananen, Zuckerrohr, Wertangabe	**25,–**	**75,–**

*Diese Nummer entspricht der Yeoman-Katalogisierung unter »East Caribbean Territories«.

Mozambique # Mosambik **Mozambique**

Moçambique

Fläche: 801 590 km²; 14 100 000 Einwohner (1986).
Seit den ersten Jahren des 16. Jahrhunderts bauten die Portugiesen ihren wirtschaftlichen Einfluß an der Ostküste (vgl. Mombassa im Weltmünzkatalog 19. Jahrhundert und Sansibar) in dem Küstenstreifen zwischen Sofala (südlich von Beira) und der Insel Moçambique zu befestigten Siedlungen aus und drangen dabei auch am Sambesilauf ins Landesinnere. Die britischen und niederländischen Interessen an der Kolonisierung Afrikas beeinträchtigten die ohnehin nachlässige portugiesische Kolonialpolitik, die sich durch Erklärung der überseeischen Besitzungen zu Überseeprovinzen wehrte. Mosambik und Dependenzen wurde bereits im frühen 19. Jahrhundert von einem Generalgouverneur verwaltet, 1891 zum »Staat Ostafrika« erklärt, meist jedoch weiter unter dem gewohnten Namen bezeichnet. Die Bezeichnung »Portugiesische Kolonie« kam wieder in Gebrauch, wurde 1951 durch »Überseeisches Territorium« (Provinz Mosambik) ersetzt, an dessen Stelle sogar »Portugiesischer Staat Mosambik« (Estado português de Moçambique) trat. Nach über ein Jahrzehnt dauernden Kämpfen hat eine der eingeborenen Unabhängigkeitsbewegungen, Frelimo (Frente de Libertação de Moçambique, Befreiungsfront von Mosambik), im Anschluß an den Sturz der Regierung im Mutterland (25. April 1974) die Regierungsgewalt übertragen bekommen und am 25. Juni 1975 die völlige Unabhängigkeit erhalten. Hauptstadt: Lourenço Marques, jetzt: Maputo.

100 Centavos = 1 Escudo;
100 Centavos = 1 Mosambik-Escudo;
seit Juni 1975: 100 Céntimos = 1 Metica (Plural: Meticas);
seit 16. Juni 1980: 100 Centavos = 1 Metical (Plural: Meticais)

Für die in Mosambik umlaufenden Escudos bestand eine gesetzliche Parität zum Escudo Portugals von 1:1.

Kolonie

Nr.		Beschreibung	SS	VZ
1 (1)	10	Centavos (Bro) 1936. Provisorisches Wappen der Kolonie (Dreiteiliger Schild) mit den fünf Schildchen von Portugal im 1., einer Armillarsphäre auf Fußgestell im 2. und Wellenlinien im 3. Feld. Umschrift COLONIA DE MOCAMBIQUE, Jahreszahl. Rs. Wertangabe und Umschrift REPUBLICA PORTUGUESA	**10,—**	**16,—**
2 (2)	20	Centavos (Bro) 1936. Typ wie Nr. 1	**12,—**	**18,—**
3 (3)	50	Centavos (K-N) 1936. Typ wie Nr. 1	**15,—**	**20,—**
4 (4)	1	Escudo (K-N) 1936. Typ wie Nr. 1	**18,—**	**25,—**
5 (5)	2½	Escudos (S) 1935. Provisorisches Wappen der Kolonie. Rs. Wappen Portugals auf Christuskreuz. 650er Silber, 3,5 g	**22,—**	**40,—**
6 (6)	5	Escudos (S) 1935. Typ wie Nr. 5. 650er Silber, 7 g	**20,—**	**35,—**
7 (7)	10	Escudos (S) 1936. Typ wie Nr. 5. 835er Silber, 12,5 g	**35,—**	**85,—**
8 (11)	10	Centavos (Bro) 1942	**8,—**	**16,—**
9 (12)	20	Centavos Bro) 1941. Typ wie Nr. 8	**8,—**	**16,—**
10 (13)	50	Centavos (Bro) 1945. Typ wie Nr. 8	**9,—**	**18,—**
11 (14)	1	Escudo (Bro) 1945. Typ wie Nr. 8	**9,—**	**18,—**
12 (8)	2½	Escudos (S) 1938—1951. Typ wie Nr. 5, aber mit dem endgültigen, am 8. 5. 1935 festgestellten, Wappen (wie vor, aber im 2. Feld Pfeilbündel) auf Armillarsphäre mit Mauerkrone. 650er Silber, 3,5 g:		
		1938, 1942, 1950, 1951	**12,—**	**20,—**
		1948	*300,—*	*500,—*
13 (9)	5	Escudos (S) 1938, 1949. Typ wie Nr. 12. 650er Silber, 7 g	**38,—**	**60,—**
14 (10)	10	Escudos (S) 1938. Typ wie Nr. 12. 835er Silber, 12,5 g	**65,—**	**130,—**
15 (15)	20	Centavos (Bro) 1949, 1950	**6,—**	**12,—**
16 (16)	50	Centavos (Neusilber) 1950, 1951. Typ wie Nr. 15	**6,—**	**12,—**
17 (17)	1	Escudo (Neusilber) 1950, 1951. Typ wie Nr. 15	**6,—**	**13,—**

Überseeprovinz

Nr.		Beschreibung	SS	VZ
18 (24)	10	Centavos (Bro) 1960, 1961. Typ wie Nr. 15, jedoch Inschrift ohne COLONIA DE	**—,30**	**—,60**
19 (25)	20	Centavos (Bro) 1961. Typ wie Nr. 18; Ø 18 mm, 3 g	**—,50**	**1,—**
20 (18)	50	Centavos (Bro) 1953, 1957. Typ wie Nr. 18	**—,60**	**1,20**
21 (19)	1	Escudo (Bro) 1953, 1957, 1962, 1963, 1965, 1968, 1969, 1973, 1974. Typ wie Nr. 18	**—,90**	**2,—**
22 (20)	2½	Escudos (K-N) 1952—1955, 1965, 1973	**1,50**	**3,—**

VZ ST

23 (21) 5 Escudos (S) 1951–1960. Typ wie Nr. 22:
a) 720er Silber, 1951, 1952; Ø 26 mm *450,–* *800,–*
b) 600er Silber, 4 g, 1960; Ø 22 mm **3,–** **8,–**

24 (22) 10 Escudos (S) 1952–1966. Typ wie Nr. 22:
a) 720er Silber, 7 g, 1952, 1954, 1955, 1960 **6,–** **12,–**
b) 680er Silber, 5 g, 1966 **8,–** **14,–**

25 (23) 20 Escudos (S) 1952–1966. Typ wie Nr. 22:
a) 720er Silber, 10 g, 1952, 1955, 1960 **14,–** **24,–**
b) 680er Silber, 10 g, 1966 **16,–** **30,–**

26 (25a) 20 Centavos (Bro) 1973, 1974. Typ wie Nr. 18; Ø 16 mm, 1,8 g **55,–** **90,–**

27 (18a) 50 Centavos (Bro) 1973, 1974. Typ wie Nr. 18; Ø 22,5 mm, 4,5 g **6,–** **12,–**

28 (21a) 5 Escudos (K-N) 1971, 1973. Typ wie Nr. 22 **2,–** **3,–**

29 (22a) 10 Escudos (K-N) 1968, 1970, 1974. Typ wie Nr. 22 **3,–** **6,–**

30 (26) 20 Escudos (N) 1971–1973 **6,–** **12,–**

Volksrepublik Mosambik 1975–1990

NEUE WÄHRUNG: 100 Céntimos = 1 Metica (Plural: Meticas)

31 (36) 1 Céntimo (Al) 1975. Samora Moisés Machel (1933–1986), Staatspräsident 1975–1986, Kopfbild n. r. [RM] *150,–* *250,–*

32 2 Céntimos (Bro) 1975 [RM] *100,–* *180,–*

33 5 Céntimos (Bro) 1975 [RM] *100,–* *180,–*

34 10 Céntimos (Bro) 1975 [RM] *100,–* *180,–*

35 20 Céntimos (K-N) 1975 [RM] *350,–* *600,–*

36 (37) 50 Céntimos (K-N) 1975 [RM] *150,–* *250,–*

37 (27) 1 Metica (K-N) 1975. Rs. Sisalagave (Agave sisalana–Agavaceae), Wertangabe [RM] *80,–* *150,–*

38 (A30) 2,50 Meticas (K-N) 1975. Rs. Wunderbaum, Wertangabe (siebeneckig) [RM] *200,–* *350,–*

Von Nrn. 31–38 war nur Nr. 37 kurzzeitig im Zahlungsverkehr.

NEUE WÄHRUNG: 100 Centavos = 1 Metical (Plural: Meticais)

39 (28) 50 Centavos (Al) 1980, 1982. Staatswappen der Volksrepublik. Rs. Musikinstrument »Timbila« [Berlin] **–,50** **1,–**

40 (29) 1 Metical (Me) 1980, 1982. Rs. Lernende Frau [Berlin] **–,80** **1,50**

A 40 1 Metical (Al) 1986. Typ wie Nr. 40 **–,80** **1,50**

41 (30) 2½ Meticais (Al) 1980, 1982, 1986. Rs. Schiff und Kran im Hafen **1,–** **2,–**

VZ ST

42 (31) 5 Meticais (Al) 1980, 1982, 1986. Rs. Traktor **1,50** **2,50**

43 (32) 10 Meticais (Neusilber) 1980. Rs. Industrieanlage [Berlin] **2,–** **3,50**

A 43 10 Meticais (Al) 1986. Typ wie Nr. 43 **2,–** **3,50**

44 (33) 20 Meticais (Neusilber) 1980. Rs. Schützenpanzer BTR–60 PB [Berlin] **4,–** **7,–**

A 44 20 Meticais (Al) 1986. Typ wie Nr. 44 **4,–** **7,–**

Nrn. 39–44 von 1980, polierte Platte –,–

5. Jahrestag der Unabhängigkeit (2)

ST PP

45 (34) 500 Meticais (S) 1980. Rs. Lesender Eingeborener neben Getreidehalmen und Traktor. 800er Silber, 19,4 g [Berlin] *280,–*

46 (35) 5000 Meticais (G) 1980. Typ wie Nr. 45. 900er Gold, 17,28 g [Berlin] *2000,–*

Welt-Fischerei-Konferenz in Rom 1984 (2)

47 (38) 50 Meticais 1983. Staatswappen. Rs. Segelfloß »Xi-Tataru«:
a) (S) 925 fein, 22 g (20 500 Ex.) **120,–**
b) (S) Piéfort, 925 fein, 44 g (600 Ex.) *250,–*
c) (K-N) **15,–**

48 50 Meticais (G) 1983. Typ wie Nr. 47. 916⅔er Gold, 38,4 g (135 Ex.) *1600,–*

10. Jahrestag der Unabhängigkeit (2)

49 (39) 250 Meticais 1985. Rs. Landkarte mit dem fünfstrahligen Stern aus der Nationalflagge:
a) (S) 925 fein, 28,28 g **100,–**
b) (K-N) **35,–**

50 (40) 2000 Meticais (G) 1985. Typ wie Nr. 49. 916⅔er Gold, 17,5 g (100 Ex.) **1500,–**

Banknotenersatzausgabe

VZ ST

A 50 50 Meticais (Al) 1986. Staatswappen. Rs. Frau und Soldat mit Proviant **6,–** **10,–**

Zum Papstbesuch

ST PP

51 1000 Meticais 1988. Rs. Papst Johannes Paul II.:
a) (S) 925 fein, 28,28 g (3500 Ex.) **80,–**
b) (K-N) **15,–**

Naturschutz (3)

52 500 Meticais (S) 1989. Rs. Löwenfamilie. 999er Silber, 16 g (2500 Ex.) **65,–**

53 500 Meticais (S) 1989. Rs. Schmetterlingsfische (2000 Ex.) **65,–**

54 500 Meticais (S) 1990. Rs. Giraffen (Giraffa camelopardalis) (2000 Ex.) **65,–**

Republik Mosambik seit 1990

70 Jahre Save the Children Fund

55 Meticais (S) –,–

Frühere Ausgaben siehe Weltmünzkatalog 19. Jahrhundert.

Nejd

Nedschd

Le Nedjed

Selbständiges Sultanat im Inneren Arabiens. Der Wahabitenherrscher Abd al-Aziz Ibn Sa'ud eroberte 1913 die türkische Provinz Al-Haza hinzu und vereinigte 1932 das Sultanat Nedschd mit dem 1925 eingenommenen Königreich Hedschas zum Königreich Saudi-Arabien. Hauptstadt: Ar-Riyadh (Er-Riad)

20 Guerche (Piaster) = 1 Riyal

Abd al-Aziz III. Abd ar-Rahman Ibn Sa'ud 1902–1953

Vom Sultanat Nedschd sind keine eigenen Gepräge bekannt geworden, sondern ägyptische oder türkische Silbermünzen, auch Maria-Theresia-Taler wurden mit dem Wort Nedschd in Arabisch gegengestempelt.

		S	SS
1 (1)	¼ Riyal (S) o. J. (um 1902–1932)	–,–	–,–
2 (2)	½ Riyal (S) o. J. (um 1902–1932)	–,–	–,–

3 (3)	1 Riyal (S) o. J. (um 1902–1932)	*400,–*	*800,–*

Weitere Ausgaben siehe unter *Saudi-Arabien.*

Nepal **Nepal** Népal

Nepal

Sri Nepála Sarkár

Fläche: 140797 km²; 18000000 Einwohner.
Das am Südrand des Himalaja-Massivs zwischen Tibet und Indien liegende Königreich wurde 1769 von einem Fürsten der eingewanderten Gurkha gegründet, jedoch entmachtete sich 1846 der König selbst, indem er die Ministerpräsidentschaft für die Familie der Rana erblich erklärte. Den seit 1950 erfolgten Bemühungen, nach der Lösung des Königs aus dieser Fessel auch zu demokratischer Regierungsform zu gelangen, wurde nur ein bescheidener Erfolg zuteil. Am 24. Februar 1975 wurde nach astrologischer Berechnung des günstigsten Zeitpunktes der elfte König der Dynastie Sahi, Birendra Bir Bikram, um 8.37 Uhr gekrönt, nachdem er bereits am 31. Januar 1972 seinem verstorbenen Vater König Mahendra auf den Thron gefolgt war. Seit 1990 ist Nepal eine konstitutionelle Monarchie. Gleichzeitig wurde das 1960 eingeführte System des Panchayat (»Fünferrat«), einer parteienlosen Nationalversammlung, zugunsten eines demokratischen Mehrparteiensystems abgeschafft. Hauptstadt: Kathmandu.

128 Dam = 32 Paise (Pice) = 16 Dak = 8 Ani = 4 Suki = 2 Suka = 1 Mohar (Mohur);
seit 1932: 20 Paise = 1 Pachani, 25 Paise = 1 Suka, 50 Paise = 1 Mohar,
100 Paise = 1 Nepalesische Rupie (Dabal)

Durch die konstante Zahl von 64 Punkten im Perlkreis bei nepalesischen Münzen werden die vierundsechzig Gottheiten des Hinduismus repräsentiert.

Asarfis (»Goldmünzen«) gibt es in Rauhgewichten von 12,48 g (Tola bis 1834),
11,6638 g = 180 Grains (Tola nach britisch-indischem Standard seit 1834), 5,6 g (Mohar)
und deren Teilstücken, seit 1966 hauptsächlich zu 2½ g, 5 g und 10 g.
Der Wert der Asarfis in Rupien schwankt mit dem Goldkurs.

Die Gewichte der Goldmünzen betragen: 1 Mohar 5,6 g, 1 Rupie (Asarfi) 11,66 g (seit 1966: 10 g), 1 Tola 12,48 g.

Die Datierung auf den Münzen entspricht der Samvat- (n. S.) oder Saka-Zeitrechnung.

Prithvi Bir Bikram Schah Dev 1881–1911

Nrn. 1 und 2 fallen aus.

SS VZ

3 (A3) 1 Paisa (K) n. S. 1949–1957, 1959–1964 (1892–1907). Schrift im Kranz, unten Jahreszahl. Rs. Schrift im Kranz **10,– 20,–**

4 (B3) 1 Paisa (K) n. S. 1959, 1962–1968 (1902–1911). Schriftquadrat, unten Jahreszahl. Rs. Schriftquadrat **8,– 18,–**

5 (C3) 1 Paisa (K) n. S. 1959. Schriftquadrat, unten Jahreszahl. Rs. Schrift im Kreis **80,– 170,–**

6 (B4) 2 Paise = 1 Dak (K) n. S. 1959 (1902). Typ wie Nr. 5 **100,– 220,–**

Nrn. 7 und 8 fallen aus.

9 (A9) 1 Dam (S) o. J. Schwert und fünf Schriftzeichen. Einseitig; 0,04 g **18,– 40,–**

Nr. 10 fällt aus.

11 (10) 1/32 Mohar = 1 Paisa (S) o. J. Typ wie Nr. 9; 0,18 g **25,– 45,–**

12 (A9.1) 1 Dam (S) o. J. Schwert und vier Schriftzeichen. Einseitig! **50,– 65,–**

Nr. 13 und 14 fallen aus.

15 (11) 1/16 Mohar = 1 Dak (S) o. J. Schrift. Rs. Schrift; 0,35 g **20,– 30,–**

16 (12) ⅛ Mohar = 1 Ani (S) o. J. Typ wie Nr. 15; 0,7 g **25,– 40,–**

17 (13) ¼ Mohar = 1 Suki (S) n. Saka 1804, 1808, 1811, 1816, 1817, 1827 (1882–1905). Symbol, Umschrift, Jahreszahl. Rs. Schrift; 1,4 g **8,– 15,–**

18 (14) ½ Mohar = 1 Suka (S) n. Saka 1803–1805, 1816, 1817, 1824, 1826, 1827, 1829 (1881–1907). Symbol, Umschrift, Rs. Schwert und Blumengirlande, Schriftzeichen, Jahreszahl; 2,77 g **25,– 45,–**

SS VZ

19 (15) 1 Mohar (S) n. Saka 1803–1811, 1816–1832 (1881–1910). Symbol, Schriftquadrat, Jahreszahl. Rs. Schwert und Blumengirlande, Schriftzeichen und Umschrift auf Lotosblume; 5,6 g **12,– 18,–**

20 (16) 2 Mohar (S) n. Saka 1804, 1811, 1817 (1882–1895). Typ wie Nr. 19; 11,2 g **25,– 40,–**

21 (17) 4 Mohar (S) n. Saka 1817 (1895). Typ wie Nr. 19; 22,4 g **200,– 300,–**

22 (18) 1 Dam (G) o. J. Schwert und fünf Schriftzeichen, einseitig; 0,04 g **30,– 40,–**

23 (A18) 1/64 Mohar (G) o. J. Typ wie Nr. 22; 0,09 g **40,– 55,–**

24 (19) 1/32 Mohar (G) o. J. Typ wie Nr. 22; 0,18 g **45,– 60,–**

25 (18.1) 1 Dam (G) o. J. Schwert und vier Schriftzeichen. Einseitig! **30,– 40,–**

26 (A18.1) 1/64 Mohar (G) o. J. Typ wie Nr. 25 **40,– 55,–**

27 (19.1) 1/32 Mohar (G) o. J. Typ wie Nr. 25 **45,– 60,–**

28 (20) 1/16 Mohar (G) o. J.; 0,35 g **40,– 55,–**

29 (21) ⅛ Mohar (G) o. J.; 0,7 g **60,– 85,–**

30 (22) ¼ Mohar (G) n. Saka 1808, 1811, 1817, 1823 (1886–1901). Symbol, Umschrift, Jahreszahl. Rs. Schrift; 1,4 g **100,– 150,–**

31 (23) ½ Mohar (G) n. Saka 1823 (1901). Symbol, Umschrift. Rs. Schwert und Blumengirlande, Schrift, Jahreszahl; 2,8 g **150,– 200,–**

32 (24) 1 Mohar (G) n. Saka 1804, 1805, 1809, 1817, 1820, 1823, 1825–1829, 1831, 1833 (1882–1911). Symbol, Schriftquadrat, Jahreszahl. Rs. Schwert und Blumengirlande, Schrift und Umschrift auf Lotosblüte; 5,6 g **200,– 300,–**

33 (25) 1 Tola (G) n. Saka 1803–1805, 1807, 1811, 1817, 1820, 1823–1826, 1828, 1829, 1831–1833 (1881–1911). Typ wie Nr. 32; 12,48 g **400,– 650,–**

34 (26) 2 Tola Asarfi (G) n. Saka 1811, 1817, 1825 (1889–1902). Typ wie Nr. 32; 23,32 g

35 (1.1) ¼ Paisa = 1 Dam (K) n. S. 1964 (1907). Vier Schriftzeichen. Rs. Drei Schriftzeichen, Jahreszahl **20,– 35,–**

36 (6) ½ Paisa (K) n. S. 1964 (1907) **15,– 25,–**

37 (7) 1 Paisa (K) n. S. 1964 (1907) **20,– 35,–**

38 (8) 2 Paise = 1 Dak (K) n. S. 1964 (1907) **25,– 40,–**

Nrn. 39–42 fallen aus.

SS VZ

43 (16.2) 2 Mohar (S) n. Saka 1829, 1831 (1907, 1909). Typ ähnlich wie Nr. 20 25,– 40,–

Nrn. 44–46 fallen aus.

47 (22) 1/4 Mohar (G) n. Saka 1829 (1907). Typ ähnlich wie Nr. 30 100,– 150,–

48 (23) 1/2 Mohar (G) n. Saka 1829 (1907). Typ ähnlich wie Nr. 31 150,– 200,–

Nrn. 49 und 50 fallen aus.

51 (26.3) 2 Asarfi (G) n. Saka 1829 (1907). Typ ähnlich wie Nr. 34 1200,– 1700,–

52 (5) 1/4 Paisa = 1 Dam (K) n. S. 1968 (1911). Verziertes Schriftquadrat, unten Jahreszahl. Rs. verziertes Schriftquadrat 15,– 25,–

53 (6) 1/2 Paisa (K) n. S. 1968 (1911). Typ wie Nr. 52 15,– 25,–

54 (7) 1 Paisa (K) n. S. 1968 (1911). Typ wie Nr. 52 25,– 45,–

55 (8) 2 Paise = 1 Dak (K) n. S. 1968 (1911). Typ wie Nr. 52 30,– 50,–

Nrn. 56 und 57 fallen aus.

58 (13.3) 1/4 Mohar = 1 Suki (S) n. Saka 1833 (1911). Typ ähnlich wie Nr. 18 8,– 12,–

59 (14a) 1/2 Mohar = 1 Suka (S) n. Saka 1832, 1833 (1910, 1911). Typ wie Nr. 58 8,– 12,–

60 (15.2) 1 Mohar (S) n. Saka 1833 (1911). Typ ähnlich wie Nr. 19 50,– 85,–

61 (16a) 2 Mohar (S) n. Saka 1832, 1833 (1910, 1911). Typ wie Nr. 60 15,– 25,–

62 (17.1) 4 Mohar (S) n. Saka 1833 (1911). Typ wie Nr. 60 120,– 200,–

63 (20.1) 1/16 Mohar (G) n. Saka 1833 (1911) 50,– 75,–

64 (21.1) 1/8 Mohar (G) n. Saka 1833 (1911) 55,– 90,–

65 (22) 1/4 Mohar (G) n. Saka 1833 (1911). Typ ähnlich wie Nr. 31 100,– 150,–

66 (23) 1/2 Mohar (G) n. Saka 1833 (1911). Typ wie Nr. 65 150,– 200,–

Nrn. 67 und 68 fallen aus.

69 (26.4) 2 Tola Asarfi (G) n. Saka 1833 (1911). Typ ähnlich wie Nr. 51 1200,– 1700,–

Nr. 70 fällt aus.

Tribhuvana Bir Bikram Schah Dev 1911–1950

Im Namen von Königinmutter Lakschmi Devjesbari (3)

71 (A26) ½ Mohar = 1 Suka (S) n. S. 1971 (1914). Typ wie Nr. 59, jedoch im Namen von Königin Lakschmi Devjesbari 12,– 20,–

72 (B26) 1 Mohar (S) n. S. 1971 (1914), Typ wie Nr. 60, jedoch im Namen von Königin Devjesbari 15,– 25,–

73 (C26) 1 Mohar (G) n. S. 1971 (1914). Typ wie Nr. 32, jedoch im Namen von Königin Lakschmi Devjesbari 200,– 300,–

74 (27) 1 Paisa (K) n. S. 1968–1977 (1911–1920). Typ wie Nr. 4, jedoch im Namen von Tribhuvana Bir Bikram 3,– 6,–

75 (A32) 1 Dam (S) o. J. Einseitig! 50,– 85,–

Nrn. 76–78 fallen aus.

79 (A45) ⅛ Mohar = 1 Ani (S) n. S. 1996 (1939). Schrift, unten Jahreszahl. Rs. Schrift 40,– 70,–

SS VZ

80 (32) ¼ Mohar = 1 Suki (S) n. S. 1969, 1970 (1912, 1913). Typ wie Nr. 58, jedoch im Namen von Tribhuvana Bir Bikram 15,– 25,–

81 (33) ½ Mohar = 1 Suka (S) n. S. 1968, 1970 (1911, 1913). Typ wie Nr. 80 12,– 20,–

82 (34) 1 Mohar (S) n. S. 1968, 1969, 1971 (1911–1914). Typ wie Nr. 60, jedoch im Namen von Tribhuvana Bir Bikram 15,– 25,–

83 (35) 2 Mohar (S) n. S. 1968–1980, 1982–1989 (1911–1932). Typ wie Nr. 82 20,– 35,–

84 (36) 4 Mohar (S) n. S. 1971 (1914). Typ wie Nr. 82 90,– 150,–

85 (A37) 1 Dam (G) o. J. Vier Schriftzeichen. Einseitig! 60,– 85,–

Nr. 86 fällt aus.

87 (C37) 1/32 Mohar (G) o. J. Einseitig! 35,– 50,–

88 (D37) 1/16 Mohar (G) n. S. 1977 (1920). Schrift, unten Jahreszahl. Rs. Schrift 60,– 85,–

89 (E37) ⅛ Mohar (G) n. S. 1976 (1919). Typ wie Nr. 88 80,– 125,–

Nr. 90 fällt aus.

91 (37) ½ Mohar (G) n. S. 1969 (1912) –,– –,–

92 (38) 1 Mohar (G) n. S. 1969, 1975, 1978, 1979, 1981, 1983, 1985–1987, 1989–1991, 1998–2000, 2003, 2005 (1912–1948). Typ wie Nr. 32, jedoch im Namen von Tribhuvana Bir Bikram 200,– 300,–

93 (39) 1 Tola (G) n. S. 1969, 1974–1991, 1998–2000, 2003, 2005 (1912–1948). Typ wie Nr. 92 500,– 750,–

94 (53) 2 Tola Asarfi (G) n. S. 2005 (1948). Typ wie Nr. 92 900,– 1400,–

95 1 Paisa (K) n. S. 1975 (1918). Zwei gekreuzte Kukris, Umschrift, Jahreszahl. Rs. Wertangabe, oben bogig Schrift. Versuchsprägung! *80,–*

96 (29.1) 1 Paisa (K) n. S. 1975–1977 (1918–1920). Zwei gekreuzte Kukris (nach links zeigendes Kukri liegt oben), Umschrift, Jahreszahl. Rs. Wertangabe, oben bogig Schrift, unten »Paisa«; 3,75 g 4,– 7,–

97 (30.1) 2 Paise (K) n. S. 1976, 1977 (1919, 1920). Typ wie Nr. 96; 7,5 g 7,– 15,–

98 (31.1) 5 Paise (K) n. S. 1975–1977 (1918–1920). Typ wie Nr. 96; 18 g 6,– 12,–

99 (29) 1 Paisa (K) n. S. 1978–1983 (1921–1926). Typ wie Nr. 96, jedoch liegt das nach rechts zeigende Kukri oben. Unregelmäßige Prägung! 25,– 60,–

100 (30) 2 Paise (K) n. S. 1978–1988 (1921–1931). Typ wie Nr. 99 15,– 40,–

101 (31) 5 Paise (K) n. S. 1978–1988 (1921–1931). Typ wie Nr. 99 20,– 50,–

102 (28) 1/2 Paisa (K) n. S. 1978, 1985 (1921, 1928). Typ wie Nr. 96 *60,–*

103 (29.2) 1 Paisa (K) n. S. 1978–1982, 1984–1987 (1921–1930). Typ wie Nr. 96; 2,8 g 4,– 7,–

104 (30.2) 2 Paise (K) n. S. 1978–1984, 1991 (1921–1934). Typ wie Nr. 96; 5 g 7,– 15,–

105 (31.2) 5 Paise (K) n. S. 1978–1984, 1991 (1921–1934). Typ wie Nr. 96; 14 g 6,– 12,–

SS VZ

106 (50) ½ Mohar (G) n. S. 1995 (1938) —,— —,—

107 (51) 1 Mohar (G) n. S. 1993, 1994 (1936, 1937) 200,— 300,—

108 (52) 1 Tola (G) n. S. 1992 (1935). Dreizack, gekreuzte Kukris, Sonne und Mond, Umschrift, Jahreszahl. Rs. wie Nr. 93 500,— 750,—

NEUE WÄHRUNG: 100 Paise = 1 Nepalesische Rupie

109 (40) 1 Paisa (K) n. S. 1990—1997 (1933—1940). Zwei gekreuzte Kukris, darüber Fußstapfen Buddhas. Rs. Dreizack, Mond, Sonne, Schrift und Verzierungen. 3,— 6,—

110 (41) 2 Paise (K) n. S. 1992 (1935). Typ wie Nr. 109 15,— 30,—

111 (42) 5 Paise (K) n. S. 1992—1998 (1935—1941). Typ wie Nr. 109 7,— 14,—

112 (A41) 2 Paise (K) n. S. 1992—1999 (1935—1942). Rs. Schwert, Mond, Sonne, Schrift und Verzierungen:
a) 1992—1997; Ø 27 mm 6,— 10,—
b) 1992, 1994—1999; Ø 25 mm 2,— 3,—

113 (46.1) 20 Paise (S) n. S. 1989 (1932). Dreizack und Inschrift. Rs. Schwert mit Blumengirlande und Schrift auf Lotosblüte 10,— 18,—

114 (47.1) 50 Paise (S) n. S. 1989 (1932). Dreizack im Schriftquadrat mit dem Namen des Königs, Jahreszahl. Rs. Schwert mit Blumengirlande und Schrift auf Lotosblüte mit den Namen der Gottheiten Sri Gorkha Nath und Sri Bhavante. 800er Silber, 5,5403 g 12,— 20,—

115 (48.1) 1 Rupie (S) n. S. 1989 (1932). Typ wie Nr. 114. 800er Silber, 11,0806 g 18,— 30,—

116 (46) 20 Paise (S) n. S. 1989, 1991—2001, 2003, 2004 (1932—1947). Typ wie Nr. 113, jedoch einfachere Schriftzeichen der Jahreszahl 10,— 18,—

117 (47) 50 Paise (S) n. S. 1989, 1991—2001, 2003—2005 (1932—1948). Typ wie Nr. 114, jedoch einfachere Schriftzeichen der Jahreszahl 12,— 20,—

118 (48) 1 Rupie (S) n. S. 1989, 1991—2001, 2003, 2005 (1932—1948). Typ wie Nr. 117 18,— 30,—

119 (A42) ¼ Paisa = 1 Dam (K) n. S. 2000, 2004 (1943, 1947). Zwei gekreuzte Kukris, darüber Fußstapfen Buddhas. Rs. Schwert, Mond, Sonne, Umschrift 40,— 70,—

120 (B42) ½ Paisa (K) n. S. 2004 (1947). Typ wie Nr. 119 40,— 70,—

121 (43) 1 Paisa (K) n. S. 2005 (1948). Typ wie Nr. 119 3,— 5,—

122 (44) 2 Paise (K) n. S. 1999, 2000, 2003, 2005 (1942—1948). Typ wie Nr. 119 2,— 3,—

Nrn. 123—125 fallen aus.

126 (43a) 1 Paisa (Me) n. S. 2001, 2003—2006 (1944—1949). Typ wie Nr. 119 2,— 3,—

127 (44a) 2 Paise (Me) n. S. 1999—2001, 2005, 2008—2010 (1942—1953). Typ wie Nr. 119 2,— 3,—

128 (45) 5 Paise (Neusilber) n. S. 2000, 2009, 2010 (1943—1953) 3,— 5,—

Nr. 129 fällt aus.

SS VZ

130 (47.2) 50 Paise (S) n. S. 2005 (1948). Typ wie Nr. 114, jedoch Dreizack von vier Punkten umgeben. 333⅓er Silber, 5,5403 g 120,— 200,—

131 (48.2) 1 Rupie (S) n. S. 2005 (1948). Typ wie Nr. 130. 333⅓er Silber, 11,0806 g 15,— 25,—

132 (46a) 20 Paise (S) n. S. 2006, 2007, 2009, 2010 (1949—1953). Typ wie Nr. 113. 333⅓er Silber, 2,2161 g 3,— 5,—

133 (47a) 50 Paise (S) n. S. 2006, 2007, 2009, 2010 (1949—1953). Typ wie Nr. 114. 333⅓er Silber, 5,5403 g 4,— 8,—

134 (48a) 1 Rupie (S) n. S. 2006—2010 (1949—1953). Typ wie Nr. 114. 333⅓er Silber, 11,0806 g 15,— 25,—

Gianendra Bir Bikram Schah Dev 1950—1952

135 (54) 50 Paise (S) n. S. 2007 (1950). Typ wie Nr. 133, jedoch im Namen von Gianendra Bir Bikram 350,— 650,—

136 (55) 1 Rupie (S) n. S. 2007 (1950). Typ wie Nr. 135 15,— 25,—

137 1 Mohar (G) n. S. 2007 (1950) —,— —,—

138 1 Tola (G) n. S. 2007 (1950) —,— —,—

Tribhuvana Bir Bikram Schah Dev, zum 2. Mal 1952—1955

139 (58) 1 Paisa (Me) n. S. 2010—2012 (1953—1955). Berge unter aufgehender Sonne zwischen Ähren, Jahreszahl. Rs. Kukri vor Gebirgslandschaft:
a) 2010, 2011; Ø 18 mm 3,— 6,—
b) 2012; Ø 17,5 mm 4,— 7,—

140 (59) 2 Paise (Me) n. S. 2010—2014 (1953—1957). Typ wie Nr. 139:
a) 2010, 2011; Ø 21 mm *40,— 75,—*
b) 2011; Ø 21 mm (Neuprägung) 2,— 4,—
c) 2012—2014; Ø 20 mm 1,— 2,—

141 (61) 4 Paise (Me) n. S. 2012 (1955) (mit Loch) 4,— 7,—

142 (62) 5 Paise (Bro) n. S. 2010—2014 (1953—1957). Berge unter aufgehender Sonne zwischen Ähren, Jahreszahl. Rs. Zum Lehren erhobene Hand Buddhas 1,— 2,—

143 (63) 10 Paise (Bro) n. S. 2010—2012 (1953—1955). Typ wie Nr. 139 1,— 2,—

144 (64) 20 Paise (K-N) n. S. 2010, 2011 (1953, 1954). Typ wie Nr. 139 5,— 8,—

SS VZ

145 (65) 25 Paise (K-N) n. S. 2010–2012, 2014 (1953–1957). Typ wie Nr. 139 **4,– 7,–**

146 (56) 50 Paise (K-N) n. S. 2010, 2011 (1953, 1954). Tribhuvana Bir Bikram (1906–1955), ins Fünfeck gestelltes Kopfbild n. r. Rs. Berge unter aufgehender Sonne zwischen Ähren, Jahreszahl **2,– 3,–**

147 (57) 1 Rupie (K-N) n. S. 2010, 2011 (1953, 1954). Typ wie Nr. 146 **3,– 6,–**

148 ½ Asarfi (G) n. S. 2010 (1953) **–,– –,–**

149 1 Asarfi (G) n. S. 2010 (1953) **–,– –,–**

Mahendra Bir Bikram Schah Dev 1955–1972

Im Namen von Königin Ratna Rajya Lakschmi (4)

150 (A65) 50 Paise (K-N) n. S. 2012 (1955). Typ wie Nr. 114, jedoch im Namen von Königin Ratna Rajya Lakschmi **180,– 250,–**

151 1 Rupie (K-N) n. S. 2012 (1955). Typ wie Nr. 150 **200,– 280,–**

152 ½ Asarfi (G) n. S. 2012 (1955) **–,– –,–**

153 1 Asarfi (G) n. S. 2012 (1955) **–,– –,–**

Zur Krönung des nepalesischen Königspaares (10)

VZ ST

154 (66) 1 Paisa (Me) n. S. 2013 (1956). Königskrone der Schah-Dev-Dynastie. Rs. Wertangabe **3,– 5,–**

155 (67) 2 Paise (Me) n. S. 2013. Rs. Wertangabe in Raute **3,– 5,–**

156 (68) 5 Paise (Bro) n. S. 2013, Rs. Wertzahl auf achtblättriger Lotosblüte **2,– 4,–**

157 (69) 10 Paise (Bro) n. S. 2013. Rs. Wertzahl auf vierblättriger Lotosblüte **2,– 4,–**

158 (70) 25 Paise (K-N) n. S. 2013. Rs. Schwert mit Blumengirlande, Wertzahl und Schrift auf Lotosblüte **2,– 4,–**

159 (71) 50 Paise (K-N) n. S. 2013. Typ wie Nr. 158 **3,– 5,–**

160 (72) 1 Rupie (K-N) n. S. 2013. Typ wie Nr. 158 **4,– 7,–**

161 (73) ⅛ Asarfi (G) n. S. 2013. Rs. Wertangabe zwischen Ähren. 995er Gold, 1,94 g **90,– 140,–**

162 (76) ½ Asarfi (G) n. S. 2013. 995er Gold, 5,83 g **240,– 350,–**

163 (77) 1 Asarfi (G) n.S. 2013. 995er Gold, 11,66 g **400,– 600,–**

164 (78) 1 Paisa (Me) n. S. 2014, 2015, 2018–2020 (1957–1963). Dreizack zwischen Mond und Sonne, Jahreszahl. Rs. Wertangabe mit schraffierter Wertzahl **–,50 1,–**

165 (79) 2 Paise (Me) n. S. 2014–2016, 2018–2020 (1957–1963). Rs. Wertangabe in Raute, schraffierte Wertzahl **–,75 1,50**

166 (80) 5 Paise (Bro) n. S. 2014–2020 (1957–1963). Rs. schraffierte Wertzahl auf achtblättriger Lotosblüte **1,– 2,–**

VZ ST

167 (81) 10 Paise (Bro) n. S. 2014–2016, 2018–2020 (1957–1963). Rs. schraffierte Wertzahl auf vierblättriger Lotosblüte **1,50 3,–**

168 (82) 25 Paise (K-N) n. S. 2015, 2018, 2020, 2022 (1958–1965). Dreizack im Schriftquadrat mit dem Namen des Königs (obere Zeile mit vier Schriftzeichen), Jahreszahl. Rs. Schwert mit Blumengirlande und Schrift auf Lotosblüte **2,– 4,–**

A168 25 Paise (S) n. S. 2017 (1960). Typ wie Nr. 168, ca. 950er Silber **–,–**

169 (83) 50 Paise (K-N) n. S. 2011–2018, 2020 (1954–1963). Typ wie Nr. 168 **2,– 4,–**

170 (84) 1 Rupie (K-N) n. S. 2011–2016, 2018, 2020 (1954–1963). Typ wie Nr. 168;
a) 2011, 2012; Ø 29,6 mm **6,– 10,–**
b) 2012–2016, 2018, 2020; Ø 28,8 mm **3,– 5,–**

171 (85) ⅕ Asarfi (G) n. S. 2010, 2012 (1953, 1955). 995er Gold, 2,33 g **60,– 100,–**

172 (86) ¼ Asarfi (G) n. S. 2010, 2012 (1953, 1955). 995er Gold, 2,90 g **70,– 120,–**

173 (87) ½ Asarfi (G) n. S. 2012. 2019 (1955, 1962). 995er Gold, 5,83 g **150,– 250,–**

174 (88) 1 Asarfi (G) n. S. 2012, 2019 (1955, 1962). 995er Gold, 11,66 g **300,– 500,–**

175 (89) 2 Asarfi (G) n. S. 2012 (1955). 995er Gold, 23,32 g **600,– 1000,–**

176 (78a) 1 Paisa (Me) n.S. 2021, 2022 (1964, 1965). Typ wie Nr. 164, jedoch unschraffierte Wertzahl **–,30 –,50**

177 (79a) 2 Paise (Me) n. S. 2021–2023 (1964–1966). Typ wie Nr. 165, jedoch unschraffierte Wertzahl **–,50 1,–**

178 (80a) 5 Paise n. S. 2021–2023 (1964–1966). Typ wie Nr. 166, jedoch unschraffierte Wertzahl:
a) (Al-Bro) 2021 **2, 5,–**
b) (Bro) 2021–2023 (Abb.) **–,50 1,–**

179 (81a) 10 Paise n. S. 2021–2023 (1964–1966). Typ wie Nr. 167, jedoch unschraffierte Wertzahl:
a) (Al-Bro) 2021 (Abb.) **4,– 6,–**
b) (Bro) 2021–2023 **–,50 1,–**

180 (82a) 25 Paise (K-N) n. S. 2021–2023 (1964–1966). Typ wie Nr. 168, jedoch Rs. geändertes Schriftzeichen unten in der Umschrift **1,– 2,–**

181 (83a) 50 Paise (K-N) n. S. 2021–2023 (1964–1966). Typ wie Nr. 180:
a) 2021–2023; Ø 25 mm **1,– 2,–**
b) 2023; Ø 23,5 mm **2,– 3,–**

182 (84a) 1 Rupie (K-N) n. S. 2021–2023 (1964–1966). Typ wie Nr. 180:
a) 2021–2023; Ø 28,5 mm **2,– 3,–**
b) 2023; Ø 27 mm **3,– 5,–**

		VZ	ST
183 (90)	1 Paisa (Al) n. S. 2023, 2025–2028 (1966–1971). Mt.-Everest-Massiv, von Dreizack zwischen Mond und Sonne überhöht, Name von Mahendra Bir Bikram, Jahreszahl. Rs. Himalaja-Rhododendron (Rhododendron arboreum – Ericaceae), Nationalblume	–,30	–,50

184 (91)	2 Paise (Al) n. S. 2023–2028 (1966–1971). Rs. Königs-Glanzfasan (Lophophorus impejanus – Phasianidae)	–,50	–,80
185 (92)	5 Paise (Al) n. S. 2023–2028 (1966–1971). Rs. Kuh	–,50	–,80

186 (93)	10 Paise (Me) n. S. 2023–2028 (1966–1971). Typ wie Nr. 185	–,50	–,80
187 (94)	25 Paise (K-N) n. S. 2024–2028 (1967–1971). Dreizack im Schriftquadrat mit dem Namen des Königs (obere Zeile mit fünf Schriftzeichen), Jahreszahl. Rs. Schwert mit Blumengirlande und Schrift auf Lotosblüte, wie Nr. 180	1,–	2,–
188 (95)	50 Paise (K-N) n. S. 2025–2028 (1968–1971). Typ wie Nr. 187	1,–	2,–
189 (96)	1 Rupie (K-N) n. S. 2025–2028 (1968–1971). Typ wie Nr. 187	3,–	4,–

Nrn. 183–189 von 2027, 2028, polierte Platte 35,–

190	¼ Asarfi (G) n. S. 2026 (1969). 995er Gold, 2,5 g	150,–	200,–
191	½ Asarfi (G) n. S. 2026 (1969). 995er Gold, 5 g	300,–	380,–
192	1 Asarfi (G) n. S. 2026 (1969). 995er Gold, 10 g	500,–	700,–

FAO-Münz-Plan zum 23. Jahrestag der FAO

		VZ	ST
193 (97)	10 Rupien (S) n. S. 2025/1968. König Mahendra mit Krone der Schah-Dev-Dynastie. Rs. Dreizack, Zahnrad, Pflug und Ähre, Motto »Nahrung für alle«. 600er Silber, 15,4 g	25,–	35,–

Für den FAO-Münz-Plan

194 (98)	10 Paise (Me) n. S. 2028 (1971). Kuh, Name des Königs, Jahreszahl. Rs. Ähre, Wertangabe, Motto »Baut mehr Nahrung an«	–,30	–,60

Birendra Bir Bikram Schah Dev seit 1972

195 (99)	1 Paisa (Al) n. S. 2028–2036 (1972–1979). Mt.-Everest-Massiv, von Dreizack zwischen Mond und Sonne überhöht, Name von Birendra Bir Bikram, Jahreszahl. Rs. Himalaja-Rhododendron, wie Nr. 183	–,50	1,–
196 (100)	2 Paise (Al) n. S. 2028–2031, 2033, 2035 (1972–1978). Rs. Königs-Glanzfasan, wie Nr. 184	–,30	–,60
197 (101)	5 Paise (Al) n. S. 2028–2039 (1972–1982). Rs. Kuh, wie Nr. 185	–,40	–,80
198 (102)	10 Paise (Me) n. S. 2028 (1972). Typ wie Nr. 197	–,–	–,–
199 (106)	10 Paise (Me) n. S. 2029–2035 (1972–1978). Mt.-Everest-Massiv, von Dreizack zwischen Mond und Sonne überhöht, Name des Königs, Jahreszahl. Rs. Wertangabe zwischen Ähren	–,50	1,–
200 (103)	25 Paise (K-N) n. S. 2028–2039 (1972–1982). Dreizack im Quadrat mit dem Namen des Königs in vier Zeilen, Jahreszahl. Rs. Schwert mit Blumengirlande und Schrift auf Lotosblüte	–,60	1,–
201 (104)	50 Paise (K-N) n. S. 2028–2039 (1972–1982). Typ wie Nr. 200	1,–	1,50
202 (105)	1 Rupie (K-N) n. S. 2028–2031, 2033–2036, 2039 (1972–1982). Typ wie Nr. 200:		
	a) [Kathmandu] 2028–2031, 2033–2036, 2039	2,–	3,–
	b) [RAM] 2036	2,–	3,–

Nr. 203 fällt aus.

Nrn. 195–197, 199–202 von 2029–2031, polierte Platte (Mzst. San Francisco) 25,–

204 (A106)	2½ Gramm Asarfi (G) n. S. 2028, 2030, 2031, 2036, 2037 (1972–1980). Typ wie Nr. 200. 995er Gold, 2,5 g	150,–	200,–
205 (B106)	5 Gramm Asarfi (G) n. S. 2028, 2030, 2031, 2036, 2037 (1972–1980). Typ wie Nr. 200. 995er Gold, 5 g	300,–	380,–

Für den FAO-Münz-Plan (2)

VZ ST

207 (107) 5 Paise (Al) n. S. 2031 (1974). Wertangabe, Name des Königs, Jahreszahl. Rs. Bewässerungsanlage, Motto »Fördert die Entwicklung« **–,40 –,60**

208 (108) 10 Rupien (S) n. S. 2031 (1974). Rs. Emblem der Familienplanung, Früchte des Landes, Motto »Plant die Familien, verteilt die Nahrung«. 250er Silber, 8 g **12,– 18,–**

Im Namen von Königin Aishvarya Rajya Lakschmi (4)

209 50 Paise (K-N) n. S. 2031 (1974) –,– –,–
210 1 Rupie (K-N) n. S. 2031 (1974) –,– –,–
211 5 Gramm Asarfi (G) n. S. 2031 (1974) –,– –,–
212 10 Gramm Asarfi (G) n. S. 2031 (1974) –,– –,–

Zur Krönung des Königs Birendra Bir Bikram am 24. Februar 1975 (10)

ST PP

213 (109) 1 Paisa n. S. 2031 (1975). Krone der Schah-Dev-Dynastie. Rs. Schwert mit Blumengirlande und Schrift auf Lotosblüte:
a) (Al) [Kathmandu] **–,50**
b) (K-N) Riffelrand [Singapur] (1000 Ex.) –,–

214 (110) 5 Paise n. S. 2031 (1975). Typ wie Nr. 213:
a) (Al) [Kathmandu] **–,50**
b) (K-N) Riffelrand [Singapur] (1000 Ex.) –,–

215 (111) 10 Paise n. S. 2031 (1975). Typ wie Nr. 213:
a) (Al) [Kathmandu] **–,80**
b) (K-N) Riffelrand [Singapur] (1000 Ex.) –,–

216 (112) 25 Paise (K-N) n. S. 2031 (1975). Typ wie Nr. 213:
a) [Kathmandu] **1,–**
b) Riffelrand [Singapur] (1000 Ex.) –,–

ST PP

217 (113) 50 Paise (K-N) n. S. 2031 (1975). Typ ähnlich wie Nr. 213:
a) [Kathmandu] **1,50**
b) Riffelrand [Singapur] (1000 Ex.) –,–

218 (114) 1 Rupie (K-N) n. S. 2031 (1975). Typ wie Nr. 217:
a) [Kathmandu] **3,–**
b) Riffelrand [Singapur] (1000 Ex.) –,–

219 25 Rupien (S) n. S. 2031 (1975). Typ wie Nr. 217:
a) (Y 115) [Kathmandu], 600er Silber, 17 g **30,–**
b) (Y 128) Riffelrand [Singapur], 500er Silber, 25 g (2000 Ex.) *50,–*

Nrn. 213b–219b: nur polierte Platte, Riffelrand (1000 Ex.)

Nrn. 213b–219b (geprägt 1981), nur polierte Platte (1000 Ex.) *120,–*

ST PP

220 (116) 2½ Gramm Asarfi (G) n. S. 2031 (1975). Typ wie Nr. 217. 995er Gold, 2,5 g [Kathmandu] *300,–*

221 (117) 5 Gramm Asarfi (G) n. S. 2031 (1975). Typ wie Nr. 217. 995er Gold, 5 g [Kathmandu] *450,–*

222 10 Gramm Asarfi (G) n. S. 2031 (1975). Typ wie Nr. 217:
a) (Y 118) [Kathmandu], 995er Gold, 10 g *850,–*
b) (Y 127) [Singapur], 500er Gold, 10 g (55 Ex.) *500,–*
c) (Y 127a) [Singapur], 500er Gold, 10 g, mit Feingoldauflage (195 Ex.) *500,–*

Nrn. 222b und 222c wurden 1980 zum 5. Jahrestag der Krönung von König Birendra geprägt.

Rettet die Tierwelt (3)

223 (119) 25 Rupien (S) n. S. 2031 (1975). König Birendra Bir Bikram (*1944), Brustbild n. r. Rs. Himalaja-Glanzfasan (Lophophorus impejanus – Phasianidae):
a) 500er Silber, 25,31 g **50,–**
b) 925er Silber, 28,28 g **60,–**

224 (120) 50 Rupien (S) n. S. 2031 (1975). Rs. Katzenbär oder Kleiner Panda (Ailurus fulgus – Procyonidae):
a) 500er Silber, 31,65 g **100,–**
b) 925er Silber, 35 g **120,–**

225 (121) Asarfi (G) n. S. 2031 (1975). Rs. Indisches Panzernashorn (Rhinoceros unicornis). 900er Gold, 33,437 g *1250,– 1900,–*

Internationales Jahr der Frau 1975 und FAO-Münz-Plan (3)

VZ ST

226 (122) 10 Paise (Me) n. S. 2032 (1975). Gestaffelte Brustbilder des Königspaares Birendra und Aishvarya, Jahreszahl. Rs. Wertangabe, Reisähren, Motto »Harmonische Entwicklung der Gleichstellung« **–,30 –,60**

227 (123) 1 Rupie (K-N) n. S. 2032 (1975). Typ wie Nr. 226 **1,50 2,50**

228 (124) 20 Rupien (S) n. S. 2032 (1975). Typ wie Nr. 226. 500er Silber, 15 g **20,– 30,–**

Für den FAO-Münz-Plan (2)

229 (125) 10 Paise (Me) n. S. 2033 (1976). Kopf eines Barwal-Schafes, Zuckerrohr und Baumwolle, Motto »Entwicklung durch Landwirtschaft«. Rs. Wertangabe **–,40 –,60**

230 (126) 20 Paise (Me) n. S. 2035 (1978). Rs. Weihegefäß »Bumpa«, Schwert und Pflanzen **1,50 2,50**

FAO-Münz-Plan zur Fortbildung der Stadtfrauen (2)

VZ ST

231 (A130) 10 Paise (Al) n. S. 2036 (1979). Rs. Aufgeschlagenes Buch mit Inschrift, zwei Weizenähren (achteckig) **–,70** **1,–**

ST PP

232 (130) 50 Rupien (S) n. S. 2036 (1979). Typ wie Nr. 231:
a) [Kathmandu], 500er Silber, 25 g **38,–**
b) [Singapur], 925er Silber, 25 g (1000 Ex.) *140,–*

Internationales Jahr des Kindes 1979 (5)

VZ ST

233 10 Paise (Al) n. S. 2036 (1979). Rs. Internationales Emblem vor aufgehender Sonnenglorìole **1,–** **2,–**

234 (A129) 20 Paise (Me) n. S. 2036 (1979). Typ wie Nr. 233 **1,–** **2,–**

ST PP

235 (129) 20 Rupien (S) n. S. 2036 (1979). Typ wie Nr. 233:
a) [Kathmandu], 500er Silber, 15 g (Abb.) **20,–**
b) [Singapur], 925er Silber, 15 g (1000 Ex.) *120,–*

236 (B129) 100 Rupien (S) n. S. 2031. König Birendra. Rs. Zwei Kinder beim Wasserholen. [Valcambi], CHI:
a) 500er Silber, 19,4397 g **75,–**
b) Piéfort, 500er Silber, 38,8794 g (88 Ex.) *250,–*

237 (C129) 1 Tola Asarfi (G) n. S. 2031. Rs. Lesendes Mädchen. [Valcambi], CHI:
a) 900er Gold, 11,6638 g **650,–**
b) Piéfort (2 Tola), 900er Gold, 23,3276 g (48 Ex.) **3200,–**

FAO-Münz-Plan für die Landfrau (2)

VZ ST

238 (131) 5 Rupien (K-N) n. S. 2037 (1980). Rs. Lesendes Mädchen **5,–** **8,–**

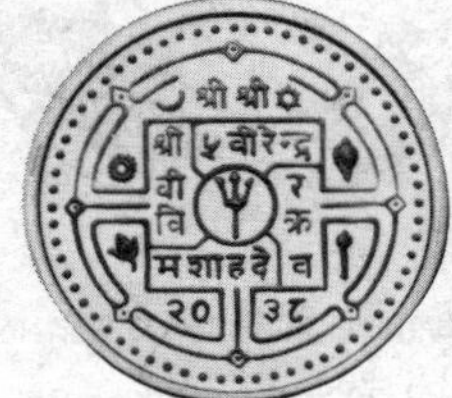

PP

239 (A131) 10 Gramm Asarfi (G) n. S. 2038 (1981). Typ wie Nr. 238. 500er Gold, 10 g [Singapur] (500 Ex.) *850,–*

25 Jahre Nationalbank (Nepal Rastra Bank)

VZ ST

240 (A132) 5 Rupien (K-N) n. S. 2038 (1981). Rs. Garuda **6,–** **10,–**

Welternährungstag 1981 (4)

241 (132) 25 Paise (Me) n. S. 2038/1981. Rs. Maiskolben **–,80** **1,–**

242 (133) 50 Paise (K-N) n. S. 2038/1981. Typ wie Nr. 241 **1,20** **1,50**

243 (134) 2 Rupien (K-N) n. S. 2038/1981. Typ wie Nr. 241 (zwölfeckig) **2,–** **2,50**

		ST	PP
244	100 Rupien (S) n. S. 2038/1981, 2039/1981. Rs. Reisanbau. Ø 39,5 mm:		
	a) (YA134) [Kathmandu] 2038/1981, 500er Silber, 25 g (17886 Ex.)	**60,–**	
	b) (YB134) [RM] 2039/1981, 925er Silber, 25 g (je max. 5000 Ex.)	*100,–*	*150,–*

Internationales Jahr der Behinderten 1981 (3)

		VZ	ST
245 (135)	25 Paise (Me) n. S. 2038/1981. Rs. Internationales Emblem	**1,40**	**2,–**
246 (136)	50 Paise (K-N) n. S. 2038/1981. Typ wie Nr. 245	**2,20**	**3,–**

247 (A136)	50 Rupien (S) n. S. 2038/1981. Typ wie Nr. 245. 400er Silber, 15 g (14011 Ex.)	**15,–**	**28,–**

10. Regierungsjubiläum von König Birendra (2)

		ST	PP
248 (140)	250 Rupien (S) n. S. 2038 (1982). Porträt des Königspaares. Rs. Wertangabe. 925er Silber, 28,28 g [Valcambi], CHI		**100,–**
249 (141)	Asarfi (G) n. S. 2038 (1982). Rs. Schwert und Blumenranke. 916⅔er Gold, 15,98 g [Valcambi], CHI	*900,–*	**600,–**

		VZ	ST

50 Jahre Münzstätte Kathmandu

250	50 Rupien (S) n. S. 2039 (1982). Rs. Prägemaschine. 400er Silber, 15 g (5495 Ex.)	**40,–**	**65,–**

		VZ	ST
251	1 Paisa (Al) n. S. 2039, 2040 (1982, 1983). Krone der Schah-Dev-Dynastie über gekreuzten Kukris und Flaggen. Rs. Wertangabe zwischen Ähren, oben »Sri Bhavani«:		
	2039	**–,–**	**–,–**
	2040	**–,30**	**–,50**
252	5 Paise (Al) n. S. 2039–2045 (1982–1988). Typ wie Nr. 251:		
	2039	**–,–**	**–,–**
	2040–2045	**–,40**	**–,70**
253	10 Paise (Al) n. S. 2039–2045 (1982–1988). Typ wie Nr. 251:		
	a) lange Ähren, schmale Schrift, 2039, 2040, 2041, 2042	**–,60**	**1,–**
	b) kurze Ähren, breite Schrift, 2042–2045	**–,60**	**1,–**
254	25 Paise (Al) n. S. 2039–2045 (1982–1988). Typ wie Nr. 251:		
	2039	**–,–**	**–,–**
	2040–2045	**–,80**	**1,50**

255	50 Paise n. S. 2039–2047 (1982–1990). Dreizack im Quadrat mit dem Namen des Königs in drei Zeilen, Jahreszahl. Rs. Schwert mit Blumengirlande und Schrift auf Lotosblüte. Randstab zwölfeckig:		
	a) (K-N) [Kathmandu] 2039–2043	**1,–**	**2,–**
	b) (St) [RCM] 2044, 2047 (Abb.)	**1,–**	**2,–**
	c) (St) [Kathmandu] 2045, 2046	**1,–**	**2,–**
256	1 Rupie (St) n. S. 2045 (1988). Typ wie Nr. 255 [RCM]	**2,–**	**3,–**
257	5 Rupien (K-N) n. S. 2039, 2040 (1982, 1983). Typ wie Nr. 255	**6,–**	**10,–**
A258	5 Gramm Asarfi (G) n. S. 2039 (1982). Typ wie Nr. 255. 900er Gold, 5 g	**–,–**	**–,–**
B258	10 Gramm Asarfi (G) n. S. 2039 (1982). Typ wie Nr. 255. 900er Gold, 10 g	**–,–**	**–,–**
258	2½ Gramm Asarfi (G) n. S. 2042 (1985). 900er Gold, 2,5 g (20 Ex.)	**–,–**	**–,–**

259	5 Gramm Asarfi (G) n. S. 2042–2044 (1985–1987). Typ wie Nr. 255, Randstab innen rund. 999er Gold, 5 g (9890 Ex.)	**300,–**	**450,–**

260	10 Gramm Asarfi (G) n. S. 2042–2044 (1985–1987). Typ wie Nr. 259. 999er Gold, 10 g (7212 Ex.)	**500,–**	**700,–**

Für den FAO-Münz-Plan

			VZ	ST
261		2 Rupien (K-N) n. S. 2039 (1982). Rs. Früchte des Landes zwischen Ähren, Schrift:		
		a) kleines Quadrat	2,–	3,–
		b) großes Quadrat (Abb.)	2,–	3,–

75 Jahre Weltpfadfinderbewegung und Internationales Jahr der Pfadfinder (2)

			ST	PP
262 (142)	250	Rupien (S) n. S. 2039 (1982). Rs. Zwei Pfadfinder beim Pflanzen eines Setzlings. 925er Silber, 28,28 g	70,–	95,–
263 (143)		Asarfi (G) n. S. 2039 (1982). Rs. Pfadfinderin beim Wasserholen. 916⅔er Gold, 15,98 g	750,–	1000,–

30. Jahrestag der Mount-Everest-Erstbesteigung durch Edmund Hillary und Tenzing Norgay (3)

264 (137) 10 Rupien (K-N) n. S. 2040/1983. Rs. Mount-Everest-Massiv (2000 Ex.) 15,–

			ST	PP
265 (138)	100	Rupien (S) n. S. 2040/1983. Typ wie Nr. 264. 925er Silber, 31,1 g (1500 Ex.)		160,–
266 (139)	10	Gramm Asarfi (G) n. S. 2040/1983. Typ wie Nr. 264. 500er Gold, 10 g (350 Ex.)		1000,–

FAO-Ausgabe zum Nationalen Bevölkerungsjahr 2041 und 25 Jahre Familienplanung (4)

			VZ	ST
267	50	Paise (K-N) n. S. 2041 (1984). Wertangabe. Rs. Vierköpfige Familie in stilisiertem Haus (Emblem der Familienplanung)	2,–	3,50

268	1	Rupie (K-N) n. S. 2041 (1984). Wertangabe. Rs. Emblem in ornamentalem Rahmen (21 198 Ex.)	2,50	4,–
269	2	Rupien (K-N) n. S. 2041 (1984). Typ wie Nr. 268 (11 152 Ex.)	3,50	5,–

270	5	Rupien (K-N) n. S. 2041 (1984). Typ wie Nr. 267 (457 876 Ex.)	6,–	10,–

25 Jahre Rechnungshof

A270	25	Rupien (S) n. S. 2041 (1984). Krone der Schah-Dev-Dynastie über gekreuzten Kukris und Flaggen. Rs. Wertangabe, Umschrift »Mahalekha Parikshak Rajat Jayanti«. 250er Silber, 12 g (8003 Ex.)	28,–	35,–

Internationales Jahr der Jugend 1985 (2)

271	5	Rupien (K-N) n. S. 2042/1985. Wertangabe. Rs. Internationales Emblem unter Krone der Schah-Dev-Dynastie und Mount-Everest-Massiv	6,–	10,–
272	100	Rupien (S) n. S. 2042/1985. Typ wie Nr. 271. 600er Silber, 15 g (8199 Ex.)	50,–	75,–

8 Jahre Nationaler Sozialversicherungskoordinationsrat

		VZ	ST
273	5 Rupien (K-N) n. S. 2042 (1985). Rs. Emblem	12,–	20,–

25 Jahre Nationaler Panchayat

274 25 Rupien (S) n. S. 2042 (1985). Rs. Emblem, von fünfundzwanzig Blüten umgeben. 250er Silber, 12 g (12 606 Ex.) **28,– 35,–**

15. Weltkonferenz der Buddhisten Nepal 1986

275 5 Rupien (K-N) n. S. 2043/B.E. 2530/1986. Rs. Lumbini, Geburtsort Buddhas, als Symbol des Weltfriedens, Karte Nepals auf Globus (135 250 Ex.) **6,– 10,–**

25 Jahre World Wildlife Fund (2)

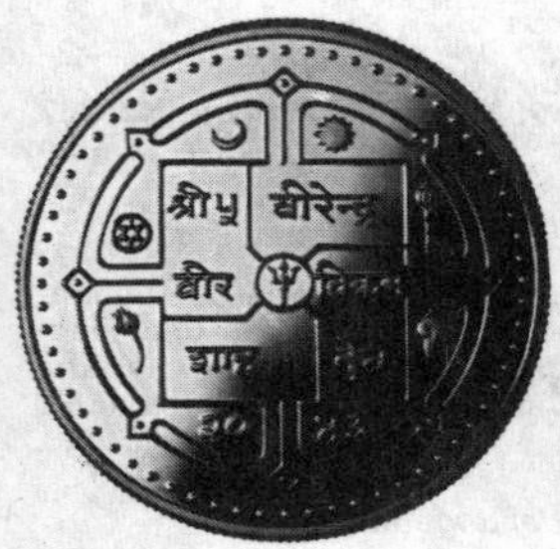

		ST	PP
276	250 Rupien (S) n. S. 2043/1986. Rs. Zwei Moschustiere. 925er Silber, 19,4397 g		85,–
277	1 Tola Asarfi (G) n. S. 2043/1986. Rs. Gangesflußdelphine. 900er Gold, 11,6638 g		780,–

Welternährungstag 1986

		VZ	ST
278	5 Rupien (K-N) n. S. 2043/1986. Rs. Fisch (99 490 Ex.)	6,–	10,–

1. Pfadfindertreffen in Nepal 30. 3.- 5. 4. 1987

279 300 Rupien (S) n. S. 2043/1987. Rs. Emblem aus Kleeblatt, Pfadfinderlilie und Lotosblüte. 825er Silber, 25 g (6967 Ex.) **50,– 75,–**

10 Jahre Nationaler Sozialversicherungskoordinationsrat (2)

280 5 Rupien (K-N) n. S. 2044 (1987). Rs. Emblem (104 260 Ex.) **8,– 15,–**

281 200 Rupien (S) n. S. 2044 (1987). Typ wie Nr. 280. 600er Silber, 15 g (4145 Ex.) **35,– 60,–**

50 Jahre Nepal Bank Limited

282 500 Rupien (S) n. S. 2044 (1987). 825er Silber, 35 g (19 148 Ex.) **50,– 75,–**

3. SAARC-Gipfelkonferenz 1987 in Kathmandu (3)

		PP
283	5 Rupien (Bro) n. S. 2044/1987. Rs. Emblem der Südasiatischen Gemeinschaft für Regional-Kooperation (South Asian Association for Regional Co-operation) [*sm*] (2000 Ex.)	20,–
284	300 Rupien (S) n. S. 2044/1987. Typ wie Nr. 283. 925er Silber, 25 g (5000 Ex.)	50,–
285	15 Gramm Asarfi (G) n. S. 2044/1987. Typ wie Nr. 283. 900er Gold, 15 g (1000 Ex.)	–,–

Upanajan-Zeremonie für Kronprinz Dipendra Bir Bikram (1971) (3)*

		VZ	ST
286	350 Rupien (S) n. S. 2044 (1988). 500er Silber, 23,3276 g (5217 Ex.)	35,–	50,–
287	½ Tola Asarfi (G) n. S. 2044 (1988). Typ wie Nr. 286. 999er Gold, 5,83 g (2774 Ex.)		350,–
288	1 Tola Asarfi (G) n. S. 2044 (1988). Typ wie Nr. 286. 999er Gold, 11,66 g (1962 Ex.)		600,–

25 Jahre Nationales Rotes Kreuz

		VZ	ST
289	250 Rupien (S) n. S. 2045 (1988). Rs. Rotes Kreuz		50,–

60. Geburtstag der Königinmutter

		ST	PP
290	600 Rupien (S) n. S. 2045 (1988). Rs. Königinmutter Ratna Rajya Lakschmi. 999er Silber, 31,1 g (5000 Ex.)		90,–

Silber- und Goldbarrenmünzen (5)

291	1000 Rupien (S) n. S. 2045/1988. Rs. Schneeleopard (Panthera uncia – Felidae). 999er Silber, 155,5 g (5000 Ex.)		–,–
292	1/10 Unze Asarfi (G) n. S. 2045/1988. Rs. Schneeleopard auf Felsen. 999,9er Gold, 3,11 g	–,–	–,–
293	1/4 Unze Asarfi (G) n. S. 2045/1988. Typ wie Nr. 292. 999,9er Gold, 7,78 g	–,–	–,–
294	1/2 Unze Asarfi (G) n. S. 2045/1988. Typ wie Nr. 292. 999,9er Gold, 15,55 g	–,–	–,–
295	1 Unze Asarfi (G) n. S. 2045/1988. Typ wie Nr. 292. 999,9er Gold, 31,1 g	–,–	–,–

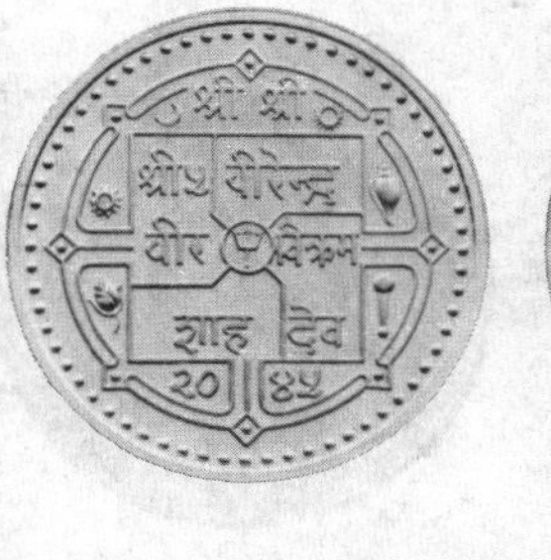

Volljährigkeit des Kronprinzen Dipendra Bir Bikram Shah Dev (2)

		ST	PP
296	500 Rupien (S) n. S. 2046 (1989). Rs. Vase mit Fischemblem. 999er Silber, 31,1 g [*sm*] (max. 10 000 Ex.)		–,–
297	1 Tola Asarfi (G) n. S. 2046 (1989). Typ wie Nr. 296. 999,9er Gold, 11,66 g [*sm*] (max. 5000 Ex.)		–,–

25 Jahre Nepalesische Kinderorganisation

		VZ	ST
298	250 Rupien (S) n. S. 2046 (1990). Rs. Sonne über Bergmassiv. 925er Silber, 18.05 g (max. 10 000 Ex.)		45,–

Welternährungstag 1990

299	5 Rupien (K-N) n. S. 2047/1990. Rs. FAO-Emblem, Wertangabe, Motto »Nahrung für die Zukunft«	6,–	10,–

Zur Annahme der neuen Verfassung (5)

300	5 Rupien (K-N) n. S. 2047/1990. Rs. Gekreuzte Flaggen über aufgeschlagenem Buch der Verfassung	6,–	10,–
301	300 Rupien (S) n. S. 2047/1990. Typ wie Nr. 300. 925er Silber, 18,05 g		70,–
302	2½ Gramm Asarfi (G) n. S. 2047/1990. Typ wie Nr. 300. 999er Gold, 2,5 g		150,–
A302	5 Gramm Asarfi (G) n. S. 2047/1990. Typ wie Nr. 300. 999er Gold, 5 g		250,–
B302	10 Gramm Asarfi (G) n. S. 2047/1990. Typ wie Nr. 300. 999er Gold, 10 g		500,–

25 Jahre Rastriya Banijya Bank

304	300 Rupien (S) n. S. 2047 (1990). Rs. Vase und zwei Fische, Emblem der Rastriya Banijya Bank. 925er Silber, 18,05 g		70,–

70 Jahre Save the Children Fund (2)

305	250 Rupien (S) n. S. 2047/1990. Rs. Tanzende Kinder. 925er Silber, 19,4397 g [RM]		45,–
306	1 Tola Asarfi (G) n. S. 2047/1990. Rs. Zwei Kinder. 900er Gold, 11,6638 g [RM]		–,–

Parlamentsperiode 1991 (5)

307	5 Rupien (K-N) n. S. 2048/1991. Rs. Schematische Sitzanordnung im Plenarsaal	6.–	10,–
308	300 Rupien (S) n. S. 2048/1991. Typ wie Nr. 307		70,–
309	2½ Gramm Asarfi (G) n. S. 2048/1991. Typ wie Nr. 307. 999er Gold, 2,5 g		150,–
310	5 Gramm Asarfi (G) n. S. 2048/1991. Typ wie Nr. 307. 999er Gold, 5 g		250,–
311	10 Gramm Asarfi (G) n. S. 2048/1991. Typ wie Nr. 307. 999er Gold, 10 g		500,–

XXV. Olympische Sommerspiele 1992 in Barcelona (3)

600 Rupien (S) . 999er Silber, 31,1 g

600 Rupien (S)
2000 Rupien (G) . 999er Gold, 7,78 g

Frühere Ausgaben siehe Weltmünzkatalog 19. Jahrhundert.

Neue Hebriden

New Hebrides **Nouvelles Hébrides**

Fläche: 14763 km²; 93000 Einwohner (1979).
Melanesische Inselgruppe im Stillen Ozean, einschließlich Banks- und Torresinseln. Durch Verträge von 1906 und 1914–1922 französisch-britisches Kondominium. Neuer Landesname seit 30. Juli 1980: Vanuatu. Hauptstadt: Port Vila.

100 Centimes = 1 Neue-Hebriden-Franc (Franc Néo-Hebridais)

Neben dem Neue-Hebriden-Franc waren auch der Australische Dollar, der Französische Franc und das britische Pfund als gebräuchliches Zahlungsmittel im Umlauf.

VZ ST

1 (4) 1 Franc (Al-N-Bro) 1970. Kopf der Marianne, Allegorie der Republik Frankreich. Rs. Binden-Fregattvogel (Fregata minor – Fregatidae) **–,70** **1,–**

2 (5) 2 Francs (Al-N-Bro) 1970. Typ wie Nr. 1 **40,–** **70,–**

3 (6) 5 Francs (Al-N-Bro) 1970. Typ wie Nr. 1 **1,30** **2,–**

4 (1) 10 Francs (N) 1967, 1970. Rs. Maske der Eingeborenen, flankiert von Muschelgeld aus den Schalen der Riesenmuscheln (Tridacna gigas – Tridacnidae) **3,–** **4,–**

5 (2) 20 Francs (N) 1967, 1970. Typ wie Nr. 4 **4,50** **6,–**

6 (3) 100 Francs (S) 1966. Rs. Zeremonialstab der Eingeborenen. 835er Silber, 25 g **30,–** **50,–**

7 (4a) 1 Franc 1975~1982. Kopf der Marianne, Inschrift I.E.O.M. (Kennzeichnung der Ausgabebehörde »Institut d'Emission d' Outre Mer«). Rs. Binden-Fregattvogel, wie Nr. 1:

	VZ	ST
a) (Al-N-Bro) 1975, 1978, 1979, 1982	**–,60**	**–,90**
b) (Al-N-Bro) Piéfort, 1979 (150 Ex.)		**–,–**
c) (S) Piéfort, 925 fein, 4,9 g, 1979 (250 Ex.)		**–,–**
d) (G) Piéfort, 920 fein, 8,6 g, 1979 (200 Ex.)		**–,–**

8 (5a) 2 Francs 1973~1982. Typ wie Nr. 7:

	VZ	ST
a) (Al-N-Bro) 1973, 1975, 1978, 1979, 1982	**–,80**	**1,20**
b) (A-N-Bro) Piéfort, 1979 (150 Ex.)		**–,–**
c) (S) Piéfort, 925 fein, 7,3 g, 1979 (250 Ex.)		**–,–**
d) (G) Piéfort, 920 fein, 13 g, 1979 (200 Ex.)		**–,–**

9 (6a) 5 Francs 1975~1982. Typ wie Nr. 7:

	VZ	ST
a) (Al-N-Bro) 1975, 1979, 1982	**1,–**	**1,80**
b) (Al-N-Bro) Piéfort, 1979 (150 Ex.)		**–,–**
c) (S) Piéfort, 925 fein, 9,7 g, 1979 (250 Ex.)		**–,–**
d) (G) Piéfort, 920 fein, 17,3 g, 1979 (200 Ex.)		**–,–**

10 (1a) 10 Francs 1973~1982. Rs. Maske der Eingeborenen, wie Nr. 4:

	VZ	ST
a) (N) 1973, 1975, 1977, 1979, 1982	**1,50**	**2,50**
b) (N) Piéfort, 1979 (150 Ex.)		**–,–**
c) (S) Piéfort, 925 fein, 9,7 g, 1979 (250 Ex.)		**–,–**
d) (G) Piéfort, 920 fein, 17,3 g, 1979 (200 Ex.)		**–,–**

11 (2a) 20 Francs 1973~1982. Typ wie Nr. 10:

	VZ	ST
a) (N) 1973, 1975, 1977, 1979, 1982	**4,50**	**6,–**
b) (N) Piéfort, 1979 (150 Ex.)		**–,–**
c) (S) Piéfort, 925 fein, 23,7 g, 1979 (250 Ex.)		**–,–**
d) (G) Piéfort, 920 fein, 42,1 g, 1979 (200 Ex.)		**–,–**

12 (7) 50 Francs 1972, 1979. Rs. Zeremonialstab, wie Nr. 6:

	VZ	ST
a) (N) 1972	**6,50**	**8,–**
b) (N) Piéfort, 1979 (150 Ex.)		**–,–**
c) (S) Piéfort, 925 fein, 35,5 g, 1979 (250 Ex.)		**–,–**
d) (G) Piéfort, 920 fein, 63,2 g, 1979 (200 Ex.)		**–,–**

13 100 Francs 1974 (geprägt 1979). Typ wie Nr. 12:

	VZ	ST
a) (S) Piéfort, 925 fein, 50,9 g, 1974 (500 Ex.)		**–,–**
b) (G) Piéfort, 920 fein, 90,6 g, 1974 (250 Ex.)		**–,–**

Internationales Jahr des Kindes 1979

		VZ	ST
14	500 Francs 1979. Stillende Mutter. Rs. Gekreuzte Federn:		
	a) (Al-N-Bro) 16 g, Riffelrand		*70,–*
	b) (S) 925 fein, 20,3 g (ca. 500 Ex.)		*150,–*
	c) (G) 920 fein, 62,2 g (ca. 5 Ex.)		*6000,–*

Nr. 14 ist als inoffizielle Ausgabe zu betrachten.

Weitere Ausgaben siehe unter *Vanuatu.*

Newfoundland — Neufundland — Terre-Neuve

Fläche: 370 487 km²; 515 000 Einwohner.
Von Jean Cabot 1497 in englischem Auftrag entdeckt, wurde diese Insel hauptsächlich von den Briten, denen es im Friedensvertrag von Utrecht 1713 zugesprochen worden war, kolonisiert. 1855 wurde der Kolonie Selbstverwaltung erteilt, sie wurde am 11. Dezember 1948 eine Provinz von Kanada. Hauptstadt Saint John's

100 Cents = 1 Dollar

Eduard VII. 1901-1910

		SS	VZ
1 (7)	1 Cent (Bro) 1904, 1907, 1909. Eduard VII., gekröntes Brustbild nach rechts. Rs. Wertangabe in Buchstaben, Krone und Jahreszahl im Kreis	**15,–**	**22,–**
2 (8)	5 Cents (S) 1903, 1904, 1908. Rs. Wert und Jahreszahl im Kreis. 925er Silber, 1,1782 g	**30,–**	**90,–**
3 (9)	10 Cents (S) 1903, 1904. Typ wie Nr. 2. 925er Silber, 2,3564 g	**40,–**	**130,–**
4 (10)	20 Cents (S) 1904. Typ wie Nr. 2. 925er Silber, 4,7127 g	**80,–**	**200,–**
5 (11)	50 Cents (S) 1904, 1907–1909. Typ wie Nr. 2. 925er Silber, 11,7818 g	**40,–**	**130,–**

Georg V. 1910–1936

		SS	VZ
6 (12)	1 Cent (Bro) 1913, 1917, 1919, 1920, 1929, 1936. Georg V., gekröntes Brustbild nach links. Rs. Wertangabe in Buchstaben, Krone und Jahreszahl im Kreis	**7,–**	**15,–**
7 (13)	5 Cents (S) 1912, 1917, 1919, 1929. Rs. Wert und Jahreszahl im Kreis. 925er Silber, 1,1782 g	**15,–**	**45,–**
8 (14)	10 Cents (S) 1912, 1917, 1919. Typ wie Nr. 7. 925er Silber, 2,3564 g	**15,–**	**45,–**
9 (15)	20 Cents (S) 1912. Typ wie Nr. 7. 925er Silber, 4,7127 g	**25,–**	**80,–**
10 (16)	25 Cents (S) 1917, 1919. Typ wie Nr. 7. 925er Silber, 5,8319 g	**20,–**	**50,–**

		SS	VZ
11 (17)	50 Cents (S) 1911, 1917–1919. Typ wie Nr. 7. 925er Silber, 11,7818 g	**30,–**	**75,–**

Georg VI. 1936–1952

		SS	VZ
12 (18)	1 Cent (Bro) 1938, 1940–1944, 1947. Georg VI., gekröntes Kopfbild nach links. Rs. Rote Schlauchpflanze (Sarracenia purpurea – Sarraceniaceae)	**2,–**	**4,–**
13 (19)	5 Cents (S) 1938–1947. Rs. Wert und Jahreszahl im Kreis:		
	a) 925er Silber, 1,1782 g, 1938, 1940–1943	**5,–**	**10,–**
	b) 800er Silber, 1,1664 g, 1944, 1945, 1947	**5,–**	**10,–**
	1946	*320,–*	*600,–*
14 (20)	10 Cents (S) 1938–1947. Typ wie Nr. 13:		
	a) 925er Silber, 2,3564 g, 1938, 1940–1943	**7,–**	**15,–**
	b) 800er Silber, 2,3328 g, 1944–1947	**7,–**	**15,–**

Frühere Ausgaben siehe Weltmünzkatalog 19. Jahrhundert.

New Guinea

Neuguinea

Nouvelle Guinée

Die nördliche Hälfte der östlichen Hälfte der nach Grönland größten Insel der Erde — Neuguinea — wurde Ende 1884 durch Hissung der deutschen Flagge auf der Nordküste zum Schutzgebiet des Deutschen Reiches erklärt, nachdem am 6. November des gleichen Jahres die britische Herrschaft über den Südosten durch ein englisches Kriegsschiff proklamiert worden war. Ein kaiserlicher Schutzbrief vom 17. Mai 1885 übertrug die Hoheitsrechte der 1884 in Berlin durch den Bankier von Hansemann gegründeten Neuguinea-Kompanie; das Schutzgebiet bekam den Namen Kaiser-Wilhelms-Land, daneben auch Deutsch-Neuguinea. Im Friedensvertrag von Versailles vom 28. Juni 1919 verzichtete Deutschland laut Art. 119 auf alle überseeischen Besitzungen; diese wurden anschließend einem früheren Kriegsgegner als Mandatsgebiet des Völkerbundes übertragen, Deutsch-Neuguinea wurde 1921 an Australien übergeben. Das Völkerbundsmandat wurde 1946 in eine Treuhandschaft der Vereinten Nationen verwandelt. Der Landesname hieß von 1921 an Territorium Neu-Guinea. 1949 wurde dieses Territorium mit dem Territorium Papua zu einem gemeinsamen Territory of Papua and New Guinea vereinigt. Weiteres siehe unter Papua-Neuguinea.

12 Pence = 1 Shilling, 20 Shillings = 1 £

Georg V. 1921–1936

SS VZ

1 (1) ½ Penny (K-N) 1929. Krone und Amtsstäbe, darunter Kette mit Hundezähnen (gängiges Primitivgeld). Rs. Ins Kreuz gestellte Ornamente (mit Loch) **850,– 1100,–**

2 (2) 1 Penny (K-N) 1929. Krone und gekreuzte Amtsstäbe, darunter Kette mit Hundezähnen. Rs. Ins Kreuz gestellte Ornamente (mit Loch) **850,– 1100,–**

3 (3) 3 Pence (K-N) 1935. Krone, Monogramm. Rs. Quadrat über auf der Spitze stehendem Viereck (mit Loch) **25,– 50,–**

4 (4) 6 Pence (K-N) 1935. Krone, Monogramm. Rs. Rosette (mit Loch) **15,– 30,–**

5 (5) 1 Shilling (S) 1935, 1936. Krone und gekreuzte Amtsstäbe. Rs. Ins Kreuz gestellte Ornamente (mit Loch) **10,– 16,–**

Eduard VIII. 1936

SS VZ

6 (6) 1 Penny (Bro) 1936. Krone über Eingeborenen-Schnitzmuster, Monogramm. Rs. Idol aus dem Ahnenkult der Eingeborenen (mit Loch) **8,– 15,–**

Georg VI. 1936–1952

7 (7) 1 Penny (Bro) 1938, 1944. Typ wie Nr. 6, jedoch Monogramm von Georg VI. **7,– 15,–**

8 (8) 3 Pence (K-N) 1944. Typ wie Nr. 3, jedoch Monogramm von Georg VI. **7,– 15,–**

9 (9) 6 Pence (K-N) 1943. Typ wie Nr. 4, jedoch Monogramm von Georg VI. **10,– 22,–**

10 (10) 1 Shilling (S) 1938, 1945. Typ wie Nr. 5, jedoch Monogramm von Georg VI. **6,– 15,–**

Weitere Angaben siehe unter *Papua-Neuguinea*.

New Caledonia — Neukaledonien — Nouvelle Calédonie

Fläche: 18653 km²; 120000 Einwohner.
Die Insel im Stillen Ozean, nordnordwestlich von Neuseeland gelegen ist seit 1854 in französischem Besitz und bildet mit den Loyalty- und anderen kleinen Inseln ein von einem Gouverneur verwaltetes französisches Überseegebiet. Hauptstadt: Nouméa.

100 Centimes = 1 CFP-Franc

C.F.P. war ursprünglich die Abkürzung für »Colonies Française du Pacifique« und ist heute noch in Verbindung mit »Franc« als Währungssymbol gebräuchlich.

		SS	VZ
1 (1)	50 Centimes (Al) 1949. Sitzende Marianne, Allegorie der Republik Frankreich. Rs. Kagu (Rhynochetos jubatus – Rhynochetidae)	–,80	1,50
2 (2)	1 Franc (Al) 1949. Typ wie Nr. 1	1,20	2,50
3 (3)	2 Franc (Al) 1949. Typ wie Nr. 1	5,–	12,–
4 (4)	5 Francs (Al) 1952. Typ wie Nr. 1	2,50	4,–

5 (A5)	1 Franc (Al) 1971. Typ wie Nr. 1, jedoch die Umschrift der Vs. lautet nur REPUBLIQUE FRANCAISE	1,–	3,–
6 (B5)	2 Francs (Al) 1971. Typ wie Nr. 5	1,30	3,–

7 (5)	10 Francs (N) 1967, 1970. Kopf der Marianne, Allegorie der Republik Frankreich. Rs. Melanesische Piroge, im Hintergrund Felsengruppe »Türme von Notre Dame«	3,50	5,–

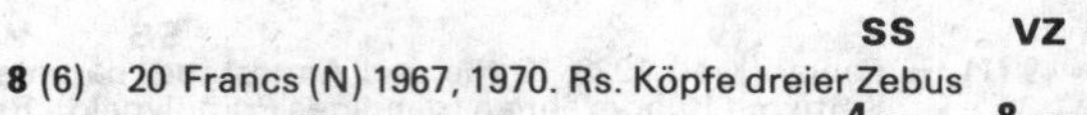

		SS	VZ
8 (6)	20 Francs (N) 1967, 1970. Rs. Köpfe dreier Zebus	4,–	8,–

9 (7)	50 Francs (N) 1967. Rs. Eingeborenenhütte, von Bäumen umgeben	7,–	12,–

		VZ	ST
10 (A5a)	1 Franc 1972–1990. Sitzende Marianne, Umschrift REPUBLIQUE FRANÇAISE, Inschrift I.E.O.M. (»Institut d'Emission d'Outre Mer«): Rs. Kagu, wie Nr. 1:		
	a) (Al) 1972, 1973, 1977, 1981–1983, 1985, 1988–1990	–,50	–,80
	b) (Al) Piéfort, 1979 (150 Ex.)		–,–
	c) (S) Piéfort, 925 fein, 10,2 g, 1979 (250 Ex.)		–,–
	d) (G) Piéfort, 920 fein, 18,2 g, 1979 (200 Ex.)		–,–
11 (B5a)	2 Francs 1973–1990. Typ wie Nr. 10:		
	a) (Al) 1973, 1977, 1982, 1983, 1987, 1989, 1990	1,–	1,50
	b) (Al) Piéfort, 1979 (150 Ex.)		–,–
	c) (S) Piéfort, 925 fein, 17,3 g, 1979 (250 Ex.)		–,–
	d) (G) Piéfort, 920 fein, 30,8 g, 1979 (200 Ex.)		–,–

			VZ	ST
12		5 Francs 1979–1990. Typ wie Nr. 10:		
		a) (Al) 1983, 1986, 1989, 1990	*3,–*	*5,–*
		b) (Al) Piéfort, 1979 (150 Ex.)		–,–
		c) (S) Piéfort, 925 fein, 27,7 g, 1979 (250 Ex.)		–,–
		d) (G) Piéfort, 920 fein, 49 g, 1979 (200 Ex.)		–,–
13	(5a)	10 Francs 1972–1990. Rs. Piroge vor Felsen, wie Nr. 7:		
		a) (N) 1972, 1973, 1977, 1983, 1986, 1989, 1990	**2,–**	**2,80**

			VZ	ST
		b) (N) Piéfort, 1979 (150 Ex.)		–,–
		c) (S) Piéfort, 925 fein, 14,2 g, 1979 (150 Ex.)		–,–
		d) (G) Piéfort, 920 fein, 25,3 g, 1979 (200 Ex.)		–,–
14	(6a)	20 Francs 1972–1990. Rs. Zebus, wie Nr. 8:		
		a) (N) 1972, 1977, 1983, 1986, 1990	**3,60**	**4,70**
		b) (N) Piéfort, 1979 (150 Ex.)		–,–
		c) (S) Piéfort, 925 fein, 23,7 g, 1979 (250 Ex.)		–,–
		d) (G) Piéfort, 920 fein, 42,1 g, 1979 (200 Ex.)		–,–
15	(7a)	50 Francs 1972–1987. Rs. Eingeborenenhütte, wie Nr. 9:		
		a) (N) 1972, 1983, 1987	**5,50**	**8,–**
		b) (N) Piéfort, 1979 (150 Ex.)		–,–
		c) (S) Piéfort, 925 fein, 35,5 g, 1979 (250 Ex.)		–,–
		d) (G) Piéfort, 920 fein, 63,2 g, 1979 (200 Ex.)		–,–
16	(8)	100 Francs 1976–1987. Typ wie Nr. 15:		
		a) (Al-N-Bro) 1976, 1984, 1987	**6,–**	**10,–**
		b) (Al-N-Bro) Piéfort, 1979 (150 Ex.)		–,–
		c) (S) Piéfort, 925 fein, 23,9 g, 1979 (350 Ex.)		–,–
		d) (G) Piéfort, 920 fein, 42,1 g, 1979 (250 Ex.)		–,–

New Zealand | # Neuseeland | **Nouvelle Zélande**

Fläche: 268 676 km²; 3 400 000 Einwohner (1989).
Britische Kronkolonie 1840–1907, Dominion mit parlamentarischer Verfassung 1907–1953, seit 1953 monarchistischer Staat im Britischen Commonwealth. Die britische Krone wird durch einen Generalgouverneur vertreten. Zu Neuseeland gehören verwaltungsmäßig noch die Cookinseln, Niue sowie die Tokelau-Inseln. An der Antarktis ist die Ross-Dependence Neuseeland unterstellt. Hauptstadt: Wellington.

12 Pence = 1 Shilling, 2 Shillings = 1 Florin, 5 Shillings = 1 Crown, 20 Shillings = 1 £;
seit 10. Juli 1967: 100 Cents = 1 Neuseeland-Dollar

Georg V. 1910–1936

		SS	VZ
1 (1)	3 Pence (S) 1933–1936. Georg V., gekröntes Brustbild nach links. Rs. Kriegskeulen der Maoris:		
	1933, 1934, 1936	10,–	20,–
	1935	300,–	500,–

2 (2)	6 Pence (S) 1933–1936. Rs. Lappenhopf oder Huia (Heteralocha acutirostris – Callaeidae); heiliger Vogel der Maoris (ausgestorben)	8,–	15,–
3 (3)	1 Shilling (S) 1933–1935. Rs. Maorikrieger:		
	1933, 1934	9,–	18,–
	1935	12,–	50,–

4 (4)	1 Florin (S) 1933–1936. Rs. Streifen-Kiwi (Apteryx australis – Apterygidae)	16,–	28,–
5 (5)	½ Crown (S) 1933–1935. Wappen, umgeben von Maori-Schnitzwerk	23,–	35,–

Zum 25jährigen Regierungsjubiläum von König Georg V. und zum Vertrag von Waitangi im Jahre 1840

		SS	VZ
6 (6)	1 Crown (S) 1935. Rs. Maorihäuptling Tamati Waake Nene und William Hobson († 1842), Captain der Royal Navy und 1. Gouverneur Neuseelands 1840–1842	2800,–	4000,–

Georg VI. 1936–1952

7 (7)	½ Penny (Bro) 1940–1947. Georg VI., Kopfbild nach links. Rs. Tiki, Halbgott und Idol der Maoris	2,–	5,–
8 (8)	1 Penny (Bro) 1940–1947. Rs. Priestervogel oder Tui (Prosthemadura novaeseelandiae – Meliphagidae) auf Zweig des Kowhai-Baumes	2,–	5,–

		SS	VZ
9 (9)	3 Pence (S) 1936—1946. Rs. Kriegskeulen der Maoris	**3,—**	**8,—**
10 (10)	6 Pence (S) 1937—1946. Rs. Lappenhopf	**5,—**	**10,—**
11 (11)	1 Shilling (S) 1937—1946. Rs. Maorikrieger	**8,—**	**12,—**
12 (12)	1 Florin (S) 1937—1946. Rs. Streifen-Kiwi	**15,—**	**25,—**
13 (13)	½ Crown (S) 1937—1946. Rs. Wappen	**18,—**	**30,—**

100. Jahrestag der Gründung der Britischen Kolonie auf Grund des Vertrages von Waitangi

14 (14)	½ Crown (S) 1940. Rs. Maorifrau vor Maori-Siedlung von 1840 und Hochhäusern von 1940 (100800 Ex.)	30,–	55,–
15 (9a)	3 Pence (K-N) 1947. Typ wie Nr. 9	2,–	6,–
16 (10a)	6 Pence (K-N) 1947. Typ wie Nr. 10	3,–	6,–
17 (11a)	1 Shilling (K-N) 1947. Typ wie Nr. 11	4,–	6,–
18 (12a)	1 Florin (K-N) 1947. Typ wie Nr. 12	8,–	15,–
19 (13a)	½ Crown (K-N) 1947. Typ wie Nr. 13	13,–	22,–
20 (20)	½ Penny (Bro) 1949–1952. Typ wie Nr. 7, jedoch Inschrift KING GEORGE THE SIXTH	1,–	2,50
21 (21)	1 Penny (Bro) 1949–1952. Typ wie Nr. 8, jedoch Inschrift KING GEORGE THE SIXTH	1,50	3,–
22 (22)	3 Pence (K-N) 1948–1952. Typ wie Nr. 15, jedoch Inschrift KING GEORGE THE SIXTH	1,50	3,–
23 (23)	6 Pence (K-N) 1948–1952. Typ wie Nr. 16, jedoch Inschrift KING GEORGE THE SIXTH	2,–	4,–
24 (24)	1 Shilling (K-N) 1948–1952. Typ wie Nr. 17, jedoch Inschrift KING GEORGE THE SIXTH	4,–	6,–
25 (25)	1 Florin (K-N) 1948–1951. Typ wie Nr. 18, jedoch Inschrift KING GEORGE THE SIXTH	5,–	8,–
26 (26)	½ Crown (K-N) 1948–1951. Typ wie Nr. 19, jedoch Inschrift KING GEORGE THE SIXTH	9,–	15,–

Zum vorgesehenen königlichen Besuch

27 (27)	1 Crown (S) 1949. Rs. Blatt des Silber-Baumfarnes (Cyathea dealbata — Cyatheaceae)	**20,—**	**40,—**

Elisabeth II. seit 1952

28 (28)	½ Penny (Bro) 1953—1965. Königin Elisabeth II., Kopfbild nach rechst. Rs. Tiki	**—,50**	**1,—**

		SS	VZ
29 (29)	1 Penny (Bro) 1953—1965. Rs. Priestervogel oder Tui	**—,80**	**2,—**
30 (30)	3 Pence (K-N) 1953—1965. Rs. Kriegskeulen der Maoris	**1,—**	**1,50**
31 (31)	6 Pence (K-N) 1953—1965. Rs. Lappenhopf	**1,20**	**2,—**

32 (32)	1 Shilling (K-N) 1953—1965. Rs. Maorikrieger	**2,50**	**4,—**
33 (33)	1 Florin (K-N) 1953—1965. Rs. Streifen-Kiwi	**4,—**	**5,50**

34 (34)	½ Crown (K-N) 1953–1956. Rs. Wappen	6,–	12,–

Zur Krönung von Königin Elisabeth II.

35 (35)	1 Crown (K-N) 1953. Rs. Gekröntes königliches Monogramm über Maorimuster	25,–	40,–

WÄHRUNGSREFORM 10. Juli 1967: 1 £ = 2 Neuseeland-Dollars
NEUE WÄHRUNG: 100 Cents = 1 Neuseeland-Dollar

		VZ	ST
36 (36)	1 Cent (Bro) 1967–1985. Elisabeth II., diademiertes Porträt n. r. Rs. Blatt des Silber-Baumfarnes	–,30	–,40
37 (37)	2 Cents (Bro) 1967–1985. Rs. Kleinblättriger Schnurbaum (Sophora microphylla – Leguminosae)	–,40	–,70

Anm.: Falsche Stempelkoppelung ohne Jahreszahl, Vs. Bahama-Inseln Nr. 2, Rs. Neuseeland Nr. 37, vorkommend (Y37a) 60,–

38 (38)	5 Cents (K-N) 1967–1985. Rs. Brückenechse oder Tuatera (Sphenodon punctatus – Sphenodontidae oder Rhynchocephalidae)	–,65	1,–

39 (39)	10 Cents = 1 Shilling (K-N) 1967—1969. Rs. Kopf eines Koruru nach Maori-Holzschnitzkunst, Inschrift »ONE SHILLING«	**—,80**	**1,50**
40 (40)	20 Cents (K-N) 1967—1985. Rs. Streifen-Kiwi (Apteryx australis — Apterygidae) vor Farnblättern	**1,20**	**2,—**

			VZ	ST
41 (41)	50	Cents (K-N) 1967, 1968, 1970–1985. Rs. H.M.S. »Endeavour«, Flaggschiff des englischen Weltumseglers James Cock (1728–1779), im Hintergrund Mt. Egmont	3,–	4,–
42 (42)	1	Dollar (K-N) 1967–1976. Rs. Staatswappen mit herabhängenden Farnblättern:		
		a) 1967, Randschrift DECIMAL CURRENCY INTRODUCED JULY 10, 1967	7,–	12,–
		b) 1971–1973, 1975, 1976, Riffelrand	5,50	8,–

In ähnlichen Zeichnungen: Nrn. 46 (10 Cents), 43 (50 Cents), 60–66.

200. Jahrestag der Entdeckung Neuseelands durch Kapitän James Cook am 7. Oktober 1769 (2)

43 (43)	50	Cents (K-N) 1969. Typ wie Nr. 41, Randschrift COOK BI-CENTENARY 1769–1969	8,–	12,–
44 (44)	1	Dollar (K-N) 1969. James Cook (1728–1779), englischer Weltumsegler, Landkarte Neuseelands von 1769 und H.M.S. »Endeavour«. Randschrift COMMEMORATING COOK BICENTENARY 1769–1969	7,–	10,–

Besuch der königlichen Familie

45 (45)	1	Dollar (K-N) 1970. Elisabeth II. Rs. Mt. Cook (in der Maorisprache Aorangi, 3763 m)	7,–	10,–

Anm.: Weitere Ausgabe zum gleichen Anlaß (Y46) siehe Cook-Inseln, Nr. 1.

46 (39a)	10	Cents (K-N) 1970–1985. Typ wie Nr. 39, jedoch ohne Inschrift »ONE SHILLING«	–,70	1,20

10. Britische Commonwealthspiele in Christchurch 24. 1. – 2. 2. 1974

			ST	PP
47 (47)	1	Dollar 1974:		
		a) (S)		*150,–*
		b) (K-N)	10,–	

Neuseeland-Tag (Waitangi-Tag 6. Februar)

48 (48)	1	Dollar 1974:		
		a) (S)		*500,–*
		b) (K-N)	15,–	

25. Regierungsjubiläum von Königin Elisabeth II. am Waitangi-Tag (6. Februar)

49 (49)	1	Dollar 1977. Rs. »Treaty House«, Unterzeichnungsort des Waitangi-Vertrages:		
		a) (S)		*120,–*
		b) (K-N)	18,–	

25. Krönungsjubiläum von Königin Elisabeth II.

50 (50)	1	Dollar 1978. Rs. Parlamentsgebäude:		
		a) (S)		*80,–*
		b) (K-N)	10,–	
51 (51)	1	Dollar 1979. Elisabeth II., neues Porträt. Rs. Staatswappen mit herabhängenden Farnblättern:		
		a) (S)		*70,–*
		b) (K-N)	8,–	

52 (52)	1	Dollar 1980. Rs. Neuseeländischer Fächerschwanzschnäpper (Rhipidura fuliginosa – Muscicapidae):		
		a) (S)		*80,–*
		b) (K-N)	8,–	

Besuch des englischen Königspaares

53 (53)	1	Dollar 1981. Rs. Eicheln mit Blatt, Kratzdistel:		
		a) (S)		*70,–*
		b) (K-N)	8,–	

ST PP

54 (54) 1 Dollar 1982. Rs. Takahe (Notornis hochstetteri – Rallidae):
a) (S) — *75,–*
b) (K-N) **10,–**

Besuch des britischen Prinzenpaares

55 (55) 1 Dollar 1983. Rs. Prinz Charles und Diana:
a) (S) — *90,–*
b) (K-N) **9,–**

50 Jahre Münzprägung in Neuseeland

ST PP

56 (56) 1 Dollar 1983. Rs. Staatswappen, im Halbkreis neun Münzmotive:
a) (S) — **70,–**
b) (K-N) **20,–**

Anm.: Gedenkprägungen zu den XXIII. Olympischen Sommerspielen in Los Angeles 1984 zu 5 Dollars in Silber und 20 Dollars in Gold sind private Medaillen.

57 (57) 1 Dollar 1984. Rs. Schwarzer Rubinvogel der Chatham-Inseln (Petroica traversi):
a) (S) — **75,–**
b) (K-N) **9,–**

58 (58) 1 Dollar 1985. Rs. Schwarze Stelze:
a) (S) — **75,–**
b) (K-N) **9,–**

Besuch von Königin Elisabeth II.

59 (60) 1 Dollar 1986. Elisabeth II. (nach R. D. Maklouf). Rs. Königliches Monogramm, von neuseeländischer Flora umgeben:
a) (S) — **75,–**
b) (K-N) **9,–**

Nr.		VZ	ST
60	1 Cent (Bro) 1986–1988. Elisabeth II. (nach R. D. Maklouf). Rs. Blatt des Silber-Baumfarnes, wie Nr. 36	**–,30**	**–,40**
61	2 Cents (Bro) 1986–1988. Rs. Kleinblättriger Schnurbaum, wie Nr. 37	**–,40**	**–,70**
62	5 Cents (K-N) 1986–1990. Rs. Brückenechse oder Tuatera, wie Nr. 38	**–,65**	**1,–**
63	10 Cents (K-N) 1986–1990. Rs. Kopf eines Koruru, Maori-Holzschnitzkunst, wie Nr. 46	**–,80**	**1,50**
64	20 Cents (K-N) 1986–1989. Rs. Streifen-Kiwi, wie Nr. 40	**1,20**	**2,–**
65	20 Cents (K-N) 1990. Rs. Schnitzkunstwerk der Maori, frühes 19. Jh. [RM]	**1,20**	**2,–**
66	50 Cents (K-N) 1986–1990. Rs. H.M.S. »Endeavour«, wie Nr. 41	**3,–**	**4,–**

Nrn. 67 und 68 fallen aus.

ST PP

69 (59) 1 Dollar 1986. Rs. Kakapo oder Eulenpapagei (Strigops habroptilus), vom Aussterben bedroht:
a) (S) — **75,–**
b) (K-N) **9,–**

100 Jahre Nationalparks

		ST	PP
70	1 Dollar 1987. Rs. Silhouette der Vulkane Tongariro, Ngauruhoe und Ruapehu auf der Nordinsel, von Koru-Ornament der Maori umgeben:		
	a) (S)		75,–
	b) (K-N)	9,–	
71	1 Dollar 1988. Rs. Gelbaugenpinguin oder Hoiho:		
	a) (S) 925 fein, 27,22 g (9500 Ex.)		*90,–*
	b) (K-N)	9,–	

XIV. Commonwealth-Sportspiele 1990 in Auckland (4)

72	1 Dollar 1989. Rs. Laufen [RAM]:		
	a) (S) 925 fein, 27,216 g		–,–
	b) (K-N)	–,–	
73	1 Dollar 1989. Rs. Gymnastik [RAM]:		
	a) (S) 925 fein, 27,216 g		–,–
	b) (K-N)	–,–	
74	1 Dollar 1989. Rs. Schwimmen [RAM]:		
	a) (S) 925 fein, 27,216 g		–,–
	b) (K-N)	–,–	
75	1 Dollar 1989. Rs. Gewichtheben [RAM]:		
	a) (S) 925 fein, 27,216 g		–,–
	b) (K-N)	–,–	

200. Jahrestag der europäischen Besiedelung
150. Jahrestag des Vertrages von Waitangi
75. Jahrestag der Schlacht von Gallipoli (8)

		VZ	ST
76	5 Cents (K-N) 1990. Rs. Stilisierter Kotuku, Emblem der Festlichkeiten		
77	10 Cents (K-N) 1990. Rs. Polynesische Auslegerboote		
78	20 Cents (K-N) 1990. Rs. H.M.S. »Tory«, auf der 1840 die ersten englischen Siedler nach Neuseeland kamen		
79	50 Cents (K-N) 1990. Rs. Kind mit Spaten vor gepflanztem Baum		

		ST	PP
80	5 Cents (S) 1990. Typ wie Nr. 76. 925er Silber, 3,27 g (max. 10000 Ex.)		–,–
81	10 Cents (S) 1990. Typ wie Nr. 77, 925er Silber, 6,53 g (max. 10000 Ex.)		–,–
82	20 Cents (S) 1990. Typ wie Nr. 78. 925er Silber, 13,07 g (max. 10000 Ex.)		–,–
83	50 Cents (S) 1990. Typ wie Nr. 79. 925er Silber, 15,74 g (max. 10000 Ex.)		–,–

150. Jahrestag des Vertrages von Waitangi

84	1 Dollar 1990 [RAM]:		
	a) (S) 925 fein, 27,215 g (max. 20000 Ex.)		–,–
	b) (K-N)	–,–	

75. Jahrestag der Schlacht von Gallipoli

85	5 Dollars (Al-N-Bro) 1990. Rs. Soldat des Australian/New Zealand Army Corps (ANZAC) vor Flagge [RAM]	–,–	–,–

200. Jahrestag der europäischen Besiedelung

86	150 Dollars (G) 1990. Rs. Streifen-Kiwi (Apteryx australis – Apterygidae) vor Farnblättern		–,–

Banknotenersatzausgaben (2)

87	1 Dollar (Al-N-Bro) 1990. Rs. Streifen-Kiwi vor Farnblättern [RM]	4,–	7,50
88	2 Dollars (Al-N-Bro) 1990. Rs. Kotuku [RM]	6,–	12,–

			PP
89	1 Dollar (S) 1990. Typ wie Nr. 87. 925er Silber, 8 g [RM] (max. 10000 Ex.)		–,–
90	2 Dollars (S) 1990. Typ wie Nr. 88. 925er Silber, 10 g [RM] (max. 10000 Ex.)		–,–

Rugby-Weltmeisterschaft 1991 in Twickenham

91	5 Dollars 1991. Rs. Webb-Ellis-Cup vor Torstangen zwischen zwei Rugbyspielern:		
	a) (S) 925er Silber, 27,22 g [RM] (max. 15000 Ex.)		
	b) ( )		

Nicaragua

Nicaragua | **Nicaragua**

Fläche: 148000 km²; 3400000 Einwohner.
Die Kolonisation des Gebiets von Nicaragua beschränkte sich jahrhundertelang auf die Westküste am Stillen Ozean und deren Hinterland, es gehörte von 1560 an zum Generalkapitanant Guatemala und teilte dessen Schicksal. Der Aufstand in San Salvador fand in León (Nicaragua) am 13. 12. 1811 eine ebenfalls kurzlebige Nachahmung. Nicaragua war und ist ein Hauptvorkämpfer der mittelamerikanischen Vereinigung, betrieb 1895 mit kurzem Erfolg zusammen mit Honduras und Salvador die Gründung der República Mayor de Centro-América, während deren Bestehens Nicaragua auf die eigene Bezeichnung als Republik verzichtete und sich wieder – wie bis 1847 – Estado nannte. Der Peso, der dem französischen 5-Franc-Stück entsprechen sollte, aber nicht ausgeprägt worden war, selbst Teilstücke desselben sind zwischen 1900 und 1911 nicht mehr erschienen, wurde 1912 durch die bis heute bestehende Münzeinheit »Córdoba« abgelöst. Hauptstadt: Managua.

100 Centavos = 1 Peso; seit 1912: 100 Centavos = 1 Córdoba; seit 13. August 1990: 1000 (alte) Córdobas = 1 Córdoba Oro

Republik Nicaragua
República de Nicaragua

Nr.		SS	VZ
1 (10)	½ Centavo (Bro) 1912–1937. Staatswappen, am 5. 9. 1908 eingeführt. Rs. Wert im Kranz	4,–	6,–
2 (11)	1 Centavo (Bro) 1912–1940	3,–	5,–
3 (12)	5 Centavos (K-N) 1912–1940	4,–	10,–
A3	½ Centavo (S) 1912. Typ wie Nr. 1 (2 Ex.)		–,–
B3	1 Centavo (S) 1912. Typ wie Nr. 1 (2 Ex.)		–,–
C3	5 Centavos (S) 1912. Typ wie Nr. 1 (2 Ex.)		–,–
4 (13)	10 Centavos (S) 1912–1936. Francisco Hernández de Córdoba (1476–1526), spanischer Eroberer, Gouverneur. Rs. Strahlen über Bergspitzen	5,–	7,50
5 (14)	25 Centavos (S) 1912–1936	7,–	11,–
6 (15)	50 Centavos (S) 1912, 1929	26,–	40,–
7 (16)	1 Córdoba (S) 1912	140,–	260,–
A7	½ Centavo (G) 1912. Typ wie Nr. 1 (1 Ex.)		–,–
B7	1 Centavo (G) 1912. Typ wie Nr. 1 (1 Ex.)		–,–
C7	5 Centavos (G) 1912. Typ wie Nr. 1 (1 Ex.)		–,–
D7	10 Centavos (G) 1912. Typ wie Nr. 4 (1 Ex.)		–,–
E7	25 Centavos (G) 1912. Typ wie Nr. 4 (1 Ex.)		–,–
F7	50 Centavos (G) 1912. Typ wie Nr. 4 (1 Ex.)		–,–
G7	1 Córdoba (G) 1912. Typ wie Nr. 4 (1 Ex.)		–,–
8 (17)	5 Centavos (K-N) 1946–1956. Randschrift: viermal BNN (Banco Nacional de Nicaragua)	–,70	1,–
9 (18)	10 Centavos (K-N) 1939–1956	1,–	1,50
10 (19)	25 Centavos (K-N) 1939–1956	1,20	2,–
11 (20)	50 Centavos (K-N) 1939–1956	2,–	3,–
12 (21)	1 Centavo (Me) 1943. Staatswappen. Rs. Wert im Kranz	2,50	4,–
13 (22)	5 Centavos (Me) 1943. Typ wie Nr. 8, glatter Rand	2,70	3,50
14 (23)	10 Centavos (Me) 1943. Typ wie Nr. 9, jedoch geriffelter Rand	4,–	6,–
15 (24)	25 Centavos (Me) 1943. Typ wie Nr. 10, jedoch geriffelter Rand	4,50	6,50
16 (17a)	5 Centavos (K-N) 1962, 1964, 1965. Typ wie Nr. 8. Randschrift: viermal BCN (Banco Central de Nicaragua)	–,30	–,50
17 (18a)	10 Centavos (K-N) 1962, 1964, 1965. Typ wie Nr. 16	–,70	1,–
18 (19a)	25 Centavos (K-N) 1964, 1965. Typ wie Nr. 16	1,–	1,50
19 (20a)	50 Centavos (K-N) 1965. Typ wie Nr. 16	3,–	7,–

Nr.		ST	PP
20 (29)	50 Córdobas (G) 1967. Staatswappen. Rs. Rubén Darío, eigentl. Felix Rubén García y Sarmiento (1867–1916), Lyriker. 900er Gold, 35,556 g, HF	*900,–*	

Nr.		SS	VZ
21 (17b)	5 Centavos 1972. Typ wie Nr. 8, jedoch Riffelrand:		
	a) (K-N)		8,–
	b) (St, N plattiert)	–,60	
22 (18b)	10 Centavos 1972. Typ wie Nr. 21:		
	a) (K-N)		8,–
	b) (St, N plattiert)	–,60	
23 (19b)	25 Centavos (K-N) 1972, 1974. Typ wie Nr. 21	1,–	3,–
24 (20b)	50 Centavos (K-N) 1972, 1974. Typ wie Nr. 21	1,50	4,–
25 (25)	1 Córdoba (K-N) 1972. Typ wie Nr. 21	2,–	5,–

Für den FAO-Münz-Plan (2)

Nr.		VZ	ST
26 (27)	5 Centavos (Al) 1974. Staatswappen, am 18. 8. 1971 eingeführt, darunter bogig PRODUZCAMOS MAS ALIMENTOS, als Umschrift Landesbezeichnung und Jahreszahl. Rs. Wertangabe	–,20	–,40
27 (28)	10 Centavos (Al) 1974. Landkarte Nicaraguas, darunter bogig PRODUZCAMOS MAS ALIMENTOS, als Umschrift Landesbezeichnung und Jahreszahl. Rs. Wertangabe	–,30	–,50
28 (26)	5 Centavos (Al) 1974. Typ wie Nr. 26, jedoch ohne Inschrift PRODUZCAMOS ...	–,20	–,40

		VZ	ST
29 (A26)	10 Centavos (Al) 1974. Typ wie Nr. 27, jedoch ohne Inschrift PRODUZCAMOS...	–,40	–,80
30 (A26a)	10 Centavos (K-N) 1975, 1978. Typ wie Nr. 29	–,30	–,60

Wiedergeburt Managuas nach dem Erdbeben vom 23. Dezember 1972
200. Jahrestag der Unabhängigkeit der Vereinigten Staaten von Amerika (10)

		ST	PP
31 (30)	20 Córdobas (S) 1975. Staatswappen. Rs. Frieden und Fortschritt. 925er Silber, 5,03 g	*20,–*	*35,–*

32 (A31)	50 Córdobas (S) 1975. Rs. »El Capullo«, Gemälde von Annigoni (Wiedergeburt Managuas). 925er Silber, 12,57 g	*30,–*	*50,–*
33 (31)	50 Córdobas (S) 1975. Rs. Gesprungene Freiheitsglocke (Liberty Bell) (200. Jahrestag des Bestehens der Vereinigten Staaten von Amerika)	*30,–*	*50,–*

34 (A32)	100 Córdobas (S) 1975. Rs. Erdglobus mit Fahnen (Danksagung an die Welt für erhaltene Hilfe). 925er Silber, 25,14 g	*60,–*	*80,–*
35 (32)	100 Córdobas (S) 1975. Rs. Betsy Ross beim Fertigen der vom Kontinentalkongreß am 14. 6. 1776 genehmigten Nationalfahne und Astronaut (200. Jahrestag des Bestehens der Vereinigten Staaten von Amerika)	*60,–*	*80,–*
36 (33)	200 Córdobas (G) 1975. Rs. »Pietà« von Michelangelo	–,–	*150,–*
37 (34)	500 Córdobas (G) 1975. Rs. »La Merced«, Kirche im Kolonialstil	–,–	–,–
38 (A34)	500 Córdobas (G) 1975. Typ wie Nr. 32	–,–	*320,–*

		ST	PP
39 (35)	1000 Córdobas (G) 1975. Typ wie Nr. 33	*500,–*	*600,–*

40 (36)	2000 Córdobas (G) 1975. Typ wie Nr. 35	–,–	–,–

1. Jahrestag der Revolution vom 19. Juli 1979 (4)

41 (43) 500 Córdobas (S) 1980. Landkarte, Motto. Rs. Augusto César Sandino (1895–1934), Revolutionsführer. 925er Silber, 14 g [Mexiko], Mo (7000 Ex.) **40,–**

42 (44) 500 Córdobas (S) 1980. Landkarte, Motto. Rs. Carlos Fonseca Amador [Mexiko], Mo (7000 Ex.) **40,–**

43 (45) 500 Córdobas (S) 1980. Staatswappen. Rs. Rigoberto López Pérez [Mexiko], Mo (7000 Ex.) **40,–**

		ST	PP
44 (46)	1000 Córdobas (G) 1980. Rebellen. Rs. Porträts von Sandino und Fonseca. 900er Gold, 20 g [Mexiko], Mo (6000 Ex.)		700,–

		VZ	ST
45 (37)	50 Centavos (K-N) 1980, 1981. Augusto César Sandino, Landesname. Rs. Wertangabe [Mexiko], Mo	1,–	2,–
46 (38)	1 Córdoba (K-N) 1980, 1981, 1983. Typ wie Nr. 45 [Mexiko], Mo	1,80	3,–

47 (39)	5 Córdobas (K-N) 1980. Augusto César Sandino. Rs. Wertangabe, Landesname (siebeneckig) [RM]	3,–	5,–

48 (40)	5 Centavos (Al) 1981. Typ ähnlich wie Nr. 45	–,30	–,60
49 (41)	10 Centavos (Al) 1981. Typ wie Nr. 48	–,30	–,60

50 (42)	25 Centavos (St, N plattiert) 1981. Typ ähnlich wie Nr. 45 [Sherritt]	–,50	1,–
51 (37a)	50 Centavos (St, N plattiert) 1982, 1983. Typ wie Nr. 50 [Sherritt]	1,–	2,–
52	25 Centavos (St) 1985. Typ ähnlich wie Nr. 45	–,50	1,–
53	50 Centavos (St) 1985. Typ wie Nr. 52	1,–	2,–
54 (38a)	1 Córdoba (St) 1984, 1985. Typ wie Nr. 52	1,80	3,–

55 (39a)	5 Córdobas (St) 1984. Typ ähnlich wie Nr. 47 (siebeneckig)	3,–	5,–

50. Jahrestag der Ermordung Sandinos (6)

		PP
A56	500 Córdobas (S) 1984. Staatswappen, unten »Sandino siempre«. Rs. Augusto César Sandino. 999er Silber, 14 g [La Habana]	75,–
B56	500 Córdobas (S) 1984. Rs. Geburtshaus Sandinos in Niquinohomo	75,–
C56	500 Córdobas (S) 1984. Rs. Sandino, Estrada und Umanzor, Generale der Befreiungstruppen	75,–
56	1000 Córdobas (G) 1984. Typ wie Nr. A56. 916⅔er Gold, 20 g [La Habana] (1000 Ex.)	*800,–*
57	1000 Córdobas (G) 1984. Typ wie Nr. B56 [La Habana] (1000 Ex.)	*800,–*
58	1000 Córdobas (G) 1984. Typ wie Nr. C56 [La Habana] (1000 Ex.)	*800,–*

59	5 Centavos (Al) 1987. Sandinos Hut über Jahreszahl zwischen Zweigen. Rs. Wert	–,30	–,60
60	10 Centavos (Al) 1987. Typ wie Nr. 59	–,30	–,60
61	25 Centavos (Al) 1987. Typ wie Nr. 59	–,50	1,–
62	50 Centavos (Al-Bro) 1987. Typ wie Nr. 59	1,–	2,–
63	1 Córdoba (Al-Bro) 1987. Typ wie Nr. 59	1,80	3,–
64	5 Córdobas (Al-Bro) 1987. Typ wie Nr. 59	3,–	5,–

65	500 Córdobas (Al) 1987. Typ wie Nr. 59	–,–	–,–

Nr. 66 fällt aus.

XV. Olympische Winterspiele 1988 in Calgary

		PP
67	50 Córdobas (S) 1988. Staatswappen. Rs. Abfahrtsläufer. 825er Silber, 16,6 g [Barcelona]	85,–

XXIV. Olympische Sommerspiele 1988 in Seoul

68	50 Córdobas (S) 1988. Rs. Segelboot mit gesetztem Spinnaker. 825er Silber, 16,6 g [Barcelona]	85,–

XIII. Fußball-Weltmeisterschaft 1986 in Mexiko

69	2000 Córdobas (S) 1988. Rs. Stürmer. 825er Silber, 16,6 g [Barcelona] (10000 Ex.)	*120,–*

500. Jahrestag der Entdeckung Amerikas – 1. Ausgabe

PP

70 10 000 Córdobas (S) 1989. Rs. »Santa Maria«, Flaggschiff von Christoph Kolumbus, mit dem er 1502 vor Nicaragua landete. 999er Silber, 20 g (10 000 Ex.) **80,–**

XIV. Fußball-Weltmeisterschaft 1990 in Italien – 1. Ausgabe

71 10 000 Córdobas (S) 1990. Rs. Steilpaß. 999er Silber, 26 g (max. 10 000 Ex.) **80,–**

Bedrohte Tierwelt

72 10 000 Córdobas (S) 1990. Rs. Ozelot. 999er Silber, 25 g [Barcelona] *100,–*

XVI. Olympische Winterspiele 1992 in Albertville

73 10 000 Córdobas (S) 1990 Rs. Eiskunstläuferin. 999er Silber, 20 g [Barcelona] (max. 10 000 Ex.) **85,–**

XXV. Olympische Sommerspiele 1992 in Barcelona (4)

74 10 000 Córdobas (S) 1990. Rs. Radrennfahrer in Landschaft. 999er Silber, 20 g [Barcelona] (max. 10 000 Ex.) **85,–**

75 10 000 Córdobas (S) 1990. Rs. Tennisspielerin nach dem Sieg **85,–**

76 10 000 Córdobas (S) 1990. Rs. Springreiter, kleine Inschrift, ohne Feingehaltsangabe **85,–**

A76 10 000 Córdobas (S) 1990. Rs. Springreiter, große Inschrift, Feingehaltsangabe »999« **85,–**

500. Jahrestag der Entdeckung Amerikas – 2. Ausgabe

PP

77 10 000 Córdobas (S) 1990. Rs. »Santa Maria« auf hoher See. 999er Silber, 20 g [Barcelona] **80,–**

WÄHRUNGSREFORM 13. August 1990:
1000 Córdobas = 1 Córdoba Oro

NEUE WÄHRUNG: 100 Centavos = 1 Córdoba Oro

XIV. Fußball-Weltmeisterschaft 1990 in Italien – 2. Ausgabe

78 10 Córdobas (S) 1991. Rs. Spieler mit Pokal, Stadion in Rom, Inschrift »Deutschland Weltmeister«. 999er Silber, 26 g [Barcelona] (max. 10 000 Ex.) **80,–**

500. Jahrestag der Entdeckung Amerikas – 3. Ausgabe

79 1 Córdoba (S) 1991. Staatswappen im Wappenkreis. Rs. Spanischer Eroberer Gil González de Avila und Kazike Nicarao vor Landkarte. 925er Silber, 27 g [Mexiko], Mo **–,–**

Frühere Ausgaben siehe Weltmünzkatalog 19. Jahrhundert.

Netherlands | # Niederlande | **Pays-Bas**

Fläche: 41 548 km²; 14 500 000 Einwohner (1986).
Der Sturz Napoleons ermöglichte 1815 die Wiederherstellung der Niederlande durch den Wiener Kongreß als Einheitsstaat, in dem die Vereinheitlichungen der letzten Jahrzehnte weiterwirkten. Zum König wurde der Sohn des letzten Generalstatthalters aus dem Hause Nassau-Oranien gewählt, aber die historisch erwachsene Verschiedenheit der Holländer und der Belgier, vor allem konfessioneller Natur, führte 1830 zu einem Aufstand in Brüssel, aus dem das Königreich Belgien hervorging. Erst 1839 wurde der Friede zwischen den beiden benachbarten Königreichen geschlossen. Das Königreich der Niederlande bestand nunmehr aus zehn Provinzen; der König war gleichzeitig – bis 1890 – Großherzog von Luxemburg. Seit jenem Jahr folgten auf dem niederländischen Thron nur weibliche Mitglieder des Hauses Oranien, die Königin Wilhelmina (bereits als Kind) und Juliana. Im Ersten Weltkrieg konnten die Niederlande neutral bleiben, während sie im Zweiten, von der deutschen Wehrmacht besetzt, das Kriegsgeschehen vor allem in der letzten Phase unmittelbar erleben mußten; Deichöffnungen und Überschwemmungen waren ein bewährtes Mittel der Landesverteidigung. Umgekehrt ist durch teilweise Trockenlegung der Zuidersee beträchtliches Festland gewonnen worden. Wirtschaftspolitisch haben sich die Niederlande, Luxemburg und Belgien zu oft gemeinsamem Handeln bewogen gefunden; sie treten seit 1948 dann als Benelux-Staaten auf. Von den überseeischen Besitzungen der Niederlande ist nach komplizierten verfassungsrechtlichen Maßnahmen wenig übrig geblieben. Zunächst wurde Indonesien unabhängig und 1975 folgte die Unabhängigkeit Surinams; damit verblieben nur noch einige Antilleninseln in Südamerika. Hauptstadt: Amsterdam, Regierungssitz und Residenz: Den Haag.

100 Cent(stukken) = 1 Holländischer Gulden (Nederlandse Gulden)

Folgende weitere Bezeichnungen sind üblich: Stuiver (5 Cent), Dubbeltje (10 Cent), Kwartje (25 Cent), Rijksdaalder (2½ Gulden)

Münzstättenzeichen:
Caduceus (Utrecht)
Münzmeisterzeichen:

(he) Hellebarde (H. L. A. van den Wall Bake) 1888–1909
(he*) Hellebarde mit Stern (G. Blom) 1909
(sp) Seepferdchen (C. Hoitsema) 1909–1933
(wt) Weintraube (W. J. van Heteren) 1933–1942
(f) Fisch (J. W. A. van Hengel) 1945–1969
(f*) Fisch mit Stern (J. W. A. van Hengel) 1964–1968
(e) Eichel 1940–1945
(h) Hahn (M. van den Brandhof) 1969–1979
(h*) Hahn mit Stern (B. C. H. J. Smit) 1980
(ha) Hammer mit Amboß (J. de Jong) 1980–1988
(b) Pfeil und Bogen (Drs. C. van Draanen) seit 1989

Königreich der Niederlande
Koninkrijk der Nederlanden
Wilhelmina 1890–1948

Die Katalogpreise sind durchschnittliche Handelspreise und als solche den täglichen Schwankungen des Marktes unterworfen.

		SS	VZ
1 (15)	1 Dukat (G) 1894–1937. Stehender Ritter mit Schwert und Pfeilbündel, Motto »Concordia Res Parvae Crescunt« (Durch Eintracht wachsen die kleinen Dinge, Einigkeit macht stark). Rs. Auf verzierter quadratischer Schrifttafel MO. AUR./REG. BELGII/ AD LEGEM IMPERII. 983er Gold, 3,494 g:		
	a) (he) 1894, 1895, 1899, 1901, 1903, 1905, 1906, 1908	550,–	750,–
	b) (he*) 1909	550,–	750,–
	c) (sp) 1909	750,–	1200,–
	1910, 1912–1914, 1916	550,–	750,–
	1917, 1920, 1921, 1923–1928	170,–	220,–
	1922	550,–	750,–
	1932 (88 268 Ex.)	900,–	1500,–
	d) (wt) 1937	200,–	250,–

Nrn. 1, 72, 88, 92, 93 gehen auf das Edikt Kaiser Ferdinands I. von 1559 zurück und werden dem Typ nach seit 1586 bis heute geprägt. Die modernen Prägungen sind Münzen, aber kein gesetzliches Zahlungsmittel.

2 (3)	½ Cent (Bro) 1891, 1894, 1898, 1900, 1901. Wappenlöwe, Landesname. Rs. Wertangabe im Kranz (he)	20,–	40,–

3 (4)	1 Cent (Bro) 1892, 1896–1901. Typ wie Nr. 2 (he)	20,–	50,–

Nr. 3 von 1901 auch mit KONINKRIJK statt KONINGRIJK vorkommend (Y 4a).

		SS	VZ
4 (5)	2½ Cent (Bro) 1894, 1898. Typ wie Nr. 2 (he)	**80,–**	**140,–**

5 (23)	10 Cents (S) 1898, 1901. Wilhelmina (1880–1962), jugendliches Kopfbild mit hochgesteckten Haaren n. l. Rs. Wertangabe im Kranz. 640er Silber, 1,4 g (he)	**140,–**	**350,–**
6 (24)	25 Cents (S) 1898, 1901. Typ wie Nr. 5. 640er Silber, 3,575 g (he)	**120,–**	**250,–**
7 (25)	50 Cents = ½ Gulden (S) 1898. Rs. Gekröntes Wappen zwischen ½/G, darunter 50 C. 945er Silber, 5 g (he)	**160,–**	**280,–**

8 (26)	100 Cents = 1 Gulden (S) 1898, 1901. Typ wie Nr. 7. 945er Silber, 10 g (he)	**200,–**	**450,–**
9 (27)	2½ Gulden (S) 1898. Typ wie Nr. 7. 945er Silber, 25 g (he)	**700,–**	**1400,–**
10 (25b)	50 Cents = ½ Gulden (G) 1898. Typ wie Nr. 7 (he)	–,–	–,–
11 (26b)	100 Cents = 1 Gulden (G) 1898. Typ wie Nr. 7 (he)	–,–	–,–
12 (27a)	2½ Gulden (G) 1898. Typ wie Nr. 7 (he)	–,–	–,–
13 (29)	10 Gulden (G) 1898. Wilhelmina, Kopfbild n. r. Rs. Gekröntes Wappen, Wertangabe, Landesname. 900er Gold, 6,72 g (he)	**700,–**	**950,–**
14 (3c)	½ Cent (Bro) 1903, 1906. Typ ähnlich wie Nr. 2 (he)	**10,–**	**25,–**
15 (4c)	1 Cent (Bro) 1902, 1904–1907. Typ wie Nr. 14 (he)	**15,–**	**45,–**

16 (5c)	2½ Cent (Bro) 1903–1906. Typ wie Nr. 14 (he)	**20,–**	**45,–**

17 (33)	5 Cents (K-N) 1907–1909. Krone zwischen Eichenzweigen, Landesname. Rs. Wertangabe im Kranz		
	1907	**18,–**	**35,–**
	1908	**25,–**	**45,–**
	1909	**80,–**	**150,–**

		SS	VZ
18 (23a)	10 Cents (S) 1903. Typ wie Nr. 5, größeres Kopfbild (he)	**50,–**	**110,–**

19 (23b)	10 Cents (S) 1904–1906. Typ wie Nr. 5, kleines Kopfbild (he)	**65,–**	**150,–**
20 (24.1)	25 Cents (S) 1901–1906. Typ wie Nr. 5, breiter Halsabschnitt (he)	**120,–**	**250,–**
21 (25a)	½ Gulden (S) 1904–1909. Typ wie Nr. 7:		
	a) (he) 1904–1908	**85,–**	**175,–**
	b) (he*) 1909	**85,–**	**175,–**
22 (26a)	1 Gulden (S) 1904–1909. Typ wie Nr. 7:		
	a) (he) 1904–1908	**80,–**	**175,–**
	b) (he*) 1909	*130,–*	*300,–*

Nr. 22a von 1905, Piéfort, polierte Platte *6000,–*

		SS	VZ
23 (3d)	½ Cent (G) 1903. Typ wie Nr. 14 (he)	–,–	–,–
24 (4e)	1 Cent (G) 1902. Typ wie Nr. 14 (he)	–,–	–,–
25 (5d)	2½ Cent (G) 1903. Typ wie Nr. 14 (he)	–,–	–,–
26 (23c)	10 Cents (G) 1903. Typ wie Nr. 18 (he)	–,–	–,–
27 (24a)	25 Cents (G) 1903. Typ wie Nr. 20 (he)	–,–	–,–
28 (25c)	½ Gulden (G) 1905. Typ wie Nr. 7 (he)	–,–	–,–

Nr. 29 fällt aus.

30 (35)	½ Cent (Bro) 1909–1940. Wappenlöwe, Landesname. Rs. Wertangabe im Kranz:		
	a) (sp) 1909, 1911, 1912, 1914–1917, 1921, 1922, 1928, 1930	**10,–**	**18,–**
	b) (wt) 1934, 1936–1938, 1940	**7,–**	**12,–**
31 (36)	1 Cent (Bro) 1913–1941. Typ wie Nr. 30:		
	a) (sp) 1913–1922, 1924–1931	**7,–**	**15,–**
	b) (wt) 1937–1941	**2,–**	**6,–**
32 (37)	2½ Cent (Bro) 1912–1941. Typ wie Nr. 30:		
	a) (sp) 1912–1916, 1918, 1919, 1929	**15,–**	**30,–**
	b) (wt) 1941	**10,–**	**20,–**

33 (34)	5 Cents (K-N) 1913, 1914, 1923, 1929, 1932–1934, 1936, 1938–1940. Orangenzweig (Citrus sinensis – Rutaceae), Landesname. Rs. Wertangabe in Muschelverzierung	**15,–**	**30,–**

		SS	VZ
34 (39)	10 Cents (S) 1910–1919, 1921, 1925. Wilhelmina, Brustbild n. l. Rs. Wertangabe im Kranz. 640er Silber, 1,4 g (sp)	**20,–**	**40,–**
35 (40)	25 Cents (S) 1910–1919, 1925. Typ wie Nr. 34. 640er Silber, 3,575 g (sp)	**50,–**	**100,–**

36 (41)	½ Gulden (S) 1910, 1912, 1913, 1919. Rs. Gekröntes Wappen, Wertangabe. 945er Silber, 5 g (sp)	**65,–**	**130,–**

37 (42)	1 Gulden (S) 1910–1917. Typ wie Nr. 36. 945er Silber, 10 g (sp)	**70,–**	**160,–**
38 (35a)	½ Cent (S) 1911. Typ wie Nr. 30 (sp)	**–,–**	**–,–**
39 (39a)	10 Cents (G) 1910. Typ wie Nr. 34 (sp)	**–,–**	**–,–**

Nr. 40 fällt aus.

41 (31)	5 Gulden (G) 1912. Wilhelmina, Brustbild n. r. Rs. Gekröntes Wappen, Wertangabe, Landesname. 900er Gold, 3,36 g	**275,–**	**400,–**
42 (30)	10 Gulden (G) 1911–1913, 1917. Typ wie Nr. 41. 900er Gold, 6,72 g (sp)	**200,–**	**240,–**

43 (43)	10 Cents (S) 1926–1941. Wilhelmina, Kopfbild n. l. Rs. Wertangabe im Kranz. 640er Silber, 1,4 g:		
	a) (sp) 1926–1928, 1930	**15,–**	**50,–**
	b) (wt) 1934–1939, 1941	**4,–**	**8,–**

		SS	VZ
44 (44)	25 Cents (S) 1926–1941. Typ wie Nr. 43, 640er Silber, 3,575 g:		
	a) (sp) 1926, 1928	**20,–**	**40,–**
	b) (wt) 1939–1941	**7,–**	**15,–**
45 (45)	½ Gulden (S) 1921, 1922, 1928–1930. Rs. Gekröntes Wappen, Wertangabe. 720er Silber, 5 g (sp)	**10,–**	**20,–**
46 (46)	1 Gulden (S) 1922–1940. Typ wie Nr. 45. 720er Silber, 10 g:		
	a) (sp) 1922–1924, 1928–1931	**12,–**	**25,–**
	b) (wt) 1938–1940	**12,–**	**25,–**
47 (47)	2½ Gulden (S) 1929–1940. Typ wie Nr. 45:		
	a) (sp) 1929–1933	**25,–**	**50,–**
	b) (wt) 1937–1940	**30,–**	**55,–**

48 (32)	10 Gulden (G) 1925–1927, 1932, 1933. Wilhelmina, Kopfbild n. r. Rs. Gekröntes Wappen, Wertangabe, Landesname. 900er Gold, 6,72 g (sp)	**200,–**	**240,–**

Ausgaben für Niederländisch-Indien, Curaçao und Suriname

Münzmeisterzeichen: (p) Palme 1940–1945

		SS	VZ
49 (36a)	1 Cent 1942, 1943. Typ wie Nr. 30 [Philadelphia], P:		
	a) (Bro) 1942	**10,–**	**35,–**
	b) (Me) 1943	**10,–**	**25,–**
50 (34a)	5 Cents (Neusilber) 1943. Typ wie Nr. 33	**10,–**	**25,–**
51 (43a)	10 Cents (S) 1941–1945. Typ wie Nr. 43. 640er Silber, 1,4 g:		
	a) [Philadelphia], P, (p), 1941–1943	**15,–**	**45,–**
	b) [Philadelphia], P, (e), 1943–1945	**4,–**	**8,–**
	c) [Denver], D, (e), 1944	*5000,–*	*9000,–*
	d) [San Francisco], S, (e), 1944	**25,–**	**55,–**
52 (44a)	25 Cents (S) 1941–1945. Typ wie Nr. 43. 640er Silber, 3,575 g:		
	a) [Philadelphia], P, (p), 1941, 1943	**15,–**	**35,–**
	b) [Philadelphia], P, (e), 1943–1945	**10,–**	**20,–**

		SS	VZ
53 (46a)	1 Gulden (S) 1943–1945. Typ wie Nr. 45. 720er Silber, 10 g:		
	a) [Denver], D, (p), 1943	**15,–**	**25,–**
	b) [Philadelphia], P, (e), 1944, 1945	*120,–*	*200,–*
54 (47a)	2½ Gulden (S) 1943. Typ wie Nr. 45. 720er Silber, 25 g [Denver], D, (p)	**30,–**	**50,–**

Kriegsausgaben für die Niederlande (5)

55 (48)	1 Cent (Zink) 1941–1944. Kreuz, Landesname. Rs. Wertangabe, Ähren	**2,–**	**5,–**

		SS	VZ
56 (49)	2½ Cent (Zink) 1941, 1942. Friesische Dachverzierung, Landesname. Rs. Wertangabe, Ähren:		
	1941	**20,–**	**50,–**
	1942	*5500,–*	*9000,–*

57 (50) 5 Cent (Zink) 1941–1943. Gekreuzte Pferdeköpfe vor Sonne, Landesname. Rs. Wertangabe, Ähren **10,– 35,–**

58P 10 Cents (Zink) 1942 **–,– –,–**

58 (51) 10 Cents (Zink) 1941–1943. Drei stilisierte Tulpen, Landesname. Rs. Wertangabe, Zweige **4,– 10,–**

59 (52) 25 Cents (Zink) 1941–1943. Segelschiff, Landesname. Rs. Wertangabe, Zweige **10,– 30,–**

60 (53) 1 Cent (Bro) 1948. Wilhelmina, Kopfbild n. l. Rs. Wertzahl (f) **–,20 1,–**

61 (54) 5 Cent (Bro) 1948. Rs. Wertzahl mit Orangenzweig (f) **1,– 2,–**

62 (55) 10 Cent (N) 1948. Rs. Krone über Wertzahl (f) **1,– 2,–**

63 (56) 25 Cent (N) 1948. Typ wie Nr. 62 (f) **1,– 4,–**

Juliana 1948–1980

		VZ	ST
64 (57)	1 Cent (Bro) 1950–1980. Juliana, Kopfbild n. r. Rs. Wertzahl, wie Nr. 60:		
	a) (f) 1950–1969	**–,40**	**2,–**
	b) (h) 1969–1979	**–,40**	**2,–**
	c) (h*) 1980	**–,40**	**1,–**

		VZ	ST
65 (58)	5 Cent (Bro) 1950–1980. Rs. Wertzahl mit Orangenzweig, wie Nr. 61:		
	a) (f) 1950–1958, 1960–1967, 1969	**–,50**	**2,–**
	b) (h) 1969–1979	**–,40**	**1,–**
	c) (h*) [Utrecht, RM] 1980	**–,30**	**1,–**
66 (59)	10 Cent (N) 1950–1980. Rs. Krone über Wertzahl, wie Nr. 62:		
	a) (f) 1950, 1951, 1954–1969	**–,50**	**2,–**
	b) (h) 1969–1979	**–,20**	**–,50**
	c) (h*) [Utrecht, RM] 1980	**–,20**	**–,50**

67 (60)	25 Cent (N) 1950–1980. Typ wie Nr. 66:		
	a) (f) 1950, 1951, 1954–1958, 1960–1969	**–,70**	**3,–**
	b) (h) 1969–1979	**–,40**	**1,–**
	c) (h*) [Utrecht, RM] 1980	**–,40**	**1,–**

Nr. 67c von 1980 in Aluminium (Y 60a) (15 Ex.) *750,–*

68 (61) 1 Gulden (S) 1954–1958, 1963–1967. Rs. Gekröntes Wappen, Wertangabe. 720er Silber, 6,5 g (f) **4,– 7,–**

69 (62) 2½ Gulden (S) 1959–1964, 1966. Typ wie Nr. 68. 720er Silber, 15 g. Ø 33 mm (f) **7,– 15,–**

70 (61a)	1 Gulden (N) 1967–1980. Typ wie Nr. 68:		
	a) (f) 1967–1969	**2,–**	**3,–**
	b) (h) 1969–1973, 1975–1979	**1,50**	**2,–**
	c) (h*) 1980	**1,50**	**2,–**
71 (62a)	2½ Gulden (N) 1969–1980. Typ wie Nr. 68. Ø 29 mm:		
	a) (f) 1969	**4,–**	**10,–**
	b) (h) 1969–1972, 1978	**3,–**	**4,–**
	c) (h*) 1980	**3,–**	**4,–**

72 (63)	1 Dukat (G) 1960–1978. Typ wie Nr. 1. 983er Gold, 3,494 g:		
	a) (f) 1960	*750,–*	*1000,–*
	b) (h) 1972, 1974–1976, 1978		**150,–**
	c) (h) 1974, Wendeprägung		*500,–*

25. Jahrestag der Beendigung des Zweiten Weltkrieges

		ST U	PP P
73 (64)	10 Gulden (S) 1970. Rs. Wilhelmina, Kopfbild n. l., Gedenkumschrift. 720er Silber, 25 g (h) 22,–	50,–	*600,–*

25. Regierungsjubiläum am 4. September 1973

		ST	PP
74 (65)	10 Gulden (S) 1973. Juliana, Kopfbild n. r., Gedenkumschrift. Rs. Gekröntes Wappen. 720er Silber, 25 g (h)	25,–	100,–

400 Jahre Union von Utrecht

		ST
75 (66)	2½ Gulden (N) 1979. Juliana, Kopfbild n. r. Rs. Wertangabe, Gedenkumschrift (h)	5,–

Beatrix seit 1980

Amtseinführung von Königin Beatrix (6)

		VZ	ST
76 (67)	1 Gulden (N) 1980. Juliana und Beatrix, gestaffelte Kopfbilder n. l. Rs. Gekröntes Wappen, wie Nr. 74 (h*)	2,–	2,50
77 (68)	2½ Gulden (N) 1980. Typ wie Nr. 76 (h*)	4,–	5,–
78 (67a)	1 Gulden (S) 1980. Typ wie Nr. 76 (h*) (157 Ex.)		–,–
79 (68a)	2 Gulden (S) 1980. Typ wie Nr. 76 (h*) (157 Ex.)		–,–

		VZ	ST
80 (67b)	1 Gulden (G) 1980. Typ wie Nr. 76 (h*) (7 Ex.)		–,–
81 (68b)	2½ Gulden (G) 1980. Typ wie Nr. 76 (h*) (7 Ex.)		–,–
82 (69)	5 Cent (Bro) 1982–1992. Beatrix, Kopfbild n. l. Rs. Wertangabe, durch geometrische Muster symbolisiert:		
	a) (ha) 1982–1988	–,10	–,30
	b) (b) 1989–1992	–,10	–,30

83 (70)	10 Cent (N) 1982–1992. Typ wie Nr. 82:		
	a) (ha) 1982–1988	–,20	–,30
	b) (b) 1989–1992	–,20	–,30

		VZ	ST
84 (71)	25 Cent (N) 1982–1992. Typ wie Nr. 82:		
	a) (ha) 1982–1988	–,40	–,50
	b) (b) 1989–1992	–,40	–,50

85 (72)	1 Gulden (N) 1982–1992. Typ wie Nr. 82:		
	a) (ha) 1982–1988	1,40	2,–
	b) (b) 1989–1992	1,40	2,–

86 (73)	2½ Gulden (N) 1982–1992. Typ wie Nr. 82:		
	a) (ha) 1982–1988	2,80	3,50
	b) (b) 1989–1992	2,80	3,50
87	5 Gulden (N, Bro galvanisiert) 1988–1992. Typ wie Nr. 82:		
	a) (ha) 1988	5,50	8,–
	b) (b) 1989–1992	5,50	8,–

Nrn. 82–86 von 1982–1987, polierte Platte 80,–
Nrn. 82–87 von 1988–1992, polierte Platte 80,–

88 (63)	1 Dukat (G) 1985. Typ wie Nr. 1. 983er Gold, 3,494 g (ha)	170,–

200. Jahrestag der Aufnahme diplomatischer Beziehungen zu den Vereinigten Staaten von Amerika (2)

		ST	PP
89 (74)	50 Gulden (S) 1982. Rs. Köpfe des niederländischen Löwen und des amerikanischen Adlers einander zugewandt. 925er Silber, 25 g (ha)	90,–	180,–
90	50 Gulden (G) 1982. Typ wie Nr. 89 (ha) (2 Ex.)	–,–	

400. Todestag von Wilhelm von Oranien

		ST	PP
91 (75)	50 Gulden (S) 1984. Rs. Namenszug Wilhelms I. von Oranien-Nassau (1533–1584), gen. der Schweiger, Statthalter der Vereinigten Provinzen der Niederlande. 925er Silber, 25 g (ha)	**80,–**	**115,–**

400 Jahre Dukatenprägung der Niederlande im Rittertyp

		PL	PP
92 (76)	1 Dukat (G) 1986, 1989–1992. Stehender Ritter mit Schwert und Pfeilbündel, nach dem Dukat von 1586. Rs. Verzierte quadratische Schrifttafel. 983er Gold, 3,494 g:		
	a) (ha) im Ring geprägt, 1986	**180,–**	
	b) (b) ohne Ring geprägt, 1989–1992		**180,–**

93 (77)	2 Dukaten (G) 1988, 1989, 1991, 1992. Stehender Ritter mit Schwert und Pfeilbündel im Perlkreis, nach dem Dukat von 1606. Rs. Verzierte quadratische Schrifttafel. 983 Gold, 6,988 g		
	a) (ha) 1988 (23 750 Ex.)	**360,–**	
	b) (b) 1989 (17 900 Ex.), 1991, 1992		**360,–**

Zur goldenen Hochzeit von Königinmutter Juliana und Prinz Bernhard

		ST	PP
94 (78)	50 Gulden (S) 1987. Beatrix, Kopfbild n. l. Rs. Juliana und Bernhard, gestaffelte Porträts n. r. 925er Silber, 25 g (ha)	**70,–**	**110,–**

300. Jahrestag der englischen Königskrönung von Wilhelm III. von Oranien und Maria Stuart

95	50 Gulden (S) 1988. Rs. Gestaffelte Kopfbilder von Wilhelm und Maria. 925er Silber, 25 g (ha)	**70,–**	**110,–**
A95	50 Gulden (G) 1988. Typ wie Nr. 95 (ha) (4 Ex.)		

96	1 Dukaton (S) 1989, 1992. Stehender Ritter mit dem Wappen der Provinz Utrecht. Rs. Gekröntes Wappen. 873er Silber, 28,25 g (b) (35 700 Ex.)	**65,–**	

Nr. 96 wurde nach dem Zilveren Dukaat (Taler) von 1816 gestaltet und ist eine Münze, aber kein gesetzliches Zahlungsmittel.

100 Jahre Königinnen aus dem Hause Oranien

		ST	PP
97	50 Gulden (S) 1990	70,–	110,–

Silberhochzeit von Königin Beatrix und Prinz Claus

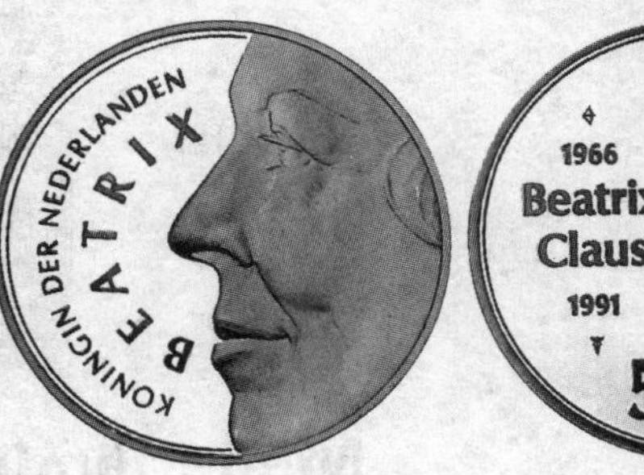

		ST	PP
98	50 Gulden (S) 1991. Königin Beatrix. Rs. Prinz Claus	70,–	110,–

Frühere Ausgaben siehe Weltmünzkatalog 19. Jahrhundert.

Niederländische Antillen

Netherlands Antilles

Antilles Néerlandaises

Nederlandse Antillen

Fläche: 961 km²; 225 000 Einwohner.
Die Inselgruppe umschließt die Inseln Curaçao, Aruba, Bonaire, St. Martin (⅔ dieser Insel gehören zum französischen Übersee-Departement Guadeloupe), St. Eustatius und Saba und bildet nach dem Statut von 1954 einen Teil des Königreiches der Niederlande. Hauptstadt: Willemstadt.

100 Cents = 1 Niederl.-Antillen-Gulden (Nederlandse-Antilliaanse Gulden)

Münzmeisterzeichen: siehe Niederlande.

Juliana 1948–1980

		SS	VZ
1 (1)	1 Cent (Bro) 1952–1970. Wappenlöwe. Rs. Wertangabe zwischen unten gebundenen Zweigen:		
	a) (f) 1952, 1954, 1957, 1959, 1961, 1963, 1965, 1967, 1968	2,–	5,–
	b) (f*) 1968	6,–	20,–
	c) (h) 1970	5,–	15,–

		SS	VZ
2 (2)	2½ Cent (Bro) 1956–1965. Typ wie Nr. 1:		
	a) (f) 1956, 1959, 1965	3,–	8,–
	b) (f*) 1965	8,–	18,–

		SS	VZ
3 (3)	5 Cent (K-N) 1957–1970. Orangenzweig (Citrus sinensis – Rutaceae) im Kreis. Rs. Wert in Muschelverzierung (viereckig):		
	1957, 1963, 1965, 1967, 1970	2,–	8,–
	1962	12,–	25,–
4 (4)	1/10 Gulden (S) 1954–1970. Juliane, Kopfbild n. r. Rs. Wert 640er Silber, 1,4 g:		
	a) (f) 1954, 1956, 1957, 1959, 1960, 1962, 1963, 1966	2,50	5,–
	b) (f*) 1966	6,–	16,–
	c) (h) 1970	3,–	7,–
5 (5)	1/4 Gulden (S) 1954–1970. Typ wie Nr. 4, 640er Silber, 3,58 g:		
	a) (f) 1954, 1956, 1957, 1960, 1962, 1963, 1965, 1967	5,–	10,–
	b) (f*) 1967	7,–	18,–
	c) (h) 1970	6,–	15,–
6 (6)	1 Gulden (S) 1952–1970. Rs. Gekröntes Wappen der Niederlande. 720er Silber, 10 g:		
	a) (f) 1952, 1963, 1964	15,–	28,–
	b) (f*) 1964	16,–	32,–
	c) (h) 1970	25,–	45,–
7 (7)	2½ Gulden (S) 1964. Typ wie Nr. 6. 720er Silber, 25 g. (f)	20,–	36,–

		VZ	ST
8 (8)	1 Cent (Bro) 1969–1978. Gekröntes Wappen mit sechs Sternen, 1964 eingeführt, Landesname. Rs. Wertangabe, sechs Sterne (h):		
	1969 (200 Ex.)		–,–
	1970–1978	–,30	–,50
9 (9)	2½ Cent (Bro) 1969–1978. Typ wie Nr. 8 (h):		
	1969 (200 Ex.)		–,–
	1970, 1971, 1973–1978	–,40	–,60
10 (8a)	1 Cent (Al) 1979, 1980. Typ wie Nr. 8:		
	a) (h) 1979	–,30	–,50
	b) (h*) 1980	–,30	–,50
11 (9a)	2½ Cent (Al) 1979, 1980. Typ wie Nr. 8:		
	a) (h) 1979	–,40	–,60
	b) (h*) 1980	–,40	–,60
12P	5 Cent (K-N) 1969 (viereckig) (h) (200 Ex.)		–,–
12 (10)	5 Cent (K-N) 1971–1980. Typ ähnlich wie Nr. 8 (viereckig):		
	a) (h) 1971, 1974–1979	–,50	–,70
	b) (h*) 1980	–,50	–,70
13 (11)	10 Cent (N) 1969–1980. Typ wie Nr. 8:		
	a) (h) 1969 (200 Ex.)		–,–
	1970, 1971, 1974–1979	–,60	1,–
	b) (h*) 1980	–,60	1,–

VZ ST

14 (12) 25 Cent (N) 1969–1980. Typ wie Nr. 8:
a) (h) 1969 (200 Ex.) –,–
1970, 1971, 1975–1979 **–,80 1,50**
b) (h*) 1980 **–,80 1,50**

15 (13) 1 Gulden (N) 1969–1980. Juliana, Kopfbild n. r. Rs. Gekröntes Wappen, Wertangabe:
a) (h) 1969 (200 Ex.) –,–
1970, 1971, 1978, 1979 **3,50 8,–**
b) (h*) 1980 **2,50 5,–**

16 (19) 2½ Gulden (N) 1978–1980. Typ wie Nr. 15:
a) (h) 1978, 1979 **4,– 6,–**
b) (h*) 1980 **4,– 6,–**

25. Regierungsjubiläum am 4. September 1973

ST PP

17 (14) 25 Gulden (S) 1973. Juliana, Kopfbild n. r. Rs. Juliana und Prinzgemahl Bernhard in der Staatskarosse anläßlich ihres Besuches auf der Insel Curaçao beim Überqueren der Königin-Emma-Brücke. Umschrift in der Landessprache Papiamento, Namen der einzelnen Inseln. Randschrift DIOS KU NOS. 925er Silber, 42,12 g [RCM] **65,– 85,–**

200. Jahrestag der Unabhängigkeit der Vereinigten Staaten von Amerika (2)

ST PP
N U

18 (15) 25 Gulden (S) 1976. Juliana, Kopfbild n. r. Rs. »Andrew Doria«, Schiff der amerikanischen Marine. 925er Silber, 41,7 g, FM *400,–* **160,– 160,–**

19 (16) 200 Gulden (G) 1976. Typ wie Nr. 18. 900er Gold, 7,95 g, FM (achteckig) *800,–* **450,– 450,–**

ST PP
N U

20 (17) 25 Gulden (S) 1977. Rs. Standbild von Peter Stuyvesant (1592–1672), Gouverneur von Neu-Amsterdam (heutiges New York), FM (2000 Ex.) **600,–**

21 (18) 200 Gulden (G) 1977. Typ wie Nr. 20, FM (achteckig) *500,– 650,–* **450,–**

150 Jahre Verfassung (2)

22 (20) 10 Gulden (S) 1978. Rs. Gekröntes Wappen. 720er Silber, 25 g (h) **50,– 95,–**

23 (21) 100 Gulden (G) 1978. Rs. Kopfbild König Wilhelms I., 900er Gold, 6,72 g (h) **350,– 450,–**

Internationales Jahr des Kindes 1979

24 (22) 25 Gulden (S) 1979. Rs. Tanzende Kinder (h):
a) 925er Silber, 27,22 g *250,–* **125,– 75,–**
b) Piéfort *400,–*

25 (23) 50 Gulden (G) 1979. 900er Gold, 3,36 g (h) **200,– 180,–**

Zur Abdankung von Königin Juliane

26 (24) 300 Gulden (G) 1980. 900er Gold, 5 g (viereckig)
a) ohne Msz, ohne Mmz (ca. 200 Ex.) *1000,–*
b) (h*) (Abb.) **280,– 380,–**

Beatrix seit 1980

		VZ	ST
27 (8a)	1 Cent (Al) 1981–1985. Typ wie Nr. 8 (ha)	–,20	–,30
28 (9a)	2½ Cent (Al) 1981–1985. Typ wie Nr. 8 (ha)	–,20	–,30
29 (10)	5 Cent (K-N) 1981–1985. Typ wie Nr. 12 (ha) (viereckig)	–,20	–,30
30 (11)	10 Cent (N) 1981–1985. Typ wie Nr. 8 (ha)	–,20	–,30
31 (12)	25 Cent (N) 1981–1985. Typ wie Nr. 8 (ha)	–,40	–,50

32 (26)	1 Gulden (N) 1980–1985. Beatrix, Kopfbild n. l. Rs. Gekröntes Wappen mit sechs Sternen, Wertangabe, wie Nr. 15 (ha)	1,40	2,–
33 (27)	2½ Gulden (N) 1980–1982, 1984, 1985. Typ wie Nr. 32 (ha)	2,80	3,50
34 (30)	5 Gulden (G) 1980. Rs. Zwei Wappen, Wertangabe. 900er Gold, 3,36 g (ha)		180,–
35 (31)	10 Gulden (G) 1980. Typ wie Nr. 34. 900er Gold, 6,72 g (ha)		320,–
		ST	**PP**
36 (25)	50 Gulden (S) 1980. Typ wie Nr. 34. 500er Silber, 24 g (ha)	80,–	85,–

200 Jahre diplomatische Beziehungen zu den Vereinigten Staaten von Amerika

		ST	PP
37 (28)	50 Gulden (S) 1982. Rs. Peter Stuyvesant, 1. Statthalter von Neu-Amsterdam (New York) und der Niederländischen Antillen, Staatsflaggen. 925er Silber, 25 g [York Mint]		110,–

Nr. 37 auch als Versuchsprägung in Bronze vorkommend.

250 Jahre Synagoge (2)

38 (29)	50 Gulden (S) 1982. Rs. Synagoge »Mikveh Israel-Emanuel«. 925 Silber, 25 g (ha)	170,–
39	50 Gulden (G) 1982. Typ wie Nr. 38 (ha) (1 Ex.)	–,–

		VZ	ST
40 (32)	1 Cent (Al) 1989–1992. Orangenzweig, Landesname. Rs. Wert in Muschelverzierung (b)	–,20	–,30
41 (33)	5 Cent (Al) 1989–1992. Typ wie Nr. 40 (b)	–,20	–,30
42 (34)	10 Cent (St, N galvanisiert) 1989–1992. Typ wie Nr. 40 (b)	–,20	–,30
43 (35)	25 Cent (St, N galvanisiert) 1989–1992. Typ wie Nr. 40 (b)	–,40	–,50
44 (36)	50 Cent (N, Bro galvanisiert) 1989–1992. Typ wie Nr. 40 (viereckig) (b)	–,80	1,40
45 (37)	1 Gulden (N, Bro galvanisiert) 1989–1992. Beatrix, Kopfbild n. l. Rs. Gekröntes Wappen mit fünf Sternen, 1986 eingeführt, Wertangabe, Landesname »De Nederlandse Antillen« (b)	1,40	2,–
46 (38)	2½ Gulden (N, Bro galvanisiert) 1989–1992. Typ wie Nr. 45 (b)	2,80	3,50

Nr. 47 fällt aus.

Papstbesuch auf Curaçao am 13. Mai 1990

		ST	PP
48 (39)	25 Gulden (S) 1990. Inselkarte von Curaçao, Juliana-Brücke in Willemstad. Rs. Papst Johannes Paul II. 925er Silber, 25 g (max. 10000 Ex.)		75,–

Niederländisch-Indien

Netherlands East Indies

Indes Néerlandaises

Nederlandsch (Oost)Indië

Mit der Gründung der Niederländisch-Ostindischen Companie im Jahre 1602 schufen sich die Niederlande das Werkzeug zur schrittweisen Durchdringung des heutigen Indonesiens zunächst im Wettstreit mit Spaniern und Briten und dann in langen Kriegen mit der einheimischen Bevölkerung. In den Jahren 1942–1945 war das gesamte Gebiet von den Japanern besetzt. Die Herrschaft der Niederländer ging mit der Schaffung der Republik Indonesien und der Konferenz von Den Haag am 28. Dezember 1949 zu Ende, nachdem die Kontrolle über das Inselreich seit 1945 nur noch zum Teil ausgeübt werden konnte. Hauptstadt: Batavia.

100 Cent = 1 Gulden

Nr.		SS	VZ
1 (1)	½ Cent (K) 1855–1860, 1902, 1908, 1909. Gekröntes Wappen. Rs. Inschriften in Javanisch und Malaiisch	**3,–**	**6,–**
2 (2)	1 Cent (K) 1855–1860, 1896–1899, 1901, 1902, 1907–1909, 1912. Typ wie Nr. 1	**2,–**	**4,–**
3 (3)	2½ Cent (K) 1856–1858, 1896–1899, 1902, 1907–1909, 1913. Typ wie Nr. 1	**3,–**	**6,–**
4 (5)	⅒ Gulden (S) 1854–1858, 1882, 1884, 1885, 1891, 1893, 1896, 1898, 1900, 1901. Typ ähnlich wie Nr. 1. 720er Silber, 1,25 g	**7,–**	**12,–**
5 (6)	¼ Gulden (S) 1854, 1855, 1857, 1858, 1882, 1883, 1885, 1890, 1891, 1893, 1896, 1898, 1900, 1901. Typ ähnlich wie Nr. 1. 720er Silber, 3,18 g	**10,–**	**20,–**
6 (1a)	½ Cent (S) 1902. Typ wie Nr. 1		**–,–**
7 (2b)	1 Cent (S) 1902. Typ wie Nr. 1		**–,–**
8 (3a)	2½ Cent (S) 1902. Typ wie Nr. 1		**–,–**
9 (1b)	½ Cent (G) 1860, 1902. Typ wie Nr. 1		**–,–**
10 (2c)	1 Cent (G) 1860, 1902. Typ wie Nr. 1		**–,–**
11 (3b)	2½ Cent (G) 1858, 1902. Typ wie Nr. 1		**–,–**
12 (7)	⅒ Gulden (S) 1903–1909. Typ ähnlich wie Nr. 1	**9,–**	**14,–**
13 (8)	¼ Gulden (S) 1903–1909. Typ ähnlich wie Nr. 1	**9,–**	**14,–**
14 (7a)	⅒ Gulden (G) 1903. Typ wie Nr. 12		**–,–**
15 (8a)	¼ Gulden (G) 1903. Typ wie Nr. 13		**–,–**

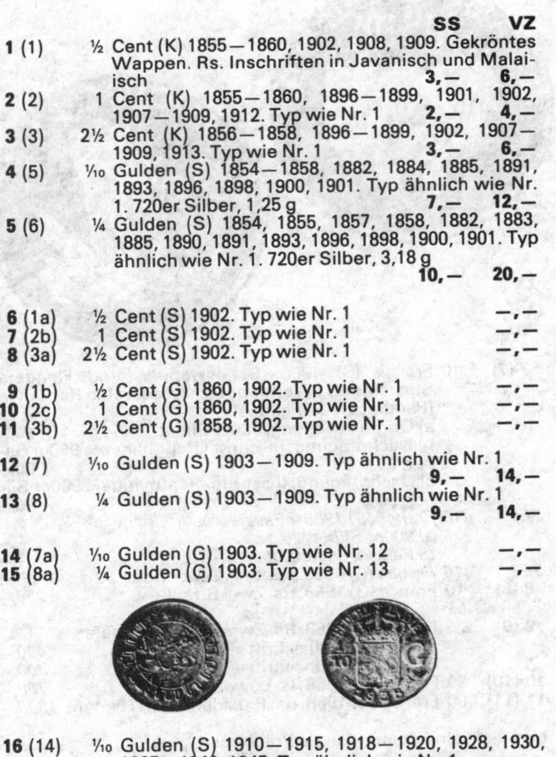

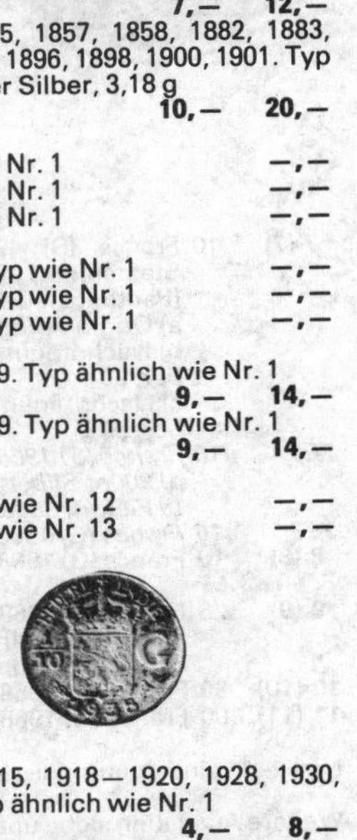

Nr.		SS	VZ
16 (14)	⅒ Gulden (S) 1910–1915, 1918–1920, 1928, 1930, 1937–1942, 1945. Typ ähnlich wie Nr. 1	**4,–**	**8,–**
17 (15)	¼ Gulden (S) 1910–1915, 1917, 1919–1921, 1929, 1930, 1937–1939, 1941, 1942, 1945. Typ ähnlich wie Nr. 1	**4,–**	**8,–**

Nr.		SS	VZ
18 (17)	5 Cents (K-N) 1913, 1921, 1922. Krone über Reisrispen. Rs. Garudas, mythologische Vögel (mit Loch)	**2,–**	**4,–**

Nr.		SS	VZ
19 (18)	½ Cent (Bro) 1914, 1916, 1921, 1932–1939, 1945	**–,60**	**1,–**
20 (19)	1 Cent (Bro) 1914, 1916, 1919, 1920, 1926, 1929. Typ wie Nr. 19	**1,20**	**2,–**
21 (20)	2½ Cent (Bro) 1914, 1915, 1920, 1945. Typ wie Nr. 19	**1,50**	**2,50**

Nr.		SS	VZ
22 (21)	1 Cent (Bro) 1936–1939, 1942, 1945. Inschriften. Rs. Reisrispen (mit Loch)	**–,60**	**1,–**

Für den Umlauf in Niederländisch-Indien waren auch 1, 2½ Gulden 1943 (Niederlande Nrn. 53a, 54) bestimmt.

Ausgaben der japanischen Besetzung siehe am Schluß des Landes Japan.

Frühere Ausgaben siehe Weltmünzkatalog 19. Jahrhundert.

Niger

Niger

Niger

Fläche: 1 267 000 km²; 6 200 000 Einwohner (1986).
Niger, ehemals ein Teil von Französisch-Westafrika, wurde 1958 eine autonome Republik und am 3. August 1960 unabhängig. Niger ist mit den Ländern Benin (vormals Dahome), Elfenbeinküste, Mauretanien (bis 1973), Obervolta, Senegal und Togo in der Union Monétaire Ouest-Africaine zusammengeschlossen. Emissionsinstitut für das gesamte Währungsgebiet ist die Banque Centrale des Etats de l'Afrique de l'Ouest. Hauptstadt: Niamey.

100 Centimes = 1 CFA-Franc

Republik Niger
République du Niger

5. Jahrestag der Unabhängigkeit (6)

PP

1 (1) 10 Francs (G) o. J. (1965). Diori Hamani (*1916), Staats- und Regierungschef 1960–1974. Rs. Staatswappen und Flaggen, am 1. 12. 1962 eingeführt. Wertangabe. 900er Gold, 3,2 g *200,–*

2 (2) 25 Francs (G) o. J. (1965). Typ wie Nr. 1. 900er Gold, 8 g *300,–*

3 (3) 50 Francs (G) o. J. (1965). Typ wie Nr. 1. 900er Gold, 16 g *600,–*

4 (4) 100 Francs (G) o. J. (1965). Typ wie Nr. 1. 900er Gold, 32 g *1200,–*

5 (5) 500 Francs (S) o. J. (1965). Typ wie Nr. 1. 900er Silber, 10 g –,–

5E *Essai (1000 Ex.)* *100,–*

6 (6) 1000 Francs (S) o. J. (1965). Typ wie Nr. 1. 900er Silber, 20 g (1000 Ex.) *120,–*

6E *Essai* *120,–*

PP

7 (7) 10 Francs (S) 1968. Staatswappen und Flaggen, Staatsmotto, Wertangabe, Jahreszahl. Rs. Löwe (Panthera leo – Felidae):
a) Originalprägung, 900er Silber, 24,54 g *90,–*
b) Nachprägung, Inschrift »Republique«, 900er Silber, 20 g **50,–**
c) Nachprägung, Inschrift »République«, 900er Silber, 20 g **50,–**

7E1 *10 Francs (S) 1968. »Essai«*
a) 900er Silber, 20 g –,–
b) Piéfort, 900er Silber, 40 g –,–

7E2 *10 Francs (G) 1968. »Essai«. 900er Gold, 30 g* *2500,–*

8 (8) 10 Francs (G) 1968. Rs. Zwei Strauße *250,–*

9 (9) 25 Francs (G) 1968. Rs. Zwei Dickhornschafe:
a) fehlerhafte Inschrift »Républioue« *400,–*
b) berichtigte Inschrift »République« *400,–*

10 (10) 50 Francs (G) 1968 Rs. Löwe, wie Nr. 7 *700,–*

11 (11) 100 Francs (G) 1968. Rs. Präsident Diori Hamani *1300,–*

Nrn. 1–11 sind unautorisierte Prägungen.

Weitere Ausgaben siehe unter *Westafrikanische Staaten.*

Nigeria Nigeria Nigérie

Fläche: 923768 km²; 120000000 Einwohner (1990).
Als Kronkolonie verwendete Nigeria bis 1959 die Münzen von Britisch-Westafrika. Seit dem 1. Oktober 1960 ist Nigeria ein unabhängiger Staat innerhalb des britischen Commonwealth, seit dem 1. Oktober 1963 Republik. Die Zweite Republik hatte von 1979–1983 Bestand. Hauptstadt: zunächst Lagos, jetzt Abuja.

12 Pence = 1 Shilling, 20 Shilling = 1 £
seit 1. Januar 1973: 100 Kobo = 1 Naira

Elisabeth II. 1952–1963

SS VZ

1 (1) ½ Penny (Bro) 1959. Stern, Landesbezeichnung. Rs. Krone, Inschrift. Wert (mit Loch) **–,50 1,80**
2 (2) 1 Penny (Bro) 1959, 1961. Typ wie Nr. 1 **1,– 4,–**

3 (3) 3 Pence (N-Me) 1959. Elisabeth II., gekröntes Kopfbild nach rechts. Rs. Baumwollpflanze (Gossypium sp. – Malvaceae) (zwölfeckig) **10,– 22,–**
4 (4) 6 Pence (K-N) 1959. Rs. Kakaobohnen (Theobroma cacao – Sterculiaceae) **3,– 10,–**

5 (5) 1 Shilling (K-N) 1959, 1961, 1962. Rs. Ölpalmenzweige (Elaeis guineensis – Palmae) **3,– 10,–**
6 (6) 2 Shillings (K-N) 1959. Rs. Erdnußstaude (Arachis hypogaea – Leguminosae):
a) Riffelrand [ICI] **7,– 20,–**
b) »Security edge« [Heaton] **7,– 20,–**

Nrn. 1–6a von 1959, polierte Platte (6031 Ex.) 100,–

Bundesrepublik Nigeria
Federal Republic of Nigeria

NEUE WÄHRUNG: 100 Kobo = 1 Naira

VZ ST

7 (7) ½ Kobo (Bro) 1973. Staatswappen, Landesbezeichnung, Jahreszahl. Rs. Baumwollpflanzen, Wertangabe **1,– 3,–**
8 (8) 1 Kobo (Bro) 1973, 1974, 1987. Rs. Zwei Erdölbohrtürme **–,50 1,50**
9 (9) 5 Kobo (K-N) 1973, 1974, 1976, 1987, 1988. Rs. Kakaofrüchte (Theobroma cacao – Sterculiaceae) **2,– 5,–**
10 (10) 10 Kobo (K-N) 1973, 1974, 1976, 1988–1989. Rs. Zwei Ölpalmen (»Security edge«) **–,50 1,50**
11 (11) 25 Kobo (K-N) 1973, 1975. Rs. Erdnüsse (Arachis hypogaea – Leguminosae) und Seco (in Säcken zum Export abgepackte und zur Pyramide aufgeschichtete Erdnüsse) **5,– 12,–**

Nrn. 7–11 von 1973, polierte Platte 80,–

12 1 Kobo (St, K galvanisiert) 1991. Typ wie Nr. 8
13 5 Kobo ( )
14 10 Kobo (St, K galvanisiert) 1991. Typ wie Nr. 10 (zwölfeckig)
15 25 Kobo (St, K galvanisiert) 1991. Typ wie Nr. 11

Banknotenersatzausgabe (2)

16 50 Kobo (St, N galvanisiert) 1990. Rs. Maiskolben (zwölfeckig)
17 1 Naira (St, N galvanisiert) 1990. Rs. Herbert Macaulay, Patriot, Kämpfer für die Unabhängigkeit Nigerias

Nordborneo siehe *Britisch-Nordborneo*

Niue | **Niue** | **Niue (Île)**

Fläche: 259 km²; 4800 Einwohner.
Insel östlich von Tonga, seit 1903 unter neuseeländischer Verwaltung. Hauptstadt: Alofi.

100 Cents = 1 Neuseeland-Dollar

XXIV. Olympische Sommerspiele 1988 in Seoul – 1. Ausgabe (5)

		ST	PP
1	5 Dollars (K-N) 1987. Staatswappen von Neuseeland. Rs. Boris Becker beim Aufschlag, Sieger bei den Offenen Britischen Tennismeisterschaften 1985 und 1986 in Wimbledon	10,–	
2	50 Dollars (S) 1987. Typ wie Nr. 1. 625er Silber, 27,1 g		80,–
3	100 Dollars (S) 1987. Typ wie Nr. 1. 999⅔er Silber, 155,5 g		275,–
4	200 Dollars (S) 1987. Typ wie Nr. 1. 999½er Silber, 311 g		–,–
5	250 Dollars (G) 1987. Typ wie Nr. 1. 916⅔er Gold, 8,483 g (1000 Ex.)		550,–

2. Ausgabe (5)

		ST	PP
6	5 Dollars (K-N) 1987. Rs. Stefanie Maria Graf beim Rückhandspiel, Siegerin bei den Offenen Französischen Tennismeisterschaften 1987 in Paris	10,–	
7	50 Dollars (S) 1987. Typ wie Nr. 6		80,–
8	100 Dollars (S) 1987. Typ wie Nr. 6		275,–
9	200 Dollars (S) 1987. Typ wie Nr. 6		–,–
10	250 Dollars (G) 1987. Typ wie Nr. 6 (1000 Ex.)		550,–

XIII. Fußball-Weltmeisterschaft 1986 in Mexiko

		ST	PP
11	50 Dollars (S) 1988. Rs. Foulspiel. 925er Silber, 28,28 g (3000 Ex.)		85,–

VIII. Fußball-Europameisterschaft 1988 in Deutschland (4)

		ST	PP
12	5 Dollars (K-N) 1988. Rs. Fußballspieler im Münchener Olympiastadion, Porträt von Franz Beckenbauer	10,–	
13	50 Dollars (S) 1988. Typ wie Nr. 12. 925er Silber, 28,28 g		80,–

		ST	PP
14	100 Dollars (S) 1988. Typ wie Nr. 12. 999½er Silber, 155,5 g		150,–
15	250 Dollars (G) 1988. Typ wie Nr. 12. 916⅔er Gold, 10 g		650,–

XXIV. Olympische Sommerspiele 1988 in Seoul – 3. Ausgabe (4)

ST PP

16 5 Dollars (K-N) 1988. Rs. Steffi Graf, Siegerin des Masters-Turniers 1987 in New York, mit Tennisschläger und Pokal 10,–

17 50 Dollars (S) 1988. Typ wie Nr. 16. 925er Silber, 28,28 g 80,–

18 100 Dollars (S) 1988. Typ wie Nr. 16. 999½er Silber, 155,5 g 240,–

19 250 Dollars (G) 1988. Typ wie Nr. 16. 916⅔er Gold, 10 g 600,–

4. Ausgabe (4)

20 5 Dollars (K-N) 1988. Rs. Tennisspielerinnen Martina Navratilova, Steffi Graf und Chris Evert 10,–

21 50 Dollars (S) 1988. Typ wie Nr. 20 80,–

22 100 Dollars (S) 1988. Typ wie Nr. 20 240,–

23 250 Dollars (G) 1988. Typ wie Nr. 20 600,–

25. Jahrestag des Besuches von Kennedy in Berlin (4)

24 5 Dollars (K-N) 1988. Rs. John Fitzgerald Kennedy (1917–1963), 35. Präsident der Vereinigten Staaten von Amerika, Zitat »Ich bin ein Berliner«, PM 10,–

25 50 Dollars (S) 1988. Typ wie Nr. 24 80,–

26 100 Dollars (S) 1988. Typ wie Nr. 24 240,–

27 250 Dollars (G) 1988. Typ wie Nr. 24 600,–

XXIV. Olympische Sommerspiele 1988 in Seoul – 5. Ausgabe (4)

28 5 Dollars (K-N) 1989. Rs. Steffi Graf, vierfache Grand-Slam-Siegerin 1988 und Goldmedaillengewinnerin in Seoul 10,–

29 50 Dollars (S) 1989. Typ wie Nr. 28 80,–

(Abb. verkleinert)

30 100 Dollars (S) 1989. Typ wie Nr. 28 240,–

31 250 Dollars (G) 1989. Typ wie Nr. 28. 916⅔er Gold, 10 g (3000 Ex.) 600,–

Davis-Cup-Finale 1989 Deutschland – Schweden (3)

ST PP

32 5 Dollars (K-N) 1989. Rs. Boris Becker beim Sprung nach dem Ball 10,–

33 50 Dollars (S) 1989. Rs. Boris Becker, Eric Jelen, Patrik Kühnen und Carl-Uwe Steeb mit Tennisschläger und Davis Cup 80,–

34 250 Dollars (G) 1989. Rs. Davis Cup (500 Ex.) 600,–

XXV. Olympische Sommerspiele in Barcelona – 1. Ausgabe

35 50 Dollars (S) 1989. Rs. Zweier-Ruderer. 925er Silber, 28,28 g 80,–

Verteidiger der Freiheit (18)

36 5 Dollars (K-N) 1989. Rs. General Douglas MacArthur 12,–

37 5 Dollars (K-N) 1990. Rs. Dwight David Eisenhower 12,–

38 5 Dollars (K-N) 1990. Rs. General George S. Patton 12,–

39 5 Dollars (K-N) 1990. Rs. Admiral William F. »Bull« Halsey 12,–

40 5 Dollars (K-N) 1990. Rs. Franklin Delano Roosevelt, Ausspruch zum japanischen Überfall auf Pearl Harbor 12,–

41 5 Dollars (K-N) 1990. Rs. Sir Winston Churchill 12,–

42 50 Dollars (S) 1989. Typ wie Nr. 36. 999½er Silber, 31,103 g (max. 50 000 Ex.) 100,–

43 50 Dollars (S) 1990. Typ wie Nr. 37 100,–

44 50 Dollars (S) 1990. Typ wie Nr. 38 100,–

45 50 Dollars (S) 1990. Typ wie Nr. 39 100,–

46 50 Dollars (S) 1990. Typ wie Nr. 40 100,–

47 50 Dollars (S) 1990. Typ wie Nr. 41 100,–

48 200 Dollars (G) 1989. Typ wie Nr. 36. 900er Gold, 6,9117 g (max. 2500 Ex.) –,–

49 200 Dollars (G) 1990. Typ wie Nr. 37 –,–

50 200 Dollars (G) 1990. Typ wie Nr. 38 –,–

51 200 Dollars (G) 1990. Typ wie Nr. 39 –,–

52 200 Dollars (G) 1990. Typ wie Nr. 40 –,–

53 200 Dollars (G) 1990. Typ wie Nr. 41 –,–

XIV. Fußball-Weltmeisterschaft 1990 in Italien (4)

54 5 Dollars (K-N) 1990. Rs. Franz Beckenbauer und Fußballspieler vor Karte Italiens [HM] (max. 60 000 Ex.) 20,–

55 50 Dollars (S) 1990. Rs. Kicker in Aktion. 925er Silber, 28,28 g [HM] (max. 20 000 Ex.) 80,–

Nr. 56 fällt aus.

57 100 Dollars (S) 1990. Rs. Franz Beckenbauer und die deutsche Fußball-Nationalmannschaft. 999er Silber, 155,52 g [HM] (max. 3000 Ex.) –,–

58 250 Dollars (G) 1990. Silhouette eines Spielers, Karte Italiens. 916⅔er Gold, 10 g [HM] (max. 2500 Ex.) 600,–

XXV. Olympische Sommerspiele 1992 in Barcelona – 2. Ausgabe (2)

59 10 Dollars (S) 1991. Rs. Zwei Läufer beim Zieleinlauf. 925er Silber, 10 g [RM] 30,–

60 10 Dollars (S) 1991. Rs. Diskuswerfer. 925er Silber, 10 g 30,–

XV. Fußball-Weltmeisterschaft 1994 in den Vereinigten Staaten von Amerika

61 5 Dollars (S) 1991. Rs. Spieler und Freiheitsstatue 25,–

Nordkorea siehe *Korea*.
Nordvietnam siehe *Vietnam*.

Norway | # Norwegen | **Norvége**

Norge (Noreg)

Fläche: 324219 km²; 4146000 Einwohner (1986).
Durch den Vertrag vom 29. August 1450 wurden Norwegen und Island mit Dänemark vereinigt. Der Vertrag von Kiel 1814 verband Norwegen in einer Personalunion mit Schweden. Die norwegische Unabhängigkeit ist am 7. Juni 1905 verkündet worden. Hauptstadt: Oslo.

100 Øre = 1 Norwegische Krone

Tabelle der Feingewichte

Nominal	Metall	Prägezeit	Kat.-Nr.	Feingewicht	Feingehalt
10 Øre	(S)	1875–1919	4, 20	0,580	400
25 Øre	(S)	1896–1919	5, 21	1,452	600
50 Øre	(S)	1877–1919	6, 22	3,000	600
1 Krone	(S)	1877–1917	7, 23	6,000	800
2 Kroner	(S)	1878–1917	8, 14-16, 24, 27	12,000	800
10 Kroner	(S)	1964	64	18,900	900
10 Kroner	(G)	1877–1910	9, 25	4,032	900
20 Kroner	(G)	1876–1910	10, 26	8,065	900
25 Kroner	(S)	1970	65	25,375	875
50 Kroner	(S)	1978	75	24,975	925
200 Kroner	(S)	1980	76	16,875	625

Königreich Norwegen
Kongeriket Norge

Oskar II. 1872–1905

SS VZ

1 (19) 1 Øre (Bro) 1876–1902. Gekröntes Wappen. Rs. Wert im Kranz:
1876–1878, 1884, 1889, 1891, 1893, 1897, 1899, 1902 **10,– 20,–**
1885 **220,– 350,–**

2 (20) 2 Øre (Bro) 1876–1902. Typ wie Nr. 1 **12,– 22,–**

3 (21) 5 Øre (Bro) 1875–1902. Typ wie Nr. 1:
1875 **25,– 35,–**
1876, 1878, 1896, 1899, 1902 **15,– 25,–**

SS VZ

4 (22) 10 Øre (S) 1875–1903. Gekröntes Monogramm. Rs. Gekrönter Wappenschild, Wertangabe, geteilte Jahreszahl:
1875, 1877 **90,– 150,–**
1876, 1878 **28,– 52,–**
1880, 1882, 1883, 1888–1890, 1892, 1894, 1897–1899, 1901, 1903 **15,– 40,–**

5 (24) 25 Øre (S) 1896, 1898–1902, 1904. Gekrönter Wappenschild. Rs. Wertangabe zwischen unten gekreuzten Eichenzweigen, Jahreszahl **40,– 75,–**

6 (25) 50 Øre (S) 1877–1904. Oskar II. (1829–1907), Kopfbild nach links. Rs. Wappen im Kranz:
1877–1902 **45,– 90,–**
1904 **80,– 180,–**

7 (26) 1 Krone (S) 1877–1904. Typ wie Nr. 6:
1877–1902 **70,– 140,–**
1904 **100,– 185,–**

8 (27) 2 Kroner (S) 1878–1904. Typ wie Nr. 6:
1878, 1890, 1892–1894, 1897, 1898, 1900, 1902, 1904 **200,– 350,–**
1885, 1887, 1888 **400,– 700,–**

		SS	VZ
9 (28)	10 Kroner (G) 1877, 1902. Oskar II., Kopfbild n. r., Rs. Gekröntes Wappen zwischen Eichenzweigen, Wertangabe, Jahreszahl:		
	1877	**1000,–**	**1600,–**
	1902	**800,–**	**1400,–**

10 (29)	20 Kroner (G) 1876–1902. Typ wie Nr. 9:		
	1876–1879, 1886, 1902	**500,–**	**700,–**
	1883 (35953 Ex.)	**5000,–**	**8000,–**

Haakon VII. 1905–1957

11 (30)	1 Øre (Bro) 1906, 1907. Gekröntes Wappen, Monogramm. Rs. Wert im Kranz	**18,–**	**32,–**
12 (31)	2 Øre (Bro) 1906, 1907. Typ wie Nr. 11	**18,–**	**35,–**
13 (32)	5 Øre (Bro) 1907. Typ wie Nr. 11	**24,–**	**50,–**

Zur Erlangung der Unabhängigkeit von Schweden (3)

14 (33)	2 Kroner (S) 1906. Wappenschild mit Wappenmantel und Krone. Rs. Gedenkinschrift (Zivilausgabe)	**175,–**	**280,–**
15 (33a)	2 Kroner (S) 1907. Typ wie Nr. 14, jedoch Wappenschild mit kleinerem Wappenmantel (Zivilausgabe)	**250,–**	**400,–**

16 (34)	2 Kroner (S) 1907. Typ wie Nr. 15, jedoch gekreuzte Gewehre unter Gedenkinschrift, als Sinnbild der Verteidigungsbereitschaft (Militärausgabe)	**700,–**	*1000,–*

17 (35)	1 Øre (Bro) 1908–1952. Gekröntes Monogramm. Rs. Wert	**1,–**	**2,–**
18 (36)	2 Øre (Bro) 1909–1952. Typ wie Nr. 17	**1,–**	**2,–**
19 (37)	5 Øre (Bro) 1908–1952. Typ wie Nr. 17	**2,–**	**3,–**

20 (38)	10 Øre (S) 1909–1919. Typ ähnlich wie Nr. 17	**9,–**	**16,–**

		SS	VZ
21 (39)	25 Øre (S) 1909–1919. Ins Kreuz gestellte gekrönte Monogramme. Rs. Wappenlöwe:		
	1909, 1911, 1913–1919	**26,–**	**45,–**
	1912	**55,–**	**100,–**

22 (40)	50 Øre (S) 1909–1919. Haakon VII., Kopfbild n. r. Rs. Gekröntes Wappen:		
	1909, 1911, 1913–1916, 1918, 1919	**25,–**	**40,–**
	1912	**55,–**	**95,–**

23 (41)	1 Krone (S) 1908–1917. Rs. Vom St.-Olafs-Orden umzogenes gekröntes Wappen:		
	1908, 1913–1917	**40,–**	**75,–**
	1910	**90,–**	**180,–**
	1912	**75,–**	**150,–**

24 (42)	2 Kroner (S) 1908–1917. Rs. Wappen des Königreiches in der am 14. 12. 1905 festgestellten Gestaltung, übrigens ohne den damals vorgeschriebenen kleinen Löwen auf dem Gipfel der Königskrone, aber zusätzlich umzogen von der Kette des St.-Olafs-Ordens in deren modernisierter Gestalt. Im Kreis die Städtewappen von Christiania (jetzt Oslo), Trondhjem (jetzt Trondheim), Tromsö, Bergen, Kristiansand und Hamar:		
	1908, 1913–1917	**70,–**	**125,–**
	1910, 1912	**90,–**	**190,–**
25 (43)	10 Kroner (G) 1910. Haakon VII. (1872–1957), gekröntes Kopfbild nach rechts. Rs. Olaf II. Haraldson, der Heilige (995–1030), König von Norwegen 1016–1030	**500,–**	**650,–**

		SS	VZ
26 (44)	20 Kroner (G) 1910. Typ wie Nr. 25	**600,–**	**800,–**

100. Jahrestag der Verfassung Norwegens

27 (45) 2 Kroner (S) 1914. Stehende Norwegia. Rs. Gekröntes Wappen **70,–** **125,–**

28 (35a) 1 Øre (E) 1918–1921. Gekröntes Monogramm. Rs. Wert:
1918–1920 **22,–** **60,–**
1921 **65,–** **140,–**

29 (36a) 2 Øre (E) 1917–1920. Typ wie Nr. 28 **30,–** **65,–**

30 (37a) 5 Øre (E) 1917–1920. Typ wie Nr. 28 **65,–** **130,–**

31 (46) 10 Øre (K-N) 1920–1923. Gekröntes Monogramm **24,–** **45,–**

32 (49) 10 Øre (K-N) 1924–1951. Krone. Rs. Wert (mit Loch) **–,75** **1,20**

33 (47) 25 Øre (K-N) 1921–1923. Gekröntes Monogramm. Rs. Wappenlöwe:
1921, 1922 **35,–** **60,–**
1923 **75,–** **130,–**

34 (47a) 25 Øre (K-N) 1921–1923 (mit Loch) **6,–** **15,–**

35 (50) 25 Øre (K-N) 1924–1950. Ins Kreuz gestelltes gekröntes Monogramm, Rs. Krone (mit Loch) **1,–** **2,–**

36 (48) 50 Øre (K-N) 1920–1923. Ins Kreuz gestelltes gekröntes Monogramm. Rs. Gekröntes Wappen **35,–** **60,–**

37 (48a) 50 Øre (K-N) 1920–1923 (mit Loch) **10,–** **20,–**

		SS	VZ
38 (51)	50 Øre (K-N) 1926–1949. Ins Kreuz gestelltes gekröntes Monogramm. Rs. Krone (mit Loch)	**1,50**	**4,50**

39 (52) 1 Krone (K-N) 1925–1951. Ins Kreuz gestelltes gekröntes Monogramm. Rs. Krone mit St.-Olafs-Orden (mit Loch) **1,50** **6,–**

40 (53) 1 Øre (E) 1941–1945. Wappen. Rs. Wert **3,–** **7,–**

41 (54) 2 Øre (E) 1943–1945. Typ wie Nr. 40 **4,–** **8,–**

42 (55) 5 Øre (E) 1941–1945. Typ wie Nr. 40 **5,–** **10,–**

Nrn. 40–42 bestehen aus auf chemischem Wege rostgeschütztem Eisen.

43 (56) 10 Øre (Zink) 1941–1945. Typ wie Nr. 40 **8,–** **15,–**

44 (57) 25 Øre (Zink) 1943–1945. Typ wie Nr. 40 **15,–** **30,–**

45 (58) 50 Øre (Zink) 1941–1945. Typ wie Nr. 40 **22,–** **48,–**

46 (49a) 10 Øre (N-Me) 1942. Typ wie Nr. 32 **80,–** **200,–**

47 (50a) 25 Øre (N-Me) 1942. Typ wie Nr. 34 **80,–** **200,–**

48 (51a) 50 Øre (N-Me) 1942. Typ wie Nr. 38 **150,–** **300,–**

Nrn. 46–48 sind Prägungen der Londoner Exilregierung.

49 (59) 1 Øre (Bro) 1952–1957. Gekröntes Monogramm, Jahreszahl. Rs. Landesname, Wertangabe **–,50** **1,50**

50 (60) 2 Øre (Bro) 1952–1957. Typ wie Nr. 49 **–,50** **1,50**

51 (61) 5 Øre (Bro) 1952–1957. Typ wie Nr. 49 **–,50** **1,50**

52 (62) 10 Øre (K-N) 1951–1957. Typ wie Nr. 49 **–,50** **1,–**

53 (63) 25 Øre (K-N) 1952–1957. Typ wie Nr. 49 **1,–** **2,–**

54 (64) 50 Øre (K-N) 1953–1957. Rs. Gekröntes Wappen, Wertangabe, geteilte Jahreszahl **1,50** **2,50**

		SS	VZ
55 (65)	1 Krone (K-N) 1951–1957. Typ wie Nr. 54	**2,–**	**4,–**

Olav V. 1957–1991

56a

56b

56 (66) 1 Øre (Bro) 1958–1972. Krone über Monogramm OV. Rs. Eichhörnchen (Sciurus vulgaris – Sciuridae):

	SS	VZ
a) 1958 (Inschrift kleiner)		**–,–**
b) 1958–1972 (Inschrift größer)	**–,25**	**1,–**

57a

57b

57 (67) 2 Øre (Bro) 1958–1972. Rs. Birkhuhn (Lyrurus tetrix – Tetraonidae):

	SS	VZ
a) 1958 (Inschrift kleiner)	**5,–**	**10,–**
b) 1959–1967, 1969–1972 (Inschrift größer)	**–,30**	**1,–**
1968 (3467 Ex.)	(ST)	*750,–*

58 (68) 5 Øre (Bro) 1958–1973. Olav V. (1903–1991), Kopfbild nach links. Rs. Elch (Alces alces – Cervidae) **–,30** **1,–**

59 (69) 10 Øre (K-N) 1958–1973. Rs. Honigbiene (Apis mellifica – Apidae):

	SS	VZ
a) 1958 (Inschrift kleiner)	**7,–**	**15,–**
b) 1959–1973 (Inschrift größer)	**–,30**	**1,–**

		SS	VZ
60 (70)	25 Øre (K-N) 1958–1973. Rs. Lapplandmeise (Parus cinctus – Paridae)	**–,40**	**1,–**

61 (71) 50 Øre (K-N) 1958–1973. Rs. Norwegischer Elchhund oder Grahund (Canis familiaris intermedius – Canidae) **–,60** **1,50**

62 (72) 1 Krone (K-N) 1958–1973. Rs. Fjordpferd **1,–** **2,–**

63 (73) 5 Kroner (K-N) 1963–1973. Rs. Gekröntes Wappen **3,–** **6,–**

150. Jahrestag der Verfassung Norwegens

		VZ	ST
64 (74)	10 Kroner (S) 1964. Gekröntes Wappen. Rs. Gutshaus in Eidsvoll, Ort der Verfassungsannahme	**18,–**	**26,–**

25. Jahrestag der Beendigung des Zweiten Weltkrieges

		VZ	ST
65 (75)	25 Kroner (S) 1970. Haakon VII. und Olav V., gestaffelte Köpfe n. r. Rs. Gedenkinschrift	22,–	30,–

66I 66II

66 (76) 5 Øre (Bro) 1973–1982. Norwegischer Wappenlöwe mit Axt. Rs. Wertangabe, Landesname, Jahreszahl, Mzz.:

I.) 1973	–,70	1,–
II.) 1974–1982	–,25	–,50

67I 67II

67 (77) 10 Øre (K-N) 1974–1989, 1991. Gekröntes Monogramm:

I.) 1974–1987, großes Monogramm	–,35	–,60
II.) 1988, 1989, 1991, kleines Monogramm	–,35	–,60

68 (78) 25 Øre (K-N) 1974—1982. Ins Kreuz gestellte gekrönte Monogramme —,40 —,70

69I 69II

		VZ	ST
69 (79)	50 Øre (K-N) 1974–1989, 1991. Gekröntes Wappen:		
	I.) großer Schild, 1974–1987	–,60	–,90
	II.) kleiner Schild, 1988, 1989, 1991	–,60	–,90

In gleicher Zeichnung: Nr. 82

70 (80) 1 Krone (K-N) 1974–1990. Olav V., Kopfbild n. l., Wahlspruch. Rs. Krone, Wertangabe –,85 1,50

Nr. 70 von 1990, polierte Platte –,–

71 (81) 5 Kroner (K-N) 1974–1988. Rs. Gekröntes Wappen, Wertangabe, Jahreszahl:

I.) 1974–1985, 1987, großer Schild	3,80	4,50
II.) 1988, kleiner Schild	3,80	4,50

100. Jahrestag der Einführung der Kronenwährung

72 (82) 5 Kroner (K-N) 1975. Gekröntes norwegisches Wappen, Landesbezeichnung, Wertangabe. Rs. Darstellung der herkömmlichen Hammerprägung vor Waage. Auf dem Block mit dem Unterstempel das Münzzeichen für Kongsberg: Schlägel und Hammer gekreuzt 4,– 5,–

150. Jahrestag der organisierten Auswanderung von Norwegen nach den Vereinigten Staaten von Amerika

		VZ	ST
73 (83)	5 Kroner (K-N) 1975. Norwegischer Löwe, Landesbezeichnung, Wertangabe. Rs. Auswandererschiff des frühen 19. Jh., symbolisch für die »Restauration«, Inschrift »Weg nach Westen«	4,–	5,–

350 Jahre Norwegische Armee

74 (84)	5 Kroner (K-N) 1978. Schwert zwischen gekrönten Monogrammen der Könige Christian IV. und Olav V., überhöht von dem Wort HÆREN. Rs. Norwegischer Löwe mit Axt, Wertangabe	4,–	5,–

75. Geburtstag von König Olav V.

75 (85)	50 Kroner (S) 1978. Kopfbild des Königs n. l. Rs. Namenszug des Königs, stilisierte Blume, Wertangabe	30,–

35. Jahrestag der Beendigung des Zweiten Weltkrieges

		VZ	ST
76 (86)	200 Kroner (S) 1980. Rs. Ansicht der altnorwegischen Königsburg Akershus		90,–

25. Regierungsjubiläum von König Olav V.

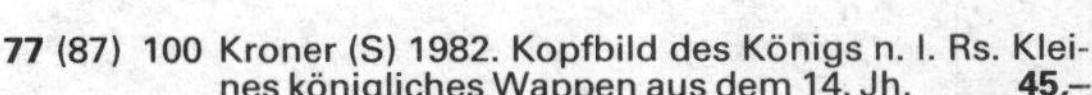

77 (87)	100 Kroner (S) 1982. Kopfbild des Königs n. l. Rs. Kleines königliches Wappen aus dem 14. Jh.	45,–

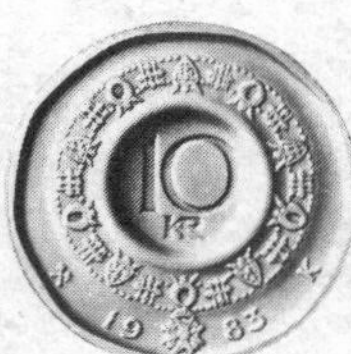

78 (88)	10 Kroner (N-Me) 1983–1989, 1991. Olav V., Kopfbild n. l. Rs. Wertangabe, umgeben vom St.-Olav-Orden	4,–	7,–

Nr. 78 besteht aus Kupfer 81%, Zink 10%, Nickel 9%.

300 Jahre Münzstätte Kongsberg

		VZ	ST
79 (89)	5 Kroner (K-N) 1986. Krone über dem Münzstättenzeichen für Kongsberg: Schlägel und Hammer, gekreuzt. Rs. Januskopf, Wertangabe	4,–	6,–

175. Jahrestag der Verfassung Norwegens

		ST	PL
80 (90)	175 Kroner (S) 1989. Rs. Gutshaus in Eidsvoll. 925er Silber, 26,5 g	*200,–*	*300,–*

175 Jahre Nationalbank (Norges Bank)

		ST	PL
81	5 Kroner (K-N) 1991. Wappenlöwe. Rs. Silberner Deckelkrug, symbolisch für die bei der Gründung der Nationalbank zu deren Finanzierung eingeführter Silbersteuer (ST/N: 500 000 Ex., ST/U: 12 000 Ex., PP: max. 20 000 Ex.) 5,–	15,–	–,–

Nrn. 70 und 81 von 1991, polierte Platte (max. 20 000 Ex.) –,–

XVII. Olympische Winterspiele 1994 in Lillehammer – 1. Ausgabe (5)

		PP
82	50 Kroner (S) 1991. Olav V. Rs. Familie beim Skiwandern. 925er Silber, 16,85 g (max. 150 000 Ex.)	–,–
83	50 Kroner (S) 1991. Rs. Kind auf Skiern	–,–
84	100 Kroner (S) 1991. Rs. Skilangläufer. 925er Silber, 33,8 g (max. 150 000 Ex.)	–,–
85	100 Kroner (S) 1991. Rs. Zwei Eisschnelläuferinnen	–,–
86	1500 Kroner (G) 1991. Rs. Felszeichnung eines Skifahrers in Rødøy, Alstahaug/Nordland. 916⅔er Gold, 17 g (max. 30 000 Ex.)	–,–

Harald V. seit 1991

87 50 Øre (K-N) 1992. Typ wie Nr. 69II
88 1 Krone (K-N) 1992. Harald V. Rs. Krone
89 5 Kroner (K-N) 1992. Rs. Gekröntes Wappen

Nrn. 87–89 von 1992, polierte Platte –,–

Frühere Ausgaben siehe Weltmünzkatalog 19. Jahrhundert.

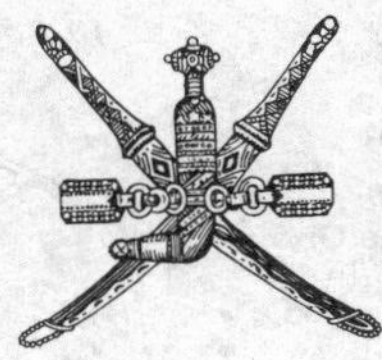

Oman

Oman — Oman

Fläche: 212379 km²; 1200000 Einwohner (1986).
Sultanat im Südosten der Arabischen Halbinsel. Landesbezeichnung zunächst Maskat und Oman (siehe dort), am 8. August 1971 umbenannt in Sultanat Oman. Der 18. November, an dem 1970 Sultan Kabus bin Sa'id die Regierung antrat, wurde zum Nationaltag erklärt. Hauptstadt: Maskat.

1000 Baisa = 1 Rial Saidi; seit 11. November 1972: 1000 Baisa = 1 Rial Omani

Sultanat Oman
Sultanat 'Oman
Sa'id Kabus bin Sa'id seit 1970

ST PP

1 ¼ Rial Omani (S) n. H. 1393 (1973). 925er Silber, 4 g (300 Ex.) –,–

2 ½ Rial Omani (S) n. H. 1393 (1973). 925er Silber, 8 g (300 Ex.) –,–

3 1 Rial Omani (S) n. H. 1393 (1973). 925er Silber, 16 g (300 Ex.) –,–

4 5 Rials Omani (S) n. H. 1393 (1973). 925er Silber, 28 g (300 Ex.) –,–

5 (2) 25 Baisa (G) n. H. 1394 (1974). Staatswappen. Rs. Wertangabe, Jahreszahl. 916⅔er Gold, 5,96 g (250 Ex.) –,– –,–

6 (3) 50 Baisa (G) n. H. 1394 (1974). Typ wie Nr. 5. 916⅔er Gold, 12,89 g (250 Ex.) –,– –,–

7 (4) 100 Baisa (G) n. H. 1394, 1395 (1974, 1975). Typ wie Nr. 5. 916⅔er Gold, 22,74 g (500 Ex.) –,– –,–

8 (5) ½ Rial Omani (G) n. H. 1391, 1394, 1395, 1397 (1971, 1974, 1975, 1977). Staatswappen, Randdekor: Palmwedel. Rs. Wertangabe, Jahreszahl. 916⅔er Gold, 25,6 g –,– –,–

9 (6) 1 Rial Omani (G) n. H. 1391, 1394, 1395, 1397 (1971, 1974, 1975, 1977). Staatswappen, Randdekor: Halbmonde und Sterne in abwechselnder Anordnung. Rs. Wertangabe, Jahreszahl. 916⅔er Gold, 45,65 g –,– *2500,–*

10 (7) 15 Rials Omani (G) n. H. 1391, 1394 (1971, 1974). Typ wie Nr. 9. 916⅔er Gold, 7,98 g –,–

Für den FAO-Münz-Plan

VZ ST

11 (1) 10 Baisa (Bro) n. H. 1395 (1975). Zwei Dattelpalmen (Phoenix dactylifera – Palmae) auf Insel, Fische im Wasser. Rs. Wertangabe, Jahreszahl –,80 1,20

VZ ST

12 (8) 5 Baisa (Bro) n. H. 1395, 1400, 1406, 1410 (1975, 1980, 1986, 1990). Staatswappen, Umschrift »Kabus bin Sa'id, Sultan 'Oman«. Rs. Wertangabe, Jahreszahl –,30 –,50

13 (9) 10 Baisa (Bro) n. H. 1395, 1400, 1406 (1975, 1980, 1986). Typ wie Nr. 12 –,40 –,80

14 (10) 25 Baisa (K-N) n. H. 1395, 1400, 1406 (1975, 1980, 1986). Typ wie Nr. 12 1,– 1,80

15 (12) 50 Baisa (K-N) n. H. 1395, 1400, 1406 (1975, 1980, 1986). Typ wie Nr. 12 1,50 2,50

16 (25) 100 Baisa (K-N) n. H. 1404 (1984). Staatswappen, Landesname, Jahreszahl. Rs. Wertangabe, Name der Zentralbank »Al-Bank al-Markazi al-'Omani« *6,– 10,–*

17 (19) ¼ Rial Omani (Al-N-Bro) n. H. 1400 (1980). Typ wie Nr. 16 3,– 4,–

18 (20) ½ Rial Omani (Al-N-Bro) n. H. 1400 (1980). Typ wie Nr. 16 4,– 6,–

Nrn. 19 und 20 fallen aus.

PP

21 (11) 25 Baisa (G) n. H. 1395, 1397 (1975, 1977). Typ wie Nr. 12 –,–

22 (13) 50 Baisa (G) n. H. 1395 (1975). Typ wie Nr. 12 (250 Ex.) –,–

Nrn. 23–26 fallen aus.

Rettet die Tierwelt (3)

		ST	PP
27 (14) 2½	Rials Omani (S) n. H. 1397 (1977). Rs. Caracal:		
	a) 925er Silber, 28,28 g		65,–
	b) 925er Silber, 25,31 g	50,–	
28 (15) 5	Rials Omani (S) n. H. 1397 (1977). Rs. Weiße Oryx-Gazelle:		
	a) 925er Silber, 35 g		135,–
	b) 925er Silber, 31,65 g	100,–	
29 (16) 75	Rials Omani (G) n. H. 1397 (1977). Rs. Arabischer Tahr-Ziegenbock. 900er Gold, 33,437 g	1250,–	1800,–
30 (21) ¼	Rial Omani (G) n. H. 1397, 1408 (1977, 1988). Staatswappen. Rs. Fort Al Hazam. 916⅔er Gold, 12,89 g (1250 Ex.)		900,–

			PP
31 (22) ½	Rial Omani (G) n. H. 1397, 1408 (1977, 1988). Rs. Fort Marbat. 916⅔er Gold, 19,67 g (1250 Ex.)		1200,–
32 (23) 1	Rial Omani (G) n. H. 1397, 1408 (1977, 1988). Rs. Fort Buraimi, 916⅔er Gold, 25,60 g (1250 Ex.)		1500,–
33 (24) 5	Rials Omani (G) n. H. 1397, 1408 (1977, 1988). Rs. Sa'id Kabus bin Sa'id (* 1940), Sultan seit 1970. 916⅔er Gold, 45,65 g (1250 Ex.)		2400,–

Für den FAO-Münz-Plan (2)

		VZ	ST
34 (17) ½	Rial Omani (K-N) n. H. 1398/1978. Rs. Zitrone, Motto »Entwickelt die Nahrungsmittelreserven« (siebeneckig)	5,–	9,–

35 (18) 1	Rial Omani (S) n. H. 1398/1978. Rs. Fisch, Motto »Entwickelt die Nahrungsmittelreserven«. 500er Silber, 15 g	20,–	30,–

10. Regierungsjubiläum von Sultan Kabus bin Sa'id (3)

		ST	PP
36 1	Rial Omani (G) n. H. 1400 (1980). Staatswappen unter Krone, Titelumschrift. Rs. Wertangabe, Landesname		*1600,–*

37 (–)	(G) n. H. 1400/1980. Sultan Kabus bin Sa'id vor aufgehender Sonne mit zehn Strahlen. Rs. Staatswappen unter Krone. Medaille; Ø 24,366 mm:		
	a) 916⅔er Gold, 12 g		–,–
	b) 916⅔er Gold, 31,1035 g		*1800,–*
38 (–)	n. H. 1400/1980. Typ wie Nr. 37; Ø 38,74 mm:		
	a) 916⅔er Gold, 45,65 g		*2000,–*
	b) 925er Silber, 31,1035 g	–,–	–,–

Internationales Jahr der Jugend 1985 (3)

39 ½	Rial Omani (G) n. H. 1405/1985. Rs. Internationales Emblem. 916⅔er Gold, 10 g (400 Ex.)		–,–
40 1	Rial Omani (S) n. H. 1405/1985. Typ wie Nr. 39. 925er Silber, 15 g		–,–
41 1	Rial Omani (G) n. H. 1405/1985. Typ wie Nr. 39. 916⅔er Gold, 20 g (300 Ex.)		–,–

15. Regierungsjubiläum von Sultan Kabus bin Sa'id (3)

42 15	Baisa (S) n. H. 1406/1985. Sultan Kabus bin Sa'id. Rs. Staatswappen. 925er Silber, 20 g (2000 Ex.)		120,–
43 15	Rials Omani (G) n. H. 1406/1985. Typ wie Nr. 42. 916⅔er Gold, 20 g (2000 Ex.)		–,–

PP

44 15 Rials Omani (G) n. H. 1406/1985. Typ wie Nr. 42. 916⅔er Gold, 38,879 g (200 Ex.) –,–

25 Jahre World Wildlife Fund (2)

45 2½ Rials Omani (S) n. H. 1407/1987. Staatswappen. Rs. Kaffernadler. 925er Silber, 28,28 g **75,–**

46 25 Rials Omani (G) n. H. 1407/1987. Rs. Maskentölpel. 916⅔er Gold, 10 g **400,–**

Jahr der Landwirtschaft (2)

47 ½ Rial (S) n. H. 1409/1988. 925er Silber, 28,28 g (300 Ex.) **300,–**
48 5 Rials (G) n. H. 1409/1988. Typ wie Nr. 47. 916⅔er Gold, 20 g (200 Ex.) –,–

Nrn. 49–53 fallen aus.

20. Regierungsjubiläum von Sultan Kabus bin Sa'id (2)

54 2 Rials (S) n. H. 1411/1990 **120,–**
55 20 Rials (G) n. H. 1411/1990 **750,–**

70 Jahre Save the Children Fund (2)

56 2½ Rials (S) 1990. 925er Silber, 28,28 g **85,–**
57 25 Rials (G) 1990. 916⅔er Gold, 10 g **650,–**

Staat Oman
Dawlat 'Oman

Exilregierung unter Ghalib Ibn Ali seit 1955 in Dammam (Saudi-Arabien)

PP

1 5 Ryals (S) n. H. 1391/1971. Emblem der Exilregierung, Landesnamen »Dawlat 'Oman« und »State of Oman«. Rs. Nelke. 925er Silber, 4 g (4000 Ex.) *40,–*

PP

2 10 Ryals (S) n. H. 1391/1971. Rs. Sekretärvogel mit Schlange. 925er Silber, 8 g (4000 Ex.) *60,–*
3 20 Ryals (S) n. H. 1391/1971. Rs. Moschee von Maskat. 925er Silber, 16 g (4000 Ex.) *100,–*

4 50 Ryals (G) n. H. 1391/1971. Rs. Arabische Dhau im Hafen von Maskat. 916⅔er Gold, 4 g (4000 Ex.) *250,–*

PP

5 100 Ryals (G) n. H. 1391/1971. Typ wie Nr. 1. 916⅔er Gold, 8 g (4000 Ex.) *380,–*
6 200 Ryals (G) n. H. 1391/1971. Typ wie Nr. 2. 916⅔er Gold, 16 g (4000 Ex.) *750,–*

7 500 Ryals (G) n. H. 1391/1971. Typ wie Nr. 3. 916⅔er Gold, 40 g (4000 Ex.) *2200,–*

Ostafrika

East Africa — **Afrique Orientale**

Das ostafrikanische Währungsgebiet mit den nunmehr selbständigen Staaten Kenia, Uganda und Tansania (Tanganjika-Sansibar) umfaßte bis zur Gründung der Republik Somalia auch Britisch-Somaliland.

Seit 1906: 50 Cents = 1 Shilling, 100 Cents = 1 Rupie (Florin);
seit 1921: 100 Cents = 1 Shilling

East Africa & Uganda Protectorates

Eduard VII. 1901–1910

		SS	VZ
1 (2)	½ Cent (Al) 1908. Krone über Wert. Ornamente. Rs. Elefantenstoßzähne (mit Loch)	30,–	60,–
2 (3)	1 Cent (Al) 1907–1908	10,–	20,–
3 (2a)	½ Cent (K-N) 1909	22,–	50,–
4 (3a)	1 Cent (K-N) 1908–1910:		
	1908	–,–	–,–
	1909, 1910	6,–	15,–
5	5 Cents (K-N) 1908. Versuchsprägung!	150,–	240,–
6 (6)	10 Cents (K-N) 1907–1910	10,–	22,–
7 (7)	25 Cents (S) 1906–1910. Eduard VII., gekröntes Brustbild nach rechts. Rs. Löwe (Panthera leo – Felidae) vor Gebirgslandschaft	16,–	30,–
8 (8)	50 Cents (S) 1906–1910. Typ wie Nr. 7	28,–	45,–

Georg V. 1910–1936

		SS	VZ
9 (9)	1 Cent (K-N) 1911–1918. Krone über Wert, Ornamente. Rs. Elefantenstoßzähne (mit Loch)	5,–	8,–
10 (10)	5 Cents (K-N) 1913–1919	8,–	20,–
11 (11)	10 Cents (K-N) 1911–1918	11,–	25,–
12 (12)	25 Cents (S) 1912–1918. Georg V., gekröntes Brustbild nach links. Rs. Löwe vor Gebirgslandschaft	16,–	38,–
13 (13)	50 Cents (S) 1911–1919	25,–	45,–

East Africa

		SS	VZ
14 (14)	1 Cent (K-N) 1920–1921. Typ wie Nr. 9, jedoch Inschrift jetzt nur EAST AFRICA	140,–	200,–
15 (15)	5 Cents (K-N) 1920. Typ wie Nr. 10, jedoch Inschrift jetzt nur EAST AFRICA	180,–	260,–
16 (16)	10 Cents (K-N) 1920	250,–	340,–
17 (17)	25 Cents (S) 1920–1921	90,–	160,–
18 (18)	50 Cents = 1 Shilling (S) 1920	900,–	1200,–
19 (19)	1 Florin (S) 1920, 1921	90,–	150,–

NEUE WÄHRUNG: 100 Cents = 1 Shilling

		SS	VZ
20 (20)	1 Cent (Bro) 1922–1935. Typ wie Nr. 14, jedoch geringerer Ø	1,–	2,–
21 (21)	5 Cents (Bro) 1921–1936. Typ wie Nr. 15, jedoch geringerer Ø	2,–	4,–
22 (22)	10 Cents (Bro) 1921–1936. Typ wie Nr. 16, jedoch geringerer Ø	3,–	6,–
23 (23)	50 Cents = ½ Shilling (S) 1921–1924. Typ wie Nr. 18, jedoch geringerer Ø	10,–	15,–

		SS	VZ
24 (24)	1 Shilling (S) 1921–1925. Löwe vor Gebirgslandschaft	15,–	20,–

Eduard VIII. 1936

		SS	VZ
25 (25)	5 Cents (Bro) 1936. Krone über Wert, Ornamente. Rs. Elefantenstoßzähne (mit Loch)	4,50	9,–
26 (26)	10 Cents (Bro) 1936. Typ wie Nr. 25	6,50	10,–

Nr. 26 in Kupfernickel vorkommend (Schrötling von Britisch-Westafrika Nr. 20).

Georg VI. 1936–1952

		SS	VZ
27 (27)	1 Cent (Bro) 1942. Krone über Wert, Ornamente. Rs. Elefantenstoßzähne	1,–	2,–
28 (28)	5 Cents (Bro) 1937–1943	2,–	5,–
29 (29)	10 Cents (Bro) 1937–1945	2,–	5,–

Nr. 29 von 1937 H in Kupfernickel vorkommend (Schrötling von Britisch-Westafrika).

		SS	VZ
30 (30)	50 Cents (S) 1937–1944. Georg VI., gekröntes Kopfbild nach links. Rs. Löwe vor Gebirgslandschaft	8,–	15,–
31 (31)	1 Shilling (S) 1937–1946	12,–	20,–
32 (32)	1 Cent (Bro) 1949–1952. Typ wie Nr. 27, jedoch Inschrift jetzt GEORGIUS SEXTUS REX	1,–	2,–
33 (33)	5 Cents (Bro) 1949–1952. Typ wie Nr. 28, jedoch Inschrift jetzt GEORGIUS SEXTUS REX	1,–	2,–
34 (34)	10 Cents (Bro) 1949–1952. Typ wie Nr. 29, jedoch Inschrift jetzt GEORGIUS SEXTUS REX	1,50	2,50
35 (35)	50 Cents (K-N) 1948–1952. Typ wie Nr. 30, jedoch Inschrift jetzt GEORGIUS SEXTUS REX	3,–	7,–
36 (36)	1 Shilling (K-N) 1948–1952. Typ wie Nr. 31, jedoch Inschrift jetzt GEORGIUS SEXTUS REX	4,–	6,50

Elisabeth II. 1952–1963

		SS	VZ
37 (37)	1 Cent (Bro) 1954–1962. Krone über Wert, Ornamente. Rs. Elefantenstoßzähne (mit Loch)	–,30	1,–

		SS	VZ
38 (38)	5 Cents (Bro) 1955–1963	–,60	1,–
39 (39)	10 Cents (Bro) 1956, 1964:		
	1956	4,–	7,–
	1964 H (1 Ex. bekannt)		–,–
40 (40)	50 Cents (K-N) 1954–1963. Elisabeth II., gekröntes Kopfbild nach rechts	3,–	4,–

Gemeinschaftsausgaben der unabhängigen Staaten »Uhuru«(Freiheit)-Ausgaben

		SS	VZ
41 (41)	5 Cents (Bro) 1964. Ornamente, Wertangabe auch in Suaheli. Rs. Elefantenstoßzähne	–,30	–,50

		SS	VZ
42 (42)	10 Cents (Bro) 1964. Typ wie Nr. 41	–,60	1,–

Frühere Ausgaben siehe unter *Sansibar*.

Frühere Ausgabe siehe auch Weltmünzkatalog 19. Jahrhundert.

Austria **Autriche**

Österreich

Fläche: 83 849 km²; 7 718 200 Einwohner (1990).
Über Jahrhunderte waren die Geschicke Österreichs und Deutschlands als Teile des Heiligen Römischen Reiches aufs engste verbunden. Das Haus Habsburg stellte bis zur Auflösung des Heiligen Römischen Reiches im Jahre 1806 eine Reihe hervorragender Herrscher. Nach dem Zerfall der Donaumonarchie in einzelne Nationalstaaten und dem Regierungsverzicht Kaiser Karls wurde die Republik geschaffen. Hauptstadt: Wien.

100 Heller = 1 Krone; seit 1925: 100 Groschen = 1 Schilling

Tabelle der Feingewichte

Nominal	Metall	Prägezeit	Kat.-Nr.	Feingewicht	Feingehalt
1 Dukat	(G)	1872—1915	1	3,441	986
4 Dukaten	(G)	1872—1915	2	13,764	986
1 Krone	(S)	1892—1916	7, 11, 19	4,175	835
2 Kronen	(S)	1912—1913	20	8,350	835
5 Kronen	(S)	1900—1909	8, 12, 16, 21	21,600	900
10 Kronen	(G)	1892—1912	9, 13, 17, 22	3,048	900
20 Kronen	(G)	1892—1924	10, 14, 18, 23 28, 33, 37	6,097	900
100 Kronen	(G)	1908—1924	15, 24, 38	30,487	900
½ Schilling	(S)	1924—1926	43	1,920	640
1 Schilling	(S)	1924	44a	5,600	800
1 Schilling	(S)	1925—1932	44b-d	3,840	640
2 Schilling	(S)	1928—1937	47-52, 58, 59, 61, 62	7,680	640
5 Schilling	(S)	1934—1936	56	12,525	835
5 Schilling	(S)	1960—1968	78	3,328	640
10 Schilling	(S)	1957—1973	79	4,800	640
25 Schilling	(S)	1955—1973	73-75, 80-86, 89, 91, 93, 94, 97, 100, 101, 104, 107, 110	10,400	800
25 Schilling	(G)	1926—1938	45, 60	5,292	900
50 Schilling	(S)	1959—1973	81, 87, 88, 90, 92, 95, 96, 99, 102, 103, 105, 106, 108, 109, 111	18,000	900
50 Schilling	(S)	1974—1978	113-116, 137	12,800	640
100 Schilling	(S)	1975—1979	117-128, 130-136, 138-142	15,360	640
100 Schilling	(G)	1926—1938	46, 57	21,171	900
500 Schilling	(S)	1980—1982	143-146, 148-153, 155, 156	15,360	640
500 Schilling	(S)	1983—	158-161, 163-166, 168-171, 173-176, 178-183, 187-190	22,200	925
1000 Schilling	(G)	1976	129	12,150	900

Franz Joseph I. 1848–1916

		SS	VZ
1 (23c)	1 Dukat (G) 1872—1915. Franz Joseph (1830—1916), belorbeertes Kopfbild n. r. Rs. Doppeladler:		
	1872—1914	**180,—**	**220,—**
	1915, meist offizielle Neuprägungen	**100,—**	**120,—**
	1951, Fehlprägung		**400,—**

2 (25c)	4 Dukaten (G) 1872—1915. Typ wie Nr. 1, jedoch belorbeertes Brustbild n. r.:		
	1872—1914	**750,—**	**820,—**
	1915, meist offizielle Neuprägungen	**420,—**	**450,—**

3 (26)	1 Heller (K) 1892—1916. Doppeladler mit Schild. Rs. Wert:		
	1892	**500,—**	**1200,—**
	1893—1898, 1900—1916	**1,—**	**2,—**
	1899	**80,—**	**175,—**

		SS	VZ
4 (28)	2 Heller (K) 1892—1915:		
	1892	450,—	1000,—
	1893—1897, 1899, 1900, 1902—1904, 1906—1915	1,—	2,—
	1898, 1901, 1905	16,—	40,—

5 (29)	10 Heller (N) 1892—1911:		
	1892	800,—	1500,—
	1893—1895, 1907—1910	1,—	2,—
	1911	12,—	30,—

6 (30)	20 Heller (N) 1892—1914:		
	1892	120,—	250,—
	1893—1895	4,—	8,—
	1907	18,—	40,—
	1908	12,—	30,—
	1909	22,—	50,—
	1911	2,—	3,—
	1914	80,—	125,—

7 (35)	1 Krone (S) 1892—1907. Franz Joseph (1830—1916), belorbeertes Kopfbild n. r. Rs. Krone über Wert:		
	1892	350,—	800,—
	1893—1895, 1898	25,—	40,—
	1896, 1905	70,—	130,—
	1897, 1907	130,—	320,—
	1899—1903	9,—	20,—
	1904	26,—	90,—
	1906	400,—	800,—

		SS	VZ
8 (39)	5 Kronen (S) 1900, 1907. Rs. Adler im Kreis, das Ganze von fünf Kaiserkronen und Lorbeerzweigen umgeben:		
	1900	36,—	80,—
	1907	50,—	120,—
9 (42)	10 Kronen (G) 1892—1906. Rs. Doppeladler, Wertangabe, Jahreszahl:		
	1892		6000,—
	1893		—,—
	1986, 1897, 1905, 1906	125,—	170,—

10 (43)	20 Kronen (G) 1892—1905. Typ wie Nr. 9:		
	1892—1899, 1902—1905	270,—	300,—
	1900, 1901	1000,—	1500,—

Zum 60. Regierungsjubiläum (5)

11 (36)	1 Krone (S) 1908. Franz Joseph, Kopfbild n. r. Rs. Krone über Monogramm, Jahreszahlen 1848—1908	9,—	20,—

12 (40)	5 Kronen (S) 1908. Rs. Eilende Ruhmesgestalt, Jahreszahlen 1848—1908	35,—	65,—

		SS	VZ
13 (44)	10 Kronen (G) 1908. Rs. Doppeladler, Jahreszahlen 1848–1908	**155,–**	**180,–**
14 (45)	20 Kronen (G) 1908. Typ wie Nr. 13	**550,–**	**620,–**

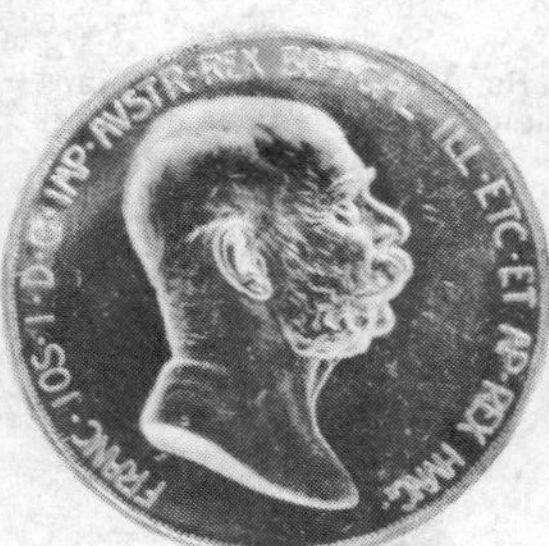

15 (46)	100 Kronen (G) 1908. Rs. Liegende Ruhmesgestalt mit Wappenschild	**2300,–**	**2800,–**
16 (41)	5 Kronen (S) 1909. Typ wie Nr. 8, jedoch Kopfbild ohne Lorbeer	**42,–**	**100,–**
17 (47)	10 Kronen (G) 1909. Schmales Kopfbild ohne Lorbeer	**115,–**	**160,–**
18 (48)	20 Kronen (G) 1909. Typ wie Nr. 17	**2200,–**	**2600,–**

19 (37)	1 Krone (S) 1912–1916. Franz Joseph, Kopfbild n. r., Signatur: St. Schwartz. Rs. Krone über Wert:		
	1912	**10,–**	**22,–**
	1913	**7,–**	**13,–**
	1914	**7,–**	**12,–**
	1915, 1916	**7,–**	**12,–**

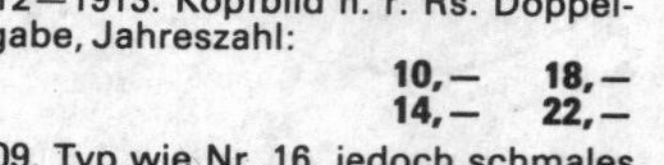

20 (38)	2 Kronen (S) 1912–1913. Kopfbild n. r. Rs. Doppeladler, Wertangabe, Jahreszahl:		
	1912	**10,–**	**18,–**
	1913	**14,–**	**22,–**
21 (A41)	5 Kronen (S) 1909. Typ wie Nr. 16, jedoch schmales Kopfbild	**40,–**	**100,–**

		SS	VZ
22 (49)	10 Kronen (G) 1909–1912:		
	1909–1911	**115,–**	**160,–**
	1912, meist Neuprägungen	**90,–**	**110,–**

23 (50)	20 Kronen (G) 1909–1916. Typ wie Nr. 22:		
	1909	**2500,–**	**4000,–**
	1910–1914	**480,–**	**650,–**
	1915 (meist Neuprägungen)		**200,–**
	1916	*8000,–*	*11000,–*

24 (51)	100 Kronen (G)		
	a) 1909–1916	**1850,–**	**3000,–**
	b) 1915, meist Neuprägungen	**900,–**	**950,–**

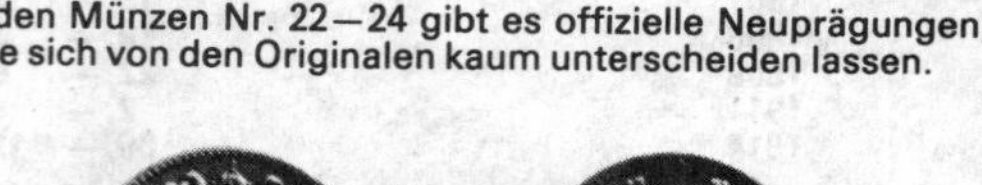

Von den Münzen Nr. 22–24 gibt es offizielle Neuprägungen, die sich von den Originalen kaum unterscheiden lassen.

25 (31)	10 Heller (Neusilber) 1915, 1916. Doppeladler. Rs. Wert im Kranz	**–,50**	**1,–**

26 (27)	1 Heller (K) 1916. Typ wie Nr. 3, jedoch Doppeladler jetzt mit Bindenschild	**17,–**	**30,–**

			SS	VZ
27	(32)	10 Heller (Neusilber) 1916. Typ wie Nr. 25, jedoch Doppeladler jetzt mit Bindenschild	**1,50**	**2,50**

28 (52) 20 Kronen (G) 1916. Typ wie Nr. 23, jedoch Doppeladler jetzt mit Bindenschild **1500,– 1800,–**

29 (33) 2 Heller (E) 1916. Doppeladler mit Bindenschild. Rs. Wert, von Lorbeerzweigen umgeben **2,50 8,–**

30 (34) 20 Heller (E) 1916. Doppeladler. Rs. Wert im Kranz **2,– 4,–**

Karl I. 1916–1918

31 (33) 2 Heller (E) 1917, 1918. Typ wie Nr. 29 **1,– 2,–**

32 (34) 20 Heller (E) 1917, 1918. Typ wie Nr. 30 **1,– 2,–**

33 20 Kronen (G) 1918. Karl I. (1887–1922), Kopfbild nach rechts. Rs. Doppeladler mit Bindenschild (1 Ex.) **–,–**

Republik Österreich
1. Republik 1918–1938
Bundesländer

Burgenland

Kärnten

Niederösterreich

Oberösterreich

Salzburg

Steiermark

Tirol

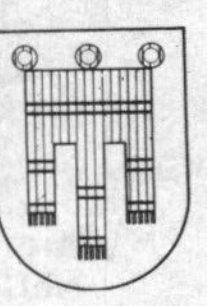
Vorarlberg

Wien

			SS	VZ
34	(56)	100 Kronen (Bro) 1923, 1924. Adlerkopf. Rs. Wert und Eichenblätter:		
		1923	**30,–**	**60,–**
		1924	**2,–**	**3,–**

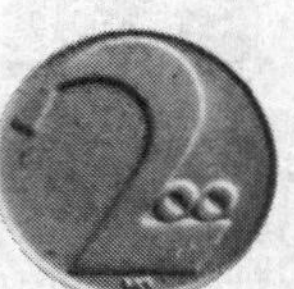

35 (57) 200 Kronen (Bro) 1924. Krukenkreuz. Rs. Wert **2,50 5,–**

36 (58) 1000 Kronen (K-N) 1924. Tirolerin. Rs. Wert im Kranz **6,– 15,–**

		SS	VZ
37 (80)	20 Kronen (G) 1923, 1924. Gekrönter Adler mit Landeswappenschild auf der Brust und Symbolen des Bauern- und Arbeiterstandes in den Fängen, am 8. 5. 1919 eingeführt. Rs. Wert im Kranz:		
	1923	2400,–	2800,–
	1924	2200,–	2700,–

38 (81)	100 Kronen (G) 1923, 1924. Typ wie Nr. 37:		
	1923	4000,–	5500,–
	1924	3500,–	4500,–

WÄHRUNGSREFORM: 10000 Kronen = 1 Schilling
NEUE WÄHRUNG: 100 Groschen = 1 Schilling

39 (60)	1 Groschen (Bro) 1925—1938. Adlerkopf. Rs. Wert:		
	1925—1930, 1934—1937	**1,—**	**2,—**
	1931	**70,—**	**160,—**
	1932, 1933, 1938	**14,—**	**25,—**

40 (61)	2 Groschen (Bro) 1925—1938. Krukenkreuz. Rs. Wert:		
	1925—1930, 1935—1937	**1,—**	**2,—**
	1934, 1938	**20,—**	**35,—**

41 (62)	5 Groschen (K-N) 1931—1938. Typ wie Nr. 40:		
	1931	**2,—**	**3,—**
	1932, 1934	**3,—**	**8,—**
	1936	**16,—**	**35,—**
	1937	**100,—**	**200,—**
	1938	**400,—**	**950,—**

42 (63)	10 Groschen (K-N) 1925—1929. Tirolerin. Rs. Wert im Kranz:		
	1925, 1929	**3,—**	**4,—**
	1928	**22,—**	**50,—**

		SS	VZ
43 (67)	**½ Schilling (S) 1924—1926. Bindenschild. Rs. Wert**		
	1924, Versuchsprägung		*3000,—*
	1925	**6,—**	**10,—**
	1926	**18,—**	**50,—**

44	1 Schilling (S) 1924—1932. Wien: Parlamentsgebäude. Rs. Bindenschild auf Zweigen, Wert:		
	a) (Y 59) 1924	**12,—**	**20,—**
	b) (Y 68) 1925, geringerer Ø	**6,—**	**12,—**
	(Y 68) 1926, geringerer Ø	**10,—**	**20,—**
	(Y 68) 1932, geringerer Ø	**200,—**	**320,—**

45 (82)	25 Schilling (G) 1926–1934. Gekrönter Adler mit Bindenschild auf der Brust und Symbolen des Bauern- und Arbeiterstandes in den Fängen. Rs. Wert und Lorbeerzweige:		
	1926–1931	250,–	300,–
	1933	1850,–	2700,–
	1934	1200,–	1600,–

46 (83)	100 Schilling (G) 1926–1934. Typ ähnlich wie Nr. 45:		
	1926–1931	800,–	1100,–
	1933	2800,–	3500,–
	1934	1200,–	1600,–

100. Todestag von F. Schubert

		SS	VZ
47 (69)	2 Schilling (S) 1928. Rs. Franz Schubert (1797–1828), Komponist. Rs. Wertangabe im Wappenkranz: Wappen der neun Bundesländer, überragt vom Bindenschild	**15,–**	**25,–**

100. Geburtstag Billroths

48 (70)	2 Schilling (S) 1929. Rs. Prof. Dr. Theodor Billroth (1829–1894), Chirurg	**30,–**	**55,–**

700. Todestag von Walther von der Vogelweide

49 (71)	2 Schilling (S) 1930. Rs. Walther von der Vogelweide (um 1170–1230), Minnesänger, neben ihm sein Wappenschild (siehe auch Deutschland Nrn. 67 und 151)	**18,–**	**35,–**

175. Geburtstag Mozarts

50 (72)	2 Schilling (S) 1931. Rs. Wolfgang Amadeus Mozart (1756–1791), Komponist	**45,–**	**75,–**

200. Geburtstag Haydns

		SS	VZ
51 (73)	2 Schilling (S) 1932. Rs. Joseph Haydn (1732–1809), Komponist (siehe auch Nr. 154)	**120,–**	**220,–**

1. Todestag Dr. Seipels

52 (74)	2 Schilling (S) 1933. Rs. Dr. Ignaz Seipel (1876–1932), Bundeskanzler 1922–1924 und 1926–1929	**70,–**	**130,–**

53 (64)	50 Groschen (K-N) 1934. Nimbierter doppelköpfiger Adler mit Landeswappenschild, ohne Symbole in den Fängen, am 1. 5. 1934 eingeführt, Jahreszahl. Rs. Wert im Quadrat (»Nachtschilling«)	**120,–**	**200,–**

54 (65)	50 Groschen (K-N) 1935–1936. Doppelköpfiger Adler wie Nr. 53, von Landesnamen umgeben. Rs. Wert:		
	1935	**8,–**	**15,–**
	1936	**140,–**	**220,–**

		SS	VZ
55 (66)	1 Schilling (K-N) 1934–1935. Vs. wie Nr. 53 Rs. Wert und Ähren:		
	1934	**6,–**	**12,–**
	1935	**28,–**	**50,–**

56 (79)	5 Schilling (S) 1934–1936. Rs. Madonna von Mariazell:		
	1934	**65,–**	**100,–**
	1935	**65,–**	**100,–**
	1936	**200,–**	**340,–**

57 (84)	25 Schilling (G) 1935–1938. Rs. St. Leopold, Brustbild:		
	1935	**1300,–**	**1700,–**
	1936	**1150,–**	**1500,–**
	1937	**1150,–**	**1500,–**
	1938	*10 000,–*	*16000,–*

58 (85)	100 Schilling (G) 1935–1938.		
	1935	**4500,–**	**6000,–**
	1936	**2500,–**	**3000,–**
	1937	**3000,–**	**4000,–**
	1938	*16000,–*	*22000,–*

Zum Tode von Dr. E. Dollfuß

		SS	VZ
59 (75)	2 Schilling (S) 1934. Rs. Dr. Engelbert Dollfuß (1892–1934), Bundeskanzler 1932–1934. Rs. Nimbierter doppelköpfiger Adler mit Bindenschild, ohne Symbole in den Fängen, Wertangabe, Jahreszahl	**40,–**	**58,–**

25. Todestag Dr. K. Luegers

60 (76)	2 Schilling (S) 1935. Rs. Dr. Karl Lueger (1844–1910), Politiker, kommunalpolitischer Reformer	**55,–**	**85,–**

200. Todestag von Prinz Eugen

61 (77)	2 Schilling (S) 1936. Rs. Prinz Eugen von Savoyen (1663–1736), kaiserlich österreichischer Generalfeldmarschall (siehe auch Nr. 86 und 173)	**38,–**	**55,–**

Für J.B. Fischer von Erlach und zur Vollendung der Karlskirche im Jahre 1737

62 (78)	2 Schilling (S) 1937. Rs. Wien: Karlskirche, erbaut von Johann Bernhard Fischer von Erlach (1656–1723), vollendet 1737 von seinem Sohn Joseph Emanuel	**40,–**	**60,–**

2. Republik seit 1945

		SS	VZ
63 (86)	1 Groschen (Zink) 1947. Staatswappen, am 1. 5. 1945 eingeführt. Rs. Wert	–,30	–,50

64 (89)	2 Groschen (Al) 1950–1952, 1954, 1957, 1962, 1964–1992	–,10	–,20

65 (87)	5 Groschen (Zink) 1948, 1950, 1951, 1953, 1955, 1957, 1961–1992	–,10	–,20

66 (88)	10 Groschen (Zink) 1947 – 1949:		
	1947	**25,–**	**50,–**
	1948,1949	**2,–**	**8,–**

67 (90)	10 Groschen (Al) 1951–1953, 1955, 1957, 1959, 1961–1992	–,10	–,20

68 (95)	20 Groschen (Al-Bro) 1950, 1951, 1954	**2,–**	**3,–**

		VZ	ST
69 (91)	50 Groschen (Al) 1946, 1947, 1952, 1955	**2,–**	**4,–**

70 (92)	1 Schilling(Al) 1946, 1947, 1952, 1957. Rs. Säender Landmann	**2,–**	**5,–**

71 (93)	2 Schilling (Al) 1946, 1947, 1952. Rs. Weintrauben und Ähren:		
	1946	**7,–**	**15,–**
	1947	**5,–**	**12,–**
	1952	**350,–**	**650,–**

72 (94)	5 Schilling (Al) 1952, 1957		
	1952	**10,–**	**20,–**
	1957	**450,–**	**900,–**

Wiedereröffnung der Bundestheater

		ST	PP
73 (96)	25 Schilling (S) 1955. Wertangabe im Wappenkreis der neun Bundesländer. Rs. Muse mit Maske und Lyra, der Vorhang wird geöffnet	70,–	200,–

200. Geburtstag Mozarts

		ST	PP
74 (97)	25 Schilling (S) 1956. Rs. Denkmal von Wolfgang Amadeus Mozart (1756–1791) im Burggarten in Wien	**16,–**	**750,–**

800 Jahre Mariazell

75 (98) 25 Schilling (S) 1957. Rs. Basilika von Mariazell **16,–** **700,–**

		VZ	ST
76 (103)	50 Groschen (Al-Bro) 1959–1992. Bindenschild. Rs. Wert	**–,10**	**–,20**

77 (104) 1 Schilling (Al-Bro) 1959–1992. Wertangabe, Landesname. Rs. Edelweiß (Leontopodium alpinum – Compositae) **–,20** **–,30**

		VZ	ST
78 (106)	5 Schilling (S) 1960–1968. Reiter in der Levade, Szene aus der Spanischen Hofreitschule in Wien. Rs. Bindenschild und Wert	**4,–**	**6,–**

In gleicher Zeichnung Nr. 98

79 (99) 10 Schilling (S) 1957–1959, 1964–1973. Bindenschild. Rs. Kopf einer Wachauerin mit Goldhaube in Seitenansicht **6,–** **8,–**

In ähnlicher Zeichnung: Nr. 112.

100. Geburtstag Auer von Welsbachs

		ST	PP
80 (100)	25 Schilling (S) 1958. Rs. Carl Freiherr Auer von Welsbach (1858–1929), Chemiker	**16,–**	***3500,–***

150. Jahrestag des Tiroler Freiheitskampfes

81 (101) 50 Schilling (S) 1959. Tiroler Adler mit dem Ehrenkränzl, von den Wappen der übrigen acht Bundesländer umgeben. Rs. Andreas Hofer (1767–1810), Führer des Aufstandes gegen die Besetzung Tirols **30,–** **950,–**

100. Todestag von Erzherzog Johann

		ST	PP
82 (102)	25 Schilling (S) 1959. Rs. Erzherzog Johann (1782–1859), Heerführer in den Franzosenkriegen, setzte sich für die kulturelle und wirtschaftliche Erschließung, vor allem der Steiermark, ein; Gründer des Joanneums in Graz. Rs. Der heraldische Panther der Steiermark zwischen Wappen der übrigen Bundesländer	**18,–**	**650,–**

40. Jahrestag der Volksabstimmung in Kärnten

83 (105) 25 Schilling (S) 1960. Rs. Paar in Kärnter Volkstracht an der Wahlurne **20,– 750,–**

40 Jahre Burgenland

84 (107) 25 Schilling (S) 1961. Rs. Haydn-Kirche in Eisenstadt **35,– 550,–**

Zum Gedenken an Anton Bruckner

85 (108) 25 Schilling (S) 1962. Rs. Anton Bruckner (1824–1896), Komponist **18,– 450,–**

300. Geburtstag von Prinz Eugen

		ST	PP
86 (109)	25 Schilling (S) 1963. Rs. Prinz Eugen von Savoyen (1663–1736), Hüftbild des kaiserlich österreichischen Generalfeldmarschalls (siehe auch Nr. 61 und 173)	**18,–**	**275,–**

600 Jahre Tirol bei Österreich

87 (110) 50 Schilling (S) 1963. Rs. Wappenschilde von Österreich und Tirol, durch Kette verbunden **25,– 360,–**

IX. Olympische Winterspiele Innsbruck 1964

88 (111) 50 Schilling (S) 1964. Rs. Skispringer vor Berglandschaft, olympische Ringe **25,– 65,–**

Zum Gedenken an Franz Grillparzer (2)

		ST	PP
A89 (112a)	25 Schilling (S) 1964. Wertangabe im Kreis von neun Wappen, wie Nr. 73. Rs. Franz Grillparzer (1791–1872), Dichter (siehe auch Nr. 192)		**1000,–**

		ST	PP
89 (112)	25 Schilling (S) 1964. Wertangabe, vom Staatswappen überhöht und von den Wappen der neun Bundesländer umgeben. Rs. Franz Grillparzer	**18,–**	**25,–**

600 Jahre Universität Wien

90 (114) 50 Schilling (S) 1965. Rs. Rudolf IV. der Stifter, Herzog von Österreich von 1358–1365 **20,–** **70,–**

150 Jahre Technische Hochschule Wien

91 (113) 25 Schilling (S) 1965. Rs. Johann Joseph Ritter von Prechtl (1778–1854), Technologe, Direktor des Polytechnischen Instiuts zu Wien, Kopfbild nach links **18,–** **55,–**

150 Jahre Österreichische Nationalbank

92 (116) 50 Schilling (S) 1966. Rs. Gebäude der Nationalbank in Wien **20,–** **150,–**

130. Todestag von Ferdinand Raimund

		ST	PP
93 (115)	25 Schilling (S) 1966. Rs. Ferdinand Raimund (1790–1836), Dichter	**16,–**	**140,–**

250. Geburtstag Maria Theresias

94 (117) 25 Schilling (S) 1967. Rs. Maria Theresia (1717–1780), Kaiserin, reg. 1740–1780 **15,–** **70,–**

100 Jahre Donauwalzer

95 (118) 50 Schilling (S) 1967. Rs. Johann Strauß Sohn (1825–1899), Hüftbild des »Walzerkönigs«, nach Bronzestatue von Edmund Hellmer im Strauß-Denkmal (Marmorner-Musenbogen), 1923 enthüllt im Wiener Stadtpark (Park-Ring) **20,–** **140,–**

50 Jahre Republik Österreich

96 (120) 50 Schilling (S) 1968. Rs. Parlamentsgebäude in Wien, erbaut von Theophil Hansen, dänischer Architekt; mit Pallas-Athene-Brunnen von Karl Kundmann **20,–** **70,–**

300. Geburtstag von Lukas von Hildebrandt

		ST	PP
97 (119)	25 Schilling (S) 1968. Rs. Hauptportal zum Schloß Belvedere in Wien mit Oberem Belvedere-Garten	22,–	50,–

		VZ	ST
98 (106a)	5 Schilling (K-N) 1968–1992. Typ wie Nr. 78	–,70	1,–

450. Todestag von Kaiser Maximilian I.

		ST	PP
99 (122)	50 Schilling (S) 1969. Rs. Maximilian I. (1459–1519), Kaiser, reg. 1493–1519, Entwurf nach einer zeitgenössischen Medaille	20,–	50,–

Zum Gedenken an Peter Rosegger

100 (121)	25 Schilling (S) 1969. Rs. Peter Rosegger (1843–1918), volkstümlicher Dichter und Schriftsteller, eines seiner bekanntesten Werke: »Als ich noch ein Waldbauernbub war.«	15,–	40,–

100. Geburtstag von Franz Lehár

		ST	PP
101 (123)	25 Schilling (S) 1970. Rs. Franz Lehár (1870–1948), Komponist, erfolgreicher Vertreter der Wiener Operette. Bekannteste Werke: Die lustige Witwe, Der Graf von Luxemburg, Zarewitsch, Land des Lächelns	15,–	20,–

300 Jahre Leopold-Franzens-Universität Innsbruck

102 (124)	50 Schilling (S) 1970. Rs. Ältestes Siegel der Universität von 1673, dem Jahr der Fertigstellung aller vier Fakultäten (1669 Philosophie, 1671 Theologie und Jura, 1673 Medizin). In der Mitte der Namenspatron des Stifters Kaiser Leopolds I., der Babenberger Markgraf Leopold III. der Heilige. In dessen Rechten Modell des Stifts Klosterneuburg, in seiner Linken, halbeingerollt, das Fünf-Adler-Banner. Rechts von ihm Wappen mit Tiroler Adler, davor Buch mit Inschrift: LEVPOLDO FELICI, links von ihm der kaiserliche Doppeladler in der Kette des Goldenen Vlieses, überhöht mit Rudolfinischer Kaiserkrone. Hintergrund: Baldachin, darüber Taube, das Symbol des Heiligen Geistes	18,–	22,–

100. Geburtstag von Dr. Karl Renner

103 (125)	50 Schilling (S) 1970. Rs. Dr. Karl Renner (1870–1950), Bundespräsident 1945–1950	18,–	22,–

200 Jahre Wiener Börse

		ST	PP
104 (126)	25 Schilling (S) 1971. Rs. Börse in Wien	12,–	18,–

80. Geburtstag von Dr. J. Raab

105 (127) 50 Schilling (S) 1971. Rs. Dr. Julius Raab (1891–1964), Bundeskanzler 1953–1961 18,– 22,–

350 Jahre Universität Salzburg

106 (129) 50 Schilling (S) 1972. Rs. Siegel der Universität Salzburg. Das Buchstabenpaar »PA« und »SF« weist auf den Gründer PARIS Lodron, Erzbischof (ARCHIEPISCOPUS) von Salzburg (SALZBURGENSIS), FUNDATOR, hin. Die linke römische Zahl im Siegel bedeutet das Jahr der Gründung 1622, die rechte römische Zahl 1962 zeigt das Jahr der Wiedererrichtung an 18,– 22,–

50. Todestag von Carl Michael Ziehrer

		ST	PP
107 (128)	25 Schilling (S) 1972. Rs. Carl Michael Ziehrer (1843–1922), Operettenkomponist; komponierte auch Tänze und Märsche. Er hatte den kaiserlichen Titel eines »Hofballmusikdirektors«	12,–	18,–

100 Jahre Hochschule für Bodenkultur in Wien

108 (130) 50 Schilling (S) 1972. Rs. Gesamtansicht des Gebäudes der Hochschule. In die Umschrift sind Wappen hineinkomponiert, welche die Fakultäten »Landwirtschaft«, »Forst- und Holzwirtschaft«, »Kulturtechnik und Wasserwirtschaft« und »Lebensmittel- und Gärungstechnologie« versinnbildlichen 18,– 22,–

500 Jahre Bummerlhaus in Steyr

109 (132) 50 Schilling (S) 1973. Rs. Im gotischen Stil erbautes, ehemaliges Gasthaus, welches zum »Goldenen Löwen« benannt war. Da jedoch die über dem Eingang befindliche Löwenfigur sehr klein geraten war und eher einem kleinen Hund, welcher im Volksmund »Bummerl« genannt wurde, glich, hieß das Haus von alters her das »Bummerlhaus« 18,– 22,–

100. Geburtstag von Max Reinhardt

		ST	PP
110 (131)	25 Schilling (S) 1973. Rs. Max Reinhardt (1873–1943), bedeutender Regisseur und Theaterleiter	12,–	18,–

100. Geburtstag von Theodor Körner

111 (133) 50 Schilling (S) 1973. Rs. Theodor Körner (1873–1957), Bundespräsident 1951–1957 18,– 22,–

		VZ	ST
112 (A99)	10 Schilling (N, K-N plattiert) 1974–1992. Bundeswappen, Landesname. Rs. Kopf einer Wachauerin mit Goldhaube, wie Nr. 79	1,50	2,–

Wiener Internationale Gartenschau 18. 4.–14. 10. 1974

		ST	PP
113 (134)	50 Schilling (S) 1974. Rs. Freie Komposition mit pflanzlichen Formen	15,–	20,–

125 Jahre Gendarmerie in Österreich

		ST	PP
114 (135)	50 Schilling (S) 1974. Rs. Das eichenlaubumkränzte Bundeswappen als Emblem der Gendarmerie, darüber zwei flammende Handgranaten, die auf das Korpsabzeichen der Gendarmerie hinweisen	15,–	20,–

1200 Jahre Dom zu Salzburg

115 (136) 50 Schilling (S) 1974. Rs. Die Bischöfe Rupert und Virgil mit dem Dommodell und das Landeswappen von Salzburg 15,– 20,–

50 Jahre Österreichischer Rundfunk

116 (137) 50 Schilling (S) 1974. Rs. Das vom ORF verwendete Zeichen, das sogenannte ORF-Auge, in welches die Ansicht eines Parabol-Radioteleskopes hineinkomponiert ist 15,– 20,–

150. Geburtstag von Johann Strauß

ST PP

117 (138) 100 Schilling (S) 1975. Rs. Johann-Strauß-Denkmal im Wiener Stadtpark (siehe auch Nr. 95) 20,– 25,–

20 Jahre Staatsvertrag

118 (139) 100 Schilling (S) 1975. Rs. Vier Ringe, die von einem Rechteck, auf dem der runde Bindenschild und die Jahreszahl 1975 angebracht sind, durchdrungen werden (symbolisch für den Abschluß des Staatsvertrages mit den vier Signatarstaaten) 20,– 25,–

50 Jahre Schillingwährung

119 (140) 100 Schilling (S) 1975. Rs. Kniende Figur, die in Haltung und Gestik einen Sämann symbolisiert, im Hintergrund von Bäumen begrenzte Ackerlandschaft 20,– 25,–

XII. Olympische Winterspiele in Innsbruck 4. 2. – 15. 2. 1976 (7)

ST PP

120 (141) 100 Schilling (S) 1976. Rs. Emblem der Olympischen Winterspiele 20,– 25,–

121 (142) 100 Schilling (S) 1976. Rs. Innsbrucker Stadtturm mit einer Zeile charakteristischer Häuser der Altstadt. Mzst. Wien, Msz. Wappen der Bundeshauptstadt 20,– 25,–

122 100 Schilling (S) 1976. Typ wie Nr. 121. Mzst. Hall, Msz. Adler des Bundeslandes Tirol 20,– 25,–

123 (143) 100 Schilling (S) 1976. Rs. Abfahrtsläufer in ungewohnter künstlerischer Darstellung. Mzst. Wien, Msz. Wappen 20,– 25,–

124 100 Schilling (S) 1976. Typ wie Nr. 123. Mzst. Hall, Msz. Adler des Bundeslandes Tirol 20,– 25,–

125 (144) 100 Schilling (S) 1976. Berg-Isel-Schanze. Mzst. Wien, Msz. Wappen 20,– 25,–

		ST	PP
126	100 Schilling (S) 1976. Typ wie Nr. 125. Mzst. Hall, Msz. Adler	20,–	25,–

200 Jahre Burgtheater Wien

127 (145) 100 Schilling (S) 1976. Rs. Ansicht des Burgtheaters, von Jubiläumszahlen und dem damaligen Staatswappen überhöht 20,– 25,–

1000 Jahre Kärnten

128 (146) 100 Schilling (S) 1976. Rs. Herzogstuhl und Kärntener Wappen 20,– 25,–

1000. Jahrestag der Einsetzung der Babenberger in Österreich

		ST
129 (148)	1000 Schilling (G) 1976. Rs. Reitersiegel Herzog Friedrichs II., umrahmt von den Jahreszahlen »976–1976« und der Umschrift »Einsetzung der Babenberger« (1800000 Ex.)	600,–

Nr. 129 kommt aufgrund unterschiedlicher Oberflächenbehandlung bei der Herstellung in Farbvarianten vor. Alle Prägungen bestehen aus Gold 90%/Kupfer 10%.

175. Geburtstag von Johann Nestroy

		ST	PP
130 (147)	100 Schilling (S) 1976. Rs. Johann Nestroy (1801–1862), Schauspieler und Sänger	20,–	25,–

1200 Jahre Stift Kremsmünster

131 (149) 100 Schilling (S) 1977. Rs. Tassilokelch 20,– 32,–

900 Jahre Festung Hohensalzburg

132 (150) 100 Schilling (S) 1977. Rs. Festung Hohensalzburg 20,– 30,–

500 Jahre Münzstätte Hall/Tirol

ST PP

133 (151) 100 Schilling (S) 1977. Rs. Nachbildung des Probetalers von Weidenpusch aus der Zeit um 1480 **20,– 70,–**

1100 Jahre Villach

ST PP

136 (155) 100 Schilling (S) 1978. Rs. Stadtansicht von Villach mit dem Stadtsiegel und dem Wappen des Bundeslandes Kärnten **20,– 25,–**

700. Jahrestag der Stadterhebung von Gmunden

134 (153) 100 Schilling (S) 1978. Rs. Schloß Orth, Gmunden **20,– 25,–**

150. Todestag von Franz Schubert

137 (152) 50 Schilling (S) 1978. Rs. Franz Schubert (1797–1828), Komponist **15,– 20,–**

700. Jahrestag der Schlacht von Dürnkrut und Jedenspeigen

135 (154) 100 Schilling (S) 1978. Neun menschliche Figuren in radialer Anordnung als Symbol für die Verbundenheit der österreichischen Bundesländer. Rs. Brustbild Rudolfs I., im Hintergrund Landschaft des Marchfeldes und Schlachtszene **20,– 30,–**

Eröffnung des Arlberg-Straßentunnels

138 (156) 100 Schilling (S) 1978. Rs. Stilisiertes Arlbergmassiv und der durch das Massiv führende Straßentunnel, dargestellt durch zwei sich reichende Hände **20,– 25,–**

700 Jahre Dom zu Wiener Neustadt

		ST	PP
139 (157)	100 Schilling (S) 1979. Rs. Wiener Neustädter Dom, Gedenkumschrift, Jahreszahl	20,–	25,–

200 Jahre Innviertel bei Österreich

		ST	PP
140 (158)	100 Schilling (S) 1979. Rs. Innviertler Vierseithof	20,–	25,–

Eröffnung des Internationalen Zentrums Wien (UNO-City)

		ST	PP
141 (159)	100 Schilling (S) 1979. Rs. Gebäude für Organisationen der UNO	20,–	25,–

Eröffnung des Festspiel- und Kongreßhauses von Bregenz

		ST	PP
142 (160)	100 Schilling (S) 1979. Rs. Festspiel- und Kongreßhaus in Bregenz	20,–	25,–

1000 Jahre Steyr

		ST/N	ST/H	PP
143 (161)	500 Schilling (S) 1980. Rs. Ansicht der mittelalterlichen Stadt Steyr mit der Styraburg	85,–	95,–	135,–

25 Jahre Staatsvertrag

		ST/N	ST/H	PP
144 (162)	500 Schilling (S) 1980. Rs. Schloß Belvedere mit der zum Park gerichteten Front	80,–	90,–	110,–

200. Todestag von Maria Theresia

		ST/N	ST/H	PP
145 (163)	500 Schilling (S) 1980. Rs. Maria Theresia (1717–1780), reg. 1740–1780	80,–	90,–	110,–

100 Jahre Österreichisches Rotes Kreuz

		ST/N	ST/H	PP
146 (164)	500 Schilling (S) 1980. Rs. Henri Dunant (1828–1910), Gründer des Roten Kreuzes, Friedensnobelpreis 1901	80,–	90,–	110,–

		VZ	ST	PP
147 (165)	20 Schilling (Al-N-Bro) 1980~1992. Neun Personen mit dem Bindenschild, die Bundesländer symbolisierend (vgl. Nr. 135). Rs. Wertangabe, Jahreszahl:			
	1980	4,–	6,–	30,–
	1981	6,–	12,–	35,–
	1991, 1992	4,–	6,–	10,–

800 Jahre Verduner Altar in Klosterneuburg

		ST/N	ST/H	PP
148 (166)	500 Schilling (S) 1981. Rs. Tafelbild des Verduner Altars, darstellend »Samson mit dem Löwen«, vor Altarhintergrund	80,–	90,–	110,–

100. Geburtstag von Anton Wildgans

		ST/N	ST/H	PP
149 (167)	500 Schilling (S) 1981. Rs. Anton Wildgans (1881–1932), Schriftsteller	80,–	90,–	110,–

100. Geburtstag von Otto Bauer

150 (168)	500 Schilling (S) 1981. Rs. Otto Bauer (1881–1938), führender Politiker der Sozialdemokratie	80,–	90,–	110,–

200 Jahre Toleranzpatent

151 (169)	500 Schilling (S) 1981. Rs. Kreuz, in den Winkeln Jahreszahlen, Bibel und Kelch	80,–	90,–	110,–

1500. Todestag des heiligen Severin

152 (170)	500 Schilling (S) 1982. Rs. Heiliger Severin	80,–	90,–	110,–

500 Jahre Druck in Österreich

		ST/N	ST/H	PP
153 (172)	500 Schilling (S) 1982. Rs. Alte Druckpresse um 1500	80,–	90,–	110,–

Bundesländer – 1. Ausgabe
Burgenland
250. Geburtstag von Joseph Haydn

		VZ	ST	PP
154 (171)	20 Schilling (Al-N-Bro) 1982~1992. Rs. Joseph Haydn (1732–1809), Komponist (siehe auch Nr. 51):			
	1982	4,–	6,–	20,–
	1991, 1992	4,–	6,–	10,–

825 Jahre Mariazell

		ST/N	ST/H	PP
155 (173)	500 Schilling (S) 1982. Rs. Magna Mater im Strahlenkranz, zu Füßen der Madonna Blumenspenden und Jahreszahl	80,–	90,–	110,–

80. Geburtstag von Leopold Figl

		ST/N	ST/H	PP
156 (174)	500 Schilling (S) 1982. Rs. Leopold Figl (1902–1965), Politiker, 1953–1959 österreichischer Außenminister	85,–	110,–	130,–

Bundesländer — 2. Ausgabe
Kärnten

		VZ	ST	PP
157 (175)	20 Schilling (Al-N-Bro) 1983~1992. Rs. Burg Hochosterwitz in Kärnten, Sitz der Fürsten von Khevenhüller:			
	1983	4,–	6,–	12,–
	1991	4,–	6,–	10,–
	1992	4,–	6,–	10,–

Weltcup der Springreiter 1983 in Wien

		ST/N	ST/H	PP
158 (176)	500 Schilling (S) 1983. Rs. Springreiter	80,–	90,–	110,–

100 Jahre Wiener Rathaus

		ST/N	ST/H	PP
159 (177)	500 Schilling (S) 1983. Rs. Wiener Rathaus mit einem Teil des Rathausparkes	80,–	90,–	110,–

Katholikentag mit Papstbesuch

		ST/N	ST/H	PP
160 (178)	500 Schilling (S) 1983. Rs. Papst Johannes Paul II. mit segnender Geste, hinter dem Papst das Zeichen des Katholikentages mit Jahreszahl	**85,–**	**100,–**	**120,–**

100 Jahre Parlamentsgebäude

161 (179)	500 Schilling (S) 1983. Rs. Parlamentsgebäude mit der Statue der Pallas Athene und der Auffahrtsrampe (siehe auch Nr. 96)	**80,–**	**90,–**	**110,–**

Bundesländer – 3. Ausgabe
Niederösterreich

		VZ	ST	PP
162 (181)	20 Schilling (Al-N-Bro) 1984. Rs. Nordfassade des Schlosses Grafenegg, Niederösterreich	**4,–**	**6,–**	**12,–**

175. Jahrestag des Tiroler Freiheitskampfes

		ST/N	ST/H	PP
163 (180)	500 Schilling (S) 1984. Rs. Andreas Hofer (1767–1810), Führer des Freiheitskampfes in Tiroler Landestracht mit Fahne, Darstellung nach dem Andreas-Hofer-Denkmal, Berg Isel (siehe auch Nr. 81)	**80,–**	**90,–**	**110,–**

100 Jahre Bodenseeschiffahrt

164 (182)	500 Schilling (S) 1984. Rs. Passagierschiff »Vorarlberg«	**80,–**	**900,–**	**110,–**

700 Jahre Stift Stams

165 (183)	500 Schilling (S) 1984. Rs. Stift Stams in Tirol	**80,–**	**90,–**	**110,–**

100. Todestag von Fanny Elßler

166 (184)	500 Schilling (S) 1984. Rs. Fanny Elßler (1810–1884), Tänzerin	**80,–**	**90,–**	**110,–**

Bundesländer — 4. Ausgabe
Oberösterreich
200 Jahre Diözese Linz

		VZ	ST	PP
167 (186)	20 Schilling (Al-N-Bro) 1985~1992. Rs. Auf einer Fensterrose des Linzer Doms das oberösterreichische Landeswappen und das Diözesanwappen:			
	1985	4,–	7,–	20,–
	1991	4,–	6,–	10,–
	1992	4,–	6,–	10,–

400 Jahre Karl-Franzens-Universität Graz

		ST/N	ST/H	PP
168 (185)	500 Schilling (S) 1985. Erzherzog Karl von Österreich, Gründer der Universität	80,–	90,–	110,–

40 Jahre Frieden in Österreich

169 (187)	500 Schilling (S) 1985. Rs. Weibliche Figur mit Mauerkrone und Palmzweig	80,–	90,–	110,–

2000 Jahre Bregenz

		ST/N	ST/H	PP
170 (193)	500 Schilling (S) 1985. Rs. Römischer Denar mit dem Kopfbild des Kaisers Tiberius und Bregenzer Stadtsiegel aus dem 16. Jh.	80,–	90,–	110,–

500-Jahr-Feier der Heiligsprechung des Markgrafen Leopold III.

171 (188)	500 Schilling (S) 1985. Rs. Markgraf Leopold III., der Heilige	80,–	90,–	110,–

Bundesländer — 5. Ausgabe
Steiermark
800 Jahre Georgenberger Handfeste

		VZ	ST	PP
172 (194)	20 Schilling (Al-N-Bro) 1986~1992. Rs. Der Babenberger Herzog Leopold V. und der steirische Herzog Otakar IV. beim Abschluß der Georgenberger Handfeste, Enns 1186:			
	1986	4,–	7,–	20,–
	1991	4,–	6,–	10,–
	1992	4,–	6,–	10,–

250. Todestag von Prinz Eugen

		ST/N	ST/H	PP
173 (189)	500 Schilling (S) 1986. Rs. Prinz Eugen von Savoyen (1663–1736), kaiserlich österreichischer Generalfeldmarschall (siehe auch Nr. 61 und 86)	80,–	90,–	110,–

500 Jahre Haller Talermünzen

		ST/N	ST/H	PP
174 (190)	500 Schilling (S) 1986. Rs. Darstellung der endgültigen Version des ersten Guldiners aus Hall vom Jahr 1486 mit dem Standbild Erzherzog Sigismunds von Tirol zwischen Bindenschild und Pfauenstoßhelm im vielbogigen Innenkreis	80,–	90,–	110,–

300 Jahre Barockstift St. Florian

		ST/N	ST/H	PP
175 (191)	500 Schilling (S) 1986. Rs. Ansicht der Stiftsanlage und Stiftswappen	80,–	90,–	110,–

3. Folgetreffen der Konferenz für Sicherheit und Zusammenarbeit in Europa (KSZE) ab 1986 in Wien

		ST/N	ST/H	PP
176 (192)	500 Schilling (S) 1986. Rs. Landkarte Europas	80,–	90,–	110,–

Bundesländer – 6. Ausgabe
Salzburg
300. Jahrestag des Regierungsantritts von Erzbischof Johann Ernst von Thun und Hohenstein

		VZ	ST	PP
177	20 Schilling (Al-N-Bro) 1987~1992. Rs. Wahlsiegel des Erzbischofs Johann Ernst von Thun und Hohenstein (1687–1709):			
	1987	4,–	7,–	20,–
	1991	4,–	6,–	10,–
	1992	4,–	6,–	10,–

400. Jahrestag des Regierungsantritts des Salzburger Erzbischofs Wolf Dietrich von Raitenau

		ST/N	ST/H	PP
178	500 Schilling (S) 1987. Rs. Wolf Dietrich von Raitenau (1559–1617), Erzbischof von Salzburg 1587–1617	80,–	90,–	110,–

150 Jahre Eisenbahn in Österreich

ST/N ST/H PP

179 500 Schilling (S) 1987. Rs. In Linien geführtes Bundesbahnemblem, in dessen oberer Hälfte eine moderne Elektrolokomotive und in der unteren Hälfte die erste Dampflokomotive »Austria« dargestellt ist **82,– 100,– 125,–**

800 Jahre Stiftskirche Heiligenkreuz

180 500 Schilling (S) 1987. Rs. Vorderansicht der romanischen Kirche des Stiftes mit der Dreifaltigkeitssäule und dem barocken Kirchturm
80,– 90,– 110,–

850 Jahre Benediktinerabtei St. Georgenberg-Fiecht

181 500 Schilling (S) 1988. Rs. Benediktinerabtei St. Georgenberg, in der unteren Hälfte das Stift Fiecht
80,– 90,– 110,–

Zum Papstbesuch in Österreich 23.—27. Juni 1988

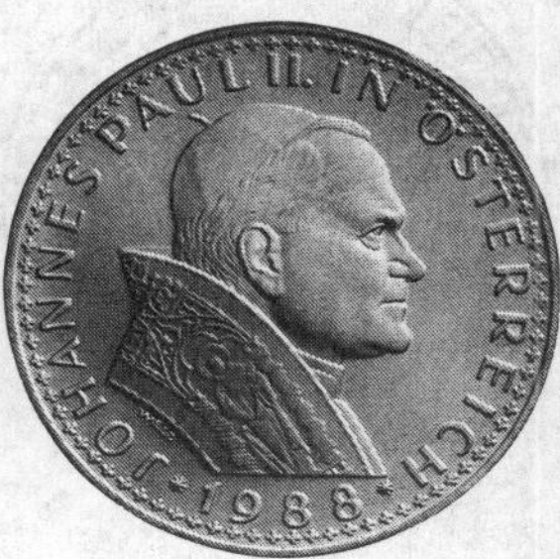

ST/N ST/H PP

182 500 Schilling (S) 1988. Rs. Papst Johannes Paul II., Kopfbild mit festlicher Stola (siehe auch Nr. 160)
85,– 100,– 110,–

100. Jahrestag des Einigungsparteitages der österreichischen Sozialdemokratie in Hainfeld

183 500 Schilling (S) 1988. Rs. Dr. Victor Adler
85,– 100,– 110,–

Bundesländer – 7. Ausgabe
Tirol
180. Jahrestag des Tiroler Freiheitskampfes

		VZ	ST	PP
184	20 Schilling (Al-N-Bro) 1989~1992. Rs. Tiroler Adler mit dem »Ehrenkränzl«, nach den Vorderseiten der Tiroler Prägungen von 1809:			
	1989	4,–	6,–	10,–
	1991	4,–	6,–	10,–
	1992	4,–	6,–	10,–

Goldbarrenmünzen »Wiener Philharmoniker« (3)

ST

A185 200 Schilling (G) 1991. Orgel aus dem Goldenen Saal des Wiener Musikvereinsgebäudes. Rs. Instrumente der Wiener Philharmoniker. 999,9er Gold

185 500 Schilling (G) 1989–1991. Typ wie Nr. A185. Gold, 7,7759 g (700 000 Ex.) *260,–*

		ST
186	2000 Schilling (G) 1989–1991. Typ wie Nr. A185. 999,9er Gold, 31,1035 g (520 000 Ex.)	*900,–*

Seit 1989 wird die Herstellungsart »handgehoben« (zweimal geprägt, leicht mattiert, Spalte **»Hgh«**) von der Münze Österreich AG als »Stempelglanz« bezeichnet, im Gegensatz zur Normalprägung (einmal geprägt, Ausgabe [außer bei Gold] zum Nennwert, Spalte »ST«).

Österreichische Künstler der Jahrhundertwende (4)

		ST/N	ST/H	PP
187	500 Schilling (S) 1989. Gustav Klimt (1862–1918), Maler und Zeichner, Vertreter des Wiener Jugendstils. Rs. Judith, Ausschnitt aus dem Gemälde »Judith mit dem Haupte des Holofernes« (1910)	**85,–**	**100,–**	**110,–**

188	500 Schilling (S) 1989. Koloman Moser (1868–1918), Gründungsmitglied der Wiener Werkstätte. Rs. »Die Kunst« in Form eines geflügelten weiblichen Genius, nach dem Entwurf für sein Glasfenster (1898)	**85,–**	**100,–**	**110,–**

		ST/N	ST/H	PP
189	500 Schilling (S) 1990. Egon Schiele (1890–1918), Maler, Vertreter des frühen Expressionismus. Rs. »Mutter mit zwei Kindern« (1915–1917)	**85,–**	**100,–**	**110,–**

190	500 Schilling (S) 1990. Oskar Kokoschka (1886–1980), Vertreter des Expressionismus. Rs. »Die Baumwollpflückerin«, Plakatentwurf zur Kunstschau 1908 (ST/N: 201 900 Ex., ST/H: 43 300 Ex., PP: 81 000 Ex.)	**85,–**	**100,–**	**110,–**

Bundesländer – 8. Ausgabe
Vorarlberg

		VZ	ST	PP
191	20 Schilling (Al-N-Bro) 1990–1992. Martins-Turm in Bregenz:			
	1990 (ST: 250 000 Ex., PP: 35 000 Ex.)	**4,–**	**6,–**	**10,–**
	1991, 1992	**4,–**	**6,–**	**10,–**

Bundesländer – 9. Ausgabe
Wien
200. Geburtstag von Franz Grillparzer

192	20 Schilling (Al-N-Bro) 1991, 1992. Franz Grillparzer (1791–1872) (siehe auch Nr. 89), Fassade des Burgtheaters in Wien	**4,–**	**6,–**	**10,–**

200. Todestag von Wolfgang Amadeus Mozart (4)

PP

193 100 Schilling (S) 1991. Der Dom zu Salzburg vor Bauwerken der Stadt und der Festung Hohensalzburg. Rs. Wolfgang Amadé am Spinett, von seinem Vater Leopold auf der Violine begleitet. Ausschnitt aus einem Klebebild von L. C. de Carmontel (1773). 900er Silber, 20 g (100 000 Ex.) **75,–**

194 100 Schilling (S) 1991. Altes Burgtheater in Wien vor Bauwerken der Stadt. Rs. Mozart mit Federkiel und Notenpapier beim Komponieren am Spinett (100 000 Ex.) **75,–**

195 500 Schilling (G) 1991. Wolfgang Amadeus Mozart (1756–1791), nach dem Gemälde von Barbara Krafft. Rs. Don Giovanni beim Lautenspiel, aus der gleichnamigen Oper. 986⅛er Gold, 8,1136 g (50 000 Ex.) *600,–*

196 1000 Schilling (G) 1991. Mozart nach der Silberstiftzeichnung von Dora Stock (1789), von Orgelpfeifen, Violine und Spinettastatur umgeben. Rs.

ST PP

Tamino, von Pamina begleitet, mit Hilfe der Zauberflöte die Feuerprobe im Prüfungstempel bestehend, aus der Oper »Die Zauberflöte«. 986er Gold, 16,2272 g (30 000 Ex.) *1400,–*

Berühmte Dirigenten der Wiener Philharmoniker
1. Ausgabe (2)

197 500 Schilling (S) 1991. Herbert von Karajan (1908–1989). Rs. Festspielhaus in Salzburg **85,– 100,– 110,–**

ST/N ST/H PP

198 500 Schilling (S) 1991. Karl Böhm (1894–1981). Rs. Opernhaus in Wien (max. 320 000 Ex.) **85,– 100,– 110,–**

1000 Jahre Österreich – 1. Ausgabe

700. Todestag von Rudolf I. von Habsburg

PP

199 100 Schilling (S) 1991. Rudolf I. auf dem Königsthron, von seinen Söhnen Albrecht und Rudolf flankiert. Rs. König Rudolf I. mit Szepter und Reichsapfel, nach einem zeitgenössischen Relief. 900er Silber, 20 g (max. 75 000 Ex.) **65,–**

2. Ausgabe

200 100 Schilling (S) 1992. Philipp I., der Schöne (1478–1506), Sohn Maximilians I., und seine Gemahlin Johanna von Kastilien, Ausspruch von Matthias I. Corvinus »Tu felix Austria nube« (Du, glückliches Österreich, heirate). Rs. Kaiser Maximilian I., Hüftbild mit Szepter und Schwert (max. 75 000 Ex.) **65,–**

Berühmte Dirigenten der Wiener Philharmoniker
2. Ausgabe (2)

201 500 Schilling (S) 1992. Gustav Mahler –,–
202 500 Schilling (S) 1992. Richard Strauss –,–

150 Jahre Wiener Philharmoniker (3)

203 100 Schilling (S) 1992. Otto Nikolai (75 000 Ex.) –,–
204 500 Schilling (G) 1992. Wiener Staatsoper (50 000 Ex.) –,–
205 1000 Schilling (G) 1992. Johann Strauß (50 000 Ex.) –,–

1000 Jahre Österreich – 3. Ausgabe

206 100 Schilling (S) 1992. Karl V. –,–

100 Jahre Olympische Spiele der Neuzeit (3)

Schilling (S) 1995. Rs. Slalomläufer. 925er Silber, 33,63 g

Schilling (S) 1995. Rs. Rhythmische Sportgymnastin, deren Band einen Violinschlüssel bildet, die Verbindung von Kunst, Musik und Sport symbolisierend

Schilling (G) 1995. Rs. Kopf des Zeus, $916\frac{2}{3}$er Gold, 16,97 g

»Grinzing-Gulden« siehe im Kleinen Deutschen Münzkatalog.

MARIA-THERESIEN-TALER

Der Konventionstaler Maria Theresias von 1780 aus der Münzstelle Günzburg (Deutscher Münzkatalog 18. Jahrhundert: Burgau Nr. 5) wurde als Handelsmünze im 19. und 20. Jahrhundert von verschiedenen Münzstätten nachgeprägt. Die hier angeführten Preise gelten für die laufenden Neuprägungen der Münze Österreich AG in Wien.

		ST	PP
M1	1 Taler (S) 1780. $833\frac{1}{3}$er Silber, 28,1 g	**16,–**	**25,–**

Frühere Ausgaben siehe Weltmünzkatalog 19. Jahrhundert.

Pakistan

Pakistan | Pakistan

Fläche: 804 000 km²; 98 000 000 Einwohner (1986).
Republik in Vorderindien, bestand bis Dezember 1971 aus den Landesteilen West- und Ostpakistan. Nach vorangegangenen Unruhen und dem Eingreifen Indiens erfolgte am 17. Dezember 1971 die Unabhängigkeitserklärung Ostpakistans unter dem Namen Bangladesch (Land der Bengalen). Hauptstadt: Islamabad (früher: Rawalpindi).

3 Pies = 1 Pice (Paisa), 4 Pice = 1 Anna, 16 Annas = 1 Rupie;
seit 1. Januar 1961: 100 Paisa (Pice) = 1 Pakistanische Rupie

Unabhängige Monarchie

Georg VI. 1947–1952

SS VZ

1 (1) 1 Pice (Bro) 1948, 1949, 1951, 1952. Landesname. Rs. Wert (mit Loch) **3,– 10,–**

2 (2) ½ Anna (K-N) 1948, 1949, 1951. Landesname in Tughraform. Rs. Halbmond mit Stern in abnehmender Phase (viereckig) **–,40 1,–**

3 (3) 1 Anna (K-N) 1948, 1949, 1951, 1952. Typ wie Nr. 2 (Wellenschnitt) **2,– 5,–**

4 (4) 2 Annas (K-N) 1948, 1949, 1951. Typ wie Nr. 2 (viereckig) **2,– 5,–**

5 (5) ¼ Rupie (N) 1948, 1949, 1951. Typ wie Nr. 2 **2,– 5,–**

6 (6) ½ Rupie (N) 1948, 1949, 1951. Typ wie Nr. 2 **3,– 8,–**

7 (7) 1 Rupie (N) 1948, 1949. Typ wie Nr. 2 **4,– 10,–**

Nrn. 1–7 von 1948, polierte Platte 30,–

8 (3a) 1 Anna (K-N) 1950. Landesname in Tughraform. Rs. Halbmond mit Stern in zunehmender Phase (Wellenschnitt) **25,– 40,–**

9 (4a) 2 Annas (K-N) 1950. Typ wie Nr. 8 (viereckig) **35,– 65,–**

10 (5a) ¼ Rupie (N) 1950. Typ wie Nr. 8 **45,– 70,–**

Nrn. 8–10, polierte Platte –,–

Elisabeth II. 1952–1956

11 (8) 1 Pie (Bro) 1951, 1953, 1955-1957. Landesname in Tughraform, von Halbmond mit Stern in zunehmender Phase überhöht. Rs. Wert **–,30 –,50**

12 (9) 1 Pice (N-Me) 1953, 1955–1959. Rs. Wert zwischen Ähren **–,40 1,–**

13 (10) ½ Anna (N-Me) 1953, 1955, 1958. Rs. Wert im Kranz (viereckig) **1,– 3,–**

SS VZ

14 (11) 1 Anna (K-N) 1953–1958. Typ wie Nr. 13 (Wellenschnitt) **–,50 3,–**

15 (12) 2 Annas (K-N) 1953–1959. Typ wie Nr. 13 (viereckig) **1,50 5,–**

Nrn. 11–15 von 1953, polierte Platte 18,–

Islamische Republik Pakistan seit 1956 Dschamhuriyat Pakistan

NEUE WÄHRUNG: 100 Pice = 1 Rupie

VZ ST

16 (13) 1 Pice (Bro) 1961. Rs. Wert zwischen Ähren **–,30 –,50**

17 (14) 5 Pice (N-Me) 1961. Rs. Pallar (Segelboot) mit indischem Luggersegel, darauf Wertzahl (viereckig) **–,60 1,50**

18 (15) 10 Pice (K-N) 1961. Rs. Wert im Kranz (Wellenschnitt) **1,– 2,–**

NEUE WÄHRUNGSBEZEICHNUNG: 100 Paisa = 1 Rupie

19 (13a) 1 Paisa (Bro) 1961–1963. Rs. Wert zwischen Ähren **–,30 –,50**

20 (14a) 5 Paisa (N-Me) 1961–1963. Rs. Pallar (Segelboot) mit indischem Luggersegel, darauf Wertzahl (viereckig) **–,40 2,–**

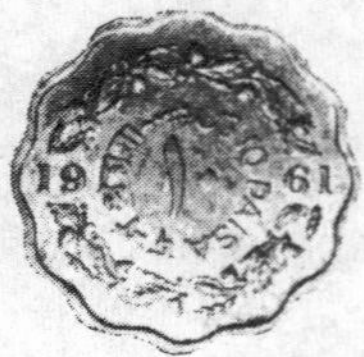

		VZ	ST
21 (15a)	10 Paisa (K-N) 1961–1963. Rs. Wert im Kranz (Wellenschnitt)	1,–	3,–

Nrn. 19–21 von 1961, polierte Platte 15,–

		VZ	ST
22 (18)	1 Paisa (Bro) 1964, 1965. Landesname in Tughraform, von Halbmond mit Stern in zunehmender Phase überhöht, Umschrift in Devanagari. Rs. Wert zwischen Ähren	1,–	2,–
23 (18a)	1 Paisa (N-Me) 1965, 1966. Typ wie Nr. 22	–,40	1,–
24 (19)	2 Paisa (Bro) 1964–1966. Rs. Wert zwischen Blütenornamenten (Wellenschnitt)	–,20	–,50
25 (23)	2 Paisa (Al) 1966–1968. Typ wie Nr. 24 (rund)	–,40	1,–
26 (20)	5 Paisa (N-Me) 1964–1974. Rs. Pallar mit Wert auf dem Segel (viereckig)	–,40	1,–
27 (21)	10 Paisa (K-N) 1964–1968. Rs. Wert im Kranz (Wellenschnitt); Ø 23 mm	–,60	1,20
28 (16)	25 Paisa (N) 1963–1967. Rs. Wert zwischen Blütenzweigen	–,60	1,50

		VZ	ST
29 (17)	50 Paisa (N) 1963–1966, 1968, 1969. Typ wie Nr. 28	1,50	3,–
30 (22)	1 Paisa (Al) 1967–1973. Typ wie Nr. 22	–,20	–,40

		VZ	ST
31 (19a)	2 Paisa (Al) 1968–1972, 1974. Typ wie Nr. 24 (wellenförmiger Randstab)	–,25	–,50
32 (21a)	10 Paisa (K-N) 1969–1974. Typ wie Nr. 27 (Wellenschnitt); Ø 21,89 mm	–,50	–,80
33 (24)	25 Paisa (K-N) 1967–1974. Rs. Jasminzweig, Wert	–,60	1,50
34 (25)	50 Paisa (K-N) 1969–1972, 1974. Typ wie Nr. 33	1,50	3,–

Für den FAO-Münz-Plan (4)

		VZ	ST
35 (26)	1 Paisa (Al) 1974–1979. Minar-e-Pakistan im Iqbal-Park in Lahore vor Halbmond mit Stern. Rs. Wert zwischen Baumwollstauden	–,20	–,40
36 (27)	2 Paisa (Al) 1974–1976. Rs. Wert zwischen Reisrispen (Wellenschnitt)	–,20	–,40
37 (28)	5 Paisa (Al) 1974–1981. Rs. Wert zwischen Zuckerrohr (viereckig)	–,25	–,50
38 (29)	10 Paisa (Al) 1974–1981. Rs. Wert im Ährenkranz (Wellenschnitt)	–,25	–,50

		VZ	ST
39 (30)	25 Paisa (K-N) 1975–1981	–,30	–,50
40 (31)	50 Paisa (K-N) 1975–1981. Rs. Wert im Ornamentkreis	–,50	–,80
41 (51)	1 Rupie (K-N) 1979, 1980. Halbmond mit Stern über gebundenen Ähren. Rs. Wert im Jasminkranz. Ø 26,5 mm, 6,5 g	1,–	2,–

Rettet die Tierwelt (3)

		ST	PP
42 (32)	100 Rupien (S) 1976. Minar-e-Pakistan vor Halbmond mit Stern. Rs. Fasan:		
	a) 925er Silber, 28,28 g		65,–
	b) 925er Silber, 25,31 g	40,–	
43 (33)	150 Rupien (S) 1976. Rs. Krokodil:		
	a) 925er Silber, 35 g		130,–
	b) 925er Silber, 31,65 g	80,–	

		ST	PP
44 (34)	3000 Rupien (G) 1976. Rs. Astor-Schraubenziege. 900er Gold, 33,437 g	1200,–	1800,–

100. Geburtstag von Mohammed Ali Dschinna (3)

		ST	PP
45 (35)	50 Paisa (K-N) 1976. Quaid-e-Azam Mohammed Ali Dschinna (1876–1948), 1. pakistanischer Präsident. Rs. Wert im Ornamentkreis	1,–	
46 (36)	100 Rupien (S) 1976. Rs. Halbmond mit Stern. 925er Silber, 20,44 g	60,–	85,–
47 (37)	500 Rupien (G) 1976. Typ wie Nr. 46. 916⅔er Gold, 4,5 g	300,–	400,–

Islamische Gipfelkonferenz 1974 in Lahore (3)

		ST	PP
48 (38)	1 Rupie (K-N) 1977. Emblem, Jahreszahl. Rs. Minarett	2,–	
49 (39)	100 Rupien (S) 1977. Inschrift. Rs. Minarett. 925er Silber, 20,44 g [CHI]	65,–	85,–

		ST	PP
50 (40)	1000 Rupien (G) 1977. Typ wie Nr. 48. 916⅔er Gold, 9 g [CHI]	600,–	750,–

100. Geburtstag von Mohammed Iqbal (3)

			VZ	ST
51 (41)	1	Rupie (K-N) 1977. Sir Allama Mohammed Iqbal (1877–1938). Philosoph und Dichter. Rs. Wert über gebundenen Ähren		2,–
52 (42)	100	Rupien (S) 1977. Typ wie Nr. 51 [CHI]	70,–	120,–
53 (43)	500	Rupien (G) 1977. Typ wie Nr. 51. 916⅔er Gold, 3,64 g [CHI]	200,–	300,–

1400 Jahre Hegira (2)

54 (44)	50	Paisa (K-N) n. H. 1401 (1980). Halbmond mit Stern über Ornamenten. Rs. Inschrift »al-Hidschra« im Kranz	–,50	1,–
55 (45)	1	Rupie (K-N) n. H. 1401 (1980). Typ wie Nr. 54	1,20	2,–

Welternährungstag 1981

56 (46)	1	Rupie (K-N) 1981. Halbmond mit Stern über gebundenen Ähren. Rs. Emblem	–,90	1,80

57 (47)	5	Paisa (Al) 1981–1989. Halbmond mit Stern über gebundenen Ähren. Rs. Wert zwischen Zuckerrohr (viereckig)	–,20	–,40

			VZ	ST
58 (48)	10	Paisa (Al) 1981–1989. Rs. Wert in ornamentiertem Quadrat (Wellenschnitt)	–,20	–,40

59 (49)	25	Paisa (K-N) 1981–1989. Rs. Wert im Ornamentkreis	–,25	–,50

60 (50)	50	Paisa (K-N) 1981–1989. Rs. Wert im Jasminkranz	–,50	–,90

61 (51a)	1	Rupie (K-N) 1981–1989. Typ wie Nr. 41. Ø 25 mm, 6 g	–,80	1,50

Palestine | **Palestine**

Palästina

Filistin – Eretz Jisrael

Von 1918–1948 stand Palästina unter britischer Mandatsverwaltung. Nach Beendigung des Mandats und Zurückziehung der Truppen wurde am 14. Mai 1948 mit revidierten Staatsgrenzen der Staat Israel ausgerufen.

1000 Mils = 1 £

		SS	VZ
1 (1)	1 Mil (Bro) 1927–1947. Landesname in Arabisch »Filistin«, Englisch und Hebräisch »Eretz Jisrael«. Rs. Olivenzweig und Wert:		
	1927, 1935, 1937, 1939–1944, 1946	**1,–**	**4,–**
	1947 (5 Ex. bekannt)		*20000,–*
2 (2)	2 Mils (Bro) 1927–1947. Typ wie Nr. 1:		
	1927, 1941, 1942, 1945, 1946	**1,50**	**5,–**
	1947*		–,–

		SS	VZ
3 (3)	5 Mils 1927–1947. Landesnamen und Kranz. Rs. Wert (mit Loch):		
	a) (K-N) 1927, 1934, 1935, 1939, 1941, 1946	**2,–**	**5,–**
	1947*		–,–
	b) (Bro) 1942, 1944	**4,–**	**9,–**
4 (4)	10 Mils 1927–1947. Landesnamen. Rs. Wert und Kranz (mit Loch):		
	a) (K-N) 1927, 1933–1935, 1937, 1939–1942, 1946	**4,–**	**9,–**
	1947*		–,–
	b) (Bro) 1942, 1943	**14,–**	**30,–**
5 (5)	20 Mils 1927–1944. Typ wie Nr. 3:		
	a) (K-N) 1927, 1933–1935, 1940, 1941	**15,–**	**30,–**
	b) (Bro) 1942, 1944	**25,–**	**50,–**
6 (6)	50 Mils (S) 1927, 1931, 1933–1935, 1939, 1940, 1942. Olivenzweig im Kreis, Landesnamen. Rs. Wert. 720er Silber, 5,8319 g	**12,–**	**25,–**
7 (7)	100 Mils (S) 1927, 1931, 1933–1935, 1939, 1940, 1942. Olivenzweig, Landesnamen. Rs. Wert im Kreis, 720er Silber, 11,6638 g	**20,–**	**40,–**

*Nrn. 2–4a von 1947 sollen vollständig eingeschmolzen worden sein.
Nrn. 1–7 von 1927, polierte Platte (66 Ex.) *10000,–*

Weitere Ausgaben siehe unter *Israel.*

Die Gesellschaft »Kofer Hayishuv« (Befreiung des Landes) ließ zur Zeit der arabischen Aufstände Ende 1938 einseitige Token zu 1/2 Mil 5699 in Messing für den Zahlungsverkehr bei der Firma Plitz in Holon prägen. Diese Token waren bis 1948 im Umlauf und wurden von der britischen Mandatsregierung nicht beanstandet.

Panama

Panama — Panama

Panamá

Fläche: 75 650 km ; 2 200 000 Einwohner (1986).
Nachdem sich Panama zuvor im Staatsverband der Republik Kolumbien befand, erklärte sich das Land am 3. November 1903 für unabhängig. Hauptstadt: Panama-Stadt.
Auch die Geldzeichen der Vereinigten Staaten sind neben den Münzen in Balboa-Währung im Verhältnis 1:1 gesetzliche Zahlungsmittel.

100 Centésimos = 1 Balboa

Republik Panama
República de Panamá

SS — VZ

1 (5) 2½ Centésimos (S) 1904. Vasco Nuñez de Balboa (um 1475–1517), spanischer Eroberer, erreichte am 29. September 1513 den Golf von San Miguel am Stillen Ozean. Rs. Staatswappen. 900er Silber, 1,25 g (»Panama-Pille«) **40,– 75,–**

2 (6) 5 Centésimos (S) 1904, 1916:
1904 **18,– 35,–**
1916 **350,– 450,–**

3 (7) 10 Centésimos (S) 1904 **18,– 35,–**

4 (8) 25 Centésimos (S) 1904 **50,– 80,–**

5 (9) 50 Centésimos (S) 1904, 1905 **80,– 180,–**

6 (1) ½ Centésimo (K-N) 1907. Rs. Wertangabe in Buchstaben **9,– 20,–**

7 (2) 2½ Centésimos (K-N) 1907. Staatswappen. Rs. Wertangabe in Buchstaben: DOS Y MEDIOS CENTÉSIMOS **12,– 30,–**

8 (2a) 2½ Centésimos (K-N) 1916, 1918. Typ wie Nr. 7. Wertangabe in Buchstaben, jedoch DOS Y MEDIO CENTÉSIMOS **16,– 35,–**

9 (3) 2½ Centésimos (K-N) 1929. Balboa, Brustbild nach links. Rs. Wertangabe in Buchstaben **8,– 16,–**

10 (4) 5 Centésimos (K-N) 1929, 1932. Staatswappen. Rs. Wert **9,– 22,–**

11 (10) 1 Centésimo (Bro) 1935, 1937. Urraca, Kazike von Burica (Costa Rica), leistete den spanischen Eroberern unter Ponce de Leon Widerstand. Rs. Wert **7,– 16,–**

12 (11) 1¼ Centésimo (Bro) 1940. Balboa, Brustbild nach links. Rs. Wertangabe in Buchstaben **5,– 10,–**

13 (12) 2½ Centésimos (K-N) 1940 **6,– 11,–**

14 (13) ¹⁄₁₀ Balboa (S) 1930~1962. Staatswappen mit gerafften Flaggen, Adler mit gesenkten Flügeln, unten im Bogen Lorbeerzweige, Feingehaltsangabe »Ley 0.900« und »Gr. 2.50«. Rs. Vasco Nuñez de Balboa vor Lorbeergirlande, Wertangabe:

SS — VZ

a) [US] 1930–1934, 1947 **10– 16,–**
b) [RM] 1962 **3,– 6,–**

15 (14) ¼ Balboa (S) 1930~1962. Typ wie Nr. 14:
a) [US] 1930–1934, 1947 **12,– 18,–**
b) [RM] 1962 **5,– 10,–**

16 (15) ½ Balboa (S) 1930~1962. Typ wie Nr. 14:
a) [US] 1930–1934, 1947 **15,– 26,–**
b) [RM] 1962 **8,– 15,–**

17 (16) 1 Balboa (S) 1931, 1934, 1947. Allegorie der Republik mit Staatswappen. Rs. Vasco Nuñez de Balboa vor Lorbeergirlande, Wertangabe **30,– 55,–**

50. Jahrestag der Republik (9)

18 (17) 1 Centésimo (Bro) 1953. Urraca über Inschrift »Cincuentenario«. Rs. Wert [Mexiko] **1,– 3,–**

19 (18) ¹⁄₁₀ Balboa (S) 1953. Staatswappen. Rs. Vasco Nuñez de Balboa über Inschrift »Cincuentenario«, Wertangabe [Mexiko] **5,– 8,–**

20 (19) ¼ Balboa (S) 1953. Typ wie Nr. 19 [Mexiko] **10,– 20,–**

21 (20) ½ Balboa (S) 1953. Typ wie Nr. 19 [Mexiko] **12,– 22,–**

22 (21) 1 Balboa (S) 1953. Allegorie der Republik mit Staatswappen. Rs. Vasco Nuñez de Balboa über Inschrift »Cincuentenario«, Wertangabe **35,– 55,–**

VZ ST

A22 1 Centésimo (G) 1953. Typ wie Nr. 18. Rand glatt. Gelbgold, 6,1 g (2 Ex.) **5000,–**

B22 1/10 Balboa (G) 1953. Typ wie Nr. 19. Riffelrand. Gelbgold, 900 fein, 3,7 g (auf Mexiko Nr. 25 von 1955 überprägt) (2 Ex.) **3000,–**

C22 1/4 Balboa (G) 1953. Typ wie Nr. 19. Riffelrand. Gelbgold, 11,5 g (2 Ex.) **10 000,–**

D22 1/2 Balboa (G) 1953. Typ wie Nr. 19. Riffelrand. Rotgold, 17,2 g (2 Ex.) *12 000,–*

ST PP

23 (22) 1 Centésimo 1961–1987. Urraca, Brustbild nach links. Rs. Wertangabe:
a) (Bro) 1961, 1962, 1966–1975, 1977–1981, 1983, 1986, 1987 **1,–** **5,–**
b) (Zink, K galvanisiert) 1980–1984 **1,50**

24 (23) 5 Centésimos (K-N) 1961–1983. Staatswappen mit gerafften Flaggen, Adler mit gesenkten Flügeln. Rs. Wert:
a) [Mexiko] große Schrift, 1961 **2,–**
b) [RM] 1962, 1966 **1,–** **4,–**
c) 1967–1983 **1,–** **4,–**

25 (24) 1/10 Balboa (S) 1961. Staatswappen mit gerafften Flaggen, Adler mit gesenkten Flügeln, unten im Bogen Lorbeerzweige, Feingehaltsangabe »Ley 0.900« und »Gr. 2.50«. Rs. Vasco Nuñez de Balboa über Lorbeergirlande, Wertangabe [Mexiko] **1,50** **2,50**

26 (25) 1/4 Balboa (S) 1961. Typ wie Nr. 25 [Mexiko] **6,–** **8,–**

27 (26) 1/2 Balboa (S) 1961. Typ wie Nr. 25 [Mexiko] **10,50** **15,–**

Nrn. 23a, 24b, 14–16 von 1962, polierte Platte (ca. 25 Ex.) –,–

28 (13a) 1/10 Balboa (S) 1966–1975, 1980, 1982, 1983, 1986. Staatswappen mit gerafften Flaggen, Adler mit gesenkten Flügeln, unten im Bogen Lorbeerzweige, ohne Feingehaltsangabe. Rs. Vasco Nuñez de Balboa vor Lorbeergirlande, Wertangabe:
a) [RM] 1966 **1,–** **4,–**
b) [US] 1966–1975, 1980, 1982 **1,–** **4,–**
c) [RCM] 1983, 1986 **1,–**

29 (14a) 1/4 Balboa (K, K-N plattiert) 1966–1975, 1979, 1980, 1982, 1983, 1986. Typ wie Nr. 28:
a) [US] 1966–1975, 1979, 1980, 1982 **2,–** **7,–**
b) [RCM] 1983, 1986 **2,–**

30 (15a) 1/2 Balboa 1966–1986. Typ wie Nr. 28:
a) (S) 400* fein, 12,5 g [US] 1966–1972 **6,–** **10,–**
b) (K, K-N plattiert) [US] 1973–1975, 1979, 1980, 1982 **4,–** **8,–**
c) (K, K-N plattiert) [RCM] 1983, 1986 **3,–**

*Nr. 30a besteht aus einem Kern aus 200er Silber, plattiert mit 800er Silber.

31 (27) 1 Balboa (S) 1966–1974. Typ wie Nr. 17. 900er Silber, 26,73 g [US] **35,–** **35,–**

In ähnlichen Zeichnungen: Nrn. 97–104, 125.

XI. Mittelamerikanische und Karibische Sportspiele in Panama 28. 2.–4. 3. 1970

VZ ST

32 (28) 5 Balboas (S) 1970. Staatswappen mit deutlicher Flaggenzeichnung, Adler mit ausgestreckten Flügeln, Wertangabe. Rs. Diskuswerfer nach einer Statue des griechischen Bildhauers Myron. 925er Silber, 35,122 g, FM **35,–** **80,–**

150. Jahrestag der Unabhängigkeit Zentralamerikas

ST PP

33 (29) 20 Balboas (S) 1971. Staatswappen, Wertangabe. Rs. Simon Bolivar (1783–1830), Staatsmann und General, Befreier Südamerikas von der spanischen Herrschaft. 925er Silber, 129,5978 g, FM **240,–** **300,–**

Für den FAO-Münz-Plan (2)

34 (31) 2 1/2 Centésimos (K, K-N plattiert) 1973, 1975. Staatswappen, Wertangabe. Rs. Hand mit Reisrispen (Oryza sativa – Gramineae), Inschrift »Ländliche Siedlung« **1,–**

35 (32) 5 Balboas (S) 1972. Typ wie Nr. 34. 900er Silber, 35,15 g [San Francisco] **55,–** *150,–*

36 (33) 1 Centésimo (Bro) 1975–1982. Staatswappen. Rs. Urraca, Kazike von Burica, 16. Jh. (siehe auch Nr. 11):
a) 1975 FM–1977 FM **2,–** **3,–**
b) [RCM] 1975, 1976 **2,–**
c) 1979 FM–1982 FM **2,–** **3,–**

37 (34) 2 1/2 Centésimos 1975–1982. Rs. Victoriano Lorenzo, Indianerhäuptling:
a) (K-N) 1975 FM–1977 FM **3,–** **6,–**
b) (K, K-N plattiert) [RCM] 1975, 1976 **3,–**
c) (K, K-N plattiert) 1979 FM–1982 FM **3,–** **6,–**

38 (35) 5 Centésimos 1975–1982. Rs. Carlos J. Finlay (1833–1915), Entdecker des Gelbfieber-Erregers:
a) (K-N) 1975 FM–1977 FM **3,50** **6,–**
b) (K, K-N plattiert) [RCM] 1975, 1976 **3,50**
c) (K-N) 1979 FM–1982 FM **3,50** **6,–**

39 (36) 10 Centésimos 1975–1982. Rs. Manuel E. Amador, Entwerfer der Panama-Fahne:
a) (K-N) 1975 FM–1977 FM **4,50** **6,50**
b) (K, K-N plattiert) [RCM] 1975, 1976 **4,50**
c) (K, K-N plattiert) 1979 FM–1982 FM **4,50** **6,50**

40 (37) 25 Centésimos 1975–1982. Rs. Justo Arosemena, Jurist und Staatsmann:
a) (K-N) 1975 FM–1977 FM **5,–** **7,–**
b) (K, K-N plattiert) [RCM] 1975, 1976 **5,–**
c) (K, K-N plattiert) 1979 FM–1982 FM **5,–** **7,–**

		ST	PP
41 (38)	50 Centésimos 1975–1982. Rs. Ferdinand Vicomte de Lesseps (1805–1894), führte 1859–1869 unter erheblichem Aufwand den Bau des Suezkanals durch. 1879 versuchte er vergeblich, den Bau des Panamakanals in Angriff zu nehmen:		
	a) (K-N) 1975 FM–1977 FM	6,–	10,–
	b) (K, K-N plattiert) [RCM] 1975, 1976	6,–	
	c) (K, K-N plattiert) 1979 FM–1982 FM	6,–	10,–
42 (39)	1 Balboa 1975–1982. Rs. Vasco Nuñez de Balboa (siehe auch Nr. 1):		
	a) (S), Feingehaltsangabe 925, FM, 1975–1977, 1979	48,–	
	b) (S), Feingehaltsangabe 500, FM, 1981, 1982	48,–	
	c) (K, K-N plattiert), Feingehaltsangabe 925, 1975, 1976	60,–	
	d) (K-N), ohne Feingehaltsangabe, FM, 1975–1977	25,–	
	e) (K, K-N plattiert), ohne Feingehaltsangabe, FM, 1979, 1980, 1982	25,–	
	f) (K, K-N plattiert), Feingehaltsangabe 500, FM, 1982 (ca. 5 Ex.)	*2000,–*	

		ST	PP
43 (40)	5 Balboas 1975–1982. Rs. Belisario Porras (1856–1942), dreimaliger Präsident des Landes:		
	a) (S), Feingehaltsangabe 925, FM, 1975–1977, 1979	62,–	
	b) (S), Feingehaltsangabe 500, FM, 1981, 1982	62,–	
	c) (S 500 fein), Feingehaltsangabe 925, 1982	100,–	
	d) (K, K-N plattiert), Feingehaltsangabe 925, 1975, 1976	100,–	
	e) (K-N), ohne Feingehaltsangabe, FM 1975–1977	45,–	
	f) (K, K-N plattiert), ohne Feingehaltsangabe, FM, 1979, 1980, 1982	45,–	
	g) (K, K-N plattiert), Feingehaltsangabe 500, FM, 1982 (ca. 200 Ex.)	160,–	
44 (30)	20 Balboas (S) 1972–1976. Rs. Simon Bolivar (1783–1830), FM	120,–	180,–

500. Geburtstag von Vasco Nuñez de Balboa (2)

		ST	PP
45 (41)	100 Balboas (G) 1975–1977. Typ wie Nr. 42	350,–	400,–

		ST	PP
46 (42)	500 Balboas (G) 1975–1977. Rs. Vasco Nuñez de Balboa beim Anblick des Stillen Ozeans am 29. 9. 1513	*1500,–*	*1600,–*

150. Jahrestag des Pan-Amerikanischen Kongresses

		ST	PP
47 (43)	150 Balboas (Pt) 1976. Rs. Simon Bolivar, Brustbild n. l.	*800,–*	*500,–*
48 (44)	20 Balboas (S) 1977, 1979. Rs. Vasco Nuñez de Balboa, Hüftbild, Jahreszahl	*200,–*	*250,–*

75. Jahrestag der Unabhängigkeit (10)

		ST	PP
49 (45)	1 Centésimo (Bro) 1978	**1,80**	**6,–**
50 (46)	2½ Centésimos (K, K-N plattiert) 1978	**2,40**	**6,–**
51 (47)	5 Centésimos (K-N) 1978	**3,–**	**6,–**
52 (48)	10 Centésimos (K, K-N plattiert) 1978	**3,–**	**6,–**
53 (49)	25 Centésimos (K, K-N plattiert) 1978	**3,50**	**7,50**
54 (50)	50 Centésimos (K, K-N plattiert) 1978	**4,50**	**12,–**
55 (51)	1 Balboa 1978:		
	a) (S)		**65,–**
	b) (K, K-N plattiert)	**25,–**	
56 (52)	5 Balboas 1978:		
	a) (S)		**80,–**
	b) (K, K-N plattiert)	**80,–**	
57 (53)	20 Balboas (S) 1978	**220,–**	**240,–**
58 (54)	75 Balboas (G) 1978. Rs. Nationalflagge	**500,–**	**350,–**

Ratifizierung des Panamakanal-Vertrages

		ST	PP
59 (55)	10 Balboas 1978. Rs. Karte des Panamakanal-Gebietes:		
	a) (S) FM		80,–
	b) (N) [RM] (5000 Ex.)	38,–	

Für Frieden und Fortschritt

		ST	PP
60 (56)	100 Balboas (G) 1978. Rs. Orchidee (Peristera elata)	900,–	360,–

30 Jahre Organisation Amerikanischer Staaten

		ST	PP
61 (57)	500 Balboas (G) 1978. Rs. Karte von Nord- und Südamerika	1800,–	1800,–

Erfüllung der Panamakanal-Verträge (3)

		ST	PP
62 (59)	5 Balboas (S) 1979. Rs. Flagge auf Landkarte		120,–
63 (60)	10 Balboas (S) 1979. Rs. Schiff auf dem Panamakanal, Flagge		200,–
64 (61)	200 Balboas (Pt) 1979. Rs. Flagge über Landkarte. 980er Platin, 9,33 g		*1100,–*

Präkolumbische Kunst – 1. Ausgabe

		ST	PP
65 (62)	100 Balboas (G) 1979. Rs. Schildkröte in der Kunst der Cunas, einem der ältesten Indianerstämme Panamas. 900er Gold, 8,16 g	800,–	400,–
66 (58)	500 Balboas (G) 1979. Rs. Kopf eines Jaguars. 900er Gold, 41,7 g	2000,–	1800,–

150. Todestag von Simon Bolivar (10)

		ST	PP
67 (33,1)	1 Centésimo (Bro) 1980. Typ wie Nr. 37, Randschrift »1830 BOLIVAR 1980«		6,–
68 (34,1)	2½ Centésimos (K, K-N plattiert) 1980. Typ wie Nr. 38, mit Randschrift		12,–
69 (35,1)	5 Centésimos (K-N) 1980. Typ wie Nr. 39, mit Randschrift		12,–
70 (36,1)	10 Centésimos (K, K-N plattiert) 1980. Typ wie Nr. 40, mit Randschrift		15,–
71 (37,1)	25 Centésimos (K, K-N plattiert) 1980. Typ wie Nr. 41, mit Randschrift		15,–
72 (38,1)	50 Centésimos (K, K-N plattiert) 1980. Typ wie Nr. 42, mit Randschrift		20,–
73 (39c)	1 Balboa (S) 1980. Typ wie Nr. 43b, mit Randschrift. 500er Silber, 21,6 g		50,–
74 (40c)	5 Balboas (S) 1980. Typ wie Nr. 44b, mit Randschrift. 500er Silber, 24,08 g		100,–
75 (63)	20 Balboas (S) 1980. Rs. Simon Bolivar zu Pferde. 500er Silber, 119,96 g		*900,–*
76 (66)	150 Balboas (G) 1980. Rs. Simon Bolivar. 500er Gold, 7,67 g (2006 Ex.)	*600,–*	300,–

Sport in Panama (3)

		ST	PP
77 (A63)	5 Balboas (S) 1980. Rs. Boxkämpfer vor Flagge. 500er Silber, 24,08 g (1261 Ex.)		85,–
78 (B63)	10 Balboas (S) 1980. Rs. Indianischer Balseria-Spieler. 500er Silber, 26,48 g (1267 Ex.)		150,–
79 (A67)	200 Balboas (Pt) 1980. Typ wie Nr. 77. 980er Platin, 9,33 g (219 Ex.)		*850,–*

Präkolumbische Kunst – 2. Ausgabe

80 (64) 100 Balboas (G) 1980. Rs. »El Condor Real de Oro«. 500er Gold, 7,1279 g **1000,– 400,–**

100. Jahrestag des Baubeginns des Panamakanals

81 (65) 100 Balboas (G) 1980. Rs. Ferdinand de Lesseps. 500er Gold, 7,1279 g **750,– 240,–**

82 (67) 500 Balboas (G) 1980. Rs. Fischreiher. 500er Gold, 37,18 g **2500,– 1800,–**

83 (68) 20 Balboas (S) 1981. Rs. Simon Bolivar zu Pferde, umgeben von den Flaggen der sechs lateinamerikanischen Länder. »El Libertador«. 500er Silber, 119,96 g (4028 Ex.) **350,– 600,–**

84 (69) 20 Balboas (G) 1981. Rs. Schmetterling. 500er Gold, 2,19 g (4650 Ex.) **300,– 160,–**

Präkolumbische Kunst – 3. Ausgabe

85 (A70) 100 Balboas (G) 1981. Rs. Präkolumbische Zeremonialmaske der Cocle-Indianer. 500er Gold, 7,1279 g *750,– 500,–*

86 (70) 500 Balboas (G) 1981. Rs. Schwertfisch. 500er Gold, 37,18 g *2500,– 2500,–*

Weihnachten 1981

87 (71) 50 Balboas (G) 1981. Rs. Friedenstaube. 500er Gold, 5,48 g (2094 Ex.) **300,– 200,–**

XII. Fußballweltmeisterschaft 1982 in Spanien (2)

88 (76) 5 Balboas (S) 1982. Rs. Fußball vor Erdkugel. 500er Silber, 24,08 g **80,–**

89 (77) 10 Balboas (S) 1982. Rs. Spielszene. 500er Silber, 26,48 g **80,–**

Internationales Jahr des Kindes 1979

90 (81) 10 Balboas (S) 1982. Rs. Drei tanzende Kinder in Nationaltracht, CHI **80,–**

91 (72) 20 Balboas (S) 1982. Rs. Vasco Nuñez de Balboa mit Flagge im Stillen Ozean. »Descubridor del Pacifico«. 500er Silber, 119,96 g **380,–**

		ST	PP
92 (75)	20 Balboas (G) 1982. Rs. Kolibri, von Blumen umgeben. 500er Gold, 2,19 g (3069 Ex.)	**250,–**	**160,–**

Präkolumbische Kunst – 4. Ausgabe

		ST	PP
93 (73)	100 Balboas (G) 1982. Rs. Vierteiliges präkolumbisches Indianermotiv. 500er Gold, 7,1279 g	**750,–**	**500,–**

1. Todestag von General Torrijos (2)

94 (A74) 1 Balboa (K, K-N plattiert) 1982–1984. Rs. General Omar Torrijos Herrera (1929–1981), »großer Führer der Revolution« **12,–** *200,–*

95 (74) 500 Balboas (G) 1982. Rs. Typ wie Nr. 94. 500er Gold, 37,18 g *1800,– 1600,–*

Weihnachten 1982

96 (78) 50 Balboas (G) 1982. Rs. Stern von Bethlehem zwischen Orchideen. 500er Gold, 5,48 g **400,– 220,–**

97 (83) 1 Centésimo (Bro) 1983–1985. Typ wie Nr. 23, Kehrprägung **4,–**

98 2½ Centésimos (K, K-N plattiert) 1983–1985. Staatswappen mit deutlicher Flaggenzeichnung, Adler mit ausgestreckten Flügeln, unten im Bogen Lorbeerzweige. Rs. Victoriano Lorenzo (siehe Nr. 37), Wertangabe:
- a) Wendeprägung, 1983 **4,–**
- b) Kehrprägung, 1984, 1985 **4,–**

99 (84) 5 Centésimos (K-N) 1983–1985. Rs. Wert:
- a) 1983 **7,50**
- b) 1984, 1985 **7,50**

100 (85) 1/10 Balboa (K, K-N plattiert) 1983–1985. Rs. Vasco Nuñez de Balboa, Wertangabe:
- a) 1983 **9,–**
- b) 1984, 1985 **9,–**

101 (86) 1/4 Balboa (K, K-N plattiert) 1983–1985. Typ wie Nr. 100:
- a) 1983 **12,–**
- b) 1984, 1985 **12,–**

102 (87) 1/2 Balboa (K, K-N plattiert) 1983–1985. Typ wie Nr. 100:
- a) 1983 **20,–**
- b) 1984, 1985 **20,–**

103 (88) 1 Balboa (S) 1983–1985. Typ wie Nr. 100. 500er Silber, 20,74 g:
- a) 1983 **60,–**
- b) 1984, 1985 **60,–**

104 (89) 5 Balboas (S) 1983, 1984. Typ wie Nr. 100:
- a) 1983 **80,–**
- b) 1984 **80,–**

Nrn. 97–103 von 1985 werden als unautorisierte Prägungen deklariert.

Nrn. 98–104 von 1983 tragen das Msz. unter dem Wappen. Die Jahrgänge 1984 und 1985 haben eine geänderte Wappenzeichnung, unten rechts das Msz.

200. Geburtstag von Simon Bolivar

105 (91) 20 Balboas (S) 1983. Staatswappen. Rs. Porträt von Simon Bolivar **320,– 360,–**

106 (90) 20 Balboas (G) 1983. Rs. Gestreifter Schmetterlingsfisch **250,– 160,–**

Präkolumbische Kunst – 5. Ausgabe

107 (79) 100 Balboas (G) 1983. Rs. Präkolumbisches Cocle-Indianermotiv »Vögel in Gold« **750,– 380,–**

108 (80) 500 Balboas (G) 1983. Rs. Schmetterling (Wellenschnitt) *2500,– 2600,–*

Weihnachten 1983

		ST	PP
109 (82)	50 Balboas (G) 1983. Rs. Weihnachtsstern (Euphorbia pulcherrima)	400,–	300,–
110	20 Balboas (S) 1984. Rs. Vasco Nuñez de Balboa mit Indianer. »Descubridor del Pacifico«		380,–
111 (92)	20 Balboas (G) 1984. Rs. Puma, auf Ast sitzend. 500er Gold, 2,19 g	350,–	220,–

Präkolumbische Kunst – 6. Ausgabe

112 (94)	100 Balboas (G) 1984. Rs. Schildkrötengott, indianische Kunst	400,–
113 (95)	500 Balboas (G) 1984. Staatswappen in geänderter Zeichnung. Rs. Stilisierter Adler mit Staatsmotto »Pro Mundi beneficio« auf Schriftband, neun Sterne, Jahreszahl. 500er Gold, 37,18 g	2600,–

Weihnachten 1984

114 (93)	50 Balboas (G) 1984. Rs. Löwe und Lamm in friedlichem Zusammenleben. 500er Gold, 5,48 g	*450,–*

115 (96)	5 Balboas (S) 1985. Rs. Vasco Nuñez de Balboa bei der Entdeckung des Stillen Ozeans. »Descubridor del Pacifico«	*250,–*

Nr. 115 wird als unautorisierte Prägung deklariert.

116 (97)	20 Balboas (S) 1985. Rs. Balboa und Adler, nach links blickend. »Descubridor del Pacifico« (1746 Ex.)	380,–
117 (98)	20 Balboas (G) 1985. Rs. Harpyenadler im Flug (817 Ex.)	180,–
118 (99)	500 Balboas (G) 1985. Typ wie Nr. 113 (Wellenschnitt)	2600,–

Nrn. 119–121 fallen aus.

		PP
122	1/10 Balboa (K-N) 1987, 1988	–,–
123	1/4 Balboa (K-N) 1987, 1988	–,–
124	1/2 Balboa (K-N) 1987, 1988	–,–

		ST	PP
125	1 Balboa (K-N) 1986. Staatswappen mit deutlicher Flaggenzeichnung, Adler mit ausgestreckten Flügeln, unten im Bogen Lorbeerzweige. Rs. Vasco Nuñez de Balboa, Wertangabe	–,–	–,–

XV. Olympische Winterspiele 1988 in Calgary (10)

		PP
126	1 Balboa 1988. Rs. Eishockey:	
	a) (S) 999 fein, 15 g	55,–
	b) (K-N)	12,–
127	1 Balboa 1988. Rs. Skispringen:	
	a) (S)	55,–
	b) (K-N)	12,–
128	1 Balboa 1988. Rs. Kunstspringen:	
	a) (S)	55,–
	b) (K-N)	12,–
129	1 Balboa 1988. Rs. Biathlon:	
	a) (S)	55,–
	b) (K-N)	12,–
130	50 Balboas (G) 1988. Rs. Eiskunstläuferin bei der Bielmann-Pirouette. 585er Gold, 8,4 g	400,–
131	1 Balboa (Pt) 1988. Typ wie Nr. 126. 999er Platin, 20 g (15 Ex.)	*2000,–*
132	1 Balboa (Pt) 1988. Typ wie Nr. 127 (15 Ex.)	*2000,–*
133	1 Balboa (Pt) 1988. Typ wie Nr. 128 (15 Ex.)	*2000,–*
134	1 Balboa (Pt) 1988. Typ wie Nr. 129 (15 Ex.)	*2000,–*
135	50 Balboas (Pt) 1988. Typ wie Nr. 130. 999er Platin, 15 g (15 Ex.)	*1600,–*

XXIV. Olympiade Sommerspiele 1988 in Seoul (10)

136	1 Balboa 1988. Rs. Zwei Fechter:	
	a) (S) 999 fein, 15 g	55,–
	b) (K-N)	12,–
137	1 Balboa 1988. Rs. Barrenturner:	
	a) (S)	55,–
	b) (K-N)	12,–
138	1 Balboa 1988. Rs. Tennisspielerin:	
	a) (S)	55,–
	b) (K-N)	12,–
139	1 Balboa 1988. Rs. Dressurreiten:	
	a) (S)	55,–
	b) (K-N)	12,–
140	50 Balbaos (G) 1988. Rs. Rhythmische Sportgymnastin. 585er Gold, 8,4 g	400,–
141	1 Balboa (Pt) 1988. Typ wie Nr. 136. 999er Platin, 20 g (15 Ex.)	*2000,–*
142	1 Balboa (Pt) 1988. Typ wie Nr. 137 (15 Ex.)	*2000,–*
143	1 Balboa (Pt) 1988. Typ wie Nr. 138 (15 Ex.)	*2000,–*
144	1 Balboa (Pt) 1988. Typ wie Nr. 139 (15 Ex.)	*2000,–*
145	50 Balboas (Pt) 1988. Typ wie Nr. 140. 999er Platin, 15 g (15 Ex.)	*1600,–*

70. Todestag von Manfred Freiherr von Richthofen (3)

PP

146 5 Balboas (S) 1988. Rs. Manfred Freiherr von Richthofen (1892–1918) vor seiner »Fokker DR-I«. 999er Silber, 31,1 g **65,–**

147 25 Balboas (S) 1988. Rs. Richthofen beim Luftkampf. 999er Silber, 155,5 g **300,–**

148 100 Balboas (G) 1988. Rs. »Fokker DR-I«. 900er Gold, 8,16 g **500,–**

20. Todestag von Martin Luther King

149 1 Balboa 1988. Rs. Martin Luther King (1929–1968):
a) (S) 999 fein, 15 g **60,–**
b) (K-N) **10,–**

25. Todestag von John F. Kennedy (4)

150 1 Balboa 1988. Rs. John F. Kennedy (1917–1963), Freiheitsglocke:
a) (S) 999 fein, 15 g **60,–**
b) (K-N) **10,–**

PP

151 200 Balboas (G) 1988, Rs. John F. Kennedy, Freiheitsstatue. 999,9er Gold, 15,55 g **–,–**

152 1000 Balboas (G) 1988. Rs. John F. Kennedy, Kapitol in Washington. 999,9er Gold, 373,24 g (300 Ex.) **–,–**

153 1500 Balbaos (Pt) 1988. Typ wie Nr. 151. 999er Platin, 373,24 g (200 Ex.) **–,–**

Nrn. 126–153 (Mzst. Hamburg) wurden ursprünglich von der Banco Nacional de Panamá genehmigt, nach Ausprägung jedoch als unautorisierte Prägungen deklariert.
Die Währungseinheit lautet »VN Balboa« statt »Balboa«.
Auf Nrn. 149–153 müßte es grammatikalisch richtig »por *la* Paz« heißen.
Von Nrn. 147 und 152 einseitige Abschläge der Bildseiten in Silber vorkommend.
Nr. 153 auch in Silber vorkommend.

Papua New Guinea — Papua-Neuguinea — Papoua Nouvelle Guinée

Fläche: 461 691 km²; 3 650 000 Einwohner (1986).
Die nach Grönland größte Insel der Erde ist geographisch seit dem 16. Jahrhundert bekannt, wurde aber bis zum 19. Jahrhundert kaum und auch später wenig erschlossen. Vor allem niederländische Interessen auf der Westhälfte schwankten zwischen kommerziellen und politischen Handlungen. Im 19. Jahrhundert erklärten die Niederlande ihre Ansprüche auf die Westhälfte, woraufhin am 6. November 1884 ein britisches Kriegsschiff die englische Herrschaft über den Südosten proklamierte; Deutschland folgte kurz darauf (vgl. Neuguinea). Die Insel wurde teils nach den Einwohnern Papua, teils wegen ihrer angeblichen Ähnlichkeit mit westafrikanischen Küsten Neu-Guinea genannt. Im Port Moresby wurde nach Erklärung von Britisch Neu-Guinea zur Kronkolonie 1888 ein dem Gouverneur von Queensland unterstellter Administrator eingesetzt; nach Bildung des Australischen Bundes fiel diesem am 1. September 1906 auch die Verwaltung des nunmehr »Papua« genannten Territoriums zu. Das Territory of Papua wurde 1949 mit dem Territory of New Guinea (s. Neuguinea) zu einem neuen Territory of Papua and New Guinea vereinigt, das seit dem 24. Juni 1971 Papua New Guinea heißt, im März 1972 ein Abgeordnetenhaus wählen durfte, im Dezember 1973 innere Autonomie erhielt und am 16. September 1975 gänzlich unabhängig wurde. Hauptstadt: Port Moresby.

Die Währungseinheit Kina wurde mit Wirkung vom 19. April 1975 eingeführt. Bis zum 31. Dezember 1975 blieben die australischen Geldzeichen parallel im Verhältnis 1:1 gesetzliches Zahlungsmittel.

100 Toea = 1 Kina

Unabhängiger Staat Papua-Neuguinea

ST PP

1 (1) 1 Toea (Bro) 1975–1987. Staatswappen, am 24. 6. 1971 eingeführt, Landesname, Jahreszahl. Rs. Paradies-Vogelfalter (Troides paradisea – Papilonidae), Wertangabe:
a) [RM] 1975, 1976, 1978, 1981, 1983, 1984, 1987 –,20 –,–
b) 1975 FM–1984 FM –,20 2,50

2 (2) 2 Toea (Bro) 1975–1987. Rs. Schmuck-Feuerfisch (Pterois sp. – Scorpaenidae):
a) [RM] 1975, 1976, 1981, 1983, 1987 –,25 –,–
b) 1975 FM–1980, 1982–1984 FM –,25 3,–

3 (3) 5 Toea (K-N) 1975–1987. Rs. Papua-Schildkröte (Carettochelys insculpta – Carettochelyidae):
a) [RM] 1975, 1976, 1978, 1979, 1981, 1982, 1987 –,60 –,–
b) 1975 FM–1980, 1982–1984 FM –,80 4,–

4 (4) 10 Toea (K-N) 1975–1984. Rs. Wollkuskus (Phalanger orientalis – Phalangeridae):
a) [RM] 1975, 1976, 1981 (Abb.) 1,20
b) 1975 FM–1980, 1982–1984 FM 2,– 6,–

5 (5) 20 Toea (K-N) 1975–1987. Rs. Papua-Kasuar oder Muruk (Casuarius bennetti papuanus – Casuaridae):
a) [RM] 1975, 1978, 1981, 1984, 1987 (Abb.) 2,50 –,–
b) 1975 FM–1984 FM 5,– 7,50

ST PP

6 (6) 1 Kina (K-N) 1975–1984. Stilisierter Paradiesvogel (Emblem der Nationalbank), Landesname, Jahreszahl. Rs. Neuguinea-Krokodile (Crocodylus novaeguineae – Crocodylidae) (mit Loch):
a) [RM, RAM] 1975, 1981 6,– –,–
b) 1975 FM–1980, 1982–1984 FM 7,50 10,–

7 (7) 5 Kina 1975–1980. Staatswappen, Landesname, Jahreszahl. Rs. Harpyien-Adler (Harpyopsis novaeguineae – Accipitridae), FM:
a) (S) 90,–
b) (K-N) 30,–

8 (8) 10 Kina 1975, 1976, 1978–1980, 1983. Rs. Raggis Großer Paradiesvogel (Paradiseae apoda raggiana – Paradisaeidae) im Flug und fünf Sterne, Motive aus der Nationalflagge, FM:
a) (S) 125,–
b) (K-N) 55,–

Nrn. 1a–6a von 1981, polierte Platte (max. 10 000 Ex.) –,–

Zur Erlangung der Unabhängigkeit

9 (9) 100 Kina (G) 1975. Michael T. Somare (* 1936), Ministerpräsident 1975–1980. Rs. Paradiesvogel im Flug, wie Nr. 8 *450,– 500,–*

1. Jahrestag der Unabhängigkeit

10 (10) 100 Kina (G) 1976. Stilisierter Paradiesvogel (Emblem der Nationalbank), Landesbezeichnung, Jahreszahl. Rs. Staatswappen, Kette mit Lochgeld, Wertangabe, Gedenkumschrift (mit Loch) *450,– 500,–*

25. Regierungsjubiläum von Königin Elisabeth II.

11 (11) 10 Kina 1977. Staatswappen, Landesbezeichnung, Jahreszahl. Rs. Elisabeth II., Jubiläumsschrift, Wertangabe:
a) (S) 250,–
b) (K-N) (685 Ex.) 150,–

12 (12) 100 Kina (G) 1978. Rs. Papua-Tukan 600,–

13 (13) 100 Kina (G) 1978. Rs. Schmetterling (Ornithoptera Alexandrae). 900er Gold, 9,57 g, FM (siebeneckig) *350,– 800,–*

14 (14) 100 Kina (G) 1979. Rs. Vier Porträts von Eingeborenen mit kunstvollen Haarfrisuren. 900er Gold, 9,57 g 550,–

Südpazifisches Kunstfestival (2)

			VZ	ST	PP
15 (15)	50	Toea (K-N) 1980. Rs. Krokodil vor kunstvollen Ornamenten (siebeneckig):			
		a) [RM] 1980	10,–	18,–	
		b) 1980 FM		*45,–*	*35,–*
16 (16)	100	Kina (G) 1980. Typ wie Nr. 15. 500er Gold, 7,83 g			**400,–**

5. Jahrestag der Unabhängigkeit

17 (17) 100 Kina (G) 1980. Rs. Flagge über Inselkarte, Gedenkumschrift, Wertangabe. 900er Gold, 9,57 g (1148 Ex.) **900,– 750,–**

Internationales Jahr des Kindes 1979

18 (19) 5 Kina (S) 1981. Rs. Knabe am Strand mit gefangenem Fisch:
a) 500er Silber, 26,63 g **60,–**
b) Piéfort, 500er Silber, 53,26 g (39 Ex.) **450,–**

19 (18) 100 Kina (G) 1981. Sir Julius Chan, Ministerpräsident seit 1980, Porträt nach links. Rs. Paradiesvogel im Flug, wie Nr. 8 (685 Ex.) **900,–**

40. Jahrestag der Schlacht am Kokoda Trail 1942

20 (20) 5 Kina 1982. Rs. Einheimischer und australischer Soldat beim Geleit eines Verwundeten, Gedenkinschrift:
a) (S) (1795 Ex.) **120,–**
b) (K-N) **30,–**

Zum Besuch des britischen Königspaares (2)

ST PP

21 (21) 10 Kina 1982. Staatswappen. Rs. Gestaffelte Porträts von Elisabeth II. und Philipp nach rechts:
a) (S) 925 fein, 40,72 g (1185 Ex.) **180,–**
b) (K-N) **60,–**

22 (22) 100 Kina (G) 1982. Typ wie Nr. 21. 900er Gold, 9,57 g **750,–**

10 Jahre Bank von Papua-Neuguinea (2)

23 (23) 5 Kina 1983. Rs. Bankgebäude, Emblem, Gedenkumschrift:
a) (S) (673 Ex.) **120,–**
b) (K-N) (360 Ex.) **30,–**

24 (24) 100 Kina (G) 1983. Stilisierter Paradiesvogel (Emblem der Nationalbank). Rs. Wappen, Gedenkumschrift (mit Loch) (378 Ex.) **900,–**

Zur Einweihung des neuen Parlamentsgebäudes

25 (25) 5 Kina (S) 1984. Rs. Ansicht des Parlamentsgebäudes, Wertangabe **120,–**

Zum Papstbesuch

26 (26) 10 Kina (S) 1984. Rs. Papst Johannes Paul II., päpstliches Wappen, Wertangabe (597 Ex.) **180,–**

100. Jahrestag der britischen und deutschen Protektoratsgründungen

27 (27) 100 Kina (G) 1984. Rs. Flaggen von Großbritannien und Deutschland aus dem Jahr 1884, Wertangabe (274 Ex.) **900,–**

Jahrzehnt für die Frauen 1976–1985

28 (28) 5 Kina (S) 1984. Rs. Frau beim Ernten von Kaffeebohnen. 925er Silber, 23,3276 g, CHI (1657 Ex.) **100,–**

PP

29 100 Kina (G) 1990. Rs. Schmetterling (Ornithoptera Alexandrae). 999,9er Gold, 9,57 g (siebeneckig) [Perth] (ST: max. 500 Ex., PP: max. 5000 Ex.) **–,– 550,–**

9. Südpazifische Sportspiele 1991 in Papua-Neuguinea (3)

VZ ST

30 50 Toea (K-N) 1991. Rs. Stilisierter Paradiesvogel mit Zahl 9, Emblem der Spiele (siebeneckig) [RAM] (25 000 Ex.)

31 10 Kina (S) 1991

PP

32 100 Kina (G) 1991. Typ wie Nr. 30. 999,9er Gold, 9,57 g (siebeneckig) [Perth] (max. 5000 Ex.) **–,–**

Paraguay Paraguay Paraguay

Fläche: 406752 km²; 4000000 Einwohner (1989).
Das am 15. August 1537 gegründete Asunción wurde sehr bald Kolonisationsmittelpunkt des oberen La-Plata-Gebietes und später Zentrum des Jesuitenstaates. Nach der Erhebung gegen Spanien wurde Paraguay am 14. Mai 1811 Republik. Hauptstadt: Asunción.

100 Centavos = 1 Paraguayischer Peso (Peso Fuerte);
seit 5. Oktober 1943: 100 Céntimos = 1 Guaraní

Republik Paraguay
República del Paraguay

		SS	VZ
1 (6)	5 Centavos (K-N) 1900, 1903. Löwe mit Freiheitsmütze (Siegel der Finanzverwaltung). Rs. Wert im Kranz	8,–	16,–
2 (7)	10 Centavos (K-N) 1900, 1903. Typ wie Nr. 1	12,–	20,–
3 (8)	20 Centavos (K-N) 1900, 1903. Typ wie Nr. 1	13,–	22,–
4 (9)	5 Centavos (K-N) 1908. Stern im Kranz. Rs. Wert	28,–	65,–
5 (10)	10 Centavos (K-N) 1908. Typ wie Nr. 4	50,–	80,–
6 (11)	20 Centavos (K-N) 1908. Typ wie Nr. 4	15,–	30,–
7 (12)	50 Centavos (K-N) 1925. Typ wie Nr. 4	5,–	8,–
8 (13)	1 Peso (K-N) 1925. Typ wie Nr. 4	7,–	11,–
9 (14)	2 Pesos (K-N) 1925. Typ wie Nr. 4	9,–	14,–
10 (17)	50 Centavos (Al) 1938. Typ wie Nr. 4	4,–	7,–
11 (18)	1 Peso (Al) 1938. Typ wie Nr. 4	6,–	8,–
12 (19)	2 Pesos (Al) 1938. Typ wie Nr. 4	8,–	12,–
13 (15)	5 Pesos (K-N) 1939. Typ wie Nr. 4	12,–	20,–

14 (16)	10 Pesos (K-N) 1939. Typ wie Nr. 4	11,–	18,–

NEUE WÄHRUNG: 100 Céntimos = 1 Guaraní

15 (20)	1 Céntimo (Al-Bro) 1944, 1948, 1950. Blume. Rs. Wert im Kranz	1,–	1,50
16 (21)	5 Céntimos (Al-Bro) 1944, 1947. Passionsblume (Passiflora sp. — Passifloraceae). Rs. Wert im Kranz	1,30	2,–

		SS	VZ
17 (22)	10 Céntimos (Al-Bro) 1944, 1947. Orchidee. Rs. Wert im Kranz	1,–	2,–
18 (23)	25 Céntimos (Al-Bro) 1944, 1948, 1951. Orchidee. Rs. Wert im Kranz	2,–	3,–
19 (24)	50 Céntimos (Al-Bro) 1944, 1951. Löwe mit Freiheitsmütze. Rs. Wert im Kranz	3,–	5,–

		VZ	ST
20 (25)	10 Céntimos (Al-Bro) 1953 (Wellenschnitt)	1,–	3,–
21 (26)	15 Céntimos (Al-Bro) 1953. Typ wie Nr. 20 (Wellenschnitt)	–,50	–,80
22 (27)	25 Céntimos (Al-Bro) 1953. Typ wie Nr. 20 (Wellenschnitt)	–,75	1,–

23 (28)	50 Céntimos (Al-Bro) 1953. Typ wie Nr. 20 (Wellenschnitt)	–,90	1,20

Nrn. 20–23, polierte Platte *1000,–*

4. Amtsperiode von Staatspräsident A. Stroessner 1968–1973 und 100. Jahrestag des Krieges gegen Argentinien, Brasilien und Uruguay (2)

		ST	PP
24 (29)	300 Guaraníes (S) 1968. Alfredo Stroessner (* 1912), Offizier und Politiker, Staatspräsident 1954–1989. Rs. Löwe mit Freiheitsmütze, Wertangabe. Randschrift »Centenario de la Epopeya Nacional«. 720er Silber, 26,73 g	35,–	
25 (30)	10000 Guaraníes (G) 1968. Typ wie Nr. 24. 900er Gold, 46 g (50 Ex.)		*4000,–*

PP

26 150 Guaraníes (S) 1972. Rs. Staatspräsident Stroessner 90,–
27 1500 Guaraníes (G) 1972. Typ wie Nr. 26 –,–
28 3000 Guaraníes (G) 1972. Typ wie Nr. 26 –,–
29 4500 Guaraníes (G) 1972. Typ wie Nr. 26 –,–

XX. Olympische Sommerspiele in München 1972 (24)

30 150 Guaraníes (S) 1972. Rs. Sprinter 120,–
31 1500 Guaraníes (G) 1972. Typ wie Nr. 30 450,–
32 3000 Guaraníes (G) 1972. Typ wie Nr. 30 900,–
33 4500 Guaraníes (G) 1972. Typ wie Nr. 30 1350,–
34 150 Guaraníes (S) 1972. Rs. Fußballspieler 120,–
35 1500 Guaraníes (G) 1972. Typ wie Nr. 34 450,–
36 3000 Guaraníes (G) 1972. Typ wie Nr. 34 900,–
37 4500 Guaraníes (G) 1972. Typ wie Nr. 34 1350,–
38 150 Guaraníes (S) 1972. Rs. Weitspringer 120,–
39 1500 Guaraníes (G) 1972. Typ wie Nr. 38 450,–
40 3000 Guaraníes (G) 1972. Typ wie Nr. 38 900,–
41 4500 Guaraníes (G) 1972. Typ wie Nr. 38 1350,–
42 150 Guaraníes (S) 1972. Rs. Hochspringer 120,–
43 1500 Guaraníes (G) 1972. Typ wie Nr. 42 450,–
44 3000 Guaraníes (G) 1972. Typ wie Nr. 42 900,–
45 4500 Guaraníes (G) 1972. Typ wie Nr. 42 1350,–
46 150 Guaraníes (S) 1972. Rs. Hürdenläufer 120,–
47 1500 Guaraníes (G) 1972. Typ wie Nr. 46 450,–
48 3000 Guaraníes (G) 1972. Typ wie Nr. 46 900,–
49 4500 Guaraníes (G) 1972. Typ wie Nr. 46 1350,–
50 150 Guaraníes (S) 1973. Rs. Boxer 135,–
51 1500 Guaraníes (G) 1973. Typ wie Nr. 50 600,–
52 3000 Guaraníes (G) 1973. Typ wie Nr. 50 1000,–
53 4500 Guaraníes (G) 1973. Typ wie Nr. 50 2000,–
54 150 Guaraníes (S) 1973. Rs. Marschall José F. Estigarribia (1888–1940), Staatspräsident 1939–1940 90,–
55 1500 Guaraníes (G) 1973. Typ wie Nr. 54 450,–
56 3000 Guaraníes (G) 1973. Typ wie Nr. 54 900,–
57 4500 Guaraníes (G) 1973. Typ wie Nr. 54 1350,–
58 150 Guaraníes (S) 1973. Rs. Marschall Solano López (1827–1870), Staatspräsident 1862–1870 90,–
59 1500 Guaraníes (G) 1973. Typ wie Nr. 58 450,–
60 3000 Guaraníes (G) 1973. Typ wie Nr. 58 900,–
61 4500 Guaraníes (G) 1973. Typ wie Nr. 58 1350,–
62 150 Guaraníes (S) 1973. Rs. General José E. Diaz 90,–
63 1500 Guaraníes (G) 1973. Typ wie Nr. 62 450,–
64 3000 Guaraníes (G) 1973. Typ wie Nr. 62 900,–
65 4500 Guaraníes (G) 1973. Typ wie Nr. 62 1350,–
66 150 Guaraníes (S) 1973. Rs. General Bernadino Caballero (1831–1885), Staatspräsident 1880–1885 90,–
67 1500 Guaraníes (G) 1973. Typ wie Nr. 66 450,–
68 3000 Guaraníes (G) 1973. Typ wie Nr. 66 900,–
69 4500 Guaraníes (G) 1973. Typ wie Nr. 66 1350,–
70 150 Guaraníes (S) 1973. Rs. Sitzende Frau, Teotihuacán-Kultur, Hochland von Mexiko, ca. 100 v. Chr.–400 n. Chr. 90,–
71 1500 Guaraníes (G) 1973. Typ wie Nr. 70 450,–
72 3000 Guaraníes (G) 1973. Typ wie Nr. 70 900,–
73 4500 Guaraníes (G) 1973. Typ wie Nr. 70 1350,–
74 150 Guaraníes (S) 1973. Rs. Gefäß, polychrome Bemalung, huaxtekische Kultur der nördlichen Golfküste, Mexiko 90,–
75 1500 Guaraníes (G) 1973. Typ wie Nr. 74 450,–
76 3000 Guaraníes (G) 1973. Typ wie Nr. 74 900,–
77 4500 Guaraníes (G) 1973. Typ wie Nr. 74 1350,–
78 150 Guaraníes (S) 1973. Rs. Vierbeiniges Tongefäß in Form eines Jaguars, polychrome Bemalung, mixtekische Kultur, ca. 900–1494 n. Chr. 90,–
79 1500 Guaraníes (G) 1973. Typ wie Nr. 78 450,–
80 3000 Guaraníes (G) 1973. Typ wie Nr. 78 900,–
81 4500 Guaraníes (G) 1973. Typ wie Nr. 78 1350,–
82 150 Guaraníes (S) 1973. Rs. Gefäß, Tolul-Stil von Veracruz 90,–
83 1500 Guaraníes (G) 1973. Typ wie Nr. 82 450,–
84 3000 Guaraníes (G) 1973. Typ wie Nr. 82 900,–
85 4500 Guaraníes (G) 1973. Typ wie Nr. 82 1350,–

PP

86 150 Guaraníes (S) 1973. Rs. »Lächelndes Gesicht«, Kultur von Veracruz 90,–
87 1500 Guaraníes (G) 1973. Typ wie Nr. 86 450,–
88 3000 Guaraníes (G) 1973. Typ wie Nr. 86 900,–
89 4500 Guaraníes (G) 1973. Typ wie Nr. 86 1350,–
90 150 Guaraníes (S) 1973. Rs. Albrecht Dürer (1471–1528), Maler, Graphiker, Kunstschriftsteller 90,–
91 1500 Guaraníes (G) 1973. Typ wie Nr. 90 450,–
92 3000 Guaraníes (G) 1973. Typ wie Nr. 90 900,–
93 4500 Guaraníes (G) 1973. Typ wie Nr. 90 1350,–
94 150 Guaraníes (S) 1973. Rs. Johann Wolfgang von Goethe (1749–1832), Dichter 90,–
95 1500 Guaraníes (G) 1973. Typ wie Nr. 94 450,–
96 3000 Guaraníes (G) 1973. Typ wie Nr. 94 900,–
97 4500 Guaraníes (G) 1973. Typ wie Nr. 94 1350,–
98 150 Guaraníes (S) 1974. Rs. Abraham Lincoln (1809–1865), 16. Präsident der Vereinigten Staaten von Amerika 90,–
99 1500 Guaraníes (G) 1974. Typ wie Nr. 98 450,–
100 3000 Guaraníes (G) 1974. Typ wie Nr. 98 900,–
101 4500 Guaraníes (G) 1974. Typ wie Nr. 98 1350,–
102 150 Guaraníes (S) 1974. Rs. Ludwig van Beethoven (1770–1827), Komponist 90,–
103 1500 Guaraníes (G) 1974. Typ wie Nr. 102 450,–
104 3000 Guaraníes (G) 1974. Typ wie Nr. 102 1500,–
105 4500 Guaraníes (G) 1974. Typ wie Nr. 102 1850,–
106 150 Guaraníes (S) 1974. Rs. Otto von Bismarck (1815–1898), Gründer des zweiten Deutschen Reiches 90,–
107 1500 Guaraníes (G) 1974. Typ wie Nr. 106 450,–
108 3000 Guaraníes (G) 1974. Typ wie Nr. 106 900,–
109 4500 Guaraníes (G) 1974. Typ wie Nr. 106 1350,–
110 150 Guaraníes (S) 1974. Rs. Albert Einstein (1879–1955), Physiker 90,–
111 1500 Guaraníes (G) 1974. Typ wie Nr. 110 450,–
112 3000 Guaraníes (G) 1974. Typ wie Nr. 110 900,–
113 4500 Guaraníes (G) 1974. Typ wie Nr. 110 1350,–
114 150 Guaraníes (S) 1974. Rs. Giuseppe Garibaldi (1807–1882), italienischer Freiheitsheld 90,–
115 1500 Guaraníes (G) 1974. Typ wie Nr. 114 450,–
116 3000 Guaraníes (G) 1974. Typ wie Nr. 114 900,–
117 4500 Guaraníes (G) 1974. Typ wie Nr. 114 1350,–
118 150 Guaraníes (S) 1974. Rs. Alessandro Manzoni (1785–1873), italienischer Dichter 90,–
119 1500 Guaraníes (G) 1974. Typ wie Nr. 118 450,–
120 3000 Guaraníes (G) 1974. Typ wie Nr. 118 900,–
121 4500 Guaraníes (G) 1974. Typ wie Nr. 118 1350,–
122 150 Guaraníes (S) 1974. Rs. Wilhelm Tell, der Held der bekanntesten Schweizer Sage 90,–
123 1500 Guaraníes (G) 1974. Typ wie Nr. 122 450,–
124 3000 Guaraníes (G) 1974. Typ wie Nr. 122 900,–
125 4500 Guaraníes (G) 1974. Typ wie Nr. 122 1350,–
126 150 Guaraníes (S) 1974. Rs. John F. Kennedy (1917–1963), 35. Präsident der Vereinigten Staaten von Amerika 90,–
127 1500 Guaraníes (G) 1974. Typ wie Nr. 126 450,–
128 3000 Guaraníes (G) 1974. Typ wie Nr. 126 900,–
129 4500 Guaraníes (G) 1974. Typ wie Nr. 126 1350,–
130 150 Guaraníes (S) 1974. Rs. Konrad Adenauer (1876–1967), 1. deutscher Bundeskanzler 90,–
131 1500 Guaraníes (G) 1974. Typ wie Nr. 130 450,–
132 3000 Guaraníes (G) 1974. Typ wie Nr. 130 900,–
133 4500 Guaraníes (G) 1974. Typ wie Nr. 130 1350,–
134 150 Guaraníes (S) 1974. Rs. Sir Winston Churchill (1874–1965), englischer Staatsmann 90,–
135 1500 Guaraníes (G) 1974. Typ wie Nr. 134 450,–
136 3000 Guaraníes (G) 1974. Typ wie Nr. 134 900,–
137 4500 Guaraníes (G) 1974. Typ wie Nr. 134 1350,–
138 150 Guaraníes (S) 1974. Rs. Papst Johannes XXIII., Roncalli (1881–1963) 90,–
139 1500 Guaraníes (G) 1974. Typ wie Nr. 138 450,–
140 3000 Guaraníes (G) 1974. Typ wie Nr. 138 900,–
141 4500 Guaraníes (G) 1974. Typ wie Nr. 138 1350,–
142 150 Guaraníes (S) 1975. Rs. Papst Paul VI., Montini (1897–1978) 90,–
143 1500 Guaraníes (G) 1974. Typ wie Nr. 142 450,–
144 3000 Guaraníes (G) 1974. Typ wie Nr. 142 900,–
145 4500 Guaraníes (G) 1974. Typ wie Nr. 142 1350,–
146 150 Guaraníes (S) 1975. Rs. Internationale Brücke über den Paraná zwischen Paraguay und Brasilien 90,–

PP

147 1500 Guaraníes (G) 1975. Typ wie Nr. 146 *450,–*
148 3000 Guaraníes (G) 1975. Typ wie Nr. 146 *900,–*
149 4500 Guaraníes (G) 1975. Rs. wie Nr. 146 *1350,–*
150 150 Guaraníes (S) 1975. Rs. Parlamentsgebäude in Asunción *90,–*
151 1500 Guaraníes (G) 1975. Typ wie Nr. 150 *450,–*
152 3000 Guaraníes (G) 1975. Typ wie Nr. 150 *900,–*
153 4500 Guaraníes (G) 1975. Rs. wie Nr. 150 *1350,–*
154 150 Guaraníes (S) 1975. Rs. San Roque Kirche in Yaguaron *90,–*
155 1500 Guaraníes (G) 1975. Typ wie Nr. 154 *450,–*
156 3000 Guaraníes (G) 1975. Typ wie Nr. 154 *900,–*
157 4500 Guaraníes (G) 1975. Rs. wie Nr. 154 *1350,–*
158 150 Guaraníes (S) 1975. Rs. Ruine der Kirche von Humaitá *90,–*
159 1500 Guaraníes (G) 1975. Typ wie Nr. 158 *450,–*
160 3000 Guaraníes (G) 1975. Typ wie Nr. 158 *900,–*
161 4500 Guaraníes (G) 1975. Rs. wie Nr. 158 *1350,–*
162 150 Guaraníes (S) 1975. Rs. US-Forschungsprogramm »Apollo 11« *90,–*
163 1500 Guaraníes (G) 1975. Typ wie Nr. 162 *450,–*
164 3000 Guaraníes (G) 1975. Typ wie Nr. 162 *900,–*
165 4500 Guaraníes (G) 1975. Rs. wie Nr. 162 *1350,–*
166 150 Guaraníes (S) 1975. Rs. US-Forschungsprogramm »Apollo 15« *90,–*
167 1500 Guaraníes (G) 1975. Typ wie Nr. 166 *450,–*
168 3000 Guaraníes (G) 1975. Typ wie Nr. 166 *900,–*
169 4500 Guaraníes (G) 1975. Rs. wie Nr. 166 *1350,–*

Banknotenersatzausgaben (4)

VZ ST

170 (31) 1 Guaraní (St) 1975, 1976. Paraguayischer Soldat. Rs. Tabakpflanze –,20 –,30
171 (32) 5 Guaraníes (St) 1975. Junge Frau mit Krug. Rs. Baumwollpflanze –,20 –,30
172 (33) 10 Guaraníes (St) 1975, 1976. General Eugenio A. Garay. Rs. Rinderkopf –,50 –,80
173 (34) 50 Guaraníes (St) 1975. Marschall José Felix Estigarribia (vgl. Nr. 54). Rs. Acaray-Staudamm 1,60 3,–

Nrn. 170–173 von 1975, polierte Platte (1000 Ex.) 125,–
Nrn. 170 und 172 von 1976, polierte Platte (1000 Ex.) 80,–

PP

174 1 Guaraní (G) 1976. Typ wie Nr. 170 –,–
175 10 Guaraní (G) 1976. Typ wie Nr. 172 –,–

FAO-Ausgaben (4)

VZ ST

176 (35) 1 Guaraní (St) 1978, 1980, 1984, 1986, 1988. Typ ähnlich wie Nr. 170 –,30 –,60
177 (36) 5 Guaraníes (St) 1978, 1980, 1984 1986, 1988. Typ ähnlich wie Nr. 171 –,30 –,60

VZ ST

178 (37) 10 Guaraníes (St) 1978, 1980, 1984, 1986, 1988. Typ ähnlich wie Nr. 172 –,60 1,50
A178 10 Guaraníes (N-Me) 1990. Typ wie Nr. 178 [RM] –,60 1,50
179 (38) 50 Guaraníes (St) 1980, 1986, 1988. Typ ähnlich wie Nr. 173 1,20 3,–

Nrn. 176–178 von 1978, polierte Platte (500 Ex.) –,–
Nrn. 176–179 von 1980, polierte Platte (1000 Ex.) 100,–

Banknotenersatzausgabe

A179 100 Guaraníes (N-Me) 1990. General José E. Diaz. Rs. Ruine der Kirche von Humaitá [RM] 3,– 5,–

FAO-Ausgaben (3)

PP

180 1 Guaraní (G) 1978, 1980. Typ wie Nr. 176. 7,04 g –,–
181 5 Guaraníes (G) 1978, 1980. Typ wie Nr. 177. 8,69 g –,–
182 10 Guaraníes (G) 1978, 1980. Typ wie Nr. 178. 10,52 g –,–
183 50 Guaraníes (G) 1980. Typ wie Nr. 179 –,–

6. Amtsperiode von Staatspräsident A. Stroessner 1978–1983

184 (39) 70 000 Guaraníes (G) 1978. Typ wie Nr. 24. 900er Gold, 46 g (300 Ex.) –,–

7. Amtsperiode von Staatspräsident A. Stroessner 1983–1988

185 (40) 100 000 Guaraníes (G) 1983. Typ wie Nr. 24. 900er Gold, 46 g (300 Ex.) –,–

100 Jahre Colorado-Partei (2)

186 10 000 Guaraníes (S) 1987. Bernardino Caballero (siehe Nr. 66) und Alfredo Stroessner. Rs. Zentralbankgebäude. 999er Silber, 28,7 g (1000 Ex.) **160,–**
187 250 000 Guaraníes (G) 1987. Typ wie Nr. 186. 916⅔er Gold, 46 g (500 Ex.) **1800,–**

8. Amtsperiode von Staatspräsident A. Stroessner 1988–1993 (2)

188 10 000 Guaraníes (S) 1988. Typ wie Nr. 24. 999er Silber, 28,7 g (5000 Ex.) **160,–**
189 300 000 Guaraníes (G) 1988. Typ wie Nr. 24. 916⅔er Gold, 46 g (250 Ex.) **2000,–**

Frühere Ausgaben siehe Weltmünzkatalog 19. Jahrhundert.

Peru — Peru — Pérou

Fläche: 1285215 km², 1970000 Einwohner (1986).
Vor der Eroberung durch die Spanier unter Francisco Pizarro 1531–1534 war Peru das Kernland des Inkareiches. Das 1542 geschaffene Vizekönigreich Peru umfaßte zunächst fast das ganze spanische Südamerika. Die Vizekönigreiche Neugranada und Rio de la Plata wurden erst im 18. Jahrhundert abgetrennt. In den ersten Jahren der Unabhängigkeitskämpfe in Südamerika war Peru Mittelpunkt der spanischen Herrschaft. Am 28. Juli 1821, nach dem Einzug von General José de San Martin in Lima, wurde die Republik ausgerufen. Hauptstadt: Lima.

100 Centavos = 10 Dineros = 1 Sol de Oro; von 1914–1926: 10 Soles = 1 Libra; seit 1. Januar 1985: 100 Céntimos = 1 Inti; seit 1. Juli 1991: 100 Céntimos = 1 Nuevo Sol

Republik Peru
República Peruana (República del Peru)

SS VZ

1 (9a) 1 Centavo (Bro) 1875~1919. Jahreszahl über Sonne im Strahlenkranz. Rs. Wert im Kranz:
a) 1875–1878 5,– 10,–
b) 1919 [Philadelphia] 3,– 6,–

2 (11) 1 Centavo (Bro) 1901–1941. Jahreszahl am Unterrand 3,– 5,–

3 (12) 1 Centavo (Bro) 1909–1939. Jahreszahl am Unterrand, Wertbezeichnung in Bogenlinie **1,50** 3,–

4 (11a) 1 Centavo (Bro) 1941–1944. Jahreszahl am Unterrand, Wertbezeichnung gerade **1,50** 3,–

5 (12a) 1 Centavo (Bro) 1941–1949. Jahreszahl am Unterrand, Wertbezeichnung in Bogenlinie **1,50** 3,–

6 (10a) 2 Centavos (Bro) 1876~1919. Jahreszahl über Sonne im Strahlenkranz. Rs. Wert im Kranz:
a) 1876–1879 5,– 12,–
b) 1895 [Waterbury] 4,– 8,–
c) 1919 [Philadelphia] 2,– 5,–

7 (13) 2 Centavos (Bro) 1917–1941. Jahreszahl am Unterrand, Wertbezeichnung in Bogenlinie 2,– 4,–

8 (13a) 2 Centavos (Bro) 1941–1949. Jahreszahl am Unterrand, Wertbezeichnung in Bogenlinie. Typ wie Nr. 7, jedoch dünnere Münzplatte 3,– 6,–

9 (14) ½ Dinero (S) 1863–1917. Sitzende Freiheitsstatue. Rs. Staatswappen 4,– 8,–

10 (15) 1 Dinero (S) 1863–1916 5,– 15,–

11 (16) ⅕ Sol (S) 1863–1917 15,– 30,–

12 (17) ½ Sol (S) 1864–1917 20,– 40,–

13 (18) 1 Sol (S) 1864–1916 45,– 90,–

14 (20) ⅕ Libra (G) 1905–1970. Manco Capac, Kopfbild nach rechts. Rs. Staatswappen 85,– 100,–

15 (21) ½ Libra (G) 1902–1969. Typ wie Nr. 14 160,– 180,–

A15 (22) 1 Libra (G) 1898–1970. Typ wie Nr. 14 250,– 300,–

B15 (23) 1 Sol (S) 1910 100,– 150,–

16 (24) 5 Soles (G) 1910. Staatswappen. Rs. Motto IN HOC SIGNO VINCES (In diesem Zeichen wirst Du siegen) und Wert 100,– 150,–

17 (31) 5 Centavos. Kopf der Freiheit nach rechts. Rs. Wert und Zweig
a) (K-N) 1918–1941 1,– 3,–
b) (Me) 1942–1944 –,70 1,–

SS VZ

18 (32) 10 Centavos. Typ wie Nr. 17
a) (K-N) 1918–1941 1,– 2,–
b) (Me) 1942–1944 1,20 2,–

19 (33) 20 Centavos. Typ wie Nr. 17
a) (K-N) 1918–1941 1,– 2,–
b) (Me) 1942–1944 1,50 3,–

20 (34) ½ Sol (S) 1922–1935 10,– 20,–

21 (36) 1 Sol (S) 1923–1935. Staatswappen, Umschrift REPUBLICA PERUANA LIMA 5 DECIMOS FINO; Jahreszahl. Rs. Allegorie der Freiheit, im Abschnitt UN SOL **16,–** **40,–**

21a (35) 1 Sol (S) 1922, 1923. Typ wie Nr. 21, jedoch ohne Angabe des Feingehaltes 5 DECIMOS FINO:
1922 –,– –,–
1923 **150,–** **200,–**

VZ ST

22 (37) 50 Soles (G) 1930, 1931, 1967–1969. Manco Capac, Gründer des Inkareiches im 11. Jahrhundert. Rs. Inkaornament:
1930, 1931 **1800,–** **2800,–**
1967 **1200,–**
1968 (300 Ex.) **2000,–**
1969 (403 Ex.) **2000,–**

			SS	VZ
23 (43)	½	Sol (Me) 1935–1965. Staatswappen. Rs. Wert im Kreis, Umschrift EL BANCO CENTRAL DE RESERVA DEL PERU	–,70	1,–
24 (44)	1	Sol (Me) 1943–1965	1,–	4,–
25 (41)	1	Centavo (Zink) 1950–1965. Sonne im Strahlenkranz. Rs. Wert im Kranz	–,40	1,–
26 (42)	2	Centavos (Zink) 1950–1958. Typ wie Nr. 25	–,60	3,–
27 (38)	5	Centavos (Me) 1945–1965, Kopf der Freiheit nach rechts. Landesbezeichnung, Jahreszahl. Rs. Wert und Zweig:		
		a) 1945–1951	–,70	1,–
		b) 1,5 g, 1951–1965	–,40	–,60

			SS	VZ
28 (39)	10	Centavos (Me) 1945–1965. Typ wie Nr. 27:		
		a) 1945–1951	–,70	1,–
		b) 2,2 g, 1951–1965	–,40	–,80
29 (40)	20	Centavos (Me) 1942–1965. Typ wie Nr. 27:		
		a) 1942–1951	1,–	1,50
		b) 1951–1965	–,30	–,60
30 (48)	5	Soles (G) 1956–1970. Staatswappen. Rs. Sitzende Freiheitsstatue	90,–	100,–
31 (49)	10	Soles (G) 1956–1969. Typ wie Nr. 30	150,–	160,–
32 (50)	20	Soles (G) 1950–1969. Typ wie Nr. 30	280,–	300,–
33 (51)	50	Soles (G) 1950–1970. Typ wie Nr. 30:		
		1950–1969	750,–	800,–
		1970		*1000,–*
34 (52)	100	Soles (G) 1950–1970. Typ wie Nr. 30	1400,–	1600,–
35 (45)	5	Centavos (Al-Bro) 1954. Ramòn Castilla (1797–1867), Staatspräsident 1845–1851 und 1855–1862. Rs. Wert im Kranz und Fackel	7,–	16,–
36 (46)	10	Centavos (Al-Bro) 1954. Typ wie Nr. 35	5,–	10,–

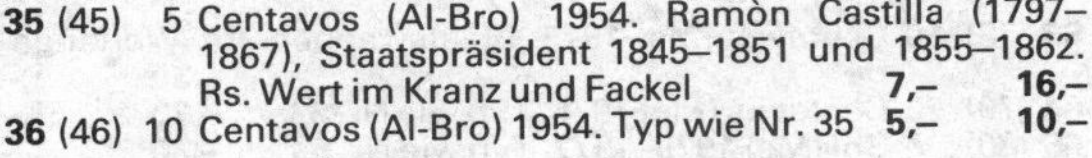

			SS	VZ
37 (47)	20	Centavos (Al-Bro) 1954. Typ wie Nr. 35	5,–	14,–

400. Jahrestag des Bestehens der Münze in Lima (8)

			VZ	ST
38 (53)	5	Centavos (Me) 1965. Darstellung der 8-Reales-Münze von 1965. Darstellung der 8-Reales-Münze von 1565	1,–	3,–
39 (54)	10	Centavos (Me) 1965. Typ wie Nr. 38	1,–	2,–
40 (55)	25	Centavos (Me) 1965. Typ wie Nr. 38	1,–	2,–
41 (56)	½	Sol (Me) 1965. Typ wie Nr. 38 [Heaton]	1,–	3,–
42 (57)	1	Sol (Me) 1965. Typ wie Nr. 38	1,–	3,–
43 (58)	20	Soles (S) 1965. Typ wie Nr. 38	15,–	22,–
44 (59)	50	Soles (G) 1965. Typ wie Nr. 38	750,–	850,–
45 (60)	100	Soles (G) 1965. Typ wie Nr. 38	1400,–	1500,–

100. Jahrestag der erfolglosen Beschießung von Callao durch die spanische Flotte am 2. Mai 1866 (3)

			VZ	ST
46 (61)	20	Soles (S) 1966. Viktoria, Säulenfigur vom Siegesdenkmal in Lima. Rs. Staatswappen	25,–	60,–
47 (62)	50	Soles (G) 1966. Typ wie Nr. 46	1000,–	1200,–
48 (63)	100	Soles (G) 1966. Typ wie Nr. 46	1600,–	1800,–
49 (64)	5	Centavos (Me) 1966–1975. Staatswappen. Rs. Blüten des Wilden Chinarindenbaumes (Chinchona sp. – Rubiaceae):		
		a) großes Wappen, links unten Signatur »Pareja«, Riffelrand, 1966	–,25	–,50
		b) großes Wappen, ohne Signatur, Riffelrand, 1967, 1968	–,25	–,50
		c) großes Wappen, ohne Signatur, glatter Rand, 1969–1973	–,25	–,50
		d) kleines Wappen, ohne Signatur, glatter Rand, 1973–1975	–,25	–,50
50 (65)	10	Centavos (Me) 1966–1975. Typ wie Nr. 49:		
		a) großes Wappen, links unten Signatur »Pareja«, Riffelrand, 1966	–,30	–,60
		b) großes Wappen, ohne Signatur, Riffelrand, 1967, 1968	–,30	–,60
		c) großes Wappen, ohne Signatur, glatter Rand, 1969–1973	–,30	–,60
		d) kleines Wappen, ohne Signatur, glatter Rand, 1973–1975	–,30	–,60

			VZ	ST
51 (66)	25	Centavos (Me) 1966–1975. Typ wie Nr. 49:		
		a) großes Wappen, links unten Signatur »Pareja«, Riffelrand, 1966 (Abb.)	–,40	–,70
		b) großes Wappen, ohne Signatur, Riffelrand, 1967, 1968	–,40	–,70
		c) großes Wappen, ohne Signatur, glatter Rand, 1969–1973	–,40	–,70
		d) kleines Wappen, ohne Signatur, glatter Rand, 1973–1975	–,40	–,70

VZ ST

52 (67) ½ Sol (Me) 1966–1975. Rs. Vikugna (Lama vicugna – Camelidae), links unten versale Inschrift »Pareja«:
a) großes Wappen, Lama in hohem Relief, 1966–1971 –,80 1,50
b) großes Wappen, Lama in flachem Relief, 1972, 1973 –,80 1,50
c) kleines Wappen, Lama in flachem Relief, 1973–1975 –,80 1,50

53 (68) 1 Sol (Me) 1966–1975. Typ wie Nr. 52:
a) Signatur »Pareja« links unter dem Wappen, 1967, nur polierte Platte –,–
b) ohne Signatur auf der Wappenseite, 1966–1975 –,90 2,–

54 (69) 5 Soles (Neusilber) 1969. Staatswappen. Rs. Trinkbecher (Keru) aus der Inkazeit [Paris] 1,50 4,–

55 (70) 10 Soles (Neusilber) 1969. Rs. Fische, stilisiert, nach Motiv aus präkolumbischer Zeit [Paris] 1,80 4,–

150. Jahrestag der Unabhängigkeit (3)

56 (71) 5 Soles (Neusilber) 1971. Staatswappen. Rs. Tupác Amarù II. (1742–1781), eigentl. José Gabriel Condorcanqui, Nachkomme der Inka-Herrscher, als Führer des großen Indianeraufstandes von 1780/81 hingerichtet 1,– 2,–
57 (72) 10 Soles (Neusilber) 1971. Typ wie Nr. 56 2,– 3,–
58 (73) 50 Soles (S) 1971. Typ wie Nr. 56. 800er Silber, 21,45 g 25,– 35,–

VZ ST

59 (74) 5 Soles (Neusilber) 1972–1975. Typ ähnlich wie Nr. 56, aber ohne Gedenkumschrift 1,– 1,60
60 (75) 10 Soles (Neusilber) 1972–1975. Typ wie Nr. 59 2,– 3,50

100. Jahrestag der Peruanisch-Japanischen Handelsübereinkunft

61 (76) 100 Soles (S) 1973. Staatswappen und Jubiläumszahlen. Rs. Chrysantheme (Chrysanthemum sp. – Compositae), Wertangabe 18,– 28,–

Pioniere der peruanischen Luftfahrt

62 (77) 200 Soles (S) 1974–1978. Staatswappen. Rs. Jorge Chavez und José Quiñones. 800er Silber, 22 g 25,– 35,–

63 (78) 10 Centavos (Me) 1975. Staatswappen. Rs. Wertangabe –,30 1,–
64 (79) 20 Centavos (Me) 1975. Typ wie Nr. 63 –,30 1,–
65 (80) ½ Sol (Me) 1975–1977. Typ wie Nr. 63 –,30 1,–

66 (81) 1 Sol (Me) 1975, 1976. Typ wie Nr. 63, jedoch Wertangabe in Buchstaben; Ø 21 mm [Lima, Philadelphia] –,50 1,–

VZ ST

67 (82) 5 Soles (Neusilber) 1975–1977. Typ ähnlich wie Nr. 59; Ø 23 mm **1,– 1,50**

150. Jahrestag der Schlacht von Ayacucho vom 9. Dezember 1824 (4)

68 (84) ½ Sol (G) 1976. Ehrenmal. 900er Gold, 9,35 g **350,–**
69 (85) 1 Sol (G) 1976. Typ wie Nr. 68. 900er Gold, 23,4 g **900,–**
70 (83) 400 Soles (S) 1976. Typ wie Nr. 68. 900er Silber, 28,1 g **45,–**
A70 400 Soles (G) 1976. Typ wie Nr. 68 **–,–**

71 (81a) 1 Sol (Me) 1978–1982. Typ wie Nr. 66, Ø 17 mm **–,40 –,60**

72 (86) 5 Soles (Me) 1978–1983. Staatswappen, Jahreszahl. Rs. Wertangabe **–,60 1,–**

73 (75a) 10 Soles (Me) 1978–1983. Typ ähnlich wie Nr. 59:
a) großes Wappen, 1978 **–,90 1,50**
b) kleines Wappen, 1978–1983 **–,90 1,50**

Zur Wiedereröffnung des Nationalkongresses

74 (95) 1000 Soles (S) 1979. Gebäude des Nationalkongresses. 500er Silber, 15,55 g **10,– 15,–**

Nr. 75 fällt aus.

100. Jahrestag der Seeschlacht von Iquique gegen Chile 1879

76 (88) 5000 Soles (S) 1979. Rs. Schlachtschiff »Huascar«. 925er Silber, 31,1077 g **90,–**

100. Jahrestag des pazifischen Krieges (6)

VZ ST

77 (89) 50 000 Soles (G) 1979. Rs. Alfonso Ugarte *800,–*
78 (90) 50 000 Soles (G) 1979. Rs. Elías Aguirre *800,–*
79 (91) 50 000 Soles (G) 1979. Rs F. García Calderón *800,–*
80 (92) 100 000 Soles (G) 1979. Rs. Francisco Bolognese *1200,–*
81 (93) 100 000 Soles (G) 1979. Rs. Andrés A. Cáceres *1200,–*
82 (94) 100 000 Soles (G) 1979. Rs. Miguel L. Grau *1200,–*
83 (96) 50 Soles (Me) 1979–1983. Staatswappen. Rs. Wertangabe, Jahreszahl **1,50 2,–**

84 (97) 100 Soles (Neusilber) 1980, 1982. Typ wie Nr. 83:
a) [VDM] 1980 **3,– 4,–**
b) LIMA 1982 **3,– 4,–**

100. Jahrestag der Schlacht von La Brena 1882

85 (98) 10 000 Soles (S) 1982. Rs. Andrés A. Cáceres (1836–1924), General, Staatspräsident 1886–1890. 925er Silber, 16,81 g **30,–**

XII. Fußball-Weltmeisterschaft 1982 in Spanien (2)

PP

86 (99) 5000 Soles (S) 1982. Rs. Spielszene. 925er Silber, 23,33 g **60,–**
87 (100) 5000 Soles (S) 1982. Rs. Torwart und Spieler vor Globus **60,–**

150. Geburtstag von Admiral Grau (4)

VZ ST

88 10 Soles (Me) 1984. Miguel L. Grau (1834–1879), Großadmiral. Rs. Wertangabe **–,40 –,70**
89 50 Soles (Me) 1984, 1985. Typ wie Nr. 88 **–,60 1,–**
90 (101) 100 Soles (Me) 1984. Typ wie Nr. 88 **–,80 1,50**
91 (102) 500 Soles (Me) 1984, 1985. Typ wie Nr. 88 **1,– 2,–**

WÄHRUNGSREFORM 1. Januar 1985:
1000 Soles de Oro = 1 Inti
NEUE WÄHRUNG: 100 Céntimos = 1 Inti

		VZ	ST
92 (103)	1 Céntimo (Me) 1985–1988. Großadmiral Miguel Grau. Rs. Wertangabe	–,30	–,50
93 (104)	5 Céntimos (Me) 1985–1988. Typ wie Nr. 92	–,30	–,50
94 (105)	10 Céntimos (Me) 1985–1988. Typ wie Nr. 92	–,30	–,50
95 (106)	20 Céntimos (Me) 1985–1988. Typ wie Nr. 92	–,40	–,70
96 (107)	50 Céntimos (Me) 1985–1988. Typ wie Nr. 92	–,40	–,70
97 (108)	1 Inti (Neusilber) 1985–1988. Staatswappen. Rs. Großadmiral Miguel Grau	–,60	1,–
98	5 Intis (Neusilber) 1985–1988. Typ wie Nr. 97	3,–	5,–

150. Geburtstag von A. Cáceres (2)

		VZ	ST
99	100 Intis (S) 1986. Staatswappen, Wertangabe, Rs. Andrés A. Cáceres (1836–1924). 925er Silber, 11 g		20,–
100	200 Intis (S) 1986. Typ wie Nr. 99. 925er Silber, 22 g		35,–
101	½ Inti (S) 1989. Liktorenbündel. Rs. Pachacutec. 925er Silber, 16,81 g		30,–

WÄHRUNGSREFORM 1. Juli 1991: 1 000 000 Intis = 1 Nuevo Sol
NEUE WÄHRUNG: 100 Céntimos = 1 Nuevo Sol

		VZ	ST
102	1 Céntimo (Me) 1991. Staatswappen. Rs. Wertangabe, stilisierte Vögel		
103	5 Céntimos (Me) 1991. Typ wie Nr. 102, achteckiger Randstab		
104	10 Céntimos (Me) 1991. Typ wie Nr. 103		
105	20 Céntimos (Me) 1991. Typ wie Nr. 103		
106	50 Céntimos (Neusilber) 1991. Rs. Wertangabe und Zweig, achteckiger Randstab		
107	1 Nuevo Sol (Neusilber) 1991. Typ wie Nr. 106		

Nrn. 108–112 fallen aus.

500. Jahrestag der Entdeckung Amerikas

		VZ	ST
113	1 Nuevo Sol (S) 1991. Staatswappen im Wappenkreis. Rs. Inka mit Maiskolben gegen Konquistador mit Kreuz gestellt. 925er Silber, 27 g [Mexiko], Mo		–,–

Frühere Ausgaben siehe Weltmünzkatalog 19. Jahrhundert.

Philippinen

Philippines | **Philippines**

Pilipinas

Fläche: 300 000 km², 54 700 000 Einwohner (1986).
Die Philippinen wurden 1521 von Magellan entdeckt. Die bis 1898 in spanischem Besitz befindliche Inselgruppe mußte aufgrund des Pariser Friedens an die Vereinigten Staaten von Amerika abgetreten werden. 1916 erhielten die Philippinen beschränkte Selbstverwaltung und am 15. November 1935 den Dominionstatus mit der Bezeichnung Philippinischer Bund zuerkannt. Am 4. Juli 1946 wurde das im Malaiischen Archipel gelegene Inselreich unabhängig. Hauptstadt: Manila (Maynila) auf Luzon.

100 Centavos (Sentimos, Sentimo) = 1 Philippinischer Peso (Piso)

Amerikanische Besitzung

	SS	VZ
1 (14) ½ Centavo (Bro) 1903–1908. Schmied mit Amboß, im Hintergrund Mayon, 2421 m, Vulkan auf Luzon. Rs. Wappen	6,–	12,–
2 (15) 1 Centavo (Bro) 1903–1936. Typ wie Nr. 1	7,–	18,–

	SS	VZ
3 (16) 5 Centavos (K-N) 1903–1928. Typ wie Nr. 1	4,–	9,–
4 (17) 5 Centavos (K-N) 1930–1935. Typ wie Nr. 3, jedoch geringerer Ø	3,–	6,–
5 10 Centavos (S) 1903–1935. Schreitende Filipina:		
a) (Y 18) 1903–1906	9,–	20,–
b) (Y 22) 1907–1935	5,–	10,–
6 20 Centavos (S) 1903–1929. Typ wie Nr. 5:		
a) (Y 19) 1903–1906	9,–	16,–
b) (Y 23) 1907–1929	6,–	10,–
7 50 Centavos (S) 1903–1921. Typ wie Nr. 5:		
a) (Y 20) 1903–1906	25,–	36,–
b) (Y 24) 1907–1921	15,–	22,–

	SS	VZ
8 1 Peso (S) 1903–1912. Typ wie Nr. 5:		
a) (Y 21) 1903–1906	40,–	60,–
b) (Y 25) 1907–1912	35,–	50,–

Nrn. 1–3, 5 a–8 a von 1903, polierte Platte 550,–
Nrn. 9–13 fallen aus.

Philippinischer Bund 1935–1946
Commonwealth of the Philippines

Zur Schaffung des Philippinischen Bundes (3)

	SS	VZ
14 (26) 50 Centavos (S) 1936. Staatswappen. Rs. Frank Murphy (1890–1949), amerikanischer Zivilgouverneur und Gesandter, Manuel Luis Quezón y Molina (1878–1944), Rechtsanwalt und Politiker, 1. Präsident des Staatenbundes	80,–	140,–

	SS	VZ
15 (27) 1 Peso (S) 1936. Franklin D. Roosevelt (1882–1945) und Präsident Quezón	150,–	240,–
16 (28) 1 Peso (S) 1936. F. Murphy und Präsident Quezón	150,–	240,–
17 (29) 1 Centavo (Bro) 1937–1944. Schmied mit Amboß, Mayon, 2421 m, Vulkan auf Luzon. Rs. Wappen	–,30	–,50
18 (30) 5 Centavos 1937–1945. Typ wie Nr. 17:		
a) (K-N) 1937–1941	3,–	6,–
b) (Neusilber) 1944–1945	–,30	–,50
19 (31) 10 Centavos (S) 1937–1945	2,–	4,–
20 (32) 20 Centavos (S) 1937–1945	4,–	8,–
21 (33) 50 Centavos (S) 1944–1945	8,–	16,–

Republik der Philippinen seit 1946
Republic of the Philippines

General MacArthur (2)

		VZ	ST
22 (34) 50	Centavos (S) 1947. Staatswappen, am 4. 7. 1946 eingeführt. Rs. General Douglas MacArthur (1880–1964) Oberbefehlshaber der amerikanischen Streitkräfte im Pazifik im 2. Weltkrieg. 750er Silber, 10 g	**10,–**	**15,–**
23 (35) 1	Peso (S) 1947. Typ wie Nr. 22. 900er Silber, 20 g	**25,–**	**40,–**
24 (36) 1	Centavo (Bro) 1958–1963. Staatswappen. Rs. Schmied mit Amboß, Mayon, 2421 m, Vulkan auf Luzon	**–,30**	**–,50**
25 (37) 5	Centavos (Me) 1958–1966	**–,50**	**–,80**
26 (38) 10	Centavos (Neusilber) 1958–1966. Rs. Schreitende Filipina	**–,50**	**–,80**
27 (39) 25	Centavos (Neusilber) 1958–1966:		
	a) 1958–1965	**–,80**	**1,50**
	b) [Stuttgart] 1966	**–,80**	**2,–**
28 (40) 50	Centavos (Neusilber) 1958–1964	**1,50**	**2,50**

Nrn. 24–28 von 1958, polierte Platte –,–

100. Geburtstag von José Rizal (2)

29 (41) ½ Peso (S) 1961. Staatswappen. Rs. Dr. med. José Protasio Rizal (1861–1896), Nationalheld, als Aufrührer erschossen, Kopfbild nach links. 900er Silber, 12,5 g **14,–** **18,–**

30 (42) 1 Peso (S) 1961. Rs. Dr. med. José Rizal, Brustbild. 900er Silber, 26,6 g **18,–** **28,–**

100. Geburtstag von Andres Bonifacio

31 (43) 1 Peso (S) 1963. Rs. Andres Bonifacio (1863–1897), Nationalheld **18,–** **28,–**

100. Geburtstag von Apolinario Mabini

32 (44) 1 Peso (S) 1964. Rs. Apolinario Mabini (1864–1903), Nationalheld **18,–** **28,–**

25. Jahrestag der Schlacht auf der Halbinsel Bataan 1942

		VZ	ST
33 (45) 1	Peso (S) 1967. Rs. Zerbrochenes Schwert mit Flammen und Lorbeerumkränzung	**20,–**	**28,–**

Republika ng Pilipinas

NEUE WÄHRUNGSBEZEICHNUNG: 100 Sentimo(s) = 1 Piso

34 (46) 1 Sentimo (Al) 1967—1970, 1974. Staatswappen, Umschrift in Tagalog. Rs. König Lapulapu **—,20** **—,30**

35 (47) 5 Sentimos (Me) 1967, 1968, 1970, 1972, 1974. Rs. Melchora Aquino (1812—1919), große Patriotin, war mit Fulgencio Ramos verheiratet; auf Tagalog wurde sie »Tandang Sora« genannt **—,20** **—,30**

36 (48) 10 Sentimos (Neusilber) 1967–1972, 1974. Rs. Fancisco Baltasar (1788–1862), Dichter **–,30** **–,40**

37 (49) 25 Sentimos (Neusilber) 1967–1972, 1974. Rs. Juan Luna (1857–1899), Maler **–,50** **–,80**

38 (50) 50 Sentimos (Neusilber) 1967, 1971, 1972, 1974, 1975. Rs. Marcelo H. del Pilar (1850–1886), Jurist und Journalist **–,90** **1,40**

39 (53) 1 Piso (Neusilber) 1972, 1974. Rs. Dr. med. José Rizal (1861–1896), Nationalheld **1,20** **2,–**

Nrn. 34–39 von 1974, polierte Platte 160,–

100. Geburtstag von Emilio Aguinaldo

40 (51) 1 Piso (S) 1969. Rs. Emilio Aguinaldo (1869–1964), General und Führer der aufständischen Filipinos 1898–1901. 900er Silber, 26,73 g **18,–** **25,–**

Zum Besuch von Papst Paul VI. (3)

		VZ	ST
41 (52)	1 Piso (N) 1970. Papst Paul VI., Brustbild n. r. Rs. Ferdinand E. Marcos (1917–1989), Staatspräsident 1965–1986, Brustbild n. l., Wertangabe	**4,–**	**7,–**
A 41 (52a)	1 Piso (S) 1970. Typ wie Nr. 41. Riffelrand. 900er Silber, 26,73 g	**25,–**	**40,–**
42 (52b)	1 Piso (G) 1970. Typ wie Nr. 41. 916⅔er Gold, 19,3 g, Ø 30 mm (1000 Ex.)		*1500,–*

25 Jahre Zentralbank (Bangko Sentral ng Pilipinas)

43 (54)	25 Piso (S) 1974. Rs. Bankgebäude. 900er Silber, 26,4 g	**25,–**	**35,–**

3.–6. Jahrestag der Verkündigung des neuen Gesellschafts- und Regierungsprogrammes (Ang Bagong Lipunan) (9)

44 (55)	1 Sentimo (Al) 1975–1978. Siegel der Zentralbank. Rs. König Lapulapu (viereckig)	**–,20**	**–,30**
45 (56)	5 Sentimos (Me) 1975–1978. Rs. Melchora Aquino (Wellenschnitt)	**–,20**	**–,30**
46 (57)	10 Sentimos (K-N) 1975–1978. Rs. Francisco Baltasar	**–,30**	**–,40**
47 (58)	25 Sentimos (K-N) 1975–1978. Rs. Juan Luna	**–,50**	**–,80**
48 (59)	1 Piso (K-N) 1975–1978. Staatswappen (auf dem Schriftband »Republika ng Pilipinas«, Wertangabe. Rs. Dr. med. José Rizal	**1,50**	**2,–**

		VZ	ST
49 (60)	5 Piso (N) 1975–1978, 1982. Rs. Staatspräsident Ferdinand E. Marcos, Kopfbild n. l., Verkündungstag der »neuen Gesellschaft«:		
	1975–1978	**3,–**	**4,–**
	1982 (Fehlprägung)	**–,–**	**–,–**
		ST	**PP**
50 (61)	25 Piso (S) 1975, 1976. Rs. Emilio Aguinaldo. 500er Silber, 25 g [Sherritt]	**50,–**	**50,–**
51 (62)	50 Piso (S) 1975, 1976. Typ wie Nr. 49. 925er Silber, 28 g	**52,–**	**70,–**
52 (63)	1000 Piso (G) 1975. Typ ähnlich wie Nr. 49. 900er Gold, 9,95 g [München]	*400,–*	*500,–*

Nrn. 44–51 von 1975, polierte Platte –,–
Nrn. 44–49, 53, 54 von 1976, polierte Platte –,–
Nrn. 44–49, 56, 57 von 1977, polierte Platte –,–
Nrn. 44–49, 60, 61 von 1978, polierte Platte –,–

Reisanbau – 1. Ausgabe

53 (64)	25 Piso (S) 1976. Rs. Bäuerin mit Reis	**25,–**	**55,–**

Konferenz des Internationalen Währungsfonds, der Weltbank, der Internationalen Finanzgesellschaft und der Internationalen Entwicklungsgesellschaft 1976 in Manila (2)

54 (65)	50 Piso (S) 1976. Embleme der vier internationalen Gesellschaften. Rs. Landkarte der Philippinen, Wertangabe	**40,–**	**55,–**
55 (66)	1500 Piso (G) 1976. Typ wie Nr. 54. 900er Gold, 20,55 g	*900,–*	*950,–*

Reisanbau – 2. Ausgabe

56 (67)	25 Piso (S) 1977. Rs. Bergreisterrassen von Banawie auf Luzon	**35,–**	**65,–**

Einweihung der neuen Sicherheitsdruckerei und Prägeanstalt – 1. Ausgabe

57 (68)	50 Piso (S) 1977	**60,–**	**85,–**

5. Jahrestag der Verkündung des neuen Gesellschafts- und Regierungsprogrammes (2)

58 (69)	1500 Piso (G) 1977. Siegel der Zentralbank. Rs. Ferdinand E. Marcos. 900er Gold, 20,55 g	*950,–*	*1000,–*
59 (70)	5000 Piso (G) 1977. Siegel des Präsidenten. Rs. Ferdinand E. Marcos und Imelda A. Marcos. 900er Gold, 68,74 g, FM	*3000,–*	*2800,–*

100. Geburtstag von Manuel L. Quezón (2)

		ST	PP
60 (71)	25 Piso (S) 1978. Rs. Quezón-Denkmal	25,–	65,–

61 (72) 50 Piso (S) 1978. Rs. Manuel Luís Quezón y Molina (1878–1944), 1. Präsident des Philippinischen Staatenbundes 50,– 85,–

Einweihung der neuen Sicherheitsdruckerei, Goldraffinerie und Prägeanstalt – 2. Ausgabe

62 (73) 1500 Piso (G) 1978 800,– 900,–

7.–10. Jahrestag der Verkündung des neuen Gesellschafts- und Regierungsprogrammes (6)

		VZ	ST
63 (55a)	1 Sentimo (Al) 1979–1982. Neues, stilisiertes Siegel der Zentralbank. Rs. wie Nr. 44 (viereckig)	–,20	–,30
64 (56a)	5 Sentimos (Me) 1979–1982. Rs. wie Nr. 45 (Wellenschnitt)	–,20	–,30
65 (57a)	10 Sentimos (K-N) 1979–1982. Rs. wie Nr. 46	–,30	–,40
66 (58a)	25 Sentimos (K-N) 1979–1982. Rs. wie Nr. 47	–,50	–,80
67 (59a)	1 Piso (K-N) 1979–1982. Typ wie Nr. 48, jedoch Schriftband mit Inschrift »Isang Bansa Isang Diwa«	1,50	2,–
68 (60a)	5 Piso (N) 1979–1982. Typ wie Nr. 49, jedoch Schriftband mit neuer Inschrift		*10,–*

Nrn. 63–70 von 1979, polierte Platte –,–
Nrn. 63–68 von 1980, Nr. 60 von 1979, polierte Platte –,–
Nrn. 63–68, 73, 74 von 1981, polierte Platte –,–
Nrn. 63–68, 77 von 1982, polierte Platte –,–

UN-Konferenz für Handel und Entwicklung

		ST	PP
69 (74)	25 Piso (S) 1979. Rs. Konferenzgebäude der UNCTAD	70,–	95,–

Internationales Jahr des Kindes 1979

70 (75)	50 Piso (S) 1979. Rs. Junger Filipino:		
	a)	50,–	65,–
	b) Piéfort		300,–

100. Geburtstag von Douglas MacArthur (2)

71 (76)	25 Piso (S) 1980	130,–	*150,–*
72 (77)	2500 Piso (G) 1980		*900,–*

Welternährungstag 1981

73 (78)	25 Piso (S) 1981. Rs. Fische, Getreideähren und Frucht	50,–	

Zum Papstbesuch auf den Philippinen (2)

74 (79)	50 Piso (S) 1981. Rs. Papst Johannes Paul II.	70,–	120,–
75 (80)	1500 Piso (G) 1981. 900er Gold, 9,95 g		*750,–*

Zum geplanten Staatsbesuch des amerikanischen Präsidenten

76 (91)	25 Piso (S) 1982. Rs. Gestaffelte Porträts von Ferdinand E. Marcos und Ronald Wilson Reagan	180,–	*800,–*

40. Jahrestag der Schlacht auf der Halbinsel Bataan 1942 (2)

77 (81)	50 Piso (S) 1982. Rs. Kopfbilder von Leutnant F. E. Marcos und einem amerikanischen Soldaten. 925er Silber, 28 g	85,–	150,–
78 (82)	1500 Piso (G) 1982. Typ wie Nr. 77. 900er Gold, 9,78 g	750,–	800,–

		VZ	ST
79 (84)	1 Sentimo (Al) 1983–1987, 1989, 1990. König Lapulapu. Rs. Seemuschel (Voluta imperiales)	–,20	–,30

80 (85)	5 Sentimo (Al) 1983–1990. Melchora Aquino. Rs. Orchidee (Vanda sanderiana)	–,20	–,30

		VZ	ST
81 (86)	10 Sentimo (Al) 1983–1990. Francisco Baltasar. Rs. Zwerggrundel (Pandaka pygmaea – Gobiidae) (FAO-Ausgabe):		
	a) Inschrift »pygmea«, 1983 (Abb.)	–,30	–,40
	b) Inschrift »pygmaea«, 1983–1990	–,30	–,40

82 (87)	25 Sentimo (Me) 1983–1990. Juan Luna. Rs. Schmetterling (Graphium idaeoides)	–,30	–,50

83 (88)	50 Sentimo (K-N) 1983–1990. Marcelo H. del Pilar. Rs. Adler (Pithecophaga jefferyi):		
	a) Inschrift »Pithecobhaga«, 1983 (Abb.)	2,50	5,–
	b) Inschrift »Pithecophaga«, 1983–1990	–,50	1,–

84 (89)	1 Piso (K-N) 1983–1990. Dr. med. José Rizal, Nationalheld. Rs. Tamarau, Anuang oder Mindorobüffel (Anoa mindorensis) (FAO-Ausgabe)	–,80	1,20

		VZ	ST
85 (90)	2 Piso (K-N) 1983–1990. Andres Bonifacio. Rs. Kokospalme (Cocos nucifera – Palmae) (zehneckig)	1,50	2,–

Nrn. 79–85 von 1983, polierte Platte 80,–

Banknotenersatzausgabe

A85	5 Piso (Al-N-Bro) 1991. Emilio Aguinaldo (1869–1964), siehe Nr. 40. Rs. Pterocarpus indicus, BSP		

75 Jahre Nationaluniversität der Philippinen in Manila

		ST	PP
86 (98)	100 Piso (S) 1983. Rs. Statue eines jungen Mannes von Guillermo E. Tolentino vom Vorplatz der Universität, im Hintergrund Rizal Hall und Quezon Hall. 500er Silber, 25 g	35,–	50,–

Zum Staatsbesuch von Präsidentin Aquino in Washington (2)

87 (99)	25 Piso (S) 1986. Corazon C. Aquino, Staatspräsidentin 1986–1992. Rs. Ronald W. Reagan, Präsident der Vereinigten Staaten von Amerika. 925er Silber, 26,98 g, FM (1000 Ex.)		*400,–*
88 (100)	2500 Piso (G) 1986. Typ wie Nr. 87. 500er Gold, 15,02 g, FM (250 Ex.)		*2000,–*

25 Jahre World Wildlife Fund

89	200 Piso (S) 1987. Rs. Tamarau oder Mindorobüffel, wie Nr. 84. 925er Silber, 25 g		85,–

2. Jahrestag der Volksrevolution vom 22.–25. 2. 1986 (2)

90	10 Piso (N) 1988. Staatswappen. Rs. Panzer und revoltierende Bevölkerung	10,–	
91	500 Piso (S) 1988. Typ wie Nr. 90. 925er Silber, 28 g (3000 Ex.)		85,–

Nationales Jahrzehnt der Kultur 1988–1998

		VZ	ST
92	1 Piso (K-N) 1989. Staatswappen. Rs. Drei Frauen der Volksgruppen der Lfugao von Luzon, Agta der Visayas und Bagobo von Mindanao, Bergreisterrassen von Banawie auf Luzon, Chocolate Hills auf Bohol, Zuckerrohr auf Negros und Vinta vor Mindanao mit dem Berg Apo (10 005 000 Ex.)	–,80	1,20

70 Jahre Save the Children Fund

			PP
93	200 Piso (S) 1990. Drei Kinder beim Hürdenlaufspiel. 925er Silber, 25 g [RM]		–,–

100. Geburtstag von Elpidio Quirino

		ST	PP
94	2 Piso (K–N) 1990. Siegel des Präsidenten. Rs. Elpidio Quirino (1890–1956), 2. Staatspräsident 1948–1953 (zehneckig)	1,50	2,–

100. Geburtstag von José P. Laurel

95	2 Piso (K-N) 1991. Siegel des Präsidenten von 1943. Rs. José P. Laurel (*1891) (zehneckig)	1,50	2,–

XVI. Südostasiatische Sportspiele 1991 in Manila

96 150 Piso (S) 1991. Staatswappen. Rs. Emblem der Sportspiele

Republic of the Philippines

6. Jahrestag der Wiederherstellung der Demokratie

		PP
97	10000 Pesos (G) 1992. Corazon C. Aquino, Staatspräsidentin 1986–1992. Rs. Inselkarte, Friedenstaube, Verfassung. 925er Gold, 33,625 g, PM (max. 5000 Ex.)	–,–

Frühere Ausgaben siehe Weltmünzkatalog 19. Jahrhundert.

Pitcairn Islands — Pitcairn — Pitcairn (Îles)

Fläche: 47,6 km², ca. 100 Einwohner.
Die britische Kolonie umfaßt Pitcairn (4,9 km²) sowie die unbewohnten Inseln Henderson (31 km²), Ducie (6,5 km²) und Oeno (5,2 km²). Die Einwohner sind Nachkommen der neun meuternden Matrosen der H.M.A.V. »Bounty« sowie von zwölf Frauen und sechs Männern aus Tahiti, die 1790 unter Fletcher Christian auf Pitcairn landeten. Hauptstadt: Adamstown.

100 Cents = 1 Neuseeland-Dollar

150. Jahrestag der ersten Verfassung (3)

ST PP

1 1 Dollar (K-N) 1988. Elisabeth II. Rs. H.M. Sloop »Fly«, an Bord deren die Verfassung von Kapitän Russell Elliott entworfen und angenommen wurde 18,–

2 50 Dollars (S) 1988. Typ wie Nr. 1. 999er Silber, 155,6 g 200,–

3 250 Dollars (G) 1988. Typ wie Nr. 1. 916⅔er Gold, 15,976 g 800,–

200. Jahrestag der Meuterei auf der Bounty (3)

4 1 Dollar 1989. Rs. H.M.A.V. »Bounty«:
a) (S) 925 fein, 28,28 g 90,–
b) (K-N) 15,–

ST PP

5 50 Dollars (S) 1989. Typ wie Nr. 4. 999er Silber, 155,6 g 275,–

6 250 Dollars (G) 1989. Typ wie Nr. 4. 916⅔er Gold, 15,976 g 800,–

200. Jahrestag der Besiedelung (3)

7 1 Dollar 1990. Rs. H.M.A.V. »Bounty« in Flammen:
a) (S) 925 fein, 28,28 g 90,–
b) (K-N) 15,–

8 50 Dollars (S) 1990. Typ wie Nr. 7. 999er Silber, 155,6 g 200,–

9 250 Dollars (G) 1990. Typ wie Nr. 7. 916⅔er Gold, 15,976 g 800,–

Poland **Pologne**

Polen

Polska

Fläche: 312 520 km²; 37 100 000 Einwohner (1986).
Der erste historische Herrscher Polens ist Herzog Mieszko aus dem Hause der Piasten. Die wechselvolle Geschichte beinhaltet Größe und Niedergang des polnischen Staates. Die Piasten wurden Ende des 14. Jahrhunderts von der Dynastie der Jagiellonen abgelöst; nach dem Aussterben der Jagiellonen wählte der polnische Adel ausländische Fürsten zu ihren Königen. Als glanzvoller Höhepunkt aus der jüngeren Vergangenheit ist die Herrschaft Johann III. Sobieski (1674–1696) zu bezeichnen, der durch seinen Sieg über die Türken vor Wien als Held des Abendlandes gefeiert wurde. Die Jahre 1772, 1793 und 1795 brachten die Teilung Polens und damit das vorübergehende Erlöschen des selbständigen Staates. Das 1807 errichtete Herzogtum Warschau, das spätere Kongreßpolen, ist als Übergangsstadium bis zur Gründung der Republik anzusehen. Obwohl die Mittelmächte zum 5. November 1916 die Errichtung eines Königreiches unterstützten, wurde am 11. November 1918 die Republik verkündet. In den Jahren 1939–1944 unterstand Mittelpolen als Generalgouvernement dem Deutschen Reich. Nach Beendigung des Zweiten Weltkrieges wurde mit der Verfassung vom 22. Juli 1952 die Volksrepublik geschaffen. Die Staatsbezeichnung lautet seit dem 29. November 1989 wieder Republik Polen. Hauptstadt: Warschau (Warszawa).

100 Pfennig (Fenigów) = 1 Polnische Mark (Marka Polska); seit 1923: 100 Groszy = 1 Złoty

Tabelle der Feingewichte

Nominal	Metall	Prägezeit	Kat.-Nr.	Feingewicht	Feingehalt
1 Złoty	(S)	1924–1925	12	3,750	750
2 Złote	(S)	1924–1925	13	7,500	750
2 Złote	(S)	1932–1934	19	3,000	750
5 Złotych	(S)	1925	15	22,500	900
5 Złotych	(S)	1928–1932	14, 18	13,500	750
5 Złotych	(S)	1932–1938	20, 24, 27, 30	8,250	750
10 Złotych	(S)	1932–1939	21-23, 25, 28	16,500	750
10 Złotych	(G)	1925	16	2,903	900
20 Złotych	(G)	1925	17	5,806	900
50 Złotych	(S)	1972	59	9,480	750
100 Złotych	(S)	1966	51	18,090	900
100 Złotych	(S)	1973–	alle Typen	8,500	625
100 Złotych	(S)	1982–1983	129	10,875	750
200 Złotych	(S)	1974–1981	alle Typen	9,044	625
200 Złotych	(S)	1982–	127, 135	13,200	750
200 Złotych	(S)	1982–1983	130	21,225	750
500 Złotych	(G)	1976–1977	77, 79	27,000	900
1000 Złotych	(G)	1982–1983	131	3,060	900
2000 Złotych	(G)	1977–	alle Typen	7,200	900
2000 Złotych	(G)	1982–1983	132	6,120	900
10000 Złotych	(G)	1982–1983	133	31,050	900

Interimszeit 1916–1918
Geplantes Königreich Polen
Królestwo Polskie

		SS	VZ
1 (4)	1 Fenig (E, verzinkt) 1917, 1918. Gekrönter polnischer Adler. Rs. Wert und Umschrift »Königreich Polen« [Stuttgart]:		
	1917 (wenige Ex.)	–,–	–,–
	1918	12,–	35,–

Von einem 2 Fenigi 1917 existiert ein Gipsmodell. Zu einer Prägung kam es nicht.

		SS	VZ
2 (5)	5 Fenigów (E, verzinkt) 1917, 1918. Typ wie Nr. 1 [Stuttgart]	4,–	10,–
3 (6)	10 Fenigów (E, verzinkt) 1917, 1918. Typ wie Nr. 1 [Stuttgart]	4,–	10,–
4 (7)	20 Fenigów (E, verzinkt) 1917, 1918. Typ wie Nr. 1 [Stuttgart]	9,–	16,–

Nrn. 1–4 von 1918, polierte Platte (ca. 20 Ex.) *1200,–*
Nrn. 1–4 bestehen aus sherardisiertem (durch mehrstündiges Glühen in Zinkpulver rostgeschütztem) Siemens-Martin-Stahl. Einzelne Stücke wurden auf unverzinkten Schrötlingen geprägt. Der Zinküberzug läßt sich jedoch auch nachträglich durch chemische Behandlung entfernen.
Nrn. 1–4 auch als Silberabschläge in PP vorkommend.

Republik Polen 1918–1939
Rzeczpospolita Polska

Erste Republik 1918–1925

Von praktisch sämtlichen polnischen Münzausgaben seit 1923 existieren Probestücke, die von der polnischen Bank in den Handel gebracht worden sind. Diese Münzen sind meist mit dem Wert PRÓBA versehen und zeichnen sich durch leicht oder auch stark veränderte Zeichnung aus. Daneben gibt es auch Münzen, die aus verschiedenen Gründen nicht in offiziellen Umlauf gebracht wurden.

		SS	VZ
5 (8)	1 Grosz 1923–1939. Gekrönter Wappenadler, Staatsbezeichnung, Jahreszahl. Rs. Wertangabe:		
	a) (Me) 1923	25,–	50,–
	b) (Bro) 1923	–,–	–,–
	(Bro) 1925, 1927, 1928, 1930–1939	1,–	2,–
6 (9)	2 Grosze 1923–1939. Typ wie Nr. 5:		
	a) (Me) 1923	10,–	20,–
	b) (Bro) 1923	–,–	–,–
	(Bro) 1925, 1927, 1928, 1930–1939	1,–	1,50

		SS	VZ
7 (10)	5 Groszy 1923–1939. Typ wie Nr. 5:		
	a) (Me) 1923	4,–	7,–
	b) (Bro) 1923 (350 Ex.)	–,–	–,–
	(Bro) 1925, 1928, 1930, 1931, 1934–1939	–,80	1,50

		SS	VZ
8 (11)	10 Groszy (N) 1923. Rs. Wert im Kranz	1,–	2,–
9 (12)	20 Groszy (N) 1923	1,–	2,–

10 (13) 50 Groszy (N) 1923 1,50 3,–

11 (15) 1 Złoty (S) 1924, 1925. Rs. Bauernmädchen, Ähren:
a) 1924, Hôtel des Monnaies, Paris: flacher Stempel, Fackel rechts und links der Jahreszahl 40,– 60,–
b) 1925, Royal Mint, London: erhabener Stempel. Mzz. Punkt hinter Jahreszahl 30,– 50,–

12 (16) 2 Złote (S) 1924, 1925. Typ wie Nr. 11:
a) 1924, Hôtel des Monnaies, Paris: flacher Stempel, Fackeln rechts und links der Jahreszahl 80,– 110,–
b) 1924, Royal Mint, London: flacher Stempel, Mzz. kleines H anstelle der Fackeln 100,– 180,–
c) 1924, United States Mint, Philadelphia: ohne Mzz., aber kopfstehende Rückseite 90,– 140,–
d) 1925, Royal Mint, London: Punkt hinter Jahreszahl 70,– 90,–
e) 1925, United States Mint, Philadelphia: ohne Mzz. 130,– 170,–

Zweite Republik 1925–1939

Zur Annahme der neuen Verfassung

13 (17) 5 Złotych (S) 1925. Wappenadler. Rs. Polonia mit Adlerschild, von einem Volksvertreter die Verfassung empfangend, Darstellung nach S. Lewandowksi 1700,– 2000,–

900. Jahrestag der Gründung des Königreiches Polen (2)

		SS	VZ
14 (32)	10 Złotych (G) 1925. Rs. Bolesław I. Chrobry (der Tapfere) (966–1025), Herzog seit 992, erster König Polens 1025	200,–	240,–
15 (33)	20 Złotych (G) 1925	300,–	340,–
16 (14)	1 Złoty (N) 1929. Rs. Wert und ornamentales Muster	4,–	8,–

17 (18) 5 Złotych (S) 1928, 1930–1932. Nike. Rs. Wappenadler und Wert:
a) 1928, Munt België: ohne Mzz. 160,– 220,–
b) 1928, 1930, 1931, Warschau: Mzz. Punkt links am Fuß der Nike 300,– 750,–
1932, Warschau: Mzz. Punkt links am Fuß der Nike 1300,– 2000,–

100. Jahrestag des polnischen Aufstandes von 1830

18 (19) 5 Złotych (S) 1930. Wappenadler, Wert. Rs. Flagge, Gedenkinschrift, Jahreszahl 220,– 400,–

19 (20) 2 Złote (S) 1932–1934. Wappenadler, Wert. Rs. Kleeblattumkränzter Frauenkopf, Sinnbild der Republik 7,– 15,–

20 (21) 5 Złotych (S) 1932–1934. Typ wie Nr. 19 10,– 30,–

21 (22) 10 Złotych (S) 1932, 1933. Typ wie Nr. 19 20,– 80,–

Die Münzen von 1932 wurden in Warschau mit Mzz. in der linken Klaue des Adlers und in London ohne Mzz. geprägt.

250. Jahrestag der Befreiung Wiens

	SS	VZ
22 (23) 10 Złotych (S) 1933. Rs. Johann III. Sobieski (1624–1696), König von 1674–1696, befreite 1683 Wien von der türkischen Belagerung	**80,–**	**220,–**

70. Jahrestag des Januar-Aufstandes von 1863

23 (24) 10 Złotych (S) 1933. Rs. Romuald Traugutt (1826–1864), Patriot und Aufstandsführer **80,–** **175,–**

Zur Gründung der polnischen Legion (2)

24 (25) 5 Złotych (S) 1934. Adler auf Pelta mit »S« für »Strzelec« (Schütze), Mützenemblem der polnischen Armee. Rs. Jozef Piłsudski (1867–1935), Marschall, Staatspräsident 1918–1922, Ministerpräsident 1926–1928, Kriegsminister 1928–1935, rechts Jahreszahl **30,–** **75,–**

25 (26) 10 Złotych (S) 1934. Typ wie Nr. 24 **50,–** **120,–**

26 (27) 2 Złote (S) 1934, 1936. Wappenadler, Jahreszahl. Rs. Jozef Piłsudski.:
- 1934 **15,–** **35,–**
- 1936 **400,–** **500,–**

	SS	VZ
27 (28) 5 Złotych (S) 1934–1936, 1938. Typ wie Nr. 26	**20,–**	**50,–**
28 (29) 10 Złotych (S) 1934–1939. Typ wie Nr. 26	**40,–**	**80,–**
29 (30) 2 Złote (S) 1936. Wappenadler. Rs. Segelschulschiff »Dar Pomorza« (Gabe von Pommerellen), 1909 erbaut, Wert	**11,–**	**25,–**

30 (31) 5 Złotych (S) 1936. Typ wie Nr. 29 **40,–** **85,–**

Münzen des Generalgouvernementes, die in der Zeit von 1939 bis 1944 kursierten, siehe unter deutsche Besetzungen im Zweiten Weltkrieg.

Republik Polen
Rzeczpospolita Polska

31 (39) 1 Grosz (Al) 1949. Wappenadler ohne Krone. Rs. Wert **–,30** **–,60**

32 (40) 2 Grosze (Al) 1949 **1,–** **2,–**

	SS	VZ
33 (41) 5 Groszy 1949		
a) (Bro)	3,–	5,–
b) (Al)	3,–	6,–
34 (42) 10 Groszy 1949		
a) (K-N)	4,–	8,–
b) (Al)	2,–	4,–
35 (43) 20 Groszy 1949		
a) (K-N)	5,–	10,–
b) (Al)	2,–	4,–
36 (44) 50 Groszy 1949		
a) (K-N)	4,–	8,–
b) (Al)	3,–	5,–
37 (45) 1 Złoty 1949		
a) (K-N)	6,–	12,–
b) (Al)	4,–	6,–

Volksrepublik Polen 1952–1989
Polska Rzeczpospolita Ludowa

	VZ	ST
38 (A46) 5 Groszy (Al) 1958–1972. Typ wie Nr. 33, jedoch Umschrift »Polska Rzeczpospolita Ludowa«	**–,20**	**–,40**

		VZ	ST
39 (AA47)	10 Groszy (Al) 1961–1983, 1985. Wappenadler. Rs. Wert und Lorbeerzweig	–,30	–,50
40 (A47)	20 Groszy (Al) 1957–1983, 1985	–,40	–,70
41 (48.1)	50 Groszy (Al) 1957–1984, 1985	–,50	–,80

42 (49.1) 1 Złoty (Al) 1957, 1965–1978, 1980–1985 **1,– 1,60**

43 (46) 2 Złote (Al) 1958–1960, 1970–1974. Wappenadler. Rs. Früchte und Weizenähren **1,20 2,50**

44 (47) 5 Złotych (Al) 1958–1960, 1971, 1972, 1973, 1974, 1976. Rs. Fischer beim Einholen des Netzes **2,– 4,–**

Weitere Werte: 2 Złote (Nr. 74), 5 Złotych (Nr. 75), 10, 20 Złotych (Nrn. 146, 147).

45 (50) 10 Złotych (K-N) 1959–1973. Wappenadler. Rs. Tadeusz Kościuszko (1746–1817), General und Freiheitskämpfer:

	VZ	ST
a) 1959, 1960, 1966, Ø 31 mm	3,–	5,–
b) 1969–1973, Ø 28 mm	2,50	3,50

46 (51) 10 Złotych (K-N) 1959–1969. Nikolaus Kopernikus (1473-1543), Theologe und Astronom:

	VZ	ST
a) 1959, 1965, Ø 31 mm	5,–	8,–
b) 1967–1969, Ø 28 mm	3,–	4,–

600. Jahrestag der Jagiellonen-Universität in Krakau

47 (52) 10 Złotych (K-N) 1964. Kasimir der Große (1309–1370), Stifter der Universität Krakau. Rs. Wappenadler und Wert

	VZ	ST
a) erhabene Gedenkinschrift	3,–	5,–
b) inkuse Gedenkinschrift	3,–	5,–

700 Jahre Warschau (2)

48 (54) 10 Złotych (K-N) 1965. »Nike von Warschau«, zeitgenössische Großplastik – Denkmal zur Befreiung Warschau 1945. Rs. Wappenadler und Wert **2,– 4,–**

49 (55) 10 Złotych (K-N) 1965. Adler. Rs. Warschau: Sigismund-(Zygmunt-)Säule und Wert **2,– 4,–**

200 Jahre Münzstätte Warschau

50 (56) 10 Złotych (K-N) 1966. Typ wie Nr. 49, jedoch Ø statt 31 mm nur 28 mm und Inschrift W DWUSETNA ROCZNICE MENNICY WARSZAWSKIEJ auf nunmehr glattem Gurt **4,– 10,–**

1000 Jahre Polen

VZ ST

51 (57) 100 Złotych (S) 1966. Wappenadler, Stadtwappen kreisförmig angeordnet. Rs. Mieszko I. und seine böhmische Gemahlin Dabrówka: Wert 35,– 50,–

20. Todestag Świerczewskis

52 (58) 10 Złotych (K-N) 1967. Wappenadler. Rs. Karol Świerczewski genannt »General Walter« (1896–1947), Politiker, stellvertretender Verteidigungsminister 1943–1947 3,– 6,–

100. Geburtstag von Marie Curie

53 (59) 10 Złotych (K-N) 1967. Wappenadler. Rs. Marie Curie, geb. Skłodowska (1867–1934), 1903 Nobelpreisträgerin für Physik (Entdeckung von Polonium und Radium) und für Chemie 1911 2,50 4,–

25. Jahrestag der polnischen Volksarmee

54 (60) 10 Złotych (K-N) 1968. Polnischer Adler als Heeresemblem. Rs. Kopf eines Soldaten im Profil; Gedenkinschrift; Wertangabe 3,– 4,50

25 Jahre Volksrepublik Polen

VZ ST

55 (61) 10 Złotych (K-N) 1969. Wappenadler im Kreis, das Ganze von Umschrift umgeben. Rs. Garbe im Kreis, das Ganze von Umschrift umgeben; Wertangabe 2,50 4,–

25. Jahrestag der Beendigung des Zweiten Weltkrieges

56 (62) 10 Złotych (K-N) 1970. Wappenadler mit Piastenadler im Brustschild. Rs. Stadtwappen der sieben Wojewodschafts-Hauptstädte in den Nord- und Westgebieten neben Grenzpfahl, darunter Jahreszahlen 1945–1970 2,50 4,–

Für den FAO-Münz-Plan

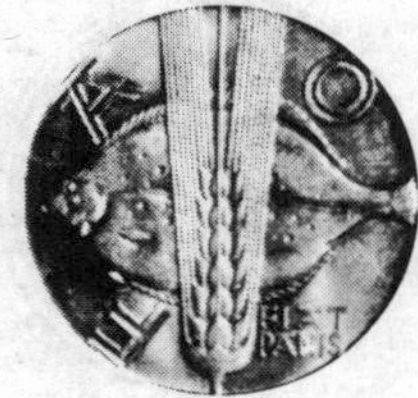

57 (63) 10 Złotych (K-N) 1971. Wappenadler. Rs. Gersten-Ähre (Hordeum sp. – Gramineae) vor Ostatlantischem Steinbutt oder Tarbutt (Bothus = Rhombus = Scophthalmus maximus – Bothidae) 2,50 4,–

50. Jahrestag des 3. schlesischen Aufstandes

58 (64) 10 Złotych (K-N) 1971. Wappenadler. Rs. Fragment vom Denkmal der Aufständischen in Kattowitz, Kreuz der Aufständischen, Jahreszahlen und Zweckinschrift 3,– 4,50

Frédéric Chopin

PP

59 (66) 50 Złotych (S) 1972, 1974. Rs. Frédéric Chopin (1810–1849), berühmter Pianist 26,–

30 Jahre Volksrepublik Polen

ST PP

63 (72) 200 Złotych (S) 1974. Rs. Umriß der Grenzen Polens und Zweckinschrift 15,– 35,–

50-Jahr-Feier des Hafens von Gdingen (Gdynia)

VZ ST

60 (65) 10 Złotych (K-N) 1972. Rs. Stadtwappen über Umriß des Ufers 2,50 4,–

Marceli Nowotko

VZ ST

64 (69) 20 Złotych (K-N) 1974–1977, 1983. Rs. Marceli Nowotko (1893–1942), führender Aktivist der Revolutionsbewegung, 1. Sekretär des Zentralkomitees der Polnischen Arbeiterpartei 2,50 3,50

500. Geburtstag von Nikolaus Kopernikus

PP

61 (68) 100 Złotych (S) 1973, 1974. Rs. Nikolaus Kopernikus (1473–1543), Theologe und Astronom 30,–

VZ ST

62 (67) 20 Złotych (K-N) 1973, 1974, 1976. Rs. Getreidefeld vor Hochhaus 2,– 3,–

25. Jahrestag der Gründung des Rates für gegenseitige Wirtschaftshilfe (25. 1. 1974)

65 (70) 20 Złotych (K-N) 1974. Rs. Zweckinschrift, Zahnradsegment und Blattornamente 3,– 4,50

40. Todestag von Marie Curie

PP

66 (71) 100 Złotych (S) 1974. Rs. Marie Curie, geb. Sklodowska (1867–1934), Nobelpreisträgerin (siehe auch Nr. 53) 30,–

Wiederaufbau des Warschauer Königsschlosses

PP

67 (76) 100 Złotych (S) 1975. Rs. Ansicht des Königsschlosses 25,–

VZ ST

68 (73) 10 Złotych (K-N) 1975–1978, 1981–1984. Rs. Boleslaw Prus (1847–1912), Schriftsteller 1,80 2,50

69 (74) 10 Złotych (K-N) 1975, 1976. Rs. Adam Mickiewicz (1798–1855), Dichter, begründete die polnische romantische Schule 1,80 2,50

PP

70 (77) 100 Złotych (S) 1975. Rs. Ignacy Jan Paderewski (1860–1941), Pianist, Komponist, Politiker, Kopfbild n. l. 30,–

71 (78) 100 Złotych (S) 1975. Rs. Helena Modrzejewska (1840–1909), Schauspielerin 25,–

30. Jahrestag der Beendigung des Zweiten Weltkrieges

ST PP

72 (79) 200 Złotych (S) 1975. Rs. Gestaffelte Kopfbilder n. l., Zweckumschrift, Jubiläumszahlen 15,– 45,–

Internationales Jahr der Frau 1975

VZ ST

73 (75) 20 Złotych (K-N) 1975. Weibliches Kopfbild mit Emblem n. l. Rs. Wappenadler, geteilte Jahreszahl, Wertangabe 3,– 5,–

74 (80.1) 2 Złote (Me) 1975–1985. Wappenadler in freier künstlerischer Gestaltung, Landesbezeichnung, Jahreszahl. Rs. Wertangabe zwischen Ähren 1,– 1,50

75 (81.1) 5 Złotych (Me) 1975–1977, 1979–1985. Rs. Wertangabe 1,50 2,–

200. Jahrestag der Unabhängigkeit der Vereinigten Staaten von Amerika (4)

PP

76 (82) 100 Złotych (S) 1976. Rs. Tadeusz Kościuszko (1746–1817), General und Freiheitskämpfer, war 1778–1783 im nordamerikanischen Unabhängigkeitskrieg Adjutant Washingtons 30,–

77 (83) 500 Złotych (G) 1976, 1977. Typ wie Nr. 76 *1300,–*

PP

78 (84) 100 Złotych (S) 1976. Rs. Kazimierz Pułaski (1747–1779), Brustbild n. l., seit 1777 Freiwilliger im nordamerikanischen Unabhängigkeitskrieg, in Polen als Held gefeiert (Pułaski-Tag) **30,–**

79 (85) 500 Złotych (G) 1976, 1977. Typ wie Nr. 78 *1300,–*

XXI. Olympische Sommerspiele 1976 in Montreal

ST

80 (86) 200 Złotych (S) 1976. Rs. Olympisches Feuer **20,–**

Umweltschutz – 1. Ausgabe

PP

81 (87) 100 Złotych (S) 1977. Rs. Wisent **30,–**

82 (88) 100 Złotych (S) 1977. Rs. Henryk Sienkiewicz (1846–1916), Schriftsteller, Nobelpreisträger 1905 **40,–**

83 (89) 100 Złotych (S) 1977. Rs. Wladyslaw Reymont (1867–1925), Erzähler, Nobelpreisträger **40,–**

PP

84 (90) 2000 Złotych (G) 1977. Rs. Frédéric Chopin (1810–1849), berühmter Pianist. Typ wie Nr. 59 **300,–**

85 (91) 100 Złotych (S) 1977. Rs. Königsschloß in Krakau **40,–**

86 (92) 100 Złotych (S) 1978. Rs. Adam Mickiewicz (1798–1855), Dichter **45,–**

Umweltschutz — 2. Ausgabe

87 (93) 100 Złotych (S) 1978. Rs. Elch **45,–**

ST

88 (95) 20 Złotych (K-N) 1978. Rs. Maria Konopnicka (1842–1910), Lyrikerin **5,–**

100. Geburtstag von J. Korczak

PP

89 (94) 100 Złotych (S) 1978. Rs. Janusz Korczak, eigentlich Henryk Goldszmit (1878–1942), Kinderarzt und Sozialpädagoge **40,–**

1. Weltraumflug eines polnischen Kosmonauten

ST

90 (97) 20 Złotych (K-N) 1978. Rs. Kosmonaut Miroslaw Hermaszewski **5,50**

Umweltschutz – 3. Ausgabe

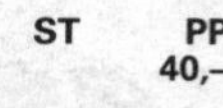

ST PP

91 (96) 100 Złotych (S) 1978. Rs. Biber **40,–**

92 (98) 100 Złotych (S) 1979. Rs. Henryk Wieniawski (1835–1880), Geiger und Komponist **40,–**

Internationales Jahr des Kindes 1979

93 (99) 20 Złotych (K-N) 1979. Rs. Reigen tanzender Kinder **5,50**

94 (106) 2000 Złotych (G) 1979. Rs. Nikolaus Kopernikus (1473–1543), Theologe und Astronom **350,–**

95 (103) 100 Złotych (S) 1979. Rs. Dr. Ludwig Lazarus (Ludwik Lejzer) Zamenhof (1859–1917), Augenarzt und Begründer des Esperanto **40,–**

Umweltschutz – 4. Ausgabe

ST PP

96 (104) 100 Złotych (S) 1979. Rs. Luchs **38,–**

Umweltschutz – 5. Ausgabe

97 (105) 100 Złotych (S) 1979. Rs. Gemse **38,–**

Polnische Herrscher – 1. Ausgabe
Herzog Mieszko I. (3)

98 (100) 50 Złotych (K-N) 1979. Rs. Mieszko I. (um 922–992), Herzog um 960–992, erster historischer Herrscher Polens **8,–**

99 (101) 200 Złotych (S) 1979. Typ wie Nr. 98 **40,–**

100 (102) 2000 Złotych (G) 1979. Typ wie Nr. 98 *650,–*

101 (107) 2000 Złotych (G) 1979. Rs. Marie Curie (1867–1934), Nobelpreisträgerin *550,–*

XIII. Olympische Winterspiele 1980 in Lake Placid (3)

102 (110a) 200 Złotych (S) 1980. Rs. Skispringer **70,–**

103 (110) 200 Złotych (S) 1980. Typ wie Nr. 102, jedoch mit zusätzlicher Fackel **50,–**

104 (111) 2000 Złotych (G) 1980. Typ wie Nr. 102 **400,–**

XXII. Olympische Sommerspiele 1980 in Moskau (2)

105 (108) 20 Złotych (K-N) 1980. Rs. Läufer, olympische Ringe **6,– 20,–**

106 (109) 100 Złotych (S) 1980. Typ wie Nr. 105 **50,–**

Nr. 107 fällt aus.

50 Jahre »Dar Pomorza« im Dienst der Seefahrtschule Polens

108 (112) 20 Złotych (K-N) 1980. Rs. Segelschulschiff »Dar Pomorza« (vgl. Nr. 29) **5,–**

450. Geburtstag von Jan Kochanowski

		ST	PP
109 (120)	100 Złotych (S) 1980. Rs. Jan Kochanowski (1530–1584), Dichter		40,–

Polnische Herrscher – 2. Ausgabe
König Bolesław I. Chrobry (3)

		ST	PP
110 (114)	50 Złotych (K-N) 1980. Rs. Bolesław I., der Tapfere (966–1025), Herzog von Polen 992–1025, Herzog von Böhmen 1003–1004, erster König Polens 1025	7,–	
111 (115)	200 Złotych (S) 1980. Typ wie Nr. 110		45,–
112 (116)	2000 Złotych (G) 1980. Typ wie Nr. 110		*650,–*

Umweltschutz – 6. Ausgabe

		ST	PP
113 (121)	100 Złotych (S) 1980. Rs. Auerhahn		40,–

Polnische Herrscher – 3. Ausgabe
Herzog Kasimir I. Odnowiciel (3)

		ST	PP
114 (117)	50 Złotych (K-N) 1980. Rs. Kasimir I. der Erneuerer (1016–1058), Herzog 1034–1058	7,–	
115 (118)	200 Złotych (S) 1980. Typ wie Nr. 114		50,–
116 (119)	2000 Złotych (G) 1980. Typ wie Nr. 114		–,–

100. Geburtstag von Wladyslaw Sikorski (2)

		ST	PP
117 (122)	50 Złotych (K-N) 1981. Rs. General Broni Władysław Sikorski (1881–1943)	7,–	
118 (123)	100 Złotych (S) 1981. Typ wie Nr. 117		40,–

Polnische Herrscher – 4. Ausgabe
König Bolesław II. Smiały (3)

		ST	PP
119 (124)	50 Złotych (K-N) 1981. Rs. Bolesław II. der Kühne (1040–1083), Herzog seit 1058, König 1076–1079	8,–	
120 (125)	200 Złotych (S) 1981. Typ wie Nr. 119		50,–
A 120 (126)	2000 Złotych (G) 1981. Typ wie Nr. 119		–,–

XII. Fußball-Weltmeisterschaft 1982 in Spanien

		ST	PP
121 (130)	200 Złotych (S) 1981. Rs. Torwart, stilisiert		40,–

Umweltschutz – 7. Ausgabe

		ST	PP
122 (126)	100 Złotych (S) 1981. Rs. Wildpferd		45,–

Welternährungstag 1981

		ST	PP
123 (127)	50 Złotych (K-N) 1981. Rs. Emblem	8,–	

Polnische Herrscher – 5. Ausgabe
Herzog Władysław I. Herman (3)

		ST	PP
124 (128)	50 Złotych (K-N) 1981. Rs. Władysław I. Herman (1040–1102), Herzog 1079–1102	8,–	
125 (129)	200 Złotych (S) 1981. Typ wie Nr. 124		45,–
A 125 (131)	2000 Złotych (G) 1981. Typ wie Nr. 124		–,–

Polnische Herrscher – 6. Ausgabe
Herzog Bolesław III. Krzywousty (2)

ST PP

126 (133) 50 Złotych (K-N) 1982. Rs. Bolesław III. »Schiefmund« (1085–1138), Herzog 1102–1138 7,–

127 (132) 200 Złotych (S) 1982. Typ wie Nr. 126 48,–

Umweltschutz – 8. Ausgabe

128 (141) 100 Złotych (S) 1982. Rs. Storch 55,–

Zum Besuch von Papst Johannes Paul II. (6)

129 (136) 100 Złotych (S) 1982, 1985, 1986. Rs. Papst Johannes Paul II., Brustbild. 750er Silber, 14,15 g
a) [Warschau], MW, 1982 90,–
b) [Valcambi], CHI, 1982, 1985, 1986 90,– 90,–

130 (137) 200 Złotych (S) 1982, 1985, 1986. Typ wie Nr. 129. 750er Silber, 28,13 g:
a) [Warschau] MW, 1982 140,–
b) [Valcambi], CHI, 1982, 1985, 1986 140,– 140,–

131 (144) 1000 Złotych (S) 1982, 1983. Typ wie Nr. 129. 625er Silber, 14,56 g [Warschau], MW 20,– 70,–

132 (138) 1000 Złotych (G) 1982, 1985, 1986. Rs. Papst Johannes Paul II. bei der Segnung. 900er Gold, 4 g:
a) [Warschau], MW, 1982 *450,–*
b) [Valcambi], CHI, 1982, 1985, 1986 *450,–* *450,–*

133 (139) 2000 Złotych (G) 1982, 1985, 1986. Typ wie Nr. 132. 900er Gold, 6,8 g:
a) [Warschau], MW, 1982 *750,–*
b) [Valcambi], CHI, 1982, 1985, 1986 *750,–* *750,–*

134 (140) 10000 Złotych (G) 1982, 1985, 1986. Typ wie Nr. 132. 900er Gold, 34,5 g:
a) [Warschau], MW, 1982 *3000,–*
b) [Valcambi], CHI, 1982, 1985, 1986 *3000,–* *3000,–*

300. Jahrestag der Befreiung Wiens von den Türken (2)

135 (145) 50 Złotych (K-N) 1983. Rs. Johann III. Sobieski (1629–1696), König von Polen 1674–1696 5,–

136 (143) 200 Złotych (S) 1983. Typ ähnlich wie Nr. 135 60,–

150. Jahrestag der Einweihung des »Großen Theaters« in Warschau

137 (142) 50 Złotych (K-N) 1983. Rs. Ansicht der Theaterfassade 9,–

XIV. Olympische Winterspiele in Sarajewo 1984

138 (149) 200 Złotych (S) 1984. Rs. Eiskunstläuferin 90,–

XXIII. Olympische Sommerspiele Los Angeles 1984

139 (150) 200 Złotych (S) 1984. Rs. Hürdenläufer 90,–

Nr. 140 fällt aus.

141 (146) 50 Złotych (K-N) 1983. Rs. Ignacy Lukasiewicz (1822–1882), Erfinder der Petroleumlampe 9,–

Umweltschutz – 9. Ausgabe

142 (147) 100 Złotych (S) 1983. Rs. Bär 58,–

143 (148) 100 Złotych (K-N) 1984. Rs. Wincenty Witos (1874–1945), Publizist, Vorsitzender der Bauernpartei, Ministerpräsident 1921, 1923 und 1926 7,–

40 Jahre Volksrepublik Polen

ST PP

144 100 Złotych (K-N) 1984. Rs. Inschrift 7,–

Umweltschutz – 10. Ausgabe

145 (154) 500 Złotych (S) 1984. Rs. Schwan mit Jungen 85,–

VZ ST

A 145 (48.2) 50 Groszy (Al) 1986, 1987. Wappenadler in offizieller Zeichng. Rs. Wert mit Lorbeerzweig –,50 –,80

B 145 (49.2) 1 Złoty (Al) 1986–1988. Rs. Wert, Ø 25 mm 1,– 1,60

C 145 (80.2) 2 Złote (Me) 1986–1988. Rs. Wert zwischen Ähren 1,– 1,50

D 145 (81.2) 5 Złotych (Me) 1986–1988. Rs. Wert 1,50 2,–

146 (152) 10 Złotych (K-N) 1984–1988. Wappenadler, Landesname, Jahreszahl. Rs. Wertangabe 1,– 2,–

147 (153) 20 Złotych (K-N) 1984–1988. Typ wie Nr. 146, Ø 26,5 mm 2,– 4,–

Polnische Herrscher – 7. Ausgabe
König Przemysław II. (2)

ST PP

148 (155) 100 Złotych (K-N) 1985. Rs. Przemysław II. (1257–1296), Herzog von Posen, Großpolen, Krakau und Pommern seit 1290, König von Polen 1295–1296 8,–

149 (156) 500 Złotych (S) 1985. Typ wie Nr. 148. 750er Silber, 16,5 g 65,–

40 Jahre Vereinte Nationen

150 (158) 500 Złotych (S) 1985. Rs. Emblem der Vereinten Nationen, Jahreszahlen 50,–

Gesundheitszentrum für polnische Mütter

151 (157) 100 Złotych (St, N plattiert) 1985. Rs. Mutter mit Kind 7,–

Umweltschutz — 11. Ausgabe

ST PP

152 (159) 500 Złotych (S) 1985. Rs. Eichhörnchen 58,–

XIII. Fußball-Weltmeisterschaft 1986 in Mexiko

153 500 Złotych (S) 1986. Rs. Fußball im Tornetz 45,–

Polnische Herrscher – 8. Ausgabe
König Władysław I. Łokietek (2)

154 (160) 100 Złotych (K-N) 1986. Rs. Władysław I. »Ellenlang« (um 1260/61–1333), Herzog seit 1296/1306, König von Polen 1320–1333 7,–

155 (161) 500 Złotych (S) 1986. Typ wie Nr. 154 50,–

Umweltschutz – 12. Ausgabe

156 (162) 500 Złotych (S) 1986. Rs. Eule mit Jungen 50,–

Zum Besuch von Papst Johannes Paul II. in Polen 8. – 14. 6. 1987

		ST	PP
157 (164)	10 000 Złotych (S) 1987. Typ wie Nr. 132. 750er Silber, 19,3 g	55,–	65,–

Zum Besuch von Papst Johannes Paul II. in den Vereinigten Staaten von Amerika 10.–18. 9. 1987 (5)

158 (168) 1000 Złotych (G) 1987. Rs. Papst Johannes Paul II. bei der Segnung. 999er Gold, 3,1 g (200 Ex.) –,–

159 (169) 2000 Złotych (G) 1987. Typ wie Nr. 158. 999er Gold, 7,7 g (200 Ex.) –,–

160 (170) 5000 Złotych (G) 1987. Typ wie Nr. 158. 999er Gold, 15,5 g (200 Ex.) –,–

161 (171) 10 000 Złotych (G) 1987. Typ wie Nr. 158. 999er Gold, 31,1 g (200 Ex.) –,–

162 (163) 200 000 Złotych (G) 1987. Typ wie Nr. 158. 999er Gold, 373,24 g (100 Ex.) –,–

Polnische Herrscher – 9. Ausgabe König Kasimir III. Wielki (2)

163 (167) 100 Złotych (K-N) 1987. Rs. Kasimir III. der Große (1310–1370), König von Polen 1333–1370 7,–

164 (173) 500 Złotych (S) 1987. Typ wie Nr. 163 50,–

XV. Olympische Winterspiele 1988 in Calgary

165 (172) 500 Złotych (S) 1987. Rs. Eishockeyspieler 60,–

VIII. Fußball-Europameisterschaft 1988 in Deutschland

		ST	PP
166 (166)	500 Złotych (S) 1987. Rs. Spieler am Ball		60,–

XXIV. Olympische Sommerspiele 1988 in Seoul

167 (165) 500 Złotych (S) 1987. Rs. Springreiter 75,–

Polnische Herrscher – 10. Ausgabe Königin Jadwiga (2)

168 (183) 100 Złotych (K-N) 1988. Rs. Jadwiga (Hedwig) (um 1374–1399), Königin von Polen 1384–1399 8,–

169 (181) 500 Złotych (S) 1988. Typ wie Nr. 168. 750er Silber, 16,5 g (8000 Ex.) 48,–

70. Jahrestag des Großen Polnischen Aufstandes von 1918

170 (182) 100 Złotych (K-N) 1988 8,–

70. Jahrestag der Wiedererlangung der Unabhängigkeit

171 (180) 50 000 Złotych (S) 1988. Rs. Jozef Piłsudski. 750er Silber, 19,3 g 50,– 75,–

XIV. Fußball-Weltmeisterschaft 1990 in Italien – 1. Ausgabe

172 (184) 500 Złotych (S) 1988. Rs. Kolosseum in Rom, von halbiertem Fußball umgeben. 750er Silber, 16,5 g (15000 Ex.) 80,–

Die Katalogpreise sind durchschnittliche Handelspreise und als solche den täglichen Schwankungen des Marktes unterworfen.

10. Pontifikatsjahr von Papst Johannes Paul II. (6)

			ST	PP
173 (177a)	10000	Złotych (S) 1988. Rs. Papst Johannes Paul II. 999er Silber, 31,1 g		–,–
174 (174)	1000	Złotych (G) 1988. Typ wie Nr. 173. 999er Gold, 3,1 g		–,–
175 (175)	2000	Złotych (G) 1988. Typ wie Nr. 173. 999er Gold, 7,7 g		–,–

			ST	PP
176 (176)	5000	Złotych (G) 1988. Typ wie Nr. 173. 999er Gold, 15,5 g		–,–
177 (177)	10000	Złotych (G) 1988. Typ wie Nr. 173. 999er Gold, 31,1 g	–,–	–,–
178 (178)	200000	Złotych (G) 1988. Typ wie Nr. 173. 999er Gold, 373,24 g		–,–

Weihnachten 1988

179 (179) 10000 Złotych (S) 1988. Rs. Papst Johannes Paul II. bei der Segnung. 999er Silber, 31,1 g –,–

			VZ	ST
180 (49.3)	1	Złoty (Al) 1989, 1990. Typ wie Nr. B 145. Ø 16 mm	–,15	–,25
181 (80.3)	2	Złote (Al) 1989, 1990. Typ wie Nr. C 145	–,30	–,50
182 (81.2a)	5	Złotych (Al) 1989, 1990. Typ wie Nr. D 145	–,35	–,50
183 (152a)	10	Złotych (Me) 1989, 1990. Typ wie Nr. 146	–,50	–,75
184 (153a)	20	Złotych (K-N) 1989, 1990. Typ wie Nr. 146. Ø 24 mm	–,85	1,25

Polnische Herrscher – 11. Ausgabe
König Władysław II. Jagiełło (3)

			ST	PP
A 184 (194)	500	Złotych (K-N) 1989. Rs. Władysław II. Jagello (um 1351–1434), Großfürst von Litauen seit 1377, König von Polen 1386–1434, Brustbild	–,–	
185 (197)	5000	Złotych (S) 1989. Typ wie Nr. A 184. 750er Silber, 16,5 g (8000 Ex.)		50,–
A 185 (198)	5000	Złotych (S) 1989. Rs. Władysław II. Jagello, Hüftbild mit Schwert (2500 Ex.)		–,–

Sanierung historischer Bauten in Thorn

			ST	PP
186 (192)	5000	Złotych (S) 1989. Rs. Sanierte neben verfallener Fassade		50,–

Nikolaus Kopernikus

187 (191) 5000 Złotych (S) 1989. Rs. Nikolaus Kopernikus (1473–1543) vor Stadtansicht von Thorn **50,–**

50. Jahrestag des Einmarsches in Polen

188 (185) 500 Złotych (K-N) 1989. Rs. Soldaten im Feld **3,80**

»Der polnische Soldat an den Fronten des Zweiten Weltkrieges« – 1. Ausgabe
50. Jahrestag des Kampfes um die Westerplatte

189 (193) 5000 Złotych (S) 1989. Rs. Major Henryk Sucharski, Westerplatte, Umschrift »Der polnische Soldat an den Fronten des 2. Weltkrieges« **50,–**

XIV. Fußball-Weltmeisterschaft 1990 in Italien – 2. Ausgabe (2)

190 20000 Złotych (S) 1989. Rs. Spieler am Ball. 750er Silber, 19,3 g –,–

191 20000 Złotych (S) 1989. Rs. Fußball, Karte Italiens, Weltkugel –,–

Papst Johannes Paul II. (6)

			ST	PP
192 (189 a)	10000	Złotych (S) 1989. Rs. Papst Johannes Paul II.	–,–	–,–
193 (186)	1000	Złotych (G) 1989. Typ wie Nr. 192		–,–
194 (187)	2000	Złotych (G) 1989. Typ wie Nr. 192		–,–
195 (188)	5000	Złotych (G) 1989. Typ wie Nr. 192		–,–
196 (189)	10000	Złotych (G) 1989. Typ wie Nr. 192	–,–	–,–
197 (190)	200000	Złotych (G) 1989. Typ wie Nr. 192 (200 Ex.)	–,–	–,–

Weihnachten 1989

198 10000 Złotych (S) 1989. Rs. Papst Johannes Paul II. mit Kruzifix –,–

Republik Polen seit 1989
Rzeczpospolita Polska

			VZ	ST
199	1	Złoty (Al) 1991. Gekrönter Wappenadler	–,–	–,–
200	2	Złote (Al) 1991	–,–	–,–

Nr.			VZ	ST
201		5 Złotych (Al) 1991	–,–	–,–
202		10 Złotych (Me) 1991	–,–	–,–
203		20 Złotych (K-N) 1991	–,–	–,–
204 (216)		50 Złotych (K-N) 1990. Rs. Gekrönter Wappenadler, Landesname. Rs. Wertangabe, Lorbeerzweig	–,–	–,–
205 (214)		100 Złotych (K-N) 1990. Rs. Wertangabe, Lorbeerzweig	–,–	–,–

Nrn. 206–208 fallen aus.

50. Jahrestag der Gründung der polnischen Widerstandsbewegung

Nr.		ST	PP
209	200 000 Złotych (S) 1990. Gekrönter Wappenadler. Rs. General Stefan Rowecki »Grot« (1895–1944). 750er Silber, 19,3 g (25 000 Ex.)		50,–

10 Jahre Gewerkschaft »Solidarność« (6)

Nr.		ST	PP
210 (195)	10 000 Złotych (K-N) 1990. Gekrönter Wappenadler. Rs. Ehrenmal der getöteten Werftarbeiter vor Danziger Stadtansicht, Schriftzug »Solidarność« [Warschau]	–,–	
211 (196)	100 000 Złotych (S) 1990. Typ wie Nr. 210. 999er Silber, 31,1 g [Liberty Mint]	–,–	–,–
212	20 000 Złotych (G) 1990. Typ wie Nr. 210. 999er Gold, 3,11 g		–,–
213	50 000 Złotych (G) 1990. Typ wie Nr. 210. 999er Gold, 7,77 g		–,–
214	100 000 Złotych (G) 1990. Typ wie Nr. 210. 999er Gold, 15,55 g		–,–
215	200 000 Złotych (G) 1990. Typ wie Nr. 210. 999er Gold, 31,10 g	–,–	–,–

Silber- und Goldbarrenmünzen »Große Polen« (15)

Nr.		PP
216 (199)	100 000 Złotych (S) 1990. Gekrönter Wappenadler. Rs. Statue von Frédéric Chopin (1810–1849) im Lasienki-Park in Warschau. 999er Silber, 31,1 g (max. 10 000 Ex.)	–,–
217 (200)	100 000 Złotych (S) 1990. Rs. Tadeusz Kościuszko (1746–1817) zu Pferde	–,–
218 (201)	100 000 Złotych (S) 1990. Rs. Marschall Jozef Piłsudski (1867–1935)	–,–
219 (202)	200 000 Złotych (S) 1990. Typ wie Nr. 216. 999er Silber, 155,5 g (max. 10 000 Ex.)	–,–
220 (203)	200 000 Złotych (S) 1990. Typ wie Nr. 217	–,–
221 (204)	200 000 Złotych (S) 1990. Typ wie Nr. 218	–,–
222 (205)	200 000 Złotych (G) 1990. Typ wie Nr. 216. 999er Gold, 31,1 g (max. 10 000 Ex.)	–,–
223 (206)	200 000 Złotych (G) 1990. Typ wie Nr. 217	–,–
224 (207)	200 000 Złotych (G) 1990. Typ wie Nr. 218	–,–
225 (208)	500 000 Złotych (G) 1990. Typ wie Nr. 216. 999er Gold, 62,2 g (max. 2000 Ex.)	–,–
226 (209)	500 000 Złotych (G) 1990. Typ wie Nr. 217	–,–
227 (210)	500 000 Złotych (G) 1990. Typ wie Nr. 218	–,–
228 (211)	1 000 000 Złotych (G) 1990. Typ wie Nr. 216. 999er Gold, 373,24 g (max. 250 Ex.)	–,–
229 (212)	1 000 000 Złotych (G) 1990. Typ wie Nr. 217	–,–
230 (213)	1 000 000 Złotych (G) 1990. Typ wie Nr. 218	–,–

225 Jahre Münzstätte Warschau

Nr.		PP
231 (215)	20 000 Złotych (Me/K-N) 1991. Gekrönter Adler. Rs. Gekröntes Monogramm von Stanislaus August Poniatowski nach einer Kupfermünze von 1766 (100 000 Ex.)	

200 Jahre Verfassung vom 3. Mai 1791 (2)

232 10 000 Złotych (St, N plattiert) 1991. Rs. Polnischer Adler, Monogramm von Stanislaus August Poniatowski (2 500 000 Ex.)

233 200 000 Złotych (S) 1991. Rs. Gekrönter Adler vom Audienzsaal des königlichen Palastes über der Titelseite des Gesetzesblattes. 999er Silber, 38,9 g (100 000 Ex.)

70 Jahre Internationale Posener Messe

234 200 000 Złotych (S) 1991. 999er Silber, 19,3 g (20 000 Ex.)

XVI. Olympische Winterspiele 1992 in Albertville

235 200 000 Złotych (S) 1991. Rs. Slalomfahrer vor Schneeflocke. 925er Silber, 31,1 g (20 000 Ex.) –,–

Portugal

Portugal

Portugal

Fläche: 92971 km²; 10300000 Einwohner (1986).
Das Gebiet des heutigen Portugal umfaßt den Hauptteil der altrömischen Provinz von Hispanien, die von Kaiser Augustus 27 v. Chr. bei der Dreiteilung der Pyrenäenhalbinsel gebildet und nach der Mehrheit der Ureinwohner, den Lusitaniern, Lusitanien benannt wurde, eine Bezeichnung, die in modernen Sprachen der Pyrenäenhalbinsel als Lusos (Portugiesen) fortlebt. Der Einfall der Alanen und der Sueven auf der Iberischen Halbinsel erstreckte sich auch auf Lusitanien; ihre Reiche bestanden noch lange neben dem Reich der Westgoten, welche das Suevenreich (in Gallien und Nordlusitanien) 584/585 unterwarfen, aber selbst 711 dem arabischen Ansturm unterlagen. Die von Kastilien betriebene Rückeroberung erfaßte auch Lusitanien, das nunmehr nach der Stadt Porto (Portus Cale) Portugal genannt wird und als Grafschaft einem illegitimen französischen Prinzen Heinrich zu Lehen gegeben wurde. Damit beginnt die Geschichte eines portugiesischen Staates, der sich sogleich von Kastilien distanzierte und in der Weltpolitik zu dessen ständigem Wettbewerber wurde, wobei enge Beziehungen zu England hilfreich waren. 1147 konnte die Hauptstadt von Coimbra wieder in die altlusitanische Hauptstadt Osilipo (Lissabon) verlegt werden. Um die Mitte des 13. Jahrhunderts wurde der Tejo-Fluß nach Süden überschritten und Algarve (daher auch Alemtejo genannt) zurückerobert. Der Griff nach Afrika beginnt 1415 mit der Eroberung der Feste Ceuta (heute, seit 1668, spanisch) und leitet eine Epoche der Entdeckungen und Kolonisierungen ein, die 1494 zu einem Vertrag (zu Tordesillas) mit Spanien über die Teilung der ganzen Welt, in eine portugiesische und eine spanische Hälfte führte, so daß Portugal in Afrika freie Hand hatte, aber auch in der Nordostecke von Südamerika (ab 1500) Fuß fassen konnte. Das Erlöschen des ersten Königshauses aus burgundischem Stamm warf 1580 die Thronfolgefrage auf, die, durch mehrere Prätendenten belastet, schließlich mit der Waffe zugunsten Spaniens entschieden wurde. Portugal wurde bis zu einem erfolgreichen Aufstand gegen die spanische Fremdherrschaft 1640 eine spanische Provinz, der wegen des spanischen Streites mit den Niederlanden fast alle überseeischen Besitzungen an die Holländer verlorengingen. Eines der auf den Thron prätendierenden Häuser, das der Herzöge von Braganza, konnte sich dank seines Reichtums durchsetzen und seit 1640 bis zur Revolution von 1910 den Königsthron einnehmen. Diese Epoche ist von inneren Unruhen und Zwistigkeiten gekennzeichnet; zwar konnte Brasilien 1669 von den Holländern zurückgewonnen werden, 1807 in den napoleonischen Wirren eine überseeische Zuflucht für König und Regierung bieten, mußte aber 1822 als unabhängiger Staat anerkannt werden. In Afrika stieß die Kolonisationstätigkeit auf die übermächtige Konkurrenz Großbritanniens und des Deutschen Reichs; die verbleibenden Kolonien, im 20. Jahrhundert zu Überseeprovinzen erklärt, mußten in den 70er Jahren dieses Jahrhunderts in die Unabhängigkeit entlassen werden, so daß nur noch das Pachtgebiet von Macau in China verbleibt. Der am 5. Oktober 1910 ausgerufenen Republik blieben Erschütterungen nicht erspart, denen zwar die Diktatur des Dr. Salazar ein Ende setzte, ohne jedoch Portugals Weltgeltung wiederherstellen zu können. Die Revolution vom 25. April 1974 stellte die demokratische Republik wieder her. Hauptstadt: Lissabon (Lisboa).

20 Réis (Singular: Real) = 1 Vintém, 50 Réis = 1 Pataco,
100 Réis = 1 Tostão, 10 Tostões = 1 Milréis, 10 Milréis = 1 Coroa (Krone);
seit 1911: 100 Centavos = 1 Portugiesischer Escudo

Karl I. 1889–1908

		SS	VZ
1 (15)	5 Réis (Bro) 1890–1893, 1897–1901, 1904–1906. Karl I. (1863–1908), Kopfbild nach rechts. Rs. Wert im Kranz	7,–	15,–

		SS	VZ
2 (16)	10 Réis (Bro) 1891, 1892. Typ wie Nr. 1	7,–	15,–
3 (17)	20 Réis (Bro) 1891, 1892. Typ wie Nr. 1	5,–	10,–
4 (18)	50 Réis (K-N) 1900. Gekröntes Wappen. Rs. Wert	8,–	18,–
5 (19)	100 Réis (K-N) 1900. Typ wie Nr. 4	6,–	15,–
6 (21)	100 Réis (S) 1890, 1891, 1893–1895, 1898. Karl I., Kopfbild nach rechts. Rs. Wert im Kranz. 916⅔er Silber, 2,5 g	55,–	110,–
7 (22)	200 Réis (S) 1891–1893, 1901, 1903. Typ wie Nr. 6. 916⅔er Silber, 5 g	60,–	120,–
8 (23)	500 Réis (S) 1891–1896, 1898–1901, 1903, 1904, 1906–1908. Rs. Gekröntes Wappen zwischen gekreuzten Zweigen. 916⅔er Silber, 12,5 g	30,–	80,–
9 (24)	1000 Réis (S) 1899, 1900. Rs. Wappen auf gekröntem Hermelinmantel. 916⅔er Silber, 25 g:		
	1899	70,–	150,–
	1900	3500,–	4500,–

Anm.: 5 und 10 Réis von 1901 mit Wappen siehe unter Azoren.

Manuel II. 1908–1910

		SS	VZ
10 (28)	5 Réis (Bro) 1910. Manuel II. (1888–1932), Kopfbild nach links. Rs. Wert im Kranz	6,–	12,–
11 (29)	100 Réis (S) 1909, 1910. Rs. Krone über Wert im Kranz. 835er Silber, 2,5 g	13,–	28,–
12 (30)	200 Réis (S) 1909. Typ wie Nr. 11. 835er Silber, 5 g	20,–	50,–
13 (31)	500 Réis (S) 1908, 1909. Rs. Gekröntes Wappen	50,–	100,–

100. Jahrestag des Krieges gegen Napoleon (2)

		SS	VZ
14 (32)	500 Réis (S) 1910. Manuel II. Rs. Gekröntes Wappen	180,–	300,–
15 (33)	1000 Réis (S) 1910. Typ wie Nr. 14	200,–	340,–

Marquis de Pombal

		SS	VZ
16 (34)	500 Réis (S) 1910. Manuel II. Rs. Siegesgöttin mit gekröntem Wappen und Denkmal des Marquis de Pombal (1699–1782), Wiedererbauer von Lissabon nach dem Erdbeben von 1755	85,–	150,–

Portugiesische Republik
República Portuguesa
Erste Republik 1910–1926

NEUE WÄHRUNG: 100 Centavos = 1 Portugiesischer Escudo

SS VZ

17 (48) 10 Centavos (S) 1915. Kopf der Freiheit. Rs. Staatswappen, von Lorbeerzweigen umgeben. 835er Silber, 2,5 g 3,– 8,–

18 (49) 20 Centavos (S) 1913, 1916. Typ wie Nr. 17. 835er Silber, 5 g 20,– 60,–

19 (50) 50 Centavos (S) 1912–1914, 1916. Typ wie Nr. 17. 835er Silber, 12,5 g 8,– 20,–

20 (51) 1 Escudo (S) 1915, 1916. Typ wie Nr. 17. 835er Silber, 25 g 25,– 55,–

Zum Jahrestag der Ausrufung der Republik am 5. Oktober 1910

21 (47) 1 Escudo (S) o. J. (1914). Allegorie der Republik mit Fackel. Rs. Staatswappen im Kranz 70,– 130,–

22 (36) 1 Centavo (Bro) 1917~1922. Staatswappen. Rs. Wert:
1917, 1918, 1920 1,– 5,–
1921 2,– 15,–
1922 (6 Ex. bekannt) *8000,–*

23 (35) 2 Centavos (E) 1918. Typ wie Nr. 22 120,– 280,–

24 (37) 2 Centavos (Bro) 1918~1921. Typ wie Nr. 22:
1918, 1920 2,– 5,–
1921 10,– 30,–

25 (42) 4 Centavos (K-N) 1917–1919. Kopf der Freiheit nach links. Rs. Wert 2,– 5,–

26 (38) 5 Centavos (Bro) 1920–1922. Typ wie Nr. 22:
1920, 1921 3,– 8,–
1922 90,– 180,–

27 (39) 5 Centavos (Bro) 1924–1927. Typ wie Nr. 25 2,– 5,–

28 (43) 10 Centavos (K-N) 1920, 1921. Typ wie Nr. 25 5,– 15,–

29 (40) 10 Centavos (Bro) 1924–1940. Typ wie Nr. 25 3,– 12,–

30 (44) 20 Centavos (K-N) 1920–1922. Typ wie Nr. 25:
1920, 1921 3,– 12,–
1922 300,– 600,–

SS VZ

31 (41) 20 Centavos (Bro) 1924, 1925. Typ wie Nr. 25 5,– 15,–

32 (45) 50 Centavos (Al-Bro) 1924–1926. Allegorie der Republik. Rs. Staatswappen im Kranz:
1924 35,– 80,–
1925 500,– 850,–
1926 7,– 20,–

33 (46) 1 Escudo (Al-Bro) 1924, 1926:
1924 10,– 40,–
1926 35,– 85,–

34 5 Escudos (G) 1920. Allegorie der Republik. Rs. Staatswappen und Wert. Versuchsprägung! –,–

Zweite Republik seit 1926

35 (54) 50 Centavos (Neusilber) 1927–1931, 1935, 1938, 1940, 1944–1947, 1951–1953, 1955–1968. Kopf der Freiheit nach rechts. Rs. Staatswappen im Kranz –,40 1,–

36 (55) 1 Escudo (Neusilber) 1927–1931, 1935, 1939, 1940, 1944–1946, 1951, 1952, 1957–1959, 1961, 1962, 1964–1966, 1968. Typ wie Nr. 35 –,60 2,–

800. Jahrestag des Regierungsantritts von Afonso Henriques

37 (56) 10 Escudos (S) 1928. Altes gräflich gekröntes Wappen von Portugal. Rs. Graf Afonso Henriques zu Pferde in der Schlacht von Ourique 1139 gegen die Almoraviden. 835er Silber, 12,5 g 35,– 70,–

38 (57) 2½ Escudos (S) 1932–1951. Segelschiff, 16. Jh., nach dem Flaggschiff Vasco da Gamas. Rs. Wappen. 650er Silber, 3,5 g 2,– 8,–

39 (58) 5 Escudos (S) 1932–1951. Typ wie Nr. 38. 650er Silber, 7 g 5,– 15,–

40 (59) 10 Escudos (S) 1932~1948. Typ wie Nr. 38. 835er Silber, 12,5 g:
1932–1934, 1937, 1940, 1948 12,– 30,–
1942 150,– 300,–

		SS	VZ
41 (60)	10 Centavos (Bro) 1942–1969. Quinaskreuz. Rs. Wert	–,30	1,–
42 (61)	20 Centavos (Bro) 1942–1945, 1948, 1949, 1951–1953, 1955–1969. Typ wie Nr. 41	–,40	1,–

25. Jahrestag der Finanzreform

		VZ	ST
43 (62)	20 Escudos (S) 1953. Sitzende Gestalt. Rs. Schild mit Quinaskreuz über Armillarsphäre. 800er Silber, 21 g	15,–	30,–
44 (63)	10 Escudos (S) 1954, 1955. Segelschiff, 16. Jh. Rs. Schild mit Quinaskreuz über Armillarsphäre. 835er Silber, 12,5 g	8,–	15,–

500. Todestag von Heinrich dem Seefahrer (3)

45 (64)	5 Escudos (S) 1960. Prinz Heinrich der Seefahrer (Dom Henrique O Navegador) (1394–1460), Förderer der portugiesischen Seefahrt und Entdeckungen (Westafrika). Rs. Wappen. 650er Silber, 7 g	5,–	8,–
46 (65)	10 Escudos (S) 1960. Typ wie Nr. 45. 650er Silber, 12,5 g	20,–	40,–
47 (66)	20 Escudos (S) 1960. Typ wie Nr. 45. 800er Silber, 21 g	40,–	80,–

Nrn. 45–47, polierte Platte –,–

48 (67)	2½ Escudos (K-N) 1963–1985. Karavelle »São Rafael« aus der Flotte Vasco da Gamas, 15. Jh. Rs. Wappen	–,50	1,–
49 (68)	5 Escudos (K-N) 1963–1986. Typ wie Nr. 48	–,60	1,50

50 (A68) 10 Escudos (N, K-N plattiert) 1969~1974. Typ wie Nr. 48:

1969		–,–
1971–1974	1,–	2,–

Einweihung der Salazar-Brücke

		VZ	ST
51 (69)	20 Escudos (S) 1966. Salazar-Brücke über den Tejo bei Lissabon. Rs. Wappen. 650er Silber, 10 g	8,–	12,–

500. Geburtstag von Pedro Alvares Cabral

52 (70)	50 Escudos (S) 1968. Gekröntes Staatswappen, Wertangabe. Rs. Pedro Alvares Cabral (um 1468–1526), Seefahrer, Entdecker Brasiliens. 650er Silber, 18 g	9,–	15,–
53 (71)	10 Centavos (Al) 1969–1979. Quinaskreuz, Landesbezeichnung, Jahreszahl. Rs. Wertangabe Olivenzweige:		
	1969		*200,–*
	1970		*500,–*
	1971–1979	–,15	–,50

54 (72)	20 Centavos (Bro) 1969–1974. Typ wie Nr. 53	–,15	–,30

55 (73)	50 Centavos (Bro) 1969–1979. Rs. Wertangabe, Ähren	–,20	–,50
56 (74)	1 Escudo (Bro) 1969–1980. Typ wie Nr. 55	–,30	–,60

500. Geburtstag von Vasco da Gama

VZ ST

57 (75) 50 Escudos (S) 1969. Rs. Vasco da Gama (1469–1524), Seefahrer, fand 1497/98 den Seeweg nach Indien **10,– 15,–**

100. Geburtstag von Marschall Carmona

58 (76) 50 Escudos (S) 1969. Rs. Marschall Oscar Fragoso de Carmona (1869–1951), Staatsmann, Staatspräsident 1928–1951 **11,– 16,–**

125 Jahre Bank von Portugal

59 (77) 50 Escudos (S) 1971. Rs. Stilisierter Baum, Jahreszahlen 1846 · 1971 **11,– 16,–**

400 Jahre Heldenepos »Die Lusiaden« von Camões

60 (78) 50 Escudos (S) 1972. Engel mit Federkiel und Lorbeerkranz vor Lyra. Rs. Quinaskreuz, belegt mit dem Buch »Os Lusiadas«, verziert mit dem Kreuzzeichen der Seefahrer **10,– 15,–**

»Nelken-Revolution« vom 25. April 1974 (2)

ST PP

61 (79) 100 Escudos (S) 1974 [76]. Rs. Datumsangabe, eine symbolische Mauer durchbrechend. 650er Silber, 15 g **12,– 25,–**

62 (80) 250 Escudos (S) 1974 [76]. Rs. Symbolische Darstellung. 680er Silber, 25 g **30,– 50,–**

VZ ST

63 (81) 25 Escudos (K-N) 1977–1986. Staatswappen, Wertangabe. Rs. Kopf der Democracia mit Lorbeerzweig im Haar, Motto der Revolution:
a) 1977, 1978; 9,5 g, Ø 26,25 mm **1,– 2,–**
1979 (nur PP) **–,–**
b) 1980–1986; 11 g, Ø 28,5 mm **1,– 2,–**

100. Todestag von Alexandre Herculano (3)

VZ ST

64 (82) 2½ Escudos (K-N) 1977. Rs. Alexandre Herculano de Carvalho e Araújo (1810–1877), Historiker und Dichter **1,– 2,–**

65 (83) 5 Escudos (K-N) 1977. Typ wie Nr. 64 **1,50 3,–**

66 (84) 25 Escudos (K-N) 1977. Typ wie Nr. 64 **3,– 5,–**

Nrn. 64–66, polierte Platte

Internationales Jahr des Kindes 1979

67 (101) 25 Escudos (K-N) 1979. Rs. Mutter und Kind **2,– 4,–**

400. Todestag von Camões

ST PP

68 (89) 1000 Escudos (S) 1980 [81]. Staatswappen auf Armillarsphäre. Rs. Luis Vaz de Camões (1524/25–1580), Dichter. 925er Silber, 17 g **35,– 75,–**

VZ ST

69 (85) 1 Escudo (N-Me) 1980–1986. Staatswappen, Landesbezeichnung, Jahreszahl. Rs. Wertangabe:
1980 *800,–*
1981–1986 **–,20 –,60**

Internationales Jahr der Behinderten 1981 (2)

70 (96) 25 Escudos (K-N) 1981 [82]. Rs. Antonio Feliciano de Castilho (1800–1885), blinder portugiesischer Dichter **2,– 3,–**

71 (97) 100 Escudos (K-N) 1981 [82]. Rs. Jacob Rodrigues Pereira (1715–1780), entwickelte eine Lehrmethode für Taubstumme **3,– 5,–**

25. Rollhockey-Weltmeisterschaft 1982 (4)

72 (90) 1 Escudo (N-Me) 1982 [83]. Staatswappen. Rs. Spielszene **–,50 1,–**

			VZ	ST
73 (91)	2½ Escudos (K-N) 1982 [83]		–,50	1,–

74 (92)	5 Escudos (K-N) 1982 [83]	–,70	1,20
75 (93)	25 Escudos (K-N) 1982 [83]	2,–	4,–

Welternährungstag 1983 (3)

76 (98)	2½ Escudos (K-N) 1983. Rs. Maiskolben	1,–	2,–
77 (99)	5 Escudos (K-N) 1983. Rs. Kuh	2,–	4,–
78 (100)	25 Escudos (K-N) 1983. Rs. Fisch	3,–	6,–

XVII. Europäische Kunstausstellung »Die portugiesischen Entdeckungen und das Europa der Renaissance« in Lissabon 1983 (3)

ST PP

79 (86) 500 Escudos (S) 1983. Armillarsphäre, mit Christuskreuz und Astrolabe (Emblem der Kunstausstellung) belegt. Rs. Münzmotiv des ½ Goldescudo von Ceuta (Afrika) unter Alfons V. (1438–1481). 835er Silber, 7 g — 20,– 55,–

80 (87) 750 Escudos (S) 1983. Rs. Münzmotiv des »Indio«, einer Großsilbermünze unter Emanuel (Manuel) I., dem Glücklichen (1495–1521) für Westindien. 835er Silber, 12,5 g — 25,– 75,–

81 (88) 1000 Escudos (S) 1983. Rs. Münzmotiv des goldenen Portugalesers zu 10 Cruzados aus Guineagold unter Emanuel I. ab 1499. 835er Silber, 21 g — 35,– 100,–

Welt-Fischerei-Konferenz in Rom 1984

ST PP

82 (94) 250 Escudos 1984 [84]. Staatswappen. Rs. Fischschwarm:
a) (S) 925 fein, 23 g (22 000 Ex.) — 120,–
b) (K-N) (200 000 Ex.) — 15,–

10. Jahrestag der »Nelken-Revolution« vom 25. April 1974

VZ ST

83 (95) 25 Escudos (K-N) 1984. Staatswappen und Wogen. Rs. Wertangabe, Motto der Revolution — 2,– 4,–

50. Todestag von Fernando Pessoa

ST PP

84 (104) 100 Escudos 1985. Rs. Fernando António Nogueira de Seabra Pessoa (1888–1935), portugiesischer Lyriker, Schriftsteller und Philosoph; vier Porträts als Symbol für Pessoa und seine drei Pseudonyme:
a) (S) 925 fein, 16,5 g (5 000 Ex.) — *290,–*
b) (K-N) — 7,–

600. Jahrestag der Schlacht von Aljubarrota (2)

85 (111) 25 Escudos 1985. Rs. Dom João (Johann) I., König von Portugal 1383–1433, behauptete 1385 gegenüber Kastilien die Unabhängigkeit Portugals:
a) (S) 925 fein, 11 g — 25,– 80,–
b) (K-N) — 3,–

86 (112) 100 Escudos 1985. Rs. Dom Nuno Alvares Pereira:
a) (S) 925 fein, 16,5 g — 40,– 120,–
b) (K-N) — 6,–

800. Todestag von König Afonso Henriques

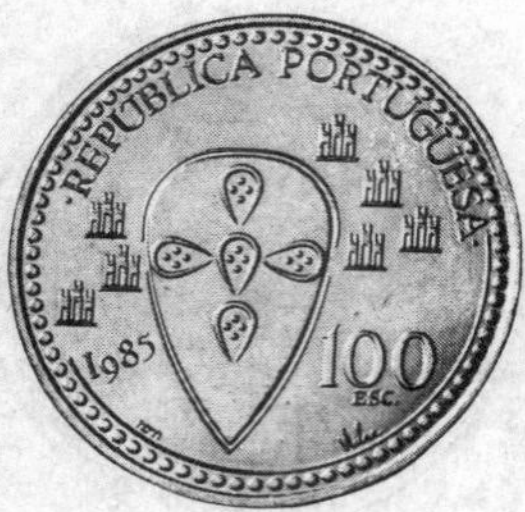

			ST	PP
87 (110)	100	Escudos 1985. Rs. Alfons I. der Eroberer (Dom Afonso Henriques O Fundador) (1110–1185), Sohn Heinrichs von Burgund († 1112), nahm nach dem Sieg über die Almoraviden 1139 den Königstitel an:		
		a) (S) 925 fein, 16,5 g	40,–	80,–
		b) (K-N)	8,–	

Jahrzehnt für die Frauen 1976–1985

88	250	Escudos (S) 1985. Rs. Frau mit Blumen, internationales Emblem. 925er Silber, 23,3276 g	–	–

Zu Nr. 88 wurden die Prägestempel hergestellt. Eine Ausprägung ist bisher nicht erfolgt.

Zum Beitritt Portugals in die Europäische Gemeinschaft am 1. 1. 1986

89 (103)	25	Escudos 1986. Staatswappen. Rs. Zwölf ineinandergeflochtene Bänder als Symbol für die Mitgliedstaaten:		
		a) (S) 925 fein, 11 g		*350,–*
		b) (K-N)	3,–	

XIII. Fußball-Weltmeisterschaft 1986 in Mexiko

90 (102)	100	Escudos 1986. Rs. Zwei Spieler im Kampf um den Ball:		
		a) (S) 925 fein, 16,5 g	40,–	70,–
		b) (K-N)	6,–	

			VZ	ST
91 (105)	1	Escudo (N-Me) 1986–1992. Staatswappen, darüber Seilschlinge in Stein des Emanuel-Stils um 1500. Rs. Ornamentale Stickerei, Wertangabe	–,30	–,50
92 (106)	5	Escudos (N-Me) 1986–1992. Rs. Architektonische Rosette, Wertangabe	–,40	–,70
93 (107)	10	Escudos (N-Me) 1986–1992. Rs. Goldfiligranarbeit, Wertangabe	–,60	1,–
94 (108)	20	Escudos (K-N) 1986–1992. Staatswappen, Wertangabe. Rs. Kompaßrose, 16. Jh.	1,–	2,–
95 (109)	50	Escudos (K-N) 1986–1992. Rs. Karrack, 1420	2,–	3,–

96	100	Escudos (K-N/Al-N-Bro) 1989–1992. Rs. Pedro Nuñes (1502–1578), Mathematiker und Geograph, Umschrift »Europa«, zwölf Sterne	2,50	4,–
97	200	Escudos (Al-N-Bro/K-N) 1991, 1992. Rs. Garcia de Orta	4,–	7,–

Kampagne des Europarates für den ländlichen Raum Juni 1987 – Oktober 1988

98 (113)	10	Escudos (N-Me) 1987. Rs. Hand mit Setzling	–,60	1,–

Das Goldene Zeitalter der portugiesischen Entdeckungen – 1. Ausgabe
Die Erforschung der afrikanischen Westküste 1434–1488 (10)

			ST	PP
99 (114)	100	Escudos 1987. Rs. Barke vor der Karte des Kap Bojador am westlichen Ende der Sahara, 1434 erstmals von Gil Eanes umsegelt:		
		a) (S) 925 fein, 16,5 g	40,–	70,–
		b) (K-N)	5,–	

ST PP

100 (115) 100 Escudos 1987. Rs. Karavelle auf dem Gambiafluß, 1446 von Nuno Tristão befahren:
a) (S) 40,– 70,–
b) (K-N) 5,–

101 (116) 100 Escudos 1987. Rs. Karavelle und neuer Kompaß, Karte Südwestafrikas, wohin 1482–1486 Diogo Cão († 1486) vorstieß:
a) (S) 40,– 70,–
b) (K-N) 5,–

102 (117) 100 Escudos 1988. Rs. Zwei Karavellen auf Karte Afrikas, symbolisch für die Umrundung des Kaps der Guten Hoffnung 1488 durch Bartolomeu Dias (um 1450–1500):
a) (S) 40,– 70,–
b) (K-N) 5,–

103 100 Escudos (G) 1987. Typ wie Nr. 99, Mzz. J (Goldbergwerk Jales). 916⅔er Gold, 24 g 1400,–

104 100 Escudos (G) 1987. Typ wie Nr. 100, Mzz. J 1400,–

105 100 Escudos (G) 1987. Typ wie Nr. 101, Mzz. J 1400,– 2850,–

106 100 Escudos (G) 1988. Typ wie Nr. 102, Mzz. J 1400,–

107 100 Escudos (Palladium) 1987. Typ wie Nr. 100, Inschrift »Pd 1 oz«. 999½er Palladium, 31,119 g 750,– 1600,–

108 100 Escudos (Pt) 1988. Typ wie Nr. 102, Inschrift »Pt 1 oz«. 999½er Platin, 31,119 g 1600,– 2800,–

Nrn. 99a, 107, 105, 108, polierte Platte (2000 Ex.) 7200,–

100. Geburtstag von Amadeo de Souza-Cardoso

ST PP

109 100 Escudos 1987. Rs. Amadeo de Souza-Cardoso (1887–1918), Maler, Details seines Werkes »Brut 300 TSF«:
a) (S) 925 fein, 21 g 35,– 65,–
b) (K-N) 8,–

XXIV. Olympische Sommerspiele 1988 in Seoul

110 250 Escudos 1988. Rs. Fünf Läufer beim Endspurt:
a) (S) 925 fein, 28 g 55,– 75,–
b) (K-N) 12,–

Das Goldene Zeitalter der portugiesischen Entdeckungen – 2. Ausgabe
Die Eroberung des Atlantiks 1336–1485 (10)

111 100 Escudos 1989. Rs. Dreimaster vor dem Pico de Teide auf Teneriffa, Kanarische Inseln, 1336 wiederentdeckt, seit 1402/96 spanisch:
a) (S) 925 fein, 21 g 40,– 70,–
b) (K-N) 5,–

112 100 Escudos 1989. Rs. Segelschiff »Ave Maria« und Karte der Inseln Madeira und Porto Santo, 1419–1420 wiederentdeckt:
a) (S) 40,– 70,–
b) (K-N) 5,–

113 100 Escudos 1989. Rs. Karavelle, Kompaßrose, neun Sterne für die neun Azoreninseln:
a) (S) 40,– 70,–
b) (K-N) 5,–

114 100 Escudos 1990. Rs. Rumpf einer Karavelle, Segel, Seekarte, Sonne, Polarstern und Sternbild »Kreuz des Südens«, sinnbildlich für die Entstehung der astronomischen Navigation im Atlantik 1455–1485:
a) (S) 40,– 70,–
b) (K-N) 5,–

115 100 Escudos (G) 1989. Typ wie Nr. 111 1200,–

116 100 Escudos (G) 1989. Typ wie Nr. 112 1200,–

117 100 Escudos (G) 1989. Typ wie Nr. 113 1200,–

118 100 Escudos (G) 1990. Typ wie Nr. 114 1200,–

119 100 Escudos (Palladium) 1989. Typ wie Nr. 112, Inschrift »Pd 1 oz« 1050,–

120 100 Escudos (Pt) 1990. Typ wie Nr. 114, Inschrift »Pt 1 oz« 2000,–

850. Jahrestag der Schlacht von Ourique und der Gründung des Königreichs Portugal

121 250 Escudos 1989. Rs. Schwert, den Halbmond schlagend, links Motiv einer Münze von König Alfons I. mit Initiale »A« über vier Wappenschilden:
a) (S) 925 fein, 28 g (max. 45 000 Ex.) 45,– 70,–
b) (K-N) (750 000 Ex.) 9,–

350. Jahrestag der Restauration der Unabhängigkeit

		ST	PP
122	100 Escudos 1990. Staatswappen. Rs. Ritter mit Rapièr-re-Schwert und Federhut auf dem Balkon des Königspalastes, symbolisch für die erneute Erklärung der Unabhängigkeit am 1. Dezember 1640 nach der spanischen Besetzung von 1580:		
	a) (S) 925 fein, 18,5 g (max. 45 000 Ex.)	35,–	60,–
	b) (K-N) (1 000 000 Ex.)	5,–	

100. Todestag von Camilo Castelo Branco

123	100 Escudos 1990. Stilisierter Baum, Staatswappen. Rs. Camilo Castelo Branco (1825–1890), portugiesischer Schriftsteller:		
	a) (S) 925 fein, 18,5 g (max. 45 000 Ex.)	–,–	60,–
	b) (K-N) (1 000 000 Ex.)	4,–	

Das Goldene Zeitalter der portugiesischen Entdeckungen – 3. Ausgabe
500. Jahrestag der Entdeckung Amerikas – 1. Ausgabe (10)

124	200 Escudos 1991. Rs. Portugiesische Entdeckungsreisen in den Westen 1452–1486:		
	a) (S) 925er Silber, 26,5 g		72,–
	b) (K-N)	5,–	
125	200 Escudos 1991. Rs. Kolumbus in Portugal 1476–1485:		
	a) (S)		–,–
	b) (K-N)	5,–	
126	200 Escudos 1992. Rs. Christoph Kolumbus, Karavellen »Santa Maria«, »Niña«, »Pinta« in der »Neuen Welt« Amerika 1492:		
	a) (S)		–,–
	b) (K-N)	5,–	
127	200 Escudos 1992. Rs. João Rodrigues Cabrilho, Entdecker Kaliforniens 1542:		
	a) (S)		–,–
	b) (K-N)	5,–	
128	200 Escudos (G) 1991. Typ wie Nr. 124		–,–
129	200 Escudos (G) 1991. Typ wie Nr. 125		–,–
130	200 Escudos (G) 1992. Typ wie Nr. 126		–,–
131	200 Escudos (G) 1992. Typ wie Nr. 127		–,–
132	200 Escudos (Palladium) 1991. Typ wie Nr. 125		–,–
133	200 Escudos (Pt) 1992. Typ wie Nr. 127		–,–

500. Jahrestag der Entdeckung Amerikas – 2. Ausgabe

134	1000 Escudos (S) 1992 [91]. Staatswappen im Wappenkreis. Rs. Segelschiff zwischen den Kontinenten Europa und Amerika:		
	a) 925er Silber, 27 g (max. 50 000.)		–,–
	b) 500er Silber,27 g (350 000 Ex.)	–,–	

EG-Präsidentschaft Portugals (Januar–Juni 1992)

135	200 Escudos 1992:		
	a) (S) 925er Silber, 26,5 g (ST: max. 20 000 Ex., PP: max. 30 000 Ex.)	–,–	–,–
	b) (K-N) (1 000 000 Ex.)	–,–	

XXV. Olympische Sommerspiele 1992 in Barcelona

136	200 Escudos 1992:		
	a) (S) 925er Silber, 26,5 g (ST: max. 20 000 Ex., PP: max. 50 000 Ex.)	–,–	–,–
	b) (K-N) (1 000 000 Ex.)	–,–	

Frühere Ausgaben siehe Weltmünzkatalog 19. Jahrhundert.

Portuguese Guinea

Portugiesisch-Guinea

Guineé Portugaise

Guiné Portuguesa

Fläche: 36 125 km²; 530 000 Einwohner.
Das bis 1879 verwaltungsmäßig von den Kapverdischen Inseln abhängige Gebiet wurde damals eine eigene Kolonie, 1951 — wie die anderen Kolonien Portugals — in eine (Übersee-)Provinz umgestaltet. Es ist das erste Portugiesische Übersee-Territorium, dem — nach Ausrufung der Republik am 23. September 1973 — die Gewährung der völligen Unabhängigkeit und Souveränität ab 10. September 1974 als Guinea-Bissau, dabei Mitgliedschaft in den Vereinigten Nationen, gelungen ist. Träger der Bewegung war und ist der PAIGC (Partido Africano da Independencia de Guiné e Cabo Verde). Hauptstadt: Bissau.

100 Centavos = 1 Escudo

Kolonie

		SS	VZ
1 (1)	5 Centavos (Bro) 1933. Kopf der Freiheit nach links. Rs. Wert	75,—	160,—
2 (2)	10 Centavos (Bro) 1933. Typ wie Nr. 1	18,—	50,—
3 (3)	20 Centavos (Bro) 1933. Typ wie Nr. 1	12,—	35,—
4 (4)	50 Centavos (Neusilber) 1933. Kopf der Freiheit nach rechts. Rs. Wappen	35,—	100,—
5 (5)	1 Escudo (Neusilber) 1933. Typ wie Nr. 4	12,—	35,—

500. Jahrestag der Entdeckung (2)

		SS	VZ
6 (6)	50 Centavos (Bro) 1946. Kolonialwappen mit Mauerkrone, Gedenkinschrift. Rs. Wert und Jahreszahlen 1446–1946	6,—	15,—

		SS	VZ
7 (7)	1 Escudo (Bro) 1946. Typ wie Nr. 6	5,50	9,—

Überseeprovinz

		SS	VZ
8 (8)	50 Centavos (Bro) 1952. Kolonialwappen mit Mauerkrone. Rs. Wert	2,—	3,—
9 (9)	2½ Escudos (K-N) 1952. Kolonialwappen mit Mauerkrone, Wert. Rs. Wappen Portugals auf Christuskreuz	4,—	10,—
10 (10)	10 Escudos (S) 1952. Typ wie Nr. 9. 720er Silber, 5 g	18,—	40,—
11 (11)	20 Escudos (S) 1952. Typ wie Nr. 9. 720er Silber, 10 g	22,—	50,—

		VZ	ST
12 (12)	10 Centavos (Al) 1973. Typ wie Nr. 8	7,—	14,—
13 (13)	20 Centavos (Bro) 1973. Typ wie Nr. 8	8,—	16,—
14 (8a)	50 Centavos (Bro) 1973. Typ wie Nr. 8	—,—	—,—
15 (14)	1 Escudo (Bro) 1973. Typ wie Nr. 8	10,—	18,—
16 (15)	5 Escudos (K-N) 1973. Typ wie Nr. 9	8,—	16,—
17 (10a)	10 Escudos (K-N) 1973. Typ wie Nr. 9	8,—	16,—

Weitere Ausgaben siehe unter *Guinea-Bissau*.

Portuguese India

Portugiesisch-Indien

Inde Portugaise

Fläche: 4183 km²; 720 000 Einwohner (1966).
Im Rahmen ihrer überseeischen Aktivitäten um 1500 eroberten die Portugiesen mehrere wirtschaftlich interessante Plätze in Ostindien, wo sie Vizekönige einsetzten. Der zweite in dieser Reihe, Alfonso de Albuquerque, eroberte am 25. November 1510 die Stadt Goa an der Westküste und machte sie zum Mittelpunkt der zerstreuten portugiesischen Erwerbungen. Von diesem Kolonialbesitz, dem sogenannten Estado da India, blieben im 19. Jahrhundert außer Goa nur noch die fünf Breitengrade nördlicher, zu beiden Seiten des Golfes von Cambay liegenden Städte Daman (portugies. Damão, erobert 1559) und Diu (erobert 1536) übrig. Goa war seit 1559 Sitz des Vizekönigs, die Residenz wurde aber 1759 aus Klimagründen aus dieser Stadt in das nahe gelegene Pandschim (auch Nova Goa genannt) verlegt.
Die 1951 erteilte weitgehende Autonomie und eine eigene Verfassung (von 1955) bewahrten Portugiesisch-Indien nicht vor der Eroberung durch indische Truppen am 17./18. Dezember 1961. Eine Volksabstimmung legalisierte die Einverleibung in Indien rückwirkend zum 20. Dezember 1961, ist aber von Portugal erst am 31. Dezember 1974 vertraglich anerkannt worden. Die weit auseinander liegenden drei Gebiete bilden seitdem ein Territorium der Indischen Union unter dem Namen: Goa, Daman und Diu.
Hauptstadt: Pandschim (Nova Goa).

12 Réis = 1 Tanga, 16 Tangas = 1 Rupia;
seit 16. Juni 1958: 100 Centavos = 1 Escudo, 6 Escudos = 1 Rupia

India Portuguesa

Karl I. 1889–1908

			SS	VZ
1 (15)	1/12	Tanga (Bro) 1901, 1903. Karl I. (1863–1908), Kopfbild n. r. Rs. Gekröntes Wappen	8,–	12,–
2 (16)	1/8	Tanga (Bro) 1901, 1903. Typ wie Nr. 1	7,–	11,–
3 (17)	1/4	Tanga (Bro) 1901, 1903. Typ wie Nr. 1	5,–	10,–
4 (18)	1/2	Tanga (Bro) 1901, 1903. Typ wie Nr. 1	6,–	12,–
5 (19)	1	Rupia (S) 1903, 1904. Typ wie Nr. 1. 916⅔er Silber, 11,66 g	30,–	70,–

Estado da India

6 (20)	1	Rupia (S) 1912. Kopf der Republik n. l. Rs. Wert im Kranz	90,–	180,–

7 (21)	1	Tanga (Bro) 1934. Vorläufiges Wappen über Jahreszahl. Rs. Wappen (Alt-Portugal) über Wert	9,–	25,–
8 (22)	2	Tangas (K-N) 1934. Typ wie Nr. 7	12,–	32,–
9 (23)	4	Tangas (K-N) 1934. Typ wie Nr. 7	12,–	32,–

Nrn. 8 und 9 bestehen aus Kupfer 80%, Nickel 20%.

10 (24)	½	Rupia (S) 1936. Vorläufiges Wappen über Wertangabe, Umschrift ESTADO DA INDIA. Rs. Christuskreuz hinter dem Wappen der Republik Portugal, Jahreszahl	30,–	35,–

			SS	VZ
11 (25)	1	Rupia (S) 1935. Typ wie Nr. 10	28,–	50,–
12 (26)	1	Tanga (Bro) 1947. Wappen mit Mauerkrone der Kolonien. Rs. Wert	2,50	5,–
13 (27)	¼	Rupia (K-N) 1947, 1952. Typ wie Nr. 12	4,–	9,–
14 (28)	½	Rupia (K-N) 1947, 1952. Typ wie Nr. 12	6,–	11,–
15 (29)	1	Rupia (S) 1947. Wappen über Christuskreuz, Rs. Wappen mit Mauerkrone	18,–	28,–
16 (26a)	1	Tanga (Bro) 1952. Typ wie Nr. 12, jedoch geringerer Ø	3,–	5,–
17 (29a)	1	Rupia (K-N) 1952, 1954. Typ wie Nr. 15:		
		1952	11,–	22,–
		1954	*300,–*	*500,–*

NEUE WÄHRUNG: 100 Centavos = 1 Escudo,
6 Escudos = 1 Rupia

			VZ	ST
18 (34)	10	Centavos (Bro) 1958, 1959, 1961. Wappen mit Mauerkrone der Kolonien. Rs. Wert	2,–	5,–
19 (35)	30	Centavos (Bro) 1958, 1959. Typ wie Nr. 18	10,–	30,–
20 (36)	60	Centavos (Neusilber) 1958, 1959. Wappen. Rs. Wappen auf Christuskreuz	8,–	25,–
21 (37)	1	Escudo (Neusilber) 1958, 1959. Typ wie Nr. 20	4,–	10,–
22 (38)	3	Escudos (Neusilber) 1958, 1959. Typ wie Nr. 20	8,–	25,–
23 (39)	6	Escudos (Neusilber) 1959. Typ wie Nr. 20	6,–	18,–

Frühere Ausgaben siehe Weltmünzkatalog 19. Jahrhundert.

Ras Al Khaima

Ras Al Khaima **Ras Al Khaima**

Fläche: 1650 km²; 34000 Einwohner.
Das Scheichtum Ras Al Khaima gehört zu den sieben Vertragsstaaten (Trucial States) im Befriedeten Oman (Piratenküste). Seit Februar 1972 ist Ras Al Khaima Mitgliedsstaat der »Vereinigten Arabischen Emirate« (UAE). Hauptstadt: Ras Al Khaima.

100 Dirhams = 1 Rial (Riyal)

Saker Ben Mohammed Al Kaisimi

			ST	PP
1	1	Rial (S) 1969. Gekreuzte Dschambijas über gekreuzten Flaggen (Staatsemblem), Jahreszahlen. Rs. Wertangabe, Landesbezeichnung. 640er Silber, 3,9 g	20,–	30,–
2	2	Rials (S) 1969. Typ wie Nr. 1. 835er Silber, 6,5 g	30,–	45,–
3	5	Rials (S) 1969. Typ wie Nr. 1. 835er Silber, 15 g	45,–	70,–

Berühmte italienische Sportler
IX. Fußball-Weltmeisterschaft 1970 in Mexiko
XX. Olympische Sommerspiele 1972 in München (9)

4	7½	Riyals (S) o. J. (1970). Giacomo Agostini, Motorradrennfahrer. Rs. Wertangabe, Landesbezeichnung. 925er Silber, 22,31 g	–,–
5	10	Riyals (S) 1970. Jules-Rimet-Pokal, im Hintergrund Fußball. 925er Silber, 29,98 g	–,–
6	10	Riyals (S) o. J. (1970). Felice Gimondi, Radrennfahrer, Emblem von Salvarani, 925er Silber, 29,98 g	–,–
7	15	Riyals (S) o. J. (1970). Mannschaft des FC Inter Mailand. 925er Silber, 44,87 g	750,–
8	50	Riyals (G) o. J. (1970). Gigi Riva, Fußballspieler beim FC Cagliari. 900er Gold, 10,35 g	–,–
9	75	Riyals (G) o. J. (1970). Gianni Rivera, Fußballspieler beim AC Milano. 900er Gold, 15,53 g	–,–
10	100	Riyals (G) 1970. Typ wie Nr. 5. 900er Gold, 20,7 g	–,–
11	150	Riyals (G) o. J. (1970). Fackel, olympische Ringe mit Gewichtheber, Weitspringer, Läufer und Speerwerfer. 900er Gold, 31,05 g (3060 Ex.)	1000,–
12	200	Riyals (G) o. J. (1970). Typ wie Nr. 7. 900er Gold, 41,4 g	–,–

Nrn. 4–7, polierte Platte –,–
Nrn. 8–12, polierte Platte –,–
Nrn. 4–12, polierte Platte –,–

Rom – 100 Jahre Hauptstadt Italiens (8)

			PP
13	7½	Riyals (S) 1970. »Gründung Roms 753 v. Chr.«, pflügender Bauer. Rs. Wertangabe, Landesbezeichnung	–,–
14	10	Riyals (S) 1970. »Römisches Kaiserreich 27 v. Chr.«, Augustus und Triga	300,–
15	15	Riyals (S) 1970. »Römische Republik 1849«, drei Porträts	–,–
16	50	Riyals (G) 1970. »Königreich Italien 1861«, Victor Emanuel II., König von Italien 1861–1878	525,–
17	75	Riyals (G) 1970. Rom als Hauptstadt Italiens	750,–
18	100	Riyals (G) 1970. Sieg Italiens im 1. Weltkrieg	1050,–
19	150	Riyals (G) 1970. »Rom – Ursprung der Republik Italien 1946« stehende »Freiheit«, Industriegebäude, Wölfin	1450,–
20	200	Riyals (G) 1970. Die Wölfin mit Romulus und Remus im Kreis von Schilden	1950,–

Nrn. 13–15, polierte Platte –,–
Nrn. 16–20, polierte Platte –,–
Nrn. 13–20, polierte Platte –,–

			ST
21	50	Dirhams (K-N) 1970. Berberfalke (Falco peregrinoides — Falconidae). Rs. Wertangabe	50,–
22	2½	Riyals (S) 1970. Scheich Saker. Rs. Berberfalke, Wertangabe. 925er Silber, 7 g	75,–

23	7½	Riyals (S) 1970. Typ wie Nr. 22. 925er Silber, 22,6 g	200,–

		ST	PP
24	10 Riyals (S) 1970. Dwight David Eisenhower (1890–1969), 34. Präsident der Vereinigten Staaten von Amerika 1953–1961:		
	a) ohne »PROOF«	40,–	
	b) »PROOF« über der Wertzahl		*65,–*

Fußball-Weltmeister 1970 (2)

25	7½ Riyals (S) 1970. Jules-Rimet-Pokal und die Abzeichen der Nationalmannschaften von Brasilien und Italien. 925er Silber, 22,31 g	*400,–*	*600,–*

		ST	PP
26	15 Riyals (S) 1970. Typ wie Nr. 25. 925er Silber, 44,87 g	*800,–*	*1000,–*

Weitere Ausgaben siehe unter *Vereinigte Arabische Emirate.*

Reunion | **Réunion** | **Réunion**

Réunion

Fläche: 2511 km²; 470000 Einwohner.
Die geographisch zu den Maskarenen zählende, Madagaskar am nächsten liegende Insel wurde zwar Anfang des 16. Jahrhunderts von einem Portugiesen, Pedro de Mascarenhas, entdeckt, aber erstmals im Juni/Juli 1638 von dem aus Dieppe kommenden Schiff Saint Alexis für Frankreich in Besitz genommen, 1649 I(s)le (de) Bourbon benannt und amtlich so bis zur Französischen Revolution, im Volke aber weiterhin so bezeichnet. Die Umbenennung in Ile Bonaparte während der napoleonischen Herrschaft 1806 wurde durch die englische Erorberung 1810 hinfällig; 1815 gaben die Briten die Insel als einzige der drei Maskareninseln an Frankreich zurück; aber erst 1848 wurde der wiedereingeführte Name Bourbon in den noch gültigen Réunion geändert. Die Umgestaltung der französischen Kolonien in Übersee-Départements während des 20. Jahrhunderts kam auch Réunion im Jahre 1946 zugute. Die umlaufenden CFA-Franc-Geldzeichen wurden vom »Institut d'émission des Départements d'outre-mer« ausgegeben. Seit 1973 ist Réunion französisches Départment. Hauptstadt: Saint-Denis.

100 Centimes = 1 CFA-Franc; seit 1973: 100 Centimes = 1 Französischer Franc

		SS	VZ
1 (8)	1 Franc (Al) 1948, 1964, 1968, 1969, 1971, 1973. Kopf der Marianne, Allegorie der Republik Frankreich. Rs. Vanille (Vanilla planifolia — Orchidaceae)	**–,70**	**1,20**
2 (9)	2 Francs (Al) 1948, 1968—1971, 1973. Typ wie Nr. 1	**1,50**	**5,–**

		SS	VZ
3 (10)	5 Francs (Al) 1955, 1969—1973. Typ wie Nr. 1	**1,50**	**3,–**
4 (11)	10 Francs 1955—1973. Rs. Staatswappen:		
	a) (Al-Bro) 1955, 1962, 1964	**3,–**	**6,–**
	b) (Al-N-Bro) 1964, 1969—1973	**3,–**	**6,–**
5 (12)	20 Francs 1955—1973. Typ wie Nr. 4:		
	a) (Al-Bro) 1955, 1960—1962, 1964	**4,–**	**10,–**
	b) (Al-N-Bro) 1964, 1969—1973	**4,–**	**10,–**
6 (13)	50 Francs (N) 1962, 1964, 1969, 1970, 1973. Typ wie Nr. 4	**3,–**	**4,–**
7 (14)	100 Francs (N) 1964, 1969—1973. Typ wie Nr. 4	**4,–**	**6,–**

Anm.: Falsche Stempelkoppelung: Nr. 1 von 1948 auch mit Umschrift REPUBLIQUE FRANÇAISE UNION FRANÇAISE vorkommend.

Nr. 1 von 1969 auch auf dünnem Schrötling vorkommend (Y8a).

Rhodesien

Rhodesia **Rhodésie**

Fläche: 389 362 km²; 5 690 000 Einwohner (1979).

Unter der Verwaltung der Britischen Süd-Afrika-Gesellschaft (British South Africa Company) waren die Gebiete von Nord- und Südrhodesien von 1889 bis 1923 vereinigt. Von 1953 bis 1963 gehörte Südrhodesien mit Nordrhodesien und Nyassaland zum Zentralafrikanischen Bund. Im Oktober 1964 Umbenennung von Southern Rhodesia in Rhodesia. Am 11. November 1965 erklärte sich Rhodesien für unabhängig und am 2. März 1970 zur Republik. Hauptstadt: Salisbury.

12 Pence = 10 Cents = 1 Shilling, 20 Shillings = 1 £;
seit 17. Februar 1970: 100 Cents = 1 Rhodesischer Dollar

Elisabeth II. 1964–1970

VZ ST

1 (A1) 3 Pence (K-N) 1968. Elisabeth II. Rs. Drei Speerspitzen **1,– 3,–**

2 (1) 6 Pence = 5 Cents (K-N) 1964. Rs. Ruhmesblume (Gloriosa superba – Liliaceae) **1,20 3,–**

3 (2) 1 Shilling = 10 Cents (K-N) 1964. Rs. Halbrundes Wappen **3,– 6,–**

4 (3) 2 Shillings = 20 Cents (K-N) 1964. Rs. Groß-Simbabwe-Vogel, Skulptur aus Speckstein vom Giebel eines Sakralbauwerkes von Groß-Simbabwe (Teil des Staatswappens) **4,– 8,–**

5 (4) 2 Shillings+6 Pence = 25 Cents (K-N) 1964. Rs. Rappen-Antilope (Hippotragus niger – Bovidae) **5,– 10,–**

Nr. 1, polierte Platte (10 Ex.) 2800,–
Nr. 2–5 von 1964, polierte Platte (2048 Ex.) 100,–

PP

6 (A5) 10 Shillings (G) 1966. Typ wie Nr. 5. 916⅔er Gold, 3,99 g **350,–**

7 (B5) 1 £ (G) 1966. Rs. Wappenlöwe. 916⅔er Gold, 7,99 g **700,–**

8 (C5) 5 £ (G) 1966. Rs. Wappen. 916⅔er Gold, 39,94 g **3000,–**

Republik

NEUE WÄHRUNG: 100 Cents = 1 Rhodesischer Dollar

9

10

VZ ST

9 (5) ½ Cent (Bro) 1970–1977. Staatswappen. Rs. Landesname, Wertangabe, Jahreszahl:
1970–1972, 1975 **–,50 1,–**
1973 (ca. 28 Ex.) **–,–**
1977 (ca. 10 Ex.) **–,–**

10 (6) 1 Cent (Bro) 1970–1977. Typ wie Nr. 9 **–,40 1,–**

11 (7) 2½ Cents (K-N) 1970. Rs. Drei Speerspitzen, wie Nr. 1 **1,– 2,–**

12 (8) 5 Cents (K-N) 1973. Rs. Ruhmesblume (Gloriosa superba – Lilicaeae), wie Nr. 2 **–,65 1,10**

Nrn. 9–11 von 1970, polierte Platte (12 Ex.) –,–
Nrn. 9 und 10 von 1972, polierte Platte (12 Ex.) –,–
Nrn. 10 und 12 von 1973, polierte Platte (10 Ex.) –,–

13 (9) 5 Cents (K-N) 1975–1977. Staatswappen, Landesname. Rs. Ruhmesblume, wie Nr. 2:
1975, 1976 **–,40 1,–**
1977 **8,– 15,–**

14 (10) 10 Cents (K-N) 1975, 1976. Rs. Halbrundes Wappen, wie Nr. 3 **1,80 3,–**

15 (11) 20 Cents (K-N) 1975–1977. Rs. Groß-Simbabwe-Vogel, wie Nr. 4 **3,– 4,–**

16 (12) 25 Cents (K-N) 1975, 1976. Rs. Rappen-Antilope, wie Nr. 5 **4,– 6,–**

Nrn. 9, 10, 13–16 von 1975, polierte Platte (10 Ex.) –,–
Nr. 10 von 1976, polierte Platte (10 Ex.) –,–

Weitere Ausgaben siehe unter *Simbabwe.*

Rhodesien und Nyassaland

Rhodesia and Nyasaland **Rhodésie-Nyassaland**

Zum Zentralafrikanischen Bund wurden 1953 die Kolonie Süd-Rhodesien und die Protektorate Nordrhodesien und Nyassaland zusammengeschlossen. Diese Föderation hatte allerdings nur bis 1963 Bestand.

12 Pence = 1 Shilling, 2 Shillings = 1 Florin,
5 Shillings = 1 Crown, 20 Shillings = 1 £

Elisabeth II. 1952–1963

		SS	VZ
1 (1)	½ Penny (Bro) 1955–1958, 1964. Giraffen (Giraffa camelopardalis – Giraffidae) und Krone. Rs. Wert und Verzierungen (mit Loch)	1,–	3,–

2 (2)	1 Penny (Bro) 1955–1958, 1961–1963. Afrikanische Elefanten (Loxodonta africana – Elephantidae) und Krone. Rs. Wert und Verzierungen (mit Loch)	1,–	3,–

3 (3)	3 Pence (K-N) 1955–1957, 1962–1964. Elisabeth II., Kopfbild nach rechts. Rs. Ruhmesblume (Gloriosa superba – Lilicaeae)	1,50	4,–
4 (4)	6 Pence (K-N) 1955–1957, 1962, 1963. Rs. Löwe (Panthera leo – Felidae)	3,–	6,–
5 (5)	1 Shilling (K-N) 1955–1957. Rs. Rappenantilope (Hippotragus niger – Bovidae)	5,–	9,–
6 (6)	2 Shillings (K-N) 1955–1957. Rs. Schrei-Seeadler (Haliaëtus vocifer – Accipitridae) mit Fisch	9,–	22,–

		SS	VZ
7 (7)	½ Crown (K-N) 1955–1957. Rs. Staatswappen	18,–	35,–

Nrn. 1–7 von 1955–1957, polierte Platte –,–

		PP
8 (3a)	3 Pence (S) 1955. Typ wie Nr. 3. 500er Silber, 1,4138 g	–,–
9 (4a)	6 Pence (S) 1955. Typ wie Nr. 4. 500er Silber, 2,8276 g	–,–
10 (5a)	1 Shilling (S) 1955. Typ wie Nr. 5. 500er Silber, 5,6552 g	–,–
11 (6a)	2 Shillings (S) 1955. Typ wie Nr. 6. 500er Silber, 11,3104 g	–,–
12 (7a)	½ Crown (S) 1955. Typ wie Nr. 7. 500er Silber, 14,138 g	–,–

Nrn. 1, 2, 8–12 von 1955, polierte Platte (2000 Ex.) 180,–

Weitere Ausgaben siehe unter *Malawi, Rhodesien und Sambia.*

Rwanda **Ruanda** Rwanda

Fläche: 26000 km²; 6200000 Einwohner (1986).
Zunächst zu Deutsch-Ostafrika gehörend, später Teil des belgischen Treuhandgebietes Ruanda-Urundi. Selbständige Republik seit 1. Juli 1962. Zusammen mit Burundi bildete Ruanda eine Wirtschaftsunion; Währungseinheit war der Ruanda-Burundi-Franc, siehe auch Burundi, Ruanda und Burundi (Gemeinschaftsausgaben) sowie für Emissionen vor der Unabhängigkeit unter Belgisch-Kongo (Jahrgang 1952 bis 1960). Hauptstadt: Kigali.

100 Centimes = 1 Ruanda-Franc (Franc du Rwanda)

Republik Ruanda
République Rwandaise

		VZ	ST
1 (1)	1 Franc (K-N) 1964, 1965. Grégoire Kayibanda (*1925), Staatspräsident 1962–1973, Kopfbild. Rs. Staatswappen und Wert	**1,50**	**3,–**
2 (2)	5 Francs (Bro) 1964, 1965. Typ wie Nr. 1	**1,–**	**2,–**
3 (3)	10 Francs (K-N) 1964. Typ wie Nr. 1	**4,–**	**7,–**

4. Jahrestag der Unabhängigkeit (4)

		PP
4	10 Francs (G) 1965. Grégoire Kayibanda, Brustbild halbrechts. Rs. Staatswappen, Wertangabe, Umschrift. 900er Gold, 3,7 g	*170,–*
5	25 Francs (G) 1965. Typ wie Nr. 4. 900er Gold, 7,5 g	*320,–*
6	50 Francs (G) 1965. Typ wie Nr. 4. 900er Gold, 15 g	*640,–*
7	100 Francs (G) 1965. Typ wie Nr. 4. 900er Gold, 30 g	*1250,–*

		VZ	ST
8 (5)	½ Franc (Al) 1970	**1,–**	**2,–**

		VZ	ST
9 (6)	1 Franc (Al) 1969. Grégoire Kayibanda, Kopfbild nach rechts. Rs. Staatswappen und Wertangabe	**1,50**	**3,–**

Für den FAO-Münz-Plan

10 (4)	2 Francs (Al) 1970. Knabe beim Füllen eines Kaffeekorbes, Motto »Steigert die Produktion« (Wellenschnitt) [RM]	**1,–**	**2,–**

10. Jahrestag der Unabhängigkeit und FAO-Münz-Plan

10. Jahrestag der Unabhängigkeit und FAO-Münz-Plan

		VZ	ST
11 (7)	200 Francs (S) 1972. Begrüßungsszene anläßlich der Unabhängigkeitserklärung am 1. Juli 1962 vor Nationalflagge Ruandas. Rs. Landarbeiter beim Kultivieren von Reis, Motto »Steigert die Produktion«. 800er Silber, 18,62 g [RM]	20,–	35,–
12 (8)	1 Franc (Al) 1974, 1977, 1985. Kaffernhirse oder Sorghum. Rs. Staatswappen:		
	a) [RM] 1974, 1985	–,60	1,–
	b) [Paris] 1977	–,60	1,–
13 (9)	5 Francs (Bro) 1974, 1977, 1987. Kaffeezweig:		
	a) [RM] 1974, 1987	–,80	1,50
	b) [Paris] 1977	–,80	1,50
14 (10)	10 Francs (K-N) 1974, 1977, 1985. Kaffeezweig:		
	a) [RM] Ø 30 mm, 10,5 g, 1974	4,–	7,–
	b) [Paris] Ø 30 mm, 10,5 g, 1977	4,–	7,–
	c) [RM] Ø 26,5 mm, 7 g, 1985	1,–	2,–

		VZ	ST
15 (11)	20 Francs (Al-N-Bro) 1977. Bananen (Musa paradisiaca – Musaceae) [Paris]	3,–	7,–
16 (12)	50 Francs (Al-N-Bro) 1977. Teezweig (Camellia sinensis – Theaceae) [Paris]	4,–	9,–

25. Jahrestag der Unabhängigkeit und 25 Jahre Nationalbank

		ST
17	1000 Francs (S) 1989. Juvénal Habyarimana (*1937), Staatspräsident seit 1973. Rs. Nationalbankgebäude. 925er Silber, 28,28 g [RM]	50,–

Bedeutende Afrikaner – 1. Ausgabe (3)

		ST	PP
18	100 Francs (S) 1990. Staatswappen, Name der Nationalbank, Wertangabe. Rs. Nelson Mandela (*1918). 999er Silber, 31,1 g [HF]	–,–	–,–
19	2000 Francs (G) 1990. Typ wie Nr. 18. 999,9er Gold, 7,78 g [HF] (max. 50 000 Ex.)		–,–
20	5000 Francs (G) 1990. Typ wie Nr. 18. 999,9er Gold, 15,52 g [HF] (max. 3000 Ex.)		–,–

Rwanda and Burundi

Ruanda und Burundi

Rwanda et Burundi

Mit den Unabhängigkeitserklärungen vom 1. Juli 1962 endete die gemeinsame Verwaltung von Ruanda-Urundi. Obgleich am 22. September 1962 für beide nunmehr selbständige Staaten Ruanda und Burundi (vormals Urundi) der Ruanda-Burundi-Franc als neue gemeinsame Währungseinheit geschaffen worden war, kam es bereits am 30. September 1964 zur Kündigung der bestehenden Wirtschafts- und Währungsunion. In Burundi konnte diese 1-Franc-Münze noch bis 1975 als Zahlungsmittel verwendet werden.

100 Centimes = 1 Ruanda-Burundi-Franc

		SS	VZ
1 (1)	1 Franc (Me) 1960, 1961, 1964. Löwe (Panthera leo – Felidae), Initialen B.E.R.B. (Banque d'Émission du Rwanda et du Burundi). Rs. Wert und Landesname »Rwanda Burundi«	1,50	2,50
2	1 Franc (K-N) 1961. Kopf der Göttin Ceres, Füllhorn (Belgien Nrn. 96/101). Rs. Wert und Landesname »Rwanda Burundi« (Fehlprägung) (ca. 50 Ex.)	–,–	–,–

Rumania | # Rumänien | **Roumanie**

Romania

Fläche: 237 500 km²; 23 300 000 Einwohner (1991).
Das Königreich Rumänien wurde 1881 proklamiert, nachdem 1878 auf dem Berliner Kongreß infolge des russisch-türkischen Krieges seine während dieses Krieges von Fürst Karl I. aus dem Hause Hohenzollern ausgerufene Unabhängigkeit bestätigt worden war. Damit endete ein jahrhundertelanges Vasallenverhältnis gegenüber der Türkei, in das die sogenannten Donaufürstentümer Walachei (seit 1391) und Moldau (seit 1513) mit wechselnder Strenge verstrickt waren, wozu vor allem seit Ende des 18. Jahrhunderts maßgeblicher russischer Einfluß trat. Diesem versuchte die »Hohe Pforte« erfolglos durch Einsetzung einheimischer Fürsten entgegenzuwirken. Das russische Protektorat wurde 1856 förmlich beendet; die Vereinigung der beiden Fürstentümer zu einem einzigen konnte 1861 durch Fürst Alexander Joan I. aus dem Geschlecht Cuza unter dem Namen Fürstentum Rumänien proklamiert werden. Die damit noch nicht vollzogene Vereinigung der rumänischen Nation in einem gemeinsamen Staat blieb ein erst im 20. Jahrhundert verwirklichtes Ziel. Michael, der letzte König, mußte 1947 abdanken; das Land wurde 1948 eine Volksrepublik und 1965 eine Sozialistische Republik. Hauptstadt: Bukarest.

100 Bani (Singular: Ban oder Banu) = 1 Leu (Plural: Lei)

Tabelle der Feingewichte

Nominal	Metall	Prägezeit	Kat.-Nr.	Feingewicht	Feingehalt
50 Bani	(S)	1894–1914	1, 20	2,087	835
1 Leu	(S)	1894–1914	2, 13, 21	4,175	835
2 Lei	(S)	1894–1914	3, 22	8,350	835
5 Lei	(S)	1901–1906	4, 14	22,500	900
12½ Lei	(G)	1906	15	3,629	900
20 Lei	(G)	1906–1940	16, 27, 41, 42, 45, 46	5,807	900
20 Lei	(G)	1944	A56	5,895	900
25 Lei	(G)	1906–1922	17, 28	7,258	900
50 Lei	(G)	1906–1922	18, 29	14,517	900
50 Lei	(S)	1983	102	13,875	925
100 Lei	(S)	1932	37	7,000	500
100 Lei	(S)	1982–1983	103	27,750	925
100 Lei	(G)	1906–1940	19, 30, 43, 44, 47, 48	29,034	900
200 Lei	(S)	1942	53	5,010	835
250 Lei	(S)	1935	39	10,125	750
250 Lei	(S)	1939–1941	40, 54, 55	10,020	835
500 Lei	(S)	1941	56	20,875	835
500 Lei	(S)	1944	58	8,400	700
500 Lei	(G)	1982–1983	104	7,200	900
1000 Lei	(G)	1983	105	14,400	900
25000 Lei	(S)	1946	63	8,610	700
100000 Lei	(S)	1946	64	17,500	700

Königreich Rumänien
Regatul Romaniei
Karl I. 1881–1914

		SS	VZ
1 (24)	50 Bani (S) 1894, 1900, 1901. Karl I. (1839–1914), Kopfbild nach links. Rs. Wert und Jahreszahl im Kranz:		
	1894, 1900	15,–	32,–
	1901	36,–	60,–
2 (25)	1 Leu (S) 1894, 1900, 1901. Rs. Staatswappen, Wert und Jahreszahl:		
	1894, 1900	22,–	36,–
	1901	40,–	55,–
3 (26)	2 Lei (S) 1894, 1900, 1901. Typ wie Nr. 2:		
	1894, 1900	70,–	140,–
	1901	200,–	600,–
4 (23a)	5 Lei (S) 1901. Typ ähnlich wie Nr. 2	110,–	250,–
5 (29)	1 Ban (K) 1900	8,–	16,–
6 (30)	2 Bani (K) 1900	8,–	18,–
7 (31)	5 Bani (K-N) 1900. Krone und Jahreszahl mit Kranz. Rs. Wert	6,–	14,–
8 (32)	10 Bani (K-N) 1900. Typ wie Nr. 7	9,–	18,–
9 (33)	20 Bani (K-N) 1900. Typ wie Nr. 7	42,–	95,–
10 (34)	5 Bani (K-N) 1905, 1906. Schriftband mit Landesnamen, darüber Krone. Rs. Wert und Jahreszahl (mit Loch):		
	1905	2,–	4,–
	1906	1,–	3,–
11 (35)	10 Bani (K-N) 1905, 1906. Typ wie Nr. 10:		
	1905	3,–	6,–
	1906	2,–	5,–
12 (36)	20 Bani (K-N) 1905, 1906. Typ wir Nr. 10:		
	1905	12,–	24,–
	1906	9,–	18,–

40. Regierungsjubiläum Karls I. (7)

		SS	VZ
13 (37)	1 Leu (S) 1906. Karl Eitel Friedrich von Hohenzollern-Sigmaringen (1839 bis 1914), Fürst (Domnul) von Rumänien von 1866–1881, als Karl I. von 1881 bis 1914 König (Rege) des Landes (auf der Vs. ist Karl I. als König und auf der Rs. als Fürst dargestellt)	36,–	58,–
14 (38)	5 Lei (S) 1906. Typ wie Nr. 13	130,–	250,–

15 (39)	12½ Lei (G) 1906. Brustbild in Uniform. Rs. Gekrönter Wappenadler	300,–	450,–

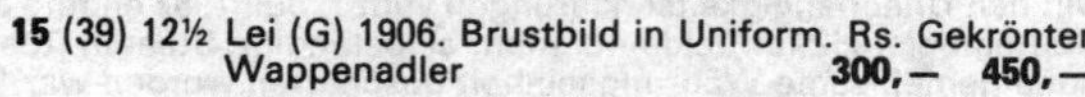

16 (41)	20 Lei (G) 1906. Typ wie Nr. 13	400,–	600,–
17 (40)	25 Lei (G) 1906. Typ wie Nr. 15	500,–	750,–

		SS	VZ
18 (43)	50 Lei (G) 1906. Karl I., Brustbild in Uniform. Rs. Karl I. zu Pferde	1000,–	1500,–

19 (42)	100 Lei (G) 1906. Typ wie Nr. 13	2400,–	3200,–
20 (44)	50 Bani (S) 1910–1912, 1914. Karl I., Kopfbild nach links. Rs. Krone über Olivenzweig	8,–	18,–
21 (45)	1 Leu (S) 1910–1912, 1914. Rs. Frau in der Landestracht	14,–	22,–
22 (46)	2 Lei (S) 1910–1912, 1914. Typ wie Nr. 21	16,–	28,–

Ferdinand I. 1914–1927

23 (47)	25 Bani (Al) 1921. Adler über Landesnamen und Jahreszahl. Rs. Wert und Krone (mit Loch)	3,–	6,–
24 (48)	50 Bani (Al) 1921. Typ wie Nr. 23	4,–	7,–
25 (49)	1 Leu (K-N) 1924. Staatswappen, am 23. 6. 1921 eingeführt, und Jahreszahl. Rs. Wert im Kranz	2,–	4,–
26 (50)	2 Lei (K-N) 1924. Typ wie Nr. 25	2,–	5,–

Zur Krönung von König Ferdinand I. (4)

27 (51)	20 Lei (G) 1922. Ferdinand I., Kopfbild mit Lorbeerkranz. Rs. Gekröntes Wappen und Wert	650,–	900,–
28 (52)	25 Lei (G) 1922. Ferdinand I. (1865–1927) im Krönungsornat. Rs. Königin Marie (1875–1938) im Krönungsornat	1000,–	1400,–

		SS	VZ
29 (53)	50 Lei (G) 1922. Typ wie Nr. 28	1400,–	2000,–
30 (54)	100 Lei (G) 1922. Typ wie Nr. 27	3000,–	4000,–

Michael I. 1927–1930

31 (55)	5 Lei (N-Me) 1930. Michael I., Knabenbild. Rs. Staatswappen und Wert	3,–	6,–

32 (56)	20 Lei (N-Me) 1930. Rs. Allegorische Darstellung der Einheit des Landes	16,–	24,–

Karl II. 1930–1940

33 (58)	10 Lei (N-Me) 1930. Karl II. (1893–1953), Kopfbild nach links. Rs. Gekrönter Wappenadler und Wappenschild mit Monogramm	6,–	16,–
34 (59)	20 Lei (N-Me) 1930. Typ wie Nr. 33	8,–	18,–
35 (62)	100 Lei (S) 1932. Karl II., Kopfbild nach rechts. Rs. Staatswappen im Kranz	40,–	85,–

36 (63)	250 Lei (S) 1935. Karl II., Kopfbild nach links. Rs. Gekrönter Adler mit Wappenschild	60,–	160,–

		SS	VZ
37 (57)	1 Leu (N-Me) 1938–1941. Krone und Jahreszahl, umgeben von Landesnamen und unten gebundenen Lorbeerzweigen. Rs. Maiskolben, Wertangabe:		
	a) 1938, Ø 21 mm, Probe		–,–
	b) 1938–1941, Ø18 mm	2,–	4,–
38 (60)	50 Lei (N) 1937–1938. Karl II. in Paradeuniform. Rs. Staatswappen im Kranz:		
	1937	9,–	18,–
	1938	16,–	36,–
39 (61)	100 Lei (N) 1936, 1938. Karl II., Kopfbild nach links		
	1936	8,–	18,–
	1938	20,–	45,–
40 (64)	250 Lei (S) 1939–1940. Karl II., Kopfbild nach rechts. Rs. Gekröntes Wappen und Kranz von Ähren und Weintrauben:		
	1939	25,–	50,–
	1940	45,–	90,–

100. Geburtstag von Karl I. am 20. April 1939 (4)

41 (65) 20 Lei (G) 1939. Karl II., Kopfbild nach rechts. Rs. Gekröntes Staatswappen **1600,– 2200,–**

42 (66) 20 Lei (G) 1939. Rs. Wappenadler **1200,– 1500,–**
43 (67) 100 Lei (G) 1939. Typ wie Nr. 41 **8000,– 12000,–**

44 (68) 100 Lei (G) 1939. Engel mit Schwert, davor Wappen **8000,– 12000,–**

10. Regierungsjubiläum (4)

		SS	VZ
45 (71)	20 Lei (G) 1940. Karl II., Kopfbild nach rechts. Rs. Monogramm mit Krone, von Lorbeerkranz mit sechs die einzelnen Felder des Staatswappens zeigenden Wappenschilde belegt (wenige Ex.)	700,–	1000,–

		SS	VZ
46 (72)	20 Lei (G) 1940. Rs. Krone über Monogramm, das Ganze im Kranz (wenige Ex.)	700,–	1000,–
47 (A71)	100 Lei (G) 1940. Typ wie Nr. 45	4000,–	5500,–
48 (A72)	100 Lei (G) 1940. Typ wie Nr. 46	5000,–	6500,–

Michael I. 1940–1947

		SS	VZ
49 (73)	2 Lei (Zink) 1941. Krone. Rs. Wert im Kranz	8,–	16,–
50 (74)	5 Lei (Zink) 1942. Rs. Wert und Ähren	3,–	8,–
51 (75)	20 Lei (Zink) 1942–1944. Rs. Wert im Kranz	3,–	9,–
52 (76)	100 Lei (St, N plattiert) 1943–1944. Michael I. (* 1921), Kopfbild nach rechts. Rs. Wert im Kranz, darüber Krone	1,–	4,–
53 (77)	200 Lei (S) 1942. Rs. Staatswappen	9,–	16,–
54 (78)	250 Lei (S) 1941. Michael I., Kopfbild nach links. Rs. Gekröntes Wappen und Kranz von Ähren und Weintrauben umgeben:		
	a) Randschrift »Nihil sine deo« (Nichts ohne Gott)	25,-	45,–
	b) Randschrift »Totul pentru tara« (Alles für das Land)	50,–	90,–

55 (79) 500 Lei (S) 1941. Stephan III., der Große (Stefan cel Mare) (1433–1504), Fürst der Moldau 1457–1504, kniend, mit Kirchenmodell **25,– 50,–**

Wiedervereinigung mit Siebenbürgen

56 20 Lei (G) 1944. Fürst Michael, König Ferdinand I., König Michael I. Rs. 11 Wappen **170,– 240,–**

SS VZ

57 (80) 500 Lei (S) 1944. Michael I., Kopfbild nach links. Rs. Gekröntes Staatswappen 10,– 22,–

58 (81) 200 Lei (Me) 1945. Michael I., Kopfbild nach rechts. Rs. Wert und Jahreszahl im Kranz, darüber Krone 12,– 22,–

59 (82) 500 Lei (Me) 1945. Typ wie Nr. 57 10,– 24,–

60 (83) 500 Lei (Al) 1946. Michael I., Kopfbild nach rechts. Rs. Wert im Kranz, darüber Landesnamen 8,– 16,–

61 (84) 2000 Lei (Me) 1946. Rs. Gekröntes Staatswappen 9,– 18,–

Messing-Münzen (Nrn. 58, 59 und 61) kommen versilbert vor; offiziell wurde aber diese Maßnahme seinerzeit nicht angeordnet. Diese Inflationsmünzen wurden vielmehr von privater Seite versilbert, um sie als »Silbermünzen« zu hohen Preisen ins Ausland verkaufen zu können.

62 (85) 10000 Lei (Me) 1947. Rs. Gekröntes Wappen, Olivenzweige und Wert 10,– 18,–

63 (86) 25000 Lei (S) 1946. Typ wie Nr. 62 16,– 26,–

64 (87) 100000 Lei (S) 1946. Rs. Romania, Allegorie des Staates mit gekröntem Staatswappen und Friedenstaube 28,– 52,–

WÄHRUNGSREFORM 15. August 1947:
20000 alte Lei = 1 neuer Leu

SS VZ

65 (88) 50 Bani (Me) 1947. Krone. Rs. Wert 5,– 12,–

66 (89) 1 Leu (Me) 1947. Gekröntes Staatswappen. Rs. Wert im Ährenkranz 7,– 14,–

67 (90) 2 Lei (Bro) 1947. Typ wie Nr. 66 9,– 18,–

68 (91) 5 Lei (Al) 1947. Michael I., Kopfbild nach rechts. Rs. Wert und Ähren 12,– 25,–

Rumänische Volksrepublik 1948–1965
Republica Populara Romana

SS VZ

69 (92) 1 Leu (Al-Bro) 1949–1951. Erdölbohrturm vor aufgehender Sonne. Rs. Wertangabe, Jahreszahl 5,– 14,–

70 (93) 2 Lei (Al-Bro) 1950, 1951. Früchte des Landes. Rs. Wertangabe, Jahreszahl 6,– 16,–

71 (92a) 1 Leu (Al) 1951, 1952. Typ wie Nr. 69:
1951 4,– 8,–
1952, Versuchsprägung! 20,– 45,–

72 (93a) 2 Lei (Al) 1951, 1952. Typ wie Nr. 70:
1951 6,– 18,–
1952, Versuchsprägung! 20,– 45,–

73 (94) 5 Lei (Al) 1948–1951. Staatswappen der Volksrepublik, am 10. 3. 1948 eingeführt. Rs. Wertangabe und Jahreszahl im Eichenkranz 6,– 18,–

74 (95) 20 Lei (Al) 1951. Rs. Schmied mit Amboß vor Fabrikanlage 24,– 55,–

WÄHRUNGSREFORM 28. Januar 1952
Umstellung auf Goldwährung

75 (96) 1 Ban (Al-Bro) 1952. Staatswappen, am 10. 3. 1948 eingeführt. Rs. Wertangabe, Jahreszahl –,50 1,–

76 (97) 3 Bani (Al-Bro) 1952. Typ wie Nr. 75 8,– 16,–

77 (98) 5 Bani (Al-Bro) 1952. Typ wie Nr. 75 5,– 13,–

78 (99) 10 Bani (K-N) 1952. Staatswappen, Landesbezeichnung. Rs. Wertangabe und Jahreszahl im Kranz unten gebundener Zweige 10,– 18,–

79 (100) 25 Bani (K-N) 1952. Typ wie Nr. 78 8,– 16,–

80 (96a) 1 Ban (Al-Bro) 1953, 1954. Typ wie Nr. 75, jedoch mit dem am 24. 9. 1952 eingeführten Wappen (mit Stern):
1953 12,– 24,–
1954 36,– 60,–

81 (97a) 3 Bani (Al-Bro) 1953, 1954. Typ wie Nr. 80 3,– 8,–

82 (98a) 5 Bani (Al-Bro) 1953–1957. Typ wie Nr. 80 2,– 7,–

83 (99a) 10 Bani (K-N) 1954. Typ wie Nr. 78, jedoch mit dem am 24. 9. 1952 eingeführten Wappen (mit Stern) 4,– 8,–

84 (100a) 25 Bani (K-N) 1953, 1954. Typ wie Nr. 83 5,– 12,–

Republica Populara Romina

		SS	VZ
85 (99b)	10 Bani (K-N) 1955, 1956. Staatswappen wie bei Nr. 83, jedoch Landesbezeichnung nach russischem Vorbild »Romina«	2,–	4,–
86 (100b)	25 Bani (K-N) 1955. Typ wie Nr. 85	2,–	4,–
87 (101)	50 Bani (K-N) 1955, 1956. Rs. Schmied mit Amboß vor Fabrikanlage		
	1955	4,–	10,–
	1956	5,–	12,–
88 (102)	5 Bani (St, N plattiert) 1963. Staatswappen. Rs. Wertangabe, Jahreszahl	–,50	1,–

89 (103) 15 Bani (St, N Plattiert) 1960. Rs. Wertangabe im Kranz unten gebundener Lorbeerzweige 1,– 2,–

90 (104) 25 Bani (St, N plattiert) 1960. Rs. Wertangabe über Trecker und Ähren 1,– 2,–

Republica Populara Romana

91 (105) 1 Leu (St, N plattiert) 1963. Staatswappen, Landesbezeichnung »Romana«. Rs. Trecker vor Berglandschaft und aufgehender Sonne 1,– 2,–

92 (106) 3 Lei (St, N plattiert) 1963. Rs. Erdölraffinerie 3,– 5,–

Sozialistische Republik Rumänien seit 1965
Republica Socialista România

93 (107) 5 Bani (St, N plattiert) 1966. Staatswappen, am 21. 8. 1965 eingeführt (mit »Republica Socialista România« auf dem Schriftband) –,40 1,–

		SS	VZ
94 (108)	15 Bani (St, N plattiert) 1966. Typ wie Nr. 89, jedoch neues Wappen und geänderte Staatsbezeichnung	–,80	1,50
95 (109)	25 Bani (St, N plattiert) 1966. Rs. wie bei Nr. 90	1,–	1,50

96 (110) 1 Leu (St, N plattiert) 1966. Rs. wie bei Nr. 91 1,– 2,50

97 (111) 3 Lei (St, N plattiert) 1966. Rs. wie bei Nr. 92 2,– 4,–

Nr. 97 auch als Probe in Silber, polierte Platte, vorkommend.

98 (107a) 5 Bani (Al) 1975. Typ wie Nr. 93 –,30 –,60

99 (108a) 15 Bani (Al) 1975. Typ wie Nr. 94 –,50 1,–

100 (109a) 25 Bani (Al) 1982. Typ wie Nr. 95 –,60 1,–

101 (112) 5 Lei (Al) 1978. Rs. Wertangabe innerhalb einer kranzförmigen Anordnung mit Darstellungen aus Industrie und Landwirtschaft 3,– 5,–

2050. Jahrestag der Gründung eines unabhängigen Dakerstaates (4)

PP

102 (115) 50 Lei (S) 1983. Staatswappen. Rs. Schlachtszene nach der Trajanssäule in Rom. 925er Silber, 13,88 g, FM:
a) Riffelrand (max. 6500 Ex.) *150,–*
b) Riffelrand mit Seriennummer (max. 1000 Ex.) –,–

103 (113) 100 Lei (S) 1982, 1983. Rs. Kopf eines Dakerkriegers. 925er Silber, 27,75 g, FM:
a) Riffelrand, 1982, 1983 (max. 14000 Ex.) *300,–*
b) Riffelrand mit Seriennummer, 1983 (max. 1000 Ex.) –,–

104 (114) 500 Lei (G) 1982, 1983. Typ wie Nr. 102. 900er Gold, 7,2 g, FM:
a) Riffelrand, 1982, 1983 (max. 14000 Ex.) *1200,–*
b) Riffelrand mit Seriennummer, 1983 (max. 1000 Ex.) –,–

PP

105 (116) 1000 Lei (G) 1983. Typ wie Nr. 103. 900er Gold, 14,4 g, FM:
a) Riffelrand (max. 6500 Ex.) *2400,–*
b) Riffelrand mit Seriennummer (max. 1000 Ex.) –,–

Nrn. 102 b–105 b von 1983, polierte Platte (max. 1000 Ex.) 4000,–

			VZ	ST
106	5	Lei (Al) 1991. Michael der Tapfere (Mihai Viteazul), Landesname »Romania«. Rs. Wert im Lorbeerkranz	*300,–*	*450,–*
107	10	Lei (St, N plattiert) 1990, 1991. Lorbeerzweig über neuer Staatsflagge, Datum »22. Dezember 1989« des Sieges der Revolution. Rs. Wert im Lorbeerkranz	1,–	3,–
108	20	Lei (St, Me plattiert) 1991. Stefan der Große (Stefan ciel Mare). Rs. Wert		–,–
109	50	Lei (St, Me plattiert) 1991. Alexandru Ioan Cuza (1820–1873), Fürst der Moldau und der Walachei seit 1859, Fürst von Rumänien 1862–1866. Rs. Wert und Blattornament		–,–
110	100	Lei (St, N plattiert) 1991. Typ wie Nr. 106		–,–

Frühere Ausgaben siehe Weltmünzkatalog 19. Jahrhundert.

Russia | # Rußland | **Russie**

РОССИЯ

Fläche: 22 402 000 km²; 285 000 000 Einwohner.
Bis Februar 1917 war Rußland ein Kaiser-(Zaren)Reich und anschließend eine bürgerliche Republik. Nach der »Großen Sozialistischen Oktoberrevolution« von 1917 entstand die Russische Sozialistische Föderative Sowjetrepublik (RSFSR). Am 30. Dezember 1922 wurde die Union der Sozialistischen Sowjetrepubliken (UdSSR) gegründet, die aus der RSFSR, der Transkaukasischen SSR, der Ukrainischen SSR und der Weißrussischen SSR bestand. Später traten die Usbekische, Turkmenische (1924) und Tadschikische SSR (1929) der Union bei. Weitere Unionsrepubliken entstanden 1940/1941 aus den baltischen Staaten und dem Moldaugebiet sowie Karelien, welches nach dem 2. Weltkrieg jedoch den Status einer eigenen Republik wieder einbüßte. Hauptstadt: St. Petersburg (seit 1915 Petrograd), 1922 nach Moskau verlegt.

Am 21. Dezember 1991 wurde in der kasachischen Hauptstadt Alma Ata eine neue Gemeinschaft Unabhängiger Staaten gegründet. Nachdem bereits die meisten Unionsministerien an die Russische Föderation übergegangen waren, löste sich die Sowjetunion mit dem Rücktritt ihres Staatspräsidenten Mikhail Serge'evič Gorbačev am 25. Dezember 1991 selbst auf. Die Republik Rußland trat die Rechtsnachfolge der Sowjetunion an.

100 Kopeken (КОПЕЙКИ) = 1 Rubel (РУБЛЬ) 25 Kopeken = 1 Polupoltinnik (Halbes Halbstück),
50 Kopeken = 1 Poltinnik (Halbstück), 10 Rubel = 1 Imperial (seit 1917 Tscherwonez, Červonez)

Münzstätten: St. Petersburg С.П.Б. seit 1915 Petrograd (o. Msz.)

Leningrad ЛМД

Osaka (o. Msz.)
Paris (*)
Brüssel (**)

Moskau

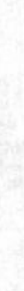

Nikolaus II. 1894–1917

Die unter Nikolaus II. geprägten Kleinmünzen zeigen im wesentlichen die gleichen Muster wie die seines Vorgängers Alexander III. (1881–1894) und wurden fast ausnahmslos in St. Petersburg geprägt. Die Kennzeichnung dieser Münzstätte mit С. П. Б. entfiel auf den Stücken von 1915–1917, da die Stadt in Petrograd umbenannt war. Die Anfangsbuchstaben der Münzmeister erscheinen auf den Kleinsilbermünzen zu den Seiten des Adlerschwanzes, bei den Prägungen zu 50 Kopeken und 1 Rubel in der Randschrift. Auftragsprägungen aus Osaka, Japan (10, 15 und 20 Kopeken 1916), tragen keine Münzmeisterzeichen.

		SS	VZ
1 (47) ¼	Kopeke (K) 1894–1916. Gekröntes Monogramm von Nikolaus II. auf Lorbeerzweigen. Rs. Wert und Jahreszahl:		
	a) Msz. С. П. Б. 1894	*300,–*	*500,–*
	1895	*200,–*	*350,–*
	1896–1900, 1909, 1910	**9,–**	**16,–**
	b) o. Msz., 1915	**150,–**	**200,–**
	o. Msz., 1916	**250,–**	**400,–**

		SS	VZ
2 (48) ½	Kopeke (K) 1894–1916. Typ wie Nr. 1:		
	a) Msz. С. П. Б. 1894	**150,–**	**200,–**
	1895	**15,–**	**25,–**
	1896–1900, 1908–1914	**9,–**	**15,–**
	b) o. Msz., 1915	**80,–**	**140,–**
	o. Msz., 1916	**140,–**	**200,–**
3 (49) 1	Kopeke (K) 1895–1917. Gekrönter Doppeladler. Rs. Wert im Kranz, oben Jahreszahl:		
	a) Msz. С. П. Б. 1895–1901, 1903–1914	**5,–**	**8,–**
	1902	**25,–**	**40,–**
	b) o. Msz., 1915, 1916	**6,–**	**10,–**
	1917	**–,–**	**–,–**
4 (50) 2	Kopeken (K) 1895–1917. Typ wie Nr. 3:		
	a) Msz. С. П. Б. 1895–1901, 1903–1914	**5,–**	**8,–**
	1902	**15,–**	**25,–**
	b) o. Msz., 1915, 1916	**8,–**	**12,–**
	1917	**–,–**	**–,–**

Nr.		SS	VZ
5 (51)	3 Kopeken (K) 1895—1917. Typ wie Nr. 3:		
	a) Msz. С.П.Б., 1895—1901, 1903—1914	5,—	8,—
	1902	15,—	25,—
	b) o. Msz., 1915, 1916	10,—	15,—
	1917	—,—	—,—
6 (52)	5 Kopeken (K) 1911—1917. Typ wie Nr. 3:		
	a) Msz. С.П.Б., 1911, 1912	9,—	15,—
	b) o. Msz., 1916	300,—	600,—
	1917	*2400,—*	*3000,—*
7 (53)	5 Kopeken (S) 1897—1915. Gekrönter Doppeladler. Rs. Wert und Jahreszahl unter Krone im Kranz. 500er Silber, 1,0365 g:		
	a) Msz. С.П.Б., o. Mmz., 1897	35,—	50,—
	b) Mmz. АГ, 1897—1899	4,—	6,—
	c) Mmz. ЭБ, 1899	15,—	25,—
	d) Mmz. ФЗ, 1900, 1901	4,—	6,—
	e) Mmz. АР, 1901—1903, 1905	4,—	6,—
	1904	150,—	250,—
	f) Mmz. ЭБ, 1906, 1908—1913	4,—	6,—
	g) Mmz. ВС, 1913, 1914	9,—	15,—
	h) o. Msz., Mmz. ВС, 1915	5,—	8,—
8 (54)	10 Kopeken (S) 1895—1917. Typ wie Nr. 7. 500er Silber, 2,0729 g:		
	a) Msz. С.П.Б., Mmz. АГ, 1895—1899	4,–	6,–
	b) Mmz. ЭБ, 1899	5,–	8,–
	c) Mmz. ФЗ, 1900, 1901	4,–	6,–
	d) Mmz. АР, 1901—1905	4,–	6,–
	e) Mmz. ЭБ, 1906—1913	3,–	6,–
	f) Mmz. ВС, 1913, 1914	3,–	6,–
	g) o. Msz., Mmz. ВС, 1915, 1916	5,–	8,–
	1917	80,–	140,–
	h) o. Mmz., 1916 (Mzst. Osaka)	50,–	100,–

Nr.		SS	VZ
9 (55)	15 Kopeken (S) 1896—1917. Typ wie Nr. 7. 500er Silber, 3,1094 g:		
	a) Msz. С.П.Б., Mmz. АГ, 1896—1899	4,—	6,—
	b) Mmz. ЭБ, 1899	6,—	10,—
	c) Mmz. ФЗ, 1900, 1901	4,—	6,—
	d) Mmz. АР, 1901—1905	4,—	6,—
	e) Mmz. ЭБ, 1906—1913	4,—	6,—
	f) Mmz. ВС, 1912—1914	4,—	6,—
	g) o. Msz., Mmz. ВС, 1915, 1916	6,—	10,—
	1917	80,—	150,—
	h) o. Mmz., 1916 (Mzst. Osaka)	60,—	120,—
10 (56)	20 Kopeken (S) 1901—1917. Typ wie Nr. 7. 500er Silber, 4,1458 g:		
	a) Msz. С.П.Б., Mmz. ФЗ, 1901	6,—	10,—
	b) Mmz. АР, 1901—1905	4,—	6,—
	c) Mmz. ЭБ, 1906—1913	4,—	6,—
	d) Mmz. ВС, 1912—1914	4,—	6,—
	e) o. Msz., Mmz. ВС, 1915, 1916	6,—	10,—
	1917	90,—	160,—
	f) o. Mmz., 1916 (Mzst. Osaka)	80,—	140,—
11 (57)	25 Kopeken (S) 1895—1901. Nikolaus II. (1868—1918), Kopfbild nach links. Rs. Gekrönter Doppeladler. 868er Silber, 5 g:		
	1895, 1896	35,—	75,—
	1900	50,—	90,—
	1901 (13 Ex.) polierte Platte		*1000,—*
12 (58)	50 Kopeken (S) 1895—1914. Typ wie Nr. 11. 868er Silber, 10 g:		
	a) Mmz. АГ, 1895, 1896, 1899	20,—	50,—
	1898	600,—	850,—
	b) Msz. *, 1896, 1897, 1899 (Mzst. Paris)	30,—	60,—
	c) ohne Randschrift, 1896	200,–	300,–
	d) Mmz. ЭБ, 1899	20,–	50,–
	e) Mmz. ФЗ, 1899—1901	20,–	50,–
	f) Mmz. АР, 1901, 1902	20,–	50,–
	1903 (19 Ex.)	600,–	850,–
	1904	350,–	700,–
	g) Mmz. ЭБ, 1906—1912	18,–	40,–
	1913	80,–	140,–
	h) Mmz. ВС, 1913, 1914	20,–	50,–

Nr.		SS	VZ
13 (59)	1 Rubel (S) 1895—1915. Typ wie Nr. 11. 868er Silber, 19,981 g:		
	a) Mmz. АГ, 1895—1898	30,—	60,—
	b) Msz. *, 1896—1898 (Mzst. Paris)	30,—	60,—
	c) ohne Randschrift, 1897, 1898	600,—	850,—
	d) Msz. **, 1898, 1899 (Mzst. Brüssel)	30,—	60,—
	e) Mmz. ЭБ, 1899	30,—	60,—
	f) Mmz. ФЗ, 1899—1901	30,—	60,—
	g) Mmz. АР, 1901, 1902	45,—	80,—
	1903	60,—	100,—
	1904	350,—	500,—
	1905	240,—	320,—
	h) Mmz. ЭБ, 1906, 1909—1911	45,—	80,—
	1907, 1912	30,—	60,—
	1908	350,—	500,—
	1913	600,—	850,—
	i) Mmz. ВС, 1913	700,—	1000,—
	1914 (900 Ex.), 1915 (600 Ex.)	350,—	500,—
14 (62)	5 Rubel (G) 1897—1911. Typ wie Nr. 11. 900er Gold, 4,3063 g:		
	a) Mmz. АГ, 1897, 1898	150,—	200,—
	b) Mmz. ЭБ, 1899	150,—	200,—
	c) Mmz. ФЗ, 1899—1901	150,—	200,—
	d) Mmz. АР, 1901—1904	150,—	200,—
	e) Mmz. ЭБ, 1906, 1907	700,—	1000,—
	1909—1911	240,—	320,—
15 (63)	7 Rubel 50 Kopeken (G) 1897. Typ wie Nr. 11. 900er Gold, 6,4519 g. Mmz. АГ	240,—	320,—
16 (64)	10 Rubel (G) 1898—1911. Typ wie Nr. 11. 900er Gold, 8,6126 g:		
	a) Mmz. АГ, 1898, 1899	180,—	250,—
	b) Mmz. ЭБ, 1899	180,—	250,—
	c) Mmz. ФЗ, 1899—1901	180,—	250,—
	d) Mmz. АР, 1901—1904	180,—	250,—
	e) Mmz. ЭБ, 1906, 1909, 1910	800,—	1200,—
	1911	240,—	320,—
17 (65)	15 Rubel (G) 1897. Typ wie Nr. 11. 900er Gold, 12,9039 g. Mmz. АГ	350,—	500,—
18 (A65)	25 Rubel = 2½ Imperiala (G) 1896–1910. Nikolaus II., Kopfbild nach links. Rs. Gekrönter Doppeladler, Wertangaben in der Umschrift. 900er Gold, 32,5 g:		
	a) Mmz. АГ, 1896 (300 Ex.)	8000,—	12000,—
	b) Mmz. ЭБ, 1908 (175 Ex.)	*12000,—*	*15000,—*
	1910 (25 Ex.)	*14000.—*	*18000,—*
19 (B65)	37 Rubel 50 Kopeken = 100 Frankov 1902. Typ wie Nr. 18. Mmz. AP:		
	a) (G) 900 fein, 32,5 g, Originalprägung (225 Ex.)	*8000,–*	*12000,–*
	b) (K-N) 14,15 g, Novodel (1991 geprägt), mit zusätzlichem »P« hinter der Jahreszahl, Rand glatt (50 000 Ex.), ST		20,–

100. Jahrestag des Vaterländischen Krieges gegen Napoleon

SS VZ

20 (68) 1 Rubel (S) 1912. St.-Georgs-Schild auf gekröntem Doppeladler, umgeben von sechs Provinzwappen. Rs. Gedenkinschrift **375,– 500,–**

Zum Gedenken an Zar Alexander III.

21 (69) 1 Rubel (S) 1912. Alexander III. (1845–1894), Zar 1881–1894. Rs. Denkmal des Herrschers **1250,– 1800,–**

300 Jahre Dynastie Romanov

22 (70) 1 Rubel (S) 1913. Nikolaus II. und Michail Feodorovič (1596–1645), 1. Zar der Romanov-Dynastie, 1613–1645. Rs. Gekrönter Doppeladler:
a) hohes Relief **40,– 85,–**
b) flaches Relief **50,– 90,–**

200. Jahrestag der Seeschlacht von Gangut

SS VZ

23 (71) 1 Rubel (S) 1914. Peter I., der Große (1672–1725), Büste nach rechts. Rs. Gekrönter Doppeladler **2600,– 3800,–**

Russische Sozialistische Föderative Sowjetrepublik
Rossijskoj Sošialističeskoj Federativnoj
Sovetskoj Respubliki

Landesbezeichnung Р.С.Ф.С.Р.

24 (80) 10 Kopeken (S) 1921–1923. Staatswappen der Sowjetrepublik, am 26. 7. 1918 eingeführt, Umschrift »Proletarier aller Länder, vereinigt euch«. Rs. Wert im Kranz. 500er Silber, 1,8 g:
1921 **20,– 30,–**
1922, 1923 **6,– 12,–**

25 (81) 15 Kopeken (S) 1921–1923. Typ wie Nr. 24. 500er Silber, 2,7 g:
1921 **15,– 25,–**
1922, 1923 **8,– 12,–**

26 (82) 20 Kopeken (S) 1921–1923. Typ wie Nr. 24. 500er Silber, 3,6g:
1921 **25,– 35,–**
1922, 1923 **11,– 16,–**

27 (83) 50 Kopeken (S) 1921, 1922. Rs. Wert im Stern, darunter Jahreszahl, das Ganze im Kreis und von Kranz umgeben. 900er Silber, 10 g:
a) Randschrift mit Mmz. АГ, 1921, 1922 **35,– 60,–**
b) Randschrift mit Mmz. ПЛ, 1922 **15,– 32,–**

SS VZ

28 (84) 1 Rubel (S) 1921, 1922. Typ wie Nr. 27. 900er Silber, 20 g:
a) Randschrift mit Mmz. АГ, 1921 35,– 70,–
1922 120,– 200,–
b) Randschrift mit Mmz. ПЛ, 1922 80,– 140,–

VZ ST

29 (85) 1 Tscherwonez = 10 Rubel (G) 1923~1981. Rs. Säender Landmann, Wertangabe. Randschrift »Cistogo zolota 1 zolotnik 78,24 doli« und Münzzeichen. 900er Gold, 8,6026 g:
a) Randschrift mit Mmz. ПЛ, 1923 650,– 900,–
b) Leningrad, ohne Msz., 1975, 1976 260,– 300,–
c) Leningrad, Randschrift mit Msz. ЛМД, 1977
250,– 280,–
d) Moskau, Randschrift mit Msz. ММД, 1978–1981
250,– 280,–

Nr. 29 von 1980, Msz. ММД, polierte Platte 400,–
In ähnlicher Zeichnung: Nrn. A39 und A67P.

Union der Sozialistischen Sowjetrepubliken
Sojuz Sovetskich Socialističeskich Respublik

Landesbezeichnung С.С.С.Р.

SS VZ

30 (75) ½ Kopeke (K) 1925~1928. Landesbezeichnung CCCP im Kreis. Rs. Wertangabe in Buchstaben:
1925, 1927 20,– 30,–
1928 30,– 45,–

31 (76) 1 Kopeke (K) 1924, 1925. Staatswappen mit je 3 Schleifen, 1924 eingeführt, Umschrift »Proletarier aller Länder, vereinigt euch«. Rs. Wert zwischen Ähren:
a) Riffelrand, 1924 15,– 25,–
b) glatter Rand, 1924 200,– –,–
1925 100,– 160,–

32 (77) 2 Kopeken (K) 1924, 1925. Typ wie Nr. 31:
a) Riffelrand, 1924 15,– 25,–
b) glatter Rand, 1924 200,– –,–
c) 1925 (1 Ex. bekannt) –,–

33 (78) 3 Kopeken (K) 1924. Typ wie Nr. 31. Rand glatt
20,– 40,–

34 (79) 5 Kopeken (K) 1924. Typ wie Nr. 31 25,– 50,–

35 (86) 10 Kopeken (S) 1924–1931. Typ wie Nr. 31. 500er Silber, 1,8 g:
1924, 1927 10,– 18,–
1925, 1928–1930 6,– 12,–
1931 (2 Ex. bekannt) –,–

36 (87) 15 Kopeken (S) 1924–1931. Typ wie Nr. 31. 500er Silber, 2,7 g:
1924, 1925, 1927–1930 7,– 13,–
1931 –,– –,–

37 (88) 20 Kopeken (S) 1924–1931. Typ wie Nr. 31. 500er Silber, 3,6 g:
1924, 1925, 1927–1930 5,– 15,–
1931 (1 Ex. bekannt) –,–

SS VZ

38 (89) 50 Kopeken = 1 Poltinnik (S) 1924–1927. Staatswappen, Wertangabe, Umschrift »Proletarier aller Länder, vereinigt euch«. Rs. Schmied am Amboß. 900er Silber, 10 g:
a) Randschrift mit Feingewicht in Gramm und Zolotnika, Mmz. ТР, 1924 20,– 30,–
b) Randschrift mit Feingewicht in Zolotnika und Mmz. ПЛ, 1924 20,– 30,–
c) Randschrift mit Feingewicht in Gramm und Zolotnika, Mmz. ПЛ, 1924 20,– 30,–
d) Randschrift mit Feingewicht in Gramm und Mmz. ПЛ, 1925–1927 14,– 20,–

39 (90) 1 Rubel (S) 1924. Rs. Arbeiter und Bauer vor Landschaft und aufgehender Sonne. 900er Silber, 20 g. Randschrift mit Feingewicht in Gramm und Zolotnika, Mmz. ПЛ 30,– 45,–

A39 (A86) 1 Tscherwonez (G) 1925. Staatswappen der Sowjetunion, Landesbezeichnung, Motto. Rs. Säender Landmann, Wertangabe. Randschrift »Cistogo zolota 7,74234 gramm«, Mmz. PL. 900er Gold, 8,6026 g (1 Ex. bekannt) –,–

40 (91) 1 Kopeke (Al-Bro) 1926–1935. Typ wie Nr. 31
2,– 5,–

41 (92) 2 Kopeken (Al-Bro) 1926–1935. Typ wie Nr. 31:
1926, 1928–1935 2,– 5,–
1927 (1 Ex. bekannt) –,–

42 (93) 3 Kopeken (Al-Bro) 1926–1935. Typ wie Nr. 31
2,– 7,–

43 (94) 5 Kopeken (Al-Bro) 1926–1935. Typ wie Nr. 31:
1926, 1928–1932 2,– 6,–
1927 50,– 80,–
1933 80,– 120,–
1934, 1935 25,– 40,–

SS VZ

44 (95) 10 Kopeken (K-N) 1931–1934. Staatswappen, Umschrift »Proletarier aller Länder, vereinigt euch«. Rs. Arbeiter, Schild mit Wert haltend, Landesname 2,– 4,–

45 (96) 15 Kopeken (K-N) 1931–1934. Typ wie Nr. 44 3,– 8,–

46 (97) 20 Kopeken (K-N) 1931–1934. Typ wie Nr. 44:
1931–1933 2,– 3,–
1934 (2 Ex. bekannt) –,–

Nrn. 47–74 unterscheiden sich durch die jeweilige Anzahl der Schleifen auf den Umkränzungen des Staatswappens. Die Zahl der Seitenschleifen einschließlich der Zentralschleife versinnbildlicht die Zahl der Republiken zur Zeit der Ausgabe. Die Gurte sind allgemein geriffelt, glatte Gurte sind selten.

47 (98) 1 Kopeke (Al-Bro) 1935, 1936. Staatswappen mit je 3 Schleifen, 1924 eingeführt, Landesbezeichnung. Rs. Wert zwischen Ähren **6,– 14,–**

48 (99) 2 Kopeken (Al-Bro) 1935, 1936. Typ wie Nr. 47 **5,– 15,–**

49 (100) 3 Kopeken (Al-Bro) 1935, 1936. Typ wie Nr. 47 **12,– 35,–**

50 (101) 5 Kopeken (Al-Bro) 1935, 1936. Typ wie Nr. 47:
1935 **45,– 90,–**
1936 **40,– 80,–**

51 (102) 10 Kopeken (K-N) 1935, 1936. Rs. Wertschild, Ähre und Eichenzweige **1,20 2,–**

52 (103) 15 Kopeken (K-N) 1935, 1936. Typ wie Nr. 51 **2,50 3,50**

53 (104) 20 Kopeken (K-N) 1935, 1936. Typ wie Nr. 51 **3,– 4,50**

54 (105) 1 Kopeke (Al-Bro) 1937–1941, 1945, 1946. Staatswappen mit je 5 Schleifen, am 15. 12. 1936 eingeführt, Landesbezeichnung. Rs. Wert zwischen Ähren **1,– 2,–**

55 (106) 2 Kopeken (Al-Bro) 1937–1941, 1945, 1946, 1948. Typ wie Nr. 54 1,– 2,–

56 (107) 3 Kopeken (Al-Bro) 1937–1941, 1943, 1945, 1946. Typ wie Nr. 54 1,– 2,–

57 (108) 5 Kopeken (Al-Bro) 1937–1941, 1943, 1945, 1946. Typ wie Nr. 54 1,– 2,–

58 (109) 10 Kopeken (K-N) 1937–1946. Rs. Wertschild, Ähre und Eichenzweige:
1937–1941, 1943, 1945, 1946 1,– 2,–
1942 45,– 80,–
1944 25,– 40,–

59 (110) 15 Kopeken (K-N) 1937–1946. Typ wie Nr. 58
1937–1941, 1943, 1945, 1946 1,– 2,–
1942 60,– 100,–
1944 10,– 18,–

60 (111) 20 Kopeken (K-N) 1937–1946. Typ wie Nr. 58 1,– 2,50

61 (112) 1 Kopeke (Al-Bro) 1948–1956. Staatswappen mit 7 und 8 Schleifen, im Oktober 1945 eingeführt, Landesbezeichnung. Rs. Wert zwischen Ähren 1,– 2,–

62 (113) 2 Kopeken (Al-Bro) 1948–1956. Typ wie Nr. 61 1,– 2,–

63 (114) 3 Kopeken (Al-Bro) 1946, 1948–1957. Typ wie Nr. 61 1,– 2,–

SS VZ

64 (115) 5 Kopeken (Al-Bro) 1948–1956. Typ wie Nr. 61 1,50 3,–

65 (116) 10 Kopeken (K-N) 1948–1957. Rs. Wertschild, Ähre und Eichenzweige 1,– 2,–

66 (117) 15 Kopeken (K-N) 1948–1956. Typ wie Nr. 65 1,20 2,–

67 (118) 20 Kopeken (K-N) 1948–1956. Typ wie Nr. 65
1948, 1949, 1951–1956 1,50 3,–
1950 12,– 22,–

A67P 1 Tscherwonez 1949. Versuchsprägung! –,–

68 (119) 1 Kopeke (Al-Bro) 1957. Staatswappen mit je 7 Schleifen, am 12. 9. 1956 eingeführt, Landesbezeichnung. Rs. Wert zwischen Ähren 8,– 15,–

69 (120) 2 Kopeken (Al-Bro) 1957. Typ wie Nr. 68 4,– 8,–

70 (121) 3 Kopeken (Al-Bro) 1957. Typ wie Nr. 68 5,– 10,–

71 (122) 5 Kopeken (Al-Bro) 1957. Typ wie Nr. 68 4,– 8,–

72 (123) 10 Kopeken (K-N) 1956, 1957. Rs. Wertschild, Ähre und Eichenzweige:
1956 –,– –,–
1957 1,20 2,–

73 (124) 15 Kopeken (K-N) 1957. Typ wie Nr. 72 1,50 3,–

74 (125) 20 Kopeken (K-N) 1957. Typ wie Nr. 72 2,– 4,–

PROBEN

P1 2 Rubel 1956:
a) (K-N) *1100,–*
b) (Me) *1100,–*
c) (Blei) *1100,–*
d) (Al) *1100,–*

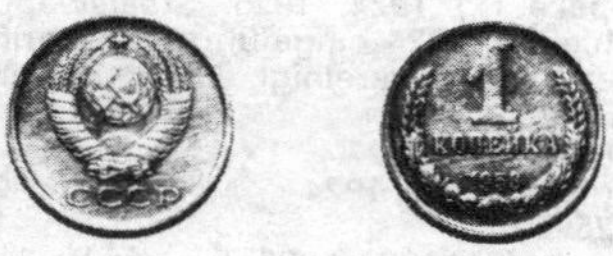

P2 1 Kopeke (Al-Bro) 1958 *100,–*

P3 2 Kopeken (Al-Bro) 1958 *150,–*

P4 3 Kopeken (Al-Bro) 1958 *165,–*

P5 5 Kopeken (Al-Bro) 1958 *220,–*

		SS	VZ
P6	10 Kopeken (K-N) 1958		*220,–*
P7	15 Kopeken (K-N) 1958		*275,–*
P8	20 Kopeken (K-N) 1958		*275,–*
P9	50 Kopeken (K-N) 1958. Ø 24 mm, 4,3 g, Rand glatt		*450,–*
P10	1 Rubel (K-N) 1958. Ø 27 mm, 7,55 g, Rand glatt		*550,–*

P11	2 Rubel (K-N) 1958. Ø 29 mm, 9,67 g, Rand glatt		*900,–*
P12	3 Rubel (K-N) 1958. Ø 32 mm, Rand glatt		*1000,–*

P13	5 Rubel (K-N) 1958. Ø 34 mm, 16,46 g, Rand glatt		*1350.–*

Weitere Probeprägungen siehe »Geldgeschichtliche Nachrichten«, Nr. 73, September 1979.

WÄHRUNGSREFORM 1. Januar 1961:
10 alte Rubel = 1 neuer Rubel
1 Rubel = 0,987412 g Feingold

		VZ	ST
75 (126)	1 Kopeke (Me) 1961–1991. Staatswappen, abgekürzter Landesname. Rs. Wertangabe und Jahreszahl im Kranz:		
	a) o.Msz., 1961–1990	–,40	–,80
	b) [Leningrad], L, 1991	–,40	–,80
	c) [Moskau], M, 1991	–,40	–,80
76 (127)	2 Kopeken (Me) 1961–1991. Typ wie Nr. 75:		
	a) o.Msz., 1961–1990	–,40	–,80
	b) [Leningrad], L, 1991	–,40	–,80
	c) [Moskau], M, 1991	–,40	–,80
77 (128)	3 Kopeken (Me) 1961~1991. Typ wie Nr. 75:		
	a) o.Msz., 1961, 1962, 1965–1990	–,50	1,–
	b) [Leningrad], L, 1991	–,50	1,–
	c) [Moskau], M, 1991	–,50	1,–
78 (129)	5 Kopeken (Me) 1961~1991. Typ wie Nr. 75:		
	a) o. Msz., 1961, 1962, 1965–1990	–,80	1,50
	b) [Leningrad], L, 1991	–,80	1,50
	c) [Moskau], M, 1991	–,80	1,50

Nr. 78a von 1979 auch mit kleinem Stern im Staatswappen vorkommend.

79 (130)	10 Kopeken (N-Me) 1961~1991. Rs. Wertangabe und Jahreszahl zwischen Zweigen:		
	a) o.Msz., 1961, 1962, 1965–1990	–,80	1,50
	b) [Leningrad], L, 1991	–,80	1,50
	c) [Moskau], M, 1991	–,80	1,50

80 (131)	15 Kopeken (N-Me) 1961~1991. Typ wie Nr. 79:		
	a) o.Msz., 1961, 1962, 1965–1990	1,–	1,80
	b) [Leningrad], L, 1991	1,–	1,80
	c) [Moskau], M, 1991	1,–	1,80
81 (132)	20 Kopeken (N-Me) 1961~1991. Typ wie Nr. 79:		
	a) o.Msz., 1961, 1962, 1965–1975, 1977–1990	1,–	2,–
	1976	*80,–*	*150,–*
	b) [Leningrad], L, 1991 (siehe Abb.)	1,–	2,–
	c) [Moskau], M, 1991	1,–	2,–
82 (133)	50 Kopeken (N-Me) 1961~1991. Typ wie Nr. 75:		
	a) ohne Randschrift, o.Msz., 1961	*12,–*	*20,–*
	b) Randschrift mit Wertangabe in Buchstaben und Jahreszahl, o.Msz., 1964–1990	2,–	3,50
	1988, Randschrift mit 1987 [Leningrad] (Fehlprägung)		–,–
	c) [Leningrad], L, mit Randschrift, 1991	2,–	3,50
	d) [Moskau], M, mit Randschrift, 1991	2,–	3,50
83 (134)	1 Rubel (N-Me) 1961~1991. Staatswappen, Landesname in der Umschrift. Rs. Wertangabe und Jahreszahl im Kranz:		
	a) ohne Randschrift, o.Msz., 1961	*12,–*	*20,–*
	b) Randschrift mit Wertangabe in Buchstaben und Jahreszahl, o.Msz., 1964–1990	5,–	7,–
	1990, Randschrift mit 1989 [Moskau] (Fehlprägung)		–,–
	c) [Leningrad], L, mit Randschrift, 1991	5,–	7,–
	d) [Moskau], M, mit Randschrift, 1991	5,–	7,–

20. Jahrestag der Beendigung des Zweiten Weltkrieges

ST PP

84 (135) 1 Rubel 1965. Staatswappen und Wertangabe in Buchstaben. Rs. Skulptur eines Soldaten von J. V. Vučetič in Berlin-Treptow. Randschrift »Odin Rubl' 9 Maja 1965« [LMD]:
a) (N-Bro) Originalprägung, 9,85 g (ST/N: 59 988 750 Ex., ST/U: 11 250 Ex., PP: ca. 3 000 Ex.) **3,–** *260,–*
b) (K-N) Novodel, 12,8 g, Randschrift mit »1988 H« (55 000 Ex.) **8,–**

50. Jahrestag der Großen Sozialistischen Oktoberrevolution (5)

85 (136) 10 Kopeken (K-N) 1967. Staatswappen im Strahlenkranz und Jahreszahlen. Rs. Kosmonautendenkmal in Moskau [LMD] (50 000 000 Ex.) **–,30**

86 (137) 15 Kopeken (K-N) 1967. Staatswappen und Wert. Rs. »Arbeiter und Landarbeiterin«, Denkmal von Vera Mučina in Moskau, Jahreszahlen [LMD] (50 000 000 Ex.) **–,40**

87 (138) 20 Kopeken (K-N) 1967. Staatswappen, Jahreszahlen, Inschrift »50 Jahre Sowjetmacht«. Rs. Kleiner Kreuzer »Aurora« mit feuerndem Geschütz auf dem Vorschiff, Signal zum Sturm auf das Winterpalais in Petrograd am 25. Oktober (7. November) 1917 [LMD] (50 000 000 Ex.) **–,50**

ST PP

88 (139) 50 Kopeken (K-N) o. J. (1967). Staatswappen und Wertangabe in Buchstaben, Umschrift »50 Jahre Sowjetmacht«. Rs. Lenin-Standbild vor Hammer und Sichel [LMD] (50 000 000 Ex.) **1,50**

89 (140) 1 Rubel 1967. Typ wie Nr. 88. Randschrift »Slava Velikomu Oktjabrju 1917–1967« [LMD]:
a) (N-Bro) Originalprägung, 11,25 g (ST/N: 52 288 750 Ex., ST/U: 211 250 Ex., PP: ca. 3 000 Ex.) **3,–** *260,–*
b) (K-N) Novodel, 12,8 g, Randschrift mit »1988 H« (55 000 Ex.) **12,–**

100. Geburtstag Lenins

90 (141) 1 Rubel (N-Bro) 1970. Staatswappen, Wertangabe in Buchstaben. Rs. Vladimir Iljič Lenin (1870–1924), eigentlich Uljanov, sowjetrussischer Staatsmann, Führer des Weltproletariats, Rand mit Punkten und Sternen. 12,8 g [LMD] (ST/N: 99 888 750 Ex., ST/U: 111 250 Ex., PP: ca. 3 000 Ex.) **3,–** *260,–*

Nrn. 84a, 89a und 90 bestehen aus Kupfer 90%, Nickel 10%.

30. Jahrestag der Beendigung des Zweiten Weltkrieges

91 (142) 1 Rubel (K-N) 1975. Rs. Denkmal in Wolgograd (Stalingrad) vor römischer Zahl »XXX«, Randschrift »Odin Rubl' 9 Maja 1975«, LMD:
a) Originalprägung (ST/N: 14 988 750 Ex., ST/U: 1 011 250 Ex., PP: ca. 3 000 Ex.) **3,–** *260,–*
b) Novodel, Randschrift mit »1988 H« (55 000 Ex.) **12,–**

60. Jahrestag der Großen Sozialistischen Oktoberrevolution

		ST	PP
92 (143)	1 Rubel (K-N) 1977. Rs. Büste Lenins und Kleiner Kreuzer »Aurora«. Randschrift zweimal »Odin Rubl'« [LMD]:		
	a) Originalprägung (ST/N: 4986750 Ex., ST/U: 13250 Ex., PP: ca. 3000 Ex.)	3,–	*260,–*
	b) Novodel, Randschrift mit »1988 H« (55000 Ex.)	12,–	

Nrn. 84a, 89a–92a, polierte Platte (ca. 3000 Ex.) nicht vor 1981 geprägt –,–

XXII. Olympische Sommerspiele in Moskau 1980 (45)

		ST	PP
93 (144)	1 Rubel (K-N) 1977. Staatswappen, Wertangabe. Rs. Emblem der Olympischen Spiele (PP: 40000 Ex.)	9,–	*240,–*

Nrn. 93, 102a, 116, 117, 127, 128, polierte Platte (40000 Ex.), 1981 geprägt *1000,–*

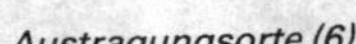

Austragungsorte (6)

94 95

		ST	PP
94 (146)	5 Rubel (S) 1977. Rs. Stadtansicht von Leningrad. 900er Silber, 16,67 g:		
	a) Mzst. Leningrad	*40,–*	*60,–*
	b) Mzst. Moskau	*40,–*	*60,–*
95 (148)	5 Rubel (S) 1977. Rs. Stadtansicht von Tallinn (Reval):		
	a) Mzst. Leningrad	*40,–*	*60,–*
	b) Mzst. Moskau	*40,–*	*60,–*

96 97

		ST	PP
96 (145)	5 Rubel (S) 1977. Rs. Stadtansicht von Kiev. Mzst. Leningrad	*40,–*	*60,–*
97 (147)	5 Rubel (S) 1977. Rs. Stadtansicht von Minsk. Mzst. Leningrad	*40,–*	*60,–*

98 99

		ST	PP
98 (149)	10 Rubel (S) 1977. Rs. Stadtansicht von Moskau. 900er Silber, 33,33 g:		
	a) Mzst. Leningrad	*70,–*	*90,–*
	b) Mzst. Moskau	*70,–*	*90,–*
99 (150)	10 Rubel (S) 1977. Rs. Landkarte der Sowjetunion. Mzst. Leningrad	*70,–*	*90,–*

		ST	PP
100 (151)	100 Rubel (G) 1977. Rs. Friedenszweig vor Weltkugel. 900er Gold, 17,28 g:		
	a) Mzst. Leningrad	*500,–*	*550,–*
	b) Mzst. Moskau	*550,–*	*600,–*

			ST	PP
101 (152)	150	Rubel (Pt) 1977. Rs. Emblem der Olympischen Spiele vor Lorbeerkranz. 999,3er Platin, 15,55 g. Mzst. Leningrad	*750,–*	*850,–*

102 (153) 1 Rubel (K-N) 1978. Rs. Kreml:
a) Uhr am Spaskij-Turm (Erlöser-Turm) mit römischer IV **9,–**
b) Uhr am Spaskij-Turm mit römischer VI statt IV *150,–*

Sportliche Disziplinen »Schnelligkeit« (5)

103 (154) 5 Rubel (S) 1978. Rs. Läufer vor dem Zentralstadion V. I. Lenin in Moskau. Mzst. Leningrad *30,–* *50,–*

104 (155) 5 Rubel (S) 1978. Rs. Schwimmer im Schmetterlingsstil vor Schwimmhalle. Mzst. Leningrad *30,–* *50,–*

105 (158) 10 Rubel (S) 1978. Rs. Radrennfahrer vor dem Velodrom in Krylatskoje. Mzst. Leningrad:
a) Msz. LMD **60,–** **80,–**
b) ohne Msz. (ca. 100 Ex.) *200,–*

106 (159) 10 Rubel (S) 1978. Rs. Zwei Kanuten, Wassersportanlage in Krylatskoje:
a) Mzst. Leningrad *60,–* *80,–*
b) Mzst. Moskau *60,–* *80,–*

107 (160) 10 Rubel (S) 1978. Rs. Verfolgungsreiten:
a) Mzst. Leningrad *60,–* *80,–*
b) Mzst. Moskau *60,–* *80,–*

Sportliche Disziplinen »Höhe« (5)

108

109

108 (156) 5 Rubel (S) 1978. Rs. Hochspringer, Leninstadion:
a) Mzst. Leningrad *30,–* *40,–*
b) Mzst. Moskau *30,–* *40,–*

			ST	PP
109 (157)	5	Rubel (S) 1978. Rs. Springreiter vor Zuschauerrängen:		
		a) Mzst. Leningrad	*30,–*	*40,–*
		b) Mzst. Moskau	*30,–*	*40,–*

110 (161) 10 Rubel (S) 1978. Rs. Stabhochsprung:
a) Mzst. Leningrad *50,–* *75,–*
b) Mzst. Moskau *50,–* *75,–*

111

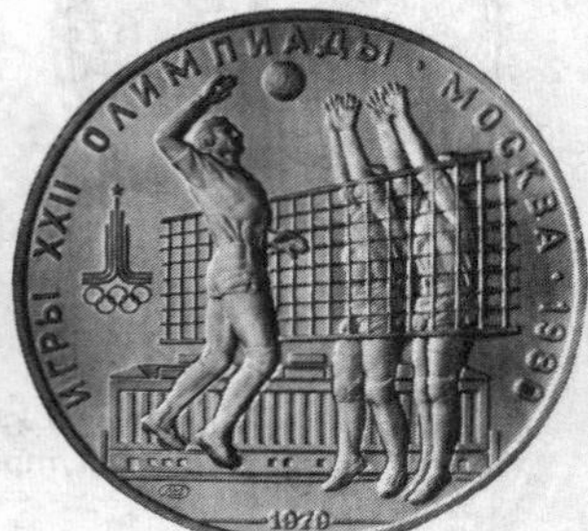

112

111 (168) 10 Rubel (S) 1979. Rs. Basketball. Mzst. Leningrad *50,–* *75,–*

112 (169) 10 Rubel (S) 1979. Rs. Volleyball. Mzst. Leningrad *50,–* *75,–*

113 (A163) 100 Rubel (G) 1978. Rs. Zentralstadion V. I. Lenin in Moskau:
a) Mzst. Leningrad *550,–* *600,–*
b) Mzst. Moskau *550,–* *600,–*

ST PP

114 (162) 100 Rubel (G) 1978. Rs. Ruderkanal in Krylatskoje:
a) Mzst. Leningrad *550,– 600,–*
b) Mzst. Moskau *550,– 600,–*

114P 100 Rubel (G) o.J. (1978). Typ wie Nr. 114a (3 Ex.) –,–

115 (163) 150 Rubel (Pt) 1978. Rs. Diskuswerfer des Myron, 5. Jh. v. Chr. Mzst. Leningrad *750,– 850,–*

116 (164) 1 Rubel (K-N) 1979. Rs. Lomonosov-Universität in Moskau:
a) am rechten Gebäudevorsprung zwei Fenster, dann Zwischenraum und weitere drei Fenster **9,–** *240,–*
b) am rechten Gebäudevorsprung fünf Fenster in gleichem Abstand –,–
c) am rechten Gebäudevorsprung nur drei Fenster –,–

117 (165) 1 Rubel (K-N) 1979. Rs. Kosmonautendenkmal in Moskau (vgl. Nr. 85) **10,–** *240,–*

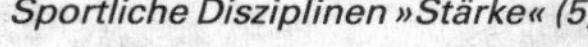
Sportliche Disziplinen »Stärke« (5)

118 119

ST PP

118 (166) 5 Rubel (S) 1979. Rs. Gewichtheben:
a) Mzst. Leningrad *30,– 50,–*
b) Mzst. Moskau *30,– 50,–*

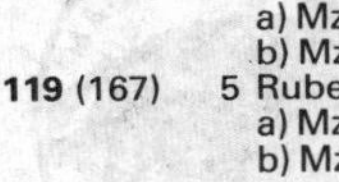

119 (167) 5 Rubel (S) 1979. Rs. Hammerwerfen:
a) Mzst. Leningrad *30,– 50,–*
b) Mzst. Moskau *30,– 50,–*

120 121

120 (170) 10 Rubel (S) 1979. Rs. Boxen. Mzst. Leningrad *60,– 80,–*

121 (171) 10 Rubel (S) 1979. Rs. Judo:
a) Mzst. Leningrad *60,– 80,–*
b) Mzst. Moskau *60,– 80,–*

122 (172) 10 Rubel (S) 1979. Rs. Russisches Gewichtstoßen. Mzst. Leningrad *60,– 80,–*

		ST	PP
123 (173)	100 Rubel (G) 1979. Rs. Velodrom in Krylatskoje:		
	a) Mzst. Leningrad	*600,–*	*700,–*
	b) Mzst. Moskau	*600,–*	*700,–*

124 (174) 100 Rubel (G) 1979. Rs. Universal-Turnhalle »Drušba« (Freundschaft). Mzst. Moskau *600,–* *700,–*

125 (175) 150 Rubel (Pt) 1979. Rs. Ringerpaar, Marmorplastik, 3. Jh. v. Chr. Mzst. Leningrad *750,–* *850,–*

126 (176) 150 Rubel (Pt) 1979. Rs. Alt-olympisches Wagenrennen. Mzst. Leningrad *750,–* *850,–*

		ST	PP
127 (177)	1 Rubel (K-N) 1980. Rs. Reiterstandbild von Jurij Dolguruki, Gründer Moskaus	**9,–**	*240,–*
128 (178)	1 Rubel (K-N) 1980. Rs. Olympische Flamme vor Moskauer Motiven	**9,–**	*240,–*

Sport und Schönheit (3)

129 (179)	5 Rubel (S) 1980. Rs. Bogenschießen:		
	a) Mzst. Leningrad	**35,–**	**40,–**
	b) Mzst. Moskau	**35,–**	**40,–**

130 (180)	5 Rubel (S) 1980. Rs. Gymnastik:		
	a) Mzst. Leningrad	**35,–**	**40,–**
	b) Mzst. Moskau	**35,–**	**40,–**

131 (183)	10 Rubel (S) 1980. Rs. Adlertanz:		
	a) Mzst. Leningrad	**70,–**	**80,–**
	b) Mzst. Moskau	**70,–**	**80,–**

Traditioneller Volkssport (4)

		ST	PP
132 (181)	5 Rubel (S) 1980. Rs. Isindi, georgischer Reitsport-Wettbewerb. Mzst. Leningrad	**35,–**	**40,–**

133 (182)	5 Rubel (S) 1980. Rs. Bita, Stockwerfen. Mzst. Leningrad	**35,–**	**40,–**

134 (184)	10 Rubel (S) 1980. Rs. Tauziehen. Mzst. Leningrad	**70,–**	**80,–**

135 (185)	10 Rubel (S) 1980. Rs. Rentier-Wettrennen. Mzst. Leningrad	**70,–**	**80,–**

		ST	PP
136 (186)	100 Rubel (G) 1980. Rs. Olympisches Feuer. Mzst. Moskau	*600,–*	*700,–*

137 (187)	150 Rubel (Pt) 1980. Rs. Antike Läufer nach einem griechischen Vasenbild. Mzst. Leningrad	*800,–*	*900,–*

20. Jahrestag des ersten Weltraumfluges von J. A. Gagarin

138 (188) 1 Rubel (K-N) 1981. Rs. Jurij Alekseevič Gagarin (1934–1968), Kosmonaut, umkreiste am 12. 4. 1961 als erster Mensch in einem Raumschiff die Erde (siehe auch Nr. 227) [LMD]:

a) Originalprägung (ST: 3962000 Ex., PL: 38000 Ex.) *40,–* *80,–*

b) Novodel, Randschrift mit »1988 H« **12,–**

1300 Jahre Bulgarien
Sowjetisch-Bulgarische Freundschaft

139 (189) 1 Rubel (K-N) 1981. Rs. Flaggen beider Länder über sich reichenden Händen, Motto »Ewige Freundschaft« (siehe auch Bulgarien Nr. 129):

a) Originalprägung [LMD] (ST: 1984000 Ex., PP: 16000 Ex.) *40,–* *180,–*

b) Novodel, Randschrift mit »1988 H« (55000 Ex.) [MMD] **12,–**

60. Jahrestag der Gründung der UdSSR

ST PP

140 (190) 1 Rubel (K-N) o. J. (1982). Standbild Lenins vor aufgehender Sonne, Inschrift »60 Jahre Union der Sozialistischen Sowjetrepubliken« [LMD]:
a) Originalprägung (ST: 1921000 Ex., PP: 79000 Ex.) 8,– 25,–
b) Novodel, Randschrift mit »1988 H« (55000 Ex.) 12,–

100. Todestag von Karl Marx

141 (191) 1 Rubel (K-N) 1983. Rs. Karl Marx (1818–1883), Sozialideologe:
a) Originalprägung [LMD] (ST: 1921000 Ex., PP: 79000 Ex.) 8,– 25,–
b) Novodel [MMD], Randschrift mit »1988 H« (55000 Ex.) 12,–

20. Jahrestag des ersten Weltraumfluges von V. V. Tereškova

142 (192) 1 Rubel (K-N) 1983. Rs. Valentina Vladimirovna Tereškova (*1937), erste Frau im Weltraum 16.–19. 6. 1963 [LMD]:
a) Originalprägung (ST: 1945000 Ex., PP: 55000 Ex.) 8,– *50,–*
b) Novodel, Randschrift mit »1988 H« (55000 Ex.) 12,–

400. Todestag von Ivan Fedorov

ST PP

143 (193) 1 Rubel (K-N) 1983. Rs. Ivan Fedorov (1510–1583), erster russischer Drucker; Detail vom Fedorov-Denkmal in Moskau [LMD]:
a) Originalprägung (ST: 1965000 Ex., PP: 35000 Ex.) 8,– *65,–*
b) Novodel, Randschrift mit »1988 H« (55000 Ex.) 12,–

150. Geburtstag von D. I. Mendeleev

144 (194) 1 Rubel (K-N) 1984. Rs. Dmitrij Ivanovič Mendeleev (Mendelejew) (1834–1907), Chemiker:
a) Originalprägung [LMD] (ST: 1965000 Ex., PP: 35000 Ex.) 8,– *45,–*
b) Novodel [MMD], Randschrift mit »1988 H« (55000 Ex.) 12,–

125. Geburtstag von A. S. Popov

145 (195) 1 Rubel (K-N) 1984. Rs. Aleksandr Stepanovič Popov (1859–1906), Physiker:
a) Originalprägung [LMD] (ST: 1965000 Ex., PP: 35000 Ex.) 8,– *30,–*
b) Novodel [MMD], Randschrift mit »1988 H« (55000 Ex.) 12,–

185. Geburtstag von A. S. Puškin

		ST	PP
146 (196)	1 Rubel (K-N) 1984, 1985. Rs. Aleksandr Sergeevič Puškin (Puschkin) (1799–1837), Dichter [LMD]:		
	a) 1984, Originalprägung (ST: 1965000 Ex., PP: 35000 Ex.)	**8,–**	*35,–*
	b) 1984, Novodel, Randschrift mit »1988 H« (55000 Ex.)	**12,–**	
	c) 1985, Novodel, Randschrift mit »1988 H« (Fehlprägung)	*100,–*	

115. Geburtstag von V. I. Lenin

		ST	PP
147 (197)	1 Rubel (K-N) 1985, 1988. Rs. Vladimir Iljič Lenin (1870–1924), siehe Nr. 90:		
	a) 1985, Originalprägung [LMD] (ST: 1960000 Ex., PP: 40000 Ex.)	**8,–**	*25,–*
	b) 1985, Novodel [MMD], Randschrift mit »1988 H« (55000 Ex.)	**12,–**	
	c) 1988, Novodel [MMD], Randschrift mit »1988 H« (Fehlprägung)	*200,–*	

40. Jahrestag der Beendigung des Zweiten Weltkrieges

		ST	PP
148 (198)	1 Rubel (K-N) 1985. Rs. Stern des »Ordens des Großen Vaterländischen Krieges«, Zweig, Jahreszahlen [LMD]:		
	a) Originalprägung (ST: 5960000 Ex., PP: 40000 Ex.)	**8,–**	**25,–**
	b) Novodel, Randschrift mit »1988 H« (55000 Ex.)	**12,–**	

XII. Weltfestspiele der Jugend und Studenten in Moskau

		ST	PP
149 (199)	1 Rubel (K-N) 1985. Rs. Emblem des Festivals:		
	a) Originalprägung [LMD] (ST: 5960000 Ex., PP: 40000 Ex.)	**8,–**	**25,–**
	b) Novodel [MMD], Randschrift mit »1988 H« (55000 Ex.)	**12,–**	

165. Geburtstag von F. Engels

		ST	PP
150 (200)	1 Rubel (K-N) 1983, 1985. Rs. Friedrich Engels (1820–1895):		
	a) 1985, Originalprägung [LMD] (ST: 1960000 Ex., PP: 40000 Ex.)	**8,–**	**25,–**
	b) 1985, Novodel [MMD], Randschrift mit »1988 H« (55000 Ex.)	**12,–**	
	c) 1983, Novodel [MMD], Randschrift mit »1988 H« (Fehlprägung)	*200,–*	

Internationales Jahr des Friedens 1986

		ST	PP
151 (201)	1 Rubel (K-N) 1986. Rs. Internationales Emblem:		
	a) Originalprägung [LMD], »Rubl'« mit (Abb.) (in b enthalten)	**30,–**	
	b) Originalprägung [LMD], »Rubl'« mit **Л** (ST mit a: 3955000 Ex., PP: 45000 Ex.)	**8,–**	**25,–**
	c) Novodel [MMD], »Rubl'« mit **Λ**, Randschrift mit »1988 H« (55000 Ex.)	**12,–**	

275. Geburtstag von M. V. Lomonosov

		ST	PP
152 (202)	1 Rubel (K-N) 1984, 1986. Rs. Michail Vasil'evič Lomonosov (1711–1765), Universalgelehrter und Dichter:		
	a) 1986, Originalprägung [LMD] (ST: 1965000 Ex., PP: 35000 Ex.)	**8,–**	**25,–**
	b) 1986, Novodel [MMD], Randschrift mit »1988 H« (55000 Ex.)	**12,–**	
	c) 1984, Novodel [MMD], Randschrift mit »1988 H« (Fehlprägung)	*150,–*	

130. Geburtstag von K. E. Ziolkovskij

		ST	PP
153 (205)	1 Rubel (K-N) 1987. Rs. Konstantin Eduardovič Ziolkovskij (1857–1935), russischer Physiker und Raketenpionier [MMD]	8,–	12,–

175. Jahrestag der Schlacht von Borodino (Schlacht an der Moskva) (2)

154 (203) 1 Rubel (K-N) 1987. Rs. Soldaten mit Fahne [LMD]:
a) obere Grannen gleichmäßig lang (Abb.) –,– –,–
b) obere Grannen verschieden lang 5,– 10,–

155 (204) 1 Rubel (K-N) 1987. Rs. Obelisk [LMD]:
a) obere Grannen gleichmäßig lang (Abb.) –,– –,–
b) obere Grannen verschieden lang 5,– 10,–

70. Jahrestag der Großen Sozialistischen Oktoberrevolution (3)

156 (206) 1 Rubel (K-N) 1987. Rs. Kleiner Kreuzer »Aurora« auf Globus und Band [LMD]:
a) obere Grannen gleichmäßig lang (Abb.) –,– –,–
b) obere Grannen verschieden lang 8,– 12,–

		ST	PP
157 (207)	3 Rubel (K-N) 1987. Rs. Revolutionäre. 14,35 g [LMD]	12,–	25,–

158 (208) 5 Rubel (K-N) 1987. Rs. Kopfbild Lenins vor Schriftband. 30 g [LMD] 30,– 45,–

160. Geburtstag von L. Tolstoj

159 (216) 1 Rubel (K-N) 1988. Rs. Lev Nikolaevič Graf Tolstoj (Leo Tolstoi) (1828–1910), Schriftsteller [MMD] 5,– 12,–

120. Geburtstag von Maksim Gor'kij

160 (209) 1 Rubel (K-N) 1988. Rs. Maksim Gor'kij (Maxim Gorki), eigentl. Aleksej Maksimovič Peškov (1868–1936), Prosadichter [LMD] 5,– 10,–

Falsche Stempelkoppelung mit den Bildseiten von Nrn. 159 und 160 vorkommend vz –,–

Russische Architektur, Geschichte und Kultur
1. Ausgabe (3)

161 (219) 5 Rubel (K-N) 1988. Rs. Sophienkathedrale in Kiev, 1017–1037 erbaut. 19,8 g [LMD] 8,– 15,–

162 (217) 5 Rubel (K-N) 1988. Rs. Reiterstandbild Peter des Großen, 1766–1782 von Etienne Falconet errichtet, und Peter-Pauls-Festung (Petropavlovskaja Krepost') in Leningrad (St. Petersburg) [LMD] 8,– 15,–

163 (218) 5 Rubel (K-N) 1988. Rs. Denkmal zur Jahrtausendfeier Rußlands 1862 in Novgorod [LMD] 8,– 15,–

1000 Jahre Christentum in Rußland
1000 Jahre russische Literatur
1000 Jahre russische Architektur
1000 Jahre russische Münzprägekunst (6)

164 (210) 3 Rubel (S) 1988. Rs. Sophienkathedrale in Kiev, 1017–1037 erbaut. 900er Silber, 34,56 g [MMD] *300,–*

165 (211) 3 Rubel (S) 1988. Rs. »Srebrenik«, Silbermünze Vladimirs [LMD] *200,–*

166 (212) 25 Rubel (Palladium) 1988. Rs. Standbild Vladimirs. 999er Palladium, 31,13 g [LMD] *1400,–*

		ST	PP
167 (213)	50 Rubel (G) 1988. Rs. Sophien-Kathedrale in Novgorod, 1045–1052 erbaut. 900er Gold, 8,64 g [MMD]		**320,–**
168 (214)	100 Rubel (G) 1988. Rs. »Zlatnik«, Goldmünze Vladimirs. 900er Gold, 17,28 g [MMD]		**620,–**
169 (215)	150 Rubel (Pt) 1988. Rs. Epos des Großfürsten Igor. 999,3er Platin, 15,56 g [LMD]		**780,–**

175. Geburtstag von T. G. Ševčenko

170 (235) 1 Rubel (K-N) 1989. Rs. Taras Grigor'evič Ševčenko (Schewtschenko) (1814–1861), ukrainischer Nationaldichter [MMD] **5,– 10,–**

150. Geburtstag von M. P. Musorgskij

171 (220) 1 Rubel (K-N) 1989. Rs. Modest Petrovič Musorgskij (1839–1881), Komponist [LMD] **5,– 10,–**

175. Geburtstag von M. J. Lermontov

172 (228) 1 Rubel (K-N) 1989. Rs. Michail Jurgevič Lermontov (1814–1841), Dichter [LMD, MMD] **5,– 10,–**

100. Geburtstag von Khamza Khakim-zade

		ST	PP
173 (232)	1 Rubel (K-N) 1989. Rs. Khamza Khakim-zade (1889–1929), usbekischer Dichter und Komponist, Pseudonym Nijazi [LMD]	**5,–**	**10,–**

100. Todestag von M. Eminescu

174 (233) 1 Rubel (K-N) 1989. Rs. Mihai Eminescu (1850–1889), Dichter **5,– 10,–**

1. Jahrestag des Erdbebens in Armenien

175 (234) 3 Rubel (K-N) 1989. Rs. Hand mit Ewiger Flamme **8,– 15,–**

Russische Architektur, Geschichte und Kultur
2. Ausgabe (3)

176 (221) 5 Rubel (K-N) 1989. Rs. St.-Basilius-Kathedrale (Sobor Pokrova na Rvu, Kathedrale der Fürbitte Mariens auf dem Graben) auf dem Roten Platz in Moskau, 1555–1561 erbaut [LMD] **8,– 15,–**

177 (229) 5 Rubel (K-N) 1989. Rs. Registan, architektonisches Ensemble in Sarmakand [LMD] **8,– 15,–**

178 (230) 5 Rubel (K-N) 1989. Rs. Verkündigungskathedrale (Blagoveščenskij Sobor) des Kreml' in Moskau, 1489 erbaut [LMD] **8,– 15,–**

500 Jahre russischer Einheitsstaat – 1. Ausgabe (6)

			ST	PP
179 (222)	3	Rubel (S) 1989. Rs. Kreml' in Moskau Ende des 15. Jh., MMD		**140,–**
180 (223)	3	Rubel (S) 1989. Rs. Kopeke, Denga und Poluška, 16. Jh., LMD		**130,–**
181 (224)	25	Rubel (Palladium) 1989. Rs. Ivan III. Vasil'evič (1440–1505), reg. 1462–1505, LMD		**600,–**
182 (225)	50	Rubel (G) 1989. Rs. Mariä-Himmelfahrts-Kathedrale (Uspenskij Sobor) des Kreml' in Moskau, 1478, MMD		**340,–**
183 (226)	100	Rubel (G) 1989. Rs. Siegel von Ivan III. von 1497, MMD		**600,–**
184 (227)	150	Rubel (Pt) 1989. Kampf gegen die Tartaren am Fluß Ugra 1480, LMD		**760,–**

Palladiumbarrenmünzen »Russisches Ballett« – 1. Ausgabe (3)

185	5	Rubel (Palladium) 1991. Rs. Ballerina. 999er Palladium, 7,78 g, LMD (9000 Ex.)	**75,–**
186 (238)	10	Rubel (Palladium) 1990. Typ wie Nr. 185. 999er Palladium, 15,57 g, LMD (15000 Ex.)	**150,–**

187 (231)	25	Rubel (Palladium) 1989. Typ wie Nr. 185. 999er Palladium, 31,13 g, LMD	**300,–**

130. Geburtstag von A. P. Čechov

			ST	PP
188 (240)	1	Rubel (K-N) 1990. Rs. Anton Pavlovič Čechov (1860–1904) [MMD]	**3,–**	**8,–**

150. Geburtstag von P. I. Čaikovskij

			ST	PP
189 (236)	1	Rubel (K-N) 1990. Rs. Pjotr Iljič Čaikovskij (Peter Tschaikowski) (1840–1893) [LMD, MMD]	**3,–**	**8,–**

45. Jahrestag des Sieges im 2. Weltkrieg

			ST	PP
190 (237)	1	Rubel (K-N) 1990. Rs. Marschall Georgij Konstantinovič Žukov (1896–1974) [LMD]	**4,–**	**8,–**

500. Geburtstag von F. Skorina

			ST	PP
191 (258)	1	Rubel (K-N) 1990. Rs. Frančisk Skorina (1490–1551), weißrussischer Philosoph	**3,–**	**8,–**

125. Geburtstag von Janis Rainis

			ST	PP
192 (257)	1	Rubel (K-N) 1990. Rs. Janis Rainis, eigentl. Pliekšans (1865–1929), lettischer Dichter	**3,–**	**8,–**

Russische Architektur, Geschichte und Kultur
3. Ausgabe (3)

			ST	PP
193 (241)	5	Rubel (K-N) 1990. Rs. Großer Sommerpalast »Peterhof« (Petrodvorez) in Leningrad, 18./19. Jh. [LMD]	**8,–**	**15,–**
194 (246)	5	Rubel (K-N) 1990. Rs. Mariä-Himmelfahrts-Kathedrale (Uspenskij Sobor) des Kreml' in Moskau	**8,–**	**15,–**
195	5	Rubel (K-N) 1990. Rs. Matenadaran, architektonisches Ensemble in Eriwan, Armenien, Museum alter Manuskripte und Handschriften	**8,–**	**15,–**

250. Jahrestag der Entdeckungen in Russisch-Amerika
1. Ausgabe (4)

196 (242)	3	Rubel (S) 1990. Rs. James Cook und Gerasim Grigor'evič Izmailov auf der Unalaška-Insel (Alëuten) 1778. 900er Silber, 34,56 g	**200,–**
197 (243)	25	Rubel (Palladium) 1990. Rs. Paketboot »St. Peter« und Porträt von Kapitän Vitus Jonasen Bering (1680–1741). 999er Palladium, 31,10 g	**500,–**
198 (244)	25	Rubel (Palladium) 1990. Rs. Paketboot »St. Pavel« unter Kapitän Aleksej Ivanovič Čirikov (1741). 999er Palladium, 31,13 g	**500,–**
199 (245)	150	Rubel (Pt) 1990. Rs. Segelschiff »St. Gavriil« unter Mikhail Spiridonovič Gvozdev (1732). 999.3er Platin. 999,3er Platin, 15,56 g	**800,-**

500 Jahre russischer Einheitsstaat – 2. Ausgabe (6)

200 (248)	3	Rubel (S) 1990. Rs. Flotte Peter des Großen, zeitgenössische Münze (max. 40000 Ex.)	**50,–**
201 (249)	3	Rubel (S) 1990. Rs. Peter-Pauls-Festung (Petropavlovskaja Krepost') in Leningrad (St. Petersburg) (max. 40000 Ex.)	**50,–**
202 (250)	25	Rubel (Palladium) 1990. Rs. »Der Reformer« Peter I. (1672–1725), Zar seit 1682/89 (max. 12000 Ex.)	**300,–**
203 (251)	50	Rubel (G) 1990. Rs. Kirche des Erzengels Gabriel in Moskau, 1707 erbaut, Begräbnisstätte Peter des Großen (max. 25000 Ex.)	**280,–**
204 (252)	100	Rubel (G) 1990. Rs. Reiterstandbild Peters I. in Leningrad (siehe Nr. 162) (max. 14000 Ex.)	**520,–**
205 (253)	150	Rubel (Pt) 1990. Rs. Schlachtszene aus dem Nordischen Krieg gegen die Schweden bei Poltava (1709) (max. 16000 Ex.)	**600,–**

Weltgipfeltreffen für Kinder
29.–30. September 1990 in New York

			ST	PL
206 (247)	3	Rubel (S) 1990. Rs. Emblem über Konferenztisch. 900er Silber, 34,56 g (max. 20000 Ex.)	75,–	

Nr. 207 fällt aus.

Palladiumbarrenmünzen »Russisches Ballett« – 2. Ausgabe (2)

208 10 Rubel (Palladium) 1991. Rs. Ballerina. 999er Palladium, 15,57 g, LMD (10000 Ex.) 120,–

209 (239) 25 Rubel (Palladium) 1990. Typ wie Nr. 208. 999er Palladium, 31,13 g, LMD (ST: 27000 Ex., PP: 3000 Ex.) 400,– –,–

Goldbarrenmünzen »Frieden« (3)

210 (254) 50 Rubel (G) 1990. Erlöser-Turm (Spaskij-Turm), Hauptzugang zum Kreml' in Moskau, Staatswappen, Landesname, Inschrift »Frieden« auf russisch, deutsch, englisch, chinesisch und französisch. Rs. Friedenstaube, Inschriften »Mikhail Gorbachev«, »Glasnost« und »Perestroika«. 999er Gold, 7,78 g –,–

211 (255) 100 Rubel (G) 1990. Flagge auf der Kuppel des Parlamentsgebäudes in Moskau. Rs. wie Nr. 210. 999er Gold, 15,57 g –,–

212 (256) 200 Rubel (G) 1990. St.-Basilius-Kathedrale (siehe Nr. 176). Staatswappen, Landesname, Inschrift »Frieden«. Rs. wie Nr. 210. 999er Gold 31,13 g, LMD –,–

Nrn. 210–212 sollen nicht ausgegeben werden.

550. Geburtstag von Ališer Navoi

213 (260) 1 Rubel (K-N) 1990, 1991. Rs. Ališer Navoi (Mīr 'Ali Šīr Nizamuddīn Nawā'ī) (1441–1501), tschagatai-türkischer Dichter aus Herat, heute Afghanistan, Begründer der tschagataischen Literatursprache und Dichtung Turkestans [LMD]:
1990 (Fehlprägung) 20,–
1991 3,– 8,–

125. Geburtstag von Pjotr Nikolaevič Lebedev

214 (261) 1 Rubel (K-N) 1991. Rs. Pjotr Nikolaevič Lebedev (1866–1912), Physiker, Entdecker des Strahlungsdruckes, bei der Vorlesung an der Moskauer Universität, Formel und Versuchsskizze [MMD] 3,– 8,–

100. Geburtstag von Sergej Serge'evič Prokof'ev

215 (263) 1 Rubel (K-N) 1991. Rs. Sergej Serge'evič Prokof'ev (Prokofjew) (1891–1953), russischer Komponist [LMD] 3,– 8,–

Zu Ehren von Makhtumkuli

A215 1 Rubel (K-N) 1991. Rs. Makhtumkuli, auch Fragi (1733–1798), turkmenischer Dichter und Denker 3,– 8,–

100. Geburtstag von Konstantin V. Ivanov

B215 1 Rubel (K-N) 1991. Rs. Konstantin V. Ivanov (1890–1915), tschuwaschischer Dichter und Demokrat 3,– 8,–

850. Geburtstag von Nizāmī

216 1 Rubel (K-N) 1991. Rs. Nizāmī, eigentl. Nizām ad-Dīn Ilyās bin Yūsef (um 1141–1209), persischer Epiker aus Gandje, Südkaukasien 3,– 8,–

XXV. Olympische Sommerspiele 1992 in Barcelona (6)

PP

217 1 Rubel (K-N) 1991. Rs. Radfahrer (250000 Ex.) 15,–

		PP
218	1 Rubel (K-N) 1991. Rs. Speerwerfer (250 000 Ex.)	15,–
219	1 Rubel (K-N) 1991. Rs. Ringer (250 000 Ex.)	15,–
220	1 Rubel (K-N) 1991. Rs. Weitspringer (250 000 Ex.)	15,–
221	1 Rubel (K-N) 1991. Rs. Gewichtheber (250 000 Ex.)	15,–
222	1 Rubel (K-N) 1991. Rs. Läufer (250 000 Ex.)	15,–

50. Jahrestag der Schlacht um Moskau

		ST	PP
223	3 Rubel (K-N) 1991	8,–	15,–

Russische Architektur, Geschichte und Kultur
4. Ausgabe (3)

		ST	PP
224	5 Rubel (K-N) 1991. Rs. Kathedrale des Erzengels Michael in Moskau, 1508 durch Alevisio Novi erbaut:		
	I. große Jahreszahl	8,–	
	II. kleine Jahreszahl	8,–	15,–
225	5 Rubel (K-N) 1991. Rs. Gebäude der Staatsbank in Moskau, 19. Jh.:		
	I. große Jahreszahl	8,–	15,–
	II. kleine Jahreszahl	8,–	15,–
226	5 Rubel (K-N) 1991. Rs. David Sasunsky, Held eines armenischen Epos des 7.–10. Jh., nach einem Denkmal in Eriwan (Jerevan) 1959	8,–	15,–

30. Jahrestag des ersten Weltraumfluges von J. A. Gagarin

		PP
227 (262)	3 Rubel (S) 1991. Rs. Gagarin-Denkmal in Moskau, 1980 erbaut. 900er Silber, 34,56 g (siehe auch Nr. 138) (35 000 Ex.)	90,–

250. Jahrestag der Entdeckungen in Russisch-Amerika – 2. Ausgabe (4)

		PP
228 (264)	3 Rubel (S) 1991. Rs. Segelschiff »Maria« vor der Festung Ross in Nordkalifornien 1812, LMD	150,–
229 (265)	25 Rubel (Palladium) 1991. Rs. Segelschiff »Elisabeth« im Hafen der 1784 durch Grigorij Seilkov gegründeten Siedlung Dreiheiligen "Three Sancrifiers" auf den Kodiak-Inseln	500,–
230 (266)	25 Rubel (Palladium) 1991. Rs. Segelschiff »Nicolaj«, Porträt von Aleksandr A. Baranov, Gründer der Hauptstadt Novo Archangel'sk (heute Sitka) auf der Insel Sitka 1799, Verwalter der russischen Siedlungen	500,–
231 (267)	150 Rubel (Pt) 1991. Rs. Bischof Joann Veniaminov, orthodoxer Missionar und Kulturforscher [LMD]	800,–

500 Jahre russischer Einheitsstaat – 3. Ausgabe (6)

		PP
232	3 Rubel (S) 1991. Rs. Bol'šoj-Theater in Moskau 1825, LMD (max. 40 000 Ex.)	85,–
233	3 Rubel (S) 1991. Rs. Triumphbogen in Moskau 1834, darüber Rubelmünze 1839 auf die Errichtung der Borodino-Säule, MMD (max. 40 000 Ex.)	85,–
234	25 Rubel (Palladium) 1991. Rs. Abschaffung der Leibeigenschaft in Rußland durch Zar Alexander II. am 19. Februar 1861 (alte Zeitrechnung) (max. 12 000 Ex.)	300,–
235	50 Rubel (G) 1991. Rs. St.-Isaak-Kathedrale in St. Petersburg, 1818–1858 erbaut (max. 25 000 Ex.)	280,–
236	100 Rubel (G) 1991. Rs. Lev Nikolaevič Graf Tolstoj (Leo Tolstoi) (1828–1910) (max. 14 000 Ex.)	520,–
237	150 Rubel (Pt) 1991. Rs. Porträts von Zar Alexander I. und Kaiser Napoleon I. 1812, Gedenksäule des Zaren in St. Petersburg (max. 16 000 Ex.)	550,–

Palladiumbarrenmünze »Russisches Ballett« – 3. Ausgabe

		ST	PP
238	25 Rubel (Palladium) 1991. Rs. Ballerina. 999er Palladium, 31,13 g, LMD (ST: 10 000 Ex., PP: 3 000 Ex.)	–,–	–,–

Goldbarrenmünzen »Russisches Ballett« – 1. Ausgabe
Serie I (4)

		ST	PP
239	10 Rubel (G) 1991. Bol'šoj-Theater in Moskau, Landesname. Rs. Ballerina bei einer Szene aus dem »Schwanensee« von Čaikovski. 585er Gold, 2,66 g. Ø 17,2 mm (max. 6 000 Ex.)	75,–	
240	25 Rubel (G) 1991. Rs. Ballerina. 585er Gold, 5,32 g. Ø 21,2 mm (max. 5 000 Ex.)	140,–	
241	50 Rubel (G) 1991. Rs. Ballerina. 585er Gold, 13,29 g. Ø 28,8 mm (max. 2 400 Ex.)	350,–	
242	100 Rubel (G) 1991. Rs. Ballerina. 585er Gold, 26,58 g. Ø 35,2 mm (max. 1 200 Ex.)	750,–	

Serie II (3)

		PP
243	25 Rubel (G) 1991. Typ wie Nr. 240. 999er Gold, 3,11 g. Ø 18,8 mm (max. 1 500 Ex.)	–,–
244	50 Rubel (G) 1991. Typ wie Nr. 241. 999er Gold, 7,78 g. Ø 22,6 mm (max. 1 500 Ex.)	–,–
245	100 Rubel (G) 1991. Typ wie Nr. 242. 999er Gold, 15,57 g. Ø 30,0 mm (max. 1 500 Ex.)	–,–

Nrn. 243–245, polierte Platte (1500 Ex.) *2000,–*

Bedrohte Tierwelt im Roten Buch der UdSSR – 1. Ausgabe (2)

		ST
246	5 Rubel (K-N/Me) 1991. Wertangabe, Name der Staatsbank. Rs. Blakiston-Fischeule (Ketupa blakistoni – Strigidae) (ST/N: 500 000 Ex., ST/U: 50 000 Ex.)	5,–
247	5 Rubel (K-N/Me) 1991. Rs. Schraubenziege (Capra falconeri – Bovidae) (ST/N: 500 000 Ex., ST/U: 50 000 Ex.)	5,–

		VZ	ST
248	50 Kopeken (K-N) 1991. Flagge auf der Kuppel des Parlamentsgebäudes in Moskau, Spaskij-Turm des Kreml', Name der Staatsbank. Rs. Wert zwischen Ähren [St. Petersburg], L	–,50	1,–
249	1 Rubel (K-N) 1991. Typ wie Nr. 248 [St. Petersburg], LMD	1,–	2,–
250	5 Rubel (K-N) 1991. Typ wie Nr. 248 [St. Petersburg], LMD	2,–	4,–
251	10 Rubel (K-N/Me) 1991. Typ wie Nr. 248 [St. Petersburg], LMD	4,–	8,–

Gemeinschaft Unabhängiger Staaten seit 1991
Sojus Suverennych Gosudarstv

Frühere Ausgaben siehe Weltmünzkatalog 19. Jahrhundert.

ARMAWIR

		SS	VZ
1 (1)	1 Rubel (K) 1918. Doppeladler ohne Krone mit Umschrift, welche den Emittenden als Filiale Armawir der Staatsbank kennzeichnet. Rs. Wert zwischen Zweigen:		
	a) Mmz. I. S. (I. Sadler) am Adlerschwanz	230,–	350,–
	b) ohne Mmz.	230,–	350,–

		SS	VZ
2 (2)	3 Rubel (K) 1918. Typ wie Nr. 1:		
	a) Ø 28 mm	220,–	300,–
	b) Ø 31 mm	400,–	460,–
3 (3)	5 Rubel (K) 1918. Typ wie Nr. 1	350,–	400,–

Probeabschläge von Nr. 2 in Silber (10 Ex.) und von Nr. 3 in Aluminium vorkommend.

CHORESMISCHE SOWJETISCHE VOLKSREPUBLIK

Unter dem Eindruck des Erfolges der russischen Oktoberrevolution flammte im November 1919 der Aufstand gegen das mittelalterliche Feudalregime des Emirs von Chiwa auf; am 30. April 1920 konnte unter Bezugnahme auf den historischen Namen dieses Gebietes südlich des Aral-Sees auf dem ersten All-chiwaischen Kurultai (Versammlung) der Räte der Volksvertreter die Verfassung der Choresmischen Volksräterepublik beschlossen werden. Deren bis zum Juli 1922 gültigen Abzeichen auf Siegeln und sonstwo wurden als ein Spaten festgesetzt, der mit einer Sichel und einem Zweig der Dschugara, einer einheimischen Getreidepflanze, gekreuzt wurde. Im Jahre 1923 schlossen die drei mittelasiatischen Republiken Turkestan, Buchara und Choresm den Mittelasiatischen Ökonomischen Rat. Die Umgestaltung von Choresm in eine Sozialistische Räterepublik wurde auf dem vierten All-choresmischen Kurultai der Räte (17.–20. Oktober 1923) beschlossen, wobei auch eine erneute Abänderung der Hoheitszeichen vorgenommen wurde, die künftig aus einem Spaten und einem Hammer und einer Baumwollpflanze bestehen sollten. Die Choresmische SSR wurde in drei Gebiete aufgeteilt, das Usbekische, das Turkmenische und das Kirgis-Karakalpakische.
Der fünfte All-choresmische Kurultai der Räte (29. September–2. Oktober 1924) verlieh den Völkern von Choresm die Selbstbestimmung, in deren Folge am 27. Oktober 1924 die Turkmenische SSR mit der Hauptstadt Aschchabad, die Usbekische (hauptsächlich auf dem Gebiet von Buchara) mit der Hauptstadt Taschkent und an der Mündung des Amu-Darja im Rahmen der Russischen Sozialistischen Föderativen Sowjetrepublik das Karakalpakische Autonome Gebiet mit der Hauptstadt Turtkul (seit 25. Dezember 1934 eine Autonome Sozialistische Sowjetrepublik) gebildet worden sind.

		SS	VZ
1 (1)	20 Rubel (Bro) n. H. 1338–1340 (1920–1922). Landesname als Umschrift und Jahreszahl, in der Mitte alles in Turkschrift. Rs. Hoheitszeichen von Choresm, am 30. 4. 1920 eingeführt, darunter Wertangabe in Russisch und Turksprache	130,–	200,–

		SS	VZ
2 (2)	25 Rubel (Bro) n. H. 1339 (1921). Das Feld füllende Inschrift in Turkschrift. Rs. Im Felde das Hoheitszeichen von Choresm unter Halbmond und Stern, Umschrift: Wert auf Russisch	100,–	160,–
3 (3)	100 Rubel (Bro) n. H. 1339 (1921). Typ ähnlich wie Nr. 2	100,–	160,–

Nr. 4 fällt aus.

		SS	VZ
5 (4)	500 Rubel (Bro) n. H. 1339, 1340 (1921, 1922). Typ ähnlich wie Nr. 1:		
	a) n. H. 1339; Ø 25,5 mm	350,–	550,–
	b) n. H. 1339, 1340; Ø 19 mm	150,–	210,–

Moderne Fantasieprägungen in feinerem Stempelschnitt kommen in den Wertstufen zu 25, 200 und 1000 Rubel vor.

DAGESTAN
Emir Uzun-Khayir 1919–1921

Nr. 1 fällt aus.

2 (2)	5 Toman (Me) n. H. 1338 (1920)	–,–	–,–
3 (3)	10 Toman (Me) n. H. 1338 (1920). Stilisierte Waage. Rs. Inschrift, Jahreszahl	–,–	–,–

Nr. 3 wurde auch auf kupferne 2-Kopeken-Stücke (Rußland Nr. 4) überprägt (Y3a).

SPITZBERGEN

Die 1596 wiederentdeckte Inselgruppe wurde 1920 durch den Vertrag von Sèvres dem Königreich Norwegen zugesprochen, dessen Einwohner in der Erforschung der Landesnatur und der wirtschaftlichen Möglichkeiten am aktivsten gewesen waren. Norwegen ergriff am 14. August 1925 förmlich Besitz und verleibte Spitzbergen mit der Bäreninsel als »Svalbard« (Kalter Rand) seinem Staatsgebiet ein. Von der Bestimmung des Vertrages von Sèvres, wonach alle Nationen das Recht des Kohleabbaus, der Jagd und der Fischerei auf Spitzbergen erhielten, wird nur seitens der Sowjetunion Gebrauch gemacht. Etwa drei Viertel der über 4000 Bewohner Spitzbergens sind Sowjet-Russen. Hauptort: Longyearbyen.

		SS	VZ
1	10 Kopeken (Al-Bro) 1946. Umschrift »Ostrov (Insel) Spitzbergen« und Jahreszahl. Rs. Wertangabe und Name der emittierenden staatlichen Gesellschaft »Arktikugol'« (Polarkohle)	85,–	120,–
2	15 Kopeken (Al-Bro) 1946. Typ wie Nr. 1	85,–	120,–
3	20 Kopeken (K-N) 1946. Typ wie Nr. 1	100,–	140,–
4	50 Kopeken (K-N) 1946. Typ wie Nr. 1	100,–	140,–

Saire siehe *Zaire*.
Salvador siehe *El Salvador*.

Solomon Islands — Salomonen — Salomon (Îles)

Salomon-Inseln
Solomon Aelan

Fläche: 29785 km²; 275000 Einwohner.
Inselgruppe im Stillen Ozean, die 1568 von Álvaro de Mendaña entdeckt und 1767 und 1768 von Carteret und Bougainville wiederentdeckt wurde. In den Jahren 1884 und 1893/99 wurden die Inseln zwischen Deutschland und Großbritannien geteilt. Der deutsche Teil wurde später australisches Mandatsgebiet und gehört nun zu Papua-Neuguinea, der britische Anteil hieß bis zum 11. November 1975 »Britische Salomon-Inseln«. Nach Erlangung der Selbstverwaltung am 2. Januar 1976 wurde die Unabhängigkeit von Großbritannien planmäßig am 7. Juli 1978 ausgerufen. Hauptstadt: Honiara (auf Guadalcanal).
Bis zur Einführung eigener Geldzeichen war der Australische Dollar gesetzliches Zahlungsmittel. Bis zum 30. Juni 1978 konnten australische Münzen und Banknoten 1:1 umgetauscht werden.

100 Cents = 1 Salomonen-Dollar (Solomon Islands Dollar)

Garantierung der Selbstverwaltung (2)

PP

1 30 Dollars (S mit Goldauflage) 1975. Staatswappen, am 24. 9. 1956 eingeführt, Landesname, Wertangabe, Feingehaltsangaben. Rs. Wollkuskus (Phalanger orientalis – Phalangeridae) als Goldauflage. 999er Silber, 24 g / 999er Gold, 0,32 g [LM] *150,–*

2 30 Dollars (S mit Goldauflage) 1975. Rs. Solomon Mamaloni, Porträt als Goldauflage [LM] –,–

Nrn. 1 und 2 sind unautorisierte Ausgaben.

Unabhängiger Staat

Für den FAO-Münz-Plan

VZ ST

3 (1) 1 Cent (Bro) 1977–1983, 1985. Elisabeth II. (nach A. Machin). Rs. Verziertes Eßgefäß **–,30 –,60**

4 (2) 2 Cents (Bro) 1977–1983, 1985. Rs. Adlergeschmückte Kriegskeule **–,35 –,70**

VZ ST

5 (3) 5 Cents (K-N) 1977–1983, 1985. Rs. Zeremonialmaske **–,40 –,60**

6 (4) 10 Cents (K-N) 1977–1983. Rs. Statue des Meeresgottes Ngorieru **–,50 –,70**

7 (5) 20 Cents (K-N) 1977–1983. Rs. Gehänge nach traditionellem Stil mit vier Affen im Zentrum **–,70 1,50**

8 (6) 1 Dollar (K-N) 1977–1983. Rs. Nguzunguzu, Schutzidol eines Kriegsbootes **4,– 6,–**

ST PP

9 (7) 5 Dollars 1977–1983. Rs. Bokolo, aus einer Riesenmuschel angefertigt, Emblem der Zentralbank (Sentral Bank Bilong Solomon Aelan):
a) (S) 925 fein, 28,28 g, 1977–1981, 1983 **90,–**
b) (K-N) 1978–1981, 1983 **65,–**

10 (10) 10 Dollars 1979–1982. Rs. Stilisierter Vogel mit ausgebreiteten Schwingen:
a) (S) 925 fein, 40,5 g **180,–**
b) (K-N) **70,–**

25. Krönungsjubiläum von Königin Elisabeth II.

11 (8) 5 Dollars (S) 1978. 925er Silber, 28,28 g **65,–**

Zur Erlangung der Unabhängigkeit am 7. Juli 1978

			ST	PP
12 (9)	100	Dollars (G) 1978. Rs. Staatswappen mit Schildhaltern und Helmzier, Wertangabe. 900er Gold, 9,37 g		400,–
13 (11)	100	Dollars (G) 1980. Rs. Ornamentales Muster. 500er Gold, 7,64 g	300,–	200,–
14 (12)	100	Dollars (G) 1981. Rs. Hai. 500er Gold, 7,64 g (675 Ex.)		600,–

40. Jahrestag der Schlacht auf Guadalcanal (2)

15 (13)	5	Dollars 1982. Rs. Drei Soldaten der amerikanischen Kriegsmarine:		
		a) (S) 925 fein, 28,28 g		65,–
		b) (K-N)	30,–	
16 (14)	100	Dollars (G) 1982. Typ ähnlich wie Nr. 15. 900er Gold, 9,37 g (311 Ex.)		*550,–*

30. Krönungsjubiläum von Königin Elisabeth II.

17 (15)	5	Dollars (S) 1983. Elisabeth II. Rs. Krönungsinsignien. 500er Silber, 30,28 g		90,–

5. Jahrestag der Unabhängigkeit (2)

18 (16)	10	Dollars 1983. Elisabeth II. Rs. Staatswappen, Nationalflagge, Gedenkinschrift:		
		a) (S) 925 fein, 40,5 g (877 Ex.)		–,–
		b) (K-N) (202 Ex.)	*180,–*	
19 (17)	100	Dollars (G) 1983. Typ wie Nr. 18. 900er Gold, 9,37 g (268 Ex.) (fünfeckig)		*600,–*

Internationales Jahr des Kindes 1979

20 (18)	5	Dollars (S) 1983. Elisabeth II. Rs. Drei Kinder in einem Boot, CHI:		
		a) 925er Silber, 28,88 g		80,–
		b) Piéfort, 925er Silber, 57,76 g (62 Ex.)		*300,–*

XXIII. Olympische Sommerspiele 1984 in Los Angeles (3)

21 (19)	1	Dollar (K-N) 1984. Elisabeth II. Rs. Zwei Läufer (5000 Ex.)	45,–	
22 (20)	10	Dollars (S) 1984. Typ wie Nr. 21. 925er Silber, 33,44 g (2500 Ex.)		180,–
23 (21)	100	Dollars (G) 1984. Rs. Gewichtheber. 916⅔er Gold, 7,5 g (500 Ex.)		*1200,–*

Jahrzehnt für die Frauen 1976–1985

			ST	PP
24 (22)	5	Dollars (S) 1985. Elisabeth II. (nach R. D. Maklouf). Rs. Lehrerin mit Schülerin. 925er Silber, 28,88 g, CHI (1970 Ex.)		100,–

Für den FAO-Münz-Plan

			VZ	ST
25	1	Cent (St, K galvanisiert) 1987. Elisabeth II. (nach R. D. Maklouf). Rs. Eßgefäß, wie Nr. 3	–,30	–,60
26	2	Cents (St, K galvanisiert) 1987. Rs. Kriegskeule, wie Nr. 4	–,30	–,60
27	5	Cents (K-N) 1988. Rs. Zeremonialmaske, wie Nr. 5	–,40	–,60
28	10	Cents 1988, 1990. Rs. Ngorieru, wie Nr. 6:		
		a) (K-N) 1988	–,50	–,70
		b) (St, N galvanisiert) 1990	–,50	–,70
29	20	Cents (St, N galvanisiert) 1989. Rs. Gehänge, wie Nr. 7	–,70	1,50

30	50	Cents (K-N) 1990. Rs. Staatswappen (zwölfeckig)	3,–	4,50

Nr. 31 fällt aus.

10. Jahrestag der Unabhängigkeit

32	50	Cents (K-N) 1988. Rs. Staatswappen, Gedenkumschrift (zwölfeckig)		7,–

50. Jahrestag des Überfalls auf Pearl Harbor (5)

			ST	PP
33	1	Dollar 1991. Rs. US-Schlachtschiff »Nevada«, von japanischen »Val« Bombern angegriffen, Kanoniere im Vordergrund [RM]:		
		a) (S) 925 fein, 28,28 g (max. 25 000 Ex.)		–,–
		b) (K-N)	–,–	
34	10	Dollars (G) 1991. Rs. Lageplan der neunzehn Schlachtschiffe im Hafen vor dem Angriff. 999er Gold, 3,134 g [RM] (max. 500 Ex.)		–,–
35	25	Dollars (G) 1991. Rs. Elf japanische »Kate« Bomber in Formation fliegend, Soldat am Maschinengewehr. 999er Gold, 7,814 g [RM] (max. 3000 Ex.)		–,–
36	50	Dollars (G) 1991. Typ wie Nr. 33. 999er Gold, 15,608 g [RM] (max. 500 Ex.)		–,–

		ST	PP
37	100 Dollars (G) 1991. Rs. Brennende US-Schlachtschiffe »West Virginia« und »Tennessee«, darüber japanische »Val« Bomber, im Vordergrund zwei US »Dauntless« Kampfflugzeuge und abstürzende japanische Maschine vom Typ „Zero". 999er Gold, 31,21 g [RM] (max. 500 Ex.)		–,–

		ST	PP
38	10 Dollars (S) 1991. Rs. Álvaro de Mendaña de Neyra, Entdecker der Salomonen 1568, in seinem Schiff stehend, im Hintergrund Vulkan. 925er Silber, 31,8 g [HM]		80,–

XXV. Olympische Sommerspiele 1992 in Barcelona (2)

		ST	PP
39	10 Dollars (S) 1991. Rs. Läufer vor Palmeninsel und Tribüne. 925er Silber, 27,21 g [HM]		85,–
40	10 Dollars (S) 1991. Rs. Zwei Boxer [HM]		85,–

50. Jahrestag der Schlacht auf Guadalcanal (5)

		ST	PP
41	1 Dollar 1992 [RM]:		
	a) (S) 925 fein, 28,28 g		–,–
	b) (K-N)	–,–	
42	10 Dollars (G) 1992. 999er Gold, 3,134 g [RM]		–,–
43	25 Dollars (G) 1992. 999er Gold, 7,814 g [RM]		–,–
44	50 Dollars (G) 1992. 999er Gold, 15,608 g [RM]		–,–
45	100 Dollars (G) 1992. 999er Gold, 31,21 g [RM]		–,–

50. Jahrestag der Schlacht im Korallenmeer (5)

		ST	PP
46	1 Dollar 1993 [RM]:		
	a) (S) 925 fein, 28,28 g		–,–
	b) (K-N)	–,–	
47	10 Dollars (G) 1993. 999er Gold, 3,134 g [RM]		–,–
48	25 Dollars (G) 1993. 999er Gold, 7,814 g [RM]		–,–
49	50 Dollars (G) 1993. 999er Gold, 15,608 g [RM]		–,–
50	100 Dollars (G) 1993. 999er Gold, 31,21 g [RM]		–,–

Zambia — Sambia — Zambia

Fläche: 746 000 km²; 7 000 000 Einwohner (1989).
Das ehemalige Nordrhodesien war von 1953 bis 1963 Teil des Zentralafrikanischen Bundes mit der Bezeichnung Rhodesia und Njassaland. Unter dem Namen Sambia wurde das Land am 24. Oktober 1964 unabhängig. Die Republik Sambia ist Mitglied des britischen Commonwealth. Die Zweite Republik wurde am 13. Dezember 1972 ausgerufen. Hauptstadt: Lusaka.

12 Pence = 1 Shilling, 20 Shillings = 1 £;
seit 16. Januar 1968: 100 Ngwee = 1 Kwacha

Republik Sambia
Erste Republik 1964–1972

		SS	VZ
1 (1)	6 Pence (Neusilber) 1964. Staatswappen. Rs. Prunkwinde (Ipomoea sp. – Convolvulaceae)	2,–	5,–
2 (2)	1 Shilling (Neusilber) 1964. Rs. Kronen-Toko (Tocus = Lophoceros alboterminatus – Bucerotidae)	4,–	9,–
3 (3)	2 Shillings (Neusilber) 1964. Rs. Isabell-Antilope oder Bohor-Riedbock (Redunca redunca – Bovidae)	5,–	12,–

1. Jahrestag der Unabhängigkeit

		ST	PP
4 (4)	5 Shillings (Neusilber) 1965. Dr. Kenneth David Kaunda (*1924), Staatspräsident. Rs. Staatswappen. Randschrift »ONE ZAMBIA ONE NATION 24. 10. 64 · «	18,–	30,–

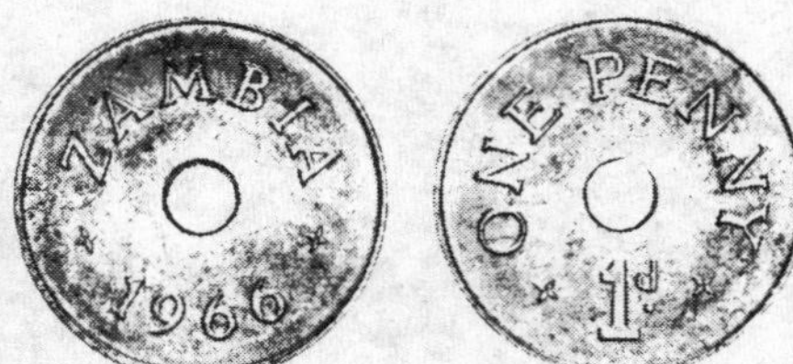

		SS	VZ
5 (5)	1 Penny (Bro) 1966 (mit Loch)	1,–	2,–
6 (6)	6 Pence (Neusilber) 1966. Dr. Kenneth David Kaunda. Rs. Prunkwinde, wie Nr. 1	2,–	5,–
7 (7)	1 Shilling (Neusilber) 1966. Rs. Kronen-Toko, wie Nr. 2	3,–	10,–
8 (8)	2 Shillings (Neusilber) 1966. Rs. Isabell-Antilope oder Bohor-Riedbock, wie Nr. 3	6,–	20,–

NEUE WÄHRUNG: 100 Ngwee = 1 Kwacha

		VZ	ST
9 (9)	1 Ngwee 1968–1983. Rs. Erdferkel (Orycteropus afer – Orycteropidae):		
	a) (Bro) 1968, 1969, 1972, 1978	1,–	2,–
	b) (St, K plattiert) 1982, 1983	–,50	1,50

		VZ	ST
10 (10)	2 Ngwee 1968–1983. Rs. Kampfadler (Polemaëtus bellicosus – Accipitridae):		
	a) (Bro) 1968, 1978	–,50	1,–
	b) (St, K plattiert) 1982,1983	–,50	1,50

		VZ	ST
11 (11)	5 Ngwee (Neusilber) 1968, 1972, 1978, 1982, 1987. Rs. Prunkwinde, wie Nr. 1	1,–	2,–

		VZ	ST
12 (12)	10 Ngwee (Neusilber) 1968, 1972, 1978, 1982, 1987. Rs. Kronen-Toko, wie Nr. 2	1,60	3,–

13 (13) 20 Ngwee (Neusilber) 1968, 1972, 1978, 1988. Rs. Isabell-Antilope oder Bohor-Riedbock, wie Nr. 3 — 4,– 8,–

Nrn. 9–13, 16 von 1978, polierte Platte (4053 Ex.) 40,–

FAO-Münz-Plan zum 5. Jahrestag der Unabhängigkeit

14 (14) 50 Ngwee (K-N) 1969. Dr. Kenneth David Kaunda, Kopfbild nach rechts, bogig 1964 · 24TH OCTOBER 1969. Rs. Maiskolben (Zea mays – Gramineae), Wertangabe — 8,– 15,–

Für den FAO-Münz-Plan

15 (15) 50 Ngwee (K-N) 1972. Typ wie Nr. 14, jedoch Jahreszahl anstelle der Gedenkdaten — 12,– 25,–

Zweite Republik seit 1972

Ausrufung der Zweiten Republik am 13. Dezember 1972

16 (16) 50 Ngwee (K-N) 1972, 1978. Rs. Staatswappen, Gedenkumschrift, Wertangabe — 6,– 10,–

10. Jahrestag der Unabhängigkeit

		ST	PP
17 (17)	1 Kwacha (K-N) 1974. Dr. Kenneth David Kaunda, Kopfbild nach rechts, bogig 24TH OCTOBER 1974. Rs. Staatswappen, Gedenkumschrift, Wertangabe	*50,–*	90,–

Rettet die Tierwelt (3)

		ST	PP
18 (18)	5 Kwacha (S) 1979. Rs. Wasserbock (Kabus leche smithemani):		
	a) 925er Silber, 28,28 g		60,–
	b) 925er Silber, 25,31 g	50,–	
19 (19)	10 Kwacha (S) 1979. Rs. Taitafalke:		
	a) 925er Silber, 35 g		120,–
	b) 925er Silber, 31,65 g	80,–	
20 (20)	250 Kwacha (G) 1979. Rs. Afrikanischer Wildhund. 900er Gold, 33,437 g	1250,–	–,–

Internationales Jahr des Kindes 1979

		PP
21 (21)	10 Kwacha (S) 1980. Rs. Drei Kinder auf Klettergerüst [RM], Tower:	
	a) 925er Silber, 27,22 g	60,–
	b) Piéfort, 925er Silber, 54,44 g	300,–

Welternährungstag 1981

		VZ	ST
22 (22)	20 Ngwee (Neusilber) 1981. Rs. Maiskolben (Zea mays – Gramineae), Gedenkumschrift	1,50	3,–

20 Jahre Zentralbank (Bank of Zambia) (2)

		VZ	ST
23 (23)	20 Ngwee (Neusilber) 1985. Rs. Zentralbankgebäude	1,50	2,50
			PP
A23	20 Ngwee (S) 1985. Typ wie Nr. 23. 925er Silber, 11,31 g		–,–

40 Jahre Vereinte Nationen (2)

		VZ	ST
24 (24)	50 Ngwee (K-N) 1985. Rs. Emblem der Vereinten Nationen	3,–	5,–
			PP
A24	50 Ngwee (S) 1985. Typ wie Nr. 24. 925er Silber, 11,66 g		–,–

25 Jahre World Wildlife Fund

25 (25) 10 Kwacha (S) 1986. Rs. Spiegelralle. 925er Silber, 27,22 g — 90,–

Banknotenersatzausgabe

		VZ	ST
26	1 Kwacha (N-Me) 1989. Rs. Zwei Fischadler auf Ast (8 000 000 Ex.)	6,–	12,–

70 Jahre Save the Children Fund

		PP
27	10 Kwacha (S) 1989. Rs. Junge mit Maiskolben. 925er Silber, 27,22 g	–,–

XXV. Olympische Sommerspiele 1992 in Barcelona

28 100 Kwacha (S) 1992. Rs. Zwei Boxkämpfer im Ring [RM] (max. 50 000 Ex.) — –,–

Samoa siehe *Amerikanisch-Samoa* und *Westsamoa.*

St. Christoph (St. Kitts) und Nevis

Saint Christopher and Nevis **Saint-Christophe et Nevis**

Fläche: 261 km²; 65 000 Einwohner.
Inselgruppe der Kleinen Antillen, Mitglied der Karibischen Freihandelszone (CARIFTA). 1967 brach Anguilla seine bisherigen Beziehungen zu den Nachbarinseln ab und erklärte sich für unabhängig. Der Landesname »St. Christoph – Nevis – Anguilla« änderte sich in der Folge in »St. Kitts – Nevis«. Unter dem Namen »St. Christoph und Nevis« wurden die beiden Inseln am 19. September 1983 von Großbritannien unabhängig. Hauptstadt: Basseterre auf St. Christoph (St. Kitts).

100 Cents = 1 Ostkaribischer Dollar

Saint Christopher – Nevis – Anguilla

Zur Einweihung der Karibischen Entwicklungsbank und für den FAO-Münz-Plan

ST PP

1 (3*) 4 Dollars (K-N) 1970. Staatswappen mit Schildhaltern und Helmzier. Rs. Bananen, Zuckerrohr, Wertangabe **25,– 70,–**

* Diese Nummer entspricht der Yeoman-Katalogisierung unter »East Caribbean Territories«.

Föderation St. Kitts und Nevis
Saint Kitts – Nevis

200 Jahrestag der Schlacht um die Kleinen Antillen

ST PP

2 (1) 20 Dollars 1982. Staatswappen, Landesname, Wertangabe. Rs. Britische und französische Kriegsschiffe:
a) (S) 925 fein, 28,28 g (2500 Ex.) 120,–
b) (K-N) 30,–

200. Jahrestag der Belagerung von Brimstone Hill

3 (2) 100 Dollars (G) 1982. Rs. Ansicht von Brimstone Hill mit Fort Charles. 916⅔er Gold, 7,98 g (ST: 250 Ex., PP: 500 Ex.) –,– –,–

Saint Christopher and Nevis

Zur Erlangung der Unabhängigkeit

			ST	PP
4	20	Dollars (S) 1983. Elisabeth II. Rs. Inselkarte, Segelschiff und Windrose, Landesname, Wertangabe. 925er Silber, 28,28 g		**120,–**

Zum Besuch des britischen Königspaares (2)

			ST	PP
5	10	Dollars 1985. Elisabeth II. Rs. Staatswappen:		
		a) (S) 925 fein, 28,28 g		**140,–**
		b) (K-N)	**20,–**	
6	500	Dollars (G) 1985. Typ wie Nr. 5. 916⅔er Gold, 47,54 g (250 Ex.)		*2000,–*

Vogelwelt der Karibik

			ST	PP
7	100	Dollars (S) 1988. Rs. Doktorvogel (Sericotes holosericeus). 925er Silber, 129,6 g		**250,–**

St. Helena Island — St. Helena — Sainte-Hélène

Fläche: 122 km²; 5300 Einwohner.
St. Helena wurde am 21. Mai 1502 (Tag der hl. Helena, Mutter Konstantins des Großen) von dem Portugiesen João da Nova Castella entdeckt. 1588 waren Briten, 1633 Niederländer auf der Insel. Der British East India Company wurde im Jahr 1673 die Royal Charter durch den englischen König Karl II. verliehen, wodurch es dieser Gesellschaft möglich wurde, die Insel offiziell in Besitz zu nehmen und zu verwalten. Seit 1834 ist St. Helena Kronkolonie. Als Außenbesitzungen sind Ascension (seit 1922) und Tristan da Cunha (seit 1938) angegliedert. Hauptstadt: Jamestown.

100 (New) Pence = 1 £

Neben den eigenen Geldzeichen ist das britische Pfund gesetzliches Zahlungsmittel.

Elisabeth II. seit 1952

300. Jahrestag der Verleihung der Royal Charter an die British East India Company

		ST	PP
1 (1)	25 Pence 1973. Elisabeth II. Rs. Handelsschiff des 17. Jh. vor Sankt Helena:		
	a) (S) 925 fein, 28,28 g		75,–
	b) (K-N)	5,–	

25. Regierungsjubiläum von Königin Elisabeth II.

		ST	PP
2 (2)	25 Pence 1977. Rs. Aldabra-Riesenschildkröte (Geochelone gigantea — Testitudinidae) namens »Jonathan« vor »Plantation House«, dem Amtssitz des Gouverneurs:		
	a) (S) 925 fein, 28,28 g		85,–
	b) (K-N)	5,–	

25. Krönungsjubiläum von Königin Elisabeth II.

		ST	PP
3 (3)	25 Pence 1978. Rs. Der Drache von Ulster und Seelöwe:		
	a) (S) 925 fein, 28,28 g	60,–	75,–
	b) (K-N)	6,–	

80. Geburtstag der Königinmutter Elisabeth

		ST	PP
4 (4)	25 Pence 1980. Rs. H.M.S. »Vanguard« vor Inselsilhouette, darüber Porträt der Königinmutter:		
	a) (S) 925 fein, 28,28 g		80,–
	b) (K-N)	4,–	

Zur Hochzeit von Prinz Charles und Lady Diana

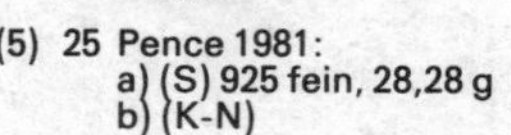

		ST	PP
5 (5)	25 Pence 1981:		
	a) (S) 925 fein, 28,28 g		80,–
	b) (K-N)	4,–	

75 Jahre Weltpfadfinderbewegung und Internationales Jahr der Pfadfinder (2)

		ST	PP
6 (6)	25 Pence (S) 1982. Rs. Emblem der Weltpfadfinderbewegung. 925er Silber, 28,28 g	85,–	100,–
7 (7)	2 £ (G) 1982. Rs. Pfadfinder beim Kochen. 916⅔er Gold, 15,98 g	750,–	1000,–

150 Jahre Kronkolonie (2)

8 (8) 50 Pence 1984. Rs. Neues Staatswappen seit 30. 1. 1984:
a) (S) 925 fein, 28,28 g (5000 Ex.) 120,—
b) (K-N) 12,—

		ST	PP
9	50 Pence (G) 1984. Typ wie Nr. 8. 916⅔er Gold, 47,54 g (150 Ex.)		2000,–

Zum Besuch von Prinz Andrew

10 (15) 50 Pence 1984. Rs. Prinz Andrew:
a) (S) 925 fein, 28,28 g 120,–
b) (S) Piéfort, 925 fein, 56,56 g *400,–*
c) (K-N) 8,–

Weitere Ausgaben siehe unter *Ascension.*

St. Helena und Ascension

		VZ	ST
11 (9)	1 Penny (Bro) 1984. Elisabeth II. (nach A. Machin), Landesname ST. HELENA + ASCENSION. Rs. Gelbflossen-Thunfisch (Thunnus albacares – Thunnidae) (FAO-Ausgabe)	–,30	–,50
12 (10)	2 Pence (Bro) 1984. Rs. Esel mit Feuerholz	–,30	–,50

		VZ	ST
13 (11)	5 Pence (K-N) 1984. Rs. Regenpfeifer (Aegialitis sanctae helenae)	–,40	–,80
14 (12)	10 Pence (K-N) 1984. Rs. Arumlilie (Zantedeschia elliottiana – Araceae), Nationalblume	–,60	1,–
15 (13)	50 Pence (K-N) 1984. Rs. Suppenschildkröte (Chelonia mydas – Cheloniidae) (FAO-Ausgabe)	1,60	3,–

		VZ	ST
16 (14)	1 £ (N-Me) 1984. Rs. Ruß-Seeschwalbe (Sterna fuscata – Sternidae). Randschrift COLONY OF ST. HELENA	4,50	8,–

Nrn. 11–16, polierte Platte (2500 Ex.) 60,–

		ST	PP
17	1 £ (S) 1984. Typ wie Nr. 16:		
	a) 925er Silber, 9,5 g (10000 Ex.)	60,–	
	b) Piéfort, 925er Silber, 19 g (2500 Ex.)		*120,–*

Zur Hochzeit von Prinz Andrew und Miss Sarah Ferguson (2)

18 (17) 50 Pence 1986. Elisabeth II. (nach R. D. Maklouf). Rs. Porträt des Brautpaares:
a) (S) 925 fein, 28,28 g 100,–
b) (S) Piéfort, 925 fein, 56,56 g (250 Ex.) *300,–*
c) (K-N) 9,–

19 50 Pence (G) 1986. Typ wie Nr. 18. 916⅔er Gold, 47,54 g (50 Ex.) *2200,–*

165. Todestag von Napoleon Bonaparte (3)

20 50 Pence (K-N) 1986. Rs. Napoleon Bonaparte (1769–1821) vor der H. M. S. »Northumberland«, auf der er 1815 sein Exil auf St. Helena erreichte 8,–

21 25 £ (S) 1986. Typ wie Nr. 20. 999er Silber, 155,5 g 300,–

22 50 £ (Pt) 1986. Typ wie Nr. 20. 999er Platin, 31,26 g *2000,–*

90. Geburtstag der Königinmutter Elisabeth

23 2 £ 1990. Rs. Gekröntes Spiegelmonogramm, von Sium helenianum und Wahlenbergia linifolia flankiert:
a) (S) 75,–
b) (K-N) 12,–

		VZ	ST
24	1 Penny (Bro) 1991. Elisabeth II. (nach R. D. Maklouf), Landesname. Rs. Gelbflossen-Thunfisch, wie Nr. 11 (FAO-Ausgabe)	–,30	–,50
25	2 Pence (Bro) 1991. Rs. Esel mit Feuerholz wie Nr. 12	–,30	–,50
26	5 Pence (K-N) 1991. Rs. Regenpfeifer, wie Nr. 13	–,40	–,80
27	10 Pence (K-N) 1991. Rs. Arumlilie, wie Nr. 14	–,60	1,–
28	50 Pence (K-N) 1991. Rs. Suppenschildkröte, wie Nr. 15 (FAO-Ausgabe)	1,60	3,–
29	1 £ (N-Me) 1991. Rs. Ruß-Seeschwalbe, wie Nr. 16	4,50	8,–

St. Lucia — St. Lucia — Sainte-Lucie

Fläche: 620 km²; 130000 Einwohner.
Insel in der Gruppe der Kleinen Antillen. 1502 von Kolumbus entdeckt, wurde 1814 britische Kolonie. St. Lucia erlangte am 1. März 1967 innere Autonomie; Mitglied der Karibischen Freihandelszone (CARIFTA). St. Lucia ist mit den Ländern Antigua, Barbados, Dominica, Grenada, Montserrat, St. Christopher-(Kitts-)Nevis-Anguilla und St. Vincent zum Währungsgebiet des Ostkaribischen Dollars zusammengeschlossen. Emissionsinstitut für das gesamte Währungsgebiet ist die East Caribbean Currency Authority mit dem Sitz in Bridgetown auf Barbados. Am 22. Februar 1979 ist St. Lucia in die Unabhängigkeit entlassen worden. Hauptstadt: Castries.

100 Cents = 1 Ostkaribischer Dollar

Zur Einweihung der Karibischen Entwicklungsbank und für den FAO-Münz-Plan

		ST	PP
1 (7*)	4 Dollars (K-N) 1970. Staatswappen mit Schildhaltern und Helmzier. Rs. Bananen, Zuckerrohr, Wertangabe	25,–	70,–

Diese Nummer entspricht der Yeoman-Katalogisierung unter »East Caribbean Territories«.

Unabhängige Monarchie

200. Jahrestag der Schlacht um die Kleinen Antillen

		ST	PP
2 (1)	10 Dollars 1982. Staatswappen, Landesname, Wertangabe. Rs. Britische und französische Kriegsschiffe:		
	a) (S) 925 fein, 28,28 g (2500 Ex.)		120,–
	b) (K-N)	25,–	

Zum Besuch des britischen Königspaares (2)

		ST	PP
3 (2)	10 Dollars 1985. Elisabeth II. Rs. Staatswappen:		
	a) (S) 925 fein, 28,28 g		150,–
	b) (K-N)	20,–	
4	500 Dollars (G) 1985. Typ wie Nr. 3. 916⅔er Gold, 47,54 g (250 Ex.)		*2000,–*

Zum Besuch von Papst Johannes Paul II. (2)

		ST	PP
5 (3)	5 Dollars 1986. Staatswappen. Rs. Papst Johannes Paul II.:		
	a) (S) 925 fein, 28,28 g (2120 Ex.)		150,–
	b) (K-N)	16,–	
6 (4)	500 Dollars (G) 1986. Typ wie Nr. 5. 916⅔er Gold, 15,98 g (100 Ex.)		1200,–

Finanzminister-Konferenz der Commonwealth-Staaten in Castries 1986

		ST	PP
7	10 Dollars (S) 1986. Monogramm der »Eastern Caribbean Central Bank« zwischen Zweigen, Landesname, Wertangabe. Rs. Küstenansicht mit den beiden Pinton-Vulkanen, Staatswappen. 925er Silber, 28,28 g (1000 Ex.)		100,–

Vogelwelt der Karibik

		ST	PP
8	100 Dollars (S) 1988. Rs. St.-Lucia-Papagei. 925er Silber, 129,6 g		250,–

St. Pierre und Miquelon

St. Pierre and Miquelon **Saint-Pierre-et-Miquelon**

Fläche: 241 km²; 6041 Einwohner (1982).
Die Inselgruppe südwestlich von Neufundland befindet sich in französischem Besitz. Hauptstadt: St. Pierre.
Seit 1972 wird der Französische Franc im Zahlungsverkehr verwendet.

100 Centimes = 1 Franc

		SS	VZ
1 (1)	1 Franc (Al) 1948. Kopf der Marianne, Sinnbild der Republik Frankreich. Rs. Fischereischoner mit Gaffelsegeln	2,–	6,–

		SS	VZ
2 (2)	2 Francs (Al) 1948. Typ wie Nr. 1	**2,–**	**5,–**

St. Thomas und Prinzeninsel

St. Thomas and Prince Island — Saint-Thomas et Prince

São Tomé e Príncipe

Fläche: 964 km²; 110 000 Einwohner (1988).
Die 1470 am St.-Thomas-Tage (21. Dezember) entdeckte Insel wurde nach diesem Tage und die Nachbarinsel zu Ehren des Königs Alfons V. »Fürsteninsel« benannt. In gewissen höheren Verwaltungsebenen war Luanda in Angola zuständig, im übrigen war die Kolonie (seit 1951 Provinz) weitgehend autonom. Das Wassermühlrad im Wappen ist das persönliche Emblem des Königs Alfons V. Unter dem 12. Juli 1975 ist die nunmehrige Demokratische Republik unabhängig geworden. Hauptstadt: São Tomé.

100 Centavos = 1 Escudo; 100 Centavos = 1 São-Tomé- und -Príncipe-Escudo; 100 Céntimos = 1 Dobra

Kolonie

Nr.		SS	VZ
1 (1)	10 Centavos (Neusilber) 1929. Kopf der Freiheit. Rs. Wappen der Republik Portugal, Wertangabe	10,–	25,–
2 (2)	20 Centavos (Neusilber) 1929. Typ wie Nr. 1	12,–	30,–
3 (3)	50 Centavos (Neusilber) 1928, 1929. Typ wie Nr. 1:		
	1928	100,–	160,–
	1929	16,–	35,–
4 (4)	1 Escudo (K-N) 1939. Wappen mit Mauerkrone der Kolonien. Rs. Wert	15,–	35,–

Nr. 4 besteht aus Kupfer 80%, Nickel 20%.

Nr.		SS	VZ
5 (5)	50 Centavos (Neusilber) 1948. Typ wie Nr. 4	18,–	50,–

Nr.		SS	VZ
6 (6)	1 Escudo (Neusilber) 1948. Typ wie Nr. 4	18,–	50,–
7 (7)	2½ Escudos (S) 1939, 1948. Wappen mit Mauerkrone der Kolonien. Rs. Christuskreuz hinter dem Wappen der Republik Portugal. 650er Silber, 3,5 g	15,–	30,–
8 (8)	5 Escudos (S) 1939, 1948. Typ wie Nr. 7. 650er Silber, 7 g	15,–	30,–
9 (9)	10 Escudos (S) 1939. Typ wie Nr. 7. 835er Silber, 12,5 g	60,–	140,–

Überseeprovinz

Nr.		SS	VZ
10 (10)	50 Centavos (Neusilber) 1951. Wappen mit der Mauerkrone, Umschrift S. TOME E PRINCIPE. Rs. Wert.	12,–	25,–
11 (11)	1 Escudo (Neusilber) 1951. Typ wie Nr. 10	18,–	45,–
12 (12)	2½ Escudos (S) 1951. Typ wie Nr. 7, jedoch ohne Inschrift COLONIA DE. 650er Silber, 3,5 g	12,–	25,–

Nr.		SS	VZ
13 (13)	5 Escudos (S) 1951. Ø 25 mm. 650er Silber, 7 g	16,–	30,–
14 (14)	10 Escudos (S) 1951. 720er Silber, 12,5 g	18,–	40,–
15 (15)	10 Centavos (Bro) 1962	2,–	4,–

Nr.		SS	VZ
16 (16)	20 Centavos (Bro) 1962	1,50	3,–
17 (17)	50 Centavos (Bro) 1962	2,–	4,–
18 (18)	1 Escudo (Bro) 1962, 1971	3,–	5,–
19 (19)	2½ Escudos (K-N) 1962, 1971	4,–	6,–
20 (20)	5 Escudos (S) 1962. Typ wie Nr. 13, jedoch Ø 22 mm. 600er Silber	12,–	25,–

500. Jahrestag der Entdeckung der Inseln

		VZ	ST
21 (21)	50 Escudos (S) 1970. Zwei Wappenschilde (das berichtigte Stadtwappen von São Tomé und das am 25. 5. 1954 verliehene Stadtwappen von Santo António do Principe) über stilisierten Wellen. Rs. die 5 Schildchen aus dem Wappen von Portugal auf das »Christusordenskreuz« gelegt, Wertangabe	**19,–**	**30,–**
22 (15a)	10 Centavos (Al) 1971	**1,–**	**2,–**
23 (16a)	20 Centavos (Bro) 1971	**1,–**	**2,–**
24 (17a)	50 Centavos (Bro) 1971	**1,–**	**2,–**
25 (20a)	5 Escudos (K-N) 1971	**2,–**	**4,–**
26 (A21)	10 Escudos (K-N) 1971	**4,–**	**10,–**
27 (B21)	20 Escudos (N) 1971	**7,–**	**15,–**

Demokratische Republik
São Tomé und Príncipe seit 1975
República Democrática de São Tomé e Príncipe

NEUE WÄHRUNG: 100 Céntimos = 1 Dobra

FAO-Ausgabe (7)

28 (22) 50 Céntimos (Al-N-Bro) 1977. Staatswappen, Landesname, Jahreszahl. Rs. Fisch, Wertangabe **–,30** **–,50**

29 (23) 1 Dobra (Al-N-Bro) 1977. Rs. Kakaofrüchte am Stamm **–,30** **–,50**

30 (24) 2 Dobras (K-N) 1977. Rs. Ziege mit Kitz **–,50** **1,–**

31 (25) 5 Dobras (K-N) 1977. Rs. Maiskolben **–,80** **1,50**

32 (26) 10 Dobras (K-N) 1977. Rs. Geflügel und Stiegen mit Eiern **1,30** **2,50**

		VZ	ST
33 (27)	20 Dobras (K-N) 1977. Rs. Früchte des Landes und Zahnrad	**3,–**	**5,–**

Banknotenersatzausgabe

A33 50 Dobras (St, N galvanisiert) 1990. Rs. Vogel und Schlange **6,–** **10,–**

2. Jahrestag der Unabhängigkeit (10)

		ST	PP
34 (28)	250 Dobras (S) 1977. Staatswappen, Landesname, Wertangabe. Rs. Weltbevölkerung »Wir sind vier Milliarden«. 925er Silber, 17,4 g	**150,–**	150,–
35 (29)	250 Dobras (S) 1977. Rs. Frauen aus den fünf Kontinenten »Weltweite Freundschaft«	**150,–**	150,–
36 (30)	250 Dobras (S) 1977. Rs. Eingeborenendorf, Folkloregruppe	**150,–**	150,–
37 (31)	250 Dobras (S) 1977. Rs. Staatswappen, UN- und OAU-Emblem »Die Welt und wir«	**150,–**	150,–
38 (32)	250 Dobras (S) 1977. Rs. Mutter mit Kind	**150,–**	150,–
39 (33)	2500 Dobras (G) 1977. Typ wie Nr. 34. 900er Gold, 6,48 g	**260,–**	*400,–*
40 (34)	2500 Dobras (G) 1977. Typ wie Nr. 35	**260,–**	*400,–*
41 (35)	2500 Dobras (G) 1977. Typ wie Nr. 36	**260,–**	*400,–*
42 (36)	2500 Dobras (G) 1977. Typ wie Nr. 37	**260,–**	*400,–*
43 (37)	2500 Dobras (G) 1977. Typ wie Nr. 38	**260,–**	*400,–*

Welt-Fischerei-Konferenz in Rom 1984 (2)

44 (38) 100 Dobras 1983. Rs. Fischer beim Einholen des Netzes:
a) (S) 925 fein, 28,28 g (20 000 Ex.) 150,–
b) (S) Piéfort, 925 fein, 56,56 g (500 Ex.) *250,–*
c) (K-N) **20,–**

45 100 Dobras (G) 1983. Typ wie Nr. 44. 916⅔er Gold, 47,54 g (100 Ex.) *2400,–*

Internationale Spiele 1984

46 20 Dobras (K-N) 1984. Paar mit Flagge an Küstenlandschaft. Rs. Turnerin am Bock *50,–*

10. Jahrestag der Unabhängigkeit (2)

47 (39) 100 Dobras 1985. Rs. Inselkarte, zwei Sterne:
a) (S) 925 fein, 28,28 g 100,–
b) (K-N) **15,–**

48 (40) 100 Dobras (G) 1985. Typ wie Nr. 47. 916⅔er Gold, 47,54 g (50 Ex.) **2000,–**

XIV. Fußball-Weltmeisterschaft 1990 in Italien (2)

		ST	PP
49	1000 Dobras (S) 1990. Rs. Spieler und Torwart mit gefangenem Ball. 925er Silber, 23,3276 g [Stgt] (max. 15 000 Ex.)		**80,–**
50	1000 Dobras (S) 1990. Rs. Zwei Spieler im Kampf um den Ball (max. 15 000 Ex.)		**80,–**

Tierwelt (2)

PP

51 3500 Dobras (S) 1990. Rs. Meeresschildkröte auf dem Meeresgrund. 925er Silber, 136,08 g [Stuttgart] (750 Ex.) *360,–*

52 10000 Dobras (G) 1990. Typ wie Nr. 51 [Stuttgart] (500 Ex.) *600,–*

15. Jahrestag der Unabhängigkeit und 700 Jahre Schweizerische Eidgenossenschaft

53 1000 Dobras (S) 1990 [CH] **85,–**

Entdecker – 1. Ausgabe

PP

54 1000 Dobras (S) 1990. Rs. Vasco da Gama (1469–1524) und Segelschiff. 999er Silber, 26 g [Nova] (max. 10000 Ex.) **80,–**

XVI. Olympische Winterspiele 1992 in Albertville

55 1000 Dobras (S) 1992. Rs. Olympisches Feuer [Stgt] **85,–**

XXV. Olympische Sommerspiele 1992 in Barcelona

56 1000 Dobras (S) 1992. Rs. Schwimmer [Stgt] **85,–**

St. Vincent und die Grenadinen

St. Vincent and the Grenadines **Saint-Vincent et les Grenadines**

Fläche: 400 km²; 150 000 Einwohner.
Inselgruppe der Kleinen Antillen, Mitglied der Karibischen Freihandelszone, (CARIFTA). St. Vincent erlangte am 27. Oktober 1967 innere Autonomie. Seit 27. Oktober 1979 wurden die Inseln eine unabhängige Monarchie unter dem Namen »St. Vincent und die Grenadinen«. Staatsoberhaupt ist der britische Monarch. Hauptstadt: Kingstown.

100 Cents = 1 Ostkaribischer Dollar

St. Vincent

Zur Einweihung der Karibischen Entwicklungsbank und für den FAO-Münz-Plan

		ST	PP
1	(8*)4 Dollars (K-N) 1970. Staatswappen. Rs. Bananen, Zuckerrohr, Wertangabe	25,–	70,–

* Diese Nummer entspricht der Yeoman-Katalogisierung unter »East Caribbean Territories«.

St.Vincent und die Grenadinen

Zum Besuch des britischen Königspaares (2)

		ST	PP
2	10 Dollars 1985. Elisabeth II. Rs. Staatswappen:		
	a) (S) 925 fein, 28,28 g		140,–
	b) (K-N)	20,–	
3	500 Dollars (G) 1985. Typ wie Nr. 1. 916⅔er Gold, 47,54 g (250 Ex.)		*2200,–*

Vogelwelt der Karibik

		ST	PP
4	100 Dollars (S) 1988. Rs. Brauner oder Meerespelikan (Pelecanus occidentalis – Pelecanidae). 925er Silber, 129,6 g		250,–

San Marino

San Marino | San Marino | Saint-Marin

Fläche: 61,13 km²; 22 400 Einwohner (1986).
Eine kleine, um die Grotte des Einsiedlers Sankt Marinus Dalmata, eines Vorkämpfers des christlichen Glaubens, gebildete Gemeinde, die sich im Schutze der drei auf den natürlichen Verteidigungsfelsen, La Rocca (oder Guaita), La Fratta (oder Cesta) und La Montale errichteten Türmen zur befestigten Stadt entwickelte. Im Genuß eines Gemeindestatuts gelang es diesem kleinen Staat, als einem Bollwerk der italienischen Freiheit seine Unabhängigkeit inmitten der Bedrohungen und Bestrebungen der anderen Staaten der Halbinsel zu bewahren. Um die Mitte des 16. Jahrhunderts wurde die Macht einem aus 16 Bürgern gebildeten Rat übertragen, der den Titel »Fürst und Souverän von San Marino« annahm. 1797 erkannte Bonaparte im Namen der Französischen Republik die Existenz dieses Staates an. Hauptstadt: San Marino.
Ein 1862 mit Italien geschlossener Bündnis- und Handelsvertrag erkannte San Marino das Recht auf Münzprägung zu, auf das 1939 – ausgenommen für Goldmünzen – zunächst verzichtet werden mußte.

100 Centesimi = 1 Italienische Lira,
1 Scudo = 50 000 Lire (1987)

Republik San Marino
Repubblica di San Marino

SS VZ

1 (3) 50 Centesimi (S) 1898. Fürstlich gekrönter spitzovaler Wappenschild mit den drei Sammarineser Türmen auf dem Titanoberg, zwischen zwei unten gekreuzten Zweigen aus Lorbeer- und Eichenlaub. Rs. Wertangabe und Jahreszahl zwischen unten gebundenen Lorbeerzweigen. 835er Silber, 2,5 g **75,– 140,–**

2 (4) 1 Lira (S) 1898, 1906. Typ wie Nr. 1. 835er Silber, 5 g **90,– 200,–**

3 (5) 2 Lire (S) 1898, 1906. Typ wie Nr. 1. 835er Silber, 10 g **185,– 280,–**

4 (6) 5 Lire (S) 1898. Rs. Hl. Marinus Dalmata, Wertangabe. 900er Silber, 25 g **480,– 750,–**

5 (12) 10 Lire (G) 1925. Die drei Türme aus dem Staatswappen. Rs. Hl. Marinus, Wertangabe. 900er Gold, 3,2258 g **1500,– 2500,–**

SS VZ

6 (13) 20 Lire (G) 1925. Typ wie Nr. 5. 900er Gold, 6,4516 g **2500,– 4000,–**

7 (9) 5 Lire (S) 1931–1933, 1935–1938. Freiheitskopf n. l. Rs. Pflug, Wertangabe. 835er Silber, 5 g **30,– 60,–**

		SS	VZ
8 (10)	10 Lire (S) 1931–1933, 1935–1938. Stehende Freiheit in Halbfigur. Rs. Fürstlich gekrönter Wappenschild, Wertangabe. 835er Silber, 10 g	65,–	90,–

		SS	VZ
9 (11)	20 Lire (S) 1931–1938. Hl. Marinus, Halbfigur. Rs. Drei Straußenfedern über Zinnen, von Krone überhöht: a) 800er Silber, 15 g, 1931–1933, 1935, 1936	180,–	400,–
	b) 600er Silber, 20 g, 1935	1500,–	2000,–
	1937	1000,–	1400,–
	1938	2100,–	2600,–
10 (14)	5 Centesimi (Bro) 1935–1938. Fürstlich gekrönter spitzovaler Wappenschild zwischen zwei unten gekreuzten Zweigen aus Lorbeer- und Eichenlaub. Rs. Wertangabe und Jahreszahl	8,–	14,–
11 (15)	10 Centesimi (Bro) 1935–1938. Typ wie Nr. 10	8,–	15,–

		VZ	ST
12 (16)	1 Lira (Al) 1972. Rs. Brustbild des hl. Marinus	1,–	3,–
13 (17)	2 Lire (Al) 1972. Typ ähnlich wie Nr. 12	1,–	3,–
14 (18)	5 Lire (Al) 1972. Typ wie Nr. 12	–,80	1,50
15 (19)	10 Lire (Al) 1972. Rs. Kuh mit säugendem Kalb	–,90	1,80
16 (20)	20 Lire (Al-N-Bro) 1972. Rs. Garibaldi mit Frau	1,–	2,–
17 (21)	50 Lire (St) 1972. Rs. Der hl. Marinus und eine Frau	1,–	2,–

		VZ	ST
18 (22)	100 Lire (St) 1972. Rs. Der hl. Marinus im Boot	2,–	3,–
19 (23)	500 Lire (S) 1972. Rs. Mutter mit Kind. 835er Silber, 11 g	18,–	25,–
20 (24)	1 Lira (Al) 1973. Staatswappen, Landesbezeichnung, Jahreszahl. Rs. Mädchen mit Landesflagge, Jahreszahl, Wertangabe	1,–	2,–
21 (25)	2 Lire (Al) 1973. Rs. Pelikan (Pelecanus sp. – Pelecanidae), füttert nach der christlichen Legende seine Jungen mit dem Blut aus mit dem eigenen Schnabel gerissenen Wunden	1,–	2,–
22 (26)	5 Lire (Al) 1973. Rs. Köpfe von fünf Männern, Sterne als Umrandung	1,–	2,–
23 (27)	10 Lire (Al) 1973. Rs. Mann mit Fackel drängt vierköpfigen Drachen mit seinem Schild zurück	–,80	1,50
24 (28)	20 Lire (Al-N-Bro) 1973. Rs. Mann rettet Greis und Kind vor den Flammen	–,80	1,50
25 (29)	50 Lire (St) 1973. Rs. Mädchen mit Schwert hält Waage mit jeweils drei Personen in den Waagschalen	1,–	2,–
26 (30)	100 Lire (St) 1973. Rs. Odysseus beim Passieren der Säulen des Herkules	1,–	2,–
27 (31)	500 Lire (S) 1973. Rs. Mädchen mit Taube	18,–	25,–

Tiere – 1. Ausgabe (8)

		VZ	ST
28 (32)	1 Lira (Al) 1974. Rs. Ameise	1,–	2,–
29 (33)	2 Lire (Al) 1974. Rs. Käfer	1,–	2,–
30 (34)	5 Lire (Al) 1974. Rs. Igel	1,–	2,–

		VZ	ST
31 (35)	10 Lire (Al) 1974. Rs. Honigbiene (FAO-Ausgabe)	–,60	1,–
32 (36)	20 Lire (Al-N-Bro) 1974. Rs. Krebs	–,90	1,50
33 (37)	50 Lire (St) 1974. Rs. Hahn	1,–	1,50
34 (38)	100 Lire (St) 1974. Rs. Ziege	1,–	2,–
35 (39)	500 Lire (S) 1974. Rs. Vögel	18,–	25,–

		VZ	ST
36 (40)	1 Scudo (G) 1974. Typ wie Nr. 4. 916⅔er Gold, 3 g		*160,–*
37 (41)	2 Scudi (G) 1974. Typ wie Nr. 4. 916⅔er Gold, 6 g		*285,–*

Tiere – 2. Ausgabe (8)

		VZ	ST
38 (42)	1 Lira (Al) 1975. Wappen, Jahreszahl. Rs. Zwei Spinnen im Netz, Wertangabe	1,–	2,–
39 (43)	2 Lire (Al) 1975. Rs. Seepferdchen, Wertangabe	1,–	2,–
40 (44)	5 Lire (Al) 1975. Rs. Igel (Erinaceus europaeus), Wertangabe	1,–	2,–
41 (45)	10 Lire (Al) 1975. Rs. Murmeltiere, Wertangabe	1,–	2,–
42 (46)	20 Lire (Al-N-Bro) 1975. Rs. Vogel beim Füttern (im Nest die Buchstaben FAO), Wertangabe (FAO-Ausgabe)	1,20	2,–
43 (47)	50 Lire (St) 1975. Rs. Lachse, Wertangabe	1,50	2,50
44 (48)	100 Lire (St) 1975. Rs. Hund und Katze, Wertangabe	1,80	3,–
45 (49)	500 Lire (S) 1975. Rs. Möwen, Wertangabe	18,–	25,–

Zur Eröffnung der numismatischen Agentur

		VZ	ST
46 (50)	500 Lire (S) 1975. Rs. Der hl. Marinus beim Behauen eines Säulenkapitells	18,–	25,–

		VZ	ST
47 (A41)	1 Scudo (G) 1975. Fürstlich gekrönter Wappenschild zwischen gekreuzten Zweigen. Rs. Wertangabe und Jahreszahl zwischen gebundenen Zweigen		*160,–*
48 (B41)	2 Scudi (G) 1975. Typ wie Nr. 47		*285,–*

Familie (8)

49 (51)	1 Lira (Al) 1976. Drei Hände mit Fähnchen	1,–	2,–
50 (52)	2 Lire (Al) 1976. Sitzende Frau vor Berglandschaft, Sonne und Mond	1,–	2,–
51 (53)	5 Lire (Al) 1976. Umarmung (FAO-Ausgabe)	–,40	1,–
52 (54)	10 Lire (Al) 1976. Kind und Schüssel mit Früchten	–,40	1,–
53 (55)	20 Lire (Al-N-Bro) 1976. Zwei schützende Hände	1,–	2,–
54 (56)	50 Lire (St) 1976. Männliches Kopfbild, Buch und Waage	1,50	2,50
55 (57)	100 Lire (St) 1976. Die Familie als Mittelpunkt	2,–	3,–
56 (58)	500 Lire (S) 1976. Teilweise von Mauer umgebener Olivenbaum	18,–	25,–

20 Jahre öffentliches Sicherheitssystem in San Marino

57 (59)	500 Lire (S) 1976. Rs. Zwei Gestalten, die soziale Sicherheit symbolisierend. 835er Silber, 11 g	20,–	25,–

58 (A60)	1 Scudo (G) 1976. Wappenbild, Wertangabe. Rs. Weibliches Kopfbild nach halbrechts. 916⅔er Gold, 3 g		*300,–*
59 (B60)	2 Scudi (G) 1976. Typ wie Nr. 58. 916⅔er Gold, 6 g		*600,–*

60 (C60)	5 Scudi (G) 1976. Rs. Weibliches Kopfbild n. l. 916⅔er Gold, 15 g		*2500,–*

Umweltschutz (9)

61 (60)	1 Lira (Al) 1977. Rs. Globus, von Sternenband umgeben. (FAO-Ausgabe)	–,50	1,–
62 (61)	2 Lire (Al) 1977. Rs. Sterne über dem Meer	–,50	1,–
63 (62)	5 Lire (Al) 1977. Rs. Sonne und Sterne (Universum)	–,50	1,–
64 (63)	10 Lire (Al) 1977. Rs. Globus und Sterne, Fußspur	–,30	–,60
65 (64)	20 Lire (Al-N-Bro) 1977. Rs. Meer, Nebel, Handfläche	–,50	–,90
66 (65)	50 Lire (St) 1977. Rs. Firmament, Finger	–,60	1,–
67 (66)	100 Lire (St) 1977. Rs. Globus, Sterne, Giftnebel	1,–	2,–
68 (67)	200 Lire (Al-N-Bro) 1977. Rs. Fischgerippe im Giftwasser	1,–	2,–
69 (68)	500 Lire (S) 1977. Rs. Toter Vogel, Sterne	18,–	25,–

600. Geburtstag von Filippo Brunellesco

		VZ	ST
70 (69)	1000 Lire (S) 1977. Filippo Brunellesco (1377–1446), Baumeister und Bildhauer aus Florenz. 835er Silber, 14,6 g	22,–	30,–

71 (70)	1 Scudo (G) 1977. Rs. Personifikation der Demokratie		*200,–*
72 (71)	2 Scudi (G) 1977. Typ wie Nr. 71		*400,–*

73 (72)	5 Scudi (G) 1977. Typ ähnlich wie Nr. 71		*1200,–*

Aus dem Arbeitsleben (9)

74 (73)	1 Lira (Al) 1978. Rs. Schirmmacher	–,50	1,–
75 (74)	2 Lire (Al) 1978. Rs. Zimmermann	–,50	1,–
76 (75)	5 Lire (Al) 1978. Rs. Straßenkehrer	–,50	1,–
77 (76)	10 Lire (Al) 1978. Rs. Töpfer	–,30	–,60

78 (77)	20 Lire (Al-N-Bro) 1978. Rs. Steinmetz	–,50	–,80
79 (78)	50 Lire (St) 1978. Rs. Lehrerin mit Schüler	–,50	–,80
80 (79)	100 Lire (St) 1978. Rs. Landarbeiter (FAO-Ausgabe)	1,–	3,–
81 (80)	200 Lire (Al-N-Bro) 1978. Rs. Weberin	1,50	3,–
82 (81)	500 Lire (S) 1978. Rs. Veranstaltung am Tag der Arbeit	18,–	25,–

150. Geburtstag von Lev Tolstoj

		VZ	ST
83 (82)	1000 Lire (S) 1978. Rs. Lev Nikolaevič Graf Tolstoj (1828–1910), russischer Schriftsteller; sein Hauptwerk »Vojna i mir« (Krieg und Frieden)		30,–

		VZ	ST
84 (83)	1 Scudo (G) 1978. Rs. Kopf der personifizierten Freiheit. 916⅔er Gold, 3 g		150,–
85 (84)	2 Scudi (G) 1978. Typ wie Nr. 84. 916⅔er Gold, 6 g		280,–

		VZ	ST
86 (85)	10 Scudi (G) 1978. Typ ähnlich wie Nr. 84. 916⅔er Gold, 30 g		2200,–

Organe des Staates San Marino (9)

		VZ	ST
87 (86)	1 Lira (Al) 1979. Rs. Degen	–,50	1,–
88 (87)	2 Lire (Al) 1979. Rs. Fanfare	–,50	1,–
89 (88)	5 Lire (Al) 1979. Rs. Armbrust	–,50	1,–
90 (89)	10 Lire (Al) 1979. Rs. Wahlurnen	–,30	–,60

		VZ	ST
91 (90)	20 Lire (Al-N-Bro) 1979. Rs. Schlüsselbund	–,50	–,80
92 (91)	50 Lire (St) 1979. Rs. Glocke	–,70	1,50
93 (92)	100 Lire (St) 1979. Rs. Helm	1,20	2,50
94 (93)	200 Lire (Al-N-Bro) 1979. Rs. Herkules im Kampf mit dem Nemeischen Löwen (FAO-Ausgabe)	2,–	5,–

		VZ	ST
95 (94)	500 Lire (S) 1979. Hl. Marinus Dalmata mit Modell des Monte Titano. Rs. Triga	22,–	30,–

1. Direktwahl zum Europäischen Parlament 1979

		VZ	ST
96 (95)	1000 Lire (S) 1979. Rs. Europa mit zwei Möwen als Symbol der Freiheit. 835er Silber, 14,6 g	25,–	35,–

Frieden und Zusammenarbeit (3)

		VZ	ST
97 (96)	1 Scudo (G) 1979. Rs. Verschlungene Hände, Motto PACE (Frieden)		*150,–*
98 (97)	2 Scudi (G) 1979. Typ wie Nr. 97		*300,–*
99 (A97)	5 Scudi (G) 1979. Typ wie Nr. 97		*1000,–*

XXII. Olympische Sommerspiele in Moskau 1980 (9)

		VZ	ST
100 (98)	1 Lira (Al) 1980. Rs. Kunstturnen	1,–	2,–
101 (99)	2 Lire (Al) 1980. Rs. Fußball	1,–	2,–
102 (100)	5 Lire (Al) 1980. Rs. Laufen	1,–	2,–
103 (101)	10 Lire (Al) 1980. Rs. Reiten	1,–	2,–
104 (102)	20 Lire (Al-N-Bro) 1980. Rs. Stabhochsprung	1,50	3,–
105 (103)	50 Lire (St) 1980. Rs. Skiabfahrtslauf	3,–	5,–
106 (104)	100 Lire (St) 1980. Rs. Bogenschießen	4,–	8,–
107 (105)	200 Lire (Al-N-Bro) 1980. Rs. Ringen	5,–	10,–
108 (106)	500 Lire (S) 1980. Rs. Boxen		50,–

1500. Geburtstag des hl. Benedikt von Nursia

		VZ	ST
109 (107)	1000 Lire (S) 1980. Rs. Brustbild des hl. Benedikt von Nursia		40,–
110 (108)	1 Scudo (G) 1980. Rs. Die „Gerechtigkeit" und Friedenstaube		*150,–*

		VZ	ST
111 (109)	2 Scudi (G) 1980. Rs. Die „Gerechtigkeit" zwischen zwei Kindern		*280,–*

		VZ	ST
112 (110)	5 Scudi (G) 1980. Rs. Die „Gerechtigkeit" und Friedenstauben		*800,–*

Welternährungstag 1981 – 1. Ausgabe (9)

113 (117)	1 Lira (Al) 1981. Rs. Olivenbaum	1,–	2,–
114 (118)	2 Lire (Al) 1981. Rs. Schäfer	1,–	2,–

115 (119)	5 Lire (Al) 1981. Rs. Schaf	1,–	2,–
116 (120)	10 Lire (Al) 1981. Rs. Putto	1,–	2,–
117 (121)	20 Lire (Al-N-Bro) 1981. Rs. Friedenstaube	1,20	2,50
118 (122)	50 Lire (St) 1981. Rs. Frau mit Kind	1,50	3,–
119 (123)	100 Lire (St) 1981. Rs. Gestalt	3,–	5,–
120 (124)	200 Lire (Al-N-Bro) 1981. Rs. Stier (FAO-Ausgabe)	3,–	5,–
121 (125)	500 Lire (S) 1981. Rs. Frauenkopf		45,–

2000. Todestag von Vergil (3)

122 (112)	500 Lire (S) 1981. Rs. Publius Vergilius Maro (70–19 v. Chr.), römischer Dichter: Hirte mit Panflöte, Szene aus den »Bucolica« (42–39 verfaßt)	30,–
123 (113)	500 Lire (S) 1981. Rs. Sämann, Szene aus den »Georgica« (27–30)	30,–
124 (114)	1000 Lire (S) 1981. Rs. Reiterszene aus dem römischen Nationalepos »Aeneis« (29–19)	50,–

Welternährungstag 1981 – 2. Ausgabe (3)

125 (115)	1 Scudo (G) 1981. Rs. Weibliche Figur	*200,–*
126 (116)	2 Scudi (G) 1981. Typ wie Nr. 125	*380,–*

127 (A116)	5 Scudi (G) 1981. Typ wie Nr. 125	*800,–*

Soziale Errungenschaften (9)

		VZ	ST
128 (130)	1 Lira (Al) 1982. Rs. Gedankenfreiheit	–,50	1,–
129 (131)	2 Lire (Al) 1982. Rs. Forschung und Wissenschaft	–,50	1,–
130 (132)	5 Lire (Al) 1982. Rs. Ökologie	–,50	1,–
131 (133)	10 Lire (Al) 1982. Rs. Schutz und Erziehung der Kinder	–,50	1,–

132 (134)	20 Lire (Al-N-Bro) 1982. Rs. Schutz der Wehrlosen und Verfolgten	–,50	1,–
133 (135)	50 Lire (St) 1982. Rs. Gleichheit der Rassen	–,80	1,50
134 (136)	100 Lire (St) 1982. Rs. Recht auf Leben und Gesundheit	1,–	2,–
135 (137)	200 Lire (Al-N-Bro) 1982. Rs. Religionsfreiheit	1,50	3,–

136 (138)	500 Lire (St/Al-N-Bro) 1982. Rs. Kampf dem Hunger in der Welt (FAO-Ausgabe)	4,–	5,–

100. Todestag von Giuseppe Garibaldi (2)

		ST	PP
137 (128)	500 Lire (S) 1982. Rs. Capitano Reggente Domenico Maria Belzoppi	30,–	150,–
138 (129)	1000 Lire (S) 1982. Rs. Giuseppe Garibaldi	55,–	220,–

Verteidigung der Freiheit (3)

		VZ	ST
139 (126)	1 Scudo (G) 1982. Rs. Freiheitskopf nach links		*200,–*

140 (127)	2 Scudi (G) 1982. Rs. Weibliche Figur	*380,–*

141 (139)	5 Scudi (G) 1982. Rs. Hände	*800,–*

Atomkriegbedrohung (9)

			VZ	ST
142 (140)	1	Lira (Al) 1983	–,50	1,–
143 (141)	2	Lire (Al) 1983	–,50	1,–
144 (142)	5	Lire (Al) 1983	–,50	1,–
145 (143)	10	Lire (Al) 1983	–,50	1,–
146 (144)	20	Lire (Al-N-Bro) 1983	–,50	1,–
147 (145)	50	Lire (St) 1983	–,80	1,50
148 (146)	100	Lire (St) 1983	1,–	2,–
149 (147)	200	Lire (Al-N-Bro) 1983	1,50	3,–

150 (148) 500 Lire (St/Al-N-Bro) 1983 4,– 6,–

500. Geburtstag von Raffael (2)

ST PP

151 (151) 500 Lire (S) 1983. Rs. Raffael, eigentlich Raffaello Santi (Sanzio), ital. Maler und Baumeister 30,– 85,–

152 (152) 1000 Lire (S) 1983. Rs. Der auferstandene Christus 55,– 160,–

Ewige Freiheit (3)

VZ ST

153 (149) 1 Scudo (G) 1983. Rs. Porträt eines jungen Mannes. 916⅔er Gold, 2 g 220,–

154 (150) 2 Scudi (G) 1983. Rs. Kopf einer jungen Frau mit Mauerkrone. 916⅔er Gold, 4 g 400,–

155 (153) 5 Scudi (G) 1983. Rs. Heiliger mit Kind. 916⅔er Gold, 10 g 800,–

VZ ST

Wissenschaft im Dienst der Menschheit (9)

156 (154) 1 Lira (Al) 1984. Rs. Hippokrates –,50 1,–

157 (155) 2 Lire (Al) 1984. Rs. Leonardo da Vinci –,50 1,–

158 (156) 5 Lire (Al) 1984. Rs. Galileo Galilei –,50 1,–

159 (157) 10 Lire (Al) 1984. Rs. Alessandro Volta –,50 1,–

160 (158) 20 Lire (Al-N-Bro) 1984. Rs. Louis Pasteur –,50 1,–

161 (159) 50 Lire (St) 1984. Rs. Marie Sklodowska Curie und Pierre Curie 1,– 2,–

162 (160) 100 Lire (St) 1984. Rs. Guglielmo Marconi 1,– 2,–

163 (161) 200 Lire (Al-N-Bro) 1984. Rs. Enrico Fermi 2,50 4,–

164 (162) 500 Lire (St/Al-N-Bro) 1984. Rs. Albert Einstein 5,– 8,–

XXIII. Olympische Sommerspiele in Los Angeles 1984 (2)

ST PP

165 (163) 500 Lire (S) 1984. Rs. Drei Athleten, nach einem Stern greifend 25,– 65,–

166 (164) 1000 Lire (S) 1984. Rs. Sportler und Sportlerin, Friedenstaube emporhaltend 50,– 130,–

VZ ST

167 (165) 1 Scudo (G) 1984. Rs. Mädchen mit Friedenszweig 185,–

168 (166) 2 Scudi (G) 1984. Rs. Personifizierte Freiheit 350,–

169 (167) 5 Scudi (G) 1984. Ansicht der Burg San Marino. Rs. Personifizierte Gerechtigkeit 800,–

Kampf den Drogen (9)

			VZ	ST
170 (168)	1	Lira (Al) 1985	–,50	1,–
171 (169)	2	Lire (Al) 1985	–,50	1,–
172 (170)	5	Lire (Al) 1985	–,50	1,–
173 (171)	10	Lire (Al) 1985	–,50	1,–
174 (172)	20	Lire (Al-N-Bro) 1985	–,50	1,–
175 (173)	50	Lire (St) 1985	1,–	2,–
176 (174)	100	Lire (St) 1985	1,–	2,–
177 (175)	200	Lire (Al-N-Bro) 1985	1,50	3,–
178 (176)	500	Lire (St/Al-N-Bro) 1985	3,–	6,–

Europäisches Jahr der Musik 1985 (2)

ST PP

179 (177) 500 Lire (S) 1985. Rs. Orgel spielender Engel 28,– 80,–

180 (178) 1000 Lire (S) 1985. Rs. Johann Sebastian Bach (1685–1750) 50,– 140,–

VZ ST

Internationales Jahr der Jugend 1985 (3)

181 (179) 1 Scudo (G) 1985. Rs. Kopf eines jungen Mannes 180,–

VZ ST

182 (180) 2 Scudi (G) 1985. Rs. Kopf eines jungen Mädchens 350,–

183 (181) 5 Scudi (G) 1985. Rs. Reigen tanzende Jugendliche 800,–

Revolution der Technologie (9)

184 (182) 1 Lira (Al) 1986. Rs. Fußspuren im Mondsand –,50 1,–

185 (183) 2 Lire (Al) 1986. Rs. Astronaut auf dem Mond –,50 1,–

186 (184) 5 Lire (Al) 1986. Rs. Bedienung eines Roboters –,50 1,–

187 (185) 10 Lire (Al) 1986. Rs. Radioteleskop –,50 1,–

188 (186) 20 Lire (Al-N-Bro) 1986. Rs. Arbeit am Computer –,50 1,–

189 (187) 50 Lire (St) 1986. Rs. Symbolische Atomspaltung 1,– 2,–

190 (188) 100 Lire (St) 1986. Rs. Kommunikationssatellit 1,– 2,–

191 (189) 200 Lire (Al-N-Bro) 1986. Rs. Hand mit Mikrochip 3,– 4,–

192 (190) 500 Lire (St/Al-N-Bro) 1986. Rs. Techniker vor Kontrolltafel 5,– 7,–

XIII. Fußball-Weltmeisterschaft 1986 in Mexico (2)

ST PP

193 500 Lire (S) 1986. Freiheitskopf. Rs. Spielfeld 30,– 70,–

194 1000 Lire (S) 1986. Rs. Flaggen 60,– 140,–

Arbeit (3)

VZ ST

195 1 Scudo (G) 1986. Festung San Marino. Rs. Ameise 180,–

196 2 Scudi (G) 1986. Rs. Spinne im Netz 350,–

197 5 Scudi (G) 1986. Rs. Biene auf Waben 800,–

15. Jahrestag der Wiederaufnahme der Münzprägung (10)

198 1 Lira (Al) 1987. Rs. Wappenbild von Faetano –,50 1,–

199 2 Lire (Al) 1987. Rs. Wappenbild von Fiorentino –,50 1,–

200 5 Lire (Al) 1987. Rs. Wappenbild von Montegiardino –,50 1,–

201 10 Lire (Al) 1987. Rs. Wappenbild von Serravalle –,50 1,–

202 20 Lire (Al-N-Bro) 1987. Rs. Wappenbild von Montecerreto –,50 1,–

203 50 Lire (St) 1987. Rs. Wappenbild von Montelupo 1,– 2,–

204 100 Lire (St) 1987. Rs. Wappenbild von Pennarossa 1,– 2,–

205 200 Lire (Al-N-Bro) 1987. Rs. Wappenbild von Borgo Maggiore 3,– 4,–

206 500 Lire (St/Al-N-Bro) 1987. Rs. Wappenbild von San Marino 5,– 7,–

207 1000 Lire (S) 1987. Rs. Hl. Marinus Dalmata nach einer von Tadolini geschaffenen Statue 35,–

Universitätsmeisterschaften in Zagreb (2)

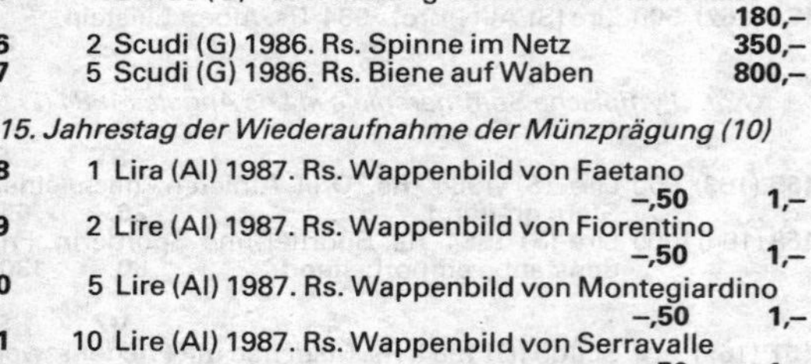

ST PP

208 500 Lire (S) 1987 30,– 70,–

ST PP

209 1000 Lire (S) 1987 60,– 140,–

Europäisches Jahr der Umwelt 1987 (2)

VZ ST

210 1 Scudo (G) 1987 180,–

211 2 Scudi (G) 1987 350,–

Eintritt der Republik San Marino als Beobachter in die Vereinten Nationen

212 5 Scudi (G) 1987. Rs. UNO-Gebäude, New York 800,–

Festungswerke und bürgerliche und kirchliche Gebäude von San Marino (10)

VZ ST

213 1 Lira (Al) 1988 –,50 1,–

214 2 Lire (Al) 1988 –,50 1,–

215 5 Lire (Al) 1988 –,50 1,–

216 10 Lire (Al) 1988 –,50 1,–

217 20 Lire (Al-N-Bro) 1988 –,50 1,–

218 50 Lire (St) 1988 1,– 2,–

219 100 Lire (St) 1988 1,– 2,–

220 200 Lire (Al-N-Bro) 1988 3,– 4,–

221 500 Lire (St/Al-N-Bro) 1988 5,– 7,–

222 1000 Lire (S) 1988 35,–

XV. Olympische Winterspiele 1988 in Calgary

ST PP

223 500 Lire (S) 1988. Rs. Abfahrtsläufer (ST: 32 000 Ex., PP: 9600 Ex.) 30,– 70,–

XXIV. Olympische Sommerspiele 1988 in Seoul

224 1000 Lire (S) 1988. Rs. Schwimmer beim Start (ST: 32 000 Ex., PP: 9600 Ex.) 60,– 140,–

Abrüstung (2)

VZ ST

225 1 Scudo (G) 1988 (7000 Ex.) 180,–

226 2 Scudi (G) 1988 (6000 Ex.) 350,–

40. Jahrestag der Allgemeinen Erklärung der Menschenrechte

227 5 Scudi (G) 1988. Rs. Emblem. 916⅔er Gold, 16,959 g (5000 Ex.) 800,–

1690 Jahre Geschichte – der Zukunft zugewandt
1. Ausgabe (10)

228 1 Lira (Al) 1989. Rs. Versteinerte Muschel aus dem Kalkgestein des Monte Titano (37 000 Ex.) –,50 1,–

229 2 Lire (Al) 1989. Rs. Olivenzweig, Ähre (37 000 Ex.) –,50 1,–

230 5 Lire (Al) 1989. Rs. Weintraube (37 000 Ex.) –,50 1,–

231 10 Lire (Al) 1989. Rs. Stilisierte amphorenförmige Wahlurne mit Formelementen verschiedener Epochen (37 000 Ex.) –,50 1,–

		VZ	ST
232	20 Lire (Al-N-Bro) 1989. Rs. Schwert und Fahne, symbolisch für die Neutralität (37 000 Ex.)	–,50	1,–
233	50 Lire (St) 1989. Rs. Armbrust (87 000 Ex.)	1,–	2,–
234	100 Lire (St) 1989. Rs. Lehrer und Schüler	1,–	2,–
235	200 Lire (Al-N-Bro) 1989. Rs. Monte Titano mit dem Antlitz des hl. Marinus (1 037 000 Ex.)	3,–	4,–
236	500 Lire (St/Al-N-Bro) 1989. Rs. Hl. Marinus mit Kirchenmodell (3 144 848 Ex.)	5,–	7,–
237	1000 Lire (S) 1989. Rs. Hl. Marinus und hl. Leo, in einem Boot auf dem adriatischen Meer stehend (32 000 Ex.)		35,–

Formel-1-Grand-Prix von San Marino (2)

		ST	PP
238	500 Lire (S) 1989. Rs. Menschliche Figur auf stählernem Rennpferd über altem Ferrari-Rennwagen (ST: 30 000 Ex., PP: 8000 Ex.)	25,–	50,–
239	1000 Lire (S) 1989. Rs. Neuer McLaren-Rennwagen vor Berglandschaft, Karte des Imolarings (ST: 30 000 Ex., PP: 8000 Ex.)	50,–	85,–

200. Jahrestag der Französischen Revolution (2)

		VZ	ST
240	1 Scudo (G) 1989. 900er Gold, 3,2258 g (7500 Ex.)		125,–
241	2 Scudi (G) 1989. 900er Gold, 6,45161 g (6500 Ex.)		250,–

40 Jahre Europarat und Eintritt der Republik San Marino in den Europarat

242 5 Scudi (G) 1989. Rs. Jubiläumsemblem des Europarates. 916⅔er Gold, 16,9655 g (6000 Ex.) 750,–

1690 Jahre Geschichte – der Zukunft zugewandt 2. Ausgabe (10)

		VZ	ST
243	1 Lira (Al) 1990 (36 000 Ex.)	–,50	1,–
244	2 Lire (Al) 1990 (36 000 Ex.)	–,50	1,–
245	5 Lire (Al) 1990 (36 000 Ex.)	–,50	1,–
246	10 Lire (Al) 1990 (36 000 Ex.)	–,50	1,–
247	20 Lire (Al-N-Bro) 1990 (96 000 Ex.)	–,50	1,–
248	50 Lire (St) 1990 (52 000 Ex.)	1,–	2,–
249	100 Lire (St) 1990 (1 086 000 Ex.)	1,–	2,–
250	200 Lire (Al-N-Bro) 1990 (36 000 Ex.)	3,–	4,–
251	500 Lire (St/Al-N-Bro) 1990 (3 747 063 Ex.)	5,–	7,–
252	1000 Lire (S) 1990 (36 000 Ex.)		35,–

XIV. Fußball-Weltmeisterschaft 1990 in Italien (2)

		ST	PP
253	500 Lire (S) 1990. Rs. Mannschaft mit errungenem Pokal beim Rundlauf im Stadion (ST: 40 000 Ex., PP: 18 800 Ex.)	25,–	50,–
254	1000 Lire (S) 1990. Rs. Victoria mit Pokal	50,–	85,–
255	1 Scudo (G) 1990. Rs. Kopf der »Libertà« des Bildhauers Stefano Galletti, zwölf Sterne. 900er Gold, 3,2258 g (7300 Ex.)	125,–	
256	2 Scudi (G) 1990. Rs. Karte Europas, zwölf Sterne. 900er Gold, 6,45161 g (6800 Ex.)	250,–	

250. Jahrestag der Befreiung der Republik San Marino von der Besetzung durch Kardinal Giulio Alberoni

257 5 Scudi (G) 1990. Staatswappenbild und Friedenstauben. Rs. »Der hl. Marinus richtet die Republik wieder auf«, nach dem Gemälde von Pompeo Girolamo Batoni. 916⅔er Gold, 16,96554 g (6500 Ex.) 750,–

1690 Jahre Geschichte – der Zukunft zugewandt 3. Ausgabe (10)

		VZ	ST
258	1 Lira (Al) 1991. Rs. Gründung der Gemeinschaft durch den Steinmetz Marinus im Jahre 301	–,50	1,–
259	2 Lire (Al) 1991. Rs. Gemeindeordnung von 1243	–,50	1,–
260	5 Lire (Al) 1991. Rs. Statuten der Gemeinschaft von 1253	–,50	1,–
261	10 Lire (Al) 1991. Rs. Erreichen des heutigen Staatsgebietes im Jahre 1463	–,50	1,–
262	20 Lire (Al-N-Bro) 1991. Rs. Befreiung von der alberonischen Besetzung 1740	–,50	1,–
263	50 Lire (St) 1991. Rs. Lieferung von Waffen und Getreide durch Napoleon 1797	1,–	2,–
264	100 Lire (St) 1991. Rs. Aufnahme von Giuseppe Garibaldi 1849	1,–	2,–
265	200 Lire (Al-N-Bro) 1991. Rs. Prägung der ersten Münzen 1864	3,–	4,–
266	500 Lire (St/Al-N-Bro) 1991. Rs. Aufnahme von italienischen Flüchtlingen 1944	5,–	7,–
267	1000 Lire (S) 1991. Rs. Botschaft für Frieden und Freiheit 1989		35,–

XXV. Olympische Sommerspiele 1992 in Barcelona 1. Ausgabe (2)

		ST	PP
268	500 Lire (S) 1991. Hl. Marinus. Rs. Griechische Sportlerin, die Sonnenstrahlen mit einem Parabolspiegel bündelnd und das olympische Feuer entzündend	25,–	50,–
269	1000 Lire (S) 1991. Rs. Fackelläufer mit katalanischer Mütze, zu dessen Füßen die drei Karavellen der Entdecker Amerikas	50,–	85,–

Frieden (3)

270 1 Scudo (G) 1991. Staatswappen. Rs. Kind vor Ruinen, zerstörter Olivenbaum (max. 7500 Ex.) 125,–

271 2 Scudi (G) 1991. Rs. Friedenstaube über aufgebrochener Mauer mit Stacheldraht, Olivenbaum mit neuen Trieben (max. 7500 Ex.) 250,–

		ST	PP
272	5 Scudi (G) 1991. Rs. Familie unter blühendem Olivenbaum, Wiederaufbau in der Ferne (max. 7000 Ex.)		750,–

500. Jahrestag der Entdeckung Amerikas (10)

		VZ	ST
273	1 Lira (Al) 1992. Rs. Kartoffelpflanze	–,50	1,–
274	2 Lire (Al) 1992. Rs. Maiskolben	–,50	1,–
275	5 Lire (Al) 1992. Rs. Baumwollpflanze	–,50	1,–
276	10 Lire (Al) 1992. Rs. Karavelle und Delphin	–,50	1,–
277	20 Lire (Al-N-Bro) 1992. Rs. Kolumbus mit Flagge auf Hispaniola nach dem Gemälde von John Vanderlin 1837	–,50	1,–
278	50 Lire (St) 1992. Rs. Vögel und Licht als Zeichen für das nahe Land	1,–	2,–
279	100 Lire (St) 1992. Rs. »Santa Maria«, »Niña« und »Pinta« im Sargassomeer	1,–	2,–
280	200 Lire (Al-N-Bro) 1992. Rs. Kolumbus beim Anpeilen des Polarsterns, Kompaßrose	3,–	4,–
281	500 Lire (St/Al-N-Bro) 1992. Rs. Karavelle, von den Passatwinden angetrieben	5,–	7,–
282	1000 Lire (S) 1992. Rs. Christoph Kolumbus nach einem Gemälde von José María Obregon, Verse aus der »Medea« von Seneca		35,–

XXV. Olympische Sommerspiele 1992 in Barcelona
2. Ausgabe (2)

		ST	PP
283	500 Lire (S) 1992. Rs. Antikes Wagenrennen (max. 70 000 Ex.)	25,–	50,–
284	1000 Lire (S) 1992. Rs. Diskuswerfer, Speerwerfer und Läufer nach antiken Darstellungen (max. 70 000 Ex.)	50,–	85,–
285	1 Scudo (G) 1992	–,–	
286	2 Scudi (G) 1992	–,–	
287	5 Scudi (G) 1992		–,–

Frühere Ausgaben siehe Weltmünzkatalog 19. Jahrhundert.

Zanzibar Sansibar Zanzibar

Fläche: 2643 km²; 330 000 Einwohner.
Eine 150 Jahre dauernde portugiesische Herrschaft über die Insel, während welcher die Stadt Sansibar gegründet worden ist, endete 1650 mit der Rückeroberung durch Araber aus Oman. Der Imam von Maskat Seyyid Said wurde 1833 Sultan in Sansibar, verlegte 1840 seinen Hauptsitz dorthin und dehnte seine Herrschaft auf den ostafrikanischen Küstenstreifen von Lindi über Kilwa im Süden, dann Mombassa im Norden bis nach Lamu und Mogadischu aus. Nach seinem Tod 1856 trennte sich das Sultanat Sansibar vom Imamat in Maskat, verblieb aber in der gleichen Dynastie mit gemeinsamer Thronfolgeregelung. Die Einigung zwischen dem Deutschen Reich und Großbritannien über die Abgrenzung der gegenseitigen Interessen im sogenannten Helgoland-Sansibar-Vertrag von 1890 beraubte den Sultan von Sansibar seines Einflusses auf die afrikanische Küste, beließ ihm aber die Insel Pemba und unterstellte ihn als Protektorat britischer Herrschaft. Die zum 10. Dezember 1963 gewährte Unabhängigkeit des Sultanats währte nur einen Monat. Seit dem 12. Januar 1964 ist Sansibar eine Republik, die sich am 27. April 1964 mit Tanganjika zur Vereinigten Republik Tanganjika-Sansibar — seit 3. November 1964 Tansania — zusammenschloß. Hauptstadt: Sansibar.

100 Cents = 1 Rupie

'Ali bin Hamud 1902–1911
(n. H. 1320–1329)

VZ ST

1 (8) 1 Cent (Bro) 1908. Arabische Inschrift »As-Sultan'Ali bin Hamud«. Rs. Kokospalme (Cocos nucifera – Palmae), Wertangabe in arabisch und Gudscherati, engl. Gujerati [Heaton] (1 000 000 Ex.) **300,– 550,–**

2 (9) 10 Cents (Bro) 1908. Typ wie Nr. 1 [Heaton] (100 000 Ex.) **350,– 750,–**

VZ ST

3 (10) 20 Cents (N) 1908. Typ wie Nr. 1 [Heaton] (100 000 Ex.) **700,– 1100,–**

Nrn. 1–3 kamen nicht in den Umlauf und wurden bis auf je ca. 20–60 Ex. eingeschmolzen.

Weitere Ausgaben siehe unter *Ostafrika* und *Tansania.*

Frühere Ausgaben siehe Weltmünzkatalog 19. Jahrhundert.

Sarawak Sarawak Sarawak

Fläche: 121 900 km²; 862 000 Einwohner.
Der Radscha von Sarawak, Sir Charles Johnson Brooke, stellte sein Fürstentum 1888 förmlich unter britischen Schutz. Wegen der verheerenden Folgen der japanischen Besetzung im 2. Weltkrieg gab der letzte Radscha 1946 die Selbständigkeit zugunsten des Kolonialstatuts auf. Vom 17. Mai 1946 bis 1963 war das Land im nordwestlichen Borneo Kronkolonie. Am 31. August 1963 erhielt Sarawak Selbstregierung; sodann trat es der am 16. September des gleichen Jahres gegründeten Föderation von Malaysia bei. Zusammen mit Sabah bildet Sarawak das Teilgebiet Ost-Malaysia. Hauptstadt: Kuching.
Sarawak gehörte zum Währungsgebiet des Straits-Dollars. Die Übernahme des Malaya-Dollars (1. 4. 1946) und später des Malaysia-Dollars ist durch traditionsbedingte wirtschaftliche und politische Verflechtungen begründet.

100 Cents = 1 Straits-Dollar

Sir Charles Johnson Brooke 1868—1917

		SS	VZ
1 (8)	1 Cent (K) 1892—1894, 1896, 1897. Sir Charles Johnson Brooke (1829—1917), Radscha von Sarawak, gekreuzte Flaggen. Rs. Wert im Kranz (mit Loch)	**10,—**	**16,—**
2 (9)	5 Cents (S) 1900, 1908, 1911, 1913, 1915. Sir Charles Johnson Brooke, Kopf n. l., Landesname. Rs. Wert im Seilkreis. 800er Silber, 1,35 g	**30,—**	**45,—**
3 (10)	10 Cents (S) 1900, 1906, 1910, 1911, 1913, 1915. Typ wie Nr. 2. 800er Silber, 2,71 g	**35,—**	**50,—**

		SS	VZ
4 (11)	20 Cents (S) 1900, 1906, 1910, 1911, 1913, 1915. Typ wie Nr. 2. 800er Silber, 5,43 g	**55,—**	**80,—**
5 (12)	50 Cents (S) 1900, 1906. Typ wie Nr. 2. 800er Silber, 13,57 g	**85,—**	**130,—**

Sir Charles Vyner Brooke 1917—1946

		SS	VZ
6 (13)	½ Cent (Bro) 1933. Sir Charles Vyner Brooke (1874—1963), Radscha von Sarawak, Kopf n. r. Rs. Wert im Kranz, Landesname	**5,—**	**8,—**

		SS	VZ
7 (14)	1 Cent (Bro) 1927, 1929, 1930, 1937, 1941. Typ wie Nr. 6	**4,—**	**6,—**
8 (15)	1 Cent (K-N) 1920. Sir Charles Vyner Brooke, Kopf n. r., Landesname. Rs. Wert im Kranz	**32,—**	**45,—**
9 (16)	5 Cents (K-N) 1920, 1927. Typ wie Nr. 8	**8,—**	**12,—**
10 (17)	10 Cents (K-N) 1920, 1927, 1934. Typ wie Nr. 8	**6,—**	**9,—**
11 (18)	5 Cents (S) 1920. Sir Charles Vyner Brooke, Kopf n. r., Landesname. Rs. Wert im Seilkreis. 800er Silber, 1,35 g	**140,—**	**200,—**
12 (19)	10 Cents (S) 1920. Typ wie Nr. 11. 800er Silber, 2,71 g	**55,—**	**90,—**
13 (20)	20 Cents (S) 1920, 1927. Typ wie Nr. 11:		
	a) 800er Silber, 5,43 g, 1920	**35,—**	**55,—**
	b) 500er Silber, 5,43 g, 1927	**35,—**	**55,—**
14 (21)	50 Cents (S) 1927. Typ wie Nr. 11. 500er Silber, 13,57 g	**55,—**	**90,—**

Frühere Ausgaben siehe Weltmünzkatalog 19. Jahrhundert.

Saudi Arabia

Saudi-Arabien

Arabie Saoudite

Al-Arabiyat As-Sa'udiya

Fläche: 2 253 300 km² und Anteil an der 5836 km² großen »Neutralen Zone« zwischen Saudi-Arabien und Kuwait; 11 200 000 Einwohner (1986).
Der Wahabitenherrscher Abd al-Aziz Ibn Sa'ud vereinigte 1925 Hedschas und 1926–1928 das Emirat Asir mit seinem Stammland Nedschd und ließ sich 1927 zum »König des Hedschas, des Nedschd und seiner Nebenländer« proklamieren. Am 20. September 1932 wurden Hedschas und Nedschd zum »Königreich Saudi-Arabien« vereinigt, in das 1933 Asir einverleibt wurde. Nach Beendigung des Krieges mit dem Jemen wurde 1934 der Nedschran angegliedert. Infolge des teilweise umstrittenen Grenzverlaufs zwischen Saudi-Arabien und seinen Nachbarländern schwanken die Angaben über die Gesamtfläche des Landes. Hauptstadt: Ar-Riyadh (Er-Riad).

100 Halala (Hilala) = 20 Qirsh (Piaster) = 1 Sa'udi-Riyal,
40 Riyals = 1 Sa'udi-Pfund (Dschinia, Guinea)

Abd al-Aziz Ibn Sa'ud 1902–1953

Interimsausgaben im besetzten Mekka (Hedschas) 1925–1926

SS VZ

A1 (1) ¼ Qirsh (K) n. H. 1343 (1925). Tughra, Jahreszahl. Rs. Inschrift »Sarb fi Umm al-Qurā« (Prägung von Umm al-Qurā, Stadtteil von Mekka), unten Wertangabe »Rub'a Ghirsh« **40,– 80,–**

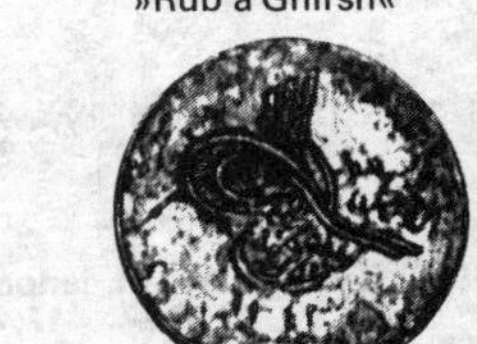

B1 (2) ½ Qirsh (K) n. H. 1343 (1925). Typ wie Nr. A1 **25,– 40,–**

Nrn. A1 und B1 wurden auf verschiedene frühere Ausgaben überprägt und teilweise mit einem Silberüberzug versehen.

1 (A3) ½ Qirsh (Bro) Jahr 2/n. H. 1344 (1926). Tughra, unten »sanat 2«. (Jahr 2). Rs. Wertzahl ½ im Kreis, Umschrift »Sarb fi Umm al-Qurā sanat 1344«, unten Wertangabe »Nisf Ghirsh« **25,– 40,–**

SS VZ

Als König des Hedschas und Sultan des Nedschd 1926–1927

2 (3) ¼ Qirsh (K-N) n. H. 1344 (1926). Inschrift unten »Abd al-Aziz as-Sa'ud«, oben bogig »Malik al-Hedschas wa Sultan Nedschd«. Rs. Wertangabe »raba' Qirsh«, Wertziffer, Jahreszahl **4,– 10,–**

3 (4) ½ Qirsh (K-N) n. H. 1344 (1926). Typ wie Nr. 2 **6,– 12,–**

4 (5) 1 Qirsh (K-N) n. H. 1344 (1926). Typ wie Nr. 2 **8,– 18,–**

Nrn. 4–6, polierte Platte **–,–**

Als König des Hedschas, des Nedschd und seiner Nebenländer 1927–1932

5 ¼ Qirsh (K-N) n. H. 1346, 1348 (1928, 1930). Typ wie Nr. 2, jedoch neue Titelinschrift:
a) (Y6) n. H. 1346 **4,– 10,–**
b) (Y6a) n. H. 1348 **4,– 10,–**

6 ½ Qirsh (K-N) n. H. 1346, 1348 (1928, 1930). Typ wie Nr. 5:
a) (Y7) n. H. 1346 **6,– 12,–**
b) (Y7a) n. H. 1348 **6,– 12,–**

7 1 Qirsh (K-N) n. H. 1346, 1348 (1928, 1930). Typ wie Nr. 5:
a) (Y8) n. H. 1346 **8,– 18,–**
b) (Y8a) n. H. 1348 **8,– 18,–**

8 (12) ¼ Riyal (S) n. H. 1346, 1348 (1928, 1930). Schriftzug in gepunktetem Kreis, Umschrift, unten gekreuzte Säbel, von Palmen flankiert (Staatsemblem). Rs. Schriftzug und Jahreszahl in gepunktetem Kreis, Umschrift, unten Wertkästchen, von Palmen flankiert. Ø 24 mm **50,– 75,–**

9 (13) ½ Riyal (S) n. H. 1346, 1348 (1928, 1930). Typ wie Nr. 8. Ø 27 mm **85,– 135,–**

		SS	VZ
10 (14)	1 Riyal (S) n. H. 1346, 1348 (1928, 1930). Typ wie Nr. 8. Ø 37 mm	85,–	135,–

Nr. 8–10 von 1346, polierte Platte –,–
Nr. 5b–10 von 1348, polierte Platte –,–

Al-Mamlakat Al-Arabiyat As-Sa'udiya
Als König von Saudi-Arabien 1932–1953

11 ¼ Qirsh (K-N) n. H. 1356 (1937). Typ wie Nr. 5, jedoch neue Titelinschrift:
a) (Y9) [Heaton] glatter Rand 4,– 10,–
b) (Y9a) [Phila] Riffelrand (geprägt 1947) 2,– 4,–

12 ½ Qirsh (K-N) n. H. 1356 (1937). Typ wie Nr. 11:
a) (Y10) [Heaton] glatter Rand 4,– 10,–
b) (Y10a) [Phila] Riffelrand (geprägt 1947) 2,50 5,–

13 1 Qirsh (K-N) n. H. 1356 (1937). Typ wie Nr. 11:
a) (Y11) [Heaton] glatter Rand 5,– 12,–
b) (Y11a) [Phila] Riffelrand (geprägt 1947) 3,– 6,–

14 (18) ¼ Riyal (S) n. H. 1354 (1935). Typ wie Nr. 8, jedoch neue Titelinschrift. 916⅔er Silber, 2,916 g 10,– 18,–

SS VZ

15 (19) ½ Riyal (S) n. H. 1354 (1935). Typ wie Nr. 14. 916⅔er Silber, 5,832 g 15,– 30,–

16 (20) 1 Riyal (S) n. H. 1354, 1367, 1370 (1935, 1948, 1951). Typ wie Nr. 14. 916⅔er Silber. 11,664 g 25,– 45,–

Nrn. 14 und 16 von 1354, polierte Platte –,–

Stücke zu ⅛ £, 1 g, sind private Phantasieerzeugnisse für Schmuckzwecke.

VZ ST

A17 ½ £ (G) n. H. 1354 (1935). Typ wie Nr. 14. 916⅔er Gold, 3,99 g. Versuchsprägung? *650,–*

Der Status von Nr. A17 ist nicht geklärt. Nr. A17 unterscheidet sich durch einen feineren Stempelschnitt von den zahlreichen Phantasieprägungen im Gewicht von 1,99 g und 3,99 g.

17 (23) 1 Pfund (G) n. H. 1370 (1951). Typ wie Nr. 14. 916⅔er Gold, 7,98 g [Paris] 200,– 260,–

In Zeichnung der Nr. 17 kommen zahlreiche Kopien für Schmuckzwecke in Gewichten von 3,99 g und 7,98 g vor, die am groben Stempelschnitt erkennbar sind.

SS VZ

18 (A21) ¼ Qirsh (K-N) n. H. 1365 (1946). Nrn. 2, 5a, 5b, 11a mit Gegenstempel »65« 10,– 15,–

19 (B21) ½ Qirsh (K-N) n. H. 1365 (1946). Nrn. 3, 6a, 6b, 12a mit Gegenstempel »65« 10,– 15,–

20 (C21) 1 Qirsh (K-N) n. H. 1365 (1946). Nrn. 4, 7a, 7b, 13a mit Gegenstempel »65« 10,– 15,–

Ausgaben der Arabian American Oil Company (Aramco) (2)

SS VZ

A20 (21) 1 Pfund (G) o. J. (1947). Emblem der Münzstätte Philadelphia. Rs. Schriftrechteck. 916⅔er Gold, 7,99 g (121 364 Ex.) *700,– 900,–*

B20 (22) 4 Pfund (G) o. J. (1945). Typ wie Nr. A 20. 916⅔er Gold, 31,95 g (91 210 Ex.) *1200,– 1500,–*

Sa'ud Ibn Abd al-Aziz as-Sa'ud 1953–1964

21 (30) 1 Halala (N-Bro) n. H. 1383 (1964). Staatswappen, unten bogig Name des Königs, oben Titel »Malik al-Mamlakat al-Arabiyat as-Sa'udiya«. Rs. Wert, Jahreszahl [Lahore] –,50 –,80

22 (A23) 1 Qirsh (K-N) n. H. 1376, 1378 (1957, 1959). Typ wie Nr. 21 [Lahore] –,50 –,80

23 (24) 2 Qirsh (K-N) n. H. 1376, 1379 (1957, 1960). Typ wie Nr. 21 [Lahore] –,60 1,–

24 (25) 4 Qirsh (K-N) n. H. 1376, 1378, (1957, 1959). Typ wie Nr. 21 [Lahore] 1,20 2,–

25 (26) ¼ Riyal (S) n. H. 1374 (1955). Typ wie Nr. 14, jedoch neue Titelinschrift 6,– 15,–

26 (27) ½ Riyal (S) n. H. 1374 (1955). Typ wie Nr. 25 9,– 20,–

27 (28) 1 Riyal (S) n. H. 1374 (1955). Typ wie Nr. 25 12,– 28,–

VZ ST

28 (29) 1 Pfund (G) n. H. 1377 (1957). Typ wie Nr. 21 230,– 280,-

Feisal Ibn Abd al-Aziz as-Sa'ud 1964–1975

Für den FAO-Münz-Plan (2)

29 (A31) 25 Halala = 1/4 Riyal (K-N) n. H. 1392/1973. Staatswappen, oben bogig Name des Königs, unten Titelinschrift. Rs. Wertangabe »raba' Riyal« im Kreis, oben bogig »khams wa ishrin Halala«, Wertziffern, Jahreszahlen, unten bogig der aus dem Koran (22.28) stammende Spruch »Ernähre die Armen und Elenden« [Lahore] 1,50 2,–

30 (31) 50 Halala = 1/2 Riyal (K-N) n. H. 1392/1972. Typ wie Nr. 29 [Lahore] 2,20 3,50

31 (32) 5 Halala = 1 Qirsh (K-N) n. H. 1392 (1972). Staatswappen, oben bogig Name des Königs, unten Titelinschrift. Rs. Wertangabe »Qirsh/wahid« im Kreis, oben bogig »khams Halalat«, Wertziffern, Jahreszahl [Lahore] –,50 –,70

32 (33) 10 Halala = 2 Qirsh (K-N) n. H. 1392 (1972). Typ wie Nr. 31 [Lahore] –,80 1,10

VZ ST

33 (34) 25 Halala = 1/4 Riyal (K-N) n. H. 1392 (1972). Typ wie Nr. 31 [Lahore]:
a) fehlerhafte Inschrift: maskulines Zahlwort »fünf« in 25 »khamsat wa ishrin« 5,– 10,–
b) berichtigte Inschrift: feminines Zahlwort »fünf« in 25 »khams wa ishrin« 1,– 1,50

34 (35) 50 Halala = 1/2 Riyal (K-N) n. H. 1392 (1972). Typ wie Nr. 31 [Lahore] 1,20 1,80

Khalid Ibn Abd al-Aziz as-Sa'ud 1975–1982

35 (37) 5 Halala = 1 Qirsh (K-N) n. H. 1397, 1400 (1977, 1980) Staatswappen, Name des Königs, Titelinschrift. Rs. Wertangabe, Jahreszahl 1,– 2,–

36 (38) 10 Halala = 2 Qirsh (K-N) n. H. 1397, 1400 (1977, 1980). Typ wie Nr. 35 1,– 2,–

37 (39) 25 Halala = 1/4 Riyal (K-N) n. H. 1397, 1400, (1977, 1980). Typ wie Nr. 35 –,60 –,80

38 (40) 50 Halala = 1/2 Riyal (K-N) n. H. 1397, 1400 (1977, 1980) . Typ wie Nr. 35 1,– 1,60

39 (36) 100 Halala = 1 Riyal (K-N) n. H. 1396, 1400 (1976, 1980). Typ wie Nr. 35 2,– 3,–

Für den FAO-Münz-Plan (3)

40 (42) 5 Halala = 1 Qirsh (K-N) n. H. 1398/1978. Rs. Wertangabe »Qirsh/wahid« im Kreis, Wertziffern, unten bogig »khams Halalat«, darunter Jahreszahlen, oben bogig das Koranzitat wie Nr. 29 –,60 –,80

41 (43) 10 Halala = 2 Qirsh (K-N) n. H. 1398/1978. Typ wie Nr. 40 1,10 1,60

42 (41) 100 Halala = 1 Riyal (K-N) n. H. 1397/1977, 1398/1978. Typ ähnlich wie Nr. 40:
1397/1977 350,– *500,–*
1398/1978 2,– 3,–

Fahd Ibn Abd al-Aziz Ibn Sa'ud seit 1982

43 (44) 5 Halala = 1 Qirsh (K-N) n. H. 1408 (1988). Staatswappen, oben bogig Name des Königs, unten »Hüter der beiden Heiligen Stätten« (Mekka und Medina). Rs. Wertangabe, Jahreszahl 1,– 2,–

44 (45) 10 Halala = 2 Qirsh (K-N) n. H. 1408 (1988). Typ wie Nr. 43 1,– 2,–

45 (46) 25 Halala = 1/4 Riyal (K-N) n. H. 1408 (1988). Typ wie Nr. 43 –,60 –,80

46 (47) 50 Halala = 1/2 Riyal (K-N) n. H. 1408 (1988). Typ wie Nr. 43 1,– 1,60

47 (48) 100 Halala = 1 Riyal (K-N) n. H. 1408 (1988). Typ wie Nr. 43 2,– 3,–

Nrn. 43–47 von 1408, polierte Platte (max. 5000 Ex.), 75,–

Sharjah Schardscha Sharjah

Fläche: 2500 km²; 35000 Einwohner.
Das Scheichtum Schardscha gehörte zu den sieben Vertragsstaaten (Trucial States) im Befriedeten Oman (Piratenküste). Die Exklaven Dhiba, Kalba und Khor Fakkan gehören staatsrechtlich zu Schardscha. Seit 2. Dezember 1971 ist Schardscha Mitgliedsstaat der »Vereinigten Arabischen Emirate« (UAE). Hauptstadt: Schardscha.

100 Naye Paise = 1 Rupie;
seit 1966: 20 Piaster = 1 Rial;
seit September 1966: 100 Dirhams = 1 Schardschat-Riyal

Saker III. Ben Mohammed al-Kaisimi 1951–1965

Zum Gedenken an John F. Kennedy

ST PP

1 (1) 5 Rupien (S) 1964. John Fitzgerald Kennedy (1917–1963), 35. Präsident der Vereinigten Staaten von Amerika. Rs. Gekreuzte Flaggen (Staatsemblem des Scheichtums). 720er Silber, 25 g:
a) 40,–
b) »PROOF« unter den Flaggen 80,–

Khalid III. Ben Mohammed al-Kaisimi 1965–1972

NEUE WÄHRUNG: 100 Dirhams = 1 Schardschat-Riyal

2 (2) 1 Riyal = 100 Dirhams (S) 1970. Staatsemblem, Landesname, Wertangabe. Rs. »Mona Lisa« auch »La Gioconda« genannt, Gattin des Marchese Francesco del Giocondo; nach Gemälde von Leonardo da Vinci (1452–1519); Paris: Musée du Louvre. 999er Silber, 3 g 50,–

PP

3 (3) 2 Riyals = 200 Dirhams (S) 1970. Rs. Jules-Rimet-Pokal zwischen Lorbeerzweigen und vor stilisiertem Erdglobus. Fußball. Hinweis auf die IX. Fußballweltmeisterschaft in Mexiko 1970. 999er Silber, 6 g 100,–

4 (4) 5 Riyals = 500 Dirhams (S) 1970. Rs. Napoleon Bonaparte (1769–1821), Kaiser der Franzosen 1804–1815. 999er Silber, 15 g 175,–

5 (5) 10 Riyals = 1000 Dirhams (S) 1970. Rs. Simón Bolivar (1783–1830), Staatsmann und General, Befreier Südamerikas von der spanischen Herrschaft. 999er Silber, 30 g 250,–

6 (6) 25 Riyals (G) 1970. Typ wie Nr. 2. 900er Gold, 5,18 g 320,–

7 (7) 50 Riyals (G) 1970. Typ wie Nr. 3. 900er Gold, 10,36 g 550,–

8 (8) 100 Riyals (G) 1970. Typ wie Nr. 4. 900er Gold, 20,73 g 1000,–

9 (9) 100 Riyals (G) 1970. Typ wie Nr. 5. 900er Gold, 20,73 g 1000,–

10 (10) 200 Riyals (G) 1970. Rs. Scheich Khaled Ben Mohammed al-Kaisimi (1931–1972). 900er Gold, 41,46 g 2000,–

Sweden

Schweden

Suède

Sverige

Fläche: 449 793 m^2; 8 370 000 Einwohner (1986).
Schweden ist seit dem hohen Mittelalter ein Königreich, das zeitweilig mit den anderen skandinavischen Staaten in Personalunion stand, insbesondere nachdem der französische Marschall Bernadotte zum König gewählt worden war, die napoleonische Sache verlassen und Dänemark zur Abtretung Norwegens gezwungen hatte. Die Personalunion mit dem Königreich Norwegen wurde am 4. November 1814 durch seine Ausrufung als Erbkönig Karl XIII. bestätigt. Diese Union wurde am 7. Juni 1905 wieder aufgelöst.
Hauptstadt: Stockholm.
Die Krona löste 1873 den Riksdaler Riksmynt im Zahlungsverkehr ab. Das Dezimalsystem wurde bereits 1855 eingeführt; die Goldeinlösung von Banknoten hob das Gesetz von 1931 auf.

100 Öre = 1 Schwedische Krone (Krona)

Tabelle der Feingewichte

Nominal	Metall	Prägezeit	Kat.-Nr.	Feingewicht	Feingehalt
2 Kronor	(S)	1890-1940	7, 18, 19, 27, 36, 37, 39	12,000	800
2 Kronor	(S)	1942-1966	47, 55	6,000	400
5 Kronor	(S)	1935	38	22,500	900
5 Kronor	(S)	1954-1971	56-59, 65	7,200	400
5 Kronor	(G)	1901-1920	8, 34	2,016	900
10 Kronor	(S)	1972	68	14,940	830
10 Kronor	(G)	1901	9	4,032	900
20 Kronor	(G)	1900-1925	10, 35	8,064	900
50 Kronor	(S)	1975-1976	69, 76	25,002	925
100 Kronor	(S)	1983-1985	79-82	14,800	925
200 Kronor	(S)	1980-1983	77, 78	24,975	925

Königreich Schweden
Oskar II. 1872–1907

SS VZ

1 (14) 1 Öre (Bro) 1877–1905. Gekröntes Monogramm O II in Zierschrift, königlicher Wahlspruch BRÖDRAFOLKENS VÄL. Rs. Wertangabe und Jahreszahl zwischen den drei schwedischen Wappenkronen:
1877–1891, 1893–1905 **10,– 18,–**
1892 **100,– 170,–**

2 (15) 2 Öre (Bro) 1877–1905. Typ wie Nr. 1 **10,– 20,–**
3 (16) 5 Öre (Bro) 1889–1905. Typ wie Nr. 1, jedoch Rs. im Kreis:
1889 **25,– 60,–**
1890–1892, 1895–1905 **10,– 20,–**
4 (27) 10 Öre (S) 1880–1904. Rs. Wertangabe, Jahreszahl:
1880–1883 **110,– 185,–**
1884, 1887, 1890–1892, 1894, 1896–1900, 1902–1904 **8,– 20,–**

SS VZ

5 (28) 25 Öre (S) 1880–1905. Rs. Wertangabe zwischen Lorbeerzweigen, Jahreszahl **15,– 30,–**
6 (29) 1 Krona (S) 1890–1904. Oskar II. (1829–1907), König von Norwegen 1872–1905 (abgedankt), König von Schweden 1872–1907. Rs. Königlich gekröntes großes Wappen, von zwei Löwen gehalten; Wertangabe, Jahreszahl:
1890 **40,– 80,–**
1897, 1898, 1901, 1903, 1904 **25,– 60,–**
7 (30) 2 Kronor (S) 1890, 1892, 1893, 1897, 1898, 1900, 1903, 1904. Typ wie Nr. 6 **45,– 100,–**
8 (24a) 5 Kronor (G) 1901. Kopfbild n. r., Titelumschrift, Jahreszahl. Rs. Wertangabe zwischen den drei schwedischen Wappenkronen, Lorbeerzweige **250,– 320,–**
9 (25b) 10 Kronor (G) 1901. Rs. Großes königlich gekröntes Wappen unter einem Wappenmantel, darüber der königliche Wahlspruch, Wertangabe **280,– 350,–**

10 (26b) 20 Kronor (G) 1900–1902. Typ wie Nr. 9:
1900 **800,– 1200,–**
1901, 1902 **500,– 750,–**
11 (32) 1 Öre (Bro) 1906, 1907. Gekröntes Monogramm O II in Zierschrift, königlicher Wahlspruch SVERIGES VÄL. Rs. Wertangabe und Jahreszahl zwischen den drei schwedischen Wappenkronen:
1906 **8,– 20,–**
1907 **6,– 10,–**
12 (33) 2 Öre (Bro) 1906, 1907. Typ wie Nr. 11:
1906 **8,– 20,–**
1907 **6,– 10,–**
13 (34) 5 Öre (Bro) 1906, 1907. Typ wie Nr. 11, jedoch Rs. im Kreis:
1906 **8,– 20,–**
1907 **6,– 10,–**

		SS	VZ
14 (35)	10 Öre (S) 1907. Rs. Wertangabe, Jahreszahl	7,–	12,–
15 (36)	25 Öre (S) 1907. Rs. Wertangabe zwischen Lorbeerzweigen, Jahreszahl	10,–	18,–
16 (37)	50 Öre (S) 1906, 1907. Rs. Wertangabe und Jahreszahl zwischen unten gebundenen Lorbeerzweigen:		
	1906	25,–	60,–
	1907	13,–	25,–
17 (38)	1 Krona (S) 1906, 1907. Kopfbild n. l., Titelumschrift. Rs. Wappen wie bei Nr. 6, jedoch Schriftband mit Wahlspruch SVERIGES VÅL:		
	1906	22,–	50,–
	1907	20,–	40,–
18 (39)	2 Kroner (S) 1906, 1907. Typ wie Nr. 17:		
	1906	70,–	120,–
	1907	50,–	85,–

Zur Goldenen Hochzeit des Königspaares

19 (40)	2 Kronor (S) 1907. Oskar II. und Königin Sophia. Rs. Gekröntes Wappen	30,–	45,–

Gustaf V. 1907–1950

20 (44)	1 Öre (Bro) 1909–1950. Gekröntes Monogramm. Rs. Drei Kronen, Wert	1,50	3,–
21 (45)	2 Öre (Bro) 1909–1950. Typ wie Nr. 20	1,50	3,–

22 (46)	5 Öre (Bro) 1909–1950. Typ wie Nr. 20	3,–	4,–
23 (47)	10 Öre (S) 1909–1942. Gekröntes Wappen. Rs. Wert	3,–	8,–
24 (48)	25 Öre (S) 1910–1941. Rs. Wert im Kranz	5,–	10,–

25 (49)	50 Öre (S) 1911–1939. Rs. Wert im Kranz	9,–	16,–

		SS	VZ
26 (50)	1 Krona (S) 1910–1942. Gustaf V., Kopfbild n. l. Rs. Gekröntes Wappen, von der Kette des Seraphinenordens umzogen	10,–	18,–
27 (51)	2 Kronor (S) 1910–1940. Typ wie Nr. 26	18,–	32,–
28 (52)	1 Öre (E) 1917–1919. Typ wie Nr. 20	12,–	20,–
29 (53)	2 Öre (E) 1917–1919. Typ wie Nr. 21	25,–	40,–
30 (54)	5 Öre (E) 1917–1919. Typ wie Nr. 22	60,–	90,–
31 (55)	10 Öre (N-Bro) 1920–1947. Gekröntes Monogramm. Rs. Wert	2,–	3,–

32 (56)	25 Öre (N-Bro) 1921–1947. Rs. Wert von Ähren umgeben	3,–	5,–
33 (57)	50 Öre (N-Bro) 1920–1947	4,–	6,–

34 (62)	5 Kronor (G) 1920. Gustaf V. (1858–1950), Kopfbild nach rechts. Rs. Wert, drei Kronen, Zweige	200,–	300,–

35 (63)	20 Kronor (G) 1925. Rs. Gekröntes Wappen, Jahreszahl	1000,–	1800,–

440. Jahrestag des Befreiungskrieges unter Gustaf Wasa

36 (58)	2 Kronor (S) 1921. Gustaf Erikson Wasa (1496–1560), Regent 1521–1523, König 1523–1560. Rs. Gekröntes Wappen	28,–	40,–

300. Todestag von Gustaf II. Adolf

		SS	VZ
37 (59)	2 Kronor (S) 1932. Gustaf II. Adolf (1594–1632), bekränztes Kopfbild nach rechts. Rs. Gedenkinschrift auf Tafel	25,–	35,–

500. Jahrestag des Schwedischen Reichstages (Riksdag)

38 (60)	5 Kronor (S) 1935. Gustaf V., Kopfbild nach links. Rs. Wappen	30,–	40,–

300. Jahrestag der Gründung der Kolonie Neu-Schweden am Delawarefluß unter Peter Minuit (Minnewitt)

39 (61)	2 Kronor (S) 1938. Gustaf V., Kopfbild nach links. Rs. Auswandererschiff »Calmare Nyckel« (Schlüssel von Calmar) unter Kapitän Peter Minuit	22,–	35,–
40 (69)	1 Öre (E) 1942–1950. Gekröntes Monogramm. Rs. Drei Kronen, Wert	1,50	4,–
41 (70)	2 Öre (E) 1942–1950	2,–	6,–
42 (71)	5 Öre (E) 1942–1950	3,–	12,–
43 (64)	10 Öre (S) 1942–1950. Krone. Rs. Wert	3,–	6,–

44 (65)	25 Öre (S) 1943–1950	4,–	8,–
45 (66)	50 Öre (S) 1943–1950	7,–	11,–
46 (67)	1 Krona (S) 1942–1950. Gustaf V., Kopfbild nach links. Rs. Gekröntes Wappen	6,–	15,–

47 (68)	2 Kronor (S) 1942–1950	8,–	16,–

Gustaf VI. Adolf 1950–1973

		SS	VZ
48 (72)	1 Öre (Bro) 1952–1971. Krone über Namen des Königs. Rs. Wert	–,30	–,50
49 (73)	2 Öre (Bro) 1952–1971	–,30	–,50

50 (74)	5 Öre (Bro) 1952–1971	–,40	–,80
51 (75)	10 Öre (S) 1952–1962. Krone. Rs. Wertangabe, Jahreszahl	2,–	4,–
52 (76)	25 Öre (S) 1952–1961. Typ wie Nr. 51	3,–	5,–

53 (77)	50 Öre (S) 1952–1961. Typ wie Nr. 51	4,–	8,–

54 (78)	1 Krona (S) 1952–1968. Gustaf VI. Adolf, Kopfbild nach links. Rs. Gekröntes Wappen	3,–	8,–
55 (79)	2 Kronor (S) 1952–1959, 1961, 1963–1966. Typ wie Nr. 54	5,–	10,–
56 (80)	5 Kronor (S) 1954–1955, 1971. Typ wie Nr. 54	8,–	15,–

70. Geburtstag des Königs

57 (81)	5 Kronor (S) 1952. Gustaf VI. Adolf (1882–1973), Kopfbild nach links. Rs. Gekröntes Monogramm	70,–	100,–

150. Jahrestag der Schwedischen Verfassung

SS VZ

58 (82) 5 Kronor (S) 1959. Gustaf VI. Adolf. Rs. Staatsrechtler, Buch der Verfassung auf Podest mit Staatsemblem **18,– 28,–**

80. Geburtstag des Königs

59 (86) 5 Kronor (S) 1962. Gustaf VI. Adolf (1882–1973), Kopfbild nach links. Rs. Pallas Athene mit dem Vogel der Weisheit, der Eule (Athene noctua – Strigidae), sinnbildlich für die archäologische und wissenschaftliche Betätigung des Königs **75,– 125,–**

60 (88) 5 Öre (Bro) 1972, 1973. Drei Kronen, Landesname. Rs. Wert **–,20 –,50**

61 (83) 10 Öre (K-N) 1962–1973. Gekröntes Monogramm. Rs. Wert **–,20 –,40**

62 (84) 25 Öre (K-N) 1962–1973. Typ wie Nr. 61 **–,30 –,60**

63 (85) 50 Öre (K-N) 1962–1973. Typ wie Nr. 61 **–,60 1,20**

64 (78a) 1 Krona (K, K-N plattiert) 1968–1973. Typ wie Nr. 54 **1,– 1,50**

65 (79a) 2 Kronor (K-N) 1968–1971. Typ wie Nr. 54 **3,– 4,–**

SS VZ

66 (89) 5 Kronor (N, K-N plattiert) 1972, 1973. Gustav VI. Adolf. Rs. Gekröntes Wappen, Wahlspruch, Wertangabe **3,– 5,–**

100. Jahrestag der Verfassungsreform und der damit verbundenen Einführung des Zweikammernsystems

VZ ST

67 (87) 5 Kronor (S) 1966. Gustaf VI. Adolf. Rs. Tafel mit Gedenkinschrift, von Lorbeerzweigen umgeben **8,– 12,–**

90. Geburtstag des Königs

68 (90) 10 Kronor (S) 1972. Rs. Namenszug, Wert **12,– 20,–**

Carl XVI. Gustaf seit 1973

Auf die Landreform

69 (97) 50 Kronor (S) 1975. Drei Wappenkronen, Wertangabe. Rs. Erhobene Hände, symbolisch für die Zustimmung **50,–**

			VZ	ST
70 (91)	5	Öre 1976–1984. Gekröntes Monogramm, geteilte Jahreszahl. Rs. Wertangabe, Landesname:		
		a) (Bro) 1976–1981	–,30	–,50
		b) (Me) 1981–1984	–,30	–,50
71 (92)	10	Öre (K-N) 1976–1989, 1991. Typ wie Nr. 70	–,30	–,50
72 (93)	25	Öre (K-N) 1976–1984. Typ wie Nr. 70	–,40	–,60
73 (94)	50	Öre (K-N) 1976–1989, 1991. Typ wie Nr. 70	–,70	1,–
74 (95)	1	Krona 1976–1991. Kopfbild des Königs n. l., Umschrift CARL XVI. GUSTAF. SVERIGE, Jahreszahl. Rs. Gekrönter Wappenschild, Umschrift FÖR SVERIGE I TIDEN, Wertangabe:		
		a) (K, K-N plattiert) 1976–1981	1,20	1,50
		b) (K-N) 1982–1991	1,20	1,50
75 (96)	5	Kronor (N, K-N plattiert) 1976–1989, 1991. Gekröntes Monogramm, bogig SVERIGE und Jahreszahl. Rs. Wertangabe	3,50	5,–
A75	10	Kronor (Al-Bro) 1991. Carl XVI. Gustaf. Rs. Wertzahl auf den drei Kronen	–,–	–,–

Zur Hochzeit von König Carl XVI. Gustaf am 19. Juni 1976

			VZ	ST
76 (98)	50	Kronor (S) 1976. König Carl XVI. Gustaf und Königin Silvia. Rs. Staatswappen	28,–	40,–

Neues Thronfolgegesetz

			ST
77 (99)	200	Kronor (S) 1980. König Carl XVI. Gustaf, Kopfbild nach links. Rs. Gedenkinschrift	100,–

10. Regierungsjubiläum des Königs

			ST
78 (100)	200	Kronor (S) 1983. König Carl XVI. Gustaf, Kopfbild nach links. Rs. Staatswappen	120,–

Zum Parlamentsumbau

			ST
79 (101)	100	Kronor (S) 1983. Drei Kronen auf Mauerwerk. Rs. Bogengang des Parlamentsgebäudes, Schema der Sitzanordnung im Plenarsaal	50,–

Konferenz über vertrauens- und sicherheitsbildende Maßnahmen und Abrüstung in Europa (KVAE) seit 1981 in Stockholm

			ST
80 (102)	100	Kronor (S) 1984. Rs. Stilisierte Brücke, Emblem der Konferenz	45,–

Internationales Jahr der Jugend 1985

			ST
81 (103)	100	Kronor (S) 1985. Drei Wappenkronen in gekröntem Schild. Rs. Internationales Emblem	50,–

Europäisches Jahr der Musik 1985

ST

82 (104) 100 Kronor (S) 1985. Drei Kronen, Notenzeilen. Rs. Emblem 50,–

Internationales Jahr des Waldes 1985

83 (105) 100 Kronor (S) 1985. Drei Kronen auf Stammquerschnitt. Rs. Internationales Emblem, umgeben vom Wachstumszyklus eines Baumes 50,–

350. Jahrestag der Gründung von Fort Christina in Neu-Schweden (heute Wilmington, Delaware) (2)

84 (106) 100 Kronor (S) 1988. König Carl XVI. Gustaf. Rs. Auswandererschiff »Calmare Nyckel« (siehe Nr. 39), Karte von Neu-Schweden. 925er Silber, 16 g:
a) Umschrift nahe am Rand (32 000 Ex.) 80,–
b) Umschrift vom Rand entfernt (118 000 Ex.) 45,–

ST

85 (107) 1000 Kronor (G) 1988. Rs. Segelschiff »Calmare Nyckel«. 900er Gold, 5,8 g 900,–

Eishockey-Weltmeisterschaft 1989 in Stockholm (2)

86 (108) 200 Kronor (S) 1989. Rs. Eishockey-Spieler. 925er Silber, 27 g (80 000 Ex.) 75,–

87 (109) 1000 Kronor (G) 1989. Typ wie Nr. 86. 900er Gold, 5,8 g (20 000 Ex.) 550,–

Eröffnung des Neuen Vasa-Museums in Stockholm (2)

88 (110) 200 Kronor (S) 1990. Rs. Schiff »Vasa« 75,–

89 (111) 1000 Kronor (G) 1990. Rs. Wappen der Dynastie Vasa 550,–

200. Todestag von König Gustav III. (2)

ST

90 200 Kronor (S) 1992. Drei Kronen auf dem Vorhang der Oper in Stockholm. Rs. König Gustav III. 925er Silber, 27 g 75,–

91 1000 Kronor (G) 1992. Typ wie Nr. 90. 900er Gold, 5,8 g 550,–

Frühere Ausgaben siehe Weltmünzkatalog 19. Jahrhundert.

Switzerland

Schweiz

Suisse

Helvetia

Fläche: 41 288 km²; 6 850 000 Einwohner (1990).
Die bereits 1499 erfolgte Loslösung vom Heiligen Römischen Reich Deutscher Nation wurde erst 1648 anerkannt. Die Urkantone Uri, Schwyz und Unterwalden bildeten die Keimzelle einer unabhängigen Schweiz, die durch die Bewahrung strikter Neutralität Sitz zahlreicher internationaler Organisationen ist. Frankenwährung seit 1850; in den Jahren 1865 bis 1926 Mitglied der Lateinischen Münzunion. Hauptstadt: Bern.

100 Rappen (Centimes) = 1 Schweizer Franken (Franc)

Kantone

Aargau Appenzell* Basel-Land Basel-Stadt Bern Freiburg Genf Glarus Graubünden

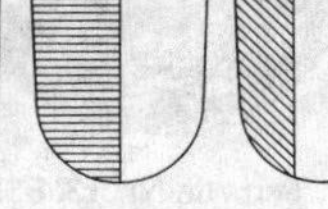

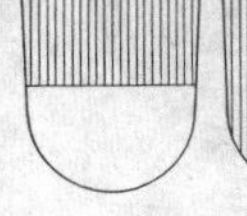
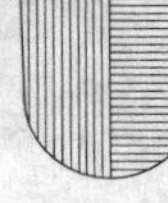

Jura Luzern Neuenburg Nidwalden Obwalden St. Gallen Schaffhausen Schwyz Solothurn Tessin Thurgau

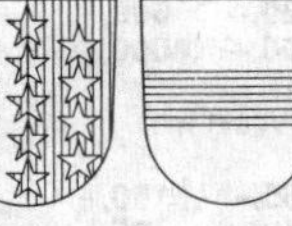

Uri Waadt Wallis Zug Zürich

*Appenzell-Außerrhoden; bei Appenzell-Innerrhoden und beim Gesamtkanton entfallen die Buchstaben VR.
Die Halbkantone Nidwalden und Obwalden bilden den Gesamtkanton Unterwalden.

Schweizerische Eidgenossenschaft Confoederatio Helvetica

		SS	VZ
1 (18)	1 Rappen (Bro) 1850-1941. Schweizerkreuz auf Wappenschild, das Ganze im Kranz. Rs. Wert im Kranz: 1850—1853, 1856, 1857, 1866—1895, 1897—1941	**1,—**	**2,—**
	1855, 1863, 1864	**350,—**	**600,—**
	1896 (36 Ex.)		*12000,—*
2 (19)	2 Rappen (Bro) 1850—1941: 1850—1893, 1897—1941	**1,50**	**3,—**
	1896 (20 Ex.)		*10000,—*

In gleicher Zeichnung (Zink): Nrn. 34, 35

		SS	VZ
3 (20)	5 Rappen (Bi) 1850–1877. 050er Silber, 1,67 g: 1850–1851, 1872–1874, 1876, 1877	**35,–**	**60,–**
	1850, ohne Mzz.	**1200,–**	**3000,–**
	1851, Mzz. BB	**900,–**	**2000,–**
4 (21)	10 Rappen (Bi) 1850–1876. 100er Silber, 2,5 g: 1850–1851, 1871, 1873, 1876	**40,–**	**100,–**
	1875	**1100,–**	**1850,–**

		SS	VZ
5 (22)	20 Rappen (Bi) 1850—1859. 150er Silber, 3,25 g:	**35,—**	**90,—**

		SS	VZ
6 (26)	½ Franken (S) 1850, 1851. Sitzende Helvetia. Rs. Wertangabe und Jahreszahl im Kranz unten gebundener Zweige. 900er Silber, 2,5 g	**240,–**	**500,–**

		SS	VZ
7 (27)	1 Franken (S) 1850–1861. Typ wie Nr. 6:		
	a) 900er Silber, 5 g, 1850, 1851	**300,–**	**600,–**
	1857 (526 Ex.)	*10 000,–*	*16 000,–*
	b) 800er Silber, 5 g, 1860	**550,–**	**1800,–**
	1861	**130,–**	**300,–**
8 (28)	2 Franken (S) 1850–1863. Typ wie Nr. 6:		
	a) 900er Silber, 10 g, 1850	**650,–**	**1300,–**
	1857 (622 Ex.)	*9000,–*	*15 000,–*
	b) 800er Silber, 10 g, 1860, 1862	**180,–**	**500,–**
	1863	**500,–**	**1600,–**

		SS	VZ
9 (29)	5 Franken (S) 1850–1874. Typ wie Nr. 6. 900er Silber, 25 g:		
	1850–1874	**320,–**	**600,–**
	1873	**1900,–**	**4000,–**
10 (23)	5 Rappen 1879–1992. Frauenkopf n. r. Rs. Wert im Kranz:		
	a) (K-N) 1879, 1887, 1889	**65,–**	**160,–**
	1880–1905	**18,–**	**35,–**
	1896 (16 Ex.)		*12 000,–*
	1906–1931, 1940, 1942–1980	**–,20**	**1,–**
	b) (N) 1932–1939, 1941	**–,50**	**3,–**
	c) (Al-Bro) 1981–1992	**–,10**	**–,20**

		SS	VZ
11 (24)	10 Rappen 1879–1992. Typ wie Nr. 10:		
	a) (K-N) 1879	**38,–**	**100,–**
	1880–1899	**10,–**	**35,–**
	1896 (16 Ex.)		*12 000,–*
	1900–1931, 1940–1992	**–,15**	**–,20**
	b) (N) 1932–1939	**–,50**	**4,–**

		SS	VZ
12 (25)	20 Rappen 1881–1992. Typ wie Nr. 10:		
	a) (N) 1881–1938	**–,40**	**1,–**
	b) (K-N) 1939–1992	**–,30**	**–,40**

		SS	VZ
13 (30)	½ Franken (S) 1875–1967. Stehende Helvetia. Rs. Wertangabe und Jahreszahl im Kranz unten gebundener Zweige. 835er Silber, 2,5 g:		
	1875–1894	**65,–**	**250,–**
	1896 (28 Ex.)		*20 000,–*
	1898–1967	**3,–**	**5,–**
	1901	**130,–**	**600,–**
14 (31)	1 Franken (S) 1875–1967. Typ wie Nr. 13. 835er Silber, 5 g:		
	1875–1880	**120,–**	**350,–**
	1886–1901	**22,–**	**160,–**
	1896 (28 Ex.)		*18 000,–*
	1903–1967	**5,–**	**8,–**

		SS	VZ
15 (32)	2 Franken (S) 1874–1967. Typ wie Nr. 13. 835er Silber, 10 g:		
	1874, 1878, 1904, 1908	**40,–**	**450,–**
	1875, 1879	**150,–**	**800,–**
	1886, 1894, 1903, 1905–1907, 1909–1967	**6,–**	**10,–**
	1896 (20 Ex.)		*26 000,–*
	1901	**600,–**	**3000,–**

In ähnlicher Zeichnung: Nrn., 21, 22 (5, 10 Rappen), 43–45, 57–59 (½, 1, 2 Franken).

		SS	VZ
16 (33)	5 Franken (S) 1888–1916. Frauenkopf n. l. Rs. Wappenschild und Wertangabe im Kranz unten gebundener Eichen- und Lorbeerzweige. 900er Silber, 25 g:		
	1888, 1900	**1200,–**	**3000,–**
	1889–1892, 1907–1909	**400,–**	**750,–**
	1894, 1895, 1904	**1200,–**	**2200,–**
	1896 (2000 Ex.)		*50 000,–*
	1912	**6000,–**	**9000,–**
	1916	**2200,–**	**3600,–**

	SS	VZ
17 (40) 20 Franken (G) 1883—1896. Frauenkopf n. l. Rs. Wappenschild, Wertangabe und Jahreszahl im Kranz unten gebundener Zweige. 900er Gold, 6,4516 g:		
a) Riffelrand, 1883	225,—	300,—
b) Randschrift »Dominus Providebit«, 1886, 1889—1896	225,—	300,—
1887	—,—	—,—
1888	*12000,—*	*20000,—*
c) Randschrift und zusätzliches Kreuz im Schweizerkreuz (Gondo-Gold), 1893, 1895		—,—

Nrn. 1, 2, 10—17 von 1896 wurden auf die Schweizerische Landesausstellung in Genf geprägt.

	SS	VZ
18 (41) 20 Franken (G) 1897–1949. »Vreneli«, nach dem Bildnis der Françoise Kramer, geb. Egli (1859–1946). Rs. Wappenschild vor Zweigen. Wertangabe, Jahreszahl. 900er Gold, 6,4516 g:		
a) »Vreneli« mit Stirnlocke, 1897 (12 Ex.)		–,–
b) Zusätzliches Kreuz im Schweizerkreuz (Gondo-Gold), 1897 (29 Ex.)		–,–
c) 1897–1916, 1922, 1925, 1927, 1930, 1935	165,–	220,–
1926	400,–	550,–
d) »L 1935 B« (Lingot, Bern) (geprägt 1945, 1946, 1948)		200,–
e) Randschrift »Ad legem anni«, römische Jahreszahl, 1947, 1949	165,–	220,–

	SS	VZ
19 (42) 10 Franken (G) 1911—1922. Rs. Schweizerkreuz von Strahlen umgeben, Wertangabe, Jahreszahl, Edelweiß. 900er Gold, 3,2258 g:		
1911	300,—	600,—
1912—1916, 1922	200,—	250,—

	SS	VZ
20 (43) 100 Franken (G) 1925. Typ wie Nr. 19. 900er Gold, 32,2581 g	*14000,—*	*20000,—*

	SS	VZ
21 (23b) 5 Rappen (Me) 1917, 1918. Typ wie Nr. 10		
1917 (wenige Ex.)		*4500,–*
1918	40,–	60,–
22 (24b) 10 Rappen (Me) 1918, 1919. Typ wie Nr. 10:		
1918	60,–	90,–
1919	180,–	280,–
23 (34) 5 Franken (S) 1922, 1923. Hirtenbüste n. r. Rs. Wappenschild zwischen Zweigen, Wertangabe »5 Fr«, Jahreszahl. 900er Silber, 25 g; Ø 37 mm	175,–	260,–
24 (35) 5 Franken (S) 1924–1928. Typ wie Nr. 23, jedoch Wertangabe »5 FR«. 900er Silber, 25 g		
1924	860,–	1500,–
1925, 1926	270,–	450,–
1928	*9000,–*	*16000,–*

	SS	VZ
25 (36) 5 Franken (S) 1931–1969. Typ wie Nr. 24. 835er Silber, 15 g; Ø 31 mm:		
1931	22,–	65,–
1932–1951	10,–	30,–
1952	110,–	225,–
1953–1967, 1969	8,–	18,–
1968 (wenige Ex.)		–,–

In gleicher Zeichnung (K-N): Nr. 46.

Gedenkmedaillen zum Schützenfest in Fribourg siehe Schön, Kleiner deutscher Münzkatalog mit Liechtenstein und Schweiz.

Nrn. 26 und 27 fallen aus.

Eidgenössische Wehranleihe

	SS	VZ
28 (46) 5 Franken (S) 1936. Kniendes Mädchen in Waagehaltung mit Schwert und Taube. Rs. Stahlhelm über Zweckinschrift	50,–	90,–

Gedenkmedaillen zum Schützenfest in Luzern siehe Schön, Kleiner deutscher Münzkatalog mit Liechtenstein und Schweiz.

Nrn. 29 und 30 fallen aus.

600. Jahrestag der Schlacht von Laupen

		SS	VZ
31 (49)	5 Franken (S) 1939. Männliche Gestalt mit einer Steinschleuder. Rs. Schweizerkreuz	**700,–**	**1300,–**

Gedenkmedaille zur Schweizerischen Landesausstellung in Zürich siehe Schön, Kleiner deutscher Münzkatalog mit Liechtenstein und Schweiz.

Nr. 32 fällt aus.

650. Jahrestag des Bestehens der Eidgenossenschaft

		SS	VZ
33 (51)	5 Franken (S) 1941. Schwur der Urkantone Uri, Schwyz und Unterwalden. Rs. Lateinisches Zitat aus dem Bundesbrief von 1291, übersetzt: »Sie versprachen sich gegenseitig hilfreich beizustehen«	**90,–**	**160,–**
34 (18a)	1 Rappen (Zink) 1942–1946. Typ wie Nr. 1	**1,–**	**3,–**
35 (19a)	2 Rappen (Zink) 1942–1946. Typ wie Nr. 2:		
	1942–1945	**2,–**	**5,–**
	1946	*25,–*	*60,–*

500. Jahrestag der Schlacht bei St. Jakob an der Birs

		SS	VZ
36 (52)	5 Franken (S) 1944. Kniender Krieger, der mit der Rechten einen Stein schleudert und sich mit der Linken einen Pfeil aus der Brust zieht. Rs. Inschrift	**80,–**	**150,–**

100 Jahre Bundesverfassung

37 (53)	5 Franken (S) 1948. Mutter und Kind. Rs. Inschrift, Schweizerkreuz	**30,–**	**50,–**

		ST
38	25 Franken (G) 1955, 1958, 1959. Wertangabe. Rs. Wilhelm Tell mit Armbrust	–,–
39	50 Franken (G) 1955, 1958, 1959. Wertangabe. Rs. Schwur der Urkantone Uri, Schwyz und Unterwalden	–,–

Nrn. 38 und 39 sind bisher nicht verausgabt worden.
Nr. 39 von 1955 in Silber vorkommend.

		VZ	ST
40 (54)	1 Rappen (Bro) 1948–1990. Schweizerkreuz. Rs. Wert und Ähre	**–,20**	**1,–**

41 (55)	2 Rappen (Bro) 1948–1974. Typ wie Nr. 40	**–,20**	**1,–**

100 Jahre Internationales Rotes Kreuz (2)

		VZ	ST
42 (56)	5 Franken (S) 1963. Rs. Stehende Krankenschwester und Verwundete, ins Kreuz gestellt.	30,–	45,–
A42	5 Franken (G) 1963. Typ wie Nr. 42. 900er Gold (15 Ex.)		–,–

43 (30a)	½ Franken (K-N) 1968–1982. Typ wie Nr. 13:		
	a) ↓ ↑ 1968–1981	–,70	–,90
	b) ↑ ↑ 1982	–,60	–,80
44 (31a)	1 Franken (K-N) 1968–1982. Typ wie Nr. 14:		
	a) ↓ ↑ 1968–1971, 1973–1981	1,30	1,60
	b) ↑ ↑ 1982	1,20	1,50

45 (32a)	2 Franken (K-N) 1968–1982. Typ wie Nr. 15:		
	a) ↓ ↑ 1968–1970, 1972–1981	2,60	3,50
	b) ↑ ↑ 1982	2,40	3,–

In ähnlicher Zeichnung der Nrn. 43b–45b (jetzt 23 Sterne) siehe Nrn. 57–59.

46 (36a)	5 Franken (K-N) 1968–1992. Typ wie Nr. 25:		
	a) ↓ ↑ Randschrift erhaben, 1968, 1970, 1973–1981	7,–	8,–
	b) ↑ ↑ Randschrift erhaben, 1982–1984	6,–	7,50
	c) ↑ ↑ Randschrift vertieft, 1985–1992	6,–	7,50

100. Jahrestag der Verfassungsrevision vom 29. 5. 1874

		ST	PP
47 (57)	5 Franken (K-N) 1974. Rs. Drei Frauengestalten und Schweizerkreuz	10,–	30,–

Europäisches Denkmalschutzjahr 1975

		ST	PP
48 (58)	5 Franken (K-N) 1975. Rs. Zwei schützend erhobene Hände bringen den Gedanken der Denkmalpflege zum Ausdruck, Leitspruch »Heredio Nostro Futurum« (Unserem Erbe eine Zukunft), Jahreszahl	10,–	35,–

500. Jahrestag der Schlacht von Murten am 22. Juni 1476

49 (59)	5 Franken (K-N) 1976. Rs. Mit Langspießen bewaffnete Eidgenossen in Angriffsaktion, Jubiläumszahlen, Umschrift »Muratum« (Murten)	10,–	30,–

150. Todestag von Johann Heinrich Pestalozzi

50 (60)	5 Franken (K-N) 1977. Rs. Johann Heinrich Pestalozzi (1746–1827), Erzieher und Sozialreformer	10,–	55,–

150. Geburtstag von Henry Dunant

51 (61)	5 Franken (K-N) 1978. Rs. Henry Dunant (1828–1910), opferte sein Vermögen zur Gründung des Internationalen Roten Kreuzes, erhielt 1901 den Friedensnobelpreis	10,–	35,–

100. Geburtstag von Albert Einstein (2)

		ST	PP
52 (62)	5 Franken (K-N) 1979. Rs. Albert Einstein (1879–1955), Physiker	12,–	180,–

53 (63)	5 Franken (K-N) 1979. Rs. Mathematische Formeln zur Relativitätstheorie in der Handschrift Einsteins	10,–	110,–

Zum Gedenken an Ferdinand Hodler

54 (64)	5 Franken (K-N) 1980. Rs. Ferdinand Hodler (1853–1918), Maler	10,–	50,–

500 Jahre Stanser Verkommnis

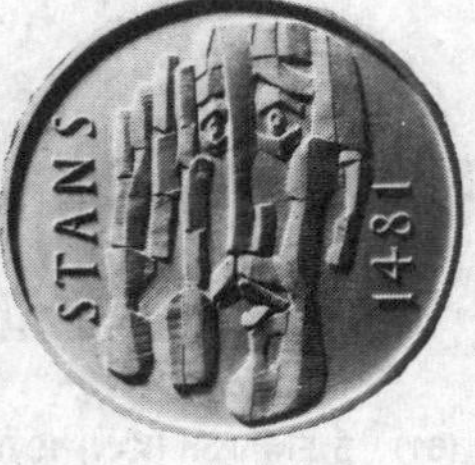

55 (65)	5 Franken (K-N) 1981. Rs. Porträt von Niklaus von der Flüe und dessen Handgeste	9,–	40,–

100 Jahre Gotthardbahn

		ST	PP
56 (66)	5 Franken (K-N) 1982. Rs. Der Gotthard als gewaltige Freiplastik	10,–	50,–

		VZ	ST
57 (30b)	½ Franken (K-N) 1983–1992. Typ wie Nr. 43, jedoch jetzt 23 statt 22 Sterne (zusätzlicher Stern für den Kanton Jura) ↑ ↑	–,80	–,90
58 (31b)	1 Franken (K-N) 1983–1992. Typ wie Nr. 57 ↑ ↑	1,30	1,60
59 (32b)	2 Franken (K-N) 1983–1992. Typ wie Nr. 57 ↑ ↑	2,60	3,–

100. Geburtstag von Ernest Ansermet

		ST	PP
60 (67)	5 Franken (K-N) 1983. Rs. Ernest Ansermet (1883–1969), Dirigent und Komponist, im Profil, zusammen mit dem Partituranfang von »L'Histoire du Soldat«	9,–	40,–

100. Geburtstag von Auguste Piccard

61 (70)	5 Franken (K-N) 1984. Rs. Stratosphärenballon und das Unterseeboot »Bathyskaph« des Physikers Auguste Piccard (1884–1962)	9,–	40,–

Europäisches Jahr der Musik 1985

		ST	PP
62 (73)	5 Franken (K-N) 1985. Rs. Das Thema der Musik wird durch sich ausbreitende Schallwellen und durch fünf Notenlinien symbolisiert	9,–	40,–

600. Jahrestag der Schlacht bei Sempach am 9. Juli 1386

63 (77)	5 Franken (K-N) 1986. Rs. Langspieße und Hellebarden	9,–	40,–

100. Geburtstag von Le Corbusier

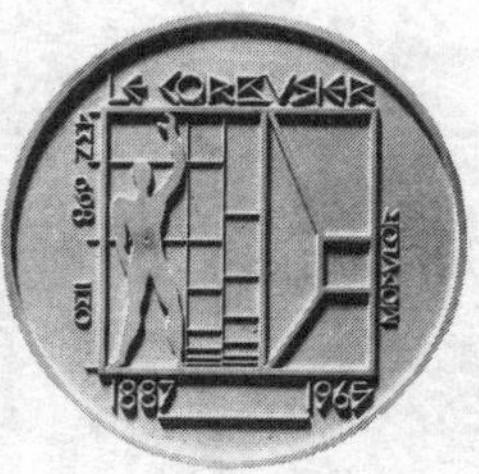

64 (80)	5 Franken (K-N) 1987. Rs. »Modulor«-Maßsystem des Architekten, Malers und Bildhauers Le Corbusier (1887–1965), eigtl. Charles Edouard Jeanneret	9,–	40,–

Olympische Bewegung

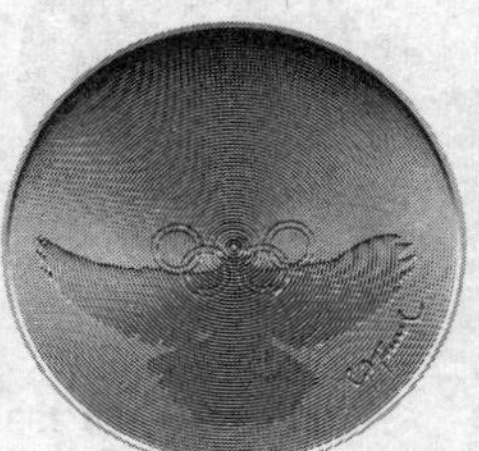

		ST	PP
65	5 Franken (K-N) 1988. Rs. Taube mit olympischen Ringen inmitten sich ausbreitender Kreise, symbolisch für die olympische Bewegung und die Suche nach dem Weltfrieden	9,–	40,–

50. Jahrestag der Mobilmachung

66	5 Franken (K-N) 1989. Rs. General Henri Guisan (1874–1960), Oberkommandierender der Schweizerischen Armee 1939–1945	9,–	40,–

100. Todestag von Gottfried Keller

67	5 Franken (K-N) 1990. Rs. Gottfried Keller (1819–1890), Dichter	9,–	40,–

700 Jahre Schweizerische Eidgenossenschaft (2)

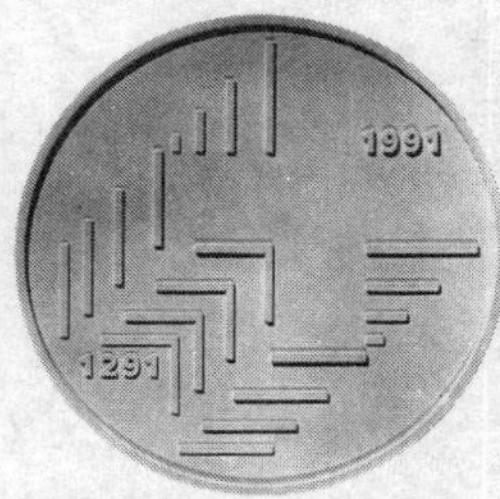

68	20 Franken (S) 1991. Rs. Vier fragmentierte Schweizerkreuze für die vier Sprachregionen in räumlich progressiver Anordnung als Symbol für die Zeitspanne zwischen 1291 und 1991. 835er Silber, 20 g (ST: 2 440 000 Ex., PP: 100 000 Ex.)	40,–	90,–

		ST	PP
69	250 Franken (G) 1991. Jahreszahlen 1291 und 1991, durch Spiegelung und Drehung auseinander hervorgehend, auf strukturiertem, einer Wasseroberfläche ähnlichem Hintergrund. 900er Gold, 8 g:		
	a) Erstprägung, Randschrift mit »1291–1991« (800 000 Ex.)		500,–
	b) Ersatzprägung, Randschrift mit »1291÷1991« (200 000 Ex.)		500,–

20. Todestag von Gertrud Kurz

		ST	PP
70	20 Franken (S) 1992. Rs. Stacheldraht, durch Inschrift unterbrochen, symbolisch für die Arbeit von Gertrud Kurz (1890–1972). 835er Silber, 20 g	40,–	90,–

Schweizer Schützenmedaillen siehe Schön, G.: Kleiner deutscher Münzkatalog mit der Schweiz und Liechtenstein.

Frühere Ausgaben siehe Weltmünzkatalog 19. Jahrhundert.

Senegal

Senegal

Sénégal

Fläche: 197 000 km²; 6 800 000 Einwohner (1986).
Der Senegal, ehemals ein Teil von Französisch-Westafrika, wurde 1958 eine autonome Republik und bildete 1960 vorübergehend mit Mali (ehemals Französisch-Sudan) die Mali-Föderation. Nach deren Auflösung wurde das Land völlig unabhängig. Senegal ist mit den Ländern Benin (vormals Dahome), Elfenbeinküste, Mauretanien (bis 1973), Niger, Obervolta und Togo in der Union Monétaire Quest-Africaine zusammengeschlossen; Emissionsinstitut für das gesamte Währungsgebiet ist die Banque Centrale des Etats de l'Afrique de l'Quest, siehe auch unter »Westafrikanische Staaten«. Hauptstadt: Dakar.

100 Centimes = 1 CFA-Franc

Republik Senegal
République du Senegal

8. Jahrestag der Unabhängigkeit (4)

		ST	PP
1 (1)	10 Francs (G) 1968. Staatswappen. Rs. Wertangabe, Jahreszahl, Umschrift »Independance 4 Avril 1960«. 900er Gold, 3,2 g		150,–

		PP
2 (2)	25 Francs (G) 1968. Typ wie Nr. 1. 900er Gold, 8 g	250,–
3 (3)	50 Francs (G) 1968. Typ wie Nr. 1. 900er Gold, 16 g	450,–
4 (4)	100 Francs (G) 1968. Typ wie Nr. 1. 900er Gold, 32 g	900,–

25 Jahre Eurafrique (6)

		ST	PP
5 (5)	50 Francs (S) 1975. Leopold Sedar Senghor (*1906), Staatspräsident 1960–1981. Rs. Segelboot. 925er Silber, 28,28 g	100,–	160,–

		ST	PP
6 (6)	150 Francs (S) 1975. Rs. Pelikan. 925er Silber, 79,94 g		
7 (7)	250 Francs (G) 1975. Rs. Staatswappen. 916 ⅔er Gold, 3,98 g	260,–	280,–
8 (8)	500 Francs (G) 1975. Typ wie Nr. 7. 916⅔er Gold, 7,99 g	400,–	450,–
9 (9)	1000 Francs (G) 1975. Typ wie Nr. 7. 916⅔er Gold, 15,98 g	800,–	850,–
10 (10)	2500 Francs (G) 1975. Typ wie Nr. 7. 916⅔er Gold, 39,94 g	1900,–	2000,–

Serbia | **Serbien** | **Serbie**

Serbien

СРБИЈА

Serbien war im Mittelalter ein Teil des Byzantinischen Reiches, errang aber unter kraftvollen Fürsten weitgehende Selbständigkeit, unterlag jedoch in der Schlacht auf dem Amselfeld 1389 dem türkischen Ansturm und geriet schon damals fast ganz unter türkische Herrschaft, aus der sich die Serben durch Aufstände unter Führung des »Karadjordje« (1804–1806) und des Milosch Obrenowitsch (1815/16) so weit befreien konnten, daß die Anführer der Aufstände als »Fürsten von Serbien« – wenn auch der »Hohen Pforte« tributpflichtig – das Land regieren konnten. Thronstreitigkeiten beherrschten die weitere geschichtliche Entwicklung. Der Berliner Kongreß von 1878 öffnete den Weg zum Aufstieg, indem er neben territorialem Zuwachs die Unabhängigkeit des Fürstentums Serbien von der Türkei gewährte. 1882 wurde die Königswürde proklamiert; die Dynastie Obrenowitsch mußte aber 1903 der wiederkehrenden Dynastie Karadjordjewitsch weichen. Im Herbst 1918 kam es zur Vereinigung aller Südslawen Österreich-Ungarns und auch Montenegros mit Serbien zum neuen Königreich, das seit 1929 Jugoslawien genannt wird. Im Zweiten Weltkrieg bildete Serbien von 1941 bis 1944 einen eigenen Staat mit deutscher Oberhoheit. Anschließend wurde die Einheit des jugoslawischen Staates wieder hergestellt. Hauptstadt: Belgrad (Beograd).

100 Para (ПАРА) = 1 Dinar (ДИНАР)

Peter I. 1903–1918

		SS	VZ
1 (13)	2 Pare (Bro) 1904. Staatswappen. Rs. Wertangabe, Jahreszahl	**7,–**	**15,–**
2 (14)	5 Para (K-N) 1904, 1912, 1917. Typ wie Nr. 1:		
	1904, 1912	**4,–**	**8,–**
	1917	**8,–**	**16,–**

		SS	VZ
3 (15)	10 Para (K-N) 1904, 1912, 1917. Typ wie Nr. 1:		
	1904, 1912	**5,–**	**10,–**
	1917	**10,–**	**20,–**
4 (16)	20 Para (K-N) 1904, 1912, 1917. Typ wie Nr. 1:		
	1904, 1912	**6,–**	**11,–**
	1917	**12,–**	**22,–**

Nrn. 2–4 von 1904, polierte Platte 900,–
Nrn. 2–4 von 1912, polierte Platte 500,–
Nrn. 2–4 von 1917 auch in Gold vorkommend.

		SS	VZ
5 (19)	50 Para (S) 1904–1915. Peter I. (1844–1921), Kopfbild n. r. Rs. Wert und Jahreszahl im Kranz, darüber Krone. 835er Silber, 2,5 g:		
	a) Medailleurssignatur »Schwartz«, 1904, 1912, 1915	**10,–**	**14,–**
	b) ohne Medailleurssignatur, 1915	**30,–**	**50,–**
6 (20)	1 Dinar (S) 1904–1915. Typ wie Nr. 5. 835er Silber, 5 g:		
	a) Medailleurssignatur »Schwartz«, 1904, 1912, 1915	**12,–**	**20,–**
	b) ohne Medailleurssignatur, 1915	**35,–**	**55,–**

		SS	VZ
7 (21)	2 Dinara (S) 1904–1915. Typ wie Nr. 5. 835er Silber, 10 g:		
	a) Medailleurssignatur »Schwartz«, 1904, 1912, 1915	**18,–**	**30,–**
	b) ohne Medailleurssignatur, 1915	**40,–**	**60,–**

100. Jahrestag der Erhebung gegen die Türkenherrschaft und zur Erinnerung an die Wiedereinsetzung des Herrscherhauses Karadjordjewitsch

		SS	VZ
8 (22)	5 Dinara (S) 1904. Georg Petrowitsch (Karadjordje) (1766–1817), Fürst und Nationalheld und Peter I., Kopfbilder nach links. Rs. Wappen auf Wappenmantel, Jahreszahlen 1804–1904. 835er Silber, 25 g	**110,–**	**200,–**
A8	20 Dinara (G) 1917. Peter I., Kopfbild n. r. Rs. Wert, Jahreszahl und Wappen. 900er Gold, 6,4516 g	**–,–**	**–,–**
9 (23)	50 Para (Zink) 1942. Wappenadler. Rs. Wert und Jahreszahl zwischen Ähren	**15,–**	**25,–**

		SS	VZ
10 (24)	1 Dinar (Zink) 1942. Typ wie Nr. 9	**4,–**	**8,–**
11 (25)	2 Dinara (Zink) 1942. Typ wie Nr. 9	**4,–**	**9,–**
12 (26)	10 Dinara (Zink) 1943. Typ wie Nr. 9	**8,–**	**12,–**

Frühere Ausgaben siehe Weltmünzkatalog 19. Jahrhundert.

Seychelles — Seschellen — Seychelles

Fläche: 404 km²; 66 000 Einwohner (1986).
Die seit 1794 in britischem Besitz befindliche Inselgruppe im Indischen Ozean wurde im 16. Jh. von Portugiesen entdeckt. Vor Ausgabe eigener Münzen waren die Geldzeichen des britischen Mutterlandes sowie von Mauritius, Ceylon und Südafrika in Umlauf. Unabhängig seit 28. Juni 1976. Hauptstadt: Victoria auf Mahé.

100 Cents = 1 Seschellen-Rupie

Georg VI. 1936–1952

	SS	VZ
1 (1) 10 Cents (K-N) 1939, 1943, 1944. Georg VI., gekröntes Kopfbild n. l., Titelumschrift GEORGE VI KING EMPEROR. Rs. Wertangabe, Jahreszahl (Wellenschnitt)	**6,–**	**14,–**
2 (2) 25 Cents (S) 1939, 1943, 1944. Typ wie Nr. 1. 500er Silber, 2,92 g	**9,–**	**20,–**
3 (3) ½ Rupie (S) 1939. Typ wie Nr. 1. 500er Silber, 5,83 g	**22,–**	**40,–**
4 (4) 1 Rupie (S) 1939. Typ wie Nr. 1. 500er Silber, 11,66 g	**21,–**	**30,–**

Nrn. 1–4 von 1939, polierte Platte 3000,–
Nrn. 1, 2 von 1944, polierte Platte –,–

5 (5) 1 Cent (Bro) 1948. Georg VI., gekröntes Kopfbild n. l., Titelumschrift KING GEORGE THE SIXTH. Rs. Wertziffer im Perlkreis	**1,–**	**2,–**
6 (6) 2 Cents (Bro) 1948. Typ wie Nr. 5	**1,–**	**2,–**

7 (7) 5 Cents (Bro) 1948. Typ wie Nr. 5	**2,–**	**5,–**
8 (8) 10 Cents (K-N) 1951. Rs. Wertangabe, Jahreszahl (Wellenschnitt)	**7,–**	**15,–**
9 (9) 25 Cents (K-N) 1951. Typ wie Nr. 8	**9,–**	**18,–**

Nr. 5–9, polierte Platte 1200,–

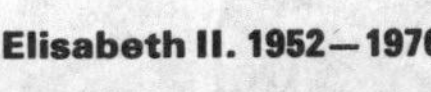

Elisabeth II. 1952–1976

10 (14) 1 Cent (Bro) 1959, 1961, 1963, 1965, 1969. Elisabeth II., gekröntes Kopfbild n. r., Titelumschrift. Rs. Wertziffer im Perlkreis	**1,–**	**2,–**
11 (15) 2 Cents (Bro) 1959, 1961, 1963, 1965, 1968, 1969. Typ wie Nr. 10	**1,20**	**2,50**
12 (16) 5 Cents (Bro) 1964, 1965, 1967–1969, 1971. Typ wie Nr. 10	**1,–**	**3,–**

	SS	VZ
13 (10) 10 Cents (N-Me) 1953, 1965, 1967–1974. Rs. Wertangabe, Jahreszahl (zwölfeckig)	**–,80**	**1,80**
14 (11) 25 Cents (K-N) 1954, 1960, 1964–1970, 1972–1974. Typ wie Nr. 13	**1,30**	**2,50**
15 (12) ½ Rupie (K-N) 1954, 1960, 1966–1972, 1974. Typ wie Nr. 13	**1,20**	**2,–**
16 (13) 1 Rupie (K-N) 1954, 1960, 1966–1972, 1974. Typ wie Nr. 13	**2,50**	**5,–**

Nrn. 10–16 von 1969, polierte Platte 35,–

Für den FAO-Münz-Plan (2)

	VZ	ST
17 (17) 1 Cent (Al) 1972. Elisabeth II. Rs. Rinderkopf	**–,25**	**–,50**

18 (18) 5 Cents (Al) 1972, 1975. Rs. Kohlkopf (Wellenschnitt)	**–,40**	**–,80**

		ST	PP
19 (19)	5 Rupien 1972, 1974. Rs. Wappenbild mit Segelschiff, Seschellennuß-Palme (Lodoicea seychellarum – Palmae) und Seschellen-Riesenschildkröte (Testudo sumeirii – Testudinidae), Wertangabe (siebeneckig):		
	a) (S) 925 fein, 15 g, 1972		*160,–*
	1974		100,–
	b) (K-N) 1972	8,–	
20 (20)	10 Rupien 1974. Rs. Seschellen-Riesenschildkröte:		
	a) (S) 925 fein, 28,28 g		100,–
	b) (K-N)	10,–	

Republik Seschellen seit 1976
Republic of Seychelles

Repiblik Sesel

Zur Erlangung der Unabhängigkeit (9)

21 (21)	1 Cent (Al) 1976. James Richard Mancham (*1939), Staatspräsident 1976–1977. Rs. Sechsstreifen-Sergeantfisch (Holcentrus seychellensis), Inschrift »Independence 1976«	–,50	3,–
22 (22)	5 Cents (Al) 1976. Rs. Kaiserschnapper (Lutianus sebae – Lutianidae) (Wellenschnitt)	–,50	3,–
23 (23)	10 Cents (N-Me) 1976. Rs. Indopazifischer Segelfisch (Istiophorus gladius – Istiophoridae) (zwölfeckig)	–,80	4,50

Nr. 23 als Dünnabschlag, 3,5 g, polierte Platte *250,–*

24 (24)	25 Cents (K-N) 1976. Rs. Seschellen-Vasapapagei (Coracopsis nigra bardeyi – Psittacidae)	1,20	6,–
25 (25)	50 Cents (K-N) 1976. Rs. Wilde Vanille (Vanilla planifolia – Orchidaceae)	1,50	8,50
26 (26)	1 Rupie (K-N) 1976. Rs. Indopazifisches Tritonshorn (Triton sp. – Cymatiidae)	2,50	15,–
27 (27)	5 Rupien 1976. Rs. Seschellennuß-Palme (Lodoicea seychellarum – Palmae) (siebeneckig):		
	a) (S) 925 fein, 15 g		20,–
	b) (K-N)	6,–	*450,–*
28 (28)	10 Rupien 1976. Rs. Suppenschildkröte (Chelonia mydas – Cheloniidae):		
	a) (S) 925 fein, 28,28 g		75,–
	b) (K-N)	8,50	
29 (29)	1000 Rupien (G) 1976. Rs. Seschellen-Riesenschildkröte (Testudo sumeirii – Testudinidae). 916⅔er Gold, 15,98 g	600,–	850,–

25. Regierungsjubiläum von Königin Elisabeth II.

30 (30)	25 Rupien (S) 1977. Staatspräsident J. R. Mancham. Rs. Reichsapfel, Gedenkinschrift, Wertangabe:		
	a) 925er Silber, 28,5 g		65,–
	b) 500er Silber, 28,5 g	40,–	

		VZ	ST
31 (31)	1 Cent (Al) 1977, 1978. Staatswappen, am 27. 5. 1976 eingeführt: Seschellennuß-Palme und Seschellen-Riesenschildkröte, mit Indopazifischen Segelfischen als Schildhalter und Helmzier, von Weißschwanz-Tropikvogel überhöht. Rs. Sechsstreifen-Sergeantfisch	–,30	–,50
32 (32)	5 Cents (Al) 1977, 1978. Rs. Kaiserschnapper, Motto »Produce more Food« (Wellenschnitt) (FAO-Ausgabe)	–,30	–,50
33 (33)	10 Cents (N-Me) 1977, 1978. Rs. Indopazifischer Segelfisch, Motto »Produce more Food« (zwölfeckig) (FAO-Ausgabe)	–,30	–,50
34 (34)	25 Cents (K-N) 1977, 1978. Rs. Seschellen-Vasapapagei	–,60	1,–
35 (35)	50 Cents (K-N) 1977, 1978. Rs. Wilde Vanille	–,80	1,50
36 (36)	1 Rupie (K-N) 1977, 1978. Rs. Indopazifisches Tritonshorn	1,10	2,–
37 (37)	5 Rupien (K-N) 1977, 1978. Rs. Seschellennuß-Palme (siebeneckig)	3,50	6,–
38 (38)	10 Rupien (K-N) 1977, 1978. Rs. Suppenschildkröte, Motto »Sea Resource Management« (FAO-Ausgabe)	5,–	8,–

Rettet die Tierwelt (3)

		ST	PP
39 (39)	50 Rupien (S) 1978. Rs. Eichhörnchenfische (Gaterin orientalis):		
	a) 925er Silber, 28,28 g		80,–
	b) 925er Silber, 25,31 g	55,–	
40 (40)	100 Rupien (S) 1978. Rs. Weißschwanz-Tropikvögel:		
	a) 925er Silber, 35 g		160,–
	b) 925er Silber, 31,65 g	100,–	
41 (41)	1500 Rupien (G) 1978. Rs. Seschellen-Paradiesschnäpper (Terpsiphone corvina – Muscicapidae). 900er Gold, 33,437 g	*1200,–*	*2000,-*

Internationales Jahr des Kindes 1979

42 (42)	50 Rupien (S) 1980. Rs. Vier tanzende Kinder vor Palme:		
	a) 925er Silber, 19,44 g		80,–
	b) Piéfort, 925er Silber, 38,88 g (78 Ex.)		300,–

Welternährungstag 1981 (3)

		VZ	ST
43 (43)	5 Cents (Me) 1981. Rs. Cassava-Palme, Inschrift »World Food Day October 16«	–,30	–,50
44 (44)	10 Cents (Me) 1981. Rs. Gelbflossen-Thunfisch (Thunnus albacares – Thunnidae), Inschrift »World Food Day October 16«	–,50	–,80

ST PP

45 (45) 100 Rupien (S) 1981. Rs. Eingeborener beim Enthülsen von Kokosnüssen, Inschrift »World Food Day«:
a) 925er Silber, 35 g (max. 5000 Ex.) **100,–**
b) 500er Silber, 35 g (max. 10 000 Ex.) **60,–**

VZ ST

46 (46) 1 Cent (Me) 1982, 1990. Rs. Wollhandkrabbe (FAO-Ausgabe):
a) [RM] 1982 –,30 –,50
b) PM, 1990 (Abb.) –,30 –,50

47 (47) 5 Cents (Me) 1982, 1990. Rs. Cassava-Palme (FAO-Ausgabe):
a)[RM] 1982 –,30 –,50
b) PM, 1990 –,30 –,50

48 (48) 10 Cents (Me) 1982, 1990. Rs. Gelbflossen-Thunfisch (FAO-Ausgabe):
a) [RM] 1992 –,30 –,50
b) PM, 1990 –,30 –,50

49 (49) 25 Cents (K-N) 1982, 1989. Rs. Seschellen-Vasapapagei:
a) [RM] 1982 –,60 1,–
b) [PM] 1989 (Abb.) –,60 1,–

50 (50) 1 Rupie (K-N) 1982, 1983. Rs. Pazifisches Tritonshorn [RM] 1,10 2,–

51 (51) 5 Rupien (K-N) 1982. Rs. Seschellennuß-Palme (FAO-Ausgabe) [RM] 3,50 6,–

Nrn. 46-51 von 1982, polierte Platte 40,–

5 Jahre Zentralbank (Central Bank of Seychelles, bis 1982: Seychelles Monetary Authority) (2)

52 (52) 20 Rupien 1983. Staatswappen. Rs. Fischerei, Flugwesen, Landwirtschaft, Forstwirtschaft, Ausbildungswesen und Wertangabe:
a) (S) 925 fein, 19,4397 g (max. 5000 Ex.) **140,–**
b) (K-N) 13,44 g **25,–**

ST PP

53 20 Rupien (G) 1983. Typ wie Nr. 52. 916⅔er Gold, 33,93 g (50 Ex.) *2500,–*

Welt-Fischerei-Konferenz in Rom 1984 (2)

54 (53) 25 Rupien 1983. Rs. »Casier«, kastenförmige Fischfalle:
a) (S) 925 fein, 28,28 g (max. 20 000 Ex.) **120,–**
b) (S)Piéfort, 925 fein, 56,56 g (max. 500 Ex.) *250,–*
c) (K-N) **15,–**

ST PP

55 25 Rupien (G) 1983. Typ wie Nr. 54. 916⅔er Gold, 47,54 g (100 Ex.) *2400,–*

Jahrzehnt für die Frauen 1976–1985 (2)

56 (54) 50 Rupien (S) 1985. Rs. Frauen beim Windsurfen, Ernten von Zimtstangen und bei der Arbeit in einer Fabrik, Inselkarte mit Emblem. 925er Silber, 19,4397 g (1625 Ex.) **100,–**

57 (55) 500 Rupien (G) 1985. Rs. Drei Frauen vor Inselkarte. 900er Gold, 7,216 g (500 Ex.) **450,–**

10. Jahrestag der Unabhängigkeit (2)

58 100 Rupien (S) 1986. Staatswappen. Rs. Monument zum 200. Jahrestag der Hauptstadt Victoria, im Hintergrund der Glockenturm von Victoria. 925er Silber, 19,4397 g (1000 Ex.) **120,–**

59 1000 Rupien (G) 1986. Typ wie Nr. 58. 916⅔er Gold, 15,98 g (100 Ex.) *1200,–*

10. Jahrestag der Befreiung (2)

60 100 Rupien (S) 1987. Staatswappen. Rs. Freiheitsdenkmal »Zonm Lib«, 925er Silber, 19,4397 g (2500 Ex.) **80,–**

61 1000 Rupien (G) 1987. Typ wie Nr. 60. 916⅔er Gold, 15,98 g (2500 Ex.) *1000,–*

10 Jahre Zentralbank (3)

		ST	PP
62	100 Rupien (S) 1988. Rs. Schildkröte, Emblem der Zentralbank. 925er Silber, 19,4397 g		75,–

		ST	PP
63	100 Rupien (G) 1988. Typ wie Nr. 62. 916⅔er Gold, 1,697 g		75,–
64	1000 Rupien (G) 1988. Typ wie Nr. 62. 916⅔er Gold, 15,98 g		*1200,–*

Expo '90 in Osaka (2)

		ST	PP
65	50 Rupien (S) 1990. Rs. Seschellen-Riesenschildkröte. 925er Silber, 19,45 g (5000 Ex.)		–,–

		ST	PP
66	500 Rupien (G) 1990. Typ wie Nr. 65. 916⅔er Gold, 7,96 g (5000 Ex.)		–,–

Sierra Leone | **Sierra Leone** | **Sierra Leone**

Sierra Leone

Fläche: 71740 km²; 3650000 Einwohner (1986).
Von der englischen Krone wurde das Küstengebiet von Sierra Leone (»Löwengebirge«) 1808 als Kronkolonie übernommen; das Hinterland hingegen erst 1896 zum Protektorat erklärt. Auf die Erlangung voller Autonomie für das gesamte Land im Jahre 1958 folgte am 27. April 1961 die volle Unabhängigkeit und Mitgliedschaft als souveränes Mitglied im Commonwealth, schließlich unter dem 19. April 1971 die Ausrufung der Republik durch Dr. Siaka Stevens. Hauptstadt: Freetown.

Seit 1960: 100 Cents = 1 Leone, 50 Leones = 1 Golde

1

2

VZ ST

1 (1) ½ Cent (Bro) 1964. Sir Albert Milton Margai (1895—1964), Ministerpräsident und Mitbegründer des unabhängigen Staates. Rs. Zwei Bongafische (Ethmalosa dorsalis — Clupeidae) **–,50 1,–**

2 (2) 1 Cent (Bro) 1964. Rs. Ölpalm-Zweige und Fruchtstände (Elaeis guineensis — Palmae) **–,50 1,–**

3

4

5

3 (3) 5 Cents (K-N) 1964. Rs. Kapokbaum (Ceiba pentandra — Bombacaceae) **–,50 1,–**

4 (4) 10 Cents (K-N) 1964. Rs. Wert, von Kakaobohnen umgeben **1,– 2,–**

5 (5) 20 Cents (K-N) 1964. Rs. Schreitender Löwe vor zwei Ölpalmen **2,– 4,–**

ST PP

6 (6) 1 Leone (K-N) 1964. Rs. Staatswappen, am 1. 12. 1960 eingeführt **20,–**

Nrn. 1–6, polierte Platte 30,–

7 (3a) 5 Cents (S) 1964. Typ wie Nr. 3. 925er Silber (22 Ex.) **–,–**

8 (4a) 10 Cents (S) 1964. Typ wie Nr. 4. 925er Silber (22 Ex.) **–,–**

9 (5a) 20 Cents (S) 1964. Typ wie Nr. 5. 925er Silber (22 Ex.) **–,–**

10 (6a) 1 Leone (S) 1964. Typ wie Nr. 6. 925er Silber, 22,622 g (10 Ex.) **–,–**

Nrn. 1, 2, 7—10, polierte Platte (10 Ex.) 6000,—

11 (6b) 1 Leone (G) 1964. Typ wie Nr. 6. 916⅔er Gold, 35,64 g (12 Ex.) **–,–**

Nrn. 1, 2, 7—9, 11, polierte Platte (12 Ex.) 10000,—

5. Jahrestag der Unabhängigkeit (7)

12 (7) 1/4 Golde (G) 1966. Kopf eines Löwen (Panthera leo — Felidae). Rs. Landkarte:
a) 916⅔er Gold, 15 g (600 Ex.) **600,–**
b) 900er Gold, 13,636 g (5000 Ex.) **450,–**

13 (8) 1/2 Golde (G) 1966. Typ wie Nr. 12:
a) 916⅔er Gold, 30 g (600 Ex.) **1200,–**
b) 900er Gold, 27,273 g (2500 Ex.) **850,–**

14 (9) 1 Golde (G) 1966. Typ wie Nr. 12:
a) 916⅔er Gold, 60 g (400 Ex.) **2000,–**
b) 900er Gold, 54,545 g (1500 Ex.) **1800,–**

		PP
15 (7b) ¼	Golde (Palladium) 1966. Typ wie Nr. 12, 10,315 g (100 Ex.)	–,–
16 (8b) ½	Golde (Palladium) 1966. Typ wie Nr. 12, 20,629 g (100 Ex.)	–,–
17 (9b) 1	Golde (Palladium) 1966. Typ wie Nr. 12, 41,259 g (100 Ex.)	–,–
18 (9c) 1	Golde (Pt) 1966. Typ wie Nr. 12, 41,259 g	–,–

Republik Sierra Leone seit 1972

		VZ	ST
19 (14) ½	Cent (Bro) 1980. Dr. Siaka Probyn Stevens (*1905), Staatspräsident seit 1971. Rs. Staatswappen	–,30	–,50
20 (15) 1	Cent (Bro) 1980. Typ wie Nr. 19	–,40	–,70
21 (16) 5	Cents (K-N) 1980, 1984. Typ wie Nr. 19	–,50	1,–
22 (17) 10	Cents (K-N) 1978, 1980, 1984. Typ wie Nr. 19	1,–	2,–
23 (18) 20	Cents (K-N) 1978, 1980, 1984. Typ wie Nr. 19	2,–	4,–

24 (11)	50 Cents (K-N) 1972, 1980, 1984. Typ wie Nr. 19	3,–	6,–

Nr. 24 von 1972, polierte Platte (2000 Ex.) 12,–
Nrn. 19–24 von 1980, polierte Platte (10000 Ex.) 35,–

10 Jahre Zentralbank (2)

		ST	PP
25 (12)	1 Leone 1974. Dr. Siaka Stevens, Staatsmotto. Rs. Nach rechts schreitender Löwe vor Bergen im Kreis, Gedenkumschrift, Wertangabe:		
	a) (S) 925 fein, 28,28 g		60,–
	b) (K-N)	5,–	
26 (B22)	1 Leone (G) 1974. Typ wie Nr. 25. 916⅔er Gold, 50,61 g (100 Ex.)		*2000,–*

Nrn. 27 und 28 fallen aus.

70. Geburtstag von Dr. Siaka Stevens

29 (22)	10 Golde (G) 1975. Dr. Siaka Stevens, Gedenkdatum. Rs. Nach rechts schreitender Löwe vor Bergen im Kreis, Ausgabeinstitut, Wertangabe. 916⅔er Gold, 57,605 g	*2400,–*	*2600,–*

5. Jahrestag der Republik

30	1 Leone 1976. Rs. Staatswappen:		
	a) (S) 925 fein, 28,28 g (962 Ex.)		–,–
	b) (K-N)	–,–	

FAO-Regionalkonferenz für Afrika 1976

		VZ	ST
31 (13)	2 Leones (K-N) 1976. Rs. Landarbeit, Motto »Nahrung und Arbeit für alle« (siebeneckig)	6,–	10,–

Gipfelkonferenz der Organisation für Afrikanische Einheit Freetown 1980 (2)

		ST	PP
32 (20)	1 Leone 1980. Rs. Emblem:		
	a) (S) 925 fein, 28,28 g		100,–
	b) (K-N)	8,–	
33 (21)	5 Golde (G) 1980. Typ wie Nr. 32. 916⅔er Gold, 15,98 g	*650,–*	*750,–*

75 Jahre Weltpfadfinderbewegung und Internationales Jahr der Pfadfinder (2)

34 (23)	10 Leones (S) 1982. Rs. Zwei Pfadfinder im Dschungel. 925er Silber, 28,28 g	100,–	150,–
35 (24)	100 Leones (G) 1982. Rs. Abzeichen der Sierra-Leone-Scouts. 916⅔er Gold, 15,98 g	1300,–	1600,–

Nrn. 36–41 fallen aus.

		VZ	ST
42	1 Leone (N-Me) 1987. Dr. Joseph Saidu Momoh, Staatspräsident. Rs. Staatswappen (achteckig)	5,–	8,–

200. Jahrestag der ersten Landung befreiter Negersklaven in Sierra Leone (2)

		ST	PP
43	1 Leone (S) 1987. Rs. Baum, Schiff, gebrochene Kette und Buch. 925er Silber, 9,5 g (achteckig) (max. 3000 Ex.)		60,–
44	1 Leone (G) 1987. Typ wie Nr. 43. 916⅔er Gold, 16,5 g (achteckig) (max. 1250 Ex.)		*900,–*

25 Jahre World Wildlife Fund (2)

		ST	PP
45	10 Leones (S) 1987. Rs. Zwergflußpferd. 925er Silber, 28,28 g		85,–
46	5 Golde (G) 1987. Rs. Zebraducker. 916⅔er Gold, 15,98 g		*900,–*

70 Jahre Save the Children Fund (2)

		ST	PP
47	Leones (S)		–,–
48	Golde (G)		–,–

Frühere Ausgaben siehe Weltmünzkatalog 19. Jahrhundert.

Zimbabwe Simbabwe Zimbabwe

Fläche: 389 362 km²; 8 650 000 Einwohner (1986).
Die Republik Rhodesien stand seit dem 21. März 1978 unter einer gemischtrassigen Übergangsregierung. Nach der »internen Lösung« wurde am 1. Juni 1979 der Doppelname »Simbabwe-Rhodesien« angenommen. Am 12. Dezember 1979 wurde das Land nach dem Londoner Rhodesienabkommen erneut eine britische Kronkolonie unter dem Namen »Südrhodesien«. Die unabhängige Republik »Simbabwe« wurde am 17. April 1980 ausgerufen. Hauptstadt: Salisbury, jetzt Harare.

100 Cents = 1 Simbabwe-Dollar

Republik Simbabwe

VZ ST

1 (1) 1 Cent 1980~1989. Groß-Simbabwe-Vogel, Skulptur aus Speckstein vom Giebel eines Sakralbauwerkes von Groß-Simbabwe, Staatsemblem seit 18. 4. 1980. Rs. Wertzahl, von Girlanden umgeben:
a) (Bro) 1980, 1982, 1983, 1986, 1988 –,40 –,60
b) (St, K galvanisiert) 1989 –,40 –,60

2 (2) 5 Cents (K-N) 1980, 1982, 1983, 1988–1990. Rs. Hase
–,50 1,–

3 (3) 10 Cents (K-N) 1980, 1983, 1987, 1989. Rs. Affenbrotbaum oder Baobab (Adansonia digitata)
–,80 1,50

VZ ST

4 (4) 20 Cents (K-N) 1980, 1983, 1987–1989. Rs. Birchenough-Brücke 1,10 2,–

5 (5) 50 Cents (K-N) 1980, 1988–1990. Rs. Aufgehende Sonne
1,50 2,50

6 (6) 1 Dollar (K-N) 1980. Rs. Ruinen von Groß-Simbabwe: 9 m hoher Granitturm vor Mauer, 14. Jh. 3,– 4,50

Nrn. 1–6 von 1980, polierte Platte (15 000 Ex.) 60,–

		PP
7	20 Dollars (S) 1990. 20 g	–,–
8	50 Dollars (G) 1990. 3 g	–,–
9	100 Dollars (G) 1990. 5 g	–,–
10	250 Dollars (G) 1990. 10 g	–,–
11	500 Dollars (G) 1990. 20 g	–,–

Nrn. 7–11 sind bisher nicht ausgegeben worden.

Singapore | # Singapur | **Singapour**

Singapura – Hsin Chia P'o

Fläche: 581 km²; 2 650 000 Einwohner (1986).
Republik an der Südspitze der Halbinsel Malakka, bestehend aus der Insel Singapur und einigen kleinen Inseln. Singapur wurde 1819 britisch und gehörte bis 1946 zur Kronkolonie Straits Settlements, 1946–1957 eigene britische Kronkolonie, ab 1957 innere Selbstverwaltung, ab 1959 autonomer Staat. Von 1963 bis 8. August 1965 war Singapur ein Teil Malaysias und ist seit 9. August 1965 unabhängig. Die Republik Singapur ist Mitglied des britischen Commonwealth. Hauptstadt: Singapur.
Auch der Brunei-Dollar ist im Verhältnis 1:1 als Zahlungsmittel gebräuchlich.

100 Cents = 1 Singapur-Dollar

Seit 1976 erscheint das Msz. *sm* der Singapore Mint auf allen Prägungen in polierter Platte.

Republik Singapur

		VZ	ST
1 (1)	1 Cent 1967–1985. Springbrunnen vor Wohnblock-Hochbau:		
	a) (Bro) 1967–1977	–,25	–,60
	1978–1980, 1982–1984, nur polierte Platte		–,–
	b) (St, K plattiert) 1976–1985	–,25	–,40
2 (2)	5 Cents 1967–1985. Silberreiher (Casmerodius albus – Ardeidae):		
	a) (K-N) 1967–1985	–,40	1,–
	b) (St, K-N plattiert) 1980–1984	–,40	1,–

3 (3) 10 Cents (K-N) 1967—1985. Großes Kronenseepferdchen (Hippocampus kuda — Syngnathidae), stilisiert **–,60** **1,40**

4 (4) 20 Cents (K-N) 1967—1985. Schwertfisch (Xiphias gladius — Xiphiidae) **1,20** **1,80**
5 (5) 50 Cents (K-N) 1967—1985. Federbusch-Feuerfisch (Pterois volitans — Scorpaendiae) **1,50** **3,—**

In gleicher Zeichnung: Nrn. 22—26.

6 (6) 1 Dollar 1967–1985. Löwe, Symbol von Singapur (Sanskrit :»Löwenstadt«):
a) (K-N) 1967–1985 3,– 4,–

	ST	PP
b) (S) 925 fein, 18,05 g, 1975		*200,–*
1976–1980		**75,–**
1981		–,–
1982–1984		–,–

Nrn. 1a–6a von 1967–1969, 1972–1978, polierte Platte 60,–
Nrn. 1a–6a, 18a von 1979 und 1980, polierte Platte 90,–
Nrn. 1a, 2a, 3–5, 6c von 1982–1984, polierte Platte 60,–
Nrn. 1–6 von 1976–1980, 1982–1984 in polierter Platte tragen das Msz. *sm*.
Nrn. 6a und 6b von 1976–1980 in polierter Platte unterscheiden sich in der Stellung des Msz. *sm*.

150. Jahrestag der Gründung der Stadt Singapur

7 (7) 150 Dollars (G) 1969. Staatswappen. Rs. Raffles-Leuchtturm, Wertangabe. 920er Gold, 24,883 g **800,–** *3000,–*

Für den FAO-Münz-Plan

		VZ	ST
8 (8)	5 Cents (Al) 1971. Pomfret-Fisch (Stromateus fiatola — Stromateidae)	**–,30**	**–,60**

		ST	PP
9 (9)	10 Dollars (S) 1972. Staatswappen, Landesname »SINGAPORE« kopfstehend. Rs. Seeadler im Flug, Wertangabe. 900er Silber, 31,19 g	**75,–**	*280,–*
10 (9a)	10 Dollars (S) 1973, 1974. Typ wie Nr. 9, jedoch »SINGAPORE« in normaler Stellung:		
	a) 900er Silber, 31,19 g, 1973	**65,–**	**160,–**
	b) 500er Silber, 31,19 g, 1974	**60,–**	**120,–**

7. Südostasiatische Sportspiele
(South East Asian Peninsular Games) in Singapur 1973

11 (10)	5 Dollars (S) 1973. Staatswappen. Rs. Emblem der Spiele über Nationalstadion von Singapur. 500er Silber, 25 g	**25,–**	*200,–*

10. Jahrestag der Republik (4)

12 (11)	10 Dollars (S) 1975. Staatswappen, Gedenkumschrift, Jahreszahlen. Rs. Dampfer am Pier. 500er Silber, 31,1 g	**35,–**	**90,–**
13 (12)	100 Dollars (G) 1975. Rs. Hochhäuser. 900er Gold, 6 g	**250,–**	**400,–**
14 (13)	250 Dollars (G) 1975. Rs. Vier ineinandergreifende Hände. 900er Gold, 17,5 g	**550,–**	**1000,–**
15 (14)	500 Dollars (G) 1975. Rs. Löwenkopf. 900er Gold, 34,7 g	**1000,–**	**2000,–**

16 (15)	10 Dollars (S) 1976, 1977. Staatswappen, Landesnamen. Rs. Dampfer am Pier, wie Nr. 12. 500er Silber, 31,1 g:		
	a) Msz. *sm*, 1976, 1977		**90,–**
	b) o. Msz., 1976, 1977	**35,–**	

10 Jahre Verband Südostasiatischer Staaten
(Association of South East Asian Nations)

		ST	PP
17 (16)	10 Dollars (S) 1977. Staatswappen, Gedenkumschrift, Jahreszahlen. Rs. Fünf Hände als Symbol für die Mitgliedstaaten Indonesien, Malaysia, Philippinen, Singapur und Thailand halten Ring um Karte der ASEAN-Region. 500er Silber, 31,1 g:		
	a) Msz. *sm*		**60,–**
	b) o. Msz.	**30,–**	

18 (17)	10 Dollars 1978–1980. Rs. Satelliten-Empfangsstationen:		
	a) (S) 500 fein, 31,1 g, Sterne und Halbmond im Wappen erhaben, Msz. *sm*, 1978–1980		**60,–**
	b) (S) 500 fein, 31,1 g, Sterne und Halbmond erhaben, o. Msz., 1978, 1979	**30,–**	
	c) (N) Sterne und Halbmond erhaben, Msz. *sm*, 1980		**40,–**
	d) (N) Sterne und Halbmond vertieft, o. Msz., 1980	**22,–**	

Internationales Finanzzentrum

19 (18)	50 Dollars (S) 1980, 1981. Rs. Internationale Währungssymbole. 500er Silber, 31,1 g:		
	a) Msz. *sm*, 1980, 1981		**150,–**
	b) o. Msz., 1980, 1981	**70,–**	

Jahr des Metalls mit dem Hahn (77. Zyklus, 58. Jahr) (2)

Nr.			ST	PP
20 (19)	10	Dollars 1981. Rs. Hahn, Schriftzeichen »Hsin Yu«:		
		a) (S) 500 fein, 31,1 g, Msz. *sm*		*160,–*
		b) (N)	**25,–**	
21 (20)	500	Dollars (G) 1981. 916$\frac{2}{3}$er Gold, 16,96 g		*1200,–*

10 Jahre Währungsbehörde Singapur (5)

Nr.			ST	PP
22 (1b)	1	Cent (S) 1981. Typ wie Nr. 1. 925er Silber, 2,92 g		–,–
23 (2a)	5	Cents (S) 1981. Typ wie Nr. 2. 925er Silber, 1,65 g		–,–
24 (3a)	10	Cents (S) 1981. Typ wie Nr. 3. 925er Silber, 3,35 g		–,–
25 (4a)	20	Cents (S) 1981. Typ wie Nr. 4. 925er Silber, 6,51 g		–,–
26 (5a)	50	Cents (S) 1981. Typ wie Nr. 5. 925er Silber, 10,82 g		–,–

Nrn. 22–26, 6b von 1981, polierte Platte, Msz. *sm* 120,–

Auf die Eröffnung des Changi-Flughafens

Nr.			ST	PP
27 (21)	5	Dollars 1981. Rs. Ansicht des Flughafengeländes:		
		a) (S) 925 fein, 18,05 g, Msz. *sm*		*70,–*
		b) (K-N)	**15,–**	

Jahr des Wassers mit dem Hund (77. Zyklus, 59. Jahr) (2)

Nr.			ST	PP
28 (22)	10	Dollars 1982. Rs. Hund, Schriftzeichen »Jen Hsu«:		
		a) (S) 500 fein, 31,1 g, Msz. *sm*		*140,–*
		b) (N)	**25,–**	
29 (23)	500	Dollars (G) 1982. 916$\frac{2}{3}$er Gold, 16,965 g		*1400,–*

Nr.			ST	PP
30 (24)	5	Dollars 1982. Rs. Benjamin-Sheares-Brücke, benannt nach dem zweiten Staatspräsidenten Singapurs:		
		a) (S) 925 fein, 18,05 g, Msz. *sm*		*70,–*
		b) (K-N)	**15,–**	

Jahr des Wassers mit dem Schwein (77. Zyklus, 60. Jahr) (2)

Nr.			ST	PP
31 (25)	10	Dollars 1983. Rs. Schwein, Schriftzeichen »Kuei Hai«:		
		a) (S) 500 fein, 31,1 g, Msz. *sm*		*120,–*
		b) (N)	**25,–**	
32 (26)	500	Dollars (G) 1983, 916$\frac{2}{3}$er Gold, 16,965 g		*1350,–*

12. Südostasiatische Sportspiele in Singapur 1983

Nr.			ST	PP
33 (27)	5	Dollars 1983. Staatswappen. Rs. Emblem der Spiele, Sportdarstellungen, Wertangabe:		
		a) (S) 925 fein, 20 g, Msz. *sm*		*100,–*
		b) (K-N)	**18,–**	

Goldbarrenmünzen (4)

Nr.			ST	PP
34 (28)	1	Dollar (G) 1983, 1984. Staatswappen. Rs. Karpfen und Lotosblüte als Zeichen für Wohlstand und Stärke. 999er Gold, 3,11 g	–,–	
35 (29)	2	Dollars (G) 1983, 1984. Rs. »Qilin«, Symbol der Harmonie unter der Wolke »Ling Zhi« der Langlebigkeit. 999er Gold, 7,77 g	–,–	
36 (30)	5	Dollars (G) 1983, 1984. Rs. Phönix mit Rose als Symbol für Frieden, Ordnung und Harmonie. 999er Gold, 15,55 g	–,–	
37 (31)	10	Dollars (G) 1983, 1984. Rs. Drache, nach der heiligen Perle von Weisheit und Macht strebend. 999er Gold, 31,10 g	–,–	

Jahr des Holzes mit der Ratte (78. Zyklus, 1. Jahr) (2)

Nr.			ST	PP
38 (32)	10	Dollars 1984. Rs. Ratte, Schriftzeichen »Chia Tze«:		
		a) (S) 500 fein, 31,1 g, Msz. *sm*		*120,–*
		b) (N)	**25,–**	
39 (33)	500	Dollars (G) 1984, 916$\frac{2}{3}$er Gold, 16,965 g		*1500,–*

25. Jahrestag der Staatsgründung

Nr.			ST	PP
40 (34)	5	Dollars 1984. Staatswappen. Rs. Nationalblume »Vanda Miss Joaquim«, Wertangabe:		
		a) (S) 925 fein, 20 g, Msz. *sm*		**120,–**
		b) (K-N)	**25,–**	

Jahr des Holzes mit dem Ochsen (78. Zyklus, 2. Jahr) (2)

Nr.			ST	PP
41 (41)	10	Dollars 1985. Rs. Ochse, Schriftzeichen »Yee Shou«:		
		a) (S) 500 fein, 31,1 g, Msz. *sm*		**120,–**
		b) (N)	**25,–**	
42 (42)	500	Dollars (G) 1985. 916$\frac{2}{3}$er Gold, 16,965 g		*1550,–*

25 Jahre staatlicher Wohnungsbau (2)

ST PP

43 5 Dollars 1985. Staatswappen. Rs. Familie vor Hochhaus-Wohnanlage:
a) (S) 925 fein, 20 g, Msz. *sm* 80,–
b) (K-N) 12,–

Flora Singapurs (12)

VZ ST

44 (35) 1 Cent (Bro) 1986–1990. Staatswappen. Rs. Nationalblume »Vanda Miss Joaquim« –,30 –,50
45 (36) 5 Cents (Al-Bro) 1985–1990. Rs. Monstera deliciosa –,60 1,–
46 (37) 10 Cents (K-N) 1985–1990. Rs. Jasminum multiflorum –,80 1,50
47 (38) 20 Cents (K-N) 1985–1990. Rs. Calliandra Surinamensis 1,50 2,50
48 (39) 50 Cents (K-N) 1985–1990. Rs. Allamanda cathartica:
a) 1985–1988 2,50 4,–
b) Randschrift »Republic of Singapore«, 1989, 1990 2,50 4,–
49 (40) 1 Dollar 1985–1990. Rs. Lochnera rosea:
a) (K-N) Ø 26,5 mm, 1985, 1986 5,– 8,–
b) (Al-N-Bro) Ø 22,4 mm, 1987–1990 5,– 8,–

ST PP

50 1 Cent (S) 1985–1989. Typ wie Nr. 44. 925er Silber, 1,81 g –,–
51 5 Cents (S) 1985–1989. Typ wie Nr. 45. 925er Silber, 2 g –,–
52 10 Cents (S) 1985–1989. Typ wie Nr. 46. 925er Silber, 3,05 g –,–
53 20 Cents (S) 1985–1989. Typ wie Nr. 47. 925er Silber, 5,24 g –,–
54 50 Cents (S) 1985–1989. Typ wie Nr. 48. 925er Silber, 8,56 g
a) 1985–1988 –,–
b) Randschrift »Republic of Singapore«, 1989 –,–
55 1 Dollar (S) 1985–1989. Typ wie Nr. 49:
a) 925er Silber, 9,97 g. Ø 26,5 mm, 1985, 1986 –,–
b) 925er Silber, 8,05 g. Ø 22,4 mm, 1987–1989 –,–

Nrn. 50–55 tragen das Msz. *sm*

Jahr des Feuers mit dem Tiger (78. Zyklus, 3. Jahr) (2)

56 (43) 10 Dollars 1986. Rs. Tiger, Schriftzeichen »Ping In«:
a) (S) 500 fein, 31,1 g, Msz. *sm* 120,–
b) (N) 25,–
57 (44) 500 Dollars (G) 1986. 916⅔er Gold, 16,965 g *1550,–*

Jahr des Feuers mit dem Kaninchen (78. Zyklus, 4. Jahr) (3)

58 10 Dollars 1987. Rs. Kaninchen, Schriftzeichen »Ting Mao«:
a) (S) 500 fein, 31,1 g, Msz. *sm* 120,–
b) (N) 25,–
59 500 Dollars (G) 1987. 916⅔er Gold, 16,965 g *1800,–*

100 Jahre Nationalmuseum

60 5 Dollars 1987. Staatswappen. Rs. Ansicht des Nationalmuseums:
a) (S) 925 fein, 20 g, Msz. *sm* 80,–
b) (K-N) 15,–

20 Jahre Verband Südostasiatischer Staaten (Association of South East Asian Nations)

61 10 Dollars 1987. Staatswappen, Gedenkumschrift, Jahreszahlen. Rs. Sechsteiliges Emblem, von den Namen der sechs Mitgliedstaaten (Brunei seit 7. 1. 1984) umgeben:
a) (S) 500 fein, 31,1 g, Msz. *sm* 120,–
b) (K-N) 30,–

Jahr der Erde mit dem Drachen (78. Zyklus, 5. Jahr) (2)

ST PP

62 10 Dollars 1988. Rs. Drache, Schriftzeichen »Wu Ch'en«:
a) (S) 500 fein, 31,1 g, Msz. *sm* 120,–
b) (N) 25,–
63 500 Dollars (G) 1988. 916⅔er Gold, 16,965 g *1550,–*

100 Jahre Feuerwehr in Singapur

64 5 Dollars 1988. Rs. Zwei Pferde mit Dampfmaschine »Merryweather«:
a) (S) 925 fein, 20 g, Msz. *sm* 80,–
b) (K-N) 15,–

Jahr der Erde mit der Schlange (78. Zyklus, 6. Jahr) (2)

65 10 Dollars 1989. Rs. Schlange, Schriftzeichen »Chi Szu«:
a) (S) 925 fein, 31,1 g, Msz. *sm* 110,–
b) (N) 25,–
66 500 Dollars (G) 1989. 916⅔er Gold, 16,965 g *1600,–*

Eröffnung der östlichen Linie der Stadtbahn vom Rathaus nach Tanah Merah am 4. November 1989

67 5 Dollars 1989. Rs. Kawasaki-Stadtbahnzug vor der Skyline von Singapur:
a) (S) 925 fein, 20 g, Msz. *sm* 90,–
b) (K-N) 18,–

70 Jahre Save the Children Fund (2)

68 5 Dollars (S) 1989. Rs. Kinder mit Kanu am Strand. 925er Silber, 20 g, Msz. *sm* 90,–
69 50 Dollars (G) 1989. Typ wie Nr. 68. 916⅔er Gold, 10 g, Msz. *sm* 360,–

Jahr des Metalls mit dem Pferd (78. Zyklus, 7. Jahr) (2)

70 10 Dollars 1990. Rs. Pferd, Schriftzeichen »Geng Wu«:
a) (S) 925 fein, 31,1 g, Msz. *sm* 110,–
b) (N) 25,–
71 500 Dollars (G) 1990. 916⅔er Gold, 16,965 g 1400,–

Goldbarrenmünzen »Löwe« – 1. Ausgabe (5)

72 5 Dollars (G) 1990. Rs. Löwenkopf, wie Nr. 15. 999,9er Gold, 1,55 g:
a) Msz. *sm* –,–
b) o. Msz. –,–
73 10 Dollars (G) 1990. Typ wie Nr. 72. 999,9er Gold, 3,11 g:
a) Msz. *sm* –,–
b) o. Msz. –,–
74 25 Dollars (G) 1990. Typ wie Nr. 72. 999,9er Gold, 7,77 g:
a) Msz. *sm* –,–
b) o. Msz. –,–
75 50 Dollars (G) 1990. Typ wie Nr. 72. 999,9er Gold, 15,55 g:
a) Msz. *sm* –,–
b) o. Msz. –,–
76 100 Dollars (G) 1990. Typ wie Nr. 72. 999,9er Gold, 31,10 g:
a) Msz. *sm* –,–
b) o. Msz. –,–

25. Jahrestag der Unabhängigkeit (4)

ST PP

77 5 Dollars (Al-Bro) 1990. Staatswappen. Rs. Containerschiff vor der Skyline von Singapur (1 000 000 Ex.) 12,–
78 10 Dollars (S) 1990. Typ wie Nr. 77. 925er Silber, *sm* (50 000 Ex.) 100,–

		ST	PP
79	250 Dollars (G) 1990. Typ wie Nr. 77. 999,9er Gold, *sm* (6000 Ex.)		*1400,–*
80	500 Dollars (Pt) 1990. Typ wie Nr. 77. 999½er Platin, *sm* (2000 Ex.)		*2000,–*

Jahr des Metalls mit der Ziege (78. Zyklus, 8. Jahr) (7)

		ST	PP
81	10 Dollars 1991. Rs. Ziege:		
	a) (S) 925 fein, 31,1 g, Msz. *sm*		110,–
	b) (N)	25,–	
82	500 Dollars (G) 1991. 916⅔er Gold, 16,965 g		–,–

Goldbarrenmünzen »Löwe« – 2. Ausgabe (5)

		ST	PP
83	5 Dollars (G) 1991. Rs. Löwenkopf, mit Ziege als Beizeichen. 999,9er Gold, 1,55 g:		
	a) Msz. *sm*		–,–
	b) o. Msz.	–,–	
84	10 Dollars (G) 1991. Typ wie Nr. 83. 999,9er Gold, 3,11 g:		
	a) Msz. *sm*		–,–
	b) o. Msz.	–,–	
85	25 Dollars (G) 1991. Typ wie Nr. 83. 999,9er Gold, 7,77g:		
	a) Msz. *sm*		–,–
	b) o. Msz.	–,–	
86	50 Dollars (G) 1991. Typ wie Nr. 83. 999,9er Gold, 15,55 g:		
	a) Msz. *sm*		–,–
	b) o. Msz	–,–	
87	100 Dollars (G) 1991. Typ wie Nr. 83. 999,9er Gold, 31,10 g:		
	a) Msz. *sm*		–,–
	b) o. Msz.	–,–	

Slovakia

Slowakei

Slovaquie

Slovensko

Im März 1939 entstand eine unabhängige Slowakei, die sich außenpolitisch und militärisch an das Deutsche Reich anlehnte. Seit 1945 ist die Slowakei wieder Teilstaat der Tschechoslowakei. Hauptstadt Preßburg (Bratislava)

100 Heller (Halierov) = Slowakische Krone (Korúna Slovenska)

Slowakische Republik
Slovenská Republika

			SS	VZ
1 (S 19b)	5	Heller (Zink) 1942. Staatswappen, von Landesnamen umgeben. Rs. Wert	25,–	45,–
2 (S 20)	10	Heller (Bro) 1939, 1942. Staatswappen. Rs. Schloß von Preßburg	3,50	5,–
3 (S 21)	20	Heller (Bro) 1940–1942. Rs. Bischöfliches Schloß in Neutra (Nitra) an der Stelle, wo 832/33 die erste christliche Kirche auf slowakischem Boden erbaut wurde:		
		1940,1941	5,–	7,–
		1942	50,–	85,–

			SS	VZ
4 (S 22)	50	Heller (K-N) 1940, 1941. Staatswappen. Rs. Pflug:		
		1940	70,–	130,–
		1941	5,–	8,–

			SS	VZ
5 (S 23)	1	Krone (K-N) 1940—1945. Rs. Wertangabe zwischen Ähren:		
		1940—1942, 1945	4,–	6,–
		1944	18,–	35,–

			SS	VZ
6 (S 24)	5	Kronen (N) 1939. Staatswappen. Rs. Andrej Hlinka (1864—1938), Geistlicher und Führer der Katholischen Autonomistischen Slowakischen Volkspartei	6,50	9,–
A6	5	Kronen (S) 1939. Typ wie Nr. 6 (1 Ex.)		–,–
B6	5	Kronen (G) 1939. Typ wie Nr. 6. 986⅓er Gold, 14 g (2 Ex.)		–,–

Zur Wahl Tisos zum Staatspräsidenten (2)

			SS	VZ
7 (S 26)	20	Kronen (S) 1939. Rs. Dr. Jozef Tiso (1887–1947), Staatspräsident 1939–1945. 500er Silber, 15 g	35,–	58,–
A7	20	Kronen (G) 1939, Typ wie Nr. 7. 986⅓er Gold, 27,2 g (1 Ex.)		–,–

			SS	VZ
8 (S 27)	20	Kronen (S) 1941. Rs. St. Kyrill (827–869) und St. Methodius (815–885). Verbreiter der kyrillischen Schrift. 500er Silber, 15 g:		
		a) Rundbau mit einfachem Kreuz	15,–	22,–
		b) Rundbau mit doppeltem Kreuz	20,–	30,–
9 (S 21a)	20	Heller (Al) 1942, 1943, Typ wie Nr. 3	4,50	6,–
10 (S 22b)	50	Heller (Al) 1943, 1944. Typ wie Nr. 4:		
		1943	5,–	7,–
		1944	16,–	28,–

			SS	VZ
11 (S 25)	10	Kronen (S) 1944. Rs. Pribina (†861), slowakischer Fürst bei der Grundsteinlegung der ersten christlichen Kirche auf slowakischem Boden in Neutra (Nitra) 832: im Hintergrund Priester mit Kirchenmodell und Krieger mit gezogenem Schwert. 500er Silber, 7 g:		
		a) Kreuz auf Kirchenmodell	12,–	20,–
		b) ohne Kreuz	14,–	25,–

5. Jahrestag der Slowakischen Republik

			SS	VZ
12 (S 28)	50	Kronen (S) 1944. Staatswappen. Rs. Dr. Jozef Tiso. 700er Silber, 16,5 g	**16,–**	**22,–**

Weitere Ausgaben siehe unter *Tschechoslowakei*.

Solomon-Inseln siehe unter *Salomonen*.

Slovenia | **Slovenie**

Slowenien

Slovenija

Fläche: 20 251 km²; 2 000 000 Einwohner (1992).
Unter dem Namen Krain (Krajnska) seit 1325 habsburgisch und ab 1849 österreichisches Kronland. Infolge politischer Veränderungen in Mitteleuropa wurde Krain, nunmehr Slowenien, Teil des am 1. Dezember 1918 gegründeten Königreiches der Serben, Kroaten und Slowenen, seit 1929 Jugoslawien genannt. Auf die Volksabstimmung vom 23. Dezember 1990 folgte am 20. Februar 1991 die Erklärung der Unabhängigkeit, die aber erst am 8. Oktober 1991 formell in Kraft getreten ist. Die Republik Slowenien ist zwischenzeitlich von vielen Staaten der Welt als selbständiger Staat völkerrechtlich anerkannt worden. Hauptstadt Ljubljana (Laibach).

100 Par = 1 Dinar; seit 8. Oktober 1991: 100 Stotinov (Singular: Stotin, Dual: Stotina, Plural: Stotini) = 1 Tolar (Dual: Tolarja, Plural: Tolarji)

Der Jugoslawische Dinar wurde innerhalb von drei Tagen im Verhältnis 1:1 in Tolar umgewechselt und verlor am 10. Oktober 1991 seine Gültigkeit in Slowenien.

Prägungen mit Wertangaben in Vinar und Lipa sind private Ausgaben, die nicht zum Nennwert erhältlich sind und keine gesetzlichen Zahlungsmittel darstellen.

Republik Slowenien

NEUE WÄHRUNG: 100 Stotinov = 1 Tolar

1. Jahrestag der Volksabstimmung vom 23. Dezember 1990 (2)

			PP
1	500	Tolarjev (S) 1991. Rs. Lindenblatt (Tilia platyphyllos). 925er Silber, 15 g [CZ] (max. 50 000 Ex.)	**60,–**
2	5000	Tolarjev (G) 1991. Rs. Fliegende Schwalbe (Sterna sandvicensis). 900er Gold, 7 g [CZ] (max. 4000 Ex.)	–,–

Somalia Somalia Somalie

Soomaaliya

Fläche: 638 000 km²; 5 700 000 Einwohner (1986).
Das ehemalige Protektorat Italienisch-Somaliland wurde 1936 mit Äthiopien zu Italienisch-Ostafrika vereinigt und 1941 von britischen Truppen besetzt. Nach Abzug der britischen Militärverwaltung unterstand das Gebiet von 1950 bis zur Unabhängigkeit am 26. Juni 1960 Italien als Treuhandgebiet. Am 1. Juli 1960 vereinigte sich Britisch-Somaliland mit der Republik als Somalia. Demokratische Republik seit 21. Oktober 1969. Hauptstadt: Mogadischu (Mogadiscio, Muqdisho).

100 Centesimi = 1 Somalo;
seit 1962: 100 Cents (Centesimi, Senti) =
1 Somalischer Shilling (Scellino Somalo, Shilin Soomaali)

SS VZ

1 (1) 1 Centesimo (Bro) n. H. 1369/1950. Afrikanischer Elefant (Loxodonta africana — Elephantidae). Rs. Wert im Kreis **1,– 3,–**

2 (2) 5 Centesimi (Bro) n. H. 1369/1950. Typ wie Nr. 1 **2,– 5,–**

3 (3) 10 Centesimi (Bro) n. H. 1369/1950. Typ wie Nr. 1 **5,– 10,–**

4 (4) 50 Centesimi (S) n. H. 1369/1950. Halbmonde und Stern über Löwin (Panthera leo — Felidae). Rs. Wert in gepunktetem Kreis. 250er Silber, 3,8 g **20,– 40,–**

5 (5) 1 Somalo (S) n. H. 1369/1950. Typ wie Nr. 4. 250er Silber, 7,6 g **18,– 35,–**

Republik Somalia 1960–1969

Repubblica Somala

NEUE WÄHRUNG: 100 Cents (Centesimi, Senti) =
1 Somalischer Shilling (Scellino Somalo, Shilin Soomaali)

5. Jahrestag der Unabhängigkeit (5)

PP

6 (A6) 20 Scellini (G) 1965, 1966. Aden Abdulla Osman Daar (* 1908), 1. Staatspräsident 1960–1967. Rs. Staatswappen, Wertangabe, rechts Jahreszahl. 900er Gold, 2,8 g *130,–*

7 (B6) 50 Scellini (G) 1965, 1966. Typ wie Nr. 6. 900er Gold, 7 g *260,–*

8 (C6) 100 Scellini (G) 1965, 1966. Typ wie Nr. 6. 900er Gold, 14 g *500,–*

9 (D6) 200 Scellini (G) 1965, 1966. Typ wie Nr. 6. 900er Gold, 28 g *1000,–*

10 (E6) 500 Scellini (G) 1965, 1966. Typ wie Nr. 6. 900er Gold, 70 g *3000,–*

Somali Republic

VZ ST

11 (6) 5 Centesimi (Me) 1967, 1975. Staatswappen. Rs. Wertbezeichnung in Englisch, Italienisch und Arabisch **–,30 –,60**

		VZ	ST
12 (7)	10 Centesimi (Me) 1967, 1975. Typ wie Nr. 11	–,50	–,90
13 (8)	50 Centesimi (K-N) 1967, 1975. Typ wie Nr. 11	–,–	–,–
14 (9)	1 Scellino (K-N) 1967. Typ wie Nr. 11	–,–	–,–

Nr. 12 auch in Aluminium vorkommend

Demokratische Republik Somalia seit 1969

Somali Democratic Republic

Für den FAO-Münz-Plan

ST PP

15 (10) 5 Shillings (K-N) 1970. Staatswappen mit Leoparden als Schildhalter. Rs. Hausrind (Bos primigenius taurus – Bovidae), Hausschaf (Ovis ammon aries – Bovidae) und Hausziege (Capra aegagrus hircus – Bovidae), ferner Mais (Zea mays – Gramineae) und Echte Hirse (Panicum miliaceum – Gramineae), Bananen und Grapefruit [RM] 8,– *100,–*

Repubblica Democratica Somala

10. Jahrestag der Unabhängigkeit (5)

16 (A10) 20 Scellini (G) 1970. Staatswappen. Rs. Modell eines Atoms, Wertangabe. 900er Gold, 2,8 g *120,–*

17 (B10) 50 Scellini (G) 1970. Rs. Halbporträt eines Mannes mit einem Weihrauchgefäß, Wertangabe. 900er Gold, 7g *230,–*

18 (C10) 100 Scellini (G) 1970. Rs. Somali-Frau mit Bananen (Musa paradisiaca – Musaceae), Grapefruit (Citrus paradisi – Rutaceae) und Baumwollkapseln (Gossypium sp. – Malvaceae) enthaltender Steige, Wertangabe. 900er Gold, 14 g *450,–*

19 (D10) 200 Scellini (G) 1970. Rs. Beladenes Dromedar (Camelus dromedarius – Camelidae), Lasttier nomadisierender Somali, Wertangabe. 900er Gold, 28 g *1500,–*

20 (E10) 500 Scellini (G) 1970. Rs. Neues Parlamentsgebäude in Mogadischu und Landkarte Somalias, Wertangabe. 900er Gold, 70 g *3000,–*

1. Jahrestag der Revolution (3)

PP

21 (F10) 50 Scellini (G) 1970. Rs. Landwirtschaftliche Erzeugnisse, Wertangabe. 900er Gold, 7 g *300,–*

22 (G10) 100 Scellini (G) 1970. Rs. Hand, Stahlhelm und Maschinengewehr, Wertangabe. 900er Gold, 14 g *600,–*

23 (H10) 200 Scellini (G) 1970. Rs. Denkmal, Wertangabe. 900er Gold, 28 g *1200,–*

Jamhu(u)riyadda Dimoqraadiga Soomaaliya

Für den FAO-Münz-Plan

VZ ST

A24 5 Senti (Al) 1976. Wertangabe, Landesname. Rs. Landesfrüchte, Jahreszahl. Motto »Tacabka Kordhiya« (rund) (10 Ex. bekannt) *1000,–*

Für den FAO-Münz-Plan (4)

24 (11) 5 Senti (Al) 1976. Staatswappen, Landesname. Rs. Landesfrüchte, Wertangabe, Jahreszahl (zwölfeckig) –,30 –,50

25 (12) 10 Senti (Al) 1976. Rs. Lamm, Wertangabe, Jahreszahl (zwölfeckig) –,30 –,50

26 (13) 50 Senti 1976, 1984. Typ wie Nr. 24:
- a) (K-N) 1976 –,70 2,–
- b) (St, N plattiert) 1984 –,70 2,–

27 (14) 1 Shilin 1976, 1984. Typ wie Nr. 25:
- a) (K-N plattiert) 1976 1,50 3,–
- b) (St, N plattiert) 1984 1,50 3,–

10. Jahrestag der Revolution (10)

ST PP

28 (15) 10 Shillings 1979. Rs. Junge Leute:
- a) (S) 925 fein, 28,28 g 100,–
- b) (K-N) 9,–

29 (16) 10 Shillings 1979. Rs. Nomaden mit Zelten:
- a) (S) 100,–
- b) (K-N) 9,–

30 (17) 10 Shillings 1979. Rs. Bildung:
- a) (S) 100,–
- b) (K-N) 9,–

		ST	PP
31 (18)	10 Shillings 1979. Rs. Tänzerinnen:		
	a) (S)		100,–
	b) (K-N)	9,–	

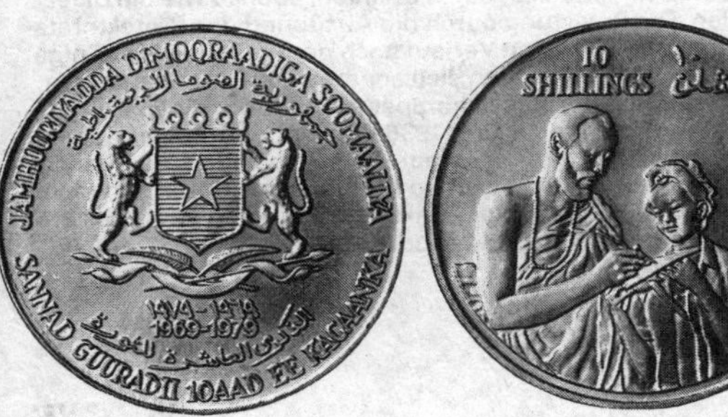

		ST	PP
32 (19)	10 Shillings 1979. Rs. Lehrer mit Studentin:		
	a) (S)		100,–
	b) (K-N)	9,–	

		ST	PP
33 (20)	1500 Shillings (G) 1979. Typ wie Nr. 28. 916⅔er Gold, 15,98 g	*700,–*	*700,–*
34 (21)	1500 Shillings (G) 1979. Typ wie Nr. 29	*700,–*	*700,–*
35 (22)	1500 Shillings (G) 1979. Typ wie Nr. 30	*700,–*	*700,–*
36 (23)	1500 Shillings (G) 1979. Typ wie Nr. 31	*700,–*	*700,–*
37 (24)	1500 Shillings (G) 1979. Typ wie Nr. 32	*700,–*	*700,–*

Internationales Jahr der Behinderten 1981 (2)

		ST	PP
38 (25)	150 Shillings (S) 1983. Rs. Ibado Ibdi Mohammed:		
	a) 925er Silber, 28,28 g	60,–	80,–
	b) Piéfort, 925er Silber, 56,56 g		*300,–*
39	1500 Shillings (G) 1983. Rs. Vier Kinder mit Koran:		
	a) 916⅔er Gold, 15,98 g	1200,–	*1200,–*
	b) Piéfort, 916⅔er Gold, 31,96 g		*2400,–*

Welt-Fischerei-Konferenz in Rom 1984 (2)

		ST	PP
40 (26)	25 Shillings 1984. Rs. Meeresschildkröte (Chelonia mydas mydas – Cheloniidae):		
	a) (S) 925 fein, 28,28 g (20000 Ex.)		120,–
	b) (S) Piéfort, 925 fein, 56,56 g (500 Ex.)		*250,–*
	c) (K-N)	15,–	
41	25 Shillings (G) 1984. Typ wie Nr. 40. 916⅔er Gold, 47,54 g (200 Ex.)		*2200,–*

Spain

Spanien

Espagne

España

Fläche: 504748 km²; 38500000 Einwohner (1986).
Der spanische Staat umfaßt den größten Teil der Pyrenäenhalbinsel mit einem seit Jahrhunderten praktisch unveränderten Gebiet. In den letzten Jahren des vorigen und den ersten Jahren des jetzigen Jahrhunderts sank die spanische Macht in Übersee stark ab, vor allem zugunsten der Vereinigten Staaten von Amerika. Restbestände des überseeischen Besitzes in Afrika werden von Marokko bestritten, darunter auch die Küstenplätze an der nordafrikanischen Küste (Ceuta und Melilla), die in Spanien, ebenso wie die Balearen und die Kanarischen Inseln, als Teile des Mutterlandes angesehen werden. Die Belastung durch die Ausübung des Protektorats über Nordmarokko (Rif-Gebirge) war ein Hauptgrund für einen politischen Umsturz, in dessen Verlauf nach der Ausreise des Königs Alfons XIII. die Republik am 14. April 1931 ausgerufen wurde. In den folgenden Jahren machten sich separatistische Bewegungen, vor allem in Katalonien und im Baskenland (Euzkadi), bemerkbar, aber auch starke innerpolitische Spannungen, die einen Bürgerkrieg heraufbeschworen. Der in Nordafrika stationierte General Francisco Franco griff am 18. Juli 1936 die Republik an und rief am 20. Juli 1936 eine national-spanische Regierung aus. Der mit seinem Sieg endende Bürgerkrieg dauerte bis ins Jahr 1939. Franco ersetzte die Republik durch den Estado Español (Spanischen Staat) und erklärte sich zum Caudillo (Führer) von Gottes Gnaden. Nach seinem Tode am 20. November 1975 wurde der »Prinz von Spanien«, Don Juan Carlos, der Enkel des Königs Alfons XIII., am 27. November 1975, wie vorgesehen, zum König von Spanien feierlich ausgerufen. Hauptstadt: Madrid.

1000 Milésimas = 100 Céntimos = 1 Peseta

Bei den meisten spanischen Prägungen von 1868–1982 ist das tatsächliche Prägejahr zusätzlich in einem oder zwei Sternen angegeben und wird im folgenden durch eine ein- oder zweistellige Zahl in eckigen Klammern ausgewiesen.

Königreich Spanien
Alfons XIII. 1886–1931
Unter der Vormundschaft seiner Mutter bis 1902

SS VZ

1 (87) 50 Céntimos (S) 1896, 1900. Alfons XIII. (1886–1941), zunächst unter der Regentschaft seiner Mutter, übernahm 1902 die Regierungsgeschäfte; Kopfbild n. l. Rs. Gekröntes Wappen zwischen den beiden Säulen des Herkules. 835er Silber, 2,5 g:
1896 [96] 18,– 48,–
1900 [00] 10,– 25,–

2 (88) 1 Peseta (S) 1896—1902. Typ wie Nr. 1. 835er Silber, 5 g:
1896 [96], 1902 [02] **20,– 50,–**
1899 [99], 1900 [00], 1901 [01] **12,– 32,–**

3 (89) 5 Pesetas (S) 1896—1899. Typ wie Nr. 1. 900er Silber, 25 g:
1896 [96], 1897 [97], 1898 [98] **40,– 85,–**
1899 [99] **55,– 130,–**

4 (91) 20 Pesetas (G) 1904 [04]. Alfons XIII., Büste in Uniform n. r., Titelumschrift. Rs. Gekröntes großes Wappen von Spanien unter einem Wappenmantel, Wertangabe. 900er Gold, 6,4516 g **4000,– 5000,–**

SS VZ

5 (96) **1 Centimo (Bro) 1906. Büste in Uniform n. r. Rs. Gekrönter Wappenschild, Wertangabe, Jahreszahl:**
1906 *400,– 700,–*
1906 [6] 8,– 12,–

6 (97) **2 Centimos (Bro) 1904 [04], 1905 [05]. Typ wie Nr. 5 8,– 12,–**

7 (92) **50 Centimos (S) 1904. Büste n. l. Rs. Gekröntes Wappen zwischen den beiden Säulen des Herkules. 835er Silber, 2,5 g:**
1904 [04] 10,– 18,–
1904 [10] (offizielle Neuprägung) 12,– 20,–

8 (94) **1 Peseta (S) 1903 [03], 1904 [04], 1905 [05]. Typ wie Nr. 7. 835er Silber, 5 g 20,– 40,–**

9 (95) 2 Pesetas (S) 1905 [05]. Typ wie Nr. 7. 835er Silber, 10 g 30,– 60,–

10 (98) 1 Céntimos (Bro) 1911 [1], 1912 [2], 1913 [3]. Büste in Uniform n. l. Rs. Gekrönter Wappenschild, Wertangabe, Jahreszahl 6,– 12,–

11 (99) 2 Céntimos (Bro) 1911 [11], 1912 [12]. Typ wie Nr. 10 6,– 12,–

12 (93) 50 Céntimos (S) 1910 [10]. Typ wie Nr. 7, jedoch älteres Porträt. 835er Silber, 2,5 g 12,– 25,–

13 (100) 25 Céntimos (N-Me) 1925. Galeone der spanischen Armada. Rs. Wert zwischen Zweigen, darüber Krone 4,– 10,–

14 (101) 25 Céntimos (K-N) 1927. Hammer, Olivenzweig, Krone. Rs. Ähren, Wert (mit Loch) 3,– 8,–

15 (102) 50 Céntimos (S) 1926. Alfons XIII., Kopfbild nach links. Rs. Gekröntes Wappen. 835er Silber, 2,5 g 12,– 26,–

Zweite Republik 1931–1939

SS VZ

16 (107) 25 Céntimos (K-N) 1934. Hispania mit Olivenzweig. Rs. Ähren und Olivenzweig vor Zahnrad (mit Loch) 1,– 4,–

17 (108) 1 Peseta (S) 1933 [34]. Sitzende Hispania mit Olivenzweig. Rs. Wappen mit Mauerkrone zwischen den beiden Säulen des Herkules. 835er Silber, 5 g 18,– 32,–

18 (103) 5 Céntimos (E) 1937. Kopf der Hispania. Rs. Wert im Kranz 4,– 12,–

A18 5 Céntimos (E) 1938. Rundes Wappen mit Mauerkrone. Rs. Wert im Ornamentkreis –,– –,–

B18 (A103) 10 Céntimos (E) 1938. Halbrundes Wappen mit Mauerkrone. Rs. Wert im Kranz (1000 Ex.) *900,– 2000,–*

19 (104) 25 Céntimos (Bro) 1938. Buch und zerbrochene Ketten. Rs. Wert (mit Loch) 5,– 11,–

20 (105) 50 Céntimos (Bro) 1937 [34, 36]. Sitzende Hispania mit Olivenzweig. Rs. Wert:
a) Wert im Perlkreis, 1937 [34, 36] 1,– 3,–
b) Wert im Kreis von Quadraten, 1937 [36] 4,– 10,–

Nr. 20 auch scheinbar ohne Ziffern in den Sternen oder scheinbar ohne Sterne vorkommend.

21 (106) 1 Peseta (Me) 1937. Kopf der Hispania n. l. Rs. Weintraube, Wertangabe, Jahreszahl 1,– 4,–

Spanischer Staat 1936–1975
Estado Español

Ausgaben der Regierung in Burgos (2)

A22 10 Céntimos (Zink) Jahr 3 (1938). Johannisadler mit gekröntem Wappen, Umschrift »III Año Triunfal«. Rs. Wert, oben bogig »España«, unten »Una grande libre« [Burgos] *700,– 1500,–*

22 (109) 25 Céntimos (K-N) Jahr 2/1937. Landesname in Sonnenstrahlen, sowie das Emblem der Falange »Joch und Pfeile« (zugleich Rückgriff auf die nationale Vergangenheit). Rs. Wappen, Olivenzweig (mit Loch) [Wien] 3,– 6,–

23 (110) 5 Céntimos (Al) 1940, 1941, 1945, 1953. Lanzenreiter, Rs. Gekröntes Wappen zwischen Säulen des Herkules, darüber Johannisadler. Die Einzelteile des Wappens illustrieren die Verschmelzung der historischen Landesteile: Kastell (Kastilien), Löwe (Leon), Pfähle (Aragonien), Kettennetz (Navarra), Granatapfel (Granada) 2,– 8,–

24 (111) 10 Céntimos (Al) 1940, 1941, 1945, 1953. Typ wie Nr. 23 2,– 4,–

VZ ST

25 (112) 1 Peseta (Al-Bro) 1944. Wappen. Rs. Wert im Wappenkranz 1,50 10,–

A25 2½ Pesetas (Al-Bro) 1944. Typ wie Nr. 25. Nicht ausgegeben! *3500,– 5000,–*

Königreich Spanien

Am 1. April 1947 erfolgte die Umwandlung Spaniens in eine Monarchie unter einem Regentschaftsrat.

26 (115) 50 Céntimos (K-N) 1949 [51]. Anker, Tau und Steuerrad (sinnbildlich für Spanien als Seefahrernation). Rs. Wappen, darunter Joch und Pfeile nach unten (mit Loch) 15,– 25,–

Nr. 26 auch in Silber, polierte Platte, vorkommend.

27 (116) 50 Céntimos (K-N) 1949 [51–54, 56, 62], 1963 [63–65]. Typ wie Nr. 26, jedoch Pfeile nach oben (mit Loch) –,60 1,–

28 (113) 1 Peseta (Al-Bro) 1946 [48], 1947 [48–54, 56], 1953 [54, 56, 60–63], 1963 [63–67]. Francisco Franco y Bahamonde (1892–1975), General und Staatsmann, seit 1938 mit dem Titel Caudillo. Rs. Wappen –,40 –,60

29 (114) 2½ Pesetas (Al-Bro) 1953 [54, 56, 66, 68–71]. Typ wie Nr. 28 1,50 3,–

30 (117) 5 Pesetas (N) 1949 [49–52]. Typ wie Nr. 28 3,– 10,–

II. Nationale Numismatische Ausstellung 1951 in Madrid (3)

A30 50 Céntimos (K-N) 1949 [E51]. Typ wie Nr. 27 (500 Ex.) *200,–*

B30 1 Peseta (Al-Bro) 1947 [E51]. Typ wie Nr. 28 (500 Ex.) *300,–*

C30 5 Pesetas (N) 1949 [E51]. Typ wie Nr. 30 (500 Ex.) *500,–*

31 (121) 10 Céntimos (Al) 1959. General Franco, Kopfbild n. r. Rs. Wertangabe im Kranz von Olivenblättern –,20 –,30

Nr. 31 auch in Silber, polierte Platte, vorkommend.

32 (124) 50 Céntimos (Al) 1966 [67–75]. Rs. Lorbeerzweig, geteilte Wertangabe –,25 –,40

			VZ	ST
33 (125)	1 Peseta (Al-N-Bro) 1966 [67–75]. Rs. Staatswappen mit den Säulen des Herakles und Johannisadler, Wertangabe		–,25	–,40

34 (118) 5 Pesetas (K-N) 1957 [58–75]. Rs. Staatswappen mit den Säulen des Herakles vor schräg hineinkomponiertem Johannisadler, Wertangabe –,80 1,80

35 (119) 25 Pesetas (K-N) 1957 [58, 59, 61, 64–75]. Typ wie Nr. 34 2,– 3,50

36 (120) 50 Pesetas (K-N) 1957 [58–60, 67–75]. Typ wie Nr. 34 4,50 7,–

Nrn. 31 von 1959, 32, 33 von 1966 [72–75], 34–36 von 1957 [72–75], polierte Platte 35,–

1. Ibero-Amerikanische Numismatische Ausstellung 1958 in Barcelona (3)

A36 5 Pesetas (K-N) 1957 [58]. Typ wie Nr. 34, mit »BA« im Feld *50,–*

B36 25 Pesetas (K-N) 1957 [58]. Typ wie Nr. A36 *100,–*

C36 50 Pesetas (K-N) 1957 [58]. Typ wie Nr. A36 *150,–*

Anm.: Neuprägungen der Goldmünzen zu 10, 20, 25 und 100 Pesetas der Jahre 1878–1897, in den Sternen [61] oder [62] siehe im Weltmünzkatalog 19. Jahrhundert.

37 (122) 100 Pesetas (S) 1966 [66–70]. Rs. Gekröntes fünffeldiges Wappen, zur Trennung von Wertangabe, Joch und Pfeilbündel dreimal das Kreuz des San-Fernando-Ordens. 800er Silber, 19 g 20,– 32,–

Juan Carlos I. seit 1975

			VZ	ST
38 (126)	50 Céntimos (Al) 1975 [76]. Juan Carlos I., Kopfbild n. l., Jahreszahl. Rs. Lorbeerzweig, geteilte Wertangabe		–,25	–,40

39 (127) 1 Peseta (Al-N-Bro) 1975 [76–80]. Rs. Staatswappen mit den Säulen des Herakles und Johannisadler, Wertangabe –,25 –,40

40 (128) 5 Pesetas (K-N) 1975 [76–80]. Rs. Gekröntes Wappen mit Vliesordenskette auf Astkreuz, von der königlichen Standarte, Wertangabe –,70 1,–

41 (129) 25 Pesetas (K-N) 1975 [76–80]. Rs. Königskrone, Wertangabe 1,80 2,20

42 (130) 50 Pesetas (K-N) 1975 [76, 78–80]. Typ ähnlich wie Nr. 40 3,– 4,50

VZ ST

43 (131) 100 Pesetas (K-N) 1975 [76]. Typ ähnlich wie Nr. 39 5,– 7,–

Nrn. 38–43 von 1975 [76], polierte Platte 25,–
Nrn. 39–41 von 1975 [77], polierte Platte 12,–
Nrn. 39–42 von 1975 [79], polierte Platte 16,–
Goldprägungen zu 100 Pesetas 1977 [77, 78] sind private Medaillen zur Erinnerung an die Goldmünzprägung unter König Alfonso XIII. (je 500 num. Ex.).

Nr. 44 fällt aus.

XII. Fußball-Weltmeisterschaft 1982 in Spanien (6)

45 (132) 50 Céntimos (Al) 1980 [80] –,50 1,–
46 (133) 1 Peseta (Al-N-Bro) 1980 [80–82] –,50 1,–
47 5 Pesetas (K-N) 1975 [80], 1980 [82–82]:
(Y 138) 1975 [80] (Fehlprägung) (ca. 30 000 Ex.) 40,– 100,–
(Y 134) 1980 [80–82] –,50 1,–

48 (135) 25 Pesetas (K-N) 1980 [80–82] –,80 1,50
49 (136) 50 Pesetas (K-N) 1980 [80–82] 1,50 3,–
50 (137) 100 Pesetas (K-N) 1980 [80] 3,– 5,–

Seit 1982 (ab Nr. 51) tragen die spanischen Münzen das Münzzeichen der Prägeanstalt Madrid (gekröntes M). Die bisherigen Sterne entfallen.

51 (140) 1 Peseta (Al) 1982–1989. Juan Carlos I. Rs. Staatswappen mit Königskrone zwischen den Säulen des Herakles, am 18. 12. 1981 wieder eingeführt, Wertangabe –,10 –,20

52 (141) 2 Pesetas (Al) 1982, 1984. Rs. Landkarte von Spanien mit Balearen, Kanarischen Inseln, Ceuta und Melilla, Wertangabe –,20 –,40

VZ ST

53 (142) 5 Pesetas (K-N) 1982–1984, 1989. Typ wie Nr. 40, jedoch gekröntes M statt Stern –,25 –,50

54 (143) 10 Pesetas (K-N) 1983–1985. Rs. Staatswappen, Wertangabe in Buchstaben –,30 –,60
55 (144) 25 Pesetas (K-N) 1982–1984. Typ wie Nr. 41, jedoch unter Wertangabe gekröntes M statt Stern 1,30 2,20
56 (145) 50 Pesetas (K-N) 1982–1985. Typ wie Nr. 42, jedoch gekröntes M statt Stern 1,50 3,–

57 (139) 100 Pesetas (Al-N-Bro) 1982–1988, 1990. Typ wie Nr. 54 4,– 6,–

58 (146) 200 Pesetas (K-N) 1986–1988. Rs. Wertangabe zwischen Eichen- und Lorbeerzweig im Siebeneck 4,50 7,–

Silberhochzeit des Königspaares

59 (147) 500 Pesetas (Al-N-Bro) 1987–1990. Kopfbilder von Juan Carlos I. und Sofia. Rs. Staatswappen, Wertangabe 8,– 15,–

Nrn. 57, 59, 63, 88, 89 bestehen aus Kupfer 88,4%, Aluminium 5%, Nickel 5%, Eisen 1%, Mangan 0,6% (»Monedor«).

III. Nationale Numismatische Ausstellung 1987 in Madrid (2)

PP

60 (140a) 1 Peseta (Al) 1987. Typ wie Nr. 51, mit »E-87« im Feld *40,–*

61 (146a) 200 Pesetas (K-N) 1987. Typ wie Nr. 58, mit »E-87« im Feld *60,–*

VZ ST

62 (165) 1 Peseta (Al) 1989, 1990. Juan Carlos I., Wertangabe. Rs. Staatswappen **–,10 –,20**

63 (166) 5 Pesetas (Al-N-Bro) 1989–1991. Monogramm JCI. Rs. Wertangabe **–,25 –,50**

64 10 Pesetas (K-N) 1991. Juan Carlos I. Rs. Staatswappen, Wertangabe mit Wertzahl **–,– –,–**

Nrn. 65–66 fallen aus.

67 100 Pesetas (Al-N-Bro) 1991. Typ wie Nr. 64 **–,– –,–**

68 (172) 200 Pesetas (K-N) 1990. Juan Carlos I. und Kronprinz Felipe. Rs. Löwenbiga vom Cibeles-Brunnen in Madrid **3,– 6,–**

Nr. 69–75 fallen aus.

Medaillen von 1989 zu 1, 5 ECU in Silber, 10, 50, 100 ECU in Gold (Y 148–152) siehe *Schön, ECU Katalog Münzen und Medaillen. 1. Auflage 1992.*

500. Jahrestag der Entdeckung Amerikas – 1. Ausgabe
Serie I – Das Zeitalter der Entdeckungen (12)

ST PL

76 (153) 100 Pesetas (S) 1989. Krone. Rs. Mesoamerikanische Pyramide. 925er Silber, 1,68 g:
a) Riffelrand **8,–**
b) Rand abwechselnd geriffelt und glatt **5,–**

77 (154) 200 Pesetas (S) 1989. Gekröntes Monogramm. Rs. Astrolabium. 925er Silber, 3,37 g:
a) Riffelrand **10,–**
b) Rand abwechselnd geriffelt und glatt **7,–**

ST PL

78 (155) 500 Pesetas (S) 1989. Porträt von Juan Carlos I. Rs. Tlachospieler der Maya in zeremonieller Tracht, Zentralmotiv des Steins von Chinkultic bei Chiapas. 925er Silber, 6,75 g:
a) Riffelrand **20,–**
b) Rand abwechselnd geriffelt und glatt **16,–**

79 (156) 1000 Pesetas (S) 1989. Standbild von Juan Carlos I. Rs. Kapitulation der Mauren in Granada 1492, nach Holzschnitzarbeit in der Kathedrale von Toledo. 925er Silber, 13,5 g:
a) Riffelrand **40,–**
b) Rand abwechselnd geriffelt und glatt **32,–**

80 (157) 2000 Pesetas (S) 1989. Juan Carlos I. und Sofia. Rs. Christoph Kolumbus. 925er Silber, 27 g:
a) Riffelrand **80,–**
b) Rand abwechselnd geriffelt und glatt **70,–**

PL PP

81 (158) 5000 Pesetas (S) 1989. Gekröntes Wappen. Rs. »Santa Maria« auf See. Piéfort, 925er Silber, 54 g:
a) Riffelrand **200,–**
b) Rand abwechselnd geriffelt und glatt **160,–**

82 (160) 10 000 Pesetas (S) 1989. Königliche Familie in Medaillons. Rs. Staatswappen, von den Wappen der siebzehn Provinzen umgeben. 925er Silber, 168,75 g **380,–**

ST PP

83 (159) 5000 Pesetas (G) 1989. Krone. Rs. Windrose. 999er Gold, 1,68 g:
a) Riffelrand **190,–**
b) Rand abwechselnd geriffelt und glatt **165,–**

84 (161) 10 000 Pesetas (G) 1989. Gekröntes Monogramm. Rs. Armillarsphäre. 999er Gold, 3,37 g:
a) Riffelrand **350,–**
b) Rand abwechselnd geriffelt und glatt **300,–**

85 (162) 20 000 Pesetas (G) 1989. Porträt von Juan Carlos I. Rs. Martin Alonso Pinzón, Kommandeur der »Pinta«. 999er Gold, 6,75 g:
a) Riffelrand **600,–**
b) Rand abwechselnd geriffelt und glatt **540,–**

86 (163) 40 000 Pesetas (G) 1989. Standbild von Juan Carlos I. Rs. Das stürmische Meer in Gestalt eines schnaubenden Fabelwesens. 999er Gold, 13,5 g:
a) Riffelrand **1200,–**
b) Rand abwechselnd geriffelt und glatt **1050,–**

87 (164) 80 000 Pesetas (G) 1989. Juan Carlos I. und Sofia. Rs. Ferdinand II. von Aragon und Elisabeth (Isabella) von Kastilien. 999er Gold, 27 g:
a) Riffelrand **2400,–**
b) Rand abwechselnd geriffelt und glatt **2050,–**

XXV. Olympische Sommerspiele 1992 in Barcelona
1. Ausgabe (2)

VZ ST

88 (170) 25 Pesetas (Al-N-Bro) 1990, 1991. Diskuswerfer, Landesname. Rs. Emblem der Spiele (stilisierter Hürdenläufer über olympischen Ringen), Wertangabe (mit Loch) **2,– 5,–**

			VZ	ST
89 (173)	25	Pesetas (Al-N-Bro) 1990, 1991. Juan Carlos I., Landesname. Rs. Hochspringer, Wertangabe (mit Loch)	2,–	5,–

XXV. Olympische Sommerspiele 1992 in Barcelona
2. Ausgabe – Serie I (7)

ST PP

90 (167) 2000 Pesetas (S) 1990. Juan Carlos I. und Kronprinz Felipe. Rs. Emblem der Spiele. 925er Silber, 27 g:
a) Riffelrand ↓ ↑ (max. 235 000 Ex.) 80,–
b) Rand abwechselnd geriffelt und glatt ↑ ↑ (max. 135 000 Ex.) 70,–

91 (168) 2000 Pesetas (S) 1990. Rs. Bogenschütze nach prähistorischer Malerei in der »Höhle der Pferde« an der spanischen Mittelmeerküste:
a) Riffelrand ↓ ↑ (max. 235 000 Ex.) 80,–
b) Rand abwechselnd geriffelt und glatt ↑ ↑ (max. 135 000 Ex.) 70,–

92 (175) 2000 Pesetas (S) 1990. Rs. Fußballspieler:
a) Riffelrand ↓ ↑ (max. 235 000 Ex.) 80,–
b) Rand abwechselnd geriffelt und glatt ↑ ↑ (max. 135 000 Ex.) 70,–

93 (176) 2000 Pesetas (S) 1990. Rs. Menschenpyramide mit Kind auf der Spitze, nach katalanischer Tradition:
a) Riffelrand ↓ ↑ (max. 235 000) 80,–
b) Rand abwechselnd geriffelt und glatt ↑ ↑ (max. 135 000 Ex.) 70,–

94 (177) 10 000 Pesetas (G) 1990. Kronprinz Felipe. Rs. Piktogramm »Hockey«. 999er Gold, 3,37 g:
a) Riffelrand ↓ ↑ 400,–
b) Rand abwechselnd geriffelt und glatt ↑ ↑ 350,–

95 (178) 20 000 Pesetas (G) 1990. Juan Carlos I. Rs. Kathedrale »Sagrada Familia« in Barcelona, seit 1883 nach Plänen des Architekten Antonio Gaudí (1852–1926) erbaut. 999er Gold, 6,75 g:
a) Riffelrand ↓ ↑ 700,–
b) Rand abwechselnd geriffelt und glatt ↑ ↑ 650,–

96 (169) 80 000 Pesetas (G) 1990. Juan Carlos I. und Sofia, Kronprinz Felipe, Prinzessinnen Elena und Cristina. Rs. Der »Kosmische Athlet«, Gemälde von Salvador Dalí, in Anlehnung an den Diskuswerfer des griechischen Bildhauers Myron. 999er Gold, 27g
a) Riffelrand ↓ ↑ (max. 30 000 Ex.) 2450,–
b) Rand abwechselnd geriffelt und glatt ↑ ↑ (max. 25 000 Ex.) 2200,–

Weltausstellung »Expo '92« in Sevilla (2)

			VZ	ST
97 (174)	50	Pesetas (K-N) 1990. Kartause »Santa Maria de las Cuevas« in Sevilla, Landesname. Rs. Emblem der Weltausstellung, Wertangabe (rund mit sieben Kerben)	3,–	5,–
98 (171)	50	Pesetas (K-N) 1990. Juan Carlos I. Rs. Emblem der Weltausstellung, Wertangabe (rund mit sieben Kerben)	3,–	5,–

XXV. Olympische Sommerspiele 1992 in Barcelona
2. Ausgabe – Serie II (7)

ST PP

99 (179) 2000 Pesetas (S) 1990. Juan Carlos I. und Kronprinz Felipe. Rs. Läufer von einem griechischen Vasenbild:
a) Riffelrand ↓ ↑ (max. 180 000 Ex.) 80,–
b) Rand abwechselnd geriffelt und glatt ↑ ↑ (max. 80 000 Ex.) 70,–

100 (180) 2000 Pesetas (S) 1990. Rs. Tamusisches Boot, nach dem Motiv einer iberischen Kupfermünze des 1. Jh. v. Chr.:
a) Riffelrand ↓ ↑ (max. 180 000 Ex.) 80,–
b) Rand abwechselnd geriffelt und glatt ↑ ↑ (max. 80 000 Ex.) 70,–

101 (181) 2000 Pesetas (S) 1990. Rs. Basketballspieler:
a) Riffelrand ↓ ↑ (max. 180 000 Ex.) 80,–
b) Rand abwechselnd geriffelt und glatt ↑ ↑ (max. 80 000 Ex.) 70,–

102 (182) 2000 Pesetas (S) 1990. Rs. »Cesta Punta«, baskisches Schlagballspiel:
a) Riffelrand ↓ ↑ (max. 180 000 Ex.) 80,–
b) Rand abwechselnd geriffelt und glatt ↑ ↑ (max. 80 000 Ex.) 70,–

103 (183) 10 000 Pesetas (G) 1990. Kronprinz Felipe. Rs. Piktogramm »Gymnastik«:
a) Riffelrand ↓ ↑ (max. 50 000 Ex.) 400,–
b) Rand abwechselnd geriffelt und glatt ↑ ↑ (max. 20 000 Ex.) 350,–

104 (184) 20 000 Pesetas (G) 1990. Juan Carlos I. Rs. Ruinen von Emporion (Ampurias):
a) Riffelrand ↓ ↑ (max. 35 000 Ex.) 700,–
b) Rand abwechselnd geriffelt und glatt ↑ ↑ (max. 15 000 Ex.) 650,–

105 (185) 80 000 Pesetas (G) 1990. Juan Carlos I. und Sofia, Kronprinz Felipe, Prinzessinnen Elena und Cristina. Rs. Prinz Balthasar Carlos zu Pferde bei der Jagd, nach einem Gemälde von Diego de Silva y Velázquez:
a) Riffelrand ↓ ↑ (max. 8000 Ex.) 2450,–
b) Rand abwechselnd geriffelt und glatt ↑ ↑ (max. 8000 Ex.) 2200,–

500. Jahrestag der Entdeckung Amerikas – 1. Ausgabe
Serie II – Spanische Könige und Eroberer der Neuen Welt (12)

ST PL

106 (197) 100 Pesetas (S) 1990. Franziskanerpater Junípero Serra, eigentl. Miguel José Serra y Ferrer (1713–1784). Rs. Missionsstation San Gabriel in Kalifornien, 1771 gegründet:
a) Riffelrand 8,–
b) Rand abwechselnd geriffelt und glatt 5,–

107 (198) 200 Pesetas (S) 1990. Alonso de Ercilla y Zúñiga (1533–1594/96), Soldat und Erzähler. Rs. Hand mit Federkiel beim Verfassen des Romans »La Araucana«:
a) Riffelrand 10,–
b) Rand abwechselnd geriffelt und glatt 7,–

108 (199) 500 Pesetas (S) 1990. Juan de la Cosa (um 1460–1510), Seefahrer und Kartograph. Rs. Weltkarte von 1500:
a) Riffelrand 20,–
b) Rand abwechselnd geriffelt und glatt 16,–

109 (200) 1000 Pesetas (S) 1990. Juan Sebastián Elcano (1486/87–1526) und Fernão de Magalhães (1480–1521). Rs. Route der ersten Weltumsegelung von 1519–1522:
a) Riffelrand 40,–
b) Rand abwechselnd geriffelt und glatt 32,–

ST PL

110 (201) 2000 Pesetas (S) 1990. Miguel Hidalgo y Costilla (1753–1811), José María Teclo Morelos y Pavón (1765–1815) und Benito Juárez García (1806–1872). Rs. Carancho mit Schlange im Schnabel auf Nopalkaktus, aus der Gründungssage von Tenochtitlán:
a) Riffelrand 80,–
b) Rand abwechselnd geriffelt und glatt 70,–

PL PP

111 (202) 5000 Pesetas (S) 1990. Begegnung zwischen Hernán Cortés und Aztekenherrscher Montezuma II. 1519, Dolmetscherin Marina im Hintergrund. Rs. Indianerin bei Webarbeit, Darstellungen aus der aztekischen Mythologie. Piéfort:
a) Riffelrand 200,–
b) Rand abwechselnd geriffelt und glatt 160,–

112 (203) 10000 Pesetas (S) 1990. Königliche Familie in Medaillons. Rs. Staatswappen, von zehn Porträts von Entdeckern, Schriftstellern und Wissenschaftlern umgeben 380,–

ST PP

113 (204) 5000 Pesetas (G) 1990. Krone. Rs. Felipe V., König von Spanien 1700–1724 und 1724–1746:
a) Riffelrand 190,–
b) Rand abwechselnd geriffelt und glatt 165,–

114 (205) 10000 Pesetas (G) 1990. Gekröntes Monogramm. Rs. Cuauhtémoc:
a) Riffelrand 350,–
b) Rand abwechselnd geriffelt und glatt 300,–

115 (206) 20000 Pesetas (G) 1990. Porträt von Juan Carlos I. Rs. Túpac Amarú I.:
a) Riffelrand 600,–
b) Rand abwechselnd geriffelt und glatt 540,–

116 (207) 40000 Pesetas (G) 1990. Standbild von Juan Carlos I. Rs. Felipe II., König von Spanien 1556–1598:
a) Riffelrand 1200,–
b) Rand abwechselnd geriffelt und glatt 1050,–

117 (208) 80000 Pesetas (G) 1990. Juan Carlos I. und Sofía. Rs. Karl V. (Carlos I.) (1500–1558), König von Spanien 1517–1556, Kaiser des Heiligen Römischen Reiches Deutscher Nation 1519–1556:
a) Riffelrand 2400,–
b) Rand abwechselnd geriffelt und glatt 2050,–

Medaille von 1990 zu 5 ECU in Silber (Y 195) siehe Schön, ECU Katalog Münzen und Medaillen. 1. Auflage 1992.

500. Jahrestag der Entdeckung Amerikas – 2. Ausgabe

118 (193) 2000 Pesetas (S) 1991. Staatswappen im Wappenkreis. Rs. Darstellung der Rückseite eines »Pilar Dollars« (8 Reales) unter Karl II. mit der Darstellung der Hemisphären zwischen den Säulen des Herakles und Motto »Plus Ultra«. 925er Silber, 27 g –,–

XXV. Olympische Sommerspiele 1992 in Barcelona
2. Ausgabe – Serie III (7)

119 (186) 2000 Pesetas (S) 1991. Juan Carlos I. und Kronprinz Felipe. Rs. Olympisches Feuer:
a) Riffelrand ↓ ↑ (max. 180000 Ex.) 80,–
b) Rand abwechselnd geriffelt und glatt ↑ ↑ (max. 72000 Ex.) 70.–

ST PP

120 (188) 2000 Pesetas (S) 1991. Rs. Mittelalterlicher Reiter:
a) Riffelrand ↓ ↑ (max. 180000 Ex.) 80,–
b) Rand abwechselnd geriffelt und glatt ↑ ↑ (max. 72000 Ex.) 70,–

121 (187) 2000 Pesetas (S) 1991. Rs. Tennis:
a) Riffelrand ↓ ↑ (max. 180000 Ex.) 80,–
b) Rand abwechselnd geriffelt und glatt ↑ ↑ (max. 72000 Ex.) 70,–

122 (189) 2000 Pesetas (S) 1991. Rs. Bowling:
a) Riffelrand ↓ ↑ (max. 180000 Ex.) 80,–
b) Rand abwechselnd geriffelt und glatt ↑ ↑ (max. 72000 Ex.) 70,–

123 (190) 10000 Pesetas (G) 1991. Kronprinz Felipe. Rs. Piktogramm »Tae-Kwon-Do«:
a) Riffelrand ↓ ↑ (max. 45000 Ex.) 400,–
b) Rand abwechselnd geriffelt und glatt ↑ ↑ (max. 18000 Ex.) 350,–

124 (191) 20000 Pesetas (G) 1991. Juan Carlos I. Rs. Olympiastadion von Montjuic:
a) Riffelrand ↓ ↑ (max. 32000 Ex.) 700,–
b) Rand abwechselnd geriffelt und glatt ↑ ↑ (max. 13000 Ex.) 650,–

125 (192) 80000 Pesetas (G) 1991. Juan Carlos I. und Sofía, Kronprinz Felipe, Prinzessinnen Elena und Cristina. Rs. »El Pelele« von Francisco de Goya:
a) Riffelrand ↓ ↑ (max. 7000 Ex.) 2450,–
b) Rand abwechselnd geriffelt und glatt ↑ ↑ (max. 7000 Ex.) 2200,–

500. Jahrestag der Entdeckung Amerikas – 1. Ausgabe
Serie III – Befreier und Kämpfer für die Unabhängigkeit (12)

ST PL

126 (209) 100 Pesetas (S) 1991. Celestino Mutis:
a) Riffelrand 8,–
b) Rand abwechselnd geriffelt und glatt 5,–

127 (210) 200 Pesetas (S) 1991. Bartolomé de las Casas:
a) Riffelrand 10,–
b) Rand abwechselnd geriffelt und glatt 7,–

128 (211) 500 Pesetas (S) 1991. Jorge Juan:
a) Riffelrand 20,–
b) Rand abwechselnd geriffelt und glatt 16,–

129 (212) 1000 Pesetas (S) 1991. José de San Martín zu Pferde. Rs. Simón Bolívar:
a) Riffelrand 40,–
b) Rand abwechselnd geriffelt und glatt 32,–

130 (213) 2000 Pesetas (S) 1991. Nikolaus Federmann (um 1505–1542), Gonzalo Jiménez de Quesada (1500–1579), Gründer von Bogotá, und Benalcázar:
a) Riffelrand 80,–
b) Rand abwechselnd geriffelt und glatt 70,–

PL PP

131 (214) 5000 Pesetas (S) 1991. Atahualpa und Pizarro. Piéfort:
a) Riffelrand 200,–
b) Rand abwechselnd geriffelt und glatt 160,–

132 (215) 10000 Pesetas (S) 1991. Königliche Familie in Medaillons. Rs. Herakles mit Weltkugel, von zehn Porträts umgeben 380,–

ST PP

133 (216) 5000 Pesetas (G) 1991. Krone. Rs. Fernando VI.:
a) Riffelrand 190,–
b) Rand abwechselnd geriffelt und glatt 165,–

				ST	PP
134	(217)	10 000	Pesetas (G) 1991. Gekröntes Monogramm. Rs. Túpac Amarú II.:		
			a) Riffelrand		**350,–**
			b) Rand abwechselnd geriffelt und glatt		**300,–**
135	(218)	20 000	Pesetas (G) 1991. Porträt von Juan Carlos I. Rs. Huascar:		
			a) Riffelrand		**600,–**
			b) Rand abwechselnd geriffelt und glatt		**540,–**
136	(219)	40 000	Pesetas (G) 1991. Standbild von Juan Carlos I. Rs. Gekrönter Doppeladler:		
			a) Riffelrand		**1200,–**
			b) Rand abwechselnd geriffelt und glatt		**1050,–**
137	(220)	80 000	Pesetas (G) 1991. Juan Carlos I. und Sofía. Rs. Carlos III.:		
			a) Riffelrand		**2400,–**
			b) Rand abwechselnd geriffelt und glatt		**2050,–**

Medaille von 1991 zu 5 ECU in Silber (Y 196) siehe *Schön, ECU Katalog Münzen und Medaillen. 1. Auflage 1992.*

Madrid Kulturhauptstadt Europas 1992

138 (194) 200 Pesetas (S) 1992. 925er Silber, 12,25 g **–,–**

XXV. Olympische Sommerspiele 1992 in Barcelona
2. Ausgabe – Serie IV (7)

139 2000 Pesetas (S) 1992. Juan Carlos I. und Kronprinz Felipe. Rs. Basketballspieler bei den Paralympischen Sommerspielen in Barcelona:
a) Riffelrand ↓ ↑ (max. 180 000 Ex.) **80,–**
b) Rand abwechselnd geriffelt und glatt ↑ ↑ (max. 72 000 Ex.) **70,–**

140 2000 Pesetas (S) 1992. Rs. Quadriga:
a) Riffelrand ↓ ↑ (max. 180 000 Ex.) **80,–**
b) Rand abwechselnd geriffelt und glatt ↑ ↑ (max. 72 000 Ex.) **70,–**

141 2000 Pesetas (S) 1992. Rs. Sprinter nach dem Start:
a) Riffelrand ↓ ↑ (max. 180 000 Ex.) **80,–**
b) Rand abwechselnd geriffelt und glatt ↑ ↑ (max. 72 000 Ex.) **70,–**

142 2000 Pesetas (S) 1992. Rs. Tauziehen:
a) Riffelrand ↓ ↑ (max. 180 000 Ex.) **80,–**
b) Rand abwechselnd geriffelt und glatt ↑ ↑ (max. 72 000 Ex.) **70,–**

143 10 000 Pesetas (G) 1992. Kronprinz Felipe. Rs. Piktogramm »Baseball«:
a) Riffelrand ↓ ↑ (max. 45 000 Ex.) **400,–**
b) Rand abwechselnd geriffelt und glatt ↑ ↑ (max. 18 000 Ex.) **350,–**

144 20 000 Pesetas (G) 1992. Juan Carlos I. Rs. Palau Sant Jordi:
a) Riffelrand ↓ ↑ (max. 32 000 Ex.) **700,–**
b) Rand abwechselnd geriffelt und glatt ↑ ↑ (max. 13 000 Ex.) **650,–**

145 80 000 Pesetas (G) 1992. Juan Carlos I. und Sofía, Kronprinz Felipe, Prinzessinnen Elena und Cristina. Rs. »Buben beim Würfelspiel« von Bartolomé Esteban Murillo:
a) Riffelrand ↓ ↑ (max. 7000 Ex.) **2450,–**
b) Rand abwechselnd geriffelt und glatt ↑ ↑ (max. 7000 Ex.) **2200,–**

Medaillen von 1992 mit Wertangaben in ECU in Silber und Gold siehe *Schön, ECU Katalog Münzen und Medaillen. 1. Auflage 1992.*

500. Jahrestag der Entdeckung Amerikas – 1. Ausgabe
Serie IV – Münzstätten und Münzen der Kolonialzeit (12)

			ST	PL
146	100	Pesetas (S) 1992:		
		a) Riffelrand		**8,–**
		b) Rand abwechselnd geriffelt und glatt	**5,–**	
147	200	Pesetas (S) 1992:		
		a) Riffelrand		**10,–**
		b) Rand abwechselnd geriffelt und glatt	**7,–**	
148	500	Pesetas (S) 1992:		
		a) Riffelrand		**20,–**
		b) Rand abwechselnd geriffelt und glatt	**16,–**	
149	1000	Pesetas (S) 1992:		
		a) Riffelrand		**40,–**
		b) Rand abwechselnd geriffelt und glatt	**32,–**	
150	2000	Pesetas (S) 1992:		
		a) Riffelrand		**80,–**
		b) Rand abwechselnd geriffelt und glatt	**70,–**	

			PL	PP
151	5000	Pesetas (S) 1992. Piéfort:		
		a) Riffelrand		**–,–**
		b) Rand abwechselnd geriffelt und glatt	**–,–**	
152	10 000	Pesetas (S) 1992	**–,–**	

			ST	PP
153	5000	Pesetas (G) 1992:		
		a) Riffelrand		**–,–**
		b) Rand abwechselnd geriffelt und glatt	**–,–**	
154	10 000	Pesetas (G) 1992:		
		a) Riffelrand		**–,–**
		b) Rand abwechselnd geriffelt und glatt	**–,–**	
155	20 000	Pesetas (G) 1992:		
		a) Riffelrand		**–,–**
		b) Rand abwechselnd geriffelt und glatt	**–,–**	
156	40 000	Pesetas (G) 1992:		
		a) Riffelrand		**–,–**
		b) Rand abwechselnd geriffelt und glatt	**–,–**	
157	80 000	Pesetas (G) 1992:		
		a) Riffelrand		**–,–**
		b) Rand abwechselnd geriffelt und glatt	**–,–**	

Medaillen von 1992 mit Wertangaben in ECU in Silber und Gold siehe *Schön, ECU Katalog Münzen und Medaillen. 1. Auflage 1992.*

Frühere Ausgaben siehe Weltmünzkatalog 19. Jahrhundert.

Baskische Republik
Euzkadi

Während der Zeit des Bürgerkrieges bildeten die Baskischen Provinzen am Golf von Biskaya ein autonomes Gebiet. Hauptstadt: Bilbao.

		SS	VZ
1 (1)	1 Peseta (N) 1937. Freiheitskopf n. r., Umschrift »Gobierno de Euzkadi«. Rs. Wert und Jahreszahl im Kranz	7,50	12,–

		SS	VZ
2 (2)	2 Pesetas (N) 1937. Typ wie Nr. 1	7,50	12,–

Ceylon — Sri Lanka — Ceylan

Fläche: 66000 km²; 16100000 Einwohner (1986).
Mit Wirkung vom 22. Mai 1972 hat sich Ceylon zur Republik erklärt und seinen bisherigen Namen in singhalesischer Sprache Sri Lanka („Prächtige Insel") zu dem auch international ausschließlich zu benützenden erklärt. Hauptstadt: Colombo.

100 Sri-Lanka-Cents = 1 Sri-Lanka-Rupie

Demokratische Sozialistische Republik Sri Lanka

		VZ	ST
1 (1)	1 Cent (Al) 1975, 1978. Staatswappen. Rs. Wertangabe, Jahreszahl	**–,20**	**–,30**
2 (2)	2 Cents (Al) 1975, 1977, 1978. Typ wie Nr. 1 (Wellenschnitt)	**–,30**	**–,40**
3 (3)	5 Cents (N-Me) 1975. Typ wie Nr. 1 (viereckig)	**–,40**	**–,80**
4 (4)	10 Cents (N-Me) 1975. Typ wie Nr. 1 (Wellenschnitt)	**–,50**	**–,80**
5 (3a)	5 Cents (Al) 1978, 1988. Typ wie Nr. 1	**–,30**	**–,40**
6 (4a)	10 Cents (Al) 1978, 1988. Typ wie Nr. 1	**–,40**	**–,60**
7 (5)	25 Cents (K-N) 1975–1982. Typ wie Nr. 1:		
	a) 1975, 1978 (»Security edge«)	**–,60**	**1,20**
	b) 1982 (Riffelrand)	**–,60**	**1,20**
8 (6)	50 Cents (K-N) 1972–1982. Typ wie Nr. 1:		
	a) 1972, 1975, 1978 (»Security edge«)	**–,80**	**1,60**
	b) 1982 (Riffelrand)	**–,80**	**1,60**

9 (7)	1 Rupie (K-N) 1972–1982. Typ wie Nr. 1:		
	a) 1972, 1975, 1978 (»Security edge«)	**1,–**	**2,–**
	b) 1982 (Riffelrand)	**1,–**	**2,–**

Nrn. 1–4, 7a–9a von 1975, polierte Platte (1431 Ex.) 60,–
Nrn. 1, 2, 5-9a von 1978, polierte Platte (20000 Ex.) 30,–

5. Gipfelkonferenz der blockfreien Staaten in Colombo 16.–19. August 1976 (2)

		ST	PP
10 (8)	2 Rupien (K-N) 1976. Konferenzgebäude, Zweckinschrift. Rs. Wertangabe (siebeneckig)	**4,–**	*16,–*
11 (9)	5 Rupien (N) 1976. Typ wie Nr. 10 (zehneckig)	**6,–**	*25,–*

Regierungsantritt von Präsident Jayawardene

12 (10)	1 Rupie (K-N) 1978. Junius Richard Jayawardene (*1906), Staatspräsident. Rs. Staatswappen	**2,–**	*16,–*

FAO-Ausgabe zur Erbauung des Mahaweli-Staudammes

		VZ	ST
13 (11)	2 Rupien (K-N) 1981. Ansicht des Staudammes [RM]	**1,40**	**2,50**

50. Jahrestag der Einführung des allgemeinen Wahlrechtes

14 (12)	5 Rupien (K-N) 1981. Parlamentsgebäude (zehneckig) [RM]	**2,20**	**3,–**
15 (13)	2 Rupien (K-N) 1984. Staatswappen. Rs. Wertangabe, Jahreszahl	**1,40**	**2,50**
16 (14)	5 Rupien (N-Me) 1984, 1986. Typ wie Nr. 15:		
	a) Rand »CBC« (Central Bank of Ceylon), 1984	**–,–**	**–,–**
	b) Rand »CBSL« (Central Bank of Sri Lanka), 1986	**2,–**	**3,–**

Internationales Jahr für menschenwürdiges Wohnen 1987

17	10 Rupien (K-N) 1987. Internationales Emblem. Rs. Wertangabe (viereckig)	**3,–**	**5,–**

40 Jahre Zentralbank

		ST	PP
18	500 Rupien (S) 1990. Emblem der Zentralbank. Rs. Zentralbankgebäude in Colombo. 925er Silber, 28,28 g [RM] (max. 2200 Ex.)		**90,–**

Straits Settlements

Straits Settlements | **Etablissements des Détroits (Malacca)**

Unter dem Namen „Meerengen-Siedlungen" bildeten die Briten aus den um 1800 herum aus verschiedenem Vorbesitz erworbenen kleineren Gebieten 1867 eine Kronkolonie mit dem Zentrum in der 1824 durch die Britische Ostindien Kompanie dem Sultan von Dschohor abgekaufte, auf einer Insel vor der malaiischen Halbinsel liegenden Stadt Singapur (Löwenstadt). Auf der malaiischen Halbinsel waren nur Pinang (Penang) und die Stadt Malakka echte Bestandteile der Straits Settlements. Aber die Ausdehnung in Richtung auf Siam durch Unterstellung der malaiischen Fürsten unter englische Herrschaft oder Protektion dehnte den Bereich des Generalgouverneurs der Straits Settlements weit nach Norden aus. Hauptstadt: Singapur.
Der Straits-Dollar wurde am 25. Juni 1903 eingeführt und galt nicht nur in den Staaten der malaiischen Halbinsel, sondern auch in Britisch-Nordborneo, Brunei, der Insel Labuan bei Borneo, den Kokosinseln sowie der Weihnachtsinsel südlich von Java und in Sarawak. Der Straits-Dollar entsprach in Feingehalt und Gewicht dem bisher handelsüblichen Mexikanischen Peso (Piaster).

100 Cents (Fen, Sen) = 1 Straits-Dollar (Yuan, Ringgit)

Eduard VII. 1901–1910

SS **VZ**

1 (17) ¼ Cent (Bro) 1904, 1905, 1908. Eduard VII., gekröntes Brustbild n. r. Rs. Wert in gepunktetem Kreis:
1904, polierte Platte **–,–**
1905, 1908 **8,– 16,–**

2 (18) ½ Cent (Bro) 1904, 1908. Typ wie Nr. 1:
1904, polierte Platte **–,–**
1908 **10,– 20,–**

3 (19) 1 Cent (Bro) 1903, 1904, 1906–1908. Typ wie Nr. 1 **6,– 12,–**

4 (20) 5 Cents (S) 1902, 1903, 1910. Typ wie Nr. 1:
a) 800er Silber, 1,35 g, 1902, 1903 **8,50 12,–**
b) 600er Silber, 1,35 g, 1910 **8,50 12,–**

5 (21) 10 Cents (S) 1902, 1903, 1909, 1910. Typ wie Nr. 1:
a) 800er Silber, 2,71 g, 1902, 1903 **12,– 20,–**
b) 600er Silber, 2,71 g, 1909, 1910 **12,– 20,–**

6 (22) 20 Cents (S) 1902, 1903, 1910. Typ wie Nr. 1:
a) 800er Silber, 5,43 g, 1902, 1903 **18,– 30,–**
b) 600er Silber, 5,43 g, 1910 **18,– 30,–**

A7 (23) 50 Cents (S) 1902, 1903, 1905. Typ wie Nr. 1. 800er Silber, 13,57 g **80,– 170,–**

7 (24) 50 Cents = ½ Dollar (S) 1907, 1908. Typ ähnlich wie Nr. 1. 900er Silber, 10,10 g **25,– 45,–**

8 (25) 1 Dollar (S) 1903, 1904, 1907–1909. Rs. Ornament mit Wertangabe in chinesisch »Yi Yuan« und malaiisch »Satu Ringgit«:
a) 900er Silber, 26,95 g; Ø 37,3 mm, 1903, 1904 **40,– 85,–**
b) 900er Silber, 20,21 g; Ø 34,3 mm, 1907–1909 **25,– 50,–**

Georg V. 1910–1936

9 (27) ¼ Cent (Bro) 1916. Georg V., gekröntes Brustbild n. l. Rs. Wert, wie Nr. 1 **5,– 10,–**

10 (28) ½ Cent (Bro) 1916. Typ wie Nr. 9 **6,– 12,–**

11 (29) ½ Cent (Bro) 1932. Typ ähnlich wie Nr. 9 (viereckig) **2,– 4,–**

12 (30) 1 Cent (Bro) 1919, 1920, 1926. Typ wie Nr. 9 (viereckig) **2,– 4,–**

13 (31) 5 Cents (K-N) 1920. Typ wie Nr. 9 **12,– 18,–**

SS **VZ**

14 (32) 5 Cents (S) 1918–1935. Typ wie Nr. 9:
a) 400er Silber, 1,35 g, 1918–1920 **5,– 10,–**
b) 600er Silber, 1,35 g, 1926, 1935 **5,– 10,–**

15 (34) 10 Cents (S) 1916–1927. Typ wie Nr. 9:
a) 600er Silber, 2,71 g, 1916, 1917 (Punkt unter Brustbild) **5,– 10,–**
b) 400er Silber, 2,71 g, 1918–1920 (Kreuz unter Brustbild) **5,– 10,–**
c) 600er Silber, 2,71 g, 1926, 1927 **5,– 10,–**

16 (35) 20 Cents (S) 1916–1935. Typ wie Nr. 9:
a) 600er Silber, 5,43 g, 1916, 1917 (Punkt unter Brustbild) **8,– 14,–**
b) 400er Silber, 5,43 g, 1919 (Kreuz unter Brustbild) **8,– 14,–**
c) 600er Silber, 5,43 g, 1926, 1927, 1935 **8,– 14,–**

17 (36) 50 Cents = ½ Dollar (S) 1920, 1921. Typ ähnlich wie Nr. 9. 500er Silber, 8,42 g:
a) Punkt unter Brustbild, 1920 **15,– 35,–**
b) Kreuz unter Brustbild, 1920, 1921 **15,– 35,–**

18 (37) 1 Dollar (S) 1919–1926. Rs. wie Nr. 8. 500er Silber, 16,84 g:
1919, 1920 **45,– 65,–**
1925, 1926 **–,– –,–**

Kelantan

Mohammed IV. 1900–1920

Nr.		SS	VZ
1	1 Keping = Pitis (Zinn) n. H. 1321 (1903). Inkuse Umschrift »Belanjaan Kerajaan Kelentan Adima Mulka«. Rs. Inkuse Umschrift »Suniat fi Dschamadal Awal sanat 1321«(geprägt im Juli/August des Jahres 1903); ∅ 29–33 mm (mit Loch)	40,–	80,–

Nr.		SS	VZ
2	1 Keping = Pitis (Zinn) n. H. 1321 (1904). Umschrift »Belanjaan Kerajaan Kelantan« (Zahlungsmittel der Regierung von Kelantan). Rs. Umschrift »Sarb fi Dhu'l Hija sanat 1321« (geprägt im Februar/März des Jahres 1904); ∅ 20–22 mm (mit Loch)	10,–	22,–
3	10 Keping (Zinn) n. H. 1321 (1904). Inschrift »Belanjaan Kerajaan Kelantan Sepula Keping 10« (Zahlungsmittel der Regierung von Kelantan, zehn Keping 10) im Ornamentkreis, Rs. Inschrift »Suniat fi Dhu'l Hija sanat 1321« (geprägt im Februar/März des Jahres 1904) im Ornamentkreis; ∅ 32 mm	35,–	60,–
4	1 Keping (Zinn) n. H. 1323 (1905). Umschrift »Negri Kelantan Satu Keping sanat 1323« (Staat Kelantan ein Keping, Jahr 1905). Einseitig; ∅ 30 mm (mit Loch)	–,–	–,–

Trengganu

100 Sen (Cents) = 1 Ringgit (Dollar)

Zainal Abidin III. 1881–1918

Nr. 1 fällt aus.

Nr.		SS	VZ
2	½ Sen (Zinn) n. H. 1322 (1904). Ornamentale Inschrift »Kerajaan« (Regierung), im Kreis Umschrift »Daerah taklok-nya Trengganu 1322« (Provinz Trengganu 1904). Rs. Arabische Wertzahl im Kranz	40,–	75,–

Nr. 3 fällt aus.

Nr.		SS	VZ
4	¼ Sen (Zinn) n. H. 1325 (1907). Inschrift »Kerajaan Trengganu Sanat 1325« (Regierung von Trengganu, Jahr 1907) im Kreis, von den Buchstaben S, Z, 'Ain (Sultan Zainal Abidin) zwischen Sternen umgeben. Rs. Wertzahl ¼ im Kranz	–,–	–,–
5	½ Sen (Zinn) n. H. 1325 (1907). Typ wie Nr. 4	40,–	75,–
6	1 Sen (Zinn) n. H. 1325 (1907). Typ wie Nr. 4	25,–	50,–

Anm.: Die Bewertungen für Nrn. 2 und 5 gelten für Neuprägungen von den Originalstempeln.

Suleiman Badrul Alam Shah 1920–1942

Nr.		SS	VZ
7	1 Sen (Zinn) n. H. 1325 (geprägt 1920). Vs. wie Nr. 4. Rs. Wertzahl 1 zwischen Sternen in Raute im Kranz	22,–	50,–

Weitere Ausgaben siehe unter *Malaya, Malaysia, Britisch-Nordborneo, Brunei* und *Singapur.*

South Africa

Südafrika

Afrique du Sud

Suid-Afrika

Fläche: 1 224 000 km²; 28 892 000 Einwohner (1990).
Die Südafrikanische Union entstand am 31. Mai 1910 durch den Zusammenschluß der bereits 1814 britisch gewordenen Kapprovinz und von Natal sowie der im Burenkrieg eroberten Republiken Oranjefreistaat und Transvaal. Am 31. Mai 1961 schied die Südafrikanische Union aus dem britischen Commonwealth aus und führt von diesem Zeitpunkt die Staatsbezeichnung Republik Südafrika.
Haupstadt: Pretoria.

12 Pence = 1 Shilling, 2 Shillings = 1 Florin,
20 Shillings = 1 £; seit 1961: 100 Cents = 1 Rand

Der Krügerrand (Nr. A 90) und seine seit 1980 geprägten Teilstücke Nrn. 130–132) sowie Nrn. 143, 145, 146 stehen außerhalb des Währungssystems und sind von den Schwankungen am internationalen Goldmarkt abhängig.
Zum Währungsgebiet des Rand gehören auch Südwestafrika (bis März 1990), Botswana (bis 30. November 1976), Lesotho, Swasiland und die TBVC-Staaten (Transkei, Bophuthatswana, Venda und Ciskei).

Südafrikanische Union

Georg V. 1910–1936

SS VZ

1 (11) 1/4 Penny (Bro) 1923–1926. Georg V., gekröntes Brustbild n. l. Rs. 2 Sperlinge (Passer domesticus – Fringilidae) auf Akazienzweigen: vgl. Matthäus 10. v. 29 = »Kauft man nicht zwei Sperlinge um einen Pfennig? Dennoch fällt keiner von ihnen auf die Erde ohne Euren Vater«. 12,– 20,–

2 (11a) 1/4 Penny (Bro) 1928–1931. Typ wie Nr. 1, jedoch Wertangabe statt »1/4 Penny 1/4, nur 1/4 Penny 10,– 15,–

3 (12) 1/2 Penny (Bro) 1923–1926. Rs. Niederländisches Segelschiff des 17. Jh. 20,– 40,–

4 (12a) 1/2 Penny (Bro) 1928–1931. Typ wie Nr. 3, jedoch Wertangabe statt »1/2 Penny 1/2« nur 1/2 Penny 7,50 10,–

5 (13) 1 Penny (Bro) 1923–1924. Rs. Segelschiff 15,– 30,–

6 (13a) 1 Penny (Bro) 1926–1930. Typ wie Nr. 5, jedoch Wertangabe statt »1 Penny« nur Penny 6,– 12,–

7 (15) 3 Pence (S) 1923–1925. Rs. Wert im Kranz 12,– 25,–

8 (17) 3 Pence (S) 1925–1930. Rs. Protea cynaroides – Proteaceae, von drei Reisigbündeln umgeben 10,– 15,–

9 (16) 6 Pence (S) 1923–1924. Rs. Wert im Kranz 15,– 30,–

10 (18) 6 Pence (S) 1925–1930. Rs. Protea cynaroides – Proteaceae 15,– 20,–

11 (19) 1 Shilling (S) 1923–1924. Rs. Allegorie der Hoffnung 28,– 40,–

12 (19a) 1 Shilling (S) 1926–1930. Typ wie Nr. 11, jedoch Wertangabe statt »1 Shilling 1« nur Shilling 20,– 28,–

13 (20) 1 Florin (S) 1923–1930. Rs. Wappen 25,– 40,–

14 (21) 21/2 Shillings (S) 1923–1925. Rs. Gekröntes Wappen 30,– 50,–

15 (21a) 21/2 Shillings (S) 1926–1930. Typ wie Nr. 14, jedoch Wertangabe statt »21/2 Shillings 21/2« nur 21/2 Shillings 28,– 38,–

16 (A21) 1/2 Sovereign (G) 1923–1926. Georg V. Rs. St. Georg im Kampf mit dem Drachen 165,– 220,–

17 (22) 1 Sovereign (G) 1923–1932 250,– 300,–

Die Münzen Nr. 16 und 17 unterscheiden sich von den im gleichen Zeitraum erschienenen bildgleichen Münzen von Großbritannien nur durch das Münzzeichen SA

SS VZ

18 (23) ¼ Penny (Bro) 1931–1936. Rs. Sperlinge. Wertangabe jetzt »D« statt Penny **5,– 12,–**

19 (24) ½ Penny (Bro) 1931–1936. Rs. Segelschiff »Dromedaris« **5,– 15,–**

20 (25) 1 Penny (Bro) 1931–1936. Rs. Segelschiff **3,– 8,–**

21 (26) 3 Pence (S) 1931–1936. Rs. Protea cynaroides – Proteaceae, von drei Reisigbündeln umgeben **4,– 10,–**

22 (27) 6 Pence (S) 1931–1936. Rs. Protea cynaroides – Proteaceae, von sechs Reisigbündeln umgeben **7,– 15,–**

23 (28) 1 Shilling (S) 1931–1936. Rs. Allegorie der Hoffnung **12,– 25,–**

24 (29) 2 Shillings (S) 1931–1936. Rs. Wappen **16,– 32,–**

25 (30) 2½ Shillings (S) 1931–1936. Rs. Gekröntes Wappen **18,– 35,–**

Georg VI. 1936–1952

26 (31) ¼ Penny (Bro) 1937–1947. Georg VI., Kopfbild n. l. Rs. Sperlinge **1,50 3,–**

27 (32) ½ Penny (Bro) 1937–1947. Rs. Segelschiff **1,50 2,50**

28 (33) 1 Penny (Bro) 1937–1947. Rs. Segelschiff **1,50 2,50**

Nr.			SS	VZ
29 (34)	3	Pence (S) 1937–1947. Rs. Protea cynaroides – Proteaceae, von drei Reisigbündeln umgeben	2,–	3,–
30 (35)	6	Pence (S) 1937–1947	3,–	5,–
31 (36)	1	Shilling (S) 1937–1947. Rs. Allegorie der Hoffnung	6,–	9,–
32 (37)	2	Shillings (S) 1937–1947. Rs. Wappen	12,–	18,–
33 (38)	2½	Shillings (S) 1937–1947. Rs. Gekröntes Wappen	16,–	26,–

Zum Besuch der Königlichen Familie

Nr.			SS	VZ
34 (39)	5	Shillings (S) 1947. Rs. Springbock (Antidorcas marsupialis – Bovidae)	30,–	50,–
35 (40)	¼	Penny (Bro) 1948–1950. Typ wie Nr. 26, jedoch Inschrift GEORGIUS SEXTUS REX	1,50	3,–
36 (41)	½	Penny (Bro) 1948–1952	1,50	3,–
37 (42)	1	Penny (Bro) 1948–1950	1,50	3,–
38 (43)	3	Pence (S) 1948–1952	2,–	4,–
39 (44)	6	Pence (S) 1948–1950	4,–	8,–
40 (45)	1	Shilling (S) 1948–1950	9,–	20,–
41 (45a)	1	Shilling (S) 1951–1952	9,–	15,–
42 (46)	2	Shillings (S) 1948–1950	28,–	50,–
43 (47)	2½	Shillings (S) 1948–1950	60,–	90,–
44 (47a)	2½	Shillings (S) 1951–1952	15,–	28,–
45 (48)	5	Shillings (S) 1948–1950. Rs. Springbock	30,–	40,–
46 (57)	½	Sovereign (G) 1952. Rs. Springbock	200,–	240,–
47 (58)	1	Sovereign (G) 1952	320,–	360,–
48 (49)	¼	Penny (Bro) 1951–1952	–,80	1,30
49 (50)	1	Penny (Bro) 1951–1952	1,50	2,50
50 (51)	6	Pence (S) 1951–1952	3,–	6,–
51 (52)	2	Shillings (S) 1951–1952	9,–	15,–
52 (53)	5	Shillings (S) 1951	18,–	30,–

300. Jahrestag der Gründung von Kapstadt durch Jan van Riebeeck

Nr.			SS	VZ
53 (56)	5	Shillings (S) 1952. Rs. Segelschiff »Dromedaris« der Vereinigten Ostindischen Companie vor dem Tafelberg bei Kapstadt	18,–	25,–

Elisabeth II. 1952–1961

Nr.			SS	VZ
54 (59)	¼	Penny (Bro) 1953–1960. Elisabeth II., Kopfbild n.r. Rs. Sperlinge	–,70	1,–
55 (60)	½	Penny (Bro) 1953–1960. Rs. Segelschiff	–,80	1,20
56 (61)	1	Penny (Bro) 1953–1960. Rs. Segelschiff	1,–	1,60
57 (62)	3	Pence (S) 1953–1960. Rs. Protea cynaroides – Proteaceae, von drei Reisigbündeln umgeben	1,50	2,–
58 (63)	6	Pence (S) 1953–1960	3,–	5,–
59 (64)	1	Shilling (S) 1953–1960. Rs. Allegorie der Hoffnung	6,–	9,–
60 (65)	2	Shillings (S) 1953–1960. Rs. Wappen	10,–	15,–
61 (66)	2½	Shillings (S) 1953–1960. Rs. Gekröntes Wappen	12,–	18,–
62 (67)	5	Shillings (S) 1953–1959. Rs. Springbock	18,–	25,–
63 (68)	½	£ (G) 1953–1960. Elisabeth II., Kopfbild n. r. Rs. Springbock	150,–	200,–
64 (69)	1	£ (G) 1953–1960	350,–	420,–

50 Jahre Südafrikanische Union

Nr.			SS	VZ
65 (70)	5	Shillings (S) 1960. Rs. Parlamentsgebäude	18,–	25,–

Republik Südafrika seit 1961

NEUE WÄHRUNG: 100 Cents = 1 Rand

Zweisprachige Inschriften (9)

Nr.			VZ	ST
66 (71)	½	Cent (Me) 1961–1964. Jan Anthoniszoon van Riebeeck (1619–1677), Niederländer, Gründer von Kapstadt, Kolonisator und Gouverneur der Kapkolonie. Rs. Sperlinge	–,70	2,–
67 (72)	1	Cent (Me) 1961–1964. Rs. Planwagen aus der Vortrekkerzeit	1,–	2,–
68 (73)	2½	Cents (S) 1961–1964. Rs. Protea cynaroides – Proteaceae	6,–	10,–
69 (74)	5	Cents (S) 1961–1964. Rs. Protea cynaroides – Proteaceae, von fünf Reisigbündeln umgeben	2,–	4,–
70 (75)	10	Cents (S) 1961–1964. Rs. Allegorie der Hoffnung	3,–	6,–

Nr.			VZ	ST
71 (76)	20	Cents (S) 1961–1964. Rs. Wappen	5,–	10,–
72 (77)	50	Cents (S) 1961–1964. Rs. Springbock	16,–	32,–
73 (78)	1	Rand (G) 1961–1983. Rs. Springbock	100,–	130,–

		VZ	ST
74 (79)	2 Rand (G) 1961–1983. Rs. Springbock	**190,–**	**250,–**

Landesinschrift in Englisch (7)

75 (80) 1 Cent (Bro) 1965—1969. Rs. Sperlinge **—,50 1,—**
76 (81) 2 Cents (Bro) 1965—1969. Rs. Weißschwanzgnu (Connochaetes taurinus — Bovidae) **—,50 1,—**
77 (82) 5 Cents (N) 1965—1969. Rs. Paradieskranich (Anthropoides paradisea — Gruidae) **—,70 1,50**
78 (83) 10 Cents (N) 1965—1969. Rs. Aloe sp. — Liliaceae **1,— 2,—**
79 (84) 20 Cents (N) 1965—1969. Rs. Protea cynaroides und Protea repens — Proteaceae **1,50 3,—**
80 (85) 50 Cents (N) 1965—1969. Jan van Riebeeck. Rs. Zantedeschia elliottiana — Araceae; Paradiesvogelblume (Strelitzia reginae — Musaceae) und Agapanthus sp. — Liliaceae **3,— 6,—**
81 (86) 1 Rand (S) 1965—1968. Rs. Springbock **17,— 22,—**

Landesinschrift in Afrikaans (7)

82 (80a) 1 Cent (Bro) 1965—1969. Typ wie Nr. 75 **—,50 1,—**
83 (81a) 2 Cents (Bro) 1965—1969. Typ wie Nr. 76 **—,50 1,—**
84 (82a) 5 Cents (N) 1965—1969. Typ wie Nr. 77 **—,70 1,50**
85 (83a) 10 Cents (N) 1965—1969. Typ wie Nr. 78 **1,— 2,—**
86 (84a) 20 Cents (N) 1965—1969. Typ wie Nr. 79 **1,50 3,—**

87 (85a) 50 Cents (N) 1965—1969. Typ wie Nr. 80 **3,— 6,—**
88 (86a) 1 Rand (S) 1965—1968. Typ wie Nr. 81:
1965 (85 Ex.) *2000,-*
1966—1968 **17,— 22,—**

1. Todestag von Dr. H. F. Verwoerd (2)

89 (87) 1 Rand (S) 1967. Dr. Hendrik Frensh Verwoerd (1901—1966), Ministerpräsident von 1958—1966. Rs. Springbock; »SOLI DEO GLORIA« (Gott allein die Ehre), Devise Calvins. Landesinschrift in Englisch **20,— 25,—**

		VZ	ST
90 (87a)	1 Rand (S) 1967. Typ wie Nr. 89. Landesinschrift in Afrikaans	20,–	25,–

Goldanlegermünze »Krügerrand«

		ST	PP
A90 (104)	1 Krügerrand (G) 1967–1985, 1987, 1989. Stefan Johannes Paul Krüger (1825–1904). Rs. Springbock (Antidorcas marsupialis – Bovidae). 916⅔er Gold, 33,93 g	*900,–*	*2500,–*

In gleicher Zeichnung: Nrn. 130–132.

Landesinschrift in Englisch (6)

91 (88) 1 Cent (Bro) 1968. Charles Robert Swart (*1894), 1. Staatspräsident der Republik Südafrika von 1961–1967. Rs. Sperlinge –,50 1,–
92 (89) 2 Cents (Bro) 1968. Rs. Weißschwanzgnu –,50 1,–
93 (90) 5 Cents (N) 1968. Rs. Paradieskranich 1,– 2,–
94 (91) 10 Cents (N) 1968. Rs. Aloe 10,–
95 (92) 20 Cents (N) 1968. Rs. Protea cynaroides und Protea repens – Proteaceae 12,–
96 (93) 50 Cents (N) 1968. Rs. Zantedeschia elliottiana – Araceae; Paradiesvogelblume und Agapanthus 4,– 8,–

Landesinschrift in Afrikaans (6)

97 (88a) 1 Cent (Bro) 1968. Typ wie Nr. 91 –,50 1,–
98 (89a) 2 Cents (Bro) 1968. Typ wie Nr. 92 –,50 1,–
99 (90a) 5 Cents (N) 1968. Typ wie Nr. 93 1,– 2,–
100 (91a) 10 Cents (N) 1968. Typ wie Nr. 94 10,–
101 (92a) 20 Cents (N) 1968. Typ wie Nr. 95 12,–
102 (93a) 50 Cents (N) 1968. Typ wie Nr. 96 4,– 8,–

1. Todestag von Dr. Th. E. Dönges (2)

103 (94) 1 Rand (S) 1969. Dr. Theophilus Ebenhaezer Dönges (1898–1968), gewählter Staatspräsident 1967–1968. Rs. Staatsemblem, Wertangabe. Landesinschrift in Englisch 20,– 25,–

104 (94a) 1 Rand (S) 1969. Typ wie Nr. 103. Landesinschrift in Afrikaans **20,— 25,—**

105 (95) ½ Cent (Bro) 1970—1975, 1977, 1978, 1980, 1981. Staatswappen mit Schildhaltern, Jahreszahl, zweisprachiger Landesname. Rs. wie Nr. 91 **—,20 —,30**

		VZ	ST
106 (96)	1 Cent (Bro) 1970–1975, 1977, 1978, 1980, 1981, 1983–1989. Typ wie Nr. 105	–,30	–,50
107 (97)	2 Cents (Bro) 1970–1975, 1977, 1978, 1980, 1981, 1983–1990. Rs. wie Nr. 92	–,40	–,60
108 (98)	5 Cents (N) 1970–1975, 1977, 1978, 1980, 1981, 1983–1989. Rs. wie Nr. 93	–,60	1,–
109 (99)	10 Cents (N) 1970–1975, 1977, 1978, 1980, 1981, 1983–1989. Rs. wie Nr. 94	1,–	1,60
110 (100)	20 Cents (N) 1970–1975, 1977, 1978, 1980, 1981, 1983–1990. Rs. wie Nr. 95	1,50	2,50
111 (101)	50 Cents (N) 1970–1975, 1977, 1978, 1980, 1981, 1983–1990. Rs. wie Nr. 96	3,–	5,–

112 (102) 1 Rand 1970–1989. Rs. Springbock:
a) (S) 1970–1973, 1975–1978, 1980–1985 20,– 25,–
b) (N) 1977, 1978, 1980, 1981, 1983, 1984, 1986–1989 4,50 6,–
Ab 1985 lautet die Signatur unter dem Staatswappen ALS statt TS.

50 Jahre Prägeanstalt in Pretoria (1923–1973)

		ST	PP
113 (103)	1 Rand (S) 1974. Rs. Eingang zur Prägeanstalt in Pretoria. 800er Silber, 15 g	65,—	90,—

		VZ	ST
114 (105)	½ Cent (Bro) 1976. Jacobus Johannes Fouché (*1898), 3. Staatspräsident der Republik Südafrika von 1968—1975. Rs. Sperlinge	–,20	–,30
115 (106)	1 Cent (Bro) 1976. Typ wie Nr. 114	–,30	–,50
116 (107)	2 Cents (Bro) 1976. Rs. Weißschwanzgnu	–,40	–,60
117 (108)	5 Cents (N) 1976. Rs. Paradieskranich	–,50	–,80
118 (109)	10 Cents (N) 1976. Rs. Aloe	–,80	1,10
119 (110)	20 Cents (N) 1976. Rs. Protea cynaroides und Protea repens — Proteaceae	1,20	2,—

120 (111)	50 Cents (N) 1976. Rs. Zantedeschia elliottiana — Araceae; Paradiesvogelblume und Agapanthus	2,50	4,—

Nr. 121 fällt aus.

		VZ	ST
122 (112)	½ Cent (Bro) 1979. Dr. Nicolaas Diederichs (1903—1978), 4. Staatspräsident der Republik Südafrika 1975—1978. Rs. Sperlinge	–,20	–,30
123 (113)	1 Cent (Bro) 1979. Typ wie Nr. 122	–,30	–,50
124 (114)	2 Cents (Bro) 1979. Rs. Weißschwanzgnu	–,40	–,60

125 (115)	5 Cents (N) 1979. Rs. Paradieskranich	–,50	–,80
126 (116)	10 Cents (N) 1979. Rs. Aloe	–,80	1,10
127 (117)	20 Cents (N) 1979. Rs. Protea cynaroides und Protea repens – Proteaceae	1,20	2,–
128 (118)	50 Cents (N) 1979. Rs. Zantedeschia elliottiana – Araceae; Paradiesvogelblume und Agapanthus	2,50	4,–
129 (119)	1 Rand (N) 1979. Rs. Springbock	4,50	6,–

Goldanlegermünzen »Krügerrand« (3)

		ST	PP
130 (120)	⅒ Krügerrand (G) 1980—1985, 1987. Typ wie Nr. A90. 916⅔er Gold, 3,39 g	*120,—*	*350,—*
131 (121)	¼ Krügerrand (G) 1980—1985, 1987. Typ wie Nr. A90. 916⅔er Gold, 8,48 g	*275,—*	*650,—*
132 (122)	½ Krügerrand (G) 1980—1985, 1987. Typ wie Nr. A90. 916⅔er Gold, 16,97 g	*550,—*	*1300,—*

		VZ	ST
133 (123)	½ Cent (Bro) 1982. Balthazar J. Vorster (1915—1983), Ministerpräsident 1966—1978 und 5. Staatspräsident der Republik Südafrika 1978—1979. Rs. Sperlinge	(nur PP)	3,—
134 (124)	1 Cent (Bro) 1982. Typ wie Nr. 133	–,30	–,50

135 (125)	2 Cents (Bro) 1982. Rs. Weißschwanzgnu	–,40	–,60
136 (126)	5 Cents (N) 1982. Rs. Paradieskranich	–,50	–,80

137 (127)	10 Cents (N) 1982. Rs. Aloe	–,80	1,10

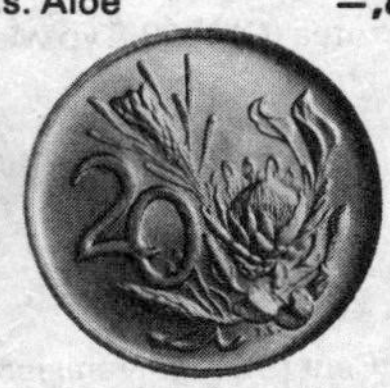

138 (128)	20 Cents (N) 1982. Rs. Protea cynaroides und Protea repens	1,20	2,–

			VZ	ST
139 (129)	50	Cents (N) 1982. Rs. Zantedeschia, Paradiesvogelblume und Agapanthus	2,50	4,–
140 (130)	1	Rand (N) 1982. Rs. Springbock	4,50	6,–
141 (132)	1	Rand (N) 1985. Marais Viljoen (*1915), 6. Staatspräsident der Republik Südafrika 1979–1985. Rs. Springbock	4,50	6,–

			ST	PP
		75 Jahre Verfassung der Südafrikanischen Union (2)		
142 (131)	1	Rand (S) 1985. Insignien, Staatswappen. Rs. Parlamentsgebäude in Kapstadt	30,–	45,–
143	1	Unze Feingold (G) 1985. Typ wie Nr. 142. 916⅔er Gold, 33,93 g		2800,-
		Internationales Jahr der Behinderten 1981		
144	1	Rand (S) 1986. 800er Silber, 15 g (6155 Ex.)	120,–	*150,–*
		100 Jahre Johannesburg (3)		
145	1	Rand (S) 1986. Staatswappen. Rs. Goldminen in Johannesburg. 800er Silber, 15 g	30,–	45,–
146	1/10	Protea (G) 1986. Typ wie Nr. 145. 916⅔er Gold, 3,39 g		200,–
147	1	Protea (G) 1986. Typ wie Nr. 145. 916⅔er Gold, 33,93 g		2000,–
		»Gold Reef City« – Krügerrands (4)		
148	1/10	Krügerrand (G) 1987–1991. Typ wie Nr. A90, Msz. GRC (Gold Reef City), links unter Bodenstück. 916⅔er Gold, 3,39 g		–,–
149	1/4	Krügerrand (G) 1987–1991. Typ wie Nr. 148. 916⅔er Gold, 8,48 g		–,–
150	1/2	Krügerrand (G) 1987–1991. Typ wie Nr. 148. 916⅔er Gold, 16,97 g		–,–
151	1	Krügerrand (G) 1987–1991. Typ wie Nr. 148. 916⅔er Gold, 33,93 g		–,–
		500. Jahrestag der Landung von Bartolomeu Dias in Südafrika (3)		
152	1	Rand (S) 1988. Staatswappen. Rs. Karte Afrikas, Karavelle, Kompaßrose. 800er Silber, 15 g	22,–	35,–
153	1/10	Protea (G) 1988. Protea repens. Rs. wie Nr. 152. 916⅔er Gold, 3,393 g (7500 Ex.)		–,–
154	1	Protea (G) 1988. Typ wie Nr. 153. 916⅔er Gold, 32,931 g (7500 Ex.)		–,–
		300 Jahre Hugenotten in Südafrika (3)		
155	1	Rand (S) 1988. Staatswappen. Rs. Hugenottendenkmal mit den Symbolen Dreieinigkeit, Kreuz und Taube	22,–	35,–
156	1/10	Protea (G) 1988. Surruria florida. Rs. wie Nr. 155		–,–
157	1	Protea (G) 1988. Typ wie Nr. 156		–,–
		150. Jahrestag des Großen Trecks (3)		
158	1	Rand (S) 1988. Staatswappen. Rs. Wagenrad und Pfeile	22,–	35,–
159	1/10	Protea (G) 1988. Protea multibracteata. Rs. wie Nr. 158		–,–
160	1	Protea (G) 1988. Typ wie Nr. 159		–,–

			VZ	ST
161	1	Cent (St, K galvanisiert) 1990, 1991. Staatswappen. Rs. Zwei Sperlinge	–,30	–,50

			VZ	ST
162	2	Cents (St, K galvanisiert) 1990, 1991. Rs. Fischadler	–,40	–,60

163	5	Cents (St, K galvanisiert) 1990, 1991. Rs. Paradieskranich	–,50	–,80

164	10	Cents (St, Bro galvanisiert) 1990, 1991. Rs. Orchidee	–,80	1,10

165	20	Cents (St, Bro galvanisiert) 1990, 1991. Rs. Protea	1,20	2,–

166	50	Cents (St, Bro galvanisiert) 1990, 1991. Rs. Aloe	2,50	4,–

167	1	Rand (Bro, N galvanisiert) 1991. Rs. Springbock	4,50	6,–

		VZ	ST
168	2 Rand (Bro, N galvanisiert) 1989–1991. Staatswappen. Rs. Kudu	7,50	10,–
169	5 Rand (Bro, N galvanisiert) 1994. Rs. Weißschwanzgnu	–,–	–,–

1. Jahrestag des Rücktritts von P. W. Botha

170	1 Rand (N) 1990. Pieter Willem Botha. Rs. Springbock. Ø 31 mm	4,50	6,–

171	1 Rand (Bro, N galvanisiert) 1990. Typ wie Nr. 170	4,50	6,–

100 Jahre Gesetz über die Anerkennung von Krankenpflegepersonal und Hebammen als Berufsgruppen (3)

		ST	PP
172	1 Rand (S) 1991. Protea. Rs. Öllampe auf Kreuz. 925er Silber, 15 g	22,–	35,–
173	1/10 Protea (G) 1991. Typ wie Nr. 172. 916⅔er Gold, 3,39 g		–,–
174	1 Protea (G) 1991. Typ wie Nr. 172. 916⅔er Gold, 33,93 g		–,–

Südafrikanische Republik

South African Republic (Transvaal) **République Sudafricaine (Transvaal)**

Zuid Afrikaansche Republiek

Mit der britischen Herrschaft in der Kapkolonie unzufriedene Buren wanderten über Natal in die menschenleeren Gebiete nördlich des Waal-Flusses aus und gründeten 1852 durch Zusammenschluß mit den kleineren Freistaaten Potschefstroom, Zoutpansberg und Lydenburg die »Südafrikanische Republik«, die im Ausland und unter britischer Sicht wegen ihrer geographischen Lage meist »Transvaal« genannt wurde. England, das diese Republik sogleich anerkannt hatte, besetzte deren Gebiet von 1877–1881, erkannte aber die Unabhängigkeit 1881 erneut an. Im Vertrag vom 27. Februar 1884 erkannte Großbritannien auch den Namen »Südafrikanische Republik« an. Der 1899 ausgebrochene Burenkrieg endete am 31. Mai 1902 mit Anerkennung der Annexion durch Großbritannien seitens der Buren. Nach mehrjähriger Verwaltung des Transvaals als britische Kronkolonie wurde diese 1910 als Provinz der neugebildeten Südafrikanischen Union eingegliedert, deren Weiterentwicklung zur souveränen Republik stark von dem burischen Element der Provinz Transvaal mitbestimmt worden ist. Hauptstadt: Pretoria.

12 Pence = 1 Shilling, 20 Shillings = 1 Pound (Pond)

Durch Gesetz von 1891 wurde das Pond zur Hauptgoldmünze und paritätisch zum britischen Sovereign erklärt.

Paul Krüger 1883–1902

SS VZ

1 (1) 1 Penny (Bro) 1892–1894, 1898. Stefan Johannes Paul Krüger (1825–1904), genannt Ohm Krüger, Präsident der Burenrepublik, Landesname in der Umschrift. Rs. Dreigeteiltes Wappen, Wertangabe **10,– 25,–**

2 (2) 3 Pence (S) 1892–1897. Paul Krüger. Rs. Wertangabe und Jahreszahl zwischen unten gebundenen Zweigen. 925er Silber, 1,4138 g **20,– 32,–**

3 (3) 6 Pence (S) 1892–1897. Typ wie Nr. 2. 925er Silber, 2,8276 g **17,– 25,–**

4 (4) 1 Shilling (S) 1892–1897. Typ ähnlich wie Nr. 2. 925er Silber, 5,6555 g **25,– 45,–**

5 (5) 2 Shillings (S) 1892–1897. Rs. Dreigeteiltes Wappen, Landesname, Wertangabe. 925er Silber, 11,31 g **32,– 50,–**

6 (6) 2½ Shillings (S) 1892–1897. Paul Krüger, Landesname in der Umschrift. Rs. Staatswappen (Planwagen im unteren Feld mit einer Deichsel), Wertangabe. 925er Silber, 14,138 g **35,– 55,–**

SS VZ

7 (7) 5 Shillings (S) 1892. Typ wie Nr. 6. 925er Silber, 28,28 g:
a) Planwagen mit zwei Deichseln **600,– 800,–**
b) Planwagen mit einer Deichsel **480,– 600,–**

8 (8) ½ Pond (G) 1892–1897. Typ wie Nr. 6. 916⅔er Gold, 3,99 g:
a) Planwagen mit zwei Deichseln, 1892 **365,– 420,–**
b) Planwagen mit einer Deichsel, 1892 (1 Ex. bekannt) **–,–**
1893–1897 **350,– 400,–**

9 (9) 1 Pond (G) 1892–1897. Typ wie Nr. 6. 916⅔er Gold, 7,98 g:
a) Planwagen mit zwei Deichseln, 1892 **420,– 470,–**
b) Planwagen mit einer Deichsel, 1892 *1600,– 3000,–*
1893–1897 **300,– 400,–**

10 (10) 1 Pond (G) 1902. ZAR, Abkürzung der Landesbezeichnung, Jahreszahl. Rs. Wertangabe »EEN POND«. Notmünze, in der letzten Phase des Burenkrieges geprägt (986 Ex.) *3500,– 4000,–*

Frühere Ausgabe siehe Weltmünzkatalog 19. Jahrhundert

Sudan — Sudan — Soudan

Fläche: 2 506 000 km²; 21 500 000 Einwohner (1986).
Das am 19. Januar 1899 errichtete anglo-ägyptische Kondominium über den Sudan bestand bis zu seiner einseitigen Aufkündigung durch Ägypten am 18. Oktober 1951. Die heutige Republik Sudan wurde mit dem 1. Januar 1956 für unabhängig und mit der Revolution vom 25. Mai 1969 zur »Demokratischen Republik« erklärt. Für 1994 wird die Vereinigung mit Libyen angestrebt. Hauptstadt: Khartum (Khartoum).

Mit Einführung des Sudanesischen Pfundes am 8. April 1957 wurde das Ägyptische Pfund im Zahlungsverkehr abgelöst.

10 Millièmes (Milimat) = 1 Piaster (Gersch, Qirsh), 100 Piaster = 1 Sudanesisches Pfund (£) (Dschinia, Livre Soudanaise)

Republik Sudan 1956–1969
Dschamhuriyat as-Sudan

VZ ST PP

1 (34) 1 Millième (Bro) 1956, 1960, 1967–1969. Dromedar-Postreiter (Camelus dromedarius – Camelidae). Rs. Wertangabe zwischen Baumwollblüten, Inschrift »Dschamhuriyat as-Sudan«:
a) große Inschrift »Millim«, 1956, 1960, 1969 –,30 –,80
b) kleine Inschrift »Millim«, 1967–1969 2,–

2 (35) 2 Millièmes (Bro) 1956, 1967–1969. Typ wie Nr. 1 (Wellenschnitt):
a) große Inschrift »Milliman«, 1956 (Abb.) –,50 1,–
b) kleine Inschrift »Milliman«, 1967–1969 2,–

3 (36) 5 Millièmes (Bro) 1956, 1962, 1966–1969. Typ wie Nr. 1 (Wellenschnitt):
a) große Inschrift »Millimat«, 1956, 1962, 1966, 1967, 1969 1,– 2,–
b) kleine Inschrift »Millimat«, 1967–1969 2,–

4 (37) 10 Millièmes (Bro) 1956, 1960, 1962, 1966–1969. Typ wie Nr. 1 (Wellenschnitt):
a) große Inschrift »Millimat«, 1956, 1960, 1962, 1966–1968 1,– 2,–
b) kleine Inschrift »Millimat«, 1967–1969 3,–

5 (38) 2 Piaster (K-N) 1956, 1962, 1963, 1967–1969. Typ wie Nr. 1:
a) Ø 17,5 mm, große Inschrift »Qirshan«, 1956, 1962 4,– 8,–
b) Ø 20 mm, große Inschrift »Qirshan«, 1963 1,– 2,–
c) Ø 20 mm, kleine Inschrift »Qirshan«, 1967–1969 2,– 4,– 3,–

6 (39) 5 Piaster (K-N) 1956, 1966–1969. Typ wie Nr. 1:
a) große Inschrift »Qurush«, 1956, 1966 1,50 2,50

VZ ST PP

b) kleine Inschrift »Qurush«, 1967–1969 3,–

7 (40) 10 Piaster (K-N) 1956, 1967–1969. Typ wie Nr. 1:
a) große Inschrift »Qurush«, 1956 3,– 5,–
b) kleine Inschrift »Qurush«, 1967–1969 5,–

8 (41) 20 Piaster (K-N) 1967–1969. Typ wie Nr. 1 20,–

Nrn. 1b–8 von 1967–1969, polierte Platte 40,–

Für den FAO-Münz-Plan

9 (42) 25 Piaster (K-N) 1968. Dromedar-Postreiter, Inschrift FAO. Rs. Wertangabe zwischen Baumwollblüten 35,–

Demokratische Republik Sudan 1969–1985
Dschamhuriyat as-Sudan ad-Dimuqratiya

10 (A43) 1 Millième (Bro) 1970, 1971. Dromedar-Postreiter. Rs. Wertangabe zwischen Baumwollblüten, Inschrift »Dschamhuriyat as-Sudan ad-Dimuqratiya« 4,–

11 (B43) 2 Millièmes (Bro) 1970, 1971. Typ wie Nr. 10 (Wellenschnitt) 4,–

12 (C43) 5 Millièmes (Bro) 1970, 1971. Typ wie Nr. 10 (Wellenschnitt):
a) Landesname verschlungen, 1970, 1971 3,– 5,–
b) Landesname feingliedrig, 1970, 1971 (Abb.) 4,–

13 (D43) 10 Millièmes (Bro) 1970, 1971. Typ wie Nr. 10 (Wellen-

		VZ	ST	PP
	schnitt):			
	a) Landesname verschlungen, 1970, 1971	3,–	6,–	
	b) Landesname feingliedrig, 1970, 1971			4,–
14 (E43)	2 Piaster (K-N) 1970, 1971. Typ wie Nr. 10:			
	a) große Inschrift »Qirshan«, 1970	2,–	4,–	
	b) kleine Inschrift »Qirshan«, 1970, 1971			4,–
15 (F43)	5 Piaster (K-N) 1970, 1971. Typ wie Nr. 10			5,–
16 (G43)	10 Piaster (K-N) 1970, 1971. Typ wie Nr. 10:			
	a) große Inschrift »Qurush«, 1971 (385 000 Ex.)	4,–	8,–	
	b) kleine Inschrift »Qurush«, 1970, 1971			5,–
17 (H43)	20 Piaster (K-N) 1970, 1971. Typ wie Nr. 10			20,–

Nrn. 10–17 von 1970, 1971, polierte Platte 50,–

2. Jahrestag der Revolution vom 25. Mai 1969 (5)

		VZ	ST
18 (43)	5 Millièmes (Bro) 1971. Neues Staatswappen (stilisierter Sekretärvogel, Sagittarius serpentarius – Sagittariidae) zwischen Jahreszahlen, oben Gedenkinschrift. Rs. Wertangabe zwischen Baumwollblüten. Inschrift	1,–	2,–
19 (44)	10 Millièmes (Bro) 1971. Typ wie Nr. 18	–,–	–,–
20 (45)	2 Piaster (K-N) 1971. Typ wie Nr. 18	1,–	2,–
21 (46)	5 Piaster (K-N) 1971. Typ wie Nr. 18	1,50	3,–
22 (47)	10 Piaster (K-N) 1971. Typ wie Nr. 18	2,50	4,–

Für den FAO-Münz-Plan

		VZ	ST
23 (48)	5 Millièmes (Bro) 1972, 1973	–,70	1,20

FAO-Ausgabe zum 3. Jahrestag der Revolution vom 25. Mai 1969

		VZ	ST
24 (49)	50 Piaster (K-N) 1972. Rs. Pflügen mit Ochsen:		
	a) großes Motiv (Abb.)	12,–	20,–
	b) kleines Motiv (1976 geprägt, 30 000 Ex.)	*18,–*	*30,–*

		VZ	ST
25 (50)	5 Millièmes (Bro) 1972. Staatswappen mit schmalem Mittelstück im oberen Schriftband, Jahreszahlen. Rs. Wertangabe zwischen Baumwollblüten, Landesname verschlungen	2,50	5,–
A25 (51)	10 Millièmes (Bro) 1972. Typ wie Nr. 25 (Wellenschnitt)	1,–	2,–

		VZ	ST	PP
26 (50a)	5 Millièmes (Me) 1975, 1978, 1980. Typ wie Nr. 25:			
	a) [Khartum] schmales Mittelstück, Landesname verschlungen, 1975, 1978	1,–	2,–	
	b) [Khartum] breites Mittelstück, Landesname verschlungen, 1978	1,–	2,–	
	c) [RM] schmales Mittelstück, Landesname feingliedrig, 1980			–,–
27 (51a)	10 Millièmes (Me) 1975, 1978, 1980. Typ wie Nr. 25 (Wellenschnitt):			
	a) [Khartum] schmales Mittelstück, Landesname verschlungen, 1975	1,–	2,–	
	b) [Khartum] breites Mittelstück, Landesname verschlungen, 1978	1,–	2,–	
	c) [RM] schmales Mittelstück, Landesname feingliedrig, 1980			–,–
28 (52)	2 Piaster (K-N) 1975, 1978–1980. Typ wie Nr. 25:			
	a) [Khartum] schmales Mittelstück, 1975, 1978	1,50	3,–	
	b) [Khartum] breites Mittelstück, 1980	1,50	3,–	
	c) [RM] schmales Mittelstück, 1979, 1980	1,50	3,–	–,–
29 (53)	5 Piaster (K-N) 1975, 1977, 1980. Typ wie Nr. 25:			
	a) [Khartum] schmales Mittelstück, 1975	2,–	4,–	
	b) [Khartum] breites Mittelstück, 1980	2,–	4,–	
	c) [RM] schmales Mittelstück, 1977, 1980 (Abb.)	2,–	4,–	–,–
30 (54)	10 Piaster (K-N) 1975, 1977, 1980. Typ wie Nr. 25:			
	a) [Khartum] schmales Mittelstück, 1975	3,–	5,–	
	b) [Khartum] breites Mittelstück, 1980	3,–	5,–	
	c) [RM] schmales Mittelstück, 1977, 1980	3,–	5,–	–,–

Nr. 30a mit enger und weiter Randriffelung vorkommend.

Nrn. 26c–30c von 1980, polierte Platte 30,–

In ähnlichen Zeichnungen: Nrn. 56–59.

Für den FAO-Münz-Plan (5)

		VZ	ST
31 (58)	5 Millièmes (Me) 1976, 1978. Staatswappen zwischen Ähren, darunter Jahreszahlen, oben Inschrift. Rs. Wertangabe zwischen Baumwollblüten, Inschrift »Quelle der Nahrung für die Welt«	–,50	1,–
32 (59)	10 Millièmes (Me) 1976, 1978. Typ wie Nr. 31 (Wellenschnitt)	–,50	1,–
33 (60)	2 Piaster (K-N) 1976, 1978. Typ wie Nr. 31:		
	a) breite Wertziffer, 1976, 1978	1,–	2,–
	b) schmale Wertziffer, 1978	*150,–*	–,–
34 (61)	5 Piaster (K-N) 1976, 1978. Typ wie Nr. 31	2,–	3,–
35 (62)	10 Piaster (K-N) 1976, 1978. Typ wie Nr. 31	3,–	5,–

Rettet die Tierwelt (3)

		ST	PP
36 (55)	2½ £ (S) 1976. Rs. Schuhschnabel (Balaeniceps rex – Balaenicipitidae) [RM]:		
	a) 925er Silber, 28,28 g		60,–
	b) 925er Silber, 25,31 g	50,–	

		ST	PP
37 (56)	5 £ (S) 1976. Rs. Flußpferd (Hippopotamus amphibius – Hippopotamidae) [RM]:		
	a) 925er Silber, 35 g		120,–
	b) 925er Silber, 31,65 g	100,–	
38 (57)	100 £ (G) 1976. Rs. Weißnacken-Moorantilope (Kobus megaceros – Bovidae). 900er Gold, 33,437 g [RM]	*1250,–*	*2100,–*

20. Jahrestag der Unabhängigkeit (5)

		VZ	ST
A39 (89)	5 Millièmes (Me) 1976. Staatswappen, oben »20. Jahrestag der Unabhängigkeit«. Rs. Wertangabe zwischen Baumwollblüten, Landesname	2,50	5,–
39 (63)	10 Millièmes (Me) 1976. Typ wie Nr. A39	1,–	2,–
40 (64)	2 Piaster (K-N) 1976. Typ wie Nr. A39	1,–	2,–
41 (65)	5 Piaster (K-N) 1976. Typ wie Nr. A39	2,–	4,–

42 (66)	10 Piaster (K-N) 1976. Typ wie Nr. A39	3,–	6,–

Nr. 42 mit enger und weiter Randriffelung vorkommend.

FAO-Ausgabe

43 (67)	50 Piaster (K-N) 1976. Staatswappen, Landesname. Rs. Emblem des »Arab Fund for Social and Economic Development«, Datumsangabe »31. Oktober 1976«, Umschrift »Establishment of the Arab Cooperative to Utilize and Develop Farming«	8,–	15,–

FAO-Ausgabe zum 8. Jahrestag der Revolution vom 25. Mai 1969

44 (68)	50 Piaster (K-N) 1977. Rs. Symbole der Sparsamkeit, von Zahnradsegment umgeben, Motto »Spart für die Entwicklung«	8,–	15,–

		SS	VZ

Konferenz der Arabischen Wirtschaftseinheit (2)

45 (86)	5 Piaster (K-N) 1978. Rs. Sich reichende Hände im Kranz, Inschrift	*10,–*	*–,–*
A45 (90)	10 Piaster (K-N) 1978. Typ wie Nr. 45	*15,–*	*–,–*

Nrn. 45 und A45 mit enger und weiter Randriffelung vorkommend.

FAO-Münz-Plan für die Landfrau

		VZ	ST
46 (69)	1 £ (K-N) 1978. Rs. Landfrau (zehneckig)	16,–	20,–

OAU-Gipfelkonferenz Khartum 1978 (4)

		ST	PP
47 (70)	5 £ (S) 1978. Staatswappen. Rs. Emblem:		
	a) 925er Silber, 17,5 g	*400,–*	*100,–*
	b) Piéfort, 925er Silber, 35 g (ca. 10 Ex.)		*500,–*
48 (71)	10 £ (S) 1978. Typ wie Nr. 47:		
	a) 925er Silber, 35 g	*600,–*	*100,–*
	b) Piéfort, 925er Silber, 70 g (ca. 10 Ex.)		*600,–*

49 (72)	25 £ (G) 1978. Typ wie Nr. 47. 916⅔er Gold, 8,25 g	*–,–*	*600,–*
50 (73)	50 £ (G) 1978. Typ wie Nr. 47. 916⅔er Gold, 17,5 g	*–,–*	*1200,–*

Nrn. 47–50 mit und ohne Gegenstempel vorkommend.

Von Nrn. 47–50 Probeprägungen in Kupfer, Kupfer Piéfort und Aluminium vorkommend.

Beginn des 15. Jahrhunderts islamischer Zeitrechnung (6)

51 (74)	5 £ (S) 1979. Rs. Moscheen:		
	a) 925er Silber, 17,5 g	*90,–*	*100,–*
	b) Piéfort, 925er Silber, 35 g (ca. 10 Ex.)		*500,–*
52 (75)	10 £ (S) 1979. Typ wie Nr. 51:		
	a) 925er Silber, 35 g	*120,–*	*150,–*
	b) Piéfort, 925er Silber, 70 g (ca. 10 Ex.)		*600,–*
A53	25 £ (S) 1979. Typ wie Nr. 51 (ca. 20 Ex.)		*250,–*
53 (76)	25 £ (G) 1979. Typ wie Nr. 51. 916⅔er Gold, 8,25 g	*350,–*	*400,–*
A54	50 £ (S) 1979. Typ wie Nr. 51 (ca. 20 Ex.)		*300,–*
54 (77)	50 £ (G) 1979. Typ wie Nr. 51. 916⅔er Gold, 17,5 g	*700,–*	*800,–*

Nrn. 51–54 mit und ohne Gegenstempel vorkommend.

Nr. 53 auch als Piéfort in Messing bekannt (ca. 10 Ex.).

Von Nrn. 51–54 Probeprägungen in Silber, Kupfer, Kupfer Piéfort und Aluminium vorkommend.
Nr. 55 fällt aus.

		VZ	ST
56	10 Millièmes (Me) 1980. Staatswappen mit breitem Mittelstück im oberen Schriftband, Jahreszahlen. Rs. Wertangabe zwischen Baumwollblüten, oben Landesname in neuem Schriftbild (rund) [Khartum].	*15,–*	*25,–*

Nr. 57 fällt aus.

58	5 Piaster (K-N) 1980. Typ wie Nr. 56 [Khartum]	*6,–*	*12,–*
59	10 Piaster (K-N) 1980. Typ wie Nr. 56 [Khartum]	*8,–*	*–,–*

Nrn. 58 und 59 mit enger und weiter Randriffelung vorkommend.

Nrn. 56–59 wurden 1981 und 1982 geprägt.

25. Jahrestag der Unabhängigkeit (3)

		ST	PP
60 (78)	5 £ (S) 1981. Dschafar Mohammed an-Numeiri (*1930), Staatspräsident 1971–1985. 925er Silber, 17,5 g (sechseckig) [RM]	*90,–*	*140,–*
61 (79)	50 £ (G) 1981. Typ wie Nr. 60. 916⅔er Gold, 7,99 g (sechseckig) [RM]	–,–	–,–
62 (80)	100 £ (G) 1981. Typ wie Nr. 60. 916⅔er Gold, 15,98 g (sechseckig) [RM]	–,–	–,–

Welternährungstag 1981 (2)

		VZ	ST
63 (82)	5 Piaster (K-N) 1981. Rs. Kuh mit Kalb zwischen Hirsekolben	**1,50**	**2,–**
64 (83)	10 Piaster (K-N) 1981. Typ wie Nr. 63	**2,–**	**3,–**

Nrn. 63 und 64 mit enger und weiter Randriffelung vorkommend.

Internationales Jahr des Kindes 1979

		ST	PP
65 (81)	5 £ (S) 1981. Rs. Spielende Kinder vor der Grabmoschee Mohammed Ahmeds (1843–1885), gen. Mahdi, in Omdurman:		
	a) 925er Silber, 19,4397 g [AEC]		**60,–**
	b) 925er Silber, 19,4397 g [CHI] (4785 Ex.)		**60,–**
	c) Piéfort, 925er Silber, 38,8794 g [AEC]		**320,–**
	d) Piéfort, 925er Silber, 38,8794 g [CHI] (85 Ex.)		**320,–**

Internationales Jahr der Behinderten 1981 (2)

66 (84)	10 £ (S) 1981. Rs. Gestützter Baum [RM]:		
	a) 925er Silber, 28,28 g	**60,–**	**80,–**
	b) Piéfort, 925er Silber, 56,56 g		**230,–**
67 (85)	100 £ (G) 1981. Rs. Internationales Emblem und gestützter Stamm [RM]:		
	a) 916⅔er Gold, 15,98 g	*1200,–*	*1200,–*
	b) Piéfort, 916⅔er Gold, 31,95 g		*2400,–*

		VZ	ST
68	1 Piaster (Me) 1983. Staatswappen mit schmalem Mittelstück im oberen Schriftband, Jahreszahlen. Rs. Wertangabe zwischen Baumwollblüten, oben Landesname	**6,–**	**12,–**
69	2 Piaster (Me) 1983. Typ wie Nr. 68, breites Mittelstück	**5,–**	**10,–**
70	5 Piaster (Me) 1983. Typ wie Nr 68:		
	a) breites Mittelstück, kleine Wertzahl	**8,–**	**15,–**
	b) breites Mittelstück, große Wertzahl	*20,–*	*35,–*
	c) schmales Mittelstück, kleine Wertzahl	–,–	–,–
	d) schmales Mittelstück, große Wertzahl	**5,–**	**10,–**
71	10 Piaster (K-N) 1983. Typ wie Nr. 68:		
	a) breites Mittelstück	*15,–*	*25,–*
	b) schmales Mittelstück	–,–	–,–
72	20 Piaster (K-N) 1983. Typ wie Nr. 68, breites Mittelstück	**15,–**	**25,–**

Nr. 71 mit enger und weiter Randriffelung vorkommend.
Nrn. 68–72 wurden 1984–1987 geprägt.

Jahrzehnt für die Frauen 1976–1985 (2)

		PP
73 (87)	5 £ (S) 1984. Rs. Volkstänzerin vor Landkarte. 925er Silber, 19,4397 g (1806 Ex.)	**100,–**
74 (88)	100 £ (G) 1984. Rs. Laborantin mit Mikroskop. 916⅔er Gold, 8,08 g (500 Ex.)	**450,–**

40 Jahre FAO
und Internationales Jahr des Waldes

		VZ	ST
75 (91)	20 Piaster (K-N) 1985. Rs. Gummibaum, Zahnradsegment, Motto »Bekämpft Verwüstung, um Leben zu retten«	**5,–**	**8,–**

Republik Sudan seit 1985
Dschamhuriyat as-Sudan

76	1 Piaster (N-Me) n. H. 1408/1987. Gebäude der Zentralbank in Khartum, Jahreszahlen, Zweige. Rs. Wertangabe zwischen Baumwollblüten, Landesname »Dschamhuriyat as-Sudan«	**–,75**	**1,–**

Nr. 77 fällt aus.

Nr.		VZ	ST
78	5 Piaster (N-Me) n. H. 1408/1987. Typ wie Nr. 76	–,75	1,–
79	10 Piaster (N-Me) n. H. 1408/1987. Typ wie Nr. 76	–,75	1,–
80	20 Piaster (N-Me) n. H. 1408/1987. Typ wie Nr. 76:		
	a) kleine Wertzahl	–,85	1,25
	b) große Wertzahl	–,–	–,–
81	25 Piaster (N-Me) n. H. 1408/1987. Typ wie Nr. 76 (viereckig)	–,85	1,25
82	50 Piaster (N-Me) n. H. 1408/1987. Typ wie Nr. 76 (achteckig)	1,75	2,50
83	1 £ (N-Me) n. H. 1408/1987. Typ wie Nr. 76	3,–	5,–

33. Jahrestag der Unabhängigkeit

Nr.		VZ	ST
84	50 Piaster (N-Me) n. H. 1409/1989. Inschrift auf Landkarte. Rs. Wertangabe zwischen Baumwollblüten, Landesname (achteckig)	5,–	7,–
85	50 Piaster (St, N galvanisiert) n. H. 1409/1989. Gebäude der Zentralbank, Inschrift »Bank as-Sudan«. Rs. Wertzahl 25 und Wertangabe in Buchstaben, Landesname, Jahreszahl	–,–	–,–
86	50 Piaster (St, N galvanisiert) n. H. 1409/1989. Typ wie Nr. 85	–,–	–,–

Nr.		VZ	ST
87	1 £ (St, N galvanisiert) n. H. 1409/1989. Typ wie Nr. 85	–,–	–,–

Frühere Ausgaben siehe Weltmünzkatalog 19. Jahrhundert.

Darfur

Darfur — **Darfour**

Provinz im westlichen Sudan, bis 1874 unabhängiges Sultanat. Zwischen 1908 und 1914 wurden in der Hauptstadt Al-Fasher Nachahmungen ägyptischer 20-Para-Stücke für das durch Ali Dinar errichtete Sultanat Darfur geprägt.

Ali Dinar 1896–1916

Nr.		S	SS
1 (1)	1 Piaster (S) n. H. 1327 (1909). Tughra im Ornamentkreis. Rs. Arabische Inschrift, Münzstätte und Jahreszahl im Ornamentkreis	*130,–*	*240,–*

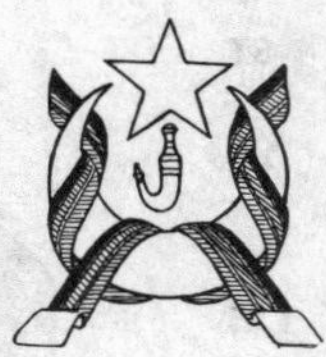

Südarabische Föderation

South Arabia, Federation of — Arabie du Sud (Fédération)

Fläche: 287683 km²; 1250000 Einwohner.
Mehrere Sultanate und Emirate des Westprotektorates Aden schlossen sich in den Jahren 1959/60 zur Südarabischen Föderation zusammen. Die Kronkolonie Aden mit den Inseln Sokotra und Abd-el-Kuri trat der Föderation jedoch erst 1963 bei. Die Föderation wurde am 30. November 1967 durch Ausrufung der Volksrepublik Südjemen in einen zentral regierten Staat umgewandelt. Hauptstadt: Al Ittihad.

50 Fils = 1 Dirham, 1000 Fils = 1 Dinar

		VZ	ST
1 (1)	1 Fils (Al) 1964. Achtstrahliger Stern nach einem antiken Münzmotiv und Landesname. Rs. Gekreuzte Dschambiyas	1,–	2,–
2 (2)	5 Fils (Bro) 1964. Typ wie Nr. 1	1,–	2,–
3 (3)	25 Fils (K-N) 1964. Rs. Dhau, traditionelles Fischerboot	1,50	4,–

		VZ	ST
4 (4)	50 Fils = 1 Dirham (K-N) 1964. Typ wie Nr. 3	2,20	3,50

Nrn. 1–4, polierte Platte 18,–

Weitere Ausgaben siehe unter *Jemen.*

Südkorea siehe unter *Korea.*

Südjemen siehe unter *Jemen.*

Southern Rhodesia | **Südrhodesien** | **Rhodésie du Sud**

Seit 1. Oktober 1923 wurde Südrhodesien, das von 1889 an von der Britischen Süd-Afrika-Gesellschaft mit Nordrhodesien vereint war, getrennt verwaltet. Nachfolgestaat ist Rhodesien, das sich am 11. November 1965 für unabhängig und am 2. März 1970 zur Republik erklärte. Hauptstadt: Salisbury.

12 Pence = 1 Shilling, 2 Shillings = 1 Florin,
5 Shillings = 1 Crown, 20 Shillings = 1 £

Georg V. 1923–1936

		SS	VZ
1 (1)	½ Penny (K-N) 1934–1936. Krone über stilisierter Rose. Rs. Wert und Verzierungen (mit Loch)	6,–	15,–

		SS	VZ
2 (2)	1 Penny (K-N) 1934–1936 (mit Loch)	5,–	8,–
3 (3)	3 Pence (S) 1932–1936. Georg V., gekröntes Brustbild n. l. Rs. Drei Speerspitzen	7,–	15,–
4 (4)	6 Pence (S) 1932–1936. Rs. Gekreuzte Äxte	9,–	18,–
5 (5)	1 Shilling (S) 1932–1936. Rs. Groß-Simbabwe-Vogel, Skulptur aus Speckstein vom Giebel eines Sakralbauwerkes von Groß-Simbabwe (Teil des Staatswappens)	16,–	30,–
6 (6)	2 Shillings (S) 1932–1936. Rs. Rappen-Antilope (Hippotragus niger – Bovidae)	28,–	50,–
7 (7)	½ Crown (S) 1932–1936. Rs. Staatswappen	35,–	70,–

Georg VI. 1936–1952

		SS	VZ
8 (8)	½ Penny (K-N) 1938, 1939. Krone über stilisierter Rose. Rs. Wert und Verzierungen (mit Loch)	8,–	15,–
9 (9)	1 Penny (K-N) 1937–1942 (mit Loch)	4,–	8,–
10 (12)	3 Pence (S) 1937. Rs. Drei Speerspitzen	9,–	18,–
11 (13)	6 Pence (S) 1937. Rs. Gekreuzte Äxte	15,–	30,–
12 (14)	1 Shilling (S) 1937. Rs. Groß-Simbabwe-Vogel	20,–	40,–
13 (15)	2 Shillings (S) 1937. Rs. Rappen-Antilope	35,–	75,–

		SS	VZ
14 (16)	½ Crown (S) 1937. Rs. Staatswappen	45,–	100,–

Nrn. 9–14 von 1937, polierte Platte (40 Ex.) 3500,–

		SS	VZ
15 (10)	½ Penny (Bro) 1942–1944 (mit Loch)	2,–	5,–
16 (11)	1 Penny (Bro) 1942–1947 (mit Loch)	4,–	8,–
17 (17)	3 Pence (S) 1939–1946. Rs. Drei Speerspitzen	10,–	20,–
18 (18)	6 Pence (S) 1939–1946. Rs. Gekreuzte Äxte	20,–	40,–
19 (19)	1 Shilling (S) 1939–1946. Rs. Groß-Simbabwe-Vogel	20,–	40,–
20 (20)	2 Shillings (S) 1939–1946. Rs. Rappen-Antilope	35,–	80,–
21 (21)	½ Crown (S) 1938–1946. Rs. Staatswappen	40,–	80,–
22 (22)	3 Pence (K-N) 1947. Typ wie Nr. 17	5,–	10,–
23 (23)	6 Pence (K-N) 1947. Typ wie Nr. 18	10,–	20,–
24 (24)	1 Shilling (K-N) 1947. Typ wie Nr. 19	10,–	20,–
25 (25)	2 Shillings (K-N) 1947. Typ wie Nr. 20	20,–	40,–
26 (26)	½ Crown (K-N) 1947. Typ wie Nr. 21	20,–	40,–
27 (27)	½ Penny (Bro) 1951, 1952. Typ wie Nr. 15, jedoch Inschrift KING GEORGE THE SIXTH (mit Loch)	2,–	4,–
28 (28)	1 Penny (Bro) 1949–1952. Typ wie Nr. 16, jedoch Inschrift KING GEORGE THE SIXTH (mit Loch)	3,–	5,–
29 (29)	3 Pence (K-N) 1948–1952	2,–	4,–
30 (30)	6 Pence (K-N) 1948–1952	2,–	4,–
31 (31)	1 Shilling (K-N) 1948–1952. Rs. Groß-Simbabwe-Vogel	5,–	8,–
32 (32)	2 Shillings (K-N) 1948-1952	6,–	12,–
33 (33)	½ Crown (K-N) 1948–1952	12,–	25,–

Elisabeth II. seit 1952

100. Geburtstag von Cecil John Rhodes

		SS	VZ
34 (34)	1 Crown (S) 1953. Rs. Cecil John Rhodes (1853–1902), britisch-südafrikanischer Wirtschaftsführer und Staatsmann, Kolonialpionier, Brustbild im Medaillon, Wappen von Südrhodesien, Nordrhodesien und Nyassaland	55,–	80,–
35 (35)	½ Penny (Bro) 1954. Krone über stilisierter Rose. Rs. Wert und Verzierungen (mit Loch)	5,–	10,–
36 (36)	1 Penny (Bro) 1954	10,–	20,–
37 (37)	2 Shillings (K-N) 1954. Elisabeth II. Rs. Rappen-Antilope	50,–	100,–
38 (38)	½ Crown (K-N) 1954. Rs. Staatswappen	32,–	65,–

Weitere Ausgaben siehe unter *Rhodesien und Nyassaland*.

Surinam

Suriname

Surinam

Fläche: 163 000 km²; 420 000 Einwohner (1989).
Suriname (Niederländisch Guayana) erhielt 1948 den Status eines autonomen Gebietes und 1950 Selbstverwaltung. Seit 1954 ist Suriname überseeisches Gebiet des Königsreiches der Niederlande. Nach 327 Jahren niederländischer Herrschaft wurde Suriname am 25. November 1975 unabhängig. Hauptstadt: Paramaribo.

100 Cent = 1 Suriname-Gulden (Surinaamse Gulden, Guilder)

Münzmeisterzeichen: siehe Niederlande

Wilhelmina 1890–1948

Für den Umlauf in Surinam waren auch 1, 5 und 10 Cent 1942, 1943 (Niederlande Nrn. 49 b, 50, 51a) bestimmt.

Juliana 1948–1975

		SS	VZ
A1 (1)	1 Cent (Bro) 1957, 1959, 1960. Typ wie Niederlande Nr. 30 (f)	3,–	8,–

		VZ	ST	PP
1 (2)	1 Cent (Bro) 1962~1972. Staatswappen, 1959 eingeführt. Rs. Wertangabe, Jahreszahl:			
	a) (f) 1962, Mzz. S			–,–
	b) (f) 1962, 1966	–,30	–,50	
	c) (h) 1970, 1972	–,30	–,50	

		VZ	ST	PP
2 (3)	5 Cent (N-Me) 1962~1972. Typ ähnlich wie Nr. 1 (viereckig):			
	a) (f) 1962, Mzz. S			–,–
	b) (f) 1962, 1966	–,40	–,60	
	c) ohne Msz., ohne Mmz., 1966	*5,–*	10,–	
	d) (h) 1971, 1972	–,40	–,60	
3 (4)	10 Cent (K-N) 1962~1974. Typ wie Nr. 1:			
	a) (f) 1962, Mzz. S			–,–
	b) (f) 1962, 1966	1,–	1,50	
	c) (h) 1971, 1972, 1974	1,–	1,50	
4 (5)	25 Cent (K-N) 1962~1974. Typ wie Nr. 1:			
	a) (f) 1962, Mzz. S			–,–
	b) (f) 1962, 1966	2,–	3,–	
	c) (h) 1972, 1974	2,–	3,–	
5 (6)	1 Gulden (S) 1962, 1966. Juliana, Königin der Niederlande, Kopfbild n. r. Rs. Staatswappen, Wertangabe, Jahreszahl. 720er Silber, 10 g:			
	a) (f) 1962, Mzz. S			–,–
	b) (f) 1962	15,–	28,–	
	1966	250,–	400,–	

Nrn. 1a–5a von 1962, polierte Platte, mit Mzz. S (Sydney Finanzminister) im unteren Teil der Verzierung auf der Wertseite (650 Ex.) 260,–
Nrn. 1b–5b von 1966, polierte Platte 750,–

Republik Suriname seit 1975

Republiek Suriname

		VZ	ST
6 (2a)	1 Cent (Al) 1974~1986. Typ wie Nr. 1:		
	a) (h) 1974–1979	–,25	–,40
	b) (h*) 1980	–,25	–,40
	c) (ha) 1982, 1984–1986	–,25	–,40
7 (3a)	5 Cent (Al) 1976~1986. Typ wie Nr. 2:		
	a) (h) 1976, 1978, 1979	–,30	–,50
	b) (h*) 1980	–,30	–,50
	c) (ha) 1982, 1985, 1986	–,30	–,50
8 (4)	10 Cent (K-N) 1976~1986. Typ wie Nr. 1:		
	a) (h) 1976, 1978, 1979	–,50	1,–
	b) (ha) 1982, 1985, 1986	–,50	1,–
9 (5)	25 Cent (K-N) 1976~1986. Typ wie Nr. 1:		
	a) (h) 1976, 1979	1,–	1,80
	b) (ha) 1982, 1985, 1986	1,–	1,80

1. Jahrestag der Unabhängigkeit (3)

		ST	PP
10 (7)	10 Gulden (S) 1976. Staatswappen, Wertangabe, Jahreszahl. Rs. Arm mit Nationalflagge über Landkarte Surinams, aufgehende Sonne, Gedenkumschrift. 925er Silber, 15,95 g (h):	30,–	60,–
11 (8)	25 Gulden (S) 1976. Typ wie Nr. 10. 925er Silber, 25,85 g (h):	65,–	100,–
12 (9)	100 Gulden (G) 1976. Typ wie Nr. 10. 900er Gold, 6,72 g (h):		
	a) Gelbgold (19 100 Ex.)	300,–	400,–
	b) Rotgold (900 Ex.)	*400,–*	

1. Jahrestag der Revolution (2)

		ST	PP
13 (10)	25 Gulden (S) 1981. Monument der Revolution. Rs. Aufständische. 925er Silber, 15,5 g, FM	50,–	*140,–*
14 (11)	200 Gulden (G) 1981. Typ wie Nr. 13. 500er Gold, 7,12 g, FM	250,–	300,–

10. Jahrestag der Unabhängigkeit und 5. Jahrestag der Revolution (2)

15 (12)	25 Gulden (S) 1985. Taube, Zweig und Flagge. Rs. Faust mit Zahl 5 auf Stern. 925er Silber, 25 g (ha) (5000 Ex.)	70,–	*120,–*
16 (13)	250 Gulden (G) 1985. Typ wie Nr. 15. 900er Gold, 6,72 g (ha) (5000 Ex.)	300,–	500,–

30 Jahre Zentralbank (Centrale Bank van Suriname)

		ST N	U
17	30 Gulden (S) 1987. Staatswappen. Rs. Zentralbankgebäude. 925er Silber, 14,3 g (ha) (7000 Ex.)	70,–	90,–

NEUE WÄHRUNGSBEZEICHNUNG: 100 Cent = 1 Guilder

		VZ	ST
18 (2b)	1 Cent (St, K plattiert) 1987, 1988. Typ wie Nr. 1 [RM]	–,25	–,40
19 (3b)	5 Cent (St, K plattiert) 1987, 1988. Typ wie Nr. 2 [RM]	–,30	–,50
20 (4a)	10 Cent (St, N plattiert) 1987–1989. Typ wie Nr. 1 [RM]	–,50	1,–
21 (5a)	25 Cent (St, N plattiert) 1987–1989. Typ wie Nr. 1 [RM]	1,–	1,80
22	100 Cent (K-N) 1987–1989. Typ wie Nr. 1 [RM]	3,–	5,–
23	250 Cent (K-N) 1987–1989. Typ wie Nr. 1 [RM]	5,–	8,–

Nrn. 18–23 von 1988, polierte Platte (1500 Ex.) –,–
Nr. 24 fällt aus.

40 Jahre Internationaler Rat für den Militärsport (CISM) und 43. CISM – Generalversammlung in Paramaribo 6.–16. 4. 1988 (2)

		PP
25	500 Guilders (G) 1988. Staatswappen. Rs. Emblem des »Conseil International du Sport Militaire« (CISM). 916⅔er Gold, 7,98 g [RM] (2500 Ex.)	450,–

26	1000 Guilders (G) 1988. Typ wie Nr. 25. 916⅔er Gold, 15,98 g [RM] (1250 Ex.)	900,–

XXIV. Olympische Sommerspiele 1988 in Seoul (2)

		PP
27	50 Guilders (S) 1988. Rs. Anthony Nesty, Goldmedaillengewinner im Schwimmen (100 m Schmetterling). 925er Silber, 28,28 g [RM]	100,–
28	500 Guilders (G) 1988. Rs. Anthony Nesty. 916⅔er Gold, 7,98 g [RM] (2000 Ex.)	550,–

XIV. Fußball-Weltmeisterschaft 1990 in Italien (2)

29	25 Guilders (S) 1990. Rs. Ruud Gullit auf dem Spielfeld. 925er Silber, 28,28 g [RM] (50 000 Ex.)	80,–

30	250 Guilders (G) 1990. Typ wie Nr. 29. 916⅔er Gold, 7,98 g [RM] (1000 Ex.)	–,–

125 Jahre De Surinaamsche Bank, N.V. (2)

31	50 Guilders (S) 1990. 925er Silber, 28,28 g [RM] (7500 Ex.)	–,–
32	500 Guilders (G) 1990. 916⅔er Gold, 7,98 g [RM] (2000 Ex.)	–,–

15. Jahrestag der Unabhängigkeit (2)

33	50 Guilders (S) 1990. Rs. Ornament aus Blüte und zwei Fischen. 925er Silber, 26 g [RM] (max. 5000 Ex.)	–,–
34	500 Guilders (G) 1990. Typ wie Nr. 33. 916⅔er Gold, 7,98 g [RM] (max. 1250 Ex.)	–,–

70 Jahre Save the Children Fund (2)

35	25 Guilders (S) 1991. Rs. Kind mit Eislimonade vor Verkaufsstand, Holzschnitzmuster der Buschneger, Silhouetten zweier »Kottomissies«. 925er Silber, 28,28 g [RM]	–,–
36	250 Guilders (G) 1991. Rs. Anansi-Spinne mit Gitarre beim Märchenerzählen vor drei Kindern. 916⅔er Gold, 7,98 g [RM]	–,–

XXV. Olympische Sommerspiele 1992 in Barcelona

37	Guilders (S) 1992	–,–

Swaziland Swasiland Swaziland

Fläche: 17 363 km²; 750 000 Einwohner.
Die Swasi gehören zur Ndwandwe-Gruppe der Zulu. Ihren Namen verdanken sie ihrem Häuptling Mswati, der 1839 zur Regierung kam. Swasiland kam 1894 zu Transvaal und wurde 1906 britisches Schutzgebiet. Im April 1967 erlangte Swasiland die innere Selbstverwaltung und wurde am 6. September 1968 unabhängig. *Offiziell wurde die nationale Währung 1974 am 6. Unabhängigkeitstag eingeführt. Die Prägungen Nrn. 1–6 haben demzufolge Symbolcharakter. Bis zum 30. Juni 1986 waren neben dem Lilangeni auch die auf Rand lautenden Geldzeichen der Republik Südafrika als gesetzliches Zahlungsmittel im Umlauf. Der Rand ist zum Lilangeni weiterhin paritätisch.* Hauptstadt: Mbabane.

100 Cents = 1 Luhlanga, 25 Luhlanga = 1 Lilangeni;
seit 6. September 1974: 100 Cents = 1 Lilangeni (Plural: Emalangeni)

Königreich Swasiland
Sobhuza II. 1921–1982

Zur Erlangung der Unabhängigkeit (6)

PP

1 5 Cents (S) 1968. Sobhuza II. (1899–1982), Oberhäuptling, seit 1967 König. Rs. Swasischild und Speere (Staatsemblem), Wertangabe, Jahreszahl. 800er Silber, 2,5 g *15,–*

2 10 Cents (S) 1968. Typ wie Nr. 1. 800er Silber, 4 g *18,–*

3 20 Cents (S) 1968. Typ wie Nr. 1. 800er Silber, 6 g *30,–*

4 50 Cents (S) 1968. Typ wie Nr. 1. 800er Silber, 9,5 g *100,–*

5 1 Luhlanga (S) 1968. Typ wie Nr. 1. 800er Silber, 15 g *110,–*

6 1 Lilangeni (G) 1968. Rs. Staatswappen mit Löwe und Elefant als Schildhalter. 916⅔er Gold, 28,35 g *1000,–*

NEUE WÄHRUNG:
100 Cents = 1 Lilangeni (Plural: Emalangeni)

VZ ST

7 (1) 1 Cent (Bro) 1974, 1979, 1982. Sobhuza II. Rs. Ananas (zwölfeckig) –,50 1,–

8 (2) 2 Cents (Bro) 1974, 1979, 1982. Rs. Nadelbäume (viereckig) –,40 –,80

9 (3) 5 Cents (K-N) 1974, 1975, 1979. Rs. Arumlilie oder Zantedeschia (Banhinia galpinii) (Wellenschnitt) 1,– 2,–

10 (4) 10 Cents (K-N) 1974, 1979. Rs. Zuckerrohr (Wellenschnitt) 1,– 1,50

VZ ST

11 (5) 20 Cents (K-N) 1974, 1975, 1979. Rs. Afrikanischer Elefant (Wellenschnitt) 1,60 3,–

12 (6) 50 Cents (K-N) 1974, 1975, 1979, 1981. Rs. Staatswappen. 8,76 g (zwölfeckig) 3,– 5,–

13 (7) 1 Lilangeni (K-N) 1974, 1979. Rs. Königinmutter Gwamile und Sobhuza als Junge 7,– 10,–

Nrn. 7–13 von 1974, 1979, polierte Platte 30,–

PP

14 (3a) 5 Cents (S) 1979. Typ wie Nr. 9. 925er Silber, 2,45 g (20 Ex.) –,–

15 (4a) 10 Cents (S) 1979. Typ wie Nr. 10. 925er Silber, 4,2 g (20 Ex.) –,–

16 (5a) 20 Cents (S) 1979. Typ wie Nr. 11. 925er Silber, 6,5 g (20 Ex.) –,–

17 (6a) 50 Cents (S) 1979. Typ wie Nr. 12. 925er Silber, 10,18 g (15 Ex.) –,–

18 (7a) 1 Lilangeni (S) 1979. Typ wie Nr. 13. 925er Silber, 13,5 g (20 Ex.) –,–

19 (3b) 5 Cents (G) 1979. Typ wie Nr. 9. 916⅔er Gold, 4,15 g (1 Ex.) –,–

20 (4b) 10 Cents (G) 1979. Typ wie Nr. 10. 916⅔er Gold, 7 g (1 Ex.) –,–

21 (5b) 20 Cents (G) 1979. Typ wie Nr. 11. 916⅔er Gold, 10,85 g (1 Ex.) –,–

22 (6b) 50 Cents (G) 1979. Typ wie Nr. 12. 916⅔er Gold, 17 g (1 Ex.) –,–

23 (7b) 1 Lilangeni (G) 1979. Typ wie Nr. 13. 916⅔er Gold, 22,27 g (1 Ex.) –,–

75. Geburtstag von König Sobhuza II. – 1. Ausgabe (7)

24 (A8) 5 Emalangeni (S) 1974. Sobhuza II. Rs. UN-Gebäude, 925er Silber, 10,3 g (Wellenschnitt) *50,–*

25 (B8) 7½ Emalangeni (S) 1974. Rs. Vogel im Flug. 925er Silber, 16,2 g (zehneckig) *80,–*

26 (D8) 15 Emalangeni (S) 1974. Rs. Militärparade. 925er Silber, 32,6 g *150,–*

27 (8) 5 Emalangeni (G) 1974. Rs. Staatswappen. 900er Gold, 5,56 g *180,–*

28 (9) 10 Emalangeni (G) 1974. Rs. Swasimädchen, Eingeborenenhütte. 900er Gold, 11,12 g (Wellenschnitt) *360,–*

29 (10) 20 Emalangeni (G) 1974. Rs. Swasikind, UNICEF-Emblem. 900er Gold, 22.23 g (zehneckig) *720,–*

30 (11) 25 Emalangeni (G) 1974. Rs. Königinmutter Gwamile und Sobhuza als Junge. 900er Gold, 27,78 g *900,–*

75. Geburtstag von König Sobhuza II. – 2. Ausgabe (3)

		ST	PP
31 (C8)	10 Emalangeni (S) 1975. Rs. Schwarzhalsreiher (Ardea melanocephala). 925er Silber, 25,5 g	*50,–*	*60,–*

32 (12)	50 Emalangeni (G) 1975. Rs. Großer Kudu (Tragelaphus strepsiceros). 900er Gold, 4,31 g	*150,–*	*200,–*
33 (A12)	100 Emalangeni (G) 1975. Rs. Swasifrau. 900er Gold. 8,64 g	*350,–*	*450,–*

Für den FAO-Münz-Plan (3)

		VZ	ST
34 (13)	1 Cent (Bro) 1975. Typ wie Nr. 7, Motto »Nahrung für alle«	–,40	–,60
35 (14)	2 Cents (Bro) 1975. Typ wie Nr. 8, Motto »Steigert die Exporte«	–,60	–,80
36 (15)	10 Cents (K-N) 1975. Typ wie Nr. 10, Motto »Nahrung für alle«	1,–	1,40

Internationales Jahr der Frau 1975 und FAO-Münz-Plan

37 (16)	1 Lilangeni (K-N) 1975. Typ wie Nr. 13, Motto »Gleichheit, Entwicklung, Frieden«	7,–	10,–

Für den FAO-Münz-Plan

38 (17)	1 Lilangeni (K-N) 1976. Typ wie Nr. 13, Motto »Ernährung und Obdach für alle«	6,–	10,–

25. Krönungsjubiläum von Königin Elisabeth II.

		ST	PP
39	5 Emalangeni (G) 1978. Sobhuza II. Rs. Elisabeth II. 999,9er Gold, 31,1 g		–,–

80. Geburtstag von König Sobhuza II. (2)

40	1 Lilangeni (G) 1979. Sobhuza II. Rs. Staatswappen. 999,9er Gold, 15,55 g	450,–	500,–
41	2 Emalangeni (G) 1979. Rs. Elisabeth II., Porträt nach rechts. 999,9er Gold, 31,1 g	900,–	1000,–

Zum gleichen Anlaß: Nrn. 14–23.

Welternährungstag 1981 (2)

		ST	PP
42 (21)	20 Cents (K-N) 1981 (Wellenschnitt)	4,–	
43 (22)	1 Lilangeni 1981. Rs. Frau bei der Maisernte:		
	a) (S) 925 fein, 11,66 g (je 5000 Ex.)	40,–	65,–
	b) (K-N)	16,–	

60. Regierungsjubiläum von König Sobhuza II. (3)

44 (18)	2 Emalangeni 1981. Rs. Orchidee:		
	a) (S)		80,–
	b) (K-N)	18,–	
45 (19)	25 Emalangeni (S) 1981. Rs. Papagei	100,–	130,–
46 (20)	250 Emalangeni (G) 1981. Rs. Afrikanischer Elefant	700,–	950,–

Mswati III. seit 1986

Zur Krönung von Prinz Makhosetive zum König Mswati III. am 25. April 1986 (2)

47 (23)	25 Emalangeni (S) 1986. Königinmutter Ntombi, Regentin 1982–1986. Rs. Prinz Makhosetive Dlamini (*1967), seit 1982 Kronprinz, 1986 König. 925er Silber, 28,28 g	–,–	120,–
48 (24)	250 Emalangeni (G) 1986. Typ wie Nr. 47. 916⅔er Gold, 15,98 g (500 Ex.)	*700,–*	*800,–*

		VZ	ST
49	1 Cent (St, K galvanisiert) 1986. Mswati III. Rs. Ananas, wie Nr. 7 (rund)	3,–	5,–
50	5 Cents (K-N) 1986. Rs. Arumlilie, wie Nr. 9 (Wellenschnitt)	1,–	2,–
51	10 Cents (K-N) 1986. Rs. Zuckerrohr, wie Nr. 10 (Wellenschnitt)	1,–	1,50
52	20 Cents (K-N) 1986. Rs. Afrikanischer Elefant, (Wellenschnitt)	1,60	3,–
53	50 Cents (K-N) 1986. Rs. Staatswappen, wie Nr. 12. 8,76 g (zwölfeckig)	4,–	6,–
54	1 Lilangeni (N-Me) 1986. Rs. Königinmutter Ntombi	7,–	10,–

Syria — Syrien — Syrie

As-Suriya

Fläche: 185 180 km²; 10 200 000 Einwohner (1986).
Von der im 1. Weltkrieg zu den Verlierern gehörenden Türkei trennten sich alle von Arabern bewohnten Gebiete. Am 11. März 1920 ließ sich Prinz Feisal, der dritte Sohn des Königs Hussein von Hedschas, unter anglo-ägyptischer Protektion zum König von Syrien wählen, er wurde aber im Juli 1920 von den Franzosen vertrieben, die dort nach Abtrennung Palästinas ein 1922 vom Völkerbund anerkanntes Mandat errichteten. 1924 wurde der Libanon ausgegliedert. Die 1936 von der Mandatsmacht zugesagte Unabhängigkeit wurde erst 1941 von den Anhängern des Generals de Gaulle zum 1. Januar 1944 gewährt. Im Februar 1958 schloß sich Syrien mit Ägypten zur Vereinigten Arabischen Republik zusammen, die es am 28. September 1961 unter Umbenennung in »Arabische Republik Syrien« wieder verließ. Die zum 1. Januar 1972 proklamierte Föderation Arabischer Republiken (mit Libyen und Ägypten) fand bisher nur in den zeitweise gemeinsamen Hoheitszeichen Ausdruck. Hauptstadt: Damaskus.

1000 Millièmes = 100 Piastres (Gersch, Qirsh) = 1 Syrisches Pfund (Lira, Livre Syrienne)

Königreich Syrien

Feisal I. Ibn Hussein 1920

Nr.		SS	VZ
A1	1 Dinar (G) n. H. 1338/1920. Inschrift »Feisal al-Auwal« im Kranz, unten 1338. Rs. Stern in gekröntem Schild zwischen Zweigen, unten 1920, Umschrift »Dinar al-Mamlakat as-Suriya«. Mzst. Damaskus, 6,7 g		*50 000,–*

Weitere Ausgaben von Feisal I. siehe unter Irak.

Syrischer Staat 1920–1944

Nr.		SS	VZ
1 (1)	½ Piastre (K-N) 1921. Wert im Kranz. Rs. Wert	6,–	10,–
2 (2)	2 Piastres (Al-Bro) 1926	9,–	15,–
3 (3)	5 Piastres (Al-Bro) 1926, 1933, 1935, 1936, 1940	4,–	7,–
4 (4)	½ Piastre (N-Me) 1935, 1936	4,–	7,–
5 (5)	1 Piastre 1929–1940:		
	a) (N-Me) 1929, 1933, 1935, 1936	3,–	5,–
	b) (Zink) 1940	4,–	6,–
6 (6)	2½ Piastres (Al-Bro) 1940	6,–	12,–
7 (7)	10 Piastres (S) 1929. Rosettenmuster	16,–	30,–
8 (8)	25 Piastres (S) 1929, 1933, 1936, 1937	25,–	40,–

Nr.		SS	VZ
9 (9)	50 Piastres (S) 1929, 1933, 1936, 1937	35,–	75,–

Lokalausgaben (2)

Nr.		SS	VZ
10 (10)	1 Piastre (Me) o. J. (1942–1945)	6,–	12,–
11 (11)	2½ Piastres (Al) o. J. (1942–1945)	8,–	15,–

Republik Syrien 1944–1958

Nr.		SS	VZ
12 (12)	2½ Piaster (K-N) 1948, 1956. Falke, Staatswappen. Rs. Wert	1,–	3,–
13 (13)	5 Piaster (K-N) 1948, 1956	1,–	3,–
14 (14)	10 Piaster (K-N) 1948, 1956	1,–	3,–
15 (15)	25 Piaster (S) 1947	8,–	15,–
16 (16)	50 Piaster (S) 1947	12,–	25,–

Nr.		SS	VZ
17 (17)	1 Lira (S) 1950. 680er Silber, 10 g	20,–	35,–

Nr.		SS	VZ
18 (18)	½ £ (G) 1950. Staatswappen. Rs. Landesname in verziertem Rechteck auf Zweigen	240,–	280,–
19 (19)	1 £ (G) 1950. Typ wie Nr. 18; Ø 22 mm	300,–	350,–

Vereinigte Arabische Republik 1958–1961

Nr.		SS	VZ
20 (21)	2½ Piaster (Al-Bro) 1960. Adler, neues Staatswappen, 1958 eingeführt. Rs. Wert	–,50	1,50
21 (22)	5 Piaster (Al-Bro) 1960	–,80	1,50
22 (23)	10 Piaster (Al-Bro) 1960	1,20	2,–
23 (A19)	25 Piaster (S) 1958. Rs. Wert und Ähren, von Zahnrad umgeben. 600er Silber, 2,5 g	4,–	8,–
24 (B19)	50 Piaster (S) 1958. 600er Silber, 5 g	7,–	15,–

Zur Gründung der Vereinigten Arabischen Republik am 1. März 1958

Nr.			SS	VZ
25 (20)	50	Piaster (S) 1959. Staatswappen. Rs. Wert, Jahreszahl und Gedenkumschrift. 600er Silber, 5 g	15,–	25,–

Arabische Republik Syrien seit 1961

Nr.			SS	VZ
26 (24)	2½	Piaster (Al-Bro) 1962, 1965. Staatswappen der Republik. Rs. Wert	–,30	1,–
27 (25)	5	Piaster (Al-Bro) 1962, 1965	–,40	1,–
28 (26)	10	Piaster (Al-Bro) 1962, 1965	–,75	1,50
29 (27)	25	Piaster (N) 1968	1,–	1,80
30 (28)	50	Piaster (N) 1968	1,50	2,50
31 (29)	1	Lira (N) 1968, 1971	2,50	4,–

Für den FAO-Münz-Plan

Nr.			VZ	ST
32 (30)	1	Lira (N) 1968. Staatswappen. Rs. Von zwei Händen gehaltene Schriftleiste, darüber fünf Ähren, unten Wertangabe [Sherritt]	3,–	4,50

Für den FAO-Münz-Plan

Nr.			VZ	ST
33 (31)	5	Piaster (Me) 1971. Staatswappen. Rs. Weizenähre, Olivenzweige	–,70	1,–

Nr. 33 auch in Bronze vorkommend.

25 Jahre Sozialistische Arabische Ba'ath-Partei (3)

Nr.			VZ	ST
34 (32)	25	Piaster (N) 1972. Neues Staatswappen ohne Sterne im Brustschild, am 1. 1. 1972 zunächst formlos in Gebrauch genommen. Rs. Fackel, Wertangabe, Umschrift	1,–	1,50
35 (33)	50	Piaster (N) 1972	1,50	2,–
36 (34)	1	Lira (N) 1972	3,–	4,–

Nr.			VZ	ST
37 (35)	2½	Piaster (N-Me) 1973. Staatswappen ohne Sterne im Brustschild. Rs. wie Nr. 26	–,25	–,40
38 (36)	5	Piaster (Al-Bro) 1974. Rs. wie Nr. 27	–,30	–,50
39 (37)	10	Piaster (Al-Bro) 1974. Rs. wie Nr. 28	–,60	1,–
40 (38)	25	Piaster (N) 1974. Rs. wie Nr. 29	–,90	1,30
41 (39)	50	Piaster (N) 1974. Rs. wie Nr. 30	1,30	1,80
42 (40)	1	Lira (N) 1974. Rs. wie Nr. 31	2,–	3,–

Für den FAO-Münz-Plan (5)

Nr.			VZ	ST
43 (41)	5	Piaster (Me) 1976. Rs. Staudamm von Madinat at-Tawra am Euphrat	–,20	–,30
44 (42)	10	Piaster (Me) 1976. Typ wie Nr. 43	–,30	–,50
45 (43)	25	Piaster (N) 1976. Typ wie Nr. 43	–,40	–,80
46 (44)	50	Piaster (N) 1976. Typ wie Nr. 43	–,60	1,20
47 (45)	1	Lira (N) 1976. Typ wie Nr. 43	1,–	2,–

Wiederwahl von Hafez al-Assad (3)

Nr.			VZ	ST
48 (46)	1	Lira (N) 1978. Staatswappen mit drei Sternen im Brustschild. Rs. Hafez al-Assad (*1928), Staatspräsident seit 1971	2,–	4,–
A48	–	(G) 1978. 900er Gold, 8 g [Paris] (20 000 Ex.)		–,–
B48	–	(G) 1978. 900er Gold, 40 g [Paris] (5000 Ex.)		–,–
49 (25a)	5	Piaster (Me) 1979	–,20	–,40

Nr.			VZ	ST
50 (26a)	10	Piaster (Me) 1979	–,25	–,50
51 (47)	25	Piaster (K-N) 1979	–,40	–,60

Nr.			VZ	ST
52 (48)	50	Piaster (K-N) 1979	–,80	1,20
53 (49)	1	Lira (K-N) 1979	1,50	2,–

Republic of China **Taiwan** **Formose**

Republik China
Formosa

Fläche: 35961 km²; 18900000 Einwohner.
Von 1895 bis 1945 unterstand Taiwan als japanische Außenbesitzung einem Generalgouverneur. Nachdem Taiwan nur vorübergehend ein Bestandteil des japanischen Staates war, erfolgte 1945 die Rückgabe an China. Die Kuomintang-Regierung unter Tschiang-Kai-schek zog sich 1949 vor den Truppen Mao Tse-tungs auf die Insel zurück. Am 1. März 1950 wurde die Nationale Republik China ausgerufen. Hauptstadt: Taipeh (Tai-bei).

100 Fen (Cents) = 10 Chiao (Jiao) = 1 Yuan (Neuer Taiwan-Dollar).

Die Datierung der Münzen bezieht sich auf das Jahr der Gründung der Republik China 1911 (Kuomintang-Zeitrechnung).

			SS	VZ
1 (531)	1	Chiao (Bro) 38 (1949). Tschiang Kai-schek (1886–1975), Staatspräsident. Rs. Karte von Taiwan (Formosa)	–,80	1,20
2 (532)	5	Chiao (S) 38 (1949). Typ wie Nr. 1. 720er Silber, 5 g	8,–	15,–

			SS	VZ
3 (533)	1	Chiao (Al) 44 (1955). Typ wie Nr. 1	–,50	–,80
4 (534)	2	Chiao (Al) 39 (1950). Typ wie Nr. 1	–,80	1,20
5 (535)	5	Chiao (Me) 43 (1954). Typ wie Nr. 1	–,50	1,–
6 (536)	1	Yuan (Neusilber) 49, 59–69 (1960–1980). Pflaumenblüte (Prunus sp. — Rosaceae). Rs. Orchidee (Dendrobium sp. — Orchidaceae)	1,40	2,50

Nr. 6 von 64 (1975) in Aluminium und Gold vorkommend.

50 Jahre Republik China

			VZ	ST
A6 (A537)	1	Yuan (S) 50 (1961). Tschiang Kai-schek. Rs Wert in chinesischen Schriftzeichen		*350,–*

100. Geburtstag von Dr. Sun Yat-sen (6)

			VZ	ST
7 (537)	5	Yuan (K-N) 54 (1965). Dr. Sun Yat-sen (1866–1925). Rs. Mausoleum in Nanking	4,50	6,–
8 (538)	10	Yuan (K-N) 54 (1965). Typ wie Nr. 7	5,50	8,50
9 (539)	50	Yuan (S) 54 (1965). Dr. Sun Yat-sen. Rs. Pferdehirsch oder Sambar, auch Aristoteleshirsch (Cervus = Rusa unicolor — Cervidae), darüber Mandschurenkranich. 750er Silber, 17,1 g	25,–	32,–

			VZ	ST
10 (540)	100	Yuan (S) 54 (1965). Typ wie Nr. 9. 750er Silber, 22,21 g	30,–	40,–
11 (541)	1000	Yuan (G) 54 (1965). Dr. Sun Yat-sen, im Profil. Rs. Wertangabe zwischen Zweigen. 900er Gold, 15 g		–,–
12 (542)	2000	Yuan (G) 54 (1965). Typ ähnlich wie Nr. 11. 900er Gold, 30 g		–,–

80. Geburtstag von Tschiang Kai-schek (2)

			VZ	ST
13 (543)	1	Yuan (K-N) 55 (1966). Tschiang Kai-schek (1886–1975). Rs. Wert	1,50	2,–

			VZ	ST
14 (544)	2000	Yuan (G) 55 (1966). Tschiang Kai-schek. Rs. Mandschurenkraniche (Grus japonensis — Gruidae), verheißen Glück und ein langes Leben. 900er Gold, 31,06 g		1100,–

		VZ	ST
15 (545)	1 Chiao (Al) 56, 59–63 (1967–1974). Orchidee (Phalaenopsis amabalis – Orchidaceae). Rs. Wert in chinesischen Schriftzeichen	–,30	–,50
16 (546)	5 Chiao (N-Me) 56, 59–62, 69, 70 (1967–1981. Orchidee (Cattleya hybr. – Orchidaceae). Rs. Wert in chinesischen Schriftzeichen	–,75	1,50

Für den FAO-Münz-Plan zum 24. Jahrestag der FAO (16. 10. 1969)

17 (547)	1 Yuan (Neusilber) 58 (1969). Pflaumenblüte (Symbol der Republik), umgeben von chinesischen Schriftzeichen. Rs. Landarbeiterin und Trecker, Wertangabe	2,–	4,–

18 (548)	5 Yuan (K-N) 59—70 (1970—1981). Tschiang Kaischek. Rs. Wert in chinesischen Schriftzeichen im Kreis von Ornamenten	1,30	3,–

Nr. 18 von 62 (1973) in Gold vorkommend (Y 548a).

Prägungen in Silber und Gold auf das 60. Jahr der Republik (1971) sind Medaillen.

Auf den 90. Geburtstag von Tschiang Kai-schek (1976) existiert eine Silbermedaille (Y 549).

		VZ	ST
19 (550)	½ Yuan = 5 Chiao (Bro) 70, 75, 77 (1981, 1986, 1988). Pflaumenblüte (Prunus sp. – Rosaceae). Rs. Wert in chinesischen Schriftzeichen und arabische Wertzahl im Kreis von Ornamenten	–,30	–,60
20 (551)	1 Yuan (Al-N-Bro) 70–77 (1981–1988). Tschiang Kai-schek (1886–1975). Rs. Wert in chinesischen Schriftzeichen und arabische Wertzahl im Kreis von Ornamenten	–,40	–,70

21 (552)	5 Yuan (K-N) 70–73, 77 (1981–1984, 1988). Typ wie Nr. 18, jedoch auch mit arabischer Wertzahl	1,–	1,80

22 (553)	10 Yuan (K-N) 70–78 (1981–1989). Tschiang Kaischek. Rs. Wert in chinesischen Schriftzeichen und arabische Wertzahl zwischen Pflaumenzweigen	2,50	4,–

80 Jahre Republik China (2)

23	Yuan (S) 80 (1991)	–,–	–,–
24	1000 Yuan (G) 80 (1991). 999er Gold, 31,1 g	–,–	–,–

Tanzania # Tansania **Tanzanie**

Fläche: 939701 km²; 21300000 Einwohner (1986).
Die Republik Tanganjika und die Volksrepublik Sansibar mit Pemba schlossen sich am 26. April 1964 zur Vereinigten Republik Tanganjika-Sansibar zusammen; Umbenennung der Staatsbezeichnung am 29. Oktober des gleichen Jahres in Tansania. Hauptstadt: Dar es-Salam, seit 1985: Dodoma.

100 Senti (Cents) = 1 Shilingi (Tansania-Shilling)

Vereinigte Republik Tansania
United Republik of Tanzania

		VZ	ST
1 (1)	5 Senti (Bro) 1966, 1971–1977, 1979–1985. Dr. Julius Kambarage Nyerere (*1921), Staatspräsident 1962–1986, unten bogig »Der erste Präsident«. Rs. Indopazifischer Fächerfisch (Istiophorus gladius – Istiophoridae) (zwölfeckig)	**–,30**	**–,40**
2 (11)	10 Senti (N-Me) 1977, 1979–1981, 1982, 1984, 1986. Rs. Zebra (Equus burchelli – Equidae) (Wellenschnitt)	**–,50**	**–,70**

		VZ	ST
3 (2)	20 Senti (N-Me) 1966, 1970, 1973, 1975–1977, 1979–1983, 1985. Rs. Afrikanischer Strauß (Struthio camelus – Struthionidae)	**–,50**	**–,70**
4 (3)	50 Senti (K-N) 1966, 1970, 1973, 1980–1984, 1986. Rot- oder Felsenkaninchen (Pronolagus crassicaudatus – Leporidae)	**–,70**	**1,10**
5 (4)	1 Shilingi (K-N) 1966, 1972, 1974, 1975, 1977, 1980–1986. Rs. Freiheitsfackel	**1,–**	**1,80**

Nrn. 1, 3–5 von 1966, polierte Platte 16,–
Nr. 6 fällt aus.

10. Jahrestag der Unabhängigkeit von Tanganjika und für den FAO-Münz-Plan

		VZ	ST
7 (5)	5 Shilingi (K-N) 1971. Staatspräsident Nyerere, darunter Jahreszahlen 1961–1971. Rs. Wertangabe im Kreis, umgeben von Bananen, Hirse, Mais und einem ruhenden Zebu (zehneckig)	**4,–**	**6,–**

Nr. 7, polierte Platte (200 Ex.) –,–

Für den FAO-Münz-Plan

		VZ	ST
8 (5a)	5 Shilingi (K-N) 1972, 1973, 1980. Staatspräsident Nyerere. Rs. wie Nr. 7 (zehneckig)	**4,–**	**6,–**

Rettet die Tierwelt (3)

		ST	PP
9 (6)	25 Shilingi (S) 1974. Staatspräsident Nyerere. Rs. Giraffen (Giraffa camelopardalis – Giraffidae):		
	a) 925er Silber, 28,28 g		**60,–**
	b) 500er Silber, 25,31 g	**45,–**	
10 (7)	50 Shilingi (S) 1974. Rs. Spitzmaulnashorn (Diceros bicornis):		
	a) 925er Silber, 35 g		**120,–**
	b) 500er Silber, 31,65 g	**90,–**	

		ST	PP
11 (8)	1500 Shilingi (G) 1974. Rs. Gepard mit Jungen (Acinonyx jubatus). 900er Gold, 33,437 g	*1000,–*	*1400,–*

10 Jahre Bank von Tansania

			ST	PP
12 (9)	5	Shilingi (K-N) 1976. Staatspräsident Nyerere, Kopfbild n. l., bogige Inschrift BENKI KUU YA TANZANIA, Jahreszahlen. Rs. Bankgebäude in Dar es-Salam, Wertangabe, Palmzweige (zehneckig)	4,–	*85,–*

10. FAO-Regionalkonferenz für Afrika

13 (10) 5 Shilingi (K-N) 1978. Rs. Landwirtschaftsszene mit Trecker 6,– *50,–*

20. Jahrestag der Unabhängigkeit (3)

14 (11) 20 Shilingi 1981. Staatspräsident Dr. Julius Kambarage Nyerere. Rs. Staatswappen:
a) (S) 925 fein, 16 g 80,–
b) (K-N) 40,–

15 (12) 200 Shilingi (S) 1981. Typ wie Nr. 14. 925er Silber, 28,28 g (ST: 1000 Ex., PP: 1000 Ex.) *120,–* *120,–*

16 (13) 2000 Shilingi (G) 1981. Typ wie Nr. 14. 916⅔er Gold, 15,98 g (ST: 100 Ex., PP: 100 Ex.) *1000,–* *1000,–*

Jahrzehnt für die Frauen 1976–1985 (2)

17 (15) 100 Shilingi (S) 1984. Rs. Krankenschwester mit Säugling. 925er Silber, 23,3276 g (1000 Ex.) 100,–

18 (16) 1000 Shilingi (G) 1984. Rs. Frau beim Teepflücken. 900er Gold, 8,1 g (500 Ex.) 450,–

19 250 Shilingi (S) 1985. Staatspräsident Nyerere. Rs. Staatswappen. 925er Silber, 28,28 g (1000 Ex.) –,–

20 2500 Shilingi (G) 1985. Typ wie Nr. 19. 916⅔er Gold, 47,54 g (10 Ex.) –,–

25 Jahre World Wildlife Fund (2)

21 100 Shilingi 1986. Staatspräsident Nyerere. Rs. Afrikanische Elefanten (Loxodonta africana – Elephantidae):
a) (S) 925 fein, 19,44 g 85,–
b) (K-N) 8,–

			ST	PP
22	2000	Shilingi (G) 1986. Rs. Goldband-Nektarvogel. 916⅔er Gold, 15,98 g (5000 Ex.)		*650,–*

20 Jahre Zentralbank

23 20 Shilingi 1986. Ali Hassan Mwinyi, Staatspräsident seit 1986. Rs. Emblem der Bank of Tanzania:
a) (S) 925 fein, 28,28 g (5000 Ex.) 160,–
b) (K-N) 35,–

			VZ	ST
A24	50	Senti (St, N galvanisiert) 1988, 1989. Ali Hassan Mwinyi. Rs. Felsenkaninchen, wie Nr. 4	–,70	1,10

24 1 Shilingi (St, N galvanisiert) 1987–1989. Rs. Freiheitsfackel, wie Nr. 5 1,– 1,80

FAO-Ausgabe

25 5 Shilingi (Neusilber) 1987–1990. Rs. Bananen, Hirse, Mais und Zebu, wie Nr. 7 (zehneckig)
a) (Neusilber) 1987–1989 4,– 6,–
b) (ST, N galvanisiert) 1990 [RCM] 4,– 6,–

26 10 Shilingi (K-N) 1987–1989. Dr. Julius Kambarage Nyerere, wie Nr. 14. Rs. Staatswappen, Wertangabe 6,– 10,–

Banknotenersatzausgabe

		VZ	ST
26	10 Shilingi (K-N) 1987, 1988. Dr. Julius Kambarage Nyerere, wie Nr. 14. Rs. Staatswappen, Wertangabe	6,–	10,–
A26	20 Shilingi (St, N galvanisiert) 1990. Rs. Afrikanische Elefanten, wie Nr. 21 (siebeneckig) [RCM]	6,–	10,–

		PP
27	10 Shilingi (G) 1987. Typ wie Nr. 26. 916⅔er Gold, 18 g (10 Ex.)	–,–

70 Jahre Save the Children Fund (2)

		VZ	ST
28	100 Shilingi (S) 1990. Ali Hassan Mwinyi. Rs. Zwei Mädchen beim Stampfen von Mais. 925er Silber, 19,44 g		100,–

29 2000 Shilingi (G) 1990. Rs. Junge mit Kalb vor Hütte und Baum. 916⅔er Gold, 10 g *600,–*

Thailand | **Thailand** | **Thaïlande**

Thailand

Muang Thai
Sayamintra, Prathit Thai

Fläche: 514 000 km²; 51 700 000 Einwohner (1986).
Die aus Südchina stammenden Thaivölker drängten im 13. Jahrhundert die Khmer zurück und gründeten das Königreich Sukothai. Nach wechselvollen Kämpfen, vor allem auch mit den Birmanen, gründete Chao Phraya Tschakri 1782 als König Rama I. die bis heute herrschende Tschakri-Dynastie. Statt der alten Staatsbezeichnung Siam wird seit 1939 der Name Thailand (Land der Freien) geführt. Hauptstadt: Bangkok.

128 Solot = 64 Att = 32 Sio (Phai) = 16 Sik = 8 Fuang = 4 Salung = 1 Baht (Bat, Tikal),
100 Satang (Sadthng, Stang) = 1 Baht, 10 Baht = 1 Dos

Königreich Thailand
Chulalongkorn (Rama V.)
1868–1910

		SS	VZ
1 (21)	1 Solot (Bro) 1887–1905. Rama V. (1853–1910), Brustbild n. l. Rs. Himmlische Nymphe und Wappenschild	5,–	7,50
2 (22)	1 Att (Bro) 1887–1905	6,–	10,–
3 (23)	1 Sio (Bro) 1887–1905	8,–	12,50
4 (32)	1 Fuang (S) 1876–1908. Rama V., Brustbild n. l. Rs. Staatswappen		
	a) o. J. (1876–1902)	10,–	20,–
	b) 1902–1908	16,–	30,–
5 (33)	1 Salung (S) 1876–1908		
	a) o. J. (1876–1901)	25,–	35,–
	b) 1901–1908	25,–	35,–
6 (34)	1 Baht (S) 1878–1907		
	a) o. J. (1878–1900)	20,–	45,–
	b) 1901–1907	25,–	55,–

WÄHRUNGSREFORM 1908: Umstellung auf Goldwährung
1 Baht = 0,558 g Feingold

		VZ	ST
7 (39)	1 Baht (S) 1908. Rama V., Brustbild n. l. Rs. Dreiköpfiger Elefant. 900er Silber, 15,033 g	–,–	–,–
8 (35)	1 Satang (Bro) 1908–1937. Kobra oder Brillenschlange (Naja naja – Elapidae oder Elaphidae); (Sanskrit: naga). Rs. Kongtschak, mythologische Waffe des Hindu-Gottes Wischnu (eine Wurfscheibe mit scharfen Zacken) (mit Loch)	1,–	1,50
9 (36)	5 Satang (N) 1908–1937. Typ wie Nr. 8	1,30	2,–
10 (37)	10 Satang (N) 1908–1937. Typ wie Nr. 8	1,30	2,–
A10	1 Salung (S) 1909. 800er Silber, 3,75 g (3 Ex. bekannt)		*40 000,–*

Wadschirawudh (Rama VI.)
1910–1925

		VZ	ST
11 (43)	1 Salung (S) 1913, 1917–1919, 1924–1925. Rama VI. (1881–1925), Brustbild n. r. Rs. Dreiköpfiger Elefant	10,–	18,–
12 (44)	2 Salung (S) 1913, 1919–1921	12,–	25,–
13 (45)	1 Baht (S) 1913–1918	20,–	40,–

Pradschadhipok (Rama VII.)
1925–1935

		VZ	ST
14 (48)	25 Satang (S) 1929. Rama VII. (1893–1941), Brustbild n. l. Rs: Asiatischer Elefant (Elephas maximus – Elephantidae)	15,–	22,–
15 (49)	50 Satang (S) 1929	20,–	30,–

Ananda Mahidol (Rama VIII.)
1935–1946

		VZ	ST
16 (50)	½ Satang (Bro) 1937	1,–	1,50
17 (51)	1 Satang (Bro) 1939	1,30	1,80

Nr.			SS	VZ
18 (54)	1	Satang (Bro) 1941. Ziermuster. Rs. Landesnamen, Wert (mit Loch)	1,50	2,50
19 (55)	5	Satang (S) 1941	5,–	8,–
20 (56)	10	Satang (S) 1941	5,–	8,–
21 (A56)	20	Satang (S) 1942	15,–	20,–
22 (57)	1	Satang (Zinn) 1942 (ohne Loch)	–,70	1,–
23 (58)	5	Satang (Zinn) 1942 (mit Loch)	1,30	2,–
24 (59)	10	Satang (Zinn) 1942 (mit Loch)	2,50	3,50

Wert- und Datumsangabe in arabischen Ziffern:

Nr.			SS	VZ
25 (60)	1	Satang (Zinn) 1944 (ohne Loch)	–,50	1,–
26 (61)	5	Satang (Zinn) 1944–1945 (mit Loch)		
		a) 1944–1945, dicke Platte	4,–	8,–
		b) 1945, dünne Platte	3,–	6,–
27 (62)	10	Satang (Zinn) 1944, 1945 (mit Loch)		
		a) 1944, dicke Platte	3,–	4,–
		b) 1945, dünne Platte	4,–	7,–

Nr.			SS	VZ
28 (63)	20	Satang (Zinn) 1945	5,–	6,–
29 (64)	5	Satang (Zinn) 1946. Rama VIII. (1925–1946), als Kind, Brustbild n. l. Rs. Garuda, mythologischer Vogel	5,–	7,–
30 (65)	10	Satang (Zinn) 1946	7,–	12,–
31 (66)	25	Satang (Zinn) 1946	11,–	26,–
32 (67)	50	Satang (Zinn) 1946	22,–	38,–
33 (68)	5	Satang (Zinn) 1946. Rama VIII., älteres Brustbild	–,50	1,–
34 (69)	10	Satang (Zinn) 1946	1,50	3,–
35 (70)	25	Satang (Zinn) 1946	–,90	2,–
36 (71)	50	Satang (Zinn) 1946	2,–	5,–

Bhumibol, Aduljadeh (Rama Gaunatha IX.) seit 1946

Nr.			SS	VZ
37 (72)	5	Satang (Zinn) 1950. Rama IX. (*1927), in Uniform mit einem Orden dekoriert. Rs. Staatswappen	–,50	1,–
38 (72a)	5	Satang (Al-Bro) 1950	–,50	1,–
39 (73)	10	Satang (Zinn) 1950	–,80	1,50
40 (73a)	10	Satang (Al-Bro) 1950	1,–	2,–
41 (76)	25	Satang (Al-Bro) 1950	2,–	4,–
42 (77)	50	Satang (Al-Bro) 1950	3,–	5,–

Goldbarrenmünzen (3)

Nr.			SS	VZ
A42	50	Baht (G) o. J. (1951). Garuda. Rs. Inschrift. 995er Gold, 8,693 g	–,–	–,–
B42	100	Baht (G) o. J. (1951). Typ wie Nr. A42; 995er Gold, 17,387 g	–,–	–,–
C42	1000	Baht (G) o. J. (1951). Typ wie Nr. A42; 995er Gold, 173,879 g	–,–	–,–
43 (78)	5	Satang 1957. Rama IX. in Uniform, mit drei Orden dekoriert. Rs. Staatswappen; Ø 15 mm:		
		a) (Al-Bro)	–,30	–,50
		b) (Bro)	–,50	1,–
44 (79)	10	Satang 1957. Typ wie Nr. 43; Ø 17,5 mm:		
		a) (Al-Bro)	–,40	–,80
		b) (Bro)	–,70	1,20
		c) (Zinn)	–,–	–,–
45 (80)	25	Satang (Al-Bro)1957. Typ wie Nr. 43; Ø 20,5 mm	–,40	1,–
46 (81)	50	Satang (Al-Bro) 1957. Typ wie Nr. 43; Ø 23 mm	–,40	1,–

Nr.			SS	VZ
47 (82)	1	Baht (S) 1957. Typ wie Nr. 43. 030er Silber. Ø 26 mm	2,–	3,–

Nr. 47 besteht aus Kupfer 64%, Nickel 23%, Zink 10%, Silber 3%.

Rückkehr des Königspaares von den Besuchen in Europa und den Vereinigten Staaten von Amerika

Nr.			SS	VZ
48 (83)	1	Baht (K-N) 1961. Rama IX. und Königin Sirikit. Rs. Staatswappen	1,–	2,–
49 (84)	1	Baht (K-N) 1962. Rama IX., halbkreisförmige Umschrift	1,–	2,–

36. Geburtstag des Königs (2)

Nr.			SS	VZ
50 (85)	1	Baht (K-N) 1963. Rama IX. Rs. Königliche Insignien	1,–	2,–
51 (86)	20	Baht (S) 1963	20,–	30,–

5. Asiatische Sportspiele vom 9. bis 20. Dezember 1966 in Bangkok

Nr.			SS	VZ
52 (87)	1	Baht (K-N) 1966. Rama IX. und Königin Sirikit. Rs. Sonne über zwanzig Ringen als Symbol für die Teilnehmerstaaten, Motto »Ever Onward«	1,–	1,50

36. Geburtstag von Königin Sirikit am 12. August 1968 (3)

Nr.			ST
53 (88)	150	Baht (G) 1968. Königin Sirikit Kitiyakara (*1932), Brustbild n. r. Rs. Aus den Buchstaben Si und R (Sirikit Râjinî) gebildetes Monogramm unter der Krone der Königin, das Ganze im Kranz, unten Wertangabe	150,–
54 (89)	300	Baht (G) 1968. Typ wie Nr. 53	300,–
55 (90)	600	Baht (G) 1968. Typ wie Nr. 53	500,–

6. Asiatische Sportspiele in Bangkok 1970

Nr.			VZ	ST
56 (91)	1	Baht (K-N) 1970. Ähnlich wie Nr. 52	–,80	1,50

25. Regierungsjubiläum am 9. Juni 1971 (3)

VZ ST

57 (92) 10 Baht (S) 1971. Rama IX. Brustbild n. r. Rs. Königliche Insignien 5,– 7,–

58 (93) 400 Baht (G) 1971. Typ wie Nr. 57. 900er Gold, 10 g (46 584 Ex.) 300,–

59 (94) 800 Baht (G) 1971. Typ wie Nr. 57. 900er Gold, 20 g (22 243 Ex.) 600,–

20 Jahre Weltgemeinschaft der Buddhisten

60 (95) 50 Baht (S) 1971. Rama IX., Brustbild. Rs. Rad der Lehre, Zweckinschrift in Englisch. 900er Silber, 25 g:
a) flaches Relief (140 000 Ex.) 25,– 35,–
b) hohes Relief (60 000 Ex.) 25,– 35,–

21. Geburtstag des Kronprinzen Vijiralongkorn

61 (97) 1 Baht (K-N) 1972 –,60 1,–

62 (98) 5 Baht (K-N) 1972. Rama IX., Brustbild. Rs. Garuda (neuneckig) 1,80 3,–

Für den FAO-Münz-Plan

63 (96) 1 Baht (K-N) 1972. Rs. »Zeremonie des Pflügens«, Hindufest, das jährlich im Mai stattfindet –,60 1,–

25 Jahre Weltgesundheitsorganisation (WHO)

64 (99) 1 Baht (K-N) 1973. Rs. Emblem der WHO –,60 1,–

100. Jahrestag des Nationalmuseums

65 (101) 50 Baht (S) 1974 17,– 22,–

66 (100) 1 Baht (K-N) 1974 –,50 1,–

Rettet die Tierwelt (3)

ST PP

67 (102) 50 Baht (S) 1975. Rama IX., Brustbild. Rs. Sumatra-Nashorn:
a) 925er Silber, 28,28 g *120,–*
b) 500er Silber, 25,31 g 40,–

68 (103) 100 Baht (S) 1975. Rs. Siam-Leierhirsch:
a) 925er Silber, 35 g *180,–*
b) 500er Silber, 31,65 g 80,–

69 (104) 2500 Baht (G) 1975. Rs. Siantara-Schwalbe. 900er Gold, 33,437 g *1250,– 3000,–*

8. Südostasiatische Sportspiele (South East Asian Peninsular Games) in Bangkok 1975

VZ ST

70 (105) 1 Baht (K-N) 1975. Gestaffelte Brustbilder des Königspaares n. r. Rs. Emblem, Zweckumschrift –,60 1,–

100 Jahre Finanzministerium

71 (106) 100 Baht (S) 1975. Porträt von Rama V. und Rama IX. Rs. Gebäude des Finanzministeriums 45,– 60,–

75. Geburtstag der Königinmutter (2)

72 (107) 1 Baht (K-N) 1976. Porträt der Königinmutter, Umschrift. Rs. Flammenartiges Zeichen –,70 1,–

73 (108) 150 Baht (S) 1976. Typ wie Nr. 72 20,– 32,–

Für den FAO-Münz-Plan (2)

74 (112) 1 Baht (K-N) 1977. König Rama IX. mit dem jungen Kronprinzen Vijiralongkorn bei der Aussaat von Reis. Rs. Sitzende Reisgöttin –,70 1,–

75 (113) 150 Baht (S) 1977. Rs. Elefanten 35,– 45,–

Promotion von Prinzessin Sirinthorn (3)

			VZ	ST
76 (114)	1	Baht (K-N) 1977. Prinzessin Sirinthorn. Rs. Königliches Monogramm	–,70	1,–
77 (115)	10	Baht (K-N) 1977. Typ wie Nr. 76	2,–	3,50
78 (116)	150	Baht (S) 1977. Typ wie Nr. 76	30,–	42,–

Hochzeit des Kronprinzen Vijiralongkorn (3)

			VZ	ST
79 (117)	10	Baht (N) 1977. Kronprinz Vijiralongkorn und Prinzessin Soamsawali	2,–	3,50
80 (118)	150	Baht (S) 1977. Typ wie Nr. 79	25,–	35,–
81 (119)	2500	Baht (G) 1977. Typ wie Nr. 79. 900er Gold, 15 g		500,–

82 (109) 25 Satang (Me) B.E. 2520 (1977). König Bhumibol, Porträt n. l. Rs. Wertangabe zwischen Ähren –,30 –,50

83 (168) 50 Satang (Me) B.E. 2521, 2523 (1978, 1980). Typ wie Nr. 82 –,30 –,60

			VZ	ST
84 (110)	1	Baht (K-N) B.E. 2520 (1977). Rs. Königliche Barke, im Hintergrund Wat Arun	–,50	–,80
85 (111)	5	Baht (K, K-N plattiert) B.E. 2520, 2522 (1977, 1979). Rs. Garuda	1,50	2,–

50. Geburtstag des Königs (2)

			VZ	ST
86 (120)	5	Baht (K, K-N plattiert) 1977. Rama IX. Rs. Königliches Monogramm	1,50	2,–
87 (122)	5000	Baht (G) 1977. Typ wie Nr. 86. 900er Gold, 30 g		1000,–

Anm.: Falsche Stempelkoppelung (Y121): Vs. von Nr. 85 mit Rs. von Nr. 86 vorkommend (12,–).

Thronfolgerecht für Prinzessin Sirinthorn (3)

			VZ	ST
88 (124)	1	Baht (K-N) 1977. Prinzessin Sirinthorn, Brustbild halbrechts. Rs. Monogramm der Prinzessin	–,60	1,–
89 (125)	150	Baht (S) 1977. Typ wie Nr. 88	30,–	42,–
90 (126)	2500	Baht (G) 1977. Typ wie Nr. 88. 900er Gold, 15 g		500,–

9. Welt-Orchideenkonferenz in Bangkok

			VZ	ST
91 (123)	150	Baht (S) 1978. Rs. Orchideenblüten, zweisprachige Gedenkinschrift	30,–	40,–

Promotion des Kronprinzen Vijiralongkorn (3)

			VZ	ST
92 (127)	1	Baht (K-N) 1978. Kronprinz Vijiralongkorn, Brustbild in Uniform n. l. Rs. Emblem der Armeeschule	–,60	1,–
93 (128)	150	Baht (S) 1978. Typ wie Nr. 92	30,–	42,–
94 (129)	3000	Baht (G) 1978. Typ wie Nr. 92. 900er Gold, 15 g		500,–

8. Asiatische Sportspiele in Bangkok 1978 (2)

			VZ	ST
95 (130)	1	Baht (K-N) 1978. Rs. Emblem der Sportspiele	–,60	1,–
96 (131)	5	Baht (K, K-N plattiert) 1978. Typ wie Nr. 95	1,50	2,50

Einsegnung und Namenszeremonie für das 1. Enkelkind des Königs am 11. 1. 1979 (2)

			VZ	ST
97 (132)	5	Baht (K, K-N plattiert) 1979. Brustbild des Enkelkindes, Prinzessin Bhajara Kittiyabha	1,20	2,–

			VZ	ST
98 (132)	200	Baht (S) 1979. Typ wie Nr. 97	38,–	48,–

Promotion von Prinzessin Chulabhorn (3)

99 (134)	2	Baht (K-N) 1979. Prinzessin Chulabhorn. Rs. Emblem der Kasetsart-Universität	–,70	1,–
100 (135)	10	Baht (N) 1979. Typ wie Nr. 99	1,80	3,–
101 (136)	300	Baht (S) 1979. Typ wie Nr. 99	35,–	45,–

Verleihung der FAO-Ceres-Medaille an Königin Sirikit (3)

102 (137)	5	Baht (K, K-N plattiert) 1980. Königin Sirikit. Rs. Darstellungen des Reisanbaues und des Webens	1,–	1,60
103 (138)	600	Baht (S) 1980. Typ wie Nr. 102		130,–
104 (139)	9000	Baht (G) 1980. Typ wie Nr. 102. 900er Gold, 12 g		*1100,–*

80. Geburtstag der Königinmutter (2)

			VZ	ST
105 (140)	5	Baht (K, K-N plattiert) 1980. Königinmutter Somdej Phra Srinakarindara Boromrajchonnani	1,–	1,60
106 (141)	10	Baht (N) 1980. Typ wie Nr. 105	2,–	3,20

Einweihung der Statue des Königs Rama VII. am 10. 12. 1980 anläßlich des 50. Jahrestages der Errichtung der konstitutionellen Monarchie

107 (144)	5	Baht (K, K-N plattiert) 1980. Rama VII., Porträt n. l. Rs. Gekröntes Monogramm	1,–	1,60

30 Jahre Weltgemeinschaft der Buddhisten

108 (145)	10	Baht (N) 1980. Rs. Rad der Lehre	2,50	3,–

Nr. 109 fällt aus.

100. Geburtstag von König Wadschirawudh (Rama VI.) (3)

			PP
110 (142)	5	Baht (K, K-N plattiert) 1981. Rama VI., Porträt n. r. 1,–	1,60
111 (143)	600	Baht (S) 1981. Typ wie Nr. 110	130,–
112 (A143)	9000	Baht (G) 1981. Typ wie Nr. 110. 900er Gold, 12 g	*1100,–*

36. Regierungsjubiläum von König Bhumibol (3)

113 (146)	10	Baht (N) 1981. Porträts nach links. Rs. Monogramme, Tschakra und Dreizack	**2,20**	3,–
114 (147)	600	Baht (S) 1981. Typ wie Nr. 113		120,–
115 (148)	9000	Baht (G) 1981. Typ wie Nr. 113. 900er Gold, 15 g		**1100,–**

Internationales Jahr des Kindes 1979 (2)

116 (152) 200 Baht (S) 1981. Rs. Tanzendes Mädchen:
a) 925er Silber, 23,327 g 180,–
b) Piéfort, 925er Silber, 46,6552 g (126 Ex.) *700,–*

117 (153) 4000 Baht (G) 1981. Rs. Zwei Kinder beim Loy-Krathong-Festival:
a) 900er Gold, 17,17 g (4892 Ex.) **1200,–**
b) Piéfort, 900er Gold, 34,34 g (61 Ex.) *8000,–*

200 Jahre Bangkok (Rattanakosin) (3)

			VZ	ST
118 (149)	5	Baht (K, K-N plattiert) 1982. Porträts von Rama I. und Rama IX. n. l. Rs. Symbole der Tschakri-Dynastie: Tschakra und Dreizack		2,–
119 (150)	600	Baht (S) 1982. Typ wie Nr. 118		120,–
120 (151)	9000	Baht (G) 1982. Typ wie Nr. 118. 900er Gold, 15 g		**1200,–**

50. Geburtstag von Königin Sirikit (3)

			ST	PP
121 (154)	10	Baht (N) 1982. Königin Sirikit. Rs. Gekröntes Monogramm	3,–	–,–
122 (155)	600	Baht (S) 1982. Typ wie Nr. 121	**120,–**	*220,–*
123 (156)	6000	Baht (G) 1982. Typ wie Nr. 121. 900er Gold, 15 g	**1500,–**	*4500,–*

Welternährungstag 1982 (2)

124 (157)	1	Baht (K-N) 1982. Rs. Ananas, Reispflanzen und Fisch	**–,50**	1,–

			VZ	ST
125 (158)	5	Baht (K, K-N plattiert) 1982. Typ wie Nr. 124	1,–	2,–

126 (159)	1	Baht (K-N) B. E. 2525 (1982). Rama IX. Rs. Tempel des Smaragd-Buddha	**–,30**	**–,60**

127 (160)	5	Baht (K, K-N plattiert) B. E. 2525–2527 (1982–1984). Rama IX. Rs. Garuda	**–,90**	**1,60**

75. Jahrestag der Weltpfadfinderbewegung und Internationales Jahr der Pfadfinder (2)

			ST	PP
128 (161)	5	Baht (K, K-N plattiert) 1982. König Bhumibol in Pfadfinderuniform. Rs. Pfadfinderflagge	**2,–**	
129 (162)	10	Baht (N) 1982. Typ wie Nr. 128	**3,–**	*30,–*

100 Jahre Thailändische Postverwaltung (2)

		ST	PP
130 (163)	10 Baht (N) 1983. König Bhumibol. Rs. Emblem des Post- und Telegrafenwesens	**3,–**	*30,–*

131 (164) 600 Baht (S) 1983. Porträts von König Chulalongkorn und König Bhumibol n. l. Rs. Erste thailändische Briefmarke aus dem Jahr 1883 **115,–** *250,–*

700 Jahre Thai-Alphabet (3)

132 (165) 10 Baht (N) 1983. Phor Khun Ramkhamhaeng nach einem Monument bei Sukhothai. Rs. Inschrift, Wertangabe **3,–** *30,–*

133 (166) 600 Baht (S) 1983. Typ wie Nr. 132 **130,–** *250,–*
134 (167) 6000 Baht (G) 1983. Typ wie Nr. 132 **1200,–** *2300,–*

Internationales Jahr der Behinderten 1981 (2)

		ST	PP
135 (169)	250 Baht (S) B. E. 2526/1983. König Bhumibol. Rs. Internationales Emblem [RM]:		
	a) 925er Silber, 28,28 g	*130,–*	*280,–*
	b) Piéfort, 925er Silber, 56,56 g (227 Ex.)		*–,–*
136 (170)	2500 Baht (G) B. E. 2526/1983. Typ wie Nr. 135 [RM]:		
	a) 916⅔er Gold, 15,98 g (203 Ex.)	*1200,–*	*1500,–*
	b) Piéfort, 916⅔er Gold, 31,95 g (72 Ex.)		*6000,–*

84. Geburtstag der Königinmutter (4)

		ST	PP
137 (171)	5 Baht (K, K-N plattiert) 1984. Königinmutter Somdej Phra Srinakarindara Boromrajchonnani	**2,–**	
138 (172)	10 Baht (N) 1984. Typ wie Nr. 137	**3,50**	*32,–*
139 (173)	600 Baht (S) 1984. Typ wie Nr. 137	**150,–**	*320,–*
140 (174)	6000 Baht (G) 1984. Typ wie Nr. 137	**1500,–**	*3000,–*

72 Jahre Staatliche Sparkasse

141 (175) 10 Baht (N) 1985. Rama VI. und IX. n. l. Rs. Emblem der Sparkasse **4,–** *30,–*

Internationales Jahr der Jugend 1985

142 (176) 2 Baht (K, K-N plattiert) 1985. Rs. Internationales Emblem **1,20**

13. Südostasiatische Sportspiele vom 8.–17. Dezember 1985 in Bangkok

143 (177) 2 Baht (K, K-N plattiert) 1985. Rs. Emblem der Sportspiele **1,20** *25,–*

Nr. 143 in polierter Platte ist eine unautorisierte Prägung.

FAO-Ausgabe zu den Nationalen Jahren der Bäume 1985–1988 (2)

144 (178) 2 Baht (K, K-N plattiert) 1986. Rs. Stilisierter Baum und Embleme **1,20**
145 (179) 10 Baht (N) 1986. Typ wie Nr. 144 **2,–** *28,–*

Internationales Jahr des Friedens 1986

		ST	PP
146 (180)	2 Baht (K, K-N plattiert) 1986. Rs. Internationales Emblem	1,–	

VI. Orchideen-Konferenz der ASEAN-Staaten (2)

147 (181)	10 Baht (N) 1986. Rs. Emblem der Konferenz	2,50	*30,–*
148 (182)	600 Baht (S) 1986. Typ wie Nr. 147	100,–	*150,–*

		VZ	ST
149 (186)	1 Satang (Al) B. E. 2530–2533 (1987–1990). Rs. Phra Dhat Haripunchai	–,20	–,40
150 (208)	5 Satang (Al) B. E. 2530, 2531, 2533 (1987~1990). Rs. Phra Pathom Cedi	–,20	–,40
151 (209)	10 Satang (Al) B. E. 2530, 2531, 2533 (1987~1990). Rs. Phra Dhat Cheungchum	–,20	–,40
152 (187)	25 Satang (Al-Bro) B. E. 2530–2533 (1987–1990). Rs. Phra Mahadhat	–,30	–,50
153 (203)	50 Satang (Al-Bro) B. E. 2530–2533 (1987–1990). Rs. Phra Dhat Doi Suthep	–,40	–,70
154 (183)	1 Baht (K-N) B. E. 2529–2534 (1986–1991). Rs. Palast	–,50	1,–

Nr. 155 fällt aus.

156 (185)	5 Baht (K, K-N plattiert) B. E. 2530, 2531 (1987, 1988). Rs. Bugzier der königlichen Barke vor Stadtansicht	1,–	1,80

Zur Unterscheidung von Nr. 84 (1 Baht) wurde Nr. 156 (5 Baht) im Umlauf häufig durch Filzstift mit großer Wertzahl 5 versehen.

157 (219)	5 Baht (K, K-N plattiert) B. E. 2531, 2532 (1988, 1989). Rs. Wat Benjamabopit	1,–	1,80

158 (227) 10 Baht (K-N/Al-Bro) B. E. 2531, 2532 (1988, 1989):

	a) [IPZS] breite Inschrift, 2531 (100 000 Ex.)	*10,–*	*30,–*
	b) [RTM] schmale Inschrift, 2532	*1,50*	*3,–*

Nr. 159 fällt aus.

200. Geburtstag von Rama III.

		ST	PP
160 (184)	5 Baht (K, K-N plattiert) B. E. 2530 (1987). Rama III. Rs. Thron	1,–	

25 Jahre World Wildlife Fund (2)

		ST	PP
161 (206)	200 Baht (S) B. E. 2530/1987. Rs. Prälatfasan (Lophura diardi). 925er Silber, 23,18 g		**85,–**
162 (207)	2500 Baht (G) B. E. 2530/1987. Rs. Indischer Elefant (Elephas maximus). 900er Gold, 15,98 g		*650,–*

100 Jahre Chulachomklao-Militärakademie (2)

163 (188)	2 Baht (K, K-N plattiert) B. E. 2530 (1987). Rama V. und IX. n. l. Rs. Emblem der Akademie	1,–	
164 (189)	10 Baht (N) B. E. 2530. Typ wie Nr. 163	2,50	*30,–*

Nrn. 165 und 166 fallen aus.

Landwirtschaftliche Entwicklung unter König Rama IX. (3)

167 (190)	10 Baht (N) B. E. 2530 (1987). Rama IX. bei der Lehre im Freien, Emblem des Asiatischen Technologieinstituts	2,50	*30,–*
168 (229)	600 Baht (S) B. E. 2530 (1987). Typ wie Nr. 167	80,–	*–,–*
169	6000 Baht (G) B. E. 2530 (1987). Typ wie Nr. 167	–,–	*–,–*

Verleihung der Einstein-Medaille in Gold der UNESCO an Prinzessin Chulabhorn (3)

170 (191)	2 Baht (K, K-N plattiert) B. E. 2530. Prinzessin Chulabhorn. Rs. Einstein-Medaille	1,–	
171 (192)	10 Baht (N) B. E. 2530. Typ wie Nr. 170	2,50	*30,–*
172 (193)	600 Baht (S) B. E. 2530. Typ wie Nr. 170	85,–	*150,–*

60. Geburtstag von König Bhumibol (9)

173 (194)	2 Baht (K, K-N plattiert) B. E. 2530. Rama IX. Rs. Königliches Emblem	1,–	
174 (195)	5 Baht (K, K-N plattiert) B. E. 2530. Typ wie Nr. 173	1,–	
175 (196)	10 Baht (N) B. E. 2530. Typ wie Nr. 173	2,50	*30,–*
176 (197)	150 Baht (S) B. E. 2530. Typ wie Nr. 173. 925er Silber, 7,5 g	28,–	40,–
177 (198)	300 Baht (S) B. E. 2530. Typ wie Nr. 173, 925er Silber, 15 g	55,–	65,–
178 (199)	600 Baht (S) B. E. 2530. Typ wie Nr. 173. 925er Silber, 30 g	100,–	160,–
179 (200)	1500 Baht (G) B. E. 2530. Typ wie Nr. 173. 900er Gold, 3,75 g	200,–	275,–
180 (201)	3000 Baht (G) B. E. 2530. Typ wie Nr. 173. 900er Gold, 7,5 g	320,–	500,–
181 (202)	6000 Baht (G) B. E. 2530. Typ wie Nr. 173. 900er Gold, 15 g	650,–	1000,–

72 Jahre Thailändischer Konsumverein (2)

182 (204)	2 Baht (K, K-N plattiert) B. E. 2531 (1988). Rama VI. und Rama IX. n. l. Rs. Inschrift	1,–	
183 (205)	10 Baht (N) B. E. 2531. Typ wie Nr. 182	2,50	*30,–*

42. Regierungsjubiläum von König Bhumibol (9)

		ST	PP
184 (210)	2 Baht (K, K-N plattiert) B. E. 2531 (1988). Rs. Gekröntes Monogramm des Königs	–,50	
185 (211)	5 Baht (K, K-N plattiert) B. E. 2531. Typ wie Nr. 184	1,20	
186 (212)	10 Baht (N) B. E. 2531. Typ wie Nr. 184	2,80	–,–
187 (213)	150 Baht (S) B. E. 2531. Typ wie Nr. 184	–,–	–,–
188 (214)	300 Baht (S) B. E. 2531. Typ wie Nr. 184	–,–	–,–
189 (215)	600 Baht (S) B. E. 2531. Typ wie Nr. 184	–,–	–,–
190 (216)	1500 Baht (G) B. E. 2531. Typ wie Nr. 184	–,–	–,–
191 (217)	3000 Baht (G) B. E. 2531. Typ wie Nr. 184	–,–	–,–
192 (218)	6000 Baht (G) B. E. 2531. Typ wie Nr. 184	–,–	–,–

36. Geburtstag von Kronzprinz Vajiralongkorn (3)

		ST	PP
193 (222)	2 Baht (K, K-N plattiert) B. E. 2531 (1988). Rs. Gekröntes Monogramm des Kronprinzen	–,50	
194 (223)	10 Baht (N) B. E. 2531. Typ wie Nr. 193	3,–	12,–
195 (224)	600 Baht (S) B. E. 2531. Typ wie Nr. 193	100,–	160,–

100 Jahre Siriraj-Hospital (2)

		ST	PP
196 (220)	2 Baht (K, K-N plattiert) B. E. 2531 (1988)	–,50	
197 (221)	10 Baht (N) B. E. 2531. Typ wie Nr. 196	3,–	12,–

72 Jahre Chulalongkorn-Universität (3)

		ST	PP
198 (225)	2 Baht (K, K-N plattiert) B. E. 2532 (1989). Rama V., VI. und IX. n. l. Rs. »Pra Kiew«, Siegel der Universität	–,50	
199 (228)	10 Baht (N) B. E. 2532. Typ wie Nr. 198	2,50	–,–
200 (226)	600 Baht (S) B. E. 2532. Typ wie Nr. 198	90,–	–,–

100 Jahre Medizinische Hochschule »Siriraj« (2)

		ST	PP
201 (230)	2 Baht (K, K-N plattiert) B. E. 2533 (1990). Porträts von Rama V. und Rama IX. von vorne, Monogramme. Rs. Verwaltungsgebäude der am 5. September 1890 gegründeten Medizinischen Hochschule	–,50	
202 (231)	10 Baht (K-N) B. E. 2533 (1990). Typ wie Nr. 201	2,50	–,–

100 Jahre Rechnungshof beim Finanzministerium (2)

		ST	PP
203 (235)	2 Baht (K, K-N plattiert) B. E. 2533 (1990). Porträts von Rama V. und Rama IX. nach halblinks. Rs. Gebäude des Rechnungshofes von 1890, Geldsack, Abakus, Rechenmaschine und Computer	–,50	
204 (236)	10 Baht (K-N) B. E. 2533 (1990). Typ wie Nr. 203	2,50	–,–

90. Geburtstag der Königinmutter (3)

		ST	PP
205 (232)	2 Baht (K, K-N plattiert) B. E. 2533 (1990). Königinmutter Somdej Phra Srinakarindara Boromrajchonnani. Rs. Siegel der Königinmutter	–,50	
206 (233)	10 Baht (K-N) B. E. 2533 (1990). Typ wie Nr. 205	2,50	–,–
207 (234)	600 Baht (S) B. E. 2533 (1990). Typ wie Nr. 205	90,–	

36. Geburtstag von Prinzessin Sirindhorn (3)

		ST	PP
208 (237)	2 Baht (K, K-N plattiert) B. E. 2534 (1991). Prinzessin Maha Chakri Sirindhorn. Rs. Siegel der Prinzessin	–,50	
209 (238)	10 Baht (K-N) B. E. 2534 (1991). Typ wie Nr. 208	2,50	
210 (239)	600 Baht (S) B. E. 2534 (1991). Typ wie Nr. 208. 925er Silber, 22 g	90,–	

Pfadfinder (2)

		ST	PP
211	2 Baht (K, K-N plattiert) B. E. 2534 (1991). Rs. Pfadfinderlilie mit Löwenkopf	–,50	
212	10 Baht (K-N) B. E. 2534 (1991). Typ wie Nr. 211	2,50	–,–

70 Jahre Save the Children Fund

Tibet Tibet Thibet

Fläche: 1 200 000 km²; 1 280 000 Einwohner.
Seit der Regierungszeit der chinesischen Tang-Dynastie (618—906) steht Tibet in wechselndem Maße unter dem kulturellen und politischen Einfluß Chinas. Unter der Ching-Dynastie (1644—1911) konnte China diesen Einfluß zunächst stark ausbauen, gegen Ende der Dynastie ging dieser Einfluß jedoch unter der Herrschaft schwacher Kaiser wieder weitestgehend zurück. Nach der Ablösung des Kaiserreiches in China durch die Republik (1911/1912) betrachtete sich Tibet als der chinesischen Oberhoheit entbunden. Die von Großbritannien, Indien und Rußland im Jahr 1914 garantierte Unabhängigkeit Tibets wurde von China nicht anerkannt. Um dem zunehmenden fremdländischen Einfluß in Tibet entgegenzutreten, besetzten die Truppen der Volksrepublik China 1950—1951 schrittweise das Land. Auf der Grundlage der Verträge von Peking vom 23. Mai 1951 wurde Tibet der Volksrepublik China als autonome Region angegliedert. Die im Zeitabschnitt dieses Kataloges ausgegebenen tibetischen Münzen wurden überwiegend nach dem tibetischen Kalender (60-Jahre-Zyklus) datiert (z. D.). Hauptstadt: Lhasa.

10 Skarung = 1 Shokang; 15 Skarung — 1 Tangka
10 Shokang = 1 Srang; 3 Tangka = 1 indische Rupie

SS VZ

1 (1) ¼ Rupie (S) o. J. (1903). Brustbild mit Kappe nach links. Rs. Provinzbezeichnung (Szechuan) in vier chinesischen Schriftzeichen, umgeben von Blattornamenten. Im Zentrum eine Rosette; Ø 19,5 mm. Mehrere Varianten **80,— 100,—**

2 (2) ½ Rupie (S) o. J. (1903). Typ wie Nr. 1; Ø 24,5 mm. Mehrere Varianten **85,— 125,—**

3 (3) 1 Rupie (S) o. J. (1903). Typ wie Nr. 1; Ø 30 mm. Mehrere Varianten **35,— 50,—**

4 2½ Rupien (S) o. J. (1903). Typ wie Nr. 1; Ø 38 mm. Phantasieprägung? **—,—**

Nrn. 1—4 wurden in der chinesischen Provinz Szechuan geprägt und waren für das Grenzgebiet von Szechuan und Tibet bestimmt.
Es existieren auch Goldabschläge von Nrn. 1—3, die wahrscheinlich als Phantasieprägungen zu betrachten sind.

4a 1 Tangka (S) 1906, 1912. Tibetische Schriftzeichen in quadratischer Umrandung. Im Zentrum ein buddhistisches Symbol im Kreis. Außen ornamentale Umrandung. Rs. Tibetische Schriftzeichen in einem Kreis. Acht tibetische Schriftzeichen in ornamentaler Umrandung als Umschrift. Umrandung der Vs. und Rs. durch einen Perlkreis zwischen zwei ausgezogenen Kreisen **—,— —,—**

SS VZ

5 (13) 1 Tangka (S) o. J. (18. Jahrhundert — 1948). Stilisierte Lotosblume, umgeben von acht Gruppen tibetischer Schriftzeichen. Rs. Im Zentrum ein buddhistisches Symbol, umgeben von weiteren acht buddhistischen Symbolen. 4,4 g **12,— 20,—**

5a ½ Skarung (K) o. J. (1908). Wie Typ Nr. 6; Ø nur 22 mm **—,—**

6 (4) 1 Skarung (K) o. J. Drachen in gepunktetem Kreis und Umschrift in tibetischen Schriftzeichen. Rs. Landes- und Münzbezeichnung sowie die Regierungsepoche »Hsüan Tung« in vier chinesischen Schriftzeichen. Im Zentrum eine stilisierte Lotosblume im Perlkreis. Ø 27 mm **45,— 60,—**

7 (5) 1 Shokang (S) o. J. (um 1910). Ähnlich Typ Nr. 6; Ø 22 mm, 3,2 g **45,— 60,—**

8 (6) 2 Shokang (S) o. J. (um 1910). Ähnlich Typ Nr. 6; Ø 25 mm, 6,8 g **55,— 85,—**

9 1 Shokang (S) 1908, 1909. Zwei Quadrate im Doppelkreis. Zwischen den Quadraten tibetische Schriftzeichen. Im Zentrum ein buddhistisches Symbol. Außerhalb des Doppelkreises als Umrandung acht Sterne. Rs. Im Zentrum zwei Kreise innerhalb eines Doppelkreises. Zwischen den Kreisen zweimal acht Punkte. Als Umschrift acht Gruppen tibetischer Schriftzeichen. Als Umrandung acht Sterne, die zwischen einem Doppelkreis (innen) und einem einfachen Kreis (außen) liegen **165,— 220,—**

9a ⅛ Shokang (K) o. J. (1909). Ähnlich Typ Nr. 9; Ø 22 mm **—,—**

10 (9) ¼ Shokang (K) o. J. (1909). Ähnlich Typ Nr. 9; Ø 26 mm **—,—**

11 (9) 5 Shokang (S) 1908, 1909 (?). Ähnlich Typ Nr. 9, jedoch in der Umrandung 16 Sterne **50,— 75,—**

12 1 Srang (S) 1908. Ähnlich Typ Nr. 9, jedoch in der Umrandung 24 Sterne **400,— 550,—**

13 1 Tael (S) o. J. (1908). Auch chinesische Schriftzeichen, u. a. Münzbezeichnung. Rs. Landesbezeichnung und Wertangabe in vier chinesischen Schriftzeichen **—,—**

14 (10) 2½ Skarung (K) 1909 (z. D.). Löwe im Kreis und Umschrift von acht Gruppen tibetischer Schriftzeichen. Rs. Im Zentrum ein buddhistisches Symbol im Doppelkreis. Umschrift in tibetischen Schriftzeichen **30,— 40,—**

15 (A10) 5 Skarung (K) 1909 (z. D.). Wie Typ Nr. 14 **30,— 40,—**

16 (11) 7½ Skarung (K) 1909 (z. D.) Wie Typ Nr. 14 **50,— 65,—**

		SS	VZ
17 (12)	1 Srang (S) 1909 (z. D.). Stilisierter Löwe im Kreis, umgeben von acht Gruppen tibetischer Schriftzeichen. Rs. Im Zentrum ein buddhistisches Symbol im Kreis, umgeben von einer Umschrift in tibetischen Schriftzeichen. Umrandung des Ganzen durch acht buddhistische Symbole	**950,—**	**1200,—**
18 (14)	1 Tangka (S) o. J. Vs. ähnlich Typ Nr. 9, in der Umrandung jedoch an Stelle der Sterne ein gepunkteter Kreis. Rs. Im Zentrum eine stilisierte achtblättrige Blume, umgeben von acht buddhistischen Symbolen. Umrandung durch einen Doppelkreis, einen gepunkteten und einen einfachen Kreis	**15,—**	**22,—**
18a	2 Tangka (S) 1912 (undatiert). Ähnlich Typ Nr. 5, jedoch Gewicht 9,3 g		**—,—**
18b	1 Srang (S) 1914—1919 (z. D.). Ähnlich Typ Nr. 17		**—,—**
19 (16)	2½ Skarung (K) 1914—1918 (z. D.). Löwe im Kreis und Umschrift von acht Gruppen tibetischer Schriftzeichen. Rs. Im Zentrum zwei Kreise innerhalb eines ausgezogenen und eines gepunkteten Kreises. Zwischen den Kreisen zwei Gruppen von je acht Punkten. Umschrift in tibetischen Schriftzeichen	**10,—**	**15,—**
20 (17)	5 Skarung (K) 1913—1918 (z. D.). Vs. ähnlich Typ Nr. 19. Rs. Stilisierte Blume im Doppelkreis und Umschrift in tibetischen Schriftzeichen	**8,50**	**12,—**
21 (18)	5 Shokang (S) 1913—1919, 1922, 1925—1927 (z. D.). Stilisierter Löwe im Kreis, umgeben von acht Gruppen tibetischer Schriftzeichen. Rs. Im Zentrum ein buddhistisches Symbol im Kreis, umgeben von einer Umschrift in tibetischen Schriftzeichen (u. a. Jahreszahl und Wertangabe). Umrandung des Ganzen durch weitere acht buddhistische Symbole	**26,—**	**35,—**
22 (22)	20 Srang (G) 1917—1920 (z. D.). Stilisierter Löwe und tibetische Schriftzeichen (Jahreszahl) im Kreis. Als Umrandung acht buddhistische Symbole. Rs. Im Zentrum eine stilisierte Blume im Kreis. Umschrift in tibetischen Schriftzeichen, u. a. Landesbezeichnung und Wertangabe	**1600,—**	**2000,—**
23 (A19)	2½ Skarung (K) 1918—1920 (z. D.). Stilisierter Löwe in einer Umrandung, Umschrift in tibetischen Schriftzeichen. Rs. Im Zentrum ein buddhistisches Symbol, umgeben von tibetischen Schriftzeichen und Arabesken. Diese Münze ist kreuzblütenförmig!	**85,—**	**120,—**

24 (19)	5 Skarung (K) 1918—1925 (z. D.). Stilisierter Löwe in einer Umrandung und Umschrift in tibetischen Schriftzeichen. Rs. Tibetische Schriftzeichen in einer Umrandung und Umschrift in tibetischen Schriftzeichen	**6,50**	**10,—**

25 (20)	7½ Skarung (K) 1918—1926 (z. D.). Stilisierter Löwe in gepunktetem Kreis und Umschrift in tibetischen Schriftzeichen. Rs. Im Zentrum drei bogenförmige Linien in einem Kreis, umgeben von acht Punkten und einem gepunkteten Kreis. Außen eine Umschrift in tibetischen Schriftzeichen. Randcharakteristik: Gerundeter Zackenrand!	**6,50**	**10,—**

		SS	VZ
26 (21)	1 Shokang (K) 1918—1928 (z. D.). Löwe im Kreis und Umschrift von acht Gruppen tibetischer Schriftzeichen. Rs. Tibetische Schriftzeichen in einem ausgezogenen und einem gepunkteten Kreis. Umschrift in tibetischen Schriftzeichen	**8,50**	**12,—**
26a	1 Tangka (S) o. J. (1920—1925). Typ ähnlich wie Nr. 6, jedoch auf der Rs. im oberen linken buddhistischen Symbol ein Kreuz im Kreis	**—,—**	**—,—**

27 (21a)	1 Shokang (K) 1923—1928 (z. D.). Typ ähnlich wie Nr. 26, jedoch teilweise geänderte Schriftzeichen	**10,—**	**16,—**
27a (32a)	5 Shokang (S) o. J. (1928, 1929). Stilisierter Löwe mit Arabesken im Kreis. In der Umrandung acht buddhistische Symbole. Rs. Im Zentrum Wertangabe in tibetischen Schriftzeichen in ornamentaler Umrandung. In der Umschrift tibetische Schriftzeichen in ornamentaler Umrandung	**300,—**	**400,—**
27b	5 Shokang (S) 1930 (z. D.). Typ wie Nr. 27a, jedoch mit Angabe der Jahreszahl	**—,—**	**—,—**

28 (23)	1 Shokang (K) 1932—1938 (z. D.). In stilisierter Zeichnung Löwe, Sonne und Wolken im Kreis. Umschrift in tibetischen Schriftzeichen. Rs. Tibetische Schriftzeichen und Arabesken im Kreis. In der Umschrift tibetische Schriftzeichen und fünf Rosetten	**5,—**	**8,—**

29 (24)	1½ Srang (S) 1935—1938, 1946 (z. D.). In stilisierter Zeichnung Löwe, fünf Berggipfel, zwei Sonnen und Wolken im Kreis. In der Umschrift vier Gruppen tibetischer Schriftzeichen und vier buddhistische Symbole. Rs. Arabesken im Kreis. In der Umschrift tibetische Schriftzeichen und buddhistische Symbole	**15,—**	**20,—**

		SS	VZ
30 (25)	3 Srang (S) 1933, 1934 (z. D.). In stilisierter Zeichnung Löwe und Wolken im Kreis. In der Umschrift vier Gruppen tibetischer Schriftzeichen und vier buddhistische Symbole. Rs. Tibetische Schriftzeichen, u. a. Wertangabe und Arabesken im Kreis. In der Umschrift drei Gruppen tibetischer Schriftzeichen und drei buddhistische Symbole	30,–	40,–

31 (26)	3 Srang (S) 1935–1938, 1946 (z. D.). In stilisierter Zeichnung Löwe, fünf Berggipfel, zwei Sonnen und Wolken im Kreis. In der Umschrift vier Gruppen tibetischer Schriftzeichen und vier buddhistische Symbole. Rs. Arabesken im Kreis. In der Umschrift vier Gruppen tibetischer Schriftzeichen, u. a. Jahreszahl, sowie zwei achtblättrige Rosetten und zwei buddhistische Symbole	30,–	40,–
32 (27)	3 Shokang (K) 1946 (z. D.). In stilisierter Zeichnung Löwe, fünf Berggipfel und zwei Sonnen im Kreis. In der Umschrift vier Gruppen tibetischer Schriftzeichen und vier buddhistische Symbole. Rs. Tibetische Schriftzeichen und Arabesken im Kreis. In der Umschrift tibetische Schriftzeichen und sechs buddhistische Symbole	18,50	25,–

		SS	VZ
33 (31)	1 Tangka (S) 1946–1948 (undatiert). Im Zentrum Yin-Yang-Symbol in zwei Kreisen. Als Umschrift acht Gruppen tibetischer Schriftzeichen. Rs. Arabesken im Kreis, umgeben von acht buddhistischen Symbolen	22,–	30,–

34 (28)	5 Shokang (K) 1947–1950 (z. D.). Löwe, drei Berggipfel, zwei Sonnen und Wolken. Rs. Tibetische Schriftzeichen im Kreis umgeben von acht Gruppen tibetischer Schriftzeichen	6,50	10,–
34a	5 Shokang (K) 1947 (z. D.). Ähnlich Typ Nr. 34, jedoch auf der Vs. nur zwei Berggipfel	–,–	–,–
35 (28a)	5 Shokang (K) 1949–1953 (z. D.). Wie Typ Nr. 34, jedoch an Stelle der zwei Sonnen Sonne und Mond	8,50	12,–
36 (29)	10 Srang (S) 1947, 1948 (z. D.). Löwe mit drei Berggipfeln und zwei Sonnen im Kreis. Als Umschrift acht Gruppen tibetischer Schriftzeichen, u. a. Landesbezeichnung. Rs. Buddhistische Symbole und tibetische Schriftzeichen, u. a. Jahreszahl und Wertangabe, im Kreis. Als Umschrift acht Gruppen tibetischer Schriftzeichen, u. a. Landesbezeichnung	45,–	60,–
36a	10 Srang (S) 1949 (z. D.). Wie Typ Nr. 36, jedoch auf der Rs. die Wertangabe in anderen tibetischen Schriftzeichen	–,–	–,–
37 (29a)	10 Srang (S) 1949–1953 (z. D.). Wie Typ Nr. 36, jedoch an Stelle der zwei Sonnen Sonne und Mond	45,–	60,–
38 (30)	10 Srang (S) 1950, 1951 (z. D.). Löwe, drei Berggipfel und zwei Sonnen im Kreis. Als Umschrift acht Gruppen tibetischer Schriftzeichen. Rs. Drei Zeilen tibetischer Schriftzeichen im Kreis. Als Umschrift acht Gruppen tibetischer Schriftzeichen	45,–	60,–

Frühere Ausgaben siehe Weltmünzkatalog 19. Jahrhundert.

East Timor

Timor

Timor

Fläche: 14925 km²; 574000 Einwohner (1975).
Zwischen den seit 1520 auf dieser größten der Kleinen Sunda-Inseln siedelnden Portugiesen und den seit 1613 nachdringenden Niederländern wurde erst 1859 ein Teilungsvertrag geschlossen. Der portugiesische Osten und eine Exklave Okusi Ambeno an der westlichen Nordküste blieben bei Portugal, als der niederländische Teil 1947 zu einem Bestandteil der Republik Indonesien wurde. Portugiesisch-Timor wurde die meiste Zeit als Teil von Portugiesisch-Indien und Macau verwaltet. Im Laufe des Jahres 1975 wirkte sich die Revolution im Mutterland für Timor verwirrend aus; drei Unabhängigkeitsbewegungen wurden schließlich von einer indonesischen Intervention verdrängt und das Land dem indonesischen Staat einverleibt. Hauptort: Dili.

100 Avos = 1 Pataca;
seit 6. Dezember 1957: 100 Centavos = 1 Escudo

Kolonie

		SS	VZ
1 (1)	10 Avos (Bro) 1945, 1948, 1951. Quinaskreuz. Rs. Wert	**18,–**	**35,–**
2 (2)	20 Avos (Neusilber) 1945. Kopfbild der Freiheit. Rs. Wappen im Kranz und Wert	**100,–**	**175,–**
3 (3)	50 Avos (S) 1945, 1948, 1951. Wappen auf Kreuz. Rs. Wert. 650er Silber	**45,–**	**80,–**

Überseeprovinz

WÄHRUNGSREFORM 6. Dezember 1957:
1 Pataca = 6¼ Escudos

NEUE WÄHRUNG: 100 Centavos = 1 Escudo

		SS	VZ
4 (4)	10 Centavos (Bro) 1958. Wappen mit Mauerkrone. Rs. Wert	**11,–**	**27,–**
5 (5)	30 Centavos (Bro) 1958	**6,–**	**12,–**
6 (6)	0,60 Escudo (Neusilber) 1958. Wappen vor Christuskreuz. Rs. Wappen mit Mauerkrone	**7,–**	**15,–**
7 (7)	1 Escudo (Neusilber) 1958	**6,–**	**12,–**
8 (8)	3 Escudos (S) 1958	**11,–**	**20,–**
9 (9)	6 Escudos (S) 1958	**18,–**	**26,–**
10 (10)	10 Escudos (S) 1964	**20,–**	**30,–**
11 (12)	20 Centavos (Bro) 1970. Wappen mit Mauerkrone. Rs. Wert	**1,–**	**2,–**
12 (13)	50 Centavos (Bro) 1970. Typ wie Nr. 11	**1,–**	**2,–**
13 (14)	1 Escudo (Bro) 1970. Typ wie Nr. 11	**3,–**	**6,–**
14 (15)	2,50 Escudos (K-N) 1970. Typ wie Nr. 6	**3,–**	**6,–**
15 (16)	5 Escudos (K-N) 1970. Typ wie Nr. 6	**5,–**	**10,–**
16 (17)	10 Escudos (K-N) 1970. Typ wie Nr. 6	**6,–**	**10,–**

Okusi Ambeno

Sultanate of Occussi Ambeno

Mit dem Namen eines sich seit 1976 als unabhängig betrachtenden Sultanates Okusi Ambeno existieren zwei Silberprägungen zu 100 Dollars 1990 mit Gemälden von Velázquez und Goya.

Togo

Togo Togo

Fläche: 56000 km²; 3200000 Einwohner (1989).
Das ehemalige deutsche Schutzgebiet wurde im August 1914 von Briten und Franzosen besetzt und 1920 als Mandat des Völkerbundes unter Großbritannien und Frankreich aufgeteilt. Der britische Teil, der der Goldküste angegliedert wurde, verblieb auch nach einer Volksabstimmung im Jahre 1957 bei dem unter dem Namen Ghana nunmehr selbständigen Staat. Der französische Teil erhielt 1957 begrenzte Autonomie und wurde am 27. April 1960 unabhängig. Togo ist mit den Ländern Benin (vormals Dahome), Elfenbeinküste, Mauretanien (bis 1973), Niger, Obervolta und Senegal in der Union Monétaire Ouest-Africaine zusammengeschlossen; Emissionsinstitut für das gesamte Währungsgebiet ist die Banque Centrale des Etats de l'Afrique de l'Ouest, siehe auch unter »Westafrikanische Staaten«. Hauptstadt: Lomé.

100 Centimes = 1 CFA-Franc

Französisches Mandatsgebiet

		SS	VZ
1 (1)	50 Centimes (Al-Bro) 1924–1926. Bekränzter Kopf der Marianne, Sinnbild der Republik Frankreich. Rs. Wert und Palmenzweige (Type Patey)	10,–	25,–
2 (2)	1 Franc (Al-Bro) 1924, 1925. Typ wie Nr. 1	15,–	35,–
3 (3)	2 Francs (Al-Bro) 1924, 1925. Typ wie Nr. 1	20,–	55,–

		VZ	ST
4 (4)	1 Franc (Al) 1948. Kopf der Marianne n. l. Rs. Kopf einer Dünengazelle (Gazella leptoceros – Bovidae) und Wert (Type Bazor)	50,–	90,–

		VZ	ST
5 (5)	2 Francs (Al) 1948. Typ wie Nr. 4	60,–	100,–
6 (6)	5 Francs (Al-Bro) 1956. Kopf der Marianne n. l. Rs. Kopf einer Dünengazelle und Wert (Type Bazor)	10,–	18,–
7	10 Francs (Al-Bro) 1956. Typ wie Nr. 6	–,–	–,–
8	25 Francs (Al-Bro) 1956. Typ wie Nr. 6	–,–	–,–

Gemeinschaftsausgaben des Jahres 1957 mit Französisch-Westafrika zu 10 und 25 Francs siehe dort (Nr. 8 und 9).

Republik Togo seit 1960
République Togolaise

10. Regierungsjubiläum von General Eyadema (6)

		PP
9 (7)	2500 Francs (S) 1977 [77]. Gnassingbe Eyadema (*1935), Staatspräsident seit 1967, Porträt n. l. Rs. Staatswappen	180,–

		PP
10 (8)	5000 Francs (S) 1977 [77]. Typ wie Nr. 9	275,–
11 (9)	10000 Francs (S) 1977 [77]. Typ wie Nr. 9	350,–
12 (10)	15000 Francs (G) 1977 [77]. Porträt von vorne. Rs. wie Nr. 9	700,–
13 (11)	25000 Francs (G) 1977 [77]. Typ wie Nr. 12	1400,–
14 (12)	50000 Francs (G) 1977 [77]. Typ wie Nr. 12	2500,–

Von Nrn. 9–14 Probeprägungen in Gold Piéfort, Kupfer, Kupfer Piéfort und Aluminium vorkommend.

Tokelau Islands

Tokelau

Tokelau (Iles)

Union Islands

Fläche: 10,12 km²; 1690 Einwohner (1986).
Die im Stillen Ozean liegende Inselgruppe, bestehend aus den Atollen Atafu, Fakaofo und Nukunonu, wird seit 1926 von Neuseeland verwaltet. Hauptstadt: Fakaofo.

100 Cents = 1 Neuseeland-Dollar (Tala)

Der Westsamoa-Dollar ist ebenfalls im Umlauf.

Elisabeth II. seit 1952

ST PP

1 (1) 1 Tala 1978. Elisabeth II. (nach A. Machin), Landesname und Jahreszahl im Kreis von Dreipunktgruppen, die drei Atolle der Tokelau-Inseln symbolisierend. Rs. Frucht des Pandanuß-Baumes:
a) (S) 925 fein, 27,25 g — 100,–
b) (K-N) 20,–

2 (2) 1 Tala 1979. Rs. »Tuluma«, hölzerner Ausrüstungsbehälter und »Kau«, Fischhaken [RAM]:
a) (S) 925 fein, 27,22 g — 80,–
b) (K-N) 15,–

3 (3) 1 Tala 1980. Rs. Kokoskrabbe oder Palmendieb (Birgus latro):
a) (S) 925 fein, 27,25 g — 90,–
b) (K-N) 15,–

4 (4) 1 Tala 1981. Rs. Fregattvogel:
a) (S) 925 fein, 27,25 g — 90,–
b) (K-N) 15,–

5 (5) 1 Tala 1982. Rs. Zwei Fischer in einem »Vaka« genannten Auslegerboot [*sm*]:
a) (S) 925 fein, 27,21 g (5000 Ex.) — 110,–
b) (K-N) (10000 Ex.) 15,–

6 (6) 1 Tala (K-N) 1983. Rs. Zwei Eingeborene, aus dem Stamm einer Kokospalme Regenwasser schöpfend [*sm*] (2000 Ex.) 25,–

7 (7) 5 Tala (S) 1983. Typ wie Nr. 6. 925er Silber, 27,21 g [*sm*] (1000 Ex.) — 180,–

ST PP

8 (8) 5 Tala (S) 1984. Rs. Vier Fischer in einem »Vaka« mit gesetztem Segel. 925er Silber, 27,21 g [*sm*]:
a) Riffelrand (500 Ex.) — 80,–
b) glatter Rand (1500 Ex.) 40,–

XXIV. Olympische Sommerspiele 1988 in Seoul

9 5 Tala (S) 1988. Rs. Speerwerfer. 925er Silber, 27 g [*sm*] — 80,–

10 5 Tala (S) 1989. Rs. John Byron (1723–1786), Weltumsegler, Schriftsteller, Vizeadmiral, H.M.S. »Dolphin« [*sm*] — 80,–

XIV. Fußball-Weltmeisterschaft 1990 in Italien

11 5 Tala (S) 1990. Rs. Fallrückzieher. 925er Silber, 27,21 g [*sm*] — 80,–

Geschichte des Zweiten Weltkrieges (5)

12 5 Tala (K-N) 1991. Rs. Sinkendes US-Schlachtschiff »Arizona« nach dem japanischen Überfall auf Pearl Harbor vom 7. Dezember 1941, PM 10,–

13 5 Tala (K-N) 1991. Rs. Landung auf Guadalcanal am 7. August 1942 –,–

14 5 Tala (K-N) 1991. Rs. Aufrichtung des Sternenbanners auf dem Mount Suribachi auf Iwo Jima im Februar 1945 –,–

15 5 Tala (K-N) 1991. Rs. General Dwight David Eisenhower, Oberkommandierender der alliierten Truppen –,–

Nrn. 16–36 fallen aus.

37 50 Tala (S) 1991. Typ wie Nr. 12. 999er Silber, 31,103 g, PM (max. 50000 Ex.) — 75,–

Nrn. 38–86 fallen aus.

XXV. Olympische Sommerspiele 1992 in Barcelona

87 5 Dollars (S) 1992. Rs. Windsurfer. 925er Silber, 28,28 g — –,–

Tonga (Friendly Islands)

Tonga

Tonga

Freundschaftsinseln

Fläche: 699 km²; 100000 Einwohner (1986).
Der Häuptling (Tui) Taufa'ahau trat 1830 zum Christentum über, vereinigte die polynesischen Tonga-Inseln 1845 zu einem Königreich und nannte sich fortan Georg Tupou I. Seit 1899 unter britischem Schutz, wurde Tonga am 4. Juni 1970 unabhängig. Hauptstadt: Nuku'alofa.

1 Koula = 16 £ Sterling; seit 1967: 100 Seniti (Cents) = 1 Pa'anga (Tonga-Dollar), 100 Pa'anga = 1 Hau

Königreich Tonga
Salote Tupou III. 1918–1965

		ST	PP
1 (1)	¼ Koula (G) 1962. Salote (Charlotte) Tupou III. (1900–1965), Kopfbild n. r. Rs. Staatswappen:		
	a) 999er Gold		**500,–**
	b) 916⅔er Gold, 8,125 g	**450,–**	
2 (2)	½ Koula (G) 1962. Salote Tupou III., Standbild n. l.:		
	a) 999er Gold		**1000,–**
	b) 916⅔er Gold, 16,25 g	**850,–**	
3 (3)	1 Koula (G) 1962. Typ wie Nr. 2:		
	a) 999er Gold		**1800,–**
	b) 916⅔er Gold, 32,5 g	**1650,–**	
A3 (1a)	¼ Koula (Pt) 1962. Typ wie Nr. 1 (25 Ex.)		*700,–*
B3 (2a)	½ Koula (Pt) 1962. Typ wie Nr. 2 (25 Ex.)		*1200,–*
C3 (3a)	1 Koula (Pt) 1962. Typ wie Nr. 2 (25 Ex.)		*1800,–*

Taufa'ahau Tupou IV. seit 1965

NEUE WÄHRUNG: 100 Seniti = 1 Pa'anga, 100 Pa'anga = 1 Hau

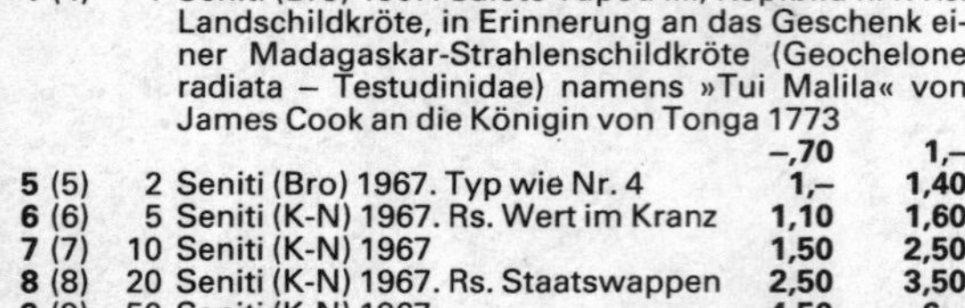

		VZ	ST
4 (4)	1 Seniti (Bro) 1967. Salote Tupou III., Kopfbild n. r. Rs. Landschildkröte, in Erinnerung an das Geschenk einer Madagaskar-Strahlenschildkröte (Geochelone radiata – Testudinidae) namens »Tui Malila« von James Cook an die Königin von Tonga 1773	**–,70**	**1,–**
5 (5)	2 Seniti (Bro) 1967. Typ wie Nr. 4	**1,–**	**1,40**
6 (6)	5 Seniti (K-N) 1967. Rs. Wert im Kranz	**1,10**	**1,60**
7 (7)	10 Seniti (K-N) 1967	**1,50**	**2,50**
8 (8)	20 Seniti (K-N) 1967. Rs. Staatswappen	**2,50**	**3,50**
9 (9)	50 Seniti (K-N) 1967	**4,50**	**6,–**

		VZ	ST
10 (10)	1 Pa'anga (K-N) 1967	**10,–**	**13,50**

Krönung von Taufa'ahau Tupou IV. am 4. Juli 1967 (7)

11 (11)	20 Seniti (K-N) 1967. Taufa'ahau Tupou IV., Kopfbild n. r.; Gedenkumschrift, Randdekor: Kronen. Rs. Staatswappen	**10,–**
12 (12)	50 Seniti (K-N) 1967	**18,–**
13 (13)	1 Pa'anga (K-N) 1967	**26,–**
14 (14)	2 Pa'anga (K-N) 1967	**65,–**
15 (15)	¼ Hau (Palladium) 1967	*280,–*
16 (16)	½ Hau (Palladium) 1967	*500,–*
17 (17)	1 Hau (Palladium) 1967	*950,–*

Nr. 17 als Versuchsprägung in Kupfer, 47 g *1000,–*

Nrn. 15–17 tragen die Randschrift »Historically the first Palladium Coinage«.

		VZ	ST
18 (18)	1 Seniti (Bro) 1968. Taufa'ahau Tupou IV., Kopfbild n. r. Rs. Landschildkröte	**–,50**	**–,80**
19 (19)	2 Seniti (Bro) 1968, 1974. Rs. Landschildkröte	**–,70**	**1,–**
20 (20)	5 Seniti (K-N) 1968, 1974. Rs. Wert zwischen Zweigen	**1,–**	**1,50**
21 (21)	10 Seniti (K-N) 1968, 1974	**1,40**	**2,–**
22 (22)	20 Seniti (K-N) 1968, 1974. Rs. Staatswappen	**2,–**	**3,–**
23 (23)	50 Seniti (K-N) 1968	**3,50**	**5,–**
24 (24)	1 Pa'anga (K-N) 1968, 1974	**8,50**	**12,–**
25 (25)	2 Pa'anga (K-N) 1968, 1974	**12,50**	**20,–**

50. Geburtstag von Taufa'ahau Tupou IV. (7)

		PP
26 (11a)	20 Seniti (K-N) 1967. Nr. 11 mit Gegenstempel 1918/ Monogramm TT IV/1968	**15,–**
27 (12a)	50 Seniti (K-N) 1967. Nr. 12 mit Gegenstempel wie Nr. 26	**25,–**
28 (13a)	1 Pa'anga (K-N) 1967. Nr. 13 mit Gegenstempel wie Nr. 26	**35,–**
29 (14a)	2 Pa'anga (K-N) 1967. Nr. 14 mit Gegenstempel wie Nr. 26	**100,–**
30 (15a)	¼ Hau (Palladium) 1967. Nr. 15 mit Gegenstempel wie Nr. 26	*500,–*
31 (16a)	½ Hau (Palladium) 1967. Nr. 16 mit Gegenstempel wie Nr. 26	*1000,–*
32 (17a)	1 Hau (Palladium) 1967. Nr. 17 mit Gegenstempel wie Nr. 26	*2000,–*

Anm.: Nrn. 15–17 und 30–32 bestehen aus 98% Palladium und 2% Ruthenium.

1. Wissenschaftliche Untersuchung der Erdölvorkommen auf Tonga (2)

		ST
33 (24a)	1 Pa'anga (K-N, vergoldet). Typ wie Nr. 24, jedoch mit Punzierung links und rechts der Jahreszahl 1968 (OIL SEARCH 1969 und Erdölbohrturm)	25,–
34 (25a)	2 Pa'anga (K-N, vergoldet). Typ wie Nr. 25, jedoch mit Punzierung wie Nr. 33	50,–

Zur Mitgliedschaft im Britischen Commonwealth (2)

35 (24b)	1 Pa'anga (K-N, vergoldet). Nr. 24 mit Gegenstempel COMMONWEALTH MEMBER 1970 links und rechts der Jahreszahl 1968	25,–
36 (25b)	2 Pa'anga (K-N, vergoldet). Nr. 25 mit Gegenstempel wie Nr. 35	50,–

5. Todestag von Königin Salote Tupou III. (2)

37 (9a)	50 Seniti (K-N, vergoldet). Nr. 9 mit Gegenstempel IN MEMORIAM 1965 + 1970	25,–
38 (10a)	1 Pa'anga (K-N, vergoldet). Nr. 10 mit Gegenstempel wie Nr. 37	50,–

Investitur 1971 (2)

39 (24c)	1 Pa'anga (K-N, vergoldet). Typ wie Nr. 24, jedoch mit Gegenstempel INVESTITURE 1971	25,–
40 (25c)	2 Pa'anga (K-N, vergoldet). Typ wie Nr. 25, jedoch mit Gegenstempel wie Nr. 39	50,–

		VZ	ST
41 (18a)	1 Seniti (Me) 1974. Typ wie Nr. 18	**–,30**	**–,50**
42 (23a)	50 Seniti (K-N) 1974. Typ wie Nr. 23 (zwölfeckig)	**2,50**	**3,50**

Für den FAO-Münz-Plan (8)

		VZ	ST
43 (26)	1 Seniti (Bro) 1975, 1979. Maiskolben, Jahreszahl. Rs. Hausschwein, Wertangabe	–,30	–,50
44 (27)	2 Seniti (Bro) 1975, 1979. UN-Symbol für Familienplanung, Jahreszahl. Rs. Zwei Wassermelonen (Citrullus lanatus var. citroides – Cucurbitaceae), Wertangabe	–,30	–,50
45 (28)	5 Seniti (K-N) 1975, 1977, 1979. Henne mit vier Küken, Jahreszahl. Rs. Fünf Bananen, Wertangabe	–,30	–,60
46 (29)	10 Seniti (K-N) 1975, 1977, 1979. Taufa'ahau Topou IV. in Uniform, Jahreszahl. Rs. Zehn weidende Kühe, Wertangabe	–,80	1,50
47 (30)	20 Seniti (K-N) 1975, 1977, 1979. Rs. Bienenstock, zwanzig ausschwärmende Bienen, Wertangabe	1,–	2,–
48 (31)	50 Seniti (K-N) 1975, 1977, 1978. Rs. Schwarm von fünfzig Fischen, Wertangabe (zwölfeckig)	3,–	5,–
49 (32)	1 Pa'anga (K-N) 1975. Rs. Palmenhain mit hundert Palmen, Wertangabe	5,–	10,–
50 (33)	2 Pa'anga (K-N) 1975, 1977. Rs. Flora und Fauna des Landes, Wertangabe	12,–	20,–

100. Jahrestag der Verfassung und 10. Regierungsjubiläum von Taufa'ahau Tupou IV. (7)

		ST	PP
51 (34)	5 Pa'anga (S) 1975. Taufa'ahau Tupou IV. in Uniform, Schriftrolle. Rs. Staatswappen, Wertangabe. 999er Silber, 31 g	45,–	90,–
52 (35)	10 Pa'anga (S) 1975. Taufa'ahau Tupou IV. in Uniform. Trilithon von Ha'amonga, 12. Jh., prähistorisches Tor aus Korallenkalk auf Tongatapu. 999er Silber, 62 g	85,–	160,–
53 (36)	20 Pa'anga (S) 1975. Porträts der vier Regenten unter der Verfassung von 1875. 999er Silber, 140 g	310,–	500,–
54 (37)	25 Pa'anga (G) 1975. König Georg Tupou I. (1845–1895). 916⅔er Gold, 5 g	200,–	400,–
55 (38)	50 Pa'anga (G) 1975. König Georg Tupou II. (1895–1918). 916⅔er Gold, 10 g	400,–	700,–
56 (39)	75 Pa'anga (G) 1975. Königin Salote Tupou III. (1918–1965). 916⅔er Gold, 15 g	600,–	900,–
57 (40)	100 Pa'anga (G) 1975. König Taufa'ahau Tupou IV. in Uniform. 916⅔er Gold, 20 g	1000,–	1400,–

Für den FAO-Münz-Plan

58 (41)	1 Pa'anga (K-N) 1977. Rs. Palmenhain mit hundert Palmen (rechteckig)	**3,–**	**6,–**

60. Geburtstag von Taufa'ahau Tupou IV. (2)

		ST	PP
59 (42)	1 Pa'anga 1978. Typ wie Nr. 58, jedoch zusätzlich »DIAMOND – BIRTHDAY/1918–1978« (rechteckig):		
	a) (S) 999 fein, 24,5 g (750 Ex.)		100,–
	b) (K-N)	5,–	
60 (43)	2 Pa'anga 1978. Typ wie Nr. 50, jedoch zusätzlich »DIAMOND – BIRTHDAY/1918–1978«:		
	a) (S) 999 fein, 42,1 g (750 Ex.)		120,–
	b) (K-N)	10,–	

Für den FAO-Münz-Plan

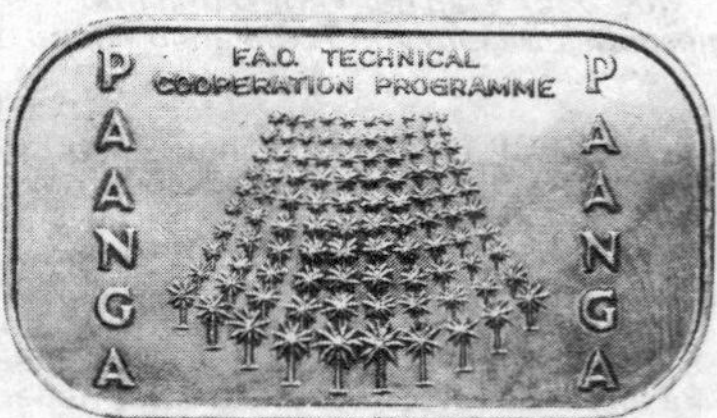

		ST	PP
61 (44)	1 Pa'anga 1979. Typ wie Nr. 58, jedoch zusätzlich »DECADE OF PROGRESS 1969–1979« Rs. Inschrift »F.A.O. TECHNICAL/COOPERATION PROGRAMME« (rechteckig):		
	a) (S) (850 Ex.)		100,–
	b) (K-N)	7,–	

		ST	PP
62 (45)	2 Pa'anga 1979. Rs. Motto »Erschließung des Meeres«, Auftauchender Blauwal:		
	a) (S) (850 Ex.)		120,–
	b) (K-N)	17,–	

FAO-Münz-Plan für die Landfrau (4)

		ST	PP
63 (46)	1 Pa'anga 1980. Salote Tupou III. Rs. Frau vor Schilfhütte zwischen Palmen bei Tuchmalerei (rechteckig):		
	a) (S) (2200 Ex.)		100,–
	b) (K-N)	7,–	
64 (47)	2 Pa'anga 1980. Typ wie Nr. 62, jedoch ohne Zusatz:		
	a) (S) (2200 Ex.)		150,–
	b) (K-N)	17,–	
65 (48)	10 Pa'anga (G) 1980. Salote Tupou III. Rs. Emblem des Jahrzehnts für die Frauen. 916⅔er Gold, 0,4 g [Rom], IPZS:		
	a) mit »P« hinter dem Kopf (2000 Ex.)		*70,–*
	b) (750 Ex.)	*70,–*	
66 (49)	20 Pa'anga (G) 1980. Typ wie Nr. 65. 916⅔er Gold, 0,8 g [Rom], IPZS:		
	a) mit »P« hinter dem Kopf (2000 Ex.)		*120,–*
	b) (750 Ex.)	*120,–*	

100 Jahre Freundschaftsvertrag mit Großbritannien und Hochzeit von Prinz Charles und Lady Diana (3)

67 (50)	½ Hau (S) 1981. 925er Silber, 28,28 g	**220,–**	**240,–**
68 (51)	1 Hau (G) 1981. Typ wie Nr. 67. 916⅔er Gold, 7,98 g	**750,–**	**850,–**

69 (52)	5 Hau (G) 1981. Typ wie Nr. 67. 916⅔er Gold, 15,98 g	**1700,–**	**2000,–**

Welternährungstag 1981 und 1990 (8)

		VZ	ST
70 (53)	1 Seniti (Bro) 1981, 1990. Maiskolben, Jahreszahl. Rs. Vanillepflanze (Vanilla planiflora – Orchidaceae), Wert		–,50
71 (54)	2 Seniti (Bro) 1981, 1990. UN-Emblem für Familienplanung, Jahreszahl. Rs. Tarosprossen (Colocasia esculenta antiquorum – Araceae)		–,50
72 (55)	5 Seniti (K-N) 1981, 1990. Henne mit Küken. Rs. Kokosnüsse, Wert		–,50
73 (56)	10 Seniti (K-N) 1981, 1990. Taufa'ahau Tupou IV. in Uniform, Jahreszahl. Rs. Bananenstaude (Musa paradisiaca – Musaceae), Wert		1,–

		VZ	ST
74 (57)	20 Seniti (K-N) 1981, 1990. Rs. Jamsknollen (Dioscorea batatas), Wert		2,–
75 (58)	50 Seniti (K-N) 1981, 1990. Rs. Tomatenzweig (Lycopersicon esculentum – Solanaceae), Wert (zwölfeckig)		4,–

		ST	PP
76 (59)	1 Pa'anga 1981. Rs. Segelboot mit Ausleger (rechteckig):		
	a) (S)		120,–
	b) (K-N)	8,–	
77 (60)	2 Pa'anga 1981. Rs. Schweine, Rinder und Hühner:		
	a) (S)		150,–
	b) (K-N)	15,–	

XII. Commonwealth-Spiele in Brisbane/Australien (2)

		ST	PP
78 (61)	10 Pa'anga (S) 1982. Rs. Läufer, Emblem. 925er Silber, 28,28 g	150,–	200,–
79 (62)	1 Hau (G) 1982. Typ wie Nr. 78. 916⅔er Gold, 7,98 g (1000 Ex.)		900,–

Nr. 80 fällt aus

Weihnachten 1982 (3)

		ST	PP
81 (63)	1 Pa'anga 1982. Rs. »Hände eines betenden Apostels« nach Albrecht Dürer. Umschrift CHRISTMAS (siebeneckig):		
	a) (S) 925 fein, 15,5 g		90,–
	b) (K-N)	7,–	30,–
82	1 Pa'anga (G) 1982. Typ wie Nr. 81. 916⅔er Gold, 26 g (250 Ex.)		*1200,–*
83	1 Pa'anga (Pt) 1982. Typ wie Nr. 81. 950er Platin, 30,4 g (25 Ex.)		*1350,–*

Weihnachten 1983 (3)

		ST	PP
84 (64)	1 Pa'anga 1983. Rs. Heilige Familie, nach Boticelli (siebeneckig):		
	a) (S)		90,–
	b) (K-N)	7,–	
85	1 Pa'anga (G) 1983. Typ wie Nr. 84 (250 Ex.)		*1200,–*
86	1 Pa'anga (Pt) 1983. Typ wie Nr. 84 (25 Ex.)		*1350,–*

Internationale Spiele 1984

		ST	PP
A86	5 Pa'anga (K-N) 1984. Rs. Zwei Judokämpfer		60,–
B86	5 Pa'anga (K-N) 1984. Rs. Staffelläufer		60,–

Weihnachten 1984 (3)

		ST	PP
87 (65)	1 Pa'anga 1984. Rs. Madonna mit Jesuskind, nach Giovanni Bellini (siebeneckig):		
	a) (S)		90,–
	b) (K-N)	7,–	
88	1 Pa'anga (G) 1984. Typ wie Nr. 87 (250 Ex.)		*1200,–*
89	1 Pa'anga (Pt) 1984. Typ wie Nr. 87 (25 Ex.)		*1350,–*

100 Jahre Automobil (16)

		ST	PP
90 (66)	50 Seniti (K-N) 1985. Rs. Rolls-Royce »Silver Ghost« und »Camarque«	6,–	
91 (67)	50 Seniti (K-N) 1985. Rs. Land Rover von 1948 und moderner Range Rover	6,–	
92 (68)	50 Seniti (K-N) 1985. Rs. Morris-Cowley-Tourenwagen und BMC-Mini	6,–	
93 (69)	50 Seniti (K-N) 1985. Rs. Sportwagen MG-TA und moderner MGB-GT	6,–	
94 (70)	1 Pa'anga 1985. Typ wie Nr. 90:		
	a) (S) 925 fein, 28,28 g		80,–
	b) (K-N, S plattiert)		25,–
95 (71)	1 Pa'anga 1985. Typ wie Nr. 91:		
	a) (S)		80,–
	b) (K-N, S plattiert)		25,–
96 (72)	1 Pa'anga 1985. Typ wie Nr. 92:		
	a) (S)		80,–
	b) (K-N, S plattiert)		25,–
97 (73)	1 Pa'anga 1985. Typ wie Nr. 93:		
	a) (S)		80,–
	b) (K-N, S plattiert)		25,–
98 (74)	10 Pa'anga (G) 1985. Typ wie Nr. 90; Ø 22,12 mm:		
	a) 375er Gold, 5,1 g		150,–
	b) 916⅔er Gold, 7,98 g		350,–
99 (75)	10 Pa'anga (G) 1985. Typ wie Nr. 91: Ø 22,12 mm:		
	a) 375er Gold, 5,1 g		150,–
	b) 916⅔er Gold, 7,98 g		350,–
100 (76)	10 Pa'anga (G) 1985. Typ wie Nr. 92; Ø 22,12 mm:		
	a) 375er Gold, 5,1 g		150,–
	b) 916⅔er Gold, 7,98 g		350,–
101 (77)	10 Pa'anga (G) 1985. Typ wie Nr. 93; Ø 22,12 mm:		
	a) 375er Gold, 5,1 g		150,–
	b) 916⅔er Gold, 7,98 g		350,–
102 (78)	1 Hau (Pt) 1985. Typ wie Nr. 90. 950er Platin, 52 g		*3000,–*
103 (79)	1 Hau (Pt) 1985. Typ wie Nr. 91		*3000,–*
104 (80)	1 Hau (Pt) 1985. Typ wie Nr. 92		*3000,–*
105 (81)	1 Hau (Pt) 1985. Typ wie Nr. 93		*3000,–*

85. Geburtstag der Königinmutter Elisabeth (20)

		ST	PP
106 (82)	50 Seniti (K-N) 1985. Rs. Elisabeth im Alter von 9 Jahren	6,–	
107 (83)	50 Seniti (K-N) 1985. Rs. Elisabeth als 21jährige mit ihrem Vater, dem Earl of Strathmore and Kinghorn	6,–	
108 (84)	50 Seniti (K-N) 1985. Rs. Elisabeth mit ihrem Gemahl, dem späteren König Georg VI., bei ihrer Hochzeit am 26. April 1923	6,–	
109 (85)	50 Seniti (K-N) 1985. Rs. Elisabeth mit ihrer am 21. April 1926 geborenen Tochter, der jetzigen Königin Elisabeth II.	6,–	

ST PP

110 (86) 50 Seniti (K-N) 1985. Rs. Elisabeth an ihrem 80. Geburtstag im Jahre 1980 6,–

111 (87) 1 Pa'anga 1985. Typ wie Nr. 106:
a) (S) 925 fein, 28,28 g 80,–
b) (K-N, S plattiert) 25,–

112 (88) 1 Pa'anga 1985. Typ wie Nr. 107:
a) (S) 80,–
b) (K-N, S plattiert) 25,–

113 (89) 1 Pa'anga 1985. Typ wie Nr. 108:
a) (S) 80,–
b) (K-N, S plattiert) 25,–

114 (90) 1 Pa'anga 1985. Typ wie Nr. 109:
a) (S) 80,–
b) (K-N, S plattiert) 25,–

115 (91) 1 Pa'anga 1985. Typ wie Nr. 110:
a) (S) 800,–
b) (K-N, S plattiert) 25,–

116 (92) 10 Pa'anga (G) 1985. Typ wie Nr. 106; Ø 22,12 mm:
a) 375er Gold, 5,1 g 150,–
b) 916$\frac{2}{3}$er Gold, 7,98 g 350,–

117 (93) 10 Pa'anga (G) 1985. Typ wie Nr. 107; Ø 22,12 mm:
a) 375er Gold, 5,1 g 150,–
b) 916$\frac{2}{3}$er Gold, 7,98 g 350,–

118 (94) 10 Pa'anga (G) 1985. Typ wie Nr. 108; Ø 22,12 mm:
a) 375er Gold, 5,1 g 150,–
b) 916$\frac{2}{3}$er Gold, 7,98 g 350,–

119 (95) 10 Pa'anga (G) 1985. Typ wie Nr. 109; Ø 22,12 mm:
a) 375er Gold, 5,1 g 150,–
b) 916$\frac{2}{3}$er Gold, 7,98 g 350,–

120 (96) 10 Pa'anga (G) 1985. Typ wie Nr. 110; Ø 22,12 mm:
a) 375er Gold, 5,1 g 150,–
b) 916$\frac{2}{3}$er Gold, 7,98 g 350,–

121 (97) 1 Hau (Pt) 1985. Typ wie Nr. 106. 950er Platin, 52 g *3000,–*

122 (98) 1 Hau (Pt) 1985. Typ wie Nr. 107 *3000,–*

123 (99) 1 Hau (Pt) 1985. Typ wie Nr. 108 *3000,–*

124 (100) 1 Hau (Pt) 1985. Typ wie Nr. 109 *3000,–*

125 (101) 1 Hau (Pt) 1985. Typ wie Nr. 110 *3000,–*

Weihnachten 1985 (3)

126 (102) 1 Pa'anga 1985. Rs. Friedenstaube mit Olivenzweig im Schnabel, Motto »Friede auf Erden« (siebeneckig):
a) (S) *90,–*
b) (K-N) 7,–

127 1 Pa'anga (G) 1985. Typ wie Nr. 126 (250 Ex.) *1200,–*

128 1 Pa'anga (Pt) 1985. Typ wie Nr. 126 (25 Ex.) 1350,–

XIII. Commonwealth-Spiele 1986 in Edinburgh

129 2 Pa'anga (S) 1986. Rs. Boxkämpfer:
a) 925er Silber, 28,28 g 80,–
b) 500er Silber, 28,28 g 50,–

ST PP

25 Jahre World Wildlife Fund (3)

130 1 Pa'anga (K-N) 1986. Rs. Buckelwale 10,–

131 2 Pa'anga (S) 1986. Typ wie Nr. 130. 925er Silber, 28,28 g 85,–

132 $\frac{1}{2}$ Hau (G) 1986. Rs. Großfußhuhn oder Wallnister von der Insel Niuafou. 916$\frac{2}{3}$er Gold, 10 g *400,–*

Weihnachten 1986 (3)

133 1 Pa'anga 1986. Rs. Die Hl. Drei Könige (siebeneckig):
a) (S) 90,–
b) (K-N) 7,–

134 1 Pa'anga (G) 1986. Typ wie Nr. 133 (250 Ex.) *1200,–*

135 1 Pa'anga (Pt) 1986. Typ wie Nr. 133 (25 Ex.) *1350,–*

27. Regatta um den »America's Cup« Fremantle/Perth 1987 (3)

136 2 Pa'anga (S) 1987. Rs. Yacht »America« und America's Cup vor Karte der Isle of Wight, dem Austragungsort der 1. Regatta um den »America's Cup« 1851. 999$\frac{1}{2}$er Silber, 155,52 g 300,–

137 10 Pa'anga (S) 1987. Rs. Segelboot, America's Cup, Karte Australiens. 999$\frac{1}{2}$er Silber, 311,04 g 600,–

138 10 Pa'anga (Palladium) 1987. Rs. Segelboot, Flaggen der Teilnehmerstaaten, America's Cup. 999er Palladium, 31,1 g *600,–*

Weihnachten 1987 (3)

139 1 Pa'anga 1987. Rs. Maria mit Jesuskind (siebeneckig):
a) (S) –,–
b) (K-N) *25,–*

140 1 Pa'anga (G) 1987. Typ wie Nr. 139 (250 Ex.) –,–

141 1 Pa'anga (Pt) 1987. Typ wie Nr. 139 (25 Ex.) –,–

XXIV. Olympische Sommerspiele 1988 in Seoul (16)

142 1 Pa'anga (S) 1988. Rs. Zwei Schwimmer. 999$\frac{1}{2}$er Silber, 31,1 g 80,–

143 1 Pa'anga (S) 1988. Rs. Zwei Läufer 80,–

144 1 Pa'anga (S) 1988. Rs. Kugelstoßen 80,–

145 1 Pa'anga (S) 1988. Rs. Boxen 80,–

146 1 Pa'anga (S) 1988. Rs. Speerwerfer 80,–

147 1 Pa'anga (S) 1988. Rs. Diskuswerfer 80,–

148 1 Pa'anga (S) 1988. Rs. Judo 80,–

149 1 Pa'anga (S) 1988. Rs. Turmspringen 80,–

150 1 Pa'anga (S) 1988. Rs. Weitsprung 80,–

151 1 Pa'anga (S) 1988. Rs. Gewichtheben 80,–

152 1 Pa'anga (S) 1988. Rs. Radfahren 80,–

153 1 Pa'anga (S) 1988. Rs. Ringeturnen 80,–

154 2 Pa'anga (S) 1988. Typ wie Nr. 142. 999$\frac{1}{2}$er Silber, 155,52 g (2000 Ex.) 600,–

155 10 Pa'anga (Palladium) 1988. Typ wie Nr. 144. 999er Palladium, 31,1 g (2000 Ex.) *600,–*

156 10 Pa'anga (G) 1988. Typ wie Nr. 145. 999er Gold, 15,55 g (2000 Ex.) –,–

157 10 Pa'anga (Pt) 1988. Typ wie Nr. 147. 995er Platin, 15,63 g (2000 Ex.) –,–

Weihnachten 1988 (3)

		ST	PP
158	1 Pa'anga 1988. Rs. Die hl. Familie, nach einem Holzschnitt von Albrecht Dürer:		
	a) (S)		**90,–**
	b) (K-N)	**7,–**	
159	1 Pa'anga (G) 1988. Typ wie Nr. 158 (250 Ex.)		*1200,–*
160	1 Pa'anga (Pt) 1988. Typ wie Nr. 158 (25 Ex.)		*1350,–*

25. Regierungsjubiläum von König Taufa'ahau Tupou IV. (2)

		ST	PP
161	1 Pa'anga (S) 1990. Staatswappen. Rs. Trilithon von Ha'amonga (siehe Nr. 52) (max. 15 000 Ex.)		–,–
162	100 Pa'anga (G) 1990 (max. 5000 Ex.)		–,–

		ST	PP
163	1 Pa'anga (S) 1991. Rs. William Schouten und Jakob Le Maire mit ihrem Schiff »Eendracht«. 925er Silber, 31,47 g (max. 10 000 Ex.)		**90,–**

Bedrohte Tierwelt

		ST	PP
164	1 Pa'anga (S) 1991. Rs. Zwei Großfußhühner		**90,–**

XXV. Olympische Sommerspiele 1992 in Barcelona

		ST	PP
165	1 Pa'anga (S) 1991. Rs. Turmspringen. 925er Silber, 28,28 g		**85,–**

Trinidad and Tobago — Trinidad und Tobago — Trinité et Tobago

Fläche: 5150 km²; 1 200 000 Einwohner (1986).
Die Insel Trinidad wurde 1498 von Christoph Kolumbus entdeckt. Bis zur Eroberung durch die Engländer war Trinidad in spanischem Besitz. Zusammen mit Tobago bildet Trinidad seit 31. August 1962 einen unabhängigen Staat innerhalb des Britischen Commonwealth. Am 1. August 1976 wurde die Republik ausgerufen. Hauptstadt: Port of Spain.

100 Cents = 1 Trinidad-und-Tobago-Dollar

ST PP

1 (1) 1 Cent (Bro) 1966—1973. Staatswappen mit Goldkehl-Kolibris (Polytmus guainumbi — Trochilidae), als Schildhalter Rotschwanz-Guan und Scharlach-Ibis, Rs. Wertangabe mit kleiner Wertzahl, Landesname, unten bogige Jahreszahl:
a) [Heaton, RM, RCM] 1966—1968, 1970—1973 **—,25** *2,—*
b) FM, 1971 **—,25** *2,—*

2 (2) 5 Cents (Bro) 1966—1972. Typ wie Nr. 1:
a) [Heaton, RM, RCM] 1966, 1967, 1970—1972 **—,50** *2,50*
b) FM, 1971 **—,50** *2,50*

3 (3) 10 Cents (K-N) 1966—1972. Typ wie Nr. 1:
a) [Heaton, RM, RCM] 1966,1967, 1970, 1972 **—,70** *2,50*
b) FM, 1971 **—,70** *2,50*

4 (4) 25 Cents (K-N) 1966—1972. Typ wie Nr. 1:
a) [Heaton, RM, RCM] 1966, 1967, 1970—1972 **1,50** *3,—*
b) FM, 1971 **1,50** *3,—*

5 (5) 50 Cents (K-N) 1966—1971. Typ wie Nr. 1:
a) [Heaton, RM] 1966, 1967, 1970 **2,50** *4,—*
b) FM, 1971 **2,50** *4,—*

6 (6) 1 Dollar (K-N) 1970, 1971, Typ wie Nr. 1:
a) [RM] 1970 *15,—*
b) FM, 1971 **8,—** *12,—*

VZ ST

7 (7) 1 Dollar (N) 1969. Staatswappen, Landesname, Jahreszahl. Rs. Kakaofrüchte am Zweig (Theobroma cacao – Sterculiaceae), Wertangabe, Motto »Nahrung für alle« **16,–** **25,–**

ST PP

8 (8) 5 Dollars (S) 1971. Rs. Scharlach Ibis (Eudocimus ruber – Threskiornithidae). 925er Silber, 29,57 g. FM *50,–* *30,–*

ST PP

10. Jahrestag der Unabhängigkeit (8)

9 (9) 1 Cent (Bro) 1972. Staatswappen. Rs. Wertangabe mit großer Wertzahl, Jahreszahl gerade, Landesname und Inschrift »Tenth Anniversary«:
a) [RCM] **–,50**
b) FM **–,50** *2,–*

10 (10) 5 Cents (Bro) 1972, Typ wie Nr. 9:
a) [RCM] **–,70**
b) FM **–,70** *2,50*

11 (11)10 Cents (K-N) 1972. Typ wie Nr. 9:
a) [RCM] **1,20**
b) FM **1,20** *2,50*

12 (12)25 Cents (K-N) 1972. Typ wie Nr. 9:
a) [RCM] **2,–**
b) FM **2,–** *3,–*

13 (13)50 Cents (K-N) 1972. Typ wie Nr. 9:
a) [RCM] **3,50**
b) FM **3,50** *4,–*

14 (14) 1 Dollar (K-N) 1972. Staatswappen, Jahreszahl, Landesname, Inschrift »Tenth Anniversary«. Rs. Rotschwanz-Guan oder Cocrico (Ortalis ruficanda – Cracidae), Nationalvogel von Tobago:
a) [RCM] **12,–**
b) FM *20,–* *10,–*

15 (15) 5 Dollars (S) 1972. Rs. Scharlach-Ibis, wie Nr. 8:
a) [RCM, Stempel von FM] **30,–**
b) FM *75,–* *30,–*

16 (16)10 Dollars (S) 1972. Rs. Karte der Inseln, Segelschiff, Schwertfisch, Delphin. 925er Silber, 35 g:
a) [RCM, Stempel von FM] **45,–**
b) FM *250,–* *40,–*

17 (9a) 1 Cent (Bro) 1973. Staatswappen. Rs. Wertangabe mit großer Wertzahl, Jahreszahl gerade, Landesname. FM **–,50** *2,–*
18 5 Cents (Bro) 1973. Typ wie Nr. 17. FM **–,50** *2,50*
19 10 Cents (K-N) 1973. Typ wie Nr. 17. FM **1,–** *3,–*

20 25 Cents (K-N) 1973. Typ wie Nr. 17. FM **2,–** *5,–*

21 (17) 1 Cent (Bro) 1974–1976. Staatswappen, Landesname, Jahreszahl. Rs. Goldkehl-Kolibri:
a) [RM] 1975, 1976 **–,30**
b) FM, 1974, 1975 **–,30** *2,–*

ST PP

22 (18) 5 Cents (Bro) 1974–1976. Rs. Großer Paradiesvogel (paradisaea apoda – Paradisaeidae):
a) [RM] 1975, 1976 –,50
b) FM, 1974, 1975 –,50 *2,50*

23 (19)10 Cents (K-N) 1974–1976. Rs. Hibiskusblüte:
a) [RM] 1975, 1976 1,–
b) FM, 1974, 1975 1,– *3,–*

24 (20)25 Cents (K-N) 1974–1976. Rs. Chaconia:
a) [RM] 1975, 1976 2,–
b) FM, 1974, 1975 2,– *5,–*

25 (21)50 Cents (K-N) 1973–1976. Rs. »Pans«, Trommeln einer Steel Band, aus Ölfässern hergestellt:
a) [RM] 1976 3,–
b) FM 1973–1975 3,– *6,–*

26 (22) 1 Dollar (K-N) 1973–1975. Rs. Cocrico, wie Nr. 14. FM 9,– *8,–*

27 (8) 5 Dollars 1973–1975. Rs. Scharlach-Ibis, wie Nr. 8 FM:
a) (S) 925 fein, 29,57 g, 1973–1975 30,– 30,–
b) (K-N) 1974, 1975 20,–

ST PP

28 (23)10 Dollars 1973–1975. Rs. Inselkarte, wie Nr. 16. FM:
a) (S) 925 fein, 35 g, 1973–1975 50,– 45,–
b) (K-N) 1974, 1975 30,–

Republik Trinidad und Tobago seit 1976

Republic of Trinidad and Tobago

29 (17a) 1 Cent (Bro) 1976–1990. Staatswappen, neuer Landesname, Jahreszahl. Rs. Goldkehl-Kolibri, wie Nr. 21:
a) [RM] 1977–1990 –,30
b) FM, 1976–1981 –,30 2,–

30 (18a) 5 Cents (Bro) 1976–1988. Rs. Paradiesvogel, wie Nr. 22:
a) [RM] 1977–1981, 1983, 1984, 1988 –,50
b) FM, 1976–1981 –,50 2,50

31 (19a) 10 Cents (K-N) 1976–1981. Rs. Hibiskusblüte, wie Nr. 23:
a) [RM] 1977–1981 1,–
b) FM, 1976–1981 1,– 3,–

32 (20a) 25 Cents (K-N) 1976–1984. Rs. Chaconia, wie Nr. 24:
a) [RM] 1977–1981, 1983 2,–
b) FM, 1976–1981, 1983, 1984 2,– 4,–

33 (21a) 50 Cents (K-N) 1976–1981. Rs. Trommeln, wie Nr. 25:
a) [RM] 1977–1980 3,–
b) FM, 1976–1981 3,– 6,–

34 (22a) 1 Dollar (K-N) 1976–1981, 1983, 1984. Rs. Cocrico, wie Nr. 14. FM 10,– 10,–

35 (17b) 1 Cent (S) 1981. Typ wie Nr. 29b. 925er Silber, 2 g –,–

36 (18b) 5 Cents (S) 1981. Typ wie Nr. 30b. 925er Silber, 3,5 g –,–

37 (19b) 10 Cents (S) 1981. Typ wie Nr. 31b. 925er Silber, 1,5 g –,–

38 (20b) 25 Cents (S) 1981, 1983, 1984. Typ wie Nr. 32b. 925er Silber, 3,6 g –,–

39 (21b) 50 Cents (S) 1981. Typ wie Nr. 33b. 925er Silber, 7,25 g –,–

40 (22b) 1 Dollar (S) 1981, 1983, 1984. Typ wie Nr. 34 –,–

41 5 Dollars 1976–1981, 1983, 1984. Rs. Scharlach-Ibis, wie Nr. 8. FM:
a) (S) 925 fein, 29,57 g 50,–
b) (K-N) 40,– 50,–

42 10 Dollars 1976–1980. Rs. Inselkarte, wie Nr. 16. FM:
a) (S) 925 fein, 35 g 60,–
b) (K-N) 80,–

ST PP

43 (24) 100 Dollars (G) 1976. Rs. Zwei Scharlach-Ibisse im Flug. 500er Gold, 6,21 g *250,–* *180,–*

Für den FAO-Münz-Plan

VZ ST

44 (7a) 1 Dollar (K-N) 1979. Rs. Kakaofrüchte am Zweig, wie Nr. 7 [RM] 5,– 8,–

10 Jahre Karibische Entwicklungsbank

ST PP

45 (25) 25 Dollars (S) 1980. Staatswappen. Rs. Flagge vor Weltkugel. 500er Silber, 30,28 g (3039 Ex.) 75,–

5. Jahrestag der Republik (2)

46 (26) 10 Dollars 1981. Rs. Landkarte der Inseln, Gedenkumschrift:
a) (S) 925 fein, 30 g (2374 Ex.) 90,–
b) (K-N) 45,–

47 (27) 100 Dollars (G) 1981. Rs. Goldkehl-Kolibri. 500er Gold, 6,21 g (500 Ex.) *450,–* 400,–

20. Jahrestag der Unabhängigkeit (15)

48 (28) 1 Cent (Bro) 1982. Rs. Hibiscusblüte, Gedenkumschrift –,–

49 (29) 5 Cents (Bro) 1982. Rs. Schmetterling, Gedenkumschrift –,–

50 (30) 10 Cents (K-N) 1982. Rs. Kolibri, Gedenkumschrift –,–

51 (31) 25 Cents (K-N) 1982. Rs. Chaconia, Gedenkumschrift –,–

52 (32) 50 Cents (K-N) 1982. Rs. Trommeln einer steel band, Gedenkumschrift –,–

53 (33) 1 Dollar (K-N) 1982. Rs. Rotschwanz-Guan, Gedenkumschrift –,–

54 (28a) 1 Cent (S) 1982. Typ wie Nr. 48 –,–

55 (29a) 5 Cents (S) 1982. Typ wie Nr. 49 –,–

56 (30a) 10 Cents (S) 1982. Typ wie Nr. 50 –,–

57 (31a) 25 Cents (S) 1982. Typ wie Nr. 51 –,–

58 (32a) 50 Cents (S) 1982. Typ wie Nr. 52 –,–

59 (33a) 1 Dollar (S) 1982. Typ wie Nr. 53 –,–

60 (34) 5 Dollars 1982. Rs. Scharlach-Ibis, Gedenkumschrift:
a) (S) –,–
b) (K-N) –,– –,–

61 (35) 10 Dollars 1982. Rs. Nationalflagge, Gedenkumschrift:
a) (S) –,–
b) (K-N) –,– –,–

		ST	PP
62 (36)	100 Dollars (G) 1982. Rs. Parlamentsgebäude »Red House«. 500er Gold, 6,21 g (1380 Ex.)		300,–
63 (37)	1 Cent (Bro) 1983, 1984. Rs. Hibiscusblüte		–,–
64 (38)	5 Cents (Bro) 1983, 1984. Rs. Schmetterling		–,–
65 (39)	10 Cents (K-N) 1983, 1984. Rs. Kolibri		–,–
66 (40)	50 Cents (K-N) 1983,1984. Rs. Trommeln		–,–
67 (37a)	1 Cent (S) 1983, 1984. Typ wie Nr. 63		–,–
68 (38a)	5 Cents (S) 1983, 1984. Typ wie Nr. 64		–,–
69 (39a)	10 Cents (S) 1983, 1984. Typ wie Nr. 65		–,–
70 (40a)	50 Cents (S) 1983, 1984. Typ wie Nr. 66		–,–
71 (41)	10 Dollars 1983, 1984. Rs. »Santa Maria«, »Niña«, »Pinta«:		
	a) (S)		–,–
	b) (K-N)		–,–

20 Jahre Zentralbank

		PP
72 (42)	200 Dollars (G) 1984. Staatswappen. Rs. Bankgebäude, Wertangabe. 500er Gold, 11,17 g (max. 1200 Ex.)	750,–

Tristan da Cunha

Tristan da Cunha

Tristan da Cunha

Fläche: 98 km²; 300 Einwohner.
Inselgruppe im südlichen Atlantischen Ozean, 1506 vom portugiesischen Admiral Tristão da Cunha entdeckt, seit 1816 britisch, seit 1938 Außenbesitzung von St. Helena.

25 Pence = 1 Crown, 100 Pence = 1 Pfund Sterling (£)

Das britische Pfund ist gesetzliches Zahlungsmittel.

Elisabeth II. seit 1952

25. Regierungsjubiläum von Königin Elisabeth II. und 20. Jahrestag des Staatsbesuchs von Prinz Philip

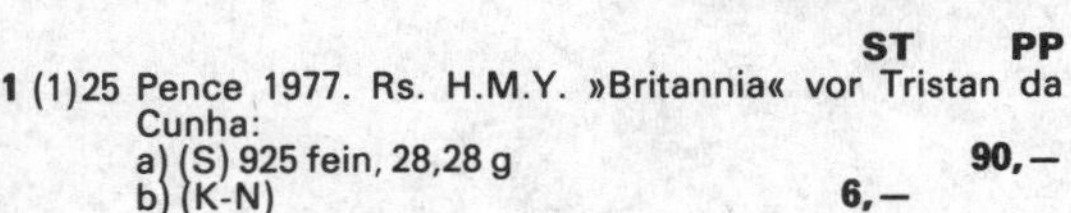

	ST	PP
1 (1) 25 Pence 1977. Rs. H.M.Y. »Britannia« vor Tristan da Cunha:		
a) (S) 925 fein, 28,28 g		90,–
b) (K-N)	6,–	

25. Krönungsjubiläum von Königin Elisabeth II.

	ST	PP
2 (2) 1 Crown 1978. Rs. Königsstier und Tristan-Languste (Iasus tristani – Palinuridae), PM:		
a) (S) 925fein, 28,28 g	70,–	100,–
b) (K-N)	5,–	

80. Geburtstag der Königinmutter

	ST	PP
3 (3) 25 Pence 1980:		
a) (S) 925fein, 28,28 g		70,–
b) (K-N)	5,–	

Zur Hochzeit von Prinz Charles und Lady Diana

	ST	PP
4 (4) 25 Pence 1981:		
a) (S)925fein, 28,28 g		125,–
b) (K-N)	6,–	

75 Jahre Weltpfadfinderbewegung und Internationales Jahr der Pfadfinder (2)

	ST	PP
5 (5) 25 Pence (S) 1982. Rs. Pfadfinderlilie im Seilkreis (Abzeichen des Pfadfinderweltverbandes). 925er Silber, 28,28 g	50,–	80,–
6 (6) 2 £ (G) 1982. Rs. Vier Pfadfinder in einem Segelboot. 916⅔er Gold, 15,98 g	*2500,–*	*3000,–*

40. Hochzeitstag von Königin Elisabeth II. und Prinz Philip (2)

		ST	PP
7	50 Pence 1987. Rs. Rose von England, belegt mit Monogramm, von Ankern umgeben:		
	a) (S) 925 fein, 28,28 g		90,–
	b) (K-N)	6,–	

		ST	PP
8	50 Pence (G) 1987. Typ wie Nr. 7. 916⅔er Gold, 47,54 g (75 Ex.)		*2200,–*

90. Geburtstag der Königinmutter Elisabeth

		ST	PP
9	2 £ 1990. Rs. Gekröntes Spiegelmonogramm, von Acaema stangii und Calystegia flankiert:		
	a) (S)		100,–
	b) (K-N)	20,–	

Chad | # Tschad | **Tchad**

Fläche: 1284000 km²; 5100000 Einwohner (1986).
Als Teil des ehemaligen Französisch-Äquatorialafrikas wurde der Tschad am 28. November 1958 autonome Republik innerhalb der Franz. Gemeinschaft und am 11. August 1960 unabhängig. Hauptstadt: N'Djamena (früher, bis 4. September 1973, Fort Lamy).

100 Centimes = 1 CFA-Franc

Republik Tschad
République du Tchad

10. Jahrestag der Unabhängigkeit

1. Ausgabe (5)

PP

1 (5) 1000 Francs (G) o. J. (1970). Kommandant Lamy († 1900), Führer der französischen Militärexpedition, besiegte 1900 bei Kuseri das Heer des Rabeh. Rs. Tschad-Frau mit kunstvoller Haartracht vor Kette. Staatswappen, Wertangabe. 900er Gold, 3,5 g [Paris] *250,–*

2 (6) 3000 Francs (G) o. J. (1970). Felix Eboué (1885–1944), Kolonialbeamter aus Cayenne, Gouverneur des Tschad 1939; schloß sich am 26. August 1940 der Politik de Gaulles an. Rs. Landkarte, Staatswappen, Wertangabe. 900er Gold, 10,5 g [Paris] *500,–*

3 (7) 5000 Francs (G) o. J. (1970). Leclerc de Hautecloque (1902–1947), Marschall von Frankreich. Der Tschad wurde 1941 unter Leclerc Operationsbasis für die Eroberung des Fessan mit dem Ziel »Vom Tschad zum Rhein«. Rs. Kokospalme, Straßburger Münster und Triumphbogen (Arc de Triomphe), Paris. Staatswappen, Wertangabe. 900er Gold, 17,5 g [Paris] *800,–*

4 (8) 10000 Francs (G) o. J. (1970). General Charles de Gaulle (1890–1970), setzte sich für die Unabhängigkeit des Tschad ein. Rs. Lothringer Kreuz und Strahlen über gesprengter Kette. Staatswappen, Wertangabe. 900er Gold, 35 g [Paris] *1500,–*

4E *10000 Francs (Al-N-Bro) Essai* *–,–*

5 (9) 20000 Francs (G) o. J. (1970). François Tombalbaye (1918–1975), Staats- und Regierungschef. Rs. Staatswappen, Gedenkumschrift, Wertangabe. 900er Gold, 70 g [Paris] *3000,–*

2. Ausgabe (3)

PL

6 (1) 100 Francs (S) 1970. Umriß Afrikas mit Kennzeichnung des Tschad. Rs. Robert Francis Kennedy (1925–1968), Justizminister, Präsidentschaftskandidat 1968, Wertangabe. 925er Silber, 7,5 g [Brüssel] (975 Ex.) *500,–*

PL

7 (2) 200 Francs (S) 1970. Rs. Dr. Martin Luther King (1929–1968), evangelischer Geistlicher, Bürgerrechtler und Friedensnobelpreisträger 1964, Wertangabe. 925er Silber, 15 g [Brüssel] (952 Ex.) *600,–*

8 (4) 300 Francs (S) 1970. Rs. John Fitzgerald Kennedy (1917–1963), 35. Präsident. Raumkapsel über Mondkalotte, Wertangabe. 925er Silber, 25 g [Brüssel] (504 Ex.) *1200,–*

Zum Tode von Gamal Abd el Nasser (2)

9 (3) 200 Francs (S) 1970. Umriß Afrikas mit Kennzeichnung des Tschad, Wertangabe. Rs. Gamal Abd el Nasser (1918–1970), Präsident der Vereinigten Arabischen Republik 1958–1970. 925er Silber, 15 g [Brüssel] (435 Ex.) *1200,–*

10 10000 Francs (G) 1970. Typ wie Nr. 9 [Brüssel] *–,–*

Zum Tode von Charles de Gaulle (2)

PL

11 200 Francs (S) 1970. Rs. Charles de Gaulle (1890–1970), Präsident der Republik Frankreich 1959–1969. 925er Silber, 15 g [Brüssel] (442 Ex.) *1500,–*

12 10 000 Francs (G) 1970. Typ wie Nr. 11 [Brüssel] –,–

		SS	VZ
13 (10)	100 Francs (N) 1971, 1972. Mendes-Antilopen (Addax nasomaculatus – Bovidae), Landesname. Rs. Inschrift »Banque Centrale«, Wertangabe, Jahreszahl	15,–	30,–

		SS	VZ
14 (11)	100 Francs (N) 1975, 1978, 1980, 1982, 1984, 1985. Typ wie Nr. 13, jedoch Name des Ausgabeinstituts lautet jetzt »Banque des Etats de l'Afrique Centrale«	6,–	12,–
15 (12)	500 Francs (K-N) 1985. Kopf einer Afrikanerin, Name des Ausgabeinstituts. Rs. Wertangabe auf Zweigen, Landesname	*45,–*	*75,–*

Weitere Ausgaben siehe unter *Äquatorialafrikanische Staaten* und *Zentralafrikanische Staaten.*

Czechoslovakia

Tschechoslowakei

Tchécoslovaquie

Československo

Fläche: 127 870 km²; 15 580 000 Einwohner (1985).
Am 28. Oktober 1918 wurde in den Kronländern Böhmen und Mähren aus der cisleithanischen Reichshälfte und in der Slowakei, einem Teil der transleithanischen Reichshälfte von »Österreich-Ungarn«, die Republik ausgerufen und der selbständige tschechoslowakische Staat gegründet. Nach Schaffung des Protektorates Böhmen und Mähren (Čechy a Morava) am 15. März 1939 erhielt die Slowakei vorübergehend den Status eines unabhängigen Staates und trat mit eigenen Prägungen hervor. Im Mai 1945 Wiederherstellung der tschechoslowakischen Republik. Am 11. Juni 1960 erfolgte die Umwandlung in eine sozialistische Republik. Hauptstadt: Prag.

Seit Februar 1919: 100 Heller (Haléřů, Halierov) = 1 Tschechoslowakische Krone (Koruna, Korúna)

Tabelle der Feingewichte

Nominal	Metall	Prägezeit	Kat.Nr.	Feingewicht	Feingehalt
5 Kronen	(S)	1928–1932	9	3,500	500
10 Kronen	(S)	1928–1933	10, 16	7,000	700
10 Kronen	(S)	1954–1968	54, 56, 60, 61, 69 71, 74–76	6,000	500
20 Kronen	(S)	1933–1937	11, 31	8,400	700
20 Kronen	(S)	1972	87	4,500	500
25 Kronen	(S)	1954–1969	55, 57, 70, 77, 79, 80	8,000	500
25 Kronen	(S)	1970	81, 82	5,000	500
50 Kronen	(S)	1947–1949	36, 41, 45	5,000	500
50 Kronen	(S)	1955–1968	58, 78	18,000	900
50 Kronen	(S)	1970–1979	83-85, 88, 91, 92 94, 96, 99 102, 104, 112	9,100	700
50 Kronen	(S)	1986–	135-140, 143 149, 150	3,500	500
100 Kronen	(S)	1948–1951	42-44, 46, 47	7,000	500
100 Kronen	(S)	1955	59	21,600	900
100 Kronen	(S)	1971–1980	86, 93, 97, 98, 100 103, 105, 111 113	10,500	700
100 Kronen	(S)	1980–1985	114-116, 118-121, 123-133	4,500	500
100 Kronen	(S)	1986–	134, 142, 144 145, 148 151-154	6,500	500
500 Kronen	(S)	1981–1983	117, 122	21,600	900
500 Kronen	(S)	1987–	141, 146, 147	24,000	900
1 Dukat	(G)	1923–1982	A 12, 12, 22-24, 106	3,490	986
1 Dukat	(G)	1929	19	3,944	986
2 Dukaten	(G)	1923–1978	13, 17, 25, 107	6,981	986
3 Dukaten	(G)	1929	20, A 21	11,832	986
4 Dukaten	(G)	1928	18	13,764	986
5 Dukaten	(G)	1929–1978	14, 26, 28, 108	17,454	986
5 Dukaten	(G)	1929	21	19,720	986
10 Dukaten	(G)	1929–1978	15, 27, 29, 109	34,908	986

Tschechoslowakische Republik
Republika Československá

		SS	VZ
1 (1)	2 Heller (Zink) 1923–1925. Wappenlöwe. Rs. Karlsbrücke in Prag	6,–	20,–

		SS	VZ
2 (2)	5 Heller (Bro) 1923–1938. Typ wie Nr. 1:		
	1923, 1925, 1927–1929, 1931, 1938	1,–	2,–
	1924 (5 Ex.)		–,–
	1926		50,–
	1930, 1932	5,–	10,–
3 (3)	10 Heller (Bro) 1922–1938. Typ wie Nr. 1:		
	1922–1928, 1930–1938	1,–	2,–
	1929		*30,–*

		SS	VZ
4 (4)	20 Heller (K-N) 1921–1938. Rs. Weizengarbe, Sichel, Lindenzweig, Wertzahl:		
	1921, 1922, 1924, 1926–1931, 1937, 1938	1,50	2,20
	1925		50,–
	1933 (ca. 5000 Ex.)		–,–

		SS	VZ
5 (5)	25 Heller (K-N) 1933. Gekrönter böhmischer Löwe mit slowakischem Brustschild. Rs. Wertzahl	3,–	5,–

		SS	VZ
6 (6)	50 Heller (K-N) 1921-1931, 1938. Wappenlöwe. Rs. Wertzahl über Lindenzweig und Weizenähren:		
	1921, 1922, 1924, 1925, 1927, 1931	1,–	2,–
	1926		*50,–*
	1938 (wenige Ex.)		–,–

In den Jahren 1939 und 1940 wurden jeweils 500 000 Ex. von Nr. 6 mit Jahreszahl 1938 für den Umlauf im Protektorat Böhmen & Mähren hergestellt

		SS	VZ
7 (7)	1 Krone (K-N) 1922-1938. Rs. Erntezeit: Landarbeiterin mit Getreidegarbe und Sichel:		
	1922–1924, 1929, 1937, 1938	2,–	4,–
	1925		10,–
	1930		*40,–*
8 (8)	5 Kronen (K-N) 1925-1927. Rs, Fabrikanlage, Wertangabe:		
	1925, 1926	12,–	20,–
	1927	30,–	90,–
9 (8a)	5 Kronen (S) 1928–1932. Typ wie Nr. 8:		
	1928–1931	8,–	20,–
	1932		–,–

In gleicher Zeichnung: Nrn. 30, 40.

		SS	VZ
10 (12)	10 Kronen (S) 1930–1933. Wappenschild. Rs. Allegorie der Republik mit Lindenschößling:		
	1930–1932	10,–	20,–
	1933 (915 Ex.)		*200,–*
11 (13)	20 Kronen (S) 1933, 1934. Rs. Statuengruppe, Wertangabe	12,–	26,–

5. Jahrestag der Republik

		SS	VZ
A12 (A15)	1 Dukat (G) 1923. Typ wie Nr. 12, jedoch mit Jahreszahlen 1918–1923 und Seriennummer (1000 Ex.)		*1500,–*

		SS	VZ
12 (15)	1 Dukat (G) 1923–1939, 1951. Staatswappen. Rs. Hl. Wenzel (907–929), Nationalheld und -heiliger:		
	1923–1937, 1939, 1951	200,–	240,–
	1938 (56 Ex.)	*2000,–*	*3000,–*

		SS	VZ
13 (16)	2 Dukaten (G) 1923—1938, 1951. Typ wie Nr. 12:		
	1923—1936, 1938, 1951	780,—	850,—
	1937 (8 Ex.)	*4500,—*	*5000,—*

		SS	VZ
14 (17)	5 Dukaten (G) 1929—1938, 1951. Staatswappen, Lindenschößling. Rs. Hl. Wenzel zu Pferde		
	1929—1936, 1951	2000,—	2500,—
	1937 (4 Ex.)	–,—	–,—
	1938 (57 Ex.)	*4500,—*	*5500,—*
15 (18)	10 Dukaten (G) 1929—1938, 1951. Typ wie Nr. 14:		
	1929—1936, 1938, 1951	3200,—	3800,—
	1937 (34 Ex.)	*7000,—*	*9000,—*

10. Jahrestag der Republik

		SS	VZ
16 (11)	10 Kronen (S) 1928. Staatswappen mit den Feldern Slowakei, Karpaten-Ukraine (Karpaten-Rußland), Mähren und Schlesien, im Herzschild der böhmische Löwe. Rs. Tomás Garrigue Masaryk (1850–1937), 1. Staatspräsident	12,–	22,–

Medaillen zum 10. Jahrestag der Republik (2)

		SS	VZ
17	2 Dukaten (G) 1928. Hl. Wenzel mit Heerschar über Staatswappen. Rs. Hl. Prokop, Schutzpatron des Berg- und Münzwesens in Böhmen, läßt den Teufel pflügen	760,–	825,–

		SS	VZ
18	4 Dukaten (G) 1928. Typ wie Nr. 17	1000,—	1200,—

Anm.: In gleicher Zeichnung existiert eine Silbermedaille, Ø 34 mm, 20 g.

Medaillen zum 1000. Jahrestag der Christianisierung Böhmens und der Ermordung des hl. Wenzel (4)

		VZ	ST
19	1 Dukat (G) 1929. Hl. Wenzel mit Banner und Schwert. Rs. Hl. Wenzel zu Pferde, Engel		750,—
20	3 Dukaten (G) 1929. Typ wie Nr. 19		1800,—
21	5 Dukaten (G) 1929. Typ wie Nr. 19		3200,—

		SS	VZ
A21	3 Dukaten (G) 1929. Hl. Wenzel mit Heerschaar. Rs. Die Ermordung des hl. Wenzel durch seinen Bruder Boleslaw I.	**1100,–**	**1300,–**

100. Geburtstag von Miroslaw Tyrš

22 1 Dukat (G) 1932. Dr. Miroslaw Tyrš (1832–1884), Gründer der Sokol-Bewegung **850,–**

Zum Tode von Antonin Švehla

23 1 Dukat (G) 1933. Dr. Antonin Švehla (1873–1933), Politiker und Staatsmann. Rs. Säender Landmann:
a) Jahreszahl ohne Kreuz **800,–**
b) Kreuz über Jahreszahl **860,–**

Medaillen zur Wiedereröffnung des Kremnitzer Bergbaues (4)

		VZ	ST
24	1 Dukat (G) 1934. Hl. Katharina, betend. Rs. Bergwerksszene		**1800,–**
25	2 Dukaten (G) 1934. Typ wie Nr. 24		**3600,–**
26	5 Dukaten (G) 1934. Typ wie Nr. 24		**7000,–**
27	10 Dukaten (G) 1934. Typ wie Nr. 24		**12000,–**

Anm.: In gleicher Zeichnung existiert eine Silbermedaille, Ø 40 mm, 20.3 g.

Medaillen zum 300. Todestag Albrechts von Wallenstein (2)

28 5 Dukaten (G) 1934. Staatswappen. Rs. Albrecht Eusebius Wenzel von Wallenstein, eigentlich Waldstein (1583–1634), kaiserlicher Generalissimus im Dreißigjährigen Krieg **–,–**

29 10 Dukaten (G) 1934. Typ wie Nr. 28 **–,–**

Nrn. 28 und 29 wurden vom Prager Münzhändler K. Chaura in Auftrag gegeben.

		SS	VZ
30 (8b)	5 Kronen (N) 1937, 1938. Typ wie Nr. 8:		
	1937 (300 Ex.)		*250,–*
	1938	3,–	8,–

Zum Tode von Präsident T. G. Masaryk

		SS	VZ
31 (14)	20 Kronen (S) 1937, Staatswappen. Rs. Tomás Garrigue Masaryk (1850–1937), 1. Staatspräsident	14,–	22,–

Münzen des Protektorates Böhmen und Mähren, die während der Zeit von 1939–1945 kursierten und auch darüber hinaus Gültigkeit besaßen, siehe unter Deutsche Besetzungen im 2. Weltkrieg (Y19–28).
Die zwischen 1939 und 1944 verausgabten slowakischen Münzen werden gesondert unter Slowakei geführt (Y29–32). Von einigen tschechoslowakischen Dukaten (Nrn. 12 und 13 von 1939, Nrn. 14 und 15 von 1938) wurden in dieser Zeit vom Slowakischen Staat zusätzliche Exemplare geprägt.

Tschechoslowakische Republik

		SS	VZ
32 (33)	20 Heller (Bro) 1947–1950. Wappenlöwe. Rs. Weizengarbe, Sichel, Lindenzweig:		
	1947 (ca. 3000 Ex.)		–,–
	1948–1950	1,–	2,–
33 (35)	50 Heller (Bro) 1947–1950. Rs. Wertangabe über Lindenzweige und Weizenähren	1,–	3,–
34 (37)	1 Krone (K-N) 1946, 1947. Rs. Landarbeiterin zur Erntezeit mit Getreidegarbe und Sichel:		
	1946	1,–	3,–
	1947	2,–	6,–

		SS	VZ
35 (39)	2 Kronen (K-N) 1947, 1948. Rs. Juraj Jánošik (1688–1713), slowakischer Nationalheld (siehe auch Nr. 143)	2,–	3,–

3. Jahrestag des slowakischen Aufstandes

		SS	VZ
36 (40)	50 Kronen (S) 1947. Staatswappen. Rs. Kämpferin mit Gewehr und Lindenzweig	9,–	13,–
37 (34)	20 Heller (Al) 1951, 1952. Typ wie Nr. 32	1,–	1,50
38 (36)	50 Heller (Al) 1951–1953. Typ wie Nr. 33:		
	1951, 1952	1,20	2,–
	1953	5,–	20,–
39 (38)	1 Krone (Al) 1947–1953. Typ wie Nr. 34:		
	1947, Versuchsprägung!		*1400,–*
	1950–1953	–,80	2,–
40 (A39)	5 Kronen (Al) 1952. Typ wie Nr. 8	**70,–**	**90,–**

Nr. 40 ist nicht in den Umlauf gekommen. Die Münzen wurden wieder eingeschmolzen. Nur eine geringe Anzahl gelangte in Sammlerhände

3. Jahrestag der Mai-Revolution

		SS	VZ
41 (41)	50 Kronen (S) 1948. Wappenlöwe. Rs. Männliche Gestalt mit Schwert und Lorbeerzweig	9,–	13,–

600 Jahre Karls-Universität in Prag

		SS	VZ
42 (42) 100	Kronen (S) 1948. Wappenlöwe. Rs. Hl. Wenzel (907–929) mit Banner und Schwert; kniend: Karl I. (1316–1378), Graf von Luxemburg, seit 1346 als Karl IV. König von Böhmen, seit 1347 auch Kaiser des Heiligen Römischen Reiches, Gründer der ersten deutschsprachigen Universität, Gründungsurkunde haltend; Wappenschilder: Böhmischer Löwe und Wenzelsadler	14,–	20,–

30. Jahrestag der Unabhängigkeit

43 (43) 100	Kronen (S) 1948. Wappenlöwe. Rs. Männliche Gestalt mit Lorbeerzweig	12,–	18,–

700 Jahre Iglauer Bergrecht

44 (44) 100	Kronen (S) 1949. Wappenlöwe. Rs. Bergmann in historischer Tracht beim Verlassen eines Schachtes. Das Iglauer Bergrecht geht auf König Wenzel I. (reg. 1230–1253) zurück und galt in den Sudeten- und Karpatenländern sowie in Oberungarn	12,–	18,–

70. Geburtstag Stalins (2)

45 (45) 50	Kronen (S) 1949. Wappenlöwe. Rs. Generalissimus J. V. Stalin (1879–1953), sowjetischer Staatsmann	10,–	15,–
46 (46) 100	Kronen (S) 1949. Typ wie Nr. 45	16,–	18,–

30 Jahre Tschechisch-Slowakische Kommunistische Partei

47 (47) 100	Kronen (S) 1951. Wappenlöwe. Rs. Klement Gottwald (1896–1953), Staatspräsident von 1948–1953	14,–	20,–

WÄHRUNGSREFORM 1. Juni 1953

		SS	VZ
48 (48) 1	Heller (Al) 1953–1960. Wappenlöwe. Rs. Wert im Kranz	–,30	–,50
49 (49) 3	Heller (Al) 1953, 1954. Typ wie Nr. 48	–,30	–,50
50 (50) 5	Heller (Al) 1953–1955. Typ wie Nr. 48	–,50	1,–
51 (51) 10	Heller (Al) 1953–1956, 1958. Typ wie Nr. 48	–,50	–,80

Vom Jahrgang 1953 der Nr. 51 unterscheidet man 130 Randkerben (Kremnitzer Prägung) und 133 Randkerben (Leningrader Prägung).

52 (52) 25	Heller (Al) 1953, 1954. Typ wie Nr. 48	–,80	2,–

Vom Jahrgang 1953 der Nr. 52 unterscheidet man 133/134 Randkerben (Kremnitzer Prägung) und 145 Randkerben (Leningrader Prägung).

53 (61) 1	Krone (Al-Bro) 1957–1960. Rs. Landarbeiterin mit Setzling	1,50	3,–

10. Jahrestag des slowakischen Aufstandes (2)

54 (53) 10	Kronen (S) 1954. Wappenlöwe. Rs. Partisan vor Industrieanlage	9,–	16,–
55 (54) 25	Kronen (S) 1954. Typ wie Nr. 54	12,–	20,–

10. Jahrestag der Befreiung (4)

56 (55) 10	Kronen (S) 1955. Wappenlöwe. Rs. Kniender Soldat mit Kind	14,–	18,–

57 (56) 25	Kronen (S) 1955. Rs. Mutter und Kind begrüßen Soldat	12,–	20,–
58 (57) 50	Kronen (S) 1955. Rs. Sowjetsoldat	22,–	50,–
59 (58) 100	Kronen (S) 1955. Rs. Begrüßung an einer Barrikade im Mai 1945	50,–	85,–

300. Jahrestag der Veröffentlichung des Buches »Opera Didactica Omnia«

60 (60) 10	Kronen (S) 1957. Rs. Johann Amos Komenský, genannt Comenius (1592–1670), Prediger und Bischof der Böhmischen Brüdergemeinde, Pädagoge und Gelehrter	15,–	20,–

250. Jahrestag des Bestehens der Technischen Hochschule in Prag

	VZ	ST
61 (59) 10 Kronen (S) 1957. Rs. Christian Josef Willenberg (1676–1731), Gründer der Ingenieurschule; Slapy-Damm bei Prag	20,–	30,–

Tschechoslowakische Sozialistische Republik
Československá Socialistická Republica

62 (62) 1 Heller (Al) 1962, 1963, 1986. Staatswappen, am 17. 11. 1960 eingeführt. Rs. Wertziffer zwischen Lindenzweigen, von Stern überhöht –,30 –,50

63 (63) 3 Heller (Al) 1962, 1963. Typ wie Nr. 62:
1962 *280,–*
1963 –,40 –,60

64 (64) 5 Heller (Al) 1962, 1963, 1966, 1967, 1970, 1972–1976. Typ wie Nr. 62 –,40 –,60

65 (65) 10 Heller (Al) 1961–1971. Typ wie Nr. 62:
a) 1961–1971 –,40 –,80
b) 1963, Wappenseite von Nr. 67, Jahreszahl zwischen Punkten (Fehlprägung) *100,–*

66 (66) 25 Heller (Al) 1962–1964. Typ wie Nr. 62 –,50 1,–

67 (67) 50 Heller (Me) 1963–1971. Typ wie Nr. 62:
a) 1963–1965, 1969–1971 –,80 1,20
b) 1969, Wappenseite von Nr. 65, Jahreszahl ohne Punkte (Fehlprägung) *85,–*

68 (68) 1 Krone (Al-Bro) 1961–1971, 1975–1977, 1979–1990. Staatswappen. Rs. Landarbeiterin mit Setzling –,80 1,50

In ähnlichen Zeichnungen: Nrn. 101 (5 Heller), 95 (10 Heller), 89 (20 Heller), 110 (50 Heller), 90 (2 Kronen), 72 (3 Kronen), 73 (5 Kronen).

20. Jahrestag des slowakischen Aufstandes

69 (69) 10 Kronen (S) 1964. Staatswappen. Rs. Drei erhobene Hände mit Symbolen der Industrie, Landwirtschaft und des Wissens 8,– 15,–

20. Jahrestag der Befreiung

	VZ	ST
70 (70) 25 Kronen (S) 1965. Staatswappen. Rs. Mädchenkopf, Friedenstaube mit Lindenzweig, Karlsbrücke in Prag	12,–	18,–

550. Todestag von Jan Hus

71 (71) 10 Kronen (S) 1965. Staatswappen. Rs. Jan Hus (1369–1415), Rektor der Karls-Universität, Religionsreformer, Märtyrer 30,– 40,–

72 (72) 3 Kronen (K-N) 1965, 1966, 1968, 1969. Rs. Stilisierte Blume, von Bändern umgeben, Sinnbild für Freiheit und Fortschritt 1,20 2,–

73 (73) 5 Kronen (K-N) 1966–1970, 1973–1975, 1978–1990. Staatswappen. Rs. Krandarstellung mit Stern und Blume, Sinnbild des Aufbaues 1,80 3,–

Nrn. 72 und 73 bestehen aus Kupfer 80%, Nickel 20%.

1100 Jahre Groß-Mähren

	ST	PP
74 (74) 10 Kronen (S) 1966. Staatswappen. Rs. Beizjagd: Falkner zu Pferde, Silberarbeit aus dem 9. Jh., Fundort Staré Mesto in Mähren	18,–	45,–

500 Jahre Universität Preßburg

75 (75) 10 Kronen (S) 1967. Staatswappen über den Ausläufern der Karpaten mit Burg von Preßburg (Bratislava) und der Donau, stilisiert, Symbol der Stadt. Rs. Universitätsgebäude, Stadtsiegel mit Inschrift SIGILLUM CIVITATIS BRATISLAVENSIS 50,– 65,–

100. Jahrestag der Grundsteinlegung zum Nationaltheater in Prag

76 (76) 10 Kronen (S) 1968. Rs. Triga 55,– 75,–

150 Jahre Nationalmuseum

77 (77) 25 Kronen (S) 1968. Rs. Gebäude des Nationalmuseums in Prag 30,– 50,–

50. Jahrestag der Republik und 20. Jahrestag der Volksrepublik

ST PP

78 (78) 50 Kronen (S) 1968. Staatswappen, Jahreszahlen 1948–1968. Rs. Mit Lindenblättern umkränzter Kopf der Republik, Entwurf von Jiri Harcuba, Jahreszahlen 1918–1968. **120,–** *200,–*

100. Todestag von J. E. Purkinje

79 (79) 25 Kronen (S) 1969. Staatswappen. Rs. Jan Evangelista, Ritter von Purkinje (1787–1869), Prof. für Physiologie und Pathologie **30,–** **40,–**

25. Jahrestag des slowakischen Aufstandes

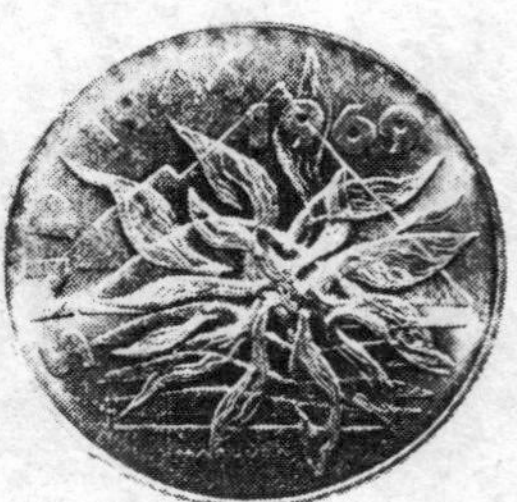

80 (80) 25 Kronen (S) 1969. Staatswappen. Rs. Allegorische Darstellung, daneben SNP (Slovenské národni povstáni) 1944/1969 **100,–** **150,–**

50 Jahre Slowakisches Nationaltheater in Preßburg

81 (81) 25 Kronen (S) 1970. Rs. Muse mit Lorbeerkranz **28,–** 55,–

25. Jahrestag der Befreiung

82 (82) 25 Kronen (S) 1970. Rs. Stern über Landschaft. Jahreszahlen, Wertangabe **10,–** **16,–**

100. Geburtstag Lenins

ST PP

83 (83) 50 Kronen (S) 1970. Rs. Vladimir Iljič Lenin (1870–1924), eigentlich Uljanov; sowjetrussischer Staatsmann, Führer des Weltproletariats **25,–** **50,–**

50 Jahre Tschechischslowakische Kommunistische Partei

84 (84) 50 Kronen (S) 1971. Rs. Hammer und Sichel vor Personengruppe, darüber Stern **25,–** **55,–**

50. Todestag Hviezdoslavs

85 (85) 50 Kronen (S) 1971. Rs. Pavol Országh, Künstlername: Hviezdoslav (1849–1921), Dichter und Schriftsteller **30,–** **50,–**

100. Todestag von J. Mánes

86 (86) 100 Kronen (S) 1971. Rs. Josef Mánes (1820–1871), Maler **30,–** **60,–**

100. Todestag von A. Sládkovič

87 (87) 20 Kronen (S) 1972. Rs. Andrej Sládkovič (1820–1872), slowakischer Dichter **15,–** **35,–**

50. Todestag von J. V. Myslbek

		ST	PP
88 (88)	50 Kronen (S) 1972. Rs. J. V. Myslbek (1848–1922), tschechoslowakischer Bildhauer	25,–	40,–

		VZ	ST
89 (91)	20 Heller (N-Me) 1972–1990. Staatswappen. Rs. Wert und Stern	–,20	–,50

In gleicher Zeichnung: Nrn. 101, 95, 110 (5, 10, 50 Heller).

90 (94)	2 Kronen (K-N) 1972–1977, 1980–1990. Staatswappen. Rs. Hammer und Sichel mit Stern, Wertangabe (Jahrgänge 1973 und 1974 mit Randschrift-Variante vorkommend)	1,–	1,50

Nr. 90 besteht aus Kupfer 80%, Nickel 20 %.

25. Jahrestag der Volksrepublik

		ST	PP
91 (96)	50 Kronen (S) 1973. Rs. Mann mit Gewehr vor Stern, Zahnradsegment, Fabriksilhouette, Hammer und Sichel	25,–	45,–

200. Geburtstag von J. Jungmann

92 (97)	50 Kronen (S) 1973. Rs. Josef Jungmann (1773–1847), Schriftsteller und Philologe	25,–	35,–

150. Geburtstag von Friedrich Smetana

		ST	PP
93 (99)	100 Kronen (S) 1974. Rs. Friedrich Smetana (1824–1884), Komponist	25,–	35,–

100. Geburtstag von Janko Jesensky

94 (98)	50 Kronen (S) 1974. Rs. Janko Jesensky (1874–1945), slowakischer Volksschriftsteller	22,–	30,–

		VZ	ST
95 (90)	10 Heller (Al) 1974–1990. Typ wie Nr. 89	–,20	–,50

In gleicher Zeichnung: Nr. 101, 89, 110 (5, 20, 50 Heller).

100. Geburtstag von S. K. Neumann

		ST	PP
96 (100)	50 Kronen (S) 1975. Rs. Stanislav Kostka Neumann (1875–1947), tschechischer Dichter	22,–	26,–

100. Todestag von Janko Král

97 (101)	100 Kronen (S) 1976. Rs. Janko Král (1822–1876), slowakischer Dichter	25,–	30,–

100. Geburtstag von Viktor Kaplan

98 (102)	100 Kronen (S) 1976. Rs. Viktor Kaplan (1876–1934), Ingenieur, Erfinder der nach ihm benannten Turbine	25,–	30,–

125. Todestag von Jan Kollár

		ST	PP
99 (103)	50 Kronen (S) 1977. Rs. Jan Kollár (1793–1852), slowakischer Dichter	22,–	26,–

300. Todestag von Wenzel Hollar

100 (104)	100 Kronen (S) 1977. Rs. Wenzel Hollar (1607–1677), Radierer	26,–	32,–

		VZ	ST
101 (89)	5 Heller (Al) 1977–1990. Typ wie Nr. 89	–,20	–,40

In gleicher Zeichnung: Nr. 95, 89, 110 (10, 20, 50 Heller).

100. Geburtstag von Dr. Zdenek Nejedlý

		ST	PP
102 (105)	50 Kronen (S) 1978. Rs. Dr. Zdeněk Nejedlý (1878–1962), Wissenschaftler und Musikkritiker	28,–	50,–

75. Geburtstag von Julius Fučik

		ST	PP
103 (107)	100 Kronen (S) 1978. Rs. Julius Fučik (1903–1943), Journalist, Literaturkritiker	32,–	50,–

650 Jahre Münzstätte Kremnitz

104 (106)	50 Kronen (S) 1978. Rs. Prägungen der Münzstätte Kremnitz	30,–	50,–

600. Todestag von Karl IV. (5)

105 (108)	100 Kronen (S) 1978. Rs. Karl IV. (1316–1378), seit 1346 König von Böhmen und Römischer König, 1355 Krönung zum Kaiser des Römisch-Deutschen Reiches	32,–	50,–

		VZ	ST
106	1 Dukat (G) 1978–1982. Rs. Gekröntes Kopfbild Karls IV., Wappenschild mit dem böhmischen Löwen, Monogramm des Herrschers; 3,49 g, Ø 19,75 mm	380,–	400,–

107	2 Dukaten (G) 1978. Rs. Königssiegel Karls IV.; 6,98 g, Ø 25 mm	**650,–**	**680,–**

VZ ST

108 5 Dukaten (G) 1978. Rs. Siegel der Prager Universität aus dem 14. Jahrhundert. Dargestellt ist Karl IV., wie er dem Herzog Václav die Gründungsurkunde übergibt; 17,45 g, Ø 34 mm **1250,– 1500,–**

109 10 Dukaten (G) 1978. Rs. Panorama des Hradschin und Stadtwappen von Prag; 34,90 g, Ø 42 mm **2800,– 3000,–**

110 (92) 50 Heller (K-N) 1978–1990. Typ wie Nr. 89 **1,– 2,–**

Nr. 110 besteht aus Kupfer 80%, Nickel 20%

In gleicher Zeichnung: Nr. 101, 95, 89 (5, 10, 20 Heller).

150. Geburtstag von Ján Botto

ST PP

111 (109) 100 Kronen (S) 1979. Rs. Ján Botto (1829–1881), slowakischer Dichter **35,– 50,–**

30. Jahrestag des IX. Parteitages der KSČ

ST PP

112 (110) 50 Kronen (S) 1979. Rs. Symbolische Darstellung mit Hammer, Sichel, Zahnrad **30,– 80,–**

650. Geburtstag von Peter Parler

113 (111) 100 Kronen (S) 1980. Rs. Peter Parler (1330–1399), Baumeister **35,– 50,–**

100. Geburtstag von Dr. B. Smeral

114 (113) 100 Kronen (S) 1980. Rs. Dr. Bohumir Smeral (1880–1941), Schriftsteller und Politiker **30,– 50,–**

Tschechoslowakische Spartakiade 1980

115 (112) 100 Kronen (S) 1980. Rs. Sportlerinnen **35,– 45,–**

100. Geburtstag von O. Spaniel

		ST	PP
116 (116)	100 Kronen (S) 1981. Rs. Otakar Spaniel (1881–1955), Bildhauer, Medailleur, Entwerfer tschechoslowakischer Münzen	20,–	25,–

125. Todestag von L. Stúr

117 (114)	500 Kronen (S) 1981. Rs. Ludovit Stúr (1815–1856), slowakischer Dichter und Politiker. 900er Silber, 24 g	90,–	140,–

20 Jahre Kosmonautik

118 (115)	100 Kronen (S) 1981. Rs. Juri A. Gagarin (1934–1968), sowjetischer Kosmonaut, umkreiste am 12. 4. 1961 als erster Mensch in einem Raumschiff die Erde	20,–	30,–

100. Geburtstag von I. Olbracht

119 (117)	100 Kronen (S) 1982. Rs. Ivan Olbracht (1882–1952), eigentlich Kamil Zeman, tschechischer Schriftsteller	22,–	40,–

150. Jahrestag der Gründung der Pferdebahnstrecke Budweis (České Budějovice) – Linz/Donau

		ST	PP
120 (118)	100 Kronen (S) 1982. Rs. Pferdebahn	25,–	50,–

100. Jahrestag der Eröffnung des Nationaltheaters in Prag (2)

121 (122)	100 Kronen (S) 1983. Rs. Gebäude des Nationaltheaters	30,–	50,–

122	500 Kronen (S) 1983. Rs. Muse mit Lyra	110,–	180,–

100. Todestag von Karl Marx

123 (119)	100 Kronen (S) 1983. Rs. Karl Marx (1818–1883), Sozialideologe	22,–	45,–

100. Geburtstag von J. Hašek

ST PP

124 (120) 100 Kronen (S) 1983. Rs. Jaroslav Hašek (1883–1923), tschechischer Schriftsteller; eines seiner bekanntesten Werke: »Vom braven Soldaten Schwejk« **25,– 35,–**

100. Todestag von S. Chalupka

125 (121) 100 Kronen (S) 1983. Rs. Samo Chalupka (1812–1883), slowakischer Lyriker und Epiker **25,– 35,–**

800. Geburtstag von Matej Bél

126 (123) 100 Kronen (S) 1984. Rs. Matej Bél (1684–1749), Gelehrter Geograph, Mitglied des Kammerrates **25,– 45,–**

150. Geburtstag von J. Neruda

127 (124) 100 Kronen (S) 1984. Rs. Jan Neruda (1834–1891), tschechischer Dichter und Journalist **25,– 45,–**

100. Geburtstag von A. Zápotocký

128 (125) 100 Kronen (S) 1984. Rs. Antonin Zápotocký (1884–1957), Politiker, Schriftsteller, 4. Staatspräsident **22,– 40,–**

125. Geburtstag von M. Kukučin

129 (126) 100 Kronen (S) 1985. Rs. Martin Kukučin (eig. Bencúr) (1860–1928), slowakischer Schriftsteller **22,– 40,–**

200. Geburtstag von J. Hollý

ST PP

130 (127) 100 Kronen (S) 1985. Rs. Ján Hollý (1785–1849), slowakischer Dichter **25,– 40,–**

Eishockey-Weltmeisterschaft 1985 in Prag

131 (128) 100 Kronen (S) 1985. Rs. Eishockeyspieler **25,– 65,–**

250. Todestag von Petr Jan Brandl

132 (130) 100 Kronen (S) 1985. Rs. Petr Jan Brandl (1668–1735), Maler **25,– 40,–**

10. Jahrestag der Helsinki-Konferenz

133 (129) 100 Kronen (S) 1985. Rs. Landkarte Europas, stilisierte Friedenstaube **25,– 40,–**

150. Todestag von K. H. Mácha

134 100 Kronen (S) 1986. Rs. Karel Hynek Mácha (1810–1836), tschechischer Dichter und Schriftsteller **25,– 45,–**

Sanierung tschechoslowakischer Baudenkmäler (5)

135 (131) 50 Kronen (S) 1986. Rs. Prag **20,– 35,–**

136 (133) 50 Kronen (S) 1986. Rs. Ceský Krumlov (Krumau) **20,– 35,–**

		ST	PP
137 (135)	50 Kronen (S) 1986. Rs. Telč	20,–	35,–
138 (134)	50 Kronen (S) 1986. Rs. Bratislava (Preßburg)	20,–	35,–
139 (132)	50 Kronen (S) 1986. Rs. Levoča (Leutschau)	20,–	35,–

140 50 Kronen (S) 1987. Rs. Przewalski-Pferd mit Fohlen (Equus przewalski — Equidae). 500er Silber, 7 g **22,– 45,–**

100. Geburtstag von J. Lada

141 500 Kronen (S) 1987. Rs. Josef Lada, tschechischer Maler und Graphiker, Nationalkünstler **120,– 200,–**

225. Jahrestag der Gründung der Bergakademie Schemnitz (Banská Stiavnica)

142 100 Kronen (S) 1987 **30,– 60,–**

300. Geburtstag von J. Jánošik

		ST	PP
143	50 Kronen (S) 1988. Rs. Juraj Jánošik (1688–1713), slowakischer Nationalheld (siehe auch Nr. 35)	20,–	50,–

Briefmarken-Weltausstellung »Praga 1988«

144 100 Kronen (S) 1988 **25,– 60,–**

100. Geburtstag von M. Benka

145 100 Kronen (S) 1988. Rs. Martin Benka, slowakischer Maler **28,– 60,–**

125. Jahrestag der Gründung der Nationalinstitution Matica Slovenská

146 500 Kronen (S) 1988 **90,– 180,–**

20 Jahre Tschechoslowakische Föderation

147 500 Kronen (S) 1988. Rs. Blühender Baum **90,– 180,–**

150 Jahre Eisenbahnlinie Lundenburg–Brünn

148 50 Kronen (S) 1989. Rs. Dampflokomotive auf der Strecke zwischen Lundenburg (Břeclav) und Brünn (Brno). 500er Silber, 7 g (60 000 Ex.) **18,– 45,–**

50. Jahrestag der Studentischen Manifestation gegen Okkupation und Faschismus vom 17. November 1939 und Internationaler Studententag 1989

149 100 Kronen (S) 1989. Rs. Von Stacheldraht beschädigtes Siegel der Prager Karls-Universität. 500er Silber, 13 g (80 000 Ex.) **24,– 50,–**

100. Jahrestag der 1. Maifeier in Prag

150 100 Kronen (S) 1990 **–,–**

Nr. 150 in Normalprägung wurde nach der Ausprägung vollständig eingeschmolzen.

100. Geburtstag von Karel Čapek

151 100 Kronen (S) 1990. Rs. Karel Čapek (1890–1938), tschechoslowakischer Schriftsteller und Redakteur (ST: 66 500 Ex., PP: 3500 Ex.) **24,– 50,–**

Nr. 152 fällt aus.

250. Todestag von J. Kupecký

		ST	PP
153	100 Kronen (S) 1990. Rs. Ján Kupecký, Barockmaler (ST: 57 500 Ex., PP: 2500 Ex.)	24,–	45,–

Tschechische und Slowakische Föderative Republik seit 1990
Ceská a Slovenská Federativni Republika

		VZ	ST
154	1 Heller (Al) 1991. Von Böhmen und Slowakei geviertes Staatswappen zwischen Lindenzweigen, Landesname. Rs. Wert im Kranz, wie Nr. 62, ohne Stern	–,20	–,30
155	5 Heller (Al) 1991. Rs. Wertangabe, wie Nr. 89, ohne Stern	–,20	–,30

156	10 Heller (Al) 1991. Typ wie Nr. 155	–,30	–,40
157	20 Heller (N-Me) 1991. Typ wie Nr. 155	–,40	–,50
158	50 Heller (K-N) 1991. Typ wie Nr. 155	–,70	–,90

159	1 Krone (Al-Bro) 1991. Rs. Landarbeiterin mit Setzling, wie Nr. 68	–,80	1,–

		VZ	ST
160	2 Kronen (K-N) 1991. Rs. Stilisiertes Blatt	–,90	1,20
161	5 Kronen (K-N) 1991. Rs. Krandarstellung mit Blume, wie Nr. 73, ohne Stern	1,60	2,50

162	10 Kronen (Al-N-Bro) 1990. Staatswappen, Wertangabe. Rs. Tomás Garrigue Masaryk (1850–1937), 1. Staatspräsident (10 000 000 Ex.):		
	a) Signatur RONAI (ca. 5000 Ex.)	*10,–*	*20,–*
	b) Signatur M·R (Varianten) (Abb.)	3,–	5,–

1. Jahrestag der Heiligsprechung der Agnes von Böhmen

		ST	PP
163	50 Kronen (S) 1990. Rs. Hl. Agnes, Patronin Böhmens. 500er Silber, 7 g (ST: 147 000 Ex., PP: 3000 Ex.):		
	a) ohne Signatur	12,–	50,–
	b) Signatur LK		–,–

100. Großes Pferde-Hindernisrennen (Steeplechase) in Pardubitz (Pardubice)

164	100 Kronen (S) 1990. Rs. Zwei Pferde beim Sprung über Taxishindernis. 500er Silber, 13 g (ST: 67 000 Ex., PP: 3000 Ex.)	18,–	50,–

100. Geburtstag von Bohuslav Martinů

165	100 Kronen (S) 1990. Bohuslav Martinů (1890–1959), tschechischer Komponist und Musiker (ST: 58 000 Ex., PP: 2000 Ex.)	18,–	50,–
166	10 Kronen (Al-N-Bro) 1991. Staatswappen. Rs. Milan Rostislav Stefánik (1880–1919), slowakischer Gelehrter, Astronom, Flieger, französischer General, Verteidigungsminister der Tschechoslowakei (10 000 000 Ex.)		3,–

150 Jahre Ausflugsschiffahrt in Böhmen

		ST	PP
167	50 Kronen (S) 1991. Rs. Raddampfer »Bohemia«, 1841. 700er Silber, 7 g (ST: 77 000 Ex., PP: 3000 Ex.)	12,–	45,–

Berühmte tschechoslowakische Kurorte (3)

		ST	PP
168	50 Kronen (S) 1991. Rs. Karlsbad (Lázně Karlovy Vary). 700er Silber, 7 g (ST: 75 000 Ex., PP: 5000 Ex.)	10,–	30,–
169	50 Kronen (S) 1991. Rs. Marienbad (Mariánské Lázně)	10,–	30,–
170	50 Kronen (S) 1991. Rs. Pistyan (Lázně Piešťány)	10,–	30,–

150. Geburtstag von Antonin Dvořák

		ST	PP
171	100 Kronen (S) 1991. Rs. Antonin Dvořák (1841–1904), tschechischer Komponist. 700er Silber, 13 g (ST: 75 000 Ex., PP: 5000 Ex.)	15,–	45,–

Wiedereröffnung des Tyl-Theaters in Prag und 200. Todestag von Wolfgang Amadeus Mozart

		ST	PP
172	100 Kronen (S) 1991. Rs. Wolfgang Amadeus Mozart (1756–1791), Fassade des 1783 eröffneten Nostitz-Theaters, seit 1798 Ständetheater, seit 1948 Tyl-Theater, Ort der Uraufführung der Mozart-Opern »Don Giovanni« (1787) und »La Clemenza di Tito« (1791) (ST: 75 000 Ex., PP: 5000 Ex.)	15,–	45,–
173	10 Kronen (Al-N-Bro) 1992. Rs. Rašín, 1. Finanzminister der 1. Republik seit 1918 (10 000 000 Ex.)	3,–	

400. Geburtstag von Jan Amos Komenský

		ST	PP
174	500 Kronen (S) 1992 (ST: 55 000 Ex., PP: 5000 Ex.)	–,–	–,–

Tunisia **Tunesien** Tunisie

At Tanusiya

Fläche: 164 150 km², 7 100 000 Einwohner (1986).
Durch den Bardo-Vertrag (Bardo: Palast des Bei) vom 12. Mai 1881 und durch militärische Erzwingung seiner Ausführung kam Frankreich italienischen Versuchen, in Tunis Fuß zu fassen, zuvor. Das französische Protektorat endete schrittweise nach dem 2. Weltkrieg. Im Jahre 1955 erlangte Tunesien die Selbstverwaltung. Die Unabhängigkeit wurde am 20. 3. 1956 von Frankreich anerkannt. Am 25. 7. 1957 wurde die Republik ausgerufen. Hauptstadt Tunis.

100 Centimes = 1 Tunesischer Franc;
seit 1. November 1958: 1000 Millimes = 1 Tunesischer Dinar

Ali Bei 1882–1902

Nr.	Beschreibung	SS	VZ
1 (11)	1 Centime (Bro) 1891. Arabische Inschrift zwischen Palm- und Lorbeerzweigen. Rs. Landes- und Wertbezeichnung in Französisch; Jahreszahl. Das Ganze von Kreis und Perlkreis umgeben	10,–	20,–
2 (12)	2 Centimes (Bro) 1891. Typ wie Nr. 1	10,–	20,–
3 (13)	5 Centimes (Bro) 1891–1893. Typ wie Nr. 1	4,–	10,–
4 (14)	10 Centimes (Bro) 1891–1893. Typ wie Nr. 1	4,–	10,–

Nr.	Beschreibung	SS	VZ
5 (15)	50 Centimes (S) 1891–1902. Rs. Landes- und Wertbezeichnung in Französisch; Jahreszahl. Das Ganze im Kreis und von Arabesken umgeben:		
	1891	10,–	20,–
	1892–1902	100,–	150,–
6 (16)	1 Franc (S) 1891–1902. Typ wie Nr. 5:		
	1891–1892	14,–	25,–
	1893–1902	200,–	260,–
7 (17)	2 Francs (S) 1891–1902. Typ wie Nr. 5:		
	1891–1892	25,–	50,–
	1893–1902	300,–	400,–
8 (18)	10 Francs (G) 1891–1902. Typ wie Nr. 5:		
	1891	160,–	190,–
	1892–1902	750,–	1000,–
9 (19)	20 Francs (G) 1891–1902. Typ wie Nr. 5:		
	1891–1892, 1897–1901	260,–	300,–
	1893	360,–	400,–
	1894–1896, 1902	1300,–	1600,–

Mohammed el Hadi Bei 1902–1906

Nr.	Beschreibung	SS	VZ
10 (20)	5 Centimes (Bro) 1903–1904. Typ wie Nr. 3	4,–	8,–
11 (21)	10 Centimes (Bro) 1903–1904. Typ wie Nr. 4	10,–	16,–
12 (22)	50 Centimes (S) 1903–1906. Typ wie Nr. 5	100,–	135,–
13 (23)	1 Franc (S) 1903–1906. Typ wie Nr. 6:		
	1903, 1905, 1906	170,–	220,–
	1904	11,–	16,–
14 (24)	2 Francs (S) 1903–1906. Typ wie Nr. 7:		
	1903, 1905, 1906	300,–	400,–
	1904	20,–	30,–
15 (25)	10 Francs (G) 1903–1906. Typ wie Nr. 8	760,–	1000,–
16 (26)	20 Francs (G) 1903–1906. Typ wie Nr. 9:		
	1903–1904	290,–	340,–
	1905–1906	1300,–	1650,–

Mohammed en-Naceur Bei 1906–1922

Nr.	Beschreibung	SS	VZ
17 (27)	5 Centimes (Bro) 1907–1917. Typ wie Nr. 3	5,–	10,–
18 (28)	10 Centimes (Bro) 1907–1917. Typ wie Nr. 4	7,–	14,–
19 (29)	50 Centimes (S) 1907–1921. Typ wie Nr. 5:		
	1907, 1912, 1914–1917	10,–	20,–
	1908–1911, 1913, 1918–1921	90,–	130,–
20 (30)	1 Franc (S) 1907–1921. Typ wie Nr. 6:		
	1907–1908, 1911–1912, 1914–1918	12,–	25,–
	1909–1910, 1913, 1919–1921	200,–	260,–
21 (31)	2 Francs (S) 1907–1921. Typ wie Nr. 7:		
	1907, 1909–1910, 1913, 1917–1921	300,–	400,–
	1908, 1911–1912, 1914–1916	22,–	45,–
22 (32)	10 Francs (G) 1907–1921. Typ wie Nr. 8:		
	1907	1300,–	1550,–
	1908	650,–	800,–
	1909, 1921	800,–	1000,–
23 (33)	20 Francs (G) 1907–1921. Typ wie Nr. 9:		
	1907, 1909–1921	1300,–	1550,–
	1908	1050,–	1300,–

SS VZ

24 (34) 5 Centimes (K-N) 1918–1920. Inschrift in Arabisch. Rs. Inschrift in Französisch. Jahreszahl zwischen Lorbeer- und Palmzweig. Ø 19 mm, 3 g (mit Loch) **2,– 5,–**

25 (34a) 5 Centimes (K-N) 1920. Typ wie Nr. 24, jedoch Ø 17 mm und Gewicht 2 g (mit Loch) **4,– 8,–**

26 (35) 10 Centimes (K-N) 1918–1920. Typ wie Nr. 24 (mit Loch) **2,– 4,–**

27 (36) 25 Centimes (K-N) 1918–1920. Typ wie Nr. 24 (mit Loch):
1918 **6,– 12,–**
1919, 1920 **3,– 6,–**

Mohammed el-Habib Bei 1922–1929

28 (41) 50 Centimes (S) 1922–1928. Typ wie Nr. 5 **85,– 120,–**

29 (42) 1 Franc (S) 1922–1928. Typ wie Nr. 6 **180,– 240,–**

30 (43) 2 Francs (S) 1922–1928. Typ wie Nr. 7 **250,– 330,–**

31 (44) 10 Francs (G) 1922–1928. Typ wie Nr. 8 **700,– 1000,–**

32 (45) 20 Francs (G) 1922–1928. Typ wie Nr. 9 **1000,– 1300,–**

33 (40) 10 Centimes (K-N) 1926. Typ wie Nr. 26 (mit Loch) **3,50 5,–**

Ahmed Bei 1929–1942

34 (46) 5 Centimes (K-N) 1931, 1933, 1938. Typ wie Nr. 25 **1,– 3,–**

35 (47) 10 Centimes (K-N) 1931, 1933, 1938. Typ wie Nr. 26 (mit Loch) **2,– 4,–**

36 (48) 25 Centimes (K-N) 1931, 1933, 1938. Typ wie Nr. 27 **4,– 8,–**

37 (37) 50 Centimes (Al-Bro) 1921, 1926, 1933, 1941, 1945. Jahreszahl zwischen gebundenen Lorbeerzweigen, darüber Landesbezeichnung in Französisch. Rs. Wertangabe zwischen Palmenzweigen, darüber BON POUR **2,– 5,–**

38 (38) 1 Franc (Al-Bro) 1921, 1926, 1941, 1945. Typ wie Nr. 37 **2,– 4,–**

39 (39) 2 Francs (Al-Bro) 1921, 1924, 1926, 1941, 1945. Typ wie Nr. 37 **3,– 6,–**

40 (49) 10 Francs (S) 1930–1934:
1930, 1932, 1934 **65,– 100,–**
1931, 1933 **210,– 280,–**

SS VZ

41 (50) 20 Francs (S) 1930–1934. Typ wie Nr. 40:
1930, 1932, 1934 **90,– 140,–**
1931, 1933 **600,– 800,–**

42 (57) 100 Francs (G) 1930–1937:
1930, 1932, 1935 **340,– 400,–**
1931, 1933, 1934, 1936, 1937 **1250,– 1500,–**

43 100 Francs (G) 1938–1942. Typ wie Nr. 42, jedoch große Jahreszahl statt Wertangabe **1000,– 1300,–**

44 (51) 5 Francs (S) n. H. 1353, 1355 (1934, 1936) **10,– 20,–**

45 (52) 10 Francs (S) n. H. 1353–1356 (1934–1938). Typ wie Nr. 44:
n. H. 1353 (1934) **15,– 25,–**
n. H. 1354–1356 (1936–1938) **200,– 300,–**

46 (53) 20 Francs (S) n. H. 1353–1356 (1934–1938). Typ wie Nr. 44:
n. H. 1353 (1934) **30,– 60,–**
n. H. 1354–1356 (1936–1938) **620,– 750,–**

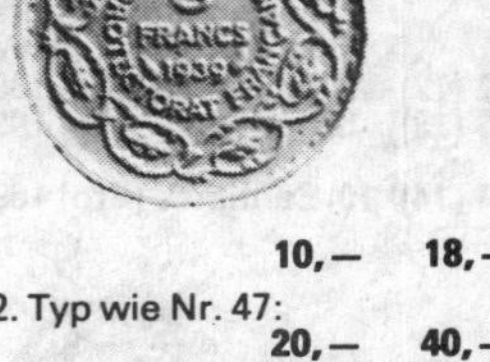

47 (54) 5 Francs (S) 1939 **10,– 18,–**

48 (55) 10 Francs (S) 1939–1942. Typ wie Nr. 47:
1939 **20,– 40,–**
1940–1942 **200,– 260,–**

49 (56) 20 Francs (S) 1939–1942. Typ wie Nr. 47:
1939 **40,– 80,–**
1940–1942 **650,– 750,–**

50 (58) 10 Centimes (Zink) 1941, 1942 (mit Loch) **3,– 8,–**

51 (59) 20 Centimes (Zink) 1942 **8,– 20,–**

Mohammed el Moncef Bei 1942–1943

52 100 Francs (G) 1943. Typ wie Nr. 43 *2600,– 3200,–*

Mohammed Lamine Bei 1943—1957

		SS	VZ
53 (60)	10 Centimes (Zink) 1945	**60,—**	**140,—**
54 (61)	20 Centimes (Zink) 1945. Typ wie Nr. 51	**65,—**	**150,—**

55 (62)	5 Francs (Al-Bro) 1946	**5,—**	**10,—**

56 (63)	5 Francs (K-N) 1954, 1957	**1,—**	**2,—**
57 (64)	20 Francs (K-N) 1950, 1957. Typ wie Nr. 56	**2,—**	**3,—**
58 (65)	50 Francs (K-N) 1950, 1957. Typ wie Nr. 56	**3,—**	**8,—**
59 (66)	100 Francs (K-N) 1950, 1957. Typ wie Nr. 56	**8,—**	**20,—**
60	100 Francs (G) 1943—1955. Typ wie Nr. 43	**1000,—**	**1300,—**

61	10 Francs (S) 1943—1944. Typ wie Nr. 48	**180,—**	**280,—**
62	20 Francs (S) 1943—1944. Typ wie Nr. 61	**650,—**	**850,—**

63	10 Francs (S) 1945—1955. Typ wie Nr. 61, jedoch große Jahreszahl statt Wertangabe	**90,—**	**160,—**
64	20 Francs (S) 1945—1955. Typ wie Nr. 63	**180,—**	**280,—**

		VZ	ST
65	10 Francs (S) 1956. Inschrift ROYAUME DE TUNISIE	*700,—*	*920,—*

66	20 Francs (S) 1956. Typ wie Nr. 65	–,–	–,–
67	100 Francs (G) 1956 (63 Ex.)	–,–	–,–

Tunesische Republik seit 1957
Adsch Dschamhuriyat at Tanusiya
République Tunisienne
1. Republik 1957—1987

1000 Millimes = 1 Tunesischer Dinar

68 (67)	1 Millime (Al) 1960, 1983. Korkeiche (Quercus suber — Fagaceae). Rs. Wert im Kranz	**—,40**	**—,70**
69 (68)	2 Millimes (Al) 1960, 1983. Typ wie Nr. 68	**—,50**	**1,—**
70 (69)	5 Millimes (Al) 1960, 1983. Typ wie Nr. 68	**—,80**	**1,50**

71 (70)	10 Millimes (Me) 1960, 1983. Inschrift. Rs. Wert	**1,–**	**2,–**
72 (71)	20 Millimes (Me) 1960, 1983. Typ wie Nr. 71	**1,80**	**3,50**
73 (72)	50 Millimes (Me) 1960, 1983. Typ wie Nr. 71	**2,50**	**4,–**
74 (73)	100 Millimes (Me) 1960, 1983. Typ wie Nr. 71	**4,–**	**7,–**

5. Jahrestag der Republik (4)

		PP
A75	5 Dinars (G) n. H. 1382/1962. Habib Ben Ali Burgiba (*1903), Staatspräsident 1957–1987, arabische Inschrift. Rs. Staatswappen mit Flaggen, Zweigen und Schriftband, arabischer Landesname. 900er Gold, 11,79 g	–,–
B75	10 Dinars (G) n. H. 1382/1962. Typ wie Nr. A75. 900er Gold, 23,48 g	–,–
C75	5 Dinars (G) 1962. Habib Ben Ali Burgiba, französische Inschrift. Rs. Staatswappen mit Flaggen, Zweigen und Schriftband, französischer Landesname	–,–
D75	10 Dinars (G) 1962. Typ wie Nr. C75	–,–
E75	5 Dinars (G) n. H. 1383/1963. Habib Ben Ali Burgiba, arabische Inschrift. Rs. Staatswappen, arabischer Landesname	–,–
F75	5 Dinars (G) 1963. Habib Ben Ali Burgiba, französische Inschrift. Rs. Staatswappen, französischer Landesname	–,–
G75	10 Dinars (G) n. H. 1384/1964. Habib Ben Ali Burgiba, arabische Inschrift. Rs. Staatswappen, arabischer Landesname	–,–

		VZ	ST
75 (74)	½ Dinar 1968 (Type Corbin) [Paris]:		
	a) (N) 11,85 g	6,–	10,–
	b) (N) Piéfort		50,–
	c) (S) Piéfort, 950 fein (100 Ex.)		–,–
75E	*½ Dinar (G) 1968. Inschrift »Essai« in französisch und arabisch. 900er Gold (70 Ex.)*		–,–

10. Jahrestag der Republik (5)

		PP
76	2 Dinars (G) 1967. Habib Ben Ali Burgiba (* 1903), Staatspräsident seit 1957. Rs. Minarett der Großen Moschee in Kairuan	125,–
77	5 Dinars (G) 1967. Typ wie Nr. 76	250,–
78	10 Dinars (G) 1967. Typ wie Nr. 76	500,–
79	20 Dinars (G) 1967. Typ wie Nr. 76	1050,–
80	40 Dinars (G) 1967. Typ wie Nr. 76	2000,–

Geschichte Tunesiens (10)

81 1 Dinar (S) 1969. Staatspräsident Burgiba. Rs. Phönikisches Rudersegelschiff. Auf dem Segel das Zeichen der Tanit, Schutzgöttin Karthagos, zugleich Herrin des Mondes und Spenderin aller Fruchtbarkeit. — Hinweis auf das entlang der nordafrikanischen Küste kolonisierende Handelsvolk der Phöniker, das 814 v. Chr. Karthago gründete und dort bereits um 650 v. Chr. eine Flotte unterhielt. Mittelpunkt des karthagenischen Reiches wurde die Metropole 332 v. Chr., als die Phöniker durch die Feldzüge Alexanders des Großen in den Raum des westl. Mittelmeeres weichen mußten. Dort nachfolgend Vormachtkämpfe mit dem aufkommenden Rom in den drei Punischen Kriegen *60,—*

82 1 Dinar (S) 1969. Rs. Venus. Göttin des Gartenbaus und des Gedeihens. Hat kultisch ihren Ursprung mit in der punischen Göttin Aphrodite vom Berge Eryx auf Nordsizilien, das Stützpunkt des Karthagischen Reiches war. Als Venus Erucina wurde sie im Zweiten Punischen Kriege zu einer Schutzgöttin Roms, und Karthago mußte endgültig auf Nordwestsizilien verzichten. Venus mit der Bande der Liebe dargestellt, ist auch Göttin der Schönheit. Sagen zufolge wurde sie im Meer geboren. Ihr Sohn war Aineias (Aeneas), siehe auch Nr. 87 *60,—*

PP

83 1 Dinar (S) 1969. Rs. Neptunus, in einem von vier Seepferden gezogenen Wassergefährt, in Begleitung: links ein Triton, rechts eine Seejungfrau (Nereide). Während die Venus für Fruchtbarkeit der Erde geheiligt wurde, war Neptun, griech. Poseidon, Gott des nassen Elements, glücklicher Meeresfahrten und reichen Fischfangs, siehe Attribute in seinen Händen. Als solcher, wenn auch in Varianten, von den Mittelmeervölkern allgemein stark verehrt *60,—*

84 1 Dinar (S) 1969. Rs. Hannibal (246—183 v. Chr.), Sohn des Hamilkar Barkas. Erfolgreichster karthagischer Feldherr nach seinem Vater. Held des Zweiten Punischen Krieges. Übernahm mit 25 Jahren den Oberbefehl in Spanien. Eroberte 219 v. Chr. den römischen Stützpunkt Saguntum in Spanien, was den Zweiten Punischen Krieg von 218—201 v. Chr. auslöste. Auf dem Münzbild weist Hannibal seinen Truppen (50000 Mann, 9000 Reiter und 37 Kriegselefanten) den Weg über Pyrenäen und Alpen, um Rom zu besiegen. 216 v. Chr. führte dies zur größten Römerniederlage bei Cannae. Im Jahre 211 v. Chr. stand er nach Jahren hinhaltender Kriegführung vor Rom. Dennoch blieb ein günstiger Frieden aus. Schließlich mußte Hannibal Italien 203 v. Chr. verlassen. Nach der Entscheidungsschlacht bei Zama 202 v. Chr. verlieren die Punier die Vorherrschaft im westlichen Mittelmeer *60,—*

85 1 Dinar (S) 1969. Rs. Masinissa (nach 240–148 v. Chr.), Berberfürst und König Ostnumidiens. Kämpft zunächst auf Karthagos Seite gegen die Römer in Spanien. Nach 206 v. Chr. auf seiten Roms, vereinigt er 201 v. Chr. Ost- und Westnumidien. Hauptgegner Karthagos; seine Reitertruppe entriß dem Handelsvolk große Landesteile und verursachte schließlich den Dritten Punischen Krieg (149–146 v. Chr.) und die Zerstörung Karthagos. Münzbild: Masinissa im Profil, numidischer Reiter und Karte Großnumidiens, das von Mauretanien bis zur Cyrenaika reichte und Karthago (die spätere römische Provinz Africa, heutiges Tunesien) umschloß, siehe auch Nr. 86 *60,–*

86 1 Dinar (S) 1969. Rs. Jugurtha. Über Karte Numidiens. Hinter seinem Porträt wiegt eine numidische Münze (Pferd vor Palme als Symbole von Viehzucht und Früchteanbau) die Kapitolinische Wölfin, das Wahrzeichen Roms, auf. Als Adoptivsohn des Micipsa, einem Sohn des oben erwähnten Masinissa, bringt er listenreich Micipsas leibliche Söhne um Erbe und Leben. Als er den Römern durch Unterwerfung der Italiker zu gefährlich wurde, kam es 111—105 v. Chr. zum sog. Jugurthischen Krieg. Seine meist erfolgreich verlaufenen Bestechungsaktionen in Kreisen führender Römer gipfelten in seinen Worten »O feile Stadt (Rom), wie bald bist du verloren, wenn sich ein Käufer findet« *60,—*

87 1 Dinar (S) 1969. Rs. Publius Vergilius Maro (70—19 v. Chr.), größter römischer Dichter der augusteischen Zeit. Zwischen Clio, der Muse der Geschichtswissenschaft, und Melpomene, der Muse des Gesangs, schreibt Vergilius das Nationalepos »Aeneis«. Dieses berichtet vom Trojanischen Krieg bis zur Gründung Roms, denn Aineias gilt als der Ahnherr des römischen Volkes. Die »Aeneis« berichtet im 1. Kapitel von einem Seesturm, der nach siebenjähriger Irrfahrt die Flotte des Aeneas (Sohn der Aphrodite) an den Hof der Königin Dido, der sagenhaften Gründerin von Karthago, verschlug. Durch das vierbändige Lehrgedicht »Georgica« über Ackerbau, Baumkultur, Viehzucht und Imkerei wurde Vergilius für Africa, der sog. Kornkammer Roms, bedeutsam. Münzbild nach einem im 2. Jh. entstandenen römischen Fußbodenmosaik aus Hadrumetum/Sousse, heute im Bardo-Museum, Tunis *60,—*

ST PP

88 1 Dinar (S) 1969. Rs. Sbeitla – Sufetula. Die dreibogige Pforte zu Ehren des Kaisers Antonius Pius im ehemaligen römischen Sufetula, errichtet um 150 n. Chr., mit Durchblick auf die Reste der drei kapitolinischen Tempel am Forum *60,–*

89 1 Dinar (S) 1969. Rs. El Djem – Thysdrus. Das Amphitheater, wegen seiner Ausmaße von den afrikanischen Römern auch Colosseum genannt, im heutigen El Djem, römisch Thysdrus, entstand 240 n. Chr. unter den Kaisern Gordianus I. und III. Fassungsvermögen 35 000 Menschen, Ausmaße 148×122 m, Arena 65×37 m, damit zweitgrößtes Amphitheater des römischen Imperiums und steinerner Zeuge nordafrikanischen Reichtums *60,–*

90 1 Dinar (S) 1969. Rs. St. Augustinus. Der hl. Aurelius Augustinus zählt zu den lateinischen Kirchenlehrern des Altertums. 354 n. Chr. in Tagaste (Numidien) geboren, verstarb er 430 in Hippo Regius/Bône, jetzt Annaba (Algerien), wo er 396–430 Bischof war. Als Lehrer der Rhetorik in Karthago und Tagaste begründete er die Philosophie Augustinus', einen christlichen Platonismus, auch Neuplatonismus genannt. Deshalb wurde dem Bischof am Schreibtisch im Münzbild die Büste Platos zugesellt. Hinter dieser Szenerie die Überreste der frühchristlichen Basilika des hl. Cyprian in Karthago, ausgegraben 1915 *60,–*

Für den FAO-Münz-Plan und zum Tag der Republik (25. Juli 1970)

91 (75) 1 Dinar (S) 1970. Habib Burgiba, Kopfbild n. l. Rs. Dattelernte, Motto »Reiche Ernte, gedeihliches Leben« (Type Corbin) [Paris] (100 000 Ex.) **30,–**
91E *Essai (100 Ex.)* *180,–*
A91 5 Dinars (G) n. H. 1392/1972. Arabische Inschriften. 900er Gold, 9,406 g –,–
B91 5 Dinars (G) 1972. Französische Inschriften –,–
C91 5 Dinars (G) n. H. 1393/1973. Arabische Inschriften –,–
D91 5 Dinars (G) 1973. Französische Inschriften –,–
E91 5 Dinars (G) n. H. 1394/1974. Arabische Inschriften –,–
F91 5 Dinars (G) 1974. Französische Inschriften –,–
G91 5 Dinars (G) n. H. 1396/1976. Arabische Inschriften –,–
H91 5 Dinars (G) 1976. Französische Inschriften –,–
I91 10 Dinars (G) 1975. 900er Gold, 18,8078 g (2000 Ex.) –,–

20. Jahrestag der Unabhängigkeit (2)

ST PP

92 (76) 5 Dinars (S) 1976. Habib Burgiba, Kopfbild n. l. Rs. Stilisierter Vogel. 680er Silber, 23,8 g [RM] **75,–** *150,–*

A92 10 Dinars (G) 1976. Rs. Tunesisches Mädchen. 900er Gold, 18,8078 g [RM] (2000 Ex.) *1000,–*

Für den FAO-Münz-Plan (2)

a

b

VZ ST

93 (77) ½ Dinar (K-N) 1976, 1983. Rs. Hände mit Weizenähre und Orangen:
a) [München, Kremnitz] 1976 **5,–** **12,–**
[München] 1983 **5,–** **12,–**
b) [Paris] 1976 (geprägt 1981) **5,–** **12,–**

a

b

		VZ	ST
94 (78)	1 Dinar (K-N) 1976, 1983. Rs. Tunesierin bei der Olivenernte:		
	a) [München, Kremnitz] 1976, »ya« in »Tanusiya« mit Punkten	10,–	22,–
	[München] 1983	10,–	22,–
	b) [Paris] 1976 (geprägt 1981), »ya« in »Tanusiya« ohne Punkte	10,–	22,–

20. Jahrestag der Republik

PP

95 10 Dinars (G) 1977. 900er Gold, 18,8078 g [RM] (2000 Ex.) –,–

20. Jahrestag der Zentralbank (3)

96 10 Dinars (S) 1978. Habib Ben Ali Burgiba. Rs. Zentralbankgebäude in Tunis. 900er Silber, 38 g [HF] –,–

97 10 Dinars (S) 1978. Rs. Moschee in Ez-Zituna [HF] –,–

98 10 Dinars (S) 1978 [HF] –,–

99 10 Dinars (G) 1979. 900er Gold, 18,8078 g [HF] (2000 Ex.) –,–

25. Jahrestag der Unabhängigkeit (3)

100 (81) 5 Dinars (G) 1981. Habib Ben Ali Burgiba. 900er Gold, 9,412 g –,–

101 (82) 10 Dinars (G) 1981. Typ wie Nr. 100. 900er Gold, 18,824 g –,–

102 (83) 10 Dinars (G) 1981. Rs. Tunesisches Mädchen. 900er Gold, 18,8078 g –,–

PP

Internationales Jahr des Kindes 1979 (2)

103 (79) 5 Dinars (S) 1982. Rs. Junge beim Modellieren einer Moschee:
a) 925er Silber, 27,22 g 80,–
b) Piéfort, 925er Silber, 54,44 g (96 Ex.) 360,–

104 (80) 75 Dinars (G) 1982. Rs. Zwei Kinder mit Trommeln:
a) 900er Gold, 15,55 g (4518 Ex.) 800,–
b) Piéfort, 900er Gold, 31,10 g (55 Ex.) 3200,–

105 5 Dinars (G) n. H. 1402/1982. Habib Ben Ali Burgiba, arabische Inschrift. Rs. Staatswappen, arabischer Landesname. 900er Gold, 9,412 g (725 Ex.) –,–

106 10 Dinars (G) n. H. 1402/1982. Typ wie Nr. 105. 900er Gold, 18,824 g (700 Ex.) –,–

107 5 Dinars (G) 1982. Habib Ben Ali Burgiba, französische Inschrift. Rs. Staatswappen, französischer Landesname (725 Ex.) –,–

108 10 Dinars (G) 1982. Typ wie Nr. 107 (700 Ex.) –,–

25. Jahrestag der Republik

109 10 Dinars (G) 1982. Rs. Tunesisches Mädchen. 900er Gold, 18,8078 g (2000 Ex.) –,–

25. Jahrestag der Zentralbank (3)

110 10 Dinars (S) 1983. Habib Ben Ali Burgiba. Rs. Zweigstelle in Gabes. 900er Silber, 38 g (2500 Ex.) –,–

111 10 Dinars (S) 1983. Rs. Zweigstelle in Nabeul (1000 Ex.) –,–

112 10 Dinars (S) 1983. Rs. Zweigstelle in Sfax (1000 Ex.) –,–

113 5 Dinars (G) n. H. 1403/1983. Habib Ben Ali Burgiba, arabische Umschrift. Rs. Staatswappen, arabischer Landesname. 900er Gold, 9,40394 g [Paris] –,–

114 10 Dinars (G) n. H. 1403/1983. Typ wie Nr. 113. 900er Gold, 18,8078 g [Paris] –,–

115 5 Dinars (G) 1983. Habib Ben Ali Burgiba, französische Inschrift. Rs. Staatswappen, französischer Landesname –,–

116 10 Dinars (G) 1983. Typ wie Nr. 115 –,–

A116 5 Dinars (G) n. H. 1404/1984. Habib Ben Ali Burgiba, arabische Umschrift. Rs. Staatswappen, arabischer Landesname [Paris] –,–

B116 10 Dinars (G) n. H. 1404/1984. Typ wie Nr. A116 [Paris] –,–

C116 5 Dinars (G) 1984. Habib Ben Ali Burgiba, französische Inschrift. Rs. Staatswappen, französischer Landesname –,–

D116 10 Dinars (G) 1984. Typ wie Nr. C116 –,–

50 Jahre Sozialistische Destur-Partei (Parti Socialiste Destourien)

E116 10 Dinars (G) 1984 [HF] –,–

F116 5 Dinars (G) n. H. 1405/1985. Habib Ben Ali Burgiba, arabische Umschrift. Rs. Staatswappen, arabischer Landesname [Paris] –,–

PP

G116 10 Dinars (G) n. H. 1405/1985. Typ wie Nr. F116 [Paris] –,–

H116 5 Dinars (G) 1985. Habib Ben Ali Burgiba, französische Inschrift. Rs. Staatswappen, französischer Landesname –,–

I116 10 Dinars (G) 1985. Typ wie Nr. H116 –,–

30. Jahrestag der siegreichen Rückkehr Burgibas

117 10 Dinars (G) 1985. Präsident Burgiba. Rs. Statue Burgibas. 900er Gold, 18,8078 g [Paris] (2000 Ex.) –,–

30. Jahrestag der Unabhängigkeit

A117 10 Dinars (G) 1986. 900er Gold –,–

30. Jahrestag der Republik

118 10 Dinars (G) 1987. Präsident Burgiba. Rs. Staatswappen. 900er Gold, 18,8078 g [Paris] (2000 Ex.) –,–

FAO-Ausgaben (2)

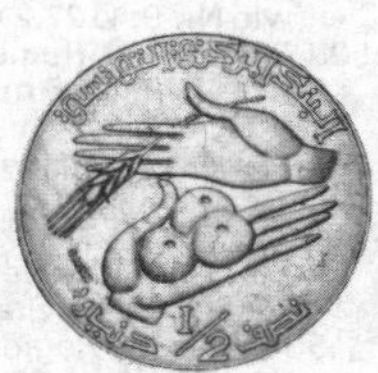

		VZ	ST
119	½ Dinar (K-N) 1988, 1990. Landkarte. Rs. Hände mit Weizenähre und Orangen, wie Nr. 93:		
	a) [Paris] 1988	5,–	10,–
	b) [Brüssel] 1990 (3 000 000 Ex.)	5,–	10,–
120	1 Dinar (K–N) 1988, 1990. Rs. Tunesierin bei der Olivenernte wie Nr. 94:		
	a) [Paris] 1988	6,–	12,–
	b) [Brüssel] 1990 (8 000 000 Ex.)	6,–	12,–

30. Jahrestag der Zentralbank (3)

VZ ST PP

121 10 Dinars (S) 1988. Landkarte Tunesiens. Rs. Zweigstelle in Kasserin. 900er Silber [Paris] –,–

A121 10 Dinars (S) 1988. Rs. Zweigstelle in Gafsa –,–

B121 10 Dinars (S) 1988. Rs. Zweigstelle in Kairuan –,–

1. Jahrestag der Deklaration vom 7. November 1987 (4)

122 5 Dinars (G) n. H. 1409/1988. Landkarte Tunesiens, arabischer Landesname. Rs. Allegorische Darstellung, arabische Gedenkumschrift. 900er Gold, 9,40394 g [Paris] (250 Ex.) –,–

123 10 Dinars (G) n. H. 1409/1988. Typ wie Nr. 122. 900er Gold, 18,8078 g [Paris] (250 Ex.) –,–

124 5 Dinars (G) n. H. 1409/1988. Landkarte Tunesiens, französischer Landesname. Rs. Allegorische Darstellung, französische Gedenkumschrift [Paris] (250 Ex.) –,–

125 10 Dinars (G) n. H. 1409/1988. Typ wie Nr. 124 [Paris] (250 Ex.) –,–

2. Jahrestag der Deklaration vom 7. November 1987 (4)

126 5 Dinars (G) n. H. 1410/1989. Landkarte Tunesiens, arabischer Landesname. Rs. Zwei Hände, Halbmond und Stern, arabische Gedenkumschrift [Paris] (125 Ex.) –,–

127 10 Dinars (G) n. H. 1410/1989. Typ wie Nr. 126 [Paris] (125 Ex.) –,–

128 5 Dinars (G) n. H. 1410/1989. Landkarte Tunesiens, französischer Landesname. Rs. Zwei Hände, Halbmond und Stern, französische Gedenkumschrift [Paris] (125 Ex.) –,–

129 10 Dinars (G) n. H. 1410/1989. Typ wie Nr. 128 [Paris] (125 Ex.) –,–

Frühere Ausgaben siehe Weltmünzkatalog 19. Jahrhundert.

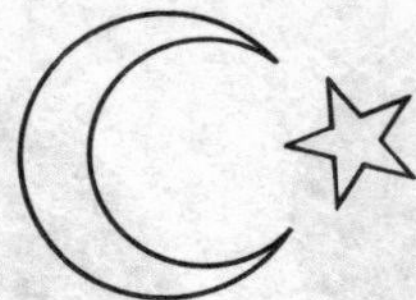

Turkey | **Türkei** | **Turquie**

Türkei

Türkiye

Fläche: 780576 km²; 52000000 Einwohner (1986).
Unter Selim I. und Suleiman dem Prächtigen fand sich das Osmanische Reich auf dem Höhepunkt seiner Macht. Aber noch Anfang des 20. Jahrhunderts umfaßte das Osmanische Reich Länder wie Mesopotamien, Syrien, Palästina und Teile der arabischen Halbinsel. Schließlich mußte sich das Osmanische Reich 1912/13 in seinem europäischen Teil auf Ostthrakien beschränken. Im 1. Weltkrieg stand die Türkei auf der Seite der Mittelmächte. Wegen der schnell steigenden Kosten der Kriegsführung nahm die Türkei 1915 in Deutschland einen Kredit von 5 Millionen Goldpfund auf; wenig später einen weiteren über 150 Millionen Goldfranken. Mit Gesetz vom 12. Februar 1915 wurde mit der Ausgabe von Banknoten der Osmanli Bankasi begonnen. Die Kreditaufnahme setzte sich laufend fort. Allein vom 17. Februar 1917 bis 28. März 1918 nahm die Türkei Goldkredite über 158 Millionen Goldpfund auf. Das in der Türkei kursierende Gold war schon zu Kriegsanfang von der Bevölkerung dem Umlauf entzogen worden. Die mit deutschen Goldkrediten gedeckten Banknoten wurden nur mit einem Disagio akzeptiert. In Frontgebieten, wie z. B. im arabischen Raum, wurde nur Gold akzeptiert. Aus diesem Grund prägte man Münzen aus deutschem Gold (Rotgold, Nr. 63b). Die geringere Zahl der Gelbgoldmünzen erklärt sich daraus, daß die Staatskasse nur noch Papiergeld einnahm und die türkischen Goldreserven fast erschöpft waren. Aus dem Kerngebiet des Osmanischen Reiches entstand nach dem 1. Weltkrieg, am 29. Oktober 1923, der moderne türkische Staat. Mustafa Kemal Pascha stand in den Jahren 1919 bis 1923, in der Zeit der Unabhängigkeitskämpfe, an der Spitze der nationalen Türken. Als Staatspräsident setzte sich Kemal Pascha nachhaltig für Reformen ein und schuf einen nach europäischem Vorbild ausgerichteten Staat. Mustafa Kemal Pascha erhielt den Beinamen Atatürk (Vater der Türken). Hauptstadt: Ankara.

40 Para = 1 Piaster (Kuruş), 100 Piaster = 1 Türkisches Pfund (Lira)

Mohammed V. Reshad bin 'Abd al-Medschid 1909–1918

(n. H. 1327–1336)

		SS	VZ
1 (43)	5 Para (N) Regierungsjahr 2–7 (1910–1914). Tughra mit Reschad-Beizeichen. Rs. Wertangabe	2,–	4,–
2 (44)	10 Para (N) Regierungsjahr 2–7 (1910–1914). Typ wie Nr. 1	2,–	4,–
3 (45)	20 Para (N) Regierungsjahr 2–6 (1910–1913). Typ wie Nr. 1	2,–	4,–
4 (46)	40 Para (N) Regierungsjahr 3–5 (1911–1912). Typ wie Nr. 1	4,–	7,–
5 (47)	1 Piaster (S) Regierungsjahr 1–3 (1909–1911). Tughra, von Halbmonden und Sternen umgeben, Reschad-Beizeichen. Rs. Wertangabe, von Halbmonden und Sternen umgeben	6,–	10,–
6 (48)	2 Piaster (S) Regierungsjahr 1–6 (1909–1913). Typ wie Nr. 5	8,–	12,–
7 (49)	5 Piaster (S) Regierungsjahr 1–7 (1909–1914). Typ wie Nr. 5	14,–	20,–
8 (50)	10 Piaster (S) Regierungsjahr 1–7 (1909–1914). Typ wie Nr. 1	40,–	65,–
9 (53)	25 Piaster (G) Regierungsjahr 1–10 (1909–1918). Tughra mit Reschad- oder Ghasi-Beizeichen, Regierungsjahr, Rs. Inschrift mit Jahr der Thronbesteigung zwischen unten gebundenen Lorbeerzweigen; Ø 14,75 mm	130,–	160,–
10 (54)	50 Piaster (G) Regierungsjahr 1–10 (1909–1918). Typ wie Nr. 9; Ø 18 mm	210,–	260,–
11 (55)	100 Piaster (G) Regierungsjahr 1–10 (1909–1918). Typ wie Nr. 9; Ø 22 mm	230,–	280,–
12 (56)	250 Piaster (G) Regierungsjahr 1–10 (1909–1918). Typ wie Nr. 9; Ø 27,2 mm	1600,–	2000,–
13 (57)	500 Piaster (G) Regierungsjahr 1–10 (1909–1918). Typ wie Nr. 9; Ø 35 mm	2000,–	2800,–

Zum Besuch des Sultans in der Münzstätte Bursa (Brussa) (5)

		SS	VZ
14	2 Piaster (S) Regierungsjahr 1. Typ wie Nr. 6, jedoch zusätzlich der Stadtname »Bursa«		500,–
15	5 Piaster (S) Regierungsjahr 1. Typ wie Nr. 7, jedoch zusätzlich der Stadtname »Bursa«		700,–
16	25 Piaster (G) Regierungsjahr 1. Typ wie Nr. 9, jedoch zusätzlich der Stadtname »Bursa«		950,–
17	50 Piaster (G) Regierungsjahr 1. Typ wie Nr. 10, jedoch zusätzlich der Stadtname »Bursa«		1100,–
18	100 Piaster (G) Regierungsjahr 1. Typ wie Nr. 11, jedoch zusätzlich der Stadtname »Bursa«		1200,–

Zum Besuch des Sultans in der Münzstätte Edirne (Adrianopel) (6)

		SS	VZ
19	2 Piaster (S) Regierungsjahr 2. Typ wie Nr. 6, jedoch zusätzlich der Stadtname »Edirne«		500,–
20	5 Piaster (S) Regierungsjahr 2. Typ wie Nr. 7, jedoch zusätzlich der Stadtname »Edirne«		700,–
21	10 Piaster (S) Regierungsjahr 2. Typ wie Nr. 8, jedoch zusätzlich der Stadtname »Edirne«		1000,–
22	50 Piaster (G) Regierungsjahr 2. Typ wie Nr. 10, jedoch zusätzlich der Stadtname »Edirne«		1250,–
23	100 Piaster (G) Regierungsjahr 2. Typ wie Nr. 11, jedoch zusätzlich der Stadtname »Edirne«		1500,–
24	500 Piaster (G) Regierungsjahr 2. Typ wie Nr. 13, jedoch zusätzlich der Stadtname »Edirne«		10000,–

Zum Besuch des Sultans in der Münzstätte Kosova (Pristina) (6)

			VZ
25	2	Piaster (S) Regierungsjahr 3. Typ wie Nr. 6, jedoch zusätzlich der Stadtname »Kosova«	550,–
26	5	Piaster (S) Regierungsjahr 3. Typ wie Nr. 7, jedoch zusätzlich der Stadtname »Kosova«	750,–
27	10	Piaster (S) Regierungsjahr 3. Typ wie Nr. 8, jedoch zusätzlich der Stadtname »Kosova«	1100,–
28	50	Piaster (G) Regierungsjahr 3. Typ wie Nr. 10, jedoch zusätzlich der Stadtname »Kosova«	1250,–
29	100	Piaster (G) Regierungsjahr 3. Typ wie Nr. 11, jedoch zusätzlich der Stadtname »Kosova«	1500,–
30	500	Piaster (G) Regierungsjahr 3. Typ wie Nr. 13, jedoch zusätzlich der Stadtname »Kosova«	15000,–

Zum Besuch des Sultans in der Münzstätte Monastir (Bitola) (6)

31	2	Piaster (S) Regierungsjahr 3. Typ wie Nr. 6, jedoch zusätzlich der Stadtname »Monastir«	550,–
32	5	Piaster (S) Regierungsjahr 3. Typ wie Nr. 7, jedoch zusätzlich der Stadtname »Monastir«	750,–
33	10	Piaster (S) Regierungsjahr 3. Typ wie Nr. 8, jedoch zusätzlich der Stadtname »Monastir«	1100,–
34	50	Piaster (G) Regierungsjahr 3. Typ wie Nr. 10, jedoch zusätzlich der Stadtname »Monastir«	1250,–
35	100	Piaster (G) Regierungsjahr 3. Typ wie Nr. 11, jedoch zusätzlich der Stadtname „Monastir"	1500,–
36	500	Piaster (G) Regierungsjahr 3. Typ wie Nr. 13, jedoch zusätzlich der Stadtname »Monastir«	12000,–

Zum Besuch des Sultans in der Münzstätte Selanik (Saloniki) (6)

37	2	Piaster (S) Regierungsjahr 3. Typ wie Nr. 6, jedoch zusätzlich der Stadtname »Selanik«	550,–
38	5	Piaster (S) Regierungsjahr 3. Typ wie Nr. 7, jedoch zusätzlich der Stadtname »Selanik«	800,–
39	10	Piaster (S) Regierungsjahr 3. Typ wie Nr. 8, jedoch zusätzlich der Stadtname »Selanik«	1200,–
40	50	Piaster (G) Regierungsjahr 3. Typ wie Nr. 10, jedoch zusätzlich der Stadtname »Selanik«	1250,–
41	100	Piaster (G) Regierungsjahr 3. Typ wie Nr. 11, jedoch zusätzlich der Stadtname »Selanik«	1500,–
42	500	Piaster (G) Regierungsjahr 3. Typ wie Nr. 13, jedoch zusätzlich der Stadtname »Selanik« (20 Ex.)	*15000,–*

				SS	VZ
43 (43a)	5	Para (N) Regierungsjahr 7 (1914). Typ wie Nr. 1, jedoch mit Ghasi-Beizeichen		60,–	110,–
44 (44a)	10	Para (N) Regierungsjahr 7–8 (1914–1915). Typ wie Nr. 2, jedoch mit Ghasi-Beizeichen		6,–	12,–
45 (46a)	40	Para (K-N) Regierungsjahr 8–9 (1915–1916). Typ wie Nr. 4, jedoch mit Ghasi-Beizeichen		8,–	15,–
46 (A50)	2	Piaster (S) Regierungsjahr 7–9 (1914–1916). Typ wie Nr. 6, jedoch mit Ghasi-Beizeichen		200,–	320,–
47 (B50)	5	Piaster (S) Regierungsjahr 7–9 (1914–1916). Typ wie Nr. 7, jedoch mit Ghasi-Beizeichen		80,–	140,–
48 (C50)	10	Piaster (S) Regierungsjahr 7–10 (1914–1917). Typ wie Nr. 8, jedoch mit Ghasi-Beizeichen		120,–	160,–
49 (51)	20	Piaster (S) Regierungsjahr 8–10 (1915–1917). Typ wie Nr. 48		140,–	180,–

Luxusprägungen (6)

			PP
50	12½	Piaster (G) Regierungsjahr 2–6 (1910–1913). Tughra und Regierungsjahr im Kranz von Ornamenten. Rs. Inschrift mit Jahr der Thronbesteigung im Kranz von Ornamenten; Ø 16 bis 18,5 mm	450,–
51	25	Piaster (G) Regierungsjahr 2–8 (1910–1915). Typ wie Nr. 50; Ø 18 bis 22,5 mm	400,–
52	50	Piaster (G) Regierungsjahr 2–8 (1910–1915). Typ wie Nr. 50; Ø 22,5 bis 27,5 mm	600,–
53	100	Piaster (G) Regierungsjahr 2–8 (1910–1915). Typ wie Nr. 50; Ø 31 bis 35 mm	750,–
54	250	Piaster (G) Regierungsjahr 1–8 (1909–1915). Typ ähnlich wie Nr. 50; Ø 43,5 bis 44,5 mm:	
		a) Regierungsjahr 1 (1909)	3000,–
		b) Regierungsjahr 2–8 (1910–1915)	1600,–
55	500	Piaster (G) Regierungsjahr 2–8 (1910–1915). Staatswappen des Osmanischen Reiches im Kranz von Ornamenten, Regierungsjahr. Rs. Inschrift mit Jahr der Thronbesteigung; Ø 46,5 bis 49 mm	3000,–

Mohammed VI. ad-Din bin' Abd al-Medschid 1918–1922

(n. H. 1336–1341)

			SS	VZ
56 (58)	40	Para (K-N) Regierungsjahr 4 (1920). Typ ähnlich wie Nr. 1 (kein Reschad- oder Ghasi-Beizeichen)	8,–	16,–
57 (59)	2	Piaster (S) Regierungsjahr 1–2 (1918). Tughra von Halbmonden und Sternen umgeben, Regierungsjahr. Rs. Inschrift mit Jahr der Thronbesteigung		700,–
58 (60)	5	Piaster (S) Regierungsjahr 1–2 (1918). Typ wie Nr. 57		720,–
59 (61)	10	Piaster (S) Regierungsjahr 1–2 (1918). Typ wie Nr. 57		780,–
60 (62)	20	Piaster (S) Regierungsjahr 1–2 (1918). Typ wie Nr. 57		600,–
61 (63)	25	Piaster (G) Regierungsjahr 1–2 (1918). Tughra zwischen Lorbeerzweigen, von sieben Sternen überhöht, Regierungsjahr. Rs. Inschrift mit Jahr der Thronbesteigung zwischen unten gebundenen Lorbeerzweigen; Ø 14,75 mm	150,–	250,–
62 (64)	50	Piaster (G) Regierungsjahr 1–2 (1918). Typ wie Nr. 61; Ø 18 mm	550,–	700,–
63 (65)	100	Piaster (G) Regierungsjahr 1–2 (1918). Typ wie Nr. 61; Ø 22 mm:		
		a) Gelbgold	350,–	400,–
		b) Rotgold	300,–	350,–
64 (66)	250	Piaster (G) Regierungsjahr 1–5 (1918–1922). Typ wie Nr. 61; Ø 27,2 mm	10000,–	12500,–

65 (67)	500	Piaster (G) Regierungsjahr 1–5 (1918–1922). Typ wie Nr. 61; Ø 35 mm	3000,–	3800,–

Luxusprägungen (4)

SS VZ

66 25 Piaster (G) Regierungsjahr 2–3 (1918–1919). Tughra, Regierungsjahr, Schriftkranz. Rs. Inschrift mit Jahr der Thronbesteigung, Schriftkranz; Ø 18 bis 22,5 mm 300,– 450,–

67 100 Piaster (G) Regierungsjahr 2–3 (1918–1919). Typ wie Nr. 66; Ø 31 bis 35 mm 500,– 650,–

68 250 Piaster (G) Regierungsjahr 2–3 (1918–1919). Tughra, Regierungsjahr, Kranz von Ornamenten. Rs. Inschrift mit Jahr der Thronbesteigung, Kranz von Ornamenten; Ø 43,5 bis 44,5 mm 1000,– 1500,–

69 500 Piaster (G) Regierungsjahr 1–4 (1918–1920). Typ ähnlich wie Nr. 55; Ø 46,5 bis 49 mm 1800,– 2500,–

Die Goldmünzen des letzten Sultans wurden in den ersten Republikjahren zum großen Teil eingeschmolzen.

Republik Türkei seit 1923
Türkiye Cumhuriyeti

70 (68) 100 Para (Al-Bro) n. H. 1340–1341 (1921–1922). Weizenähre. Rs. Eichenzweig, Wert, darüber Staatsemblem 25,– 70,–

71 (69) 5 Piaster (Al-Bro) n. H. 1340–1341 (1921–1922) 14,– 30,–

72 (70) 10 Piaster (Al-Bro) n. H. 1340–1341 (1921–1922) 15,– 35,–

73 (71) 25 Piaster (N) n. H. 1341 (1922) 25,– 55,–

74 (68a) 100 Para (Al-Bro) 1926 22,– 60,–

75 (69a) 5 Piaster (Al-Bro) 1926 12,– 24,–

76 (70a) 10 Piaster (Al-Bro) 1926 14,– 25,–

77 (71a) 25 Piaster (N) 1928 20,– 40,–

78 (72) 25 Piaster (G) 1927–1929. Halbmond und Stern, Inschrift »Ankara 23. Nisan 1336 (Mali-Kalender) = n. H. 1338 (1920)«. Rs. Landesname im Kranz; Ø 14,75 mm 200,– 280,–

79 (73) 50 Piaster (G) 1927–1929. Typ wie Nr. 78; Ø 18 mm 220,– 300,–

80 (74) 100 Piaster (G) 1927–1929. Typ wie Nr. 78; Ø 22 mm 750,– 1000,–

81 (75) 250 Piaster (G) 1927–1929. Typ wie Nr. 78; Ø 27,2 mm 1500,– 2000,–

82 (76) 500 Piaster (G) 1925–1929. Typ wie Nr. 78; Ø 35 mm:
1925 (226 Ex.) –,– –,–
1926–1929 1500,– 2000,–

Am Tage der Eröffnung der Großen Nationalversammlung, am 26. 10. 1925, wurde durch Mustafa Kemal Pascha jedem der 226 Abgeordneten ein Exemplar der Münze Nr. 82 als Präsent überreicht.

Luxusprägungen (5)

83 (77) 25 Piaster (G) 1927, 1928. Inschrift von Staatswappen überhöht, Kartusche mit Wertangabe zwischen Lorbeerzweig und Ähre 300,– 400,–

84 (78) 50 Piaster (G) 1927–1928. Typ wie Nr. 83 460,– 550,–

SS VZ

85 (79) 100 Piaster (G) 1927–1928. Typ wie Nr. 83 650,– 750,–

86 (80) 250 Piaster (G) 1927–1928. Typ wie Nr. 83 1050,– 2250,–

87 (81) 500 Piaster (G) 1927–1928. Typ wie Nr. 83 1500,– 2250,–

NEUE WÄHRUNG: 100 Kuruş = 1 Lira (Türkisches Pfund)

88 (82) 100 Kuruş (S) 1934. Mustafa Kemal Pascha (1881–1938), seit 1934 genannt Atatürk (Vater der Türken), 1. Staatspräsident 1923–1938. Rs. Halbmond und Stern (Staatsemblem) und Wert 60,– 110,–

89 (83) 25 Kuruş (S) 1935–1937. Rs. Ähre und Wert 15,– 30,–

90 (84) 50 Kuruş (S) 1935–1937 25,– 40,–

91 (85) 1 Lira (S) 1937–1939 30,– 50,–

92 (87) 1 Kuruş (K-N) 1935–1937 25,– 40,–

93 (88) 5 Kuruş (K-N) 1935–1943 12,– 22,–

94 (89) 10 Kuruş (K-N) 1935–1940 12,– 20,–

95 (90) 1 Kuruş (K-N) 1938–1944 9,– 20,–

96 (91) 10 Para (Al-Bro) 1940–1942 6,– 12,–

97 (92) 25 Kuruş (N-Bro) 1944–1946 8,– 14,–

98 (100) 25 Kuruş (G) 1923/20, 27–55, 60, 64, 65 (1943–1988). Atatürk, Kopfbild n. l. Rs. Landesbezeichnung, Jahresangabe im Kranz unten gebundener Zweige; Ø 14,75 mm 60,–

99 (101) 50 Kuruş (G) 1923/20, 27–55, 65 (1943–1988). Typ wie Nr. 98; Ø 18 mm 90,– 120,–

100 (102) 100 Kuruş (G) 1923/20, 27–55, 57, 58, 60–65 (1943–1988). Typ wie Nr. 98; Ø 22 mm 220,– 240,–

101 (103) 250 Kuruş (G) 1923/20, 29–31, 38–55 (1943–1978). Typ wie Nr. 98; Ø 27,2 mm 475,– 520,–

102 (104) 500 Kuruş (G) 1923/20, 26–55, 64 (1943–1987). Typ wie Nr. 98; Ø 35 mm 1000,– 1150,–

Luxusprägungen (5)

103 (144) 25 Kuruş (G) 1938, 1942–1944, 1946, 1950–1978, 1986–1988. Atatürk, Kopfbild n. l., Kreis von Sternen und Ornamenten. Rs. Landesname in Zierschrift und Jahreszahl im Kreis von Sternen und Ornamenten; Ø 18 mm 60,– 70,–

104 (145) 50 Kuruş (G) 1938, 1942–1944, 1946, 1950–1978, 1986–1988. Typ wie Nr. 103; Ø 22,5 mm 120,– 140,–

105 (146) 100 Kuruş (G) 1938, 1942–1944, 1946, 1948, 1950–1978, 1986–1988. Typ wie Nr. 103; Ø 31 mm 215,– 240,–

106 (147) 250 Kuruş (G) 1938, 1942–1948, 1950–1978, 1986–1988. Typ wie Nr. 103; Ø 43,5 mm 550,– 600,–

107 (148) 500 Kuruş (G) 1938, 1942–1944, 1947, 1950–1978, 1987, 1988. Typ wie Nr. 103; Ø 46,5 mm 1050,– 1200,–

108 (86) 1 Lira (S) 1940–1941. Ismet Inönü (1884–1973), 2. Staatspräsident 1938–1950 20,– 50,–

109 (A99) 25 Kuruş (G) 1923/20, 22–26 (1943–1949). Ismet Inönü, Kopfbild n. l. Rs. Landesbezeichnung, Jahresangabe im Kranz unten gebundener Zweige; Ø 14,75 mm 70,– 100,–

			SS	VZ
110 (B99)	50	Kuruş (G) 1923/20, 22–27 (1943–1950). Typ wie Nr. 109; Ø 18 mm	**125,–**	**150,–**
111 (C99)	100	Kuruş (G) 1923/20, 22–27 (1943–1950). Typ wie Nr. 109; Ø 22 mm	**225,–**	**250,–**
112 (D99)	250	Kuruş (G) 1923/20, 23, 24 (1943–1947). Typ wie Nr. 109; Ø 27,2 mm	**550,–**	**650,–**
113 (E99)	500	Kuruş (G) 1923/20, 23–25 (1943–1948). Typ wie Nr. 109; Ø 35 mm	**1000,–**	**1100,–**

Luxusprägungen (5)

114 (134)	25	Kuruş (G) 1943–1949. Ismet Inönü, Kopfbild n. l., Kreis von Sternen und Ornamenten. Rs. Landesname in Zierschrift und Jahreszahl im Kreis von Sternen und Ornamenten; Ø 18 mm	**300,–**
115 (135)	50	Kuruş (G) 1943–1949. Typ wie Nr. 114; Ø 22,5 mm	**325,–**
116 (136)	100	Kuruş (G) 1943–1950. Typ wie Nr. 114; Ø 31 mm	**380,–**
117 (137)	250	Kuruş (G) 1943–1950. Typ wie Nr. 114; Ø 43,5 mm	**620,–**
118 (138)	500	Kuruş (G) 1943–1948. Typ wie Nr. 114; Ø 46,5 mm	**1200,–**

119 (A92)	½	Kuruş (Me) 1948 (150 Ex.)		*1200,–*
120 (93)	1	Kuruş (Me) 1947–1951	**–,50**	**2,–**
121 (94)	2½	Kuruş (Me) 1948–1951	**4,–**	**6,–**
122 (95)	5	Kuruş (Me) 1949–1957	**4,–**	**6,–**
123 (96)	10	Kuruş (Me) 1948–1956: 1948	**–,–**	**–,–**
		1949, 1951, 1955, 1956	**3,–**	**7,–**
124 (97)	25	Kuruş (Me) 1948–1956	**5,–**	**8,–**
125 (98)	50	Kuruş (S) 1947–1948	**14,–**	**22,–**
126 (99)	1	Lira (S) 1947–1948	**12,–**	**22,–**
			VZ	ST
127 (158)	1	Lira (K-N) 1957. Mustafa Kemal, genannt Atatürk. Rs. Wert im Kranz	**6,–**	**12,–**
128 (154)	1	Kuruş (Me) 1961–1963. Staatswappen. Rs. Olivenzweig	**–,40**	**–,70**
129 (155)	5	Kuruş (Bro) 1958–1968. Rs. Eichenzweig, Wertangabe, Jahreszahl; 2,5 g	**–,30**	**–,60**
130 (156)	10	Kuruş (Bro) 1958–1968. Rs. Ähren, Wertangabe, Jahreszahl; 4 g	**–,50**	**1,–**
131 (157)	25	Kuruş (St) 1959–1966. Türkische Frau beim Tragen einer Granate. Rs. Wert zwischen Zweigen. Ab 1960 geändertes Bodenstück; 5 g	**1,–**	**1,50**
132 (158a)	1	Lira (St) 1959–1966. Typ wie Nr. 127; 8 g	**1,20**	**3,–**

133 (159)	2½	Lira (St) 1960—1980. Atatürk in Uniform:		
		a) 1960—1968; 12 g	**2,—**	**5,—**
		b) 1969—1980; 9 g	**1,—**	**2,—**

			VZ	ST
134 (160)	10	Lira (S) 1960. Atatürk. Rs. Emblem des Komitees der Nationalen Einheit und Datum 27. Mai 1960 (Tag der Machtübernahme durch General Cemal Gürsel)	**25,—**	**45,—**
135 (154a)	1	Kurus (Bro) 1963—1974. Typ wie Nr. 128	**—,30**	**—,50**

136 (155a)	5	Kurus (Bro) 1969—1973. Typ wie Nr. 129, jedoch 2 g	**—,20**	**—,40**
137 (156a)	10	Kurus (Bro) 1969—1973. Typ wie Nr. 130, jedoch 3,4 g	**—,20**	**—,40**
138 (157a)	25	Kurus (St) 1966—1970, 1973, 1974, 1977, 1978. Typ wie Nr. 131; 4 g	**—,70**	**1,20**

139 (161)	50	Kurus (St) 1970—1977, 1979. Anatolische Braut. Rs. Wert	**—,30**	**—,80**
140 (158b)	1	Lira (St) 1967—1980. Typ wie Nr. 132, jedoch 7 g	**—,60**	**1,—**

Für den FAO-Münz-Plan (2)

141 (164)	10	Kurus (Bro) 1971–1974. Atatürk auf Trecker (symbolisch für den Fortschritt). Rs. Weizenähren (Triticum aestivum – Gramineae), Wertangabe, Jahreszahl:		
		a) 1971, 1972; 3,40 g	**–,50**	**1,–**
		1973; 3,40 g (10 000 Ex.)	*30,–*	*50,–*
		b) 1974; 2,50 g (605 000 Ex.)	**4,–**	**9,–**

142 (165)	2½	Lira (St) 1970. Atatürk am Steuer eines Treckers. Motto »Saban kiliçtan üstündür« (Der Pflug ist mächtiger als das Schwert). Rs. Wertangabe und Jahreszahl zwischen gebundenen Ähren- und Lorbeerzweigen	**2,–**	**3,–**

50 Jahre Parlament

		ST	PP
143 (166)	25 Lira (S) 1970. Atatürk. Rs. Parlamentsgebäude in Ankara, Wertangabe	30,–	60,–

900. Jahrestag des Sieges der Seldschuken über die Byzantiner

144 (167) 50 Lira (S) 1971. Alparslan (reg. 1063–1073), siegte bei Manzikert am Wansee über die von Romanos IV. geführten Byzantiner. Rs. Kleinasien mit Kennzeichnung des Schlachtortes 32,– 80,–

50. Jahrestag des Einzuges von Mustafa Kemal Atatürk in Smyrna

145 (168) 50 Lira (S) 1972. Reiterdenkmal Atatürks. Rs. Schlachtszene 30,– 80,–

50. Jahrestag der Republik (3)

146 (169) 50 Lira (S) 1973 28,– 60,–
147 (170) 100 Lira (S) 1973. Typ wie Nr. 146 55,– 100,–

			ST
148 (171)	500 Lira (G) 1973. Typ ähnlich wie Nr. 146		*340,–*
		SS	VZ
149 (155b)	5 Kurus (Bro) 1974. Typ wie Nr. 136, jedoch 1,35 g	–,30	1,–
150 (156c)	10 Kurus (Bro) 1974. Typ wie Nr. 137, jedoch 2,5 g	–,30	1,–
151 (162)	5 Lira (St) 1971, 1974—1979. Atatürk zu Pferde	2,20	3,–
152 (154c)	1 Kurus (Al) 1975—1977. Typ wie Nr. 128	–,20	–,30
153 (155c)	5 Kurus (Al) 1975—1977. Typ wie Nr. 129	–,20	–,40
154 (156b)	10 Kurus (Al) 1975—1977. Typ wie Nr. 130	–,25	–,50

Für den FAO-Münz-Plan (2)

		VZ	ST
155 (163)	5 Kurus (Al) 1975. Anatolische Braut, Umschrift. Motto »Aile planlamasi · Herkes için yiyecek« (Familienplanung – mehr Nahrung für alle). Rs. Eichenzweig. Wertangabe, Jahreszahl	2,–	5,–
156 (164b)	10 Kurus (Al) 1975. Typ wie Nr. 141 (517 000 Ex.)	–,70	1,50

Für den FAO-Münz-Plan (3)

157 (172) 5 Kurus (Al) 1976. Mutter, beim Stillen lesend. Rs. Eichenzweig, Wertangabe, Jahreszahl (17 000 Ex.) 5,–
158 (173) 10 Kurus (Al) 1976. Rs. Weizenähre, Wertangabe, Jahreszahl (17 000 Ex.) 8,–

159 (174) 5 Lira (St) 1976. Rs. Wertangabe und Jahreszahl zwischen Weizenähren und Lorbeerzweig, von Staatswappen überhöht (17 000 Ex.) 40,–

Für den FAO-Münz-Plan (3)

160 (175) 2½ Lira (St) 1977. Vierköpfige Familie. Rs. Wertangabe und Jahreszahl zwischen Getreide und Lorbeerzweigen 25,–
161 (176) 5 Lira (St) 1977. Typ wie Nr. 160 25,–
162 (177) 50 Lira (S) 1977. Typ wie Nr. 160 50,–

XI. Fußball-Weltmeisterschaft 1978 in Argentinien

ST PP

163 (185) 150 Lira (S) 1978. Torszene. Rs. Weltkarte mit Kennzeichnung Argentinien und Emblem der Weltmeisterschaft, Wertangabe, Jahreszahl **50,–** *150,–*

705. Todestag Mevlanas (3)

164 (186) 200 Lira (S) 1978. Mevlana Dschelal ed-Din Rumi (1207—1273), persischer mystischer Dichter aus Balch (Afghanistan), der in seiner zweiten Heimat Anatolien den Beinamen »Rumi« erhielt. Er stiftete den Derwischorden der Mewlewije. Rs. Moschee in Konia **35,—** *150,—*

165 (A186) 500 Lira (G) 1978 (900 Ex.) *680,—*

166 (B186) 1000 Lira (G) 1978 (450 Ex.) *1600,—*

Für den FAO-Münz-Plan (8)

VZ ST

167 (178) 50 Kurus (St) 1978. Typ wie Nr. 159 **4,—**

168 (179) 1 Lira (St) 1978. Typ wie Nr. 159 **7,—**

169 (180) 2½ Lira (St) 1978. Typ wie Nr. 159 **12,—**

170 (181) 5 Lira (St) 1978. Typ wie Nr. 142 **20,—**

171 (182) 150 Lira (S) 1978. Typ wie Nr. 142. Riffelrand **30,—**

PP

172 150 Lira (S) 1978. Typ wie Nr. 142. Randschrift sechsmal FAO und Arabesken **160,–**

173 (183) 500 Lira (G) 1978. Typ wie Nr. 159 (650 Ex.) *700,–*

PP

174 (184) 1000 Lira (G) 1978. Anatolische Braut, Motto »Aile planlamasi · Herkes için yiyecek« (Familienplanung – mehr Nahrung für alle) (650 Ex.) *1300,–*

FAO-Ausgabe (10)

VZ ST

175 (187) 1 Kuruş (Bro) 1979. Anatolische Braut. Rs. Olivenzweig **5,–**

176 (187a) 1 Kuruş (Al) 1979. Typ wie Nr. 175 **5,–**

177 (188) 50 Kuruş (St) 1979. Typ wie Nr. 142 **–,50** **1,–**

178 (189) 1 Lira (St) 1979. Typ wie Nr. 142 **1,–** **1,50**

179 (190) 2½ Lira (St) 1979. Anatolische Braut. Rs. Wert **1,20** **2,50**

180 (191) 5 Lira (St) 1979. Typ wie Nr. 179 **2,50** **3,50**

181 (192) 150 Lira (S) 1979. Typ wie Nr. 179. Riffelrand **20,–** **28,–**

PP

A181 150 Lira (S) 1979. Typ wie Nr. 179. Randschrift sechsmal FAO und Arabesken **120,–**

182 (193) 500 Lira (G) 1979. Anatolische Braut (783 Ex.) **680,–**

183 (194) 1000 Lira (G) 1979. Mutter, beim Stillen lesend (783 Ex.) **1250,–**

Internationales Jahr des Kindes 1979 (2)

184 (208) 500 Lira (S) 1979. Fünf Kinder vor Moschee:
a) 925er Silber, 23,33 g **60,–**
b) Piéfort, 925er Silber, 46,66 g (77 Ex.) **300,–**

185 (209) 10000 Lira (G) 1979. Typ wie Nr. 184:
a) 900er Gold, 17,17 g **700,–**
b) Piéfort, 900er Gold, 34,35 g (29 Ex.) **3200,–**

FAO-Ausgabe (8)

VZ ST

186 (A 195) 5 Kurus (Bro) 1980. Fischer in Silhouette einer Flunder. Rs. Eichenzweig **5,–**

			VZ	ST
187 (195)	10	Kurus (Bro) 1980. Anatolische Braut. Rs. Weizenähren	–,50	–,80
188 (196)	50	Kurus (St) 1980. Anatolische Braut. Rs. Wertangabe im Kranz	–,50	–,80
189 (197)	1	Lira (St) 1980. Typ wie Nr. 188	–,60	1,–
190 (198)	2½	Lira (St) 1980. Fischer in Silhouette einer Flunder. Rs. Wertangabe im Kranz		8,–
191 (199)	5	Lira (St) 1980. Typ wie Nr. 190		20,–
192 (200)	500	Lira (S) 1980. Mutter, beim Stillen lesend. Rs. Wert im Kranz		35,–

			PP
193	500	Lira (S) 1980. Typ wie Nr. 192. Randschrift sechsmal FAO und Arabesken	110,–

			VZ	ST
194 (207)	1	Lira (Al) 1981. Atatürk n. l. Rs. Wert im Kranz, Halbmond in zunehmender Phase	–,40	–,80
195 (214)	5	Lira (Al) 1981. Reiterstandbild Atatürks. Rs. Wert im Kranz, Halbmond in zunehmender Phase	1,–	3,–

			VZ	ST
196 (215)	10	Lira (Al) 1981. Atatürk in Uniform im Strahlenkranz. Rs. Wert im Kranz, Halbmond in zunehmender Phase	2,–	3,–

100. Geburtstag von Kemal Atatürk (4)

197 (203)	½	Lira (S) 1981. Kemal Atatürk, Kopfbild nach rechts. Rs. Staatsemblem (Halbmond jetzt in abnehmender Phase) über Globus	40,–
198 (202)	1	Lira (S) 1981. Typ wie Nr. 197	80,–
199 (203a)	½	Lira (G) 1981. Typ wie Nr. 197 (1828 Ex.)	*700,–*
200 (202a)	1	Lira (G) 1981. Typ wie Nr. 197 (1569 Ex.)	*1300,–*

Welternährungstag 1981 und 1982 (2)

201 (205)	20	Lira (Al) 1981. Ziege mit Jungen, stilisiert. Rs. Wert im Kranz, Halbmond jetzt in abnehmender Phase	2,50	4,–

202 (206)	1500	Lira (S) 1981, 1982. Typ wie Nr. 201. 925er Silber, 16 g	45,–	75,–

Internationales Jahr der Behinderten 1981 (2)

			ST	PP
203 (221)	3000	Lira (S) 1981. Rs. Torso, Globus:		
		a) [Istanbul], 925er Silber, 28,28 g (870 Ex.)		80,–
		b) [RM], Tower, 925er Silber, 28,28 g	60,–	80,–
		c) [RM], Tower, Piéfort, 925er Silber, 56,56 g		200,–
204 (235)	30000	Lira (G) 1981. Rs. Mann mit Krücke, Globus:		
		a) [Istanbul], $916^2/_3$er Gold, 15,98 g (140 Ex.)		1200,–
		b) [RM], Tower, $916^2/_3$er Gold, 15,98 g	1200,–	1200,–
		c) [RM], Tower, Piéfort, $916^2/_3$er Gold, 31,95 g		2400,–

			VZ	ST
205 (207a)	1	Lira (Al) 1982. Atatürk n. l. Rs. Wert im Kranz, Halbmond jetzt in abnehmender Phase (800 000 Ex.)	1,50	2,50

			VZ	ST
206 (217)	5	Lira (Al) 1982, 1983. Reiterstandbild Atatürks. Rs. Wert im Kranz, Halbmond jetzt in abnehmender Phase:		
		a) 1982	–,70	1,–
		b) 1983	–,70	1,–
207 (218)	10	Lira (Al) 1982, 1983. Atatürk in Uniform. Rs. Wert im Kranz, Halbmond jetzt in abnehmender Phase:		
		a) 1982	1,90	3,–
		b) 1983	1,80	3,–

XII. Fußball-Weltmeisterschaft 1982 in Spanien (4)

			ST	PP
208 (210)	100	Lira (K-N) 1982. Fußballspieler. Rs. Fußball mit Globus kombiniert, Jahreszahl	15,–	
209 (211)	500	Lira (S) 1982. Fußballspieler. Rs. Emblem und spanische Landkarte auf Globus. 925er Silber, 23,33 g		45,–

			ST	PP
210 (213)	500	Lira (S) 1982. Fußball. Rs. Torwart		45,–

211 (212) 5000 Lira (G) 1982. Fußballspieler. Rs. Fußball mit Globus kombiniert, Inschrift:
a) 916⅔er Gold, 7,13 g (168 Ex.) **400,–**
b) 900er Gold, 7,13 g (2281 Ex.) (Abb.) **400,–**

Beginn des 15. Jahrhunderts islamischer Zeitrechnung

212 (216) 100000 Lira (G) 1982. Moschee von Sultan Ahmed I. (1603–1617) im Schriftkreis. Rs. Siegel von Mohammed. 916⅔er Gold, 31,82 g (7614 Ex.) **2000,–**

75. Jahrestag der Weltpfadfinderbewegung und Internationales Jahr der Pfadfinder (2)

213 (219) 3000 Lira (S) 1982. Rs. Zeltlager:
a) [Istanbul], 925er Silber, 28,28 g (1184 Ex.) **80,–**
b) [RM], Tower, 925er Silber, 28,28 g (Abb.) **80,–** **120,–**

214 (220) 30000 Lira (G) 1982. Rs. Emblem:
a) [Istanbul], 916⅔er Gold, 15,98 g (163 Ex.) **850,–**
b) [RM], Tower, 916⅔er Gold, 15,98 g **800,–** **850,–**

Welternährungstag 1983

			ST	PP
215 (226)	1500	Lira (S) 1983. Ziege mit Jungen. Rs. Wertangabe, Jahreszahl (1833 Ex.)		**100,–**

XVIII. Europäische Kunstausstellung (2)

216 (222) 500 Lira (K-N) 1983. Elektronstater mit der Darstellung der gegenständigen Protome von Löwe und Stier. Die Rückseite mit dem Quadratum incusum erscheint zweimal stilisiert in der Umschrift. Dieser Münztyp wird dem König Kroisos von Lydien (561–546 v. Chr.) zugewiesen und stellt somit nicht die in der Umschrift mit 640 v. Chr. datierte »erste Münze der Welt« dar (3542 Ex.) **15,–**

A216 50000 Lira (G) 1983. Typ wie Nr. 216. 916⅔er Gold, 7,13 g (497 Ex.) **400,–**

60 Jahre Republik

217 (229) 3000 Lira (S) 1983. Kemal Atatürk. Rs. Menschengruppe, Staatsemblem (1608 Ex.) **75,–**

Welt-Fischerei-Konferenz in Rom 1984 (2)

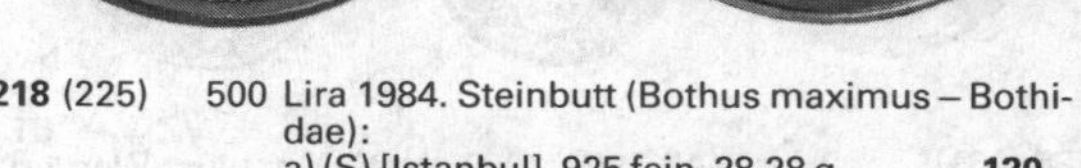

218 (225) 500 Lira 1984. Steinbutt (Bothus maximus – Bothidae):
a) (S) [Istanbul], 925 fein, 28,28 g **120,–**
b) (S) [RM], Tower, 925 fein, 28,28 g **120,–**
c) (K-N) [Istanbul] **20,–**
d) (K-N) [RM], Tower (Abb.) **20,–**

		ST	PP
219	500 Lira (G) 1984. Typ wie Nr. 218. 916⅔er Gold, 47,54 g:		
	a) [Istanbul]		2000,–
	b) [RM], Tower		2000,–

XIV. Olympische Winterspiele Sarajewo 1984

220 (237) 5000 Lira (S) 1984. Stilisierte Wintersportdarstellungen: Bobfahren, Skispringen, Abfahrtslauf, Eiskunstlauf und olympisches Feuer (1259 Ex.) **60,–**

XXIII. Olympische Sommerspiele in Los Angeles 1984

221 (230) 5000 Lira (S) o. J. (1984). Olympisches Feuer, von Sportdarstellungen umgeben (1258 Ex.) **60,–**

Jahrzehnt für die Frauen 1976–1985 (2)

222 (223) 5000 Lira (S) 1984. Frau mit Emblem (1717 Ex.) **100,–**

223 (224) 50000 Lira (G) 1984. Typ wie Nr. 222. 900er Gold, 7,13 g (969 Ex.) **400,–**

50 Jahre Frauenwahlrecht in der Türkei (2)

224 (238) 5000 Lira (S) 1984. Drei Frauen an der Wahlurne (981 Ex.) **95,–**

225 200000 Lira (G) 1984. Typ wie Nr. 224. 916⅔er Gold, 33,82 g (58 Ex.) *1800,–*

a

b

		VZ	ST
226 (231)	1 Lira (Al) 1984–1989. Atatürk n. l. Rs. Wert im Kranz:		
	a) 1984 (498 000 Ex.)	1,50	2,50
	b) 1985–1989	1,50	2,50

		VZ	ST
227 (227)	5 Lira (Al) 1984–1989. Typ wie Nr. 226:		
	1984–1989	–,30	–,50
	1987, 1989	1,50	2,50
228 (228)	10 Lira (Al) 1984–1989. Typ wie Nr. 226:		
	a) 1984	–,30	–,50
	b) 1985–1989	–,30	–,50
229 (232)	20 Lira (N-Me) 1984. Typ wie Nr. 226	1,–	2,–
230 (236)	25 Lira (Al) 1985–1989. Typ wie Nr. 226	–,50	1,–
231 (233)	50 Lira (Neusilber) 1984–1987. Typ wie Nr. 226	–,70	1,50
232 (234)	100 Lira (Neusilber) 1984–1988. Typ wie Nr. 226	1,–	2,–

233	50 Lira (Me) 1988, 1989. Typ wie Nr. 226	1,–	2,–
234	100 Lira (Me) 1988–1991. Typ wie Nr. 226	1,20	2,50
235	500 Lira (Me) 1988–1991. Typ wie Nr. 226	1,50	3,–
A235	1000 Lira (Neusilber) 1990, 1991. Atatürk n. l. Rs. Wert zwischen Ähren (31 497 000 Ex.)	3,–	5,–

B235	2500 Lira (Neusilber) 1991. Rs. Wert und Ahornblätter	5,–	8,–

Internationales Jahr der Jugend 1985 (2)

		PP
236 (242)	5000 Lira (S) 1985. Mädchenkopf, Jugendliche, Architekturelemente (1005 Ex.)	80,–
237	50000 Lira (G) 1985. Typ wie Nr. 236. 916⅔er Gold, 7,216 g (150 Ex.)	–,–

500. Geburtstag von Turgut Reis (2)

PP

238 (239) 5000 Lira (S) 1985. Rs. Turgut Ali Pascha (* 1485), vormals Pirat Dragut, in osmanischen Diensten unter Suleiman I. Kanuni, Förderer der Seestreitkräfte, Kapitän (Reis) und Eroberer 80,–

239 50000 Lira (G) 1985. Typ wie Nr. 238. 916⅔er Gold, 7,216 g (200 Ex.) –,–

40. Jahrestag der FAO

240 (240) 500 Lira (K-N) 1985. Rs. Erdhalbkugel als Eßschale, Jubiläumsinschrift (3785 Ex.) 18,–

IX. Weltkongreß für Forstwesen 1985 in Mexiko und Internationales Jahr des Waldes

241 (241) 5000 Lira (S) 1985. Rs. Bäume auf Baumsilhouette, internationale Embleme (3013 Ex.) 60,–

XIII. Fußball-Weltmeisterschaft 1986 in Mexiko (3)

PP

242 10000 Lira (S) 1986. Rs. Fußball mit der Darstellung eines Spielers. 925er Silber, 23,3276 g 100,–

243 10000 Lira (S) 1986. Fußball auf Kaktus 50,–

A243 100000 Lira (G) 1986. Typ wie Nr. 243. 916⅔er Gold, 7,13 g (202 Ex.) 720,–

Internationales Jahr des Friedens 1986 (3)

244 1000 Lira (K-N) 1986. Taube (2799 Ex.) 12,–

245 10000 Lira (S) 1986. Typ wie Nr. 244 (1070 Ex.) 75,–

246 100000 Lira (G) 1986. Typ wie Nr. 244 (358 Ex.) 520,–

50. Todestag von M. A. Ersoy

ST PP

247 10000 Lira (S) 1986. Mehmed Akif Ersoy (1873–1936), türkischer Dichter, Verfasser des Textes der türkischen Nationalhymne »Istiklâl Marşi« (1680 Ex.) 75,–

Internationales Jahr für menschenwürdiges Wohnen 1987 (3)

248 (243) 1000 Lira (K-N) 1987. Internationales Emblem in Fensterrahmen (2342 Ex.) 9,–

249 (244) 10000 Lira (S) 1987. Typ wie Nr. 248. 925er Silber, 23,3276 g (855 Ex.) 48,–

250 100000 Lira (G) 1987. Typ wie Nr. 248. 916⅔er Gold, 7,13 g (221 Ex.) 520,–

130 Jahre Forstwirtschaft (2)

251 10000 Lira (S) 1987 (866 Ex.) 50,–

252 100000 Lira (G) 1987. Typ wie Nr. 251. 916⅔er Gold, 7,216 g (110 Ex.) 400,–

XV. Olympische Winterspiele 1988 in Calgary

ST PP

253 10000 Lira (S) 1988 (5667 Ex.) 60,–

XXIV. Olympische Sommerspiele 1988 in Seoul

254 10000 Lira (S) 1988. Fackel (ST: 1000 Ex., PP: 4667 Ex.) *260,–* 60,–

Umweltschutzprojekt im Großraum Istanbul Goldenes Horn (2)

255 20000 Lira (S) 1988. Rs. »Goldenes Horn«, Hafenbucht von Istanbul, stilisierter Wassertropfen. 925er Silber, 23,3276 g (5000 Ex.) 180,–

256 200000 Lira (G) 1988. Typ wie Nr. 255. 916⅔er Gold, 7,216 g (500 Ex.) 900,–

500. Geburtstag des Architekten Sinan (3)

257 1000 Lira (K-N) 1988. Rs. Moschee Suleimaniye des Architekten Sinan (um 1488–um 1578) (1782 Ex.) 14,–

258 20000 Lira (S) 1988. Typ wie Nr. 257 (1239 Ex.) 75,–

259 200000 Lira (G) 1988. Typ wie Nr. 257 (244 Ex.) 550,–

Metro in Istanbul (2)

260 20000 Lira (S) 1989. Rs. Stadtansicht von Istanbul, Zug der Untergrundbahn (5000 Ex.) 150,–

A260 200000 Lira (G) 1989. Typ wie Nr. 260 *900,–*

Tag der Lehrer 24. November 1989 (2)

261 20000 Lira (S) 1989 (1013 Ex.) 70,–

262 200000 Lira (G) 1989. Typ wie Nr. 261 (197 Ex.) 550,–

75. Jahrestag der Schlacht von Gallipoli (2)

263 20000 Lira (S) 1990. Rs. Denkmal (max. 5000 Ex.) 70,–

264 200000 Lira (G) 1990. Typ wie Nr. 263 (500 Ex.) *700,–*

70. Jahrestag der Großen Nationalversammlung (2)

265 20000 Lira (S) o. J. (1990). (max. 5000 Ex.) 65,–

266 200000 Lira (G) o. J. (1990). Typ wie Nr. 265 (max. 500 Ex.) 550,–

XIV. Fußball-Weltmeisterschaft 1990 in Italien (2)

267 20000 Lira (S) 1990. Rs. Karte Italiens mit Fußball auf Globus (max. 14000 Ex.) 75,–

ST PP

268 20000 Lira (S) 1990. Rs. Wölfin mit Romulus und Remus, darüber Fußball (max. 14000 Ex.) 75,–

Umweltschutz

269 1000 Lira (Neusilber) 1990. Wert zwischen Ähren. Rs. Baumstumpf mit neuen Trieben, von Schutzzaun umgeben, Motto »Liebt und bewahrt unsere Umwelt« (500000 Ex.) 12,–

XVI. Olympische Winterspiele 1992 in Albertville

270 20000 Lira (S) o. J. (1990). Rs. Eisschnelläufer auf dem Weg nach Albertville (max. 15000 Ex.) 65,–

XXV. Olympische Sommerspiele 1992 in Barcelona

271 20000 Lira (S) o. J. (1990). Rs. Radrennfahrer auf dem Weg nach Barcelona (max. 15000 Ex.) 65,–

Yunus Emre (3)

PP

272 5000 Lira (K-N) 1991 (max. 20000 Ex.) 15,–

273 50000 Lira (S) 1991. Typ wie Nr. 272 (max. 5000 Ex.) 50,–

274 500000 Lira (G) 1991. Typ wie Nr. 272 (max. 500 Ex.) –,–

200. Todestag von Wolfgang Amadeus Mozart

275 50000 Lira (S) 1991 (max. 5000 Ex.) 50,–

Ahmed Adnan Saygun

276 50000 Lira (S) 1991. Rs. Ahmed Adnan Saygun, Komponist (max. 5000 Ex.) 50,–

Frühere Ausgaben siehe Weltmünzkatalog 19. Jahrhundert.

Turks- und Caicos-Inseln

Turks and Caicos Islands **Turks et Caicos (Iles des)**

Fläche: 430 km²; 8000 Einwohner.
Die Turks- und Caicos-Inseln bilden die südöstliche Gruppe der Bahama-Inseln; seit 1965 als Kronkolonie unter dem Gouverneur der Bahama-Inseln, vorher verwaltungsmäßig von Jamaika abhängig. Hauptstadt: Grand Turk.

12 Pence = 1 Shilling, 5 Shillings = 1 Crown, 20 Shillings = 1 £

Die Geldzeichen der Vereinigten Staaten von Amerika sind neben der eigenen Währung gesetzliches Zahlungsmittel.

		ST	PP
1 (1)	1 Crown (K-N) 1969. Elisabeth II. Rs. Staatswappen mit Riesenflügelschnecke (Strombus gigas — Strombidae), Kariben-Languste (Palinurus argus — Palinuridae), Melonenkaktus (Melocactus communis — Cactaceae), Helmzier: Brauner Pelikan (Pelecanus occidentalis — Pelecanidae); Schildhalter: Rote Flamingos (Phoenicopterus ruber ruber — Phoenicopteridae)	**8,—**	*35,—*

100. Geburtstag von Sir Winston Churchill (3)

		ST	PP
2 (2)	20 Crowns (S) 1974. Brustbild von Sir Winston Churchill (1874–1965). Rs. Wappen, Wertangabe. 925er Silber, 38,88 g	**50,–**	**70,–**
3 (3)	50 Crowns (G) 1974. Typ wie Nr. 2. 500er Gold, 9,01 g	**200,–**	**250,–**
4 (4)	100 Crowns (G) 1974. Typ wie Nr. 2. 500er Gold, 18,015 g	**400,–**	**400,–**
5 (5)	1 Crown (K-N) 1975–1977. Elisabeth II. Rs. Inselkarte	**10,–**	**20,–**
6 (6)	5 Crowns (S) 1975–1977. Rs. Melonenkaktus (Melocactus communis – Cactaceae). 500er Silber, 24,24 g	**30,–**	**40,–**
7 (14)	10 Crowns (S) 1976, 1977. Rs. Windmühle. 925er Silber, 29,98 g	**60,–**	**100,–**
8 (9)	25 Crowns (G) 1975–1977. Rs. Staatswappen. 500er Gold, 4,5 g:		
	a) 1975; Ø 17 mm	**180,–**	**200,–**
	b) 1976; 1977: Ø 19 mm	**150,–**	**165,–**

Zeitalter der Erforschungen 1492–1962 (4)

		ST	PP
9 (7)	10 Crowns (S) 1975. Rs. Schematische Darstellung der Erdumkreisung durch John Glenn mit »Friendship« und Scott Carpenter mit »Aurora«. 925er Silber, 29,98 g	**70,–**	**80,–**
10 (8)	20 Crowns (S) 1975. Rs. Christoph Kolumbus und seine Flotte: Karavellen »Santa Maria«, »Niña« und »Pinta«. 925er Silber, 38,7 g	**90,–**	**150,–**
11 (10)	50 Crowns (G) 1975. Typ wie Nr. 10. 500er Gold, 6,22 g	**260,–**	**300,–**
12 (11)	100 Crowns (G) 1975. Typ wie Nr. 9. 500er Gold, 12,44 g	**450,–**	**450,–**

200. Jahrestag der Unabhängigkeit der Vereinigten Staaten von Amerika (2)

		ST	PP
13 (12)	20 Crowns (S) 1976. Rs. König Georg III. und George Washington in Medaillons gegenüber, von Fahnen Großbritanniens und der USA überhöht	**60,–**	**120,–**
14 (13)	50 Crowns (G) 1976. Typ wie Nr. 13	**260,–**	**260,–**

Auf die Regierungszeit von Königin Viktoria 1837–1901 (3)

		ST	PP
15 (15)	20 Crowns (S) 1976, 1977. Rs. Vier historische Münzen mit Bildern der Regentin	**48,–**	**80,–**
16 (16)	50 Crowns (S) 1976. Typ wie Nr. 15. 925er Silber, 55,18 g	**140,–**	**160,–**
17 (17)	100 Crowns (G*) 1976, 1977. Typ wie Nr. 15. 500er* Gold, 18,015 g	**450,–**	**450,–**

* Nr. 17 besteht aus Kupfer mit einem Überzug aus 916⅔er Gold.

Auf die Regierungszeit von König Georg III. 1760–1820 (3)

		ST	PP
18 (20)	20 Crowns (S) 1977. Rs. Vier historische Münzen mit Bildern des Regenten	*150,–*	*180,–*
19 (21)	50 Crowns (S) 1977. Typ wie Nr. 18	*200,–*	*250,–*
20 (22)	100 Crowns (G) 1977. Typ wie Nr. 18	**480,–**	**480,–**

25. Regierungsjubiläum von Königin Elisabeth II. (2)

		ST	PP
21 (18)	25 Crowns (S) 1977. Rs. Krone über Jahreszahl zwischen Zweigen. 925er Silber, 43,75 g	**90,–**	**120,–**
22 (19)	50 Crowns (G) 1977. Typ wie Nr. 21. 500er Gold, 9 g	**200,–**	**250,–**

XI. Commonwealth-Spiele 1978 in Edmonton, Alberta (2)

		ST	PP
23 (23)	20 Crowns (S) 1978. Rs. Läufer und Speerwerfer		**85,–**
24 (24)	100 Crowns (G) 1978. Typ wie Nr. 23 (5000 Ex.)		*460,–*

25. Krönungsjubiläum von Königin Elisabeth II. (20)

25 (25)	25 Crowns (S) 1978. Rs. Löwe von England	*160,–*
26 (26)	25 Crowns (S) 1978. Rs. Greif Eduards III.	*160,–*
27 (27)	25 Crowns (S) 1978. Rs. Drache von Wales	*160,–*
28 (28)	25 Crowns (S) 1978. Rs. Greyhound von Richmond	*160,–*
29 (29)	25 Crowns (S) 1978. Rs. Einhorn von Schottland	*160,–*
30 (30)	25 Crowns (S) 1978. Rs. Sachsenroß von Hannover	*160,–*
31 (31)	25 Crowns (S) 1978. Rs. Schwarzer Stier von Clarence	*160,–*
32 (32)	25 Crowns (S) 1978. Rs. Yale von Beaufort	*160,–*
33 (33)	25 Crowns (S) 1978. Rs. Falke der Plantagenets	*160,–*
34 (34)	25 Crowns (S) 1978. Rs. Weißer Löwe von Mortimer	*160,–*
35 (35)	50 Crowns (G) 1978. Typ wie Nr. 25	*300,–*
36 (36)	50 Crowns (G) 1978. Typ wie Nr. 26	*300,–*
37 (37)	50 Crowns (G) 1978. Typ wie Nr. 27	*300,–*
38 (38)	50 Crowns (G) 1978. Typ wie Nr. 28	*300,–*
39 (39)	50 Crowns (G) 1978. Typ wie Nr. 29	*300,–*
40 (40)	50 Crowns (G) 1978. Typ wie Nr. 30	*300,–*
41 (41)	50 Crowns (G) 1978. Typ wie Nr. 31	*300,–*
42 (42)	50 Crowns (G) 1978. Typ wie Nr. 32	*300,–*
43 (43)	50 Crowns (G) 1978. Typ wie Nr. 33	*300,–*
44 (44)	50 Crowns (G) 1978. Typ wie Nr. 34	*300,–*

10. Jahrestag der Amtseinführung des englischen Kronprinzen Charles als »21. Prince of Wales« (2)

45 (45) 10 Crowns (S) 1979. Rs. Prinz Charles, Krone, Szepter und Schwert **70,–**
46 (46) 100 Crowns (G) 1979. Typ wie Nr. 45 *700,–*

1. Todestag von Lord Mountbatten (4)

47 (47) 5 Crowns (S) 1980. Rs. Lord Louis Francis Albert Victor Nicholas Mountbatten, eigentl. Battenberg (1900–1979), Oberster Alliierter Kommandeur in Südostasien 1943–1946, über der Nationalflagge von Birma:
a) 500er Silber, 14,5798 g **60,–**
b) Piéfort, 500er Silber, 29,1595 g **120,–**

48 (48) 10 Crowns (S) 1980. Rs. Zerstörer H.M.S. »Kelly« in der Nordsee, Kapitän Mountbatten 1939:
a) 500er Silber, 23,3276 g **70,–**
b) Piéfort, 500er Silber, 46,6552 g **140,–**

49 (49) 20 Crowns (S) 1980. Rs. Lord Mountbatten, Erster Seelord 1955–1959:
a) 500er Silber, 29,8075 g **85,–**
b) Piéfort, 500er Silber, 59.6150 g *170,–*

50 (50) 100 Crowns (G) 1980. Typ wie Nr. 49:
a) 500er Gold, 12,9598 g **1000,–**
b) Piéfort, 500er Gold, 25,9196 g *1600,–*

Zur Hochzeit von Prinz Charles und Lady Diana (2)

51 (51) 10 Crowns (S) 1981 **60,–**

52 (52) 100 Crowns (G) 1981. Typ wie Nr. 51. 900er Gold, 6,48 g:
a) [RM] –,–
b) [Valcambi], CHI (Abb.) **350,–**

		VZ	ST
53 (53)	¼ Crown (K-N) 1981. Elisabeth II., n. r. Rs. Kariben-Languste (Palinurus argus — Palinuridae)	**2,–**	**2,80**
54 (54)	½ Crown (K-N) 1981. Rs. Windmühle	**3,–**	**4,–**

Internationales Jahr des Kindes 1979

		ST	PP
55 (55)	10 Crowns (S) 1982. Rs. Junge mit Seemuschel am Strand zwischen Palmen:		
	a) 925er Silber, 23,3276 g (7928 Ex.)		**80,–**
	b) Piéfort, 925er Silber, 46,6552 g (80 Ex.)		**300,–**

XII. Fußball-Weltmeisterschaft 1982 in Spanien (3)

56 (56)	10 Crowns (S) 1982. Rs. Fußballspieler	**90,–**
57 (57)	10 Crowns (S) 1982. Rs. Zwei Fußballspieler	**90,–**
58 (58)	100 Crowns (G) 1982. Rs. Spielszene (565 Ex.)	*480,–*

XXIII. Olympische Sommerspiele Los Angeles 1984

59 (59) 10 Crowns (S) 1984. Rs. Speerwerfer **120,–**

Jahrzehnt für die Frauen 1976–1985 (2)

60 (60) 10 Crowns (S) 1985. Rs. Frau mit Emblem und Muschel. 925er Silber, 23,3276 g (1778 Ex.) **100,–**

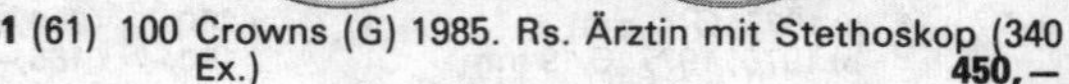

61 (61) 100 Crowns (G) 1985. Rs. Ärztin mit Stethoskop (340 Ex.) **450,–**

Zur Hochzeit von Prinz Andrew und Miss Sarah Ferguson

			ST	PP
62 (62)	1	Crown 1986. Rs. Porträt des Brautpaares:		
		a) (S)		60,–
		b) (K-N)	6,–	

500. Jahrestag von Kolumbus' Vorschlag seiner Entdeckungsreise an das spanische Königspaar Ferdinand und Isabella

63 (63) 50 Crowns (S) 1986. Rs. »Santa Maria« und Medaillons von Ferdinand, Isabella und Kolumbus. 925er Silber, 136,08 g — *200,–*

25 Jahre World Wildlife Fund (2)

			ST	PP
64	1	Crown 1988. Rs. Turks- und -Caicos-Leguan:		
		a) (S) 925 fein, 28,28 g		85,–
		b) (K-N)	6,–	
65	100	Crowns (G) 1988. Rs. Kariben-Languste. 916⅔er Gold, 10 g		*550,–*

90. Geburtstag der Königinmutter Elisabeth

			ST	PP
66	1	Crown 1990. Rs. Gekröntes Spiegelmonogramm, von Echinocereus scheeri und Sclenicereus grandiflorus flankiert:		
		a) (S) 925 fein, 28,28 g (max. 10 000 Ex.)		90,–
		b) (K-N)	6,–	

65. Geburtstag von Königin Elisabeth II.

			ST	PP
67	1	Crown 1991 [OC]:		
		a) (S)		–,–
		b) (K-N)	–,–	

70. Geburtstag von Prinz Philip

			ST	PP
68	1	Crown 1991 [OC]:		
		a) (S)		–,–
		b) (K-N)	–,–	

10. Hochzeitstag von Prinz Charles und Lady Diana

			ST	PP
69	1	Crown 1991 [OC]:		
		a) (S)		–,–
		b) (K-N)	–,–	

500. Jahrestag der Entdeckung Amerikas (11)

			ST	PP
70	5	Crown (K-N) 1991. Elisabeth II. (nach A. Machin). Rs. Königin Isabella beauftragt Kolumbus [OC] (num. Ex.)	15,–	
71	25	Crown (S) 1991. Rs. Abreise von Palos de la Frontera. 925er Silber, 28,28 g [OC]		65,–
72	25	Crown (S) 1991. Rs. »Santa María«		65,–
73	25	Crown (S) 1991. Rs. »Niña«		65,–
74	25	Crown (S) 1991. Rs. »Pinta«		65,–
75	25	Crown (S) 1991. Rs. Überquerung des Atlantiks		65,–
76	25	Crown (S) 1991. Rs. Land in Sicht		65,–
77	25	Crown (S) 1991. Rs. Kolumbus beim Betrachten der Neuen Welt		65,–
78	25	Crown (S) 1991. Rs. Kolumbus bei der Landnahme für Spanien		65,–
79	25	Crown (S) 1991. Rs. Kolumbus und Indianer beim Austausch von Geschenken		65,–
80	25	Crown (S) 1991. Rs. Erkundungsfahrt in der Karibik		65,–

Tuvalu

Tuvalu

Tuvalu

Fläche: 25 km²; 9000 Einwohner.
Bis zur Unabhängigkeit vom 1. Januar 1976 waren die Tuvalu-Inseln (Funafuti, Nui, Nanumea, Nukufetau, Niutao, Nukulailai, Nanumanga, Viatupa und Nurakita) als Ellice-Inseln oder auch Lagoon Islands bekannt und als solche Teil der britischen Kolonie Gilbert- und Ellice-Inseln. Die volle Unabhängigkeit wurde am 1. Oktober 1978 erlangt. Mit den Vereinigten Staaten von Amerika wurde am 7. Februar 1979 ein Freundschaftsvertrag geschlossen. Hauptstadt: Vaiaku auf Funafuti.

100 Cents = 1 Australischer Dollar

		ST	PP
1 (1)	1 Cent (Bro) 1976, 1981, 1985. Elisabeth II. Rs. Meeresschnecke	–,50	2,–

		ST	PP
2 (2)	2 Cents (Bro) 1976, 1981, 1985. Rs. Pfeilschwanz	–,50	2,–

		ST	PP
3 (3)	5 Cents (K-N) 1976, 1981, 1985. Rs. Fisch	–,70	2,50
4 (4)	10 Cents (K-N) 1976, 1981, 1985. Rs. Geisterkrabbe	1,30	4,–
5 (5)	20 Cents (K-N) 1976, 1981, 1985. Rs. Fliegender Fisch	2,50	7,–
6 (6)	50 Cents (K-N) 1976, 1981, 1985. Rs. Krake	3,50	10,–
7 (7)	1 Dollar (K-N) 1976, 1981, 1985. Rs. Meeresschildkröte (neuneckig)	4,50	13,–
8 (8)	5 Dollars (S) 1976. Rs. Ausleger-Boot		*120,–*
9 (9)	50 Dollars (G) 1976. Rs. Inselszene mit Maneaba, dem traditionellen Versammlungshaus		*650,–*

1. Jahrestag der Unabhängigkeit

10 (10) 10 Dollars (S) 1979. Rs. Zweimaster »Rebecca«:
a) 925er Silber, 35 g — PP **150,–**
b) 500er Silber, 35 g — ST **80,–**

80. Geburtstag der Königinmutter Elisabeth

11 (11) 10 Dollars (S) 1980. Rs. Porträt der Königinmutter:
a) 925er Silber, 35 g — PP **80,–**
b) 500er Silber, 35 g — ST **55,–**

Zur Hochzeit von Prinz Charles and Lady Diana (2)

12 (12) 5 Dollars 1981. Rs. Drei Straußenfedern innerhalb der Fürstenkrone und Wahlspruch »Ich dien«, Badge des Fürsten von Wales:
a) (S) — PP **80,–**
b) (K-N) — ST **12,–**

13 (14) 50 Dollars (G) 1981. Typ wie Nr. 12 — PP **1200,–**

25 Jahre Duke of Edinburgh's Award Scheme

14 (13) 10 Dollars (S) 1981. Rs. Porträt von Prinz Philip:
a) 925er Silber, 35 g (3000 Ex.) — PP **100,–**
b) 500er Silber, 35 g — ST **70,–**

Zum Besuch des britischen Königspaares

15 (15) 10 Dollars (S) 1982. Rs. Gestaffelte Porträts von Königin Elisabeth II. und Prinz Philip nach rechts:
a) 925er Silber, 35 g — PP **100,–**
b) 500er Silber, 35 g — ST **70,–**

XXV. Olympische Sommerspiele 1992 in Barcelona

16 50 Dollars (S) 1992. Rs. Speerwerfer. 925er Silber, 28,28 g — PP **85,–**

Tuva

Tuwa

Touva

Fläche: 170500 km²; 192000 Einwohner (1935).

Auf allen Seiten von Gebirgen umschlossenes Hochland, das, seit die Aufteilung Sibiriens in Hoheitsgebiete in Gang kam, als chinesisches Hoheitsgebiet, und zwar unter dem Namen Urjanchai, als Teil der Mongolei galt. Die Vertreibung der Chinesen durch die Russen aus der Mongolei (16. November 1911) als Folge ihrer Schwächung durch die Revolution erlaubte es dem zaristischen Rußland, Urjanchai 1912 zu besetzen und im September 1914 zu annektieren. Die russische Oktoberrevolution verschaffte den Chinesen wieder Zugriff, jedoch führte der schließliche Sieg der Sowjetmacht zur Umwälzung auch in Urjanchai. Dessen Bewohner, die Tuwa, wurden durch einen Aufruf der Sowjetregierung vom 9. September 1921 zur Bildung einer eigenen Regierung in ihrem als unabhängig anerkannten Staat aufgerufen, der am 28. Februar 1922 unter dem Namen Volksrepublik Tuwa (Tuva Arat Respublik) errichtet worden ist. »Arat« ist das mongolische Wort für das »werktätige« Volk der Bauern und Nomaden. Die angebliche Souveränität der Tuwinischen Volksrepublik endete am 13. Oktober 1944 mit der Eingliederung in die Sowjetunion als »autonomes Gebiet«; dieser Status wurde am 10. Oktober 1961 in den einer Autonomen Republik im Rahmen der UdSSR verändert. Das Gebiet ist reich an Erdschätzen; seine oft vorkommende Bezeichnung als Tannu-Tuwa ist unkorrekt; Tannu-Ola ist das südliche Randgebirge. Hauptstadt: Kyzyl.

100 KƟPEJEH (Kopeken) = 1 AKSA (Rubel)

Tuwinische Volksrepublik
Tuva Arat Respublik

		SS	VZ
1 (1)	1 Kopeke (Al-Bro) 1934. Landesbezeichnung »Tuva Arat Respublik« im Schriftkreis mit dem Namen des Ausgabeinstituts in tuwinisch-lateinischen Buchstaben. Rs. Wertangabe und Jahreszahl	130,–	200,–
2 (2)	2 Kopeken (Al-Bro) 1934. Typ wie Nr. 1	100,–	160,–
3 (3)	3 Kopeken (Al-Bro) 1933, 1934. Typ wie Nr. 1:		
	1933	–,–	–,–
	1934	100,–	160,–
4 (4)	5 Kopeken (Al-Bro) 1934. Typ wie Nr. 1	100,–	160,–
5 (5)	10 Kopeken (K-N) 1934. Typ wie Nr. 1	100,–	160,–
6 (6)	15 Kopeken (K-N) 1934. Typ wie Nr. 1	125,–	180,–
7 (7)	20 Kopeken (K-N) 1934. Typ wie Nr. 1	100,–	160,–

Uganda | # Uganda | **Ouganda**

Fläche: 236036 km²; 15500000 Einwohner (1986).
Das ehemals britische Protektorat in Ostafrika wurde am 9. Oktober 1962 eine unabhängige Republik im Rahmen des britischen Commonwealth. Hauptstadt: Kampala.

Nach Auflösung der ostafrikanischen Währungsgemeinschaft wurde 1966 die »Bank of Uganda« gegründet und als Währung der Uganda-Shilling eingeführt. Die Außerkurssetzung des ostafrikanischen Shillings und der Umtausch in die neuen Geldzeichen erfolgten im September 1967 im Verhältnis 1:1.

100 Cents = 1 Uganda-Shilling

Republik Uganda

		VZ	ST
1 (1)	5 Cents 1966, 1974–1976. Wertangabe in Buchstaben. Rs. Wertziffer zwischen Elefantenstoßzähnen:		
	a) (Bro) 1966, 1974, 1975	–,30	–,50
	b) (St, K plattiert) 1976	–,30	–,50
2 (2)	10 Cents 1966, 1968, 1970, 1972, 1974–1976. Typ wie Nr. 1:		
	a) (Bro) 1966, 1968, 1970, 1972, 1974, 1975	–,40	–,80
	b) (St, K plattiert) 1976	–,40	–,80
3 (3)	20 Cents (Bro) 1966, 1974. Typ wie Nr. 1	–,60	1,–
4 (4)	50 Cents 1966, 1970, 1974, 1976, 1986. Staatswappen, als Schildhalter Uganda-Kob-Antilope (Adenota kob thomasi – Bovidae) auf Kaffeezweig (Coffea arabica – Rubiaceae) und östlicher Kronenkranich (Balearica pavonina gibberifrons – Balearicidae) auf Baumwollstaude (Gossypium sp. – Malvaceae). Rs. Östlicher Kronenkranich vor Gebirgslandschaft:		
	a) (K-N) 1966, 1970, 1974	–,80	2,–
	b) (St, K-N plattiert) 1976	–,80	2,–
	c) (St, N plattiert) 1986	–,–	–,–
5 (5)	1 Shilling 1966, 1968, 1972, 1975, 1976, 1978, 1986. Typ wie Nr. 4:		
	a) (K-N) 1966, 1968, 1972, 1975	1,–	4,–
	b) (St, K-N plattiert), 1976, 1978	1,–	4,–
	c) (St, N plattiert) 1986	–,–	–,–

		VZ	ST
6 (6)	2 Shillings (K-N) 1966. Typ wie Nr. 4	2,50	5,–
A6 (8)	5 Shillings (K-N) 1972. Typ wie Nr. 4 (siebeneckig)	*200,–*	*400,–*

Nrn. 1–6 von 1966, polierte Platte 27,–

Nr. 2 von 1975 in Kupfernickel vorkommend 150,–

Für den FAO-Münz-Plan

		ST	PP
7 (7)	5 Shillings (K-N) 1968. Staatswappen. Rs. Ankole- oder Sanga-Kuh mit Kalb	10,–	30,–

Besuch von Papst Paul VI. in Kampala am 31. Juli 1969 (10)

ST PP

8 (A9) 2 Shillings (S) 1969, 1970. Staatswappen, Wertangabe. Rs. Brustbild von Papst Paul VI. n. r. mit Pileolus (Kappe); päpstliches Wappen; Märtyrer-Schrein. 999er Silber, 4 g *20,–*

9 (B9) 5 Shillings (S) 1969, 1970. Rs. Östliche Kronenkraniche und Flußpferd in afrikanischer Landschaft. 999er Silber, 10 g *30,–*

10 (C9) 10 Shillings (S) 1969, 1970. Rs. Märtyrer-Schrein in Namugongo bei Kampala, errichtet für die 22 Märtyrer Ugandas (1885/87). 999er Silber, 20 g *60,–*

11 (D9) 20 Shillings (S) 1969, 1970. Rs. Papst Paul VI. mit segnender Geste. Karte Afrikas und Südeuropas mit Kennzeichnung der Flugroute Rom–Kampala über Libyen und Sudan. 999er Silber, 40 g *120,–*

12 25 Shillings (S) 1969, 1970. Rs. Papst Paul VI. vor stilisiertem Erdglobus und Kennzeichnung seiner Reiseziele in der Zeit des bisherigen Pontifikates: Jerusalem 1964, Bombay 1964, New York 1965, Fatima 1967, Konstantinopel 1967, Bogotá 1968, Genf 1969, Kampala 1969. 999er Silber, 50 g *150,–*

13 (E9) 30 Shillings (S) 1969, 1970. Typ wie Nr. 8. 999er Silber, 60 g *180,–*

14 (F9) 50 Shillings (G) 1969, 1970. Typ wie Nr. 10, 900er Gold, 6,91 g *300,–*

15 (G9) 100 Shillings (G) 1969, 1970. Typ wie Nr. 11. 900er Gold, 13,82 g *600,–*

ST PP

16 (H9) 500 Shillings (G) 1969, 1970. Typ wie Nr. 12. 900er Gold, 69,12 g *2700,–*

17 (I9) 1000 Shillings (G) 1969, 1970. Typ wie Nr. 8. 900er Gold, 138,24 g *5400,–*

OAU-Gipfelkonferenz 1975 in Kampala

18 (J9) 1 £ (G) 1975. Idi Amin Dada (* 1924), Staatspräsident 1971–1979, mit Titel Feldmarschall. Rs. Wappen. 916⅔er Gold, 7,98 g, PM, Versuchsprägung (2000 Ex.) *–,–*

Zur Hochzeit von Prinz Charles und Lady Diana (3)

19 (9) 10 Shillings (K-N) 1981. Staatswappen. Rs. Gestaffelte Kopfbilder des Brautpaares **15,–**

20 (10) 100 Shillings (S) 1981. Typ wie Nr. 19. 925er Silber, 31,47 g **60,–**

21 (11) 1000 Shillings (G) 1981. Typ wie Nr. 19. 500er Gold, 10 g (1500 Ex.) *500,–*

Uganda – Perle Afrikas (2)

22 (12) 500 Shillings (S) 1981. Sir Apollo Milton Obote (*1925), Staatspräsident 1966–1971 und 1980–1985. Rs. Afrikanische Elefanten:
a) 925er Silber, 136 g *450,–*
b) 500er Silber, 136 g *220,–*

23 (14) 5000 Shillings (G) 1981. Rs. Östlicher Kronenkranich. 916⅔er Gold, 33,93 g *1700,–* *1850,–*

Internationales Jahr der Behinderten 1981 (2)

24 (13) 200 Shillings (S) 1981. Staatswappen. Rs. Internationales Emblem und Krücke:
a) **70,–** **110,–**
b) Piéfort **240,–**

25 2000 Shillings (G) 1981. Rs. Stilisierte Figur eines Mannes mit Krücke:
a) **1200,–** **1200,–**
b) Piéfort **2400,–**

VZ ST

26 1 Shilling (St, K galvanisiert) 1987. Staatswappen. Rs. Baumwolle (zwölfeckig) –,– –,–

27 2 Shillings (St, K galvanisiert) 1987. Typ wie Nr. 26 (zwölfeckig) –,– –,–

28 5 Shillings (St, N galvanisiert) 1987. Rs. Kaffeestrauch (siebeneckig) –,– –,–

29 10 Shillings (St, N galvanisiert) 1987. Typ wie Nr. 28 (siebeneckig) –,– –,–

Nrn. 26–29, polierte Platte (2500 Ex.) –,–

Ukraine | Ukraine | Ukraine

Fläche: 601 000 km²; 49 000 000 Einwohner.
Auf dem Boden der Ukraine existierte im Mittelalter das bedeutende Kiewer Reich, welches nach dem Tatareneinfall 1237 seine Bedeutung verlor. Ab dem 14. Jahrhundert Bestandteil des litauisch-polnischen Großreiches und später nach und nach in das Russische Reich integriert, dessen Schicksal die Ukraine auch als Teil der Sowjetunion teilte. Die Unabhängigkeitserklärung der Ukraine vom 1. Dezember 1991 wurde von der Sowjetunion am folgenden Tag anerkannt. Hauptstadt Kiew.

Genaue Angaben über die geplante eigene Währung waren bei Redaktionsschluß noch nicht zu erhalten.

Um Ul Qaiwain | Umm Al Kaiwain | Oumm Al Qiwain

Fläche: 750 km²; 4500 Einwohner.
Das Scheichtum Umm Al Kaiwain gehörte zu den sieben Vertragsstaaten (Trucial States) im Befriedeten Oman. Seit 2. Dezember 1971 ist Umm Al Kaiwain Mitgliedstaat der Vereinigten Arabischen Emirate (UAE). Hauptstadt: Umm Al Kaiwain.

100 Dirhams = 1 Umm-Al-Kaiwain-Riyal

Ahmed Ben Raschid al Mo'alla

PP

1 (1) 1 Riyal = 100 Dirhams (S) 1970. Staatsemblem, Wertangabe. Rs. Alte Kanone. 999er Silber, 3 g [GZ] (2050 Ex.) *25,–*

2 (2) 2 Riyals = 200 Dirhams (S) 1970. Rs. Portugiesisches Fort des 19 Jh., davor Kanone. 999er Silber, 6 g [GZ] (2050 Ex.) *40,–*

3 (3) 5 Riyals = 500 Dirhams (S) 1970. Rs. Echte oder Edmi-Gazelle (Gazella gazella – Bovidae). 999er Silber, 15 g [GZ] (2100 Ex.) *80,–*

PP

4 (4) 10 Riyals = 1000 Dirhams (S) 1970. Rs. Abu Simbel, nördliche Ramses-II.-Sitzstatuen aus der Fassade des Großen Felsentempels; 19. Dyn., um 1250 v. Chr. 999er Silber, 30 g [GZ] (2000 Ex.) *120,–*

5 (5) 25 Riyals (G) 1970. Typ wie Nr. 1. 900er Gold, 5,18 g [GZ] (500 Ex.) *450,–*

6 (6) 50 Riyals (G) 1970. Typ wie Nr. 2. 900er Gold, 10,36 g [GZ] (420 Ex.) *675,–*

7 (7) 100 Riyals (G) 1970. Typ wie Nr. 3. 900er Gold, 20,73 g [GZ] (300 Ex.) *1200,–*

8 (8) 200 Riyals (G) 1970. Rs. Scheich Ahmed Ben Raschid al Mo'alla. 900er Gold, 41,46 g [GZ] (230 Ex.) *2200,–*

Hungary — Ungarn — Hongrie

Magyarország

Fläche: 92 030 km²; 10 700 000 Einwohner (1986).
Im sogenannten »Ausgleich« vom 8. Februar 1867 wurde das Königreich Ungarn als transleithanische Reichshälfte von »Österreich-Ungarn« anerkannt und mit seinen »historischen Nebenländern« staatsrechtlich vereinigt. Diese Regelung hielt mit geringen Korrekturen bis in die Zeit des Ersten Weltkrieges. Im Jahre 1918 wurde eine bürgerliche Republik ausgerufen und am 21. März 1919 die Räterepublik geschaffen, die nur vorübergehend Bestand hatte. Die Anfang 1920 zusammengetretene Nationalversammlung entschied sich für die Wiederherstellung des Königreiches und wählte am 1. März 1920 Admiral Horthy zum Reichsverweser. Nach Beendigung des Zweiten Weltkrieges wurde Ungarn am 2. Februar 1946 wieder Republik und durch Parlamentsbeschluß vom 20. August 1949 in eine Volksrepublik umgewandelt. Am 23. Oktober 1989 wurde erneut die Republik Ungarn ausgerufen. Hauptstadt Budapest.

100 Fillér = 1 Korona; seit 1925: 100 Fillér = 1 Pengö;
seit 1. August 1946: 100 Fillér = 1 Forint

Franz Joseph 1848–1916

		SS	VZ
1 (23)	1 Fillér (Bro) 1892–1914. Stephanskrone mit seitlichen Kettengehängen (Pendilien). Rs. Wert im Kranz:		
	1892	**25,–**	**85,–**
	1892–1903	**3,–**	**10,–**
	1906, 1914	**280,–**	**550,–**

2 (24)	2 Fillér (Bro) 1892–1910, 1914, 1915. Typ wie Nr. 1	**1,50**	**3,–**

3 (25)	10 Fillér (N) 1892–1914. Typ wie Nr. 1:		
	1892–1895, 1908, 1909	**1,20**	**3,–**
	1906	**300,–**	**650,–**
	1914	**–,–**	**–,–**

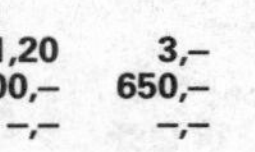

		SS	VZ
A3 (26)	10 Fillér (Neusilber) 1914–1916. Rs. Wert und Lorbeerzweige:		
	1914	**–,–**	**–,–**
	1915, 1916	**2,–**	**6,–**

4 (27)	20 Fillér (N) 1892–1914. Typ wie Nr. 1:		
	1892–1894, 1907, 1908, 1914	**10,–**	**20,–**
	1906	**1000,–**	**2500,–**

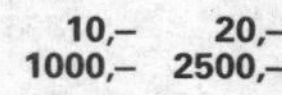

5	1 Korona (S) 1892–1916. Franz Joseph (1830–1916). Kopfbild n. r. Rs. Stephanskrone über Wert:		
	a) (Y32) großer Kopf, 1892–1896	**10,–**	**15,–**
	1906	**500,–**	**900,–**
	b) (Y32a) kleiner Kopf, 1912, 1914–1916	**9,–**	**14,–**
	1913	**150,–**	**300,–**

		SS	VZ
6 (33)	2 Korona (S) 1912–1914. Rs. Stephanskrone, von Engeln gehalten:		
	1912, 1913	12,–	22,–
	1914	50,–	150,–

7 (34)	5 Korona (S) 1900–1909. Typ wie Nr. 6:		
	1900, 1907–1909	30,–	48,–
	1906	2000,–	3200,–

Offizielle Neuprägungen von Nr. 7, kenntlich an dem Vermerk UP (= új pénzverés), existieren mit den Jahreszahlen 1901–1909.

8 (36)	10 Korona (G) 1892–1915. Franz Joseph mit Reichsapfel und Szepter. Rs. Staatswappen:		
	1892–1894, 1896–1914	100,–	145,–
	1895	–,–	–,–
	1915	5000,–	6500,–
	1898 (meist offizielle Nachprägungen von 1966–1967)	125,–	150,–

9 (A36)	20 Korona (G) 1892–1916, Typ wie Nr. 8:		
	1892–1906, 1908, 1909, 1911–1916	220,–	250,–
	1907	400,–	500,–
	1910	450,–	650,–
	1895 (meist offizielle Nachprägungen von 1966–1967)	225,–	250,–

		SS	VZ
10 (B36)	20 Korona (G) 1914–1916. Typ wie Nr. 9, jedoch mit zusätzlichem bosnischen Wappen im Wappenschild:		
	1914 (soll 1946 in Budapest geprägt worden sein)	275,–	300,–
	1915		–,–
	1916		*1500,–*

11 (D36)	100 Korona (G) 1907–1908. Typ wie Nr. 8:		
	a) 1907, 1908 (Original)	2500,–	3500,–
	b) 1907 (offizielle Nachprägung, Herrscherfigur matt)		1500,–
	1907 (offizielle Nachprägung mit UP von 1966)		1500,–
	1908 (offizielle Nachprägung, Herrscherfigur matt)		1500,–
	1908 (offizielle Nachprägung für den USA-Markt, Herrscherfigur glänzend, seit Anfang 1974 in Mengen geprägt)		1000,–

40. Krönungsjubiläum (2)

12 (35)	5 Korona (S) 1907. Franz Joseph, Kopfbild n.r. Rs. Krönungsszene	50,–	80,–
13 (C36)	100 Korona (G) 1907. Typ wie Nr. 12:		
	a) Original	2200,–	3000,–
	b) offizielle Nachprägung mit UP		1500,–

Karl IV. 1916–1918

14 (28)	2 Filler (E) 1916–1918. Typ wie Nr. 2	5,–	8,–

		SS	VZ
15 (29)	10 Filler (E) 1915–1920. Typ wie Nr. A3:		
	1915, 1918, 1920	**20,–**	**45,–**
	1918, polierte Platte (1967 geprägt)		*60,–*

16 (30)	20 Filler (E) 1916–1918, 1920, 1921. Typ wie Nr. 15	**2,–**	**2,50**

A16 (F36)	20 Kronen (G) 1918. Typ wie Nr. 10, jedoch Titelumschrift KAROLY I·K·A·CS·ES M·H·SZ·D·AP·KIR		**–,–**

Miklós Horthy, Reichsverweser 1920–1945

NEUE WÄHRUNG: 100 Filler = 1 Pengö

17 (37)	1 Filler (Bro) 1926–1939. Stephanskrone. Rs. Wert:		
	1926–1936, 1938, 1939	**1,–**	**3,–**
	1929	**7,–**	**12,–**

18 (38)	2 Filler (Bro) 1926–1940:		
	1926–1931, 1934–1940	**1,–**	**2,–**
	1932, 1933	**6,–**	**10,–**

		SS	VZ
19 (39)	10 Filler (K-N) 1926, 1927, 1935, 1936, 1938–1940	**1,–**	**2,–**

20 (40)	20 Filler (K-N) 1926, 1927, 1938–1940	**2,–**	**4,–**

21 (41)	50 Filler (K-N) 1926, 1938–1940	**3,–**	**6,–**

22 (42)	1 Pengö (S) 1926, 1927, 1937–1939. Gekröntes Wappen im Kranz. Rs. Wert im Kranz	**8,–**	**15,–**

23 (43)	2 Pengö (S) 1929–1939. Gekröntes Wappen. Rs. Patrona Hungariae:		
	1929, 1933, 1936–1939	**10,–**	**20,–**
	1931	**55,–**	**100,–**
	1932	**14,–**	**25,–**
	1935	**100,–**	**300,–**

10 Jahre Regentschaft Horthys

		SS	VZ
24 (44)	5 Pengö (S) 1930. Miklós Horthy von Nagybánya (1868—1957), Admiral und Staatsmann, Brustbild n. r. Rs. Staatswappen	**28,—**	**50,—**

300. Jahrestag der Gründung der Peter-Pázmány-Universität in Budapest

25 (45)	2 Pengö (S) 1935. Kardinal Peter Pázmány (1570—1637), Gründer der Universität. Rs. Staatswappen	**35,—**	**65,—**

200. Todestag Rákóczis

26 (46)	2 Pengö (S) 1935. Franz II. Rákóczi (1676—1735), Fürst von Ungarn und Siebenbürgen 1694—1711, Führer des Unabhängigkeitskampfes 1703—1711. Rs. Staatswappen	**18,—**	**35,—**

50. Todestag Liszts

27 (47)	2 Pengö (S) 1936. Franz von Liszt (1811—1886), Pianist und Komponist. Rs. Staatswappen	**18,—**	**30,—**

900. Todestag des Hl. Stephan

		SS	VZ
28 (48)	5 Pengö (S) 1938. Stephan I., der Heilige (970/974–1038), König von Ungarn 995–1038. Rs. Staatswappen	**28,–**	**40,–**

Zu Ehren von Admiral Horthy

29 (49)	5 Pengö (S) 1938, 1939. Miklós Horthy von Nagybánya, Brustbild n. l. Rs. Staatswappen:		
	1938 (ca. 40—50 Ex.)		*3000,—*
	1939	**28,—**	**40,—**

30 (50)	2 Fillér (St) 1940–1942. Typ wie Nr. 18:		
	a) Rand glatt, 1940	**7,50**	**10,–**
	b) Rand geriffelt, 1940, 1942	**1,50**	**2,–**
	1941	**–,–**	**–,–**

31 (51)	2 Filler (Zink) 1943—1944. Typ wie Nr. 18; Ø 17 mm	**–,80**	**1,20**
32 (52)	10 Filler (E, E verzinkt) 1940—1942. Typ wie Nr. 19	**2,—**	**3,—**

		SS	VZ
33 (53)	20 Filler (E, E verzinkt) 1941, 1943, 1944. Stephanskrone. Rs. Wert (mit Loch)	**2,50**	**4,—**

Anm.: Nrn. 32 und 33 kommen sowohl verzinkt (sherardisiert) als auch unverzinkt vor.

34 (54) 1 Pengö (Al) 1941—1944. Staatswappen. Rs. Wert im Kranz:

1941, 1942, 1944	**1,—**	**3,—**
1943	**6,—**	**10,—**

35a

35b

35 (55) 2 Pengö (Al) 1941—1943. Staatswappen im Kreis. Rs. Wert im Kreis:

a) 1941—1943	**2,—**	**5,—**
b) 1941 (Ziffer 2 mit gewellter Sohle)	*200,—*	*500,—*

75. Geburtstag Horthys

36 (57) 5 Pengö (Al) 1943. Rs. Miklós Horthy von Nagybánya, Brustbild n. l. **4,—** **8,—**

Übergangsregierung

		SS	VZ
37 (56)	5 Pengö (Al) 1945. Parlamentsgebäude in Budapest. Rs. Staatswappen, Weintrauben, Ähren		

Republik Ungarn

Magyar Köztársaság

Sämtliche nach 1946 herausgebrachten Goldmünzen sind nicht in den Umlauf gekommen, sondern werden von den ungarischen staatlichen Stellen gegen konvertierbare Währung abgegeben.

WÄHRUNGSREFORM 1. August 1946:
12 500 Korona (Pengö) = 1 Forint
NEUE WÄHRUNG: 100 Fillér = 1 Forint

38 (58) 2 Filler (Bro) 1946, 1947. Staatswappen der Republik, Umschrift MAGYAR ALLAMI VALTOPENZ (Ungarische staatliche Scheidemünze). Rs. Wert und Ähre **—,50** **1,50**

39 (59) 5 Filler (Al) 1948, 1951. Kopfbild der Hungaria n. l. Rs. Wert, Blattornament als Randdekor:

1948	**3,—**	**6,—**
1951	**1,—**	**2,—**

40 (60) 10 Filler (Al-Bro) 1946—1948, 1950. Friedenstaube, Umschrift MAGYAR ÁLLAMI VÁLTOPÉNZ (Ungarische staatliche Scheidemünze). Rs. Wert (1950 auch in Aluminium geprägt) **1,—** **2,—**

		SS	VZ
41 (61)	20 Fillér (Al-Bro) 1946–1948, 1950. Drei Ähren, Umschrift MAGYAR ÁLLAMI VÁLTOPÉNZ (Ungarische staatliche Scheidemünze). Rs. Wert	1,–	2,–

42 (62)	50 Fillér (Al) 1948. Schmied am Amboß. Rs. Wert im Eichenkranz	2,50	5,–

43 (63)	1 Forint (Al) 1946, 1947, 1949. Staatswappen, Umschrift MAGYAR ÁLLAMI VÁLTOPÉNZ (Ungarische staatliche Scheidemünze). Rs. Wert	2,50	5,–

44 (64)	2 Forint (Al) 1946, 1947. Staatswappen. Rs. Wert	3,–	6,–

45 5 Forint (S) 1946, 1947, 1966, 1967. Ludwig von Kossuth (1802–1894), Statthalter von Ungarn 1848–1849, Präsident der Ungarischen Republik 1849. Rs. Staatswappen:

a) (Y 65) 835er Silber, 20 g, 1946, Randschrift »Munka A Nemzeti Jólét Alapja« (Arbeit ist die Grundlage des nationalen Wohlstandes) 30,– 50,–

b) (Y 66) 500er Silber, 12 g, 1946, 1947, Randschrift »M. Á. V. P.« (Magyar Állami Váltópénz) 9,– 15,–

c) (Y 66a) 835er Silber, 13 g, 1966, 1967, mit Randverzierung; nur polierte Platte –,–

In ähnlicher Zeichnung: Nr. 77 und 95.

100. Jahrestag der Revolution von 1848 (3)

		SS	VZ
46 (67)	5 Forint (S) 1948. Sándor (Alexander) Petöfi (1823–1849), Dichter, u. a. des Nationalliedes, am 31. Juli 1849 als Major der Revolutionsarmee gefallen. Rs. Wert	14,–	22,–

47 (68)	10 Forint (S) 1948. Stephan, Graf von Széchenyi (1791–1860), liberaler Reformpolitiker, Gründer der Ungarischen Akademie, Verkehrsminister 1848. Rs. Wert (siehe auch Nr. 134)	22,–	30,–

48 (69)	20 Forint (S) 1948. Michael Táncsics (1799–1884), revolutionärer Schriftsteller, Abgeordneter 1848/1849. Rs. Staatswappen und Wert	40,–	55,–

Volksrepublik Ungarn 1949–1989
Magyar Népköztársaság

		VZ	ST
49 (70)	2 Fillér (Al) 1950, 1952–1957, 1960–1963, 1965–1989. Staatsbezeichnung. Rs. Wert und Kranz (mit Loch)	–,10	–,30
50 (71)	5 Fillér (Al) 1953, 1955–1957, 1959–1965, 1970, 1971–1989. Typ wie Nr. 39, jedoch neue Staatsbezeichnung	–,15	–,30

		VZ	ST
51 (72)	10 Filler 1950–1989. Typ wie Nr. 40, jedoch neue Staatsbezeichnung:		
	a) (Al) 1950, geriffelter Rand, Ø 19 mm	**4,50**	**8,–**
	(Al) 1951, 1955, 1957–1966, geriffelter Rand, Ø 19 mm	**–,40**	**–,80**
	b) (Al-Mg) 1967, glatter Rand, Ø 18 mm	**3,–**	**5,–**
	c) (Al-Mg) 1968–1989, glatter Rand, Ø 18,5 mm	**–,25**	**–,50**

52 (73)	20 Fillér 1953–1989. Typ wie Nr. 41, jedoch neue Staatsbezeichnung:		
	a) (Al) 1953, 1955, 1957–1959, 1961, 1963–1966, glatter Rand, Ø 21,1 mm	–,60	1,–
	b) (Al-Mg) 1967–1989, geriffelter Rand, Ø 20,4 mm	–,40	–,80
53 (74)	50 Fillér (Al) 1953, 1965, 1966. Typ wie Nr. 42, jedoch neue Staatsbezeichnung	–,70	1,20

Nrn. 49 bis 53, Jahre 1966 und 1967, auch in Nickel vorkommend.

54 (75) 1 Forint (Al) 1949, 1950, 1952. Staatswappen der Volksrepublik, am 14. 9. 1949 eingeführt. Rs. Wert 1,– 3,–

55 (76) 2 Forint (K-N) 1950–1952. Staatswappen der Volksrepublik. Rs. Wert **2,–** **6,–**

Weitere Werte: Nrn. 76 (50 Filler), 59 (1 Forint), 60, 94 (2 Forint), 77, 95 (5 Forint), 96 (10 Forint), 128 (20 Forint).

10. Jahrestag der Einführung der Forint-Währung (3)

56 (77) 10 Forint (S) 1956. Nationalmuseum in Budapest. Rs. Wert **20,–** **35,–**

		VZ	ST
57 (78)	20 Forint (S) 1956. Kettenbrücke in Budapest. Rs. Staatswappen der Volksrepublik	**40,–**	**50,–**

58 (79) 25 Forint (S) 1956. Parlamentsgebäude in Budapest. Rs. Staatswappen der Volksrepublik über Zahnrad **50,–** **60,–**

		VZ	ST
59 (80)	1 Forint 1957–1989. Neues Staatswappen der Volksrepublik. Rs. Wert:		
	a) (Al) 1957, 1958, 1960, 1961, 1963–1966, Ø 23,7 mm	1,–	2,–
	b) (Al-Mg) 1967–1989, Ø 22,8 mm	–,80	1,80

60 (81)	2 Forint 1957–1966. Neues Staatswappen der Volksrepublik. Rs. Wert		
	a) (K-N) 1957, 1958, 1960–1962	2,–	3,50
	b) (Neusilber) 1962–1966	1,50	3,–

Nrn. 59 und 60, Jahre 1966 und 1967, auch in Silber vorkommend.

150. Geburtstag von Franz von Liszt (5)

		PP
61 (82)	25 Forint (S) 1961. Franz von Liszt (1811—1886), Pianist und Komponist. Rs. Wert und Lyra	**60,—**
62 (83)	50 Forint (S) 1961. Typ wie Nr. 61	**70,—**
63 (84)	50 Forint (G) 1961. Typ wie Nr. 61	*325,—*
64 (85)	100 Forint (G) 1961. Typ wie Nr. 61	*500,—*
65 (86)	500 Forint (G) 1961. Typ wie Nr. 61	*1750,—*

80. Geburtstag von Béla Bartók (5)

66 (87)	25 Forint (S) 1961. Béla Bartók (1881–1945), Komponist und Vorkämpfer der Neuen Musik. Rs. Lyra über Wert	**60,–**
67 (88)	50 Forint (S) 1961. Typ wie Nr. 66	**70,–**
68 (89)	50 Forint (G) 1961. Typ wie Nr. 66	*325,–*
69 (90)	100 Forint (G) 1961. Typ wie Nr. 66	*500,–*
70 (91)	500 Forint (G) 1961. Typ wie Nr. 66	*1750,–*

400. Todestag von Nikolaus von Zrinyi (5)

71 (92)	25 Forint (S) 1966. Nikolaus Graf von Zrinyi (1508—1566), Verteidiger der Festung Sigeth (Szigetvár), die 1566 von den Türken unter Sultan Suleiman II. (1494—1566) belagert und erobert wurde. Rs. Szene vom Ausbruch aus der Festung; Familienwappen	*55,—*
72 (93)	50 Forint (S) 1966. Typ wie Nr. 71	*110,—*
73 (94)	100 Forint (G) 1966. Typ wie Nr. 71	*450,—*
74 (95)	500 Forint (G) 1966. Typ wie Nr. 71	*1800,—*
75 (96)	1000 Forint (G) 1966. Typ wie Nr. 71	*3700,—*

		VZ	ST
76 (97)	50 Fillér (Al-Mg) 1967–1989. Elisabeth-Brücke in Budapest. Rs. Wert	–,50	1,–

77 (98)	5 Forint (Neusilber) 1967, 1968. Ludwig von Kossuth (1802—1894). Rs. Staatswappen; Ø 27,5 mm, Riffelrand	**3,—**	**5,—**

85. Geburtstag von Zoltán Kodály (5)

		ST	PP
78 (99)	25 Forint (S) 1967. Zoltán Kodály (1882—1967), Komponist moderner national-ungarischer Musik, Sammler von Volksliedern. Rs. Blauer Pfau (Pavo cristatus — Phasianidae)	**22,—**	
79 (100)	50 Forint (S) 1967. Typ wie Nr. 78	**32,—**	
80 (101)	100 Forint (S) 1967. Typ wie Nr. 78	**90,—**	
81 (102)	500 Forint (G) 1967. Typ wie Nr. 78		*1750,—*
82 (103)	1000 Forint (G) 1967. Typ wie Nr. 78		*3000,—*

150. Geburtstag von Semmelweis (7)

83 (104)	50 Forint (S) 1968. Dr. Ignaz Philipp Semmelweis (1818—1865), Entdecker der Ursache des Kindbettfiebers	**30,—**	**40,—**

		ST	PP
84 (106)	50 Forint (G) 1968. Typ wie Nr. 83		225,–
85 (105)	100 Forint (S) 1968. Typ wie Nr. 83	60,–	85,–
86 (107)	100 Forint (G) 1968. Typ wie Nr. 83		400,–
87 (108)	200 Forint (G) 1968. Typ wie Nr. 83		800,–
88 (109)	500 Forint (G) 1968. Typ wie Nr. 83		2000,–
89 (110)	1000 Forint (G) 1968. Typ wie Nr. 83		3200,–

50. Jahrestag der Proklamation der Räterepublik vom 21. März 1919 (2)

90 (111) 50 Forint (S) 1969. »Revolutionär mit Fahnentuch«, nach einem zeitgenössischen Plakat. Rs. Staatsemblem, Wertangabe **30,– 45,–**

91 (112) 100 Forint (S) 1969. Typ wie Nr. 90 **55,– 80,–**

25. Jahrestag der Befreiung (2)

92 (113) 50 Forint (S) 1970. »Allegorie der Freiheit«, Denkmal Strobls in Budapest **20,– 30,–**

93 (114) 100 Forint (S) 1970. Typ wie Nr. 92 **40,– 60,–**

VZ ST

94 (115) 2 Forint (Me) 1970–1989. Staatsemblem und darüber bogig die Landesbezeichnung. Rs. Wertangabe, Jahreszahl –,80 1,50

VZ ST

95 (116) 5 Forint 1971–1989. Ludwig von Kossuth (1802–1894), Statthalter von Ungarn 1848–1849, Präsident der Ungarischen Republik 1849. Rs. Staatsemblem, Jahreszahl, Wertangabe:
a) (N) 1971–1982; Ø 24,7 mm **2,– 3,50**
b) (K-N) 1983–1989; Ø 23,4 mm **1,50 3,–**

96 (117) 10 Forint 1971–1989. »Allegorie der Freiheit«, Denkmal Strobls in Budapest. Rs. Wertangabe, Staatsemblem, Jahreszahl:
a) (N) 1971–1982; Ø 28 mm **4,– 5,50**
b) (Al-Bro) 1983–1989; Ø 25,4 mm **2,– 3,50**

1000. Geburtstag des hl. Stephan (2)

ST PP

97 (118) 50 Forint (S) 1972. Reiterporträt Stephans I., des Heiligen, König von Ungarn 995—1038. Rs. Zeitgenössischer Silberdenar. Wertangabe, Jahreszahl **20,– 35,–**

98 (119) 100 Forint (S) 1972. Porträt des Königs. Rs. Monogramm des Königs. Wertangabe, Jahreszahl **40,– 70,–**

100 Jahre Budapest durch Zusammenschluß der Städte Buda (Ofen) und Pest

ST PP

99 (120) 100 Forint (S) 1972. Zusammengeklammerte Gesimsteile als Symbol der Vereinigung. Rs. Wertangabe, Staatsemblem, Jahreszahl **30,– 52,–**

25. Jahrestag der Gründung des Rates für gegenseitige Wirtschaftshilfe (25. 1. 1974)

ST PP

102 (123) 100 Forint (S) 1974. Die Buchstaben KGST und Jubiläumszahlen, umgeben von Münzen der Mitgliedsländer Ungarn, Sowjetunion, Rumänien, Deutsche Demokratische Republik, Mongolische Volksrepublik, Polen, Kuba, Tschechoslowakei und Bulgarien (im Uhrzeigersinn). Rs. Staatswappen **40,– 80,–**

150. Geburtstag von Sándor Petöfi (2)

100 (121) 50 Forint (S) 1973. Sándor (Alexander) Petöfi (1823–1849), Dichter, u. a. des Nationalliedes, am 31. Juli 1849 als Major der Revolutionsarmee gefallen. Rs. Bänderkokarde, Wertangabe, Jahreszahl **20,– 30,–**

101 (122) 100 Forint (S) 1973. Kopfbild ähnlich wie bei Nr. 100 und Zitat aus seinem Gedicht »Märzjugend«, übersetzt: »Wir haben es gewagt, für das Vaterland zu handeln« sowie sein Namenszug. Rs. Staatsemblem, Wertangabe, Jahreszahl **40,– 70,–**

50. Jahrestag der Ungarischen Nationalbank (2)

103 (124) 50 Forint (S) 1974. Gebäude der Nationalbank **20,– 40,–**

104 (125) 100 Forint (S) 1974. Symbolische Darstellungen von Industrie, Handel, Verkehr, Landwirtschaft und Wissenschaft **42,– 80,–**

30. Jahrestag der Befreiung

		ST	PP
105 (126)	200 Forint (S) 1975. Friedenstaube über einem Pfeiler der Kettenbrücke in Budapest	50,–	80,–

150 Jahre Akademie der Wissenschaften

106 (127) 200 Forint (S) 1975. Gebäude der Akademie 50,– 80,–

300. Geburtstag Rákóczis

107 (128) 200 Forint (S) 1976. Rákóczi zu Pferde, Fahnenträger und Soldaten. Rs. Wertangabe, Wappen des Geehrten, Jahreszahl (siehe auch Nr. 26) 50,– 80,–

Ungarische Maler (6)

		ST	PP
108 (129)	200 Forint (S) 1976. Mihaly Munkácsy, eigentl. Michael Lieb (1844–1909)	50,–	75,–
109 (130)	200 Forint (S) 1976. Pál Szinyei Merse (1845–1920)	50,–	75,–
110 (131)	200 Forint (S) 1976. Gyula Derkovits	50,–	75,–

		ST	PP
111 (132)	200 Forint (S) 1977. Adám Mányoki (1673–1756)	50,–	75,–
112 (133)	200 Forint (S) 1977. Tivadar Csontváry Kosztka (1853–1919)	50,–	75,–
113 (134)	200 Forint (S) 1977. József Rippl-Rónai (1861–1927), führte um 1900 den Fauvismus ein	50,–	75,–

175. Jahrestag der Gründung des Ungarischen Nationalmuseums

114 (135) 200 Forint (S) 1977. Der sagenhafte Vogel Turul, welcher einen Lebensbaum im Schnabel hat und in den Fängen zwei Wasservögel trägt. Entwurf nach einem aus dem 10. Jh. stammenden Brustschild. Rs. Mit Säulen bestückte Treppenpartie des Museumshaupteingangs, Wertangabe 45,– 70,–

Auf die Prägung des ersten ungarischen Goldguldens unter König Karl I. Robert von Anjou

				ST	PP
115	(136)	200	Forint (S) 1978. Zierbuchstabe der Bilder-Chronik und Figur von Karl I. Robert. Doppelschriftkreis. Rs. Anjou-Lilie, Münzbild der ersten ungarischen Goldgulden. Wertangabe, Jahreszahl	45,–	60,–

Internationales Jahr des Kindes 1979

116	(137)	200	Forint (S) 1979. Kinderzeichnungen und Aufschriften von Kinderhand:		
			a) 640er Silber, 28 g	75,–	85,–
			b) Piéfort, 640er Silber, 56 g (2500 Ex.)		250,–

350. Todestag von Gabriel Bethlen

117	(138)	200	Forint (S) 1979. Gabriel (Gábor) Bethlen (1580–1629), Fürst von Siebenbürgen, erwählter König von Ungarn. Vs. und Rs. nach dem Muster alter Siebenbürger Taler:		
			a) 640er Silber, 28 g	60,–	80,–
			b) Piéfort, 640er Silber, 56 g (2500 Ex.)		200,–

XIII. Olympische Winterspiele 1980 in Lake Placid (2)

118	(140)	200	Forint (S) 1980. Eistänzerinnen:		
			a) 640er Silber, 16 g		85,–
			b) Piéfort, 640er Silber, 32 g (3000 Ex.)		350,–
119	(141)	500	Forint (S) 1980. Typ wie Nr. 118:		
			a) 640er Silber, 39 g		120,–
			b) Piéfort, 640er Silber, 78 g (1500 Ex.)		550,–

1. Sowjetisch-Ungarischer Weltraumflug

				ST	PP
120	(139)	100	Forint (N) 1979, 1980. Kopfbilder der beiden Raumfahrer über Erdhalbkugel:		
			1979	–,–	–,–
			1980	18,–	25,–

100. Geburtstag von Béla Bartók

121	(144)	500	Forint (S) 1981. Béla Bartók (1881–1945), Komponist und Vorkämpfer der Neuen Musik	70,–	100,–

Für den FAO-Münz-Plan

				VZ	ST
122	(142)	10	Forint (N) 1981. »Allegorie der Freiheit«, Denkmal Strobls in Budapest. Rs. Wertangabe, FAO-Emblem, Jahreszahl	3,–	5,–

Welternährungstag 1981

				ST	PP
123	(143)	100	Forint (N) 1981. Frau mit Brotlaib	20,–	28,–

1300 Jahre Bulgarien

ST PP

124 (147) 100 Forint (N) 1981. Porträts von Christo Botev und Alexander Petöfi, Dichter der bulgarischen und ungarischen Geschichte (siehe auch Bulgarien Nr. 130) 25,–

XII. Fußball-Weltmeisterschaft 1982 in Spanien (3)

125 (148) 100 Forint (K-N) 1982. Fußballspieler **15,– 40,–**

126 (145) 500 Forint (S) 1981. Spielfeld, Emblem. Rs. Spieler in Aktion 70,– 80,–

127 (146) 500 Forint (S) 1981. Drei Fußballspieler, stilisiert. Rs. Emblem 70,– 80,–

VZ ST

128 (160) 20 Forint (K-N) 1982–1989. György Dózsa (1474–1514), Bauernaufstandsführer; Ø 26,8 mm **2,50 4,–**

Für den FAO-Münz-Plan (4)

129 (149) 20 Fillér (Al-Mg) 1983. Drei Ähren, Schriftband. Rs. Wertangabe **–,30 –,50**

130 (150) 5 Forint (N) 1983. Maiskolben, FAO-Emblem. Rs. Wertangabe **1,– 1,70**

131 (151) 10 Forint (N) 1983. Mann mit Brotlaib, FAO-Emblem. Rs. Wertangabe **3,– 5,–**

ST PP

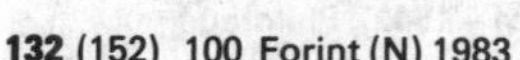

132 (152) 100 Forint (N) 1983 **20,– 30,–**

200. Geburtstag von Simón Bolivar

			ST	PP
133	(153)	100 Forint (N) 1983. Simón Bolivar (1783–1830), Staatsmann und General, Befreier Südamerikas von der spanischen Herrschaft. Rs. Kondor	20,–	30,–

150. Jahrestag des Erscheinens der Hauptwerke Széchenyis

134	(154)	100 Forint (N) 1983. István (Stephan), Graf von Széchenyi (1791–1860), liberaler Reformpolitiker (siehe auch Ungarn Nr. 47); seine Hauptwerke: »Kredit«, »Licht«, »Stadium«	20,–	30,–

100. Geburtstag von Béla Czóbel

135	(155)	100 Forint (N) 1983. Béla Czóbel (*1883), Maler	20,–	30,–

200. Geburtstag von Csoma de Koros

136	(156)	100 Forint (Neusilber) 1984. Alexander (Sándor) Csoma de Koros (1784–1842), Philologe	20,–	30,–

XIV. Olympische Winterspiele 1984 in Sarajewo

			ST	PP
137	(157)	500 Forint (S) 1984. Skilangläufer	–,–	90,–

XXIII. Olympische Sommerspiele 1984 in Los Angeles

138		500 Forint (S) 1984. Kunstturner	–,–	90,–

9. Weltkongreß für Forstwesen in Mexiko (2)

139	(158)	20 Forint (K-N) 1984. Stilisierter Laubbaum, Motto »Schützt die Wälder«	8,–	–,–
140	(159)	100 Forint (Neusilber) 1984. Baumstümpfe und neue Setzlinge	–,–	30,–

Jahrzehnt für die Frauen 1976–1985

141		500 Forint (S) 1984. Kniende Frau. Rs. Emblem		100,–

Naturschutz (6)

ST PP

142 (160) 100 Forint (Neusilber) 1985. Kopf einer Fischotter (Lutra lutra – Mustelidae) 25,–

143 144

143 (161) 100 Forint (Neusilber) 1985. Kopf einer Sumpfschildkröte (Emys orbicularis) 25,—

144 (162) 100 Forint (Neusilber) 1985. Kopf einer Wildkatze (Felis silvestris — Felidae) 25,—

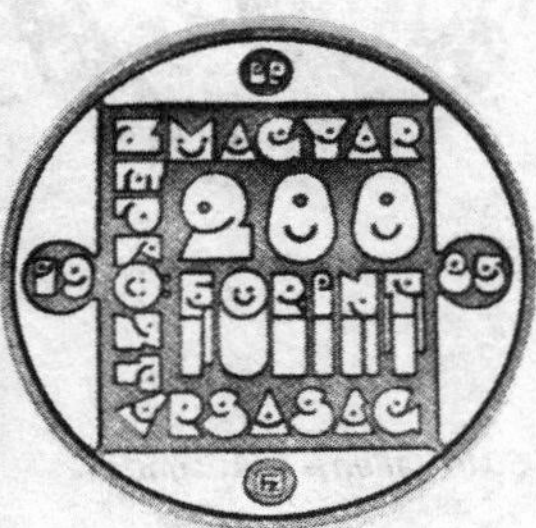

145 (163) 200 Forint (S) 1985. Fischotter. 640er Silber, 16 g 60,— —,—

146 147

146 (164) 200 Forint (S) 1985. Sumpfschildkröte 60,— —,—

147 (165) 200 Forint (S) 1985. Wildkatze 60,— —,—

Kulturforum der Konferenz über Sicherheit und Zusammenarbeit in Europa (KSZE) 1985 in Budapest (2)

ST PP

148 (166) 100 Forint (Neusilber) 1985. Topfpflanze in Fensterrahmen klassizistischen Stils 25,— 35,—

149 (167) 500 Forint (S) 1985. Stadtwappen von Budapest auf Renaissance-Säulenkapitell, stilisierter Vogel. 640er Silber, 28 g 80,– 100,–

40. Jahrestag der FAO (2)

150 (168) 20 Forint (K-N) 1985. Fisch, Blatt und Weizenähre, stilisiert 6,—

151 (169) 100 Forint (Neusilber) 1985. Baum, Weizenfeld und Fisch, stilisiert 20,—

XIII. Fußball-Weltmeisterschaft 1986 in Mexiko (4)

ST PP

152 (170) 100 Forint (Neusilber) 1985. Landkarte Mexikos, Austragungsorte 25,–

153 (171) 100 Forint (Neusilber) 1985. Plastik des aztekischen Regengottes Tlaloc 25,–
154 (172) 500 Forint (S) 1986. Spielszene 80,–
155 (173) 500 Forint (S) 1986. Fußballstadion 80,–

200. Geburtstag von András Fáy

156 100 Forint (Neusilber) 1986. András Fáy (1786–1864), Schriftsteller und Jurist, Mitbegründer des Ofener Nationaltheaters, Gründer der Pester Sparkasse 1840 8,– 12,–

In ähnlicher Zeichnung: Nr. 183

300. Jahrestag der Befreiung von Buda (Ofen) von den Türken

157 (174) 500 Forint (S) 1986. Ansicht der Festung Buda nach zeitgenössischen Stichen, von strahlendem ungarischem Wappen überhöht 54,– 65,–

ST PP

XV. Olympische Winterspiele 1988 in Calgary

158 500 Forint (S) 1986. Eisschnelläufer. Rs. Fackel. 900er Silber, 28 g *120,–* 80,–

XXIV. Olympische Sommerspiele 1988 in Seoul

159 500 Forint (S) 1987. Zwei griechische Ringkämpfer. 900er Silber, 28 g *120,–* 80,–

25 Jahre World Wildlife Fund (2)

160 50 Forint (K-N) 1988. Staatswappen. Rs. Rotfußfalke 5,–
161 500 Forint (S) 1988. Wiesenweihe (Circus pygargus). 900er Silber, 28 g 85,–

VIII. Fußball-Europameisterschaft 1988 in Deutschland (2)

162 100 Forint (Neusilber) 1988. Rs. Torszene auf dem Bildschirm 15,–
163 500 Forint (S) 1988. Rs. Spielszene, durchs Tornetz gesehen. 900er Silber, 28 g 65,– 75,–

950. Todestag des hl. Stephan

164 500 Forint (S) 1988. Rs. König Stephan und Königin Gisela von Bayern 80,– 110,–

XIV. Fußball-Weltmeisterschaft 1990 in Italien – 1. Ausgabe (2)

165 100 Forint (Neusilber) 1988. Rs. Zwei Spieler 15,–

166 500 Forint (S) 1988. Rs. Drei Spieler. 900er Silber, 28 g 75,–

70 Jahre Save the Children Fund

		ST	PP
167	500 Forint (S) 1989. Kind beim Weben des Lebensbaumes. Rs. Maserung eines Baumes mit der Silhouette eines Kindes, darin ein fünfblättriger junger Trieb. 900er Silber, 28 g (ST: 10000 Ex., PP: 20000 Ex.)	70,–	85,–

XIV. Fußball-Weltmeisterschaft 1990 in Italien – 2. Ausgabe (2)

168 100 Forint (Neusilber) 1989. Rs. Wimpeltausch 28,–

169 500 Forint (S) 1989. Rs. Spieler und Torwart mit gefangenem Ball 80,–

XXV. Olympische Sommerspiele 1992 in Barcelona – 1. Ausgabe

170	500 Forint (S) 1989. Rs. Sportler beim Entfachen des olympischen Feuers (ST: 15000 Ex., PP: 15000 Ex.)	70,–	90,–

Republik Ungarn seit 1989
Magyar Köztársaság

XVI. Olympische Winterspiele 1992 in Albertville

		ST	PP
171	500 Forint (S) 1989. Rs. Zwei Eishockeyspieler. 900er Silber, 28 g (ST: 15000 Ex., PP: 15000 Ex.)	70,–	80,–

		VZ	ST
172	2 Fillér (Al) 1990	–,–	–,–
173	5 Fillér (Al) 1990	–,–	–,–
174	10 Fillér (Al) 1990	–,–	–,–
175	20 Fillér (Al) 1990	–,–	–,–
176	50 Fillér (Al) 1990	–,–	–,–
177	1 Forint (Al)	–,–	–,–
178	2 Forint (Me)	–,–	–,–

		ST	PP
179	5 Forint (K-N)	–,–	–,–
180	10 Forint (Al-Bro)	–,–	–,–
181	20 Forint (K-N)	–,–	–,–

Nr. 182 fällt aus.

150 Jahre Sparkassen in Ungarn

183	100 Forint (Neusilber) 1990. Typ wie Nr. 156, jedoch geänderter Landesname	8,–	12,–

500. Todestag von König Matthias I. Corvinus (3)

184 500 Forint (S) 1990. Reiterstandbild von König Matthias in Klausenburg. Rs. König Matthias I. und Königin Beatrix. 900er Silber, 28 g 70,–

185 500 Forint (S) 1990. Landesname und Wertangabe im Dreipaß. Rs. Stadtansichten von Buda (Ofen) und Wien im Mittelalter, Goldmünze von König Matthias I. 70,–

186 5000 Forint (G) 1990. Wappen der Familie Hunyad (Corvinus) sowie die beiden ungarischen Schilde im Dreipaß. Rs. König Matthias I., thronend. 986⅟₉er Gold, 6,982 g 350,–

200 Jahre professionelles ungarisches Theater

187	100 Forint (K-N) 1990. Rs. Vertreter des Guten und des Bösen auf der Theaterbühne (ST: 5000 Ex., PP: 5000 Ex.)	–,–	–,–

S.O.S.-Kinderdorf

		ST	PP
188	100 Forint (K-N) 1990. Emblem der S.O.S.-Kinderdörfer. Rs. Mutter, ihr Kind schützend (50000 Ex.)		–,–

200. Geburtstag von Ferenc Kölcsey

189	500 Forint (S) 1990. Rs. Ferenc Kölcsey (1790–1838), Dichter der ungarischen Nationalhymne. 900er Silber, 28 g (ST: 10000 Ex., PP: 5000 Ex.)	–,–	–,–

Besuch von Papst Johannes Paul II. (3)

		ST	PP
190	100 Forint (K-N) 1991. Gekröntes Wappen. Rs. Papst Johannes Paul II. mit Kruzifix und Ölzweig (ST: 30000 Ex., PP: 30000 Ex.)	12,–	15,–
191	500 Forint (S) 1991. Rs. Papst Johannes Paul II. bei der Segnung in Budapest. 900er Silber, 28 g (ST: 10000 Ex., PP: 20000 Ex.)	–,–	55,–
192	10000 Forint (G) 1991. Rs. Maria mit Jesuskind. 986⅟₉er Gold, 6,982 g (10000 Ex.)	–,–	400,–

Frühere Ausgaben siehe Weltmünzkatalog 19. Jahrhundert.

Uruguay

Uruguay — Uruguay

Fläche: 186926 km²; 3000000 Einwohner (1986).
Die Republik Uruguay erstreckt sich nördlich vom Rio de la Plata zwischen dem Uruguayfluß und dem Atlantischen Ozean. Von fast allen Uruguay-Münzen gibt es Abschläge in anderen Metallen. Hauptstadt: Montevideo.

100 Centésimos = 1 Uruguayischer Peso;
seit 1. Juli 1975: 100 Centésimos = 1 Uruguayischer Neuer Peso (Nuevo Peso)

Republik (östlich des) Uruguay
República Oriental del Uruguay

SS VZ

1 (15) 1 Centésimo (K-N) 1901, 1909, 1924, 1936. In Bündeln strahlende Sonne, Umschrift: Staatsname, Jahreszahl. Rs. Wertangabe zwischen unten gebundenen Zweigen 2,– 4,–

2 (16) 2 Centésimos (K-N) 1901, 1909, 1924, 1936, 1941. Typ wie Nr. 1 2,– 3,–

3 (17) 5 Centésimos (K-N) 1901, 1909, 1924, 1936, 1941. Typ wie Nr. 1 2,– 4,–

4 (20) 20 Centésimos (S) 1920. José Gervasio Artigas (1764–1850), General und Freiheitskämpfer; Protektor 1813–1820. Rs. Staatswappen 15,– 25,–

5 (22) 50 Centésimos (S) 1916, 1917. Typ wie Nr. 4 30,– 65,–

6 (23) 1 Peso (S) 1917. Typ wie Nr. 4 60,– 150,–

Nr. 5 von 1916 und Nr. 6 von 1917 in Gold vorkommend.

100. Jahrestag der Verfassung (3)

7 (18) 10 Centésimos (Al-Bro) 1930. Kopfbild der Freiheit. Rs. Puma (Puma concolor – Felidae), Wert und Gedenkinschrift 10,– 32,–

8 (21) 20 Centésimos (S) 1930. Allegorie der Republik und Schild mit Gedenkinschrift. Rs. Ähren, Wert 18,– 40,–

9 (24) 5 Pesos (G) 1930. José Artigas, Kopfbild nach rechts. Rs. Lorbeerzweige, Strahlen der aufgehenden Sonne, Gedenkinschrift, Wert 350,– 450,–

SS VZ

10 (16a) 2 Centésimos (Bro) 1943, 1944, 1945, 1946, 1947, 1948, 1949, 1951. Typ wie Nr. 2 2,– 5,–

11 (17a) 5 Centésimos (Bro) 1944, 1946, 1947, 1948, 1949, 1951. Typ wie Nr. 3 2,– 5,–

12 (19) 10 Centésimos (Al-Bro) 1936. Typ wie Nr. 7, jedoch ohne Gedenkinschrift 12,– 22,–

13 (25) 20 Centésimos (S) 1942. Kopf der Freiheit n. r. Rs. Ähren, wie Nr. 8 8,– 15,–

14 (26) 50 Centésimos (S) 1943. Rs. Wert 10,– 18,–

15 (27) 1 Peso (S) 1942. José Artigas, Kopfbild n. r. Rs. Puma 20,– 30,–

Nrn. 13 und 15 in Gold vorkommend.

16 (28) 1 Centésimo (K-N) 1953. José Artigas. Rs. Wert im Kranz –,70 2,–

17 (29) 2 Centésimos (K-N) 1953. Typ wie Nr. 16 –,70 2,–

18 (30) 5 Centésimos (K-N) 1953. Typ wie Nr. 16 –,70 2,–

19 (31) 10 Centésimos (K-N) 1953, 1959. Typ wie Nr. 16 1,– 2,–

Nrn. 16–19 auch in Gold vorkommend.

20 (32) 20 Centésimos (S) 1954. Rs. Fünf Ähren, wie Nr. 8. 720er Silber, 3 g [Utrecht] 5,– 12,–

A20 20 Centésimos (G) 1954. Typ wie Nr. 20. 983er Gold [Utrecht] –,–

21 (33) 2 Centésimos (N-Me) 1960. José Artigas. Rs. Wert im Kranz –,50 1,–

22 (34) 5 Centésimos (N-Me) 1960. Typ wie Nr. 21 –,70 1,–

23 (35) 10 Centésimos (N-Me) 1960. Typ wie Nr. 21 –,70 1,–

24 (36) 25 Centésimos (K-N) 1960. Rs. Staatswappen 1,– 1,50

25 (37) 50 Centésimos (K-N) 1960. Typ wie Nr. 24 1,30 2,–

26 (38) 1 Peso (K-N) 1960. Typ wie Nr. 24 2,– 4,–

150. Jahrestag des Unabhängigkeitskampfes gegen die spanische Herrschaft

			SS	VZ
27 (39)	10	Pesos (S) 1961. Gaucho, Kopfbild n. r. Rs. Wert im Kranz, Gedenkinschrift	15,–	25,–

Nr. 27 auch in Gold vorkommend.

28 (40)	20	Centésimos (Al) 1965. José Artigas. Rs. Wert im Kranz	–,40	1,–
29 (41)	50	Centésimos (Al) 1965. Typ wie Nr. 28	–,50	1,–
30 (42)	1	Peso (Al-N-Bro) 1965. Rs. Staatswappen	–,80	1,50
31 (43)	5	Pesos (Al-N-Bro) 1965. Typ wie Nr. 30	1,20	2,–

32 (44)	10	Pesos (Al-N-Bro) 1965. Typ wie Nr. 30	2,50	3,50

Nrn. 30, 31, polierte Platte (25 Ex.) 300,–.
Nrn. 28 und 29 auch in Aluminium-Bronze vorkommend.
Nrn. 28–32 in Kupfer und in Silber vorkommend.
Nrn. 28–31 in Gold vorkommend.
Nrn. 29–31 in Kupfer-Nickel vorkommend.

33 (45)	1	Peso (Al-N-Bro) 1968. José Artigas. Rs. Korallenstrauch oder Ceibo (Erythrina crista-galli – Leguminosae), Nationalblume; Wert	–,40	1,–
34 (46)	5	Pesos (Al-N-Bro) 1968. Typ wie Nr. 33	–,50	1,–
35 (47)	10	Pesos (Al-N-Bro) 1968. Typ wie Nr. 33	–,80	1,50

Nrn. 33–35, polierte Platte (50 Ex.) 450,–.
Nrn. 33–35 auch in Kupfer-Nickel vorkommend.
Nrn. 33–35 sowie 20 und 50 Pesos 1968 in 900er Silber vorkommend.

36 (48)	1	Peso (Al-N-Bro) 1969. Sonne, Jahreszahl. Rs. Korallenstrauch	–,40	1,–
37 (49)	5	Pesos (Al-N-Bro) 1969. Typ wie Nr. 36	–,60	1,–

38 (50)	10	Pesos (Al-N-Bro) 1969. Typ wie Nr. 36	1,—	1,50
39 (51)	20	Pesos (Neusilber) 1970. Staatswappen. Rs. Weizenähren, Wert	1,20	2,—

40 (52)	50	Pesos (Neusilber) 1970. Typ wie Nr. 39	2,—	3,—

Nrn. 39, 40, polierte Platte 350,—
Nrn. 36—38 in Kupfer-Nickel und in Silber vorkommend.
Nrn. 39 und 40 in Silber und in Gold vorkommend.

2. Konferenz der UN-Organisation für Ernährung und Landwirtschaft (FAO)

			ST	PP
41 (53)	1000	Pesos 1969. Symbolische Darstellungen des Menschen, der Natur und Landwirtschaft von dem Bildhauer Francisco Matta Vilaró. Motto: FIAT PANIS (Es werde Brot). Rs. Zwölfstrahlige Sonne:		
		a) (S) 900 fein, 25 g	25,–	*250,–*
		b) (Bro) (11 000 Ex.)	125,–	

Nr. 41 auch in 900er Gold, ca. 39 g, vorkommend *3600,–*

100. Geburtstag von J. E. Rodó

			VZ	ST
42 (54)	50	Pesos (Neusilber) 1971. José Enrique Rodó (1871—1917), Philosoph und Schriftsteller. Rs. Feder, aufgeschlagenes Buch	2,50	3,50

Nr. 42 auch in Silber und in Gold bekannt.

43 (A53)	100	Pesos (Neusilber) 1973. José Artigas, Brustbild, Landesbezeichnung, Mzz. Rs. Wertangabe, Jahreszahl, Lorbeerzweig	2,—	2,50

Nr. 43 auch in Silber vorkommend.

WÄHRUNGSREFORM 1. Juli 1975: 1000 alte Pesos = 1 Uruguayischer Neuer Peso (Nuevo Peso)

150. Jahrestag der revolutionären Bewegung

		VZ	ST
44 (59)	5 Nuevos Pesos (Al-N-Bro) o. J. (1975). Flagge, Schwert und Motto LIBERTAD O MUERTE. Rs. José Artigas, Wertangabe, Inschrift		**15,–**

Nr. 44 auch in Silber und in Gold vorkommend.

45 (A55) 1 Centésimo (Al) 1977. Strahlende Sonne mit menschlichem Gesicht, Jahreszahl. Rs. Wertangabe, Lorbeerzweige (zwölfeckig) **–,50**
46 (B55) 2 Centésimos (Al) 1977, 1978. Typ wie Nr. 45 **–,50**
47 (C55) 5 Centésimos (Al) 1977, 1978. Rind, Symbol aus Feld 4 des Staatswappens, Landesname, Mzz., Jahreszahl. Rs. Wertangabe, Lorbeerzweige **–,50**
48 (55) 10 Centésimos (Al-N-Bro) 1976–1978, 1981. Pferd, Symbol aus Feld 3 des Staatswappens, Landesname, Mzz., Jahreszahl. Rs. Wertangabe, Lorbeerzweige **–,70**
49 (56) 20 Centésimos (Al-N-Bro) 1976–1978, 1981. Fort von Montevideo, Symbol aus Feld 2 des Staatswappens, Landesname, Mzz., Jahreszahl. Rs. Wertangabe, Lorbeerzweige (zwölfeckig) **–,90**
50 (57) 50 Centésimos (Al-N-Bro) 1976–1978, 1981. Waage, Symbol aus Feld 1 des Staatswappens, Landesname, Mzz., Jahreszahl. Rs. Wertangabe, Lorbeerzweige **1,60**
51 (58) 1 Nuevo Peso (Al-N-Bro) 1976–1978. José Artigas, Brustbild, Landesname, Mzz., Jahreszahl. Rs. Wertangabe, Lorbeerzweig (zwölfeckig) **3,–**

Nrn. 45–47 von 1979, Nrn. 48–50 von 1976 und 1977, Nr. 51 von 1976 in 900er Silber vorkommend.
Nrn. 45–47 von 1979, Nrn. 48–51 von 1976 in 900er Gold vorkommend.

250. Jahrestag der Gründung der Stadt Montevideo

52 (60) 5 Nuevos Pesos (Al-N-Bro) 1976. Stadtwappen, Gedenkumschrift, Jahreszahl. Rs. Kopfbild von Bruno Mauricio de Zabala, dem Gründer der Stadt, vor Mauerhintergrund **14,–**

Nr. 52 auch in 900er Gold vorkommend.

		VZ	ST
53 (61)	1 Nuevo Peso (K-N) 1980, 1981. Staatswappen. Rs. Korallenstrauch, Wertangabe	**1,–**	**1,50**
54 (62)	5 Nuevos Pesos (K-N) 1980, 1981. Nationalflagge. Rs. Korallenstrauch, Wertangabe	**2,–**	**3,–**
55 (63)	10 Nuevos Pesos (K-N) 1980, 1981. José Artigas. Rs. Korallenstrauch, Wertangabe	**4,–**	**6,–**

Nrn. 53 und 54 auch in 900er Silber und in 900er Gold vorkommend.
Nr. 55 auch in 900er Gold vorkommend 1500,–
Nr. 56 fällt aus.

Welternährungstag 1981

57 (64) 2 Nuevos Pesos (Al-N-Bro) 1981. Fünf Weizenähren, wie Nr. 8 **1,–** **2,–**

Nr. 57 in 900er Gold vorkommend 1500,–
Nr. 58 fällt aus.

Staudamm »Salto Grande« (2)

		ST	PP
59 (65)	100 Nuevos Pesos (S) 1981. Staatswappen von Uruguay und Argentinien. Rs. Ansicht des Staudammes	**22,–**	**60,–**
60 (66)	5000 Nuevos Pesos (S) 1981. Typ wie Nr. 59		**75,–**

Nr. 59 auch als Probeprägung in Gold vorkommend 1000,–
Nr. 60 auch als Probeprägung in Gold vorkommend 2000,–
Nrn. 61–65 fallen aus.

Zum Besuch des spanischen Königspaares (2)

66 (70) 2000 Nuevos Pesos (S) 1983. Porträt des Königspaares. Rs. Staatswappen beider Länder, Wertangabe **120,–**

67 (71) 20000 Nuevos Pesos (G) 1983. Typ wie Nr. 66 *1000,–*

Nr. 66 auch als Probeprägung in Gold, Silber Piéfort, Kupfer und Kupfer Piéfort vorkommend.
Nr. 67 auch als Probeprägung in Silber Piéfort und Kupfer Piéfort vorkommend.

Staudamm »9 de Febrero de 1973« (2)

		ST	PP
68 (72)	500 Nuevos Pesos (S) 1983. Staatswappen. Rs. Ansicht des Staudammes		**48,–**
69 (73)	20000 Nuevos Pesos (G) 1983. Typ wie Nr. 68. 900er Gold, 20 g		**1500,–**

Nr. 68 auch als Probeprägung in Gold vorkommend.
Nr. 69 auch als Probeprägung in Silber vorkommend.

25. Zusammenkunft der Notenbankdirektoren Interamerikanischer Banken in Punta del Este im März 1984 (3)

70 (74) 2000 Nuevos Pesos (S) 1984. Darstellung der 1-Peso-Silbermünze aus der Zeit der Belagerung Montevideos 1844. Rs. Emblem **100,–**

71 (75) 20000 Nuevos Pesos (G) 1984. Versuchsprägung eines 40-Reales-Stückes in Gold aus dem Jahr 1854. Rs. Emblem **1500,–**

72 (76) 2000 Nuevos Pesos (S) 1984. Staatswappen. Rs. Emblem **100,–**

Von Nrn. 70–72 Probeprägungen in Silber, Silber Piéfort, Kupfer, Kupfer Piéfort und Aluminium vorkommend.

Welt-Fischerei-Konferenz in Rom 1984 (2)

73 (77) 20 Nuevos Pesos 1984. Seehecht (Merluccius merluccius hubbsi):
- a) (S) 925 fein, 11,66 g (20500 Ex.) **140,–**
- b) (S) Piéfort, 925 fein, 23,32 g (600 Ex.) *250,–*
- c) (K-N) **15,–**

74 20 Nuevos Pesos (G) 1984. Typ wie Nr. 73. 916⅔er Gold, 19,6 g (200 Ex.) *1200,–*

Zum Gedenken an die Verteidigung von Paysandú am 2. Januar 1865

75 (78) 500 Nuevos Pesos (S) 1986. General Leandro Gómez, Nationalheld. Rs. Basilika von Paysandú. 900er Silber, 12 g **45,–**

20 Jahre Zentralbank (Banco Central del Uruguay) (2)

		ST	PP
A75	5000 Nuevos Pesos (S) 1987. Guillochenmuster. Rs. Stilisierte Räder. 900er Silber, 25 g (10000 Ex.)		**60,–**
B75	5000 Nuevos Pesos (G) 1987. Typ wie Nr. A75. 900er Gold, 42,63 g (30 Ex.)		–,–

Regierungschef-Konferenz der lateinamerikanischen Staaten

C75 5000 Nuevos Pesos (S) 1988. Wertangabe. Rs. Zahl 8, von acht Staatswappen umgeben. 900er Silber, 25 g [Santiago] (5000 Ex.) –,–

Von Nr. C75 kommen Probeprägungen in Gold, Bronze, Neusilber und Kupfer vor.

		VZ	ST
76	1 Nuevo Peso (St) 1989. Strahlende Sonne, Landesname. Rs. Wert [Paris]	*1,50*	*3,–*

		VZ	ST
77	5 Nuevos Pesos (St) 1989. Typ wie Nr. 76 [Paris]	**–,30**	**–,50**
78	10 Nuevos Pesos (St) 1989. Typ wie Nr. 76 [Paris]	**–,50**	**–,90**
79	50 Nuevos Pesos (St) 1989. Typ wie Nr. 76 [Paris]	**–,60**	**1,–**
80	100 Nuevos Pesos (St) 1989. Gaucho. Rs. Wert im Kranz, Jahreszahl mit Punkt [Paris]	**–,80**	**1,50**
81	200 Nuevos Pesos (K-N) 1989. Libertad mit gesprengten Ketten. Rs. Wert [Paris]	**1,–**	**2,–**
82	500 Nuevos Pesos (K-N) 1989. José Artigas. Rs. Wert [Paris]	**2,–**	**3,50**

500. Jahrestag der Entdeckung Amerikas

83 50000 Nuevos Pesos (S) 1991. Staatswappen im Wappenkreis. Rs. Gekreuzte Flaggen vor gekröntem spanischem Wappen von 1492. 925er Silber, 27 g –,–

Frühere Ausgaben siehe Weltmünzkatalog 19. Jahrhundert.

Vanuatu | # Vanuatu | **Vanuatu**

Fläche 12 189 km²; 140 154 Einwohner (1988).
Die einst ein französisch-britisches Kondominium bildende Inselgruppe der Neuen Hebriden im Stillen Ozean wurde am 30. Juli 1980 unabhängig. Hauptstadt: Port Vila.

Der Neue-Hebriden-Franc wurde im Verhältnis 1:1 durch den Vatu ersetzt.

Frühere Ausgaben (bis 1982) siehe unter *Neue Hebriden.*

Republik Vanuatu
Ripablik Blong Vanuatu

NEUE WÄHRUNG: nur Vatu

1. Jahrestag der Unabhängigkeit (2)

ST PP

1 (1) 50 Vatu 1981. Staatswappen, Gedenkumschrift. Rs. Ernten von Taro:
a) (S) 925 fein, 15 g (846 Ex.) — *150,–*
b) (K-N) — **3,50**

2 (2) 10000 Vatu (G) 1981. Rs. Palmenbestandene Insel mit Kokoskrabbe oder Palmendieb (Birgus latro). 916²/₃er Gold, 15,98 g — *800,–* *1000,–*

VZ ST

3 (3) 1 Vatu (N-Me) 1983, 1990. Staatswappen, Landesname RIPABLIK BLONG VANUATU. Rs. Meeresschnecke — **–,50** **1,–**

ST PP

4 (4) 2 Vatu (N-Me) 1983, 1990. Typ wie Nr. 3 — **–,50** **1,–**

5 (5) 5 Vatu (N-Me) 1983, 1990. Typ wie Nr. 3 — **–,50** **1,–**

Für den FAO-Münz-Plan (3)

6 (6) 10 Vatu (K-N) 1983, 1990. Rs. Kokoskrabbe auf palmenbestandener Insel — **–,80** **1,50**

7 (7) 20 Vatu (K-N) 1983, 1990. Typ wie Nr. 6 — **1,–** **2,–**

8 (8) 50 Vatu (K-N) 1983, 1990. Rs. Süßkartoffeln oder Bataten (Ipomoea batatas), umgeben von Weinranken — **2,–** **3,50**

Banknotenersatzausgabe

9 100 Vatu (N-Me) 1988. Rs. Drei keimende Kokosnüsse — **4,–** **7,–**

Nrn. 3–8 von 1983, polierte Platte 50,–

XXIV. Olympische Sommerspiele 1988 in Seoul

10 50 Vatu (S) 1988. Rs. Boxen. 925er Silber, 34 g [RM] — **120,–**

11 50 Vatu (S) 1991. Rs. Pedro Fernandez de Quiros, Entdecker der Inselgruppe 1605, im Hintergrund Segelschiff. 925er Silber — **96,–**

XXV. Olympische Sommerspiele 1992 in Barcelona

12 50 Vatu (S) 1992. Rs. Kanute. 925er Silber, 31,47 g — **–,–**

Vatican Vatikanstadt Vatican

Fläche: 0,44 km²; 1025 Einwohner.
Die Vatikanstadt hat nicht nur einen eigenen Bahnhof und einen Rundfunksender, sondern besitzt auch Münz- und Posthoheit. In den Lateranverträgen vom 11. Februar 1929, am 7. Juni 1929 ratifiziert, wurde die Souveränität des Papstes über die Vatikanstadt mit den vatikanischen Enklaven von Italien anerkannt. In der Vatikanstadt befinden sich auch die vatikanischen Sammlungen (Antikensammlung, Vatikanische Bibliothek, Vatikanisches Archiv, Vatikanische Pinakothek).

100 Centesimi = 1 Italienische Lira (Lira Italiana)

Staat Vatikanstadt
Stato della Città del Vaticano

Papst Pius XI. 1922–1939

		SS	VZ
1 (1)	5 Centesimi (Bro) 1929–1938. Wappen, Jahreszahl. Rs. Olivenzweig, Wertangabe:		
	1929	65,–	100,–
	1930–1932, 1934–1937	15,–	22,–
	1938	–,–	–,–
2 (2)	10 Centesimi (Bro) 1929–1938. Rs. Hl. Petrus, Wertangabe:		
	1929	50,–	80,–
	1930–1932, 1934–1937	15,–	22,–
	1938	1150,–	2500,–
3 (3)	20 Centesimi (N) 1929–1937. Rs. Hl. Paulus, Brustbild n. l., Wertangabe:		
	1929	50,–	80,–
	1930–1932, 1934, 1936, 1937	8,–	15,–
	1935	150,–	250,–
4 (4)	50 Centesimi (N) 1929–1937. Rs. Erzengel Michael, Wertangabe:		
	1929	50,–	80,–
	1930–1932, 1934, 1936, 1937	9,–	15,–
	1935	80,–	150,–

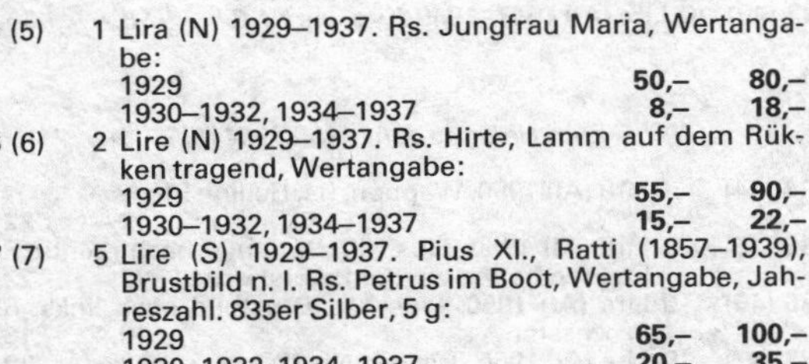

		SS	VZ
5 (5)	1 Lira (N) 1929–1937. Rs. Jungfrau Maria, Wertangabe:		
	1929	50,–	80,–
	1930–1932, 1934–1937	8,–	18,–
6 (6)	2 Lire (N) 1929–1937. Rs. Hirte, Lamm auf dem Rükken tragend, Wertangabe:		
	1929	55,–	90,–
	1930–1932, 1934–1937	15,–	22,–
7 (7)	5 Lire (S) 1929–1937. Pius XI., Ratti (1857–1939), Brustbild n. l. Rs. Petrus im Boot, Wertangabe, Jahreszahl. 835er Silber, 5 g:		
	1929	65,–	100,–
	1930–1932, 1934–1937	20,–	35,–

		SS	VZ
8 (8)	10 Lire (S) 1929–1937. Rs. Sitzende Madonna mit Kind, Wertangabe, Jahreszahl. 835er Silber, 10 g:		
	1929	75,–	120,–
	1930–1932, 1934–1937	30,–	50,–

9 (9)	100 Lire (G) 1929—1935. Pius XI., Brustbild n. r. Rs. Christus stehend, Wertangabe, Jahreszahl. 900er Gold, 8,8 g; Ø 23,5 mm:		
	1929, 1932	400,—	600,—
	1930	1200,—	1800,—
	1931, 1934, 1935	700,—	1000,—

Zum Heiligen Jahr 1933/1934 (9)

A9 (11)	5 Centesimi (Bro) 1933/1934. Typ wie Nr. 1	30,—	50,—
B9 (12)	10 Centesimi (Bro) 1933/1934. Typ wie Nr. 2	25,—	45,—
C9 (13)	20 Centesimi (N) 1933/1934. Typ wie Nr. 3	10,—	20,—
D9 (14)	50 Centesimi (N) 1933/1934. Typ wie Nr. 4	20,—	35,—
E9 (15)	1 Lira (N) 1933/1934. Typ wie Nr. 5	20,—	35,—
F9 (16)	2 Lire (N) 1933/1934. Typ wie Nr. 6	25,—	45,—
G9 (17)	5 Lire (S) 1933/1934. Typ wie Nr. 7	30,—	50,—
H9 (18)	10 Lire (S) 1933/1934. Typ wie Nr. 8	35,—	60,—

		SS	VZ
I9 (19)	100 Lire (G) 1933/1934. Typ wie Nr. 9	**350,–**	**550,–**

A10 (10) 100 Lire (G) 1936–1938. Typ wie Nr. 9. 900er Gold, 5,19 g; Ø 20,5 mm:

	SS	VZ
1936	**600,–**	**850,–**
1937	*7000,–*	*10 000,–*
1938 (6 Ex.)		**–,–**

Sedisvakanz 1939

10 (20) 5 Lire (S) 1939. Wappen Kardinal Pacellis. Rs. Taube des Heiligen Geistes **30,–** **55,–**

11 (21) 10 Lire (S) 1939. Typ wie Nr. 10 **40,–** **60,–**

Papst Pius XII. 1939–1958

12 (22) 5 Centesimi (Al-N-Bro) 1939–1941. Wappen. Rs. Olivenzweig **18,–** **30,–**

13 (23) 10 Centesimi (Al-N-Bro) 1939–1941. Rs. Hl. Petrus **18,–** **30,–**

14 (24) 20 Centesimi 1931–1941. Rs. Hl. Paulus:

	SS	VZ
a) (N) 1939	**18,–**	**30,–**
b) (St) 1940–1941	**4,–**	**7,–**

15 (25) 50 Centesimi 1939–1941. Rs. Erzengel Michael:

	SS	VZ
a) (N) 1939	**13,–**	**20,–**
b) (St) 1940–1941	**4,–**	**7,–**

16 (26) 1 Lira 1939–1941. Rs. Jungfrau Maria:

	SS	VZ
a) (N) 1939	**18,–**	**30,–**
b) (St) 1940–1941	**6,–**	**9,–**

17 (27) 2 Lire 1939–1941. Hirte, Lamm auf dem Rücken tragend:

	SS	VZ
a) (N) 1939	**24,–**	**35,–**
b) (St) 1940, 1941	**6,–**	**9,–**

18 (28) 5 Lire (S) 1939–1941. Pius XII., Pacelli (1876–1958), Brustbild nach links. Rs. Petrus im Boot **18,–** **35,–**

19 (29) 10 Lire (S) 1939–1941. Rs. Sitzende Madonna mit Kind **170,–** **240,–**

20 (30) 100 Lire (G) 1939–1941. Rs. Christus stehend **750,–** **1000,–**

21 (31) 5 Centesimi (Al-N-Bro) 1942–1946. Brustbild n. l. Rs. Taube:

	SS	VZ
1942	**170,–**	**220,–**
1943–1946	**220,–**	**300,–**

22 (32) 10 Centesimi (Al-N-Bro) 1942–1946. Typ wie Nr. 21:

	SS	VZ
1942	**150,–**	**200,–**
1943–1946	**220,–**	**300,–**

23 (33) 20 Centesimi (St) 1942–1946. Wappen. Rs. Justitia:

	SS	VZ
1942	**3,–**	**7,–**
1943–1946	**120,–**	**200,–**

24 (34) 50 Centesimi (St) 1942–1946. Typ wie Nr. 23:

	SS	VZ
1942	**3,–**	**7,–**
1943–1946	**120,–**	**200,–**

25 (35) 1 Lira (St) 1942–1946. Typ wie Nr. 23:

	SS	VZ
1942	**4,–**	**7,–**
1943–1946	**170,–**	**220,–**

26 (36) 2 Lire (St) 1942–1946. Typ wie Nr. 23:

	SS	VZ
1942	**6,–**	**10,–**
1943–1946	**170,–**	**220,–**

27 (37) 5 Lire (S) 1942–1946. Brustbild n. l. Rs. Caritas:

	SS	VZ
1942	**170,–**	**220,–**
1943–1946	**220,–**	**300,–**

28 (38) 10 Lire (S) 1942–1946. Typ wie Nr. 27:

	SS	VZ
1942	**250,–**	**350,–**
1943–1946	**300,–**	**450,–**

29 (39) 100 Lire (G) 1942–1949. Brustbild n. r. Rs. Caritas:

	SS	VZ
1942	**1000,–**	**1200,–**
1943–1947, 1949	**1500,–**	**2000,–**
1948	**600,–**	**950,–**

30 (40) 1 Lira (Al) 1947–1949. Typ wie Nr. 23:

	SS	VZ
1947	**50,–**	**75,–**
1948	**20,–**	**40,–**
1949	**40,–**	**65,–**

31 (41) 2 Lire (Al) 1947–1949. Typ wie Nr. 23:

	SS	VZ
1947	**50,–**	**75,–**
1948	**20,–**	**35,–**
1949	**40,–**	**65,–**

32 (42) 5 Lire (Al) 1947–1949. Typ wie Nr. 27 **18,–** **30,–**

33 (43) 10 Lire (Al) 1947–1949. Typ wie Nr. 27 **18,–** **30,–**

Zum Heiligen Jahr 1950/1951 (5)

34 (44) 1 Lira (Al) 1950. Wappen. Rs. Heilige Pforte **12,–** **22,–**

35 (45) 2 Lire (Al) 1950. Pius XII., Brustbild nach rechts. Rs. Friedenstaube vor der Peterskirche **12,–** **22,–**

36 (46) 5 Lire (Al) 1950. Pius XII., Brustbild nach links. Rs. Prozession **10,–** **16,–**

37 (47) 10 Lire (Al) 1950. Typ wie Nr. 38 **12,–** **20,–**

		SS	VZ
38 (48)	100 Lire (G) 1950. Brustbild des Papstes mit Tiara. Rs. Pius XII., die Heilige Pforte öffnend	**580,–**	**750,–**
39 (49)	1 Lira (Al) 1951–1958. Wappen. Rs. Temperantia	**3,–**	**5,–**
40 (50)	2 Lira (Al) 1951–1958. Rs. Fortitudo	**3,–**	**5,–**
41 (51)	5 Lire (Al) 1951–1958. Rs. Justitia	**3,–**	**5,–**
42 (52)	10 Lire (Al) 1951–1958. Rs. Prudentia	**3,–**	**5,–**
43 (A52)	20 Lire (Al-N-Bro) 1957, 1958. Rs. Caritas	**5,–**	**8,–**
44 (54)	50 Lire (St) 1955–1958. Rs. Spes	**5,–**	**8,–**
45 (55)	100 Lire (St) 1955–1958. Rs. Fides	**4,–**	**7,–**

46 (53)	100 Lire (G) 1951–1956. Rs. Caritas:		
	1951–1953, 1955	**1000,–**	**1500,–**
	1954, 1956	**850,–**	**1200,–**

47 (A53)	100 Lire (G) 1957, 1958. Rs. Wappen:		
	1957 XIX	**550,–**	**650,–**
	1958 XX	**450,–**	**550,–**

Zum 20. Pontifikatsjahr

48 (56)	500 Lire (S) 1958. Pius XII., Brustbild nach links. Rs. Wappen	**90,–**	**135,–**

Sedisvakanz 1958

49 (57)	500 Lire (S) 1958. Wappen. Rs. Taube des Heiligen Geistes	**30,–**	**45,–**

Nr. 49 mit und ohne Akzent auf Città in der Randschrift vorkommend.

Papst Johannes XXIII. 1958–1963

		SS	VZ
50 (58)	1 Lira (Al) 1959–1962. Wappen. Rs. Temperantia:		
	1959	**140,–**	**200,–**
	1960–1962	**18,–**	**30,–**
51 (59)	2 Lire (Al) 1959–1962. Rs. Fortitudo	**18,–**	**30,–**

52 (60)	5 Lire (Al) 1959–1962. Johannes XXIII., Roncalli (1881–1963), Brustbild nach rechts. Rs. Justitia	**12,–**	**20,–**
53 (61)	10 Lire (Al) 1959–1962. Rs. Prudentia.	**9,–**	**15,–**
54 (62)	20 Lire (Al-N-Bro) 1959–1962. Rs. Caritas	**6,–**	**12,–**
55 (63)	50 Lire (St) 1959–1962. Rs. Spes	**3,–**	**5.–**
56 (64)	100 Lire (St) 1959–1962. Rs. Fides	**3,–**	**5,–**

57 (66)	100 Lire (G) 1959. Rs. Wappen	**2400,–**	**3000,–**

58 (65)	500 Lire (S) 1959–1962. Rs. Wappen:		
	1959, 1961–1962	**55,–**	**85,–**
	1960	**300,–**	**450,–**

2. Ökumenisches Vatikanisches Konzil (8)

59 (67)	1 Lira (Al) 1962. Wappen. Rs. Taube, den Heiligen Geist versinnbildlichend	**6,–**	**10,–**
60 (68)	2 Lire (Al) 1962	**6,–**	**10,–**
61 (69)	5 Lire (Al) 1962	**4,–**	**8,–**
62 (70)	10 Lire (Al) 1962	**2,–**	**4,–**
63 (71)	20 Lire (Al-N-Bro) 1962	**3,–**	**5,–**
64 (72)	50 Lire (St) 1962. Rs. Johannes XXIII. als Vorsitzender während des Konzils	**3,–**	**5,–**
65 (73)	100 Lire (St) 1962. Typ wie Nr. 64	**3,–**	**5,–**

SS VZ

66 (74) 500 Lire (S) 1962. Typ wie Nr. 64 60,– 100,–

Sedisvakanz 1963

67 (75) 500 Lire (S) 1963. Wappen. Rs. Taube 22,– 40,–

Papst Paul VI. 1963–1978

68 (76) 1 Lira (Al) 1963–1965. Wappen. Rs. Temperantia:
1963 35,– 50,–
1964 12,– 18,–
1965 8,– 12,–
69 (77) 2 Lire (Al) 1963–1965. Wappen. Rs. Fortitudo:
1963 35,– 50,–
1964 12,– 18,–
1965 8,– 12,–
70 (78) 5 Lire (Al) 1963–1965. Paul VI., Montini (1897–1978), Brustbild. Rs. Justitia:
1963 25.– 35,–
1964 7,– 10,–
1965 5,– 7,–
71 (79) 10 Lire (Al) 1963–1965. Rs. Prudentia:
1963 18,– 25,–
1964 7,– 10,–
1965 5,– 8,–
72 (80) 20 Lire (Al-N-Bro) 1963–1965. Rs. Caritas:
1963 15,– 20,–
1964 4,– 6,–
1965 3,– 5,–
73 (81) 50 Lire (St) 1963–1965. Rs. Spes:
1963 15,– 20,–
1964 3,– 5,–
1965 2,– 3,–
74 (82) 100 Lire (St) 1963–1965. Fides:
1963 5,– 10,–
1964 3,– 5,–
1965 2,– 3,–
75 (83) 500 Lire (S) 1963–1965. Rs. Wappen:
1963 60,– 80,–
1964, 1965 35,– 50,–

Zum 4. Pontifikatsjahr (8)

76 (84) 1 Lira (Al) 1966. Kopf des Papstes nach links mit Cappa Magna und Mitra. Rs. Hirte, ein Lamm auf dem Rücken tragend: »Ich bin der gute Hirte...« Joh. 10/2, Wahlspruch von Papst Paul VI. 2,– 4,–
77 (85) 2 Lire (Al) 1966. Typ wie Nr. 76 2,– 4,–
78 (86) 5 Lire (Al) 1966. Typ wie Nr. 76 2,– 4,–
79 (87) 10 Lire (Al) 1966. Typ wie Nr. 76 2,– 3,–
80 (88) 20 Lire (Al-N-Bro) 1966. Typ wie Nr. 76 2,– 3,–
81 (89) 50 Lire (St) 1966. Typ wie Nr. 76 2,– 3,–
82 (90) 100 Lire (St) 1966. Typ wie Nr. 76 3,– 5,–
83 (91) 500 Lire (S) 1966. Typ wie Nr. 76 28,– 40,–

Zum 5. Pontifikatsjahr (8)

84 (92) 1 Lira (Al) 1967. Wappen von Papst Paul VI. Rs. Gekreuzte Schlüssel über geistlichem Schwert vor aufgehender Sonne 2,– 4,–

SS VZ

85 (93) 2 Lire (Al) 1967. Wappen von Papst Paul VI. Rs. Tiara (Symbol des Lehr-, Hirten- und Priesteramtes des Papstes) über kopfstehendem Kreuz mit Stricken (Sinnbild des Kreuzestodes des hl. Petrus mit dem Kopf nach unten – Joh. 21/18); Schlüssel links und rechts des Kreuzes mit Strikken und Tiaraschleifen verbunden 2,– 4,–

86 (94) 5 Lire (Al) 1967. Brustbild des Papstes nach rechts mit Pileolus (Kappe) und Mozzetta (Schultermäntelchen) und Stola. Rs. Petersschlüssel und Schwert vor aufgehender Sonne (Schwert als Marterwerkzeug des Apostels Paulus – 1900-Jahr-Jubiläum seines Martyriums) 2,– 4,–
87 (95) 10 Lire (Al) 1967. Brustbild des Papstes n. l. Rs. wie Nr. 85 2,– 3,–
88 (96) 20 Lire (Al-N-Bro) 1967. Brustbild des Papstes nach rechts. Rs. Schwert vor aufgehender Sonne zwischen den heiligen Petrus links und Paulus rechts; gekreuzte Schlüssel als Symbol der Binde- und Lösegewalt des Papstes als Nachfolger Petri – Matth. 16/19 (1900-Jahr-Feier des Martyriums der heiligen Petrus und Paulus) 2,– 3,–
89 (97) 50 Lire (St) 1967. Brustbild des Papstes nach rechts. Rs. Damaskusstunde: Bekehrung des Saulus – Apost. 9/3 bis 4; Saulus zu Pferd 2,– 3,–
90 (98) 100 Lire (St) 1967. Brustbild des Papstes nach links. Rs. Papst als Inhaber des höchsten kirchlichen Lehrstuhles bei einer Ex-cathedra-Erklärung 2,– 3,–

91 (99) 500 Lire (S) 1967. Brustbild des Papstes nach links. Rs. wie Nr. 88 28,– 40,–

Für den FAO-Münz-Plan (8)

92 (100) 1 Lira (Al) 1968. Brustbild des Papstes mit Pileolus und Mozzetta. Rs. Ährenkreuz vor Sonne als Symbol der Fruchtbarkeit im christlichen Glauben 2,– 3,–
93 (101) 2 Lire (Al) 1968. Rs. »Speisung in der Wüste« oder »Wunderbare Brotvermehrung« 2,– 3,–

		SS	VZ
94 (102)	5 Lire (Al) 1968. Rs. Unsere Liebe Frau der Ernte	2,–	3,–

95 (103)	10 Lire (Al) 1968. Typ wie Nr. 93	2,–	3,–
96 (104)	20 Lire (Al-N-Bro) 1968. Typ wie Nr. 92	1,–	2,–
97 (105)	50 Lire (St) 1968. Typ wie Nr. 94	1,–	2,–
98 (106)	100 Lire (St) 1968. Typ wie Nr. 93	2,–	3,–
99 (107)	500 Lire (S) 1968. Typ wie Nr. 92	30,–	50,–

Zum 7. Pontifikatsjahr (8)

100 (108)	1 Lira (Al) 1969. Papst Paul VI. mit Mitra. Rs. Engelsdarstellung	2,–	3,–
101 (109)	2 Lire (Al) 1969	2,–	3,–
102 (110)	5 Lire (Al) 1969	2,–	3,–
103 (111)	10 Lire (Al) 1969	1,–	2,–
104 (112)	20 Lire (Al-N-Bro) 1969	1,–	2,–
105 (113)	50 Lire (St) 1969	1,–	2,–
106 (114)	100 Lire (St) 1969	2,–	3,–

107 (115)	500 Lire (S) 1969	22,–	32,–

Zum 8.–15. Pontifikatsjahr (8)

		VZ	ST
108 (116)	1 Lira (Al) 1970–1977. Wappen von Papst Paul VI. Rs. Palmwedel (Phoenix dactylifera – Palmae)	1,–	2,–
109 (117)	2 Lire (Al) 1970–1977. Rs. Lamm (Ovis ammon aries – Bovidae)	1,–	2,–
110 (118)	5 Lire (Al) 1970–1977. Rs. Pelikan (Pelecanus sp. – Pelecanidae), füttert nach der christlichen Legende seine Jungen mit dem Blut aus mit dem eigenen Schnabel gerissenen Brustwunden	1,–	2,–
111 (119)	10 Lire (Al) 1970–1977. Rs. Fisch	1,–	2,–
112 (120)	20 Lire (Al-N-Bro) 1970–1977. Rs. Rothirsch (Cervus elaphus – Cervidae)	1,–	2,–
113 (121)	50 Lire (St) 1970–1976. Rs. Olivenzweig (Olea europaea – Oleaceae)	1,–	2,–
114 (122)	100 Lire (St) 1970–1977. Rs. Haustaube (Columba livia domestica – Columbidae) und Olivenzweig	1,–	2,–
115 (123)	500 Lire (S) 1970–1976. Rs. Weintraube (Vitis vinifera – Vitaceae) und Gerstenähre (Hordeum sp. – Gramineae)	20,–	30,–

Zum Heiligen Jahr 1975/76 (8)

116 (124)	1 Lira (Al) 1975. Das Motiv symbolisiert den Glauben des gequälten Menschen	2,–	4,–
117 (125)	2 Lire (Al) 1975. Das Motiv symbolisiert die Versöhnung zwischen den Brüdern, die Rückkehr aus dem Krieg, und stellt den Gegensatz des Kriegers und des Priesters in der Umarmung dar	2,–	4,–
118 (126)	5 Lire (Al) 1975. Das Motiv stellt die Vergebung der Frau von Betania dar. Dargestellt sind Jesus und Magdalena	1,–	2,–
119 (127)	10 Lire (Al) 1975. Das Motiv symbolisiert die Versöhnung zwischen Gott und dem menschlichen Geschlecht. Dargestellt sind die Arche und die Taube	1,–	2,–
120 (128)	20 Lire (Al-N-Bro) 1975. Das Motiv symbolisiert das Vertrauen des Menschen in Gott. Dargestellt ist der segnende Christus	1,–	2,–
121 (129)	50 Lire (St) 1975. Das Motiv symbolisiert den Frieden im Herrn. Dargestellt ist ein Schlafender in den Stadtmauern	1,–	2,–
122 (130)	100 Lire (St) 1975. Das Motiv symbolisiert die Taufe des menschlichen Geschlechtes. Dargestellt ist der wunderbare Fischfang	2,–	3,–
123 (131)	500 Lire (S) 1975. Die Umarmung des Apostels Johannes und Christus. Es ist eine Interpretation des Vaters, der den verlorenen Sohn wieder aufnimmt, der Liebe zwischen den Menschen und der Hoffnung	30,–	40,–
124 (A121)	50 Lire (St) 1977. Rs. Weintraube und Gerstenähre, wie Nr. 115	1,–	3,–

125 (132)	500 Lire (S) 1977. Rs. Quadratische Tafel mit den vier Evangelistenzeichen	24,–	35,–

Zum 16. Pontifikatsjahr (7)

126 (133)	5 Lire (Al) 1978	1,–	2,–
127 (134)	10 Lire (Al) 1978	1,–	1,50
128 (135)	20 Lire (Al-N-Bro) 1978	1,–	1,50
129 (136)	50 Lire (St) 1978	1,–	2,–
130 (137)	100 Lire (St) 1978	2,–	3,–
131 (138)	200 Lire (Al-N-Bro) 1978	2,–	4,–
132 (139)	500 Lire (S) 1978	25,–	40,–

VZ ST

Sedisvakanz 1978 (I)

133 (140) 500 Lire (S) 1978. Wappen des Kardinals Jean Villot. Rs. Taube des Heiligen Geistes 35,– 50,–

Johannes Paul I. (26. 8. 1978–28. 9. 1978)

134 (142) 1000 Lire (S) 1978 65,–

Sedisvakanz 1978 (II)

135 (141) 500 Lire (S) 1978. Wappen des Kardinals Jean Villot, am Unterrand »SEPTEMBER« und römische Jahreszahl 35,– 45,–

Johannes Paul II. seit 1978

Zum 1. und 2. Pontifikatsjahr (6)

			VZ	ST
136	(143)	10 Lire (Al) 1979, 1980	1,–	1,50
137	(144)	20 Lire (Al-N-Bro) 1979, 1980	1,–	2,–
138	(145)	50 Lire (St) 1979, 1980	1,–	2,–
139	(146)	100 Lire (St) 1979, 1980	1,–	2,–
140	(147)	200 Lire (Al-N-Bro) 1979, 1980	2,–	4,–
141	(148)	500 Lire (S) 1979, 1980	35,–	50,–

Zum 3. Pontifikatsjahr (6)

142 (155) 10 Lire (Al) 1981 1,– 1,50

144

			VZ	ST
143	(156)	20 Lire (Al-N-Bro) 1981	1,–	2,–
144	(157)	50 Lire (St) 1981	1,–	2,–

145

146

			VZ	ST
145	(158)	100 Lire (St) 1981	1,–	2,–
146	(159)	200 Lire (Al-N-Bro) 1981	2,–	4,–
147	(160)	500 Lire (S) 1981	35,–	50,–

Zum 4. Pontifikatsjahr (7)

148 (161) 10 Lire (Al) 1982. Rs. Erschaffung von Mann und Frau –,70 1,–

149

150

			VZ	ST
149	(162)	20 Lire (Al-N-Bro) 1982. Rs. Ehebund	1,–	1,50
150	(163)	50 Lire (St) 1982. Rs. Mutterschaft	1,–	1,50

151

152

151 (164) 100 Lire (St) 1982. Rs. Familie 1,– 2,–

		VZ	ST
152 (165)	200 Lire (Al-N-Bro) 1982. Rs. Arbeit (FAO-Ausgabe)	2,–	4,–

153 (166)	500 Lire (St/Al-N-Bro) 1982. Rs. Alter	3,–	5,–

154 (167)	1000 Lire (S) 1982. Rs. Päpstliches Wappen	30,–	50,–

Zum Heiligen Jahr 1983/1984 (2)

155 (168)	500 Lire (S) 1983/1984. Päpstliches Wappen, Inschrift ANNO SANTO 1983–1984. Rs. Christus, den Drachen zertretend, im Hintergrund Petersdom in Rom und Heilig-Grab-Kirche in Jerusalem	28,–	35,–

156 (169)	1000 Lire (S) 1983/1984. Rs. Papst Johannes Paul II. bei der Segnung	35,–	55,–

Zum 5. Pontifikatsjahr (7)

		VZ	ST
157 (170)	10 Lire (Al) 1983. Päpstliches Wappen. Rs. Arbeit und Schule	–,70	1,–
158 (171)	20 Lire (Al-N-Bro) 1983. Rs. Inkarnation	1,–	2,–
159 (172)	50 Lire (St) 1983. Rs. Vertreibung aus dem Paradies	1,–	2,–
160 (173)	100 Lire (St) 1983. Rs. Kulturbefehl	1,–	2,–
161 (174)	200 Lire (Al-N-Bro) 1983. Papst Johannes Paul II. Rs. Erschaffung Adams	2,–	3,–
162 (175)	500 Lire (St/Al-N-Bro) 1983. Rs. Schöpfung des Universums	2,–	4,–
163 (176)	1000 Lire (S) 1983. Päpstliches Wappen. Rs. Papst Johannes Paul II. bei der Segnung	35,–	50,–

Zum 6. Pontifikatsjahr mit dem Thema »Frieden« (7)

164 (177)	10 Lire (Al) 1984. Rs. Hand mit Kornähren und absinkende Hand mit Schwert	–,70	1,–
165 (178)	20 Lire (Al-N-Bro) 1984. Rs. Hirte mit Schafen	1,–	2,–
166 (179)	50 Lire (St) 1984. Rs. Tauben am Wasser	1,–	2,–
167 (180)	100 Lire (St) 1984. Rs. Lamm Gottes, Kreuz	1,–	2,–
168 (181)	200 Lire (Al-N-Bro) 1984. Rs. Segelboot auf dem Wasser	2,–	3,–
169 (182)	500 Lire (St/Al-N-Bro) 1984. Rs. Zwei Hände mit Ölzweig	2,–	4,–
170 (183)	1000 Lire (S) 1984. Rs. Päpstliches Wappen	35,–	50,–

2000. Geburtstag der Jungfrau Maria

		PP
171 (184)	500 Lire (S) 1984. Päpstliches Wappen. Rs. Papst, vor Maria kniend, im Hintergrund Golgatha und Peterskirche	60,–

Zum 7. Pontifikatsjahr mit dem Thema »Reisen des Papstes« (7)

		VZ	ST
172 (185)	10 Lire (Al) 1985. Rs. Der geflügelte Mensch, Evangelistenzeichen des Matthäus	–,70	1,–
173 (186)	20 Lire (Al-N-Bro) 1985. Rs. Adler, Evangelistenzeichen des Johannes	1,–	2,–
174 (187)	50 Lire (St) 1985. Rs. Markuslöwe	1,–	2,–
175 (188)	100 Lire (St) 1985. Rs. Weltkarte mit Papstflugzeug	1,–	2,–
176 (189)	200 Lire (Al-N-Bro) 1985. Geflügelter Stier, Evangelistenzeichen des Lukas	2,–	3,–
177 (190)	500 Lire (St/Al-N-Bro) 1985. Rs. Paulus im Boot	2,–	4,–
178 (191)	1000 Lire (S) 1985. Papst Johannes Paul II. bei der Segnung. Rs. Päpstliches Wappen	35,–	50,–

Zum 8. Pontifikatsjahr mit dem Thema »Christliche Freiheit und Befreiung« (7)

179 (192)	10 Lire (Al) 1986. Rs. Die Kirche in der Vision der Offenbarung des Johannes in Frauengestalt über dem Evangelium sinnend	1,–	1,50
180 (193)	20 Lire (Al-N-Bro) 1986. Rs. Engel im Kampf gegen das Goldene Kalb	1,–	1,50
181 (194)	50 Lire (St) 1986. Rs. Moses mit den Tafeln der Zehn Gebote auf dem Sinai	1,–	1,50
182 (195	100 Lire (St) 1986. Rs. Christus, auf einem Berg lehrend	1,25	2,–
183 (196)	200 Lire (Al-N-Bro) 1986. Rs. Engel, ein Schwert in die Scheide steckend	1,50	2,50
184 (197)	500 Lire (St/Al-N-Bro) 1986. Rs. Maria an der Seite Christi	2,–	3,–
185 (198)	1000 Lire (S) 1986. Rs. Papst Johannes Paul II. bei einer Ansprache	35,–	45,–

Zum 9. Pontifikatsjahr
Marianisches Jahr 1987/1988 (7)

		VZ	ST
186 (199)	10 Lire (Al) 1987. Rs. Pietà von Michelangelo vor Peterskirche	1,–	1,50
187 (200)	20 Lire (Al-N-Bro) 1987. Rs. Maria, von zwei Engeln gekrönt	1,–	1,50
188 (201)	50 Lire (St) 1987. Rs. Gläubige zu Füßen Mariens	1,–	1,50
189 (202)	100 Lire (St) 1987. Rs. Mariä Verkündigung	1,25	2,–
190 (203)	200 Lire (Al-N-Bro) 1987. Rs. Maria mit zerbrochenen Waffen als Königin des Friedens	1,50	2,50
191 (204)	500 Lire (St/Al-N-Bro) 1987. Rs. Maria vor Christus am Kreuz	2,–	3,–
192 (205)	1000 Lire (S) 1987. Papst Johannes Paul II. im Gebet vor Maria mit Jesuskind. Rs. Päpstliches Wappen	35,–	45,–

Zum 10. Pontifikatsjahr
Encyclica »Sollicitudo Rei Socialis« (7)

		VZ	ST
193 (206)	10 Lire (Al) 1988	1,–	1,50
194 (207)	20 Lire (Al-N-Bro) 1988	1,–	1,50
195 (208)	50 Lire (St) 1988	1,–	1,50
196 (209)	100 Lire (St) 1988	1,25	2,–
197 (210)	200 Lire (Al-N-Bro) 1988	1,50	2,50
198 (211)	500 Lire (St/Al-N-Bro) 1988	2,–	3,–
199 (212)	1000 Lire (S) 1989	35,–	45,–

Zum 11. Pontifikatsjahr (7)

		VZ	ST
200 (213)	10 Lire (Al) 1989	1,–	1,50
201 (214)	20 Lire (A!-N-Bro) 1989	1,–	1,50
202 (215)	50 Lire (St) 1989	1,–	1,50
203 (216)	100 Lire (St) 1989	1,25	2,–
204 (217)	200 Lire (Al-N-Bro) 1989	1,50	2,50
205 (218)	500 Lire (St/Al-N-Bro) 1989	2,–	3,–
206 (219)	1000 Lire (S) 1989	35,–	45,–

12. Pontifikatsjahr
»Christentum und neues Europa« (7)

		VZ	ST
207 (220)	10 Lire (Al) 1990. Rs. Petrus und Paulus in brüderlicher Umarmung	1,–	1,50
208 (221)	20 Lire (Al-N-Bro) 1990. Rs. Bischof des lateinischen Ritus und Bischof des orientalischen Ritus, darüber gekreuzte Schlüssel unter Tiara	1,–	1,50
209 (222)	50 Lire (St) 1990. Rs. Kreuz in geöffneter Tür, darüber Auge Gottes	1,–	1,50
210 (223)	100 Lire (St) 1990. Rs. Hl. Benedikt, Patron Europas	1,25	2,–
211 (224)	200 Lire (Al-N-Bro) 1990. Rs. Maria mit Jesuskind	1,50	2,50
212 (225)	500 Lire (St/Al-N-Bro) 1990. Rs. Christus, stehend, von hl. Kyrill und hl. Methodius flankiert	2,–	3,–
213 (226)	1000 Lire (S) 1990. Papst Johannes Paul II. beim Durchschreiten von Stacheldrahtbarrieren. Rs. Päpstliches Wappen	35,-	45,-

13. Pontifikatsjahr (7)

		VZ	ST
214 (227)	10 Lire (Al) 1991	1,–	1,50
215 (228)	20 Lire (Al-N-Bro) 1991	1,–	1,50
216 (229)	50 Lire (St) 1991	1,–	1,50
217 (230)	100 Lire (St) 1991	1,25	2,–
218 (231)	200 Lire (Al-N-Bro) 1991	1,50	2,50
219 (232)	500 Lire (St/Al-N-Bro) 1991	2,–	4,–
220 (233)	1000 Lire (S) 1991	35,–	45,–

Venezuela Venezuela Vénézuéla

Fläche: 912050 km²; 15900000 Einwohner (1986).
Von den Versuchen des Entdeckungsreisenden Alonso de Hojeda, eines Begleiters des Kolumbus auf dessen zweiter Fahrt, in der Bucht von Maracaibo eine Niederlassung zu gründen, bewahrte sich nur der Name, der Klein-Venedig bedeutet. Auch die von Kaiser Karl V. dem Augsburger Handelshause der Welser 1528 erteilte Kolonisationskonzession war nicht von Dauer, sie wurde 1546 widerrufen. Die spanische Kolonialverwaltung des 18. Jahrhunderts regierte Venezuela von Mexiko aus über eine Audiencia in Santo Domingo, bis es 1786 eine eigene Audiencia mit dem Sitz in Carácas erhielt. In dieser Stadt begann am 19. April 1810 der Aufstand gegen die spanische Herrschaft; nach der Erklärung der Unabhängigkeit am 5. Juli 1811 vergingen noch 10 Jahre bis zu ihrer Durchsetzung. Die 1819 beschlossene Vereinigung von Venezuela mit den Vereinigten Provinzen von Neugranada als Republik Kolumbien hielt bis 1830 und zerfiel nach dem Tode der Befreiungsgeneräle Bolívar und Sucre. Die Republik Venezuela wurde 1864 in einen Bundesstaat umgestaltet. 1954 kehrte man zum Namen »República de Venezuela« zurück. Hauptstadt: Carácas.

100 Centavos = 1 Venezolano (Fuerte); seit 1879: 100 Céntimos = 1 Bolívar

Für die Münzen sind auch folgende Bezeichnungen üblich: Puya (1 Centavo, 5 Céntimos), Locha (2½ Centavos, 12½ Céntimos), Medio (5 Centavos, 25 Céntimos), Real (10 Centavos, 50 Céntimos) und Doblon (10 Bolívares Silber).

Estados Unidos de Venezuela

WÄHRUNGSREFORM 1879:
5 Céntimos = 1 Centavo, 5 Bolívares = 1 Venezolano
NEUE WÄHRUNG: 100 Céntimos = 1 Bolívar

		SS	VZ
22 (27)	5 Céntimos (K-N) 1896, 1915, 1921, 1925, 1927, 1929, 1936, 1938. Staatswappen. Rs. Wertangabe	2,–	6,–
23 (28)	12½ Céntimos (K-N) 1896, 1925, 1927, 1929, 1936, 1938. Typ wie Nr. 22	1,50	4,–
24 (19)	⅕ Bolívar (S) 1879. Simón Bolívar (1783–1830), Befreier Südamerikas von der spanischen Herrschaft. Rs. Staatswappen	600,–	*1200,–*
25 (20)	¼ Bolívar (S) 1894–1948. Typ wie Nr. 24	3,–	6,–
26 (21)	½ Bolívar (S) 1879–1936. Typ wie Nr. 24, jedoch Staatswappen zwischen Lorbeer- und Palmzweigen	10,–	20,–
27 (22)	1 Bolívar (S) 1879–1936. Typ wie Nr. 26	11,–	25,–
28 (23)	2 Bolívares (S) 1879–1936. Typ wie Nr. 26	25,–	40,–

		SS	VZ
29 (24)	5 Bolívares (S) 1879–1936. Typ wie Nr. 26	35,–	75,–
30 (31)	10 Bolívares (G) 1930. Typ wie Nr. 26, jedoch Kopfbild n. r.	180,–	250,–
31 (32)	20 Bolívares (G) 1879–1912. Typ wie Nr. 30	300,–	420,–
32 (17)	25 Bolívares (G) 1875. Typ wie Nr. 30	680,–	800,–
33 (33)	100 Bolívares (G) 1886–1889. Typ wie Nr. 30	1300,–	1450,–
34 (29)	5 Céntimos (Me) 1944. Wappenschild, Umschrift, Staatsname, Jahreszahl. Rs. Wertangabe zwischen unten gebundenen Lorbeerzweigen	7,–	14,–
35 (30)	12½ Céntimos (Me) 1944. Typ wie Nr. 34	30,–	60,–
36 (29a)	5 Céntimos (K-N) 1945, 1946, 1948. Typ wie Nr. 34	1,–	3,–
37 (30a)	12½ Céntimos (K-N) 1945, 1946, 1948. Typ wie Nr. 34	1,–	2,–
38 (21a)	½ Bolívar (S) 1944–1946. Typ ähnlich wie Nr. 26:		
	1944	8,–	12,–
	1945, 1946	5,–	8,–
39 (22a)	1 Bolívar (S) 1945. Typ wie Nr. 38	10,–	15,–
40 (23a)	2 Bolívares (S) 1945. Typ wie Nr. 38	14,–	18,–

Republik Venezuela seit 1954
República de Venezuela

		VZ	ST
41 (38)	5 Céntimos (K-N) 1958. Staatswappen. Rs. Wert im Kranz [Phila]	–,50	1,–
42 (39)	12½ Céntimos (K-N) 1958. Typ wie Nr. 41 [Phila]	–,90	1,50

		VZ	ST
43 (35)	25 Céntimos (S) 1954, 1960. Staatswappen, Wertangabe, Feingehaltsangabe. Rs. Simón Bolívar. 835er Silber, 1,25 g:		
	a) [Phila] 1954 (Abb.)	2,–	4,–
	b) [Paris] 1960	2,–	4,–

			SS	VZ
44 (36)	50	Céntimos (S) 1954, 1960. Typ wie Nr. 43. 835er Silber, 2,5 g:		
		a) [Phila] 1954	3,–	5,–
		b) [Paris] 1960	3,–	5,–

			SS	VZ
45 (37)	1	Bolívar (S) 1954, 1960, 1965. Staatswappen zwischen Zweigen, Wertangabe, Feingehaltsangabe. Rs. Simón Bolívar. 835er Silber, 5 g:		
		a) [Phila] 1954	4,–	6,–
		b) [Paris] 1960, 1965 (Abb.)	4,–	6,–

			SS	VZ
46 (A37)	2	Bolívares (S) 1960, 1965. Typ wie Nr. 45. 835er Silber, 10 g [Paris]	5,–	8,–
47 (38a)	5	Céntimos (K-N) 1964, 1965, 1971. Staatswappen. Rs. Wert im Kranz:		
		I. 1964, 1965	–,50	1,–
		II. 1971	–,50	1,–

			SS	VZ
48 (A40)	10	Céntimos (K-N) 1971. Typ wie Nr. 47	–,50	1,–

			SS	VZ
49	12½	Céntimos (K-N) 1969. Typ wie Nr. 47 [Madrid]	*300,–*	*500,–*
50 (40)	25	Céntimos (N) 1965. Staatswappen, Wertangabe. Rs. Simón Bolívar, 1,75 g, Typ I [VDM]	1,50	1,–

			SS	VZ
51 (41)	50	Céntimos 1965, 1985, 1988–1990. Typ wie Nr. 50:		
		a) (N) 3,5 g, Typ I [RM] 1965	–,50	1,–
		b) (N) 3,5 g, Typ I [RCM] 1985	–,50	1,–
		c) (St, N plattiert, N galvanisiert) 3,1 g, Typ II [VDM] 1988, 1989 (Abb.)	–,50	1,–
		d) (St, N galvanisiert) 3,1 g, Typ I [RCM] 1990	–,50	1,–
52 (42)	1	Bolívar (N) 1967. Staatswappen zwischen Zweigen, Wertangabe in Buchstaben. Rs. Simón Bolívar, 5 g, Typ I [RM, Heaton]	–,90	1,50
53 (43)	2	Bolívares 1967, 1986, 1988–1990. Typ wie Nr. 52:		
		a) (N) 8,5 g, Typ I, 1967	2,–	3,–
		b) (N) 8,5 g, Typ II, 1986	2,–	3,–
		c) (N) 8,5 g, Typ I [RCM] 1988	2,–	3,–
		d) (St, N galvanisiert) 7,5 g, Typ I [RCM] 1989, 1990 (Abb.)	2,–	3,–
		e) (St, N plattiert, N galvanisiert) 7,5 g, Typ I [VDM] 1989	2,–	3,–
		f) (St, N plattiert, N galvanisiert) 7,5 g, Typ II [VDM] 1989 (Abb.)	2,–	3,–
54 (44)	5	Bolívares (N) 1973. Staatswappen zwischen Zweigen, Wertangabe. Rs. Simón Bolívar	3,–	5,–

100 Jahre Münzprägung mit dem Porträt von Simón Bolívar

			VZ	ST
55 (45)	10	Bolívares (S) 1973. Staatswappen. Rs. Simón Bolívar. 900er Silber, 30 g [RCM]	25,–	40,–

Nationalisierung der Ölindustrie

			VZ	ST
56 (54)	500	Bolívares (G) 1975. Rs. Erdölbohrtürme, 900er Gold, 18 g [Metalor] (100 Ex.)	–,–	–,–

Rettet die Tierwelt (3)

			ST	PP
57 (46)	25	Bolívares (S) 1975. Rs. Jaguar (Panthera onca – Felidae) [RM]:		
		a) 925er Silber, 28,28 g		60,–
		b) 925er Silber, 25,31 g	50,–	
58 (47)	50	Bolívares (S) 1975. Rs. Gürteltier (Fam. Dasypodidae) [RM]:		
		a) 925er Silber, 35,00 g		120,–
		b) 925er Silber, 31,65 g	100,–	
59 (48)	1000	Bolívares (G) 1975. Rs. Felsenhahn (Fam. Cotingidae). 900er Gold, 33,47 g [RM]	*1200,–*	*2000,–*

		VZ	ST
60 (49)	5 Céntimos (St, K plattiert) 1974, 1976, 1977. Staatswappen. Rs. Wertangabe unter Girlande:		
	a) [VDM] 1974, 1976	–,30	–,50
	b) [RM] 1977	–,30	–,50
61 (49a)	5 Céntimos 1983, 1986. Typ wie Nr. 60 [VDM]:		
	a) (St, N plattiert) 1983	–,30	–,50
	b) (St, K-N plattiert) 1986	–,30	–,50

		VZ	ST
62 (50)	25 Céntimos 1977, 1978, 1987, 1989, 1990. Staatswappen, Wertangabe mit großer Wertzahl. Rs. Simón Bolívar:		
	a) (N) 1,75 g, Typ II, dicker Schrötling [VDM] 1977 (Abb.)	–,40	–,60
	b) (N) 1,75 g, Typ II, normaler Schrötling [VDM] 1978	–,40	–,60
	c) (N) 1,75 g, Typ I [Sherritt] 1987	–,40	–,60
	d) (St, N galvanisiert) 1,5 g, Typ I [RCM] 1989	–,40	–,60
	e) (St, N galvanisiert) 1,5 g, Typ III [Mexiko] 1990	–,40	–,60

		VZ	ST
63 (52)	1 Bolívar 1977, 1986, 1989, 1990. Staatswappen zwischen Zweigen, Wertangabe mit Wertzahl. Rs. Simón Bolívar:		
	a) (N) 5 g, Typ I [RM] 1977	1,–	1,50
	b) (N) 5 g, Typ II, 1986	1,–	1,50
	c) (St, N plattiert, N galvanisiert) 4,25 g, Typ I [VDM] 1989 (Abb.)	1,–	1,50
	d) (St, N plattiert, N galvanisiert) 4,25 g, Typ II [VDM] 1989	1,–	1,50
	e) (St, N galvanisiert) 4,25 g, Typ III [Mexiko] 1990 (Abb.)	1,–	1,50

		VZ	ST
64 (53)	5 Bolívares 1977, 1987–1990. Typ wie Nr. 63:		
	a) (N) 15 g, Typ II [Madrid] 1977	2,50	4,–
	b) (N) 15 g, Typ II [VDM] 1987	2,50	4,–
	1988	*8,–*	*16,–*
	c) (St, N plattiert, N galvanisiert) 13,4 g, Typ I, enge Randriffelung [VDM] 1989 (Abb.)	2,50	4,–
	d) (St, N plattiert, N galvanisiert) 13,4 g, Typ II, weite Randriffelung [VDM] 1989	2,50	4,–
	e) (St, N galvanisiert) 13,4 g, Typ II [RCM] 1990	2,50	4,–

150. Jahrestag der Unabhängigkeit (2)
150. Todestag von Antonio José de Sucre

		VZ	ST
65 (55)	75 Bolívares (S) 1980. Ausschnitt aus einem Gemälde von Arturo Michelena (1863–1898). Rs. Antonio José de Sucre y Alcalá (1795–1830). 900er Silber, 17 g	20,–	30,–

150. Todestag von Simón Bolívar

		VZ	ST
66 (56)	100 Bolívares (S) 1980. Denkmal Bolívars mit Aschenurne. Rs. Simón Bolívar (1783–1830). 900er Silber, 22 g	25,–	40,–

200. Geburtstag von Andrés Bello

		PP
67 (57)	100 Bolívares (S) 1981. Initialen. Rs. Andrés Bello (1781–1865), Dichter und Pädagoge. 835er Silber, 27 g [VDM]	50,–

200. Geburtstag von Simón Bolívar (2)

		PP
68 (58)	100 Bolívares (S) 1983. Vorderfront von Bolívars Geburtshaus. Rs. Simón Bolívar (1783–1830) vor Bücherregal. 900er Silber, 31,10 g	50,–
69 (59)	3000 Bolívares (G) 1983. Typ wie Nr. 68. 900er Gold, 31,10 g	*1000,–*

200. Geburtstag von José María Vargas

70 (60)	100 Bolívares (S) 1986. Alte Fassade der Universität von Caracas. Rs. Dr. José María Vargas (1786–1854), zweiter Staatspräsident 1835–1836. 900er Silber, 31,10 g [RM]	40,–	*250,–*

		ST	PP
71 (61)	10 000 Bolívares (G) 1987. Staatswappen. Rs. Simón Bolívar. 900er Gold, 31,10 g [RCM]		*1000,–*

ST PP

200. Geburtstag von Rafael Urdaneta

72 (62) 5000 Bolívares (G) 1988. Rs. General Rafael Urdaneta (1788–1845). 900er Gold, 15,5 g [RCM] *550,–*

73 (63) 5000 Bolívares (G) 1988. Rs. Santiago Mariño [RCM] *550,–*

200. Geburtstag von José Antonio Páez (2)

PP

74 (64) 500 Bolívares (S) 1990. Rs. José Antonio Páez (1790–1873), Befreiungskämpfer, erster Staatspräsident 1831–1835, 1838–1843, 1846–1847 und 1861–1863. 900er Silber, 31,10 g (30 000 Ex.) –,–

PP

75 (65) 5000 Bolívares (G) 1990. Typ wie Nr. 74. 900er Gold, 15,55 g (10 000 Ex.) **450,–**

50 Jahre Zentralbank (Banco Central de Venezuela (2)

76 50 Bolívares (S) 1990. Zahl 50 und Siegel der Zentralbank. Rs. Fassade des Zentralbankgebäudes von 1940. 900er Silber, 31,10 g –,–

77 50 Bolívares (G) 1990. Typ wie Nr. 76. 900er Gold, 15,55 g (5000 Ex.) **450,–**

500. Jahrestag der Entdeckung Amerikas

78 1100 Bolívares (S) 1991. Staatswappen im Wappenkreis. Rs. Standbild von Christoph Kolumbus. 925er Silber, 27 g –,–

Frühere Ausgaben siehe Weltmünzkatalog 19. Jahrhundert.

Vereinigte Arabische Emirate

United Arab Emirates **Emirats Arabes Unis**

Al-Amirat al-Arabiyat al-Mutahida

Fläche: 83 600 km²; 1 300 000 Einwohner (1986).
Die Scheichtümer Abu Dhabi, Adschman, Dubai, Fudschaira, Schardscha und Umm Al Kaiwain haben mit dem 2. Dezember 1971 die Vereinigten Arabischen Emirate proklamiert. Die Residenz von Scheich Sa'id bin Sultan in Abu-Dhabi-Stadt wurde zur vorläufigen Hauptstadt erklärt. Mitte Februar 1972 trat auch der 7. Golfstaat, Ras Al Khaima, der Union bei.

100 Fils = 1 Dirham

Sa'id bin Sultan an-Nahiyan seit 1971

Für den FAO-Münz-Plan (2)

		VZ	ST
1 (1)	1 Fils (Bro) 1973, 1975. Rs. Dattelpalmen (Phoenix dactylifera – Palmae), Motto »Steigert die Nahrungsmittelproduktion«:		
	1973	–,40	–,80
	1975	*1,50*	*3,–*

		VZ	ST
2 (2)	5 Fils (Bro) 1973, 1980, 1982, 1987, 1988. Rs. Mata-Hari-Fisch (Lethrinus nebulosus – Lithrinidae), Motto »Sauberere Meere, mehr Nahrung für die Menschheit«	–,80	1,40
3 (3)	10 Fils (Bro) 1973, 1980, 1982, 1984, 1987, 1988. Rs. Arabische Dhau	1,–	1,80
4 (4)	25 Fils (K-N) 1973, 1980, 1982, 1984, 1987, 1988. Rs. Arabische Dünengazelle (Gazella leptoceros – Bovidae)	1,20	2,–
5 (5)	50 Fils (K-N) 1973, 1980, 1982, 1984, 1987, 1988. Rs. Erdölbohrtürme	1,50	2,80
6 (6)	1 Dirham (K-N) 1973, 1980, 1982, 1984, 1986–1988. Rs. Arabische Kaffeekanne	3,–	5,–

5. Jahrestag der Vereinigten Arabischen Emirate (2)

		PP
7 (12)	500 Dirhams (G) 1976. Scheich Sa'id bin Sultan an-Nahiyan (*1923), Wertangabe. Rs. Gedenkinschrift, Jahreszahlen. 916⅔er Gold, 19,97 g, Frosted Proof	750,–

		PP
8 (13)	1000 Dirhams (G) 1976. Typ wie Nr. 7. 916⅔er Gold, 39,94 g, Bright Proof	1400,–

Internationales Jahr des Kindes 1979 (2)

9 (7)	50 Dirhams (S) 1980:	
	a) 925er Silber, 27,22 g	60,–
	b) Piéfort, 925er Silber, 54,44 g (83 Ex.)	*250,–*

		PP
10 (8)	750 Dirhams (G) 1980:	
	a) 900er Gold, 17,17 g (7507 Ex.)	650,–
	b) Piéfort, 900er Gold, 34,34 g (47 Ex.)	3200,–

Beginn des 15. Jahrhunderts islamischer Zeitrechnung

		VZ	ST
11 (9)	5 Dirhams (K-N) 1981. Berberfalke (Falco peregrinoides – Falconidae), Landesname. Rs. Zahl »15«, mit arabischer Initiale »H« kombiniert, darunter Wertangabe	16,–	20,–

27. Schacholympiade in Dubai im November 1986

12 (10)	1 Dirham (K-N) 1986. Rs. Springer und Turm, olympische Ringe	7,–	12,–

25. Jahrestag der ersten Rohöllieferung von Abu Dhabi

		ST	PP
13 (11)	1 Dirham (K-N) 1987. Rs. Bohrinsel	7,–	12,–

10 Jahre Universität Al 'Ain

14 (14)	1 Dirham (K-N) 1988. Rs. Siegel der Universität	7,–	12,–

XIV. Fußball-Weltmeisterschaft 1990 in Italien

15	1 Dirham (K-N) 1990. Rs. Falke beim Fußballspielen	7,–	12,–

Vereinigte Staaten von Amerika

United States of America — États-Unis d'Amérique

Fläche: 9363386 km²; 249600000 Einwohner (1990).
Die seit 4. Juli 1776 unabhängigen Vereinigten Staaten von Amerika sind nach der bundesstaatlichen Verfassung von 1787 eine präsidiale Republik. Hauptstadt: Washington, District of Columbia.

10 Cents = 1 Dime, 100 Cents = 1 Dollar,
10 Dollars = 1 Eagle

SS VZ

1 (2b) 1 Cent (Bro) 1864–1909. Kopf einer Indianerin mit Federschmuck, nach dem Bildnis der Sarah Longacre. Rs. Wertangabe in Buchstaben, von Lorbeerkranz und Wappenschild umgeben (Indian Head Cent) 3,50 6,–

2 (14) 5 Cents (K-N) 1883–1913. Kopf der Freiheitsgöttin nach links. Rs. Römische Wertziffer im Lorbeerkranz, Landesname, CENTS am Unterrand (Liberty Head Nickel):
1883–1912 **5,– 10,–**
1913 (5 Ex.) **–,– –,–**

3 (15) 1 Dime (S) 1892–1916. Lorbeerumkränzter Kopf der Freiheitsgöttin nach rechts. Rs. Wertangabe in Buchstaben im Kranz (Barber Dime) **7,– 12,–**

4 (16) ¼ Dollar (S) 1892–1916. Lorbeerumkränzter Kopf der Freiheitsgöttin nach rechts. Rs. Staatswappen der Union und dreizehn Sterne, die ursprünglichen dreizehn Staaten symbolisierend (Barber Quarter) **15,– 20,–**

SS VZ

5 (17) ½ Dollar (S) 1892–1915. Lorbeerumkränzter Kopf der Freiheitsgöttin nach rechts. Rs. Staatswappen der Union und dreizehn Sterne (Barber Half) **28,– 45,–**

6 (18) 1 Dollar (S) 1878–1921. Freiheitskopf, nach dem Bildnis der Anna W. Williams (Morgan Dollar) **25,– 50,–**

7 (22) 2½ Dollars (G) 1840–1907. Freiheitskopf mit Diadem. Rs. Staatswappen (Coronet Head Quarter Eagle) **250,– 300,–**

8 (23a) 5 Dollars (G) 1866–1908. Freiheitskopf nach links. Rs. Staatswappen und Motto IN GOD WE TRUST (Coronet Head Half Eagle) **450,– 520,–**

9 (24a) 10 Dollars (G) 1866–1907. Freiheitskopf nach links. Rs. Staatswappen und Motto IN GOD WE TRUST, Wertangabe (Coronet Head Eagle) **1000,– 1300,–**

SS VZ

10 (25) 20 Dollars (G) 1866—1907. Freiheitskopf nach links. Rs. Staatswappen und Motto IN GOD WE TRUST (Coronet Head Double Eagle):
a) 1866—1876, Wertangabe TWENTY D. **1400,— 1700,—**
b) 1877—1907, Wertangabe TWENTY DOLLARS **1300,— 1500,—**

Auf die Errichtung des Reiterstandbilds in Paris zu Ehren von Joseph Marquis de La Fayette

11 (C2) 1 Dollar (S) 1900. George Washington und Marie Joseph Paul Roch Yves Gilbert Motier, Marquis de La Fayette (1757—1834), französischer Liberaler, unterstützte als Freund Washingtons den amerikanischen Unabhängigkeitskampf gegen Großbritannien. Rs. Reiterstandbild La Fayettes in Paris (1900), Geschenk des amerikanischen Volkes (Lafayette Dollar) **950,— 1500,—**

100. Jahrestag des Erwerbs des Louisiana-Gebietes (2)

12 (C59) 1 Dollar (G) 1903. Thomas Jefferson (1743—1826), 3. Präsident. Rs. Wertangabe, Jahreszahl, Lorbeerzweig **1000,— 1200,—**

13 (C60) 1 Dollar (G) 1903. William McKinley (1843—1901), 25. Präsident von 1897—1901. Rs. Wertangabe, Jahreszahl, Lorbeerzweig **1000,— 1200,—**

Zur Ausstellung anläßlich des 100. Jahrestages der Entsendung der Lewis- und Clark-Expedition zur Erforschung des 1803 von Frankreich gekauften Louisiana-Gebietes

SS VZ

14 (C58) 1 Dollar (G) 1904–1905. Capitan Meriwether Lewis (1774–1809). Rs. Lieutenant William Clark (1770–1838) **2300,– 2700,–**

15 (26) 1 Cent 1909–1958. Abraham Lincoln (1809–1865), 16. Präsident von 1861–1865. Rs. Wertangabe in Buchstaben zwischen Ähren (Lincoln Cent):
a) (Bro) 1909–1942, 1947–1958 **–,30 –,50**
b) (Me) 1943–1946 **–,30 –,50**

In gleicher Zeichnung: Nr. 83.

16 (27) 5 Cents (K-N) 1913. Indianerkopf nach rechts. Rs. Bison (Bison bison – Bovidae) auf einem Hügel (Buffalo Nickel – Mound Type) **12,50 20,–**

17 (27a) 5 Cents (K-N) 1913—1938. Typ wie Nr. 16, jedoch Bison auf der Ebene (Buffalo Nickel — Line Type) **1,50 2,50**

18 (28) 1 Dime (S) 1916—1945. Kopf der »Freiheit« mit Flügelhelm. Rs. Liktorenbündel (Mercury Dime) **4,— 6,—**

19 (29) ¼ Dollar (S) 1916, 1917. Stehende »Freiheit«. Rs. Weißkopf-Seeadler (Haliaetus leucocephalus — Accipitridae), Nationalvogel (Standing Liberty Quarter — Variety I) **30,— 50,—**

20 (29a) ¼ Dollar (S) 1917—1930. Typ wie Nr. 19. Rs. abweichende Anordnung der Beschriftung und drei Sterne unter dem Weißkopf-Seeadler (Standing Liberty Quarter — Variety II) **10,— 16,—**

21 (30) ½ Dollar (S) 1916—1947. Schreitende »Freiheit« vor aufgehender Sonne. Rs. Weißkopf-Seeadler (Walking Liberty Half) **20,— 25,—**

		SS	VZ
22 (31)	1 Dollar (S) 1921–1935. Freiheitskopf mit Strahlenkrone, nach dem Bildnis der Teresa De Francisci, geb. Cafarelli. Rs. Sitzender Adler mit Motto E PLURIBUS UNUM (Peace Dollar):		
	a) hohes Relief, 1921	26,–	50,–
	b) flaches Relief, 1922–1935	25,–	40,–
23 (32)	2½ Dollars (G) 1908–1929. Indianerkopf. Rs. Stein- oder Goldadler (Aquila chrysaëtos – Accipitridae), Inschrift vertieft (Indian Head Quarter Eagle)	260,–	330,–

24 (33)	5 Dollars (G) 1908–1929. Indianerkopf nach links. Rs. Steinadler (Indian Head Half Eagle)	460,–	520,–
25 (34)	10 Dollars (G) 1907, 1908. Freiheitskopf mit indianischem Kopfschmuck. Rs. Steinadler (Indian Head Eagle)	1100,–	1300,–

26 (34a)	10 Dollars (G) 1908–1933. Typ wie Nr. 25, jedoch mit Motto IN GOD WE TRUST	950,–	1200,–
27 (35)	20 Dollars (G) 1907. Stehende »Freiheit«. Rs. Steinadler im Flug vor aufgehender Sonne, Jahreszahl in römischen Ziffern (Saint-Gaudens Double Eagle)	5000,–	5500,–
28 (35a)	20 Dollars (G) 1907, 1908. Typ wie Nr. 27, Jahreszahl in arabischen Ziffern	1200,–	1400,–

29 (35b)	20 Dollars (G) 1908–1933. Typ wie Nr. 28, Motto IN GOD WE TRUST:		
	1908–1932	1000,–	1300,–
	1933	–,–	–,–

Zur Panama-Pazifik-Ausstellung 1915 in San Francisco anläßlich der Eröffnung des Panama-Kanals (5)

		SS	VZ
30 (C39)	½ Dollar (S) 1915. Blumenstreuende »Columbia« mit Putte und Füllhorn; im Hintergrund aufgehende Sonne in der Golden Gate Bay. Rs. Adler mit Wappenschild der USA zwischen Eichen- und Lorbeerzweig	700,–	1100,–

31 (C62)	1 Dollar (G) 1915. Porträt eines Panama-Kanal-Arbeiters. Rs. Wertangabe in Buchstaben. Zwei Große Tümmler, die beiden Ozeane symbolisierend	900,–	1000,–

32 (C63)	2½ Dollars (G) 1915. »Columbia« auf Seepferd. Rs. Adler mit erhobenen Schwingen auf Pfeiler mit Motto E PLURIBUS UNUM	3000,–	3600,–
33 (C64)	50 Dollars (G) 1915. Kopf der Minerva. Rs. Amerikanischer Uhu (Bubo virginianus – Strigidae) auf Kiefernzweig (rund)	*42000,–*	*50000,–*
34 (C65)	50 Dollars (G) 1915. Typ wie Nr. 33, jedoch in den Ecken Große Tümmler (achteckig)	*32000,–*	*39000,–*

Zum Gedenken an William McKinley

35 (C61)	1 Dollar (G) 1916, 1917. William McKinley (1843–1901), 25. Präsident, Kopf nach links. Rs. McKinley-Gedächtnisstätte in Niles/Ohio	900,–	1000,–

Da im allgemeinen WELTMÜNZKATALOG eine Spezialbearbeitung des USA-Teils den Rahmen sprengen würde, wird auf den mit gleichem Nummernsystem erschienenen »World Coin Catalogue twentieth century« von Günter Schön hingewiesen.

100. Jahrestag des Staates Illinois

SS VZ

36 (C28) ½ Dollar (S) 1918. Abraham Lincoln (1809–1865), 16. Präsident. Kopf nach rechts. Rs. Wappenadler, Wappenschild, aufgehende Sonne (Siegel des Staates Illinois) **200,– 340,–**

100 Jahre Maine

37 (C31) ½ Dollar (S) 1920. Wappen des Staates Maine, darüber die Devise DIRIGO (Ich weise den Weg). Rs. Beschriftung im Kranz von Tannenzweigen mit anhängenden Zapfen **450,– 800,–**

300. Jahrestag der Landung der Pilgerväter auf der Cap-Cod-Halbinsel, Massachusetts, am 22. Dezember 1620

38 (C40) ½ Dollar (S) 1920, 1921. Bildnis des ersten Gouverneurs Bradford (1589–1657). Rs. Auswandererschiff »Mayflower«:
a) 1920 **150,– 270,–**
b) 1921, mit Jahreszahl im Feld der Vs. **170,– 300,–**

100 Jahre Alabama (1819–1919)

SS VZ

39 (C4) ½ Dollar (S) 1921. William Wyatt Bibb (1781–1820), Arzt, erster Gouverneur, und Thomas Erby Kilby (1865–1943), Gouverneur im Jahre 1920. Rs. Großer Adler auf Wappenschild
a) mit 2 × 2 (22. Staat der Union) **450,– 700,–**
b) ohne 2 × 2 **250,– 400,–**

100 Jahre Missouri

40 (C34) ½ Dollar (S) 1921. Waldläufer des frühen 19. Jahrhunderts mit Waschbärfellmütze. Rs. Indianer und Waldläufer aus jener Zeit:
a) mit 2*4 (24. Staat der Union) **1500,– 2500,–**
b) ohne 2*4 **1100,– 2000,–**

100. Geburtstag von Ulysses S. Grant (2)

41 (C22) ½ Dollar (S) 1922. Ulysses Simpson Grant (1822–1885), 18. Präsident von 1869–1877. Rs. Unter Silberahornbäumen (Acer saccharinum – Aceraceae), die 1822 noch nicht vorhanden waren, ist fälschlicherweise ein Blockhaus dargestellt (eigentlich handelt es sich bei dem Geburtshaus Grants in Point Pleasent, Ohio, um ein normales Holzhaus):
a) mit Stern über »Grant« **800,– 1100,–**
b) ohne Stern (Abb.) **300,– 550,–**

42 (C56) 1 Dollar (G) 1922. Typ wie Nr. 41:
a) mit Stern über »Grant« **1200,– 1500,–**
b) ohne Stern **1400,– 1700,–**

100. Jahrestag der Verkündung der Monroedoktrin

SS VZ

43 (C35) ½ Dollar (S) 1923. James Monroe (1758–1831), 5. Präsident von 1817–1825; nach der nach ihm benannten Doktrin sollte es europäischen Mächten verwehrt sein, auf die politischen Angelegenheiten der Staaten beider Amerika Einfluß zu nehmen unter dem Ruf: »Amerika den Amerikanern«, und John Quincy Adams (1767–1848), 6. Präsident, wirkte entscheidend an der Formulierung der Monroedoktrin mit. Rs. Zwei weibliche Figuren, Nord- und Südamerika darstellend **60,– 95,–**

300. Jahrestag der Landung der Hugenotten und Wallonen in Amerika

44 (C25) ½ Dollar (S) 1924. Gaspard de Coligny (1519–1572), französischer Admiral und Führer der Hugenotten, und Wilhelm I. von Oranien, genannt der Schweiger (1533–1584), Statthalter der Niederlande. Beide Persönlichkeiten haben keine Beziehung zum Gedenkanlaß; als Vertreter und Märtyrer des protestantischen Glaubens wurden ihre Porträts symbolhaft gewählt. Rs. Auswandererschiff »Nieuw Nederland« **185,– 350,–**

75. Jahrestag der Aufnahme Kaliforniens als Bundesstaat in die Union

45 (C11) ½ Dollar (S) 1925. Goldwäscher von 1849. Rs. Schreitender Grislybär (Ursus arctos – Ursidae), Sinnbild des Staates **270,– 500,–**

150. Jahrestag der Schlacht von Lexington – Concord

SS VZ

46 (C27) ½ Dollar (S) 1925. »The Minute Man«, Freiwilliger der amerikanischen Revolution, nach einer Bronzestatue von Daniel Chester French in Concord. Rs. »Old Belfry« (Alter Glockenturm) in Lexington **165,– 300,–**

Auf das geplante Stone-Mountain-Denkmal in Georgia zu Ehren der Konföderierten Armee

47 (C48) ½ Dollar (S) 1925. Reiterstandbild der Generäle Robert Edward Lee (1807–1870) und Thomas »Stonewall« Jackson (1824–1863). Rs. Weißkopf-Seeadler mit gespreizten Flügeln auf Berggipfel. Der Stone Mountain liegt ca. 15 Meilen östlich von Atlanta/Georgia und stellt den größten Block massiven Granits auf dem nordamerikanischen Kontinent dar. Das geplante Denkmal wird als »größte Skulptur der Welt« an der Nordostseite des Berges aus dem Fels gehauen. Die Arbeiten begannen 1920, wurden 1930 eingestellt und erst in jüngster Zeit wieder aufgenommen **80,– 150,–**

100 Jahre Fort Vancouver

48 (C50) ½ Dollar (S) 1925. John McLoughlin (1784–1857), Arzt, Forscher, Agent der Hudson Bay Company für den Columbia-Distrikt, Führer der ersten Siedler auf dem Oregon Trail nach dem Fernen Nordwesten, erbaute 1825 das Fort Vancouver am Columbia River. Rs. Waldläufer des frühen 19. Jh. mit angeschlagener Büchse, im Hintergrund Hochgebirgslandschaft und Fort Vancouver **1200,– 2000,–**

Oregon Trail

SS VZ

49 (C38) ½ Dollar (S) 1926–1939. Bergindianer mit Kopfschmuck, nach Osten blickend, vor Karte der USA. Rs. Ochsenbespannter Conestoga-Wagen auf dem Wege nach dem Fernen Nordwesten. Der von Ost nach West quer durch den nordamerikanischen Kontinent führende, 2000 Meilen lange Oregon Trail war im 19. Jh. für die Besiedlung des Fernen Nordwestens von ausschlaggebender Bedeutung **270,– 500,–**

150. Jahrestag der Unabhängigkeit (2)

50 (C46) ½ Dollar (S) 1926. George Washington (1732–1799), 1. Präsident, und Calvin Coolidge (1872–1933), 30. Präsident. Rs. Gesprungene Freiheitsglocke (Liberty Bell) in der Unabhängigkeitshalle der Union in Philadelphia, Pa. **175,– 300,–**

51 (C66) 2½ Dollars (G) 1926. Freiheitsgöttin, stehend, mit Fackel und Schriftrolle. Rs. Unabhängigkeitshalle (Independence Hall) der Union in Philadelphia, Pa. **750,– 850,–**

150 Jahre Vermont und Schlacht von Bennington

52 (C51) ½ Dollar (S) 1927. Ira Allen (1751–1814), Politiker, Gründer von Vermont. Rs. Puma (Puma concolor – Felidae) **385,– 750,–**

150. Jahrestag der Wiederentdeckung Hawaiis durch Kapitän James Cook

SS VZ

53 (C23) ½ Dollar (S) 1928. James Cook (1728–1779), englischer Weltumsegler. Rs. Hawaii-Insulaner-Häuptling in Festtracht; links Dorf am Diamond Hill an der Waikiki-Beach, rechts Kokospalme **2800,– 5000,–**

54 (37) 5 Cents (K-N) 1938–1965. Thomas Jefferson (1743–1826), 3. Präsident von 1801–1809. Rs. Monticello, Wohnsitz Thomas Jeffersons (Jefferson Nickel) **–,30 –,50**

In gleicher Zeichnung: Nrn. 84, 91.

200. Geburtstag von George Washington

55 (39) ¼ Dollar (S) 1932, 1934–1964. George Washington (1732–1799), 1. Präsident von 1789–1797. Rs. Weißkopf-Seeadler (Washington Quarter) **8,– 10,–**

In gleicher Zeichnung: Nr. 93.

200. Geburtstag von Daniel Boone

56 (C9) ½ Dollar (S) 1934–1938. Daniel Boone (1734–1820), berühmtester amerikanischer Waldläufer, fand in der Romangestalt des Nat Bumppo (Lederstrumpf) durch James Fenimore Cooper Eingang in die Weltliteratur. Rs. Daniel Boone verhandelt mit dem Shawnee-Häuptling »Black Fish«
a) 1934–1938 **270,– 500,–**
b) 1935, mit zusätzlicher Jahreszahl 1934 auf der Rs. rechts (Abb.) **300,– 550,–**

300. Jahrestag der Gründung von Maryland

		SS	VZ
57 (C32) ½	Dollar (S) 1934. Cecil Calvert (1580–1632), der spätere Lord Baltimore, Gründer der Kolonie. Rs. Wappen von Maryland	**270,–**	**500,–**

100. Jahrestag der Gründung der Republik Texas

58 (C49) ½ Dollar (S) 1934–1938. Adler vor fünfstrahligem Stern; dieser Stern war das Wahrzeichen der Republik Texas. Rs. Kniender Schutzengel über der Missionsstation »Alamo« zwischen Porträts von Sam Houston (1793–1863), politischer und militärischer Führer auf dem Wege zur Unabhängigkeit, 1. Präsident der Republik, später US-Senator und Gouverneur von Texas und Stephen Austin (1793–1836), Mitbegründer der Republik, bedeutender Politiker und Kolonisator; darüber Flaggen. Texas löste sich 1835 von Mexiko und wurde unabhängige Republik; erst 1845 trat Texas der Union als 28. Staat bei **220,–** **400,–**

100 Jahre Staat Arkansas

59 (C7) ½ Dollar (S) 1935–1939. Indianerhäuptling von 1836 und junge Amerikanerin von 1936. Rs. Adler vor Emblem von Arkansas **270,–** **500,–**

300. Jahrestag der Gründung der Kolonie Connecticut

		SS	VZ
60 (C17) ½	Dollar (S) 1935. »The Charter Oak«, die Urkunden-Eiche, unter der den ersten Kolonisten der Freibrief (Charter) überreicht wurde, diente auch einmal als Versteck. Bei der »Charter-Oak«, die 1856 durch Blitzschlag zerstört wurde, handelte es sich um eine Weißeiche (Quercus alba – Fagaceae). Rs. Adler	**500,–**	**900,–**

150 Jahre Hudson, New York

61 (C24) ½ Dollar (S) 1935. Die »Half Moon«, Segelschiff des Forschungsreisenden und Entdeckers Hendrick Hudson. Rs. Neptun mit Dreizack, rücklings auf einen Großen Tümmler (Tursiops truncatus – Delphinidae), Siegel der Stadt Hudson **1400,–** **2300,–**

Internationale Kalifornien-Pazifik-Ausstellung in San Diego, California

62 (C45) ½ Dollar (S) 1935, 1936. Sitzende Frauenfigur mit Speer und Grislybär, Wappen des Staates Kalifornien. Rs. Aussichtsturm und Kuppel der Kalifornienhalle auf der Ausstellung; Golfstaaten der Union **220,–** **400,–**

400 Jahre »Old Spanish Trail«

		SS	VZ
63 (C47)	½ Dollar (S) 1935. Emblem des Führers der Expedition Cabeza de Vaca (»Kuhkopf«). De Vaca war einer der vier Überlebenden, die nach achtjähriger abenteuerlicher Wanderung von Florida aus die Westküste des Kontinents erreichten. Rs. Yuccabaum mit Karte der Golfstaaten und Route der Expedition	**1700,–**	**3000,–**

250. Jahrestag der Verleihung der Stadtrechte an Albany, New York

64 (C5)	½ Dollar (S) 1936. Kanadischer Biber (Castor fiber canadensis — Castoridae), an Ahornzweig nagend. Rs. Gouverneur Thomas Dongan von New York bei der Verleihung der Stadtrechte; Urkundenübergabe an Peter Schuyler, den ersten Bürgermeister von Albany und seinen Sekretär Robert Livingston	**450,–**	**750,–**

Zur Eröffnung der Oakland Bay Bridge in San Francisco

65 (C8)	½ Dollar (S) 1936. Grisly- oder Graubär (Ursus arctos — Ursidae). Rs. Oakland Bay Bridge mit historischem »Fährturm« im Vordergrund	**260,–**	**500,–**

100 Jahre Bridgeport, Connecticut

		SS	VZ
66 (C10)	½ Dollar (S) 1936. P. T. Barnum (1810—1891), Zirkuskönig und prominenter Bürger von Bridgeport. Rs. Stilisierter Adler	**400,–**	**700,–**

50 Jahre Musikzentrum Cincinnati, Ohio

67 (C12)	½ Dollar (S) 1936. Stephen Collins Foster (1826—1864), Interpret des amerikanischen Volksliedes »Oh! Susanna«. Rs. Kniende Frauenfigur mit Lyra, als Allegorie der Musik	**650,–**	**1000,–**

100 Jahre Cleveland, Ohio und Jubiläumsausstellung

68 (C13)	½ Dollar (S) 1936. Moses Cleaveland (1754—1806), General, Stadtgründer. Rs. Landkarte des Großen Seengebietes mit Markierung der neun größten Städte durch Sterne und einem in Cleveland zentrierten Zirkel	**170,–**	**320,–**

150 Jahre Columbia, South Carolina

69 (C14)	½ Dollar (S) 1936. Justitia mit Schwert und Waage zwischen altem (1786) und neuem (1936) Staatskapitol. Rs. Palme (Emblem des Staates)	**600,–**	**1000,–**

300. Jahrestag der Landung der Schweden in der Delaware-Bucht im Jahre 1638

SS VZ

70 (C18) ½ Dollar (S) 1936. »Calmare Nyckel«, schwedisches Auswandererschiff. Rs. »Old Swedes' Church« in Wilmington, errichtet an der Landungsstelle 380,– 650,–

100 Jahre Elgin, Illinois

71 (C19) ½ Dollar (S) 1936. Idealisierter Kopf eines Pioniers. Rs. Pionierfamilie, Gruppe vom Denkmal in Elgin. Die Jahreszahl 1673 hat keine Beziehung zum Gedenkanlaß, sondern bezeichnet das Jahr, in dem die französischen Forscher Louis Jolyet und Jaques Marquette (1637–1675) zum erstenmal das Gebiet von Illinois betraten 400,– 850,–

Zum Gedenken an die Schlacht von Gettysburg, Pennsylvania, im Jahre 1863

72 (C20) ½ Dollar (S) 1936. Soldat der Konföderierten Staaten und Soldat der Unionstruppen. Rs. Liktorenbündel zwischen Wappen der Union und der Konföderation 600,– 1000,–

300. Jahrestag der ersten Besiedlung von Long Island

73 (C29) ½ Dollar (S) 1936. Holländischer Kolonist und Indianer. Rs. Holländischer Kauffahrer 170,– 300,–

150 Jahre Lynchburg, Virginia

SS VZ

74 (C30) ½ Dollar (S) 1936. Senator Carter Glass (1858–1946). Rs. Stehende Freiheit mit dem alten Rathaus (Town Hall) von Lynchburg im Hintergrund 500,– 900,–

200 Jahre Norfolk, Virginia

75 (C37) ½ Dollar (S) 1936. Siegel der Stadt Norfolk mit Segelschiff als Zentrum Rs. Amtsstab, der Stadt im Jahre 1753 verliehen 850,– 1500,–

300. Jahrestag der Gründung von Providence, Rhode Island

76 (C42) ½ Dollar (S) 1936. Gründer der Stadt und der Kolonie, Roger Williams (1604–1684), im Kanu landend, wird von Indianer empfangen. Rs. Wappen der Kolonie Rhode Island: »Hope« (Hoffnung) über Anker 270,– 500,–

100 Jahre Arkansas

77 (C7) ½ Dollar (S) 1936. Senator Joseph T. Robinson (1872–1937). Rs. wie Nr. 59 300,– 550,–

100 Jahre Territorium Wisconsin

SS VZ

78 (C54) ½ Dollar (S) 1936. Siegel des Territoriums (Arm mit Spitzhacke). Rs. Amerikanischer Dachs (Taxidae taxus — Mustelidae) auf Baumstamm **500,— 900,—**

300 Jahre York County, Maine

79 (C55) ½ Dollar (S) 1936. Siegel des York County, Maine. Rs. Brown's Garrison (Fort an der Indianergrenze), am Saco gelegen **500,— 900,—**

75. Jahrestag der Schlacht am Antietam Creek, Maryland, vom 17. 9. 1862

80 (C6) ½ Dollar (S) 1937. Doppelporträt der Generäle McClellan (1826—1885) (Union) und Lee (Konföderation). Rs. Burnside-Bridge, umkämpfter, strategisch wichtiger Punkt in dieser Schlacht **550,— 800,—**

350. Jahrestag der Besiedlung von Roanoke Island, North Carolina

SS VZ

81 (C43) ½ Dollar (S) 1937. Sir Walter Raleigh (1552—1618), Seefahrer, Forschungsreisender, Schriftsteller, gründete 1584 die erste Ansiedlung von Weißen auf der dem späteren North Carolina vorgelagerten Insel Roanoke. Rs. Eleanor Dare mit ihrer Tochter Virginia auf den Armen, erstes in Amerika geborenes weißes Kind **620,— 1000,—**

250. Jahrfeier der Gründung von New Rochelle, New York, durch die Hugenotten

82 (C36) ½ Dollar (S) 1938. Die Hugenotten erwarben das Land für ihre Siedlung von Lord John Pell; der Kaufvertrag sah vor, daß an einem bestimmten Tage alljährlich ein gemästetes Kalb verschenkt würde. J. Pell mit Kalb ist auf der Vorderseite abgebildet. Rs. Stilisierte Lilie, Teil des Staatswappens **700,— 1200,—**

83 (26a) 1 Cent (St, Zink galvanisiert) 1943, 1944. Abraham Lincoln (1809–1865), 16. Präsident. Rs. Wert zwischen Ähren. Typ wie Nr. 15 (Lincoln Cent) 1,— 2,—

84 (37a) 5 Cents (S) 1942–1945. Thomas Jefferson (1743–1826), 3. Präsident. Rs. Monticello, Wohnsitz Jeffersons. Typ wie Nr. 54 (Jefferson Nickel) 3,— 5,—

Nr. 84 besteht aus Silber 35%, Kupfer 56%, Mangan 9%.

85 (38) 1 Dime (S) 1946—1964. Franklin Delano Roosevelt (1882—1945), 32. Staatspräsident 1933—1945. Rs. Fackel zwischen Zweigen (Roosevelt Dime) **3,— 4,—**

In gleicher Zeichnung: Nr. 92

		SS	VZ
86 (40)	½ Dollar (S) 1948–1964. Benjamin Franklin (1706–1790), Diplomat, Wissenschaftler, Erfinder und Schriftsteller. Rs. Freiheitsglocke (Franklin Half)	**20,–**	**28,–**

100 Jahre Staat Iowa

87 (C 26) ½ Dollar (S) 1946. Wappenadler (Siegel des Staates). Rs. Altes Staatskapitol in Iowa City **170,–** **300,–**

Zum Gedenken an Booker T. Washington

88 (C 52) ½ Dollar (S) 1946–1951. Booker Taliaferro Washington (1856–1915), als Negersklave geboren, Pädagoge, Reformer des Erziehungswesens für Farbige. Rs. Tuskagee College, Geburtshaus B. T. Washingtons in Virginia und Inschrift: FROM SLAVE CABIN TO HALL OF FAME (Von der Sklavenhütte zur Ruhmeshalle) **26,–** **40,–**

Zum Gedenken an Booker T. Washington und George W. Carver

89 (C 53) ½ Dollar (S) 1951–1954. Booker Taliaferro Washington und George Washington Carver (1864–1943), Biologe, Chemiker und Philanthrop. Rs. Landkarte der Vereinigten Staaten von Amerika **26,–** **40,–**

		VZ	ST
90 (36)	1 Cent 1959–1990. Abraham Lincoln. Rs. Gedächtnishalle (Lincoln Memorial Cent):		
	a) (Bro) 1959–1962	**–,10**	**–,20**
	b) (Me) 1962–1982	**–,10**	**–,20**
	c) (Zink, K galvanisiert) 1982–1990	**–,10**	**–,20**

Nr. 90 von 1974 auch in Aluminium vorkommend.

91 (37)	5 Cents (K-N) 1966–1990. Thomas Jefferson. Rs. Monticello. Typ wie Nr. 54, jedoch mit Initialen F. S. (Jefferson Nickel)	**–,15**	**–,30**
92 (38a)	1 Dime (K, K-N plattiert) 1965–1990. Franklin Delano Roosevelt. Rs. Fackel zwischen Zweigen. Typ wie Nr. 85 (Roosevelt Dime)	**–,30**	**–,60**

93 (39a) ¼ Dollar (K, K-N plattiert) 1965–1974, 1977–1990. George Washington. Rs. Weißkopf-Seeadler. Typ wie Nr. 55 (Washington Quarter) **1,30** **2,50**

94 (41)	½ Dollar 1964–1990. John Fitzgerald Kennedy (1917–1963), 35. Staatspräsident von 1961–1963. Rs. »Großes Siegel« der Vereinigten Staaten (Kennedy Half):		
	a) (S) 900 fein, 12,5 g, 1964	**15,–**	**18,–**
	b) (S) 400 * fein, 11,5 g, 1965–1971, 1977	**7,–**	**10,–**
	c) (K, K-N plattiert) 1971–1974, 1977–1990	**3,50**	**4,–**
A94	½ Dollar (G) 1964. Typ wie Nr. 94 (1 Ex. bekannt)		**–,–**

95 (42)	1 Dollar 1971–1978. Dwight David Eisenhower (1890–1969), 34. Präsident von 1953–1961. Rs. Weißkopf-Seeadler mit Ölzweig in den Fängen, auf Mondlandschaft niederschwebend; am Mondhimmel die (abnehmende) Erde. Darstellung nach dem Emblem des Raumschiffs »Apollo 11«, mit dem am 20. Juni 1969 zum ersten Mal Menschen auf dem Mond landeten (Eisenhower Dollar):		
	a) (S) 400 * fein, 24,59 g, 1971–1974	**15,–**	**22,50**
	b) (K, K-N plattiert) 1971–1974, 1977, 1978	**5,50**	**8,–**

200. Jahrestag der Unabhängigkeit (3)

		VZ	ST
96 (C 67) ¼	Dollar 1976. George Washington, Jubiläumszahlen 1776–1976. Rs. Trommler (Bicentennial Quarter):		
	a) (S) 400 * fein, 5,75 g	6,–	8,–
	b) (K, K-N plattiert)	1,–	2,–

97 (C 68) ½ Dollar 1976. John Fitzgerald Kennedy, Jahreszahlen 1776—1976. Rs. Unabhängigkeitshalle (Independence Hall) der Union in Philadelphia, Pennsylvania (Bicentennial Half):

a) (S) 400 * fein, 11,5 g	10,–	12,–
b) (K, K-N plattiert)	2,50	3,–

98 (C 69) 1 Dollar 1976. Dwight David Eisenhower, Jahreszahlen 1776—1976. Rs. Gesprungene Freiheitsglocke (Liberty Bell) vor Mond (Bicentennial Dollar):

a) (S) 400 * fein, 24,59 g	15,–	18,–
b) (K, K-N plattiert)	4,50	5,–

* Anm. zu Nrn. 94–98: Die Silberprägungen in 400er Silber bestehen aus einem Kern aus 200er Silber, plattiert mit 800er Silber.

99 (43) 1 Dollar (K, K-N plattiert) 1979—1981. Susan B. Anthony (1820—1906), Frauenrechtlerin. Rs. Weißkopf-Seeadler auf Mondlandschaft, wie Nr. 95 (Anthony Dollar) **2,50** **3,–**

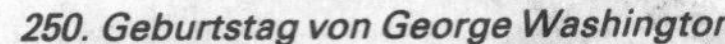

250. Geburtstag von George Washington

		ST	PP
100 (C 70) ½	Dollar (S) 1982. Wohnsitz von Washington, Mount Vernon. Rs. Washington zu Pferde	20,–	24,–

XXIII. Olympische Sommerspiele 1984 in Los Angeles (3)

101 (C 71) 1 Dollar (S) 1983. Kopf des Weißkopf-Seeadlers nach links. Rs. Diskuswerfer *90,–* *100,–*

102 (C 72) 1 Dollar (S) 1984. Weißkopf-Seeadler. Rs. Olympic Coliseum Gateway *90,–* *100,–*

103 (C 73) 10 Dollars (G) 1984. Staatswappen. Rs. Fackelläufer, olympische Ringe. 900er Gold, 16,718 g *600,–* *600,–*

100. Jahrestag der Errichtung der Freiheitsstatue auf Ellis-Island (3)

		ST	PP
104 (C 74)	½ Dollar (K, K-N plattiert) 1986. Aufgehende Sonne hinter New Yorker Skyline um 1913, im Vordergrund Überseedampfer der Jahre 1885–1920 vor Freiheitsstatue »Liberty Lighting the World«. Rs. Einwanderer auf Ellis Island vor der Überfahrt nach New York	15,–	18,–

105 (C 75)	1 Dollar (S) 1986. Freiheitsstatue vor dem alten Einwanderungsgebäude auf Ellis Island. Rs. Hand mit der Fackel zwischen Versen aus dem Gedicht »The New Colossus« von Emma Lazarus	60,–	70,–

106 (C 76)	5 Dollars (G) 1986. Kopf der Freiheitsstatue. Rs. Weißkopf-Seeadler beim Anflug zur Landung. 900er Gold, 8,359 g	*600,–*	*600,–*

Silberbarrenmünze »Walking Liberty«

107	1 Dollar (S) 1986–1992. Schreitende »Freiheit« vor aufgehender Sonne (vgl. Nr. 21). Rs. Staatswappen. 999,3er Silber, 31,103 g	20,–	–,–

Goldanlegermünzen »American Eagle« (4)

		ST	PP
108	5 Dollars (G) 1986–1992. Stehende »Freiheit« vom Saint-Gaudens-Typ (vgl. Nrn. 27–29). Rs. Adlerhorst. 916⅔er Gold, 3,393 g:		
	a) römische Jahreszahl, 1986–1991	–,–	–,–
	b) arabische Jahreszahl, 1992	–,–	–,–
109	10 Dollars (G) 1986–1992. Typ wie Nr. 108. 916⅔er Gold, 8,482 g:		
	a) römische Jahreszahl, 1986–1991	–,–	–,–
	b) arabische Jahreszahl, 1992	–,–	–,–
110	25 Dollars (G) 1986–1992. Typ wie Nr. 108. 916⅔er Gold, 16,964 g:		
	a) römische Jahreszahl, 1986–1991	–,–	–,–
	b) arabische Jahreszahl, 1992	–,–	–,–

111	50 Dollars (G) 1986–1992. Typ wie Nr. 108. 916⅔er Gold, 33,929 g:		
	a) römische Jahreszahl, 1986–1991	–,–	–,–
	b) arabische Jahreszahl, 1992	–,–	–,–

200. Jahrestag der Verfassung (2)

112 (C77)	1 Dollar (S) 1987. Pergament, Federkiel und die ersten Worte der Verfassung »We the People«. Rs. Amerikanische Bevölkerung durch die Jahrhunderte	55,–	65,–

113 (C78)	5 Dollars (G) 1987. Amerikanischer Adler, einen Federkiel haltend. Rs. Federkiel und Inschrift »We the People«	400,–	400,–

Teilnahme amerikanischer Sportler an den Olympischen Spielen 1988 (2)

114 (C79)	1 Dollar (S) 1988. 900er Silber, 26,73 g	50,–	70,–
115 (C80)	5 Dollars (G) 1988. 900er Gold, 8,359 g	500,–	500,–

200 Jahre Kongreß (3)

			ST	PP
116	(C81)	½ Dollar (K, K-N plattiert) 1989. Kopf der Statue der Freiheit. Rs. Kapitol in Washington, D. C.	**15,–**	**18,–**

117 (C82) 1 Dollar (S) 1989. Statue der Freiheit auf der Kapitolskuppel. Rs. Szepter des Repräsentantenhauses. 900er Silber, 26,73 g **55,–** **65,–**

118 (C83) 5 Dollars (G) 1989. Kuppel des Kapitols. Rs. Adler der Old Senate Chamber. 900er Gold, 8,359 g **400,–** **450,–**

100. Geburtstag von Dwight D. Eisenhower

119 (C84) 1 Dollar (S) 1990. Dwight David Eisenhower (1890–1969) als Fünf-Sterne-General und als 34. Staatspräsident 1953–1961. Rs. Wohnsitz Eisenhowers in Gettysburg **58,–** **62,–**

50 Jahre Nationale Gedenkstätte Mount Rushmore (3)

			ST	PP
120	(C85)	½ Dollar (K, K-N plattiert) 1991. Mount Rushmore mit den Skulpturen der Präsidenten George Washington, Thomas Jefferson, Theodore Roosevelt und Abraham Lincoln. Rs. Amerikanischer Büffel (max. 2 500 000 Ex.):		
		a) [San Francisco], S		**20,–**
		b) [Denver], D	**15,–**	

			ST	PP
121	(C86)	1 Dollar (S) 1991. Mount Rushmore im Kranz. Rs. Staatssiegel über Karte der Vereinigten Staaten mit Kennzeichnung der Lage der Gedenkstätte (max. 2 500 000 Ex.):		
		a) [San Francisco], S		**85,–**
		b) [Philadelphia], P	**75,–**	

122 (C87) 5 Dollars (G) 1991. Weißkopf-Seeadler mit Steinmetzwerkzeugen im Flug über Mount Rushmore. Rs. Inschrift [West Point], W (max. 500 000 Ex.) **550,–** **520,–**

38. Jahrestag der Beendigung des Korea-Krieges

			ST	PP
123	(C88)	1 Dollar (S) 1991. Soldat mit Maschinengewehr, Kampfflugzeuge und Schlachtschiffe. Rs. Adlerkopf neben Karte von Korea mit Kennzeichnung des 38. Breitengrades (max. 1 000 000 Ex.):		
		a) [Philadelphia], P		**70,–**
		b) [Denver], D	**60,–**	

50 Jahre Ziviler Betreuungsdienst für im Ausland stationierte US-Soldaten
(United Services Organization) (USO)

			ST	PP
124	(C89)	1 Dollar (S) 1991. Adler mit Schriftband auf Weltkugel. Rs. USO-Flagge (max. 1 000 000 Ex.):		
		a) [San Francisco], S		**70,–**
		b) [Denver], D	**60,–**	

XXV. Olympische Sommerspiele 1992 in Barcelona (3)

			ST	PP
125	(C90)	½ Dollar (K, K-N plattiert) 1992. Turnerin	–,–	–,–
126	(C91)	1 Dollar (S) 1992. Baseballspieler	–,–	–,–
127	(C92)	5 Dollars (G) 1992. Sprinter	–,–	–,–

500. Jahrestag der Entdeckung Amerikas (3)

		ST	PP
128	½ Dollar (K, K-N plattiert) 1992	–,–	–,–
129	1 Dollar (S) 1992	–,–	–,–
130	5 Dollars (G) 1992	–,–	–,–

Frühere Ausgaben siehe Weltmünzkatalog 19. Jahrhundert.

Vietnam

Vietnam Vietnam

Nach der Kapitulation von Saigon und der Ausrufung der Republik Südvietnam wurde 1976 die Wiedervereinigung des Landes erreicht.

Frühere Ausgaben siehe unter *Französisch-Indochina.*

NORDVIETNAM

Fläche: 158750 km²; 22040000 Einwohner.
Die am 2. September 1945 von Hô Chí Minh ausgerufene Unabhängigkeit von Gesamtvietnam sah den Verbleib in der Französischen Union vor. Gegen den kommunistischen Kurs der Regierung in Hanoi leisteten die Franzosen im Norden militärischen Widerstand bis zur Niederlage von Dien Bien Phu am 7. Mai 1954; im Süden unterstützten sie die Bildung einer Gegenregierung (vergl. Südvietnam). In den Genfer Verträgen vom 21. Juli 1954 stimmte Frankreich der Teilung Vietnams in eine nördliche und eine südliche Zone zu. Zwischen den beiden Landesteilen war eine entmilitarisierte Zone am 17. Breitengrad vorgesehen. Die internationale Benennung »Nordvietnam« war im Lande selbst nie üblich; auch auf Geldzeichen lautete der Landesname immer »Demokratische Republik Vietnam«. Verfassungsmäßige und tatsächliche Hauptstadt: Hanoi.

Die wirtschaftliche Lage der ersten Jahre dokumentiert sich durch die relativ geringe Ausbringung von Münzgeld (Nr. 1–4), den schwankenden Kurs des lokalen Papiergeldes und die teilweise Rückkehr zur Naturalwährung mit Ausgabe von Geldcharakter tragenden Obligationen zu 10 Kilo ungeschältem Reis im Jahre 1950. Eine im Juli 1948 geplante Umstellung auf Goldwährung (Nr. A4) konnte ebenfalls nicht durchgeführt werden.

100 Xu = 10 Hào = 1 Dông

Demokratische Republik Vietnam
Viet-nam Dan-chu Cong-hoa

		SS	VZ
1 (1)	20 Xu (Al) 1945. Stern, von Landesnamen umgeben. Rs. Wert	**45,–**	**80,–**

2 (2) 5 Hào (Al) 1946. Kupfernes Weihrauchbecken, von Landesnamen umgeben. Rs. Wertangabe in Stern:

	SS	VZ
a) vertiefte Wertangabe	**25,–**	**60,–**
b) erhabene Wertangabe	**25,–**	**60,–**

		SS	VZ
3 (3)	1 Dông (Al) 1946. Hô Chí Minh (1890–1969), Staatspräsident 1945–1969. Rs. Wert und Ähre	**170,–**	**320,–**
4 (4)	2 Dông (Bro) 1946. Hô Chí Minh. Rs. Wertangabe in Buchstaben und Stern im Kranz	**200,–**	**360,–**

Geplante Währungsreform Juli 1948:
1 Dông Việt = 0,375 g Feingold

A4 20 Dông Việt (G) 1948. Hô Chí Minh. Rs. Wert und Reisgarben. 900er Gold, 8,2 g **–,–**

Nuoc Viet-nam Dan-chu Cong-hoa

WÄHRUNGSREFORM 1958: 100 alte Dông = 1 neuer Dông

		SS	VZ
5 (5)	1 Xu (Al) 1958. Staatswappen. Rs. Wert (mit Loch) [CM]	**3,–**	**6,–**
6 (6)	2 Xu (Al) 1958. Typ wie Nr. 5 (mit Loch) [CM]	**3,50**	**7,–**
7 (7)	5 Xu (Al) 1958. Typ wie Nr. 5 (mit Loch) [CM]	**4,–**	**9,–**

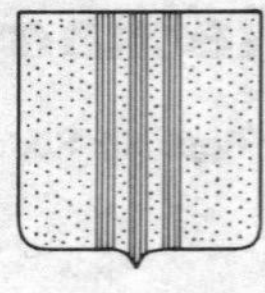

SÜDVIETNAM

Fläche: 170806 km²; 19300000 Einwohner.
Mit französischer Unterstützung bildete sich am 3. Juni 1946 eine Gegenregierung in Saigon mit dem Namen Republik Kotschinchina. Die Regierung in Saigon erklärte unter dem 23. Mai 1948 die Einsetzung einer »Provisorischen Zentral-Regierung von Vietnam«, ohne die Staatsform festzulegen; dies sollte in einer verfassunggebenden Nationalversammlung geschehen. Gleichzeitig wurde der Anspruch erhoben, ganz Vietnam mit der Hauptstadt Hanoi zurückzugewinnen. Der frühere Kaiser von Annam Bao-Dai wurde als Staatschef zurückberufen, aber am 23. Oktober 1955 durch eine Volksabstimmung gestürzt, worauf die Republik Vietnam ausgerufen wurde. Der erste Präsident Ngo-dinh-Diem wurde am 1. November 1963 ermordet. Mit Unterstützung der am 20. Dezember 1960 gegründeten, kommunistisch orientierten Nationalen Befreiungsfront (Vietcong), eroberte Nordvietnam den Süden, dessen faktische Hauptstadt Saigon am 30. April 1975 kapitulierte. Die nunmehr ausgerufene Republik Südvietnam konnte am 2. Juli 1976 die erstrebte Vereinigung mit Nordvietnam erreichen. Hauptstadt: Saigon, Beiname seit 1. Mai 1975: Hô-Chí-Minh-Stadt.

100 Su oder Xu (Centimes) = 10 Hào = 1 Dông (Vietnam-Piaster)

Bao-Dai 1949–1955

		SS	VZ
1 (1)	10 Su (Al) 1953. Drei Vietnamesinnen, die Landesteile Annam, Kotschinchina und Tonking symbolisierend. Rs. Reispflanze (Oryza sativa – Gramineae) und Wert [Paris]	3,–	4,–
2 (2)	20 Su (Al) 1953. Typ wie Nr. 1 [Paris]	3,50	5,–
3 (3)	50 Xu (Al) 1953. Drei Vietnamesinnen. Rs. Wert zwischen Seedrachen [Paris]	6,–	10,–

Republik Vietnam

Viet-nam Cong-hoa

4 (4)	50 Su (Al) 1960. Ngo-dinh-Diem (1901–1963). Staatspräsident 1955–1963, Landesname. Rs. Bambus (Familie Gramineae) und Wert [RM]	4,–	7,–

5 (5)	1 Dông (K-N) 1960. Typ wie Nr. 4 [RM]	1,50	2,50

Nrn. 4 und 5, polierte Platte 400,–

		SS	VZ
6 (6)	50 Xu (Al) 1963. Typ wie Nr. 4 [Heaton]	2,–	3,–

7 (7)	1 Dông 1964, 1971. Reispflanze. Rs. Wert, Landesname:		
	a) (K-N) 1964	1,–	3,–
	b) (St, N plattiert) 1971	–,40	–,80

8 (8)	5 Dông 1966, 1971. Reispflanze, Name der Nationalbank. Rs. Wert, Landesname (Wellenschnitt):		
	a) (K-N) 1966	3,–	6,–
	b) (St, N plattiert) 1971	–,50	1,–
9 (9)	10 Dông 1964, 1968, 1970. Typ wie Nr. 7:		
	a) (K-N) 1964	2,–	4,–
	b) (St, N plattiert) 1968, 1970	1,–	1,50

10 (10)	20 Dông (St, N plattiert) 1968. Vietnamesin bei der Reisernte. Umschrift NGAN-HANG QUOC-GIA VIET-NAM (Nationalbank von Vietnam), Jahreszahl. Rs. Wertangabe, Landesname (zwölfeckig) [Hamburg]	2,–	4,–

FAO-Ausgabe zum 23. Jahrestag der FAO

	VZ	ST
11 (11) 20 Dông (St, N plattiert) 1968. Typ wie Nr. 10, jedoch Umschrift CHIEN-DICH THE-GIOI CHONG NAN DOI (Aktion gegen den Welthunger) (zwölfeckig) [Hamburg]	5,–	8,–

FAO-Ausgabe

12 (12) 1 Dông (Al) 1971. Reispflanze, Motto »Steigert die Lebensmittelproduktion«, Jahreszahl. Rs. Wertangabe, Landesname [Karlsruhe] –,50 1,–

FAO-Ausgaben (2)

13 (13) 10 Dông (St, Me plattiert) 1974. Vietnamesen beim Reisanbau, Motto »Steigert die Produktion landwirtschaftlicher Erzeugnisse«. Rs. Wert, Landesname, Name der Nationalbank [Stuttgart] –,50 1,–

14 (14) 50 Dông (St, K-N plattiert) 1975. Vietnamesen beim Reisanbau, Motto wie bei Nr. 13. Rs. Wert, Landesname, Name der Nationalbank [RM] (ca. 1010000 Ex.*) *1400,–* –,–

*Nr. 14 wurde bis auf wenige (ca. 15) Exemplare durch die Münzstätte eingeschmolzen. Nach Vietnam war zuvor nur ein Belegstück geliefert worden.

REPUBLIK SÜDVIETNAM

Cong-hoa Mien-nam Viet-nam

WÄHRUNGSREFORM 22. September 1975:
500 Vietnam-Piaster (alte Dông) = 1 Vietnamesischer Dông

Der neu eingeführte südvietnamesische Dông war neben dem nordvietnamesischen Dông im Umlauf.

Ausgaben der Nationalen Befreiungsfront (Vietcong) (3)

	VZ	ST
1 (8) 1 Xu (Al) o. J. (1975). Stern und Zweige, Name der Bank von Vietnam. Rs. Wert (mit Loch)	10,–	20,–

2 (9) 2 Xu (Al) 1975 (mit Loch) 10,– 20,–

3 (10) 5 Xu (Al) o. J. (1975) (mit Loch) 10,– 20,–

SOZIALISTISCHE REPUBLIK VIETNAM

Cong-hoa Xa-hoi Chu-nghia Viet-nam

Fläche: 332556 km²; 59700000 Einwohner.
Die Wiedervereinigung des Landes wurde 1976 erreicht. Hauptstadt: Hanoi (Hà Nôi).

100 Sau (Xu) = 10 Hào = 1 Dông

1 (11) 1 Hào (Al) 1976. Staatswappen. Rs. Wertangabe, Name der Staatsbank in der Umschrift [Berlin] *3,–* *4,–*

		VZ	ST
2 (12)	2 Hào (Al) 1976. Typ wie Nr. 1 [Berlin]	*4,–*	*6,–*

3 (13)	5 Hào (Al) 1976. Typ wie Nr. 1 [Berlin]	*3,–*	*4,–*

4 (14)	1 Dông (Al) 1976. Typ wie Nr. 1 [Berlin]	*16,–*	*25,–*
A4	1 Dông (S) 1976. Typ wie Nr. 4. 11,68 g		*200,–*
B4	1 Dông (G) 1976. Typ wie Nr. 4		*–,–*

Naturschutz – 1. Ausgabe (6)

ST PP

5 (15) 10 Dông (K-N) 1986. Staatswappen, Wertangabe, Landesname. Rs. Kopf eines Wasserbüffels [Habana] (2000 Ex.) **18,–**

6 (16) 10 Dông (K-N) 1986. Rs. Kopf eines Pfaus (2000 Ex.) **18,–**

7 (17) 10 Dông (K-N) 1986. Rs. Kopf eines Elefanten (2000 Ex.) **18,–**

8 (19) 100 Dông (S) 1986. Rs. Wasserbüffel. 999er Silber, 12 g (5000 Ex.) **80,–**

9 (20) 100 Dông (S) 1986. Rs. Pfau (5000 Ex.) **80,–**

10 (21) 100 Dông (S) 1986. Rs. Elefant (5000 Ex.) **80,–**

Transportmittel – 1. Ausgabe (2)

A11 10 Dông (K-N) 1986. Rs. Spätmittelalterliches europäisches Schiff (geprägt 1991) **14,–**

11 (18) 100 Dông (S) 1986. Typ wie Nr. A11. 999er Silber, 12 g (2000 Ex.) **70,–**

100 Jahre Automobil

12 (22) 100 Dông (S) 1986. Rs. Jaguar »XJ 6«. 999er Silber, 12 g (2000 Ex.) **70,–**

XIII. Fußball-Weltmeisterschaft 1986 in Mexiko

ST PP

13 (29) 100 Dông (S) 1986. Rs. Spieler am Ball. 999er Silber, 12 g (6000 Ex.) (geprägt 1987) **80,–**

XV. Olympische Winterspiele in Calgary 1988

14 (23) 100 Dông (S) 1986. Rs. Abfahrtsläufer. 999er Silber, 6 g (3700 Ex.) **25,–**

XXIV. Olympische Sommerspiele 1988 in Seoul

15 (24) 100 Dông (S) 1986. Rs. Fechter. 999er Silber, 12 g (5000 Ex.) **80,–**

Naturschutz – 2. Ausgabe
25 Jahre World Wildlife Fund

16 (28) 10 Dông (K-N) 1987. Rs. Orang-Utan, WWF-Emblem (28000 Ex.) **10,–**

VIII. Fußball-Europameisterschaft 1988 in Deutschland

17 (26) 100 Dông (S) 1988. Rs. Kopfballszene. 999er Silber, 12 g (1500 Ex.) **75,–**

Transportmittel – 2. Ausgabe (2)

A18 10 Dông (K-N) 1988. Rs. Drachenboot (geprägt 1991) **14,–**

18 (25) 100 Dông (S) 1988. Typ wie Nr. A18. 999er Silber, 16 g (5000 Ex.) **60,–**

19 5 Dông (Me) 1989. Staatswappen. Rs. Phönix, Symbol für Glück und langes Leben [LMD] (2500 Ex.) **40,–**

20 5 Dông (S) 1989. Typ wie Nr. 19. 900er Silber [LMD] (2500 Ex.) **60,–**

		ST	PP
21	10 Dông (Me) 1989. Rs. »Môt Côt« in Hanoi, Pagode auf einer Säule, um 1010 erbaut [LMD]	45,–	
22	10 Dông (S) 1989. Typ wie Nr. 21. 900er Silber [LMD]		65,–

20. Todestag von Hô Chí Minh (3)

23	20 Dông (Me) 1989. Rs. Hô Chí Minh (1890–1969) [LMD]	50,–	
24	20 Dông (S) 1989. Typ wie Nr. 23. 900er Silber [LMD]		70,–

A24	500 Dông (G) o. J. (1989). Rs. Hô Chí Minh. 999er Gold, 3,11 g [Habana] (500 Ex.)		240,–

XIV. Fußball-Weltmeisterschaft 1990 in Italien (2)

25 (27)	10 Dông (K-N) 1989. Rs. Freistoß vor Tribüne (200 Ex.)	14,–	
26 (30)	100 Dông (S) 1989. Typ wie Nr. 25. 999er Silber, 16 g (max. 10 000 Ex.)		80,–

XXV. Olympische Sommerspiele 1992 in Barcelona (2)

27	100 Dông (S) 1989. Rs. Zweier-Ruderer, Wasseroberfläche modelliert und mattiert, Inschrift »XXV Thê Vân Hôi Lân Thú'«, bogiger Abschnitt		*100,–*
28 (31)	100 Dông (S) 1989. Rs. Zweier-Ruderer, Wasseroberfläche stilisiert und spiegelnd, Inschrift »Thê Vân Hôi Lân Thú' XXV« gerader Abschnitt (mit Nr. 27 max. 10 000 Ex.):		
	a) große Wertzahl		*100,–*
	b) kleine Wertzahl		80,–

XVI. Olympische Winterspiele 1992 in Albertville

29 (32)	100 Dông (S) 1990. Rs. Eishockey (geprägt 1989):		
	a) 999er Silber, 16 g, große Wertzahl		*100,–*
	b) 999er Silber, 16 g, kleine Wertzahl (mit a max. 5000 Ex.)		80,–
	c) Piéfort, 999er Silber, 32 g, große Wertzahl (110 Ex.)		350,–

Naturschutz – 3. Ausgabe

		ST	PP
30 (33)	10 Dông (K-N) 1990. Rs. Zwei Schimpansen (20 150 Ex.)	10,–	

Transportmittel – 3. Ausgabe (2)

31	10 Dông (K-N) 1991. Rs. Besegeltes Dampfschiff »Savannah«, überquerte 1807 als erstes Dampfschiff den Atlantik	15,–	

32 (35)	100 Dông (S) 1991. Typ wie Nr. 31. 999er Silber, 16 g		70,–

XV. Fußball-Weltmeisterschaft 1994 in den Vereinigten Staaten von Amerika

33 (34)	100 Dông (S) 1991. Rs. Zwei Spieler, Muster eines Fußballs. 999er Silber, 12 g. Ø 38 mm	55,–	

Westafrikanische Staaten

West African States

Etats de l'Afrique de l'Ouest

Der Westafrikanischen Währungsunion (Union Monétaire Ouest-Africaine) gehören die Staaten Benin (bis 1975 Dahome), Burkina Faso (Obervolta), Elfenbeinküste, Mali (bis 1962 und seit Juni 1984), Mauretanien (bis 28. Juni 1973), Niger, Senegal und Togo an. Emissionsinstitut für den CFA-Franc (Franc de la Communauté Financière Africaine) ist die »Banque Centrale des États de l'Afrique de l'Ouest«.

Frühere Ausgaben siehe unter *Französisch-Westafrika*.

100 Centimes = 1 CFA-Franc

VZ ST

1 (1) 1 Franc (Al) 1961–1965, 1967, 1971–1975. Dünengazelle (Gazella leptoceros – Bovidae). Rs. Goldgewicht der Aschanti, 17.–18. Jh., Wertangabe, Umschrift:
a) Signatur »G. B. L. Bazor«, 1962, 1963 3,– 5,–
b) ohne Signatur, 1961, 1964, 1965, 1967, 1971–1975 –,50 –,80

2 (2) 5 Francs 1960–1990. Typ wie Nr. 1a:
a) (Al-Bro) 1960, 1962, 1963 –,90 1,50
b) (Al-N-Bro) 1965, 1967–1982, 1984–1987, 1989, 1990 –,90 1,50

3 (3) 10 Francs 1959–1981. Typ wie Nr. 1a:
a) (Al-Bro) 1959, 1961, 1962, 1964 –,90 1,50
b) (Al-N-Bro) 1966–1981 –,90 1,50

4 (A3) 25 Francs (Al-N-Bro) 1970–1972, 1975–1979. Typ wie Nr. 1a 2,– 3,–

5 (5) 50 Francs (K-N) 1972, 1974–1982, 1984–1987, 1989. Goldgewicht der Aschanti. Rs. Reis, Hirse, Erdnüsse, Kakao und Kaffee, Wertangabe und Jahreszahl (FAO-Ausgabe) 2,50 3,50

· **6** (4) 100 Francs (N) 1967–1982, 1984, 1985, 1987. Goldgewicht der Aschanti. Rs. Wertangabe, Jahreszahl 4,– 6,–

Nrn. 2a, 3a bestehen aus Kupfer 91%, Aluminium 9%, Nrn. 2b–4 aus Kupfer 92%, Aluminium 6%, Nickel 2%.

10. Jahrestag der Westafrikanischen Währungsunion

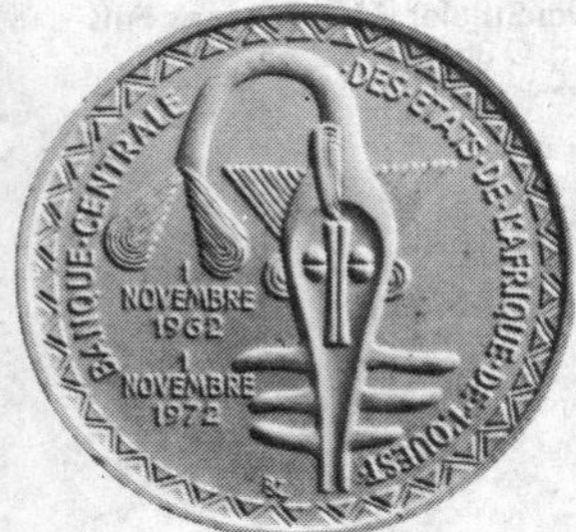

7 (6) 500 Francs (S) 1972. Goldgewicht der Aschanti. Rs. Wappen der beteiligten Staaten. 900er Silber, 25 g 80,– 120,–

VZ ST

8 (7) 1 Franc (St) 1976–1982, 1984, 1985, 1990. Goldgewicht der Aschanti. Rs. Wertangabe, Jahreszahl, Umschrift UNION MONETAIRE OUEST AFRICAINE –,50 –,80

Für den FAO-Münz-Plan (2)

9 (9) 10 Francs (Al-N-Bro) 1981–1987, 1989, 1990. Rs. Jungen beim Wasserholen am Brunnen 1,50 1,80

10 (8) 25 Francs (Al-N-Bro) 1980–1982, 1984, 1985, 1987, 1989. Rs. Laborantin in ihrem landwirtschaftlichen Arbeitsbereich 2,– 3,–

20. Jahrestag der Westafrikanischen Währungsunion (2)

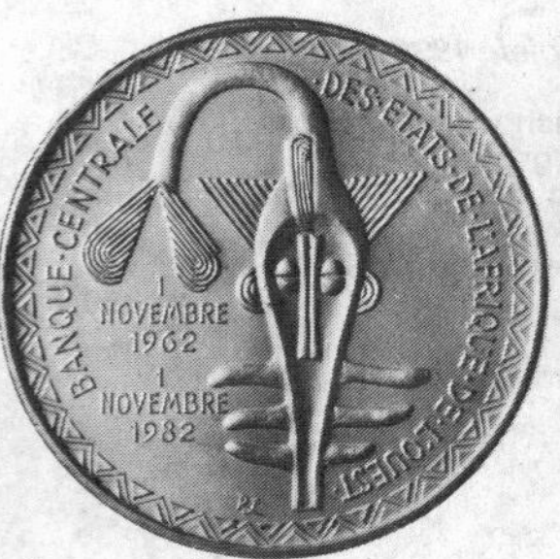

11 (10) 5000 Francs (S) 1982. Goldgewicht der Aschanti. Rs. Symbole der sechs Mitgliedsstaaten. 900er Silber, 25 g; Ø 37 mm 85,–

12 (11) 5000 Francs (G) 1982. Typ wie Nr. 11. 900er Gold, 14,5 g; Ø 26 mm –,–

Weitere Ausgaben siehe unter *Burkina Faso, Dahome, Elfenbeinküste, Mali, Mauretanien, Niger, Senegal* und *Togo*.

Westindische Assoziierte Staaten

The West Indies Associated States — Antilles Britanniques – États Associés

Fläche: 2554 km²; 430 000 Einwohner (1975).
Der Ostkaribische Dollar wird von der »East Caribbean Currency Authority« (ECCA), Basseterre, St. Christopher (St. Kitts), emittiert und ist die gemeinsame Währungseinheit von Montserrat sowie den unabhängigen Staaten Antigua und Barbuda, Dominica, Grenada, St. Christoph und Nevis, St. Lucia und St. Vincent und die Grenadinen.

100 Cents = 1 Ostkaribischer Dollar

Frühere Ausgaben siehe unter *Britisch-Karibische Gebiete*.

East Caribbean Territories

10 Jahre Karibische Entwicklungsbank

ST PP

1 (1) 10 Dollars 1980. Rs. »Golden Hind«, Flaggschiff von Sir Francis Drake:
a) (S) — 100,–
b) (K-N) 18,–

Zur Hochzeit von Prinz Charles und Lady Diana

2 (2) 10 Dollars 1981. Rs. »Golden Hind«, Inschrift »ROYAL WEDDING«:
a) (S) — 90,–
b) (K-N) 20,–

Anm.: Die in Klammern gesetzten Nummern entsprechen der Yeoman-Katalogisierung unter »East Caribbean Territories« bzw. »East Caribbean States«.

East Caribbean States

VZ ST

3 (2) 1 Cent (Al) 1981, 1983, 1984, 1986, 1987, 1989, 1991. Elisabeth II., Porträt nach rechts. Rs. Wertangabe zwischen gekreuzten Palmzweigen (Wellenschnitt) –,50 1,–

4 (3) 2 Cents (Al) 1981, 1984, 1986, 1987, 1989, 1991. Typ wie Nr. 3 (eckig) –,50 1,–
5 (4) 5 Cents (Al) 1981, 1984, 1986, 1987, 1989, 1991. Typ wie Nr. 3 (Wellenschnitt) –,50 1,–

VZ ST

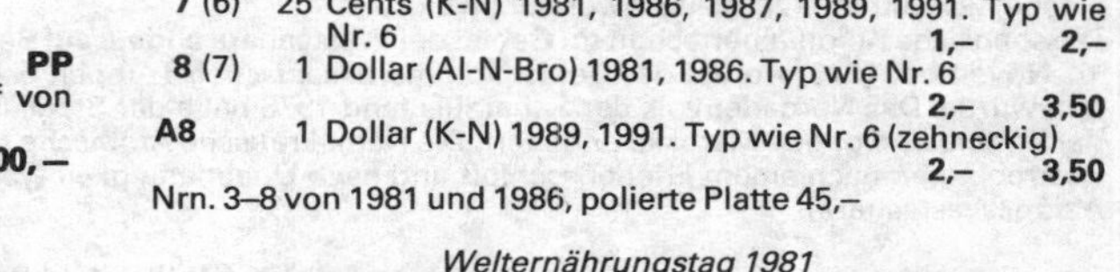

6 (5) 10 Cents (K-N) 1981, 1986, 1987, 1991. Rs. »Golden Hind«, Flaggschiff von Sir Francis Drake 1,– 2,–
7 (6) 25 Cents (K-N) 1981, 1986, 1987, 1989, 1991. Typ wie Nr. 6 1,– 2,–
8 (7) 1 Dollar (Al-N-Bro) 1981, 1986. Typ wie Nr. 6 2,– 3,50
A8 1 Dollar (K-N) 1989, 1991. Typ wie Nr. 6 (zehneckig) 2,– 3,50

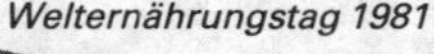

Nrn. 3–8 von 1981 und 1986, polierte Platte 45,–

Welternährungstag 1981

ST PP

9 (1) 10 Dollars 1981. Emblem des Welternährungstages. Rs. Wertangabe zwischen gekreuzten Palmzweigen [RCM]:
a) (S) 925 fein, 28 g, weite Randriffelung (5000 Ex.) 120,–
b) (K-N) enge Randriffelung (12 000 Ex.) 35,–

Internationales Jahr der Behinderten 1981

10 (10) 50 Dollars (S) 1981. Rs. Fliegender Mensch, einen anderen mit gebrochenem Flügel haltend:
a) 925er Silber, 28,28 g 60,– 100,–
b) Piéfort, 925er Silber, 56,56 g 260,–
11 (11) 500 Dollars (G) 1981. Rs. Zwei Männer, einen dritten hochhebend:
a) 916⅔er Gold, 15,98 g 800,– 1200,–
b) Piéfort, 916⅔er Gold, 31,96 g 2600,–

75 Jahre Weltpfadfinderbewegung und Internationales Jahr der Pfadfinder (2)

12 (8) 50 Dollars (S) 1982. Rs. Pfadfinder am Lagerfeuer 80,– 100,–
13 (9) 500 Dollars (G) 1982. Rs. Pfadfinder mit Landkarte *650,– 1400,–*

90. Geburtstag der Königinmutter Elisabeth

14 10 Dollars 1990. Rs. Gekröntes Spiegelmonogramm, von Hibiskuszweigen (Hibiscus rosa-sinensis-Malvaceae) flankiert:
a) (S) 925er Silber, 28,28 g 75,–
b) (K-N) 18,–

Weitere Ausgaben siehe unter den Mitgliedsstaaten *Antigua und Barbuda, Barbados, Dominica, Grenada, Montserrat, St. Christoph und Nevis, St. Lucia* und *St. Vincent und die Grenadinen.*

Western Sahara | # Westsahara | **Sahara Occidentale**

Fläche: 266 000 km²; 200 000 Einwohner im Exil.
Die spanische Kolonialherrschaft im Gebiet der Westsahara endete auf Betreiben der Befreiungsbewegung Frente Polisario mit dem 14. November 1975, worauf das Gebiet von marokkanischen Truppen beim »Grünen Marsch« besetzt und die Bevölkerung vertrieben wurde. Das Nomadenvolk der Saharauis fand 1976 nahe der Stadt Tindouf in der Wüste Südwestalgeriens Zuflucht, während der Widerstand gegen Marokko andauert. Die Demokratische Arabische Republik Sahara (DARS) ist seit 1982 Mitglied der OAU. Die Bestrebungen nach einem Friedensschluß und nach Unabhängigkeit werden von den Vereinten Nationen unterstützt. Hauptstadt: Aaiún (Westsahara).

100 Céntimos = 1 Peseta

Die seit 1990 in Habana geprägten Münzen dienen nicht dem Zahlungsverkehr.

Demokratische Arabische Republik Sahara
República Arabe Saharaui Democrática

Transportmittel – 1. Ausgabe (3)

ST PP

1 50 Pesetas (K-N) 1990. Staatswappen, Landesname, Wertangabe. Rs. Beduine mit Dromedar [Habana] 8,–

2 500 Pesetas (S) 1990. Typ wie Nr. 1. 999er Silber, 16 g 75,–

3 1000 Pesetas (G) 1991. Typ wie Nr. 1. 999er Gold, 3,11 g (500 Ex.) 250,–

2. Ausgabe (2)

ST PP

4 100 Pesetas (K-N) 1990. Rs. Beduine und altes spanisches Segelschiff (geprägt 1991) 16,–

5 500 Pesetas (S) 1990. Typ wie Nr. 4:
a) 999er Silber, 16 g 75,–
b) Piéfort, 999er Silber, 32 g (110 Ex.) 285,–

XVI. Olympische Winterspiele 1992 in Albertville und XXV. Olympische Sommerspiele 1992 in Barcelona

6 500 Pesetas (S) 1991. Rs. Abfahrtsläufer und Tennisspieler. 999er Silber, 6 g 30,–

XXV. Olympische Sommerspiele 1992 in Barcelona

7 100 Pesetas (St, N galvanisiert) 1991. Rs. Springreiter 16,–

XV. Fußball-Weltmeisterschaft 1994 in den Vereinigten Staaten von Amerika (2)

8 500 Pesetas (S) 1991. Rs. Fußballspieler und Flaggen. 999er Silber, 12 g 55,–

9 500 Pesetas (S) 1991. Rs. Fußball im Tornetz, durch Inschrift halbiert. 999er Silber, 16 g 80,–

Western Samoa **Samoa**

Westsamoa

Fläche: 2842 km²; 164 000 Einwohner (1986).
Inselgruppe im Stillen Ozean mit Sawaii, Upolu, Manong und Apolima. Das ehemalige deutsche Schutzgebiet kam 1919 als Völkerbundsmandat unter neuseeländische Verwaltung und von 1946–1962 unter UN-Treuhänderschaft. Seit 1. Januar 1962 ist Westsamoa eine unabhängige Häuptlingsaristokratie. Hauptstadt: Apia auf Upolu.

100 Sene = 1 Tala (Dollar)

Unabhängiger Staat Westsamoa
Samoa i Sisifo
Malietoa Tanumafili II. seit 1963

		SS	VZ
1 (1)	1 Sene (Bro) 1967. Malietoa Tanumafili II., Staatsoberhaupt. Rs. Wertangabe und »Kreuz des Südens« aus dem Staatswappen zwischen unten gekreuzten Zweigen, von Jahreszahl überhöht	–,40	–,60
2 (2)	2 Sene (Bro) 1967. Typ wie Nr. 1	–,50	–,80
3 (3)	5 Sene (K-N) 1967. Typ wie Nr. 1	–,70	1,10
4 (4)	10 Sene (K-N) 1967. Rs. Staatswappen, Wertangabe	1,50	2,20
5 (5)	20 Sene (K-N) 1967. Typ wie Nr. 4	2,50	3,30
6 (6)	50 Sene (K-N) 1967. Rs. Staatswappen mit Schriftband, Wertangabe	3,–	5,–

7 (7) 1 Tala (K-N) 1967. Typ wie Nr. 6. Randschrift: DECIMAL CURRENCY INTRODUCED 1967 **9,– 13,50**

75. Todestag Stevensons

		ST	PP
8 (8)	1 Tala (K-N) 1969. Staatswappen, Landesname, Wertangabe. Rs. Robert Louis Stevenson (1850–1894), englischer Schriftsteller; bekanntestes Werk: »Die Schatzinsel« (Treasure Island); er lebte viele Jahre in Vailima auf Samoa, dort befindet sich auch sein Grab	**15,–**	***200,–***

200. Jahrestag der Weltumseglung durch James Cook

9 (9) 1 Tala (K-N) 1970. Rs. James Cook (1728–1779), Kopfbild des englischen Weltumseglers n. r. **15,– 170,–**

Besuch von Papst Paul VI. auf Samoa am 29. November 1970

10 (10) 1 Tala (K-N) 1970. Rs. Brustbild des Papstes n. r. **12,– 200,–**

250. Jahrestag der Entdeckung Samoas durch Jacob Roggeveen (14. Juni 1722)

11 (11) 1 Tala (K-N) 1972. Rs. Segelschiffe »Den Arend« und »Thienhoven«, Inselkarte von Sawaii und Upolu **20,– 180,–**

10. Britische Empire- und Commonwealthspiele in Christchurch, Neuseeland, 24. 1.–2. 2. 1974

ST PP

12 (12) 1 Tala 1974. Rs. Boxer, Zweckumschrift, Jahreszahl:
a) (S) *200,–*
b) (K-N) 12,–

VZ ST

13 (13) 1 Sene (Bro) 1974, 1988. Malietoa Tanumafili II., Kopfbild n. l., Titelumschrift. Rs. Kokosnuß, Wertangabe –,50

14 (14) 2 Sene (Bro) 1974, 1988. Rs. Kakaofrüchte am Stamm, Wertangabe –,60

15 (15) 5 Sene (K-N) 1974, 1987, 1988. Rs. Ananas, Wertangabe –,80

16 (16) 10 Sene (K-N) 1974, 1987, 1988. Rs. Taro (Colocasia sp. – Araceae), Wertangabe 1,30

17 (17) 20 Sene (K-N) 1974, 1987, 1988. Rs. Früchte des Brotfruchtbaumes, Wertangabe 2,20

18 (18) 50 Sene (K-N) 1974, 1988. Rs. Bananenstaude mit Früchten (Musa paradisiaca – Musaceae), Wertangabe 4,20

19 (19) 1 Tala (K-N) 1974. Rs. Kokospalme, Wertangabe 8,–

Die Nrn. 13 bis 19 wurden auch in pol. Platte, Silber, hergestellt 300,–

200. Jahrestag der Unabhängigkeit der Vereinigten Staaten von Amerika (2)

ST PP

20 (20) 1 Tala 1976. Malietoa Tanumafili II. Rs. Paul Revere zu Pferde, im Hintergrund Landkarte:
a) (S) *150,–*
b) (K-N) 12,–

21 (21) 100 Tala (G) 1976. Typ wie Nr. 20 *550,–*

XXI. Olympische Sommerspiele 1976 in Montreal (2)

22 (22) 1 Tala 1976. Staatswappen, Landesname, Wertangabe. Rs. Gewichtheber:
a) (S) 85,–
b) (K-N) 12,–

23 (23) 100 Tala (G) 1976. Typ wie Nr. 22 *620,–*

25. Regierungsjubiläum von Königin Elisabeth II. (2)

24 (24) 1 Tala 1977. Rs. Elisabeth II., Palmenlandschaft, im Hintergrund H.M.Y. »Britannia«, Jubiläumsinschrift:
a) (S) 120,–
b) (K-N) 20,–

25 (25) 100 Tala (G) 1977. Typ wie Nr. 24 *550,–*

50. Jahrestag der Atlantiküberquerung durch Charles Lindbergh (2)

26 (26) 1 Tala 1977. Rs. Charles Lindbergh und sein Flugzeug »Spirit of St. Louis«:
a) (S) 70,–
b) (K-N) 12,–

27 (27) 100 Tala (G) 1977 550,–

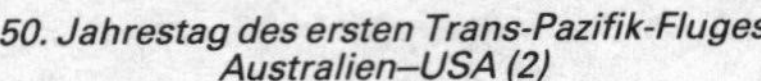

50. Jahrestag des ersten Trans-Pazifik-Fluges Australien–USA (2)

ST PP

28 (28) 1 Tala 1978. Rs. C. Kingsford Smith und Landkarte:
a) (S) 85,–
b) (K-N) 15,–

29 (29) 100 Tala (G) 1978 550,–

XI. Commonwealth-Spiele 1978 in Edmonton/Alberta (2)

30 (30) 1 Tala 1978. Rs. Drei Läufer:
a) (S) 80,–
b) (K-N) 15,–

31 (31) 100 Tala (G) 1978 550,–

200. Jahrestag der Ermordung von James Cook auf Hawaii (3)

32 (32) 1 Tala (K-N) 1979. Rs. James Cook und sein Flaggschiff H.M.S. »Resolution« der zweiten und dritten Reise 15,–

33 (33) 10 Tala (S) 1979:
a) 925er Silber, 27,25 g 85,–
b) 500er Silber, 27,25 g 40,–

34 (34) 100 Tala (G) 1979. 916⅔er Gold, 15,5 g (1000 Ex.) *600,–*

XXII. Olympische Sommerspiele in Moskau 1980 (3)

35 (35) 1 Tala (K-N) 1980. Rs. Hürdenläufer 18,–

36 (36) 10 Tala (S) 1980. Typ wie Nr. 35:
a) 925er Silber, 31,47 g 65,–
b) 500er Silber, 27,25 g 45,–

37 (37) 100 Tala (G) 1980. Typ wie Nr. 35. 916⅔er Gold, 7,5 g (1000 Ex.) *500,–* *600,–*

Für den FAO-Münz-Plan (2)

38 (38) 1 Tala (K-N) 1980. Rs. Kokospalme, Motto »Nahrung für alle« 16,–

39 (39) 10 Tala (S) 1980. Typ wie Nr. 38. 500er Silber, 31,47 g (3000 Ex.) 110,–

Zu Ehren von Dr. Wilhelm Solf (3)

ST PP

40 (40) 1 Tala (K-N) 1980. Rs. Dr. Wilhelm Solf (1862–1936), deutscher Staatsmann und Gouverneur des Schutzgebietes Samoa 1900–1910 20,–

41 (41) 10 Tala (S) 1980. Typ wie Nr. 40:
a) 925er Silber, 31,47 g 110,–
b) 500er Silber, 27,25 g 70,–

42 (42) 100 Tala (G) 1980. Typ wie Nr. 40. 916⅔er Gold, 7,5 g (1250 Ex.) *375,–* 450,–

Zur Hochzeit von Prinz Charles und Lady Diana (4)

43 (43) 1 Tala (K-N) 1981. Rs. Gestaffelte Kopfbilder des Brautpaares 10,–

44 (44) 10 Tala (S) 1981. Typ wie Nr. 43. 925er Silber, 31,47 g 70,–

45 (45) 100 Tala (G) 1981. Typ wie Nr. 43. 916⅔er Gold, 7,5 g (1750 Ex.) *375,–* 450,–

46 (46) 1000 Tala (G) 1981. Typ wie Nr. 43. 916⅔er Gold, 33,95 g (100 Ex.) *2600,–*

Internationales Jahr der Behinderten 1981 (3)

47 (47) 1 Tala (K-N) 1981. Rs. Präsident Franklin Delano Roosevelt 12,–

48 (48) 10 Tala (S) 1981. Typ wie Nr. 47 120,–

49 (49) 100 Tala (G) 1981. Typ wie Nr. 47 (1750 Ex.) *375,–* 450,–

XII. Commonwealth-Spiele in Brisbane 30. 9.–9. 10. 1982 (3)

50 (50) 1 Tala (K-N) 1982. Rs. Speerwerfer 12,–

51 (51) 10 Tala (S) 1982. Typ wie Nr. 50 100,–

52 (52) 100 Tala (G) 1982. Typ wie Nr. 50 (1250 Ex.) *375,–* 450,–

7. Süd-Pazifik-Spiele in Apia (4)

53 (53) 1 Tala (K-N) 1983. Rs. Sprinter 15,–

54 (54) 10 Tala (S) 1983. Typ wie Nr. 53 125,–

55 (55) 100 Tala (G) 1983. Typ wie Nr. 53 (1250 Ex.) 400,– 450,–

56 (56) 1000 Tala (G) 1983. Typ wie Nr. 53 (100 Ex.) *2600,–*

Banknotenersatzausgabe

VZ ST PP

57 (57) 1 Tala (Al-N-Bro) 1984. Malietoa Tanumafili II., Kopfbild n. l. Rs. Staatswappen, Wertangabe, Jahreszahl (siebeneckig) 4,– 7,–

A57 1 Tala (K-N) 1984. Typ wie Nr. 57. 27,22 g (siebeneckig) (max. 5000 Ex.) –,–

B57 1 Tala (S) 1984. Typ wie Nr. 57. Piéfort, 925er Silber, 33,63 g (siebeneckig) (3000 Ex.) 100,–

XXIII. Olympische Sommerspiele 1984 in Los Angeles (4)

58 (58) 1 Tala (K-N) 1984. Staatswappen, Landesname, Wertangabe. Rs. Boxkämpfer *35,–*

59 (59) 10 Tala (S) 1984. Typ wie Nr. 58. 925er Silber, 31,47 g *250,–*

60 (60) 100 Tala (G) 1984. Typ wie Nr. 58. 916⅔er Gold, 7,5 g (700 Ex.) *500,–* 600,–

61 (61) 1000 Tala (G) 1984. Typ wie Nr. 58. 916⅔er Gold, 33,95 g (100 Ex.) *3000,–*

Silberbarrenmünze »Kon-Tiki«

62 (62) 25 Tala (S) 1986. Rs. Segelfloß »Kon-Tiki«, auf dem Thor Heyerdahl im Jahre 1947 in 101 Tagen von Callao (Peru) nach Tahiti fuhr. 999er Silber, 155,5 g 280,–

Zur Hochzeit von Prinz Andrew und Miss Sarah Ferguson (3)

63 (63) 1 Tala (K-N) 1986. Rs. Gestaffelte Kopfbilder des Brautpaares nach links 12,–

64 (64) 10 Tala (S) 1986. Typ wie Nr. 63 (2500 Ex.) 60,–

65 (65) 1000 Tala (G) 1986. Typ wie Nr. 63 (50 Ex.) *3000,–*

25 Jahre World Wildlife Fund (2)

66 1 Tala (K-N) 1986. Rs. Samoa-Fächerschwanz 6,–

67 (69) 10 Tala (S) 1986. Typ wie Nr. 66. 925er Silber, 31,47 g 90,–

25. Jahrestag der Unabhängigkeit

A67 50 Sene (K-N) 1987. Rs. Staatswappen, Gedenkumschrift *10,–* 18,–

27. Regatta um den »America's Cup« 1987 in Fremantle/Perth (3)

68 (66) 10 Tala (S) 1987. America's Cup. Rs. Yacht auf hoher See. 999er Silber, 31,1 g 55,–

		VZ	ST	PP
69 (67)	25 Tala (S) 1987. America's Cup. Rs. Yacht »America«, Sieger der ersten Regatta 1851. 999er Silber, 155,5 g			**200,–**
70 (68)	100 Tala (G) 1987. Staatswappen. Rs. Yacht »America«. 900er Gold, 7,5 g			*450,–*

XXIV. Olympische Sommerspiele 1988 in Seoul

71 10 Tala (S) 1988. Rs. Fackeln und Sportdarstellungen. 925er Silber, 31,47 g **75,–**

»Kon-Tiki« (3)

PP

72 10 Tala (S) 1988. Rs. Segelfloß »Kon-Tiki« mit gleichnamigem altperuanischem Idol auf dem aufgeblähten Segel und Segelroute Callao–Tahiti. 999er Silber, 31,1 g **90,–**

73 50 Tala (Palladium) 1988. Rs. Segelfloß »Kon-Tiki« und Geflecht aus leichtem Balsaholz, welches nach alten Vorbildern zum Floßbau verwendet worden ist. 999er Palladium, 31,1 g **650,–**

PP

74 100 Tala (G) 1988. Segelfloß »Kon-Tiki« und Kopf des gleichnamigen altperuanischen Idols zwischen geteilter Jahreszahl. 900er Gold, 7,5 g **600,–**

Internationale Antarktis-Expedition
August 1989–März 1990

75 50 Tala (G) 1988. Hundeschlitten. Rs. Karte der Antarktis mit Expeditionsroute, sechs Tauben für die sechs Teilnehmer aus Frankreich, Großbritannien, Japan, Kanada, Sowjetunion und USA. 999,9er Gold, 7,77 g **300,–**

70 Jahre Save the Children Fund (2)

76 10 Tala (S) 1990. Rs. Zwei Jungen mit Ausleger-Kanu. 925er Silber, 31,47 g **85,–**

77 100 Tala (G) 1990. Rs. Drei Kinder beim Rugbyspiel. 916⅔er Gold, 7,5 g **–,–**

XIV. Fußball-Weltmeisterschaft 1990 in Italien

78 10 Tala (S) 1990. Rs. Spielfeld. 999er Silber, 31,47 g **–,–**

Nr. 78 ist bisher nicht ausgegeben worden.

XXV. Olympische Sommerspiele 1992 in Barcelona (4)

79 10 Tala (S) 1991. Rs. Kugelstoßer. 925er Silber, 31,47 g **75,–**

80 10 Tala (S) 1991. Rs. Speerwerfer vor dem Tempel der Latter Day Saints. 999er Silber, 31,47 g **75,–**

81 10 Tala (S) 1992. Rs. Hammerwerfer vor dem neuen Parlamentsgebäude **75,–**

82 100 Tala (G) 1992. Rs. Fackelläufer. 916⅔ Gold, 7,78 g **–,–**

40. Jahrestag der Thronbesteigung von Königin Elisabeth II. (3)

83 1 Tala (K-N) 1992. Rs. Goldene Kutsche, von acht Pferden gezogen, Hosenbandorden **–,–**

84 10 Tala (S) 1992. Typ wie Nr. 82:
a) (max. 5000 Ex.) **–,–**
b) Piéfort (max. 750 Ex.) **–,–**

85 1000 Tala (G) 1992. Typ wie Nr. 82 (max. 150 Ex.) **–,–**

Zaire Zaire Zaïre

Fläche: 2345409 km²; 32500000 Einwohner (1986).
Am 30. Juni 1960 wurde die Kolonie Belgisch-Kongo unter dem Namen Kongo (Leopoldville, seit 1. Juli 1966 Kinshasa) unabhängig. Zum Unterschied zur Volksrepublik Kongo (Brazzaville) nennt sich der Kongo seit dem 27. Oktober 1971 nach dem ursprünglichen Namen des Kongoflusses Republik Zaire (Zaïre). Hauptstadt: Kinshasa.

100 Sengi = 1 Likuta (Plural: Makuta), 100 Makuta = 1 Zaïre

Republik Zaire
République du Zaïre

Hotel Inter-Continental in Kinshasa (6)

		PP
A1 (11)	5 Zaïres (S) 1971. Staatspräsident Mobutu. Rs. Hotel Inter-Continental in Kinshasa, Wertangabe, Jahreszahl; 28 g	–,–
B1 (12)	10 Zaïres (G) 1971. Typ wie Nr. A1; 10 g	–,–
C1 (13)	10 Zaïres (Pt) 1971. Typ wie Nr. A1; 6 g	–,–
D1 (14)	20 Zaïres (G) 1971. Typ wie Nr. A1; 20 g	–,–
E1 (15)	20 Zaïres (Pt) 1971. Typ wie Nr. A1; 12 g	–,–
F1 (16)	50 Zaïres (G) 1971. Typ wie Nr. A1; 50 g	–,–

		SS	VZ
1 (3)	5 Makuta (K-N) 1977. Joseph Désiré (Sese Seko) Mobutu (*1930), Staatspräsident seit 1965. Rs. Wertangabe	**1,50**	**3,–**
2 (4)	10 Makuta (K-N) 1973, 1975, 1976, 1978. Kopfbild Mobutus. Rs. Staatswappen, Wertangabe	**2,50**	**5,–**
3 (5)	20 Makuta (K-N) 1973, 1976. Kopfbild Mobutus mit Leopardenfellmütze. Rs. Arm mit Freiheitsfackel, Wertangabe	**3,–**	**6,–**

Rettet die Tierwelt (3)

		ST	PP
4 (8)	2½ Zaïres (S) 1975. Kopfbild Mobutus, wie Nr. 2. Rs. Berggorillas (Gorilla gorilla beringei):		
	a) 925er Silber, 28,28 g		**60,–**
	b) 500er Silber, 25,31 g	**50,–**	
5 (9)	5 Zaïres (S) 1975. Rs. Okapi:		
	a) 925er Silber, 35 g		**120,–**
	b) 500er Silber, 31,65 g	**100,–**	
6 (10)	100 Zaïres (G) 1975. Rs. Leopard. 900er Gold, 33,437 g	*1400,–*	*2000,–*

Banknotenersatzausgaben (3)

		VZ	ST
7 (17)	1 Zaïre (Al-N-Bro) 1987. Staatspräsident Mobutu. Rs. Wertangabe	**4,–**	**8,–**
8 (18)	5 Zaïres (Al-N-Bro) 1987. Typ wie Nr. 7	**8,–**	**15,–**
9 (19)	10 Zaïres (N-Me) 1988. Typ wie Nr. 7	–,–	–,–

Zentralafrikanische Republik

Central African Republic **République Centrafricaine**

Fläche: 622984 km²; 2600000 Einwohner (1986).
Die Zentralafrikanische Republik, als Ubangi-Schari Teil von Französisch-Äquatorialafrika, wurde am 1. Dezember 1958 autonom innerhalb der Französischen Gemeinschaft; am 12. August 1960 unabhängig. Die Zentralafrikanische Republik gehört zum Währungsgebiet von Äquatorial-Afrika; bezüglich der Gemeinschaftsausgaben siehe dort. Am 4. Dezember 1976 ließ sich der bisherige Präsident Bokassa zum Kaiser ausrufen. Die Republik wurde am 20. September 1979 wiederhergestellt. Hauptstadt: Bangui.

100 Centimes = 1 CFA-Franc

Zentralafrikanische Republik

10. Jahrestag der Unabhängigkeit (5)

PP

1 (A1) 1000 Francs (G) 1970. Jean Bédel Bokassa (*1921), 3. Staatspräsident. Gedenkinschrift. Devise: Einheit – Würde – Arbeit. Rs. Staatswappen, Halsschmuck: Nationalverdienstorden, Spruch »Zo Kwe Zo« (Mensch ist gleich Mensch), Wertangabe *450,–*

2 (B1) 3000 Francs (G) 1970. Rs. Dr. Martin Luther King (1929–1968), evangelischer Pfarrer, amerikanischer Bürgerrechtskämpfer, Friedensnobelpreisträger (1964). Ausspruch, auch in Deutsch: »Wir müssen Haß mit tätiger Liebe begegnen«, Wertangabe *350,–*

3 (C1) 5000 Francs (G) 1970. Rs. Ringkämpfer, Darstellung nach antikem Vorbild, Hinweis auf die Olympischen Spiele 1972 in München und Kiel. Stadtwappen von Kiel und München, Wertangabe *750,–*

4 (D1) 10000 Francs (G) 1970. Rs. UN-Emblem (25 Jahre Vereinte Nationen), Wertangabe *1150,–*

5 (E1) 20000 Francs (G) 1970. Rs. Wirtschaftsplanung mit dem Motto »Operation Bokassa«. Zahnräder, Sinnbild der Industrialisierung und Landesprodukte: Oben Rispenhirse (Panicum miliaceum – Gramineae); rechts Maiskolben (Zea mays – Gramineae) und Rinderhörner; links Baumwollstaude (Gossypium sp. – Malvaceae), Wertangabe **1800,–**

SS VZ

6 (1) 100 Francs (N) 1971~1974. Mendes-Antilopen (Addax nasomaculatus – Bovidae), Landesname REPUBLIQUE CENTRAFRICAINE. Rs. Inschrift »Banque Centrale«, Wertangabe, Jahreszahl:
1971, 1972 12,– 25,–
1974 18,– 35,–

7 (2) 100 Francs (N) 1975, 1976. Typ wie Nr. 6, jedoch Name des Ausgabe-Instituts lautet jetzt »Banque des Etats de l'Afrique Centrale« 12,– 25,–

Zentralafrikanisches Kaiserreich
Empire Centrafricain

Bokassa I. 1976–1979

SS VZ

8 (3) 100 Francs (N) 1978. Typ wie Nr. 7, jedoch Landesname EMPIRE CENTRAFRICAIN *450,– 750,–*

ST

8E *Essai* *90,–*

PP

9 (A3) 10000 Francs (G) o. J. (1979). Kaiser Bokassa I. Rs. Büsten Caesars, Karls des Großen und Napoleons. 900er Gold, 6,14 g –,–

10 (B3) 25000 Francs (G) o. J. (1979). Rs. Napoleonischer Adler vor Sonne (Darstellung nach der kaiserlichen Standarte). 900er Gold, 15,35 g –,–

Nr. 11 fällt aus

Zentralafrikanische Republik

SS VZ

12 (2) 100 Francs (N) 1979, 1982–1985, 1990. Typ wie Nr. 7 4,– 6,–

13 (4) 500 Francs (K-N) 1985, 1986. Kopf einer Afrikanerin, Name des Ausgabeinstituts. Rs. Wertangabe auf Zweigen, Landesname –,– –,–

Weitere Ausgaben siehe unter *Äquatorialafrikanische Staaten* und *Zentralafrikanische Staaten*

Zentralafrikanische Staaten

Central African States — **Etats de l'Afrique Centrale**

Fläche: 3020145 km²; 20969000 Einwohner (1988).
Die Staaten Äquatorialguinea (seit 1985), Gabun, Kamerun, die Volksrepublik Kongo, der Tschad und die Zentralafrikanische Republik sind in der Zoll- und Wirtschaftsunion von Zentralafrika (Union Douaniere et Economique de l'Afrique Centrale) zusammengeschlossen. Emissionsinstitut für den CFA-Franc (Franc de la Coopération Financière en Afrique Centrale) ist die »Banque des États de l'Afrique Centrale«.

Frühere Ausgaben siehe *Äquatorialafrikanische Staaten.*

100 Centimes = 1 CFA-Franc

VZ ST

1 (6) 1 Franc (Al) 1974, 1976, 1978, 1979, 1982, 1985, 1986, 1988. Mendes-Antilopen (Addax nasomaculatus – Bovidae), Umschrift BANQUE DES ETATS DE L'AFRIQUE CENTRALE. Rs. Wertangabe im Früchtekranz *4,– 7,–*

2 (7) 5 Francs (Al-N-Bro) 1973, 1975–1985. Typ wie Nr. 1 1,– 1,50

3 (8) 10 Francs (Al-N-Bro) 1974–1985. Typ wie Nr. 1 1,50 2,–

4 (9) 25 Francs (Al-N-Bro) 1975, 1976, 1978, 1982–1985. Typ wie Nr. 1 1,80 2,50

5 (10) 50 Francs (N) 1976–1986. Rs. Wertangabe von Früchterosette umgeben:
a) Tschad, A, 1976–1978, 1980, 1982, 1984, 1985 8,– 15,–
b) Zentralafrikanische Republik, B, 1976–1978, 1985 8,– 15,–
c) Kongo, C, 1976–1978, 1984 8,– 15,–
d) Gabun, D, 1976–1978, 1983–1986 8,– 15,–
e) Kamerun, E, 1976, 1977, 1979, 1983, 1986 8,– 15,–

Ausgaben zu 100 Francs (sowie zu 500 Francs ab 1985) siehe unter den einzelnen Mitgliedsstaaten.

VZ ST

6 (11) 500 Francs (K-N) 1976–1984. Afrikanerin. Rs. Antilopenkopf (Type Lambert):
a) Tschad, A, 1976, 1977, 1984 **12,– 20,–**
b) Zentralafrikanische Republik, B, 1976, 1977 **12,– 20,–**
c) Kongo, C, 1976, 1977 **12,– 20,–**
d) Gabun, D, 1976, 1977, 1979, 1982 **12,– 20,–**
e) Kamerun, E, 1976, 1977, 1984 (Abb.) **12,– 20,–**

Weitere Ausgaben siehe unter *Äquatorialguinea, Gabun, Kamerun, Kongo, Tschad* und *Zentralafrikanische Republik.*

Weitere Ausgaben siehe unter *Äquatorialguinea, Gabun, Kamerun, Kongo, Tschad* und *Zentralafrikanische Republik.*

Cyprus | **Chypre**

Zypern

Kypros – Kibris

Fläche: 9251 km²; 710 000 Einwohner (1986).
Die vertragliche Voraussetzung für die Rückgabe Zyperns an die Türkei ist niemals eingetreten. Großbritannien erteilte der Insel 1887 eine eigene Verfassung, wandelte den Status am 5. November 1914 in den einer britischen Kronkolonie um und entließ diese unter Beibehaltung einiger militärischer Stützpunkte am 16. August 1960 in eine brüchige Unabhängigkeit. Seitdem befehden sich die beiden Volksgruppen, Griechen und Türken, mit verschiedener Zielsetzung, so daß nach blutigen Unruhen, besonders des Jahres 1974, der Zerfall der Republik in zwei Teile erfolgte; den ersten Schritt taten am 25. Februar 1975 die Türken, indem sie einen türkischen Teilstaat proklamierten, eine Handlung, die von den Griechen mißbilligt und daher entgegen der türkischen Erwartung nicht nachvollzogen wurde. Hauptstadt: Nikosia.

9 Piastres (Piastra) = 1 Zypern-Shilling (Sellinia), 20 Zypern-Shillings = 1 Zypern-Pfund (Lira);

seit 1. August 1955: 1000 Mils = 1 Zypern-Pfund;
seit 3. Oktober 1983: 100 Cents (Sent) = 1 Zypern-Pfund

Eduard VII. 1901–1910

		SS	VZ
1 (8)	¼ Piastre (Bro) 1902–1908. Eduard VII., gekröntes Brustbild n. r. Rs. Wertzahl im Kreis:		
	1902, 1905	**40,–**	**80,–**
	1908	**80,–**	**135,–**
2 (9)	½ Piastre (Bro) 1908, Typ wie Nr. 1	**320,–**	**420,–**
3 (10)	1 Piastre (Bro) 1908. Typ wie Nr. 1	**400,–**	**520,–**
4 (11)	9 Piastres (S) 1907. Rs. Wappenschild, von Schriftband und Krone überhöht. 925er Silber, 5,65 g	**85,–**	**150,–**
5 (12)	18 Piastres (S) 1907. Typ wie Nr. 4. 925er Silber, 11,31 g	**200,–**	**350,–**

Georg V. 1910–1936

6 (13)	¼ Piastre (Bro) 1922, 1926. Georg V., gekröntes Brustbild n. l. Rs. Wertzahl im Kreis:		
	a) 1922	**40,–**	**80,–**
	b) 1926	**20,–**	**45,–**
7 (14)	½ Piastre (Bro) 1922–1931. Typ wie Nr. 6:		
	a) 1922	**80,–**	**150,–**
	b) 1927, 1930, 1931	**40,–**	**90,–**
8 (15)	1 Piastre (Bro) 1922–1931. Typ wie Nr. 6:		
	a) 1922	**80,–**	**150,–**
	b) 1927, 1930	**40,–**	**90,–**
	1931	**80,–**	**150,–**

Nrn. 1–3, 6a–8a bestehen aus Kupfer 95%, Zinn 4%, Zink 1%
Nrn. 6b–8b aus Kupfer 95,5%, Zinn 3%, Zink 1,5%.

9 (18)	4½ Piastres (S) 1921. Rs. Wappenschild, von Schriftband und Krone überhöht. 925er Silber, 2,82 g	**26,–**	**50,–**
10 (19)	9 Piastres (S) 1913–1921. Typ wie Nr. 9. 925er Silber, 5,65 g:		
	1913	**40,–**	**90,–**
	1919, 1921	**30,–**	**60,–**
11 (20)	18 Piastres (S) 1913, 1921. Typ wie Nr. 9. 925er Silber, 11,31 g:		
	1913	**100,–**	**185,–**
	1921	**55,–**	**90,–**

50 Jahre britische Herrschaft

		ST	PP
12 (21)	45 Piastres (S) 1928. Rs. Zwei schreitende, hersehende Löwen (Staatswappen 1910–1960), Wertangabe	**250,–**	*1400,–*
		SS	**VZ**
13 (16)	½ Piastre (K-N) 1934. Rs. Wertzahl (Wellenschnitt)	**11,–**	**20,–**
14 (17)	1 Piastre (K-N) 1934. Typ wie Nr. 13 (Wellenschnitt)	**10,–**	**18,–**

Georg VI. 1936–1952

15 (22)	½ Piastre (K-N) 1938. Georg VI., gekröntes Kopfbild n. l., Umschrift GEORGIVS VI REX IMPERATOR. Rs. Wertzahl (Wellenschnitt)	**8,–**	**16,–**
16 (23)	1 Piastre (K-N) 1938. Typ wie Nr. 15 (Wellenschnitt)	**6,–**	**12,–**
17 (28)	4½ Piastres (S) 1938. Georg VI., gekröntes Kopfbild n. l. Umschrift GEORGIVS VI DEI GRA. REX ET IND. IMP. Rs. Zwei schreitende, hersehende Löwen (Staatswappen). 925er Silber, 2,82 g	**25,–**	**50,–**
18 (29)	9 Piastres (S) 1938, 1940. Typ wie Nr. 17. 925er Silber, 5,65 g	**25,–**	**50,–**
19 (30)	18 Piastres (S) 1938, 1940. Typ wie Nr. 17:		
	1938	**40,–**	**80,–**
	1940	**60,–**	**120,–**
20 (22a)	½ Piastre (Bro) 1942–1945. Typ wie Nr. 15 (Wellenschnitt)	**6,–**	**12,–**
21 (23a)	1 Piastre (Bro) 1942–1946. Typ wie Nr. 15 (Wellenschnitt)	**6,–**	**12,–**
22 (26)	1 Shilling (K-N) 1947. Typ wie Nr. 17	**10,–**	**20,–**
23 (27)	2 Shillings (K-N) 1947. Typ wie Nr. 17	**18,–**	**35,–**

Nrn. 20 und 21 von 1942–1945 bestehen aus Kupfer 97%, Zinn 0,5%, Zink 2,5%.

24 (31)	½ Piastre (Bro) 1949. Georg VI., gekröntes Kopfbild n. l., Umschrift GEORGIVS SEXTVS DEI GRATIA REX. Rs. Wertzahl (Wellenschnitt)	**5,–**	**10,–**
25 (32)	1 Piastre (Bro) 1949. Typ wie Nr. 24 (Wellenschnitt)	**5,–**	**10,–**

		SS	VZ
26 (33)	1 Shilling (K-N) 1949. Georg VI., gekröntes Kopfbild, n. l. Umschrift GEORGIVS SEXTVS DEI GRATIA REX. Rs. Zwei schreitende, hersehende Löwen (Staatswappen)	12,–	25,–
27 (34)	2 Shillings (K-N) 1949. Typ wie Nr. 26	20,–	40,–

Nr. 21 von 1946, Nrn. 24 und 25 bestehen aus Kupfer 95,5%, Zinn 3%, Zink 1,5%.

Elisabeth II. 1952–1960

NEUE WÄHRUNG: 1000 Mils = 1 Zypern-Pfund (Lira)

		VZ	ST
28 (35)	3 Mils (Bro) 1955. Elisabeth II., gekröntes Kopfbild nach rechts. Rs. Fliegender Fisch, Bichromen-Stil, zyprisch-archaische Zeit (Eisenzeit II), 7. Jh. v. Chr.	–,50	–,80
29 (36)	5 Mils (Bro) 1955, 1956. Rs. »Der Kupferbarren-Träger«, Detail aus einem Bronzeständer aus Curium, späte Bronzezeit, 1200 v. Chr.; das Original befindet sich in London, British Museum	–,75	1,50

30 (37)	25 Mils (K-N) 1955. Rs. Kopf eines Stieres	1,20	2,–
31 (38)	50 Mils (K-N) 1955. Rs. Farnblätter	3,–	4,50

32 (39)	100 Mils (K-N) 1955, 1957. Rs. Phönikisches Handelsschiff, um 800-600 v. Chr.:		
	1955	6,–	8,50
	1957	*120,–*	*200,–*

Nrn. 28–32 von 1955, polierte Platte (2000 Ex.) 300,–

Republik Zypern seit 1960

Kypriakī Dimokratía – Kibris Cumhuriyeti

		VZ	ST
33 (41)	1 Mil (Al) 1963, 1971, 1972. Staatswappen der Republik. Rs. Wertziffer im Kranz	–,20	–,40
34 (42)	5 Mils (Bro) 1963, 1970–1974, 1976–1980. Rs. Handelsschiff, 6. Jh. v. Chr.	–,40	–,80
35 (43)	25 Mils (K-N) 1963, 1968, 1971–1974, 1976–1982. Rs. Libanonzeder (Cedrus libani – Pinaceae)	–,60	1,20

36 (44)	50 Mils (K-N) 1963, 1970–1974, 1976–1982. Rs. Weintraube (Vitis vinifera – Vitaceae)	1,50	2,50

37 (45)	100 Mils (K-N) 1963, 1971, 1973, 1974, 1976–1982. Rs. Zypern-Mufflon (Ovis ammon ophion – Bovidae)	3,–	4,50

Nrn. 33–37 von 1963, polierte Platte (24900 Ex.) 60,–

Nr. 33 von 1972, Nr. 34 von 1980, Nrn. 51b, 35–37 von 1982, Nr. 45b von 1977, polierte Platte (Abschiedssatz der Mils-Währung) (6000 Ex.) 75,–

Weitere Werte: Nr. 51 (5 Mils), 45 (500 Mils).

Gedenkmedaillen zu Ehren von Makarios III.
1. Ausgabe (3)

		ST	PP
38	– (G) 1966. Michael Christodulos Muskos, gen. Makarios III. (1913–1977), Metropolit, Staatspräsident 1959–1977, Kopfbild n. l. Rs. Gekrönter byzantinischer Doppeladler mit Szepter und Bischofsstab. 916⅔er Gold, 3,9865 g [Paris]	*450,–*	
39	– (G) 1966. Typ wie Nr. 38. 916⅔er Gold, 7,9729 g [Paris]	*600,–*	
40	– (G) 1966. Typ wie Nr. 38. 916⅔er Gold, 39,8646 g [Paris] (1500 Ex.)	*7500,–*	

Nrn. 38–40 (im Standard der britischen ½ Sovereign, 1 Sovereign und 5 £ Sterling) wurden zugunsten des »Erzbischof Makarios Unterstützungsfonds« ausgegeben.

Für den FAO-Münz-Plan zum 25. Jahrestag der FAO

ST PP

41 (46) 500 Mils 1970. Doppelfüllhorn, Motiv nach einer Münze des Ptolemaios II. Philadelphos (271–246 v. Chr.). Rs. Jüngling mit Früchtekorb. Münzbild nach einem im 2. Jh. in Lambussa, Nordzypern, entstandenen Mosaik:
a) (S) 800 fein, 22,62 g (5000 Ex.) — *400,–*
b) (K-N) **20,–**

Gedenkmedaillen zu Ehren von Makarios III.
2. Ausgabe (3)

42 – (S) 1974. Typ wie Nr. 38. 925er Silber, Ø 24,25 mm [Paris] *25,–*

43 – (S) 1974. Typ wie Nr. 38. Ø 30,6 mm [Paris] *70,–*

44 – (S) 1974. Typ wie Nr. 38. Ø 38,09 mm [Paris] *150,–*

Banknotenersatzausgabe

45 (47) 500 Mils 1975, 1977. Staatswappen. Rs. Herakles mit Keule und Füllhorn, auf Felsen mit Löwenfell sitzend, Motiv einer Münze aus Salamis:
a) (S) 800 fein, 14,14 g, 1975 — *200,–*
b) (K-N) 1975, 1977 **10,–** –,–

2. Jahrestag der türkischen Invasion (2)

46 (48) 500 Mils 1976. Rs. Mutter und Kind, im Hintergrund Ruine:
a) (S) 925 fein, 14,14 g — *70,–*
b) (K-N) **8,–**

47 (49) 1 £ 1976. Rs. Flüchtlinge im Zeltlager:
a) (S) 925 fein, 28,28 g — *140,–*
b) (K-N) **9,–**

Zum Tode von Erzbischof Makarios III.

ST PP

48 (50) 50 £ (G) 1977. Brustbild des Erzbischofs n. r. Rs. Inselkarte, Wertangabe, Jahreszahl. 916²/₃er Gold, 15,98 g *850,–* *1100,–*

30. Jahrestag der Allgemeinen Erklärung der Menschenrechte und für den FAO-Münz-Plan

49 (51) 500 Mils 1978. Rs. Symbolische Darstellung:
a) (S) 925 fein, 14,14 g (5000 Ex.) — **350,–**
b) (K-N) **9,–**

XXII. Olympische Sommerspiele in Moskau 1980

50 (52) 500 Mils 1980. Staatswappen. Rs. Olympische Ringe:
a) (S) 925 fein, 14,14 g (7500 Ex.) — **150,–**
b) (K-N) **8,–**

Welternährungstag 1981

51 (54) 500 Mils 1981. Rs. Schwertfisch und Weizenähre [HF]:
a) (S) 925 fein, 14,14 g (7500 Ex.) — **120,–**
b) (K-N) **8,–**

VZ ST

52 (53) 5 Mils (Al) 1981, 1982. Rs. Handelsschiff, 6. Jh. v. Chr., wie Nr. 34:
a) [RCM] 1981 **1,–** **1,50**
b) [Paris, VDM, RM] 1982 **1,–** **1,50**

NEUE WÄHRUNG: 100 Cents (Sent) = 1 Zypern-Pfund (Lira)

		VZ	ST
53 (55)	½ Cent (Al) 1983. Staatswappen. Rs. Cyclamen cyprium vom Pentadaktylos-Gebirge (zwölfeckig)	–,20	–,40

54 (56) 1 Cent (N-Me) 1983. Rs. Stilisierter Vogel auf Zweig, Bichromen-Stil, zyprisch-archaische Zeit, 7. Jh. v. Chr. 1,5 g [RM] –,30 –,50

55 (57) 2 Cents (N-Me) 1983. Rs. Zwei stilisierte Ziegen, nach Keramik aus der Mitte des 13. Jh. v. Chr. (FAO-Ausgabe) [RM] –,60 1,–

56 (58) 5 Cents (N-Me) 1983. Rs. Stierkopfgefäß, 14. Jh., heute im Cyprus Museum, Nikosia –,80 1,50

57 (59) 10 Cents (N-Me) 1983. Rs. Moderne Amphore mit Blüten und Vögeln aus Phini 1,60 3,–

		VZ	ST
58 (60)	20 Cents (N-Me) 1983. Rs. Zyprischer Steinschmätzer (Oenanthe cypriaca) auf Olivenzweig	2,50	5,–

Nrn. 53–58, polierte Platte (6250 Ex.) 60,–

59	1 Cent (N-Me) 1985–1990. Typ wie Nr. 54, lichte Wertzahl, 2,0 g:		
	a) [Paris] 1985	–,30	–,50
	b) [RM] 1987–1990	–,30	–,50
60	2 Cents (N-Me) 1985, 1987–1990. Typ wie Nr. 55, lichte Wertzahl (FAO-Ausgabe) [Athen]	–,60	1,–
61	5 Cents (N-Me) 1985, 1987–1990. Typ wie Nr. 56, lichte Wertzahl	–,80	1,50
62	10 Cents (N-Me) 1985, 1987–1990. Typ wie Nr. 57, lichte Wertzahl	1,60	3,–
63	20 Cents (N-Me) 1985, 1987, 1988. Typ wie Nr. 58, lichte Wertzahl	2,50	5,–

In ähnlichen Zeichnungen: Nrn. 72–75.

Internationales Jahr des Waldes 1985

		ST	PP
64 (61)	50 Cents 1985. Rs. Dryade, nach griechischem Volksglauben mit dem Schicksal ihres Baumes verbundene Nymphe:		
	a) (S) 925 fein, 14,14 g (4000 Ex.)		*120,–*
	b) (K-N)	7,–	

25 Jahre World Wildlife Fund

65 (62)	1 £ 1986. Rs. Zypern-Mufflons (Ovis ammon ophion –Bovidae):		
	a) (S) 925 fein, 28,28 g		85,–
	b) (K-N)	10,–	

XXIV. Olympische Sommerspiele 1988 in Seoul

		ST	PP
66	50 Cents 1988:		
	a) (S) 925 fein, 14,14 g		65,–
	b) (K-N)	6,–	
67	1 £ 1988:		
	a) (S) 925 fein, 28,28 g		85,–
	b) (K-N)	10,–	

68 20 Cents (N-Me) 1989, 1990. Rs. Zenon (der Jüngere) von Kition (um 350–264 v. Chr.), Schüler des Krates in Athen, gründete um 308 die Stoische Philosophenschule [RM] 5,– –,–

In ähnlicher Zeichnung: Nr. 76.

III. Sportspiele der europäischen Kleinstaaten 1989 in Nikosia

69 1 £ 1989. Rs. Agon, Gott des Wettkampfes, vom Tetradrachmon aus Peparethos um 510–480 v. Chr. [Paris]:
a) (S) 925 fein, 28,28 g 80,–
b) (K-N) 10,–

70 Jahre Save the Children Fund

70 1 £ 1989. Rs. Zwei Jungen beim Würfeln mit einem Astragalon [Paris]:
a) (S) 925 fein, 28,28 g 75,–
b) (K-N) 10,–

30. Jahrestag der Republik

71 20 £ (G) 1990. Rs. Stilisierter Vogel, nach Vasenmalerei des 7. Jh. v. Chr. 916⅔er Gold, 7,9881 g [RCM] (5000 Ex.) –,–

		VZ	ST
72	1 Cent (N-Me) 1991. Staatswappen in neuer Zeichnung. Rs. Stilisierter Vogel, wie Nr. 59	–,30	–,50
73	2 Cents (N-Me) 1991. Rs. Zwei stilisierte Ziegen, wie Nr. 60 (FAO-Ausgabe)	–,60	1,–
74	5 Cents (N-Me) 1991. Rs. Stierkopfgefäß, wie Nr. 61	–,80	1,50
75	10 Cents (N-Me) 1991. Rs. Moderne Amphore, wie Nr. 62	1,60	3,–
76	20 Cents (N-Me) 1991. Rs. Zenon von Kition, wie Nr. 68	2,50	5,–

Banknotenersatzausgabe

77 50 Cents (K-N) 1991. Rs. Europa auf dem Stier [RM] 4,– 7,50

		ST	PP
78	50 Cents (S) 1991. Typ wie Nr. 77 [RM] (5000 Ex.)		75,–

XXV. Olympische Sommerspiele 1992 in Barcelona

79 1 £ 1992:
a) (S) (4000 Ex.) –,–
b) (K-N) (8000 Ex.) –,–

Museum

80 20 £ (G) 1992. 916⅔er Gold, 7,9881 g (5000 Ex.) –,–

Frühere Ausgaben siehe Weltmünzkatalog 19. Jahrhundert.

FACHHÄNDLERVERZEICHNIS

Beachten Sie auch die Anzeigen auf den Umschlag-Innenseiten und auf den Seiten 16 und 22.

Deutschland

Bamberg	Münzenfachgeschäft N. GÖRTLER
Braunschweig	Münzen A. APEL
Bremen	HERKULES Münzhandelsgesellschaft mbH
Calw-Holzbronn	Gerhard BEUTLER
Dortmund	Dirk B. BIERMANN GmbH
Frankfurt/Main	Katalin SZÖNYI
Fulda	FULDAER Münze R. Erdmann
Gummersbach	Münzenversand STOLZ
Krefeld	Münzversand Hubert BERG
	Münzhandel Matthias E. FLORES
Kuppenheim	Münzversand FEIST
München	Gerhard HIRSCH Nachf.
	MGM Münzgalerie München
	SCHÖN-Buchversand
Neustadt-Aisch	Reinhold RYSCHAWY
Neuwied	Oskar ANHUT
Nürnberg	GRADL & HINTERLAND
Saulgau	Werner H. JÖRG GmbH
Solingen	Heinz W. MÜLLER
Ursberg	Manfred GROSS
Waldenbuch	WALDENBUCHER Münzversand
Wedemark	Waltraud WASSMANN Münzenhandel
Werlaburg	Hartmut SCHOENAWA
Wuppertal	Franz ZYLKA

Ausland

Salzburg	HALBEDEL Münzen und Medaillen
Wien	Münzen-Zentrum KOVACIC

ZEITSCHRIFTEN

Deutschland

Mörfelden-Walldorf	GIG Gesellschaft für Internationale Geldgeschichte
Stuttgart	DEUTSCHES MÜNZENMAGAZIN

Ausland

Basel	MÜNZEN REVUE
Rorschach	MONEY TREND
Zürich	HMZ Helvetische Münzzeitung